CIP-Kurztitelaufnahme der Deutschen Bibliothek

Wolf, Hans-Jürgen:

Hexenwahn und Exorzismus: e. Beitrag zur Kulturgeschichte
Hans-Jürgen Wolf. — Kriftel/Ts.: Historia-Verlag, 1979.

ISBN 3-9800257-0-5

Umseitiges Farbbild:

Hexenprozeß in Salem. Behexte Mädchen deuten auf George Jacobs.
Nach einem Gemälde von Richard Merill.

© 1980 by Historia Verlag GmbH, D-6239 Kriftel/Ts.
1. Auflage 1980

Gesetzt aus der English Times
Bedruckstoff: 90 g/qm holzfrei weiß matt gestrichen BBOT
Repros: Repro-Kruse (Hofheim/Ts.)
Vorsatz: Presse- und Druckzentrum (Kassel)
Satz und Druck: Gustav Schmidt GmbH (Mainz-Kostheim)
Bindearbeiten: C. Fikentscher KG (Darmstadt)

Anschrift des Autors:

Hans-Jürgen Wolf
Johannes-Kraus-Straße 6
D-6239 Kriftel/Ts.

ISBN: 3-9800257-0-5

HANS-JÜRGEN WOLF

Hexenwahn und Exorzismus

Ein Beitrag
zur
Kulturgeschichte

Kapitelübersicht:

Inhalt

13

15

»Doch der schrecklichste der Schrecken,
das ist der Mensch in seinem Wahn«.

»Richter, richte stets nach Recht...
Gott ist der Herr, und du bist Knecht«.

**»Es ist noch viel Dummes im Glauben der Kirche,
aber sie will eben herrschen...ein Mischmasch von
Irrtum und Gewalt...«.**

»Ich schäme mich für Deutschland, daß man in einer
so hochwichtigen Sache nicht besser zu argumentieren weiß...**Pfui der Schande, ist das ein Eifer, der an
uns Deutschen zu loben ist**«.

»Mit Schmerz wendet sich der Geist von der Verblendung jener Zeit und ihrem Jammer ab. **Es sind dunkle Blätter der Geschichte, geschwärzt vom Rauch der
Scheiterhaufen und bedeckt mit dem Blut ihrer Opfer**«.[1]

»Die Geschichte der Hexenprozesse ist ein einzig gel-
lender Schrei sinnlos gequälter menschlicher Kreatur«.[2]

»Keines der Religionssysteme hat, soweit unsere geschichtliche Kenntnis reicht, eine so perfekte Entglei-
sung des menschlichen Geistes und eine so hartnäckige und grausame Massenverfolgung angeblicher Hexen herbeigeführt, wie die christliche Kirche«.[3]

»Der Stoff der Hexenprozesse ist schauerlich und
schmutzig...dennoch lohnt es, sich damit zu beschäftigen; denn die Hexenprozesse stellen Aufgaben über
das rätselhafteste aller Rätsel, über das menschliche
Gemüt, deren Lösung das höchste Interesse bildet«.[4]

»Eine vollständige Geschichte der Rasereyen, Thor-
heiten und Irrthümer der Menschen, in Rücksicht auf
Aberglauben und namentlich auf Zauberey, kann
und will ich nicht liefern. Wo käme all das Papier
her? Tausende von Jahren müßt ich leben und mehr
als ein Mensch seyn, um alle Possen sammeln zu können, die die Menschheit beschimpft haben«.[5]

**»Die Kirche ist eine internationale Firma zur Herstel-
lung von Angst«.**

**»Ich protestiere dagegen, daß Christen im Namen der
Heiligen Schrift verpflichtet werden, an den Teufel zu
glauben. Eine Kirche, die ihre vordringlichste Aufgabe darin sieht, die Menschen von heute auf den Teufelsglauben zu verpflichten, ist nicht mehr glaubwürdig«.**

»Immer und immer wieder sucht der Mensch seine
Zuflucht zu jenem dunklen Aberglauben, von dem
der Hexenwahn nur eine besondere Spielart darstellt«.

Detail einer Darstellung des »Jüngsten Gerichts« von Luca Signorelli (15. Jht.). Ein geflügelter Dämon, personifiziert mit dem Teufel (das sittlich und sinnlich »Böse«) trägt eine ängstlich blickende Frau auf seinem Rücken zur Hölle. Es ist keine Inkubus-Darstellung. Der Kampf gilt nicht den angeblichen Hexen, sondern dem Teufel.

Einführung und Standpunkt

Seit längerem wird es als Mangel empfunden, daß zum Thema »Hexen« keine aktuelle, zusammenhängende und zuverlässige Darstellung erschienen ist. Deshalb habe ich mich entschlossen, diesem Bedürfnis abzuhelfen, und alles Wissenswerte darüber zusammengestellt. Meine Untersuchung gründet sich auf die neuesten Forschungen und deren Ergebnisse. Die Literatur ist aufgearbeitet. Mein Literaturverzeichnis nennt 1.800 Titel und damit die Basis zu weiterführenden Arbeiten. Es wird versucht, eine Linie durch die Jahrhunderte zu ziehen, ohne die Fülle des Materials erschöpfen zu wollen. Möge die vorgelegte Untersuchung als redliches Bemühen gewertet werden, die Umrisse von Problemen zu ertasten, die zu den zentralsten unserer Geschichte, der des menschlichen Verhaltens, zu rechnen sind. Ich verstehe mein Buch als e i n e n Beitrag zur abendländischen Kulturgeschichte. Es bleibt zu hoffen, daß es andere durch Anregungen verbessern und so zur weiteren Klärung der Phänomene »Hexen« und »Exorzismus« beitragen.

Es wird ein Thema behandelt, das die Historiker bislang wenig beachtet haben, und dort wo es geschehen ist, meist unter vorgefaßten Meinungen, als düsterem Teil des »finsteren« Mittelalters. Dieses Bild will ich korrigieren. »Der Historiker hat es letzten Endes mit dem menschlichen Verhalten zu tun...die Geschichtsschreibung ist aber noch weit von der psychologischen Durchdringung des Stoffes entfernt«. Gerade das Thema Hexen bietet hierzu eine interessante Fundgrube.

Die abartigen Erscheinungen, die unter dem Oberbegriff »Hexen« zusammengefaßt werden, sind nur ein winziger Teil unserer geistigen Entwicklung. Die Kenntnisse um das Hexentreiben können uns die Augen öffnen und gleichzeitig beweisen, daß in der Welt seit eh und je die Riesenmächte Dummheit (Aberglaube) und Wahnvorstellungen mit den elementarsten Begriffen einer humanistischen Bildung streiten.

Die vorgelegte Arbeit ist keine Kritik an den Grundfragen des Glaubens; aber stellenweise eine Kritik an einigen Auswüchsen der Institution Kirche. Die aufgezeigten Ausschweifungen und sittlichen Exzesse sind historisch belegt. Im Falle des Exorzismus fordere ich die Kirche zu einem Überdenken des seitherigen Standpunktes auf, um (endlich) dem Teufels- und Dämonenspuk ein Ende zu bereiten.

Übersteigerte Religiosität

»Der Kampf gegen das Hexenwesen und gegen die Hexen ist kein anderer als derselbe, welcher noch heute die Welt bewegt: der Streit zwischen dem Glauben und dem Unglauben, der Akzeptanz und Verleugnung Christi«.[6] Eine unnötige Auseinandersetzung, denn über Glauben kann man nicht streiten.

»Um die Hexenprozesse und ihre üblen Auswirkungen herrscht in der Literatur ein heftiger jahrhundertealter Kampf. Es befehden sich die Schriftsteller und Forscher in oft recht unvornehmer Weise.[7] Jede Partei sucht die Schuld von sich abzuwälzen, alle wollen ihr Bekenntnis rein waschen vom Blut jener unglücklichen Menschen, die ihr Leben unter grausamen Martern und Folterungen einem Irrwahn zum Opfer bringen mußten«.

»In der Bewertung der Hexenliteratur zeigt sich die Tendenz konfessioneller Kreise, die ihnen im Zusammenhang mit dem Hexentreiben angelasteten Untaten, d. h. die Schuld (sofern man davon sprechen kann!) von sich auf andere zu wälzen. Diese Auseinandersetzung ist wertlos, weil sie nichts zur Erklärung beiträgt, weil der Hexenglaube älter als die christliche Kirche ist, und weil Protestantismus und Kalvinismus reguläre Kinder des römisch-katholischen Glaubens sind. Bei dieser sinnlosen Auseinandersetzung schöpfen die Gegner aus gleichen Quellen und machen damit das Ganze zur Farce; eine Bestätigung, auf welche Abwege geisteswissenschaftliche Untersuchungen abrutschen können und zugleich ein Beispiel für die theologische Engstirnigkeit«. ...denn wer den gantzen catholischen Glauben wissentlich und vorsetzlich verläugnet und ihm mit ausdrücklichen Worten abgeschworen hat...der muß ohne allen Zweifen verloren sein...wie können die unschuldig sein, welche Gott nicht leben lassen will...es ist besser, eine kleine Zeit (auf dem Scheiterhaufen) zu brennen und (den) Glauben zu finden an der Seele, als hernach an Leib und Seele brennen und allezeit verdammt zu sein (in der Hölle). Außerdem stehe ja den Verurteilten die Gnade zu, zuerst erwürgt und dann verbrannt zu werden...bei Unbußfertigen braucht dies aber nicht berücksichtigt zu werden«. So unglaublich es klingt, es sind Argumente katholischer Priester aus dem 17. Jhdt.

Selbst innerhalb der Kirchen wird der Zankapfel herumgereicht und sinngemäß entstellt, weil keiner die Beteiligung an den Verbrechen zugeben will. Bezugspunkte sind die Bibel, eine Bulle von Papst Innozenz VIII. und der kurz danach erschienene Hexenhammer, sowie eine Flut theologischer Literatur. Alle kommen an die Reihe: der Papst mit seinem zeitweiligen Schreckensregiment, die Dominikaner, Franziskaner und Kapuziner, besonders deren angebliche Fähigkeit als Hexenpatrone, Teufelsbanner und Teufelsaustreiber wird gerühmt (im guten wie im schlechten Sinn). Inmitten dieser Emotionen steht der Orden der Jesuiten, der sich nach beiden Seiten hin ausgezeichnet und somit auch hier diplomatisches Geschick bewiesen hat; genauso geht es Luther und den Protestanten...alle beschuldigen sich gegenseitig, noch schlimmer als sie selbst gewesen zu sein und alle schöpfen ihre lächerlichen Argumente aus der Bibel.[8] Die Abwälzung der Schuld auf die Juristen, ein theologisches Lieblingsthema, ist sachlich nicht haltbar, denn auch sie sind Christen, haben bis weit in das 18. Jhdt. hinein eine christliche Erziehung genossen und, das ist entscheidend, sie stehen von der Ausbildung her im Bannkreis der Theologie. Der protestantische Rechtsgelehrte Benedikt Carpzov, nur um ein Beispiel zu nennen, soll 53 mal die Bibel durchgelesen haben. Selbst wenn das erheblich überzogen ist, beweist es die Affinität zwischen Theologie und Jurisprudenz. Die wichtigste Frage der Epoche ist die um den (rechten) Glauben.

»Theoretische, historisch gewachsene, vor allem theologische und sophistische Spitzfindigkeiten, oft weit entfernt des gesunden Menschenverstandes, kombiniert mit Stupidität, Kritiklosigkeit, Unterwürfigkeit und Borniertheit, ja Hörigkeit und Gefallsucht, nur um eines winzigen Vorteils willen (auch der Masse der Priester und Pfarrer), beeinflußt von engstirnigen Herrschern im weltlichen und kirchlichen Bereich und begleitet von einem Heer religiöser Fanatiker, die von Kanzeln herab und im Beichtstuhl ihre Argumente unter die Bevölkerung bringen, getragen vom Geist ihrer Epoche...so zieht sich ein beispielloser Komplott an Skrupellosigkeit zusammen, der Abertausenden das Leben kostet: der von der Theologie begründete und von vielen Juristen und Obrigkeiten sanktionierte Justizmord geht in die Millionen; aber oft geht die Motivation zum Hexentreiben vom Volk aus, ein bislang kaum beachteter Punkt. Das ist kein Widerspruch. Durch das permanente Einimpfen des Vorhandenseins von Teufeln, Dämonen, Zauberern und Hexen nimmt die Bevölkerung diesen Unsinn als glaubhaft an. In einer unvorstellbaren Welle fließt der so gestaute Haß »...über das Teufelsgesind, die

Metzen und vom rechten Glauben Abtrünnigen« an Obrigkeit und Kirche zurück; so entsteht der Kessel des Hexenwahns.

»Göttliches Recht, zitiert aus vagen Stellen des Alten Testamentes, modifiziert und gekoppelt mit Formen der weltlichen Strafgesetze, bedeutet für den Eingezogenen: peinliches Befragen, Folter in verschiedenen Graden und zu unterschiedlichen Zeiten, erzwungenes Geständnis (von wenigen freiwilligen abgesehen), Übergabe an den weltlichen Arm und den sicheren Tod durch lebendiges Verbrennen auf dem Scheiterhaufen. Nur im Fall der besonderen Gnade durch hohe Würdenträger vorheriges Erwürgen, Umhängen eines Pulversackes oder Enthaupten und erst dann Verbrennen. Die Körper der Ermordeten dürfen keinesfalls in der geweihten Erde vergraben werden. Für sie ist der Schindanger oder der Galgenberg gut genug. Diesen Strafmilderungen stehen auf der anderen Seite schreckliche Verschärfungen entgegen, wie ich sie im Kapitel »Folter, Hexenwahn und Strafrecht« geschildert habe. Macht und Ohnmacht der Kirche, Macht und Ohnmacht des menschlichen Geistes.

Nach Schindler ist der Hexenprozeß eine Zuchtrute der Christenheit, großgezogen von einer Dogmatik, die neben Gott bösen Geistern Gewalt zugestanden hat[9]...es ist, als habe die Glaubenswut der Christen von Zeit zu Zeit ein großartiges Abschlachten Andersgläubiger verlangt, um sich in den zum Himmel schlagenden Flammen den Eifer zu kühlen[10]...man kann es drehen und wenden wie man will, die Basis des Hexenglaubens bleibt eine christliche, mit der Vernichtung des Teufels schwindet die Hexerei[11]. Wenn man berücksichtigt, daß Schindler Pfarrer ist, und diese Bemerkung vor 200 Jahren gemacht hat, so muß ihm für seine Offenheit Anerkennung zugesprochen werden. »**Niemand begreift heute die Grausamkeiten, mit denen ein Volk von seinen Priestern in die Irre geführt worden ist**[12]...die Betrachtungsweise der Bibel wird zum knechtenden Buchstaben«.

Ein verführerischer Satz, um die Theologen zu belasten. Aber er ist nicht haltbar, denn schon immer war es so, daß das Volk Einzelne zu Priestern auserkoren hat; also geht selbst hier letztlich das Unglück von der Masse aus: wenn die Kasten der Priester das später ausnützen, wenn daraus ein regelrechtes Imperium entsteht, ist naheliegend, daß dann der kleine Mann übergangen wird. Den Beweis dazu liefert u. a. die Kirchengeschichte.

Welche Habgier durch die Eigentümlichkeit der jesuitisch geleiteten Hexenverfolgungen in der bürgerlichen Gesellschaft entfesselt wird, zeigt u. a. eine Verordnung des Trierer Kurfürsten Johann VII. von 1591. Außerdem gewinnt die Mainzer Kapitularpräsenzkammer durch die Hinrichtung von 300 Menschen etwa 1000 Morgen an Ländereien.[13] Dem Bam-

Zeitgenössischer Holzschnitt (15./16. Jht.). Ein als Jüngling verkleideter Teufel (Klauenfüße) nähert sich einer Frau, um sie zur Buhlschaft aufzufordern. Der Kern aller Hexenprozesse liegt in der Annahme begründet, daß sich die angeblichen Hexen mehr oder weniger freiwillig mit dem Teufel einlassen, sich ihm verschreiben oder Unzucht mit ihm treiben.

berger Bischof kann für 1631 nachgerechnet werden, daß er etwa 500.000 Gulden für das Verbrennen der Hexen konfisziert hat. Der Würzburger Fürstbischof ordnet an: »**...alle Wochen auf Dienstag, außer wenn hohe Feste anfallen, einen Hexenbrand zu thun, jedesmal 20 oder 30 Weiber, 25 zum allerwenigsten und nicht weniger als 15 auf einmal einzusetzen und zu verbrennen. Und solches wollen Ihre fürstlichen Gnaden durch das ganze Bistum kontinuieren.**[14]« In Zuckmantel, dem Breslauer Bischof zugeschrieben, werden 1551 acht Henker gehalten, die vollauf zu tun haben. In dieser Epoche haben wir eine Vielzahl von Teufelsaustreibungen; nicht etwa nur die Aktivitäten des Jesuiten Löper, der damit im Paderborner Gebiet Unruhe stiftet. Dies führt kurz danach zur offiziellen Abfassung des Rituale Romanorum, nach dem noch heute der große und kleine Exorzismus gebetet (gesprochen) wird. Er soll der Flut von verfänglichen und volkstümlichen Arbeiten zu diesem Thema ein offizielles Buch der Kirche entgegensetzen. Auch hier sehen wir das Einimpfen des Glaubens an den Teufel, ohne den das Hexentreiben undenkbar ist. Es ist nicht nur Geltungsbedürfnis, das nach außen in der Pracht und im Wohlstand der Kirche sichtbar wird; es ist schlimmer, es ist Prosperität, die den Glauben zur Grundlage hat. »Und willst du nicht mein Bruder sein, so schlag ich dir den Schädel ein«.

Hier lassen sich viele Beispiele aus dem kirchlichen Bereich anführen. Z. B. die Aktivitäten des Priesters Bonow oder die Verfolgung der Stedinger im Raum Oldenburg, das sinnlose Wüten eines Konrad von Marburg, oder all die im Zusammenhang mit der Inquisition eingezogenen Vermögenswerte. »Diese Beispiele zeigen, welcher krasse Egoismus sich unter dem Samt und der Seide dieser leichtlebigen Männer eines heiteren Lebensgenusses verbarg, deren einzige leidenschaftliche Sorge dahin ging, die Kosten der blutigen Geldpressen (Folter) durch Massenabschlachtungen herabzumindern«.[15]

Dennoch: aus der richtig verstandenen Geschichte heraus bestimmt der Mächtige die Entwicklung. Die zu stark gewordene Kirche zieht sich somit von selbst in den Bannkreis des Verbrechens. Die ihr zur Last gelegten Ausschweifungen lassen sich auf andere Kreise projizieren und wären sicher bei gleicher Machtstellung vorgekommen. Problematisch ist der Aufhänger: der dubiose Schild eines fehlgeleiteten Glaubens, geboren in den Köpfen einzelner Fanatiker unter der Prämisse der Selbstsucht und des Machtstrebens, getragen von einer mehrbödigen Moral und einer zeitweise unsittlichen Rechtsauffassung (der Priester ist ein besserer Mensch als der gemeinhin Sterbliche, erlauchte Personen sind von Strafe und Folter ausgenommen!!!), verzerrt in Glaubenskriegen und in den Köpfen rechthaberischer Theokraten...so in die Masse hinausgetragen, entsteht nicht nur der Zusammenbruch des Katholizismus vom 14. bis 16. Jhdt., sondern auch deren Sammlung im 17. Jhdt.; so entsteht das Wüten gegen angebliche Hexen, das Tausenden unter dem Deckmantel der christlichen Nächstenliebe Geld, Hab, Gut und Leben gekostet hat. Das ist das Problem: das Injizieren von Spekulation in das Volksbewußtsein, um Macht zu demonstrieren. Hier haben wir krasse Auswüchse des kirchlichen Aberglaubens (den, daß der von ihnen vorgetragene Glaube der allein richtige wäre), die in einem langen Entwicklungsprozeß zu den Hexenbränden die Zustimmung gibt. Ein Vorgehen, das innerhalb der Theologie angesiedelt werden muß, der sich bis weit nach der Epoche der Aufklärung Juristen und Mediziner, Philosophen und Obrigkeiten beugen.

Kirchliche Macht und Habgier

»Diese traurige Art von Prozessen ist dem christlichen Glaubenseifer eigentümlich«. »In jenen goldenen Zeiten der Kirche, in der Widerstand gegen ihre unumschränkte Macht nicht vorhanden war, war das (in dieser Form) nicht nötig. Die Krise kommt mit dem Skeptizismus. Jetzt treten Männer auf, die den Vorstellungen des theokratischen Systems pari bieten, ihr den unbedingten Gehorsam verweigern und dem Verlangen nach blindem Nacheifern ohne Anwendung des Verstandes nicht mehr entsprechen wollen... nun taucht überall Widerstand gegen die Alleinherrschaft der Kirche auf. Um die mühsam erreichte Machtstellung zu behaupten, muß die Kirche kräftige Gegenmaßnahmen ergreifen. Sie schwärzt die ungehorsamen Kinder an, sagt ihnen unbeweisbare und theologisch spitzfindige Verbrechen nach (Hostienschändung, Teufelsbuhlschaft, sexuelle Vergehen und das Bündnis mit dem Teufel; sie perfektioniert den Terminus Sünde) und beginnt daraufhin den großangelegten Verfolgungskrieg. Ketzer- und Inquisitionsprozesse sprechen eine ebenso deutliche Sprache wie Exkommunikationen, Bann und Interdikte.

Wo Macht ist, ist Gewalt. Die Kirche hat ihr Imperium nicht auf den ursächlichen Grundsätzen der christlichen Nächstenliebe errichtet, sondern auf dem Fundament unzählbarer Verbrechen und sexueller Ausschweifungen, durch die brutale und rücksichtslose Anwendung aller ihr zu Gebote stehenden Zwänge. Von einer solchen, nach außen weitgehend homogenen Gesellschaft darf man Toleranz und Verständnis nicht erwarten. Nur unter dieser Prämisse stimmt der Ausspruch eines katholischen Theologen, »die Kirche sei eine internationale Firma zur Herstellung von Angst«. Nepotismus und Simonie bestimmen in einer wesentlichen Phase der kirchlichen Entwicklung das Feld. Dazu kommen geradezu ungeheuerliche sexuelle Ausschweifungen; steht doch in den päpstlichen Dekretalien: »Den Christen soll alles gemeinsam sein...auch die Weiber«. Andere Mißstände, wie die Sklavenhaltung oder das perfektionistische System der finanziellen Ausbeutung will ich hier nicht weiter beachten. Es sind Ausschweifungen, die von einzelnen Päpsten herab zu Subdiakonen, Nonnen und Mönchen reichen. Das Verderben geht quer durch den kirchlichen Machtapparat. Ich habe wenige dieser Fälle im Buch geschildert.

Jedes Abweichen von der offiziellen Lehre wird als Ketzerei angesehen und entsprechend verfolgt, denn es schmälert das Ansehen der Kirche, die des Bösen bedarf, um das Gute darzustellen; durch das Emporhalten des Bösen vermag sie sich zu profilieren. Das Hochhalten des eigenen, zeitweise schmutzigen Zeigefingers der Moral, der Skandal vorzugeben, Sünden

Zwei Wetterhexen. Öl auf Holz. Hans Baldung Grien (1523). Eines der wenigen erhaltenen Hexendarstellungen in Form eines Tafelbildes aus dem 16. Jht. (vergl. Titelbild). In dieser Epoche schält sich der Hexenwahn zur handfesten Realität heraus. Requisiten der Hexen (hier: vielleicht eine Proportionsstudie), sind der Bock zum Ausfahren, die Salbenbüchse und das Kind, das es zu schlachten gilt, um Hexensalbe aus ihm herzustellen. Im Hintergrund zieht sich ein »Wetter« zusammen.

23

vergeben zu können, der Skandal der erzwungenen Offenbarung des Intimlebens im Beichtstuhl, das Herausschälen von regelrechten Bußkatalogen, die jede menschliche Regung der Frage unterziehen, inwieweit sie Sünde ist, **das permanente Einimpfen des Glaubens an die bösen Mächte, an Teufel und Dämonen, ist in letzter Konsequenz der Vorwurf, der der Kirche im Verbund mit dem Hexentreiben gemacht wird.** Davon kann sie niemand freisprechen; auch nicht die Priester- und Ordensleute, die ihre geistigen pro-kirchlichen Elaborate mit kirchlicher Druckerlaubnis veröffentlichen, und dadurch einen weiteren Skandal gutheißen: die kirchliche Zensur über den freien Geist des Menschen, um sich dadurch ins rechte Licht zu rücken. Wieso, ist zu fragen, stehen nicht der Hexenhammer, das verfängliche Buch des Jesuiten DelRio oder der Formicarius des Dominikaners Nider auf dem Index der verbotenen Schriften? Sie haben unsagbares Leid mit sich gebracht und sind allesamt von der Kirche approbiert. Sehen wir nicht auch hier das Damoklesschwert des Glaubens über uns schweben, jederzeit bereit und damals in der Lage, jeden Widerstand zu zerschmettern; von dem das Wüten gegen die angeblichen Hexen nur ein winziger Teil kirchlicher Aktivitäten ist.

Polemik

Diese Vorwürfe sind nicht neu. Die katholische Kirche festigt sich unendlich langsam und hat seit ihren Anfängen, seit dem Urchristentum, immer wieder oppositionelle Strömungen und Tendenzen auszugleichen. Ihre Stärke erkennt man daran, daß sie sich bis heute bewährt hat, wohlgemerkt: nicht als Wertmaßstab, sondern als geschichtliche Tatsache. Interessant ist, wie einzelne Hexenschriftsteller reagieren. »Aber wie, höre ich sagen, die Hexenprozesse könnten mit Stillschweigen übergangen werden. Ich dächte ja! Oder hat sich etwa hierin die katholische Kirche gegenüber der protestantischen abwehrend zu verhalten? Leider sind dies vielmehr Ereignisse, die wir gegenseitig aufrichtig zu beklagen haben, obwohl der Katholizismus wenigstens den Trost für sich hat, daß sich begabte Männer aus seinem Schoß zuerst gegen die Unvernunft und Unmenschlichkeit der Hexenprozesse erhoben haben«.[16] (Tendenziös!!!). Es gibt noch mehr solcher Beispiele.

»Selbst der religiöse Fanatismus hat niemals so lange gedauert...doch wollen wir nicht verschweigen, daß alle Hexenprozesse, die im 18. Jhdt. oder wenigstens über 1700 hinaus erfolgten, meist unter Mitwirkung des katholischen Priestertums angestrengt worden sind...«.[18] Oder: »Eine unparteiische Prüfung der einschlägigen Literatur und der Geschichte des 16. und 17. Jhdts. führt zu der Überzeugung, daß der Protestantismus viel mehr Anteil an der Verbreitung und Erhaltung des Hexenwahns hat als der Katholi-

zismus...der Prozeß gegen die Hexen wird von den Protestanten häufiger und beharrlicher unterhalten«. Oder: »Mit Vorwürfen und Recriminationen wird weder etwas gut gemacht oder erklärt. Vergeblich ist's, daß der Theolog behauptet, eine schlechte Rechtswissenschaft habe die meisten Scheiterhaufen dieser Menschenbrände angezündet. Vergeblich ist's, daß die Juristen die Theologen als Ketzerrichter anklagen. Die ganze Zeit hat geirrt und alle haben gefehlt. Päpste, Bischöfe, Äbte und Professoren haben sich getäuscht. Die Päpste können unbeschadet ihrer Stellung irren und haben sich gar oft geirrt (Anm.: Bis jetzt von der Sache her richtig, nun aber das tendenzielle) ...wenn sie falsche Berichte erhielten (Frage: Ist das ein Alibi für die sich selbst zugeschriebene Unfehlbarkeit?). Noch kein Papst hat sich für unfehlbar gehalten«.[18] Ein Blick in die Geschichte überzeugt sofort vom Gegenteil.

»Es ist eher anzunehmen, daß viele Priester (Mediziner und Juristen) in dem festen Glauben gehandelt haben, das Heil der Welt beruhe einzig und allein auf der Macht der christlichen Kirche (was andere Religionen auch behaupten), und es sei von großem Nutzen für die Menschheit, wenn jede anderslautende Bestrebung gewaltsam unterdrückt wird«. Nur einer von ihnen hat den Mut, offen zu bekennen: »Daß in der Blütezeit der Hexenprozesse, gegen Ende des 16. und im 17. Jhdt. Katholiken und Protestanten in der Verfolgung der Hexen miteinander gewetteifert haben, wird heute allgemein anerkannt«.[19] »Die aufgezeichnete Entwicklung war nur möglich, weil die Vertreter des Hexenglaubens, besonders die Kirche, die Zauber- und Wundergläubigkeit bereits im Volk angetroffen hat. Damit verteilt sich das Schuldurteil, das bezüglich der Hexenverfolgungen bisher hauptsächlich über die kirchlichen Kreise und einzelne Stände gesprochen worden ist, auf eine viel breitere Schicht der Bevölkerung«.[20]

Abschied vom Teufel

»Die theologischen und protestantischen Studien haben den Teufels- und Hexenglauben großgezogen und deshalb Mitschuld an der Existenz der Hexenprozesse. **»Erst unter dem Einfluß der christlichen Kirche tritt der Geschlechtsverkehr zwischen Menschen und Dämonen unter Zugrundelegung unsittlicher Exzesse in Erscheinung«.[21]** Mit der Christianisierung kommt die Unterdrückung des Volksglaubens, nicht die des Volksaberglaubens, der in vollem Umfang auf die Kirche reproduzierbar ist...**allmählich verschwinden die alten Götter der Germanen und machen den christlichen Teufeln Platz. Eine jahrhundertelange Entwicklung baut auf falschen Grundsätzen ein großartiges System des Bösen und fundamentiert damit den Glaube an Hexen«.**

»Da die Theologen einiger Bibelstellen halber glauben, daß die Zauberei etwas wirklich existierendes ist, geben sie dem imaginären Teufel, den die Scholastik mehr und mehr mächtig und wirksam herausstellt, die Schuld, der Ursprung und damit die Quelle aller Zauberei zu sein; so verstärkt sich in der folgenden Zeit der Glaube an Hexereien in diesem Nährboden. Die Frau wird dabei schlichtweg als Negativum hineingezogen.

Der heil. Wolfgang und der Teufel. Detail aus einem Kirchenväter-Altar, der um 1483 entstanden ist (Außenflügel). Der Heilige zwingt den Teufel, ihm das Meßbuch vorzuhalten. Damit wird symbolisiert: der Glaube (das angenommene Gute) bezwingt das Böse (den Teufel oder die Dämonen). Bei der zeitgemäßen Frömmigkeit läßt sich gut vorstellen, welchen Einfluß solche Kirchenbilder auf die breite Masse haben: der Teufelsglaube wird genährt. Mit ihm wächst der Glaube an die Hexerei.

Bild oben: Teufelsritual. Ein Mann tritt dem geflügelten Teufel gegenüber. Er steigt auf ein auf dem Boden liegendes Kreuz und verhöhnt dadurch den »rechten« Glauben. Mit seiner erhobenen Hand schwört er dem Glauben ab.

Bild Mitte: Der Teufel tauft den Novice in des Teufels Namen mit Wasser. In der Hexenliteratur wird oft eine Pfütze oder Mistlache zu diesem Zweck zitiert.

Bild unten: Zum Zeichen seiner Zugehörigkeit erhält der neu Aufgenommene ein Stück Tuch; allerdings eine Komponente, die in keinem der mir bekannt gewordenen Untersuchungen vorkommt. Dadurch dokumentiert er seine Unterwerfung zur »Teufelssekte«.

Das gilt es zu begreifen, um den Hexenwahn in vollem Umfang zu verstehen: **der eigentliche Kampf gilt nicht den Hexen, er gilt dem erdichteten Teufel. Wir haben siamesische Zwillinge vor uns. Die permanente Auseinandersetzung mit dem Teufel führt über die Brücke der Teufelsbuhlschaft zum Hexenwahn.** Daß das Feld der Auseinandersetzungen von Katholiken angeführt wird, erklärt sich chronologisch. Baumgarten, einer davon, schiebt die Schuld an der Ausartung der Hexenprozesse den »antichristlichen Strömungen« von Renaissance und Reformation zu. Ihm zufolge ist es ein Grundelement der religiösen Anschauung, die zu Anfang des Menschengeschlechtes, begründet in einer Uroffenbarung, im alten und neuen Bund bewahrt wird, daß »...ein unsichtbares Reich von Geistern besteht...es liege am Einzelnen, wie er sich zu ihnen stelle: **die Anbetung des Teufels muß als die größte aller Sünden und als Inbegriff aller Gottlosigkeit erscheinen«.**[22] Baumgarten hat nur in einem winzigen Punkt recht: die größten Ausschweifungen erfolgen in der von ihm zitierten Epoche, aber das sind die Auswüchse der auf dem Boden der katholischen Theologie eingenisteten Teufelslehre. Er beschmutzt im Übereifer das eigene Nest, aber nicht zur Zeit des Hexenhammers, sondern 400 Jahre danach; der Tenor seiner Ausführungen ist der eines Hexenriechers Sprenger oder Institoris, die den Hexenhammer verfaßt haben: Baumgarten ist ein anerkannter theologischer Schriftsteller des 19. Jhdts.

Seiner Auffassung sind die Jesuiten Peronne und Gury. Die Moraltheologie des letztgenannten besitzt im 19. Jhdt. Bedeutung bei der Ausbildung des priesterlichen Nachwuchses. Gury bekennt sich offen zur Hexerei: »Hexerei (maleficium) ist die Kunst, mit Hilfe des bösen Feindes anderen zu schaden. Man unterscheidet eine doppelte Zauberei, eine Liebeszauberei (maleficium amatorium) und eine schädliche (veneficium). Das Anzaubern der Liebe oder der Liebestrank (philtrum) ist eine treffliche Kunst, wodurch in einer Person eine sündhafte Liebe (!!!) oder Haß gegen eine andere erweckt wird. Die schädliche oder giftige Zauberei ist die eigentliche Kunst, dem Nächsten mit Hilfe des bösen Feindes auf verschiedene Weise zu schaden, z. B. durch Krankheit oder Stumpfsinn«.[23] **Wir sehen, ohne Dämonen geht es nicht.**

Nicht nur Katholiken glauben an den Teufel, auch die Protestanten: ein schlagender Beweis für ihre Herkunft. Vilmar ist der Auffassung: »**Der Teufel ist ein kosmisch geschaffenes Wesen, das mit seiner per-**

sönlichen Macht nicht allein die ganze Menschenwelt, sondern die Erde umspannt. Der Teufel verfügt über ein organisiertes Reich, zu seinen Diensten steht eine Schar affilierter Geister. Dies ist das finstere Reich der Zauberei, welchem wir volle Realität zusprechen müssen«.[24] Ich könnte noch die Autoren Längin, Splittgerber, Mühe und Röschen aufführen! Es lohnt sich nicht, die Tendenz ist die gleiche.

Meiner Meinung nach irren sich diese Herren. Die katholische Kirche übernimmt den Glauben an Geister und Dämonen von vorausgegangenen und parallelen Kulturformen ebenso wie die anderen Weltreligionen, die allesamt behaupten, die allein seligmachende zu sein. Das verhängnisvolle ist, daß die römisch-katholische Kirche an diesen Vorstellungen festhält, sich daran festbeißt und ein imaginäres Lehrgebäude aus diesen Wahnideen zimmert. Es kommt ihr gelegen, denn das Herauskehren des sinnlich Bösen kann nur dazu gut sein, das von ihr geschilderte Bessere herauszustellen. Mit der ursprünglichen Idee des Christentums hat das nichts zu tun. Die Lösung scheint einfach, ist aber für die heutige Kirche unannehmbar: **der Glaube an Teufel, Engel und Dämonen ist irrig**, daran können gelehrte Abhandlungen zu diesem ohnehin verfänglichen Thema seitens der Theologen nichts ändern; die Leitung der Kirche kann keine sachlichen Argumente ins Feld führen: das Zitieren der Bibel, das Berufen auf die Tradition, die Geschichte und die Dogmen, das Zitieren einiger Stellen aus den Testamenten, die als wahr angenommen werden, genügen vielen heutigen Menschen nicht mehr, sie im Glauben zu stärken. Fest steht, daß Ex. 22, 18: »Die Zauberinnen sollst du nicht leben lassen« dazu hergehalten hat, Tausende sog. Hexen bestialisch umbringen zu lassen oder selbst umzubringen und somit das kirchliche Vermögen, ausgedrückt in Ansehen und Wohlstand, zu bereichern. Ist das christliche Nächstenliebe?

Nun gut, auch diejenigen, die den Teufelsglauben verwerfen, haben keine Argumente dafür, daß der Dämonenglaube eine fixe und unhaltbare These ist. Ich meine aber, daß diese Skepsis berechtigt ist. Der Gedankengang ist schon deshalb angebracht, weil der von der Kirche genährte Glaube Millionen von Opfern gefordert hat. Bedarf die Kirche wirklich des Bösen, um sich zu profilieren? Das nunmehr über 1000 Jahre alte theokratische Lehrgebäude ist in diesem Punkt morsch, verknöchert und überholt. Bei all den kirchlichen Traditionen ist es unsagbar schwer, das noch so kleinste Zugeständnis zu machen, auch nicht, wenn es durch Vernunft überzeugt. Die Kirche hin-

Bild oben: Ziehen eines magischen (?) Kreises, also eines uralten Rituals. Es soll wohl die feierliche oder offizielle Aufnahme bedeuten, wie es noch heute bei den Wicca-Zeremonien geschieht.

Bild Mitte: Übergabe eines schwarzen Buches (als Persiflage auf die Heilige Schrift der Kirche). Im Zeichen der Zeit beinhaltet das Teufelsbuch alle Namen der Getauften und ihre Sünden.

Bild unten: Ein Kind wird dem Teufel als Opfer gebracht. Der Novize muß schwören, zukünftig möglichst viele Kinder umzubringen.

dert nichts daran, noch heute den Teufelsglauben als lehrverbindlich anzusehen: **hier wird Millionen etwas eingeredet, was es niemals gegeben hat, und was es genausowenig wie Hexen und Geister gibt.** Daß dieser Irrglaube wacker hochgehalten wird, läßt sich jederzeit belegen. Nicht nur anläßlich der letzten aufsehenerregenden Exorzismusprozesse, die ich im Buch beschrieben habe, sondern selbst innerhalb der kirchlichen Lehre!

Unmittelbar vor Drucklegung dieses Buches lese ich, daß der 1903 verstorbene Papst Leo XIII. eine Vision gehabt haben soll, in der er gehört hat: »...wie dem Satan eine letzte Frist von 75 Jahren für seine Herrschaft über die Welt gegeben wird, ehe die Zeit der Abrechnung mit dem Bösen kommt«. Dr. Pachar vermarktet diese Vorstellung, die in der Geschichte nicht einzig dasteht, sondern sich hundertfach wiederholt, indem er nun den Mai 1982 als Termin für den Weltuntergang hinstellt. Wären all diese Prophezeiungen, selbst nur eine davon, jemals eingetreten, würden wir längst ausgerottet sein. Die abergläubische Masse saugt begierig an solchen Sensationsmeldungen; genauso wie die Masse damals andere denunziert und auf den Scheiterhaufen bringt. Der Mensch hat sich in seinem Wesen nicht geändert!

Der Teufelsglaube wird nicht nur in den letzten Jahren verstärkt kritisiert. Bereits im 18. Jhdt. bekommt er einen empfindlichen Schlag, als mutige und aufgeschlossene Theologen (Cornelius Loos, Balthasar Bekker) und kluge Juristen (Christian Thomasius) die These verteidigen, daß der Teufel kein leibhaftiger, sondern ein imaginärer Gegner ist. Die Kirche hat nicht mehr die Kraft, die beiden zu zerschmettern, wenngleich die über sie hereinbrechende Flut schlimm genug ist: sie ist polemisch. Das Hexentreiben erhält damit einen massiven Schlag in seiner geschichtlichen Entwicklung, denn ein Stückchen vom Lehrgebäude bricht zusammen. Freilich auch deshalb, weil die Rechtsprechung allmählich von der Folter Abstand nimmt; dadurch gehen die Hexenprozesse und mit ihnen die Hexenverbrennungen zurück. **Dennoch sieht sich die Kirche nicht veranlaßt, die Existenz des Teu-**

Bild oben: Der Teufel greift dem Novize an die Stirn und drückt ihm (so) das »Stigma diabolicum« zum Zeichen seiner Zugehörigkeit auf. Es ist das oft genannte Kennzeichen der Hexen und Hexer, das weit bis in das 18. Jht. gerichtlich untersucht wird.

Bild Mitte: Der sog. »osculum infame«. Ein Schandkuß, der sich historisch aus den alten Lehensrechten ableitet; zugleich eine Persiflage auf die Zeremonien der katholischen Kirche. Neueingeweihte küssen den Teufel auf den Hintern und drücken damit ihre Verehrung aus.

Bild unten: Der Hexentanz in unrealistischer Darstellung (die Hexen tanzen nicht mit »nach außen« gekehrten Gesichtern.

Die letzten neun kleinen Abbildungen sind eine Holzschnittfolge von Francesco-Maria Guazzo aus seinem Buch über die Dämonen. Gerade diese volkstümlichen Darstellungen tragen in hohen und wiederholten Auflagen dazu bei, den Teufelsglauben im Volk anzuheizen.

fels aufzugeben. **Ein treffendes Beispiel haben wir in den exorzistischen Praktiken, die in den Augen der Kirche volle Gültigkeit haben.** Bemerkenswert ist, daß diese Tendenz im Steigen begriffen ist. Nicht nur bei uns, ebenso in den angelsächsischen und südlichen Ländern.

Teufelsaustreibung bei der christlichen Taufe

Die römisch-katholische Kirche geht davon aus, daß durch die Zeremonie der Taufe ein Bund mit Christus geschlossen wird. Weil Christus gut, die Dämonen böse gedacht werden müssen, sind sie unmittelbar vor der Taufe (bzw. während dieser als Teil der Zeremonie) aus dem Körper des zu Taufenden zu treiben, in dem sie in Wirklichkeit nicht sind, weil es keine Teufel und Dämonen gibt. Mit der Taufe wird der Getaufte in den Kreis der etwa 700 Millionen Christen aufgenommen und fest verpflichtet. Diese Zeremonie ist zu billigen, wenn die Christgläubigen sich aus freien Stücken dazu bekennen, nicht aber, wenn die Taufe unter Zwang geschieht. Die Christianisierung Europas geschieht zum überwiegenden Teil nicht auf Freiwilligkeit, sondern unter Zwängen. Mit dem Überwechseln eines kleinen Herrschers zugleich werden alle seine Schäflein verpflichtet, nun eben katholisch zu sein. Der erste Sprung in dieses Fahrwasser ist die Erhebung des Katholizismus zur Staatskirche im 4. Jhdt. Von da ab reißt die Kritik am Unrecht der Taufe nicht ab. Bereits vor 1000 Jahren bemängeln Andersdenkende (von der Kirche zu aufsässigen Ketzern gestempelt), daß es unmöglich ist, wenn Erwachsene für Neugeborene entscheiden: erst müsse sich der kindliche Geist entwickeln und seine Entscheidungsfähigkeit reifen, wenn sich dann der Betroffene innerlich zu diesem Glauben bekennt, dann erst ist die Taufe sinnvoll und berechtigt: eine geistige Bevormundung ist unbillig und ungerecht. Dennoch wird sie heute erfolgreich praktiziert. Deshalb ist es verwunderlich, wenn sich bei den letzten Exorzismusprozessen gerade die Katholiken über den Teufel aufregen, den man ihnen bei ihrer Taufe ausgetrieben hat. Auch hier hat die Kirche eine Ausrede parat: »Es sind eben nicht rechte Christen, die so argumentieren«. Drehen wir den Spieß herum: **»Es ist die Kirche, die den Leuten noch heute das Spiel mit dem Teufel vorgaukelt.**

Auf den ersten Blick hat dies mit den Hexen nichts zu tun, aber im Kern ist es so, daß diese schlimmen Exzesse **nur** auf dem Boden der christlichen Kirche in einer so negativen Form ausgeartet sind. Die Verbrecher waren »gutgläubige« Christen. Es spielt hier keine Rolle, ob es Juristen, Ärzte oder Theologen sind. Es ist das System, das den Mord sanktioniert und nicht der Einzelne. Und was steht in der Bibel: »Was

Barocke Darstellung (frühes 18. Jht.) der Hildegard von Bingen. Sie wirkt im 12. Jht. und ist Benediktinerin. Die Interpretation von Wehr ist falsch, derzufolge hier ein Bauer der Mystikerin einen Brief mit der Bitte um Teufelsaustreibung überreicht. Genau das Gegenteil ist dargestellt: die Mystikerin gibt eine von ihr verfaßte Botschaft heraus.

ihr einem von diesen meinen geringsten Brüdern getan habt, das habt ihr mir getan«. Mit der Taufe bindet die Kirche den Einzelnen an sich, um ihn dann zum Spielball ihrer Intrigen zu machen und um jede kleinste Abweichung hart zu strafen. So war es: mit der Taufe fängt es an, und mit dem Hexen- und Völkermord hört es auf. Die Praxis der Kirche hat sich unendlich weit von den Ideen der christlichen Nächstenliebe entfernt. Das beweisen u. v. a. die Verfolgungen der Hexen, die es in Wirklichkeit niemals gegeben hat. Außer Zweifel steht, daß bislang die meisten Menschen in Glaubenskriegen ihr Leben gelassen haben. Ein erheblicher Teil davon fällt auf die Verbreitung des Katholizismus zurück: das Morden der Hexen und das Abschlachten von Andersdenkenden geht auf ihr Konto. Bei den immensen kulturellen Aufgaben, die der Kirche zugefallen sind und bei all dem Erfolg, den diese geistige Entwicklung dem Abendland gebracht hat, konnten krasse Fehler nicht ausbleiben. Ich möchte sie so zusammenfassen:

● Sie hält am imaginären Teufelsglauben fest. Hier müßten neue Erkenntnisse die Basis zu einer sachlichen Auseinandersetzung bilden, die eine Korrektur des kirchlichen Standpunktes herbeiführt; aus dem Hochhalten des Teufels- und Dämonenglaubens ist ein mörderisches Weltbild entstanden; quasi die Hölle auf Erden. Es gibt weder Teufel, Geister, Engel noch andere Dämonen; damit will ich die parapsychologische Forschung durchaus würdigen, aber dies steht auf einem anderen Blatt. Die Kirche sollte sich diesen Fragen stellen und außer den Glaubensargumenten weitere, vor allem sachliche, ins Feld führen. Die Diskussion scheint angebracht, weil immer mehr Christen an der Realität des Teufelsglaubens zweifeln und vor allem deshalb, weil man sie nicht mehr so bevormunden kann wie noch vor wenigen Jahren.

● Die einseitige Haltung der Kirche gegenüber den moralischen Wertigkeiten von Mann und Frau und das spitzfindige Herausarbeiten von dubiosen Sündenkatalogen, Bußübungen und -vorstellungen für das imaginäre Ziel, der offizielle Verfechter von Moral und Glauben zu sein. **Diese Denkweise hat über Jahrhunderte das weibliche Geschlecht in die Enge getrieben und sie zur Sünderin gemacht. Diese Denkweise macht die Frau zur Sünderin; sie wird zur Schlange (der Lust) herabgewürdigt.** Zwar wächst dieses Motiv nicht auf dem Boden der christlichen Kirche, aber hier wird es verzerrt und großgezogen. Auf der anderen Seite haben sich Päpste nicht gescheut, mit Dirnen zu schlafen oder im Vatikan Bordelle zu errichten. Ich habe einige dieser gern verschwiegenen Fälle im Buch geschildert. Dieser Standpunkt war es, der über die Brücke der Teufelsbuhlschaft, des geschlechtlichen Verkehrs mit ihm, das Hexentreiben weiter gestärkt hat. Grund genug, diesen Standpunkt zu überdenken und neu zu formulieren.

● Die Kirche hat sich über weite Strecken ihrer Geschichte von den Christusidealen entfernt. Mit der Macht kam die Gewalt, mit ihr die Unsittlichkeit und damit die Ausschweifung. Mit dieser Verderben, Unterdrückung und so der Zusammenbruch. In diesem Kreuzfeuer, in der Abweichung von wirklichem Glauben, entstehen die Verfolgungen Andersdenkender; hier bildet sich die Basis des späteren Hexentreibens. Die Kirche greift zum probaten Mittel: sie zitiert den Teufel herbei, der allen angeblichen Hexen zum Verhängnis wird. **Das Hexentreiben ist ein Ausfluß der kirchlichen Machtpolitik.**

Nicht nur meiner Auffassung nach sollte die Kirche den Mut zum Bekenntnis haben, daß es weder Hexen noch Dämonen gibt. Sie steht auf historisch gewachsenem Boden, den zu verlassen sicherlich schwer ist. Aber der heutige Mensch scheint aufgeschlossener — nicht weniger abergläubisch — zu sein. Das blinde kritiklose Nachbeten, das »Nur-Glauben« kann in der konventionellen Form nicht mehr das Rückgrat

einer in der Zukunft erfolgreichen kirchlichen Lehre sein. Sie müßte bereiter sein, auch aus ihren Fehlern zu lernen und sie bedarf nicht des Bösen und des Teufels, um sich zu profilieren, wie sie es z. B. beim Hexentreiben unter dem Schutzmantel eines falsch verstandenen Glaubens getan hat und damit Tausende sinnlos den Henkern überlassen hat. Durch das Hochhalten des Teufelsglaubens, durch das permanente Abweichen der idealen Glaubensinhalte und durch die weitere Geringschätzung des weiblichen Geschlechts wird die Kirche als solches unglaubwürdig und so ihre nächste Krise vorbereiten.

Zeitdauer und Ausmaß der Hexenbrände

Hier muß das Märchen ausgerottet werden, das die Hexenprozesse in das finstere Mittelalter versetzt. Diesem, auch dem späten, ist der eigentliche Hexenprozeß fremd; es wird aus der Geschichte deutlich, daß die ersten in dieser Hinsicht bekannten Verfolgungen einen anderen Tenor haben. Im April 1074 wird in Köln eine Frau von der Stadtmauer gestürzt, weil sie im Verdacht steht, mit magischen Künsten den Sinn der Menschen betört zu haben. Hier haben wir einen Fall von Lynchjustiz, aber keinen Hexenprozeß. In Frankfurt am Main steht 1409 eine Anklage wegen Zauberei an, wobei eine Magd ihr Kind einem jüdischen Zauberer verkauft haben soll. Sie wird eingekerkert und später freigesprochen; der Jude wird in Friedberg verbrannt. Dies kann kein Hexenprozeß sein, zudem ist hier die Quellenangabe nicht eindeutig gesichert.[25]

Die Verfolgungen setzen etwa im letzten Drittel des 15. Jhdts. ein, also faktisch mit dem Übergang vom Mittelalter zur Neuzeit. Der Hexenbegriff steht, aber noch fehlt die Systematisierung, noch fehlt das Verfolgen in breitangelegter Form. Das System entwickelt sich mit dem Ausbau des Glaubens an Teufel und Dämonen. In der ersten Hälfte des 16. Jhdts. nehmen die Verfolgungen zu, erreichen in der zweiten einen dramatischen Höhepunkt (Konfrontation mit der Reformation, Gründung des Jesuitenordens, Gegenreformation), schwellen ein wenig ab, nehmen wieder zu, werden durch die Wirren des 30jährigen Krieges unterbrochen, flammen noch einmal mit furchtbarer Grausamkeit im 17. Jhdt. auf, nehmen dann kontinuierlich ab, halten sich in einzelnen Fällen bis weit in das 18. Jhdt. in ihrer ursprünglichen Bedeutung. Einzelne Fälle können für das 19. und 20. Jahrhundert belegt werden. Der letzte bekanntgewordene Hexenprozeß erfolgt 1944 in England gegen das Medium Helen Duncan. Sie wird unter Berufung auf das Hexengesetz von 1735 wegen Betrug und Hexerei angeklagt, für schuldig befunden und in das Gefängnis gesteckt. Sie ist später an einem Schock gestorben. Es ist die Phase der Verlagerung vom Hexenmord in den mehr mystisch und religiös-okkulten Bereich. Vergl. dazu das Kapitel »Hexenwahn im 20. Jht., Rituelle Abarten.«

»Einem weitverbreiteten Irrtum historischer Laien zufolge war der Hexenglaube eine peinliche Entartung des »finsteren Mittelalters«. In der Tat aber erreichte die Überzeugung, daß eine satanisch organisierte Menschengruppe ein Bündnis mit dem Teufel geschlossen hat, erst in der Neuzeit ihren Höhepunkt; es zeigt sich auch hier, daß vereinfachende Pauschalurteile über geistesgeschichtliche Fakten oft weit neben das Ziel treffen«.[26]

Dergleichen Gräßlichkeiten waren das ganze Mittelalter unbekannt; erst in der gepriesenen Zeit der Reformation und der Renaissance sind sie mit dem römischen Recht und dem teuflischen Despotismus in Deutschland aufgekommen. Man pflegt das Mittelalter als barbarisch, die neuere Zeit als gebildet, aufgeschlossen und aufgeklärt zu nennen. Wenn man die Sache aber recht betrachtet und nicht aus Rücksicht auf die herrschenden Vorurteile lügen will, muß man sagen, daß die deutsche Nation im Mittelalter viel humaner gesinnt war und regiert wurde...die Finsternis brach mit der Reformation, den klassischen Studien, der römischen Jurisprudenz und der damit verbundenen Bürokratie herein. Mit dem Aberglauben hat das nichts zu tun: der heutige Bürger neigt in vollem Umfang dazu.

»Auf die glänzende Seite der Geschichte des 15. Jhdts. mit ihren epochemachenden Erfindungen fällt der Schlagschatten eines Ungeheuers, das an Furchtbarkeit alle Greuel des Mittelalters überragt: der Hexenprozeß«.[27] »...es ist nicht zu verleugnen, daß gerade das Wiedererwachen der Wissenschaften manches dazu beigetragen hat, den Aberglauben allgemeiner und intensiver zu gestalten...die Spaltung der Volksbildung und der Wissenschaft drückt den Bildungsgrad herunter«[28]: darüber muß man sich im klaren sein. Das Lernbewußtsein und damit der allgemeine Bildungsgrad steigt langsam und kontinuierlich an. Dieser Prozeß beansprucht Jahrhunderte. Aber das frühe 16. Jahrhundert mit all seinen Gärungen und Umwälzungen bietet den Nährboden für das Klima, das zu weiteren Höhepunkten im Hexentreiben führt.

»Im allgemeinen darf man annehmen, daß die Hexenverfolgungen länger dauerten und die Hexenbrände zahlreicher waren...offensichtlich sind die meisten Unterlagen verloren gegangen, und die, die vorhanden sind, betreffen nur den Zeitpunkt, wo das Übel einen besonders hohen Grad erreicht hat«. Wie viele in den Kerkern verschmachtet oder zu Krüppeln gepeinigt, wie viele in den Folterkammern ermordet worden sind oder wie viele das Land verlassen mußten bzw. es freiwillig verlassen haben, um den Fangarmen der Häscher und Hexenschmecker zu entge-

hen, läßt sich nicht ausmachen; selbst nicht schätzungsweise. »Man darf nicht vergessen, daß das nur Anzeichen von weit mehr Fällen sind, die niemals die öffentliche Aufmerksamkeit erreicht haben und deshalb geschichtlich überliefert sind«. Daß Massenmorde vorgekommen sind, steht fest. So werden 1589 in Quedlinburg an einem Tag 133 Hexen eingeäschert[29] und in Büdingen werden in der Zeit von 1633 bis 1634 114 Personen wegen Zauberei umgebracht.[30] Weitere Beispiele lassen sich im Verbund mit dem kirchlichen Machtstreben belegen. »Die Hexenprozesse sind nicht das Hexentum selbst, sie geben lediglich von ihm Kunde, wie die aus fauligen Wassern aufsteigenden Blasen über die Natur der darunter verborgenen Kräfte«.

An Quellen stehen zur Verfügung: Protokolle der Ratskommissarien und der Stimmeister, Criminalratsprotokolle, einzelne Briefe (z. B. den der Catharina Henot vom 16. 5. 1637 oder den aus dem Bamberger Drudenhaus geschriebenen des Bürgermeisters Junius; das sind die erschütterndsten Dokumente!), Bürgermeisterbücher, Criminalia (Akten über Untersuchungen und Bestrafungen der peinlichen Verbrechen), Urpheden, Urgichten, Verhörsprotokolle, Fakultäts- und Universitätsgutachten. Dazu kommen Bilder aus der Zeit, die die Wirklichkeit des Hexentreibens untermauern. Der dreißigjährige Krieg hat viele Akten vernichtet und in dieser Beziehung unermeßliche Verluste herbeigeführt. Dazu kommt die aufgelaufene Literatur; hier ist Vorsicht geboten, weil man oft mehr mit Emotionen denn mit Verstand abgeschrieben hat. So ist im Laufe der Jahre eine Verschiebung ins Überdramatische erfolgt. Es ist wie bei den frühen Beschreibungen der Pest und der großen Hungersnöte: je weiter die Chronisten fortschreiten, desto schlimmer wird die Sache. Dazu einige Beispiele:

»Rechnet man seit dem 6. Jahrhundert, wo der Papst Gregor der Große (der Heilige) die Strafe des Feuers auf die Hexerei setzt, und mit Eifer dagegen wütet, einen Zeitraum von elf Jahrhunderten, und nimmt in Deutschland, Frankreich, England, Italien und Spanien etwa 71 Millionen Menschen an, so kommen auf jedes Jahrhundert 854.454 (zurückgerechnet auf Quedlinburg; 12.000 Einwohner: 133 Opfer) und auf jene elf Jahrhunderte 9.442.992 Menschen, die in Europa unschuldig verbrannt worden sind«. Verfasser dieser Zeilen ist der Stadtsyndikus Voigt aus Quedlinburg,[31] dem offensichtlich Gefühl und Verstand bei der abwegigen Hochrechnung durchgegangen sind. Solche Rechnereien sind genauso müßig wie Spekulationen von Theologen, die recherchieren wollen, aus wieviel Dämonen eine Legion von Teufeln besteht: eine vielgenannte Zahl ist 6666. So kommen wir der Sache nicht näher, mit kritischer Geschichtsschreibung haben solche Angaben nichts gemeinsam.

Kirchliche Idealvorstellung von der Macht des Papstes. Zu Füßen von Alexander III. liegt Kaiser Friedrich Barbarossa in vollem Ornat. Fresko von Spinello Aretino im Rathaus von Siena (1407–1410).

»Zur Entschuldigung der Hexenrichter kann man annehmen, daß viele der sog. Hexenprozesse in Wirklichkeit Giftmischer-, Abtreibungs- und Eheprozesse gewesen sind, die sich unter den Händen der Obrigkeit zu Hexenprozessen geformt haben«.[32] »Wenn es gerechtfertigt ist, solche Kriminalprozesse aus den bekannten Hexenprozessen zu streichen, vermindert sich ihre Zahl ungemein«.[33] »Wieviel Menschen wirklich ihr Ende als Hexe auf dem Scheiterhaufen gefunden haben, kann nicht gesagt werden. Eines ist sicher, daß ihre Zahl groß gewesen ist«.[34] Von 1400 bis 1700 sind dem Hexenwahn in Europa über eine Million Menschen zum Opfer gefallen«.[35]

Ich bin der Meinung, daß diese Zahl überzogen ist. Beim Stand der Rechtswissenschaft des 16. und 17. Jahrhunderts ist es nachträglich unmöglich, eine Trennung zwischen den einzelnen Strafarten zu vollziehen. Für meine Ansicht spricht der Umstand, daß die sog. »Bevölkerungsexplosion« in Europa erst mit der Industrialisierung einsetzt, zu einer Zeit, wo die Hexenprozesse der Vergangenheit angehören. Ich schätze vorsichtig die Zahl der Opfer auf 300.000 bis 500.000, wobei ich davon ausgehe, daß ein Teil davon Verbrechen begangen hat.

In wenigen Fällen können wir auf spezielle Untersuchungen zurückgreifen. So sagt Lambreg, daß in Bamberg und Zeil in den Jahren 1624 bis 1630 785 Untersuchungen wegen Hexerei (Drudnerei) und Zauberei anhängig gewesen sind.[36] Von ihnen werden 307 Personen lebendig verbrannt...in der Folge aber, vorzüglich in den letzten drei Jahren (ab 1627) zuerst geköpft. Er bringt eine weitere Auflistung von 102 Hexenhinrichtungen in der Zeit vom Juni 1557 bis zum Mai 1630.[37] Ähnliche Untersuchungen liegen für das Würzburger Gebiet vor. Selbst wenn diese Angaben mit Vorsicht zu genießen sind, beweisen sie, daß man nicht nur alte Weiber hingerichtet hat. Alle kamen an die Reihe. Angefangen beim Kleinkind, das man lebend der schon brennenden Mutter auf den Scheiterhaufen geworfen hat, bis zum Greis, der auf einer Bahre zum Verhör oder zum Richtplatz getragen wird. So kann ein weiteres Vorurteil ausgeräumt werden. Bestätigt wird es aus einem Würzburger Verzeichnis der von 1627–1629 wegen Zauberei Hingerichteten. Darunter befinden sich:

»Eine Bürgermeisterin, der Lutz, ein vornehmer Kramer, ein alt Weib, ein fremd Mägdlein von 12 Jahren, ein Raths-Herr und der dickste Bürger von Würzburg, des Dom Probst Vogt, der Steinmacher, ein gar reicher Mann. Ein klein Mägdlein von 9 oder 10 Jahren, ein geringeres, ihr Schwesterlein. Ein Edelknab von Ratzenstein, das Göbelin Babelin, die schönste Jungfrau von Würzburg, der Lambrecht, Chorherr im neuen Münster (des Valenbergs Töchterlein ist heimlich gerichtet und mit der Laden verbrannt worden), der Bernhard Mark, Vicarius am Dom-Stift, ist lebendig verbrannt worden. Die dicke Edelfrau. Ein guter von Adel, Junker Fleischbaum... und viele andere«.[38]

Waren es die Juristen?

»Nicht die Theologen, sondern die Juristen haben die Hexen verbrannt.[39] Tausende starben von der Justiz gemordet«.[40] »...unter christlichen Völkern, im Schoß einer tausend Jahre alten Kultur, ist vom 15.—18. Jhdt. ein Justizmord zur stehenden Einrichtung geworden...diese Tatsache ist ungeheuerlich«.[41] »Es gehört zur tiefsten Tragik der abendländischen Rechtsgeschichte, daß die furchtbarsten Justizgreuel, die grausamsten Verbrechen gegen die Menschlichkeit von Theologen und Juristen unter Berufung auf göttliches und weltliches Recht verübt und gebilligt worden sind«.[42] »Die Jurisprudenz war einer engherzigen Beschränktheit verfallen: sie setzte den Zauberwahn voraus und ersann die Mittel von Tortur und Strafe«.[43] Riezler, Soldan (mit seinem Schwiegersohn Heppe) und Jannsen-Pastor sind in ihren tendenziösen Arbeiten zum Thema Hexen der Meinung, daß alle Richter nichtsnutzige, habgierige Gesellen gewesen sind, denen die Hexenprozesse eine gute Einnahmequelle bedeuteten. Sie zitieren z. B. den Bericht des Amtskellners von Camberg (sein Schreiben vom 28. November 1630): ...daß, wenn über die Zauberer Verhör gehalten werde, alles auf Kosten der Hexen gehe und (daß) man es an nichts fehlen lasse...Kost und Wein würden bei dem Wirt geholt«.[44] Oder sie berufen sich auf das Verhalten einzelner Scharfrichter, die sich mit ihren Weibern herausgeputzt haben und wie Fürsten durch das Land gezogen sind. Daraus entwickelt sich die sog. Habsuchtstheorie, deren eifrigster Vertreter wieder Baumgarten ist.[45] Er macht für die Ausschreitungen und Bosheiten die Richter verantwortlich, von denen »...die größte Mehrzahl die Geständnisse der Hexen zu selbstsüchtigen Zwecken benutzt hat«. Er meint, daß Haß und Wollust weitere Triebfedern der erbarmungswürdigen Richter gewesen sind...die die Richter veranlaßt haben, absichtlich Unschuldige als Hexen zu verurteilen«. Auch hier schießt Baumgarten über das Ziel hinaus. Sein Standpunkt ist genauso falsch und oberflächlich wie der, daß man wegen politischer Unterdrückung absichtlich Menschen als Hexen oder Hexer zum Tod auf dem Scheiterhaufen verurteilt hat.[46] Schuld war wohl weniger die absichtliche Ungerechtigkeit, sondern ein religiöser Übereifer,[47] auch der von Juristen und Medizinern, Advokaten und Stadtschreibern, Bürgermeistern und Obrigkeiten. Der Begriff der absichtlichen Verurteilung ist zudem an den Haaren herbeigezogen. Die Menschen waren damals weder gerechter noch ungerechter als heute.

Richtig ist die Auffassung: »Es wäre völlig unbillig und der geschichtlichen Tatsächlichkeit wenig nahe kommend, wenn man die Hexenrichter schlechthin als grausame Werkzeuge des Bösen ansprechen würde. Vielfach waren sie lediglich das ausführende Organ einer entarteten menschlichen Justiz«. Oder: »Die Richter waren im allgemeinen unfähig, sich von den Anschauungen des Zauberglaubens, der die ganze Welt erfüllte, freizumachen«.[48]

Dazu kommt, daß die Strafvorstellungen und -zumessungen der Zeit in unseren Augen ohnehin abschreckend gewesen sind. Richter haben nicht nur Hexen verurteilt. Mir ist kein einziger Fall eines ausschließlichen Hexenrichters bekannt geworden (damit beziehe ich mich nicht auf die Phase der Inquisitions-prozesse). Man kann nicht von einem Fall der Ungerechtigkeit pauschal auf alle schließen. Auf der anderen Seite wird es stimmen, daß in manchen Gerichtsstuben geschludert worden ist. Der Tenor ist unüberhörbar: den Richtern wird Laschheit zum Vorwurf gemacht. In zahlreichen Protokollen ist nicht klar zum Ausdruck gebracht, in welcher Form die Angeklagten befragt worden sind.[49] Es genügt heute nicht mehr der Hinweis, daß ja umfassende Fragenkataloge eine Pauschalierung der Verfahren herbeigeführt haben. Generell ging es um Leben und Tod. Sicher ist, daß man öfters in einem Aufwasch mehrere Personen verurteilt oder einzelne Delinquenten mit Nummern bezeichnet hat (wie es noch im sog. 1000-jährigen Reich geschehen ist). Dazu einige Beispiele aus der Zeit des Hexentreibens:

»...daß nachfolgende 4 Personen deren Extrahirt Aussagen mit Nro. 1, 2, 3, 4, 5 und 6 angehöret worden wegen mit der Hexerei verübten Übelthaten indeme sie...(nun folgt die Litanei der Anschuldigungen) ...sich dem leidigen Sathan mit Leib und Seel ergeben, ...mit ausgrabung ettlicher Kinder, dem erfrieren von Liebesfrüchten...daß Nro. 3,1 und 3,5, und 2 Zwicken mit glühenden Zangen gegeben, Alßdann neben den andern 5 mit dem feuer lebendig zum todt hingerichtet werden sollen. Actum Bamberg uffn Rathaus, den 11. Februar 1628.[50] Richter und gantzer Schöpfenstuhl daselbst«. Oder: »Aussage mit Nro. 1.1.2. ... 1.2.3.4.5. und 6 angehöret worden wegen mit der Hexerey vervbten Vbelthathen, indem sie erstlichen Gott dem Allmechtigen (und) den gantzen himmlischen Heer erschrecklich vnd vnchristlich abgesagt, dem leidigen Sattan sich (ihm) mit leib und seel ergeben haben...das solche mit dem feuer lebendig zum todt hingerichtet werden sollen...«.[51]

War es die Folter?

Hinzu kommt die Anwendung der Folter, die Mittel an die Hand gegeben hat und gibt, jedem Angeklagten jedes gewünschte Geständnis abzuringen und damit einen neuen Beweis für das Vorhandensein und die Gefährlichkeit der Zauberei zu gewinnen. Die Tatsache, daß auch noch heute ausgiebig gefoltert wird, beweist eigentlich nur, wie dumm und engstirnig wir Menschen sind: wie unendlich langsam entwickelt sich der menschliche Geist!

Die Folter erklärt nicht das Hexenwesen, wenn sie auch die unerbittlichste Begleiterscheinung ist: man hat bei weitem nicht nur angebliche Hexen gefoltert. Die Richter behandeln die Hexerei als »crimen exeptum«, als Ausnahmeverbrechen und sehen deshalb im Zeichen der Zeit die Folter für angemessen an. Die Kirche denkt ähnlich, denn auch sie befürwortet das Foltern. Die Kirche, die Hüterin von Moral und

So sehen unsere Kinder den Hexensabbat, Wettermachen, Besenreiten und der Bock zu Ausreiten sind ebensogut erfaßt wie der Hexenkessel. 1979.

Nächstenliebe, macht sich damit zum Spießgesellen der Mörder, die sie zum Teil selbst gedungen hat. Nach der Rechtslage ist eine Verurteilung nur nach abgelegtem Geständnis möglich. Die Folter ist nicht Strafe, sie ist ein Mittel zur Geständniserzwingung... somit stimmt nicht, daß die Folter die Hexenprozesse gemacht hat.

Tatsache ist, daß eine ganze Reihe von Hexenprozeß-Dokumenten aussagen, daß sich unbescholtene Leute ohne allen Verdacht, ohne Citation, ohne Anklage freiwillig der Obrigkeit stellen...in der sündhaften Vorstellung, sich selbst mit dem Satan anzuklagen... in sicherer Aussicht eines gewissen und schmählichen Todes.[52] Der Glaube an den Satan, die von der Kirche hochgehaltenen Teufeleien können keinesfalls den Juristen in die Schuhe geschoben werden, zumal ja auch sie Christen gewesen sind.

»Es ist ein naheliegender Gedanke, die Anwendung der Folter für das Hexenwesen verantwortlich zu machen und daraus abzuleiten, daß es im Grunde genommen keine sündhaften Personen gegeben hat,[52] die man erst über den Weg der peinlichen Frage zu Hexen gestempelt hat. Dieser Gedankengang ist falsch, weil er die kulturelle Entwicklung des Volkes außer acht läßt. Wie einfältig die breite Masse gewesen ist, sieht man daran, daß sie der Vorstellung Glauben schenkt, daß ein Teil der Menschen, die »erlauchten Personen« wie Priester, Richter, Häscher, Schergen, Henker und all die, die ihnen das Leben schwer gemacht haben, die Hexenriecher und die Hexenfänger, von der Folter ausgenommen sind. Dies bestätigt nicht nur die Halsgerichtsordnung der Kaiserin Maria Theresia, sondern auch der berühmte Rechtsgelehrte Christian Thomasius zu Beginn des 18. Jhdts. Er versetzt mit seinen Arbeiten über die Abschaffung der Folter dem Hexenwesen einen weiteren Schlag. Die Entwicklung der Folter, besonders deren Zusammenhang mit dem Hexentreiben habe ich im Buch beschrieben. Vergl. dazu das Kapitel: »Folter, Hexenwahn und Strafrecht«.

Jacob Grimm Soldan (Heppe)

Die beiden Autoren zum Thema Hexen nehmen eine Sonderstellung ein. Grimm ist der Verfasser einer »deutschen Mythologie«, die im 19. Jhdt. als Standardwerk angesehen wird. In ihr entwickelt er die Vorstellung, daß es eine Sekte von Teufelsanbetern gegeben hat, und zwar eine der christlichen Religion feindlich gegenüberstehende Gruppe, die den alten deutschen (germanischen) Götzen treu geblieben ist und die den Christengott nicht angenommen hat.[53] Diese Ansicht ist interessant, zumal sie in gewisser Weise im heutigen Aufleben des Hexenkultes eine Bestätigung findet. »Die Spuren des Aberglaubens reichen bis zu den Anfängen der Menschheit zurück...so hängt der Zauber- und Hexenwahn auf das engste mit den religiösen Glaubensformen zusammen; vielleicht sind die Religionen daraus hervorgegangen«.

Möglicherweise dachte Grimm nur an eine oppositionelle Sekte. Gegen seine Meinung steht die Tatsache, daß man bei der strengen Verfolgung der angeblichen Hexen und Zauberer niemals eine solche Versammlung wirklich beobachtet hat. Die Möglichkeit des Unsichtbarmachens, des Reitens auf Besen und Stökken, das Einschläfern des im Bett liegenden Gatten während des sog. Hexensabbats, die ganzen Begleitumstände in der Entwicklung des Hexenwesens sprechen **gegen** die Grimm'sche Theorie, weil diese Erscheinungen älter als das Christentum sind; sie gehen teilweise auf die Chaldäer und Assyrer zurück. Daran sehen wir, wie unendlich zäh sich der Hexenbegriff im Volksglauben der Völker zu allen Zeiten gehalten hat und daß die im Christentum eingetretenen Verzerrungen nur **ein** Auswuchs dieser Wahnvorstellung sind. Auf der anderen Seite gibt es gerade heute sektiererische Gruppen, die alte Fruchtbarkeitskulte wieder aufleben lassen; z. B. die im Buch beschriebenen Formen des Wicca-Kultes, die aber mit den Hexen nichts zu tun haben. Nach Grimm beruht das Hexenwesen seinem Ursprung nach keineswegs auf leeren Einbildungen, törichten Träumen und kindischen Märchen, sondern auf wirklichen Verhältnissen und handgreiflichen Zuständen.[54]

Soldan entwickelt eine andere Version. Nach ihm ist es die Folter, die unschuldige Menschen zu Hexen macht. »Auf diesem Standpunkt steht das Buch von Soldan...das ausführlichste und sorgsamste unter den neueren Schriften über die Hexenprozesse...das kritischste ist es freilich nicht...rein dogmatisch entwickelt es seine Beweisgründe und Schlüsse auf der Grundlage des Glaubens an die völlige Schuldlosigkeit der Angeklagten. Soldan ist bestrebt, alle Erscheinungen des Hexenwesens von seinem Standpunkt aus zu betrachten...in einer eigentümlichen rhetorischen und advokatischen Behandlung des Gegenstandes...die beim unbefangenen Leser leicht das Entgegengesetzte des beabsichtigten Eindruckes hervorruft«. Soldan steht im Widerspruch zu dem Umstand, daß das Geschrei wider das Hexentreiben häufig vom Volk ausgegangen ist: man kann es dafür nicht verantwortlich machen. Soldan macht den Fehler anzunehmen, daß aus den Fragekatalogen der Richter mit den Suggestivfragen Pauschalurteile abgeleitet worden sind, die auch die gleichförmigen Geständnisse und damit von vorn herein den angeblichen Hexen Schuld und Geständnis entlockt wird. Es muß doch eigentlich den Frauen unangenehm gewesen sein, den Henkern, Advokaten und Richtern Kostproben ihres Intimlebens zu unterbreiten. Tatsache ist, daß nicht alle Angeklagten unschuldig gewesen sind und daß die Anwendung der Folter zum gewünschten Ergebnis führt (abgesehen von einigen heldenhaften Personen, die alle Grade der Tortur ohne Geständnis überlebt haben). Soldans Werk hat einen weiteren Nachteil, den Diefenbach richtig erkennt: »Soldan's Geschichte der Hexenprozesse hat die unleugbare Tendenz, die katholische Kirche in der Schuldfrage ins Unrecht zu setzen.[55] Außerdem behandelt er lediglich den Hexenprozeß, den letzten Zipfel des Problems. Sein Buch ist immer und immer wieder neu aufgelegt worden und hat somit bei der Masse eine gewisse Anerkennung erzielt. Es ist inzwischen veraltet, weil ausreichend neue Erkenntnisse vorliegen, die eine Korrektur des Standpunktes ermöglichen: dies war eine meiner Zielsetzungen.

Daß Soldan nicht immer sorgfältig gearbeitet hat, und daß ihm bei der Unmenge des gesichteten und verarbeiteten Materials einzelne Fehler unterlaufen sind, wird ihm niemand ankreiden, der sich auch nur ein bißchen mit dieser Problematik auseinandergesetzt hat. Das schmälert nicht den Wert seiner breitangelegten Untersuchung; zumindest hat er mit seinem Buch die Basis zu weiteren Arbeiten gelegt. Auch ich habe meine ersten Anregungen aus dem

»Soldan-Heppe«. Hier will ich lediglich zwei ihm unterlaufene Fehler berichten. Er ist noch der Auffassung, daß unter der Regierung von Wilhelm IV. von Hessen (1567—1592) in Niederhessen keine Hexe verbrannt worden ist und er sagt außerdem, daß hier der Glaube an Werwölfe in der fraglichen Zeit nicht vorgekommen ist. Beides hält einer Überprüfung nicht stand.[56]

Tatsache ist, daß 1583 der Küster Johann Boncker zu Niedermaier den Landgrafen um Aufnahme seines Sohnes in das Hospital von Haina bittet und dabei sagt: »Sein Sohn und auch dessen Kind sei von einer in Hofgeismar verbrannten Hexe verzaubert worden; jener sei wahnsinnig gewesen, der andere wäre erblindet«. 1590 berichtet der Rentmeister von Felsberg an den Landgraf über das Hexenunwesen im dortigen Amt: »...die Witwe des Werner Gerlacht würde für eine böse Zauberin gehalten...Nachbarn meiden die Metze (Dirne), weil sie nachts mit ihren Kindern als reißender Wolf ihr Unwesen treibt..., sie entheilige den Sonntag und mache Heu oder rupfe Hanf während der Kirchzeit.[57] Soldan ist der Meinung, daß die Richter nichtsnutzige und schmutzige Gesellen waren. Verschiedene Untersuchungen bestätigen inzwischen, daß dieser Standpunkt im wesentlichen unhaltbar ist. Die Richter waren damals genau wie heute Kinder der Zeit; es gibt gute wie schlechte unter ihnen.

Wahn oder Wirklichkeit

»...alle Schichten des Volkes, ob gebildet oder ungebildet, arm oder reich, selbst die führenden Männer, waren vom Vorhandensein der Hexen und der Rechtmäßigkeit ihrer Bestrafung überzeugt...der Hexenwahn war Teil der allgemeinen Weltanschauung geworden...er war in allen Gebieten Deutschlands fest begründet und hat in der Vorstellung des Volkes feste Formen gefaßt...dadurch wird der Boden für die spätere Entwicklung vorbereitet[58]...die zwei Jahrhunderte hindurch Tausende von unschuldigen Menschen auf den Scheiterhaufen brachte«.[59]

»Der Wahn des vielfach unwissenden und vernachlässigten Volkes witterte überall Hexerei und Zauberei. Engherzige Gelehrte geben diesem Volksglauben nach, anstatt sich ihm zu widersetzen. So entsteht der Wahn im Bund mit der Rachsucht und Habgier, unterstützt und endlos erweitert von einer fast wahnsinnig zu nennenden Folter die entsetzliche Periode der Hexenbrände, dieser Schmach für unser deutsches Vaterland«.[60]

»Das Geheimnis des Massenwahns beruht auf dem Gesetz von der seelischen Einheit der Masse, mag sich eine Bevölkerung auch aus noch so viel unterschiedlichen Elementen zusammensetzen. Die Kollektivüberzeugung siegt über die Anschauung des Einzelnen, die

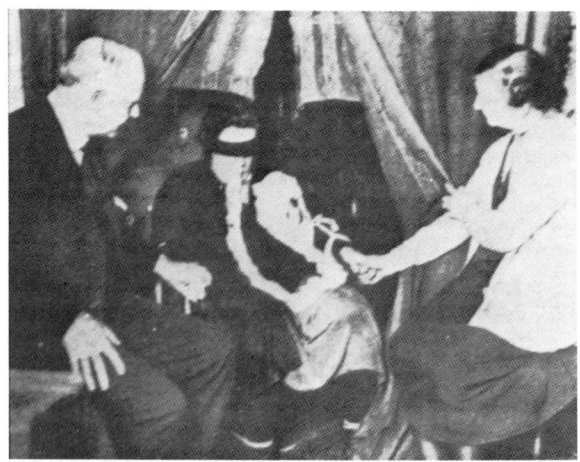

Die angebliche Hexe »Helen Duncan« während einer Besprechung mit dem englischen Rundfunk. Gegen sie wird 1944 in London ein Hexenprozeß angestrebt, der sie ins Gefängnis bringt. Anläßlich einer weiteren Verhaftung stirbt sie an einem Schock.

Massensuggestion bezwingt die Vernunft des Individuums. Der Massenwahn erschlägt den Verstand des Gebildeten. Hat eine Wahnvorstellung einmal die Herrschaft über die Masse gewonnen, so ist sie Gemeingut der Kollektivseele. Sie wirkt nicht mehr durch ihre Logik auf den Verstand, sondern durch ihre Suggestivkraft auf das Unbewußte im Menschen …sie ersetzt Verstandeskräfte durch Triebe und egalisiert Gebildete und Einfältige…der Mensch wird zum bloßen Objekt«. Daß es solche Erscheinungen in der Geschichte gibt, bestätigt u. a. die jüngste deutsche Vergangenheit.

Schon immer war die zentrale Frage: hat es wirklich Hexen gegeben oder ist das alles Unsinn. Die Meinungen prallen hart aufeinander. »Eine merkwürdige Erscheinung in der Kulturgeschichte ist der Glaube an Zauberei, an Hexen und an Hexenmeister…beklagenswert ist die traurige Verirrung des menschlichen Geistes…der Hexenprozeß hat Tausende von Opfern verschlungen«. »**Der Hexenwahn ist genauso ein Aberglaube wie der an Goldmacherei oder an die Astrologie**«.

Man hat die Verfolgung der Zauberer durch das Schlagwort der »psychischen Epidemie« erklären wollen.[61] Das ist keine Lösung, sondern diese Meinung trägt eher zur weiteren Verwirrung bei. Die Annahme, daß es Zauberer gibt, die auf übernatürliche Weise Schaden stiften, ist so alt wie die Menschheit, sie kann aber nicht als Wahnidee bezeichnet werden. Im psychiatrischen Sinn ist eine Wahnidee auf krankhafte Ursachen zurückzuführen, fast immer auf Sinnestäuschungen, die durch vernünftige und einsichtige Überlegungen nicht zu korrigieren sind.[62] Wenn beispielsweise ein Irrer gefallenes Laub von den Bäu-

men sammelt und es als Geld aufbewahrt, um es nach dem Weltuntergang an arme Leute zu verteilen, so ist das eine Wahnidee. Damit treffen wir nicht den Kern des Hexenwesens.

Es läßt sich nachweisen, daß in zahlreichen Fällen der erste Anstoß zu den weiterführenden Verfolgungen von Aussagen einzelner hysterischer, neidischer, gehässiger, eitler, dummer und geschwätziger Leute ausgegangen ist: deshalb müssen sie nicht irr gewesen sein und ich meine, daß gerade in dieser Beziehung keinerlei Unterschied zwischen vorausgegangenen Epochen und unserer Zeit besteht. Dazu kommt die Tatsache, daß sich Einzelne von selbst der Hexerei bezichtigt haben, obwohl ihnen die traurige Konsequenz ihres Verhaltens bewußt sein mußte. »Die Zahl derer, die sich für Hexen ausgegeben haben, kann nicht groß gewesen sein; viele davon waren sicherlich Irre, wie sie es auch heute noch gibt«. Der Psychiater Snell will zu Beginn seiner Untersuchungen über den Hexenwahn den Nachweis führen, daß ein Großteil der seinerzeit Verurteilten geisteskrank gewesen ist. Dies ist nicht haltbar: »…es seien Geisteskranke nur in verschwindend kleiner Zahl gewesen, dagegen seien viele Personen durch kranke und hysterische, durch religiös aufgestachelte Menschen denunziert und so auf den Scheiterhaufen gebracht worden«.[64]

»Jene Menschen, die sich selbst angeklagt haben, waren nicht wahnsinnig, sondern am Zeitwahn krank«.[65] Der Hexenglaube und die Hexenverfolgung wurde zur krankhaften Sucht und trat in einer epidemischen Form auf, von der ein großer Teil der Zeitgenossen ergriffen wurde. Haas und Rosskoff vertreten die Meinung, daß das Hexenwesen in einer Art von Wahnsinn oder in krankhaften Dispositionen der Zeit ihren Ursprung hat.[66] »Die Natur des Wahns ist die Individualität der Zeitkrankheit. Der Wahn bleibt, sein Objekt verändert sich etwas, weil die Zeit nicht stille steht: das Zwielicht der Geschichte wirft sein täuschendes Licht auf eine andere Seite«.[67]

Die medizinische Schule geht davon aus, daß die Hexerei als tatsächliche Einbildung vieler Individuen anzusehen ist, hervorgerufen durch den Gebrauch narkotischer Mittel, die in Form von Getränken und Salben (Hexentrunk, Hexensalbe(n), Hexensuppe) erzeugt worden sind, wobei der Stechapfel eine wesentliche Rolle spielt. Die philosophische Schule bezeichnet den Hexenglauben als Halluzination, als visionären Zustand, der auf der geistigen Überreizung infolge imaginärer Vorstellungen aufgekommen ist.

Herausschälen des Hexenbegriffes

Offensichtlich besteht hier eine erhebliche Unsicherheit in der Interpretation. Alle wollen mitreden und keiner versteht etwas davon. »Jene Formen der Zauberei, welche in der christlichen Welt, hauptsächlich im Mittelalter, geherrscht haben und durch die Verehrung des Teufels und das angenommene Bündnis mit ihm, sowie durch geheimnisvolle Begegnungen charakteristisch sind, werden unter dem Namen der Hexerei zusammengefaßt«.[68] Diese Aussage geht an der historischen Richtigkeit vorbei. Der Glaube an die Möglichkeit der Zauberei ist älter als das Christentum und er herrscht auch nicht (nur) im deutschen Mittelalter. Es ist ein weltweites Phänomen, das den Menschen in seiner kulturellen Entwicklung von Anfang an begleitet. Dem deutschen Mittelalter ist das systematische Verfolgen von Hexen fremd.

»Der so lange andauernde Standpunkt, der zu den Hexenprozessen führte, war wohl eine uns unverständliche, aber unvermeidbare Stufe in der Entwicklung der Volksethik...der Hexenglaube besteht seit ehedem...lediglich die Phase der Hexenprozesse scheint (momentan) abgeschlossen zu sein«. »Bald langsam, bald schnell geht die Entwicklung der Menschheit in Wissenschaft und Ethik vor sich. Wir befinden uns in einer Phase des schnellen Fortschritts und dürfen stolz darauf sein...aber stets werden die Vertreter der höheren Stufe kritisch auf uns herabblicken...**auch über uns werden unsere Enkelsöhne zu Gericht sitzen**«.[69] »**Menschtum ist Irrtum, und auch der beste ist nur ein Kind seiner Zeit**«.[70]

Der Zauberwahn hat sich in verschiedenen Perioden entwickelt, die sich so umschreiben lassen:

● Stufe im Altertum. Schaffung der Grundlagen des späteren Hexentreibens.
● Geistesgeschichtliche Entwicklung der Griechen, philosophische Systeme, Festigung des Glaubens an Dämonen.
● Verzerrung dieser Vorstellungen in der römischen Götterlehre. Festigung des Dämonenglaubens im Volksbewußtsein.
● Eintritt des Christentums: die Realität des Bösen ist anerkannt. Das Christentum schöpft aus vorausgehenden Kulturformen und übernimmt Teile der Dämonologie. Hier beginnt das Verhängnis für das spätere christliche Abendland, weil diese Theorien angenommen und modifiziert werden.
● Von 400 — ca. 1250: wissenschaftliche Festigung des Aberglaubens durch die Kirchenlehrer und die Scholastik. Negatives Herausstellen der Frau.
● 1230—1430 Fundamentierung des Hexenbegriffes und Aktivierung des Glaubens an den Teufel im kirchlichen Lehrgebäude. In dieser Epoche haben wir die Ketzer- und viele Inquisitionsprozesse.
● 1470—1480 **Jetzt steht der eigentliche Hexenbegriff**, wie er etwa 250 Jahre in der negativen Form verwendet wird.
● Nach 1500 Beginn der größer angelegten Hexenverfolgung durch Kirche und Staat.

● Um 1580 Höhepunkt der Hexenbrände im Verbund mit Reformation, Gegenreformation und Jesuitismus, Konzil von Trient. In dieser Epoche tobt der Kampf um die Seelen.
● Nachlassen der Hexenbrände.
● Der 30jährige Krieg führt zu einer Verschiebung des Geschehens. Mit seinem Ende leben die Greuel verschärft wieder auf; es kommt zu einem weiteren Höhepunkt der Hexenverfolgung.
● Ab 1700 deutliche Verminderung der Prozesse durch die Einschränkung der Tortur und die Ideen der Aufklärung.
● Nur noch sehr wenig Fälle von Hexenverfolgungen im historischen Sinn. Verschiebung des Hexenbildes im Volksbewußtsein ins Märchenhafte, Kindische und Lächerliche.
● 20. Jhdt.: Tendenz der religiösen Wiederbelebung in Form der Aufnahme von Rites des alten Wicca-Kultes, der aber mit dem Hexentreiben nichts gemeinsam hat, es sind — wenn überhaupt — frühe Formen des Fruchtbarkeitskultes: Einspiegeln sexueller Komponenten, was aber zu allen Zeiten des Hexenwesens so gewesen ist.

Wir sehen, **das Hexenwesen begleitet uns Menschen über alle Zeiten der Geschichte:** man kann es nicht nur auf die negativen Auswirkungen des 30jährigen Krieges zurückführen. **Das Hexenwesen ist Bestandteil der Volksethik,** das durch das Aufeinanderprallen mit der teilweise erzwungenen Christianisierung Deutschlands negative Mischformen angenommen hat. Den Einfluß des Christentums kann man nicht abstreiten. Er wird durch das ganze Hexentreiben bestätigt und ist in gewissem Sinne eine Persiflage auf den Gottesdienst. Siehe Kasten auf der nächsten Seite.

Weder der Name Hexe noch die Herkunft des Begriffes sind mit voller Sicherheit zu deuten. Möglicherweise ist er von hag (Zaun) und zussa (Weib) abzuleiten, worunter eine Zaunreiterin zu verstehen wäre. Vom 13. Jhdt. ab verdrängt das Wort Hexe andere Zauberer- und Dämonennamen und faßt damit die Erscheinung zum Oberbegriff zusammen. Er wird nun mit schädigendem Zauber gleichgesetzt. Hexe bedeutet aber auch ein kindermordendes und menschenfressendes, nachts herumschwebendes weibliches Wesen, das vom Volkswahn nicht nur als Dämon verstanden, sondern auch menschlich gesehen wird. In diesem Sammelbegriff, der griechisch-römischen Ursprungs ist, steckt zudem die volkstümliche Vorstellung der Gespenster. Dazu kommen Vorstellungen aus dem Bereich des Zauberglaubens. Quellen bis zum 14. Jhdt. verwenden diesen Terminus selten. Schriftsteller des 15. Jhdts. sehen in den Hexen eine neuentstandene Sekte, vor allem Angehörige des weiblichen Geschlechts, die mit dem Satan einen Bund geschlossen haben, um anderen zu schaden. Hier ist der Einfluß des von der katholischen Kirche

Gottesdienst	Teufelssabbat
● Teilnahme am sonntäglichen Gottesdienst ● Verehrung von Gott, den Heiligen, der Jungfrau Maria, Anerkennung der Gebote ● Anerkennung der kirchlichen Sakramente ● Anerkennung der Taufe ● Geregeltes Geschlechtsleben	● Teilnahme an teuflischen Versammlungen ● Verehrung des Teufels und seiner Diener. Verschreibung und Teufelsbündnis ● Verleugnung derselben ● Bespritzen des Aufzunehmenden mit einem Federkiel mit Mistlache ● Geschlechtsverkehr mit dem Teufel, permanente Unzucht

gesteuerten und sinnlich Bösen unverkennbar. In dieser Zeit entsteht der Formicarius des Dominikaners Nider und hier entsteht auch der Hexenhammer. In dieser Phase neigt sich die Macht der römisch-katholischen Kirche, hier haben wir die Phase ihrer schlimmen sittlichen Ausschweifungen und hier regiert der Papst Innocenz VIII. Es scheint, als würde sich die Ohnmacht der Kirche nunmehr auf die Hexerei abwälzen und hier das Ventil des Verbrechens suchen, das innerhalb der Kirche angesiedelt ist. Frappant ist der Vergleich von Gottesdienst und Teufelssabbat.

Es kann nicht wegdiskutiert werden, daß Riten der katholischen Kirche Pate bei den angeblichen Hexenversammlungen gestanden haben. Auch das zeigt die enge Bindung des Menschen an die Religion und seine Suche nach einem brauchbaren Halt im Leben. Die römisch-katholische Kirche mit ihrem aktiven Teufelsglauben bringt so das Faß zum Überlaufen, denn ohne Teufel gibt es keine Hexe. Die Dämonen sind uraltes Kulturgut; nicht aber die Teufel. Sie sind ein Relikt des Christentums und von diesem großgezogen und von diesem so geschickt in das theokratische System geflochten, daß die Kirche als Institution den meisten Nutzen davon hat.

Ein verblüffende Theorie:
Hexen als Kraft- oder Willensstrom!

»Ich ging in mein Zimmer...wo mein kleiner Sohn schon tief schlief...legt mich nieder, löschte die Kerze und schlief ein...plötzlich wachte ich auf und wurde auf ein Geräusch aufmerksam...ich griff nach den Zündhölzchen und zündete rasch die Kerze an...in nächsten Augenblick stürzte ich mich auf eine Schreckensgestalt, die mein Kind im Arm trug, um es wegzuschleppen. Es war eine weibliche Gestalt, ähnlich wie man die Hexen darstellt, und als ich sie mit dem Licht überraschte, wollte sie auf einem Strick oder Drahtseil hinweghuschen. Ich stürzte auf sie, packte das Kind und wollte es zurückreißen. Sie ließ nicht los! Ein schrecklicher Kampf zwischen und begann. Die Hexe war schon ein Stückchen auf dem

Seil hinaufgeglitten, konnte aber nicht weiter, weil ich mich an das Kind klammerte und es ihr entreißen wollte. Aber auch sie umklammerte es. Wir zogen es hin und her...ich klammerte mich (deshalb) mit aller Kraft im verzweifelten Kampf an mein Kind...bis sie es plötzlich unerwartet losließ, sich auf dem Drahtseil durch das Fenster hinausschwang und draußen in der Dunkelheit verschwand«.

»Und ich...? Ich kniete in meinem Bett, das Kissen lag neben mir, friedlich in vollkommener Ruhe schlief das Kind...die Kerze brannte auf dem Nachttisch. Hatte ich geträumt? Aber nein, das Zündhölzchen glühte daneben! Ich versuchte, mein wahnsinnig klopfendes Herz zu beruhigen. Was war das? Eine Hexe? Gibt es so etwas? Was ist eine Hexe? Warum malen alle Maler überall gleiche Hexen, und woher nehmen sie diese Gestalt? Woher kommt es überhaupt, daß es »Hexen« gibt, und warum behaupten die Menschen, daß die Hexen auf einem Besenstiel reiten? Woher wissen sie so sicher, daß der Teufel einen Pferdefuß hat die Hexe nicht. Die Hexe, die ich gesehen hatte, hielt in ihrer Hand diesen Drahtstrick, oder dieses Seil oder was es war, und sie war darauf hinausgeflogen...ich hätte leicht denken können, daß sie auf einem Besenstiel reitet...**Sie war die personifizierte Dienerin des Bösen. Ich wußte es einfach. Sie war Wirklichkeit, Tatsache. Daß die ganze Szene eine Projektion, ein Blendwerk war? Natürlich wußte ich das. Aber was verursacht es? Woher stammt es und warum eben solch ein Bild? Für mich war es Wirklichkeit!**

»...über dieses Drahtseil, das bei anderen ein Besenstiel ist, hatte ich nach meinen Willen-Übertragungs-Experimenten eine eigene Meinung. Es war nach meiner Auffassung ein Kraftstrom- oder vielleicht ein Willensstrom? Aber woher? Und von wem eingeschaltet? Und wenn man einen Kraftstrom als Form sehen kann, ist vielleicht die Form der Hexe nur eine durch dargestellte Kräfte zusammengesetzte Form? Und was sind wir Menschen? So grübelte ich lange über mein Erlebnis nach, das für mich vollkommene Wirklichkeit war. Ich hatte Beweise, daß ich nicht geschlafen hatte...«.

Dem unbefangenen Leser, mehr noch der Leserin, kann dies als Realität erscheinen, auch wenn diese Sätze einem 1978 erschienem Buch entnommen sind, das bereits in der 6. Auflage auf dem Markt ist. Über solche Kanäle wird der nichtige Hexenglaube einer breiten Schicht eingeimpft, die solche Formulierungen für wahr halten, im Grunde genommen aber nicht logisch denken können und die sich von ihren Gefühlen leiten lassen. Eine angebliche Verbindung mit den Kraftströmen läßt auf fernöstliche philosophische Gedanken schließen, die momentan wieder einmal in unserer Mystik aufzuleben scheinen. Eine äußerst gefährliche Theorie, weil hier fernöstliche Denkweisen auf unsere — in dieser Hinsicht verdorbene — abendländische Kultur transportiert werden; schlechthin: ein Ding der Unmöglichkeit. Der Nacherzähler hat ungenau übertragen: es ist ein Mischmasch von alten Vorstellungen verschiedener Kulturkreise, wobei auch Gedanken des Vampyrismus einfließen. Wir wissen, daß man bereits bei den Akkadern an Hexen glaubt und bestimmte Zeremonien findet, die dem deutschen Hexentreiben entsprechen. Unser Geist entwickelt sich unendlich langsam, und er bedarf mehr als dreitausend Jahren, um das »deutsche« Hexenbild zu schaffen.

Daß solche Traumbilder denkbar sind, soll nicht bezweifelt werden. Aber die Aussage, von einem personifizierten Bösen zu sprechen, das ist religiöses Bewußtsein. Ein Denken, das problematisch ist, weil es im Ansatz zwar stimmen mag, aber auch nicht das Geringste mit Religion und Kirche gemeinsam hat. Wenn der Mensch gut **oder** böse ist, so kann dieses dubiose Verhältnis nicht von den Kirchen ausgebeutet werden. Sie darf sich auch nicht zur Richterin und Hüterin der Moral aufspielen, weil sie hier versagt hat.

Standpunkt

Die Geschichte der Menschheit und die Geschichte unserer Zeit beweisen, wie wesensfremd uns die Eigenschaft der Toleranz ist. Die Epoche der Hexenprozesse gehört zu den ungern aufgeschlagenen Kapiteln der Menschheitsgeschichte. Man hält sie zeitlich für eng begrenzt oder für lokal bedingt, man rechnet sie zu den seltsamen Irrtümern, die den kulturellen Fortschritt zeitweise gelähmt haben und möchte gern mit einem Achselzucken über sie hinweggehen, so wie über die Goldmacherei und den Gespensterglauben. **In Wirklichkeit ist der Hexenglaube ein Ungeheuer von grausigen Dimensionen, das ein halbes Jahrtausend der abendländischen Geschichte überschattete, eine entsetzlich, unaufhaltsam um sich greifende Barbarei, die ganz Europa geschändet hat.** Die Greuel sind deshalb so beschämend, weil sie nicht die Ausgeburt eines ländlichen Aberglaubens und nicht die Ta-

ten primitiver Menschen waren. Wir haben es mit einem legitimen Kind der Theologie und der Jurisprudenz zu tun, mit einer von der Kirche sanktionierten Einrichtung, **mit einer gräßlichen Menschenschlächterei, die im Namen Gottes verübt wird. Nicht der Teufel, sondern die Furcht vor ihm verwandelte das Diesseits in eine Hölle.**[71]

Doch trotz der großen geistigen Errungenschaften unserer Tage wandelt der Mensch noch lange nicht im Licht der Vernunft. Noch herrscht allgemein eine solche Unmasse von mancherlei Aberglauben, daß das geistige Leben des Menschen fast ganz davon überschattet wird...das einzige Mittel ist tatsächlich das, was die Menschen am meisten vernachlässigen, ihre Bildung. Aber nicht bloß die einseitige Bildung des Verstandes, sondern die volle harmonische des gesamten Menschen: das Herausschälen seiner Persönlichkeit. Zwei Riesenmächte kämpfen auf der Erde: die Dummheit und die Bildung.[72]

Mein Untersuchungsfeld bleibt auf den deutschsprachigen Raum beschränkt und es ist der Versuch einer möglichst sachlichen Darstellung auf engstem Raum, die die wesentlichen Strömungen von verschiedenen Gesichtspunkten aus beleuchtet, und so dem Leser die Möglichkeit der eigenen Beurteilung läßt. Diese Methode, das Angehen des Themas aus etwa 20 Blickwinkeln hat Vor- aber auch Nachteile. Ich bin mir darüber im klaren. So ist es unvermeidbar, daß einzelne Gesichtspunkte mehrfach genannt werden müssen, weil sie in verschiedenen Bereichen angesiedelt sind. Die seit Soldan entstandene Literatur zum Thema Hexen wurde aufgearbeitet und es haben sich neue Gesichtspunkte ergeben: dazu kommen einige interessante Dissertationen zum Hexenwesen, die ebenfalls hier berücksichtigt sind.

Weil die Haltung der katholischen Kirche »zwangsweise« zum Hexentreiben ohne die vorausgegangenen Phasen der Ketzerei und Inquisition unverständlich bleibt, vor allem ohne die Integration ihrer Teufels- und Dämonenlehre, werden diese Kapitel vorangestellt. »Kirche und Gerichtsstube wirkten zusammen, um die Theorie aufzubauen, wobei Philosophie und Medizin treulich mithalfen. Die Strafpraxis lieferte das Material, um diese Theorie zu bestätigen und damit neue Beweise zur Richtigkeit dieser dubiosen Wahrheit zu liefern. Nur so konnte es kommen, daß Vernunft und Redlichkeit vergebens gegen das monströse Gebäude des allgemein verbreiteten Völkerglaubens ankämpften«. »Die Annalen der Leiden eines Volkes sind mit denen seiner Kulturgeschichte eng verwoben: was uns in jenen berichtet wird, hängt eng zusammen mit den wechselnden Gestaltungen des politischen und sozialen Lebens«.[73] Deshalb habe ich die Kapitel »Politik und Hexenwahn«, »Jesuiten und der Hexenwahn« und »Pest, Seuchen und Hungersnöte« aufgenommen: erst dadurch rundet sich das

Bild. Mein Buch kann einige seitherige Irrtümer aufdecken und soll zur Versachlichung unseres Hexenbegriffes beitragen. In einem Punkt bricht es mit vorausgegangenen Publikationen. Ich halte es für suspekt, immer und immer wieder von Hexen, Teufeln, Engeln und Dämonen zu sprechen, weil ich der Auffassung bin, daß es so etwas nicht gibt und auch niemals gegeben hat. Das ist kein Affront gegen den Glauben, auch nicht gegen den der römisch-katholischen Kirche, sondern es ist eine nüchterne Feststellung. Gehen wir einmal von der Richtigkeit meiner Anschauung aus, so ist zu fragen, ob Teile des christlichen Lehrgebäudes zusammenbrechen, zumal sie es ist, die diesen Irrglauben wachhält und durch verschiedene Teufelsaustreibungen und Exorzismusprozesse die Öffentlichkeit erschreckt. Nicht nur das: vom Hochhalten des Dogmas an Geister, Teufel und Dämonen, Übersinnlichem, Mystischem, Magischem und Okkultem lebt noch heute eine ganze Industrie (außer dem Imperium Kirche) und offensichtlich nicht allzu schlecht.

Deshalb habe ich ein Kapitel über den Exorzismus eingeflochten. Im Kern meiner Untersuchung steht die Auseinandersetzung mit dem imaginären Begriff des Teufels, denn ohne ihn bzw. des Glaubens an ihn hätte es weder Hexen- noch Exorzismusprozesse gegeben. Die Verfolgung der Hexen ist nur ein Ausfluß der kirchlichen Machtpolitik, darüber sollte man sich im Klaren sein. Was das Bildmaterial anbelangt, so habe ich mich bemüht, einen ordentlichen Querschnitt zu bieten. Die Bilder sind die Sprache des Volkes: sie zeigen unmißverständlich das Hexentreiben von der wirklichen Seite. Die Bilder sind nicht in der Darstellung verfälscht, sie bilden einen wichtigen Baustein im Gesamtaufbau meines Buches.

Ein tiefgegliedertes Inhaltsverzeichnis ermöglicht das rasche Nachschlagen. Ein Literaturverzeichnis von 1.800 Titeln bildet den Hintergrund dieser mehrjährigen Untersuchung. Jedes Buch hat Schwächen, aber jedes zeigt auch den Mut, zu kritischen Fragen der Zeit Stellung zu nehmen. So möchte ich diese Arbeit verstanden wissen: es ist der Versuch, das Hexentreiben aus dem Gesamtzusammenhang der Geschichte nach Quellen neu zu formulieren. Mehr nicht. Es erhebt weder den Anspruch auf Vollständigkeit noch den einer umfassenden Darstellung. Ich danke für konstruktive Anregungen, die dazu beitragen, unser Wissen über die angeblichen Hexen weiter zu versachlichen.

Vorstufen, Altertum

Grundlagen des Hexenwahns

Eine Untersuchung über den Hexenwahn (als einer Verirrung des menschlichen Geistes) muß da ansetzen, wo der Einzelne über Ursachen, Zusammenhänge und Schicksale seines Lebens nachzudenken beginnt. Man kann davon ausgehen, daß der Mensch in seiner anfänglich geistigen Entwicklung Steuerungsmechanismen voraussetzt und erkennt. Sein Umfeld, die Natur in ihren Erscheinungen, ist nicht einem Ungefähr und der Willkür überlassen, sondern unterliegt für ihn wahrnehmbaren Veränderungen. Der Mensch legt belebten und unbelebten Wesen, von denen er sein Schicksal beeinflußt sieht (Naturereignisse) eine besondere Bedeutung und übernatürliche Kräfte zu. Die Abhängigkeit führt zu Furcht, Achtung und Anerkennung.

Das Gefühl der Machtlosigkeit liegt im Gegensatz zwischen dem Mensch und der Natur begründet. Hinter jeder nicht erklärbaren Erscheinung vermutet er ein Wesen **seiner** Art und erkennt in der Natur das Produkt **seines** Geistes; nach und nach umgibt er sich mit einer differenzierten Geisterwelt, belegt sie mit Fähigkeiten, schafft sich Götter und versucht, sie durch Riten und Gebräuche (Kulthandlungen) günstig zu stimmen. Die Kräfte der Natur wohnen in der Luft, im Feuer, im Wasser und in der Erde. Wo Bewegung ist, wird eine Seele angenommen. Der Tod bedeutet die Trennung des Körpers von ihr. Die Seelen der Verstorbenen führen als unsichtbare Geister eine selbständige Existenz.

Das ist die Geburtsstunde der animistischen Naturauffassung, aus der sich religiöse Vorstellungen entwickeln. Hier nehmen Polytheismus, Polydämonismus, Theologie, Philosophie, Erkennen der Natur, Medizin, Astrologie, Glaube und vor allem der Aberglauben ihren Anfang. Die Religionen der Naturvölker sind ein Gemisch animistischer und spiritistischer Vorstellungen.

Anfänge der Magie

In der weiteren Folge werden Einzelne als Deuter der unerklärbaren Ereignisse gewählt oder fühlen sich -aus welcher Motivation auch immer- dazu berufen. So entstehen die Magier. Die Magie verliert sich bis in die ältesten Zeiten und in die entferntesten Gegenden des Orients. Er ist die Heimat der magischen Künste. Sie wird bei den Akkadern, Indern, Persern, Chaldäern und Ägyptern betrieben. Das Wort Magier be-

Prometheus bildet den Menschen. Nach Winckelmann eine erhabene Arbeit aus der Villa des Hrn. Kardinal Alexander Albani.

deutet ursprünglich 'Philosoph' und 'Priester', der gesetzgeberische, beratende, religiöse und medizinische Aufgaben wahrnimmt. Die theosophischen Begriffe werden von dieser Gruppe ausgebaut. Die Magier studieren die (angebliche) Kunst, mit Geistern zu verkehren. Dazu bringen sie verschiedene Mittel in Anwendung. Die Erklärung der Naturerscheinungen fällt mit theologischen Spekulationen zusammen. Die Magie nimmt mystische und phantastische Formen an, die weit über das Vorstellungsvermögen des Einzelnen hinausgehen.

Magier fungieren als Berater der Könige. Jeremias gebraucht das Wort zur Bezeichnung babylonischer Priester. Sie sind es, die Kulthandlungen und Zeremonien festlegen. An sie werden besondere Anforderungen in Bezug auf Sittlichkeit, Gerechtigkeit und Neutralität gestellt.

Kambyses läßt einen Magier, der sich bestechen ließ, hinrichten, seine Haut abziehen, über einen Stuhl spannen, auf dem sein Sohn und Nachfolger als Richter zu sitzen hat.[1] »So oft der Szythenkönig krank wird, läßt er drei Wahrsager kommen, die momentan im höchsten Ansehen stehen. Sie sagen ihm, es habe der oder der bei der Herde des Königs falsch geschworen. Der Bezeichnete wird festgenommen, verhört und vorgeführt. Wenn er leugnet (!!!), läßt der (gerechte !!!) König nochmal drei Wahrsager kommen. Wenn auch sie aufgrund ihrer Wahrsagung den Betroffenen verdammen, dann hauen ihm die ersten drei den Kopf ab und teilen sich in sein Vermögen. Wenn ihn die Mehrzahl der Wahrsager lospricht, werden die ersten drei hingerichtet«.

Ist das nicht ein Beispiel für den Gerechtigkeitssinn der Menschen? Es wiederholt sich tausendfach in der Geschichte. Die Zahl der Betrüger ist klein, die der Betrogenen groß.

Diese Beispiele zeigen, daß die Magier im Volk und beim König ein hohes Ansehen genießen. **Sie gelten als Vermittler des göttlichen Willens. Was göttlicher Wille ist, bestimmen sie, denn sie haben sich die Götter selbst geschaffen.** Sobald man Götter als Richter anerkennt, ist es natürlich, daß Vergehen gegen ihre angenommene Herrschaft, die Beleidigung ihrer Person und die Übertretung der ihnen unterlegten Gebote, Strafen unterwirft. Aber all **das sind menschliche Erfindungen oder Spekulationen.** Die Magier oder Priester, die die 'Gottesdienste' wahrnehmen, lassen Vergehen gegen ihre Person, Ungehorsam oder Verletzung der religiösen Zeremonien, bzw. die Vernachlässigung der priesterlichen Reinigungsvorschriften bestrafen. Dadurch wird ihr Status gefestigt und abgesichert. Hier unterscheiden sich katholische Geistliche bis in das späte 17. Jahrhundert in nichts von ihren Vorgängern.

Zu den Aufgaben der Magier gehört die Heilung von Kranken, die im Rahmen einer späteren Arbeitsteilung auf Frauen übergeht. Zustände von ekstatischen Affektionen und des Somnambulismus sind bekannt und gelten in der Regel als unmittelbarer Einfluß göttlichen Willens. Bekannt sind das Hellsehen, Visionen und prophetische Träume; sicher auch die Anwendung von Narkotikas. Eine wichtige Rolle spielt das Auflegen der Hand zum Zwecke der Heilung. Diese Heilmethode findet sich bei den Indern, Ägyptern und Hebräern. Weitere Methoden sind das Anhauchen, Anblasen, Tragen von Amuletten und geweihten Ringen. **Hinzu kommen Beschwörungen und Gebete. Der Exorzismus nimmt damit seinen Anfang.**

Im Zusammenhang mit den guten Kräften ehrt man die Kunst der Frauen in der Kenntnis der Heilkräuter und der Krankenpflege, in der geschickten Zubereitung der Salben und Speisen, wie in der Weissagung günstiger Schicksale. Hier liegt allerdings der negative Ansatzpunkt. Im Zusammenhang mit den als feindlich erkannten Naturkräften verdächtigt man Frauen der Zubereitung von Zaubertränken und Giften. Man bezichtigt sie der Verwünschungen und des Bösen Blicks. In einem Fall werden sie verehrt, im anderen verfolgt und gehaßt. Hier ist einer der Knotenpunkte zur Stellung der Frau im späteren Hexenwahn.

Der Mensch pflegt gern zu übertreiben. Er liebt das Wunderbare und fühlt sich davon angezogen. Unwissenheit, Vorurteile, Wundersucht, das Streben sich vor anderen beliebt zu machen, sie zu täuschen und in die Irre zu führen, sind Eigenschaften des menschlichen Wesens. Nicht nur frühe Magier haben sich auf diesem Gebiet betätigt.

Theurgie und Goetik

»Magie nenne ich eine gewisse verborgene Kenntnis der Geheimnisse der Natur, wodurch man, wenn man die Natur, die Eigenschaften, die verborgenen Kräfte, Sympathien und Antipathien der einzelnen Dinge erkannt hat, gewisse Dinge hervorrufen kann, die demjenigen, der mit den Ursachen unbekannt ist, seltsam oder wunderbar erscheinen«.[2]

Schließlich artet die Magie in ihrer praktischen Anwendung aus. Das anfänglich hohe Ansehen wird einer zunehmenden Kritik unterzogen. Oft wird die Magie im Dienst unredlicher Handlungen mißbraucht. Sie zerfällt in zwei Gruppen: in die Theurgie und Goetik; in eine legitime (himmlische, göttliche) und eine satanische (diabolische) Magie. So entsteht eine weiße und eine schwarze Kunst, analog des dualistischen Prinzips, das sich die Menschen zwischen den guten und bösen Geistern ersonnen haben. Die Magie gerät in Mißkredit. Sie öffnet ihre Pforten dem Betrug. So entstehen Wahrsager, falsche Propheten und Zauberer (Moses bezeichnete ägyptische Priester als Zauberer). Dadurch wird der Aberglaube gestärkt. Die theosophischen Systeme arten aus und es entstehen Götzendienste. Die Gruppe der Priester kapselt sich weiter ab. **Besonders gefährlich ist der theologische Aberglaube, weil er meint, daß das Heil der Welt von einem bestimmten System abhängt,** und weil die Priester aufgrund ihrer bevozugten Stellung versucht sind, **ihre** Ansichten Andersgläubigen und vor allem der kritiklosen Masse aufzuschwätzen. Daraus entstehen Religionskriege und daraus entsteht der Hexenwahn. Das theokratische System, das sich die römisch-katholische Kirche in 1 ½ tausend Jahren aufgebaut hat, ist mit seinen positiven und negativen Erscheinungen lediglich ein Beispiel für die Ohnmacht der Religion und die gesteuerte Intoleranz des Menschen.

Akkader, Babylonier

In den Schriften der Akkader findet sich als Religionssystem eine ausgebildete Lehre von personifizierten Naturkräften, das heißt, daß eine ältere Entwicklung anzunehmen ist, die den Mensch langsam auf diesen Wissensstand gebracht hat. Auf akkadischen Priesterschulen wird die »alte« Magie gelehrt. Dazu zählen Gebete, Zauberknoten und -tränke, Zauberstäbe und der Einsatz von Talismanen.

Die Magie der Akkader beruht auf einem vollständigen, in allen Teilen zusammengehörenden mythologischen System. Ihre Dämonen haben eine definitive Rangordnung. Sie bewohnen Berggipfel, Sümpfe und die Wüste. Sie greifen in die menschlichen

Schicksale ein und werden als Ursache von Stürmen, Unwetter, Sonnen- und Mondfinsternissen, Unfruchtbarkeit und Krankheit angesehen. Nach ihrem Verhältnis zu den Menschen zerfallen sie in zwei Klassen: in gute und böse. Auffallend ist ihre organisatorische Stellung.

Über den Magiern der Akkader stehen Priester und Schriftgelehrte. Die Akkader betrachten die Sterne nicht nur als Lenker des Weltalls, sondern auch als Verkünder besonderer Vorkommnisse.

Es ist auffallend, daß man in der Religion der Akkader einzelne Züge des mittelalterlichen Hexenglaubens findet. Dazu gehört das Ausreiten auf einem Stück Holz (der spätere Hexenflug),[3] die gemeinsamen Versammlungen (spätere Hexensabbate) und der Vampyrismus.[4] Wenn wir die Akkader als Vorläufer der Chaldäer betrachten, so gilt bei ihnen der mit bösen Geistern geschlossene Bund als das höchste Verbrechen. Hier ist das Urbild des mit dem (späteren) Satan geschlossenem Pakt, das Teufelsbündnis, und das Herzstück des mittelalterlichen Hexenglaubens, zu finden. Das heißt, es bedarf mehr als 3.000 Jahre menschlicher Entwicklung zur Ausbildung des perfektionistischen Hexenwahns. Der Ausbruch verzögert sich immer wieder. Er kommt mit dem Zusammenbruch der theokratischen Hierarchie, nachdem die Kirche den ohnehin bestehenden Teufels- und Dämonenglauben für ihre Zwecke ausgebaut hat.

Ursprünglich hatten die Babylonier Lokalkulte. Jede Stadt verehrt einen Gott oder eine Göttin als Zentralgottheit. Sie ist von den »Dienergottheiten« umgeben. Seit der Mitte des 3. Jahrtausends v.Chr. wird die Vielzahl der Kulte in Götterkreise zusammengefaßt. Vereinzelte Ansätze zur Entwicklung eines Monotheismus können sich unter dem Gewicht der sumerischen Tradition nicht entfalten, es werden lediglich einzelne Gottheiten bevorzugt.

Hochgötter, Schutzgottheiten, Dämonen

Der Mondgott der Babyloner heißt Sin (später: Anu). Enlil gilt als Götterherr. Enki, der Gott des unterirdischen Süßwasserozeans, lebt als Ea, Vater des Marduk und Gott der Weisheit und Gelehrsamkeit weiter. Schamasch wird der Herr der Weissagung und des Gerichts. Er repräsentiert die segenspendenden Kräfte der Sonne. Die zerstörenden werden dem Feuergott Gibil zugeschrieben. Der Sturm- und Gewittergott heißt Ischkur. Er wird als Adad oder Mer, Bringer der Fruchtbarkeit verehrt. Marduk wird gegen Ende des 2. Jahrtausends vor Christus zum babylonischen Reichsgott erhoben.

Gewöhnlich werden die Götter in Menschengestalt (aber auch symbolisch) dargestellt. Sie schaffen die Welt und bilden den Menschen. Neben Hochgöttern und persönlichen Schutzgottheiten kennt die babylonische Religion eine Fülle guter (Lami, Lamussu, Schedu) und böser (Asakku, Pazuzu, Lamatschu) Dämonen, die in das Leben eingreifen. Die bösen sucht man durch Beschwörungen und Rituale abzuwehren. Den göttlichen Willen versucht man durch Vorzeichen zu ergründen. Aus Eingeweiden der Opfertiere, dem Rauch, Vogelflug, Träumen, Ölbecher und aus ungewöhnlichen Naturerscheinungen, zieht man Schlußfolgerungen auf die Zukunft. Die Bewegung der Sterne deutet auf künftige irdische Ereignisse; Astrologie und Astronomie bedeuten gläubige Versenkung in den Willen der Götter. Die Welt der Toten gilt als »Land der Rückkehr«. Hier herrscht eine ständige Dämmerung. Die Toten müssen Staub und Wasser zu sich nehmen. Der Glaube an die Auferstehung fehlt.[5]

Babylonische Chronik

In einem Bibliothekensaal in Ninivie hat man Schriften gefunden, aus denen sich religiöse und abergläubische Vorstellungen der Chaldäer rekonstruieren lassen. Man hat eine Tafel mit 28 Zaubersprüchen und Bücher magischen Inhalts gefunden. In den ältesten Quellen werden die Priester des Landes Sinear stets Chaldäer (Chasdim) genannt. Ihre Dynastie wird als eine chaldäische bezeichnet. Ein Mitglied der chaldäischen Priesterschaft, Berosus (ca. 280—270 v.Chr.) unter Antiochus Soter, verfaßt eine babylonische Chronik. Sie beginnt mit der Erschaffung der Welt und teilt die kosmogonischen und kulturellen Mythen der Babylonier mit. Im Anfang hat das All aus Finsternis und Wasser bestanden. Es war voll ungeheuerlicher Geschöpfe, die von einem weiblichen Urwesen, Homoraka (Welt- oder Allmutter) beherrscht werden. Die männliche Urkraft gestaltet den chaotischen Urstoff. Bel, der Sonnengott, zerteilt die Homorka in Himmel und Erde, in Tag, Nacht, Mond, Sonne und Sterne. Die weltlichen Ungeheuer gehen zugrunde, weil sie das Licht nicht ertragen können. So wird die Erde entvölkert. Dann hat sich Bel den Kopf abgebissen und den Göttern befohlen, sein Blut mit Erde zu vermischen. Daraus formen sie Menschen und Tiere.

Die Entwicklung in Chaldäa ist wichtig, denn Chaldäa ist die Hauptquelle für die jüdische und arabische Überlieferung. Der Aberglaube und die Zauberei in Europa werden von chaldäischen Anschauungen geprägt. In direkte Berührung mit der chaldäischen Magie kommt Europa durch die Kämpfe der Griechen und Persern im 5. Jahrhundert v. Chr. Nach der Eroberung des persischen Reiches durch Alexander d. Gr. wird Griechenland von Magiern überschwemmt.

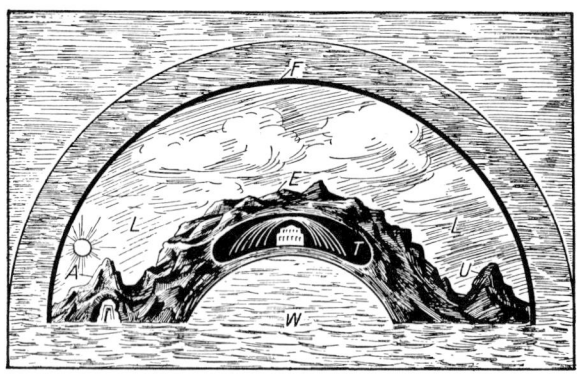

Weltbild der Babylonier. W = Weltmeer, E = Gewölbe der Erde, L = Luftraum, F = Feste des Himmels mit dem Himmelswasser darüber, A / U = Anfangs- und Untergangstore der Sonne, T = Totenreich.

Ägypter

Die ältesten geschichtlichen Nachrichten, die sich erhalten haben, stammen von den Ägyptern und dem alten chaldäischen Volk. Die Informationen reichen etwa 4000 Jahre vor unsere Zeitrechnung. Die ägyptische Theurgie ist aus einigen Papyri rekonstruierbar, vor allem aus dem »Totenbuch« und dem sog. »magischen Papyrus Harris«. Dazu kommen Schriften, die unter dem Namen »Hermes Trismegistus« gesammelt sind und das Buch »Poimander«. Unter die medizinische Zauberliteratur gehören die »Kyraniden«.

Die ägyptische Magie ist bereits die abergläubische Verzerrung einer hoch entwickelten Religionslehre; eine Abart des religiösen Dualismus des Zoroaster. In der ältesten Geschichte Ägyptens sind Medizin, Theologie und religiöse Kulte eng verbunden. Unter der Magie verstehen die Ägypter eine höhere Naturwissenschaft. Dazu zählen sie außer der Religionsphilosophie die Astronomie. Ihre Kenner werden als »die Weisen« bezeichnet. Herodot berichtet, daß die Ägypter darüber grübeln, welcher Gottheit jeder Tag heilig ist, welches Schicksal einem Menschen, der an diesem oder jenem Tag geboren ist, bevorsteht, woran er stirbt und welche Gemütsart er hat. Das Wahrsagen wird bei den Ägyptern in Tempeln gepflegt. Der älteste Schriftsteller, der die ägyptische Magie erwähnt, ist Moses. Er erzählt, wie die ägyptischen Zauberer durch Beschwörungen Stäbe in Schlangen, Nilwasser in Blut verwandeln und zudem Frösche hervorgebracht haben. Die Ägypter sind der Auffassung, mit magischen Worten Dinge verwandeln zu können. Die gleiche Erscheinung findet sich im spätmittelalterlichen Hexenglauben.

Osiris, Isis, ägyptischer Dämonenglaube, Assis

Die alten Ägypter kennen eine Art des »Melittakultus«. Osiris und Isis sind ursprünglich die einzigen Gottheiten. Osiris ist der männliche Sonnengott und Isis die weibliche Erdgöttin. Der Isiskult erfolgt in unterirdischen Räumen, zu denen lediglich Eingeweihte Zutritt haben. Herodot berichtet aus gewissen Andeutungen, daß man die Leichname schöner und junger Frauen erst drei oder vier Tage nach ihrem Tode den Einbalsamierern übergibt, weil man befürchtet, daß sie mißbraucht werden. Das ist ein frühes Beispiel der Leichenschändung.

Die Ägypter verfügen über einen ausgedehnten Dämonenglauben. Sie unterscheiden gute und böse Geister. Die bösen sind Verursacher der Krankheiten. Sie werden mit Hilfe der guten Geister vertrieben. Die Gespenster, die den Menschen erschrecken, sind nach ihrer Vorstellung die Seelen der Verdammten, die auf die Erde zurückgekommen sind. Sie verursachen auch das Besessensein. Nach der ägyptischen Auffassung steigt der Mensch in das Grab, um wiederaufzustehen. Die Seele ist unsterblich. Die Seele des Verstorbenen heißt Khou. Sie steigt nach dem Tod in die Unterwelt und wird von Osiris empfangen. In der Unterwelt (Kerneter) wird sein Leben gewogen. Das Herz wird auf eine Waagschale gelegt, die von Horus, dem Gott der Zeit, gehalten wird. Auf der anderen Seite steht Thot, der Gott der Weisheit und Gerechtigkeit. Er hält das Resultat der Wägung fest. Verurteilte werden vernichtet und auf dem Schafott der Unterwelt (Nemma) hingerichtet. Ein Nilpferd beißt ihnen den Kopf ab. Die bösen Mächte, gegen die die Ägypter kämpfen, sind der Gott Set, seine Begleiter und die »zweimal Gestorbenen«, die bis zu ihrer Hinrichtung auf der Erde herumwandern. Eigentliche Teufel, wie sie die spätere christliche Theologie ausbildet, scheinen die Ägypter nicht gehabt zu haben.

Bei den Ägyptern ist die therapeutische Praxis Jahrtausende mit religiösen Zeremonien und Observanzen verbunden. Die Ägypter bereiten aus dem Saft des Hanfes einen giftigen narkotischen Extrakt, den sie Assis nennen und zu walnußgroßen Kugeln formen. Sie werden verschluckt und erzeugen ekstatische Visionen. Hier ist man geneigt, an Narkotika im Zusammenhang mit dem Hexenwesen zu denken.

Indische Seher, Somatrank

Die ältesten theologischen Bücher der Hindus sind die Beda's und der Codex des Menu. Nach dem letztgenannten kennt die Seele auf der Erde drei Zustände (Wachen, Schlafen (Träumen), Ekstase). In den Büchern ist die theologische Ansicht des indischen Volkes aufgezeichnet. Es enthält ihre philosophischen Doktrinen und eine ständige Berücksichtigung der magischen und magnetischen Seelenzustände. Der indische Seher steht mit Sonne und Mond in Verbindung, er wird von ihnen heraufgezogen und herabgelassen. Unter der Lehre des Zoroaster entwickelt sich eine mystische Theologie. So wenig Nachrichten von der indischen Magie erhalten sind, so ergibt sich, daß ihre Vorstellungen nahe bei denen der Chaldäer und Perser liegen. Die Inder wahrsagen mit Hilfe der Geister. Sie heilen durch ihren Beistand Krankheiten und verfügen über Zauberformeln. In indischen Mythen wird die weiße und die schwarze Magie gelehrt.

Zur Erreichung des ekstatischen Zustandes kennen sie den Somatrank. Nach der Auffassung verschiedener Altertumsforscher handelt es sich um den Saft der Sonnen- oder Lotuspflanze.

Die indischen Gesetze des Manu erklären: »Je aufrichtiger und freiwilliger der Mensch seine Sünden bekennt, desto vollkommener wirft er sie von sich, so wie die Schlange ihre Haut abstreift«.[6]

Chaldäer

In Chaldäa und Babylonien gestalten sich verschiedene magische Kulte. Unter König Sargon I. (um 2.000 v.Chr.) werden sie zu einem einheitlichen Religionssystem zusammen gefaßt. Die **Staatsreligion** nimmt die alten akkadischen Beschwörungsformeln mit dem zugrundeliegenden Dämonismus in den Kanon ihrer heiligen Schrift auf.

Chaldäischer Götterglaube
Beschwörungsformeln

Der Götterglaube steht bei den Chaldäern in hohem Ansehen. Es finden sich wirkliche Götter, erhabene Mächte, die im Himmel, im Wasser und auf der Erde die Herrschaft führen. Der Gott des Himmels heißt Anu, der Herr der Erde Bel, der Geist des Wassers Ea. Gleichzeitig ist Ea der Gott der Zauberei. Er wird zum Gott der Weisheit, der alle Gewerbe und Künste lehrt und versteht. Einen wichtigen Platz in der chaldäischen Religion nehmen Beschwörungen ein. Ihre Religion ist eine konsequent durchgeführte Geisterlehre. Die Geister sind überall verbreitet und verursachen alle Naturerscheinungen. Sie bewirken das Gute und das Böse. Sie wohnen in den Elementen. Auf der Basis des zoroastrischen Dualismus sind einige ihrer Götter gut, andere böse. Sie stehen in einem ununterbrochenen Kampf. Die u. a. Beschwörungsformeln zeigen, daß den Chaldäern magische Handlungen, Verwünschen, das 'Böse Auge', Salben und Tränke bekannt sind.

»Nimm das Fell einer Geiss, die nie geboren hat. Eine Frau, die ihre Tage hat, schneide aus der rechten Hälfte einen Riemen und füge die linke dazu; mache

Echnaton (Amenophis IV.) opfert mit seiner Familie dem Sonnengott. Nach einem Relief aus Amarna (ca. 1360 v.Chr.).

Darstellung eines Totengerichtes vor Orsiris, dem Herrscher des Totenreiches. Totenbuch (Papyrus) aus dem Grab einer Musikantin des Gottes Amun. Deir-el-Bahari. (21. Dynastie, 1185—950 v.Chr.).

daran zweimal sieben Knoten, teile ihnen den Zauber mit, der da kommt von Eridu. Binde das Haupt des Kranken, binde den Hals des Kranken, binde seinen Körper, binde seine Hände und Füße. Umschlage mit dem Band sein Bett und benetze ihn mit dem wunderkräftigen Wasser«.[7]

»Weil die Zauberin mich bezaubert hat, die Hexe (?) mich gebannt hat, schreit mein Gott und meine Göttin über mich. Mit Schnüren haben sie meinen Mund gefüllt, mit Upuntukraut haben sie meinen Mund gestopft. Das Wasser meines Getränkes haben sie gering gemacht: 'Mein Jubel ist Jammer, meine Freude ist Trauer'«.[8]

»Wer bist du, Zauberin, in deren Herzen das Wort meines Unglücks wohnt, auf deren Zunge mein Verderben gezeugt wird, auf deren Lippen meine Vergiftung ersprießt, in deren Fußstapfen der Tod entsteht? Zauberin, ich banne deinen Mund, ich banne deine Zunge, ich banne deine unruhig schauenden Augen, ich banne die lenksamen Hände, ich binde die Hände unter dich«.[9]

»Mit einer Salbe unheilbringender Kräuter haben sie mich eingerieben, zu einem Toten haben sie mich ersehen«.

Bei den Chaldäern kommen zusätzlich Gnome und Kobolde vor. Sie hausen in der Nähe der Menschen. Andere halten sich an öden Stellen, in der Wüste oder auf Bergspitzen auf. Einige von ihnen werden als 'die nächtlich bezwingenden' genannt, in deren Umarmung sich weder Mann noch Frau im Schlaf erwehren können. Hier liegen die Anfänge unserer Vorstellung vom Nachtmar.[10]

Reformation unter Sargos I.

In der Zeit von König Sargon I. (etwa 3000 v. Chr.) findet eine Reformation statt, wenngleich übernommene Dinge erhalten bleiben. Damals gewinnen die Chaldäer durch astronomische Studien und geschichtliche Aufzeichnungen eine neue Auffassung

von der Leitung der Welt. Sie stellen in großem Umfang astronomische Schriften her. Der religiöse Grundgedanke ist der Glaube, daß nicht Dämonen, sondern Himmelskörper die Ursache dessen sind, was in der Welt geschieht.

Unter ihren astrologischen Werken findet sich eine Tafel über die Sonnen- und Mondfinsternis. Sie wissen, daß das Sonnenjahr 365,25 Tage hat und daß die Umlaufzeit des Mondes 30 Tage beträgt. Dieser legen sie ihre Zeiteinteilung zugrunde. Es ergeben sich 12 Monate zu 30 Tagen. Sie wissen, daß sich nach 223 Mondumläufen oder 18 Sonnenjahren die Mond- und Sonnenfinsternis wiederholen. Das sind erstaunlich exakte Kenntnisse.

Sie identifizieren ihre Götter mit den Sternen. Die beweglichen Himmelskörper und die hellsten Fixsterne bekommen die Namen der 12 höchsten Götter und werden eins mit ihnen. Sie behalten ihre Herrschaft unverändert in der Gestalt der Gestirne bei. Die Dämonen, die in der alten Religion den Göttern an Macht unterlegen sind, werden von den mit Sternen identifizierten Göttern abhängig. Zwar bleiben die Dämonen Ursache allen Übels, können aber nur mit der Einwilligung der Gestirne tätig werden. Das bedeutet eine Umschichtung des seitherigen Dämonenglaubens.

Mantik, religiöse Prostitution

Aus der parallelen Betrachtungsweise muß die Mantik entstehen, die Lehre zukünftige Begebenheiten mit Hilfe von irdischen Ereignissen vorherzusagen. Mantik und Astrologie verschmelzen zu der Lehre von den Weissagungen und zur Auguralwissenschaft. Nach mantischen Regeln beobachten die Chaldäer den Vogelflug, die Eingeweide der Opfertiere. Sie kennen das Wahrsagen nach der Wolkenbildung und den Strahlen des Blitzes, nach dem Bewegen und Rauschen von Bäumen und Sträuchern, nach den Bewegungen bestimmter Tiere (Schlangen, Hunde, Fliegen, Frösche), nach dem Vorkommen von Mißgeburten und nach überraschend klingenden Worten.[11]

In Chaldäa finden sich Spuren einer religiösen Prostitution. Herodot berichtet: »Die Babylonier haben ein schändliches Gesetz. Jede Frau, die in ihrem Land geboren ist, muß sich einmal in ihrem Leben in den Tempel der Venus begeben und sich dort einem Fremden überlassen. Wenn sie einmal an diesem Ort Platz genommen hat, darf sie nicht eher nach Hause

Ein Verstorbener kniet mit um Fürbitte erhobenen Händen neben Osiris, dem König der Toten. Ägyptische Wandmalerei aus dem Grab des Pashed. (19. Dynastie, 1306—1186 v.Chr.).

zurückkehren, als bis ihr ein Fremder Geld in den Schoß geworfen und mit ihr außerhalb des geweihten Raumes Umgang gepflogen hat«.[12] Das ist der Melittakult. Babylonien wird 331 von den Persern erobert. Die kultischen Handlungen erhalten sich und pflanzen sich auf andere Völker fort.

Persische Magie, Zoroaster

In der persischen Magie wird die Lehre ausgebildet, die für alle Folgereligionen von Bedeutung und vielen zum Verhängnis wird. Es sind die dem Zoroaster (etwa 553—630 v. Chr.) **zugeschriebenen** Dogmen von einem guten und bösen Prinzip. Es wird in den herrschenden Geistern Ormuzd und Ahriman personifiziert. Die persische Lehre stellt die Aufhebung des Gegensatzes, den vollständigen Sieg des Lichts über die Finsternis, die Bekehrung Ahrimans und seiner Anhänger als Schlußresultat auf. Das ist vergleichbar mit der Interpretation des dualistischen Prinzips zwischen Christus mit seinen Engeln und dem Teufel mit seinen (bösen) Geistern.

Zoroaster

»Der Erfinder der Zauberkunst soll Zoroaster gewesen sein... ob er ein Persianer oder ein Chaldäer, ob er ein Sternseher oder Sterndeuter, oder ob er ein Urheber der natürlichen oder teufelischen Zauberey gewesen sey, in welchen Zeiten er gelebt, darin können sich die Gelehrten nicht übereinstimmen«.

»Francisi hat aus vielen Schriftstellern die Orackeln des Zoroaster zusammengetragen. Man findet in selben nur einen Stelle, welche könnte als Zauberkunst ausgeleget werden: 'Wenn du einen irdischen Geist siehest hinzu nahen, so opfere einen Stein, und schreie Mnizurim'«.

»Wiero sagt:... »Etliche meynen, daß Zabulos und Xamalxis die Zauberkunst erfunden haben sollen. Irenäus nennt den Teufel Zabulos. Daher soll auch der Name Rübenzahl gekommen seyn«. Der Erfinder der Zauberkunst soll Zoroaster gewesen sein, aber andere machen zum Urheber derselben dem Cham, andere den Namrod oder den Assur. Wenn der Ursprung zweifelhaft ist, ist das Zeugnis nicht verdächtig?«

Der Gott Anubis legt letzte Hand an die Mumifizierung eines toten Mannes. Ägyptische Wandmalerei aus dem Grab des Amennakht (19. Dynastie, 1306—1186 v.Chr.).

Prinzip von Licht und Finsternis

Nach Rollin zerfallen die Anhänger des Götzendienstes in allen östlichen Ländern in zwei Gruppen, die Sabäer (die Bilder anbeten) und die Magier (die das Feuer anbeten). Ihre Hauptlehre ist die Existenz zweier Prinzipien. Eines ist die Ursache alles Guten, das andere Ursache alles Bösen. Das eine wird durch das Licht, das andere durch die Finsternis dargestellt. Das gute Prinzip heißt Yasman oder Ormuzd, das böse Ahriman. In Bezug auf die Gottheiten sind die Meinungen geteilt. Die einen behaupten, allein der Geist ist ewig, der der Finsternis ist ein geschaffenes Wesen. Sie stimmen überein, daß zwischen beiden Gottheiten eine Rivalität besteht und zwar bis zum Ende der Welt. Dann besiegt der gute Geist den Bösen. Von da regiert jeder von ihnen allein **seine** Welt (Gedanke der Auferstehung).

Ein zweiter, späterer Zoroaster soll in Bezug auf das Hauptprinzip der Magier eine Änderung eingeführt haben. Im Gegensatz zu der fundamentalen Lehre von den Hauptursachen (Licht = Gut; Finsternis = Böse), lehrt er das Dasein **eines gemeinsamen Prinzips,** das Licht **und** Finsternis geschaffen hat. Aus diesen hat er alles nach seinem Willen gebildet.

Ihm zu Folge ist seit Ewigkeit ein höchstes, unabhängiges und selbstexistierendes Wesen vorhanden (die Christen bezeichnen es als Gott). Unter ihm sind zwei Engel, der des Lichtes und der Finsternis. Sie schaffen aus der Mischung von Gut und Böse alle existierenden Dinge. Diese bekämpfen sich gegenseitig. Ist der Engel des Lichtes an der Macht, so herrscht das Gute, bzw. anders herum. Der Kampf dauert bis zum Ende der Welt (Jüngster Tag bei den Christen). Dann kommt ein Tag der allgemeinen Auferstehung und des Gerichtes (Jüngster Tag bei den Christen).Der Engel der Finsternis geht mit seinen Anhängern in eine eigene Welt. Hier leiden sie ewige Strafen (in der christlichen Mythologie: Vorstellung der Hölle). Die Engel des Lichtes und seine Anhänger gehen in das Ewige Licht ein. Sie empfangen den Lohn für ihre guten Taten (in der christlichen Mythologie: Vorstellung des Himmels).

Persische Höllenschilderung

Auffallend ist in den erhaltenen Höllenschilderungen die Bestrafung von sexuellen Sünden. Die Verbindung zwischen Religiosität und Sexualität, bzw. religiöser Prostitution ist eng. »Arda Viraf sah eine Ehebrecherin mit einem eisernen Kamm ihren Busen zerreißen, andere sind an den Brüsten aufgehängt. Holzpflöcke werden ihnen in die Augen getrieben. Frösche, Schlangen (die Schlange ist das Symbol Ahriman's, der bösen Gottheit) und Ungeziefer dringen in die innersten Teile ihres Körpers. Frauen, die ihren Männern die eheliche Pflicht nicht leisten und davon laufen, stehen auf den Köpfen, während Igel mit eisernen Stacheln in ihre Körper ein- und ausgehen. Aus ihren Nasen dringt Unrat.

Die Perser halten an der ursprünglich zoroastrischen Lehre fest. Sie glauben an viele Dämonen, an das Erscheinen von Göttern und Toten, an Eingebungen und prophetische Verzückungen, an das Wahrsagen und die Kraft der Gebete. Erst als die Perser unter Cyrus (539) Babylon erobern, kommt es zu einer Vermischung mit chaldäischen Volksstämmen. Unter Xerxes gewinnt die Magie am persischen Hof an Enfluß.

Über die religiösen Vorstellungen der Araber ist wenig bekannt. Sie verfügen über den Dualismus zwischen guten und bösen Geistern und glauben an Dschinnen (Dämonen).

Griechen

Mit der Begeisterung der deutschen Humanisten für die Kultur der Antike zu Beginn des 16. Jahrhunderts wird ein Großteil abergläubischer Vorstellungen übernommen. »Die Dämonenangst oder der Angstglaube erfüllt die griechische Welt. Ihr Heidentum ist zum Dämonismus geworden. Der Glaube an Schutzgeister wird aufrecht erhalten. In Furcht und Schrecken erzitterte die antike Welt. Verzweiflung, Furcht und Schrecken sind das Ende, in das ihr Leben ausläuft«. **Man sieht hier die negative Entwicklung des Dämonenglaubens, die in ihrer praktischen Bedeutung bis heute anhält.**

In der griechischen Dämonologie finden sich Vorstellungen, die im deutschen Hexenglauben wieder auftauchen. Im Zusammenhang mit der Prostitution werden verschiedene Liebes-, Schlaf- und Zaubertränke (auch als Heilmittel) hergestellt und vertrieben. Das ist insofern wichtig, als das Thema 'Liebe', d.h. Getränke zur Erregung von Gefühlen, Sterilitätsgetränke und Hilfen bei sexuellen Schwierigkeiten noch die deutsche medizinische Literatur des 17. Jahrhunderts beherrschen.

Anfänge, Kontakt zur persischen Magie, Ostanes

Pythagoras und mehrere andere Philosophen glauben an das Vermögen, in die Zukunft schauen zu können. Griechische Philosophen reisen zur Erweiterung ihrer Kenntnisse nach Indien und Ägypten. Zurückgekehrt verbreiten sie dort aufgenommene Lehren. So lehrt Anaxagoras von den Sonnenfinsternissen. Die bedeutendsten dieser Weisen finden wir in Pythagoras mit seinen Schülern, Empedokles und Plato.

Ohne Zweifel reicht der Zauber- und Dämonenglaube der Griechen bis zu ihren Anfängen zurück... Sicher ist, daß die Griechen schon mit Beginn der Perserkriege eine mit der etrurischen völlig übereinstimmendes System der Haruspicien besitzen.[13] Mit den Perserkriegen (ca. 500 v.Chr.) dringen deren dämonische Vorstellungen von Geistern in den griechischen Gedankenkreis. Gestützt werden die Vorstellungen durch die damit in Verbindung stehende Magie. Nach den Perserkriegen erhebt sich Anaxagoras in Klazomenä, während gleichzeitig Empodokles ein dem Heraklit ähnliches System vorstellt und vor allem die für die Magie dualistische Wetlanschauung lehrt und das Vorhandensein einer dämonischen Welt anerkennt. Ab hier gewinnt die Dämonenlehre praktische Bedeutung.

Ostanes ist Hofwahrsager von Xerxes. Während der Perserkriege kommt ein Zauberbuch nach Griechenland, das von ihm rühren soll. Plinius berichtet: »Dieses Buch habe bei den Griechen nicht nur eine heftige Begierde, sondern geradezu einen rasenden Heißhunger nach der Magie hervorgerufen«.[14] Einer seiner Nachfolger verfaßt ein Buch von der Auslegung der Träume. Die griechischen Schriftsteller kennen den Somnambulismus. Sie nennen diesen Zustand 'Hypobatheia'. Außerdem kennen die Griechen die Totenbeschwörung (Nekromantie). Darüber unterrichtet uns der elfte Gesang der Odyssee. Wichtig ist darauf hinzuweisen, daß die Beschwörung von Toten bei den Chaldäern verboten ist.

Griechische Schriftsteller über die Zauberei

»Ein großer Magier war Pythagoras und seine Schüler, die einen vertrauten Umgang mit den Göttern und Geistern suchten, Krankheiten und Beschwörungen heilten, Tote befragten, den Zahlen und den geometrischen Figuren übernatürliche und geheime Kräfte beilegten«. Herodot berichtet, daß manche Zauberer wegen falscher Auslegungen getötet worden seien. Xenophon berichtet: »...Nachdem Cyrus Babylon erobert, habe er befohlen, daß die Zauberer das Köstliche von der Beute aussuchen müssen, um solches den Göttern, der Vesta und dem Jupiter, und anderen

Göttern, welche die Zauberer für gut erachteten, auf-zuopfern«. Thucydides und Polybus erwähnen in ihren Schriften nichts von der Zauberei. Polybius lobt die Meinung und den Glauben der Alten an die Götter und an die Hölle: »weilen sie den Leidenschaften einen Zaum angeleget, und die Menge der Menschen zum ehrbaren Leben angefeuret hätten... sollten wohl nicht unsere heutigen Religionsspötter aus diesem Brunnen getrunken haben«?

Dionysium Halicarnassum schreibt: »Er wolle nicht urteilen oder entscheiden, ob den Erscheinungen und Taten, die man den falschen Gottheiten zuschreibt, Glauben beizumessen sei. Ob zwischen den Göttern und Menschen eine mittlere Natur angenommen werden müsse«. Plutarch hat die Lehren der Weltweisen zusammengetragen... er gedenkt aber nicht der Zauberei. Auf der anderen Seite ist es gerade Plutarch, der das Ergebnis seiner philosophischen Forschung in der Nachweisung einer Dämonenwelt zwischen Göttern und Menschen ansieht.

Hippokrates sagt: »Die hinfallende Krankheit sei keine göttliche Krankheit, die man mit heiligen Beschwörungen und Zaubergesängen heilen könne«. Er erinnert, daß man die hysterischen Zustände des Weibes zweifelsohne, weil sie so wunderbare und unheilbare Wirkungen hervorbrächten, für göttlich und heilig gehalten, und daß man das sog. Johanneskraut (Hypericon), weil es für diese weiblichen Zufälle gut ist, den Teufel-Austreiber geheißen. Nach Demokrit sind die Visionen und Träume vorüberschwebende Bilder-Idole. Aristoteles erklärt in seiner Abhandlung über den Traum noch deutlicher alle inneren Sinnes- und Traumbilder als Produkte der Sinnenempfindung und der Phantasie.

Aristoteles, Epikur, Hesoid

Aristoteles und Epikur widersetzen sich der abergläubischen Vorstellung. Aristoteles nimmt keine anderen Geister als die Seelen an (oder bewegende Prinzipien am Himmelskörper). Er leugnet alle übrigen, demzufolge auch die Möglichkeit der magischen Künste. Epikur leugnet alle Gottheiten. Für ihn gibt es körperliche Atome. Er streitet magische Künste und Wunder ab. Hesoid spricht vom Dasein unsterblicher Dämonengeschlechter, die zwischen den Göttern und den Menschen vermitteln.

Plato, Dämonen als Mittelwesen

Plato bildet die Idee der göttlichen Einheit aus. Nach seiner Lehre sind die Dämonen Mittelwesen zwischen Gott und den Menschen. Nach Plato ist der höchste Gott zugleich der höchste Dämon. »Er nennt die Geister das 'Luftgeschlecht', so in dem dritten und mittleren Kreis wohnet; es were billig, daß man sie mit Gebettern verehre, weilen sie das Amte eines Mittlers oder Dolmetschers zwischen den Göttern und den Menschen vertretteten«.

»In einem anderen Buche lässet er den Sokrates sagen, daß die Geister ein Mittel-Geschöpf zwischen den Sterblichen und Unsterblichen seyen: daß sie unsere Opfer und Gebete zu den Göttern, und von selben an uns ihre Befehle und die Belohnung tragen. Er saget, aus diesem entstehe die Priester- oder Wahrsagerkunst und die Zauberey, und einer von diesen Geistern seye die Liebe«.[15]

In der Philosophie Platos nimmt die religiöse Schwärmerei und der nähere Umgang mit den Schutzgeistern eine begünstigende Gestalt ein. Er sagt, daß die Götter in einem viel zu großen Abstand von den Menschen entfernt sind, als daß zwischen ihnen ein direkter Umgang stattfinden kann. Demzufolge muß es vermittelnde Geister geben. Sie tragen die Gebete und Opfer der Menschen zu den Göttern, bzw. sie übermitteln die göttlichen Befehle.

Im ersten Alkibiades (c.17) nennt Plato das Wort Magie. »Wenn der Knabe zweimal sieben Jahre alt geworden ist, so nehmen ihn diejenigen zu sich, welche (die Perser) königliche Erzieher nennen... einer von diesen lehrt ihn die Magie des Zoroasters, des Sohns des Oromazas, diese ist der Dienst der Götter... er lehrt aber auch die anderen königlichen Wissenschaften«.

Buch von den Gesetzen

Das Werk 'die Gesetze' sind das letzte schriftstellerische Produkt von Platon. Es ist ihm nicht mit völliger Gewißheit zuerkannt. Es zeigt eine Art von Dualismus von einer wohltätigen Weltseele und einer entgegengesetzten. **Die Lehre von den guten und bösen Dämonen wird allgemeiner. Mit ihr tritt die Bedeutung der Dämonen als Schicksalsmacht in Erscheinung. Platons Nachfolger bauen die Lehre weiter aus.**

»Es glauben gewisse Leute, daß sie durch allerlei Gaukeleien, Zaubersprüche und sog. Bannformeln anderen Schaden zufügen können, und viele fürchten sich demgemäß vor jenen, die sich im Besitz solcher Kräfte wähnen. Was es eine Bewandtnis mit solchen Dingen hat, ist nicht leicht zu durchschauen, noch schwerer ist es, andere darüber zu belehren. Ja, es lohnt sich nicht der Mühe, dies bei Leuten zu versuchen, die bereits einen derartigen Verdacht gegen einander gefaßt haben... es ist fast nicht möglich, sie zu überzeugen, daß dies nichts zu bedeuten habe«.[16]

»Im gleichen Buch redet er von Betrügern '... die dem gemeinen Pöbel glauben machen, als wenn sie mit ihren Blendwerken anderen schaden könnten. Es sei unbegreiflich, wie dieses geschehen könne: und wenn es auch einer wollte erlernet haben, so würde es ihm nicht gelingen, andern dergleichen aufzuschwätzen; also daß diejenige, die solches nicht glaubten, zu überreden wären, daß, wann sie auf den Türen, auf den Kreuzwegen, oder an den Gräbern ihrer Voreltern Bilder von Wachs sehen, sie auf derley Sachen einige Achtung haben müßten, weilen man von denselben nichts gewisses wissen könne. Er ermahnt, solchen Zauberpossen zu fliehen, um nicht die Menschen in Furcht zu setzen und die Gesetzgeber und Richter zu zwingen, Strafmittel zu ergreifen, um das Volk von solcher Furcht zu befreien«.

»Bettelpriester und Wahrsager ziehen vor den Häusern der Reichen umher und sagen ihnen, daß, wenn sie einem Feinde etwas antun wollen, könnten sie mit wenig Kosten ebensogut einem Gerechten als Ungerechten schaden, indem sie mit gewissen Zaubermitteln und Bannsprüchen die Götter zu bewegen wüßten, ihnen dienstbar zu sein«.

»Plato nennt die Zauberer Wunderwirker: aber diese heißt er Verblender, die man heut Charlatane nennet... wer kann aus solchen Worten schließen, daß Plato jemals der Zauberkunst was wirkliches und wesentliches zugestanden«?

Von Plato hat sich eine Jenseitsschilderung erhalten. Er berichtet von dem Pamphylier. Er, dem Sohn des Armenicos, der in einer Schlacht gefallen und zur Bestattung in seine Heimat zurückgebracht wird. 12 Tage nach seinem Tod erwacht er in dem Moment, in dem man den Scheiterhaufen anzünden will. Daraufhin erzählt er, was er in der Unterwelt gesehen und gehört hat.

Xenokrates, Personaldämonen

Bei Xenokrates sind die Dämonen Mittelwesen zwischen den olympischen Göttern und den Menschen. Sie wohnen in der Region unter dem Mond und vermitteln den Verkehr zwischen Göttern. Sie sind teils wohl - teils übeltätig. Die Guten sind Urheber aller guten Ereignisse und alles Nützlichen, die Bösen alles Widerwärtigen und für den Menschen Unheilvollen. Er scheint die menschliche Seele dämonisch betrachtet zu haben.

Der Glaube an Personaldämonen ist bei den Griechen alt. Schon Phokylides, Pindar und Meneander sprechen von Schutzdämonen. »Gewöhnlich gilt Empedokles als der erste, der den Dualismus von guten und bösen Geistern gelehrt hat; allein schon Hippokrates spricht von abergläubischen Leuten, die sich Tag und Nacht von übelwollenden Dämonen umgeben sehen«.

Thales von Milet (650 - 560) sieht die Welt von Dämonen belebt, die den Menschen Träume und Krankheiten bereiten. In Kleinasien hat Thales die Frage nach dem Urstoff der Welt gestellt und versucht ihn im Wasser nachzuweisen, während ihn Heraklit (um 500 v.Chr.) im Feuer zu finden glaubte.

Stoiker, Zenos

Den religiösen Glauben zu wahren und ihn mit der Philosophie zu versöhnen, ist die Aufgabe der Stoiker. Sie sind es, die die Dämonen in den Dienst zwischen der Gottheit und der Menschheit stellen. Der Stoa, die **Vernunft und Glauben versöhnen** will, schließen sich die Gebildeten des ersten christlichen Jahrhunderts an. Die Stoiker verteidigen die Lehre von der Unsterblichkeit der Seele. Der erste, der sich mit solchen Theorien auseinandersetzt, ist Zenos, zweiter Nachfolger Chrysippus (gest. um 208 v. Chr.). Er verfaßt zwei Bücher über Orakel und Träume. Sein Schüler ist Diogenes. Er hinterläßt ein ausführliches auguralwissenschaftliches Werk.

Neu-Pythagoreer

Der Verfall der alten Welt, die Auflösung ihrer religiösen und sittlichen Grundlagen führt zum Skeptizismus. Die philosophisch Gebildeten, die das erkennen, fühlen sich zu einem Streben angeregt, die Anschauungen der älteren (griechischen) Philosophie mit der modernen, vom alten polytheistischen Volksglauben sich abwendenden Bildung so zu vermitteln, daß dieser wiederum in jener ihre Grundlage finden kann.[17] Daraus entsteht die Schule der Neu-Pythagoreer. Der wichtigste Vertreter ist Apollonius von Tyana. Die wissenschaftlichen Vertreter sind Plutarch und Numensis. Der Neu-Pythagoräismus ist Vorläufer einer anderen Erscheinung, mit der die Entwicklung des philosophichen Geistes der alten Welt zu Ende geht: dem Neu-Platonismus.[18]

Simon Magnus, Apollonius von Tyana

Zu den berühmtesten Zauberern aus der alten Zeit gehört Simon Magus, der in der Apostelgeschichte (Kap. 8) erwähnt wird. Eine noch berühmtere Erscheinung, die mit ihrem Namen das Morgen- und Abendland erfüllte, ist Apollonius von Tyana. Er lebt unter den Kaisern Vespasian, Titus und Domitian und sucht im Sinn der phythagoräisch-neuplatonischen Philosophie das sinkende Heidentum zu schützen und ihm durch Verinnerlichung, durch geistige Deutung der Kulturformen und durch religiöse Symbole, durch Magie und Wundertaten einen neuen

Glanz zu verleihen. Seine Biographie wird 100 Jahre nach seinem Tod von Philostratus d. Ä. verfaßt; und zwar auf Wunsch der Kaiserin Julia, der Frau von Septimus Severus (193—211). Apollonius von Tyana sieht Krankheiten, den Tod gewisser Personen und politische Ereignisse voraus. U.a. sagt er den Ephesern eine verheerende Pest voraus, und, nachdem sie eingetreten ist, hilft er ihnen aus dieser Situation, indem er einen alten Bettler steinigen läßt, den er als einen die Pest verursachenden Dämon erkennt. Somit steht er mit Kambyses (vergl. S. 39) auf dem gleichen geistigen Niveau.

In ähnlicher Weise erklärt er bei der Hochzeit seines Schülers Menippus dessen Braut als eine Lamie oder Empuse, die in Frauengestalt schönen Jünglingen nachstellt, um ihr Fleisch zu verzehren. In Rom gibt er einer für tot gehaltenen Jungfrau und Braut, deren Leichenzug er begegnet, wieder das Leben. Bei seinem Tod öffnen sich die Pforten des Tempels von Kreta und schließen sich wieder hinter ihm.[19]

Die neuplatonische Schule
(ca. 200 n. Chr.)

Die Neuplatonik verbindet die platonischen Ideen mit Vorstellungen der jüdischen Kabbala. Die alexandrische Schule kann als Verbindungsglied zwischen der antiken und der neueren theosophischen Philosophie gelten. Anhänger der Schule werden in die Mysterien und Orakel der heidnischen Welt eingeweiht. Nach dem Vorgang des platonischen Dualismus betrachteten alle Neuplatoniker das leibliche, sinnliche Wesen, als das Nichtige und Böse. Die Materie, das absolut Willenlose war der Grund aller sittlichen Verkehrtheit. Bei allen findet sich neben der Vielgötterei die Dämonenlehre. **Der Neuplatonismus ist der letzte, wesentlich durch die Geistesmacht des Christentums sollzitierte Versuch der antiken Welt, ein philosophisches System zu liefern.**[20] In sich selbst, nicht durch eine Vermittlung des Denkens, sondern durch mystisches und ekstatisches Sichversenken, soll der Mensch zum unmittelbaren Erfassen und Anschauen des einen allgemeinen Grundes alles Seins gelangen. **Die Wirkung des Neu-Platonismus im religiösen Denken und Leben ist die Auflösung des griechisch-römischen Bewußtseins. An die Stelle der alten Mythologie tritt ein religionsphilosophisches System.** Daher wird durch den Neu-Platonismus, indem er als Prinzip seines Systems die monoistische Gottesidee geltend macht, die griechisch-römische Götterwelt prinzipiell in eine unter der Gottheit stehende, zwischen Himmel und Erde schwebende Dämonenwelt umgesetzt. **Der Neu-Platonismus bringt eine Steigerung im religiösen Leben mit sich.**

Die Neuplatoniker geraten durch die Vermischung der alten platonischen Philosophie mit den Lehren der Kabbala wieder auf das mystische Gebiet von fremdartigen Einflüssen. Die Schriften der griechischen Philosophen aus der ionischen, pythagoräischen und der neuplatonischen Schule verschaffen ihm (Schule von Athen) eine feste Stütze. Als Hochschule der wissenschaftlichen Zauberlehre fungiert Alexandria. Hier findet sich die Hochburg der Neuplatoniker. Von hier senden Plotin, Plutarch und Philo ihre Schriften in die Welt.

Philo von Alexandrien

Der Jude Philo zu Alexandrien verbreitet vor der Schule der Neuplatoniker dieser Lehre ähnliche Ansichten. Er nennt eine Welt-Seele. Nach ihm gibt es ein Heer unkörperlicher Geister. Die Schöpfung hat die ihr angemessenen Bewohner. Sie sind Mittler zwischen Gott und den Menschen. Mit ihnen kann der Mensch in einen vertrauten Umgang kommen, falls er die gehörigen Mittel anwendet (Einsamkeit, Stille, Fasten, Beherrschung der Leidenschaft). Hier sind die Grundideen der Theurgie des Plotin, Porphyr und Jamblichus verankert.

Plotinus, Porphyrius, Jamblichus

Der Gründer der neuplatonischen, alexandrinischen und schwärmerischen Philosophie ist Plotin. Er gehört zu den Sonderlingen und kann als Begründer der Theurgie angesehen werden, zumal er sich des wahrsagenden, ins zukünftige schauenden Blicks rühmt und eine unmittelbare Beziehung zum Geisterreich vorgibt. »Als einer Frau ein kostbares Halsband entwendet wird, gibt er, als man ihm das Gesinde vorführt, den Dieb an, der auch gesteht«. Er hatte einen Genius, mit dem er auf vertrautem Fuß steht. »Plotin konnte seinen Feinden Krankheiten zuschicken. Plotinus (205—270) hält Seelen der Dämonen für größer und stärker als die der Menschen. Sie sind mit einer großen Macht begabt und verwalten gleichsam im Auftrag der Allseele die einzelnen Teile des Alls.

Der Biograph von Plotinus ist Porphyrius. Er nimmt bereits zwei Arten der Magie an. Er hat seinen phönizischen Namen Malchus mit dem griechischen vertauscht (233—304). Er verliert sich im Gebiet der Magie und der orientalischen Theologie, spricht von Engeln und Erzengeln, weiß von in der Luft wohnenden Dämonen. Er teilt sie in irdische und feurige. Er redet von bösen und strafenden Dämonen. Er anerkennt Zauberei und Beschwörung, sowie schädliche magische Einwirkungen durch theurgische Künste. Von den Gruppen Theurgie und Goetik trennt Porhyrius die Theosophie. Darunter versteht er die höchste Glückseligkeit und die reinste Erkenntnis der Dinge.

Jamblichus (gest. um 330-333) betont das orientalische und theurgisch-mystische Element in seiner Lehre. Er systematisiert die Theurgie und arbeitet darauf hin, der heidnischen Religion durch seine Geisterlehre eine edlere Gestalt zu geben. Er steht bei seinen Zeitgenossen in hohem Ansehen. Er heißt der 'Göttliche' oder 'Wunderbare'. Es wird behauptet, daß er sich zehn Fuß vom Boden abhebt, wenn er betet. Jamblich geht von einer realen Verbindung mit den Göttern, Engeln, Dämonen und Geistern aus. **Er bewertet die Theologie höher als die Philosophie,** denn sie schließt ihm das außer den Grenzen der Vernunft liegende auf und geht außerdem mit seinen theurgischen Ansichten Hand in Hand. **Nach ihm besteht die Theurgie in der Lehre von geheimnisvollen Handlungen, Zeremonien, Worten und Zeichen.** Dadurch vermeint man in wirksame und wirkliche Verbindungen mit Gott und den Geistern zu kommen. **Mit ihm erreicht die neuplatonische Schule ihre völlige Ausbildung.**

Prostitution, Schlaf-, Liebes- und Zaubertränke

Die heilige Prostitution besteht in Griechenland seitdem es Götter und Tempel gibt. Sie geht bis zum Ursprung des griechischen Heidentums zurück. Die ursprüngliche Venus wird an zahlreichen Orten unter den Namen Hetäre (Genossin) und Porne (Dirne) verehrt. Das Schminken des Gesichtes gilt als Zeichen der Prostitution.[21]

Dirnen und Wüstlinge verfügen über Schlaf- und Liebesträke. Alte Weiber stellen die Träke zusammen und verkaufen sie. Ihre Zubereitung gilt als Zauberwerk. Die Anwendung ist gefährlich, weil manche Beimischungen von Gift enthalten. Es sind mehrere Arten von Zaubertränken bekannt. Man unterscheidet Liebe erweckende und Haß fördernde. Solche, die Männer impotent und Frauen unfruchtbar machen und solche, die den Tod herbeiführen. Es ist naheliegend, daß die alten Dirnen auch Gegenmittel (gegen die Folgen) anbieten. Nach Dioskorid gilt die Wurzel des Saubrotes, gestampft und zu Pillen gedreht, als Universalheilmittel.[22] Die Wurzel des Saubrotes ist ein Vorläufer des im deutschen Mittelalter gebräuchlichen Allheilmittels Theriack.

Gewöhnlich verabreicht man einen Trunk oder eine Salbe, die aus Kräutern oder narkotischen, kühlenden, krampfstillenden und aphrodisischen Drogen zusammengesetzt ist. Theokrit und Lucian haben einige der damit verbundenen Bräuche überliefert.

Zusammenstellung von Liebesträken

Will man einen Mann impotent oder eine Frau unfruchtbar machen, so gibt man ihnen Wein zu trinken, in dem eine Meerbarbe erstickt ist. Will man einen treulosen Ehegatten oder Liebhaber zurückfüh-

ren, so knetet man einen Kuchen aus ungesäuertem Mehl und verbrennt ihn in einem Feuer, das man mit Tymian und Lorbeerästen unterhält.

Symmike hatte Charisnus, den Geliebten der Melissa, entführt. Daraufhin bittet Melissa die Baccis, ihr eine Magierin zuzuführen, die ein Weib hassenswert machen kann, das man verabscheut.

»Ihre Kunst ist nicht teuer, Melissa. Man gibt ihr eine Drachme und ein Brot; man fügt ferner sieben Obolen, Salz, Parfüm, eine Fackel, eine Schale voll Getränk, welches sie alleine trinken muß, bei. Man braucht auch einige Dinge dazu, die von deinem Geliebten stammen, ein Kleid, Haare, Schuhe oder etwas ähnliches. Die Magierin hängt das Ganze an einer Rute auf, reinigt es mit Dämpfen, die das Parfüm ausströmt und wirft Salz in das Feuer. Dann nennt sie die beiden Namen. Hierauf zieht sie einen Ball aus ihrem Busen, den sie drehen läßt, und sagt schnell ihren Zauberspruch, der aus barbarischen Worten besteht«.

Um Liebe in Haß umzuwandeln, belauscht man den Mann oder die Frau, bei dem die Wandlung vorgenommen werden soll. Man beobachtet deren Fußspuren und setzt, ohne daß diese etwas davon merkt, den rechten Fuß an die Stelle des Linken und murmelt leise: »Ich schreite auf dir, ich bin über dir«. Dann dreht die Zauberin den Ball weiter und beschwört: »Wie sich der Erdball dreht, dreht unter dem Schutze der Venus, möge mein Geliebter sich drehen auf der Schwelle meines Hauses«. Bisweilen wirft sie in das bei der Beschwörung erforderliche Kohlebecken ein Wachsbild mit dem Namen der zu beschwörenden Person: 'So wie ich dieses Wachs unter dem Schutz Gottes schmelzen lasse, so soll vor Liebe das starre Herz schmilzen, das ich entflammen will'«.

Glycera und Lamie

Glycera spricht in einem Brief an den Dichter Menander von einem phrygischen Weib, das mit gewissen Binsenrohren, die sie während der Nacht ausbreitet, über den Willen der Götter unterrichtet wird, und zwar so, als ob sie ihr selbst erschienen wären. Dieser Prozedur gehen Reinigungen und Opfer voraus. Man bedient sich außerdem des 'männlichen Weihrauches' (längliche Pillen aus Styrax) und bei Mondschein gesammelte Blätter des wilden Wurzelkrautes.

Eine berühmte griechische Dirne ist Lamie. Sie zu erwähnen ist wichtig, weil die Lamien (Dämonen) später als Nachtgespenst erscheinen, um das Blut schlafender Personen zu schlürfen. Ursprünglich ist die Lamie eine Auletride (Flötenspielerin) und geht nach Ägypten. Im Verlauf einer Seeschlacht begegnet sie Demetrius Poliokretes, dem mazedonischen König. (etwa 300 v. Chr.). Er ist von ihrer Schönheit so eingenommen, daß er sie beständig seinen anderen Mätressen vorzieht. 'Sie vergaß in ihrer Liebesraserei, daß sie es mit einem König zu tun hatte, so sie war beständig dabei, ihn durch ihre Künste an sich zu fesseln... später starb sie inmitten ihrer Orgien'.[23]

Thessalische Weiber, Gespensterglaube

Wie alle Völker des Altertums unterhalten die Hellenen einen Gespenster- und Dämonenglauben. Sie haben sich die Götter in der Gestalt von Tieren und schreckhaften Ungeheuern vorgestellt. Dazu gehören nicht nur die Lamien. Die thessalischen Weiber geben vor, durch Salben Menschen in Tiere verwandeln zu können. Sie fliegen nachts durch die Luft auf Liebesabenteuer aus (auch das ist eine Vorform des Hexenfluges). »Die thessalischen Weiber könnten durch ihre Salben Menschen in Steine verwandeln, ihren Geist mit Blindheit, sie mit Lahmheit schlagen. Sie rufen die Wolken herbei, gebieten Blitz und Donner und ziehen den Mond zu sich herunter. In Vögel verwandelt fliegen sie durch die Lüfte auf Buhlschaften«.[24]

Die Mondgöttin heißt Hekate (ursprünglich eine gute, das Unglück fernhaltende Göttin). Sie wird allmählich zur Beschützerin der Hexen und zur Beherrscherin des Zauberwesens. Hekate tritt als grauenvolle Göttin der Unterwelt und Vorsteherin des Zauberwesens auf. Sie erscheint, gerufen, in finsterer Nacht mit Schwert und Fackel, mit Drachenfüßen und Schlangenhaar, von Hunden umbellt....

Eyrinnen, Telchinen, Empusen, Lamien Lemuren, Strigen und Larven

Hermes verfügt über einen Zauberstab. Sie kennt als einzige den Gegenzauber zu den Säften der Circe. Es ist das Kraut Moly. Damit verwandelt sie die Menschen in Löwen, Wölfe oder Schweine. Agamede (in der Ilias) kennt so viele Zaubermittel, wie die Erde trägt. Helena mischt den bekümmerten Gästen im Palast von Sparta einen Wundertrank aus ägyptischen Kräutern. Hera fesselt den kalten Gemahl durch den von der Aphrodite entliehenen Zaubergürtel. Perikles trägt, von einer Krankheit befallen, zur Abwehr ein von zauberischen Weibern umgehängtes Amulett.

Es gibt Erynnen (Rachedämonen), die Telchinen, die Schnee und Regen machen, mit stygischem Wasser Tiere und Pflanzen verderben und sich beliebig verwandeln. Die Empusen sind die Begleiterinnen der thessalischen Weiber. Sie haben ein feuriges Gesicht, einen ehernen und einen Eselsfuß. Sie verführen die Jünglinge und saugen ihnen das Blut aus.

Die Gelluden fressen die Leber von getöteten Kindern. Sie können fliegen und durch geschlossene Türen dringen. Dazu kommen die gefräßigen Lemuren und die vogelartigen Strigen, die ihre mit vergifteter Milch gefüllten Brüste den Kindern reichen. Die Larven sind spukende Geister von Verstorbenen.

Lykantrophie, Wasserprobe

Die Griechen kennen den Gedanken der Lykantrophie. Herodot[25] sagt, wie die Seythen und die in diesem Land lebenden Hellenen sich von den benachbarten Neuren die Wundermähr erzählen, daß jeder von diesen einige Tage im Jahr ein Wolf werde und dann wieder seine richtige Gestalt annimmt. In Arcadien glaubt man an die Verwandlung von Menschen in Wölfe. Die Tibier gelten als Volk, das durch Berührung, Blick und Hauch Kinder und Erwachsene bezaubern können, und die auf dem Wasser nicht untergehen.

Die älteste Lyakonsage knüpft sich an einen heiligen griechischen Berg. Pausianus erzählt, daß auf ihm ein von Zeus Lykaios geweihter Raum sei, den niemand betreten darf. Lyakon, der Sohn von Pelasgos, dem ersten König von Arcadien, gründet auf dem lykäischen Berg Lykosura, die älteste aller Städte. Auf dem Altar des Gottes opfert er ein Menschenkind und besprengt mit dem Blut den Altar. In diesem Moment soll er in einen Wolf verwandelt worden sein.[26]

Es gibt hier eine Variante in der Berichterstattung. Demzufolge hat Lyakon, der mythische König der Arkadier, Zeus einen geschlachteten Knaben zum Essen vorgesetzt. Er wird zusammen mit seinen Söhnen von dem Gott mit einem Blitz erschlagen, oder, einer weiteren Überlieferung zufolge, in einen Wolf verwandelt. Selbst der Neuplatoniker Plotin hält an der Meinung fest, daß die Grausamen unter den Menschen in Wölfe und die Streitsüchtigen in Hunde verwandelt werden.

In der griechischen Werwolfsage liegt die Begründung des deutschen Werwolfglaubens, den Bonifazius um 740 bei den heidnischen Sachsen antrifft.

Orakel

Einen bedeutenden Einfluß auf die damalige Welt entfalten die griechischen Orakel. Über ihren Ursprung, Natur und Wesen werden bereits bei den alten Schriftstellern verschiedene Anmerkungen gemacht. Die Stoiker und Peripatetiker verlegen ihre Ursachen in eine bis zu furor und calor gesteigerte Geistestätigkeit der Menschen. Die Epikuräer leugnen die Wirksamkeit der Orakel und halten sie für Gaukelei. Plutarch führt die Orakel mehr auf natürliche Ursachen zurück; auf die Einflüsse des Klimas und des Temperamentes. Christlichen Erklärern schienen sie als Werk der Dämonen. Autoren des Mittelalters gelten sie als Werk des Teufels.[27]

Die griechische Dämonenlehre zeichnet sich dadurch aus, daß bekannte Philosophen Gedanken darüber äußern, theoretische Lehrgebäude errichten, auf denen die abendländische Philosophie gebaut wird. Auf dem Weg der literarischen Hinterlassenschaft werden die Klassiker von den Humanisten wiederentdeckt. Nun kommt es zu einer Vermischung der verschiedensten Ansichten. In der Folge davon wird das System der Dämonen weiter ausgebaut. Nur so kann ein Schriftsteller das deutsche 17. Jahrhundert umreißen: **»Ganz Deutschland war eine große Hölle«.** Der Hexenwahn fordert in dieser Zeit die meisten und schlimmsten Opfer.

Es ist wichtig, im Zusammenhang mit der Ausweitung des Hexenwahns die wichtigsten philosophischen Strömungen der Griechen und die römischen Ansichten zu kennen.

Römer

Anfänge, römischer Zauberglauben

Die Grundlage des römischen Götterglaubens ist — wie bei den angeführten Völkern — die Naturreligion. Alle wichtigen Begriffe aus dem physischen, ethischen und sozialen Leben werden von römischen Theologen zu Göttern geprägt und in Klassen eingeteilt. Die Römer werden im 3. Jahrhundert v. Chr. mit den Griechen und mit dem Orient bekannt. Teilweise übernehmen sie deren religiöse und kultische Vorstellungen. »Als Italien in der Geschichte des Abendlandes hervortritt, finden wir, daß die Etrusker, Sabiner, Marser und die latinische Stadt Gabii wegen ihrer Kunde von göttlichen Dingen in hohem Ansehen stand«.[28]

Im Lauf der Zeit weichen die altitalienischen Gottheiten fremden Mythologien: der korybantische Kult der Cybele kommt aus Kleinasien, der Isisdienst aus Griechenland. Auch die mantischen Künste werden von den Griechen übernommen. Bereits Numa Pompilius befragt die Götter um Rat. Plinius d. Ä., Gellius, Properz, Tibull, Petronius, Lucan und andere beschäftigen sich gelegentlich mit der Magie. Die Dichter Virgil, Ovid und Horaz verleihen den abergläubischen Volksanschauungen in ihren Gesängen Aus-

druck. In der Kaiserzeit ist der Aberglaube in Rom so dominant, daß die Zauberer (mathematici) durch Senatsbeschluß aus Rom verbannt werden. Es bleibt nicht aus- und das ist das gleiche wie die analoge Entwicklung in Deutschland während des Hexenwahns- dringt der Aberglauben in alle Schichten der Bevölkerung, besonders die Vorstellungen von Gespenstern und Hexen.

Strigen, Medea, Zaubergesänge

Die Römer glauben an die Seelen böser Menschen, die zur Strafe für ihre Schlechtigkeit auf der Erde herumwandern müssen. Auf römischen Ursprung weist die ursprüngliche Bedeutung der lateinischen Ausdrücke für Hexe: strix bedeutet ursprünglich Nachtvogel (Eule). Schon bei Petronius werden die 'Herumschweifenden' (stridentes) erwähnt. Die Seelen der guten Menschen werden als Laren verehrt, die bösen der Lemuren gefürchtet. Die Lamurienfeste finden in den Nächten des 11.,13. und 19. Mai statt. Petronius bringt ein Beispiel für die Tätigkeit der Strigen:

»Als einst die Leiche eines Knaben bestattet werden sollte und die Mutter und andere Leidtragende zugegen waren, fiel plötzlich ein Schwarm von Strigen über die Leiche her. Ein beherzter Sklave, der zur Seite stand, zog sein Schwert und hieb auf die Strigen ein. Auf diesen Schlag hörte man einen klagenden Ton: die Strigen waren verschwunden, der Sklave sinkt bewußtlos auf das Totenbett. Er war am ganzen Körper grau und blau geschlagen. Als aber die Mutter die Leiche ihres Sohnes betrachtete, fand sie die Brust aufgerissen, das Herz, die Leber und die Eingeweide waren verschwunden und an ihre Stelle Strohpuppen gelegt«.[29]

Die Römer haben ihre berühmteste Zaubergestalt, die Medea, der griechischen Mythologie entnommen. Ihre Taten und Verwandlungen werden in Ovids Metamorphosen beschrieben:

»Es haben die zitternden Berge;
Erschüttert bewegt sich die heulende Erde.
Der Toten Schatten steiget aus zerspaltenen Gräbern.
Ich ziehe durch Lieder den Mond gehorsam vom Himmel…«.[30]

»Ich sahe die Hexe fliegend durch nächtliche Schatten
Umirren. Federn bedeckten den runzelnden Körper.

Virgil beschreibt das so:

»Es ziehen vom Himmel den Mond die zaubrische Lieder.

Ulysses Gesellen verwandlet Circe in Tiere.
In kühlen Wiesen singend zersprengt sie die Schlangen...«.[31]

Führet die Daphne nach Haus ihr meine Gesänge.
In Knoten geschlungen bind ich dreimal farbige Bänder.
Und um den Opfertisch trag ich ringsum zauberische Bilder.
Mit Harz vermenget brenne ich den heiligen Lorbeer.
Wie oft sahe ich die Hexe aus Gräbern verstorbene Seelen
Blaß fürgehen durch Kraft der Pontischen Kräuter...

Horatius schreibt an einen seiner Freunde:

»Verlachest du auch die nächtlich träumenden Bilder?
Die Zauberer und die Wunder der erschreckenden Geister?
Und die auf Besen und Gabeln fahrenden Hexen?
Verachtest du die Thessalische Leere Gespenster«.

Medea 'fährt bei mondheller Nacht auf einem von geflügelten Drachen gezogenem Wagen durch die Lüfte und sammelt auf weit entlegenen Bergspitzen und in schaurigen Klüften die Kräuter zusammen, die sie für ihre Zauberkünste braucht'. Wer denkt da nicht an die Fahrten unserer Hexen?

Weitere abergläubische Vorstellungen

»Die Römer waren ein sehr abergläubisches Volk. Daher ihre Vorliebe für Weissagungen und Prophezeiungen, ihr Bemühen, die Zukunft aufzuhellen, ihre geradezu fanatische Vorliebe für okkulte Wissenschaften«.

Obszöne Worte galten als schlimme Vorzeichen. Das Geräusch, das der fallende Urin verursacht, hat eine bestimmte Bedeutung. Seneca nennt den Urin 'aqua immunda' oder 'humor obscenus'. Aus dem Urin wird die Zukunft gedeutet; vor allem bei Liebesmalen. Für die 'verschlagenen Winde' wird eine eigene Gottheit geschaffen. Sie kommt zuerst bei den Ägyptern vor. Clemens von Alexandrien erwähnt sie ausdrücklich. Man verehrt diesen Gott der Winde bei den Römern auf dem Altar der Laren. Vor den Mauern, bei der Quelle der Egeria, hat man ihm ein Tempelchen gebaut.

Das Niesen hat verschiedene Bedeutungen. Bei der Tafel wird der Niesende mit Beifall belohnt. Die Teilnehmer spenden ihm Glückwünsche, weil ihn der Gott besucht hat. Das Niesen wird einem Schutzgott zugeschrieben; man hat ihn den Vogel des Jupiter Conservator genannt. Dreimal zu nießen, oder überhaupt eine ungleiche Anzahl, ist das allerbeste Vorzeichen.

Ebenso sorgfältig achtet man bei Liebesangelegenheiten auf das Klingen der Ohren, das plötzlich Zittern des Körpers (sallisationes) und auf willkürliche Bewegungen eines Körpergliedes. Nach Plinius ist das Ohrenklingen ein Echo von Gesprächen Abwesender. Außer den menschlichen Geräuschen gibt es noch andere Töne, denen die Römer eine günstige oder ungünstige Bedeutung zuschreiben. Hierzu gehört das Knacken des Bettes (argutatio lecti). Aus dem Geknarre der Möbel hat man sich eine förmliche Sprache zusammengestellt. Selbst das Flackern einer Lampe hat einen besonderen Sinn. Der Liebhaber konnte frohen Sinnes sein, wenn die Flamme plötzlich heller aufleuchtete.

Pestnagel

Der Pestnagel hat bereits bei den Römern eine symbolische Bedeutung. Im alten Rom mußte der Prätor maximus jährlich in der zweiten Hälfte des September einen Nagel in die rechte Wand des kapitolinischen Jupitertempels einschlagen; so auch beim Ausbruch der Seuche in Rom (365 v. Chr.). Der Pestnagel wird auch in Deutschland bekannt. Z.B. 1634 in Riedenburg. In den Häusern werden Nägelplatten gehalten. Die Bezeichnung variiert zwischen Not- und Pestnagel.

Tempelschlaf, sybillinische Bücher

Bei den Römern findet sich in frühen Perioden der 'incubatio' oder Tempelschlaf. Es ist anzunehmen, daß die römischen Ärzte abergläubischen Vorstellungen huldigen. Sind Krankheiten von Dämonen bewirkt (wie man das in Deutschland noch bis ins 18. Jahrhundert hinein annimmt) so ist es ihre Aufgabe entgegenzuwirken. Daraus entsteht der Gedanke der Traumheilung und der 'Incubation'. Man bringt eine Nacht im Tempel des Jupiter oder Äskulap zu und erwartet, daß der Gott durch Traumeingebungen die gewünschten Heilmittel bezeichnet. Aus diesen Vorstellungen hat sich später möglicherweise die Lehre vom Inkubus und Succubus entwickelt. Marcellus schreibt in seinen Schriften über die Arzneien verschiedene Zaubermittel vor. Gegen Halsschmerzen solle der Kranke einige Bewegungen mit den Händen machen und 'Crisis, Crasis, Cancrasis' sprechen.

Um den Zorn der Götter zu verhüten, befragt man in Rom die 'sybillinischen' Bücher. Ihre Existenz ist umstritten. Sie sollen bei einem Brand (etwa 400 n.Chr.) zugrunde gegangen sein. Varro zählt auf: die persische oder chaldäische (sie soll die älteste und gleichzeitig die Verfasserin von 24 Büchern gewesen sein, in denen die Ankunft Jesu Christi, seine Leiden, sein Tod und seine Auferstehung geweissagt worden sind); Lybische, Delphische, Cumäische, Eryträische, Samische, Herophile, Hellespontische, Phrygische und Tiburtinische.

Kornzauber, Strafen

Die ältesten römischen Gesetze stammen etwa aus der Zeit um 450 v.Chr. Sie enthalten ausdrückliche Verbote gegen den Feld- und Früchtezauber.

»Wer die Frucht verflucht, der soll bestraft werden«.

»Du sollst keines Anderen Samen durch Zauberei an dich ziehen«.[32]

»Wer abergläubische, in feierlichem Ton vorgebrachte Worte in Form einer Verwünschung gegen einen Dritten ausstößt, wer ein wirkliches oder schlechtes Gift zubereitet, oder einem anderen beibringt, soll des Todes sterben«.[33]

Die Römer bestrafen nicht das Zaubern, sondern den Schaden, der dadurch angerichtet sein soll. Das ist wichtig festzuhalten. Die Stellung, die die Griechen und Römer in ihren Gesetzbüchern den Zauberern gegenüber einnehmen, weicht von der des Alten Testamentes ab. Sie halten die Zauberkunst nicht für ein Verbrechen. Das Gesetz straft sie nur, wenn unter dem Schein der Zauberei Beschädigungen an Personen oder fremdem Eigentum zutage kommen. Kaiser Konstantin setzt eine schwere Strafe darauf, wenn jemand durch Zaubermittel der Gesundheit anderer schadet oder wenn er böse Begierden in unschuldigen Gemütern erweckt; aber im gleichen Gesetz erklärt er die Anwendung zauberischer Mittel zur Heilung eines Kranken, oder um die Felder und Fluren zuschützen für erlaubt.[34]

Nekromatie, Skyomantie

In Rom bilden die Totenbeschwörer eine ordentliche Zunft. Das Totenbeschwören wird so häufig betrieben, daß Plinius über die Colloquien klagt, die das Volk mit den Toten hält. Julianus dem Abtrünnigen wird nachgesagt, daß man nach seinem Tod Kisten von Totenköpfen und Totengebeinen in seinem Palast gefunden hat. Als man in Karrhä in Mesopotamien in einem Tempel eine Frau findet, die an den Haaren aufgehängt ist und der Leib aufgeschnitten ist, behaupten die Christen, Julianus habe sie zu Extipicien geopfert.

Die Beschwörung von Toten ist eine Lieblingsbeschäftigung einiger römischer Kaiser gewesen (neben Julianus: Nero, Caracula, Eliogabel). Maxentius, der Gegner von Konstantin d. G. läßt wie Pallentianus, schwangeren Frauen den Leib aufschneiden, um sich der Leibesfrucht zu bemächtigen und sie als Zauber-

mittel zu gebrauchen. Dazu kommt, daß die Schicksale der Weissager, Astrologen und Zauberer oft von persönlichen Ansichten des Herrschers und von politischen Ereignissen abhängig sind.

Die Skyomantie verwendet zu ihrer Kunst das Blut von Leichnamen um daraus wahrzusagen. »In Syrien tötet man kleine Kinder, dreht ihnen den Hals um, schneidet ihnen den Kopf ab, balsamiert sie ein, gräbt in ein Täfelchen den Namen des Geistes ein, dem man das Opfer bringt, stellt den Kopf darauf, Wachskerzen herum, und nach eifrigen Gebeten erteilt der Kopf die gewünschte Auskunft«.

Der Esquilin, Begraben lebendiger Kinder

Gewöhnlich ist der Esquilin Schauplatz der Beschwörungsszenen und der magischen Opferungen. Der Hügel dient als Begräbnisstätte der Sklaven, die man ohne Leichenkleid verscharrt. Nachts hält sich in dieser Einsamkeit kein lebendes Wesen auf, außer den Dieben, die hier einen Zufluchtsort finden und den Zauberinnen, die ihr Handwerk treiben. Am Ende des Esquilins, nahe bei der Porta Metia, hat der Scharfrichter (carnifes) sein Haus. Es ist von Kreuzen und Galgen umgeben, an denen Gerichtete hängen. In der Regel kommen die sagae nur auf den Esquilin, um im Mondschein wunderkräftige Pflanzen zu pflücken oder um die Haare oder Knochen von den Toten, bzw. um das Fett von Gehenkten zu holen. Auf dem Esquilin werden aber auch Kinderopfer dargebracht. Derartige Praktiken sind teuer, obschon ein Kindesleben in Rom keinen hohen Wert hat. Das zu opfernde Kind muß einer Amme oder den Eltern geraubt sein, weil sonst seine Leber und das Mark nicht die gewünschte liebeserweckende Kraft haben. Der Raub eines frei geborenen Kindes wird mit der Todesstrafe bedroht. So ergreift Canidia einen unmündigen Knaben, gräbt ihn bis zum Mund in die Erde und läßt ihn langsam verhungern, weil sie seine ausgedörrte Leber und das verbrannte Mark für ein Liebespulver benötigt.[35]

Plinius, Cicero, Apulejus

Plinius berichtet in seiner Hist. Naturalis an verschiedenen Stellen über die Zauberei. Er entwirft ein Register von den Kräutern, die den Menschen fremde und unmögliche Kräfte zueignen. Er sagt vom 'Eisenkraut', daß die Anwender dadurch beinahe zum Narren würden. Sie geben vor, daß es ein allgemeines Mittel gegen alle Übel sei. Dann erwähnt er das Kraut 'Nachtschatten'. »Es sind Umschweife der Eitelkeit der Zauberer, wenn sie von einem Schmaltz reden, so die Gunst der Könige erzwinge, von einem Stein, der die Trunkenheit verhindere«. Plinius erwähnt einen am Pontus lebenden Volksstamm, deren Zauberer man daran erkennt, daß sie im Wasser nicht sinken...[36] Jetzt folgen aus der Naturgeschichte von Plinius einige Beispiele, die den Zauber- und den Aberglauben seiner Zeit beleuchten:

»Ich kann mir nicht versagen, hier ein Beispiel aus dem Altertum anzuführen. C.Furius Cresinus, ein Freigelassener, wurde, weil er auf einem sehr kleinen Acker einen weit reicheren Ertrag gewann, als sein Nachbar auf größerem, von dem Neid stark verdächtigt, als ob er durch Zauberkünste fremde Früchte an sich ziehe«.[37]

»Noch heute glaubt man, daß unsere Vestalinnen entlaufene Sklaven, falls sich dieselben noch nicht aus der Stadt entfernt haben, durch ein Gebet auf der Stelle festbannen können. Erkennt man dies, so muß man zugeben, daß die Götter gewisse Gebete erhören und sich erhören lassen. Es gibt keinen Menschen, der nicht fürchtet, durch schreckliche Verwünschungen gebannt zu werden«.[38]

»Zu Athen war ein großes verlassenes Haus, weilen die Inwohner ein Getöse von Ketten gehört, worauf ein Gespenst von einem alten, blassen, langbärtigen und mit Ketten beladenem Greise erschienen. Es kam Athenodorus, der Weltweise, nach Athen. Er lachte über diese Erzählungen von diesem bezauberten Haus, und setzte sich zu Nacht in selbem an einen Tisch und lase ein Buch. Da er eine zeitlang lase, hörete er das Getöse der Ketten. Das Gespenst erschiene; es winkte dem Weltweisen, er nahm das Licht und folgte demselben. Da es in den Vorhof des Hauses gekommen, verschwande selbes. Sie fanden eine tote, in Ketten gefesselte Leiche. Sie wurde auf gemeine Kosten begraben: und von selbiger Stund an ward das Haus frei und wohnbar«.

Cicero ist der Verfasser einer Schrift über das Wahrsagen: »Es ist ein alter und von den Heldenzeiten her bei allen Völkern einstimmig angenommener Glaube, daß es unter den Menschen ein Wahrsagen gebe (esse divinationes), d.h. ein Vorgefühl, eine Wissenschaft künftiger Dinge. Eine herrliche Gabe fürwahr, durch die die sterbliche Natur der Götterkraft sehr nahe kommt. Ich sehe kein Volk, weder so menschlich, noch so roh und ungelehrt, welches nicht an die Vorbedeutung künftiger Dinge glaubte, die einige verstehen und vorschlagen können. Was ist es also für eine Verwegenheit, durch das Alter befestigte und ehrwürdige Dinge durch Verleumdung über den Haufen zu stoßen zu wollen«.

»Die Wunder der Zauberer und der Ägypter muß man mit den Irrtümern der Dichter vereinigen, denn es ist eine Torheit der gleichen Art«.[39]

Er nennt eine natürliche und eine künstliche Art des Wahrsagens. Das künstliche Wahrsagen hat folgende Arten: Wahrsagen aus den Eingeweiden der Tiere, und was man aus dem Blitz und Gewittern entnehmen kann; dann aus dem Vogelflug; aus den Gestirnen; Loosen, Vorbedeutungen und Wunderzeichen (ostenta)«.

Apulejus verfaßt ein Buch 'der Esel', das bei den leichtgläubigen Römern Aufsehen erregt. In ihm wird berichtet, daß man durch Zauberkunst Menschen in Tiere verwandeln, die Schatten der Verstorbenen aus der Hölle rufen, die Macht der Götter hemmen, die Fackeln der Sterne auslöschen und die Finsternis des Abgrundes erleuchten kann. Die Luft ist voller Teufel. Sie haben verschiedene Eigenschaften. Apulejus selbst wird bei dem Landpfleger wegen Zauberei verklagt. **Das Volk will die Klage erhärten:** er habe Fische von einer besonderen Art gekauft. In seiner Gegenwart sei ein Kind krank geworden, zudem habe er sich mit der Pudentilla nach einem elfjährigen Witwenstand vermählt. Er wehrt sich: »**So unwissend, so dumm seid ihr in den Wissenschaften, ja in den Fabeln und Märchen des gemeinen Pöbels, daß ihr nicht einmal eure Anklagen dichten und vortragen könnt. So ungeschickt seid ihr, daß ihr nicht einmal wißt, worin die Zauberkunst und die gemeine Sage des Pöbels besteht«.**

Im Prinzip passiert das gleiche wie später bei uns: Denunziationen gehen vom Volk aus.

Etrurische Magie

Bei den Etruskern lernen die Römer frühzeitig bestimmte Formen der Weissagungskunst. Von der etrurischen Magie zur chaldäischen bestehen viele Parallelen. Die Etrusker stehen im Ruf einer vorzüglichen Gottesverehrung. Die Herkunft der etrurischen Mantik aus dem Orient ist nicht zu bezweifeln. Römische Jünglinge reisen nach Etrurien, um sich in der Seherkunst ausbilden zu lassen. Vor allem beobachten sie den Vogelflug, den Blitz und die Leberschau.

Bei den Etruskern erscheint der Totenführer als wilde, halb tierische Greisengestalt, mit vorstehenden Zähnen, wild rollenden Augen, spitzen Ohren und Sporen an den Füßen. In dieser Form erscheint er später bei römischen Kampfspielen, um die Leichen der Getöteten aus der Arena zu schaffen.

Prostitution, Lupercalien, Floralien

Die religiöse Prostitution findet sich bereits in der Wiege Roms, indem Romulus und Remus von einer Wölfin gesäugt werden. Nach dem Geschichtsschreiber Valerius ist die Wölfin die Dirne Acca-Laurentia, die Mätresse des Hirten Faustulus, der die Zwillinge ausgesetzt am Tiber findet. Laurentia wird von den Hirten Wölfin genannt, weil sie in den Wäldern umherirrt. Sie hat die Felder zwischen den sieben Hügeln erworben und schenkt sie ihren Pflegesöhnen, die darauf die ewige Stadt gründen.

Zu ihrer Ehre errichtet man später das Lupercalienfest. Es wird bis in das 5. Jahrhundert gefeiert. Die Luperci, Priester des Pan, durchlaufen dabei nackt bis auf eine Schambinde, mit einem blutigen Messer in der einen und einer Geißel in der anderen Hand, die Straßen von Rom. Die Männer bedrohen sie mit dem Messer. Die Frauen schlagen sie mit der Geißel. Der Grundgedanke der Lupercalien gilt der Prostitution, es ist ein Fruchtbarkeitsritus. An diesem Tag opfert man Böcke und Ziegen. Sie werden von den Luperci abgehäutet. Sie bedecken sich mit den blutigen Fellen und wollen dadurch Verlangen erwecken.

Unter der Regierung des Ancus Martius legt sich die Dirne Flora den Namen Acca Laurentia (Rückkopplung zu der Amme von Romulus und Remus) zu. Sie geht nachts in den Tempel des Herkules und will den Schutz des Gottes erlangen. Er offenbart ihr im Traum, daß ihr die erste Person, die sie beim Verlassen des Tempels antrifft, Glück bringe. Sie trifft den Patrizier Tarutius, der sie heiratet. Später macht man Flora zur Göttin der Blumen und feiert zu ihren Ehren das Fest der Floralien. Diese Feste werden auch 'Pomora' genannt und tragen das Merkmal der Stifterin. Ab diesem Tag werden für sechs Tage die Straßen und Plätze mit frischem Laub und Blumen bestreut, Statuten und Altäre der Götter werden bekränzt. Die Aedilen, denen die Aufsicht der Floralien zusteht, werfen Bohnen, trockene Erbsen und andere Hülsenfrüchte unter das Volk. Die Dirnen zeigen sich 'nackt und in allen erdenklichen und gewünschten Stellungen' auf den Straßen.[40]

Die Römer erlassen mehrfach Gesetze gegen die Prostitution. Es gibt eine ganze Reihe von Verboten und Vorschriften in Bezug auf die Kleidung der Freudenmädchen, auch in Bezug auf ihre Haartracht und ihr Schuhwerk... 'so war ein nackter Fuß das Zeichen, daß sie sich der Prostitution ergeben haben'. Jungfrauen tragen ein einfaches, verheiratete Frauen ein doppeltes Band.

Zeremonien beim röm. Lemuria-Fest

Ovid beschreibt ausführlich die Opferzeremonie, mit der man zu seiner Zeit den unwillkommenen Besuch der Ahnengeister abzuwehren oder abzukürzen sucht.

»... An drei Nächten steht der Hausvater um Mitternacht auf und geht barfuß, leise und schweigend zu einem Brunnen, mit dem Finger Schnippchen schlagend, damit kein Geist in seinen Weg kommt. Am Brunnen wäscht er sich dreimal die Hände, geht wieder zurück, nimmt schwarze Bohnen und wirft sie, ohne sich umzusehen, neunmal über den Kopf hinter sich, und spricht jedesmal die Worte: 'Dies schicke ich euch, mit diesen Bohnen kaufe ich mich los'. Man glaubt, daß ihm die Geister folgen und die Bohnen auflesen. Dann wäscht er sich nochmals die Hände, schlägt an ein kupfernes hohles Gefäß und sagt neunmal: 'Ahnengeister, geht fort', worauf er sich umsieht und glaubte die Geister wären verschwunden. Die damit verbundene Feier, Lemuria genannt, soll, wie Ovid angibt, auf den Befehl des Sühne heischenden Geistes des von Romulus getöteten Remus eingeführt worden sein. Das Fest müßte darum eigentlich Remuria heißen. Von ihm sollen die Lemuren ihren Namen bekommen haben.

Eselsritt, Vergewaltigungen

Wenn in Kumae in Campanien eine Frau beim Ehebruch ertappt wird, zieht man ihr die Kleider aus, schleppt sie auf das Forum und stellt sie nackt auf einen Stein. Hier ist sie mehrere Stunden dem Spott, den Beleidigungen und dem Anspucken der Öffentlichkeit ausgesetzt. Dann wird sie auf einen Esel gesetzt, der durch die Stadt geführt wird. Das ist vermutlich der Ursprung des mittelalterlichen Eselsrittes.

Manchmal werden Frauen öffentlich von Eseln vergewaltigt. Als der Esel seiner Vorrechte bei der Bestrafung der Ehebrecherinnen beraubt wird, treten an seine Stelle Sklaven. Bestimmte Stadtteile von Rom verfügen über Kerker, die niedrige Fenster haben und durch feste Türen verschlossen sind. Ein in die Mauer eingelasserer Eselskopf weist auf den Ritus. Die Frauen werden rückwärts in dieses 'Schandloch' geführt. Solche Frauen konnte jeder vergewaltigen.

Gebrauch von Heil- und Liebestränken, Sagae

Es ist anzunehmen, daß sich die Ärzte des Altertums wenig mit der Heilung von Geschlechtskrankheiten befassen, weil sie in ihren Augen den Anstrich eines göttlichen Fluches in sich bergen. Die Betroffenen nehmen ihre Zuflucht bei den Zauberinnen, zu den Rezepten des Volkes und bei den Hilfsmitteln des dummen und finsteren Aberglaubens. Für die Priester und Magier bedeutet diese Notlage eine Machtquelle. Geschlechtliche Erkrankungen werden für göttliche Strafen angesehen. Die Befallenen sind geneigt, Opferspenden aufzubringen. Sie suchen durch die Kunst alter Weiber, der Zauberer und Scharlatane Heilung zu finden.

Die Frauen, die sich mit der Medizin und der Heilung geheimer Krankheiten abgeben, sind zahlreich und zerfallen in mehrere Klassen. Die 'mediciae', die wegen ihres Wissens und Charakters angesehendsten, beschäftigen sich mit allen Zweigen dieser Kunst. Die 'obsterices' sind Hebammen. Ihre Schülerinnen heißen 'adsestrices'. Den Schluß bildet die Gruppe der Parfümeusen und der Magierinnen.

Ihr Gewerbe ist die Zuflucht der Dirnen. Dazu kommen die Kupplerinnen. Unter dem gemeinsamen Namen 'sagae' faßt man die Salbenverkäuferinnen ('Plasterschmiererinnen') zusammen. Üblicherweise produzieren sie selbst ihre Salben und Getränke unter bestimmten Zeremonien. Vielen fehlt Können und Verständnis für eine fachgerechte Zubereitung. Dadurch wird erhebliches Unheil angerichtet.

Das Gewerbe der unguentariae (der Parfumeusen) ist umfangreich. Die Zahl der verschiedenen Essenzen, Öle, Salben, Pomanden, Puder, Pasten, kosmetischen und aromatischen Mischungen wird unübersehbar. Damals ist das Salben des Körpers mit wohlriechenden Ölen allgemein. Plautus sagt in der Mostellaria: »Ein Weib riecht gut, wenn es gar nicht riecht; denn diese alten Fregatten, die sich mit Parfüms überschütten, diese zahnlosen Scheusale, die die Ruinen ihrer Schönheit mit Puder bedecken, die duften, wenn ihr Schweiß sich mit den Wohlgerüchen vermischt hat, schlimmer als ein Koch, der ein Ragout von verschiedenen Saucen gemacht hat«.

Die sagae und Parfumeure beschränken sich nicht auf den Handel mit kosmetischen und wohlriechenden Stoffen. Sie verkaufen auch Untensilien, die dem Gebrauch der Prostitution dienen: Geißeln, Nadeln, Spangen und Keuschheitsgürtel. Da viele Parfüms aus dem Orient kommen, nennt man alle Kosmetika 'arabische Salbe' (arabicum unguentum).

Abtreibungen, Liebestränke, Beschwörungen

Nicht autorisierte Hebammen sind jederzeit zu Abtreibungen bereit. Sie leisten durch Amulette und Beschwörungen bei der Geburt illegitimer Kinder Beistand. Die Abtreibungen geschehen entweder in den ersten Monaten der Schwangerschaft (aborsus) oder in fortgeschrittenem Stadium (abortus). Jeden Morgen findet man auf der Straße, an den Schwellen der Häuser, unter den Säuleneingängen und in den Backöfen die Leichen von Neugeborenen. Das Geschäft des Kindermordes obliegt der sagae; sie erstickt die unschuldigen Kinder in ihren Gewandfalten.

Das ist jedoch nur ein kleiner Teil ihrer Beschäftigung. Wesentlich aktiver sind Beschwörungen. »Die Kunst in der Zusammensetzung von Liebestränken ist nirgends so verbreitet und im Einzelnen ausgebildet als in Rom unter den Cäsaren«. Bereits Horaz berichtet von den abscheulichen Praktiken der Liebestränke.

Beispiele von Liebestränken, Haß, Impotenz, Unfruchtbarkeit

Analog der Foltermethoden, die aller Wahrscheinlichkeit nach die Römer von den Griechen übernehmen und verfeinern (!), ist es auch mit den Liebestränken. Der Zweck ist der gleiche. Aber auch hier zeigt sich ein negativer Perfektionismus.

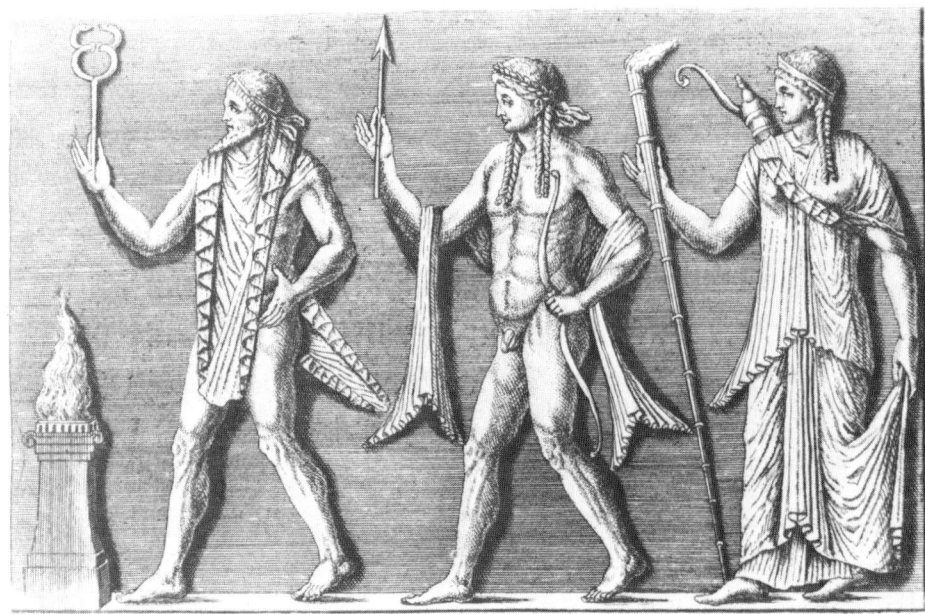

Um einen Altar tanzen die Götter Apollo, Diana und Merkur (Mercurius) eine erhobene etrurische Arbeit (zit. nach Winkelmann).

Die sagae geben vor, einem Mann die Kraft zur Liebe nehmen zu können, wenn sie lediglich einen Knoten in einen Strick oder einen schwarzen Faden schlingen und dabei geheimnisvolle Worte spricht. Man nennt es praelegare, wenn es sich darum handelt, Beziehungen eines Liebhabers zu seiner Geliebten unmöglich zu machen; nodum religare heißt es, wenn man schon bestehende Beziehungen aufheben und für die Zukunft verhindern will.

Die stärksten Getränke werden nach noch unbekannten Rezepten zusammengesetzt. Sie sollen die Leidenschaft der Liebenden anfachen. Man nennt derartige Getränke aphrodisiaka. Diese Mittel, schreibt Ovid, die den Teint bleichen, nützen den jungen Mädchen nichts, aber sie schaden dem Verstand, sie übertragen den Keim zur wahnsinnigen Raserei.

Die Garantie der Wirkung liegt oft allein im Ansehen der sagae. Celsus gibt einige der Ingredenzien an. Ein Mischmasch dieser Art wird nach Horaz 'poculum desiderii' (Sehnsuchtstrank) genannt. Daneben gibt es andere, schwefel- und eisenhaltige Getränke, denen man einen günstigen Einfluß auf die Sexualsphäre zuschreibt. Die anregenden Wasser nennt man 'aquae amatrices'. Offensichtlich handelt es sich um Mineralwasser.

Genaue Angaben über die Zusammensetzung der einzelnen Liebestränke finden sich bei den antiken Schriftstellern nicht. Der Physiologe Virey hat die verstreuten Angaben bei Dioskorides, Theophrast, Plinius usw. gesammelt. Er teilt sie in zwei Klassen, in vegetabilischer und animalische. Bei der ersten Gruppe unterscheidet er narkotische, bittere und aromatische Substanzen. Dazu kommen die wohlriechenden und alkoholhaltigen. Die Alraunen, der Stechapfel und der wilde Hanf rufen eine wollüstige Trunkenheit hervor, die unter erotischen Anwandlungen langsam in Bewußtlosigkeit, Stumpfsinn und schließlich den Tod hervorrufen. Auch den Pilzen, besonders den Morcheln und dem Blätterpilz, den bitteren Trauben, aromatischen Kräutern und dem Samen dieser Pflanzen schreibt man eine stark stimulierende Wirkung zu. Dazu kommen alkoholreiche Liköre, denen man Destillate stark riechender Pflanzen beimischt.

Das Problem ist das gleiche wie heute: man beginnt mit leichten Drogen und weicht auf stärkere aus. Dazu gehören Insekten, Fische und andere tierische Substanzen. Das daraus gebraute Mittel trägt den Namen 'satyricon'. Spanische Fliegen, Grillen, Ameisen und andere Colepoteren, teils zu Pulver verstampft, teils mit Weingeist angelaugt, sind beliebte Medikamente. Man verwendet Meeräschen, Tintenfische und Schildkröteneier, die man mit grauem Ambra mischt. Daher kommen, ruft Juvenal aus: »...diese Anfälle von Wahnsinn, die Verdunkelungen des Verstandes, das Vergessen aller Dinge«.

Hippomann, Verbindung zum deutschen Hexenwahn

Das gefürchteste Liebesgetränk ist das Hippoman, deren exakte Zusammensetzung noch nicht bekannt ist. Entweder stammt es aus den Geschlechtsteilen einer rössigen Stute, oder es handelt sich um die Verwendung eines Teiles der Nachgeburt beim Fohlen (?). Die Giftmischerinnen verwenden nicht nur die Exkremente der verschiedensten Art in ihren Mixturen, sondern auch menschliche Ausscheidungen. »In großem Ruf stehende Zauberinnen fügen ihren Präparaten Teile des menschlichen Körpers bei. Sei es das Mark oder Fett, Testikeln oder Galle von einem Kind oder einem Gehenkten; häufig aber das feine Häutchen, mit dem der Kopf der Neugeborenen bedeckt ist. Die römischen Hebammen heben es sorgfältig auf, um es teuer zu verkaufen«.

Vergleicht man diese Tätigkeiten mit den absurden Erscheinungen in Deutschland im 16. - 18. Jahrhundert, so ergeben sich verschiedene Parallelen. Auch die Hexen sollen Kinder aus den Gräbern holen, sie in einem Topf kochen und das Fett zum Schmieren verwenden. Auch in Deutschland befassen sich vor allem alte Weiber (!) mit dem Zubereiten von Salben und Getränken. Im ersten Fall liegt eine eindeutige Übernahme von antiken Vorstellungen zu Grunde. Im anderen ist es eine Vermischung griechisch-römisch-germanischer Kultvorstellungen.

Hebräer

Moses

Moscheh (aus ägypt. der Gott ist es, der ihn geborgen hat). Nach dem Alten Testament ist Moses der Stifter der Jahwereligion als des Bundes zwischen Gott und Israel und der Befreier der Israeliten aus der ägyptischen Knechtschaft. Er soll als neugeborenes Kind ausgesetzt und von einer Pharaonentochter gerettet worden sein. Nach vorübergehender Flucht aus Ägypten in das Gelobte Land zu führen. Nach der Bedrückung Israels durch Pharao Ramses II., und den ägyptischen Plagen gelingt der Auszug um 125 v. Chr. durch das Schilfmeer. Am Berg Sinai (Horeb) erhält Moses von Gott die Zehn Gebote und andere Gesetze. Durch Abschluß eines Bundes mit Gott ge-

Hexe von Endor als Beispiel über die Funktion der Toten als Helfer, Schützer und Ratgeber. »Wie Atossa in der verlorenen Schlacht den toten Gatten, so läßt König Saul vor der Schlacht (die er verlieren wird), da ihm Gott und lebenden Propheten keine Antwort geben, durch die Hexe von Endor den verstorbenen Propheten Saul heraufbeschwören...er kommt in einen Mantel gehüllt, den ihm seine Mutter gemacht hat und den er in der Unterwelt trägt«. Die Hexe sagt: »Ich sehe Götter heraufkommen...denn Saul kam nicht allein; fürchtend, er werde vor das göttliche Strafgericht geladen, hat er den Prophet Moses zum Beistand mitgebracht«. Nach dem Talmud (Kap. des Rhabbi Elisier) glaubten auch andere Tote, der Tag der Auferstehung sei angebrochen...»und ihrer elf schlossen sich dem Samuel an«.

eint, wandert das Volk Israel unter der Führung von Moses 40 Jahre durch die Wüste und gelangt schließlich nach Kanaan. Vorher stirbt Moses. **Ob Moses als Religionsstifter angesehen werden kann, ist strittig. Das nachbiblische Judentum hat sein Leben mit zahlreichen Legenden ausgeschmückt. Ähnliches vollzieht sich mit Christus, den Aposteln und Märtyrern.** Moses gilt im jüdischen Geistesleben vor allem als Gesetzgeber.

»Hier muß vor allen Dingen bemerkt werden, daß man das Ansehen der heiligen Schrift mit großer Vorsicht und Mäßigung anführen müsse. Die heilige Schrift gibt uns nicht eine Regel für alle Künste, eine Quelle aller Wissenschaften. Sie bedient sich einer einfältigen, und dem rohen Altertume, den noch ungeläuterten Begriffen der Menschen angemessene Sprache, so daß oft nicht weiter daraus schließen läßt, als daß zu der Zeit, da diese Bücher geschrieben waren, diese oder jene Meinung unter dem Volk herrschte«.[41]

Da nun die magischen Künste, oder, daß Engel und Dämonen den Menschen in Ausübung von Wundern beistehen, weder aus Erfahrung noch aus Vernunftsgründen erwiesen werden kann, kann auch das Ansehen der heiligen Schrift auf diesen Fall nicht angewendet werden. Moses sprach nur nach seiner Meinung, und aus dieser ist nicht auf die Realität zu schließen«.

Jüdische Dämonologie

Die Juden bringen Vorstellungen über Magie, Theurgie und Dämonologie aus der babylonischen Gefangenschaft nach Kanaan. »In Babylon und im Exil entwickeln sich die jüdischen Spekulationen«. Es ist unzweifelhaft, daß die älteren Vorfahren der Hebräer eine Mehrzahl göttlicher Wesen anerkennen und verehren. In die jüdische Dämonologie fließen Elemente des chaldäischen Aberglaubens; erst später wird das Volk mit den magischen Vorstellungen der Babylonier vertraut.

Es wird erzählt, wie der Gott Israels durch Aaron Wunder wirkte, um Pharao zu zwingen, die Kinder Israels aus seinem Land ziehen zu lassen. Aaron wirft seinen Stab hin und wird zur Schlange. Er schlägt mit ihm in das Wasser und der Strom wird in Blut verwandelt, so daß alle Fische sterben. Außerdem zaubert Aaron Frösche hervor.[42] Einige der späteren Könige sind Götzendiener. »Achas opfert Menschen. Von Menasse wird erzählt: »Und er ließ seine Söhne durch Feuer gehen im Tal Hinnoms, und wählte Tage, und achtete auf Vogelgeschrei, und stiftete Wahrsager und Zeichendeuter, und tat viel, das dem Herrn Übel gefiel, ihn zu erzürnen.[43]

»Wenn du in das Land kommst, das dir der Ewige, dein Gott gibt, so sollst du nicht lernen tun nach den Gräueln dieser Völker, es werde nicht unter dir gefunden, der seinen Sohn oder seine Tochter durch das Feuer gehen lasse, noch ein Wahrsager oder ein Zeichendeuter, oder der auf Vogelgeschrei achte, oder der ein Weissager, oder der die Toten befrage; denn jeder, der solches tut, ist dem Ewigen ein Greuel«.[44]

»Wenn eine Seele sich zu den Wahrsagern und Zeichendeutern wenden wird, daß sie ihnen nachschaut, so will ich mein Antlitz wider dieselbe Seele wenden, und sie aus dem Volk ausrotten«.[45]

»Es ist kein Zauberer in Jacob und kein Wahrsager in Israel«.[46]

Dazu kommt die Stelle: »**Die Zauberinnen sollst du nicht leben lassen**«, derzufolge man nicht nur in Deutschland Tausende Unschuldiger ermordet hat.

Idee des Monotheismus

Die jüdische Religion anerkennt kein geistiges Wesen neben Jehova, dem Schöpfer und Erhalter der Welt. Während die Magie bei den heidnischen Religionen als eine natürliche Folge hervorgeht und von Priestern ausgeübt wird, ist sie von Anfang an bei den Juden untersagt. Bei den Hebräern scheinen die wesentlichen magischen und dämonologischen Elemente von anderen Volksstämmen übernommen.

Die griechischen Philosophen gelangen durch abstraktes Denken dahin, an die Stelle der vielen Gottheiten ein einziges höchstes Wesen zu setzen. Bei den Juden ist diese Vorstellung in Jehova verwirklicht. Der Name ist aus Jahwe abgeleitet. Es ist vielleicht ein von den Kenitern (Midianiter) übernommener Eigenname des Gottes Israels. Die Bedeutung des Namens Jehova ist unklar. Ursprünglich ist es ein Berggott (der Sinai Halbinsel oder Westarabiens?) Die Israeliten sehen in Jehova den Herrn und Lenker der Geschichte; nach der Landnahme der isrealitischen Stämme in Palästina nahm er Züge der kanaäischen Naturgottheiten an. **Trotz vereinzelter ähnlicher Götternamen des 2. Jahrhunderts v. Chr. aus Mesopotamien und Ugarit ist anzunehmen, daß die Verehrung Jehovas auf Israel beschränkt war.**

Die enorme geistige Leistung, **einen** Gott zu verehren, in logischer Konsequenz Unter- und Nebengötter auszuschließen, hat es dennoch nicht geschafft, den Glauben an Dämonen und Teufel zu unterdrücken. In der christlichen Dämonologie wird — analog des persischen Dualismus, dem **guten (?)** Gott mit seinen **guten** Engeln (**Dämonen**), der Teufel als **böser** Widersacher mit seinem **bösen** (**Dämonen**) gegenübergestellt. **Es ist klar, daß sich auf diesem Fundament die**

Teufelslehre mit ihren geistigen und nichtigen Verirrungen aufbaut. Anfänge der effektiven Teufelslehre finden sich, wenn auch noch undeutlich umrissen, im Alten Testament.

Ablehnung der Zauberei

Im Vergleich mit antiken Religionsvorstellungen fällt bei den Juden eine extreme Abneigung gegen die Ausübung der Zauberei auf. Bereits der Prophet Jesaias warnt, nicht zu Wahrsagern und Zeichendeutern zu gehen: »Gehorchet nicht euren Weissagern, Traumdeutern, Tagwählern und Zauberern.[47] Auf der anderen Seite wird in der mosaischen Gesetzgebung der Ungehorsam gegen Priester als Gotteslästerung verstanden und mit Steinigung bestraft.[48] Selbst böswillige Übertretung eines gotteslästerlichen Gebotes wird als Lästerung angesehen.[49]

Von Moses haben sich strenge Strafvorstellungen gegen das Zauberwesen erhalten. Das bestätigt zunächst, daß es in ausgeprägter Form vorhanden war, anders lassen sich die scharfen Einschränkungen, ja das totale Verbot, nicht erklären. Der einzige, der nach jüdischer Anschauung berechtigt die Zukunft enthüllt, ist ihr Gott Jehovah. Er gibt seinen Willen durch die Propheten kund. Allen anderen ist es verboten.

»Der Mann oder das Weib, so vorgibt, daß sie einen Pythonischen oder Wahrsagungsgeist habe, sollen des Todes sterben, mit Steinen sollen sie bedeckt werden. Ihr Blut sei über ihnen: und die Seele, die zu Zauberern und Wahrsagern sich wendet, und mit ihr gesündigt gegen selbe werde ich mich wenden und ich werde sie aus der Mitte des Volkes töten«.[50]

»Der Wahrsager, der von Hochmuth verführt, in meinem Namen jenes, was ich ihm nicht befohlen, oder auch im Namen fremder Götter zu weissagen sich erfrechen wird, soll getötet und umgebracht werden«.[51]

Buch Henoch

Die älteste jüdische Vision vom Jenseits erscheint vermutlich noch vor der Zerstörung des Tempels von Jerusalem, von einem Juden in hebräischer oder griechischer Sprache geschriebene Buch Henoch.

Es ist das Original verlorengegangen. Henoch ist der Vater von Methusalem. Sein Tod wird im ersten Buch des Pentateuch (V. 22-24) in rätselhafter Weise betrachtet. Henoch beschäftigt sich mit der jüdischen Sage. Seine Prophezeihungen zirkulieren unter den Juden zur Zeit Christi. Das Buch enthält eine Jen-

seitsschilderung unter Führung eines Engels. Zudem wird der jüdische Totenengel erwähnt, der den zu Tötenden das Haar abschneidet. (Vergl. Abschneiden- oder Scheeren der Haare bei den deutschen Hexenverfolgungen).

Das Buch Henoch enthält im 7. und 8. Kapitel eine ausführliche Darstellung vom Fall der Engel, wie ihn Moses im 1. Buch 6, 1-4 kurz berührt.

»Es begab sich in diesen Tagen, als die Menschen sich vermehrt hatten, daß herrliche und schöne Töchter ihnen geboren wurden. Und da die Engel, Söhne des Himmels, diese sahen, entbrannten sie in Liebe zu ihnen und sagten: 'Kommt, laßt uns Weiber wählen unter den Nachkommen der Menschen und mit ihnen Kinder zeugen!' Da sprach Samjaza, ihr Anführer: 'Ich befürchte, daß ihr euch von diesem Plane abschrecken laßt und ich alleine ein so schweres Verbrechen leiden muß!' Aber sie erwiderten und sprachen: 'Wir schwören alle und verpflichten uns durch gegenseitige Eide, unser Vorhaben auszuführen'. Ihre Zahl betrug 200, die hinabstiegen auf Ardis, dem Gipfel des Berges Armon... da nahmen sie Weiber, ein jeder wählte für sich; sie näherten sich ihnen und wohnten mit ihnen und lehrten sie Zauberei, Beschwörung und die Anwendung von Wurzeln und Bäumen. Gottlosigkeit nahm zu, Hurerei breitete sich aus, und sie sündigten und verdarben alles auf ihrem Wege. Amazaral lehrt alle Zauberei und den Gebrauch der Wurzeln; Amers das Lösen des Zaubers; Barkajal die Beobachtung der Sterne; Akibeel die Zeichen...«.

Nach dieser Sage stammen alle Geheimwissenschaften von den Engeln ab.

Kabbala = Überlieferung

Die Kabbala soll von Gott Moses auf dem Berg Sinai mitgeteilt worden sein. Er hat sie an Josua vermittelt. »Althebräische Weisheit, willkürliche Behandlung des Bibeltextes, assyrisches, ägyptisches, astrologisches Wissen, platonische und phytagoräische Philosophie verbinden sich in der Kabbala zu einem Gebäude«. Nach ihr ist Adam Kadmon, der Urmensch, der erstgeborene Sohn Gottes, der Messias, vom Engel Raziel in allen geheimen Wissenschaften unterrichtet.

In der Kabbala sind die Grundlehren der späteren Magie vorgebildet. Ihr theoretischer Teil besteht aus Patriarchenüberlieferungen. Er umfaßt das Geheimnis Gottes und der göttlichen Personen, die primitive geistige Schöpfung, den ersten geistigen Fall, die Entstehung der Finsternis, des Chaos und die erneuerte Ordnung der Welt an den sechs Tagen der Schöpfung, die Schöpfung des sichtbaren Menschen, seinen Fall und die Anstalten und Führungen Gottes zu seiner Erlösung und zur Wiederherstellung der gestörten (allgemeinen) Harmonie: endlich die Zurückbringung der Schöpfung zu Gott.

Das Henochbuch heißt Mesecheth Gehenem. Von den erhaltenen Schriften gibt es noch zwei. Das Buch von der Schöpfung (Sepher Jezirah) und das Buch 'Licht oder Glanz' (Sohar). Jezirah stammt aus dem 9. oder 10. Jahrhundert v. Chr... Zweck, Sinn und Aufgabe der kabbalistischen Spekulation besteht darin, den verborgenen Sinn in den Schriften des Alten Testamentes zu erfassen; besonders in den fünf Büchern Moses. Im Buch Sohar ist das ausgesprochen: »Wehe dem Menschen, der die Gesetze nicht anders sieht, als einfache Erzählungen und gewöhnliche Worte. Wenn es wirklich weiter nichts anderes enthielte, so könnten wir auch in unseren Tagen ein Gesetz schreiben, das der Bewunderung würdig wäre«.

Die Kabbala ist eine Religionsphilosophie, deren Heimat im babylonischen Raum zu suchen ist. Ihre Methoden beruhen auf der Eigentümlichkeit des hebräischen Alphabets. Die Hebräer haben keine besonderen Zeichen für die Zahlen: daraus folgt das große kabbalistische Hauptgesetz: jedes Wort ist eine Zahl und jede Zahl ist ein Wort.

Es unterliegt keinem Zweifel, daß kabbalistische Gedankengänge über viele Generationen mündlich überliefert werden. Sie werden modifiziert und von einem kleinen Kreis Eingeweihter weiter entwickelt. Dann wird die Lehre gesammelt und niedergeschrieben. In gewisser Weise ist das bei der Abfassung der Bibel genauso.

Das Verhängnis des Alten und Neuen Testamentes besteht eigentlich nur darin, daß noch die Menschen des 16.—18. Jahrhunderts im Zusammenhang mit dem Hexenwahn auf das in diesen für **ihre** Zeit geschriebenen Schriften Halt suchten **und sich ihnen** vorbehaltlos **beugen.** Diese Kritik trifft **nicht** die eigentliche Glaubensaussage.

Klassen der Magie

Nach der Kabbala (auch der Bibel und des Talmud) zerfallen alle magischen Überlegungen in drei Klassen. Die erste ist gleich der Abgötterei und wird bei der Todesstrafe untersagt. Die zweite wird mit der Geißelung bestraft. Es ist zugleich die Schwarze Magie. Sie besteht in der Störung der Elemente des Naturlebens, Erregung von Haß und Neid, von Feindschaft, Schmerzen und Krankheiten bei Menschen und Tieren; sie kennt die Lykantrophie und den spezifischen Hexensabbat, wobei Öle und Salben eine Rolle spielen: »Es gibt Weiber, die einen Bund mit dem Schedim machen und zu gewissen Zeiten mit denselben zusammenkommen, mit ihnen tanzen und

diesen Geistern beiwohnen, die ihnen als Böcke erscheinen«. Die zweite Klasse untersagt das Augurienwesen. Allgemein ist es erlaubt, durch heilige Namen schädliche Tiere zu bannen und das Schmerzhafte und Krankhafte an Menschen und Tieren zu heilen. (Später: Benedicto, Exorzismus). Die dritte Klasse wird nicht mit richterlichen Strafen belegt, sondern lediglich als Unrecht erkannt.

Geisterwelt

Nach der Kabbala liegt es in der menschlichen Natur begründet, in das Reich des Übersinnlichen und der Unsichtbarkeit zu schauen. Die Kabbalisten teilen ihre Lehre in die Breschnith, die Lehre von den natürlichen, und in die Lehre Marcavah, von den göttlichen Dingen. Gott regiert im Lichtäther. Von ihm gehen, wie verschiedene Glieder, Strahlen oder göttliche Wirkungen aus. Das sind die zehn Numerationes oder Sepirot. Mit ihnen wirkt Gott auf alles Erschaffene. Zunächst auf die neun Ordnungen der Engel. Nach der Kabbala gibt es weitere Mittelwesen. Das sind die Elementargeister, die in vier Gruppen zerfallen. Die erste Klasse begreift die Elementargeister des Feuers, die zweite die von Feuer und Luft, die dritte von Feuer, Luft und Wasser. Bei der vierten kommt ein mineralischer Erdstoff als Grundlage hinzu. Paracelsus baut auf dieser Lehre.

Besonders die beiden letzten Klassen sind bösartiger Natur. Die beiden oberen sind weise und stehen näher bei der Engelwelt. Ihre Wohnungen entsprechen den Klassen, also in den oberen und unteren Regionen. Sie leben in der Luft, in Flüssen, Moorasten und die letzten auf den Bergspitzen in der Wüste. Die unterste Klasse wird den Menschen am gefährlichsten. Sie täuschen und verführen in natürlichen Dingen. Man nennt sie falsche Götter oder Feldteufel.[52]

Schaffung der Teufel

Wie es neun Ordnungen der Engel gibt, so auch der Teufel, die Pseudothei, die Wahrsager-Geister mit Python als Vorgesetzten, die Unglücksanrichter, Erfinder der Würfel, Karten, Geschosse und tödlichen Werkzeuge. An ihrer Spitze steht Belial. Die Ehestandsstörer, Anstifter des Neides und der Rache werden von Asmodus angeführt.

Nach der Sage der Rabbinen hat Gott am zweiten Tag die Teufel erschaffen; nach Elieser sind sie gut geschaffen, aber eifersüchtig auf die Menschen, sie verführen ihn und werden deshalb aus dem Paradies gewiesen. Nach einer anderen Sage widersetzen sich die beiden Engel Schamusai und Usael, als Gott den ersten Menschen schaffen will. Gott stößt sie deshalb auf die Erde. Im Fallen halten sie die Flügel des Erzengels Michael fest. Die beiden Teufel leben noch heute auf der Erde und zeugen mit den Töchtern der Menschen fortwährend Teufel.

Stellung der Frau

Merkwürdig sind die Lehren der Kabbala über die Angriffspunkte, die der Mensch dem Satan aus eigener Schuld darbietet; über die Zitation der Verstorbenen, die Verunreinigung und die Strenge besonders den Frauen gegenüber: »Das Weib steht als reale Naturseite dem Dunkel der Nacht näher als der Mann, und es ist den Reizungen und Verlockungen des Satans unmittelbarer ausgesetzt. List, Neugierde, Vorwitz, der Trieb, durch Reize den Mann zu fesseln, den sie durch Macht nicht zwingen kann, Schlangenlust, das Vorgestellte zu verwirklichen, sind die Eigenschaften der Schattenseite. Darum hat das Weib den Zug zu verborgenen Kräften, um durch allerlei Zaubermittel ihre Werke zu erreichen«.

Nach dem Talmud (Kommentar zum Alten Testament) bilden Teufelspakte und Buhlschaften die Hauptbestandteile der jüdischen Magie. Der Mischnah, der älteste Teil des Talmud, stammt aus der Zeit um 189 v.Chr.[53]

Der Satan im Alten Testament

In deutlicheren Umrissen steht der Satan im Buch Hiob. Obschon er hier nicht in scharfgezeichneter Form auftritt, zeigt sich, daß er bestimmte Funktionen wahrzunehmen hat. Er erscheint inmitten der Gottessöhne, nicht als Widersacher des göttlichen Willens. An sich ist er von Anfang an ein ohnmächtiges Werkzeug Gottes. Er erscheint im Buch Hiob nicht als Versucher des Bösen, sondern als Veranlasser des Versuches: ob Hiob's Gottesfurcht über die zu erduldenden Übel den Sieg davontragen werde. Zunächst wird dem Satan die Erlaubnis erteilt, den Versuch mit Hiob anzustellen, wobei sein Leben geschont bleiben muß. Im Buch Hiob erscheint der Satan als Werkzeug um die Lauterkeit eines Mannes zu prüfen und er gibt zugleich den Anstoß zu diesen Versuch (en), wogegen der ältere hebräische Glaube in ähnlichen Fällen die Macht von Jahve'a (Jehovas) unmittelbar auftreten läßt.

Diese Vorstellungen sind bei Zacharia weiterentwickelt. Hier tritt der Satan als bestimmter Ankläger auf. An seiner Bedeutung wird nichts geändert. Er erscheint als Widersacher der Menschen, dem daran gelegen ist, Strafe und Unglück herbeizuführen. Er erscheint quasi als der Widersacher Israels, er ist Strafengel, Vollstrecker des göttlichen Zorns, der bei eingetretener Gnade weichen und gegenüber dieser ohnmächtig erscheinen muß. **Nur mit Gottes Zulassung kann er tätig werden.**[54] **Mit Verlassen dieser Anschauung bricht ein Teil der christlichen Mythologie wie ein Kartenhaus zusammen.**

Weiter entfaltet ist die Satansidee in den apokalyptischen Büchern, wo er außer Sirach 21,27 und dem Buche der Weisheit 2,24 auftritt. Hier findet sich schon die Vorstellung, daß der Tod in die Welt gekommen sei. Als Motiv seiner Tätigkeit wird Neid angegeben; **dem Satan wird nun Einfluß auf die Sünde der Menschen zugeschrieben. Diese Auffassung ist zur Zeit Jesu gangbar, sie wird von älteren jüdischen Lehrern festgehalten und durch christliche Kirchenväter (bes. Augustinus) den Reformatoren übermittelt. Fest steht, daß die Juden zur Zeit Christi vom Dämonenglauben erfüllt sind.**

Die allegorische Interpretation die Schlange wird im hebräischen Sündenfall zum Bild der bösen Lust. Die Frau wird Trägerin der Sinnlichkeit. Der Bock gilt als das Symbol der Zeugungskraft. Bereits bei den Chaldäern ist die Schlange das Symbol des übernatürlichen Wissens. Sie wird zum Attribut Eas, der göttlichen Weisheit. Mit dem angenommenen christlichen Sündenfall ändert sich ihre Bedeutung.

Die Vermutung, daß die Seirim aus Ägypten stammen, scheint annehmbar, da der Widderkopf bei der Darstellung mythologischer Figuren häufig angewendet wird. Bei Jesaia, 34,14 wird die »Nächtliche« erwähnt, ein weibliches Nachtgespenst, das in Einöden umherirrt. Die Talmudisten gehen ihm die Gestalt eines geputzten Weibes mit langen Haaren, das besonders Kindern nachstellt. Daraus wird Lilith, das Nachtgespenst.

Im Alten Testament ist das Element des Satans nicht das moralisch Böse, sondern die Bewirkung des äußeren Übels. Der Neid gehört zum Wesen des Satans. Sein Zielpunkt ist der Tod. Das Objekt seines Neides ist der Mensch. **Der Satan beneidet den Mensch,** aber nicht als göttliches Wesen, um dessen Macht. Demzufolge kann er nur die Bedeutung erlangen, als Mittel zu dienen. **Er veranlaßt lediglich das äußere Übel und nähert sich darum dem Menschen.**

Höllenvorstellungen im Alten Testament

Im Alten Testament findet sich keine Beschreibung des Aufenthaltsortes der Verstorbenen, es kennt die Feuerhölle nicht. Im 5. Buch Moses (32,32) heißt es lediglich: »Daß ein Feuer ausgehen wird von Gott, das bis zum tiefsten Scheol brennen wird. Gewöhnlich wird Scheol als Hölle übersetzt. Es bezeichnet einen düsteren, traurigen Ort unter der Erdoberfläche, im Gegensatz zu dem über die Erde gespannten Himmel. Später tritt das »Gehenom« als scharf abgegrenzter Strafort, als die Hölle im jetzt üblichen Sinne des Wortes auf. Der Name ist von einem südlich von Jerusalem gelegenem Tal (Ge) Hinnom entlehnt, wo abgefallene Juden dem Baal oder Moloch ihre Kinder opfern. Nach dem jerus. Talmud hing der Hohepriester Simon Schetach längere Zeit mit dem Ohr an einer Türangel, weil er, seinen Versprechungen entgegen die Hinrichtung von Hexen (?) verzögert hat und erst später 8 an einem Tag aufhängen läßt.[55]

Nach der Traditionssammlung des Bochari hat Mohamed gesagt: »Ich schaute in das höllische Feuer und fand, daß die meisten Bewohner Weiber waren, die es durch ihren Unglauben verdienten und weil sie Gott verleugneten«.[56]

Wir müssen uns begnügen, das Bild der Hölle, wie es etwa nach dem Abschluß des Talmud sich darstellt, wiederzugeben. Es zeigt sich ein fundamentaler Unterschied zwischen dem jüdischen Gehinom und dem griechischen Hades. Im Sabbath 104a spricht der Talmud von einem Fürsten der Hölle, der Gott um Seelen bittet. Nach diesem Traktat »Von der Hölle« und dem Orchath Chajim hat jede Höllenabteilung 6000 Räume mit je 6000 Fensternischen. In jeder Nische stehen 6000 Gefäße voller Gift für Schmäher und ungerechte Richter.[57]

Strafung sexueller Sünden

Analog der persischen Höllenvorstellung fällt bei den Hebräern die strenge Bestrafung sexueller Sünden auf. Nach jüngeren jüdischen Höllenvorstellungen sind die Ehebrecher am Geschlechtsteil aufgehängt. Frauen, die sich auf dem offenen Markt entblößen, um ihren Kindern die Brust zu reichen und dadurch Männer anlocken und verführen, sind an den Haaren und Brüsten aufgehängt.[58]

Ausführlich und gräßlich werden in der Tundal-Vision die sexuellen Sünden beschrieben: »Sowohl Männer als Frauen werden von den Teufeln geschwängert. Sie gebären unter furchtbaren Qualen, durch Brust und Arme, Scheusale mit glühenden Köpfen, scharfen eisernen Schnäbeln und nach rückwärts gekrümmten Stacheln an den Schweifen, mit denen sie die Gebärenden durchbohren und zerreißen«. **Die Qualen,** bemerkt ein Chronist: »**treffen vorzüglich Nonnen und andere Pfaffen, die Gott mit dem geistlichen Habit zu täuschen vermeinten**«.[59]

Das Alte Testament als Sittenspiegel

Die ältesten Beispiele der gastlichen Prostitution finden sich in der Genesis. »Zur Zeit des Noah waren die Kinder Gottes oder die Engel auf die Erde hinabgestiegen, um die Töchter der Menschen zu erkennen, und sie zeugten mit ihnen Kinder, die gewaltige Leute wurden. Sie erbten aber nicht die Tugenden ihrer Väter... die Bosheit des Herrn wurde so groß, daß der Herr aus Zorn beschloß, das Volk mit Ausnahme Noahs und seiner Familie zu vernichten«. (Vergl. Buch Henoch).

»Zwei Engel bringen Abraham die Botschaft, daß ihm sein Weib im Alter von 120 Jahren einen Sohn gebären würde, nach Sodom komme und im Hause Lots einkehren um hier eine Nacht zu verbringen«.

Etwa 1800 Jahre v. Chr. ist der keusche Sklave Joseph Aufseher bei dem Eunuche Potiphar in Ägypten. Er widersteht den unzüchtigen Forderungen des Weibes seines Herrn und hinterläßt ihr eher den Mantel, als seine Ehre zu verletzten«.[60]

Die Heiligen Bücher sind voll Stellen, aus denen deutlich wird, daß die Kreuzwege den Dirnen als Handels- und Marktplatz dienen. Dies bestätigt der Prophet Hesekiel. In seinen Weissagungen gibt es nur schlechte, für jedermann geöffneten Orte, Häuser der Sünde und der Unzucht. Der Tempel Salomons ist zur Zeit der Makkabäer, 150 v. Chr., Handelsplatz der Dirnen. Die Schrift nennt sie 'fremde Weiber'. Daraus kann geschlossen werden, daß darunter Syrierinnen, Ägypterinnen und Babylonierinnen gewesen sind. Moses vertritt strenge Sittenvorschriften:

»Du sollst keine Unzucht treiben! Du sollst nicht Begehren deines Nächsten Weib«! »Derjenige, der fleischlichen Umgang mit Tieren gehabt hat, soll mit dem Tod bestraft werden«. »Du sollst nicht bei einem Knaben liegen, wie bei einem Weibe«, denn es ist ein Greuel: du sollst nicht bei einem Tiere liegen, noch dich mit ihm verunreinigen. Das Weib soll sich nicht einem Tiere preisgeben, noch sich mit ihm vermischen, denn es ist Frevel. »Wer nur einen dieser Frevel begangen hat, der soll ausgestoßen sein aus der Mitte meines Volkes. Es sollen beide Urheber der Frevel, eines wie das andere, des Todes sein, gesteinigt oder verbrannt, der Mann und das Tier, das Tier und das Weib, der Knabe und sein männlicher Beischläfer«. »Du sollst deine Tochter keine Hurerei treiben lassen, damit das Land nicht besudelt werde, noch voll Unkeuschheit sei«.[61] »Es soll keine Hure geben unter den Töchtern Israels, und keinen Ehebrecher unter seinen Söhnen«.[62]

Die jüdische Frau muß als unerläßliche Mitgift ihre Jungfräulichkeit in die Ehe bringen. Der Nachweis solcher Vergehen wird mit dem Tod bestraft.[63] Solche Frauen werden vor das Haus ihres Vaters geführt und durch Steinwürfe getötet. Auffallend ist, daß Moses gegen Frauen strenger als gegen Männer vorgeht. Einer verheirateten Frau schlägt man die Hand ab, wenn sie, auch nur zufällig, die Geschlechtsteile des Mannes berührt.[64]

Wie streng die mosaischen Vorstellungen noch heute sind, zeigen die jüngsten Entwicklungen in Persien, wo durch eine »Revolution« das althergebrachte Volks-und Glaubenstum aktiviert wird. Auch hier fallen die schweren Strafen gegen sexuelle Vergehen auf; Vergehen, die man zu solchen gestempelt hat.

Eifersuchtskuchen, Bitteres Wasser

Die Hebräer kennen einen Reinigungseid in Eheangelegenheiten. Mann und Frau gehen dabei zum Priester. Der Mann übergibt für seine Frau einen Gerstenmehlkuchen ohne Öl (Eifersuchtskuchen). Der Priester legt den Kuchen der Frau in die Hände. In seinen hält er das 'Bittere Wasser', das er zur Beschwörung verwendet: »Wenn kein Mann bei dir geschlafen hat, und wenn du dich nicht verunreinigt und beschmutzt hast, solange du in der Gewalt deines Mannes bist, soll dieser bittere Trank dir nicht schaden; wenn du aber, solange du in der Gewalt deines Mannes bist, dich verschmutzt und verunreinigt hast, und ein anderer als dein Gatte bei dir geschlafen hat, und dieses Wasser, das die Verwünschung in sich einschließen soll, wenn es in deine Eingeweide tritt, deinen Leib platzen und deine Schenkel brechen lassen«.

Effoeminati, Kedeschim

Die alten Hebräer kennen den Kult des Moloch und Baal (analog dem Melittakult der Babylonier). Baal-Phegor und Bel-Phegor sind die Hauptgötter der Midianiter.[65] Die Hebräer übernehmen diesen Kult. Bel-Phegor wird als riesiger Phallus dargestellt. Er wird in der Bibel 'species turpitudines' genannt. Ein wichtiger Teil des Kultes besteht in der Ausübung der geheiligten Prostitution. Die Vulgata nennt die Priester 'effoeminati'. Sie bilden eine feste Sekte mit bestimmten Gebräuchen. Die Gesetzgeber versuchen mehrfach, sie zu unterdrücken. Ihr gegenüber steht eine Frauenorganisation, die 'Kedeschim' (Geweihte). Sie verbrennen Weihrauch und verkaufen Liebestränke.

Während der Regierung des Rehabeam (980 v. Chr.) lassen sich die Effoeminati im Land nieder und treiben ihre Greuel mit den Heiden. Asa, einer der Nachfolger Rhebeams, vertilgt die Hurer und reinigt das Land von ihren Götzenbildern. Ihre Tempel werden zerstört, die Bildsäulen umgeworfen, ihre Unzuchtshaine ausgerottet und verbrannt.[66]

Das 6. und 7. Buch Moses als Quelle des Aberglaubens

Diese beiden imaginären Schriften stehen an erster Stelle der sog. »Magischen Bücher« mit denen man noch im 19. u. 20. Jahrhundert ohnehin einfältige Leute hinhält. Auf Moses werden 5 Bücher des Alten Testaments zurückgeführt. Das angebliche 6. und 7. gibt sich zwar den Anschein eines biblischen Werkes, ist aber in Wirklichkeit nichts anderes als eine unsinnige Zusammenstellung von Zaubersprüchen, Anweisungen zur Abwehr von Zaubereien, Herbeirufung und Unterwerfung von Luft-, Erd- und Wassergeistern. Es soll in Philadelphia (USA) nach dem 1524 gefundenen Urtext zum ersten Mal gedruckt sein.

Magie und Religion der Germanen

Die Einheitstendenz innerhalb der religiösen Anschauungen der Germanen zeigt sich in der Vorstellung von einem Allvater (Allfadur), eines göttlichen Urwesens, das alle deutschen Mundarten als Gott bezeichnen.[67] Die Magie wird früh betrieben. Es steht fest, daß die germanischen Stämme und Völker eigenständige magische Begriffe haben: und zwar lange vor den römischen Eroberungsfeldzügen. Die Weiterentwicklung wird von drei Faktoren bestimmt: die kriegerische Auseinandersetzung zwischen Römern und germanischen Volksstämmen führt zu einer Umschichtung in Kultur und Rechtsleben. Allmählich entstehen »Zentralgewalten«; an die Stelle der alten Stammes- und Gewohnheitsrechte treten übergeordnete Gesetze. Dazu kommt die Christianisierung Deutschlands (Bonifatius). **Die gewaltsam herbeigeführte Änderung führt zunächst zu einem Wirrwar in den religiösen Vorstellungen.** Diese Entwicklung läßt sich rekonstruieren. Mit Bonifazius kommt St. Walpurgis, eine der ersten Schutzheiligen auf deutschem Boden: sie wird später mit den Hexen in Verbindung gebracht. **Ein zwangsweiser Auswuchs der religiösen Unterdrückung ist der spätere deutsche Hexenwahn.** An historischen Quellen aus der germanischen Geschichte stehen Berichte von Tacitus und Plinius d.Ä. zur Verfügung.

Druiden, Alrunen, Druden

Die Druiden (irisch: druid, Hochweise) sind die Priester der keltischen Völker. Sie entsprechen den indischen Bramanen. Sie bilden zur Zeit Cäsars in Gallien einen Stand, der mit Freien die Herrschaft über das Volk ausübt. An der Spitze steht ein Druide. Sie deuten religiöse Dinge und nehmen bei öffentlichen und privaten Opfern teil. Als Priester bewahren sie eine religiöse Geheimlehre, sie üben die Kunst der Weissagung und sind gleichzeitig Richter. Außerdem übernehmen sie heil- und sternkundliche Aufgaben. Nach Pomponius sind sie im Besitz bedeutender Kenntnisse. Einer der wichtigsten Glaubensgrundsätze betrifft die Unsterblichkeit der Seele. Kaiser Claudius hebt den druidischen Gottesdienst auf, weil er mit Menschenopfern verbunden ist. Nach dem 1. Jhdt.n.Chr. verschwindet ihr Name, aber noch im 3. Jhdt. werden gallische Wahrsagerinnen als Druiden bezeichnet. Als ihr Ursprungsland wird Britannien angesehen.

Die Frauen der Druiden werden als Alrunen bezeichnet. »Ihre Frauen, die Alrunen, sind wegen ihrer Wahrsagerkünste und der Erfahrung in der Arzneikunde berühmt, gleich den Pythonierinnen in den ägyptischen und griechischen Tempeln. Die Druiden kennen Mittel zur Erzeugung der Ekstase.

»Frauen, nicht Männern, ist das Auslesen und Kochen kräftiger Heilmittel angewiesen, wie die Bereitung der Speisen ihnen oblag. Salbe fertigen, Linnen weben, Wunden binden, mochte ihre linde und weiche Hand am besten. Weiber verliehen Erfahrungen und behagliche Muße alle Befähigung zu heimlicher Zauberei. Das Einbildungsvermögen der Frauen ist wärmer und empfänglicher, von jeher wurde ihnen eine innere, heilige Kraft der Weissagung zugeschrieben. Die alten Weiber sind in Liebe und Arbeit abgestorben. Phantasie, Tradition, Bekanntschaft mit Heilmitteln, Armut und Müßiggang haben aus den Frauen Zauberinnen gemacht«.[68]

Vielleicht entsteht aus einer Mischung der Begriffe die Bezeichnung Druden, Truten und Truden, (got. trudan). Es ist eine abergläubische Bezeichnung für angeblich nächtliche Druckgeister. Sie ängstigen im Schlaf, schädigen Haustiere und können zaubern. Noch im 17. und 18. Jhdt. werden die Hexen als »Druden« oder »Trutten« bezeichnet. Als Schutzmittel gelten schon bei den germanischen Volksstämmen der Drudenfuß und der Drudenstein. Der Drudenfuß ist ein mystisch-magisches Zeichen in Form eines Pentagrammes; er gilt bei den Pythagoreern als Zeichen der Gesundheit. Bei den gnostischen Sekten gewinnt er an Bedeutung. Im Mittelalter wird der Drudenfuß oft in Zusammenhang mit abergläubischen Vorstellungen und Zauberei gebraucht.

Germanischer Götterkult

Tacitus spricht von einem Fruchtbarkeitskult jütischer Germanen, bei dem ein Bild der Göttin Nerthus, der »Terra Mater« (Erdmutter) im Wagen vorangezogen wird. Die Götterfamilie der Asen ist vermutlich aus dem Ahnakult hervorgegangen. Die Germanen verfügen über eine reichhaltige Mythologie. Sie reicht von der Weltschöpfung durch die Götter aus den Gliedmaßen des Riesem Ymir, über die Erweckung des ersten Menschenpaares, Ask und Embla, vom Krieg der Wanen bis zu ihrer Versöhnung. Man findet das Liebestreiben der Göttinnen und Riesentöchter, schließlich den Untergang der Götter im Kampf gegen die Riesen.

Die germanischen Hauptgötter sind bei Tacitus bezeugt. Sie tragen die Namen römischer Gottheiten: Wodan (Merkur), Ziu (Tyr-Mars), Donar (Thor Jupiter und Frija oder Frigg (Venus). Daraus sind die deutschen Bezeichnungen der Wochentage abgeleitet.

Donar, Odin, Fro und Hellia

Donar (altsächs. Thunar, altnord. Thor) ist der bedeutendste germanische Gott. Er stammt aus dem Göttergeschlecht der Asen. Römische Schriftsteller nennen ihn Herkules oder Jupiter. Daher die Bezeichnung des Wochentages Donnerstag nach dem Vorbild des lat. Jovis. Donar ist ein helfender und schützender Gott. Er ist der Gott der Bauern. Bonifazius fällt 723 bei Hofgeismar die Donar- oder Donnereiche. **In der Geschichte der christlichen Kirche wird dies als bedeutendes Ereignis herausgestellt. Im Grund genommen ist es ein Verbrechen gegenüber Andersgläubigen.**

Odin (altnord. Odinn, ahd. Wuotan) ist der oberste Gott der Asen. Sein Name ist abgeleitet von dem Wort Wut (Erregung). Er erscheint als Gott der Ekstase, als Toten- und Kriegsgott. Der Sage nach hat er sich selbst umgebracht: »Neun Nächte hing er am »windigen Baum« (Galgen), mit dem Speer geritzt. Seine Frau heißt Frigg. Odin wird u.a. als Gott der Gehängten genannt. Er kann seine Gestalt verändern (Rabe, Adler, Schlange) und hat eine Vorliebe für Verkleidungen, besonders die eines großen, einäugigen Mannes mit einem langen blauen Mantel und einem tief in das Gesicht gezogenen Hut. Er reitet das achtbeinige Totenpferd Sleipnir.

Bei den heidnischen Germanen war Gottes Sohn Froh, der frohe, frohmachende, beseeligende, wunderschöne, heilige Herr. Er verfügt über die schöpferische Kraft des Odins. Fro ist der Gott der Liebe und des Friedens, der Ehe und der Fruchtbarkeit. Ihm sind bestimmte Fest- und Reinigungtage geweiht. Fro ist außerdem der Gott der Sonne. Er führt das von Odin erschaffene Sonnenlicht den Sterblichen zu. Mit Tieropfern versucht man seinen Zorn zu versöhnen.

Den Gegensatz zu ihm bildet Hellia, die alle an Krankheiten Verstorbenen verschlingt. Ihre Wohnung liegt tief im Dunkel der Erde. Hier thront sie in einer furchtbaren Gestalt, halb schwarz, halb menschenfarbig. Nach der Edda ist Hellia, Loki des Unheilstifters und einer Riesin Tochter, die Schwester des Wolfes Fenrir und der erdumgürtenden Schlange. Ihr Saal heißt Elend, ihre Schwelle Einsturz, Unglück ihr Bett. Träge heißt ihr Knecht und Langsam ihre Magd. Sie ist von der Schüssel Hunger und schneidet mit dem Messer der unersättlichen Gier. Sie kennt keine Barmherzigkeit und läßt das Erfaßte nicht los. Aus der Hellia entsteht der spätere deutsche Höllenbegriff.

Die Walküren, eigentl. Valkyrien (Totenwählerin) sind nach der altnord. Mythologie überirdische weibliche Wesen, die als Dienerinnen Odins in den Kampf eingreifen. Sie bringen die von Odin bestimmten Toten nach Walhall und bewirten sie mit Met. Walhall (aldnord.Valhöll) ist die Totenhalle. Hier warten die im Kampf Gefallenen und die Helden, um gemeinsam mit Odin am Weltende in die Ragnarök zu ziehen.

Holda und die Elben

Der Name Holda ist der Inbegriff der milden, gnädigen Göttin. Es soll der Beinamen von Fria oder Frick sein. Sie berührt sich mit Hilda, selbst mit der Hel, der Verborgenen, als Todesgöttin. Holda ist tief im Norden herabgewürdigt, wenn sie langnasig, häßlich, großzahnig, mit struppigem, verworrenen Haar vorgestellt wird. »Denn obschon der jährliche Umzug Holda's mit ihrem Gefolge, den Elben, die nach ihr die »guten Holden« heißen, dem Land Fruchtbarkeit bringt; so fährt sie fort, gleich Wotan schreckerregend durch die Lüfte zum wütenden Heer«.

Daran knüpft sich der spätere Glaube an die Fahrten der Hexen in Gesellschaft mit der Holda. Der christliche Volksglaube läßt die Seelen der ungetauft verstorbenen Kinder, da sie heidnisch bleiben, dem Wotan oder der Holda verfallen. Die der Freija geweihte Katze wird zum Tier der Hexen und Nachtfrauen.[69]

Bei den Germanen sind es die Elben, die als übernatürliche Mächte ohne Vermittlung der Menschen in das Schicksal eingreifen. Die Snorra-Edda unterscheidet zwischen Licht- und Dunkelelfen. Sie erschienen bald als Totenseelen, bald als Schutz- oder Hausgeister. Später erscheinen sie unter den Namen Mar, Trutte, Alp, Schrattel, Holde oder Holle. Sie verkünden bevorstehendes Unglück, haben eine sinnberückende Macht, können mit Blicken zaubern und Erblindung verursachen. Außerdem können sie sich in andere Gestalten verwandeln. Ihr verführerischer Gesang (Alpleich) wird mehrfach erwähnt. Ihr Hauch (Elbhauch) bedeutet Gliedergeschwulst. Sie tragen Verlangen nach kleinen Kindern und legen an deren statt Wechselbälge in die Wiege.

Die Frau Holle (Frau Gode) mhd. holde (Freundin, Dienerin) altnord. Huld (eine Hexe?), eigentlich eine Verborgene. Sie gilt ursprünglich als Führerin einer primitiven Geisterschaar, ähnlich dem toten Heer der Wilden Jagd. Später bildet sie sich zu einer dämonischen Einzelpersönlichkeit. Sie wird zum Kinderschreck, zur Hexe oder Teufelin.

Vergleicht man die germanische Mythologie mit den religiösen Vorstellungen z.B. der Perser, so sieht man viele Parallelen. Ein schaffender Gott, verschiedene Untergötter und der Dualismus zwischen Gut und Böse mögen als Beispiele genügen. Vergleicht man die Vorstellungen des Hexenwahns im 17.—18. Jahrhun-

Das Köpfen von gefangenen Germanen durch ihre römischen Besieger. Detail einer Abb. der Tranjansäule. Die Vermischung von römischen und germanischen Kultvorstellungen nährt den Hexenglauben.

dert in Deutschland mit den mythologischen Vorstellungen der Germanen, so findet sich hier bereits ausgeprägt, was zur Verzerrung des Hexenwahn führt. »Nordische Zeugnisse berichten von Walkyren, von Abend- Dunkel- und Zaunreiterinnen und von Zauberweibern, die die Luft durchfliegen.

Das Fahren auf Wetterwolken oder in Wirbelwinden, in Sieben und auf Besen wird als eine den Elben und Hexen gemeinsame Kunst angesehen«. **Eigenständige im Volk ruhende, religiöse Vorstellungen können sich nicht entfalten. Sie prallen auf den römischen Götterkult und später mit der Christianisierung zusammen. Dies führt zu einer Vermischung der Glaubensvorstellungen: es nährt den Aberglauben.**

Fortleben nach dem Tod

Die Germanen sind der Auffassung, daß die Seelen unsterblich sind. Die Toten essen in den Gräbern und führen ihr irdisches Leben weiter (daraus entwickelt sich der spätere Vampyrismus). Sie bleiben mit den Lebenden in Verbindung um sie zu trösten, zu beschützen, zu belehren und zu beruhigen. Die Germanen lassen ihre Toten in das Totenland Britannien schaffen. Von einem solchen in oder bei Britannien spricht Claudius.[70] Der Fuhrlohn für den Schiffer besteht oft in einem Körperteil des Toten. Deshalb legt man in den Totenbaum hölzerne Hände oder Füße, damit der Lohn bezahlt werden kann. Nach Lucans Pharsalia[71] haben die Druiden ein Fortleben in einer anderen Welt (orbe alio) gelehrt und die Gallier haben den Tod nicht gefürchtet.

Der germanisch- deutsche Hexenbegriff

beruht teilweise auf dem alten, volksmäßigen Zauber- und Gespensterglauben. Zudem ist die Hexe unter verschiedenen Namen bekannt. Weil sie angeblich aus Kräutern Getränke braut, heißt sie stria, striga oder streiga (verweist auf den römischen Einfluß). In einigen Volksrechten wird sie herbaria (Hereburgium) genannt. Die Cimbern werden, wenn sie in das Feld ziehen, von wahrsagenden Frauen begleitet. Das Blut der Gefangenen wird zu einem Opferkessel gebracht, aus dem sie weissagen. Dieser Kessel erinnert an die späteren Hexenkessel, wo dem Donar ein Bock geopfert wird[72]. Vor diesem Bock verneigt sich das Volk. Es ist denkbar, daß daraus später das Anbeten des Bockes auf den Hexensabbaten wird.

Der Name Hexe kommt ursprünglich nach Keisler[73] von dem Wort Haegse — eine weise Frau, her, und Haegse von Hygia bei Olaus Worm im Lexikon runico, das Weisheit bedeutet. Keisler sagt, dieses Wort wurde in Hexe verwandelt und bedeutet eine böse Frau, die einen Wahrsage- und Zaubergeist hat. Erst mit der Christianisierung wird daraus eine Art Gespenst.

Grimm leitet Hexe von Hägtese, altsächsisch, auch Hegese, englisch Hag und vom Beiwort hagr, künstlerisch dexter, ab. Die Hexe ist ein kluges verschmitztes Weib. Aber noch bis weit in das 17. Jhdt. hinein wird das Wort Unholde bevorzugt, was eigentlich Teufel(ei) aussagt. Häufig gilt Drut, Druide für gleich mit Hexe. Dies deutet auf einen plagenden und drückenden Nachtmar. Strix, striga, altfranzösisch estrie italienisch strega oder stregona = Zauberer. Ursprünglich ist die italienische Strix ein Zaubervogel.

Erst das bei den Germanen gewaltsam eingeführte Christentum führt zur Unterdrückung volkskundlicher Begriffe. Alte salische Gesetze sprechen von Zusammenkünften, vom Kochen der Hexen und den Hexenkesseln. Solche weissagenden Frauen sind zur Zeit der Ausbreitung des Christentums im nördlichen Europa tätig. Mit der Christianisierung werden heidnische Götter zu Dämonen gestempelt und mit negativen Eigenschaften belegt. Die weissagenden Frauen werden zu bösen Zauberinnen und zu Genossen der bösen Geister[74]. Clemens von Alexandrien (Stromat Lib. I.p. 99) sagt: »Es gebe bei den Deutschen sogenannte heilige Priesterinnen, die nach dem Lauf der Flüsse, aus der Beschaffenheit der Wellen usw. wahrsagen und das Zukünftige verkünden[75] **Aus diesen Vorstellungen stückelt sich der dubiose Begriff »Hexe« zusammen. Es ist auffallend, daß über Jahrhunderte in der entsprechenden Literatur das Wort Zauberer vorgezogen wird. Der Begriff Hexe muß als späte Entwicklung bezeichnet werden.**

Der Taigheirm (Katzenopfer)

Dieses Opfer stammt seinem Ursprung nach aus der ältesten heidnischen Zeit. Es scheint den unterirdischen Göttern geweiht gewesen zu sein, von denen man sich bei nächtlichen Zusammenkünften Gaben und Güter erfleht. Woher diese Katzenopfer kommen, ist ungewiß. Zu dem Opfer- und Beschwörungsakt des Taigheirms[76] (nach Horst: Deuteroskopie) waren schwarze Katzen erforderlich, die den unterirdischen, oder später den christlichen Göttern dargebracht werden. »Nachdem die Katzen geweiht worden waren und solchergestalt dadurch die ihnen zugefügte Schmach, ja der ihnen verursachte Schmerz übertragen war, wurde sofort eine davon gespießt und langsam am Feuer gebraten. Im Moment der letzten Todeszuckungen der ersten wird sogleich die nächste aufgespießt, denn es durfte keine Minute Stillstand geben, wenn es die Hölle bändigen sollte. Nach einiger Dauer des Opfers stellten sich die höllischen Geister in der Gestalt von schwarzen Katzen ein. Endlich erschien eine Katze von ungeheurer Größe mit fürchterlichen Drohungen. Wenn der Taigheirm vollendet war, forderten die Opferer den Lohn des Opfers von den Geistern, der in verschiedenen Dingen bestand«. **Man kommt nicht umhin, diese Zeremonie mit einigen Hexenprozeduren des Mittelalters zu vergleichen.**[77]

Nach Horst fand einer der letzten Taigheirm in den schottischen Hochlanden um die Mitte des 17. Jhts. auf der Insel Mull statt. Das Wort Taigheirm soll sowohl eine Waffenkammer bedeuten, als das Geschrei der Katzen, je nach der individuellen Aussprache.

Wahrsagepauke der Lappländer

»Die Lappländer verfügen über eine Wahrsagepauke. Sie nennen sie »Kannus« oder »Quobdas«. Sie hauen deren Boden im ganzen Stück aus einem dicken Baumstamm, dessen Fasern von unten nach oben mit dem Sonnenlauf in gleicher Richtung stehen. Die Pauke wird mit einem Tierfell bezogen und in ihre Boden werden Löcher geschnitten. Auf das Fell sind Bilder gemalt. Christus, das Zeichen der Sonne, Tiergestalten, Länder und Gewässer, Städte und Wege, kurz, allerlei Zeichen je nach dem verschiedenen Gebrauch. Auf der Pauke ist ein Zeiger befestigt, den sie Arpa nennen, und der aus einem Bündel metallener Ringe besteht. Der Schlägel ist meist aus Rentierhorn. Wollen sie verkünden, so knien sie nieder und der Wahrsager rührt die Pauke... rings um den Zeiger herum, entweder, bis dieser in diese oder jene Richtung zeigt oder bis er sich auf ein bestimmtes Zeichen festgesetzt hat, das ihnen zur gesuchten Antwort dient oder bis der Wahrsager in Ekstase fällt. Wenn er wieder das Bewußtsein erlangt, erzählt er seine Geschichte und beantwortet die ihm vorgelegten Fragen«.[78]

Die Wahrsagepauke ist zumindest eine interessante Paralelle zu späteren abergläubischen Formen des Sieb- oder Schlüssellaufens, das man weit bis ins 18. Jht. zum Auffinden der Hexen heranzieht.

Kirche, Ketzerei, Inquisition

Standort der Kirche

Sitten, religiöse Prostitution, Prostitution

Das einsetzende Christentum hat sich neben anderen Schwierigkeiten gegen die schlechten Sitten zu behaupten. Es steht fest, daß die ersten Apostel ihre Mission in der verdorbenen Welt damit beginnen, die Enthaltsamkeit und Keuschheit zu verkünden. »Das Werk des Reformators muß darin bestehen, die moralischen Werte zu erneuern und der Menschheit die Achtung vor sich selbst zu geben. Es bedurfte nicht weniger als drei Jahrhunderte des Kampfes, der Predigt und des vorbildlichen Lebenswandels, um die unreinen Tempel der Isis, Ceres, Venus und Flora zu zerstören«.[1] Die Kirchenväter wollen sich über den Leib erheben, um sich leichter der Seelen zu bemächtigen.[2] In den Kirchen sind die beiden Geschlechter getrennt und können sich nicht sehen. **Die Predigten gegen die Gelüste des Fleisches sind ein permanentes Thema. Sie halten sich über viele Jahrhunderte und tragen zur Zuspitzung des Hexentreibens auf das weibliche Geschlecht bei.** Es ist insofern ein Widerspruch, weil feststeht, daß bis heute die Kirche an dieser Aufgabe gescheitert ist und daß sie sich über Jahrhunderte im tiefsten moralischen Schmutz gewälzt hat. So geht die religiöse Prostitution weit zurück.

Der heil. Chrysostomus schreibt an Innozenz I. »...daß die Frauen bei der Taufe nackt sind und daß sich bei der Messe die Anwesenden auf den Mund küssen... während der Prozessionen tragen die verschleierten Jungfrauen Amulette und Idole«; das sind Anklänge an vorausgegangene Religionsformen.

Die Lehren des Christentums bringen innerhalb der bestehenden Magie eine Umwälzung mit sich. Christus wird die Macht zugeschrieben, stärker als die Dämonen zu sein und sie vertreiben zu können, z.B. aus der Dirne Maria Magdalena, aus der Christus sieben Dämonen getrieben haben soll. »... Magdalena wurde von Stund an ein heiliges Weib, eine würdige, reuige Sünderin. Sie folgte ihrem göttlichen Erlöser bis nach Golgatha (Schädelstätte)... ihr erscheint Christus zuerst«. Sie wird später zum Rang einer Heiligen erhoben... selbst wenn sie sich während des Mittelalters als Schutzheilige der Dirnen nicht sehr geehrt fühlen kann».[3]

Im Zeichen der Zeit ist das frühe Christentum nichts anderes, als ein verdorbenes Judentum und für andere »...eine fluchwürdige Ausschweifung der Gottlosigkeit und der Zuchtlosigkeit«. Bereits Athenagoras widerlegt im Jahr 170 weitverbreitete Verleumdungen

*Banner der Inquisition. Der heil. Domenikus steht inmitten einer Wolke. Er hält ein Schwert und einen blühenden Zweig in den Händen. Der vor ihm springende Hund symbolisiert sein Wirken auf der Erde durch eine Traumdeutung. Die Dominikaner sind **nicht** die Begründer der Inquisitionstribunale.*

gegen Christen: ...wenn wir zum Versöhnungskuß schreiten, so geschieht das mit großer Zurückhaltung, wie bei einem religiösen Akt, denn wenn er durch einen unreinen Gedanken entweiht würde, so würde er uns des ewigen Lebens berauben... Jeder von uns, der ein Weib nimmt, tut es nur in der Absicht, Kinder zu erzeugen. Er ist wie ein Landmann, der der Erde sein Saatkorn anvertraut und dann geduldig auf die Ernte wartet«.[4]

Wüten gegen christliche Jungfrauen, Geschlechtsvorstellungen im jenseitigen Leben, Bußvorstellungen

Origenes bezeichnet die Existenz des weiblichen Geschlechtes im jenseitigen Leben als unnütz und gefährlich. Er will, daß nur das männliche Geschlecht von den Toten aufersteht. Andere Kirchenväter gehen davon aus, um die Enthaltsamkeit der Seelen sicherzustelle, daß die Auferstandenen keinen Geschlechtscharakter tragen, während die Verdammten ihr Geschlecht mit allen Leidenschaften behalten. Die Mehrzahl der Experten stützt sich auf die Apokalypse, wonach die Seligen im Himmel verheiratet sind,

Kinder erzeugen und an allen körperlichen Genüssen teilhaben. Dafür sprechen sich Tertullian, Lactanz, Gregorius und Methodicus aus. Der heil. Augustin sagt über diesen Punkt: »Gott wird alles von den Auferstandenen fortnehmen was lasterhaft ist, aber ihr Geschlecht wird er bestehen lassen, weil er nichts Übles sein lassen kann, sintemal Gott selbst sein Schöpfer ist«.[5]

Der heil. Gregorianus will für einen einfachen Fehltritt eine Buße von neun Jahren festschreiben, der heil. Basilius vier Jahre. Für Ehebruch, Blutschande und Sodomie fordert er eine Buße von 15 Jahren, für Polygamie vier Jahre. Ein Mädchen, das sich mit Zustimmung seiner Eltern oder Herren Anderen hingegeben hat, soll eine Bußzeit von drei Jahren durchmachen. **Wenn sich ein Priester einen Fehltritt zuschulden kommen läßt, muß er sein Amt niederlegen und an der Abtötung seines Fleisches arbeiten«.**[6]

Die Kirchenväter sind teilweise der Auffassung, daß ein besonderer Dämon existiert, der die Menschen zum fleischlichen Genuß reizt. St. Cyprian schreibt als Augenzeuge um 320: »...es gibt keine Frömmigkeit mehr unter den Christen, keine Disziplin in ihren Sitten, die Männer kämmen sich den Bart, die Weiber pudern ihr Gesicht. So sehr verunstaltet man das Ebenbild Gottes, daß man sich sogar die Haare färbt... man verheiratet sich mit Ungläubigen und die Prostitution ist im Gange«.[7]

Gegen die christlichen Jungfrauen wird gewütet. Suetonius sagt, daß der Henker die Jungfrauen zuerst zu vergewaltigen und dann zu erdrosseln hat, weil eine alte Vorschrift die Hinrichtung von Jungfrauen untersagt.[8] Bekannt ist, daß man verurteilte Christinnen zur Prostitution zwingt. Dazu gehören auch die sieben Jungfrauen von Ancyra, die zwischen 70 und 80 Jahren alt gewesen sind. Wegen ihrer christlichen Religion werden sie im 4. Jht. zur Prostitution verurteilt.

Die ersten Apostel folgen mit ihrer Einstellung der bekannten mosaischen Vorstellung, wenn sie den Christen die fleischliche Enthaltsamkeit und die Reinheit der Sitten nahelegen. Erst mit der Bildung der ersten Sekten werden die Probleme im Zusammenhang mit der Sexualität schwerwiegender, z.B. bei den Agapen, den gemeinsamen Liebesmahlen, die die Christen begehen und die Anderen Anlaß zu scharfer Kritik geben.

Maria die Ägypterin, Thais, heil. Pelagia

Die Heiligenlegenden bieten Beispiele von Kurtisanen, die ihr Heil in einer Änderung ihres seitherigen Lebens suchen. Dazu gehört nicht nur Maria Magdalena, sondern auch Maria die Ägypterin. Der Jesui-

tenpater Theophil Raynaud hat darüber eine besondere Martyrologie verfaßt. Das Vorbild dieser Heiligen ist Maria die Ägypterin, die unter Kaiser Claudius lebt und sich zur Bekehrung in der Wüste verborgen hat. Sie berichtet dem Abt Zosimus, der sie nackt und sonnenverbrannt in der Wüste findet: »Ich bin in Ägypten geboren, in meinem zwölften Jahr kam ich nach Alexandrien, wo ich siebzehn Jahre in einem öffentlichen Hause war. Als Leute aus dieser Gegend eine Reise nach Jerusalem antreten wollen, um dort die Religion des Kreuzes anzubeten, bat ich die Seeleute, mich mitzunehmen. Als sie mich fragten, welchen Preis ich für die Überfahrt zu zahlen bereit sei, sprach ich zu ihnen: »Brüder, ich habe nichts was ich euch geben könnte, außer meiner Gunst, mit der ich die Reise bezahlen will«. Als wir zusammen in Jerusalem ankamen und ich mich mit anderen an die Pforte der Kirche begab, da fühlte ich mich plötzlich durch eine unsichtbare Hand zurückgestoßen; ich kehrte mehreremale an die Pforte zurück, um immer wieder von Neuem zurückgewiesen zu werden, während die anderen ohne Schwierigkeiten eintraten. Da überdachte ich mein vergangenes Leben und ward inne, daß meine zahllosen Sünden wohl die Ursache der Zurückweisung waren. Ich begann Reue zu empfinden und meinen Körper mit den Händen zu kasteien. Daraufhin legte ich das Keuschheitsgelübde ab, ließ mich taufen und floh in die Wüste, wo ich 47 Jahre einsam lebte![9]

Thais lebt in einer ägyptischen Stadt. Ihre Schönheit ist so groß, daß viele ihrer Liebhaber ihren gesamten Besitz verkaufen, um ihre Gunst zu erringen. Der Abt Paphnutius faßt den Vorsatz, sie zu bekehren. Sie rafft alles, was sie in ihrem bisherigen Leben erworben hat, ihre kostbaren Gewänder, ihren reichen Schmuck und ihre herrlichen Möbel zusammen und errichtet auf dem Marktplatz einen Scheiterhaufen. »...kommt alle herbei, die ihr mit mir gesündigt habt und seht alles verbrennen, was ich von euch empfangen habe«. Als alles verbrannt ist, eilt sie zu Paphnutius, der sie in ein Frauenkloster führt und in eine kleine Zelle schließt. Die Tür wird versiegelt und nur ein kleines Fensterchen bleibt offen. Diese Buße dauert drei Jahre. Thais überlebt diese Tortur um drei Tage »... und stirbt dann im Frieden wie eine Jungfrau«.[10]

Die heil. Pelagia ist eine ehemalige Schauspielerin. In ihrer Heiligengeschichte heißt es:...ihr sei eines Tages ein Einsiedler erschienen und habe ihn gebeten, sie aus ihrem seitherigen Leben zu retten. Er sei mit ihr an der Hand zu einer einsamen Kirche gegangen, dort hätten sie ein neugeborenes Kind gefunden, das sie wie ihr eigenes angenommen haben. Als daraufhin das Gerücht entsteht, es handle sich um das Kind des Einsiedlers und der Kurtisane, habe er zum Beweis seiner Unschuld glühende Kohlen in sein Gewand getragen. Die heil. Pelagia stirbt während der Christenverfolgungen des Licinius um 308. Sie stürzt sich von einem Dach herunter, um sich vor den Verfolgungen der römischen Soldaten zu retten. In der gleichen Verfolgungswelle erleidet die heil. Afra den Feuertod.

Briccius, der Nachfolger des Bischofs Martin von Tour, soll folgendes erlebt haben: »dessen Wäscherin wird schwanger... das Volk schiebt die Schuld auf ihn und will ihn steinigen. Da beschwört er das vier Wochen alte Kind im Namen Christi zu erklären, ob er es erzeugt hat und das Kind antwortet: »Du bist nicht mein Vater«. Das Volk aber, welches das Wunder magischen Künsten zuschreibt, verjagt den Priester«.

Frühchristliche Sektenbewegungen

Die ersten Sekten gehen bis auf die Zeit der Apostel zurück. Es lassen sich zwei Hauptlinien verfolgen, eine mit dem Ziel der fleischlichen Enthaltsamkeit und die der Promiskuität.[11] Schon der zweite Brief Petri, den christliche Chronologen in das Jahr 65 setzen, beschäftigt sich mit diesen Fragen. Es ist die Sekte der Nikolaiten, die für die Abwerfung jeglicher geschlechtlicher Scham eintreten. Später greifen sie die ofizielle Lehre (sofern man schon davon sprechen kann) der Kirche an und behaupten, daß ihre Ausschweifungen gut und heilig sind. Später vereinigen sie sich mit den Gnostikern und bilden unter dem Namen der Phibioniten eine neue Sekte, die der Strationiker, Levitiker und Barbariten. Ihre Lehren werden im 4. Jht. von Epiphanias beschrieben und laufen auf die Befriedigung der sinnlichen Lust und die Rückkehr der Naturinstinkte hinaus.

Die Karpokratianer und Valensianer verkünden zu Beginn des 2. Jhts. die Lehre der Weibergemeinschaft und der Promiskuität. Karpokrates hat in Alexandria studiert und ist ein Schüler von Epikur. Er wandelt zudem die christliche Lehre zu einer Art epikuräischer Philosophie um. Die Lehre des Karpokrates wird von seinem Sohn Epiphanes vervollständigt und systematisiert. Die Karpokratianer und Epiphanier ergehen sich in verschiedenen Ausschweifungen: »...sie essen und trinken mit wenig Maas, und wenn das Mahl beendet und der Segen gesprochen ist, ruft der König des Festes dreimal: »Fort mit den Lichtern und den Uneingeweihten«. Darauf löscht man die Fackeln und gibt sich in der Dunkelheit allen erdenklichen Ausschweifungen hin«.[12] Auch die Manichäer halten die Prostitution für wünschenswert und für einen heiligen Akt.[13] Maimburg sagt in seiner Geschichte des heil. Leo: »Da sie glauben, daß der Geist vom guten Prinzip herrührt, das Fleisch und der Körper aber vom bösen, so lehren sie, daß man ihn hassen, erniedrigen und in allen Formen entehren muß«.

Adamiten, Kanaiten

Die Sekte der Adamiten findet im 2. Jht. viele Anhänger unter den Christen. Sie führen ihre Lehre auf den ersten Mensch zurück, um einer Verwechslung mit den Kanaiten zu entgehen. Der Gründer ihrer Sekte ist Prodikus, ein ehemaliger Karpokratianer. Er billigt nicht die Geheimnistuerei, mit der noch Karpokrates den Geschlechtsverkehr umhüllt hat. Der Ursprung der Adamiten geht auf die Gelage unter den Agapen zurück. Prodokius lehrt, die Seelen seien nicht in den Körper geschickt worden, um bestraft zu werden, sondern um alle Arten von Vergnügungen zu genießen, die Engel und die guten Geister zu ehren, die die Welt geschaffen haben. Prodokius lebt etwa um 120. Nach ihm führen die Adamiten geschlechtliche Zurückhaltung und ein keusches Leben ein. Epiphanes schreibt, daß sich die Adamiten nackt versammeln und ihre Übungen praktizieren«. Die Sekte der Adamiten läßt sich bis weit in das 16. Jht. hinein verfolgen, es ist eine prosexuelle Bewegung.

Die Kanaiten beabsichtigen mit ihrer Lehre eine Rehabilitation des Bösen und einen Triumpf der Materie über den Geist. Sie verzichten auf die Auslegung der heiligen Bücher und verehren Kain und den Juden Ischarioth. Von ihren Büchern ist nichts erhalten geblieben. Bedauernswert ist der Verlust der »Himmelfahrt«, eine Art Apokalypse des Apostels Paulus.

Enkraiten, Marcioniten, Valentianer

Während die vorgenannten Sekten für eine freie Sexualität plädieren, folgen diese der Vorstellung der geschlechtlichen Enthaltsamkeit. Die Sekte der Enkraiten, Marcioniten und der Valentianer sind in die Mitte des 2. Jhts. zu datieren. Sie fallen durch ihr strenges Keuschheitsgelübde auf. Der Gründer der marcionitischen Sekte ist Marcion, ein Sohn des Bischofs in Paphlagonien, der ursprünglich einen lockeren Lebenswandel vertritt. Nachdem er ein Mädchen verführt hat, verbindet er sich mit einer Frau, die ihm zur Seite steht. Er läßt bei den Christen nur vollständige Enthaltsamkeit zu und tauft nur die, die das Gelübde der geschlechtlichen und geistigen Reinheit ablegen. Diese Bewegung macht so große Fortschritte, daß Konstantin d. G. 326 ein Edikt gegen sie erläßt. Fast hundert Jahre später bekehrt Theodoret, der Bischof von Tyrus, mehr als 10.000 ihrer Anhänger.[14]

Die Valentianer vermeiden alle Anreize zur Sinneslust und töten ihren Körper durch Fasten und eine strenge Lebensweise ab, um sich ihren philosophischen Spekulationen hingeben zu können. Ihr Gründer ist der Araber Valesius, der behauptet, daß die wahre Keuschheit nur in einem verstümmelten Körper bestehen kann. Die Anhänger der Sekte verstümmeln sich und andere. Sie haben ihren Sitz vornehmlich in Judäa.

Die Sarabiten sind eine Sekte von herumstreichenden Brüdern. Der heil. Hieronymus nennt sie Remoboth und die Geschichtsschreiber des 5. Jhts. nennen sie Gyrovagen. Sie führen ihren Ursprung auf den Juden Ananias zurück, den Petrus für seine Lügenhaftigkeit mitsamt seiner jungen Frau Saphira zum Tod verurteilt hat. Hieronymus berichtet 384 an Euchstachius, daß die Sarabiten an den Festtagen Ausschweifungen ergeben sind und ansonsten den Jungfrauen nachstellen«![15]

Konziliare Anmerkungen zur Prostitution

Die Prostitution ist für die Kirche zunächst eine gewöhnlich Sünde, die durch Bußübungen und kirchliche Gnaden aus der Welt geschafft werden kann. Es ist den Beichtvätern überlassen, die Buße nach der Lage der Dinge festzusetzen und dann die Absolution zu erteilen. die Bußen sind öffentlich, wie die Sünde. Hieronymus gibt in einem Brief an Fabriola eine geschäftsmäßige Definition der Prostitution, wie bereits vor ihm der Rechtsgelehrte Ulpian: »Die Kurtisane ist ein Weib, daß sich den Lüsten mehrerer Männer hingibt«.[16] Bereits in den apostolischen Konstitutionen, die dem 67 erwähnten Papst Clemens zugeschrieben werden, findet man Verhaltensmaßregeln für die christlichen Jungfrauen, die sie einhalten müssen, um sich von den Heidinnen zu unterscheiden:[17]

● Vermeidung der Toilette in der Öffentlichkeit
● Haare nicht künstlich aufstecken
● Sich nicht mit Pomaden salben
● keine besonders kostbare Kleidung tragen
● keine hohen Schuhe und goldene Ringe tragen
● Beim Baden Zurückhaltung üben
● Auf der Straße verschleiert gehen
● keine obszönen Worte gebrauchen
● keine lüsternen Blicke um sich werfen
● sich nicht dem Weine zu ergeben (...denn davon rühre der Ehebruch und die Prostitution her)

Außerdem beschäftigen sich verschiedene konziliare Beschlüsse mit der Prostitution. Auf dem Konzil von Elvira (Roussilon) werden einige diesbezügliche Dinge erörtert:

● Mutter, Verwandte und andere sind von der Kommunion ausgeschlossen, wenn sie ihre Töchter zur Prostitution verleitet haben (12.Artikel)
● Ein Bischof oder ein Geistlicher darf seine Schwester oder Tochter bei sich haben, vorausgesetzt, sie ist eine Jungfrau, nicht aber eine fremde Frau. (27.Artikel)
● Frauen werden wegen Abtreibung der Leibesfrucht mit dauernder Exkommunikation belegt (63.Artikel)
● Ebenso Frauen, die bis zu ihrem Tod in einem ehebrecherischen Verhältnis leben (Artikel 64)

Auf dem Konzil von Nicäa (325) wird erwähnt, daß derjenige, der im Fall einer Krankheit durch den Arzt oder auf gewaltsame Weise durch Barbaren oder Ketzer zum Eunuchen gemacht wird, im Stande eines Priesters bleiben darf«. Die Frauen sind nicht besonders gut angesehen.

In Poenitial von Fleury werden Strafen vermerkt: »... wenn ein Mann ungewaschen aus dem Ehebett in die Kirche geht« und das Poenitial von Angers bemerkt Strafen für diejenigen, die nicht an Sonntagen, hohen Feiertagen, drei Tage vor der Kommunion und vier Wochen vor Ostern und Weihnachten Enthaltsamkeit üben«.

Beurteilung der Frau

Hier setzt der Trend ein, die Frauen als schlecht und böse, als Verführerin der Lust zu bezeichnen. **Diese Entwicklung trägt dazu bei, einen Frauenhaß heraufzubeschwören, der sich über Jahrhunderte erhalten hat und in einigen Kreisen bis heute stabil geblieben ist.** Dazu Beispiele aus der frühen Kirchengeschichte:

● »Das Weib ist die Pforte zur Hölle, der Weg zur Unzucht, der Stachel des Skorpions, ein unnützlich Geschlecht«.[18]
● »Es ist kein Kopf so listig, als der Schlangenkopf und es ist kein Zorn so bitter als der Frauen Zorn. Ich wollte lieber bei Löwen und Drachen wohnen, denn bei einem bösen Weib. Wenn sie böse wird, so verstellt sie ihre Gebärde, und wird so scheußlich wie ein Sack. Alle Bosheit ist gering gegen der Weiber Bosheit; es geschehe ihr was den Gottlosen geschieht. Die Sünde kommt her von einem Weibe, und um deretwillen müssen wir alle sterben«.[19]
● »Was ist ein Weib, als eine Feindin der Freundschaft, eine nicht zu vermeidende Strafe, ein notwendiges Übel, eine natürliche Versuchung, ersehntes Elend, häusliche Gefahr, vergnüglicher Untergang, die Natur des Bösen mit der Farbe des Guten betüncht; und wenn es eine Sünde ist, ein Weib zu entlassen, so ist es eine Pein, es zu behalten«.
● »Nach Cato von Utica würde ein göttliches Leben sein, wenn die Welt ohne Weiber bestehen könnte«.[20]

Ich kann hier nicht auf die näheren Zusammenhänge eingehen, sondern verweise auf mein Buch: »Zölibat und Sexualität«. Auf dem Konzil von Mailand unter dem Episkopat des Karl Borromäus wird festgelegt: »Damit die Prostituierten von den ehrbaren Frauen sofort zu unterscheiden sind, sollen die Bischöfe darüber wachen, daß sie beim öffentlichen Auftreten mit einem besonderen Gewand, das ihren schimpflichen Stand kennzeichnet, bekleidet sind. die polizeiliche Maßregel zur Durchführung wird den Fürsten und Magistraten übertragen. Die Behörden sollen den

Frauen dieser Art den Gebrauch kostbarer Steine, goldener und silberner Schmucksachen und das Tragen seidener Kleider untersagen. **Hier haben wir ein frühes und friedliches Beispiel der Zusammenarbeit zwischen Kirche und Staat.**

Der Kuppler Lenogesimus

In den Listen der Heiligen findet man den Namen Lenogesimus: er deutet darauf hin, daß er in zwei Bestandteile, leno und gesimus zerfällt, von dem der erste das Gewerbe, der zweite den Namen des Mannes bezeichnet. »Lenogesimus, der in der Zeit Clothars II. (619) lebt, lockt eine Jungfrau mit Namen Agneflede in seine Zelle und veranlaßt sie, den Schleier zu nehmen; von da an leben sie zusammen. Clothar fordert die beiden vor Gericht und wird durch ein Wunder von ihrer Bestrafung abgehalten. Als Lenogesimus in Abwesenheit des Königs in den Palasthof kommt, beklagt er sich über eine große Kälte; er bittet um etwas Feuer... aber Agneflede hatte nichts, worin sie das Feuer tragen konnte: auf seinen boshaften Rat, sie möge doch ihren Mantel dazu nehmen, trägt sie in der Tat die glühenden Kohlen fort, ohne sich oder ihr Gewand zu verletzen«.[21]

Der Sittenverfall am päpstlichen Hof und bei den Priestern

Im 10. Jht. ist eine Frau die Beherrscherin des Papstes, und zwar Theodora, die Frau des Konsuls Theophylactius. Ihre Tochter Marozia ist die Maitresse von Sergius III. (904—911), von dem sie einen Sohn bekommt, der später als zwanzigjähriger als Johann XI. (931—932) den Stuhl Petri einnimmt. Sein Namensvorgänger, Johann X. (914—928) ist schon als junger Geistlicher ein Liebhaber von Theodora, die zudem seine Erhebung zum Papst erwirkt. Als er Marozia unbequem wir, läßt sie ihn auf der Engelsburg erwürgen. Johann XII. (955—964) kommt mit 18 Jahren zur päpstlichen Würde, »...er lebte mit Weibern aus allen Ständen und im Lateran erscholl der Jubel eines Bordells, beim Würfelspiel freche Schwüre bei Jupiter, Venus und den Geistern der Hölle«.[22]

Kaiser Otto der Große, der sich von ihm krönen läßt, läßt ihn nach einer Kirchenversammlung aus der Kirche stoßen und klagt ihn wegen Mord, Meineid und Unzucht an. Noch schlimmer wütet Benedikt IX. der fast als ein Kind zur Würde eines Papstes gelangt. (1033—1056). Sein Leben ist voll Mord und Unzucht, so daß es selbst den Römern unerträglich scheint. Dr. Hügel teilt mit, daß in Rom durch eine Bulle des Papstes Benedikt IX. von 1033 in der Nähe der Kirche des heil. Nikolaus ein Bordell eingerichtet worden ist.

Abt Heinrich von Clairveaux schreibt 1177 an Papst Alexander: »Das alte Sodom ist wieder aus der Asche auferstanden«. Graber sagt in seiner Chronik: »wohin man auch schaut... überall sieht man, daß in der Kirche wie im Leben eine völlige Verachtung des Rechts und der Gesetze herrscht, man läßt sich von den Leidenschaften treiben«. Orderic sagt in seiner Kirchengeschichte: »...daß sich die Generation um das Jahr 1100 Ausschweifungen hingegeben haben, die bis dahin unerhört gewesen sind«.[23]

Simonie, Nepotismus

Die Grade der Hierarchie sind von Simonisten unterwandert. »...die Pfarrstellen vom untersten Pfarrpriester bis zum höchsten Prälat sind mit weltlichen, selbstsüchtigen und zügellosen Männern besetzt...«. Innozenz III. erklärt, daß die Kirche an Simonie krank sei, die weder durch beschwichtigende Mittel noch durch Feuer geheilt werden kann«. Das Konzil von Rouen (1050), klagt über die verderbliche Gewohnheit ehrgeiziger Männer, auf nur jede erdenkliche Weise Reichtümer anzuhäufen, um dadurch die Gunst der Fürsten und seiner Höflinge zur Erlangung von Bistümern zu gewinnen«. Neben der Simonie blüht der Nepotismus. Einzelne mahnende Stimmen werden vom Zeitgeist übergangen. »In jenen gewalttätigen Zeiten haben die Sanften und Bescheidenen wenig Aussicht; die Preise blühen den Intriganten und den Schacherern«.[24] Im Volksmund geht die Meinung um: »...kein Bischof könne in den Himmel kommen«. Das einzige Tribunal, vor das der entsittlichte Geistliche gezogen werden kann ist Rom... dort wird den Priestern das sündhafte Leben vorgemacht und vor allem: wer würde es wagen, sich hier zu rechtfertigen: Rom und der päpstliche Stuhl streben den Höhepunkt ihrer Macht an. »Durch eine zentralisierte Verfassung innerhalb der hierarchischen Rangstufen spielt sie sich zur Herrin der Christenheit auf. Sie führt die Ohrenbeichte ein. Der einzelne Priester differenziert sich vom Volk. Seine Person und seine Besitztümer sind unverletzlich. Das kanonische Gesetz der Ehelosigkeit trennt ihn vom Volk. »...ihn ziehen keine Familiensorgen ab und ihn halten keine familiären Bande. Sein Vaterland ist die Kirche, ihre Interessen sind auch seine. Die Tätigkeit im Weinberg Christi bedeutet soziale und rechtliche Absicherung. Aber diese »Herrschaft« wird unter erheblichen Opfern erreicht: die Macht der Kirche stützt sich auf ihre Verderblichkeit: die Seligkeit wird versprochen, Seelen— und Höllenstrafen werden angedroht, **die Macht wird durch Unterdrückung, Verfolgung und Mord erreicht. Die Verfolgung Unschuldiger und Andersdenkender wird zum einträglichen Geschäft, während man sich in Rom allen erdenklichen Lastern hingibt.**

Gerhard von Rougemont, Matthäus von Lothringen

So wird 1198 der Erzbischof von Besancon, Gerhard von Rougemont, von seinem Kapitel des Meineids, der Simonie und der Blutschande bezichtigt und nach Rom zitiert. Die Ankläger wagen nicht, ihre Anschuldigungen aufrecht zu erhalten. Innozenz entläßt den Angeklagten. Er wird daraufhin zum Gespött seiner Diözese. Er lebt mit einer Verwandten, der Äbtissin von Remiremont in Blutschande und mit anderen Frauen im Konkubinat, von denen eine eine Nonne, die andere die Tochter eines Priesters ist.

Matthäus von Lothringen, der Bischof von Toul führt einen ähnlich sittsamen Lebenswandel. Er wird 1200 konsekriert, gibt sich aber der Jagd und den Ausschweifungen hin. Eine Lieblingskonkubine ist seine Tochter, die er mit einer Nonne aus Epinal gezeugt hat. Trotz seiner Schandtaten behält er das einträgliche Amt eines Großprobstes von St. Die. Außerdem läßt er 1217 seinen Nachfolger, Renaud von Senlis, ermorden. Auch Päpste können hier zitiert werden. Clemens V. reist nach Bordeaux und plündert die am Weg liegenden Kirchen dermaßen, daß der Erzbischof Aegidius von Bourges auf milde Gaben seines Domherren angewiesen ist.

Kritik an diesem Verhalten, Cullagium

Dieses Verhalten bleibt weder unerkannt noch ungetadelt. Robert Grosseteste erklärt vor Innozenz IV. und seinen Kardinälen: »...die Kurie ist eine Quelle aller Gemeinheit, das das Priestertum zu einem Gegenstand des Spottes und zu einer Schande für die ganze Christenheit macht«.[25] Nach Peter Cantor sind die Bischöfe nicht Seelen- sondern Geldfischer, die mit 1000 Betrügereien die Taschen der Armen leeren. Viele Kleriker ziehen aus der Unsittlichkeit Gewinn, indem sie nach Bezahlung eines »cullagiums« den Priestern erlauben, ihre Konkubine(n) zu behalten.

So wird die geistliche Gerichtsbarkeit eine Quelle der Gewinnsucht und der Heuchelei zu Lasten der Untergeordneten, vor allem aber auf Kosten der Bevölkerung. Bischöfliche Gerichtshöfe werden verkauft und gleichzeitig entstehen prächtige Abteien und mit ihnen der Luxus einzelner Kirchenfürsten. Die eigentliche Aufgabe der Kirche rückt in Vergessenheit »...denn die unruhigen und kriegerischen Prälaten sind viel zu sehr in ihre weltlichen Sorgen vertieft, als ihren Sinn auf eine Angelegenheit zu richten, für die sie am wenigsten brauchbar sind«.[26]

Der Troubadour und Inquisitor Izarn erklärt «...die Ketzerei hätte sich niemals ausbreiten können, wenn es gute Prediger gegeben hätte, die imstande gewesen wären, sich ihr zu widersetzen... wenn nicht die Dominikaner aufgetreten wären«.[27]

Potho von Prüm, Heinrich von Albano

1152 klagt der Benediktiner Potho von Prüm: »... die Kirche eilt ihrem Untergang entgegen, und keine Hand rührt sich, ihren Fall aufzuhalten; es gibt keinen einzigen Priester, der würdig ist, sich zum Mittler zwischen Gott und den Menschen zu machen und sich dem göttlichen Throne mit dem Ruf nach Gnade zu nahen«. Der päpstliche Legat, Kardinal Heinrich von Albano, drückt sich 1188 in einem Rundschreiben an die deutschen Prälaten folgendermaßen aus: »...der Sieg des Fürsten der Finsternis steht bevor... infolge der Verderbtheit seines Klerus, seines Luxus, seiner Hetz- und Falkenjagden, seines Spieles, seines Handelns, seiner Streitigkeiten und vor allem infolge seiner Unenthaltsamkeit, so daß der Zorn Gottes im höchsten Grade erregt ist und die schlimmsten Ärgernisse zwischen dem Volk und dem Klerus hervorgerufen werden.

Ketzerei, Glaubens- und Gewissenszwang

Toleranzgedanken

In den ersten Jahrhunderten unserer Zeitrechnung ist das Christentum noch intakt. Eusebius erwähnt die Toleranz gegenüber den Christen[28] und preist die Freiheit, deren sich das Christentum »bei Griechen und Barbaren« erfreut. Eusebius rühmt die Duldsamkeit der Heiden gegenüber den Christen. Es steht fest, daß in der Epoche der Christenverfolgungen Heiden einzelne Christen bei sich aufgenommen und geschützt haben. Religionsgeschichtlich betrachtet, liegen zwei diametrale Strömungen vor: die monotheitische Idee des Judentums, die mit einem Religions— und dadurch einem Gewissenszwang verbunden ist (»Der Jude ist ein Sklave des Gesetzes«)[29] und der polytheistischen Idee der heidnischen Glaubensvorstellungen. Die ersten christlichen Gemeinden genießen keine Vorzugsstellung.

Gegen Ende des 2.Jhts. brechen während der Thronstreitigkeiten zwischen Niger, Albinus und Severus Christenverfolgungen aus. In dieser Zeit verfaßt Tertullian eine Schutzschrift, in der er für die Christen die Religionsfreiheit in Anspruch nimmt und den zur Gottesverehrung ausgeübten Zwang als Irreligiosität bezeichnet, weil dieser Vorstellung der Gedanke zugrunde liegt, als ob eine erzwungene Verehrung wünschenswert ist.[30] Tertullian betont, daß es jedem Menschen freisteht, den Gegenstand seiner Verehrung zu wählen »...anderen dürfe daraus weder Nutzen noch Schaden entstehen«. »**Wird Religion aus Zwang ausgeübt, so ist das, was daraus entsteht, keine Religion mehr.** Welchen Dienst also erweiset ihr euren Göttern, wenn ihr Zwang anwendet, damit wir ihnen Opfer bringen«.[31]

Auch Lactanius, der Lehrer des kaiserlichen Prinzen Crispus, sagt: »Wozu dient Druck und Zwang? Es handelt sich um Religion und diese kann nicht erzwungen werden. Nicht Hiebe, die nur Furcht einjagen, sondern Worte der Liebe, die überzeugen, sind anzuwenden«.[32]

»Blutgier und Frömmigkeit sind verschiedene Dinge... vergeblich ist es, Wahrheit, Gerechtigkeit und Grausamkeit miteinander zu verkuppeln. Wohl muß man die Religion verteidigen, aber sie wird nicht dadurch gerechtfertigt, indem man deren Widersacher umbringt, sondern daß man für sie als Blutzeuge in den Tod geht, sie wird nicht mit Grausamkeit verteidigt, sondern durch Leiden, nicht durch Frevel, sondern durch Glaubenstreue... **willst du mit Blutvergießen, mit Folterwerkzeugen die Religion verteidigen so wirst du sie besudeln, aber nicht verteidigen. Gibt es etwas dem Freien Ermessen Anheimgehendes, dann ist es die Religion**«.[33]

Athanasius (326—373) der 46 Jahre den ägyptischen Metropolitanstuhl einnimmt, sagt: »**Nicht mit Säbeln und Keulen, sondern durch Lehre und Ermahnung wird die Wahrheit gepredigt**«. Eigentümlichkeit der Religion ist es, den Zwang zu verschmähen und auf Überzeugung zu bauen. **Gott übt keinen Zwang, sondern läßt dem Willen seine Freiheit. Zwang in Religionssachen ist unchristlich.**[34]

Einsetzen des Gewissensdruckes

Die anfangs geübte Toleranz ändert sich mit Cyprianus, dem Bischof von Karthago. Er stellt in seinen Schriften als richtig hin: »daß sich der Mensch nur so lange des Wohlgefallens der Gottheit trösten kann, als er sich des Wohlwollens seines Bischofs erfreut... wenn aber der Bischof den Bannspruch über ihn gesprochen hat, so wird er dem höllischen Feuer verfallen«.

Der heil. Augustin verfaßt die Abhandlung »Epistolae ad Vicentium« und setzt sich gegen die seitherige humane Auffassung ein. Er ist damit der erste Kirchenschriftsteller, der aktiv den Gewissens— und Glaubensdruck auf die Christen legt, wenngleich er später in einem Brief an seinen Jugendfreund Vicentius erklärt: » Meine anfängliche Meinung war es nicht, das irgend Jemand durch Zwang dem Christentum zuzuführen ist; meiner Ansicht nach aber sollte über Lehre, vernünftige Vorstellung und Beweisführung nicht hinausgegangen werden, um verstellten Übertritten vorzubeugen«. In der Praxis und

wegen der Augustin zugemessenen Bedeutung als Kirchenvater, sieht das anders aus, denn er verficht folgende Thesen:

- »Wer kann gütiger sein als Gott? Und doch läßt er sich nicht bloß belehren, sondern flößt auch Schrecken ein. Zwang hat Christus bei Paulus angewendet; er warf ihn um, machte ihn blind und gab ihm sein Augenlicht wieder, als er sich der Kirche einverleiben ließ...Du siehst also, **Zwang ist nicht immer zu verwerfen; es kommt alles darauf an, wozu man gezwungen wird, zum Guten oder Schlechten**«!

- »Eine große Barmherzigkeit ist es, sie von der Partei, bei der sie durch dämonisches Blendwerk festgehalten werden, wider ihren Willen abzubringen, damit sie in der katholischen Lehre einen gesunden Unterricht erhalte«.

- »Besser ist es jedenfalls, die Menschen durch (die) Lehre zur Religiosität (ad colendum Deum) anzuleiten, als durch Androhung von Strafen, sie dazu zu zwingen; aber **darum ist der Zwang nicht zu verwerfen... andere können nur durch Furcht gebessert werden.**

Außerdem haben wir bei Augustin die Notiz einer früheren Inquisition: »...einige Circumcellionen haben mehrere katholische Priester ermordet, und einem ein Auge ausgestochen und einem anderen einen Finger abgeschnitten... waren aber geständig«. Augustin plädiert: »...obgleich sollen diese Bösewichter nicht am Leben gestraft werden«.[35]

Weg der Gewalt, Anfänge der Ketzerei

Auf dem Konzil von Nicäa wird die Rechtgläubigkeit der Kirche festgestellt. Unmittelbar danach **erzwingt Kaiser Konstantin mit der Macht des Staates die Gleichschaltung des Glaubens: es ist eines der gewaltigsten Verbrechen in unserer Geschichte.** Der Unterschied zwischen Rechtgläubigen und Andersdenkenden vertieft sich schlagartig. Andersdenkende werden Ketzer. Nunmehr beeilt sich die »Staatskirche« sie systematisch zu unterdrücken. Ketzerische und schismatische Priester aus dem Klerus werden um ihre Vorrechte gebracht, öffentliche Zusammenkünfte werden verboten. Kaiser Julian sieht sich zu folgender Erklärung veranlaßt: »...daß er noch keine wilderen Tiere gefunden hat, die so grausam gegen die Menschen sind wie die meisten Christen gegen ihre christlichen Brüder«.[36]

Hier haben wir die Anfänge der Ketzerei zu suchen. Unter dem Allgemeinbegriff Kezter versteht man den, der die Ansichten der offiziellen Kirche nicht entsprechend würdigt, vorträgt oder verteidigt«. Allein aus der Behauptung, daß den Päpsten die oberste

Gewalt gebührt, ergibt sich, daß jede, und sei es auch nur die kleinste Abweichung, als strafbarer Frevel angesehen wird. Die Ursachen der Ketzerei sind vielschichtig und liegen vor allem im Wesen der kirchlichen Machtansprüche begründet. Mit dem allmählichen Erwachen des Geistes kommt eine bessere Kenntnis der heil. Schrift hinzu, was von der offiziellen Kirche ungern gesehen wird. Dennoch wird die Sache erst ernst, als die Ketzer aufgrund der Zitierung des göttlichen Wortes die Mängel der Kirche anprangern. Sie erhalten die sinnige Antwort: **»Die Bibel habe eine solche Tiefe, daß ihr Verständnis selbst für Gelehrte schwierig ist, auch gehöre dazu ein ordentlicher Beruf, den sich niemand anmaßen darf, es sei denn, er könne die Berechtigung nachweisen und durch die von ihm gewirkten Wunder oder durch ein besonderes Zeugnis des heil. Geistes seine Fähigkeiten nachweisen.«**

Die Kirche wettert ohne Erfolg: Schreiben der Päpste, unter der Leitung von Legaten abgehaltene Synoden und dort getroffene Vereinbarungen gegen die Ketzerei nützen ebensowenig wie Exkommunikationen, mönchische Bekehrungsversuche und die bischöfliche Gerichtsbarkeit: selbst die spätere Verschärfung durch Inquisitionstribunale führen keine umfassende Änderung herbei. Im Gegenteil: **nach Jahrhunderten blutiger und unsinniger Menschenmorde auf dem Rücken der »christlichen Nächstenliebe« zieht sich die Kirche immer tiefer in den Strudel der Verwirrung und der Inkonsequenz und bereitet dadurch die großen Auflösungstendenzen und Kirchenspaltungen vor, aus denen sie im frühen 16. Jht. als Verlierer hervorgeht. Die Gedanken des Menschen sind frei, daran kann auch der apostolische Stuhl nichts ändern. Gewalt ruft Gewalt hervor: man schätzt die aufgrund ihres Glaubens von Christen Hingemordeten auf etwa 20 Millionen.** Die Kirche wettert nicht nur gegen Lebende, sondern auch gegen Verstorbene.

Der Häretiker Montanus

Zur Zeit Tertullians (um 200) tritt ein Häretiker mit dem Namen Montanus auf. Er behauptet, er sei der unmittelbare Weg, durch den der heilige Geist der Christenheit ein neues Licht verkündet. Er wird von zwei Frauen, Prisca und Macimilla begleitet, die ekstatische Anfälle haben und die Zukunft voraussagen. Die Päpste St. Zephrinius und Victor sind von der Wahrheit ihrer Prophezeiungen überzeugt und stellen ihnen Friedensbriefe aus. Hierüber liegt ein Bericht von Tertullian vor: »Unter uns weilt jetzt eine Schwester, der die Gabe der Prophezeiung verliehen worden ist. Sie empfängt ihre Enthüllungen während der Feier unserer Mysterien, wo sie in Ekstase fällt.

Dann hält sie eine Unterredung mit unserem lieben Herrn Jesus Christus. In ihrer Verzückung hört und sieht sie die Geheimnisse de Himmels.. sie weiß, was die Herzen mancher Menschen verbergen, und nennt denen, die es benötigen, heilsame Arzneimittel«.[37]

Hier liegt ein ähnlicher Bericht vor, den Firmilian an St. Cyprian um 260 verfaßt: »...während der Zeit... als alle Gläubigen flohen, um den Verfolgungen zu entgehen, erschien plötzlich ein Weib, das in Verzückung fiel und sich als Prophetin ankündigte. Sie wurde durch den Antrieb der Hauptdämonen in einem solchen Grad erregt, daß sie wunderbare Dinge tat und Mirakel verrichtete. Durch ihre Prahlereien und Unwahrheiten hat sie sich der Geister in einem solchen Grad ermächtigt, daß sie ihr in allen Dingen gehorchten und ihre Befehle vollbrachten. Mit dem Verstand des bösen Geistes, von welchem sie besessen wurde, ging sie mitten im strengen Winter durch Eis und Schnee... ohne die geringste Folge. Sie verführte einen Priester Rusticus und einen Diakon: man bemerkte bald, daß sie miteinander in Verkehr standen. Um sie zu exorzisieren, wurde ein gläubiger und zuverlässiger Mann zum Beschützer ausgewählt. Das Weib war so verwegen, daß sie sich nicht fürchtete, die Sakramente zu entweihen, indem sie selbst Messe las und die Taufe vollzog. Daraus entstand eine wichtige und ernste Frage: »Ob eine vom Teufel im Namen des Vaters, des Sohnes und des heil. Geistes vollzogene Taufe gültig sein kann«. Es ist ein frühes Beispiel des kirchlichen Dämonenglaubens, den man mit Exorzismen zu vertreiben sucht.

Der Spanier Priscilian, Bogumilen

385 wird der Spanier Priscilian wegen gnostischer und manichäischer Spekulationen von Kaiser Maximus in Trier verhört und mit mehreren Hundert seiner Anhänger getötet. 447 rechtfertigt Leo I. die Ermordung von Priscilian und erklärt: »...wenn man den Anhängern der so verdammten Ketzerei erlaubt, weiter so zu leben, so bedeutet es das Ende der menschlichen und göttlichen Gesetze. Die zweite spanische Synode von 563 dekrediert im 6. Kanon:...wer glaubt, daß der Teufel, weil er einige Dinge in der Welt hervorgebracht hat, auch aus eigener Macht Donner und Blitz, Gewitter und Dürre macht, wie Priscilian gelehrt, der sei verflucht«.
Priscilian wird als Häretiker 380 in Saragossa exkommuniziert und 385 in Trier hingerichtet. Seine Lehre wird unterschwellig weiterentwickelt.

Bereits im 5. Jht. lehrt Chrysostomus »...daß Ketzerei unterdrückt, die Ketzer zum Schweigen gebracht werden müssen, daß sie nicht Andere in ihre Schlingen ziehen; aber die Todesstrafe sei ungesetzlich«. Unter dem Patriarch Michael Oxista während des Konzils von Konstantinopel wird die Strafe der lebendigen Verbrennung für die Bogumilen eingeführt«.[38]

Wie stark die Machtansprüche der römisch-katholischen Kirche schon am Ende des 4. Jhts. gestiegen sind, sieht man an folgendem Beispiel. Kaiser Theodosius hat Mord und Ehebruch auf sein Gewissen geladen und will dafür Buße tun. Er hat die Wahl zwischen dem Verlust der kirchlichen Rechte und der öffentlichen Buße, für die er sich entscheidet. So reist er 390 mit seiner Frau Theodosia zur Kathedrale nach Mailand. Hier wird ihm der Eintritt vom Erzbischof Ambrosius verwehrt. »...nach acht Monaten Buße wird er wieder gütig in die Kirche aufgenommen«.

Strenge gegen Tote, Leiche des Papstes Formosus

618 leugnet das Konzil von Sevilla die Berechtigung der Totenverdammung; aber 680 spricht das 6. Laterankonzil, daß sie für Ketzer ansieht, gleich ob sie lebendig oder tot sind. Demgemäß hält sich 897 Stephan VII. für berechtigt, den Leichnam seines Vorgängers, des Papstes Formosus, der damals sieben Monate im Grab liegt, ausgraben zu lassen, ihn an den Füßen herbeizuschleifen und mitten unter die zu seiner Aburteilung zusammenberufene Synode zu setzen, um ihm nach seiner offiziellen Verurteilung zwei Finger von der rechten Hand abhauen zu lassen und ihn dann in den Tiber zu werfen. Es gelingt, die Leiche herauszufischen und zu begraben. Schon im nächsten Jahr erklärt der neue Papst, Johann IX. das Verfahren für ungültig und läßt auf einer Synode verkünden, daß niemand nach seinem Tod verurteilt werden kann, »denn der Angeklagte muß die Möglichkeit der Verteidigung haben«. Das hindert Sergius III. nicht, 905 nochmals die Gebeine Formosus auszugraben, sie in päpstliche Gewänder zu kleiden, auf einen Thron zu setzen und sie feierlich zu verurteilen, zu enthaupten und ihr drei weitere Finger abzuhauen. **Kann die Blutarbeit der Kirche drastischer geschildert werden?**

Beispiele für das päpstliche Machtstreben

Bonifacius VIII. verkündet 1302 in der Bulle »Unam sanctam«: »Wir erklären und bestimmen als zur Seligkeit durchaus notwendig, daß jede menschliche Kreatur dem Papst unterworfen ist... diese päpstliche Gewalt ist nicht menschlich, sondern vielmehr göttlich«.[39]

»Kein Sterblicher unternehme es, den Papst einer Schuld anzuklagen, weil dieser selbst alle richten wird, aber von Niemand gerichtet werden darf«![40]

»Wenn Jemand die Dogmen, Befehle, Verbote, Bestimmungen und Beschlüsse des apostolischen Stuhles verachtet, den treffe der Bannfluch«.[41]

»Das kaiserliche Gesetz darf nicht befolgt werden, wenn es einer kanonischen Verordnung entgegensteht. Die kirchlichen Rechte können durch einen weltlichen Richterspruch nicht aufgehoben werden«.[42]

»Gott hat uns (die Päpste) über die Könige und die Rechte gesetzt, um auszureißen, zu zerstören, zu verderben, zu zerstreuen, zu bauen und zu pflanzen«.[43]

»Damit nicht durch die Buchdruckerkunst Dornen unter den guten Samen aufschössen und Gift unter die Arznei gemischt würde... sich Niemand unterstehe, wer es auch sei, ein Buch oder eine Schrift zu drucken oder drucken zu lassen, ohne daß er dazu die eigenhändige Erlaubnis des päpstlichen Vikares oder Bischofs oder des Inquisitors ketzerischer Bosheit hätte, bei Strafe von 100 Dukaten an die päpstliche Kammer, der Verbrennung der Bücher und der Exkommunikation«.[44]

»Gregor XIII. erneuert am 5. September 1584 die Konstitutionen des Papstes Nikolaus III., der alle Eidschwüre für ungültig erklärt, die vor weltlichen oder geistlichen Beamten beim Antritt eines Amtes abgelegt, aber den Freiheiten der Kirche zuwiderlaufendes enthalten«.[45]

»Papst Leo X. erklärt in einer Bulle von 16. Juni 1520 als unfehlbare Wahrheit, daß sich die römischen Päpste in ihren Kanonen und Konstitutionen niemals geirrt haben«.

»Papst Clemens I. erklärt in einer Bulle vom 4. Dezember 1674: »...ein selbst durch Eidschwüre gebundener Staatsvertrag ist nichtig, durch den das ungestrafte Verweilen andersgläubiger Christen unter den Katholiken gestattet ist«.

Papst Innozenz III. befiehlt und Papst Pius V. bestätigt für ewige Zeiten den Befehl: »... daß kein Arzt einen Kranken besuchen darf, der sich weigert zu beichten, widrigenfalls ist der Arzt nicht blos in eine Geldstrafe zu nehmen, sondern für ehrlos und unfähig zu erklären«.[46]

»In einer Bulle vom 4. November 1741 wird die Ehe eines Katholiken mit einem andersgläubigen Christen als ein »gottesräuberisches Band«, als schweres Verbrechen (gravissimum scelus) bezeichnet.

In den consuluisi C. de consecratione ecclesiae wird vorgeschrieben »...daß der durch Begrabung eines andersgläubigen Christen angewiesene Gottesacker von Neuem geweiht werden muß. Der 'sacris de sepulturis' bestimmt: »... daß die Gebeine eines solchen Begrabenen, wenn sie noch von denen der römisch-katholischen unterschieden werden können, aus dem Friedhof hinausgeworfen und unbeerdigt gelassen werden müssen«.[47]

Papst IV. erläßt eine Bulle gegen die Juden (cum nimis de Judais) für alle Länder und Zeiten und bestimmt: »... daß die Juden getrennt von den Christen in einem besonderen Stadtteil, der nur eine Ein- und Ausgang hat, wohnen, kein unbewegliches Gut besitzen und sich durch besondere männliche und weibliche Kleidung von den Christen unterscheiden müssen«.[48]

Dazu kommen zahlreiche weitere Aussprüche im Zusammenhang mit der Ketzerei und der Inquisition, die später behandelt werden. Daß es der Kurie ernst mit ihren Ansprüchen ist, zeigt die Kirchengeschichte. Dazu einige Beispiele:

● Gregor VII. schändet den deutschen Kaiser Heinrich IV. im Büßerhemd.
● Alexander III. stellt dem Kaiser Friedrich dem Rotbart den Fuß auf den Nacken.
● Cölestin III. stößt die dem deutschen Kaiser Heinrich IV. aufgesetzte Krone mit dem Fuß herunter.
● Clemens IV. verflucht in einer Bulle Ludwig den Bayern und verlangt seine Absetzung.
● Adrian VI. schreibt 1332 an den Kurfürst Friedrich von Sachsen: »Du bist ein Schaf, untersuche nicht lange den Hirten, wirf dich nicht länger zum Richter über Gott (den Papst) auf...«.
● Pius V. erklärt die englische Königin für regierungsunfähig und spricht den Bann über sie.
● Sixtus V. spricht den französichen König Heinrich IV. für seines Thrones verlustig.
● Clemens XI. nennt die Erhebung des Brandenburger Markgrafen zum König von Preußen durch den Kaiser (1701) »...eine Anmaßung und Verachtung der Autorität der Kirche Gottes«.
● Pius VII. ruft 1809 in einer Bulle allen Monarchen zu: »...sie sollen erfahren, daß sie seiner Herrschaft und seinem Throne nach dem Gesetz Christi unterworfen sind«.[49]

Das Gesetz der Kirche, Unfehlbarkeit

Während sich die weltlichen Gesetzgeber rasch an die Gegebenheiten anpassen und teilweise flexibel reagieren (trotz **ihres** Machtstrebens) ist es bei der Kirche nicht der Fall. Sobald ihrer Hierarchie und Theokratie das Fundament gelegt ist, erhebt sie die Vernunftwidrigkeit zum Leitfaden ihres Handelns. Der Ausspruch von Gregor dem Großen »ein der Vernunft entsprechender Glaube ist wertlos«, wird zum leitenden Gedanken in vielen Situationen. Was Christus gesagt hat oder gesagt haben soll, wird zur Erhöhung hierarchischer Macht ausgebeutet und als Norm des Glaubens aufgestellt.

Noch vor dem Abschluß des Corpus iuris führt Eymericus zehn zu Gunsten der Inquisition erlassene päpstliche Schreiben an,[50] denen er im Anhang folgendes mitgibt:

● In Syllabus 77 wird für unzweckmäßig erklärt, neben der katholischen Religion noch eine andere im Staat zu dulden.
● In Syllabus 23 haben die Päpste niemals ihre Gewalt überschritten.
● Nach Syllabus 24 hat die Kirche das Recht, äußeren Zwang anzuwenden

»Wir haben es hier mit schlummernden Raubtieren zu tun, die wieder agil und wach werden, sobald die Staatsgewalt entsprechend geschwächt wird«.[51] »Die Canones, die aufgrund zahlloser Verfolgungen und Prozesse (Ketzer-, Inquisitions-, Hexenprozesse) eingerichtet worden sind, haben noch heute ihre Gültigkeit. Durch das Corpus iuris redet Gott und der Hierarch: wer aus ihm eine Sentenz anführt, glaubt sich gedeckt durch das göttliche Wort und durch das biblische Wort: »Man muß Gott mehr gehorchen als den Menschen«.[52]

Unzählige Konzilienbeschlüsse, u.a. die im Lateran von 1122, 1139,1179, 1215, der von Florenz von 1438, erklären den Papst als den wahren Stellvertreter Gottes auf Erden, als das Haupt der ganzen Kirche, als Vater und Lehrer aller Christen, als den, der von Christi die ganze Macht zu regieren (die Macht zu binden und zu lösen) bekommen hat. »Heischt nicht schon die einfachste Logik die Unfehlbarkeit des Stellvertreters Gottes? Entweder ist es mit dem Papst von der unfehlbaren Kirche längst beigelegten Stellvertretung eitle Schwindelei, oder dieser göttliche Stellvertreter darf sich nicht irren können, wie die übrigen Staubgeborenen![53] Nach Spitzer ist die einzig akzeptable Macht die Vernunft und nicht der Glaube.

Es ist bekannt, daß sich die Kirche über Jahrhunderte der wissenschaftlichen Forschung widersetzt. Nicht nur Bonifacius verbietet unter Androhung der härtesten Strafen die Präparierung von Skeletten. Nachdem das Studium der Naturwissenschaften den Welt- und Ordensgeistlichen schon früher für unerlaubt erklärt wird, wird die Ausübung der Medizin den Mönchen durch das Lateranische Konzil 1139 und das sündhafte Lesen physikalischer Schriften durch eine Bulle Georgs IX. bei strenger Strafe verboten. Nicht nur Paul V. verwirft in seiner Unfehlbarkeit die Kopernikanischen Erklärungen der Bewegung der Himmelskörper als gottlos und ketzerisch...«. Zumindest was diese Dinge anbelangt, muß die Kirche stückweise von der »Unfehlbarkeit« ablassen, jeweils unter erheblichem Widerstand.

Christianisierung Deutschlands

Bereits im 2. und 3. Jht. haben wir im eigentlichen Deutschland (Länder der Donau, Helvetien, Norikum, Rhätien und am Rhein) christliche Kirchen, so in Trier, Metz, Köln, Tongern, Speyer und in Mainz.

1300 Jahre später brechen hier die fanatischen Hexenbrände aus. Die erste deutsche Kirche steht in Lorch (Laureacum) und Petau in der Steiermark. Dazu kommt in Augsburg die der Märtyrerin Afra (304) geweihte. In Helvetien haben wir eine bischöfliche Kirche in Vindonissa (Windisch). In der Gegend von Passau (Castra Batava) verkündet der belgische Missionär Valentinus 440 den Heiden und Arianern die katholische Lehre. In Belgien besteht in Tongern eine bischöfliche Kirche, die 452 nach Maastrich verlegt wird, in Tornay und Arras (seit 545 in Chambray). Der Irländer Fridolin begründet 511 das Christentum bei den Alemannen. Am Bodensee ist um 611 Columban tätig. Er wird vertrieben, geht nach Italien, kommt mit 12 Gleichgesinnten zurück — einer davon ist Gallus, der krankheitshalber in der Schweiz bleibt; so entsteht das Kloster St. Gallen. Der Bischof Maximus verlegt das Bistum nach Konstanz und der fränkische König Dagobert bestimmt zwischen 628 und 638 den Umfang des Sprengels bis gegen Augsburg, Basel, Straßburg, Lausanne und Chur. Der eigentliche Apostel der deutschen Franken wird der Bischof Emmeran (652), wenngleich die Christianisierung des Frankenreiches und in dessen Folge die Bekehrung der Burgunder durch die Schlacht Chlodwigs gegen die Alemannen 496 eingeleitet wird. Der fränkische Mönch Korbinian stiftet die Kirche von Freisingen und stirbt 730 als ihr Bischof. Am Rhein wirkt um 600 der Einsiedler Goar, demzufolge St. Goar erbaut wird. Am entscheidendsten für die Christianisierung Deutschlands wird Bonifazius.

Heidentum: Christentum

Die Geschichte der Weiterentwicklung der germanischen Magie, ihrer religiösen Entwicklung und der abergläubischen Gebräuche ist eng mit der Ausbreitung des Christentums verwoben. Das Christentum wird für lange Zeit zum Mittelpunkt der abendländischen Geschichte. Nach der Bekehrung der germanischen Volksstämme ist ein wechselseitiger Einfluß erkennbar. Das Christentum würdigt heidnische Ideen herab und das Heidentum versucht, sich unter christlichen Formen zu bergen. Später stellt sich die weltliche Macht auf die Seite der erstarkenden Kirche. Nun geht man gemeinsam gegen Andersdenkende vor: religiöse und magische Vorstellungen werden systematisch unterbunden. Das zeigen frühe Gesetze der Ost- und Westgoten. Die gewaltsame Unterdrückung althergebrachter Bräuche schürt nicht nur die Opposition, sondern führt zu religiösen Verzerrungen. **Hier prallt Aberglaube auf Aberglaube; die Folgen sind verheerend.**

Fehr's Darstellung ist nicht zutreffend: »Wie war das Volksleben der Germanen? ...stark hinneigend zu den fröhlichen Götterfesten und Götzenbildern, und hartnäckig beharrend an den früheren Sitten der Kinderaussetzung, zauberischer Weissagung, Totenbeschwörung, Essen des Pferdefleisches u.a.. **Nur dem Einfluß der Kirche, welche alle ihre Bildungsstufen und wichtigen Ereignissen ihre Weihe erteilte, und wie ihr Stifter gegenwärtig, lehrend, weihend, leitend und regierend wirkte, ist es zuzuschreiben, daß in jener Zeit der plötzlichen Mischung eines naturkräftigen Volkes mit einer verderbten Zivilisation ihm der Sinn und die Empfänglichkeit für das Höhere bewahrt wurde«** (!!!)

Tatsache ist, daß damalige Kirche die Idee der christlichen Nächstenliebe längst verlassen ist. Machtbestrebungen der Kirche treten immer deutlicher zutage. Die Kirche hat eine Reihe von Beschlüssen gegen die weitere Ausbreitung der Zauberei erlassen.

Die weitere Ausbreitung der religiösen und der abergläubischen Vorstellungen wird an anderer Stelle behandelt. Ich will hier lediglich auf das Leben von Bonifazius und auf eine Reihe von Gebräuchen, die im Zusammenhang des Konzils von Leptinä vom 1. März 743 unter dem Vorsitz von Bonifazius genannt werden, eingehen.

Bonifazius, Walpurgis

Bonifazius wird 650 geboren. Er ist ein Sohn angelsächsischer Eltern im heutigen Kirton in Devonshire. Bei der Taufe wird er Winfried genannt. Er studiert im Kloster Rhutscelle in Southampshire, wo er sich Benediktinern anschließt. Mit 30 Jahren ist er Priester. 716 betritt er beim heutigen Wikto Duerstede den friesischen Boden, muß aber nach England zurückkehren. 718 geht er nach Rom, um vom Stadthalter Christi seine Sendung zu empfangen. Am 15. Mai 719 erhält er von Gregor II. einen Missionsbrief. Er geht über Pavia nach Bayern, wandert nach Thüringen und dem Land der Franken. In Hammelburg gründet er ein Kloster und geht nach Hessen... die Chroniken berichten: »Viele Tausend ließen sich auf seine Predigt hin taufen«. Gregor II. bittet Bonifazius nach Rom. Am 30. November 723 wird Winfried im Vatikan zum Bischof der Deutschen ohne bestimmten Sitz geweiht und empfängt seinen neuen Namen Bonifazius. Er geht zurück, und, mit einem Schutzbrief Carl Martell's versehen, wandert er nach Hessen. Hier stürzt er bei dem Dorf Hofgeismar das Hauptheiligtum des Volkes, die legendäre Donar oder Thors' Eiche. An dieser Stelle gründet er eine Kirche zu Ehren des hl. Petrus. Dann geht er nach Thüringen und gründet das Kloster Ohrduff (724 -27). Ihm schließen sich die Gründungen der Frauenklöster Kitzingen, Ochsenfurt und Bischofsheim an.

Inzwischen sendet ihm der Papst das bischöfliche Pallium. In Hessen werden die Klöster Fritzlar und Amöneburg gegründet. 738 ist Bonifazius wieder in Rom. Während der Rückreise wird er von Odilo von Bayern eingeladen, um die kirchliche Organisation seines Herzogtums vorzunehmen. Er teilt es in die vier Provinzen Salzburg, Regensburg, Freisingen und Passau. Dazu weiht er die notwendigen Bischöfe. 741 werden die Bistümer Würzburg, Büreburg (Hessen) und Erfurt (Thüringen) gegründet, 744 das Kloster Fulda. Mit der Übernahme des Erzbistums Mainz im Jahr 747 wird Bonifazius päpstlicher Legat für Germanien und Gallien und zudem Primas für Deutschland. Er übergibt sein Werk seinem Schüler Lullus und geht nach Friesland. Hier wird er am 5. Juni 755 mit 52 Gleichgesinnten erschlagen.

Walpurgis (Walburg, Waldburg, Walburga oder Walpurga), wird in England um 710 als Tochter des hl. Richard geboren. Es ist eine Benediktinerin. Sie folgt ihren Brüdern Willibald und Wunnibald auf Wunsch des hl. Bonifazius nach Deutschland. Wunnibald, der Abt des Klosters Heidenheim, stirbt am 18. Dezember 761. Walpurgia übernimmt die Leitung des Klosters. Sie stirbt am 25.2.779. Später wird sie heiliggesprochen. Ihr Namenstag ist der 1. Mai. Deshalb hat sie der dumme Aberglaube in Verbindung mit den Hexen gebracht. Nach der christlichen Mythologie ist sie die Patronin der Bauern, Wöchnerinnen und Augenleidenden. Kunstgeschichtlich ist ihr Attribut ein Ölfläschchen.

St. Walpurgis wird beschuldigt, mit den heil. Aposteln Philippus und Jacobus unzüchtigen Umgang gepflogen zu haben; sie beweist ihre Unschuld durch die Einsenkung eines dürren Stabes in die Erde, der bereits am nächsten Tag frische Triebe zeigt.[54]

Der bayrische Herzog Theodor geht nach Rom, um das Bekehrungsgeschäft zu befördern. Gregor II. (715—731) gibt ihm eine Gesandtschaft mit, die aus dem Bischof Martinian, dem Kardinaldiakon Georg und dem Subdiakon Dorotheus besteht: sie erhalten ausgedehnte Vollmachten, wie sie die kirchlichen Angelegenheiten in Bayern regeln sollen. Ihre Instruktion besteht aus 13 Punkten.[74] Darunter:

- »Keine Speise, als nur die, welche den Göttern geopfert wird, halte man für unrein«.
- »Auf Träume und Wahrsagereien soll man nicht halten«.
- »Auch soll man verabscheuen, die Zauberkräfte und die verschiedenen Gebräuche beim Anfang des Jahres«.

Der heil. Otto, Bischof von Bamberg, der Missionär von Pommern, hat einige Disziplinarvorschriften erlassen, die sein Zeitgenosse, Abt Conrad von Lichtenau in seiner Chronik Uspergense aufbewahrt: »setzet nicht Stöcke an die Gräber und lasset die Speisen

und dergleichen heidnischen Unsinn weg; bauet nicht Götzentempel, gehet nicht zu den Wahrsagerinnen und seiet nicht abergläubisch. Esset nichts Unreines, Ersticktes oder den Götzen Geopfertes oder Blut von den Tieren. Machet keine Gemeinschaft mit den Heiden«.[56]

Konzil von Leptinä (1. März 743)

Am 1. März 743 wird das Konzil von Leptinä unter dem Vorsitz des Bonifazius und dem Protektorat Karlmanns gehalten. Hier beteuert der 4. Kanon das alte Gesetz »...wer bestimmte Gebräuche beobachtet, soll mit 15. Solidi bestraft werden«. Als Anhang zum Konzil folgen: das Verbot der Abschwörung des Teufels in deutscher Sprache und ein umfassendes (30 Punkte) Verzeichnis verschiedener abergläubischer Gebräuche. Vermutlich ist es als Belehrung für die Pfarrer und Gemeinden gedacht. Papst Zacharias ermahnt in einem Brief an die Franken und Gallier 745, den Anordnungen des Bonifazius Folge zu leisten.[57] Wichtig ist, daß Bonifazius dubiose Elemente in der Kirche erkennt. Er klagt mehr über sie als über die Heiden und nennt sie »Afterbrüder, Hurer, Ehebrecher...«.[58]

Dieses Konzil ist von besonderem Interesse, weil eine alte Vorschrift wiederholt wird, die besagt, daß, wer heidnische Gebräuche beobachtet, mit 15 Solidi bestraft werden soll. Außerdem wird die Abschwörung des Teufels in altdeutscher Sprache verboten und ein Verzeichnis abergläubische Gebräuche beigelegt. Die Auflistung verdeutlicht das Spannungsfeld zwischen getauften Christen und Heiden. Es ist ein Beispiel christlicher Intoleranz:

1.) Vom schändlichen Dienst bei den Gräbern

Nach der germanischen Religionsauffassung schlägt man dem Leichnam den Kopf ab, bevor er in das Grab gelegt, bzw. auf dem Holzstoß verbrannt wird. Man schreibt den zerschnittenen und verbrannten Teilen des Leichnams bestimmte Kräfte zu (Betäubung von Feinde, Erkennen zukünftiger Dinge).

2.) Vom schändlichen Dienst unter den Beerdigten

Damit sind die »dadis«, (Totenessen) gemeint. Man opfert den Toten Speisen und legt sie in ihr Grab. Die zusätzlichen Totenessen entsprechen späteren Leichenfeiern (Leichenschmaus)

3.) Von den Sporkelfesten

Früher wurde in Deutschland der Februar Sporkel genannt. In diesem Monat opfert man der Sonne, weil sie wieder höher steigt. Die Feste sind aufwendig und ausgelassen. Man opfert wilde Schweine.

4.) Von den Götterhütten

Ursprünglich verfügen die Deutschen über keine Tempel, sondern über heilige Haine oder Wälder. Hier halten sie ihre Gottesdienste und hier bringen sie Opfer. Einzelne sondern sich in abgelegenen Hütten ab und halten hier Feste mehr individuellen Charakters.

5.) Von dem heidnischen Dienst in der Kirche

In den Kirchen werden Tanzspiele und Gastmäler aufgeführt. Außerdem verwendet man die heil. Schrift und die Evangelienbücher zum Loosziehen (Sortes Sanctorum), die man als göttliche Entscheidungen ansieht. In gewissem Sinn sind das Gottesurteile. Vor der Kirche opfert man Tiere oder hängt sie auf »wie es die Heiden von ihren Götterfesten gewohnt waren«.

6.) Von den heiligen Orten in den Wäldern (Nimiden)

Das germanische Göttertum spielt sich vor allem in den Wäldern ab. Bestimmte Bäume werden verehrt. Man färbt sie mit dem Blut geschlachteter Tiere und umzäunt sie (daher: Hain, Hagen, Hamme). Bekannte Opferbeigaben sind Pferdeköpfe. Mit dem Blut der Tiere besprengt man Menschen, Vieh und andere Bäume. Nach der Feier wird das Fleisch gegessen. Bonifazius fragt Gregor II. ob es den Christen erlaubt sei, solches Fleisch zu essen. Er bekommt die Antwort: »Nein, es ist Opferspeise«.

7.) Von den Gebräuchen auf den Felsen

Nach der germanischen Auffassung haben einzelne Götter ihren Sitz auf hohen Felsen. Hier werden Nachts Feuer entzündet. Hier bringt man Gebete und Opfer dar.

8.) Von den Diensten des Jupiters und Merkurs

Diese Feste werden mit Trinkgelagen gefeiert.

9.) Vom Opferdienst, der einem Heiligen geschieht.

»... allein der Katholik opfert nach dem Geist der Kirche seinem Gott und verehrt die Heiligen«.

10.) Von den Anhangszetteln und Bändern

Die Phylacteria, Servatoria, Amulete und Brevia haben wohl die gleiche Bedeutung. Sie werden aus Kupfer, Blech, Pergament gemacht und mit verschiedenen Figuren bezeichnet. Man trägt sie am Hals oder über den Kleidern, um sich vor Unglück zu bewah-ren. Bei den alten Deutschen heißen sie Plechir. Abgeleitet von dem Wort Blech. In einem anderen fränkischen Codex heißen sie Zaubergerip, d.h. Zauberschrift oder Zauberbrief. (Brevia = Brief)

11.) Von den Opferbrunnen

Im Poentinale des hl. Bonifazius wird demjenigen eine fünfjährige Buße auferlegt, der an einem Brunnen ein Gelübde ablegt.

12.) De incatationibus (Von den Zaubereien)

Der lateinische Ausdruck deutet zunächst auf Zauberlieder. Man verfügt über gewisse Formeln, die man in den Glauben absingt, dadurch könne Himmel und Erde bewegt werden.

12.) Von den Wahrsagereien der Vögel oder vom Mist der Ochsen

Aus dem Vogelgeschrei schließt man auf zukünftige Dinge (Glücksvögel = Adler und Schwalbe; Unglücksvögel = Raben und Elstern). Fliegt z.B. eine Eule um das Haus, so erkennt man darin den baldigen Tod eines Hausbewohners. Die Ochsen oder Kühe werden neben den Feldgeschäften zum Austreten der Frucht herangezogen. Macht der Ochse dabei seinen Mist auf die Frucht, so zieht man Schlüsse daraus. Es gilt als besonderes Vorzeichen, wenn sich beide Ochsen zur Zeit der Anspannung gleichzeitig entleeren.

14.) Von den Wahrsagern

Man unterscheidet die Divinatio (divinatores, divini). Sie geben vor, daß Gott aus ihnen spreche. Die anderen heißen Sortilegi (um), weil sie durch Loose die Zukunft aufzeigen wollen. Verschiedene deutsche Konzilien belegen Wahrsager mit mehrjährigen Kirchenbußen.

15.) Von dem aus Holz geriebenen Feuer

Die Kapitularien Karl d.Gr. nennen dies »Redfri«. Es entsteht durch das Zusammenreiben zweier dürrer Hölzer. Vermutlich dient der Brauch Opferzwecken (?). Die deutschen Konzilien nennen es »ignem sacrilegum«, andere fassen mit ihren Kleidern den Rauch als Gegenmittel des Fiebers auf. Andere springen über die Feuer. Andere bestreuen mit der Asche Felder und Gärten, um sie vor Raupen und anderen Insekten zu bewahren. »War die Flamme am stärksten, so warf man einen Pferdekopf hinein, wodurch die in der Nachbarschaft wohnende Zauberin gezwungen wurde, zu diesem Feuer zu eilen und sich selbst zu verraten«.

16.) Vom Gehirn der Tiere

17.) Von dem heidnischen Beobachten am Herd

Auch hier gibt es viele Varianten. Nach einer Verlobung oder Heirat bei dem Eintritt der Neuvermählten in die Küche wirft die Magd einen alten Topf zu Boden. (Daraus wird der Polterabend). Man gibt acht, ob der linke oder rechte Fuß zuerst beim Ausgehen aus dem Haus vortritt. Vor allem achtet man auf das, was einem entgegenkommt (altes Weib = widrige Begebenheit; Schaf oder ein kleines Kind = gute Vorbedeutung).

18.) Von den ungewissen Orten

Man glaubt, es gebe gewisse Orte, die unter dem besonderen Schutz des Himmels stehen und daß der, der sie betritt, unglücklich wird.

19.) Von den Strohbündeln

Wird gewöhnlich vom Volk »St. Mariäbündel« genannt. Möglicherweise war dies gebündeltes Kraut oder Bettstroh. Bei den Römern heißt das Kraut Gallium, Serpillum, bei uns jetzt Meyerkraut, Hühnerklee oder »Unser Frauen Bettstroh«. »Die einfältigen Leute machen sich damit ein Bündel oder (Kraut(wisch), den sie an ihrem Bett anbringen in kleine Tücher einwickeln oder in Taschen tragen. Man meint, dadurch vor giftigen Schlangen, Insekten oder Tieren bewahrt zu werden.

20.) Vom Abnehmen des Mondes (Vince luna)

Der Mond steht bei den Germanen in Verehrung. Sie widmen ihm nicht nur den Anfang eines Monats und der Woche, sondern führen auch nach dem Lauf des Mondes ihre Jahresrechnung: daher auch der Wochentag Mon(d)tag. Die ihnen unerklärbaren Mondfinsternisse sieht man als Niederlage an, und meint, sie durch die Rufe »Vince luna« (d.h. Siege Mond) verhindern zu können.

21.) Von den Furchen um die Höfe

Um den Zauberern den Zugang zu den Landgütern, Häusern und Stallungen zu verhindern, läßt man um das Gut von Ochsen eine Furche aufbauen und legt ein bestimmtes Kraut in sie. (Hexenkraut?).

22.) Vom heidnischen Zusammenlaufen

(Irias). Da geht es um das alte deutsche Faschingsfest, das schon von den ersten Bischöfen und deutschen Konzilien verpönt wird. Es findet im Februar statt. Weil es einen heidnischen Ursprung hat, und doch von den Christen beibehalten wird, wird es »heidnisches Zusammenlaufen« genannt, wobei man sich verkleidet.

23.) Von dem Totenfest, wo ein Heiliger vorgestellt wird.

Vermutlich geht es darum, daß man zu Ehren der Toten Bildsäulen errichtet und Lichter anzündet, bzw. Opfer bringt. Möglicherweise Ursprung der Friedhofssteine und -kreuze.

24.) Vom Götzenbild aus Mehlteig

Man fertigt Götzenbilder aus Mehlteig, der mit heiligem Wasser angemacht ist. Es sind wohl Figuren und Bilder der Götter, die man in den Häusern aufstellt und anbetet. Den Christen ist es verboten, solche Figuren zu kaufen oder zu essen. Man nannte sie »Heidenwecken«. Daraus rühren sicherlich die »Weckmänner« oder »Christwecken«, aber auch die Bretzeln.

25.) Von den aus Tuch gemachten Götzenbildern

Möglicherweise ist das eine Frühform der Puppen. Aber nicht im Sinn eines Kinderspielzeuges, sondern zum Zweck der Verehrung. Einige Lateiner des Mittelalters nennen sie Paupadae.

26.) Von den Götzen, die sie über die Felder tragen

27.) Von den hölzernen Füßen und Händen

Nachbildung von Körperteilen, die man nach einer überstandenen Krankheit den Göttern darbringt.

Läßt man diese Gebräuche gedanklich an sich vorbeiziehen, so stellt man einerseits fest, daß der damalige Dialog nichts gebracht hat. Einige der Sitten sind von den Griechen und Römern übernommen und haben sich bis heute erhalten. Einige abergläubische Zeremonien hat die Kirche angenommen, einige sind so nichtig und unbedeutend, daß sie keine Rolle spielen. Der Aberglaube blüht heute noch: die Kirche hat daran nichts geändert, eher sogar noch zu seiner Aktivierung durch die systematische Unterdrückung Andersgläubiger beigetragen.

Als Leo VII. die Leitung der Kirche übernimmt (936—939), erläßt er an Könige, Fürsten, Bischöfe, Äbte, Grafen und an die Bischöfe von Salzburg, Regensburg und Freisingen ein Sendschreiben und vermerkt: »... daß ihm der Erzbischof von Lorch Beklagenswertes berichtet hat und seinen Rat begehrt. In Betreff auf die Wahrsager und Zauberer entscheidet er allgemein: man soll sie zu einer aufrichtigen Buße und Besserung bringen; kann das nicht geschehen, so muß man sie den weltlichen Gesetzen überlassen«.

Der englische König Knud verordnet 1032: »Zur Ehre Gottes, sich selbst zur königlichen Zierde und zum

Nutzen der Frommen des Volkes: Wir gebieten auch, daß man anfange, das Land ringsherum fleißig zu reinigen, und daß man überall frevelhafter Handlungen sich enthalte. Und wenn Zauberinnen, Weissager oder öffentliche Dirnen in irgend einer Gegend getroffen werden, so sollen sie sorgfältig hinweggeschafft werden, oder sie mögen daselbst zugrunde gehen, wenn sie von ihren Schlechtigkeiten nicht abstehen und auf eine höhere Weise büßen«.[60]

Karl der Große, fränkische Aufzeichnungen

Mit der Aufzeichnung des fränkischen Rechts (um 802) hält Karl d.G. u.a. fest: »Auf Ermordung eines Menschen in der Kirche, auf Beraubung, Erbrechung, Nachstellung und Ermordung eines Menschen in der Kirche an Sonn- und Feiertagen steht die Todesstrafe«.[61]

Im Synodaldekret der Bischöfe auf Befehl des Kaisers Karl (799) heißt im Artikel 15: »... in Hinsicht der Zaubereien, abergläubischen Wahrsagereien und Vorbedeutungen und derjenigen, die Wetter oder andere Hexereien machen, hat das Konzilium verordnet, daß, wo immer sie ertappt werden, der Erzpriester der Diözese acht habe, daß sie auf das Strengste geprüft werden, ob sie vielleicht ihre bösen Taten, die sie begangen haben, bekennen. **Die Verhaftung muß jedoch mit solcher Mäßigung geschehen, daß sie das Leben nicht verlieren, sondern daß sie im Kerker niedergebeugt gerettet werden, bis sie auf die Eingebung Gottes Besserung der Sünden verheißen. Sie sollen keineswegs von den Grafen oder Vorstehern durch Bestechung ohne scharfe Untersuchung oder Züchtigung erlassen werden«.**

Karl erläßt zudem mehrere Kapitularien kirchlichen Inhalts. Die erste stammt aus dem Jahr 769 und sagt in Kap. 7: »...der Bischof soll jährlich seinen Sprengel visitieren und die abergläubischen Gebräuche abstellen«. Das Aachener Kapitular von 802 verordnet in Kap. 16: »...Man soll sie (alle Christen) lehren, daß sie die blutschänderischen Ehen durchaus meiden, sich von Unzucht, Totschlag, Dieberei, Meineid, Zauberei, Wahrsagerei, Sacrilegium, Trunk, Schimpfworten, Raub, Haß und Neid enthalten und würdig die heil. Kommunion empfangen«.[62] Ein weiteres Kapitular (Jahr unsicher) verordnet: »Es sollen die Wahrsager und Zeichendeuter und alle, welche die Monate und Zeichen beobachten und so Phylakterien um den Hals tragen, aufgesucht und zur Empfangnahme der gerechten Strafe vor ihn gebracht werden. Als Karl im Herbst 804 aus Sachsen nach Aachen zurückkehrt empfängt er den Besuch von Papst Leo III. Der Kaiser hat erfahren, daß in Mantua das Blut Christi aufgefunden worden ist. Dies bewegt ihn, dem Papst die Untersuchung der Sache aufzutragen«.[63] Was weiter daraus entstanden ist, ist nicht bekannt.

Anfänge, Übernahme dämonischer Vorstellungen

»Zur Zeit, als das Christentum in Rom bekannt wird, ist Italien und vor allem Rom ein Sammelbecken asiatischer, ägyptischer, syrischer, armenischer, phrygischer und indischer Magier, Astrologen und Priester, die sich bettelnd herumtreiben, Sünden vergeben, Anweisungen erteilen und die Frauen betrügen«.[64]

Zuletzt siegt das Christentum mit seiner populären Glaubensvorstellungen. Es wird als eine Hauptaufgabe Christi gedeutet, daß er auf die Welt gekommen ist, um die verderbliche Lehre des Satans zu vernichten, das Reich des Teufels umzustürzen und einen reinen Gottesglauben einzuführen. Es müssen also dämonische Vorstellungen geherrscht haben. Das was wir heute unter den Naturwissenschaften verstehen, steckte in den Kinderschuhen und kann keine Klärung bringen. Die Philosophen behandeln die Frage und sie kommen zum gleiche Resultat wie die ersten Kirchenväter — eine natürliche Übereinstimmung, da viele Kirchenväter, so Clemens Alexandrinus, Origenes und Athanasius die Lehren des Pythagoras und Plato weiterentwickelt haben. **Plato unternimmt den entscheidenden Schritt, denn er hat die vielen Götter der alten griechischen Religion verworfen und als Phantasiegebilde angesehen. Statt dessen nimmt er an, daß der Ursprung der Welt von einem Weltschöpfer herrührt, der alles leitet und lenkt.** Diese Vorstellung prägt das Christentum: der Baumeister Gott hat die Welt nach einem bestimmten System erschaffen: er lenkt und regiert sie nach seinem Willen.

Zur Zeit Christi lebt der Jude Philo von Alexandrien. Er führt die Vorstellungen von Jehova in die griechische Philosophie ein. Nach ihm ist Gott erhaben über alles Endliche, so daß man ihm keine irdischen Eigenschaften beilegen kann. Weil von einem solchen Gott ein **direktes** Eingreifen nicht erwartet werden kann, so muß es Vermittler geben, Engel und Dämonen, die seine Gebote ausführen. Dieser Gedanke wird von der neuplatonischen Schule aufgenommen. So bildet Jamblich (vergl. S. 51) ein regelrechtes System der Engel und der Teufel aus, indem er eine Rangordnung proklamiert, die alle unter einem obersten Gott stehen. Er nimmt 12 hohe und 72 niedrige Götter an, danach kommen Engel, Dämonen und Heroen. Auch diese Vorstellung übernimmt das Christentum.

Daraus entsteht die übereinstimmende Meinung, daß die Dämonen existierende Wesen sind, und man legt ihnen die Kraft bei, daß sie Zauberei verüben. Wir haben es mit einem Verschmelzungsprozeß der christlichen, heidnischen und jüdischen Begriffe zu tun. In diesem Klima bildet sich eine Theurgie heraus, die angebliche Wissenschaft, durch die Kraft von geheimnisvollen Worten, Charakteren und Gebräuchen einen mittelbaren oder unmittelbaren Kontakt zwischen dem Mensch und der angenommenen Gottheit herstellen zu können. So ist es bereits im 4. Jht. fester Glaube der Christen, daß man mit Geistern und Engeln verkehren kann. **Ursächliches Problem sind Teile der griechischen Denksysteme, die von den Christen aufgenommen werden. Hier haben sie unsagbares Elend und nicht wieder gutzumachende Fehler angerichtet: außerdem haben sie bislang zu keiner vernünftigen Lösung geführt.**

»Das Christentum, aber nur wenn es in seiner ursprünglichen Reinheit und Wahrheit aufgefaßt wird, kann sich der Probe der strengsten Prüfung unterwerfen... allein selbst die christliche Religion kann entstellt, verderbt und erniedrigt werden«.[65] Dieser geistigen Macht des Aberglaubens sollte das Christentum entgegentreten im Namen desjenigen, der von sich bekannte: »Ich bin der Weg, die Wahrheit und das Leben. Wer mir nachfolgt, wandelt nicht in Finsternis«.[66] **»Wie weit die Grundidee des Christentums heute noch halbwegs praktischer Realisierung entfernt ist, sehen wir an den vielen Widersprüchen, die die Philosophie und die Religionssysteme beherrschen«.**[67]

Jede Dämonologie führt in sich den Kern zur Magie. Der Glaube ist ein Ansatzpunkt, weil er dem Feld der Spekulation Tür und Tor öffnet. Die Gläubigen ersinnen Schutzmittel und an die Stelle der Zaubersprüche treten Gebete und Schriftstellen. Bereits Origenes ist der Auffassung, daß der Name Jesu eine magische Wirkung auf alle Teufelswesen hat«.[68] »Der, der sich davon überzeugen will, braucht nur mitten unter den Gaukeleien der Dämonen, dem Betrug der Orakel und den Wundern der Magier das Kreuzzeichen zu schlagen, oder Jesu Namen auszusprechen, so wird er sehen, wie der Teufel gleich flieht, das Orakel schweigt und jede Magie und Zauberei stockt«. Außerdem verwenden die Christen Talismane, Amulette und das »agnus Dei«, ein »Gotteslamm«. Sie alle wirken auf Dämonen vernichtend. Papst Urban sendet dem griechischen Kaiser ein Gotteslamm mit folgender Aufschrift:[69]

»Balsam, zugleich mit der reinen Welle des Salböls, Bildet das Lamm, das ich dir als edle Gabe verleihe. Wie aus der Quelle geboren, durch mystische Weihe geheiligt,
Blitze von oben vertreibt es, und jede verdammte Sünde.
Hebet es auf, wie das Blut unser's Heilands selbst und erstickt sie.

Schwangere werden bewahrt, ja glücklich verläuft die Geburt auch.
Würdigen bringt es Geschenke. Die Stärke des Feuers zerstört es:
Reines Herzens bewahrt, entreißt es den Träger den Fluten«.

Also huldigen auch Päpste dem Aberglauben.

Der Krummstab der römischen Bischöfe geht aus dem heidnischen Augurenstab hervor und die Ägypter verwenden das Kreuz als Symbol. Daran sieht man, daß die frühe Kirche nicht in der Lage ist, vorhandene Gebräuche zu eliminieren. Das wäre auch unnatürlich. Es ist ein entscheidender Fehler, daß sie solche Ansichten später verdammt hat. Sicher hat Fehr nicht recht, wenn er schreibt:[70]**»Ja, die Kirche mußte sich nicht nur den Bedürfnissen dieser rohen Völker voll Liebe und Nachsicht herablassen, sondern, wenn auch mit schmerzlichem Gefühle, auch ihre tief eingewurzelten heidnischen Vorurteile mit großer Langmut ertragen, wollte sie die Erziehung dieser Völker nicht aufgeben und sie auf gefährliche Abwege geraten lassen«.**

Einmal kann von »Liebe und Nachsicht« kaum die Rede sein, zum anderen wird das selbst betrieben, was man bei anderen verdammt. Mit Langmut hat man nichts ertragen, denn mit der schon im 2. Jht. einsetzenden Christianisierung Deutschlands beginnt der planmäßige, wenn auch langsame Ausbau der neuen Glaubenslehre mit den entsprechenden Macht- und Lehrbefugnissen. Sicher ist, daß durch Teile der christlichen Dogmatik die Völker auf gefährliche Abwege geraten sind (z.B. die Ketzerverfolgungen, die Inquisition und die Hexenprozesse).

Zum kirchlichen Dämonismus

Bereits der Kirchenlehrer Augustin ist von der Existenz der Dämonen überzeugt. Ihm gelten die Wundertaten der Magier als mit Hilfe de Dämonen wirklich vollbrachte Tatsachen. Nach seiner Meinung sind die »Diomedischen Vögel« dadurch entstanden, daß sie durch die Teufel die Menschen beiseite geschafft und aus Weltgegenden, in denen solches Geflügel heimisch ist, Vögel an deren Stelle herbeigeschafft worden sind, und, wenn sie auf Antrieb der Dämonen in ihren Schnäbeln, wie die Sage lautet, Wasser in den Tempel tragen, den Griechen schmeicheln und Fremde mißhandeln, so ist das nicht zu verwundern, da es im Interesse der Dämonen liegt, die Welt zu überreden, daß Diomedes ein Gott sei, damit er nicht aufhört, falschen Göttern zu dienen«.

In den ersten Zeiten des Christentums ist die Unterscheidungsfähigkeit zwischen Natürlichem und Unnatürlichem wenig ausgebildet. Alles Ungewöhnliche wird entweder dem Magischen, dem Schlechten oder dem Wunder, dem Guten zugeschrieben. Also bringt die Lehre des Christentums innerhalb der bestehenden Magie eine Änderung der materiellen Auffassugn mit sich. Freilich wird Christus die Macht zugeschrieben, stärker als die Dämonen zu sein. Er ist demzufolge in der Lage, sie zu vertreiben (Exorzismus). Dazu kommen verschiedene Heilungen durch das Auflegen der Hände. Zu dem Vater Publii auf Malta, der am Fieber und an der Ruhr krank liegt, geht Paulus hinein und legt ihm die Hand auf und macht ihn gesund«. Oder: »Und Ananius ging hin und kam in das Haus, wo der blinde Saulus war, und legte die Hände auf ihn und sprach: Lieber Bruder Saul, der Herr hat mich gesandt, daß du wieder sehend und mit dem heiligen Geist erfüllest würdest«. Und alsobald fiel es von seinen Augen wie Schuppen und er ward wieder sehend«. Diese Kraft hat Christus seinen Jüngern übertragen (müssen) weil sonst das System unglaubwürdig geworden wäre.

Zugleich hat die neue Religionslehre dazu beigetragen, den Glauben an die Lehren der Geisterwelt zu erschüttern, bis sie ihn mit neuen bevölkert hat. Mit der Zahl der Heiligen wächst die der Widersacher.

Synesius, einst Heide, dann Philosoph im neueren Sinn aus der platonischen Schule kommend und zum Christentum übergetreten, wirkt als Bischof von Ptolomais. Er kritisiert in einem Brief seinen Freund »daß dieser nicht eingeweihten Zuhörer einen Teil seiner geheimen Lehren mitgeteilt hat«.

Die schlechten menschlichen Handlungen werden verdammt und die noch außergewöhnlichen unbegreiflichen Erscheinungen, auch unheilbar scheinende Krankheiten, gelten für die Werke von Dämonen. So verbreitet sich die Lehre vom Teufel und den Dämonen mit einer unglaublichen Geschwindigkeit unter den Christen und wird dadurch in die Welt getragen. Die falsche Grundeinstellung wird noch heute hochgehalten: sie bestimmt die religiösen Ansichten der Kirchenführer und ihre Verhaltensweisen.

Die Christen erheben Anspruch auf die Feststellung, daß es Wunder gibt. Origenes sagt Celsus gegenüber »... weil wir anerkennen, daß vom Dämon aus durch Zaubersprüche bewirkte Wunder möglich sind, so muß anerkannt werden, daß es göttliche Wunder gibt«. Man bekämpft sich demzufolge mit gegenseitigen Wundern. Augustin sagt: »Die im Gottesstaat zur Beförderung der Verehrung des wahren Gottes gewirkten Wunder werden durch Glaubenseinfalt und frommes Vertrauen, nicht aber durch künstlich zusammengeschmiedete Beschwörungs- und Zauberformeln bewirkt«. Ich kann nicht umhin, zumindest einen Teil der christlichen Gebete und Beschwörungen in diese Gruppe einzureihen und betone nochmals das Augustinische Wort der »Glaubenseinfalt«

im negativen Sinn. Origenes ist der Auffassung, daß sich die Dämonen aus dem Dampf des Weihrauchs ernähren. Die Möglichkeit, böse Geister durch Exorzismen zu vertreiben, lehren Tertullian, Lactianus und Gregorius.

Was macht das Christentum: es stempelt alles scheinbar Dämonische zum Bösen, zu von Gott abgefallenen Geistern. Es ist einleuchtend, daß die Sicherheit vor den satanischen Einflüssen und dem seiner Genossen umso größer sein muß, je inniger der Anschluß an den Besieger der Hölle ist... und so mußte der ungeheure dämonische Apparat des Polytheismus dazu herhalten, die Intensität des Glaubens an Christus zu befördern«.

Der Jurist Paulus, Lactianus

Der im 3. Jht. lebende Jurist Paulus sagt: »Wer gottlosen oder nächtlichen Gottesdienst vorgenommen hat oder hat vornehmen lassen, um Jemand zu besprechen, festzumachen oder zu binden, soll gekreuzigt oder wilden Tieren vorgeworfen werden. Wer einen Menschen opfert oder aus dessen Blut wahrsagt oder einen Hain oder einen Tempel besudelt, wird den wilden Tieren vorgeworfen, oder, wenn er eines besseren Standes ist, einfach mit dem Tode bestraft. Die Mitwisser der Magie sollen mit den strengsten Strafen belegt, das heißt, wilden Tieren vorgeworfen und gekreuzigt werden... die Magier selbst werden verbrannt. Niemand darf Bücher über die Magie besitzen. Nicht bloß die Ausübung, auch die Kenntnis der Magie ist verboten«.[71]

Lactanius, der zu Beginn des 4. Jhts. stirbt, hat dem Dämonenglauben seiner Zeit klar Ausdruck verliehen: »...das Streben der Dämonen und der unreinen Geister zielt darauf ab, das Reich Gottes zu vernichten und den Menschen zu schaden. Zu dem Zweck haben sie den Menschen durch scheinbare Wunder und durch Orakel den Wahnsinn eingegeben, sie seien Götter; so haben sie das Heidentum mit seiner Mythologie und seinem Kultus geschaffen. Außerdem richten sie in jeder möglichen Weise Verderben an, doch braucht ein Christ sich nicht vor ihnen zu fürchten, da vielmehr der Teufel und seine Dämonen in beständiger Furcht vor den Christen leben müssen. Denn ein Christ kann sie nicht nur überall austreiben, sondern zwingen, ihren Namen zu nennen und einzugestehen, daß sie keine Götter seien, obgleich sie in Tempeln als heidnische Götter verehrt werden.[72]

Etwa im 8. Jht. setzt die Bearbeitung der christlichen Dogmatik ein. In Deutschland ist die Christianisierung so gut wie abgeschlossen, wenngleich man den langen Zeitraum von mehr als 600 Jahren anzusetzen hat. »...als freilich der heil. Bonifazius die Donnereiche im Jahr christlicher Zeitrechnung 720 gestürzt hat stürzte allmählich auch in den deutschen Stammlanden die Religion des Odin zusammen... aber alle Erinnerungen konnten nicht ausgelöscht werden«. Man kann es sehen und drehen wie man will: jede monotheistische Glaubensform bedeutet Unterdrückung. Es kann keine Rede davon sein, daß so eine Entwicklung »freiwillig« verläuft. Dies zeigt ein Abriß über die wichtigsten christlichen Ketzerverfolgungen.

Die Kirche wächst und stabilisiert sich unendlich langsam und mit ihrem Wachsen bilden sich ernste Mißstände. Simonie, Nepotismus, Gewalt und Hintergehung beherrschen das Feld. Außerdem erwartet man den in der Apokalypse (Offenbarung des Johannes) vermerkten Untergang der Welt im Jahr 1000. Er tritt nicht ein. Dadurch wird das autoritäre Ansehen der Kirche erschüttert. So entstehen gerade ab Beginn des 11. Jhts. oppositionelle Gruppen und diese »Sekten« erhalten erheblichen Zulauf. Es folgt für die Kirche eine weitere Phase des Umbruchs. Die Ketzerbewegungen machen deutlich, wie unsicher das christliche Lehrgebäude ist und die Kirche muß sich massive Anschuldigungen gefallen lassen, nicht nur was ihre Sittlichkeit anbelangt. **Diese Phase steht die Kirche mit Gewalt und Mord durch, sie ist weit von den christlichen Toleranzgedanken entfernt. Es kommt zu großangelegten Verfolgungen, die sich teilweise über Jahrhunderte hinziehen. Kreuzzüge und Inquisitionstribunale werden errichtet: das Vergehen gegen den Glauben wird mit dem Tod bestraft.** Die Anklagen auf Hexerei ist unbekannt, denn der Canon Episcopi ist noch wirksam. Der Bruch kommt mit der Mitte des 13. Jhts. in den Auffassungen des Thomas von Aquin zum Ausdruck.

Erzbischof Agobard von Lyon

Agobard wird zwei Jahre nach dem Tod Karl d. Gr. zum Erzbischof von Lyon bestellt. Er nimmt dieses Amt 25 Jahre ein und stirbt 840. Hier sind mehrere seiner Schriften von Interesse, weil daraus ersichtlich wird, mit welchem Nachdruck er **gegen** den Teufelswahn aufgetreten ist. Aus einem Brief, den er in Gemeinschaft mit den Bischöfen Hildigius und Florus an den Bischof Bartholomäus von Narbonne richtet,[73] ist ersichtlich, daß das Volk, weil in diesem Sprengel Erkrankungen an Epilepsie vorgekommen sind, zum Opferfanatismus Ausflucht nimmt und Gold, Silber und Vieh der Kirche zum Geschenk macht.[74] Er führt die Krankheiten auf dämonische Einflüsse zurück.

Agobard begründet, daß alle Schicksalsschläge, von denen die Menschen betroffen werden, in der Zulassung Gottes begründet sind... gute wie böse Dinge sollen lediglich zur Belehrung und Besserung des Menschen dienen. Was die Macht des Teufels betrifft, so gibt Agobard zwar zu, daß er ständig begierig ist zu schaden, er weist aber aus der Geschichte

von Job nach, daß die Begierde ohne Gottes Zulassung den Menschen nicht verderblich sein kann. Auf den Fanatismus ist er schlecht zu sprechen und meint: »...statt die Kirche zu bereichern, hätten die Leute lieber den Armen und Fremden helfen sollen«.

Aus der Schrift vom Hagel- und Donnerwetter[75] ist zu erfahren, »...es sei damals die Albernheit ausgestreut worden, der Herzog Grimald von Benevent habe aus Feindseligkeit gegen Kaiser Karl Leute mit einem Pulver ausgeschickt, um es auf Feldern, Wiesen, Anhöhen und in Brunnen auszustreuen, um das Krepieren der Ochsen zu veranlassen. Viele Menschen wären deshalb festgenommen, teils totgeschlagen, die meisten aber mit Brettern befestigt in den Fluß geworfen worden. Den Teufelsspuk findet Agobard lediglich darin, daß viele der Festgenommenen gegen sich, der Wahrheit zuwider, das Geständnis abgelegt haben, im Besitz eines solchen Mittels zu sein und bestätigen, es ausgestreut zu haben; zur Sache selbst begnügt er sich damit, seine abergläubischen Zeitgenossen ad absurdum zu führen, indem er bemerkt, es sei doch wunderlich, daß dieses Pulver nur den Ochsen und nicht den anderen Tieren schadet. Seiner Indignation über die Leichtfertigkeit seiner Zeitgenossen Luft machend, ruft er aus: »**So weit ist es mit der Blödigkeit, in der die elende Welt befangen ist, gekommen, daß nunmehr von Christen Albernheiten geglaubt werden, für die es unmöglich gewesen wäre, unter den Heiden,** denen Gott als Schöpfer des Weltalls unbekannt ist, **gläubige Gemüter aufzutreiben**«.[76] »Sobald die Menschen den Donner rollen hören und Blitze zucken sehen, sagen sie: »das ist gemachtes Wetter und befragt, was damit gemeint sei, sagen sie, es gäbe Wettermacher, die durch Anwendung von Zaubersprüchen Stürme machen.... von einem Vertrag mit dem Teufel hatten aber diese Geschlechter noch keine Ahnung«.

Agobards Beweisführung gründet sich auf den Satz, daß Gott nicht nur der Schöpfer aller Dinge, sondern auch der Lenker und Leiter des Weltalls ist und deshalb überall da, wo in der Heil. Schrift vom Hagel- und Donnerwetter, von Regen, Schnee, Tau, Eis vom Gefrieren stehender und fließender Gewässer und anderen Naturerscheinungen die Rede ist, dieselben nicht menschlichem Ermessen, sondern göttlicher Macht zugeschrieben werden, woraus folgt, daß diejenigen, die glauben, daß es Menschen gibt, die die Macht haben, Wetter zu machen... Gott nicht kennen.[77]

Abt Pirmin

Um 740 wird auf deutschem Boden das erste Nationalkonzil zusammengerufen. Etwa gleichzeitig berichtet Abt Pirmin in seiner Schrift »De singulis libris canonicis scaraphus«:

- Kein Weib soll einen Abtreibungstrunk nehmen, um das schon empfangene oder geborene Kind zu töten. Die Weiber sollen keine teuflischen Getränke nehmen, um zur Empfängnis unfähig zu werden. Was immer für ein Weib dies tut, obwohl es wird noch gebären können, ist den Totschlags schuldig.
- Treibet und glaubet nicht an Zauberei, Wahrsager, Kartenschläger (caragor), Oberbeseher, Weissager, Hexenmeister, Beschwörer, an das Nießen und Zusammenziehen der Vögel und andere böse und teuflische Eingebungen.
- Hänget euch nicht oder den Eurigen Zauberkräuter (Characteres herbas) an; glaubt nicht an Wettermacher und gebt nichts dafür. Glaubt nicht denen, die garstige Sachen auf die Dächer hängen; denn Gott alleine kennt das Zukünftige.
- Glaubt nicht an teuflische Zauberformeln und Niemand lasse dieselben über sich machen. Kein Christ halte in den Kirchen oder zu Hause oder bei den Scheidewegen und anderswo Balladen, Hexentänze, Zauber— und Teufelsspiele; er soll unzüchtige Gaukeleien (mimiritias), unflätige Worte, die auf fleischliche Liebe oder Wollust deuten, nicht aus seinem Mund gehen lassen.
- Glaubet nicht an teuflische Anhangzettel oder dergleichen Dinge, betet sie nicht an und verehret sie auf keine Art; denn der Herr sagt: »Du sollst dir kein geschnitztes Bild machen«.

Rhabanus Maurus

Er hält 847 das erste Konzil in Mainz. Er wird im April 847, als Erzbischof Otgar stirbt, auf den erzbischöflichen Stuhl erhoben und erhält im Juni die Weihe. Noch als Abt hat er von einem Freund die Frage zur Beantwortung erhalten, was von jenen Menschen zu halten ist, die durch magische Künste und dämonische Zaubergesänge die Menschen täuschen und in einen anderen Zustand versetzen wollen! Die Antwort beginnt mit der Ausführung der Gesetze des Alten Testaments gegen die Zauberer, die er in verschiedene Klassen teilt. Er handelt von der Magie und Wahrsagerei; zur Magie rechnet er die Magier, die wegen ihrer bösen Werke »malefici« genannt werden, die Elemente zu erschüttern... dann die »necromatii, hydromatii, geomantii, aeromantii, paromantici, incantatores und Arioli« (?).

Die Ansicht, die Rhaban von Zauberkräften, Beschwörungen, Wahrsagereien und dergleichen Dingen hat, scheint zu seiner Zeit die vorherrschende gewesen zu sein, zumal wir sie bei Hinkmar von Rheims wiederfinden.

Als Abt hat Rhaban eine Homiliensammlung veranstaltet, er erklärt u.a. daß die Ungeheuer, die den Mond zerfleischen sollen, ein Unding sind und belehrt, daß die Abnahme des Mondes durch den Schatten der Erde entsteht. Er warnt vor Zeichendeutern (coragii), Weissagern (sortilegi) und Zauberern (incantores). Die Christen sollen weder den Flug der Vögel beobachten, noch auf ihren Gesang achtgeben, um daraus wahrzusagen, noch beim Beginn einer Reise sich gewisse Tage wählen; denn jeder Tag ist von Gott geschaffen und er habe Alles wohl gemacht.

Der Brief des Rhabanus Maurus an Heribald, Bischof von Auxerre, zeigt eine andere Seite. Abgesehen von dem unnatürlichen Umgang des weiblichen Geschlechtes unter sich, wird in Kap. 25 eine Bußstrafe auf jede Frau gelegt, die den Samen des Mannes mit Speise vermischt, um dadurch seine Liebe zu gewinnen.[78] Dazu zählt er die Frauen, die das menstruierende Blut mit Speise und Trank vermischen, und es ihrem Mann geben. Die, die den männlichen Samen mit Getränken mischen und jene, die den Hirnschädel eines Menschen verbrennen und ihn dann zur Vermeidung von Krankheiten einnehmen. Über Zauberer und Wahrsager wird ein Jahr Buße verhängt. »Das Weib, das ihr Mädchen auf das Dach oder in den Ofen legt, um das Fieber zu heilen, soll sieben Jahre büßen«.[79] Außerdem spricht Rhabanus in der Schrift »de universo« über Sibyllen, heidnische Gebräuche und Gottheiten.[80]

Prophetin Thiota

Das Mainzer Konzil von 847 beschäftigt sich mit der Prophetin Thiota, die aus Oberdeutschland nach Mainz gekommen ist. Sie verkündet den nahen Untergang der Welt, und hat im Bistum Konstanz unter der Bevölkerung Unruhen ausgelöst. Man bringt ihr Geschenke, empfiehlt sich ihrer Gebete und Kleriker hängen sich an sie und betrachten sie als eine vom Himmel gesandte Lehrerin. Von einer Synode über ihr Benehmen zur Rede gestellt, bekennt sie, daß sie schändliche Gewinnsucht und der Rat eines unwürdigen Priesters dazu gebracht habe. »...so ward ihren Prophezeiungen ein Ende gemacht«.

Kanon Episcopi

Das wichtigste Dokument, das belegt, wie die Kirche des 10. Jhts. zum Hexentreiben steht, ist der »Canon Episcopi«. Er kommt zuerst in einer Visiatationsanweisung 906 vor. Dabei wird den Bischöfen zur Pflicht gemacht, die unheilvolle, vom Teufel erfundene magische Kunst aus den Parochien auszurotten und ihre Anhänger auf eine schimpfliche Weise auszutreiben. Der Wortlaut ist im wesentlichen:

»Es gibt verbrecherische Weibsleute, welche durch die Einflüsterungen und Vorspiegelungen der Dämonen verleitet, glauben und öffentlich aussprechen, daß sie zur Nachtzeit mit der heidnischen Göttin Diana oder mit der Herodias und unzähligen anderen Weibern auf gewissen Tieren über große Länderstrecken im Schweigen der unheimlichen Nacht dahineilen und den Befehlen der Göttin als ihrem Herrn gehorchen und in gewissen Nächten zu ihrem Dienste sich rufen lassen. Eine unzählige Menge von falschen Meinungen verführt, glaubt nun, daß dies wahr sei, weicht dadurch vom rechten Glauben ab und verfällt den Hauptirrtümern der Heiden, in dem sie außer dem einen Gott noch andere göttliche und übermenschliche Wesen glauben. Deshalb sind die Priester verpflichtet innerhalb der ihnen anvertrauten Gemeinden, dem zum Gottesdienst versammeltem Volk mit allem Nachdruck davon zu reden, so daß sie einsehen, daß dieses falsch sei und solche Einbildungen nicht von einem göttlichen, sondern von einem bösen Geiste den Seelen der Gläubigen eingeflößt werden. Satan nämlich, nachdem er den Geist eines Weibes gefangen genommen und sich, um sie zum Unglauben zu bewegen, unterjocht hat, verwandelt sich dann in die Gestalt und Ähnlichkeit verschiedener Personen, und mit dem Geist, den er gefangen hält, in Träumen sein Spiel treibend... führt er ihm Gestalten vor. Deshalb ist öffentlich anzukündigen, daß, wer solches oder ähnliches für wahr hält, den Glauben verloren hat, er gehört nicht dem Herrn an, sondern dem, an der er glaubt, dem Teufel. Wer darum für wahr hält, es könnte irgend eine Kreatur in etwas Besseres oder Schlechteres verwandelt oder in eine andere Gestalt und Ähnlichkeit umgebildet werden, der ist fürwahr außer durch den Schöpfer selbst, der Alles macht und alles gestaltet hat, der ist ein Ungläubiger und steht tief unter den Heiden«.[81]

Inkonsequenz der Haltung der Kirche

Die Entwicklung, so weit sie sich heute noch verfolgen läßt, macht deutlich, daß die Kirche in ihrer Haltung gegenüber dem Hexen- und Teufelstreiben inkonsequent ist. Das beweist nicht nur der Kanon Episcopi als dem klassischen Beispiel der noch gesunden Auffassung. Es sind noch weitere anzuführen:

Ein irisches Konzil des 9. Jhts. verdammt jeden Christen, der an das Dasein von Hexen glaubt und zwingt ihm zum Widerruf, ehe es die Versöhnung zuläßt. Gregor VII. tadelt 1080 in einem Schreiben die Sitte, Priestern und Frauen alle Stürme, Krankheiten und anderes körperliches Ungemach zuzuschreiben; das seien göttliche Fügungen.

Ihretwegen Rache an den Unschuldigen nehmen, heiße den göttlichen Zorn reizen. Etwa um die gleiche Zeit gibt Burchard von Worms wie anderen Kirchenrechtslehrer, Regino von Prüm um 900, und Ivo Chartres (um 1100), eine reiche Zahl von Kirchenverboten heraus. Dies zeigt, daß die Realität der Zauberei offen erkannt wird und es wird der Kirche die Pflicht auferlegt, sie zu bekämpfen. Um 1074 warnt ein Konzil in Böhmen die Gläubigen, in trüben Stunden ihre Zuflucht zu Zauberern zu nehmen. In Ungarn werden die Zauberinnen nach den Gesetzen des Königs Stephan und Ladislaus (997—1095) mit den Prostituierten auf eine Stufe gestellt und den gleichen Strafen unterworfen. Sein Nachfolger Koloman (1095—1114) tut die Sache mit der knappen Bemerkung ab »...es gebe keine Spur Zauberer, und infolgedessen sei von einem Verfahren gegen Hexen keine Rede«. Dazu zwei Beispiele aus der Kirchengeschichte:

Um 1016 schickt der Erzbischof Poppo von Trier einer Stiftsdame ein Stück seines Mantels, um daraus ein paar Schuhe anzufertigen, die er beim Messelesen anziehen will. Sie bezaubert ihn so, daß er sich »unsterblich« in sie verliebt. Nun verschenkt er in seiner Not die Schuhe an einen anderen Geistlichen. Hier tritt die gleich Wirkung ein. Folge: die schöne Sünderin wird aus dem Kloster getrieben und Poppo unternimmt eine Pilgerreise in das heil. Land. Ohne Zweifel hätte man sie später unter der Flagge der christlichen Nächstenliebe und des kirchlichen Dämonenglaubens als Hexe dem Scheiterhaufen überantwortet.

Um 1200 wird ein junger Geistlicher aus Soest, Hermann, wegen Zauberei angeklagt, weil er die Anträge einer Frau zurückgewiesen hat. Er wird verurteilt und verbrannt. In den Flammen singt er das Ave Maria, bis ihm ein Verwandter einen glühenden Stock in den Mund schiebt, um ihn zum Schweigen zu bringen.[82] Hier wird der Priester bestraft; freilich zu Unrecht, aber später hätte es die Frau erwischt und sie wäre auf dem Scheiterhaufen als Hexe gestorben.

In Carcassonne wird ein Minorit, ein schwacher Greis zur Entwürdigung seines Amtes und zu lebenslänglichem Gefängnis in Eisenbanden bei Wasser und Brot verurteilt, weil er sich über den Mißbrauch der Tortur beschwert und sagt, daß sie selbst Petrus und Paulus würde zu Ketzern gemacht haben: weil er die weltliche Obrigkeit bewogen, einige von der Inquisition eingezogenen Personen in Schutz nehmen und weil er zur Wollust als zu Beschädigung Zauberei getrieben hat![83] Auch hier sehen wir die Inkonsequenz der Kirche.

Magnum Decretorum Volumen

Burchard, der Bischof von Worms (gest. 1025) ist der Verfasser des »Magnum Decretorum volumen« einer zwanzigbändigen Abhandlung. Er beschäftigt sich dem Zeitgeist folgend mit Fragen des Aber- und Volksglaubens und er spricht von einer ernstlichen Ermahnung, daß die Bischöfe und ihre Priester mit allen Kräften dahin streben und arbeiten sollen, daß sie die verderbliche, vom Teufel erfundenen Kunst der Wahrsagerei und Zauberei ganz und gar, mitsamt der Wurzel aus ihren Sprengeln ausrotten; wo sie daher ein Individuum männlichen oder weiblichen Geschlechtes finden, das einen solchen Unfug treibt, so sollen sie es auf eine schimpfliche Weise aus ihrem Sprengel schaffen. »Es muß die Kirche von einer solchen Befleckung gereinigt werden«.[84]

In weiteren Kapiteln bekämpft er die Zauberer, Wahrsager, Weissager und Zeichendeuter. Diejenigen, die einem heidnischen Gebrauch folgen und Zauberer in ihre Häuser führen, um Übel zu verbannen, werden mit einer Buße von 5 Jahren belegt. Wer sich der Wahrsagerinnen und Weissagungen bedient, oder wer glaubt, daß Menschen Gewitter machen können oder wenn ein Weib Wahrsagereien und Zaubereien ausgeübt hat, soll sie sieben Jahre büßen.

- Wer das Neujahr nach heidnischer Weise begeht, den Tisch mit Fackeln und Speisen bereitet oder auf den Gassen und Straßen singt, sei mit dem Bann belegt.
- Christliche Weiber sollen bei ihren Wollarbeiten keine eitlen Dinge beachten, sondern den göttlichen Beistand anrufen, durch den sie ihre Kunstfertigkeit erlangt haben.
- Beim Sammeln der Arzneikräuter darf man keine Zauberformeln gebrauchen, sondern soll den Glauben und das Vater Unser beten, damit Gott der Herr geehrt wird.
- Weissager, die zukünftige Dinge zu wissen vorgeben, sollen gepeitscht und dann aus dem Bezirk gewiesen werden.
- Jeden soll der Bann treffen, der Wahrsager und Zauberer um Rat gezogen oder Amulette (phylactia) gebraucht hat.
- Weiber, die vorgeben, die Gemüter der Menschen verändern zu können, und vorgeben, sie könnten die Gesinnung des Menschen von Liebe in Haß und andersherum ändern, und daß sie des Nachts auf Tieren reiten, sollen aus der Pfarrei gewiesen werden.
- Wer nachts den Dämonen opfert oder Zauberer und Wahrsager zu Rat zieht, soll, wenn er ein Priester ist, von jeder priesterlichen Handlung suspendiert werden und drei Jahre, ein Laie zwei Jahre Buße tun.

Wichtig ist das fünfte Kapitel des 19. Buches. Es handelt von der Zauberkunst (de arte magica) und beinhaltet Gewissenfragen für Beichtkinder:

- Hast du Zauberer gefragt und in dein Haus eingeführt?
- Hast du Weissager genommen?

- Hast du heidnische Gebräuche beobachtet... welche gleichsam durch ein Erbschaftsrecht des Teufels bis auf diese Tage immer die Väter den Söhnen hinterlassen haben?
- Hast du den Neumond abgewartet, um ein Haus zu bauen oder dich zu verheiraten?
- Hast du am Neujahrtage deinen Tisch mit Speisen und Fackeln zubereitet oder auf den Gassen und Straßen gesungen, oder dich mit einem Schwerte umgürtet, dich auf das Dach oder auf eine Ochsenhaut oder einen Scheideweg gesetzt?
- Hast du in dieser Nacht Brot backen lassen, und, wenn es in die Höhe ging, dein Glück zu erkennen?
- Hast du Bänder (ligatures) gemacht und Zaubereien und Hexereien veranstaltet?
- Hast du jenem Unsinne beigewohnt oder zugestimmt, den die Weiber bei ihren Wollarbeiten zu begehen pflegen?
- Hast du Arzneikräuter unter Zauberformeln gesammelt, statt der Gebete des Glaubens und des Vater Unser?
- Bist du, um zu beten, an einen anderen Ort gegangen, als die dein Bischof oder Priester angewiesen hat, z.B. zu einem Brunnen, zu Steinen oder Scheidewegen?
- Hast du Bücher oder Psalter oder die Evangelien zum Wahrsagen nachgeschlagen?
- Hast du geglaubt, daß es Weiber gebe, die durch Zauberkünste die Gemüter der Menschen ändern[85]

Diese Ausführungen zeigen, daß die Kirche die Dinge nicht anerkennt und verwirft. Die Inkonsequenz ist, daß sie zuerst den Hexenglauben und das Ausreiten verurteilt und mit empfindlichen Bußen belegt, später aber den Unfug anerkennt und Nutzen daraus zieht. Außerdem sehen wir die enorme Kraft und Unverwüstlichkeit, die im alten Volksglauben steckt, den auch die Kirche nicht verdrängen kann.

Thomas von Aquino (1225—1274)

Einer der bedeutendsten Kirchenlehrer seiner Zeit vertritt eine Meinung, die im scharfen Gegensatz zu der früherer Jahrhunderte steht. Schuld daran ist nicht er, sondern der Geist seiner Epoche mit der Ausbildung der scholastischen Philosophie und ihrer Spitzfindigkeiten, die sich auf fast alle Lebensbereiche erstrecken. »Von den Hexen wissen wir, daß einige glauben, Hexerei existiere gar nicht und daß sie dem Unglauben entspringe; sie glauben auch, daß die Dämonen nur in der menschlichen Einbildung existieren, indem die Menschen sie sozusagen aus ihrem Inneren hervorbringen und durch Schrecken bei diesen Einbildungen niedergeschlagen werden. Aber der katholische Glaube behauptet, daß die Dämonen existieren, daß sie sich durch ihre Handlungen schaden und die Fruchtbarkeit der Ehe hindern können. »...es ist zu bedenken, daß man notwendig einräumen muß, daß die Dämonen mit Gottes Erlaubnis Störungen in der Luft hervorrufen, Winde erregen und bewirken können, daß Feuer vom Himmel fällt. Denn wenn auch der leibliche Stoff in Bezug auf die Annahme einer Form weder den guten noch den bösen Engeln, sondern allein dem schaffenden Gott gehorcht, so ist die leibliche Natur doch dazu geschaffen, in Bezug auf eine örtliche Bewegung der geistigen zu gehorchen... so können die bösen Geister... Wind und Regen und ähnliche Störungen in der Luft allein durch die Bewegung der Dämpfe, die der Erde und des Meeres entsteigen, bewirken.[86] So wird der Canon Episcopi samt seiner gesunden Anschauung aus der Welt geschafft und an seine Stelle etwas Schlimmeres gesetzt. Damit eine die Grundlage der späteren Hexenprozesse geschaffen. Noch eines kommt dazu:

Gegen das Ende des 13. Jhts. liegen bereits etliche Zauberbücher vor »...ihr wesentlicher Inhalt besteht darin, den Teufel mit seinen Dämonen zu bannen. Dadurch werden »Teufelsfurcht, Aberglaube und Gespensterwahn« genährt. Bei dem nun breiter einsetzenden Klosterwesen überträgt sich der gefährliche Funke auf den Bereich der religiösen Schwärmer, Asketen und Visionäre. »...eine Nonne Marcella wird vom Teufel verfolgt, aber ihr bringt der Engel Gabriel ein Stück Holz aus dem Paradies, mit dessen Rauch sie den Teufel vertreibt«. **Aus diesen Bewegungen wird der negative Grundgedanke zur Einstellung der Frauen gegenüber weiter getragen und das überhandnehmende Mönchswesen mit seiner breiten Einflußnahme auf das Volk trägt die Idee des Teufels— und Dämonenglaubens in die Welt: die Folgen sind nicht voraussehbar, aber von einer fürchterlichen Tragweite.**

Zwei Holzschnitte aus dem Buch von Ulrich Molitoris. Ein Bauer reitet rücklings auf einem Fabeltier. Es ist mit Sicherheit kein Wolfsritt, wie das verschiedentlich interpretiert wird. Rechts: ein Teufel faßt eine Frau, die entweder auf dem Feld beschäftigt ist, oder die die »Gabel« zwischen die Beine genommen hat. Es sind zeitgenössische Abb. die möglicherweise nichts mit dem Teufels- und Hexenglauben zu tun haben. Es fehlen beispielsweise die typischen Klauenfüße oder die Hörner, die dem Teufel sonst beigegeben werden.

Konziliare und Synodale Beschlüsse im Zusammenhang mit der Zauberei[86]

506 (eine Kirchenversammlung): »... sollen die Weiber, welche mit den Dämonen auf gewissen Tieren zu reiten behaupten, mit dem Banne belegt werden«.[87]

742 (21. April) erstes deutsches Nationalkonzil (Concilium germanicum). Hier: 5. Kapitel: »Wir haben angeordnet, daß gemäß den Canones jeder Bischof in seiner Diözese mit Beihilfe des Grafen, welcher der Schutzherr der Kirche ist, seine Sorge dahin wende, daß das christliche Volk keine heidnischen Gebräuche beobachte, sondern all dergleichen Unflat ablege und verabscheue; auch keine abergläubischen Totenopfer, keine Zauberkünste, Wahrsagereien, Hexereien, auch keine Opferfeuer mache, wie einfältige Menschen manchmal nach heidnischem Gebrauch bei der Kirche tun, unter dem Namen der Märtyrer und Beichtiger, wodurch sie Gott und die Heiligen zum Zorne reizen. Sie sollten jene gotteslästerlichen Feuer, die sie Redfratres nennen, und alle heidnischen Gebräuche verbitten.

785 und 786 (Synode von Paderborn; 6.Kap.): »Wer vom Teufel geblendet nach der Weise der Heiden glaubt, es sei Jemand eine Hexe oder fresse Menschen, und diese Person deshalb verbrennt oder ihr Fleisch selbst ißt oder durch Andere essen läßt, soll mit dem Tode bestraft werden.

789 Aachener Kapitularien, 16. Kap.: »Man solle keine unbekannten Namen der Engel erdichten oder nennen, außer jenen, die in der heiligen Schrift enthalten sind. Kap. 18: Es sollen keine Gaukler (Caucleaeri), Zauberer, Hexenmeister, Wettermacher oder Schwörer (obligatres) die vorgeben, sie könnten die Menschen durch ihre Zaubergürtel anziehen, geduldet werden!«

799 (Synode von Rinsbach; 15. Kanon): Zauberer und Hexen... sollen eingekerkert und durch den Archipresbyter wo möglich zum Geständnis gebracht werden. Aber am Leben darf ihnen nicht geschehen.

811 (ca.) Bischof Haito oder Hetto in einem Pastoralschreiben an seine Priester. Kap. 1: Zuerst ist der Glaube der Priester zu erforschen, wie sie glauben, und Andere den Glauben lehren; wo auch Beispiele vorzuhalten sind, inwiefern der Schöpfer aus dem Geschöpfe, obschon sehr dunkel, erkannt werden kann. Kap. 19: »In der Kirche soll nichts anderes gelesen oder gesungen werden, als was das Ansehen der heil. Schrift und der Kirchenväter genehmigt hat. So soll man auch keine falschen Engel ehren«.

813 Konzil von Tours. Can.42: Die Priester sollen das gläubige Volk ermahnen und ihm zu wissen thun, daß magische Künste und Zaubereien an Menschen und Tieren zu heilen im Stande seien, sondern daß dies Fallstricke und Nachstellungen des alten Feindes seien, durch welche er das menschliche Geschlecht zu berücken sucht.[88]

816: Konzil unter Ludwig dem Frommen: »Der kirchliche Lehrer muß sich sowohl in der Lehre (doctrina) als im Wandel auszeichnen; die Predigt des Priesters muß durch Werke bekräftigt werden... nach Maßgabe der Sitten müssen auch die Ermahnungen verschieden sein«.

867 Mainzer Synode. Hier wird wegen der Umtriebe von zwei unwürdigen Priestern verhandelt. Sie waren in der Art der Mönche gekleidet und führten ein einsames Leben. Sie gaben sich für frömmer als Bischöfe und Priester aus, rühmten sich göttlicher Wundergaben und himmlischer Visionen. Die Leute strömten haufenweise zu ihnen und brachten ihnen Geschenke. Sie nahmen Beichten ab. Schließlich wurden ihre Betrügereien aufgedeckt. Des einen bemächtigte sich der böse Feind, der andere wurde vom Erzbischof Liutbert während eine Synode abgesetzt.[89]

895 Konzil von Tribur: hier wird eine merkwürdige Sache berichtet und zwar über die Beerdigung eines Unwürdigen in der Kirche den Gläubigen zur Nachachtung ein. Kan. 17 verordnet: »gemäß den Statuten der heil. Väter und wegen der wunderbaren Ereignisse verbieten wir, daß fernerhin ein Laie in der Kirche begraben werde. Daran knüpft sich folgende Erzählung:

»Es starb ein gewisser Valentinus. Sein Leichnam wurde in der Kirche des hl. Märtyrers Syrus beigesetzt. Um Mitternacht hörte man in der Kirche Stimmen, wie wenn einer mit Gewalt aus ihr hervorgezogen würde. Auf dieses kamen Wächter und sahen zwei böse Geister, welche die Füße des Valentinus mit einem Strick zusammengebunden hatten und die Leiche aus der Kirche herauszogen. Am Morgen öffnete man das Grab, aber die Leiche des Valentinus war nicht mehr im Grab, sondern außerhalb der Kirche. Die Synode erklärt nun: »Eine so wunderbare und schreckliche Sache und daher für die Zukunft von Allen zu beachten«.

967 Kirchliche Gesetzgebung Englands (König Edgar): »Wenn einer Gift gebraucht, um sich die Liebe des Anderen zu erwerben und ihm dasselbe in Speise oder Trank, oder aber in der Zauberkunst gibt, so soll er, wenn er ein Laie ist, ein halbes Jahr jeden Dienstag und Freitag bei Wasser und Brot fasten und auch an den anderen Tagen keinen Fisch genießen; dasselbe soll ein Kleriker ein ganzes Jahr an drei Wochentagen bei Brot und Wasser beobachten, der Diakon drei, der Priester 5 Jahre.

93

990 Synode bei Lyon (Ansa). Hier ging es hauptsächlich um Besitzungsangelegenheiten der Abtei Cluny. Es wird gesagt: »Zaubereien, Wahrsagerei und Weissagungen solle man weder vornehmen noch glauben: wer aber solches dennoch unternommen, solle nicht eher von der ewigen Strafe und dem Feuer befreit werden, als bis er durch vollständige Genugtuung den Fehler gutgemacht hat.

?Synodalbeschluß von Toledo: »wenn ein Priester, Diakon oder ein anderer Kleriker überwiesen ist, daß der Zauberer, Wahrsager oder Weissager oder solche, die ähnliche Künste zu verstehen vorgeben, zu Rate gezogen haben, so solle er seiner Würde entsetzt werden, und in ein Kloster geschickt, Buße tun. Über die Beschwörer der Abgeschiedenen wird der Bann verhängt... Niemand solle mit solchen Menschen verkehren«.

1009 Konzil von Aenham: »Wenn Hexen, Zauberer und Weissager sich irgendwo fänden, so sollen sie des Landes verwiesen werden, wenn sie sich nicht ihrer Freveltaten enthalten und sich bessern.

1022 Konzil von Seligenstadt. 6.Kap.: »Keiner soll das Korporal in's Feuer werfen, um dadurch das Feuer zu löschen. Es ist dem Conzilium über gewisse erzdumme Priester (stultissimi presbyteri) geklagt worden, die bei einem Brand das durch den Leib des Herrn geheiligte Tuch, Corporale genannt, auf eine verwegene Weise ins Feuer werfen, um dadurch den Brand zu stillen. Es ist beschlossen worden, unter Androhung des Anathems, daß dies ferner nicht mehr geschehe.«

1075 Konzil von London: »Es solle keiner Zeichendeuterei und Wahrsagerei oder ähnliche teuflische Dinge ausüben; auch solle Niemand die Gebeine getöteter Tiere aufhängen, in dem Wahne, dadurch eine Viehseuche abwenden zu können«.

1092 Konzil zu Szabolch (Ungarn): »c.22: Wer nach heidnischem Gebrauche bei einem Brunnen opfert, oder bei Bäumen, Quellen und Steinen Opfergaben darbringt, soll sein Verbrechen schwer büßen«.

1227 2. Provinzialkonzil von Trier unter Erzbischof Theoderich: »Taufwasser, Chrisam, Öl, sei gut verschlossen des abergläubischen Unfugs wegen. Ebenso wird verboten, eine Totenbahre in die Kirche zu setzen und dabei das Offizium für die Verstorbenen anzubeten«.

1238 Statuten Provinzialkonzil Trier: c.37: »Da Beschwörungen, welche durch Besichtigung des Feuers oder des Schwertes oder auf jede Art geschehen, verboten sind, so verordnen wir, daß, wenn ein Geistlicher befunden wird, sich hierin verfehlt zu haben, er suspendiert werden und solange darin verbleiben soll, bis er hinreichend Buße getan hat; der Laie aber werde exkommiziert«.

1244 Satzungen des Fritzlaer Konziliums unter dem Mainzer Erzbischof Siegfried von Eppstein. Artikel 4:» Über die Buße, wird festgesetzt, daß die Priester beim Beichthören die größeren Sünden den bischöflichen Pönitentaren überweisen (so: Bezauberung der Eheleute, daß sie nicht zusammenkommen können oder daß die Weiber unfruchtbar bleiben, oder die Leibesfrucht zu frühzeitig abgehe; Wahrsager, und die bei dergleichen Sünden mit der Exkommunikation belastet sind).

1261 Mainzer Provinzialkonzil unter Werner: c.30: »Wir exkommunizieren und anathematisieren alle Weissager, und sie sollen von keinem Anderen, als von unserem als von ihrem Bischof losgesprochen werden können; außer vielleicht in der Todesstunde (nisi forsan in mortis articulo); wir wollen, daß diese Exkommunikation alle Sonn- und Feiertage von den Priestern in den Kirchen und Kapellen bekannt gemacht werde«.

1300 Statuten Friedrichs, Bischof von Straßburg (gehören zur Synode) c. 15: »Die Christgläubigen sollen sich nicht mit Wahrsagerei oder Zauberei abgeben; wer sich hierin schuldig findet, soll zur aufrichtigen Buße schreiten«.

1310 Konzil von Trier:c.79: »Wahrsagungen, Weissagungen, Vorhersagungen und andere abergläubische Mittel, sei es, daß sie in Anrufungen und Beschwörungen oder in gewissen Zeichen geschehen oder in Dingen bestehen, welche an den Hals oder anderswo aufgehängt oder angebunden werden, verbieten wir als von allen Christgläubigen nach heidnischer Sitte zu Wahrsagern, Weissagern (Zeichendeutern) und Vorhersagern, um Leben und Tod von Menschen oder Tieren oder zum Verlust von Sachen oder gegen Hagel und Gewitter, oder daß er die Liebe seiner Frau in höherem Maße gewinne, oder um ein anderes abergläubisches Mittel, noch führe er solche Leute in sein Haus, damit sie ein Übel aus demselben vertreiben und dergleichen. Keiner mißbrauche die Psalter oder irgend ein Teil der heiligen Schrift zum Wahrsagen oder der Erforschung der Zukunft«. **Kein Weib gebe vor, sie reise in der Nacht mit der heidnischen Göttin Diana oder mit der Herodia in Begleitung einer unzähligen Menge von Weibern; denn das ist eine dämonische Vorspiegelung.** Beim Kräutersammeln darf Niemand außer dem Vater Unser und dem Glauben sich der Zauber— und Wahrsageformeln bedienen; er darf auch auf Zettelchen, die angehängt sind, nichts Anderes schreiben. Wir verbieten auch, daß Jemand aus den 12 Himmelszeichen und den darin geborenen Sitten, Handlungen, Ereignissen oder Taten weissage, oder daß Jemand für einen Hausbau, oder für ein Eheverlöbnis oder für andere Sachen diese Zeichen beachte. »Wer aber nach dem allgemeinen Verbot, welches alle Sonntage die durch die Priester in der Hochmesse bekannt gemacht werden soll, etwas der Art tut, dem sollen der Eingang in die Kirche und die heil. Sakramente verweigert werden, dann soll er auch, wenn es nötig ist, durch Exkommunikation und durch andere Strafen von den Ortsordinarien abgehalten werden.

1310 Provinzialkonzil von Mainz: »Alle Wahrsager sind exkommuniziert und können nur von den Bischöfen absolviert werden; außer in der Sterbestunde; dies muß alle Sonn— und Feiertage von den Pfarrern in den Kirchen öffentlich bekanntgemacht werden«.

1350 Befehl des Bischofs Johannes von Naumburg an seinen Klerus: »Schwarzkünstler, und Zauberer sind ohne seine Einwilligung nicht kirchlich zu beerdigen... er schließt sie gleich den Mördern und anderen großen Verbrechern aus der kirchlichen Gemeinschaft aus«.

1370 Konzil von Magdeburg: »Sollten indess solche gefunden werden, die aufrichtig in den Schoß der Kirche zurückkehren wollen, Zeichen der Buße geben und... die Absolution erhalten haben, so wollen wir nichtsdestoweniger, weil sie Gott, unseren Schöpfer, verachtet und Götzendienst verrichtet haben, daß sie an vier Sonntagen barfuß während der Prozession im Kirchhof dem Kreuz und Fahnen vorangehen, ohne Kopfbedeckung... dann vor der Kirchentür stehen bleiben... und erst nachdem die Gläubigen eingetreten sind... gleichfalls eintreten, sich in den Chor begeben und dort barfuß... die ganze Messe zum Zeichen wahrer Buße hören«.

1356 Kölner Synode: »Da Aberglaube oder Wahrsagerei und Zauberei und Weissagerei in unserer Diözese sich eingeschlichen habe, so schließen wir beiderlei Geschlechts, welche sich mit solchen Dingen befassen, aus der Kirchengemeinschaft aus, daß ihre Namen jeden Sonn- und Festtag in der betreffenden Kirche abgelesen werden, damit die Christgläubigen nicht durch ihren gefährlichen Eigensinn zum Götzendienst verleitet werden«.

1432 Konzil von Straßburg: »Ebenso verbieten wir allen Christgläubigen beiderlei Geschlechts, besonders aber geistlichen Personen, Weissagerei, Zauberformeln und Gebete und jede Art teuflischen Unfugs. Wenn Jemand der genannten Vergehen sich schuldig weiß und sich dieses abscheulichen und verkehrten Gebrauchs mit Erfolg enthält innerhalb 8 Tagen seinen Seelsorger befragt, so soll die entsprechende Buße auferlegt werden. Wer dagegen diese erbärmlichen und verkehrten Handlungen ausübt, so wie ihnen beistimmt oder mithilft, ist ipso facto exkommuniziert«.

1447 Konzil von Eichstätt: »Ein Greuel vor Gott sind die Zaubereien, Weis- und Wahrsagungen und die Wissenschaft der Pythonissen, welche vorgeben, dem Menschen eine gute Zukunft zu bereiten und böse abwenden können.. da wir dieses verderbliche Geschlecht mit der Wurzel ausrotten gedenken, um so mehr, da es dem Vernehmen nach weit im Volke verbreitet ist, so verordnen wir, daß fortan jeder Priester und Kleriker auf solche Leute, wessen Standes und Geschlechtes sie sein mögen, wenn sie in den genannten Irrtümern befangen sind, oder sich sonst mit irgend welchen abergläubischen Dingen abgeben, besonders achten«.

1491 Synode von Bamberg: »Wir verabscheuen sämtliche Sekten, unter welchem Namen sie auch auftreten mögen, und alle eitle und abergläubische Beobachtungen, nämlich Wahrsagerei und die Kunst der Zauberer und Pythonisten, von welchen verführt, die Leute glauben, Gutes zu gewinnen und Bösem zu entgehen«.

1505 Synodalstatuten von Basel: Titel I: »Da der katholische Glaube die Grundlage der ganzen christlichen Religion ist, so wollen wir, daß die längst erschienenen kanonischen Bestimmungen gegen den fluchwürdigen Greuel des Götzendienstes, gegen die schrecklichen Lästerungen Gottes und der Heiligen, gegen den Aberglauben, Wahrsagerei, Zauberei, gegen die Enthüllungen von Pythagonen und Pythonissen von allen unsern Untergebenen auf das Sorgfältigste beobachtet werden!«

1528 (Onc. Viturense): »... es ist Pflicht der Pfarrer, unter Ankündigung einer beliebigen Strafe beim Bischof oder bei seinem Generalvikar diejenigen der Pfarrkinder zur Anzeige zu bringen, von denen sie wissen, daß sie von den Irrtümern Luthers angesteckt, oder den Zauberkünsten, Weissagungen, Gaukeleien oder anderen abergläubischen Dingen ergeben sind«.

1536 Synode von Köln: »Wir verbieten alle Mißbräuche und allen Aberglauben, sowie Alles, worin das Volk seine Hoffnung mehr auf äußerliche Dinge setzt, als auf Gott«!

Viele Synoden finden in Italien statt: 1568 Provinzial-Konzil in Ravenna, 1569 Provinzial-Synode in Urbino und in Capua, 1573 Provinzial-Synode in Florenz, 1576 Provinzial-Synode in Neapel, 1579 in Consenza, 1597 Synode in Sewerinne in Calabrien. Dazu kommen sechs Synoden von Mailand, die der heil. Borromäus veranstaltet (die erste 1565, 1569, 1573 und 1576). Dazu kommen vergleichbare Veranstaltungen in Frankreich: 1579 in Melodunum, 1590 in Tolosa (Spanien), 1583 in Portugal.

1546 (17. Juni; Konzil von Trient. 5. Sitzung 1. Canon. (Erbsünde): »... daß der im Banne sei, welcher leugnet, daß Adam im Paradies gesündigt und zugleich die Gerechtigkeit und Heiligkeit verloren habe, in der er lebte... Ferner, daß der ganze Adam durch jene Übertretung und Sünde an Leib und Seele verdorben worden sei«!

1551 (25. November; Konzil von Trient 14. Sitzung) letzte Ölung: »Die heilige Synode erklärt und lehrt daher bezüglich der Einsetzung ihrer Einsetzung, daß unser gnadenvoller Erlöser, der seinen Dienern zu jeder Zeit wollte Heilmittel anbieten gegen alle Pfeile der Feinde, wie er solche Heilmittel besonders in den Sakramenten bereitgestellt hat, damit die Christen während ihres Lebens sich durch sie vor jedem größeren Nachteile des Feindes schützen können. So hat er durch das Sakrament der letzten Ölung das Lebensende wie mit einem besonders starken Wall umgeben. Denn wiewohl unser Widersacher durchs ganze Leben hindurch nach Gelegenheit forscht und sie ergreift, damit er auf alle mögliche Weise unsere Seelen verschlingen könne«!

Auf dem Konzil von Trient wird der Beschluß gefaßt, daß alle drei Jahre Provinzial — und alle Jahre Diözesan-Synoden abgehalten werden sollen. Auf vielen Synoden wird das Thema Zauberei zumindest tangiert.

1588 Konzil von Viturice: »Die Synode verdammt alle Zauberer, Beschwörer und Weissager und besonders jene, welche für diese abergläubischen Dinge den Namen Gottes und heilige Dinge mißbrauchen. Die eines so großen Verbrechens überführt werden, sind, wenn Geistliche, ihrer Würde zu entkleiden und dem weltlichen Arme zu übergeben; wenn Laien, zu exkommunizieren und dem Richter zu überliefern...«.

1607 (Synode von Mecheln): »Und weil das ungelehrte Volk sich mit dem Aberglauben befleckt, so sollen die Pfarrer mit Fleiß ihre Untergebenen darüber unterweisen, z.B. daß es Aberglaube sei, irgend einen Erfolg von irgend einer Sache zu erwarten, welcher jene Sache weder aus göttlicher Anordnung, noch Ableitung oder Billigung der Kirche geben kann«.

1662 (Kölner Diözesansynode, Art.4 des ersten Teils der Statuten): »Die Pfarrer, Prediger und Beichtväter werden angewiesen das Volk zu belehren; es sei abergläubisch, mit Sicherheit irgend eine Wirkung von irgend einer Sache zu erwarten, welche diese weder durch ihre Natur, noch Kraft der Anordnung und Gutheißung Christi oder der heiligen Kirche hervorzubringen imstande sei«.

Folter und Kirche

Wenngleich kaum glaublich, so beschäftigt die römisch-katholische Kirche im späten Mittelalter Sklaven und sanktioniert die Anwendung der Folter.

So erläßt Papst Gregor um 1230 eine Sammlung von Kirchengesetzen. In ihnen befindet sich ein Titel, in dem behandelt wird, ob Sachen, die der Kirche gehören, veräußert werden können oder nicht.[90] Hier werden ausdrücklich Landgüter, Gärten, Wälder und **Sklaven** erwähnt. Natürlich hat man die Anwendung der Folter innerhalb der Kirchenzucht seit langem kritisiert. »Die Tortur gehört ursprünglich zu den Eigentümlichkeiten des römischen Kaiserrechtes. Auffallend ist, daß die Kirche, die so viele vortreffliche Einrichtungen des römischen Rechts ignoriert hat, gerade an dem Gefallen findet, deren Unsinn einem sofort in die Augen springt«. »Sicher scheint, daß die Folter bei den geistlichen Gerichten zunächst nicht angewendet worden ist, aber es ist ebenso sicher, daß die Kirche nichts Entscheidendes gegen die Anwendung der Folter unternommen hat«. »Es nimmt nicht wunder, daß dabei ausdrücklich auf das zu dieser Zeit übliche Strafverfahren zurückgegriffen wird«.[91] Hier liegt eine lange Entwicklung zugrunde, die sich in fünf Stufen teilen läßt:

● Im Lauf der Zeit werden die Priester Exekutivbeamte. Es bildet sich eine hierarchische Reihe vom Papst bis zum kleinsten Subdiakon. Aber auch er ist unendlich weit über dem gewöhnlichen Sterblichen erhöht. Die Aufsicht über den Glaubensinhalt ist ein Vorrecht der Bischöfe. Wie Carena bestätigt, gibt es um 1215 noch keine Inquisition.

● Mit dem Einsetzen von Gregor IX. beginnt die nächste Periode. Sie schließt mit Bonifazius VIII. Er ist der Verfasser des Stuhlspruches »Unam Sanctam«. Er regelt, daß Bischöfe und Inquisitoren gleichzeitig in einer Sache vorgehen können; sie sollen sich allerdings gegenseitig benachrichtigen. Dieser Modus besteht bis 1303, bis zum Tod von Benedikt VIII.

● Sein Nachfolger Benedikt IX., erweitert diese Vorstellung so, daß auch die finanziellen Dinge geregelt werden. Die Bischöfe (diocesani) werden unter dem Rechtstitel der Auslagenerstattung am Vermögen der Schuldlosen beteiligt. Teile davon »sind an sie anzuweisen«.

● Die fünfte Periode beginnt mit dem vom Nachfolger Clemens V. auf dem Konzil von Vienne (1313) in dem Titel »de Haereticis« der von Johann XXII. publizierten »Clementinen«. Danach können die Bischöfe ohne die Inquisitionen, diese ohne die Bischöfe Vorladungen aussprechen, Verhaftungen vornehmen, und den Eingezogenen in Fesseln legen. Bei der Verhängung von Straftat und Folter und bei der Abfassung des Urteils sollen sie zusammenarbeiten.[92]

Die Vorstellung zur Folter entwickelt sich parallel zu der Inquisition etappenweise und zu der weltlichen Gesetzgebung.

Entwicklung des Foltergedankens

Gregor, der Bischof von Tour (seit 573) berichtet in seinen »zehn Büchern fränkischer Geschichte« öfters den Gebrauch der Folter.[93] Auf dem Nationalkonzil von Toledo (683) wird das Anathem auf jede Art von Tortur oder Erpressung gesetzt.[94] Der Erzbischof Hinkmar von Rheims (um 806—882) verfaßt ausgesprochen juristische Bücher, die allerdings über die Folter nichts berichten. Dagegen erwähnt er sie in mehreren anderen Schriften.[95] Auch der Erzbischof von Lyon (816 — 841) beschäftigt sich mit Rechtsfragen. Er äußert sich lediglich über die Anwendung der Gottesurteile. Von den karolingischen Synoden bis 843 erwähnt nur das »Concilium anscheimense« aus der Zeit von 765—760 in Kap. 5 die Folter. Auf der Synode von Reisbach in Bayern (um 800) kommt im Kap. 15 der Begriff »districtio« (Zwangsgewalt) vor.

Es ist fraglich, ob er hier einen unmittelbaren Bezug zur Folter hat. Auch in der sachlich umfassendsten, aus der Mitte des 9. Jhts. auftauchenden, sorgfältig verfälschten Kirchenrechtssammlung, der Sammlung der falschen Kapitularien von Benedictus Levita, sind Bestimmungen enthalten, die auf die Folter Bezug nehmen. Der Reichenauer Mönch Walafried Strabo (gest. 849) verfaßt eine Abhandlung über kirchliche Einrichtungen[96] und stellt eine Reihe von geistlichen und weltlichen Ämtern gegenüber.

Papst Nikolaus I. (858—867) hebt in einem Brief an die neubekehrten Bulgaren seine Stimme gegen die Folter: »[97]...ein Geständnis muß freiwillig abgelegt werden und darf nicht mit Gewalt erpreßt werden«. Diese Ansicht begründet er damit, daß bei den Folgen der Folteranwendung einerseits der Gemarterte trotz aller Schmerzen kein Geständnis ablegt, bzw. infolge von Schmerzen Verbrechen gestanden werden, die man nicht verübt hat. Dieser Papst verwirft außerdem die Gottesurteile. Gregor VII. äußert gegenüber Harald VII. von Dänemark: »Glaubet nicht, daß es euch zustehe, den nach menschlicher Heidensitte verurteilten Weibern Leid zu tun, sondern lernt vielmehr durch angemessene Buße den Richterspruch einer göttlichen Vergeltung abzuwenden, als daß ihr durch greuliches Wüten gegen jene Unschuldigen den Zorn Gottes noch mehr über euch heraufbeschwört«.[98]

Wichtig für die Entwicklung der deutschen Verhältnisse ist ein im Auftrag des Erzbischofs von Trier um 906 verfaßtes Sendbuch des Abtes Regino von Prüm, das die kirchlichen Verhältnisse spiegelt. Für Visitationen und Sendgerichte stellt er in zwei Büchern als Grundlage für die »inquisito« nach Sünden und Verbrechen etwa 200 Fragen zusammen und fügt zahlreiche kirchliche Belegstellen an.[99] An zwei Stellen wird der Begriff »tormenta« verwendet. Er schreibt: »...daß beim Ehebruch einer verheirateten Frau ihre und ihres Mannes Knechte mit der Folter verhört werden können«. Das Sendbuch des Abtes Regino von Prüm (gest. 915) ist die letzte Quelle des karolingischen Gesamtreiches, die die Folter in ihrer ursprünglichen Bedeutung erwähnt. Etwa 100 Jahre danach baut Burchard von Worms auf dieser Basis weiter. In seinem 20 Bücher umfassenden »Collectarium« oder »Decretum« geht er nicht auf die Folter ein. Die im 2. Buch häufig angewendete Bezeichnung »tormenta« in seiner Betrachtung über das jüngste Gericht hat mehr den Charakter von Qualen, und kann deshalb nicht als unmittelbare Quelle genannt werden.

Im Dekret des Mönches Gratian (gest. um 1150) wird im ersten Teil des sog. »Corpus iuris Canonici« verschiedentlich auf die Folter Bezug genommen. Aus seiner Epoche heraus ist diese Vorschrift wohl so zu verstehen, daß die im Glauben Untreuen körperlichen Schmerzen ausgesetzt werden mußten, wobei aber nicht klar ist, ob hier mehr die Geständniserzwingung oder die Strafe im Vordergrund steht. Auch in einer späteren Sammlung des Corpus iuris canonici, im »Liber Extra« von Gregor IX. (gest. 1241) wird die Folter angeführt. **Zum ersten Mal finden wir die Grausamkeit der Folter in einer von Innozenz IV., 1252 erlassenen Instruktion »Ad extirpanda«, in der bei der Vorname der Tortur den Geistlichen befohlen wird, pünktlich Folge zu leisten. Diese Instruktion wird 1259 von Alexander IV. und 1265 von Clemens IV. bestätigt und teilweise verschärft.**

Noch eines müssen wir berücksichtigen: das Verhalten der Geistlichen gegenüber den Todesurteilen.

Verhalten der Geistlichen gegenüber der Todesstrafe

Den Geistlichen wird verboten, Todesurteile auszusprechen (Laterankonzil 1215) oder bei der Hinrichtung anwesend zu sein. 1255 verbietet das Konzil von Bordeaux, Briefe zu schreiben oder zu diktieren, die mit Bluturteilen zusammenhängen. Man verbietet den Priestern, daß die Richter in der Kirche keine Rechtsprechung mehr vollziehen dürfen »...weil Fälle, die eine körperliche Züchtigung zur Folge haben, dort verhandelt werden könnten«.[100] Die Kirche begnügt sich mit der Feststellung, daß der Angeklagte ein »Ketzer« ist. Dann läßt sie ihn den weltlichen Behörden mit der heuchlerischen Bitte »sein Leben zu schonen und sein Blut nicht zu vergießen«. Es ist aber nicht so, daß die weltlichen Herrscher sich willig der Kirche beugen.

Ketzerei

Die Entwicklung der ketzerischen Lehren ist wie die Inquisition eine historische. Sie beruhen nicht auf spontanen Entscheidungen, wenn sie auch von solchen verschärft und differenziert werden. Die Zeit bringt verschiedene, streng abgegrenzte Ketzereien zutage und es werden mehr als vierzig Formen genannt. Im wesentlichen sind es manichäisch-arianische, bibelgläubige (Waldesier), judaisierende und philosophierende Gruppen.[101] **Einig sind sie sich in einem: im Haß gegen die bestehende Kirche.**

Vielleicht zum letzten Mal hören wir das Echo der evangelischen Überlieferung um die Mitte des 11. Jhts. (1048) in einem Brief des Bischofs Wazo von Lüttich an seinen Amtsbruder von Chalons: »Der Herr will den Tod des Sünders nicht... Genug der Scheiterhaufen. Töten wir nicht mit dem weltlichen Schwert diejenigen, die unser Schöpfer leben lassen will, damit sie sich befreien aus den Fesseln der Dämonen. Die, welche heute Ketzer sind, können sich morgen bekehren und noch größer als wir in dem himmlischen Vaterland werden... die Bischöfe sind die Gesalbten des Herrn, nicht um den Tod zu geben, sondern um Leben zu bringen«.

(Katharer)
Manichäisch-Arianische Ketzerei

Theologie der neuen Manichäer

Der Mittelpunkt ihrer religiösen Auffassung wird von einem dualistischen Prinzip bestimmt. Ein gutes und ein schlechtes stehen sich gegenüber. Das gute Prinzip schafft die menschliche Seele, das böse die Körper, die Materie, alles Vergängliche und Sichtbare. Hier offenbart sich der Gegensatz zwischen Geist und Materie. Der böse Teil schafft die Elemente, den sichtbaren Himmel mit seinem Schmuck (Sonne, Mond und Sterne). Aber dies tut auch der gute Teil. Er verfügt über ein eigenes himmlisches Volk, das aus Geist, Leib und Seele besteht. Die Seele befindet sich im Leib, nicht aber der Geist. Jede vom guten Gott geschaffene Seele hat ihren eigenen (Leib)wächter.

Über Adam wird die Auffassung vertreten, daß sein Geist, der ein himmlischer Engel ist, aus göttlichem Auftrag auf die Erde gekommen ist, und zwar bevor der Mensch hier war um zu sehen, wie Luzifer die Elemente eingeteilt hat. Luzifer hat Adam ergriffen, (wie ein Gefäß) in einen fleischlichen Körper eingeschlossen und zu ihm gesagt: »Bezahle mir, was du mir schuldig bist.[102] Unterwirf dich dem menschlichen Fleisch«. Adam aber soll flehentlich gebetet haben: »Habe Geduld mit mir... laß mich frei und

schließe mich nicht in dieses tönerne Gefäß, so will ich dir alles bezahlen und dir dienen... bis er sich mit Eva in fleischlicher Lust vereinigt hat«.[103]

Die Opposition wird dadurch verschärft, daß sich die Katharer eine eigene hierarchische Ordnung schaffen und vier Sakramente aufstellen: Auflegung der Hände (Consolamentum), Einsegnung des Brotes, Pönitenz und Priesterschaft. Mit dem Auflegen der Hände werden ihrer Version nach die Sünden vergeben. Ihr Klerus setzt sich aus den Episcopus, filius major, filius minor und dem Diakonus zusammen. Im Grunde geommen vertreten sie ebenso eigenständige Ansichten wie die Christen, nur andere. An ihrem Lebenswandel und an ihrer religiösen Grundeinstellung ist wenig zu tadeln. Die Frage ist, warum sie so brutal verfolgt und vernichtet worden sind. Sie wagen es, die Grundfesten anzutasten, auf denen das Christentum errichtet ist und legen ihre Hand deutlich auf die wunden Stellen und werden deshalb verfolgt.

Gerbert spricht 991 bei seiner Wahl zum Erzbischof von Rheims im Glaubenbekenntnis: »... ich glaube, daß Christus wahrhaft gelitten hat, gestorben und auferstanden ist, daß Gott der einzige Urheber des Alten und des Neuen Testament ist, daß der Teufel durch seinen eigenen Willen böse geworden ist, daß die Ehe nicht verboten und der Fleischgenuß nicht tadelnswert ist«. Es ist die traditonelle Auffassung der Kirche.

Leuthardus,
Entdeckung ketzerischer Sekten

Im Jahr 1000 steht in einem gallischen Dorf ein Mann mit dem Namen Leutardus auf, der seine Versuche, abweichende Lehren vorzutragen, unter dem Schein der Verrücktheit auszuführen sucht. Er behauptet, eine außerordentliche göttliche Offenbarung empfangen zu haben und beruft sich auf die heil. Schrift. Er scheint die Ehe für verwerflich gehalten zu haben, denn er trennt sich von seiner Frau unter Bezug auf das Evangelium. Er verwirft die Aufstellung und Anbetung des Kreuzes und der Bilder in der Kirche. Er sammelt zahlreiche Gleichgesinnte, die ihm später von einem Bischof abspenstig gemacht werden... daraufhin stürzt er sich in einen Brunnen und ertrinkt«.

1017 wird eine ketzerische Sekte in Aquitanien entdeckt und verurteilt, weil sich in ihrer Lehre manichäische Elemente zeigen. Sie verwerfen die Taufe und die Verehrung des heil. Kreuzes, verlangen eine ständige Beachtung der Keuschheit und enthalten sich bestimmter Speisen. 1122 findet sich eine weitere Sekte in Orleans, der angesehene Bewohner und Teile des

Klerus angehören. Einer Erzählung zufolge soll eine Frau diese Lehre aus Italien gebracht und damit eine große Anzahl von Anhängern erworben haben. Von den Kanonikern Heribert und Lisoi aus Orleans wird die Sache aktiviert. Schließlich wird sie dem König Robert bekannt und deshalb die Synode von Orleans veranstaltet. Die Ketzer bleiben standhaft: 13 von ihnen werden verbrannt. Ihre Lehre ist im wesentlichen:

● die römische Kirche ist eine abgefallene, ihre Lehre ist unrein.
● Gott hat die Welt nicht aus dem Nichts durch seinen Sohn erschaffen: Himmel und Erde sind ewig und haben ohne einen Urheber von Anfang an bestanden.
● die kirchliche Lehre von dem dreieinigen Gott ist zu verwerfen.
● Christus ist nicht von der Jungfrau Maria geboren
● Christus hat nicht für die Menschen gelitten, noch ist er wahrhaft im Grab gelegen und von den Toten auferstanden
● alle christlichen Werke sind überflüssig und verwerflich.
● Die Anrufung der Märtyrer und Bekenner ist wenig sinnvoll.
● die Taufe und die Priesterweihe als Mitteilungsmittel des heil. Geistes und die Abwaschung der Sünden, die Verwandlung des Brotes und des Weines in den Leib und in das Blut Christi und die Ehe sind zu verwerfen.
● die fleischlichen Lüste unterliegen keiner Strafe von Seiten Gottes.
● Die Seligkeit kann nur durch den Eintritt in **ihre** Sekte erlangt werden.

Auch eine 1025 in Arras entdeckte Sekte schließt, wie die von Orleans, manichäische Elemente ein und leitet ihren Ursprung von Italien her. Ihre Lehre ist:

● Die Kraft der heil. Taufe ist zu verwerfen. (1) weil das schlechte Leben der Geistlichen den zu Taufenden kein Mittel zur Seligkeit bieten kann, (2) weil auch nach der Taufe Sünden verübt werden, (3) weil den Kindern bei der Taufe fremder Wille, fremder Glaube und fremdes Bekenntnis nicht nützen kann.
● Christus ist bei den Sakramenten nicht gegenwärtig.
● Priesterweihe, Ehe und Bußsakramente sind nichtig.
● Die äußere Kirche ist ein Steinhaufen.
● Die kirchlichen Zeremonien und Gebräuche sind zu verwerfen.
● Die Verehrung der Heiligen und Bekenner ist irrig
● Nach dem Tod nützen weder Bußübungen, noch Gebete, noch Almosen oder Meßopfer
● Kirchliche Begräbnisse an geweihten Orten sind unbedeutend

Häretiker in Monteforte und Goslar

In Turin werden 1030 von Erzbischof Heribert von Mailand während einer Visitationsreise ketzerische Elemente entdeckt und zum Teil auf dem Scheiterhaufen verbrannt. Zu ihren Charakteristika gehört, daß sie im Fall der Verheiratung den Beischlaf unterlassen und behaupten, daß sich die Menschen wie die Bienen, also ohne Beischlaf, vermehren.

Zur Zeit von Innozenz IV. sind mehr als vierzig verschiedene Ketzernamen geläufig. Zur großen Gruppe der Katharer (Manichäer) gehören die Patarener, Bulgarer, Josephisten, Weber und Piphler, Paulicianer, Publicaner und Populicarer. Sie vertreten alle ein gutes und ein böses Prinzip. Lusabel ist ein abgefallener guter Engel, der mit unumschränkter Gewalt regiert: von ihm sind die Leiber der Menschen und von Gott sind die Seelen geschaffen. Zu dieser Gruppe gehören vermutlich die Texeranten, falls damit nicht ohnehin die Weber gemeint sind. Hier wird ein frühes Beispiel von Hexerei vermerkt: »...ein junges Mädchen von den Texeranten in der Gegend von Trier wird wegen Zauberei bezichtigt, ergriffen und im 13. Jht. verbrannt. Als man ihre Zauber- und Lehrmeisterin greifen will... entkommt sie an einem Zwirnfaden durch das Fenster... dem Scheiterhaufen«.

In Toulouse finden sich die »boni homines« bereits 1178. Sie stellen zwei Prinzipien auf, verwerfen das Alte Testament, die Sakramente, das Abendmahl und den Eid. Auch die Armen von Lyon (Pauperes de Lugdano) zeigen manichäische Elemente, bleiben aber mit der katholischen Lehre in Verbindung und anerkennen die Gewalt von Innozenz III. Sie leben in Armut und verlassen ihre Frauen.

Die neuen Manichäer verwerfen die kirchlichen Gebräuche, den Schmuck der Kleider und der Gefäße, den Gesang, Beleuchtung, Feste, Gebete, Weihwasser und Kreuze. Zum Teil, weil es menschliche Erfindungen sind und zum Teil, weil sie aus dem alten Testament abgeleitet sind. Besonders ereifern sie sich gegen die kirchlichen Sakramente und die Ehe. **Alle Manichäer erklären die fleischliche Vermischung für eine Todsünde. Die Frauen werden als geringwertig angesehen.** Dazu kommen weitere Angriffe gegen die offizielle Lehre:

● Die römische Kirche ist nicht die Kirche Jesu Christi, sondern eine Kirche von Übeltätern, abgefallen seit der Zeit des Papstes Sylvester, da der Geist und das Gift zeitlicher Güter tief eingedrungen ist.
● In der Kirche herrschen alle Arten von Lastern und Sünden, **sie allein** leben gerecht und leiden um ihres Glaubens Willen Verfolgung.
● Die römische Kirche ist eine Hure der Offenbarung
● Der Papst ist das Haupt der Irrtümer, die Prälaten sind die Schriftgelehrten und die Pharisäer.
● Der Papst und alle Bischöfe zusammen sind Todschläger wegen der von ihnen geführten Kriege.

HÆRESIS DEA

Primitiæ artis Antonii Eisen-
hoit dicta Warborga Paderbornensium

Darstellung der Häresie. (grch. »die erwählte Meinung«). Verstanden als Ketzerei als eine der kirchlichen Lehren widersprechende
Meinung. Die Anhänger der Häresie heißen Häretiker oder Ketzer. Nach dem katholischen Kirchenrecht ist formeller Häretiker
jeder Getaufte, der ein Dogma hartnäckig oder schuldhaft leugnet oder bezweifelt. Das Glaubensbekenntnis von Papst Paul VI.
übergeht stillschweigend den Begriff der Häresie. Die Häretiker waren neben der kirchlichen Verfolgung seit Konstantin d. Gr.
auch staatlichen Strafen ausgesetzt. Die Häresie findet sich auch in der evangelischen Auffassung und in anderen Religionen (z.B.
Judentum und Islam).

Polemik der Kirche

Die offizielle Kirche muß Pari bieten. Die Frage ist, ob sie außer Verdammung und Verfolgung andere Argumente hat. Bei dem langsamen Wachstum der kirchlichen Macht kann es nicht ausbleiben, daß ihre Argumente polemisch sind. Die Kirche ereifert sich mit der Feststellung, daß die Haltung der Manichäer unbiblisch und unphilosophisch ist. »...sie würden das von Gott geoffenbarte Evangelium bekämpfen und sich den angenommenen philosophischen Begriffen widersetzen (das stimmt: aber die römisch-katholische Kirche hat auch nie danach gefragt, ob die von **ihnen** angenommenen Begriffe richtig und haltbar sind). Man stellt heraus, daß Gott und nicht Luzifer die Welt geschaffen hat. Nach Eckbert sind die übrigen lebenden Geschöpfe so erschaffen, daß sie mit dem Gesicht zur Erde gerichtet einhergehen.

»...allein der Mensch ist so gemacht, daß er gerade dahergeht und sein Antlitz der Art ist, daß er zum Himmel blicken kann... und glaubt ihr, der Teufel, der einen unauslöschlichen Haß gegen Alle und gegen Alles hegt, und unser Glück beneidet, würde, wenn die menschlichen Glieder nach seinem Gutdünken bereitet wären, uns eine solche Ehre vor den übrigen Geschöpfen erteilt haben? Im Gegenteil, er würde uns lieber so erschaffen, daß wir mit dem ganzen Leib auf der Erde kriechen oder die Füße emporrichten und mit dem zur Erde gewandten Haupt mit Hilfe der Hände einhergehen müssen«.

»Durch einen göttlichen Beschluß ist bestimmt, daß nach dem ersten Sündenfall Alle, die von Adam abstammen, der Erbsünde unterworfen sind (Begründung für die Taufe der Kinder). Eckbert fordert spottend die Manichäer auf: »Errichtet ein starkes Feuer mitten in eurem Saal, nehmt den Novize, den ihr reinigen wollt, stellt ihn in die Mitte und Du, Erz-Katharer, lege deine Hand, wie du zu tun pflegst, auf sein Genick und gebe ihm den Segen und dann, wenn du deine Nägel nicht abgebrannt hast, und wenn Jener unverletzt aus dem Feuer hervorgegangen ist, dann will ich bekennen, daß du ein Katharer und gut getauft worden bist«.[104]

Berthold von Regensburg

Er gehört dem Orden der Franziskaner an und gilt als der größte Prediger seiner Zeit. Zeitweise sollen ihm mehr als 100.000 Zuhörer gelauscht haben, was aber übertrieben ist. Sein Lehrmeister ist David von Regensburg, ein Asket und Schriftsteller. Bertold von Regensburg wettert in einigen seiner Predigten gegen Zauberei und Aberglauben. Er leitet das Wort Ketzerei, wie Allanus von Issel, von Katze ab; doch mehr wegen der Gleichheit der Eigenschaften als aus

Der Volksprediger Berthold von Regensburg. Miniatur des Kodex 1244 aus dem Jahr 1444 (koloriert). Österreichische Nationalbibliothek. Handschriftensammlung. Wien.

sprachlichen Gründen. Er führt als Kennzeichen der Ketzer an, daß sie den Sonntag nicht feiern und vorgeben, mit den Geistern zu verkehren. Er nennt die Ketzerei eine große Mordaxt des Teufels. Daneben führe er eine kleinere, um die Dorfleute zu töten; das sei der Aberglaube, den er als Unglaube und Todsünde charakterisiert. Er spottet über den angeblichen Liebeszauber und über die Atzmänner. Berthold von Regensburg schaltet sich in den Dialog zur Ketzerei mit einem schönen Beispiel ein:

»So sprechen etliche Ketzer und glauben fein, daß der Teufel den Menschen geschaffen, aber der Herr die Seele darin schuf. Pfui, verfluchter Ketzer! Wann wurden sie je gemeinen Sinnes? Nun seht, ihr seligen Gotteskinder, daß Euch der Allmächtige Gott Seele und Leib erschaffen hat. Und das hat er recht mit Buchstaben an das Antlitz geschrieben, daß ihr nach ihm gebildet seid. Die zwei Augen, das sind O. Ein H ist das nicht ein rechter Buchstabe, es hilft nur den anderen; als homo mit dem H, das spricht mensche. So sind die Augenbraue(n) darüber gewölbt und die Nase dazwischen herab, das ist ein M, schön mit drei Stäbchen. So ist das Ohr ein schöngezirkelt... so sind die Nasenlöcher und das Zwischenfach schön geschaffen, recht als ein griechisch E... so ist der Mund ein schön gezirkelt I. Nun seht, ihr reinen Christenleute, wie tugendlich er Euch mit diesen sechs Buchstaben geziert hat, daß ihr sein eigen seid und daß er euch geschaffen hat. Nun sollt ihr lesen ein O und ein

M und aber ein O zusammen, so lautet es homo. So lesen wir auch ein D und ein E und ein I zusammen; so lautet es dei. Homo dei, Gottes Mensch, Mensch Gottes«.[105]

Auch Agobard von Lyon warnt vor menschlichem Selbstvertrauen. »...daß keiner sich im Geringsten auf seine eigenen Kräfte verlasse, sondern auf den Beistand Gottes, um im Guten zu beharren. Wer von diesem Haus Christi und von der Gesellschaft oder Lehre der katholischen Priester abtritt, der ist ein Ketzer«. Claudius, der Bischof von Turin, geht noch einen Schritt weiter: »Nur aus Gnaden, können wir selig werden, ohne alles Verdienst von unserer Seite, sondern nur allein durch den Glauben an Jesus Christus«. Das ist die Prädestinationslehre, die später zum Teil von den Reformatoren aktiviert wird. **Hier sieht man die unendliche Macht, die Gott zugeschrieben wird, der alles lenkt und leitet; hier festigt sich die philosophische Weltanschauung des späten Mittelalters.**

Waldesier (Talleute)

Der Ursprung der Waldesier wird teilweise bis auf den Papst Sylvester (314—335) zurückgeführt. Spätestens ab dieser Zeit separieren sich eigenständige Glaubensgemeinschaften mit eigenen Zielen, genau wie das frühe Christentum den Versuch unternimmt, sich als Sekte zu erhalten. Die Gruppen der Waldesier halten sich unterschwellig bis in das 11. Jht. und treten dann massiver hervor. Es bilden sich Waldesier in Piermont (Talleute) und in Gallien. Sie entwickeln eine klar oppositionelle Politik und sagen:

- Die Anbetung der Maria ist eine falsche Lehre
- Beichte und Sündenvergebung um Geld sind zu verwerfen
- Die äußeren Zeremonien (Messen) sind ungültig.

Dazu kommen an weiteren Argumenten (gegen die offizielle Lehre der Kirche):

- Bei der Taufe sind nicht notwendig der Exorzismus, das Anblasen, das Zeichen des Kreuzes auf Brust und Stirn, das Salz, das in den Mund, der Speichel, der in die Ohren und die Nase getan wird, die Kappe, die Salbung auf dem Scheitel und alle ähnlichen durch den Bischof geheiligten Dinge, die Kerzen in der Hand, das weiße Kleid, das Weihen des Wassers, das dreimalige Eintauchen der Kinder, das Befragen der Taufpaten«.[106]
- Das Wirtshaus ist eine Quelle der Sünde, eine Schule des Teufels. Gott hat die Gewohnheit, seine Tugenden in seiner Kirche zu zeigen... aber der Teufel tut das Gegenteil im Wirtshaus. Denn wenn ein Schlemmer dahin geht, geht er aufrecht; wenn er zurückkehrt, kann er sich nicht halten und hat

Die Pilgerfahrt des Herzogs von Burgund. Kleine Teufel und Dämonen sind dabei, den Mast des Schiffes abzubrechen. Das späte Mittelalter lebt in der Überzeugung, daß die Mehrzahl der Unglücksfälle (besonders die unerklärbaren) dem satanischen Einfluß zuzuschreiben sind. Miniatur aus dem 15. Jht.

gleichsam Gesicht, Gehör und Sprache verloren. In dieser Schule lernt man Leckerei, Schwören, Meineid, Lüge, Schmähung, Gotteslästerung und andere Sünden.

- Der Tanz ist eine Prozession den Teufels, und wer auf den Tanz geht, geht in seinem Gefolge. Der Teufel ist Anführer, Mittel und Ende des Tanzes. So viele Schritte der Mensch auf dem Ball macht, so viele Sprünge tut er der Hölle zu. Man sündigt beim Tanz auf mehrfache Weise, im Gehen, Berühren, durch Schmuck, mit Hören, Sehen, Sprechen, Singen, Lügen und Eitelkeit. Der Ball ist nichts als Elend, Sünde und Eitelkeit...
- Der Schmuck, den die Frauen auf dem Ball tragen, ist eine Krone mehrerer Siege, welche der Satan über die Kinder Gottes durch sie davongetragen hat. Denn der Satan hat nicht nur ein einziges Schwert auf dem Ball, sondern so viele schöne und geschmückte Personen daselbst sind. Denn das Wort des Weibes ist ein feuriges Schwert... an diesem Orte schlägt der Teufel mit einem geschliffenem Schwert; denn die Frauen kommen nicht ohne Schmuck und Pracht zum Ball, dieser Schmuck aber ist der Stein, auf dem der Teufel sein Schwert schärft«.
- Diejenigen, die ihre Töchter schmücken, sind gleich denen, die trockenes Holz ans Feuer legen, damit es umso besser brenne. Denn solche Frauen zünden das Feuer der Wollust in den Herzen der Männer an. Die stärksten Waffen, die der Teufel

hat, das sind die Frauen, was daraus sich ergibt, daß der Teufel die Frau erwählte, um den ersten Menschen zu verführen... der Teufel versucht den Menschen durch die Frauen auf eine dreifache Weise, nämlich durch Berührung, Sehen und Hören, durch die Berührung der Hände, das Ansehen der Schönheit (per lo demonstramente la belleza) und die Lieblichkeit der Gesänge und Töne. Der Ball ist die Pracht des Teufels und wer auf den Ball geht, gibt zu seiner Pracht und in seine Messe.

● Welches große Übel der Tanz ist, kann man aus der Menge der Sünden ersehen, die diejenigen begehen, die tanzen... ja man wisse, daß der Tanz die Prozession des Teufels ist und daß, wer auf den Ball geht sich in seinem Gefolge befindet. Der Teufel ist des Tanzes Anfang, Mitte und Ende. Wer gut und weise auf den Ball geht, verläßt ihn verderbt und schlecht.

● In der Kirche muß eine Kirchenzucht eingeführt sein. Diejenigen, die ihres Glaubens oder Lebens nicht treu sind, müssen bestraft und entfernt werden, entweder wegen ihres schlechten Lebens oder ihres irrigen Glaubens, oder wegen Mangels an Liebe und Hoffnung. Ganz anders verhält es sich, wenn die Sünde offenkundig ist. In diesem Fall muß die Strafe öffentlich sein.

● Zudem ist ausdrücklich erwähnt, daß sie die zehn Gebote, in denen die Vorschrift: »heilig und fromm zu leben« beobachten und sich von schlechten Zusammenkünften ebenso fern halten, wie sie Eidsprüche meiden, den Meineid, schändliche Verwünschungen, Verleumdungen, Streit, Aufstand, Hader, Ausschweifungen im Trinken, Unzucht und ähnliches.

Wie viel könnte allein aus dem letztgenannten Punkt die christliche Kirche lernen?

Ihre Verfolgung

Sie setzt auffallend spät ein, erst kurz vor 1400. Herzog Philipp VII. gewährt ihnen Schutz. Ihre erste Verfolgung findet um 1380 auf Betreiben des in Avignon residierenden Papstes Clemens VIII. durch den Inquisitor Franz Borelli aus dem Orden der Franziskaner statt und dauert 13 Jahre. Ein Großteil wird grausam umgebracht. Der dritte Teil ihrer Güter fällt dem Landesherrn und die anderen zwei den Inquisitoren zu. 1460 wird die Verfolgung unter Pius II. aufgenommen und Innonzenz VIII. setzt dem Wüten die Spitze auf. Unter seinem Legat Albert von Capitanien werden sie 1488 bewaffnet angegriffen. Vergl. S. 173). Das Problem ist auch hier das gleiche: die Kirche behauptet daß ihre Lehre die **allein** seligmachende ist und das gleiche Recht beanspruchen einzelne oppositionelle Gruppen. Ihre Argumentation schöpft

aus der gleichen Quelle und das Ganze artet in einen unqualifizierten Machtkampf aus. Dies betrifft auch die Verfolgung der Waldesier in Gallien. Daniel Specklin schreibt: »...anno 1230 regt sich der Waldenser Ketzerei wieder hie, und ward der fürnembst, Johannes Guldin, ein Priester zu Straßburg verbrannt; andere büßten im Gefängnis und wurden aus der Stadt verwiesen«.[107]

Bei einer Verfolgung um 1400 wird die Behauptung aufgestellt: »Die Kinder der Talleute würden mit einem Auge auf der Stirne und vier Reihen schwarzer Zähne geboren...«. Herzog Philipp VII. ist klug genug, einige Proben von dieser Menschensorte zu sehen zu wünschen. Die Verfolgungen steigern sich. Unter Herzog Karl von Savoyen fangen sie 1454 wieder an. Der französische König Franz I. mahnt: »...sie sollten den Gesetzen der römischen Kirche gemäß leben, wiedrigenfalls als hartnäckige Ketzer bestraft werden; er lasse die Ketzer nicht in Frankreich verbrennen, um sie in den Alpen zu dulden«. 1650 wird in Turin eine Gesellschaft zur Ausrottung der Waldesier ins Leben gerufen. Es ist die »Propagande fide extirpandis haereticis«. Ihre Mitglieder ersinnen alle nur erdenklichen Verführungskünste, um die Talleute zu diskriminieren. Der Ansatzpunkt liegt in der Vertreibung der Mönche von Villard (1653). Hier dringen über 5000 Mann unter der Führung des Grafen Tedesco ein, um Villard zu überfallen und zu verbrennen. Erst jetzt bekennen sich die Tapferen zum offenen Widerstand und vertreten ihre Interessen ebenfalls mit Gewalt. 1694 wird ihnen die Religionsfreiheit zugestanden, nachdem sie jahrhundertelang von der römisch-katholischen Kirche verfolgt worden sind. Auch diesen Kampf hat die Kirche verloren. Die Glaubensgemeinschaft der Waldesier besteht noch heute an einzelnen Orten.

Albingenser

Das südliche Frankreich bildet einen Mittelpunkt der Häresie. Schon zu der Zeit (Beginn des 11. Jhts), als mystisch-manichäische Sekten in Orleans auftreten, zeigen sich ähnliche Erscheinungen in der Bretagne, in Perigord und Paris; sie haben aber nicht den starken Zulauf wie im südlichen Frankreich. Hier treten zu Beginn des 13. Jhts., Ketzer unter dem Namen »Albingenser« auf, in den »Parties d' Albigeois«, also im Großraum der Diözese Albi (Toulouse, Beziers, Carcassone, Albi). Der englische Chronist Parisius behauptet, daß sich ihr Name von der Stadt Albi herleitet. Catels ist der Auffassung, »...jene Ketzer seien Albingenser, weil man sie auf dem Konzil von Albi erstmals verdammt hat«. Die Religionsansichten der Albingenser sind denen der Manichäer ähnlich: der Dualismus bildet ihre Grundlage. Sie bezeichnen den »bösen« Gott als Lügner, weil er dem ersten Menschen gesagt hat: »Welchen Tages ihr von diesem Baum esset, werdet ihr sterben, obgleich das nicht eingetreten ist«. Sie sprechen von einem »doppelten Christus«. Einer davon ist in dem irdischen und sichtbaren Bethlehem geboren und gekreuzigt. Er ist der Sohn Josephs. Und einem zweiten, der einen Scheinkörper hat und geistig im Körper des Apostels Paulus auf der Erde erscheint. Ansonsten ist ihre Auffassung:

- Johannes der Täufer ist ein Dämon
- Die äußere Kirche ist verdorben und abgefallen
- die kirchlichen Einrichtungen sind unnütz und verwerflich
- die kirchlichen Sakramente haben keinen Sinn
- Das Taufwasser ist gewöhnliches Flußwasser
- Die Hostie ist gewöhnliches Brot (der Leib Christi, selbst wenn er so groß wie die Alpen wäre, würde schon längst aufgegessen sein!)
- Konfirmation und Beichte sind unnütz und frivol
- Die heilige Ehe ist eine Hurerei; in diesem Stand kann Niemand selig werden
- Ein Leib kann nicht auferstehen

Bemerkenswert ist, daß zwischen Innozenz III. und den Häretikern darüber gestritten wird, ob Christus mit drei oder vier Nägeln an das Kreuz geheftet worden ist.[108]

Die systematische Verfolgung der Albingenser durch die Kirche muß hier etwas näher betrachtet werden. Einmal läßt sie sich einigermaßen rekonstruieren und zum anderen ist sie für das Verständnis des späteren Hexenwesens wichtig.

Konzil von Lombers, Raimund V. (Phase 1: 1165—1198)

Unter Papst Eugen III. machen die päpstlichen Legaten Alberich und Bernhard eine Bekehrungsreise in das von scheinbaren Ketzern angefüllte Gebiet des Grafen von Toulouse. Papst Alexander III. führt während des Konzils von Tours (1163) den Vorsitz und ergreift hier drastische Maßnahmen zur Ausrottung der Ketzerei. Ungeachtet dessen breitet sich die Sekte weiter aus, vor allem in Languedoc und Toulouse. Ihr Führer ist ein Olivier. 1177 wendet sich Reimond V. an das vesammelte Generalkapitel der Zistersienser und bittet um Mitwirkung bei der Unterdrückung der Ketzer:

»Die Häresie hat so die Oberhand gewonnen, daß Zwietracht zwischen Mann und Frau und Vater und Sohn, Schwiegermutter und Schwiegertochter herrscht. Die Priester haben sich verführen lassen, die Kirchen zu verlassen und sie zerfallen in Ruinen; man weigert sich, die Taufe zu verrichten; das Nachtmahl ist verhaßt und die Beichte in Verachtung. Man will die Schöpfung des Menschen und die Auferstehung

des Fleisches nicht glauben; mit einem Wort, alle Sakramente sind beiseite gesetzt und man führt zwei Prinzipien ein. Was mich betrifft, der ich mit zwei Schwertern bewaffnet bin und mich rühme, dadurch zum Rächer und Diener des Zorns Gottes zu sein.. ich suche vergeblich ein Mittel, so großen Übeln ein Ende zu setzen und ich erkenne, daß ich nicht stark genug bin, dieses Ziel zu erreichen, weil die Angesehendsten unter meinen Untertanen verführt worden sind und mit ihnen eine große Menge Volkes... so daß ich nicht wagen darf etwas zu unternehmen... Ich flehe daher demütig um Eure Hilfe, Euern Rat und Euer Gebet, um diese Ketzerei zu vertilgen... da das geistliche Schwert durchaus unwirksam ist, so muß das weltliche zu Hilfe genommen werden, daher verwende ich mich bei dem König von Frankreich und suche ihn zu bewegen, sich an Ort und Stelle zu begeben, überzeugt, daß seine Anwesenheit dazu beitragen wird, die Ketzerei mit der Wurzel auszurotten... ich werde ihm bis zum letzten Blutstropfen beistehen, um die Feinde Jesu Christi zu vertilgen«.[109]

Die Bitte des regionalen Herrschers bleibt nicht ungehört. Der König von Frankreich und Heinrich von England schicken mit dem Einverständnis des Papstes Alexander III. 1178 den Kardinallegat Peter, Erzbischof Guarin von Bourges, die Bischöfe Reginald von Bath und Johann von Potiers, sowie den Abt Heinrich von Claireveaux mit der Anweisung in dieses Gebiet, alle zu exkummunizieren, die nicht auf ihre Ermahnungen hören.

Die Mission bleibt erfolglos. Graf Roger wird exkommuniziert und die Bischof Reginald wie de Abt Heinrich wettern in öffentlichen Predigten gegen die häretischen Lehren. In der weiteren Folge veranstaltet Alexander III. 1179 das 3. lateranische Konzil. Hier heißt es im 27. Canon:

»Weil in der Gascogne und in den Gebieten von Albigeois und Toulouse und an anderen Orten die verdammte Lehre der Ketzer, die die einen Katharer, die anderen Patriner oder Publicaner nennen, so überhand genommen, daß sie ihre schändliche Lehre nicht mehr blos im Verborgenen, sondern öffentlich an den Tag legen und bei einfältigen und schwachen Seelen Eingang zu gewinnen wissen... so beschließen wir, daß sie, ihre Verteidiger und die sie aufnehmen, dem Bann unterliegen sollen; bei gleicher Strafe verbieten wir Jedem, sie in sein Haus oder Gebiet aufzunehmen oder sie zu begünstigen oder in irgend einen Verkehr mit ihnen zu treten«.

Unter dem Schutz des Grafen von Beziers weitet sich die Sekte aus. Abt Heinrich ist inzwischen zum Kardinal und Erzbischof von Albano befördert worden. Er reist 1180/81 wieder in das verketzerte Gebiet und versucht die Bekehrung mit Worten und mit Gewalt. Er belagert und erobert Lavaur und nötigt den Graf, sich zu unterwerfen und dem Irrtum abzusagen.

Auch diese Mission zeigt keine wesentlichen Erfolge. Peter II. von Aragonien läßt deshalb 1197 ein strenges Edikt gegen die Ketzer ausgehen.

Regierungsantritt Innozenz III. bis zum Beginn des Albingenserkrieges (Phase 2: 1198—1208)

Mit dem Regierungsantritt von Papst Innozenz III. tritt eine neue Phase in der Ketzerverfolgung ein. Er stellt sich vor allem drei Aufgaben: das Papsttum zu stärken, das heilige Land den Ungläubigen zu entreißen und die Ketzer zu vernichten. Während manche Kirchenhistoriker sagen: »...Ja, man darf ihn unbedenklich den größten aller Päpste nennen, die jemals den Stuhl Petri innehatten«, so wird dieses Bild getrübt von seinem Tun und Treiben gegen Minderheiten:

»Ist doch die Kirche, für die er streitet, nicht die Kirche Christi, sondern das Papsttum mit allen seinen Flecken und Mängeln, die Einheit, die er erstrebt, nicht eine freie, sondern eine erzwungene, der Weg, der er geht, ein blutiger und grauenhafter. Die Mittel, die er anwendet, sind nicht die Gott wohlgefälligen, sondern menschliche und unchristliche. Die Triebfedern, die ihn leiten, sind nicht rein, sondern aus einem herrschsüchtigen Sinn hervorgegangen; die Herrschaft, die er zu erringen sucht, ist nicht eine geistliche, sondern eine weltliche; seine Weisheit ist nicht immer eine Weisheit von oben, sondern menschliche Klugheit, sein Mut und seine Festigkeit werden oft zum trotzigen Eigensinn«.[110]

Kaum hat er den Thron bestiegen, richtet er an den Erzbischof folgendes Schreiben:

»Das besonders betrübt unsers Geist, daß ihr auf frechere und gefährlichere Weise, denn gewöhnlich, die Teufelslehre gegen die Lehre des orthodoxen Glaubens sich erheben. Sie verstricken auf eine bejammernswerte Weise die Seele der Einfältigen, ziehen sie mit sich in das ewige Verderben und bemühen sich, die Einheit der katholischen Kirche zu zerreißen, indem sie das Verständnis der heiligen Schrift durch ihre abergläubischen und erdichteten Erfindungen verkehren. Da aber die Pest dieses Irrtums in der Gascogne und den umliegenden Ländern immer mehr an Kraft gewinnt, so wollen wir, daß durch deine und der anderen Bischöfe Bemühungen dieser Krankheit umso wirksamer entgegengetreten werde, je mehr zu befürchten steht, daß du durch eine solche Ansteckung... die Seelen der Gläubigen von diesem allgemeinen Verbrechen angesteckt werden«.

Kurz danach wendet er sich in noch schärferer Form an die Erzbischöfe von Aix, Narbonne, Vienne, Arles, Embrun, Tarragonne, Lyon und an alle Prinzen, Barone, Grafen und an das Volk in ihren Provinzen »...gegen die Ketzer, die Waldenser, Katharer und Patariner... auf das ernstlichste einzuschreiten«. Wieder sehen wir das interessante Spiel der kirchlichpolitischen Intrige. Der Papst läßt mitteilen, daß er den Zistersienser Rainer und Gui bestimmt hat, seine Interessen wahrzunehmen und befiehlt ihnen »kräftigen Beistand« zu leisten. Seine Delegierten sind mit den erforderlichen Vollmachten ausgestattet: sie können Bann und Interdikt aussprechen. Zugleich aber teilt Innozenz all denen mit, die treu und ergeben beistehen »...dieselbe Vergebung der Sünden, die die erhalten, die den Tempel des heil. Petrus und des Jacobus besuchen«. Diese Mission ist erfolgreicher. 1203 kommen die Legaten Peter von Castelnau und Raoul(Radolphus) nach Toulouse. Innozenz überträgt ihnen die volle Gerichtsbarkeit anstelle der Bischöfe.

Der Erzbischof von Narbonne beschwert sich in einer an den Papst erlassenen Appelation: »...wie unbillig und unzart die Legaten sich gegen ihn, wie gegen die geringsten Geistlichen benehmen und ihre Vollmacht zu weit ausgedehnt haben«. 1205 treffen die Legaten mit dem Graf Raimond VI. von Toulouse zusammen (geb. 1156), der seinem Vater 1194 in der Regierung gefolgt ist. Ein Mönch von Vaux-Cernay sagt von ihm:

»Vor allem ist zu sagen, daß er gleichsam von der Wiege an die Ketzer immer liebte und beschützte und sie in seinem Gebiete, so viel er irgend konnte, ehrte. Bis heute führt er, wie versichert wird, wohin er geht, Häretiker in gewöhnlicher Kleidung mit sich, um unter ihren Händen zu sterben. Auch ließ er ein neues Testament mit herumführen, um, wenn es nötig wäre, die Auflegung der Hände mit dem Buch von den Ketzern zu erhalten... so bezeugt er sich stets als ein Glied des Teufels, als ein Sohn der Verdammnis, als der Erstgeborene des Satans, als Feind des Kreuzes und Verfolger der Kirche, als Verteidiger der Ketzer, Unterdrücker der Rechtgläubigen, als Diener des Verderbens, seinem Glauben meineidig, voll Verbrechen und Sünden gegen Alle«.

Raimond VII., Religionsgespräch von Papiers

Nach dem Tod seines Vaters übernimmt Raimond VII. als Graf von Toulouse die Geschäfte. Er hat nicht die Einstellung seines Vaters, scheint aber mit den Ketzern sympatisiert zu haben. Bislang lassen sich keine solchen Aktivitären nachweisen und man kann ihn unbedenklich als Opfer des Priesterhasses bezeichnen. Im Mai 1205 leistet er den geforderten Eid »...die Ketzer aus seinem Gebiete zu vertreiben und Frieden zu halten«. Den Legaten wird mehrfach der Vorwurf des schlechten Lebenswandels der Geistlichen gemacht. Es entsteht ein Gerangel zwischen den Fürsten und den Legaten. Der Graf von Toulouse widersetzt sich dieser Bewegung und »...macht sich dadurch im höchsten Grad der Ketzerei verdächtig«.

Peter von Castelnau exkommuniziert ihn und belegt sein gesamtes Gebiet mit dem Interdikt. An dieser Stelle hakt Papst Innozenz III. ein, indem er ihm schreibt: »Überlege doch, Unsinniger, überlege doch... kann nicht Gott, der ein Herr ist über Leben und Tod, plötzlich deine Tage enden, damit sein Zorn den, welchen seine Langmuth nicht zur Reue führte, den ewigen Qualen überliefert... er werde allen umliegenden Fürsten befehlen gegen ihn, als einen Feind Christi und Verfolger der Kirche aufzustehen und ihnen erlauben, alles, was sie aus seinem Land erobern, zu behalten«.[111] Raimond geht darauf ein, hält Reue und empfängt die Absolution: der schlaue Papst hat ihn überrumpelt.

Um diese Zeit findet das Religionsgespräch von Papiers statt. Hier sind die Bischöfe von Toulouse und Conserans, der Graf von Foix mit seiner Frau und den beiden Schwestern anwesend. Darunter befindet sich auch ein gewisser Durand von Huesca, der die Erlaubnis erhält, sich nach Katalonien zurückzuziehen. Dort gründet er ein Kloster. So entstehen die »Armen Katholiken«, die sich bald auf Südfrankreich ausdehnen. Sie leben in freiwilliger Armut und arbeiten an der Bekehrung der Häretiker. Bald mischen sich dubiose Elemente ein. Der Papst muß am 5. Juli 1209 ernsthafte Mahnungen an sie senden... kurz danach scheint diese Glaubensgemeinschaft wieder abgefallen zu sein.

Anfang des Jahres 1207 sieht sich der Papst veranlaßt die weltlichen Fürsten zum Beistand im Kampf gegen die Ketzer aufzufordern. So entstehen die »Albingenserkriege«.Der Papst erläßt an den König von Frankreich, die Gräfinnen von Trojey, Vermandois und Blois, den Grafen von Bar, den Herzog von Burgund, die Grafen von Nevers und Dreux, den Baron von Dampiere und an alle Grafen, Barone, Ritter und Gläubigen in Frankreich ein Schreiben ergehen, indem er sie zur Bekämpfung der Ketzer auffordert, ihnen die Güter der Ketzer zusagt und allen »Kreuzfahrern« einen Ablaß zusichert«.

Beginn des Albigenserkrieges bis zum Beginn der Feindseligkeiten gegen Raimond (Phase 3:1208—1211)

Der päpstliche Legat Peter von Castelnau wird erstochen. Nicht nur die Mörder, sondern alle seine Verteidiger sollen öffentlich exkommuniziert und alle Orte, wo einer von ihnen hinkommt, sollen mit dem Interdikt belegt werden. Und zwar solange »...bis sie nach völliger Genugtuung beim römischen Stuhl Absolution erlangen«. Der Papst schürt das Feuer und verfaßt verschiedene Schreiben. So an die Legaten: »...scheut euch nicht, in einem so herrlichen, glorreichen Kampf nach dem Beispiel des Meisters ihre Seelen für Christen aufzuopfern«. Oder an die weltlichen Fürsten: »Derjenige (ruft er dem König von Frankreich zu) vereinige das Schwert, das du zur Strafe für die Übeltäter und zum Lob für die Rechtschaffenheit von Gott empfangen hast, mit dem unseren, damit wir miteinander Rache nehmen an diesen so frevlerischen und unmenschlichen Übeltätern«. Oder den Kreuzfahrern, die sich im Sommer 1209 bereitgefunden haben: »Wohlan, ihr tapferen Krieger, widersteht den Vorgängern des Antichrist, kämpft mit den Dienern der alten Schlange, kämpft um des ewigen Ruhmes willen, ihr habt für den Leib gekämpft, kämpft jetzt für die Seele. Ihr habt für die Welt gekämpft, kämpft jetzt für Gott«. Damit nicht genug. Der Papst fordert außerdem unter Androhung der Kirchenstrafen die gesamte Geistlichkeit auf, nach der Bestimmung der Legaten einen Teil ihrer Einkünfte abzuliefern. Die Gläubigen in diesem Gebiet 'ermahnt er: »... einen Teil ihrer jährlichen Einnahmen freudig und reichlich zur Unterstützung ihrer Heere darzubieten um sich dadurch den Eingang in die Seligkeit zu verdienen«.

So angestachelt und mit geschickten Intrigen unterstützt, entsteht ein großes Heer von Kreuzfahrern mit dem einzigen Ziel im Auge, die Kirche zu stützen und die Ketzer auszurotten. Das Heer steht unter der Leitung des Legaten von Lyon, es setzt über die Rhone und zieht nach Montpellier. Hier erhält es weitere Unterstützung. Die Kreuzfahrer nehmen die stark befestigten Städte Beziers und Carcassonne ein. Dies erfolgt im Juli 1209. Es wird ein fürchterliches Blutbad angerichtet. Ein Mönch von Veaux-Cernay berichtet: »...es seien beinahe alle, vom Jüngsten bis zum Ältesten, und in der Kirche der heil. Magdalena, allein 7000 getötet worden... man habe Kinder, Greise, Junge und Priester, Frauen... alle ohne Unterschied ermordet«. Die Eroberung von Beziers verbreitet solchen Schrecken, daß viele Burgen von den Besitzern verlassen werden und dadurch der Erfolg des Kreuzzuges gesteigert wird.

Opposition

1229 wird in Toulouse ein Konzil veranstaltet, bei dem gegen die Häretiker strengere und sicherere Maßnahmen ergriffen werden. Hier ist der Anfang der später so berüchtigten Inquisition zu suchen. 1233, im April, überträgt Papst Gregor die Leitung der Verhandlungen den Inquisitoren und entzieht ihn damit vollends den Bischöfen. Das geschieht zunächst in den Provinzen Bourges, Bordeaux, Narbonne, Vienne, Arles, Aix und Embrun. Der Bischof von Tournai als Legat des päpstlichen Stuhles setzt daraufhin pflichterfüllt zwei Dominikaner, Peter Cellani und Wilhelm Arnaldi, als Inquisitoren ein. Das gleiche geschieht in benachbarten Städten. Durch die Verschärfungen im Vorgehen gegen die Ketzer, die in rohe Gewalt, dumme Verfolgungswut und fanatisch-religiösen Eifer ausarten, bildet sich im Volk ein starker Widerstand. Dies führt u.a. zum Aufstand von Narbonne, Albi und Toulouse, in deren Folge die Inquisitoren scharf angegriffen, mißhandelt und verjagt werden. So z.B.:

- 1234 Aufstand in Narbonne gegen die Inquisitoren und den Erzbischof wegen Gefangensetzung eines der Ketzerei verdächtigen Bürgers. 1235 ein erneuter Aufstand. Im April Waffenstillstand und Friede.
- 1233 Aufstand in Cordes gegen die Inquisitoren, die vom Volk getötet werden.
- 1234 Aufstand in Albi, wo die Inquisitoren zwei Häretiker verbrennen lassen, zwölf weitere zu einem Kreuzzug in das Heilige Land verurteilen und mehrere Tote ausgraben.
- 1234 Aufstand in Toulouse, wo mehrere Ketzer verbrannt werden. Neuer Aufstand 1235, wo halb vermoderte Leichen ausgegraben, durch die Straßen geschleppt und verbrannt werden.
- Neuer Aufstand in Narbonne gegen die Inquisitoren. Sie werden zusammen mit den Dominikanern aus der Stadt vertrieben.[112]

Daraufhin erläßt der päpstliche Legat mehrere neue Anordnungen. Die Inquisitoren sollen im Lande herum so ihr Amt versehen, daß sich das Volk nicht beklage. Dadurch verliert die Inquisition nichts von ihrem grausamen und unmenschlichen Charakter. 1237 verurteilen die Inquisitoren in Carcassonne vier begüterte Herren (Bernhard Otto von Niort mit drei Brüdern und ihrer Mutter Escarlamonde) als Häretiker und befehlen dem Grafen von Toulouse unter Androhung von Kirchenstrafen deren Güter einzuziehen. Als Inquisitoren sind Wilhelm Arneud (?) und ein ihm mitgegebener Minoritenbruder Stephan von St. Tiberi erwähnt. Die Untersuchungen werden bis zum Oktober 1237 fortgesetzt. Sie erlassen verschiedene Urteile gegen Lebende und Tote. Mehrere, als Häretiker begrabene Personen werden ausgegraben, ihre Gebeine durch die Straßen gezogen und dabei unter Trompetenschall ausgerufen: »Wer so tun wird, wird ebenso umkommen« und sie dann verbrennen. Andere werden zu Pilgerreisen, Kreuzzügen und Kirchenbußen verurteilt. Der Widerwille des Volkes steigt an. In Toulouse weigern sich die Konsuln und der Viguier des Grafen, einige verurteilte Ketzer zu verbrennen und werden deshalb am 24. Juli 1237 in den Bann getan; im Mai 1242 werden die Inquisitoren in Avignon ermordet.[113]

Raimond, Unterwerfung der Häretiker

Die Mörder werden in den Bann getan und Raimond VII. wird mit ihrer Verfolgung beauftragt. Er zeigt sich säumig und wird exkommuniziert. Erst nach dem Frieden der Könige (1243) läßt er die Mörder ergreifen und hängen. Er muß der Königin Blanche am 19. Januar versprechen, sein Land von Ketzern zu reinigen, sie aufzusuchen und streng zu bestrafen«. Von ihm selbst hat sich eine Mitteilung erhalten. Auf dem Konzil von Beziers gibt er am 18. April 1243 folgende Erklärung ab:

»Ich erkläre ... daß ich die feste Absicht habe, das Land von den Häretikern mit den Abgeordneten des Königs zu reinigen... wie ich auch hierzu verpflichtet bin, ... und da wegen gegenwärtiger Erledigung des apostolischen Stuhles mein Streit mit den Predigerbrüdern nicht erledigt werden kann, so biete ich mich an, um die Sache der Inquisition nicht aufzuhalten und um meinem Eifer für den Glauben zu beweisen... mich ganz Eurer Entscheidung zu unterwerfen... in der Hoffnung, Ihr werdet mit die Gerechtigkeit, die ich verdiene, angedeihen lassen und Rücksicht auf meine Person, meinen Ruf und einen glücklichen Fortgang der Inquisition nehmen«.

Raimond fordert kurz danach die Bischöfe in seinem Land auf, entweder selbst die Inquisition auszuüben oder sie in ihrem Namen ausüben zu lassen. Der Papst überträgt am 10. Juli 1243 dem den Dominikanern nach der von Gregor IX. vorgeschriebenen Form die Inquisition auf das Neue und ernennt den Bischof von Avignon zum Legat des apostolischen Stuhles. Dann wird in Narbonne ein Konzil veranstaltet, auf dem 29 Bestimmungen als Ratschläge festgestellt werden, nach denen sich die Inquisitoren richten können. Darin heißt es u.a.:

- »Diejenigen Häretiker, die sich selbst melden, sollen Kreuze auf ihren Kleidern tragen, sich jeden Sonntag während der Messe zwischen dem Evangelium und der Epistel von einem Priester züchtigen lassen«. (1. Kanon)
- »Es ist erlaubt, das Zeugnis von Ehrlosen, Verbrechern und selbst Mitangeklagten gegen die Häretiker aufzunehmen. Es ist den Inquisitoren verboten, Zeugen zu nennen«. (24. Kanon)
- »Es sollen auch diejenigen für Häretiker angesehen werden, die durch Zeugen oder andere Beweismittel überwiesen werden, obwohl sie ihre Schuld leugnen«. (26. Kanon)

Weitere Bestimmungen auf den Konzilien von Montpellier und Beziers (19.April 1246) sind insofern von Bedeutung, weil sie die Grundlage des späteren Inquisitionsverfahrens bilden. Dazu kommen die Ausführungen des Konzils von Toulouse (1229) hinzu. Raimond VII. läßt 1249 80 Häretiker hinrichten, die in seiner Gegenwart der Ketzerei überwiesen und dann lebendig verbrannt werden. Er stirbt mit 52 Jahren am 27. September 1249.

Das Geschehen in Südfrankreich ist ebenso typisch für das Verhalten der Kirche wie in Norddeutschland. Fast gleichzeitig wütet in Deutschland Konrad von Marburg. 1234 werden Ketzer manichäischer Herkunft in Dounay in Flandern durch den Inquisitor Robert dem Feuertod überliefert. Noch 1317 werden in Österreich Häretiker verurteilt und verbrannt. 1275 wird in Toulouse unter vielen anderen auch Angela von Labartha oder Laberthe zum Feuertod verurteilt.

Sie bekennt sich unter dem Druck der Folter zu einem geschlechtlichen Umgang mit dem Teufel. »Die Frucht dieser sexuellen Vermischung soll ein Ungeheuer mit einem Wolfskopf und einem Schlangenschwanz gewesen sein. Die Mutter muß jede Nacht kleine Kinder stehlen, um das Monstrum zu ernähren«. Wir sehen, in welchem Klima die Teufelsgeschichten großgezogen werden, die die Brücke zu den Hexenbränden werden.

Konzil von Toulouse (1229)

Als die wesentliche Opposition gebrochen scheint, versammeln sich die Bischöfe von Frankreich 1229 in Toulouse, um über die Mittel zu beraten, die ihnen zu Gebote stehen, um die teils im Stillen weiterglimmenden, teils offiziellen ketzerischen Meinungen zu überbrücken. Das Ergebnis ihrer Bemühungen legen sie in 45 Sätzen nieder, deren Inhalt im wesentlichen ist:

- Die Erzbischöfe und Bischöfe werden in ihren Diözesen einen Priester und mehrere Laien von unbescholtenem Ruf bestellen und sie eidlich verpflichten, daß sie die Wohnungen und die heimlichen Schlupfwinkel der Ketzer durchforschen... und neben den Ketzern auch deren Beschützer, Freunde und Verteidiger einzufangen... und sie zur Bestrafung auszuliefern. Wer einen Ketzer in seinen Besitztümern duldet, soll es verlieren und wie dieser an seinem Leben bestraft werden.
- Jedes Haus, in dem sich ein Ketzer befindet, wird niedergerissen und der dazugehörige Grund wird eingezogen.
- Jeder Inquisitor hat das Recht, im Gebiet des anderen Nachforschungen zu betreiben. **Die Anzeige geschieht an die geistlichen Behörden: die Strafe wird von den weltlichen vollzogen.**
- Wer freiwillig seiner Ketzerei abschwört, soll auf jeder Seite der Brust zwei durch Farbe gekennzeichnete Kreuze tragen und an einem der Ketzerei unverdächtigen Ort leben.
- Ketzer, die sich aus Todesfurcht bekehren, werden vom Bischof in das Gefängnis eingeschlossen.

Petrus von Bruyns (und seine Anhänger)

Petrus von Bruyn gehört vor seinem Auftreten dem Klerus an (um 1104—1106). Er wirkt etwa 20 Jahre. Zuerst tritt er in den Diözesen von Arles, Embrun, Die und Gap auf. Doch sind seine Aktivitäten ängstlich... seine Anhänger wagen sich lediglich an entlegenen und unbedeutenden Orten zu versammeln. Später zieht er nach Toulouse und findet Anhang: hier kann er seine Lehren öffentlich verbreiten. Er wird 1124 verbrannt. Seine Häresie besteht aus folgenden Punkten:

- Kinder, bei denen der Verstand noch nicht entwickelt ist, können nicht durch die Taufe Christi zur Seligkeit gelangen. Erst wenn der Mensch seinen Gott erkennen kann und an ihn zu glauben bereit ist, soll er getauft werden.
- Die Erbauung von Tempeln ist überflüssig, weil die Kirche nicht aus der Menge der zusammengesetzten Steine, sondern aus der Einheit der Gläubigen besteht. Man kann auch in einer Schenke oder in einem Stall Gott anrufen. Die vorhandenen Kirchen sind abzureißen.
- Die heiligen Kreuze müssen zerbrochen und verbrannt werden, weil des Instrument, durch das Christus so schrecklich gemartert und so grausam getötet worden ist, nicht der Anbetung und Verehrung wert ist.
- Ein lebloser Gegenstand darf nicht verehrt werden.
- Der Leib Christi wird nicht durch die Kraft des göttlichen Wortes oder durch den Dienst der Priester geopfert. Alles, was die Diener des Altares zu tun scheinen, ist nichtig und überflüssig. »**Glaubet, glaubet Euren Bischöfen, Priestern und Geistlichen nicht, die Euch verführen. Wie sie in vielen anderen Stücken, so betrügen sie euch auch in dem Opferdienst des Altares, bei dem sie lügenhafter Weise vorgeben, sie bringen den Leib Christi hervor«.**
- Opfer, Gebete, Almosen und alles andere Gute, was Gläubige für Verstorbene tun, sind zu verspotten. Sie können den Toten nichts nützen.

Heinrich, ein Jünger von Bruyn, ergänzt:

- Gott habe keinen Gefallen am Kirchengesang... er könne weder durch lautes Geschrei angerufen, noch durch musikalischen Klang besänftigt werden.

Heinrich hält sich vordem in einem Kloster der Clunyacenser auf und schreibt sich den Grad eines Diakons zu. Er wird gefangen und auf dem Konzil von Rheims (1148) zu lebenslänglicher Haft verurteilt. Er stirbt kurz danach.

Der religiöse Schwärmer Tanchelin (Tanchelm)

»Er war einer der Wölfe im Schafspelz, die das schlechte Betragen der Geistlichen, die Lauigkeit und vielfältige Abwesenheit der Bischöfe, den Leichtsinn, die Leichtgläubigkeit und Unwissenheit des gemeinen Volkes benutzend, unter dem Schein religiöser Verbesserung schädliche Irrlehren ausstreuen«.[114] Er ist Holländer oder Friedländer von Geburt und entwickelt sich zu einem einflußreichen religiösen Laien. Er hält sich vor allem in den Niederlanden auf, und zwar zuerst 1112 bis 1115 in den an der Küste gelegenen Orten und dann in Utrecht. Seine ersten Anhänger sind Fischer, die er durch Geschwätz und durch frömmlerisches Wesen einnimmt. Er besitzt die Eigenschaften eines satanischen Schwärmers... er rügt das schlechte Verhalten der Geistlichen und macht sie beim Volk lächerlich, zudem macht er die Wirkung der Sakramente von der Heiligkeit des Spenders abhängig. Heilige Gebräuche sind für ihn Unsinn. Sein Ansehen steigt zunehmend. Bald zieht er mit einer Rotte von 3000 Mann »...wie ein König mit einer Leibwache, mit Fahne und Schwert voran...um zu predigen. In einem Bericht der Kirche von Utrecht wird vermerkt, daß er sich für Gott ausgegeben hat. Das Volk verehrt ihn wie einen rettenden Engel und als einen Reformator der Kirche. Aus der Menge seiner Anhänger hat er zwölf Männer und eine Frau gewählt, nach der Zahl der Jünger Jesu und der Mutter Jesu. Endlich, erklärt er, daß er sich mit der heiligen Jungfrau Maria verlobt habe und gedenke, alsbald zu heiraten: die Kosten dazu müßten die Seinigen tragen. Deshalb stellt er neben dem Muttergottesbild von beiden Seiten eine Opferbüchse auf, die eine für Männer, die andere für Frauen: »... Jetzt wird es sich zeigen, wer mich und meine Braut am meisten liebt«.

Die Leute werfen ihren Schmuck, ihre goldenen Ringe und ihr Silber in den Opferkasten, so daß der Betrüger in kurzer Zeit reich wird. Er erklärt, er habe von Jesus die Fülle des heil. Geistes empfangen und sei folglich auch nicht geringer als dieser. Das Wasser, mit dem er sich gewaschen hat, wird von den anderen als Göttertrank angesehen. Die Frauen rühmen sich der besonderen Gnade, wenn er sich mit ihnen fleischlich vemischt hat.

Er wandert nach Rom und wird auf der Rückreise vom Kölner Erzbischof (1112 oder 1113) mit Anhängern gefangengenommen. Darunter befindet sich der Schmied Manassas. Er kann sich befreien und geht nach Brügge und Antwerpen. Drei der Anhänger werden in Bonn zum Feuertod verurteilt (?). Tanchelm wird 1125 oder 1126 von einem Priester erschlagen.[115]

Endo von Stella

Hier haben wir es mit einem unwissenden Laien zu tun, der als Haupt einer neuen Sekte auftritt. Er versammelt Anhänger und geht »...in königlicher Pracht...gefolgt von seinen zahlreichen Anhängern daher«. Lange wird ihm nachgestellt, bis es dem Erzbischof von Rheims gelingt, ihn mit einigen seiner Schüler einzufangen. 1148 wird er auf dem Konzil von Rheims vor Eugen III. geführt. Als er gefragt wird, wer er ist, antwortet er: »Ich bin der, welcher kommen soll, zu richten die Lebendigen und die Toten... und die Welt durch das Feuer«. Er trägt in der Hand einen Stab, oben mit zwei Spitzen und unten mit einer. Darüber zur Rede gestellt sagt er: »so lange beide Spitzen — so wie jetzt — in den Himmel zeigen, besitzt Gott zwei Teile der Welt und ich den dritten. Kehre ich die Spitzen um und richte die eine Spitze himmelwärts, so behalte ich zwei Teile für mich und überlasse den dritten Gott«. Darüber wird er ausgelacht. Auf die Bitte eines Bischofs wird ihm das Leben geschenkt. Über seine Lehre ist nichts bekannt, es kann aber angenommen werden, daß er gegen den verlotterten Zustand des Klerus gewettert hat.

Judaisierende Ketzerei

Diese Gruppen werden auch Pasagier oder Circumcisi genannt. Über die judaisierenden Häretiker, die im 12. Jht. in Oberitalien auftreten, haben sich wenige Nachrichten erhalten. Der Name Passagier (Pasagii, Pasagii, Passagenii, Pasagerii, Pasigii, Passageres, Pasagieri), der zuerst auf dem Konzil von Verona gebraucht wird, deutet auf ein umherschweifendes wanderndes Leben. Der Name Pasagier kommt von dem Wort »passagium« (passage) und kann auf Reisen nach dem Orient zum heiligen Grab deuten. Die Bezeichnung Circumcisi ist realistischer, weil daraus die Beibehaltung ihrer Beschneidung abzuleiten ist. Ihre Hauptlehren sind in der Schrift: «Adversus Haereticos qui Passagi nuncupantur« (Bonacursus) aufgezeichnet. Vor allem verfolgen sie zwei Bestimmungen:

- Das mosaische Gesetz wird buchstäblich beachtet (Sabbath und Beschneidung sind gesetzlich)
- Christus, der Sohn Gottes, ist nicht dem Vater gleich; die drei Personen sind nicht ein Gott und ein Wesen

Die selbständige Bildung einer judaisierenden Sekte inmitten der Kirche läßt sich verstehen. Nicht nur, weil die römisch-katholische Kirche alttestamentarische Kulte in sich aufnimmt und verarbeitet, sondern weil sie Bekehrungsversuche an Juden vornimmt und deshalb Juden zum Christentum übertreten. Ein Aufhänger liegt in den zeitweiligen massiven Verfolgungen, die gegen sie inszeniert werden. Als Beispiel folgende Zahlen: zur Zeit des ersten Kreuzzuges (1096) werden Juden verfolgt, 1146 rettet vor allem während eines Kreuzzuges Abt Bernhard von Clairveaux die Juden vor dem gänzlichen Untergang, die der aufreizende Mönch Radulph anstrebt. Unter Philipp II. von Frankreich werden sie gejagt und verfolgt. Am Ende des 12. Jhts. werden sie aus England vertrieben (1290/91). Ein fränkischer Landsmann mit dem Namen Rindfleisch veranlaßt in Nürnberg und an anderen Orten 1298 eine Judenhetze. Dann schließt sich der bestialische Judenmord im Zusammenhang mit der Pest in der Mitte des 14. Jhts. an. Viele Juden werden zum Christentum gezwungen: Kinder werden ihnen entrissen und zu Christen (!!!) getauft. Außerdem stellen die findigen Inquisitoren Regeln auf, an denen man die judaisierenden Ketzer zu erkennen glaubt:

- daß er das Fleisch vom Unschlitt säubert, das Blut absondert, das Fleisch wäscht und einzelne Teile wegschneidet.
- daß er sein Schlachtmesser fein abzieht und es am Nagel probiert.
- daß er mit der Auflegung der Hand seine Kinder segnet
- daß er das Schicksal eines neugeborenen Kindes astrologisch untersuchen läßt
- daß er einen Toten gewaschen, geschoren, denselben weiß gekleidet, ihm ein Kopfkissen mit Erde gefüllt, eine Münze in den Mund steckt und dergleichen veranlaßt hat.

Außerdem kommt es zu Klagen, daß Christen von den Juden zum Unglauben (!!!) verleitet werden. Deshalb beklagt sich Papst Nikolaus VII. in einer Bulle (1288) »...daß viele Christen die Wahrheit des christlichen Glaubens ableugnen und sich den jüdischen Gebräuchen zuwenden«. Dazu kommen Beschuldigen, weil sie sich polemisch gegen den christlichen Glauben aufgelehnt haben. Schon im 13. Jht. werden in Spanien, Frankreich und Deutschland jüdische Gräber entweiht und geplündert. »... die heiligen Steine werden zum Schimpf auf die Straßen geworfen, die Gebeine aus den Gräbern gerissen und vor den Augen der Überlebenden getreten und geplündert. Agobard berichtet: ... wie Christenkinder von den Juden aus Frankreich und Spanien verkauft oder zu allerhand Handlungen mißbraucht worden sind«. Es hieß:»...sie besitzen ein Zaubermittel und suchten alle Christen zu vergiften... mit den christlichen Ammen, die sie in ihren Häusern aufnehmen treiben sie Schändlichkeiten und nehmen ihnen die Milch weg... sie erlauben Schmähungen und Spottreden gegen die Christen... sie sind dem Wucher ergeben und übervorteilen die Christen... sie haben die Gewohnheit, am Passahfest Christenkinder zu rauben, sie unter Martern zu kreuzigen und ihre Eingeweide zur Zauberei zu verwenden«. Hier sei kurz er-

wähnt, daß auch gegen »fromme Christen« Wuchergesetze erlassen worden sind.

Dazu kommt ein alter Vorwurf. Er ist seit 419 Gegenstand eines Streites. 1236 soll ein Christenkind von einem Juden beim Kloster Fulda getötet worden sein. Kaiser Friedrich II., dem der Körper des Kindes nach Hanau gebracht wird, hat angesehene und bedeutende Männer zusammengerufen und gefragt, ob denn diese Sache begründet sei... daß die Juden am Karfreitag das Blut von Christen brauchen... würde das stimmen, so lasse er alle Juden in seinem Reich töten«. Hinzu kommt, daß Innozenz IV. (1248) gegen die Juden polemisiert.

Fest steht, daß die Beschuldigungen (abgesehen von einzelnen Fragen zu Geiz und Wucher) absurd und aus der Luft gegriffen sind. Es gibt unter den Juden genausoviele Verbrecher wie unter den Christen, und wenn tatsächlich Vergehen zustandegekommen sind, so sind es Einzelfälle, die wir zu allen Zeiten der Geschichte in allen Bevölkerungsschichten finden.

Joachim von Floris

Es ist ein Sonderfall: hier handelt es sich um philosophierende Ketzerei. Er steht mit Simon von Tornay und Amalrich von Bena auf einer Linie. Der 1202 verstorbene Abt Joachim hat sich nicht förmlich von der katholischen Kirche getrennt. In einer Entgegensetzung gegen Paulus Lombardus hat er eine in Bezug auf die Dreieinigkeit abweichende Lehre aufgestellt. Auf der anderen Seite hat er durch seine Weissagungen eine Reformation der Kirche, einen Anstoß zu den späteren Bewegungen eines Teils der Mitglieder der Franziskaner und anderer damit verbundener Sektierer gegeben.

Joachim wird 1145 in Cälicum geboren. Hier errichtet er später mit seinem Freund Rainerius ein Bethaus und das Kloster Floris mit strenger Regel. Von hier aus verbreitet sich sein Ruf: zahlreiche Mönche treten ein und es folgen weitere Klostergründungen. Er stirbt 1201 oder 1202. Seine Häresie bezüglich der Trinität besteht darin, daß er gegen die nach seiner Ansicht durch den Lombarden eingeführte Quaternität die Einheit der drei Personen nur ideal ansieht: es ist eine theologische Spekulation. Joachim ist ein heftiger Gegner der scholastischen Philosophie. Nach seiner Auffassung ist der Zustand der Kirche verdorben und dies zeigt sich im Verfall des Klerus. Er nennt vor allem: »... eine unangemessene Herrschsucht, Geldgier, und die weitverbreitete Sünde der Simonie«. Joachim von Floris sagt den Patarenern nach: »... daß sie an verschiedenen Orten nächtliche Zusammenkünfte haben, in denen sie diabolische Werke treiben; sie lehren, daß alle Leiber vom Teufel erschaffen sind und also auch Christus nicht fleischlich auf die Erde gekomen ist«.[116]

Amalrich von Bena

Amalrich (Almaricus, Amaury, Almaricus, Elmericus, Amorricus) ist in Bena geboren (Bezirk Chartres) und kommt als Lehrer der Theologie nach Paris. Seine Ansichten werden von der Pariser Universität verdammt. Zur Verteidigung reist er nach Rom. Er wird auf der Rückkehr zum Widerruf genötigt und stirbt um 1207. Er behauptet, Gott sei das Wesen, das alle Kreaturen in sich hat. Aus diesem Pantheismus heraus folgt die von ihm scheinbar angenommene Lehre der Transsubstantation. Er meint, jeder Christ müsse sich für ein Glied Christi halten... niemand, der eine andere Ansicht hat, kann selig werden. Bedeutende Schüler von ihm sind: Wilhelm von Aria, ein Presbyter Stephanus und David von Dinanto. Die Lehre Amalrichs findet weite Verbreitung. Vermutlich hat er sein Lehrsystem aus der neuplatonischen Schule (Scotus Erigena) aufgebaut. Das gegen die aristotelischen Schriften erlassene Verdammungsurteil wird zwar 1215 vom Kardinallegat Coucon wiederholt, aber im April 1231 von Gregor IX. eingeschränkt. Es gerät in Vergessenheit und seit 1230 herrscht die Aristotelische Philosophie im Abendland.

Ortlibenser, Papelards, Luziferianer Brüder des Freien Geistes

Sie vertreten zuerst in Deutschland eine eigentümlich, freigeistige Richtung und werden durch ihre Hartnäckigkeit ein ernster Ansatzpunkt für die Inquisitoren. Ihre volkstümliche Bezeichnung ist »Papelards«. Die Bewegung geht von einem Pariser Professor, David von Dinant aus, der sich religiösen Spekulationen hingibt, die er aus Aristoteles und aus arabischen Kommentaren schöpft. Er fügt neuplatonische Elemente hinzu, die den griechischen Theismus in eine Art mystischen Pantheismus umwandeln. Diese Vorstellungen werden von seinem Amtsbruder Amalrich von Bena fortgesetzt. Almalrich hat Schüler, die diese Vorstellung weiter verfolgen.

Schon 1204 verurteilt die Universität deren Ansichten und 1207 muß er abschwören. Seine Lehre steht der der offiziellen Kirche gegenüber. Vier Anführer werden auf Lebenszeit eingekerkert, zehn müssen den Scheiterhaufen besteigen. Die Überreste von Amalrich werden ausgegraben und den Hunden vorgeworfen, seine restlichen Gebeine werden auf dem Feld verstreut. Die Schriften der Schwärmer werden verboten, das Studium der Naturwissenschaften wird an der Universität Paris für drei Jahre ausgesetzt, die Werke von Aristoteles werden öffentlich verbrannt. Nun ist die Universität Paris ein wichtiger Stützpunkt europäischer Bildung: hier tummeln sich die Geister und hier findet Amalrich weitere Anhänger. Zu ihnen gehört Ortlieb von Straßburg, nach deren Lehre die

Sekte benannt wird. Sie selbst nennen sich »Brüder des Freien Geistes«. Ihre Vorstellungen sind im wesentlichen:

- Das Universum ist nicht erschaffen, sondern in Ewigkeit da
- sie versprechen sich ein ewiges Leben
- sie leugnen die Auferstehung des Fleisches
- Sie stellen die Dreieinigkeit auf mystische Weise dar
- Sie üben in der Ehe die strengste Enthaltsamkeit
- Mord, Lüge und Eide sind ihnen verboten
- Sie lehren die Unfähigkeit zur Sünde
- Alle Wesen kehren zu Gott zurück und sind dann in ewiger Ruhe mit ihm vereint.

Ihre massive Verfolgung in Straßburg kann das Problem nicht lösen. Es heißt, daß sie um die Mitte des 13. Jhts., vor allem in Schwaben verbreitet sind, so in der Gegend von Nördlingen und Öttingen. Albertus Magnus erstellt ein ausführliches Verzeichnis ihrer Irrtümer. Wegen einiger ihrer Ansichten handeln sie sich die Bezeichnung »Luziferianer« ein.

»Zu Anfang des 13. Jhts. verbreitet sich die Sekte der Luziferianer, die aus Spanien und Maastricht gekommen war, von da aus nach Köln und dehnt sich rheinwärts bis an die Grafschaft Brandenburg aus... sie sind die unsinnigsten Abergläubischen, Abgötterer und die abscheulichsten Phantasten, und was dabei am verwunderlichsten ist, waren die ersten Anhänger nicht aus der Hefe des dummen Volkes, sondern aus der Geistlichkeit«.

Der Mönch Alberich berichtet zum Jahr 1223:[117]

»Über die schleunige Verbreitung dieser Sekte erzählt man sich folgendes. Ein gewisser Meister von Toledo, ein Schwarzkünstler, der sich ganz dem Teufel übergeben hatte, kam nach Maastricht, zwischen Brabant und Köln. Als er dort zwischen den Geistlichen zu Tisch saß, machte er, daß die, so er wollte, aßen, und andere, so er wollte, schliefen, worauf sich ihm alsbald acht nichtswürdige Geistliche anschlossen und von ihm begehrten, daß er ihnen zur Befriedigung ihrer Lüste verhelfen sollte.

Er zog einer Katze die Haut ab und hieb zwei Tauben mittendurch. Danach rief er drei Teufel, die er für drei Könige hielt, und zuletzt den Großfürsten, Epanamon genannt, und sagte: »er habe sie zu einem kleinen Nachtessen geladen, damit sie diesen Geistlichen ihre Bitten helfen möchten. Er legte dann den Teufeln die abgezogenen Katzen vor, die sie sogleich fraßen; die zwei Tauben aber stellte er dem großen Teufel vor, die auch sogleich gefressen war. Nunmehr schwor er dem großen Teufel, sich so klein zu machen, daß er in ein Glas gehe; da dies geschehen war, versiegelte er das kleine Glas mit Wachs und setzte das Alpa und Omega darauf. Jetzt sollen die Geistlichen begehren was sie wollten: der eine begehrte die Zuneigung einer gewissen adeligen Frau... einer die Zuneigung eines adeligen Jünglings: der Teufel antwortete: das stünde nicht in seiner Macht und er dürfe ihm auch nicht zu schändlicher Lust behilflich sein, er möge sich zu etwas anderem wenden«.

Durch diese Geistlichen ist die Abgötterei des Luzifer verbreitet worden. In Köln war eine Schule dieser Ketzer. So hat der Teufel eine Geliebte Luzifer's, als sie zum Scheiterhaufen geführt wurde, plötzlich ergriffen und weggerissen, daß sie nicht mehr zum Vorschein gekommen ist«.

»Diese verruchten Menschen empfangen jährlich zu Ostern den heiligen Leib des Herrn, nehmen ihn mit dem Munde nach Hause und werfen ihn zur größten Beschimpfung des Erlösers in den Abfluß. Sie lästern auch dem Schöpfer und Regierer der Welt und sagen in ihrer Tollheit, der Gott des Himmels habe auf ungerechte Weise den Luzifer aus dem Himmel in die Hölle gestürzt. Diesen Luzifer halten sie für ihren Schöpfer und glauben, er werde wieder zu seiner Herrlichkeit gelangen, wenn der Herr herabgestürzt sein wird«.

Wir haben hier ein frühes und wenig bekanntes Beispiel der Verflechtung des Teufelsglaubens mit der Ketzerei. Ihre Spottbezeichnung wird »bufonem tangentes«, also Krötenlecken. Die Luziferianer sind der Auffassung, daß sich zwei ihrer Geistlichen einmal jährlich in das Paradies begeben, um von Enoch und Elias die Macht zu empfangen, ihre Anhänger zu absolvieren und diese Macht an die Gemeindemitglieder zu übertragen.

Heinrich Minneke

Nun setzen weitere Verfolgungen ein. Sie steigern sich zu einem wilden Fanatismus. Hier begegnen wir Heinrich Minneke, der Probst im Zisterzienserkloster Neuwerk bei Goslar ist. Es ist ein Weltpriester und steht dem Bettelorden fern. Er lebt in vollständiger Armut und verdient seinen Unterhalt mit Betteln. »Von finsterem Wesen und beschränktem Geiste treibt er seine Bigotterie« bis zum Gipfel des Wahnsinns«. Er wird (etwa) am 1. Oktober 1224 wegen folgender Vergehen den weltlichen Behörden übergeben und verbrannt:

- er habe den Nonnen Glauben machen wollen, daß er größer sei als irgend ein anderer von einem Weib Geborener
- Er habe in vielen Beziehungen die strenge Zistersienserregel gemindert.
- Er habe in seinen Predigten erklärt, daß der heil. Geist der Vater des Sohnes sei.

- Er habe sich in seinem Lobe der Jungfräulichkeit bis zur Behauptung verstiegen, daß Heirat eine Sünde sei.
- Er habe behauptet, in einer Vision gesehen zu haben, daß Satan Gott um Verzeihung gebeten hat.
- Er habe gelehrt, daß es im Himmel eine Frau gibt, die größer sei als die heil. Jungfrau und den Namen »Weisheit« führt.[118]

Halbklösterliche Körperschaften

Um die Wende vom 13./14.Jht. entstehen eine Reihe von halbklösterlichen Körperschaften, die unter dem Namen Beguinen, Begharden, Lollarden, Celliten usw. die Aufmerksamkeit des Volkes und der kirchlichen Obrigkeit erregen. Die Beguinen (Begharden) leiten ihren Ursprung von der heil. Begga, der Mutter Pippins von Landen, her, die in Ardenne ein Nonnenkloster nach der Regel der Benediktiner gründet. Andere sehen ihren geistigen Stammvater in Labertle-Begue oder Lambert »dem Stammler«, einem Priester an der Christophkirche in Lüttich, der sich um 1180 dadurch einen Namen macht, daß er die dortigen Domherren der Simonie bezichtigt. Der Bischof verhaftet Lambert, Geistliche fallen über ihn her und zerfleischen ihn mit den Fingernägeln. Am einleuchtendsten ist die Ableitung der Namen »Begarde« und »Beguine« vom deutschen Wort »beggan«, also entweder bitten (betteln) oder beten. Die Lollarden leiten sich wahrscheinlich von der Bezeichnung »lullen«, d.h. murmeln von Gebeten, ab.

Lollarden, Brüder des Freien Geistes, Nollbrüder

Die Gesellschaften der Lollarden entstehen um 1300 in Antwerpen während einer Pest. Es sind Laienbrüder, die sich der Pflege der Kranken und Irren, besonders aber der Bestattung der Toten annehmen. Ihren Namen erhalten sie wahrscheinlich von der Art und Weise, wie sie ihre Leichengesänge artikulieren. Sie selbst nennen sich später Alexandriner, von ihrem Schutzpatron, dem heil. Alexius, oder Celliten, weil sie sich in Zellen aufhalten. Außerdem sind sie unter der Bezeichnung »Matemans« und in Deutschland unter der Bezeichnung »Nollbrüder« bekannt«. Schließlich wird der Terminus Lollarden pauschal auf alle Bettelbrüder übertragen. Sie werden anhaltend und massiv verfolgt, bis man ihre Nützlichkeit erkennt. 1472 setzt Karl der Kühne bei Sixtus IV. durch, daß er sie durch eine Bulle in die anerkannten religiösen Orden aufnimmt und sie dadurch der bischöflichen Jurisdiktion entzieht. Julius II. gewährt ihnen 1506 besondere Vorrechte.

Die Grundlage der religiösen Anschauung der Brüder des Freien Geistes oder der Illuminaten, wie sie sich selbst nennen, um dadurch das innere Licht, das in ihnen leuchtet, anzudeuten ist pantheistischer Natur. Alles was ist, ist Gott. In einer Laus ist ebensoviel Gottheit wie in einem Mensch oder in einem anderen Geschöpf. Alles geht von Gott aus und kehrt zu ihm zurück. Ihrer Auffassung nach kehren die Seelen beim Tod zu Gott zurück. Demzufolge braucht der Mensch keinen Gott, denn er kann nicht sündigen. Die praktische Folge ihrer religiösen Anschauung zielt nicht nur auf eine Vernichtung der römisch-katholischen Kirche ab, sondern bedeutet zugleich eine Gefahr für das moralische Leben und gegen die gesellschaftliche Ordnung.

Verfolgung Einzelner

Johann Wicliff (1320—84)

Als 1393 ein päpstlicher Ablaß in Prag gepredigt wird, wagt ihn ein Pfarrer an der St. Martinskirche in der Altstadt, Wenzeslaus Rohle, als Betrug zu bezeichnen. Etwa gleichzeitig entsteht auch in England eine oppositionelle Bewegung unter der Führung Johann Wicliff's. Er ist ein Mann von scholastischer Bildung, mit einem klaren und scharfen Verstand, theologisch und philosophisch begabt. Er zieht die Herrschaft der Kirche in Frage, die sie über das diesseitige und jenseitige Leben ihrer Mitglieder erlangt hat. Deshalb wird sein Name immer wieder im Zusammenhang mit der Auflehnung gegen das Priestersystem genannt. Hus hat einen Teil seiner Anschauungen aus dieser Quelle geschöpft. Die Lehren von Wicliff sind im wesentlichen:

● Die Päpste der Epoche sind die Verkörperungen des Antichrist
● Die ganze Hierarchie, vom Papst abwärts, muß wegen ihrer Habgier, Simonie, Grausamkeit und Herrschaftssucht und wegen ihres schlechten Lebenswandels verflucht werden.
● Dem Papst braucht man keinen Gehorsam zu leisten, seine Dekretalien sind null und nichtig
● Um die Exkommunikation von ihm oder seinen Bischöfen braucht man sich nicht zu kümmern
● Die Ablässe, die jedem für Geld angeboten oder den Kreuzfahrern für die Erschlagung christlicher Männer und Mitbrüder verliehen werden, sind eitel Lug und Trug.
● Die Ohrenbeichte mag nützlich sein, aber notwendig ist sie nicht, denn die Menschen sollen ihr Vertrauen auf Christus setzen.
● Die Bilderverehrung ist gegen das Gesetz. Darstellungen der Dreieinigkeit sind zu verbieten.

● Die Anrufung der Heiligen ist nutzlos.
● Das Gebet ist überall wirksam, nicht nur in der Kirche
● Alle Kirchen sind beschmutzt und von Gott verflucht, weil darin die Ehre verkauft wird und weil die auf die Bücher falsche Eide geleistet werden. Es sind Räuberhöhlen und Wohnungen böser Geister.
● Geistliche dürfen nicht in Pracht und Üppigkeit leben, sondern müssen so wie die Armen leben, indem sie dadurch ein Beispiel der Frömmigkeit geben.
● Alle Pfarrpriester und Vikare, die ihren Beruf nicht erfüllen, sind abzusetzen.

Diese Anschauungen sind unmittelbar aus der Augustinischen Lehre von der Prädestination abgeleitet.

Ein winziger Punkt eines spekulativen Irrtums liegt darin, daß Wicliff das »Geheimnis der Eucharistie« mit der handgreiflichen Tatsache in Einklang bringen will, daß nach der Konsekration Brot Brot und Wein Wein bleibt. Er stellt die Theorie auf, daß Brot und Wein zwar bleiben, daß sich aber die göttlichen Elemente mit ihnen verbinden, deshalb landet er später auf dem Scheiterhaufen.

Seine berufliche Laufbahn ist interessant. Er wird exkommuniziert und kann dennoch sein Leben in Frieden beenden. Er stirbt 1384 auf seinem Rektorat in Luttersworth. Erst auf dem Konzil von Rom (1413) werden seine Schriften verurteilt und auf dem von Konstanz (1415) wird er als Erzketzer bezeichnet. Dann werden seine Gebeine ausgegraben und verbrannt. Seine Ansichten werden als Irrlehren deklariert.

Johann von Husinec

Hus erzählt, daß die Lehren von Wicliff seit 1390 an der Prager Universität vorgetragen werden und daß viele rechtgläubige Böhmen den Weg von Wicliff einschlagen. Durch ihn wird Hus der erste Märtyrer des Wiclifcismus in Böhmen und ein Opfer der grausamen Kirchenpolitik.

Er ist 1369 geboren und wird 1393 Baccalaureus der freien Künste, 1394 der Theologie, 1396 Magister. Die Würde eines Doktors erlangt er nicht, obwohl er bereits 1398 Vorlesungen an der Prager Universität hält. 1401 ist er Dekan der philosophischen Fakultät und 1402 Rektor. 1400 wird er zum Priester ordiniert und zwei Jahre danach zum Prediger an der Bethlehemskapelle ernannt. »Hier wird er zum geistigen Führer des Volkes«. Kurz danach beginnen seine Strafreden und seine Angriffe gegen den schrecklichen Lebenswandel und die Verweltlichung der Geistlichkeit. Im Oktober 1407 erheben die Geistlichen gegen Hus eine formelle Klage beim Erzbischof Zbinco.

IOAN HUSSUS BOEMUS Acad. Prag. Theol.

Hus, Jan (Johannes), tschechischer Kirchenreformer. Geb. in
Husinetz (daher sein Name) um 1370, gest. 6.7.1415 in Konstanz. Er übernimmt von Wycliff die schroffe Prädestinationslehre und den Kampf gegen Güterbesitz und Verweltlichung
des Klerus und der Klöster. Er wird auf Geheiß der herrschende Kirche ermordet.

Hus wird aus seiner Stellung gedrängt. Die engsten
Mitarbeiter von ihm sind Stephan von Palecz, Stanis-
laus von Znaim, Johann von Jessinetz, Hieronymus
von Prag und andere«. Jetzt werden die Leidenschaften entfacht, es entsteht ein heftiger religiöser Streit.
**1405 stellt eine Synode die Lehre der Transsubstantia-
tion in der unbedingten Form fest. Jeder, der sie anders erklärt oder lehrt, wird als Ketzer bezeichnet und
verworfen. Auch dies Verhalten ist typisch für das
Vorgehen der Kirche. Etwas so heikles kann man
glauben oder nicht und es spricht einiges dafür es ab-
zuweisen; aber zwingen kann man Niemand zu dieser
Auffassung: genau das macht die Kirche. Die Kritik
zu der Lehre der Transsubstantiation ist bis heute
nicht abgerissen. Das gleiche betrifft den Exorzismus.**

Situation in Prag

1408 bricht ein Streit zwischen den Gegenpäpsten
aus. König Wenzel hält es für politisch angebracht,
hier eine neutrale Stellung einzunehmen. Er veranlaßt
die Universität, Boten an die Kardinäle zu schicken,
die sowohl Benedikt XIII. als auch Gregor XII. die
Gefolgschaft aufgesagt haben. Sie fallen in Bologna

dem päpstlichen Legat Balthasar Cossa (späterer Johann XXIII.) in die Hände, der sie in ein Gefängnis
sperren läßt.

Nun soll die Prager Universität neue Statuten bekommen. Sie ist in »vier Nationen« geteilt und jede davon
hat eine Stimme. Innerschulisch führt das wieder zu
Schwierigkeiten und zu der Überstimmung von Böhmen. Schließlich entscheidet man sich, die Verfassung
der Universität Paris anzunehmen, bei der die französische Nation drei Stimmen und die anderen zusammen nur eine haben. Diese Entscheidung fällt 1409.
Es kommt zu weiteren Schwierigkeiten. Die deutschen Professoren und Studenten akzeptieren diese
Lösung nicht und drohen, die Universität zu verlassen, was auch passiert. Diese Entwicklung führt zur
Gründung der Universität Leipzig. Rasch verbreitet
sich über Europa das Gerücht, Böhmen wäre ein Ket-
zernest.

Ansichten von Hus

Hus wendet sich inzwischen gegen das Papsttum. Mit
Riesenschritten geht man dem Bruch mit Rom entge-
gen. 1410 macht Johann XXIII. dem Kardinal Otto
Colonna die Mitteilung, daß Klagen über Hus nach
Rom gelangt sind. Colonna fordert deshalb Hus am
20. September auf, persönlich in Rom zu erscheinen.
Hus schickt Vertreter, die eingekerkert werden. Hus
wird im Februar 1411 von Colonna exkommuniziert.
Die Exkommunikation wird am 15. März in Prag in
allen Kirchen verkündet (mit zwei Ausnahmen). Das
Volk steht auf der Seite von Hus. So wird das Interdikt über die Stadt verhängt. Niemand kümmert sich
darum und Hus predigt unverdrossen weiter. Neuer
Zündstoff wird hinzugeführt. Papst Johann XXIII.
läßt gegen Ende des Jahres 1411 gegen den auf Seiten
Gregors XII. stehenden König Ladislaus von Neapel
einen Kreuzzug mit Ablässen vom heil. Land predigen. Hus reagiert scharf:

● wie können die vielen Päpste, die Ablässe gewährt
haben und selbst verurteilt sind, ihre Sünden und
Sündenvergebungen vor Gott rechtfertigen? Die
Ablaßkrämer sind Diebe, die durch schlaue Lügen
nehmen, was sie durch Gewalt nicht bekommen
können.
● Der Papst und die gesamte streitende Kirche begehen oft Irrtümer und eine ungerechte päpstliche
Exkommunikation braucht nicht beachtet zu werden.

Einige Tage nach dieser Disputation verbrennt er die
päpstliche Ablaßbullen. Das ist eine direkte Heraus-
forderung an den Papst. Noch kann er sie brechen;
bei Luther hat er das Spiel verloren. Der Papst bestraft Hus mit der »großen« Exkommunikation und

Papst Johann XXVIII. bleibt auf dem Weg zum Konstanzer Konzil mit seinem Reisewagen auf dem »Arlenberg« (Arlberg/Tirol) im Schnee stecken. Aus: Ulrich von Reichenhals Conciliumbuch vom 2. Sept. des Jahres 1483. Druck von Anton Sorg in Augsburg.

Pastetenbäcker auf dem Konstanzer Konzil. Aus: Ulrich von Reichenhals Conciliumbuch vom 2. September 1483. Druck von Anton Sorg, Augsburg.

droht:»...alle, die nicht innerhalb von 30 Tagen ihre Ketzerei abschwören, sollen sich persönlich vor der römischen Kurie verantworten. Dennoch predigt Hus weiter. Man versucht ihn auf der Kanzel zu verhaften, was aber durch den Schutz der Bevölkerung verhindert wird. Dann veröffentlicht er die Abhandlung »De ecclesia« und greift darin das Papsttum an:

● Der Papst ist kein wahrer Nachfolger Christi, solange er Petrus nicht nachahmt. Ein Papst, der dem Geiz ergeben ist, ist der Stellvertreter des Juden Ischariot. Dasselbe gilt vor den Kardinälen.

Jetzt brechen weitere Krisen aus: in Prag werden die Gottesdienste eingestellt und damit alle kirchlichen Handlungen. Neugeborene werden nicht getauft und Tote werden nicht beerdigt. Hus zieht sich auf die Burg zurück. **Jetzt dreht sich der Streit nicht mehr um die Ursachen der Verderbnis der Geistlichkeit, sondern um die zentrale Frage: ist die Schlüsselgewalt des Papstes eine vitale Wahrheit oder ist es eine Lüge, damit die Herrschergelüste und die Habgier der Geistlichkeit befriedigt werden kann.** Nur eine Partei kann siegen. Noch beherrschen Hus und seine Anhänger das Feld.

Konzil von Konstanz

Ich kann hier nur den Einzelfall »Hus« herausgreifen und nicht auf die Bedeutung gerade dieses Konzils eingehen. Vergeblich bemüht sich Johann XXIII. auf einem Konzil in Italien die Streitigkeiten beilegen zu wollen. Sigmund wählt als Ort die Bischofsstadt Konstanz. Am 9. Dezember 1413 veröffentlicht er eine Bulle, die die Versammlung auf den 1. November des folgenden Jahres dorthin einberuft. Es sollen nicht nur alle Bischöfe und religiösen Körperschaften vertreten sein, sondern auch alle Fürsten und Herrscher persönlich oder durch Bevollmächtigte vertreten sein. Ein Chronist berichtet, daß außer den Mitgliedern des Konzils 60.500 Personen, darunter etwa 16.000 Männer adeligen Blutes vom Knappen über den Ritter zum Fürsten vertreten waren. Es erscheinen Hunderte von Freudenmädchen. Selbst Johann XXIII. erfüllt sein Versprechen und kommt zu dieser wichtigen Versammlung. Hus ebenfalls. Es ist ein Wendepunkt für ihn! »...hätte er jetzt geschwankt, so hätte er sein Lebenswerk zunichte gemacht und zugegeben, daß er es nicht wagt der Kirche zu begegnen und sich dadurch selbst zu einem Ketzer zu stempeln«.[119] König Sigmund sichert ihm freies Geleit zu und so macht er sich auf den Weg nach Konstanz. Er bricht am 11. Oktober unter dem Schutz der Brüder Johann und Heinrich von Clum und Wenzels von Duba auf. Der Reiterzug besteht aus mehr als 30 Pferden und Wagen. Er erreicht am 3. November Konstanz und wird von 12.000 Menschen begrüßt. Hus wird am 28. No-

Das xxxi· blat
Wie der bapst dem römischen küng die rosen schanckt.

Papst Martin V. überreicht König Sigismund auf dem Konzil von Konstanz die Goldene Rose. Aus: Ulrich von Reichenhals Conciliumbuch vom 2. September des Jahres 1483. Druck von Anton Sorg in Augsburg.

Papst Martin V. verläßt Konstanz nach beendetem Konzil. Aus: Ulrich von Reichenhals Conciliumbuch vom 2. September des Jahres 1483. Druck von Anton Sorg in Augsburg.

vember 1414 verhaftet und stirbt kurz danach als aufrichtiger Mann auf dem Scheiterhaufen. Wie grausam und unmenschlich der Tod auf dem Scheiterhaufen ist, zeigt sich an den Dokumenten zur Verbrennung des Johannes Hus, die sich glücklicherweise erhalten haben:

Die Hinrichtung von Hus

Ein Augenzeuge berichtet: »Hus muß sich auf ein paar Reisigbündel stellen und wird sodann mit Stricken fest an einen dicken Pfahl gebunden. Als man merkt, daß er nach Osten blickt, was sich für einen Ketzer nicht geziemt, wird er nach Westen gedreht. Mit Stroh vermischte Reisigbündel werden bis zu seinem Kinn angehäuft. Dann nähert sich der Pfalzgraf Ludwig, der die Hinrichtung leitet, mit dem Marschall von Konstanz und fordert Hus zu letzten Mal auf zu widerrufen. Als er sich weigert, ziehen sie

sich zurück und geben durch Händeklatschen dem Henker das Zeichen, den Holzstoß anzuzünden. Später nimmt man den halbverkohlten Leichnam, zerstückelt ihn, zerbricht die Knochen und wirft die Überreste und die Eingeweide auf einen neuen Holzstoß, um sie vollständig zu vernichten«.

Später wird das Mittel der Verbrennung von Menschen ausgeweitet. Vor allem werden Bücher, sog. »ketzerische Literatur« auf den Scheiterhaufen angezündet. **Die Kirche versucht mit Gewalt, was sie mit Verstand nicht lösen kann. 100 Jahre später muß sie den schlimmsten Schlag in ihrer Geschichte hinnehmen: sie muß mit den Reformatoren kleinlaut teilen.**

Sofort nach seiner Hinrichtung wird vorgeschlagen, auf Böhmen das Inquisitionsverfahren anzuwenden; so beginnen die Hussitenkriege. Martin V. macht den Versuch, die bei seiner Wahl übernommenen Pflichten, die Unterdrückung der Ketzerei und die Reformation der Kirche, zu erfüllen, indem er 1421/22 den

Kardinal Branda als Legat nach Prag sendet. Es vergehen fünf Jahre ohne Ergebnis; es gelingt weder die Ketzerei zu unterdrücken noch die Kirche zu reformieren. Nun soll das 1423 zusammengerufene Konzil von Siena Abhilfe schaffen. Hier werden alle Fürsten der Christenheit aufgefordert, unverzüglich ihre Hilfe bei dem guten Werk zu leisten, wenn sie der Rache Gottes und den von den Gesetzen vorgesehenen Strafen entgehen wollen. Jeglicher Handelsverkehr mit Ketzern wird verboten, besonders der Tausch oder Kauf von Lebensmitteln, Bekleidung, Waffen, Pulver und Blei. Jeder, der sich mit ihnen in Verbindung setzt, soll den verfügten Strafen unterliegen«.

Hier wird deutlich, daß die Kirche die Gefahr erkannt hat. Aber auch, mit welcher Gewalt und mit welch vehementen Ansprüchen, bar jeder rechtlichen und sittlichen Grundlage sie das Übel abzufangen sucht. Noch vertritt sie »schmutzige« Interessen mit Mord, Gewalt und Totschlag. Auf der anderen Seite wirkt sich der traditionelle Ballast aus, den die große und starre Organisation vor sich herschiebt und den sie moralisch zu verantworten hat.

Johann Malkaw

Die Kirche macht die Ketzerei zu einem politischen Machtmittel und verwendet als Werkzeug die Inquisition.[120] Die Art und Weise, wie die Inquisition von den streitenden kirchlichen Parteien benutzt wird, veranschaulicht Johann Malkaw aus Straßburg in Westpreußen (Brodnitz). Er ist ein Weltgeistlicher und Magister der Theologie, gelehrt und gewandt in der Debatte. Mit der Begeisterung seiner feurigen Natur vertritt er die Sache der römischen Päpste gegen ihre Rivalen in Avignon. Er unternimmt eine Pilgerfahrt nach Rom und macht in Straßburg halt. Diese Stadt hat sich für Papst Urban VI. und seinen Nachfolger erklärt. Der Gegenpapst in Avignon ist Clemens VII. Malkaw predigt in Straßburg und sagt: »Clemens VII. sei weniger als ein Mensch und schlimmer als ein Teufel: sein Platz sei beim Antichrist, seine Anhänger seien verurteilte Schismatiker und Ketzer«. Außerdem geiselt er mit schonungsloser Strenge die sittliche Verkommenheit des Straßburger Klerus, der Kloster- und Weltgeistlichen. Dadurch zieht er sich Feinde zu. Eine Verschwörung wird gegen ihn angezettelt, um ihn heimlich in Rom anzuschwärzen, damit er bei seiner Ankunft von der Inquisition verhaftet und verbrannt wird. Das Volk sieht in ihm einen inspirierten Prophet und vereitelt den Plan. Er nimmt seine Pilgerfahrt wieder auf und erreicht wohlbehalten die römische Hauptstadt. Als er auf der Rückreise den Paß St. Bernhard überschreitet, verliert er seine Papiere. Die Nachricht gelangt nach Basel und bei seiner Ankunft fordern die Bettelmönche den Bischof Imerius auf, einen »der

Oben: Auf dem Konzil von Konstanz ernennt König Sigismund den Grafen Adolf von Cleve zum Herzog. Unten: König Sigismund heilt eine Törin. Aus: Ulrich von Reichenhals Conciliumbuch vom 2. September 1483. Druck von Anton Sorg, Augsburg.

ohne Erlaubnis reise« zu verhaften, was passiert. Doch kommt er nach Straßburg, wo er unter dem Schutz des Bürgermeisters Johann Bock von Neuem zu predigen beginnt. Er hat erst drei Predigten gehalten, als er ohne Vorladung, von den Familiaren des Inquisitors verhaftet und in ein Gefängnis geworfen wird. Von hier aus führt man ihn in Ketten in das bischöfliche Schloß Benfeld, wo man ihm Bücher, Papier und Tinte entzieht. Er wird 1391 während einer Versammlung für schuldig befunden und soll sich für sein Verbrechen rechtfertigen, das darin bestanden hat, daß er seine Meinung frei vertrat und auf die Verderbtheit der Sitten hingewiesen hat. Außerdem beschuldigt man ihn, er habe seine Diözese ohne Erlaubnis verlassen und sich dadurch als Lollarde erwiesen. Nun wird er aus der Diözese verbannt: über den weiteren Verlauf des Verfahrens ist mir nichts bekannt geworden.

Die ward die äsch des huffen als er verbrant ward und sein gebein in den rein gefürt·

Oben: Der Feuertod des Johannes Hus auf dem Konstanzer Konzil. Unten: Seine Asche wird in Rhein gestreut. Aus: Ulrich von Reichenhals Conciliumbuch vom 2. September 1483. Druck von Anton Sorg in Augsburg.

Er läßt sich 1392 an der Kölner Universität immatrikulieren und bleibt der römischen Obedienz treu: diese hat inzwischen eine neue Spaltung erfahren, die zwischen Gregor XII. und Johannes XXIII. Malkaw unterstützt den ersten und eifert schonungslos gegen den anderen. Die Anhänger von Johann sind seiner Meinung nach Ketzer, die lediglich für den Scheiterhaufen gut genug sind. Wieder bemächtigt sich die Inquisition seiner als Ketzer. Aber er wird durch den Kardinal Johann von Ragussa, der Legat Gregors auf dem Konzil von Konstanz absolviert und wegen der Anklage auf Ketzerei freigesprochen.

Jungfrau von Orleans, Wilhelm de Lure

Nider will erlebt haben, als er sich n Köln aufhält, daß eine Jungfrau von 15 Jahren »...da sie im Zorn ein Fluchwort gesagt... und ohne Gebet zu Tische gegangen« beim ersten Bissen eine Fliege verschluckt hat. Damit sei ein böser Geist in sie gefahren »... welcher nachher nicht anders auszutreiben gewesen, als nachdem sie dem Dominikaner, welcher die Austreibung übernommen, die bedungene Zusage beständiger Jungfrauenschaft gemacht habe«[121] Nider hat zudem einen Bericht über die Jungfrau von Orleans hinterlassen: Er schreibt wenige Jahre nach ihrer 1431 erfolgten Hinrichtung: »... es sei, wie ihm der Abgesandte der Pariser Universität, Magister und Licentiat der Theologie, Nicolaus Amichi, selbst gesagt, anfangs sehr zweifelhaft gewesen und unter Weltgeistlichen, Weltlichen und Mönchen gestritten worden: ob der göttliche oder ein teuflischer Geist die Jungfrau regiere, zumal sie sogar den zu der Zeit zahlreichen böhmischen Ketzern Drohbriefe geschrieben hätte: bei näherer Prüfung habe es sich jedoch ausgewiesen, daß es ein böser Geist gewesen... er meldet drei andere ritterliche Frauenspersonen seiner Zeit, deren eine dem Dominikaner Kalteisen, Inquisitor in Köln, entwichen; die andere sei von dem Inquisitor in Frankreich eingezogen und ebenfalls verbrannt worden; die dritte habe sich bekehrt«.[122]

Die Jungfrau von Orleans wird als Ketzerin und Zauberin verbrannt. Für ihr Schicksal ist das Gutachten der Pariser Universität belastend, daß die angeblichen Offenbarungen der Jungfrau nur von bösen Geistern ausgegangen sein können und ihr tun und Treiben als Götzendienst und Teufelsunfug zu strafen sei. Das bezieht sich auf die unter dem 19. September 1398 die magischen Künste betreffende Erklärung, an der der Kanzler Gerson beteiligt ist.

Der berühmte Benediktiner Wilhelm de Lure, Mönch in Poitiers, hat gepredigt, daß die satanischen Versamlungen Hirngespinste sind. Dafür wird er 1453 zu ewigem Gefängnis verurteilt, »...indem sich ergeben habe, daß er selbst und mit den Teufeln ein Bündnis geschlossen habe, so zu predigen... wodurch viele Richter zur Milde bewogen wären und deshalb das Unwesen so überhand genommen hat«.[123]

Georg von Heimburg

Bereits im 15. Jht. sehen wir die Vorzeichen für den unvermeidlichen Bruch innerhalb der Kirche. Hier ist Georg von Heimburg zu nennen, der von einigen Autoren als der »bürgerliche Luther des 15. Jhts.« bezeichnet wird.[124] Er ist um 1340 in Schweinfurt geboren und tritt zuerst auf dem Konzil von Basel in Erscheinung. Hier befindet er sich im Dienst des Aeneas Sylvius. Heimburg, ein Vorläufer der Humanisten, sieht eine wichtige Aufgabe darin, den Samen der klassischen Bildung auszustreuen. »Mit unerschrockenem Mut verteidigt er bis zum letzten Atemzug in Wort und Schrift die Rechte des Reiches und die höchste Autorität der allgemeinen Konzilien. Er ist der Auffassung, daß die Schlüsselgewalt den Aposteln in ihrer Gesamtheit verliehen worden ist und daß die päpstliche Allgewalt eine Anmaßung darstellt«.

Hans Böhm von Niklashausen

Wenn Georg von Haimburg die Empörung der herrschenden Klassen gegen Rom verkörpert, zeigt uns Hans Böhm von Niklashausen den rastlosen Geist des Widerspruches gegen das Priestertum, wie er sich in den unteren Schichten der Bevölkerung ausdrückt. Er ist ein umherziehender Trommler und Pfeifer aus Helmstadt, der sich in Niklashausen bei Würzburg niedergelassen hat. Er empfängt die Offenbarungen von der heil. Jungfrau, die den Volkswünschen so entspricht, daß sich im März 1476 Scharen von Zuhörern um ihn sammeln. Er sagt, die heil. Jungfrau verkünde (durch ihn) ihrem Volk, daß Christus nicht länger den Stolz und die Sinneslust der Priesterschaft dulden kann und daß die Welt infolge der Verderbnis des Klerus zugrunde gehen wird, sofern sie sich nicht sofort bessert. Zehnten und Steuern müssen freiwillig sein, Zölle und Abgaben sind abzuschaffen, die Jagd soll nicht länger einzelnen Personen vorbehalten bleiben. Rom habe kein Recht auf den Vorrang der Kirche, das Fegefeuer ist eine Erfindung... er selbst habe die Macht, die Seelen aus der Hölle zu befreien und denen, die ihm folgen, vollkommene Ablässe zu erteilen«. Volksscharen aus den Rheinlanden, aus Bayern, Thüringen, Sachsen und Meisen strömen herbei, um dem »gotterleuchteten Prediger« zu lauschen. Es müssen richtige Massen gewesen sein, wenn auch die Chroniken übertreiben, wenn sie von 20.000 — 30.000 Zuhörern sprechen.

Am 8. Juli wird in diesen Gegenden das Fest des heil. Kilian, des Märtyrers von Würzburg, gefeiert. Am vorausgehenden Sonnabend, am 6. Juli 1476, gibt Hans seinen Zuhörern den Befehl, am folgenden Sonnabend bewaffnet zurückzukommen, die Frauen und Kinder aber zu Hause zu lassen. Daraufhin läßt der Bischof Hans Böhm am 12. Juli durch eine Abteilung seiner Wache ergreifen und auf die Festung Marienberg bringen. Er wird gefoltert und zum Tod auf dem Scheiterhaufen verurteilt. Seine Beichte ist kurz: am 19. Juli ist das Drama ausgespielt. Auf dem Hinrichtungsplatz warten seine Anhänger auf das Einschreiten Gottes. »... um einer etwaigen Zauberei vorzubeugen, schneidet ihm der Henker vor der Hinrichtung alle Haare ab«. Um zu verhüten, daß seine Asche als Reliquien verwendet wird, sammelt man sie ein und wirft sie in den Main. Wie oft in der Geschichte passiert es auch hier: in kürzester Zeit wird Niklashausen zu einem Wallfahrtsort auserkoren.

Teile seiner Kleider werden als Reliquien verehrt. Bischof Rudolf von Würzburg erläßt wiederholt, aber vergeblich, Verbote gegen die Pilgerfahrten nach Niklashausen.

Johann von Ruchrat, Johann Reuchlin

Johann von Ruchrat aus Oberwesel ist ein Beweis dafür, daß der oppositionelle Geist im Schoß der Kirche lebendig ist. Ruchrat zählt in seiner Epoche zu den bekannten Theologen und Predigern; er ist ein heftiger Disputant. Wie Luther beginnt er seine Laufbahn mit einem Angriff auf die Ablässe. Veranlassung ist wahrscheinlich das »Jubeljahr« 1450. Schritt für Schritt geht er vor, um die Kirche ihrer Machtvollkommenheiten zu berauben. Er verwirft die Autorität der Überlieferung der Kirchenväter und will lediglich die heil. Schrift als Glaubensgrundlage gelten lassen. Seit 1460 wirkt er aufklärend in Basel und Worms. Die Kirche sieht nicht tatenlos zu. Seine Bücher werden vor seinen Augen verbrannt und er wird zu lebenslänglicher Gefangenschaft im Mainzer Augustinerkloster verurteilt. Er stirbt 1481. Andere Streiter nehmen seine Fahne auf. Einer davon ist Johann Reuchlin. Er ist ein Schüler von Johann Wesel von Groningen. Als Führer der Humanisten und als der erste Vertreter einer neuen Lehrmethode in Deutschland wird er 1510 in eine heftige Kontroverse mit dem Dominikanern verwickelt.

Die Bettelorden

In der Zeit, da die Kirche ihre Gewalt festigt und zur unumschränkten Weltmacht zu werden scheint, regt sich nicht nur die Opposition der Ketzerei und mit ihr die Inquisition. Dazu kommen die Bettelorden mit ihrer unmittelbaren Nähe zum Volk: es ist der Kontakt, den die Kirche verloren hat. »Sie tauchen gleichsam wie eine Offenbarung in der Christenheit auf, um zu beweisen, daß es selbst in dieser Zeit Männer gibt, die bereit sind, sich für den Glauben aufzuopfern und dem Beispiel der Apostel zu folgen, die Sünden der Ungläubigen zu bekehren... um das eingeschlafene sittliche Empfinden zu wecken, die Unwissenden zu unterweisen, und allen **die** Seligkeit zu bringen und **das** zu tun, was die Kirche wegen ihrer ungeheuren Schätze nicht mehr tun wollte oder konnte«.[125] Die Bettelordenerscheinung trägt maßgebend dazu bei, den erschütternden Glauben der Christen wieder wachzurütteln.

Fulco von Neuilly, Durandus von Huesca

Mit dem Ende des 12. Jhts. erscheint Fulco von Neuilly. Er ist ein unbekannter Priester, wenig gebildet, aber getragen von der tiefen Verachtung der Dialek-

tik der Scholastiker und des sündhaften Zustandes der Kirche. Er gibt sein Amt als Seelsorger auf und übernimmt missionarische Pflichten. Er bekehrt Tausende von Sündern und führt sie zur Buße und Reue. Er steht im besonderen Ruf, Frauen von ihrem sündhaften Lebenswandel abzubringen und aus ihnen tiefgläubige Nonnen zu machen. Zu diesem Zweck wird das Kloster St. Antoine in Paris gegründet... Innozenz III. bittet ihn 1198, den Kreuzzug zu predigen und Fulco stürzt sich mit Begeisterung auf dieses Amt. Durch seine Beredsamkeit nehmen Balduin von Flandern und andere Große das Kreuz. Er stirbt im Mai 1202 und hinterläßt seine Habe den Pilgern. Durandus von Huesca stammt aus Katalonien. Er ist der Führer der waldesischen Ketzerei in Aragon. Er wird bekehrt und führt in Spanien und Italien viele zum ursprünglichen Glauben zurück.

Pauperes Catholici

Nun bildet sich eine Gesellschaft, bei der die vollständige Armut die Regel wird. Das ist typisch: man setzt dem kaum zu beschreibenden Wohlstand und Luxus der Kirche Einfachheit und Armut gegenüber, um hier auf den Ausgangspunkt der christlichen Religion, also zur Rückbesinnung, zu verweisen. Diese Gesellschaft wählt ein weißes oder graues Gewand mit Sandalen. Ihre besondere Sorge gilt der Unterstützung der Armen. Sie nennen sich »Pauperes Catholici«. Im Grunde genommen ist hier alles vorgezeichnet, was später Domenikus und Franziskus verwirklichen, denn hier müssen wir die Ursprünge der großen Bettelorden sehen. Zudem ist naheliegend, daß Franziskus sich von hier aus Anregungen verschafft hat. 1212 verschwinden die »Armen Katholiken« von der Bildfläche der Geschichte. 1237 befiehlt Gregor IX. dem Dominikanerprovinzial von Tarragona, sie zu reformieren und zu veranlassen, eine der approbierten Mönchsregeln anzunehmen.

Soldaten Christi
Domingo de Guzmann (Dominikaner)

Wesentlich bekannter sind die Erfolge des Domingo Guzmann, den die lateinische Kirche als großen und erfolgreichen Vorkämpfer ehrt. Er ist 1170 in Calaguere (Altkastillien) geboren. Ein zehnjähriges Studium an der Schule von Valenzia macht ihn zum Theo-

logen und gibt ihm das Rüstzeug zum Missionar, dem er sein Leben widmet. Viele der um ihn gewobenen Fabeln müssen als unrealistisch zurückgewiesen werden. Er widmet sich der Ausrottung der Ketzerei, wie es im Zeichen der Zeit nicht anders zu erwarten ist. Die »Ketzer« gründen in verschiedenen Orten Erziehungsinstitute, in denen arme Mädchen vornehmer Herkunft unentgeltlich ausgebildet werden. Domingo faßt um 1206 einen ähnlichen Plan. So wird Prouille ein reiches und großes Kloster, die Wiege des Dominikanerordens. 1214 schließt sich ihm ein reicher Bürger aus Toulouse, Peter Cella, an und schenkt ihm ein Haus in der Nähe von Cheatau-Narbonnais. Es wird mehr als 100 Jahre zur Heimstätte der Inquisition. Allmählich beginnt die Brüdergemeinde ein mönchisches Leben. Ihr Ziel liegt darin, **die Ketzer auf friedlichem Weg** zur Besinnung zu bringen. Jetzt nimmt Domingo mit einer kleinen Schar der regulierten Kanoniker vom heil. Augustin die Regel an, zu denen er gehört und wählt den Franzosen Matthäus zum Abt. Der Orden zerfällt in Provinzen, an deren Spitze ein Provinzialprior steht und über diesen steht der Ordensgeneral. Man betrachtet die Gesellschaft als »Soldaten Christi«. Im Gegensatz zu anderen Mönchen widmen sie sich nicht einem beschaulichen Leben, sondern gehen gezielt an ihre Aufgaben heran. Die Bezeichnung »Predigermönche« verdanken sie einem Zufall. Innozenz will einmal an den sich in Rom aufhaltenden Domingo eine Mitteilung richten und diktiert seinem Sekretär: »An Magister Domenikus und die Predigerbrüder«.[126]

Das Gelübde der Armut ist in ihrem ursprünglichen Plan nicht vorgesehen (erst 1228 in die Verfassung aufgenommen). Domenikus stirbt 1221 in Bologna. Die päpstliche Bestätigung des Ordens erfolgt am 21. Dezember 1216 durch Honorius III. Der Orden entwickelt sich rasch und verfügt kurz nach der Gründung über 60 Klöster, die in acht Provinzen geteilt werden. Falsch ist, daß der heil. Domenikus der Begründer der Inquisition gewesen ist. Fest steht, daß er sich Jahre seines Lebens mit der Verfolgung und Bekehrung der Ketzer betätigt hat, aber nicht in der Form, wie sie später bei der Inquisition in Erscheinung tritt. Tatsächlich ist die Inquisition den Dominikanern ebensowenig anvertraut worden, wie von ihrer förmlichen Gründung die Rede sein kann. Sie erhält erst allmählich Gestalt in dem Bemühen, ein wirksames Mittel zur Aufspürung der Ketzer ausfindig zu machen. Es ist verständlich, daß sich der Orden wegen seiner Zielsetzung und seiner unmittelbaren Nähe zum Volk für diese Aufgabe anbietet. Später werden Franziskaner in das verbrecherische Netz gezogen. Es entwickelt sich eine Konkurrenzsituation zwischen Dominikanern und Franziskanern. Clemens IV. muß die Regel aufstellen: »...es müsse ein Abstand von mindestens 300 Fuß zwischen ihren beiderseitigen Gebietsteilen liegen«.

Giovanni Bernadore (Franziskaner), Minoriten

Franziskus Tod fällt in das Jahr 1226. Er wird 1228 kanonisiert, und der junge Franziskaner Antonius von Padua, der 1231 stirbt, wird 1233 als Heiliger anerkannt. Die ursprüngliche Idee des Ordens ist von dem der Dominikaner so unterschieden wie der Charakter ihrer Gründer. Ist der heil. Domenikus der Typ eines praktischen Missionars, so ist Franziskus das Ideal eines beschaulichen Asketen, bei dem sich mit der Askese eine grenzenlose Liebe und Barmherzigkeit für seine Mitmenschen verbindet. »Kein menschliches Wesen seit Christus hat vollkommener das Ideal des Christentums verkörpert als Franziskus.

Wichtig ist zudem die straffe Organisation des Ordens. So werden die Franziskaner ein Heer, das im 13. Jht. die gleiche Rolle spielt, wie im 16. Jht. die Jesuiten. Das Ziel der Franziskaner besteht in einer lebendigen Nachfolge Christi und will die Einfachheit Christi und seiner Apostel verwirklichen. Wir sehen einen deutlichen Protest gegen die dem Geiz, der Völlerei, Trunksucht und Unzucht ergebenen Kirchenfürsten. Es ist deshalb naheliegend, wenn das Volk zu ihnen strömt, und wenn sie die »Barmherzigen« mit Gaben überhäufen. Daraus entsteht für die theokratische Hierarchie eine gefährliche Tendenz.

Der Prediger Ungar, Flagellanten, Pastoreaux

Um Ostern 1251 tritt ein geheimnisvoller Prediger namens Ungar auf. In seiner geschlossenen Hand, die er niemals öffnet, trägt er ein Papier, das, wie er sagt, ihm die Jungfrau Maria gegeben hat und das seine Instruktionen enthält. Er richtet massive Angriffe gegen den Klerus: die Bettelorden sind Vagabunden und Heuchler; die Zistersienser gierig nach Geld und Gut; die Benediktiner stolz und gefräßig; die Domherren ihren weltlichen Interessen und ihrer Sinneslust ergeben; die Bischöfe und ihre Beamten sind habgierige Geldsucher, die vor keinem Mittel zurückschrecken, um solches zu erlangen. »Die Hirten verlassen ihre Herde, die Bauern ihre Pflüge und folgen taub ihren Herren, unbewaffnet dem Manne, ohne an den morgigen Tag zu denken und ohne sich um etwas anderes zu kümmern. Die Bewegung schwillt an, bis die wandernden Scharen mehr als 100.000 Menschen (?) zählen und fünfzig Banner als Siegeszeichen mit sich führen. Am 11. Juni 1251 ziehen wilde Banden in Orleans ein, vom Bischof verdammt und vom Volk stürmisch begrüßt. Ein Student unterbricht den Prediger Ungar und nennt ihn einen Lügner. Sofort wird er von eifrigen Anhängern totgeschlagen. Nun erhebt sich ein wilder Tumult. Eine fanatische und dumme Masse begeht einen Justizmord unter dem Deckmantel der christlichen Nächstenliebe. Auch das sind Dinge, die sich in unserer Geschichte immer wieder zeigen.

Die Menschen werden damals wie heute, bei ihrer Suche nach einem sicheren Anhaltspunkt in ihrem Leben durch halbreligiöse Bewegungen verunsichert und erschüttert. So erheben sich die Bauern in Frankreich und schweifen bandenmäßig umher, es sind die sog. »Pastoreaux«. Um diese Zeit erfahren die weltlichen Gesetze erhebliche Strafverschärfungen.

Flagellanten

Sie treten 1259 in Perugia wie von einer Seuche erfaßt auf und scheinen von einer frommen Bußwut ergriffen. Dies setzt sich wie eine Epidemie fort und bald ist Oberitalien zu Hunderttausenden Bußwilligen erfüllt. »Adelige und Bauern, Jung und Alt, selbst fünfjährige Kinder schreiten paarweise in einem feierlichen Zug einher, nackt bis auf das Lendentuch, klagend und bittend und sich dabei mit Lederpeitschen bis auf das Blut geiselnd. Die Frauen legen sich die Buße aus Schamgefühl in ihren Kammern auf, die Männer marschieren im strengen Winter Tag und Nacht durch die Städte, voran die Priester mit den Kreuzen und Fahnen, sie werfen sich vor den Altären nieder... ein allgemeines Reue- und Bußfieber hat sie ergriffen... die Menschen scheinen von einem himmlischen Feuer verzehrt zu werden.. die Bewegung breitet sich auch in Deutschland aus... rasch legt sich die Erregung und die Flagellanten verschwinden aus dem Bewußtsein«.[127]

Sie treten 1348 im Zusammenhang mit der regierenden Pest wieder auf. 1399 entsteht in Italien eine neue Geißlerfahrt durch einen Priester, der der Albati (Bianchi). Sie sind mit einem weißen Gewand bekleidet und tragen ein Bild des Heilands vor sich her mit der Behauptung, er weine wegen der menschlichen Sünden. In dieser Bewegung marschieren Fürsten, Prälaten, Kleriker und Mönche aus verschiedenen Orden mit. Ihre Zahl soll 70.000 betragen haben. Bonifazius IX. läßt ihren Anführer in Viterbo gefangen nehmen und in Rom verbrennen. Danach bricht diese Bewegung in sich zusammen.

Später (unter den Jesuiten) gibt es ähnliche Erscheinungen in den sog. »Marianischen Kongregationen«.

Vordringen der Bettelmönche, Die Bullen »Esti animarum« und »Quasi lignum vitae«

Allmählich wirkt die Stellung der Bettelorden auf den Verbund der kirchlichen Hierarchie. Die Mönche tre-

Alte Darstellung des bäuerlichen Lebens: Pflügen, Dreschen, Holzhacken, Graben, Füttern der Schweine. In der rechten Bild-hälfte Akte der Rechtspflege: Rädern, Hängen, im Stock sitzen. Aus: Adolf Bartels Buch »Der Bauer«, 1900.

Der Pfeifer Hans Böhm von Niklashausen predigt zum Volk. Zu seinen Füßen die andächtigen Zuhörer. Auf dem Bild die alte Kirche, die im frühen 16. Jht. durch einen protestantischen Neubau ersetzt wird. Die Zahl der Zuhörer soll zwischen 20.000 bis 30.000 (einige Quellen nennen 70.000) geschwankt haben. (Freundl. Auskunft des Meßdieners Hrn. Flegler).

Der predigende Pfeifer auf der Bütte inmitten seiner kerzentragenden Zuhörer. Rechts der schon aufgerichtete Scheiterhaufen, auf dem er kurz nach seiner Verhaftung verbrannt wird (Aus der Fries'schen Chronik im Staatsarchiv Würzburg, Fol. 343)

124

ten an die Stelle der Priester und Bischöfe, um dem Volk das göttliche Wort zu vermitteln. »Sie bilden bei der Verfolgung von Flüchtlingen ein unsichtbares Polizeinetz, das über ganz Europa ausgebreitet und tausendfach verwendbar ist.[128] Dieser Vergleich mit der Feme ist sicherlich unzutreffend. Später dringen sie in das Predigt- und Beichtamt ein. Hier kommt es zu ernsthaften Spannungen, denn die pfründungsgewohnten Prälaten und die faulen Pfarrer wollen die Aktiven nicht in ihre Reihen lassen. Das Eindringen in Pfarrfunktionen vollzieht sich langsam und beginnt damit, daß man den Mönchen das Vorrecht einräumt, einen tragbaren Altar mit sich zu führen und die Messe zu zelebrieren. Gregor IX. teilt 1227 mit, daß er den beiden Orden die Ermächtigung erteilt, überall zu predigen, Beichte zu hören und die Absolution zu erteilen. Dadurch dringen die Ordensbrüder allmählich in die Pfarreien und übernehmen seelsorgerische Pflichten. Diese Entwicklung wird vom Volk getragen. »Schulung und Erfahrung machen sie zu weit geschickteren Gewissenslenkern, als es die Pfarrpriester waren und so festigt sich im Volk die Meinung, daß die von ihnen auferlegten Bußen heiliger und ihre Absolution besser ist«. So wachsen einzelne »Bettelkirchen« den »Pfarrkirchen« allmählich über den Kopf. Nicht selten nehmen sterbende Sünder das Kleid der Bettelmönche an, vermachen ihren Leichnam den Brüdern und setzen den Orden als Erbe ein. In der Folge entstehen Streitigkeiten über Leichen. »1247 bleiben in Pamplona längere Zeit mehrere Leichen unbegraben liegen, weil sich die Domherren und Franziskaner nicht einigen können... schließlich einigt man sich dahingehend, daß den Pfarrpriestern ein Teil der Beute zugewiesen wird«.[129]

Diese Entwicklung muß zu weiteren Komplikationen führen. Es geht um die Klärung der Vorherrschaft. So erläßt Innozenz am 21. November 1254 die Bulle »Esti animarum« die bei den Bettelmönchen als die schreckliche bekannt ist. Ihr zufolge wird den Mitgliedern aller religiösen Orden verboten, an Sonn-und Festtagen die Pfarrkinder anderer Kirchen in ihren zuzulassen; außerdem sollen sie ohne besondere Erlaubnis der Pfarrgeistlichen keine Beichte hören und sie sollen nicht zu den Zeiten predigen, wenn es die Bischöfe tun. Der Tod Innozenz rettet quasi die Bettelorden. Alexander IV. hebt die Bulle seines Vorgängers auf. Am 14. April 1255 erscheint die Bulle »Quasi lignum vitae«, die den Streit zugunsten der Dominikaner beendet. Dennoch gehen die Zänkereien weiter. 1409 beklagen sich die Bettelbrüder, daß alle den Mönchen gebeichteten Sünden den Pfarrpriestern nochmals vorgetragen werden müssen.

1519 beklagt sich Erasmus von Rotterdam in einem Brief an den Kardinal und Erzbischof Albert von Mainz: »Die Welt ist erdrückt von der Tyrannei der Bettelmönche; obwohl sie die Trabanten des römischen Stuhles sind, treten sie doch so zahlreich und mächtig auf, daß sie selbst dem Papst und den Fürsten furchtbar werden. Ihnen ist der Papst, wenn er ihnen hilft, mehr als Gott, wenn er aber ihren Willen nicht tut, wertlos wie ein Traum«.[130]

Beichte, Ablaßkrämer, Rolle der Klöster

Im Verbund mit der Beichte wird ein weites Feld der Erpressung eröffnet. Ein Zeitgenosse berichtet, daß ein Priester aus Soest mit dem Namen Einhard, einen Beichtenden scharf getadelt hat, weil er sich während der Fastenzeit nicht seiner Frau enthalten hat und deshalb 18 Denare Strafe fordert, damit Messen für sein Seelenheil gelesen werden können. Einen anderen verurteilt er zur gleichen Strafe, weil der die Gelegenheit versäumt hat, in dieser Zeit ein Kind zu erzeugen »...wie es seine Pflicht gewesen wäre«.[131]

Die Rolle der Klöster ist dubios, sie werden zum Sammelbecken für Verbrecher. Das Konzil von Valenzia befiehlt 1129 »...daß alle Frauenschänder und diejenigen, die Kleriker, Pilger, Mönche, Reisende und Kaufleute überfallen haben, verbannt oder in ein Kloster gesteckt werden sollen«. Der üble Ruf der Mönche verschlechtert sich durch Scharen von Wanderpredigern, die von Betrug und Bettelei leben. Sie hausieren mit falschen Reliquien und leben von der Dummheit der Masse. Die Orden erkennen diese Schwierigkeiten »...aber mit der Heiligkeit steigt der Wohlstand, mit dem Wohlstand kommt das Verderben«.[132]

Der Ablaß ist ursprünglich als Loskaufung einer Buße gedacht, die Einsetzung eines frommen Werkes, z.B. das Geben eines Almosen anstelle der langen und harten Bußzeit, die in den Bußbüchern festgelegt ist. Mit der Theorie von den Sakramenten, die in der Scholastik ausgebildet werden, verschwindet der einfache Bußcharakter. Nun unterscheidet man bei der Verzeihung der Sünde die »remissio a culpa« und die »remissio a poena«; die Nachlassung der Schuld und die der Strafe. Die erste wird durch eine priesterliche Absolution erteilt und befreit von der Höllenpein, die zweite wird durch die Ableistung einer festgesetzten Buße oder durch einen davon befreienden Ablaß erworben. Sie erlöst die Seele aus dem Fegefeuer.

Alexander von Hales, Albertus Magnus und Thomas von Aquino bauen die Ablaßtheorie aus »...wonach der Ablaß die Quelle der Verdienste Christi und der Heiligen bezeichnet wird, den die Kirche Gott als Ersatz für die von den Sündern geschuldete Buße anbietet. Ein weiterer Mißbrauch im Ablaßwesen besteht in der Aussendung der »Quaestiarii«, der Ablaßkrämer. Oft besteht ihr Gepäck aus gefälschten bischöflichen Briefen, in denen sie ermächtigt scheinen, gegen Geldzahlungen Sünden nachzulassen. Es ergibt sich von alleine, daß um Geld verlegene Bischöfe zu Befriedigung ihrer Lust auf den Gedanken kommen, leichtfertig solche Briefe auszuschreiben. Damit wird der Ablaßkrämer zum Beruf und zum einträglichen Geschäft der Kirche. Der Ablaßhandel ist ein Charakteristika des spätmittelalterlichen Priesterwesens.

Dazu kommt die Machtstellung der Priester. Sie vermitteln zwischen Gott und Mensch: durch die Verweigerung der Sakramente entscheiden sie über das Schicksal des Einzelnen oder vermeinen es zu tun. Durch heuchlerische Seelenmessen vermindern oder erhöhen sie (beliebig) die Qual im Fegefeuer und in der Hölle: ihre Entscheidung im Beichtstuhl befindet über die Natur der Sünde«.[133] Unwürdige Priester leiten ein entartetes Christentum. Die Religion wird zum Fetisch-Dienst und ist nicht mit der ursprünglichen Christusidee zu vereinbaren. Verständlich, wenn dieses Verhalten eine langfristige und ernstzunehmende Opposition hervorruft. Dadurch wird Widerstand impliziert: nicht Ketzerei, zu dem es die Kirche herabgestempelt hat, sondern natürlicher und berechtigter Widerstand.

Es ist verwunderlich, daß er so spät zum Durchbruch kommt. Die Kirche hat sich von ihren idealen Grundsätzen entfernt und ihr erwächst ein neuer, sehr mächtigerer Feind als der der weltichen Macht: es ist das wachgerüttelte menschliche Gewissen. Dazu kommen die Zivilrechte, die dem konfusen Kirchenrecht unendlich überlegen sind.[134] »Das war die Lage, in die die Sittenverderbnis der Kirche geführt hat. Auf die Erwerbung der weltlichen Macht bedacht, hat sie ihre Pflichten versäumt. Ihre Herrschaft, die auf der seelsorgerischen Grundlage beruht, bricht zusammen und sie droht wie eine wesenlose Erscheinung zu verschwinden«. Daraus entsteht die Frage:

»Ist dieser allmächtige, allwissende Gott, der die Welt mit Teufeln bevölkert hat und sie mit einem Wink wegwischen könnte... ist er nicht der grausamste fürchterlichste Despot. Anstatt die rohesten Anfänge jeder Religion... Furcht und Schrecken... durch edlere und sanftere Motive zu verdrängen, hat die Kirche das Schrecksystem verstärkt und daraus ein Schreckregiment gebildet, durch das ihre Priester aufhören, Verkünder der Religion der Liebe zu sein und eine eigene Kaste werden... die durch Geistestötung, Verfolgungswut und Menschenschlächterei ihren Beruf zu erfüllen meint. **Tausend und aber Tausend beeilen sich noch heute, so viel wie möglich vom Ballast ihres Besitzes abzuwerfen und der liebenden Mutter Kirche zu überantworten, damit ihr vom Mammon erleichtertes Seelenschifflein sicher in das himmlische Jenseits segle. Und die Kirche war und ist stets liebevoll und aufopfernd, ihren Schäflein die drückende Last des irdischen Gepäckes in Form von frommen Stif-**

tungen, Meßstipendien, Peterspfennigen usw. abzunehmen. Das Christentum ist in einem geist- und herzlosen Zeremoniendienst aufgegangen.[135]

»Wie viele edle Menschenfreunde, wie viel unverdrossene Pfleger der Wissenschaften sind von Rom komprimmitiert, drangsaliert, um ihr Lebensglück gebracht, gehängt, gefoltert und verbrannt worden? Die Mönche, die sich am Fett ihrer Opfer in ihrer Habgier mästeten, erhielten Alles, was sie sich wünschten![136]

»...der unfehlbare Innozenz III. der sich durch die unter ihm zum Dogma erhobene Lehre der Transsubstantation und durch die Ohrenbeichte unsterblich gemacht hat, bringt durch die Einsetzung der Ketzergerichte 1198, aus denen sich die Inquisitition gebildet hat, System ist die christliche Verfolgungsliebe... er bewerkstelligt ohne großen Zeitaufwand die Hinschlachtung von etlichen Hunderttausend unschuldigen Ketzern in christlich-römischer Barmherzigkeit«.

»Armes Deutschland, Land Karl d. Gr. Heimat deiner Hohenstaufen, Geburtsstätte von Erfindungen, die die Welt umgestalten werden, wie weit es mit Dir gekommen, daß du vor zwei feisten, geldgierigen Dominikanermönchen und ihren Spießgesellen zittern mußt«.[137] Diese Anspielung auf die beiden Verfasser des Hexenhammers, Institor und Sprenger ist bei allem Übel das die Kirche angerichtet hat, übertrieben.

Entfernung von den ursprünglichen Ordensidealen

Die Geschichte hat es hundertfach bewiesen: mit dem Reichtum kommt die Macht; mit der Macht kommt der Luxus und mit dem Luxus kommt das Verderben. Diese These macht auch vor den Kirchtüren nicht halt. Die Dominikaner und Franziskaner entfernen sich im Lauf ihrer Entwicklung weit von den ursprünglichen Ordensidealen. Kaum breiten sie sich aus, da gibt es unter ihnen »falsche Brüder«, die im Widerspruch mit ihrem Gelübde der Armut von ihrer Berechtigung zum Predigen nur Gebrauch machen, um Gewinne zu erzielen. Die bescheidenen Hütten, die der heil. Franziskus als Wohnstätten anordnet, werden stattliche Paläste. 1257 richtet der heil. Bonaventura ein Rundschreiben an seine Provinzen und beklagt die allgemeine Verachtung und den Abscheu, die man überall für den Orden empfindet. Als Ursachen führt er an:

● Gierige Sucht der Brüder nach Geld
● Müßiggang vieler Ordensbrüder
● Ausschreitungen
● Bau prächtiger Paläste
● Betrauung ungeeigneter Personen mit der Predigt
● Gieriges Haschen nach Vermächtnissen und Begräbniskosten

Bonaventura bleibt ungehört: immer weiter entfernt sich der Orden von seinen Idealen. Schon im folgenden Jahrhundert lassen beide Orden ihren weltlichen Gelüsten die Zügel schießen. Die heil. Brigitta erklärt in ihren Offenbarungen: »...daß die Mönchsorden... obwohl auf das Gelübde der Armut gegründet, Reichtümer aufgehäuft hätten und ihr ganzes Sinnen und Trachten nur auf die Vermehrung dieser Reichtümer richteten; daß die Mönche sich reich wie die Bischöfe kleiden, daß viele von ihnen mehr Juwelen und Schmucksachen prunkvoll zur Schau tragen, als die reichsten unter den Laien«.

Unmittelbar denkt man hier ein bißchen an den Status der Henker im 16. Jht. und im 17. Jht. die sich ebenfalls aus einem bescheidenen Anfang, was ihre äußere Pracht anbelangt, zu den Putzsüchtigen auf Kosten vieler Unschuldiger und weniger Schuldiger aufgespielt haben. Nun erweisen sich die Orden der Bettelmönche als nützlich bei der Durchführung der Inquisition.

Inquisition

Gründung der Inquisition

Schon Karl d. Gr. setzt Bischöfe ein, die zusammen mit weltlichen Beamten tätig sind, um abergläubische Gebräuche und heidnische Überreste auszumerzen. Später entstehen geistliche Gerichtshöfe, die mit den Bistümern verbunden sind und über ein größeres Rechtsgebiet die Jurisdiktion ausüben. Die Organisationen erhalten ab der 2. Hälfte des 12. Jhts. Auftrieb durch das Studium des römischen Rechts und durch eine Festigung der deutschen Rechtslage. Nach dem Beispiel der weltlichen Vorstellung gibt es für den geistlichen Prozeß drei Verfahren.

Accusatio, dennuncatio, inquisitio

Es sind die accusatio, dennuncatio und die inquisitio. Bei der accusatio gibt es einen Ankläger, der verantwortlich zeichnet und im Fall des Mißerfolges zur talio, dem Schadensersatz verpflichtet ist. Die Dennuncatio ist die amtliche Handlung eines öffentlichen Beamten, z.B. dem »testis synodalis« oder des »Archidiakonus«, der den Gerichtshof zusammenruft und ihn bittet, gegen die zu seiner Kenntnis gelangten Täter ein Strafverfahren einzuleiten. Bei der inquisitio läßt der Ordinarius den verdächtigen Verbrecher kommen und ggf. gefänglich einziehen. Dann wird ihm die Anklage oder die »Capitula inquisitionis« mitgeteilt und er darüber verhört. Wenn er nicht gesteht, verhört der Ordinarius die Zeugen. Dem Angeklagten werden lediglich ihre Namen und Aussagen mitgeteilt. Dann wird das Urteil gefällt. Wenn die Schuld nicht sicher feststeht, wird die »purgatio canonica« der Reinigungseid vorgenommen, den der Angeklagte mit einer bestimmten Zahl von Standespersonen leistet. Zumindest theoretisch gibt es lange vorher ein ähnliches System. Die »Missa domini« unter Karl d. Gr. sind Beamte, die das Reich durchziehen und nach Fällen von Unordnung, Verbrechen und Ungerechtigkeit forschen. Sie besitzen (Geistliche und Laien) richterliche Gewalt. Viermal im Jahr halten sie ihre Sitzungen, hören sich die Klagen und Beschwerden an und bestrafen nach ihrem Ermessen die Täter.

Noch deutlicher ist die Analogie bei den »Jurados« im Sardinien des 14. Jhts. Es sind Einwohner, die in jedem Distrikt ausgewählt und eidlich verpflichtet werden, alle Verbrechen zu untersuchen, die Täter gefangenzunehmen und sie zum Verhör vor das Gericht zu bringen.

Bullen Gregors IX.

Die Inquisitoren werden ermächtigt, die weltlichen Beamten aufzufordern, jeden von ihnen der Ketzerei Bezichtigten gefangen zu nehmen, und zwar solange, bis ihn die Kirche zur Auslieferung an den weltlichen Arm freigibt. Diese Gesetzgebung wird in der Folgezeit von mehreren Päpsten bestätigt und den Inquisitoren wird die Auflage erteilt, dafür zu sorgen, daß diese Edikte befolgt werden. Immer wieder wird behauptet, daß die Inquisition am 20. April 1233, an dem Tag, an dem Gregor IX. zwei Bullen veröffentlicht, gegründet worden ist. Es ist eher anzunehmen, daß er damit gegen die Kleriker und Priester vorzugehen sucht, die die Ketzerei begünstigen.

Er sagt in einer Bulle: »Wir sehen euch verstrickt in einem Wirrwar von Sorgen und kaum imstande, unter dem Druck der überwältigenden Unruhen zu atmen... wir halten es deshalb für gut, eure Lasten zu teilen, damit sie leichter getragen werden können. Wir haben daher beschlossen, Predigermönche gegen die Ketzer Frankreiches und den benachbarten Provinzen auszusenden... An die Brüder des Predigerordens schreibt er:

»Daher seid ihr oder irgend einer von euch, wo immer ihr zufällig predigen möget, ermächtigt, den Klerikern, die auf eure Ermahnung hin von solcher Verteidigung der Ketzerei nicht ablassen, ihre Pfründen für immer zu nehmen und sie und gegen sie und alle anderen ohne Berufung vorzugehen, sowie, wenn nötig, mit Hilfe des weltlichen Armes anzugreifen und ihren Widerstand durch kirchliche Zensuren ohne Berufung zu brechen«.

Später hat er seine Entscheidung revidiert und befohlen: »... gelehrte Dominikaner auszusenden, die gezielt gegen die Ketzer vorgehen sollen«. Erst dies bildet die Grundlage der späteren Inquisition. Alexander IV. hebt die bischöfliche Jurisdiktion auf, indem er 1257 die Inquisitoren unabhängig macht und sie von der Notwendigkeit befreit, sich mit den Bischöfen zu beraten. Damit ist das noch unter Gregor IX. erlaubte Mitspracherecht der Bischöfe unterbunden.

Bulle Innocenz IV. (Ad extirpanda)

Mit dem Tod von Kaiser Friedrich II. zeichnet sich für die Kirche eine positive Wendung ab. Bereits am 15. Mai 1252 erläßt Innocenz IV. an alle Prälaten und Herrscher Italiens seine Bulle »ad extirpanda« »...ein wohlerwogenes und sorgfältig ausgearbeitetes Gesetz, das eine feste Organisation schaffen und die systematische Ketzerverfolgung zu einer wesentlichen Aufgabe der bürgerlichen Gesellschaft macht«.[138] Ihr Inhalt ist im wesentlichen:

- allen Staatsoberhäuptern wird befohlen, die Ketzer mit den Zauberern auf eine Stufe zu stellen und sie in öffentlichen Versammlungen zu ächten.
- Jeder, der einen Ketzer findet, darf sich seiner Person und seines Besitzes bemächtigen
- Jedes Staatsoberhaupt soll innerhalb dreier Tage nach seinem Amtsantritt aufgrund der Vorschläge eines Bischofs und zweier Mönche aus jedem der Bettelorden zwölf gute Katholiken mit zwei Notaren und zwei oder mehr Dienern ernennen, deren einzige Aufgabe darin besteht, die Ketzer zu verhaften, ihre Güter einzuziehen und sie dem Bischof oder Vikaren auszuliefern.
- sie sollen ihr Amt sechs Monate bekleiden und dann wieder gewählt werden
- aus den den Ketzern auferlegten Geldstrafen und Konfiskationen steht ihnen 1/3 zu
- sie werden von allen öffentlichen Pflichten und Diensten befreit, die mit ihren Funktionen unvereinbar sind.
- Auf ihren Besuchen sind sie von einem Vertreter des Staatsoberhaupts zu begleiten, den sie oder der Bischof wählen.
- Nach der Ankunft in einem Ort rufen sie gut beleumdete Männer oder alle Einwohner der Nachbarschaft zusammen und verpflichten sie eidlich, die Ketzer anzuzeigen.
- Der Staat muß alle Verdächtigen verhaften, einkerkern, unter sicherem Geleit dem Bischof oder Inquisitor ausliefern und innerhalb von 14 Tagen die Urteile ausführen.
- Die Durchführung dieser Bestimmung soll in alle Ortsstatuten eingetragen werden, zusammen mit allen Dekreten, die die Päpste noch späterhin erlassen werden... und zwar bei der Strafe der Exkommunikation für ungehorsame Beamte und des Interdikts für die Städte... die Herrscher und ihre Beamten müssen bei Androhung der Strafe des Verlustes ihres Amtes Gehorsam gegen diese Bestimmungen schwören.

Organisation der Inquisition

Die Kirche erkennt, daß es trotz aller Gewalt nicht in ihrer Macht liegt, die Ausbreitung der Ketzerei durch Überzeugung und Gewissensdruck (Angst) zu erreichen. Naturgemäß ziehen sich die Verfolgten zurück und implizieren dadurch eine Verfolgungsjagd. Der Inquisitor erscheint in den einfachen Kleidern seines Orden. Der Schauplatz seiner Tätigkeit sind die Gemächer des »Heiligen Offiziums«. Von hier aus läßt er seine Gebote verbreiten und hier entscheidet er über das Schicksal der Unschuldigen und Denunzierten.

Nicht nur die Bulle von Innocenz IV. tut ihre Wirkung. Es kommen weitere Bearbeitungen und Instruktionen dazu. Wichtig ist vor allem die Instruktion eines Kardinals Albanensis, die von Guido Fulcodius, einem Franzosen, seit 1265 als Papst Clemens IV. verfaßten »Consultationes ad inquisitores haereticae pravitatis«. Sie ist in 15 Fragen eingeteilt und von Cäsar Carena[139] vollständig abgedruckt.[140] Aus dieser Schrift gewinnt man gute Einblicke in die damaligen Verhältnisse und es wird deutlich, daß, wenn Inquisitoren irgendwo hinkamen, viele Bewohner den Wohnsitz wechseln oder sich zeitweise dem gerichtlichen Einflußbereich entziehen, zu Vorladungen nicht erscheinen mit dem Bemerken, daß sie sagten, es sei ihnen von den Bischöfen unter Androhung der Exkommunikation untersagt worden, den Inquisitoren Rede und Antwort zu stehen. Damit steht fest, daß die Emmisäre auf erhebliche Schwierigkeiten gestoßen sind.

Die Treibjagd

Eymericus gibt im dritten Teil seines Buches einen Einblick in das Vorgehen der Inquisitoren.

Der Inquisitor geht zum Territorialherr, zeigt seine Bestallung vor und weist darauf hin, daß die weltlichen Beamten angewiesen werden, ihm beim Fangen der Ketzer, ihrer Hehler und Gönner und der der Ketzerei Anrüchigen nach seinen Anweisungen Folge zu leisten und den Transport der Eingefangenen zu besorgen haben.

- Ist der »Ehrenbesuch« abgestattet, werden die fürstlichen Beamten von dem Inquisitor zur Ableistung eines Eides herangezogen, wo sie versprechen müssen, den Mönchen »ad nutum« alle Dienste zu leisten, die nach den Gesetzen zur Ausrottung der ketzerischen Schlechtigkeit erforderlich sind.[141]

- Weigernde werden vom Inquisitor exkommuniziert, aller Ämter und der bürgerlichen Ehre enthoben und erst dann wieder in »Gnaden« aufgenommen, wenn sie einen Eid geleistet haben und mit einer harten Buße belegt worden sind.

- Denn werden Zirkulare an einzelne Pfarrer verschickt mit dem Beisatz:... zu verkünden, daß (Zeitpunkt) der neu angekommene Inquisitor über sein Geschäft und über den Glauben einen Sermon halten wird... und am Schluß... jedem... der ihm zugehört hat... einen Ablaß von vierzig Tagen erteilen wird. **Endlich hat der Menschenfänger den Boden für seine christliche Blutarbeit geebnet und kann beginnen.**

Sermon, Gnadenfrist, Heuchelei

Der Inquisitor berichtet:

»Teils von Hörensagen, teils aus eigener Erfahrung weiß ich, daß es in hiesiger Gegend, für die ich vom apostolischen Stuhl als Ketzermeister berufen bin, einige von dem ketzerischen Gifte der alten Schlange angesteckte, pestilenzische Personen gibt, die der Kirche, ja dem Glauben feindlich gesinnt sind und wie die Füchse mit einander verschlungenen Schwänzen im Weinberg des Herrn herumschleichen und mit ihrer nichtswürdigen Zunge den Gott der Götter lästern und es drehen sich mir die Eingeweide im Leibe um, wenn ich daran denke, daß dieses Gift schon die Herzen vieler angesteckt hat«.

»Kraft apostolischer Autorität, mit der ich für diesen Bezirk durch den apostolische Stuhl bekleidet worden bin, Kraft des heil. H. Gehorsams, den man mir schuldig ist, richte ich zum ersten, zweiten und dritten Male an Regular- und Sekulargerichte und Laien, wes Standes sie auch seien, die Ermahnung, daß sie mir binnen sechs Tagen anzeigen, jedwede Person, von der sie wissen oder gehört haben, daß sie entweder ketzerisch oder der Ketzerei anrüchig oder verdächtig sei, eine vom gewöhnlichen Menschenschlage abweichende Lebensweise zu führen«.

Geschickt und intrigant droht der Inquisitor nicht nur, sondern spricht Verheißungen aus.

»Kraft päpstlicher Autorität verleihe ich Allen, die ihr hierher gekommen seid, den Sermon zu hören, einen Ablaß von 40 Tagen und der Herr Papst gibt einen Ablaß von drei Jahren allen, die mir bei meinem Amt

Eine zum Tod auf dem Scheiterhaufen verurteilte Ketzerin (Spanien). Stich von Picart. 1723. Sie trägt den »San benito« und die papierene Mütze der Ketzer.

mit Rat, Hilfe und Gunst beistehen und fügt diesen drei Jahren nochmals drei weitere hinzu für alle, die mir einen Ketzer oder einen der Ketzerei Verdächtigen offenbaren.[142]

»Kraft apostolischer Güte sichere ich aus besonderer Güte allen Ketzern, allen Begünstigern, Beherbergern und Verteidigern derselben, so wie allen der Ketzerei Anrüchen und Verdächtigen eine ganzen Monat als Gnadenfrist zu, mit dem Bedeuten, daß sie, wenn sie während dieser Frist vor mir erscheinen und, der Denunziation zuvorkommend, mir ihre Schuld aus freien Stücken offenbaren, große Nachsicht und Mildherzigkeit erlangen werden... während die anderen dieser Gnade verlustig sind«.[142]

Wir sehen zwei Dinge: den ungeheuerlichen Abstand, den die Kirche von Volk einnimmt und die kaum beschreibbare Intriganz und Borniertheit, mit der einzelen Inquisitoren vorgehen. Im Grunde genommen ist es eine Parallele zu den späteren Hexenprozessen: man aktiviert das dummgläubige Volk und macht es für seinen Geldbeutel nutzbar.

Man kann sich leicht vorstellen, wie die Visitation eines Inquistitors auf die Gemüter der Masse gewirkt hat.

Man kann sich leicht vorstellen, welche Schrecken solche Besuche ausgelöst haben. Das einleitende Verfahren wird wohl in der Regel in ortsansässigen Klöstern abgehalten, oder im bischöflichen Palast. In anderen Fällen werden städtische Gebäude herangezogen, denn weltliche und geistliche Behörden sind zum Beistand verpflichtet. Außerdem stellen die weltlichen Behörden Wächter und Transportmittel. Bischöfliche und öffentliche Gefängnisse stehen dem Inquisitor zur Verfügung. Der das Verfahren führende Inquistitor bedient sich einiger Assistenten, die die Fälle vorbereiten und Vorverhöre anstellen; außerdem vertreten sie den Inquistitor bei Abwesenheit. Das Verfahren ist der Verschwiegenheit unterworfen. Der Inquisitor ist ermächtigt, jeden zur Erscheinung zu zwingen. Ein wichtiges Glied der Organisation ist die Versammlung, bei der über das Schicksal der Angeklagten entschieden wird. Das Urteil wird unter Hinzuziehung von Sachverständigen gefällt. Freilich ist es dubios, denn der Einfluß des Inquisitors, seine Schilderung des Falles, seine Gewohnheiten und Erfahrungen haben die Entscheidung beeinflußt: wer wagte es, diesem »Statthalter Christi« zu widersprechen?

Sermo generalis, Autodafeé

Die Notwendigkeit der Beratung mit dem Bischof und den Sachverständigen erklärt den Ursprung des »sermo generalis« oder des »Autodafeé«. Offensichtlich erweist es sich als unmöglich, jeden einzelnen Fall zu behandeln. Man läßt verschiedene Fälle zusammenkommen und benutzt die günstige Gelegenheit, mit Prunk und Pomp eine öffentliche Schau zu inszenieren, die den Ketzern Schrecken und den Gläubigen Trost einflösen soll.

Üblicherweise werden seinerzeit Urteile in der Kirche verlesen. Aber die damit verbundenen Festlichkeiten arten aus. Von den Kanzeln herab wird das Volk aufgefordert, bei dem Spektakel zugegen zu sein und dadurch einen 40tägigen Ablaß zu erlangen. Ein Gerüst wird in der Kirche errichtet, die »Büßer« darauf geführt, während weltliche und geistliche Beamte herumstehen. Dann hält der Inquisitor eine Predigt, dann wird den Verteidigern der öffentlichen Gewalt der Eid abgenommen und ein feierliches Exkommunikationsdekret gegen alle geschleudert, die dem Offizium die Arbeit erschweren. Dann verliest ein Notar die Geständnisse. Die Betroffenen erhalten die Möglichkeit der Abschwörung. Dann absolviert der Priester die Exkommunizierten und verspricht ihnen Gnade... dann verliest er das Urteil. In extremen Fällen wird das Gerüst außerhalb der Kirche errichtet,

Ein zum Tode auf dem Scheiterhaufen verurteilter Ketzer (Spanien). Stich von Picart. 1723. Er trägt den »San benito« und die papierene Mütze der Ketzer.

damit der geheiligte Raum nicht durch ein Todesurteil entweiht wird. **Hier perfektioniert sich das Verfahren. Es hat nur noch eine Schwäche, denn es fehlt ein separates Oberhaupt. 1262 setzt Urban IV. einen General-Inquisitor ein, indem er befiehlt »...daß alle** Inquisitoren entweder persönlich oder schriftlich alle der pflichtgemäßen Ausübung ihrer Befugnisse im Wege stehenden Hindernisse an Cajatano Orsini, den Kardinal von S. Niccolo in carcere Tulliano melden und seinen Anweisungen Folge zu leisten haben. Nach seinem Tod bleibt die Position lange unbesetzt.

Prozeßverfahren

Das Prozeßverfahren der bischöflichen Gerichtshöfe beruht auf den Grundsätzen des öffentlichen Rechts; nicht aber das Inquisitionsverfahren. Der Richter beschützt den Glauben und rächt Gott für das ihm zugefügte Unrecht der Häresie. Die Pflicht des Inquisitors unterschiedet sich zudem vor der des gewöhnlichen Richters darin, daß ihm die geradezu unmögliche Aufgabe gestellt wird, geheime Gedanken und Meinungen des Gefangenen zu deuten. ...jeder kann im Herzen ein Ketzer sein und in Wirklichkeit gibt es wenige, die sich offen und aufrichtig dazu bekennen... dazu kommt der falschverstandene Eifer, willkürliche Grausamkeit und unersättliche Habgier, die miteinander eifern, um ein grausames System zu errichten.[143] Aus diesem Grund wird die Inquisition die Regel und nicht die Ausnahme.

Entscheidung zugunsten des Glaubens

Keiner kann sich der Pflicht entziehen, vor dem Inquisitionstribunal zu erscheinen. Das Alter zur Zitierung ist eine umstrittene Frage. Die Konzilien von Toulouse, Beziers und Albi nennen 14 Jahre für das männliche und 12 Jahre für das weibliche Geschlecht. Andere sagen, daß das Kind alt genug sein muß um die Bedeutung des Eides zu verstehen. Andere setzen das Alter der Verantwortlichkeit auf sieben Jahre herab, oder sie bestimmen 9 1/2 Jahre für die Mädchen und 10 1/2 Jahre für die Knaben. Flucht wird als Geständnis angesehen. Selbst der Tod bietet keine Möglichkeit des Entkommens. Hat der Verstorbene nur Einkerkerung oder eine leichte Strafe verdient, so werden seine Gebeine ausgegraben und in alle Winde zerstreut. Steht auf ihn die Strafe der Ketzerei, also des Scheiterhaufens, so werden sie feierlich verbrannt. Die kirchliche Theorie stellt den Inquisitor als unparteiischen geistigen Vater hin, dessen Amtstätigkeit bei der Rettung der Seelen durch keine Vorschriften gehindert wird. Vorsichtsmaßregeln werden beiseite geschoben. Jeder zweifelhafte Punkt wird zugunsten des Glaubens entschieden.

Allgemeiner Prozeßverlauf

Gewöhnlicherweise wird dem Inquisitor Mitteilung gemacht, wer der Ketzerei verdächtig ist (hier gehen die meisten Denunziationen vom Volk und nicht von der Obrigkeit aus: es ist eine deutliche Parallele zum späteren Hexentreiben). Sofort beginnen die Nachstellungen. Er wird vorgefordert, zu einer bestimmten Zeit zu erscheinen und gleichzeitig haben Andere zur Sicherung seines Gehorsams eine Bürgschaft zu leisten: ist er fluchtverdächtig, wird er sofort verhaftet und so lange gefänglich eingezogen, bis der Gerichtshof bereit ist, ihn zu verhören. Das Gesetz schreibt drei Vorladungen vor, aber man begnügt sich mit der Formulierung »einmal für dreimal«.

Einmal vor das unmenschliche Gericht gezerrt, gibt es keine Möglichkeit mehr zu entrinnen. Es wird zur Lebensfrage für die Inquisition, vom Beschuldigten ein Geständnis zu erlangen«... keine Mühe ist zu groß, kein Mittel zu schlecht, um ein solches zu erreichen«. Dadurch rückt die Erpressung des Geständnisses in den Mittelpunkt des Prozeßverlaufes. Der Inquisitor sammelt die Schuldbeweise und läßt den Beschuldigten in vollständiger Unkenntnis der gegen ihn erhobenen Anklagen. Es werden Richtschnüre für das Inquisitionsverfahren herausgegeben. Der Wortlaut eines solchen Verhörs wird u.a. von Bernhard Guidonis verbürgt, der es in seiner »Practica« wiedergegeben hat. Das Verhör ist ein Spiegelfechten zwischen einem geschulten und erfahrenen Inquisitor und der Schlauheit eines Bauern, der um sein Leben und Gewissen kämpft. Trotz allem muß anerkannt werden, daß nicht alle Inquisitoren dumme und bornierte Fanatiker gewesen sind, die aus Eigennutz und falschem Ehrgeiz motiviert sind »...es gibt auch solche, die wirklich glauben, daß sie eine hohe und heilige Pflicht erfüllen, wenn sie einen Unbußfertigen dem Feuertod preisgeben«. Als Hilfsmittel zur Erreichung des Geständnisses sind zwei Möglichkeiten zu erwähnen: die Täuschung und die Folter. Der eingefangene Ketzer hat ohnehin kein Recht »... sein Leben gehört auf Gnade oder Ungnade der Kirche«. Er wird rücksichtslos gefoltert, um seine Seele zu retten und den Glauben zu fördern«. In den Verhandlungen wechseln sich Drohungen und Schmeicheleien ab. Man bringt die Gefangenen aus einem übelriechenden Gefängnis in ein anderes Quartier, behandelt sie freundlicher und entlockt ihnen dadurch die Namen Anderer. Ein wirksames Mittel ist der Aufschub. »Der Gefangene wird wieder in seine Zelle geführt, um hier in der Einsamkeit seines dunklen Verlieses nachzudenken«. Drei, fünf der zehn Jahre sind keine ungewöhnlichen Zwischenräume zwischen den ersten Verhören und der Verurteilung. Dazu kommt die unerträglich harte und unmenschliche Gefangenschaft. Streckfolter und »Wippe« werden eingesetzt, wenngleich Gratian als Regel des kanonischen Rechtes aufstellt, daß durch Folterqualen kein Geständnis erreicht werden darf. Das ändert sich mit den Bestimmungen des Laterankonzil von 1215 und dem Verbot der Gottesgerichte. Das Rechtsbedürfnis nach der Folter wird aktiviert. Ein altes Beispiel findet sich in dem Gesetzbuch von Verona (1228) und in den sizilianischen Konstitutionen Friedrichs II. von 1231. Als Innocenz seine Bulle »Ad extirpanda« erläßt, nimmt er den Gebrauch der Folter an und genehmigt ihre Anwendung für die Entdeckung der Ketzerei.

Beweise und Verteidigung

Man ersinnt das Verbrechen »Verdacht auf Ketzerei«. So wird der Verdacht von vornherein in drei Grade geteilt, einen leichten, schweren und erdrückenden. Die Neigung »zugunsten des Glaubens«

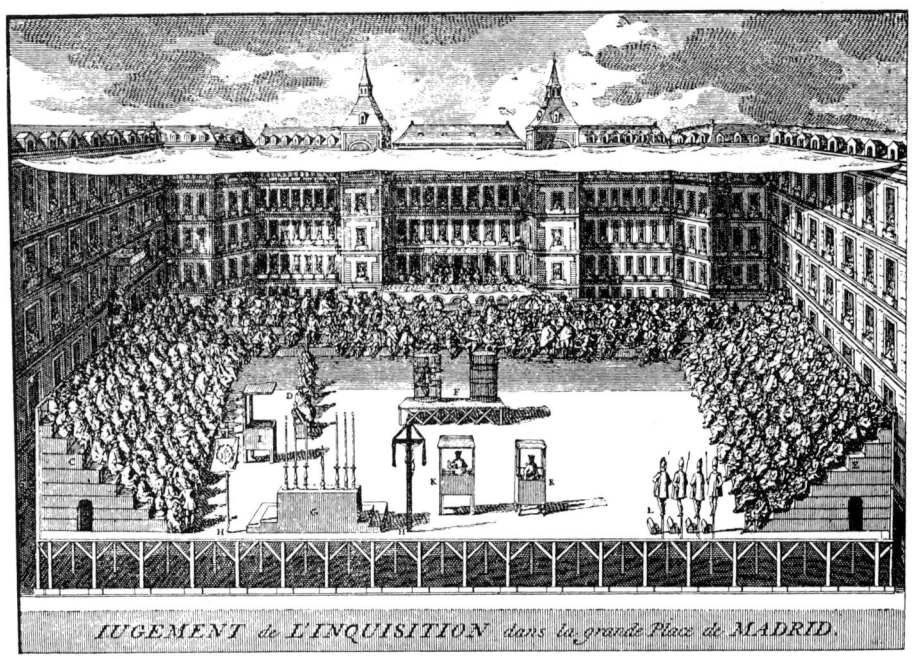

Darstellung eines großangelegten Autodafeé in Madrid in Spanien: dem klassischen Land der Inquisition. Solche Veranstaltungen werden ihres Umfangs wegen vom Kircheninneren auf den Marktplatz verlegt und dadurch zum schauerlichen öffentlichen Schauspiel degradiert.

zu entscheiden, wird für die Zulassung übel beleumdeter Zeugen herangezogen. In den falschen Dekreten wird gesagt »...daß keiner als Ankläger zugelassen werden darf, der ein Ketzer oder der Ketzerei verdächtig, exkommuniziert, ein Mörder, Dieb, Zauberer, Wahrsager, Mädchenschänder, Ehebrecher oder falscher Zeuge sei oder sich bei Wahrsagern und Zukunftsdeutern Rat geholt hat.[144] In der Praxis werden die Hemmnisse übergangen. Bereits zu der Zeit Gratians wird alles nur erdenkliche Gesindel als Zeuge zugelassen.

Frauen, Kinder und Diener werden als Zeugen nur dann zugelassen, wenn ihre Aussage negativ ist. Ein drastisches Zeugnis für die Logik der Inquisition bietet der Ausspruch Zanchinis, »... daß ein Zeuge, der eine dem Gefangenen ungünstige Aussage zurücknimmt, bestraft werden muß«. Falsche Zeugen werden schonungslos als Ketzer behandelt »....als Zeichen seines Verbrechens werden ihm zwei Stücke von rotem Tuch in Form von Zungen auf die Brust und Rücken befestigt, die er lebenslänglich zu tragen hat; während des Gottesdienstes muß er sich auf einem Gerüst dem Volk zeigen, ansonsten ist er in der Regel eingekerkert.

Es liegt in der Natur der Verfahrens, daß die Verteidigung erschwert ist: von Rechtmäßigkeit oder gerechten Ansichten kann nicht gesprochen werden. Der Inquisitor bemüht sich vor allem um die Aussöhnung des beleidigten Gottes. Deshalb steht die Schuld des Angeklagten schon vorher fest. Advokaten, die die Verteidigung von Ketzern übernehmen werden suspendiert; später werden sie nicht mehr bei den Inquistitionsverfahren zugelassen. Lediglich theoretisch gibt es die Möglichkeit an den Papst zu appellieren, wer aber hätte das gewagt? Außerdem ist die Berufung vor der Urteilsfällung einzulegen.

»Der Angeklagte braucht also weder ein Ketzer zu sein, noch irgendeiner Irrlehre angehören und kann dennoch verurteilt werden. Schwört er nicht ab und leistet er keine Genugtuung, d.h. weigert er sich, das ihm angedichtete Verbrechen anzuerkennen, so wird er gnadenlos dem weltlichen Arm überliefert; gesteht er und sucht Versöhnung dann wird er lebenslänglich eingekerkert«. In den seltenen Fällen der Aussöhnung mit der Kirche bilden sich Förmlichkeiten heraus. Es gibt verschiedene Formen der Abschwörung, je nachdem, ob der Verdacht leicht, schwer oder sehr schwer ist, ob der Angeklagte gestanden oder bereut hat.

Urteil

Im Vordergrund der Überlegung steht die Rettung der menschlichen Seele, der alle Gewaltanwendung und Denunziation untergeordnet wird. So werden die Urteile »zum besten der irrenden Seele, zur Tilgung der Sünden« auferlegt. Wenn einer der Unglücklichen zu lebenslänglichem Gefängnis bestraft ist, wird ihm befohlen: sich ins Gefängnis zu begeben, sich bei Wasser und Brot einzuschließen und Buße zu tun; gleichzeitig wird er gewarnt, das Gefängnis zu verlassen, weil dies seine Exkommunikation nach sich zieht und er sich dadurch zum unbußfertigen Ketzer macht«. So ist der Inquisitor Richter über das Gewissen: Verurteilte sind ihm auf Gnade und Ungnade ausgeliefert »... keine Macht außer der des Heiligen Stuhles kann ein Jota an seinem Urteil ändern.[145] Die von der Inquisition gewöhnlich auferlegten Bußen sind verhältnismäßig gering an Zahl:

- sie bestehen zunächst in frommen Werken, wie dem Hersagen von Gebeten, Besuch der Kirchen, Geißelung, Fasten, Pilgerfahrten, Geldstrafen...« die dem Namen nach für fromme Zwecke ausgegeben werden«.
- Ihnen folgen die »poena confusibiles«, die demütigen und entehrenden Bußen, von denen die schwerste das Tragen gelber Kreuze ist, die auf den Kleidern aufgenäht sind
- Die härteste Strafe ist der »murus« oder das Gefängnis
- Die Konfiskation wird als Nebenstrafe betrachtet und ist, wie der Scheiterhaufen, ein Akt des weltlichen Armes.

Im Zeichen der Zeit sind die Reuevorstellungen der Menschen extrem groß. Der heil. Domenikus legt während seiner Amtstätigkeit unter dem Legat Arnold (um 1208) einem Katharer mit Namen Pontius Roger folgende Buße auf:

»Er soll bis zum Gürtel entblößt, an drei aufeinanderfolgenden Sonntagen vom Priester gegeißelt werden, und zwar beim Eintritt in die Stadt Treville bis zur Tür der Kirche. Er muß sich für immer alles Fleisches, der Eier und des Käses enthalten, ausgenommen an Ostern, Pfingsten und Weihnachten, wo er solche Lebensmittel zum Zeichen seiner manichäischen Irrlehren zu sich nehmen muß. Zweimal innerhalb des Jahres muß er sich vierzig Tage des Fisches enthalten und drei Tage in jeder Woche des Fisches, des Weines und des Öles, und er muß vollständig fasten, wenn seine Gesundheit und seine Tätigkeit es erlaubt. Er muß Mönchskleider mit zwei kleinen auf der Brust aufgenähten Kreuzen tragen. Wenn möglich, muß er täglich eine Messe hören und an den Festtagen der Vesper beiwohnen. Siebenmal am Tag muß er die kanonischen Stundengebete sprechen, außerdem zehnmal am Tag das Vaterunser und zwanzigmal in jeder Nacht. Er muß die strengsten Regeln der Keuschheit beachten. Jeden Monat muß er diese Vorschrift dem Priester zeigen, der die Erfüllung der Buße zu überwachen hat. Übertritt er sie, so soll er als Meineidiger und Ketzer angesehen und aus der Gemeinschaft der Gläubigen angesehen werden«.

Geißelung, Pilgerfahrten, Leibzeichen

Die Geißelung ist als harte Strafe anzusehen: »... entblößt, soweit der Anstand und die Rauheit der Witterung es zulassen.. muß sich der Büßer jeden Sonntag während der Epistel und des Evangeliums mit einem Stock in der Hand vor dem zelebrierenden Priester zeigen, der ihn in Gegenwart der Gemeinde durchprügelt. Am ersten Sonntag des Monats nach der Messe muß der Büßer — ebenso entblößt — jedes Haus besuchen, in dem er Ketzer gesehen hat, um hier die gleiche Strafe zu erdulden. Jede feierliche Prozession muß er im gleichen Aufzug begleiten, um bei jeder Station und am Ende der Prozession die gleiche Strafe zu bekommen. Die Strafe dauert so lang, bis es dem Inquisitor gefällt sie abzubrechen: oft endet sie mit dem Tod des Unschuldigen. Im Gegensatz zu den Geißelungen sind die Pilgerfahrten milde Strafen.

In der Regel sind sie zu Fuß zu machen und führen nach Santiago de Compostella. Die Pilgerfahrten sind nicht ohne Beschwerden, wenn auch die am Wege liegenden Klöster Gastfreundschaft ausüben und selbst den ärmsten Pilgern das Dasein ermöglichen. Ansonsten sind die Pilgerfahrten im Mittelalter etwas Gewöhnliches und sie kommen so häufig vor, daß der Inquisitor gar nicht umhin kommt, mit diesem Strafmaß zu operieren. Man unterscheidet zwei Arten von Bußfahrten: die großen und die kleinen. Zu den großen zählen Reisen nach Rom, Compostella, hl. Thomas, Canterbury und zu den heil. drei Königen nach Köln. Die kleineren erstrecken sich in der Regel zu den Kirchen der Ortsheiligen. In der Frühzeit der Inquisition besteht die Pilgerfahrt regelmäßig in einem Besuch von Palästina. Erst 1242 oder 1243 wird durch ein päpstliches Verbot dieser Brauch untersagt.

Während die Pilgerfahrt mit keinerlei Ehrenverlust verbunden ist, wird die Strafe des Kreuztragens als Demütigung empfunden. Bereits 1208 befiehlt der heil. Domenikus einem bekehrten Ketzer, er solle auf seiner Brust zwei kleine Kreuze als Zeichen seiner Sünde und Reue tragen. Daraus entwickeln sich ansehnliche safranfarbige Tuche, die am Arm drei Zoll breit, während das ganze Kreuz 10 Zoll hoch und acht Zoll breit ist: eines davon wird auf der Brust, eines auf dem Rücken getragen. Wenn der »Bekehrte« während seines Prozesses einen Meineid geleistet hat, so wird den Kreuzen ein zweiter Querarm eingenäht... ist er ein vollkommener Ketzer, so wird noch ein drittes Kreuz auf seiner Kopfbedeckung angebracht. Wer gegen Bürgschaft auf freien Fuß gesetzt ist, muß einen Hammer tragen; die roten Zungen für falsche Zeugen und das Symbol eines Briefes für den Fälscher sind weitere »Leibzeichen«, wie sie auch von den weltlichen Gerichten verwendet werden.

Solche Zeichen dürfen nie beiseite gelegt werden. Wenn sie abgetragen sind, hat sie der Büßer auf seine Kosten zu erneuern. Anfänglich schwanken die Tragzeiten zwischen ein bis sieben Jahren, später werden sie auf Lebenszeit verhängt.[146]

Geldstrafen, Strafumwandlungen

1244 befiehlt das Konzil von Narbonne in seinen Instruktionen den Inquisitoren, sich der Geldbußen zu enthalten, und zwar sowohl um der Ehre ihres Ordens willen wie auch deshalb, weil sie genug andere Pflichten zu erfüllen haben. 1245 befiehlt Innozenz IV., um den guten Ruf den Inquisitors zu schützen, daß alle Geldbußen an zwei von dem Bischof und dem Inquisitor bestimmte Personen bezahlt und zum Bau von Gefängnissen und zum Unterhalt der Gefangenen verwendet werden solle. 1249 tadelt Innozenz die Inquisitoren wegen der Höhe der von ihnen auferlegten Geldstrafe »...zur Schande des heiligen Stuhles und zum Ärgernis der Gläubigen«. 1251 verbietet der Papst die Erhebung von Geldbußen »...falls irgend eine andere Art der Strafe gefunden werden kann«. Dennoch triumphieren die Inquisitoren und erlangen das Recht, Geldbußen nach ihrem Ermessen zu verhängen.

Von der Praxis der Geldzahlungen kaum zu trennen ist die Verwandlung anderer Strafen in Zahlungen. Wenn ein Büßer stirbt, bevor seine Schuld ganz abgelöst ist, so mildert das nicht die Härte der Verfolgung. So befiehlt 1329 die Inquisition von Carcassonne die Ausgrabung und Verbrennung der Gebeine von sieben Personen, weil sie die ihnen auferlegte Buße nicht ausgeführt haben und infolgedessen in der Ketzerei gestorben sind. Dazu kommt die Unsitte, Bürgschaften zu verlangen. Bei der gewöhnlichen Form der Bürgschaft wird das gesamte Vermögen des Hauptschuldigen (!) und das zweier Bürger einzeln oder zusammen verpfändet. Die Quellen nennen noch einen merkwürdigen Gebrauch, die Bezeichnung von Häusern, die durch Ketzerei befleckt sind und deshalb zerstört werden sollen.

Murus largus, murus strictus (Einkerkerung)

Die strengste Buße, die der Inquisitor auferlegen kann, ist die Einkerkerung. In Wirklichkeit ist das aber keine Strafe, sondern nur ein Mittel »...durch das der Büßer bei Wasser und Brot, des Elends und dem Wasser der Trübsal von Gott Verzeihung seiner Sünden erlangen kann. Die Einkerkerung ist nur bei reuigen Sündern möglich. Die Bulle »Ex communicamus«, die Gregor IX. 1229 erläßt, bestimmt, daß alle die, die nach der Verhaftung aus Furcht vor dem Tod zum wahren Glauben zurückkehren, lebenslänglich eingekerkert werden und auf diese Weise die gebührende Buße vollbringen«. Das Dekret von Ravenna, das Friedrich II. 1232 erläßt, übernimmt diese Vorstellung und gibt ihr gesetzliche Kraft. Zukünftig stellen die Inquisitoren das Einkerkern als eine besondere Gnade hin »für diejenigen, die nicht alle Ansprüche auf das menschliche Mitleid verwirkt haben«. Man kennt zwei Arten der Einkerkerung: die mildere Form »murus largus« und die schwerere »murus strictus« oder » murus arctus«, bei Wasser und Brot. Der Verkehr mit Eingekerkerten ist nicht zugelassen, weil man befürchtet, daß sie verdorben werden oder daß sie anderen verderben. Auch hier liegt eine Entwicklung zugrunde. Zumindest was die einfachere Form angeht, waren Kontakte zu Außenstehenden, das freie Bewegen auf Gängen gestattet. Bei der härteren Form ist der Gefangene in eine kleine, dunkle und schmutzige Zelle gesperrt und angekettet. Der Zustand der Gefängnisse ist trostlos. 1249 behauptet Papst Innozenz IV. daß die Fürsorge der Gefängnisse Sache der Bischöfe ist: er schilt sie wegen ihrer Pflichtvergessenheit und ordnet an, daß sie zu der Erfüllung ihrer Obliegenheiten gezwungen werden. Das Konzil von Albi entscheidet 1254, daß die Besitzer des eingezogenen Vermögens für Unterkunft und Unterhalt der ehemaligen Eigentümer zu sorgen haben... daß aber bei völlig mittellosen Ketzern die Städte oder Landesherren, in deren Gebiet sie gefangengenommen werden, die Verpflichtung übernehmen... und bei Androhung der Exkommunikation zur Erfüllung dieser Aufgabe gezwungen werden«.

Die Vollstreckung des Urteils geht selbstverständlich auf die Toten über. Ist jemand während der Anklage gestorben, nachdem er eingestanden und bereut hat, so ist seine Bestrafung die gleiche, die er zu Lebzeiten empfangen hätte; lediglich tritt an die Stelle der Einkerkerung die Ausgrabung; die Erben müssen zudem eine leichtere Strafe büßen oder sie durch Zahlung einer Summe ersetzen. Hat der Angeklagte nicht gestanden und wird seine Ketzerei gleichgestellt und dem weltlichen Arm ausgeliefert: sein Eigentum wird ausnahmslos eingezogen.

Konfiskation

Jede Verurteilung zur Deportation oder Zwangsarbeit hat die Konfiskation zur Folge. Bei Majestätsverbrechen oder Hochverrat kann der Verbrecher selbst noch nach seinem Tod verurteilt werden: zwangsweise hat dies eine Konfiskation seiner Güter zur Folge

»... man geht davon aus, daß es mit dem Tage dem Fiskus verfallen ist, an dem der Ketzer zuerst sein Verbrechen geplant hat«.

Das große Konzil von Tours, das Alexander III. 1163 abhält, befiehlt allen weltlichen Fürsten, die Ketzer einzukerkern und ihr Eigentum zu konfiszieren. Eine der ersten Amtshandlungen von Innozenz III. besteht darin, daß er in seiner doppelten Eigenschaft als weltlicher Fürst und als Oberhaupt der Christenheit an seine Untertanen in Viterbo einen Erlaß richtet, in dem er sagt: »In den Ländern, die unserer weltlichen Jurisdiktion unterworfen sind, befehlen wir, das Eigentum der Ketzer zu konfiszieren; in den anderen Ländern gebieten wir den weltlichen Fürsten und Mächten, dieselbe Maßregel einzuführen... sollen sie hierin säumig sein, sollen sie durch kirchliche Zensuren dazu gezwungen werden.[147] Dieser päpstliche Erlaß wird in das kanonische Recht aufgenommen.

In Deutschland offenbart der Reichstag von Worms 1231 die durch das Lehnsverhältnis hervorgerufenen Verwirrung in den Anschauungen über Ketzerei und Verrat; er bestimmt, daß Allodialgüter und das persönliche Eigentum der Verurteilten an die Erben fallen, und die Lehnsgüter für den Lehnherr konfisziert werden sollen. Die Kosten der Verbrennung des Ketzers und die dem Gerichtsherrn zustehenden Gebühren sollen vom persönlichen Vermögen abgezogen werden. 1233 protestiert das Konzil von Mainz gegen die in Deutschland und anderswo herrschende Ungerechtigkeit, den Angeklagten ohne weiteres für schuldig zu betrachten und demgemäß sie Vermögen einzuziehen. Als Kaiser Karl IV. 1369 die Inquisition in Deutschland neu belebt, nimmt er die italienische Sitte an, die bestimmt, daß ein Drittel der konfiszierten Güter den Inquisitoren zufallen soll«. Dennoch gibt es bezüglich der Teilung der Beute keine definitiven Regelungen zwischen Kirche und Staat. 1252 bestimmt Innozenz in der Bulle »Ad extirpanda« »...ein Drittel sollen die Ortsbehörden, ein Drittel die Beamten der Inquisition und ein Drittel der Bischof und die Inquisition erhalten: der Betrag darf nur zur Verfolgung der Ketzerei aufgewendet werden«.[148] Die Bestimmungen werden in den Wiederholungen dieser Bulle von seiten Alexanders IV. und Clemens IV. beibehalten. 1260 befiehlt Alexander IV. den Inquisitoren von Rom und Spoleto, das konfiszierte Vermögen der Ketzer zu verkaufen und den Erlös an den Papst zu entrichten. Letztlich setzt sich die Gewohnheit durch, die Erträge der Konfiskation zwischen der Ortsbehörde, der Inquisition und der päpstlichen Kammer zu teilen. **Wohl nirgends in der Geschichte hat sich der Eifer, aus dem Unglück der Menschen Gewinn zu ziehen, in so abstoßender Weise gezeigt, als bei jenen Geiern, die den Spuren der Inquisition folgten, um sich an dem von ihr angerichteten Elend zu mästen«.[149]**

Verbrennung der Hexe »Lise Plainacher« in Mank. Die Frau wird von ihrer Enkelin als Hexe angezeigt. Angeblich hatte sie 12.652 bei ihrer Enkelin ausgetriebene Teufel als Fliegen in Gläsern aufbewahrt. Zeichnung von V. Katzler.

Der Scheiterhaufen

Als Nichtkatholik, also als erkannter und/oder verurteilter Ketzer, gehört die Person nicht mehr der dubiosen Glaubensgemeinschaft an. Wenn die weltlichen Behörden zögern, das Todesurteil an einem Ketzer zu vollziehen, so macht die Kirche rücksichtslos von den ihr zu Gebote stehenden Mitteln Gebrauch, um den Gehorsam zu erzwingen. Die kirchlichen Geschichtsschreiber wissen dies zu verfälschen, indem sie sagen: »**Die Kirche nimmt keinen Anteil an der körperlichen Bestrafung der Ketzer,** die, die elend umgekommen sind, werden nur wegen ihrer Verbrechen bestraft und von den Richtern verurteilt, die mit der königlichen Gerichtsbarkeit bekleidet waren... **die katholische Kirche beklage alle Racheakte, wie sehr sie auch von der Wildheit jener aufrührerischen Massen gereizt wird«.** Tatsache ist, daß die Kirche nicht nur über die Schuld entscheidet, sondern daß sie die Urheberin dieses verbrecherischen Treibens ist.

Dennoch: bei der Darstellung der Inquisitionsprozesse wird übertrieben: wir haben eine Parallele zu den Hexenbränden. Eher ist anzunehmen, daß die Zahl der auf den Scheiterhaufen Verbrannten gering ist. »...sicher bleiben die tatsächlichen Verbrennungen weit hinter den Schätzungen zurück«.[150]

»Wenn das Volk zusammengerufen wird, um dem Todeskampf eine Märtyrers beizuwohnen, so wird sein frommer Eifer nicht etwa durch eine besondere Milde enttäuscht. Der Schuldige wird nicht erwürgt, ehe die Reisigbündel angezündet werden... er wird vielmehr lebendig an einen Pfahl gebunden, der hoch genug über den Haufen von Brennmaterial hinausragt, um den Christen zu ermöglichen, jeden Moment der grausamen Tragödie zu verfolgen«...Diener der Kirche sind bis zum letzten Augenblick dabei, dem Satan die vermeintliche Seele zu entreißen«.

Die Inquisition in Deutschland

1209 begleitet der Bischof von Straßburg, Heinrich von Veringen, König Otto IV. auf seinem Krönungszug nach Rom. Einige seiner Begleiter sind empört, über die fast offene Duldung von Ketzern selbst in der römischen Hauptstadt. Das soll zur Folge gehabt haben, daß er sich nach seiner Rückkehr intensiv mit solchen Fragen beschäftigt. Er stellt fest, daß sein Land voller Ungläubiger ist, was zur Verhaftung von etwa 500 Personen aller Gesellschaftsklassen führt. Den Hartnäckigen wird die Verbrennung angedroht: viele Schriften werden eingeliefert und die Bekehrten schwören ab. Einer von ihnen, Reinhold, wendet sich an Innozenz III., um sich über dieses Gerichtsverfahren zu beschweren. Sofort antwortet der Papst, vor allem wegen dem angewendeten Gottesurteil. Der Papst untersagt es. »In Straßburg werden 80 halsstarrige Ketzer durch das Gottesurteil überführt und alle am gleichen Tag vor den Mauern verbrannt. Die Grube trägt noch im 16. Jht. die Bezeichnung »Ketzergrube«. Das Eigentum der Ketzer wird konfisziert und unter die verteilt, die erfolgreich an der Ausrottung der Ketzerei gearbeitet habe.

Konrad von Marburg

Konrad von Marburg »... ist der Beichtvater der heil. Elisabeth von Thüringen und zugleich ihr Seelsorger. Sie vertraut sich, kaum 18jährig, der Leitung Konrads an, »...der dieses Himmelskind mit der Grausamkeit eines Dämons zu knechten beginnt«.[151] Elisabeth sinkt mit 24 Jahren in ihr Grab. Infolge ihrer Visionen und »...weil ihr Körper noch im Tod gut roch und Wunder auf Wunder geschahen«, wird sie auf wiederholten Antrag Konrad's zur Heiligen erklärt.

Das ist die Epoche seines Wirkens: über allem schwebt die Glocke des Glaubens, geprägt vom erstarkenden Katholizismus und argwöhnisch von den Priestern überwacht. »Der wahnsinnige Enthusiasmus einen solchen Mannes mußte zwangsweise zur Katastrophe führen; dennoch kann man ihn nicht für das Unheil verantwortlich machen. Die Schuld tragen die, die mit kaltem Blut ein solches Werkzeug auswählen, seinen wahnsinnigen Eifer auf die Spitze treiben und ihn dann loslassen, um seinen Wahnwitz an schutzlosen Kreaturen auszulassen«.

Konrad erhält 1214 den Auftrag, in Deutschland den Kreuzzug zu predigen. Seine Mission bringt ihn in eine direkte Beziehung zu Rom. Tausende nehmen an seinen Predigten teil und daraufhin das Kreuz. Folglich wird Konrad von Marburg bei der Kurie bekannt und macht nun das, was man heute Karriere nennen würde. In diese Zeit fällt der Dialog zwischen Papst und Kaiser. Friedrich III. soll durch die Auferlegung von Kirchenstrafen dazu gebracht werden, seinen Beitrag zum zugesagten Kreuzzug zu leisten. Der Kaiser kommt diesem Ansinnen nicht nach und wird am 29. September 1227 exkommuniziert. Dadurch geraten Kirche und Staat in eine heftige Kontroverse und der Papst richtet sein Augenmerk auf deutschen Boden.

1227 soll Konrad von Marburg die Inquisition in Deutschland durchführen und bekommt von Rom die entsprechenden Vollmachten. Der Papst ermächtigt ihn »... wen auch immer zu seinem Beistand zu ernennen, um mit Hilfe dieser eifrig nach allen zu fahnden, die von der Ketzerei angesteckt sind... damit das Unkraut aus dem Weinberge des Herrn ausgerottet werde«. Hier sehen wir ihn als Generalinquisitor. Bereits acht Tage später, am 20. Juni, wird sein Auftrag erweitert. Im November 1225 hat der Kardinallegat Konrad von Porto ein Nationalkonzil in Mainz zusammengerufen. Gregor IX. erteilt die Vollmacht, die Verordnungen des Kardinallegaten mit Gewalt auszuführen. Besonders dringend wird die Reform der Klöster angesehen. Wir wissen, daß er das Nonnenkloster von Nordhausen reorganisiert, indem er die Gottlosen unter ihnen vertreibt. Es ist anzunehmen, daß Konrad ausgedehnte Reisen im deutschen Raum unternimmt, um seinen Aufgaben nachzukommen. 1231 muß Gregor IX. die deutschen Bischöfe wegen ihrer Lauheit und Milde gegen die Ketzer tadeln und befiehlt ihnen, die erlassenen Edikte ohne Schonung zur Ausführung zu bringen. Im Oktober 1231 wird Konrad von Marburg zur höheren Pflichterfüllung angetrieben, indem in der Papst lobt und gleichzeitig zur Verdopplung seiner Tätigkeit ermahnt. Er wird mit weiteren Befugnissen ausgestattet und darf die Hilfe des weltlichen Armes in Anspruch nehmen. In Marburg werden Verdächtige ergriffen, darunter Ritter und Priester, von denen einige widerrufen und weitere verbrannt werden. Während einer Reise nach Erfurt (1232) nimmt er die Gelegenheit wahr, weitere Opfer den Flammen zu übergeben.

Kurz davor werden verschiedene Dominikanerklöster ermächtigt, ihre Mitglieder zur Übernahme inquisitorischer Aufgaben zu zwingen. Auf dem Schauplatz erscheint nun der Dominikaner Konrad Dorso, der ohne Auftrag das Land von den Irrlehren säubern will. Konrad von Marburg sendet an Gregor IX. einen Bericht über das Treiben der Luziferianer und es ist anzunehmen, daß der Papst diese wahnwitzigen Vorstellungen in seine Bulle eingeflochten hat. Der Papst reagiert rasch und erteilt am 10. Juni 1233 Konrad von Marburg mit, daß er den Kreuzzug gegen die Luziferianer predigen soll. Der Erzbischof von Mainz, der Bischof von Hildesheim, der Kaiser und sein Sohn, König Heinrich, erhalten den päpstlichen Befehl, ihre ganzen Kräfte aufzubieten, um die Elenden auszurotten«. Ohne Zaudern geht Konrad an sein Werk: für ihn gibt es nur zwei Alternativen: gestehen oder/und verbrennen.[152] Während die Ordensgeistlichen Konrad Schutz geben, ist es nicht so bei den Weltgeistlichen. Von Gregor IX. hat sich der Ausspruch erhalten: »... der Glaube sei in Deutschland selten, daher sollen sie in ihren Provinzen nachdrücklich inquirieren, alle Ketzer und Verdächtigen ergreifen und nach den päpstlichen Dekreten von 1231 gegen sie vorgehen«.

Der Appell stößt auf Schwierigkeiten, denn die deutschen Bischöfe sind über die Eingriffe in ihre Kompetenzen verwundert. Dazu kommt der Rang, den die geistlichen Kurfürsten von Mainz, Trier und Köln einnehmen. So erleidet Konrad von Marburg eine Niederlage, indem er es auf den Graf von Saynm, einen der mächtigen Adeligen aus der Diözese Trier abgesehen hat. Er wird auf einem freien Feld am 30. Juli 1233 erschlagen.[153] Einer seiner Gesellen wird in Freiburg gehenkt, ein anderer von einem Herren von Mühlheim erstochen.[154]

Papst Gregor ist erschüttert. »...der Tod Konrads sei ein Donnerschlag, der das Heiligtum der Christenheit erschüttert hat. Er könne keine Worte finden, stark genug, um die himmlischen Tugenden und Verdienste des Märtyrers gebührend zu würdigen, und keine Strafe ausfindig machen, die für die Mörder zu streng sei.[155] Konrad von Marburg wird wegen seiner Verdienste an der Seite der heil. Elisabeth begraben.

Auf einer Mainzer Synode bricht der Groll der deutschen Bischöfe aus. Hier wird die Bestrafung der Helfershelfer beschlossen und eine Beschwerde beim Papst über Konrad eingereicht. Die Mörder Konrads werden freigesprochen. Außerdem wird festgestellt, daß die Ketzergerichtsbarkeit ausschließlich den Bischöfen gebühre. Der Diözesangeistlichkeit wird bei der Strafe der Amtsentsetzung verboten, den Bettel-

brüdern je wieder die Kanzel einzuräumen; auch andere geistliche Funktionen dürfen nicht ohne Beisein der Ortsgeistlichen vorgenommen werden. Den Mönchen wird geboten, in ihren Klöstern zu bleiben, sich nicht in öffentlichen Geschäften herumzutreiben und sich nicht weiter in die weltliche Gerichtsbarkeit einzumischen«.[156] Die Angelegenheit des Konrad von Marburg wird scharf getadelt und sein Verhalten wird von 25 Erzbischöfen und Bischöfen verurteilt. Lediglich der Bischof von Hildesheim und ein Dominikaner namens Otto verteidigen den Menschenschlächter. Einer der Bischöfe erklärt: »...Magister Konrad müsse ausgegraben und als Ketzer verbrannt werden«.[157] **Der Reichstag betont, daß Recht vor Unrecht zu stehen hat. Anderer Meinung ist der Papst, denn er allein maßt sich in seiner Unfehlbarkeit »Recht« zu.**

Man richtet an ihn die Frage, was denn nun mit denen geschehen soll, die Konrad von Marburg zu Unrecht verbrannt hat? Der Papst macht seinem Unwillen im Juli 1235 Luft und verurteilt in heftigen Gemütsbewegungen das Konzil von Mainz, »... weil es gewagt hat, die freizusprechen, die Konrad verfolgt hat«. Sein Urteil ist so plump wie er selbst: »... man solle sich dem im folgenden März nach Palästina aufbrechendem Kreuzzug anschließen und eine ausreichende Bürgschaft geben. Mittlerweile sollen sie barfüßig und nackt bis auf die Beinkleider und mit einem Strick um den Hals und einer Rute in der Hand alle größeren Kirchen im Umkreis des Verbrechens besuchen... dabei sollen sie gegeißelt werden, die Bußpsalmen singen und ihre Schuld bekennen«. Auch den eigentlichen Urheber der Katastrophe trifft das verdiente Schicksal. Als Konrad Dorso von einer Romreise zurückkehrt und in Straßburg den Junker von Mühlheim (Müllelheim !) vorlädt, wird er von diesem erschlagen.

Der Dominikanerprovinzial Konrad erhält am 21. Oktober 1233 den Befehl, in Gemeinschaft mit den Bischöfen die Inquisition durchzuführen und einen Kreuzzug gegen die Ketzer zu predigen. Das macht zumindest der fanatische Bischof Konrad von Hildesheim. Außerdem reinigt der Landgraf Konrad von Thüringen sein Land von den Ketzern. Von einem Erfolg dieser Aktionen kann nicht gesprochen werden. Das erste, was von dem am 2. Februar 1234 in Frankfurt zusammengetretenen Reichstag berichtet wird, ist, daß sich der König Heinrich in eigener Person gegen den Bischof von Hildesheim ausspricht und ihn wegen der Ausrufung des Kreuzzuges anklagt.

Verfolgung der Stedinger[158]

»Der größte Teil des heutigen Oldenburg gehört zum Erzbistum Bremen: die Erzbischöfe von Bremen beanspruchen ein Jagdrecht und das Recht des Zehnten über den teils zu Delmenhorst teils zu Oldenburg gehörenden Gau Steding. Hierüber kommt es zu Streitigkeiten, die gegen das Ende des 12. Jhts. einen ernsten Charakter annehmen. Ein Priester hat, wie berichtet wird,[153] der Frau eines Gutsbesitzers einen Beichtgroschen, den er von ihr bekommen und für zu gering hält, beim Abendmahl anstatt der Hostie in den Mund gelegt. Der Mann fühlt sich gekränkt und verklagt den Priester beim geistlichen Gericht; anstatt Genugtuung erhält er Vorwürfe. Darüber ist er so verärgert, daß er den Priester erschlägt.

Nun fordert Hartwig II. von Bremen von den Stedingern die Auslieferung des Mörders und legt ihnen eine Bußsumme auf. Beides wird verweigert. 1197 schickt er Priester in ihr Land, um den fälligen Zehnten einzutreiben: die Stedinger verjagen sie unter Schimpf über die Grenze.[160]

Die Kirche steht auf dem Zenit ihrer mit Brutalität erreichten Macht. Sie ist aus dem Kampf mit den weltlichen Machthabern siegreich hervorgegangen. Heinrich IV. muß sich in Canossa, Friedrich Barbarossa in Venedig vor den päpstlichen Vertretern beugen. Der 7. Teil des Grundes im deutschsprachigen Rauam gehört der Kirche. Nun zettelt Innozenz einen zwanzigjährigen Bürger- und Religionskrieg in Südfrankreich an. Die Macht des Grafen Raimond VII. wird gebrochen und er sichert die Verfolgung der Ketzer zu. »Für die Gefangennahme eines Ketzers innerhalb seines Gebietes von Seiten der Inquisitoren werden zwei Mark und später eine Mark gezahlt. Außerdem sind 10.000 Mark Schadenersatz an die Kirche zu bezahlen und es ist fünf Jahre gegen die Sarazenen das Kreuz zu tragen«.[161]

Um die gleiche Zeit widersetzen sich die Stedinger der Machtgier der Päpste. Der Erzbischof von Bremen beklagt sich beim Papst. Erzbischof Ludwig II. erwirkt die Erlaubnis, einen Kreuzzug gegen sie predigen zu dürfen. Nun wogt in Norddeutschland über 30 Jahre das Kriegsglück hin und her, um die betrogenen Gläubigen auszubeuten. 1207 plant Erzbischof Hartwig eine Einfall, kehrt aber nach einer Gelderhebung den Rücken.[162] Die Widersetzlichkeit hat den Zorn des Erzbischofs so in Beschlag genommen, daß er seit 1204 die geistlichen Strafen verschärft. Nach dem Tod von Hartwig II. (1208) werden die Fehden fortgesetzt. Als Erzbischof Gerhard II. 1219 seinem Onkel folgt, wird der Kampf durch die Aufreibung der Burg Schlutter (castrum Sluttere) mehr Nachdruck und den Unternehmungen Stütze gegeben. So sammelt sich 1230 ein starkes Heer, das von Graf Hermann von der Lippe angeführt ist. Die Stedinger siegen, Graf Hermann fällt und 200 seiner Mitkämpfer bleiben erschlagen auf den Feldern liegen. Die Burg Schlutter wird dem Erdboden gleichgemacht.

Es kommt zu einer Beschwerde vor dem Papst. Die Erbitterung steigert sich auf beiden Seiten: Priester und Mönche müssen das Land verlassen, das Volk ist gezwungen, sich den Gottesdienst selbst einzurichten. Gerhard II. wendet sich 1231 nach Rom. Daraufhin weist Papst Gregor IX. durch eine Bulle von 1232 die Bischöfe von Minden, Lübeck und Ratzeburg an, ihrem Mitbruder beizustehen und ebenfalls das Kreuz predigen zu lassen. Selbst diese Macht reicht nicht hin, um die Stedinger zu erschüttern. Gregor wiederholt 1233 seinen Befehl an die Bischöfe von Paderborn, Hildesheim, Verden, Münster und Osnabrück, sowie an den Erzbischof von Mainz und an Konrad von Marburg. Dann erläßt er ein Breve, das dazu bestimmt ist, in den Kirchen der benachbarten Diözesen vorgelesen zu werden, um überall die streitfähigen Männer zur Teilnahme zu begeistern. Hier kommt es zu der berühmt gewordenen Ketzerbulle Gregors IX. in deren Verlauf eine Schilderung des Teufelssabbats gegeben wird, wie er sich Jahrhunderte später vielfach wiederholt.

Ketzerbulle Gregors IX. von 1233

»Wenn ein Neuling aufgenommen wird... erscheint ihm eine Art Frosch, den manchen auch eine Kröte nennen. Einige derselben geben ihm einen schmachwürdigen Kuß auf den Hintern und ziehen die Zunge und den Speichel des Tieres in ihren Mund. Das Tier erscheint zuweilen in gehöriger Größe, manchmal so groß wie eine Gans oder Ente, meistens jedoch nimmt es die Größe eines Backofens an. Wenn der Noviz weiter geht, so begegnet ihm ein Mann von wunderbarer Blässe, mit schwarzen Augen, so abgezehrt und mager, daß alles Fleisch geschwunden und nur noch die Haut um die Knochen zu hängen scheint. Diesen küßt der Noviz(e) und fühlt, daß er kalt wie Eis ist und nach dem Kusse verschwindet jede Erinnerung an den katholischen Glauben bis auf die letzte Spur in seinem Herzen. Hierauf setzt man sich zum Mahle und wenn man sich danach wieder erhebt, so steigt dadurch eine Statue, die in solchen Schulen zu sein pflegt, ein schwarzer Kater von der Größe eines mittelmäßigen Hundes rückwärts und mit zurückgezogenem Schwanz herab. Diesen küßt zuerst der Novize auf den Hintern, dann der Meister und sofort alle Übrigen der Reihe nach, jedoch nur solche, die würdig und vollkommen sind...

Nach den Verhandlungen werden die Lichter ausgelöscht und man schreitet zur abscheulichen Unzucht ohne Rücksicht auf die Verwandtschaft. Findet sich nun, daß mehr Männer als Weiber zugegen sind, sie befriedigen auch Männer mit Männern ihre schändliche Lust. Ebenso verwandeln Weiber durch solche Begehungen miteinander den natürlichen Geschlechtsverkehr in einen unnatürlichen. Wenn aber diese Ruchlosigkeit vollbracht (ist), werden die Lichter wieder angezündet... tritt aus einem dunklen Winkel der Schule ein Mann hervor, oberhalb der Hüften glänzend und strahlender als die Sonne, unterhalb aber rauh wie ein Kater.[163]

Auch empfangen sie jährlich zu Ostern den Leib des Herrn aus der Hand des Priesters, tragen ihn im Munde heim und werfen ihn in den Unrat zur Schändung des Erlösers.[164] Die Unglückseligen behaupten in ihrem Wahnwitz, daß der Herr gewalttätig, arglistig und ungerecht Luzifer in die Hölle gestürzt hätte. An letzteren glauben diese Elenden, sagen, er sei der Schöpfer des Weltalls und werde einst, nach dem Sturz des Herrn, zu seiner Glorie zurückkehren«.

Es sei festgestellt, daß ein Papst der Interpret dieses Hirngespinstes ist; gleich woher er diese Informationen bezogen hat. Auf die spätere Entwicklung des Hexentreibens im norddeutschen Raum kommt der Bulle Bedeutung zu. Inzwischen steigert sich der Kampf gegen die Stedinger immer mehr.

Im folgenden Frühjahr steht ein Kriegsheer von 40.000 Mann bereit, um den Stedingergau zu vernichten. Außer den v.e. Bischöfen haben der Herzog von Brabant, die Grafen von Holland, Geldern, Lippe und Kleve ihre Männer geschickt. Am 28. Mai 1234 werden die Stedinger bei Altenesch geschlagen; 4.000 Tote aus ihren Reihen liegen auf dem Schlachtfeld; andere geraten in Gefangenschaft oder fliehen zu den Friesen. Zurückbleibende müssen die von Gregor IX. vorgeschriebene Genugtuung tun und dem Erzbischof von Bremen Gehorsam und Ersatz leisten.

● In jeder Parochie soll ein Verzeichnis aller darin seßhaften Personen aufliegen und darauf gehalten werden, daß alle männlichen Personen vom 14. Lebensjahr an und alle weiblichen vom 12. Lebensjahr an einen Eid ablegen, daß sie jeder Ketzerei entsagen, alle Ketzer nach Kräften verfolgen und deren Vermögen nach bestem Gewissen angeben.

● Wer nicht dreimal im Jahr beichtet und das heil. Abendmahl empfängt, der ist als der Ketzerei verdächtig anzusehen.

● Kein Laie darf die Bücher des Alten und des Neuen Testamentes besitzen, sondern nur das Psalterium und die kanonischen Horen, aber auch diese nicht in der Muttersprache

● Ein Kranker, der der Ketzerei verdächtig ist, darf sich keines Arztes bedienen

● Testamentarische Verfügungen haben nur Gültigkeit, wenn sie in Gegenwart eines Priesters oder unbescholtenen Laien getroffen werden«.

Ihr Land wird nach dem Sieg der päpstlichen Machtgier zwischen dem Erzbischof von Bremen, den Grafen Otto II. und Christian III. von Oldenburg aufgeteilt.

Weltliche Gesetzgebung

Kaiser Heinrich IV. verfügt 1194 für die Ketzer Konfiskation des Eigentums, strenge persönliche Strafen und die Zerstörung ihrer Häuser. Personen oder Gemeinden, die die Verhaftung der Ketzer unterlassen, werden bestraft. 1210 werden diese Bestimmungen wiederholt. Entscheidend für die strenge Haltung werden einige Gesetze von Friedrich II. In den Jahren 1220 bis 1238 veröffentlicht er ein erbarmungsloses Gesetzbuch de Ketzerverfolgungen, das sich auf den Kanonen des Laterankonzils aufbaut. Hinzu kommt, daß 1230 der Vertrag von Ceperano den Frieden zwischen dem Reich und dem Papsttum herstellt und Friedrich II. mit Erfolg versucht, dem Unternehmen die kaiserliche Sanktion zu erteilen. Deshalb erläßt er im März 1232 von Ravenna aus an alle Fürsten und Bischöfe des Reiches den Befehl, bei der Ausrottung der Ketzerei mitzuwirken. Die von Friedrich II. erlassenen Ketzergesetze sind u. U. von den Dominikanern beeinflußt. Fickler hat darauf hingewiesen, daß zur Zeit, als der Kaiser seine harten Gesetze erlassen hat, der Bischof Guala von Brescia, ein Dominikaner, bei ihm in Ravenna weilte.[165] Friedrich II. droht in einem Statut vom 22. November 1220 Gütereinzug und Acht an. In seiner Konstitution vom März 1224 geht er einen Schritt weiter und setzt den Feuertod oder den Verlust der Zunge als Strafe für Ketzerei. 1231 folgt die sizilianische Verfassung: und das Edikt von Cremona (1238) gibt den sizilianischen Gesetzen allgemeine Gültigkeit. In Venedig enthält der Amtseid der Dogen die Verpflichtung, alle Ketzer zu verbrennen. In Bayern hat Herzog Otto II. (um 1233) seinen Beamten befohlen, die Dominikaner in der Ausrottung der Ketzerei zu unterstützen. Später ändert sich diese Haltung. Von den Herzögen Stephan III. und Friedrich liegt aus dem Jahr 1367 die kühne Erklärung vor »...ihre Lande seien freie Lande, in denen weder der Papst noch der Kaiser etwas zu gebieten haben«.[166]

Ludwig der Bayer, Johann XXII., Johann Schadeland

Seit der umstrittenen Wahl Ludwig des Bayern 1314 sind die Beziehungen zwischen dem Reich und dem Papst gespannt. Der Sieg von Mühldorf sichert 1322 Ludwig die Krone. 1323 folgt ein offener Bruch von Johann XXII., und darauf ein Kampf um Leben und Tod. Jeder von ihnen erklärt seinen Feind für einen Ketzer. Der Papst läßt Interdikte über Deutschland regnen und Ludwig verfolgt grausam alle Geistlichen, die ihnen gehorchen. Obgleich das Papsttum von der Unterstellung ausgeht, daß der Kaiserthron unbesetzt ist.

Um 1381 gibt es keine Inquisition mehr in den Diözesen Regensburg, Bamberg und Meißen. Also können wir auch das nur als Aufflackern bezeichnen, wenngleich deutlich wird, wie zäh und hartnäckig die Kurie ihre Interessen über Jahrhunderte zu verfolgen sucht.

Ein später Fall, bei dem Zauberei und Inquisition bereits verwoben sind, spielt sich zwischen 1450 und 1487 in der Diözese Regensburg ab, also entweder im Herzogtum Bayern in der Reichsstadt Regensburg, oder in der Oberpfalz. Es werden einige Häretiker, die durch ihre Bekenntnisse überführt sind, die aber unbußfertig und Verteidiger ihrer Schlechtigkeit bleiben, zum Tod verurteilt. Das Feuer läßt sie unversehrt. Als man sie durch ein neues Urteil zum Tod durch Ertränken verdammt, kann ihnen selbst das Wasser nicht schaden. Alles staunt und schon wagen einige, den Glauben der Verurteilten als gerecht anzusehen. »Da legt der kluge Bischof seiner Herde dreitägiges Fasten auf. Schließlich findet man bei den Verurteilten — eingenäht in die Haut — ein Malefizium. Man entfernt es und nun können sie ohne Schwierigkeiten auf dem Scheiterhaufen verbrannt werden.[167]

Der römische Chronist Stefano Infessura berichtet, daß am 8. Juni 1424 in Rom die Hexe Finicella[168] verbrannt worden ist, weil sie in teuflischer Weise so viele Kreaturen getötet und andere beschädigt hat. Ganz Rom ging hin, um das Schauspiel zu sehen. Es geschieht im gleichen Monat, in dem der Bußprediger Bernadino von Siena an der gleichen Stelle vor dem Capitol auf dem Scheiterhaufen Frauenputz, Glücksspiele, Musikinstrumente und anderen weltlichen Tand verbrennt.[169]

Ausklang der Inquisition in Deutschland

Die Karriere des Konrad von Marburg macht das Problem deutlich: Papst und Kaiser streiten um das Recht. Die deutschen Bischöfe sind nicht geneigt, Eingriffe in ihren Rechtsbereich ohne Widerstand hinzunehmen. Während sie Konrad von Marburg verdammen, wird er vom Papst auf das höchste gelobt. Deutlichere Angaben über die Inquisition verdanken wir David von Augsburg und einem anonymen Passauer Schriftsteller. Vermutlich stammt seine Arbeit aus der Zeit um 1260 (1266?) und spielt auf die Diözese Passau ab. Die ihm erteilten Instruktionen scheinen das Vorhandensein einer organisierten Inquisition mit einem vollständig ausgebildetem Prozeßverfahren vorauszusetzen. Dennoch bleibt die Inquisition in Deutschland Machwerk. Vergeblich schleudert ein Provinzilkonzil 1261 (Mainz) nach dem Beispiel der päpstlichen Bullen einen kräftigen Bannfluch gegen die Ketzer, vergebens gebietet es den Bischöfen, die Ketzer auszurotten. Es wird zunächst kein oberster Ketzerrichter für Deutschland be-

Durchführung der sog. »Tränenprobe«. Die entblöste Inquisitin liegt vor dem Geistlichen, der prüfen will, ob sie weinen kann. Das Unvermögen dazu ist gleichbedeutend mit dem Eingeständnis der Schuld.

stellt.[170] 125 Jahre später versucht Urban sein Glück mit der Einsetzung neuer Inquisitoren. Unter ihnen befindet sich der berüchtigte Walter Keerling, »...aber ihre Tribunale können keine Bedeutung erlangen«.

Inquisition in Spanien

In Spanien gelangt die Inquisition zu einer erheblichen Macht.[171] 1232 richtet Gregor IX. eine Bulle an den Erzbischof von Tarragona in Catalonien, in der er ihm die Errichtung der Inquisition zur Unterdrückung der Ketzerei aufträgt. Als Hauptmotiv wird die Zugehörigkeit der Mauren und Juden genannt. 1484 führt der fanatische Dominikaner Thomas de Torquemada, ein Günstling von Ferdinand von Aragonien, die Inquisition in Aragonien und Kastilien ein. Er wird ebenso Generalinquisitor wie Nikolaus Eymericus, dessen »Directorium Inquisititorum« Bedeutung erlangt. Noch grausamer als Torquemada zeigt sich der Großinquisitor Peter Arbues (1441 — 1485), der das Opfer einer Verschwörung wird und während einer Messe am Altar erstochen wird.[172] Papst Alexander VII. spricht ihn 1661 selig und Pius IX. heilig.

Ein Blick in die überfüllten spanischen Inquisitionsgefängnisse. Aus: Die Inquisition in Spanien.

Die Inquisition in Spanien besteht amtlich von 1477, wo Kardinal Pedro Gonzales de Mandoza mit der Genehmigung von Sixtus IV. sie zu einer königlichen Einrichtung macht, bis 1820. Die »spanische Inquisition« unterscheidet sich in ihrer praktischen Ausübung von der anderer Länder. Einmal in der Grausamkeit und in der Hartnäckigkeit des streng katholischen Landes wie in einzelnen Foltermethoden- und Verfahren. Die markanten Foltermethoden sind die »Wasser- und Feuerfrage«. Dazu kommen die auch in Deutschland üblichen »spanischen Stiefel«, ein Begriff, der später in der Mode Verwendung findet.

Thomas de Torquemada, der König der Henker

Die Spanier nennen ihn »König der Henker«. Er errichtet eine eigenständige Inquisitionspolizei; ausgerüstet mit einer Fahne, die sog. »Miliz Christi« (sie ist aber im Kern bereits 1208 vom Gründer des Dominikanerordens in Frankreich eingeführt). Hier gelten besondere Aufnahmebedingungen, wie »Reinheit des Blutes« oder der Nachweis, daß kein Vorfahre von der Inquisition bestraft worden ist. Torquemada ist ein religiöser Fanatiker. Bei jedem Vorgehen gegen die Ketzer bereitet er sich durch Fasten und Geißelung vor.[173] Vor Beginn des Verhörs muß der Angeschuldigte die Wahrheit auf das Evangelium schwören.

Nicolaus Eymericus

Alle Leitfäden hat an Brauchbarkeit übertroffen der von Eymericus, »Directorium Inquisitorum« (obwohl das vermutlich eine Privatarbeit ist). Nicolaus Eymericus (deutsch: Emmerich) ist spanischer Dominikaner und seit 1358 General-Inquisitor von Aragonien. Er hat sein Amt als General-Menschenquäler 44 Jahre verwaltet und war während dieser Zeit vorbildlich.

Was damals irgend möglich war, hat er getan, um seinen Amtsgenossen die Blutarbeit zu erleichtern«. Der Mühe, eine Bibliothek mit sich herumzuschleppen, waren die Inquisitoren nun überhoben. Ein Brevier, ein Kruzifix und dieses Buch im Felleisen, und der Mann Gottes war genügend mit den erforderlichen Handwerkszeugen für seine Geld- und Menschenjagd gerüstet«.[174]

Er hat seinen Amtsgenossen ein komplettes Verzeichnis der Ketzereien hinterlassen »Der gründlichste Kenner der Ketzergeschichte wird erstaunen über den ungeheuren Vorrat von Anklage- und Verurteilungsstoff. Allein der Buchstabe A bringt 54 Ketzereien, das ganze Alphabet 432. Das war 1358. Die erste gedruckte Ausgabe dieses Leitfadens ist, soviel bekannt, 1503 in Rom erschienen, war rasch vergriffen und wird neu aufgelegt. Die von dem Rechtsgelehrten Pegna besorgte Ausgabe hat Gregor XIII. unter dem 13. August 1578 auf zehn Jahre mit einem Privilegium gegen Nachdruck unter Androhung von Geldstrafe und der »exkommunicatio latae sententiae facto incurrendae« versehen[175].

»Das ist ein »Henkerbuch«, das wohl niemand, der weiß, daß aufgrund seines Inhalts Tausende in Gefängnissen verfault, um Vermögen und Leben gebracht worden sind, ohne Entsetzen in die Hand genommen werden kann«.[176] Nicolaus Eymericus ist 1393 in Aragonien am Schauplatz seines Wirkens verstorben.

Wasser- und Feuerfrage

Der Beschuldigte wird auf eine Bank gelegt, fest geschnürt, ein Stück feuchtes Leinen wird ihm in den Hals und in die Nasenlöcher gestopft. Dann läßt man langsam Wasser in den Mund fließen, das die Tücher aufsaugen. Je mehr sie sich vollsaugen, desto unmöglicher wird das Atmen. Bei den hierbei auftretenden körperlichen Qualen schneiden sich die Stricke, mit denen der Unschuldige festgebunden ist, oft bis auf die Knochen in das Fleisch.

Bei der Feuerfrage wird die angeklagte Person lang ausgestreckt auf einem Holzgestell gebunden. Seine

Die Anwendung der »Feuerfrage« vor einem spanischen Inquisitionstribunal. Aus: Die Inquisition in Spanien.

Die Anwendung der »Wasserfrage« vor einem spanischen Inquisitionstribunal. Aus: Die Inquisition in Spanien.

Füße hängen ein wenig über das untere Ende des Lagers in einem Block. Die vermummten Diener stellen dann ein Becken mit glühenden Kohlen unmittelbar unter die Füße, die zur Erhöhung der Qualen von Zeit zu Zeit mit Öl beträufelt werden. In anderen Fällen setzt man ein glühendes Becken auf den Brustkorb des Inquisiten. Dazu kommen Auspeitschungen, Annageln der Hände an die Wand und die mehrfach beschriebenen spanischen Stiefel.

Gefängnisberichte

»Die Gefängnisse der Inquisition lagen tief, wahre Gräber von mehr als 30 Fuß unter der Erde. In jeder Zelle, die etwa 12 Fuß lang und 8 Fuß breit ist, befindet sich ein Feldbett von 12 Fuß Länge und vier Fuß Breite. Jede Zelle enthält gewöhnlich sechs, oft auch acht Personen, von denen drei oder vier, die kräftigsten, auf dem feuchten Boden schlafen, und die anderen auf dem Feldbett kauern. Ein Gefäß, das der Befriedigung der natürlichen Bedürfnisse dient, wird nur alle 8 Tage oder nach zwei Wochen geleert. Es befindet sich in einer Ecke und verunreinigt die Luft, die ohnehin schon durch die Ausatmungen der vielen Unglücklichen verdorben ist, die hier zu weilen verdammt sind![177]

Bericht des Oberst Lumanusk (1809)

Napoleon befiehlt die Unterdrückung des heil. Offiziums. Marschall Soult wird beauftragt, die Inquisition in Spanien aufzuheben. Aus dieser Zeit stammt der folgende Bericht:

»Als ich mich 1809 in Madrid befand, erweckte meine Aufmerksamkeit das Gebäude der Inquisition... es war von starken Mauern umgeben und von etwa 400 Soldaten bewacht.. ich ließ den Schildwachen sagen, sie sollten den Dominikanern ausrichten, die Tore zu öffnen... man gab Feuer auf uns... die Mauern des Gebäudes waren voller Soldaten... dann wurde der Bau gestürmt und eingenommen... jetzt erhielten wir ein Beispiel jesuitischer Verlogenheit: der Generalinquisitor und die Patres kamen aus ihren Zufluchtsstätten heraus, in geistlicher Kleidung, die Arme über der Brust gekreuzt, die Finger auf den Schultern ruhend... als hätten sie nichts von dem Lärm des Angriffes und der Verteidigung vernommen, erkundigten sie sich, was hier vorgefallen wäre... dann begannen wir, dieses Höllengefängnis zu durchsuchen... wir entdeckten unter Platten eine Treppe... unten angelangt, betraten wir einen großen viereckigen Raum »Saal des Gefängnisses« genannt... ringsherum befanden sich die kleinen Zellen... sie dienten als Einzelgefängnisse, wo die unglücklichen Opfer inquisitorischen Hasses eingeschlossen waren, bis sie der Tod

In einem Gefängnis der spanischen Inquisitoren. Anwendung verschiedener Strafen, die die Bestialität der Glaubensfanatiker verdeutlichen. Unter dem Deckmantel der »christlichen Nächstenliebe« werden hier systematisch Menschen ermordet.

von den Henkern befreite. Die Leichname blieben dort bis zu Zersetzung liegen, während die Zellen mit anderen besetzt waren... es waren Abzugsrohre für den Geruch der faulenden Leichen vorhanden.... in diesen Zellen fanden wir die Überreste einiger Leute, die erst kürzlich gestorben sein konnten, während sich in den anderen Zellen Skelette befanden, die noch am Fußboden angekettet waren. In anderen fanden wir lebende Opfer jeden Alters und Geschlechts, vom Jüngling bis zum Mädchen bis zum 70-jährigen Greis, alle nackt wie in der Stunde ihrer Geburt... dann fanden wir die Folterinstrumente... die Wut unserer Soldaten war nicht mehr in Schranken zu halten... sie schrien, daß jeder Inquisitor der Tortur unterzogen werden müsse und begannen sofort bei den Patres... schließlich wurde das Gebäude gesprengt«.[178]

Diese drastische Schilderung wird von anderen Autoren bestritten, hauptsächlich von katholischen. So sagt Diefenbach über das Vorgehen der spanischen Inquisitoren: »Die Kerker waren nicht jene schrecklichen, finsteren, kalten, von Ungeziefer wimmelnden Verliese, wie wir sie zu Zeiten der Hexenprozesse kennengelernt haben«.[179] Hier irrt er sich, denn wenn man allein den Zustand der deutschen Gefängnisse der gleichen Zeit betrachtet, wird man eines anderen belehrt. Was die Dauer der spanischen Inquisition anbelangt, so beruft sich der Autor Hefele auf ein Zeugnis l'Lorentes (1756—1823), der berichtet: »Es ist gewiß, daß seit langer Zeit von der Inquisition nicht mehr auf die Folter erkannt worden ist, so daß man sie heutzutage als wirklich abgeschafft ansehen kann«. **Dazu ist zu sagen, daß die Folter — so lange** es Menschen gibt — **wohl nie abgeschafft wird, sei es aus politischer oder religiöser Motivation: beide sind gleich verderblich, wenn sie bis zu dieser Stelle getrieben werden.**

Robert 'le Bougre'

Der erste Ketzerrichter in Frankreich ist Robert 'le Bougre', der seinen Beinamen führt, weil er ein bekehrter Ketzer ist. Er wird von Gregor IX. (nicht vor 1233) zum Generalinquisitor für Frankreich ernannt und bereist in dieser Eigenschaft bis 1239 das mittlere und nördliche Frankreich. Wohin er kommt, flattern die Scheiterhaufen. An einem Tag, dem 13. Mai 1239 läßt er in Gegenwart vieler Prälaten und einer zahllosen Menschenmenge in Mont-Aime bei Chalons a. s. M. 183 Ketzer verbrennen. Der Chronist Alberich vermerkt: »ein großes und Gott wohlgefälliges Brandopfer«. Unter den Ketzern, die Robert 1239 in Mont-Aime verbrennen läßt, befindet sich eine Frau, die auf sein Drängen bekennt, daß sie vom Teufel in der Nacht bis Mailand entführt worden ist, und dort den Katharern (Bulgris) bei Tische zu dienen. Ihren Platz an der Seite des schlafenden Mannes habe unterdessen ein ihr gleichsehender Teufel eingenommen«. Dies ist bislang der erste sicher beglaubigte Fall einer auf eigentliche Hexerei lautenden Anklage.[180]

Ein bischöfliches Statut von Doornick aus dem 13. Jht., nennt unter denen, die der Exkommunikation verfallen sollen »...wer mit dem Leibe des Herrn Zauberei treibt, überhaupt alle Zauberer und Hexen, Wahrsager, Beschwörer des Teufels«.[181]

143

Detail aus der sog. »Gampener Hölle« aus einer Kirche in Niederösterreich (Nähe Vöcklabruck). Rückseite des Altares.

Allgemeine Entwicklung vom 13.—16. Jhdt.

Johann Hartlieb[1] und sein Zauberbuch

Hartlieb (gest. zw. 1471 und 1474) ist herzoglicher Rat und Leibarzt von Albrecht III. und seinem Sohn Sigmund. Er stammt aus Neuburg an der Donau. Er ist der Verfasser astrologischer Werke, schreibt für Anna von Braunschweig eine Chiromantie, übersetzt den Alexanderroman und verfaßt für Herzog Sigmund eine Schrift von den Geheimnissen der Frauen. Das hier zu besprechende Werk stammt aus dem Jahr 1456 und schildert analog zu den sieben freien Künsten sieben Zauberkünste. Es entsteht auf Wunsch eines Fürsten[2] und beruht auf zahlreichen Quellen. Diese Schrift gewährt einen Einblick in die Fülle und Mannigfaltigkeit des herrschenden Aberglaubens. Darf man seinen Angaben Glauben schenken, so ist das Teufelsbündnis und die Teufelsverschreibung dieser Zauberbücher und dem Hexenwahn gemeinsam, aber von den 132 Kapiteln des Buches handeln nur drei von der Hexerei; ein sprechendes Zeugnis für die untergeordnete Stellung, die dieser Sektor einnimmt. Er ist von der Möglichkeit der Hexerei überzeugt. Seine abergläubischen Vorstellungen lassen sich von der kirchlichen Lehre und der angeblichen Macht des Satans ableiten. Wo dies nicht hineinspielt, zeigt sich der aufgeklärte Naturkundige. Dennoch: bei Hartlieb tritt der Hexenwahn zurück. Daraus wird ersichtlich, daß die eigentliche Hexerei in der Gaukelwelt des Volkes eine untergeordnete Rolle spielt. Vom praktischen Aberglauben aus gesehen beschäftigt sich das späte Mittelalter mehr mit dem Kurieren von Krankheiten durch abergläubische Mittel. Es ist der Funken, der später auf die Hexerei überspringt. So ist in den Predigten des Johann Herolt (ca. 1454) von Wahrsagerei, Teufelsbeschwörung und Nekromantie, nicht aber von Zauberei die Rede.[3]

»Auf der geistigen Höhe seiner Zeit stehend, vielgereister Arzt, Diplomat, Humanist und Literaturkenner, verrät er einen Glauben an die Macht und die mannigfache Wirksamkeit des Teufels auf Erden«[4]. Die Kenntnis seines Werkes ist für das spätere Hexenwesen von Bedeutung. »Zauberei, Unglauben und Teufelsgespenst sind leider manchem hohen und niederen Menschenherzen eingewurzelt«. Er will darüber im Auftrag des Sohnes des Markgrafen Friedrich, Johann von Brandenburg, »...eines rechten Liebhabers wahrer und rechter Kunst und eines getreuen Mitstreiters aller Irrgehenden, einem Fürsten, in dem kein Mängel und Gebrechen sei als allein die

Heinrich Cornelius Agrippa von Nettesheym. Geb. 14.9.1486 in Köln, gest. 18.2.1535 in Grenoble oder Lyon. Tätig als Sekretär, Offizier, Theologe, Arzt, Historiker, Astrologe und Philosoph.

Unkenntnis lateinischer Zungen«, berichten und ist in Sorge »...wenn seine tiefe Wahrheit in Zauberlisten und Unglauben verstrickt werden sollte«. Es ist ein Erbauungs- und Belehrungsbuch.

In seinem 34. Kapitel berichtet Hartlieb von den Heidelberger Hexenprozessen. »Hagel und Schauer machen, ist auch eine der Künste; wer damit umgeht, muß sich nicht nur dem Teufel ergeben, sondern auch Gott, er muß alle Heiligen und alle christliche Gnade verleugnen. Niemand treibt diese Kunst mehr als die alten Weiber, die an Gott verzagt sind«.[5]

»Der Mensch hat seinen freien Willen. Alle Gespenster der Teufel können ihn nicht nötigen, wenn er nicht seinen Willen dazu gibt. Niemand kann ohne Sünde den Rat des Teufels annehmen«. Deshalb empfiehlt er dem Fürst: »brauche deine hohe Vernunft zu dem Willen Gottes und den natürlichen Künsten; geruhe alle Zauberei und allem Unglauben zu fliehen. Tu von Dir des Teufels Gespenst und fliehe der Trügerei, die ohne Zahl ist...doch will ich Dir nach den sieben verbotenen Künsten, die man nennt nigramanticas, 83 beschreiben, die alle wider Gott und den christlichen Glauben sind. Der Teufel reizt den Menschen mit bösen Gleichnissen und Ebenbildern, und sobald der Mensch seinen Willen dazu gibt, erdichtet er alles, woran der Mensch Wohlgefallen hat, und lehrt und hilft dazu. Wie derjenige, der vom bösen Teufel der Unkeuschheit besessen ist, nicht ablassen mag von großer Schande und Laster. Mancher gemeine Mensch wird durch das böse Ebenbild des Adels verleitet und verführt. Daher möge der Fürst sein Leben so führen, daß sich alle die seinigen nach ihm bessern«. Nun geht er auf die sieben schwarzen Künste ein:

Nigramantica (Schwarze Kunst)

Sie ist die allerböseste, weil sie zugeht mit dem Opfer und Dienst, die man den Teufeln tun muß. Wer dahin arbeiten will, muß auch mit den Teufeln Gelübde und Verbündnis machen, dann sind sie ihm gehorsam. Zu dieser Kunst werden allerlei Bücher, Figuren und Charaktere gebraucht. Er nennt einige Titel zu diesem Thema und verweist auf das »gesegnete Buch auf hohen wilden Bergen«, demzufolge man sich dem Teufel ergeben und mit eigenem Blut zinsbar verschreiben muß. Das ist das allerschnödeste Buch, das in der Kunst ist, man findet alle erdenklichen Listen und »Uffsetz« in ihm. Nach Isodorus ist die Nigramancia die Kunst, die Toten zu erwecken, die dann künftige und vergangene Dinge sagen. Unter dem Namen »Notarey« wird die Kunst begriffen, »daß einer durch ettliche Worte, Figuren und Charaktere alle Kunst lernen macht. Wie wohl diese Kunst zugehet mit Fasten, Beten, reinem und keuschem Leben, ist sie verboten. Darum fliehe diese Kunst, durchlauchtigster Fürst, da sie von der hl. Kirche verdammt ist. Meide zudem das Buch »Raselis«, denn es lehrt wunderbare Sachen mit einem Schein, als wären es heilige Engel, denen man fasten, beten und Opferbrennen muß...das Buch ist ein tödliches Gift der armen Seele«.

Vom Fahren in den Lüften. In der Kunst Nigramantica ist noch eine Torheit, daß die Leute mit ihren Zauberlisten Rosse machen, die kommen dann in ein altes Haus, und so der Mann will, sitzt er darauf und reitet in kurzer Zeit viele Meilen Wegs. Wenn er absitzen will, hält er den Zaum, und so er wieder aufsitzen will, rüttet er den Zaum, so kommt das Roß wieder. Das Roß ist in Wahrheit der Teufel. Zu solcher Zauberei gehört Fledermausblut, damit muß sich der Mensch dem Teufel verschreiben mit den Worten »debra ebra« (?). Das ist bei etlichen Fürsten üblich.

Die Salbe Unguentum Pharelis

Zu solchen Fahrten benützen auch Mann und Weib, die Unholden, eine Salbe, die heißt Unguentum Pha-

relis. Sie wird aus sieben Kräutern gemacht, deren jedes an dem Tag gebrochen wird, der diesem Kraut zugehört. Am Sonntag Solesquium, am Montag Lunaria, am Eretag (Dienstag) Verbena, am Mittwoch Mercurialis, am Pfintztag (Donnerstag) Jovis, am Freitag Capilli Veneris. Daraus machen sie Salben, indem sie Blut von Vögeln und Schmalz von Tieren einmischen. Wenn sie wollen, bestreichen sie Bänke oder Säulen, Rechen oder Ofengabeln und fahren dahin. Das alles ist rechte Schwarzkunst und verboten«.

Weitere Teile in diesem Kapitel handeln von der Zauberei mit einem Totenschädel, von der Beschwörung des Geistes eines eben verstorbenen Menschen, daß er zurückkommt und den Menschen dient. Er fragt: »Ob man einen sterbenden Menschen wieder laden mag, daß er zu den 30 Tagen (das ist das in der Regel nach 30 Tagen erfolgte Totenamt) komme? Er hält dies für unsicher. Weiter berichtet er: »Opfer an den Wegscheiden, unter den Trüschübeln (Türschwellen), Kerzen brennen, Rauch machen, auch mit seinem eigenen Blut Charaktere oder Figuren machen. »Der Fürst solle das nicht tun und auch nicht gestatten, daß es in seinem Fürstentum geschehe«.

Geomancia

Sie ist mit der Astrologie verschwistert und von der heil. Kirche verboten. Diese Kunst wird zur Erfragung künftiger und vergangener Dinge getrieben, mit Erde oder mit Sand oder mit Kreide auf einem Brett, oder auch mit Tinte auf Papier. Diese Kunst ist eine Sünde. Im Grunde ist es das gleiche wie das Looswerfen, was durch die heil. Schrift verboten ist. Nur Gott gibt die rechte Weissagung. Wenn man loost, um geheime Dinge zu erfahren, dann mischt der Teufel mit. Jeder Christenmensch soll die Loosbücher meiden. Selbst wenn man diese Dinge nur zur Kurzweil treibt, sind sie gefährlich. Er befürwortet das Loosen zu christlichen Zwecken, wenn z. B. »zwei gelehrte Priester den Fürsten um eine Pfarrei bitten, mag der Fürst loosen lassen, welcher dem gemeinen Volke besser sei. Etliche Zauberer wollen wissen, wer in einem Kampf obsiegt; sie schreiben die Namen der Kämpfer auf zwei Zettel, überziehen sie mit Wachs oder Leim und werfen sie dann in ein Becken voll Wasser. Das ist großer Unglaube und Sünde. Eine vom Teufel erdachte List ist es, wenn man, um zu erfahren, wer in einem Stechen, Rennen oder Fechten obsiegt, der heil. Maria oder des heil. Jörg gedenkt«.

Hat man etwas verloren, so beschwören Leute ein Brot, stecken drei Messer in drei Kreuze, eine Spindel und einen »Enspin« daran, und halten das zweien Personen auf den ungenannten Finger und beschwören bei den heil. Zwölfboten. Dadurch wird oft ein unschuldiger Mensch verargwohnt. Oder man macht dies mit einem Psalter, um den eine Stola gebunden wird. Man findet Leute, die segnen Käse und meinen, wer an dem Diebstahl schuldig sei, könne nichts davon essen. Die vier verbotenen Künste sind nach vier Elementen genannt: Geo-, Ydro-, Are- und Pyromancia. Die vier Elemente sind mit des Teufels Listen und Gespenstern vergiftet, und niemand ist daran so schuldig wie die leichtfertigen Fürsten, die keinen rechten und wahren Glauben haben. Einer will Schatz graben, der andere eines Fürsten Geheimnisse erspähen, einer durch des Teufels Kunst sieghaft werde, einer zu solcher Zauberei buhlen, Liebe und Feindschaft machen«.

Ydromantica

Am Sonntag vor Sonnenaufgang geht man zu drei fließenden Brunnen und schöpft aus jedem ein wenig Wasser in ein lauteres, poliertes Glas, trägt es heim (in ein schönes) Gemach, brennt Kerzen davor und tut dem Wasser Ehre an wie Gott selber. Danach nimmt man ein reines Kind und setzt das auf einen Stuhl vor dem Wasser. Hinter diesem steht der Zaubermeister und spricht ihm etliche unbekannte Worte in die Ohren, dann liest er unerkannte Worte und heißt sie das Kind nachsprechen. Es ist eine Schande, daß die Priester diesen Unglauben und auch Zauberei mit der Fürsten Hilfe nicht verbieten und wehren.

Hat nun der Meister den Knaben vor sich, so heißt er ihn sagen, was er sehe und fragt nach dem Schatz, Diebstahl oder sonst, wonach er will, und die Einfalt des Kindes macht, daß er spricht, er sehe dies oder das. Darein mischt sich der Teufel und läßt oft das Unwahre für das Wahre erscheinen. Man treibt auch mit Weihwasser solche Zauberei. Ja es geschieht selten eine Zauberei, bei der nicht die Meister und die alten Weiber Weihwasser gebrauchen. Etliche Leute geben ihrem Vieh Weihwasser zu trinken und meinen, daß es dann von den Wölfen nicht gefressen oder beschädigt werde. Etliche Weiber besprengen auch ihr Kraut oder ihre Pflanzen mit Weihwasser in der Meinung, daß die Krautwürmer nicht daran kommen. Hofleute, wenn sie neue Sporen haben, stoßen diese mit den Rädlein in einen Weihbrunnen und sprechen: »was sie damit hauen, das »geschwell nimmermehr«. Zauberinnen gehen zu einem Mühlrad und fangen das vom Rad aufspringende Wasser in der Luft, um damit zu zaubern. Besonders mit Taufwasser wird viel gezaubert. Etliche Zauberer gießen Blei oder Zinn ins Wasser und zaubern damit. Man nimmt auch zwei Hölzlein, Hälmlein oder geringe Münzen (Heller), nennt eines nach seiner Person, das andere nach einer anderen und läßt sie auf dem Wasser schwimmen, um zu sehen, ob sie zusammenkommen oder nicht. Oder in Beziehung auf die Eheleute: welches eher versinkt, muß eher sterben. Dann

geht er darauf ein, wie man um Kämpfe zaubert und auf das St. Plaii-Wasser. Dazu segnet man Wasser am St. Plaesius (wohl: Blasius-Tag). Das nützt man anders, als vor der Kirche gesetzt ist, oder will damit oder mit anderen Wassern und Kräutern aus Wurzeln Wunden heilen. Ein weiterer Unglaube ist das Kräutergraben.

Aremancia

Diese Kunst geht zu mit der Luft und wird stark von den Heiden getrieben, die das, was ihnen an einem Tage zuerst erscheint, selben Tags als ihren Gott verehren. Ein begegnender Hase bringt Unglück, ein Wolf Glück: derartiger Unglaube mit mancherlei Tieren ist gar viel. Fliegen die Vögel zur rechten Hand auf, bringt es Gewinn und Glück, zur linken Hand Unglück und Verlust. Es gibt Leute, die an den Adler glauben, und meinen, wenn er Taschen halb fliegt, so bedeute es großes Glück. Manche glauben so fest daran, daß sie ihre Tasche an die andere Seite kehren, wenn der Adler umkehrt. Der Teufel verwandelt sich in solches Geflügel, um die Leute zu betrügen. Etliche tragen hohe Federn auf dem Hut, um zu wissen, von wannen der Wind geht und meinen, daß sie in etlichen Sachen Glück haben wider den Wind, in anderen aber vom Wind. Das ist Unglaube und Zauberei. In Kap. 70 berichtet er, wie man mit Federn zaubert und Unglauben treibt. Der Unglaube ist so fast neu worden, daß Hofleute, auch Frauen und Jungfrauen, Federn tragen und wissen selbst nicht warum. Aber trotz der Unwissenheit hat der Teufel sein Wohlgefallen daran. »Solche Dinge soll der Fürst nicht gestatten«.

»Das Nießen, womit sich das Hirn auf natürliche Weise räumt, wird für ein großes Zeichen des Glücks gehalten. Nach Zahl und Zeit schreibt man dem Nießen Bedeutung zu; alles das ist Unglaube, wie die Meister der Arznei wohl wissen. Das Nießen kommt von der warmen Luft, die im Haupt entsteht und durch enge Löcher gar behende ausgeht: daher der große Hall«.

Von den Kometen, Zeichen in den Lüften, Sternen und was die gemeinen Leute »Tracken« nennen, handelt sie Astronomie. Diese Zeichen bedeuten nur natürliche Einflüsse, die durch natürliche Ursachen entstehen. Legen die Sternseher die Zeichen nach ihrer natürlichen Ursache aus, so ist das nicht Sünde, wird aber anderes darein gemischt, so mangelt nicht des Teufels Gespenst. Ärzte und Zauberer legen diese Zeichen nicht natürlich aus. Manche Zauberer töten Vögel, werfen das Blut in die Luft und behaupten, daß besondere Geister in den Lüften seien, denen sie dann opfern, um sie zu besänftigen und ihre Dienste zu erlangen. Andere Zauberinnen machen Bilder und

Ein erschröckliche geschicht/so zu Derneburg in der Graffschafft Reinstein, am Hartz gelegen, von dreyen Zauberin vnnd zwayen Mannen/Jn etlichen tagen des Monats Octobris Jm 1555. Jare ergangen ist.

Verbrennung von drei Hexen zu Derneburg in der Grafschaft Reinstein am Harz. Oktober 1555. Zeitgenössischer Holzschnitt. Im Bildhintergrund wird ein Delinquent geköpft; ein Teufel bemächtigt sich einer brennenden (angeblichen!) Hexe.

Geistlicher und Teufel am Sterbebett. Auch hier der permanente Dialog zwischen Gut und Böse. Der Teufel ist als Fabeltier wiedergegeben; an seine Realität fest (von vielen Christen noch heute) geglaubt. Holzschnitt von Hans Weidnitz aus dem 16. Jht.

Eine der sog. »Butterhexen« bei ihrer Arbeit. Aus der eingeschlagenen Axt fließt die Milch, die der Teufel anderweitig gestohlen und blitzschnell hergebracht hat. Das ist der »Molkenzauber«. Hinter dem Stamm das angefachte Feuer.

»Atzmann« von Wachs und anderen Dingen zu gewissen Stunden, nennen bekannte und unbekannte Namen, hängen das in die Lüfte, und wenn der Wind es berührt, meinen sie, der Mensch, auf dessen Namen es gemacht ist, soll keine Ruhe haben. Manche tun das auch mit einem Aspenblatt, schreiben ihre Zauberei darauf und meinen damit Liebe zu den Menschen zu machen. Ich habe oft sagen hören, daß die Weiber solche Atzmann machen und sie beim Feuer bähen (?), damit sie dann die Männer köstigen. Leider will in den deutschen Landen niemand anfangen, diese Leute zu strafen. »O Jesus, erwecke einen rechtgläubigen Fürsten, der solche Zauberei vertilgen hilft«.

Pyromancia

Hier bemühen sich Männer und Frauen, geschehene oder künftige Dinge im Feuer zu sehen. Die Meister dieser teuflischen Kunst haben besondere Tage, an denen lassen sie sich Holz zubereiten, gehen an einen geheimen Ort und führen mit sich die törichten Menschen, denen sie wahrsagen wollen, heißen sie niederknien und dem Engel des Feuers, den sie ehren und anbeten, auch opfern. Mit dem Opfer zünden sie das Holz an und der Meister sieht in dem Feuer, was ihm erscheint. Oh, lieber Gott, wie grundlos ist diese Kunst. Denn in Wahrheit gibt grünes Holz dicken, wässerigen Rauch, dürres und kleines Holz aber lichte und schöne Flammen. Ist es windig, so bewegt sich der Rauch zur Seite. Andere nehmen Eingeweide der Tiere, brennen sie auf den Teufels Altar und weissagen aus dem Ansehen des Rauches. Dieser Unglaube hat seinen besonderen Namen: auspicium. Manche Meister dieser Kunst nehmen ein reines Kind, setzen das in den Schoß, heben seine Hände auf und lassen das Kind in seinen Nabel (?) sehen, beschwören es und meinen, dies sehe alles in dem Nabel. Oder man nimmt Öl und Ruß von einer Pfanne, salbt damit einem reinen Kind die Hand und hebt sie an die Sonne, daß diese darin scheint. Oder sie heben Kerzen gegen die Hände, lassen das Kind darein sehen und fragen es dann...auch mit einem Spiegel, worin viele Charaktere und fremde Figuren eingegraben sind, treibt man diese Kunst«.

»Ich habe Meister gesehen, die sprechen, sie könnten die Spiegel bereiten, daß jeder Mensch, Frau oder Mann, darin sehen könnte, was er will. Die Leute beichten vorher alle ihre Sünden, nur die größte nicht: ihre Abgötterei und Zauberei. **Tut man aber etwas, was die Kirche nicht erlaubt, so ist es Todsünde und Abgötterei.** Der allerschnödeste und böseste Wahn in dieser Kunst ist, daß die Knaben künftige und alle Dinge in einem Kristall oder Parill, den man weihen läßt, sehen sollen. Die verschiedenen Farben und Erscheinungen, die der Knabe darin sieht, und der ein rechter Teufel ist, haben verschiedene Vorbedeutungen. Auch mit zerlassenem Blei oder Zinn treibt man Zauber. Das gießt man in ein Wasser, nimmt es bald wieder heraus, beschwört, beschaut (?) die Farben und Löchlein des Bleis oder Zinns und sagt davon vergangene oder künftige Dinge. **Die Visionen gehören nicht in die Kunst Pyromancia, sondern bilden einen besonderen Unglauben.**

Ciromancia

Man sieht in der Hand, was geschehen soll oder geschehen ist. Die Kunst hat erfunden Mancius, der Zauberer. Man schaut dabei auf die Linien der Hand, auch an den Fingern. Diese Kunst ist Sünde, verboten und ein rechter Unglaube. Die Hand wird in Abschnitte geteilt, deren jeder einen Namen hat, auch die Linien der Hand haben ihre Namen. Das ist aber alles Unglaube, denn die Punkte und Linien der Hand kommen nur daher, daß sich die Haut rümpft oder sich schürft. Glaubst du anders, so begehst du eine Todsünde. Ein Volk zieht in der Welt herum, das heißt »Zygeiner«, die treiben die Kunst gar sehr und verführen manchen einfältigen Menschen, doch hat ihre Kunst keinen Grund. Die Sache ist allein, daß sie die Leute um ihr Geld bringen. Sie treiben auch sonst mancherlei Zauberei, geben Lehren mit Kräutern oder Worten; das alles ist Erdichtung. Ich habe in der Kunst Chiromancia gar eine fremde Sache gesehen. Ich kam mit etlichen Freunden und Gesellen in ein Land, wo viel von einer Zauberin und Wahrsagerin die Rede war. Der mitreisende Priester lobte sie hoch wie ein Apotheker und erzählte noch größere Dinge von ihr. Auch ein Ritter und ein Landherr erzählten große Dinge von ihr, viele lobten sie und niemand sprach übel. Endlich gab ich nach und ließ sie holen, aber nicht in mein Haus...ich lud sie mit anderen ehrbaren Frauen zu Gast. Die Frau sagte, daß die Kunst lange Jahre in ihrem Geschlechte wäre und nach ihrem Tod auf die Älteste käme. Mir hat sie dann auch geweissagt, aber Dinge, die an mir nicht möglich sind, und ich verstand wohl, daß sie das nur sagte, was ich gerne hörte. Die ganze Kunst ist ein Tand.

Spatulamancia

Das ist wohl eine gespöttische und grundloseste Kunst von allen. Die Meister dieser Kunst nehmen eine Schulter von einem toten Ochsen, Pferd, Kuh oder Esel, das beste ist der Menschen Schulter, waschen die gar wohl mit Wein und danach mit Weihwasser, binden sie in ein reines Tuch auf die Schultern und tragen sie außerhalb. Dann sehen sie in die Schultern und meinen, daß sich diese nach jeder Frage verändern würde. Sie haben weder ein Licht noch ein Opfer. Aber großer Unglaube ist, daß sie die Schultern

mit Weihwasser waschen und daß sie glauben, daß sich diese durch ihre Fragen verkehren und verwandeln. Der Teufel kann keines Menschen Sinn nötigen, doch reizt er die Leute und darum erweckt er ihre Phantasie.

Unglauben mit dem Gänsebein[6]

Wenn am St. Martinstag oder Nacht die Gans gegessen ist, so behalten die Ältesten und Weisen das Brustbein, lassen das bis morgen früh trocken werden und beschauen es nach den Umständen, vorn, hinten und in der Mitte. Danach urteilen sie, wie der Winter werden soll und glauben so fest daran, daß sie ihr Hab und Gut darauf verwetten. Vor Zeiten gingen die alten Bauern auf den Einöden damit um. Jetzt ist dieser Unglaube bis zu den Fürsten und Königen gewachsen. **Die Geistlichen darf ich nicht nennen, denn sie wollen »strafen und ungestraft« sein. Aber ich weiß ihrer gar viel großer Prälaten, Erzbischöfe, Abte, Pröbste und sonst viel ehrbare Priester, die etlich und das meist Teil in ihrem Leben und Orden unsträflich sind (und doch) glauben sie an das Gänsebein. Dieser Unglaube ist ein Gespenst des Teufels.**

1455 sprach ein siegreicher Capitaney (wohl: Offizier) zu mir: Lieber Meister, wie wird der Winter heuer stehen nach dem, was ihr Sternseher glaubt? Ich sprach: »Herr Saturnus geht in dem Monat in ein Feuerzeichen, so sind auch andere Stern danach geschickt, daß in dreien Jahren kein harter Winter wird«. Der unverzagte Mann aber zog aus seiner Wend das Gänsebein und zeigte mir, daß nach Lichtmeß sehr große Kälte kommen sollte. Er sagte mir, daß die deutschen Herren alle ihre Kriege mit dem Gänsebein getrieben hätten.

Zur Spatulamacia gehört auch diese böse Teufelslist, daß oft jemand ein Ding ansieht, daran erschrickt und spricht: heute mag ich kein Glück haben...oder dieser oder jener hat mir mein Roß oder mein Kind beschrien, es muß nun verschwinden (dahinschwinden) oder abnehmen. Die natürlichen Ärzte wissen wohl, daß eine Krankheit sei, die heißt Bolismus oder Apetitus comunis, die man mit keinem Essen oder Trinken als allein mit Arznei erfüllen, denn alle Speise geht unverdaut durch den Leib. Das macht das Kind so ungestalt und darum heißt man die Kinder »Wechselkinder«.

Der Teufel mischt sich in diese Sachen und gibt dazu Steuer und Hilfe, damit leichtfertige Menschen noch mehr in den Unglauben fallen und darin versinken. Das hat nun die heilige Kirche gemerkt und den großen Verlust der Seelen angesehen und hat alle solche Kunst, Zauberei und Unglauben schwer bei dem Feuer verboten in dem Dekretal. In weltlichen Rechten sind diese Künste noch schwerer verboten, denn die

Bücher sagen, daß man solche Zauberer und Abgötter mit glühenden Zangen und »Kauppen« zerreißen soll ohne alle Gnade und Barmherzigkeit.

Die Ausführungen von Hartlieb zeigen, daß der deutsche Aberglaube Elemente aus dem römischen übernommen hat und in der Kirche getrieben wird. Treffend schildert er den Status der Geistlichkeit. Geistliche sind der weltlichen Gerichtsbarkeit ohnehin entzogen. Das Hexenwesen ist bekannt, aber erst in Anfängen und aus dieser Epoche sind relativ wenig Prozesse bekannt. Eine Generation später tauchen die Dominikaner Krämer und Institoris auf. Sie verfassen den Hexenhammer und geben damit dem Hexenwahn eine negative Wendung, die allerdings nicht überbewertet werden darf.

Plumen der Tugent

Eine wichtige Fundgrube des spätmittelalterlichen Volks(aber)glaubens beinhaltet die auf der Burg Runkelstein entstandene Dichtung »Pluemen der Tugent« von Hans Vintler. Sie stammt aus dem Beginn des 15. Jhdts.[7] Der Dichter, der als Pfleger des Gerichtes Stein auf dem Ritten bei Bozen lebt und 1419 stirbt, benützt für sein Gedicht als Vorlage eine um 1320 entstandene, dem Thomaso Leoni zugeschriebene italienische Dichtung, Fiori di virtu.[8] **Der Dichter nimmt gegenüber dem Hexenwahn eine aufgeklärte Stellung ein, er glaubt weder an die Realität der Hexenfahrten noch an die zauberischen Künste alter Weiber.** Für meine Untersuchung ist das wichtig, weil die Ausführungen aus dem Mund eines Richters stammen. Zauberei ist offiziell verboten und keiner wird das so offen aussprechen können wie ein Dichter. **Auf der anderen Seite glaubt er an die Teufelsbündnisse.** Er führt folgende Formen des Volksaberglaubens an:

- **Viele, die Zauberei treiben, sprechen, mich hats gelehrt ein Pfaff, wie möcht es bös gesein?** Einen solchen Pfaffen, fügt er hinzu, solle man darum hart strafen
- Etliche haben Gemeinschaft mit der bösen Erodiana und viele glauben an Diana, die eine falsche Göttin ist. (Erodiana und Diana haben nichts mit der germanischen Mythologie zu tun, die erste entstammt dem biblischen, die zweite dem heidnisch-römischen Vorstellungskreis)
- Viele alte Weiber können die Herzen zu Liebe und Feindschaft verwandeln
- Etliche beten den Teufel, Sterne und Mond an
- Viele sagen, sie können Gewitter machen
- Etliche stehlen das Schmalz aus dem Kübel, derweil man es rührt
- Manche Dummen sprechen, die Trutte sei ein altes Weib und komme die Leute saugen, und etliche glauben, der Alpe minne die Leute

- Etliche sagen, das Schrattel sei ein kleines Kind, so gering (leicht) wie der Wind und ein verzweifelter Geist
- so nutzen etliche den Erdschnitt zu mancherlei Zauber
- Viele sagen, man stehle der Kuh die Milch aus den Wammen
- So sind auch etlich Ammen, dieselben nehmen die jungen Kinder, so sie erst geboren sind, und stoßen's durch die Häle (Kette und Haken, woran der Kessel über dem Feuer hängt)
- Viele können salben den Kübel, daß sie oben ausfahren
- Etlich sind so behend, daß sie fahren hundert Meilen gar in einer kleinen Weil
- Manche meint, sie könne auch wohl hin- und herwenden
- Etliche nehmen Katzengestalt an
- So fahren etliche »mit der Bar« auf Kälbern und auf Böcken durch Stein und durch Stöcken. Dagegen spricht der heil. Augustinus: »Es fährt kein Mensch nicht und wähnt doch mancher, daß er fahr«. Das mag man auch an den bösen, unreinen Leuten wahrnehmen, die fahren: und doch sind sie daheim, als man dessen gute Beweise hat. Ihr Leib kommt nicht vonstatten, sie werden nur verrückt im Sinn, daß sie wähnen, sie fahren dahin; mit dem bestrickt sie Sathanas, daß sie ihm desto besser glauben. Denn wer sich also dem Teufel ergibt, der wähnt, er fahre alle Zeit.
- Etliche gehen Gott zu Leide des Nachts an einer Wegscheide und rufen dem Milleartifex
- Der Teufel wär nicht für einen Gott zu haben, sollt' ihm gebieten ein altes Weib. »Ob das also sein sollt«, daß ein altes Weib Gott zwingen kann, so wär er der Knecht und sie der Herr. Die solche Dinge glauben, sind der Wahrheit fern.

Mathias von Kemnat

Er ist Säkularkleriker, der den Inquisitoren nachbetet und zudem Hofkaplan von Friedrich dem Siegreichen von der Pfalz. Die Hexenverbrennungen von Heidelberg aus seiner Epoche sind ihm bekannt. Dazu kommen zwei Verbrennungen, die 1475 in Tilsberg stattgefunden haben. Es sind dies vor dem Auftreten von Krämer und Institoris die eingehendsten, die sich erhalten haben. Es wird erkennbar, daß sich damals in den Köpfen eine geschlossene Zaubersekte formiert. Als weiterer Beleg dient das »Flagellorum haereticorum fascinariorum« des Dominikaners und Inquisitors Jacquier. Mathias von Kemnat sagt: »Nun komme ich auf die allergrößte Ketzerei und Sekte und heißt ein Irrsal und Sect Gazariorum, d. i. der Unholden und die bei Nacht fahren auf Besen, Ofengabeln, Katzen, Böcken oder anderen sonderba-

Darstellung eines Hexenfluges (?) auf einem Drachen oder Fabeltier (?) und einer Eule und einem Pferd. Möglicherweise auch ein sog. »Wildes Heer«. Teil eines Stiches von Clavel. 1844.

ren Dingen. Ist die allerverfluchteste Sekt und gehört viel Feuers ohne Erbarmen hinzu. Wer in diese Sekte kommen will, muß schwören:

- Auf den Ruf eines Mitgliedes von Stunde an alle Dinge liegen lassen und mit dem Berufer in die »Sinagoga« oder Versammlung zu gehen.
- Hier wird dann der verführte arme Mensch dem Teufel überantwortet, der in Gestalt einer schwarzen Katze, eines Bockes oder auch eines Menschen erscheint.
- Er hat zu schwören, daß er dem Ketzermeister und seiner Gesellschaft getreu sein und Fleiß anwenden werde, so viele Mitglieder als möglich anzuwerben.
- Verschwiegen zu sein, alle Kinder unter drei Jahren zu töten und in die Gesellschaft zu bringen.
- Die Eheleute verwirren und impotent machen.
- Dann betet er den Ketzermeister an und gibt sich ihm hin.

Weiter wird berichtet, wie das neue Mitglied der Sekte gelehrt wird, seinen Stab zu schmieren mit einer aus dem Fett gebratener Kinder und vergifteten Schlangen, Eidechsen, Kröten und Spinnen bereiteten Salbe. Durch Bestreichen können sie Menschen töten, durch Pulver aus Eingeweiden die Luft vergiften und ein großes Sterben hervorrufen. »Und das ist die Ursach, daß in etlichen Dörfern Pestilenz regiert und zu allernächst dabei ist man frisch und gesund«.[9] Mathias empfiehlt die in der Kirche bewährten Gegenmittel: »Quecksilber in einem Rohr oder einem Federkiel bei sich zu tragen«.

Agnes Bernauer (Engel von Augsburg)

»Agnes, vulgo Angelam appellabant, Bernauerin venustissima puelle, Augusburgensis belneatoris filia«. D. h.: Agnes Bernauerin, gewöhnlich Engel genannt, die schöne Jungfrau, war die Tochter eines augsburgischen Baders«, schreibt ein alter Chronist. Sie ist um 1410 geboren »...denn sie stand in jungfräulicher Blüte, als die Stadt Augsburg zu Ehren des schönen ritterlichen Herzogs Albrecht von Bayern im Frühjahr 1428 ein glänzendes Turnier gibt«. Der Herzog ist 27 Jahre alt. Seine Mutter, Herzogin Elisabeth, will ihn ursprünglich standesgemäß und reich verheiraten. Ihre Wahl fällt auf die Prinzessin Elisabeth von Württemberg. Am Hof des Kurfürsten Ludwig von der Pfalz (Heidelberg) kommt am 15. Januar durch beiderseitige Abgesandte das Ehegelöbnis zustande. Die Braut soll ihrem Gemahl ein Heiratsgut von 30.000 Gulden zubringen, er soll die gleiche Summe für den Fall ihrer Witwenschaft durch Verpfändung einer Stadt zusichern. Das Beilager solle nach Pfingsten stattfinden. Wer aber das Ehegelöbnis brechen würde, verpflichtet sich zur Zahlung eines Strafgeldes von 10.000 Gulden an den Verlassenen.[10] Nun passiert folgendes: die Braut, Elisabeth von Württemberg, flieht mit einem Geliebten, dem ritterlichen Graf Johann von Werdenberg, und sagt: »der Grund für ihre Weigerung liege darin, daß der Herzog ein großer Liebhaber der Frauen sei«. Der Herzog hat sich nämlich in Agnes Bernauer verliebt und sich heimlich mit ihr vermählt. Der Vater weiß von diesem Verhältnis und versucht, ihn mit der Prinzessin Anna, Tochter des Herzogs Erich von Braunschweig, zu verheiraten. Albrecht sträubt sich dagegen und schwört öffentlich, daß Agnes seine rechtmäßige

151

Frau sei. Nun entspinnt sich eine Intrige. Während eines 1434 groß angelegten Turniers (am Tag des heil. Clemens) kommt es zu einer Schmähung, indem Herzog Albrecht nicht auf den Turnierplatz gelassen wird. Er kehrt zu seiner Frau Agnes auf die Vohnburg zurück, bezieht mit ihr das Schloß von Straubing, schenkt es ihr als Witwensitz, gibt ihr einen herzoglichen Hofstaat und nennt sie Herzogin Agnes.

Der Vater Albrechts ist um die Nachkommenschaft besorgt und ersinnt ein Mittel, seinen Sohn »mit List und Gewalt von der schwäbischen Dirne« zu trennen, weil er annimmt, daß ihn Agnes mit Zaubertränken für sich gewonnen hat. 1435 stirbt plötzlich des Herzogs Bruder Wilhelm und außerdem kränkelt sein Sohn. Das ist der Aufhänger: der Vater beschuldigt die Bernauerin: »sie habe Wilhelm vergiftet und seinen Sohn vergiften wollen, um den Thron Bayerns für ihre zukünftigen Söhne zu sichern«. Daraufhin überfällt Herzog Ernst mit seinen Rittern die Burg Straubing und läßt die Unglückliche in Ketten legen und in ein Gefängnis werfen. Sie wehrt sich: »Wie könnt ihr es wagen, des Herzogs Albrecht ehelich Gemahl in Ketten zu legen, einzukerkern und vor das Gericht zu stellen? Dazu hat niemand ein Recht als mein Gemahl oder der Kaiser...wehe Euch...mein Gemahl wird mich blutig rächen...ich erkenne des Herzogs Gerichte nicht an...ihr könnt zwar meine Mörder, nicht aber meine Richter sein«.

Das Urteil lautet: »Die Agnes Bernauerin sei in der Donau zu ertränken, weil sie den Herzog Albrecht durch böse Künste und Tränke zu sündiger Liebe betört und dadurch gegen den Herzog Ernst ein Staatsverbrechen begangen«. Herzog Ernst unterschreibt das Urteil. Es wird in Abwesenheit ihres Mannes vollstreckt. Am 12. Oktober 1455 schleppt man sie an die Donau und stößt sie in Straubing von der Brücke herunter...der Strom trägt sie...sie kommt an das Ufer zurück, reckt die Arme hervor und fleht um Gnade... ein Henkersknecht wickelt ihre langen Locken um eine Stange und taucht sie unter, bis sie ertrunken ist... ihre Leiche wird auf dem öffentlichen Friedhof von St. Peter vergraben...«.

Als ihr Mann zurückkommt und die Sache erfährt, schwört er seinem Vater blutige Rache. Er verbündet sich mit seinem kriegerischen Vetter, dem Herzog Ludwig von Bayern (Ingolstadt) und fällt in das Land seines Vaters ein. Herzog Ernst sendet seinen Kanzler Friedrich Aichstätter zum Kaiser Sigmund, um ihn um Hilfe anzuflehen. Außerdem weiß er das Verhalten der Agnes in einer für den Herzog günstigen Weise darzustellen. Schließlich kommt es zu einer Versöhnung. Herzog Albrecht stiftet Agnes bei den Karmelitern in Straubing eine tägliche Messe und einen feierlichen Jahrestag...und heiratet die Prinzessin Anna von Braunschweig. Herzog Albrecht erwirbt sich außerdem den Beinamen »der Fromme«, indem er

sich ganz in die Hände seiner Beichtväter gibt und selbst während des Essens geistliche Bücher vorlesen läßt. Er stirbt 1460 und wird in der Benediktinerabtei auf dem Berg Andechs begraben.[11]

Das Ganze ist ein Justizmord ersten Ranges. Er zeigt aber, wie wenig damals das Moment des Hexens im Vordergrund steht: in der Regel sind es Zauberhändel, die zu den wenigen bekannten Prozessen führen. Dies ist ein Beleg dafür, daß das ausgehende Mittelalter den eigentlichen Hexenprozeß noch nicht kennt, daß also die landläufige Meinung, das Hexentreiben wäre ein Relikt des Mittelalters, grundlos und unüberlegt ist.

Prozeß gegen Magdalena Walpotin

Ein Jahr vor dem Geschehen in Straubing wird in Regensburg gegen eine gewisse Magdalena Walpotin eingeschritten. Sie vertritt die Auffassung, daß es Menschen in ihrem Leben so weit bringen können, daß sie nicht mehr sündigen. Sie wähnt sich als Jungfrau von Orleans, begnadigt durch Gottes Enthüllungen und als die von Gott gesandte Mutter der Christenheit. Sie wird als Ketzerin eingezogen und in ein Gefängnis geworfen. Im Münster von Regensburg muß sie abschwören und zwar in dem grotesken Aufzug der verurteilten Ketzer, im feuerfarbenen Kleid mit einem roten Kreuz darauf, auf dem Haupt eine Papiermütze mit der Aufschrift: »Dies Weib ward als Ketzerin befunden, durch Gottes Gnade aber bekehrt«.

Agrippa von Nettesheim

Er ist am 14. September 1486 in Köln geboren. Neben der Rechtswissenschaft, seinem eigentlichen Studienfeld, widmet er sich der klassischen Literatur und den lebenden Sprachen; er betont in einem Brief, daß er acht Sprachen versteht. Bereits in seiner Jugend beschäftigt er sich mit den »geheimen Wissenschaften«, dem Okkultismus und der Goldmacherkunst. Mit 20 Jahren geht er nach Paris und gründet eine Gesellschaft zum Studium der Geheimwissenschaften. Wir treffen ihn 1509 in Burgund, wo er Vorlesungen über Reuchlins Werk »De verbo mirificio« hält. Dann wird er Lehrer der Theologie an der Akademie von Dolé, aber bald von der Geistlichkeit vertrieben, die überall Ketzerei wittert, wo sie ihr Unverständliches findet. Agrippa verläßt Dole und geht 1510 nach London und bald danach nach Würzburg zu Tritheim, der hier Abt ist. Wahrscheinlich auf dessen Anregung beginnt er 23jährig mit der Abfassung der »occulta philosophica«. Zumindest hat er Tritheim sein Werk zur Korrektur und Einsicht vorgelegt. Das Werk macht erhebliches Aufsehen und wird in vielen, zum Teil schlechten Abschriften, in der gelehrten Welt verbreitet.

Hinrichtung einer Kindermörderin (?), die üblicherweise durch Ertränken den Tod finden (vordem werden sie in der Regel lebendig begraben). Sie wird hier auf dem Rücken gefesselt in die Fluten gestoßen.

Ermordung der Agnes Bernauer, die am 12. Oktober 1455 von einer Straubinger Brücke in die Donau gestürzt wird. Sie erreicht lebend das Ufer; ein Scherge wickelt seine Lanze um ihre Locken und hält sie solange unter Wasser, bis sie ertrunken ist.

Dann geht Agrippa in den kaiserlichen Kriegsdienst, nimmt am Kampf gegen die Venetianer teil und wird wegen Tapferkeit zum Ritter geschlagen. Nun hält er einige Zeit Vorlesungen über Theologie in Turin und Padua, scheint aber auch hier mit der Geistlichkeit in Konflikt geraten zu sein, so daß er flüchten muß. Dann wird er Syndikus in Metz, wo er erfolgreich eine der Hexerei angeklagte Frau verteidigt. 1519 verläßt er die Stadt und lebt an verschiedenen Orten, verliert seine Frau und heiratet nach einigen Jahren wieder. 1524 wird er in Lyon Leibarzt bei der Mutter von Franz I.; hier gibt er Prophezeiungen von sich, die nicht eintreffen und wird daraufhin in Ungnaden entlassen. Um diese Zeit entsteht sein Werk »De vanitate scientiarum«, in dem, sicherlich beeinflußt durch seine unglückliche Lage, in Spott über die Ohnmacht der Wissenschaft geschrieben wird.

Dann wird er Historiograph bei Margaretha von Österreich, der Statthalterin der Niederlande. In den Jahren 1530—33 hält er sich mit verschiedenen Unterbrechungen in Köln auf. Hier glückt es ihm, den Druck seiner »occulta philosophica« trotz der Inquisition durchzusetzen. Dann geht er nach Lyon und stirbt 1535 im Haus eines Freundes, des Generalsteuereinnehmers der Dauphiné.

Der Prozeß in Metz

1519 wird in Metz ein »Hexenprozeß« angestrebt. Lebhaft schildert Agrippa in einem Brief an Canticula in Basel, wie er dem Dominikaner Nikolaus Savini ein durch betrunkene Bauern der Hexerei angeklagtes armes Weib aus dem Dorf Vapey (?), aus »Klauen und Rachen« riß. Schon hat man die arme so gefoltert, daß der als Richter anwesende bischöfliche Offizial und sein Schreiber entsetzt davongelaufen sind. Sie gesteht unter dem Druck der Qualen. Agrippa, Syndikus in Metz, ergreift die Gelegenheit und verlangt in zwei Briefen an den bischöflichen Vikar und den Offizial Einsprache gegen das fortgesetzte Streben Savinis, die Frau auf dem Scheiterhaufen zu verbrennen. Er tritt als Anwalt vor Gericht und bewirkt durch seine Beredsamkeit ihre Freisprechung und erreicht die allgemeine Verachtung des blutgierigen Dominikaners. Er argumentiert:

»Das also ist Deine Theologie (nach dem Hexenhammer hat man auch die Mutter der Angeklagten verbrannt und folgert daraus, daß die Tochter eine Hexe ist: denn solche Frauen weihen ihre ungeborene Leibesfrucht dem Teufel und diese von ihm selbst, in Incubus, empfangen)...mit solchen Hirngespinsten schleppst Du unschuldige Weiber zur Folter...und mit solchem Geschwätz richtest Du andere als Ketzer, Du selbst mit Deinem Satz ein Zauberer und Ketzer, so schlimm wie Faustus und Donatus...ja, ich sage Dir, unserm Glauben gemäß sind wir alle sündhaft und verflucht auf Ewigkeit, Kinder der Verderbnis, Söhne des Teufels, des Zorns Gottes und Erben der Hölle, nur durch das Heil der Taufe wurde Satanas aus uns herausgerissen...Siehst Du nun, wie haltlos, leer und sogar ketzerisch Dein Urteil ist...«.

»Wie begossen stand da vor der ganzen Welt der blutgierige Mönch, auf ewig gebrandmarkt mit dem Mal der Grausamkeit; und die verleumderischen Ankläger wurden vom Metzer Domkapitel, dessen Untertan sie waren, in eine kräftige Geldstrafe genommen«. Auch wegen dieses Vorfalls verläßt Agrippa verdrossen Metz. Niemand als dem Inquisitor Savini kommt das erwünschter, und schon 1520 wagt er eine weitere Hexenverfolgung. Jetzt sehen wir einen Freund und Schüler Agrippas auf dem Plan, den Pfarrer der Kirche vom heil. Kreuz, Roger Brennon. Er wütet von der Kanzel gegen den Dominikaner und hetzt die Menge gegen ihn auf. So kann er triumphieren: »Sämtliche armen Frauen, die eingekerkert waren, sind frei, und die geflohenen sind zurückgekehrt. Savini aber sitzt in seiner Zelle, kaut die Nägel vor Ärger und wagt nicht auszugehen«.[12]

Von besonderem Interesse ist zudem das Kapitel »De arte Inquisitorum« aus seinem Buch über die Eitelkeit der Wissenschaft. Gegen alle Vorschriften und Kanones klagt er: »drängen die blutgierigen Geier sich in die Rechtssphäre der Ordinarien und maßen sich an die Rechtsprechung der Päpste. Aufs grausamste wüten sie gegen die Bauernweiber, die der Zauberei angeklagt sind. Sie setzen diese, oft ohne vorherigen Spruch, solange den grausamsten und fürchterlichsten Martern aus, bis sie durch das herausgepreßte und bewußtlose Geständnis Grund haben zu ihrer Verurteilung. Sie glauben alsdann als richtige Inquisitoren zu handeln, wenn sie in Ausübung ihres Amtes nicht nachlassen, bis die Unglückliche entweder verbrannt ist oder bis sie die Hand des Inquisitors mit Gold füllt, damit er sich erbarme und die durch das Foltern genügend Geläuterte loslasse...und so haben die Inquisitoren nicht wenige jener Unglücklichen in ihrer Hand, die ihnen einen alljährlichen Zins zahlen, um nicht abermals zum Verhör geschleppt zu werden«. Sein Pariser Freund, der Pater Cl. Deodatus schreibt ihm: »Ein anderer Grund, weshalb viele böse und ungewisse Menschen Dir feind sind, ist hauptsächlich, weil du neulich das der Zauberei angeklagte Weib so kräftig und nachhaltig verteidigst und dem Ketzer- und Hexenrichter diese Beute entrissen hast. Du aber harre aus in der Verteidigung der Wahrheit und bleibe tapferen Herzens gegenüber dem wahnsinnigen Haß der Unwissenden, damit die Wahrheit hell aufleuchte«.

Viele Geschichten um ihn beweisen, daß ihn das Volk als Zauberer betrachtet hat. Sein wissenschaftliches Verdienst besteht darin, daß er in seiner Arbeit über die okkulte Philosophie alle früheren magischen Wissenschaften der Zeit in eine abgerundete Form bringt. Er wollte der Nachwelt eine höhere und reinere Vorstellung von der Magie dadurch geben, daß er zeigt, wie die magischen Handlungen nicht allein mit den damaligen Kenntnissen von der Natur, sondern auch mit der religiösen Weltanschauung übereinstimmen. Das Ziel des Agrippa besteht darin, die Magie aus dem Sektor des übernatürlichen Wissens in ein natürliches umzuleiten, die magischen Handlungen sollen keine geheime Kunst sein, sondern als natürliche Anwendungen betrachtet werden. Bei Agrippa können wir erstmals von einer »natürlichen Magie« reden.

Gehaßt und verfolgt von den Theologen seiner Zeit und bewundert von den weltlichen Gelehrten; ein Anhänger des katholischen Glaubens, aber später als »Auctor primae classis« auf dem Index stehend. Er hat sich gleich seinem Freund Trithemius der Magie ergeben: »ob ihm durch Geistes Kraft und Mund, nicht manch Geheimnis würde kund...so erkennen, was die Welt im Innersten zusammenhält«. Seine Occulta Philosophia ist ein Gewirr von frommen Gedanken, mancherlei klaren und verständlichen Aussprüchen, astrologischen Träumereien, alchimistischen Spekulationen, mathematischen und graphischen Spielereien. Er sagt darin: »daß es eine Wenigen bekannte Kunst gebe, den Geist zu unterrichten und zu erleuchten, daß er auf einmal aus der Finsternis zu dem Licht der Weisheit erhoben werde.[13] Unreinen und Ungläubigen kann man durch geheime Mittel jene Gabe wieder nehmen. Es geschieht vorzüglich durch eine Art Einschläferung, wodurch der Mensch die Gegenwart ganz vergißt und durch göttlichen Hauch künftige Dinge verkündet«.[14]

Diefenbach deckt einen weiteren Irrtum Soldans auf. Es handelt sich um Agrippas »Occulta philosophia«. Dieses Buch wird 1510 von Agrippa verfaßt und zunächst abschriftlich verbreitet. Es huldigt (im Gegenteil) der weißen Magie und den kabbalistischen Träumereien, welche »Steinen, Kräutern, Zahlen und Charakteren geheime Wunderkräfte beilegen«. Dieses Werk wird erst 1531 gedruckt und kommt später auf den Index, nicht weil es den Hexenwahn bekämpft, sondern befördert. Bereits 1529 läßt ja Agrippa sein Werk »de vanitate et incertitudine scientiarium« erscheinen, das er als eine Art Gegenschrift gegen die Geheimphilosophie oder als Widerruf (palinodia) betrachtet wissen will. Hier spricht er sich eindeutig gegen den Hexenwahn und gegen die Hexenverfolgung aus. Über seine Geheimphilosophie fällt er folgendes Urteil: **»Als Jüngling habe ich über die Magie drei Bücher von ansehnlichem Umfang geschrieben...was ich in denselben aus jugendlicher Neugierde Irriges aufgestellt habe, will ich jetzt, vorsichtiger geworden, durch diesen Widerruf verbessern. Gar lange nämlich und vielfältig habe ich früher mit diesen eitlen Dingen mich befaßt«.**[15]

Johannes Nider und der »Formicarius«

Der Formicarius entsteht 1441. Verfasser ist der schwäbische Dominikaner Johannes Nider. Er ist zuerst Professor der Theologie in Wien, dann Prior des Nürnberger Predigerklosters. Er ist ein gefeierter Kanzelredner, ein eifriger Reformator der Klöster seines Ordens und ein Hauptvertreter des christlichen Aberglaubens. Im Formicarius bietet er eine Sammlung wüster Gespenster- und Hexengeschichten. »Wie schon erwähnt...**will man sich die Verschrobenheit in den Köpfen der Mönche begreiflich machen, so darf man nicht übersehen, daß die von den albernsten Wunder- und Teufelsgeschichten strotzende Literatur der Heiligenlegenden das tägliche Brot ihres Geistes waren«.** Bei Nider erscheint die Hexerei noch nicht scharf von der Zauberei getrennt. Nach ihm können Zauberer und Hexen auf eine siebenfache Weise schaden: sie können Liebe einflößen, Haß einflößen, Zeugung und Empfängnis verhindern, Siechtum an einem Glied erzeugen, Menschen ihres Lebens berauben, sie auf eine der obengenannten Arten in ihren Sachen schädigen und außerdem können sie Tiere beschädigen.

»Zauberer und Hexen verleugnen Christus, verzehren Kinder, können sich in Mäuse verwandeln, können Getreide oder Heu vom fremden Grund auf den eigenen übertragen, können Wetter machen, durch Blitzstrahl Kinder töten, Kinder vor den Augen ihrer Eltern in das Wasser werfen, Unfruchtbarkeit erzeugen, Pferde unter den Reitern durch die Luft entführen, Verborgenes offenbaren und die Zukunft weissagen, Abwesendes wie Gegenwärtiges sehen«.

Die Tendenz von Nieders Schrift ist anders als die des Hexenhammers. Er sagt:»In alten Zeiten wurde den Weibern gegen ihren Willen von dem Incubus nachgestellt, wie dies von Nider in einem Formicarius und in dem Buch »de universali boni« des Thomas Brabantinus gezeigt worden ist. Dagegen unterscheiden sich die modernen Hexen dadurch, daß sie sich freiwillig der Unzucht mit dem Teufel hingeben (übersetzt und interpretiert von Rosskoff). Nider bezweckt das, was Theologie, Scholastik und der an sie angeschlossenen Aberglauben nach der Buhlschaft des Teufels lernten, dem deutschen Volk bekannt und plausibel zu machen. Niders Buch wollte jene neuen Erkenntnisse in der theologischen Forschung verbreiten. **Seine Arbeit beweist, wie fertig die Idee der Inquisition ist, als die Hexenprozesse ihren Anfang nehmen.**

Das erste Werk, das Hexerei in unserem Sinn des Wortes kennt, ist das »Flagellum haereticorum«, das Jacquier 1458 verfaßt. Er sagt darin ausdrücklich, daß die neuentstandene Sekte der Ketzerei der Zauberer erst »modernis temporibus« hervorgetreten sei.[16]

Der Straßburger Domprediger Johann Geiler von Kaisersberg

Mir geht es hier um den Nachweis, daß der bekannte Domprediger bei seinen für das Zauber- und Hexenwesen wichtigen Ausführungen vor allem auf vorausgegangene Schriftsteller zurückgreift, denn dieser Gesichtspunkt ist seither weitgehend unberücksichtigt geblieben. Der Domprediger hält 1508, zwei Jahre vor seinem Tod, in der Fastenzeit eine Reihe von Predigten, die seine Ansichten zum Hexenwesen offenlegen, sofern er sich dabei nicht andere Ansichten zu eigen gemacht hat. Eine wesentliche Quelle für seine Ausführungen ist das »Ameisenbuch« Niders, das aus der Zeit zwischen 1435 und 1437 stammt. Darum auch der Titel »Die Emeis«, unter dem Geilers Fastenpredigten sechs Jahre nach seinem Tod von dem Franziskaner Johann Pauli veröffentlicht werden. Pauli hat den Predigten Geilers beigewohnt. Also sind das, was wir besitzen, nachträgliche Aufzeichnungen eines Zuhörers. Welche Quellen hat nun Geiler verwendet? Vor allem eine Schrift Niders, aber nicht das erwähnte Ameisenbuch, sondern seine Dekalogserklärung. Dieses Buch hat bereits um 1500 20 Auflagen erlebt. Nider behandelt bei der Erklärung des ersten Gebotes eingehend den Aberglauben und die Hexerei. Diesen Ansichten hat sich Geiler angeschlossen.

Eine weitere Quelle sind die Predigten des Tübinger Pfarrers und Universitätsprofessors Martin Plantsch,[17] der 1505, anläßlich einer Hexenverbrennung Predigten gehalten hat, die später in lateinischer Sprache erscheinen und 1507 der Öffentlichkeit übergeben werden. Geilers 11 letzte Predigten (30—41) samt der 28., worin er die Macht des Teufels schildert, die Mittel behandelt, welche man gegen Zauberer anwenden soll und die Gründe auseinandersetzt, warum Gott dem Teufel und seinen Werkzeugen gestattet, den Menschen zu schaden, stimmen oft fast wörtlich mit den Ausführungen des Tübinger Professors überein. Dies belegt eindeutig, daß Geilers Hauptquellen bei Nider und Martin Plantsch zu suchen sind.

Geilers Ansichten über die Hexerei

Daß das Luftfahren der Weiber nur ein Blendwerk des Teufels sei, lehrt er in seiner 17. Predigt. »...zu dem ersten sprech ich/daß sie hin und her fahren und bleiben doch an einer Statt; aber sie wähnen, so sie fahren, denn der Teufel kann ihnen einen Splendor also in den Kopf machen und eine Phantasei...Und das kann er allermeist denen tun, die mit ihm zu schaffen haben, ihm verpflichtet sind. Ich lese, daß ein Prediger kam in ein Dorf. Da war eine Frau, die sagte, wie sie zur Nacht also umführe. Der Prediger kam zu ihr und strafte sie darum; sie sollte davon stehen, denn sie führe nimmer und würde betrogen. Sie sprach, wolt ihr es nicht glauben, so will ich es euch zeigen. Da es Nacht ward, da rief sie ihn; da sie fahren wollte, da legt sie eine Mulde auf die Bank, da man Teig inmacht. Da sie in der Mulde also saß und sich salbte mit dem Öl und sprach die Worte, die sie sprechen sollte, da entschlief sie also sitzend; da wähnte sie, sie führe. Sie fiel von der Bank herunter und schlug sich ein Loch in den Kopf«.[18]

Geiler sucht dann zu erklären, wie es kommt, daß die Hexen die Folterqualen nicht fühlen: »der Teufel könne sie leicht unempfindlich machen...denn der böse Geist mag sie also inwendig anzünden, daß sie die außwendige Hitze nicht empfinden; denn das mag natürlich geschehen. Wenn das die Natur kann, gar viel mehr kann es der böse Geist«. Auch dies hat er aus Nider geschöpft.[19] In der 19. Predigt kommt Geiler nochmals auf den Gedanken zurück, daß die nächtlichen Fahrten auf den »Venusberg« nicht wirklich stattfinden: »Du fragst, was ist aber an Frau Venus Berg, da sie hinfahren, und so gut Leben da ist, so viel hübsche Frauen, so viel Tanzens und Springens. Ich sprech, daß nicht überall daran ist und daß es des Teufels Gespenst (Blendwerk) ist. Denn, wie gesagt ist: so kann der Teufel in ihren Köpfen solches zurichten, daß sie wähnen, daß es etwas sei und doch ist nichts daran«.

Dagegen nimmt er in der 33. Predigt die Wirklichkeit des Hexenfluges an. »Daher kommt es, wenn eine Hexe auf eine Gabel sitzt und salbt dasjenige und spricht die Worte, die sie sprechen soll, so fährt sie dann dahin, wohin sie nur will. Das hat die Gabel nicht von sich selbst. Die Salbe tut's auch nicht. Darum tut es der Teufel, der führt sie mit der Gabel hinweg, wenn er seine Sakramente und seine Zeichen sieht von der Hexe«.[20] Dies verweist auf Plantsch: **woher kommt nun der scheinbare Widerspruch? Es könnte eine ungenaue Interpretation der Predigt sein, die Geiler schon früher (1498) in seinen Ausführungen über Brandt's Narrenschiff bei der Behandlung des Aberglaubens betont, »...daß es ein falscher Wahn sei zu glauben, Weiber würden mit der Diana zum Tanze fahren«. Hier ist zu erkennen, wie stark der Canon Episkopi in der Ansicht der Theologen verankert ist.** Auch Nider, der diese Fahrten ablehnt, nimmt an, daß der Teufel Menschen, auch wider ihren Willen, durch die Lüfte tragen kann;[21] Geiler hat sich dieser Meinung angeschlossen. Daß aber die Hexen mit der Hilfe des Teufels allerhand erstaunliche Wirkungen hervorbringen können, steht für ihn außer Zweifel. Bereits 1495 hat er in einer Predigt erklärt: »Das spricht kein Gelehrter nicht, daß das Hexenwerk nicht wahr sei oder daß es nicht geschehe. Es geschieht recht und redlich! Sie machen einen lahm;

sie tun es nicht, aber der Teufel tut es. Können's aber die Hexen und die Zauberer auch, was der Teufel kann? Ich antworte und spreche, daß die Wirkung der Hexen oder des Zauberers nicht die wirkliche Ursache des Werks ist, das da geschieht. Du siehst, daß sie einem Menschen Saubürsten oder einen Wüschbletz (Wischlappen) oder einen Strohwisch in einen Schenkel stoßen und Hagel und Wetter machen. Da sprech ich, daß das die Hexen oder Unholden nicht tun...das, was die Hexen tun, ist nur ein Zeichen und nicht die wirkliche Ursache. Nimm dies Exempel, so verstehst du es. Eine Hexe, die will ein Wetter oder einen Hagel machen, so nimmt sie einen Besen und steht in einem Bach und wirft mit dem Besen Wasser über den Kopf hinter sich, und dann so kommt der Hagel. Das Wasser hinter sich werfen und die Worte sprechen, das macht keinen Hagel. Aber der Teufel, wenn er die Zeichen sieht und hört, der macht da oben in den Lüften und in den Winden sein Gefährt und macht das Wetter«.[22]

Nun übernimmt Geiler wieder Ausführungen von Plantsch: »Zu gleicher Weise, wie Christus der Herr seine Sakramente hat, also hat der Teufel seine Sakramente...also hat der Teufel den Hexen und den Zauberern solche Zeichen gegeben; wenn sie die brauchen, so will er das tun, das ihnen eben (erwünscht) ist«.[23]

»Der Teufel kann Schnee, Regen und Wind, Hagel und Donner machen, denn er die Feuchtigkeiten zusammenbringen kann in einer kurzen Zeit, wenn er sieht die Zeichen der Hexen. Darum können die Hexen einen Hagel machen in der Stube; es muß aber allwegen Wasser da sein«.[24] Auch können die Hexen den Kühen die Milch entziehen. Die Art und Weise, wie dies geschieht, schildert Geiler ausführlich im Anschluß an Nider und Plantsch:

»Nun wohlan due fragst: was soll ich darauf halten, können die Hexen die Kühe versiegen und ihnen die Milch nehmen, daß sie nicht mehr Milch geben, und können sie Milch aus einer Ahle oder aus einem Axthelm (Stiel?) melken. Ich sprech: Ja, durch die Hilfe des Teufels, so können sie es wohl. Wie geht das zu? Die Milch ist ein leiblich Ding, und wie gesagt ist, so mag der Teufel ein jeglich leiblich Ding tragen von einem zum andern Ort. Also der Milch in einer Kuh tut er auch also; die mag er aus ihr nehmen, aus ihrem Leib ziehen und an andere Orte tragen; wenn er das Zeichen sieht der Hexe und wenn die Hexe wähnt, sie melke den Axthelm, so kann der Teufel in kurzer Zeit die Milch darbringen und ihr eingießen in ihr Geschirr«.[25] »Doch ist es ihnen unmöglich, Menschen in Tiere zu verwandeln. Du sollst nichts darauf halten, daß ein Mensch weder in einen Wolf noch in ein Schwein verwandelt wird«. Dagegen glaubt Geiler an den Teufel in Wolfsgestalt und an die Wechselkinder. Darüber sagt er: »Der Teufel vermag ein Kind abweg tun und ein ander elendes armes Kind in die Wiege legen, oder sich selber in solcher Gestalt darlegen, und das geschieht etwan und widerfährt den Kindern, wenn man sie niederlegt, ungesegnet und ohne andere christliche Dinge«. »Kann der Teufel die Gestalt eines Wolfes annehmen, so darf es uns nicht wundern, daß er auch einen Menschenleib an sich nehmen und in demselben erscheinen kann«. Auch die weitere Frage, ob der Teufel »im angenommenen Leibe« in Incub oder Succub mit den Hexen und andern zu schaffen habe«, wird von Geiler bejaht.[26] »Daß mehr Männer als Frauen der Hexerei ergeben sind, leitet Geiler, hier folgt er Nider, aus der besonderen Natur des weiblichen Geschlechtes ab. Er lehrt, »daß man sich zur Abwendung irgend eines Übels nicht an Zauberer wenden darf, da dies von Gott verboten ist«. »Obgemelter Doctor Johan Keysersberg hat pflegen zu sagen auf der Cantzel vnn sonst daß kein tantz, er sei so messig vnd züchtig alß er immer wöll, ohn grosse sünd geschehe vnd ehrliche matronen vnd Haußmütter zu ermahnen, vnd zu warnen, daß sie jre töchter nicht lassen zu solchen täntzen gehn«.

Geiler ist vom Wahn seiner Zeit befangen.[27] Ob er den Hexenhammer gekannt hat, ist nicht erwiesen; dennoch läßt sich die Verbreitung und Einimpfung des Hexentreibens hier nachvollziehen. Geiler bezieht sich auf einen fanatischen Dominikaner und auf einen Professor der Theologie, freilich neben Sekundärquellen. **Er ist Prediger und vermittelt den Unsinn dem leichtgläubigen Volk. Es geschieht zu einer Zeit, wo die Allmacht des päpstlichen Stuhles unaufhaltbar zur Neige geht. Dies führt aber nicht zu einer Einschläferung des Hexentreibens, sondern zu seiner Aktivierung. Die Kirche hält es noch heute für wahr, daß es Teufel gibt: inzwischen sind 500 Jahre vergangen.**

Johannes Trithemius, Johann Reuchlin

Johannes Trithemius (J. Heidenberg) ist 1462 im Dorf Trittenheim an der Mosel geboren. Er ist von 1483—1503 Abt des Klosters der Benediktiner in Sponheim bei Kreuznach und von 1506 bis zu seinem Tod (1516) des Schottenklosters St. Jacob in Würzburg. Während seiner Zeit im Kloster Sponheim erzählt er unvorsichtigerweise einem Freund, dem Mönch Arnold Bostius in Gent, einen Brief zu senden, der ihn der Zauberei verdächtigen mußte. Als dieser Brief ankommt, ist Bostius verstorben und der Prior öffnet ihn. Darin ist zu lesen:

»Ich habe ein wichtiges Werk in Arbeit, worüber die Welt erstaunen wird...das erste Buch heißt Steganographie. Hier werden mehr als 100 Arten von Geheimschriften gelehrt, die zu lesen selbst der Klügste nicht imstande sein wird, wenn er das Geheimnis nicht kennt. Dies ist merkwürdig: aber das zweite Buch ist noch erstaunlicher. In einer Entfernung von

über 100 Meilen kann ich demjenigen, der die Kunst kennt, meine Gedanken ohne Schrift, Worte oder Zeichen mitteilen; ich brauche nicht einmal einen Boten dazu...ohne Hilfe von Geistern oder anderem Aberglauben...das ist freilich sonderbar; aber nun kommt noch etwas wunderbareres. Im dritten Buch wird die Kunst gelehrt, wie man einen unwissenden Menschen, der nur seine Muttersprache kennt, dazu bringen kann, daß er in einer Stunde Latein versteht, liest und schreibt«.[28]

Der Brief dringt an die Öffentlichkeit. Nun kommt er im eigenen Kloster in den Verdacht der Zauberei. Die Sponheimer Mönche nehmen es zum Anlaß, sich der strengen Klosterzucht, die Tritheim bis dahin gehalten hat, zu widersetzen. Nach einem mehrjährigen Streit muß Tritheim das Kloster und seine Bibliothek verlassen, in dem er den Ruf eines Abtes in Würzburg (1505) annimmt. Hier lebt er noch 11 Jahre in Ruhe; aber die Steganographie hat er niemals vollendet. Das unvollständige Manuskript wird nach seinem Tod gedruckt.

Dieses Buch, das in seinem ganzen Umfang aus den furchtbarsten Verschwörungen und unverständlichen Worten besteht...der Sinn war lange Zeit ein Rätsel; einige meinten, es seien wirklich Mittel zu Dämonenbeschwörungen; andere sagten, daß sie sich auf Tritheims eigene Worte verlassen, wenn er sagt, daß alles mit natürlichen Dingen zugehe, und daß es eben nur darauf ankomme, den rechten Sinn zu finden. Dies gelingt 1676 einem Dr. jur. Heidel in Worms. Er entdeckt, daß alle diese barbarischen Beschwörungen einen Sinn ergeben, wenn man jedes zweite streicht; von den übrigbleibenden Wörtern, die man sich alle in einer Reihe geschrieben denkt, streicht man wiederum alle Buchstaben an den ungeraden Stellen, also den 1., 3., 5. usw. Die übrigen geben dann die Anweisung zu verschiedenen Arten der Geheimschrift.

Diese Idee stammt aber nicht von Trithemius, sondern nachweislich hat er sie in der Kabbala gefunden. Graf Picco von Mirandola (geb. 1463) hat seine »Conclusiones cabbalistica« 1486 geschrieben. Einer seiner Schüler hat Tritheim in die Lehren eingeweiht; außerdem steht er in freundlicher Verbindung mit dem Mann, der mehr als irgend ein anderer zur Verbreitung und Kenntnis der Kabbala und der kabbalistischen Methoden beigetragen hat, mit Johann Reuchlin.

Er ist 1455 in Schwaben geboren, studiert in Paris die klassischen Sprachen. Später lernt er in Italien einige gelehrte Juden kennen und wird von ihnen in die hebräische Sprache eingeweiht. Nun beginnt er die Kabbala zu studieren und meint in ihr die Kenntnis der christlichen Dogmatik zu finden. Seine Ansichten hierüber legt er in seinem Werk »De verbo mirifico« (1494) nieder. Dadurch wird Reuchlin Urheber der später so eifrig betriebenen »christlichen« Kabbala. Noch mehr Bedeutung erreicht sein zweites Werk »De arte cabbalistica« (Hagenau, 1517). Hier gibt er eine ziemlich vollständige und korrekte Darstellung der kabbalistischen Hauptlehren und ihrer Methoden.

Trithemius veröffentlicht 1508 seinen »Antiplaus maleficarum« (Gegner der Hexerei). Das Buch wird erst 1555 in Ingolstadt gedruckt. Darin sagt er: »Ein verabscheuungswürdiges Geschlecht ist das der Zauberer, besonders der weiblichen unter ihnen, die durch die Hilfe böser Geister oder durch Zaubertränke dem menschlichen Geschlecht unzähligen Schaden zufügen. Leider ist die Zahl solcher Hexen in jeder Provinz so groß, ja kein Ort ist so klein, wo man nicht eine Hexe findet...es sterben Menschen und Vieh durch die Schlechtigkeit dieser Weiber, und niemand denkt daran, daß es von den Hexen hergekommen. So leiden viele fortwährend die schwersten Krankheiten und wissen nicht, daß sie verhext sind. Außerdem warnt er davor, daß man Frauen, die einigermaßen wegen der Zauberei anrüchig wären, als Hebammen bestellt: »...denn diese brächten nicht selten die Kinder um und opferten sie dem Teufel; auch vermählen sich neugeborene Mädchen mit Dämonen, machen die Gebärenden unfruchtbar und erfüllen das ganze Haus mit Teufelsspuk. **Willst Du, O Christ, vor Dämonen und Hexen sicher sein, so stehe fest im Glauben an Christus und halte Dein Gewissen vor Todsünden rein. Besuche an allen Sonntagen und Feiertagen die heilige Messe, und laß Dich vom Priester mit Weihwasser besprengen. Nimm geweihtes Salz in Deinen Mund und besprenge Dich mit Weihwasser, auch Dein Bett und den Viehstall,...frühmorgens, wenn Du Dich vom Lager erhebst, bezeichne Dein Haus mit dem Zeichen des Kreuzes...und bete den Glauben...denn wenn Du so lebst, so wird die Hexe keine Gewalt über Dich haben...«.**

Der »Antipalus maleficorum« wird auf Befehl des Markgrafen von Brandenburg ausgearbeitet und am 16. Oktober 1508 vollendet. Trithemius will mit dieser Schrift keinesfalls den Hexenglauben bekämpfen, wie das vereinzelt dargestellt und interpretiert wird. Trithemius ist von der Tatsache diabolischer Zauberei überzeugt und er will nur zeigen, wie sich ein Christ davor schützen kann. Er unterscheidet vier Klassen von Zauberern:

● Solche, die ohne Bündnis mit dem Teufel eingegangen zu sein, durch Gifte und andere natürliche Mittel diejenigen Menschen, die sie hassen, schädigen;
● Solche, welche durch die Kunst der sog. »Encuntia«, das ist durch geheimnisvolle, abergläubische Worte, Formeln und Zeichen, übernatürliche Dinge hervorbringen wollen;

● Solche, die sich dem Teufel ergeben, ohne sich dem Teufel ergeben zu haben, doch mit ihnen verkehren und zur Ausführung ihrer Zaubereien sie um Hilfe anrufen;
● Solche Zauberer und Hexen, die mit dem Teufel einen eigentlichen Bund geschlossen haben, und die sich ihm zu eigen gemacht haben.

Die letzte Gruppe der Zauberer und Hexen, die mit dem Teufel sogar fleischliche Vermischung betreiben, ist wegen ihrer Gottlosigkeit und Schädlichkeit mit dem Feuertod zu bestrafen. Und leider ist die Zahl solcher Hexen in jeder Landschaft sehr groß, und es gibt kaum einen Ort, wo man nicht eine Hexe der dritten oder der vierten Klasse fände. Und wie selten findet sich ein Richter, der diesen offenbaren Frevel gegen Gott und die Natur rächt«.[29]

Trithemius rückt auch dadurch in Bedeutung, daß er von Kaiser Maximilian beauftragt wird, acht Fragen über die Hexerei zu beantworten. Er unterscheidet sechs Teufelsgeschlechter: Feuer-, Luft-, Wasser- und Erdteufel, unterirdische und lichtscheue. Außerdem berichtet er über verschiedene Unfälle, die er den teuflischen Wirkungen zuschreibt: ja der Teufel soll sichtbar erschienen sein, Häuser in Brand gesteckt und vorzüglich seinen Zorn gegen einen Bürger gerichtet haben: Priester, die ihm durch die Anwendung geistlicher Mittel zu Hilfe eilen wollten, habe er mit Steinen beworfen »...und sie nicht selten verwundet...«.

Kirche kontra Sternkunde, Zauberer

Alfons der Weise von Kastilien (1252—1284) rechnet die Astrologie unter die freien Künste. Es ist beachtenswert, daß während des 13. und 14. Jhdts. die Astrologie nicht zu den verbotenen Künsten gehört, die in den Verhörformularen der Inquisition erwähnt werden; auch scheinen keine Bücher über Astrologie in das Verdammungsurteil aufgenommen worden zu sein, das der Inquisitor und der Bischof von Paris mit dem Erzbischof von Sens, unterstützt von Magistern der Universität, 1290 erlassen hat, gegen alle Bücher der Wahrsagekunst und Magie, gegen die Abhandlungen der Nekromantie, Geomantie, Pyromantie, Hydromantie und Chiromantie, gegen das Buch der »10 Ringe der Venus«, die Bücher des griechischen und germanischen Babylon, das Buch der Vier Spiegel, das Buch der Bilder vom Tobias ben Tricat, das Buch der Bilder des Ptolemäus und das Buch des Zauberers Hermes an Aristoteles...«.

Auf der anderen Seite erklärt schon im 12. Jhdt. Johann von Salesbury die Sternkunde für eine von der Kirche verbotene, strafwürdige Kunst, weil sie den Menschen seines freien Willens beraubt, ihm den Glauben an ein blindes Geschick einimpft und den

Hang zum Götzendienst begünstigt, indem sie die Allmacht des Schöpfers auf seine Gesetze überträgt. Dies wird allmählich die Ansicht der Kirche, wie sie Thomas von Aquino auseinandersetzt: »wenn die Astrologie dazu benutzt wird, um natürliche Ereignisse, etwa Dürre oder Regen, vorauszusagen, dann ist sie erlaubt, wenn man sie aber anwendet, um zukünftige, von dem freien Willen des Menschen abhängige Handlungen vorauszusagen, dann ist sie unerlaubt, weil sie hierzu der Mitwirkung der Dämonen bedarf«.

1236 befiehlt der Papst, Zauberer öffentlich in den Bann zu tun.

1317 gibt Papst Johann XXII. Bischof Gaufridus von Reggio und mehreren Beisitzern den Auftrag, einen Barbier und Wundarzt namens Johann von Ahmant und verschiedene Schreiber des heil. Palastes wegen eines Anschlages gegen sein Leben vor Gericht zu stellen. Unter dem Einfluß der Folter bekennen sie, daß sie anfangs beabsichtigt hätten, Gift anzuwenden, da sie aber keine Gelegenheit dazu gehabt haben, hätten sie ihre Zuflucht zu Wachsbildern genommen. Sie hätten diese unter der Anrufung von Dämonen angefertigt. Sie werden verurteilt und hingerichtet.

1471 wird von den Franziskanern (strenge Observanz) die Buchdruckerkunst und die Alchimie gemeinsam für tadelswert erklärt und ihre Ausübung bei Strafe der Ungnade und der Entlassung verboten (Chron. Glasberger ann. 1471).

Peter Recordi, frühe Hexenbrände

Der Karmelitermönch Peter Recordi wird durch die Inquisitoren Heinrich von Chamay und Peter Bruni aufgrund eines nach mehrjähriger Gefangenschaft abgelegten Geständnisses verurteilt. Er habe verschiedentlich Wachsbilder angefertigt und dabei den Teufel unter Beschwörungen angerufen: diese Wachsbilder hatte er, mit Giftstoffen und Krötenblut vermischt, nächst dem Teufel geopfert, indem er sie in der Bauchgegend mit Blut und Speichel besprengte, und sie unter die Schwelle der Häuser gelegt, in denen Frauen wohnten, mit denen habe er in geschlechtlichen Verkehr treten wollen. Er habe dieses Mittel mit vollem Erfolg benutzt.[30]

Er wird zu ewigem Kerker bei Wasser und Brot und mit eisernen Arm- und Beinfesseln begnadigt, weil er während seiner ersten Inquisition in der Haft der Inquisition gedient hat, indem er andere verraten hat.

1323 wird in Paris ein Priester verbrannt, der, in der Absicht, einen Schatz zu heben, eine Katze mit Weihwasser und Chrisma gefüttert hat, um sie dann zu töten und aus ihrem Fell Riemen zu schneiden, die bestimmt sind, zu einem Zauberkreis verbunden zu werden. In ihm soll er den Teufel zitiert haben, um so den Fundort des Schatzes zu bezeichnen.

1476 übersetzt in Heidelberg der Hofkaplan des Kurfürsten, Mathias von Kemnat den in Savoyen entstandenen Traktat über die Gazarii, d. h. die Neue Hexensekte in das Deutsche. Er berichtet, daß er in Heidelberg und anderen Orten schon viele Mitglieder dieser »allerverfluchtesten Sekte« verbrennen sah. 1438 wird in Heidelberg eine Zauberin mit einer Schandmütze an den Pranger gestellt, ihr die Zunge abgezwickt und ein Brandmal aufgedrückt. 1471 wird in Frankfurt am Main eine Zauberin, die Diebstähle entdecken kann, mit Ruten gepeitscht und 1486 wird ein Zauberer im Main ertränkt.

Der Malleus bleibt nicht unbeantwortet. Ein Minorit aus Mailand, Samuel de Cassinis, veröffentlicht 1505 einen kleineren Traktat »Quaestion de la strie«, in dem er den grundsätzlichen Kampf gegen die Realität des Hexenfluges aufnimmt und wenigstens diesem einen, aber integrierenden Bestandteil des ganzen Wahngebildes mutig die Stirn bietet. So nimmt seine Arbeit einen bevorzugten Platz als erster systematischer Angreifer gegen die verhängnisvolle Lehre vom Hexenflug.[31]

Hans Sachs, geb. 5.11.1494 in Nürnberg, gest. 19.1.1576 ebda. Er ist der bekannteste Vertreter der bürgerlichen (ungelehrten) Literatur des 16. Jhts. Als Sohn eines Schneiders besucht er die Lateinschule und kommt 1508 bei einem Schuhmacher in die Lehre. Er bereist weite Teile Deutschlands und wird 1517 in Nürnberg Meister.

159

Peter von Bern, Richter im Simmenthal am Thuner See (ca. 1406) erzählt Johann Nider, in seinem Bezirk seien auf diese Weise in kurzer Zeit 13 Kinder verschwunden, und eine gefangene Hexe habe ihm mitgeteilt, sie seien in den Wiegen unter Zaubersprüchen getötet, nach dem Begräbnis wieder ausgegraben und in einem Kessel gekocht worden. Aus dem Fleisch werde die Zaubersalbe gemacht, während die Suppe die Kraft verleihe, der davon esse, für die Sekte der Teufelsanbeter zu gewinnen. Johann Nider vollendet seinen Formicarius 1437. Er erzählt, daß er seine Kenntnisse aus den Erfahrungen Peters von Bern, einem weltlichen Richter, der eine große Anzahl von Hexen beiderlei Geschlechtes verbrannt und noch weit mehr von ihnen seit etwa 60 Jahren im Berner Gebiet vertrieben hat. Demzufolge würde der Ursprung des Hexenwesens in jener Gegend um das Ende des 14. Jhdts. angesiedelt werden können.

Der Jurist Bartolus, der 1357 stirbt, erstattet ein Rechtsgutachten über eine von der Inquisition belangte Hexe aus Orta bei Novara, die gestanden hat, den Teufel angebetet, das Kreuz mit den Füßen getreten und Kinder durch Berührung und Faszination getötet zu haben. 1420 wird in Rom die Hexe Finicella verbrannt »weil sie viele Personen umgebracht und verzaubert« hat.

1447 wird in Braunberg (?) eine Frau der Zauberei überführt, aber nur zur Verbannung auf eine Entfernung von zwei deutschen Meilen verurteilt, nachdem eine dreifache Bürgschaft in Höhe von 10 Mark gefordert und gestellt wird.

Der heil. Antonius, Erzbischof von Florenz (gest. 1459) erteilt den Beichtvätern die Anweisung, ihre Büßlinge danach zu fragen, ob sie glauben, daß Frauen in Katzen und andere Tiere verwandelt werden können, bei Nacht fliegen und das Blut von kleinen Kindern saugen können; alle diese Dinge seien unmöglich und der Glaube daran sei eine Torheit.

1553 gibt der Italiener Giambattista della Porta eine kleine Schrift heraus: »Magia naturalis«. Zunächst ist sie als eine Art praktischer Physik gedacht, die zeigt, daß man durch natürliche Mittel viele merkwürdige Kunststücke zu machen imstande ist. Das Buch deckt auf, wie scheinbare Zauberkünste sich bei entsprechender Kenntnis der Naturgesetze von selbst erklären.

Danach folgen bereits direkte Angriffe auf den Hexenglauben: es ist keineswegs so, daß man diese Entwicklung einfach hingenommen hat. Weyer schreibt 1564 seine »De praestigiis daemonum«. Noch bestimmter tritt Reginald Scott 1584 in seinem Werk »Discovery of witchcraft« auf. Diese Schriften gegen den Hexenwahn bleiben nicht unbeantwortet. Bodin und DelRio verteidigen mit Gelehrsamkeit ihre Ansichten. Hier setzt ein Gärungsprozeß ein, der allmählich zur Zersetzung des einseitigen Hexenglaubens führt. Parallel dazu gelingen wichtige Naturerkenntnisse, die großen physikalischen Entdeckungen des Galilei, Kepler, Otto von Guericke und Huygens sind an erster Stelle zu nennen. Damit wird in gebildeten Kreisen der Hexenglaube untergraben, er hält sich aber im allgemeinen noch über 200 Jahre und ist auch heute noch aktuell, wenn auch unter anderen Vorzeichen.

Gesprech von den funf Unholden

Hans Sachs 1531

Des Teufels Eh und Reutterey
Ist nur Gespenst und Fantasei
Das Bockfaren kumpt aus Mißglauben

Der Teufel thuts mit Gespenst betäuben
daß sie liegt schlaffen in eym Qualm
Meint doch sie fahr umb allenthalbm
Und treib diesen und jenen Handel
Und in ein Katzen sich verwandel.
Diß alls ist heidnisch und ein Spott
Bei den, die nicht glauben an Gott.

So du im Glauben Gott erkennst.
So kann die schaden kein Gespenst.

Der Ruf europäischer Forscher als Zauberer

Mit dem 13. Jhdt. beginnt eine neue Ära für Europa. Das Interesse für die Wissenschaften breitet sich aus; Papst und weltliche Fürsten treten als Beschützer auf, gründen Universitäten und unterstützen Gelehrte. In dieser Beziehung hat sich u. a. Kaiser Friedrich II. der Hohenstaufe (1209—1250) ausgezeichnet; 1225 stiftet er die Universitäten Neapel und Messina.

Viele der »alten« Forscher haben Schriften über Geheimwissenschaften hinterlassen. Sie beschäftigen sich mit der Goldmacherkunst, dem Einfluß der Sterne und mit den Möglichkeiten magischer Künste. Nicht nur Arnold Villanova, sondern auch sein Zeitgenosse Peter Abano, einer der berühmten Ärzte des 13. Jhdts., sehen die Astrologie als notwendiges Glied der Heilkunde an. In diesem Zusammenhang entstehen alchimistische Schriften. Eigentümlicherweise halten nun aber die Männer, die ein übernatürliches Wissen zu haben vorgeben, zugleich daran fest, daß alles höchst natürlich zugeht und nichts mit Zauberei zu tun hat. Bacon schreibt die Abhandlung »De mulitate magiae« (Über die Nichtigkeit der Magie), aus der deutlich wird, daß er nicht daran glaubt, etwas durch Geisterbeschwörungen, magische Sigilla usw. ausrichten zu können.

»Alle Forscher, welche die Sage zu Zauberkünstlern gemacht haben, waren geniale Männer, die auf mancherlei Gebieten ihrer Zeit voraus waren. Für ihre Art zu forschen fehlt aber dieser Epoche das Verständnis...ihr großes Ansehen als Magier haben sie doch vornehmlich durch das Verdienst erworben, das ihnen zu allen Zeiten einen Platz in der Geschichte der Wissenschaft sichern wird: sie haben die experimentelle Forschung geebnet, ihr den Weg gebahnt und sind dadurch Vorläufer der modernen Naturwissenschaft geworden«.

Wichtige Persönlichkeiten dieser Epoche sind Arnold Villanova, Roger Bacon, Albertus Magnus, der Theologe Thomas von Aquin(o) und in gewisser Weise auch der Scholastiker Raimond Lullus.

Albert von Bollstädt (Albertus Magnus) ist wahrscheinlich 1193 in Lauingen (Bayern) geboren. Nachdem er die Studien in seiner Heimat beendet hat, geht er an die neuerrichtete Universität von Padua. Hier erwirbt er sich die mathematischen und naturwissenschaftlichen Kenntnisse, die ihm später den Namen eines »Meisters der Schwarzen Kunst« verschaffen. In Padua tritt Albert in den Dominikanerorden ein. Dann studiert er eine zeitlang in Bologna und zieht in verschiedenen deutschen Städten als Lehrer der Theologie an den neuerrichteten Schulen der Dominikaner umher; 1230 treffen wir ihn in Paris als Professor der Universität, wo die Dominikaner das Recht haben, zwei Plätze zu belegen. 1243 wird er zum Leiter der Kölner Ordensschule ernannt. Im nächsten Jahr ist er wieder in Paris, bald wieder in Köln, dann in Worms, bis er 1260 Bischof von Regensburg wird. Zwei Jahre später legt er sein Amt nieder, zieht umher, verliert sein Gedächtnis und damit seine Tätigkeit als Lehrer. Er stirbt am 15. November 1280 im Alter von 87 Jahren im Kölner Dominikanerkloster. Seine Wirksamkeit als Verfasser erstreckt sich auf alle bekannten Wissenschaften der Zeit, deshalb erhält er die Bezeichnung eines »doctor universalis« oder eines »Albertus Magnus«.

Roger Bacon wird 1214 in Ilchester (England) geboren. Er studiert zuerst in Oxford, dann in Paris. Um sich der Wissenschaft widmen zu können, tritt er nach seiner Rückkehr in die Heimat in den Franziskanerorden ein. »Seine Ordensbrüder fühlen sich aber durch seine Gelehrsamkeit und geistige Überlegenheit verletzt, zumal er die Sittenverderbnis der Geistlichen, besonders die der Mönche, offen bekämpft«; so bieten seine physikalischen Studien den vollkommenen Anlaß zur Beschuldigung, daß er magische Künste betreibe. Die weitere Beschäftigung mit solchen Dingen wird ihm untersagt und zuletzt wird er in ein Klostergefängnis geworfen. Seine Lage bessert sich, als Clemens IV. 1264 den Stuhl Petri besteigt. Bacon schickt dem Papst drei Hauptwerke, so daß es ihm gelingt, wieder aus dem Gefängnis entlassen zu werden. Aber schon nach vier Jahren stirbt der Papst, und die Verfolgungen setzen wieder ein. 1278 wird er in Paris zu einer 10jährigen Gefangenschaft verurteilt. Als er die Strafe abgebüßt hat, kehrt er als gebrochener Greis in seine Heimat zurück, wo er 1294 im Alter von 80 Jahren stirbt. Seine Tätigkeit als Autor ist bedeutend. Seine Hauptwerke sind: »Opus majus, Opus minus, Opus tertium«. Mit noch größerer Entschiedenheit als Albertus Magnus spricht Bacon aus, daß die Naturwissenschaft auf Erfahrungen und Experimenten beruhe (er selbst unternimmt Versuche mit Hohlspiegel und Brennglas). In seinen sorgfältigen Untersuchungen über die Entstehung des Regenbogens ist er seiner Zeit weit voraus. Er spricht bereits davon, aus geschliffenen Gläsern Brillen zu machen. An Zauberformeln und dergleichen Dinge glaubt er nicht. »Die magischen Künste kommen durch Naturkräfte zusammen«.

Arnold Villanova ist entweder in Languedoc oder in Katalonien zwischen 1235 und 1248 geboren. Aus seinem Leben ist so gut wie nichts bekannt. Am Ende des 13. Jhdts. ist er Professor in Barcelona und er wird 1285 als der angesehendste Arzt in Spanien an den Hof nach Aragonien berufen, aber später vom Erzbischof von Taragona als Goldmacher und Teufelsbeschwörer in den Bann gelegt. 1312 verliert er bei einem Schiffbruch das Leben. Seine Schriften sollen von der Inquisition gründlich ausgerottet worden sein. Sein wichtigstes Betätigungsfeld ist der medizinische Sektor.

Dem Scholastiker Raimond Lullus dagegen muß man die wissenschaftliche Gediegenheit absprechen. Er wird 1235 in Pala (de Majorka) von einer adeligen Familie geboren. Am Hof von Aragonien führt er in seiner Jugend ein ausschweifendes Leben, bis ihn eine unglückliche Liebe auf andere Gedanken bringt und er sich entschließt, sich der Bekehrung der Mohammedaner zu widmen. Deshalb tritt er in den Orden der Franziskaner, studiert arabisch und geht dreimal als Missionar an die afrikanische Nordküste, wo er 1315 als Märtyrer den Tod findet; er wird an der Küste gesteinigt.

Frühe Hinrichtungen, Überspringen des Funkens

Diese Zeitspanne ist wichtig, denn sie bringt nicht nur das Aufkommen der aktiven Ketzerverfolgung und mit ihnen die Inquisition. Die Kirche steht auf dem Höhepunkt ihrer Macht und weiß dies zu nutzen. Der Hexenprozeß ist weitgehend unbekannt; es kommt zu gelegentlichen Hinrichtungen wegen Zauberei. Die Quellenlage ist dürftig. Vor allen Dingen wird transparent, wie die Lage **vor dem Erscheinen des Hexenhammers** gewesen ist. Die seitherige These, daß sich der Teufelsglaube vom südlichen Frankreich aus in zwei Hauptrichtungen verbreitet hat, läßt sich nur noch bedingt aufrecht erhalten. Ihrzufolge soll er von dort aus nach Italien und auf der anderen Seite nach Paris und dem nördlichen Frankreich und Lothringen gewandert sein. Von Italien aus dringt das Hexenwesen nach Tirol und Oberdeutschland. In Württemberg, dem Elsaß, in der Gegend von Speyer und in Heidelberg werden die ersten Scheiterhaufen errichtet.

Bis in das 12. Jhdt. ist der Stand (Status) des Täters für die Bemessung des Strafmaßes von Bedeutung, indem eine Differenzierung zwischen Freien und Unfreien erfolgt. Üblicherweise werden Diebe an einem Roßhalfter erhängt, während die Ritter auf einem schwarzen Tuch enthauptet werden. In Soest/Westfalen wird um 1200 ein Kleriker als »maleficus« von einem Stadtgericht zum Feuertod verurteilt und lebendig verbrannt. Das sog. »privilegum fori« der Geistlichkeit ist noch nicht zum Reichsgesetz erhoben.[32] Später werden Geistliche nicht mehr enthauptet, sondern zum Hungertod verurteilt. Die Quellen berichten über einen Fall aus Augsburg. Hier werden 1409 vier Geistliche (gebunden) in Käfige gesteckt und diese werden teilweise vor der Stadt an Türmen aufgehängt, bis die Delinquenten verhungert sind.[33]

Der plötzliche Tod von König Philipp dem Schönen (1314) wird allgemein teuflischen Zaubermitteln zugeschrieben. Sein Minister Enguerrand de Marigny wird des Verbrechens angeklagt, aber aus Gnade lediglich erhängt. 1390 wird in Berlin die angebliche Hexe Wolberg verbrannt. In der Urphede eines Angeklagten und Gefolterten aus Luzern vom 20. Juli 1419 erscheint zum erstenmal in einem gerichtlichen Aktenstück die Bezeichnung »Hexe« für schädigenden Zauber. 1423 wird in Basel eine Unholdin zum Tod verurteilt, die vorgibt, auf einem Wolf herumzureiten und die vor einem Bauer eidlich aussagt, daß sie eine Hexe ist. Es ist ein frühes Beispiel für den Werwolfglauben. 1440 wird ein Marschall aus Frankreich, Aegid von Rez als Hexenmeister hingerichtet. Er hat innerhalb von elf Jahren 558 Jungfrauen »von ausgesuchter Gestalt« für seine Tafel als Speise schlachten lassen. Er galt als der größte Sadist aller Zeiten, da ungeheure geschlechtliche Verstümmelungen der Tötung vorausgehen. Seine Verbrechen werden aufgedeckt, als er eine junge Nonne töten läßt. Rez am 25. Oktober 1440 hingerichtet. Freilich ist dies kein Hexenprozeß.[34]

Ein Kanoniker von Dordrecht, der Doktor der Theologie, Johann Tinctorius, wirft in einer Predigt, die er 1460 aus Anlaß eines Prozesses gegen die Sekte der Waldesier hält, diesen das Hostienverbrechen, Hostienschändung und die Bereitung einer Salbe vor, wozu sie das Blut eines unschuldigen Knaben verwendet haben (sollen). »Durch Einschmieren mit dieser Salbe erlangen die Waldesier die Fähigkeit, die Lüfte zu durchfliegen, Unfruchtbarkeit hervorzurufen, Wetter zu machen usw.«. Hinzu kommt die Anklage der Teufelsbuhlschaft. Der Teufel habe in der Gestalt eines Menschen, eines Stieres, Wolfes oder Hasen mit den angeklagten Frauen verkehrt; dies geht aus einem Prozeß in Arras hervor, der 1460 geführt wird. Eine Münchener Handschrift aus dem Kloster Schleiern von 1468 und den folgenden Jahren gibt eine lehrreiche Übersicht des volkstümlichen Aberglaubens, die wohl als Merkzettel für die Beichte dienen soll. Darin werden unter den Abergläubischen solche genannt, die Liebe oder Haß zwischen den Menschen machen wollen und die glauben, daß den Kühen die Milch geraubt werden kann. Also können wir dies nicht den späteren Verfassern des Hexenhammers als Novität anlasten. Interessant ist lediglich die Quelle: eine kirchliche Handschrift.

In den Synodalbeschlüssen der Epoche ist auffallend selten die Rede von Zauberei. Unter den 50 Konstitutionen der Synode von 1420, wie unter den 45 von 1490 ist keine, die sich auf diesen Gegenstand bezieht. **Dies wirft ein bezeichnendes Licht auf die Bedeutung des Hexenhammers aus der kirchlichen Sicht im letzten Viertel des 15. Jhdts.: ich möchte sie fast mit 0 bezeichnen.**

Auf der — unmittelbar dem Hexenhammer folgenden — Synode von Salzburg (1490) und auf der anschließenden Salzburger Synode von 1520 findet man es nicht der Mühe wert, sich mit solchen Dingen zu beschäftigen. Auch die Augsburger Synodalbeschlüsse von 1452 erwähnen nichts über die Zauberei. Lediglich in der langen Liste derer, die von der Kommunion zurückgewiesen sind, werden 1490 auch Wahrsager, Zauberinnen (incantatrices), die vom Teufel Besessenen oder die auf andere Weise den Gebrauch ihrer Vernunft verloren haben, genannt.

Hinrichtungen wegen Zauberei haben wir in Deutschland erst (auffallend) aus der Mitte des 15. Jhdts., auf **jeden Fall aber vor dem Hexenhammer.** Dazu einige Beispiele:

- 1446 Verbrennen einiger Frauen in Heidelberg unter Mitwirkung des Ketzermeisters
- 1447 Verbrennen einer Frau, die als Lehrmeisterin der vorgenannten gilt.
- 1444 werden in Hamburg zwei Frauen verbrannt
- 1458 wird in Hamburg eine Frau verbrannt
- 1482 wird eine Frau in Eggendorf verbrannt, die mit einer Hostie Unfug getrieben haben soll
- 1486 wird in Frankfurt (Main) ein Messe-Gaukler der Zauberei beschuldigt im Main ertränkt
- 1456 (29. Oktober) werden in Breslau zwei Frauen ertränkt, weil sie mit Liebesbissen, durch die sie eine Verheiratung herbeiführen wollen, Männer um das Leben brachten.

Aus Köln wird berichtet, daß 1456 zwei Opfer verbrannt werden. Sie haben im Mai einen so heftigen Frost verursacht, daß die Vegetation vernichtet wird. Ein weiterer Fall von Zauberei tritt uns 1471 in Frankfurt am Main entgegen. Hier wird die Verurteilte nicht direkt als Hexe bezeichnet. Nach ihrer Aussage hat Zieglers Jutte ein Beichtbüchlein, in dem Zaubersprüche aufgezeichnet sind. Dieses haben sie einem jungen unschuldigen Knaben gegeben, der lesen konnte und den Segen aus dem Büchlein über einen Spiegel lesen lassen. So habe sie einem Fischer und einem Ratsherren geholfen, das Geld, das ihnen gestohlen worden, wieder zu bekommen. Der Pfarrer habe ihr das Büchlein wieder gegeben, weil darin gestanden, »man solle drei Feiertage fasten, drei Messen lesen und drei warme Teller Brot um Gottes Willen geben«.[35] Sie wird mild bestraft: lediglich mit Ruten ausgehauen. Außerdem muß sie schwören, über den Rhein zu gehen.[36]

1481 haben wir einen weiteren (Hexen-)prozeß. In Breslau wird am 1. Oktober 1481 eine Zauberin ersäuft. Sie heißt Anna Brommelhausin und bekennt, daß sie Georg Beckern ihr eigenes Wasser (Urin) zu trinken gegeben, auch für Georg Kramer habe sie Kröten gesotten im Verein mit ihrer Mutter und einer anderen Frau, wofür sie einen Kaninchenpelz genommen. Ihrem Mann habe sie ihren eigenen Schweiß, den sie bekommen, wenn sie zu Bade gegangen, zu trinken gegeben. Sie wird am Montag vor Michaelis hingerichtet.[37]

Der Freisinger Diözesanbischof bestimmt 1440, daß nur der Bischof von dem Laster der Zauberei lossprechen kann, besonders wenn dazu Sakramente, Sakramentalien oder Gebeine von Toten benutzt werden. 1453 muß der Prior von St. Germain en Laye, der sich auf der Kanzel gegen die Wirklichkeit der Hexenfahrten erklärt, abschwören und seinen Widerspruch auch gegen die Inquisitoren mit lebenslänglicher Gefangenschaft bezahlen. 1499 sträubt sich der Pfarrer von Abensberg, Hexenpredigten zu halten und gegen die angeblichen Hexen der Stadt einzuschreiten. Dies zeigt, daß auch in kirchlichen Kreisen die Vernunft nicht ganz erloschen ist.

Johann Picus Mirandula (1463—1494), Jurist, Philosoph und Theologe, verfaßt zwölf Bücher gegen die Astrologen und kämpft gegen die Träumereien seiner Zeit mit solchem Erfolg, daß selbst Agrippa erklärt, Palamcrius, der entschiedenste Verteidiger der Astrologie, habe gegen Picus Ausführungen nichts erhebliches vorbringen können. Thomas de Campanella aus dem Orden der Dominikaner (1558—1639) liefert in seiner Schrift »de sensu rerum et magia« den Nachweis, daß die Magie nur eine natürliche Sache sein kann. Der Franziskaner Thomas Murner, der 1508 von Kaiser Maximilian in Straßburg als Poet geehrt wird, ist der Verfasser »des Bruders Thomas Murner, der freien Künste Meister, sehr nützlicher Tractat über den Hexencontract«. Er ist der Meinung, daß er in seiner Jugend durch die Berührung eines alten Weibes gelähmt worden ist. Seine Schrift erscheint 1507 in Pforzheim. 1526 sehen wir ihn als Professor der Theologie und Pfarrer in Luzern. Er stirbt 1536. Johann Rintler schreibt 1486 in seinem Buch der Tugend: »Sollte ein alten Weib, das sich der Zauberei rühmt, Gott gebieten können, so wäre er nicht für einen Gott zu halten. Mancher heilige Mann hat große Arbeit darauf gehabt, bis ihm Gott einmal ein Geheimnis würdigte; wie sollte er sich zum Knecht eines alten Weibes machen?« 1484 nennt der Wiener Probst Stephan von Lanzkrana in seiner »Himmelstraß« unter den Abergläubischen diejenigen, »...die an die Nachtfahrten, an die Druten, an die Schrätel, an die Unholden, an die Werwolf, an den Alp oder andere gar mancherlei Läpperei und Gedichtung glauben, die etliche heidnische, närrische verzagte Leute wirken und treiben«.

Man sieht allenthalben die Diskussionen über die Hexen beginnen. Spätestens seit der Mitte des 15. Jhdts. muß sich der kirchliche Hexenwahn vollständig ausgebildet haben, was aus Niders Formicarius zu schließen ist. Zu dieser Zeit prallen die Meinungen hart aufeinander. 1508 klagt eine Bürgersfrau aus der Nähe von Ulm um Schadenersatz wegen unmenschlicher Folterung infolge des Verdachts auf Zauberei. In Hamburg wird 1521 ein Doktor Viet als Zauberkünstler verbrannt, weil er eine Frau entbunden hat, die bereits von der Hebamme aufgegeben worden ist. Tumultarische Prozesse finden 1519, 1530 und 1532 in Basel statt. Auch in Freiburg haben wir einen Hexenprozeß infolge eines Hagelwetters, desgleichen im Brandenburgischen, wo man den Hexen vorwirft, Gift auf die Torweg gestreut zu haben. Schon unter Friedrich I. wird 1483 in Berlin eine alte Frau als Hexe überwiesen und verbrannt. 1553 sind in Berlin zwei Wettermacherinnen eingezogen worden, »...die einer Nachbarin ein Kindlein gestohlen, es in Stücke zerhackt und gekocht« hatten. »Im Jahre 1545 kochte ein Weib im Lande Rhinow eine Kröte, Erde von einem Grab und Holz von einer Totenbahre zu einer »Zaubersuppe«, die sie in einem Torweg goß, die ein anderer passieren muß«.[38] Weitere Nachrichten haben wir aus den heutigen badischen Landesteilen. So waren in Pforzheim 1491, 1512, 1517, 1524 und 1531—32 am Gericht Hexenprozesse anhängig. Die württembergischen Truppen sprechen die Beschuldigung aus, die (Hexen) haben ein Hagelwetter gemacht und »es seien aber noch mehr Unholden im Ort«. »Das ist aber nit wahr«, setzt der Verfasser einer Beschreibung jener Belagerung hinzu. Es ist der Schultheiß Georg Schwarzerdt, ein Bruder von Melanchton.

Dies alles zeigt, wie unendlich langsam sich der Hexenwahn in dieser Zeit herausgebildet hat. **Es ist durchaus berechtigt anzunehmen, daß er sich über den damaligen Teufels- und Dämonenglauben wieder gefestigt hat und erst so zu den eigentlichen Hexenverfolgungen führt. Dem Mittelalter ist der Hexenprozeß fremd. Die landläufige Meinung, Hexen habe es nur im Mittelalter gegeben, ist grundfalsch und beruht auf dem Nachplappern historischer und unkritischer Laien.**

Eine Frau im Kampf mit dem Teufel. Auch hier der Dialog zwischen Gut und Böse. Der angebliche Teufel will die Frau gewinnen und sie — getragen vom »wahren christlichen Glauben« — wehrt sich symbolisch dagegen. Zeitgenössischer Holzschnitt.

Hexenbulle
und Hexenhammer

Wiederaufleben der Inquisition

Die Inquisition kann sich in Deutschland nicht richtig einnisten, wie beispielsweise in Spanien. Etwa 250 Jahre nach der Niederlage Konrad v. Marburgs (vergl. S. 136) zeigen sich Tendenzen des apostolischen Stuhles, der Inquisition in Deutschland Nachdruck zu verleihen. Allerdings unter veränderten Vorzeichen; ihr Tätigkeitsbereich verlagert sich von der Ketzer- zur Hexenverfolgung. Bei uns wirken die Inquisitoren Krämer (latinisiert: Institoris), Sprenger, Cumanus[1], der von Krämer beauftragte Heimstöckel und ein Magister Ramwein (?), Pfarrer aus Abensberg.

Konrad von Marburg wird mit seinen Helfershelfern auf einem freien Feld erschlagen. Krämer ist beruflich im Innsbrucker Raum gescheitert. Jacob von Hochstraten, bis 1508 Inquisitor der rheinischen Gebiete, beschränkt seine Aktivitäten auf den Sektor der Schriftstellerei. 1510 veröffentlicht er eine Schrift gegen den Aberglauben. Bezüglich seiner Gelehrsamkeit zieht er gegenüber den »Humanisten« den Kürzeren.

Vor diesem Hintergrund muß das Entstehen der Hexenbulle (man hat sie erst später so genannt) und des Hexenhammers, versehen mit einer Empfehlung von Kaiser Maximilian I. und gestützt durch eine gefälschte Approbation, gesehen werden. Nach dem Erscheinen von Bulle und Hammer besteht die Inquisition in Deutschland bis mindestens 1503, in anderen Ländern wesentlich länger[2]. So wird sie in Spanien erst 1820 aufgehoben.

Sprenger läßt sich 1489 in Köln nachweisen. Der Offizial der Kurie wendet sich an einen dort lebenden Astrologen und an die Einwohner der Diözese, die mit Zauberern und Hexen in Verbindung stehen. Sie werden aufgefordert, vor einer inquisitorischen Kommission zu erscheinen, an deren Spitze der Prior des Kölner Dominikanerklosters, Jacob Sprenger, steht. Über den weiteren Verlauf dieser Auseinandersetzung ist nichts bekannt.[3]

Der Regensburger Bischof Heinrich von Abensberg berichtet 1491: »...er habe an mehreren Orten des Sprengels bemerkt, daß die Verirrung Raum gewonnen habe, daß sich Menschen beiderlei Geschlechts die göttliche Ehre anmaßen, sich als Wahrsager gegen das Verbot der Kirche auszugeben, damit Einfältige täuschen und mit solchen Dingen Zauberei verüben«.

Einmauern einer Nonne im Klosterkeller. Hier: aus einer Geistergeschichte (R. H. Barham; Ingoldsby Legends'). Im Grunde genommen eine tatsächliche Strafe, die von Kirche und weltlichen Gerichten vollstreckt worden ist. Für Nürnberg ist sie noch bis ins 17. Jht. aktenmäßig belegt.

Am 10. März beauftragt er den Augustinerchorherr Wolfgang Heimstöckel, der Kastner (Granator) von Kloster Rohr bei Augsburg ist, diesen Aberglauben mit Hilfe seiner Seelsorger bei Strafe der Exkommunikation zu verbieten. Wer Widerstand leistet und nicht bereit ist, seinen Irrtum aufzugeben, soll als der Ketzerei verdächtig, nötigenfalls unter Anrufung des weltlichen Armes, vor den Bischof geladen werden. Dieses Vorgehen kann nur als inquisitorisch bezeichnet werden.

1497 erscheint der »fromme und ehrwürdige Vater« Heinrich Krämer in dem Sprengel und weist sich durch eine Bulle als Inquisitor aus. Er bestellt Heimstöckel zu seinem Kommisär (Vikar) und erteilt ihm am 4. Juli 1497 für den Regensburger Sprengel die Vollmacht, gegen Übeltäter vorzugehen und sie nach der »Lex Multorum« mit dem Tod zu bestrafen. Zeugen dieses Aktes sind neben einigen Bürgern zwei weltliche Beamte: der Richter von Rohr, Andreas Schweybrer von Eberstall und der Landshuter Ratsschreiber Konrad Stör.

Vernichtung des Antichrist. Die Erscheinung eines teuflischen Widersachers wird im Neuen Testament angekündigt; und zwar im Zusammenhang mit einem unmittelbar darauffolgenden Weltuntergang, der u. a. auf das Jahr 1000 projektiert wird. Holzschnitt aus der Schedel'schen Weltchronik (1493). Möglicherweise auch eine Darstellung der »Versuches des heil. Antonius«. Die Versuchung ist in Phasen dargestellt. Links: der Teufel flüstert dem Prediger ins Ohr, oben: der Heilige im Kampf mit den Dämonen, während der Erzengel Michael mit dem Schwert auf die Dämonen einschlägt.

In diesem Zusammenhang ergibt sich ein bezeichnendes Taktieren von Krämer. Er schreibt am 2. Juli 1499 an den Magister Erasmus Ramwein (?), Pfarrer von Abensberg und Lizentiaten des Kirchenrechtes: »...von glaubwürdiger Seite sei ihm das Gerücht zugekommen, daß die Stadt voll Schändlichkeiten der Idolatrie sei. Dort sollen viele Hexen sein, die zum Schaden ihrer Mitbürger Hexereien verüben...darum wundere ich mich, daß ihr, ein gelehrter und berühmter Prediger, ein beherzter Mann, solchen Verbrechen nicht bis auf das Blut Widerstand leistet. Warum schweigt ihr über das Übel des Götzendienstes, warum seid ihr da wie ein stummer Hund[4] geworden, der nicht bellen kann? Mir scheint, daß ihr für eure Haut fürchtet, daß ihr Angst habt, die Hexen könnten euch selbst verzaubern, daß ihr die alten Vetteln mehr scheut als Gott, während es doch (eine) ausgemachte Sache ist, daß Hexen gegen die Prediger und andere Werkzeuge der Justiz nichts vermögen...«.

Papst Alexander VI. ernennt am 31. Januar 1499 den greisen Krämer und den Probst von Klosterneuburg zu Nuntien und beauftragt sie, in dieser Eigenschaft gegen die unter dem Namen »Böhmische Brüder«, »Waldesier« oder »Pickarden« bekannte Sekte in Böhmen und Mähren vorzugehen. Ein zweites Breve vom 5. Februar 1500 weist Krämer an, ein die römische Kirche angreifendes Buch (Handschrift?), das die Waldesier »Copita« nennen, zu konfiszieren und zu verbrennen. Gemeint ist das Werk »Bild des Antichrist« von Peter von Chelcic. Der Inquisitor schlägt den Böhmischen Brüdern ein Religionsgespräch vor, das im Kloster Olmütz stattfindet, aber zu keiner Verständigung führt.

Um diese Zeit gibt Krämer ein umfangreiches Werk gegen die Sekte der Waldesier heraus. Es verrät seine Haltung: »...die Brüder hielten bei ihren Versammlungen den Mund offen, um den heil. Geist in Gestalt einer Fliege in sich aufzunehmen. Was die Waldesier betrifft, sei ihm durch eidliche Aussagen bezeugt worden, daß sie bis auf wenige Ausnahmen vom Teufel besessen seien«.[5]

Heinrich Krämer[6]

Der mehrfach genannte Inquisitor Krämer wird 1472 in seiner Eigenschaft als Dominikaner von den Ordensoberen mit Haft belegt, weil er eine unerbietige Predigt gegen den Kaiser Friedrich III. gehalten hat. Seit 1474 ist er Inquisitor für Oberdeutschland und Prior des Schlettstatter Dominikanerklosters. Sixtus IV. erwirkt 1482 einen weiteren Haftbefehl gegen ihn wegen Unterschlagung von Ablaßgeldern, lobt aber kurz danach die Aktivitäten der Schlettstatter Dominikaner wegen ihrer inquisitorischen Anstrengung. Über seine Tätigkeit als Inquisitor sind wir teilweise unterrichtet, was sein Wirken in Innsbruck anbelangt, kann nur von einem Mißerfolg die Rede sein.[7]

Georg Golser, der Bischof von Brixen, veröffentlicht am 23. Juli 1485 die Bulle von Innozenz VIII. und erteilt am 21. September Krämer ein Mandat, versieht ihn mit inquisitorischen Vollmachten und empfiehlt, sich einen weltlichen Beamten des Landesherrn, Erzherzog Sigmund's von Österreich, beizuordnen. Die Wahl fällt auf Sigismund Samer, Pfarrer von Axams in der Nähe von Innsbruck. Die Untersuchungen beginnen am 14. Oktober.

Die Akten zur Innsbrucker Inquisition sind erst 1890 aufgetaucht und veröffentlicht.[7] Man findet darin Anweisungen zur Prozeßführung und Zeugenaussagen, aber keine Bekenntnisse. Eine Angeklagte Scheuberin sagt aus: »**...sie habe dem Inquisitor das fallende Übel an seinen grauen Scheitel gewünscht, weil er nichts anderes als gegen Hexen predige**«. Aus der Korrespondenz des Bischofs von Brixen ist bekannt, daß er mit dem Vorgehen Krämers nicht einverstanden ist. In Innsbruck spielt ein Prozeß vor dem geistlichen Gericht und seinen neun Mitgliedern (darunter vier Dominikaner) und ein weiterer gegen sieben Frauen. Das Urteil endet mit Freispruch, weil der Prozeß nicht nach geltenden Rechtsnormen geführt ist. **Der bischöfliche Generalkommissär weist eine von Krämer an eine Angeklagte gestellte Zwischenfrage über sexuelle Geheimnisse als nicht zur Sache gehörig zurück und gibt einen Protest gegen die Leichtfertigkeit des Inquisitors zu Protokoll.** Als Verteidiger fungiert Johann Merwais von Wendingen, ein Lizentiat der Kirchenrechte und Doktor der Medizin.

Der Bischof äußert sich in einem Brief vom 14. November an den Innsbrucker Pfarrer über Krämer: »...(er) bedünkt mich aber aus Altersschwäche ganz kindisch geworden zu sein; er scheint wirklich zu rasen. Was der Inquisitor getan, ist höchst unanständig«. Er rät ihm, sich nach dieser Niederlage »je geschwinder desto besser« zu entfernen. Ein weiteres Schreiben trägt das Datum vom 8. Februar 1486. »Eure Väterlichkeit sollte wirklich, wie ich ihr schon vorher zugeredet habe, in sein Kloster zurückkehren, sie solle nicht anderen zur Last fallen...(ich) glaubte aber, daß (er) die Diözese schon lange verlassen hätte!«.

Um diese Zeit muß der Hexenhammer seiner Vollendung entgegengegangen sein, zumal Krämer auch sonst ein fleißiger Schriftsteller ist. Offensichtlich hat **er** (nicht wie seither vielfach angenommen Sprenger)

Papst Julius II. (1503-13), vorher: Giuliano della Rovere, geb. 5.12.1443 in Albissola bei Savona, gest. 21.2.1513 in Rom (sein Grab liegt in S. Pietro in Vincoli). Er wird von seinem Onkel, der als Papst Sixtus IV. fungiert, 1471 zum Kardinal erhoben. Unter Alexander VI. flieht er nach Frankreich und wird später durch Bestechung zum Papst gewählt.

Papst Innocenz VIII. (1484-92), vorher: Giambattista Cibo, geb. 1432 in Genua, gest. 25.7.1492 in Rom. Seit 1473 Kardinal. Er bestätigt die Deutschen Inquisitoren Institoris und Sprenger in ihrem Amt (Hexenhammer) und verurteilt 1486 die Thesen des Pico Mirandola.

den wesentlichen Teil der Ausführungen im Hexenhammer verfaßt. Das ergibt sich aus häufigen Bezugnahmen im oberdeutschen Raum, für die Sprenger nicht zuständig ist. Krämer hat in seiner Eigenschaft als Inquisitor und Schriftsteller dazu beigetragen, den Hexenwahn zu formulieren, zu systematisieren und in eine gefährliche Bahn zu lenken.

1495 läßt Krämer in Nürnberg eine Sammlung von Traktaten gegen »jüngst aufgetauchte Irrtümer bezüglich des Sakramentes der Eucharistie« drucken. Im gleichen Jahr folgt er dem Ruf seiner Ordensoberen, um in Venedig über eine Streitfrage zu diskutieren. Dann kehrt er nach Deutschland zurück und wir treffen ihn im Kloster Rohr. Um 1503 verlieren sich die Nachrichten. Krämer ist 1505 im Alter von 75 Jahren gestorben.

Jacob Sprenger,[8] Johann Gremper[9]

Sprenger ist Dominikaner und seit 1475 Professor der Theologie und zeitweiliger Dekan der Kölner Universität. 1487 — im Erscheinungsjahr des Hexenham-

mers — wird er Provinzial der deutschen Ordensprovinz. Er setzt sich stark für die Verbreitung des Rosenkranzes ein und gründet eine Bruderschaft, an der sich namhafte Personen beteiligen.[10] Zudem ist er Prior des Kölner Dominikanerklosters; in gewissem Sinn ein Kollege von Krämer, der das Schlettstatter Kloster leitet.

Der älteren Forschung[11] zufolge ist Sprenger Hauptverfasser des Hexenhammers. Heute stellt sich die Sache so, daß Sprenger aufgrund seiner Nähe zur Universität eher mit der Verwirklichung der Approbation befaßt war und als Autor sekundäre Bedeutung hat.

Siebel hat nachgewiesen, daß Sprenger nicht die Geisteshaltung des Lehrkörpers vertreten hat. Die Kölner Universität ist als kirchliche Zensurbehörde anerkannt.[12] Sixtus IV. lobt sie 1479 in ihrem Eifer gegen die Unterdrückung von ketzerischen Schriften.[13] Wegen der im Zusammenhang mit der Fälschung der Approbation auftretenden Überlegungen läßt sich die vorsichtige Haltung der Universität in der Hexenfrage erkennen. Die Tatsache, daß es den Verfassern des Hexenhammers nicht gelungen ist, für ihr Werk eine echte Approbation zu bekommen, zeigt, daß die

Papst Hadrian VI. (1522-23), Adrian Florisz (ein Niederländer), geb. 2.3.1459 in Utrecht, gest. 14.9.1523 in Rom. Seit 1507 Erzieher des späteren Kaisers Karl V.; seit 1517 Kardinal. Ein Papst von asketischer Strenge »...strebt er nach einer gründlichen Reformation der Kirche, um der Glaubenserneuerung in Deutschland Vorschub zu leisten«.

Papst Alexander VI. (1492-1503), Rodrigo de Borja (Borgia), geb. 1430 (?) Jativa (bei Valencia), gest. 18.8.1503 in Rom. Er wird 1455 Kardinal und gelangt durch Simoie auf den päpstl. Stuhl. Er wird als »...lebenskräftig, um seine Kinder besorgt, klug, skrupellos, zu Ausschweifungen und Gewalttaten geneigt« geschildert. Er duldet die machtpolitischen Pläne und Verbrechen seines Sohnes Cesare. Möglicherweise wird Alexander VI. ermordet. Gift (?).

Mehrzahl der Professoren nicht geneigt ist, ihren Vorstellungen zuzustimmen.[14] Ebenso sicher kann man den universitären Betrieb nicht vom Geist der Zeit freisprechen.

Johann Gremper ist Kleriker und als Inquisitor für den Sprengel Konstanz zuständig. Er wird lediglich im Hexenhammer erwähnt. »Eine berühmte, von allen Einwohnern beschuldigte Hexe in der Grafschaft Fürstenberg im Schwarzwald, verlangte auf der Folter die Feuerprobe abzulegen. Der junge, unerfahrene Fürst erlaubt es und so trug sie das glühende Eisen singend nicht bloß drei Schritte, zu denen sie verurteilt war, sondern sechs und erbot sich, es noch weiter zu tragen«.[15]

Hexenbulle

Krämer und Sprenger sind bereits eine zeitlang als Inquisitoren in Deutschland tätig. Sie fühlen sich in ihrer Amtshandlung gestört (von bischöflicher und weltlicher Seite), wenden sich deshalb nach Rom zur

Bestätigung ihrer Kompetenzen. Die Ausgestaltung der Approbation bestätigt ihr Ansinnen.

In der Geschichte der Hexenprozesse nimmt die Antwort von Papst Innozenz VIII. eine wichtige Stellung ein, schon wegen ihrer ungleichen Beurteilung, die der Wortlaut der »Bulle summis desiderantes« in der Literatur gefunden hat. Ich habe ihren weitschweifigen Text unter die Fußnoten gesetzt.[16] Im wesentlichen besagt die Bulle:

Der Papst, der sich als Knecht der Knechte Gottes bezeichnet, verlangt mit der höchsten Begierde, daß sich der katholische Glaube vermehre und daß der ketzerischen Bosheit Einhalt geboten wird. »Es sei ihm zu Ohren gekommen, daß in einigen Teilen Oberdeutschlands (er nennt die Erzbistümer Köln, Trier, Mainz, Salzburg, Bremen) Personen beiderlei Geschlechts ihre Seligkeit vergessen und vom katholischen Glauben abfallen, sich mit Teufeln vermischen, Zaubern und Verderben anrichten, Impotenz herbeiführen, leichtfertig sind und in Sünde und Laster leben...man benehme sich gegenüber den geliebten Söhnen Henricus Institoris und Jacobus Sprenger halsstarrig...deshalb bleiben solche Verbrechen nicht ohne den offenbaren Verlust der Seelen und ewiger Seelengefahr ungestraft. Damit die Seuche des ketzerischen Unwesens nicht weiter zunehme und damit sich das Gift des Verbrechens nicht auf andere ausdehne...geben wir den genannten Inquisitoren unseren geliebten Sohn Johannes Gremper bei, um das Amt der Inquisition vollziehen zu können, und die als schuldig erkannten Personen nach ihrem Verbrechen zu züchtigen, an Leib und Vermögen zu strafen oder in Haft zu nehmen.« Dies soll dem gläubigen Volk, so oft es nützlich sei, vorgetragen und gepredigt werden.

Außerdem befiehlt er dem Bischof von Straßburg,[17] daß er alle Widersprechenden und Rebellierenden zu bezäumen hat, ggf. mit Unterstützung des weltlichen Armes. Außerdem soll es keinem Mensch erlaubt sein, diese Verordnung zu übertreten oder gegen sie zu handeln. »Würde sich jemand dazu erkühnen, so soll er wissen, daß er den Zorn des allmächtigen Gottes auf sich lade.«

Also bestätigt der Papst die inquisitorische Kompetenz. Das Verhalten der bei uns tätigen Inquisitoren, diese Bulle als Aushängeschild zu verwenden, sie bei der Approbation vorzuweisen und sie dem Hexenhammer voranzustellen, steht auf einem anderen Blatt. Inwieweit hier der apostolische Stuhl eingeschaltet ist, kann nicht festgestellt werden.

»Ganz sicher ist es falsch, den Inhalt der Bulle als Quelle der Hexenprozesse zu bezeichnen. Dennoch ist sie für die weitere Entwicklung von Bedeutung. Die Inquisitoren stellen sie kühn als eine vom apostolischen Stuhl ausgegangene förmliche Bestätigung ihrer Ansichten über das Hexenwesen hin und wissen sie in diesen Sinnen gegen ihre Gegner zu verwerten«.[18]

Gegner und Befürworter

Am Wortlaut dieser Bulle haben sich über Jahrhunderte die Gemüter erhitzt.[19] »Wenn tatsächlich nach ihrem Erscheinen bzw. nach ihrer breit angelegten Publikation im Zusammenhang mit dem Hexenhammer die Hexenverfolgungen zunahmen, so lag das im Grunde genommen am allgemeinen chronischen Wahnsinn und an der krassen Unwissenheit des Volkes, wie an einem bereits vorhandenen Glauben an den Teufel und an seine dienstbaren Geister«.[20] Die Annahme, die Hexenprozesse in Deutschland gehen auf die päpstliche Äußerung zurück, ist ebenso falsch wie die, daß damit den Inquisitoren das Recht eingeräumt worden ist, den Hexenprozeß in Deutschland einzuführen.

Waldbrühl bezeichnet das päpstliche Vorgehen als einen »mißlungenen Staatsstreich«. Soldan und Heppe vertreten die Auffassung, daß das Papsttum durch diese Bulle die Hexerei zum Dogma erhoben hat.[21] Schwager bezeichnet sie als »verfluchten Kriegsgesang der Hölle, als Beginn der Tyrannei eines Heuchlers«.[22] Soweit die Protestanten. Von katholischer Seite hat man alle Anstrengungen unternommen, um sich vom Makel reinzuwaschen. Die Wortführer sind hier Diefenbach, Pastor und der Jesuit Duhr.

Die Bulle ist nichts anderes als eine Reproduktion der von Deutschland nach Rom einlaufenden Berichte. Waren diese falsch, so mußte auch die darauf gebaute Darlegung des Papstes falsch sein, »denn darin könne der Papst getäuscht werden« (???)[23] »Man muß einräumen, daß der Papst von leichtgläubigen, kritiklosen Inquisitoren schlecht unterrichtet war und damit durch seine Bulle Ungerechtigkeiten Vorschub geleistet hat. Die deutschen Bischöfe hätten dem heiligen Stuhl den wahren Charakter der Prozesse aufzeigen müssen, um Rom zum Einschreiten zu veranlassen«.[24]

Pastor verweist auf die »referendierende« Form ihres Inhaltes, die keine dogmatischen Entscheidungen beinhaltet. Nach ihm handelt es sich nicht um einen Lehrgegenstand, sondern um eine Rechtsfrage. Zu der gleichen Auffassung ist bereits Christian Thomassius gekommen.[25]

Im Grund genommen handelt es sich um einen Machtkampf zwischen den Kompetenzen der Bischöfe und Inquisitoren, der sich auf dem Rücken einer breiten Volksschicht abspielt. Merzbacher bezeichnet diese Bulle als einen der letzten größeren gesetzgeberischen Akte der alten Kirche. Damit trifft er den Nagel ziemlich genau auf den Kopf: **wenn die tatsächliche Macht der katholischen Kirche damals bereits gebrochen ist, so zittert man in Deutschland immer noch vor ihr. Der Geist der Bulle und der Geist des Hexenhammers bestimmen die Wendung zum Unheilvollen. Im Gegensatz zu Bullen mit einem ähnlichen Inhalt wird gerade sie in breiter Form publiziert und dadurch zu einem Zankapfel der Geschichte.**

Innozenz VIII.

Papst Innozenz VIII. (1484—92) erläßt die Bulle kurz nach seinem Amtsantritt. Er ist wegen seiner Ausschweifungen berüchtigt. Fleury sagt in seiner Kirchengeschichte: »...kein Mensch habe eine gute Meinung von ihm gehabt, denn er führe ein gar unordentliches Leben, indem er mit verschiedenen Weibern sieben Kinder gezeugt«. »Dieser Papst hatte mit seinen Konkubinen viele Töchter und Söhne, die er mit hohen kirchlichen und weltlichen Würden bedachte«.[26] »Innozenz hieß wegen seiner 16 Kinder,

170

welche er gut versorgte, »Vater des Vaterlands«.[27] Hauber bezeichnet ihn als einen geilen und wollüstigen Bock.

Damit steht Innozenz VIII. nicht isoliert da. Bereits sein Vorgänger, Sixtus IV. (1471—84) führt samt seinem Hof ein schwelgerisch-wollüstiges Leben. Er befördert seine Söhne Peter und Hieronymus unter den Namen von Verwandten zu Kardinälen. Peter bringt in den zwei Jahren seiner Würde als Kardinal 200.000 Dukaten durch, bevor er an seinen übermäßigen Ausschweifungen stirbt. Um die gleiche Zeit errichtet sein Vater in Rom öffentliche Hurenhäuser, die ihm jährliche Einkünfte von etwa 80.000 Dukaten verschaffen. Auf Innozenz folgt der lasterhafte Alexander VI. (1492—1503). Von seinem Nachfolger, Julius II. (1503—1513) ist bekannt, daß er mehrere Kinder hat. Nicht nur die Kurie zeigt diesen Lebensstil, er durchdringt alle Grade der Hierarchie im Aufbau der christlichen Theokratie: das Sittenverderbnis ist allgemein.

So klagt, als einer unter vielen, der Karthäusermönch Dionysus von Leewis[28] über den Zerfall der Kirchenzucht und die Lasterhaftigkeit der Geistlichen, die sich vom Bischof bis zum Pfarrer erstreckt. Er rügt die häufigen Unzuchtsverbrechen, den Konkubinat, die Ausschweifungen mit Nonnen und verheirateten Frauen und den »Hurenzins«. Was die Verhältnisse in Deutschland angeht, so schreibt der spätere Abt Johannes von Trithemius (1462—1516) in einer an Nikolaus geschriebenen Anleitung zum priesterlichen Leben: »die Geistlichen verzichten lieber auf ihre Pfründe, denn auf ihre Konkubinen.«[29]

Im 15. und 16. Jht. finden wir vor allem in Süddeutschland ein Leben voll Sinnlichkeit. Nach der Cardina (Reichspolizei 1548/1577) und einigen Landesgesetzen wird die Prostitution und Kuppelei mit harten Strafen belegt. Jede außergesetzliche Vermischung wird nach den Partikulargesetzen an beiden Teilen mit den sog. »Unzuchtsgeldern« (Hurenbrüchen) geahndet. In den meisten deutschen Gebieten bestraft man die Prostitution durch Untertauchen im Wasser, Gefängnis, Staupenschlag, Gassenkehren, Orts- und Landesverweisung. Das kanonische Recht verhängt gegen Unzucht Kirchenbußen, die man unter Vorlage bestimmter Summen abkaufen kann.

Das Kloster Gnadenzell auf der Schwäbischen Alp erregt ärgerliches Aufsehen als Nonnenkloster. Das Frauenkloster zu Kirchheim unter der Teck ist ein »offenes Frauenhaus«, d. h. eine bekannte Stätte der Prostitution. 1484 — im Jahr der Bulle von Papst Innozenz VIII. — wird die Liederlichkeit im Kloster Söflingen so schreiend, daß eine bischöfliche Untersuchung angeordnet wird. Der Kommisär berichtet: »er habe in den Zellen der »Gottesbräute« Liebesbriefe höchst unzüchtigen Inhalts gefunden, Nach-

Ego fum. Papa.

Karikatur auf den lasterhaften Papst Alexander VI., der hier als Teufel dargestellt ist. Holzschnitt um 1500. Solche Darstellungen beweisen, wie weit schon damals die Achtung der Bevölkerung vor dem Kirchenregime gesunken ist; sie zeigt aber auch wie fest der Teufelsglaube verwurzelt ist.

schlüssel, üppige weltliche Kleider und die meisten Nonnen in gesegneten Leibesumständen«. Um diese Zeit (1500 oder kurz davor) taucht zudem in Deutschland die Franzosenkrankheit oder Syphillis in einer verheerenden Form auf.

Ich kann hier nur einige der Aktivitäten von Papst Innozenz VIII. anschneiden, die seine Persönlichkeit verdeutlichen: sein Verhalten gegenüber dem Lizentiat der Theologie an der Sorbonne, Johann Lailier, auf die unter ihm bewilligte Verfolgung der Waldesier unter seinem Legat Capitaneis und auf die Bulle »Summis desiderantes affectibus« vom 5. Dezember 1484, die in der Geschichte des Hexenwahns eine bedeutende Rolle spielt.

Lailier lehrt, daß, wenn heimlich ein Priester zu ihm kommt um zu beichten, daß er verheiratet ist, er ihm keine Buße auferlegt. »Seit etwa 400 Jahren habe der Papst den Priestern die Ehe untersagt, er wisse aber

nicht, ob er dies zu tun berechtigt gewesen sei«. Die Sorbonne verdammt diesen Satz und verweigert Lailier's Promotion zum Doktor der Theologie. Er wendet sich an das Parlament und dieses wendet sich an den Bischof. Lailier wird zum Abschwören genötigt und versucht nun, die Bischöfe zur Anerkennung seiner Promotion zu zwingen. Sie appellieren an Innozenz VIII. Nun schreibt der Papst an den französischen Inquisitor Johann Lossart, daß Lalier das Predigen zu verbieten ist und lobt außerdem die Sorbonne wegen ihres schulischen Eifers, verbietet aber gleichzeitig, Lalier zum Doktor zu machen. Das bischöfliche Urteil ist zu vernichten. Weitere Nachrichten hierzu sind mir nicht bekannt.[30]

Innozenz VIII. hat sich zudem bei der Verfolgung der Waldesier ausgezeichnet und damit seinem Nachfolger, Alexander VI., in dieser Beziehung Vorschub geleistet. Unter Innozenz werden 1488 die Waldesier bewaffnet angegriffen. Ein Chronist schildert die Greuel: »...sie flohen in Höhlen oder stürzten sich von Felsen herab, wo ihre zerschmetterten Leiber liegenblieben oder von den Soldaten vollends getötet wurden. Vor ihren Höhlen zündeten die Verfolgten Feuer an, ein Teil von ihnen wurde im Rauch erstickt. Die Verfolgung war ausnehmend schwer, denn man fand in den Höhlen 400 kleine Kinder in ihren Wiegen liegend oder im Arm der toten Mutter erstickt«. Im ganzen sollen etwa 3.000 Menschen bei dieser Verfolgung umgekommen sein.

Unter diesen Gesichtspunkten ist der »Knecht der Knechte Gottes« zu beurteilen.

Hexenhammer (Malleus maleficarum)

»Vor hundert Jahren, da des Papstes Tyrannei in Teutschland noch im Schwang ging, und schier auf's höchste kommen war, hatte er zwei Dominikaner oder Predigermönchen Gewalt gegeben, die Ketzer auszuforschen und zu strafen...Diese wüteten grausam und unmenschlich wider die Weiber...An solchem Brandmord hatten viele verständige Leute ein herzliches Mißfallen, predigten, schrieben und redeten dawider, so lange und so viel, daß die Brandmeister genötigt wurden, ihre Sache öffentlich zu verteidigen. Ließen ein Buch ausgehen, nennten es Malleus maleficarum, ein Hammer der die Zauberinnen zerknirst...in welchem viel Unwahrheit, viel aberglaubiges, ungereimtes, widersinniges Ding ist, mit Bäpstlicher Bulla bestetiget.«

Detail aus einem Altar von Stefan Lochner (Köln). Dämonen umzingeln eine junge Frau. Gedacht ist vermutlich an eine Geizhexe, wie sie später auch von Dürer dargestellt worden ist. Keine Darstellung eines »Jüngsten Gerichtes« oder eines »Höllensturzes«.

Titelseite des sog. Hexenhammers. Er wird viel zu gewichtig angesehen. Vermutlich hat er (fast) keine Bedeutung im Verbund mit dem Hexentreiben.

Der Inhalt des Hexenhammers setzt eine mehrjährige Beschäftigung mit dieser Materie voraus.[31] Das Buch wird um 1486 vollendet und erscheint 1487 in Straßburg, nachdem es kurz davor von der Kölner Universität approbiert ist. Die Autoren versuchen nachzuweisen, daß es Hexen gibt.[32] »Diese mörderischen Buben, die den Hexenhammer ausbrüteten, dies Schandmahl der Menschheit, sagen es ausdrücklich, daß einige Seelsorger und Prediger des göttlichen Wortes sich nicht scheuten, öffentlich in ihren Predigten dem Volk die Versicherung zu geben, es gäbe **keine** Hexen...«.[33]

Nach der Methode der Zeit ist der Hexenhammer so logisch in der Form und so fest auf die scholastische Theologie und das kanonische Recht gegründet, daß sein hohes Ansehen verständlich ist. Es handelt sich um eine systematische Zusammenstellung von Stellen aus der heiligen Schrift und aus etwa 50 vorausgegangenen Autoren, die sich mit diesem Thema beschäftigt haben. Eine Vorzugsstellung nimmt der Formicarius von Johannes Nider (vergl. S. 155) ein.[34]

Die Verfasser wollen nicht die weltlichen Gerichte von den Hexenprozessen ausschließen. Das Gegenteil ist der Fall, denn sie sagen: »Unsere vornehmste Absicht bei der Abfassung dieses Werkes ist, uns Inquisitoren von Oberdeutschland von der Hexenverfolgung, soweit es mit göttlicher Hilfe möglich ist, zu entlasten. Darum wollen wir die kirchlichen und insbesondere die weltlichen Richter über den Hexenprozeß belehren. Die Hexerei gehöre, da sie ein gemischtes Verbrechen ist, vor das geistliche **und** das weltliche Gericht. Die Bischöfe können unter Ausschaltung der Inquisitoren in vielen Dingen gegen die Hexen einschreiten. Aber ohne die weltlichen Gerichte können sie da, wo die Strafe an Leib und Leben geht, nicht prozessieren.« Das liegt am kanonischen Recht. Die höchste Kirchenstrafe ist die Exkommunikation (auch heute noch!).

Der Malleus maleficarum bringt wichtige Neuerungen. So tritt an die Stelle der früheren Anklage die Denunziation. Das ist naheliegend, weil dieses Machtmittel bereits Kennzeichen der Inquisition ist. **Der Hexenhammer stellt die Hexen außerhalb des gemeinen Rechts und sanktioniert die Folter.** Hinrichtung und Vermögenseinzug zur Bestreitung der Prozeßkosten bilden lediglich den förmlichen Abschluß des Verfahrens. Die fortschrittliche Meinung des Canon episcopi (vergl. S. 90) wird ignoriert und geschickt umgangen. Seine Approbation ist unverständlich.

Die durchweg negativen Meinungen über den Hexenhammer sind kaum zu verwerten, weil sie stark von Emotionen geleitet sind. Eine Beurteilung aus der Zeit heraus ist nicht gegeben. Die Verfasser sind vom katholischen Glauben und ihrer Aufgabe durchdrungen. Ihre Kenntnis der Bibel und der vorausgehenden Schriftsteller verdeutlicht eine enorme Belesenheit. Die Nähe zu den Ketzerprozessen wird an vielen Stellen deutlich. Krämer und Sprenger sind nicht frei vom Wahn der Zeit. Ihr Weltbild steckt voller Teufel und Dämonen. »Jetzt, da der Jüngste Tag nicht mehr weit ist, ist die Welt voll Zauberei und Teufelei...deshalb vermehren sich die Hexen so stark«[35.] Sie schleppen im Malleus einen ganzen Berg voll Aberglauben vor sich her.

Eine besondere Rolle nimmt die Stellung der Frau in ihren Ausführungen ein. Hier ist naheliegend, an die Nöte zu denken, die der Zölibat auch noch heute den Geistlichen auferlegt. Gerade seine Umgehung führt zu beträchtlichen Ausschweifungen. Der folgenschwerste Teil des Hexenhammers ist der dritte, weil hier rechtliche Vorstellungen ausgesprochen werden: hier zeigt sich eine geistige Anlehnung an die Ketzerprozesse. Das Laster der Hexerei wird über alle anderen gestellt und zum Ausnahmeverbrechen deklariert.

Damit will ich das Buch nicht verniedlichen. Es ist eine erste umfassende Darstellung des Hexenwesens am Ende des Mittelalters, verfaßt von fanatischen, vom Zeitgeist befangenen Mönchen, das für die Folgezeit verhängnisvolle Folgen hat. Es steht nicht fest, ob der Hexenhammer überhaupt als Handbuch für gezielte Verfolgungen der Hexen anzusehen ist. Man muß es für unwahrscheinlich halten, daß ein in schlechtem Latein geschriebenes schwerfälliges Buch einen Umschwung der öffentlichen Meinung — hier in Bezug auf die Weiblichkeit — hervorbringen kann. »Freilich ist auch zu bedenken, ob das dickleibige lateinische Buch, das nicht in die deutsche Sprache übertragen wurde, und das in den 30 Jahren von 1487—1520 neun Auflagen erlebte, das überwiegend von Theologen, Juristen und Ärzten (Weyer) gelesen werden konnte...überhaupt in das Volksbewußtsein drang.« Das ist ja auch nicht die Frage. Fest steht, daß die aus der Handhabung mit dem Hexenhammer entstehenden Folgen auf dem Rücken des Volkes ausgetragen worden sind.

Der Hexenhammer hat drei Teile. Zuerst werden in 18 Fragen die Dinge untersucht, die bei der Zauberei zusammentreffen. Dann wird gesagt, wie man sich vor Zauberern schützt bzw. wie man Krankheiten heilen oder aufheben kann. Der dritte Teil ist dem Prozeß gegen die Zauberer und Hexen gewidmet.

Die gefälschte Approbation (Billigung)

Am 19. Mai 1487 versammeln sich die Professoren in der Amtsstube des Dekans, Lambertus de Monte.[36] Mit ihnen die beiden Dominikaner, der Universitätspredell und ein Kleriker als Zeugen, der vereidigte Notar der Kölner Kurie und der Priester Kolich von Euskirchen als Schriftführer. Der Dekan bemerkt: »...daß er diese dreiteilige Abhandlung, die von mir eifrig durchgelesen und verglichen worden ist, betreffs ihres ersten Teiles nichts enthält — wenigstens nach meinem bescheidenen Urteil — was mit der Wahrheit des katholischen und apostolischen Glaubens im Widerspruch steht. Dennoch scheint es ratsam, daß dieser Traktat gelehrten und eifrigen Männern, die aus ihnen allerlei heilsame und reife Ratschläge zur Vertilgung des Hexenwesens entnehmen können, nur gottesfürchtigen und gewissenhaften Personen mitgeteilt würde.«

Es ist anzunehmen, daß die beiden Inquisitoren mit dem Wortlaut dieser Erklärung nicht einverstanden sind. Sie legen dem Dekan vier selbst redigierte Sätze vor. Hier wird deutlich, daß sie die Sicherung ihrer Kompetenz im Auge haben.

- Die Inquisitoren verdienen als Abgesandte des Papstes Unterstützung in ihrem Amt.
- Daß es Hexerei gebe, sei nicht im Widerspruch mit der katholischen Lehre, sondern stimme mit der heiligen Schrift überein.

- Es ist ein Irrtum anzunehmen, daß es keine Zauberei gebe. Andersdenkende hindern das Werk der Inquisition.
- Alle Fürsten und katholischen Priester seien zu ermahnen, das fromme Werk zu unterstützen.

Institoris weist außerdem ein gesiegeltes Pergament von Kaiser Maximilian I. datiert: Brüssel, 6. November 1486, vor, das befiehlt, die päpstliche Bulle zu respektieren. Er stellt die Inquisitoren unter seinen Schutz. Die Bulle wird allen Ausgaben des Hexenhammers vorangebunden und erreicht erst dadurch eine Breitenwirkung.

Nun nimmt die Fakultät die Inquisitoren unter moralischen Schutz und erklärt ausdrücklich als schriftgemäß, daß aus göttlicher Zulassung, durch Hilfe des Teufels, Menschen zu Zauberern werden können. Gegner dieser Ansicht machen sie für das Verderben der Seelen verantwortlich. Die Approbation mahnt Völker und Fürsten, dem gottseligen Werk der Inquisition beizustehen...zur Verteidigung des heiligen katholischen Glaubens.

Die eigentliche Billigung hingegen, die dem Werk zustimmt und von acht der Universität angehörigen Theologen unterzeichnet ist, muß, wie Hansen nachgewiesen hat, als eine von Krämer und Sprenger in Zusammenarbeit mit einem Notar angefertigte geschickte Fälschung angesehen werden.[37]

Prophezeiung des »Bauernkrieges« oder Darstellung der Sündflut. Facsimile des Titels: »Practica für das Jahr 1524« von Rymann. Gedruckt in Nürnberg, 1523. Würdenträger stehen der Bauernschaft gegenüber. Im Zeichen des »Fisches« erfolgt die Erleuchtung.

Dämonismus, Einfluß der Himmelskörper

Die Hexerei geschieht mit der Hilfe des Teufels. Es ist ketzerisch zu behaupten, daß der Teufel mehr Macht als Gott hat. Nur mit seiner Zulassung können die Teufel (Dämonen) auf den Menschen wirken. Leute, die behaupten, es gebe keine Hexen, werden als Ketzer bestraft. »**Daher muß man sich alle Mühe geben, das Hexenwesen zu studieren, um die Unwissenheit zu besiegen.**«

Es schmeckt nach Ketzerei zu behaupten, das Zaubern sei nur eine Einbildung. Das Gegenteil lasse sich durch göttliche, kirchliche und bürgerliche Gesetze erklären. Das göttliche Gesetz befiehlt ausdrücklich, daß man die Zauberer töten soll (5. Buch Moses. 18). Hier wird befohlen, das Zaubergesindel umzubringen. Wer die Schrift anders als die Kirche erklärt, ist ein Ketzer.

Es gibt dreierlei Hexen: einige bezaubern, lösen aber die Bezauberungen wieder auf; andere beschädigen, ohne zu entzaubern und einige können bloß entzaubern. Das beste Mittel gegen die Zauberei ist das Sakrament der Buße. Die Zauberer »...peitschen durch Hilfe der Teufel die Elemente tüchtig zusammen, um Hagel und Ungewitter hervorzubringen; sie verwirren das Gemüt der Menschen, verursachen Raserei, Haß und wütende Geilheit. Ohne Gift, bloß durch Zaubergesänge und deren Kraft töten sie«, (Isidorus: Ethym. Lib. VIII. 9).

Der Einfluß der Himmelskörper kann nicht ganz verworfen werden, denn diese werden von geistigen Substanzen bewegt und regiert, wie dies alle Theologen und Philosophen annehmen. Nur müssen die Seelen der Himmelkörper viel größer als die unsrigen sein; folglich könne sie in unserem Leib und in unserer Seele wirken. Der Mensch ist Gott, den Engeln und den Himmelskörpern untergeordnet. Allerdings kann die Macht der Sterne (die Seelen der Himmelskörper) keine Zauberei verursachen. Die Zauberwirkungen bestehen darin, daß die Zauberer ihren Glauben verleugnen, Unzucht treiben, zarte Kinder umbringen und boshaft sind, sie gehen ein Bündnis mit dem Satan ein. Gott konnte die Kreatur nicht so vollkommen schaffen, daß sie nicht hätte sündigen können. Das Laster der Zauberei ist so enorm, daß sie selbst die Sünde und den Fall der Engel übersteigt. Die Sünden des Teufels können niemals vergeben werden.

Die Hexen verleugnen den Glauben, folglich sündigen sie weit schwerer als die Teufel. Weil die Hexen nirgends Frieden finden, gehen sie schneller als andere zur Kirche hinein und langsamer heraus.[38]

Die Hexen verdienen von allen Lasterhaften die größten und schwersten Strafen. Einmal die Strafe als Ketzer und einmal die Strafe als Abgefallener. Ist der Ketzer ein Laie, und weigert er sich, den Irrtum zu widerrufen und abzuschwören, so wird er mit dem Feuer verbrannt. Ist er ein Geistlicher, so wird er erst der geistlichen Würde entsetzt und dann der weltlichen Obrigkeit zur Todesstrafe übergeben. Kehrt er aber von der Ketzerei zurück, so wirft man ihn lebenslänglich in die Ketzerkerker. **So gelinde kann man aber mit den Hexen nicht verfahren, man kann sie nicht mit ewiger Gefängnisstrafe begnadigen, sie müssen getötet werden.** Jetzt bringen sie einige Beispiele, aus denen der dämonische Einfluß deutlich wird.

»Drei Gesellen gingen miteinander über das Feld, zwei wurden vom Donner erschlagen und der Dritte hörte eine Stimme in der Luft: »Laßt uns auch den erschlagen«. Der andere gab zur Antwort: »das geht nicht, denn heute ist das Wort Fleisch geworden«, d. h. der gute Junge hatte morgens Messe gehört, so daß ihm der Teufel nichts anhaben konnte.«

Der Abt Serenus hatte mit seinem Fleisch ewigen Krieg und bat Gott, ihn keusch zu machen. Nachts kam ihm ein Gesicht vor, als komme ein Engel zu ihm. Er öffnete ihm den Bauch und nahm ein Ding weg »wie ein feuriger Kopf«. »Siehe«, sprach da der Engel, »da habe ich dir den Kitzel genommen, und von heute an wirst du weniger Anfechtungen haben, als ein Junge an der Mutter Brust«.

»Ein Priester versicherte uns, daß er mit eigenen Augen in der Nähe von Landshut eine (Luft)fahrt gesehen habe. Er war bei einer Studentenversammlung; einer sollte fortgeschickt werden, um Bier zu holen, kehrte aber um, als er vor dem Haus einen dichten Nebel sah. Nun rief ein anderer: »und ich werde gehen, selbst wenn der Teufel zugegen wäre«. Und siehe, kaum war er vor die Türe getreten, da wurde er vor aller Augen in die Luft hinauf entführt«.[39]

Dazu paßt recht gut ein Beispiel ähnlicher Art aus dem Jahr 1717. Es stammt von dem Arzt Eberhard Gockelino. Ich bringe das nur, um zu zeigen, daß sich in den 200 Jahren zwischen 1500 und 1700 bezüglich des Dämonenglaubens selbst beim gebildeten Stand der Ärzte nichts geändert hat.

»Als ich vor vielen Jahren, da ich noch Physikus zu Gingen gewesen, etliche katholische Bauernknechte von Memmingen an einem Sonntagmorgen nach Bachagel gehen wollten, und auf dem Felde waren, kam unversehens ein starker zottiger Bock, schoß einem

jungen Kerl zwischen die Füße und fuhr mit ihm durch die Luft davon...er riß ihn vor aller Augen hinweg...er wurde in zwei Stunden bis nach Mönchen(?), wenigstens 14 Meilen vor der Stadt niedergesetzt...er ist später zu den Kapuzinern gegangen und erzählte ihnen den ganzen Handel. Sie gaben ihm zur Antwort: »weilen der Teufel diese Macht durch Verhängnis Gottes über ihn bekommen, müsse er nicht gottselig gelebt und auch nicht fleißig gebetet haben...er solle künftig frömmer und fleißiger beten, so werde sich das nicht mehr wiederholen«.

Abergläubische Vorstellungen[40]

Wahrsagerinnen sind Zauberinnen, die den Teufel im Leib haben. Wenn beispielsweise eine Hexe ein Zauberinstrument unter der Türschwelle verbirgt, so ist das Zauberei.

»Einer unserer Inquisitoren entdeckte eine fast ausgestorbene Stadt, in der das Gerücht ging, daß ein gewisses begrabenes Weib nach und nach ihr leinernes Sterbekleid, in dem es begraben worden, in sich fresse, und die Pest könne nicht eher nachlassen, als bis das Kleid vollends verzehrt sei. Nach einer Beratschlagung ließen der Stadtschulze und der Bürgermeister das Grab öffnen und fanden, daß die Alte bereits die Hälfte durch das Maul und den Hals in den Bauch geschluckt und verzehrt hatte. Der Schulze ergrimmte darüber, zog vom Leder, hieb ihr den Kopf ab und warf ihn in die Gruft, worauf gleich die Pest nachließ...nach geschehener Untersuchung fand sich, daß dieses Weib zu Lebzeiten eine Erzhexe war.«

»Die Ärzte haben folgende Anzeichen: sie schließen aus den Umständen, forschen nach dem Sitz der Ursache der Krankheiten; ist diese nicht zu entdecken und auch keine Ansteckung vorhanden, so ist sie durch Dämonen verursacht. Einige halten flüssiges Blei über den Kranken und gießen es in eine mit Wasser gefüllte Schale. Erscheint dann ein einigermaßen deutliches Bild, dann urteilen sie, daß die Krankheit »ex maleficio« sich ereignet habe. Die Theologen halten es für unerlaubt, da man nichts Böses tun dürfe, damit Gutes herauskomme«.[41]

»Als zu Innsbruck eine Hexe inquiriert war, erzählte ein gewisses Frauenzimmer: »ich besuchte meine Freundin, die unerträgliche Kopfschmerzen und deshalb eine alte Frau bei sich hatte, die sie durch allerhand Hokuspokus kurieren wollte.« »Abergläubische Possen«, sprach ich zu der Alten, »euch ist es nur um's Geld zu tun«. »Drei Tage später war kein Fleckchen mehr an mir, wo es mich nicht geschmerzt hätte, wo nicht eine Beule voll weißen Eiters war. Eines Tages entdeckte ich über der Stalltüre ein Päckchen in einem Tuch. Auf den Rat des Hausherrn nahm ich es

Eine junge Frau vor dem Inquisitionstribunal. Um sie herum verschiedene Folterinstrumente (Streckbank, Geige, Daumenschrauben, Zange, Halseisen und Feuer). Man hat dieses Bild für die sexuelle Unausgeglichenheit des Klerus beansprucht und zitiert.

herunter, öffnete es und warf alle Siebensachen... Schlangenknochen, Kräuter usw. ins Feuer und ward stehenden Fußes besser.«

»Die Kontrahexen gießen Blei in eine Schüssel mit Wasser. Findet sich dann die verlangte menschenähnliche Gestalt, so nimmt die kluge Frau oder der kluge Mann ein Messer und sticht oder schneidet das Bild in derjenigen Gegend, wo es die antuende Hexe haben soll...und diese hat sogleich darauf an demjenigen Gliede, worauf es gezielt war, so heftige Schmerzen, daß es nicht mehr verborgen und unbekannt bleiben kann.«

»Ähnliche Mittel haben viele Weiber, die Hexe zu entdecken, die mit dem Teufel nichts zu tun haben. Wenn sie z. B. eine Kuh auf die Weide lassen und die Hexe auskundschaften wollen; also hängen sie des Mannes Beinkleider oder sonst etwas Schmutziges an die Hörner der Kuh oder auf ihren Rücken und treiben sie sodann mit einem Stocke ab. Diese geht nun geradewegs nach dem Hause der Zauberin, stößt mit den Hörnern unaufhörlich gegen die Tür und blökt beständig.«

»Wenn ein Stück Vieh krepiert ist, und sie zu wissen wünschen, ob es an einer natürlichen Krankheit oder durch Zauberei geschehen sei, und im letzteren Fall den Täter heraushaben wollen, so gehen sie auf den Schindanger, schleppen das Eingeweide des abgedeckten Tieres hinter sich her bis ins Haus, jedoch nicht über die Türschwelle, sondern unter derselben, legen es dann auf einen Rost und braten es. Wo nun diese »Caldaunen« anfangen zu braten, so fangen der Hexe die Gedärme im Leibe an zu schmerzen.«

»Unerlaubt ist auch das Mittel, dessen sich einige Weiber hin und wieder in Schwaben bedienen. Sie gehen am ersten Mai vor Sonnenaufgang in den Wald, schneiden sich von Weiden oder anderen Bäumen Zweige, beugen sie in Gestalt eines Zirkels zusammen, hängen sie beim Eingang in den Kuhstall auf und versichern, daß nun das Vieh das ganze Jahr nicht bezaubert werden könnte.«

Stellung der Frau, Beischlaf

Fromme Kirchenlehrer behaupten, daß die Dinge im Guten und Bösen kein Maß kennen: die Zunge, ein Geistlicher und ein Weib. Er führt weiter aus: »weil sie eine schlüpfrige Zunge haben und ihre eigene Schande nicht verschweigen können, wenn sie es mit ihresgleichen zu tun haben, und wenn es ihnen an Kräften gebricht, sich heimlich zu rächen, so nehmen sie ihre Zuflucht zur Zauberei.« Deswegen sagt Salomo: »...es ist besser bei Löwen und Drachen zu wohnen, als bei einem bösen Weibe«. Eva spielte den ersten Betrug, deswegen kann man von ihren Töchtern alles erwarten. Sie wurde aus einer krummen Rippe erschaffen, als ein unvollkommenes Tier betrügt sie immerfort. Das Weib taugt von Natur aus nichts, es zweifelt geschwinder und verleugnet auch den Glauben leichter.

»Die Weiber sind untereinander selten gut. Und da ein beraubter Mann wohl mit anderen Weibern, nicht aber mit seiner eigenen halten kann, so läßt sich diese Sache leicht begreifen; das Weib sucht sich zu beschädigen und so bekommt der Teufel zwei Braten für einen«.

»Daß die Ehebrecherinnen und Huren vorzüglich Hexen sind, ergibt sich aus dem Behexen, wodurch das Ehestandsgeschäft bei gewissen Personen verhindert wird. Das Ehestandsgeschäft aber ist ein Werk Gottes.«

»Es ist eine orthodoxe Meinung der Kirche, daß durch den Beischlaf der Menschen mit den Teufeln Kinder erzeugt werden können...ob die geilen Purschen von Engeln (1. Mos. 6) nicht wirklich bei den Töchtern der Menschen gelegen, und eine mächtige Riesenrace mit ihnen erzeugt hätten? Nun kann der Teufel ja »Semen virile« irgendwoher bekommen und »ad ovarium mulieris« gebracht haben, wodurch das Weib wirklich empfängt: der Teufel ist aber nicht der eigentliche Vater, sondern derjenige, dem der Samen entwendet ist. Auch kann es geschehen, daß so ein Incubus sich unsichtbarer Weise zwischen zwei sich Umarmende schleicht und unbemerkt »Semen sum loco feminisiri« injiziert, denn was können Geister und Engel nicht alles tun. Die guten Engel können wegen ihrer größeren Vollkommenheit die Himmelskörper bewegen; folglich müssen die Teufel doch wenigstens kleine, geringe Körper, dergleichen das Semen virile ist, bewegen können. Aus dieser Betrachtung folgt, daß die Teufel sich nicht aus Wollust mit solchen Dingen abgeben, sondern um des Menschen Seele und Leib zu verderben. Es sind aber Teufel der niedrigsten Klasse, die zum Frondienst der Hurerei verdammt sind. Viele Ehebrecher verlassen die schönsten Weiber und hängen sich an einen säuischen widerlichen Nickel.«

»Uns ist eine alte Vettel bekannt, die nach und nach drei Äbte eines gewissen Klosters so verliebt in sich machte, daß diese nicht mehr von ihr ablassen konnten. Sie gestand, daß sie es getan habe, und zwar durch Hilfe der eigenen Exkremente, von denen die heiligen Väter »...ein armlanges Stück gespeiset« hätten.«

Wenn die männliche Rute entweder unsichtbar ist, oder sich keiner Erektion zu erfreuen hat, so ist der Schade natürlich; ist aber Bewegung und Erektion da, ohne daß das Werk vollbracht werden kann, so ist der Mann bezaubert. Diese Bezauberung betrifft aber auch die Weiber, dann können sie entweder nicht empfangen oder sie abortieren.«

Eine Hexe, die das Empfangen verhindert, oder einen Abortum befördert, ist eine Totschlägerin und muß wie eine Mörderin bestraft werden. Impotenz kann mit geistlichen Mittel bekämpft werden. Wenn dies aber nicht innerhalb von drei Jahren gelingt, so erklären einige Kirchenlehrer die Ehe für ungültig. Dann nennen die Autoren die »sieben Künste der Weiber«:

- Menschliche Gemüter umzustimmen (ausschweifende Liebe, alles übertreibender Haß)
- Verhinderung der Zeugungskraft
- Weghexen der Zeugungsglieder
- Menschen in Tiere verwandeln
- Bei den Frauen die Kraft zu empfangen zerstören
- Bei den Frauen eine unzeitige Geburt verschaffen
- Die Kinder dem Teufel darbringen

Diesen Künsten stellt er geistliche Mittel gegenüber:

- Wallfahrten mit bußfertiger Beichte
- Zeichen des heiligen Kreuzes
- Beten
- Erlaubter Bannspruch

Hebammen, Kinderfresserinnen

Die Hebammen schädigen die Frucht schon im Mutterleib, befördern eine unzeitige Geburt, und geloben die Kinder dem Teufel an, indem sie dieselben unter allerlei Vorwand in die freie Luft oder unter den Schornstein tragen und sie dann in die Höhe heben. So geschah es in der Diözese Straßburg im Städtchen Zabern (Oppido Tabernio), wo eine Hebamme, weil sie nicht wieder genommen wurde, das Kind behexte, so daß es nach einiger Zeit Nägel, Dornen und Knochen spie, wie ähnliches in Tann (Diözese Basel) zu erwähnen ist, wo man in den Köpfen der Kinder Nägel fand.[42]

Zu dieser Schilderung gibt es eine Variante: »In Zabern kam eine Wirtin, die der heil. Jungfrau mit vieler Devotion ergeben war, in die Wochen, sie traute aber der ordentlichen Hebamme nicht viel Gutes zu und nahm lieber eine andere. Die verachtete Hebamme griff ihr an den Bauch und sagte: »...über 6 Monate solle sie es schon fühlen, was es heiße, sie zu verabscheuen«. Ihre Schmerzen in den Eingeweiden waren schrecklich, und das Ding wäre schief gegangen, wenn sich nicht die heil. Jungfrau ihrer angenommen hätte. Die Bezauberte gab durch den Stuhlgang Dornen, Knochen und Holz von sich...und war dann wieder hergestellt«.

Es haben uns wohl Hexen bekannt und gesagt, daß dem katholischen Glauben niemand schädlicher und gefährlicher sei, als die Hebammen, die, wenn sie die Kinder nicht umbringen, so doch dem Teufel opfern.

Wie sich die Kinderfresser verhalten, hat der Richter Peter im Berber Gebiet aus einer Hexe herausbekommen: »Wir stellen, so sprach sie, vorzüglich ungetauften Kindern nach, auch wohl Getauften, besonders, wenn sie nicht durch Gebet und das Zeichen des Kreuzes wider uns in Sicherheit gesetzt worden. Wenn die Kinder in den Wiegen oder bei den Eltern im Bette liegen und totgefunden werden, so glauben diese, sie hätten sie erdrückt, oder sie wären auf eine andere Art um's Leben gekommen...wir haben sie aber durch eigene Zeremonien umgebracht. Sodann stehlen wir sie heimlich aus dem Grab, kochen sie mit Kalk, bis sich das Fleisch von den Knochen gelöst hat und gar geworden ist. Aus den festeren Teilen machen wir eine Art Salbe, die flüssigen füllen wir in eine Flasche. Wer davon trinkt, wird einer von unserer Sekte«.

Milch-, Butter- und Wettermachen

»Die Hexen stoßen ein Messer in die Wand, nehmen einen Milcheimer zwischen die Beine, indem sie den Teufel anrufen, er möchte ihnen doch von dieser bestimmten Kuh Milch verschaffen. Mit der größten Geschwindigkeit melkt nun der Teufel die Kuh, bringt der Hexe die Milch und weiß es so einzurichten, als wenn sie aus dem Messerstiel herausgezogen wäre«.

»Von einer Gesellschaft Reisender, die an einem Fluß, wo eine Herde weidete, vorübergingen, ist jemand lüstern nach Butter. Alsbald geht ein anderes Mitglied an den Fluß, stößt das Wasser mit den Händen zurück, als ob er Butter mache und siehe, nach einer kurzen Zeit bringt er eine Menge gutschmeckender Maibutter zum Vorschein«.[43]

Hexensalben und -fahrten

»Viele behaupten, damit sei es eitel Phantasey und Einbildung. Diese Meinung ist aber wider Gottes Wort und gegen die Wohlfahrt der Kirche. Auch schlafend können die Leute durch die Luft hinweggeführt werden. Das sieht man an denen, die des Nachts auf die Dächer steigen ohne Schaden zu nehmen, herum gehen und herab steigen, wenn sie von den Zuschauern nicht bei ihrem Namen genannt werden. Man glaubt (und zwar mit Recht), daß hier der Teufel die Finger im Spiel habe«.

Die eigentliche Art der Hexenfahrten ist aber diese: »sie bereiten nach der Anweisung des Teufels aus den Gliedern kleiner Kinder, vorzüglich der ohne Taufe Verstorbener, eine Salbe, damit beschmieren sie ein gewisses Gefäß oder etwas Leinwand, und werden gleich darauf in die Luft gehoben und weggeführt. Dies kann bei Tage so gut wie bei Nacht geschehen oder unsichtbarer Weise, wie sie es nur verlangen«.

»Was die Zeit betrifft, so wählt der Teufel vorzüglich hohe Festtage, Weihnachten, Ostern, Pfingsten und andere hohe Feste, damit die Sünde und die Verdammung auf Seiten der Zauberer größer werde. An den Festtagen ergeben sich die Mädchen vorzüglich dem Müsiggange, und so erleichtern sie es den Hexen selbst, sie zu verführen«.

»...(so) setzte ein Mädchen aus Breisach hinzu, wenn die Hexe in irgend einem Falle auch nicht wirklich die Fahrten mitmachen, so wollen sie doch wissen, was in jenen Versammlungen ihre Genossen treiben; zu diesem Zweck stützen sie sich in aller Teufel Namen auf den linken Ellenbogen, worauf ein gelblicher Rauch aus ihrem Munde geht und sie sehen alles was vorgeht, hell und klar«.[44]

Wettermachen

»Die Methode ist folgende: Zuerst rufen wir auf öffentlichem Feld den Obersten der Teufel an, daß er Jemand der seinigen sende, der das ausrichte, was wir wünschen; dann opfern wir dem Teufel auf einem Kreuzweg ein schwarzes Füllen, werfen das Opfer in die Höhe und nimmt er's an, so setzt sich gleich darauf die Luft in Bewegung...doch treffen wir nicht jedesmal die Blitze und Schlossen gerade diejenigen Gegenden, die wir verlangen, weil dies Gott nicht immer erlaubt«.

»Von Rabensburg (?) bis Salzburg wütete ein schreckliches Gewitter einen Strich von 28 deutschen Meilen dergestalt, daß sich der Weinstock das dritte Jahr kaum wieder erhalten konnte. **Das Volk schrie mächtig über die Hexen, denn jeder hielt es für Zauberei. Da nahm man also ein paar alte berüchtigte Weiber bei den Ohren, folterte sie, und da fand sich's, daß man eben die rechten getroffen hatte.** Sie hatten das Grübchen auf des Teufels Geheiß gegraben, Wasser hineingegossen, die Jauche mit dem Finger unter Hersagung gewöhnlicher Formeln umgerührt, das übrige hatte der Teufel besorgt«.

Zur mittelalterlichen Religionsvorstellung: Gott, von Engeln umgeben, sitzt auf dem Thron. Darunter werden vier Dämonen in die Hölle gestoßen. Aus: »der selen wurczgart« Druck von Conrad Dinkmut in Ulm. 1487.

Schändigung der Hostien, Tierverwandlung, Teufelsbündnis

»Wir haben noch vor kurzem eine Hexe in der Arbeit gehabt, die die gesegnete Hostie wieder aus dem Munde genommen und in einen Topf geworfen hat, in dem eine Kröte war, die sie in einem Stall unweit ihrer Scheune in der Erde vergrub, nebst anderen Zaubersachen. Am anderen Tag kam ein Arbeiter zu dieser Stelle und hörte ein Winseln (»als ein kleines Kind«). Er glaubte, daß hier in der Nähe eine Kindsmörderin versucht habe, ihr Kind umzubringen und zeigt dies der Obrigkeit an. Diese ließ nachgraben, wies alle Zuschauer weg, und erwartete, ob nicht die Hexe selbst kommen würde, um sich zu verraten. Sie kam, nahm den Topf heimlich weg unter ihrem Mantel und wollte sich fortschleichen; allein nahm man sie bei den Ohren, brachte sie auf die Folter und sie bekannte«.

»...der heilige Prästantius erzählt von seinem Vater, daß er eine zeitlang ein Pferd gewesen und mit anderen Tieren geweidet habe. Jene Wölfe, welche bisweilen Menschen anfallen und Kinder aus der Wiege rauben, was sind das anderes als Verbrechen durch die magischen Künste der Hexen bewirkt? Ich will der Tiere Zähne unter sie schicken und der Schlangen Gift. (5. Mos. 32, 24). Haben nicht durch den Fluch des Elisa hin zwei Bären jene 40 Knaben zerrissen, die den Prophet Kahlkopf schalten? (2. Kg. 2, 24) und in Kg. 13, 24 lesen wir, wie ein Prophet seines Ungehorsams wegen von einem Löwen zerrissen wurde. Es sind wirkliche Tiere, aber vom Teufel besessen...So werden ja noch Hexen und Zauberer unserer Zeit in Wölfe oder andere Bestien verwandelt«.[45]

Heiligen und Frommen stellt der Teufel besonders gerne nach: »Eine Baderin wollte ihren Geliebten des Nachts besuchen um bei ihm zu liegen, sie kam aber an einen Teufel in menschlicher Gestalt, und nachdem er sie beschlafen hatte, fragte er sie, ob sie ihn wohl auch kenne. »Nein«, gab sie zu Antwort. »Ich bin der Teufel«, sprach er, »und wenn Du willst, so werde ich Dir immer zu Gefallen leben und dich in keiner Not verlassen«...sie ging mit ihm einen Vertrag auf 18 Jahre ein, und lebte seitdem mit ihm in teuflicher Unzucht«.

»Die Hexen versammeln sich an einem bestimmten Tag, wo sie den Teufel in angenommener Menschengestalt sehen, der sie zur Treue gegen ihn ermahnt und ihnen Glück und ein langes Leben verspricht, worauf ihm die Hexen den Kandidaten empfehlen. Findet der Teufel den Kandidaten willig und bereit, den heiligen Sakramenten zu entsagen, so geben sie sich beiderseits die Hand und geloben sich die Treue. Dann verlangt der Teufel noch die Huldigung, die darin besteht, daß der Aufgenommene ihm verspricht, ihn in Ewigkeit mit Leib und Leben anzugehören, und daß er sich bemühen wolle, ihm so viele Rekruten wie möglich zu verschaffen. Zuletzt erinnert der Teufel noch, gewisse Salben aus den Knochen und Gliedern Neugeborener, und womöglich schon getaufter Kinder zu bereiten, durch welche sie, mit seiner Hilfe, alles ausrichten können, was sie verlangten«.

Einleitung der Hexenprozesse

»Entweder ist ein Denunziant da, der den Verbrecher anklagt und sich erbietet, seine Beschuldigung wahr zu machen, oder selbst die Strafe als Verleumder zu tragen; oder er gibt jemand an, ohne sich zum Beweis zu erbieten weil er aus Religionseifer zum Ankläger wird.

Zur mittelalterlichen Religionsvorstellung: Christus sitzt auf einem Baum, auf dem seine Marterinstrumente hängen. Aus: »Geistliche Auslegung des Lebens Jesu Christi«. Druck von Johann Zainer, Ulm, um 1480.

Männer und Frauen bei der Ausübung der sieben Totsünden. Am Baum oben der Tod mit seinem Stundenglas. Aus: »Tacunius, Schachtafeln der Gesundheit«. Straßburg, 1533. Holzschnitt von Hans Weidnitz.

Der Ketzerrichter macht »zur Einleitung des Inquisitionsprozesses vorläufig durch ordentliches Affigiren an die Türen der Hauptkirchen eine »Generalcitation« bekannt, in der zum Ausdruck gebracht wird, daß jeder, der eine Ketzerei oder Zauberei verdächtige Person...diese innerhalb des Zeitraumes von 12 Tagen unter Androhung schwerer Strafen anzuzeigen habe.« Um den Leuten Mut zu machen, kann man in diese Mitteilung einfließen lassen, derjenige Denunziant, der seine Anklage nicht beweisen kann, habe nichts zu befürchten«.

Bei diesem Verfahren muß ein Notar(ius) und zwei ehrbare Personen zugegen sein. Wenn kein Notar bei der Hand ist, so müssen wenigstens zwei fromme und ehrbare Personen zugezogen werden, es mögen Geistliche oder Laien sein, und in ihrer Gegenwart wird nach folgender Vorschrift das Denunziationsprotokoll abgefaßt:

»Im Jahre nach der Geburt Christi...am Tage...des Monats...erschien vor mir, dem Notario und unter unterschriebenen Zeugen und einem hochlöblichen Gerichte...persönlich...und übergab folgende schriftliche Anzeige (bzw. mündliche)...Dann: erschien er und zeigte an; er sei da und da gebürtig und bezeuge, daß er dieses oder jenes wisse oder diesen oder jenen Schaden sich selbst oder anderen zugefügt habe.

Daraufhin lasse man ihn schwören, entweder auf die vier Evangelisten oder auf das Kreuz, mit drei ausgestreckten Fingern zur Erinnerung an die heil. Dreifaltigkeit und mit zwei eingezogenen, in Rücksicht auf Seele und Leib«.

Exkommunizierte, Mitschuldige, Infame und lasterhafte Sklaven wider ihren Herrn werden in Glaubenssachen jeder Art als Kläger und unverwerfliche Zeugen zugelassen, ja in Ermangelung besserer Zeugen wird der eine Ketzer wider den anderen und der eine Zauberer wider den anderen gut getan, und in jedem Falle können auch die Frau wider den Mann, die Kinder wider den Vater und vertraute Freunde wider Freunde zeugen...selbst Meineidige sind nicht verwerflich, wenn sie die Vermutung für sich haben, daß sie aus Glaubensdrang die Wahrheit ausgesagt.

Fortsetzung, Generalfragstücke

Dann ist zu fragen:

- woher er gebürtig sei?
- Wer seine Eltern (gewesen) sind?
- Ob sie noch leben oder verstorben?
- Ob sie eines natürlichen Todes gestorben sind oder ob man sie verbrannt hat?

- Wo Comparent erzogen und sich die meiste Zeit aufgehalten habe?
- Ob und warum er seinen Geburtsort verlassen?
- Ob er besagten Orten auch von Zaubersachen gehört habe, daß nämlich Zauberer und Hexen Gewitter machen, das Vieh bezaubern, den Kühen die Milch rauben...?
- Warum das Volk so allgemein bange vor ihr sein?
- Ob sie zugibt, daß sie einen bösen Namen habe und gehaßt werde?
- Warum sie dieser und jener Person gedroht habe?
- Warum sie ihrer Feindin oder ihrem Feind gedroht habe: »Du sollst nie wieder einen gesunden Tag erleben!«
- Aus welcher Absicht sie das Vieh berührt habe?
- Warum sie das Kind angerührt habe und wie es gekommen, daß diese sogleich darauf krank geworden?

»Wenn Incupata alles leugnet, so hat der Richter ihre Schande, die Anzeigen des Verbrechens und die Aussagen der Zeugen zu beachten. **Ist der Beklagte auf der Tat ertappt worden** und leugnet...**so ist er straffällig. Bekennt er und bekehrt sich nicht, so wird er doch dem weltlichen Arm übergeben...um an ihm die Todesstrafe zu vollziehen, oder ihn lebenslänglich in das Gefängnis zu werfen. Leugnet er, dann wird er als Unbußfertiger behandelt und nach der vorigen Art bestraft.** Wenn ein Richter nach dieser Vorschrift verfährt, und die hartnäckige Hexe in den schmutzigsten Kerker wirft, so handelt er ganz recht«.

»Können die Angeklagten keine hinlängliche Bürgschaft stellen, und stünde zu besorgen, daß sie die Flucht ergreifen würden, so muß man sie gefänglich verwahren. Wird die Hexe in ihrem eigenen Hause gefangen genommen, so erlaube man ihr nicht, zuvor noch irgend eine Kammer aufzusuchen, damit sie keine Zaubersachen zu sich stecke, um sich dadurch verschwiegen zu machen«. Das hartnäckige Schweigen während der Tortur verursacht entweder der Teufel unmittelbar, oder die Hexen haben dazu andere Mittel: z.B. braten sie zu diesem Ende ein erstgeborenes Kind männlichen Geschlechts in einem Ofen.

Nachdem man die Zauberer zur Haft gebracht hat: so erfordert die Ordnung zuerst den Entschluß des Richters, ob ihnen eine Verteidigung gestattet wird oder nicht. Die Zeugen sind geheimzuhalten. »Es hat aber nicht der Inquisit oder Inquisitin nicht die Freiheit, sich einen Anwalt nach eigenem Belieben zu wählen, sondern der Richter muß einen Mann beiordnen, der nicht zänkisch oder frevelhaft ist, oder der sich durch Geld bestechen läßt. Verteidigt man wider Gebühr seinen der Ketzerei verdächtigen Klienten; so wird man für noch schuldiger gehalten, noch schlimmer als ein ketzerischer Hexenmeister«.

Verhör in der Peinkammer

Sodann wird der Angeklagte in die Folterkammer gebracht und befragt, aber noch nicht wirklich gefoltert (zuvor sind aber die Vertrauten und Mägde zu examinieren). **Da kein Bluturteil ohne Geständnis gesprochen werden darf, so muß man die Angeklagten durch die Tortur zum Bekenntnis zu bringen suchen.** Daraufhin spricht der Richter nach folgender Formel ein Urteil:

»Nachdem wir Richter und Beisitzer den Prozeß wider dich...eingeleitet und deine Sache wohl erwogen (!!!) haben; so finden wir, daß du dir in deinen Aussagen nicht gleich geblieben bist, denn du gestehst zwar, daß du die und die Drohungen ausgestoßen hast, nicht aber, daß du es in der Absicht zu schaden getan hast. Und doch sind verschiedene und hinreichende Indizien wider dich vorhanden, dich auf die Folter zu bringen. Damit wir also die Wahrheit aus deinem eigenen Munde vernehmen, und du durch Einreden die Ohren der Richter nicht weiter beleidigst...erklären, verurteilen und verdammen wir dich hiermit zur Tortur an dem heutigen Tag...um... Uhr«.

Daraufhin wird der Inquisit wieder in das Gefängnis gebracht, mit dem Bemerken, daß ihm das Gefängnis schon jetzt als Strafe angerechnet werde, und nicht mehr als Verwahrungskerker (Anm. im Sinne einer Untersuchungshaft).

Mit der peinlichen Frage wird folgendermaßen verfahren: »Zuerst machen die Büttel alle Anstalt zur Tortur, dann entkleiden sie den Inquisiten (ist es ein Frauenzimmer, so verrichten das Entkleiden andere ehrbare Weiber), um die Kleider zu durchsuchen, ob etwa Zauberssachen hineingenäht sind oder die Glieder ungetaufter Kinder. Dann werden die Folterinstrumente zurechtgelegt, dann wird den Bütteln befohlen, ihn auf die Leiter zu schnüren oder andere Folterwerkzeuge anzuwenden«.

Tränenprobe und Rasur

Wenn nämlich der Richter wissen will, ob sich eine Hexe durch Zauberkünste die Gabe des Stillschweigens erworben habe und um seiner Sache gewiß zu sein, lege der Richter oder Priester der Hexe die Hand auf den Kopf und beschwöre sie wie folgt:

»Ich beschwöre dich durch die bitteren Tränen Christi, die er am Kreuze für unser Heil vergoß, durch die heißen Tränen der glorreichen Jungfrau seiner Mutter, daß sie zur Abendzeit so reichlich über die Wunden ihres Sohnes fließen ließ und durch all die Tränen, die jemals alle Heiligen und Erwählten Gottes auf dieser Welt vergossen haben und die der Herr jetzt von ihrem Angesicht abgewischt hat, daß du, im Falle du unschuldig bist, Tränen vergießest, falls du aber schuldig bist, gar keine. Im Namen des Vaters usw...«.

»Damit der Richter nicht Schaden leide, ist es gut, ständig geweihte Kräuter bei sich zu tragen, auch am Palmsonntag beschworenes Salz bei sich tragen und geweihtes Wachs am Halse. Auch darf man die Hexe nicht berühren. Auch lasse man die Hexe rücklings in die Stube führen, damit sie den Richter und seine Gehilfen nicht eher ansehen kann, als diese die Angeklagte.

Weiter muß man den Hexen alle Haare vom Körper scheeren, damit sie nicht Zaubersachen bei sich behalten und diese Vorsicht muß sich auch auf die geheimsten Örter erstrecken, wie denn unser Bruder Cusanus berichtet, habe er 1435 in der Gegend von Wormserbad noch 41 Hexen über und über rasieren und verbrennen lassen«.

Es kann den Fürsten und weltlichen Richtern nicht ganz abgenommen werden, darüber zu richten und zu strafen, jedoch soll der weltliche Arm ohne Zuziehung der Kirche nichts tun. **Beim Laster der Zauberei kann man die Ordnung beiseite setzen und summarisch verfahren, weil es eine Glaubenssache und eine Sache der Ketzerei ist. Es ist nicht erforderlich, daß dem Richter eine ordentliche Klageschrift vorgelegt wird.**

Weitere Rechtsvorstellungen, Urteile

Niemand anders als der Richter kann das Urteil sprechen. Es muß an einem öffentlichen, ehrbaren Ort sitzend gesprochen werden, bei Tage und nicht zur Nachtzeit, auch nicht an Festtagen oder wenn diese vor der Türe sind. In Kriminalsachen soll das Urteil gleich vollzogen werden, bei Schwangeren soll die Exekution aufgeschoben werden.

»Zuerst verurteilen wir dich, daß du zur Strafe über deine übrigen Kleider einen grauen Anzug tragen sollst, gleich einem Mönchskapulier, jedoch ohne Kappe, mit safranfarbigen ledernen Kreuzen, drei Handbreit lang und zwei breit. Diese Kleidung sollst du so lange tragen...und in ihr an Festtagen da und da vor der Kirchentüre stehen. Über dieses sollst du zu dem oder dem Kerker verdammt sein. Indessen behalten wir uns nach dem kanonischen Recht vor, diese Pönitenz zu lindern oder zu erhöhen, in Geldbuße zu verwandeln oder sie ganz aufzuheben...so wie es uns deucht...«.

Ist der Beklagte bereit, die gehegte Ketzerei abzuschwören und sich der vom Bischof auferlegten Strafe zu unterwerfen, so darf er dem weltlichen Arm zur

Todesstrafe nicht übergeben werden, und ist es ein Ordensgeistlicher, so wird er nicht degradiert, sondern der Barmherzigkeit überlassen. Er wird zu ewigem Gefängnis vedammt, wenn er vorher seinen Irrtum abgeschworen hat. Diese Abschwörung muß an einem Festtag in der Kirche vor allem Volk geschehen, da muß er seine Verbrechen mündlich, auf die Fragen des Offizials, bekennen. Daraufhin wird ihm ein Absolutionsdekret vorgelesen, in dem es u.a. heißt:

»Damit aber dein Vergehen nicht ungestraft bleibe, und du für's künftige vorsichtiger zu verfahren lernst; so condemnieren wir dich auf ewig zum Kerker; damit du bei Brot und Wasser des Trübsales gespeiset werdest; du sollst beständig Kreuze tragen, damit auf der Treppe in der Kirchentür stehen, du wirst auf ewig zum Gefängnis bei Brot und Wasser verdammt. Indessen verzweifle nicht mein Sohn; wenn du dich gnädig in dein Schicksal ergibst; so wirst du Barmherzigkeit bei uns finden...«.

Wird aber einer für unschuldig befunden, so lautet das Urteil: »Da du bei uns der Zauberei verdächtig und angeklagt worden bist, und wir wider dich gerichtlich prozediert, aber nichts gewisses wider dich gefunden haben; deshalb entschlagen wir dich von diesem Augenblicke an aller Untersuchungen«.

»Wir haben in der Diözese Konstanz, in der Stadt Ravensburg in fünf Jahren 48 Hexen eingeäschert, und alle haben nach eigenem Geständnis 10, 12, 20 und mehr Jahre einen verbrecherischen Umgang mit Dämonen gehabt. Dasselbe bezeugt uns unser Bruder Cumanus, der 1485 in comitu Burbia (?) vier Hexen verbrannte. Als ein Henker in Konstanzer Gebiet eine Hexe auf den Scheiterhaufen brachte, blies sie ihn in das Gesicht und sprach: »Ich will dir deinen Lohn geben«. Der Kerl bekam den Aussatz und überlebte sie nur um wenige Tage«.

Beurteilungen des Hexenhammers

»So entstand 1487 der berüchtigte Malleus maleficarum, ein Werk, so barbarisch an Sprache wie an Gesinnung, spitzfindig und unverständlich in der Argumentation, originell nur in der Feierlichkeit, mit der die abgeschmacktesten Märchen als historische Belege vorgetragen werden...das verruchteste und unheilvollste Buch der Weltliteratur«.

»Was den Inhalt anbetrifft, so ist wenig damit angedeutet, wenn man sagt, er sei so barbarisch als die Ausdrucksweise, in welche derselbe gekleidet ist. Hier findet man alles zusammengehäuft und in ein religiöses Gewand gekleidet, was jemals, seit überhaupt Bücher geschrieben werden, menschlicher Wahnwitz, menschliche Niederträchtigkeit, Raub- und Blutgier hat aussinnen können...es wäre unmöglich, dieses Machwerk durchzulesen, wenn man nicht häufig durch die Gravität und Wichtigtuerei, mit der diese beiden Finsterlinge die größten Albernheiten und Dummheiten behaupteten, in eine humoristische Stimmung versetzt würde«.[47]

»Es entstand 1487 das scheußlichste, fluchwürdigste Buch, das jemals auf deutschem Boden erschienen ist, der berüchtigte Hexenhammer oder »Malleus maleficarum«, ein Buch, von dem ein Schriftsteller des 18. Jhts. sagte: »Dieses ist ein Buch, nach welchem und den darin angenommenen Lehrsätzen einige Hunderttausend Menschen um ihre Ehre, ihr Hab und Gut und um Leib und Leben gebracht, und nach einer grausamen Marter durch einen schrecklichen Tod sind hingerichtet worden«.[48]

»Dieses unheilvolle Gesetzbuch wurde die Richtschnur bei den gerichtlichen Verfahren gegen Hexen und Zauberer, und man kann sagen, daß es sozusagen für sämtliche christliche Länder, von Pfaffen erzeugt und für Richter gemacht, galt. Mit dem Hexenhammer wurde der Habgier der Richter, sowie dem Haß und dem Neid der weiteste Spielraum eröffnet, durch falsche Anklagen Unschuldiger, an denen man sich rächen oder die man berauben wollte«.[49]

»In dem Malleo wie auch in dem Flagello ist viel Unwahrheit, Ungereimtes und unsinniges Zeug«.[50]

»Wenn Jemand den Einwand vorbringen wollte, der Hexenhammer habe die Hexenfrage bereits gelöst, da er in diesem Buch zusammengetragenen albernen und oft gottlosen Märchen der Theologen Sprenger und Institor gelesen, der wird finden, daß ich einen ganz verschiedenen Standpunkt einnahm«.[51]

»Hunderttausende, wehrloser Unschuldiger sind durch ein wissenschaftliches Buch, durch dieses entsetzliche Machwerk verirrten Geistes in gräßlichen Qualen, einen grauenhaften Tod gehetzt worden. Die Menschheit hat sich damit selbst besudelt. Kein Wort in irgendeiner Sprache kann das Leid ausdrücken, das dadurch in die Welt gekommen ist«.

»Alles, was man von einem Inquisitor der Ketzerei und von den damaligen Zeiten, da das Reich der Finsternis und der Bosheit auf's höchste gestiegen war, sich nur vorstellen kann, das findet sich in diesem Buch miteinander verbunden: Bosheit, Dummheit, Unbarmherzigkeit, Heuchelei, Arglist, Unreinigkeit, Fabelhaftigkeit und leeres Geschwätz«.[52]

»Der Malleus maleficarum ist eines der merkwürdigsten Werke, die je aus einer Menschenhand hervorgegangen sind. Kein vorweltliches Tier, keine Keilschrift, kein Gerät des unbekanntesten Volksstammes mutet uns heute so fremdartig an, bleibt uns ganz so unverständlich, wie dieses Buch«.

Die Mode der Pluderhosen. Titelblatt der vom Generalsuperintendent Musculus 1555 herausgegebenen Schrift: »Der Hosenteufel«, worin gegen die unsinnige Mode der Pluderhosen gewettert wird, die als »unzüchtige Teufelshosen« bezeichnet werden. Im Zeichen der Zeit oft nachgeschnitten.

»Der Hexenhammer ist voll von Verwirrungen, Wiederholungen und Widersprüchen. Daß die Autoren sehr rohe und unwissende Menschen waren, beweist ihr Werk auf jeder Seite. Dennoch ist anzunehmen, daß sie in bester Absicht handelten«.

»Wäre es möglich, alle Irrtümer und Verrücktheiten, alle Schändlichkeiten und alle Unsittlichkeiten, die seit Jahrhunderten von profanen Federn geschrieben und im Drucke veröffentlicht wurden, in ein Buch zusammenzufassen. Diese Quintessenz von Lascivität und Gemeinheit würde nicht annäherungsweise die Summe von Unflat und Scheußlichkeit enthalten, die in einem einzigen, von hochwürdigen Federn geschriebenem, mit hochwürdiger Sanktion versehen, mit dem Ehrenprädikate »sanctissimus liber« ausgezeichnete Werk »der Hexenhammer« enthalten ist«.[53]

»Was die aberwitzigste, korrupteste Phantasie, der raffinierteste Jesuitismus, die ekelhafteste Sophistik, die pfäffische Entmenschheit, die brutalste Folterlust, der tigerhafteste Blutdurst ersinnen kann, enthält dieses Buch«.[54]

»Es waren mörderische Buben, die den Hexenhammer ausbrüteten«.[55]

»Der Malleus maleficum, ein in der ganzen Weltliteratur an geradezu pathologischer Beschränktheit im

Verein mit geistlicher Aufgeblasenheit und schamlosestem Zynismus unerreichtes und unerreichbares Literaturverzeichnis«.[56]

»Bei der durch den Cölibat erzeugten sinnlichen Lüsternheit ist es nicht weiter überraschend, daß diese mönchischen Verfasser dieses und der folgenden Kapitel (wie die Hexen das Zeugungsvermögen hemmen) mit ganz besonderer Vorliebe behandeln. Dabei verraten sie Kenntnisse des geschlechtlichen Lebens, die eine alte erfahrene Engelmacherin schamrot machen würde«.[57]

»Ein in den Intentionen reines und untadelhaftes Werk, aber in einem unzureichenden Grunde tatsächlicher Erfahrung aufgesetzt, nicht immer mit geschärfter Urteilskraft durchgeführt und darum oft unvorsichtig auf die scharfe Seite hinüberneigend«.[58]

»Der Hexenhammer erwuchs aus dem Geist und den Geschehnissen seiner Zeit. Im Gegensatz zu der Auffasung seiner Begutachter hat er die weiteste Verbreitung gefunden und eine unheilvollen Einfluß auf die Entwicklung der Hexenverfolgungen gewonnen«.

»Das verfluchteste und zugleich läppischste Buch der Weltliteratur«.

»Es sind zum Teil entsetzliche Grundsätze, welche hier pfäffischer Fanatismus zur Ehre Gottes und seiner Stellvertreterin, der Kirche, aber zum Hohn auf jede edlere Regung des Menschenherzens gutgeheißen und in ein System gebracht hat, und die dann juristische Spitzfindigkeit und Buchstabenklauberei und kleinstädtische Borniertheit adoptierte und in Anwendung brachte«.

»Vernichtung des Antichrist«. Gestürzt wurde der große Drachen, die alte Schlange, die den Namen Teufel und Satan trägt, der den ganzen Erdteil verführt; er wurde hinabgestürzt auf die Erde und seine Engel werden mit ihm gestürzt« (Offb.12, 7-9).

Als bald es ward nach mitternacht
Der meßner sich här für macht /
Und bracht den meyer mit im dar.
Der doctor auch gerüstet war:
¶ Hie beschwert der Murner den geist zů dem anderē mol.

Sy giengen uff den kilchhoff bhend /
Do funden sy am selben end /
Den geist ston groß und ungehür,
Dem pfarrer ward do lauwen thür,
Der Murner do bald fürhär trang.
Ob dem geist do ward gehör ein gsang.

D iij

Darstellung eines Gegenzaubers auf einem Kirchhof. Aus: Le Temple de Satan.

186

Luther, Reformation, Stellung zur Hexenfrage

Generell, Grundlagen

»Unstreitig bildet der Protestantismus eine neue Epoche in der Geschichte des Christentums, der keine andere an Ursprünglichkeit und weitgreifender Bedeutung gleichkommt.[1] Die katholisch-mittelalterliche und die protestantische Kirche stehen sich als zwei verschiedene, ja in vielen Punkten kaum berührende Lebenskreise mit eigenen Weltanschauungen gegenüber. Dennoch bleibt die protestantische ein rechtmäßiges Kind der katholischen. Katholizismus und Protestantismus sind zunächst nicht zwei dogmatische Systeme, sondern geschichtliche Erscheinungen des Christentums«. **»Es gehört zu den traurigen Zügen der Entwicklung, daß die christlichen Konfessionen, die sich sonst auf Leben und Tod bekämpften, auf dem dogmatischen Sektor des Teufelswahns in schauerlicher Eintracht vereint, in den Hexenverfolgungen wetteifern«.** Der Glaube an einen persönlichen Teufel ist fest im Volk verankert, schon deshalb kann der Protestantismus keine Ausnahme machen. Der Hexenhammer ist bereits in verschiedenen Auflagen erschienen und die Kirche rafft sich vor ihrem selbst injizierten Zusammenbruch nochmals auf, hat aber nicht mehr die Kraft, die Opposition zu unterdrücken. Gut läßt sich das an der Frage ablesen, was denn passiert wäre, wenn zur Zeit von Luther die Inquisition noch intakt gewesen wäre.

»Luthers Laufbahn hätte ein rasches Ende gefunden, wenn z.B. der Inquisitor Bernhard Guidonis noch gelebt hätte, als er seine Thesen an die Wittenberger Schloßkirche schlägt. Er will nicht »die« Reformation, sondern nach der Sitte der Zeit eine Disputation veranlassen und hierbei gegen den ungerechten Ablaßhandel zu Wort kommen.«

Die Kirche hätte ohne Zweifel Luther zum Widerruf gezwungen oder den weltlichen Schergen übergeben. Daß das nicht mehr möglich ist, zeigt die Ohnmacht der katholischen Kirche; die Macht der päpstlichen Hirachie scheint gebrochen und deshalb wird das Verhalten Luthers lasch und falsch beurteilt. Er wird auf Antrag des päpstlichen »Promotor fiscalis«, vom Generalauditor der apostolischen Kammer als der Ketzerei verdächtig vorgeladen. Kardinal Cajetan, Legat für Deutschland, glaubt zunächst, daß die Angelegenheit zu gering ist, um dem Papst unterbreitet zu werden. Das ist nicht ganz verständlich, da Karlstadt ja den Papst selbst wegen seiner rückständigen Miete angehen will. Sieht man hier nicht viel deutlicher die Situation, als in gelehrten Abhandlungen: das Papsttum hat sich in dieser Phase überlebt.

Cajetan will die Sache selbst bereinigen und führt den Auftrag, Luther zu verhaften, nicht aus. Nachdem

AETHERNA IPSE SVAE MENTIS SIMVLACHRA LVTHERVS
EXPRIMIT AT VVLTVS CERA LVCAE OCCIDVOS
· M · D · X · X ·

Martin Luther. Geb. 10.11.1483 in Eisleben, gest. ebda 18.2.1546. Er legt das Klostergelübde am 2.7.1505 ab, während eines Gewitters bei Stotternheim. Im Bezug auf das Hexenbrennen bezieht er sich nicht auf den Hexenhammer, sondern immer auf das AT.

dieser Skandal fast ein ganzes Jahr anhält, ersucht ihn Leo X., Luther als notorischen Ketzer vor seinen Richterstuhl zu rufen, ihn gewissenhaft zu verhören, und, je nachdem es die Lage erfordere, zu verurteilen, oder zu absolvieren. Erst 1518 folgt Luther der Vorladung Cajetans nach Augsburg, bleibt aber bei seiner Meinung und beweist hier den gleichen Mut wie seine reformatorischen Vorgänger, die aber als verbrecherische Ketzer vom apostolischen Stuhl ermordet worden sind. **Luther entgeht dem Schicksal nur dadurch, weil der päpstliche Stuhl nicht mehr seine früheren Machtmittel anwenden kann: dies ruft die durchgreifende Reformation ins Leben und nicht der Einzelkämpfer Luther.** Entwicklungen von dieser Tragweite und Bedeutung liegen niemals in einem Einzelnen begründet, selbst wenn er zum Vorkämpfer erhoben wird.

»Wir wollen selbstverständlich Luthers Aberglauben nicht rechtfertigen, ...nur ist bei einer so urwüchsigen und rassigen Persönlichkeit, die er doch ist, von vornherein anzunehmen, daß er seine guten und schlechten Eigenschaften dem Boden entnahm, aus dem er stammte und den er zeitlebens in sich trug«.

Unterschied in der Sündenvorstellung, freier Wille

Die Verwerfung des freien menschlichen Willens führt automatisch zum Dämonenglaube, denn wer nicht frei entscheidet, wird beeinflußt. Nach der katholischen Lehre ist das sittlich Böse im Mensch nichts Substantielles oder Materielles, sondern ein Defekt des Guten. Nach der lutherischen Auffassung bewirkt die Ursünde die Inkarnation des Bösen. Also ist die Sünde bei ihm substantiell und mit der menschlichen Natur unzertrennlich. Der Satan ist das Prinzip des Bösen, er hält den Mensch fest in seiner Hand und beherrscht ihn «...wie ein Reiter sein Pferd, und wie der Töpfer sein Gefäß«.

»Es ist dahin gekommen, daß Niemand itzt verstehet, weder was Dienstbarkeit ist, weder Freiheit, sogar hat eingerissen die erdichtete Fabel vom freien Willen. Gott hat aber niemand einen eigenen Willen gegeben, der eigene Wille kommt vom Teufel... **Ich verwerfe und verdamme als ein eitel Irrtum alle Lehre, so unsern freien Willen preiset, als die stracks wider die Hilfe und Gnade unseres Heilandes Jesu Christi strebet...«.**

»Luther verkündet die beiden wichtigsten und durchschlagendsten Lehren des Hexenwahns: die Teufelsbuhlschaft und den Teufelsbund. So hat also die Reformation wesentlich dazu beigetragen, den Glauben an die Allgewalt des Satans und seiner Verbündeten, der Hexen und Zauberer, zum Gemeingut des deutschen Volkes zu machen. Luther beruft sich bei den erhaltenen Äußerungen auf die Bibel, die eigene Erfahrung, die Erzählungen von Freunden oder seiner Mutter. Ob er den Hexenhammer gekannt hat, ist nicht gesichert und im Grunde genommen gleichgültig, weil er den Tod der Hexen ohnehin vom mosaischen Gesetz ableitet. Ohne Zweifel ist Luther, wie auch Sprenger oder Institoris, bei seinen Ansichten vom Geist der Zeit, von der spätmittelalterlichen Theologie beeinflußt. Deshalb sind folgende Äußerungen erheblich überzogen: »Niemand hat die Rolle des Teufels mehr gefördert als Luther, der sich förmlich in die Teufelsidee verrannte«.[2] »Die Reformation, ganz erfüllt vom Gedanken an den alten bösen Feind, den Luther immer und überall zu spüren meinte, hat (was die Verfolgung der Hexen anbelangt) noch Öl in das Feuer gegossen. Niemals ist so viel vom Teufel geredet und geschrieben worden, wie zu dieser und der Folgezeit«.

»Die Gewalt des Teufels, die wie eine Glaubenslehre zu und vor allem nach Luthers Zeiten auf den Kanzeln verkündet wird, die Hexen-, Zauber- und Gespenstergeschichten, die jämmerlichen Mordgeschichten von Menschenkindern, die der leibhaftige Teufel geholt, mit ihnen durch die Lüfte gefahren, sie in Stücke gerissen, und andere fromme und nachgebetete Lügen, Angst und Sorgen, daß es nicht zu verwundern ist, wenn es damals so viele Besessene gab... dadurch werden die Vorurteile der Geistlichen bestärkt, die zugleich die Regenten und Richter verblendeten, daß sie mit Feuer und Schwert die Zauberer verfolgen...«.

»Wir sind alle mit Leib und Gut dem Teufel unterworfen und ein Fremdling in der Welt, dessen Fürst und Gott er ist. So das Brod, welches wir essen, den Trank, den wir nehmen, die Kleider, die wir gebrauchen, ja die Luft und Alles, von dem wir leben, ist in seiner Herrschaft«.

Außerdem schreibt Luther 1521 in einem Brief an Spalatin: »Wir sind endlich hier angekommen, ob mich wohl der Satan durch mehr als eine Krankheit zu verhindern gesucht... denn den ganzen Weg von Eisenach bis hierher bin ich immer schwach gewesen und bin es noch auf solche Art, die ich früher nicht erfahren«.[3] Oder: als man den Prediger Oecolampadius eines morgens tot im Bett findet und die Leute sagen, daß er an der Pest gestorben ist, ruft Luther aus: »Nein, am Teufel ist er gestorben, der hat ihm den Hals umgedreht und singt ein Lob— und Dankeslied«.

Luther schreibt an den Kurfürst Johannes: »Ich glaube, daß meine Krankheiten nicht alleweg natürlich sind, sondern daß Junker Satan seinen Mutwillen an mir übet durch Zauberei... keine Krankheit kommt von Gott, der gut ist und jedermann alles Gute tut; sondern ist vom Teufel, der alles Unglück stiftet und anrichtet, und sich in alle Spiel und Künste einmengt, schießt aus Pestilenz, Franzosenfieber usw«.

»Zauberei ist des Teufels Werk, damit er den Leuten wenn ihm Gott verhängt, nicht allein Schaden tut, sondern auch ganz und gar dadurch erwürget und umbringet, ja wir sind dem Teufel unterworfen«. »Er ficht mich selbst oftmals so gewaltig an und überlässet mich so plötzlich mit schweren und traurigen Gedanken, daß ich meines lieben Herrn Christo ganz vergesse oder ihn anders ansehe, denn er anzusehen ist«.[4]

»Der Teufel ist ein solcher Meister, der aus einem Baumblättlein kann den Tod machen; er hat mehr Gefäß und Büchsen voller Gift, da er die Leute mittötet, denn alle Apotheker in der ganzen Welt«.

Nach Luther gibt es vor dem Jüngsten Tag keine Hölle, die gefallenen Engel wohnen in der Luft und in der Welt, wie die Wolken und die Hummeln. «Die Teufel haben nicht ihre Strafe und Pein, sondern gehen in einem verzweifelten Wesen umher als zum Unheil verdammt. Bis zum Jüngsten Tag ist kein Ort, da sich die Verdammten aufhalten... die Teufel sind ja nicht in der Hölle«.[5]

Luthers Stellung zur Hexenfrage

Ich gehe hier chronologisch vor. Daraus wird die Einstellung Luthers zu den Hexen, Zauberern und Unholden am deutlichsten. Er beginnt dem Volk Ende Juni 1516 die zehn Gebote zu erklären. Daraus entsteht eine lateinische Dekalogserklärung, die 1518 im Druck erscheint und zwei Jahre später von einer fremden Hand ins deutsche übertragen wird. Luther behandelt darin auch die Hexen »die mit dem Teufel ein Bündnis eingehen«...dieselben können durch Zauberei die Leute blind, lahm und sonstwie krank machen, sogar töten, wir ich öfters mit eigenen Augen gesehen habe. Zudem können sie Ungewitter hervorbringen, die Früchte auf dem Feld verderben und das Vieh umbringen; ebenso können sie den Leuten Butter, Milch und Käse stehlen, indem sie an den Türpfosten, mit einem Beil oder Handtuch zu melken scheinen«. Auch hier finden wir den Affront gegen die Frauen, »das ist ihnen von ihrer Mutter Eva angeboren, daß sie sich also äffen und betrügen lassen«.[6] In seiner Auslegung der 10 Gebote sündigt gegen das erste Gebot: »...wer in seiner Widerwärtigkeit mit Zauberei, Schwarzkunst, Teufels- und Bundesgenossen sucht... wer Wunschruten, Schatzbeschwörer, Kristallseher, Mantelfahren und Milch stehlen übet«.[7]

1519 gibt Luther einen lateinischen Kommentar zum Galaterbrief heraus. Darin setzt er auseinander, wie die Hexen durch den bösen Blick die Kinder bezaubern und krank machen können. In der 1520 erschienen Schrift »eine kurze Form der zehn Gebote... des Glaubens... des Vaterunsers« ist die erwähnte Stelle über Zauberei und Hexerei fast wörtlich übernommen. Außerdem findet sie sich in einem »Betbüchlein« von 1522, das in vielen Auflagen erschienen ist.

Luther erklärt 1522 in einer Kirchenpostille, wo er in der Predigt über das Evangelium des Ephiphaniefestes bezüglich der Hexen erklärt: »Die Zauberer oder Hexen, das sind die bösen Teufelshuren, die Milch stehlen, Wetter machen, auf Böcken und Besen reiten, auf Mänteln fahren, die Leute schießen, lähmen, verdorren, die Kinder in der Wiege martern, die ehelichen Gliedmaßen bezaubern... sie können den Dingen eine andere Gestalt geben, daß eine Kuh als Ochs scheint, das in der Wahrheit ein Mensch ist und die Leute zur Liebe und Buhlschaft zwingen, und des Teufels Dinge viel.[8] Außerdem sagt er in einigen Tischreden, daß der Teufel Leute durch die Luft entführt hat. »... das ist zu machen; sie sind schrecklich und kein Kinderwerk, wie die Klüglinge meinen«.[9]

»Die er alle menschlichen Sinne äffen und betrügen kann«. »Beschwörer sind die, die das Vieh und die Leute segnen, die Schlangen bezaubern, Stahl und Eisen versprechen, und viel sehen und sauffen und zechen können, was verloren ist, und was sie tun oder tun werden, wie die Tartaren und Zigeuner pflegen; Zauberei treiben, die da Dinge können eine andere Gestalt geben und die Leute zur Liebe und Buhlschaft zwingen und des Teufelsgedinges viel«.

Im Frühjahr 1526 predigt Luther über Ex.22,18: »Die Zauberinnen sollst du nicht leben lassen. **Man töte die Hexen,** erklärt er von der Kanzel. **Es ist ein sehr gerechtes Gesetz, daß sie getötet werden.** Sie richten vielerlei Schaden an. Sie können Milch, Butter und alles andere aus einem Hause stehlen, indem sie an einem Handtuch, Tisch oder Stiel melken, dabei das eine oder das andere »gute« Wort sprechen und an eine Kuh denken. Da bringt dann der Teufel Milch und Butter zu dem Gerät bei, an dem sie melken. Sie können auch ein Kind bezaubern, daß es fortwährend schreie und nicht mehr esse noch schlafe. Schaust du solche Weiber an, so wirst du sehen, daß sie ein teuflisches Gesicht haben. **Ich selber habe deren etliche gesehen... man töte sie nur«.**[10]

In einer zweiten Predigt über den gleichen mosaischen Text untermauert Luther den Schaden, den die Hexen anrichten: »Durch Zaubertrank reizen sie den Menschen zur Liebe oder zum Haß; sie richten Gewitter an, die in einem großen Umkreis die Häuser und Felder verwüsten; mit ihren Zauberpfeilen machen sie einen Menschen hinkend, daß ihm niemand mehr helfen kann. Auch findet man nachher Beine, Haare, Kohlen und dergleichen, was oft wieder durch andere Hexen aufgedeckt wird, so daß man mit Recht sage: Wo der Teufel nicht hinkommt, da kommt sein Weib, d.h. die Hexe hin. **Die Hexen soll man töten, denn sie verüben Diebstahl, Ehebruch, Raub und Mord. Etliche meinen wohl verächtlich, die Hexen könnten solches nicht tun. Allein sie können es ganz gewiß, freilich mit Hilfe des Teufels...** sie richten vielfältigen Schaden an. **Deshalb töte man sie, nicht nur weil sie Schaden anrichten, sondern auch, weil sie mit dem Teufel Umgang haben«.**

Am 13. Juni 1529 warnt Luther seine Zuhörer vor den kalten Bädern: »...deshalb seid vorsichtig und enthaltet euch in dieser Sommerzeit der kalten Bäder; denn der Teufel bewohnt die Wälder und Flüsse und stellt uns überall nach um uns zu verderben; denn er schläft nicht«.[11]

Einen ähnlichen Teufels- und Zauberglauben lehrt Luther in seinem großen Kathechismus von 1529: »Vornehmlich ist dies Gebet auch gestellt wider unsern höchsten Feind, den Teufel. Er trachtet ohne Unterlaß nach unserem Leben und kühlet sein Mütlein, daß er manchem den Hals bricht oder ihn von Sinnen bringet, etliche im Wasser ersäuft, und viele dahintreibet, daß sie sich selbst umbringen«.[12]

1531 bringt er einen Kommentar zum Galaterbrief, in dem er sagt: »Zauberei und Hexerei sind des Teufels eigene Werke. Wir alle sind mit Leib und Gut dem

Die Männer der Reformation. Um Luther von links nach rechts: -Johannes Huss, Johannes Calvin, Johann Bugenhagen, Gustav Adolph, Ulrich Zwingli, Ulrich von Hutten und Philipp Melanchton. Das Original (Lithographie) St. Michael: Schwäbisch Hall.

Teufel unterworfen, als Gäste von dieser Welt, deren Fürst und Gott er selbst ist«.[13] 1535 beginnt er in seinen akademischen Vorlesungen die Genesis zu erklären. Das sechste Kapitel, das er wahrscheinlich im Frühjahr 1536 erklärt, bietet den Anlaß, den Verkehr der Hexen mit den Buhlteufeln, den sog. Inkuben und Sukkuben, näher zu erörtern. »...was die Buhlteufel anbetrifft, so bin ich nicht dagegen, sondern glaube, daß es geschehen könnte, daß der Teufel entweder Inkubus oder Sukkubus sei; denn ich habe ihrer viele gehört, die ihre eigenen Erlebnisse erzählt haben, daß aber aus dem Teufel und den Menschen etwas könnte geboren werden, ist durchaus falsch... wenn man von teufelsähnlichen Kindern erzählt, deren ich einige gesehen habe, so halte ich dafür, daß sie entweder vom Teufel entstellt, aber nicht von ihm gezeugt seien, oder daß wahre Teufel sind, die Fleisch angenommen, entweder nur scheinbares oder anderswo gestohlenes«.[14] An einer anderen Stelle sagt er: Darum kann er auch solche seine Huren und Zauberinnen, den armen Kindlein, wenn es ihm Gott verhängt, viel Schaden tun, als mit Herzdrücken und Blindheit. Ja, er kann wohl ein Kind stehlen und sich selbst an seiner Statt in die Wiege legen, wie ich etwa gehört habe, daß solch ein Kind in Sachsen gewesen sein soll, dem fünf Weiber nicht genug zu saugen geben... und solche Exemplare sonst vielmehr«.[15] In einer Tischrede wird erwähnt »...daß selbst von H. Joh. Friedr. Churfürst zu Sachsen, er eine Historie gehört hätte, daß ein Geschlecht vom Adel in Deutschland gewesen, dieselbigen wären geboren von einem Succubo, denn so nennet man's, wie denn die Melusina zu Lucelburg auch ein solcher Succubus oder Teufel gewesen ist«.

Auch in anderen Tischreden äußert sich Luther über die Hexen. Am 25. August 1538 kommt die Rede wieder auf die Hexen, wobei Luther von einer besonderen Teufelsaustreibung erzählt, die der Wittenberger Stadtpfarrer Johannes Bugenhagen (Pomeranus) einmal vorgenommen hat. In der großen deutschen Tischredensammlung, die Aurifaber 1566 herausgibt, wird dieser Vorgang geschildert: »Anno 1538, den 25. August ward viel geredet von Hexen und Zauberinnen, die Eier aus den Hühnernestern, Milch und Butter stehlen. Sprach Dr. Martinus. Mit denselben soll man keine Barmherzigkeit haben. Ich wollte sie lieber verbrennen, wie man im Gesetz liest. Man sagt aber, daß solche gestohlene Butter stinke und falle zu Boden im Essen, und daß solche Zauberinnen darnach, wenn man ihnen wieder eine Schalkheit tun will, vom Teufel weidlich fixiert und geplagt werden wollen... Aber Dr. Pomers Kunst ist die beste... denn als seinen Kühen die Milch auch gestohlen ward, streifte er flugs die Hosen ab und setzte einen Wächter in eine Asch voll Milch und rührte es um und sagte: Nu frett, Tüfel (Nun friß, Teufel!). Darauf ward ihm die Milch nicht mehr entzogen«.

Diese Geschichte wird auch anderweitig erzählt. So im Spätjahr 1536, wie aus einer Aufzeichnung Lauterbachs hervorgeht: Der Teufel kam dem Pomerano ins Haus, daß die Frau und Mägde sich müd butterten, ohne etwas Milch zu gewinnen. Da fuhr der Pommer zu, verhöhnte den Teufel, schiß ins Butterfaß. Da ließ der Teufel ab; denn er ist hoffährtig und will nicht verhöhnt werden«.[16] Zur Zeit, als diese Teufelsaustreibung in Wittenberg stattfindet, wirkt der Prediger Sebastian Fröschel. Er ist in Amberg ge-

190

boren und zu Beginn der religiösen Wirren nach Wittenberg gekommen. 1563 veröffentlicht er drei Predigten »von den Engeln, dem Teufel und der Menschen Seele. Auch darin bestätigt er: »daß man den Teufel durch Spott und Verachtung verjagen solle... wie unser lieber Herr Dr. Johann Bugenhagen Pomer seliger getan hat«.[17]

Viel gefährlicher aber ist Luthers Aufforderung, arme, blödsinnige Kinder, die er für Wechselbälge und Teufelskinder gehalten hat, zu ertränken. 1539 erscheint von Luther eine Schrift von den Konzilien und der Kirche. Darin betont er, daß die Hexen wegen des Bundes mit dem Teufel zu Recht verbrannt werden. Zu den Sakramenten des Teufels zählt er allerdings auch die der katholischen Kirche, das Weihwasser und andere geweihte Dinge. »Der Teufel kann damit nicht ewiglich Sünden vergeben und selig machen, wie er lügt, durchs Weihwasser, Messen, Möncherei... und man sie kriegt (die Teufelshuren) mit Feuer verbrennt, wie recht ist, nicht um des Milchdiebstahls, sondern um der Lästerung willen, daß sie wieder Christum den Teufel mit seinen Sakramenten und Kirche stärket«.[18]

Weissagungen des Johannes Lapäus

Johannes Lapäus veröffentlicht 30 Jahre nach Luthers Tod dessen Weissagungen, die nochmals verdeutlichen, daß Luther dem Teufelsglauben huldigt. »Der Teufel wird fortfahren und mehr Artikel angreifen, wie er schon funkelt mit den Augen, daß die Teufel, Erbsünde, Christus nicht sei. »Wenn ich hundert Jahre leben sollte und hätte nicht allein die vorigen und jetzigen Rotten und Sturmwinde durch Gottes Gnade gelegt, sondern könnte auch alle künftigen also legen, so sehe ich doch wohl, daß damit unseren Nachkommen keine Ruhe geschafft wäre, weil der Teufel lebet und regieret. Darum ich auch bitte um ein gnädiges Stündlein und begehre des Wesens nicht mehr. Ihr, meine Nachkommen, betet auch mit Ernst und treibet fleißig Gottes Wort. Erhaltet euch das neue Windlicht Gottes, seid gewarnt und gerüstet, als die da alle Stunden warten müssen, wo euch der Teufel etwa eine Scheibe oder ein Fenster ausstoße, Tür und Dach einreiße, das Licht auszulöschen«.

Karlstadt

Bei der Verbreitung der reformatorischen Lehre, während sich Luther auf der Wartburg befindet oder sonst abwesend ist: er reist am 2. April 1521 zum Wormser Reichstag und kommt erst am 7. März 1522 nach Wittenberg zurück, spielt sein Mitkämpfer Karlstadt eine verfängliche Rolle, die **nicht im Sinn von Luther ist, aber auf der anderen Seite typisch für den Umschwung des geistigen Klimas ist.** Karlstadt ist

nicht nur von Luther sondern auch von Melanchton beeinflußt. Als sich die Auflösungstendenzen des Ordensverbandes der Augustiner in Sachsen zeigen, ist Karlstadt in Wittenberg tätig und fühlt sich zu Entscheidungen berufen. Außerdem treten um diese Zeit die »Zwickauer Propheten« auf.

Karlstadt lebt in einer Welt theologischer Spitzfindigkeiten. Er wird 1504 nach Wittenberg gerufen und beschäftigt sich mit Aristoteles und Thomas von Aquin. »...er verbindet mit dem Studium der scholastischen Philosophie das des kanonischen und römischen Rechts«. Dr. Scheurl, der Vielredner und Rechtsgelehrte, bezeugt in einer feierlichen akademischen Rede die Verdienste von Karlstadt: »...nennt ihn einen großen Philosophen, einen noch größeren Theologen und den größten Thomisten«. Diese gerade bei Scheurl auffallende Lobhudelei läßt zugleich die Oberflächlichkeit erkennen, mit der der Humanismus zu dieser Zeit gehandhabt wird.

Karlstadt wird 1510 Archidiakonus an der Wittenberger Stiftskirche. Mit dem Amt ist eine Professur der Theologie an der Universität verbunden. Das Stift umfaßt 12 Kanonikate, deren Inhaber Universitätslehrer sind. Die sieben oberen sind den Theologen vorbehalten, die vier nächsten für Juristen bestimmt, die ein theologisches Studium absolviert haben und schließlich die fünf niederen an Professoren der Philosophie und der freien Künste vergeben: auch sie müssen Bakkalaureus der Theologie sein. Dies macht deutlich, welchen Status die Theologie einnimmt und damit werden auch manche Verzerrungen verständlich(er). Luther kommt erst 1512 nach Wittenberg: es ist naheliegend, daß sich Karlstadt an ihm orientiert und ausrichtet.

Karlstadt geht 1515 nach Rom und wird im gleichen Jahr wegen einer Summe von 12 fl. rückständiger Hauszinsen in eine Streit mit seinem Wirt gezogen; das Stiftsgericht verurteilt ihn zur Zahlung und er wendet sich wegen dieser Kleinigkeit an den Papst. Als ihm dies vom Kurfürst untersagt wird, kommt er mit der Bitte ein, eine Reise nach Rom antreten zu wollen und wird für vier Monate freigestellt. Er hält seine Zusage der rechtzeitigen Rückkehr nicht ein, sondern bleibt ein Jahr in Rom.[19] In einer späteren Schrift beruft er sich auf die Pracht und Üppigkeit des römischen Hofes.[20] Als er von Italien zurückkommt, scheint er wie verwandelt. Er wendet sich von der Scholastik zur heil. Schrift und bemerkt, daß er sie früher nicht verstanden hat. Auffallend beschäftigt er sich mit der Augustinischen Prädestinationslehre. Dieser Gesinnungswechsel liegt teilweise in einer Änderung des geistigen Klimas. Durch die Lossagung von der katholischen Kirche (neben Luther wird auch Karlstadt durch die Bulle verdammt) stellt sich die Polemik gegen seitherige katholische Bräuche, den Zölibat, den Ablaß und den Gottesdienst ein. Bartholomäus Feldkirch verlobt sich und heiratet öffentlich. Karlstadt folgt ihm am 20. Januar 1522. Mit der Lossagung der Ehelosigkeit ist eine Reform des Gottesdienstes verbunden, weil der Priester nicht mehr von den Laien abgesondert erscheint. Die priesterliche Messe ist nicht mehr als Ausfluß der kirchlichen Machtvollkommenheit zu verstehen, sondern als gemeinsame Handlung. Damit fällt die Beichte fort und die Anbetung der Bilder[21] rückt in ein anderes Licht.

Karlstadt ist ein Vorkämpfer in diesen Dingen. Im Oktober 1521 richtet er eine neue Form der Abendmahlsfeier ein und findet einen Mitkämpfer im Augustinermönch Gabriel Didymus. Es folgen massive Auflösungstendenzen. Die Augustiner in Wittenberg und der übrigen Klöster der Provinz Sachsen begeistern sich für die lutherischen Ideen und vereinigen sich in Beschlüssen, die auf eine Auflösung des Ordensverbandes abzielen. Luther verfolgt diese Entwicklung aus der Ferne und kommt persönlich, verkleidet als Junker Jörg, von der Wartburg nach Wittenberg, um die Dinge zu ordnen und da einzugreifen, wo die Entwicklung nicht seinen Vorstellungen entspricht. Also wäre es falsch, nur Luther als Reformator zu sehen. Er steht inmitten seiner Zeit und gerade die anfängliche Entwicklung und die zu rasche Ausbreitung des Protestantismus führen schwerwiegende Probleme herbei, von denen nur eines die Beibehaltung bzw. zwangsweise Aktivierung des Teufels- und damit des Hexenglaubens wird. **Die Popularisierung Luthers wird für das theologische Lehrgebäude genauso verfänglich, wie es 1500 Jahre vorher bei Christus der Fall ist. Eine erste Reaktion ist auch hier die Polemik auf beiden Seiten.**

Gespensterglaube, Poltergeister, Melanchton

»Ich trage keinen Zweifel, daß der Tanz der Ziegen, der Flug der Drachen und ähnliches die Spiegelfechtereine böser Geister seien, um entweder die Leute zu erschrecken oder zu betrügen. Das Schiffsvolk meint, das an den Masten sichtbare Feuer sei Castor und Pollux. Bisweilen aber erscheint Licht über den Ohren der Pferde. Es ist gewiß, daß all dies Zauberwerk der Dämonen ist![22] Melanchton sieht das ähnlich: »Als ich in Tübingen war, sah ich in jeder Nacht Flammen, so lange brannten, bis sie in einem gewaltigen Rauch aufgingen. Gleichfalls erschienen mir in Heidelberg Gestalten wie fallende Sterne, die jede Nacht kamen. Das sind ohne Zweifel Teufel, die immerfort unter den Menschen umherschweifen«.[23] Außerdem spricht Melanchton in seiner Schrift »De Anima« von teuflischen Träumen.[24] Sein gelehrter Freund, Joachim Camerarius, teilt die Auffassung seiner Epoche, und sieht die nächtlichen Hexenfahrten als Realität an.[25]

Titelbild der Bannbulle von Papst Leo X. »Decret Romanorum Pontificem«. Am 15.6. geht an Luther die Bannandrohungsbulle »Exurge Domine« vom gleichen Papst. Der kanonische Prozeß gegen Luther wird bereits im Juni 1518 angestrengt. Luther verbrennt die u. a. gegen ihn gerichtete Bulle mitsamt dem kanonischen Recht vor dem Wittenberger Elstertor.

Luther erzählt in seinen Tischreden: »...daß ein Torgauer Pfarrer zu ihm gekommen wäre, heftig klagend, daß der Teufel des Nachts ein Polterstürmen, Schlagen und Werfen in seinem Hause halte, daß er ihm auch alle Töpfe und Schüsseln an den Kopf werfe und sie zerbreche, plaget ihn und lachet noch fein dazu, daß er oftmals den Teufel lachen höre, er sehe aber nichts«.[26] Er selbst erlebt mehrfach ähnliches und den sensationshungrigen Touristen auf der Wartburg zeigt man noch heute den Tintenfleck der angeblich dadurch entstanden ist, daß Luther dem Satan ein Tintenfaß nachgeworfen hat. Er erzählt: »Er habe auf der Wartburg einen Sack mit Haselnüssen verschlossen... als ich des Nachts zu Bette ging, zoge ich mich in der Stuben davor aus, löscht das Licht und ging in die Kammer und legt mich ins Bett, da kommt mir ein Poltergeist über die Nüeß und hebt an und quitzt eine nach der anderen an die Betten mächtig hart, rumpelt mir am Bett, aber ich fragte nichts danach. Wie ich ein wenig einschliefe, da hebt's an der Treppe solch ein Poltern an, als würf man einen Schock Fässer herab, so ich doch wohl wußte, daß die Treppe mit Ketten und Eisen wohl verwahret war, daß Niemand heraufkommt, dennoch so viele Fässer herunter. Ich stehe auf und gehe an die Treppe, will sehen, was da sei, da war die Treppe zu«.[27]

Solche Geschichten kommen auch zu anderen Zeiten vor und erinnern ein bißchen an den Professor Schuppart aus Gießen, der 1723 außerordentlich unter dem Teufel zu leiden hat. »Dieser rumort im Haus, wirft die Möbel untereinander, zerbricht Fenster, öffnet Türen und wirft sie wieder zu. Er bewirft den Professor mit Steinen, Messern und Gabeln wirft ihm Stricke um den Hals und würgt ihn. Außerdem hat er ihn gebissen, gestoßen und geschlagen... daß es die Leute klatschen hörten, und man die Spuren seiner Mißhandlungen sah... er riß ihm sogar Blätter aus der Bibel und aus dem Talmud«.[28]

Teufelserscheinung in Melchendorf

»In Melchendorf, einem erfurtisch-katholischen Pfarrdorf, eine Stunde vor der Stadt, kam eine Frau in das Kindbett. Einige Tage nach ihrer Niederkunft hört man des Abends in der Mitternachtsstunde eine Kuh im Stall blöken, und der Mann will hin und sehen ob sich vielleicht ein Ochse losgerissen hat: denn die Kuh pflegte gemeiniglich zu schreien, wenn etwas geschah: »Was, sagte die Frau, willst du zwischen 11 und 12 Uhr in den Stall gehen? Könnten wir nicht das größte Unglück haben. Wer weiß, ob nicht der böse Feind die Kuh blöken macht, um dich zu überfallen, wenn du hinauskommst; und mich könnte der Kobold bedüstern und mir einen Krüppel für mein gesundes und grades Kind hinlegen, wie es solche Exempel gibt«. Als der Mann am nächsten Morgen in den Stall kommt, ist der Ochse gestohlen. Er berichtet es seiner Frau: »... die todkrank vor Schrecken wird«.

Katechismus von Peter Canisius, Martin von Arles

Canisius ist der Verfasser eines großen, mittleren und kleinen Katechismus. Damit räumt er als Jesuit dem Satan zwangsweise eine geistige Macht in der Gefährdung unseres Seelenheils ein. Canisius steht in den Fußstapfen der römischen Katechismen und somit der katholischen Lehre. »Diejenigen, welche heimlich oder öffentlich Teufelsbeschwörungen vornehmen, um Gestohlenes zurückzufinden oder um Geheimnisse zu erforschen oder die daran glauben, wer sich der Zauberei bedient, oder solche, die mit Sakramenten und Sakramentalien, Beschwörungen, Wahrsagerei und Aberglauben treiben... wer immer in kniender Stellung Kräuter sammelt unter Hersagung des Vater Unsers, oder Salbeiblätter verehrt, worauf das Ava

Maria eingeschrieben ist oder deren Namen um vom Fieber frei zu werden; oder diejenigen, welche der Sonne, dem Mond oder irgend einer Kreatur abergläubische Verehrung anzeigen, sündigen schwer gegen das erste Gebot«.[29]

Martin von Arles ist in Pamplona Professor der Theologie. 1518 schreibt er einen ausführlichen Traktat: »Über die Arten des Aberglaubens, gegen die Zauberkünste oder Sakrilegien, welche zur Zeit auf dem Erdboden herrschen«. Darin sagt er: »Jede Handlung, von der man eine Wirkung erwartet, gegen die natürliche Vernunft oder mittels eines Wunders von Gott oder durch dessen Willen, muß aus Vernunftsgründen verworfen werden«. Er behandelt in 60 Kapiteln die verschiedenen Gattungen des Aberglauben. Auffallend ist, daß er nichts über den Hexensabbat, die Luftfahrten und Buhlschaften berichtet. Er gibt lediglich die Möglichkeit eines Paktes zu, und dies in beschränkter Form. Hier beruft er sich auf Augustin und Thomas von Aquin. »...denn Satan will göttliche Ehre genießen... er wird durch Dinge, die Gott geweiht, sind angelockt... wie das Tier durch das Futter«.

Für den Christen ist der Glaube an die Existenz oder die Realität des Satans und an seinen verderblichen Einfluß zur Schädigung der Menschen ein feststehendes Dogma.[30] Christus gibt den Aposteln Vollmacht, so auch die der Sündenvergebung und die die Teufel auszutreiben.[31] »Diese Gewalt ist seit ihrem Beginn bis heute zur Ausübung gekommen, und tritt im Exorzismus und bei der heiligen Taufe in konkreter und stereotyper Form auf«.[32] Dennoch: ein waghalsiger und spekulativer Lehrsatz. »Durch die Spendung der heiligen Taufe wird der Christ aus der Zugehörigkeit zum Reich den Satans befreit, indem er **freiwillig (!!!)** diesem Verhältnis widersagt. Wenn der unreine Geist von einem Menschen ausgefahren ist, durchirrt er wüste Orte und findet keine Ruhe... er will in sein Haus zrückkehren«. Das sind geradezu ungeheuerliche Behauptungen, die mit der größten Selbstverständlichkeit von Theologen vertreten und von der Kirche gebilligt werden. Wie kann man bei einem Neugeborenen, das getauft wird, von Freiwilligkeit sprechen. Wie kann man heute behaupten, daß es real sei, einen bösen Geist auszutreiben!!! **Dies ist nichts als Spekulation, die seit fast 2000 Jahren vor sich hergeschoben wird und die aus einer Übernahme philosophischer Gedanken aus dem Altertum herrühren.**

Reformatorische Hexenprediger

Ab etwa 1550 ist eine auffallende Zunahme von Predigten festzustellen, wo von Hexen, Zauberern und Unholden die Rede ist. Protestanten und Katholiken verkünden gemeinsam von den Kanzeln den Unsinn vom Hexentreiben und pflanzen damit den Wahn im Volk ein, das, dummgläubig und denkfaul wie zu allen Zeiten, gierig diese Absurditäten einsaugt, sie für wahr hält und dadurch zum größten Denunziationsfaktor in der Geschichte des Hexentreibens wird. Hier nur einige Beispiele von der protestantischen Seite.

»Die Lehre von der Macht des Satans und seines Gesindels über alle natürlichen Dinge, besonders über die Menschen, tritt als lutherische Fundamentallehre überall in den Vordergrund, denn sie sollte in der Schule gelehrt und auf den Kanzeln gepredigt werden«.[33] »Die Volksschule in Württemberg war ein Kind in Windeln und läßt neben dem (lutherischen) Kathechismus und Kirchengesängen kaum noch ein Plätzchen für Lesen und Schreiben. Schwager bemerkt: (1783): »Der Glaube an einen beinahe allmächtigen Teufel beherrscht noch in den meisten Köpfen der Christen, Geistliche sind es, welche ihn gewöhnlich unterhalten und fördern«.[34]

Aus Meißen berichtet 1563 ein Prediger: »Allhier glaubt schon alt und jung mehr an den Teufel als an Gott und sein heiliges Evangelium«.[34] Im Herzogtum Preußen wird in einem Bericht veröffentlicht: ...weil das Volk in allen Predigten fast nichts mehr höre, als vom Teufel reden und von seinen Anschlägen, wie er Ungewitter und Hagel stifte, Verderben des Getreides, Vergiftung der Luft, Mord, Totschlag, in dem einer den Hals breche, glaube er allgemach, daß nicht mehr Gott, sondern der Teufel die Welt regiere«. In der Praxis führt das zu Auswüchsen.

In Thüringen begegnet uns der wenig bekannte Hexenschriftsteller Thomas Siegfried, der 1593 in Erfurt eine Schrift veröffentlicht und lehrt: »Zauberer und Zauberinnen sind zu verbrennen, darum... daß sie sich dem Teufel ergeben, ihn ehren, und anbeten... sind hierin Ketzer, wie die Juristen davon lehren«.[35]

Joachim Zehner, der Superintendent in der Grafschaft Henneberg (Schleusingen) fordert zur unnachsichtigen Hexenverfolgung auf. In seinen 1613 veröffentlichten Hexenpredigten mahnt er die Richter, Weitläufigkeiten in den Prozessen zu vermeiden. »Weil Gott selbst über die Hexen das Urteil gesprochen hat, brauche man nicht noch den Ausspruch von Universitäten und Schöffenstühlen abzuwarten.

1563 erklärt der Homburger Pfarrer Ludwig Milichius: »daß die Obrigkeit die Zauberer zu strafen schuldig sei, lehrt der ernste Befehl Gottes an vielen Orten der Heiligen Schrift... am Leben sind alle zu strafen, die mit dem Teufel ein Bündnis haben, sie seien Männer oder Weiber«.[36] Johann Ellinger, der Diakon von Arheiligen bei Darmstadt, fordert die Behörden zur Vernichtung der Hexen auf und sagt im Vorwort seiner Ausführungen: »wir haben das unfehlbare Wort Gottes auf unserer Seite, welches uns also fürleuchtet

und berichtet, daß Gott selbst wider die Zauberer ein schneller Zeuge sein und sie nicht dulden oder leiden wolle... wer Gott fürchtet und lieb hat, der folget auch. Man solle sich nicht damit äffen oder betören lassen, daß das Hexenwerk bei vielen nur für eine Verblendung angesehen werde. Die Behörden brauchen bei der Verbrennung der Hexen keine Bedenken zu haben«.[37]

Der calvinistische Wilhelm Zeppe aus Herborn in der Grafschaft Nassau fordert unter Berufung auf das mosaische Gesetz die Todesstrafe für Zauberei. Als positiv ist zu erwähnen, daß er sich gegen die Anwendung der Folter stellt.[37] 1587 verlangt Meigerius (Panurgia Lamiarum) »...daß die Christenheit die sogenannten Hexenberge fleißig durchsuchen und abstreifen lassen soll, ob sich nicht etwa verdächtige Spuren fänden«.

Pastor Meder und seine 3. Hexenpredigt[39]

Daß sich lutherische Theologen mehrfach auf ihr Vorbild berufen ist nur natürlich und verständlich. Dazu gehört der unbarmherzige Hexenprediger David Meder. Er ist Pfarrer in Nebra in Thüringen und veröffentlicht 1605 acht Hexenpredigten, die er vorher in der Grafschaft Hohenlohe gehalten hat. Es sind die »acht Hexenpredigten von des Teuffels Mordkindern, den Hexen, Unholden, zauberisch und erschrecklichem Abfalle, Lastern und Übeltätern«.

Bereits in der ersten Predigt bringt er den Beweis von der Hexerei, in der zweiten fordert er die Obrigkeit auf, die Hexen eifrig aufzusuchen und zu richten »denn alle Hexen ohne Ausnahme richten Schaden an«. Darum feuert er die Richter an, sich nicht von ihnen bestechen zu lassen. Die wichtigsten Ausführungen liegen in seiner dritten Hexenpredigt:

»Es bekennen die verblendeten Menschen alle selbst, daß sie ernstlich müssen der H. Dreyfaltigkeyt, Christo, dem christl. Glauben und der heil. Tauf absagen, dieselben verleugnen, erschweren (abschwören) und sonderlich in den Kirchen, wann der Pfarrherr den Text ließet, alle Wort bey sich selbst lügen strafen, und sich also zu Gottes und Christi Feinden erklären: denn so lang sie noch bey dem christl. Glauben verharren, so lang kann sie der Teufel zu Werkzeugen, allen seinen letzten Willen zu tun, nicht gebrauchen.

In der dritten Predigt erlaubt er sich zu versichern, daß päpstliche Mönche als geheime Schwarzkünstler im Beichtstuhl alten Weibern Unterricht in der Zauberei erteilen. Die Hexenwerke seien des Teufels Verrichtungen, als da sind Luftfahrten, die Ausfahrten, fleischliche Vermischung mit dem Satan ohne Nachkommenschaft; was man dafür halte seien Wechselbälge und Kielkröpfe, das Wettermachen, die Bezauberung der Menschen durch Pulver, das sie in den

Beichte. Titelholzschnitt zur »Himmelstraß« des Stephan von Lanzkranna. Augsburg, 1510 bei Hans Othmar.

Spendung der Kommunion, Beten des Rosenkranzes. Zeitgenössischer Holzschnitt aus dem frühen 16. Jht.

Weg streuen, durch Eingrabung etlicher Stücke unter die Schwellen, oder durch Schüsse, damit sie abwesende Menschen beschädigen...oder durch bezauberte Wachsbilder, womit sie Abwesende blind und lahm machen, oder durch Nestelknüpfen und Schloßwerfen, wodurch die Eheleute verderben oder durch anderweitiges, womit den Menschen an Leib und Leben, Eisen, Holz, Bein, Haare usw. hineingezaubert werden. Die Tierverwandlungen (aber) seien eitle Betrügereien des Satans, indessen das Herbeischaffen von fremdem Eigentum ist Tatsache. Dies alles führt zu seinem Apell an die Obrigkeit, die Hexen auszurotten.

- der christliche Glaub tut ihm Herzeleid an
- sie müssen zusagen, daß sie allen H. Gottes, wie auch allen Kreaturen, so den Kindern Gottes zugute kommen sollen, feind seyn und sie beschedigen und verderben wollen, wenn sie mögen
- sie müssen zusagen, allein den Teufel für ihren Gott, Herrn und König zu erkennen und zu verehren, und in allen Dingen ihm gehorsam sein.
- Sie werden dann alle in des Teufels Namen getauft, dabei die anderen Hexen siedend Wasser und

Becken zutragen: und verrichtet solche Tauf entweder der Satan selbst, oder eine Hexe; geschieht auch nicht allezeit mit besonderen Gespreng, sondern nur oft in einer Fahrgleise oder Mistpfützen, da dann der neugetauften Hexin ein anderer Name gegeben wird.

- wird einer solchen, des Teufels Reich einverleibten Person, alsobald ein eigener und besonderer Huren- und Buhlteufel gegeben: der hält mit ihr Hochzeit und Beilager ...und sind die anderen Hexen dabei fröhlich.
- solcher ihr Teufel führt sie danach hin und wider, kommt oft zu ihr, und treibt mit ihr Unzucht, befiehlt ihr dieses oder jenes Übel zu tun, samt den anderen, die den gleichen Befehl haben.
- und dann tut er ihnen große Verheißung, sie nicht allein zu versorgen, sondern auch, wenn sie wegen des Hexenwerks eingezogen, aus dem Gefängnis davonzuhelfen: doch daß sie festhalte, nicht bekenne, oder da sie sonst etwas bekennet, doch bald wieder verleugne.

Zum Trost der Zuhörer bemerkt er: »Ist aber alles erlogen, und Gott steht der Obrigkeit in ihrem Amt bei, daß die Hexen, so gefangen werden, vom Teufel können nicht wieder ledig gemacht werden, ungeacht, daß er sie vertröstet, ein solches zu thun... biss das man Feuer unter ihnen anzündet... doch ist zu merken, daß sie gleichwohl nicht alle Leute und Kreaturen verletzen können, ob sie schon gerne wollten. Frei sind von denselben die Frommen und Gottesfürchtigen, Prediger und geistliche Personen, Obrigkeiten, Scharfrichter und Henker, Stock- und Kerkermeister, Büttel und Häscher, Schergen und Stadtknechte, und alle die, die Hexen und Zauberer gefänglich halten und verwahren, dieselben verurteilen und die gerichtliche Exekution an ihnen vollführen«.[40]

Theatrum diabolicum, Theatrum de veneficis

1569 lassen 21 Pastoren und lutherische Theologen bei Sigismund Feierabend in Frankfurt am Main eine Art »Enzyklopädie des Satanismus« erscheinen und nennen diese Schrift »Theatrum Diabolicum, das ist: »...ein sehr nützliches und verständiges Buch, daraus ein jeder Christ sonderlich und fleißig zu lernen, daß wir in dieser Welt nicht mit Kaysern oder anderen Potentaten, sondern mit dem allermechtigsten Fürsten dieser Welt, dem Teufel zu kempfen und zu streiten haben«. Das Werk umfaßt ein Reihe von Vorträgen, Predigten und Schriftstücken, die die Einstellung der Protestanten zum Hexentreiben verdeutlichen. U.a. berichtet Meder darin. Daraus einige Auszüge:

Wir finden von M. Bernhard Albrecht: »Christlicher Bericht von der Zauberey und Hexerey insgemein, und dero zwölf Sorten und Arten insonderheit«. Sein mitleidendes Herz hat ihm die Schrift eingegeben: »wer sieht nicht stündlich vor Augen, was der grosse Hauff unter denen, so sich Christen nennen, für ein leichtfertiges, gottloses, bübisches und unbußfertiges Leben führet und dadurch dem heil. Evangelio einen großen Schandflecken anhängt; wieviel sind denen, die Gott im Himmel verleugnen und sich dem Teufel in der Hölle ergeben durch Zauberey und Hexerey? Mit Weinen und Klagen ist da nichts geholfen!

Dann folgen Waldschmidts: »28 Hexen- und Gespensterpredigten, welche er gehalten in der Kirche zum Barfüßern in Frankfurt und nun mit nützlichen Anmerkungen... Phythonissa endoria«. Zu allem Übel ist Waldschmidt Atheist: »die Juden sind des Teufels Werkzeuge und haben Gott nicht«.[41]

Dann folgt Ellinger mit seiner »Hexen-Coppel, das ist uralte Ankunft und große Zunft der Unholdseligen oder Hexen«. Es folgen die Schriften von Hermann Samsonium. Er bringt 700 Gewissensskrupel und seine Predigten sind voll unglaublicher Zaubergeschich-

ten. Magister Scriverius, ein Magdeburger Prediger, hält und veröffentlicht drei Predigten über die Zauberei: »das verlorene und wiedergefundene, oder den Klauen des bösen Feindes entrissene Schäflein«. Dann folgen die Predigten von Jacob Graeter: »was all in diesen gemeinen Landplagen über Hexen und Unholden von selbigen wahrhaft und gottselig zu halten«. Seine erste Predigt verbreitet sich über Entstehung, Existenz und Unholde und über die Schwere der Sünde, die sie begehen. Man muß darüber predigen: »Sich selbst wollen die Hexen Freude bereiten und Genüsse, anderen Menschen Schmerz und Schaden. Sie machen Wetter, Hagel und Krankheiten«. In der zweiten Predigt gratuliert er sich, daß ihm die »Teufelsbräute« die Kirche gefüllt haben. »Die Obrigkeit hat die Pflicht, gegen sie einzuschreiten«. Dazu kommen Schriften von Nikolaus Remigius, Joh. Jac. Faber und Joh. Knopf mit seinem »höllischen Schauplatz und Blutpredigten«.

In ähnlicher Form wie das Theatrum diabolicum der lutherischen Prediger gibt es eine Sammlung von juristischen Arbeiten. Es ist das von Abraham Sauer zusammengestellte »Theatrum de veneficis«. Sauer erklärt in der Vorrede: »...daß es kein Laster von solcher Größe gebe und Ausdehnung wie die Zauberei. Hier tut es vonnöten, daß die Obrigkeit nicht schlafe, sondern fleißig Nachforschungen hab und daß sie deren etliche, also von Gott Abgefallene befindet, kein Holz, Kohlen, Stroh und Feuer spare, damit dem grausamen Unglück gewähret, Gottes Ehr gerettet und ihr selbst eigen Leib und Leben gefristet werde«. Der Zweck dieser Schrift ist, Richter und Amtsleute in der Aufspürung der Hexen und zu deren Bestrafung anzuspornen. Die beiden Sammelwerke zur Hexerei des 16. Jhts. wirken auf andere Schriften.

Z.B. auf die Moralisten Christian Eichsfeld und Friedrich Balduin (1628). Balduin's Werk umfaßt vier Bücher, die auf 1281 Seiten Gewissensfragen über Religion, Glauben, Kult, Sakramente, Gelübde, Eide, der guten und der bösen Engel, der Wahrsagerei, der leiblichen und geistlichen Güter des Menschen, der gesellschaftlichen Pflichten der Eltern, Kinder, Magistrate usw. umfaßt. Am Schluß mahnt er die Richter: »...daß es ihre ernste und heilige Pflicht ist, die Hexen aufzusuchen und zu verbrennen, weil sie die Menschen verderben, selbst durch ihre eigenen Kinder dem Teufel opfern, Kinder im Mutterleib töten und durch ihr verruchtes Treiben dem Staat schädlich und verderblich sind. Die Geister sind nach seiner Vorstellung Gebilde des Teufels, der in Gestalt, die Haltung und Stimme der Verstorbenen nachahmt. Als Kuriosum sei vermerkt, daß er Luther unter die Heiligen versetzt: »Dann bedenken wir, daß auch heilige Männer vom Gespenstern heimgesucht werden, wie besonders Gregorius, Antonius und Luther«.[42]

Generalinstruktion von den Trutten

Verfasser ist der zweite Titularabt des ehemaligen Zistersienserklosters Heilbronn bei Ansbach, M. Adam Francisi. Er hat in seiner Instruktion die Notwendigkeit der Hexenverfolgungen untermauert. Für die Wirklichkeit des Hexentreibens beruft er sich auf die Apokalypse des Johannes:[43] »Wehe der Erde und dem Meere, denn der Teufel ist zu euch hinabgestiegen mit großem Grimm, da er weiß, daß er eine kurze Zeit hat«. Francisi legt das so aus »...daß der Teufel im geistlichen, weltlichen und häuslichen Bereich nach seinem Erscheinen mit Ketzerei, Abgötterei, Krieg, Aufruhr, Mord, Vergiftung, Drudnerei und Zauberei wüten wird... daher thue der Markgraf gut daran, das Hexengeschmeiß in seinem Fürstentum mit Ernst und Eifer auszurotten... während die Zauberer bei den Juden gesteinigt worden sind, sehe das kaiserliche Recht an Strafen den lebendigen Brand, vorherige Strangulierung und anschließende Verbrennung der Leiche, Enthauptung, Staupenschlag, ewiges Gefängnis, Landesverweisung, öffentliche Kirchenbuße und Güterkonfiskation vor«. Weiter zitiert er die verfängliche Stelle im Exodus: »Die Zauberinnen sollst du nicht leben lassen«. Aufgrund seiner Ausführungen gelangt er zu dem Schluß: »**...weil Gott in der Heiligen Schrift vor Zauberern und Hexen warnt, so kann es sich bei dieser Erscheinung nicht um eine Sinnestäuschung handeln... es müssen (demzufolge) leibhaftige Dämonen vorhanden sein.**

Protestantische Gutachten zur Hexenfrage

Im Herzogtum Pfalz-Zweibrücken werden in den 30er Jahren des 16. Jhts. der Prediger Johann Schwebel und seine Kollegen von der Regierung aufgefordert, ein Gutachten abzugeben, wie gegen Hexen vorzugehen ist. Sie sprechen sich für eine Bestrafung aus, indem sie sich auf die Bibel berufen: »...wohl würden die Hexen vom Teufel getäuscht, in dem sie meinten, sie selber würden das Unheil anrichten, das doch der Teufel tut. Allein der böse Wille und der Verkehr mit dem Teufel sind strafwürdig. Doch sollen die Richter im Vorgehen gegen die Hexen Vorsicht gebrauchen, und sie sollen nicht gleich allen Gerüchten Glauben schenken«.

»Zu den Gegnern der Hexenprozesse gehört der Straßburger Reformator Martin Butzer. Durch seinen Einfluß geht man im protestantischen Straßburg gegen die Angeklagten im 17. Jht. höchstens mit Verbannung vor«.[44] Diese Einstellung bedarf der Korrektur. Butzer sagt: »...daß alles Unglück durch den Teufel angerichtet wird. Täglich werden viele vom Teufel krank gemacht. In seinem Evangelienkommentar von 1530 zeigt er außerdem einen krassen Teufels- und Hexenglauben. Damit ist er keine Aus-

nahme, sondern verhält sich dem Zeitgeist entsprechend. Noch 1598 erklärt Jacob Gräter, der Dekan von Schwäbisch Hall: »die Hexen seien zu bestrafen, wie Dr. Luther schreibt, wider Christen den Teufel mit seinen Sakramenten und Kirche stärken«.

1602 haben die Nürnberger Prediger M. Helnig, J. Schelhammer, L. Dumhofer, J. Kaufmann und M. Sallinger ein Gutachten über die Hexen abzugeben. Sie erklären, daß man mit den verblendeten Leuten, die sich vom Teufel verführen lassen, Mitleid haben soll, fügen aber hinzu: »...die göttlichen Bedrohungen und Strafen wider solche Leute sind von Gott promulgiert, und er selbst fällt über die das Urteil, Ex. 22,18... aus diesem und dergleichen Sprüchen ist offenbar, daß Gott nicht allein mit ewigen, sondern auch mit weltlichen Strafen die Zauberer und Zauberinnen gebietet auszurotten und hinwegzutun.... solche Gesetze wider die Zauberer und das ganze Ungeziefer müssen bleiben und erhalten werden«.

In Heidelberg spricht man sich in einem theologischen Gutachten unter Berufung auf Ex. 22,18 für das Verbrennen der Hexen aus. In der gleichen Angelegenheit begründet die juristische Fakultät das Bestrafen der Hexen. Als 1574 Kaspar Corylicius, Prediger von Arfeld in der Grafschaft Wittgenstein, bei Hieronymus Zannchi, Professor der Theologie in Heidelberg, anfragt, ob die Hexen mit dem Tod zu bestrafen sind, bejaht Zannchi diese Frage entschieden unter Berufung auf das mosaische Gesetz.[45]

Zwei Prediger aus der Grafschaft Hanau, deren Erklärungen aus dem Jahr 1567 erhalten geblieben sind, haben bezüglich eines Hexenprozesses ein Gutachten abzugeben. Der eine ist Nikolaus Lotichius, Pfarrer von Ramolz, der am 3. April 1567 erklärt: »Auf die Frage, ob man die Personen, die mit Zauberei umgehen, mit gutem Gewissen an Leib und Leben strafen möge, gebührt mir nichts anderes zu antworten, denn was Gott selbst in der heil.Schrift Ex. 22,18 ernstlich befohlen mit diesen Worten...«. Der zweite Prediger ist der Superintendent Nikolaus Krug (er erscheint 1553 als Pfarrer in Hanau). Er sagt: »Daß die Hexen zum Tod zu verurteilen seien... ergibt sich aus Ex. Kap. 22... und sind solche Gebote und Rechte nicht levitische, mosaische, sondern sittliche, allgemeine zu aller Zeit gebotene. Aus diesem folgt, daß die Hexen sollen von weltlicher Obrigkeit am Leben gestraft werden, wenn sie wider Gott und das erste Gebot mit dem Satan einen Bund machen, sich ihm ergeben,lieben, ehren und mit Herz und Seele dienen, wider Gott und sein Gebot, fluchen, hassen, lästern wie der Teufel selbst«.[46] Zudem richten sie mit Hilfe des Teufels allerlei Schaden an, wie Luther aus eigener Erfahrung bezeuge. Item, sie haben ihren Bräutigam, mit eigenem Namen, Süßholz, Löschhorn, Flederwisch usw. Sie sind gänzlich auszurotten und auf Gottes Befehl zu vertilgen.

1602 werden in Basel Theologen und Juristen anläßlich eines Hexenprozesses zu einem Gutachten aufgefordert. Beide erkennen auf die Existenz und Strafbarkeit der Zauberei, in dem sie sich auf Ex. berufen.

Interessant ist bei all dem zeitgebundenen Verhalten, daß sich die Protestanten niemals auf den Hexenhammer berufen und es ist auch nicht sicher, ob Luther dieses Werk gekannt hat. In der Rückbesinnung auf den Glauben zitieren die protestantischen Theologen entweder Luther oder, wie dieser, das alte Testament, besonders die Stelle im Exodus 22,18.

Reformation und Folter

Luther ist zumindest ein aktiver Gegner des kanonischen Rechts. Er hat es offiziell in Wittenberg vor dem Elstertor zusammen mit der Bannbulle Leos X. verbrannt. Später schreibt er: »Das römische Recht ist besser und ehrlicher, denn jenes der vermeinten Christen. Es wäre gut, das geistliche Recht vom ersten Buchstaben bis zum letzten auszutilgen«.[47] Im Zeichen der Zeit, bei all den bekannten und drastischen Strafen, stellt auch er sich nicht gegen die Folter, zumal das ohnehin nichts genützt hätte. »Magister Spalatino zeigte Dr. Martino anno 1438 an, wie ein Mägdlein zu Altenburg bezaubert wäre, daß sie Blut weinete, und wenn die Zauberin an einem Ort wäre, und wenn sie gleich nicht sehe, noch von ihr wüßte, so sie doch ihre Gegenwart fühlte und weinete«. Daraufhin sprach Dr. Martinus: da sollte man mit solchen zur Strafe eilen. Die Juristen wollen zuviel Zeugnisse und Beweisungen haben, verachten die öffentlichen. Ich habe dieser Tag einen Ehehandel gehabt, da das Weib wollte den Mann mit Gift umbringen, daß er Eidechsen von sich gebrochen und, da sie peinlich befragt, hat nicht wollen bekennen. Denn solche Zauberinnen sind gar stumm und verachten die Pein; der Teufel läßt sich nicht reden. Solche Taten aber geben Zeugnis genug, daß man sie billig sollte hart strafen, zum Exempel, damit andere abgeschreckt werden von solchem teuflischem Vornehmen«.[48]

»Wie die Juristen fein künstlich disputieren und reden von mancherlei Art der Rebellion und Mißhandlung wider die hohe Majestät, und unter anderen zählen sie auch diese, wenn er von seinem Herrn feldflüchtig, treulos wird und begibt sich zu den Feinden, und denenjenigen allen erkennen sie zu der peinlichen Strafe an Leib und Leben. Also auch, weil die Zauberei ein schändlicher gräulicher Abfall ist, da solch ei-

Protestantische Trauung und Taufe. Holzschnitte aus M. Luther »Enchiridon«. Heinrichstadt. 5 1576

ner sich von Gott dem er gelobt und geschworen ist, zum Teufel, der Gottes Feind ist, so wird er sie billig an Leib und Leben strafen«.[49]

Wiederholt mahnt er zum Gebet »wider die Hexen«. 1529 machen ihm die Teufelshuren viel zu schaffen. »Ich habe etliche zu vermahnen, bemerkt er am 15. August am Schluß der Predigt... daß viele Wettermacherinnen sind, die nicht allein die Milch stehlen, sondern auch die Leute schießen (Hexenschuß). Wir kennen einige von ihnen. Wenn sie sich nicht bekehren, werden wir sie den Folterknechten befehlen«. Außerdem mahnt er die Zuhörer, sich mit Gebeten gegen die gefährlichen Leute zu schützen.[50] Am folgenden Sonntag, dem 22. August, nach der Nachmittagspredigt, bannt Luther einige Hexen. Der Wittenberger Diakon, G. Rörer, der dies aufgezeichnet hat, bemerkt, es sei dies die erste von Luther ausgesprochene Exkommunikation gewesen. Drei Wochen später, am 12. September, wiederholt Luther die Mahnung, daß man gegen die Hexen beten soll, und da sie nicht nachlassen, in Wittenberg ihr Unwesen zu treiben... solle man gegen sie beten, damit sie entdeckt werden und vom Henkersknecht ihren Lohn erhalten«.

Nur ein vager Ausspruch gegen die Folter wird aus seinem Brief an Albrecht von Brandenburg, Kurfürst von Mainz, beigebracht: »Wo man die Wahrheit anderweitig erforschen kann, darf man die Folter nicht anwenden, um Gott nicht zu versuchen«.

Freilich nehmen die protestantischen Hexenschriftsteller Luther in Schutz: »Es würde ungerecht sein, wenn man über alle diese Flecken in der Lehre Luthers von der Macht des Teufels, der Hexen und Zauberer, und vom Dasein der Gespenster und Kobolde, die außerordentlichen Verdienste dieses Mannes verkennen wollte. Er war ein verehrungswürdiger Mann, der einem großen Teil des menschlichen Geschlecht, das in Aberglauben und Unwissenheit versunken war, aus diesem Schlummer riß und sich mit Macht und einem unbeschreiblichen Mut dem Aberglauben entgegenstellte«.[51]

Hexenwahn unter den Zwinglianern des 16. Jhts.

In Zürich setzen die massiven Hexenverfolgungen erst um 1570 ein; bis 1520 hat, so weit ich das sehe, nur 1493 eine Verbrennung stattgefunden. »Die Höhezeit der Zürcher Hexenverbrennungen ist das letzte Drittel des 16. Jhts. in dem von 1571 bis 1598 nicht weniger als 37 von 79 angeklagten Hexen verbrannt wurden.[52] Selbst Stadtärzte nähren den Wahn, indem sie ihnen unerklärbare Krankheiten den Dämonen zuschreiben«. Außerdem kommt es in der Umgebung von Zürich zu Hexenverfolgungen.

In den Schriften von Zwingli ist von Hexen nicht die Rede, aber aus zahlreichen Stellen seines Werkes geht hervor, wie stark sein Glaube an einen persönlichen Teufel ist. Durch seine Vorstellung, daß Gott das Böse bewirkt, wird die Annahme eines bösen Geistes nicht ausgeschlossen, da Zwingli ausdrücklich lehrt, Gott habe sich beim Sündenfall der ersten Menschen des bösen Geistes als Werkzeug bedient.[53]

Zwingli glaubt ebenso fest an einen persönlichen Teufel wie Luther und seine katholischen Zeitgenossen. Als 1525 in Zürich eine Hexe verbrannt wird, steht Zwingli auf der Höhe seiner Macht. Sein Nachfolger, Heinrich Bullinger, der von 1531 bis 1575 an der Spitze der Zürcher Kirche steht, huldigt ebenfalls dem Teufelsglauben. Als Beleg dafür kann sein »kurzer Traktat wider die verbotenen Künste« genannt werden, der 1571 verfaßt, aber erst nach Bullingers Tod von Abraham Saur zusammen mit anderen Hexenschriften 1586 im »Theatrum de veneficis« veröffentlicht wird. Darin sagt Bullinger: »Zauberer sind (die)... ein Bündnis und Verständnis mit dem Teufel machen, sich demselbigen verschreiben, Gottes und des wahren Glaubens sich entziehen, damit sie durch Hilfe des Teufels Wunder wirken, helfen und schaden mögen... welche unter den Weibern also sind, die nennt man Zauberinnen und Hexen... diese verpflichten sich dem Teufel, empfangen nach Verleugnung der heiligen Taufe einen Biß oder ein Zeichen an ihrem Leib von dem Teufel, welcher Wunderspiele mit ihnen treibt, sich ihm vermählt, Mahl und Tanz hält, beischläft, und viel der Verfluchungen greulich zu melden... denn viele wollen achten, es sei ein Wahn, eitel Einbildung und Phantasie, und sie vermögen nichts denn dem Wetter noch wider Leute und Vieh. Dagegen (zeigt) die Erfahrung, dazu zeugt die Heilige Schrift, daß sie eine Wirkung der Dinge haben, die sie tun, und (jeder) männlich sieht und befindet, daß es nicht ein Wahn ist, sondern wirklich geschieht, was sie tun«.

»Von wem kommt die Kraft, mit der die Zauberer und Hexen wirken? Sie kommt aus dem Teufel... doch nicht alles aus ihm, daß er für sich selbst solches vermöge, sondern aus der Verhängnis und Erlaubnis Gottes... welcher den Teufel gebraucht als seinen Nachrichter oder Ausrichter seiner Gerichte. Der Teufel aber gebraucht dazu die, so keines Gesindes sind, Zauberer, Hexen und andere gottlose, greuliche, verzweifelte und verfluchte Menschen. Das alles magst du als in einem Spiegel sehen in der Historie Job«.

1560 veröffentlicht Bullinger ein Werk gegen die Wiedertäufer: »Der Widertoufren Ursprung, fürgang...«. Außerdem haben wir das Handbuch von Johann Haller, »... darinnen begriffen werden fünfzig Predigten Heinrich Bullingers«. In der 30. spricht der Verfasser von den Teufeln, vor allem weist er »gegen etliche Epikureer« nach, daß es tatsächlich Teufel gibt. Er hält es für notwendig zu behaupten, daß sie »wesentliche und substatiale Geister« sind. Dann schildert er die Tätigkeiten des Teufels, »...seine Arglist und große Macht wider die Menschen an dem Gemüt, Leib und Gut Schaden anfügt... die Teufel sind Instrumente und Werkzeuge des Zornes Gottes, die seine Rache und Strafe vollführen«.[54]

Josias Simler ist ein Schwiegersohn von Bullinger und sein treuer Mitarbeiter. Unter den Züricher Theologen des 16. Jhts. ist er einer der vielseitigsten und gelehrtesten. Längere Zeit ist er an der Züricher Akademie Professor der Exegese. In dieser Eigenschaft verfaßt er über das 2. Buch Moses einen Kommentar, der 1576 (nach seinem Tod) erscheint. Simler spricht von den Hexen bei der Erklärung der Stelle Ex. 22.18 (auf die sich schon Bullinger berufen hat): »Dieses Gesetz bezieht sich wohl auf die Frauen, die mit verborgenen Künsten sich abgeben und Verkehr mit den Teufeln haben. Es gebe wohl angesehene Männer (vermutlich eine Anspielung auf Weyer), die behaupten, an dieser Stelle sei nicht von Hexen, sondern von Giftmischerinnen die Rede; ihre Ansicht sei jedoch falsch. Moses spricht tatsächlich von Zauberinnen, die mit dem Teufel einen Bund eingehen... der eigentliche Urheber sind aber nicht die Hexen, sondern die Teufel, die sie zu Hilfe rufen«.

In den gleichen Fußstapfen bewegt sich (noch vor Simler) Petrus Martyr Vermigli, der an der Züricher Akademie Vorlesungen über das Alte Testament hält. »Daß die Zauberer mit Hilfe des Teufels manche außerordentliche Wirkungen hervorbringen können, ergibt sich aus der Heiligen Schrift. eine so schwere Strafe wäre nicht verhängt worden wenn die Zauberer und Hexen nichts ausrichten könnten«. Dann erklärt er im Einzelnen, was der Teufel alles zuwege bringen kann, wie er Feuersbrünste und Gewitter anrichtet, verschiedene Gestalten annimmt, die Zauberer und Hexen durch die Lüfte hinwegführen kann und sie beim Hexensabbat versammelt. Namentlich die alten Weiber seien dazu geeignete Werkzeuge. Aber alle, denen sich der Satan bediente, Männer und Frauen, geben sich mit dem Teufel dem schändlichsten Laster hin; daher auch die Inkuben und Sukkuben, von denen schon Augustinus berichtet. Aber nicht nur der Unzucht frönen die Hexen; sie sind auch recht grausam, denn unter der Gestalt von Katzen oder Hunden dringen sie in die Häuser und töten oder entführen die Kinder«.

Simlers Kollege, der Prediger und Theologieprofessor Johann Wolf, gibt später Kommentare von Vermigli heraus. Wolf betont in einem Abschnitt, wie unheilvoll ihr Treiben ist und wie streng die Zauberei von den göttlichen und den menschlichen Gesetzen geahndet wird.[55]

Johann Calvin, eigentlich Jean Cauvin (Caulvin), Geb. am 10.7.1507 in Noyon (Picardie), gest. 27.5.1564 in Genf. Ein strenger Verfolger der Hexen. Er fordert den öffentlichen Schwur auf das Bekenntnis und eine äußerst strenge Kirchenzucht. Er wirkt vor allem in Genf.

Nach dem Tod von Bullinger ist es Rudolf Walter (Gualterus), Zwinglis Schwiegersohn und ein Prediger (seit 1542), der zehn Jahre (1575—1585) als Antistes die Züricher Kirche zu leiten hat.[56] Er ist vom Hexenglauben befangen. Als Walter in den Ruhestand tritt, wird Ludwig Lavater zum Antistes ernannt. Er ist wieder ein Schwiegersohn von Bullinger und seit 1551 Prediger. Er verfaßt mehrere Schriften, unter denen »der Bericht von den Gespenstern« die weiteste Verbreitung findet. »Daß es aber dem bösen Feind nicht schwer sei, in mancherlei Gestalten, nicht nur der lebendigen oder toten Menschen... sondern auch, was minder ist... der vierfüßigen Tiere, Vögel usw... als eines schwarzen Hundes... zu erscheinen und groß wunderbare, unglaubliche Dinge anzurichten, ist offenbar«. Noch ausführlicher behandelt Lavater die Hexen in seinen Predigten über die Teuerung und Hungersnot von 1570. Er billigt von der Kanzel herab ihre Verbrennung, obwohl er bestreitet, daß sie Hagelwetter anrichten können. Der calvinistische Prediger Theodor Beza glaubt auf der Kanzel die französischen Richter des Unglaubens bezichtigen zu sollen, weil sie nicht wagen, Hexen zum Tod zu verurteilen.[57]

Hexenschrift des Calvinisten Lambert Daneau

Daneau ist ein französischer Jurist und Theologe. Geb. um 1530 in Beaugency, studiert er Recht in Orleans, Paris und Bourges. Hier promoviert er 1559 zum Doktor und läßt sich dann in Orleans als Advokat nieder. 1560 geht er nach Genf, um Vorträge des Calvin zu hören. Dann kommt er nach Frankreich zurück und wirkt zehn Jahre als Prediger. Ende August 1572, nach der Bartholomäusnacht, flüchtet er nach Genf, wo er Professor der Theologie wird. 1581 folgt er einem Ruf nach Leiden, 1582 wandert er nach Genf und lehrt hier bis 1583 Theologie. Gestorben ist er am 11. November 1595.

Daneau ist nach Calvin und Beza unter den ersten calvinistischen Theologen einzureihen. Er verfaßt die Hexenschrift auf Ansuchen eines befreundeten Juristen, des Amtsrichters Franziskus Daniel in St. Benoit a. d. Loire. Sie erscheint erst 1574 in französischer und lateinischer Sprache. Er kleidet seine Ausführungen in die Form eines Gespräches: Den lateinischen Text nimmt Daneau später in seine gesammelten theologischen Schriften auf. 1576 erscheint sein Buch bei dem Frankfurter Buchhändler Nikolaus Basse (Bassäus, Baseus) und ist außerdem im »Theatrum de veneficis« abgedruckt.

Bereits in der Vorrede glaubt Daneau behaupten zu können: »Kein Fabelwerk oder Weibermärlein findet man daran ... sondern nur, was durch gewisse Historien oder Geschichtsbücher, auch durch das Urteil frommer und gelehrter Leute bezeugt werden kann, und was endlich nach dem Wort Gottes von dieser Streitfrage zu halten sei... trotzdem halten es manche für eine Fabel, wenn man sagt, daß es Zauberer gebe; sie glauben auch nicht, daß jemand von ihnen beschädigt werden kann. Er selbst wisse von dem Teufel und seinen Werkzeugen, den Zauberern, nicht mehr, als was darüber in der Heiligen Schrift gelehrt wird.

Die Bibel ist die vornehmste Autorität, auf die er sich im Zeichen der Zeit immer wieder beruft. Zauberer (sortiarii, sorciers) sind Leute, die mit Hilfe des Teufels den Menschen allerhand Schaden zufügen. Solche Leute hat es schon immer gegeben, und das kann nicht bezweifelt werden. Auch hat die Erfahrung gelehrt, daß es Leute gibt, die durch die teuflische Kunst zaubern können. Etliche, die glauben, daß die Zauberei »erdichtet und erlogen Ding oder Hirngespinst einer krankhaften Phantasie sei« (sicher eine Anspielung auf den Arzt Weyer), stecken in einem großen Irrtum. Die Zauberer sind arme leibeigene Knechte des Teufels, von dem sie regiert werden. Sie beten ihn an, sie ergeben sich ihm und brennen ihm zu Ehren wächserne Kerzen... denn wenn der Satan zu ihnen in Menschengestalt kommt, küssen sie ihn, welches eine Schand zu sagen ist, den Hintern, das sie selbst her-

nach willig und frei bekennen«. Besonders stellt Daneau die Macht Zauberer heraus:

»Alles auf Erden, was der Eitelkeit unterworfen, sterblich und vergänglich ist, kann diese teuflische listige Schelmenzunft vergiften und bezaubern, wo es nicht von Gott erhalten und beschirmt wird. Nun ist aber nichts auf Erden, das nicht sterblich und vergänglich ist. Insbesondere richten sich ihre Angriffe gegen die Menschen. »Ich habe gesehen, daß den Säugmüttern ihre Brüste sind gar vertrocknet, weil sie ihnen von Zauberern berührt wurden. Das Vieh, groß und klein, töten sie mit Gift auf mancherlei Weise, und hat ihre Schelmerei und Bosheit ihresgleichen nicht auf Erden. Sie vergiften die Luft und das Wasser. Noch mehr ist zu verwundern, daß sie die Leute binden oder ihnen Zauberei antun und sie an ihren ehelichen Werken hindern. Zudem können sie die Menschen in eine andere Gestalt umwandeln, als nämlich in Wölfe, Bären, Esel und dergleichen Tiere. Das Mittel dazu ist in jedem Fall ein Bündnis und Gemeinschaft mit dem Satan«.

»Sie haben auch an ihrem Leib Wahr- oder Malzeichen, etliche unter den Augen, etliche an geheimen Orten, etliche auch im Mund, oben am Gaumen, damit sie verborgen seien und von niemand erkannt werden... darum pflegen die Richter, wenn sie diese Leute gefänglich halten, sie über ihren ganzen Leib zu besichtigen und mit einem Schermesser alle Haare abscheren zu lassen, daß die Wahrzeichen darunter nicht verborgen bleiben«.

Dann schildert er die Art und Weise, wie die Zusammenkünfte der Hexen stattfinden: »wann sie nun zusammenkommen, läßt er sich sehen als den Prälaten und Vorsteher ihrer Versammlung in mancherlei Form und Gestalt, bisweilen auch wie ein Mensch, danach wie ein stinkender Bock, oder wie es ihm sonst gefällt. Alsdann müssen alle die Zauberer ihren getreuen Eid und Bündnis erneuern, daß sie ihn für einen Gott halten und ehren wollen. Sie halten auch Tänze, in denen er als Kapitän den Reigen führt, oder sie tanzen mit Frohlocken um ihn her, nach etlichen Liedern, die ihm zu Ehren und Lob gedichtet sind«.

Auf die Einrede gegen die Ausfahrten der Zauberer »...man habe oft ihre Leiber die Stund wahrhaftig im Bett gefunden, wenn sie gesagt haben,daß die anderswo gewesen seien«, erwidert er: »Es sind nur falsche Leiber, welche anstatt der Zauberer unterdes vom Satan dahin gelegt werden... und gemachte Larven, die er anstatt ihrer Leiber sehen läßt«.

Dann wendet er sich an die Bestrafung der Zauberer: »Sind die Zauberer zu bestrafen? Ja, und zwar mit großer Strenge. Es geziehme ihm aber nicht, hierüber Gesetze zu machen. Es sind öffentliche Feinde des menschlichen Geschlechtes und Gottes, ihres Schöpfers, auch öffentlich insgemein allen Menschen und

Ständen sollen verhäßt sein. Denn sie sind Abtrünnige und verwegene Leute, vom rechten Glauben abgewichen, treulose Verleugner des allmächtigen Gottes, verfluchte Gotteslästerer, meineidige Verräter Gottes, schändliche Teufelsdiener und Betrüger«. In Summa: »Es ist nie ein verständiger Mensch weder vor Jahren noch zu unseren Zeiten gewesen, der sie nicht für die ärgsten Leute und der greulichsten Strafe allzeit würdig erachtet hat. Man müsse sich wundern, daß etliche Richter so weichlich sind und dem menschlichen Geschlecht so übel raten, daß sie sich entweder fürchten oder die schrecklichen Bestien, als nämlich die Zauberer, nicht ausreuthen (ausrotten) oder nicht strafen wollen. Die Richter sind zu mahnen, daß sie die Zauberer fleißig aufsuchen, und, wenn sie ihrer habhaft werden, mit aller Strenge bestrafen. Denn es kann gar keine gräulichere noch schrecklichere Pestilenz unter die Leute kommen, als die der teuflischen Zauberer«.

Genauso streng wie Daneau zeigt sich der französische Rechtsgelehrte Franz Hotoman, der, wie seine Gutachten über die Hexenprozesse beweisen, im Wahn seiner Zeit befangen ist.[58]

Später Teufelsglaube bei Protestanten und Katholiken

Folter und Hexenwesen hängen eng zusammen. Mit der Aufklärung regt sich die Vernunft. Der alles überspannenden Theologie wird der Glaube an die Natur entgegegesetzt. Damit ergibt sich zwangsweise eine Veränderung der Rechtsauffassungen: in diesem Verbund wird die Folter allmählich abgeschafft. **Nicht so verhält es sich mit der geistigen Grundlage des Teufelsglaubens, der bis heute vollinhaltlich von der römisch-katholischen Kirche aufrecht erhalten wird.** Im 19. Jht. haben wir eine ganze Reihe von aktiven Vertretern des Teufelsglaubens. Bei den Protestanten ist vor allem Vilmar zu nennen, der von 1855 bis 1868 Professor der Theologie in Marburg ist. Er betont u.a.: »...der Teufel ist ein kosmisch geschaffenes Wesen, das mit seiner persönlichen Macht nicht allein die ganze Menschenwelt, sondern auch die Erde umspannt. Der Teufel verfügt über ein organisiertes Reich, gegenüber dem des Gottes: er hat zu seinen Diensten ein Schar ihm affilierter verwandter Geister, in ihrer Eigenschaft als den Menschen treibende, besitzende Geister. »Es gibt auch falsche Wunder, und der Mensch kann durch die unbedingte Selbsthingabe an das Böse solche Wunder verrichten. Es ist das finstere Gebiet der Zauberei, dem wir volle Realität zusprechen müssen... das Hexenwesen beruht seinem Ursprung nach keineswegs auf leeren Einbildungen, törichten Träumen und kindischen Märchen, sondern auf wirklichen und handgreiflichen Zuständen«. Der protestantische Längin führt außerdem Splittgerber[59]

Facsimile eines gegen Luther gerichteten Flugblattes aus der Reformationszeit. »Sieben Köpfe Martin Luthers vom Hochwürdigen Sakrament des Altars/Durch Doktor Jo. Cocleus«.

Mühe[60] und Röschen[61] an. Röschen sagt: »Die Zauberei ist wirklich vorhanden und ihre Bekämpfung ist eine ernste Gewissenssache für jeden Christen. Die Zauberei ist nicht eine Empfindung des Menschen, sondern beruht auf einer Eingebung des Teufels... sie ist eigentliche Abgötterei«. Mit dieser Meinung stehen die Protestanten nicht alleine da: Katholiken wetteifern mit ihnen. Z.B. der Jesuit Peronne[62] und Bischofsberger.[63] Bischofsberger behauptet: »... daß die Dämonen Menschen und Tiere schädigen, Eier, Milch und Getreide stehlen«. Seine Mittel gegen dämonische Krankheiten sind die in der Kirche seit Jahrhunderten bekannten: geweihtes Öl, äußerlich und innerlich zu verwenden, Weihwasser, Beten, Fasten usw. Dazu kommen die Ansichten des Moraltheologen Gury, dessen Schriften zur Ausbildung der katholischen Theologen herangezogen werden.

Polemik

Beide Religionsparteien werfen sich gegenseitig vor, einen Bund mit dem Teufel geschlossen zu haben und beide schöpfen aus den gleichen Quellen. Die Katholiken behaupten, Luther sei ein Kind des Teufels, seine Mutter sei eine Hexe gewesen und Luther wäre das Produkt zwischen einem Buhlteufel und ihr. Weyer verteidigt Luther gegen diesen Vorwurf.[64] Was das Hexenwesen anbelangt, hält der Dialog, wer nun mehr Schuld an der Hexenverfolgung habe, über Jahrhunderte bis heute an. »Doch, das möchten wir noch einmal betonen, Luther hatte gar keine Veranlassung, sich pflichtgemäß mit der Hexenfrage auseinanderzusetzen, da sich dieser Zeit der Spuk nicht an die Oberfläche wagte.[65] **Zwar fehlt uns bis jetzt eine genaue Statistik der verurteilten Hexen, nur schätzungsweise läßt sich sagen, daß auf eine verbrannte protestantische Hexe gut 30—50 katholische kommen. Damit haben wir endlich den tiefen Unterschied zwischen den Hexenverfolgungen des Protestantismus und Katholizismus berührt. Jene wurden aus ehrlicher Überzeugung geführt und betrafen wirklich anrüchige Personen...diese wurden oft zu einer ergiebigen Einnahmequelle der Fiskus, aus der das ganze Lumpengesindel der Schergen, Henker und Richter besoldet wurde, und der nicht unbedeutende Rest floß in die Kasse der geistlichen und weltlichen Landesherren, damit sie weiter nach ihrer Gewohnheit leben konnten«.[66]** »Nein, hier konnte nur ein Mann helfen, der weder Tod noch Teufel fürchtete, der zwar ein Sohn der Renaissance und mit ihr die scholastischen Autoritäten souverän verachtete, aber doch mit seinem Herzen tief im Christentum wurzelte«.[67]

Ohle verfälscht die Geschichte. Während er den Protestantismus zu beschirmen sucht, tun dies katholische Hexenschriftsteller für ihre Partei; z.B. Diefenbach und Pastor. Auch folgende Bemerkung ist an den Haaren herbeigezogen: »Auch Luther glaubte an Hexen. Er erzählt gelegentlich, daß ein solches Weib seiner Mutter geschadet hat... aber solche Äußerungen waren nicht ernst gemeint. Im großen und ganzen kümmerte ihn der ganze Kreis von Aberglauben wenig«. »Luther ist ein Dorfkind, geringer Leute Sohn und unter der strengen Zucht und der geistigen Athmosphäre seines Elternhauses aufgewachsen.[68] Seine jugendliche Phantasie wird mit Hexen- und Gespenstergeschichten genährt, die unter den Dorfbewohnern umgehen«. Deshalb darf man sich nicht wundern, wenn er später an verschiedenen Stellen über Zauberei und Teufelsspuk spricht. Die wichtigsten Stellen finden sich in den Erklärungen des Galaterbriefes und in der Erklärung des ersten Buches Moses.

»Das Papsttum hat die Hexenprozesse gefördert, indem es den Zeitanschauungen zum Opfer fiel (Anm.: die großteils und über Jahrhunderte von ihm geprägt werden!!!). Ganz ebenso ist es auch dem Protestanten ergangen. Man kann also nicht sagen, daß jener oder dieser die ganze Last der Verantwortung zu tragen habe«.

Facsimile des Titels von Murner's »Von dem großen lutherischen Narren wie ihn Doctor Murner beschworen hat ...« (1522). Dargestellt ist eine Austreibung von Dämonen, die als Narren den geöffneten Mund Luthers verlassen. Ein treffendes Beispiel für die Schärfe der Auseinandersetzungen der Epoche und zugleich ein Spott auf die Praktiken des Exorzismus (?).

Mit der raschen Änderung der Geisteshaltung und der damit verbundenen Glaubensspaltung tritt eine Phase der Religionsunsicherheit ein. Luther erkennt dies treffend: Er sagt in der Vorrede zum kleinen Katechismus »**...da viele Pfarrherren ungeschickt und untüchtig sind zu lehren...es sollen doch alle Christen heißen, getauft sein und das Sakrament genießen; sie kennen aber weder das Vaterunser, noch den Glauben, noch die zehn Gebote... sie leben dahin wie das liebe Vieh und die unvernünftigen Säue«.[69]**

Detaildarstellung der sog. »Gampener Hölle«. Rückseite eines Altares aus Niederösterreich (Nähe Vöcklabruck).

Die Jesuiten
und der Hexenwahn

Die Stellung der Jesuiten in den deutschen Hexenprozessen ist bald einseitig zu glänzend, bald zu schwarz gezeichnet worden... es wäre geradezu unbegreiflich, wenn eine religiöse Genossenschaft, die mitten in dem Volkswahn und der Hinrichtungswut lebte, nicht gleich der Masse der katholischen und protestantischen Gebildeten von denselben Ideen beeinflußt worden wäre. Ein solches Wunder darf man von den Jesuiten nicht erwarten. Sie sind Kinder ihrer Zeit, und als solche den herrschenden Irrtümern ausgesetzt und unterworfen. Der Orden selbst hat zu den Hexenprozessen nie offiziell Stellung genommen. Das Wort Hexe oder Zauberer kommt in den Konstitutionen, den Dekreten der General-Kongregation und in den allgemeinen Verfügungen nicht vor.[1]

Außerdem wird man der Sache nicht gerecht, wenn man jesuitische Aktivitäten nur auf die Frage, die Hexen bezieht. Der Orden ist in diese Sache hineingezogen worden: seine Aufgabenstellung ist eine völlig andere. Die Beschäftigung mit dem Hexenwahn tangiert lediglich ihr Handeln. Die Beurteilung zu dieser Frage reicht keinesfalls zu einem abschließenden Urteil.

In letzter Konsequenz ist es so, daß unmittelbar nach der lutherischen Reformation fast ganz Deutschland protestantisch wird. Die Verluste auf der katholischen Seite sind erheblich. Mit dem Konzil von Trient (1545—1563) sammelt der Katholizismus seine Kräfte. Er ist bemüht, gravierende Mißstände abzustellen. In diese Zeit fällt die Gründung des Jesuitenordens. Gegenüber der traditionellen katholischen Anschauung entwickeln die Jesuiten eine schlagkräftige Argumentation.

Sie gewinnen rasch an Einfluß. In den 70er Jahren des 16. Jahrhunderts beginnen die Verluste auf der protestantischen Seite. Schon 1540 lassen sich die Jesuiten in Österreich nieder, sie gewinnen Einfluß auf die Universitäten Wien und Prag. Die bayrischen Herzöge Wilhelm und Albrecht errichten jesuitische Kollegien. 1570 und 1571 gelingt der Übertritt der Markgrafen Philipp II. und Eduard Fortunat von Baden zum Katholizismus. Damit wird eine systematische Gegenreformation eingeleitet. An ihrer Spitze stehen die Jesuiten. Hier ist der Ansatzpunkt. Unter jesuitischem Einfluß wird der Protestantismus in Bayern unterdrückt. Daran schließt sich die geistige Umwälzung in den katholischen Stiften: 1570 in Fulda und Eichsfeld, 1574 in Mainz; etwas später in Westfalen, Paderborn und Münster; 1586 unter Julius II. in Würzburg und Bamberg.[2] Dadurch sinkt der Protestantismus in seiner Bedeutung.

Zeitgenössischer Holzschnitt eines Jesuiten. Von Jobst Amman bei J. A. Lonicerus »Ständ und Orden der Heiligen Römischen Katholischen Kirchen«. Frankfurt am Main. 1585.

Die Frage ist, wie kann ein neugegründeter Orden in so kurzer Zeit so viel Erfolg haben, was ist seine Zielsetzung und auf was gründet sich dieser?

Die Jesuiten greifen zwar nicht direkt, aber indirekt in den Hexenprozess ein. Es gibt unter ihnen Verteidiger und Fanatiker. Ihr Einfluß setzt an einer entscheidenden Stelle an. Alle Jesuiten verfügen über eine ausgezeichnete Ausbildung. Sie lehren an Universitäten, werden als Prinzenerzieher herangezogen, sind Hofbeichtväter- und Prediger. Sie sind aktive Schriftsteller. Der Orden ist straff organisiert: über ein ausgefeiltes Berichtswesen können einzelne Aktivitäten gesteuert werden. Ein negativer Zug haftet ihnen zwangsweise an: als Priester sind sie von der Existenz des Teufels erfüllt. Sie verstehen sich als Streiter Christi wider diesen Feind. Damit erhält der Dämonenglauben Nährstoff.

Ignatius v. Lojola

Die Quellen bezeichnen ihn als eitlen Höfling, der sich zur Innerlichkeit durchgerungen hat. Er zieht das Gewand eines Bettlers an, leistet vor dem Bild der

Mutter Gottes auf dem Berg Montserrat Nachtwache und beginnt mit der missionarischen Tätigkeit. Bei Manresa wohnt er in einer feuchten Höhle und unterzieht sich strengen Bußübungen. Er geißelt sich und soll sich die Brust mit Steinen wundgeschlagen haben. Krank und ohnmächtig wird er in das Haus seiner Gönnerin Donna Angelika de Amigant gebracht. Dann besucht er Rom und Jerusalem. Hier scharen sich die ersten Anhänger um ihn. Er feuert sie mit seinen Exerzitien an und wird wie ein Heiliger verehrt. 1527 geht er zu Fuß nach Paris. Hier folgt die Gründung der Gesellschaft.

Orientierung an den Theatinern

Unter den geistlichen Brüderschaften ragt der kurz zuvor gegründete Orden der Theatiner hervor. »In ihm tritt zum erstenmal der neue Geist der katholischen Reformation in Erscheinung: streng in den Grundsätzen, der Welt ein Beispiel von Tatkraft und Aufopferung zu geben, leisten sie zur allgemeinen Bewunderung in den Spitälern hingebungsvolle Krankenpflege.« Dazu kommt ein Vakuum in der religiösen Grundhaltung des Volkes. Die katholische Frömmigkeit hat einen weiteren Tiefpunkt erreicht. Die Bevölkerung verliert den Respekt vor der Geistlichkeit, was ohnehin durch die Reformation eingeleitet ist. Der Kontakt zu den Volksmassen geschieht vor allem durch die großen Volks- und Bettelorden, die Franziskaner, Dominikaner, Augustiner und Theatiner. Kardinal Caraffa, der spätere Papst Paul IV. erscheint persönlich auf den verlassenen Kanzeln, um das Volk vor dem göttlichen Strafgericht zu warnen. Hier ist ein günstiger Ansatzpunkt für die Jesuiten: sie orientieren sich an den Theatinern.

Sittenverfall, Marthahaus, Volkspredigt

Ignatius wendet sich an bestimmte Gruppen der Bevölkerung und gründet ein Asyl für gefallene Frauen. In diesem »Marthahaus« leben die Prostituierten unter strenger Aufsicht. Sie verrichten allerlei Arbeiten und können die Anstalt nur verlassen, wenn sie gelobt haben, in ein geordnetes bürgerliches Leben zurückzukehren. Pietro Aretino sagt über die Kupplerinnen: »Wie Uhus oder Schleiereulen kommen sie des Abends aus ihrem Nest hervor und klopfen Klöster, Höfe, Bordelle und Schenken ab; hier holen sie eine Nonne ab, dort einen Mönch; diesem führen sie eine Kurtisane zu, dem einen eine Ehefrau, dem andern eine Jungfer; die Lakayen befriedigen sie mit den Zofen ihrer Herrschaft, der Haushofmeister bekommt zum Trost seine Gebieterin.«

S·IGNATIVS·DE·LOYOLA·SOC:·IESV·FVNDATOR·
Militat Hispanis IGNATIVS, arma movebit
Pro Cœlo melius miles et in tumulo·

Ignatius von Lojola, der Gründer des Jesuitenordens als »Ritter Inigo«. Aus der Ignatius-Biographie von Ribaneira.

»Die Bischöfe weilen fern von ihren Diözesen und lassen sich durch Mietlinge vertreten. Die Pfarrer betrachten ihr Amt als ein bequemes Gewerbe, beschränken sich darauf, gegen Bezahlung Kinder zu taufen, Brautpaare zu trauen und Tote einzusegnen. Sonst leben sie vergnügt mit ihren Konkubinen, ohne sich im mindesten um die religiösen Zustände ihres Sprengels zu kümmern.«[2] Kardinal Contarini bezeichnet die Nonnenklöster als Bordell.[3] Vergl. S. 171

Die Jesuiten beginnen mit der systematischen Volkspredigt. Eine weitere Bindung an das Volk wird durch die Aktivierung der Beichtpflicht erreicht. Die Idee der Gewissensforschung tritt mehr und mehr in den Vordergrund. Die traditionellen Kasteien werden aufgegeben. Schon das erste Ordensstatut von 1539 sagt: »Man solle den Brüdern niemals Fasten, Geißeln, Barfuß- und Barhauptlaufen, bestimmte Kleiderfarben, bestimmte Speisen, härene Gewänder oder andere Kasteiungen unter der Verpflichtung der schweren Sünde auferlegen«. »Der Jesuit habe seinen Körper zu pflegen.« Die körperliche Askese verliert ihre

Bedeutung als Selbstzweck. Der freie Wille, ein revolutionäres Moment des Christentums, wird durch Ignatius von Lojola in das theokratische Lehrgebäude eingebracht. In letzter Konsequenz rührt daher der jesuitische Erfolg. Ignatius ist am 31. Juli 1556 gestorben. Er hat eine Anschauung geprägt und hinterlassen, die dem Katholizismus vor dem möglichen Zusammenbruch bewahrt hat.

Der Geist des Jesuitismus

Die Jesuiten sind Verkünder einer Lehre geworden, nach der die Vollkommenheit nicht in übernatürlicher Entrückung (Mystik) besteht, sondern mit natürlichen Mitteln und menschlichen Kräften angestrebt werden kann. Sie lehren, daß man durch Streben und Mühen zur Vollkommenheit vordringen kann.[4] Das bedeutet eine Umwälzung der traditionellen katholischen Denkweise. Diese Auffassung macht den vorherrschenden Glauben an die besondere Berufung auserwählter Menschen zunichte. Jesus ist nicht der in seiner Glorie ruhig thronende Her des Himmels. Er erscheint als streitender König, der im Kampf um sein Reich begriffen ist. »Er wendet sich an die Mensch und fordert seine Hilfe im Feldzug gegen Luzifer«. Die Verwirklichung des Gottesreiches hängt teilweise vom menschlichen Willen ab. Die Ehre Gottes wird durch die Mitwirkung der Menschen erhöht.

Die Jesuiten leben nicht zurückgezogen in den Klöstern, sondern versuchen, »die sündige Menschheit mit dem Geist Christi zu erfüllen und sie für Gott zu gewinnen«. So erhält ihr Gehorsam einen anderen Sinn: zielbewußtes Handeln. Der jesuitische Gehorsam und ihre Disziplin bilden ein Bollwerk gegen die Protestanten und Calvinisten. Sie stellen ihnen eine »schlagkräftige und gefährliche Armee« entgegen.[5]

Um diese neue Glaubenshaltung zu verstehen, ist es erforderlich, die Anschauungen der Protestanten und Calvinisten zu umreißen:

Die Führer der Reformation leugnen den sittlichen Wert des Menschen und seine Verdienste. Calvin kanzelt den Katholizismus herab: » Er stürze den Mensch im Rausch seiner eingebildeten Fähigkeiten in das Verderben, blähe ihn auf... mit gottloser Anmaßung gegen den Schöpfer, sodaß er schließlich den Ruhm der Gerechtigkeit sich selbst nicht weniger als Gott zuschreibt«. Calvin hat zudem dem Glauben jedwedes Verdienst abgesprochen. Damit erreicht bei ihm die Lehre von der Erbsünde ihre unerbittlichste Ausprägung. Er hält auch die Gläubigen für verdammt, wenn Gott dies so befiehlt: »Denn alles steht in seiner Macht und in seinem Willen. Von Anfang an hat der Schöpfer einen Teil der Menschen in das Ewige Leben, den anderen die Ewige Finsternis verschrieben. Im Weltall herrscht eine Vorbestimmung

»...jener ewige Ratsschluß Gottes, durch welchen er bei sich festgesetzt hat, was aus jedem Menschen werden soll«. In seiner Instruktion der christlichen Religionen sagt Calvin: »Da der Wille von der Sünde gefesselt und zum Sklaven gemacht ist, kann er sich in keiner Weise regen, um das Gute zu tun; es fehlt ihm gänzlich an der Kraft, etwas dergleichen zu wirken«.

In seinem Mahnschreiben an Kaiser Karl V. und an die deutschen Reichsfürsten klagt der Genfer Reformator über seine katholischen Widersacher: »Mit ihrem Glauben an die Verdienstlichkeit des guten Willens und der guten Werke seien sie nicht imstande, die Größe der Wunder zu begreifen, die unser Wesen seit dem Fall unserer Ureltern in sich trägt. Sie geben wohl eine Erbsünde zu, mindern jedoch deren Bedeutung, indem sie die Kräfte der Menschen nur für geschwächt, nicht aber für völlig verderbt halten... wir aber... überführen den Menschen seiner Armut und Unfähigkeit und erziehen ihn zu wahrer Demut, damit er alles Selbstvertrauen fallen lasse und sich nur noch Gott anheimstelle«.

Die protestantischen Führer vertreten die Auffassung, das Menschengeschlecht sei durch die Erbsünde für immer der Verdammnis anheimgefallen, und der Sünder könne Rettung nur von der göttlichen Gnade erhoffen. »Allein Gottes Gnade wirke alles, der Wille hingegen nichts: der Glaube ist viel ein ander Ding denn der freie Wille«. Dieser Glaube besteht darin anzunehmen, daß Christus für das Heil aller Menschen gestorben ist. »Wer diesen Glauben nicht hat, der ist ein Urchrist und bleibt ein Sünder, wenn er sich gleich mit guten Werken zu Tod martert«.

Die Jesuiten stehen in ihrer geistigen Haltung schroff diesen Auffassungen gegenüber. Sie glauben an die Freiheit des Willens und an die Verdienstlichkeit der Werke. Der Jesuitismus ist bemüht, innerhalb des katholischen Glaubenssystems die Lehre von der Willenskraft hervorzuheben. Der Mensch entscheidet frei zwischen Gut und Böse, zwischen Christus und Luzifer. Demzufolge wird der Einzelne gemäß seinem Tun entweder zum Himmel oder zur Hölle berufen.

Der Kampf um den freien Willen

Über diese Anschauungen erheben sich Gelehrtenstreite. Die Reformatoren behaupten- aus der gleichen Quelle wie die Katholiken schöpfend- Augustinus hat die Lehre von der Vorbestimmung (Prädestination) unzweideutig verkündet. Für Augustinus hätte nur Adam die Freiheit besessen, nicht zu sündigen, während durch den Fall des Urvaters die spätere Menschheit in den Stand hoffnungsloser Verstrickung und Sünde geraten ist. Darum hat Gott seinen Sohn auf die Welt geschickt, um ihn den Sühnetod erleiden zu lassen.

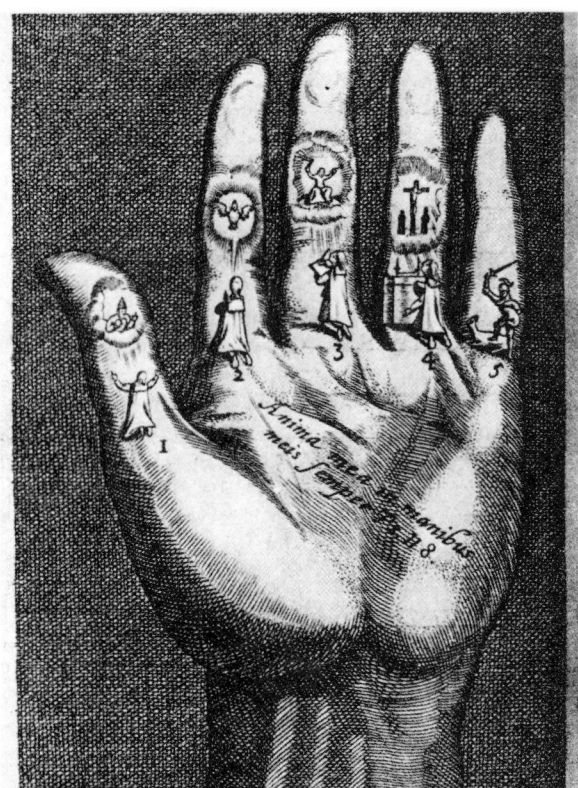

.Gratias.age. 2.Pete lumen. 3.Examina 4 Dole.
5.Propone.

Gewissenserforschung an einer geöffneten Hand demonstriert.
Aus der Ignatius-Biographie von Ribaneira.

Im Grunde genommen taucht zu Beginn des 16. Jahrhunderts in Deutschland nochmals die Problematik des religiösen Denkens überhaupt auf: eine Entwicklung, die über Jahrhunderte vom festgefügten theokratischen System der römisch-katholischen Kirche unterdrückt wird. Oder Gottes Wille regiert das Weltall bis in die kleinsten Verästelungen, dann ist der Mensch nicht frei. Das ist die entscheidende Frage. Es fällt auf, daß sich bereits griechische Philosophen mit derartigen Problemen beschäftigen, aber keine befriedigende Lösung finden.

Weder Plato noch Aristoteles können die Frage nach dem Verhältnis des menschlichen Willens zur göttlichen Allmacht befriedigend beantworten, wenngleich der Denker von Stagira als der klassische Verkünder der Willenskraft angesehen wird. Plato und Aristoteles gehen von dem Bestreben aus, zwischen menschlichen Handlungen zu unterscheiden, die frei seien und solchen , denen unverkennbar eine Determinität zugesprochen werden muß. Plato sieht die Freiheit in der Vernunft und kommt zu dem Ergebnis, daß der von der Vernunft geleitete Mensch als frei, und der von seinen Begierden beherrschte als unfrei anzusehen ist. Demgemäß sieht er die Erlösung des Menschen aus dem Zustand der Gebundenheit in einem Sieg der Vernunft über die Begierde.

Aristoteles widerspricht der Auffassung Platos im dritten Buch seiner »Nikomantischen Ethik«, indem er darauf verweist, daß das Nachgeben gegenüber den Begierden einen freien Willensakt bedeutet; er läßt nur das als unfreiwillig gelten, was der Mensch gezwungen oder unwissentlich tut. Alle Handlungen sind freiwillig, die in uns selbst ihren Anfang haben und die daher ebensowohl getan als unterlassen werden können.

Exerzitien,[6] Gehorsam

Der Gründer des Ordens systematisiert die längst vorliegende »Höllendramatik«. Er stärkt die Einbildungskraft seiner Schüler durch Übungen und sucht ihnen ihr Handeln durch bildhafte Vorstellungen klarzumachen. Sie zielen auf die Möglichkeit ab, sittliches Handeln von unsittlichem zu unterscheiden. Es sind die bereits von Zoroaster geprägten Varianten von Gut und Böse. Ignatius geht es um das bewußte Hervorrufen psychologischer Effekte. Sogar das Gewissen will er mechanischen Regeln unterwerfen. Dazu dienen graphische Kontrollsysteme und Linienraster. Es bezeichnet sie als »Examen particulare«. Die Exerzitien werden von Andersgläubigen argwöhnisch beobachtet und verurteilt.

Die Protestanten, gestärkt durch die aktuellen Auswirkungen der Reformation, bezeichnen die Exerzitien der Jesuiten als Teufelswerk. Sie sprechen von »heimlichen zauberischen Künsten, durch welche die Jesuiten zu gewissen Tagen seltsame Sachen zuwege bringen, in sonderlichen Gemächern, daraus sie nach verrichteter Zauberei gar bleich und gleichsam von einem Geist verstört wiederkommen«.

»Die Jesuiter verführen viele zu sonderlichen Übungen, die sie Exerzitien nennen. Da werden die Opfer, wie glaublich berichtet wird, mit Dampf und anderen Mitteln berauscht, daß sie den Teufel leibhaftig zu sehen vermeinen, brüllen gleich einem Ochsen, müssen Christo abschwören und dem Teufel dienen«.[7]

Von dieser Stelle aus ist es leicht, den Jesuiten Zaubereien zu unterstellen. Der Superintendant von Riga sagt 1626 in der ersten seiner »Neun auserlesenen Hexenpredigten« die Jesuiten sind gleichfalls in der Zauberei erfahren, wie Daneus bemerkt, daß ein vornehmer Jesuit mit Namen Maldonatus auf der Reise von Paris so ausführlich von der Zauberei gesprochen, daß seine Glaubensgenossen, welche ihm zugehöret, ein Schrecken angetreten sei.... ich habe nicht einmal, sondern etlichemal hören erzählen, daß die Bauern den Jesuitenpater Jan für einen Zauberer gehalten. Denn wenn er die Bauern zur Bäpstlerei nicht hat bewegen können, so hat er ihnen gedroht, das und das solle ihnen und dem Vieh widerfahren, und von Stund an ist's geschehen«.[8]

Der protestantische Prediger Melchior Leonhard sagt 1599: »Die Jesuiter wissen sich oftmals der Hexen und Zauberer wohl öffentlich anzunehmen und wollen Barmherzigkeit für das Teufelsgesind, aus keiner anderen Ursache, als daß man ihnen selbsten nicht den Prozeß mache und sie nicht zu dem Meister Hämmerlein und Auweh (Vergl.S. 275) unter die Finger kommen.[9]

Daß die Jesuiten nicht viel höflicher sind, beweist Delrio in seinen magischen Untersuchungen: »Nur die Unverschämtheit könne leugnen, daß die Zaubergräuel den Ketzereien auf dem Fuße folgen, wie der Schatten dem Körper. Wie die verblühte Hure zur Kupplerin werde, so werde die abnehmende Häresie zur Magie«. Der Pater Andreas in Wien verkündet von der Kanzel: »... es sei besser, mit dem Teufel eine Ehe einzugehen, als mit einem lutherischen Weibe, weil jenes durch Exorzismus zu vertreiben sei, an diesem aber Kreuz, Salböl und Taufe verloren gehe... wie Luther des Satans Sohn und Spießgeselle sei«.[10]

Konstitutionen der Gesellschaft Jesu

Das zweite große Werk Lojolas neben den Exerzitien sind folgerichtig die organisatorischen Überlegungen: der Aufbau des Ordens. Vor der Gründung ist Ignatius Offizier beim spanischen Heer. Er sagt: »In der Kirche gilt wie im Heer, so verschieden sonst beide sein mögen, die Vorspiegelung (Illusion), daß ein Oberhaupt da ist. In der (Vortäuschung) liegt alles. Läßt man sie fallen, dann zerfallen sofort, soweit der äußere Zwang es gestattet, Kirche wie Heer«.

An seine Ordensbrüder in Portugal berichtet er: »Die untersten Wesen hat Gott nach den höheren, die höheren nach den höchsten bemessen, alles seinem Zweck entsprechend. So besteht auch zwischen den Chören der Engel eine Rangordnung, so sind bei den Sternen und bei allen bewegten Körpern die unteren auf die oberen und diese auf einen obersten und letzten Lenker abgestimmt, nach festen innewohnenden Gesetzten... die nämliche Erscheinung ist nicht zuletzt in der Hierarchie der Kirche zu beobachten, die in dem Papst, dem Statthalter Christi »gipfelt«.

Diese Weltanschauung wurzelt tief im menschlichen Denken. Aristoteles erkennt, daß die Formen der strengen Logik zugleich eine Art der Weltbetrachtung darstellen. Sich einordnen und unterordnen heißt gehorchen; so führt die Weltanschauung des Mittelal-

Ignatius als der Ketzerei verdächtig im Gefängnis. Aus der Ignatius-Biographie von Ribaneira.

Compluti primum; postea Salmanticæ, calumnias pro Christo, et carcerem passus, ex ipso etiam carcere animas lucratur, magnoq; spiritus feruore succensus. Non tot, inquit, in hac vrbe sunt compedes, quin plures ego Christi causa percupiam.

ters von selbst zur freiwilligen Anerkennung der Autorität. Man ist weit entfernt »die Freiheit des Christenmenschen« zu akzeptieren.

Ignatius fordert den schrankenlosen Gehorsam bis zum Opfer der Überzeugung. »Der Jesuit soll, von äußerem Widerstand zu schweigen, nicht einmal innerlich irgendwelche Bedenken aufkommen lassen, ob der Vorgesetzte recht hat«. Dies führt zu ernsthaften Kontroversen in den Fällen, wo die »Befehlsempfänger« vom Unrecht des Gebietenden überzeugt sind. Deshalb setzt Ignatius die Klausel hinzu, daß offenbare Sünden von dieser Verpflichtung ausgenommen sind.

Der Gehorsam ist - nicht der Glaube- die wichtigste Grundlage der christlichen Kirchen, der klösterlichen Gemeinschaften und aller militärischen Organisationen. Basilius, der Begründer des morgenländischen Mönchtums lehrt: »Der Ordensmann müsse in der Hand des Oberen liegen, wie die Axt in der Hand eines Holzfällers«. In der Regel der Karthäuser steht:

»Der Mönch müsse seinen Willen opfern, wie wenn ein Schaf geschlachtet wird«. Die Karmeliter sehen Widerstand gegen den Befehl eines Vorgesetzten als schwere Sünde an. Franz von Assisi verpflichtet seine Brüder zum bedingungslosen Gehorsam. Grundsätzliche Überlegungen übernimmt er seiner militärischen Laufbahn: seine Zielsetzung ist anders.

Der oberste Leiter des Ordens führt den Titel eines Generals. Das ist zwar auch bei den Bettelorden (Franziskaner, Dominikaner) so, aber bei ihnen bleibt die Leitung des Klosters mehr oder weniger den Kapiteln überlassen. Bei den Jesuiten herrscht ein straffes Berichtwesen. Der General entscheidet nach eigenem Ermessen, wer welche Aufgaben wahrzunehmen hat: das ist ein fundamentaler Unterschied. Eine exakt gestufte Hierarchie baut sich vom einfachen Novize zum obersten Befehlshaber auf. Es gibt die »Professoren der vier Gelübde«, die den Kern des Ordens bilden. Einzelne Provinzen werden von Visitatoren geprüft: es entwickelt sich eine lebhafte Korrespondenz. Die persönlichen Vorzüge und Mängel jedes Einzelnen werden erfaßt und gezielt eingesetzt. Daraus resultiert die Schlagkraft ihrer Organisation. Daher rührt der blinde, dumme und kritiklose Gehorsam.

Aber um die Mitte des 16. Jahrhunderts ist eine »religiöse« Schlagkraft eine Novität: sie ist das Bollwerk gegen die Ausweitung der Reformation. Mit ihr wird der Katholizismus zurückgewonnen und gefestigt.

Jesuitischer Dämonenglaube

»Sie haben für Visionen, Madonnenerscheinung, Erscheinungen von Engeln... eine besondere Vorliebe für den Dämonenglauben und für die Einwirkungen der Dämonen auf die Menschen: allenthalben wittern sie Einflüsse des Satans... die Kirche wäre dazu da, seine Werke zu zerstören...«. Also wird der Dämonenglaube zur Verherrlichung der Kirche herangezogen: die Kirche ist stärker als das satanische Reich.[11]

1585 wird unter dem Jesuitenzögling Philipp II. an der Zurückführung der Markgrafschaft Baden zum katholischen Glauben gearbeitet. Vergl. das damals geltende Landgebot wider Aberglauben auf S. 305. Der Jesuit Vermat unterstützt die Bemühung durch ein Wunder, indem er in der Stiftskirche von Baden in Gegenwart hoher und niederer Zuschauer aus einer Lübecker Predigertochter 7 Teufel treibt. Sie hinterlassen beim Ausfahren einen Schaum, der an den Kirchenfenstern hängenbleibt und von allen Anwesenden gesehen wird.[12]

Der Ingolstädter Jurist Georg Everhard hat in seiner »Consilia« von 1618 ein charakteristisches Beispiel (jesuitischer) Intelligenz und seiner Epoche gegeben.

Er sagt über einen schwarzen Hahn, der um das Gefängnis flattert: »...wer dies gewesen, ist so klar, daß es nicht erläutert zu werden braucht: der teuflische Buhle der Verhafteten. Wenn diese auf der Folter leugnet, ist sie lebendig den wilden Tieren vorzuwerfen, nur wenn diese Strafe dort nicht üblich, sei sie dem Scheiterhaufen zu übergeben, wofern sie der Herzog nicht zu ewigem Gefängnis begnadigen will«.[13]

Peter Canisius, nach Faber der erste auf deutschem Boden tätige Jesuit schreibt am 20. November 1563 aus Augsburg: »...bestraft man die Hexen, welche merkwürdig sich mehren. Ihre Freveltaten sind entsetzlich. Sie beneiden die Kinder um die Gnade der Taufe und berauben sie derselben. Kindermörderinnen finden sich in großer Armut darunter, ja, einigen haben sie das Fleisch aufgezehrt, wie sie eingestehen. Man sah früher niemals so viel Leute so sehr sich dem Teufel ergeben und verschrieben. Unglaublich ist die Gottlosigkeit, Unkeuschheit, Grausamkeit, welche unter Satans Anleitung diese verworfenen Weiber offen und insgeheim getrieben haben... an vielen Orten verbrennt man die verderblichen Unholdinnen des Menschengeschlechts und ganz besondere Freundinnen des christlichen Namens. Sie schaffen viele durch ihre Teufelskünste und Kräfte. Der gerechte Gott läßt das wegen der schweren Vergehen des Volkes zu, welche man durch keine Buße sühnt«. Es ist unzweifelhaft, daß sich Canisius hier den Fußstapfen des Hexenhammers bewegt.

Wegen der vielen Fälle von Besessenheit, die er 1569 in Augsburg beobachtet hat, erbittet Canisius von seinem Ordensoberen Verhaltensmaßregeln. Er treibt aus Anna Bernauerin, einer Dienerin im Fugger'schen Haus, 10 Teufel.«... den letzten freilich erst nach einem harten Kampf in der Liebfrauenkapelle von Altötting.[14] Von Rom aus ergeht am 18. März an ihn die Mahnung: 'er solle keine Stunde mit Besessenen verlieren, da eine solche Beschäftigung dem Institut nicht entspreche und andere nützliche Arbeiten dadurch verhindert werden'.

Peter Faber, der erste Jesuit auf deutschem Boden, schreibt am 9. Juli 1545 an einen Bruder aus Löwen, als er hört, daß er sich mit Teufelsaustreibungen abgibt: »Diese Teufelsaustreibungen kann ich durchaus nicht billigen. Der Pater soll wissen, daß dabei viel Täuschung unterläuft. Er möge die Teufel, wie es Sache der Priester sei, aus den Seelen vertreiben und den Exorzisten überlassen, ihr Amt auszuüben.[15]

Paul Laymann erklärt unter Berufung auf Binsfeld, Jacob von Simanca und Grillandus: 'die Weiber treiben mehr Hexerei als die Männer, weil sie wegen

Die Wahl. »Die Geistlichen Übungen«. Aus der illustrierten Ausgabe der Exerzitien.

Die bösen Geister. »Die Geistlichen Übungen«. Aus der ersten illustrierten Ausgabe der Exerzitien.

Mangels an Urteil und Erfahrung leichtgläubiger und mehr der Täuschung unterworfen sind; weil sie neugieriger und mehr zur Begierde und Üppigkeit geneigt, endlich weil sie kleinmütiger und schwächer sind.

Nicht nur Jesuiten befassen sich vereinzelt mit dem Austreiben von Teufeln: 1528 wird der Kapuzinerorden gestiftet. Er beschäftigt sich ebenfalls mit dem Auffinden von Hexen, dem Hexenverbrennen und der Teufelsaustreibung. 1629 genehmigt ihnen Erzherzog Leopold von Vorderösterreich, in Offenburg ein Haus aus dem Vermögen dort hingerichteter Hexen zu bauen.[16]

Den neuen Orden kommt eine Entwicklung entgegen: das Zunehmen des Hexenwahns in der Phase der Glaubensverunsicherung, der Kampf um die Seelen führt zu einer Aktivierung des dämonischen Glaubens und Aberglaubens; wenngleich diese Strömung von der Kirche selbst ausgeht. So vermerken die Jahresberichte des Jesuitenkollegs von Aschaffenburg 1612: »Die schrecklichen Scharen der Hexen erfüllen hier alles mit Furcht; sie drohen nicht allein, sondern verursachen auch in der Tat meistens Unfruchtbar-

keit für die Äcker. Um ihre verderbliche Zauberei abzuwenden, hat der Erzbischof (von Mainz) ein dreitätiges Fasten und eine feierliche Prozession verordnet, wobei er selbst das Allerheiligste trug«.[17]

Marianische Kongregationen

Die marianischen Kongregationen haben ihr Vorbild in den mittelalterlichen Marienbruderschaften. (vergl. Jacob Sprenger S. 168). Mit ähnlichen Bewegungen der Flagellanten und Geißler des 13. und 14. Jahrhunderts haben sie wenig gemeinsam. Die neue Form wird von Joh. Leewis in den Niederlanden begründet. Sie zu erwähnen ist wichtig, weil sie in der praktischen Ausübung verdeutlichten, wie Theologen auf das Volk wirken. Dazu einige Beispiele.

Mainz 1613: Hier werden von der marianischen Kongregation zwei Prozessionen gehalten. Die bischöfliche Behörde bezeichnet den Zweck: Abwendung der Pest, glücklicher Ausgang des Reichstages und Ausrottung der grassierenden Zauberei. Im Programm der zweiten Prozession werden aufgeführt: der König

Die Zwei Fahnen. »Die Geistlichen Übungen«. Aus der ersten illustrierten Ausgabe der Exerzitien.

David im Bußgewand, dem drei Engel eine Geißel, ein gezücktes Schwert und einen hohlen Menschenkopf vorantragen, während drei Knaben mit den königlichen Insignien folgen. Dann erscheint der hl. Bonifazius. Mädchen stellen verschiedene Heilige dar. Die Kongregationen tragen die Statuten ihrer Patrone. Dem Allerheiligsten folgt die Geistlichkeit und die Bürgerschaft«.[18]

Die Annalen der Innsbrucker Kongregation berichten 1596, »...daß die Soldaten Karfreitag und Karsamstag in schwarzen Bußsäcken mit Geißeln und Ruten bewaffnet zu verschiedenen Kirchen zogen und sich geißelten. 1601 kamen in Konstanz am Karfreitag 28 vornehme Männer im Jesuitenkolleg zusammen. Sie hüllen sich in Säcke und ziehen mit den Geißeln in der Hand abends in tiefem Schweigen zu den drei Kirchen der Stadt...überall werden sie von Trauermusik empfangen...sie geißeln sich zur Erschütterung der Menge. Da die Zahl der Geißler in den folgenden Jahren wächst, gibt der Domprobst Jacob Fugger 1603 Geld zur Bezahlung der Säcke; er selbst geht mit, schwarz gekleidet und begleitet von dem Domherrn.[19]

Man kann sich ausrechnen, welchen Einfluß solche »Umgänge« in einer kritiklosen und vom Aberglauben erfüllten Zeit auf das Volk haben. »Im bayrischen Wald nimmt der Aberglaube derart zu, daß die Regierung 1642 Volkskommissionen durch Jesuiten und Kapuziner zu Aufklärung des Volkes aussendet: eben jener Personenkreise, die den Dämonenglauben wachhalten«. Die Leute glauben, durch abergläubische Beschwörungen und Gebete Krankheiten von Menschen und Vieh abhalten zu können. Es ist kein Wunder, wenn man ihnen so etwas vormacht!

Martin Delrio

Neben Gregor von Valencia ist Martin Delrio einer der begabten und gelehrten Vertreter des Jesuitenordens im 16. Jahrhundert. Delrio ist vorübergehend in Deutschland als Professor tätig. Er ist Sohn spanischer Eltern und wird 1551 in Antwerpen geboren. Er beherrscht von den alten Sprachen die lateinische, griechische, hebräische und chaldäische, von den neueren die flämische, spanische, italienische, französische und deutsche. Seine Laufbahn als Schriftsteller beginnt er kaum zwanzigjährig. Sein Hauptstudium wird das Zivilrecht. 1574 ist er Doktor der Rechte in Salamanca. Dann wird er in den Regierungsrat von Brabant gerufen. Schließlich sehen wir ihn hier als Vizekanzler und Generalprokurator. Mit 29 Jahren tritt er in Valladolid in die Gesellschaft Jesu ein. Nach einem längeren Studium der Philosophie und Theologie wird er Professor für Philosophie in Douay. Später lehrt er Theologie in Lüttich, Löwen und Graz. Er gehört bis zu seinem 1608 erfolgten Lebensende den Jesuiten an.

Disquisitiones magicae[20]

Dieses von Martin Delrio verfaßte Buch übt einen großen Einfluß auf die Hexenprozesse aus; seine Spur läßt sich das ganze 17. Jahrhundert verfolgen, besonders in katholischen Gegenden, am Rhein und in Süddeutschland. Es erscheint zuerst 1599 in Löwen. Die folgenden Ausgaben 1600 und 1603 in Mainz. Die Ordensapprobation datiert vom 6. Juli 1598 (Lüttich) vom belgischen Provinzial Oliverius Manareus unterzeichnet. Die königliche Approbation trägt das Datum: Löwen, 8. Februar 1599.

»Wie die Gesellschaft der Jesuiten die Abscheulichkeiten der Hexenprozesse beurteilt, ist aus der Schrift des Jesuiten Delrio zu entnehmen, das unter der vorgeschriebenen Approbation erschienen ist«.[21] Die große Zahl der Ausgaben erklärt sich teilweise daraus, daß ein Teil seines Werkes alles, was aus Altertum und Mittelalter über Aberglauben, Zauberei und Teufelsdienst aufbewahrt ist, mit erstaunlicher Belesenheit und exakter Quellenangabe verzeichnet ist.[22]

In gewissem Sinn ist es eine Neuauflage des Hexenhammers. Das Gewand ist wissenschaftlicher, aber von Inhalt her ebenso abergläubisch und fanatisch. Es erscheint weniger roh, ist aber deshalb gefährlich.

Bald nach dem Erscheinen wird Delrio von dem Dominikaner Thomas Malvenda getadelt: »Sein Werk möchte Kindern gefährlich wirken, und während es dem Scheine nach das Schädliche verbanne, möchten die Leser eher das Gift, als das Gegengift genießen«.

Das Buch von Delrio zeigt deutlich den Vorstellungskreis des Hexenhammers. Seine Gelehrsamkeit bewegt sich in strengeren Formen. Er hat die gesamte Hexenliteratur der Vergangenheit zitiert: seine Gewährsmänner sind: Nider, Cumanus, Sprenger, Remigius, Binsfeld, Torreblanca und Bodin; Trithemius, Ulrich Molitoris und Weyers Schrift über die Blendwerke der Dämonen von 1563.

Problematisch ist, daß Delrio die Zuverlässigkeit der Quellen nicht in Frage stellt, sondern allen Unsinn abschreibt. Er gibt sich mit Hinweisen zufrieden wie: »Man hat es erzählt, oder einmal geschrieben, also ist es wahr«. Diese Leichtgläubigkeit ist ein Kennzeichen seiner Epoche und darf ihm nicht angekreidet werden. Nur so ist es zu erklären, daß ein dermaßen belesener und gebildeter Mann den größten Unsinn wiederkaut. Die wissenschaftliche Ausbildung hat demzufolge mit dem gesunden Menschenverstand wenig Berührungspunkte. Anstatt die großen Geister über ihre Zeit hinauszublicken vermögen, verlieren sie sich in theoretischen Spekulationen und Spinnereien. Bei Delrio wird es bestätigt u.a. durch seine scharfen Angriffe gegen Dr. Weyer. Er nennt ihn gleich zu Beginn einen Hexenpatron »... wer ihm folge, der mache andere zum Genossen der Schandtaten und vermehre das Reich des Satans auf der Erde«. **Bezeichnend ist weiterhin, daß das Werk von Weyer auf dem Index steht, nicht aber das von Delrio und auch nicht der Hexenhammer. Beide sind von der Kirche approbiert und gutgeheißen.**

Arten der Magie

Im ersten Buch werden die verschiedenen Arten der Magie untersucht. Es gibt keine natürliche Magie; hierher gehört der Einfluß der Gestirne. Man kann mit Hilfe des Hauches, der Berührung und des Ansehens Wunden und Krankheiten heilen. Es ist eine Gabe von oben. Dann berichtet er über die Magie mit Charakteren, Amuletten und Inschriften, und über die Alchemie. Hier wird die Goldmacherkunst erwähnt. Sie kann auf natürliche Weise geschehen, aber auch mit dämonischer Hilfe.

Die Pein der Hölle. «Die Geistlichen Übungen». Aus der ersten illustrierten Ausgabe der Exerzitien.

Seine Vorstellungen vom Hexen- und Teufelswahn

Im zweiten Buch behandelt er die dämonische Magie. Sie ist von bösen Engeln ausgegangen. Grundlage ist der Bund mit dem Teufel. Der Bund ist ein eigentlicher, uneigentlicher, ausdrücklicher und schweigender. Das bezeugen viele Schriftsteller (Sprenger, Remigius, Bodin, Trithemius, Cäsarius v. Heisterbach) und besonders der Malleus. Außerdem erhellt er aus der hl. Schrift Matth. 4.: »Ich will dir dies alles geben, so du niederfällst und mich anbetest. So sagt der Teufel zu den Magiern«. Auch Jes. 28,15 bestätigt es: »Sie haben einen Bund mit dem Tode und mit der Unterwelt gemacht«.[23] Dann beschreibt er den Pakt mit dem Teufel:

- Zuerst wird der Glaube und das Christentum abgeschworen
- Dann salbt sie der Dämon an der Stirn, um die Weihe der Taufe auszulöschen
- Dann gibt er ihnen einen neuen Namen
- Dann zwingt er sie, die Paten zu verleugnen

213

Das Begräbnis der Jungfrau Maria. Aus der »Evangelien-Geschichte«. Ausgabe von H. Nadal, einem Jünger von Ignatius. Rom. 1559.

Die Auferstehung. Aus der »Evangelien-Geschichte«. Ausgabe von H. Nadal, einem Jünger von Ignatius. Rom. 1559.

- Sie geben dem Teufel eine Kleinigkeit an Kleidungsstücken
- Sie schwören dem Teufel einen Eid über einem in die Erde beschriebenen Kreis; der Kreis ist, weil er keinen Winkel hat, das Gegenteil von dem winkelreichen Zeichen des Kreuzes, das der Teufel verabscheut
- Sie bitten den Teufel, daß er sie aus dem Buch des Lebens tilgt und sie in das Buch des Todes schreibt
- Sie versprechen Opfer und daß sie an gewissen Tagen ein Kind rauben und töten
- Sie werden gezwungen, dem Dämon alljährlich etwas zu schenken
- Der Teufel pflegt sie an einem gewissen Teil des Körpers zu kennzeichnen, bald hier, bald dort, sein Zeichen einzugraben. Es ist für Nadeln und Nadelstiche unempfindlich.
- Sie versprechen, nie das Allerheiligste zu verehren, beständig die heilige Jungfrau und die Religion zu beschimpfen, desgleichen sich der Reliquien, des

Kreuzzeichens, des Weihwassers, des geweihten Salzes zu enthalten, dem Priester keine vollständige Beichte abzulegen und den Verkehr mit dem Teufel zu verheimlichen.

Zusammenkünfte der Hexen, Salben, Luftfahrten

»Manche, wie Luther und Melanchton und sonstige Sektierer, und auch etliche Katholiken behaupten, diese Zusammenkünfte geschehen blos im Geiste und durch das Dazwischentreten einer dämonischen Täuschung. Aber sie stützen sich auf schwache Gründe«. Man sagt: »Während die Weiber auf den Versammlungen sein sollen, fänden sie sich zu Hause, aber warum sollte nicht ein Dämon zur selben Zeit an der Seite des Mannes im Bette gelegen haben? Es erhellt aus verschiedenen Geständnissen, daß die Hexen ihre

Männer in einen tiefen Schlaf zaubern oder etwas an ihre Stelle legen, das der Mann für seine Frau hält«. Dann beschreibt er den Verlauf der Hexenfeste; daß sie Besen fahren, das gesteht ja auch der Theologe Edelin.[24]

Zur Fahrt werden als Zaubermittel Salben angewendet, die neben anderen Stoffen vornehmlich aus den Nägeln verstorbener Kinder gemischt sind; sie salben dabei nicht den Stock, sondern einen Teil ihres Körpers; der Dämon will die reichliche Anwendung solcher Salben, damit möglichst viele Kinder getötet werden: Ohne Salben können die Hexen nicht zu ihren Versammlungen gelangen. Die Feste der Hexen geschehen also: Nachdem sie dem in Tiergestalt auf einem Thron sitzenden Dämon den Hintern geküßt, bringen die Hexen ihre Opfer dar und weihen oder töten ihm ihre eigenen und fremde Kinder. Nach weiteren Schandtaten setzt man sich zu Tisch und schmaust von Speisen, die der Dämon darbietet, oder die die Einzelnen mitgebracht haben. Bisweilen treiben sie vor dem Gastmahl Schamlosigkeiten, bisweilen auch nachher. Das Tischgebet besteht aus gotteslästerlichen Worten. Denselben Charakter tragen die Danksagungen nach der Entfernung vom Tisch. Nachher führen sie Tänze auf und singen obszöne Lieder. Zu Ehren des Dämonen machen sie das lächerlichste Zeug. Andere vermischen sich auf häßlichste Weise mit dem Dämonen als ihrem Geliebten. Die Konvente finden gewöhnlich in der Nachtzeit statt, selten am Mittag. Sie haben dazu bestimmte Tage: in Italien nach Cumanus die Nacht vor der 'feria sexta', in Lothringen nach Remigius vor der 'feria quinta' und dem Sonntag, bei Anderen habe ich gelesen, in den Nächten vor der 'feria tertia'.

Über die Luftfahrten sagt er: »Und was will zu diesen Dingen der unverschämte (impedus) Mund eine Weyer oder Goldelmann sagen mit ihren Orakeln Luther und Melanchton? Werden sie sagen, es seien Schwarzsehereien, die schon manches Weiblein geglaubt habe, die betrogen worden sei? Wie! O unverschämte Hartnäckigkeit!

»Die, welche behaupten, jene Fahrten seien nur Träume und Täuschungen, versündigen sich an der Kirche als Mutter schuldigen Ehrfurcht, denn die katholische Kirche bestraft nur sichere und offenbare Verbrechen. Sie behandelt nur die als Häretiker, welche bei der Häresie vor aller Welt ergriffen würden. Seit vielen Jahren behandelt sie die Hexen als Häretiker und befiehlt, daß sie durch die Inquisition bestraft und dem weltlichen Arm übergeben werden, wie erhellet aus den Schriften (Hexenhammer, Nider) und wie die Erfahrung lehrt... also irrt entweder die Kirche oder jene Zweifler. Wer aber sagt, die Kirche irre in Sachen des Glaubens, der sei verflucht! (Anathema maranatha)«.

Wunder der Dämonen

Die weiteren Ausführungen des 2. Buches bilden die religiöse und philosophische Grundlage zur Beurteilung des Hexenwesens. Sie spiegeln den Aberglauben der Zeit deutlich wieder. Es geht um die Frage, was die Dämonen leisten können und ob die Magier mit ihrer Hilfe Wunder vollbringen? Wirkliche Wunder geschehen von Gott und dienen der Befestigung des katholischen Glaubens; die Wunder der Dämonen sind falsch.

Sie können Saaten verderben, Herden vernichten, Unfruchtbarkeit herbeiführen, Häuser anzünden, wie es die Hexe zu Schiltach in Schwaben 1533 tat. Sie können einem fremden Ruf schaden durch allerlei Schabernack, den sie mit Anderen treiben. Die Magier können Gastmahle veranstalten. Entweder phantastischer Art oder mit wirklichen Speisen, die ihnen Dämonen herbeischaffen. Immer ist Salz und Brot darunter: es ist das Gegenbild zur Taufe.

Manchmal befiehlt der Dämon den Eingeladenen, das, was sie essen wollen, selbst mitzubringen, was freilich die Hexen den Richtern nicht eingestehen. Wenn Gott es gestattet, können sie auch Bande lösen, wie anno 1533 geschah mit jenem Friedrich von Österreich, der von Ludwig dem Bayer besiegt und eingekerkert wurde. Ein Magier versprach seinem Bruder Leopold, Friedrich gegen Geld zu befreien. In der Tat flog ein Dämon nach Bayern, trat in das Gefängnis und forderte Friedrich auf, ihm zu folgen und ein schwarzes Pferd zu besteigen; da aber Friedrich erschreckt sich mit dem Kreuze befestigte, so verschwand der Dämon mit seinem Pferde«.

Man sagt immer wieder, daß die Magier mit Hilfe der Dämonen allerlei seltsame Bildungen und Geschöpfe hervorbringen können. Vollkommenes können sie nicht machen, wie Mücken oder Mäuse. Auch kann der Dämon seine Produkte in den weiblichen Uterus einschließen. Dahin gehört auch die Kröte, die mit einem goldenen Kettchen zur Welt kam; die hat ihr der Dämon umgelegt. Auch Ungeheuer können sie hervorrufen. So gebar anno 1387 in Helvetien eine Frau einen Löwen, 1471 in Brixen eine andere einen Hund und 1571 ein Weib in Basel in der selben Geburt zuerst ein in Häute eingehülltes menschliches Haupt, dann eine zweifüßige Schlange, endlich ein vollkommenes Schwein. Dann folgt die weitschweifige Geschichte von einem lusitianischen Weib, die einen Affen gebar und die Sage, daß die gotischen Könige von einem Bären und einer vornehmen Jungfrau kommen.

Einen wichtigen Punkt in Delrios Werk ist die Frage, ob die Dämonen als Incubus und Succubus mit den Frauen und Männern geschlechtlichen Verkehr haben können und ob daraus Nachkommen entstehen: Delrio zweifelt nicht daran. Unter sich vermehren sich die Teufel nicht, denn sie haben keinen irdischen Körper und keinen eigenen Samen; allein sie können die Körper Verstorbener annehmen, oder aus den Elementen Körper bilden und sich nach dem Geschlecht in Frauen oder Männer spalten. Den Samen stehlen sie sich vom schlafenden Mann. Nachkommen entstehen aus der Verbindung eines bösen Dämon (Incubus) mit einem Weib. Allein Gott läßt es selten zu und die Dämonen wollen es nicht.

Nach dem Geständnis der Hexen ist der Samen der Dämonen kalt. Bei der Vermischung entstehe mehr Schmerz als Vergnügen. Als Beispiele solcher Vereinigungen wird die Frage erörtert, ob die Jungfrauschaft unverletzt bleibe, wenn ein Dämon einer Jungfrau im Schlaf beiwohnt. Delrio sagt ja. Dagegen nein, wenn sie aus einer solchen Verbindung gebäre. Dann spricht Delrio über die Riesen und Pygmäen. Die Riesen gehen aus der Verbindung der Dämonen mit irdischen Frauen hervor; sie entziehen den kräftigsten Männern den Samen und gießen ihn kräftigen Frauen ein. Als Beweis dienen Ausgrabungen von ungeheuren Körpern aus dem 16. Jahrhundert. (!!!). Die Zwerge können unter Anwendung der entgegengesetzten Ursachen von Dämonen hervorgebracht werden. Schließlich berichtet er seltsame Geschichten über sprechende Tiere, redende Leichname, Köpfe, Schlangen und Tauben.

Von den Werken der Hexen im Besonderen

Das behandelt er im dritten Buch: Daß es Hexen gibt, setzt er voraus. Zu ihren verbrecherischen Werken verwenden sie ein Pulver, das sie in Speisen mischen oder in Kleidern verstecken. Die Kraft dazu liegt im Bündnis mit den Dämonen. Ferner Kräuter und Kuchen, besonders Salben, die einen eigenen Glanz und ein eigenes Geräusch haben, wenn man sie in das Feuer wirft. Ferner mit Anhauchen, dann mit Zaubersprüchen. Besonders haben sie es auf den Kindermord abgesehen, geben sich für Ammen aus und saugen ihnen, wie das Nachtgespenst der Hebräer, die Lilith, das Blut aus.[25] Doch wozu diese Dinge? Für die Ketzerei ist die Flamme, was für jeden Körper der Schatten. So sehr ist die Häresie der Flamme verpflichtet, daß sie mit der Flucht des Irrtums die Kraft der Glut zurückweicht, und daß die Hitze den wiederkehrenden Irrtum unzertrennlich begleitet. Hier sagt er, daß Konrad von Marburg die Feuerprobe gegen Ketzer angewendet hat.

Vom Dienst der Richter, Folter

»Die Richter sind unter schwerer Sünde gehalten, Hexen, die bekannt haben, zu verurteilen; wer sich gegen die Todesstrafe ausspricht, gibt berechtigten Ver-

Peter Canisius, einer der ersten Jesuiten auf deutschem Boden (neben dem Jesuit Peter Faber). Er beschäftigt sich zeitweise mit Fragen zum Exorzismus und stellt sich damit gegen die Grundeinstellung der Jesuiten.

dacht eines geheimen Einverständnisses; wer die Richter von der Verfolgung der Hexen abzuhalten sucht, ist zu ermahnen, daß er davon ablasse, damit er nicht zum Mitschuldigen und Begünstiger der Verbrechen wird. Ja, es ist ein Indizium der Hexerei, wenn einer die Hexen schützt und behauptet, die Hexengeschichten, die bestimmt erzählt, seien leere Täuschungen, wie das Wier und Loos getan haben«.[26]

Diese Bemerkungen könnten direkt dem Hexenhammer entnommen sein. Dennoch plädiert Delrio für eine milde Form der Prozeßführung. Wie Tanner und Spee spricht er sich für einen Verteidiger aus.

Obgleich er den Ausspruch des heil. Augustinus anführt, daß durch die Folter oft ein Unschuldiger für ein unsicheres Verbrechen die sicherste Strafe erduldet, spricht er sich für die Folter aus. Er geht soweit anzunehmen, daß bei einem auf der Folter abgepreßtem Geständnis, das widerrufen wird, dann ohne weiteres nochmal gefoltert werden kann.

Mit Berufung auf eine Bulle von Papst Paul III. soll die Tortur nie über eine Stunde ausgedehnt werden. Es dürfen keine neuen ungewöhnlichen Torturen an

Papst Paul III. bestätigt die Gesellschaft Jesu. Ignatius verfaßt die Konstitutionen, der Papst bestätigt im Beisein der Kardinäle den Orden und die ersten Missionare gehen in die Welt hinaus.

gewendet werden, wie z.B. dünne Saiten, Begießen mit kaltem Wasser auf den Rücken, Anhängen von Gewichtssteinen, Auseinandersperren der Füße mit Hölzern usw. Man darf nicht mehr als dreimal torquedieren. Bleibt der Beschuldigte standhaft, so ist er freizulassen.[27] »In keinem Fall darf der Körper des Gefolterten, was Muskeln, Knochen und Nerven betrifft, zerrissen werden; die Folter darf nicht über eine Stunde dauern. Im allgemeinen schärft er den Richtern ein, daß eher Barmherzigkeit denn Strenge walte.

Friedrich Spee

Der Jesuitenpater Friedrich Spee wird am 25. Februar 1591 als Sohn des Burgvogtes und Amtmannes Peter Spee in Kaiserwerth am Rhein geboren. 1603 tritt er in das Kölner Dreikronengymnasium ein. Es wird von Jesuiten geleitet. Als Noviziat sehen wir ihn am 22. September in Trier. Sein beruflicher Werdegang verdeutlicht die Philosophie des jesuitischen Geistes. Die Basis zum Kampf für den freien Willen wird durch eine intensive Ausbildung erworben.

In Fulda vollendet er das Noviziat und legt die Ordensgelübde ab. Von 1613-15 studiert er in Würzburg Philosophie. Im Alter von 25 Jahren übernimmt er in Speyer eine dritte Gymnasialklasse. Hier lehrt er Grammatik. Dann wird er nach Worms gerufen. Hier lehrt er Humanität. Im Herbst 1618 ist Spee Gymnasiallehrer in Mainz. Er unterrichtet am großen Jesuitengymnasium Rhetorik. Außerdem studiert er hier Theologie. In Mainz wird er im Herbst 1622 zum Priester geweiht. Nebenbei ist er als Beichtvater tätig. Als Professor der Theologie wird er nach Paderborn geschickt. Aufgrund einer Pest kommt Spee nach Speyer und erhält einen Ruf nach Köln. Im Herbst 1628 Wesel und Köln als Seelsorger, 1629 geht er als Missionar nach Peine (hier ist der Protestantismus zur Herrschaft gelangt). In Peine wird Spee von einem Fanatiker überfallen und verwundet. Nach der Genesung wirkt er am Lehrstuhl für Moraltheologie in Paderborn und als Beichtvater. Hier stirbt er am 7. August 1635 an den Folgen eines Pestausbruchs. Außerdem wird hier das Gehorsamsprinzip deutlich. Der Orden sorgt für eine weit über dem Durchschnitt stehende Ausbildung und setzt dann seine Mitglieder gezielt ein.

Seine Bindung zu den Hexenverbrennungen kann von dem Prozeß gegen Katharine Henot aus Köln beeinflußt sein. Im 39. dubium Cautio Criminalis nennt er deutliche Einzelheiten. Spee hat vermutlich den Prozeß während seines Aufenthaltes in Köln in den Jahren 1627 und 1628 an Ort und Stelle miterlebt.

Friedrich Spee hat zudem in seiner Würzburger Zeit zum Tod verurteilte Hexen zum Scheiterhaufen zu begleiten und in Bamberg als Beichtvater der zum Tod verurteilten Hexen zu wirken. Aus diesen Quellen rührt vermutlich die Abfassung einer 1631 in Rinteln erschienen anonymen Schriften her. Es ist die Cautio criminalis (Vorsicht bei den Prozessen). Das Buch erregt ungeheures Aufsehen, denn es ist eines der frühesten deutschen Bollwerke gegen das Verbrechen der Folter. Spee greift den Hexenwahn nicht bei der Wurzel an, das kann er als Jesuit auch nicht, aber er leistet dem späteren Besieger der Folter, Christian Thomasius, entscheidende Vorarbeit. Es erschien 1631 in Rinteln als Werk eines unbekannten römischen Theologen. Die Cautio ist für die Geschichte der Hexenprozesse die wichtigste und für die Kritik dieser Prozesse die vernichtendste Schrift.

Der Jesuit Friedrich Spee. Holzschnitt nach einer Kopie eines Ölgemäldes im Kölner Dreikönigs-Gymnasium. Er ist der Verfasser der »Cautio criminalis«. Rinteln, 1631.

Übersetzungen

Die erste deutsche Übersetzung stammt von Schmidt. Sie erscheint 1649 in Frankfurt. Der Pfarrer Hermann Schmidt aus Siegen wird durch den Graf Johann Moritz von Katzenelnbogen dazu veranlaßt. Über die Entstehung der vielen Prozesse sagt er:

»Viele von dem gemeinen Volk also geartet sind, daß wan sie etwas vernehmen, daß einer oder der ander, diese oder jene von einem andern dann auß Leichtfertigkeit, dann aus Zorn, ja bißweilen auch wohl aus unzeitiger Kurzweil, oder Trunkenheit, vor einen Zauberer oder Hexe gescholten oder genahmet wird, sie dasselbe also bald vor einer Wahrheit annehmen, und vor ein Evangelium bey andern von sich predigen«.

»Man hat zu Zeiten und an etlichen Orten die Inquisitores und Hexen Commisarios und ihre Trabanten oder Spürhunde, die Ankläger und Treiber, ja bisweilen auch wohl die Meister und Scharfrichter selbst mit ihnen das placcebo spielen lassen müssen, daher dann vor fast 20 Jahren an vielen Orten Deutschlands ein solches Sengen, Brennen, Braten und Metzgen der Menschen entstanden, daß der Rauch und Gestank der ertöteten Körper 'ulta montes et maria' geflogen, und das liebe Deutschland bey andern Nationen nicht um ein geringes stinkend geworden ist«.

Der Kardinal Fr. Albizzi, der mit dem päpstlichen Gesandten Ginetti nach Deutschland gekommen ist, hat sich besonders im kurkölnischen Gebiet aufgehalten und schreibt: »Ein gräßliches Schauspiel bot sich unsern Augen dar. Außerhalb der Mauern von vielen Dörfern und Städten sahen wir zahlreiche Pfähle errichtet, woran arme elende Weiber befestigt waren, die man als Hexen verbrannte«.

Eine zweite deutsche Übersetzung geschieht durch Joh. Seiffert[28] unter dem Titel: »Gewissensbuch von Prozessen gegen die Hexen«. Von Seiffert, einem schwedischen Feldprediger. Bremen 1647.

Spee's Schrift erregt großes Aufsehen: Schon 1632 erscheinen zwei Neudrucke, einer in Köln, der andere in Frankfurt am Main. Dann folgt die erste deutsche Übersetzung von Pfarrer Schmidt. 1657 erscheint das Buch in Amsterdam; 1632 wird die in das Holländische und 1660 in das Französische übersetzt. Spee teilt seine Schrift in 51 Zweifelsfragen ein, wo er in knapper, kurzer, von der Macht der Tatsachen und der Gründe Antwort....?

Der Name des Autors bleibt lang verborgen.[29] »Wie der Autor dieses vortrefflichen Buches... sich nicht genannt und noch dazu nach den Umständen der damaligen Zeit genügsame Ursachen gehabt, indem er sich durch Entdeckung seines Namens in augenscheinliche und fast unvermeidliche Gefahr gestürzt haben würde, also ist derselbe auch lange verborgen geblieben, und die Welt hat nicht gewußt, wem sie dieses zu ihrem Heil so ersprießliche Buch zu danken habe«.[30]

Positive Beurteilungen

Der Kölner Dominikaner Joh. Freylinck schreibt am 29. Juli 1637 an den früheren Bürgermeister von Rheinbach, Hermann Löher, der von dem Hexenrichter Dr. Franz Buirmann 1635 nach Holland geflüchtet ist: »Wünschete, ihr könntet mehr lateinisch, so wollte ich euch ein schönes Büchlein, genannt Cautio Criminalis, schicken, in welchem der Herrn Kommissarien unrichtiges Verfahren mit lebendigen Farben herfürgestrichen und abgemahlet wird«.

Pater Heinrich Türk, ein Zeitgenosse von Spee (geb. 1607 - gest. 1669) und langjähriger Rektor des Trierer Kollegs, berichtet in seinen handschriftlichen Annalen von 1630: »In dieser stürmischen Zeit suchte ein anderes gräßliches Übel die Bewohner Deutschlands heim. Zahlreiche Menschen, fast aus allen Ständen und jeden Geschlechts, welche sie auf Anstiften des Teufels begangen haben sollen. Während andere zum Haß gegen ein solches Verbrechen aufstacheln und die übliche Verfahrensweise in Büchern verteidigten, betrat Friedrich Spee, Priester der Gesellschaft Jesu, ein durch Frömmigkeit, Wissenschaft und Adel der Geburt ausgezeichneter Mann, einen milderen Weg, indem er ein überaus nützliches und mit großem Beifall von vielen aufgenommenes Buch herausgab unter dem Titel: 'Cautio Criminalis'.[31]

Leibnitz (1646-1716) erfuhr von Philipp von Schönborn, dem späteren Würzburger Bischof und nachherigem Mainzer Kurfürst (Zeit Spee's Kanonikus in Würzburg), den Namen des Verfassers. Leibnitz macht den Namen erst 1697 weiteren Kreisen bekannt. In seiner Theodicee urteilt er über die Cautio Criminalis: »Das Andenken dieses trefflichen Mannes muß auch deshalb gelehrten und verständigen Leuten lieb und wert sein, weil er der Urheber des Buches ist, das den Titel führt: Cautio Criminalis circa processus contra sagas, welches nicht wenig Aufsehen gemacht und in viele Sprachen übersetzt worden ist«.

Christian Thomasius beurteilt das Buch 1701 (der Name des Autors ist ihm noch nicht bekannt): »etwas behutsamer hat ein gewisser Rechtsgelehrter ... Cautionem Criminalum heraus gegeben. Dieser Autor leugnet weder den Teufel, noch die Hexen. Und gewiß dieses Traktätlein scheinet mir von solcher Wichtigkeit zu sein, daß es bishero noch von niemanden angefochten, ich mich nicht bereden kann, daß ein verständiger Rechtsgelehrter oder ein kluger Politikus

gefunden werden sollte, der nach Durchlesung dessen noch einigen Zweifel wegen des unbilligen Verfahrens, so wider die Hexen verübt zu werden pflegt, haben könnte, geschweige, daß er solches zu widerlegen sich unterfangen sollte.«[32]

1712 ist ihm Spee bekannt: »Dieser (Spee) hat die Ungerechtigkeit der Hexenprozesse so klar vor Augen gestellt, daß er mit Recht den Verteidigern dieser Prozesse unter den Evangelischen die Schamröte ins Angesicht treiben muß.[33]

Der protestantische Rechtsgelehrte Jacob Brunnemann sagt: »Es seien um die Hälfte des vorigen Jahrhunderts einem nach dem andern die Augen aufgegangen und hat allsonderlich ein Autor Anonymus eine cautio criminalem herausgegeben, in welcher er sich so bescheiden, vernünftig und gelehrt aufgeführt und die meisten Indicia, woraus man gewöhnlich eine Zauberei erzwingen wollte, als schlüpfrig, falsch und ungewiß angegeben und erwiesen. Wenn dieser Autor ein Päpstler aus dem Jesuitenorden namens Henricus Spee - aus Herrn Prof. Ludovici zu Halle notis über die peinliche Halsgerichtsordnung Carl V. zu sehen - so muß ich gestehen, daß dieser Papst alle protestantischen Jure - Consultores seiner Zeit damit beschämt, indem kein einziger so verständig von diesem Kennzeichen raisonniere«.[39]

Gegner

»Was den Priester Spee betrifft; so war er nur Mitglied der Jesuiten-Gesellschaft; aber ein richtiger Jesuit war er nicht. Letzteres geht zur Genüge daraus hervor, daß er es unterlassen hat, für seine Schrift die Approbation seiner Oberen einzuholen, ein Vergehen, das in den Statuten als Totsünde bezeichnet ist«.[35]

Der Paderborner Weihbischof Pelking schreibt an den Fürstbischof von Osnabrück, Franz Wilhelm von Wartenberg am 14. Mai 1631: »Nur ungern teile ich mit, daß das verruchte Buch (pentilentissimus liber), welches Friedrich Spee geschrieben und zu Rinteln hat drucken lassen, mit dem Titel Cautio Criminalis, und das voll von Verleumdungen gegen die Fürsten und ihre Minister, gegen die Magistrate und gegen die Richter, hier auf Geheiß der Lehrer von den Studenten gekauft und in so vielen Exemplaren durch das ganze Land verbreitet worden ist, daß ich eine Verbesserung für sehr schwierig halte!«

Beschuldigung der Richter

»Ich sah die Gewalttaten, welche unter der Sonne vorgehen, und die Tränen der Schuldlosen und keinen Tröster, und die nicht Widerstand zu leisten vermochten, die aller Hilfe Beraubten. Und ich pries mehr die Toten als die noch Lebendigen, und als den Glücklichern der beiden achte ich den, welcher nicht geboren worden und nicht gesehen hat das böse Tun, welches unter der Sonne geschieht«.[36]

»Die Richter haben jedes Gefühl für die Folter verloren, daß sie in das Protokoll schreiben, die Angeklagten haben ohne Folter bekannt und müßten somit zweifellos schuldig sein. Und doch sind sie alle gefoltert worden, aber nur mit einer eisernen, mit spitzen Furchen versehenen Presse, die um die Schienen scharf angezogen wird, so daß das Blut von beiden Seiten herausspritzt und das Fleisch wie ein Kuchen zerdrückt wird. Ferner lassen die Richter den rohen Henkern völlige Freiheit darauf los zu foltern, und die Henker werden am meisten gepriesen, die es am tollsten treiben!

»Seit langer Zeit weiß ich nicht, was man denn einem Remigius, Binsfeld, Delrio usw. glauben kann, da ihre Hexenlehre auf keinem anderen Fundament ruht, als auf Altweibergeschichten oder auf Geständnissen, die durch die Folter erpreßt sind«.

»Wenn man das hitzige Vorgehen der Richter beklagt und die große Zahl der Hexen in Zweifel zieht, so wird man abgewiesen und verdächtigt und ist reif für die Folter. Mein Blut kommt in Wallung, wenn ich wiederum heute die Namen der ungerechten Inquisitoren höre, die, wie ich schon berichtet, den frommen Tanner als reif für die Folter erklärten, nur weil er vernünftig über die Hexenprozesse geschrieben hat. Das ist eines ihrer Indizien für die Folter. Man möge mich zum Inquisitior machen! Sogleich werde ich gegen alle deutschen Obrigkeiten, Prälaten, Domherren und Ordensleute vorgehen; eine Verleumdung ist leicht zur Hand. Wenn sie sich verteidigen wollen, werde ich sie nicht hören, ich werde sie foltern und zwar gehörig, sie werden nachgeben, und ich rufe aus: »Siehe, wo die Hexen sich doch verbergen! Wie schleicht dieses Verbrechen im Geheimen?«

Spee sieht vier Gruppen als Verursacher der ungerechten Prozesse an:

- Die Theologen und Prälaten. Sie erfreuen sich in ihrer Studierstube der tiefsten Ruhe. Von dem was draußen vorgeht, von dem Schmutz der Kerker, von Ketten und Banden, von den Folterinstrumenten, von den Klagen und dem Jammer der Armen habe sie keine Idee. Die Kerker besuchen, mit den Armen reden und sich zu ihren Klagen herablassen, das ist gegen ihre Würde und störend für ihre Studien. Diese frommen Leute meinen, es sei ein Verbrechen, wenn man nicht alle Sprüche dieser Richter für unantastbar und unfehlbar verehre. Wenn diese nun gewisse, oft geradezu unsinnige Histörchen oder durch die Folter abgepreßte Ge-

ständnisse hören oder lesen, dann halten sie das gleich für ein Evangelium und lassen sich mehr vom Eifer als von der Einsicht hinreißen.
- Juristen, die aus den Hexenprozessen ein gewinnreiches Geschäft machen.
- Der Pöbel, der Feindschaft, Neid und Rachsucht durch Angebereien und Aufhetzen zu befriedigen sucht.
- Solche, die sich selbst als Hexen dem Teufel verfallen, die Obrigkeit aufhetzen, um von sich den Verdacht abzulenken.

Auszug aus der cautio criminalis

- Es gibt einige Zauberer und Hexen, aber nicht alle, die man dafür hält, sind es auch in Wirklichkeit.
- Hauptursache des Hexenbrennens sind Unverstand, Aberglaube, Mißgunst und Bosheit des gemeinen Volkes.
- Die Zauberei ist ein abscheuliches und schreckliches Verbrechen. Es rechtfertigt ein Ausnahmeverfahren, ist also ein 'crimen Exeptum'. Deshalb darf man nicht wider alle Ordnung und mit Willkür verfahren. Die Obrigkeiten sollen gegen die Willkür einschreiten.
- Die von ihnen angewendeten Mittel sind falsch. Sie verwüsten ihre Länder dadurch mehr als durch jeden Krieg. Solch ein Übel kann man nicht ausbrennen.
- Fürsten und Herren müssen bei der Anklage und Untersuchung mit großer Vorsicht vorgehen. Durch Bosheit, Argwohn, Habsucht und Denunziation kommen viele Unschuldige in Gefahr. Die Fürsten können diese Verantwortung nicht ihren Räten und Beamten überlassen. Einer schiebt die Schuld auf den Anderen. Der Prozeß wird grausam und leichtsinnig geführt.
- Viele Richter sind freche, stolze, habsüchtige, unwissende und blutgierige Menschen.
- Es ist nicht zu billigen, wenn sich Fürsten und Obrigkeiten zur Betreibung solcher Prozesse aufreizen lassen. Das geschieht meist durch habsüchtige, unwissende und boshafte Menschen (die vier o.a. Arten).
- Zur Führung der Prozesse dürfen keine unvernünftigen Menschen, auch nicht Prälaten oder Theologen oder sonst mit gelehrten Titeln prunkende Männer gewählt werden. Es müssen kluge, gerechte und wohlwollende Richter dazu bestimmt werden; man darf nicht mehr auf den Kopf einer jeden Hexe einen bestimmten Preis setzen. Die Konfiskation der Hexengüter und die Straflosigkeit der Richter muß aufhören. Es ist ein neuer Kriminalprozeß für das ganze Reich zu bestimmen, der keine Ungerechtigkeiten zuläßt.
- Jedem Angeklagten ist ein Verteidiger beizugeben. Anwälte dürfen den Angeschuldigten nicht die Hil-

fe versagen. Das Recht der Appelation muß gesichert sein.

- Die Eingezogenen dürfen nicht gleich für schuldig gehalten werden, wie dies besonders von vielen unvernünftigen, eingebildeten und ungestümen Priestern geschieht. Ein Geständnis darf nicht abgepreßt werden.

- Die grausame Anwendung der Folter stürzt viele Unschuldige in das Verderben... die unter den fürchterlichen Qualen der Folter nicht nur sich selbst, sondern auch andere anklagen. Wer die Tortur einmal ausgestanden und nichts bekannt hat, darf ohne neue und klare Beweise nicht gefoltert werden.

- Die Folter ist eine Schande vor Gott und der Welt und gegen alle Gerechtigkeit. Richter und Henker halten es für eine Schande, die Schuld nicht gefunden zu haben. Sie quälen und martern die Unglücklichen so lange bis sie sich schuldig bekennen.

- **Die Tortur ist eine unmenschliche Grausamkeit: durch sie ist die große Menge der Zauberer und Hexen in Deutschland hervorgerufen worden.**

- Die Folter ist nicht da, um die Wahrheit zu offenbaren, sondern um zu beweisen, daß jeder, der gefoltert wird, schuld ist. Mit der Folter kann die Wahrheit nicht erforscht werden.

- Die unmöglichsten Geständnisse werden selbst von gebildeten Leuten für wahr angesehen. Daraus entsteht das System von der Hexerei.

- Die Folter muß entweder ganz abgeschafft werden, oder sie ist so einzuschränken, daß Unschuldige damit nicht in Berührung kommen. Mit Menschenblut darf man nicht spielen. Auch die Herrschenden müssen einstmals dafür Rechenschaft ablegen.

- Die Beichtväter müssen sanftmütige, verständige, gottesfürchtige und erfahrene Männer sein. Sie dürfen nicht den Richtern zur Hand gehen.

- Es ist ein schändliches, beschimpfendes und entehrendes Verbrechen, den Gefangenen vor der Tortur die Haare abzuscheeren. Das führt zu groben Mißbräuchen.

- Es soll nicht der Willkür des einzelnen Richters überlassen bleiben, ob gefoltert wird. Dazu ist ein Gutachten einer anderweitigen Juristenfakultät einzuholen.

- Ein bloses Gerücht darf nie Veranlassung für die Folter sein. Die Obrigkeiten müssen mit strengen Strafen gegen Lästerer und Verleumder einschreiten, damit die Unschuldigen nicht einer steten Gefahr ausgesetzt sind.

- Es ist ungerecht und grausam... wenn man eine Angeschuldigte nach drei- oder viermaliger Tortur, ohne daß sie etwas bekannt hat, dennoch verurteilt und lebendig verbrennt, wie es leider jetzt in der Praxis ist. Selbst der Widerruf auf dem Hinrichtungsplatz ist nicht gestattet.

- Wenn eine Hexe im Kerker stirbt, ehe sie bekannt hat oder überführt ist, so ist es gegen alle Vernunft anzunehmen, daß der Teufel ihr den Hals umgedreht habe. Das ist durch nichts zu beweisen.

- Betrug und Leichtfertigkeit haben dazu geführt, sogenannte Teufelsmale für ein Indizium zur Tortur oder Verurteilung anzunehmen.

- Man darf Denunziationen der Hexen selbst dann nicht glauben, wenn sie sich bekehrt und Buße getan haben. In den meisten Fällen beruhen die Aussagen auf kranken und aufgeregten Phantasien. Es ist zweifelhaft, ob es überhaupt Hexen gibt.

Spee legt seine Hand auf die wunde Stelle: menschliche Schwächen (Dummheit, Boshaftigkeit, Neid, Habsucht, Titelsucht), auf die Laschheit und Trägheit der Obrigkeiten, vor allem aber auf die Ungerechtigkeit der Folter und das Vorgehen der Richter. Er erkennt einen Kern des deutschen Wesens:

»Was ist zu verwundern, daß es allenthalben so voll Zauberer ist. Laßt uns vielmehr staunen über der Deutschen Torheit und über die große Unwissenheit derer, die den Namen Gelehrte tragen«. [37]

»Ist die Blindheit der Deutschen nicht zum Erbarmen«. [38]

»Ich schäme mich für Deutschland, daß man in einer so hochwichtigen Sache nicht besser zu argumentieren und zu urteilen weiß«. Pfui, der Schande, ist das ein Eifer, der an uns Deutschen zu loben ist. [39]

»Bis jetzt habe ich noch keine Hexe zum Scheiterhaufen gebracht, die ich in Anbetracht aller Umstände für schuldig erklären kann«. [40]

Es ist klar, daß so ein Buch die Gemüter erschüttert und daß Spee es anonym veröffentlicht: einmal aus der Tatsache heraus, daß die Jesuiten ohne Genehmigung nichts veröffentlichen dürfen und wegen der gefährlichen Zeit, in der das Buch erscheint.

Unmittelbar scheint es lediglich auf Philipp von Schönborn, den Kurfürsten von Mainz gewirkt zu haben. Spee steht in der Anschauung auf den Schultern von Adam Tanner.

Außerdem ist er der Verfasser des »Güldenen Tugendbuches« und der »Trutznachtigall«.

Adam Tanner

Geb. 1572 in Innsbruck. Mit 18 Jahren, 1590, tritt er der Gesellschaft Jesu bei. 6 Jahre später treffen wir ihn als Lehrer in Ingolstadt, später in München, Wien und Prag. Tanner stirbt auf einer Reise nach Innsbruck in dem salzburgischen Dorf Unken am 25. März 1632. Sein Ordensgenosse Kropf hat die spaßhafte Anekdote überliefert, daß Bauern unter seinen Habseligkeiten ein Mikroskop entdeckt hätten und ihn deshalb der Hexerei verdächtigt haben. Tanner hat als der berühmteste unter den deutschen Jesuitentheologen und langjähriger Professor der Studierenden aus der deutschen und österreichischen Ordensprovinz einen nachhaltigen Einfluß auf die Anschauungen seiner Mitbrüder ausgeübt. Friedrich von Spee steht auf seinen Schultern. **Er ist der erste jesuitische Theologe, der den Unsinn des Hexenwahns und die Ungerechtigkeit der Richter erkennt.** Sein Hauptwerk ist die 'Universa theologica scholastica, speculativa, practica, ad methodum, sanctii Thomae 4 tomi, Ingolstadt, 1626'. Der Ingolstädter Bürger und Ratsherr, Johann Bayr, hat die Druckkosten bestritten.[41]

Tanner geht mit dem Moralisten Diana gegen die Auffassung Delrios vor. Außerdem wird der spanische Theologe, Antonio de Quevedo genannt, der behauptet, daß die Hexen gewöhnlich vom Teufel getäuscht, für Wirklichkeit hielten, was nur Phantasie sei. Spätere Arbeiten von Spee können nur unter den Vorleistungen Tanners gewürdigt werden.

Theologica scholastica

Der erste Band ist dem Kaiser Ferdinand II. gewidmet, dem ehemaligen Jesuitenschüler von Ingolstadt. »Er habe das vorliegende Werk 1618 inmitten des Waffenlärms angefangen (in Wien) und es in Ingolstadt vollendet. Im Zusammenhang eines Traktates über die Engel beschäftigt sich Tanner mit der Realität der Hexen und fragt, was von ihren Ausfahrten zu halten sei, ob und wie sie vom Teufel an andere Orte gebracht werden. Er stellt die Meinungen gegenüber«. Die eine halte dafür, daß die Hexen überhaupt nicht in Wirklichkeit ausfahren: das seien Einbildungen des Traumes und der Phantasie. Die andere Meinung, die bei den katholischen Theologen die verbreiteteste und auch die richtige sei, halte daran fest, daß die Hexen nicht selten in Wirklichkeit und körperlich vom Teufel zu den Versammlungen gebracht würden.[42] Diese Meinung werde bekräftigt durch das fortwährende und übereinstimmende Geständnis der Hexen und wirkliche Vorkommnisse, denen ohne Verwegenheit die Glaubwürdigkeit nicht abgesprochen werden kann«.

Eine Schwierigkeit bietet der Canon Episcopi, der ähnliche Ausfahrten für Phantasie erklärt. Die Ausrede Delrios, daß der Kanon keine Autorität beansprucht oder interpoliert ist, ist nicht stichhaltig. In Bezug auf die Ausfahrten müsse man als die Meinung des Kanons annehmen, daß die Weiber sich oft täuschen, wenn sie glauben, körperlich ausgefahren zu sein, während es doch nur in der Einbildung geschehen sei«.

Weder ein Engel noch ein Teufel kann einen Menschen wirklich in ein Tier verwandeln. Endlich hätten fromme, kluge und gelehrte Beichtväter des öfteren erfahren, daß nicht selten reine Einbildungen vorgelegen, die von den Hexen steif und fest als Wirklichkeit behauptet seien... trotz allem sei es moralisch gewiß, daß die Hexen zuweilen zu den Zusammenkünften vom Teufel getragen würden, und dies könne von unseren Hexen, wie seit 150 Jahren öffentlich bekannt seien, durchaus nicht geleugnet werden. Das streitet nicht gegen den Canon Episcopi, der nicht das Ausfahren, sondern die Art und Weise des Ausfahrens, wie die Weiber es damals aussagten, als eine Schmähung des christlichen Glaubens verwerfe, indem nicht vom Teufel, sondern von der Göttin Diana gesprochen wird.[43]

Eine weitere Frage lautet, ob die Teufel ohne besondere Zulassung Gottes, sei es unmittelbar oder mittelbar, durch Hexen oder Zauberer die Menschen schädigen können. Tanner verneint das, wofern nicht Dinge angewendet werden, die dem Menschen von Natur schädlich sind. »Der Teufel kann nicht nach seiner Willkür ein Unwetter machen, wenn auch die Hexen unter Anwendung von Besen und Ausleerung ihrer Gifttöpfe seine Hilfe zu diesem Werk anrufen... erhalten aber die Hexen vom Teufel eine Giftsalbe oder etwas von der Natur aus schädliches, dann können sie nach ihrer Willkür davon Gebrauch machen und durch Anwendung dieser Dinge schaden, wofern nicht Gott ihrem Vorhaben besonders widersteht. So lehrte auch Trithemius in der Beantwortung der kasierlichen Fragen.

Abhandlung über die Gerechtigkeit

Im gleichen Jahr wie die 'Zuchtschule' des Cusanus erscheint der dritte Band der Theologie Scholastica. Tanner behandelt darin den Hexenprozeß eingehend und brandmarkt seine Ungeheuerlichkeiten in kraftvoller Weise. Der dritte Band erscheint 1627, vier Jahre vor der Cautio Criminalis.

Er stellt fest, daß im Verbrechen der Hexerei viele andere Verbrechen enthalten sind, Verbrechen gegen Gott und die Menschen. Deshalb sei auf Zauberei mit Recht die Todesstrafe gesetzt. Die Hexen müssen nach Möglichkeit ausgerottet werden... sei die Ausrottung eines Verbrechens mit moralisch sicherer Gefahr auch für Unschuldige verknüpft, so habe die Verfolgung zu unterbleiben und es sei alles Gott anheim zu geben.[44] Wenn dieser Grundsatz für alle Verbrechen gelte, so verdiene er eine besondere Beachtung bei den Hexenprozessen wegen der furchtbaren Folgen und der leichtsinnigen Annahme von Angeklagten. Es ist unausbleiblich, daß mit den Schuldigen auch Unschuldige in einem fast allgemeinen

Titelblatt von Tanner's »Theologia scholastica«. 1626. Stich von Wolfgang Kilian.

Titelblatt des »Hofleutspiegels« von Contzen. 1630. Stich von Emanuel Wehrbrunn.

Brande zugrunde gerichtet werden. Hier unterscheidet sich Tanner von seinem Ordensbruder Delrio, der viel in das Ermessen und die Willkür des Richters stellt. Nach Tanner dürfen aus den Verfahren nicht moralische und häufige Gefahren für Unschuldige erwachsen, wie dieses besonders bei Hexenprozessen leicht geschehen könne. Die erste Gefahr liegt in der Infamie und den schrecklichen Folterqualen von Unschuldigen, gegen die entsetzliche Anklagen erpreßt werden. Die zweite Gefahr liegt im ewigen Makel ehrenwerter, ja vornehmer Familien. Der dritte ist ein Makel und eine Schande, der auf die katholische Kirche fällt, da oft solche Personen, die durch ihren Lebenswandel und durch den häufigen Empfang der Sakramente allen Guten ein Vorbild waren, in solche Prozesse verflochten werden.[45]

Mittel zur Verhütung der Hexerei

An erster Stelle nennt er geistliche Mittel. Gegen die Unzucht ist einzuschreiten. Unzüchtige Gebräuche und Tänze, die Anlaß zum Schlimmsten (!!!; selbst zu Teufeleien) geben, sind zu vermeiden. Er bezeichnet sie als unsittliche Belustigungen und erzählt, wie ein Jesuit Prügel erntet, als er Bauern vor sittenlosen Vergnügungen zurückhalten will.[46]

Geholfen werden kann durch den Exorzismus, den Gebrauch des Kreuzzeichens, Agnus Dei. Nach der Predigt habe die Gemeinde feierlich dem Teufel zu widersagen. Das soll auch im Beichtstuhl geschehen. Das Glaubensbekenntnis soll öffentlich abgelegt werden. In der Messe das Offizium vom hl. Michael und dem Ortsschutzheiligen. Öffentliche Gebete sollen zur Ausrottung der Hexerei dienen. Dazu helfen Aufpasser, die in jeder Stadt und in jedem Dorf auf alle Anzeichen der Hexerei zu achten und sie dem Richter angemessen anzuzeigen haben. Es ist streng zu befehlen, Hexen anzuzeigen. Dies ist nicht Neues: im Buch des Calvinisten Bodin 'Daemononia magorum' wird auf S. 552 empfohlen: »Hexenkommisäre auszuschicken, auch solle man einen Stock in der Kirchen haben, darein jedem freistände, ein gerollt Papierlein zu werfen, darinnen der Unholden Namen... geschrieben sei«.

Schließlich soll man das Fluchen und schlechte Reden unterlassen, öffentliche Bittgänge sind anzustellen. Ein wichtiger Punkt sind die sittliche Erziehung der Kinder und die Familienzucht.[47]

Rechtliche Vorstellungen, Universalhexenprozesse

»Ferner sei in der ganzen Christenheit durch Übereinkunft der Fürsten eine einheitliche Organisation der Hexenprozesse anzustreben«. Wiewohl nicht zu hoffen, daß dieses Verbrechen durch Strenge könne ausgerottet werden, so ist solche doch nötig, um Gottes Ehre zu rächen und um das Ärgernis zu vermeiden, daß Einfältige glauben, es gebe kein solches Verbrechen. Dazu sind allerdings gelehrte, kluge und unbescholtene Richter sowie die Beiordnung eines Theologen erforderlich. Die verurteilten Hexen sollen nicht immer nach der Strenge des Gesetzes bestraft werden. Man solle sie besser zu Kirchenbußen begnadigen, weil diese Demütigung den Teufel mehr ärgert als 1000 Hinrichtungen.

Oft vernachlässige man, nachzuforschen, ob denn der behauptete Schaden wirklich eingetreten sei. »Neulich wurde aus einer Stadt am Rhein an die juristische Fakultät von Ingolstadt berichtet, daß bei öffentlicher Verlesung von Hexengeständnissen, die sich auf die Ermordung einer bestimmten Person bezogen, gerade diese zugegen waren, woraus die Unwahrheit der Aussagen hervortrat«. Wenn die Denunzination, für sich allein genommen, wie die Gegner zugeben, nicht zur Verurteilung genügt, so genügt sie auch nicht zur Anwendung der Folter. Denn es ist moralisch fast gewiß, daß wegen der Furchtbarkeit und Häufigkeit der Folter, wie sie bei diesen Prozessen angewandt wird, die Angeschuldigten durch die Folter zum Geständnis gebracht werden«.

Zuordnung

Es ist schwer, Adam Tanner richtig einzuordnen. Auf der einen Seite mußte er den Zeitgenossen als Hexenpatron erscheinen, auf der anderen Seite zeigt er fort-schrittliche Ansichten. Er verteidigt sich selbst: »Dies heißt nicht, die Sache der Hexen, sondern die Sache der Unschuldigen gegen die Hexen verteidigen«. Der Widerspruch erklärt sich aus der Gefahr, in die sich Befürworter des Hexenwahns begeben. Daß er sich letzten Endes doch zur Vernunft entschieden hat, muß anerkannt werden. Nicht zuletzt verweist Friedrich Spee auf ihn.

Paul Laymann[48]

Paul Laymann zählt zu den bedeutenden Moralisten unter den deutschen Jesuiten im 17. Jahrhundert. Er ist 1575 in Innsbruck geboren. Er ist Lehrer des kanonischen Rechts in München und Dillingen. Er tritt 1594 in die Gesellschaft Jesu ein. Laymann ist der Verfasser der 'Theologica moralis' die erstmals in München erscheint. Er stirbt 1635 in Konstanz an der Pest.

Theologica moralis

Tanner beschäftigt sich mit der Frage, wie sich der Beichtvater gegenüber den Hexen zu verhalten hat. Laymann steckt im Hexenglauben nach der Weise von Binsfeld, auf den er sich beruft. »Der Beichtvater solle die Klagen der meist lügenhaften Weiber über die Ungerechtigkeit des Gerichtsverfahrens nicht annehmen, noch auch selbst darüber vor den Unschuldigen klagen, da dies nicht Sache des Beichtvaters sei. Eine Hexe ist verpflichtet, ihre Mitschuldigen (dem Richter) anzugeben, damit die Hexerei von der Obrigkeit gehindert und ausgerottet werden kann. Hat eine Hexe Unschuldige angegeben, so ist sie streng verpflichtet, zu widerrufen, und der Richter muß ihren Widerruf annehmen«.

Die Anzeige von infamen Personen genügt nicht, um zum Gefängnis und zur Folter zu schreiten. Die Folter ist vorsichtig anzuwenden. Bevor der Richter zur Tortur schreitet, müssen solche Indizien vorhanden sein, daß der Richter **fast** von der Schuld des Angeklagten überzeugt ist, sodaß nur noch das Geständnis fehlt. Wenn das Gesetz befiehlt, die Hexen lebendig zu verbrennen, so muß sich der Richter, sofern nicht besondere Umstände eine Ausnahme erfordern, daran halten.

Er macht auf die bei den Christen bestehende Sitte aufmerksam, gemäß der die Hinrichtung nicht durch den langsamen Tod (allmähliches Ersticken und Verbrennen) vollzogen wird, sondern daß man den Verurteilten einen Pulversack um die Brust bindet. Diese Explosion führt einen relativ schnellen Tod herbei«. **Bei Unbußfertigen braucht man aber die Milderung des Gesetzes nicht anzuwenden.**[49]

»Der Jesuiten blutdürstige Ratschlag und Practica«. Antijesuitische Darstellung im Zeichen der Zeit. Dem Mönch Luther wächst der Baum des Lebens aus dem Leib, auf dem Mädchen wachsen. Links spielende Mönche im Beisein der Dämonen (Teufel).

Unter Berufung auf Tanner fordert Laymann, die Angeklagten nicht gleich nach der Gefangennahme zu foltern auch oder zu verhören, denn sie seien in den ersten Stunden so verwirrt und erschreckt, daß Folter und Verhör zu ihren Ungunsten ausfallen müssen: man müsse ihnen wenigstens 1—2 Tage Zeit lassen, um sich zu fassen und zu überlegen. Vor der Folterung sind die Mittel der Verteidigung zu gewähren. Die Folter darf nicht so hart sein, daß sie den Angeschuldigten zum Geständnis zwingt. Während der Folter darf kein Geständnis abgenommen werden. »Der Richter im römischen Reich muß seinen Eifer mäßigen und vorsichtig vorangehen. Die Gesetze und alles, was wir als sichere und gelindere Meinung aufgestellt haben, ist zu beobachten«.

Unter diesen Gesichtspunkten, in der milden Vorstellung von Folter und Prozeß, ist Laymann als Gegner der Ansichten Delrios zu bezeichnen, der einige Ansichten Tanners verwertet.

Processus juridicus contra sagas

1629 erscheint in Aschaffenburg »ein Rechtlicher Prozeß gegen die Unholden und zauberischen Personen... mit gutem Fleiß und gründlicher Probation und Be-

weis durch P. Paulum Laymann... beschrieben'. »Etliche wollen mit den Atheisten, Heiden und Türken behaupten, daß es keinen Teufel und keine Hölle gebe und deswegen auch keine Zauberer, oder behaupten mit Weyer, Lesäus und anderen Calvinisten, es sei nur etlicher Leute Phantasie oder Traum. Diese bösen Christen bewirken dadurch nur, sich selbst verdächtig zu machen, daß sie entweder selbst in diesem Spital krank liegen, oder mit den genannten Ketzern eines Glaubens sind«.[50] Es ist umstritten, ob diese Schrift ein Werk des Jesuiten Laymann ist. Das geht eigentlich schon aus dem Titel hervor: »Ist mit gutem Fleiß und gründlicher Probation durch ... Laymann in lateinischer Sprach beschrieben... jetzt den Berichtshaltern und guter Justizi... **zum besten verteutscht, auch mit bewehrten Historien und anderen Umständen vermehrt** und ordentlich abgetheilet«. Der Aschaffenburger Quirin Botzer scheint sich auf die Herausgabe von Hexenliteratur spezialisiert haben.

Freilich hat der 30jährige Krieg die wirtschaftliche Situation angespannt und den sittlichen Niedergang befördert. Auf der einen Seite nimmt die Üppigkeit zu, daß der Kurfürst Schweikard in Mainz 1615 eine Ver-

225

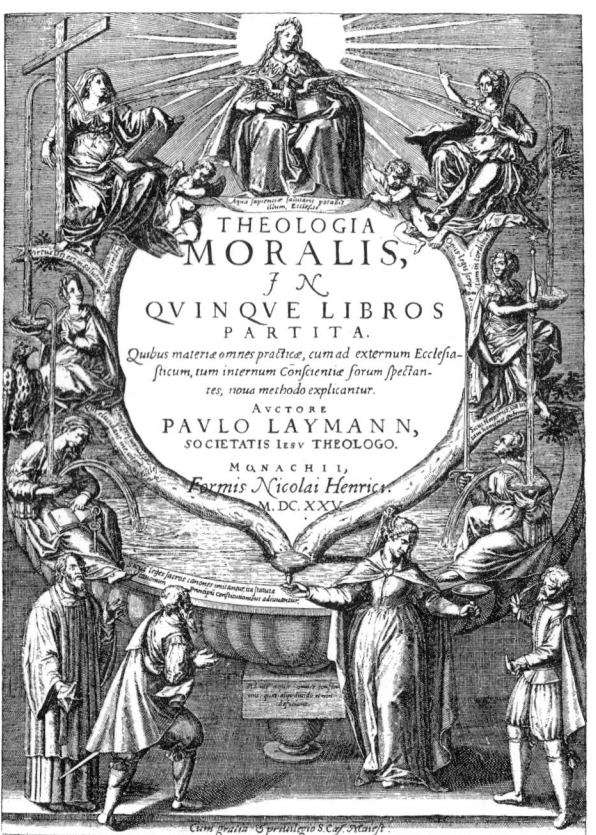

Titelblatt von Laymann's »Theologia Moralis«. 1625.

ordnung erlassen muß, wie seine Untertanen in Stadt und Land auf Tauf- und Patenschmäusen und bei den Hochzeiten sich gegenseitig zu überbieten suchten, dadurch in Schulden geraten, aus denen sie nicht mehr herauskommen. Die Mainzer Luxusgesetze regeln bis in Detail Anzahl der Gäste, und Höhe des Aufwandes für die Hochzeiten bei verschiedenen Ständen. Ein weiterer Mißbrauch sind kostbare Trachten. Drexel verweist auf das Jahr 1505 (was bestätigt, daß es schon damals so war): »Im Jahr Christi 1505, nit länger dann vor 130 Jahren ohngefehr, predigt auf Aschermittwoch zu Straßburg der Thumb (Prediger) Johannes Geiler von Keyserberg, ein sehr gelehrter und freisprechiger Mann. Der hatte angefangen, die Unmäßigkeit und Menge der vielen Essen zu strafen und sagte: »In der Fasten hatt die Supp den Vorzug, druff folgen ordentlich die gebratene Hering, bald der gesottene Fisch, darnach ein gehackt Kraut, nach sich zeugt ein Pfeffer oder Brei. Endlich kommt der Käs, also daß 5 oder 6 Essen ufgetragen werden... wer könnte hierbei mäßig bleiben«?

»Und doch wie heftig schreien die gegenwärtigen Zeiten gegen einen solchen Übermut! Hunger, Krieg und Pestilenz grassieren allenthalben. Alles ist überteuer, und der Übermut wird immer größer«.[52]

Der Jesuit Drexel beklagt, daß es laue Christen gebe, die den Hexenverfolgungen nach Kräften wiederstehen, damit nicht, wie sie sagen, gegen Unschuldige gewütet werde. Tanner nennt einfältig, wer nicht an Hexen glauben will.[53] Drexel steht gedanklich nahe bei seinem Amtsbruder Adam Contzen.

Jeremias Drexel[54]

ist ein Befürworter des Hexenwahns. Er ist ein gefeierter Kanzelredner (gest. 1638). Er ist 23 Jahre Hofprediger von Maximilian I. in München. Das ist eine weitere Variante jesuitischen Lebens: Durch ihre Intelligenz und Tatkraft werden Einzelne die Erzieher von Prinzen, bzw. gleichzeitig Beichtväter an fürstlichen Höfen. Es muß in Erwägung gezogen werden, daß der eine oder der andere Landesfürst auf ihre Vorstellungen eingeht, bzw. daß einzelne Jesuiten den Landesherren bestimmte Auffassungen nahe legen. Bei Drexel wird es besonders deutlich. 1637, ein Jahr vor seinem Tod verfaßt er ein Büchlein über das Almosen.[55] Diese Schrift zeigt zudem das Aufeinanderprallen der Gegensätze während des 17. Jahrhunderts. Unter den Wirren des schrecklichen Krieges zeigt sich auf der einen Seite brutale Härte; auf der anderen Luxus und Völlerei.

Auf 578 Seiten bringt der Autor alle nur erdenklichen Gründe zusammen, um zur Linderung Armer anzueifern. Schon in der Einleitung sagt er: »Überall sind wir verschwenderisch: Hunde und Pferde halten wir in größerer Zahl als notwendig: für viele Diener, köstliche Gastereien, prächtige Kleider, für alles haben wir Geld. Handelt es sich aber darum, den Armen zu helfen, dann erstarren die Hände, taub bleiben die Ohren und die Börse geschlossen, dann ist Niemand im Hause«. An dieser Einstellung hat sich bis heute nichts geändert.

Unter den Gründen für das Almosen wird angeführt, daß es uns die Gnade Gottes gewinnt (eine durch nichts zu beweisende Behauptung!) und durch dieselbe vor dem Schaden der Zauberei bewahrt. Nun schreibt er: »Daß sich im christlichen Staate Zauberer und Hexen, die schlimmsten Teufelsdiener, finden, und zwar nicht in geringer Anzahl, ist ein derartiges Übel, daß es einigen unglaublich erscheint. Aber die Wirklichkeit spricht: unberechenbarer Schaden an den Saaten, am Vieh, an den Menschen, legen Zeugnis dafür ab. Und wer könnte die Stirne haben, so verschiedene Richter, die an so vielen Orten gegen diese Pest mit Feuer und Schwert vorgehen, des Irrtums zu zeihen«?

Mit Feuer und Schwert muß diese entsetzliche Pest ausgerottet werden. Ausgerissen muß das Unkraut werden, daß es nicht zu übergroßer Fruchtbarkeit emporschieße, wie wir es leider sehen und beklagen. Aufgeräumt soll werden mit den Gottlosen, daß die Pest nicht weitergreift, brennen sollen die Aufrührer Gottes, damit sie nicht das Reich des Teufels auf der Erde verbreiten. Euch, Ihr Fürsten und Könige, ist das Schwert anvertraut, daß ihr die gerechte Strafe an den Schuldigen vollzieht; wer aber ist mehr schuldig als der geschworene Feind Gottes: »Die Zauberer und Zauberinnen sind alle erklärte Feinde Gottes. O Fürst, o König, lasse die Zauberer nicht leben«. Mit Feuer und Schwert ist diese schlimmste menschliche Pest zu verderben.[56]

Adam Contzen[57]

Contzen ist wie Drexel Beichtvater am Hof Maximilians von Bayern. Er klagt seine Epoche an und ist der Verfasser verschiedener Schriften. 1628 verfaßt er einen politischen Roman[58] der das Idealbild eines »wahrhaft christlichen« Fürsten enthält. Damit will er einen Leitfaden für die Studierenden der Philosophie, Jurisprudenz und Theologie schaffen, aber auch auf die Fürsten wirken. Außerdem schreibt er einen Hofleutspiegel und eine Schrift über den Frieden Deutschlands (1616). Meyfart, der protestantische Professor, sagt: »Der vortreffliche Jesuit Dr. Adam Contzen mag klagen, bis er müde wird, und beklagen: »In fetten Kirchen werden die tölpischen Bruten des Reiches, der großen Hansen Schreiber, die Fuchsschwänzer der Prälaten und der Domherren Blutsfreundchen gemästet; wenn Hieronymus, Augustinus, Gregorius, Aquin und Suarez selbst zur Stelle wären, sie müßten mit ihrer berühmten Kunst zurückstehen und der Hofgunst weichen«.

Contzen sieht das schon richtig: »Die Schäden der Kirche liegen daran, daß die Plätze von frommen und klugen Männern von Knaben und Bischöflingen in Windeln eingenommen werden. Dieser Mißbrauch hat schon lange die Kirche geschädigt und adelige Familien zugrunde gerichtet, die erschlichene Kirchengüter nach dem gerechten Gerichte mit den eigenen verloren haben«.[59] Seiner Meinung nach ist die Trunksucht ein schlimmes Übel in Deutschland. »Es sei nicht die geringste Ursache für die Niederlagen im Krieg«.[60]

In seinem politischen Roman geht er am Schluß auf die »ungeheure Verbreitung« der Zauberei ein; Hexenflug und Hexentanz, Erregung von Stürmen, Schädigung der Äcker spielen dabei eine Rolle! Sein Standpunkt gegenüber dem Hexenwahn läßt sich nicht eindeutig bestimmen. Es ist eine Unterstellung des Jesuiten Duhr, wenn er behauptet: »... Man darf doch annehmen, daß Contzen auch bei Maximilian für eine entschiedene, aber vorsichtige Fortsetzung der Hexenprozesse gewirkt hat«.[61]

Stengel, Gretser, Witweiler, Tyräus, Petrus Kirchner

Der Jesuit Stengel ist Professor der Theologie. Sein Hauptwerk handelt über die göttlichen Strafgerichte in der Welt und umfaßt vier starke Bände. Er steht unter dem Einfluß des Hexenhammers, Binsfeld's und Delrio's, denen er die tollsten Geschichten nacherzählt. Z.B.:[62]

»Ich war an dem Ort, wo ein Student, weil er nicht ausreiten wollte, seine steifgewordenen Ledergamaschen in die Küche trug, um sie durch Einfetten geschmeidig zu machen. Da fand er in einem Winkel ein kleines Gefäß mit Salbe, die ihn dazu sehr geeignet erschien. Damit reibt er das Leder ordentlich ein und stellt die eine Gamasche an den Herd. Während er nun die andere einfettet, beginnt die am Feuer, wie belebt, sich zu bewegen, richtet sich auf und fliegt plötzlich vom Feuer durch den Kamin«.[63] (Wohlgemerkt: Stengel ist Professor!!!)

Er kann nicht begreifen, wie die Magistrate bei all den Greueln ruhig bleiben können. Die Verbrechen der Hexen sind so grauenhaft, daß die Obrigkeiten die ewige Verdammnis fürchten müssen, wenn durch ihre Nachlässigkeit oder Nachsicht oder aus menschlichen Rücksichten solche Verbrechen ungestraft bleiben, wegen derer Gott Krieg und unzählige Übel über die Länder kommen läßt. Zudem schildert Stengel ausführlich den Hexenhammer und Delrio. »Die Obrigkeit, welche die Hexen leben läßt, macht sich schuldig an allen Verbrechen und Mordtaten, welche von diesem verfluchten Teufelsgesindel verübt werden... die Obrigkeiten sollen sich ein Beispiel nehmen an dem Fürstbischof von Würzburg, der seinen eigenen Neffen nicht geschont hat.[64] (Anm. das hat sich inzwischen als Irrtum herausgestellt).

Der Jesuit Gretser befürwortet die Hexenverfolgungen. In seinem Werk über die Segnungen schreibt er 1615: »Man muß nicht auf diejenigen hören, welche leugnen, daß der Teufel und seine Diener, die Zauberer und Hexen, Stürme erregen können. Das Gegenteil steht durch sichere Dokumente fest«.[65] Ein weiteres Buch »Über die christlichen Feste« widmet er (1612) dem Ellwanger Domprobst Christoph von Westerstetten, der sich später in der Verfolgung der Hexen auszeichnet. In der Widmung sagt er: »Die hartnäckige Pest der Zauberer und Hexen sucht nicht weniger als unüberwindliche Kraft zu erlangen. Je verborgener, um so verderblicher und gefährlicher schleicht dieses Übel. Gegen diese Pest der Zauberei wendet Ew. Hoheit, von göttlichem Eifer und von Liebe zu dem Wohl ihrer Untertanen entflammt, kein anderes und kein dienlicheres Mittel an, als die Standhaftigkeit in der Ausübung der Gerechtigkeit«.[66]

Der Jesuit Georg Witweiler verfaßt ein katholisches Hausbuch, das 1631 erscheint. Auch er ist der Meinung, es sei gefährlich das Hexenwesen für Einbildungen zu halten. Seine Gewährsmänner sind Delrio und der Hexenhammer.[67]

Der Würzburger Professor der Theologie in Trier und Mainz, Tyräus (geb. 1546 Neuß, gest. 1601 Würzburg) befaßt sich mit der Dämonologie. Er ist leichtgläubig und räumt den bösen Geistern einen großen Spielraum in der sichtbaren Welt ein. Er schreibt drei Bücher über Gespenster und Geistererscheinungen. Die Dämonen haben besondere Gewalt über Nichtgetaufte und Ketzer. Als Schutzmittel empfiehlt er die Reliquien der Heiligen und das Agnus Dei.

In den Bamberger Hexenakten wird P.Petrus Kircher als Beichtvater der Hexen genannt. Er soll in der Zeit von 1626-29 gegen 400 Frauen zum Tod vorbereitet haben. Die Beichtväter werden erst nach der Verurteilung zugelassen; sein Standpunkt zum Hexenwahn läßt sich nicht leicht ausmachen.

Nikolaus Cusanus

Cusanus ist der Verfasser der 'Christlichen Zuchtschul' von 1627. Sie dient den Novizen als kathechetisches Handbuch. Cusan teilt den Hexenwahn seiner Zeit. Aber mit allem Nachdruck sucht er einige der Hauptquellen der Prozesse, die Verbreitung des üblen Leumunds, die falsche Angeberei und die Mißgriffe der Richter zu verstopfen. Er tritt dem Glauben entgegen, daß Zauberer, so Gott abgesagt, sich aber dann zu Gott bekehren, trotzdem nicht 'unverbrannt' selig werden könnten. Die Meinung, daß sie nur durch das Feuer selig würden, sei vom Teufel, auf daß die armen verführten Leute an der Besserung verzweifelten. Eine Hexe darf eine andere vor dem Volk nicht öffentlich verschreien, wenn es auch nicht aus Haß, sondern aus Eifer für die Gerechtigkeit geschehe.

Es wäre eine große Sünde für den Beichtvater und der Obrigkeit, so dies gestatten. Die Hexen sollen nur bei der Obrigkeit Anzeige erstatten und es dabei bewenden lassen![68]

Sollten auch bisweilen Unschuldige von den Hexen und anderen Übeltätern beschuldigt werden? Antwort: »Das ist gewiß, wie die Erfahrung oft lehrt«. Es geschieht aus Haß, Neid oder wegen der Pein der Folter. Die Erfahrung lehrt weiter, daß generell diejenigen, die von den Hexen angegeben werden, auch für Hexen gehalten werden, obschon sie vor Gott unschuldig sind. »**Schuld sind die, welche den Namen geoffenbart und weitererzählt haben mit ihren giftigen Zungen, den Armen um Gut, Ehre und Leib und Leben gebracht,** und von denen wird das unschuldige Blut gefordert werden. Gott müssen sie strenge Red und Antwort geben. Cusan schärft in einem lateinischen Anhang den Predigern ein: sie sollen alle Jahre diese Warnungen wiederholen, und zwar in der schärfsten, entschiedensten Weise. Denn es handle sich um die schwersten Sünden, durch solche Aussagen an deren Gut, Ehre und Leben zu nehmen«.[69]

Cusan bekämpft nicht nur den Hexenwahn, sondern richtet sich gegen den Aberglauben und das Wahrsagen. »Man sagt, daß eine Hebamm, wann sie über sieben Jahr bleibt, eine Zauberin werde. Ist das wahr? Durchaus nicht, sondern das hat der Teufel erdacht und den Leuten eingegeben«. Als Aberglauben erklärt er:

● Schafe durch einen Reif treiben
● Geschriebene Papiere wider die Pest tragen
● Abends etwas auslegen, damit das Vieh heimkommt
● Weihnachten und Dreikönig das Vieh nicht tränken
● Am Freitag nicht Haare und Nägel schneiden
● Den rechten Strumpf nicht vor dem Linken anziehen
● Mit ungewaschenen Händen nicht beten
● Kräuter zu gewissen Zeiten sammeln oder auf die Dächer werfen
● Unglück fürchten, wenn ein Hase über den Weg läuft oder wenn ein Stuhl auf dem Rücken liegt.

Pater Kasper Hell, Pater Ellentz

Der Jesuit Kaspar Hell ist am Jesuitenkolleg von Eichstätt tätig. In Eichstätt wüten die Hexenverfolgungen unter Johann Christoph von Westerstetten (1611 - 1637), der bereits als Probst von Ellwangen die Hexen verfolgt. Hell agierte gegen dieses strenge Vorgehen. Der Bischof ist verärgert. Es gehen Klagen beim General der Gesellschaft, Mutius Viteschelli, ein. Hell wird 1630 Rektor des Kollegs von Amberg. Er stirbt in dieser Aufgabe am 20. Oktober 1634 im Alter von 45 Jahren. Auch andere Jesuiten haben sich aufgeopfert. Der in Fulda tätige Pater Lucas Ellentz wird im Alter von 55 Jahren auf der Kanzel vom Schlag gerührt. »Kein Weg war ihm zu weit, kein Wetter zu schlecht, kein Kerker zu schmutzig, keine Nacht zu lang, kein Hunger zu groß; nichts konnte ihn abhalten, um den armen Schlachtopfern Trost und Hilfe zu bringen. Er begleitet gegen 200 Hexen zum Scheiterhaufen«. In Trier retten 1596 die Jesuiten einem fast 90jährigen Mann das Leben, der wegen Hexerei in Ketten lag.

Georg Scherer

Dieser berühmte Prediger in Wien und Linz (geb. 1558 in Tirol) hat sich im Zusammenhang mit einer 1583 erfolgten Teufelsaustreibung in den Annalen der

Zeitgenössische Karikatur über den Kirchenstreit. Während sich die Hirten zanken, fressen im Hintergrund die Wölfe die Herde. Der Pfau vorn im Bild deutet auf die zur Schau getragene Eitelkeit der Jesuiten.

Geschichte erhalten. Er ist der Verfasser der Predigt: »Christliche Erinnerung bei den Historien der jüngst geschener Erledigung einer Jungfrauen, die mit 12.652 Teufeln besessen gewesen. Gepredigt zu Wien, anno 1583, am 13. Sonntag nach Pfingsten. P. Scherer«.

Darin führt er aus, daß es in der christlichen Kirche zu allen Zeiten der Gewalt gewesen, die höllischen Geister aus den Besessenen durch und im Namen Christi des Gekreuzigten auszutreiben.

Wiener Teufelsaustreibung von 1583

»Durch diese Gewalt hat auch der hochw. Herr Johann Kaspar, Bischof und Ordinarius allhie zu Wien neben anderen Priestern in einer Capellen anders Collegii St. Barbara eine Jungfrau mit Namen Anna Schlutterbäurin, burtig von Manck in Osterreich unter der Ens, von allen bösen Feinden, damit sie besessen gewesen... erlöst. Das Unheil kam über das Mägdlein durch eine alte Zauberin, die sich unterstanden, dieses ihr eigen Fleisch und Blut, ihr Kindeskind, dem Teufel mit Leib und Seele zu verkuppeln und zu verheiraten. Hat deswegen ein Kreis gemacht, sich samt dem Mägdlein darein gestellt, aus einem Glas ein Fliegen gelassen, die zu einem zottenden Mann geworden, mit einem zerrissenen Mantel umgeben und alsdann zum Dirnlein gesagt: 'Siehe, das ist dein Bräutigam'. Bei unserer Zeit werden viel Teufel gefunden... meinen die Sag oder das Geschrei vom Teufel sei aufkommen, die Leut damit zu schrecken, wie man denn die kleinen Kinder pflegt mit dem Pöpelmann zu schrecken und zu stillen. Das Mägdlein hat in ihrem Leib 12.625 böse Geister gehabt, vermög und laut ihrer der bösen Geister eigenen, doch unwilligen, genötigten Bekenntnis. Das war eine starke und wohl besetzte Legion. Denn sonst ist es allgemeine Rechnung, daß ein Leggio 6666 in sich haben soll... die Engel im Himmel haben ihre Legiones... also teilen auch die Teufel in Legions aus und wissen gleichfalls nicht, wieviel eine Legion haltet... ohn Zweifel wird eine größer dann die andere sein«. (Anm. So kann wohl nur ein Theologe rechnen!)

Scherer knüpft daran die Mahnung: »Sei nit sicher oder sorglos, als ob kein Feind vorhanden, sondern wache und bete. Denn wir haben nit zu kämpfen mit Fleisch und Blut, sondern mit Fürsten und Gewaltigen. Ergreife den Harnisch Gottes, stehe umgürtet um deine Lenden mit der Wahrheit, angezogen mit dem Panzer der Gerechtigkeit. In allen Dingen ergreif das Schild des Glaubens, mit welchem du kannst alle feurige Pfeil des Bösewichts auslöschen, setze auf den Helm des Heils und nimm das Schwert des Geistes, welches ist das Wort Gottes«.

In der Widmung der Predigt an den Bürgermeister und den Rat der Stadt Wien fordert Scherer zur Bestrafung der Zauberer auf... Auch in einer seiner Fastenpredigten[70] tut er »eine christliche Vermahnung wider die Zauberer, Teufelskünstler, Wahrsager und Wahrsagerinnen, die jetzt mit Gewalt einreißen und überhand nehmen wollen«. Er schärft ein: »Man solle kein Verbündnis mit dem Teufel machen, ihn nicht rathfragen, nichts zukünftiges vom zu wissen begehren, ihn nicht in ein Glas oder Krystall oder Ring einsperren wollen«. »Siehe Gott hält die Zauberer... nicht werth, daß sie der Erdboden tragen sollt. Befehlt deshalb, daß man sie alsbald, sie seien nun Manns- oder Weibsbilder, hinrichten und versteinigen sollt. Er schließt die Predigt mit den Worten: »So will auch der Obrigkeit amtshalber gebühren, alle Zauberer, Wahrsager und Schwarzkünstler, wo sie betreten werden, gefänglich einzuziehen und sie nach aller Nordurft zu strafen... die Obrigkeit kann es auch weder vor Gott noch vor der Welt verantworten, wenn sie gegen solche Leute keinen Ernst braucht. Der allmächtige Gotte zerstöre die Werke des Teufels und errette uns von allen seinen Anfechtungen. Amen.«

Hektor Wegmann, Wigulejus Hund

1574 verteidigt der Ingolstädter Pfarrer Hektor Wegmann aus Augsburg, Baccalaureus der Theologie, an der Ingolstädter Universität 95 theologische Thesen über Zauberei. Der Staatsmann Wigulejus Hund, einer der Hauptbeförderer der gegenreformatorischen Bewegung in Bayern, beauftragt den Ingolstädter Professor Hieronymus Ziegler, die Antwort des Trithemius auf die Fragen des Kaisers Maximilian zu übersetzten. Daraufhin läßt Ziegler seine Übersetzung als 'Antwort des Abtes Johann zu Spanheim auf die acht Fragstücke' 1555 in Ingolstadt im Druck erscheinen.

Gutachterliche Tätigkeit der Jesuiten

Gerade im frühen 17. Jahrhundert werden mehrere Jesuiten um Abgabe von Gutachten angegangen. In einem Fall geht es um die Erlaubtheit der Folterung von drei Frauen in München, die von beleumundeten Personen als Hexe denunziert worden waren. Der gewissenhafte Herzog Maximilian wird beunruhigt und erbittet sich Gutachten von mehreren Universitäten, Kirchenfürsten und Theologen. Am 30. Juli 1603 (?) geht eine Anfrage an die Dillinger Universität. Ihre Antwort fällt so aus: »Der Herzog könne den Gutachten für und gegen die Erlaubtheit folgen, nur dürfe die Folterung bei der Schwäche der Indizien keine schwere sein und nicht wiederholt werden ohne neue Indizien. In ihrem Schlußurteil geben die Dillinger Jesuiten aber zu bedenken: »nach reiflicher Erwägung aller Umstände scheint es besser zu sein, wenn der Richter und der Fürst sich für die Unerlaubtheit der Folter entscheiden«.[71]

Gregor von Valenzia,

Der Spanier Gregor von Valenzia ist einer der berühmtesten Theologen des Ordens. P. Gregor (de Valenzia) ist 1551 in Medina del Campo geboren (Alt-Kastilien) und am 23. November 1565 in das Noviziat von Salamanca eingetreten. Er trägt in Rom Philosophie vor und ist 24 Jahre Professor für Theologie, teils in Dillingen, teils in Ingolstadt. Er genießt am Münchner Hof unter Herzog Wilhelm und seinem Sohn Maximilian großes Ansehen. Gregor von Valenzia ist der Verfasser eines vierbändigen Kommentares 'Commentatorium Theologicorum Tomi IV. Ingolstadt 1591—1597'. Er widmet das Werk dem Herzog Wilhelm V.[72] Im dritten Band (1595) behandelt er den Hexenprozeß, vor allem unter Berufung auf Binsfeld. Sein Werk über die scholastische Theologie verschafft ihm den Ruhm eines bedeutenden Theologen. Er stirbt am 25. April 1603 in Neapel.

Das hier wichtige Kapitel ist überschrieben: »Über die Pflicht der Obrigkeit in Betreff der Bestrafung der Zauberei«. Er verweist darauf, Prozesse aus der Nähe zu betrachten und Schriften einzusehen, die hierüber 'gelehrt und bündig' geschrieben haben. (Hexenhammer und Binsfeld). Zudem beruft er sich auf Bodin und Spina.

»Da aber die Hexereien im Verborgenen geschehen, läßt sich die Schuld der Angeklagten viel leichter durch ihr Geständnis auf der Tortur und das Geständnis ihrer Mitschuldigen erkennen; so kann man ihre Untaten im Einzelnen erfahren. Bei diesem Verbrechen können und müssen die Richter die auf der Folter Geständigen nach dessen Mitschuldigen fragen und deren Angabe Glaube beimessen, wie das Binsfeld mit vielen Gründen und Zeugnissen bewiesen hat«.[73]

»Die Strafe hat auf den Tod zu lauten, und zwar in der Weise, wie er in der Nachbarschaft gebräuchlich sei; einem Widerruf nach der Verurteilung solle nicht stattgegeben werden, wie Binsfeld beweist«. Valenzia ist ein strenger Verfechter der Hexerei, wenngleich er die später von seinem Ordensbruder Spee ausgesprochenen Schwächen der Hexenprozesse erkennt: »Die Tortur darf nicht erfolgen auf die Denunziation eines Einzelnen hin... die Wasserprobe ist zu verwerfen«. Für das Gericht fordert er kompetente Richter, einen

Notar, der alles genau aufschreibt, und zwei zuverlässige Zeugen, die zum Geheimnis verpflichtet sind. Ein Verteidiger ist zu gestatten.

Gutachten über die Ausrottung der Hexerei

Herzog Wilhelm V. fordert am 2. April von seinem Hofrat und der theologischen und juristischen Fakultät Ingolstadt Gutachten über die Ausrottung der Hexerei. Ein Gutachten liegt vor und trägt das Datum vom 28. April 1590. Es ist unterzeichnet von Theologen Albert Hunger, Matthias Mairhofer, Gregor von Valenzia und Petrus Stevertius und von den Juristen Vitus Schober (Dekan), Dr. Kaspar Lagus, Andreas Fachimeus und Leonhard Zindecker.[74] Das Gutachten ist so ausgefallen, wie es sich ein Hexenmeister nur wünschen kann:

- Die Richter sollen die Hexenprozesse in den Bistümern Augsburg und Eichstätt, den Hexenhammer und das Buch von Binsfeld studieren.
- Durch ein herzogliches Mandat soll bei Strafe befohlen werden, daß man jeden Verdacht auf Hexerei anzeige. Hexenmale sind Erkennungszeichen.
- Mit der Folter dürfe man rascher bei der Hand sein, als bei anderen Prozessen.

Schwierigkeiten über die Art des Hexenprozesses

Dieses Gutachten ist wahrscheinlich das der Ingolstädter Jesuiten von 1625 aus Anlaß des Prozesses in Eichstätt. Es behandelt die dort ventilierten Fragen. Im Gutachten werden folgende Punkte geltend gemacht:

- Es steht durchaus nicht in der Gewalt eines Richters, auf irgendwelche Indizien hin den Prozeß zu beginnen.
- Nie darf der Richter nach Mitschuldigen namentlich fragen
- Bei jeder Denunziation sind genau Ort, Zeit und andere Umstände zu erfragen
- Wenn auch der Richter nach Mitschuldigen fragen müsse, so sei doch wohl zu bemerken, daß manche Weiber, besonders die Hexen, so wankelmütig und leichtsinnig seien, daß ihren Aussagen kein Glaube geschenkt werden dürfe.
- Im Prozeßverfahren gegen die Hexen, bei dem doch besondere Schwierigkeiten vorliegen, ist kaum ein Punkt rechtlich bestimmt: daher kommen nicht allein die verschiedenen Verfahrensweisen des Gerichts, sondern auch die Meinungsverschiedenheiten der Jesuiten.
- Ein mildes Vorgehen ist entschieden vorzuziehen, denn es entspricht nicht allein mehr der Carolina, sondern es wird damit auch größeren Übeln besser vorgebeugt.

Außerdem ist das Verbrechen der Zauberei sehr verborgen und schwer erkennbar, infolge dessen die Prozesse überaus schwierig, besonders wenn sie von weltlichen Richtern geführt sind, welche die Täuschungen des Teufels nicht leicht erkennen: dazu kommen die vielen Gefahren dieses Prozesses wegen des Wankelmutes und der Bosheit der gefangenen Weiber.[75]

Gutachten von Bologna (1602), Mainzer Regierung (1603)

Das Gutachten von Bologna setzt auseinander, daß die Aussagen der Hexen über andere Personen auf den Hexentänzen keinen Wert haben, da sonst bei den Anschuldigungen schlechter Menschen Tür und Tor geöffnet werden. Die Praxis in Italien gebe auf solche Beschuldigungen nichts, und es werde so gehalten an allen italienischen Gerichtshöfen sowohl in Rom als auch in Bologna, wie deren Beamte ausdrücklich bezeugen.

Dem Gutachten von Bologna nähert sich das der Mainzer Regierung von 1603: sie gehen nie bei Denunzinationen vor, auch noch so vieler Personen, wenn keine anderen Indizien vorliegen; sie bestehen auf der Konfrontation, untersuchen immer die Umstände und Tatsachen, ob Haß oder Feindschaft vorliege, verlangen von den Klagenden Beweise. Auch die kölnische Ordnung vom 24. Juli 1607 sucht im Allgemeinen den Prozeß zu Gunsten der Angeklagten zu mildern, besteht besonders auf der Verisikation der Geständnisse an den betreffenden Orten, enthält aber für die Wiederholung der Folter sehr harte Vorschriften.[76]

Hexenprozesse unter Mitwirkung der Jesuiten

Hier können zwei »berühmte« Hexenprozesse vermerkt werden. Einmal der Prozeß gegen Catherina Henot aus Köln. Es ist wahrscheinlich, daß Spee durch diesen Vorgang zur Abfassung der Cautio Criminalis angeregt wird.[77] Außerdem begleiten hier die Jesuiten Adrian Horny und Hermann Mohr die Verurteilte zum Scheiterhaufen. Der andere Prozeß spielt in der Mitte des 18. Jahrhunderts. Er wird gegen die siebzigjährige Subpriorin des Klosters Unterzell bei Würzburg, Renata Sänger, geführt. Er spielt 1731 — 1749. Der Jesuit Gaar hat eine Leichenrede gehalten die später im Druck veröffentlich wird.

Prozeß gegen Catharina Henot

Das ist der interessanteste Kölner Hexenprozeß.[78] Er stellt einen Sonderfall dar, weil Catharina Henot dem städtischen Patriziat angehört. Sie gehört zu einer angesehenen Kölner Familie. Ihr Vater ist kaiserlicher Postmeister. Einer ihrer Brüder, Hartger Henot, ist Doktor der Rechte und hat eine Anzahl höchster staatlicher und kirchlicher Ämter inne. U.a. ist er Kapitular am Domstift, Dechant von St. Andreas, Probst an St. Severin, kaiserlicher und kurfürstlicher Hofrat und apostolischer Protonotar.

In Köln hatte man sich zuvor damit begnügt, die Hexen mit Ruten zu züchtigen und sie aus der Stadt zu verweisen. Mit Beginn des 17. Jahrhunderts greift man schärfer durch. 1610 übt der Pöbel Lynchjustiz und schlägt eine der Hexerei bezichtigte Frau auf der Straße mit Knüppeln tot. 1617 werden einige Hexen auf Melaten verbrannt.

Katharina Henot (oder Hennot) wird von einigen Nonnen aus dem St. Klarenkloster als Hexe bezeichnet. Sie selbst ist verwitwet und bewohnt mit ihrem Bruder ein zum Kloster St. Andreas gehörendes Haus. Mit der Familie steht sie in dem Ruf, eine gute Katholikin zu sein.[79] 1626 geben »einige vom Teufel besessene« Laienschwestern des Klosters St. Klara, wo eine Tochter der Henot als Nonne lebt, in den Exorzismen an, der Ursprung ihres Leidens sei Catharina Henot, die einen Pakt mit dem Teufel geschlossen hat. Ihre Quälereien würden nicht aufhören, bis Catharina »wie eine Hexe« und »mit äußerster Schärfe« behandelt wird.[80] Das Gerücht verbreitet sich sofort in der Stadt. Am 29. August 1626 bestreitet sie mit einer aus kurfürstlichen Räten gebildeten Kommission, ausdrücklich alle Anschuldigungen und droht jedem, der das Gerücht weiterträgt, mit einer gerichtlichen Verfolgung.[81]

Weiter bemüht sie sich beim Erzbischof um die Einsetzung einer Kommission, um den Ursprung der Gerüchte festzustellen. Der Erzbischof verweist sie zuständigkeitshalber an das Hohe weltliche Gericht. Daraufhin beauftragt sie ihren Anwalt, vor dem Hohen Gericht einen Purgationsprozeß einzuleiten. Dazu kommt es nicht. Der Rat beschließt im Einvernehmen mit dem Kurfürst, Catharina zu verhaften. Nun legen die 'Stimmeister' eine 'Supplikation' der einen der besessenen Schwestern des Klosters Maria Hausrath vor, in der Catharina ausdrücklich der Hexerei bezichtigt wird. Die Hausrath hat sich dazu bereit erklärt, in dem zu erwartenden Prozeß als Klägerin gegen Catharine' Henot aufzutreten. Als erstes Indiz wird die Denunzination der Hausrath angesehen 'die Henot habe sie uhrsprunglich maleficiyrt und bezaubert... darauff dan auch folgents die besessenheit des bösen Gaists erfolgett'. Das zweite Indiz ist die vom Kurfürst mitgeteilte Aussage der in Lechenich inhaftierten 'Langenbergerin', die Henot habe im St. Clara-Kloster 'maleficis und Zauberwerk' verübt und mit ihr 'Collusiones, Conspirationes und Thottschläg' gehabt. Als drittes Indiz wird die Aussage

mehrerer Klosterinsassen herangezogen, die Catharina Henot 'vor eine Zauberische ausgeschwauren und dafür gehalten' haben. Viertes Indiz ist schließlich das in der Stadt umlaufende 'gemein geschrey'. Der Jesuit Duhr erwähnt ein an ihr gefundenes Hexenmahl als weiteres Indiz.

Der Verhaftung von Catharina Henot stößt auf Schwierigkeiten. Da die Stadt in kirchlichen Gebäuden keine Verhaftungen durchführen kann, stellt der Offizial einen erzbischöflichen 'Rodenträger', der die Henot verhaften und alsdann den städtischen Gewaltrichtern übergeben sollte. Schließlich gibt der Rat den Gewaltrichtern zusätzlich einen Trupp Soldaten bei, die nötigenfalls mit Gewalt in das Haus eindringen sollen. Sie bringen Catharina zum Turm, und schließlich unter einem großen Volksauflauf in das Gerichtsgefängnis. Alle Anträge von ihr und ihrem Anwalt (Laurentius Mey) und ihrer Verwandten auf Mitteilung der Indizien bleiben erfolglos. Man macht den Vorschlag, das Gericht solle das Gutachten einer unparteiischen Universität zu dieser Frage einholen. Sämtliche Eingaben bleiben unbeachtet.

Nachdem Catharina Henot das erstemal gefoltert wird, richten die Freunde und Verwandten der Angeklagten am 9. Februar eine Bittschrift an den Erzbischof. Sie ersuchen erneut dringend um die Mitteilung der Indizien, um weitere Folterungen zu vermeiden. Schließlich übersteht sie drei Torturen, ohne ein Geständnis abzulegen. Sie wird, ohne Schuldbekenntnis, und bis zum Schluß ihre Unschuld beteuernd, vom Hohen Gericht zum Tod verurteilt (!!!). Unter den Schöffen befinden sich 5 städtische Juristen. Jeder Verkehr mit ihrem Anwalt und dem Beichtvater wird ihr untersagt.

Drei Tage vor der Vollstreckung des Urteils verfaßt Catharina Henot in der Haft einen Brief an ihre Verwandten. Darin schildert sie den Verlauf des Prozesses und die ihr vorgeworfenen Verbrechen. Glücklicherweise hat er sich erhalten. **Er gehört zu den erschütterndsten Dokumenten des Hexenwahns. Ich habe ihn unter den Fußnoten abgedruckt.**[82]

Auf Bitten der Verwandten stellt sich der Notar und zwei Zeugen am Hinrichtungstag am Hospital auf der Breitestraße auf, wo den zum Tod Verurteilten auf dem Weg zur Hinrichtung ein geistliches Trostwort gesprochen wird. Catharina wird auf einem Karren gefahren. Sie sitzt zwischen den Jesuiten Mohr und Horn. Sie wird zum Galgenberg nach Melaten geführt, und dort nach Ansprache eines der Jesuiten vom Scharfrichter zuerst erdrosselt und dann in einer kleinen Strohhütte verbrannt. »Besessene Frauen und leichtgläubige, unkluge Exorzisten haben wieder einmal truimphiert... ihr Trumpf öffnet für Köln eine traurige fünfjährige Hexenverfolgung«.[83]

Nach der Hinrichtung Henots legt ihr Bruder Hartger aus Protest seine Ämter und Würden nieder. Schließlich geraten er und Franziska Henot in den Verdacht der Zauberei. Es ist denkbar, daß dieser Prozeß aus Neid um die Postmeisterstelle angezettelt worden ist. Die Akten ergeben keinen diesbezüglichen Hinweis.

Prozeß gegen die Nonne Maria Renata

Dieser merkwürdige Prozeß ist einer der letzten Zaubereiprozesse mit tödlichem Ausgang. Er spielt in Würzburg und wird gegen eine alte Nonne inszeniert. Insofern ist es ein Parallelfall zum Prozeß gegen Catharina Henot, denn auch hier gehen die Denunzinationen von angeblich 'besessenen' Nonnen aus. In der Geschichte des Hexenwahns wird ihr Fall unterschiedlich dargestellt. Ich folge deshalb zwei zuverlässigen Quellen. Dem Magazin von Meiners und Spittler. Bd. II. Hannover, 1787, und der 'Christlichen Anred' nächst dem Scheiter-Hauffen, worauf der Leichnam Mariae Renatae, einer durch's Schwerdt hingerichteten Zauberin, den 21. Juni 1749 außer der Stadt Wirtzburg verbrannt worden, an ein zahlreich versammeltes Volk gethan, und hernach auf gnädigsten Befehl einer hohen Obrigkeit in öffentlichen Druck gegeben von P. Georgio Gaar. S.J.

Außerdem hat der 1785 verstorbene Abt des Klosters Oberzell, Oswald Lorschert, eine 'Umständliche und wahrhafte Nachricht von dem Zufalle, so das jungfräuliche Kloster Unterzell bei Wirtzburge betroffen', hinterlassen. Es ist das wichtigste und ausführlichste Aktenstück zu Renatas Prozeß. Es ist nicht mehr auszumachen, ob man diesen Prozeß dem Exorzismus zuschreiben soll, oder ob es ein Zauberprozeß ist. Egal, ist ein Beispiel menschlicher Verschrobenheit in einer Zeit, wo den Hexenprozessen längst der Todesstoß versetzt ist.

Maria Renata Sängerin von Mohan wird 19jährig durch eine Entscheidung der Eltern in das Kloster 'gesteckt'.

»Renata Sänger, nachmals Äbtissin in Unterzell bei Würzburg... wurde bald visionär, fernsehend und auf den Sabbath versetzt. Zwang und Vorstellung führten eine Spaltung ihres Wesens herbei, als sie schon 58 Jahre alt war, und als der Probst einst die vielen Katzen, mit denen sie sich umgeben, aus dem Kloster schaffte, brach die Spukerei aus, die offenbar von Renata ausgangen ist. Allmählich erhebt sich ein Tumult im Kloster, Kutschen scheinen durch den Schlafsaal zu fahren. Im Garten ertönt Geschrei; Nonnen werden geschlagen, gezwickt und gewürgt; eine schlägt zur Abwehr mit ihrer Geißel um sich und trifft den Plagegeist. Am Morgen sieht man an Renatas Auge ein blutiges Mal, was damit in Zusammenhang gebracht wird. Kurz danach werden manche der Nonnen von furchtbaren und schmerzlichen Krankheiten befallen. Sechs andere hellsehend. Es treten Symptome von Besessenheit auf. Unter den Besessenen befindet sich Cäcilia Pistorini, die von der leugnenden Renata bedrängt wird. Manche Dämonen deuten fortwährend auf Renata als Urheberin des Übels. Der Abt von Oberzell, der die Sache untersucht, sperrt Renata ein. In ihrer Zelle will man Zaubersachen gefunden haben«. Als die greise Subpriorin gerade vom Chor der Kirche zur Klausur gehen will, wird sie verhaftet... hernach, als man ihr Zimmer durchsucht, findet man ihren 'Schmierhafen' und 'Zauberkräuter', sodann auch einen goldgelben Rock, in welchem sie zu ihrem gewöhnlichen Hexentanz auszufahren pflegte.

Sie bekennt sich schuldig, aber die nächtlichen Plagen der Besessenen dauern fort. Das Greuel der Dämonen wird so schlimm, daß man es in der ganzen Umgebung hört. Renata, die sich bußfertig benimmt, wird auf fürstbischöflichen Befehl ihres geistigen Habits entkleidet und auf dem Marienberg eingekerkert, und von zwei geistlichen Räten und zwei Jesuitenpatres zusammengesetzte Inquisitionskommission gestellt. Maria wird zu einem Geständnis gebracht. »Die geständige Hexe wird zum Feuertod verurteilt«. Eine Strafe, die die 'Gnade' des Bischofs dahin abändert, daß sie erst enthauptet und dann ihr Leichnam verbrannt werden soll, mit Rücksicht auf 'die zarte Jugend, in welcher Maria Renata zur Hexerei verführt worden'. Dieser Vorfall hat ein Nachspiel. Nicht nur wegen der Streitschriften, sondern vor allem wegen dem weitergehenden Besessensein im Kloster.

Die Besessene Cäcilia Pistorini

Die Spukereien im Kloster gehen nach der Ermordung der Nonne Renata weiter. Mit Cäcilia Pistorini sind zuletzt 9 - 10 Klosterjungfrauen zugleich besessen, sie klagen vor dem wirklichen Ausbruch über heftige Schmerzen im Unterleib, sie spüren das Aufsteigen eines Körpers gegen das Herz und Beängstigung. Wenn der Verdacht des Besessenseins in ihnen erwacht oder erweckt wird, stellt sich der höchste Widerwille gegen alle gottesdienstlichen Personen und Handlungen ein und steigert sich zu einer wütenden Abscheu. Sie antworten meist treffend im Namen des in ihnen wohnenden Teufels auf die lateinischen Fragen der Beschwörer... aber auch verkehrt, wenn sie Fragen nicht verstanden haben. Ihre Heilung wird durch einen heftigen Durchfall bewirkt.

Der Pater Siard, der Maria Cäcilia exorzisiert, berichtet... Bald begann mit veränderter Stimme der Dämon aus ihr zu sprechen. Er nennt sich Nawadonesah, und einen Gehilfen Telsinga; der Beichtvater wird gewöhnlich als Ochsen- oder Eselskopf angeredet. Die Qualen während der Beschwörung sind zahllos und unaussprechlich. Der Dämon verzuckt nicht nur den ganzen Körper, zerschlägt nicht blos das Gesicht der Jungfrau mit ihren Händen, er macht sie auch blind und stumm. Oft lügt er und gibt die Zeit seiner Ausfahrt falsch an. Als einmal Siard exorzisiert, rafft sich Cäcilia auf und reißt eine Laienschwester zu Boden. Die zur Hilfe eilende Priorin wird unter lautem Gelächter niedergeschleudert. Nachdem sie sich wieder aufgerichtet hat, fällt ihr Rosenkranz auf die Erde. Darüber gibt es zwischen dem Exorzisten 'der dem Teufel den Kranz aufzuheben befiehlt, und ihm, einen heftigen Kampf'. Der Dämon sagt dabei zum Pater: »Du Hund, dürfte ich dir nur den Hals brechen«. Endlich hebt er mit dem Skapulier der Besessenen den Rosenkranz auf und beginnt furchtbar zu wüten, sie mit einem Stuhl auf eine schauderhafte Art in die Höhe hebend. Die Jungfrau ruft aus: »Jesus Maria, wie ist mir! Ich prüfe mich und empfinde nichts mehr, nicht einmal in der linken Seite...« Ihr Gesicht erhält eine natürliche Farbe und ihre Augen, sonst immer teuflisch wild, werden klar. Bald darauf bekommt sie den heftigsten Durchfall »wodurch unstreitig, sagt Siard, die Maleficia und Zaubermittel, die ihr die Besitzung zugezogen haben, ohne Schmerz von ihr gingen. Wie man sieht, hat der heftige Konflikt wegen des Rosenkranzes die heilsame Krise herbeigeführt«.

Der Jesuit Gaar sagt in seiner Leichenrede: »Zauberer buhlen mit dem Teufel... weilen Maria Renata durch 50. Jahr, welche sie im Kloster zugebracht, nach ihrer eigenen Aussag keiner einzigen Closter-Seel schaden konte, so wollte der Satan durch diese seine Sklavo die Wuth an denen Leibern ausgiessen: es verursachte derohalben Maria Renata 4 Closter Frauen theils durch zauberisches Anhauchen, theils durch zauberische Wurzeln und Kräuter... nebst einer Layen-Schwester, so noch eine Novitzin, zauberte sie durch erwehnte Mittel mehrere höllische Geister in den Leib«. »Außerdem habe sie berauschende Tränke zubereitet, Wein aus dem verschlossenen Festungskeller in das Kloster geholt, als Schwein habe sie auf den Klostermauern nächtliche Umgänge gehalten, auf der Brücke vorübergehende Kühe gemolken, manchmal in London auf dem Theater mitgespielt und in eine Katze verwandelt die Nonnen gequält, bis diese durch blutige Spuren der in dieser Umwandlung empfangene Streiche entdeckt worden sei.«

Zusammenfassung

Die Tätigkeit der Jesuiten wurden aus verschiedenen Gesichtspunkten beleuchtet. Rückblickend auf die Stellung, die sie in der Periode der Hexenbrände ein-

Der Jesuit Girad mit seinem Beichtkind, der »schönen Cadiere«. Antijesuitische Karikatur, die versteckt auf die sexuellen Ausschweifungen der Geistlichen und Mönche aufmerksam macht.

genommen haben, ist festzustellen, daß es zwei Lager gibt. Die einen, weniger kritisch veranlagt und leichtgläubig, streiten für die Notwendigkeit der Hexenverfolgungen. Andere sind kritischer und besonnener. Sie suchen Lösungen zur Milderung des Übels. »Es darf den deutschen Jesuiten zur großen Ehre angerechnet werden, daß sie trotz des allgemeinen Wahns, trotz der Übereinstimmung der Hexenbekenntnisse und der Praxis aller Juristen und Gerichte mehr als jede andere weltliche oder geistige Korporation Männer der Seelsorge und der Wissenschaft gestellt haben, die furchtlos und kraftvoll ihre Stimme erhoben, um der Vernunft und der Gerechtigkeit zum Sieg zu verhelfen«.

Es ist fraglich, ob diese günstige Beurteilung aufrecht erhalten werden kann. Ich meine, daß die guten Ansätze die schlechten aufheben. Da brauchen wir nur die Jesuiten Delrio und Spee nebeneinanderstellen.

Die Idee des Jesuitismus ist es, die den katholischen Glauben umgestaltet hat. Die furcht- und kraftvolle Erhebung ihrer Stimme geschieht unter dem Aspekt der Gegenreformation, und nicht für oder gegen die Hexenprozesse: die Hexenprozesse, in die sie zwangsweise verwickelt werden, bilden nur einen kleinen Teil ihrer Aktivitäten.

Kolleg und Kirche von Molsheim, in dem Exorzismen vorgekommen sind. 1618. Stich im Landesarchiv von Straßburg.

Das Wappen der Jesuiten. Links der Papst mit dem Schlegel, rechts ein Kardinal (?) mit einem Beil in der Mitte die Kanone. Antijesuitische Darstellung, die die Ränke und Intrigen einzelner Jesuiten verdeutlichen soll.

Detail aus der sog. »Gampener Hölle«, Ölgemälde einer Altarrückseite in Gampern ? Niederösterreich (Nähe Vöcklabruck).

Folter, Hexenwahn und Strafrecht

»So bekannt die Folter als Rechtsinstitution im Leben fast aller Völker und Zeiten gewesen ist, so wenig zuverlässig sind wir über deren Ursprung unterrichtet«[1]. »Die Tortur oder Folter als Rechtsmittel, **nicht als Strafe,** sondern als Zwangsmittel zur Erreichung eines Geständnisses, bildet eines der grauenhaftesten und betrübendsten Kapitel in dem Buch der Geschichte der Menschheit«.[2]

Die mit der Folter verbundenen Schwächen werden früh erkannt. Philostates ruft Kraterus auf der Folterbank zu: »Sprich, was du willst, was ich sagen soll!«[3]. Nach Ulpian und Quintilian ist die Folter eine Sache des Temperamentes: »Der verstockte Verbrecher leugnet trotz Folter die Tat, der Unschuldige, von geringerer Widerstandskraft, gesteht sie«. Früh zeigen sich Befürworter der Folter. Beispielsweise der nordafrikanische Bischof St. Augustin im 5. Jht.: »Die Tortur ist notwendig, wenngleich durch sie derjenige, dessen Schuld erst erforscht werden soll, schon gestraft wird, und somit mancher Schuldlose unverdiente Pein erleiden muß«.[4]

Die Folter hat ihren Platz im Beweisverfahren und verdankt ihre Entstehung der Erkenntnis, daß ein Geständnis der beste Beweis ist. In der historischen Entwicklung der Folter und ihrer Methoden spielen die Sklaven eine wichtige Rolle, weil man die Folter zuerst gegen sie angewendet hat.

Der Begriff »tormenta« (drehen oder würgen) leitet sich von einer nach dem Torsionsprinzip arbeitenden Maschine ab. Die Torsionsgeschütze kommen um 400 v. Chr. unter Dionysius d. Ä., dem Tyrannen von Syrakus, als Erfinder syrischer Techniker auf. Die Anwendung der Folter kann älter sein. Römischen Folterinstrumenten liegt teilweise das Torsionsprinzip zugrunde.

Der Begriff »tortur« leitet sich vom lateinischen »tortura« (Folter) ab. Es ist ursprünglich ein medizinischer Begriff, ein Ausdruck für Schmerzen und Qualen. Er findet sich in der ersten lateinischen Bibelübersetzung (Vetus Latina) und in der Vulgata. In Jesus Sirach finden sich zwei Hinweise (31,23 und 33,28). Die Bezeichnung »tortura ventris« (Bauchschmerzen) ist sicherlich eine medizinische Ausdrucksweise, zumal sie analog von Vetius in einem Buch über Tierheilkunde (um 400 n. Chr.) verwendet wird. Die andere Stelle deutet ohne Zweifel auf ein Züchtigungsmittel, indem sie einen Sklaven zur Arbeit zwingen will.[5]

In den Schriften des Gregor von Tour kommt der Ausdruck tortura im Sinne einer Geständniserzwin-

Die als Hexe eingezogene Anna Schultzin. Sie ist an die Wand des Gefängnisses gekettet, hat Beinfesseln, einen Eisenring um den Leib und dazu ein eisernes Gestell, das sie praktisch jeder freien Bewegung beraubt. Sie wird als »Märtyrerin des Satans« bezeichnet.

gung vor. Er verwendet den Begriff in seiner doppelten Bedeutung, im Sinne von Krankheit und von prozessualer Folter. Der Terminus tortura und tormenta als Ausdruck für prozessuale Folter liegt somit seit dem 6. Jht. gesichert vor.

Das deutsche Wort Folter leitet sich vom lat. »poledrus« (Fohlen) ab. Damit wird bereits im 5. Jht. ein Foltergerät bezeichnet, das dem klassischen Equeleus entspricht und von den älteren Autoren bis auf Cicero als einziges Foltergerät erwähnt wird. Vermutlich steht es dem griechischen Folterrad nahe.

Der Begriff »Marter« hat eine kirchliche Bedeutung im Sinn von »Blutzeugnis«; ein Zeugnis der Wahrheit. Daraus leitet sich die Bezeichnung Märtyrer ab.[6]

Denkbar ist, daß Folterungen und Marterungen als sexuelles Stimulativ gegen minderwertige Gruppen betrieben werden. Nicht nur damals, sondern im Zusammenhang mit dem Hexenwahn bis weit ins 17. Jht., eigentlich bis heute. Für diese Ansicht sprechen der halbnackte Dienst der Sklavinnen, bestimmte

Strafen für Ehebruch bei Griechen und Römern, das völlige Ausgeliefertsein gegenüber dem Herrn und nach der Christianisierung, der der Geistlichkeit obliegende Zölibat als idealer Nährboden für sexuelle Ausschweifungen und Mißhandlungen.

Sklaverei und Folter

Sklaven sind persönlich unfreie Menschen, sie sind Eigentum eines anderen. Schon in Mesopotamien findet sich der Haus- oder Palastsklave. Mykenische Inschriften und Bemerkungen im Werk Homers erwähnen Sklaven im griechischen Gebiet. Ab dem 6. Jht. v. Chr. kommt die Kaufsklaverei auf. Sklave wird man durch Kriegsgefangenschaft, Menschenraub, Kindesaussetzung, Notverkauf und Verschuldung (bis Solon). Bei den Römern zeigt sich die gleiche Entwicklung mit zeitlicher Verzögerung. Hier findet man seit dem 4. Jht. v. Chr. Kaufsklaven. Ihre Anzahl steigt durch Kriege stark an. Daraus entstehen zum Ende der römischen Republik ausgedehnte Sklavenkriege (136—132 und 104—101 v. Chr.).

Im islamischen Bereich entsteht ein ausgedehnter Sklavenhandel. In China kennt man die Staats-Sklaverei als Strafe. Auch hier werden Kriegsgefangene versklavt. Das Christentum duldet die Sklaverei. Bis weit in das Mittelalter hinein halten Klöster Leibeigene.

In Ägypten sind Sklaven als Künstler tätig. Abbildungen, die Maler und Bildhauer darstellen, zeigen zusätzlich den Aufseher mit der Peitsche oder Zuchtrute. Plato wird von einem gewissen Annikerus aus Kyrene für 20 oder 30 Minen losgekauft. Diogenes verbringt den Rest seines Lebens als Sklave. Seneca sagt über die Sklaven:

»Ein Irrtum ist es zu behaupten, die Sklaverei umfasse den ganzen Menschen. Der bessere Teil ist ausgenommen; die Leiber nur sind dem Herrn verschrieben und zuständig, der Geist ist selbständig. Den Körper hat der Herr gekauft, die Seele ist nicht zu haben. Wo steht der Mensch so hoch, daß er nicht durch das Schicksal verurteilt werden könnte...des Wohlwollens der Geringsten zu bedürfen?«. Nach Mela soll den Sklaven Menschenwürde zuerkannt werden.

Es ist naheliegend, daß der rechtlose Sklave Mißhandlungen ausgesetzt ist. Er ist durch Name, Kleidung und Haarschnitt äußerlich vom Freien unterscheidbar.[7] Die Römer setzen die Sklaven mit den Vierfüßlern auf eine Stufe und können sie straflos töten. Kleine Vergehen oder Versehen führen zu Mißhandlungen. Ihre Aussagen gelten nur unter dem Druck der Folter. Sklavinnen verrichten den Dienst mit nacktem Oberkörper. Sie werden mit den zur Kräuselung der Haare glühend gemachten Zangen

Steinigung eines Juden an der Küste. Die Steinigung gilt noch heute in den islamischen Ländern als legale Strafe; vor allem bei Ehebruch für Frauen.

mißhandelt.[8] Sklaven werden zu den härtesten und grausamsten Arbeiten eingesetzt. Die Verehrung vieler Götter ist ihnen versagt. Ihre Verwahrung erfolgt in Ergastulas,[9] in unterirdischen Löchern.

Die Lex Petronio, 16. v. Chr.[10], verbietet, Sklaven zu Tiergefechten zu liefern. Aulus Pollio befiehlt in Anwesenheit von Kaiser Augustus, einen Sklaven in Stücke zu hauen und ihn den Muränen seines Gartenteiches zu füttern. Wird ein Sklavenbesitzer ermordet, so werden alle seine Sklaven hingerichtet, sofern sie nicht krank oder gefesselt sind. Bei der Ermordung des Pedanius Secundus erreicht dieses Schicksal 400 Sklaven. Altersschwache und mit langwierigen Krankheiten versehene werden auf Tiberinseln ausgesetzt. Zur Zeit des Augustus gibt es zehnmal so viel Sklaven als durch Geburt freie Bürger. Dies führt zu erheblichen Spannungen. Cato sagt: »So viel Sklaven, so viele Feinde«[11]. Die Folter in der Hand der Freien ist somit auch Machtmittel. Justinian schafft die Sklaverei als Strafe ab. 312 verbietet Kaiser Konstantin das mutwillige Umbringen von Sklaven unter Androhung des Totschlages. 326 erläßt er ein Gesetz »daß ein Schlingel von Sklave, der's mit seiner Herrin hält, verbrannt, diese aber geköpft werden soll«[12]. Schließlich existiert im römischen Reich die Sklaverei nur noch als Stand. Menschenrechte gegenüber Schwächeren sind damals wie heute unbekannt, ausgenommen einige Länder, die sich den Schein einer hohen Industrialisierung zu geben wissen. In vielen Ländern wird noch heute ausgiebig gefoltert, um Menschen zu unterdrücken.

238

Tortur bei Griechen und Römern

Der freie Grieche hat das Recht, Sklaven der Tortur zu unterziehen. Die Marterinstrumente sind: Peitsche, Rad, Leiter, Essig in die Nase, Aufdrücken eines Dachziegels, Aufhängen an einer Säule und die Leiter (Aufziehen und Strecken). Zweck der Folter ist das Herbeiführen einer (gewünschten) Aussage.

Anders beim Ehebruch. In der Regel ist er mit hohen Geldstrafen belegt. Die Möglichkeit des Loskaufens ist gegeben. Kann der Betreffende nicht zahlen, überliefert ihn der Betrogene den Sklaven. Sie schlagen ihn zusammen und keilen ihm einen großen schwarzen Rettich in den Hintern[13]. Ägyptischen Ehebrecherinnen schneidet man die Brüste ab[14].

Wahrscheinlich haben die Römer die Foltervorstellungen von den Griechen übernommen. Anzunehmen ist, daß einzelne Foltermethoden bereits von den Griechen verfeinert werden, ihre Anfänge verlieren sich im Dunkel der Geschichte. Die Foltermethoden der Römer sind bereits differenzierter als die der Griechen. Die permanente Steigerung der Qualen mit immer neuen Methoden erreicht während der deutschen Hexenprozesse im 17. Jht. einen Höhepunkt.

Nach dem alten römischen Recht sind die Maßnahmen der öffentlichen Gerichte von den willkürlichen einzelner Freier gegen ihre Sklaven[15] zu unterscheiden.

Bei den öffentlichen Gerichten hält gewöhnlich der Ankläger (actor) eine Rede gegen den Beklagten (reus). Dann werden die Zeugen gehört, dann stimmen die Richter mündlich oder schriftlich, dann wird das Urteil gefällt. Gewöhnlich erfolgt das mit kleinen Täfelchen, die mit den Buchstaben a (absolvere), c (condemno) oder nl (non liquet) bezeichnet sind. Der Losgesprochene kann, wenn er Grund dazu hat, den Ankläger wegen einer falschen Beschuldigung (calumnia) vor Gericht belangen. Verurteilte werden gemäß der Gesetze bestraft. Wichtige und schwere Vergehen sind:

- crimen Majestatis (Verletzung der Würde und der Sicherheit des römischen Volkes und der Magistrate)
- crimen pereuellionis (Hochverrat an der Volksfreiheit)
- crimen peculatus (Veruntreuung des öffentlichen Schatzes)
- crimen ambitus (Bestechung des Volkes, um Stimmen bei einer Wahl zu erkaufen)
- crimen repetundarum (wenn von Präzeptoren oder Quästoren in den Provinzen ungerechte Gelderpressungen verübt werden, deren Ersatz gefordert wird)
- crimen vis publica (besondere Verschwörungen).[16]

Die vornehmste Strafe ist die Geldstrafe (damnum mulcat), die Bande (vincula), die entweder in Stricken oder in Ketten an Händen und Füßen besteht; Schläge oder Geißelung (verbera), mit Stäben der Licatoren für Freigeborene und mit Peitschen oder Ruten für Sklaven, die Wiedervergeltung (talio), die Entehrung (infamia), und die Verbannung (exilium oder capitis demunutio). Die Verbannten heißen interdicti. Bei der deportatio läßt man die Verbannten an entlegene Orte oder auf Inseln bringen. Hinzu kommt der Verkauf in die Knechtschaft und endlich die Todesstrafe, bei Sklaven in der Regel die Kreuzigung.

Kreuzigung, Furca-Strafe, Schmäuchen

Die Kreuzigung gilt als härteste Strafe, weil sie den Tod langsam herbeiführt. Jeder Kreuzigung geht eine Geißelung voraus. Mit dem Patibulum belastet, wird der Übeltäter unter Schlägen durch die Straßen zur Richtstätte geführt. Dazu verwendet man das Flagellum. Das Patibulum ist das Querholz des Kreuzes, das dem Delinquenten um den Nacken gelegt wird. Beide Arme werden an den Enden dieses Gerätes festgebunden. An der Richtstätte wird das Patibulum mit Stricken über einen in die Erde gerammten, am oberen Ende eingekerbten Pfahl (palus) gehängt. Die Beine des Opfers werden nun gebunden oder genagelt. Das Kreuz wird **nicht** von vornherein zusammengefügt: seine Form entsteht durch das Zusammenfügen von Patibulus und Palus.

Der in der christlichen Mythologie dargestellte Leidensweg Christi auf seinem Weg zur Schädelstätte (Golgata) und die in dem Tragen des schweren Kreuzes tausendfach wiederholte Darstellung entspricht nicht der üblichen Kreuzigung. Im Aberglauben des deutschen Mittelalters hat sich im Zusammenhang mit dem Leidensweg Christi die Legende »vom ewigen Jude« herausgebildet.

Die Furca ist ein gabelförmiges Gerät, das dem Sklaven so um den Hals gelegt wird, daß die Gabelenden nach unten hängen. Daran werden die Arme befestigt (furcifer = Gabelträger; Spottname für Sklaven). Analog der Kreuzigung wird der Gestrafte unter Schlägen durch den Ort geführt (Einsatz des flagellums). Die Anwendung von Patibulum und Furca sind in der Wirkung gleich. Der Unterschied liegt darin, daß die Kreuzigung zum Tod führt und die Furca-Strafe eine Züchtigung ist.

Mit dem flagellum treibt man Tiere und Menschen an. Es ist eine Peitsche in unterschiedlicher Ausführung; ein ein- oder mehrfach geflochtener Riemen, z. T. mit eingearbeiteten Verstärkungen wie Schweinsborsten, Kugeln oder Stacheln (lat. scorpiones).

Beim Schmäuchen wird der Betroffene — in der Regel mit dem Kopf nach unten — über ein Feuer aus Reisig, Dünger und anderen übelriechenden Stoffen gehängt. Das Feuer ist schwach entwickelt und droht den Aufgehängten zu ersticken. Das Feuer wird von Zeit zu Zeit unterdrückt, um es dann wieder anzufachen.

Folterarten, Folterinstrumente

Eine oft genannte Art ist die Ziegenfolter (tormentum cum capra). Hier wird der Beschuldigte auf eine Bank gebunden. Man reibt ihm die Fußsohlen mit Salz ein, das eine Ziege ableckt. Aus dem anfänglichen Kitzeln entwickelt sich rasch ein starker Schmerz, weil das Tier die Haut, das Fleisch, ja oft bis auf die Knochen, abwetzt. Eine andere Art ist die Hungerfolter (tormentum famis), die Durstfolter (tormentum sitis), die Schlaffolter (tormentum vigilae) und die Feuerfolter. Hier wird unter die Füße des Gebundenen ein heißes Metallbecken gestellt, bzw. ein Becken mit glühenden Kohlen auf den Leib gesetzt. Die beiden letztgenannten Foltermethoden werden später in der christlichen Kirche perfektioniert. Die Feuerfolter ist ein Merkmal der spanischen Inquisition.

Die römischen Marterinstrumente sind im wesentlichen:

- Equelus (ein der Streckleiter vergleichbares Instrument. Dazu gehört die »castata« (das Gerüst). Nach einer anderen Quelle ist der equelus ein Streckpferd zum Auseinanderziehen der Glieder.
- fidiculae (Schnüre zum Aufziehen).
- tabularium (Quetschbrett)
- cardi (Eiserne Kämme)
- Rotae (Winde zum Strecken)
- Plumbatae, flagellae (Peitschenarten)
- ungulae (glühend gemachte dreizackige Haken, die den Delinquenten in Brust und Waden geschlagen werden)[17]
- ignes (Pfannen und andere Geräte zum Brennen)
- Chyphri jugum (eine Art Joch) (?)
- Catapulta (eine Torturmaschine, über deren Einzelheiten nichts näheres bekannt ist).

Rechtsvorstellungen im Alten Testament

»Der jüdische Religionsstifter ist vor allem Gesetzgeber, da Recht, Moral und Religion eng verknüpft sind. Die Bibel enthält die Geschichte, die Wissenschaften und die Ethik, die Glaubenslehren und das Privatrecht, die Strafgesetze und das öffentliche Recht, kurz: sie umfaßt das ganze Dasein des jüdischen Volkes«.[18]

»Das Studium der Bibel bietet nicht nur besonderes Interesse insofern, als es religiöse Theorien betrifft, deren nachhaltiger und greifbarer Einfluß bis in die Gegenwart wirkt, sondern dieses Buch hat für die Juristen eminente Bedeutung als eine der ältesten Rechtsquellen und als Denkmal bewundernswürdiger gesetzgeberischer Weisheit und Mäßigung«.[19]

Und der Herr redete zu Mose und sprach: »Rede mit den Kindern Israels und sprich zu ihnen: wenn ihr über den Jordan ins Land Kanaan kommt, sollt ihr Städte auswählen, daß Freistädte seien; dahin fliehe, der einen Totschlag unversehens tut. Und sollen unter euch solche Freistädte sein für die Blutträcher, daß er nicht sterben müsse, oder der einen Totschlag getan hat, bis er vor der Gemeinde vor Gericht gestanden hat«.[20]

»Wenn jemand eine Sünde getan hat, die des Todes würdig ist, und wird also getötet, daß man ihn an ein Holz hängt; so soll der Leichnam nicht über Nacht an dem Holz bleiben, sondern du sollst ihn am selben Tage begraben, denn ein Gehängter ist verflucht bei Gott; auf daß du dein Land nicht verunreinigst, das dir der Herr, dein Gott gibt zur Erde«.[21]

»Wenn eine Seele sündigen würde, daß er einen Fluch höret und er des Zeuge ist, oder gesehen oder erfahren hat und nicht aussagt, der ist einer Misstat schuldig«.[22]

Neben dieser frühen Erwähnung des Zeugniszwanges wird nach dem jüdischen Gesetz jeder als Mörder angesehen, »der einen anderen mit einem gefährlichen Instrument, einem eisernen Gerät, einem Stein oder Holzstock, aus Haß, Feindschaft oder überlegter Absicht tötet«.[23]

»Wer einen Sklaven ermordet, der stirbt des Todes«.[24]

Das Alte Testament enthält die Formulierung »Maleficos non parieris viuere«, die für die Entwicklung des Hexenwahns, bzw. der Hexenverfolgung außerordentliche Bedeutung erlangt. Nach dem Motto: »Die Zauberer sollst du nicht leben lassen« werden bei uns bis weit in das 18. Jht. hinein sog. »Hexen« verfolgt und verbrannt. Der katholische Pfarrer Agricolam fordert um 1650 die Ausrottung des Hexengesindels aufgrund der Aufforderung Gottes. Bereits Weyer macht darauf aufmerksam, daß hier eine falsche Übersetzung zugrunde liegt: es heiße nicht Zauberer, sondern »Giftmischer« solle man nicht leben lassen. Unter diesem Gesichtspunkt wird diese Stelle aus dem Alten Testament Angelpunkt des Hexenglaubens. Flankiert wird er von altjüdischen (teils übernommenen, teils entwickelten) dämonischen Vorstellungen.

Links: Strafe des Verbrennens oder Schmäuchens. Der Verurteilte ist lediglich an einen Pfahl genagelt. Rechts: eine weitere Form der Kreuzigung, die über das Tragen des Patibulums hinausgeht und deshalb als Strafverschärfung zu verstehen ist. Kein Verbrennungstod.

Sklaven im Neuen Testament

Nach den erhaltenen Überlieferungen hat sich Christus nicht zur Sklavenfrage geäußert. Paulus sagt: »Und der Kerkermeister verkündete die Rede Paulo: die Hauptleute haben hergesandt, daß ihr los sein sollt. Nun ziehet aus und gehet hin in Frieden.« Paulus aber sprach zu ihnen: »Sie haben uns ohne Recht und Urteil öffentlich gestäupt, die wir doch Römer sind, und in das Gefängnis geworfen.« Als man ihm aber die Riemen anband, sprach Paulus zu dem Unterhauptmann: »Ist es auch Recht, bei euch einen römischen Menschen ohne Urteil und Recht zu geißeln?«.[25]

Paulus lehrt die Gleichheit aller Menschen vor Gott und hebt ausdrücklich mit Bezugnahme auf die Sklaverei hervor, daß es vor Gott und auch vor der Christengemeinde weder Freie, noch Sklaven gibt.[26] An weiteren Stellen kommt er nochmals auf dieses Thema zu sprechen, allerdings mehr im Zusammenhang des Gehorsams gegenüber Christus.

Das frühe Christentum bricht mit einer revolutionären Sache: Männer, Frauen, Sklaven, Sklavinnen und alle, die dem Christentum zuströmen, haben gleiche Rechte. Bereits in der ältesten Sammlung kirchlicher Vorschriften, den »canones apostolorum« wird dies als Regel vorausgesetzt. Im Klartext heißt dies, daß seitherige Sklaven zum Priester- und Bischofsamt berechtigt sind. »Das war kein bloßer Umschwung, sondern eine soziale Umwälzung«.[27]

Zunächst bringt das Christentum eine Befreiung von Sklaven. Hermes, der zur Zeit Trajans Stadtpräfekt von Rom ist, läßt am Ostertag, an dem er sich mit seiner Familie der Taufe unterzieht, 1200 Sklaven frei. Mit dem Stadtpräfekt Chromatius unter Diokletian treten 1400 Sklaven zum Christentum über. Melania d. J. entläßt 8000 Sklaven in die Freiheit.[28]

Daß Christen heidnische Sklaven beschäftigten, ergibt sich aus dem 41. Kanon des Konzil von Elvira (303). Er erlaubt, den Heiden ihre Götzenbilder zurückzugeben, sobald ein Aufruhr zu befürchten ist. Honorius und Theodosius untersagen den Ketzern, Heiden und Juden das Halten christlicher Sklaven. Später wird den Christen der Handel mit Sklaven untersagt. Es gibt verschiedene Beispiele, die belegen, daß Christen in wesentlich späterer Zeit Sklaven oder Leibeigene halten:

975 schließt der Bischof Andalogus mit dem Priester Arsualdus, beide aus Lucca, ein Sklaven-Tauschgeschäft ab, in der Art, daß der Presbyter dem Bischof einen Sklaven übereignet, und dafür vom Bischof einen anderen empfängt. Sie bescheinigen sich den Empfang.[29] Das ist kein Einzelfall. Mit der Schenkung von Landgütern werden bis weit in das Mittelalter hinein die darauf befindlichen Leibeigenen der Kirche vermacht.

Der griechische Mönch Theodor Studita versucht im 9. Jht., gegen das kirchliche Verbot, Unfreie ins Kloster aufzunehmen, das Evangelium anzuführen, demzufolge auch Sklaven nach Gottes Ebenbild geschaffen sind. In seinem Testament untersagt er dem Abt und den Mönchen seines Klosters, Sklaven zu halten.[30] Alexander III. verbietet während des dritten lateinischen Konzils die Sklaverei; jedoch ohne Erfolg. Das christliche Mittelalter behält den Leibeigenen bei. Das kanonische Recht läßt zudem den Gebrauch der Folter zu.

Die Bedeutung der Folter für die Hexenprozesse läßt sich daran ermessen, daß die zahllosen Prozesse ohne Folter undenkbar sind. Die Folter wird von Kirche und Staat gutgeheißen. Sie setzt sich so hartnäckig fest, daß ihre allgemeine Abschaffung im deutschen Raum erst im 18. Jht. erfolgt.

Weiterentwicklung der Folter in Deutschland

Volksrechte, Knechtsfolter

Das westgotische Recht ist um 475/476 im »Codex Euricianus« aufgezeichnet. Eine Beeinflussung durch römisches Recht ist erkennbar. Alarich II. realisiert die »Lex Romana Visigothorum« (506), die unter dem Namen »Breviarium Alaciarum« als das erste römische Gesetzbuch des westlichen Abendlandes bis in das 12. Jht. eine bedeutende Stellung einnimmt. In

diesem Gesetz sind eine Reihe von Folterbestimmungen enthalten. Der spätere König Rekkesvind erläßt weitere Bestimmungen, darunter eine ausführliche Folterordnung. Hier ist die Folterung von Adeligen, Gemeinfreien und Knechten bei Kapitalverbrechen, auch bei leichteren Fällen, detailliert vorgeschrieben und entspricht römischen Anschauungen. Eine Vermischung zwischen römischen und germanischen Rechtsvorstellungen ist gegeben: so werden angeschuldigte Gemeinfreie wegen einer Sache von 300 Solidi dem Kesselfang unterworfen. Der Ostgote Theodorich setzt die Strafe von zweihundert Peitschenhieben, Abscheeren der Haare, Verbannung oder Gefängnis für Wettermacher und Verursacher zauberischer Krankheiten fest.[31]

Die Lex Burgundionum zeigt in ihrer amtlichen Neufassung von 517/518 Spuren römischen Einflusses. Sie kennt die Knechtsfolter. Im langobardischen Recht finden sich keine sicheren Anzeichen für die Anwendung der Folter.

In der ältesten fränkischen Rechtsaufzeichnung, dem »Pactus legis salicae« (zwischen 507 und 511) ist die Folterung von Knechten nachweisbar. Dem Knecht werden im Normalfall 120 Peitschenhiebe angedroht: sie sollen das Geständnis des Unfreien herbeiführen. Insofern sind sie Beweismittel. Die Strafe hat außerdem einen typischen Strafcharakter, z. B. als Vergeltung für einen Diebstahl.

In der Lex Salica wird mit Geldstrafe bedroht: »wer ein freies Weib als Hexe bezeichnet«. Seltsamerweise steht nach diesem Gesetzbuch ebenfalls eine Geldstrafe darauf, wenn eine Hexe einen Menschen aufgefressen hat. Schon bei den heidnischen Sachsen ist die übliche Bestrafung der Hexen der Feuertod.[32] Das gleiche Kapitular schreibt vor, daß Zauberer und Wahrsager (divini et sortilegi) nur an die Kirchen und Priester ausgeliefert werden. Eine andere Stelle in der Lex Salica wird auf das gemeinsame Kochen der Hexen gedeutet. Es scheint als Beschimpfung hervorgehoben zu werden, wenn ein Mann, der sich hergibt, einer Hexe einen Kessel zu tragen, als Hexenkesselträger bezeichnet wird.[33]

Das Volksrecht der Alemannen enthält keine ausdrücklichen Folterbestimmungen. Das alte alemannische Recht enthält eine ausführliche Beschreibung von Geldstrafen:

- auf den Tod eines Priesters   600 Gulden
- auf den Tod eines Mönches   400 Gulden
- Mord eines gewöhnlichen Mannes   9 Gulden
- Mord eines Weibes   18 Gulden
- Entführung einer Braut   200 Gulden

Wer am Sonntag arbeitet, verliert ein Drittel seines Erbes.

Der »Pactus Alamanorum« (vermutlich im 7. Jht. entstanden) enthält den Begriff »clinata«, was einzelne Forscher[34] mit dem Begriff der Folterbank gleichsetzen. Die Frage ist umstritten, weil dieser Terminus auch eine Hürde bezeichnen kann, also einen Holzstoß zum Brennen.

Im bayrischen Volksrecht, der »Lex Baiuvariorum« (vermutlich aus dem 8. Jht.) ist eine Folterbestimmung ausdrücklich erwähnt. Sie behandelt die Folterung eines unschuldigen Knechtes.[35] Hier findet der Ernteschaden Erwähnung. Die sog. »Erntescharte« wird mit 12 Schillingen gebüßt.[36] Der Urheber hat für den Schaden zu haften, der Haus, Gut und Vieh des Eigentümers innerhalb eines Jahres trifft. Außerdem bestraft das alte bayrische Recht die Zauberweihe der Waffen vor dem gerichtlichen Zweikampf.

742 versammelte Karlomann das »Concilium Germanicum« und befiehlt den Bischöfen in ihrem Sprengel mit Beihilfe der Grafen, die Beschützer ihrer Kirchen sind, darauf zu achten, daß das Volk keine heidnischen Totenopfer, Loosdeuterei, Wahrsagerei und dergl. mehr beobachte.

Karl der Große untersagt 785 in einem Kapitular in Paderborn den Sachsen unter Androhung der Todesstrafe, Zauberer oder Hexen zu verbrennen. Er nennt den Glauben an Hexen und Strigen heidnisch und ein Teufelswerk. Er stellt die armen Opfer des Fanatismus einer unwissenden Volksmenge unter den Schutz der Staatsgesetze.[37]

»Wenn jemand vom Teufel verführt, nach der Sitte der Heiden glaubt, daß eine männliche oder weibliche Person eine Striga sei und Menschen aufzehre, und diese Person deshalb verbrennt oder ihr Fleisch anderen zum Essen bietet oder es selbst genießt, der soll mit dem Tod bestraft werden.«[38]

Ausübung der »Probe des kalten Wassers« im Sinn eines Gottesurteiles. Der Verurteilte wird gefesselt in das Wasser gelassen. 13. Jht. Schon 1215 wird kirchlicherseits das Gottesurteil aufgehoben.

Eideshelfer schwören vor dem Richter, der auf einem Kissen sitzt und zum Zeichen seiner Würde einen Hut trägt. Neben ihm Schultheiß und Schöffe. Aus dem Heidelberger Sachsenspiegel. Handschrift aus dem 13. Jht.

Schwur und Wasserurteil. Aus dem Heidelberger Sachsenspiegel. Handschrift aus dem 13. Jht.

Das vermutlich auf Veranlassung des Aachener Reformrechtstages 802/803 aufgezeichnete Stammrecht der chamavanischen Franken, der Sachsen, Thüringer und Friesen, weist keine Spuren der Folter auf. Die Satzungen[39] dienen den fränkischen Königen zur Ergänzung der geltenden Volksrechte. Sie enthalten keine Bestimmungen über die Folter: dagegen sind Gottesurteile erwähnt. »Aus der karolingischen Gesetzgebung ist kein sicherer Beweis für die Anwendung der Folter zu erbringen.« Es gibt lediglich eine »formula« aus merowingischer Zeit, in der ausdrücklich auf die Folter bezug genommen wird.

Als ein Rückfall in überkommene Ansichten über die Gemeinschädlichkeit muß eine Vorschrift Karl's II. (Karl der Kahle, gest. 877) bezeichnet werden, das anordnet, daß nicht nur die Hexen, sondern auch deren Mitwisser und Teilnehmer verfolgt werden sollen.[40]

Zusammenfassend läßt sich der Nachweis erbringen, daß sich die im römischen Recht üblichen Ausdrücke der Folter bis in die Quellen des römischen Rechts zu Beginn des 10. Jhts. verfolgen lassen. Hier ist eine weitere Strömung zu berücksichtigen: die erstarkende Zentralgewalt im fränkischen Königtum führt zu einer Schwächung der Volksrechte. Im weiteren Verlauf führt dies zur Einschränkung von Fehde und Zweikampf...die öffentliche Gewalt entwickelt sich allmählich als Straforgan.[41]

Wie läuft die Entwicklung nach der germanischen Rechtsauffassung?

Die ältere Edda bringt folgenden Fall: »Der König Geirödr ließ einen Fremden, namens Grimnar, der ihm verdächtig erschien, und alle an ihn gerichteten Fragen nicht beantwortet, zwischen zwei Feuer setzen, um ihn zu einer Aussage zu nötigen. Grimnar ertrug diese Folter acht Tage, Erst als seine Kleider Feuer fingen, war er zum Sprechen bereit.«[42]

Es ist nicht sicher, ob die älteste germanische Rechtsauffassung bezüglich der Unfreien mit der römischen Auffassung übereinstimmt. Tacitus bezeugt, daß die Sklaven bei den Germanen der Zuchtgewalt ihrer Herren unterstehen und daß er sie straflos töten kann. Die germanischen Straf- und Zuchtmittel haben nicht den Charakter einer Gerichtsbarkeit, sie sind aber in den Wirkungen ähnlich. Der Herr hat die Vergehen der Unfreien zu ahnden. **Er** muß sich dafür verantworten, so stehen die Strafen in seinem Ermessen. Hier liegt es nahe, auch an Folterungen zu denken. Erst später wird der Herr rechtspflichtig gebunden: er hat sich an bestimmte gerichtliche Untersuchungen zu halten.

Volks- und Lynchjustiz

Der Fall spielt 1090 in Bayern. Während in Freising die Gegenbischöfe Meginward und Hermann in den inneren Wirren unter Kaiser Heinrich IV. um das Bistum streiten und dadurch eine »Rechtsunsicherheit« unter der Bevölkerung entsteht, »entbrannten, so erzählt ein Chronist, die Einwohner von Vötting, von Neid getrieben, in teuflischer Wut gegen drei arme Weiber, als ob sie Giftmischerinnen und Verbrecherinnen von Menschen und Früchten seien. Eines Tages in aller Frühe, rissen sie dieselben aus dem Schlaf und aus ihren Betten und ließen sie die Wasserprobe bestehen, fanden aber keine Schuld an ihnen. (Nichtsdestoweniger) peitschten sie sie grausam und wollten ihnen das Geständnis dessen, was man ihnen lügnerisch vorwarf, erpressen: aber vergebens. Dann liefen einige von ihnen zum Volk von Freising und brachten einen gewissen Rudolf und Konrad dahin, daß sie die Volksscharen versammelten, diese Weiber ergriffen und nach Freising schleppten. Dort geißelte man sie zum zweitenmal, konnte aber wieder kein Geständnis aus ihnen herausbekommen. Da führte man sie an den Isarstrand und verbrannte sie alle drei. Die Eine war gesegneten Leibes (viventis pueri praegnans) auf einmal. Sie erlitten am 18. Juni 1090 im Feuer den Märtyrertod.«[43]

Interessant ist die Anwendung der schon umstrittenen Wasserprobe und das Verhalten des Berichterstatters, der von der Unschuld der Frauen überzeugt ist; sonst würde er sie kaum als Märtyrer bezeichnen. Solche

Gefangener im Stock, der zugleich für Armfesseln eingerichtet ist. Holzschnitt. »Spiegel der menschlichen Behaltnuß«. Basel. B. Richel (1476). Auffallend sind die symbolischen Weintrauben und der Kelch (des Herrn).

Fälle der Volks- oder Lynchjustiz sind zu allen Zeiten anzuführen. Vergleiche hierzu den Fall Michael Cleary vom 15. März 1895.

Eine Schwäche des mittelalterlichen Kulturlebens ist die Rechtsunsicherheit der einzelnen Person. Das Fehdewesen, die Angst vor der Fehme, umherziehende Räuberbanden und Vagabundengesindel verunsichern die Bevölkerung, das Leben und das Eigentum. Die schützenden Mauern einer befestigten Anlage bedeuten keine Sicherheit. Das bestätigen die zahllosen Totschläge und Körperverletzungen der Epoche. Häufig sind das nächtliche Umherschweifen auf dem Markt und auf den Gassen mit Armbrusten und anderen tödlichen Waffen, hinterlistige Überfälle, gewalttätige Selbsthilfe und widerrechtliche Freiheitsberaubung. Dazu kommen Raufhändel und Schlägereien, das Werfen und Stechen mit Messern. Dazu kommen die Camperwunden, wie abgehauene Finger, Nasen, Ohren und Hände, durchstochene Arme und Wangen. Daraus werden später die Erkennungsstrafen. Alles in allem muß die Epoche als brutal bezeichnet werden.

Das Augsburger Achtbuch weist für die Jahre 1338—1368, bei einer Bevölkerung unter 20.000 Einwohnern, 172 Totschläge nach. In dem etwas größeren Breslau sind es in der Zeit von 1357 bis 1399 243. Das Achtbuch des kleinen Lignitz, das die 15 Jahre von 1339 bis 1354 umfaßt, verweist auf 76 Totschläge. In die Achtbücher werden nur die geflüchteten Täter und die geächteten eingetragen, nur ein kleiner Teil der wirklichen Verbrechen. Die Fälle auf »handhafte Tat« sind dazuzuzählen. Die Breslauer »Libri Exessum«, eine mit 1386 beginnende und bis 1805 fortlaufende Reihe von Registraturen über todeswürdige Straffälle, behandelt bis zur Mitte des 16. Jhts. vor allem o. e. Vergehen.

Die Strafen sind vergleichsweise gering. 1488 läßt ein Breslauer einen Schuldner, einen Bauern, eigenmächtig in einen steinernen Fischtrog legen, die Daumen quetschen und ihn mit Wasser begießen. Zwei Nächte und einen Tag bleibt er in der mißlichen Lage. In der zweiten Nacht regnet es fürchterlich. Er wäre beinahe ertrunken, wird gerade noch rechtzeitig entdeckt und befreit. Der Täter bezahlt 50 Gulden an Strafe. Nach Unterlagen des Breslauer Stadtgerichtes wird 1478 ein junger Übeltäter verurteilt, der in einem Raufhandel seinem Gegner das Messer so in den Leib gestoßen hat, daß diesem die Eingeweide heraushängen. Die Strafe lautet auf zweijährige Verbannung. 1455 wird ein Bürger auf der Straße lebensgefährlich verletzt, verwundet und gelähmt. Der Täter bezahlt lediglich die Arztkosten. Ein Braugeselle setzt einen anderen vorsätzlich in das Feuer unter der Bratpfanne. Er kommt 1478 mit einer Geldbuße von 60 Groschen davon.

Diese Beispiele verdeutlichen, daß erst zu einem späteren Zeitpunkt die eigentlichen Prozesse gegen Zauberer und Hexen eine besondere Kategorie bilden.

Sachsen-, Deutsch- und Schwabenspiegel

Deutsche Gewohnheitsrechte werden ab dem 13. Jht. systematisch aufgezeichnet. Eike von Repgow faßt vor allem altsächsisches Recht in seinem »Sachsenspiegel« zusammen. Das ergibt sich z. B. aus der Nennung der Wergeldtaxen. Der Sachsenspiegel entsteht zwischen 1215 und 1235. Er kennt das Verbrechen der Ketzerei (Unglauben), Zauberei und Vergiftung. Er verbindet sie miteinander und setzt für den Fall der Überführung Tod durch den Scheiterhaufen fest.[44] Die Folter wird nicht erwähnt. Er kennt »Klage auf handhafte Tat« und die »Schlichte Klage«. Der Sachsenspiegel zeigt Niederschläge der kirchlichen Anschauung. »Hier wird im ersten der weltlichen Rechtsbücher dem Postulat der Kirche Rechnung getragen und Zauberei als Ketzerei und Teufelswerk verfolgt.« Demgemäß lautet die Strafe auf Zauberwerk mit dem Brennen auf der Hürde. »Swelk j ker-

sten man ungelovich is oder mit tovere umme geit oder mit vergiftnisse, unde des verwunnen wert, den scal men op der hort brennen.«

Fast um die gleiche Zeit sanktioniert Papst Innozenz III. den Gebrauch der Folter. In späteren Redaktionen des Sachsenspiegels ist der Umgang mit dem Teufel erwähnt. Seine strengen Bestimmungen kehren im Deutsch- und Schwabenspiegel wieder.

Die Bestimmungen des Sachsenspiegels dringen auch in andere Rechtsquellen. Die Landesordnung von Ermland (1310) bestimmt, daß alle Zauberer, Schwarzkünstler usw., die mit Hilfe des Teufels, zu dessen Ehre und zum Schaden des christlichen Glaubens handelten und wandelten, aus dem Land vertrieben werden sollen.

Der Deutschenspiegel ist ein Bindeglied zwischen dem Sachsen- und dem Schwabenspiegel. Er entsteht etwa 1260—1275, also kurz vor dem Schwabenspiegel. Er kennt die Unterwerfung des Straßenräubers (Art. 42) und des Falschgeld ausgebenden Münzers unter das Gottesurteil.

Dann schließt sich als Gesetzbuch der Schwabenspiegel an. Seine Verbreitung liegt vor allem im südlichen Deutschland. Hier genießt er erhebliches Ansehen. Der vorgenannte Artikel 13 des Sachsenspiegels (Verbrennung der Giftmischer und Zauberer) findet sich hier in der Vorschrift des § 1746. Der Schwabenspiegel legt bei der Zauberei bereits einen Pakt mit dem Teufel zugrunde. Bemerkenswert ist der fragwürdige Folterparagraph in dieser Gesetzsammlung.

Folterparagraph (?)

Allgemein nimmt man an, daß sich die Folter auf süddeutschen Boden eher als auf dem norddeutschen herausgebildet hat. Das kann von diesem Folterparagraph beeinflußt sein. Ein wesentlicherer Grund ist die dichtere Stadtbesiedlung. Im Zusammenhang mit den Stadtgründungen ergeben sich Rechtsfragen. Hier kommen auch zuerst die Verfahren gegen »landschädliche« Leute auf. Der Folterparagraph lautet:

»Gezivschaft. Wirt ein man umbe ein untaet gevangen. Die vntat hat liht vivn einr oder zween gesehen. oder sie wizzen es svs wol. vnd er wil sin night verrihen den sol man also niht lan. man sol in witzegen mit slegen an der straiget, vnd mit starker vancnvsse. vnd mit hvnger. vnd mit vrs froste vnd mit andern vbelen dingen. vnz er veriehe. daz sol man in an legen einen monat, daz ist also gesprochen ob die zwen oder der ein also biderbe lvte sint. daz man in gelovben sol. so sol man in die wize an legen vnd sint si niht gelovphafte lvte so sol man in keine wize an legen div wider reht si. vnd weiz niemen sin vntat, so sol in lazen gen.«

Dieser Passus ist erst in einer späteren Fassung für den Anfang des 14. Jhts. nachweisbar. Er dokumentiert nicht die Folter, sondern eine rechtswidrige Behandlung von Gefangenen. Gefängnishaft, Frost und Hunger sind nur unmittelbare Methoden einer Folter. Wie Schläge bewirken sie erst im Lauf der Zeit den Entschluß zum Geständnis. Der Gefangene ist freizulassen, wenn er nicht überführt werden kann oder wenn er nicht innerhalb eines Monats ein Geständnis ablegt.

Verschiedene Forscher sehen in diesem § eine nachträgliche Ergänzung.[45] Manche nehmen die Vorschrift als Folternachweis im Schwabenspiegel an: dieser Punkt ist umstritten. Es ist eher naheliegend, an eine Rechtsgrundlage für den erfolgreichen Kampf gegen das subsistenzlose Gesindel zu denken.[46]

Klage auf handhafte Tat

Handhafte Tat bedeutet entweder, den Verbrecher auf der frischen Tat zu ertappen oder ihn mit den Werkzeugen, mit denen er sie vollbracht hat, oder mit dem, was er sich angeeignet hat, unverkennbar als Täter zu bezeichnen. Die Vehmeurkunden nennen es: mit »habender Hand«, mit »blickendem Schein«, mit »gichtigen (geständigem) Mund«.[47]

Beim Prozeß auf handhafte Tat muß derjenige, der den Verbrecher verfolgt und mit ihm vor das Gericht ziehen will, d. h. wenn er die Tat handhaft machen will, den Verbrecher mit dem Hilfsgeschrei (Jo dute, z. B. Mordjo, Diebjo, Helfio, Weh, Zetter usw.) verfolgen. Jeder, der dieses Geschrei hört, sei es Tags oder Nachts, ist verpflichtet, bei der Jagd auf den Täter behilflich zu sein. Auf das Versäumnis stehen Geldbußen, einer gerade im Mittelalter sehr schweren Strafe (geldarme Zeit). Ist er ergriffen, wird er geknebelt und ihm das Leibzeichen aufgebunden. Dann führt man ihn am Strick vor den Richter. So schreibt es noch 1478 das Bamberger Stadtrecht vor.[48]

Also setzt die Klage auf handhafte Tat voraus: Erhebung des Gerüchts bei der Tat und vor der Klageanstellung, sowie die vor Übernächtigtwerden der Tat erfolgte Vorführung des auf der Tat oder während der Flucht Gefangenen. Spuren der Tat sind dem Gericht vorzuzeigen.

Bei Erfüllung dieser Voraussetzungen hat der Beklagte keine Möglichkeit der Verteidigung, die Aussicht auf Erfolg bietet. Leitet der Ankläger den Prozeß ein, so muß er den Beweis führen. Das geschieht durch einen Eid. Der Ankläger zieht Schreihelfer und Eidhelfer heran. In der Regel sechs Personen. Damit übersiebnet er den Angeklagten. Die Zahl der Eidhelfer schwankt nach der Schwere des Verbrechens. Nach dem Übersiebnen gilt der Angeklagte als verurteilt. Er wird unmittelbar danach hingerichtet. Der Tod erfolgt in der Regel durch Hängen.

Klage mit der toten Hand, Erhebung der Mordklage

Bei Erhebung einer Mordklage gegen flüchtige Mörder erscheint der Kläger mit gezogenem Schwert, gemäß den prozessualen Grundsätzen mit der Leiche vor dem Richter. Zu jeder Verurteilung gehört ein corpus delicti. Die Ächtung der Tat erfolgt nach sechs Wochen. Deshalb konnte ursprünglich der Tote erst nach dieser Zeit begraben werden. Es gehen drei Gerichtstermine im Abstand von 14 Tagen voraus. An jedem dieser Tage wartet der Kläger bis zum Abend auf den Beklagten. Nach Ablauf der Frist ist die Tat ruchbar.

Später gestattet man das Begraben nach dem ersten Termin. Vorher wird das sog. »Leichzeichen« in gerichtliche Verwahrung genommen. Das sind z. B. die blutbefleckten Kleider des Toten, seine rechte Hand, die der Mordkläger im Beisein des Gerichts mit einem Schwert oder Beil vom Körper des Toten abzutrennen hat. Die Kleider oder die Hand vertreten den Toten bei weiteren Gerichtsterminen. Das ist das Verfahren der Klage »mit der toten Hand«. Sie wird bis nach vollzogener Rache oder erfolgter Sühne aufbewahrt. Bei der Sühne muß sie der Täter eigenhändig in das Grab werfen. Das geschieht nach einem bestimmten Ritus.

Nach Schluß der Leichenfeier begeben sich die Beteiligten an das Grab des Erschlagenen. Auf der einen Seite stehen der Schwertmagen und seine Verwandten, auf der anderen Seite kniet der Täter mit seinen Blutsfreunden. Hier bittet er die Gegenpartei dreimal um Verzeihung, betet ein Paternoster und ein Ave-Maria für die Seele des Verstorbenen. Dann reicht ihm der Führer der Gegenpartei die »tote Hand« über das Grab hinweg (zum Zeichen der Aussöhnung). Der Täter nimmt sie, läßt sie in das Grab fallen und streckt mit seiner anderen in einem Beutel die erste Rate der Geldbuße hinüber.[49] Das ist die rituelle Aussöhnung. Ihr schließt sich in der Regel die Friedensbefestigung an.

Im Gegensatz zu dem Leichzeichen gibt es noch das Leibzeichen. Das Bamberger Stadtrecht von 1478 schreibt vor, »daß der Ankläger in solchen Fällen dem Brandstifter auf den Rücken binden solle einen erloschenen Brand, dem Fälscher einen Falsch (das Gefälschte), dem Dieb das entwendete Gut, den Notzüchtiger ein Frauenkleid mit blutigen Flecken usw.«. Das Leibzeichen ist wesentlicher Teil zu einer Verurteilung bei der Klage auf handhafte Tat. Das Leichzeichen dagegen bei der sog. Mordklage.

Schlichte Klage

Nur die Klage auf handhafte Tat erfolgt durch Erhebung des Gerüchts. Liegt eine handhafte Tat nicht vor und kann sie nicht nachgewiesen werden, so tritt ein anderes Beweisverfahren ein. Das ist die Schlichte Klage. Bei ihr ist der Beklagte grundsätzlich berechtigt, seine Unschuld zu beweisen. Dies geschieht mit einem Reinigungseid. Es ist Sache des Angeklagten, sich zu verteidigen und seine Unschuld zu beweisen. Es liegt auf der Hand, daß die Schlichte Klage Erfolgsaussichten bietet. Der Kläger kann den Eid in kampfwürdigen Sachen unter bestimmten Voraussetzungen durch einen Kampfesgruß verlegen. Dann erfolgt die Entscheidung durch ein Gottesurteil (vergl. S.   ). Dieses Beweismittel verliert sich in den erstarkenden Städten, als die Waffenübung und -gewalt des einzelnen Bürgers nachläßt, wie durch das Erkennen der in den Gottesurteilen liegenden Schwächen, aber auch durch das Verbot der Gottesurteile durch die Kirche. Auf dem vierten Laterankonzil wird es ausgesprochen und kurz danach die Folter gutgeheißen.

Totschlagsühne, Mundsühne

Im germanischen Recht wird der Totschlag nicht von Staats wegen bestraft. Die öffentliche Gewalt setzt lediglich bei einer Gefährdung der Existenz des Gemeinwesens (Landesverrat, Heeresflucht, Übertritt zum Feind) ein. Verbrechen gegen die Einzelperson (Tötung, Raub, Diebstahl) sind Bereich der Privatrache. D. h. wenn der Verletzte auf die Rache verzichtet, geht der Täter straflos aus. Es ist dem Geschlechterverband überlassen, sich auf dem Privatweg Genugtuung zu verschaffen. Der Privatkrieg ist die Fehde oder Blutrache. Die andere Möglichkeit ist der gütliche Ausgang, die Sühne. Dabei verpflichtet sich der Täter, eine bestimmte Anzahl von Vieh, eine Geldsumme (Wehrgeld, Buße) an die geschädigte Partei zu zahlen. Dafür verzichtet die Gegenpartei auf ihr Recht zur Wiedervergeltung des Totschlags. Das ist die compositio oder Sühne.

Zur Zeit des Tacitus gibt es unter den deutschen Volksstämmen kein anderes Erbrecht als das der Blutsverwandtschaft. Der Verstorbene vererbt seine liegende Habe und die Rachepflicht auf den ältesten Sohn. Ist kein Sohn vorhanden, fällt die Verantwortung auf den Schwertmag. Das ist der nächste männliche Verwandte von der Seite des Vaters. Die väterliche Sippe und die Ehefrau des Getöteten besitzen das Recht zur gerichtlichen Verfolgung des Totschlägers. Dieser Personenkreis übernimmt die Hinrichtung oder beteiligt sich an der Sühne. Obwohl schon frühzeitig die Privatfehden untersagt werden, halten sie sich in Deutschland bis ins 17. Jht.

Das Gericht versteht sich als Gehilfe des Klägers. Es trifft die nötigen Vorkehrungen und versorgt ihn mit den zur Hinrichtung erforderlichen Instrumenten. Im alten Bamberger Recht befindet sich eine Frageformel, in der der Mordkläger bei Gericht anfragt, in welcher Weise er ihm behilflich sein solle, damit der Täter zu der ihm gebührenden Strafe und der Kläger zu seinem Recht komme! Die Antwort lautet: »Das Gericht solle dem Kläger beistehen mit Schwert, Messer und Barte (Henkerbeil), bis er den Täter vom Leben zum Tod gebracht habe«.[50]

In Buttstedt (Sachsen-Weimar) ersticht 1470 ein betrunkener Bürger seinen Zechgenossen. Der Täter wird verhaftet und noch am gleichen Abend, nachdem der Rat drei Halsgerichte hintereinander über ihn gehalten hat, bei Strohwischbeleuchtung durch den ältesten Schwertmagen des Erstochenen enthauptet. Will der Ankläger die Strafe nicht selbst vollziehen, so muß er nach dem Augsburger Stadtrecht den Henker aus der eigenen Tasche bezahlen.

Gerichtliche Einschränkungen

Schon ein fränkisches Kapitular von 827 enthält die Befugnis, den Totschlag zu strafen, für ein Vorrecht der Staatsgewalt. Die Fälle sind vor einen Richter zu bringen. Der Landfriede von Kaiser Friedrich II. verbietet die Selbsthilfe, indem er vorschreibt: »Die Obrigkeit und das Recht seien dazu eingesetzt, damit keiner sich unterfange, Selbsträcher des ihm zugefügten Unrechts zu sein, weil die durch den Verletzten zugefügte Strafe gewöhnlich das Maß der Gerechtigkeit überschreite. Es solle daher Niemand, um welchen Schaden oder Unrechts es auch immer sei, sich selber rächen, bevor er nicht seine Sache vor den Richter gebracht und durch diesen habe entscheiden lassen.«

Die Einschränkungen der Privatrache setzen sich in der Praxis sehr langsam durch. Gerade in Deutschland tritt die Idee der Blutrache im 13. und 14. Jht. in ungebrochener Kraft zutage. Blutrache, ob in offener oder hinterlistiger Weise begangen, gilt nicht als Mord. Manche Stadtrechte erklären sie für straflos.[51] Mit dem Heranwachsen der Städte ergeben sich Komplikationen.

Bürger sollen an Mitbürgern innerhalb des Stadtgebietes keine Blutrache üben, sondern unter einstweiligem Verzicht auf ihr Bürgerrecht die Kämpfe außerhalb der Stadtmauern ausfechten. Im Grunde genommen sind alle Geschlechterkämpfe des 13. und 14. Jhts. Totschlagsühnen. Die Obrigkeit schlägt entweder den Vermittlungsweg ein oder verbannt die Totschläger. Das Münchner Stadtrecht von 1294 erwähnt ein Vermittlungsverfahren. Der Rat und der Stadtrichter gebieten einen zwei- oder mehrwöchigen Waffenstillstand. Zuwiderhandelnde werden mit Geldstrafen belegt bzw. Androhung der Stadtverweisung. Es sind im wesentlichen Stillhalteabkommen.

Beim Gelingen eines gütlichen Vergleiches werden in der Regel in den deutschen Städten bis weit in das 15. Jht. hinein die Täter auf Zeit oder für immer verbannt, weil sie durch ihre Tat auch den Stadtfrieden verletzt haben. Ihr Hierbleiben kann leicht zu neuen Auseinandersetzungen führen.[52] Erst als das städtische Leben in geordnete Bahnen kommt (Einführung der Waffenverbote, offizielle Vermittlungsverfahren, Verbannung der Friedbrecher) gehen die Totschlagsühnen zurück. Schwieriger gestaltet sich das Problem bei der kaum kontrollierbaren Landbevölkerung.

Obwohl im späten Mittelalter der Totschlag nicht mehr zu den Privatdelikten gerechnet wird, sondern als Verletzung der öffentlichen Ordnung mit der Todesstrafe bedroht ist, öffnet das geltende Recht die Möglichkeit, durch einen Vergleich mit der Familie des Getöteten sich den strafrechtlichen Folgen zu entziehen. An die Stelle der Strafe und Acht treten die im Sühnevertrag vom Täter übernommenen Leistungen.

Wergeldtaxen[53], Seelgeräte, Bedefahrten

Seit alter Zeit spielen die Geldleistungen eine Rolle. Die Germanen kennen das Wergeld (Vergl. Werwolf, S. 248). Jedem Mensch wird ein bestimmter Wert zugemessen. Der einzelne Preis richtet sich nach den Standesverhältnissen. Nach dem salischen Gesetz beträgt das Wergeld eines Gemeinfreien 200, nach dem alemannischen und bayrischen Volksrecht 160 Goldschillinge, das eines Freigelassenen 80. Höherstehende Freie haben Taxen von 200 bis 240 Goldschillingen. Entsprechend dem Charakter der Rache als einer der ganzen Sippe obliegenden Pflicht wird das Wergeld an die Gesamtheit der Geschlechtsgenossen verteilt.

In einer so geldarmen Zeit, wie sie das Mittelalter darstellt, ist es nur reichen Familien möglich, die hohen Wergelder auf einmal aufzubringen. Deshalb lassen die Volksrechte extrem lange Ratenzahlungen zu. Bei den ribuarischen Franken bezahlen erst die Urenkel die letzte Rate. Auch der Sachsenspiegel kennt solche Formalitäten. Dies trifft nicht die Vorsühne oder erste Rate. Sie dient zur Abdeckung der Kosten für Reise, Zehrung und Mühewaltung. Sie ist immer vor Eintritt in die Vergleichsbehandlung zu bezahlen (teilweise in Pauschalsätzen abzugelten). In Mittel- und Süddeutschland kommen ab dem 10. Jht. die Wergeldtaxen außer Gebrauch. Die Festsetzung der Bußen erfolgt wieder nach freien Vereinbarungen. Wird keine Einigung erzielt, so entscheidet ein Schiedsge-

Richtstätte außerhalb der Stadt mit Galgen und Rad als den beiden Hauptstrafen. Der Verurteilte hat das Leibzeichen am Rücken; er wird gerädert. Auffallend sind die vielen Zuschauer. Rechts vorn vermutlich der Scharfrichter.

Aufknüpfen einer Verbrecherfamilie (?). Links steht der Henker und stützt sich auf das Schwert; auf der Leiter vermutlich sein Scherge.

Gerichtssitzung aus dem Beginn des 16. Jhts. Holzschnitt nach einer Zeichnung von Hans Schäufelein (um 1480-1540). Aus: Petrarcha »Von der Artzney bayder Glück«. Augsburg, 1532.

Angeschlossen im Fußblock oder Stock. Ca. 1475. Eine unbequeme Form des Prangers. Daneben der Richter und ein Gerichtsdiener, der den Schlüssel zum Gefängnis oder Stock trägt.

Abführen eines Verbrechers zum Hängen (durch den am Ast hängenden Strick angedeutet). Der Delinquent bittet den König um Gnade.

249

richt. Der Preis des Toten ist nach wie vor zu bezahlen. Der Schwabenspiegel sagt: »Der Tote solle nach seiner Würdigkeit oder Geburt und unter Berücksichtigung des zugefügten Schadens gebüßt und die Buße nach weiser Leute Rat vom Richter festgestellt werden, falls unter den Parteien keine Einigung zu erzielen sei.«. Auch hier werden für Adelige oder Höherstehende höhere Summen als für den gemeinen Bürger verlangt.[54]

Das Wergeld ist nun lediglich ein Teil der Sühne. Mit der erstarkenden Kirche kommen weitere Verpflichtungen dazu. Sie dienen frommen Zwecken und haben die allgemeine Bezeichnung »Seelgeräte«. Zweck ist: damit die Seele des Getöteten aus dem Fegefeuer zu entreißen. An Seelgeräten werden unterschieden:

- Beschenkung von Kirchen und Klöstern
- Kapitalstiftungen zur Erwerbung von Bruderschaften
- Unterhaltung eines ewigen Lichtes
- Abhaltung von Seelenmessen und Requien am Todestag des Erschlagenen
- Wachsspenden
- Verrichtung von Pilgerfahrten

An sich haben die Pilger oder — wie sie in der Rechtssprache des Mittelalters gewöhnlich heißen — die Bedefahrten (Bede = Bitte) nur den Zweck, für die Seele des Dahingeschiedenen Ablaß zu erwirken. Nach der kirchlichen Dogmatik kann eine Mietsperson die Bedefahrt übernehmen. Die meisten Sühneverträge verpflichten den Täter »selbstleib« die Buße zu vollbringen. Oft ist das mit Auflagen verbunden (Bußhandlungen, Fasten, barfuß gehen). Die Wahl der Bußorte bestimmt die klagende Partei. An erster Stelle steht Rom. Dann folgen die Kirche »Unserer lieben Frau in Aachen« und »Zum heiligen Blut nach Wilsnack«[55] in der Westprignitz. Als Beweis dienen die vom Pönitiar oder dortigen Priester unterschriebenen Reverse. Nach Ablegung der Beichte konnten sie käuflich erworben werden. Sie sind nach der Heimkehr dem Gericht als Beweis vorzulegen. Es bedarf keiner Erläuterung, daß sich die Kirche diese Leistungen bezahlen läßt.

Setzen von Denksteinen, Totenämter, persönliche Demütigung

An die Seelgeräte schließt sich in der Regel die Verpflichtung des Täters zur Errichtung eines Erinnerungszeichens an die Untat an. Z. B. in Form eines Kreuzes, eines Denksteines oder einer Kapelle an der Untatstätte. Dem stehen freiwillige Werke gegenüber. So stiftet beispielsweise der Gelnhäuser Bürgermeister Johannes Koch, der sich in der Verfolgung der Hexen ausgezeichnet hat, in der Stadtkirche eine wertvolle Kanzel, die sich bis heute erhalten hat.

Der allgemeine Luxus des Mittelalters, der bei den Totenämtern durch die Ausschmückung der Bahre, Opfergesänge und einer geradezu unsinnigen Verschwendung von Wachskerzen getrieben wird, erstreckt sich freilich auf die Sühnen. Wenn auch die Beerdigung aus abergläubischen Gründen in aller Stille erfolgt (man ist der Auffassung, daß ein feierliches Begräbnis mit Glockengeläut und Requiem die strafrechtliche Verfolgung und Ächtung des Täters hindert), desto ausgelassener sind die Leichenfeiern und Totenessen.

Mörder, die zur Sühne zugelassen sind, müssen in einem Bußgewand mit entblößtem Haupt und nackten Füßen den Angehörigen des Entleibten an dessen Grab in feierlicher Weise Abbitte leisten. Das Zeremoniell ist unterschiedlich.

In den süd- und mitteldeutschen Sühnen des 13. und 14. Jhts. begegnet man häufig regelrechten Bußprozessionen. Mit einem Bußkittel angetan und mit einem blanken Schwert in der Hand oder am Hals, schreitet der Täter in Begleitung einer im Sühnevertrag bestimmten Personenzahl (bis zu 200), von denen jeder eine einpfündige Wachskerze oder einen Wachskolben in der Hand tragen, von einem bestimmten Versammlungsort zum Kirchhof, wo der Erschlagene begraben liegt. Der Täter bittet kniend die Blutsfreunde des Erschlagenen, das Schwert überreichend, nach einem vorgeschriebenen Ritus um Verzeihung. Dann spricht der Schwertmag des Entleibten im Namen sämtlicher Verwandten die Verzeihung aus und heißt den Täter aufstehen. Bußprozessionen dieser Form scheinen nicht über das 14. Jht hinauszugehen.

Noch im 16. Jht. müssen im südlichen Deutschland die Täter auf ihre Kosten — zu Ehren des Getöteten — ein Requiem mit 40 Priestern und drei Hochämtern abhalten lassen und während der gottesdienstlichen Feier, eine abgebrochene Kerze in der Hand und mit vorgezogener Kapuze an der Kirchentür stehend, für die Seele des Toten beten. Nach Beendigung geht er in Begleitung der Priester an das ihm von der Witwe bezeichnete Grab. Er legt sich mit ausgebreiteten Händen darauf, bis ihm die Priester gebieten aufzustehen. Dann leistet der Mörder der Witwe feierlich Abbitte. Soviel zur rituellen Aussöhnung. Vergl. die Zeremonien der Klage »mit der toten Hand«.

Friedensbefestigung

In der Praxis konnte sehr rasch ein unbesonnenes Wort, oft das Erblicken des Täters Emotionen auslösen. Das führt mit der Zeit dazu, die fehdepflichtigen beiderseitigen Verwandten eidlich festzulegen. Eidbrecher werden harten Strafen unterzogen (Abhacken der Hand, rädern).

So kommt es nach Beendigung der Sühne zu ernsthaften Friedensverträgen und zu regelrechten Friedensgelöbnissen. Z. B.: »Die Erben des Ermordeten sollen mit dem Mörder theilen Messer und Braten und alle Dinge wie Freunde und nicht wie Feinde, und wo beide Teile sich treffen zu Wasser oder Land, zu Schiff oder auf der Klippe, zu Meer oder auf dem Pferderücken, sollen sie teilen miteinander Ruder und Schöpfe, Grund oder Diehle, wo es not tut, und freundlich untereinander sein, wie Vater gegen Sohn und Sohn gegen Vater in allen Gelegenheiten«.

In einer schlesischen Urkunde von 1459 heißt es: »Sie sollen gute Freunde sein und bleiben, und ein Teil soll das andere ehren und fördern jetzt und zu ewigen Zeiten«. Eine vergleichbare Urkunde (1464) verpflichtet den Täter: »Wenn er jemals des Erschlagenen Vater in Not und Gefahr sehe, solle er neben ihn treten und ihn beschützen und auch allen sonstigen Angehörigen des Erschlagenen, wo immer er vermöge, sein Leben lang Freundschaft und Liebe erzeigen«.

Betrachtet man alle im Zusammenhang mit einer Sühne zu erbringenden Leistungen bei der allgemeinen Geldknappheit des Mittelalters, so ist die Möglichkeit eines gütlichen Ausgleichs, d. h. sich den strafrechtlichen Folgen zu entziehen, in der Regel mit so hohen Aufwendungen verbunden, daß nur reiche Leute oder Personen mit einer hilfsbereiten Verwandtschaft zu diesem Mittel greifen können. Es ist erschreckend, wie viele Totschläge dennoch zu dieser Zeit vorgekommen sind.

Mundsühne

In den Niederlanden ist die Mundsühne gebräuchlich. Der Zweck ist der gleiche: sie dient der gerichtlichen Aussöhnung eines Totschlägers mit den Verwandten des Ermordeten. Die Mundsühne ist eine Variante des flandrischen und brabantischen Rechtes. Hier hat sich früh ein ordentliches Sühnesystem herausgebildet. Die Rechtspflege wird von den Baillis oder Schultheißen wahrgenommen. In jedem Ort stehen ihnen einige untadelige Männer zur Seite, denen die Einigung der Parteien obliegt. Wird eine solche erzielt und ist man sich über die Friedensbedingungen einig, so fassen die offiziellen Vermittler Beschluß über Ort und Zeit des abzuhaltenden Sühnegerichts und benachrichtigen davon den Richter, der einen Sühnevertrag aufsetzen läßt. Die Zeremonie der Mundsühne hat sich in den Niederlanden bis in die zweite Hälfte des 16. Jhts. erhalten.

Zu einer festgesetzten Stunde entkleidet sich der Täter in einem Nebenraum, legt ein wollenes oder leinernes Hemd an, läßt sich die Hände binden oder einen Strohhalm hineinlegen und geht dann barfuß mit entblößtem Haupt in der Begleitung des Richters in den für die Sühneverhandlung bestimmten Raum (Kreuzgang, Kapelle, Gerichtssaal). Hier warten die Trauernden, die Gerichtsschreiber und die Blutsfreunde auf ihn.

Jetzt bleibt der Täter vor dem Gerichtsdiener stehen, die beiderseitigen Blutsfreunde stehen sich gegenüber. Nun tritt der Gerichtsdiener in die Mitte und richtet, während sich der Täter hinkniet, unter Hinweis auf das Leiden Christi und die Reue des Täters an den Mundsühner, d. h. den nächsten Schwertmagen des Getöteten, der die Versöhnung im Namen aller Anverwandten mit einem Friedenskuß abzuschließen hat, die Aufforderung, dem Täter das Zeichen der Verzeihung zu geben. Wenn das geschehen ist, führt der Richter den Täter vor die Füße des Mundsühners, der Gerichtsdiener wiederholt zweimal seine vorherige Anrede, der Täter steht auf und küßt den Mundsühner zum Zeichen der erfolgten Aussöhnung auf Mund oder Wange. An diese Zeremonie schließt sich die Verlesung des Sühnevertrages und dessen eidliche Bekräftigung durch die Parteien, worauf sich diese die Hände reichen. Der Richter verkündet den Frieden und macht auf die rechtlichen Folgen des Friedensbruches aufmerksam.[56]

Feme, Bann, Fehde

Die Vehmegerichte oder, wie sie im Volksmund heißen, das »heimliche Gericht«, sind eine Variante des westfälischen Rechts. Sie betrachten sich als Rächer der verletzten Religion, der verletzten Ehre und des verletzten Rechts.[57] Die Rache besteht in der Tötung des Angeschuldigten, der kaum die Möglichkeit der Verteidigung hat. Vehmgerichte beherrschen vor allem die Rechtssituation des 14. und 15. Jhts. Es sind kaiserliche Landgerichte mit Sitz in Westfalen und einem Teil von Engern. Das 13. und 14. Jht. weist für Deutschland eine Vielzahl von kleinen Territorien und überschneidenden Gerichtssprengeln auf. Dazu kommen die Kämpfe zwischen den Reichsständen, eine unendlich schwere Kommunikation und das Fehlen einer Polizei. So steigt das Verbrecherwesen sprunghaft an. Es ist in vielen Fällen nicht möglich, einen Täter zu erwischen.[58] Das beweisen die Achtbücher und die Verfahren gegen landschädliche Leute.

Jeder Freie kann nach den germanischen Rechtsauffassungen Richter sein. Karl der Große führt den Status der Schöffen in der Rechtspflege ein. Ein Teil der Gerichtssitze untersteht dann einem visitierenden Sendgraf. Mit der Auflösung der Gauverfassungen geht die Gewalt der Grafen in Erbrechte und in die Landeshoheit über. Die Freien verlieren einen Teil ihrer angestammten Rechte. Sie unterstehen nicht mehr unmittelbar dem Kaiser. Sie bilden dann normale Landgerichte.

Mann und Weib in Kampfbereitschaft. Der Mann mit dem (Streit)kolben, das Weib mit dem Stein, der in einem Schleier gebunden ist. 1467.

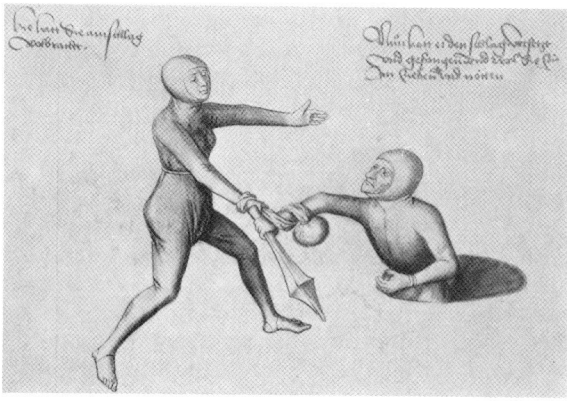

Das Weib hat zum Schlag ausgeholt. Der Mann hat ihn aufgefangen und will das Weib zu sich ziehen. 1467.

Der Mann hat das Weib zu Boden geworfen und drückt es am Hals zur Erde, um es zu würgen. 1467.

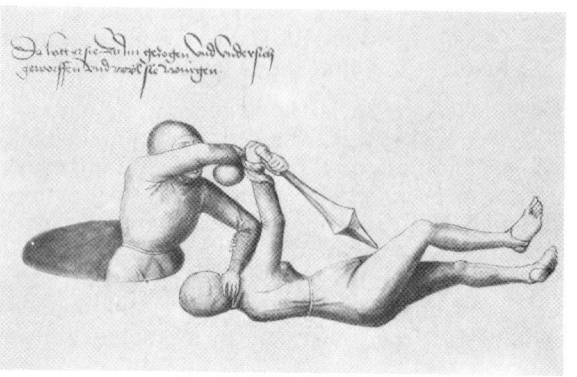

Zweikampf zwischen Mann und Frau

Das Rechtsbuch Ruprechts von Freising von 1328 beschreibt im Artikel 127 den Zweikampf zwischen Mann und Weib. Die Stelle lautet in Übersetzung: »Wird ihr (der Frau, die einem Mann das Delikt der Notzucht vorwirft) ein Kampf erteilt, so soll man den Notzüchtiger in die Erde eingraben bis an den Nabel, so, daß zwischen ihm und der Erde ein Wagenseil gespannt werden kann (so groß soll das Loch sein), damit er sich drehen kann; und soll man ihm die linke Hand auf den Rücken binden und ihm einen Kampfkolben in die Hand geben und soll einen Ring darum streuen mit Stroh so weit, als er mit dem Kolben reichen mag. Und soll man der Frau einen Stein in ihr Tuch geben, der ein Pfund schwer ist nach der Marktwaage, und soll ihr das Tuch unterhalb der Hand locker um das Handgelenk winden. Und wenn sie das Tuch hängen läßt, so soll der Stein darin eine Hand hoch über der Erde schweben. Man soll ihnen beiden Sekundanten geben nach Kampfrecht. Siegt die Frau, so soll man dem Mann das Haupt abschlagen; siegt aber der Mann, so soll man der Frau nur die Hand abschlagen. Das ist deshalb bestimmt, weil es nicht gewöhnlich ist, daß eine Frau einen Mann besiegt.

Der Zeichner des Fechtbuches, in dem die Originale in getuschten Federzeichnungen abgebildet sind, hält sich ziemlich exakt an den Vorgang. Der Hauptunterschied liegt im Fehlen des Strohkreises und im Freilassen der linken Hand des Mannes. Also befindet sich hier der Mann bedeutend im Vorteil. Hans Talhoffer wollte in seinen Bildern keinen bestimmten Zweikampf darstellen. Vielmehr gibt er dem Lernenden eine Anleitung, wie er sich in einzelnen Kampfstadien zu benehmen hat. Ein Haupttrick scheint darin zu bestehen, den Gegner in das Loch zu zerren oder ihn aus der Grube herauszuziehen. Das Ganze ist von höchster Dramatik, vorzüglich gezeichnet und von einer stark erotischen Stimmung getragen. So greift das Weib im letzten Bild mit kräftiger Hand nach dem »Gemächte« des Mannes und zieht ihn an seinen Hoden aus der Grube heraus. Ich habe den Text der einzelnen Kampfszenen übersetzt unter die Bilder gegeben.

Die Abbildungen stammen aus Hans Talhoffers Fechtbuch von 1467. Codex Gothanus in Gotha Membr. I. 114 fol. 242—250. Mit getuschten Federzeichnungen in Schwarz-Weiß.

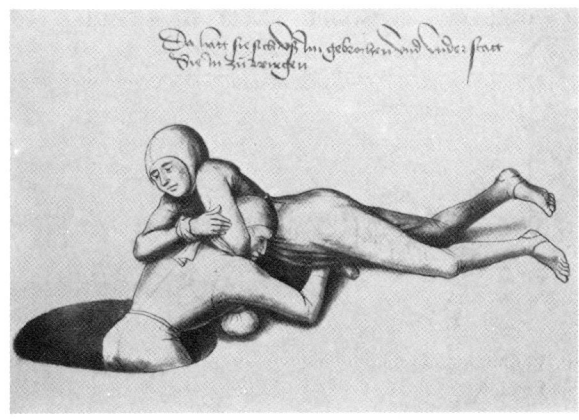

Das Weib hat sich befreit und drückt den Kopf des Mannes herunter, um ihn zu würgen. 1467.

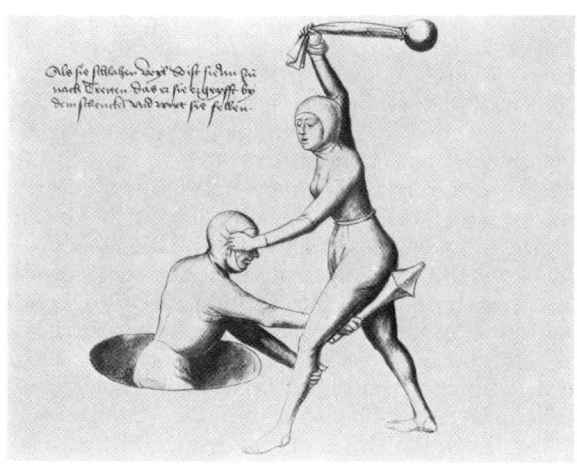

Das Weib hat zugeschlagen. Da packt es der Mann am Schenkel, um es zu »fellen«. 1467.

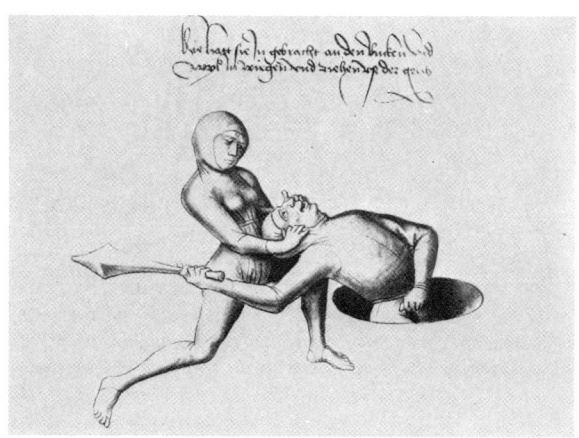

Das Weib faßt den Mann am Kopf und versucht ihn aus der Grube zu ziehen. 1467.

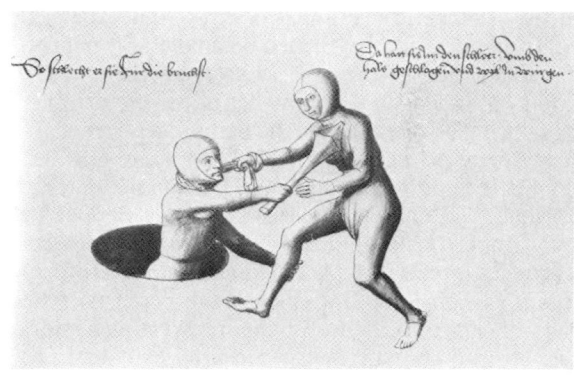

Der Mann hat zugeschlagen. Da wirft ihm das Weib den Schleier um den Hals, um ihn zu würgen. 1467.

Der Mann hat das Weib gefaßt und zu sich in die Grube gezogen. 1467.

Das Weib hat den Mann gepackt und versucht ihn »an seinem Gemächte« aus der Grube zu zerren. 1467.

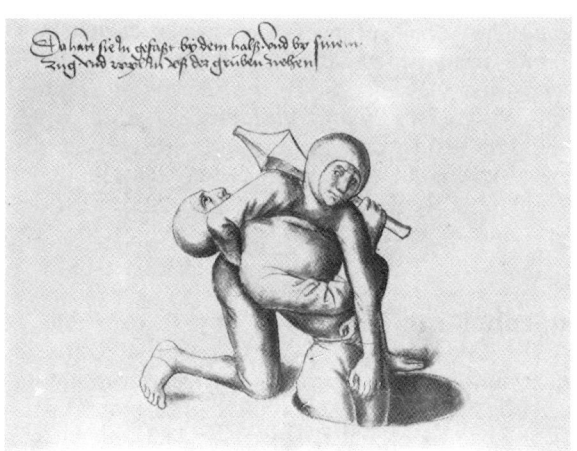

Auch mit dem Bann kann man der Personen nicht immer habhaft werden. Soll er für das ganze Reich gelten, so muß sich das Territorialgericht an die kaiserliche Gewalt wenden, damit die Reichsacht ausgesprochen wird. Wer über Jahr und Tag in der Reichsacht gesessen hat, kann in die Aberacht bzw. in die Reichsoberacht erklärt werden. Jetzt gilt er als verurteilt wie ein schuldiger Verbrecher. Er genießt keinen Schutz, seine Güter und Lehen werden eingezogen. Wer ihn beherbergt, fällt in die gleiche Acht. Jeder kann ungestraft an ihm freveln und ihn straflos töten. Das führt zu einer erheblichen Rechtsunsicherheit. Klügere und Stärkere ziehen Vorteile daraus. Man sucht einem solchen dubiosen Zustand entgegenzuwirken. Die Aufgabe übernehmen die Vehmgerichte in ihrer Funktion als heimlicher Strafvollzieher.

Diese Heimlichkeit gegenüber der Bevölkerung führt zur Angst, zumal sich innerhalb der Vehme Gewohnheiten herausbilden, die den Kern zu schlimmen Mißbräuchen in sich tragen. Dazu kommt, daß jede von einem Vehmgericht ausgesprochene Acht zugleich das Todesurteil des Geächteten beinhaltet. Sie nennen sich später »des heiligen Reichs Obergericht über's Blut«. Sie sagen, ihre Gewalt sei höher als die aller weltlichen Gerichte. Die Kirche kann ihnen wenig anhaben, denn es ist Grundsatz, daß kein Freischöffe einen Gegenstand der Vehme dem Beichtvater entdekken darf.[59] In der Verschwiegenheit liegt die Gefahr des Mißbrauchs. Es gilt nicht als unehrenhaft, ein Todesurteil zu vollziehen. Die Schöffen sind verpflichtet, im ganzen Land auf einen Wink bereit zu sein. Die Gerichtsverhandlung ist nur in Westfalen möglich. Der Vorsitzende ist ein Freigraf. Vor dem Gericht steht ein Tisch. Darauf liegen das blanke Schwert zur Abnahme des Eides und der aus Weiden geflochtene Strick zur Exekution.

Gegenüber dem inquisitorischen Verfahren der Kirche scheint die Vehme gerechter. Sie handelt nur auf Anklage, nicht auf Denunziation, sie kennt keine Folter und lange Gefängnisstrafen. Unter freiem Himmel erfolgt der Freispruch oder die Verurteilung. Verurteilte werden sofort hingerichtet. Die Vehme kommt nicht bei handhafter Tat zur Anwendung, wenngleich auch hier die Beweisführung mit Eidhelfern erfolgt. Das Vehme-Verfahren ist summarisch und kann naturgemäß nicht auf die Ausweitung der Folter wirken. In Anbetracht dieser Tatsache findet sich in Westfalen ein ungünstiger Nährboden für das Aufkommen der Folter.

Judenhaß um 1350

Nicht nur die letzte Generation der Deutschen hat ihre geistige und politische Unmündigkeit (von Grenzfällen abgesehen) unter Beweis gestellt, indem sie

Strafe des Riemenschneidens. Zeichnung nach einer Abb. in der Wickiana. 1581. Dabei werden dem Delinquent »bei lebendigem Leibe« einzelne Streifen aus dem Fleisch geschnitten.

systematisch und perfektionistisch gegen Schwächere wütet und Millionen wehrloser in Konzentrationslagern hinschlachtet. Bereits 600 Jahre früher haben sie sich in ähnlicher Weise profiliert und 300 Jahre vorher in Krematorien Hexen verbrannt.

Die Verfolgung der Juden geschieht im Zusammenhang mit dem Ausbruch einer Pest. Rasch verbreitet sich das Gerücht, Juden in Südfrankreich hätten einen Brunnen vergiftet. Sofort konzentriert sich der Haß auf sie. Innerhalb kürzester Zeit werden sie in Deutschland so gut wie ausgerottet. Der wirkliche Grund der Judenverfolgung ist nicht der angeblich vergiftete Brunnen. Bereits Zeitgenossen erkennen es.

So sagt die Limburger Chronik: »Es war ein törichtes Märchen, daß die Juden das Wasser, die Luft, ja die ganze Welt, wie es wohl zuweilen heißt, vergiftet hätten«. Die Konstanzer Chronik[60] meldet: »Die plage über die Juden durch irst guecz willen«. Königshofen[61] bestätigt das mit der Formulierung: »Das geld was ouch die sache davon die Juden gedötet werdent«. Konrad von Megenburg, der das älteste deutschsprachige Buch über die Geschichte der Natur verfaßt, sagt: »(sie) sprachen, daz die Juden al prunnen heten vergifft, und wolten die christenhait toeten, und vant man säcklein in vil prunnen mit vergift, und todt man ir zal vil an den Rein in Franken und überol in däutschen landen. waerlich, ob etleich juden daz taeten, das waiz ich niht. waer ez geschehen, das het auch geholfen...jedoch wil ich der juden posheit nit värben, wan sie sint unser frawen feindt und allen Christen«.[62]

Fest steht, daß es in dieser Epoche zu Giftmischerprozessen gekommen ist. Das hat mit den Juden nichts zu tun. Der wirkliche Grund sind Anklagen wegen des Geizes der Juden und der ihnen nachgesagten Geldgeschäfte. Dazu ist zu bemerken, daß auch gegen Deutsche Gesetze wegen Wucher erlassen worden sind. An Toleranz den Anderen gegenüber ist damals genauso wenig wie heute zu denken.

Der Schwarze Tod erscheint zu Beginn des Jahres 1348. Nach der Notiz in einem Pentateuchcodex der Wiener Stadtbibliothek werden die Juden in einer ungenannten Stadt der Provence in der Woche vom 11.—17. Mai verbrannt. 1348 erpreßt die Folter den Juden am Genfer See das Geständnis der Schuld ab. In Zürich wird am 21. September der feierliche Beschluß gefaßt, in Zukunft keine Juden mehr in die Stadt aufzunehmen.

Im November 1348 setzen massive Verfolgungen ein. Der Judenbrand findet in Solothurn, Zofingen, Stuttgart und Augsburg statt. Im Dezember in Landsberg, Burren, Memmingen, Lindau und Esslingen; im Januar in Basel, Freiburg, Speier und Ulm; im Februar in Straßburg, Schaffhausen, St. Gallen, Gotha, Eisenach, Arnstadt, Würzburg, Ilmenau, Frankenhausen und Dresden; im März in Worms, Konstanz (wo die Juden bereits seit Anfang Januar in Haft sitzen), Baden und Erfurt. Am 24. Juli 1349 werden die Juden in Frankfurt am Main verbrannt. Am 24. August in Mainz und Köln.

Am 4. Juni hat in Nürnberg der »Auflauff« stattgefunden, einer jener revolutionären Bewegungen der Zünfte gegen die patrizischen Stadtherren, wie sie seit dem Vorgang in Straßburg (1332) in vielen deutschen Städten üblich werden. Das erste, was man in Nürnberg nach der Vertreibung der Geschlechter tut, ist, die Juden brandzuschatzen. Am 16. November 1348 erteilt Karl IV. die Erlaubnis zum Abbruch der Judenhäuser. Am 5. Dezember 1349 findet der Judenbrand statt.

Am 23. Februar 1351 bekundet Johann von Wedel, Vogt des Markgrafen Ludwig, auf Befehl des letzteren und mit der Hilfe des Rates, sämtliche in Königsberg in der Mark wohnenden Juden zu verbrennen und ihr Vermögen einzuziehen. In Polen werden ca. 10.000 Juden umgebracht.

In Norddeutschland läuft die Entwicklung anders. Am 26. November 1349 gebietet Markgraf Ludwig dem Rat von Spandau, die in der Stadt wohnenden Juden zu hegen und sie vor ungerechten Beleidigungen zu schützen. Am 6. April 1350 verschreibt er den Juden das Recht, fremde Juden bei sich aufzunehmen. Er gewährt ihnen volle Handelsfreiheit und rechtlichen Schutz.

Im·Zusammenhang mit den Verfolgungen der Juden in der Mitte des 14. Jhts. muß in Einzelfällen die Folter in Betracht gezogen werden. In einer so rohen und entsittlichten Zeit kommt es zu gewaltsamen Maßnahmen.

Ruprecht von Freising, Soester Nequambuch

Ruprecht von Freising ist »vorsprech« und Autor (?) zweier Rechtsbücher, eines über Land-, das andere über Stadtrecht. Es liegen Handschriften aus den Jahren 1328, 1408 und 1441 vor. Urheberschaft und wirkliche Entstehungszeit dieser Quellen sind nicht gesichert. Im § 72 spricht er von »gemainen raubern« und erlaubt ihre Überführung bei fehlendem Schub mit zwei Zeugen. In den ältesten vier HS des Stadtrechtbuches findet sich die Geständniserzwingung beim gemeinen Räuber.[63] Somit hat das Stadtrechtbuch in der erweiterten Fassung zur Ausbreitung des Folterverfahrens beigetragen.

Das Soester Nequambuch[64] stammt aus der Mitte des 14. Jhts. Es enthält vor allem Ächtungen und Verfestungen, Stadtverweisungen und Urfehden (eine damals häufige Strafe bei fehlendem Blutbann der Städte). Nach ihm ist der Verbrecher ein vom Teufel verführter Mensch. Der falsche Zeuge, ja jeder Missetäter, hat sein Ohr den Einflüsterungen des Satans geliehen. Unter teuflischem Zwang werden Missetaten begangen und verschwiegen. Das ist wichtig festzustellen: wer ist der Täter? Der Mensch oder ein in ihm wirkender Dämon? Solche sophistischen Spitzfindigkeiten sind in der Scholastik aufgekommen. Sie rücken die Anwendung der Folter in einen anderen Gesichtspunkt.

Magdeburger Fragen

Die Magdeburger Fragen entstehen zwischen 1386 und 1402. Es ist eine Spruchsammlung von Magdeburger Schöffen. Sie enthalten ein eindeutiges Folterverbot:

»man sal von rechtis halben nymandis pynigen umme ungerichte noch umb missetat, denne der vor gericht vorwurden werde«. Das Verbot der Geständniserzwingung und damit der Folter in den Magdeburger Fragen ist als einer der Kernsätze des sächsischen Rechtes um 1400 anzusehen.[65] Spätestens ab 1515 ist

Vorstellung des bereits aufgezogenen Inquisiten. Nach der sog. »Wiener Tortur«. Aus: C. C. Theresiana.

Aufziehen mit nach rückwärts gebundenen Händen. Es scheint eine Wiederholungs- oder Vorzeichnung der nebenstehenden Abb. zu sein. Vor dem Delinquent stehen die Gewichtssteine zum Beschweren der Füße. Bemerkenswert ist die Konstruktion der hölzernen Maschine.

die Folter den Magdeburger Schöffen geläufig. Aus der 2. Hälfte des 15. Jhts. liegt ein Fall vor, bei dem vermutlich die Folter in Anwendung gekommen ist.

Der Rat verhaftet eine Frau auf die Anzeige einer Bürgerin, sie habe mehreren Frauen versprochen, nach Erhalt einer bestimmten Geldsumme einen verborgenen Schatz zu zeigen. Der Rat läßt sie »dorch denjennen, deme ed in solkeme falla thosteyt, darumme hebbe horen unde fragen, dar up se sodans stendlich gewest unde noch forder dar by bekant«. Die Beschuldigte gesteht weiter, zauberische Lehren erteilt zu haben, die aber nicht befolgt wurden.[66] In gewisser Weise ist das eine Bestätigung für meine Auffassung, daß der Begriff der Hexerei erst gegen Ende des 15. Jhts. in Deutschland Fuß faßt, und zwar in der verhängnisvollen späteren Konsequenz. Der eigentliche Hexenprozeß ist dem Mittelalter fremd.

Blume des Sachsenspiegels, Glosse zum sächsischen Weichbild

Die Blume des Sachsenspiegels wird von Nikolaus Wurm verfaßt. Er ist Schüler des Johannes de Lignano (gest. 1383) und steht später im Dienst der Stadt Görlitz und des Herzogs Ruprecht v. Liegnitz. Urkundlich wird er zuletzt 1401 erwähnt. Wurm bemüht sich um eine Verbindung zwischen dem römischen und dem deutschen Recht. Er räumt dem durch Folterqualen erpreßten Geständnis Raum ein.

Die Glosse zum sächsischen Weichbild stammt aus der Mitte des 14. Jhts. Sie beinhaltet einen zeitgenössischen Beleg über die Herkunft der Tortur aus dem römischen Recht.

Folterhinweis

»Nun habit ir gehort von den vorstenderen unmundiger kindere; nu wil er uns hie underwisen, wie man klage angestellen mag; unde begrifft hie kurzlichen zweierley syn sunderlich; der eyne ist pynlich, under der andere borglich. Unde spricht zum ersten von dem pynlichen: also horet; wy man bestetigen sal eynen man...die handhaftige tat ist soliche geschichte, das alz izunt geschen were, unde zu hant geklaget wirt. Soliche sal man zu hant richten; daz man sal den misseteter zu hant obirwinden (Ssp. 1.66) wen man mit hanthafter tat. Dorume recht: in welchir sachen der hanthaftige misseteter begriffen wirt, do sol zur hant eyn clegir seyn; is treffe denn zu des richters sorgfeltigkeit; das ist: der richter sal erkennen, ob er unbeklagt dorffe richten. Das komit von den Romern uff: wenn die hatten richter, die do phlegelichin musten richten, unde waren praetores genant; und den antwerte man die missetetere. Die mußten erkenen, ob der misseteter pynwurdig war oder nicht. Hatte er nicht hanthaftige tat, so volget er der wise Tarquinii superbi. Des wize was es also, die wile er regirte. Wenn man em eynen misseteter antworte, den zoch er uff, unde marterte en, umme daz er melden solde, ob er nicht gesellen hette. Der Tarquinius irdachte allererst galgen und allerley martere. Unde darumme spreche wir, is treffe zu des richters sorgfeldigkeyit, wenn is sien viel sachen, die deme richter bevolen sien zu richten, on wol kein clegir were ab ouch keine beweisunge were: were abir da bewisunge slzo hanthaftige tat, so sal er den gefangen brengen vor gerichte mit der bewisunge, do mete er den er oberwinden wil«.[67]

Klagspiegel

Der Klagspiegel entsteht in der ersten Hälfte des 15. Jhts. Er ist von einem Unbekannten verfaßt und stammt wahrscheinlich aus dem Raum Schwäbisch-Hall. Der Klagspiegel wird weit verbreitet. Bis 1500 sind fünf Ausgaben bekannt. Sebastian Brant gibt das Werk 1516 erneut heraus. Am Klagspiegel ist die Weiterbearbeitung des römischen Rechtes zu erkennen. Der 2. Traktat befaßt sich mit dem Strafrecht und dem Strafprozeß. Er enthält »sechs bewerte regeln«, die zu den Hauptsätzen der italienischen Prozeßführung gehören. Wichtig ist die 2. Regel: »Ein Todesurteil darf nur dann ergehen, wenn der Beschuldigte in der verklagten Sünde also begriffen, das er es nicht Leugnen kann«. Dieses Gesetz erlaubt die Folteranwendung gegen den eines Halsgerichts beschuldigten, sofern die Wahrheit nicht anders ermittelt werden kann und mindestens zwei Indizien vorliegen. Indizien sind das Gerücht, die Aussage eines Zeugen oder die Flucht des Beschuldigten vom Tatort zur Tatzeit. Das erfolterte Geständnis gilt als glaubhaft, wenn es der Beschuldigte einen Tag nach der Folterung wiederholt. Einzelne Rechtsvorstellungen des Klagspiegels werden bei der Wormser Reformation von 1498 und bei der Abfassung der Bambergischen Halsgerichtsordnung von 1507 berücksichtigt.

Layenspiegel (Ulrich Tengler)

Der Verfasser des Layenspiegels ist der pfalz-neuburgische Landvogt Ulrich Tengler aus Höchstädt an der Donau. In der ersten Auflage von 1509 berührt er die Zauberei lediglich in dem Kapitel »Von Todtschlägen und anderen Entleibungen«. Die Todesstrafe begründet er aus römischen Rechtsgrundsätzen: »Item nach bemeltem Gesetz (Lex Cornelia desicariis et veneficiis) mögen auch gestraft werden, die mit vergift, zauberey oder anderen verpoten sachen die menschen zu ertödten, zu latein genant veneficii, maleficii, incantatores, phitonisse; doch werden die solche weibs person gewonlichen im feur, oder wasser vom leben zum tode gerichtet, oder zu äschen verbrannt«. Der Layenspiegel wird weit verbreitet und öfters nachgedruckt.

Auffallend ist bei der zweiten Ausgabe von 1511, daß der Verfasser Vorstellungen aus dem Hexenhammer, also theologischem Gedankengut,[68] in sein Werk einbringt. Damit ist Tengler der erste Laienjurist, der in der Literatur den Hexenprozeß behandelt. In dem »New Layenspiegel« befindet sich ein ausführliches Kapitel von »Ketzerei, Wahrsagen, Schwarzer Kunst, Zauberei, Unholden usw...«. »Mit ihm war das Prozeßverfahren der päpstlichen Inquisition, das dem Verdächtigen kaum eine Möglichkeit der Rettung läßt, in seiner vollen Scheußlichkeit von der weltlichen Jurisprudenz angenommen«. Unterstützt wird diese Tatsache durch weitere Ausgaben.

Entwicklung der Stadtrechte

Mit dem 13. Jht. setzt in Deutschland die enorme Entwicklung des Städtewesens ein. Die damit aufkommenden Stadtrechte zeigen Anstrengungen, Frieden unter den Streitsüchtigen herzustellen. Bestätigt wird das durch einzelne Entwicklungen: die Vehme gerät außer Übung, Totschläge fallen mehr und mehr unter das Recht der öffentlichen Hand (Unterdrückung der Privatrache), Bann und Faustrecht geraten allmählich in Vergessenheit. Dazu kommt die vereinzelte Orientierung am römischen Recht, spezielle Aufzeichnungen des deutschen Rechts, das allmähliche Aufhören der Gottesurteile (bis auf das Schwemmen der Hexen, das sich bis ins 19. Jht. erhält), das Hinzukommen der Folter. Die Goldene Bulle und die päpstliche Macht sanktionieren das Foltern. Es ist

auffallend, daß sich seit dieser Zeit die Folterbelege in den Quellen häufen. Man straft zuerst Räuber und Personen mit einem schlechten Leumund und erst später andere Personengruppen. Dies bedingt ein anderes Verfahren zur Erreichung des Geständnisses. Vordem gelten Eid und Überiebnen, jetzt schreitet man von Amts wegen ein. Die Städte stützen sich auf kaiserliche Privilegien und auf geistliche Gerichte. In diesem Zusammenhang entstehen Verfahren gegen »landschädliche« Leute.

Verfahren gegen landschädliche Leute

Die Städte treiben die Entwicklung voran, weil hier die Rechtsprobleme zusammentreffen. Sie suchen, besonders bei den übel benannten Personen, das Übersiebnen und die Gottesurteile einzudämmen und dafür nach Zeugenaussagen, Geständnissen und Indizien zu verurteilen, eine Methode, die sich bereits bei der Inquisition bestens für die Kirche und zum Schaden der Verurteilten bewährt hat.

Die Grafen von Württemberg erhalten im 15. Jht. vom Kaiser folgendes Privilegium: »Wenn schädliche und übel berüchtigte Leute in ihren Städten und Landen gefangen werden und dies des mehreren Teils des Rats solcher ihrer Stadt, wo jene gefangen liegen, nach Leumund denken und auf ihren Eid, Ehre und Gewissen erkennen und sprechen, daß sie schädliche Leute seyen und besser todt wären, dann lebend, daß sie dann über dieselben nach Erkenntnis und Urteil des mehreren Teils des Rats um ihre Schuld und Misetat wohl richten und sie töten lassen sollen und mögen nach ihrem Bedünken«.[69]

Immer mehr kommt man vom formellen Beweisverfahren ab; Einflüsse der römischen Rechtssprechung machen sich geltend. Das Geständnis des Angeklagten steht im Vordergrund. Ist er nicht geständig, so lügt er und wird mit der Folter zu einer Aussage gebracht. Kaum einer bedenkt damit auftretende Ungerechtigkeiten und Willkürlichkeiten. Die spätere Folterpraxis gegenüber den Hexen hat hier den Ursprung und beweist, daß sich die Richter, Theologen, Fürsten, Mediziner und alle anderen am Hexenwahn beteiligten und maßgebenden Personenkreise nicht vorzustellen vermochten, daß ein Gefolterter unschuldig sei. In jedem Fall wird die Folter bis zum Geständnis angewendet. Unter körperlichen und seelischen Schmerzen gestehen die Verurteilten den größten

Blödsinn, sie bejahen die von theologisch orientierten Juristen ausgearbeiteten »Instruktionen über Trutten und Hexenmeistern«.

Das heißt nicht, daß alle Verurteilten unschuldig sind, sondern, daß die Anwendung von brutaler Gewalt einer ordentlichen Rechtsfindung nicht dienlich ist. Das wird durch die Entwicklung der einzelnen Stadtrechte bestätigt.

Wiener Neustadt

Im Zusammenhang mit der Entwicklung der Folter wird häufig auf das Stadtrecht von Wiener Neustadt verwiesen. Es soll den Nachweis der Foltertätigkeit im frühen 14. Jht. belegen. Neue Forschungen widerlegen diese Ansicht. Es ist zweifelhaft, ob dieses Stadtrecht überhaupt auf die Folter Bezug nimmt. Außerdem ist das Alter umstritten. Wahrscheinlich ist es nicht, wie seither, in die Zeit von 1221—1230 zu datieren,[70] sondern in die zweite Hälfte des 13. Jhts. Das Stadtrecht ist als Privileg eines Herzogs Leopold aufgezeichnet. Das wird eine Fälschung sein. Nach Winter hat ein Unbekannter das Stadtrecht von Wiener Neustadt aus echten Privilegien, Ratsbeschlüssen, Taidingsaufzeichnungen, ungeschriebenen Gewohnheitsrechten und aus Auszügen des Wiener Stadtrechtes von 1244 zusammengestellt. Winter nimmt an, daß die Aufzeichnung unter Förderung des Rates durch einen aus dem geistlichen Stand kommenden Stadtschreiber erfolgt ist.

Diese Annahme, daß das Stadtrecht von Wiener Neustadt eine Privatarbeit ist, stellt eine lose Verbindung zur »Summe legum« des Doktor Raymund von Wiener Neustadt aus der Mitte des 14. Jhts. her. Er soll Verfasser dieses kurzgefaßten und populären Lehrbuches sein. Nun bringt Gals den Nachweis, daß der Verfasser nicht aus diesem Gebiet kommt. In ihrem ursprünglichen Textbestand stammt die Quelle nicht aus dem österreichischen, sondern dem polnisch-sächsischen Recht.

Ungeachtet dieser mehr den Historiker betreffenden Überlegungen stellt das Verfahren von Wiener Neustadt eine wesentliche Veränderung gegenüber dem alten Verfahrensgang dar. Hier können und sollen die Richter, seine Gehilfen und die Amtsleute den eines unehrlichen Verbrechens Verdächtigen gefangennehmen. Es zeigt sich ein ausdrückliches Verhaftungsrecht. Damit verrät dieses Stadtrecht eine genaue Kenntnis der Möglichkeiten, ein im Vorverfahren erpreßtes Geständnis in den Prozeß einzuführen. Das ist kein Beweis für die Anwendung der Folter. Festzustellen ist lediglich, daß das Verfahren des Stadtrechtes von Wiener Neustadt zu Beginn eine Art Vorverfahren zur Geständniserzwingung kennt.

Verschiedene Straftäter sind in den Stock geschlossen, der vermutlich vor dem Stock- oder Rathaus steht. Deutlich sieht man das Scharnier. Vor ihnen die Richter und einige Stadtherren, Schöffen (?) im Gespräch. Keine Gerichtsszene.

Bamberg (Bischof Leopold von Bubenberg)

Wahrscheinlich findet die praktische Anwendung der Folter in Bamberg vor der in Nürnberg statt. Auch hier entwickelt sie sich zwangsweise aus dem Leumundsverfahren. Für die Situation in Bamberg ist das Ringen um den Blutbann typisch. Der Bischof und der Rat liegen sich gegenüber. Schließlich bleibt das Blutgericht das bischöfliche Zentgericht. Das Stadtgericht ist nicht kompetent, es verfügt lediglich über die Erkennungsstrafen (Abschneiden von Körpergliedern, Brandmale).

In Bamberg wird die Folter vor 1381 eingeführt. Gefoltert werden darf nur »mit der purger vnd der schepphen rat wissen vnd mit irem gyten willen vnd worte«. Der Schultheiß leitet die Folterung nach Rat und Weisung von zwei Ratsabgeordneten und zwei Schöffen. Scheel belegt für 1412 eine erhebliche Foltertätigkeit im Zusammenhang mit dem Durchgreifen gegen das Bandenunwesen.

1353 wird Leopold von Bubenberg Bischof von Bamberg. Er hat in Bologna promoviert und kennt somit die Folter als Verfahrensmittel. Wenn seine Bedeutung auch im Gebiet des eigentlichen Stadtrechtes liegt, so schließt das nicht aus, daß er sich mit der Gerichtspflege befaßt und sein Wissen über die ihm bekannte italienische Rechtspflege weitergibt. Bischof von Bubenberg läßt sich nicht als direkter Vermittler der Folter nachweisen, es ist aber naheliegend, daß im Bamberger Rechtsgebiet die Folter durch fremdrechtlichen Einfluß entstanden ist. Bubenberg ist z. B. die Foltersanktion des Papstes Innozenz III. bekannt.

Nürnberger Stadtrecht[71]

Die Folter ist in Nürnberg zwischen 1350 und 1371 in Gebrauch genommen. Seit 1366 wird ein Stadtjurist beschäftigt. Die Existenz der Folter läßt sich in Nürnberg durch eine Verordnung von 1371 nachweisen. Sie erlaubt aufgrund eines Mehrheitsbeschlusses des Rats, in das Stadtgefängnis geworfene »schädliche Leute« zu martern. Sie erklärt die Befugnis zu foltern als Bestandteil des kaiserlichen Bannes und beleiht den Bürgermeister als Vertreter des Schultheißen mit dem Bann. In den 1371 beginnenden Stadtrechnungen nimmt die Folter eine bedeutende Stellung ein.

Selbst die Bürger sind hier seit Beginn des 15. Jhts. der Tortur unterworfen, während ihnen vordem der Reinigungseid zusteht. Bei Patriziern gelten in der Durchführung des Verfahrens mildere Grundsätze, sofern ihre Tat nicht den Stadtinteressen entgegensteht. Der oberste Losunger, eines der höchsten in Nürnberg zu vergebenden Ämter, Nikolaus Muffel, wird 1469 wegen Amtsunterschlagung und sonstiger

Delikte nach einem neunmonatigen Zögern des Rates festgenommen und gefoltert. Trotz Fürsprache hoher Persönlichkeiten wird er hingerichtet.

1459 erlangt Nürnberg den Blutbann. Unmittelbar danach beauftragt der Rat Anton Tucher und Martin Holzschuher mit der Redaktion einer sich auf den endlichen Rechtstag beziehenden Halsgerichtsordnung (es liegen drei Fassungen vor: HGO 1478, 1481 und 1485).

Folterpraxis, Lochgefängnis, Lochschöffen, Foltergrade

Mit der Einweisung in das Lochgefängnis ist die Voraussetzung zur Tortur gegeben. Die Praxis zeigt am besten eine Zurechtweisung des brandenburgischen Amtmannes Seckendorf von Cadolzburg, der Strolche auswies, anstatt sie der peinlichen Frage zu unterwerfen, 1503 durch den Rat. In Nürnberg wird die Folter konsequent angewendet, um weitere Straftaten und Täter zu ermitteln.

Der eingelieferte »schädliche Mann« wird von den beiden Lochschöffen, den Ratsmitgliedern, die die Untersuchung führen, vernommen. In der nächsten Ratssitzung berichten sie. Der Rat entscheidet über den Fortgang des Verfahrens. Er gibt kurze und klare Anweisungen, an die die Lochschöffen gebunden sind. Ohne Billigung des Rates ist kein Schritt in der Untersuchung erlaubt. Die Fragstücke umfassen bis zu 100 Nummern. Schädlichkeit oder böser Leumund begründen die Anwendung der Folter. Der Inhaftierte ist schutzlos. Dem Züchtiger werden Zeit und Grad der Tortur vorgeschrieben. Die Folterung erfolgt in dem als »Kapelle« bezeichneten Raum des Lochgefängnisses in Gegenwart der Lochschöffen und -schreiber durch einen Züchtiger unter Assistenz des ihn mitunter vertretenden »Leben«.

In der Kapelle wird der Inquisit vor der Folterung einem »ernstlichen Verhör« unterworfen, das sich vom einfachen »zur-Rede-stellen« bis zur »Realterrition« steigert. An Foltergraden werden unterschieden:

- Schrauben das clemmen (Daumenstock, vielleicht auch die Beinschrauben)
- Aufziehen ledig, mit hölzernem Gewicht, mit dem kleinen, dem großen nicht aufstehenden Stein, dem aufstehenden Stein, mit beiden Steinen
- Leiter leyttern
- Faß vass (?)
- Feuer fewer, prand (brennende Kerzen, die unter die Achselhöhlen gehalten werden)

Die Foltergrade werden kombiniert. Die Wiederholung der Tortur bedarf in der Regel keiner neuen Umstände. Ergibt sich Unbekanntes, so erfolgt Erkundigung über die Glaubwürdigkeit und Bericht an den Rat. Grundlage der Verurteilung ist das frei und ungebunden vor den Lochschöffen und dem Bannrichter abgelegte Geständnis. Eine Nachprüfung auf den Wahrheitsgehalt ist nicht vorgeschrieben.

Entwicklung der Folter im süddeutschen Raum

Das Stadtrecht von Straßburg von 1322 zeigt den Rat bei der Einführung des Vorverfahrens der Folter. In der freien Reichsstadt Speyer ist der Rat seit Ende des 13. Jhts. im Besitz des Blutbannes. Den seit 1314 monatlich wechselnden Stadtrichtern wird die Anweisung erteilt, »sie sollen bei Mord und Totschlag sofort amtlich eingreifen und darüber hinaus offentliche und heimliche« nach allen Straftaten forschen und fragen. Etwaige Anzeiger sollen verschwiegen werden. 1322 wird für den Zeitraum von 3 Jahren ein Gelehrter des fremden Rechts, Heinrich von Fulda, als Stadtrichter angestellt. Dies deutet auf die fremdrechtliche Herkunft der Folter. In Speyer scheint die Folter seit 1349 bekannt gewesen zu sein.

Verfahren gegen den Ratsherr Frunolt

Regensburg hat 1338 die erste nachgewiesene Folterung. Der Ratsherr Frunolt ist beschuldigt, während einer Fehde gegen die Stadt die Stadtfeinde unterstützt zu haben. Nach Aussöhnung der Fehdegegner stellt sich Frunolt, gegen das Versprechen des freien Geleites durch den Rat, und verspricht Nachzahlung der Steuerrückstände. Unter dem Bruch des freien Geleites läßt ihn der Rat festnehmen und foltern. Der Reinigungseid wird nicht gestattet. Frunold wird erwürgt.

Köln verfügt 1354 über eine Folterpraxis. Freiburg im Breisgau erhält 1361 ein Privileg für den Gebrauch der Folter. Das Augsburger Stadtrecht schweigt (1276) über den Gebrauch der Folter. Augsburg wäre ein wichtiger Hinweis, weil es neben Nürnberg und Bamberg ein den oberitalienischen Städten nahegelegenes Wirtschaftsgebiet ist.

Nach dem Memminger Stadtrecht von 1396 kann der Kläger den Beklagten bei dessen außergerichtlichem Geständnis durch das Zeugnis der »zwei ansager« überführen, die das Geständnis gehört haben. 1403 erhält der Memminger Rat ein Leumundprivileg. Seit dieser Zeit ist die Folter in Gebrauch. In Friedberg wird die Folter seit 1395 angewendet. In Büdingen ist sie für 1391 nachgewiesen.

Für Frankfurt am Main liegt aus der Mitte des 15. Jhts. eine Dienstanweisung des Gefängnisaufsehers vor. Er wird verpflichtet, mit den Amtspersonen in das Gefängnis zu gehen und dort gefangene »lude zu versuchen uffzuziehen und zu fragen«. Vermutlich ist der Gebrauch der Folter in Frankfurt am Main seit der 2. Hälfte des 14. Jhts. heimisch.

Mergentheim verfügt seit 1416 nach der Ratssatzung über die Folter. In Cham ist sie seit 1348 nachgewiesen. In Konstanz durch einen Spruchbrief von 1450. In Ellwangen zeigt die Halsgerichtsordnung von 1466 eine eingefahrene Praxis in der Folteranwendung. In Radolfzell wird die Folter in der ersten Hälfte des 15. Jhts. eingebürgert. In Basel wird seit 1480 gefoltert (bekannt durch die Wochenausgaben) und durch das Geständnis von Hans Kiffer. In Würzburg wird 1486 der Ratsherr Riese gefoltert; vermutlich besteht eine eingefahrene Praxis. In München ist die Folter für 1428 belegt.

Hamburg, Bremen, Lübeck

Lübeck beabsichtigt 1254 die Anstellung eines italienischen Rechtsgelehrten. Auch in Hamburg werden frühzeitig Brücken zum fremden Recht geschlagen, zumal Papst Alexander IV. 1257 den Hamburgern den Beweis durch Gottesurteil verbietet.[72] Für Hamburg ist der Gebrauch der Folter für das Ende des 14. Jhts. nachgewiesen. Gerade in den Seestädten kommt eine weitere Entwicklung dazu: der von Hamburg und Lübeck gemeinsam aufgenommene fehdemäßige Kampf gegen das See- und Straßenunwesen. Dies führt zur Ausrüstung kompletter Expeditionen, die sich seit der Mitte des 14. Jhts. regelmäßig nachweisen lassen. Zwischen 1392 und 1492 werden mehr als 300 Personen hingerichtet: fast alle sind See- und Straßenräuber. Unter ihnen befindet sich Klaus Störtebeker und der Magister der freien Künste, Gottfried Wigbold. 1427 wird in Hamburg der Ratsherr Kletze gefoltert. Aller Wahrscheinlichkeit nach läuft die Entwicklung parallel mit der in Bremen.

Brünner Schöffenbuch, Johann von Gelnhausen

Das Brünner Schöffenbuch ist von Johann von Gelnhausen verfaßt. Er ist Magister und Kleriker der Mainzer Diözese und nacheinander Unterbergschreiber von Kuttenberg, Registrator in der Kanzlei von Karl IV. (1357—73), »notarius publicus«, seit 1348, Stadtschreiber von Brünn und ungefähr von 1390 bis 1404 im gleichen Amt in Iglau tätig. Grundlage seines Werkes sind die Sprüche und Rechtsbelehrungen der Brünner Schöffen, die unter Vermischung der Brünner Privilegien und Statuten, sowie mit dogmatischen Anführungen des fremden Rechts, systematisch nach dem Muster des fremden Rechts zusammengestellt sind. Seine Aufzeichnungen beginnen 1353 (?). Johann von Gelnhausen ist der Übersetzer des zunächst auf Kuttenberg abgestimmten Bergrechtes des italienischen Professors iuris utriusque und kennt die Grundsätze des römisch-kanonischen Verfahrens enthaltende 4. Buch des Goczius.

Folter gegen einen Juden, Folter des Gastwirtes Stephel

Das Brünner Schöffenbuch erwähnt in Kap. 432 die Folterung eines Juden. Er wird von einer Brünner Bürgerin wegen Diebstahls ihrer Sachen beschuldigt. Sie werden bei ihm gefunden. Noch auf der Flucht bezichtigt er das Gesinde der Bürgersfrau des Diebstahls. Der Angeklagte nimmt den »Judeneid« in Anspruch. Die Folter führt zum Geständnis. Er wird hingerichtet.

Kap. 525 enthält die Folterung eines Brünner Bürgers, des Gastwirtes Stephel von Tracht. Er wird mit seinem Gesinde auf die Anzeige ausländischer Kaufleute verhaftet. Sie haben anläßlich einer Übernachtung in seinem Gasthof 80 Mark bei ihm hinterlegt und wieder zurückbekommen. Am Tag der Abreise werden sie außerhalb der Stadtmauern tödlich verletzt und geplündert. Unter der Folter gesteht Stephel, daß er vier Gesellen beauftragt hat, den Raubüberfall auszuführen.

Görlitz

In der 1. Hälfte des 15. Jhts. mehren sich die Zeugnisse für den Gebrauch der Folter in Görlitz. An der Vermittlung durch Wurm können keine Zweifel bestehen. Das »liber proscriptioium«[73] von 1416 zeigt folgenden Eintrag: »Hannus Wyker von Reichenbach betelte und konde nicht reden, bis der her in den Stock quam, da ward her redende«. Bei der unsicheren Terminologie der Rechtsbegriffe kann das Folter bedeuten. Der letzte Zweifel fällt an einer regen Folterpraxis im gleichen Werk an einer späteren Stelle:[74] »anno 1448 dese henochgeschrebin sein rouber, dybe unde ander obilteter unde dorzu derselbigen bekenntnisse, ire tat unde helffir«. 1430 haben 38 Gefangene »in der Gute« und »in der Schärfe« Aussagen gemacht. Das Aufkommen der Folter in Görlitz deutet auf eine fremdrechtliche Herkunft.

Allgemeine Folterbelege

In den deutschsprachigen Quellen kommen außer den zitierten Stellen weitere Folterbelege vor:

- 1378/79 Frankfurt a. M.: »S.a.assunt 40 hll. Frydancke, als he uff die thurne ging, die Gefangin zu fultern«[75]

- 1396 Köln: »gevangen, bitterlingen gefoltert und gepeynigt«[76]

- 1406 Isny: »ain schädlichen man mit fölrit in turm gichtigen«[77]

- 1416 Schlettstadt: »gefangen, geturnet und gefoltert«[78]

- 16. Jht. Frankfurt a. M.: »greulich in der Folter mit heißem Speck und gebranntem Wein zerrissen und gemartert«[79]

- 1583 Kronstadt: »Die Hauptlaster, so den Hals angehen, pfleget man zwar durch Folterung oder die peinliche Frage zu ergründen«[80]

Rechtliche Situation zum Ausgang des Mittelalters

Verschiedene Forscher vertreten die Meinung, daß lediglich eine genaue Kenntnis der Rechtzustände eines Volkes Einblick in ihre kulturelle Entwicklung ermöglicht. Für das deutsche Mittelalter ist dies zutreffend. Gesetze binden die Menschen zusammen. Hier werden die entscheidenden Machtkämpfe zwischen einzelnen Personengruppen, Zünftigen und Patriziern, Parteien, Kirche und Staat ausgetragen. Was die spätere Entwicklung des Hexenwahns anbelangt, ist dies in besonderem Maße zutreffend, denn sie werden außerhalb des geltenden Rechts gestellt. Dies unter Berufung auf das göttliche Gesetz »Maleficos non patieris vivere« (Ex. 22,18) »Die Zauberer sollst Du nicht leben lassen«. **Das ist das Verhängnis; eine einzige Stelle aus dem Alten Testament reicht aus, um in Deutschland bis weit in das 18. Jht. hinein Justizmorde zu verüben. Das zeigt die Macht und Ohnmacht der Religion und die träge Entwicklung unseres Geistes.** Sind es vorher die Gottesurteile, so folgt die Folter unter dem Deckmantel der christlichen Nächstenliebe. Einmal etabliert, hält sie sich mit allen Unge-

Verschiedene Strafarten des 16./17. Jhts. im Uhrzeigersinn: oben rechts Ausstellen auf der Schandbühne, darunter: Abschneiden der Zunge, darunter: rädern, darunter: Abhacken der Hand, links davon: Abschlagen des Kopfes, links davon: Stäupen (Schlagen mit Ruten) darüber: Ausstechen der Augen, darüber: Verbrennen auf dem Scheiterhaufen und Hängen. Bildmitte: Aufschneiden des Leibes (Herausreißen der Gedärme oder des Herzens).

Folterszene: Der Straftäter (?) wird vor den Richter geführt. Sein linkes Schultergelenk ist bereits von einem Seil umschlossen, das über ihm und mit ihm in die Höhe gezogen wird. Seine Handfesseln sind zusammengebunden. An seinen Füßen hängt ein riesiger Stein. Interessant ist auch hier die hölzerne »Strafmaschine« die einen gewissen Perfektionismus voraussetzt. Aus: Milleans prax. Crim. 1541.

Folter mit der Beinschraube (Spanische Stiefel) im Beisein von Richter, Schöffe, Notar, Scharfrichter und Scherge. Man sieht deutlich die hölzernen und eisernen Spitzen, die in das Fleisch dringen und ungeheuerliche Schmerzen verursachen. Aus: Milleans prax. Crim. 1541.

rechtigkeiten über Jahrhunderte. In ihrem Schatten spielen sich fast alle Hexenprozesse ab. Grund zu ihrer Verurteilung ist mehr das göttliche denn das weltliche Recht. Mäßigende Vorschriften — auch der Carolina — werden übergangen.

Diese Entwicklung zieht sich über Jahrhunderte hin. Hier geht es vor allem um zwei Strömungen. Um das Bemühen der weltlichen Herrscher, endlich geltende Rechtsmaßstäbe für das Reich zu schaffen und um die Frage, inwieweit das deutsche Recht bezüglich der Anwendung der Folter von italienischen Rechtsgrundsätzen und -vorstellungen beeinflußt ist.[81] Das 15. und das beginnende 16. Jht. bringt wesentliche Veränderungen.

Ewiger Landfriede, Kaiserrecht, Maximilianische Gesetze

Kaiser Maximilian I. ist bemüht, der freien Selbsthilfe bei Rechtsstreitigkeiten und dem Faustrecht für im-

mer ein Ende zu bereiten und einen »Ewigen Landfrieden« einzuführen. Er wird 1495 gestiftet. Anfänge dieser Entwicklungen finden in den Privilegien zur Verfolgung der landschädlichen Leute statt. Immer mehr bildet sich das öffentliche Recht heraus. Die Maximilianischen Halsgerichtsordnungen für Tirol (1499) — das älteste deutsche Gesetz dieser Art — und für Radolfzell (1506), sowie die Bambergensis von 1507, stellen den Grundsatz auf, daß sich der Täter in erster Stelle gegenüber dem Staat zu verantworten hat und dann erst dem Verletzten gegenüber. In der Constitutio Criminalis Carolina ist dieser Grundsatz der herrschende.

Vorher handhaben die Stadt- und Zentgerichte ein Kriminalrecht, das in Rechtsbüchern, lokalen Rechtssatzungen, Stadtrechten und Landfrieden geregelt schien.[82] Doch schon in der »Wormser Reformation«[83] sind bereits Doktrinen des römischen Rechts eingeflossen. Man ist bemüht, diese Rechtsauffassung zu popularisieren. Das geschieht beispielsweise im Klagspiegel gegen Ende des 15. Jhts. und in verschiedenen Ausgaben des Layenspiegels (bis 1516).

Das Kaiserrecht hat sich als römisches Recht am kaiserlichen Hof eingebürgert. Von hier nimmt es den Weg zu den fürstlichen Höfen, Kanzleien und Hochschulen. Das römische Recht bleibt während des Mittelalters mehr Kaiser- als Fürstenrecht. Es ist in keinem Fall Bürgerrecht. Erst gegen Ende des Mittelalters beginnt seine Einbürgerung in einzelnen Reichsstädten. Die Konzentration auf zentrale Rechtsvorstellungen führt zu einer Stärkung der Gerichte. Altüberkommene Vorstellungen wie Bann, Ordal, Vehme und Sühne werden zurückgedrängt, halten sich aber teilweise bis in das 17. Jht. hinein. Der Trend ist unverkennbar: man bemüht sich um die Schaffung eines Reichskammergerichtes.

Schon 1496 wendet sich das neu errichtete Reichkammergericht an die Reichsstände, »weil im heiligen römischen Reich deutscher Nation an den peinlichen Gerichten recht grober Mißbrauch geschehe…deshalb oftermals unschuldige Leute wider Recht und Billigkeit um ihren Leib, Leben und Gesundheit und zeitliche Nahrung kämen, auch etwa die schuldigen Übeltäter ungestraft blieben, darin in verschiedenen Reichsabschieden beschlossen gefunden wird, eine ewige Reichsordnung zu machen«.[84]

Die Verhandlungen zur Realisierung des Projektes ziehen sich lange hin. Vom Reichstag in Freyburg über Verhandlungen in den Jahren 1500, 1517, 1518 und 1521. Hier, auf dem Reichstag von Worms, wird der Antrag auf Einführung einer Reichs-Rechtsordnung angenommen. Inzwischen sind einzelne Territorialhoheiten (Bamberg) mit Partikular-Gesetzgebungen vorangegangen. 1524, 1529 und 1530. Endlich wird die peinliche Gerichtsordnung auf dem Reichstag von Regensburg von den meisten Reichsständen genehmigt. Die Verzögerung hat vor allem zwei Gründe: einzelne Reichsstände rücken nicht von den althergebrachten Rechten ab und die Wirren der Reformation lenken die Gemüter auf andere Probleme.

Ein Ergebnis dieser 30jährigen Bemühung ist die Peinliche Halsgerichtsordnung von Kaiser Karl V. Er ist gezwungen, eine »Clausula Salvatoria« einzurücken: »Doch wollen wir durch dise gnedige erinnerung Churfürsten, Fürsten vnd Stenden, an jren alten wohlerbrachten rechtmessigen vnnd billichen gebreuchen…nichts benommen haben«. Das ist eine Einschränkung, wenngleich die Carolina für das ganze Reichsgebiet angenommen wird. Wenn sich auch zahlreiche Folgegesetze auf die Carolina beziehen und deren Gedanken ausbauen, so gelingt es ihr nicht, Sicherheit in die kriminalistische Rechtsprechung zu bringen. Vergl. Kap. C.C.C. S.   .

Römische Rechtsvorstellungen: Deutsches Recht

Die hier entscheidende Frage ist, ob sich die Folter im deutschen Bereich eigenständig oder unter der römischen Doktrin herausgebildet hat. Zeitlich sind zwei Stufen zu trennen: die vor dem Reichslandfrieden von 1235 und die Epoche von Renaissance und Humanismus, in der von Neuem römische Kultur im weitesten Sinn bei uns zur Geltung gelangt. Soweit ich das übersehen kann, sind sich die Fachleute nicht einig. Die einen gehen von einer innerdeutschen Entwicklung, die anderen von einer erheblichen Beeinflussung durch das römische Recht aus. Das ist auch meine Meinung. Die erste Theorie wird folgendermaßen gestützt:

- Die goldene Bulle, das Reichsgesetz von 1356, bestimmt im Kap. 24, daß im Zusammenhang mit den Verbrechen »crimen laesae maiestatis«, also Majestätsverbrechen, gegen Kaiser und Kurfürsten »solle nunmehr die Wahrheit mit Hilfe der Folter ermittelt werden«.[85]
- Deutsche Städte bemühen sich um Justizreformen. Dem überhandnehmenden Verbrecherwesen will man mit Verfahren »gegen landschädliche Leute« entgegenwirken. Dazu dienen kaiserliche Privilegien.
- Immer intensiver schaltet sich die Obrigkeit in die Rechtsprechung und -pflege ein.
- Diese Entwicklung ist bereits im Rheinfränkischen Landfrieden von 1179, an der »Constitutio contra incendiarios« von 1186 und im bayrischen Landfrieden des 13. Jhts. erkennbar.
- Die Folter hat sich aus der »districio«, der Zwangsgewalt des Hausherrn gegenüber seinen Leibeigenen, seit der merowingischen Zeit herausgebildet (ohne fremdrechtlichen Einfluß).

Zusammenfassend heißt dies: die Folter im deutschsprachigen Raum hat sich ohne fremde Einflüsse eigenständig aus den politischen Auseinandersetzungen und der weiterentwickelten Fehde entwickelt. Hinzu kommt die Bedeutung der districio. Es wird zwar zugegeben, daß das zusammengebrochene römische Imperium den deutschen Nachfolgestaaten römisches Recht als Erbe hinterlassen hat. Das hat aber zunächst seine Bedeutung verloren. Wenn es gegen Ende des 15. Jhts. wieder auftaucht, hat das andere Gründe. Das Herausbilden der Folter ist demzufolge eine allmähliche Aushöhlung des alten Rechtsvorgangs. Sie hat sich demzufolge **eigenständig** und von **innen heraus** entwickelt.

Die andere Meinung ist, daß der Einfluß der römisch-antiken Kultur auf die umliegenden Staaten so enorm war, daß eine Beeinflussung der Rechtssphäre vorausgesetzt werden muß. Dafür sprechen gewichtige Gründe:

- Zuerst das Verhalten der Kirche. Papst Innozenz IV. erläßt 1252 die Instruktion »ad extirpanda«, in der der weltlichen Obrigkeit aufgetragen wird, den Requisitionen der geistlichen Gerichte wegen Vornahme der Tortur pünktlich Folge zu leisten. Alexander IV. und Clemens IV. verschärfen die Instruktion ihres Vorgängers.
- Die juristischen Fakultäten von Padua und Bologna wirken seit dem 13. Jht. stark auf deutsche Studenten. Unter ihnen sind so berühmte Namen wie: Nikolaus von Cusa, Johann und Willibald Pirckheimer, R. Agricola, Ulrich Molitoris, Konrad Peutinger, Konrad Mutian, Ulrich v. Hutten, Cochäus, Fischer und andere.
- Dazu kommen an möglichen Vermittlern des römischen Rechts deutsche Juristen: Nikolaus Wurm, Verfasser der Blume des Sachsenspiegels, ist Schüler des Johannes de Lignano (gest. 1383); die Glosse zum sächsischen Weichbild enthält einen Verweis auf die Herkunft der Folter aus dem römischen Recht. Der Bamberger Bischof Leopold von Bubenberg hat in Bologna promoviert. In der freien Reichsstadt Speyer wird Heinrich von Fulda beschäftigt. Er ist Kenner des fremden Rechts. Lübeck beabsichtigt 1254 die Anstellung eines italienischen Rechtsgelehrten. Johann von Gelnhausen ist Magister und Kleriker der Mainzer Diözese. Er kennt das kanonische Recht. Das gleiche wird den unbekannten Verfasser der Rechtsaufzeichnungen von Wiener Neustadt betreffen. Es ist vermutlich ein Stadtschreiber aus dem geistlichen Stand.
- Deutsche Rechtslehrer halten Kontakt zu italienischen. Italienische Juristen (genau wie Künstler) arbeiten an deutschen Fürstenhöfen. Sie werden in Kanzleien beschäftigt und lehren an neu gegründeten Universitäten. Auch der Stand der halbgebildeten Juristen, der Stadtschreiber und norarii, orientiert sich teilweise an römischen Rechtsvorstellungen.
- Aufgrund der zunehmenden Handelstätigkeit zwischen Italien und Deutschland (Augsburg, Bamberg, Nürnberg zu oberitalienischen Städten) werden Rechtsprobleme angesprochen (Handelsrecht, Verträge, Kaufverträge).
- Den Stadträten steht gewöhnlich ein Stadtjurist oder -schreiber zur Seite. Er kommt überwiegend aus dem geistlichen Stand und kennt die Grundsätze des fremden Rechtes.
- Die Folter ist ein willkommenes Mittel zur Überführung der landschädlichen Leute.
- Der Inquisitionsprozeß ist römischen Ursprungs. Parallele Aktivitäten der Inquisitionsgerichte.

Verhaftung in Momenten: Vom Bett, von der Tafel und vom Spiel aus. Vorzeigen des Haftbefehls. Abführen in das Gefängnis. In der Bildmitte ein Gefangener im Stock. Aus: Milleans, Praxis et criminalis. Paris, Colineaus. 1541

Diese Gründe sprechen für die Integration des römischen Rechtsdenkens in das deutsche Recht. Es ist die Frage, ob es bei seiner Dominanz überhaupt als fremd empfunden wird. Demzufolge hat sich die deutsche Folter während des 13. bis 16. Jhts. aus fremdem Recht, wahrscheinlich aus oberitalienischen Rechtsquellen herausgebildet. Dafür spricht weiterhin:

Im allgemeinen ist in Italien die Rechtsentwicklung in den Städten und den Stadtstaaten maßgebend für das ganze Land geworden. In Venedig bestimmt ein Statut des Dogen Jacop Tiepolo von 1232 für Malefizien, die den Tod oder den Wahnsinn herbeiführen, Hinrichtung am Galgen oder auf dem Scheiterhaufen; auf Tränke, die durch Liebe oder Haß bewirkt werden, stehen Peitschung und Brandmarkung. Ist die Überführung des Beklagten durch Zeugen und Geständnis augenscheinlich, so wird er geblendet oder mit dem Abschlagen der Hand bestraft. Ein Statut von Siena bestimmt, daß der, der selbst oder durch Vermittlung eines anderen Liebes-, Abortiv- oder Sterilitätstränke verabreicht oder eine andere schädigende Zauberei ausübt, 200 Pfund Denare zu zahlen oder als Totschläger verurteilt werden soll.

Das macht deutlich, wie intensiv bereits im Italien des 13. Jhts. der Zauber- und Aberglaube ausgebildet ist. Dieses Übel übernehmen die Deutschen vom Süden, um es mit eigenen abergläubischen Vorstellungen zu vermischen: ein Produkt davon ist der Hexenwahn.

Es genügt festzustellen, daß der Beginn der Hexenprozesse ziemlich genau mit der Zeit zusammenfällt, wo das Abendland die Rechtsvorstellungen ändert. Das alte heimische Gerichtsverfahren, gegründet auf Anklage, öffentliche Verhandlung und Urteil durch Schöffenspruch wird zugunsten römischer Rechtsanschauungen vernachlässigt. Die wichtigste Stütze liegt beim Geständnis des Angeklagten. Gesteht er nicht, so wird er mit der Folter dazu gezwungen.

Bambergische Halsgerichtsordnung (Fürstbischof Georg)

Die Bambergiana verdankt ihre Entstehung der permanenten Verzögerung in der Schaffung eines Reichs-Strafgesetzes.[86] Sie entsteht 1507. Ihr gehen die beiden Maximilianischen Halsgerichtsordnung mit lokalem Charakter für Tirol und Radolfszell voraus. Die Bambergiana besteht aus 278 Artikeln. Sie erhält eine große Bedeutung dadurch, daß sie quasi die Mutter der Brandenburgischen und vor allem der Peinlichen Halsgerichtsordnung von Kaiser Karl V. ist.

Der Landesherr von Bamberg, Fürstbischof Georg III., gibt als Motiv für die Drucklegung an: »die Unwissenheit der im Recht oft nicht erfahrenen Richter zu steuern...die Erfahrung habe gezeigt, daß durch Übersehen und Unwissenheit viel und mancherlei Übung, Mißbrauch und Gewohnheit eingewachsen, die dem Recht nicht gemäß und zur Hinderung des Rechtes dienen«. Der Bischof will die Strafrechtspflege in seinem kleinen Territorium verbessern. Aber hier zeigt er den Trend. Er ist Geistlicher. Die Bambergiana stellt vor allem Verbrechen gegen die Religion, also Blasphemie, Meineid, Ketzerei und Zauberei an die Spitze der Verbrechen. Verfasser des Gesetzes ist der Freiherr Johann von Schwarzenberg.

Freiherr Johann von Schwarzenberg

»Nicht als gelehrter Jurist, sondern als praktischer Mann der Rechte, das ihm Aufgaben in seiner Eigenschaft als Zentrichter und Hofmeister der bambergischen Landesverwaltung zuwies, wuchs er zum »größten deutschen Gesetzgeber der Reformationszeit« heran.[87] Schwarzenberg, der 1463 geb. und 1528 verstorben ist, ist nur anfangs in Bambergischen Diensten. Er schließt sich der Reformation an, wird zum Freund Luthers, Huttens und Pirckheimers. Er stirbt als Statthalter und Landhofmeister des Markgrafen Casimir von Brandenburg. Seine geistige Haltung ist aus den beiden Büchlein »Beschwörung der teuflischen Schlangen mit dem göttlichen Wort« (1524) und »Büchlein Kuttenschlag genannt, des Teufels Lehrer macht bekannt« (1526). Damit wendet er sich massiv gegen den Franziskaner Schatzger.

Die Bambergiana fließt aus dem alten Bamberger Stadtrecht und Einflüssen des alten Nürnberger Stadtrechts, das er durch seinen Verkehr mit Pirckheimer kennt. Das alte Bamberger Stadtrecht kennt nicht das Verbrechen der Zauberei, sondern lediglich eine Bestrafung für Gotteslästerung und Schmähung der Jungfrau Maria. Die Strafe lautet auf Zwicken mit glühenden Zangen und anschließendem Verbrennen. Die Feuerstrafe ist ihm aus dem kanonischen Recht bekannt. Das alte Nürnberger Stadtrecht kennt die Bestimmung, daß »Zauberey und Segensprecherei durch öffentliches Ausstellen an einen Pfahl, zuweilen mit einer Kappe, auf die der Teufel gemalt ist, nebst Abschneidung eines Teil der Zunge, bestraft werden.[88] Das sind Parallelen zu den Inquisitionsprozessen.

Entscheidend ist bei der Bambergiana, daß sie Ketzerei und Zauberei in eine gedankliche Verbindung bringt. Das wird der späteren Entwicklung zum Verhängnis, zumal die Carolina den Zaubererbegriff nicht eindeutig definiert und weil der Bezug auf die Ketzerei die Verbindung zu den göttlichen Rechtsvorstellungen (von Menschen gemacht!!!) aufrecht erhalten wird.

Kriminalprozeß nach der Bambergiana

Schwarzenberg ist ein Kind seiner Zeit. Trotzdem vertritt er humane Ansichten, was die Bestrafung mit dem Feuer anbelangt. Er setzt sich über die stupiden Rechtsanschauugen der Autoren des Hexenhammers hinweg. Entscheidend in der Bambergiana sind für unsere Untersuchungen zwei §§:

§ 128: »Wo aber Jemand Zauberey gebraucht und damit nyemant keinen Schaden gethan hätte, sol sunst gestraft werden nach gelegenheyt der sach, derynnen urztheyler rats gebrauchen soll, als vom ratsuchen geschrieben steet«.

§ 131: »Item, so jemand den leuten durch Zauberey schaden oder nachtheyl zufügt, sol man strafen vom Leben zum Tod und sol sölche straff gleich der Ketzerey mit dem Feuer thun«.

Der § 131 der Bambergiana wird in etwas veränderter Form in den Art. 44 und 109 der Carolina, im § 59 der hessischen und im § 63 der Brandenburg-Fränkischen Halsgerichtsordnung aufgenommen.

Schwarzenberg geht von einem Verbrechen der Zauberei aus, ohne es zu definieren. Die Maximilianischen Halsgerichtsordnungen kennen dieses Vergehen noch nicht. 1514 wird der von Kaiser Maximilian erlassenen »Ordnung für die Landgerichte unter der Enns« »die Zauberey in Rechten verpoten«. 1526 gibt Ferdinand I. eine Landesordnung der Fürstlichen Grafschaft Tirol heraus. In ihr und in der Folgeverordnung von 1532 ist von zauberischen Verbrechen keine Spur zu finden. Ferdinand I. erklärt in seinen Polizeiverordnungen von 1532 und 1552 die Zauberei und Wahrsagerei als Betrug und Aberglaube, die gebührend bestraft werden soll. Von der Todesstrafe durch Verbrennen wird nichts erwähnt.

Die Reichs-Kriminalgesetzgebung von 1532, die Carolina, verfällt in den gleichen Fehler wir ihre Vorläuferin. Sie trennt zwar zwischen Schaden und Nicht-Schaden, aber sie definiert nicht den Begriff der Zauberei. Die dadurch begründete Rechtsunsicherheit macht es den späteren theologisch gesinnten Juristen und natürlich den Theologen selbst, leicht, die weltlichen Gesetze unter Bezug auf Exodus 22,18 zu umgehen.

Abb. links oben: Vorführung des Gefangenen vor den sitzenden Richter. Aus: Bambergische Halsgerichtsordnung. 1508.

Abb. links Mitte: Der Richter in Amtstracht, umgeben von den Urteilern. Aus: Bambergische Halsgerichtsordnung. 1508.

Abb. links unten: Vorbereitung zur Tortur. Schöffen; Beisein von Scharfrichter, Scherge. Verschiedene Instrumentarien in der Folterkammer. Aus: Bambergische Halsgerichtsordnung. 1508.

Abführung aus dem Gefängnis zur Richtstätte. Ein Mönch begleitet den Straftäter. Auffallend ist auch hier die Volksmenge. Die Hinrichtungen sind in der Regel öffentlich. Aus: Bambergische Halsgerichtsordnung. 1508.

Hinrichtung und Urteilsspruch. Verschiedene Lebensstrafen. Rädern, Kopf abschlagen, Stäupen, Hängen. Aus: Bambergische Halsgerichtsordnung. 1508.

Abführen in das Gefängnis. Holzschnitt aus: »Livius, Römische Historien«. Mainz, Johann Schöffer. 1523.

Constitutio Criminalis Carolina von 1532

Die von Kaiser Karl V. erlassene Reichs-Kriminalordnung wird im Zusammenhang mit der Bestrafung der Zauberer und Hexen immer wieder genannt. Im Guten wie im Schlechten:

»Das grausame Gesetzbuch Kaiser Karl V., welches in Deutschland volle dreihundert Jahre hindurch Galgen und Räder mit Menschenfleisch fütterte...diese fürchterliche Gerichtsordnung pflegte streng nach dem Buchstaben zu richten«.[89]

»Man muß jedoch über die Peinliche-Gerichtsordnung Karl V. von 1532, so auffallend uns dieses Gesetz scheinen mag, in das den Verfassern erteilte Lob einstimmen. Sie haben sich ungemein über die allgemeine Meinung der Zeit hinweggesetzt, schwiegen sich über die Hirngespinste von Teufelspakten, dämonischen Vermischungen, Luftfahrten und dergleichen aus. Sie beschränken die Todesstrafe für den Fall, daß einem Dritten Schaden oder Nachteil angerichtet worden sei«.[90]

»Die Peinliche Halsgerichtsordnung ist trotz allem das größte und einzigartigste Werk der alten Rechtsgesetzgebung und war in den Gebieten, in denen das gemeine Recht noch galt, subsidär bis zum Jahr 1900 in Kraft«.

Man darf die C.C.C. für die Aktivierung des Hexenwahns nicht zu sehr beanspruchen, wie das seither der Fall ist. Aus zwei Gründen. Die salvatorische Klausel bedeutet eine erhebliche Rechtseinschränkung und: noch viel wichtiger; der Hexen- und Zauberbegriff ist nicht klar ausgesprochen.

Die C.C.C., zum erstenmal bei Ivo Schöffer in Mainz gedruckt, ist nicht etwa ein Gesetz im heutigen Sinne, sondern eine richtungsweisende Anleitung für Laienrichter und rechtsunkundige Schöffen. Sie schließt die Ergänzung durch andere Rechtsquellen nicht aus. So geht sie, was den Art. 109 anbelangt, davon aus, daß jedermann wußte oder nachsehen konnte, was unter dem Begriff der Zauberei zu verstehen ist; sie kann sich darauf beschränken, die Strafe festzusetzen«.[91]

Grundlage der späteren Verurteilung der Hexen ist nicht die aus der C.C.C. Art 109 resultierende Vorschrift, sondern es ist der stehende Hexenbegriff, wie er dem Volksglauben entspricht und wie er von den Gebildeten beurteilt wird. Man stempelt das Verbrechen der Hexerei zu einem Ausnahmeverbrechen. Dies rechtfertigt außergewöhnliche Strafen (Folter und Scheiterhaufen).

Das die C.C.C. um ein besseres Recht bemüht ist, muß vorbehaltlos anerkannt werden. Ihre Bearbeiter und Verfasser sind sicherlich vom Wahn der Zeit befangen. Es gelingt ihnen trotzdem, sich über abergläubische Vorstellungen hinwegzusetzen, aber es gelingt ihnen nicht, den Begriff der Zauberei eindeutig festzulegen. Ganz einfach: dies geht auch heute nicht, weil es ein von der Kirche aufgebautes Hirngespinst ist.

Es bildet sich die Gewohnheit, lediglich den Art. 109 mit der Todesstrafe heranzuziehen. Die viel wichtigere Frage nämlich, ob die Hexen Schaden angerichtet haben, denn nur dann soll Art. 109 wirksam werden, übergeht man insofern, weil man stillschweigend davon ausgeht, daß der Schadenzauber bei Hexen ohnehin gegeben sei. Das ist ja in den seltensten Fällen nachgeprüft worden. Wieder logisch: so einen Unsinn kann man nicht prüfen. Erst spätere Gesetze, z.B. die schärferen Bestimmungen des Landrechts von Baden-Baden und vor allem die sächsischen Konstitutionen sagen, daß man Zauberer auch dann verbrennen soll, wenn sie keinen Schaden angerichtet haben. Für diese Entscheidungen gibt es keine rationale Erklärung, es sei denn, man würde die christliche Dämonologie gutheißen und den Exodus 22,18 aufrecht erhalten wollen. Das kann kein vernünftiger Mensch auf sich nehmen.

Galgenberg und verschiedene Folterinstrumente. Rechts vorn das Abführen des Täters im Beisein des Priesters und des Scharfrichters. Links daneben der Gefangenenstuhl (kein Pranger), Richtschwert, Schrauben, Rad, Zangen, Verbrennungsofen (?), Galgen und Scheiterhaufen. Titelbild der Bambergensis. 1508.

Wichtige §§, Foltervorstellungen

Die C.C.C. beruht in ihren Rechtsvorstellungen teilweise auf den Grundsätzen der römischen Strafrechtspflege. Entscheidend ist, daß die Wahrheitsfindung von Amts wegen erfolgt, d.h. Verhandlung reiht sich an Verhandlung, bis die Sache spruchreif ist. Hier sieht man Parallelen zum römischen Inquisitionsverfahren. Das Prinzip der Schriftlichkeit (Heimlichkeit) verdrängt die frühere Öffentlichkeit. Ein Protokoll dient der Findung des Urteils. Die wichtigsten §§ sind:

Art. 1: »daß alle peinlichen Gerichte nur mit frommen, ehrbaren und erfahrenen Personen zu besetzen seien«. (das ist noch heute ein frommer Wunsch!)

§ 27: »Zur Anwendung der Folter müssen mehrere Indizien zusammentreffen«.

§ 22: »auf blos Argwohn, Wahrzeichen hin oder Verdacht, soll nicht zur peinlichen Straff, sondern zur peinlichen Frag (Tortur) verurteilt werden. Soll aber Jemand zur peinlichen Straff verurteilt werden, so kann es nur eigenem Bekennen oder Beweysung geschehen und nicht auf Vermutung und Anzeigung«.

§ 30: »so einer nur etliche Umstände, Wahrzeichen, Argwohn oder Verdacht beweisen will, das müsse er zum allerwenigsten mit zweyen guten tauglichen und unverwerflichen Zeugen thun«.

§ 96: er sieht das Brechen des Stabes vor. Vergl. Todesurteile gegen Agnethe Rautenkrantzen und Anna Milcken. S.

§ 109: »So Jemand den leuthen durch Zauberey Schaden oder Nachtheyl zufüget, sol man strafen vom Leben zum Tode un man soll solche straff mit dem Feuer tun«.

§ 130: »Item so wer durch den ordentlichen geystlichen Richter für einen Ketzer erkannt und dafür dem weltlichen Richter geantwurt wurde, der sol mit dem fewer vom lebe zum todt gestrafft werden«.

Die Vorstellungen zeigen, daß die Carolina im Zeichen der Zeit humane Ansichten vertritt, vor allem was die Anwendung der Folter anbelangt. Dazu trägt

271

Die wichtigsten zeitüblichen Marterinstrumente im Uhrzeigersinn: Galgen (gemauert, was auf eine eingefahrene Tradition schließen läßt). Scheiterhaufen, Zangen (werden zum Zwicken glühend gemacht), Staupbesen, Winde zum Aufziehen, Halseisen mit Gewicht. Einfache und doppelte Daumenschraube. Sitzpranger (?), Schwert zum Abschlagen der Hand oder des Kopfes (Richtschwert), Rad und Galgen. Aus: Bambergische Halsgerichtsordnung. 1508.

Folgen

Maximilian II. verordnete 1568 »daß Zauberer und Wahrsager öffentlichem Spott und Hohn preisgegeben werden sollen, sie sollen ihre Kunst darlegen sich »unsichtbar« oder »gefroren« zu machen. Das ist eine der seltenen vernünftigen Ansichten dieser Epoche. Zahlreiche Folgeverordnungen beziehen sich auf die Carolina: so das kurpfälzische Landrecht, das Landrecht von Baden-Baden oder die sächsischen Konstitutionen. Auch in Köln richtet man sich offiziell nach dem Art. 109 der Carolina. Die kurfürstliche Hexenordnung von 1607 bzw. 1628 enthält lediglich verfahrensrechtliche Vorschriften. Vielmehr ist bereits bei der Reformation des Hohen Gerichts von Köln 1538 vom damaligen Kurfürst die Carolina unverändert und in vollem Umfang verkündet worden. Der Kurfürst ordnete bei verschiedenen Anfragen an: »vermögh der peinlichen Haltzgerichts und Hexenordnung zu verfahren«. Öfters wird ausdrücklich auf den § 109 Bezug genommen.

Fest steht, daß die Carolina wegen ihrer unklaren Begriffsfindung bezüglich der Zauberei eine dubiose Stellung in der Rechtssprechung einnimmt. Man stempelt die Hexerei zu Ausnahmeverbrechen und richtet mehr oder weniger willkürlich. Die Bestimmungen der Carolina werden als Deckmantel herangezogen.

Henker, Scharf- und Nachrichter

Folter und Todesurteil werden in der Regel vom Nachrichter vollzogen. Seit dem 14. Jht. zeigen sich in einzelnen deutschen Territorien Ansätze zur Herausbildung eines »öffentlichen Nachrichterstandes«. Daneben ist es so, daß der jüngste Schöffe oder Ratsherr das Todesurteil zu vollziehen hat.

Offensichtlich liegt der Kriminalgesetzgebung des 16. und 17. Jhts. eine Abschreckungstheorie mit allen Konsequenzen zugrunde. Sie will Furcht einjagen, Schrecken einflößen, dadurch vom Bösen abhalten und zum unbedingten Gehorsam gegen die Gesetze zwingen. Göttliches Recht steht über weltlichem Recht. Weil im Alten Testament steht: »die Zauberer sollst du nicht leben lassen«, tötet man in Deutschland bis in das 18. Jht. hinein unschuldige Menschen ohne moralische Gewissensbisse. Bestätigt wird dies z.B. durch die Rechtsauffassung des Benedict Carpzov. Vergl. S. 320.

Eine isolierte Betrachtung der Hexenprozesse führt zu einer Dramatisierung des Geschehens. Damit will sie nicht verniedlichen. Sie zeichnet sich durch die Anwendung der Folter, durch Unmenschlichkeit und Brutalität aus. Das heißt aber nicht, daß der Gesetzgeber gegen andere Übeltäter viel besser vorgegangen ist.

die Vorschrift bei, »daß der Notarius eine Sanduhr bei sich haben soll und nicht bloß die Worte und Wehklagen des Gemarterten, sondern auch die Zeit der Marter aufschreiben solle. Die Marter soll so angewendet werden, daß der Inquisit gesund bleibe. Hält der Angeklagte die Folter länger als eine Stunde aus, ohne ein Geständnis abzulegen, ist er freizulassen«.[92]

Das sind deutliche Schutzmaßnahmen. Die Carolina will lediglich das Teufelsbündnis mit dem Feuertod bestrafen. Beweise sind Zeugen und das erfolterte Geständnis, »das führte zu unzähligen Justizmorden; es gab die Schande zu den Hexenprozessen...es erdrückte alles Recht und alle Freiheit«.[93]

Daran ist aber nicht die Carolina schuld, sondern das verbissene Festhalten am Unsinn der Hexerei und Zauberei. Das sieht man an Folgegesetzen. Sie basieren zwar auf der Carolina, sind aber teilweise strenger. Das heißt, daß der Hexenwahn immer mehr im 16. Jht. Fuß faßt und daß erst die durch ihn bedingten Wahnvorstellungen in allen Bevölkerungsschichten zu den Verbrechen des Hexenmordes führen.

Deshalb werfe ich zunächst einen Blick auf die allgemeinen Strafen und Richtstätten. Nur so wird die Stellung des Henkers deutlich, nur so kann das wirkliche Ausmaß der Hexenprozesse beurteilt werden.

Die althergebrachte Meinung, im Hexenwahn seien mehr als neun Millionen unschuldiger Menschen vernichtet worden, ist an den Haaren herbeigezogen und beruht auf dem kritiklosen Abschreiben falscher Quellen. Das Hexenwesen erreicht in Deutschland im 17 Jht. den Höhepunkt, also inmitten der Wirren des 30jährigen Krieges, der damit verbundenen Hungersnöten und Seuchen. Damals wird die Bevölkerung um ca. 75% reduziert, d.h. von etwa 16—17 auf 4—5 Millionen Einwohner. Ziehen wir jetzt noch die angeblichen neun Millionen Hexen ab, ist Deutschland entvölkert. Diese Fabel ist unter die Märchen zu verweisen. Für eine erhebliche Reduzierung der Hexenprozesse spricht noch, daß zahlreiche Prozesse einfach den Hexen zugeordnet werden, aber nicht dorthin gehören. Damit meine ich die Prozesse gegen Verbrecher, Landstreicher, Falschmünzer, Betrüger und Mörder. Dazu kommen die Kindermörderinnen, die ebenfalls scharf bestraft werden. Man darf es nicht so hinstellen, als hätte es bloß Hexenprozesse gegeben.

Allgemeine Strafen, Richtstätten

»Man erstaunt beim Blättern in alten Chroniken über die Menge der Gewalttaten, Gräuel, Diebstählen, Betrügereien und Mordtaten, die die Geschichtsschreiber aufgezeichnet haben, aber auch über die unmenschliche Härte und Strenge, mit der man Verbrechen bestrafte«.[94] Man sieht den Gedanken der Vergeltung, man sieht die Rohheit der Zeit und den drohenden Einfluß des göttlichen Rechtes.

»Es wurde denn durch die Sittenrohheit, gepaart mit dem Aberglauben, die Strafe zu unmenschlicher Grausamkeit gesteigert. Mit den als Hexen zum Tod verurteilten Müttern wurden zugleich die Säuglinge auf den Scheiterhaufen geworfen. Die Einschränkung, schwangere Frauen nicht zu foltern, wird durch andere Gräuel übergangen: man scheut sich nicht Menschen lebendig zu vergraben (auch einzumauern) oder Tiere am Galgen aufzuhängen«.

An Strafen fallen an: erschießen, enthaupten, erdrosseln, pfählen, kreuzigen, verbrennen, rädern (von oben nach unten oder anders herum), zerreißen durch Tiere, Pferde oder Baumästen, vierteilen. Dazu kommen: auspeitschen, Stockprügel, Spießrutenlaufen, Nasenaufschlitzen, Ohrenabschneiden, Blenden, Händeabhauen, Zungenausreißen, mit glühenden Zangen zwicken, Brandmarken, zum Richtplatz schleifen, an Haken hängen und die besonderen Strafen für Wilddiebe.

Verschiedene Arten der Hinrichtung. Stäupen, Scheiterhaufen, Abschlagen des Kopfes, Hängen. Auch hier die vielen Zuschauer. Aus: Ulrich Tengler's Layenspiegel. Mainz, 1508.

Dazu kommen die mit der Folter verbundenen Qualen, die Ehren- und die Kirchenstrafen.

Neben den Richtstätten, auf denen Lebens- und Blutstrafen vollzogen werden, sind besonders die Pranger dem Vollzug der Ehrenstrafen vorbehalten. Hier gibt es verschiedene Formen. Zunächst der eigentliche Pranger zum Ausstellen der Verbrecher (um körperliche Züchtigungen vorzunehmen). Dazu zählen die Halseisen, die am Rathaus, Backhaus, der Schenke, an Bäumen (Dorflinde), an der Kirchentür oder an den Friedhofseingängen angebracht sind.

Sonderformen sind die Käfigpranger und die sog. »Narrenhäusl«. In der Regel vergitterte Gelasse oder »Betzekämmerchen« an öffentlichen Gebäuden, oft an Rathäusern (Beispiel: noch heute unter der Rathaustreppe von Ochsenfurt). Sie tragen Spottfiguren oder Spott-Inschriften.

Die Schandsäulen bilden eine weitere Gruppe (Schandpfahl, Schandbühne, Schandstühle). Der Kirchenpranger dient zur Sühnung bei Verstößen gegen die Kirchenzucht. Eine weitere Form nehmen die Mühlenpranger ein.

273

Strafen des 16. und 17. Jhts. Hängen an den rückwärtsgebundenen Händen und einem Gewichtsstein. Sengen unter den Armen, Abschlagen der Hand. Der Notar sitzt auf dem Block und schreibt nach der Anweisung des Richters die Daten auf. Aus: Ulrich Tengler's Layenspiegel. Mainz, 1508.

Im wesentlichen das gleiche wie die obenstehende Abb. Vermutlich ein Nachschnitt, da er erhebliche Vergröberungen zeigt. Die Ausführung des Holzschnittes ist deutlich schlechter.

Sie kommen in Anwendung bei Personen, die Straftaten in Mühlen begehen (entwenden von Mahlgut, Beschädigungen). Sie werden in das Innere der Mühle geführt und dort mit Haaren unter einen Querbalken der Mühle geklemmt, so daß die Fußspitzen gerade noch den Erdboden berühren. Später konnte sich der Übeltäter mit einer stumpfen Sichel die Haare abschneiden, und sich dadurch befreien.[95]

Die Schand- oder Lastersteine sind unter dem Hohn der Bevölkerung und unter Führung des Henkers bestimmte Strecken zu tragen. Daneben gibt es noch Schandmäntel und Schandhüte. Eine andere Strafart war das Stellen in die Fiedel oder Halsgeige, bzw. das Spannen in den Bock. Die vielfältigen Gefängnis- und Kerkerstrafen kommen hinzu.

Der Triller ist ein drehbares Gehäuse, in dem der Ausgestellte herumgewirbelt wird. Bäckerwippen dienen dazu, den Übeltäter in einem hochgezogenen Korb ins Wasser einzutauchen. Wahrscheinlich kommt diese Strafe auch für Obstdiebe in Anwendung. Das Schwemmen der Hexen ist keine Strafe, sondern ein Mittel, Indizien zu bekommen.

Diehle, Köpfmaschine[96]

Die Fachsprache der Henker kennt noch im 16./17. Jht. den Begriff »Diehler«. Mit der Diehle, Planke oder Köpfmaschine werden Todesurteile vollstreckt, als es noch nicht üblich ist ein Richtschwert einzusetzen. Das Stadtbuch von Saalfeld a.d. S. erwähnt in den sog. »Statuten rasus« aus dem 13. Jht. den Satz: »Dytz iß dir Stadtbuch czu Salveld...man soll yme den Hals abestoze mit einer winbrechen Diehle«[97].

»Was die Erfindung der Guillotine betrifft, so unterliegt es keinem Zweifel, daß das Hinrichten mit der Diehle oder Planke, welche der Guillotine ganz ähnlich sieht, schon im 13. und 14. Jht. in Deutschland angewendet wurde. Selbst im benachbarten Böhmen stieß man dem Edelmann Staiber 1248 den Kopf mit einer Diehle ab. Noch zur Zeit des siebenjährigen Krieges soll sich eine solche Maschine in den Kasematten der Dresdner und Prager Festungswerke befunden haben. Es gibt eine ganze Reihe alter Abbildungen aus der Zeit von 1439 bis etwa 1597. Außerdem ist sie im »Theatro poenarum et supplicorum« besprochen. Hier wird sie ausdrücklich als eine in Oberdeutschland gewöhnliche Todesstrafe aufgeführt. In den »Monatlichen Unterredungen vom Jahre 1697« beschreibt Tenzel die Diehle oder Köpfmaschine:

»Die Diehle war von Eichenholz; wie ein Zwangstuhl gemacht, hatte auf beiden Seiten Grundleisten, auf welchen die Diehle war, unter derselben aber ein scharfschneidendes Eisen. Wenn nun der Missetäter auf den Stuhl gebunden war, als ob man ihn zwacken wolle, so ließ der Scharfrichter die Diehle, so an einem Seil hing, herabfallen und stiße ihm mit einem Eisen das Haupt ab«.

Die Guillotine ist im besten Fall die Nacherfindung eines deutschen Mordinstruments auf verfeinerter Basis. Abb. zeigt den Einsatz einer Diehle zur Zeit des sächsischen Hofmalers Lucas Cranach d.Ä. Es ist nicht sicher, ob der Künstler hier auf eine alte Vorlage zurückgreift, oder ob sie zu seiner Zeit noch im Einsatz gewesen ist.

Henkerbezeichnungen

Mit dem Eindringen des Henkers oder Nachrichters als Berufsstand in das Volksbewußtsein entstehen verschiedene Bezeichnungen. Wenngleich hier volkskundliche und mundartliche Veränderungen zu berücksichtigen sind, zeigt das Spektrum der Bezeichnungen den Respekt und den Ekel, die man vor ihm und seinen Gesellen hat.

Angstmann, Blutrichter, Böser Mann, Bruder Henker, Casperer (im Sinne der Ausübung der Tortur), Diebhenker- oder -scherge, Diehler (die Scharfrichtersprache des 16. Jht. bezeichnet das Enthaupten noch mit dillen), Drudenhenker (in Schwabach wird 1591, als es zu vielen Hexenhinrichtungen kommt, ein Drudenhenker bestellt), Fetzer, Fiks, Filler, (im Sinne von Menschen und Tieren »die Haut abziehen«), Folterer (Übers. des lat. tortor), Freimann, Züchtiger, Fronbote (im Sinne des Gerichtsdieners für Botendienste und Urteilsvollstreckung), Gabler (lat. gabulus, ein gabelförmiger Galgen; vielleicht ein Zusammenhang zur römischen Furca-Strafe), Galgenmeister, Häher, Hämmerling, Meister Hämmerlein (im Sinne einer Umschreibung des Teufels), Nachrichter, Scharfrichter, Knüpfauf, Löwe (für den Gehilfen des Scharfrichters), Marterer, Menschenzüchtiger, Peinlein, Racker, Richter, Rumpfrecker, Schäler, Scharfkoch, Scherge, Schinder, Schleifer, Schnürhänslein, Schürpfer, Schwerter, Steckenknecht, Steighinauf, Stocker (zunächst bedeutet Stocker einen Gefangenenwärter, Stockmeister, Strafer, Strenger, Töter, Wasenmeister, Züchtiger und Zwicker.[98]

Stellung

Es ist denkbar, daß das Aufkommen der Henker in Deutschland auf römischen Gebrauch zurückgeht. Schon dort ist er eine taburierte Person. Der Scharfrichter gilt den Römern als unehrlich. Seine Nähe bedeutet ein schlechtes Omen. Schon in Rom darf er seine Wohnung nicht in der Stadt nehmen. Man versagt ihm (wie Selbstmördern) das Grabrecht.

Köpfen eines Straftäters durch die Diehle, die als deutsche Erfindung und als Vorläufer der Guillotine zu verstehen ist. Holzschnitt von Lucas Cranach d. Ä.

276

Der Strafvollstrecker vergangener Zeiten nimmt eine eigenartige Stellung ein: das gesellschaftliche Abseitsstehen, das abergläubische Grauen vor seiner blutigen Tätigkeit, der Ekel vor seinen Nebenbeschäftigungen, der Respekt vor seinem handwerklichen Können und die ihm zugeschriebene geheime Künste, wie das Bewußtsein, daß er als Diener der Gerechtigkeit den Rechtsgang beendet, wirken zusammen. Seine Unehrlichkeit ist, seit sein Amt Regelung im Augsburger Stadtbuch 1276 findet, immer wieder hervorgehoben worden. Möglicherweise ist die letzte Ursache dazu in einer Tabu-Vorstellung des altheidnisches Volksglaubens zu sehen, weil die Strafrechtsverhältnisse der germanischen Vorzeit teilweise sakralen Charakter haben. Vergl. Gottesurteile S.

Die öffentliche Todesstrafe ist ein entsühndes Opfer an die beleidigte Gottheit. Ihr Vollzug ist von bestimmten Riten begleitet. Man fürchtet sich vor dem Scharfrichter. Weitere Gründe für seine Abseitsstellung sind:

- Die Strafvollstreckung, die seither der Kläger oder das Volk in der Hand hatten, wird zum eigenständigen Beruf.
- Der Träger dieses Amtes ist Vollstrecker eines Strafverfahrens, das sich unter Abschreckungsgedanken entwickelt (Leib- und Lebensstrafen, Folterung).
- Früh wird das Abdeckeramt vom Scharfrichter übernommen. An weiteren Tätigkeiten sind zu nennen: Hundefänger, Straßenreinigung, Frauenwirt.
- Oft sind es Unfreie, die dieses Amt übernehmen oder es sind verdächtige, bereits straffällige Menschen, die man zum Henkerdienst begnadigt hat.
- Dazu kommt seine professionelle Grausamkeit
- Der Nachrichter und seine Gesellen sind vom Zeitwahn befangen: besonders trifft dies auf ihre nahe Bindung mit der Verurteilung von Hexen zu. Wahrscheinlich haben sie zur Verbreitung des Hexenwahns beigetragen.

Berufsehre

Der Henker sieht es als Schimpf an, wenn er den Angeklagten ohne Geständnis gehen lassen muß »gleich, als ob er seine Kunst und Handwerk nicht recht gelernt hätte, daß er einer so schwachen armseligen Weibsperson das Maul nicht hätte eröffnen können«. Deutlich wird sein Status aus einem Zeugnis, das 1598 ein Richter ausstellt:

»Daß der Nachrichter von Tecklenburg, Jürge Stolhauer...den seit einiger Zeit inhaftiert gewesenen Hinz Schüerkamp nicht nur wohl und zu meinem besonderen Vergnügen enthauptete...sondern auch bei meines Bruders Syndici Zeiten einen daselbst verstrickt gewesenen Köller über die Maßen wohl gehenkt, also daß man in dergleichen Fällen stattlich von ihm bedient wird, ein solches bescheinige ich hiermit«.[99]

Der Scharfrichter hatte bei der Folter übergeordnete Aufgaben, z.B. das Weisungsrecht an die Gesellen. »Sie Sie sind es, die denen, so in der Folter hängen, keine Ruhe lassen, sie mit unaufhörlichem Anmahnen, auch gräulichen Bedrohungen und erschrecklichen Gebärden zum Bekenntnis treiben und die Folter dermaßen spannen, daß es unmöglich ist, es zu ertragen und auszustehen«.

In Genf meldete 1545 der Kerkermeister (am 6. März) dem Rat, daß jetzt alle Gefängnisse der Stadt überfüllt sind und er fernerhin Verhaftete nicht mehr unterzubringen weiß. Am 18. März berichtete er, daß die Henkersarbeit eines Mannes Kraft übersteige.[100] Hier werden am 17. Februar bis zum 15. Mai 31 Personen (darunter die Mutter des Scharfrichters) durch Schwert, Scheiterhaufen und Galgen vom Leben zum Tode gebracht.

Ähnlich ist die Situation in Esslingen. Hier richtet man das leerstehende Augustinerkloster ein. Außerdem nimmt man zusätzlich 20 Turmhüter an.

Soldan dramatisiert, wenn er das Moment der Habsucht und Geldgier in den Vordergrund rückt. Ihm zufolge wird das »Nachrichten« zu einem einträglichen Gewerbe. Zudem ist nicht gesichert, ob Henker oder Scharfrichter ausschließlich vom Richten anderer Menschen leben. Immer wieder wird auf Nebentätigkeiten verwiesen. Sicher ist, daß Henker ihre Dienste an verschiedenen Orten anbieten. Das bestätigt die Entwicklung der Prozesse.

»Der Hexenrichter Bobling erhält von der Gerichtsherrschaft, der Gräfin Galle, Kost und eine besondere Wohnung für sich und seine Diener. Außerdem täglich einen Reichstaler für die Kommissionsreisen die üblichen Zehr- und Wartegelder.[101] Sicher kommt es in einzelnen Fällen zu Klagen über den Aufwand der Henker. So reitet in Trier der Henker in Gold und Silber gekleidet daher. Seine Frau wetteifert in der Kleiderpracht mit den vornehmsten Damen. Meister Jörg Abriel, der Scharfrichter von Schongau, reist mit seiner Hausfrau und zwei Geleitboten mit drei Pferden wie ein großer Herr im Lande herum.[102]

Prozeß gegen Diepolt Hartmann von Miltenberg[103]

1494 findet sich in den Urberichten über den Hexenwahn und das Hexenwesen ein Beitrag über Diepolt Hartmann von Miltenberg. Er ist Henker »in Diensten des Grafen von Virneburg und des Erzbischofs von Trier«. Er wird vor dem städtischen Frankfurter Gericht verhört und gescholten, weil er einen anderen Henker Mörder genannt hat. Und zwar Meister Wendel, den Henker von Worms.

Das Verhörprotokoll ist außerordentlich interessant, weil es das Verhalten der Henker gegenüber den Zauberern und Zauberinnen verdeutlicht. Diepolt Hartmann wird »uff fritag nach Estomichi, anno 1494, one wehe (ohne Folter) gefragt«. Hier folgt eine sinngemäße Übersetzung, der Originaltext steht unter den Fußnoten.

»wenn man eine Zauberin ergriffen, so sollen, die sie sahen, gleich einer mit den Füßen und der andere mit dem Kopf, im Namen des Vaters, des Sohnes und des heiligen Geistes und in der Gerechtigkeit festhalten. Das sollen die sagen, die sie ergriffen haben und sie alsbald von der Erde auf einen Karren heben, und sonst, da sie die Erde und die Steine nicht berühret (ruren?), ihre Augen verbinden und ihr den Mund verstopfen und also in das Gefängnis bringen und danach die Augen wider öffnen und ihr den Klotz aus dem Mund nehmen. Sobald sie in das Gefängnis kommt, soll man ihr alle Haare abscheren, es sei an der Scham, an den Ohren und an den Brauen. Dann soll man ihr alle Kleider und die Haube abnehmen, damit sie nirgends hängen bleibt. Dann soll man ihr alle Nägel an den Füßen und Händen bis auf das Fleisch abschneiden.

item eine nuwe hemmt ir andhün (?), das soll getaufet werden auf den Sonntag in einer fronfasten im Weihwasser und geweihtem Salz. Dann soll sie einer allein während des Aufziehens verhören und ihr kein anderes Mittel antun, dann schlecht aufziehen und sie mit Vertröstung mild befragen. Man soll ihr kein Wasser zu trinken geben, es wäre denn mit Weihwasser und geweihtem Salz gemischt. Wenn sie eine richtige Zauberin ist, so nimmt sie es nicht, oder sie ist eine Meisterin.

Man sol zudem ihre Speise mit Weihwasser kochen. Wenn man nicht mit solchen Dingen Umgang hat, hält man es gleich, wie mit den anderen Frauen, sie bekennen aber bald. Den meisten schwillt der Hals, wenn sie etwas sagen wollen. Wenn sie das Kreuz von den Wegen nehmen (?) und verbrennen es zu Pulver und der unschuldigen Kindleins Knochen auch zu Pulvermehl am Gründonnerstag gemahlen und gewaschen. Daraus machen sie einen dicken Teig und lassen am Gründonnerstag eine Messe darüber lesen. Damit bezaubern sie die Menschen.

Außerdem machen sie eine Salbe, auf der sie fahren. Wenn ein Mensch oder ein Kind ungesegnet mit dem heiligen Kreuz niederliegt oder ein Vieh in des Teufels Namen einläßt, so möchten sie dann ihre Zauberei treiben, und ist allweg die erste, die solches Leid

klagt. Er habe von etlichen Weibern gehört, wann sie ihre Krankheit (wohl die Regel) haben und sie ihren Männern zu essen geben, so müssen diese sterben. Recipe l kole quinte, i firtel von eyn appel in der appotheken, solich uff eine Seite des Brots gelegt:

Der junge Hans von Boel, wohnet in Dürckheim, ist Experte in diesen Künsten. Wenn Meister Wendel, Henker von Worms und Hans Nusten Sohn haben ihn bei Hochheim angegangen, und wo der Sand (?) nicht gekommen wäre, so hätten sie ihn vielleicht geletzt, deshalb habe er ihn allhier einen Mörder gescholten. Das habe er auch dem Bürgermeister damals geklagt. Er sei um des Rates willen zu Diensten hergekommen«.

Das Urteil lautete:

»Debolt Hartmann von Miltenbergk, graven Philipsen von Firnberg zu Mondereau (Monreal) scharpffrichter, als er sich mit Hans Nusten son frevelicher wort und wercke hi inne dem Rosenthal begeben hatt und ein moder gescholten und deßhalb zu flosse (auf's Schloß gelegt) ward, ist uff eyn alten orfridden, den er gesworn hait, widder ußgelaisen und fur eyn abetrag des frabels zwen Gulden zu buß geven«. Actum tertia post Invokavit anno XCIII.

Diese Urkunde ist wichtig, weil sie unmittelbar nach dem Hexenhammer abgefaßt ist und weil sie das Verfahren in der Freien Reichsstadt Frankfurt spielt.

1637 kommt es zu einem Prozeß gegen Eva, die Frau des Scharfrichters von Berleburg, aus dem Amt Weimar bei Kassel gebürtig. Sie hat von ihrem Mann das Kristallsehen gelernt. Der Fiskal beantragt die Todesstrafe. Der Verteidiger stellt die Beschuldigungen als Gewäsch hin und verhindert die Anwendung der Folter. Die Frau wird öffentlich an den Pranger gestellt.

Scharfrichterrechnungen, Taxen

Die mit den peinlichen Verfahren verbundenen Kosten sind erheblich. Oft haben Denunzianten Kautionen zu hinterlegen. Die Prozeßkosten werden aus eingezogenem Vermögen bestritten. Überschüsse werden verteilt (in der Regel zwischen der weltlichen und geistlichen Obrigkeit). Nach der Originalrechnung des Rates von Zuckmantel vom 20. Oktober 1639 bringt das Einäschern von elf Hexen 425 Reichstaler ein. Sie werden so geteilt:

Bürgermeister	9 Taler	6 Groschen
Rat	9 Taler	6 Groschen
Vogt	18 Taler	12 Groschen
Gerichtsschöfen	18 Taler	12 Groschen
Stadtschreiber	9 Taler	6 Groschen
Stadtdiener	9 Taler	6 Groschen

Das Mittelalter war reich an Leib- und Lebensstrafen. Im Vordergrund wird gestäupt, enthauptet, gerädert, die Hand abgeschlagen. Dahinter steht ein Mann am Pranger, dem gerade ein Ohr abgeschlagen wird; andere werden ertränkt, geviertelt, verbrannt, gehängt oder geblendet. Diese Strafen reichen weit über das Mittelalter hinaus und die Folter wird erst im 18. Jht. abgeschafft.

Der Rest von 351 Talern wird dem Fürstbischof von Breslau als dem Landesherrn **zugesprochen.** In Esslingen bekommt jeder Pfarrer nach dem Beschluß vom 20.9. 1664 drei Tonnen Ehrenwein. Der Untersuchungsrichter erhält vom Spital für jedes Verhör eine Kanne Wein und einen Laib Brot. Auch die Knechte, Burgwächter, Weinzieher und Kornmeister werden aus solchen Beträgen finanziert. Unterlagen stehen zudem aus dem Raum Offenburg zur Verfügung:

Hier bekommen die Wächter neben der Kost in der Woche 10 und 7 Maß Wein. Der Scharfrichter für das Verbringen einer Hexe von einem Turm auf den anderen 10 Maß. Jeder Träger hat dabei 2 Maß. Nach jedem Verhör halten die Richter einen Schmaus auf der Pfalz, wobei der trockene Tisch für die Herrn (am 3. September 1629) mit 4 Maß und für die Boten mit 2 Maß berechnet wird. Das Bett der Hexe mit den zugehörigen Federn wird am 13. August 1627 »nach allgemeinem Gebrauche« dem Scharfrichter und Foltermeister zugesprochen. Wächter schleppen die guten Kleider der Hexen weg.

Es hat sich vom 22. Juni 1595 eine Notiz erhalten. Eine Rechnung für die Angehörigen der drei am 22. Juni in Appenweier lebendig verbrannten Frauen. »Volgent was für Unkosten uff die 3 Weiber zusammen ergangen ist«. Die Kosten setzten sich so zusammen: Gefangennehmen, Verzehr, ins Schloß Ortenberg bringen, Zehrung für den Nachrichter, Morgensuppe, Imbiß des Gerichts, der Priester und des Fürsprechs mit dem Nachtrunk, sowie Unterhaltungskosten der Malefikanten und der Wächter. Dazu kommt noch das Turmgeld. Insgesamt liegt der Betrag bei ca. 93 fl.

Berliner Stadtbuch von 1399 bis 1448

- Auf's Rad geflochten wegen Mordes und Brandes
  2 Personen
- Wegen Kirchenraubes   2 Personen
- Enthauptet, wegen Verkaufs von Kindern an Juden
  2 Personen
- Verbrannt wegen Kuppelei   1 Person
- Wegen Zauberei und Giftmischerei   5 Personen
- Wegen Spielens mit falschen Würfeln   2 Personen
- Gehängt wegen Pferdediebstahl   35 Personen
- Lebendig begraben wegen Diebstahl   9 Personen

Andere werden gestäupt, auf den Leib oder durch die Zähne gebrannt. Wegen Unfugs werden vier Personen gestäupt und mit Abschneidung der Ohren bestraft. Andere werden aus der Stadt verwiesen. Die häufigste Strafe des 14. und 15. Jhts. ist die Stadtverweisung infolge des dem Rat mangelnden Blutbannes. Ursprünglich wird in den Städten die Todesstrafe auf dem Marktplatz vollstreckt, sofern nicht eine andere Strafart, z.B. Ertränkung oder Säckung eine Abweichung erfordert. Später werden in der Regel die Richtstätten vor die Stadttore gelegt. (Galgen, Brandsäulen, Räder und Pfähle).

Das Tagebuch des Reutlinger Scharfrichters berichtet 1564 zum 27. August, »daß er zwei köpfte und am 25. August doch schon zwei gerichtet habe: seyn also vier burger in drey tägen«. Aus dem Ordrebuch des Ansbacher Nachrichters, in das von 1575 bis 1603 die Aufträge an den Scharfrichter eingetragen werden, ergibt folgendes Bild: im Durchschnitt jährlich 16 Hinrichtungen und etwa 50 Folterungen. Die Einwohnerzahl liegt bei 100.000.

Nach der Weimar'schen Taxordnung von 1582 erhält der Scharfrichter für die Vornahme der Tortur »zwölf Groschen Tag und Nacht Zehrung für sich und seinen Knecht«. In der Kostenliquidation eines Hexenprozesses von 1617 ist angeführt: »Für 14 mal leer aufziehen, 2 mal mit dem Steifel, 4 mal mit Ruten gestrichen, 4 mal auf die Rollbank, 2 mal mit Schwefel, Pech und Branntwein gebrannt, thut 26 Fragen, auf jede Frage 20 kr., thut 8 fl. 40 kr. Ferner für Rauchwerk und Schwefel, Branntwein und Pech 4 fl.; mit Ruthen hauen, dann Schwefel und Pech auf den Schmerzen tropfen lassen, giebt wieder zwei Fragen«. Schließlich werden für die Mahlzeit des Henkers mit seinen Knechten 20 fl. liquidiert.

Der Scharfrichter von Dieburg verrechnet für die Jahre 1628 und 1629 253 Gulden und 13 1/2 Batzen. Andreas Rainhabt, Freimann in Steiermark, berechnet 1694:

»Ein scheidterhauffen
auf zwey persohn zu machen   1 fl., 30 kr.
zwey persohn zu veräschern ist auch   1 fl. 30 kr.
zwey feyerhägel, von eim jeden   30 kr., ist   1 fl.
Den aeschen wekh zu reinigen   48 kr.

Das sind zusammen vier Gulden und 48 kr. Für zwei Personen mit dem Schwert zu richten, erhält er nur 30 Kreuzer, etwa ein Achtel dieser Summe.

»Der Scharfrichter von Coesfeld reicht am Ende des Jahres 1631 seiner Stadt eine Rechnung von 169 Talern für neun Hinrichtungen und siebenundzwanzig Folterungen ein, die er in der zweiten Jahreshälfte auf Befehl des geistlichen Rates von Coesfeld an vermeintlichen Hexen und Hexenmeistern vollzogen hat.

Gebührentarif der kurkölnischen Regierung

(Auszug). Der Scharfrichter bekommt 1688 in Köln

Vom Rädern	6 kölln. Thaler
Vom Pfählen	6 kölln. Thaler
Vom Verbrennen	6 kölln. Thaler
Enthaupten und Aufhängen	5 kölln. Thaler
Vierteilen	8 kölln. Thaler
Ohrenabschneiden	?
Handabhauen	1 kölln. Thaler
Foltern durch alle Grade	1 kölln. Thaler pro ¼ Std.
Von der einfachen Tortur	1 kölln. Thaler, 26 Alb.

Honorar für den Scharfrichter von Bessungen-Darmstadt

Einen Malefikanten in Öl gießen, tut dessen Lohn	24 kr.
Einen Lebendigen zu vierteilen	15 kr., 30 Hlr.
Eine Person mit dem Schwert hinrichten vom Leben zum Tode	10 kr.
Sodann den Körper auf das Rad legen	5 kr.
Desgleichen vom Kopf auf Spitzen zu stecken	5 kr.
Einen Menschen in vier Teilen zu reißen	18 kr.
Von einem Menschen oder Deliquenten zu henken	10 kr.
Einen Körper zu vergraben	1 kr.
Einen Menschen lebendig zu spießen	12 kr.
Eine Hexe lebendig zu verbrennen	14 kr.
Bei der Tortur, so berufen wird	2 kr., 30 Hlr.
Von einem spanischen Stiefel anzulegen	2 kr., 30 Hlr.
Einen Deliquenten, so in der Folter gezogen wird	5 kr.
Von einer Person in das Halseisen zu stellen	1 kr., 30 Hlr.
Einen mit Ruten ausstreichen	3 kr., 30 Hlr.
Den Galgen auf den Rücken zu brennen, oder auf die Stirn oder auf die Backen	5 kr.
Einer Person Ohren und Nasen abschneiden	5 kr.
Eine Person Land und Ort verweisen	1 kr., 30 Hlr.

Strafe des Streckens (freischwebend) und somit eine seltene Form der Tortur. Daneben das Schwert des Henkers. Die Folter geschieht im Beisein von Richter und Schöffen. Gerade dies ist immer wieder abgebildet, wohl um die Rechtmäßigkeit des Verfahrens zu dokumentieren.

Scharfrichterordnung aus dem 18 Jht.

Die Leiter an den Galgen anlehnen	1 fl.
Stricke und Bänder	30 kr.
Den Scheiterhaufen aufrichten	1 fl.
Die Asche des Verbrannten in fließendes Wassers zu werfen	1 fl.
In den Bock spannen (ohne Rutenstreiche)	1 fl.
Jeder Streich mit der Spitzrute	8 kr.
Jedem Knecht gebühren	30 kr.
Für Schnüre zum Bockspannen, leer aufziehen, Gewichte anhängen, die Stricke anziehen, Beinschrauben anlegen, auf den Pranger führen, je	30 kr.
Vor die Kirche mit brennender Kerze stellen	12 kr.
Ausrufung des Friedboten	15 kr.
Salben zum Einschmieren bei der Tortur	30 kr.
Der Hexenbrand	**4 kr.**

Die Folter in der praktischen Anwendung

»Die Orte, da die Tortur vorgenommen wird, sollen abgelegen sein, auf daß keine Leute hinlaufen, damit der Richter die Unzichten des Hexenvolkes geheimhalten kann. Die Gewölbe sollen dick sein, damit der Inquisiten Geschrei und Winseln den Umherwohnenden nicht beschwerlich falle«.[104]

Die Folter ist keine Strafe, sie ist ein Mittel, den Angeklagten zu einem Geständnis zu zwingen, weil ohne Geständnis eine Verurteilung nicht statthaft ist. Die Unzulänglichkeit und Trüglichkeit der auf der Folter abgegebenen Geständnisse wird schon in der Mitte des 14 Jhts. von einem der berühmtesten Männer seiner Zeit nachgewiesen. Es ist Johannes Capistranus, Richter aus Perugia zur Zeit des Königs Ladislaus von Neapel. In Deutschland überreicht 1501 der Domprediger Geiler von Kaisersberg[105] dem Straßburger Rat eine Beschwerdeschrift, in der vermerkt ist:

»daß Inhaftierte ohne genügende Anzeigen aufgezogen werden, gemartet, an Leib und Leumund geschädigt, nicht nach ordentlichem Recht, und danach mit einem Eid gezwungen (werden), daß sie nicht aussagen sollen, wie ungerecht sie behandelt worden sind und welche unbillige Urpheden von ihnen gefordert, deshalb sie also rechtlos gestellt und vergewaltigt werden. Das soll nicht sein. Es ist nach den Gesetzen klar bestimmt, nach was man das Recht erkennen soll, ob einer aufzuziehen ist oder nicht. Das wissen die Rechtsgelehrten. Desgleichen Statut Gewohnheit und Ordnung dieser Stadt sollen gesetzt werden nach göttlichem, christlichem und kaiserlichem Recht, daß man ihnen die Türen öffnet und an die Sonne lassen komme, wie es die Nürnberger getan haben«. Das ist ein klarer Angriff auf die Ungerechtigkeiten im Prozeß und vor allem auf die Mängel der Urphede.

Thomasius sagt: »Es ist bekannt, daß die Folter nicht bei allen Vergehen Platz greifen kann, sondern nur bei denen, für welche die Todesstrafe oder mindestens eine Leibesstrafe angedroht ist«.

Von der Folter ausgenommene Personen

Bereits der Hexenhammer geht davon aus, daß bestimmte Personenkreise von der Folter ausgeschlossen sind. Nach dem römischen Recht sind es Freie und frei Geborene. Im 16. Jht. bei uns nur noch bestimmte Personengruppen. Die Angaben sind schwankend, aber im wesentlichen:

- Leute, die um ihres Ranges willen erlaucht sind. Senatoren, berühmte und ausgezeichnete Leute
- In Ehren entlassene Ritter aus dem Heeresdienst
- Gelehrte, Rechtsanwälte und Studenten (die der Universitätsgerichtsbarkeit unterstehen)
- Gewisse Jugendliche und Altersschwache
- Schwermütige, Taube und Stumme (weil man von ihnen kein sicheres Geständnis erwarten kann)
- Schwangere Ehefrauen, solange sie die Leibesfrucht tragen
- Dazu kommen alle Geistlichen und diejenigen, die direkten Kontakt zu den Hexen haben. Also Henker, Schergen, Häscher, Fänger, Büttel, usw.

Die Folterpraxis des 17. Jhts., besonders in den geistlichen Fürstentümern Bamberg und Würzburg zeigen, daß alle Einschränkungen übergangen werden. An die Stelle der Ordnung tritt Willkür. Hier stoßen verschiedene Faktoren aufeinander: ein eingespieltes Folterverfahren auf breiter Ebene, viele territoriale Rechtsauffassungen, die mit dem 30jährigen Krieg verbundenen Schrecken (Entsittlichung), das Bemühen des Katholizismus, mit Unterstützung der Jesuiten die an die Protestanten verloren gegangenen Gebiete zurückzuerobern. **Hier zeigt sich die Dummheit und Ausweglosigkeit der Glaubenskriege.**

Wichtig ist die Feststellung, daß bei weitem nicht nur Frauen eingezogen worden sind. Die Hexenbrände umfassen alle Teile der Bevölkerung. Das wird durch ein Verzeichnis deutlich, das die in Würzburg von 1627 bis 1629 wegen Zauberei Hingerichteten umfaßt. Man kann davon ausgehen, daß der überwiegende Teil der Personen vorher einer Folterung unterzogen worden ist.

»Die dicke Höckerin, zwei fremde Weiber, der Tungerleber, (ein Spielmann), die Bürstenbinderin, die Goldschmidtin, eine Bürgermeisterin (die Sigmund Glaserin), die Schickelte Amfrau (Hebamme). Ein fremder Mann, der Lutz, ein vornehmer Kramer, des Herrn Domprobst Vögtin, ein alt Weib, der Rath-Vogt (Gehring genannt), die alte Cantzlerin, die dicke

Schneiderin, ein fremder Mann, ein fremd Weib, ein fremd Mägdlein von 12 Jahren. Ein fremder Schultheiß, drei fremde Weiber. Der Baunach, ein Ratsherr und der dickste Bürger von Würzburg. Des Domprobst Vogt. Zwei fremde Weiber, der Benzen Tochter. Der Steinacher, ein ganz reicher Mann. Der Schwerdt, Vikarius am Dom, der Silberhans, ein Spielmann, ein klein Mägdlein von neun oder zehn Jahren. Ein geringeres, ihr Schwesterlein. Der Loeblerin Tochter von 24 Jahren. Eine Metzgerin. Ein Edelknab von Ratzenstein. Ein Knab von 10 Jahren. Eine Apothekerin zum Hirsch und ihre Tochter. Der Batsch, ein Rotgerber. Ein Knab von 12 Jahren. Ein Mägdlein von 15 Jahren. Das Göbel Babelin, die schönste Jungfrau von Würzburg. Ein Student in der fünften Schule, so viel Sprachen gekonnt, und ein vortrefflicher Musicus vocaliter und instrumentaliter. Der Spitalmeister im Dietricher Spital, ein sehr gelehrter Mann. Ein Knab von 14 Jahren, ein reicher Büttner. Der Melchior Hammelmann, Vicarius zu Hach. Der Nicodemus Hirsch, Chor-Herr im neuen Münster. Ein Alumnus. Der Lorenz Stüber, Vicarius am neuen Münster. Der Betz, Vicarius am neuen Münster. Der Lorenz Roth, Vicarius im neuen Münster. Der Friedrich Basser, Vicarius am Dom-Stift. Der Stab, Vicarius zu Hach. Der Lambrecht, Chor-Herr im neuen Münster. Der David-Hans, Chor-Herr (des Valkenbergers Töchterlein ist heimlich hingerichtet und mit der Laden verbrannt worden). Der Wagner Hans, Vicarius im Dom-Stift. Der Hüter auf der Brücken. Der Hafnerin Sohn. Der Michael Wagner, der Knor, alle Vicarius zu Hach. Ein blind Mägdlein. Der Schwartz, Chor-Herr zu Hach. Der Ehling, Vicarius. Der Bernhard Mark, Vicarius am Dom-Stift, ist lebendig verbrannt worden. Die Beckin bei dem Ochsentor. Die dicke Edelfrau. Ein geistlicher Doktor, Meyer genannt, zu Hach und ein Domherr. Ein guter vom Adel, Junker Fleischbaum genannt...(16. Februar 1629)«.

Bei dieser Liste fallen geistliche Personen und vor allem kleine Kinder auf. Die oberflächliche Meinung, daß die Hexen nur altersschwache Weiber mit roten Augen waren (wie sie noch heute das Märchen darstellt), ist unhaltbar und genauso falsch wie die Auffassung das Hexenwesen sei ein Relikt des finsteren Mittelalters. Das deutsche Mittelalter ist weder finster noch kennt es den Hexenprozeß.

Dennoch hat man mehr Frauen als Männer verurteilt. Das liegt an überlieferten Vorstellungen, am »schwachen Geschlecht« selbst. Es liegt vor allem am falschen von der Kirche geprägten Weltbild über die Frauen im Zusammenhang mit Sünde und Sexualität. Daran ändert die Tatsache nichts, daß einige Frauen heldenhaft die Qualen der Tortur überstanden haben.

Zermonien in der Folterkammer

In der Regel geht der Folter eine Territion voraus. Man unterscheidet die »territio verbalis«, bei der man die Folterinstrumente vorstellt und mit der Folter droht, und die »territio realis«. Hier legt man einzelne Instrumente an und bereitet die Folter vor. Zweck der Territion ist, ein Geständnis ohne Folter herbeizuführen.

Weitere Vorbereitungen bestehen in der Anwendung zauberischer Dinge. So werden die Inquirierten nach verborgenen Zaubermitteln untersucht. Man schneidet oder sengt ihnen die Haare ab (mit brennendem Stroh oder Kerzen). In wiederholten Fällen kommt es zu Unzuchtsvergehen.

1516 wird das Mädchen Ulant Dammartz, das einen seinen Eltern nicht genehmen jungen Mann heiraten will, in das Kloster Marienbaum bei Xanten gesteckt. Hier gilt sie als vom Teufel besessen und steckt angeblich andere Nonnen an. Sie flieht, wird eingefangen und in das Gefängnis von Dinslaken gebracht. Sie gibt vor, Unfug getrieben zu haben. Sie wird nicht gefoltert, aber während der langen Haft zweimal vom Gefängniswärter geschwängert.[106]

Dann trifft man Vorkehrungen um zu verhindern, daß den vermeintlichen Hexen von ihren Buhlen Beistand geleistet wird. Bei der Tortur ist eine besondere Kleidung anzulegen. Darauf folgt das Suchen nach dem Teufelsmahl. In katholischen Gebieten erfolgt das Besprengen mit Weihwasser, das Räuchern mit geweihten Kräutern, das Trinken von geweihten Flüssigkeiten, das Einnehmen der Hexensuppe und die Tränenprobe.

Stigma diabolicum

Man untersucht den gesamten Körper nach bestimmten Stellen. In sie sticht man mit langen Nadeln, wie ich es unter dem Kap. Hexenproben angedeutet habe (Vergl. S...). Teufelsmahle werden auch von Scharfrichtern ausgeschnitten. In einem Leipziger Urteil heißt es: »An Rath zu Schmiedeberg, 1621: Ferner hat Inquisitin berichtet, daß die Zauberinnen und Hexen alle, inmassen sie selber auch gezeichnet wäre, wie sie denn ungeheißen ihr Brüstgen oder Kittelchen ausgezogen, und mit der Hand zwischen die Schulter gefühlt, und daselbst ein Wärzlein oder Flecklein denen Gerichtspersonen gezeiget, daß dasselbe das Zeichen sei, und daß ein Theil Zauberer schwarze Strichlein an der Stirn, Augen und anderen Gliedmaßen, welche sich nicht ließen auswaschen«.[107]

Eine Angeschuldigte in Genf wird 1652 dreimal (von drei Doktoren und fünf Chirurgen) untersucht. Sie entdecken verschiedene Male, stechen mit fingerlangen Nadeln hinein und prüfen, ob die Inquisitin Schmerz empfindet oder ob Blut heraus kommt. Sie sind sich ihrer Sache nicht sicher, ob die Zeichen Hexenmahle sind. Nach der letzten Untersuchung hält man zwei Mahle, eines an der oberen Lippe, das andere am rechten Schenkel, beide schwarzgelb und gleich einer Linse, für teuflische Zeichen, weil sie aus keiner natürlichen Sache zu erklären sind. Nachdem man Nadeln hineingesteckt hat, tritt kein Blut hervor. Die Angeschuldigte empfindet keine Schmerzen.[108]

Die »bayrische General- und Spezialinstruktion für den Hexenprozeß von 1622« verordnet: »so lange zauberische Personen verhaftet sind, sind geistliche Sachen, als Weihwasser, Kruzifix, geistliche Bilder, Agnus Dei und dergleichen bereit zu halten, damit des Teufels Gewalt behindert werde«.[109]

Bei Hexenprozessen, die 1721 und 1722 in Moosburg und Freising stattfinden, wird die Folterkammer mit Weihrauch geräuchert, die zur Peinigung der Angeklagten gebrauchten Spitzruten werden geweiht, bei jedem Exemen werden geweihte Lichter gebrannt und mit dem St. Johanneswein werden dem Angeklagten geheiligte Reliquien eingegeben.

Foltergrade

Im Lauf der Entwicklung haben sich bestimmte Vorstellungen von der wirksamen Durchführung der Folter herausgebildet. Man sieht diese Steigerung schon am Sprung der altrömischen Foltermethoden gegenüber den griechischen. **Der zum Quälen veranlagte Mensch hat geradezu perfektionistische Methoden ersonnen, um Schwächere zu unterdrücken.** Der Jesuit Friedrich Spee sagt nicht zu Unrecht: »**...Pfui der Schande, ist das ein Eifer, der an uns Deutschen zu loben ist...ich schäme mich für Deutschland**«.

Die Entwicklung des 16. und 17. Jhts. zeigt bei der allgemeinen Schematisierung im prozessualen Ablauf 5 bis 7 sich in der Qual steigernde Foltergrade. Sie werden kombiniert. Im Detail besteht die Möglichkeit der Abschwächung oder der Verschärfung. Das zeigt sich beispielsweise im Schlagen mit dem Hammer auf die Daumen- oder Beinschraube. Hier ist der enorme Spielraum erkennbar, den der Henker und seine Schergen beanspruchen können. Einschränkende Vorstellungen z.B. seitens der Carolina werden übergangen. Die Territion zählt nicht zu den Foltergraden.

Der erste Grad besteht üblicherweise in der Anlegung der Daumenschraube oder des Daumenstocks. es gibt einfache und doppelte. Die vorderen Daumenglieder kommen unter metallische Spitzen. Man quetscht, bis das Blut hervorspritzt, bzw. bis der Delinquent gesteht. Allein dieser erste Grad verursacht ungeheuerliche Schmerzen.

Der zweite Grad besteht oft im Anlegen der sog. »Spanischen Stiefel« oder der »Beinschrauben«. Dadurch werden Wade und Schienbein zusammengepreßt und nicht selten bis zum Splittern der Knochen. Prinzipiell ist die Wirkung analog der Daumenschraube, aber erheblich schmerzhafter. Zur Verstärkung des Schmerzes schlägt man mit dem Hammer auf die geschlossene Schraube. Eine Variante davon sind »gezähnte« Schrauben, worüber ein Augenzeuge berichtet: »die Empfindlichkeit und die Schmerzen sind am größten, indem man dem armen Menschen das Fleisch und die Schienbeine zusammenschraubt, also daß das Blut herabfließt und viele dafür halten, daß eine solche Folter auch der allerstärkste Mensch nicht aushalten vermöge«.

Der dritte Grad ist das »Schnüren mit den Banden«, auch »Expansion« oder »Elevation« genannt. Der Henker schnürt die Arme des Delinquenten zusammen. Der Verurteilte wird dann entweder vorwärts oder rückwärts aufgezogen. Beim Rückwärtsaufziehen hängen sich die Schulterknochen aus. Die vorhandenen Abbildungen zeigen den Deliquenten freischwebend. Man kann sich ausmalen, welche Schmerzen damit verbunden sind, das Seil auf und niederzuziehen, bzw. es schnellen zu lassen. Eine Verschärfung besteht im Anhängen von Gewichten an die Beine oder großen Zehen.

Der vierte Grad bedeutet, daß man den Inquisit auf eine Leiter legt und seinen Körper so lange auseinanderzieht, bis die Gelenke ausgekugelt sind. man legt den Gefesselten auch auf an die Wand gelehnte, Leitern, in deren Mitte eine Sprosse als sog. »gespickter Hase« also als Rolle mit hölzernen Spitzen, ausgebildet ist. Nun zieht man den Betroffenen langsam über den gespickten Hase. Eine Variante davon ist, eine Rolle unter dem Gefesselten und straff gespannten hin und her zu bewegen. Was das Auseinanderziehen des Körpers anbelangt, so bemerkt die C.C.C. von 1532: »Es soll der hartnäckige Inquisit so auseinandergezogen werden, daß man durch seinen Bauch ein Licht scheinen sieht, das hinter ihm gehalten wird«.

Der fünfte Grad ist die Feuerfolter. Sechs zu einem Bündel geschnürte Lichter werden angezündet und die Flamme unter die Achselhöhlen, Fußsohlen oder andere Körperteile des Deliquenten gehalten.

Damit nicht genug: parallel erfolgt das Schlagen mit Ruten und Riemen, an deren Ende sich Widerhaken oder kleine Bleistücke befinden. Besonders eifrige Schergen gießen siedendes Öl oder Branntwein auf zerschlagene Schienbeine oder auf offene Wunden, bzw. brennendes Pech über den nackten Körper. Außerdem werden verschiedene Foltergrade kombiniert.

Die fünf oder sieben Grade der Folter sind gewissermaßen als Standardfolter zu bezeichnen. Die menschliche Rohheit ist damit keinesfalls zufrieden. Wenngleich das Durchstehen der Foltergrade mit fast »tödlicher« Sicherheit zum Geständnis führt, so haben grausame und dumme Menschen zahlreiche Sonderformen entwickelt und sie als erfolgreich gerühmt.

Besondere Folterinstrumente

Dazu zählen das »Mecklenburger Instrument« (auch der »spanische Bock« oder »spanische Esel« genannt. Ein aufrechtstehendes, oben stark elliptisches und ausgezacktes, Brett, auf dem der ausgekleidete Delinquent rücklings sitzt, dem man dann die Beine mit Gewichten beschwert, Dazu kommen der »Jungfernsessel« oder »Jungfrauenschoß«, die »spanischen Hosenträger«, die »Spinnen« oder »Zangen« der »Hexenkasten«, die »Wippe«, die »Drehscheibe« und der »Hacker'sche Stuhl«, der als Erfindung des Ortenberger Scharfrichters gilt. Das ist ein hölzener Armsessel, der an allen Sitz- und Aufliegeflächen des Körpers mit spitzen Stacheln besetzt ist. Hier liegt ein Grad der Verschärfung darin, den Schoß des Delinquenten mit einem schweren Stein zu belasten.

Einer anderen Quelle zufolge ist der Hacker'sche Stuhl aus Eisen gearbeitet, der von unten beheizt wird. Die spanischen Hosenträger bestehen aus zwei eisernen Reifen, von denen der eine um die Brust, der andere um die Mitte des Leibs geschlossen wird. Sie sind durch vertikal laufende Eisenbänder verbunden (daher wohl der Begriff »Hosenträger«). Der Verschluß erfolgt mit Scharnieren und Hängeschlössern. Über die Funktion dieses Instrumentes bin ich mir nicht ganz im Klaren. Ich vermute, daß es eine Vorrichtung zum Anketten im Kerker ist.

Im Brauch sind außerdem das Eintreiben von in Schwefel getränkten Spänen unter die Fingernägel. Der Prediger Johannes de Greve nennt in seinem Buch weitere Foltermethoden: das Einschließen in den »glühenden Stier, das Eingießen von Urin in den Mund des Delinquenten, Quälen durch Bienen- und Wespenstiche, Auflegen von Essig, Salz und Pfeffer in die Wunden, Schwefeleinguß in die Nase oder das Ablecken der mit Salzwasser bestrichenen Stellen durch eine Ziege. Das verweist auf den einstigen Gebrauch der Tortur bei den Römern.

Mit diesen Anmerkungen sind die verschiedenen Foltermöglichkeiten nicht erschöpft. Zwei weitere Instrumente bestehen im »Dessauer Trog« und in der »Eisernen Jungfau«.

Oben: der kunstgerecht geschlungene Strang zum Hängen. Mitte: der sog. Hexenhaken. Unten: Die Spinne zum Greifen und Einfangen der Hexen.

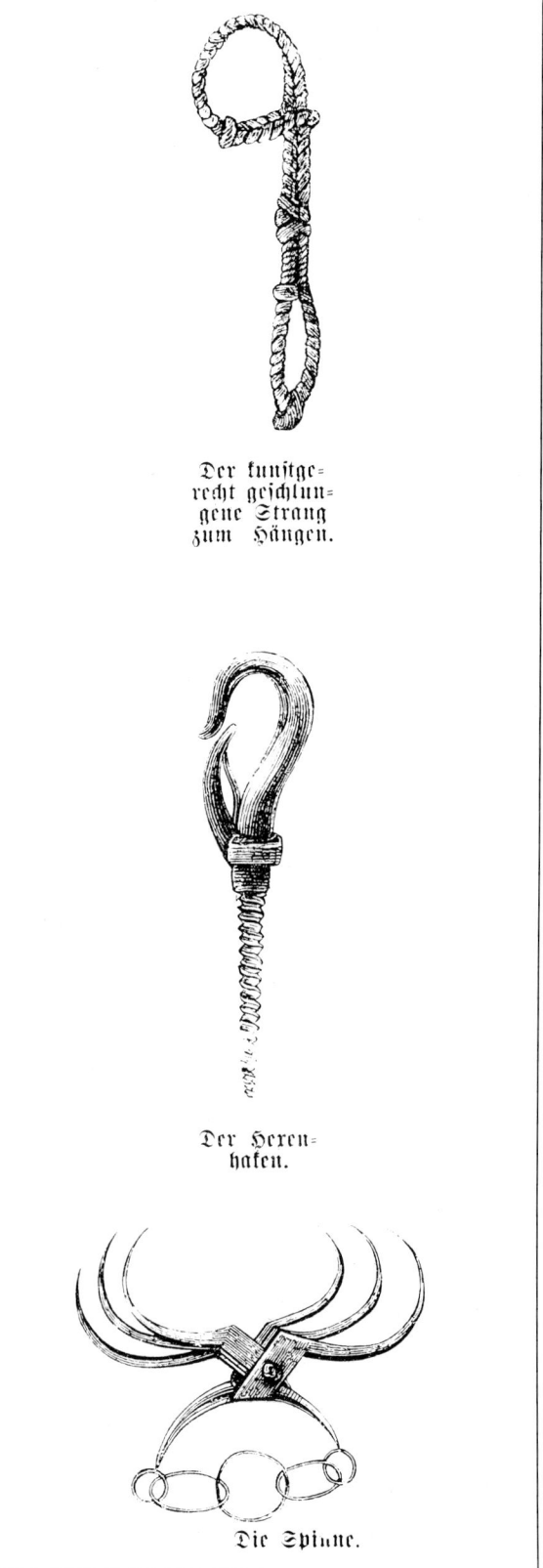

Der kunstgerecht geschlungene Strang zum Hängen.

Der Hexenhaken.

Die Spinne.

Dessauer Trog,[110] Eiserne Jungfrau

Der Dessauer Trog wird nach seinem Erfinder, dem Herzog Leopold von Dessau (dem »alten« Dessauer) genannt und ist mit einem Zwangssarg vergleichbar, wie er in Deutschland noch im 19. Jht. in der Irrenpflege eingesetzt wird. Mit einem oberen Brett bedeckt, liegt der Verurteilte, jeder Bewegung beraubt, in einem solchen Trog, bis er bereit war, ein Geständnis abzulegen.

Im Londoner Tower bediente man sich eines Torturwerkzeuges, das man »the scavengers daughter« (des Gassenkehrers Tochter) nannte. Dieses Marterinstrument erinnert an die in Deutschland und Spanien zum Einsatz gekommene »Eiserne Jungfrau«. Sie scheint aber nicht nur als Hinrichtungswerkzeug für bevorzugte Stände (Edelleute, Geistliche, Adelige) eingesetzt worden zu sein, sondern wird im Lauf Der Zeit zu einem speziellen Marterinstrument ausgebaut. Durch dieses Instrument getötet werden, heißt »die Jungfrau küssen«.

»Vormals bestand die Todesstrafe darin, daß der Verurteilte einem weiblichen Automaten entgegenschreiten mußte, der ihn umarmte und in eine von Messern und Spießen starrende Tiefe warf. Nach den meisten Überlieferungen ist die Jungfrau ein künstlich zusammengesetztes Werk aus Eisen in Gestalt einer stehenden Jungfrau mit beweglichen Armen und mit Schwertern in den Händen gewesen, das in einem Gewölbe mit einer Falltür verdeckten Öffnung im Fußboden stand, worunter ein Schacht in die Tiefe, möglichst im fließenden Wasser, hinabging. Wurde der zum Tod verurteilte gezwungen, sich dieser Figur zu nähern, so breitete die Jungfrau ihre Arme aus und umschlang den Delinquenten, den sie dabei gleichzeitig mit Schwertern durchbohrte. Der Leichnam fiel gleichzeitig durch eine Falltür in den Schacht, aus dessen Wänden ebenfalls scharfe Messer starrten, so gelangte der zerstückelte Körper in die Tiefe, wo das Wasser die Leichenteile fortschwemmte«.[111]

Der Nürnberger Jurist Siebenkäs redete von einer Eisernen Jungfrau, die in Nürnberg vorhanden gewesen sein soll. Sie soll sich einst im Schloß Heistritz in der Steiermark befunden haben. Diese Jungfrau war sieben Schuh hoch, aus Eisenblech gefertigt und erschien in der Nürnberger Zopftracht und dem Mantel der Bürgerfrauen des 16. Jhts. als eine verhüllte Frauengestalt. Durch Gewichtsteile in Bewegung gesetzte Federn ließen sie aufspringen. Der Jungfrau hohler Rumpf empfing den Verurteilten. Mit Gewalt schlug sie zu und spitze Dolche, welche in die Brust drangen, zwei Schwerter, die die Augen trafen und andere Stacheln gruben sich in den toten menschlichen Körper. Der Boden der Maschine hatte Riemen und in der

Eiserne Jungfrau geschlossen und geöffnet. Die eisernen Spitzen dringen u. a. in die Augen und die anderen Körperteile. Die eiserne Jungfrau schnappt beim Übertreten einer Kontaktschwelle zu. Die Leichenteile werden in den Fluß geschwemmt.

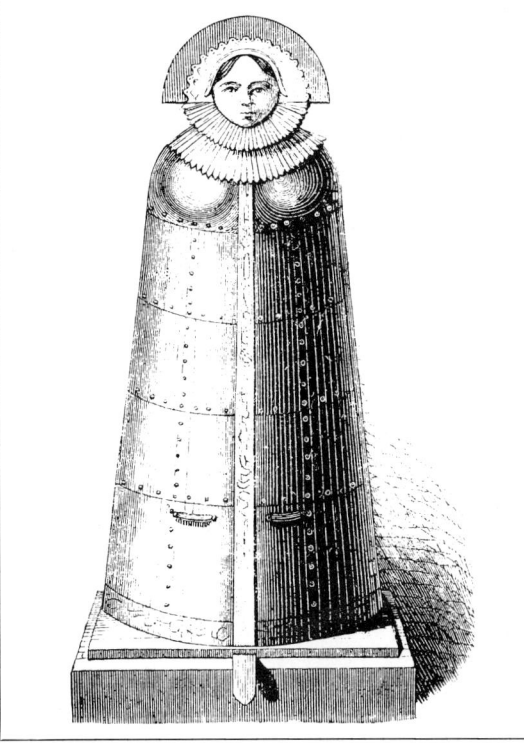

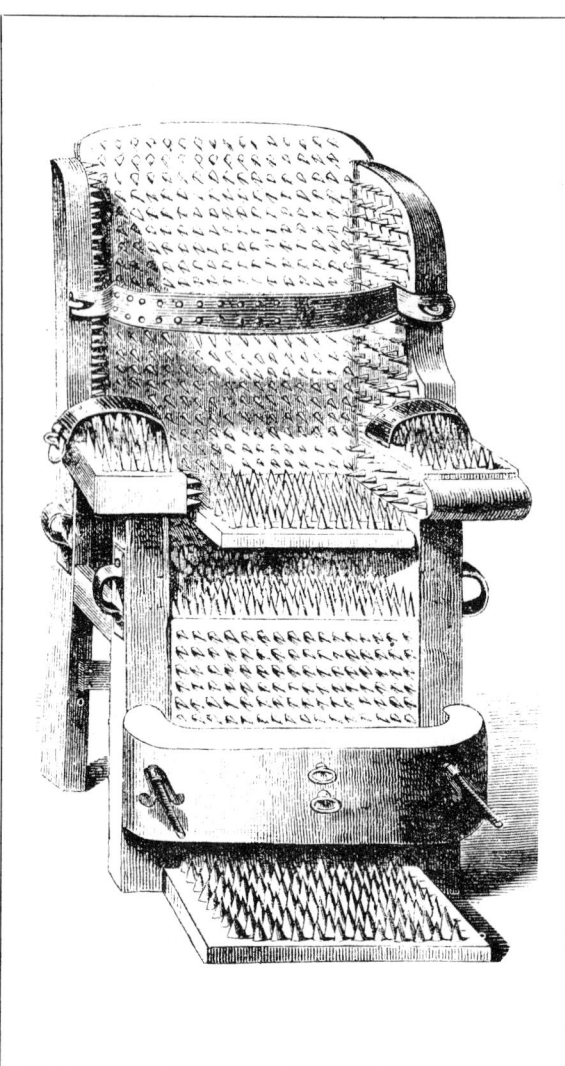

Der sog. Hacker'sche Stuhl (Folterstuhl). Inwendig hölzerne oder eiserne Spitzen. Zur Verschärfung wird der Stuhl entweder von unten beheizt, oder dem Straftäter wird ein schwerer Stein in den Schoß gelegt.

Stachelwanne (?). Nicht der sog. »Dessauer Trog«. Der Straftäter wird hineingelegt und praktisch jeder Bewegung beraubt. Eine Art Wachfolter, weil ein Einschlafen unmöglich ist. Noch im 19. Jht. wird in der deutschen Irrenpflege ein ähnlicher »Zwangssarg« eingesetzt.

Mitte ein Loch zum Abfließen des Blutes. Diese Maschine soll sich unweit der Burg, im Fröschturm, als »heimliches Gericht« befunden haben.[112]

Eine andere Eiserne Jungfrau befand sich in den Gefängnissen des Salzburger Schlosses, auf dem Hradschin (Prag), im Roten Turm von Wien, in Wittenberg, Schwerin und Köln. Die Kölner Jungfrau hieß im Volksmund »Wegschnapp« und befand sich in einem Wachturm. Der betreffende Raum stand über eine Falltür mit dem Rhein in Verbindung. In Mainz soll die Jungfrau aus einem hölzernen Zylinder mit Messern in der Innenseite bestanden haben, die beim schnellen Drehen die darin befindliche Person zerstückelte. Eine weitere Eiserne Jungfrau befand sich in Dresden.

Madre dolorosa aus Toledo, das Pressen in England

General Lasalle berichtet 1808 über das Inquisitionsgefängnis von Toledo: »In einem Gewölbe stand in einer Mauerblende eine hölzerne Bildsäule, die Mutter Gottes darstellend. Ein vergoldeter Strahlenkranz umgab ihr Haupt. Bei genauer Untersuchung ergab sich, daß die Vorderseite dieser Statue mit einer Menge, mit den Spitzen nach außen gekehrter Nägel und Messerklingen bestand. Arme und Füße hatten Gelenke; eine hinter einer spanischen Wand angebrachte Maschine leitete ihre Bewegungen...Der Gefangene wurde zu ihr hingeführt...dann begann die Bildsäule ihre ausgebreiteten Arme zu heben. Allmählich, kaum merkbar, drangen die Spitzen mehr und mehr in den Körper. Der namenlose Schmerz entlockte entweder das Geständnis, oder der stumm Bleibende blieb ohnmächtig in ihren Armen hängen...dann wurde er zu neuen Matern in den Kerker zurückgebracht«. Die Diener der Religion nannten diese Maschine »madre dolorosa«.

In England soll es eine weitere Foltermaschine gegeben haben. »(hier)...ist das Pressen im Gebrauch, da man, einer Presse gleich, eine Truhe hat, darein legt man den Übeltäter, welcher sich mit Speise und Trank anfüllen muß, und schraubt die Presse dann nach und nach zu. Wer nun in solcher Qual stirbt, erhält seinen Kindern das Vermögen, das ansonsten dem König heimfällt. Man schraubet zuweilen auch solche Pressen nicht zu, sondern bindet die Zehen des Übeltäters an eine Schnur, zieht solche durch ein Löchlein, und windet sie um eine Säule, oder dreht sie an einem Kerbel, wie die Fuhrleute die Ketten rütteln«.[113]

Torturprotokolle

Ich bringe an dieser Stelle lediglich einige Beispiele, die den Unterschied zwischen Theorie und Praxis, zwischen gesetzlicher Vorschrift und menschlicher Dummheit verdeutlichen. Alle Bande der Vernunft sind gerissen: Die Gesetze werden weit überschritten. Dies betrifft Folterart und -zeit. Mit unmenschlichen Methoden werden Schwächere gequält. Fehr bringt einen bemerkenswerten Hinweis: setzt sich der Henker oder Scharfrichter mit der Person des Delinquenten auseinander, oder, was er vermutet, widersetzt er sich dem Dämon, von dem er die Person besessen glaubt. Im Rahmen der damaligen Auffassung ist dies denkbar. Es würde die grausame Unmenschlichkeit einzelner Scharfrichter in ein anderes Bild rücken, diese Interpretation ist gleichbedeutend ein Schuldgeständnis für die Kirche, die den Glauben an Teufel und Dämonen (Exorzismus) noch heute hochhält. Bei der Macht und dem Einfluß der kirchlichen Institutionen kann sie ohnehin nicht freigesprochen werden. Die Ausrede, daß die Beichtväter erst nach der Tortur zugelassen werden, ändert nichts daran, daß die Kirche die Folter sanktioniert und Vorteile daraus gezogen hat.

Zahlreiche weitere Folterbelege finden sich in anderen Kapiteln des Buches.

Tortur gegen Johann Triemont, Jacob Cornil, seinen Sohn und Petrus Nanius

Die Folter findet 1576 im nördlichen Holland unter dem Statthalter Theodor von Sonney statt. Er hat ein Verbot gegen das Landstreichen und Betteln erlassen, damit kein Andersgläubiger aus dem katholischen Süden eindringen kann. Ein Zeuge, Johann Triemont, wird folgendermaßen gefoltert:

Er hängt 3 1/2 Stunden mit rückwärts gebundenen Händen, die Füße mit einem Gewicht von zwei Zentnern beschwert, dann wird er dem Holzstoß überliefert. Jacob Cornil wird **mehrere Tage** ununterbrochen gefoltert. In den Zwischenzeiten werden acht bis neun Schoppen Spiritus an ihm verbrannt, so daß der ganze Körper schwarz verbrannt und die Fußsohlen verkohlt sind. Nach einem weiteren Verhör fällt er nach wenigen Minuten tot vor die Kommisarien! »...seht ihr, wie der Teufel ihn umgedreht und diesen Schurken zur Hölle entführt hat«. Dann wird seine Leiche geviertelt. Mit der gleichen Unmenschlichkeit geht man seinen Sohn vor. Er wird 23 mal gefoltert, auf eine besondere Weise:

»Wespen, Hornissen, Bienen und andere stechende Tiere werden zur Folterung herangezogen. Sein Körper wird mit Spiritus verbrannt, unter seinen Fußsohlen wird Feuer gelegt. Die Haut wird mit brennenden

Kerzen gebrannt. Sechs Tage erhält er keine Speisen. Dann bekommt er gesalzene Heringe. Getränke erhält er nicht. In einem Käfig werden Mäuse auf seine nackte Brust gesetzt. Dann wird das Gefäß erhitzt, damit die Tiere wütender nagen. Als der Unglückliche auf den Richtplatz geführt wird, widerruft er alles, was er unter den Schmerzen bekannt hat. Der Magistrat läßt ihn in das Gefängnis zurückbringen, dort wiederholt er in Gegenwart eines Pastors seine Aussage. Bei einem dritten, Petrus Nanius, wird die Tortur 25 mal angewendet. Hornissen, Mäuse und brennendes Pech werden zur Unterstützung herangezogen. Mit sieben Seilen durchreißt man ihm die Haut und Fleisch bis auf die Knochen«.[114]

Tortur gegen Enneke Fürsteners

Im Fürstentum Münster unterscheidet man ebenfalls fünf Grade der Tortur. Unter dem Neffen des Herzogs Ernst von Bayern, der 1611 sein Amt niederlegt, Ferdinand von Bayern, (1612-1650) findet unter anderen auch der Prozeß gegen Enneke Fürsteners statt. Er verdeutlicht die einzelnen Foltergrade.

Zunächst fragt man sie »vergeblich«, damit sie »gütlich« bekennt »...Sie soll lieber die Wahrheit sagen, weil die »peinliche Frage« ohnehin zum Geständnis bringt, und weil sie durch das hartnäckige Läugnen die Strafe verdoppelt«. Sie gesteht nicht. Der Scharfrichter Matthias Schneider wird herbeigerufen. Er zeigt ihr die Folterinstrumente und redet ihr zu. Dann führt man sie in die Folterkammer und befragt sie nach den Punkten der Anklage. Bis hier kann man vor der sog. »Territion« sprechen.

Weil sie »beständig leugnet«, legt man ihr die Daumenschrauben an. Dann die spanischen Stiefel. Dies hält sie über eine halbe Stunde aus. Dr. Gogravius, der Notar, wir besorgt »es möchte peinlich Befragte sich vielleicht per malefizium« (durch Hexenkunst) unempfindlich gemacht haben... »Er befiehlt dem Nachrichter, sie noch einmal zu untersuchen, ob vielleicht an verborgenen Stellen ihres Körpers oder unter den Kleidern etwas Verdächtiges sich vorfinde«, was nicht der Fall ist.

Jetzt legt man ihr wieder die spanischen Stiefel an, was sie über 30 Minuten aushält. Dann wird der nächste Foltergrad befohlen. Die Angeklagte wird vorwärts aufgezogen und mit 2 Ruten bis zu 30 Streichen gehauen: »sie solle lieber sagen, daß sie es getan hätte und unschuldig sterben, wenn sie nur keine Sünde daran täte«. Dann wird sie rückwärts aufgezogen. »Mit der Aufziehung dergestalten verfahren, daß die Arme rückwärts über dem Kopf standen, beide Schulterknochen aus ihrer Verbindung gedreht und die Füße eine Spanne weit von der Erde entfernt gewesen«. Nachdem sie sechs Minuten hängt, befiehlt

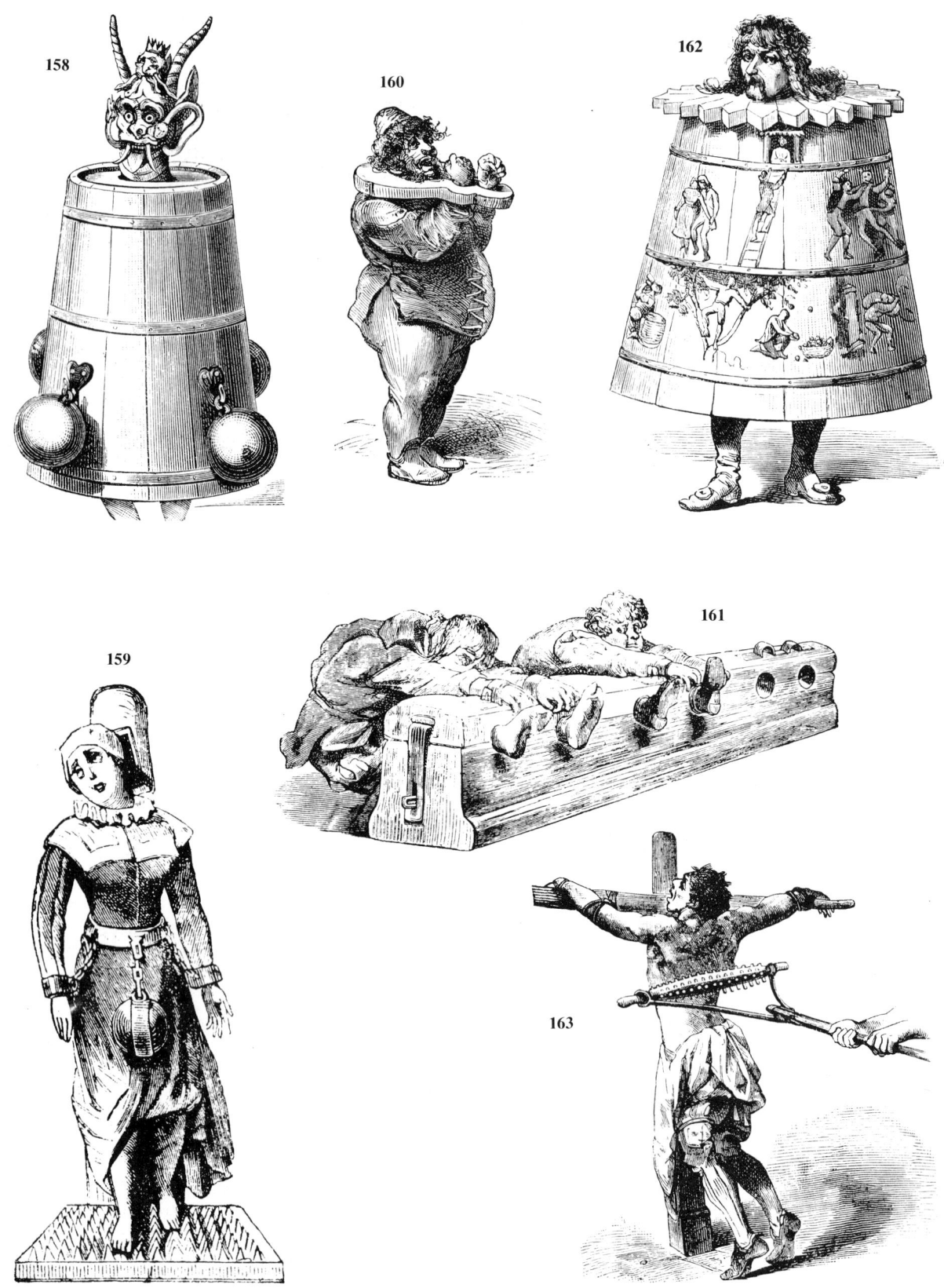

158

160

162

159

161

163

288

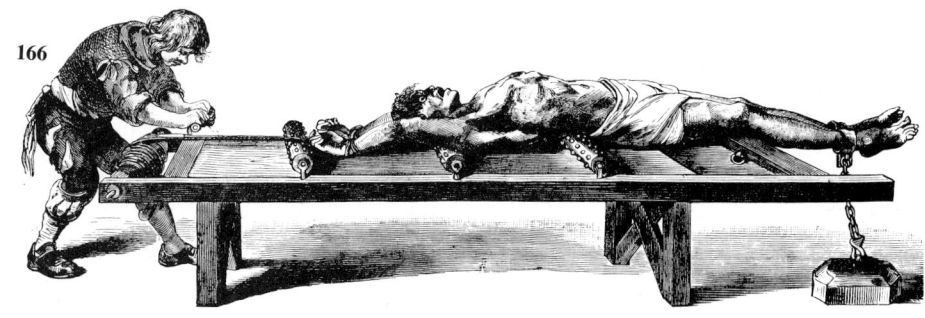

166

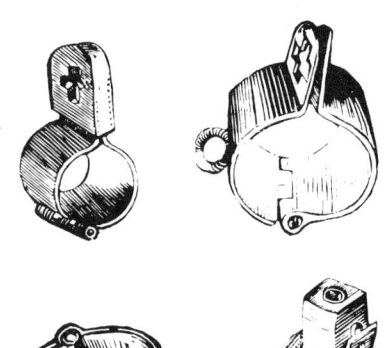

164

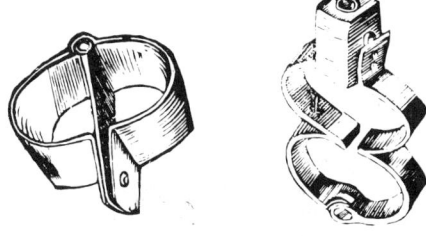

165

Abb. 158: *Strafmantel aus massivem Eichenholz. Zur Verschärfung der Strafe wird die Schandmaske übergezogen, bzw. werden außen Gewichtssteine befestigt.*

Abb. 159: *Das gespickte Fußbrett. Gleichzeitiges Stehen am Pranger mit Handeisen und einem Gewicht, das an einem Leibreifen befestigt wird.*

Abb. 160: *Die einfache Geige.*

Abb. 161: *Der Block oder Stock. Deutlich sieht man das Scharnier. Die so gefangenen können nicht die elementarsten Bewegungen ausführen.*

Abb. 162: *Schandmantel für Unsittliche, Nachtschwärmer, Trunkenbolde, Obst- und Holzdiebe, was durch die Bemalung deutlich wird.*

Abb. 163: *Anwendung des gespickten Hasen bei dem an ein Kreuz gefesselten Straftäter.*

Abb. 164: *Verschiedene Formen und Ausführungen von Hand- und Beinfesseln.*

Abb. 165: *Doppelte Geige zum gleichzeitigen Einspannen zanksüchtiger Weiber.*

Abb. 166: *Das Streckbrett mit angehängtem Gewicht und einem untergelegten (gespickten) Hase, der langsam auf und ab bewegt wird.*

Die Abb. 158-166 stammen aus: »Die Folter- und Marterinstrumente des Nationalmuseums zu München in ihrer Anwendung«.

Dr. Gogravius, sie nochmal mit 30 Streichen zu schlagen. Peinlich Befragte beharrt »beim Leugnen«. Dann werden wieder die Daumenschrauben und die spanischen Stiefel angelegt, dergestalt, daß sie fast unerträglich geschrien hat, hat dieselbe doch über 30 Minuten diesen fünften Grad ebenso unbeweglich, wie die vier vorhergehenden, überstanden, ohne zu bekennen.

Dann hat man sie abgenommen und entfesselt. Der Scharfrichter renkt ihr die Glieder ein und verpflegt sie bis zur Genesung. Er bringt sie in die Zelle und versucht ihr begreiflich zu machen, daß sie diese Tortur nicht hätte ohne teuflischen Zutun überstehen können. Am nächsten Tag gesteht sie durch das »gütliche Zureden« des Scharfrichters.

Torturprotokoll Seligenstadt, 2. Oktober 1627

»Weil dieselbe nicht gestehen wollte...ist sie auf dem einen Schenkel mit dem Krebs geschraubt worden... als man ihr Weihwasser in den Mund geschüttet, hat sie dasselbe jedesmal wieder ausgespien und abscheuliche Gebärden von sich gegeben...dieselbige ausgezogen, geschoren, das Folterhemd angelegt und auf dem anderen Schenkel beschraubt...dann ungefähr (zwei) Vater Unser lang aufgezogen, und ihr ein großer Stein an beide Zehen gehängt worden«.[115]

Tortur gegen Katharina Lips

Hier muß ich ein wenig ausholen, weil der Prozeß gegen Katharina Lips alle negativen Nebenerscheinungen des geradezu irrsinnigen Hexenwahns zeigt: sie wird von Denunzianten angegeben. Der Fiskal erhebt über 70 Anklagepunkte. Ihr Verteidiger stellt alles als Gschwätz und üble Nachrede hin. Die Marburger Juristenfakultät erkennt auf die Folter. Sie wird scharf gefoltert, bleibt standhaft, wird freigelassen, schwört Urphede, wird wieder angezeigt und nochmals gefoltert, schließlich wird sie aus dem Fürstentum Hessen verwiesen, ohne ein Geständnis abgelegt zu haben. Im Detail spielt sich der Fall so ab:

1671 wird eine Frau aus Schörbach bei Großseelheim im Amt Kirchhein peinlich befragt. Während des Prozesses denunziert sie andere Personen, darunter Katharina Lips. »Die Lips, des Schulmeisters Frau«, wird gefänglich nach Marburg eingezogen. Der Schultheiß Johann Schmitt aus Bürgel sagt in seiner Vernehmung, »er wisse nur vom Hörensagen, die Lips sei eine Hexe«. Eine weitere Zeugin bekundet, »Katharina habe ihrem Kind an das Bein gegriffen, das darauf dick geworden sei«. Eine andere bezichtigt

Katharina am Tod ihres vor 10 Jahren gestorbenen Kindes schuldig zu sein, weil sie ihm Wurst gegeben, nach deren Genuß es plötzlich krank geworden«. Ihr eigener Schwiegersohn meint, zwar könne man ihr nichts böses nachsagen, doch würde sie allgemein für eine Hexe gehalten«. Die Amtsanklage umfaßt schließlich 74 Punkte. Der Ankläger bittet um das Verbrennungsurteil. Der Verteidiger bringt hervor, »daß die Angeklagte nur durch gehässige Leute angeschwärzt worden sei...noch wäre nichts bewiesen,...es sei alles leeres Geschwätz«. Katharina wäre immer fleißig zur Kirche gegangen und könne gut beten. Der Fiskal macht in einer Gegenschrift vom 3. Februar 1672 geltend, daß das böse Gerücht genügend bewiesen sei und hält ein strenges Vorgehen für angebracht, zumal noch mehr Zauberer im Dorf bestraft werden müssen. Das halstarrige Leugnen der Tortur ist durch die Folter zu brechen. Die Marburger Juristenfakultät kommt zu der gleichen Auffassung und erkennt auf die Tortur. Sie wird am 6. April vollzogen.

»Hierauf ist ihr nochmals das Urteil vorgelesen worden und sie erinnert worden, die Wahrheit zu sagen... sie hat sich selber willig ausgezogen, worauf sie der Scharfrichter mit den Händen angeseilt«. »Die spanischen Stiefel sind ihr angesetzt worden, die Schraube am rechten Bein ist zugeschraubt worden, die Schraube auf dem linken Bein auch zugeschraubt, sie laut gerufen: »Ich weiß nichts«. Die linke Schraube gewendet, die Beklagte ist aufgezogen worden. Die rechte Schraube ist zugeschraubt worden. Sie bleibt beim Leugnen. Die Schrauben höher angesetzt, daran daran geklopfet. Abermals zugeschraubt, doch gleich ganz stille geworden«.

»Hierauf ist sie hiausgeführt worden vom Meister, um ihr die Haare vom Kopf zu machen. Der Meister hat das Stigma gefunden, in welches er eine Nadel übers Glied tief eingestochen...auch kein Blut herausgegangen... die Schraube am rechten Bein wieder zugeschraubt, die linke Schraube zugeschraubt, auf die Schrauben geklopft, härter zugeschraubt, nochmals aufgezogen, endlich wieder losgelassen«. »Sie wüßte nichts, auch wenn man sie tot machte«. Am 30. Mai 1672 wird sie freigelassen. d. h. muß sie freigelassen werden, weil sie kein Geständnis abgelegt hat.

Sie schwört Urphede. Die Hetze gegen die alte Frau geht weiter. In der Stille wird eine neue Untersuchung vorbereitet. Katharina Lips beschwert sich bei der Landgräfin Sophie. Der Oberschultheis fühlt sich übergangen. »Es sei von dem undankbaren Geschöpf eine Frechheit, so zu handeln«. Die Landgräfin Sophie bittet um Übersendung der Akten, um den Prozeß nachzuprüfen. Der Schulmeister Lips will seine Frau nicht mehr zu sich nehmen. Er wird verpflichtet, sie zu »alimentieren«.

Sie wird wieder eingezogen und nach Marburg gebracht. Zum zweitenmal wird sie der Folter unterworfen. Sie wird aufgezogen, bekommt 16 mal die Schrauben angelegt und verfällt dann in einen Starrkrampf. Damit sie endlich bekennt, öffnet man ihren Mund mit Werkzeugen. Das nützt nicht, von ihr ist kein Geständnis zu erreichen. »Selbst die Richter staunen über diese Heldenhaftigkeit und meinen, die Lips habe sich durch Zaubermittel unempfindlich gemacht«. Schließlich wird sie aus dem Land gewiesen.[116]

Sachsen-Liesel, Friedrich Jacobs

Gegen die achtzigjährige Sachsen-Liesel wird erwähnt: »Dieselbe wird mit Daumenstöcken, spanischen Stiefeln und Aufziehen an der Leiter »ein paar Stunden« gefoltert«.

In einem anderen Fall verfährt man so:

Der Angeklagte wird in die Folterkammer geführt. Der Scharfrichter zeigt ihm die Instrumente und redet ihm zu. Dann werden die Daumenschrauben angelegt und etwa eine Stunde in Anwendung gelassen. Dann werden die spanischen Stiefel angelegt. Von Von Zeit zu Zeit »schrob« man sie schärfer zu, so daß die »auf's äußerste« zusammengepreßten Füße und Schienbeine splitterten. Das Geschrei des Gefolterten ist so schlimm, daß es selbst der Scharfrichter nicht mehr anhören kann und ihm ein Capistrum (eine Mundbirne, vergl. Abb.   ) in den Mund schiebt, die das Schreien verhindert. Dieser Zustand dauert etwa eine Stunde. Dann bindet der Scharfrichter dem Angeklagten die Hände zusammen und zieht ihn in die Höhe. Zuweilen beschwert er seine Füße mit Gewichtssteinen, bzw. läßt er ihn von den Dienern mit Ruten schlagen.

Jetzt folgt der nächste Grad der Tortur: der Scharfrichter bricht dem Angeklagten die Arme aus den Schulterknochen, schnürt sie nach rückwärts am Hinterkopf zusammen und läßt ihn durch einen Diener aufziehen, so daß seine Füße 5 Spannen über dem Boden stehen. Zur Erhöhung der Schmerzen setzt man in den Pausen an seinen Händen und Füßen Schrauben an, während ihn Gerichtsdiener mit Lederriemen schlagen, und zwar so lang, bis der Scharfrichter erklärt, man müsse einhalten, wenn nicht de Tod erfolgen soll.

Am 9. September 1725 wird Friedrich Jacobs gefoltert. Während des vierten Torturgrades bricht im ein Arm. Der Scharfrichter erklärt, daß er nun den nächsten Grad nicht vornehmen kann und erkundigt sich beim Untersuchungsrichter, was er anstelle des fünften Grades tun soll. Er bekommt folgende Antwort: »...man solle...daß Inquisit von hinten auf mit fueßen und armen aufgezogen, sodann mit ruthen gehauen, mit brennendem schwebel (Schwefel) bewor-

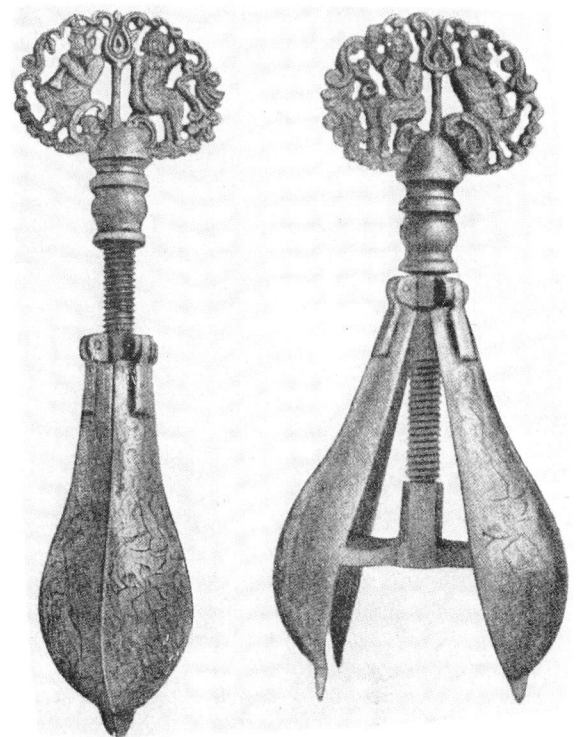

Kunstvoll gearbeitete Würgbirge (Capistrum) aus dem 17. Jht. (Museum Rinteln). Sie wird dem Verurteilten in den Mund gesteckt und verhindert so das Schreien.

Hölzerne Würgbirne, wie sie noch in Deutschland im 19. Jht bei der Irrenpflege eingesetzt worden ist.

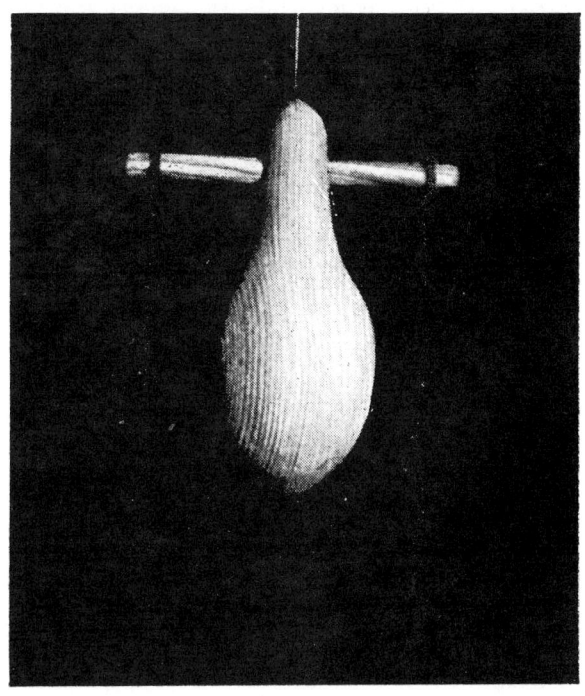

fen und bei weiters inconfitendo sich ergebender obstination er annoch zwischen den beyden fordersten fingern jehder handt mit einer lunten durchgebrannt werden solle«.[117]

Adam Hellfeldner (5. Januar 1715)

Adam Hellfeldner ist in Dingolfing untergebracht (kondemmiert). Am 5. Januar 1715 erläßt der Müncher Hofrat an die Landshuter Regierung einen Bericht »...den weiteren Prozeß und die Kommunizierung der Grade der allhier gebrauchten schärfsten Torturen betreffend«. In der Praxis sieht das so aus:

»Nach dem Einnehmen von geweihtem Wasser... wann nun dieses geschehen, so lassen wir dergleichen Bösewicht entweder auf den Bock (den stachligen Marterstuhl) spannen und unter dieser Tortur sie auch bisweilen mit Spitzruten streichen, oder aber mit Auslassung des Bocks ihnen drei Tage hintereinander je 20, 25, 30, 25, zuweilen auch mehr Streiche, und zwar uneingeschmierter (ohne Anwendung einer heilenden Salbe), mit den vorher in Weihbrunn eingeweichten Ruten nach Dexterität der Kommisarien durch den Scharfrichter geben. Hingegen, was das Brennen betrifft, so werden dazu die Leibgürtel, Mutation der Kleider, Keuchen (?), auch mit geweihten Wasser gebraucht, die Rasierung aber ausgelassen, und wird zu dieser Tortur eine Stange genommen, um diese in der Mitte ein eiserner Ring, an welcher der Malefikant mit den Armen kreuzweis gebunden, hiernach der Haken am Seil in den eisernen Ring an der Stange hineingetan und auf solche Manier mit zusammengebundenen Füßen von der Erde kniehoch aufgezogen und mit einer Fackel unter den Hexen bis auf das Gutbefinden der Kommisarien gebrannt. Und dieses ist unseres Erachtens die schärfste (Tortur)«.[118]

Der Fanatiker Galeazzo II.

Galeazzo II. wirkt wahrscheinlich in der Lombardei. Er hat für Staatsverbrecher eine grausame Marter bestimmt, die insgesamt 41 Tage dauert und mit dem gräßlichsten Tod endet. An jedem zweiten Tag war eine Pause. Für die 20 Martertage gelten:

Am 1,3,5. und 7. je fünf Torturen an einem Schwunggalgen (quinque bottas de curlo); am 9. und 11. Kalkwasser mit Essig gemischt in bestimmten Portionen zu trinken; am 13. zwei Riemen aus dem Rücken schneiden und diese mit Pfeffer und Salz einreiben; am 15. die Haut der Fußsohlen abschneiden und dann der Gang auf Erbsen; am 19. und 21. Marter auf der Folterbank; vom 23. bis 39. Aus- und Abschneiden der Augen, Ohren, Nase, Hände und Füße und der anderen Extremitäten; am 41. Zangenreißen und Spannen auf das Rad.[119]

Gefängnisse, Drudenhäuser, Einmauern

Im Zusammenhang mit der einseitigen Betrachtung des Hexenprozesses hat man die Verliese für Hexen in den Vordergrund gerückt, wovon aber in der Praxis der damaligen Strafdurchführung keine Rede sein kann.

»Es gibt manchen Turm, der im Volkstum als Hexenturm bezeichnet ist und der nie etwas anderes war, als vielleicht das Stück einer alten Stadtmauer oder einer alten Stadtbefestigung. So soll auch der Agnes-Bernauerturm (vergl. S.   ) in Straubing einmal ein Hexengefängnis gewesen sein. Er war aber niemals ein Gefängnis, auch nicht das der unglücklichen Gemahlin Albrechts's III. von Bayern. Der Hexenturm von Kaufbeuren (erbaut um 1420) war ursprünglich ein Wachturm und hieß zeitweilig, so unter Maximilian I. »Schießturm«, weil man dort die Scheiben aufbewahrte«.

In Schweinfurt dient das Stadtknechtshaus als Hexengefängnis. In Nürnberg das Lochgefängnis und der Turm »Luginsland«. In Würzburg sind es der Feichel- oder Hexenturm und der Schneidturm am Main (er hatte 12 Kammern für Zauberer und Druden). Dazu kam die Festung, das fürstbischöfliche Schloß und das Juliusspital. Außerdem warf man Gefangene in die Verliese der ländlichen Grundherren. An einigen Orten werden leerstehende Gebäude und Klosterbauten als Gefängnis hergerichtet (z.B. Esslingen). 1620 liegen Hexen in den Gewölben des Großlangheimer Schlosses.

Dazu kommen Turmgefängnisse. Oft entstehen sie durch Ausweitung der Stadtmauern. So wird der Hexenturm in Gelnhausen 1447 begonnen und 1479 fertig. Horst hat den Hexenturm von Lindheim beschrieben. Er ist mit dem Marburger vergleichbar. Prof. Osenbüggen beschreibt 1867 den »Kaibenturm« von Zug (Schweiz).

Stockhäuser und Hexenöfen, Einmauern

Neben Kellergewölben und Verwahrungstürmen werden häufig sog. Stockhäuser als Gefängnisse erwähnt. Bei der Unsicherheit der Rechtsterminologie der Epoche ist der Stock zunächst eine hölzerne Strafmaschine, in die man den Gefangenen schließt. Der Stocker ist allgemein der Wärter. Er wohnt im Stockhaus. Dieses steht oft in der Nähe des Hauses vom

Das Bamberger »Malefitzhaus«. »Wahre und Eygendtliche Contrafactur des Newgebauten Bambergischen Malefitz-Hauß. Welches zur Abstraffung und Beherbergung derer von Gott endwichten und verlaugneten Menschen der verdammten Zauberey und uebeltättern in diesem laufenden 1627. Jahr, so im Monat Juni angefangen, und nächstfolgenden August ist ausgebauet worden«.
C. Justica, so über dem Portal stehend
D. Anzeigung der Kapellen
E. Die peinliche Frage
F. Der Bach, so unter der Frag durchfließt
G. Die Einfahrt im Hof

Nachrichter. Im Stockhaus befinden sich die Gefangenen an einer langen Kette angeschmiedet, oder an eiserne Ringe geschlossen.

Die Langhans'sche Chronik überliefert uns ein Notabene des Bamberger Bischofs Johann Georg II. Fuchs von Dornheim, daß auf fürstlichen Befehl in Zeil ein Backsteinofen zum Verbrennen der Unholde verwendet werden solle. Hexenöfen standen außerdem in Gerolzhofen. Ein solcher Verbrennungsofen hatte vollständig die Gestalt eines dörflichen Back-ofens in der Höhe von sieben oder acht Fuß und war oben mit Stroh und Holz gedeckt. Eine Eingangstür führt zum engen Innenraum. Die Brennzeit belief sich auf etwa drei Stunden. Solche Hexenöfen sind gewisser Weise Strafkrematorien und ein Vorspiel von dem, was sich die Deutschen im 1000 jährigen Reich im Zusammenhang mit den Judenverfolgungen heben zuschulden kommen lassen.

Wie geschah das Einmauern? »Der Verurteilte ist bei Einmauerung der strengsten Art, in ein enges Gehäuse eingezwängt, ein vorstehender Balken (Tram), dient ihm als Sitz. Der Einlaß ist vermauert, durch eine fensterartige Lücke ist der erforderliche Verkehr mit dem Wärter möglich. Die tägliche Brotration wird nur allzu bescheiden sein, was einem langsamen Verhungern oder Verkümmern gleichkommt...nach dem Ableben werden die Mauerstücke, die ihn zeitlich tötend aus der Mitwelt schieden, aus dem Kitt gefügt, um den Entseelten in eine nach schmälere zu zwängen«. Noch gegen Ende des 16. Jhts. kommt die Einmauerung zum Vollzug.[120]

293

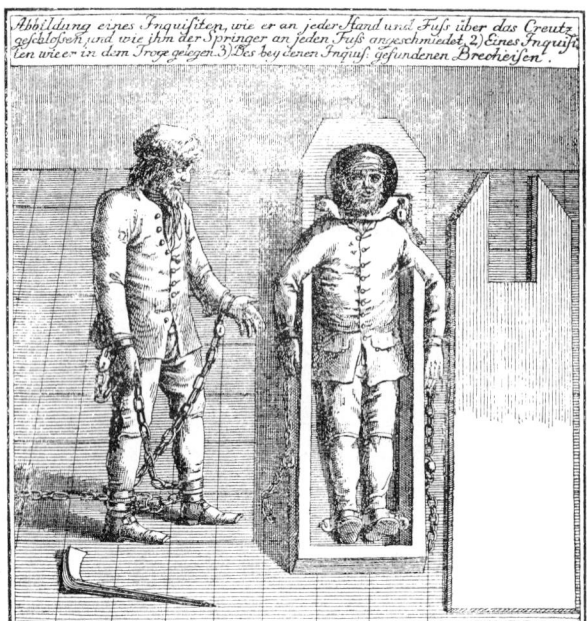

Das sog. Einmauern des Täters. »Abbildung eines Inquisiten, wie er an jeder Hand und Fuß über das Kreuz geschlossen und wie ihm der Springer an jedem Fuß angeschmieder. 2. Ein Inquisit, wie er in dem Troge gelegen«. Rechts daneben der Deckel. Links vorn ein Brecheisen.

Bamberger Malefizhaus

Das ist der einzige mir bekannte Fall, wo eigens für Hexen und Zauberer ein Neubau errichtet worden ist. Erbauer ist der Bischof Johann Georg II. (1622-33), genannt »Fuchs von Dornheim«. Den Quellen zufolge soll es bis zum Einfall der Schweden belegt gewesen sein. Das Gebäude wird 1627 errichtet. Aus diesem Jahr liegen keine Kammerrechnungen vor. man schließt daraus, daß dieses »Hexenhaus« nach dem Tod seines Erbauers dem Erdboden gleichgemacht worden ist, um alle Andenken daran zu vernichten.

Folterkammer mit Blockgefängnis im ehemaligen salzburgischen Pfleggericht Staufeneck bei Reichenhall. Zwei Dorenkästen (?). Vorrichtung zum Aufziehen oder Hängen (?).

Am 18. September 1631 übersenden die Bamberger Räte dem Kaiser einen Druck Gebäudes, das in der Folgezeit in vielen Kupferstichen Verbreitung gefunden hat. Heller fand einen alten Kupferstich, auf dem Plan und Aufriß zu sehen sind. Der Plan bezeichnet ein ziemlich geräumiges Haus mit einem Dachgiebel und daneben, jedoch im Zusammenhang stehend, ein Seitenhaus fast ohne Fenster. Oben am Rand des Kupferstiches stehen die Worte: »Wahre und eigentliche Contrefactur des neugebauten Malefizhauses in Bamberg, welches zur Bestrafung deren von Gott entwichenen und verleugneten, boshaftesten Menschen der verdammten Zauberei und Übeltätern in diesem laufenden 1627. Jahr so im Monat Juni angefangen, und nächstfolgenden August ist ausgebauet worden« mit folgender Beschreibung:

C. Justica so über dem Portal stehend, welchem ein Vers »Diligate justitiam moniti et non temnere Deos«
D. Anzeigung der Kapellen
E. Die peinliche Frage (das oben angezeigte Gebäude)
F. Der Bach, so unter der Frag durchfließt
G. Die Einfahrt im Hof (weiter unten ist nun der Grundriß)

Im Bamberger Malefizhaus sollen sich besondere Vorrichtungen zur Tortur befunden haben. Bambergische Inquisitoren rühmen als ein äußerst wirksames Mittel, die Hexen zahm zu machen, »das gefalted Stüblein«, wahrscheinlich eine Art Lattenkammer.[121] Möglicherweise hatte hier der Boden scharfkantige Latten.

Beschreibung der Gefängnisse durch Prätorius

»Denn es ist genugsam bekannt und darüber beklagt worden, daß zumal in Deutschland das Gefängnis ein unterirdischer, schrecklicher und schmutziger Ort ist«.[122]

»In dicken starken Türmen, Pforten, Blockhäusern, Kellern oder sonst tiefen Gräben sind gemeinlich die Gefängnisse. In denselbigen sind entweder große, dicke Hölzer, zwei oder drei übereinander, daß sie auf und nieder gehen an einem Pfahl oder Schrauben; durch dieselben sind Löcher gemacht, daß Arme und Beine darin liegen können. Wenn nun Gefangene vorhanden, habet oder schraubet man die Hölzer auf, die Gefangenen müssen auf ein Klotz, Stein oder Erden niedersitzen, die Beine in die unteren, die Arme in die oberen Löcher legen. Dann läßt man die Hölzer wieder fest aufeinandergehen, verschraubt, keilt und verschließt sie auf das härteste, daß die Gefangenen weder Bein noch Arme notdüftig gebrauchen oder regen können. Das heißt in Stock sitzen oder liegen.

Etliche haben große eisene oder hölzerne Kreuze, daran haben sie die Gefangenen mit dem Hals, Rücken, Arm und Beinen gefesselt, daß sie stets und immerhin entweder stehen oder liegen oder hängen müssen, nach Belegenheit der Kreuze, daran sie gehöftet sind. Etliche haben starke eiserne Stäbe, fünf, sechs oder sieben Viertheil an der Ellen lang, daran an beiden Enden eisen Banden sind, darin verschließen sie die Gefangenen an den Armen, hinter den Händen. Dann haben sie Stäbe in der Mitte große Ketten in den Mauern angegossen, daß die Leute stets in einem Lager bleiben müssen.

Etliche haben enge Löcher in den Mauern, darinn ein Mensch kaum sitzen, liegen oder stehen kann, darin verschließen sie die Leute ohngebunden mit eisernen Türen, daß sie sich nicht wenden oder umkehren mögen (Hinweis auf das Einmauern).

Etliche haben fünfzehn, zwanzig, dreißig Klafter tiefe Gruben, wie Brunnen oder Keller, auf's allerstärkste gemauert, oben im Gewölbe mit engen Löchern und starken Türen oder Gerembsten, dadurch lassen sie die Gefangenen, welche an ihren Leibern sonst weiter nicht gebunden, und ziehen sie, wenn sie wollen also wieder heraus.

Nachdem ist nun der Ort, sitzen etliche Gefangene in großer Kälte, daß ihnen auch die Füße erfrieren und sie hernach, wenn sie loskämen, ihr Lebtag Krüppel sein müssen.

Etliche liegen in steter Finsternis, daß sie den Sonnenglanz nimmer sehen, wissen nicht, ob es Tag oder Nacht ist; sie alle sind ihrer Gliedmaßen wenig oder gar nicht mehr mächtig, haben immerwährende Unruhe, liegen in ihrem eigenen Mist und Gestank, weit unflätiger und elender als das Vieh, werden übel gespeist, können nimmer ruhig schlafen, haben viel Bekümmernis, schwere Gedanken und böse Träume. Und weil sie die Hände und Füße nicht zusammenbringen und wo nötig hinlenken können, werden sie von Mäusen und Läusen, Steinhunden und Mardern wohl übel geplagt, gebissen und gefressen werden, überdies noch täglich mit Schimpf, Spott und Dräuung vom Stöcker und Henker geplagt und schwermütig gemacht. Und weil solches bisweilen über die Maßen währt, werden solche Leute, obwohl sie anfänglich guten Mutes, geduldig und stark gewesen, in die Länge schwach, kleinmütig, verdrossen, ungeduldig, und wo nicht ganz, so doch halb töricht, mißtröstig und verzagt«.

Gefängnisse der Inquisition[123]

Die Gefängnisse der Inquisition lagen tief, wahre Gräber, von mehr als 30 Fuß unter der Erde. In jeder Zelle, die etwa 12 Fuß lang und 8 Fuß breit war, befand sich ein Feldbett von 12 Fuß Länge und vier Fuß Breite. Jede Zelle enthielt gewöhnlich sechs, oft auch acht Personen, von denen drei oder vier, die kräftigsten, auf dem feuchten Boden schliefen, die anderen auf dem Feldbett. Ein Gefäß, das zur Befriedigung natürlicher Bedürfnisse diente, wurde nur alle 8 Tage oder nach zwei Wochen gelehrt, befand sich in der Ecke und verunreinigte die Luft, die ohnehin schon durch die Ausatmungen der vielen Unglücklichen verdorben war, die hier zu weilen verdammt waren... Dann fanden wir den »Saal des Gefängnisses«... ringsherum befanden sich kleine Zellen...diese dienten als Einzelgefängnisse, wo die unglücklichen Opfer inquisitorischen Hasses eingeschlossen waren, bis sie der Tod von den Henkern befreite. Die Leichname blieben dort bis zur Verwesung liegen, während die Zellen mit anderen besetzt waren...es waren Abzugsrohre für den Geruch der faulenden Leichen vorhanden. In diesen Zellen fanden wir die Überreste einiger Leute, die erst kürzlich gestorben sein konnten, während sich in anderen Skelette befanden, die noch am Fußboden angekettet waren. In anderen fanden wir noch lebende Opfer jeden Alters und Geschlechts, vom Jüngling und Mädchen bis zum 70j. Greis, alle nackt wie zur Stunde ihrer Geburt...dann fanden wir die Folterinstrumente... die Wut unserer Soldaten kannte nun keine Grenzen mehr.

Dieser Bericht stammt aus dem Jahr 1809 und wirft ein bezeichnendes Licht auf den religiösen Fanatismus der katholischen Kirche.

Urgicht, Urphede

Gicht heißt Geständnis (Gicht = vom alten gihan = getan = bekennen).

Die Urgicht ist das auf der Folter oder während der laufenden Verhandlungen abgelegte Geständnis. Die Urphede ist der Eid, den ein entlassender aus der Haft gegen die Obrigkeit abzulegen hat. Beispiele für Urgichten anzuführen erübrigt sich, weil deren Unsinn durch erzwungene Geständnisse deutlich ist. Urpheden sind seltener, weil kaum einer den mörderischen Klauen entkommen ist. Dazu zwei Beispiele:

Urphede eines Juden von 1505

Gelegentlich einer Judenverfolgung in der Mark Brandenburg ist 1505 folgende Urphede zu schwören: »...ich gelobe und schwöre mit freiem Willen, eine rechte Urphede...dem...daß ich in das Gefängnis gekommen, und, wie wohl ich schwere Strafe verdient und doch aus Gnaden erledigt, der will ich nimmermehr nichts arg tun, ich noch meine Erben, sondern wollen und sollen gethane Urphede stets und fest unverbrüchlich halten...Wo ich oder jemand von meiner wegen wieder tu oder tun wird... und laß ich mich **müsse verunreinigen...und das Pech und Schwefel auf meinen Hals müssen gerinnen**...daß ich die Urphede stets fest und unverbrüchlich halten will, das helfe mir Gott, der Moses erschienen ist in einem brennenden Dornbusch, der doch blieb unverbrannt. Ich schwöre bei der Seele: ich verzeih mich auch zu dieser Urphede aller päpstlicher, kaiserlicher Freiheit und Gnade, ob ich etwas dazu hätte, nimmermehr zu gebrauchen, noch damit zu behelfen, sondern ich will die geschworne Urphede stets fest und unverbrüch-

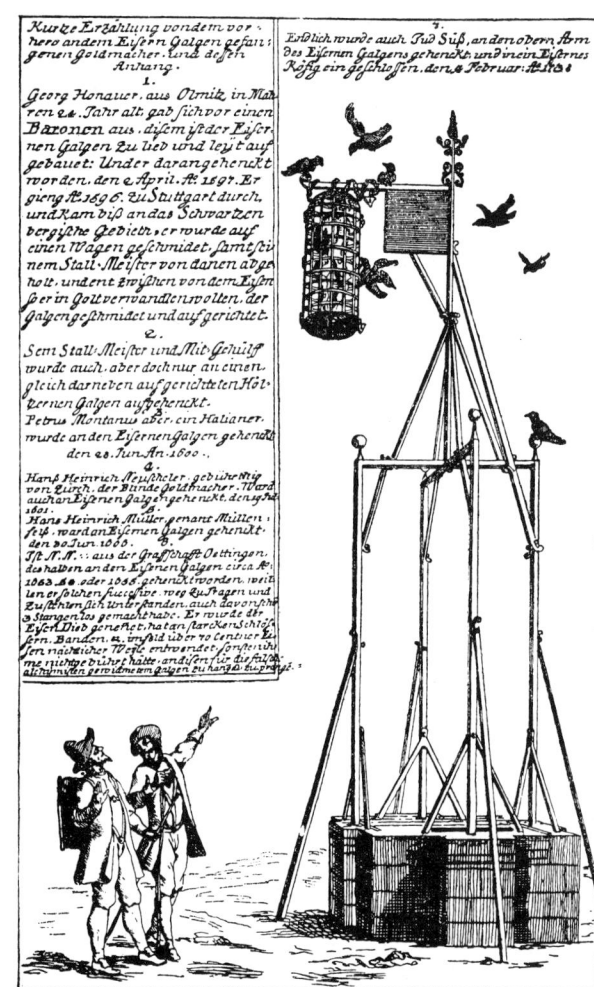

Kunstvoll errichteter Galgen neuer Konstruktion, an dem der Jude Süß 1761 gehenkt worden ist. Danach hat man ihn in den gezeigten eisernen Käfig eingeschlossen.

lich zu ewigen Zeiten halten und von Stunde stracks aus dem Lande ziehen, und nimmer wieder dahin kommen...als mir helfe der Gott, der erschuf Himmel und Erde, Tal, Laub, Berg und Gras«.[124]

Urphede dreier Frauen aus Esslingen, 1561

»Ihr drei Weiber, nachdem ihr sammt und sonders in der Fronfeste und das Gefängnis des Rats zu Esslingen gekommens seid...auch in Gnaden erlasse; der gestalt jedoch, daß ich euch hierfür zu allen Zeiten eures Lebens in diesen Verdacht der fahrenden Frauen, Hexen oder Unholde nie mehr, weder mit Reden, Gedanken oder Werken, noch sonst in anderer Weise öffentlich oder heimlich begeben, sondern christlich und gottesfürchtig leben wollt. Auch sollt ihr schwören, daß ihr weder durch euch selbst, noch durch jemand anders weg euretwegs eurer Gefangenschaft und was euch darin begegnete, gegen den Rat, dessen Zugehörige und Diener, auch gegen manniglich, so zu eurer gefänglichen Einziehung, Rat, Hilfe und Fürschub tat, mit Worten oder Werken ahnden oder rächen wollt, weder vor weltlichen noch geistlichen Gerichten«.

Der Straßburger Domprediger Geiler von Kaiersberg hat bereits 1501 auf die Mängel der Urphede hingewiesen, mit der die Obrigkeiten ihr Fehlverhalten kaschiert.

Willkürliche Formalitäten im Prozeß

»Richter betrügen, wenn sie von diesem oder jenem Teil Geld nehmen und die Tortur entweder schärfer oder gelinder, als dem Urteil oder rechtmäßiger Erkenntnis gemäß ist, an dem Malefikanten vollziehen lassen...wenn sie, da der Inquisit auf der Folter hänget, den Gerichtsschreiber und die Schöppen zusamt dem Henker entweichen lassen und bei dem Inquisiten allein bleiben, hernach aber dem Gerichtsschreiber in die Feder diktieren, was ihnen beliebt«. »Scharfrichter betrügen, wenn sie, nicht sowohl nach dem Befehl der Richter, als vielmehr nach ihren eigenen Affekten richten und die armen Sünder zuviel leiden lassen«.[125]

Die Formalitäten im Untersuchungsprozeß sind teilweise willkürlich. Die Prozeßakten aus dem Raum Bamberg bestätigen es. Hier werden Anwesende im Protokoll nicht richtig angezeigt, das Datum wird weggelassen und einzelne Protokolle werden laufend fortgeschrieben. So kann das Schicksal des Einzelnen durchaus in der Hand des Gerichtsschreibers liegen. »So werden für Handlungen, deren Ursprung einem fetten Aberglauben entfallen ist, viele hundert Menschen, Familienväter und Mütter, rechtliche Bürger, Menschen aus allen Klassen, entweder justizmäßig gemordet, oder bis zu lebenslänglicher Krüppelhaftigkeit gefoltert.«[126]

Außerdem sind Personenverwechslungen vorgekommen. »empörend ist bei solchen Todesurteilen, daß da, wo mehrere nach **einem** Urteil bestraft wurden, nicht einmal ihre Namen vermerkt, sondern sie zu Nummern degradiert wurden: »...erkennt, daß von den hier inhaftierten Personen, die im Protokoll sub No. 2 oder sub No. 3 bemerkten zum Tode verurteilt werden...wie leicht war da eine Verwechslung möglich!«.[127]

»Nicht immer hielt man es der Mühe wert, eine ordentliche Urkunde aufzunehmen und das gesetzliche Verfahren einzuhalten. So hat sich die westfälische Stadt Coesfeld 1613 einen Brandmeister aus Leipzig

Vorstellung der neuen Maschine und der Exekution des Johannes Vetter. Auch dies ist eine interessante Konstruktion des Galgens. Oben sind die Köpfe anderer Täter gespießt, während Mönche die letzten Gebete sprechen.

verschrieben, um eine Anzahl von verurteilten Zauberern hinzurichten. Da dem Rat der Stadt durch die Berufung viele Unkosten erwuchsen, so läßt er durch den Scharfrichter auf der Stelle noch einige Unglückliche, die in der Stadt auf freiem leben, ergreifen und mit den übrigen verbrennen, weil diese doch nächstens hätten in Untersuchung kommen können, und in diesem Falle noch mehr Unkosten verursacht haben würden.« (???).

Todesurteil nach den Danziger Willküren

Nach den Danziger Willküren steht Todesstrafe auf Zauberei. Die Willküren werden 1580-1590 einer Reform und Verschärfung unterzogen. Das Teufelsbündnis wird als neuer Tatbestand aufgenommen. Damit findet dieses Gebiet Anschluß an die allgemeine Entwicklung. Hier hat sich eine alte Urteilsformel erhalten.

Formel gegen Agnetha Rautenkrantzen und Anna Milcken

Agnetha Rautenkrantzen und Anna Milcken abscheulich begangene Zaubereien. Die verlesenen Urgichten der gegenwärtigen A. R. und A. M. neben der klaren Zuständigkeit geben Em. Erb. Ger. umständlich zu vernehmen, daß sie sich vor vielen Jahren auf ein böses, ärgerliches und gottloses Leben eingelassen, indem sie sich durch Antreibung und Hilfe des bösen Feindes ihren nächsten auf unterschiedliche Weise betrübt und durch abscheuliche (gotteslästerliche) Mittel der Zauberei seiner Güter und Nahrung, ja seines Lebens zu rauben sich bemühet haben...daß sie sich mit dem leidigen Satan verbunden haben und dessen Werke und Befehle durch Teufelsbannung, Unzucht und Zauberei zur Schande des Allerhöchsten und zum Verderben ihrer Nächsten...daß sie sich jämmerlich und erbärmlich vom bösen Feind überreden ließen...so daß sie sich Gottes Strafe zugezogen haben (Hinweis auf 5. Buch Moses »Die Zauberer sollst du nicht leben lassen«). Hier kann auch unser Gericht nicht vorbeigehen, sondern muß nach dem übertragenen Amt die gegenwärtigen Übeltäterinnen nach Anleitung des göttlichen und weltlichen Rechts zu gebührlicher und wohlverdienter Strafe ziehen und darum erkennen, daß Anna Milcken und Agnetha Rautenkrantzen wegen schrecklicher Gotteslästerung, Mißbrauchs des göttlichen Namens und dem Teufelsbündnis, wie auch wegen vieler begangener Zauberei ihresgleichen zur Warnung...öffentlich an ordentliche Stelle mit dem Feuer vom Leben zum Tode sollen hingerichtet werden...actum feria quarta. 2. Dezember 1615.

Daraufhin wird der Stab gebrochen. Bereits die C.C.C. schreibt in § 96 das Brechen des Stabes vor. Er ist das Symbol der richterlichen Gewalt. Wird er zerbrochen, so bedeutet das, daß der Richter seine Pflicht gegenüber dem Verurteilten erfüllt hat. Der Angeklagte ist ab diesem Moment rechtlos. »Dann nimmt der Schulzen Diener sein weiß Stöckgen, und schlägt damit für sich, auf die Lehne des Schöppenstuhls, zum Zeichen, daß das Urteil gefället und gleichsam das Stöckgen darüber gebrochen ist«...und der Richter spricht zum Scharfrichter gewandt: »Du wirst diesen Übeltäter in deine Bande nehmen und ihn an Ort und Stelle bringen, und daselbsten an ihm vollziehen, was Urteil und Recht mitgebracht, von Gottes Rechts wegen«. Das verspricht der Scharfrichter und führt den Missetäter zum Richtplatz.[128]

Das Urteil wird aller Regel nach öffentlich vollstreckt. In Offenburg werden die Malefikanten mit Burghofpferden auf einem Wagen vor das Rathaus geführt, wo der Stadtmeister ihnen die Urgichte vorliest. Dann geht der Zug unter Begleitung des höhnenden Volkes, das johlend »Schellen, Schellen sechser, alte, alte Hexe« ruft, zum Neutor hinaus, am Gut-Leut-Feld vorbei in das Galgenfeld. Die Hinrichtung geschieht in der ersten Zeit durch lebendiges Verbrennen, später durch Enthauptung und nachträgliche Einäscherung. Eine besondere Gnade ist es, den zum Tod verurteilten ein Säckchen mit Pulver umzuhängen, damit die Todesqualen verkürzt werden.

Mit dem Tod der Betroffenen ist der Vorgang nicht abgeschlossen. Jetzt kommt die Regelung des Nachlasses, die Bezahlung der Gerichts- und Nebenkosten. Noch eines ist wichtig. Die öffentlichen Hinrichtungen tragen zur Verbreitung des Hexenwahns bei. Das ist mit ein Grund, weshalb Kinder in Prozesse hineingezogen werden. Hier wird der Gedanke der Abschreckung deutlich und hier schließt sich der Teufelskreis.

Fanatische Hexenriecher

Aus der etwa 200-jährigen Phase der aktiven Hexenverfolgung in Deutschland haben sich Beispiele besonderer menschlicher Willkür erhalten. Dies trifft nicht nur die Kleinen, die Häscher, Schergen und Denunzianten, sondern auch Zentgrafen, Oberschultheiße und Richter. Das gleiche läßt sich auch auf der kirchlichen Seite feststellen.

Der Malefizmeister und Zentgraf Balthasar Nuß (Balzer Noß)[129]

Die Blütezeit der Hexenverfolgungen in Fulda fällt in die Amtszeit des Fürstabtes Balthasar von Dernbach. Er beauftragt Balthasar Nuß, (Noß oder Voß) als Zentgraf und Malefizmeister. Nuß läßt in der Zeit von 1603 bis 1606 205 Hexen hinrichten. »Die von ihm geführten Prozesse zeichnen sich durch Unmenschlichkeit und Geldgier aus«.

Schon im ersten Jahr seiner Tätigkeit, 1603, klagt ein Bürger mit seiner Frau beim Reichskammergericht in Speier gegen ihn und die Schöffen des peinlichen Gerichtes in Fulda. Das Kammergericht erläßt am 27. Juli 1603 ein Mandat folgenden Inhalts:

»Die klagende Hausfrau habe sich stets als eine fromme, tugendhafte Person betragen und sich immer des besten Rufes erfreut, aber trotzdem habt ihr, Zentgraf, Schöffen und Richter sie ohne einigen Grund für eine Hexe traduziert, nur weil drei wegen der selben Untat hingerichtete, verruchte und schnöde Weiber sie wider besseres Wissen angegeben haben. Ihr habt stracks ohne fernere Erkundigung gewaltig die Sublikantin greifen lassen, sie in abschreckliche, sehr enge, stinkende Gefängnisse und wie notorium in ei-

298

Herschaftliches Land-Gericht. Ein Delinquent wird gefesselt vor den Herrscher geführt. Er sitzt am Tisch und ist vom Richter, den Schöffen und Gerichtsdienern umgeben. Links oben im Hintergrund wohl ein Galgenberg. Stich bei Hohberg, Georgiana Curiosa Aucta. Nürnberg. 1716.

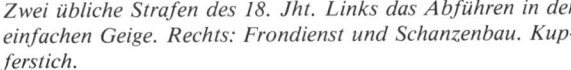

Zwei übliche Strafen des 18. Jht. Links das Abführen in der einfachen Geige. Rechts: Frondienst und Schanzenbau. Kupferstich.

nem Hundestall im Schloß zu Fulda neben dem Backhaus auf blose Erde, darin hier vor die Hunde zu sperren, in grausamer, unerhörter Weise schleppen und an Händen und Füßen mit starken eisernen Fesseln unerbärmlich anschlagen lassen. So mußte sie anfangs auf allen Vieren durch ein enges Loch wie ein Hund kriechen, wo sie gebückt und gekröpft elendiglich hocken sich weder regen, bewegen, aufrecht stehen, noch des leidigen Ungeziefers erwehren, viel weniger der notdürftigen Unterhaltung, noch einigen Trostes der Ihrigen genießen kann, so daß sich gleichsam ein harter Stein erbarmen müßte und es nicht verwundern wäre, wenn das arme, betrübte Frauenbild in so vielem Elend sich selbst in den kalten Tod und etliche Verzweiflung gestürzt hätte«.

Das Kammergericht befiehlt bei Androhung einer Strafe von zehn Mark »lötigen« Goldes, die Klägerin sofort in ein anständiges Gefängnis zu geben, Besuch zu gestatten und ihr einen Verteidiger zu geben...auch dürfe sie nicht ohne erhebliche Indizien gefoltert werden.

Ich weiß nicht, wie dieser Prozeß ausgegangen ist. Nun stirbt 1606 Balthasar von Dernbach, an seine Stelle rückt Johann Friedrich von Schwalbach. Balthasar Noß wird von der Bevölkerung wegen Unterschlagungen verdächtigt und angefeindet. Der neue Fürstabt ordnet eine Untersuchung an. »40 Bürger des Amtes Neuhof hatten sich beklagt, daß ihre Weiber, Mütter und Schwestern nach nur viertägiger Gefängnishaft verbrannt wurden und ihnen 1200 Gulden Kosten auferlegt worden sind«. Sie verlangen über diese Summe eine genaue Rechnungslegung.

Melchior von Jossa

Nun wird ein Sondergericht bestellt an deren Spitze Melchior von Jossa steht. Er ist ein massiver Gegner des Zentgrafen. Die gegen Noß vorgebrachten Anklagepunkte sind:

- daß derselbe die peinliche Halsgerichtsordnung in jeder Hinsicht überschreite
- daß er die Leute torquiren lasse mit umgehung aller Förmlichkeiten, sogar ohne ein Verhör vorgenommen zu haben
- daß er die Folter so lange wiederholen lasse, bis sie gestehen, oder ohnmächtig werden
- dadurch wurden mehrere gelähmt und um das Leben gebracht
- daß er die Leute nach wiederholter, oft viermaliger Folter in abscheuliche Gefängnisse werfen lasse
- daß er nicht einmal schwangere Weiber verschone
- daß er die Leute mit selbst erfundenen Instrumenten peinigen lasse, wie z.B. mit einem, wie ein Messer zugespitzten Holz; dann auch mit brennenden Fackeln über den Rücken und andern bisher unbekannten Tormenten

- daß er die Valentine Wächter dergestalt peinigen ließ, daß sie noch dieselbige Nacht mit dem Tode abging
- daß er ihren Leichnam des andern Tages durch den Henker von dem Taubenschlag aus herunterstürzen und ins Wasser fallen ließ
- daß er auf Geheiß seines früheren Dienstherren... gegen Verheißung und Empfang einer Belohnung, einen Praedicanten bei Duderstatt ohne geringste Veranlassung erschossen hat
- daß er Klaus Lauterbach's Hausfrau so lange torquedieren ließ, obschon er wußte, daß sie schwanger sei, bis sie endlich seinen Willen nachreden müssen, worauf er sodann die Mutter samt der unschultigen Leibesfrucht hinrichten und verbrennen lassen hat.
- Daß er auf solche Weise mehrere Frauen mißhandelte.
- es werden 10 Personen aus einem einzigen Ort benannt, welche alle durch die ausgehaltene Folter krüppelhaft wurden und 4 andere, welche während derselben ihren Geist aufgaben.
- Er habe sogar den Zeugen Geld versprochen, wenn sie zum Nachteil eines Untersuchten aussagen würden.
- Er beeidige keine Zeugen, lege kein Protokoll nach Verhör vor, und hat die Schöffen, welche Gröller's zum Tod verurteilten, sehr hart angeredet, daß sie nicht auf das Zwicken mit glühenden Zangen erkannten: »ich lasse sie aber dennoch zwicken«.
- Viele zum Tod Verurteilte haben dem Herrn Pfarrer ihre Unschuld gebeichtet, mit dem Beisatz: Er möge es ja nicht anzeigen, damit sie nicht neuerdings torquiert werden. Sie wollten lieber sterben, als diese Qual nochmals aushalten.

Balthasar Noß soll eine Summe von 2400 Gulden (Wert 1932 etwa 144000 Mark) eingetrieben haben. Noß fühlt sich zu Unrecht angeschuldigt. Er sucht sich zu verteidigen und verdächtigt die Ritterschaft der niedrigsten Rachsucht gegenüber ihm. 1615 entscheidet die juristische Fakultät von Würzburg »daß der Zentgraf für schuldig wegen seines ungebührlichen Procedires und angelegter scharfer übermäßiger peinlicher Frag, welche er verübt, und daneben die Erben mit übermäßigen Kosten belegt«. Das Gutachten der Ingolstädter Juristen liegt nicht vor.

In der Fuldaer Chronik des Gangolf Hartung[130] findet sich eine Stelle, die uns über das entgültige Schicksal den Zentgrafen aufklärt. Balthasar Noß wird in einem »Armsünderhemd, auf einem Karren zur Richtstatt gebracht und am 18. Dezember 1618, nach 13j. Gefangenschaft, öffentlich enthauptet«.

Georg Ludwig Geis, Andreas Krieger

In Lindeheim bewirbt sich ein »den Herren von Rosenbach« unbekannter Mann namens Georg Ludwig Geis, versehen mit einer Empfehlung des Präsidenten von Hanau, Johann Wilhelm Schelm von Bergen, um die Stelle des Oberschultheißen, nachdem sein Vorgänger, Augustin Huber, an dieser Aufgabe gescheitert ist.

Das Attest weist Geis als einen ehrlichen und zu dem gemachten Dienst qualifizierten Mann aus. Er selbst gibt an, daß er hanauischer Amtmann zu Ortenberg gewesen sei; er habe in Hanau ein Haus und ist unweit Lindheims begütert.

Geis erhält die Stelle am April 1662. Seinen Vorgänger beschreibt er so: »der bisherige Oberschultheiß habe versagt, auf einem Saufgelage sei er von einem Schöffen geschlagen und ihm fast ein Finger abgebissen worden, dazu habe er sich in eine Schlägerei mit dem Pfarrer Hölker eingelassen und so einen weltberüchtigten Skandal verursacht.[131] Der Pfarrer Hölker beschuldigt am 29. September Geis:

- er habe im 30j. Krieg eigenhändig einen katholischen Priester erhängt
- er habe ein Notzuchtsverbrechen an einem Lindheimer Weib begangen, das er dann mit Geld zu beschwichtigen suchte
- er habe die Ehe gebrochen
- er habe selbst die Frau des Pfarrers in das Lindheimer Hexenprotokoll geschrieben
- er habe das Hexenbuch jedermann zu lesen gegeben, auch in den Wirtshäusern darüber gesprochen und dadurch viele Leute in schweren Verdacht gebracht
- er sei Tag und Nacht vollgewesen
- er und seine Mitgesellen wären während, vor und nach den Hexenverfolgungen und Folterungen voll und toll gewesen und hätten wie die Bürstenbinder gesoffen.[132]

Aufgrund von Anschuldigungen erlassen die Herren von Rosenbach zu Beginn der 50er Jahre des 17. Jhts. eine Polizeiordnung, in der die Ganerben anordnen: »wenn gottlose unter den Bürgern und Untertanen betroffen oder ausgekundschaftet würden oder sich hinreichende »Indizia« für sie fänden, sollen sie durch den Oberschultheißen von Lindheim zur »Strafe an Leib und Leben« überantwortet werden. Die Ganerben bestimmen außerdem, daß derjenige, der wegen Beleidigungen überführt werde, mit 20 Talern bestraft und dem Bescholtenen ein Leumundszeugnis erstellt werden solle. Auf der anderen Seite werden erfolgreiche Denunzianten belohnt. Sie erhalten 12 Schillinge von jedem Gulden der bewirkten Strafe. »Wenn aber einer den Lastern der Teufelskünste oder der Hexerei betroffen und hinreichend überführt

würde, dann solle ihn der Schultheiß verhaften, peinlich anklagen und nach der Halsgerichtsordnung Kaiser Karl V. am Leben strafen«.[133]

Geis braucht einen Komplizen, den er sich zum Werkzeug machen kann: er findet ihn in den Schöffen und Kirchendiener Andreas Krieger, der 1665 als Anstifter allen Unheils und Jammers bezeichnet wird, als ein »meineidiger Unhold, der beim Prozeß gottlos und unverantwortlich verfahren, Weiber vorgenommen und dieselbe ohne Richter und Schöffen für sich zum Spaß alleine verhört habe...ja selbst schwangere Frauen nicht geschont und dem Weib des Johannes Schneider bei einem solchen Verhör zusammen mit Geis in der Stube des Herrn v. Oynhausen gewaltsam einen so schrecklichen Martertrunk eingegossen, daß sie kurz darauf bei ihrer Flucht eine erstickte Geburt zur Welt gebracht habe.

Zwei Folterbilder aus Löher's »Wehmütige Klage«. 1676. Oben wohl ein Würgen, wobei der Delinquent auf einem Stuhl sitzt, unter dem ein Feuer entfacht ist. Unten: Verhör und Anlegen der Beinschrauben (Spanische Stiefel). Rechts im Durchblick das Aufziehen an beiden Armen mit an den Füßen hängendem Stein.

Der Historiker und Heimatforscher Demant, dem ich diese Informationen verdanke, sagt: »Geis und Krieger wußten ihre Stunde zu nutzen, denen in ihrem Machtrausch und in ihrer Habgier alles entgegenkam. Es kann nicht zweifelhaft sein, daß bei Geis und Krieger sadistische Gründe die Wahl ihrer Opfer bestimmten; dazu kamen Enteignung und Unterschlagung des Gutes der Verurteilten. Ganze Wagenladungen voll Hausrat ließ Geis in seine Wohnung nach Selters schaffen«.

Augustin Huber stellt 1665 eine Liste der »Exekutionskosten« zusammen, die sich Geis von verurteilten und geflohenen Lindheimer Bürgern erpreßt hatte. Die Liste ist sicherlich nicht vollständig, zumal alte Amtsrechnungen und das Lindheimer Hexenbuch nicht mehr zur Verfügung stehen.

- Peter Meurer mußte für seine Frau 30 Taler geben
- Konrad Euler für seine Frau 30 Taler (hingerichtet)
- Johann Adolf Schmidt für seine Mutter 40 Taler
- Heinrich Kuhn für seine Frau 40 Taler (hingerichtet)
- Andreas Schneider für seine Frau 25 Taler
- Johannes Reuneck für seine Mutter und seine Frau 89 Taler und den gesamten Hausrat
- Peter Weber für seine Frau 18 Taler
- Frau Maria für ihren flüchtigen Mann 20 Taler
- Valentin Lochmann für seinen flüchtigen Schwiegersohn 10 Taler
- Heinrich Kneller für seine flüchtige Frau 10 Taler
- Andreas Esch für seinen Vater und seine flüchtige Mutter 100 Taler
- Andreas Esch für seine flüchtige Schwester 30 Taler
- Andreas Esch für seinen Vetter 80 Taler
- Heinrich Leschier's Tochter und Schwiegersohn für ihre geflohenen Eltern 150 Talern
- Philipp Reuneck für seine flüchtige Frau, seinen Sohn und seine Tochter 7 Taler, dazu ein paar Ochsen, ein paar Stiere, 1 Paar Kälber, 8 Schweine, Schiff und Geschirr, alle bestellten Äcker und alle Hausvorräte
- Balthasar Ellroth für seine Frau 50 Taler
- Hans Pöppels für ihren Mann 19 Taler
- Heinrich Norn (Horn) für seine Schwiegermutter 40 Taler
- Johann Philipp Schüler für seinen Vater und seine Mutter 74 ½ Taler
- Christoph Lieder für seine flüchtige Frau 9 Taler
- Klaus Adam für seine geflohene Frau 8 Taler
- Valentin Groß für seine (mit 6 Kindern) geflohene Frau das gesamte Mobiliar.

Geis wird im März 1664 unter der Bedingung abgesetzt, daß er sich stellte, falls er angeklagt wird. Er zieht sich nach Selters zurück. Er bezeichnet in einem Schreiben aus Selters am 3. Oktober, das an seinen Amtsnachfolger, Hieronymus Tacke gerichtet ist, die

Eine öffentliche Hinrichtung auf dem Marktplatz. 1595. Einem weiteren Verurteilten wird auf dem Block die rechte Hand abgehackt.

Lindheimer als »Hexengeschmeis«. Erst Ende 1664 haben die Familien Schüler (Müller) und Esch (Bierbrauer) beim Reichkammergericht gegen Geis und seine Blutschöffen Klage erhoben. Die weitere Entwicklung ist nicht bekannt. Als Henker fungiert Meister Conrad von Ortenberg, Nachrichter daselbst.

Richtstätte mit Sandhaufen (Aufsaugen des abfließenden Blutes), Galgen und Rädern. Die Zuschauer setzen sich aus allen Ständen der Bevölkerung zusammen; vor allem Kinder.

Johannes Koch von Gelnhausen

Er ist Richter und Stadtschultheiß und in gewisser Beziehung mit Noß und Geis zu vergleichen. In Gelnhausen bildet sich innerhalb der Bürgerschaft eine Opposition gegen die städtischen Machthaber. Der erste protestantische Geistliche nach Einführung der Reformation ist der Pfarrer Strupp. Als er längst verstorben ist, zählt seine Frau noch zu den Opponenten. Nun kommt es zu einem Kirchenraub. Obwohl der Küster und ein Gelnhäuser Handwerker die Tat ausgeführt haben, wird die Witwe des Pfarrers belastet. »Die Täter nutzten geschickt die Abneigung des Bürgermeisters Koch gegen die alte Frau aus«. Sie wird gefoltert und gibt unter Qualen alles zu. Man gewährt ihr die Gnade, mit dem Schwert enthauptet zu werden. Später stellt sich heraus, wer die wirklichen Täter sind. Sie werden verbrannt. Der Hexenrichter und der Bürgermeister wird entmachtet. Er stirbt 1603 in geistiger Umnachtung, nachdem er vorher um Gnade bittet und die wertvolle noch heute erhaltene Kanzel in der Stadtkirche von Gelnhausen stiftet. Johannes Koch ist bis 1600 Bürgermeister von Gelnhausen. Unter seiner Regie sollen 28 Hinrichtungen erfolgt sein.[134]

Gesetze, Verordnungen

Landrecht für die Markgrafschaft Baden-Baden vom 2. Januar 1558

Dieses Gesetz wird von dem Jesuitenzögling Philipp, Markgraf von Baden-Baden, erlassen. Im 8. Titel des 5. Buches »Strafe der Zauberei« ist verordnet: »daß jemand, der mit dem Teufel Bindnus macht, oder mit demselben umgehet und zu schaffen haben, Zauberey üben und treiben, Vieh und Menschen mit oder ohne Gift beschädigen...vom Leben zum Tode mit dem Feuer gericht und gestraft werden soll. Auffallend ist die im 5. Titel (§7) »von der peinlichen Frage« enthaltene Anweisung an den Richter, daß er einen, der die Zauberei gestand, weiter auszufragen habe... damit die Details aufgeklärt werden«. Dann folgen mehr als 100 »Generalfragen«.

»Diese Unsumme von Wahnsinn, ist nicht etwa die Ausgeburt eines einzelnen, besonders fanatischen Hexenrichters, sondern eine Verordnung, die an alle Richter eines größeren deutschen Gebietes ergangene, mit Gesetzkraft ausgestattete Anweisung, die zur Befolgung vepflichtete«.[135] U.a. sind es folgende Fragen:

- Wie die Verschreibung an den Teufel geschehen? Mit Blut oder mit Dinten?
- Was der böse Feind für Kleider, wie auch sein Fuß ausgesehen?

- Wieviel Männer, Weiber und Kinder sie getötet?
- Wann sie mit ihren Buhlen Hochzeit gehalten?
- Ob sie auch Wein bei der Hochzeit gehabt?
- Ob der Spielmann ein Mensch oder ein böser Geist gewesen, und ober er auf dem Boden oder auf den Bäumen gesessen?
- Ob sie auch etliche Stücklein, sie seien so gering sie wollen, gelernt, als den Kühen die Milch zu nehmen, oder Raupen zu machen, auch Nebel und dergleichen?
- **Wieviele junge Kinder sie geholfen essen »Item — wenn sie selbige genommen, oder auf den Kirchhöfen ausgegraben, wie sie solche zugericht, gebraten oder gesotten! Item — wozu das Häuptlein, die Füß und die Händlein gebraucht?**
- Ob sie zur Machung der Wetter nit Kindsschmalz haben müssen?
- Ob sie unzeitige Kindlein ausgegraben, ob es Mägdlein oder Büblein gewest und was sie damit angericht?
- **Was sie mit dem gekochten oder gebratenem Menschenfleisch getan...wie sie ja gemeiniglich das Schmalz ansieden und in den Braten schmelzen?[45]**

Bei solchen Verordnungen darf man sich nicht wundern, wenn der Aberglaube bei der Bevölkerung immer weiter um sich greift.

Die Konstitutionen Kurfürst August's von Sachsen. 1572

Die sächsische Kriminalordnung übertrifft die Carolina an Härte, denn in ihr kommt erstmals die Todesstrafe des Verbrennens vor. Kurz vor ihrem Erscheinen findet in Gotha ein interessanter Prozeß statt. Hier sind der Herzog Johann Friedrich von Weimar und sein Kanzler Brück, der Sohn von Gregor Brück, in die Grumbach'schen Händel verwickelt; die Reichsacht gegen sie wird durch den Kurfürst August von Sachsen mit Hilfe des Reichsheeres vollzogen. Grumbach und Brück werden gefangen und gefoltert. Genauso verfährt man gegen den Kanzler Craczow wegen abweichender theologischer Ansichten, gegen die Leibärzte Peutzer und Hermann und den Kichenrat Stöffel. Auch mit dem Hofprediger Schütz. Christian Brück wird 1567 auf dem Gothaer Marktplatz hingerichtet.[136]

Wie stark sich der religiöse Umschwung in Sachsen auswirkt, zeigt u.a. das Verfahren gegen den sächsischen Fürsten Johann Friedrich von 1628.

1570 verfaßt der Lutheraner Matthäus Wesenbeck eine Denkschrift, die Professoren der juristischen Fakultät von Wittenberg und Mitglieder des dortigen Hofgerichtes an die kurfürstliche Regierung senden. U.a. haben die Wittenberger Rechtsgelehrten die Frage zu beantworten: ob sie nicht Zauberei halber etwa Gewisses und unterschiedliches zu verordnen sei. Ihre Antwort lautet:

»Es sind jüngst viele Bücher ausgegangen, darin die Zauberei mehr für eine Superstition und Melancholie, dann für eine Übeltat gehalten wird, und wird hart darauf gedrungen, daß dieselbe am Leben nicht zu strafen sei. Des Wieri Rationes sind nicht sehr wichtig, als er ein Medicus, und nicht ein Jurist gewesen. Es sei aber darum gewandt, wie es wolle, so ist darauf fürnehmlich nicht zu sehen, sondern auf das, daß sie sich mit dem Teufel verbinden und auf das nichts Gutes, sondern ihnen und anderen Leuten zum Schaden, wie die Erfahrung und ihr eigenes Bekenntnis geben, auch unsere Leges bezeugen. Denn wie der Meister ist, also ist auch der Knecht, und wie der Bräutigam, der da ist ein Lügner und Mörder von Anfang an, also auch die Braut«.[137] Hier sieht man die enge Bindung zwischen Theologie und Jurisprudenz, die praktisch bis zur Aufklärung anhält.

1571 versammeln sich Abgeordnete der Wittenberger und Leipziger Fakultät, um die Beratungen über das zu veröffentliche Gesetzbuch weiterzuführen. Nach dem Vorschlag der versammelten Juristen sollen die, die mit dem Teufel ein Bündnis eingehen, **selbst, wenn sie den anderen keinen Schaden zufügen,** mit dem Feuertod bestraft werden. »Soviel diejenigen belangt, welche sich vom christlichen Glauben abwenden und dem Teufel sich ergeben, demselben Profession tun und mit ihm ein Verbündnis machen, oder mit demselben unzüchtigerweise zu schaffen haben, oder aber auch den Leuten mit Zauberei Schaden zufügen, hätte unseres Erachtens keinen Zweifel, daß dieselben mit dem Feuer vom Leben zum Tode zu strafen sein sollten«.

Diese Rechtsauffassung kommt zum Tragen.[138] Es ist ein typischer Vorgang: die Juristen sind von der Theologie und dem göttlichen Recht befangen, wenngleich dieses nur mit Religiosität begründbar ist. Der Fürst, aufgeschlossen, und seinem Zeitgeist Rechnung tragend, berät sich mit Universitäten und holt Gutachten ein. Die Gutachter urteilen in der Regel so, daß der Landesherr nicht verletzt, eher noch, daß er geschmeichelt wird. Freilich behält er sich die letzte Entscheidung vor. Schließlich ist niemand der Verantwortliche, denn alle schieben die Schuld auf den Nächsten. In der Zeit des Aber- und Dämonenglaubens wird verständlich, daß man eher zu scharfen Strafen neigt. Schließlich werden Entscheidungen getroffen, die im Grunde genommen — was die wirkliche Verantwortung belangt, dubios sind. Die Theologen schieben sie auf die Juristen oder den Landesherrn, dieser verhält sich andersherum. Es ist eine Rechtsunsicherheit, die aus der Bindung zwischen Theologie und Juristerei entsteht. Erst als hier eine

deutliche Spaltung eintritt, nämlich mit Christian Thomasius (vergl. S. 324) hören die Prozesse wegen Glaubensfragen, und das sind die Hexenprozesse, auf.

Im Kurfürstentum Sachsen kommt die strenge Rechtsauffassung im Gegensatz zur Carolina zum Durchbruch. Das Gesetz besagt: »Alldieweil die Zauberei hin und wieder heftig einreißt, und nicht allein in gemeinen beschriebenen kaiserlichen Rechten (Hinweis auf die C.C.C.), sondern auch mit göttlicher Schrift zum höchsten verboten ist (Bezug auf die bekannte Stelle des Moses im Exodus), demnach ordnen wir, so jemand in Vergessung seines christlichen Glaubens (wohlgemerkt: des protestantischen!) mit dem Teufel ein Verbündnis anrichtet, umgeht oder zu schaffen hat, daß dieselbige Person, **ob sie gleich mit Zauberei niemand Schaden zugefügt, mit dem Feuer vom Leben zum Tode gerichtet und gestraft werden soll.** Da aber außerhalb solcher Verbündnisse jemand mit Zauberei Schaden tut, derselbe sei groß oder gering, so soll der Zauberer, Manns- oder Weibsperson, mit dem Schwert bestraft werden. Desgleichen ordnen wir, daß auch die, so sich unterstehen aus der Teufelskunst wahrzusagen, oder mit dem Teufel durch Kristalle oder in anderen Wegen Gespräche oder dergleichen Gemeinschaft zu halten und sich von ihm geschehener oder zukünftiger Dinge Bericht und Erforschung zu erholen, mit dem Schwert vom Leben sollen gerichtet und gestraft werden«.

Luther hat wiederholt erklärt, daß die Hexen wegen ihres Abfalls von Gott und wegen ihres Bundes mit dem Teufel zu Recht verbrannt werden: damit steht er durchaus in seiner Zeit und in einer langen Reihe gleichgesinnter Theologen und Juristen. Ob aber oder inwieweit die sächsischen Rechtsgelehrten von Luther beeinflußt worden sind, läßt sich nicht feststellen (zum Bedauern einiger katholischer Schriftsteller über das Hexenwesen!). Beeinflussungen lassen sich nicht von der Hand weisen, vor allem der Einfluß der Reformation auf protestantische Rechtsgelehrten ist naheliegend.

Die strenge Bestimmung in den sächsischen Konstitutionen bleibt nicht isoliert stehen, sondern wird in das kurpfälzische Landrecht durch den streng lutherisch gesinnten Kurfürsten Ludwig, 1582 aufgenommen. Zudem in das spätere preußische Landrecht.

Kulmisches Recht, Danzinger Willküren

Das in Westpreußen geltende alte Kulmische Recht droht im 5. Buch. Kap. 67 für Zauberei den Feuertod an. Darunter fällt nicht nur der Schadenzauber, sondern richtet sich auch gegen die »die Gott verlassen und sich dem Teufel ergeben haben«. Darüber hinaus droht das kulmische Recht all denen mit Enthaupten, die einem Zauberer durch Rat oder Tat Hilfe geleistet haben. Dieselbe Strafe trifft auch die, die von der Kenntnis eines Zauberers Kenntnis haben, ihn aber nicht zur Anzeige bringen.

Auch in Danzig wird die Zauberei unter Strafe gestellt. Die gesetzliche Bestimmung dazu findet sich in den »Danziger Rechtswillküren« als einem autonomen Danziger Recht. Die älteste Willkür stammt aus dem Jahre 1385 bis 1455. Sie kennt — wie die folgende von 1458 — keine Vorschrift über die Zauberei. Erst um 1500 findet hier der Glaube an Zauberei und ihre Strafwürdigkeit ihren Niederschlag:

»szo sich ymandt understehet zcobereye
zcu schaden seynes nahesten zcu gebrauchen,
der szoll zcum feuwer werden verortelt«[139]

»wenn sich jemand untersteht Zauberei
zum Schaden seines nächsten zu gebrauchen,
der soll zum Feuer verurteilt werden«.

1580-1590 wird die Willkür einer eingehenden Reform unterzogen. Die Bestimmungen über Zauberei werden verschärft. Als neuer Tatbestand rückt das Teufelsbündnis mit der sich daraus ergebenden Gotteslästerung ein. Die neugefaßte Bestimmung von 1597 lautet:

Von Strafe der Zauberei.
Wer zu wider Gottes Gebot mit dem Teufel ein Verbündnis und Gemeinschaft macht oder durch desselben Hülff mit Zauberey seinen nächsten Schaden zufügt, der soll mit Feuer an Leib und Leben gestrafft werden.[140]

In Danzig entfallen die die Zauberei betreffenden Gesetze erst 1756 im Zuge der allgemeinen Entwicklung.

Landgebot wider Aberglauben, Zauberei und Hexerei von 1611

Der Herzog Maximilian von Bayern erläßt am 12. Februar ein umfassendes Landgebot 'wider Aberglauben, Zauberei, Hexerei und andere Teufelskünste'. Der Aberglaube, heißt es in der Einleitung »sei keine so geringe Sünde, wie er insgemein betrachtet werde, sintemalen aller superstitiones, von dem verfluchten Teufel erfunden seien. Besonders das Wahrsagen und die unchristlichen Segen seien stark im Schwang. Die Nachrichter und dergleichen Gesellen, etliche alte Weiber, bei denen in solchen Sachen gemeiniglich um Rat gesucht wird, die Schmiede auf dem Lande und wohl auch in den Städten, seien vornehmlich im Auge zu behalten«.

Die Beamten sollen das Mandat zweimal im Jahr, zu Weihnachten und zu Pfingsten, auf den öffentlichen Kanzeln verlesen lassen.[141]

Das bayrische Landgebot beinhaltet 52 Formen des Aberglaubens, die mit Strafen bedroht werden. 15 davon geschehen mit Anrufung von bösen Geistern. Der Besitz von Zauberbüchern wird streng untersagt. U.a. sind verboten:

- Wahrsagerei, das Versprechen oder die Kunst, den Leuten gestohlenes oder verlorenes Gut wiederzubringen
- Nativitätsstellen
- Abergläubische Worte oder Werke, in der Andreas- oder Christnacht angewendet
- Bannung der bösen Geister ohne christliche (geistliche) Mittel
- Beschwörung der Schlangen, Nattern und Mäuse
- Ansegnen und Vertreiben der Gewitter ohne die zugelassenen geistlichen Mittel
- Anfertigen von Wachsbildern, in Blei oder Metall, zur Bezauberung der Leute, besonders, wenn solche Bilder verletzt oder durchstochen werden
- Alle Segen (auch die am Hals oder Leib getragenen und die über Wehr und Waffen gesprochenen), die dem Gebrauch der katholischen Kirche widerlaufen
- Alle Amulette, sowie der an Türen, Betten, Wiegen usw. eingeschnittene Drudenfuß
- Das Anhängen eines leinernen Kleides an den Hals der Frauen, die sich beim Abnehmen der säugenden Kinder dadurch vor Brustschmerzen bewahren wollen
- Der Gebrauch von Ketten und Stricken Hingerichteter von den Hochgerichten
- Der Gebrauch von Richtschwertern oder von Werkzeugen, mit denen sich ein Selbstmörder den Tod gegeben, zu abergläubischer Anwendung
- Das Schatzgraben
- Das Kaufen wie das Abkaufen des Fiebers oder anderer Krankheiten
- Das Maleficium ligaminis, wodurch Männer oder Weiber unfruchtbar gemacht werden
- Das Einsiedenlassen von Milch am Feuer, um dem Mangel der Milch beim Vieh abzuhelfen
- Das Herabwerfen eines gekleideten und angezündeten Bildes des bösen Geistes von der Höhe der Kirche an Christi Himmelfahrt
- Das Bestreichen des am Karfreitag in den Kirchen niedergelegten Kruzifix mit Eiern, Brot, Fett usw.
- Das geheime oder öffentliche Einschieben gewisser Sachen unter das Altartuch zu Zauberzwecken
- Aderlässe der Pferde am Stephanstag
- Ausgraben von Kräutern oder dem vierblättrigen Klee in gewissen heiligen Nächten und Stunden mit gewissen Zeremonien

- Die Einhaltung von Fleischgenuß am Oster- und Weihnachtstag gegen das Fieber
- Die Kalender, worin etliche Tage als glück- und unglückbringend bezeichnet werden
- Das Herumtragen von Heiligenbildern mit Trommeln und Pfeifen

Ein Teil dieser abergläubischen Gebräuche ist auf dem Boden christlicher Ideologie entstanden. Interessant ist, wenn man die Verbote als fortschrittlich im Zeichen der Zeit nennen würde, daß es nicht gelungen ist, einen Teil von ihnen bis heute auszurotten. Man darf sich nicht darüber hinwegtäuschen, daß es noch heute Segensprecher, Wahrsager und viele abergläubische Menschen gibt. Man denke nur an den Unsinn, der mit den Horoskopen und Talismanen getrieben wird.

Der zweite Teil des o.e. Landgebots enthält Strafsatzungen, besonders gegen Hexerei. »Wer den Teufel anruft oder anbetet, wird lebendig verbrannt, wer es indirekt tut, wird zuerst enthauptet«. Wahrsager, Zauberer, Eingeber von Liebesträanken sowie solche, die sie befragen, sind des Landes zu verweisen. Wer mit dem bösen Feind einen Pakt schließt (Art. 9), wird mit der peinlichen Frage angegriffen, mit dem Scheiterhaufen und der Einziehung seiner Habe bestraft; wenn er überdies Menschen, Vieh und Früchten durch Zauberei Schaden zufügt, mit glühenden Zangen gezwickt...ehe er an das Feuer gesetzt wird«.[142]

»Hat jemand ohne Teufelsbund und Teufelsbuhlschaft jemanden durch Zauberei oder Gift geschädigt, so wird er nach der Carolina bestraft, seine Güter aber den Erben belassen«.

General- und Spezial-Instruktion über den Hexenprozeß im Kurfürstentum Bayern von 1622

Im Zusammenhang mit der Entwicklung des Hexenwahns wird immer wieder die Frage gestellt, woher die gleichförmigen Aussagen der Verurteilten kommen. Es hat verschiedene Gründe. Einmal setzt seit der C.C.C. die Versendung von Gerichtsakten und das verstärkte Einholen von juristischen Gutachten ein. Den Richtern wird mehr und mehr untersagt, die Delinquenten »beliebig« zu verhören. So entstehen Fragenkataloge, die von theologisch orientierten Juristen ausgearbeitet sind. Das führt auf der einen Seite zur Schematisierung und auf der anderen zur Kritiklosigkeit.

Eine weitere Seite liegt bei den Verurteilten. Die Qual der Folter zwingt sie zu unmöglichen Geständnissen, zum Bestätigen dessen, was ihnen befangene Richter

vorkauen. Dazu kommt, daß die Urteile öffentlich verlesen und vollstreckt werden, so daß der Hexenwahn dadurch zusätzliche Verbreitung findet. Dazu kommen die Schriften und Predigten auf diesem Sektor.

Es ist ein Wechselspiel: jeder glaubt richtig zu handeln und spätere Generationen erkennen, daß es falsch war. Das wird uns genauso gehen: wir dürfen darum diese Epoche des Aberglaubens und Wahns nicht verdammen, weil wir nicht besser sind.

Die zitierten Generalfragstücke beziehen sich lediglich auf den bayrischen Bereich. Sind aber im wesentlichen im gesamten deutschen Gebiet vergleichbar.

- Ihr Namen, Alter, Geburtsort, wer der Vater und Mutter sei
- Was ist die Ursache, weshalb sie ins Geschrei kommen (»...halben verruecht, verdechtigt und in Geschrey seye)
- Ob sie sich dem leidigen Satan ergeben und Gott (und den Heiligen) die sel. Sakramente verleugnet hat
- Wie sie hinter das Laster gekommen, was sie dazu bewegt, wer sie gelehrt (welche Stücke), wie und an welchem Ort das geschehen, wie lange sie es getrieben habe
- Welche Unehr sie den heiligen Sachen, besonders dem hl. Sakrament angetan habe, welche Gotteslästerung sie sonst noch getrieben...
- Ob sie nicht Zauberei getrieben, »...das sye zuerkonftige Ding, Haimblichkeites und Anschlag der Menschen erkennen wellen, durch Prillen sechen oder dergleichen...«
- Ob sie sich auch nicht unterstanden habe, mit besonderen Worten oder Teufelskünsten Krankheiten zu vertreiben
- Ob sie nicht Krankheiten und andere Übel den Leuten und dem Vieh zugefügt? Welche, warum und aus welchen Ursachen?
- Ob denen, die jetzt noch leben, nicht noch in irgendeiner Form zu helfen sei?
- Ob sie nicht anderen zur Verletzung eingegraben habe, wohin, wo man es bekomme, und wie es geschehen?
- Wo sie ihre Salben und hexische Sachen hinbehalten, wer ihr dieselben gegeben und aus wem sie sie gemacht habe?
- Wie oft sie gefahren, auf welche Tagzeit und Stunde, mit welchen Personen und wer ihre Mitgesellschaft gewesen, was sie getan und verhandelt haben?

- Ob sie nie in den Keller gefahren (sei), den Wein ausgeschossen und wer mitgewesen

- Ob ihr Mann oder contra deß Weib solcher Laster nicht gemerkt und wie sie es habe verschweigen können

- Ob sie nie Ungewitter, Regen, Reiff, Tonner, Plitz oder Hagel zu machen sich understanden, was Maas und Weis, wie oft und ob es Schaden gebracht, auch wann sie es abgegangen seie, was sie dazu gebraucht

- Wie ihr teuflische Buhle (Puell) heiße, welche Gemeinschaft sie mit ihm gehabt, und was Gestalt sye ihme verpundten

- Was sie überall zusammen kommen und was sie miteinander treiben

- Ob sie nie in der Gestalt wunderbahrlicher Thiere zu Erschreckung und Verblendung der Leute erschienen. In welcher Gestalt, wo und wann?

- Ob sie keine Leute gelähmt oder getötet habe, besonders, ob sie die jungen Kinder nicht verletzt, gestollen und hinweggeführt oder die ungetauften ausgegraben oder vor der hl. Tauf verletzt habe, wie vill, an was Orten und durch was Gestalten

- **Was sie mit den ausgegrabenen Kündern oder ihren Gepainneren (Knochen) gemacht, zugericht oder für Zauberei gebraucht**

- Ob sie nicht mit Gift umgegangen, Schlangen oder anderen vergifteten Tieren wann, und was sie damit gethonn, obs nit Zwiespalt und Uneinigkeit zwischen den Eheleuten, und welche Mittel und warum?

- Ob sie teuflische unzichtige Liebe hab gemacht oder geursacht, dadurch etwann die Frauen oder die Mannen zu Fall kommen und in Ehebruch oder andere unehrliche Sachen geraten, gegen wen dies geschehen, warum und wie

- Ob sie nicht auch Jungfrauen oder junge Gesellen gelernet, mit dergleichen teuflischen Sachen ihren Mutwillen zu verbringen

- Ob sie auch nicht solche Sachen und malefizia aufgelöst habe

- Ob sie nicht mit seltsamen teuflischen Worten, Puegstaben und dergleichen zauberische Segen sie die Leute betrogen?

- Wann sie ausgefahren, an welchen Orten sie gemeinhin seyen zusammen kommen, wieviele da zusammen gewesen, ob sie alle darunter gekannt habe?

- Wer die vornehmste gewesen und was sie jedesmal beschlossen haben?

- »Die ybrigen Fragstuck wird ein jeder Inquisitor, dieweill die Fäll underschidlich, selbsten seiner Discretion mit allen Umbstendten darzue zu thun wissen«

Landrecht, Polizey, Gerichts, und Malefiz und andere Ordnung der Fürstenthumben Obern- und Nidern-Bayern. München 1616

Die C.C.C., und das ist ihr Nachteil als Gesetzbuch, hat allgemeinen Charakter. Durch die salvatorische Klausel (vergl. S. 268) ist es einzelnen Fürsten und Landesherren erlaubt, ihre Rechtsvorstellungen beizubehalten oder zu verwirklichen. Aus dieser Unsicherheit entstehen eine Reihe von Landrechten und -geboten. Auch dieses. Es ist als Ergänzung zur Carolina gedacht. In der Vorrede wird gesagt: »Um die vielen Willkürlichkeiten der Richter, und um örtliche Mißbräuche abzuschneiden, sei diese Ergänzung notwendig geworden«.

Der erste Artikel handelt von den Richtern und den Gerichtshöfen in peinlichen Sachen (17 Artikel). Hier kommen gewisse Milderungen in der Strafauffassung zum Ausdruck. »Die Tortur sei nur morgens erlaubt, niemals an Kinder unter 14 Jahren, nicht gegen alte Leute von 60 und 70 Jahren, noch überhaupt gegen schwache und kränkliche. Auch nicht gegen gesegnete (schwangere) oder stillende Frauen, noch gegen Stumme oder Taube«.

Diese Auffassung kann sich in der Praxis nicht behaupten, sie wird in vielen Fällen willkürlich übergangen. Der 12. Artikel behandelt die Frage, ob und wann Mitschuldige gefragt werden mögen. »Hat der Gefangene seine eigene Missetat bekannt, so ist es ihm erlaubt und in ganz Deutschland in Gebrauch, nach den Mitschuldigen zu fragen. Doch soll man allgemein nicht auf eine einzelne Person fragen, was dem Recht zuwider wäre«.

Die Eingrenzungen im Bereich der Tortur sind vorausgegangenen Mißbräuchen zu erklären. zu Beginn des 17. Jhts. mehren sich die Stimmen, die auf eine humanere Auffassung drängen.

1618 arbeitet Thomas Metzger, Professor für Kriminalrecht in Freiburg/Breisgau in seiner »Consilia Criminalia« ein Gutachten aus. Es geht um ein 18jähriges, der Hexerei angeklagtes Mädchen. Sie ist geständig. Metzger schlägt vor: »man solle weder die peinliche Frage, Tortur noch die Todesstrafe verhängen. Er wolle sie in eine Besserungsanstalt verbracht wissen, damit sie büße und sich bessere«.

Polizeiordnung der Herren von Rosenbach. (ca. 1650)

Diese Polizeiordnung steht beispielhaft für die zahllosen internen und kleineren Verfügungen, in denen das zersplitterte Rechtsgebiet partiell Ordnung schaffen wollte. Die große Richtschnur ist die Carolina. Lindheim wird damals — bei einem nahezu aufgelöstem

Ganerbenverband, Pestfolgen und dem sog. »Hessenkrieg« (zw. den Landgrafen von Kassel und Darmstadt), von eingesetzten Amtsleuten regiert. 1598 kommen Klagen wegen Hexereien zum Lindheimer Gericht. 1634 findet ein Prozeß gegen drei Personen statt. Über das Ende berichtet das Protokoll:

»...daß man unter das Rathaus gangen, das Gericht wie gewöhnlich gehegt und die Malefikantinnen Anna Kraft, Pompanna genannt, Johann Reunicks Witwe Elsa, die Bierbrauerin genannt, und Johanna, Schmieds Witwe Anna vorgeführt, von denen ermelten Schöffen nach der Halsgerichtsordnung Karls V. abgefaßt, vorgelesen und die Malefikantinnen nach gebrochenem Stabe und vorheriger sonderbarer obergerichtlichkeitlicher Begnadigung und Milderung des Urteils dem Henker überantwortet, hinaus zur Richtstatt geführt, mit dem Schwert vom Leben zum Tode gerichtet und dann mit dem Feuer verbrannt worden«.[143]

In diesem Klima entstehen später die Lindheimer Hexenprozesse, in die der Oberschultheiß Geis maßgeblich verwickelt ist (vergl. S. 301). Zu Beginn der 5oer Jahre erlassen die Herren von Rosenbach eine Polizeiordnung. Der Art. 2 »Von Zaubereien, Teufelsbeschwören und Wahrsagen« bestimmen sie:

»Wiewohl wir unseren Bürgern und Untersassen zu Lindheim nicht zutrauen, daß sie mit Teufelswerken umgehen und dadurch Gott und seine himmlischen Heere verleugnen, hingegen sich dem Teufel ergeben und durch sein Anreizen verführerische Hilfe ihren Nächsten oder sich selbst schädigen — viel weniger bei Teufelsbannern Rat und Hilfe suchen, so wird uns doch glaubhaft vorgebracht, daß sie sich selber untereinander öffentlich ausschreien und mit höchst strafbaren Verleumdungen und ehrenrührigen Machinationen zwacken, und für Werwölfe, Hexenmeister zauberische Leute halten[144]...auch sonst mit abergläubischen Sprüchen und Segen sich und das Ihrige vor Unglück zu bewahren trachteten. Dabei vergessen sie Gottes Allmacht, den sie in allen Nöten anrufen sollten, der ihnen auch helfen kann und will...wie denn Gott durch Moses geboten, die Zauberer und Zauberinnen nicht leben zu lassen, so sollen ein Mann und ein Weib, so Wahrsager oder Zeichendeuter ist, des Todes sterben, man soll sie steinigen, ihr Blut sei auf ihnen«.[145]

Hier sieht man die enge Bindung des Gesetzes an göttliche Verordnungen (die Jurisprudenz versteht sich als ausführendes Organ übergeordneter Rechtsvorstellungen). Interessant ist, daß in dieser lokalen Ordnung zum Ausdruck kommt, daß die Anschuldigungen vom Volk ausgehen. **Das hat sich in meiner Untersuchung bestätigt: immer und immer sind es Menschen, die durch Geschwätz und Intrigen Unglück herbeiführen. Das war damals und das ist heute so.**

Verfügung des Bischofs von Leslau (11. April 1669)

Diese Verordnung zeigt, welchen Einfluß sich die Bischöfe und Kirchenfürsten auch in rein weltlichen Dingen anmaßen. Wenn der Bischof von Leslau auch ein tolerantes Verhalten zeigt, so ist doch unzweifelhaft, daß er den größten Machtanspruch will. Sein Erlaß verbietet auf Denunziationen und schwache Gerüchte hin zur Tortur zu schreiten. Die Wasserprobe verwirft er.

»Vor der Folter soll der Richter den bischöflichen Offizial befragen, der seinerseits dem Bischof Bericht zu erstatten hat. Den weltlichen Gerichten wird aufgegeben (!!!), sich Rat bei dazu bestimmten Theologen zu holen. Den Richtern wird der Rat erteilt, lieber gegen offene Verbrechen, wie Mord, Raub, Diebstahl usw., als gegen so verborgene und schwer zu beweisende Verbrechen vorzugehen. Wer diese Richtlinien nicht einhält, wird aus der Kirche ausgeschlossen. Der Bevölkerung ist dieser Erlaß durch Anschlag an den Kirchentüren zur Kenntnis zu bringen«.[146]

Rescript des Herzogs von Mecklenburg, 1683

Er ist ein aufgeklärter Fürst. Noch vor Bekker und Thomasius verbietet er bei »ernstlicher Strafe« »...daß hinfür in den peinlichen Gerichten bei angestelltem scharfem Verhör der wegen Zauberei inhaftierten und der Tortur untergebenen Delinquenten so wenig von den zu der peinlichen Befragung adhibirten Richtern und Beisitzern gefragt werden solle, ob reus (der Angeklagte) oder rea (wirklich) auf dem Blocksberg gewesen und daselbst gegessen, getruncken, getanzet oder anderes teuflisches Gaukelwerk getrieben und diese oder jene Person mitgesehen und erkannt habe, noch auch, daß so der Gepeinigte von selbst obiges alles erzählen und für Wahrheit berichten wollte, desselben Bekanntnis einigen Glauben beilegen, noch zu Protokoll bringen und des Beklagten Namen verzeichnen lassen sollen, zumalen alle dergleichen denuntiationes ex fonte male herfließen und also billig zu abominieren und zu keinem Grunde rechtschaffender Beweisung zu legen seien«.[147]

Josephinische peinliche Halsgerichts-Ordnung für Böhmen, Mähren und Schlesien

In Österreich finden wir in der »Römisch Kaiserlichen...Majestät Josephi I. Markgrafthumb Herzogthumb Schlesien«, am 16. Juli 1707 erlassenen gesetzlichen Verfügung alle früheren und fortschrittlichen Anschauungen zunichte gemacht.

Nach Scholz ist besonders § 4 des Art. 13, ein Verzeichnis der Anzeichen der Zauberei, »die Niederlage allen Irrwahns der vorausgegangenen Zeit«. Er lautet:

»Abergläubische Gesundheits-Mittel, schaden, so allerzeit in Gegenwart des Inquisiten geschehen, und niemand in diesen Abwesenheit, bei ihm oder ihr gefunden verdächtige oder verbotene Bücher, Spiegel, Verbündnis mit dem bösen Feind, mit ungewöhnlichen Ziffern oder Zeichen, mit oder ohne Blut geschriebene Zettel, Totenbeine, an des Inquisiten Leib unschmerzhaft befundene Markmale (das Stigma diabolicum), und sonsten zur Zauberei gebräuchliche Sachen, gedrohter und erfolgter nicht allerdings natürlicher Schaden, übernatürliche Wissenschaft, von schlechten Leute angemaßte Wahrsagerei, etwas besonderes vor Andern, zum Gleichnis; wann ihre Felder grünen, deren Andern dürren; ihr Vieh nutzbar, anderer verderben...Wann die in Verdacht gekommene Person andere Leute die Zauberei zu lehren sich anerboten, menschlich unbegreifliche Taten würket, in der Luft herumfahret...«.[148]

Die Folter ist sanktioniert. Das Gesetz unterscheidet vier Grade: (Art. 16 § 9)

● Bünd oder Schnürung
● Anlegung der Daumenstöcke
● Schraubstiefel
● Feuer

»Mit der Tortur soll inne gehalten werden, wenn die anwesenden Gerichtspersonen sehen, daß Inquisit solche ohne Lebensgefahr nicht überstehen könne, oder etwa einen gefährlichen Schaden erleide« (§ 11)

»Wenn jemand mit dem bösen Feind umgegangen, oder sich mit ihm unzüchtig vermischet auch wenn er sonst niemand durch Zauberei Schaden zugefügt hat ...erleidet die Feuerstrafe« (Art. 19 § 3).

»lose Bocksreiter, wenn sie solches zwar durch des böses Feindes Hilfe, jedoch ohne ausdrückliches Verbündnis mit ihm tun...sollen mit dem Schwert hingerichtet, oder nach den Umständen auch geringer bestraft werden«.

»Auf wahrhafte Zauberey, sie geschehe mit ausdrücklich oder verstandener Verbündnis gegen den bösen Feind, denen Leuten, Viehe und Früchten der Erde Schaden zugefügt wird...oder sich unzüchtig vermischt, wenn sie auch sonsten durch Zauberey niemand Schaden zugefügt hätten, gehört die Straff des Feuers« (Art. 19 § 3).

Friedrich der Große findet diese Halsgerichts-Ordnung in Schlesien als Provinzialgesetz vor.

Zeitgenössischer Holzschnitt eines Hexenflugblattes von 1517. Ein Dämon trägt eine angebliche Hexe davon. Im Vordergrund: Strafe des Rädern von unten nach oben.

Codex Juris Bavarici Criminalis. 1751
Wiguläus Xaver Aloys Freiherr
von Kreittmayr

Ist einer der bedeutenden bayrischen Gesetzgeber. Über die Hexerei sagt er: »Ein Bündnis mit dem Teufel, kraft dessen mit sich diesen gegen von ihm versprochene Vorteile zu eigen übergibt. ob es nun dergleichen Bündnisse gebe, ist nicht nur itzo noch, sondern zu allen Zeiten ein großer Disput unter den Gelehrten gewesen«. Er selbst stellt den Teufelspakt als tatsächlich hin. Wichtige Vorschriften des Gesetzes sind:

● Das öffentliche oder heimliche Bündnis, sowie die fleischliche Vermischung mit dem Teufel, Teufelsanbetung und Verunehrung der Hostien werden mit lebendiger Verbrennung bestraft.

● Die böse Gemeinschaft mit dem Teufel und die Schädigung anderer durch den Gebrauch zauberischer oder abergläubischer Mittel werden mit dem Schwert bestraft.

● Andere, unschädliche abergläubische Künste jedoch mit Gefängnis, öffentlicher Buße, Relegation und Ausstäupung, »je nach Gestalt des Ärgernisses«.

● Bei den Kindern solle mehr auf gute Zucht und Unterweisung als auf malefizische Strafen gesehen werden.

Maria Theresia,
ihre Stellung zum Hexenprozeß

Ein Jahr vor ihrem Regierungsantritt (1739) erscheinen »neue« Kriegsartikel. Der § 25 lautet: »das höllische Laster der Hexerei wird mit dem Feuertod bestraft, sowie alle diejenigen, die nachts unter dem Galgen vom Teufel verblendete Mahlzeiten halten, oder Ungewitter, Donner und Hagel, Würmer und anderes Ungeziefer machen«.

Unmittelbar nach ihrem Regierungsantritt hebt sie alte Verordnungen auf, darunter die Josephinische Halsgerichts-Ordnung von 1707 und die vorgenannten Artikel. Damit wird der »Hexenriecherei« im österreichischen Raum ein Riegel vorgeschoben. Sie verlangt Vorlage aller Hexensachen, zumal sie den gesamten Strafprozeß einer Revision unterziehen will. So kommt es zu einem Entwurf, in dem das bisherige Gerichtsverfahren gegen die Hexen über Bord geworfen scheint. Daran ist vermutlich der Wiener Professor der Staatswissenschaften und Hofrat Josef von Sonnenfels (1732—1817) mit seiner Schrift: »Über die Abschaffung der Tortur« beteiligt.

Die Kaiserin verordnet auf Rat ihres Leibarztes, daß in ihren Staaten kein Zauberer und keine Hexe mehr verbrannt werden solle. 1755 gibt sie den Befehl: »daß künftiglich in allen derlei Sachen von der Geistlichkeit ohne Concurrenz der Politici nichts vorgenommen, sondern allemal, wenn ein solcher casus des Gespenstes, Hexerey, Schatzgraberey oder eines angeblich vom Teufel Besessenen vorkommen sollte, mithin dieser unter Beiziehung eines vernünftigen Physici der Sache untersucht werden solle«.

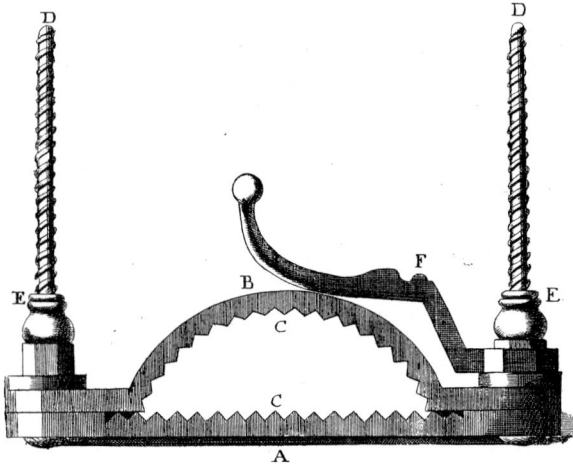

Die Beinschraube oder der Spanische Stiefel. Wiener Tortur. Aus: C. C. Theresiana. A = das untere 8 1/2 Zoll lange, 3/8 Zoll dicke Eisen. B = das obere ebenso lange und dicke Eisen, welches einen Bogen bildet der 4 1/4 Weite und 1 1/2 Zoll Höhe, von dem unteren Eisen in der Mitte gemessen, hat.

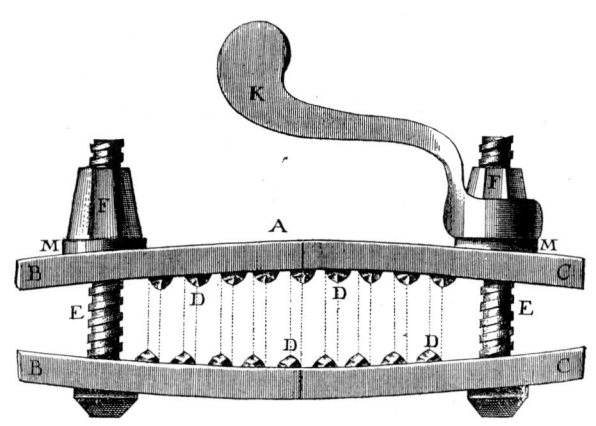

Seitliche Ansicht eines Daumenstockes. Prager Tortur. Aus: Constitutio Criminalis Theresiana.

Personenkreis	Strafen
● Wer wegen einer falschen Vorstellung, Erdichtung und Betrug der Zauberei oder Hexerei verdächtigt wird	● entsprechende Leibesstrafen
● aus Melancholei, Verwirrung der Sinne oder Wahnwitz, oder aus einer besonderen Krankheit	● Einweisung in ein Irrenhaus oder in ein Spital
● »ob eine Gottes und ihres Seelenheils vergessene Person solcher Sachen, die auf ein Bündnis mit dem Teufel abzielen, sich zwar ihres Ortes ernsthaft, jedoch ohne Erfolg und Wirkung unterzogen haben«	● Strenge Leibesstrafe, auch Todesstrafe
● »endlich untrügliche Kennzeichen eines wahren, zauberischen, von teuflischer Zutuung hervorkommen sollenden Unwesens...zu sein erachtet werden«	● Die Kaiserin behält sich die Entscheidung vor! »zu welchem Ende der Prozeß uns einzureichen ist«.

Diese Gedanken sind in der Constitutio Criminalis Theresiana weiterentwickelt.

Sr. Kaiserl. Königlich-Apost. Majestät allergnädigste Landesordnung, wie es mit den Hexenpozessen zu halten sei

Die Ordnung erscheint am 5. November 1766: »Wir haben gleich bei Anfang unserer Regierung auf Bemerkung, daß bei diesen sogenannten Zauber- und Hexenprozeß aus unbegründeten Vorurteilen viel Unordentliches sich mit einmenge...allgemein verordnet, daß solche vorkommenden Prozesse vor Kundmachung eines Urteils zu unserer Regierung bisher kein wahrer Zauberer, Hexenmeister oder Hexe entdeckt worden, sondern derlei Prozesse allemal auf eine Dummheit und Wahnwitzigkeit des Inquisiten, oder auf ein anderes Laster hinausgeloffen seien...«. Der Kaiserin geht es um eine generelle Eindämmung des Aberglaubens. Sie stellt Personengruppen und Strafgruppen gegenüber; siehe Tabelle links unten.

Constitutio Criminalis Theresiana, oder der Römisch-Kaiserl. zu Hungarn, Erzherzogin zu Österreich...peinliche Gerichtsordnung. Wien, 1769

Die Theresiana schreibt noch die Urphede, allergings unter Weglassung des vor dem üblichen Eides vor. Die Theresiana ist ein strenges Gesetz. Der 5. Artikel teilt die Lebensstrafen in härtere und gelindere. Die härteren bestehen in der Verbrennung, Vierteilung, Tod durch das Rad von unten nach oben, wobei zur Verschärfung der Strafe Schleifung zur Richtstätte, Reißen mit glühenden Zangen, Riemenschneiden, Abschneiden der Zunge, Nackenausreißen zulässig sind. Eine Strafmilderung ist die Hinrichtung mit dem Schwert oder das Hinrichten am Galgen.

»Das Hängen ist jedoch in Ansehung der Weibspersonen nicht gebräuchlich, sondern dieselben werden anstatt des Stranges mit dem Schwert hingerichtet«.

Die ersten beiden §§ übertragen diese Aufgabe den Blutgerichten.

»Zur Ausführung dieser Aufgaben werden Blutgerichte befugt. Ein »Blut-, Hals- oder Landgericht ist das Recht und Macht in peinlichen Sachen überhaupt, und Gut und Blut der Menschen zu richten« (§ 1).

Seitliche Ansicht der doppelten Daumenschraube mit den metallischen Spitzen, über den Bügel werden die Schrauben einzeln angezogen. Aus: Prager Tortur: Constitutio Criminalis Theresiana.

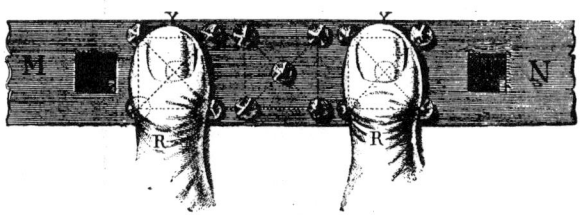

»Auf was Weise, und auf welchen Platz des unteren flachen Eisens die Inquisitin die Daumen zu legen (hat)«. Prager Tortur. Aus: Constitutio Criminalis Theresiana.

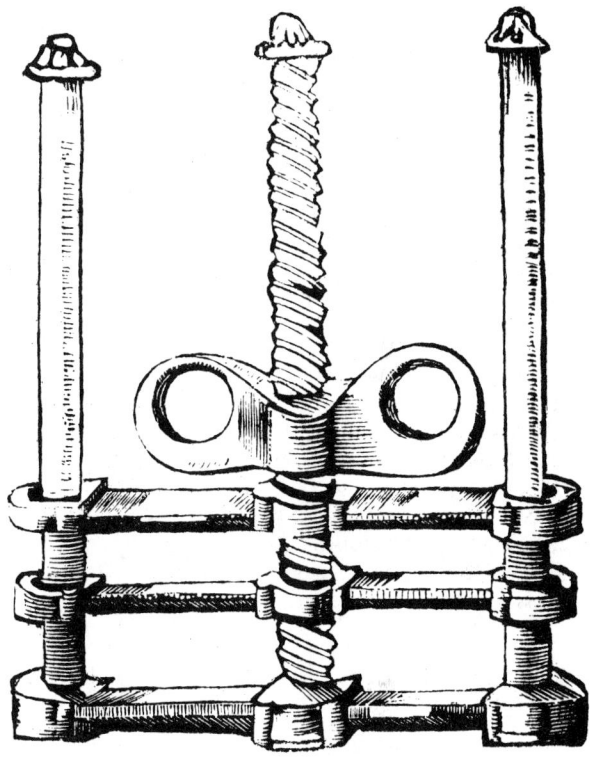

Einfache Ausführung einer sog. doppelten Daumenschraube, bei der die Spitzen zur Erhöhung der Schmerzen fehlen.

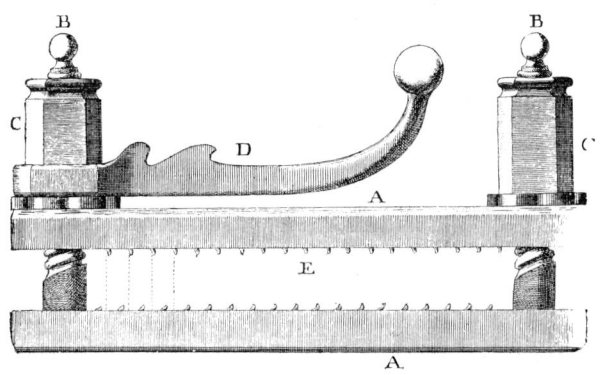

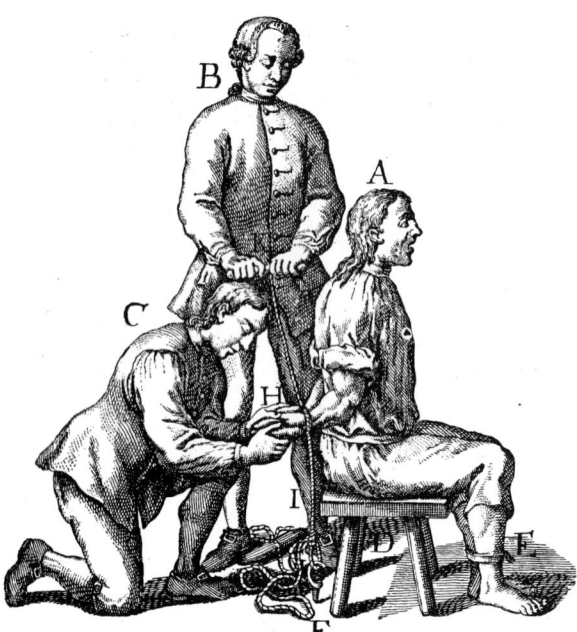

Vorstellung der Schnürung, mit den dazu erforderlichen Personen. A = Delinquent, B = Scherge, C = Scharfrichter. Wiener Tortur. Aus: Constitutio Criminalis Theresiana.

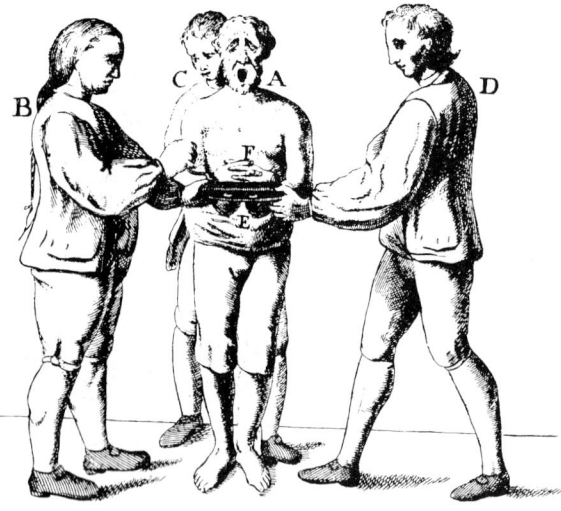

Entwurf der Anlegung der Daumenstöcke, mit den dazu benötigten Personen. Prager Tortur. Aus: Constitutio Criminalis Theresiana. Erklärung der Buchstaben:
A. Der Inquisit, welchem dieser Grad der Tortur gegeben wird.
B. Der Scharfrichter, der mit einer Hand die Daumenstöcke hält, mit der anderen aber den Schraubenschlüssel, um die Eisen zusammenzuziehen.
C. Der den Inquisiten rückwärts haltende Henkersknecht, um die starken Bewegungen des Leibes zu verhüten.
D. Der andere Henkersknecht, welcher die Daumenstöcke von der entgegengesetzten Seite des Scharfrichters hält, damit selber um desto leichter zuschrauben könne.
E. Des Inquisiten Hände.
F. Des rückwärts haltenden Henkersknecht C. seine beiden Hände.

»Zu gebührender Ausübung dieses Rechtes sind die Blutgerichte befugt, den Übeltätern mit amtlicher Gewalt nachzustellen, selbe zu ergreifen, gefänglich einzuziehen, gütlich oder wo es vonnöten peinlich zu befragen, in solchen Sachen zu urteilen und die Vollziehung der Urteile zu verordnen, alles auf Maß und Weise, wie dieser Halsgerichtsordnung vorgeschrieben ist«.

Blutgerichte, Einschränkung der Tortur

Von der Tortur sind ausgeschlossen:

- Minister, Personen des Hofstaates, Hofbefreite, Künstler und Gewerbeführer von unserem Hoflager
- Die wirklichen Landleute, Herren und Ritterstand
- Unsere Räte und Beamte. Ausländische Standespersonen
- Geistliche und Kriegsleute
- Die wirklichen Studenten und alle akademischen Mitglieder, die der Universitätsgerichtsbarkeit unterworfen sind

»Endlich aber ist zu merken, daß dem Freimann und seinen Knechten höchstens verboten sei, bei der Peinigung abergläubischer Dinge zu gebrauchen, um damit oder durch übermäßige Grausamkeit das Bekenntnis der Wahrheit zu erzwingen, allermaßen der Freimann in seiner Verrichtung lediglich nach dem Unterricht und der Anordnung des Richters, welcher die Tortur besorgt und ihm, Freimann, die erkannten Torturgrade vorläufig deutlich sagen und allenfalls vorlesen muß, sie zu halten und ohne dessen Befehl nichts vorzunehmen sei« (§ 32).

Der Artikel 58 beschäftigt sich mit der Zauberei, Wahrsagerei und dergleichen.

Durch die Zauberei, Schwarzkünstlerei, Hexerei und dergleichen wird insgemein ein solches Laster verstanden, daß, wer mit dem Teufel Umgang und Gemeinschaft zu haben, mit selben ein ausdrückliches oder heimliches Bündnis einzugehen, und mit solcher Hilfe des Teufels verschiedene, über die menschliche Macht und Kräften sich erstreckende Dinge mit oder ohne fremder Beschädigung hervorzubringen und so geartete Untaten sich anmaßt«.

»Unter diese Gattung böser Leute werden nach Unterschied allerhand Handlungen und bösen Wirkungen gemeiniglich gezählt: die sog. Geisterbeschwörer oder Teufelsbanner, abergläubische Segensprecher, Bockreiter, Wahrsager, Unholde, Trute und auch alle, welche wissentlich mit Hilfe und Bewirkung des Teufels was dergleichen...sich mit gesuchtem Beistand zu unternehmen sich erfrechen«.

Außerdem verbietet der Art. 58 »die Wasserprobe nebst allen dergleichen nichtigen und abergläubischen Zaubergegenmitteln auf das bestimmteste«.

In Österreich wird die Tortur noch zu Lebzeiten Maria Theresias, 1776, aufgehoben.

Instruktion zum Malefiz-Inquisitionsprozeß von 1769

Es ist kaum zu glauben, aber eine Tücke des Objekts, zu meinen, der allgemeine Aberglaube lasse sich unterdrücken. Sieben Jahre vor dem Aufheben der Tortur in Österreich erscheint eine Malefizordnung, wie man an den »kurbayrischen Gerichten« auf dem Land verfahren soll. Riezler ist der Auffassung, daß diese Schrift eine Privatarbeit eines vereinsamten Reaktionärs ist.[149] Der unbekannte Autor ist gänzlich vom Hexenwahn befangen:

»Die Schwarzkünstler, Hexen und Zauberer machen mit dem Teufel einen ordentlichen Pakt, sie verleugnen die allerheiligste Dreifaltigkeit, den christlichen Glauben, die seligste Mutter Gottes, die lieben Heiligen, alle Kirchen-Sakramente, treten deren Bildnis, das heilige Kreuz, mit Füßen, lassen sich auf des obersten Teufels Namen und in aller Teufel Namen umtaufen, schwören denselben die Treue, beten ihn mit gebogenen Knien an, unterschreiben sich ihm mit ihrem eigenen Blut, geloben sich ihm an und gebrauchen ohne Unterlaß seinen Beistand, werden auch von ihm an unterschiedlichen Orten des Leibes mit verschiedenen Figuren gekennzeichnet, allwo sie hernach keine Empfindlichkeit haben, küssen den Teufel von hinten und vorn, treiben mit demselben in ihrer Einbildung nach Unzucht und fleischliche Vermischung, tragen in versteckter Weise die heiligen Hostien mit sich auf die Hexentänze und Konvente, haben viele Jahre aufeinander ihre Teufel als Puller (wohl: Buhler) und legen dergleichen, wenn sie von ihren Ehemännern aus dem Bett hinwegfahren, statt ihrer unter menschlicher Gestalt zu dem Ehemann in das Bett in die Seite. Er rät außerdem, den gefangenen Hexen und Zauberern alle Haare abzuscheren und sie am Körper zu visitieren.

Diejenigen, die teuflische Hilfe gebrauchen, werden in sieben Klassen geteilt:

- Schwarzkünstler
- Praestigiatores
- Segensprecher oder Exorzisten
- Necromantici
- Venefici
- Wahrsager
- Sagae, lamis et strigis (die Unholden)

Eigentlicher Entwurf, der die Anlegung des Grades der Schnürung mit den benötigten Personen vorstellet. Prager Tortur. Aus: Constitutio Criminalis Theresiana.
A. Sind beide zusammengelegte(n) Hände.
B. Ist der Knöchel bei dem Handgelenke.
C. Der Ort vor dem Ellenbogens Bug, wo die Schnürung aufhört.
D. Carpus, die Handwurzel, in welcher die Schnürung oder Umschlingung geschiehet folgender gestalten...

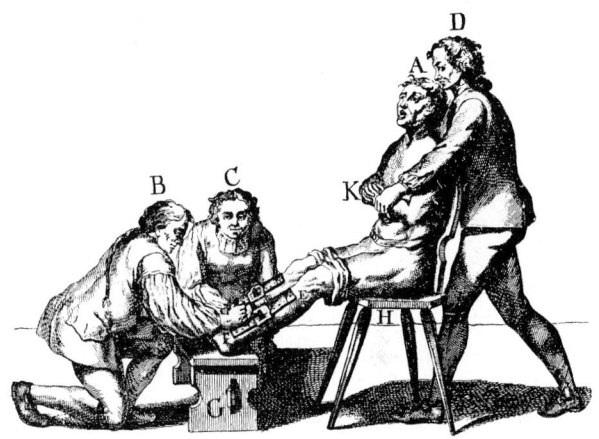

Entwurf der Anlegung der Schraubstiefel. Prager Tortur. Aus: Constitutio Criminalis Theresiana. Erklärung der Buchstaben:
A. Der auf einem Stuhl sitzende Inquisit.
B. Der Scharfrichter, welcher mit der linken Hand den Fuß des Inquisiten hält, mit der rechten aber den Schraubenschlüssel umdreht und dadurch die beiden Teile der Schraubstiefeln auseinanderzieht.
C. Der neben der linken Seite des Scharfrichters kniende und dem Inquisiten seinen rechten Fuß in der Lage haltende Knecht.
D. Der hinter dem Inquisiten stehende Knecht, welcher demselben die beiden Hände auf der Brust kreuzweise zusammenhält.
E. Der Ort, wo die Anlegung des oberen Eisens, so einen starken Mannszoll tief unter der Kniescheibe geschehen muß, weil ansonsten, sofern das Eisen putelae gedrückt würde, wodurch die Artikulation des Kniees selbst Gewalt leidet.

Man fühlt sich dem Lesen dieser Vorschrift unmittelbar mit Äußerungen des Hexenhammers verbunden. Dazwischen liegen knapp 300 Jahre. Die fabulösen Gedanken fanatischer Mönche sind entzwischen gesetzlich verankert. Auch darin ist zu erkennen, wie unendlich langsam, wenn auf das Ganze bezogen, überhaupt, sich der träge menschliche Geist von althergebrachten Vorstellungen zu lösen vermag. Keines der genannten Gesetze hat es geschafft, den Mensch in seinem Kern und seiner Art zu lösen. **Auch heute wird gewahrsagt, denunziert, gefoltert und betrogen. Die scheinbar moderne Industriegesellschaft bietet dazu unendlich viele negative Ansatzpunkte.**

Blick in eine Folterkammer des 16./17. Jhts. Vorn eine doppelte — aber verzeichnete — Daumenschraube., ebenfalls links am vergitterten Fenster. Ein Delinquent wird gestreckt, d. h. mit rückwärts gebundenen Händen und einem Gewichtsstein an der Leiter aufgezogen; ein anderer sitzt auf dem sog. »Spanischen Bock«, der noch viel später beim Militär als Strafmittel gilt.

Die Juristen

Ulrich Molitoris, Konrad Schatz

Er stammt aus Konstanz, studiert Recht in Padua und wird in seiner Heimatstadt Prokurator der bischöflichen Regierung. Von seiner Hand hat sich ein Traktat über die Zauberinnen erhalten. Er ist von besonderer Wichtigkeit, weil es unmittelbar nach Erscheinen des Hexenhammers die Auffassung eines Juristen zeigt. Dieser Schrift gehen Hexenverfolgungen voraus, die vermutlich in einem unmittelbaren Zusammenhang mit der Tätigkeit des Inquisitors Krämer stehen.

Dem Landesherr Herzog Siegismund von Tirol werden Klagen wegen der Hexengräuel zugetragen. Es ist möglich, daß sie mit dem Zusammenbruch der Inquisition in diesem Gebiet in Verbindung stehen (vergl. S. 167). Er beauftragt zwei Juristen, Ulrich Molitoris und Konrad Schatz, ein Gutachten zur Hexenfrage zu erstellen. Die Schrift von Molitoris muß in diesem Zusammenhang gesehen werden.[150]

Zusammenfassend vertritt er folgende Meinung:

- Der Satan kann weder von selbst noch mit Hilfe menschlicher Wesen die Elemente stören, oder Menschen und Tieren Schaden zufügen, oder sie impotent machen, sondern Gott erlaubt es ihm bisweilen. Gott allein sieht die Zukunft voraus. Der Teufel kann die ihm gezogene Grenze nicht überschreiten.
- Incubi und Succubi sind zeugungsunfähig. Geister können keine Kinder zeugen.
- Menschen können ihre Gestalt nicht verwandeln. Das nächtliche Ausreiten und die angeblichen Versammlungen beruhen auf Sinnestäuschungen.
- Obschon also dergleichen bösen Weiber in der Tat nichts ausrichten können, so müssen sie trotzdem, weil sie aus Verzweiflung, Haß oder Armut oder um anderer Versuchungen willen von Gott abfallen und mit dem Teufel ein Bündnis eingehen wegen dieser ketzerischen Bosheit mit dem Tod zu strafen.

Das ist ein Widerspruch. Einerseits macht er die Hexen lächerlich: »...wenn nämlich die Macht der Hexen so groß wäre, dann brauchten die Fürsten keine Soldaten mehr; denn diese genügten, um Land und Leute zu verderben...«, und auf der anderen Seite fordert er für sie die Todesstrafe. Man hat Molitoris Inkonsequenz vorgeworfen. Es ist jedoch zu berücksichtigen, daß er als Doktor des kanonischen Rechtes — ausgebildet in Italien — eine maßgebliche Position bei der Kurie wahrnimmt und zu verlieren hat. Molitoris bewegt sich auf dem Weg der Vernunft. Der Geist der Zeit unterdrückt einen freieren Standpunkt. Inwieweit der Jurist Konrad Schatz an diesem Gutachten beteiligt ist, ist nicht bekannt.

Andreas Alciatus,[151] Johann Franz Ponzibinius[152]

Das sind zwei italienische Juristen. Alciatus wird 1518 von einem Bischof ersucht, ein Gutachten über das Verbrechen der Zauberei und deren Bestrafung zu veranlassen. Er teilt die Hexen in drei Kategorien:

- Solche, die das Kreuz verunehren, Gott abschwören und Kinder durch Gift töten
- Solche, die mit Hilfe böser Geister den Kindern Schaden androhen. Sie schaden ihnen nachts bei verschlossenen Türen
- Solche, die bei Hexentänzen beiwohnen sollen, wiewohl sie das leugnen.

Seiner Auffassung zufolge soll man die beiden ersten Gruppen der Inquisition zuführen und die dritte davon verschonen »weil ihre Angaben nur Erfindungen seien«.

Der Florentiner Jurist Franz Ponzibinius verfaßt eine Abhandlung über die Hexen. Er läugnet darin in § 49 die nächtlichen Ausfahrten, in § 50 die Hexentänze und Schmausereien. In § 52 belegt er die Nichtigkeit der sich widersprechenden Aussagen der Hexen.

Maximilian I.[153], seine Fragen an Trithemius

Kaiser Maximilian I. hat 1499 eine peinliche Gerichtsordnung für Tirol erlassen. Er zweifelt an der Realität der Hexen. »wie ist es möglich, daß die Hexen und Zauberer mehr Gewalt über die Geister ausüben können, als die Frommen, denen eine solche Gewalt versagt ist!«.

So fragt er den Abt Trithemius (vergl. S. 157): Wie kommt es, daß böse gottlose Menschen, wie z.B. Weiber, welche wir Hexen nennen, den bösen Geistern befehlen können, da im Gegenteil fromme und gläubige Christen weder über die guten, noch allezeit über die bösen einige Macht haben?. Er antwortet:

»Daher kommt es, daß alle Strafen Gottes, so er in seinen heiligen Worten den Ungehorsam droht, von Zauberern und Hexen geschehen sein sollen, da muß weder Gott noch die Natur mehr etwas gelten, sondern die Hexen müssen alles getan haben«.

Auf die Frage des Kaisers, woher die Hexen soviel Gewalt haben: »da sie in einer Stunde mehr Bewunderungswürdiges verrichten, als ein Frommer in seinem ganzen Leben vermag?«, erhält er die Antwort:

»Es geschieht aus göttlicher Zulassung, nicht aus menschlicher Kraft, sondern durch den Beistand der bösen Geister, die auf gewisse Zeichen, Charaktere und Symbole, Beweise des wechselseitigen Bundes, welche die Stelle der Sakramente vertreten, ihnen zu Hilfe eilen«

Andreas Perneder, Johann Fichard, Schwarzkopf

Nach Ulrich Tengler ist der nächste bayrische Jurist, der über den Hexenprozeß berichtet, der herzogliche Rat und Sekretär Andreas Perneder aus München (gest. 1543). Sein Bericht trägt den Titel: »Von Straf und Pein aller und jeder Malefizhandlungen ein kurzer Bericht«. Sie wird aus seinem Nachlaß 1544 durch den Ingolstädter Professor Wolfgang Hunger herausgegeben. Es fällt auf, daß Perneder die C.C.C. ignoriert und den Hexenhammer beiseite läßt. Über die Strafe der Zauberei und des Wahrsagens bemerkt er »wer mittels der schwarzen Kunst, Anrufung der bösen Geister oder anderer Zauberei den Leuten Schaden zufügt, oder denselben vermeinterweise wahrsagt, soll verbrannt werden«.[154]

»Wer aber Wetter macht oder den Leuten sonst durch Zauberei oder Gespenst Schaden zufügt, gegen den soll mit peinlicher Frage und Todesstrafe verfahren werden!«.

Hier haben wir, was das Strafmaß anbelangt, einen Vorläufer der Kursächsischen Kriminalordnung von 1573: Perneder fordert Tod durch Verbrennen. Die C.C.C. muß er als Jurist gekannt haben.

Der Frankfurter Jurist Johann Fichard[155] wird 1564 wegen einer Anzahl Hexen um Rat gefragt, die man in einer gräflichen Herrschaft gefänglich eingezogen hat. Sein Gutachten trägt das Datum vom 23. Dezember 1564. In ihm verwirft er verschiedene Ansichten des Hexenhammers als »wider alle Vernunft und natürlichem Verstand«. »...man könnte wegen solcher Illusion nicht auf die Feuerstrafe erkennen«. Dennoch kann er sich nicht vom Zeitgeist lösen. Unter Berufung auf die Bibel und mit Bezug auf Luther befürwortet er schließlich die Hinrichtung der eingezogenen Hexen »wenn sie gestanden, daß sie durch Erregen von Gewittern und auf andere Weise Schaden zugefügt haben«.[156]

Bezeichnend für seine Haltung ist ein weiteres Gutachten, das er in Gemeinschaft mit seinem Kollegen Schwarzkopf am 7. August 1567 abgibt. Sie vertreten darin die Meinung: »daß Zauberer und Zauberinnen zum Tode mögen verurteilt und gestraft werden, hat keinen Zweifel...dann solches...in den göttlichen und kaiserlichen weltlichen Rechten also ausdrücklich verordnet, also auch im Brauch allenthalben Herkommen ist. Doch dieweil die Schäden, so sie mit ihrer Zauberei begangen, nicht viel, daß auch das wegen ihnen die Pein gemildert und für das Feuer sie mit dem Wasser und Ertränken hingerichtet sollten werden«.

Das ist passiert: man hat die drei Frauen am 22. August 1567 ertränkt.[157]

Jean Bodin

Jean Bodin ist ein bedeutender französischer Staatstheoretiker, Philosoph und Jurist. Den Fachleuten zufolge ist er der bedeutendste Jurist des 16. Jhts. und der Schöpfer des Souverenitätsbegriffes. Obwohl ein Franzose, muß er hier besprochen werden. 1580 erscheint in Paris sein Buch »Traite de la demonomanie des sorciers« das bei uns starke Beachtung gefunden hat. Der Frankfurter Satyriker Fischard (nicht zu verwechseln mit dem Jurist Fichard) hat es in's Deutsche übertragen. Außerdem ist Bodin ein Gegner von Weyer, den er als ein »leichtfertiges Schwindelhirn« bezeichnet.

Jean Bodin (1529-1596) wird in Angers geboren, ist kurze Zeit Karmeliter und wendet sich dann dem Studium der Rechtswissenschaft zu, und zwar in Toulouse, wo er bald danach lehrt. Ab 1650 ist er Professor der Pariser Universität und tritt in den Dienst des Hofes von Heinrich III. Während des Gemetzels der Bartholomäusnacht (1572) wird er beinahe als Hugenotte ermordet. Später tritt er als Delegierter der »Politques-Partei« bei den Generalständen von Blois (1576) als Verfechter vermittelnder Ideen hervor. Er ist 1596 an der Pest gestorben.

»Er gestaltete das Hexenstrafrecht und insbesondere die Tortur mit aller Leidenschaftlichkeit und wies überall die Verderblichkeit der Hexen nach. Fanatisch verurteilte er all jene zu milden Richter, die durch ihr allzu gnädiges Urteil das Heil der ganzen Menschheit gefährdeten. Er gilt neben Carpzov bis weit in das 18. Jht. hinein als Autorität auf dem Gebiet der »crimen magiae«.

Bodin ist der Verfasser dunkler kosmopolitischer Spekulationen. Denn haben wir ihn bisher vorwiegend als nüchternen und für die religiöse Toleranz eintretenden Denker kennengelernt, so tritt er uns in diesem Werk als unerschütterlicher Vertreter des Glaubens an die Besessenheit des Teufels und der Zauberei entgegen«. Dieser Widerspruch bleibt nicht verborgen. Gabriel Naudé (1600—1653) Autor der Bibliographia Politica, sagt über ihn, »daß man besser diesen Schandfleck in Bodins Andenken verschweigen soll«.

Ein anderer berühmter Franzose, der Philosoph Michel de Montaigne (1533—1592) zeigt sich aufgeschlossener als Bodin. Noch entscheidener tritt der Geistliche Pierre Charran (1541—1603), der Hofprediger der Königin Magarete, gegen den Hexenwahn auf.

Traite de la monomanie...

Veranlassung der Abfassung des Buches ist eine Kontroverse unter Juristen. »ein vollstrecktes Verbrennungsurteil wider einer Hexin oder Zauberin im April 1578...hat mir Anlaß gegeben, die Feder in die Hand zu nehmen...vnnd die Matery von Hexen und Unholden...nunmal außführlich zu erklären«.

Die Betroffene ist die in späteren deutschen Hexenbüchern oft angefürte Johanna Harwilerin aus Beberich bei Compiegne. Sie wird verklagt, viele Leute und Vieh getötet zu haben und gesteht (sicher unter der Folter):

- ihre Mutter habe ihr, als sie 12 Jahre alt gewesen, dem leidigen Satan präsentiert und ihm zu eigen hingegeben
- seitdem habe sie Gott verleugnet und dem Teufel zu dienen versprochen
- sie habe mit dem Teufel fleischliche Vermischung geflogen, auch als ihr Mann bei ihr gelegen, der es aber nicht gemerkt habe

Die Beisitzer des Gerichtes sind sich über die Todesstrafe nicht einig. »Die Beisitzer des Gerichts waren wol alle einmütig entschlossen/daß sie den Tod wol verschuldet hette. Aber waz für ein Todt wol ir anzuthun/da fielen ungleiche Meinungen. Etliche meinten es wer genug/wan man sie an den Galgen aufhenkete/die andern aber/als ihre abschewlich Laster und Mordstück erwogen/die wurde schließlich deß zu Rath/daß man sie lebendig zu verbrennen verurtheilen solte...Die weil aber irer vil vber disem fall sich hefftig verwunderten/und solches gleichsam für ungläubisch achteten: Bin ich zu Rath worden/diesen Tractat zu schreiben...«.

Das Buch hat vier Teile:

- im ersten behandelt er die Naturen der Geister, wie sich diese mit den Menschen vereinigen oder gesellen
- im zweiten werden »Die Künstlein/vnnd unzimliche Mittel der Zauberer vnnd Hexen angeführt... zur Hilfe der Richter, der ja jederzeit die Möglichkeit haben muß, diese Dinge nachzuprüfen, zu ersuchen und nachzuforschen, das Urtheil recht zu fellen«
- im dritten behandelt er die Mittel, wie man Zauberern zuvorkommen oder wie man sie vertreiben solle
- im vierten widerlegt er Weyer

Jean Bodin ist mit dem Jesuiten Delrio zu vergleichen. Beide sind intelligente und anerkannte Persönlichkeiten ihrer Zeit: beide verrennen sich in eine Fülle von biblischen Zitaten, zahllosen Stellen aus der antiken, patristischen und zeitgenössischen Literatur, beide sind belesen und schaffen Kompendien zu diesem Thema. Beide haben durch ihre Gelehrtheit und Spitzfindigkeit eher geschadet als genutzt. Die Größe des Geistes hat nichts mit einem gesunden realistischen Menschenverstand zu tun. Delrio und Bodin

haben mit ihren Werken über das Zauber- und Hexenwesen die Entwicklung auf dem deutschen Boden aktiviert.

David Bramer, Joh. Georg Godelmann

Die Verbindung zwischen dem Prediger Bramer und dem Juristen Godelmann ist herauszustellen, weil Godelmann aller Wahrscheinlichkeit nach erst nach den schriftlichen Ausführungen Bramers und nach vorausgegangenen Hexenverbrennungen im Mecklenburger Raum aktiv geworden ist.

1577 berichtet der Braunschweiger Prediger David Bramer »er sei vor etlichen Jahren im Lande Mecklenburg angestellt gewesen wo damals viele Zauberinnen und Wettermacherinnen verbrannt worden«. Dazu verfaßt er einen Traktat,[158] in dem er folgende Meinung vertritt: »Es mag wohl wahr sein, daß die Zauberinnen etliche Gewitter durch Nachlassung Gottes und des Teufels Beistand und Hilfe zuwege bringen und oftmals trefflichen großen Schaden tun, ...denn der Teufel ist ein Fürst der Luft, der darinnen herrschet und regiert mit aller Macht und Gewalt: der kann leicht aus Verhängnis Gottes auf der Zauberinnen Anhalten und Begehren ein greulich Wetter zuwege bringen...So ist es auch gewiß, daß der Zauberinnen Wort und Beschwörung, neben vielfältigen närrischen und teuflischen Zeremonien und vermeinten Mitteln, nicht ohne Kraft und Wirkung sind«.

Gerichtsverhandlung: rechts und links im Vordergrund abgehende Gerichtsboten, im Hintergrund links die Folter. Titelbild aus: Gerichts Ordnung und Prozeß ietzläuffiger übungen/Mit Rechtmässiger deren Gründ und klarer anzeig, Kayserlichen und Geystlichen Rechten. Gedruckt zu Straßburg. 1530

Johann Georg Gödelmann, Professor der Rechte in Rostock, hält seit 1584 Vorlesungen über die Carolina und behandelt in diesem Zusammenhang die Hexenfrage. Später hat er seine Unterlagen in erweiterter Form veröffentlicht.[159] Er tritt für ein milde Behandlung jener Hexen ein, die keinen Schaden zufügen. In Bezug auf die Teufelsgeschichten, die damals im großen Umfang zirkuliert haben müssen, ist er leichtgläubig. Er glaubt an wirkliche Zauberkünste, an einen Bund der Zauberinnen und Zauberer mit dem Teufel. Im Gegensatz zu Weyer ist er der Auffassung, daß die Zauberer durch ihre Künste (und mit Hilfe des Teufels) Menschen und Vieh töten oder beschädigen und auch sonst aller Unheil anrichten können.

»Die Hexen können entweder Mögliches, nämlich, daß sie Menschen und Vieh durch ihre magische Kunst und Zauberei getötet haben, und wenn sich dies so erfindet: so sind sie nach Art. 109 der Carolina zu verbrennen; oder gestehen sie Unmögliches, z.B. daß sie durch einen engen Schornstein durch die Luft geflogen seien, in Tiere sich verwandelt, mit dem Teufel sich vermischt haben, und dann sind sie nicht zu bestrafen, sondern vielmehr mit Gottes Wort besser zu unterrichten; oder endlich gestehen sie einen Vertrag mit dem Teufel, in welchem Falle sie mit einer außerordentlichen Strafe, wie z.B. Staupenschlag, Verweisung einer Geldstrafe, wenn sie reuig sind, belegt werden können. Diese Strafe soll ihrem Leichtsinn gelten, weil sie den teuflischen Einflüstungen nicht standhaft genug widerstehen, ja sogar denselben zustimmen«.[160]

»Was das Reiten und Fahren der Hexen auf Böcken, Besen, Gabeln, nach dem Blockberg oder Heuberg zum Wohlleben und zum Tanz, desgleichen auch zum leiblichen Vermischungen, so die bösen Geister mit solchen Weibern vollbringen sollen, anbelangt, achte ich nach meiner Einfalt dafür, daß es ein lauter Teufelsgespinst, Trügerei und Phantasie sei. Der gleichen Phantasie ist auch, daß etliche glauben, daß die Hexen und Zauberer in Katzen, Hunde und Wölfe können verwandelt werden; denn daß eine solche Veränderung unmöglich sei, ist bereits in einem alten Concilio, so zu Ancyra gehalten, geschlossen worden«.[161]

Endlich wird auch den Hexen zugeschrieben, daß sie böse Wetter machen können, so doch Wettermachen Gottes und keines Menschen Werk ist. Deretwegen kann kein Richter jemand auf solche Punkte peinigen, viel weniger töten, weil derselbigen mit keinem Wort in der peinl. Halsgerichtsordnung gedacht wird«.[162]

Alles in allem vertritt Gödelmann aufgeschlossene Ansichten. Er verwirft die Wasserprobe als einen widerrechtlichen teuflischen Gebrauch und schärft den Richtern Vorsicht beim Hexenprozeß ein.

Abraham Saur, Georg Sohn, Reinkingk

Die Quellen bezeichnen ihn als den »ehrenhaften, wohlgelehrten und rechtserfahrenen Advokaten und Hofgerichts-Prokurator zu Marburg in Hessen«. Er hat einige Schriften und Übersetzungen zur Strafrechtspflege hinterlassen. Wenngleich er bezüglich der Folter Einschränkungen für angebracht hält, vertritt er einen strengen Standpunkt.

»Die peinliche Frage soll nach Gelegenheit des Argwohns der Person viel, oft oder weniger hart oder linder, nach Ermessen eines vernünftigen Richters, gebraucht werden. Die peinliche Frage hat nicht allein in peinlichen, sondern auch etwa in bürgerlichen Fällen und Händeln, wo man die Wahrheit sonst nicht erkünden kann, statt und Platz«. Folgende Personen sollen nicht torquiert werden:

- Minderjährige, ausgenommen, wenn sie unter 14 Jahren sind; doch mag man sie bedrohen, auch mit Ruten streichen
- alte, abgelebte Leute
- solche, die in hohen Ämtern sitzen, als die Landrichter, Rittern, Ratsherren, Schöppen und dergleichen und ihre Kindes Kinder
- schwangere Frauen soll man mit der peinlichen Frage verschonen, so lange, bis sie ihrer Frucht entledigt sind

Saur glaubt nicht an die Wirklichkeit der Hexenfahrten und an die fleischlichen Vermischungen mit dem Teufel: »das alles seien nur Gaukeleien und Teufelsträume«. Dennoch erklärt er unter Berufung auf Ex. 22, 18 und auf Luthers Tischreden, daß die Hexen und Zauberer »auch zu unserer Zeit nicht unbillig mit Feuer verbrannt werden, gleichwie Ketzer. Es sollen und müssen die Zauberer billig bestraft werden (ex causa rebellionis), das ist, daß sie von ihrem Herrn Gott, Schöpfer und Erlöser schändlich mutwillig abfallen und ergeben sich frei eigen dem leidigen Teufel«.[163]

Hier ist zu erkennen, daß der Lutheraner (ohne Bezug auf den Hexenhammer und Autoritäten als dem schriftstellerischen Gebiet) für eine strenge Bestrafung ist.

Der noch immer anhaltende Streit zwischen den Konfessionen, wer für die vielen Hinrichtungen verantwortlich ist, ist überflüssig. Alle waren und sind vom Wahn der Zeit befangen, nur wenige können sich frei machen. Dann ist es immer noch eine Frage, ob sie ihre Meinung vorurteilsfrei und offen äußern, sich der Kritik einer dummen Masse stellen und ob sie sich durchsetzen vermögen. Das war damals genauso wie heute.

Auf der Seite des Lutheraners Saur steht der Calvinist Georg Sohn, Professor der Theologie aus Marburg, der 1584 nach Heidelberg berufen wird. In seiner Marburger Disputation lehrt er, daß die Hexen nach Gottes Gebot mit Recht verurteilt werden. Das gleiche lehrt 1621 der lutherische Jurist Theodor Reinkingk, damals Kanzler in Marburg.

Er vertritt die Auffassung »der größere und weisere Teil der Theologen, Juristen, Staatsmänner und Ärzte nehmen an, daß die Hexenzusammenkünfte meist nur Illusion und Vorspiegelungen der Dämonen seien, und daß bei den Spielen und Tänzen nur Trugbilder von Frauen gesehen werden«.[164]

Melchior Goldast

ist ein calvinistischer Rechtsgelehrter (gest. 1635). 1629 verfaßt er für den Trierer Kurfürst ein Gutachten.[165] Außerdem erscheint eine Schrift über den Hexenprozeß in Aschaffenburg von ihm.

Im Gutachten vertritt er die Auffassung: »daß die Zauberer und Hexen...sie haben gleich Schaden getan oder nicht...vermöge göttlicher, geistlicher und weltlicher Rechte vom Leben zum Tode, und zwar mit dem Feuer, gerichtet und gestraft werden sollen!«.

Die Güter der Verurteilten sollen demjenigen, der die peinliche Obrigkeit hat und nicht dem Inhaber der Landeshoheit als solchem zufallen«

In seinem Buch vertritt er folgende Ansicht:

Zu jetziger unserer Zeit aber, obwohl etliche wenige Zauberer und Unholden, so ganz vermessentlich, gotteslästerlich und gleichfalls an Gott und ihrer Seelen Heil verzweifelt hinfahren wollen, in das Feuer gestellet, oder unerhörter Laster wegen lebendig verbrannt werden, ist jedoch bei fast aller Christen Tribunalis und Richtstätten der milde Brauch angenommen, daß jede zauberische Person, so sie den bösen Geistern Gesellschaft und Verheiß absagen und dem lieben Gott mit reumütigen Herzen wieder zuschwören, nicht mit dem langwierigen Feuer lebendig gepeinigt, sondern nach des Ortes Sitte entweder stranguliert oder verstrickt, sondern oder mit dem Schwert zuvor enthauptet und ihren toten Körper allen anderen zum Schrecken und guter Justicirhaltung ins Feuer und Asche gelegt werden«.

Ludwig von Senckendorf

Der kursächsische Staatsmann Ludwig von Senckendorf ist Verfasser des »Christlichen Staates«.[166] Er beschäftigt sich mit der Zauberkunst und der Hexerei. Seine Überlegungen sind vom Gespensterglauben erfüllt. »...daß dadurch Zauberei unsichtbarer Weise, also durch Kraft der Geister gewirkt werde, das ist mit dem Exempel und auf Haar erwiesen«. Er bestä-

tigt, daß Zauberer in Menschen, Glas, Haare, Eierschalen, giftige Tiere, Eidechsen, Kröten, Molche und dergleichen zaubern können. »Unverwerfliche Zeugen haben mit eigenen Augen gesehen, daß am hellen Tage sich Getreide und Garben auf den Feldern aufgerichtet, oder ganze Schoben Heu in die Höhe gestiegen und über Berg und Tal gefahren...also dem Eigentumsherren entwendet und zauberischen Leuten zugebracht werden. Man kann Personen, Zeit und Ort ebenfalls nennen« (Anm. so schlau war bereits Plinius d. Ä.).

»Vor kurzen ist in einem benachbarten Ort...ein Mägdlein von einem bösen Geist geplagt worden, daß von ihm öfters eine große Menge von Reisig oder Gesträuche, spannenlang oder büschelweise als vom Besen geschnitten, item strohene Schleiflein, in der Mitte wie ein Band gebunden, auch Federn handlang zum Munde herausgegeben worden, so geist- und weltliche Personen in großer Anzahl mit eigenen Augen gesehen und die Materie in den Händen gehabt... das ist durch eine unsichtbare und also durch Geistesgewalt hineingebracht und mit gräulichen Schmerzen wieder herausgetrieben worden«

Senckendorf schreibt uns Deutschen einen besonderen Teufel zu: »Unser deutscher Teufel wird ein guter Weinschlauch sein und muß Sauff heißen, daß er so durstig und hollig (lechtzend) ist, daß er mit großem saufen Weins und Bieres nicht kann gekühlt werden, und wird solch ein ewiger Durst Deutschlands Plage bleiben bis zum Jüngsten Tag«.

Cesare Bonesano de Beccaria (1764)

Er ist der Verfasser des »Gesetzbuches der Menschlichkeit« (Dei delitti e delle pene). Darin berichtet er in § 16 über die Folter:

»Von der Folter. Eine durch den Gebrauch bei den meisten Nationen geheiligte Grausamkeit ist die Folterung des Angklagten während des Prozesses, um ihn entweder zum Geständnis eines Verbrechens zu zwingen oder in Widersprüche, in die er verfallen ist, anzugeben, oder die hirnlose und unbegreifliche Reinigung von der Ehrlosigkeit zu bewirken oder endlich ihn zum Geständnis anderer Verbrechen, denen er schuldig sein kann, aber nicht angeklagt ist, zu veranlassen. **Die Folter ist willkürlich, es ist ein sicheres Mittel, um kräftige Schuldige freizusprechen und schwache Unschuldige zu verurteilen.** Dieses entsetzliche Mittel ist noch aus der alten und wilden Gesetzgebung übernommenes Denkmal, als Gottesurteile die Proben mit Feuer und kochendem Wasser und das Ungefähr der Waffen genannt wurden; als ob die Glieder der ewigen Kette, welche in dem Schoße des

Benedict Carpzov., der »Vater des sächsischen Rechts«. Geb. 1595 in Wittenberg, gest. 30.8.1666 in Leipzig. Die Bedeutung von Benedict Carpzov als »Hexenrichter« ist in der seitherigen Hexenliteratur stark überzogen. Es kann gar keine Rede davon sein, daß er 20.000 Todesurteile unterzeichnet haben soll.

Benedict Carpzov[167]

Leben, Schriften, Ansichten

Benedict Carpzov ist lutherischer Rechtsgelehrter. Geb. 1595 in Wittenberg und am 30. August 1666 in Leipzig verstorben. Gleich seinem Vater widmet er sich der Jurisprudenz. 1620 findet er eine Anstellung am Leipziger Schöffenstuhl (der mit seiner Arbeitsweise seine spätere Haltung beeinflußt hat). Von 1636 an ist er Assessor beim Oberhofgericht. 1639 wird er kurfürstlicher Rat und an das Dresdner Appelationsgericht versetzt. Gleichzeitig wird er zum Hofrat ernannt. 1645 lehrt er als Professor der Rechte an der Leipziger Universität. 1653 wird er Geheimer Rat.

Er ist der Verfasser dreier wichtiger Schriften und wird dadurch zum Begründer einer selbständigen Strafrechtswissenschaft in Deutschland. Zeitgenossen bezeichnen ihn als »Vater des sächsischen Rechts«, »Fürst der Rechtsgelehrten«, »Autorität« und als einen der »ersten Kriminalisten«. Das hat verschiedene Gründe. Bereits sein Großvater ist Bürgermeister in Brandenburg und sein Vater, Benedict, Professor in Wittenberg. Dazu kommt eine langjährige Stellung am Leipziger Schöffenstuhl, der eine zentrale Bedeutung für die Rechtsprechung einnimmt.

In der Literatur zum Thema »Hexen« wird das Wirken von Carpzov dramatisiert und ihm übermäßige Strenge vorgeworfen. Dabei ist zu bedenken, daß er nach der strengen sächsischen Kriminalordnung Recht zu sprechen hat und daß er theologisch gebildet ist. Daß er inmitten seiner Zeit steht, beweisen verschiedene juristische Dissertationen.

Practica nova, Prosessus juris

Seine »Practica nova« besteht aus drei Teilen. Im Vorwort sagt er: »in diesem verdorbenen Zeitalter, bei der er immer und überall wachsenden Bösheit und Verkehrtheit der Menschen, bei der großen Verschiedenheit der Art und der Verhältnisse, unter denen die Verbrechen begangen werden, den »unerfahrenen Richtern Anweisung gegeben werde, damit sie sich nicht täuschen lassen und die Strafe unter das billige und gerechte Maß heruntersetzen«.

Seine Gewährsmänner finden sich vor allem im Bereich katholischer Autoren. Es sind Grillandus, Remigius, Binsfeld, Delrio, der Hexenhammer und der englische König Jacob.

Er lobt den strengen Maßstab seines Kurfürsten: »Die Carolina habe den Tod nur für den Fall vorgesehen, wenn jemand durch Zauberei Schaden oder Nachteil zufüge.« Aber der Augustus elector Saxoniae, der erlauchte Kurfürst Sachsens, faßte die Sache mit größe-

höchsten Wissens ruht, in jedem Augenblick durch die frivolen Bestimmungen verwirrt und getrennt werden können«.

Mir ist nicht bekannt, inwieweit diese fortschrittlichen Ansichten die deutsche Rechtsgelehrten beeinflußt haben. Durchschlagend können sie nicht gewesen sein, das beweist das Verhalten des Leipziger Schöffenstuhles mit dem Jurist Benedict Carpzov an der Spitze.

rer Sorgfalt und ordnete an: »Welcher Christmann oder Weib ungläubig ist, oder mit Zauberei umgeht oder mit Vergiftung, und dessen überwunden wird, die soll man auf der Horden brennen«. Daraus ergibt sich, daß er Gegner von Weyer ist.

Zunächst behandelt Carpzov die Kapitalverbrechen (Mord, Vater- und Kindesmord, Brandstiftung, Münz- und Majestätsverbrechen, Häresie, Blasphemie, Zauberei und Hexerei). Sein Buch erlebt 1723 die neunte Auflage. Das ist ein Beweis für seine Wertschätzung als Jurist. Carpzov ist als Jurist kritisch. So stellt er das Bockreiten zwar als Tatsache hin, räumt aber zugleich ein: »daß es der größere Teil der Juristen und Theologen für Einbildung hielte«. Oft beruft er sich auf die sächsische Kriminalordnung, auf Entscheidungen der Jenaer Gerichte (1608) und Urteile des Leipziger Schöffenstuhles von 1594 und 1615. Als maßgebliche Strafverschärfung zur Begründung seiner Haltung sieht er den Abfall vom wahren Glauben und die Verbindung zu den Dämonen an.

Carpzov ist der Meinung, daß die Hexen mit Gottes Zulassung Wetter machen, Früchte verderben, Menschen und Vieh beschädigen und mit dem Satan Verträge abschließen können. In der Frage 49 (§ 23) stellt er den Satz auf, daß den Hexen und Zauberern auch dann die Todesstrafe gebühre, wenn sie niemanden Schaden zugefügt haben«. Das stammt nicht von ihm, sondern ist geltendes Recht.

Er verneint die Kinderzeugung infolge des Umgangs mit dem Satan, gibt jedoch die Entstehung von Elben zu.

Die Zauberer, die einen Bund mit den Dämonen schließen, sind für ihn die verruchtesten Verbrecher (sceleratissimus ac nefandissimus) und es ist gottlos, sie von der Strafe befreien zu wollen. Diese entsetzliche Sippschaft verdient die schwersten Strafen (Pars I. qu. 48). »Wer es wagt, den Pakt mit den Dämonen zu leugnen, der nicht blos bezeugt wird von der Erfahrung (dem Lehrer aller Dinge), sondern den auch die Sagae des öfteren bekannt haben. Dann zählt er die Werke auf, die die Hexen mit Hilfe des Teufels vollbringen können. Dies zu wiederholen ist nicht nötig, weil es im wesentlichen Gedanken des Hexenhammers sind.«[168]

»Zu den Verbrechen kommt der Abfall von Gott, der Götzendienst und die Gotteslästerung; lauter Verbrechen, die nach dem göttlichen Recht mit dem Tod bestraft werden. Endlich begehen sie durch den Umgang mit den Dämonen ein abscheuliches Verbrechen, einen Ehebruch der entsetzlichsten Art. Das werde niemand leugnen, der nicht hartnäckig der durchaus frivolen Meinung Weyers anhänge«.

Auch sein »Pocessus juris« zeichnet sich durch Härte und Strenge aus.

Leipziger Schöppenstuhl

Der Kurfürst August errichtet diesen Gerichtshof 1574, zwei Jahre nach Inkrafttreten der kursächsischen Kriminalodnung. Benedict Carpzov ist fast vierzig Jahre an ihm tätig, und zwar von 1620 bis 1666, mit einer Unterbrechung von acht Jahren. An diesen Gerichtshof müssen sich alle sächsischen Gerichte in puncto Kriminalsachen wenden, denn er ist allein befugt, in diesen Sachen Urteile zu fällen »damit in peinlichen Sachen keine widerwärtigen Urteile in unseren Landen gesprochen werden, inmaßen wir denn solches an allen anderen Orten abgeschafft«. Der Leipziger Schöppenstuhl steht in einem solchen Ansehen, daß von den entferntesten Punkten die Gerichtshöfe um Gutachten ansuchen. Selbst die Gerichte der Mark Brandenburg, die einen eigenen qualifizierten Gerichtshof haben, wenden sich zu Carpzovs Zeit oft an die Leipziger Kollegen, obwohl 1611 eine alte Verordnung neu eingeschärft wird, die ihnen, einige wenige Fälle ausgenommen, verbietet, sich an auswärtige Gerichte zu wenden. Carpzov sagt selbst, daß fast kein Tag vergangen sei, wo nicht an diesen Gerichtshof aus verschiedenen Orten Kriminalfälle unterbreitet worden wären. Man darf sich nicht wundern, wenn Carpzov an vielen Entscheidungen beteiligt ist.

Einige Urteile, Margarethe Sparrwirtz, Amelungs Witwe

Carpzov hat 36 Urteile der Leipziger Schöppen aus der Zeit von 1582 bis 1622 veröffentlicht. »Sie enthalten mit Ausnahme von ein paar Fällen, da Mord und Brand untergelaufen sein sollen, die abgeschmacktesten und schmutzigsten Angaben«.

Weil aus den Acten so viel zu befinden, daß der Teufel auf der Tortur der Margarethe Sparrwirtz so hart zugesetzt, daß sie, als sie kaum eine halbe Stunde an der Leiter gespannt, mit großem Geschrei Todes verfahren und ihr Haupt gesenkt, das man gesehen, daß sie der Teufel inwendig im Leibe umgebracht, inmassen denn auch daraus anzunehmen ist, daß es mit ihr nicht richtig gewesen, weil sie bei der Tortur gar nichts geantwortet; so wird ihr todter Körper unter dem Galgen durch den Abdecker billig vergraben«.

In Quedlinburg dauern die Prozesse von 1550 bis 1663. Der 39. Prozeß betrifft die 77 Jahre alte Amelungs Witwe. Trotz ihrer wahrhaften Aussagen und den Beteuerungen ihrer Unschuld findet sie der Leipziger Schöppenstuhl wert, peinlich zu befragen. Man bringt sie über Nacht in einen Pferdestall, in dem Kobolde spuken sollen. Mit ihrer Anwesenheit soll sie diese vertreiben. Am anderen Morgen ist sie tot. Die Frau hat sich erdrosselt; das Gericht bescheinigt »der Teufel habe sie erwürgt«.

Die Hinrichtung des Münzjuden Lippold in Berlin. In den Medaillons Detaildarstellungen wie Abführen zum Richtplatz und Rädern. In der Mitte ein Portrait von ihm.

Ein Werwolf in verschiedenen Positionen mitsamt seiner Gefangennahme und wohl schrecklichen Bestrafung. 1589. Vor allem vielfaches Zwicken mit glühend gemachten Zangen, Aufschlagen der Körperteile auf dem Rad, Abschlagen des Kopfes, Aufspießen des Kopfes an einer Lanze. Rechts im Hintergrund: wohl Brennen von Hexen.

Züchtigung schlimmer Knechte. Holzschnitt von Hans Weidnitz (vor 1522), in Petracas »Von der Artzeney in Glück und Unglück«. Augsburg, 1532. Auspeitschen, Abschneiden der Zunge, Stäupen.

Ein Urteil aus dem Jahr 1614 lautet: »Het bekennt, daß er aus den Sterbehäusern Kleider und Betten gestohlen und einen Todtenkopf im Hause gehabt, auch Blut und Frauenmilch; habe den Schädel in Teufel's Namen an die Wand gehängt; und wenn er ein heißes Feuer mache, so schwitze der Schädel und soviel Tropfen flossen, soviel Leichen habe er des Tages gehabt. Der Teufel sehe wie ein Mensch aus, aber mit schwarzen Fingern und einem Pferdefuß. Auch habe Deliquent Todtensärge verkauft; durch Pulver die Pest gemacht und den Todten die Kittel ausgezogen«. Er wird zur Freistatt geschleift und mit Feuer verbrannt. Interessant sind einige Urteile wegen Gotteslästerung.

Todesurteile wegen Gotteslästerung scheinen damals häufig gewesen zu sein. Carpzov verzeichnet eine ganze Reihe. Selbst die Störung religiöser Handlungen, die Verletzung einer »religiösen Person« wird streng bestraft. So wird ein Adliger vom Gerichtshof in Leipzig des Landes verwiesen, weil er den Gottesdienst gestört hat. 1551 wird ein Mann, der sich an einem Pfarrer vergriffen hat, in Leipzig zum Tod verurteilt.

Vorgehen bei Kindsmörderinnen

Daß die Strafen abschreckend sind, zeigt das Vorgehen gegen Kindermörderinnen. Zur Zeit der Carolina verbrennt man sie in der Regel lebendig oder pfählt sie. Dies wird geändert: »um darinnen Verzweiflung zu verhüten mögen dieselben, wenn Wasser da ist, ertränkt, wo aber solch Übel oft geschehen, wollen wir die gemeldet Gewohnheit des Pfählens und Vergrabens um mehr forcht willen gestatten oder aber vor dem Ertrinken Zwicken mit glühenden Zangen«.

Um die Mitte des 17. Jhts. scheint im Bereich des sächsischen Rechtes die Sitte des Ertränkens vorherrschend gewesen zu sein. Nur wenn kein Wasser in der Nähe ist, werden die Täter gerädert, bzw. zum Richtplatz geschleift und enthauptet. Beim Ertränken werden die Mörder in einen Sack gesteckt und mit einem Hund, einem Hahn, einer Natter, einem Affen oder einer Katze an einer Kette in's Wasser geworfen. Die Beigaben hat man folgendermaßen gerechtfertigt:

»...denn ein solcher Mensch ist kein Mensch; er ist zu behandeln wie ein Hund, der die ersten neun Tage nach der Geburt blind ist und der seine Eltern nicht kennt; als ein Hahn, der des Menschen Frevel und durstigen Hochmut bedeutet; wie eine Natter, von der man sagt, daß die Jungen bei der Geburt sich aus dem Leibe der Mutter herausbeißen, und sie dadurch töten. Der Affe bezeichnet des Menschen Gleichnis oder totes Ebenbild ohne Werke«.

Gerüchte (Luther, 20000 Todesurteile)

Carpzov erwähnt das Gerücht, das »Papisten« als Verleumdung über Luther verbreitet haben. »Der Teufel habe sich in der Gestalt eines Kaufmannes nach Wittenberg begeben und dort die Tochter eines Wirts geschwängert: aus dieser fluchwürdigen Verbindung wäre Luther entsprossen.[169]

Das andere Gerücht geht auf den Jurist Ph. Andreas Oldenburger zurück. Er schreibt aber lediglich, daß man berichte, daß Carpzov durch seine Urteilssprüche und Antworten gegen 20000 verbrecherische Personen zum Tod verurteilt habe. Oldenburger spricht nicht einmal von Hexen. Es wird außerdem ein durch nichts zu beweisendes Gerücht sein, daß der fromme Carpzov die Bibel 53 mal komplett durchgelesen hat.

Die Verbreitung solcher fadenscheiniger Gerüchte dient immer wieder dazu, von einer sachlichen und objektiven Berichterstattung abzulenken. Tendenziöse Darstellungen (z.B. die eines Soldan, Diefenbach oder Jannsen) verrücken das Bild über die wirkliche Ausdehnung des Hexenwahns. Die Theologen beider Seiten haben sich hier besonders ausgezeichnet.

Einstellung von Zeitgenossen

Der Tübinger Doktor Dauer bestätigt in seiner »De denunciatione sagarum« von 1644 die Auffassung von Benedict Carpzov. Domino H. Bodino bemerkt am 22. 10. 1701: »...es gibt wahrhaftig Zauberer und Hexen, welche wissentlich ein Bündnis mit dem Teufel machen und anderen Schaden tun, wie ich dafür halte, in nicht so großer Menge«.[170] Dazu kommt der Jurist Cristoph Fröhlich von Fröhlichsburg, ein Innsbrucker Professor (1657—1729). Er ist gleichfalls der Meinung, daß bei Zauberei schon geringe Anzeichen, besonders Gerüchte, zur Einleitung von Prozeß und Folter genügen.

Zusammenfassend läßt sich zur Wirkung des Benedict Carpzov wenig sagen. Schon um die Mitte des 17. Jhts. mehren sich deutlich die Stimmen, die auf eine Abschaffung der Folter drängen. **Mit der Aufklärungsepoche entsteht die große Kontroverse Theologie: rationale Erklärung. Bekker versetzt der Welt des Glaubens einen geradezu fürchterlichen Schlag: er zweifelt am Teufel. Der letzte entscheidende Kampf ist einem anderen Mann vorbehalten, und zwar in Bezug auf die Zerschlagung des Hexenwesens und in Bezug auf die Abschaffung der Folter, den siamesischen Zwillingen der menschlichen Grausamkeit. Es ist Christian Thomasius. Er zieht die Sache ins Lächerliche: damit fällt das Jahrhunderte alte Lehrgebäude des Hexenwahns in kurzer Zeit zusammen.**

»Der letzte entscheidende Schlag war einem Mann vorbehalten, der mit einem durchdringenden Verstand und einer nicht sowohl in die Tiefe des Geistes als auf praktische ausgehenden philosophischen Bildung ein für alles gute offenes Herz und einem unerschütterlichen Mut verband«.

Christian Thomasius

Leben, Schriften, Ansichten

Christian Thomasius wird 1655 in Leipzig als Sohn des Philosophen Jacob Thomasius geboren. Er studiert Cartesanische Philosophie hält einige diesbezügliche Vorträge. Er enwickelt sich zu einem bedeutenden Rechtsgelehrten und Professor. Er ist 1728 gestorben.

Er hat mindestens drei berühmte Vorläufer in der Bekämpfung des Hexenwahns. Johann Weyer, der die Zauberei zugibt, aber Hexerei und Teufelsbündnis leugnet, auf der anderen Seite aber an den Teufel glaubt; der Jesuit Friedrich Spee, der nicht an Hexenwahn, sondern den ungerechten Prozeß angeht (als Jesuit muß er von der Realität des Teufels befangen sein); der Prediger Balthasar Bekker mit seiner »Bezauberten Welt«, der die Macht und den Einfluß des Teufels bezweifelt. Thomasius leugnet den Teufel nicht. Für ihn ist er ein unsichtbares Wesen, das weder einen menschlichen Leib annehmen noch Hagelwetter oder sonst die Ordnung der Natur beeinflussen kann. Die Vorstellung des Teufelsbundes und der Teufelsbuhlschaft (Herzstück aller Hexenprozesse) bezeichnet er als das was es ist: **als die Ausgeburt einer krankhaften Phantasie.**

Thomasius greift vor allem Carpzov und den protestantischen Theologen Spizelius an. Carpzov hat seinerzeit die Amtsenthebung und Vertreibung von ihm aus Leipzig bewirkt und es ist verständlich, daß er gegen ihn vorgeht. Spizelius ist der 1691 verstorbene Senior des geistlichen Ministeriums von Augsburg. Für den Erfolg von Thomasius spricht der Umstand, daß er seinen Kampf unter dem König Friedrich I. (1688-1713) von Preußen führt. Er ist daran interessiert, daß die Universität Halle gegenüber der Leipziger in's Vordertreffen gerät. Unter diesem Gesichtspunkt ist Thomasius einer der berühmten Professoren der neuen Universitätsstadt Halle geworden.

Es ist wahrscheinlich, daß Thomasius auf den Fürsten einwirkt. Und zwar über eine Dissertation »de tortura...«. Im preußischen Edikt vom 13. Dezember 1714 wird bestimmt, daß dem König jedes Urteil, das auf Folterung erkennt, und jedes Todesurteil persönlich zur Bestätigung vorzulegen sei. Die »Criminalordnung vor die Chur- und Neumark« vom 8. Juli 1717 meldet Bedenken gegen die Folter an. Sie mahnt zu größerer Sorgfalt und Behutsamkeit.

Thomasius ist 1694 Referent der Juristenfakultät in Halle. Hier stellt er einen Antrag: »wo nicht mit der Schärfe, doch zum wenigsten mit mäßiger Pein wegen der beschuldigten Hexerei anzugreifen«. Das beschreibt er in seinen »allerhand juristischen Händeln (S. 197-202). Er wird von seinem Amtskollegen überstimmt. Vorurteilsfrei sagt er: ...wie er damals mit dem juristischen Schlendrian nach den Autoritäten des Malleus maleficarum eines Delrio und Carpzov... zu handeln im Begriffe, durch ein Votum seiner Fakultät auf den richtigen Weg kam und nun auf das eindringlichste den herrschenden Wahn und das ungerechte Verfahren in zwei Dissertationen angriff. Zunächst in der Thes. inaug. de crimine magiae, Halle, 1701, die später öfter unter dem Titel »Tractatio de crimine magiae« (Von dem Verbrechen des Pacts mit dem Teufel) und dann durch eine weitere Dissertation von 1713.

Erst nach der Überstimmung beschäftigt er sich näher mit dem Problem der Hexerei. Seine seitherige Stütze ist Carpzov. Er befaßt sich mit Weyer, Batlhasar Bekker und Spee. So setzt sich eine neue Erkenntnis durch. Er beginnt seinen Kampf mit der Schrift: »Vom Laster der Zauberei«.

Kurze Lehrsätze vom Laster der Zauberei. 1703

Zu Beginn zitiert er die bekannten Stellen aus dem Alten Testament, die seinen Vorgängern zur hinreichenden Begründung dienten.[171] Über die Zauberer und über die Hexenliteratur ist er verwundert: »Ich muß mich nicht wenig wundern, daß ich hin und wider fast nichts als ein unnützes Geschwätz und Fabeln, nirgends aber ein gründliches (Werk) angetroffen. (Anm. daran hat sich noch 150—200 Jahre später nichts geändert!). Der törichte Aberglauben muß dem einfältigen Pöpel vor Augen geführt werden. Die papistischen Irrtümer, die seither alle Leute Gedanken eingenommen, müssen ausgerottet werden. **Heute wird niemand mehr daran zweifeln, daß das ganze Papsttum nichts anderes als eine aus dem Heiden-und Judentum zusammengesetzte Fabel ist (§ 2). Die Papisten haben den ganzen Unsinn hineingetragen, um die breite Masse auszunutzen.**

Die vergangenen Autoren (Delrio, Longerinus, Bodinus, de Lancre, Gödelmann) haben ohne Unterschied der wahren und falschen Begebenheiten alles wie Kraut und Rüben hineingeschmiert...auch unter den protestantischen Kriminalisten heutzutage...lässet euch angelegen seyn, daß man sich schämen müsse, Carpzovius gelesen zu haben« (§ 2).

»Ich leugne aber, daß Hexen und Zauberer gewisse Verträge mit dem Teufel aufrichten und bin vielmehr versichert, daß alles, was diesfalls geglaubt wird,

Zwei öffentliche Hinrichtungen: Oben: Abschlagen des Kopfes von Lisle. Unten: Hinrichtung vor dem Londoner Tower. Der Scharfrichter hält zum Beweis seiner Tüchtigkeit den abgeschlagenen Kopf vor die Menge.

nichts anderes als eine Fabel ist, so aus dem Juden-, Heiden- und Papsttum zusammengelesen, durch höchst unbillige Hexenprozesse aber, die sogar bei den Protestanten eine zeithero gebräuchlich gewesen und bestätigt worden.

Angriffe gegen Carpzov und Spizelius

»Wohlan, es soll Carpzovio itzo zuerst auftreten, und wider dem bekannten Wierum und anderen dartun und erweisen, daß es wirkliche ein Laster der Zauberei gebe.« Thomasius hat in seiner Zeitschrift schon früher, wie Prufendorf sich in einem Brief an ihn drastisch ausdrückt: »das harthäutige Tier Carpzov mit der Mistgabel gekitzelt«. Nun schlägt er mit Keulen auf seinen Erzfeind ein...er nennt ihn einen schimpflichen Abschreiber, einen bösartigen Märchenerzähler und liederlichen Betrüger.

»Carpzov hätte sich schämen sollen, daß er in einer Sache, worauf das ganze Hauptwerk der Frage beruht, nichts anderes vorbringt, als die Zeugnisse der päpstlichen Scripten, die ihre Bücher teils mit alten Weiber- und Mönchsfragen, teils mit melancholischer oder mit ausgefolterter und ausgemarterter Leute Aussagen auszufüllen pflegen«. (gewiß hätten bisher vor allem die Päpstler ohne Verstand abgeschrieben!).

»Carpzovius hätte sich schämen sollen, sich nur auf die Zeugnisse der päpstlichen Scripten zu verlassen... da aber bis dato noch immer einer den anderen ganz ohne Nachsinnen abschreibet...und sich dabei einbildet, neue Wunder gefunden zu haben...so darf man es den Gelehrten nicht versagen, wenn sie bei Meinung eines Juristen sich solchen, unter keinem anderen Concepte, als eines Zungen-Dreschers und Legulegi, der nur die Gesetze kennen lernet, einbilden wollen oder können« (§ 21).

Außerdem habe Carpzov den Remigius falsch interpretiert. »...warum glaubt Carpzov denn unseren Theologen nicht mehr, die gesehen, daß viele Hexen und Zauberer ohne die ordentliche Todesstrafe wären wieder auf den rechten Weg gebracht worden...«

Benedict Carpzov ist ein Vertreter des göttlichen Rechts »Die Zauberer sollst du nicht leben lassen«. »Wovon das Göttliche Gesetz handelt, sind keine Zauberer. Diese haben kein Bündnis mit dem Teufel gemacht...erstlich ist es noch nicht ausgemacht, was

Verurteilung zu einer Geldstrafe im frühen 18. Jht. Der Angeschuldigte bezahlt den Betrag vor dem Gericht aus.

Verschiedene Strafen des frühen 18. Jhts. Dienst auf der Galeere, Schanz- und Frondienste, Sitzen im Stockhaus unter öffentlicher Bewachung, Stehen an einem Pranger (?). Dieses Gebäude scheint das Gefängnis zu sein.

für ein Unterschied zwischen den Wundern und den ordentlichen Werken der Natur ist...bislang ist alles ein leeres unnütziges Geschwätze und muß noch bewiesen werden«. Das Göttliche Gesetz befahl, es sollen des Hohepriesters Töchter, sofern sie Hurerei trieben, mit dem Feuer verbrannt werden. **Warum verbrennt man den nicht itzo unserer Herren Superintendenten Töchter, wenn sie die gleiche Sünde begehen?** Das lateinische Wort Veneficos kann auf deutsch nicht eine Hexe, sondern nur eine Giftmischerin heißen. Zu dieser Kunst gehöret aber nicht eben eine Hilfe des Teufels oder ein Bündnis mit ihm, weil es auch so geschehen kann!«.

»Damit fällt Carpzovio's erster Beweis-Grund, ohne daß er etwas beweist, ganz dahin gehet nämlich die Kernfrage, ob die Zauberer, die mit Satan einen Vertrag machen...mit der Strafe, damit eine natürliche und künstliche Magie beleget werden«.

Aus diesem Blickwinkel bescheinigt er Carpzov eine unverständliche Frömmigkeit (§ 25)[172] »Fallit te incautum pietas tua«

Nicht viel freundlicher geht er mit Spizelius um: »Nun will ich zwar nicht die anderen Gebrechlichkeiten dieses frommen Herrn offenbaren, noch auch alle Fehler seines mehrmals genannten Buches von der gebrochenen Macht der Finsternis zeigen«.

Spizelius hat das Leugnen der Hexerei mit Berufung auf Thomas v. Aquino, Bonaventura und Torquemada für Atheismus erklärt. Gegen ihm führt er aus: »...wenn die genannten Männer der lutherischen Lehre sich widersetzen, werde ihnen den Spizelius auch Glauben schenken...ich halte vielmehr dafür, daß diejenigen Geistlichen und Prediger, die anstatt der seligmachenden Lehre, auf der Kanzel und in ihren Schriften lauter alte Weiber-Lehren und abergläubische Märlein erzählen, schuldig sind, daß viele Leute, die noch ein wenig Verstand und etwas von ihren fünf Sinnen übrig haben und sich gerne von dem Schandfleck des Aberglaubens reinigen wollen, endlich in die äußerste Gefahr der Atheisterei verfallen«.

Was die körperliche Gewalt des Teufels anbelangt, so komme diese von den Kirchenvätern her, die meist dem platonischen und stoischen Systeme zugetan gewesen (für ihn ist das die uralte Geisterphilosophie: Philosophia spiritualis); sie hätten diese materialistischen Vorstellungen aus diesen Systemen und aus dämonologischen Vorstellungen des Pharisäismus gezogen und in die Bibel hineingetragen. Die Scholastiker haben das weiter ausgebildet und so sei der Wahn von Teufelspakten, von Incuben und Succuben verbreitet worden und habe, begünstigt vom Klerus, am Ende den Schein gehabt, als sei sie direkt aus der biblischen Lehre hervorgegangen. Die Juristen, unter den theologischen Einflüssen aufgewachsen, hätten dann die Zaubervorstellungen ihrer Zeit auch in dem justi-nianischen Recht, wenngleich dasselbe vom Teufelsbündnis nichts weiß, wiederzufinden geglaubt: Die Wiederherstellung des Scholastizismus unter den Protestanten, das Beispiel des Kurfürsten von Sachsen, der eine geschärfte Bestimmung in seinen Strafcodex aufnahm und die blinde Nachbeterei der Rechtslehrer hätten das Übel auch unter den Protestanten verbreitet«.

Damit trifft er den Nagel auf den Kopf.

»Der Teufel hat niemals einen Leib angenommen...es scheinet also, daß der ganze Irrtum aus den Bildern der Bibel oder der Evangelienbüchern seinen Ursprung hat, in denen die Papisten den Versucher, ich weiß nicht unter was einer monströsen Gestalt, wir Lutheraner aber unter Gestalt eines Mönches mit seiner Kutte abbilden« (§ 31).

»Zu was nützt das Bündnis mit dem Teufel? Es ist nicht der geringste Nutz und Effekt bei dem Bündnisse, weder auf der Seite der Menschen, noch auf Seiten des Teufels...aber ich will auch zulassen, daß dieser wahrhaftig ein Bündnis mit dem Teufel suche«.

Man kann diese Schrift von Thomasius als Todesstoß gegen den alten Hexenwahn bezeichnen. Es ist verständlich, daß sich ein Sturm der Entrüstung erhebt, die von etlichen Streitschriften begleitet ist. Es darf nicht vergessen werden, daß eine zweite Publikation von Thomasius erhebliche Bedeutung für die Abschaffung des Hexenwahns hat: seine Dissertation über die Abschaffung der Tortur.

Dissertatio de Tortura (1705)

Schon in seiner Arbeit über das Laster der Zauberei sagt Thomasius: »Wer aber sollte glauben, daß ein Scharfrichter ein ordentliches Instrument zur Bekehrung sei«.

Mit der Dissertatio de Tortura führt er parallel zum Hexenwahn einen massiven Schlag gegen den Mißbrauch der Folter »denn kaum lassen sich die Matern und damit die Strafen, die dem menschlichen Körper durch die Folter angetan werden, mit den Todesängsten vergleichen. Oh, allzu gottlose Schlechtigkeit beim Strafen! Gibt es etwas Ungerechteres?.

»Unerschrocken spreche ich aus, daß diese gewaltsame Folter ungerecht, unbillig, trügerisch, durch Förderung der Übel gekennzeichnet und schließlich jedes Anscheinens göttlichen Zeugnisses entblößt und daher aus christlichen Gerichten zu verbannen ist«.

»Die Folter ist nicht ein christliches Mittel, um die Wahrheit zu erpressen, sondern mehr ein außerordentliches, ergänzendes, dessen eigentlicher und einziger Zweck nur der ist, eine zweifelhafte Sache zu bestätigen. Nicht umsonst hat Gott, der dreimal größte und Beste, wie man glauben muß, gesagt, daß sich die ganze Wahrheit nicht auf den Mund eines Einzelnen, sondern zumindest von zwei oder mehreren gründe«.[173]

Das erste Argument gegen die Folter ist ihre Ungerechtigkeit. Jede Strafe setzt ein tatsächliches Verbrechen voraus. Solange aber jemand zur Folter geführt wird, liegt noch kein völlig unzweifelhaftes Verbrechen vor. Darum kann es nicht als Verbrechen bezeichnet werden. Daher begreife ich nicht, mit welcher Billigkeit und Vernunft diese höchst grausamen Lehre von der Folter verteidigt werden muß«.

Von der Folter ausgenommene Personen

Die Folter muß so eingerichtet werden, daß die Gefolterten unverletzt daraus hervorgehen. Zudem muß ein »Corpus delicti« vorhanden sein. Dem Geständnis des Angeklagten allein darf nicht geglaubt werden. Der Richter muß auf den Stand der Personen achten. Von den Qualen der Folter sind ausgenommen:

● um ihres Ranges willen erlauchte Menschen, Senatoren, berühmte und ausgezeichnete Leute.
● Gelehrte, Rechtsanwälte und Studenten
● Gewisse Jugendliche und Altersschwache
● Schwermütige, Taube und Stumme
● Die schwangere Ehefrau, solange sie die Leibesfrucht trägt

Diese Liste ist auffallend, denn sie erwähnt nicht mehr die Geistlichen (sofern Thomasius sie nicht unter die Gelehrten zählt); ich vermute eher, daß der Gebrauch gegen die Folterung von Geistlichen im Laufe der Zeit außer Gebrauch gekommen ist.

»Bei den peinlichen Fragen scheint man nicht darauf auszugehen, die Wahrheit zu erforschen, sondern um damit jemand zu falschen Aussagen zu zwingen. Oft ist die Unkenntnis des Richters das Unglück des Unschuldigen. »...auch muß ein Richter, der den Unschuldigen arglistig foltert und ihn durch die Folter zu Tode quält, selbst zum Tod verurteilt werden«.

»Die peinliche Frage gibt allen Tyrannen die Gelegenheit, unter dem Schein der Gerechtigkeit gegen die Untertanen zu wüten. Bei den Papisten ist die Folterung das beste Hilfsmittel, fromme, rechtschaffene und den Patres verhaßte Männer unter dem Vorwand der Häresie und Zauberei aus dem Staat zu beseitigen« (§ 4), »Außerdem ist in der heiligen Schrift nirgends die Folter erwähnt« (§ 6). »Der Henker kann bei der Folter dem Richter etwas vormachen« (§ 5).

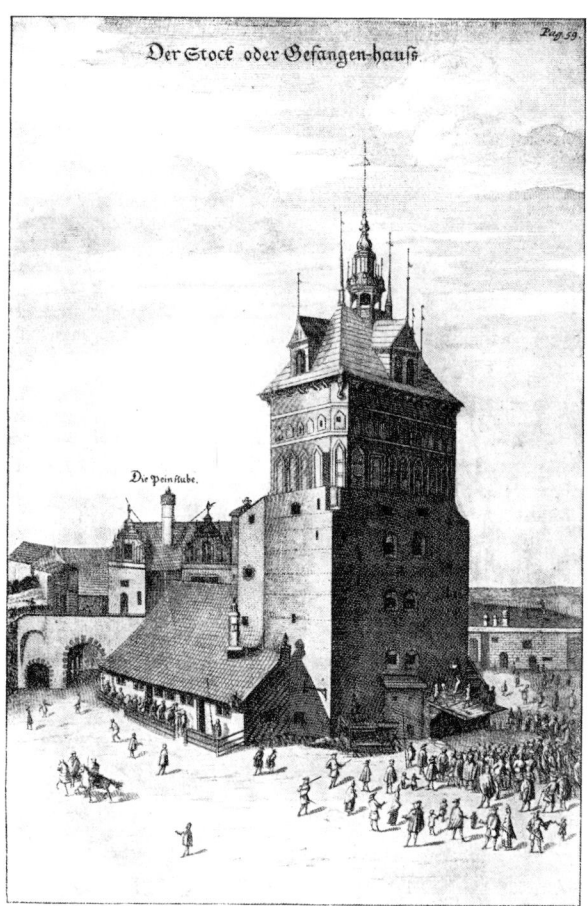

Das Stock- oder Gefangenenhaus in Danzig im 17. Jht. Aus: Der Stadt Danzig Historische Beschreibung. 1686. Auch hier sind die Gefangenen außen am Gebäude angeschlossen.

Bezug auf Brunnemann und Justus Oldekopp

»Ich möchte die in Vorurteilen erfangenen und durch vorgestellte Meinungen gefaßten Richter nur ermahnen, die Worte Brunnemanns zu lesen: Auch ich vermute, daß wegen des Verbrechens der Zauberei und Hexerei viele unschuldige Frauen verbrannt werden. Auf Grund schwächerer Argumente werden sie den Folterungen unterworfen, und daher ist es zu befürchten, daß viele den Tod weiteren Folterungen vorziehen, zumal sie zuweilen in den Folterqualen umkommen.«

»Daher muß ein Richter bei der Ahndung dieses Verbrechens von der Vernunft Gebrauch machen und nicht gleich eilends zur Folter schreiten« (§ 12).

Justus Oldekopp bringt in seinen kriminalistischen Betrachtungen 42 Beispiele ungerechter Folterungen

»die im Schmerz unterliegend, nicht begangene Verbrechen gestanden und unschuldig mit der höchsten Strafe bedacht wurden. Selbst auch die heilige Schrift verflucht und verabscheut ein derart blutiges Verfahren; denn unschuldig geflossenes Blut schreit vor Gott nach Strafe«[174].

Was ist der Unterschied zwischen Thomasius und anderen Gegnern des Hexenwahns und der Tortur? Im Grunde ein kleiner: er lebt in einer anderen Epoche und hat den Mut zur Konsequenz. Die Epoche der Aufklärung versucht, die Dinge natürlich und rationalistisch zu sehen. Dies führt zu einer enormen Bereicherung unserer Kultur. Die Kirche wird zurückgedrängt, zumindest was ihre Machtposition anbelangt.

Solche Phasen sind kein Einzelfall. Mit dem Beginn des 16. Jhts. wirkt sich die Phase dessen aus, was wir als Humanismus bezeichnen. Antikes Kulturgut strömt vom Süden zum Norden. Es wird begierig aufgenommen. Mit dieser Entwicklung kommt der Hexenwahn und wahrscheinlich die Folter zu uns. Unsere germanisch-heidnischen Vorstellungen von Druden, Zauberern und Wahrsagern haben m. E. mit der Vorstellung der Hexen vom 13. bis zum 18. Jht. kaum Gemeinsamkeiten. Genausowenig wie unsere heutige Vorstellung von den Hexen, dem »modernen Hexenwahn« zu der vorgenannten Epoche wenig Verbindung hat.

Mit dem Humanismus kommt der Hexenwahn, mit der Aufklärung vergeht er (zunächst). An dieser Stelle steht Christian Thomasius. Vielleicht wäre es ein anderer gewesen. Die Zeit war reif für diese Entscheidung. Interessant ist, daß der Bruch mit diesem Ungeheuer gerade von dem Land ausgeht, das vordem Hexen recht streng bestraft, von Sachsen.

Freilich hat man Christian Thomasius nicht einfach hingenommen. Es erhebt sich eine Flut von Kritik im Lager der Juristen und der Theologen. »Thomasius focht mit einer rücksichtslosen Schärfe und einer höhnischen Verachtung für die geistige Rückständigkeit und Blindheit, für Unvernunft und verschimmelten Autoritätsglauben.«

In rascher Folge werden im frühen 18. Jht. in verschiedenen Ländern die Folterungen aufgehoben. Mit ihnen wird der Hexenwahn zu Grabe getragen. Thomasius hat die Fackel der Vernunft aufgenommen und sie ein kleines Stückchen weiter getragen. Das ist sein Verdienst.

Petrus Goldschmidt

Von den Schriften gegen Thomasius ist vor allem der Traktat des Petrus Goldschmidt, eines Pastors aus Sterup, »Verworfener Hexen- oder Zauberadvokat« zu nennen. Der volle Titel seines Buches sagt genügend aus:

»Petri Goldschmids Hexen- und Zauber-Advokat, d. i. wohlbegründete Vernichtung des thörichten Vorhabens Hrn. Christiani Thomasi, J. u. Dr. et Proffesoris Hallensis, und all er derer, welche durch ihre superklugen Phantasie-Grillen dem Teuflischen Hexen-Geschmeis das Wort reden wollen, indem gegen dieselben aus dem unwidersprechlichen Göttlichen Worte, und der täglich lehrenden Erfahrung das Gegenteil zur Genüge angewiesen und bestätigt wird, daß in der That eine Teuflische Hexerei und Zauberey sei, und dannenhero eine Christliche Obrigkeit gehalten, diese abgesagte Feinde Gottes, schadenfrohe Menschen- und Viehmörder aus der christlichen Gemeinde zu schaffen, und dieselbe zur wohlverdienten Strafe zu ziehen.« (1705).

Dieser Geistliche ist vom Wahn der Zeit befangen. Zudem hat er sich einige Jahre zuvor einen zweifelhaften Ruf als Schriftsteller erworben. Und zwar in seinem »Höllischen Morpheus, welcher kund wird, durch die geschehenen Erscheinungen der Gespenster und Polter-Geister...« (1698). Mit diesem Buch wettert er gegen die »Bezauberte Welt« des Predigers Balthasar Bekker.

Aloysius Charitinus (pseud. für Jacob Brunnemann), Weidner

Er ist Beisitzer am Schöffengericht von Stargard und hat 1706 unter dem o. e. Pseudonym einen »Diskurs von betrüglichen Kennzeichen der Zauberei« veröffentlicht. Er ist ein direkter Nachfolger von Christian Thomasius.

Der Rostocker Professor der Theologie und Pfarrer Weidner widerlegt Brunnemann 1722 mit einer umfangreichen Abhandlung. Er vertritt die Auffassung, daß der Teufel die Hexen durch die Luft führen und sich fleischlich mit ihm vermischen kann. »Wenn die Teufel auch geistige Wesen sind, so können sie doch einen Leib annehmen und sich als Sukkuben oder Inkuben mit den Menschen vermischen.« 1727 weist Brunnemann die gegen ihn erhobenen Vorwürfe zurück.

Petrus Tornovius, Putter, Klein und Pott

Tornovius verwirft (1711) die Luftfahrten der Hexen und die Zusammenkünfte auf dem Blocksberg, die Buhlschaft mit dem Teufel und das Wettermachen. Er vertritt im wesentlichen die Auffassung Gödelmanns. Im Gegensatz zu ihm ist sehr rückständig die Arbeit »Was von der Hexen Bekäntnuß zu halten, das sie aus schantlichen Beyschlaff mit dem Teufel Kinder gezeuget«, aus dem Jahr 1698. Verfasser ist

Die Strafe der Haken. Eine seltene Strafart, wobei dem Täter zwei grobe Haken in den Rücken gestoßen werden, um ihn dann an einer Art Kran (keine Bäckerwippe) hochzuziehen. Vor ihm sitzt der gehörnte Teufel: Leichen werden in einer Grube verscharrt.

nicht Nicolaus Putter, wie seither angenommen, sondern Johann Klein, Professor des Rechts an der Rostocker Universität und gleichzeitig Präsident des Mecklenburger Landgerichts. Er gibt seine Hexendissertation 1706 in erweiterter Form heraus. Klein versucht nachzuweisen, daß der Teufel tatsächlich eine fleischliche Vermischung zustande bringen kann. Daß daraus wirkliche Kinder entstehen können, streitet er ab. »Wird der Verkehr mit dem Teufel durch das Bekenntnis der Hexen festgestellt, so sind die Richter befugt, die pflichtvergessenen Menschen, die sich dem Teufel ergeben, zum Feuertod zu verurteilen.«

J. H. Pott, Doktor der Philosophie und beider Rechte (kanonisch), und Advokat aus Jena, verfaßt 1689 die Schrift »Von der Hexen schändlichem Beischlaf mit dem bösen Feind«. Am Rande sei bemerkt, daß der Präsident des Mecklenburger Landgerichts, Klein, noch 1722 vom Dekan der theologischen Fakultät, Johann Joachim Weidner, gelobt wird.

Elias Camerarius

Er ist offensichtlich kein Deutscher, wie aus dem Schluß seiner Arbeiten erkennbar ist. In der Vorrede seines Buches sagt er »ein vornehmer Freund habe ihn aufgefordert, um Herrn Thomasio »amice« zu weisen«. Als er nämlich die lateinische Fassung der Disputation »De crimine magiae« zu Gesicht bekam, da befürchtete er, sie würde Thomasius zum Nachteil gereichen, weil die Gelehrten ihm dies übel nehmen und weil die Ungelehrten aus Unverstand sich darüber äußern. Im Grunde genommen versucht er, die Ansichten des Thomasius zu widerlegen. Daß er rückständig ist, beweist seine Auffassung, »es ist möglich, daß der Teufel als ein geschwinder Geist den Samen des Menschen abstehlen oder den ausgegossenen colligiren...und sich dessen zur Generation gebrauchen könnte«. Er schlägt für die Schrift des Christian Thomasius folgenden Titel vor:
»D. Christiani Thomasii Icti Hallensis neue Lehrsätze vom Laster der Zauberey/welche sich in dessen eigener Einbildung und philosophischen Grillen gründen/ und offentlich wider die H. Schrift/alte und neue Scribenten/glaubwürdige Historien streiten/durch welche er seine eigene Religion touchiert/die alte Lehre, welche denen Kindern durch den Catechismus zugebracht/ausrotten/und eine neue einzubringen suchet«. Für ihn ist Christian Thomasius ein Versucher Christi.

Gottlieb Heineccius, Fr. Mantzel

Der Professor der Rechte, Johann Gottlieb Heineccius in Halle (gest. 1741) vertritt die Auffassung: »Zauberer, die durch Gemurmel und Zauberformeln Schaden angerichtet haben, werden mit dem Schwert hingerichtet, diejenigen aber, die ausdrücklich ein Bündnis mit dem Teufel eingegangen sind, werden lebendig verbrannt...der Richter muß aber, wenn in irgend einer, so gewiß in dieser, mit so vielen Irrtümern verflochtenen Sache nicht zu leichtgläubig sein«.[175]

Fr. Mantzel ist Professor der Rechte in Rostock und Verfasser der Schrift: »Ob wohl noch Hexenprozesse entstehen möchten?« (Rostock, 1738). Er sagt: »Die Hexen, die Gott verleugnen, und mit dem Teufel einen Bund schließen, sollen nach dem göttlichen Ausspruch »Die Zauberinnen sollst du nicht leben lassen« mit dem Tode zu bestraft werden«.

Aufhebung der Folter

Die Folter begleitet die kulturelle Entwicklung der Menschen auf ihrem Weg durch die Geschichte. Ich habe den Weg vom Altertum bis in das 18. Jht. verfolgt. Die Folterung unschuldiger Menschen erreicht bei uns den Höhepunkt im Zusammenhang mit der Verfolgung der Hexen und Zauberer, so daß es schwer fällt zu fragen, welches Übel denn das größere ist: die auf dem christlichen Boden entstandene Verfolgung Andersdenkender oder die auf dem christlichen Boden sanktionierte Folter. Mit dem Zusammenbruch des Phänomens »Hexen(prozeß)« hören die vordem systematischen Folterungen auf.

In Schweden ist ein rühmliches Vorgreifen zu verzeichnen: Die schwedische Königin befiehlt durch Rescript vom 16. Februar 1649 von Stockholm aus: »daß alle fernere Inquisition und Prozeß in dem Hexenwesen aufzuhören habe«. Dies bezieht sich auf von ihr im 30jährigen Krieg neuerworbenen Länder.

Ihr folgt der Soldatenkönig Friedrich. Er erläßt am 13. Dezember 1714 ein vom Minister Plotho ausgearbeitetes Mandat: »daß unter den im Kriminalprozeß überhaupt wahrnehmbaren Mißständen einer der gefährlichsten in den Hexenprozessen hervortrete, indem hier nicht immer mit der nötigen Vorsicht verfahren werde, sondern oft auf ganz unsichere Indizien hin vorgegangen, darüber auch gar mancher ganz unschuldig auf die Folter, durch diese um Gesundheit und Leben und auf das Land eine große Blutschand gebracht würde. Er wolle daher die Prozesse in Hexensachen verbessern...bis das aber soweit sei...wünsche er alle diesbezüglichen Unterlagen selbst einzusehen«.

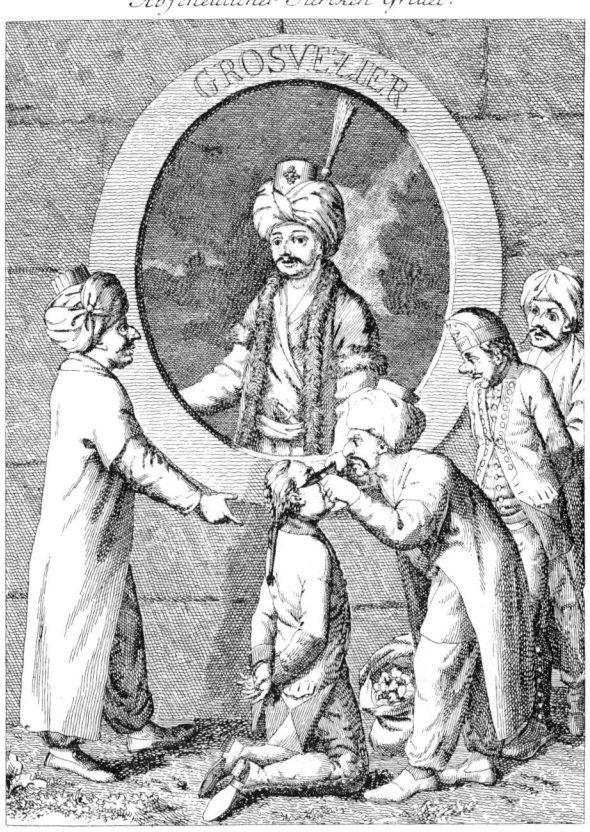

»Abscheulicher Türcken Greuel«. Vor dem Bild eines Großvesiers werden Täter vor einem Richter (?) geführt, in dessen Beisein ihnen die Nasen abgeschnitten werden. Auf dem Boden steht schon ein angefüllter Sack mit Nasen. Eine Strafe im Sinne der Brandmarkung.

Die beiden letzten Hexenbrände in Preußen finden 1721 und 1728 statt. Am 3. Juni 1740 verbietet Friedrich II. von Preußen durch eine Kabinettsorder unmittelbar nach seinem Regierungsantritt die Anwendung der Folter, soweit es sich nicht um Majestätsverbrechen, Landesverrat und Mord handelt.

Jos. Sam. Friedr. Böhmer, der Direktor der Frankfurter Universität (Frankfurt an der Oder) verkündet 1758 in seinen Bemerkungen zu Carpzovs Schriften: »das Licht der Vernunft habe gesiegt, der Hexenglaube sei nun der Verachtung übergeben«.

Weit gefehlt: in Bayern wird noch am 5. Oktober 1772 verordnet, daß die Tortur künftig den Abdeckern übertragen werde. Und am 16. Oktober 1779 wird die Beischaffung der bei einigen Pfleggerichten etwa noch abhängigen Folterinstrumente ins Auge gefaßt.

In Baden wird die Tortur 1767, in Sachsen 1770, in Österreich 1776 abgeschafft. Unter der bayrischen Herrschaft wird 1775 Anna Maria Schwägelin als letzte Hexe hingerichtet.

In Deutschland wird nicht mehr gefoltert. Wir dürfen nicht Christian Thomasius vergessen: »Die Peinliche Frage gibt allen Tyrannen Gelegenheit, unter dem Schein der Gerechtigkeit gegen die Untertanen zu wüten«. Es gibt heute viele Länder, in denen brutal gefoltert wird. Unsere hochindustrialisierte Bundesrepublik ist mittelbar daran beteiligt. So liefert ein bundesdeutsches Unternehmen beispielsweise 1978 Hunderte von Schlagstöcken mit Elektroschock-Wirkung an ein Land im Mittleren Osten. Der Zweck der Bestellung ist klar; was haben wir dazugelernt?

Ein Bischof beschwört Maikäfer. Einer der wenigen bekannten Prozesse gegen Tiere, in die sich die Kirche mit ihrer Autorität eingeschaltet hat. Der Ausgang dieses Prozesses ist mir nicht bekannt.

Prozesse gegen Tiere

Mehr der Kuriosität wegen sei am Schluß des Kapitels auf eine besondere Variante der menschlichen Intelligenz hingewiesen: auf Prozesse gegen Tiere. Aus der längst vergangenen Zeit ist das zu verstehen. Der Grund ist nicht menschliche Dummheit. Die scholastische Spitzfindigkeit stellt die Frage auf, ob die Tiere Seelen haben, so wie die Menschen (?). Wenn sie beseelt sind, können sie auch dämonisch, also negativen Einflüssen ausgesetzt sein. Diese sind unter dem Mantel einer theokratischen Dogmatik nicht nur an Menschen, sondern auch an Tieren auszurotten. Das ist der Grund, weshalb Tiere zur Verurteilung kommen.

1266 wird in Fontenay aux Roses auf richterlichen Befehl ein Schwein lebendig verbrannt, weil es ein Kind gefressen hat. 1386 verletzt in Falaise ein Schwein ein Kind. Vor dem Rathaus werden dem vorher angezogenen Schwein Füße und Kopf abgeschlagen.

1531 veröffentlicht ein hoher französischer Justizbeamter, Chasseneux, Präsident des Parlaments in der Provence, ein Werk, in dem er die Frage aufwirft, ob Tiere vor das Strafgericht gezogen werden können und bejaht es: Unter anderem führte er einen Prozeß gegen die Maikäfer von Beaume an, eine gerichtliche Verfolgung der Schnecken zu Autin von 1487 (Jahr des Hexenhammers) und von Lyon 1500. 1488 wird den Ratten in Autin ein Prozeß gemacht, wobei der genannte Verfasser die Verteidigung übernimmt.

Das Pariser Parlament verurteilt 1604 einen seiner Ansicht nach verbrecherischen Esel zum Tod durch den Strang. 1699 wird ein Prozeß zur Züchtigung von Raupen in der Auvergne angestrebt. Dazu schlägt man sogar in Feld und Flur Zettel mit den Ladungsterminen an. **Weil dies einigen Bürgern lächerlich vorkommt, werden sie mit empfindlichen Freiheitsstrafen belegt.**[176]

Gottesurteile, Hexenproben

Als unsere Rechtsinstitutionen noch nicht ausgebildet sind, verläßt man sich in bestimmten Fällen auf ein Zeichen Gottes, um Recht zu sprechen. So heißt Ordal ursprünglich or-deal = Ur-Sprung. Gottesurteile sind nicht widerlegbar.

»Die Elementordale beruhen auf einer überraschend sicheren Anwendung der Naturgesetze. Die Angst vor der Entdeckung und die damit verbundene seelische Erregung beeinflußt die Körperfunktionen. Weil Gottesurteile auf den normalen Ablauf eingestellt sind, muß beim Ordal der Schuldige unterliegen. Gottesurteile entstehen nicht aus dem Wissen um die Gesetzmäßigkeit der Natur, sie beruhen auf alten Erfahrungen der naturverbundenen Völker«.[177]

Im Laufe der Zeit haben sich bestimmte Formen herausgebildet. Den Schwerpunkt bilden Feuer- und Wasserproben. Die Gottesurteile sind im Zusammenhang mit dem Thema dieses Buches wichtig, weil sie einmal als Vorstufe der Folter anzusehen sind und weil abergläubische Abarten zum »Schwemmen« der Hexen führen. Gottesurteile waren es nur so lange, wie die Anwender an die unbeirrbare Macht Gottes glaubten. So sind sie Beweismittel im germanischen Rechtsgang. Und zwar immer dann, wenn der Zweikampf oder der Eid nicht zur Durchführung kommt. Mit der Christianisierung kommen abergläubische Zeremonien dazu. Die erstarkende Kirche erfindet Segen und Gebete. Hier zeigt sich ein wichtiger Gesichtspunkt. Durch die Auffassung der katholischen Kirche, daß es Teufel gibt, entsteht die Kontroverse: Dämon gegen Angeklagten. Die Verfasser des Hexenhammers machen ausdrücklich darauf aufmerksam, die Gottesurteile zu verbieten. Sie sind im Kampf gegen die Hexen ungeeignet, wegen deren engen Bindung zu den Dämonen, die in der Lage sind, sie zu schützen.

Bereits der Erzbischof von Lyon (816—41) verfaßt eine Abhandlung über die Gottesurteile.[178] Er verwirft sie vom christlichen Standpunkt. Der Abt Regino von Prüm erwähnt die Anwendung der Ordalien.[179] Papst Innozenz III. verbietet 1215 auf dem Laterankonzil die Anwendung der Gottesurteile. Sie gehen daraufhin zwar zurück, werden aber nicht unterlassen. Und das Zurückgehen hat andere, vor allem rechtliche Gründe, die mit dem sinkenden kirchlichen Einfluß nichts mehr zu tun haben. Fest steht, daß die Probe des kalten Wassers in Deutschland bis in die erste Hälfte des 19. Jhts. angewendet wird.

Zweikampf

Der Langobardenkönig Liutprand hat Zweifel an der Berechtigung des Zweikampfes: »Wir sind wegen der

Ritterlicher Zweikampf. »...Und gewan deß den sig vnn rett der kunigin ir ere vnn schlug yn zu tot...«. Aus: Lirars Schwäbischer Chronik 1486. Druck von Conrad Dinckmut in Ulm.

Gottesurteile unsicher geworden. Viele haben, wie wir hören, durch Zweikampf ohne Gerechtigkeit ihre Sache verloren, aber wegen des Herkommens in unserem langobardischen Volk, können wir dieses Recht nicht verbieten«.[180]

Die germanischen Gottesurteile werden bis weit in das Mittelalter fortgesetzt. Der Ankläger kann den Angeklagten unter bestimmten Voraussetzungen (wenn er seinem Eid nicht traut, wenn er nicht die nötigen Eidhelfer zum »Übersiebnen« findet) zu einem gerichtlichen Zweikampf fordern. Allerdings nur bei schweren Verbrechen, z. B. bei Friedensbruch. Wenn der Fordernde von einem niedrigeren Stand ist, kann der Angeklagte den Zweikampf ablehnen.

Erst in der Ritterzeit wird der Zweikampf das vorherrschende Ordal, ja als das einzige des Ritters würdige angesehen. In diesem hat der Beklagte seine Unschuld zu beweisen, und zwar durch das Gottesurteil.

Am Kampftag schworen sie, vollständig bewaffnet, vor dem Richter auf Kreuz und Evangelium (oder auf Reliquien), daß ihre Sache gerecht und die des anderen falsch sei, und daß man keine Zaubermittel bei sich trage. Der Kampfplatz ist von Schranken umgeben, um die Zuschauer vor Einmischung und Störung abzuhalten. Die Kampfrichter sitzen auf Schaubühnen. Wachen halten die Parteien in Schranken. Der Sieger ist berechtigt, den Gegner sofort zu töten.

Eine Variante davon ist der gerichtliche Zweikampf zwischen Frauen und Männern. Zur Veranschaulichung dienen die beigefügten neun Bilder auf S. . Seit dem 16. Jht., als schon längst zentrale Gewalten Rechtsstreitigkeiten von Einzelnen wahrnehmen, als die Waffensysteme zu ungleich werden, kommt der Zweikampf als Rechtsmittel außer Gebrauch. Er existiert heute beim Duellieren als »Privatehrensache«.

Diese Art des Gottesurteiles bleibt für die Entwicklung des Hexenwesens ohne Bedeutung. Entscheidend werden die Hexenproben mit dem kalten Wasser. Auf der einen Seite zeigen sie das Bemühen der Obrigkeit, Recht zu finden, auf der anderen Seite aber ihr Unvermögen, logisch und unbefangen zu denken: sie sind wie wir alle im Aberglauben der Zeit verbunden.

An der Bahre eines Ermordeten verhängt der Richter die »Mordacht« über den Mörder. Aus der Bambergischen Halsgerichtsordnung von 1508.

Bahrrecht, Bahrprobe, Scheingehen

Um sich bei einer geschehenen Mordtat des noch unbekannten Täters zu versichern, wird der entblößte Körper des Getöteten auf eine Bahre gelegt. Diejenigen, die man verdächtigt, müssen die Leiche berühren. Derjenige, bei dessen Berührung die Leiche Veränderungen zeigt (Anlaufen, Bluten), ist der Mörder. Das Bahrrecht (jus cruentationes) ist bis weit in das 17. Jht. in Deutschland in Partikulargesetzen vorgeschrieben. In der hessisch-darmstädtischen Landesordnung von 1639 heißt es: »Da auch ein Täter ungewiß, doch gewisse Personen des Totschlags halber berüchtigt und verdächtig wären, soll man sich derselben bemächtigen, sie zu dem Entleibten führen und denselben gewöhnlichermaßen berühren lassen«.

Hans Spieß, der Hurer und Prasser

Hans Spieß, »Krieger, Hurer, Spieler, Prasser« im Gebiet von Luzern, hat 1503 seine Frau im Bett erstickt. Man wird argwöhnisch, zieht ihn ein und foltert ihn. Der Chronist berichtet: »wie Hans Spieß uff sin laugnen am volterseil und anrüffen überging (zur Bahre ging), die frow ußgraben und nach großen Zeichen (d. h. ihre Wunden bluteten), er auch der sach bekannlich und geredet ward (auf das Rad geflochten). Diesen Vorgang verdeutlicht Abb. . Man sieht die Tote im Sarg. Der nackte Täter (?) berührt mit zwei Fingern der rechten Hand ihre Brust, die linke liegt zum Schwur an der eigenen. Ein Nachrichter hält den Betroffenen an einem Strick. Schauplatz ist der Kirchhof von Ettiswyl (Luzern), wo die Frau seit 20 Tagen begraben liegt. »Darby man wol mag erkennen, das Gott kein mort ungestraffet lat...«.[181]

Julius Mallavacca

Die Frau von Julius Mallavacca wird in schwangerem Zustand umgebracht. Nach drei Tagen wird die Tat ruchbar und ihr Körper geöffnet. Zufällig kommt an diesem Tag ihr Mann von einer Reise zurück. Er hört von dem Unglück, läuft aufgeregt in die Stube, wo seine erschlagene Frau auf dem Tisch liegt. In seiner Gegenwart fängt die Tote an, aus der Nase zu bluten. Die anderen sehen in ihm den Mörder. Er beteuert seine Unschuld. Er wird gefoltert und gesteht unter Qualen. Auf Befehl der Obrigkeit wird er aufgehängt.

Kindermord von 1669

Eine Variante des Bahrrechts ist das Scheingehen. Wenn einer des Mordes beschuldigt ist, wird er zu der aufgehobenen Hand des Toten geführt. Ist er schuld, so fängt der Tote an zu bluten oder es zeigen sich merkwürdige Veränderungen an ihm. Samuel Stryck führt einen interessanten Fall aus Pommern an. 1669 werden von hier die einen Kindermord betreffenden Akten an die Juristenfakultät Frankfurt (Oder) geschickt. Ihnen zufolge ist anfangs zweifelhaft, ob die Mutter oder die Großmutter den Mord begangen hat. Man führt beide zum Körper des Kindes, das bereits einige Tage begraben liegt. Als ihn die Mutter berührt, wobei sie die Worte »habe ich Schuld an deinem Tod, so gebe Gott ein Zeichen an dir« spricht, geschieht nichts. Als die Großmutter unter Hersagung der gleichen Formel den Körper des toten Kindes berührt, wird das Gesicht des Kindes »sogleich rot überzogen und aus den Augenwinkeln kam Blut hervor«, worauf sie ihre Schuld bekennt.[182]

Im Aberglauben des Volkes führt auch das Bahrrecht zu Blüten. »Es ist ein schreckliches Verbrechen, wenn Kinder sich an ihren ersten Wohltätern, den Eltern, so weit vergehen, daß sie die Hand an dieselben legen. Daß aber nach ihrem Tode eben die Hand, wodurch Vater und Mutter beleidigt wurden, aus dem Grabe hervorwachse, und durch den Henker wieder zurückgepeitscht werden muß, streitet wider die Natur...und nie ist auf Gottes Welt so etwas gesehen worden«.

Hans Spieß, der »Krieger, Hurer, Spieler und Prasser« wird auf dem Kirchhof von Ettiswyl (Luzern), in dem die Frau bereits 20 Tage bestattet gewesen, geführt und muß mit zwei Fingern der rechten Hand ihre Brust berühren, während seine andere ans Herz zum Schwur gelegt ist.

Feuerproben

Die Feuerprobe ist ein altes Beweismittel, das bereits Sophokles erwähnt. Frühe Fälle (4. Buch Moses, 5, 11—28), persische, griechische und römische Überlieferungen erwähnen die Feuerprobe als Gottesurteil, die neben dem Loos gehandhabt wird. Üblicherweise hat der Beweispflichtige über glühende Pflugscharen oder Kohlen zu gehen. Eine Variante der Feuerproben ist der sog. »Kesselfang«.

Nach der mongolischen Rechtsauffassung wird die Feuerprobe bei bekannten Verbrechen angewendet. Dabei wird ein Beil vom Stiel genommen und glühend gemacht. Mit einer Zange wird es aus der Flamme genommen und auf zwei mit dem Oberteil in die Erde gesteckte Steinbügel gelegt. Der Beklagte muß es aufnehmen, eine bestimmte Strecke tragen und es dann in eine Grube werfen. Eine zweifache Wiederholung ist möglich. Dann werden dem Beklagten die Ärmel um die Hand zugenäht, damit keine Heilmittel angewendet werden können. Nach einigen Tagen wird geprüft, ob ein Heilungsprozeß einsetzt. Ist die Brandwunde in Heilung begriffen, wird er freigesprochen, sonst verurteilt.

Als Kaiser Karl der Dicke seine Frau Richarda in Verdacht hat, daß sie zu einem Bischof verbotenen Umgang unterhält, wird sie zur Feuerprobe verurteilt. Sie soll das glühende Eisen unverletzt ergriffen und ihre Unschuld bewiesen haben. Einer anderen Quelle zufolge soll sie sich der Probe des »wallenden Kessels« unterzogen haben. Die Frau von Kaiser Heinrich II. soll wegen einer ähnlichen Beschuldigung über glühende Pflugscharen gegangen sein. Inwieweit dies stimmt, konnte ich nicht prüfen.

Ein Kapitular von 803 schreibt die Probe des glühenden Eisens vor. Man muß entweder über glühendes Eisen mit den bloßen Füßen gehen bzw. es mit den bloßen Händen aufnehmen. Die Zahl der glühenden Eisenstangen beträgt bis zu 15. Jedes Eisen ist 3–5 Pfund schwer. Ritter halten die bloße Hand in einen glühend gemachten Handschuh. Der Schwabenspiegel erwähnt im Kapitel CLXIII. § 5: »Man sol im dreymal vor teylen, die wasser urteyln, oder das heyss eysen auf der hand ze tragen, oder in eynen wallenden kessel mit wasser zu grayffen uncz an den elenbogen«.

Der Feuerprobe gehen üblicherweise christliche Zeremonien voraus: »Wenn jemand der Zauberei beschuldigt war, so mußte er unter Aufsicht eines Priesters, mit dem er bisweilen in die Kirche ging, drei Tage fasten. Der Priester, mit seinem Ornat bekleidet, legte, wenn die Probe vor sich gehen sollte, einen eisernen, mit Weihwasser besprengten Bolzen auf glühende Kohlen, sang das Lied der drei Männer im Feuerofen, auch eine Litanei und verschiedene Psalmen, hielt die Messe und reichte dem Beklagten das Abendmahl. Ehe er ihm aber das glühende Eisen übergab, rief er Gott nochmals um Entdeckung der Schuld an; dann mußte der Beklagte den Bolzen neun Schuh weit tragen. Dann umband ihm der Priester die Hand und versiegelte sie. Nach drei Tagen wurde eine Untersuchung angestellt. War die Hand nicht in Heilung begriffen und so gesund wie die andere, so wurde er mit einer papierenen, mit vielen Teufeln bemalten Kleidung lebendig verbrannt«. Fischer, der das berichtet, übertreibt den Vorgang und verbindet ihn mit der Inquisition.[183]

Der Inquisitor Konrad von Marburg setzt die Feuerprobe um 1230 in Deutschland ein. Der Hexenhammer berichtet von einer 1485 stattgefundenen Probe, die für die Beschuldigte erfolgreich verlief. Vergl. S.
. Nun ist noch ein Fall bekannt, in dem eine der Zauberei Angeschuldigte die Feuerprobe bestanden hat. Im Fürstlich Fürstenbergischen Archiv von Donaueschingen findet sich eine Urkunde, wonach sich eine gewisse Anna Henne von Köthenbach im Schwarzwald 1485 durch das Tragen des heißen Eisens von der Beschuldigung des Hexenwerks zu reinigen vermochte. Gibt es hier eine Verbindung zu den Ausführungen im Hexenhammer?

Die Feuerprobe wird auch anderweitig eingesetzt.

Prüfung der Reliquie (1010), der Mönch Peter (1070)

Als im Jahre 1010 einige von Jerusalem kommende Mönche ein Stück von einem Handtuch, womit Christus die Füße der Jünger abgetrocknet haben soll, mitgebracht hatten, wollten dies Viele nicht glauben. Daher legten die Mönche die Leinwand in das Feuer einer Rauchpfanne... »es bekam ganz die Gestalt des Feuers...wurde aber endlich unversehrt aus demselben hervorgezogen«.[184]

Eine Variante besteht in der Probe des »wächsernen Hemdes«, wonach der Beklagte, ehe er durch das Feuer zu gehen hat, ein in Wachs getränktes Hemd anziehen muß.

Was den Fall von 1070 anbetrifft, kann hier nur von einem besonderen religiösen Eifer gesprochen werden. Man beschimpft einen Bischof als Ketzer und Schismatiker. Den Beweis sucht man über eine seltene Variante der Feuerprobe zu erbringen.

»3000 Menschen, Laien und Kleriker, machten sich von Florenz nach Settimo auf. Hier wurden zwei Scheiterhaufen nebeneinander errichtet, 10 Fuß lang, 5¼ Fuß breit und 4½ Fuß hoch. Zwischen ihnen wurde ein Pfad von der Breite eines Armes freigelassen, der mit dürrem Holz belegt wurde. Durch Gebete und Gesänge bereitet man sich zu dem Schauspiel vor. Der ausgewählte Mönch Peter las sorgfältig die Messe. Als er beim Agnus Dei war, gingen vier Mönche, einer mit einem Kreuz, einer mit geweihtem Wasser, einer mit angezündeten geweihten Kerzen, der vierte mit einem vollen Rauchfaß zum Holzstoß, um ihn anzuzünden. Nach vollendeter Messe begab sich Petrus, ein Kreuz tragend und von den Mönchen begleitet, unter Absingung von Litaneien zum Scheiterhaufen. Mit lauter Stimme verrichtete der Abt ein Gebet, ein anderer verkündete, daß die Feuerprobe zum Heile der Seelen geschähe, damit sie vom Aussatz der Simonie, welche fast durch die ganze Welt herrsche, befreit würden. Dann verrichtete Peter ein Gebet zu Christus, worin er ihn bat, daß, wenn Petrus, der Bischof von Florenz, ein Simonit sei, er ihn lebendig erhalten möge. Dann gab er den Brüdern einen Kuß und empfing diesen von ihnen. Hierauf machte er ein Kreuz über die Flammen, und, das Kreuz tragend, schritt er über die glühenden Kohlen und ging durch die über ihm zusammenschlagenden Flammen. Er blieb unversehrt, ja, er hatte sich nicht einmal die Haare an den Beinen verletzt.«[185]

Kesselfang, Schutzmittel (?)

Die salischen Gesetze beziehen sich darauf, daß im Kessel ein eiserner Ring lag, der hervorgeholt werden mußte. Im schwäbischen Landrecht wird die Kesselprobe für Diebe, Räuber und Falschmünzer vorgeschrieben.

Der Kesselfang besteht im Prinzip darin, daß der Beschuldigte einen eisernen Ring oder einen heißen Stein aus einem mit kochendem Wasser gefüllten Kessel hervorholen muß. Auch hier sind Zeremonien vorgeschrieben.

»Gerechter Gott, der du bist ein Anhänger des Friedens, und richtest die Billigkeit, wir bitten dich untertäniglich, daß du dieses verordnete Eisen einer jeden Zweifelhaftigkeit segnen und heiligen wollest. Also, daß, wofern ein Unschuldiger dieses feurige Eisen wird in seine Hand nehmen, er unverletzt bleibe. Und so er schuldig und sträflich, sei deine Kraft hierin gerecht, durch dieselbe zu erklären, welchermaßen über die Gerechtigkeit der Billigkeit durch unseren Herrn...«.[186]

Dann mußte der Angeschuldigte in der Kirche niederknien und verschiedene Gebetsformeln nachsprechen, wobei er den Schutz Gottes erflehte. Dann ging der Priester an den Ort, wo die Probe stattfinden sollte, mit Kreuz und Evangelium, sang eine Litanei und beschwor das Wasser, ehe es heiß wurde. Der Inkulpat zog nun reine Kleider von einem Diakonus an, küßte Kreuz und Evangelium, trank vom gesegneten Wasser, sprach ein Vaterunser und bezeichnete sich mit dem Kreuz: dann steckte er die Hand in das kochende Wasser, um einen am Boden liegenden eisernen Ring hervorzuholen.

Die Bestätigung, daß in einzelnen Fällen die Angeklagten die Probe des heißen Feuers unverletzt überstanden, führt zu der Überlegung, ob nicht lindernde Gegenmittel bekannt waren, die eine Verbrennung zurückhielten. Noch zu Beginn des 18. Jhts. vertritt Elias Camerarius die Auffassung: »Glühende Eisen in Händen und Mund zu halten, ist kein Wunder, indem sich der Marktschreier erstlich die Hände und die Zunge mit einer Salbe, welche aus einer dem Feuer widerstehenden Materia bereitet ist, bestreichet...«.[187]

Nach Helmstädt gibt es ebenfalls Gegenmittel. Sie bestehen aus einer Mischung aus Alraun, Schwefelsäure und Seife.[188] Fischer nennt an Gegenmitteln: »Man reibt sich die Hände, um sie vor einer Verletzung durch das Feuer zu sichern, mit Schwefelgeist, oder vermischt diesen mit Salmiak und Zwiebelsäften zu einer Salbe. Oder man macht von Federweiß, ungelöschtem Kalk, Eierweiß, Eibischsaft, Bilsenkraut und dem Samen des Flöhkrautes eine Seife«.

Ein sog. »Duckstuhl«. Den man zum Eintauchen von Straftätern verwendet hat; z. B. für Bäcker, Korndiebe oder Obstdiebe. Mit dem Schwemmen der Hexen hat dies nichts zu tun, auch wenn es immer wieder in der Hexenliteratur betont wird.

Kreuzproben, geweihte Bissen

Die Kreuzprobe war bei den Franken, Sachsen, Friesen und Langobarden im Gebrauch. Im kirchlichen Bereich gab es vor allem die Probe des Abendmahls und den »geweihten Bissen.« Im »Capitulare Legi Ribuariae additum«, cap. 4, wird vorgeschrieben, daß sich derjenige, dem es nicht gelingt, zwölf Schwurmänner zu stellen, dem Kreuzordal oder dem Kampfordal mit Schild und Keule zu unterwerfen hat.

Bei der Kreuzprobe unterscheidet man zwei Varianten: einmal müssen beide Teile mit ausgebreiteten Händen, zuweilen auch bloß mit einer aufgehobenen, an einem Kreuz stehen. Das währt so lange, bis eine bestimmte Anzahl von Messen gelesen sind. Wer die Hände zuerst sinken läßt, gilt als schuldig. Die andere Art geschieht dadurch, daß man den Angeklagten in die Kirche oder zu Reliquien führt. Hier macht man zwei Würfel, von denen einer mit einem Kreuz bezeichnet ist. Man legt beide, mit einem wollenen oder leinernen Tuch umwickelt, auf den Altar. Der Priester ruft Gott an, um durch sie sein Zeichen offenbar werden zu lassen. Nun zieht der Priester oder ein »unschuldiger« Knabe einen Würfel hervor. Ist es der mit dem Kreuz, so gilt der Angeklagte als unschuldig.

Der geweihte Bissen besteht aus einem Stück Brot oder Käse, das der Priester unter allerlei Verwünschungsformeln dem Beklagten in den Mund steckt. Kann man den Bissen nicht schlucken, gilt man als schuldig. Daher kommt die Redewendung: »Dir soll der Bissen im Halse steckenbleiben«. Ähnlich ist die bereits von Moses erwähnte Probe des bitteren Getränks:[189]

Das bittere oder verdammte Getränk wird einer des Ehebruchs verdächtigen Frau zum Trinken eingegeben. »Damit nach Genuß dieses Trankes der Bauch der Ehefrau anschwelle, und sie hierauf für die begangene Missetat zugleich mit starken Schmerzen ge-

quält werde«. Wenn aber die Frau unschuldig ist, verursacht ihr das bittere Wasser keinen Schmerz, sondern sie geht mit einem ungeschädigten Körper daraus hervor!

Die Probe des Abendmahls (purgatio per sacram Eucharistiam) kommt in der Regel bei Klostergeistlichen vor. Und zwar dann, wenn etwas gestohlen war. Daraufhin mußten die Mönche nach der Messe das Abendmahl nehmen. Im Lauf der Zeit wird die Abendmahlsprobe als strafbarer Mißbrauch dieses Sakramentes verworfen. An sie erinnert der Ausspruch: »Darauf will ich das Abendmahl nehmen«.

Schwemmen, Hexenbäder

Das Schwemmen der Hexen im 16. und 17. Jht. hat mit den eigentlichen Ordalien nichts zu tun. Es ist ein Auswuchs dummer, abergläubischer Vorstellungen,

Schwemmen einer Hexe. Sie liegt gebunden auf dem Rücken. Mehr eine Anweisung, wie das Schnüren vor sich zu gehen hat, denn vorn ist das Knüpfschema verdeutlicht.

wenngleich die ursprüngliche Vorstellung religiös ist. Man beruft sich auf das geheiligte Wasser des Jordans, das keine Verbrecher aufnimmt, wenn es darauf ankomme, sie zu entdecken. Im mittelalterlichen Hexenprozeß gelangt eine andere Auffassung zum Durchbruch: die Hexenprobe ist ein Mittel, um Indizien zu erlangen.

In einzelnen Fällen wird der Beschuldigte in die Kirche geführt, wo man eine Messe hielt und das Wasser beschwor, daß es sich in der Offenbarung der Schuld oder Unschuld erweisen solle. Daraufhin wird der Beschuldigte zum Wasser gebracht, gebunden und hineingeworfen. Schwimmende hält man für schuldig, Untergehende für unschuldig. Die Probe des kalten Wassers hing vor allem von der Lust des Henkers ab: wenn dieser beispielsweise die Angeschuldigte boshafterweise so knapp am Seil hielt, daß sie gar nicht sinken konnte. In den gesetzlichen Vorschriften wird die Probe des kalten Wassers ungleichmäßig beurteilt:

Nach dem sächsischen Landrecht ist die Probe des kalten Wassers vorgeschrieben, wenn keine Zeugen für das Recht an einem streitigen Gut aufgebracht werden können. Ludwig der Fromme verbietet die Probe des kalten Wassers. Hinkmar von Reims tritt als Verteidiger auf. Im »Capitula abbende« von 818/819 cap. 10 ist für Knechte die Wasserprobe vorgeschrieben. In Frankreich wird das Wasserbad, das dort nur gegen geringe Leute in einer Kufe Wasser angewendet wurde, 1601 verboten. In den österreichischen Gesetzen wird sie gleichfalls im 17. Jht. als »eine verborgene, ungewisse, teuflische, Gott versuchende« Anzeige verboten. Die Jesuiten verwerfen die Wasserprobe ebenfalls: »...die gebräuchlich gewordene Wasserprobe, die überhaupt keineswegs erlaubt ist, könne kein Recht zur Folterung bieten«. Der Jesuit Leonhard Lessius ist ein Gegner des Schwemmens. Die Päpste Nikolaus I. und Stephan V. lehnten die Gottesurteile ab. Kaiser Friedrich II. und Papst Innozenz III. (1215) verbieten die Anwendung der Ordalien. Ohne Erfolg: die Probe des kalten Wassers hält sich bei den deutschen Hexenprozessen bis in das 19. Jht.

Eine Variante der Wasserprobe gibt es bereits bei den am Rhein wohnenden Kelten zur Prüfung des Ehebruchs. Wollte man bei neugeborenen Kindern ermitteln, ob sie im Ehebruch erzeugt waren, legte man sie auf einen Schild, übergab sie den Wellen, wenn der Schild mit dem Kind auf der anderen Seite des Flusses sicher bei der wartenden Mutter ankam, war das Kind legitim. Im anderen Fall wurde die Frau als Ehebrecherin bestraft.

Beim Schwemmen der Hexen kommt es zu erheblichen Mißbräuchen. Gerade daran kann man sehen, wie befangen die Bevölkerung und die Obrigkeit gewesen ist. Hier einige Beispiele aus der Praxis:

Der Fall Kopka, 1779

Am 13. März 1779 trägt sich im Dorf Ossowe (Pomerellen) folgendes zu. Die Frau eines Edelmannes gerät in den Verdacht, eine Hexe zu sein, die sich wegen der Zänkereien Anderer zu rächen sucht. Um die gleiche Zeit wird das Fräulein Agnes von Zabinsky am rechten Knie und Schenkel lahm. Obgleich der Arzt versichert, daß dies die Folge einer Gicht ist, hält deren Mutter diesen Zufall für eine unnatürliche Krankheit und bezieht sich auf die zauberische Wirkung der Kopka (eben der Frau des Edelmannes). Daraufhin erklärt die Bäuerin die andere offiziell für eine Hexe und bewegt den Dorfschulze und die Gemeinde, mit der Kopka die Wasserprobe anzustellen.

Man schleppt sie zu einem kleinen, nah beim Dorf gelegenen Teich. Die Frau von Zabinsky besprengt den Teich mit Weihwasser, ihr Sohn bindet der vermeinten Hexe Hände und Füße mit Stricken aus Stroh zusammen. Dann wird sie in das Wasser geworfen. Die Seile lösen sich, sie schwimmt ans Ufer. Nun wird die Probe wiederholt, der Erfolg ist der gleiche. Jetzt zweifelt keiner mehr daran, daß sie eine Hexe ist (weil sie nicht unterging).

Man schlägt sie entsetzlich, um sie zu einem Geständnis zu bewegen…sie kann nichts als ihre Unschuld beteuern. Man verbietet ihr die Rückkehr in das Dorf.

Unrealistische Darstellung eines Hexenbades. Eine nackte Frau wird an den Ufern von zwei Schergen gehalten, während eine andere auf Ufer auf die gleiche Behandlung wartet. Die angeblichen Hexen sind nicht gefesselt.

Sie fleht um Erbarmen und bittet, daß man sie wenigstens von der Erde aufheben soll, was nicht geschieht. Die Versammelten gehen in das Dorf zurück und lassen die mißhandelte Frau ohne Hilfe unter freiem Himmel in der Abendkälte liegen. Endlich kommen ihre beiden Töchter, vom Elend der Mutter gerührt, und führen sie an den Armen bis zu den äußersten Grenzen des Dorfes. Hier bleibt sie wegen ihrer Schwachheit liegen.

Man will sie über die Grenze bringen, schlägt sie mit Peitschenhieben und bindet sie auf einen Mistwagen. Nun bricht ein Wagenrad und sie fällt herunter. Unbeachtet bleibt sie im Feld liegen. Ihr Mann, der sie aus Furcht vor Schlägen verlassen hat, ist schließlich so gerührt, daß er genügend Kleider mitnimmt und dem übrigen Haufen nachgeht. Er findet seine Frau, als sie bereits mit dem Tod ringt. Kurz danach ist sie gestorben. Der Mann zeigt es dem Pfarrer an. Dieser setzt die Landvogtei von Konitz in Kenntnis. Es wird eine Untersuchung eingeleitet.[190]

Dieser Vorfall verdeutlicht die enge Grenze zwischen Dummheit, Kriminalität und abergläubischen Wahnvorstellungen.

Viehsterben von Tarenta, Einschlagen des Nasenbeins

1777 bricht in der dalmatinischen Stadt Tarenta ein Viehsterben aus. Das dumme Volk hält es für Hexerei. Der katholische Pfarrer bespricht sich mit seinem Kollegen von dem Nachbarort. Dieser rät: »Nehmet alle Weiber, die im Verdacht der Hexerei sind, und werfet sie ins Wasser. Diejenigen, die untergehen, sind unschuldig, und diese müßt ihr geschwind wieder herausziehen; die aber, die oben schwimmen, die hält der Teufel über Wasser, und die züchtigt so, wie ihr es für gut findet«.[191]

In der Gegend von Witkow in Polen sterben einem Edelmann die Ochsen. Der Verdacht fällt auf eine 70jährige Bauernfrau, die als Hexe eingezogen wird. Der aus Gnesen herbeigeholte Henker schlägt ihr die Nase entzwei, um aus dem fließenden Blut zu urteilen. **Das Ergebnis bestätigt den Verdacht.** Sie wird gefoltert und gibt voller Verzweiflung eine weitere Frau als Hexe an. Beide werden gebunden, um die Wasserprobe anzustellen. Beide schwimmen. Nun fährt man sie zum Scheiterhaufen... »er war aus acht Schuh dickem Holz, 6 Schuh hoch ins Geviert, so errichtet, daß in der Mitte ein Loch war. Die beiden Frauen werden gefesselt auf die Erde geworfen. Das Loch des Scheiterhaufens wird mit einem Bündel Stroh geschlossen und dieses angezündet«.

Andere Fälle

Am 9. Januar 1594 gibt die medizinische und philosophische Fakultät der Universität Leiden folgendes Gutachten ab: »daß die angeblichen Hexen so oft auf dem Wasser schwimmen, erkläre sich aus der Art, wie sie kreuzweise gesenkt und gebunden in das Wasser gesenkt würden, indem sie auf dasselbe mit dem Rücken wie kleine Schifflein zu liegen kämen«.[192]

Der Arzt Schreiber (latinisiert: Scribonius), der in Korbach tätig ist, berichtet dem Magistrat von Lemgo den Verlauf einer Wasserprobe, die am 4. Oktober 1583 erfolgte.

»...sind wiederum drei von den Stadtdienern aufgegriffen und ins Gefängnis gelegt...zur weiteren Erforschung der Wahrheit auf das Wasser geworfen worden, daß man sehen würde, ob sie untergehen oder nicht. Zwar Hände und Füße waren ihnen hart gebunden, die Kleider abgezogen, auf folgende Weise aber war das Binden bewerkstelligt: die rechte Hand war an den linken großen Zehen, und wiederum die linke Hand an den rechten großen Zehen geknüpft, daß sie sich mit dem ganzen Leib gar nicht regen konnten. Darauf, im Beisein etlicher tausend Menschen, wurden sie in das Wasser geworfen, eine jede dreimal, aber gleich wie ein Holz oder Block sind sie obgeschwommen und keine untergegangen«.

Der bayrische Obrist Hans Spork läßt 1644 in Schwäbisch Hall eine Anzahl Soldatenweiber binden und zur Probe in die Kocher werfen.

1645 will der Kommandant von Hagenau im Elsaß die Wasserprobe vornehmen lassen. Eine Jesuitenchronik berichtet: »Ein Mütterlein, welches lang in tadellosem Ruf gestanden hatte, wurde von einer Nachbarin der Hexerei bezichtigt und kam so in Lebensgefahr. Auf Anordnung des leichtgläubigen französischen Gouverneurs der Stadt wurde sie dem Henker übergeben, um mit gebundenen Händen und Füßen in den Bach geworfen zu werden. Wäre sie untergegangen, sollte sie freigesprochen, dagegen verurteilt werden, wenn sie sich schwimmend über dem Wasser gehalten hätte. Ein Priester protestiert, daß es einem katholischen Geistlichen nicht erlaubt sei, die Schuld oder Unschuld auf diesem Wege zu eruieren... schließlich wurde sie freigesprochen«.[193]

1596 wird in Kassel eine alte Frau der Hexerei wegen angeklagt; sie will sich freiwillig der Wasserprobe unterziehen und springt vor dem versammelten Volk, mit einem Pelz bekleidet, in die Fulda; natürlich mußte sie untersinken. Sie wurde verurteilt und mit dem Schwert hingerichtet.

1707 hat eine Witwe im hannoverschen Amt Diepholz, namens Kuhlmann, die als Hexe verdächtigt wird, noch ehe man sie vor Gericht stellt, sich selbst der Wasserprobe unterworfen. Sie hat sich Hände und Füße zusammengebunden und auf das Wasser geworfen. Sie wird »...wegen der von ihr versuchten abergläubischen Wasserprobe« mit fünf Tagen Gefängnis bestraft.[194]

Hexenwaage von Oudewater

(probatio per pondera et lancem). Da man glaubte, die Hexen hätten ein spezifisch leichteres Gewicht (eine ähnliche Anmerkung macht schon Weyer mit Bezug auf Hippokrates, vergl. S.   , so hielt man diejenigen, die schwerer waren, als der Hexerei überführt.

Kaiser Karl V. schenkt der Stadt Oudewater bei Utrecht ein Privileg »...nachdem ein Zeugnis des Stadtrates, daß ein Verdächtiger amtlich gewogen sei und in seinem Körperumfang entsprechendes Gewicht bewährt haben solle, überall rechtlichen Glauben haben und alle anderen Proben ausschließen soll«. Der Waage in Oudewater soll ein Gewicht von nur 50 Pfund beigemessen worden sein.

»Eine zahlreiche Kundschaft zog zu ihr, besonders aus den Bistümern Köln, Münster und Paderborn. Das Wiegen geschah vor einer besonderen Kommission, die aus zwei Schöffen und dem Stadtschreiber bestand. Die zu wiegende Person mußte sich bis auf

Nadelprobe, Picken

Man ging lange davon aus, daß der Teufel bei den Zusammenkünften seinen Bundesgenossen ein Zeichen aufdrückte, das »stigma diabolicum«. Daraus hat sich die Nadelprobe entwickelt. Fand sich am Körper des Angeklagten eine Warze, ein Fleck, eine dunkle Stelle oder etwas ähnliches, dann stach der Henker »zuweilen auch ein beauftragter Chirurge« hinein. Wenn sich kein Schmerz zeigte oder wenn kein Blut hervordrang, war man sicher, das Teufelsmal gefunden zu haben. Deshalb untersuchte man die Betroffenen genau; zuweilen läßt man alle Haare vom Körper scheren oder brennen.

Der Erfolg der Nadelprobe liegt in der Willkür des Henkers. In Frankreich und in der Schweiz werden diese Untersuchungen von Chirurgen vorgenommen. In Deutschland üblicherweise vom Scharfrichter im Beisein der Schöffen. In Belgien bestimmte eine Verordnung von 1660, daß der Büttel nicht mehr zugelassen sei, sondern nur noch ein neutraler Arzt.[195]

In England gab es das »Picken«, weil der Gebrauch der Folter gesetzlich untersagt ist. Beim Picken stößt man dem Delinquenten lange Nadeln in den Körper, um unempfindliche Stellen — also vergleichbar mit der in Deutschland üblichen Nadelprobe — zu entdecken und damit den Betroffenen zu überführen.

Sieb- und Schlüssellaufen

Das ist eine der zahllosen abergläubischen Proben des 17. und 18. Jhts. Sie wird auch zum Auffinden von Hexen herangezogen. Ein in den Bereich der Kriminalität fallender Bericht ist bekannt. Beim Sieb- und Schlüssellaufen wird ein Sieb an eine Schere gehängt. Auf die beiden Enden der Schere legen zwei Personen den Mittelfinger. Der dabeistehende Meister beginnt, die Namen der im Haus befindlichen, die in der Nachbarschaft wohnenden und aller verdächtigen Personen laut herzusagen. Wenn der Name des Schuldigen fällt, beginnt sich das Sieb zu drehen. Anstelle des Siebes kann ein Schlüssel verwendet werden.

1785 spielt sich in Hilbershausen folgender Fall ab. Eine Ziege im hildebrandischen Haus wird krank. Dies schreibt man einer Hexe zu, die man mittels der Schlüsselprobe ausfindig gemacht hat. Hier hat man sich den ganzen Winter über mit der Schlüsselprobe beschäftigt. Dadurch sind verschiedene Bewohner des Hauses in den Verdacht der Hexerei gekommen. Schließlich macht man nochmals eine Probe: sie zeigt auf die 17jährige Dienstmagd Christine Schredern.

Aufknüpfen eines Verbrechers auf dem Marktplatz im Beisein des Priesters und der Öffentlichkeit.

das Hemd auskleiden. Dann wurde untersucht, ob sie nicht irgendeinen Gegenstand, der sie schwer machen sollte, bei sich haben: die Frauen mußten die Haare auflösen. Der »geschworene« Waagemeister wog die Person, der Stadtschreiber stellte darüber ein Zertifikat aus. Darüber könnte man lachen, wenn nicht das Museum von Oudewater im Besitz originaler Urkunden wäre.

»1707 ergriff der Pöbel bei Bedford ein verschrieenes Weib und nahm die Wasserprobe vor, die aber ungenügend bestanden wurde...nach langen Verhandlungen verfiel man darauf, sie gegen die 12 Pfund schwere Kirchenbibel abzuwägen«.

Der Fall Christine Schredern

Sie wird jetzt von allen verdächtigt, die Ziege bezaubert zu haben. Man fällt über das arme Mädchen her, entblöst ihre Lenden, schlägt sie zuerst mit einem Strick, dann mit einer Pferdepeitsche und verlangt das Geständnis, daß sie das Vieh behext, daß sie Messer und Brot gestohlen habe...schließlich hörte man auf, sie zu schlagen...das Mädchen kroch in sein Bett, wo es am nächsten Morgen noch nackt und besinnungslos lag. Nachmittags wird sie aus dem Bett gezogen und so lange mit einer Pferdepeitsche geschlagen, bis sie zu Boden stürzt. Unterdessen wird sie gefragt, ob sie denn nicht gehext habe? Sie will nicht gestehen...so schneidet man ihr alle Haare vom Kopf ab, steckt sie in das Bett, schlägt sie mit einem Strick und einem Besenstiel...dann werden ihr mit einem stumpfen Brotmesser fünfmal die Schienbeine zerschnitten...als kein Blut fließt, schlägt man ihr mit einem Instrument, womit sonst die Kühe und Pferde zur Ader gelassen werden, eine tiefe Wunde in die Wade und weitere sieben Löcher in den Rücken. Dadurch wird das Mädchen wieder ohnmächtig. Schließlich zwickt man sie mit glühenden Zangen in die Nase, brennt sie auf dem Rücken, den Schenkeln und Waden. Aus Furcht, daß sie stirbt, fängt man an, sie mit Branntwein und Wein zu waschen...nun erwacht sie und gesteht alles, was man wissen will.

Die Sache wird im Dorf bekannt und man spricht von einer anstehenden gerichtlichen Untersuchung. Das hildebrandische Haus gerät in Schrecken. Man verspricht der Schredern ein neues Kleid unter der Bedingung, wenn sie der Obrigkeit sagen würde, daß sie das Hexen wirklich erlernt habe. Nein!

Die Täter werden bestraft. Sabine Bramann kommt für zwei, die hildebrandische Ehefrau für ein Jahr in das Zucht- und Spinnhaus. Andreas Hildebrand wird mit seiner Tochter vierzehn Tage, sein Sohn drei Wochen bei Wasser und Brot zu Arrest verdammt. Der Sohn erhält zusätzlich 15 Stockschläge durch den Schließer. Die Verurteilten müssen die Gerichts- und Heilkosten bezahlen. Christine Schredern bekommt 100 Taler Schmerzensgeld.[196]

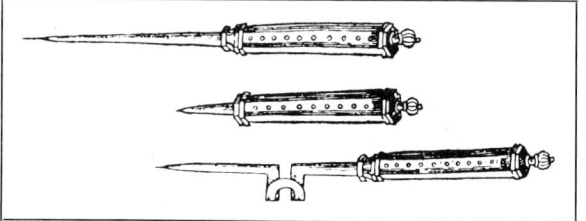

In England kannte man das sog. Picken, das Einstecken einer Messerspitze in den Körper, um eventuell unempfindliche Teile ausfindig zu machen. Hier einige Klingenformen; teilweise versenkbar.

Politik und Hexenwahn

Maximilian I. Römisch deutscher Kaiser von 1493-1519. Sohn von Kaiser Friedrich III. Geb. 22.3.1459 in Wiener Neustadt. Gest. 12.1.1519 in Wels. Er wird 1486 zum römischen König gewählt und nimmt 1508 in Trient mit der Zustimmung des Papstes als erster deutscher König den Kaisertitel ohne Krönung an.

In der seitherigen Hexenliteratur wird die Frage herumgeschoben, ob in katholischen oder protestantischen Gebieten das Hexenmorden schlimmer getrieben worden ist. Eine müßige Frage!

»In Deutschland findet logischerweise zuerst in den geistlichen Territorien die Verfolgung Andersgläubiger statt. Am ärgsten haben innerhalb des Reiches die Hexenverfolgungen gewütet einerseits in den geistlichen Fürstentümern Trier, Straßburg, Fulda, Würzburg, Mainz, Köln und Bamberg, denen von den bayrischen Bistümern Eichstätt und Freising nahe kommen, auch in dem schlesischen Fürstentum Neise, das dem Bischof von Breslau gehört,[1] dann im Gesenke Mähren. Anderseits in einigen protestantischen Territorien wie Brandenburg, Braunschweig, Nassau, Hessen-Kassel, Kursachsen und Württemberg.

»Bamberg und Würzburg werden Schauplatz schrecklicher Hexenverfolgungen. Merkwürdigerweise fallen dieselben, wie die Trier'schen und Paderborn'schen, unter die Regierung jesuitenfreundlicher Fürsten«.[2]

Das Problem ist ein anderes: man muß die Verfolgungen in die allgemeine Zeitgeschichte binden, um ein realistisches Bild zu gewinnen. Deshalb ist wichtig, die Grundsätze der deutschen Reichsverfassung, anzusprechen.

Dazu kommen kirchenpolitische Strömungen, die Jesuiten, die Reformation und die Gegenreformation: am Ende steht das nichtsnutzige Gerangel um die Seelen, stehen Politik und Machtgelüste. Die römisch-katholische Kirche muß erhebliche Verluste hinnehmen und sucht diese zurückzugewinnen. Die Protestanten versuchen das Erreichte zu halten. **Inmitten des Glaubenskampfes wird der Siedepunkt zum Ausbruch des Hexenwahns in allen deutschen Gebieten erreicht, den ich etwa um das letzte Drittel des 16. Jht. ansetze.** Der Fanatismus Einzelner verliert sich in Spitzfindigkeiten. Katholiken, Protestanten und Calvinisten wetteifern in ihrem Bemühen, »das teuflische Hexengeschmeiß« auszurotten.

Nach einer Phase der Festigung zeichnen sich die politischen Unruhen des 30jährigen Krieges mit seinen Morden, Hungersnöten und Pestepidemien ab. Das Kriegsgeschehen unterbricht die Verfolgung der Hexen. **Nach dem Kriegsende erfährt der Hexenwahn nochmal einen grausigen Höhepunkt und flacht erst mit der Aufklärung langsam ab.**

Die Reichsverfassung

Zwei wesentliche Errungenschaften Deutschlands an der Wende vom Mittelalter zur Neuzeit sind das Bewußtsein einer nationalen Gemeinschaft und die Bildung eines eigenen Staatswesens. Die kaiserliche Herrschaft beschränkt sich im Wesentlichen auf Deutschland und weniger auf Italien und Burgund. Deutschland ist die stärkste Macht der Christenheit. Vermutlich verfügt es über die meisten Einwohner Westeuropas. Am Reichstag und beim Reichshofrat in der kaiserlichen Kanzlei wird deutsch oder italienisch verhandelt.

Die Bewohner des Landes teilen sich in vier Stände: Bürger, Bauern, Reichs- und Territorialadel. Die Bauern betreiben vor allem den Landbau (erhebliche politische Unruhen im Zusammenhang mit dem großen Bauernkrieg), die Städter betreiben Handel und Gewerbe. Sie sind in Genossenschaften und Zünften zusammengeschlossen. Dazu kommen patrizische Gesellschaften, besonders, wo sich der städtische Geschlechteradel behaupten kann. Viele Städte werden groß. Antwerpen hat etwa 100 000 Einwohner, Straßburg 30.000, Augsburg und Würzburg etwas mehr und Köln etwa 45.000. Diese Wachstumsprobleme schlagen sich in Gesetzen, Rechtsanschauungen, Religion, sozialen Auseinandersetzungen, wie in der Kunst nieder.

Die Regierung

Wenn in der deutschen Monarchie ein Kaiser an der Spitze steht, so ist sein direkter Einfluß auf die Staatsgewalt eingeschränkt. Das Land ist zersplittert und wird von eine Vielzahl großer und kleiner Regenten beherrscht. Man kann sich die Regenten in einer vierfachen Schichtung vorstellen. Zunächst sind es die sieben Kurfürsten. Ihre Kollegien setzen sich aus drei geistlichen Fürsten (Erzbischöfe von Mainz, Trier und Köln) und aus vier weltlichen Fürsten zusammen (Böhmen, Pfalz, Sachsen und Brandenburg). Sie bilden mit Ausnahme des Königs von Böhmen den sog. »Kurfürstenverein«.

Dem Range nach folgen die Fürsten. Sie teilen sich in weltliche und geistliche. Die Geistlichkeit besteht aus den Bischöfen, Ordensmeistern und sechs vornehmen Äbten. Zur Zeit der Abdankung Kaiser Karl V. beläuft sich die Zahl der regierenden Fürsten auf etwa achtzig, 30 weltliche und 50 geistliche. Die Kurfürsten und die Fürsten beherrschen den weitaus größten Teil des Landes.

Die dritte Gruppe wird von freien Reichsstädten gebildet. Sie stehen in ihrer Regierung weitgehend von der Einflußsphäre der Fürsten frei. Sie haben am Reichstag Sitz und Stimme. Sie führen die Reichssteuer unmittelbar ab. Es handelt sich um 66 Städte. Sie befinden sich fast ausschließlich in Oberdeutschland. Unter der Führung von Ulm sind 32 schwäbische Reichsstädte vereinigt, 13 Elsässer Städte stehen unter der Leitung von Straßburg. Fünf fränkische Städte sind unter der Leitung von Nürnberg zusammengefaßt, vier weitere aus der Wetterau unterstehen Frankfurt am Main. Die Reichsstädte verstehen sich von selbst im Rang geringer als die Fürsten, werden aber durch die Einigungsbestrebungen stark.

Dann folgen die zahllosen kleinen Regenten des mittleren und niederen Reichsadels, die sog. »Reichsritterschaft«. Es ist die Masse der Grundherren in den schwäbischen, fränkischen und oberrheinischen Gegenden, die in Bezug auf ihre Person und ihre Herrschaften unmittelbar unter der Obrigkeit des Kaisers und der Reichsgerichte stehen.

Die Verwirrung

Zum Ende des Mittelalters spitzt sich die Verwirrung zu, und gipfelt in der Frage, wie weit die Rechte des Kaisers gegen die großen und kleinen Herren reicht,

Titelbild des von Kaiser Karl V. auf dem Wormser Reichstag erlassenen Landfriedens. Bereits 1495 verkündet Kaiser Maximilian I. den »Ewigen Landfrieden« (Beseitigung des Fehderechtes).

bzw. an welche Pflichten sie gegenüber den Kaiser gebunden sind. Es wird offensichtlich, daß man sich in ein Chaos stürzt, wenn es hier nicht zu einer Einigung kommt. Deshalb finden sich die Stände und der Kaiser zusammen, um eine Reichsverfassung zu begründen, die den Fortbestand des Reiches ermöglichen soll. Die Ansichten prallen hart aufeinander. Natürlich will der Kaiser, daß die Monarchie von ihm ausgeht und geleitet wird. Die Stände wollen das Machtzentrum in ihren Mittelpunkt verlegen. Die schwierigen und langwierigen Verhandlungen beginnen 1495 mit dem Wormser Reichtag und schließen mit der Reichsmünzordnung von 1559 ab. Im Laufe der Zeit entsteht das Reichsgericht (ab 1555: Reichskammergericht), eine Reform des Militärwesens und die hier ausführlicher behandelte kaiserliche Halsgerichtsordnung, die Carolina oder **C.C.C.**

Kaiser Karl V. versteht sich als Ordner der christlichen Staaten. Er will das Christentum zur Unterstützung des Papstes einigen und ausweiten. Er sieht sich erheblichen Widerständen entgegen. Eine besondere Richtung des Widerstandes zeigt sich im Bemühen der Reformatoren, die Lehre der Kirche und des Gottesdienstes umzugestalten. Ein Teil der Reichsstände unterstützt dieses Vorgehen. Daraus entsteht der gro-ße Gegensatz der katholischen und protestantischen Partei.

Kaiser Karl V. (1519—56)

Geboren 24.2.1500 in Gent und gest. 21.9.1558 in San Geronimo de Yuste. Sein Vater ist Philipp der Schöne. Von ihm erbt er Burgund und die Niederlande. Er wird am 28.6.1519 gegen Franz I. von Frankreich zum Kaiser gewählt. Der Kaiser krönt ihn 1530 in Bologna zum Kaiser. Er war aktiv in außenpolitischen Fragen und besonders in Kriege mit Frankreich Mexiko und Peru.

Nach Erlaß des Wormser Edikts gegen Luther auf dem Wormser Reichstag 1521 kommt er erst gegen 1530 in das Reich zurück. Im Schmalkaldischen Krieg schlägt er die Protestanten und nimmt ihre fürstlichen Führer gefangen. Aber nach dem Sieg der Fürstenverschwörung unter Moritz von Sachsen (1552) und dem Augsburger Religionsfrieden (1555) legt Karl V. 1556 die Kaiserkrone nieder und überläßt die Regierung seiner Erblande seinem Sohn Philipp II. Er zieht sich auf seine Villa nach Spanien zurück.

Karl V. sieht im Kaisertum die mit dem Papsttum gleichberechtigte, allen Staaten übergeordnete Macht, deren Ziel es sein sollte, die Einheit des Glaubens und den Frieden zu sichern. Er ist von dieser Aufgabe durchdrungen.

Die katholische Kirche

Eine zweite oppositionelle Strömung besteht innerhalb der katholischen Kirche. Es kommt zu einem Streit zwischen Kirche und Staat, vor allem wegen der staatlichen und der geistlichen Gerichtsbarkeit. Die kirchliche Hierarchie übt einen erheblichen Einfluß auf das landwirtschaftliche Erwerbsleben aus. Die Laien erheben Anspruch auf Einschränkung der kirchlichen Vorrechte und auf die Reichtümer der Geistlichkeit, mit denen sich die Inhaber sozialen und politischen Einfluß sichern. Der päpstliche Stuhl beansprucht in Deutschland manche Anforderung. Dazu zählen vor allem Geldleistungen (z.B. zu den Türkenkriegen).[3] Ferner macht er Rechte geltend: z.B. auf Pfründenvergebung, auf Einführung und Fortsetzung der Sporteln, Taxen und Abgaben, die mit der Zeit anwachsen und drückend empfunden werden.[4] 1510 betraut Kaiser Maximilian den Gelehrten Wimpheling mit der Aufgabe, die Klagepunkte der deutschen Nation gegen Rom zusammenstellen. Sie werden 1520 gedruckt.

Daraus entsteht die deutsche Opposition gegenüber Rom, gegründet auf staatsrechtliche Gegensätze ge-

Karl V. Römisch-deutscher Kaiser von 1519-1556. Geb. 24.2.1500 in Gent, gest. 21.9.1558 in San Geronimo de Yuste. Karl V. wird am 28.6.1519 gegen Franz I. von Frankreich zum Kaiser gewählt. Er überläßt die deutschen Erblande seinem Bruder Ferdinand (1521). Er vertritt ihn während seiner Abwesenheit vom Reich.

genüber den Machtansprüchen des päpstlichen Stuhles, durch Mißbräuche seitens der kirchlichen Gerichtsbarkeit, gerichtet gegen das Inquisitionsverfahren, das nach dem kanonischen Recht den Bischöfen zusteht, gegen die zahlreichen Geldbezüge aufgrund verschiedener Titel wie Reservatien, Gratien, Dispensen, Pallien, Expetanzen und Kumulationen, Pfründen usw.

Letzten Endes hat sich die katholische Hierarchie selbst untergraben, und zwar in geistlicher wie in sittlicher Form. Daraus entsteht Mißtrauen gegen die Leitung der katholischen Kirche.

Die papstfeindliche Haltung geht soweit, daß 1525 deutsche Soldaten von Kaiser Karl V., Papst Clemens VIII.in der Engelsburg belagern, beschimpfen und verspotten.[5]

Der Humanismus

Eine weitere Opposition bilden die deutschen Gelehrten. Sie richten sich zunächst gegen die scholastische Lehrmethode. Dies bedeutet: nicht Beherrschung der Geister durch die Dogmatik der Theologen, sondern Prüfung der Dogmatik durch Kritik und Forschung. Der Humanismus hat das Bestreben, die schriftlichen Zeugnisse des Altertums zu sammeln und aus der vergleichenden Prüfung das Bild des alten Lebens und Denkens zu gewinnen. Letzten Endes wird die Stellung der Gläubigen selbständiger. Die Quelle göttlicher Lehre ist nicht die Hierarchie der Kirche, ihre Herrschsucht und Habgier, sondern die heilige Schrift.

Der Protestantismus entzieht der römisch-katholischen Kirche ihre höhere Macht. Der geschlossene Charakter des priesterlichen Standes gegenüber den Laien wird verworfen, das mächtige Gefüge der Hierarchie unter dem Episkopat und dem Papsttum wird offen als Menschenwerk bezeichnet.

Die Humanisten verwerfen das »Mönchs- oder Küchenlatein« und verspotten es. Als hauptsächliche Vertreter gelten Reuchlin, Wimpheling, W. Pirckheimer, Erasmus, Celtes, Peutinger, Ulrich v. Hutten. Weitere finden sich unter dem Klerus z.B. der kölnische Domherr Graf von Neuenahr, Spalatin usw.

Nun beginnen Fürsten und Städte, eigenständige Schulen ins Leben zu rufen. Verbunden damit ist die Geringschätzung der scholastischen Bildung. Sie artet bis zum Haß und der Verfolgung ihrer Vertreter aus. Es entspinnt sich ein Kampf des Humanismus gegen die herkömmliche Schulgelehrtheit der Scholastiker. Er erreicht seinen Höhepunkt im Streit Reuchlins gegen die Kölner Theologen von 1514—1517.[6] Unterstützt wird die Entwicklung durch zahlreiche humanistische Schriften. Sebastian Brant veröffentlicht das »Narrenschiff«. Erasmus das »Lob der Narrheit« (27 Auflagen), Heinrich Bebel »den Triumph der Venus« und die »Facetien«. Ulrich von Hutten schreibt seine »Trias Romana«. Die Verteidiger Roms, Eck, Emser, Tezel und Hochstraten werden zum Gegenstand des Spottes.[7]

Verbreitung des Protestantismus

Das Volk im Land ist das Joch des Papsttums müde und verlangt Prediger von der neuen Religion. Hier ist das Problem zunächst, daß der Vielzahl der katholischen Priester und Mönche, eingefahren in ihren Lehrsystemen und festgefügten Riten, der Protestantismus nichts vernünftiges entgegenstellen kann. Schmiede, Maurer, Weißgerbergesellen, Böttcher, Schneider und andere Handwerker, die auf ihrer Wanderschaft in Wittenberg Luther gehört haben,

»Narrenschiff vom Bundschuh«. Titelholzschnitt von 1514.

die Bibel gelesen oder erklärt bekommen, werden in kleinen Städten und auf den Dörfern Lehrer und Seelsorger. Noch Jahre nach der Verbreitung der Reformation, 1553 und 1555, sind unstudierte Schmiede- und Schneidergesellen auf Anhalten der Gemeinde zu Predigern eingeweiht und angenommen worden. Es fehlen an allen Ecken und Enden Geistliche. Luther nimmt Buchdruckergesellen, ordiniert sie und weist sie an, daß sie denjenigen Orten, wo er sie als Pfarrherrn hinschickt, die Bibel und seine gedruckten Predigten verlesen sollen.

In Nordhausen wird Anton Otte, ein Böttcher, Pastor Primarius, und Johann Nürnberger, ein Weißgerber, zweiter Prediger. Clemens Fornfeist, ein Maurer, wird Prediger in Trebniz. Heinrich Duberke, ein Schmied, Prediger in Freienwalde. Deshalb befiehlt Kurfürst J. Georg in der »Visitations- und Konsistorialordnung von 1573 Art. 11, daß zum Predigeramt ferner, wie bis dahin geschehen, keine Schneider, Schuster, oder andere verdorbenen Handwerker und Lediggänger, die ihre Grammatikam nicht studiret, vielweniger recht lesen können und allein, weil sie ihren Beruf nicht gewartet, verdorben und nirgende hinaus gewußt, Noth halber Pfaffen geworden wären, sollten gestattet noch aufgenommen werden«.

Ungeachtet dessen sterben in Stendal 1636 zwei Prediger an der Pest, die viele Jahre Bürger und Bierbrauer gewesen sind, ehe sie zum heiligen Amte berufen«. Es ist klar, daß solche Leute in den dogmatischen Auseinandersetzungen ungeschickt und ungebildet sind. Daraus ergibt sich eine besondere Problematik. Die Tatsache, daß sich der Protestantismus zunächst ungemein rasch in Deutschland ausweitet. Die Qualifikation solcher Prediger kann nur bestätigen, daß von einer echten Frömmigkeit und Glaubenstiefe kaum etwas zu spüren ist.

Die Spaltung der Kirche in zwei getrennte Lager verwirrt die Gemüter außerordentlich und trägt wesentlich dazu bei, die sittliche Verwildung zu aktivieren. Franz Lambert schreibt 1530 an Butzer: »Mir schaudert vor den Sitten des Volkes, es sind Zeiten wie Sodom und Gomorrha. Überall herrscht das Verbrechen, Religionslosigkeit und Unsittlichkeit suchen sich zu überbieten«. Zwangsweise führt dies bei der Obrigkeit zu schärferen Maßnahmen.

In der Tat ist in der Zeit von 1550—1600 fast ganz Deutschland für die Reformation gewonnen. Papst Paul IV. spricht 1547 »von einem geringen Reste der Kirche in Deutschland«.[8] 1545 ist der bayrische Adel dem Protestantismus zugefallen. Auf dem Landtag von 1563 werden 50—60 lutherische Adelsfamilien gezählt.[9] In München werden lutherische Bücher beim Buchhändler im Alten Hof (in Mengen) vorgefunden.[10]

In Köln hat der Protestantismus tiefe Wurzeln geschlagen. In Bonn, Linz und Andernach bilden die Protestanten die Mehrheit. Kurfürst Gebhard will 1582 zum Protestantismus übertreten. Er wird vom Papst gebannt, spanische Truppen rücken in das Erzbistum. An Gebhards Stelle rückt ein bayrischer Prinz. Nun beginnt ein systematischen Vorgehen gegen den Protestantismus.

Am Rhein sieht es ähnlich aus. Im Herzogtum Jülich-Cleve-Berg ist nicht nur der größte Teil des Hofes, sondern auch seine beiden Töchter zum Protestantismus übergetreten. Bruder Göbel von Köln schreibt in seiner Chronik von 1531: **Es ist nun leider großer Jammer in allen Landen; wohin ich mich wende und kehre, da findet man nichts anderes, als lauter lutherische Ketzerei in der gesamten deutschen Nation«.**[11]

Hedio, Heid, Caspar. Reformator. Geb. 1494 in Ettlingen, gest. am 17.10.1552 in Straßburg. Er wird 1523 an das Straßburger Münster berufen und gilt als erster protestantischer Kirchenhistoriker.

Münzer, Müntzer, Thomas, Theologe und Revolutionär. Geb. 1486 oder 1489/90 in Stolberg am Harz. Hingerichtet am 27.5.1525 bei Mühlhausen in Thüringen. Luther schickt ihn 1520 als Prediger nach Zwickau. Er schließt sich den »Zwickauer Propheten« an und entwickelt eine mystische Theologie.

TOMAS MVNCER PREDIGER ZV ALSTET IN DVRINGEN.

In Trier ist fast der ganze Adel protestantisch, dazu kommt ein Großteil der Bürgerschaft. In Würzburg haben die Reformatoren Fuß geschlagen. Im Fürstentum Bamberg hat die protestantische Lehre fast alle Gemeinden erreicht. Die Ritterschaft der Stadt Bamberg ist der neuen Lehre zugefallen. In Paderborn ist es ähnlich. In der gefürsteten Abtei Fulda wird Fürstabt Balthasar von Dernbach durch protestantische Agitatoren vertrieben. Das gemischte Domkapitel von Straßburg wählt einen katholischen und protestantischen Bischof.

So weit, so gut, ein Teil der verlorengegangenen Gebiete wird im Zuge der Gegenreformation zurückgewonnen, wobei besonders Aktivitäten der Jesuiten hervorzuheben sind. Die entscheidende Frage ist, wie sich die Masse des Volkes zu diesen epochemachenden Veränderungen stellt. Sie wird in der Regel nicht um ihre Meinung gefragt. **Wird ein Herrscher andersgläubig, so trifft dieses Schicksal unmittelbar darauf seine Landeskinder.** Es gibt Gegenden, da wechselt ein kompletter Landstrich in kurzen Intervallen den sog. Glauben, und mit ihm jeweils der der Landeskinder. **Hier wird deutlich, daß es nicht um Glauben oder Religiösität, sondern um Machtansprüche geht.** Dies will ich an einem Beispiel verdeutlichen:

Die freie Reichstadt Kintzdorf

Hier wacht man streng über das Glaubensbekenntnis. Am 19. April 1591 faßt der versammelte Rat den Beschluß, »... daß fernerhin ohne alle Rücksicht auf adeligen oder bürgerlichen Stand keiner als Bürger angenommen darf, der sich nicht zur römischen Kirche bekenne«. Um Aufnahme in die Stadt Bittende müssen schwören, der katholischen Kirche anzugehören.[12]

Auffallenderweise sind es gerade die Bürger, die über die Glaubensfestigkeit Anderer wachen. Es ist die gleiche Schicht, die dem Hexenwesen über 250 Jahre durch permanente Denunziationen Auftrieb gibt.

»Sogar unter den städtischen Bediensteten und Wächtern gebe es solche, welche wie das unvernünftige Vieh etliche Jahre ohne Gebrauch der hochheiligen Sakramente verbleiben«. Nun entzieht der Rat allen, die sich von der Kirche entfremden möchten, die Unterstützungen und fordert von den Bediensteten sofort den Gang zum Abendmahl, wenn sie ihre Entlassung umgehen wollen. Als erstes Opfer fällt der sektische Zoller Georg Fiedler welcher, »seiner widerwärtigen Religion halber«, seines Amtes entsetzt wird.

Selbst im Tod soll kein Irrgläubiger (!!!) die Einheit stören. Soldaten, die nicht klar ihre Religion bewiesen haben, werden nicht auf dem Kirchhof, sondern im Klostergarten vergraben. Denselben redlichen Eifer zeigt der Rat in dem Bestreben, die reingläubige Bürgerschaft in der Erfüllung ihrer kirchlichen Pflichten warm zu halten. Nach jeder Osterzeit sendet der Kirchherr die Beichtzettel dem ehrbaren Rat mit der Aufforderung, sie fleißig durchzusehen. Die Stadtherren machen eine sorgsame Zusammenstellung und senden sie mit dem Auftrag an die Zünfte, jeden Angehörigen, der nicht gebeichtet hat, anzuzeigen«.[13] Die Säumigen werden daraufhin in das Rathaus geladen: lässige Beichtkinder werden auf drei Tage in den Turm gesteckt. Wenn sie nicht innerhalb von 14 Tagen die Beichte ablegen, wird die Haft verstärkt. Die Beobachtung der Fastenregeln wird streng überwacht. In den Schulen werden vor allem Geistliche beschäftigt.

Am 29. November 1600 erlassen Schultheiß, Meister und Rat ein großes Manifest. Nach einer bitteren Klage über den Mangel an Gottesfurcht bei Jung und Alt über die Vernachlässigung des Gottesdienstes, hochsträfliches Fluchen und Gotteslästern, über Mißbräuche bei Heiraten und Hochzeiten, wegen des Handels mit Fischen und Jagden »...erklärt nun der Rat solche Mißbräuche als Strafe. Darin werden genannt:

● Im Freien und Heiraten haben sich grobe und unverläßliche Mißbräuche gebildet, so nicht allein diejenigen, welche sich im Witwenstande befinden, sondern auch die, welche als Jungfrauen sich versprechen, erst unzüchtig sich einlassen und dann erst ihre Verbindung im öffentliche Kirchgang den göttlichen Segen erbitten. Dies wird mit höchstem Ernst untersagt und wer sich nach solchem Übersehen dennoch im Jungfrauenkranze zum Altar begibt, soll unnachsichtlich im Turm und an Leib und Geld gestraft werden.

● weil sich an Sonn- und Feiertagen manche gelüsten lassen, während der Kirchzeit in den Pasteten und Wirtshäusern zu zechen und zu schwelgen oder aber unter den Toren unnützes Zeug schwatzen, in das Feld zu gehen, zu fischen und zu jagen und gelegentlich Früchte zu pflücken, so wird dies alles zur Zeit des Gottesdienstes untersagt

● wer sich aus vorigem Grund in den katholischen Kirchen einsegnen läßt, verliert seine Bürgerrechte.

● Derweil anjetzto leider bei Weibs- und Mannspersonen eine solche abscheuliche Gewohnheit Gott und seine Heiligen mit Fluchen und Schwören lästern, in Schwang gekommen, so soll das Dekret vom 4. Juli 1599 wieder verkündet sein, wonach alle Hausväter oder Hausmütter, Kinder, Gesind und Hausbewohner, von diesem üppigen Gotteslästern abzuhalten haben und Jeder, der solche Flüche hört, unbedingt beim regierenden Stettmeister Anzeige machen soll«.

Diese Reglementierungen scheinen wenig erfolgreich zu sein. Im März 1626 bringt der Stettmeister klagend hervor: »...daß die Jugend täglich mit Schwören, Johlen und Schreien und anderen Vergehen bis in die

Nacht hinein ein üppiges Leben auf den Gassen führe«. Man beschließt: »wenn die Mahnung der Eltern nichts nütze, die Jugend in das Narrenhäusl zu stecken«.

»Der Knabe des Schulmeisters Nuncius pißt auf dem Kirchhof in einen Weihwasserkessel, andere schlagen sich in der Kirche herum und hauen im Kloster den Beichtstuhl zusammen. Die Witwa Blätz hat, als man von der Kanzel das Fest der Marie Magdalena verkündet (im Juli 1609) die Bitte geäußert, »ob man diesem losen Weibe noch einen besonderen Feiertag halten und die Leute bei so gutem Wetter der Erntearbeit entziehen müsse? Sie wird sofort eingetürmt und aus der Stadt verwiesen. Dazu kommt der Rangstolz unter der Bevölkerung, die Neigung zu Schmachreden und zur rohen Gewalttätigkeit. »Die Frauenzunge ist stets kampfeslustig«. Es fallen Worte wie »Hexe, Mannsverderberin, Schreibermensch, Mönchshure oder Pfaffenroß«. Die Reglementierung der Obrigkeit erstreckt sich nicht nur auf die Religion, sie umfaßt den gesamten Lebensbereich. Tuchschauer prüfen die Zeuge, damit jeder in ordentlichen Hosen steckt. Fleisch- und Brotbeschauer untersuchen die Ware und bestimmen den Preis. Herings- und Fischschauer lassen nur frische Lieferungen zu und bestimmen den Preis. Dazu kommen Weinschätzer und andere. Der Pfarrer Teufel von Ekersweiler flucht auf dem offenen Markt »ganz gotteslästerlich«, schlägt einen Geistlichen, kränkt eine hübsche Frau mit einem weinduftenden Kuß und wünscht zuletzt Donner und Hagel über die Stadt«. Er wird in den Turm gesteckt.

Exkurs: Sittenspiegel

Im 15. und 16. Jht. finden wir vor allem in Süddeutschland ein Leben voll Sinnlichkeit. Nach der Cardina (Reichspolizei 1548/1577) und einigen Landesgesetzen wird die Prostitution und Kuppelei mit harten Strafen belegt. Jede außereheliche Vermischung wird nach Partikularrechten an beiden Teilen mit den sog. Unzuchtsgeldern (Hurenbrüchen) bestraft. In den meisten deutschen Gauen bestraft man Prostituierte durch Untertauchen im Wasser, Gefängnis, Staupenschlag, Gassenkehren, Orts- und Landesverweisung. Nach dem kanonischen Recht gibt es gegen die Unzucht Kirchenbußen, die man nach Vorlage bestimmter Summen ablösen kann.

Knipperdolling, Bernhard. Ein Widertäufer. Geb. in Münster und dort am 22.1.1536 verstorben. Ursprünglich ein Tuchhändler. Er ist seit 1534 Bürgermeister von Münster. Nach der Niederwerfung des Aufstandes von Münster wird er hingerichtet. Sein Leichnam wird in einem eisernen Käfig am Turm der Lambertkirche aufgehängt. Nach einem Kupferstich von Heinrich Aldegrever.

Johann von Leyden. Ein Widertäufer, der analog des Bernhard Knipperdolling hingerichtet worden ist. Nach einem Kupferstich von Heinrich Aldegrever (1502-1562)

WAERHAFTICH·GEKONTERFET·BERNT·KNIPPERDOLLICK·
DER·XII·HERTOGEN EYN·THO·MONSTER·

IGNOTVS·NVLLIS·KNIPPERDOLLINGIVS·ORIS·
TALIS·ERA·SOSPES·CVM·MIHI·VITA·FORET·
HINRICVS·ALDEGREVER·SVXATIE·FACI
1536

IOHAN·VA·LEIDEN·EY·KONINCK·DER·WEDERDOPER·
THO·MONSTER·WA ERHAFTICH·CÖTER·

HÆC·FACIES·HIC·CVLTVS·ERAT·CV·SEPTRA·TENE·
REX·ανωβαϖJισϖ·SED·BREVE·TÈPVS·EGO·
HENRICVS·ALDEGREVER·SVXATIE·FACIEBAT·
·ANNO·M·D·XXXVI·
GOTTES·MACHT·IST·MYN·CRACHT·

Das Frauenkloster in Kirchheim ist ein »offenens Frauenhaus«. Das Kloster Gnadenzell auf der schwäbischen Alb gerät als Nonnenkloster in Verruf. Im Kloster Söflingen bei Ulm muß eine bischöfliche Untersuchung angeordnet werden. Der Kommisär berichtet: »er habe in den Zellen der »Gottesbräute« Liebesbriefe höchst unzüchtigen Inhalts gefunden, sowie Nachschlüssel, üppige weltliche Kleider... außerdem seien die meisten Nonnen in gesegneten Umständen gewesen«. 1524 wird im Kloster Heggbach bei Biberach ein Dämonenspuk fingiert. Die dort spielende Geschichte der Novizin Magdalena, Glaserin, genannt die Schwarze Magdalena, enthüllt den wüstesten Aberglauben in klösterlichen Kreisen. Der Chorherr Hans Tüffel aus Buchau und der Ulmer Dominikanerprior werden als Sachverständige herangezogen. **Sie geben das Gutachten ab, daß das seltsame Unwesen im Kloster auf Dämonenspuk beruhe oder Unholdenwerk sei.** Tatsache ist, daß die Gastnerin aus dem Kloster entlassen wird, nach Biberach zieht und dort ihr Kind bekommt.[14]

Dazu kommt die weltliche Mode. Zu nennen ist die »braguette«, die den Flüchen und Scheltworten der Prediger ausgesetzt ist, genau wie vordem die Schuhmode »a la poulaine«, die Schweif- oder Hörnermode. »Die braguette ist ein Anhängsel der Kniehosen. Ursprünglich ist es eine Börse oder Lederscheide, die gänzlich von den Kniehosen abgesondert getragen wird. Ihr Ursprung knüpft sich an die Geschichte der Verteidigungswaffen. Als die Krieger bis auf die Zähne bewaffnet waren und mit Schien-, Bein-, und Ringelpanzern bewaffnet sind, schützte eine innen mit Schwamm geschützte Metallbüchse die Geschlechtsteile. Später wird daraus ein Metallgitter, dann ein Lederbeutel, dann wird die braguette mit Leinen und Seidenstoffen ausgestattet, sie wird Teil der bürgerlichen Kleidung.

Einzelne Fürsten müssen »Luxusgesetze« erlassen, um die überhandnehmende Völlerei, Fresserei und Sauferei zu steuern.

Der Gesichtspunkt der individuellen Bevormundung von Seiten der Obrigkeit ist m.E. bislang bei der Darstellung der Hexenprozesse wenig berücksichtigt worden. Es ist klar, daß unter der Herrschaft des Hexenglaubens eine gefährliche geistige Atmosphäre entsteht. **Über allem schwebt das Damoklesschwert einer wirren Religiosität, die Sphäre einer Rechts- und Religionsunsicherheit, eines theokratischen Systems voller Gewalt, Betrug, Heuchelei und Lügen, das mit der ursprünglichen Christusidee nicht mehr das Geringste gemeinsam hat.**

Um zu verdeutlichen, wie sehr der Hexenwahn in allen Landesteilen wütet, folgen nun einige Prozesse, dann die Behandlung und Verfolgung der Hexen in katholischen und protestantischen Landesteilen.

Einige Prozesse

Ilse Möllers (Hexe von Brunn)

Im Schloßpark in der Nähe von Wusterhausen a.d. Dosse im Kreis Ruppin gelegenen Rittergutes Brunn gibt es ein Gewässer, das im Volksmund »Hexenteich« heißt. Hier sollen früher Hexen geschwemmt worden sein. Hier spielt der Prozeß gegen Ilse Möllers. Sie wird beschuldigt, ihre Nachbarin, Grete Rino durch einen »bezauberten und verhexten Fladen« vergiftet zu haben, »...der der Betreffenden nur darum nicht das Leben abgeschnitten, weil sie die unverdauliche speise alsobald solve honore ausgespien und von sich gegeben«.

Die Gerichtsjunker von Brunn reichen unter dem 1. Januar 1620 einen detaillierten Bericht an den Magdeburger Schöppenstuhl. Am 2. Februar 1620 wird ein erstes Verhör angestellt. Zuvor zieht der Amtsschreiber »Derer von Witerfeldt« aus dem Hause Neustadt genügend Erkundigungen ein. Im Verhör wird sie beschuldigt, das Zaubern und Hexen von ihrer Mutter erlernt und sich mit einem »Teufelsbuhler« verbunden zu haben. Sie wird erst gütlich, dann peinlich befragt. Sie leugnet standhaft. Nachdem sie der Henker »mit Schärfe« angegriffen hat, gesteht sie, das Zaubern im Hintergarten eines Hauses in Siewersdorf von ihrer Mutter erlernt und den Fladen mit Ratten- und Mäusegift bestrichen zu haben. In der weiteren Prozeßverhandlung tritt vor allem ihre Mutter, die Georg Müller'sche aus Siewersdorf in den Vordergrund. Sie soll in der Tierwelt herumgezaubert haben. Dennoch wird die Mutter freigesprochen.

Mit ihrer Tochter Ilse erfolgt am 15. Februar eine weitere Sitzung. Sie wird wieder gütlich und peinlich befragt und bekennt schließlich in 33 Punkten die überraschendsten Dinge, die von dem dazu requirierten Notar »protokolliert und mit Fleiß verzeichnet sind«. Zum Schluß dankt sie Gott, daß er sie zur Erkenntnis ihrer Sünden habe kommen lassen und sie dadurch die angewendeten Mittel in die ewige Seligkeit aufnehmen wolle.

»Worauf sie nach Kaiser Caroli quinti und des Reichs peinlicher Halsgerichts-Ordnung Artikel 109, sub Strafe der Zauberei pp. von den Schöffen zu Brunn und nach eingehaltenem Rat der hochgelehrten (?) Herrn Schöffen zu Magdeburg, schuldig erklärt wird, von peinlichen Rechts wegen, mit dem Feuer vom Leben zum Tode gestraft und vernichtet zu werden«.

»Unter Churfürst Joachim II. understunden sich einige alte Weiber, Wetter zu machen. Sie ließen Hagel vom Himmel fallen, daß alle Landfrüchte verderbt wurden, und die Felder sogar um Berlin 1583 mit Hagelschaden heimgesucht... »zwei alte Weiber, rechtlich angeklagte Werkzeuge des Teufels, hatten das

Wetter durch böse Künste zuwege gebracht. Sie bekannten auf der Folter, daß sie ein Kind zerkocht, und wenn es wahr wäre, so würde der Hagel die Früchte des ganzen Landes verderbt haben... für's Künftige wurde den Weibern das Wettermachen verboten...«. Der weitere Ausgang dieses Falls ist mir nicht bekannt.

Verfahren gegen den sächsischen Fürst Johann Friedrich IV.

Er wird 1600 geboren und ist der fünfte Sohn von Herzog Johann II. von Weimar (stirbt 1605). Das Beispiel verdeutlicht die Ohnmacht der Religiosität. Sachsen bekennt sich streng zum Protestantismus. Friedrich IV. ist mit seinen Brüdern verpflichtet, täglich einige Stunden in der Bibel zu lesen, abends Betstunden beizuwohnen, häufig in die Kirche zu gehen und sich Prüfungen über den Kirchenbesuch zu unterziehen. Weil ihn das wenig interessiert, kommt seine Familie zu der Auffassung, daß er ein Bündnis mit dem Teufel geschlossen hat. Friedrich IV, damals General in dänischen Diensten, wird auf Betreiben der Verwandten in Arrest gebracht. Dänische Feldprediger versuchen ihn zu bekehren, die aber bei dem »nutzlosen Starrkopf« nichts nützen. 1625 wird er aus der Haft entlassen und läßt sich in Ichtershausen (Nähe Weimar) als Privatmann nieder. 1627 wird er als »Ungeheuer und Eigentum des Teufels« verschrien. Seine fürstlichen Brüder verachten ihn. Sie wollen ihn gerne verbrennen lassen. Dagegen spricht der alte Ehrenkodex, daß bestimmte Personen (freilich die Schlimmen selbst; die weltlichen und geistlichen Obrigkeiten) aufgrund ihres »erlauchten Ranges« nicht angeklagt werden können.

Dennoch hintertreiben die Geistlichen von Weimar diese Anliegen. Sie drohen mit der Rache des Himmels, »wenn man ihn nicht bald aus der Gewalt des Satans reiße! Friedrich IV. muß seine Einkerkerung befürchten. Er flieht 1627, fällt in die Hände Tillys und wird seinen Brüdern ausgeliefert. Sie bringen ihn am 30. Mai 1627 nach Oldisleben. Er wird wie ein Schwerverbrecher behandelt und von 30 Musketieren sowie von neun Bürgern bewacht. Am 30. November 1627 kommt er nach Weimar in einen Kerker. Hier setzt die hohe Geistlichkeit mit ihrem Inquisitions- und Bekehrungsgeschäft an. Der Fürst wird des »epikureischen Atheismus, magischer Handlungen und Teufelsbeschwörungen« wegen angeklagt. Sie können ihn nicht bekehren. Am 28. Oktober preßt man ihm das Geständnis ab, daß er sich wirklich dem Teufel verschrieben habe.

Kurz darauf findet man ihn tot in seinem Kerker, mit einer blutenden Wunde an der Seite. Nach Auffassung der Geistlichkeit konnte das nur der Teufel selbst getan haben. So wird um Rat gefragt, ob er ei-

nes ehrlichen christlichen Begräbnisses werth zu erachten«? Die Antwort: »Quod Non«. Daraufhin setzt man ihn irgendwo in der Stille bei.[15]

Dieser Justizmord ist der einzige mir bekannte Fall aus solchen Personenkreisen. Er zeigt die Kritiklosigkeit und die Dummheit der breiten Masse, der Geistlichen und der weltlichen Herrscher. Es scheint sich in der Geschichte der Menschen immer wieder eine Wahnperiode zu bilden, in der sie alles mühsam Aufgebaute zerstören: der Hexenwahn wirkt nachhaltig bis auf den heutigen Tag. Gottseidank bewegt er sich jetzt zum Teil in den Bahnen der Lächerlichkeit und kommt deshalb nicht zur Entfaltung.

Es gibt einen weiteren Fall einer protestantischen Hexenjagd: die Verfolgung von Katharina Keppler, Mutter des berühmten Astronomen.

Prozeß gegen Katharina Keppler (1627)

Dieser Prozeß ist wegen seines politischen Hintergrundes bemerkenswert. Katharina Keppler, vom Volk Kätherle genannt, ist die Tochter des Wirtes Guldemann in Eltingen. Sie beschäftigt sich mit Segensprechen, Kräutersuchen und dem Brauen von Getränken. Bald nach der Geburt ihres ersten Sohnes Johann (27.12.1571) läßt sich der Vater für Kriegsdienste in den Niederlanden anwerben. Katharina folgt ihm nach, wie es damals üblich ist. Bei manchen Heerzügen ist der begleitende Troß der Marketenderinnen, Frauen und Kinder erheblich größer als der der Landsknechte. 1575 kommen die Eheleute zurück. Sie wohnen zuerst in Ellmendingen und dann in Leonberg. 1589 geht der Vater in neue Kriegsdienste und kehrt nicht mehr zurück.

Die Veranlassung der Anklage des Kätherle ist ein Streit. Die Frau des Glasers Reinhold aus Leonberg hat Unterleibsschmerzen und sucht bei ihrem Bruder, dem Leibbarbier des Prinzen Achilles von Württemberg, Hilfe. Er kann ihr nicht helfen und sie fällt in eine periodische Raserei. Der Barbier ist der Ansicht, die Krankheit lasse sich nicht durch natürliche Mittel heilen, es müßten außerordentliche Dinge vorliegen. »...es könne ihr nur von der Person geholfen werden, die ihr das angetan habe«. Die Reinhard besinnt sich und erinnert sich, daß sie vom Kätherle einen Trank bekommen hat. Das ist der Anlaß der Beschuldigung. Es führt zu einer Beleidigungsklage der Familie Keppler gegen Frau Reinhold. Weil die Keppler auch den Vogt Einhorn von Leonberg beleidigt hat und der Leibbarbier das Feuer schürt, wird die Anklage unterdrückt und die gegnerische Partei bezichtigt Katharina Keppler der Zauberei.

Inzwischen ist ihr Sohn in Linz tätig. Weil sie heimlich weggegangen ist, wir ihr das als Schuldbekenntnis ausgelegt. Sie kommt zurück, wird eingesetzt und ein

Prozeß wegen Zauberei angestrebt. Außerdem hat eine Jugendfreundin ausgesagt, sie habe die Keppler bei den Hexentänzen gesehen; sie habe einem Kind das Hexen gelernt, einem Bürger zwei Kinder getötet, Menschen und Vieh geritten, sie glaube weder an den Himmel noch an die Hölle; wenn ein Mensch sterbe, so sei alles aus, wie beim Vieh; ihr gutes Leben komme vom Zusammensein mit den Hexen und mit dem Teufel; nun wird sie mit der Folter bedroht. Ihre Tochter erklärt in einer Zuschrift an den Rat, daß sie von ihr in der Gottesfurcht unterwiesen und sie selbst einen christlichen Wandel geführt habe.

Nun schreitet Keppler ein. Er kommt nach Württemberg, um seine Mutter vor der grausamen Folter zu retten. Am 28. September 1621 werden ihr nach dem üblichen Schema die Folterinstrumente gezeigt (tortura paectoralis). Sie bleibt standhaft. Nachdem sie die Kosten für ihre Sicherheit geleistet hat, läßt man sie frei. Sie ist 74 Jahre alt. Ihr Prozeß zieht sich von 1615—1621 hin. Katharina Keppler stirbt am 16. April 1622.

Im Grund genommen ist es ein üblicher Fall, wie er zu Hunderten vorgekommen ist. Seltener ist, daß man Katharina kein Geständnis entlockt und außerordentlich selten ist, daß man sie (sicher mit Schwören einer Urphede) freiläßt. Entscheidend ist, daß ihr Sohn persönlich in die Verhandlungen eingreift.

Stellung Kepplers zum Hexenwahn[16]

Er studiert Theologie in Tübingen, schließt die Ausbildung ab und wird aus einer theologischen Karriere verdrängt. Er sagt: »**Der menschliche Hochmut an sich ist so groß, daß Niemand geirrt haben will; wieviel mehr, wenn er zum Vorwand hat, die Ehre einer Stelle, eines Orden, eines Buches, eines Fürsten zu verteidigen, auch daß ein Ärger vermieden werde. Was steht dem römischen Stuhl mehr im Weg, als daß derselbe den Schein der Irrtumslosigkeit haben will. Aber all diese Blendwerke benimmt mir das eine Wort Paulus: »Eines jeden Werk wird offenbar werden und eines jeden Werk wird das Feuer prüfen«.** (1.Kor.3,13)

Schließlich erhält er das Zeugnis, daß er sich durch rednerisches Talent auszeichne. Er wird aber nicht als tauglich erachtet, an der Kirche Württembergs mitzuarbeiten. Er wird nach Steiermark geschickt, wo die Stände protestantische Lehrer suchen. Später wird er als Professor für Mathematik und Moral an das Gymnasium in Graz überwiesen. Am Rande sei bemerkt, daß die Jesuiten versuchten, Keppler auf die Seite des Katholizismus zu ziehen.

Er kämpft ein Leben lang gegen Aberglauben, Wunder und Vorzeichen. Zum öfteren führt er aus, daß wir, nachdem Christus gekommen, solcher außerordentlicher Erscheinungen nicht mehr bedürfen. Als Kalendermacher und Hofastronom verurteilt, den astrologischen Grillen seiner Zeit Rechnung zu tragen, entledigt er sich seiner Aufgabe manchmal mit Humor. In Betreff der Geister läßt er die Frage offen, ob sie vor Zeiten mit den Menschen, Bildern, Wäldern, wie auch aus Tieren, Vögeln geredet und die Völker zur Abgötterei verführt haben und auch zu allen zeiten aus etlicher elender Menschenleiber sich haben hören lassen. Den Aussagen der Hexen über angebliche von ihnen verrichtete Wunder legt er keinen Wert bei, weil sie durch die Macht der Mißhandlungen hervorgebracht seien.

Den Luftflug der Hexen macht er lächerlich, indem er in seinem Traum von der Beschaffenheit des Mondes erzählt, daß man auf der im Äther gelegenen Insel Levania alte ausgetrocknete Weiber, denen von Jugend auf dieser Gedanke eingetrichtert worden, sei, verwende, um auf nächtlichen Böcken oder Gabeln ungeheure Strecken nach der Erde zu durcheilen und er fügt erläuternd hinzu: wenn das wahr sei, was die meisten Tribunale vom Luftflug der Hexen erzählen, so wäre es vielleicht doch möglich, daß ein gewisser Körper, von der Erde abgestoßen, bis nach dem Mond getrieben werde«.

Keppler veröffentlicht 1595 sein Werk über die Bewegungen der Himmelskörper. Hier verteidigt er die Kopernikanischen Ideen. 1609 hat er in seiner »Astronomica nova« seine großen Entdeckungen niedergelegt. Die Anerkennung ist eine andere Frage. Im Todesjahr von Kopernikus (1543) erscheint das Werk, das die neuen Grundlagen der Himmelsordnung vermittelt. Es enthält die Behauptung, daß sich die Erde mit den Planeten um die Sonne bewegt. Dies steht im krassen Gegensatz der theologischen Anschauung, nach der die Erde der Mittelpunkt der Welt, regiert von einem Gotte, ist. Unter dem 5. März 1616 wird die Kopernikanische Lehre auf den Index gesetzt, mit dem sich die römisch-katholische Kirche auch noch heute gegen Realitäten abzuschirmen meint (Der Hexenhammer z.B. oder das berüchtigte Hexenbuch des Jesuiten Martin Delrio stehen nicht auf dem Index: beide sind von der Kirche sanktioniert).

Galilei schreibt an Keppler: »Du bist beinahe der Einzige, der meinen Angaben vollkommen Glauben beimißt. Als ich den Professoren am Gymnasium zu Florenz die vier Jupiter Trabanten durch mein Fernrohr zeigen wollte, wollten sie weder diese noch mein Fernrohr sehen. Sie verschlossen ihre Augen vor dem Lichte der Wahrheit. **Diese Gattung Menschen glaubt, in der Natur sei keine Wahrheit, sondern nur in der Vergleichung der Texte«. (Anm.: der Bibel) Gegen Jupiter können weder Giganten noch Pygmäen streiten. Was ist zu tun? Ich denke, wir lachen über die vortreffliche Dummheit des Pöbels.**

Keppler will antworten um zu zeigen, daß die Erde unbeschadet des Ansehens der Bibel sich um die Sonne bewegen könne. Da lassen ihn die Theologen durch einen Freund, den Professor Hafenresser warnen: **»Gott verhüte es, daß du deine Hypothese mit der heiligen Schrift öffentlich in Übereinstimmung zu bringen suchst. Ich fordere von Dir, daß du bloß als Mathematiker handelst und die Ruhe der Kirche ungestört läßt«.**

Es ist bemerkenswert, daß die protestantische Kirche schon nach einem Jahrhundert Anzeichen zur gleichen Starrheit herausbildet, die mit der Reformation zum Zusammenbruch der Theokratie des römisch-katholischen Systems geführt haben. Aus der anfänglich gesunden und berechtigten Opposition mit all ihrem Schwung und mit ihrer Flexibilität entwickelt sich ein festgefügtes normiertes System der Anschauung. Was den Hexen- und Teufelswahn anbelangt, kann man nur sagen, daß dies der einzige Punkt ist, über den sich die großen Konfessionen **nicht** streiten. Hier besteht Einigkeit und deshalb werden auf beiden Seiten, wenn auch nur mit ähnlicher Argumentation, die Hexen und Zauberer verfolgt. Das ist ein Zeichen der Zeit, und es wäre ebenso leichtgläubig und unrealistisch, wollte man heute die eine oder die andere Seite verantwortlich machen.

Prozeß gegen die zwanzigjährige Agnes

Dieser Fall spielt sich im streng katholischen Bayern ab. Agnes wird zwanzigmal (!!!) aufgezogen, mit einem 50 Pfund schweren Stein belastet. Obwohl ihr alle Glieder zerrissen werden, bleibt das heldenmütige Mädchen standhaft. Zuletzt bricht die Tortur ihre Kraft und sie gesteht, was die Richter hören wollen:
- sie habe eine Menge Kinder umgebracht
- sie habe die Herzlein von 30 Kindern gegessen
- sie habe acht alte Leute durch das Bestreichen mit eine Salbe getötet
- sie sei ausgefahren, besonders zu Brunn im Schloß (an der Altmühl), auch in den Keller, wo sie Wein getrunken
- sie habe 20 Rinder gefällt
- sie habe vielen Kühen die Milch genommen
- sie habe fünf Wetter, öfters auch Reif, Regen und Nebel gemacht
- Im Alter von acht Jahren sei sie durch den obersten Teufel, ihrem Buhlen, der in Gestalt eines schönen Bauernknechtes zu ihr gekommen, vorgestellt worden und habe sich an diesem vergangen
- sie habe Gott verleugnen müssen, und wenn sie in die Kirche kam, seien ihr die Predigten beim einen Ohr hinein, beim andern hinausgegangen
- Beim Tanzen habe sich der Teufel bald zu einer Schlange, bald zu einem Menschen gemacht
- Tanzplätze seien zu Kohlmühl, Simlsberg, bei der Tränk und beim Streitholz.

Agnes endet wie ihre Mutter auf dem Scheiterhaufen.

Bäuerin von Winden, Anna Pucherin

1607 oder 1608 wird eine Bäuerin von Winden im Gericht Schwaben in den Münchner Falkenturm geworfen, weil sie ein »Schauerwetter« gemacht haben soll. Sogar der Henker ist von ihrer Hexerei nicht überzeugt. »Daß sie trotzdem hart gefoltert wurde, würde unbegreiflich sein, wenn nicht bei den Hexenprozessen das der Vernunft und Gerechtigkeit Widersprechende die Regel wäre«. Die zwei herzoglichen Kommisare, darunter der Hofoberrichter, lassen sie sechsmal foltern, zuerst mit dem Daumenstock »bis zum Blutvergießen und bis der Stock aufgestanden«, dann mit der »chorda«, an der man sie ziemlich lange hängen läßt. Man läßt sie acht Monate im Falkenturm liegen, dann nimmt sie sich selbst das Leben.

Anna Pucherin besteigt am 18. März 1609 den Scheiterhaufen. Ihre auf der Folter erpreßten Geständnisse besagen, sie habe mit dem Teufel, der ihr in der Gestalt eines schönen, munteren Jünglings von einer anderen Hexe zugeführt worden sei, geschmaust, getanzt, gebuhlt, sich ihm mit Leib und Seele gegeben, an Hexentänzen teilgenommen. Während eines über Donauwörth niedergegangenen Donnerwetters habe sie einen Ritt auf einem Besenstiel durch die Luft gemacht, und durch dreimaligen Reif alles Obst der Gegend verdorben. Ihr Vermögen wird konfisziert, einige hundert Gulden werden Jesuiten angewiesen. Zusammen mit zwei anderen Hexen wird Anna Pucherin zum Tod verurteilt.[17]

Prozesse gegen Juden

Es ist auffallend, daß in den ersten Jahrzehnten des 16. Jhts. wieder einmal Juden verfolgt werden. Die Beschuldigungen ihnen gegenüber sind genauso dumm und nichtig, wie die, die die ehrenwerten Deutschen in der Nazi-Zeit angewendet haben. Auch hier kommt es zu grausamen Mißhandlungen und abergläubischen Vorstellungen. Dies entspricht der groß angelegten Judenverfolgung im deutschen Sprachraum von 1348—1351. Ich kann hier nur auf die Bemerkung des Jesuiten Spee's verweisen: **»Ich schäme mich für Deutschland,... Pfui, der Schande, ist das ein Eifer, der an uns Deutschen zu loben ist«.**

Kirchendieb von Knobloch

Unter Joachim I. hat 1510 ein Kirchendieb von Knobloch, einem Dorf im Havelland, eine Monstranz mit zwei Hostien gestohlen, und, wie er aussagt, habe er eine Hostie an einen Juden verkauft. Er wird eingezogen und peinlich befragt. Er gesteht, daß er diese Hostie mehreren Juden gegeben hat. Auch sie werden eingezogen und genauso behandelt. Dann wird die Sache so weit getrieben, daß 38 Juden und der Kirchendieb verbrannt, und zwei, die sich bekehrt hatten, enthauptet werden. Ein einziger, den man für einen Augenarzt hält, hatte sich in das graue Mönchskloster begeben, die Religion verändert (!!!) und war daselbst angenommen. Dadurch bleibt sein Leben erhalten. Andere werden nach dem Schwören der Urphede aus dem Land gejagt. Ihre Aussagen übertreffen jede Glauwürdigkeit.

Verschiedene gestehen, daß sie Christenkinder von fremden Leuten gekauft und ihr Blut auslaufen ließen. Sie haben es teils wegen Krankheiten getrunken, teils mit Paradiesäpfeln, Ingwer und Honig eingemacht. Andere haben das Christkind im Backofen gesehen, worin ein Kuchen gelegt worden war, in dem ein Stück von der Hostie eingebacken wurde. Anderen ist die Jungfrau Maria mit vier lieblichen Jungfrauen erschienen.

Juden schwören vor Gericht auf die Zehn Gebote. Holzschnitt aus dem Layenspiegel von Ulrich Tengler. Augsburg, 1509.

Der Jude Pfefferkorn

»Ein getaufter Jude, der in Halle bei Kardinal Albrecht in Dienst und Gnade steht. Er hat sich den Haß der Hofbedienten, und vornehmlich den des Hofnarren zugezogen. Er will 1514 gesehen haben, daß der Pfefferkorn eines morgens »in des Kardinals und Kurfürsten Albrechts Vorkammer gewesen und am Ofen gestanden, in das Fenster dieses Zimmers hineingefahren wäre, worüber der Herr erschrocken und ihn angeschrien: »wo führet dich der Teufel zum Fenster herein, kannst du nicht herauf gehen«? Der Narr (im wahrsten Sinne des Wortes), erzählt dem Kardinal dieses Abenteuer. Der Kardinal hat in diesem Vorzimmer Konfekt stehen, von dem er ab und zu nascht. Pfefferkorn hat den Hofnarr des öfteren dabei erwischt. Nun wird der Argwohn erregt, daß der Jude Pfefferkorn die Konfitüren habe vergiften wollen. Die Richter zeigen sich hier besonders sinnig. Sie führen den Narr in den Weinkeller und lassen sich ihn tüchtig vollsaufen, und wie er, der Trunkenheit ohnerachtet, immer bei einerlei Rede bleibt; so wird dieses Probestück menschlicher Weisheit hinreichend gefunden, den Beklagten gefänglich einzuziehen und ihn peinlich zu befragen. Man peinigt ihn so lange, bis er alles gesteht, was ihn der Richter fragt.

- Er hat den Konfekt vergiftet und wollte dadurch den Kardinal aus der Welt schaffen.
- Ein verbrannter Teufel, den er einem Priester in Franken gestohlen und damit Zauberei getrieben habe, wäre ihm wieder für 5 fl. verkauft worden.
- Er habe sämtliche Untertanen des Erzbistums Magdeburg und des Bistums Halberstadt vergiften und ihre Häuser verbrennen wollen.

Pfefferkorn wird auf eine bestialische Weise zum Tod verurteilt. Er wird mit glühenden Zangen gerissen und an eine lange Kette geschmiedet, die an einem Pfahl festgemacht ist. Um ihn herum wird ein Kohlefeuer angelegt, innerhalb dem er durch ständiges Herumlaufen braten muß: »welches den Richtern und Geistlichen ein erbauliches und rechtsbegründetes Trauerspiel verursacht, bis er seinen Geist aufgab. Die Geistlichen sahen dergleichen Grausamkeiten der Richter mit kaltem Blut an, und waren mit ihrem Rat und Beistand behilflich«.[18]

Münzjude Lippold

»Der berüchtigte Münzjude Joachims II. saß in Untersuchung... sein eigenes Weib brachte ihn ins Verderben. Einmal besucht sie ihn im Gefängnis, wo die beiden in Streit geraten. Plötzlich vernimmt der wachhabende Bürger von der gellenden Stimme der Jüdin folgende Worte: »Ja, wüßte der Kurfürst, was für ein Schelm du bist, so würdest du schon längst gerichtet sein«. Der Wachhabende erstattet daraufhin Anzeige.

Auf der Folter bekennt sich Lippold der Zauberei schuldig. In seinem Haus wird ein Zauberbuch gefunden. In hebräischen Lettern und magischen Charakteren enthält es Anweisungen, Teufel zu bannen, Gold zu finden usw. Außerdem gesteht er, daß er sich Haarlocken und Gewandteile Joachims II. verschafft und dieselben an der Schwelle der Wendeltreppe im Schloß Grimnitz vergraben hat. Am Mittwoch vor Fastnacht 1572 wird vor dem Berliner Rathaus die Hauptverhandlung abgehalten. Lippold widerruft seine früheren Geständnisse. Er wird sechsmal gefoltert und gesteht wieder. Dann wird er hingerichtet. Er wird mit glühenden Zangen gezwickt, dann zermalmt man ihm mit dem Rad die Glieder, außerdem wird er geviertelt.

Die Titelschrift zu dem erhaltenen Holzschnitt von 1573 besagt: »Wahrhaftige Abkonterfeyung oder gestalt des Angesichts des Leupold Jüden, samt Fürbildung der Exekution, welche an ihme, seiner wohlverdienten grausamen vnd vnmenschlichen Thaten halben (so er an dem vnschüldigen Christlichen Blut begangen), den 28. Januar 1572 zu Berlin nach innhalt Göttlicher und Kayserlicher Rechten vollzogen worden ist«.

Seine Eingeweide samt dem Zauberbuch werden verbrannt... seine übrigen Körperteile an den Stadttoren aufgesteckt und seine erwucherten Reichtümer eingezogen und zur Tilgung der Gerichtskosten, sowie zur Tilgung einiger Schulden des Hingerichteten verbraucht. Seine Witwe bekommt einige tausend Taler für sich und ihre Kinder ausbezahlt, nachdem sie bei Kaiser Maximilian nachgesucht hat. Was ist das anderes als ein bestialischer Justizmord!

Der ewige Jude

Nach einer abergläubischen Sage irrt der ewige Jude ohne Rast um die Welt, weil er nicht habe gestatten wollen, daß Jesus, als er das Kreuz nach Golgatha trug und an des Juden Haus habe ausruhen wollen. »Von vielen wird das noch immer (1791) als wirklich gedacht und es wird auf den Marktplätzen erzählt«. Freilich ist das kein Hexenprozeß, aber das Beispiel verdeutlicht, mit was für dummen Geschichten man die Masse schon damals aufgeheizt hat.

»Paulus von Eitzen sah, als er 1547 von Wittenberg, wo er studiert hatte und nach Hause reiste, einen Sonntags in der Kirche einen großen Mann mit langen, über die Schulter hangenden Haaren, gegen die Kanzel barfuß stehend, der die Predigt mit großer Andacht hörte...er sah wie ein Mann von 50 Jahren aus...und soll in vielen Ländern gesehen worden sein. Auf Befragen soll er geantwortet haben: »...er sei ein geborener Jude, von Jerusalem gebürtig, sein Handwerk wäre Schuhmacher, er sei bei der Kreuzigung Christi gewesen und habe dann von Christus und den Aposteln mehr erzählt, als die Evangelisten und andere Geschichtsschreiber gemeldet hätten...er selbst habe dazu beigetragen, daß Jesus, den er mit anderen Juden für einen Aufrührer und Verführer gehalten, möge getötet werden. Da nun Pilatus das Urteil gesprochen hat, sei er geschwind nach Hause gegangen, da vorbei hätte Jesus geführt werden müssen, damit sein Hausgesinde den vermeinten Betrüger recht hätte betrachten sollen und er habe auch zu dieser Ansicht ein kleines Kind auf den Arm genommen. Da nun Jesus unter dem schweren Kreuz sei daher geführt wor-

Strafe des Räderns von oben nach unten. Stirnholzschnitt aus dem 19. Jht. Noch ist das Töten (hier im Sinne eines Historienbildes) ein öffentliches Schauspiel.

den, habe er sich an seinem Haus angelehnt, um zu ruhen, er aber habe ihn weggetrieben, worauf ihn Jesus angesehen und die Worte gesagt: »Ich will allhier stehen und ruhen, aber du sollst gehen bis an den Jüngsten Tag«.

Daraufhin habe er viele Länder durchzogen, sein Weib und seine Kinder habe er nicht wiedergesehen...- was Gott mit ihm vorhabe, wisse er nicht, jedoch glaube er, Gott wolle an ihm einen lebendigen Zeugen bis an den Jüngsten Tag wider die Juden haben, um diese Ungläubigen zu bekehren. Man hat ihn nie lachen gesehen oder fluchen gehört. Er redet sehr geschickt die Sprache des Landes, wo er hinkommt«.[19]

Vorgänge im Gebiet Trier

Peter Binsfeld, Zandt von Merl

Peter Binsfeld ist ein frommer und gelehrter Mann und Generalvikarius, zudem ein Zögling des Germanicums (1570—1576). 1580 wird er zum Weihbischof von Trier ernannt. Er stirbt 1598 an der Pest, die er sich bei einem Krankenbesuch zuzieht.[20]

»Fragt man nach den Männern, die im katholischen Deutschland in den Hexenverfolgungen die weitgreifendste und verderblichste Wirksamkeit entfalteten, so gebührt unmittelbar nach Institoris und Sprenger die Palme dem am Collegium germanicum erzogenem Fanatiker Binsfeld.[21]...mit rücksichtsloser Grausamkeit werden die Männer weggeräumt, die dem Wüten Einhalt gebieten wollen. Binsfeld erhebt Trier zum Schauplatz und Ausgangspunkt der gräßlichsten Hexenprozesse. Dem Trierer Vorbild ist es teilweise zuzuschreiben, wenn die Hexenverfolgungen vom Ende der 80er Jahre des 16. Jhts. im katholischen Mittel- und Süddeutschland ihren Höhegrad erreichten.[22] Neben dem offen wirkenden trier'schen Haupthexenrichter, dem Freiherrn Zandt von Merl, ist Binsfeld als der geheime Anstifter und Schüler dieser Prozesse zu beobachten. Zu seiner Entschuldigung kann vermerkt werden, daß der schwache Trierer Kurfürst, Johann von Schönborn, seine eigene Erkrankung 1587 den Hexen zuschreibt.

Peter Binsfeld veröffentlicht als Suffraganbischof 1589 eine Schrift über die Glaubwürdigkeit der Bekenntnisse der Hexen. Auf sein Betreiben hin wird der Kanoniker Loos eingekerkert und zu einem schimpflichen Widerruf gezwungen. 1589 kommt es zur Verhaftung des kurfürstlichen Rates Flade; seine Ermordung geht ebenfalls auf das Konto des Bischofs. Er wird mit zwei Bürgermeistern, Stadtherren und Priestern hingerichtet.[23]

Sein Traktat erscheint bald in zweiter und vermehrter Auflage. In der Widmung der 2. Ausgabe von 1591 sagt er: »Da dies Übel mehr und mehr um sich greift und zwar umso gefährlicher, je verborgener, weil es nicht an Advokaten gefehlt und noch fehlt, welche einem solchen Verbrechen ihren Schutz leihen, so wollte ich nach Möglichkeit mich der Heilung dieser Krankheit widmen und dem Irrtum entgegenstellen und in der Sache Gottes die Rolle des Anwaltes gegen die Tyrannei des Teufels übernehmen. Denn die schlechten schalten lassen, wenn man sie vernichten kann, ist nichts anderes, als sie zu fördern. Den Irrtum, dem man keinen Widerstand leistet, billigt man. Deshalb gilt es zu kämpfen für die Ehre Gottes, die durch solche Verbrechen in der schwersten Weise geschädigt wird... die Zauberer sind nirgends zu dulden, sondern gänzlich auszurotten, so will es Gott«. »Es ist eine Grausamkeit Hexen, die gegen Unschuldige wüten, zu schonen«.[24] Am Schluß des Buches nennt Binsfeld 20 Indizien, mit denen faktisch jeder wegen Hexerei ergriffen werden kann.

Der Münchner Drucker Adam Berg läßt durch den Assessor des Münchner Stadtgerichtes, Bernhard Vogel, eine deutsche Übersetzung »Von Bekenntnissen der Zauberer und Hexen« erscheinen. Binsfeld merkt: »Viele fragen aus Mitleid, wann endlich die Hexenprozesse aufhören werde.. sie werden aufhören, sobald die Hexerei aufgehört hat«. Der Einfluß des Buches von Binsfeld läßt sich bis in das 18. Jht. hinein verfolgen.

Die Vorgänge des Hexenwahns im Trierer Gebiet sind noch nicht durchgehend erforscht. Ich gehe nur auf zwei Schwerpunkte ein.

Cornelius Loos (Callidius Chrysopolitanus)

Cornelius Loos, 1546 geboren in Gouda in den Niederlanden, studiert in Mainz, wird hier zum Doktor promoviert und geht als Kanonikus in seine Vaterstadt zurück. Wegen der Einführung des Protestantismus verläßt er sie und geht wieder an den Rhein, wo er als Schriftsteller gegen den Hexenwahn tätig wird. Er wagt in Köln den Versuch, eine Schrift über die falsche und wahre Magie »De vera et valsa magia« zu veröffentlichen. Er wendet sich vor allem ge-

Oben rechts: Ansicht der Stadt Trier. Aus der Kosmographie von Münster. 1549.

Unten rechts: Ansicht des Klosters St. Maximian, in dem u. a. Loos zum Widerruf gezwungen worden ist.

Oriens

Treueris Tier

Mons Martis

Gegonia

Palatis

Alba porta

Nigra porta

S Maximin

S Barbar

Meridies

S Mathie

Occides

Mo Fills ft

Mo Fills ft

C. S.

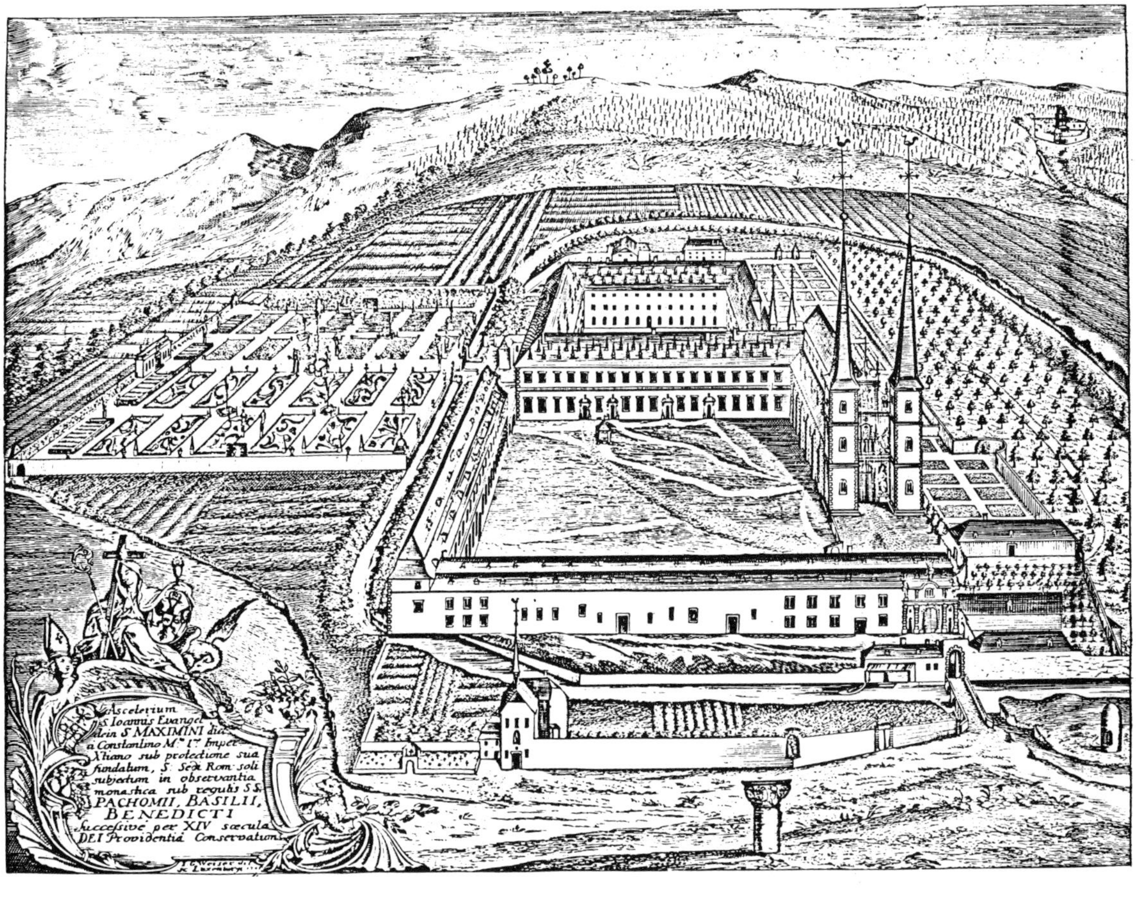

Apollonis mons

Ascetorium
S Ioannis Euangel
 istru S MAXIMINI dict
a Constantino M° 1° Imper
Xtiano sub protectione sua
fundatum, S Sedi Rom soli
subiectum in observantia
monastica sub regulis S S
PACHOMII, BASILII,
BENEDICTI
successive per XIV saecula
DEI Providentia Conservatum

357

gen die Unmenschlichkeit des Hexenwerks, er ist darin ein Vorläufer des Jesuiten Spee. Er kämpft wesentlich massiver als sein Vorgänger Weyer. In seinem auf Betreiben des Weihbischofs Binsfeld unterdrückten Buches betont Loos ausdrücklich, daß die Hexenprozesse in Abnahme waren, als sie durch Binsfeld's Bemühungen wieder entfacht werden. Loos hat gelehrt, daß die Hexenfahrten nur Aberglaube und Einbildung sind. Die armen Hexen werden lediglich durch die Bitterkeit der Tortur zu ihren Bekenntnissen gebracht. In den Hexenprozessen wird aus Menschenblut Gold gemacht. Es gebe keine Zauberer, die Gott absagen und die den Teufel verehren, mit dessen Hilfe sie Wettermachen und andere Künste vollbringen, dies alles seien nur Träume«.[25]

Loos wird auf den Befehl des päpstlichen Nuntius, Bischof von Tricarcio verhaftet und im Benediktinerkloster St. Maximian in Trier eingekerkert. Er wird am 15. März 1592 in der Amtsstube in Gegenwart des Weihbischofs Peter Binsfeld, des Abtes Reiner Biwer, des erzbischöflichen Offizials B. Bodeghem gefoltert. Dabei sind außerdem die beiden Kommissare Dr. theol. G. Helffenstein und Dr. jur. J. Collmann, eines Notars mit Zeugen und Schreiber. Sein Widerruf besteht aus 16 Artikeln.

»Alle diese Sätze zusammen und einzeln, die vielen Verleumdungen, Lügen und Lästerungen, die ich leichtfertig, unverschämt und fälschlich ausgestoßen habe, und wovon meine Schriften über das Zauberwesen wimmeln, verwerfe, widerrufe und verdamme ich und bitte für meine Missetat Gott und die Obrigkeit flehentlich um Verzeihung. Ich verspreche heilig, daß ich in Zukunft, wo es auch sein mag, nichts derart lehren, ausbreiten, verteidigen und behaupten werde. Sollte ich darwider handeln, so unterwerfe ich mich als dann wie jetzt allen Strafen der rückfälligen Ketzer, der Widerspenstigen, der Rebellen, der Ehrenschänder und der Majestätsbeleidiger. Ich unterwerfe mich auch jeder willkürlichen Strafe, sowohl des Trier'schen Erzbischofs als auch jeder anderen Obrigkeit, unter der ich mich aufhalte und die von meinem Rückfall und meinem Eidbruch Kunde bekommen, damit sie mich nach Verdienst züchtigen an Ehre, Name Gütern und am Körper. Zur Bekräftigung alles dessen habe ich diesen meinen Widerruf der vorbesagten Artikel eigenhändig unterschrieben. Cornelius Loseus Callidius«.

Das ist im Prinzip eine Urphede, wie sie von weltlichen Gerichten ausgesprochen wird und somit ein Schutzmantel, um die angetanen Verbrechen oder Wahrheiten zu kaschieren. Die Urphede ist im weltlichen Bereich verständlicher als im kirchlichen, denn über Glauben kann man nicht streiten. Was Binsfeld da verbrochen hat, schießt weit über das Ziel hinaus: es geht um Macht, Einfluß und Politik, verbunden mit religiöser Verbohrtheit. So werden unter dem Deckmantel christlicher Nächstenliebe Millionen von Menschen geistig bevormundet und vergewaltigt. Das war damals so und wird noch heute genauso gehandhabt.

Loos wird freigelassen und findet eine Anstellung als Vikar bei der Kirche N. D. de la Chapelle in Brüssel. Dort wandert er ein zweites Mal wegen seiner richtigen Anschauung in den Kerker. Nochmals entlassen, sieht er sich dann zum drittenmal von einer Anklage bedroht. Am 3. März 1593 entzieht ihn der Tod weiteren Verfolgungen. Nach Delrio hinterläßt Loos nicht wenige Anhänger seiner Dummheit. »Mögen diese, wenn auch spät, inne werden, wie gefährlich es ist, dem Urteile der Kirche die Delirien des einen Ketzers vorzuziehen«.[26]

Dietrich Flade, Prozeß gegen die »Braun Gret«

Dr. Dietrich Flade ist kurfürstlicher Schultheiß und der frühere Rektor der Universität. Wahrscheinlich ist er in Trier geboren. Er ist der Sohn des Stadtsekretärs Johann Flade. Cornelius Loos muß ihm bekannt gewesen sein. Seit 1485 bekleidet er das Amt eines »rector magnificus« an der Universität.

Flade führt 1582 als Oberrichter den Prozeß wegen Hexerei gegen die »Braun Gret«, eine alte Frau aus Trier. Sie wird sechsmal gefoltert, ohne zu gestehen. Es scheint, daß sie mit dem Leben davongekommen ist. Das ist der einzige Hexenprozeß, worin die Akten Dr. Flade als Richter nennen. In den Folterberichten kommt sein Name häufiger vor. Nun gibt der Kurfürst, Erzbischof Johann von Schönenburg am 4. Juli 1588 aus Koblenz den Befehl zum Einleiten der Untersuchung. Sie wird widerwillig von Ch. Fath geführt. Er findet in verschiedenen Akten der Gerichtsbarkeit 23 x den Namen Flades. Und zwar von Seiten schon Hingerichteter. Sie haben ausgesagt, er sei auf den Hexentänzen auf der Hetzerather Heide und sonstwo zugegen gewesen, sei auf einem feurigen roten Pferd oder auf einem prächtigen Wagen erschienen, mit einer dicken goldenen Kette um den Hals... er habe den Vortanz gehabt und habe sich daran beteiligt, Ernten und Vieh zu verderben«.

Ohnehin weiß man, daß er Hexen in Schutz genommen habe. Dies wird zur schweren Belastung. Flade unternimmt eine Reise nach Beckingen. Kaum angekommen, trifft der Eilbote aus Trier mit dem Befehl ein, den flüchtigen Hexenmeister sofort zu verhaften und ihn nach Trier zurückzubringen. Er bleibt unter fortwährender Bewachung in seinem bis zum 22. April 1589, wo er endgültig verhaftet wird.

Im Verhör legt der Statthalter dem Angeklagten vierzig Fragen vor. Nach der Beantwortung schwört er vor dem Kruzifix und dem Evangelienbuch den Reinigungseid. Das nützt ihm nicht. Er wird durch Emporziehen, mit auf dem Rücken zusammengebundenen Händen, so oft und so lange gefoltert, bis er seine angeblichen Verbrechen gesteht. Am 16. September 1589 erfolgt der Urteilsspruch und zwei Tage danach die Hinrichtung. Der Oberrichter liest das Urteil vor, steht auf und bricht den Stab über ihm. Der Verurteilte fällt auf die Knie und bittet um Gnade. Sie wird in der Form gewährt, daß ihn »gnädiglich und christlich zu erwürgen und ihn dann erst zu verbrennen«. Am Scheiterhaufen angelangt, hält er noch eine Rede, dann wird er durch den Strang erwürgt und sein Leichnam den Flammen übergeben.

Am Morgen seiner Hinrichtung macht Flade eine Stiftung »von vielen tausend in Gold zum Besten armer Bürger, Mönche und Priester. Hier scheint sich der Ausspruch von Loos zu bewahrheiten, daß man »aus Menschenblut Gold mache«.

Der kranke Kurfürst von Trier

Der Trierer Kurfürst Johann von Schönborn hält seine Erkrankung 1587 für eine Wirkung der Hexerei. »Ein Knabe, der bei den Hexenversammlungen gewesen, hat dem Erzbischof gesagt, daß ihm einer aus seinem Gefolge in einer bestimmten Nacht einen Gifttrank gereicht hat. Der Erzbischof übergibt den Knaben zur Heilung an die Jesuiten. Unter anderem sagt er: »... einige Hexen hätten versucht, Jesuiten durch Gift zu töten, es sei aber nicht gelungen; dann hätten sie versucht, den Weinkeller der Jesuiten auszuleeren, aber der Name JESU an den Fässern hätte sie an ihrem weiteren Vorhaben gehindert. Der Junge soll bei den nächtlichen Zusammenkünften der Hexen als Paukenschläger gewirkt haben. Er kennt ihre Künste und Zaubereien, er hat viele Zauberinnen entdeckt; er erklärt, wie sie Unwetter erregen, Vieh und Menschen töten und wie sie die Saaten vernichten«.[27]

Der Junge wird dann im Palast des hochwürdigen Herrn im Gefängnis gehalten, aber von Zeit zu Zeit vom Teufel zu den Hexenkonventen entführt. »Seit jener Zeit bleibt er bei uns, um den Hals trägt er zum Schutz ein Agnus Dei und ein Kreuz und lernt die notwendigen Heilswahrheiten. Auch andere Jesuiten müssen sich mit Klagen an die Ordensgenossen in Trier gewandt haben... man stellt immer wieder heraus, daß die Hexenverfolgungen nicht Sache der Jesuiten seien... und gegebenenfalls die Hexen zu ermahnen, daß sie im Gewissen verpflichtet sind, wenn sie vor Gericht gefragt werden, die Mitschuldigen anzugeben. Im übrigen soll man sich nicht einmischen; ferner solle man nicht danach dringen, daß irgendwelche bestraft werden. Endlich sollen die Hexen nicht zu dem Zweck exorzisiert werden, daß sie ihr bereits abgelegtes Geständnis nicht widerrufen, denn dieses alles ist nicht unsere Sache«.[28]

Vorgänge im Kölner Raum

In Köln sitzt ein Erzbischof. Köln ist eine rein katholische Stadt und bleibt selbst während der Reformation und Gegenreformation ein Bollwerk des Katholizismus. Die Scholastik blühte an der Kölner Universität. Professor Sprenger lehrt hier Theologie und ist an der Abfassung des Hexenhammers beteiligt. Seit 1589 ist Köln die Residenz eines päpstlichen Nuntius für das Rheinland.[29] Köln bleibt weitgehend von den Hexenverfolgungen verschont. Zu Beginn des 17. Jhts. kommt es zu einer Verbrennungsperiode. Der Kölner Rat lehnt alle Versuche der Protestanten, hier Anerkennung und Gleichberechtigung zu erlangen, ab. Er ist der Ansicht, daß nur eine Umgehung alles konfessionellen Haders innerhalb der Bürgerschaft zur Ruhe führt und den wirtschaftlichen politischen und kulturellen Fortschritt sichert.

Anfänge des Zauber- und Hexenwesens

Die Verfolgungen lassen sich weit zurückverfolgen. 1074 wird eine Frau von der Stadtmauer gestürzt, weil sie im Verdacht steht, durch magische Künste den Sinn der Menschen betören zu können. Sicher ist das einer der wenigen Fälle, wo gegen eines solchen Deliktes die Todesstrafe verhängt wird. Daß es ein Hexenprozeß ist, ist sehr unwahrscheinlich: eher handelt es sich um ein Beispiel aus der Volksjustiz, wie es ja auch an anderen Orten geschieht. Aus dem 12. und 13. Jht. liegen nur bruchstückhafte Überlieferungen vor. 1163 wird von der Verbrennung eines Mannes berichtet, der kurz vor seiner Hinrichtung Brot und Wasser verlangt. Man verweigert es ihm aus Furcht vor dämonischen Wirkungen. 1435 versucht ein junges Mädchen, die Rolle der 1431 verbrannten Jungfrau von Orleans zu übernehmen, indem es mit Männerkleidern und bewaffnet (anläßlich des Trierer Bischofsstreites) auftritt. Der Inquisitor Kalteisen versucht, dieses Mädchen als Zauberin vor Gericht zu ziehen, Graf von Virneburg rettet sie vor ihrem Schicksal. 1489 wendet sich der Offizial der Kölner Kurie an einen damals in Köln lebenden Astrologen und an alle Bewohner der Diözese, die mit Astrologen, Zauberern und Hexen in Verbindung stehen. Der Dominikaner Jacob Sprenger ist in diese Vorgänge verwickelt.

Für den 26. Februar 1446 ist der erste Kölner Hexenprozeß urkundlich belegt. Er wird vor dem weltlichen Gericht verhandelt und endet mit der Freilassung der Bezichtigten gegen Schwören einer Urphede. 1456 fallen zwei Todesurteile des Hohen Gerichts wegen Zauberei. Zwei Frauen stehen im Gerücht, ein Unwetter gemacht zu haben. Sie werden zum Tod durch Verbrennen verurteilt. 1487 verurteilt das hohe Gericht eine Frau und ihre Tochter wegen eines gemeinsam ausgeführten Mordes, zum Tod, nachdem die Tochter während der Folter die Mutter bezichtigt hat, auch anderen Personen das Zaubern gelernt zu haben. Das Urteil lautet auf lebendig begraben.[30] Die beiden wichtigsten und bekanntesten Kölner Hexenprozesse sind die gegen Katharina Henot (behandelt unter dem Thema Jesuiten, und der gegen Christina Blum.

Tringin von Breising

1507 ist erstmalig ein vor Gericht abgelegtes Geständnis einer Hexe überliefert. Tringin von Breising bekennt, der Teufel sei in ihr Haus auf dem Holzmarkt gekommen und dort habe sie vor ihm Gott, der Mutter Maria und allen Heiligen abgeschworen. Daraufhin hat sie der Teufel in die Stirn geritzt, sie gezeichnet und schließlich Unzucht mit ihr getrieben. Einmal sie sie auf einem Hexentanz gewesen, wo man gegessen hat und wo man gesprungen sei. Hernach habe sie ein Gewitter gemacht«.

Albertus Magnus, Thomas von Aquin

Der berühmteste Lehrer der Kölner Hochschule ist Albertus Magnus (1193—1280), dem man den Beinamen »Doctor universalis« zuerkennt. Was unseren Fragenkreis anbelangt, neigt er zu einer vorsichtigen Haltung: **die Zauberei beruhe nicht selten auf Täuschung, lediglich das Volk sehe aufgrund seiner mangelhaften Geistesbildung einen Zusammenhang zu zauberischen Handlungen«.** Trotz dieser Bedenken kann es für ihn keinen Zweifel geben, daß es wirklich Zauberei gibt und daß sie vor allem in der »impotentia ex maleficio« in Erscheinung tritt. Thomas v. Aquin wird zu seinem Schüler (um 1235—1274). Er entwickelt die Lehre des Albertus Magnus weiter. »Überhaupt kann der Anteil Thomas an der Entwicklung des Zauberglaubens, insbesondere auf dem Gebiet der Incubus- und Succubuslehre, der Teufelsbuhlschaft, des Wettermachens und der nächtlichen Luftfahrten der Hexen kaum unterschätzt werden«.[31]

Impotentia ex maleficio

»Die heiligen Väter sagen es, die Kirche hat es in den Rechtssätzen niedergelegt, und jeder weiß es, der nur etwas von Nekromatie und der Wirkung von Zauberbildern versteht. Das Malefizium durch einen Gegenzauber zu lösen, ist nach der Auffassung des Magnus unzulässig; der Betroffene muß es tragen, wenn er sich nicht durch religiöse Übungen wie Fasten und Gebete beseitigen läßt. Allerdings muß durch die impotentia ex maleficio gestörte Ehe auflösbar sein und

dem Gatten eine andere Ehe gestattet werden, denn die »impotentia ex maleficio«, also der Liebeszauber insbesondere die Unfähigkeit, der eigenen Frau geschlechtlich beizuwohnen, bezieht sich nur auf die Ehefrau, und nicht auf andere«.[32]

Synodale Beschlüsse

Gegen Ende des 13. Jhts. spricht eine Kölner Diözesansynode entsprechend der in dieser Zeit viel behandelten Frage der impotentia ex maleficio die Exkommunikation gegen diejenigen aus, die durch Zaubermittel dem Zweck der Ehe zu schaden suchten. Die Strafe der Exkommunikation gegen Wahrsager, Beschwörer und Looswerfer wird in einer erzbischöflichen Verfügung von 1357 verhängt. Eine weitere Synode von 1536 verbietet die abergläubische Anwendung geweihten Wassers, Salzes, Wachses und Kräuter bei der Heilung des kranken Viehes. Die Synode von 1450 beauftragt die Sendgerichte mit der Feststellung, ob sich Wahrsager, Beschwörer oder Personen, die mit dem Teufel Gemeinschaft haben, in den Pfarreien aufhalten. Häretikern und Zauberern wird ebenfalls die Strafe der Exkommunikation angedroht.

Erzbischof Hermann von Wied

Der Erzbischof Hermann von Wied entzieht den Hexenverfolgungen im Kölner Raum eine wesentliche Stütze, indem er 1538 in dem von ihm herausgegebenen »Enchiridion christianae institutiones«, den Kanon episcopi aufrecht erhält und damit den weitverbreiteten Glauben an die Luftfahrten der Hexen und an die Tierverwandlungen verwirft. Er lehnt zudem die Wasserprobe ab. Auf der anderen Seite beginnen sich die Vorstellungen im Volk breitzumachen, so daß die fortschrittlichen Gedanken des Bischofs keine Wirkung haben. In seinem Reformationsbuch »Einfältiges Bedenken« steht: »Wer vom Gestirn, Wolken und anderen Werken Gottes in Lufften, wollte Zeit und Gelegenheit nehmen, Fall oder Unfall erwarten, wie etwa die Heiden und Juden gethan... Dergleichen thuen auch die, so Kräuter, Stein und andere natürliche Dinge durch Segen beschwören und andere abergläubische Weisen, wie Ungewitter, Gespenst des Teufels; item verlorene Ding zu finden, verborgene Ding zu erfahren und dergleichen Sachen, wozu Gott solche Ding nicht verordnet hat, gebrauchen...«.

Gedenkbuch des Ratsherren Hermann Weinsberg[33]

»Es ist ein heimliches verborgenes Werk mit der Zauberei. An vielen Orten glauben viele Leute daran, sie können es aus der heiligen Schrift beweisen. Was es aber für ein Handel sei, das geht über meinen Verstand und ist mir verborgen... aber daß alles wahr sein soll, was man von Zaubereien sagt und nachschwätzt, kann ich nicht glauben«.(1589) Und an anderer Stelle:

»Anno 1589 den 30. Juni wollten etliche für gewiß halten, daß die Hexen oder Zauberinnen das Unwetter verlittener Nacht gemacht hätte. Denn das Gerücht ging jetzt stark, wie der Kurfürst in und außer Trier, viele Zauberer und Zauberinnen, Männer und Frauen, Geistliche und Weltliche, gefangen, verbrannt, ertränkt habe. Einige geben vor, es sei eine freie natürliche Kunst, womit Hochgelehrte und Prälaten sich befaßten, vielleicht die Nicromantica, Schwarzkunst oder dergleichen darunter verstehen, wie wohl auch dieses verboten ist. Über die Zauberei kann ich nach meinem Verstand nicht urteilen; ich höre auch, die Leute sind sich nicht darüber einig. Etliche glauben gar nicht daran, halten es für Phantasie, Träumerei, Tollheit, Dichtung und Nichtsnutzigkeit. Andere Gelehrte und Ungelehrte halten hart darauf. Gott allein wird es wohl am besten wissen... Mich gibt es Wunder, daß in dem katholischen Stifte von Trier und in mehreren anderen Orten so viele böse Weiber gibt, warum dem Teufel dort mehr von Gott die Zauberei gestattet werden soll, als in der Stadt Köln. Soll es denn in Köln nicht so viele Mittel geben, die Wahrheit zu erforschen? Heute noch sitzt ein armes altes Weib auf dem Alten Markt am Brunnen im Schuppen Tag und Nacht; man sagt, es ist eine Zauberin, verlangt, man solle sie verbrennen... aber man läßt sie passieren und sagt, daß sie toll sei... die Zauberei ist ein ungewisser Handel und man hat große Ursachen, daran zu zweifeln. Es gibt zwar böse Leute, die irgend ein Weib Zauberin schelten, dadurch in den Mund des Volkes bringen, und das Volk hält dieses Weib dann für eine wirkliche Zauberin; wenn man aus Haß oder aus Leichtfertigkeit seine Mitmenschen in so böses Gericht bringt, wird man schwerlich solches vor Gott verantworten können... Ich weiß wohl, daß es manche böse, argwöhnische, niederige, aufsässige, unzüchtige, schädliche Weiber gibt. Daraus folgt aber gar nicht, daß dieses Zauberinnen seien. Niemals aber habe ich ein Weib gesehen, das imstande wäre, Hasen, Hunde Katzen, Mäuse, Schlangen oder Kröten zu machen, mit einem Bock durch den Schornstein zu fliegen, in Weinkeller zu schlüpfen, mit dem Teufel zu tanzen; und derjenige, der das sagt, er habe es gesehen, kann Lügen. Laß Gott richten«.[34]

Peter Stube (?), Johann von Pulheim, Jacob Pechnau

Am 31. Oktober 1589 (?) wird in Köln Peter Stube geviertteilt und verbrannt, weil er 25 Jahre mit einer Teufelin gebuhlt hat, und sich mit Hilfe eines Gürtels in einen Wolf verwandelt haben soll. Darauf bezieht sich vermutlich der Ratsherr von Weinsberg. Am 8. Mai 1593 wird Johann von Pulheim geviertteilt. Er soll an die 200 Pferde und Vieh geraubt und viele Leute umgebracht haben. Man sagt ihm nach, er habe schwangere Frauen aufgeschnitten und die Herzen der Kinder gefressen, um sich schußfest zu machen. Einen ähnlichen Fall berichtet der k. sächsische Altertumsverein aus dem Jahr 1846 von Jacob Pechenau aus Wurzen im Jahr 1570. Er hat mehrere hochschwangere Frauen ermordet, aufgeschnitten, um sich der Leibesfrucht zu bedienen, damit er unsichtbar wird. Er wird mit glühenden Zangen gezwickt, auf einen Wagen gebunden und lebendig auf das Rad geflochten.[35]

Pfarrer Duren, Graf Werner von Salm

An dieser Stelle kann ein lang in der Hexenliteratur mitgeschlepptes Mißverständnis geklärt werden, dem auch Soldan aufgesessen ist. Es geht um einen Schriftwechsel zwischen dem Pfarrer Duren von Alfter an den Graf Werner von Salm. Er schreibt: »Solche Opfer sind aber mehrentheils Hexenmeister dieser Art. Es geht gewiß die halbe Stadt drauf. Denn allhier sind schon Professores, Candidati juris, Pastores, Canonici und vicarii, Religiosi eingelegt und verbrannt. Ihre Fürstliche Gnaden haben siebzig Alumnos (Kostschüler) des Priesterseminars, welche folgends Pastores werden sollten, von welchen quidam insignis musicus, gestern eingelegt; zwei andere hat man aufgesucht, sind aber ausgerissen. Am Abend unserer Lieben Frau (7.September) ist eine Tochter allhier, so den Namen gehabt, daß sie die schönste und züchtigste gewesen von der ganzen Stadt, von neunzehn Jahren, hingerichtet, welche von dem Bischofe selbst als Kind aufgezogen«. Kinder von drei bis vier Jahren haben ihren Buhlen. Studenten und Edelknaben von neun, zehn, elf, zwölf, dreizehn und vierzehn Jahren sind hier verbrannt. Summa, es ist ein solcher Jammer, daß man nicht weiß, mit was Leuten man conversiren und umgehen soll«.

Ohne Zweifel liegt hier eine Verwechslung zugrunde. In Dumonts Aktenstücken (Das Dekanat Hersel) ist der Original-Wortlaut des Schreibens abgedruckt. Es lautet: »Sonsten bin ich (Pfarrer Durer) vor zwei oder drei Tagen in Bonn gewesen... und hab auf Ew. Gnaden Gesundheit getrunken. **Über Tisch kam ein Schreiben von Würzburg an Schlaster,** von einem Canonico bonnensi abgegangen, ungefähr dieses Inhalts: »ein Faß Wein de anno 1626 wird allhier verkauft für 140 Reichstaler, deren Se. fürstliche Gnaden noch in ihrem Keller hat 4.000, und sonst haben die Reichsten auch noch ihre Keller wohl versehen. Solche sind aber mehrentheils Hexenmeister. Dieser Art geht gewiß die halbe Stadt darauf...«.

Daß es nur eine Verwechslung sein kann, wird durch kongruente Vorgänge im Raum Würzburg bestätigt.

Generalvikar Johann Gelenius, Dechant Glimbach

Ferdinand findet weitgehende Unterstützung für sein energisches Vorgehen gegen die Hexen in der Geistlichkeit. Vor allem ist der damalige Generalvikar Johann Gelenius, der sich als Gelehrter und Historiker einen bedeutenden Ruf erworben hat, ein eifriger Förderer der Hexenverfolgungen. Der kurfürstliche Hofrat bittet ihn bei den Hexenprozessen mehrfach in theologischen Streitfragen um Gutachten. Der Dechant von St. Severin, Glimbach, hat ebenfalls zur Steigerung des Hexenwahns seinen Betrag geleistet. Während im Sommer 1629 die der Zauberei Angeklagte Christine Plum aus der Haft entlassen wird, erfragt er von ihr die Namen der zuvor in den Verhören denunzierten Personen und gibt sie an Dritte weiter.[36] Der Rat verurteilt dieses Vorgehen auf das schärfste.

Diesen Aktivatoren stehen einige vernünftige Männer gegenüber: einmal der Jesuit Friedrich von Spee und dann der Dechant Hartger Henot. Vergl. den prozessualen Verlauf gegen Catherine Henot. Spee befindet sich in den Jahren 1627 und 1628 am Kölner Dreikönigsgymnasium. Es ist denkbar, daß er durch diese Vorfälle zur Abfassung der »Cautio criminalis« angeregt wird. Henot legt aufgrund des ungerechten Prozesses in Köln seine Ämter nieder. Das hat u.a. zur Folge, daß er selbst in den Verdacht der Zauberei gerät.

1631 geht eine der Zauberei verdächtige Frau zum Markt und wird als »schwarze Hexe« angerufen. 1647 und 1650 kommt es in Köln zu weiteren Prozessen, 1647 sind es eine Frau und ein elfjähriger Junge. Sie werden wegen Zauberei zum Tode verurteilt. 1648 und 1650 verhängt das Hohe Gericht ebenfalls ein Todesurteil wegen Zauberei.[37]

Fürstentum Münster

Die ältesten hierher gehörenden Akten des Appelationsgerichtes beziehen sich auf einen Hexenprozeß aus dem Jahr 1565, der am Freistuhl von Liesborn verhandelt wird. Der damalige Fürstbischof von Münster, Bernhard von Raesfeld, läßt sich die einzelnen vom »Drosten oder Rentmeister zu Stromberg über den Verlauf der Untersuchung eingesandten Akten vorlegen und beantwortet sie größtenteils in eigenhändigen Schreiben. Das ausgefolterte Geständnis genügt ihm nicht zur gerichtlichen Feststellung der Schuld. Dazu sind nach seiner Auffassung **(welch ein Lichtblick in dieser Epoche)** rechtsgültige Zeugen erforderlich. Als solche Nachweise nicht erbracht werden können, befiehlt er die Freilassung der Angeklagten und will sie unter die besondere Obhut des Ortspfarrers stellen. Vogt und Untersuchungsrichter müs-

Fürstbischof Neithard von Thüngen.

sen eine ernste Mahnung hinnehmen, in Zukunft nicht wieder auf bloßen Verdacht hin und um des Geredes der Leute willen, Menschen ihrer Freiheit zu berauben, sondern sich **vorher** von deren Schuld zu überzeugen. 1650 wird Christoph Bernhard von Galen zum Bischof von Münster gewählt. Die Gegenreformation ist großteils durchgeführt und findet ihren Abschluß. Mit dieser Entwicklung nehmen die Hexenprozesse ab. »Je seltener die Prozesse selbst werden desto mehr schwindet in der Bevölkerung der Glaube an deren Wirklichkeit, desto vorsichtiger wird man mit der Folter. Außerdem regt sich für Staat und Kirche der gefährliche Gedanken der Aufklärung.

Vorgänge in Bamberg

In Bamberg stammt der erste Fall von Zauberei vom 24. August 1421. Die Quelle ist das Bamberger Echtbuch (Achtbuch). Darin heißt es: »... daß Jacob Vogler vom Pleydenstein einen Eid geleistet habe, für 10 Jahre den Umkreis von 10 Meilen um die Stadt Bamberg nicht zu betreten, weil er den Leuten wahr-

Fürstbischof Georg II. (Fuchs von Dornheim)

Hallstadt, Steinwiesen und Staffelstein. Aus Bamberg ist vom Regierungsantritt Gottfried von Aschhausen bis zum März 1616 nur ein einziger Prozeß überliefert (1614). 1617 werden die Verfahren auffallend häufig. Sie gehen etwa zur Zeit den Beginns des 30jährigen Krieges, um 1618, wieder zurück. Der Höhepunkt der Hexenverfolgungen in Bamberg wird unter Johann Georg II. Fuchs von Dornheim (1623—1633) erreicht. Lambreg hat für diesen Zeitraum mehr als 900 Untersuchungen nachgewiesen. Sie betreffen Bamberg und das benachbarte Zeil. Darunter findet sich das erschütternde Verfahren gegen den Bamberger Bürgermeister Junius.

In Bamberg wird durch das Heranrücken der Schweden die Verfolgung der Hexen und Zauberer abgebrochen. Als der Feind vor der Stadt steht, liegen Verdächtige im Drudenhaus. Man hat sie entlassen, nachdem sie geschworen haben, über ihre Behandlung während der Haft zu schweigen. So berichtet die Chronik der Dominikanerin Maria Anna Junius.[40] Fuchs von Dornheim muß, nach dem Scheitern der Verhandlungen mit dem Schwedenkönig, aus dem Hochstift fliehen. Bamberg ergibt sich am 1. Februar 1623. Der Bischof kann nicht in seine Residenz zurückkehren. Er stirbt am 29. März 1633, verzehrt von Sorgen, an der oberösterreichischen-steiermärkischen Grenze im Kollegialstift Spital am Pyhrn.[41]

Johann Georg, Friedrich Forner

In Bamberg beginnt 1625 unter Johann Georg eine lange Reihe von Hexenprozessen. Die rechte Hand des Bischofs ist der Suffragan von Bamberg, Friedrich Forner, ein unbedingter Anhänger der Jesuiten und Todfeind der Zauberer und Ketzer, gegen die er außerdem als Schriftsteller auftritt.[42] Nach Soldan-Heppe läßt Forner in Bamberg ein »Hexenhaus« errichten. Ein Aktenstück von 1631 besagt: »Designatio: welche Personen im abscheulichen Hexenhaus zu Bamberg bezichtigter Veneficii noch jämmerlich enthalten und unschuldig elledtlich gequelt werden«.[43] Da ist von 33 Personen die Rede, von denen eine schon über vier Jahre im Gefängnis gehalten wird. »Nachfolgende Personhen seindt durch unerhörte Speis alls hering mit lauter Saltz vnd Pfeffer zum Prey gesotten, so sie ohne ainichen trunck essen müessen. Item mit einem Wannen Baadt von siedheißem Wasser mit Kalch, Saltz, Pfeffer vndt anderer scharfen Matherie zugerichtet neben andern erfundenen Torturen auch Hungers Noth ohne einichen christlichen Trost, Urtl oder Rath ellendtlich vmb ihr Leben kommen«.

Forner sagt in seiner Panoplia, warum Gott die Hexerei zuläßt: »Der Grund sei, um die lässigen Magistrate anzusprechen und die Katholiken zu beschämen, welche behaupten, es gebe keine Hexen, es ge-

sagen wollte, wer ihnen die Pferde gestohlen hätte.[38] 1591 hat der Markgraf von Ansbach-Bayreuth seine geistlichen und weltlichen Räte versammelt, um sich mit ihnen über die Bekämpfung der Hexenprozesse zu beraten. Am 25. August fertigt Adam Francisi seine »Generalinstruktion von den Trutten« aus.[39]

Das erste Todesurteil, das vom Zehntgericht gefällt wird, trifft in die Regierungszeit des Bischofs Neythard von Thüngen (1591—1598). Im Bamberg wird am 14. August 1595 das Urteil des Zehntgerichts vom 31. Juli durchgegangen und bestätigt: »...daß Margaretha Behemerin wegen Teufelsbündnisses zum lebendigen Brand verdammt«. Am 30. März 1610 erläßt Fürst Johann Gottfried von Aschhausen für Bamberg ein Mandat »gegen das gräuliche hochsträfliche Hauptlaster der Zauberei, Wahrsagerei, verdächtige, unnatürliche verbotenen Kunst«. Nach dieser gedruckten Verordnung verfallen Zuwiederhandelnde dem kaiserlichen Recht und der Bamberger Gerichtsreformation (Bambergensis).

Vom Juni 1612 bis Herbst 1613 werden in Kronach eine Reihe von Verfahren durchgeführt, ebenso in

IULIUS
Echter de Mespelbronn

Fürstbischof Julius Echter von Mespelbrunn.

IOANNES GOTTFRIDUS
ab Aschausen

Fürstbischof Gottfried von Aschhausen.

schehe alles im Traume und nichts in Wirklichkeit und somit widerfahre ihnen Unrecht, wenn sie **nicht** hingerichtet würden«.

1659 erscheint in Bamberg mit bischöflicher Genehmigung eine Broschüre. Darin: »Es sind auch etliche katholische Pfarrer darunter gewesen, die so große Zauberei und Teufels-Kunst getrieben, daß nicht alles zu beschreiben ist, daß sie viel Kinder in Teufels-Namen getauft haben. Die Bürgermeisterin Lambrech und die dicke Metzgerin haben bekannt, daß sie den Zauberern die Salbe gemacht haben und von einer jeden Hexen wöchentlich zwey Pfennig bekommen, »...hat ein Jahr sechshundert Gülden gemacht«. Es haben auch die Zauberin bekannt, wie ihrer 3000 die Walpurgis-Nacht bei Würzburg auf dem Kreydenberg auf dem Tanz gewesen. Es sind etliche Mägdlein von sieben, acht, neun und zehen Jahren unter diesen Zauberern gewesen, deren zweiundzwanzig hingerichtet und verbrannt worden... und seynd in dem Stifft Bamberg über die 600 Zauberin verbrannt worden, deren noch täglich viel eingelegt und verbrannt werden«.

Auch hier kommt es zu den dümmsten Aussagen. »Die Bäcker müssen das Brot mit teuflischer Salbe geschmiert haben, damit die Leute verdorren«. »Der Bürgermeister Neydecker hat, um Pestilenz zu erregen, die Brunnen vergiftet«. Eine Frau wird beschuldigt, »eine Kuh in einen Fiedelbogen gezaubert zu haben«.[44]

Daß es auch unter den Priestern schwarze Schafe gibt, zeigt sich aus folgender Begebenheit. In Bamberg gibt eine Else Geiger an, daß sie die Margaretha Münchin zu dem Laster der Zauberei verführt hat. Sie wird peinlich untersucht. Als die Geiger hingerichtet ist, meldet der Beichtvater: »..sie habe ihm eröffnet, daß nicht die Münchin, sondern eine andere mit Namen Rüghammer ihre eigentliche Verführerin gewesen sei«. Diese Angabe des Beichtvaters wird wörtlich im Protokoll festgehalten.[45]

Die Hexenversammlung in der Ratsstube

Diese seltene (!) Begebenheit hat u.a. Hans Fichtberger am 26. Februar 1628 bestätigt: »sie seyen in der

PHILIPPUS ADOLPHUS
ab Ehrenberg

IOANNES PHILIPPUS
L.B. a Schönborn

Fürstbischof Adolf von Ehrenberg.

Fürstbischof Johann Philipp von Schönborn.

fürstlichen Ratsstube in Bamberg eingefahren«. Bürgermeister Junius bestätigt es ebenfalls, obwohl er sich darüber im klaren ist, unter dem Druck der Folter, daß es erdichtet ist: »5. July 1628 sei er selbst nebst anderen in der fürstlichen Ratsstube an den Ort zur linken Hand... nächtlicherweise bei einer Drudenversammlung gewesen. Das gleiche sagt Bartholomäus Graf (ehemaliger Bürgermeister von Bamberg) »vor einigen Jahren habe eine teuflische Zusammenkunft in der fürstbischöflichen Ratsstube stattgefunden«.[46]

Einige Prozesse

Anna Keurin, Büttnerin bey St. Gangolff

Die 62jährige Anna Keurin wird wegen angeblicher Zauberei und Hexerei in Güte examiniert, will aber auf vielfältiges Reden nicht gestehen...weswegen man mit ihr peinlich prozediert. Sie wird mit dem Daumenstock und den Beinschrauben gefoltert. Man zieht sie auf und besichtigt sie: »seindt 2 Kleine schwarze Steinlein von der rechten Achsel herauß ge-

fallen, will nicht wissen, was es seye, hat auch nichts gebluthet«. Am 21.Juni kommt sie für eine Stunde auf den Bock. »Will nichts wissen fruchten, wisse und könne nichts«. Sie wird später noch zweimal gefoltert. Schließlich, als man ihr erneut den Daumenstock anlegt, bekennt sie:

- Vor etwa 22 Jahren, als sie eben im Kindbett gelegen, seye zu Nachts ein fremder Mann zu ihr kommen, und so fründlich angeredet, daß sie ihme gar in das Beth hinein gelassen und die Unzucht mit ihme verübt, welches werck so Natürlich nit alß mit ihrem Hans, sondern etwas kalt und das glied anfangs gar groß gewesen.

- Nach vollbrachter ungebühr habe dieser vermainte Burger anfangs gar gruelich zuuendern, eine großen schwartzen Kopf mit Hörnern bekommen, auch Hend gehabt, mit Klappen und Fueß, wie die Gaißfüeß...

- Etlich zeit danach, ungefehr inner 6 tagen seye der böse feynd abermahlen zu ihr Kommen, die Unzucht wiederumbden mit ihr getrieben... sie aber habe in Großfickhel nennen müssen

365

Fürstbischof Franz von Hatzfeld.

- Bei einer teuflischen Zusammenkunft habe ihr Großfickel ihr gleich nach der tauff in die Schamb geben
- Bei den Zusammenkünften seye jedesmahl ein Obrister teufel gewesen, der jedem habe zubefehlen gehabt, deme man allerley reverenz erzeigen, und so gar den hintern küssen müsse
- Ungefehrlich 3 oder 4 mal habe sie »modo mirabili« dergestalt leichten müssen, indem Ihr der böse feindt das Liecht, sowohl in die Pritschen, alß in den Hintern gesteckt.

Am 28. Januar (oder am 23.: schlecht im Original zu lesen) wird der Anna Keurin die Aussage vorgelesen: »...welche dann solche freywillig ratificirt und wahrsagt, wölle auch darauf leben und sterben, ist hierauff mit dem Daumenstock torquiert worden... bleibt bestendig«. Das ist einer der seltenen Fälle, wo die sog. »Tortura peculiaris« im Protokoll erwähnt wird.

Hanns Lamprechten

Das Urteil stammt aus dem Jahr 1627 und verdeutlicht, wie streng und herrschsüchtig der Bamberger Bischof seine Sache betreibt. Ein Bürger von Bamberg soll ihn mit groben Schimpfreden angegangen haben. Auch die Gotteslästerung wird genannt:

Im Urteil heißt es: »Obwohlen der Hochwürdig unser allerseits gnädiger Fürst undt Herr von Bamberg... verursacht gewesen wehre, mit gegenwertigem Hansen Lamprechten, wegen seiner wider Hochermelt fürstlich Gn.: deroselben Justitien undt weltlichen gewallt, außgegossenem Hohen Ehren schmehelichen juridischen Reden, etwas anderts vornehmen zulassen. So haben es jedoch Hochermehldte Fürstl. Gn.: gnädig dahin gemittelt, daß allen andern zur abschew, wegen solcher außgegebener Lasterhafften verlogenen Reden, Ihme Hanns Lamprechten, seine Lügenhaffte Zung,[47] auf offenem Pranger, mit einem Pfriemen durchstoßen, alßdann sein Cörper, vermög des gegebenen urtheils und publicierten gnadenzettels, gleich andern, mit dem Schwerdt vom Leben zum todt hingerichtet vnd zue Pulveraschen verbrendt werden solle; signatum den 22. Sept.: anno 1627. Ex mandato«.

Anna Eysenpeisin (Milchzauber)

Hier hat sich ein Brief erhalten, der dem Bischof zugestellt wurde. Das ist wichtig, festzustellen, denn es zeigt die enge Bindung des Landesherrn zu seinen Bürgern, es zeigt auch die Untertänigkeit, die praktisch jede freie Geistesregung unterdrückt: es zeigt den blinden Gehorsam an die Obrigkeit.

»Guter Hochwürdigster, Hochgeborner Fürst, Gnedigster Fürst und Herr... Alß wir heut mit Anna Eysenpeinin daß Examen angefangen, hat gleich nachts mein Castners Kuhe sal.: vern: eine bludt geben, so 8 tag gewehrt, des andern tags es noch einer ins Eüter geschoßen, deren derhalbe theil verdorben, von welcher Mann bis gegenwertige stundt nichts genießen kann. Die Dritte ist dermaßen außgematt worden, daß man das daran getrunckene Kalb hat hinwegthun müssen, wo man auch mit geistliche sachen gebraucht, und der Eysenpeisin gedroht hatt, da sie es gethan, sie das wider vbstun solte, Keine davon Kommen were, ob nun die geistliche, oder sie geholfen, weis man nit...(so) daß keine mehr 1/2 Seidlein Milch gibt.. Dahero für Hochfürstl. Gnaden unterthenigst bitten, falls Sie etwann in der Tortur, daß sie nit richtig war, bekennen solte, gnedigst zu befuehlen, damit ueber dergleichen Sie möge examinirt werden. Datum Wißmain den 15. Apt. April 1630. Euer Hochfürstl. Gnaden gehorsambste Diener Johann Christian von Bengenöe. Hanns von Eybcast.

Der Stand der Veterinärmedizin ist unterentwickelt. Man sieht in jeder unnatürlichen oder nicht erklärbaren Krankheit ein Handeln des bösen Feindes, des Satans. Er muß eine Hexe angestiftet haben, dieses Unholdenwerk zu begehen. Zu beweisen gibt es nichts, da der Wahn alle Schichten der Bevölkerungen befangen machte. Auf der anderen Seite muß aber auf die Bedeutung der Landwirtschaft in den damaligen Zeiten hingewiesen werden. Sie bedeutete die Existenz. Und deshalb ist verständlich, wenn der »gemeine Mann« hier besonders empfindlich ist. Das gleiche betrifft die großen Gewitter (sie führen u.v.a. in Esslingen zu den Hexenprozessen) und die Hungersnöte, Fröste, die strengen Winter (sie führen in Trier zu den Hexenprozessen). In der ersten Phase, also noch vor dem 30jährigen Krieg, scheint der Kampf gegen die Naturgewalten das Übliche zu sein. Später werden Prozesse schematisiert und zusehends mit Grausamkeiten der schlimmsten Art gefüllt.

Brief des Johann Jacob Mitterspacher

Das ist einer der häufigen Fälle des Wegzauberns der »Mannschaft«, also der Zeugungsfähigkeit des Mannes. Die medizinische Literatur des 16. und 17. Jhts.wimmelt von Rezepten, die die männliche Potenz und die weibliche Frigität belangen. Vergl. hierzu die Ausführungen des Dr. Gockelino.

»Gestrenge, Edle, Veste, Ehrnveste, Hoch- undt Wohlgelärte Fürstliche weltliche Herrn Räte...Da ergangenen befehlen den 7. April ist Anna Hofmännin zur Halstatt in Verhafft genommen... (da) sagt Albrecht Gußregen... daß vor etlich wochen bei einem halbmaß wein ... sey Anna Hofmännin sambt ihrem Man auch am Disch gesessen vndt getruncken, als sie ein bös geschrey erschocken, in deme er sie von sich gestoßen, hette er sich in die handt mit einem messer verletzt... darneben befind er andern tags, daß ihme die mannschaft genommen worden. als ʿer darüber gar schwach, gebeicht, undt mit Gott dem Allmechtigen sich versehen lassen... kombt die Hofmännin zu dem granen, der granck sein noth glaget, ʂtriche sie ihme zweymahl mit der handt üeber die bein ob dem knie, darüber in kurtzen der granck wider zu kräfften kommen vndt befunden, daß ihme die mannschaft restiuiert... Actum halstatt den 10: Aprilis anno 1617. Eüer Gnaden vndt herlihkeiten Vnderthäniger Gehorsamber vogt daselbsten Johan Jacob Mitterspacher.

Bürgermeister Junius

Junius ist in Niedermaisch in der Wetterau geboren. Seit 1614 ist er Bürgermeister von Bamberg, zuletzt 1624—1628. 1628 wird er als »druttenmeister« eingezogen und so lange gefoltert, bis er ein »vollständiges« Geständnis ablegt. Er wird, wie seine Frau zuvor, nach unsagbaren Qualen dem Tod überliefert.

Er wird mit dem Schwert hingerichtet und dann verbrannt. **Junius schreibt kurz vor seiner Hinrichtung einen Brief an seine Tochter Veronika. Dieser Brief hat sich erhalten. Er zählt zu den erschütterndsten und realistischsten Dokumenten der Hexenprozesse, weil daraus die ganze Grausamkeit erkennbar ist.** Ohnmacht steht gegen Ohnmacht. Der Einzelne ist ohnmächtig, den Klauen zu entkommen, die Obrigkeit ist vom Zeitgeist befangen und überzeugt, korrekt zu handeln, wenn sie die Druten, Hexen und Zauberer ausrottet. Der Brief hat das Datum vom 24. Juli 1628 und folgenden Inhalt:[48]

»Zu viel hunderttausend guter nacht herzliebe tochter Veronika. Unschuldig bin ich in das Gefängnis gekommen, unschuldig bin ich gemartert worden, unschuldig muß ich sterben. Denn wer in das Haus kommt, der muß ein Drudner werden oder er wird so lange gemartert, biß er etwas auß seinem Kopf erdachtes weiß, und sich erst, daß Gott erbarme, auf etwas bedencke. Will dir erzählen, wie es mir ergangen ist. Als ich das erste mal bin auf die Frag gestemmt (?) worden, war Doktor Braun, Doktor Kötzendörffer und fremde Doktoren da.[49]

Da fragt mich Doktor Braun zu Abtswert: wie kommt ihr daher. Ich antwort: »durch die Falschheit, Unglück. Hört ihr, sagt er: Ihr seid ein Drudner, wollt ihr gutwillig gestehen, wo nicht, so wird man euch Zeug herstellen und den Henker an die Seite. Ich sagt, ich bin kein Drudner, ich hab ein reines Gewissen in der Sache, wenn gleich tausend zeugen wären, so besorge ich mich nicht, doch will ich gerne die Zeugen hören. Nun wurde mir das Kanzlers Sohn[50] vorgestellt, so fragte ich ihn: »Herr Doktor, was wißt ihr von mir? Ich hab die Zeit meines Lebens weder im guten wie im bösen nie noch (mit Euch) zu tun gehabt«. So gab er mir die Antwort, Herr Kollege, wegen des Landgerichts. Ich bitte euch um der Zeugen. In der Hofhaltung habe ich euch gesehen«. Ja, wie aber? Er weiß es nicht. So bat ich die Herren Kommisarien, man soll ihn beeidigen und recht examinieren. Sagt Doktor Braun, man werde es nicht machen, wie Ihr es haben wollt, es ist genug, daß er euch gesehen hat. Gehet hin Herr Doktor. Ich sagt: »so, Herr, was ist das für ein Zeug? Wenn es also gehet, so seid ihr so wenig sicher, als ich oder sonsten ander ehrlicher Mann. Da war kein Gehör.

Danach kommt der Kanzler[51] sagt wie sein Sohn: habe mich auch gesehen, hat mit aber nicht auf die Füße gesehen, was ich bin. Danach die Hoppsen Elß.[52] Sie hatte mich im haupts Mohr[53] tanzen sehen. Ich fragte noch, wie sie sah? Sie sagt, sie wüßte es nicht. Ich bat die Herren um Gotteswillen, sie hörten, daß es lauter falsche Zeugen wären, man solle sie doch beeiden und sicher examinieren, es hat aber nicht sein wollen, sondern gesagt, ich sollte es gutwillig bekennen oder der Henker würde mich dazu zwingen. Ich gab zur Antwort: ich habe Gott niemals verleugnet, so wollte ich es auch nicht tun, Gott solle mich gnädig davor behüten. Ich will eher dafür ausstehen, was ich soll. Und da kam leider, Gott erbarme es im höchsten Himmel, der Henker und hat mir den Daumenstock angelegt, beide Hände zusammengebunden, daß das Blut zu den Nägeln herausgegangen und allenthalben daß ich die Hände in 4 Wochen nicht gebrauchen konnte, wie du ja aus dem Schreiben sehen kannst. So habe ich mich Gott und seiner heiligen fünf Wunden befohlen und gesagt, weil es Gottes Ehre und Namen angelangt, den ich nicht verleugnet habe, so will ich meine Unschuld und alle diese Marter und Pein in seine fünf Wunden legen, er wird meinen Schmerz lindern, daß ich solche Schmerzen ausstehen kann. Danach hat man mich ausgezogen, die Hände auf den Rücken gebunden und auf die Höhe der Folter gezogen. Da dachte ich, Himmel und Erde gehen unter, sie haben mich achtmal aufgezogen und wieder fallen lassen, daß ich unselige Schmerzen empfand.

Und dies ist alles nackt geschehen, denn sie haben mich nackt ausziehen lassen. Als mir nun unser Herrgott geholfen, habe ich zu ihnen gesagt: Verzeihe euch Gott, daß ihr einen ehrlichen Mann so unschuldig angreift, wollt ihr ihn nicht allein um Leib und Seele, sondern auch um Hab und Gut bringen. Da sagt Doktor Braun: »Du bist ein Schelm«. Ich sagte: »Ich bin kein Schelm, noch solcher Mann und bin so ehrlich, als ihr seid, allein weil es also zugeht, so wird kein ehrlicher Mann in Bamberg sicher sein, Ihr genausowenig wie ich oder ein anderer. Sagte der Doktor: »er ist nicht vom Teufel angefochten...« Ich sagte: » ich auch nicht, aber eure falschen Zeugen, das sind die Teufel, eure scharfe Marter. Denn ihr laßt keinen hinweg und wenn er gleich alle Marterungen aushält«.

Und dieses ist den Freitag, den 30. Juni geschehen, habe ich mit Gott die Marter ausstehen müsse. Habe mich die ganze Zeit nicht anziehen oder die Hände gebrauchen können ohne die anderen Schmerzen, die ich ganz unschuldig leiden muß. Als nun der Henker mich wieder hinweggeführt in das Gefängnis, sagte er zu mir: Erdenket etwas, denn ihr könnt die Marter nicht aushalten, die man euch antut, und wenn ihr sie auch alle ausstäht, so kommt ihr doch nicht wieder hinaus, wenn ihr gleich ein Graf währet, so fängt die Marter wieder auf die andere an, bis ihr gesteht, daß ihr ein Truttner seid, und sagt, eher läßt man euch zufrieden, wie aus allen Urteilen zu ersehen, daß eines wie das andere gehet. Danach kam der Georg und sagte, die Kommisarien haben gesagt, mein Herr[54] wolle ein solches Exempel an mir statuieren, daß man darüber staunen solle: so hatten die Henker alleweil zusammen geäußert und wollten mich wieder peinigen, er bat mich um Gotteswillen, ich solle etwas erdenken, und wenn es auch ganz unschuldig wäre, so

käme ich doch nicht wieder hinaus; es sagte mir der Candelgießer, Newdecker und andere.

So habe ich gebeten, ich sei gar übel auf, man solle mir einen Tag Bedenkzeit geben und einen Priester. Der Priester wird mir abgeschlagen, aber die Zeit zu bedenken war mir gegeben. Nun, herzliebe Tochter, was meinst Du in was für eine Gefahr ich gestanden und stehe. Ich sollte sagen, ich wäre ein Tuttner und bin es nicht. Soll Gott erst verleugenen und habe es zuvor nicht getan. Habe mich Tag und Nacht hoch bekümmert, endlich kam mir indem noch ein Gedanke: ich sollte unbekümmert sein, weil ich keinen Priester bekommen habe, mit dem ich mich beraten kann. Sollte ich etwas bedenken, und es dann sagen. Es ist ja besser, ich sagt es nur mit dem Maul und Worten, und habe es im Werk nicht getan. Sollte es danach beichten und es die verantworten lassen, die mich dazu genötigt haben. Darauf hab ich dann den Pater prior im prediger Closter begert, ihn aber nicht bekommen können. Und dann dieses ist meine Aussage, wie folgt, alles ist gelogen.

Nun folgt, herzliebes Kind, was ich ausgesagt habe, daß ich in der großen Marter und der harten Tortur entgangen bin, welche ich unmöglich länger hätte ausstehen können. Nämlich als ich anno 1624 und 1625 eine Kommission von Rottweil gehabt, habe ich dem Doktor auf die Kommission in meiner Rottweylisch Rechtfertigung auf die 600 fl. geben müssen, also daß ich viele ehrliche Leute angesprochen, die mir ausgeholfen. Das ist alles wahr. Und nun folgt meine Aussage mit lauter Lügen, die ich auf Befragung der noch großen Marter sagen und darauf sterben muß.

Nach diesem sei ich auf einem Feld bei dem Friedrichsbrunnen gegangen, ganz bekümmert, habe mich daselbsten niedergesetzt, da sei dann ein graßmedlin (?) zu mir gekommen und gesagt: »was macht ihr, warum seid ihr so traurig? Ich habe geantwortet: »Ich weiß es nicht, also hat sie sich näher zu mir gemacht. Sobald solches geschah, ist sie zu einem Gaißbock geworden und hat zu mir gesagt: siehe nun mit wem du es zu tun hast, hat mir an die gurgel gegriffen und gesagt, du mußt mein sein oder ich will die umbringen. Da habe ich gesagt, behüte mich Gott davor. Also ist er verschwunden und bald wieder gekommen und hat zwei Weiber und drei Männer gebracht. Ich (sollte) Gott verleugnen, so habe ich es getan: Gott und das himmlische Heer verleugnet: darauf hat er mich getauft und waren die beiden Weiber die tauf dotten,[55] haben mit einen Dukaten eingebunden, das wäre aber nur eine Scherbe gewesen.

Nun vermeinte ich, es wäre vorüber, da stellte man mir den Henker an die Seite, auf welchen Tänzen ich gewesen, das wußte ich nicht, wo aus oder ein. Ich besann mich, daß der Kantzler und sein Sohn und die Hopffen Else alte Hofburg, Ratsstube und Hauptsmoor genannt hatten, und was ich sonsten bei den derartigen vorlesen gehört hab, nannte ich auch solche Orte. Danach sollte ich sagen, was für Leute mich da gesehen hätte. Ich sagte, ich hätte sie nicht gekannt. »Du alter Schelm, ich muß dir den Henker über den Hals schicken. Sag... ist der Kanzler nicht dagewesen? So sagte ich ja. Wer noch? Ich habe niemand erkannt. So sagt (er): »Nehme ein gaß nach der andern: fahr erstlich den marck heraus und wieder hinein«. Da habe ich etliche Personen nennen müssen. Danach die lange Gasse. Ich wußte niemand. Hab acht Personen nennen müssen. Danach den Zinckenwert, auch eine Person; danach auf die obere Brücke bis zum Georgstor auf beiden Seiten. Wußte auch niemand. Ob ich nichts in der Burg wüßte, es sei wer es wolle. Ich solle es ohne Scheu sagen. Und so haben sie mich nach allen Gassen gefragt, ich habe nicht mehr sagen wollen oder können. Dann haben sie mich dem Henker gegeben, sollte mich ausziehen, die Haare abschneiden und auf die Tortur ziehen. »Der Schelm weiß ein auf dem Mark (vielleicht Markt?), der geht täglich hin und will ihn nicht nennen«. So haben sie den Dietmeiyer genennet; also hab ich ihn auch nenen müssen. Danach sollte ich ihm sagen, welche Übel ich gestiftet habe. Ich sagte nichts.

Habe mich wohl ausgesonnen, allein weil ich es nicht tun wollte, hat er mich geschlagen. »Ziehet den Schelm auf«. So habe ich gesagt, ich hätte meine Kinder[56] umbringen wollen. Ich hätte aber dafür ein Pferd umgebracht. Es hat nicht helfen wollen. Ich hätte auch eine Hostie genommen und diese vergraben. Als ich dieses sagte, haben sie mich zufrieden gelassen. Nun, herzliebstes Kind, da hast dur alle meine Aussagen und den Verlauf, worauf ich sterben muß. Es sind lauter Lügen und erdichtete Sachen, so wahr mit Gott helfe.

Denn ich habe alles aus Furcht der mir angedrohten Marter über die schon zuvor ausgestandene Marter bekennen müssen. Denn sie lassen nicht mit Martern nach, bis man etwas sagt: man kann so fromm sein wie man willl, so muß man ein Trudner sein. Es kommt keiner heraus, selbst wenn er ein Graf wäre. Und wenn Gott kein Mittel schickt, daß die Sache recht an den Tag kommt, so wird die ganze Schwagerschaft verbrannt. Denn es muß ein jeder erst laut bekennen, was man gleich nicht von einem weiß, wie ich das tun muß. Nun weiß Gott im Himmel, daß ich das geringste nicht kann noch weiß. Ich sterbe also unschuldig wie ein Märtyrer.

Herzliebes Kind, ich weiß, daß du so fromm bist wie ich. So hast du eben so wohl schon etliche Pein und wenn ich dir raten soll, so sollst du von Geld und Briefen, was du hast, nehmen und dich etwa ein halbes Jahr auf die Wallfahrt begeben, oder wo du dich eine Zeitlang auf aus dem Stifte machen kannst, da rate ich dir, bis man sieht, wo es hinaus will. Mancher

ehrliche Mann und manches ehrliche Weib geht in Bamberg in die Kirche und seine anderen Geschäfte, weiß nicht bös, hat ein gutes Gewissen: wie ich auch bishero wie du weißt...

Nichts desto weniger wird er in dem Drudenhaus angegeben. Wenn er nur seine Stimme hat, muß er fort, er sei gerecht oder nicht. Es hat der Newdecker, Kanzler's Sohn, der Kandelgießer, Wolf Hofmeister's Tochter[57] alle auf mich bekannt und die Hopffen Else, alle auf einmal. Ich habe wahrlich hineingemußt; so geht es gar vielen und wird es noch vielen gehen, wenn Gott keine Mittel schickt.

Liebes Kind, halte dieses Schreiben verborgen, damit es nicht unter die Leute kommt, sonst werde ich dermaßen gemartert, daß es zum Erbarmen ist, und es würden die Wächter geköpft, so hoch ist es verboten. Herr Vetter Stamer kannst du es wohl doch vertraulich ein wenig rasch lesen lassen. Bei dem ist es verschwiegen. Liebes Kind, verehre diesem Mann einen Reichstaler. Ich habe etliche Tage an diesem Schreiben geschrieben: meine Hände scheinen lahm. Ich bin Übel zugerichtet. Ich bitte dich um des Jüngsten Gerichtes willen, halte dieses Schreiben in guter Hut und bete für mich wie für einen richtigen Märtyrer nach meinem Tode. Doch hüte dich, daß du dieses Schreiben nicht lautbar machts. Lasse die Anna Maria[58] auch für mich beten. Das darfst du für mich schwören... daß ich kein Drutner, sondern ein Märtyrer bin und gefaßt damit sterbe. Guter Nacht, denn den Vater Johannes Junius sieht dich nimmer mehr. 24. July ao. 1628«.

Auf dem Rand des Briefes ist vermerkt: Liebes Kind sechs auf einmal haben auf mich erkannt: der Kanzler, der Sohn, der Newdecker, Zaner, Hoffmeisters Ursel und Hopffen Els alle falsch und aus Zwang wie sie alle gesagt und mir um Gottes Willen eher sie gerichtet abgebeten... sie wissen nichts als liebes und gutes von mir. Sie hätten es sagen müssen, wie es selbsten erfahren werde. Kann keinen Priester haben, darum seh dich wohl vor, was ich dir geschrieben hat, nimm dies Schreiben wohl in Acht«.

Prozesse gegen alte Leute

Immer noch ist die Meinung verbreitet, die Hexen wären überwiegend alte zahnlose Weiber. Davon kann gar keine Rede sein. **Das Hexenwesen ergreift alle Stände und Kreise, vom Kleinkind, das man der Mutter auf den Scheiterhaufen wirft um es mitzuverbrennen bis zum Greis, den man im Bett verhört oder den man zur Verhandlung trägt.** Aus dem Bistum Bamberg liegen Belege vor, die verdeutlichen, in welchem Alter Einzelne noch gefoltert worden sind.

- Arnoldin hat mit dem 70. Lebensjahre die ganze Folter ausgestanden.
- Viehofin stirbt an Schmerzen der zum Teil ausgestandenen Tortur im 65. Lebensjahr
- Breserin (?) wird im 74. Jahr gefoltert, und bekennt am letzten Foltertag
- Diring wird mit 77 Jahren torquiert, worauf er jedoch bekennt
- Frenzlein ist an Folterschmerzen gestorben 1617, im 64. Lebensjahr
- Heroldin war 84 Jahre alt, und wurde mit dem Daumenstock und den Beinschrauben gefoltert, die sie auch aushielt.
- Humlein wird auf der Folter mit brennendem Spiritus beträufelt, um dieses neue Foltermittel an ihm zu versuchen. Sie sollte durchaus gestehen, daß sie mit dem Bürgermeister Neidecker auf einer Hexenfahrt war, bekannte aber denjenigen Umstandt durchaus nicht.
- Müllerausmus zählte 85 Jahre, und stund in diesem Alter noch alle Grade der Tortur aus.
- Pflockin wurde, weil sie auch die heil. Hostie zertrat, sechsmal mit glühenden Zangen gezwickt. Sie starb an den erlittenen Schmerzen.
- Schumm entwischte im Drudenhemd, womit die Unglücklichen in dem Augenblick bedeckt werden, an dem man sie zur Folter führt.
- Wurzerin war drei Jahre lang in ihrem Kerker an den Ketten angeschlossen
- Schornin wird im Alter von 69 Jahren gefoltert und stirbt während der Tortur. Sie war Schultheißin.
- Puneßin war 93 Jahre alt und wurde mit Peitschenhieben, Daumenstock und Beinschrauben gefoltert.

Mit dem Einzug der Schweden 1632 in Bamberg verdrängt ein neues Elend das Bestehende. Das Herzogtum Franken wird an Bernhard von Weimer übertragen. Dadurch werden die Hexenprozesse unterbrochen und nach der Rückkehr des Bischofs Melchior Otto Veit von Salzburg 1648 nicht wieder aufgenommen.

Vorgänge in Würzburg

In Würzburg haben wir 1348 eine blutige Judenverfolgung. Nach der vorherrschenden Meinung beginnen unter Julius Echter von Mespelbrunn (1573—1617) die Verfolgungen von Hexen. Das berichtet auch die Würzburger Chronik. Diefenbach weist auf einen Prozeß gegen zwei Frauen in Arnstein, der am 20. Januar 1600 eröffnet und am 24. März mit der Hinrichtung der beiden endet.[59] Im Hochstift Eichstätt ist bereits 1535 eine Frau in Spalt als Trudnerin und Zauberin auf dem Scheiterhaufen verbrannt worden.[60] In Würzburg wird 1470 die Magd des Bürgers Sigmund

Kotzler wegen eingestandenen Liebeszaubers im Main ertränkt.[61] Die neuere Forschung hat den Nachweis erbracht, daß es schon vor der Zeit Julius Echters von Mespelbrunn im Würzburger Territorium zu vereinzelten Verfahren gegen Hexen gekommen ist.[62] 1545 erfolgt eine Untersuchung gegen den Unterprobst des Klosters Wechterswinkel wegen »Zauberei«. 1569 wird in Bildhausen das »Dadtfräulein« der Hexerei bezichtigt.[63]

Julius Echter von Mespelbrunn

Die erste sichere Nachricht von der Hexenverfolgung im Hochstift stammt aus dem Jahr 1590. Üble Nachreden führen 1602 zu Hexenprozessen im Würzburger Juliusspital. Am 30. April 1603 wird ein Försterweib aus Lauda von den Schöffen gerichtet und am 27. August wird eine Frau aus dem Hochstift verwiesen. Röwer[64] vermerkt unter dem 21. Januar 1617 die Verbrennung von einem Mann und drei Frauen. Aus einer anderen Notiz wird deutlich, daß im Dom von der Kanzel herab verkündet wird, daß innerhalb Jahresfrist im Bistum Würzburg über 300 Hexen oder Zauberer eingeäschert worden sind.

Seine wesentliche Aufgabe sieht Julius Echter von Mespelbrunn zunächst nicht in der Verbrennung von Hexen oder Zauberern, sondern im Aufbau der Gegenreformation. Julius beginnt 1585 damit, indem er teils Missionare auf das Land schickt, teils selbst predigend in den großen Städten herumzieht, so daß besonders durch sein persönliches Einwirken, aber auch durch harte Maßnahmen, innerhalb zweier Jahre 100.000 Seelen auf die Seite der Katholiken geschafft werden«.[65] Protestantische Prediger werden entfernt, weltliche Beamte und Bedienstete, die fortan dem Protestantismus huldigen,werden ihrer Ämter und Stellen entsetzt. Untertanen, die nicht zum alten Glauben zurückkehren wollen, werden mit der Landesverweisung bedroht.[66]

Fest steht, daß unter der Amtsperiode des Bischofs Julius Echter von Mespelbrunn Hexen verbrannt werden. Dies betrifft besonders die Landgemeinden und die Bezirke Königshofen, Lauda, Marbach, Krautheim und Freudenberg. Hier wird zuerst die evangelische Lehre ausgerottet. Zur gleichen Zeit werden in Königshofen sieben Frauen verbrannt. In Geroldshofen sind es 1616 alleine 99 gewesen. Der Bischof prüft die vorgelegten Verfahren gründlich und persönlich. Julius Echter von Mespelbrunn stirbt am 13. September 1617. Sein Nachfolger wird der bisherige Fürstbischof von Bamberg, Gottfried von Aschhausen.

Johann Gottfried von Aschhausen (1617—1623)

Auch Gottfried von Aschhausen beginnt seine Tätigkeit mit einer heftigen Verfolgung der Protestanten. »Schon in den ersten Jahren seiner Regierung läßt er in dem neu erbauten Gefängnis in der Münze zu Würzburg acht Kammern und zwei Stuben für Hexen und Unholde einrichten, damit sie nicht mehr über die Straße zu den Verhören geschleppt werden müssen[67] (ähnlich geschieht es in Esslingen mit dem Ausbau des leerstehenden Augustinerklosters). Bestenfalls kann man unter der Regierungszeit des Gottfried von Aschhausen von einer Abschwächung der Hexenprozesse im Hochstift Würzburg sprechen. Er schließt mit dem Mainzer Erzbischof und Kurfürst Johann Schweikart von Kronberg (1604—1626) ein Abkommen wegen Verfolgung und Auslieferung von Hexen.[68] Außerdem hat er am 30. März 1610 ein Mandat erlassen, in dem er die Ausbreitung der Zauberei beklagt. Er beauftragt die Beamten, den Schuldigen fleißig nachzuforschen und darüber Berichte einzusenden. Die Anschuldigungen nehmen kurzfristig einen solchen Umfang an, daß keiner mehr seines Lebens sicher ist. Am 13. April 1620 gibt der Dechant dem Domkapitel den Befehl, wonach wegen Überhandnehmens der Hexerei in den Kirchen besondere Kollekten gelesen werden sollen. Außerdem wird in einem Rescript an »Vogteyverweser und Centgrafen zu Geroldshofen« ausdrücklich darauf hingewiesen, daß man die zauberischen Personen zur Beichte und Kommunion ermahnen solle«.[69]

Philipp Adolf von Ehrenberg (1623—1631)

»Die Ära des Fürstbischofs Philipp Adolf von Ehrenberg trägt ein besonders grausames Mal. Sie bildet die Spitze der Hexenverfolgungen im Hochstift Würzburg«. Er wird von der fränkischen Ritterschaft wegen Verletzung des Religionsfriedens beim Kaiser verklagt. Unter seiner Amtszeit sollen etwa 900 »Hexenleute« im Bistum hingerichtet worden sein. Am 12. Mai 1626 wird der Gänsehirt zu Heidingsfeld wegen zauberischer Schäden, so er im Feld angerichtet, eingezogen. Unter dem 25. Mai rescribiert sein Landesherr: »Lasset ihn, es ist nur Geschwätz, nach Art der Bauernregeln und daraus nichts Böses wider ihn zu vermuthen; man soll ihn ermahnen, hinfüro sich solcher Reden zu enthalten«. Dieser humane Zug darf nicht über seine Brutalität hinwegtäuschen. »Unter Bischof Philipp Adolf sind Personen jeden Alters, Standes und Geschlechtes, Einheimische und Fremde, Geistliche, Ratsherren, Söhne des fränkischen Adels, Jungfrauen und unmündige Kinder in rasch aufeinanderfolgenden Bränden zum Tod geführt worden.[70]

Fürstbischof Dietrich von Fürstenberg. Stich aus der »Monumenta« Paderborn, 1672.

Fürstbischof Johann Christoph von Eichstätt. Stich von Wolfgang Kilian.

Er soll zudem seinen Neffen Ernst von Ehrenberg habe enthaupten lassen, als er glaubt, den zur Hexerei verführten Jüngling nicht mehr bessern zu können. Inzwischen hat sich dies als Irrtum herausgestellt. Zu Lebzeiten Philipp Adolfs gibt es keinen Neffen Ernst von Ehrenberg. Wahrscheinlich handelt es sich um Hektor Hieronymus von Rothenhan. Der Junker Rothenhan ist 1628 zusammen mit zwei Adeligen, Julius Schliderer von Lachen und Eberhart Adolf von Fischborn hingerichtet worden.

Brennpunkte des Hexenbrennens werden Gerolzhofen und Ochsenfurt. Der Stadtphysikus von Ochsenfurt stellt 1628 eine Diagnose über eine durch die Folter tödlich verwundete, ohnmächtige Frau. Er beschränkt sich auf die Feststellung, daß dies kein natürlicher, sondern ein vom Teufel verursachter Schlaf sei.[71] Dazu kommen an weiteren Orten: Zell am Obermain, Marktheidenfeld, Stadtvolkach und Königshofen. Vermutlich kommt der Jesuit Friedrich von Spee unter der Amtszeit Philipp Adolf von Ehrenberg in das Bistum. Er wird von seinem Orden 1627 nach Bamberg und Würzburg berufen. Hier begleitet er zum Tod verurteilte auf ihrem letzten Weg. Philipp von Ehrenberg ist am 16. Juli 1631 gestorben. In seine Amtszeit fällt die schwedische Besetzung. Ehrenbergs Nachfolger wird Franz v. Hatzfeld. Aufkommende politische Unruhen verhindern — wie in Bamberg — das Fortleben der Hexenprozesse. Mit dem Einzug der Schweden wird in Würzburg eine »königlich-schwedische Landesregierung, Herzogthum Franken« eingesetzt. Graf Krafft wird zum Generalstatthalter von Hohenlohe-Langenburg bestellt. Die schwedische Verwaltung bleibt bis 1635 aufrecht. Unter Franz. v. Hatzfeld gehen die Prozesse merkbar zurück.[72]

Prozeß gegen die Nonne Maria Renata Singer von Mossau[73]

In den Aktenstücken aus der Inquisition ist unter »Facti species« zu lesen, daß Maria Renata als unverständiges Kind im Alter von sechs bis sieben Jahren durch einen Offizier zur Zauberei verführt worden war. Bereits als Zwölfjährige erhält sie auf den Zusammenkünften des Zaubereigesindels einen vornehmen Sitz als Ehrendame ganz nahe beim Thron des »Fürsten der Finsternis«. Mit 19 Jahren bringen sie die Eltern in das Kloster Unterzell des Prämonstratenser-Ordens, das wegen »genauer geistlicher Disziplin und recht außergebräuchlich unschuldiger Tugend und Lebenswandel« bekannt ist. Sie war die erste und letzte im Chor, im Gottesdienst und bei den übrigen geistigen Übungen. Ihre Umgangsformen

gelten als fein, ihr Lebenswandel scheint untadelig zu sein. Da sie außerdem über einen »guten Verstandt« verfügt, ist es nicht verwunderlich, wenn sie die Oberin als Subpriorin einsetzt.[74]

Innerhalb ihres 50jährigen Klosteraufenthaltes wagt sie sich mit ihrer Zauberei, nach ihrem eigenen Geständnis an keine Mitschwestern. Sie hat jedoch die Fähigkeit, anderen zu schaden. Sie verursacht bei vier Klosterjungfrauen, teils durch zauberisches Anhauchen, teils durch Wurzeln und Kräuter schmerzliche Krankheiten. Fünf anderen, nebst einer Laienschwester (Novizin) zaubert sie durch dieselben Mittel mehrere höllische Geister in den Leib. Gott ließ es aber nicht länger zu und veranlaßte eine der Kranken, die Subpriorin beim Herrn Probst anzuzeigen. Dieser ermahnt die Kranke, sich auf einen seligen Tod vorzubereiten und unternimmt vorerst nichts. Schließlich nimmt eine Chorjungfer nachts ihre »mit scharfen Sporen bewaffnete Disziplin«, ein Gerät zur Bußkasteiung, und treibt die Hexe zum Zimmer hinaus. Dieser Vorfall wird dem Probst berichtet. Er verhängt über Renata Zimmerarrest. Die Untersuchung ihrer Zelle fördert Schmierhäfen, Zauberwurzeln, Kräuter und einen goldgelben Rock zutage. Angesichts dieser Beweisgegenstände legte Renata ohne jeden Zwang ein Bekenntnis ihrer schweren Untaten ab und verspricht reuig, ihren Bund mit der Hölle zu brechen.

Von der geistlichen Obrigkeit wird sie degradiert und ihrer Ämter entledigt. Sie muß wieder ihre weltliche Kleidung anlegen. Sie wird auf die Festung Marienburg überführt, wo sie eine Generalbeichte über ihr Leben ablegt. Dann übergibt man sie dem weltlichen Arm zur letzten Sühne mit dem Ersuchen, von Tod oder Verstümmelungen abzusehen.

Inzwischen ist der Fürstbischof am Sonntag, den 9. Februar 1749 gestorben. Unter der Herrschaft des neuen Bischofs, Karl Philipp von Greifenklau (1749-1754) wird der Prozeß mit einem Todesurteil beendet. Am 21. Juni 1747, früh zwischen acht und neun Uhr, enthauptet der Kinzinger Scharfrichter die 71jährige Nonne. Ihren Körper wirft man an einer Stelle vor dem Hochberger Wald (am sog. »Hexenbruch«), dem üblichen Verbrennungsplatz, auf den Scheiterhaufen, während ihr Kopf auf eine Stange mit dem Blick nach dem Kloster Unterzell gesteckt wird. Der Jesuit Gaar hält vor dem Holzstoß mit der Leiche, die in einem Sarg liegt, eine Rede, dann wird sie eingeäschert.

Dies ist einer der letzten Hexenprozesse auf deutschem Boden unter der konventionellen Anschauung (Teufelsbündnis). Vergl. hierzu die andere Darstellung des gleichen Prozesses. Ohne Zweifel war diese Nonne geisteskrank und die Verurteiler nur ein wenig besser.

Hexenverfolgungen in den fränkischen Reichsstädten

In Bayreuth werden 1591 22 Hexen verbrannt. In Guntershausen spielen 1590 zwei Hexenprozesse. In Nürnberg wird 1459 eine alte Frau mit der Leiterstrafe und der Brandmarkung bestraft, weil sie ein langes Kreuz auf dem Markt ausgegraben hat.[75] 1505 wird in Schwabach eine Tagwerkfrau lebendig eingeäschert.[76] Der wegen Drudenwerk, Blasphemie und Häresie angeklagte Nürnberger Ratskonsulent Nikolaus von Gülchen ist 1605 nicht wegen dieser Delikte hingerichtet worden.[77]

Im würzburgischen Amt Rothenfels wird 1616 eine Frau Schultesen eingezogen. Sie bekennt im peinlichen Verhör, daß sie ein ungetauftes Kind aus dem Grab genommen, zu Hause gereinigt, zerschnitten, das Fleisch gegessen und das Gehirn und Gebein zu Pulver und Schmier verwendet hat. Ihre Fahrten gingen an verschiedene Orte in die Keller, wo sie sich vollgetrunken«. Sie wird am 11. Juni mit drei anderen Gefangenen justifiziert und durch das Schwert und Feuer hingerichtet. 1627 findet in Marktheidenfeld ein größerer Prozeß gegen 16 Hexen statt. Die Strafe ist hart: Tod durch Strangulation, bei der Mehrzahl vorhergehendes zwei- oder dreifaches Angreifen mit glühenden Zangen. Das Urteil stützt sich auf Artikel 109 der C.C.C. Eichstätt erlebt die Hexenperiode unter Johann Christoph von Westerstetten (1611—1637), der scharf gegen die Hexen vorgeht. Er hat bereits als Probst von Ellwangen die Hexenverfolgung als Gewissenspflicht betrachtet. Im Ellwanger Gebiet geleiten 1612 die Jesuiten 167 Verurteilte zur Richtstätte.[78]

Schweinfurt

Schweinfurt liegt im Hochstift Würzburg. Es ist eine freie Reichsstadt und hat sich der Reformation angeschlossen. Die Stadt wird vom Rat und dem Bürgermeister regiert. Der erste Prozeß richtet sich 1627 gegen Anna Gröblin. Der Metzgermeister H. Schumm stellt Klagen beim löblichen Rat über seine Nachbarin, »weil sie ihn bestialisch angegriffen mit Schimpf- und Scheltworten, und (nun) ist er jämmerlich gelähmt... sie habe sein Kind mitgenommen vor die Stadt und vom Friedhof heimlich unterm Kleid einen Totenschädel entführt... es sei gut gegen Schwindsucht, wenn man daraus trinke«. Die Beklagte macht geltend, »daß sie der Metzger eine Hexe gescholten und ihr »Totenkopf« zugerufen habe.

»Die Sache wird schriftlich eingeleitet. Der Rat wendet sich an die juristische Fakultät von Altdorf, um ein Gutachten zu erlangen, und um zu fragen, ob die Indizien genügend seien«. Dies wird verneint. 1629 wird die Witwe Agathe Pollmann in einen Prozeß verwickelt und wegen verdächtiger Hexerei eingezogen. Sie wird gefoltert, ohne ein Geständnis zu erreichen. Sie schwört Urphede und muß das Land verlassen. 1656 liegt die Frau des Archidiakonus und Gymnasialprofessors Brückner angekettet im Stadtknechtshaus. Sie ist angeklagt, mit zwei verheirateten Männern und mit einem Gymnasiasten die Ehe gebrochen zu haben. Außerdem soll sie das gleiche Vergehen mit einem zauberischen und verdächtigen Maurergesellen, Erhard Schiedloch, begangen haben. Die Frau wird zur Schwertstrafe verurteilt. Der Maurergeselle wird mit Ausstäupung und Stadtverweisung belegt. Im gleichen Jahr werden dem Kirchtürmer Hannes Bätz die Daumenstöcke wegen Ehebruchs und Zauberei angelegt. Ihm gelingt die Flucht aus dem Gefängnis.[79/80]

Situation in Fulda

Der Protestantismus ist in Fulda so weit verbreitet, daß der Fürstabt Balthasar von Dernbach das Land verlassen muß. Als er 1602 wieder die Regierung des Fürstentums übertragen bekommt, bestellt er Balthasar Nuß oder Noß, seinen Diener, zum Zentgrafen und Malefizmeister. Innerhalb weniger Jahre werden 200 Menschen ermordet. So läßt Balzer Noß die Frau von Hans Steub zu Neuhof aus dem Wochenbett nach Fulda in das Gefängnis schleppen, peinigen und verbrennen, was auch den Tod ihres eben erst geborenen Kindes zur Folge hat. Andere läßt er in Hundeställe sperren. Er rühmt sich: »er habe mehr als 700 Personen beiderlei Geschlechts verbrennen lassen und er werde es auf über 1000 bringen. Ich habe ihn unter die Hexenfanatiker eingereiht.

Vorgänge im Mainzer Gebiet

Die Betrachtung der Hexenverfolgung im Kurfürstentum Mainz ist wichtig, weil Mainz in der unmittelbaren Nähe der freien Reichsstadt Frankfurt liegt. Frankfurt wird freilich auch vom Hexen- und Zauberwahn ergriffen, aber bis heute (obwohl eine gute und neue Dissertation vorliegt) kann kein Todesurteil innerhalb der Mauern Frankfurts wegen Hexerei und Zauberei nachgewiesen werden. Anders ist das in den mainzischen Gebieten. Dazu gehören Miltenberg, Flörsheim und Hochheim, große Gebiete des Odenwaldes, Dieburg und das Amt Lohr. Was Mainz anbelangt, liegt folgende Notiz vor: »Niemals war im Kurstaat Mainz die Hexenverfolgung allgemein geworden... an manchen Orten gebe es gar keine Verfolgung der Hexen, da der »Hexenhandel« eine res dubia, eine ungewisse Sache sei«.[80] Diese positive Aussage läßt sich rasch widerlegen.

Im Kurfürstentum Mainz beginnen 1570 die Prozesse. Der Kurfürst Johann Schweikardt (1604—1626) hat sie systematisiert und der Kurfürst Georg Friedrich von Greiffenklau hat sie perfektioniert. Erst unter dem früheren Domherrn und Herzog von Franken und dem nachmaligen Kurfürst Philipp von Schönborn werden die Hexenprozesse abgeschafft. Als Pluspunkt kann lediglich vermerkt werden, daß die Mainzer Juristenfakultät frühzeitig menschlichere Bahnen in Bezug auf die Anwendung der Folter vorträgt. Ansonsten geht man im Erzstift Mainz grausam gegen Hexen vor.

Hochheim, Flörsheim, Oberursel

Schüler berichtet in seiner Geschichte der Stadt Hochheim:[82] »am 12. Juni 1587 brachte man zwei der Zauberei verdächtige Weiber von Stockum (im nassauischen Amt Marienberg) in Mainz ein. Eine erlag ihren Folterqualen in Mainz, die andere gestand jede Schuld. Am 20. Juni schritt man zur Hinrichtung. Die Lebende wurde in ein Faß geschlagen, die Tote in einen Sack genäht, darauf beide in einem Nachen nach Nackenheim gefahren und dort verbrannt. Später schritt man auch in Hochheim und Flörsheim zur Ausrottung der Zauberer und Hexen. Flörsheim nahm zu diesem Zweck 2000 Gulden bei dem St. Claren-Klosten in Mainz auf«.[83]

Das Amt Lohr berichtet 1576 von einer ersten Hexenverfolgung. Die Mainzer weltlichen Räte erlassen bei dieser Gelegenheit ein Zirkular an die Ortskeller »hinfüro nicht weiter Weiber als Hexen einzuziehen, bis über die Art der Bezichtigung an die Regierung Bericht erstattet sei«. Wegen schädlicher Fröste macht der Schultheiß von Rieneck auf Veranlassung der Bürgerschaft eine Anzeige über eine Person als deren Ursache. Sie wird eingezogen und 1614 als Hexe hingerichtet. Bis 1616 werden 36 Personen verurteilt und geköpft oder (und) verbrannt... In den rheinischen Teilen des Erzstiftes Mainz, sowie in den Ämtern des Taunus bis ins Rheingau scheint die Hexenverfolgung nicht zum Ausbruch gekommen zu sein. In Oberursel wird 1513 ein Häfner Illwegen eingezogen. Am 9., 16. und 17. Februar 1613 werden in Oberursel mehrere Hexen verbrannt.[84] 1602 war in Buchen ein Auflauf, bei dem man sich gegenseitige Hexerei vorwarf. Zufällig erscheinen zwei der Hexerei verdächtige Weiber. Man ergreift sie, schleppt sie auf das Rathaus und verlangt ihre Verbrennung. Der Rat reagiert korrekt: er läßt fünf Rädelsführer einsperren und mit Geld bestrafen. Im Amt Aschaffenburg sind in der Zeit von 1610 bis 1630 120 Personen justifiziert worden. In Großkrotzenburg und Bürgel werden auf Betrieb des fanatischen Dechanten von St. Peter in Mainz 300 Personen hingerichtet.[85] **Den kurfürstlichen Kassen fallen etwa 1000 Morgen an Ländereien zu.**

Im mainzischen Odenwald wird auf die Hexen förmlich Jagd gemacht und Fanggebühren werden ausgeschrieben. »Eine große Anzahl schwangerer Frauen werden ihren Männern gegen Hinterlegung einer Kaution so lange zurückgegeben, bis sie sich »ihrer weiblichen Bürde« entledigt haben.[86]

Aussage des Torwartes Veit Meffert

»In der Nacht vom 4. auf den 5. Juli habe er zwischen 11 und 12 Uhr ein Rumoren von Pfeifen, Trommeln, herumsprengenden Reitern und ungeschmierten Kutschen gehört, daß er vor Schrecken ins Horn gestoßen, doch habe er niemand von der Bürgerschaft aufwecken können. Desgleichen habe der Torwart in der Vorstadt ein Springen und Getümmel vernommen, wie wenn alle Häfen zerschmissen würden, worauf um den Torturm herum ein greuliches Wetter samt Platzregen erfolgte, wie aus Fässern, desgleichen noch niemand gesehen. Ein Bürger, der aus dem Wirtshaus kam, habe alles um sich herumtanzen sehen, er habe eine merkliche Anzahl teuflischen Zaubergesindels in Menschengestalt, schwarz angetan, auf der Gasse umhertanzen und springen bemerkt, das sei vom leiblichen Satan wider alle Verbot geistlicher und weltlicher Obrigkeit mit seinen untergebenen teuflischen Instrumenten zu keinem anderen Ende gerichtet, denn um sein Reich durch solche verdammliche Freunde zu erheben«.[87]

Vorgänge in Miltenberg

Miltenberg ist damals die Hauptstadt des kurmainzischen Oberamtes gleichen Namens. Hier wird 1615—17 eine Hexenverfolgung inszeniert. Später erbittet sich der Obrist Johann von Gartzen von seinem Fürst die gnädige Erlaubnis, eine neue Verfolgung organisieren zu dürfen »...denn es seien manche übrig geblieben, seit der letzten Prozedur vor elf Jahren. Dazu fordere der Himmel die Obrigkeit auf, wie das aus dem letztjährigen Mißwachs zu erkennen«. Er bekommt die Genehmigung und geht an seine blutige Arbeit. Die zweite Verfolgungswelle erstreckt sich von 1626—1629. Vereinzelt kommen vernünftige Ansichten zutage. So sagt Heinrich Hank aus Eichenbühel: »wenn das so fortgeht, bleibt kein Mensch mehr auf der Welt«. Eine Frau, wegen Hexerei angeklagt, bemerkt: »...wenn man so fortfahre mit dem Brennen, werde es bald kein Holz mehr geben«.

Man fragt bei der Mainzer Juristenfakultät an, wie lange gefoltert werden darf und bekommt die Antwort: »Die Tortur dürfe nur eine halbe Stunde dauern. Beinschrauben gelten für eine halbe Tortur«. Am 28. Juli 1628 verfügt das mainzische Obergericht

»...daß die peinliche Frage mit Ruten streichen und Geißeln beginnen solle, weil dies den Körper nicht arbeitsunfähig mache«. Zudem wird den Angeklagten von Amts wegen ein Verteidiger gestattet. Die Zahl der in Miltenberg hingerichteten Personen beträgt 168.

Brief des David Mohr aus Miltenberg

Wir haben hier ein merkwürdiges Zeugnis, das verdeutlicht, wie sehr die Glaubensverwirrungen innerhalb einzelner Familien spuken. Der Hauswirth David Mohr schreibt 1627 an seine als Hexe eingezogene Frau:

»Liebe Hausfrau Catharina!
Euer betrübter Zustand ist mir hart zu Herzen gegangen... dieweil ich denn auch von Ihrer gestrengen Herrn Obristen verstanden... glaub ich wohl, daß ihr ein zauberische und arme verführte Person seiet, und der Buß wohl bedürftig. Und wenn ihr auch schon durch Hülff des Leidigen Teufels die nachfolgende erschreckliche Pein, welche menschlicherweis möglich ist, ausstehen werdet, so müßt ihr doch in ewiger Gefängnis sitzen bleiben, und werdet nichts destoweniger von der Obrigkeit und aller Menschen für eine unbußfertige und bekannte Zauberin gehalten werden... mich verwundert sehr und schmerzt mich im Herz, daß ihr euch durch den Henker nackt ausziehen und wider die Natur scheren und schänden lasset... O Gott erbarme sich der armen verführten Seel... und obwohl ich euch in dieser Zeit nicht mehr sehen kann, noch sehen will, so verhoffe ich doch, wenn ihr diese Heimsuchung Gottes erkennet, und werdet euer Gewissen reinigen, daß wir (uns) wieder im Ewigen Leben mit Freuden ansehen werden... traget euer verschuldetes Kreuz willig und gern.. denn in der Hölle ist keine Erlösung... das Werk des Teufels sind lauter Lügen... hiermit wünsche ich euch eine gute Nacht und befehle euch in den Schutz Gottes und der lieben Englein und Aller Heiligen Gottes und will den Erzengel Michael bitten, weil er den Teufel aus dem Paradies geschlagen, daß er zu Euch kommen, damit er den bösen Geist aus eurem Herzen treiben möge... euer getreuer Hauswirth David Mohr... Miltenberg, 1637«.

Johann Schweikhardt (1604—1626), Georg Friedrich von Greiffenklau

Der Kurfürst Johann Schweikhardt läßt sich von seinen Theologen und Juristen über das Treiben der Hexen belehren. Es systematisiert den Hexenprozeß durch seine 98 Spezial- und Gegenfragen, die er den Gerichten seines Landes überweist. Der Schrecken

setzt erst mit seinem Nachfolger, dem Kurfürsten Georg Friedrich von Greiffenklau ein. Er läßt sich 1628 in Dieburg huldigen. Hier tritt eine Deputation der Zentmannschaft vor ihn und bittet inständig und um Gottes Willen, er möge wegen Ausrottung des Abscheulichen Lasters der Magie, das zu Dieburg und der umliegenden Gegend so überaus überhandgenommen, die nötige peinliche Untersuchung befehlen«. Nach einer Bemerkung des Pfarrers Laubenheimer sollen bei dem Dieburger Hexenbrand 1627 85 Personen hingerichtet worden sein, was aber archivarisch nicht gesichert ist. Den Akten zufolge werden 38 Personen zum Tod verurteilt. 1629 beginnt in Dieburg eine zweite Verhaftungswelle gegen 21 Personen.[88]

Der Bischof Johann Georg sieht sich genötigt (!!!) am 31. Juli die falschen Anklagen auf Hexerei streng zu untersagen. Er erneuert den Befehl: »So gibt die tägliche Erfahrung, daß vor solchen losen Mäulern kein ehrlicher Mensch gesichert ist, sondern ohne alle Scheu jetzt da, dann dort, immer einer nach dem andern unschuldiger Weise für einen Trutner oder Hexer ausgeschrien oder zum wenigsten solcher Laster verdächtigt wird, als ob ihn durch die Verhafteten und Hingerichteten bereits ausgesagt worden sei«.[89]

Dieser Vorwurf trifft aber nicht das ohnehin geschwätzige Volk, sondern seinen Amtsvorgänger Gottfried von Aschhausen, der die Bevölkerung schriftlich zur Denunzierung aufgefordert hat.

Situation in Bayern

Regensburger und Salzburger Provinzialsynode

Die Regensburger Synode von 1512 geht zuerst näher auf die Frage der »haeretici et sortiliegi« ein, aber nicht ganz im Sinn der Bulle. Die Synode verdammt neben allen von der katholischen Religion abweichenden Sekten auch alle eitlen und abergläubischen Gebräuche, das Wahrsagen und die Teufelskünste der Hexen (artesque maleficas Phytonissarum), mit denen diese schädliche Bitten an den Altären der Abgötter aussprechen, Teufel befragen und deren Antworten empfangen: die so Getäuschten wähnen, daß dadurch Güter erlangt und Übel vermieden werden können. In dem Wunsche, dieses pestbringende Geschlecht auszurotten, wird verordnet, daß fortan jeder Priester und Kleriker, die in solche Irrtümer verstrickten, welchen Standes sie seien, Kleriker und Laien, oder welche die erwähnten Zaubereien und teuflischen Aberglauben üben, in der Beichte zum Bischof, seinem Vikar oder Kommisär schickte, um dort die Absolution zu empfangen«. »Die aber öffentlich mit solchem Laster befleckt sind, sind, wenn sie nicht innerhalb neun Tagen nach der Ermahnung durch ihren Seelsorger ihre Irrtümer abgeschworen haben, ipso facto exkommuniziert und werden nach Ablauf der genannten Frist öffentlich als Exkommunizierte bekannt gemacht«.[90]

Wichtig ist zudem der Beschluß der Salzburger Provinzialsynode von 1569: »Wer Kunde hat, daß jemand in solche Irrthümer verstrickt oder anderem teuflischen Verkehr, Zusammenkünften, Verträgen, ergeben sei, hat dem Bischof oder dessen Offizial Anzeige zu erstatten und braucht deshalb nicht zu befürchten, daß er als Ketzer verraten werde, denn der Bischof darf ihn nicht offenbaren«. »Den so Angeschuldigten soll der Bischof mit Klugheit und Eifer und mit aller Liebe zu bekehren sich bemühen, gelingt ihm dies nicht, so soll man nach den kanonischen Vorschriften verfahren«.

Daß es mit der Verschwiegenheit der Pfarrer und Priester nicht allzuweit her ist, beweist ein Vorfall, der sich 1654 in Oberhessen abspielt. Pfarrer Gilhausen von Kirchhain berichtet, daß Elisabeth, Heinrich Georgens Hausfrau, nie in die Kirche gehe, wie es ihre Mutter auch schon gehalten hätte. Daraufhin befielt die Kanzlei, sie solle in die Kirche gehen. Weil sie diesem Befehl nicht nachkommt, wird sie eingezogen und gefoltert. Der Scharfrichter findet unter dem linken Arm ein »Stigma diabolicum«. Daraufhin wird sie stark gefoltert. Nun bekennt sie, mit ihrem Schwager im Ehebruch gelebt zu haben. Sie wird mindestens 20 x an den Beinen geschraubt und aufgezogen, gesteht aber nichts, sondern stößt nur entsetzliche Laute aus«.

Abhandlung des Johann Zink

Johann Zink verfaßt 1549 in Freiburg/B. die Abhandlung »de potestate daemonum, maleficarum et sagarum«, die sein Schüler, Johann Waltenberger, später abschreibt und dem Kardinal, Bischof Otto von Augsburg widmet. Zink führt auf Träume zurück, daß sich die Hexen in Tiere verwandeln und in solcher Gestalt Kinder verzehren. Auch das Fahren durch die Lüfte geschehe aus Illusion. Wer an körperliches Ausfahren glaubt, wäre dumm. Bezüglich der Bestrafung der Hexerei bemerkt er: »viele wackere Männer wollen aus göttlichem Eifer die Hexen verbrennen. Aber nicht geringer ist die Zahl derer, die aus Mitleiden die Hexen in Schutz nehmen, da diese immer noch getauft und Glieder Christi bleiben, und da es nicht wahr ist, daß sie den Menschen schaden können. Dennoch entscheidet sich Zink für die strenge Ansicht, denn schon der eine Grund, daß sich die Hexen mit dem Teufel einlassen, rechtfertige ihre Verbrennung«. Ich bringe dieses Beispiel bewußt an dieser Stelle, weil es verdeutlicht, daß noch in der

Wihelm V. Herzog von Bayern.

zweiten Hälfte des 16. Jhts. durchaus Kritik, auch offene, gegenüber den Hexenverfolgungen geäußert worden ist. Man sieht das Aufeinanderprallen der gegenseitigen Meinungen. Es ist der Vorabend der gewaltigen Hexenbrände.

Prozesse unter Wilhelm I. von Bayern

In der Gegend von Schongau, einem Gebiet, das Wilhelm I. der Verwaltung seines Bruders Ferdinand überlassen hat, führen unscheinbare Vorgänge zu einem Massenprozeß. Der Grundhold des Klosters Steingaden holt sich beim Nachrichter von Kaufbeuren Rat, weil ihm ein Kind gestorben und ein Schwein gefallen ist. Daraufhin bezichtigt er die Bäuerin Gaiger als Hexe. Zuerst wird der »Fall Gaiger« niedergeschlagen, aber zwölf Jahre später, 1587, wieder aufgenommen. Diesmal hat das Gutachten eines Wasenmeisters wegen gefallener Pferde den Anlaß zur Klage gegeben. Die Untersuchungsakten werden dem Münchner Hofrat zugeschickt. Auf dessen Bescheid befiehlt Herzog Ferdinand die Angeklagte mit den Daumenschrauben foltern zu lassen. Von da an setzt sich das Gerede um die Hexen fest. Es wird so stark, daß Ferdinand 1589 eine umfassende Untersuchung anordnet. Daraus entsteht ein umfassender dreijähriger Prozeß, währenddessen in Schongau und den Nachbarorten, u.a. ein Amtmann, eine Richterfrau und drei Hebammen zum Opfer fallen. Sie werden enthauptet und ihre Leichen werden verbrannt.

Nun bestimmt die bayrische Landesordnung von 1553 (Titel 13) im Einklang mit der Rentmeisterordnung von 1512, daß zur Anwendung der peinlichen Fragen ein Befehl des Hofrates oder der Regierung erforderlich ist. Damit ist ausgesprochen, daß in Bayern jeder Hexenprozeß vor eine höhere Instanz kommt. Ein Änderung scheint durch die Gesetzgebung erst 1616 eingetreten zu sein, die für die Anwendung der Tortur in Hexenprozessen genaue Vorschriften gibt und bestimmt, daß erst die Geständnisse der Gefolterten an den Hofrat oder die Regierung zu schicken seien«.[91]

Anklagen in Werdenfels

Unter dem Pfleger Hans Paul Herwart von Hohenburg (1580—83) werden in Werdenfels die ersten Anklagen gegen Hexen erhoben. Hagelwetter und Krankheit werden ihnen zur Last gelegt. 1581 gibt der Ausbruch eines Hagelwetters Sebastian Rösch, dem Anwalt des Richters Anlaß, vier Zeugen zu vernehmen, die gegen »Els Schlampin« »... ein seltsamer Mensch von Ansehen« aussagen. Sie gesteht, Ungewitter gemacht zu haben, in Keller ausgefahren zu sein, dort Wein ausgetrunken zu haben. Kinder habe sie durch Hexensalbe getötet und ihr Buhle, der als Meister Hämmerlin mit anderen Namen bezeichnet wird, habe sie auf der Mooswiese Hexentänze gehalten und die Sakramente verunehrt.[92] Am 23. Januar 1590 beantragt Poißl bei der Regierung, daß die Verurteilten — wie dies auch in Schongau gewesen sei — vorher stranguliert und erst dann verbrannt werden.

An sieben Malefiztagen, vom 5. Februar bis in den November 1591, werden 49, mit Einrechnung einer Selbstmörderin 50 Frauen, darunter 33 aus dem Gericht Garmisch, 10 aus Partenkirchen und 7 aus dem Mittenwald verbrannt. Simon Krembscher, der Mann einer Verurteilten, wird gerädert. Seine Frau soll mit ihm »... wie in einer wilden Albe gehaust haben« wird dreimal gefoltert. Ein Teil der Verurteilten wird lebendig verbrannt, der andere (vorher) erdrosselt.[93] Darunter befindet sich die 94jährige Ursula Prandnerin, die Frau des herzoglich bayrischen Zollgegenschreibers zu Mittenwald und Angehörige der siegelmäßigen Geschlechter von Garmisch: Knilling, Schorn, Kätzler, Prandt und Gänsler.[94]

Etwa 15 Jahre hört man dann in Werdenfels nichts mehr von den Hexenverfolgungen: Poißl stirbt 1598. Am 4. März 1607 erstattet ein neuer Pfleger oder dessen Verwalter wieder einen Bericht an die Regierung über zwei Hexen, erklärt aber selbst die Indizien für schwach. So werden die beiden Frauen wieder freigelassen. Eine habe »...am heil. Abend nach Anzeige des Mesmers drei schwarze Käfer, in ein Tüchlein gebunden, in die vor dem heil. Sakrament brennende Ampel geworfen, wolle dies aber nicht gestehen«. In Schongau und Werdenfels fallen 114 Menschen dem Hexenwahn zum Opfer.

Hexenbrände in München

An einem 2. Juli (das Jahr ist mir nicht bekannt) werden in München drei Frauen hingerichtet. Es sind hochbetagte Witwen. Sie werden zum Feuertod verurteilt, »wegen ihres hohen Alters aber auf Bitte hoher fürstlicher Personen vor der Verbrennung erdrosselt. Das Urteil wird an einem Tag gefällt und vollstreckt. Eine davon gesteht, sie sei verschiedenemale über Felder in die Weinkeller gefahren. Eine andere, sie habe ein totes Kindlein auf dem Gottesacker vor dem Sendlicher Tor ausgegraben, und daraus eine wässrige, zähe und wasserfarbige Salbe bereitet«.[95]

1666 wird am 9. Januar in München ein siebzigjähriger Greis hingerichtet, der ein Ungewitter gemacht, darin durch die Wolken gefahren und nackend zur Erde gefallen, auch darüber gefangen worden, der auch dem Teufel über 40 Jahre gedient und im Abendmahl empfangene Hostien verunehrt hat. Man hat ihn an beiden Armen und an der rechten Brust mit glühenden Zangen gezwickt, an einen Pfahl binden und auf dem Scheiterhaufen verbrennen lassen.[96]

Maximilian I.

Riezler, der die Hexenprozesse in Bayern untersucht hat, beurteilt den Fürsten: »seinen Vater Wilhelm V. weit überragend... unversöhnlich, die Herzlosigkeit und Unvernunft, die er als Hexenverfolger bewies, neben seinen hohen Vorzügen, dem scharfen Verstand, dem stolzen Eigenwillen, eisernem Pflichtgefühl, unermüdlicher Arbeitskraft, seinem Kunstsinn... an Ergebenheit und blindem Gehorsam gegen die Lehren der Kirche mit seinem Vater wetteifernd«.[97]

Er wird von einem juristisch und theologisch geschultem Geistlichen erzogen. Das ist der Theologe Baptist Fickler, früher erzbischöflich salzburgischer Protonotar. Er hat 1582 aus Anlaß einiger Hexenprozeße im Salzburgischen ein »Indicium generale de poenis maleficarum, magorum et sortilegum utrisque sexus« verfaßt, in dem er strenge Grundsätze der päpstlichen Inquisitoren vertritt. Er verfügt außerdem über das Buch des Bartholomäus de Spina.

Man läßt den 17jährigen Prinzen bei der Folterung von Hexen beiwohnen. Deshalb darf es nicht verwunden, wenn er sich zum aktiven Verfolger entwickelt. Dazu kommt, daß selbst ein Angehörigern seiner Familie unter dem Teufelsspuk leidet. Aus Maximilians Regierung haben wir Nachrichten über Hexenprozesse in München, Ingolstadt, Tölz, Weilheim, Kelheim, Abendsberg, Vohburg, Mitterfels und Wemding, ohne daß dadurch die Menge der Prozesse erschöpft wäre«.[98]

Maxmimilian erläßt 1622 eine »General- und Spezial-Instruktion über den Hexenprozeß«. Diese Verordnung atmet den Geist bürokratischer Genauigkeit, aber auch den finsteren Wahn eines Sprenger, Institoris und Binsfeld. 1627 erläßt Bischof Christoph von Eichstätt, der schärfste Hexenverfolger in diesem Stift, eine Verordnung, wie es mit der Hinterlassenschaft hingerichteter Hexen zu halten sei.[99] Wiewohl er berechtigt sei, diese an sich zu ziehen, erklärte der Fürst, habe er sich zu einem milderen Verfahren re-

solviert, damit männiglich wisse, daß es ihm und seinen Räten bei diesen Prozessen nur um die Rettung der Ehre Gottes, Beförderung des menschlichen Heils und Administration der Gerechtigkeit zu thun sei: In Bayern lassen die Kurfürsten Ferdinand Maria (23. März 1665) und Max. III. Joseph (12. April 1746) erneute Landgebote von der Einleitung wider Aberglauben, Zauberei, Hexerei und andere sträfliche Teufelskünste«. Beide sind von der Einleitung bis zum Schluß wörtliche Wiederholungen des alten Landgebotes von Maximilian I.

Schon im Religionsmandat des Bischofs Heinrich von Augsburg von 1600 wird bei Leibesstrafe verboten »... das Wahrsagen, Segensprechen, Zauberei und alle Arten von Aberglauben. Die von solchen Dingen handeln, soll Niemand lesen oder sich vorlesen lassen«. 1652 werden amtliche Erhebungen über den zu Priegelried im Amt Landshut beobachteten Geisterspuk gepflogen und die Priegelriederin nebst ihren Kinder verhaftet. Der Franziskaner Guardian aus Landshut, den der Besitzer des Hauses zur Hilfeleistung herangeholt hat, berichtet »...daß von unsichtbaren Händen Steine und Krautköpfe in die Stube geschleudert, glühende Holzkohlen umhergeworfen, Milchschüsseln umgeschüttet worden und mehreres dergleichen«.[100]

Blutweihebriefe

Es ist zumindest eine interessante Parallele festzustellen, daß die sog. Teufelsverschreibung, das Blutbündnis, bei hohen Potentaten und Würdenträgern vorkommt und daß es in solchen Fällen von der Kirche gebilligt wird. Dazu zwei Beispiele: Der Herzog Maximilian I. (von Bayern) 1597—1651, seit 1623 ist er Kurfürst, wird zwar nicht von Jesuiten erzogen, aber in Punkto der Frömmigkeit steht er seinem Vater nicht nach. Er weiht sich auf eine merkwürdige Weise in Altötting der Jungfrau Maria, indem er mit seinem eigenen Blut die Notiz schreibt: »In manicipium tuum me tibi dedico consacroque, virgo Maria, Maximilianus peccatorum coryphäus«. (Frei übersetzt: Zu Deinem Knecht übergebe und weihe ich mich Dir, Jungfrau Maria, mit diesem Zeugnis des Blutes und der Handschrift. Maximilian, der Sünder Koryphäe«). Dieser mit Blut geschriebene Text wird in einem Tabernakel der Altöttinger Gnadenkapelle verschlossen (1649). Außerdem ist bekannt, daß auch Ferdinand Maria mit seiner Frau Henriette Adelheid von Savoyen in Altötting einen Blutweihebrief hinterlegen.

Dieses wichtige Detail blieb bislang in der Hexenforschung unberücksichtigt, weil man immer wieder Gründe gesucht hat, weshalb sich Menschen mit ihrem Blut dem sinnlich Bösen, dem Teufel, verschreiben. Die Antwort ist: sie sehen es im kirchlichen Leben. Hier wird ihnen das vorgemacht, was auf der anderen Seite den Tod von Tausenden herbeiführt. Ein treffendes Beispiel für die doppelte Moral.

Der Barnabitengeneral Michael Marrano (Murazanus)

Die Barnabiten sind Regularkleriker des hl. Paulus (Paulaner), benannt nach ihrem Sitz in Mailand, dem Barnabaskloster. Der Orden wird 1530 in Mailand von A.M. Zaccaria gegründet. Er besteht noch heute und widmet sich der Seelsorge und dem Unterricht.

In der fürstlichen Familie am bayrischen Hof kommt man zu der Auffassung, daß die schwer empfundene Unfruchtbarkeit der Herzogin Elisabeth, Maximilians erster Frau, nur auf einer Verhexung beruhen kann. Maximilian läßt deshalb den berühmten Barnabitengeneral Michael Marrano (Murazanus) kommen. **Er gilt als hochangesehener Spezialist für die Entzauberung fürstlicher Persönlichkeiten. Etwa so wie der heute 84jährige Jesuit Rodewick aus Frankfurt.** Er hat u.a. den Herzog Johann Wilhelm von Jülich und andere fürstliche Personen entzaubert. Der Papst, einige Kardinäle und Fürsten ersuchen ihn, nach Prag zu reisen, um sich zu überzeugen, ob Kaiser Rudolf II. verzaubert sei und in diesem Falle seine Heilkunst an ihm zu versuchen«.[101]

Anna Petermann, Klara Geißlerin, Konrad Wiesel

Unter dem ersten protestantischen Pfarrer Strupp wird 1584 Anna Petermann wegen Zauberei angeklagt und hingerichtet. Die siebzigjährige Klara Geißlerin gesteht unter dem Druck der Folter, »sie habe 240 Menschen umgebracht«. Nach ihrer Befreiung aus der grausamen Folter bricht tot sie zusammen.[102] In den Jahren 1589—99 werden zahlreiche Frauen gefoltert. Zwischen 1584—1588 sollen 20 Personen hingerichtet worden sein. Johann Christoph von Grimmelshausen hat als Junge einige Hexenprozesse miterlebt. In diesem Zusammenhang wird ein Pfarrer Johannes Coberstein genannt. Der Gelnhauser Bürger Konrad Wiesel legt folgendes Geständnis ab:

»Er hat auf den Verkaufsstand seiner Braut einen sog. »Diebesdaumen« gelegt, damit er bessere Geschäfte macht. Andere haben es bemerkt. Es kommt zur Anklage. Vor dem Scharfrichter bekennt er, daß er die Zauberei von seiner Mutter habe und er selbst sei vom Teufel unter einem Brunnen in der Schönau bei Gelnhausen getauft worden. Er denunziert andere. Man schlägt ihm den Kopf ab und fährt den Toten auf einer Leichenkarre an die Mauer des damali-

gen Friedhofs. Die Hinrichtung erfolgt am 1. August 1633 auf der Richtstätte »Aescher«. 1633 und 1634 erscheinen 21 Personen vor dem Tribunal. 18 werden mit dem Schwert hingerichtet, drei sterben an den Folgen der Folter.[103]

Aus einer Anfrage des Gelnhäuser Rates an den Rat der Stadt Frankfurt über die Bekämpfung des Hexenunwesens wird bestätigt, daß 1630 die Bevölkerung Gelnhausens den Rat bestürmt, die Hexenverfolgung aufzunehmen, da »sonst das Hexengeschmeiß weitere Mißernten herbeiführen werde«.[104]

Gelnhausen

Die seitherige Ansicht, daß die Verfolgung der Hexen in Gelnhausen 1584 eingesetzt hat, läßt sich nicht mehr aufrechterhalten. Es ist anzunehmen, daß auch hier schon früher Hexenverfolgungen stattgefunden haben. Kräuter schreibt 1910 im Gelnhäuser Tageblatt: »Schon 1574 ging man in Gelnhausen gegen die Hexen vor. Wilhelm IV. von Hessen verlangt von seinem Amtmann Ott darüber Auskunft. Dessen Antwort: »7 Hexen angeklagt, 1 verbrannt, 1 so zerrissen, daß sie im Gefängis gestorben. Von den anderen, die nichts bekannten, ist Freispruch bekannt«.

Frankfurt am Main

»Frankfurt war gewiß während der zwei Jahrhunderte, in denen der furchtbare Hexenwahn grassierte, keine Insel, die frei von diesem Wahnglauben und frei von den Hexenprozessen mit seiner furchtbaren Folter geblieben wäre. Aber darin ist Frankfurt seiner Zeit weit vorausgeeilt, daß es die letzte furchtbare Konsequenz, eine der Hexerei beschuldigte Person mit dem Tod zu bestrafen, nicht gezogen hat... das wird ein Ruhmesblatt in der Frankfurter Geschichte bleiben«. Dies ist besonders deshalb bemerkenswert, weil gerade die Stadt sonst nicht zimperlich in Strafsachen gewesen ist. Bei anderen Verbrechen, wie Diebstahl oder Mord, wird ohne weiteres die Todesstrafe verhängt. In Frankfurt ist der Rat der oberste Richter. Er trifft die letzte Entscheidung in allen Prozessen. Dazu kommt freilich auch die Mischung im Rat. Es ist doch anzunehmen, daß unter den Ratsherren eher Oppositionen aufkommen und akzeptiert werden als in rein katholisch besetzten fürstbischöflichen Sitzen. Das sieht man insbesondere an den Verfolgungen **um** die freie Reichsstadt Frankfurt am Main.

Freilich gehen auch in der großen Stadt Frankfurt die Anschuldigungen oft vom Volk aus. Bei der 1573 angeklagten Frau des Heckers Bachwein aus Sachsenhausen sagen Nachbarinnen aus, sie habe einem

Bäcker das Kind verzaubert, das daraufhin gestorben sei«. Schließlich werden sie und ihr Mann am 27. Oktober 1573 nach peinlicher und gütlicher Examinierung und nach Leistung der gewöhnlichen Urphede aus der Haft entlassen.[105] Auch Gertraud Becker wird vor allem von der Nachbarschaft bezichtigt: »... daß sie unziemliche Dinge getrieben«, oder »... sie werden von mehreren Leuten bezichtigt, daß sie ihnen Schaden zugefügt«.[106]

Prozeß Katharina Krein

Sie wird bezichtigt, einer Kuh die Milch verhext zu haben. Sie gibt zur Antwort: »Wenn er seiner Kuh was zu fressen gäbe, würde sie auch Milch geben«. Zuerst wird sie gütlich vermahnt, und, als das nichts nütze, beschließt der Rat die »wehe« Befragung. Der Stocker fragt sie, weshalb sie denn auf der einen Seite ihres Körpers so blau sei. Ihrer Antwort, daß sie sich gestoßen hat, traut man freilich nicht, weil man die Stelle für ein Hexenzeichen hält. Schließlich ist sie zu allem bereit, weil Folter und Schmerzen ihren Mut gebrochen haben. Sie wird am 22. Mai 1544 ausgelassen: »Endressen Krein, so in Verdacht gefallen war und schließlich von ihren Nachbarn verklagt worden ist, daß sie mit der Zauberei umgegangen sei, ist Donnerstags den 22. Mai 1544 in alten Urfrieden wieder entlassen worden hiermit.[107] Sie wurde drei Jahre inhaftiert.

Elisabeth Burgk

Sie ist die Witwe eines Bürgers aus Sachsenhausen. Nach den vorhandenen Unterlagen[108]ist es der umfassendste Prozeß in Frankfurt. Elisabeth Burgk wird von ihren Stiefkindern wegen Hexerei angeschuldigt. Sie sind 13 Jahre (Elisabeth) und 8 Jahre (Melchior) alt und stehen unter der Vormundschaft des Andreas Laubheimer. Die Kinder erzählen dem älteren Stiefbruder: »... sie habe sich (die Stiefmutter) vom bösen Geist taufen lassen«. Daraufhin zeigt Andreas Laubheimer den Vorfall beim Gericht an. Die Beschuldigte wird eingezogen. Die verhörten Kinder sagen: »dann sei er (der böse Feind)... einmal zu ihr in die Stub kommen und sie gefragt, ob er hübsch wäre. Als sie es bejaht, habe er sie küssen wollen, dess sie sich aber geweigert. **Dann habe er bei ihr im Bett und auch ihrem Bauch gelegen, und er sei gar schwer und eiskalt gewesen... wenn er bei ihr gewesen, hab sie nicht schlafen können und ihr keine Ruhe gelassen«.**

Nach der Erzählung der Kinder über die Hexentaufe im Frankfurter Stadtwald ist die Stellung der Angeklagten nicht leicht, zumal der Anklagevertreter Dr. Trinkhausen von ihrer Schuld überzeugt ist. Bei der ersten Konfrontation mit den Kindern leugnet Elisabeth Burgk entschieden. Dr. Trinkhausen bezeichnet sie als eine üble Lügnerin, während er die Berichte der Kinder für erwiesen hält. Es werden weitere Kläger zitiert.

Der Spitalhofmeister sagt aus: »Als der Hund im Hospital etwas von ihr übriggelassenes gefressen habe, habe sie zu dem Hund gesagt: »Friß, daß dir's der Teufel gesegne... der Hund sei am anderen Tag gestorben. Der nächste Ankläger ist ihr älterer Stiefsohn, Nikolaus Burgk. Er hat einst bei der Angeklagten ein Kalb gekauft, das frisch und gesund war. »...dann sei die Milch blau und nichts nutz geworden und bald ganz ausgegangen, so daß sie der Hirt nicht mehr unter die Herde bringen wollte. »...die Bürgkin sei aber eine, die nicht nur natürliche Mittel habe, sondern mit Zauberei umgehe«.

Ein weiterer Grund ihrer Schuld wird darin gesehen, daß sie das Vater Unser nur verstümmelt beten kann! »...außerdem habe sie, nachdem sie mit ihrem Mann vom heiligen Abendmahl gekommen, ihm nachher keine Ruh gelassen und gezankt. Ein Zeuge bestätigt, das zweimal gehört zu haben. Das Protokoll setzt hinzu: »Andere Leute werden sich sicher nach dem heiligen Abendmahl still und ruhig verhalten«. Außerdem sei zu verschiedenen Malen ein schwarzer Mann bei gesehen worden. »...dann habe ihre Dienerin in der Kammer einmal gehört, wie die Bürgkin laut gebrummelt und gesprochen, als wenn der Alp auf ihr läge«. Dr. Trinkhausen schließt daraus: »es kann gemutmaßt werden, daß der böse Feind vielmehr bei ihr gewesen und Unzucht mit ihr geübet und gebuhlet«. Eine andere Frau sagt aus, die einmal bei ihr übernachtet hat »...daß sie einen großen Schrecken ausgestanden... dieweil ein großer schwarzer Mann in der Stube an ihr Bett zu ihr gekommen und ihr das Bett abziehen wollen, worauf sie aber gebetet, als er nicht gewichen, geflucht, worauf er gewichen«.

Elisabeth Burgk reicht eine Bittschrift als Entgegnung ein, worin sie vermerkt: »zum andern müsse man ihrer Kinder Zustand und Alter in Betrachtung ziehen... so sie beide noch in der Kindheit... sie sind ja gar so einfältig«. Der Frankfurter Rat legt den Fall auswärtigen Universitäten zu Begutachtung vor. Man schickt die Akten nach Speyer und Straßburg.

Später haben die Kinder ihre Aussagen zurückgenommen. »Ist nichts übrig, als daß dieselbe ohne Entgelt auf freien Fuß gesetzt und hingegen Nikolaus Burgk der Bruder ergriffen und gefragt: warum er den Kindern so falsche Bezichtigungen an die Hand gegeben, daß leichtlich unschuldig Blut vergossen. Daß er sie eines Lasters bezichtigt, das aus lauter teuflischer Illusion und Imagination bestehe«. Die Kinder werden ebenfalls entlassen »...sollen aber durch den Bettelvogt (zumindest das Mägdlein) wohl gezüchtigt und abgestrichen weden, wie der Knab auch etwa«.

Das Urfehdenbuch meldet folgenden Eintrag: »Die Kinder wurden mit Ruten ausgehauen und dann entlassen. Elisabeth Burgk wurde sofort aus der Haft entlassen und für ein Jahr mit dem Begehren aus der Stadt verwiesen, daß sie sich dann wieder stelle«.

Pfarrer Waldschmidt, Philipp Spener

In Frankfurt sind es vor allem Geistliche, die zur Erklärung des Hexenwesens innerhalb der Stadtmauern heranzuziehen sind. Der Rat besteht seit 1556 nur aus Protestanten. Für die Gerichtsbarkeit des katholischen Frankfurt ist in geistlichen Dingen das Kurfürstentum Mainz zuständig.

Waldschmidt kommt 1640 nach Frankfurt. Er ist Pfarrer der Barfüßerkirche, der Hauptkirche und spielt deshalb eine wichtige Rolle in Bezug auf die Beeinflussung der gläubigen Bevölkerung. Er hält 28 Hexen- und Gespensterpredigten, die er ab 1600 fortlaufend Mittwoch abends hält. Für Frankfurt bildet Waldschmidt in seinem energischen Angriffsgeist eine Ausnahmeerscheinung gegenüber der großen Zahl der maßvollen Frankfurter Prädikanten. Auf Deutschland bezogen, ist Waldschmidt allerdings einer von vielen. Waldschmidt ist überzeugt, daß es Menschen gibt, die im Bund mit dem Teufel stehen, denn sonst wäre Gottes Gebot nicht. »Der allweise Gott kann kein Gesetz geben von solchen Dingen, die entweder gar nicht sind oder auch gar nicht sein können«.[109]

»Die Leute im Papsttum meinen mit Weihwassersprengen und geweihtem Salz in den Mund nehmen, könne man etwas gegen Hexen und Zauberer ausrichten. Aber das hilft genauso wenig wie andere zauberische und abergläubische Mittel. **Nötig** ist vor allem gegen Zauberei und Hexerei: »Ein gottseliges und heiliges Leben, Nüchternheit und Mäßigkeit, Treu und Fleiß in seinem Amt und Beruf«. Auf der anderen Seite ist Waldschmidt dafür, daß man die Zauberer und Hexen am Leben strafen soll. » Damit ist er der engstirnige Altlutheraner des 17. Jhts., dem das Leben eines Menschen bei der so »schröcklichen Sünde« der Hexerei nichts bedeutet«.[110]

Philipp Spener ist der Verfasser der »theologischen Bedenken«. Auch er glaubt an die Möglichkeit von Zauberei und Hexerei. 1671 sagt er anläßlich einer Predigt über »Versuchungen«, daß es viele tausend Teufel, Gespenster und Teufelserscheinungen gibt, wenn auch behutsam davon zu reden, weil viel Betrug und Einbildung mit unterläuft«.[111]

Der Superintendent Tobias Weber erhält von der Landesherrschaft den Auftrag, am 3. November 1630 in Idstein eine Synode abzuhalten, auf der allen Geistlichen anzubefehlen ist, ihre Gemeinden nach-drücklichst vor den vermaledeiten Zaubersünden und vor dem Hexenwesen zu warnen. Auch müßte jeder Pfarrer am Andreastag Abmahnungen von den teuflischen Lastern in seine Predigten einflechten und auf das große Unheil hinweisen, das zeitlich und ewiglich daraus entstehe«. Daraus resultiert die sog. »Idsteiner Hexenjagd«. Vergl. S. 385.

Lindheim

Der erste Lindheimer Hexenprozeß spielt in den Jahren 1631—1634. Aber bereits 1598 hat man vor dem Lindheimer Gericht Anklagen wegen Hexerei verhandelt. 1631 verklagt Johann Kraft's Eheweib ihre Schwägerin, die Frau von Anna genannt die Pomponna »...sie habe sie hexenmäßig berührt«, d.h. sie ohne Ursachen in das Bein gestochen. Diese Klage bleibt nicht liegen. Außerdem soll der Hofverwalter der Herren v. Diez (Hans Kneller) an den Folgen eines Beinbruchs gestorben sein, den er sich nach einem Gespräch mit der Pomponna zugezogen hatte. Schon vorher ist sie von Peter Engel von Büches und von Johann Metzel (daselbst) wegen Zauberei verklagt worden. Ihr wird als erwiesener Zauberin der Prozeß gemacht, der aber nicht nur ihr Leben, sondern gleichzeitig das zweier denunzierter Frauen kostet. Der Prozeß findet am 12. August 1634 sein Ende.

Grafschaft Hanau-Münzenberg

Der erste in Haunau bekanntgewordene Fall einer Hexenverfolgung datiert aus dem Jahr 1564. Die verstümmelte Akte berichtet von dem überhandnehmenden Hexenunwesen in der Gemeinde Assenheim. Der Bürgermeister berichtet nach Hanau, daß es unter den Einwohnern Zauberer gibt, die dem Vieh Schaden zufügen. Der nächste bekannte Fall stammt von 1575. In diesem Jahr wird in Ysenburg eine Frau aus Wachenbuchen gefoltert. Vermutlich hat hier die Tortur öffentlich stattgefunden, denn das Protokoll sagt: »daß sehr viele Leute zugegen waren«. Eher aber bezieht sich das auf die öffentliche Hinrichtung. Die Frau denunziert weitere. Marie Stein von Assenheim wird folgendes Geständnis abgepreßt:

- bei der Elsen sei sie auf dem Tanz gewesen. Ihr Buhle heiße Volant. Er habe sie nur ein einziges Mal beschlafen.
- Er habe ihr einen Gulden versprochen, falls sie mit ihm gehen wolle. Sie hat das aber abgelehnt.
- Er sei nicht wie ein anderer Mann gewesen, sondern gar kalt erschienen.
- Er habe sie gestoßen, daß ihr das Herz wohl weh getan hätte
- Beim Tanze hätte jede Hexe bei ihrem Buhlen gelegen

- Ihr Buhle habe sie gelehrt, im Namen aller Teufel Taler zu machen
- Ihr Buhle habe einen Pferdefuß. Oft sei er in der Gestalt einer Maus zu ihr gekommen.

Der prozessuale Ausgang ist nicht bekannt.

1567 findet in Hanau ein weiterer Prozeß statt. Hier ist der Rat schwankend, was er mit den drei eingezogenen Hexen anfangen solle. Bestimmend für den hanauischen Vormünder und die Räte ist das Bedenken der Theologen **»man könne es vor Gott nicht verantworten, wenn man alle freigeben würde, dadurch würde solch Hexenwerk nur bestärkt«**. Selbst der Frankfurter Jurist Fichard unterstützt diese Auffassung, indem er wegen der »abscheulichen Exempel« für die Verurteilung der drei Frauen zum Tod eintritt. Demzufolge werden sie am 22. August 1567 in der Kinzing ertränkt.[112]

Vorgänge in Hessen

Landgraf Ludwig I. von Hessen erläßt 1455 eine Gerichts- und Polizeiordnung. Nach dem Tod dieses einsichtigen Fürsten wird das Land unter seine Söhne verteilt. Oberhessen erhält Ludwig II. Dessen Sohn, Wilhelm der Jüngere, gibt dem Land 1497 eine neue Gerichtsordnung. Unter ihm läßt sich ein deutlicher, organisatorischer Aufbau der Gerichtsbarkeit erkennen. Wilhelm der Jüngere stirbt kinderlos. Deshalb wird unter Wilhelm dem Mittleren (1493 — 1509), dem Vater von Philipp dem Großmütigen, das Land wieder vereint. Wilhelm der Mittlere errichtet in Marburg 1500 das Samthofgericht als höchste richterliche Instanz für das gesamte Rechtsgebiet.

Philipp der Großmütige

»Unter den deutschen Fürsten des 16.Jhts., zeichnet sich in besonderer Beziehung der Landgraf von Hessen, Philipp der Großmütige (1504—1567) aus. Unter ihm wird 1526 in gewaltsamer Weise die Reformation eingeführt. In diesem Zusammenhang ist das Treiben des hessischen Prädikaten Johann Rosenweber zu vermerken, eines Marburger Pfarrers, der einseitig gegen den Katholizismus vorgeht«.

Auf jeden Fall bleibt Hessen fast ein ganzes Jahrhundert von der Hexenseuche verschont. Im wesentlichen ist das dem Landgraf Philipp dem Großmütigen zu verdanken.[113] So antwortet er dem Amtmann von Lichtenberg 1526 (von Speyer aus) auf dessen Schreiben, was er mit den Weibern anstellen soll, die er wegen Zauberei verhört und eingezogen hat: »er solle in dieser Sache nicht zu eilig vorgehen; es sei wohl zu achten und zu beachten, daß vielen Leuten darin Un-

recht geschehen könnte; er solle die Frauen ohne Pein vernehmen und sie ermahnen«.

Mit der Einführung der Reformation in Hessen wird die geistliche Gerichtsbarkeit aufgehoben. Es kann nicht ausbleiben, daß die Katholiken den Landgraf mit Vorwürfen überhäufen: er lebe in einer doppelten Ehe und sei geschlechtskrank, einer im Zug der Zeit durchaus normalen Situation in solchen Kreisen.

Beeinflußt durch die C.C.C. und den Geist der Zeit, sucht Philipp seinem Land eine einheitliche Strafprozeßordnung zu geben. Sie erscheint 1535 und bestraft »schädigende« Zauberei mit dem Feuertod. 1543 folgt eine Verordnung »wider das Gotteslästern«.

Landgraf Wilhelm IV. (der Weise)

Nach dem Tod von Philipp dem Großmütigen übernimmt dessen ältester Sohn, Wilhelm IV. die Regierung von Niederhessen. In seiner Refomationsordnung von 1572 wird in Hessen die Wasserprobe für Hexen gesetzlich eingeführt. Außerdem sind Hexenakten bei der juristischen Fakultät der Landesuniversität einzureichen und die Juristen müssen das Gutachten der Rechtsgelehrten abwarten, bevor das Urteil gefällt wird. Bluturteile sind vom Landesherren zu bestätigen.

1583 bittet der Küster Johann Bonacker zu Niedermeister den Landgrafen um die Aufnahme seines Sohnes in das Hospital Haina. Er sagt, daß sowohl sein Sohn als auch dessen Kind von einer in Hofgeismar verbrannten Hexe verzaubert wurden, jener wahnsinnig geworden, dieses erblindet sei. Auch in diesem Fall irrt Soldan-Heppe, wenn er behauptet, unter Wilhelm IV. (1567—1592) sei in Niederhessen keine Hexe verbrannt worden. 1590 berichtet der Rentmeister von Felsberg an den Landgrafen über das Hexenunwesen im dortigen Amt; die Witwe des Werner Gerlacht würde für eine böse Zauberin gehalten. Nachbarn meiden die Metze, weil sie des Nachts mit ihren Kindern als reißender Wolf ihr Unwesen treibt. Dieser Prozeß widerlegt die Ansicht Soldan-Heppes, der den Werwolfglauben in Hessen zurückdatiert. Außerdem berichtet der Rentmeister, daß sie den Sonntag entheilige und während der Kirche Hanf rupfe oder Heu mache.

In der Polizeiordnung von 1562 ist vermerkt: »Uns kommen Klagen vor, daß in unseren Fürstentümern sich große Ärgernisse und Mißbräuche göttlichen Worts durch Zaubern, Beschwören und teuflisches Wahrsagen zutragen, dadurch unsere Untertanen zu Abgötterei, Aberglauben und Schaden geführt werden. Demnach ordnen und wollen wir, daß jemand, wes er Standes wäre, sich des Wahrsagens oder anderer Zauberei befleiße und damit Leuten Schaden und Unglück zufügen würde, daß derselbige mit dem Feuer gestraft werden soll«. Die Polizeiordnung von 1572 wiederholt diesen Befehl wörtlich. Diese Verordnung spricht sich streng gegen das »Kristallsehen« aus.

Mit dem Tod von Wilhelm IV. beginnt für Niederhessen eine Zeit des tiefsten Seelenjammers, da Moritz der Gelehrte als Kind seiner Zeit den Hexenverfolgungen nicht entgegentreten kann. 1598 beschuldigt Hans Knabenschuh aus Hofgeismar Heinrich Odens Witwe und ihre Kinder beim Landgraf, »daß sie Hexenkünste betrieben«. Er wird wegen Verleumdung mit 50 Gulden und 12 Wochen Haft belegt.

Daraufhin wendet er sich beschwerdeführend an Moritz von Hessen und sagt »daß er seine Beschuldigungen jederzeit beweisen könne«. 1614 erhebt die Dorfgemeinde Ungedanken gegen Katharina, die Frau von Hermann Pfaff und gegen Elisabeth Anna Schäfer, genannt die »Studer'sche« Anklage wegen Hexerei.

Ludwig IV. von Oberhessen

Die meisten Prozesse werden wohl in Marburg wegen des ansässigen Samthofgerichtes geführt. Unter Ludwig IV. von Oberhessen (1567—1604) beginnt für Oberhessen die Zeit der Hexenverfolgungen. 1575 werden verschiedene Frauen in der Nähe Marburgs wegen Hexerei angeklagt und in Marburg gefänglich eingezogen. Der weitere Verlauf ist nicht bekannt.

Der erste nachweisbare Prozeß für Oberhessen (auch für Kurhessen), der mit tödlichem Ausgang endet, ist von Abraham Saur aufgezeichnet. Am 25. Mai 1582 wird in Marburg eine Zauberin hingerichtet. 1590 wird des Enders Strudder in Battenberg Hausfrau wegen Verdachts, Hexerei betrieben zu haben, eingezogen. Am 15. August schreibt ihr Mann an den Landgrafen, »daß Richard Sinsen Weib seine Frau unbillig aus giftigem Haß in dieses Gerücht gebracht, und daß sie niemals das Vieh beschädigt habe«.[114]

Unter dem Landgraf Ludwig zu Marburg kommt es in der Zeit von 1596—1598 zu heftigen Hexenverfolgungen. Dennoch ist im ganzen betrachtet — die Zahl der Opfer in Hessen relativ gering. Das liegt maßgeblich an den landesherrlichen Verordnungen, die ein unkontrolliertes Ausweiten verhindern.

Georg von Hessen-Darmstadt

Er erläßt eine peinliche Gerichtsordnung, die u.a. die Bestimmung enthält: »Die Zauberei ist ein gräuliches, sonderbares, ungöttliches, hochsträfliches Laster, welches jetziger Zeit fast allenthalben unter den Weibspersonen durch Gottes gerechten Zorn und Verhängnis eingerissen, daher die Beamten mit allem Fleiße inquirieren, alsbald eine Person des Lasters bezichtigt und ein Geschrei erschollen, da es sich befindet, daß eine »publica vox et fama« sei, zu Haften bringen sollen.[115] Getreu dieser Vorschrift werden 1583 30 Personen wegen Hexerei eingezogen, davon werden 17 hingerichtet, eine begeht Selbstmord, sieben werden des Landes verwiesen und fünf freigelassen. In der Niedergrafschaft Katzenelnbogen werden in den Kirchenspielen Ausschüsse gegründet, um Hexen aufzuspüren.

Der Graf Johann von Nassau-Dillenburg (1559 — 1606) vertritt eine vernünftige Anschauung über das Hexenwesen. In einem Erlaß aus dem Jahre 1582 ordnet er an: »in Sachen, welche Leib und Leben und der Seelen Seligkeit betreffen, nicht liederlich und auf blose Anzeige handeln, auch niemanden vor eingezogener besserer Erkundigung anzugreifen«.

Ähnlicher Meinung ist Johann Dietrich, der Begründer der katholischen Lehre in der Grafschaft Wertheim-Löwenstein. Er hat unter der Leitung seines Hofmeisters Magister Reinhard in Straßburg Studien betrieben. Diesem Reinhard sagt man »bedeutendes Wissen, staatsmännische Begabung, großen Scharfblick und reiche Welterfahrung nach«. Graf Johann Dietrich und Reinhard hegen in Bezug auf das Hexenwesen, Aberglauben usw. Ansichten, die ihrer Zeit weit vorauseilen. Reinhard schreibt in einem Brief vom Juli 1628: »Seither meines Abwesens haben die anwesenden Herren sich auf's Hexenwerk gericht, wollen mit Ernst daran und brennen... woraus es denn wirklich auch für einige Jahre tüchtig an's Brennen ging... ich finde jedoch, daß er weit mehr auf wirkliche Verbrechen und auf sexuelle Ausschweifungen, als des Teufels Buhlschaft, Wettermachen, Viehhexerei usw. inquirierte«.

Der Fall Holzapfel

In Niederhessen setzen die massiven Hexenverfolgungen nach dem 30jährigen Krieg ein. Dazu ein Beispiel. 1657 meldet der Schultheiß Bermann an den Landgrafen Hermann von Hessen-Rothenburg, daß in der Schule von Eschwege zwei Mädchen erkrankt und ein weiteres gestorben sei, nachdem sie von einem »Butterweck« gegessen, den ein Mädchen mit in die Schule gebracht hat. Da der Arzt mit der Krankheit nichts anzufangen weiß, fällt sein Verdacht auf eine übernatürliche Krankheit: auf Hexerei. Er hilft sich mit der Ausrede, daß die beiden Kinder wahrscheinlich behext seien und der Verdacht fällt auf Katharina Holzapfel. Der Schultheiß fragt nach, was er mit den beschuldigten Weibern machen soll. Schließlich wird die

Holzapfel'sche gefänglich eingezogen. Da sie in der Güte nicht gestehen will, wird sie mehrfach und heftig gefoltert. Nun denunziert sie ihre eigene Mutter, die ihr das Hexen gelernt habe, und ihre Schwester Marie Katharina.

Katharina bittet den Gefängniswärter, ihrer Mutter zu sagen, sich aus dem Staube zu machen, weil sie auf der Folter ihren Namen genannt hat. Der Wärter tut so, als würde er den Auftrag ausrichten, teilt es aber den Richtern mit. Jetzt werden die Mutter, die ältere Katharina und ihre Schwester Marie eingezogen und in das Gefängnis geworfen. Hier verflucht die Mutter ihre Tochter. »Sie selbst könne nicht hexen und habe ihrer Tochter auch nicht das Hexen, sondern das Beten gelernt«. Schließlich wird die 65jährige Frau hart gefoltert, ohne zu bekennen. Dennoch beugt sie der Druck der Folter zu einem Geständnis: »sie habe ihrer Tochter das Hexen auf der Miste gelehrt... sie hätte eine große Sünde getan; es täte ihr darum herzlich leid«. Der Amtsankläger wirft ihr 100 Anklagen entgegen und bittet »da Inquisitin eine echte Hexe und Zauberin sei und also vermög Kaiser Karls peinlicher Halsgerichtsordnung mit der ordinary Strafe, nämlich mit dem Feuer vom Leben zum Tode bestrafen und hinzurichten sei«.

Die juristische Fakultät will die Feuerpein verkürzen, indem die Hexen entweder durch das Anhängen eines Pulversackes in die Luft gesprengt werden, oder daß man sie vorher stranguliere; es sei den, daß die landesherrliche Gewalt Gnade üben und sie durch das Schwert hinrichten lassen wolle«. So werden die beiden Frauen am 30. Oktober 1657 auf dem Markt der Stadt Eschwege abgeurteilt. Die alte Katharina wird auf einem Karren gefahren; auf der Richtstätte wird sie entkleidet, auf den Holzhaufen gelegt und mit Stroh zugedeckt. Die junge Katharina, die Holzapfel'sche geht alleine; sie bittet enthauptet zu werden, wird aber genau wie ihre Mutter behandelt. Beide werden erdrosselt und dann wird der Scheiterhaufen angezündet«.[116]

Ausgangspunkt dieses Prozesses sind zwei Schulmädchen, ein unwissender Arzt, ein Schultheiß, ein Butterweck und eine Denunziation. Opfer sind zwei bestialisch gemordete Menschen.

1670—71 findet ein weiterer Hexenprozeß gegen ein vom »bösen Geist« besessenes Mädchen aus Eschwege statt. Es ist die Tochter des Johann Holzapfel, ein Kind von 13 Jahren. Es bezichtigt in seinen Reden angesehene Leute der Zauberei. Da der böse Zaubergeist aus ihr zu reden scheint, sucht ihn ein Lohgerber mit den Worten: »Ich beschwöre dich bei der heiligen Dreifaltigkeit, wer in der Stadt Eschwege hexen kann, zu bannen«. Das ist Exorzismus im privaten Bereich.

Prozeß Else Dietz

Dieser Fall spielt in Oberhessen, unmittelbar nach dem 30jährigen Kriege. Angeklagt ist Else Dietz. Sie soll mit dem Teufel im Bunde gestanden, sowie Menschen und Vieh verzaubert haben. Sie ist 80 Jahre alt und sagt: »sie habe die Kunst, Läuse und Flöhe zu machen vor 40 Jahren von Christ's Bela aus der Bunstruth gelernt... sie habe aber diese Kunst wenig gebraucht; sie habe nur ein bisschen Milch gezaubert. Der Schultheiß tritt für die alte Frau ein. Weil auch der Verteidiger auf ihrer Seite steht, wird sie einstweilen »ab instantia absolviert«. Der Verteidiger ist der Meinung, daß nicht immer gleich auf Todesstrafe zu erkennen sei. Man solle lieber, um ihre Seele zu retten, fleißig für sie beten. Der Fiskal läßt sich nicht erweichen: »es sei besser denjenigen, die ein Kind verführen... einen Mühlstein um den Hals zu hängen und sie im Meere zu ersäufen, wo es am tiefsten sei«. Er beruft sich auf einen Spruch aus der Bibel.[117] Ihr Urteil lautet:

»erkennen hierauf Richter und Schöffen des hohen peinlichen Halsgerichtes auf beschehene Anklage und erfolgte litis contestatio und gerichtliches Bekenntnis, auch anderer sowohl schriftlicher wie mündlicher Verbringung zu Recht, daß Peinlich Beklagte, ihr zu wohlverdienter Strafe und anderen zum abscheulichen Exempel, auf einem Karren zur gewöhnlichen Richtstatt zu führen, mit dem Schwert vom Leben zum Tod zu richten, auf den Holzhaufen zu setzen und zu verbrennen sei; dermaßen wir sie verdammen von Rechts wegen«.[118]

Landgräfin Hedwig-Sophie

Von 1663—1677 führt in Hessen eine Frau, die Landgräfin Hedwig-Sophie für ihren unmündigen Sohn Karl die Regierungsgeschäfte. Ihr ist es zu verdanken, daß von nun an die Folter weniger zur Anwendung kommt und damit die Zahl der Verurteilten erheblich zurückgeht. Die Landgräfin befiehlt Vizekanzlern und Räten: »das Gericht ernstlich anzuweisen, daß dasselbe in dergleichen Prozessen mit sonderbarer »circumspection« und Behutsamkeit verfahren, insonderlich auf blose Denunziationen und anderen geringen Argwohn hin, wenn nicht das ganze corpus delicti in natura oder andere starke triftige Gründe und Umstände vorhanden seien, nicht so leicht Jemand zu Haften zu bringen sei! Außerdem schreibt sie vor, daß bei peinlichen Sachen die juristische Fakultät von Straßburg wegen der Abfassung eines Gutachtens anzugehen sei«.

Karl kommt 1677 an die Regierung. Er erläßt 1702 eine Verordnung, den Aberglauben betreffend. Darin sagt er: »denn der Landesherr sucht bei seinen Untertanen die Religionsschwärmer, den Aberglauben, die Gotteslästerung, das Segensprechen, die Zauberei und das Wahrsagen aus dem Wege zu räumen und zu verbieten«.[119]

Idsteiner Hexenjagd

Besonders schlimm waren die Hexenverfolgungen in den nassauischen Landen. In der Zeit des Grafen Johann von Nassau-Dillenburg (1559—1606) sind in dessen Landen vier männliche und 16 weibliche Zauberer exekutiert worden, obwohl der Graf selbst eine vernünftige Anschauung über das Hexenwesen hat. In einem Erlaß aus dem Jahr 1582 ordnet er an: »In Sachen, welche Leib und Leben der Seelen Seligkeit betreffen, nicht liederlich und auf bloße Anzeige zu handeln, auch niemand vor eingezogener besserer Erkundigung anzugreifen«.[120]

Auch in Nassau drängt das Volk förmlich die Landesherren, gegen Hexen vorzugehen. Wie verhalten sich die Pfarrer? Der Superintendent Tobias Weber erhält von der Landesherrschaft den Auftrag, am 3. November 1630 in Idstein eine Synode abzuhalten, auf der allen Geistlichen anbefohlen wird, ihre Gemeinden nachdrücklichst vor den vermaledeiten Zaubersünden und dem Hexenwesen zu warnen. Auch mußte jeder Pfarrer am Andreastag Abmahnungen von den teuflischen Lastern in seine Predigt einzuflechten und auf das große Unheil hinweisen, das zeitlich und ewiglich daraus entstehe.[121]

So kommt es 1676 zu der großen Idsteiner Hexenjagd, die in einem Jahr 40 Frauen und Männern das Leben kostet. Die Hexenrichter sind mit Arbeit überlastet; ein Prozeß jagt den anderen. In Heftrich wird die Frau des Pfarrers wegen Hexerei angeklagt. Erst nach wiederholter Folterung **preßt man ihr das Geständnis ab, daß sie Gott abgesagt, und dem Teufel zugesagt habe.** Jetzt steht der Hinrichtung nichts mehr im Wege. Schon wenige Tage später findet die grausame Exekution statt. Bei der Pfarrerin wurde die Gnade »in honorem ministerii« erteilt. Weil ihr Mann dem geistlichen Stand angehört, wird sie nicht verbrannt, sondern enthauptet. An Kosten für das Verfahren muß der Pfarrer Wicht von Heftrich 27 Gulden, 32 Albus bezahlen. Die Hinrichtung seiner Frau wirkt auf den Pfarrer so erschütternd, daß er keine gottesdienstlichen Handlungen mehr vornehmen kann.

Die Idsteiner Hexenjagd ist schon deshalb interessant, weil Philipp Jacob Spener in seinen theologischen Bedenken eine recht vernünftige Meinung zum Hexenwahn zeigt, die er auf Bitten des Grafen Johann hin äußert, ohne allerdings auf den Grafen einwirken zu können.[122]

Württembergische Hexenpredigten im 16. Jht.

Martin Plantsch

Die ersten hier anzuführenden Predigten werden 1505 von Martin Plantsch in Tübingen gehalten. Er ist Professor der Theologie an der Hochschule und versieht gleichzeitig das Pfarramt an der Georgskirch. 1505 wird in Tübingen eine Frau als Hexe verbrannt. Diese Hinrichtung ist für Württemberg als außerordentlich früh zu betrachten. Um die Aufregung zu dämpfen, will Plantsch, wie Johann Hiltenbrant (Korrekter (?)) am Schluß bemerkt, anderen Geistlichen zeigen, auf welche Weise sie das leichtgläubige Volk von dem eitlen Hexenwahn (avanna sagarum credulitate) abbringen könne.

Plantsch beruft sich auf die göttliche Kraft: »Kein Geschöpf kann dem Menschen Schaden zufügen, wenn Gott es nicht zuläßt. Die von den Hexen gebrauchten Zaubermittel besitzen keine Kraft... solche Wirkungen muß man dem Teufel zuschreiben. Die Zaubermittel sind gleichsam die Sakramente des höllischen Geistes, der sich ihrer bedient, um den Menschen zu schaden. So kann er beispielsweise die Hexen durch die Luft tragen. Besonders auf dem Heuberg sollen »wie man sagt«, Hexen gern zusammenkommen, um ihre nächtlichen Tänze aufzuführen«.

Am Schluß seiner veröffentlichten Predigt führt er an, wie man sich gegen den Teufel schützen kann. »Man wende sich ja nicht an Segensprecher, Wahrsager oder Hexenmeister. Man befleißige sich vielmehr, die Sünden zu meiden und ein christliches, tugendhaftes Leben zu führen; auch gebrauche man in rechter Weise die Sakramentalien der Kirche, die kirchlichen Segnungen und Weihungen«.

Martin Plantsch beschäftigt sich in dieser Predigt **nicht** mit der Straffrage. Dagegen räumt er den bösen Geistern einen erheblichen Einfluß ein: er ist vom Zeitgeist befangen. Seine Schriften werden von dem Tübinger Humanist Bebel gelobt.

Nach dem Ausbruch der Kirchenspaltung steigert sich in Württemberg die Hexenverfolgung. Im Anschluß an die Bibel verteidigen mehrere Prediger die Bestrafung der Hexen, so Johannes Brenz, Matthäus Alber und Konad Platz. Dazu kommt der Tübinger Theologieprofessor Jacob Heerbrand,[123] der protestantische Abt von Blaubeuren, Johann Schopf, der württembergische Hofprediger Felix Bidenbach[124] und der Tübinger Jurist Heinrich Bocer.[125] Besonders er versucht gegen Weyer nachzuweisen, daß die Hexen nach dem göttlichen Recht zu bestrafen sind.

Johann Brenz, Philipp Knezel

Gewöhnlich wird Johann Weyer als erster genannt, der sich gegen den Hexenwahn seiner Zeit gestemmt hat. Bei der Dürftigkeit der noch vorhandenen Quellen ist anzunehmen, daß er damals nicht der einzige war und daß er sich auf Vorbilder beruft. Z.B. seinen Lehrer, Agrippa von Nettesheim. Außerdem fällt der Blick auf zwei protestantische Kirchenordnungen, die etwa 30 Jahre **vor Weyers Aktivität** verbreitet werden.

Nürnberger und Brandenburger Kirchenordnung

Nach der Nürnberger Kirchenordnung[126] wird die deutsche Messe eingeführt. Bearbeiter sind Osiander und der Pfarrer Brenz. Die angehängten Kinderpredigten sollen auf Brenz zurückgehen. Hier heißt es unter der Überschrift: »Die ander Predigt, Auslegung des andern Gebots:

»Zum fünften nennet man Gottes Namen unnützlich und vergeblich, wenn man Zauberei damit treiben will. Und das ist nicht allein eine Sünde, sonder an auch eine große und mächtige Torheit, denn das sollt ihr Kindlein für gewiß halten, daß es nichts mit der Zauberei auf sich hat, sondern (es ist) eitel Betrug und vom Teufel erdachte Lügen, um die einfältigen Leute zu närren und zu äffen, wie es schon viele Leute zu ihrem Schaden erfahren haben. Darum hütet euch davor, glaubt nicht daran, lernt es nicht und fürchtet euch nicht davor, denn daß der Teufel dadurch große Sünde anrichtet, daß man Gottes Name mißbraucht, in mancherlei Aberglauben fällt und einer dem andern verdächtig wird. Daraus entstehen Feindschaften, Zorn, Neid, üble Nachreden (afterred). Dies gefällt dem Teufel. **Aber Gott hat es verboten und gesprochen, man soll die Zauberer nicht leben lassen«.**

Diese Stelle ist fast wörtlich in die Kinderpredigten aufgenommen, die Joachim II. von Brandenburg als Anhang zur Brandenburger Kirchenordnung 1540 veröffentlicht und die Luther gebilligt hat.[127]

Brenz wird in diesem Zusammenhang als Gegner des Hexenwahns bezeichnet. Allein der letzte Satz der Ausführungen, falls er wirklich auf ihn zurückgeht, widerlegt diese Ansicht. Brenz ist 1539 in Schwäbisch Hall als Pfarrer angestellt. Anläßlich eines starken Gewitters, das Felder und Weinberge zerstört, hält er in diesem Jahr eine sog. Hagelpredigt,[128] in der er ausführt:

»Den abergläubischen Leuten gegenüber, die meinen, das Unwetter komme von den Hexen, und die deshalb ihre Verbrennung fordern sagt Brenz, daß die Hexen kein Unwetter machen können. Selbst der Teufel könne es nicht ohne göttliche Zulassung. Der Hagel komme von Gott, der damit die Sünder strafen und die Gerechten prüfen will. Die Hexen können dazu nichts beitragen. Dennoch fordert er ihre Bestrafung: »...wenngleich sie selbst nichts ausrichten können, weil sie sich dem Satan ergeben haben, und von teuflischer Gesinnung erfüllt, nur danach trachten, den Menschen zu schaden. Es werden aber die Hexen vom Teufel getäuscht, als hätten sie selbst das Unwetter angerichtet. Wegen dieser gottlosen Meinung werden sie nach den Gesetzen bestraft«.

Ein ähnlicher Fall ereignet sich 1562, als am 3. August im Eßlinger Raum ein Ungewitter die Gegend verwüstet. Der dortige Prediger Naogeorgus vertritt nicht die immer noch humanere Ansicht von Brenz, sondern betont in seiner Hagelpredigt, daß der Sturm von den Hexen herrühre. Auch die beiden Stuttgarter Geistlichen Matthäus Alber und Wilhem Bidenbach predigen über den Hagel:[129] sie scheinen vernünftiger als ihr Eßlinger Amtskollege zu sein.

Inzwischen hat sich Brenz mehrfach mit der Hexenfrage beschäftigt. Als er 1538 an der Tübinger Universität Vorlesungen über das 2. Buch Moses hält, hebt er hervor, daß nach Gottes Gebot und den alten kaiserlichen Rechten die Zauberinnen mit dem Tod bestraft werden. 1546 handelt er von der Zauberei bei seiner Erklärung des Galaterbriefes. 1557, als Stiftsprobst auf der Kanzel von Stuttgart, sagt er bei der Erklärung der mehrfach zitierten Bibelstelle: »die Strafe... wird wohl von etlichen als ungerecht bezeichnet, da die Hexen mit den Zaubermitteln keinen Schaden zufügen können. Sie bildeten sich solches bloß ein. Wie aber könnte man wegen einer Einbildung zum Tod verurteilen? Da sie sich aber vom Teufel als Werkzeuge brauchen lassen und die ernstliche Absicht haben, den Menschen zu schaden, so werden sie gleich den Räubern, Mördern und Brandstiftern nicht unbillig zum Tod verurteilt«.

Außerdem liegt ein Schreiben vor, das Brenz 1561 an Philipp Knezel,[130] Pfarrer in Waldenburg in der Grafschaft Hohenlohe gerichtet hat. Knezel bittet Brenz um Auskunft über ein Weib, das des teuflischen Umgangs bezichtigt ist und erhält die Antwort: »Es ist kein Zweifel, daß der Teufel mit Zulassung Gottes sich nicht nur in einen Engel des Lichts, sondern auch in einen Mann oder in ein Weib verwandeln kann. Unter solcher Gestalt kann er sehr wohl, wie schon Augustus bemerkt (De civitate Dei 1.23) als Inkub oder Sukkub mit den Menschen fleischlichen Umgang pflegen«.

Kontakt zu Weyer[131]

Die von Brenz 1539 gehaltene und 1557 veröffentlichte Hagelpredigt erscheint 1565 in Straßburg und Eisleben in deutscher Übersetzung. Der rheinische Arzt Weyer erhält davon Kenntnis. Am 10. Oktober 1565 richtet er ein Schreiben an Brenz, um ihn wegen seiner »ausgezeichneten Predigt« zu beglückwünschen. Er habe sich gefreut zu vernehmen, daß Brenz die Ansicht bekämpfe, Hexen seien imstande, Hagel und Gewitter hervorzubringen. Er könne ihm aber bezüglich der Bestrafung der Hexen nicht zustimmen, weil die Stelle im Exodus nicht den Sinn habe, den Brenz ihnen beilege«. Brenz antwortet am 26. Dezember und lobt den menschenfreundlichen Weyer wegen seiner humanen Gesinnung, bleibt allerdings bei seiner Ansicht. In einer Replik vom 18. Juli 1566 sucht Weyer die Ausführungen des Predigers zu widerlegen. Auf dieses Schreiben »...sei ihm keine Antwort geworden«.

Zusammenfassend bleibt festzustellen, daß Johannes Brenz nicht — wie vereinzelt dargestellt — durch die Bibel vom Hexenglauben frei geworden ist. Das ist schon in sich widersprüchlich. Es fällt in der weiteren Behandlung auf, daß sich die protestantischen Aktivatoren des Hexenwahns nicht auf den Hexenhammer oder auf andere katholische Autoren beziehen, sondern daß sie in der Regel auf die Bibel zurückgreifen. Für viele von ihnen ist das mosaische Gesetz die Richtschnur ihres sittlichen Handels. Bei dieser Gelegenheit kann noch ein weiterer Irrtum ausgeräumt werden. Man hat immer und immer wieder dem sächsischen Kurfürsten August vorgeworfen, daß er in seiner Kriminalordnung auch diejenigen Hexen mit dem Feuertod bestraft, die kein direktes Bündnis mit dem Teufel eingegangen sein sollen. Daran erkannte man eine wesentliche Verschärfung der Situation, was man freilich auch auf Benedikt Carpzov »die Leuchte am Juristenhimmel des 17. Jht.« bezogen hat. Nun ist Sachsen neben Württemberg das größte Land, das sich konsequent zum Protestantismus entschieden hat. Die Grundlage ihrer strengen Anschauung über die Bestrafung der Hexen ziehen sie allesamt aus der Bibel. Man kann also weder dem sächsischen Kurfürsten, noch zahlreichen sächsischen oder schwäbischen Pfarrern und Juristen einen Vorwurf machen, wenn diese geistige Einstellung bereits von den ersten Reformatoren, auch von den Reformatoren Württembergs, vorgeprägt ist.

Matthäus Alber, Wilhelm Bidenbach

Die beiden Pfarrer verfassen aus Anlaß des großen Ungewitters Predigten und geben sie später als gemeinsamen Druck heraus. Auffallend ist ihre Orientierung an Johannes Brenz, den sie teilweise wörtlich übernehmen. Statt aber in törichter Weise dem Stil des Eßlinger Pfarrers Naogeorgus zu folgen, ermah-

nen sie, Brenz folgend, die Hörer zur Buße und Besserung ihres Lebens. »Wegen der vielen Sünden, die die Menschen begehen, erlaubt Gott zuweilen, die undankbaren Geschöpfe mit allerlei Unglück zu versuchen«. »...dieweil sie Gott und den christlichen Glauben verleugnen, sich ganz und gar dem Teufel zu eigen geben und von ihm dermaßen besessen und eingenommen sind, daß sie nach ihres Meisters, des Teufels Art, nichts anderes begehren, denn den Menschen allerhand Schaden und Jammer zuzufügen«.

Also haben sie letztlich auch die gleichen Strafvorstellungen wie Brenz »... sie werden wegen ihrer bösen Ansicht und wegen ihres Bundes mit dem Teufel mit Recht zum Tod verurteilt«. Dennoch mahnen sie die Obrigkeit zur Vorsicht! »...sie soll nicht leichtiglich einem jedem Geschrei, so unter dem leichtfertigen wankelmütigen Pöbel umgeht, glauben. Personen, die als Unholden verschrien werden, sollen nicht gefänglich eingezogen und gefoltert werden... sie haben denn alle Umstände genugsam erfahren und seien auf eine gewisse Spur gekommen. Auch sei es allweg besser, tausend Schuldige freizulassen, denn einen Unschuldigen zu verurteilen und zu töten«.

Konrad Platz

Er ist Prediger in Biberach. Unter Berufung auf das Gebot Gottes und die alten kaiserlichen Gesetze spricht er sich ebenfalls für die Hinrichtung der Zauberer und Hexen aus. Seine Bezugspunkte sind der Exodus und der Cod. 1.9 tit. 18.1 Imperator populam. »Letztlich, dieweil sie von Gott dem Allmächtigen abgefallen und meineidiger, treuloser Meinung wider die Gelübde im heiligen Sakrament getan, da sie dem Teufel und allen seinen Werken widersagt, sich mit ihm auf ein Bündnis eingelassn, verleugnen also Gott und ihren christlichen Glauben und ergeben sich dem leidigen Satan«.[132]

Es liegt ein Schreiben vor, das die herzoglichen Räte am 22. Juni 1563 an einen nicht näher bezeichneten Grafen gerichtet haben. Dieser fragt in Stuttgart nach wie man dort gegen Hexen verfahre. Die Antwort lautet: »Es seien eine Zeit her gar viele Personen des berührten teuflischen hochsträflichen Lasters des Hexenwerks auch in unsers gnädigen Fürsten und Herrn Fürstenthum verdacht, beschreit und angegeben, auch derselben etliche gefänglich eingezogen und hingerichtet worden«[133].

Ich nehme an, daß es sich um die Vorgänge in Wiesensteig handelt. 1562 und 1563 lassen die protestantischen Grafen Ulrich und Sebastian Helfenstein 63 Hexen foltern und verbrennen.[134]

Hexenprozesse in Eßlingen

Parallel zu der seitherigen Darstellung der Einzelfälle und Prozesse, wird hier das Hexentreiben einer freien protestantischen Reichsstadt geschildert. Wir finden alle Erscheinungen wieder: die Denunziationen von seiten der Bevölkerung, die Intrigen, den Haß, den Neid und das Geschwätz des dummen abergläubischen Volkes, das Einholen von Gutachten, den verstärkten Schriftwechsel in schwierigen Fällen, die Berufung auf das mosaische Gesetz, das harte, aber doch umsichtige Vorgehen der Obrigkeit, die brutale Anwendung der Folter und die Sinnlosigkeit, den Fangarmen des Hexenwahns zu entgehen. Es wird deutlich, daß der Hexenwahn in den protestantischen Städten ebenso wie in den katholischen Territorien gehandhabt wird. Das seitherige Hin- und Herschieben der Schuldfrage unter den Theologen ist genauso dumm wie der Hexenwahn selbst. Ich folge im wesentlichen den Ausführungen von Salzmann d.Ä. und Pfaff, die sich beide eingehend mit den Esslinger Hexenverfolgungen beschäftigt haben., An Quellen stehen Verhörsprotokolle, Fakultätsgutachten, Urgichten, Urpheden, Ratsprotokolle und Briefe zur Verfügung. Das Beispiel »Eßlingen« verdeutlicht die Unsicherheit der Epoche. Von einer gewissen geistigen Selbständigkeit kann nicht gesprochen werden: fast alle Lebensbereiche werden kontrolliert und reglementiert. Es ist klar, daß gerade in einer solchen vergifteten Atmosphäre der Schwätzerei und dem Denunziantentum eine besondere Bedeutung zukommt.

Der Esslinger Magistrat hat das Recht der peinlichen Gerichtsbarkeit. Kriminalprozesse werden dem Einungergericht, den Gastrichtern zur »Examination« übergeben. Hier führt der Stadtamtmann den Vorsitz. Stehen schwierige Fälle an, so erbittet man sich eine Deputation ad hoc und erhält die Bewilligung. Die Todesurteile werden vom großen und kleinen Rat gemeinsam gesprochen.

Zur Einwohnerschaft Esslingens gehören die Sprengel Vaihingen auf den Fildern, Möhringen und Deizisau. Die Bewohner sind fromm und strenggläubig. Zur Zeit der Glaubensspaltung finden täglich bis zu drei Gottesdienste statt, zudem besuchen Erwachsene die Kinderbeichte. Ein Teil des öffentlichen Lebens spielt sich während des Gottesdienstes ab. Hier haben Bestrafte ihren besonders zugewiesenen Platz und von der Kanzel werden auch allgemeine Dinge verlesen: 1548... ein Weib, so den Erbgrind heilen kann ohne alle Schmerzen und ihrer Kunst gewiß, will jedermann gewärtig sein«. Auch polizeiliche Verordnungen werden so bekannt gemacht.

Das Ortsgericht auf den Dörfern besteht aus dem Pfarrer, dem Schulmeister und dem Schultheiß. Von Zeit zu Zeit halten der Spitalvogt und der Stadtschreiber Visitationen. Mißstände werden protokolliert und Verleumdungen werden niedergeschrieben. Ein früher Esslinger Hexenprozeß spielt 1543. Elsbetha Langhausin solle »durch Verhenknuß und Zeichen des bösen Geistes andere versehrt« haben. Sie wird freigesprochen. Weiter zurückliegende Urpheden (1316, 1385) beziehen sich nicht auf den Teufelsbund.

Thomas Kirchmair (Naogeorgus)[135]

Er ist Pfarrer in Esslingen. In einigen Predigten macht er sich wegen schwärmerischer Meinungen verdächtig. Er predigt mehrere Sonntage hintereinander über die »Unholden« und über ihre verderbliche Wirksamkeit. Dann kommt es zu dem schon erwähnten Gewitter. Das ist der Aufhänger für ihn: er erklärt es als Hexenwerk. Das führt zu einer erheblichen Unruhe unter der Bevölkerung. Der Rat schreitet ein. »...er solle der Sache gemäß und nicht so predigen, wie es neulich mit dem Hagel geschehen sei, damit er den gemeinen Mann nicht also verbittere«. Schon im ersten größeren Esslinger Hexenprozeß kommt es wieder zu Klagen über Pfarrer Naogeorgus.

Er regt sich darüber auf, daß die gefolterten Hexen freigelassen worden sind. Von der Kanzel herab warnt er die Bevölkerung vor dem Umgang mit ihnen... außerdem sollen sie sich nicht erlauben, die Kirche zu betreten. Verschiedene Bürger bestätigen, daß Naogeorgus dies von der Kanzel herab gesagt habe: »...Der Rat beschließt am 23. Dezember 1562 seine Vorladung »weil er die Gemeinde wider den Rat verbittert habe... und um sein Benehmen ernstlich zu verweisen. Da er krank ist, kommt es erst am 5. Januar 1563 zu der Gegenüberstellung. Vor dem versammelten Rat hält man ihm vor, daß er ihn verunglimpft und an seiner Ehre gekränkt habe, indem er behauptete, derselbe habe wissentlich ein so großes Laster ungestraft gelassen...«.

Naogeorgus reagiert gekränkt: »er rede der Obrigkeit nichts ein, sie dagegen solle ihn auch nicht angreifen. Jüngst habe ein Geistlicher gepredigt, zu Esslingen sei eine unnütze Obrigkeit und man habe denselben bloß hinreden lassen, ihm aber mutze man seine Predigten auf, er müsse daher fast denken, daß wirklich eine solche Obrigkeit hier sei. Er habe nie aufrührerisch gepredigt...«.

Man erteilt ihm einen scharfen Verweis: »...weil er Lotterbuben und Henkern mehr glaube als dem Rat und der Obrigkeit in ihr Amt eingreife. Wenn er fortfahre, durch seine Predigten Zwietracht und Unruhe zu erregen, werde man ihn absetzen...«. Dazu ist es am 26. Januar 1563 gekommen. Nicht allein, weil der Rat die Verteidigungsschrift von Naogeorgus nicht anerkennt, sondern weil ihn die württembergische Regierung wegen Irrlehren angeklagt hat.

Naogeorgus ist ein leidenschaftlicher Bekämpfer des Papsttums. 1546 erfolgt sein Bruch mit den Lutheranern. Er ist am 29. Dezember 1563 in Wiesloch als protestantischer Pfarrer gestorben.

Prozeßvorgänge in Wiesensteig

Bei einem Hochzeitsessen im Esslinger Krämerhaus wollen mehrere Gäste eine Frau erblickt haben, die auf dem Dach wandelt und durch ein Fenster hereinschaut. Als man nachforscht, verschwindet sie plötzlich »...dagegen springt eine Katze zum Fenster herein und zu einem anderen hinaus«. Sofort vermutet man in ihr den Teufel. Einige meinen in der Katze die Frau Bertha Bul erkannt zu haben, die bereits vor 12 Jahren wegen Hexereien angeklagt ist. »Damals habe sie ein Kind behext«. Man hat sie freigesprochen, aber deshalb ist sie im Volksmund noch lange nicht rehabilitiert. Außerdem wird in diesem Zusammenhang Barbara Scheuer als Hexe bezichtigt.

Am 6. August versammelt sich der große und der kleine Rat zur Besprechung über die erforderlichen Maßregeln. Zuerst will man die beiden Frauen verhaften, stößt aber auf Widerstand innerhalb des Rates. Erst bei der dritten Umfrage erhält der Rat die Stimmenmehrheit zu diesem Vorhaben. Man beschließt, in dieser Sache vorsichtig vorzugehen, »...weil sonst manchem Weib Unrecht geschehen könne«. Außerdem wendet man sich an den helfensteinischen Vogt in Wiesensteig und bittet ihn um Mitteilung der Verhöre und um die Bekenntnisse der dortigen Hexen.

Graf Ulrich von Helfenstein und sein Bruder (Schloß Helfenstein) haben zu Beginn des Jahres 1562 »aus großen Ursachen und vielfältigem Geschrei seiner Untertanen, auch allerhand gründlichen Anzeigungen höchlich bewegt«, mehrere Frauen wegen Verdachts auf Hexerei verhaften und gefänglich einziehen lassen«. Der Obervogt antwortet am nächsten Tag, »... daß von den verhafteten Hexen zwei wegen Anstiftung vieler Untaten, sonderlich mit Hagel und Anderen, schon vor mehreren Wochen verbrannt worden seien, vier andere aber »weil sie ihre Ehemänner, Kinder und sonst viel Leut und Vieh getötet hätten... am nächsten Tag hingerichtet werden sollen«. Auch der Stuttgarter Vogt wird konsultiert, schreibt aber am 7. August ab.

Prozeß Barbara Schauer, Bertha Bul, Lucie Zeh

Nun bringt man die verhafteten Frauen in den Gefängnisturm und leitet eine peinliche Untersuchung vor dem Einungergericht ein. Es besteht aus dem Stadtamtmann und Ratsherren. Man erklärt, sie ständen im Verdacht und Argwohn des Unholdenwesens und ermahnt sie, ernstlich die Wahrheit zu sagen. Barbara Schauer wird beschuldigt, sie habe ihrem Liebhaber nachts »böse Griffe gegeben«, ihre Schwiegertochter und Enkelin, auch zwei andere Personen bezaubert und sogar den Pfarrer Naogeorgus durch ihr Hexenwerk versehrt«. Bertha Bul bezichtigt man, »...sie habe vor kurzem einen jungen Mann, indem sie ihm auf die Schulter geklopft, krank gemacht. Außerdem erneuert man ihre frühere Anklage wegen Hexerei. Sie habe bei der erwähnten Hochzeit zum Fenster hereingeschaut. Wie üblich beginnt man mit der gütlichen Frage und geht dann zum peinlichen Verhör über. In Esslingen wird als Folterinstrument u.a. eine Wippe eingesetzt. Die Verhöre beginnen am 13. August. Zuerst wird Barbara Schauer vorgeführt. Sie weist alle gegen sie erhobenen Beschuldigungen zurück. Ihrer Schwiegertochter wirft sie vor, sich selbst dem Teufel ergeben zu haben... den größten Unwillen bezeuge sie aber gegen den Pfarrer Naogeorgus, diesen »Bösewicht«, der wie ein Dieb über sie lüge. Man soll mit ihr tun was man wolle, sie »braten oder in Öl sieden«, sie vertraue auf Gottes Hilfe, der sei der rechte Vater, ihm wolle sie Leib und Leben opfern... sie könne auf ihre Unschuld das Abendmahl nehmen«. Schließlich übergibt man sie dem Nachrichter. Zu ihm sagt sie: »Wenn man mir auch mit dem Kopfabhauen droht... ich bin in keinem Artikel schuldig. Man wird mich doch nicht zwingen wollen, zu bekennen, was ich gar nicht getan habe«? Sie bleibt durch drei Foltergrade standhaft. Die Richter erkennen darin ihre Verstockung und entlassen sie unter der Androhung neuer Folterungen.

Jetzt kommt Berta Buls an die Reihe. Sie leugnet alles, was man ihr anlastet. »Ihr Hauswirt könne bezeugen, daß sie während der Zeit des Hochzeitsessens nicht aus dem Haus gekommen sei. Sie ruft Gott um Hilfe und als Zeuge an und sagt, während sie aufgezogen wird: »Tötet mich lieber ganz und beim zweiten Grad der Folter«. Sie wirft den Richtern Grausamkeit vor: »Mein Blut wird am Jüngsten Tag Rache über euch schreien. Auch sie wird unter der Androhung neuer Folterungen entlassen. Man würde, auch wenn man sie Stunden quäle, nichts Unrechtes an ihr finden«.

Nun legen die Verwandten, Freunde und Nachbarn der Verhafteten Fürbitten beim Rat ein, »weil sie allein durch ihre Mißgünstigen mit falschen Bezichtigungen ins Gefängnis gebracht worden seien, und sich stets wohl gehalten hätten«. Die Sache scheint sich zum Guten zu wenden, wird aber durch ein Schreiben des Obervogts aus Wiesensteig vom 24. August zunichte gemacht. Zwei der dort verhafteten Frauen hätten ausgesagt, drei Hexen aus Esslingen, welche sie nicht näher bezeichnen konnten, seien mehrmals im Wiesensteig gewesen und hätten einer Hexenversammlung auf dem Sommerberg »auf schwarzen Klepperlein, wenig größer als die Milchkälber reitend in schönen Kleidern und von teuflischen Trabanten gegleitet« beigewohnt.

Daraufhin werden die Verhöre fortgesetzt. Am 25. August behandelt man die Verhafteten schärfer und befragt sie im Zusammenhang mit den Aussagen der Wiesensteiger Hexen. Die Scheuer wird vormittags viermal gefoltert, obgleich sie »auf's« flehendlichste um Schonung wegen ihres Alters bittet und schon gelähmt sei, weder essen und trinken könne«. Sie erinnert die Richter an ihr Seelenheil. Beim Nachmittagsverhör wird ihr mitgeteilt, daß man nicht eher von ihr lasse, bis sie den rechten Grund und die Wahrheit angebe. Auch mußte ihr der Pfarrer Martin Severus zusprechen und ihr das Bekenntnis des Hans Schwarz vorhalten, daß er den Teufel in der Gestalt eines Mannes in ihrem Garten gesehen habe. Sie erklärt, »...daß sie niemals mit dem Teufel zu schaffen gehabt habe«. Nach zweimaliger Folter ist ihr Willen gebrochen. Vor einem Jahr etwa sei ein »greubelich Ding« zu ihr ans Bett gekommen, sie aber habe sich gesegnet und das Kreuz gemacht. Hierauf sie es wieder verschwunden«. Weiter vermag man nichts aus ihr herauszubringen.

Wie die Schauer leugnet (!!!) auch die Bul alle Bekanntschaft mit den Wiesensteiger Hexen und beteuert in heftigen Gemütsbewegungen ihre Unschuld. Als man sie auszieht, schreit sie: »**Jesus Christus, ich habe die Wahrheit gesagt. Warum behandelt ihr mich so unmenschlich. Am Jüngsten Tag will ich Strafe über euch schreien: so wahr Gott Tod und Marter erlitt, so habe ich die Wahrheit gesagt«. Nach der zweiten Folter bricht sie ohnmächtig zusammen.**

So weit so gut. Wer aber ist die dritte der benannten Hexen? Bald hat man sie ausgeforscht. Es ist die Frau des Andreas Zeh, gewöhnlich die Zimmermännin genannt. Sie soll vor vier Jahren zu ihrer Nachbarin Anna Wirtelin gesagt haben: »Komm mit mir, ich will dich an einen Ort fühen und reich machen«. Hier kommt es zu einer interessanten Aussage: »Sie habe geschlafen... und da hab es ihr immer gedäuscht, sie liege im Bett und sehe die Lucie vor sich von dannen kommen. Dann habe es ihr wieder gedäucht, und zwar wie wenn sie träume, sie sehe viele Leute, die auf einem hohen Berg »durcheinandergeraspelt seien«. Ob sie wirklich mit der Lucie fortgewesen sei, könne sie nicht sagen. Beim Erwachen habe sie im Bett gelegen. Hernach sei sie wohl ein halbes Jahr herumgegangen, währenddessen sie ihre Vernunft nicht gehabt habe«. Das hat sie auch ihren Nachbarn erzählt.

Daraufhin wird Lucie Zeh wegen Verdachts auf Hexenwerk eingezogen. Auf dem Weg zum Turm sagt sie am 1. September zu den sie begleitenden Stadtknechten: »Warum zieht ihr nicht auch die reichen Weiber ein«? Diese Rede kommt zwar beim Rat zur Anzeige, wird aber nicht beachtet. Lucie Zeh bestreitet alles: ».. vor solchen Frauen habe sie sich allezeit gefürchtet,wenn man sie als eine von dieser Art erfinde, solle man sie verbrennen oder braten. Die Wirtelin sei eine Lügenerin, man solle sie ihr gegenüberstellen. Sie wird mit dem Bemerken entlassen, daß man sie, wenn sie mit dem Leugnen fortfahre, weiter foltern werde.

In der nächsten Ratssitzung wird beschlossen, den Nachrichter von Ehningen kommen zu lassen »weil er zuvor schon in dergleichen Dingen Handlung gepflogen habe«. Er hält sich in Wiesensteig auf. Der Obervogt von Wiesensteig schreibt am 4. September: »sein Herr könne denselben gerade jetzt umso weniger entbehren, weil er fünf andere Weiber gefänglich habe einziehn lassen«. Auf Verlangen des Rates wird nun der Stuttgarter Scharfrichter herangezogen. Für den 9. September wird ein neues Verhör vorbereitet.

Lucie Zeh wird zweimal gefoltert und bleibt standhaft. Daraufhin muß man sie entlassen. Dann stellt man ihr Anna Wirthelin gegenüber, die aber nichts Neues vorzubringen weiß, als »daß ihr gedeucht habe, sie sei mit der Lucie auf einer großen Heide, wo viel Volks mit Trommeln gewesen und Pfeifen, und habe ein Ruthlein von ihr empfangen, um damit diejenigen, welche mit ihr reden wollten, zu schlagen«. Die Zeh beharrt darauf, daß das was die Wirthlein über sie sage, unwahr ist und klagt bitter, daß sie unschuldig leiden muß.

Nochmals werden die Schauer und die Bul verhört. Beide werden mehrfach gefoltert. Die Bul sagt dem Nachrichter, er lüge wie ein Schelm, wenn er behauptet, sie habe jemals mit dem bösen Geist zu schaffen gehabt. Die Anschuldigungen werden durch Ludwig Morsch von Rüdern verhärtet. Er steht im Ruf, böse Geister bannen zu können. »Er wolle auch einen Spruch gegen den Hagel wissen.« Ich beschwöre die Wind und Hagel bei Jesus Christus und bei seinem Sohn, der ohm ward aufgethon, due sollst unsere Früchte unbeschädigt lohn. Im Namen des Vaters, des Sohnes und des Heiligen Geistes«. Er behauptet, die Schauer und Bul seien ihm längst verdächtig gewesen und von etlichen Mädchen, die mit letzteren in den Wald gegangen seien, habe er gehört, sie können einen Reifen machen«.

Nochmals legen die Verwandten am 25. September eine dringende Fürbitte bei Rat ein. Anton Bul schreibt am 29. September und beteuert die Unschuld seiner Frau auf das Höchste. Inzwischen hat der Rat am 18. September zwei Geistliche, Thomas Naogeorgus und Martin Severus zu den Gefangenen auf den Turm geschickt, die ihnen ernstlich zusprechen. Lucie

Zeh sagt dabei: »Ihr Trost sei, daß es nur noch eine kurze Zeit zu tun sei, dann habe sie überwunden... arbeiten könne sie doch nicht mehr, daher möchte sie lieber gleich sterben«. Barbara Schauer sagt: »... sie könne nicht mehr schlafen und sei wegen großer Schmerzen fast von Sinnen. Gott im Himmel wisse, daß sie unschuldig sei und mit dem Teufel nie etwas zu schaffen gehabt habe«. Bertha Bul beteuert: »Sie habe von Jugend an auf Gottes Gott wie auf einen Felsen gebaut und dessen Wort sehr lieb gehabt und gelernt«.

Daraufhin schreibt der Esslinger Rat an den Grafen von Helfenstein (14.Januar 1563): »die drei Weiber sind ernstlich und fortgesetzt befragt und hierzu auch der Scharfrichter von Stuttgart und seine Gehilfen herbeigezogen worden, wo man aber nichts Übles, daß sie Vieh und Menschen beschädigt, oder mit anderen Hexen Gemeinschaft gehabt aus ihnen herausgebracht, oder durch angestellte Kundschaft und Nachfrage erfahren. Weil aber das gemeine Geschrei ging, wenn der Nachrichter von Ehningen über sie käme, der würde schon etwas herausbringen, und weil dieser selbst geäußert habe, er wüßte mit ihnen umzugehen, so habe man beschlossen, ihn zu berufen«. Dies passiert im Oktober mit der Einwilligung vom Bürgermeister und Rat in Ehningen. Als dieser, wegen seiner Geschicklichkeit gerühmte Mann die Hexen zum Geständnis bringen soll, freuen sich die Verhafteten: »weil ihre Sache nun doch einmal zu einer Endschaft kommen würde«.

Lucie Zeh zerreißt am 22. Oktober in einem Anfall von Wahnsinn ihre Kleider und schlägt die Fensterscheiben ein. Sie wird am 14. Dezember im Bett liegend verhört. Der Ehninger Scharfrichter behandelt die Frauen »in aller Strenge« er wisse aber weitere Handlung nicht vorzunehmen. Den Unglücklichen schlägt die Stunde der Entlassung. Am 16. Dezember wird ihnen die Urphede vorgelesen. Sie beschwören sie und werden daraufhin entlassen.

Dann verlieren sich die Quellen. Auf jeden Fall sehen die wenigen Entlassenen einer ungewissen und unglücklichen Zukunft entgegen. Sie sind so geschwächt und durch die Folter verkrüppelt, daß sie nicht mehr arbeiten können. Außerdem will sie niemand zu sich nehmen, um nicht selbst »ins Geschrei« zu kommen.

Graf Ulrich von Helfenstein ist mit dem Freispruch der drei Esslinger Hexen nicht zufrieden. Dies wird aus einem Schreiben vom 30. Dezember 1562 deutlich. »... er habe zwar erfahren, daß der Rat die Weiber wieder freigelassen habe, er sei jedoch fest entschlossen nach dem strengen und ernstlichen Befehl Gottes, nach den kaiserlichen Rechten und nach der peinlichen Halsgerichtsordnung des Reichs gegen die Frauen, die in ihrer verdammten Zauberei bußfertig verharrten, billige Strafe und Handlung vornehmen zu lassen«.

Der Ehninger Scharfrichter ist über seinen Mißerfolg enttäuscht und sagt öffentlich: »Die drei seien in Eßlingen nicht die einzigen Hexen, wenn man ihn nur hätte machen lassen, er wolle sie schon zum Geständnis gebracht haben. Wenn er aber etwas scharf habe vorgehen wollen, hätten sich gleich einige Herren darein gelegt und gesagt, warum er die guten Weiblein so arg quälen wolle«. Das größte Geschrei erhebt der Oberpfarrer Naogeorgus.

Der Prozeß gegen die Wagenbärbel

Unter den Verschrieenen wird an vorderer Stelle Barbara Wagenhans von Haimbach, gewöhnlich Wagenbärbel genannt, angesehen. »Eine Frau von blödem Verstand, die in ihrer Einfalt manches tut und spricht, was ohnehin Verdacht erregt«. »... man habe einen Daulen[136] an ihr und halte sie für eine böse Frau.« Durch ihr komisches Verhalten bringe sie sich selbst noch mehr in Verdacht. Das Gerede um sie verstärkt sich. Schließlich meint der Rat einschreiten zu müssen und zieht weitere Erkundigungen ein. Da heißt es, sie habe mehrere Kinder bezaubert, indem sie dieselben auf den Arm nahm, sie liebkost und ihnen Obst und Trauben geschenkt. Hierbei beruft man sich auf das Zeugnis des Nachrichters von Ehningen. Ferner habe sie etliche Frauen die Leibesfrucht abgetrieben, sowie Kühe und Kälber umgebracht.

Sie wird verhaftet und am 15. Januar 1563 beginnt die Untersuchung. Sie hat neun Verhöre zu bestehen. Anfangs leugnet sie jede Schuld; aber ihre körperlichen und geistigen Kräfte sind bald erschöpft. Nun legt sie ein umfassendes Geständnis ab, das sie immer widerruft. Einmal sagt sie: »sie wisse nicht mehr, was sie früher gesagt, denn sie leide solche Not, daß sie nicht schlafen könne und fast nicht mehr bei Sinnen sei«. Schließlich gesteht sie:

- Vor ca. 5 Jahren sei zum erstenmal ein Mann zu ihr gekommen, der Eisenmann (Eisenmännlein) genannt werde, den sie damals noch nicht, sondern erst beim zweiten Mal an seinen »Gaisfüßen« als den Teufel erkannt habe.
- Dieser habe Essen und Trinken (aber kein Brot) mitgebracht und begehrt, sie solle sein Buhle werden.
- Anfangs hat sie sich geweigert, er hat sie jedoch mit List verführt und betrogen.
- Schließlich habe sie sich ihm drei Jahre ergeben.
- Er habe seine Versuche mehrmals wiederholt. Einmal sei er mit ihr auf einem Besenstiel nach der Lindhalde oberhalb Esslingens geritten, wo sie drei Weiber aus Uhlbach, Ober— und Untertürkheim gesehen hat.

- Er habe sie eine Salbe machen gelehrt aus einigem Kraut, das, wie sie meine, Teufelskraut heiße und einen langen Stengel mit großen Blättern und blauen Blüten habe. Dazu habe sie noch den Bast von einem gelben Strauch, der rote Misteln trage und Schelfezen (Obsthaut) nehmen und alles mit Schmalz von toten Hunden und Kindern unter Sprechung eines »teuflischen Segens« kochen müssen.
- Das Kindschmalz wolle sie anfangs vom Eisenmännlein erhalten haben, gesteht aber endlich, sie habe ein auf dem Kirchhof dazu ausgegrabenes Kind genommen.
- sie habe ihre Opfer mit dieser Salbe bestrichen
- Kühe und Kälber töte sie dadurch, indem sie auf ihnen reitet.
- sie habe vier Kinder verzehrt, ein krankes Mädchen durch einen Griff getötet und zwei Frauen die Leibesfrucht abgetrieben.

Der Rat erkennt, daß sie durch den Scharfrichter vom Turm auf den Markt, von hier zum Rathaus zwecks Vorlesung des Urteils und dann auf den Richtplatz geführt werden soll. »Sie ist mit dem Feuer vom Leben zum Tod zu bringen«. Nochmals fragt man sie wegen ihrer Gespielinnen. Am 11. Februar verkündet man in Gegenwart von zwei Predigern das Urteil. Sie widerruft alle Aussagen. Mit dem Eisenmännlein habe sie nie etwas zu tun gehabt, sondern gelogen... sie sei von Gott abgewichen und bitte, daß er ihr verzeihe. Zu solchen Lügen sei sie durch die Hoffnung, dadurch den Martern und dem Tod zu entgehen, verleitet worden und habe deswegen die Strafe wohl verdient. Sie wird am gleichen Tag hingerichtet.

Walpurga Hoppenhans

Nach der Hinrichtung der Wagenbärbel setzt eine längere Pause bezüglich der Hexenprozesse in Esslingen ein. 30 Jahre später kommt es zu einem weiteren Verfahren. Es betrifft Walpurga Hoppenhans, die als eine von der Jugend auf freche, leichtfertige und unverschämte Person geschildert wird und bei deren Haus ein Liebhaber von ihr »einmal ein Lichtlein gesehen, im Hause selbst aber einen argen Lärm gehört habe. Man wirft ihr vor:

- sie habe der Apollonia Schuder zwar aus Spaß die Augen zugehalten, aber diese hätte daraufhin Schmerzen im Rücken und Blödigkeit in die Augen bekommen.
- Den Konrad Wagner habe sie zweimal auf den Rücken geschlagen, wodurch er erkrankt ist.
- Barbara, Martin Rauschnabel's Tochter, habe sie es ebenfalls angetan, so daß diese nicht mehr recht atmen kann und einen Husten bekam. Daraufhin

ist sie verstorben. Während ihrer Krankheit ist die Hoppenhans zu ihr gekommen und habe ihr ein »Pfefferlein«, d.h. eine stark gewürzte Brühe gebracht. Die Kranke wolle es nicht essen und eine Katze sei nach deren Genuß gestorben.
- Der Frau des Tobias Wagner habe sie einmal auf den Rücken geschlagen, so daß sie sich nicht mehr regen konnte.

Gutachten von Fleiner und Herzog

Bevor der Rat die Hoppenhans verhaften läßt, fordert er von dem Syndikus Dr. Johann Leonhard Fleiner und von Dr. Samuel Herzog ein Gutachten, ob er denn hierzu auch befugt sei. Sie erklären: »Weil jede Obrigkeit, sowohl auf Gottes Befehl, als auch auf Verordnung der kaiserlichen Rechte schuldig sei, das Übel zu strafen, so könne der Rat keinen Umgang nehmen, diesfalls, es schlage aus wie es wolle, sein Amt zu gebrauchen. Die Sache gegen die Angeklagte sei so beschaffen, daß man mit gutem Gewissen auf die Folter erkennen könne. Jedoch solle man damit bedächtig verfahren... nachdem man genugsame Nachricht erhalten habe, daß es mit ihr nicht recht zugehe, sondern sie sich mit Zauberwerk und Hexenwerk abgebe, solle sie bekennen, wie lange sie das treiben, wer sie es gelehrt und wen sie damit verletzt und beschädigt habe«.

Nach dem Vorschlag der beiden Rechtsgelehrten wird Walpurga Hoppenhans am 11. Juni das erstemal verhört. Sie verneint die vorgelegten Fragen und beteuert, daß sie nicht von Gott abgewichen sei: sie wird in die Folterkammer geführt. Als sie der Nachrichter aufzieht, gesteht sie und ruft aus: »Ich bin, holt mich (auch) der Teufel, nie von Gott abgewichen und will wie eine Christin, nicht wie eine Unholdin sterben«.

Selbst bei weiteren Folterungen wird kein Geständnis erzielt. Daraufhin schreibt der Rat nach Nördlingen, wie man dort mit dergleichen Personen verfahre. Hier kommt die interessante Antwort:

»Man verhafte sie, nach vorhergegangenem bösen Geschrei, **erst wenn sonstige Verdachtsgründe dazukommen,** auf umständliche, glaubliche Angaben von vier oder fünf unparteiischen Personen; dann würden sie zuerst gütlich befragt, hierauf schreite man zur Tortur (gradiam), indem man mit der Bindung der Hände beginne, sonach die Daumenschrauben, und wenn dieses nicht verfangen wolle, die Beinschrauben an den einen und an den anderen Fuß anlege und »gemächlich«, je länger, desto fester schließe. Endlich würden die Verbrecher ein- oder mehrmals aufgezogen und wieder herabgelassen. Durch diese Mittel habe Gott die Gnade gegeben, daß doch zuletzt die Wahrheit herausgekommen sei«.

Diesem Schreiben liegt ein weiteres von Dr. Röttinger bei. »**Die Hauptursache, warum sich Weibspersonen so oft dem Teufel ergeben, sind Armut, betrübtes Hauskreuz, übermäßiger Geiz, verbitterte Rachgier, unziemliche freche Liebe, fleischliche Begierden und Fürwitz.** Ein besonderes Kennzeichen der Hexen sei aber, wenn sie beim Hersagen des Vater Unser an der sechsten und siebten Bitte anstoßen und daß sie nicht genau aus- oder nachbeten«.

Dann läßt man den Nachrichter aus Biberach, »als einen in Hexensachen erfahrenen Mann« kommen. Er untersucht, ob denn keine verdächtigen Zeichen an der Verurteilten sind und spricht ihr zu, doch die Wahrheit zu bekennen, da sie ja doch überwiesen sei. Schließlich wird sie freigelassen, nachdem sie eine Urkunde folgenden Inhalts beschwört:

»Wie wohl der Rat guten Fug gehabt, die Strenge gegen sie weiter anzunehmen, habe er doch auf allerhand von ihr vorgewandte Entschuldigung, untertänige, flehentliche und demütige Bitten ihr Gnade erwiesen und sie aus der Haft entlassen, doch nur unter der Bedingung, daß sie sich hinfür eines stillen und ehrbaren Wandels und Lebens befleißige und alle verdächtigen Sachen meide, sonst solle der Rat Recht und Macht haben, sie von Neuem zu verhaften«. (26. August 1596)

Harscherin aus Vaihingen

1602 kommt es zum Verfahren gegen Margaretha Harscher. Sie hausiert mit Wein, den sie in einem Fäßchen herumträgt. Deshalb ist sie weitbekannt und als Diebin verschrien. Zudem wird sie von der Bevölkerung als Hexe gebrandmarkt. Eine Kranke fällt in Stuttgart einer Frau um den Hals, weil sie ihr die Harscherin als Urheberin angegeben hat. Sie eilt nach Hause, läßt »im Namen den Teufels« am Brunnen Wasser holen und unter ihr Bett stellen. Tatsächlich kommt die Harscherin.

Pfarrer und Syndikus raten von der Folter ab, damit man nicht wieder eine Gefolterte laufen lassen muß. Die Harscherin wird, an beiden Füßen gefesselt, in ihr Haus gebannt. Sowohl Dr. Fleiner als auch der Oberpfarrer Dr. Christoph Hermann, Diakon Rhomas Widemann, Martin Kegerlin und Joachim Pinkisser geben Gutachten ab. Der seinerzeit in Eßlingen wohnende Lucas Osiander erklärt: »Die Beklagte habe zwar das Zeugnis, jederzeit eine freche, leichtfertige und lügenhafte Person gewesen zu sein, sie werde auch für eine öffentliche »Feld- und Hausdiebin« gehalten, es fehle aber an zureichenden Gründen, um die peinliche Frage bei ihr anzuwenden... man solle an die Hoppenhans denken, die man auch zuletzt habe unschuldig laufen lassen müssen. Man solle die

Harscherin unter Sicherheitsbedingungen nach Hause lassen«.

So kommt es zu einer Urphede, die am 19. August der Harscher vorgelesen wird mit dem Befehl an Pfarrer und Schultheißen, genaue Aufsicht über sie zu führen. Schon 1601 wird bei einer in Vaihingen gehaltenen Visitation von neuem über sie geklagt: »... sie habe sich nicht gebessert, sondern der frühere Verdacht wegen Diebstahl und Hexerei habe sich vermehrt«. Im Verlauf von acht Jahren wird sie noch zweimal eingezogen, aber immer wieder entlassen. Dann verlieren sich die Nachrichten.

Der Geisterbanner Martin Schreger

Im Dezember 1626 verhaftet man in Esslingen Martin Schreger (Schreyer) wegen Segenssprechens und Geisterbannens. Man informiert sich in verschiedenen Ortschaften, wo er seine Kunst ausgeübt haben soll. Er ist Maurer, 60 Jahre alt, im Reden ungeschickt, kann weder lesen noch schreiben. Er hat die Kunst folgendermaßen gelernt: »...seine erste Gattin sei ihm nach ihrem Tod erschienen und habe ihn aufgefordert, für sie zu beten, damit sie von ihrer Qual erlöst wird. Dies habe er dem verstorbenen Pfarrer Widemann angezeigt und er habe ihm geraten, das Vater Unser und den Glauben neunmal zu beten. Weil ihm aber seine Frau nicht mehr erschienen sei, habe er dieses Mittel anderswo mit gutem Erfolg angewendet. Zum Geisterbannen gehöre »ein unverzagt tapfer und unerschrocken Herz«. Man könne aber solche Beschwörungen nur Freitags Nachts zwischen 11 und 12 Uhr und nur bei wachsendem Monde vornehmen. Die verhörten Zeugen bekennen, daß er sie zum fleißigen Beten aufgefordert hat. Man rechnet ihm seine vierwöchige Haft als Strafe an und läßt ihn am 25. Januar 1637 in die Freiheit zurück.

Er hält sich nicht an die richterlichen Anweisungen, diese Dinge zu unterlassen. Bereits im März 1627 nimmt er in Ruit eine weitere Geisterbeschwörung vor. Daraufhin wird er in die Geige gespannt und zehn Tage in den Turm gelegt. Er erzählt in weiteren Verhören: »... nachdem er gebetet... klopften die verstorbenen Seelen an die Türe und kämen herein, einige in Menschengestalt, andere wie weiße Wolken oder wenn er dreimal gesprochen habe: »Fahrt hin im Namen Gottes des Vaters, des Sohnes und des Heiligen Geistes«. Wiederholt bemerkt er, daß er mit dem Teufel nichts zu schaffen gehabt habe. Nun wird er zu einer einjährigen Haft verurteilt.

Im Mai 1628 wird Nikolaus Grieb, ein 65jähriger Greis wegen Verdachts der Hexerei und »gräulicher Sodomiterei« verhaftet. Auf der Folter preßt man ihm das Geständnis ab. »Weil seine Verbrechen über die Maßen« wird er am 1. Juni 1627 lebendig verbrannt. Am 25. Januar 1628 erleiden Johann Stoll, Haushalter im Steuerhaus, 59 Jahre alt, und Johann Fischer aus Möhringen, Hausknecht im Spital, 55 Jahre alt, das gleiche Schicksal. Bei der Hinrichtung wird angeordnet »ein gut Teil Pulver anzuhängen«. Zugleich wird der Spitalkoch Kaspar Klunkert von St. Gallen verhaftet und zum Tod durch das Schwert verurteilt. Man hat ihn kurz vor seinem Tod begnadigt.

Prozeß gegen den Schneider Hans Wild

Hans Wild aus Möhringen erscheint als: »... nichtswürdiger, gottloser und liederlicher Mensch, der seine Stieftöchter zur Unzucht mißbrauchen sucht, schandbar in Reden und Taten, ein arger Fresser und Säufer, der im Rausche wie ein wildes Schwein darein fährt«. Jeder fürchtet ihn und er hat wenig Umgang. Am 15. Januar 1630 kommt er betrunken nach Hause und erzählt, daß er vorhabe, sich aufzuhängen.

Man möchte nur dafür sorgen, daß man nicht unter dem Galgen begrabe«. Als Ursache gibt er an, daß er den Teufel gesehen hat. Er unternimmt einige Selbstmordversuche, wird aber von seiner Frau und von Nachbarn an der Realisierung gehindert. Als er den Rausch ausgeschlafen hat, reut ihn das Verhalten und er will es gerne verheimlichen. Dazu ist es zu spät. Am 22. Januar erscheint der Spitaloberschreiber Georg Wagner aus Möhringen und stellt in Gegenwart des Pfarrers, des Schultheißen und zweier Richter mit der Frau, den Stiefkindern und zwei Nachbarn ein Verhör an. Daber ergibt sich: daß er seine Frau mehrfach das Erstechen angedroht hat und daß er gesagt habe: »daß der Teufel in ihm sei und wenn er seine Seele aus dem Leib reißen könnte, wolle er sie braten lassen und auffressen«.

Daraufhin wird er gefangen nach Eßlingen geführt. Das erste Verhör findet am 27. Januar statt. Er will den Selbstmordversuch mit seinem Rausch entschuldigen, kann aber die ihm zur Last gelegten Äußerungen nicht entkräften. Der Verdacht wird verstärkt, indem der Turmmeister erzählt, sein Hund habe von Wild's Essen nichts genießen wollen und seit er im Turme sei, verführten die Katzen ein arges Geschrei »auch bezeuge«, wie der Gefangene selbst bekannt habe, er, vom Teufel selbst 10 Taler zum Geschenk erhalten zu haben. Deshalb bereitet man am 29. Januar die peinliche Frage vor »wobei sich der Gefangene gar übel gebärdet und jammert«. Nachmittags, als man von Neuem mit der Folter droht, legt er ein Geständnis ab:

- den Teufel habe Julius am 4. Juli 1626 im Stuttgarter Wald zum erstenmal gesehen und von ihm 10 Taler erhalten
- er sei damals schwarz, bei der zweiten Zusammenkunft 1628 unweit Oberleibach aber grün gekleidet gewesen: erkannt habe er ihn beidemale an seinen Beinen »welche dünn wie Stecken waren«.
- das zweitemal habe er von ihm eine grüne Salbe erhalten und mit ihr Menschen und Tiere verzaubert.
- Schon 1624 auf der Feuerbacher Heide bei Stuttgart sei er mit dem grün gekleideten Mann zusammengekommen, der ihm versprach, wenn er sich ihm ergebe und diene, Gott jedoch absage, soll er stets ein gutes Leben haben.
- Der Teufel habe ihn und dem verstorbenen Kuhhirten Martin Fritz der »ein rechter Unholdemann« gewesen, einen Schnitt in die linke Brust gemacht, woraus etlich Tropfen Blut geflossen seien, womit er sich auf Pergament ihm hätte verschreiben müssen.
- Dann sei er auf einer Katze reitend in verschiedene Keller gefahren und im August 1628 mit dem Binder—Jacoblin von Plieningen auf die Heide bei Kemnat; dorthin seien auch etlich und 60 Hexen in stattlichen Kleidern auf Ofengabeln und Stecken gekommen, worauf sie geschmaust und getanzt hätten. Auch der Teufel sei dagewesen in einem grauen Kleid und mit einem Federhut.
- Bei der zweiten Versammlung in einem Wiesental zwischen Sindelfingen und Magstatt war er schwarz gekleidet und die Hexen waren mit Federn geschmückt.
- Der Teufel heiße Beelzebub und wenn er ihn rufe, antworte er aus weiter Ferne.
- Die Hexen legten Strohwische ins Bett, dann müssen die Männer schlafen, bis sie wiederkommen.

Bei einer Verlesung seiner Bekenntnisse am 3. Februar bestätigt er alles und erklärt, er wolle Leben und Sterben, der Rat solle gnädig sein. Doch plötzlich widerruft er alles, was er unter dem Schrecken der Folter ausgesagt hat. Man läßt ihm einige Tage Bedenkzeit und stellt weitere Nachforschungen an. Hierbei erfährt man, daß der verstorbene Kuhhirt stark im Verdacht der Zauberei gestanden hat. Am 8. Februar schickt man einen Geistlichen zu Wild und erinnert ihn, doch die Wahrheit anzuzeigen, Gott dem Allmächtigen zu Ehre zu geben, sein Gewissen zu reinigen und seine Seligkeit zu betrachten«.

Wild bestätigt wieder seine Vergehen, macht Zusätze und bittet die Obrigkeit um Verzeihung. Auch seiner Frau schreibt er »sie möge ihm verzeihen«. Am 17. Februar wird nach einem von Dr. Kreidemann eingeholten Gutachten im kleinen und im großen Rat Umfrage gehalten, welche Strafe man über ihn erkennen will. Mehrheitlich wird beschlossen, ihn zu enthaupten und dann seine Leiche zu verbrennen. Das Urteil wird am 19. Februar 1630 vollzogen.

Marie Müller aus Hedelfingen

Marie Müller kommt als 14jährige Waise zu einer Dienststellung nach Eßlingen. Sie läßt sich einen Diebstahl zuschulden kommen und entweicht. In Ludwigsburg wird sei **gegen eine Belohnung katholisch getauft.** Daraufhin wiederholt sie öfters ihren Kunstgriff und kommt nach einer längeren Irrfahrt nach Eßlingen zurück. Sie erzählt:

»Unter anderem sei sie unter eine Räuberbande geraten, die ihr Standquartier im »Wirtshaus zur Filzlaus« gehabt habe. Dort habe sie geboren und das Kind vergiften wollen. Aber die Wirtschaftlerin habe abgeraten, um den Räubern zur Gewinnung von »Kindsfingerle« zu verhelfen. Diese sollen die Kraft haben, daß, wenn sie angezündet auf die Schwelle des Hauses gestellt werden, in dem ein Einbruch geplant ist, die Türen von selbst aufspringen zu lassen, die Bewohner des Hauses tief schlafend zu machen und die Rauber unsichtbar zu machen. Zuletzt behauptet das Mädchen, sich einige Jahre dem Teufel ergeben zu haben. Sie wird enthauptet und verbrannt. Aber nicht wegen der auswärts begangenen Verbrechen, sondern weil sie auf dem Turm, auf dem sie verhaftet liegt, Stroh angezündet und Feueralarm macht, damit sie wegen des Auflaufs unbemerkt entkommen kann. Diese Prozeß muß aus der Summe der Hexenverfolgungen gestrichen werden; es ist kein Hexen- sondern ein Kriminalprozeß.

Der Massenprozeß von 1662—1665

In Eßlingen verbreitet sich das Gerücht, daß in Möhringen und Vaihingen weitere Hexen und Zauberer ihr Werk treiben, die Frevel an Menschen und Vieh ausüben. Deshalb beginnt im Juli 1662 eine großangelegte Untersuchung. Sie trägt wesentlich dazu bei, daß man die seither im Stillen als Unholde verdächtigten Personen nun öffentlich als Hexen ausschreit. Die Zahl der untersuchten Personen steigt sprunghaft an: schließlich werden in Vaihingen 88 Personen beschuldigt, in Möhringen 77, in Stuttgart 49 und in Esslingen 35. Insgesamt werden 375 Personen verhört und teilweise gefoltert. Sicher war Daniel Hauff an der Verbreitung des Massenwahns im Esslinger Raum nicht unbeteiligt. Einige nehmen später ihre Denunziation zurück »sie hätten den Leuten Unrecht getan«. Andere stellen sich freiwillig, um den Anschuldigungen Anderer zu entgehen. Bald reichen die gewöhnlichen Gefängnisse nicht mehr aus.

Das leerstehende Augustinerkloster wird zum Gefängnis umgebaut. Über eine Verbindung erreicht man von dort aus den Folterturm. Zwanzig Turmhüter werden zusätzlich angenommen, sie müssen, wie die früheren Gefängniswärter geloben »den Verhafte-

ten die Kost zur rechten Zeit ohne Abtrag zu liefern und ihre Kerker so zu heizen, daß sie keine Ursachen zu Klagen bekämen, allen auswärtigen Verkehr mit ihnen zu verhindern, sich in kein unnötiges Gespräch mit ihnen einzulassen, was sie von ihnen hören würden und was sie sehen würden getreulich anzuzeigen, und in der Nacht wenigstens dreimal nach ihnen zu schauen«.

Zunächst ist das Einungergericht mit den Untersuchungen beauftragt. Als der Umfang immer mehr erweitert wird, ernennt man eine Kommission, bei der ein Mitglied des geheimen Rates den Vorsitz führt. Inquirent des Massenprozesses wird Daniel Hauff.

Daniel Hauff/Philipp Weickersreuter

Er reicht im Juni 1662 eine Memoriale ein, um in das Advokaten-Kollegium aufgenommen zu werden. Im Zusammenhang mit dem ersten verdächtig eingezogenen in dieser unmenschlichen Prozeßfolge, dem Hans Elsässer, bestimmt nun der Rat Daniel Hauff zur Führung des Prozesses. Er gibt im Juli 1662 ein Gutachten ab: »Es ist eine sehr verzwickte und dunkle Sach, darin ein christliche Obrigkeit nicht gelingt, noch zu herbe und zu rauh, sondern fürsichtiglich, bescheidentlich und behutsamer, wohl (mit) besonderer Mäßigung und glimpflich zu verfahren ist«.

Von dieser milden Art ist kurz danach nichts mehr zu spüren: »Zu den Rationes dubitandi (Gegenanzeige) lasse sich anführen, daß viele vornehme Rechts-und andere Gelehrte die Evaninationem nocturam (nächtliche Ausfahrt) und Besuchung der Teufelstänze für eine nicht sollende Phantasie und blose Imaginationem und Traum und per rerum naturam (nach den Naturgesetzen) unmöglich Werk achten autoritate Wieri, Fichardi, Cothmanni, Thummii u.a. Aber die Transportatio und Ausfahrung sei der Natur nicht entgegen, es sei dies nunmehr eine von geist- und weltlichen Lehrern beglaubte Ansicht. Er (der Teufel) könne bewegen, sei es durch Salben oder Stecken oder andere Werkzeuge, womit er Furchtsame kühn macht, Ängstlichen nachhilft, die Sinne betäubt und Schwache überzeugt, daß durch die Salbe Kraft in sie gedrungen sei«.

Zur Belohnung seiner Verdienste hat man ihn zu Beginn des Jahres 1665 in das geheime Ratskollegium aufgenommen, »doch solle er seine Geschäfte erst nach der Vollendung seiner jetzigen Geschäfte antreten«. Damit ist er nicht zufrieden, sondern beschwert sich am 1. August 1665 »daß man ihm kein städtisches Amt zuwies, sondern bei seiner schweren Haushaltung und großen Familie ohne Bestallung lasse, weswegen man seine Besoldung auf jährlich 100 Reichstaler erhöht. Zu Anfang des Oktober 1665 wird er krank und stirbt schon am 25; erst 37 Jahre alt. An seine Stelle tritt Philipp Weickersreuter. Der Leichenredner von Hauff rühmt seinen »großen Fleiß und Eifer«. Tag und Nacht nahm er mit Hintansetzung seines schweren Hausstandes und merklicher Einbuße seiner Gesundheit viel Arbeit auf sich »mit welchem Fleiß und Eifer Tag und Nacht der Verlebte auf die Ausrottung der teuflischen Zauberei sich verwendet, selbst mit Hintansetzung seiner Gesundheit und der Fürsorge für seine Familie«.

Der Massenprozeß ist von zahlreichen Folterungen begleitet. Die Tübinger geben zu verstehen, daß dieses Verfahren unordentlich sei und in manchen Stücken mit der gerichtlichen Praxis streite »man solle mehr Vernunft gebrauchen«. Der Tübinger Kaplan Tobias Wagner, der mehr als 20 Jahre Prediger in Esslingen ist, ermahnt den Rat, daß er die Verbrecher nicht mit dem Feuertod, sondern nur zur Enthauptung verurteile, »denn solche Leute würden meist schon in früher Jugend verführt und hätten dann keinen freien Willen mehr, sondern hingen allein vom Teufel ab«.

An Folterinstrumenten ist neben der Wippe, bei der man Steine von 30, 50 und 100 Pfund anwendet, die Daumenschraube und die spanischen Stiefel genannt. Hunderte von Zeugen werden vorgefordert. Sie sollen sagen, ob ihnen nicht vor so und soviel Jahren ein Kind erkrankt oder ein Stück Vieh gefallen sei. Viele bejahen das schon allein aus Furcht vor der Obrigkeit. So werden auch unaufgefordert Zeugnisse abgegeben. Niemand ist mehr sicher, jeder kann durch die Dummheit anderer oder durch ihre Böswilligkeit schuldlos in den Verdacht der Hexerei kommen. Die Inquisiten nehmen weder auf den Verstand des Einzelnen noch auf den sittlichen Gehalt ihrer Aussagen Rücksicht. Selbst albernes Kindergeschwätz wird als wichtig angesehen.

Die Angezeigten werden genau beobachtet. Für ein Zeichen gilt es, wenn der Verdächtige bestürzt ist, die Zunge zuspitzt, krümmt oder aus dem Mund streckt, wenn er unter sich oder nach einer Seite schaut, wenn er sich vergeblich zu Weinen bemüht. Außerdem sucht man nach dem »Stigma diabolicum«. In diesem Zusammenhang wird ein Tübinger Arzt berufen »der ein Tränklein zum Erkennen der Hexen besessen habe«. Der Esslinger Rat willigt in einigen Fällen ein, daß der Scherer von Tübingen kommt, um seine Probe mit den Frauen auf dem Turm anzustellen«. Die Fragen entsprechen dem zeitüblichen Schema. Auch die Esslinger verwenden Fragepläne (Interrogatorium).

Johann Elsässer

Hans Elsässer ist der Sohn eines Webers aus Vaihingen. Er scheint trübsinnig zu sein, hält sich vom Teufel verfolgt und erzählt diesen Jammer seinen Eltern,

am 23. Juni 1662, als er von einem Kirchweihtag nach Hause kommt. Die Sache wird dem Zuchtamt bekannt. Es sieht sich veranlaßt, den Burschen zu »berufen«. Schließlich droht er mit Selbstmord, weil er Tag und Nacht keine Ruhe habe«. Das Zuchtamt überliefert ihn der vorgesetzten Behörde, dem Esslinger Magistrat. Von dort wird er an das Einungergericht übergeben.

Das Einungergericht meldet am 26. Juni dem Rat: »... ob (der gefänglich eingezogenen Junge) nicht in Eisen zu schlagen und Tag und Nacht von zwei Mann bewacht werden soll«. Die Antwort lautet: »In allweg«. Hauff mahnt in diesem ersten Fall noch zu Umsicht, später entwickelt er sich zu einem sog. »Hexenriecher«. Elsässer war vorher als Knecht in Rohracker beschäftigt. Von ihm berichten am 23. Juni 1662 Pfarrer, Schultheiß und die Zuchtherren« er habe vor ihnen bekannt, noch als Schulknabe sei er von Georg Schöffel, einem Weberknecht seines Vaters im Hexenwerk unterrichtet worden. Dieser quält ihn jetzt so sehr, sich dem Teufel zu verschreiben, daß er es nicht länger aushalten kann. Die Verhöre gegen ihn beginnen am 25. Juni.

Er will seinen Inquisitoren die Hand geben. Das wird nicht geduldet, aus »Besorgnis« er möchte sie dadurch verzaubern. Bald zeigt sich, daß der Knabe schwach an Verstand und gründlich verdorben ist. Man droht ihm mit der Anlegung der Ketten und mit der Folter, wenn er kein vollständiges Geständnis ablegen würde. Er bekommt darauf eine »erhebliche Angst, weil er befürchtet, wenn er gestehe, werde ihn der Teufel zerreißen«. Er zittert und wurde vom Fieber geschuttert, seine Zunge krümmte und spitzte sich im Mund wie ein Natterzunge«. Schon das Androhen der Folter genügt, um ihn zum Geständnis zu bewegen. Er erzählt den gröbsten Unsinn, zum Teil auch verschuldet durch die ebenso dummen Fragen der Richter:

- Der Ort der Hexenzusammenkünfte ist der Heuberg (schon früher zum schwäbischen »Blocksberg« gemacht; noch jetzt ist bei Burgbrühl bei Obernheim das »Hexenbäumlein« zu sehen).
- er gesteht 15 Fahrten zum Heuberg
- Auch nach Stuttgart kam er etlichemal. »Dort war aber nicht viel zu machen, weil es eine große Stadt ist, die solche Leute selbst genug hat, wie er denn selbst einmal in einem Keller im Stockgebäude daselbst mit dem Teufel und vielen Stuttgartern gezecht habe.
- Gewöhnlich ritten sie beide auf der Ofengabel oder auf einem Schwarzen Stecken, die mit Hexensalbe bestrichen werden.
- Die Teufel reiten auf Böcken, die Hexen gewöhnlich auf schwarzen und gefleckten Katzen und am Ort der Zusammenkunft stehen die Tiere friedlich beieinander, und zwar auf einem großen weiten

mit einem Ring umgebenden Platz, auf dem kein Gras wächst.

- Da stehen Tische mit rotem und weißem Wein. Zum Teil bringen ihn die Gäste selbst in Krügen und Flaschen mit. Dazu kommen Hühner und Fleisch in blauen irdenen Schüsseln
- die Anwesenden sind teils Einheimische, darunter viele Tübinger und Stuttgarter, teils Fremde aus wälschen Ländern
- Die Teufel finden sich überaus zahlreich ein, schön gekleidet mit großen Stiefeln; sie warteten auf ihr Oberhaupt, den Beelzebub. Er spricht mit starker Stimme zu den Anwesenden, er werde ihnen nicht Schaden und mache beim Tanzen gewaltige Sprünge
- Geiger, Pfeifer und Schäfer mit großen Dudelsäcken spielen auf, schmausen, tanzen und treiben Unzucht. Jeder hat seine »Buhle«.
- Beim Tanzen müssen die alten Hexen die Lichter halten
- Gewöhnlich bleibt man bis 1 oder 3 Uhr, wo dann der Beelzebub, nachdem er die Anwesenden nochmals ermahnt hat, möglichst viel Schaden zu tun, durch den Ruf: »Wir wollen marschieren« das Zeichen zum Aufbruch gibt, worauf in kürzester Zeit alles verschwindet.
- Er habe sich mit seinem Blut dem Teufel verschrieben
- Der Teufel hat versprochen, einen großen Herrn aus ihm zu machen. Er gab ihm zwar kein Geld, aber ein Büchslein mit schwarzer Hexensalbe und den Hexensamen, der schwarz und dreckig war; wenn man ihn drei Tage in einer Wanne stehen läßt, werden aus kleinen Körnern Flöhe, aus den großen Mäuse, Raupen, Würmer, Mücken, Heuschrecken, Frösche und Kröten. Frösche und Kröten habe er nicht gemacht, glaube aber, wenn er gewollt hätte, hätte er auch das gekonnt.
- Er habe Pferde, Kühe, Schweine und Hennen, durch Reiten auf ihnen und durch Bestreichen mit Hexensalbe, ja sogar endlich Kinder und Erwachsene, darunter »einen Herrn aus Stuttgart« getötet.

Das Protokoll berichtet, »während seines Bekenntnisses stieß es ihn jedesmal wundererbarer Weise an Brust und Schlund und um den Turm brauste ein starker Sturmwind«. In der Folterkammer nennt er eine ganze Reihe anderer Personen. Darunter: die Mogglangrete und ihre Schwester, die Mogglankatten, das Haischen-Annelin und den Haasenhans von Vaihingen, sieben Weiber und drei Männer in den benachbarten Orten Kaltental, Rohr, Rohracker und Sillenbuch. Dazu Kaspar Groß und einen alten Edelmann. Sie wären auch einmal mit der ganzen Hexengesellschaft über Bäumen und Weingärten geschwebt, und hätten aus empfangenen Flaschen schwarzes Gift darauf träufeln lassen. Aufgrund der Denunzierung eines geistesschwachen Kindes setzt eine umfangreiche Prüfung ein.

Dem Elsässer wird vorgeworfen, er habe diese Personen fälschlich angegeben. Er beharrt auf seiner Aussage und beteuert, er wolle es vor Gott verantworten, man solle sie nur gefänglich einziehen, es gehe ihm gerade wir früher, der Teufel verhindere, daß sie die Wahrheit bekennen. Nun beweisen die beiden Ratsadvokaten Daniel Hauff und Johann Friedrich Becht in einem Gutachten, daß der Rat befugt ist, auf die Angaben von Elsässer hin diese Personen zu verhaften, und, wenn es nötig ist, sie auch zu foltern. Sie werden verhaftet und nach Esslingen gebracht. Die Konfrontation der Verhafteten mit Elsässer erfolgt am 9. Juni und in den folgenden Tagen. Sie bleibt aber erfolglos. Elsässer nennt sie alte Hexen, Teufelsvieh und leichtfertige Vögel. Die Denunzierten sind sich einig, daß Elsässer lügt.

Der Rat schließt daraus, daß sein Weg zur Geständniserzwingung zu lasch ist. Nun holt man Gutachten ein. Man wendet sich an die juristische Fakultät der Tübinger Universität (15. August 1662). Die Tübinger empfehlen eine Anfrage an ihre Kollegen in Straßburg. Das dortige Gutachten kommt am 6. September. Die Tübinger verwerfen die Folter bei den Neuverhafteten, weil die Anzeigen nicht genügend und auch von schlechter Sicherheit sind. Sie schlagen vor, die Denunzierten nach Hause zu lassen und sie scharf zu beobachten. Außerdem halten die Straßburger die Folter bei Hans Elsässer für überflüssig, und ihn für der Zauberei überwiesen, »...weil er Sachen bekannt habe, die Niemand gestehen könne, der nicht selbst mit solchen Lastern befleckt sei und weil man seine Erzählungen nicht für blose »illusiones diabolicas« halten dürfe. Aus Rücksicht auf seine Jugend wollen sie ihn nicht zum Feuertod, sondern durch Enthauptung getötet wissen. Die anderen drei solle man auf Kaution freilassen: die Mogglan könne man foltern.

Am 22. September wird der Vater von Elsässer, der am 12. August mit Verwandten eine Fürbitte einlegt und um ein gutes Urteil bittet, verhört. Er behauptet, daß er von den Gewalttaten seines Sohnes nichts gewußt hat. Am 1. September 1662 liest man Hans Elsässer seine Geständnisse zum letzten Mal vor. 4 Tage danach verkündet man sein Urteil: »...in Ansehung seiner Jugend solle er mit dem Schwert vom Leben zum Tod gebracht werden, dann solle sein Körper auf den Scheiterhaufen geworfen und zu Asche verbrannt werden, ihm zur wohlverdienten Strafe, den andern, aber sonderlich der Jugend, zum abscheulichen Exempel... Noch am gleichen Tag wird der Junge hingerichtet.

Die Mogglankatten, Mogglangrete

Katharina, die Frau von Georg Ebermains in Vaihingen, bekannter unter dem Namen Mogglankatten, 45 Jahre alt, steht bereits früher im Verdacht, einen Verwandten ihres Mannes, Hans Wanner, der aber dieser Sache entschieden widerspricht, und das Töchterlein des Veit Metzgers, krank gemacht zu haben. Der Pfarrer Wagner, den sie seit 8 Jahren kennt, bezeugt: »...er habe nie etwas Schlimmes gehört... sie lebe nachbarlich und verträglich mit Jedermann... sie gehe auch fleißig in die Kirche und zum Abendmahl. Auch der Gatte habe das beste Zeugnis und bat, man möchte sie schonend behandeln, denn sie beide seien fremd am Ort und hätten hier niemand zum Freund als die Obrigkeit«. Allein der Verdacht gegen sie vermehrt sich, zumal sie des Metzgers Kind als Urheberin einer Krankheit angegeben hat. Ferner: ein Metzger aus Sindelfingen hatte etliche Kühe für bezaubert erklärt und gesagt, man solle ihre Milch ins Stroh melken und dies mit Ruten hauen, dann werde die Hexe rote Striemen im Gesicht bekommen. Man tut es und siehe da: »am nähmlichen Tage erscheint die Moggelkatten mit einem roten zerfetzten Gesicht. Elsässer hat ja über sie ausgesagt, sie sei eine sehr angesehene Hexe, die auf dem Heuberg in einem schwarzen gefälteten Rocke am Tisch obenan sitze und das Kommando führe. Sie wird nach Esslingen gebracht, wo sie sich als schwanger ausgibt, was aber bald als unrichtig befunden wird.

Der Superintendent und Pfarrer Weinheimer gibt ihr nach scharfem Zureden nicht einmal die Hand: »Ich gebe keiner Unholdin die Hand«. Als sie beim nächsten Verhör eifrig betet, flogen die Mücken immer um ihr Gesicht, so daß sie dieses »herum und hinum« schüttelte. Dies veranlaßt die Inquisitoren zu dem Vorwurf, ihr Mückenkönig, der Beelzebub, lasse ihr eben keine Ruhe und da sie diese Albernheit schweigend hinnimmt, wird es als Schuldbewußtsein ausgelegt. Nachdem man ihr die spanischen Stiefel angezogen hat, überwältigt sie der Schmerz... immer und immer wieder beteuert sie ihre Unschuld. Sie gesteht:

- Vor 20 Jahren habe sie sich dem Teufel verschrieben und ihren eigenen bösen Geist namens Martin erhalten
- sie sei nicht nur auf dem Heuberg gewesen, sondern auch auf der Feuerbacher Heide bei Stuttgart; auf dem Heuberg habe sie das Kommando erhalten »weil sie die anderen tapfer anspreche«.
- Der Teufel hätte ihr eine Wurzel, um sich unsichtbar zu machen und einen Schlüssel, der alle Türen öffnet, geschenkt.
- Sie habe Obst und Früchte durch Ausgießung eines giftigen Wassers verdorben, schädliche Gewitter erregt, Raupen und Mäuse gemacht, Menschen und Tiere verzaubert

- Auch 6 Menschen , darunter ihren leibliche Schwager, getötet.

Im letzten Verhör am 30. Dezember sagt sie noch: »Sie wolle auf ihr Bekenntnis leben und sterben, es sei ihr alles herzlich leid, sie bitte Gott und die Obrigkeit um ein solches Urteil, daß sie nicht verzweifeln müsse«.

Die Mogglangrete ist die Schwester der Mogglankatten, die Frau von Jacob Häberlins. Sie ist 53 Jahre alt. Außer dem Hans Elsässer bezichtigt sie keiner der Zauberei. Sie wird am 30. September entlassen, nachdem sie versichert, daß sie sich an Niemand wegen ihrer Verhaftung rächen und sich ungesäumt wieder stellen wolle, wenn sie von Neuem vorgefordert wird. Dies ist schon nach 6 Wochen der Fall. Auf der Folter ist sie standhaft und wirft dem Inquisitoren ein ungerechtes Verhalten vor. **»Es ist schrecklich, spricht sie, daß ihr mich mit Gewalt zwingen wollt, die Unwahrheit zu bekennen,** und mir selbst dadurch das größte Unrecht zu tun«. Sie wird weiter gefoltert. Es hat sich ein dramatisches Folterprotokoll erhalten:

(14. November: sie leugnet ein Schwein verhext zu haben). »Wird gebunden, winselt, könns nicht sagen; soll ich lügen, o weh! O weh! liebe Herren! Bleibt auf der Verstockung. Der Stiefel wird angetan und etwas zugeschraubt. Schreit, soll ich denn lügen, mein Gewissen beschweren, kann hernach nimmer recht beten; stellt sich weinend, übergeht ihr aber kein Auge. Kann wahrlich nicht, wenn der Fuß herabmüßte. Schreit sehr, soll ich lügen, kann's nicht sagen. Schreit: O lieber Gott! Soll ich lügen, soll ich lügen: Ob zwar stark angezogen , bleibt sie dennoch auf einerlei. O ihr zwinget Einen. Schreit jämmerlich: O lieber Herr Gott! Sie wollts bekennen, wenn sie es nur wüßte, man sagt ja, sie solle nicht lügen. Wird weiter zugeschraubt. Heult jämmerlich. Nach diesem Geheul redet sie wieder ganz munter. Es tut Not, man lüge. Ach! liebe Herren, tut mir nicht gar so weh, wenn man euch aber Eins sagt, wollt Ihr gleich ein Anderes wissen«.

Als man sie losbindet, ist sie einer Ohnmacht nahe und bittet um ein Tröpfchen Wasser. Die Inquisitoren haben keine Hemmung, sie deshalb zu fragen, ob sie denn sonst nicht sprechen könne und ob der Teufel vor dem Wasser fliehe. Nun beginnt sie mit ihrem Geständnis (!!!) und bittet kniend um Verzeihung und gnädige Strafe:

- Ihr Teufel heiße Jacobe
- sie hat ihren eigenen Mann bezaubert
- Sie hat Maienbücher (?) gemacht und Gewitter erregt. Wenn es zu Donnern angefangen hat, tat sie Baldrianswurzel, eine Handvoll Erde aus einem Maulwurfshaufen und Weiderich zusammen in einen Topf, setze es ans Feuer bis es siedete, macht dann im Garten einen Ring um sich und schüttet

den Topf aus; da steigt dann ein blauer Dunst auf und sie spreche zweimal: »das donnre, das hagle, daß alles zerschlage, in Teufels Namen«.

In diesem Zusammenhang wird der 71jährige Hans Harsch, ein Hafner aus Vaihingen (Haasenhans) vernommen. Unter schlimmen Folterungen gesteht er:

- seine erste Frau habe zwei Kinder umgebracht
- mit seiner Tochter Anna Maria habe er als Kind Blutschande getrieben

Die jetzt 15jährige Tochter bestätigt es und erzählt von etlichen Hexenversammlungen, auf denen sie gewesen ist und nennt verschiedene Leute, die sie dort gesehen haben will.

Die Gohlanna

Die Witwe des Adam Feucht aus Möhringen gilt als die berüchtigste der damals im Esslinger Gebiet hingerichteten Hexen. Man nennt sie die Gohlanna. Sie ist 73 Jahre alt. Bereits als Stieftocher des 1630 hingerichteten Hans Wild steht sie in einem schlechten Ruf. Er wird weiter verschlechtert, als sie im September 1643 wegen des Verdachts, mit ihrem Tochtermann Christian Deyer Ehebruch getrieben zu haben. Weil ihre sieben Kinder vor dem Rat einen Kniefall machen, kommt sie mit einer achtjährigen Haft und einer Strafe von 40 Reichstalern davon. Ihr Tochtermann wird auf 10 Jahre aus dem Stadt- und Spitalgebiet verbannt. Sie selbst wird schließlich am 19. November 1662 auf die Angabe der Moggalkatten hin verhaftet.

Nach der Aussage des Schultheiß und des Gerichts, ihrer Töchter und etlicher anderer Personen versteht sie, Kopfschmerzen und Gewitter zu besprechen. Ihr Spruch gegen das Wetter lautet:

»Unser Herr ging über das Land,
Trug ein Büchlein in der Hand.
Wollt lernen schreiben,
wollt das Wetter vertreiben.
Wollt, daß die Wolken weichen,
über's Land einstreichen
Gut Lax, Max, Laur. (wohl die Evangelisten)
Wer dieses Betlein spricht,
daß es weder schlägt noch brennt...«.

Einmal sagt sie zu der Frau des Turmmeisters: »sie wolle gerne sterben, wenn man sie nur ehrlich begrabe, und ihr eine Nuß in das Grab gebe«. Warum, wird sie gefragt, warum denn gerade eine Nuß? »Wenn die Nuß aufgeht, ist es ein Zeichen, daß ich selig bin«. Die Gohlanna wird in der Zeit vom 20. — 27. November elfmal verhört. Zuletzt bittet sie um Gotteswillen, man solle ein Ende machen, denn länger könne sie es unmöglich aushalten«. Man foltert ihr folgendes Geständnis ab:

- die Hexerei wolle sie von Hans Grieb in Möhringen, einem Erzzauberer, der endlich rasend wurde und eines schrecklichen Todes starb, vor 35 Jahren erlernt haben.
- Bei der Teufelstaufe erhielt sie den Namen »die Schöne« und hatte zwei Teufel, den Kläslein, der schändlich aussah, schwarz und fast bis zum Gesicht haarig, Füße wie Stelzen und glitzernde Katzenaugen hatte, und den Kräutlein.
- sie war nicht nur auf dem Heuberg und auf der Feuerbacher Heide, sondern auch auf entfernteren Hexenversammlungen gewesen. Einmal war sie auf dem Venusberg.
- Vom Teufel wurde sie auf einem Bock, einer Geis, einmal auch auf einer Schneegans verwandelt.
- Sie bekam vom Teufel einen Schlüssel, der alle Türen öffnete und mancherlei seltsame Wurzeln und Kräuter. Mit diesen und der Hexensalbe verderbte sie Tiere und Menschen (54 Personen), darunter ihre Schwiegertochter und zwei Enkel.
- sie verstand es, Raupen, Wellen (?) und Winde zu erregen, mittels der »schwarzen Teufelsmücken« ganze Herden von Schafen und Schweinen krank zu machen und durch eine, mit Hexensalbe bestrichene Schnur Hasen und Federwild zu fangen.

Hans Kieß (Burgerhänslin)

Das ist der ehemalige Spitalhofmeister im Otilienhof. Er ist 73 Jahre alt. Am 23. Dezember 1662 erscheint er zum erstenmal vor Gericht und schon am 25. Februar 1663 bestätigt er alle bisher abgelegten Bekenntnisse. Als einen seiner Hauptgenossen nennt er den Metzger Hans Geisel von Esslingen, der aber alles abstreitet. Weil selbst nach wiederholter Folter nichts aus ihm herauszubekommen ist, wird er am 10. Oktober gegen Verschreibung freigelassen: seine Verwandten sollen ihm ein besonderes Gemach zuweisen und ihn nicht ausgehen lassen. Am 11. Februar 1664 erlaubt man ihm den Besuch der Kirche, wo ihm ein besonderer Stuhl angewiesen wird.

Der Esslinger Rat wendet sich an die juristischen Fakultäten der Universitäten Straßburg und Tübingen wegen der Einholung der Gutachten. Die Straßburger sprechen sich am 5. Februar dahin aus, die Mogglankatten und ihre Schwester, Hans Harsch und die Gohlanna dem Feuertod zu überweisen, wenn man ihnen aber Gnade erweisen wolle, so könne man ihnen beim Anzünden des Scheiterhaufens eine Pechbesen oder Pulversäcke anhängen. Der Tochter des Harsch soll man enthaupten. Die Tübinger tragen ebenfalls die Todesstrafe an. Der Feuertod soll aber höchstens bei Harsch und der Gohlanna angewendet werden. Der Tübinger Kaplan Tobias Wagner, da er 21 Jahre Prediger in Esslingen gewesen sei, treibt sein Gewissen, den Rat zu ermahnen, daß er die Verbrecher nicht mit dem Feuertod, sondern zur Enthauptung verurteile, denn solche Leute würden meist schon in ihrer Jugend verführt und hätten keinen freien Willen mehr, sondern hingen allein vom Teufel ab«. (25. Februar 1663)

Am 20. März 1663 wird Hans Kieß auf eine Schleife gebunden und zum Hochgericht geführt. Hier wird ihm die rechte Hand und dann der Kopf abgeschlagen. Die Steganna und die Moggelkatten werden auf dem Marktplatz und auf dem Weg zum Hochgericht zweimal mit glühenden Zangen an Brust und Armen gezwickt und dann enthauptet. Das gleiche Schicksal erreicht am 27. März die Mogglangret und die Scherrhahlin. Die Gohlanna wird lebendig verbrannt.

Dabei soll es folgendermaßen zugegangen sein: »...hat sich nachdenklich zugetragen, daß nach Anzündung des Scheiterhaufens das Feuer gleichbald die Seile und Schnüre, womit die Malefikantin gebunden war, angriff, das Pulver aber, welches ihr in zarten und gleichsam durchsichtigen leinernen Säcken angehängt, obgleich die Luft ganz still, schön, warm Wetter und die Flamme gleich von Anfang gerade über sie geschlagen, sich nicht entzündete, woraus geistliche und weltliche Zuschauer Gottes gerechte Strafe unzweifelhaft gesehen, und um so mehr, da es ihr bei der Exekution, wie während der Gefangenschaft, Reue und Buße zu bemerken gewesen«.

Anna Gödelin, Margarethe Häberlin, Wolf Fischer

Dann kommt die Reihe an Anna, die Witwe von Martin Gödelin in Möhringen. Sie wird die alte Froneggin (Veronika) genannt. Sie ist beinahe achtzig Jahre alt. Dies schützt sie aber keinesfalls vor der Untersuchung. Sie wird zum Verhör getragen. Schon durch Androhen der Folter erreicht man ihr Geständnis. Sie wäre sicher nicht dem Scheiterhaufen entgangen, hätte sie nicht am 11. Januar 1663 der Tod hinweggerafft, oder, wie ihre Inquisitoren überzeugt waren, der Teufel ihr den Hals gebrochen habe. So führt man den Leichnam auf den Richtplatz, um ihn am 13. Januar zu verbrennen.

Während des Massenprozesses wird auch gegen Margaretha, die Frau von Adam Häberlin verhandelt. Ihr elfjähriger Neffe erzählt, was er auf dem Heuberg im benachbarten Katzenbuchwald gesehen und erlebt habe... ferner gesteht er, seine Muhme habe ihn gelehrt Mäuse zu machen (vergl. Kinderprozesse S. 417) und das Vieh zu bezaubern und sie habe ihm eine Salbe gegeben, mit der er sich nach ihrer Anweisung bestreicht und dadurch krank mache. Daraufhin wird Margaretha Häberlin »weil sei große Reue und Buße zeigt... auch ein herzbrechendes Geständnis ihrer

Sünden ablegte«, am 5. Mai enthauptet. Hans Harsch wird mit glühenden Zangen gezwickt, auf einer Schleife zum Richtplatz geführt und hier lebendig verbrannt.

Der fünfzigjährige Wolf Fischer von Möhringen entgeht seinem Schicksal durch den vorherigen natürlichen Tod. Er wird im Dezember 1662 verhaftet. Man sagt ihm nach, er habe eines mit der Tochter der Gohlanna im Ehebruch erzeugten Kindes verzehrt. Deshalb erkennt man auf den Feuertod. Er stirbt kurz vor der Vollstreckung des Urteils am 3. April, abends um sieben Uhr. Als man ihn untersucht, findet man »sein Genick ganz eingedrückt« und zweifelt deshalb nicht, daß ihn der Teufel getötet hat. Sein Leichnam wird zum Richtplatz geschleift und verbrannt.

Katherina Brauning, Michael Haisch

Katharina Brauning steht seit längerer Zeit als die Stieftochter des hingerichteten Hans Wild in einem schlechten Ruf. Sie wird am 31. März verhaftet. Nach einmaligem Aufziehen hat man bereits das Geständnis: sie habe erst vor neun Jahren, da sie erst neun Jahre alt gewesen sei, als sie, von ihrem Stiefvater das Hexen gelernt habe, einen Teufel namens Stöffel gehabt, ein gekochtes Stück Rindfleisch mit der Gohlanna verzehrt, vier ungetaufte Kinder ausgegraben, sich in einen Fuchs und in eine Katze verwandelt habe. Vor der Hinrichtung wird sie mit glühenden Zangen gezwickt.

Michael Haisch aus Vaihingen ist 71 Jahre alt. Zehn Verhaftete haben gegen ihn ausgesagt. Außerdem wird noch ein Brief von ihm an seinen Schwiegersohn Michael Gerber, aufgefangen, in dem es heißt: »**Wehre dich, so lange du kannst, wenn du aber schwätzen mußt, so verschone doch uns und gib uns nicht an, denn dir wäre mit unserem Blute nicht geholfen und du müßtest dennoch leiden, wenn du zum Tode verdammt wirst, wollen wir dir etwas »Eßriges« schicken, daß du einen sanften Tod ohne Schmach bekommen kanst«.**

Er beruft sich darauf, vierzig Jahre im Gericht gesessen zu haben, zwanzig Jahre Zuchtmeister gewesen zu sein: also könne er kein Hexenmeister sein. Bei der Konfrontation streitet er alle Anschuldigungen ab. Die Folter entlockt ihm folgendes Geständnis:

- ein Hexenmeister aus Sindelfingen habe ihm vor 20 Jahren die Zauberei gelehrt
- sein Teufel Paulin habe eine schreckliche Gestalt gehabt
- Er könne Raupen, Maden, Käfer und Fahrsamen machen, Mehltau, giftige Nebel und Wetter erregen

- Menschen bannen (?), aus den Knochen ungetaufter Kinder ein Zauberpulver, auch sich unsichtbar machen
- Mit verschiedenen Teufelswurzeln habe er Menschen, Tiere und das Wasser vergiftet
- Durch Salben und Pulver habe er acht Menschen getötet.

Hans Zwenck, Agnes Hensche, Barbara Eberspächer

Bei Hans Zwenck von Musberg, 37 Jahre alt, kommt es zu einem peinlichen Zwischenfall. Er hat bereits gestanden, kann aber am Morgen des 5. Juli zwischen 3 und 4 Uhr aus dem Gefängnis brechen und fliehen. Schon ist er in Sicherheit, da treibt ihn die Sehnsucht zu den Angehörigen nach Vaihingen zurück. Hier überwältigt man ihn und bringt ihn in das Esslinger Gefängnis zurück. Seine Flucht hat zur Folge, daß man mit dem Turmmeister Georg Binder und mit den Wächtern eine scharfe Untersuchung anstellt, wobei sich ergibt »daß ersterer nicht nur große Nachlässigkeiten sich hatte zu Schulden kommen lassen, sondern er nahm auch von den Verwandten der Verhafteten Geschenke an und ließ durch den Wächter Blumenschein die Korrespondenz zwischen ihnen besorgen«. Beide werden im September 1663 für immer aus der Stadt gebannt. Zwenck wird im Juli hingerichtet, nachdem man ihn mit glühenden Zangen gezwickt hat.

Agnes, die Frau des Hans Hensche, eines Webers aus Möhringen, genannt Gaugen Agnes, 47 Jahre alt, kommt ebenfalls in das Geschrei. Sie hat ein Säckchen, angeblich mit Kindesbeinchen bei sich. Später sagt sie, es sei Mehl (?). Dies wird nach eingehender Untersuchung der medizinischen Fakultät Tübingen bestätigt. So entläßt man sie gegen das Versprechen, das Gebiet der Stadt und das Spital für immer zu meiden, wo sie ihr Mann nicht mehr aufnehmen will. Dann bringt man sie nach Esslingen zurück, wo sie mit Ruten gehauen und dann mit der Weisung, wenn sie noch einmal zurückkehre, werde man sie hinrichten, wieder über die Grenze bringen. 1666 und 1672 bittet sie vergebens um die Rückkehr nach Möhringen.

Barbara, die Frau von Michael Eberspächer, die sie anklagt, sie habe ihn durch Vergiftung in seinen nun gebrechlichen Zustand versetzt. Barbara gibt diese Vergiftung mit der Begründung zu, ihr Mann hätte alles verschwendet. Nachdem sie aber erfahren hat, daß ihr Mann gestorben ist, bricht sie aus dem Kerker, stürzt sich vom Turm herab und zerschmettert sich am 24. April das Hirn. Ihr Leichnam wird auf den Richtplatz geschleift und verbrannt.

Die Familie Holder, Christoph Weber, Kaspar Lilienfein

Zu Beginn des Jahres 1665 wird eine ganze Familie aus dem Weiler Heimbach bei Esslingen verhaftet. Leonhard Holder, seine Frau Walburga und seine Söhne, Leonhard und Johann. Die gegen sie vorgebrachten Anschuldigungen sind die üblichen. Der Vater habe sich außerdem als Spielmann gebrauchen lassen. Johannes Holder wird am 28. Juli hingerichtet. Am 18. August der alte Leonhard Holder, seine Frau und der andere Sohn. Aller Wahrscheinlichkeit nach handelt es sich um den seltenen Fall eine physisch kranken Familie.

Sie klagt sich der Teufelstaufe an. Der ältere Sohn und die Mutter stehen im Februar 1665 vor Gericht und bekennen, sich dem Teufel ergeben zu haben. Der jüngere Sohn macht viele Geständnisse, daß er gegen den Willen des Rates, nach dem Gutachten der Straßburger Fakultät, schon nach wenigen Wochen hingerichtet wird. Drei Wochen später fallen Vater, Mutter und der zweite Sohn den Wahnvorstellungen zum Opfer. Alle gestehen gütlich. Die Tochter verläßt das Haus, ohne sich um Habe und Vieh zu kümmern. Das Vieh wird in den Spitalstall gebracht. (vergl. den Fall Franke auf Seite 439).

Die letzten Opfer dieses Massenprozesses sind Christoph Weber von Esslingen, Hans Fries von Endersbach, wohnhaft in Weiler Sulzgrieß und Kaspar Lielienfein aus Fellbach. Sie werden im August 1665 verhaftet. Christian Weber, genannt Weberstoffel, wurde von der Holdern als Zauberer, von seiner eigenen Frau als »Hexenfähnrich« angezeigt. Unter der Folter gesteht er:

- Es habe ihn der Teufel im Beisein zweier Paten auf der Feuerbacher Heide umgetauft und ihn Kaspar genannt.
- er wurde mit einem Federbusch geschmückt
- man habe ihm Geld und schöne Weiber versprochen
- er habe einen besonderen »Spiritus« gehabt, der ihm Alles, was in der Welt vorgehe gesagt, auch ihm, da er Lust am Fliegen bezeugt, in 1 1/2 Stunden nach Prag geführt habe, weil es aber gar zu schnell gegangen sei, so hätte er die Lust am Reisen verloren. Dafür habe ihn der Teufel in Kosmographie unterrichtet und ihn mit dem Zirkel gelehrt, Landkarten herzustellen.
- Er sei auf verschiedenen Hexenversammlungen gewesen. Bei der Fellbacher und Säeracher Heide, in der Schoberngrube bei Ober-Esslingen und auf der Hobeweide bei Kirchheim.
- Man habe geschmaust, Schildkröt, Vögel und dergleichen. Alles sei aber nur Blendwerk und nachher wäre er genauso hungrig wie zuvor gewesen.

Der 75jährige Hans Frieß war schon 26 Jahre früher in Untersuchung gewesen und gesteht nach der Folter was man von ihm wissen will. Kaspar Lilienfein, 60 Jahre, leugnet zunächst, weil, wie er später sagt, der Teufel auf dem Herzen sitzt. Auch ihn bringt die Folter zum Geständnis:

- sein Teufel habe Kaspar geheißen
- er habe mit ihm einen Bund auf 30 Jahre gemacht
- einmal habe er Menschenfleisch gegessen

Alle drei werden am 22. Dezember 1665 enthauptet. **Damit endet nach viereinhalb Schreckensjahren der auf die Denunziation eines Jungen angezettelte große Esslinger Hexenprozeß. Er hat mehr als 30 Menschen das Leben gekostet und unsagbares Unglück verbreitet.** Er zeigt, wie problematisch der Wahn als solcher ist. Dabei spielt es keine Rolle, ob der Mensch nun einem Hexen- oder einem Judenwahn unterliegt. In allen Fällen basiert er auf Dummheit, Uneinsichtigkeit und Fanatismus.

Infolge der ungeheuren Beschuldigungen im Esslinger Raum bricht der Hexenwahn auch in den Filialen aus und bringt hier sieben weitere Menschen auf den Scheiterhaufen.

Auf Esslingen bezogen kann noch ein späterer Fall genannt werden: 1760 wird eine Müllerin enthauptet und verbrannt.

Prozeßkosten

Die Angaben sind unsicher. Am 8. Juni wird beschlossen, sie zunächst aus dem eingezogenen Vermögen der Verurteilten und aus den Strafgeldern zu bestreiten. Bis zum 30. Juni hat man 2.300 fl aufgewendet und 2.045 eingezogen. Die Geistlichen bekommen am 20. September 1664 je drei Tonnen Ehrenwein zugewiesen, ermahnt sie aber zweimal »daß sie in den gehörigen Schranken bleiben und den Untersuchungsrichtern nicht in ihr Amt greifen sollen«. Sie selbst erhalten vom Spital für jedes Verhör eine Kanne Wein und einen Laib weißes Brot. Das gleiche teilt man wöchentlich dem aufwartenden Knecht zu. Dem Scharfrichter Peter Deigentesch verwilligt man den 1.

Dezember 1664 eine »Ergötzlichkeit« von 20 fl. wegen seiner vermehrten Geschäfte und weil er den fremden Scharfrichtern, welche sich bei den Hinrichtungen einfanden, tragtieren muß. Der Turmmeister erhält auf seine Bitte am 7. Februar 1665 eine Zulage von 5 fl.

In Esslingen werden die Verurteilten zuerst auf den Marktplatz geführt, wo das Verzeichnis ihrer Verbrechen verlesen wird. Der Urgicht wird in einzelnen Fällen eine Einleitung vorausgeschickt. Z.B. in dieser Art:

»Es sollen billig erschrecken und mit stillschweigender Verwunderung alle Zuseher auf diesem traurigen Schauplatz anhören und zu Gemüt ziehen, was der von Gott in die Höllenglut verstoßene Mord- und Lügengeist da zu den Kindern des Unglaubens wirkt und zu was für einem harten grausamen Mord und andern Untaten er sie zum Verderben ihrer armen Seelen führt. Welcher Gestalten die erschrecklichen, himmelschreienden und stummen Sünden der Zauberei und Sodomiterei vieler Arten überhandgenommen und wie der Krebs hochschädlicher Weise um sich gefressen, das bezeugt die tägliche höchsttraurige Erfahrung. Daher muß von einer christlichen Obrigkeit auch bei Zeiten durch harte und exemplarische Bestrafungen solchen seelenverderblichen Unheil- und Greueltaten vorgebeugt werden. Es ist ohne weitläufiges Ausführen genugsam bekannt, daß des gemeinen politischen Wesens Aufnehmen und Wohlstand in diesen zwei Hauptstücken nämlich, daß die Frommen geschützt und gehandhabt, hingegen die Unartigen und Bösen, Andern zum abscheulichen Exempel der Gebühr nach abgestraft werden, eigentlich bestehe. Unter denjenigen Tugenden, die den Regenten und der Obrigkeit wohl anstehen, ist nicht die geringste, die Schärfe und Boshaftigkeit, die sie gegen die Bösen und Lasterhaften annehmen will...«.

Reiter und Musketiere begleiten den Verbrecher (!!!) auf den Richtplatz. In Esslingen ist es der sog. Galgenwasen, jenseits des Neckars. Wenn das Urteil auf Enthauptung lautet, wird anschließend der Leichnam auf einen Scheiterhaufen geworfen und verbrannt. Dies geschieht auch bei Personen, die während der Haft gestorben sind.

Die Schwachstelle: menschliche Intrigen, Verleumdungen, Geschwätz und Dummheit

Ein Großteil der mir bekanntgewordenen Hexenprozesse geht indirekt von der Bevölkerung aus. Nicht direkt, weil die übergeordneten Instanzen, die weltlichen und die geistlichen Obrigkeiten in fast alle Lebensbereiche steuernd und ordnend eingreifen. Unter diesem Gesichtspunkt muß die Frage angeschnitten werden, inwieweit denn die Theologie und die Jurisprudenz an der Ausweitung des Hexenwahns beteiligt sind. Wer ist der Schuldige: der Pfarrer, der von der Kanzel gegen die Hexen und Zauberer wettert, der strenge Richter, der »nach göttlichem Recht und weltlichen Gesetzen (in der Regel Bezug auf die C.C.C.) ein Exempel statuiert, oder die Bürger, die die Obrigkeit zum Einschreiten bitten.

Von einer Schuldfrage kann nicht gesprochen werden. Die Masse der Bevölkerung war damals genau wie heute vom Geist der Zeit befangen und vor allem sind die Menschen genauso gut oder schlecht wie heute. **Es ergibt sich in vielen Fällen, daß gerade die menschlichen Schwächen, die Habsucht, Verbohrtheit, Gewinnsucht um nur eines winzigen Vorteils willen, die Ruhmredlichkeit und Besserwisserei, der Neid und der Haß vielen Hexenprozessen vorangehen.**

Die Frau des Elias Hahn, Tochter des Schreiners Simon Albrecht von Straßburg, benutzt die Anklage der Hexerei gegen ihren Mann zur Unterstützung ihrer Scheidungsklage. Ein Kind hilft seinem Vater die verhaßte Mutter aus dem Haus zu schaffen. Der Vater sagt: »er habe oft gedacht, wenn ihm doch dieses Weib aus dem Hause wäre«. Ein Metzger aus Vaihingen denunziert seine Frau offen vor Gericht als Hexe, um sie los zu werden. Auch die Schwiegermutter wird verbrannt, besonders weil der neunjährige Enkel aussagt: »er sei während der Hexentänze bei der Musik gestanden und »weisset wie es hergegangen sei«.[137] Auf der anderen Seite haben wir auch wenige Beispiele menschlicher Zuneigung und rührender Liebe und Besorgtheit um den Verwandten. Die negativen Erscheinungen überwiegen bei weitem.

Vielfach stützt sich der Hexenprozeß auf folgendes Gewäsch: Die Bärbel habe gehört, daß die Katharina gehört habe, die Lene habe von der Margret gehört, die Ursel habe zu der Philippine gesagt, daß die und die zu der und der gesagt habe, diese wäre der Hexerei bezichtigt. »Es gab kein Entrinnen von Vorwurf, Anklage, Geständnis und Scheiterhaufen«.[138]

Zeitgenössischer Holzschnitt. Hinrichtung von drei Hexen in Essex. 1589. Unten rechts: Möglicherweise eine Inkubusdarstellung (?). Detailszene. Bemerkenswert ist, daß die Frauen gehängt, und nicht verbrannt werden.

Dazu ist die Integration des damaligen Bürgers innerhalb der Gemeinde oder der Stadt zu nennen. Die relative Freiheit des heutigen »modernen« (?) Bürgers ist völlig unbekannt. Jede menschliche Regung wird von andern argwöhnisch beobachtet. Die heute mögliche Zurückgezogenheit in eine Privatsphäre, in die Anonymität, ist fast undenkbar. In diesem geistigen Klima reift der Hexenprozeß.

Der Prozeß gegen Elisabeth Sack aus Kirchhain 1638—1639 entsteht aus einem Streit zwischen Verwandten. Einer Hofbesitzerin sterben vier schöne Pferde. Sie verdächtigt ihre Schwägerin, die auf ihrem Hof arbeitet, daß sie durch Zauberei die Todesfälle verursacht habe. Sie wird gefänglich eingezogen, alles spricht gegen sie, man hält sie für eine Hexe.

»Sie wäre seit sechs Jahren kaum einmal zur Kirche gegangen«. Im gütlichen Verhör will sie nichts von der Zauberei wissen. Da sie »beharrlich leugnet« wird auf die Folter erkannt! Sie bleibt »halsstarrig« und wird schließlich des Landes verwiesen.[139]

Ein weiterer Grund für die massenhaften Beschuldigungen war der im Volk verbreitete Aberglaube, wobei sich ein förmlicher Teufelsritus herausgebildet hat. So schreibt Sebastian Nötting aus Nördlingen in einem Gutachten über die Gründe, durch welche sich die Leute bestimmen lassen: »Die einen thuns aus

Noth und Armuth, andere aus Rachsucht, wieder andere aus Geilheit, endlich viele aus Fürwitz, der dann in Ernst übergehe«.[140] Dazu kommen noch Geschwätz und Ruhmredlichkeit. Eine Näherin aus Möhringen beispielsweise erzählt 1664 in den Kundenhäusern, wie es bei den Hexentänzen zugehe, und als sie einmal von zwei Kundinnen genauer ausgeforscht wird, geht sie, wie das Protokoll wörtlich sagt: »in die Küche, holt eine Ofengabel, nahm den Stock zwischen die Füße und ritt auf der Gabel in der Stuben herum, indem sie ausrief: »Pu, ich freu mich auf die Nacht, alle Dienstag und Samstag ist Tanz. Ich habe mehr als 100 Genossen im Ort...«. Die Obrigkeit reagiert in diesem Falle vernünftig. Die Näherin bekommt eine Geld- und Gefängnisstrafe: zudem wird sie ins »Zuchthäusel« gesteckt.[141]

Die prozessuale Entwicklung scheint sich in zwei Stufen vollzogen zu haben. Man sieht das an der Entwicklung in Freudenberg und im Offenburger Raum ebenso deutlich, wie an den Hexenprozessen in den größeren Städten. Anfangs haben die Verfahren mehr den Charakter einer richterlichen korrekten Untersuchung und Rechtssprechung. Schöffen werden zugezogen, Pfarrer und bürgerliche Beiräte, einer davon wirkt als Prokurator, als Anwalt des Beschuldigten. So entstehen die ersten Prozesse aufgrund von »Anklagen privater und erlittener Beleidigung oder Beschädigung, die man letzten Endes mit der Zauberei in Verbindung bringt«. Später nehmen Entsittlichung und Verrohung zu. Die Folgen des 30jährigen Krieges machen sich bemerkbar. Das führt zum Verlassen der früheren Einschränkungen, der exakteren Prüfung der Indizien und beseitigt den maßvollen Gebrauch der Folter. Es bildet sich das »crimen exeptum« heraus, das Ausnahmestrafen rechtfertigt. Damit wird der Willkür und den niederen menschlichen Trieben Tür und Tor geöffnet. Dies führt zuerst zu einer Verschärfung der weltlichen Strafen. Die Artikel 19, 20 und 21 der C.C.C. werden kaum noch beachtet, da sie ja den leichtfertigen Richter ersatzpflichtig machen. In der Regel geht man unmittelbar nach der Verhaftung auf die peinliche Frage über. Dazu kommt eine allgemeine Kritiklosigkeit. Ist jemand »Im Geschrei«, so ist er fast unrettbar verloren, gleich wie das Verfahren ausgeht. Das Verstoßen aus der Gemeinde, die Stadt- oder Landesverweisung mag für manche schlimmer als der Tod gewesen sein.

Die kleinlichen Gehässigkeiten im menschlichen Zusammenleben sind häufig Ursache für das Zustandekommen der Prozesse. Die einzelnen Bürger, das Volk, sind die eigentlichen Angeber. Die lächerlichsten und kleinsten Angriffspunkte genügen, um einen Verdacht herbeizuführen. Über Hexen »spricht man« auf der Kanzel, in den Wirtshäusern, auf dem Feld, in der Ratsstube, in den Schulen und auf den Kinderspielplätzen. Hier ballt sich das Problem zusammen:

hier bildet sich eine Art Volkswut gegen alles was damit zu tun hat, auch aus der Angst heraus, nicht selbst denunziert zu werden. Wie sonst ist es möglich, daß 1610 in Köln auf offener Straße eine Frau, eine »welsche Person«, der Hexerei verdächtigt, vom Volk erschlagen wird oder daß eine andere Vorübergehende vom Volk als »schwarze Hexe« angerufen wird. Weil sie nach Aussage eines Augenzeugen schweigend vorübergeht, rettet sie sich wahrscheinlich das Leben.

Die folgenden Darstellungen verdeutlichen, daß im wesentlichen die Hexenprozesse vom Volk ausgehen, und daß die Obrigkeit nicht in der Lage ist, die Sache zu durchschauen: so sehr sitzt der Dämonenglaube- und Teufelsspuk in den Köpfen. Geprägt wird er von fanatischen Priestern und Pfarrern, zugespitzt wird er von den Tüfteleien der Juristen, sowie von der Ohnmacht der Ärzte.

Rebekka Lemp

Rebekka Lemp ist die Frau eines Zahlmeisters. Sie wird auf die Angaben von anderen hin im April 1590 verhaftet. Sie ist Mutter von sechs Kindern. Zweimal bleibt sie auf der Tortur standhaft, bei der dritten Folter verläßt sie der Mut. Sie wird am 9. September 1590 auf dem Scheiterhaufen verbrannt. Ihre Kinder schicken folgenden Brief zu ihr ins Gefängnis. Er sagt mehr aus, als ein dicker Band von Hexenakten:

»Unseren freundlichen, kindlichen Gruß, herzliebe Mutter! Wir lassen die grüßen, daß wir wohlauf sind. So hast du uns auch entboten, daß du wohlauf seiest, und wir vermeinen, der Vater wird heute, will's Gott auch, kommen. So wollen wir dich wissen lassen, wann er kommt; der allmächtige Gott verleihe Dir seine Gnade und heiligen Geist, daß Du, Gott will, wieder mit Freuden und gesundem Leib zu uns kommst. Gott woll, Amen. Herzliebe Mutter, laß Dir Brot kaufen und laß dir Schnittlein backen, und laß Dir ein Fischlein holen und laß Dir ein Hühnlein holen bei uns, und wenn Du Geld bedarfst, so laß holen: hast's in Deinem Säckel wohl. Gehab Dich wohl, herzliebe Mutter: Du darfst nicht sorgen um das Haushalten, bis Du wieder zu uns kommst...«.

Anna, Großmutter Aleke, Katharina (Kaldewedder'sche)

Prozeßakten in Sachen des Fiskus von Stromberg und Liesborn gegen drei verhaftete und der Zauberei angeklagte Frauen.

Der Prozeß spielt 1565. Am 19. Juli berichtet der Amtsschreiber in Stromberg, Lubertus Meier an den Bischof Bernhard von Münster. Er berichtet, daß er am 9. Juli am Freistuhl von Liesborn Sitzung gehalten hat »wobei auch etliche Frauen, wohnhaft in der Bauernschaft Surlage im Kirchspiel Liesborn, Anna in der Wormstraße, ihr Sohn von ungefähr 12 Jahren, und ihre Großmutter Aleke, so wie auch die Kaldeweddersche, verschiedener Sachen wegen geladen waren. Weil nun der Sohn öffentlich den Leuten erzählt habe, daß seine Mutter, wie auch die Kaldeweddersche nebst ihrem Sohn Stephan zusammen tanzten und Molkenzauberinnen seien, und einen Topf hätten, aus welchem sie ihn schmierten: so habe sich ihn der Amtsdiener vorgenommen und der Sohn hat bekannt, daß seine Großmutter ihn die Kunst gelehrt habe und er sie auch verstehe. Darauf sind die Weiber mit dem Jungen vor Gericht erschienen, haben jedoch alles abgeleugnet. Sie sind ohne hinreichende Mittel und der Verdacht gegen sie ist groß. Deshalb wolle er dem Bischof dies nicht vorenthalten.

Der Bischof antwortet am 26. Juli 1665: »weil wir nun aus Deinem Bericht nicht ersehen können... ob die bezichtigten Weiber, welche mit solchen bösen Künsten umgehen sollen, auch jemals einem anderen Schaden zugefügt haben; so wirst du uns darüber umständlicher und ausführlicher berichten und alsdenn ferneren Bescheid erhalten«.

Der so aktivierte Amtsdiener schreibt am 18. August zurück: »Er habe nichts in Erfahrung gebracht, aber der böse Ruf bestehe fort. Zudem hätten die Weiber den Jungen fortgeschickt, damit er sich nicht mehr sehen lasse. Der Junge sei zwar noch ein Kind: aber es sei doch mancherlei aus ihm zu erfahren und deshalb werde er ihn ausfragen, sobald er zurückkomme«. Am 28. August schreibt er den Bischof nochmals an: »es gehe das Gerücht, daß die Kaldewedder'sche ihren Nachbarn Goßmann vergiftet, also er daran gestorben sei. Wie ferner dasselbige Weib und ihre Tochter Gertrud, das Totenhemd gemacht, hätten sie eine neue Nadel und einen Besen genommen, letzteren auf die Tenne und die Nadel unter ihn gelegt und gesagt: »Wer nicht darüber springe, den solle der Teufel zuerst ausführen, und der sei ein doppelter Molkenzauberer. Zudem habe ein Bauer erzählt, daß die Kaldewedder'sche dem Beckmann zu Kappel sechs Pferde vergiftet habe, weshalb sie zu Stromberg allhier eine geraume Zeit im Gefängnis gesessen... allerdings habe sie dann das Freigericht zu Liesborn freigesprochen. Die Kaldewedder'sche besitze einen Topf unter dem Fußende ihres Bettes, aus welchem die drei sich schmierten. Sie können fliegen und zögen meistenteils am Donnerstag und wann es donnere und blitze, zum Tanze bei Kappel in der Nähe der Pappelecke. Außerdem habe sie unartige Handlungen mit ihrem Buhlen getrieben«. Er bittet um weiteren Bescheid.

Nun antworten die weltlichen Räte und die Amtsschreiber von Stromberg am 6. September: »Die drei

Weiber sind gefangenzunehmen und in Einzelhaft zu setzen. Darauf habt ihr Euch nach einem kundigen Scharfrichter, der in gutem Ruf steht, umzusehen, daß er sie peinlich verhöre. Das Bekannte ist sofort schriftlich zu melden...«. Der nächste Bericht stammt vom 5. November. Er besagt, daß man die Betreffenden peinlich verhört hat. »Aleke in der Wormstraße am 4. November, ihre Tochter am 19. Oktober... am 4. November habe man sie mit der peinlichen Frage angegriffen. Der Scharfrichter habe am 19. Oktober die Kaldewedder'sche »mit allem Ernst angegriffen... aber kein Geständnis erzwingen können«. Dem Schreiben fügt er die einzelnen Bekenntnisse bei:

Bekenntnisse der Aleke in der Wormstraße

- Der Teufel sei zu ihr gekommen und habe ihr gesagt, sie solle aufstehen und mit ihm tanzen. Er wolle sie reich machen und sie solle zu ihm halten.
- Ihr Buhle heiße Friedrichs und hätte schwarze Kleider angehabt, wie ein Reiter.
- Sie hätte die Kunst vier Jahre gekannt und ihr Buhle Fridrichs habe sie dieses gelehrt.
- Wenn sie zum Tanze ritten, flögen sie auf einem schwarzen Pferde durch die Luft.
- Der Teufel hätte ihr einen Topf gebracht... aus welchem sie sich schmierten. Sie schmierten sich unter den Armen. Die Schmiere sehe aus, wie eine schwarze Suppe.
- Sie hätte ein schwarzes Kraut und den Bruch in den Stevven geworfen... woraus das Vieh trinke. Das Kraut habe ihr der Teufel gebracht und es sei daselbst etliches Vieh gestorben.
- Der Buhle ihrer Tochter Anna sei ein schwarzer Teufel.
- Der Teufel sei in diesen Tagen bei ihr gewesen und habe gesagt, sie solle sich tapfer halten, der Büttel werde wieder zu ihr kommen.

Ihre Tochter Anna hat vor der Folter bekannt: »ein Schäfer Heinrich habe etliche Jahre Umgang mit ihr gehabt und sie später verlassen, sich dann aber bei ihrer Schwester Katharina gelegt«.

Bekenntnis der Kaldewedder'schen

Zunächst hat man nichts aus ihr herausbekommen. Deshalb wird sie am 4. November nochmals peinlich verhört. Im Verhör und außerhalb bekennt sie folgendes:

- Der Teufel sei zu ihr gekommen. Er hätte zu ihr gesagt, wenn sie mit ihm gehen wolle, so werde er sie reich machen. Dies sei geschehen während der letzten Mast im Stifte.

- Ihr Buhle heiße Rodderbusch. Er habe einen langen Hut auf dem Kopfe und sei ein junger Teufel gewesen.
- Der Teufel habe so oft mit ihr zu tun gehabt, als ihm gelüstet, und sie habe mit ihm getanzt und zu tun gehabt.
- Der Teufel habe sie die Kunst gelehrt, sie hätte aber niemandem Schaden getan oder Schaden tun wollen.

Die weltlichen Räte schreiben dem Stromberger Amtsschreiber (9. November): »...ob es auch wahr, daß einiges Vieh daran todt geblieben ist... so habt ihr euch nach bestem Fleiß zu erkundigen, was es für ein Kraut gewesen. Ob sie es nicht zu nennen wisse? Und wenn Ihr das Kraut gefunden, so werdet ihr dasselbe von einem Verständigen besichtigen lassen, ob es Gift enthalte oder nicht! »Weil nun aber solche und dergleichen Dinge gewöhnlich aus einem Afterglauben zu fließen pflegen, so habt ihr inzwischen den Prädikaten einige Male zu ihnen zu schicken, daß er sie mit der hl. Schrift von solcher teuflischer Phantasie abzustehen ermahne und unterweise. Datum Ahaus unter dem Fürstlichen Geheimsiegel am 9. November 1665«.

Lubertus Meier schreibt am 18. November an den Bischof: »als man Aleke in der Wormstraße in Betreff des Krautes befragen wollen, ist dieselbe todt gefunden... dann hat man sie verbrannt. Der Schäfer wäre nicht zu erwischen, wenngleich man ihm nachgestellt habe«. Nun wendet sich der Bischof am 25. November an die Stromberger Beamten: »Die Kaldewedder'sche wäre nach gethaner Urphede ohne weitere Bestrafung in Freiheit zu setzen, jedoch mit der getreuen Warnung, von solchem teuflischen Wesen sich zu enthalten, sich zu Gott zu bekehren und ihm anzuhangen. »Aber daß ihr ferner besser Acht gebt, solche Leute auf bloße Vermutung hin in Haft zu nehmen. Der Junge soll durch seinen Pastor fleißig unterrichtet werden, »damit er sich mit Bereuung seines vorigen unchristlichen Handelns wieder zu Gott ergebe«.

Prozeß gegen Hermann Schwechmann

Am 15. Februar 1596 schreibt der Amtsdroste von Veachte (Vechta ?), Otto Schade, an die weltlichen Räte von Münster: »daß allhier im Amte ein gewisser Schwechmann, seines Handwerks ein verdorbener Schneider, sich nun schon geraume Zeit mit der Hexenkunst und Wahrsagerei beschäftigt und (sich) förmlich davon ernährt... so hat er angeblich einem Mann im Kirchspiel Balkum die Molken wieder hergestellt und hierbei andere Leute beschuldigt, daß sie am Ausbleiben der Molken Schuld gewesen seien... er selbst entzog sich den Stricken und Händen der

Schloßknecht so geschickt, daß diese nicht wußten, wo er geblieben wäre. So kam er damals ungestraft davon, nur daß die Schloßknechte seine Wahrsagebücher, Kristalle und sonstigen Instrumente, die er zu seinen Hexenkünsten gebrauchte, an sich nahmen... darum habe er ihm vor wenigen Tagen nachstellen und in die Feste zu Bechte bringen lassen... «. Bei der Verhaftung fanden die Schloßknechte in seinem Beutel die schon erwähnten Kristalle, die er zu seinen Künsten zu gebrauchen pflegt...«.

Die weltlichen Räte von Münster antworten am 28. Februar 1596: »sie bitten um baldige Zustellung der Kristalle mit einem umfänglichen schriftlichen Bericht, wie und welcher Gestalt er umgegangen ist... «.

Am 19. April 1596 findet die förmliche Verurteilung zur Folter statt: »Ist der allhier verstrickte Hermann Schwechmann auf der Gestrengen, Edlen, Ehrenfesten und Hochgelehrten Herren Verordneten... zur Gewinnung der peinlichen Frage für Recht gestellt und das peinliche Gericht durch mich... Richter, Bürgermeister, Rathsverwandte und Gerichtsschöffen... und die Umfrage vermöge Kaiser Karl V. und des hl. römischen Reiches aufgerichtet peinlicher Halsgerichtsordnung geschehen«.

Der Anwalt der Hohen Landesfürstlichen Obrigkeit erkennt: »daß gegenwärtiger Verstrickter, Herrmann Schwechmann, wider Gottes Befehl und Verbot mit Wickerei (der alte sächsische Ausdruck für Zauberei), Krystalln, Kaichen (?), Nachweisungen und anderen teuflischen Conjurationibus umgegangen ist... Dadurch vermöge Karls V. Halsgerichtsordnung § 66 genugsam Anzeige zur peinlichen Frage gegen ihn vorhanden... Ich bitte, damit nun die Wahrheit an den Tag kommen möge, auf der Herren Befehl den Beklagten ad torturam mit Urtheil und Recht zu verdammen«.

Aus seinem Geständnis sind vor allem die Denunziationen interessant:

- Der Pastor zu Bostrup, Gert Beuter, Bernd Buhnen, der Pastor zu Lutten habe auch zwei Kristalle, und ein Buch, so er von dem alten Pastor zu Suidholte bekommen
- Beckmann's Dutter habe auch einen Kristall, Huckelmann's Johann und der Pastor zu Uffelten sollen auch obgemeldte Kunst gebrauchen.
- Der alte Pastor zu Kappeln sollte gesagt haben: er hätte einen Kristall fingerslang, den er auch der Magd gezeigt mit den Worten: Darin ist ein Gast, der soll's mir wohl bald sagen
- Rudolf von Schagen seliger sollte einen kupfernen Nagel und einen Hammer gehabt haben im blauen Tuchlappen, wie dann auch ein Krystall und ein Buch, welches dieser Verstrickter bei Liseken Holthausen gesehen... das Buch habe Klinkhammer, jetzo Küster zu Verden, umgeschrieben.

● Dietrich Engeler zu Drantum habe auch solche Bücher, könne auch lesen. Annen von Kürten's Tochter habe einen Vorsohn; derselbe pflegte einen roten Huth aufzuhaben und zu tragen und laufe zu Zeiten landauf, lege Fußböden und lese Planeten.

Peter Kleikamp aus Ahlen

Heinrich von Schorlemer ist der Anwalt des Anklägers, Johann Pancraz der Anwalt des Angeklagten. Peter Kleikamp besitzt auf der Oststraße von Ahlen ein kleines Anwesen. Arbeitsscheu und dem Trunk ergeben, gehen seine Vermögensverhältnisse zurück. 1614 wird er beschuldigt, ein Geldstück aus einem Schrank entwendet zu haben. Wegen dieser Anklage verkauft er sein Besitztum und zieht mit seiner Frau weg. Nach einiger Zeit kehrt er mit leeren Händen nach Ahlen zurück und erklärt, daß er sich wegen des ihm vorgeworfenen Diebstahls rechtfertigen würde. Er wird aber auf Befehl des Magistrats verhaftet und ein Prozeß wird eingeleitet. Ein Mense Schröder klagt Peter Kleikamp an, »...daß er früher in trunkenem Zustande ihn mehrmals zur sodomitischen Sünde habe verleiten wollen und deutete dunkel darauf hin, als wenn derselbe unerlaubte Beziehungen zu seiner verstorbenen Frau unterhalten hätte«.

Der Anwalt verfolgt die Anklage wegen ausgeübter Zauberkunst und beantragt zur Ergründung der Wahrheit die Anwendung der Folter. Der Verteidiger nennt die ganze Anklageschrift in der derben Ausdrucksweise der Zeit ein »neidisches Straßengewäsch und Gepleer (Geplauder)«. Er weist auf die mangelhafte Glaubwürdigkeit des Hauptzeugen, Mense Schröder, hin. Dennoch beschließt der Gerichtshof, die peinliche Frage höheren Orts zu befürworten. Der Ober- und Landfiskus von Münster genehmigt sie. Am 16. Juni 1615 findet die Tortur statt. Dort hat er »gütlich« ausgesagt: »Gestern habe ihn der Teufel unter dem linken Arm gestochen und nicht haben wollen, daß er bekenne. Er habe ihn gekniffen bunt und blutig, welches auch an ihm zu sehen. Er sei ein Zauberer«. Damit hat er selbst sein Todesurteil ausgesprochen.

Das Urteil lautet: »daß gedachter Verstrickter wegen geständiger Zauberei, dabei geübter Vergiftung und anderen Untaten mit der gesetzlichen Strafe des Feuers vom Leben zum Tode hingerichtet und zu Asche verbrannt werden soll«. Der Verteidiger Pancratz gibt im Namen des Beschuldigten vor, »...daß er sich für einen armen Sünder erkenne, der gegen Gott und sein Gebot gehandelt habe. Er trage dessen Reue und Leidwesen und bitte um die Gnade, nicht um Recht, daß er mit dem Schwerte möge begnadigt werden«.

Dem wird nicht stattgegeben. Richter und Schöffen halten am gefällten Urteil fest und befehlen dem Nachrichter die Vollstreckung. Die Verbrennung Kleikamps findet in den nächsten Tagen statt. Vor dem Vollzug des offensichtlichen Justizmordes bezichtigt Kleikamp weitere Personen, und zwar aus den vornehmsten Familien Ahlens. Zudem nennt er einen Christian zum Loe.

Christian von Loe

Christian von Loe ist ein altersschwacher Mann. Nach der Konfrontation mit Kleikamp eilt er nach Lembeck, um sich einer Wasserprobe zu unterwerfen. Seine Frau schleicht sich heimlich von ihm fort. Aus Angst hält er sich selbst eine zeitlang in benachbarten Büschen versteckt. Das alles ist vergebens.

Am 13. August 1615 wird in einem Bericht erwähnt: »...daß Peter Kleikamp mit Namen Christian zum Loe, Eingesessenem des alten Kirchspiels zu Ahlen, des gräulichsten Lasters der Zauberei und daß derselbe zugleich mit ihm ein Wärwulf sein solle, beschuldigt und dabei angegeben hat, daß derselbe etliche Thiere mit ihm gerissen habe«. Er sollte peinlich verhört werden, ist aber unmittelbar davor gestorben. Das kommt dem Scharfrichter nicht geheuer vor. »...der Hals des Verstorbenen sei ganz schwarz gewesen und habe sich umdrehen lassen. Er sei schon bei mehreren derartigen Fällen zur Stelle gewesen und halte gänzlich dafür, zum Loe habe sich das nicht selbst angetan, sondern der Teufel habe ihm dabei geholfen«.

Es wird verfügt »den toten Körper dem Gebrauch gemäß außerhalb der Stadt zu schleppen und an einem ungeweihten Ort, etwa bei dem Gerichte im Feld, zu vergraben«.

Sievert Meiers Ehefrau aus Rössing

Die in Haft liegende Frau Jansen (?) bekennt in Verhören auf die Frau von Siefert Meier aus Rössing. Daraufhin wird sie am 23. Juni 1639 verhaftet. Angeblich sind dem herrschaftlichen Pächter innerhalb eines Jahres 15 Pferde gestorben, seine Schafe haben zu wenig Milch gegeben, sein Hofmeister wurde plötzlich krank und ein Einwohner von Calenberg hat seit Walpurgis seine Kuh nicht melken können. All diese Vorfälle deuten im Zeichen der Zeit auf Zauberei. Der Pächter bittet inständig, die gefangene Hexe gut zur Rede zu stellen. Dies geschieht, allerdings erfolglos. Man sendet die Akten an die juristische Fakultät von Helmstedt. Sie erkennt am 11. Oktober: »...daß Inquisitin mit scharfer peinlicher Frag, doch menschlicherweise, zu belegen sey«. Sie wird am 20. November 1639 gefoltert und gesteht:

- sie wäre eine Zauberin (dann wird sie wieder am 27. November gefoltert)
- Ihr Buhle, der Teufel, habe ihr auf dem Kopf gesessen: sie solle fest halten, und nicht bekennen, es sollte keine Noth haben
- Ihr Buhle heiße Hans Federbusch, »...hette ungestalte kurzte Hände und dicke Füße, und were Verstriktin in selbigem Verhör mit selbigem vielmals sonderlich in Walpurgis-Nacht... auf dem Tanz gewesen, und wenn sie dahin gewollt...
- hette sie sich aus einem Topf, worin eine dünne Materie, wie Froschlaich gewesen, geschmieret.
- Den gelben Pfennig hette sie zu Hause in den Schrank gelegt, were aber am folgenden Morgen hinweg gewesen.
- Nicht lange darauf hette ihr der Buhle ein graw Pulver zugebracht, welches sie ihrem eigenen Schwein eingeben müssen, daß es verstorben.
- Dieses Pulver habe sie verschiedenen Leuten eingegeben, wonach diese krank geworden seyen, auch daß sie einiges Vieh, insonderheit des Pächters Pferde vergiftet, und das Zaubern mehreren Weibspersonen, auch ihrer eigenen Tochter, gelehrt habe.

Sie stirbt am 2. Dezember 1639 im Gefängnis. Ihr Körper wird auf Befehl der hannover'schen Regierung auf dem Richtplatz verbrannt.

Catharina Holenkamp

Der Anlaß zur Verhaftung ist ein beachtliches Viehsterben in Arnum. Die Einwohner halten es für übernatürlich und behaupten, Lükken (verw. Lükken) sei eine Hexe und sie habe das Vieh getötet. Dazu kommen an Zeugenaussagen:

- sie habe einer anderen Person, namens Schattenbergen eine Salbe gegeben und ihr zugesichert, dadurch würde die Beule an ihrem Arm heilen. Als die Kranke diese Salbe genommen, wäre sie auf der Seite ganz lahm geworden.
- es sey ein allgemeines Gerücht, daß die Inquisitin eine Hexe sei und daß sie eine Frau, namens Köneken, vergiftet habe.

Aufgrund dieser Anzeigen erkennt die juristische Fakultät von Helmstedt die Anwendung der Folter, die am 12. September 1639 vollstreckt wird.

»Sobald sie der Scharfrichter ein wenig mit den Beinschrauben angegriffen, hat sie anfangs Schmerzen gefühlet, dennoch aber nichts bekennen wollen, hat darauf aber ein schreckliches und abscheuliches Gesicht gemacht, dem Gehör nach mit drei verschiedenen Zungen, und sonderlich hochdeutsch geredet, alsbald eingeschlafen, und nachgehends von der Tortur nichts gefühlet, sich auch also haben bezeiget,

daß ich in Sorgen gestanden, das Weib werde todt. Dero Ursachen habe ich dem Nachrichter empfohlen, das Weib genzlich zu lassen, und uff die Erde nieder zulegen, etwa nach Ablauf einer halben Stunde ist sie wiederumb erwachet, und in die Custodi gebracht worden«.

Die juristische Fakultät antwortet darauf: »Da Inquisitin sich bei der Tortur ganz wunderlich und übernatürlich betragen, so soll man sie in ein anderes Gefängnis bringen und durch den Scharfrichter fleißig besichtigen lassen, ob etwas Verdächtiges bei Ihr zu finden, dadurch sie ihr Bekenntnis hinterhalten könnte... außerdem solle man sie befragen, woher es keme, daß sie wieder alle Vernunft mit dreyen Zungen geredet... die peinliche Frage, auch wohl mit andern Instrumenten, als vorhin gebraucht, ziemlicher weise zu repetieren«.

Dieser Befehl wird am 26. November 1639 ausgeführt. Das Protokoll besagt: »Verstriktin ist einen Weg wie den anderen bey ihrem Verleumdungen geblieben, undt daß sie ein redlich Weib, auch von nichts anderm zu sagen wisse, als vom lieben Gott; gestalt sie dann immer den Namen Gottes im Munde führet, aber ihrer vorigen Art in der Tortur eingeschlafen, ungeachtet der Scharfrichter, so sie aufgezogen, und mit lebendigem Schwefel beworfen, und mit Ruthen gehauen, welches Aber Verstriktin alles nicht geachtet, daß auch der Scharfrichter sich darüber verwundert undt gesagt: er hette ein solch Weib noch nie vor sich gehabt«. Die Angeklagte wird auf ewig aus dem Land gewiesen.

Untersuchung gegen Hartmann's Ehefrau

Hans Riege aus Adensen klagt die Frau von Hans Hartmann wegen Zauberei am 22. Januar 1653 beim Amt Calenberg an. Die Gründe der Beschuldigung bestehen in ihrem bösen Ruf, in verfänglichen Reden, wobei sie geäußert haben soll, daß sie Mäuse machen kann... insonderheit weil ihm seit einiger Zeit Kühe krank geworden seien. Dazu einige protokollierte Aussagen von Mitklägern:

- Der Halbmeier Fischer sagt aus. »...es wären Rieken um die angebene Zeit drei Kühe krank, und darauf blind geworden... es wäre (nach seiner Ansicht) nicht natürlich zugegangen. Er habe wohl gehört, daß die Riekin kurz vorher in diesem Hause gewesen sei.
- Heinrich Peck sagt: »...er habe Rieken Kühe gesehen, der einen sey das Auge gleichsam ganz aus dem Kopf gegangen, und er habe zu ihr gesagt: es möge vielleicht ein giftiges Ding sie angeblasen haben. Die andere Kuh habe daraufhin auch in die Augen bekommen... ob die dritte gleichfalls Man-

gel bekommen, sey im nicht bewußt. Es sey im Dorf das Gerücht gegangen, daß die Hartmannen Mäuse machen könne, dieses habe er deren Mann einst, vor 18 Jahren vorgeworfen.

- Curdt Beck sagt: »..es sey die Sage im Dorf gegangen, daß Inquisitin Mäuse machen könne. Vor etwa 14 Jahren habe sein Knabe den Sohn der Hartmannen für einen Mäusemacher gescholten.
- Heinrich Hase sagt: »... Riecken Kühe habe er gesehen, der einen hätten die Augen gleichsam aus dem Kopf gehangen, die eine sei mit einem, die andere mit beiden Augen blind worden. Die Hartmannen sei einstmals zu seiner Frau, wie ihm diese erzählet, ins Haus gegangen, bey welcher Gelegenheit sie der Hund angefallen, und ins Bein gebissen hätte. Die folgende Nacht habe der Hund zweymal gerufen und sey darauf todt niedergefallen.
- Curdt Krone sagt aus: »... Die Hartmannen habe seinem Sohn mit dem Finger durchs Maul gestrichen. Der Junge hätte alsbald ausgespien und gesagt: da streicht mir das Teufelsweib mit dem Finger durchs Maul. Dann sei die Hartmann'sche wieder weggegangen. Der Junge hätte bald angefangen am ganzen Leib zu schwellen... wäre auch nach 10 oder 11 Tagen gestorben, und bis an sein Ende dabey geblieben, daß die Hartmannen ihn vergeben hätte«.

Der Unterrichter vernimmt am 4. Juni 1653 den Sohn und den Ehemann der Angeklagten. Der Mann erzählt, wie es dazu gekommen ist, daß der Vorwurf entstanden ist, seine Frau könne Mäuse machen: »...weil der Sohn, als er in seiner Kindheit mit anderen Knaben einst gespielt habe, zu ihnen aus Scherz gesagt: »wenn sie ihm was wollten geben, wolle er ihnen weisen, wie seine Mutter Mäuse machte«. Daraufhin wird die Hartmannin selbst vernommen. Sie leugnet, sich jemals mit der Hexerei abgegeben zu haben; dem Jungen habe sie lediglich die Hand auf den Kopf gelegt, aber er sei damals schon krank gewesen.

Nun kommt es zu einer Konfrontation mit den Zeugen: ohne Ergebnis, die Aussagen stehen gegen die Aussage. Es wird ein Bericht verfaßt, dieser geht am 4. Juni 1653 an die fürstliche Regierung von Hannover. Dort wird entschieden:

»Das sie über das abgestandene delictum der Zauberey zu ergrundung der Warheit mit scharffer peinlicher Frage ziemlicher massen zu belegen sey von Rechtswegen«. Bereits nach dem Anlegen der beiden Beinschrauben bekennt sie:

- Sie hette Gott abgesagt und dem Teufel zugesagt, ihr Buhle heiße Johannes;
- was sie dem Sohn durch's Maul gestrichen habe, habe ihr der Satan gebracht.

Weil sie wankelmütig schien, wird beschlossen, sie in die Höhe zu ziehen. Sie gesteht weiter:

- Sie habe das Hexen nicht von der Mustin, sondern von ihrem ersten Manne Jacob Müllern, vor dreißig Jahren, welchen sie nur etwa zwei Jahre gehabt, gelernet, der Mustin aber habe sie es wieder gelehret, sonst Niemand;
- sie habe dem Teufel seinen Willen tun müssen;
- den Hund habe sie vergiftet und auch den Kühen habe sie etwas gegeben, davon sie blindt worden;
- das heilige Nachtmahl hätte sie wieder von sich geworfen.

Nach der C.C.C. Artikel 109 wird sie verbrannt. Sie sollte vorher auf einer Leiter stranguliert werden.

Anna Schütterlin, Katharina Kreß

Anna, die Hausfrau von Claus Schütterlin aus Zell gesteht 1557 in einem Verhör den verbotenen Umgang mit dem Knecht Georg Zimmer und mit ihrem Schwager Andreas. Ihre Mutter habe sie in die Zauberei eingeführt. Sie gibt ihr einen kleinen Hafen mit Nachtschatten und Klettenkraut und hat sie damit auf das Feld geschickt, um einen Hagel zu sieden. Man wirft ihr vor, sie habe in Fessenbach durch einen einfachen Schlag auf den Rücken ein Pferd getötet. Den Jacob Mai habe sie sinnlos gemacht, weil sie ihm Klettenkraut in das Gesicht geworfen hat, und ihn damit tief erschreckte. Der Kuh von Karlmann hebt sie »nicht minder schadsüchtig« zwei Steine vor die Nase und der Teufel bläst sie mit übernatürlicher Geschicklichkeit in die Blase des Tieres, das deshalb sterben muß«.

Bei der allgemeinen Kritiklosigkeit, der Gottgläubigkeit und dem Dämonenglauben dürfen uns solche Vorstellungen nicht wundern. Im Zusammenhang mit diesem Prozeß kommt außerdem zur Sprache. »Ein lutherischer Prediger habe von der Kanzel herab gesagt: wer sich mit dem heiligen Kreuz segne, zu dem käme der Teufel und es sei ein Teufel, der heiße das heilige Kreuz«.

Mit Anna Schütterlin sitzt ihre Hexenschülerin, die Anna Katharina im Gefängnis. Sie ist die Frau des Hans Kreß. Katharina wollte eines abends eine frei im Hof laufende Henne einfangen. Das Huhn will sich durch ein Hühnerloch in der Haustüre retten, bekommt aber in diesem Augenblick von der zornigen Hausfrau einen Tritt. Von dieser Stunde an klagt Frau May an Händen und Füßen, während die Henne nimmermehr gesehen wird«. Außerdem habe sie eine Kuh getötet. Sie gesteht: alles was sie könne, habe sie als vierzehnjähriges Mädchen von der Anna (Schütterlin) gelernt.

Prozeß gegen Wolf Lenz und seine Mutter

Bei diesem Prozeß von 1569 hat der Sohn gegen die Mutter ausgesagt, »da sie ihn auf eine Ofengabel setzte und mit ihm durch die Lüfte in einen Keller im Elsaß reite, wo lustig gezecht und getanzt wurde. Einst litt er an Arm, da berührte ihn die Mutter... einige Tage später fielen einige Löcher und das Fleisch und kamen »...Sauborsten und Beiner« heraus«. Er tötete viele Pferde und Kühe.

In diesem Fall wird der Sohn begnadigt und auf der Richtstätte mit dem Schwert hingerichtet und dann seine Leiche mit der lebenden Mutter und der Ketter Margarethe verbrannt. Die gerichtlichen Urkunden melden: »daß in Appenweyer ihrer bösen ärgerlichen Handlungen wegen Wolf Lenz und seine Mutter... und die Margaretha Ketter von Urloffen... meniglich zum Exempel dem Nachrichter an die Hand gegeben, auf die gewöhnliche Richtstätte geführt und mit dem Feuer vom Leben zum Tode gerichtet und also ihr Gebein, Leib und Geblüt zu Asche verbrannt werden«.

Wolf Lenz hat außerdem die Frauen von Hans Puesam und die von Hans Schneider von Urloffen denunziert. Auf Fürbitte und Bürgschaft ihrer Männer werden sie aus Rücksicht ihrer kleinen Kinder und wegen Schwangerschaft aus dem Ortenberger Gefängnis entlassen.

Welsch Hänsin, Barbara Schiffmann

Am 5. Juni 1573 besteigt in Ortenberg die Welsch Hänsin den Scheiterhaufen. Sie gilt seit 18 Jahren als Hexe und wurde erst kürzlich von drei in Gegenbach verbrannten Frauen als Hexengespielin angegeben. Vor allem wird sie durch ihren Sohn angeschuldigt, weil sie zu Hause: »...mit Gotteslästern Schwören und Balgen ein unchristliches Leben« führe. Auch sie gesteht, dem Schultheiß von Ortenberg in den Keller gefahren zu sein, sehr oft die Elsässer Weinlager besucht, Kindbetterinnen, Kinder und Schweine getötet und am Böllenberg ein Gewitter gemacht zu haben«.

Am 11. August 1595 werden Barbara, Jacob Schiffmanns, der Sophie, Michel Kuon's und Katharina, Hans Margraw's Hausfrau von den Richtern des peinlichen Malefizgerichtes mit einhelligem Urteil zu Recht erkannt: »daß die drei beklagten Irer vielfältigen begangenen Mißhandlung halber... dem Nachrichter an die Hand überantwortet, von demselbigen gebunden und an die gewonlich richtstatt gefürt und auf den heutigen Tag mit dem Feuer von dem Leben zum Tode gericht. Ire Leib, Fleisch, Blut und Bein zu Pulver und Eschen verbrannt werden söllen, damit

Ir schandlich Todt, Pein und Marter weniglich Jung und Alt ein abscheulich exempel und Fürbildt sei. Gott verzeih den armen Seelen«.

Sie soll von ihrem Buhlen eine Gerte erhalten haben, mit deren Hilfe sie durch einfachen Schlag Menschen oder Vieh zu töten vermochte. »Sie erprobte die Zauberkraft an zweien ihrer Hühner und an ihrem schönen Hofhund, die alle auf den Schlag sofort erlegen sind«. Vor sieben Jahren forderte ihr Buhle, daß sie ihr eigenes Pferd töten soll, wofür sie aber lieber ihr Mutterschwein opferte. »Dem Schmid tötete sie ein Pferd, indem sie diesem die Nieren zerdrückte«.

Ein ähnliches Urteil, aber wesentlich später, lautet »Im belittenen Rath... Magdalena, H. Stettmeister Johann Megerer's Hausfraw; Ursula Ottin, Hans Schliningers Hausfraw; Margareth, H. Christhoff Kasten Frau; Maria, Hans Ernsten Hausfraw, und Maria, Hans Scheutin's Dochter, sollen wegen bekannter fleischlicher Vermischung und Vermählung mit dem bösen Geiste, Verleugnung Gottes und aller Heiligen, auch verübten Zaubereyen und Hexenwerks bis künftigen Freitag erstlich mit dem Schwehrt vom Leben zum Tod gericht undt sollen nachgehendts Ihrer Häupter und Körper zu Äschen verbrennt werden. Gott sey Ihnen gnedig und barmhertzig. Des Scheutlin's Dochter soll man zu Ersten richten. Ortenauer Ratsprotokoll vom Mittwoch, dem 12. Januar 1628, bzw. Freitag dem 14. Januar in belittenen Rath«.

Seibels Grete

1656 wird die Frau von Johann Michels, die Seibels Grete, eingezogen, weil sie von den Leuten angeklagt ist, denen der bei ihr im Übermaß genommene Branntwein schlecht bekommen ist. Sie bekennt unter der Folter:

- sie habe von Gott abgeschworen
- Als sie im großen Krieg auf ihrem Acker gewesen, sei ein schwarzer Mann zu ihr gekomen, der sie gefragt habe, ob sie sein eigen werden wolle... **er habe ihr einen Goldgulden gegeben, worauf sie mit ihm in den Wald gegangen sei.**
- **hier habe sie sich mit dem Teufel vermischt.**
- **Das Ding wäre schwarz und häßlich gewesen, wie ein Mannsding, wäre kalt gewesen und hätte nicht sonderlich wohlgetan.**
- Das Kind des Pfarrers habe sie auf Geheis des Teufels mit einer schwarzen Salbe gelähmt.
- ... außerdem nennt sie im Marburger Raum zahlreiche Mitschuldige.

Nun schreibt ihr Mann an die Marburger Regierung, daß die Anklagen gegen seine Frau, »die brav und ordentlich sei, erdichtet wären; sie habe mehrere Ver-

Der Sabbat. Kupferstich von Claude Gillot. Unter dem Vorwand einer magischen Zeremonie, heißt es in einem Bericht des 17. Jhts. »...wird ein Karneval der Sinneslust mit groteskem Pomp gefeiert...«.

brechen angezeigt und wollten sich die Leute aus Haß und Mißgunst an ihr rächen«. Der Fiskal beantragt gemäß § 109 C.C.C., daß sie mit dem Feuer vom Leben zum Tod zu bestrafen sei. Er gründet seine Aussage vor allem auf die Behauptungen des elfjährigen Töcherchens vom Steinmühlenbesitzer, das ausgesagt, Inquisitin sei eines Tages in ihren Stall gekommen und habe ausgerufen: »was für schöne Kühe«. Da habe sie den Kühen über den Rücken gestreichelt, worauf diese alsbald alle krank geworden seien«.

Aufgrund dieser Denunziationen wird die Frau am 5. Oktober zum Tod verurteilt und verbrannt. Auf das ihr abgefolterte Geständnis setzt im Marburger Raum eine Massenverfolgung ein.

1654 wird in Rauschenberg ein Prozeß gegen die Witwe des früheren Bürgermeisters Armheim und gegen die Witwe des Bürgermeister Berghöfer geführt; beide sind durch eine in Kirchhain verbrannte Hexe denunziert. Auch die junge Frau des Schäfers Unger wird der Hexerei beschuldigt. Der Schäfer sagt aus: »... daß die beiden Frauen seiner die Brüste herausgelangt hätten, auch haben sie meiner Frau die ihren gezeigt. Daraufhin wäre die seine ernstlich krank geworden«.

Hexenmädchen Anna

Es ist die Tochter von Hans Weigand (s) aus Besse. Da die siebzehnjährige nicht gestehen will, wird sie gefoltert. Es kommt zu folgender Aussage:

- ● Es sei ein schwarzer Mann zu ihr gekommen, den es habe freien wollen

- ● es habe mit dem Teufel »Schande von hinten« getrieben, und sich dabei an einem Kühlfaß festgehalten

- ● Außerdem hätte sie sich geschmiert. Darauf sei eine Windsbraut gekommen und sie seien zur Obertür hinaus auf die Kalkwiese zum Tanze gefahren

- ● Dort hätten sie aus dem Kirchenkelch, Wein, Bier und Branntwein getrunken und dann habe sie mit ihrem Buhlen Unzucht getrieben.

Nach einer weiteren Tortur findet der Gerichtsdiener das Mädchen tot im Gefängnis. Der Beschluß der Kasseler Regierung geht dahin »...die verdammte Hexe durch den Scharfrichter auf den Richtplatz schleifen zu lassen, um dort ihren toten Körper zu verbrennen«.

Prozeß wegen Geisterspuk

Der Prozeß spielt 1681—83 in Kirchhain. Dr. Löber und Anna Weygand werden wegen Geisterspuks angeklagt. Dr. Löber wird mit seinen Kindern vorgefordert. Eins davon sagt aus: »es kämen jeden Abend sehr viele Engel in weißen Kleidern, die ihm den Himmel zeigten; es wäre ganz hübsch darin«. Das andere Kind bestätigt es und setzt hinzu: »in der Kammer stünde ein Altar«. **Nun gibt Löber an** (und zu), **daß**

411

seine Schwägerin verkleidet in sein Haus gekommen sei, um den Kindern als Engel zu erscheinen. Diese hätten niederknien müssen, darauf habe sie mit ihnen gebetet«. Den Richtern genügt diese Rechtfertigung nicht. Nun wird Frau Löber vernommen. Es ergibt sich, daß sie, um ihren Mann vor Strafe zu schützen, ihre Schwester als Zauberin hingestellt hat »...die sich tatsächlich auch schon oft in einen Werwolf verwandelt habe«.

Dieser Prozeß wirft ein bezeichnendes Licht auf die weiter unten behandelten Verfahren gegen Kinder.

Bittschreiben von Hans Schwarz

Hans Schwarz ist Gastwirt (Gastgeber) im Gasthaus zur Gans in Bamberg. Seine Frau liegt über ein Jahr in Haft wegen Hexerei, und will nach ihrer lang ersehnten Entlassung nach Hause zurückkehren. Ihr Mann verweigert ihr nicht nur die Aufnahme, sondern übergibt zusätzlich eine Bittschrift an den Fürstbischof, in der es heißt »...man solle sie wenigstens wieder einsperren«. Der Brief lautet:

»Hochwürdiger, gnädiger Fürst und Herr... E.F.G. (Eure Fürstliche Gnaden) kann ich in unterthäniger Beschwerde nicht verhalten, wie das gestern in der Nacht etwa um neun Uhr meine Hausfrau — so uff 5 Jahr lang zu Zeyl verdächtiger Hexerei in Verhafft gelegen und vor kurzem aus dem Gefängnis entlassen — mit großem Ungestüm in meine Behausung gekommen, sich genauso wie zuvor mit Gewalt unterstanden und kurzum in den vorigen Stand mit mir Ehelich zu leben begehrte, doch mit dem ausdrücklichen Vermelden, daß sie in ihrer Haft vom Scharfrichter peinlich angegriffen und gefoltert (torquiert) worden sei.

Weil dann E.F.G. gnädig bewußt, daß ich eine öffentlich Schenkstatt habe und in Sorge bin (wie mir bereits wiederfahren, daß ich hören mußte von den vorübergehenden Leuten, die ohne Scheu sagten, Er, der Gänswirth hat seine Hexe oder Drutenfrau wieder in seiner Behausung) einiger ehrlich mann und oder Unedel bei mir nicht mehr zehren oder einkehren möchten, und ihrer Person scheuen würden, und würde endlich auch da wider verlassen, wie sich leichtlich zutragen könnte, ein Gast in trunkener oder nüchterner Weise, mich mit ihr vexieren (?) tät, und ich mich der selben annehmen, alles Unheil, ja wohl gar Leib und Lebensgefahr besorgen wäre, auch sie selbst aus Zorn einem anderen Schaden zufügen möchte, weil ich ihr selbst nicht trauen darf. Deretwegen bin ich E.F.G. in der tröstlichen Hoffnung, diese meine Beschwerden in Gnaden zu erwägen, und mir nicht zu verdenken, daß ich oft gedachte meine Hausfrau nunmehr ihres Tuns allen warten lasse, und

mich von ihr separieren tue (trennen). Datum, Bamberg, den 16. August anno 1630. Hanns Schwartz, Bürger und Gastgeber zur Gannß daselbsten«.

Der Freudenberger Hexenprozeß von 1590

Das Verfahren entsteht, nachdem der Schultheiß und Bürgermeister des Orts und Raths daselbsten... den 30. Juli den Wohlgeborenen Herrn Ludwig, Grafen von Löwenstein und Wertheim, Herrn zu Scharfeneck und Breuberg unterthänig supplicirend ersucht und gebeten, daß er als deren ordentliche Obrigkeit und Landesherr zur Bestrafung der Uebel und Anwendung solcher teuflischer Kunst, gebührend Straf vor die Hand nehmen wollen und deren Unterthanen vor dergleichen noch täglich zunehmenden Ungeziefers erhalten wolle«.

Die erste Reaktion ist, daß der Landesherr aufmerksam wird. Er mahnt Schultheißen und Gericht um Wachsamkeit und Sorgfalt. Nun werden folgende Personen angeschuldigt: Jacob Wolz, Regins, Michel Ochsen's Weib, Anna (Michel Kern's Weib), Margaretha (die Tochter von Hans Zihns), Barbara (Hansen Zihns Hausfrau), die alte Lorentia oder Mathessen im Haag, Anna (Walters Hausfrau) und Andreas Burgk von Klingenberg. Die Aussagen sind untereinander auffallend ähnlich: sie seien alle von Kind auf von der Mutter ohne jegliches Verständnis der Sache zur Hexerei verführt worden.

- waren sie einmal in seiner Gewalt, so wurden sie ihm zur linken Hand getraut, schwörten ab und wurden in Teufels Namen umgetauft
- sie besuchten Trinkgelage und Tänze (besonders in der Walpurgisnacht)
- sie fahren auf Pferden, Kühen, Geißen, Böcken oder auf lebendigen Wesen hinaus
- Beim Konvent halten sie einen teuflischen Gottesdienst, in der sie ihren Großmeister als König anbeten
- sie graben die Leichen ungetaufter Kinder aus, braten sie mit Eiern und »fressen« sie. Zudem machen sie »Schmier« daraus.
- mit dem Kinderfett vermischen sie Katzenhirn, Schmeißfliegen und gestohlene Hostien
- die ausgegrabenen Kinder werden mit Namen bezeichnet
- Andreas Burgk sagt zusätzlich: er habe als Spielmann mit der Fiedel an den Tänzen gegen Bezahlung aufgespielt und seitdem ein ausschweifendes lockeres Leben geführt
- Die Wölzin sagt zusätzlich: zwei Kinderleichen ausgegraben zu haben (»man hat nachsehen lassen und nur noch eine gefunden, von der anderen fanden sich nur noch umhüllenden Lumpen)

- Anna, die Frau von Hansen sagt zusätzlich: **was ihr der Teufel sage, sei wahr und zu halten, das übrige sei nur Pfaffengeschwätz**
- was das Nachtmahl anbelange, so habe sie der Teufel verspottet und ihr gesagt: »das aber sei, als wenn eine Sau Rübenschnitz fresse«.

In diesem breit angelegten Verfahren fungiert wahrscheinlich der Schultheiß Dr. jur. J.B. Eisen und der Amtmann Wolf Veit. Diese acht Personen werden am 23.Oktober 1591 hingerichtet. Die Akten tragen die Aufschrift: »Verzeichnis der Inquisition, gütlich und peinlicher Frag und Handlung, so zu Freudenberg mit etlichen der Zauberei bezüchtigten Weibspersonen fürgenommen und gerichtet vom 30. Juli 1590«.

Denunzierung der Margaretha Löhr

Damit ist der große Prozeß nicht abgeschlossen. U.a. wird eine Margaretha Löhr (oder Seilerin) als Mitschuldige genannt. Sie wird gefoltert und gesteht daraufhin eine Hexe zu sein und mit dem Teufel zu schaffen gehabt zu haben. Der Amtmann und der Veit haben allezeit zu ihr gesagt: »du mußt bekennen und sollte ich dreiviertel Jahr mit dir umgehen«. Als sie dann der Henker wieder einhenkte, da gesteht sie, ein Kraut verdorben zu haben und daß sie dem Michel Glock eine Geis umgebracht habe. Die Akten berichten: »Den ersten Tag sei sie gar hart gegangen, so ohnmächtig worden, daß sie der Wächter gedauert (bedauert) und ihrer geweint. Habe sie mit Wasser beschüttet; habe sie doch nicht gewußt zu sagen«. Am nächsten Tag wird sie wieder aufgezogen »...so daß ihr die Galle aus dem Maul geloffen«.

Klage Paul Sachs gegen Antonius Grimm

Dieser Prozeß hat mehr den Charakter einer Privatklage. Paul Sachs in legitimer Vertretung seiner Frau Margaretha klagt gegen Antonius Grimm. Der Prozeß beginnt am 25. Januar 1590 und dauert über ein Jahr. Der Kläger wird von Andereas Bopen aus Miltenberg verteidigt. Hier haben wir einen der seltenen Beweise, daß es damals Anwälte mit vernünftigen Ansichten gegeben hat. Er sagt während der Verhandlung:

»Da möchte man aber vom beklagten Teile gerne wissen, wo er sein Lebtag je gehört oder für Recht gelesen, daß man auf eines jeden leichtsinnigen Gesellen bloßes Wort und Angabe ohne vorhergehende genügsame Indizien eine ehrenliebende Person und sonderlich beklagte ehrbare Matrone (Margaretha Sachs) gefänglich einziehen und zur hochbeschwerlichen Tortur und Peinigung hinreißen soll! Fürwahr, wenn man solches Recht aufkommen ließe, würde es doch für eine Zerrüttung des ganzen menschlichen Wesens, sonderlich unserer Zeit geschehen, da Haß und Neid in so hohem Schwang gehen, und manchmal zu so gräulicher Verbitterung wächst, daß oft einer mit Gefährlichkeit des Leibes und Lebens der anderen unschuldiger Weiß in höchste Angst und Noth zu bringen kein Gewissen noch Scheue trägt«.

Der Ausgang dieses Verfahrens ist mir nicht bekannt.

Barbara Rüdinger

In der ersten Hälfte des Jahres 1634 werden einige Frauen als Hexen eingezogen. Darunter befindet sich Barbara Rüdinger, die (Verhör am 30. März) unter der Folter aussagt:

- sie habe mit Schmier zwei Kühe getötet, das Schmierseiden habe sie (aber) nicht gelernt
- sie habe diese Sünde zusammen mit ihrem Mann begangen, welcher ihr hart angelegen, daß sie verhütet, daß sie keine Kinder mehr von ihm gehabt; er hat gesagt, er wolle machen, daß es keine Kinder mehr gebe. (am 6. Mai wird sie dann zum sechsten Mal verhört und gesteht weiter):
- sie habe eine Stiege geschmiert, damit der Knecht beim Besteigen verunglückte (was tatsächlich passiert ist)
- sie habe Kälber umgebracht, ditto Schweine
- Ihr Buhle habe Ungnad geheißen
- sie habe zwei Kinder in der Stumpfin Haus auf einmal gesotten und Schmier daraus gemacht
- hette es in einen Kessel getan und gesotten bis es weich und zu Schmiere geworden; habe es nochmals in Töpfe geschüttet... die und die seien dabeigewesen
- **Der Teufel sei dann über sie gekommen, sei aber nur über sie kommen wie ein Schatten rundum und sei wieder davongeflogen; hab einen Leib gehabt, wisse aber nicht wie es zugegangen sei, sei kein solches Bewohnen, wie bei einem Manne«.**

Ester Gutroff, Maria Fleglerin, Margaretha Bickin

1639 hat der Spitalmeister viel Pech mit seinem Stall. Es verunglückten zwei Pferde, eine Kuh und ein Kalb. Im Sommer folgen an einem Tag sechs Schweine: seit zwei Jahren sterben ihm 14 Stück Vieh. Er wird nun gerichtlich aufgefordert zu erklären, ob er nicht jemand im Verdacht habe, da die Sache nicht natürlich zu sein scheint: er nennt die alte Hofbaurin Esther Gutroff. Sie wird sofort eingezogen und am 12. März (und am 13. April) verhört. Sie gesteht,

»das vom Spitalmeister geschlachtete Schwein sei ihre Tochter gewesen; sie hätte nämlich 14 Kinder, darunter 6 Töchter; bis auf eine seien alle verstorben«.

Am 5. und 7. November 1641 ist ein Junge, Georg Föhrmann, der durch eine »krummhalsige Frau in der Eichelgasse« die Zauberei gelernt haben will, eingezogen worden. Sie habe ihn mit grüner Schmier an Herz und Händen getauft. Er könne Flöhe, Raupen und Schnecken machen aus Stroh und Kirschenstielen. Bei den Tänzen habe der Satan aus seinem Kot Essen bereitet. Eine habe auf dem Kopf gestanden und als Leuchter gedient«.

Die von dem Jungen denunzierte Maria Fleglerin (58 Jahre) wird in sechs Examen so weit gebracht, daß sie alles Gewünschte gesteht. Die von ihr genannte Margaretha Bickin wird ebenfalls eingezogen, gefoltert und für schuldig befunden.

Schreiben des Stefan Schump(en)

In gewisser Beziehung bildet dieser Brief ein Seitenstück zu dem des Bambergers Bürgermeister Johannes Junius.

Anna-Maria Schumpen, Büttners Frau, die wegen Hexerei angeklagt und in Wertheim am 1. August zum erstenmal »gütlich« verhört wird. Ihr Mann bemüht sich um ihre Freilassung und schreibt, während sie im Gefängnis liegt: »Anna-Maria! Ich bin vorgestern bei Herrn Jacob (dem Pfarrer) gewesen und Ihme erzählt, daß du doch sagst, wenn Du noch außen wärst und die ganze Stadt käme zu dir und sage: »Du wirst eingezogen werden, so fragest Du doch nichts danach«. Denn Du sagtest: »Du wüßtest Dich frei von der Zauberei«. Darüber er sich wundert: Er wolle alsbald zum Zentgrafen schicken, daß er heut nach der Predigt wolle zu Dir kommen... wann ich wüßte, daß Du gar frei davon wärest, ich wollte Hab und Gut, Leib und Leben darauf setzen und Dich nicht lassen... So kann ich Dir nicht helfen. Es wird mir oft übel, daß ich nicht weiß, was ich thue vor Angst Deinethalben. Ich bitte Gott alle Tag fleißig um Dich, wenn's möglich wäre, daß Dir könnte geholfen werden, wann Du schon hinwegkommst. Das verdrießet mich, daß Du mit den nächsten Hexen sollst gerichtet werden, wenn es wahr ist... Stefan (Schump).

Prozeß Eheleute Johann Hotz

Johann Hotz wird auch der alte Kettenwirth genannt, seine Frau »Anna von Wertheim«. Der Prozeß dauert länger als zwei Jahre. Dazu wird ein Gutachten der Marburger Juristenfakultät eingeholt. Am 1. Oktober steht der 71jährige Hans Hotz zum erstenmal

vor seinen Richtern. Er sagt: »...und wenn ihrer Hundert dastünden und wider ihn zeugeten, so wäre es doch gelogen; denn solche Teufels-Leut seien, und der Teufel ein Vater der Lügen sei, von dem sie solches gelernet«. Unter der Folter gesteht er aber alles nur Erdenkliche, widerruft allerdings am 20. September 1644. Gefragt, warum er denn diese Aussagen im Protokoll so umständlich gemacht, da antwortet er: »Er habe es aus Furcht vor der Tortur getan«. Er wird zum Tode verurteilt. Seine Frau wird ebenfalls am 1. Oktober 1642 in das Gefängnis gebracht. Sie leugnet jede Art von Zauberei. »Wie sie das könne, da sie doch alles so umständlich bekennt und wiederholt, daß Eins mit dem Anderen übereingestimmt habe? Daraus müsse ja unwidersprechlich folgen, daß sie eine Hexe sei. **Was sie gesagt, das habe sie oft von anderen Leuten gehört, wie es mit den Hexen hergehe, daß ja die Kinder auf den Gassen genug davon sagen«.**

Der Prozeßausgang ist mir nicht bekannt.

Das Motiv Armseligkeit

Bei den Hexenprozessen bildet das Kernmotiv der Bund mit dem Teufel. Gott läßt nach damaligem allgemeinen Glauben manchmal zu, daß sich der Satan sich bestimmter Personen ermächtigt, die dann Schaden anrichten, und zwar deshalb, weil die Menschen so böse und undankbar sind. Deshalb wird in vielen Fällen das Teufelsbündnis und freilich die Teufelsbuhlschaft geschildert. Hierbei zeigt sich, daß immer und immer wieder Notlagen, persönliche Sorgen und Kummer dazu führen, dem Teufel die Arbeit zu erleichtern. Bei der damaligen sozialen Stellung der Frau ist es naheliegend, daß man zuerst diesen Personenkreis der Zauberei verdächtigt. Dazu einige Beispiele:

Sophie Kuon wird vor neun Jahren von ihrem Mann verlassen. Er zieht nach Frankreich in den Krieg. Sie ist auf den Tagelohn angewiesen und wäscht bei der Stubenwirtin, um einige Batzen zu verdienen. Als sie ihren Lohn verlangt, erhält sie nichts mit dem Bemerken: »die Wirtin habe sie nur angestellt, damit durch ihre Arbeit die Trinkschulden des entlaufenen Mannes bezahlt werden«. Jetzt kommt die typische Stelle: »sie geht traurig nach Hause und dachte, wenn nur der Teufel das Waschen holte. Da sprach sie ein Fremder an, der sich Bädel nannte und geleitet sie nach Hause. Später pflegte Bädel unter einem »Pfeiflinbaume« die Liebe mit ihr, ohne etwas weiteres zu verrichten. Sie steht daraufhin im teuflischen Willen. Sie schadet, tötet eine Kuh durch einen einfachen Schlag und macht an einem Festtag auf dem Lindenrain oder Mergelloch einen Hagel«.

Katharina Markgraf läßt sich mit dem Teufel ein, als sie »wie schon oft« von ihrem Mann geschlagen und mißhandelt wird, und sich ängstlich vor weiteren Schlägen zu einem Holzwinkel im Hof versteckt.

Witwe Treyschneizler

Die Ortenberger Richter ziehen im Oktober 1596 die junge Witwe Treyschneizler als der Zauberei verdächtig ein. Ihr Mann Georg hat sie und ihr kleines Kind verlassen. In ihrer Dürftigkeit spinnt sie Tag und Nacht und fragt sich oft, wie sie ihr Kind ernähren kann. »Als sie eines Tages wieder traurig nach Offenbach ging, um Brot zu heischen (betteln) und um Werg zum Spinnen zu holen, da begegnet ihr bei der Hohlgasse ein feingekleideter Herr und frägt sie teilnahmslos nach dem Grund ihrer Trübseligkeit und Bekümmernis... sie läßt sich daraufhin mit ihm ein. Leibeskälte und ein Geißfuß, den sie an dem Buhlen wahrnahm, macht sie stutzig, doch eine Schürze voll Geld ist der beglückende Lohn. Zu Hause angekommen, findet sie das Geld als lauter Kehricht«. Sie wird eingezogen und gesteht ohne Umschweife:

● sie tötete mit einem Gertenschlag zwei Pferde und braute auf der Rammersweierer Riethalde und auf dem Heuberge Wetter zum Verderben der Reben.

Sie hat sich im Gefängnis die Fußketten abgestreift »...so zwar etwas weit gewesen, durch geschleift und sich von einem Rundel oben beim Loch in den tiefen Graben hinab zu todt gestürzt.. und ist todt verbrannt worden«. Ähnlich verhält sich Martha, die Hausfrau des Jacon Kern von Ortenberg, die sich am Schauloch des Pulverturms erhängt. Auch im Offenbacher Raum kommt das Stigma diabolicum und der Molkenzauber vor:

Ludwig Hallers Frau in Ortenberg will im April 1628 nicht geständig werden. Schließlich entdeckt man an ihrer rechten Hinterbacke ein schwarzes Zeichen »...in welches der Scharfrichter eine lange Nadel bis auf den Knochen einstach, ohne daß sie Schmerzen zeigte oder daß sie Blut ergoß. Ein klarer Beweis, daß es sich um ein teuflisches Mal handelt. Ihr wird während der Folter sogar ein Stein an den Kopf gehängt.

Maria, das Dienstmädchen bei Wolf Kopf in Rittersburg wird eines morgens von den Kindern des Hauses beobachtet, wie sie vor einem Stuhl sitzt und Melkbewegungen macht. »Sie zog Milch aus dem Stuhl, um sie den Kühen der Els Anna und der Lanklerin zu nehmen«.

Ende August 1586 klagen Bernhard Ziegelknecht und Bastian Steebel die schwarze Else an, einen kranken Knaben verzaubert zu haben. Unter der Folter wird kein Geständnis erreicht, deshalb beschließt der Rat:

sie solle nach geschworener und geschriebener Urphede über den Schwarzwald verreisen. Die Kosten der Atzung habe sie zu tragen«.

Auch hier geht in der Regel die Denunziation vom Volk aus und manche Bürger zeigen Unzufriedenheit gegen den Rat. Das wird aus einem Edikt des Offenburger Rates deutlich.

Erlaß des Ediktes vom 11. Oktober 1600

Der Rat, Schultheiß und Meister der heiligen Reichsstadt sehen sich am 11. Oktober 1600 zur Erlassung eines Ediktes an die Zünfte gezwungen, worin sie sagen: »Wesmaßen etliche sorgfältige Bürger an gehaltener Exekutive unterschiedlicher Weibspersonen wegen geübter Zauberei und Hexenwercks noch nicht ersättigt, sondern einen Ehrbaren Rat zu bewegen gesinnt sind, so mögen sie sich nicht berichten lassen, daß der Rat in diesen Punkten nicht lässig und nicht parteiisch zu Werke gegangen und doch die Unruhestifter fortgefahren seien, Unheil und Zerrüttung zu stiften. Fernerhin solle, im Falle ein hiesiger Bürger hier jemanden Zauberei und Hexenwerks halber Anklage und die Beweise dafür bringen, der Rat sich der Sache von Obrigkeit wegen annehmen und, was die Erteilung des Urteils und seine Vollstreckung kostet, ohne des Klägers Zutun wagen und leisten«. Damit wird das bisherige Anklageverfahren in ein offizielles Untersuchungsverfahren übergeführt«.

Christine Köpfer (Rockenbach), Margarethe Wannemacher

Kurz nach der Anhörung des Ediktes sagt ein Führer der Unzufriedenen, Jacob Fiegenbach: »er wolle ein Schelm und Dieb sein, wenn er nicht auf seine Kosten in 14 Tagen eine Hexe einziehen und verbrennen lassen werde«. So stehen am 24. November Jacob Fiegenbach und Thomas Dreier als Ankläger vor dem Rat und sagen: »...Christine, Wittib des Roman Köpfer habe dem Dreier einen Trunk in einem Glas gegeben, ob dem ihn ein Grausen gefaßt, denn es habe ausgesehen, als wenn Alraun darin wäre... bald sei Leibweh eingetreten, von dem er jetzt noch nicht befreit«. Georg Sprengler und seine Freu treten mit der Anklage hervor: »...Christine habe ihrem Kinde die Milch verderbt und es geblendet«. Der Rat verlangt jetzt eine schriftliche Abfassung der Klage. Am 4. Dezember kommt Frau Rockenbach gefesselt in das Gefängnis (Elend Herberg). Am 13. Dezember wird sie verbrannt.

Sie nennt als Genossin Margarete Wannemacher. Der Rechtsgelehrte Dr. Hartlieb in Straßburg, den man beruft, glaubt jedoch die Angaben der Rockenbach seien zu wankelmütig und solche Angaben, wie er selbst wisse, zu unbegründet, als daß man die Wannemacher verurteilen könne. »Sollten sich noch andere gewichtige Anzeichen ergeben, so könne man sie ein bis zweimal foltern, gestehe sie auch dann nichts, so solle man sie aus der Stadt verweisen«. Sie wird tatsächlich am 15. Januar verwiesen (1601), weil die Zeugen günstig aussagen und man sich den höheren Richtern nicht »befahren wolle«.

In dieser Zeit kommt es zu weiteren Beleidigungsklagen.

Anklage Ruprecht Silberrad, Lienhard Stehlin

Am 7. September erhebt Ruprecht Silberrad gegen die beiden Töchter des Altrats, Adelheid und Helene eine »Anklage auf Leib und Leben«, weil sie ihm neben ihrer früher schon verbrannten Mutter sein Fleisch und Blut um das Leben gebracht«. Gleichzeitig klagt der Gesinnungsgenosse Lienhard Stehlin die Helene an »...daß sie ihm ein Kind blind gemacht und getötet...«. »...Beide Ankläger fordern den Rat auf, diese Untersuchung offiziell zu betreiben. Aufgrund von Widersprüchen fordert der Rat die schriftliche Abfassung der Klage. Nun stoßen die Brüder Silberrad Drohungen gegen den Rat aus und verfassen eine Spottschrift.

Ratsherr Christoph Rues

Im Oktober 1601 werden eine Mutter und ihre Tochter in das Gefängnis gebracht, weil sie als Traubendiebinnen angesehen werden. Der Rat will die beiden Frauen an den Pranger stellen. Der Ratsherr Christoph Rues weiß die Versammlung zu überreden, daß man besser gegen beide wegen Hexerei vorgehe. So kommt es zu ihrer Folterung. Die Mutter heißt Eva Vetter und gesteht:

● vor zwei Jahren, als sie Hunger und Not leiden mußten, erschien er ein Mann in grünem Kleide... mit einem Geißfuß und versprach ihr viel Geld, wenn sie ihm willig sein möchte. **Sie gab sich hin, fand ihn aber »kalt wie einen Eggezahn«.**
● Das gereichte Geld erzeigte sich als ein Pfennig in Pferdekot. Der Teufel schob ihr das Geld in den Busen... sie befand es später als Hafenscherben.

In das Verfahren werden weitere Personen verwickelt, so die Tochter der Bäcker-Else, die junge Agathe. Sie wird bereits am 7. November das drittemal aufgezogen, **worauf sie gesteht: »daß sie die Liebe des entenfüßigen Leiblin genossen«.** Sie hat später

widerrufen. Am 19. November kommt es zu einer Gegenüberstellung zwischen Agathe und Else. Else fragt Agathe: »...ob sie sich denn nicht erinnern könne, wie sie zusammen Wetter zu machen versuchten, welches das Schwabhäuser Tor und alle Früchte zerschlagen sollte, damit der Leib auf einen Batzen oder Schilling käme und ihre Mutter als Bäckerin etwas Ordentliches für ihre Kinder herausschlüge«. Sie, Marie, habe jedoch den Hafen, worin Else ihr das Maul dermaßen zerschlagen habe, daß sie drei Tage nur das helle Wasser genießen konnte«.

Nun wird Marie mit dem Schwert hingerichtet und ihre Mutter zum Feuertod verurteilt«. Da sie am 22. November auf der Fahrt zum Richtplatz vor den Häusern Laubachs, Ruprechts Silberrads und Stehlings vorbeikommen, sagt sie: »Laubach habe auch zwei Töchter, welche durch ihre Hexerei dem Silberrad und Stehlin vielen Schaden gethan«. Aufgrund dieser Denunziation besteigt die Tochter Else schon am 18. Dezember den Scheiterhaufen.

Die im Gefängnis liegende Agathe wird auf Vorschlag der Kirchherrn schon am 30. November an die Kette gelegt. Am 9. Januar 1602 bittet der Vater Martin Gwinner den Rat, bei ihr in »Ansehung der großen Jugend von aller Leibesstrafe abzusehen«. Sie wird unter der Bedingung begnadigt, daß sie auf Urphede die Stadt verläßt und der Vater sie an einen katholischen Ort verbringe, indem er zugleich gegen ihre Rückkehr Bürgschaft leiste«.

Gesuch des Wolf Fehr

Hier haben wir einen interessanten Fall. Mit dem Einsetzen der C.C.C. als wichtigste Rechtsquelle beginnt der systematische Aktenversand; Anfragen bei juristischen und theologischen Fakultäten werden, vor allem in unsicheren und schwierigen Rechtsfällen, zur Gewohnheit. Parallel dazu kommt, daß sich die Städte untereinander schriftlich über das Vorgehen gegen die Hexen informieren. Deutlich wird das u.a. am Beispiel Esslingen, Stuttgart und Wiesensteig. Daraus entsteht ein dichtes Informationsnetz, das u.U. die Aus- oder Einreisewünsche von Bürgern behindert. Dazu gehört auch das Gesuch des Wolf Fehr vom 13. Juni 1608. Er möchte mit seiner Frau und seinem Schwiegersohn Notar Baldauf nach Straßburg ziehen und fragt bei Rechtsgelehrten um Verhaltensmaßregeln nach, da Frau Fehr im allgemeinen als Hexe angesehen wird. Graf v. Sulz, der Präsident des Speyerer Kammergerichtes, meint »...obgleich die Frau nicht wegen Schadens angeklagt und nach allen Aussagen einen braven Lebenswandel geführt habe, so sollte man doch nach dem Rat der Rechtsgelehrten gegen sie vorgehen, denn der Teufel könne auch die Gestalt eines Gerechten annehmen«.

So oft nur Wolf Fehr sein Gesuch um Erlassung des Bürgereides und Erteilung des Abschiedes nachsucht, wird er hinausgezögert, bis man in den ersten Tagen des Juli seine Frau in das Gefängnis bringt. Fehr wendet sich an das Kammergericht und verlangt die Freilassung seiner Frau gegen Bürgschaftsleistung. Sie hat aber währenddessen schon ein Geständnis abgelegt und auf Michel Gütle's Hausfrau ausgesagt. Diese wird am 10. Juli 1608 eingezogen. Sie macht die Anna Keller als Genossin namhaft. Jetzt wird diese eingezogen und macht die Weidenwirtin Christina Eckkard zur Mitschuldigen. Am 8. August werden sie — weil sie alle geständig — dem Feuertod überantwortet.

»Ihres Alters und ihrer Leibesgebrechlichkeit wegen werden sie zur Hinrichtung mit dem Schwerte und Verbrennen der Leichname« begnadigt. Frau Fehr folgt den Denunzierten am 6. September. Auch sie wird mit dem Schwert hingerichtet.

Prozesse gegen Kinder

Problematisch ist, daß der Hexenwahn auf Kinder überspringt. Im Würzburger Juliusspital befinden sich 1628 eine Reihe von 8—10jährigen Kindern, die behaupten, von ihren Eltern zur Zauberei verführt worden zu sein.[142] Es liegt eine bayrische Kinderlehre von 1700 vor, worin bei der Auslegung der Zehn Gebote auch die Hexerei erläutert und Beispiele daraus angeführt wird.[143] Vergl. dazu die Brenz'schen Kinderpredigten in der Nürnberger und Brandenburger Kirchenordnung auf S. 386. Die Begriffe vom zahlreichen Hexen- und Zaubergeschmeis, heißt es in einer 1767 in München erschienenen Schrift gegen den Hexenwahn »...werden von Alter zu Alter fortgepflanzt, ja den Kindern fast in der Wiege mit fürchterlichen Geschichten und Märlein eingeprägt«.[144]

Der Grund ist einfach: Bei den Erwachsenen bildet das Teufelsdogma immer wieder **den** Gesprächsstoff. Parameter dazu ist die flutartige Hexen- und Teufelsliteratur, sind die öffentlich verlesenen Urpheden und Urgichten, das öffentliche Schauspiel der Hinrichtungen. Die Kinder hatten regelrechte Hexenspiele: »...auf Stöcken ritten sie jubelnd wie zum Hexenritt durch die Gassen. Dabei ahmten sie die Sackpfeifen der Musikanten nach. Sie steckten sich ein Stück Holz in eine Rübe und nahmen das in den Mund. Dann drehten sie den Schwanz der Rübe und summten wie ein Sackpfeifer dazu. **Dazu kommt das Verhalten der Theologen, die sich rühmen, auch hier einen Bibelspruch zitieren zu können (!!!)** »Gott lasse es nicht zu, daß die Kleinen Lügen nach den Worten des Psalmes: »aus dem Mund der jungen Kinder und Säuglinge hast Du dir eine Macht zugerichtet, daß Du vertilgst den Feind und die Rachgierigen«.[145]

Catharina Vents, 12 Jahre alt, wird verdächtigt, sie könne aus einem Handtuch Milch melken und Hasen machen. Als zur gleichen Zeit eine ihrer Verwandten stirbt, wird der plötzliche Tod sogleich mit ihren angeblichen Zauberkünsten in Verbindung gebracht.

Merkwürdig ist eine Äußerung aus Italien, und zwar die des **Dominikaners Silvester Prierias:** »Im Gebiet von Como und Brescia... haben Knaben und Mädchen von 10, 12, ja 8 Jahren, die durch Belehrung und Zureden der Inquisitoren bekehrt wurden, vor diesen ihre eigentümlichen Tänze aufgeführt. Dabei **sitzt das Mädchen auf dem Rücken des Knaben, man tanzt immer nach rückwärts, nicht nach vorwärts, der Fuß wird hoch nach vorwärts erhoben und das alles mit einer solchen Grazie, daß unmöglich ist, daß diese Kinder es so bald auf natürliche Weise gelernt haben...«.**[146]

Kinderstrafen
(Ausbluten lassen im Bad)

»Bei Kindern, welche ihre annos discretiones noch nicht erreicht haben und entweder von ihren gottlosen Eltern oder anderen Hexenleuten zur Zauberei verleitet und verführt worden sind, niemand sonderliche Schaden zugefügt haben und noch Besserung von ihnen zu erhoffen ist, **pfleget man gemeiniglich also zu handeln, daß man dieselben den Herrn Theologus übergibt,** welche durch das gemeinsame Gebet sie der Gnade und Barmherzigkeit Gottes anbefehlen, die ihnen ihre schweren Sünden und Mißhandlungen scharf und ernstlich zu Gemüte führen, sie an den Taufbund erinnern... und sie mit Ernst dazu anhalten, daß sie dem Teufel und seinen Werken von Neuem absagen, sich mit Leib und Seele Gott anbefehlen, von den verdammten Zauberkünsten abstehen und sich eines stillen christlichen Wandels befleißigen... **worauf auch die Herren Pfarrer,** Praeceptores, Schulmeister, Eltern und Hausgenossen **fleißige Aufsicht haben sollen«.**[147]

Ganz so human ist es sicher nicht zugegangen. Das sieht man an den Todesstrafen. Man hat zwar mildere, aber dennoch schrecklich harte Strafen für sie ersonnen, denn man läßt sie in der Badewanne verbluten. 1665 gibt es einen Fall in Königsegg (Württemberg). Der zehnjährige Philipp Kholler ist wegen Hexerei verurteilt. Ein Gutachten empfiehlt »wegen seiner Jugend eine milde Strafe anzuwenden... daß man ihm wegen seiner Jugend in einem warmen Bad das Leben ausrinnen lassen«.[148] 1667 wird ein Mädchen in Ebersbach bei Württemberg, das 12 Jahre alt ist und gestanden hat, mit ihrer Mutter an Hexenfahrten teilgenommen zu haben, mit dem Schwert hingerichtet«.[149]

Die Richter und die Theologen sind so verblendet, daß sie teilweise den Aussagen von 6—8jährigen Kindern mehr Glauben schenken als den Erwachsenen. Dazu nun einige Beispiele.

Supplik der Wertheimer Bürger

Immer wieder wird betont, daß die Mütter ihre Kinder zur Zauberei verführen. Im Volk muß das zu der Auffassung führen, daß selbst Kleinkinder in der Lage sind, durch Zaubereien den Menschen zu schaden. Deshalb wenden sich 13 Bürger unter Gutheißung der Geistlichkeit an die Obrigkeit »...damit sie dieser Pest unter den Kindern entgegentreten und Abhülfe gewähren solle. Das Aktenstück trägt den Titel: »Etlicher Bürger zu Wertheim Supplik an die Herrschaft wegen Inquisition auf die »sortilegos et sagae«, den 24. Dezember 1628«.

»Obwohl der leidige Satan, Gottes und aller Menschen abgesagter Feind... mehr und mehr verdammliche Sünd häufet und fortpflanzt, so finden wir doch... daß bei der jetzigen sehr bösen Welt keine gemeinere, verderblichere und bei Gott verhaßtere Sünd als die teuflische verfluchte Zauberei und erschrecklichen Abfall von Gott, unserm Schöpfer und Erlöser... welches Übel allenthalben dermaßen zugenommen, daß sie nunmehr aller Orten im öffentlichen Schwang und also dahin gehet... daß auch Kinder und Schüler sie lernten und (zu) practiciren wissen gleichwie nun das verfluchte Gift bei der Jugend, deren ohnedies das Böse mehr als das Gute beliebig ist, so süß einschleicht, aber fest einwurzelt, sondern, wenn es ohne Wissen der frommen ehrlichen Eltern geschieht, demnach aber außer Zweifel ist, daß auch in dieser Grafschaft und hiesiger Stadt, in dergleichen Zauberer, Unholden und Zauberinnen gefunden werden... **so bitten wir in aller Unterthänigkeit und um des Jüngsten Gerichtes willen, da wir allesamt vor Gottes Richterstuhl erscheinen... mit großem Eifer** auf die berüchtigten durch ihren Ruf und gemeiner Leumund **der Hexerei halber bezüchtigten Leute inquirieren und sie nach Befund der Sachen exemplarisch abstrafen zu lassen... dadurch wird Gottes Ehre befördert... das verunsäuberte und entheiligte Land von Gottes Zorn und Straf befreit und gesäubert,** so daß wir der zuversichtigen Hoffnung leben, weil dieses Unkraut nunmehr aller Orten auszurotten angefangen wird... Dieses haben einer Herrschaft, als unser lieben gottfürchtigen Obrigkeit, wir bei so gründlich und sonnklarer Sach und Vorgang zu klagen und zu bitten nicht umgehen können... der ganz untertänigen Hoffnung, **daß eine hohe Herrschaft sich diesem unserm recht christlichen Eifer mehr in Gnaden belieben als mißfallen lassen werde....** unterthänig gehorsamste Bürger und Untertahnen der Stadt Wertheim (13 Unterschriften).

Die infizierten Kinder von Bettingen

Nun entsteht ein ausgedehnter Kinderprozeß. »..Daß uns glaublich berichtet worden, wie deß Bertols Klein, Bürger und Schlottfegers beide Kinder allhier, von denen das älteste zehn und das andere fünf Jahre zählt, allerhand nachdenkliche Reden von geschehener Hexerei und einer gehaltenen Hochzeit mit ihres Vaters Bruder spargirten und ausgaben«. Deshalb findet am 10. Februar 1629 das erste Verhör statt. Der ältere sagt:

- es sei eine Hochzeit auf dem Dachboden gewesen, es waren ein Pfeifer und zwei Geiger da, es wurde gegessen, getrunken und gesungen; seine Mutter habe gekocht
- »... seien auf Besen herumgefahren und die Stiege herunter, ein weißer Löwe sei dabeigewesen«
- »...sechs Buben dabeigewesen, vier fremde und zwei bekannte: Bernhardt Hänselein und Andreas Oetzel. Dann hat er weitere denunziert: Spändelein, Aeltelein, Georg Krug und das Frewlein nebst seinen eigenen Eltern.

Sofort werden diese Personen eingezogen und durch vier Räte verhört. Die Eltern beteuern ihre Unschuld und hätten den kleinen Daniel gestraft, weil er »so närrisches Zeug« vor dem Pfarrer von Nassich geredet haben soll«. Sie seien schuldlos. Dennoch verfügt das Gericht ihre Verhaftung. Der kleine Daniel wird am 16. Februar vor dem Rektor vernommen und referiert:

- »...er habe nachts im Bette, ehe er eingeschlafen... zu seinem Beischläfern gesagt: es ständ eine weiße Magd, ein Hund, eine Katze, der böse Feind vor dem Bett; darauf die Nacht hindurch er phantasiert und gewinselt... er wäre mit seinem Vater zum Schlot hinausgefahren.

In weiteren Verhören erzählt der größere Bruder:

- Zu Bettingen habe er eine Kinderleiche helfen ausgraben, welche ein Mägdlein war
- in einem näher beschriebenen Haus hätten sie Schmier daraus gemacht (gesotten)
- (Der Teufel) habe... große schwarze Augen, schwarz im Gesicht wie Tinte, krumme Hände, Gäulsfüß, nur zwei Hörner und diese krumm wie Bockshörner: heißt Lorenz Bocksbruder, tanzte mit, sähe dann dem Tanz zu.

Am 16. wird mit den Eltern ein zweites Verhör angestellt. Als der Henker sie gebunden hat, macht die

Mutter vor Schmerzen bereits die ersten Zugeständnisse, während der Vater auf seiner Unschuld beharrt.

Dr. Reinhardt, ein Mitglied des Tribunals, vertritt einen vernünftige Ansicht, mit der er sich nicht durchzusetzen kann: »daß es gefährlich sei, auf dergleichen Kinder blose Angaben »ad capturam« zu schreiten. der Junge variiere im Reden«. Nun werden weitere Personen in diesen Prozeß verwickelt und es kommen unsinnige Aussagen zustande:

- Ihr Mann habe nie bemerkt (daß sie ausgefahren ist)! Sie habe ihm eine Weil ein Büschele oder ein Keßele gemacht und weiß Öl (Wegsamen) in Milch gesotten und den Kopf damit bestrichen, darum er so lang geschlafen, bis sie wiederkommen
- war vom Teufel unterrichtet worden, Wetter mit ungelöschtem Kalk und mit Kieselstaub Hagel zu machen, habe ein wenig Schaden getan
- habe zwar die Kuh umgebracht, andere aber nicht
- »...die Hostien habe sie nie aus dem Mund genommen«.

Die Söhne des Lorenz Zisken

Es kommen auch Fälle von Tierverwandlungen vor. Der Pfarrer von Bettingen, Antonius Kroll, bringt folgenden Bericht ein: »Es haben sich allhier zu Bettingen ein Knabe zu zehn Jahren, neben seinem kleinen Bruder, beide Lorenz Zisken zu Bettingen Söhne, unter den Schülern verlauten lassen, er habe ein Gürtlein, wenn er solches antue, werde er allezeit ein Hase. Deshalb habe er heute den größeren examiniert und befunden, daß solche fast unmündige Kinder dieser gedachten Sachen bösen Sachen vielfältige Wissenschaft haben, daß mir die Haar zu Berg gestanden«. Nun werden die beiden Jungen am 2. März im Beisein des Herrn Pfarrer von Bettingen verhört. Johannes Zink, der ältere, gesteht:

- seine Mutter habe am Main einen ledernen Gürtel gefunden; wenn er solchen antue, werde er zu einem Hase bei Nacht, aber nicht bei Tag...
- am Mittwoch Nacht sei er in Spinners Haus gewesen, wo Michel Müller, er und sein Bruder Lorle fahren auf Besen in die Stadt
- vom Teufel sei er getauft und habe ein Kreuz als Mal auf dem Rücken
- Mitgetauft seien sein Bruder Lorle, Michel Schürger, Hänsle Stefan Friedrich, Hänsle des Bartol Klein, Michel Seidensteiner und sein Dötlein (Pate) gewesen

Das kleine Brüderchen leugnet zunächst, gesteht dann aber (!!!)

- es sei auch zu einem Häslein geworden, der Teufel habe ihn getauft
- habe bei der Tauf gesehen, wie ein Kind ausgegraben

Die infizierten Kinder werden drei Monate im Spital bewacht und verhört. Am 29. Mai werden sie in Gegenwart von Dr. Bünting verhört und vom Superintenden vernommen. Am 9. Juli werden sie nochmals examiniert. Damit schließen die Protokolle über die Prozessierung der infizierten Kinder von Bettingen. Ihre Aussagen haben ausgereicht, um am 7. Mai sechs Personen in den Tod zu schicken und am 24. Juli vier weitere folgen zu lassen. Damit ist die Reihe der Opfer nicht erschöpft.

Klage gegen Catharina Cöls

In Wertheim läuft eine neue Klage an die gräfliche Herrschaft »über Kindesentführung zu dem gottlosen Laster der Zauberei« ein.Dieser Hilferuf geht von dem Bürger Michael Kapf und seiner kränklichen Hausfrau aus. Die Beschwerde richtet sich gegen Catharina, des Michael von Cöls Hausfrau »...welche durch teuflische Hexerei sein Kind verführt, und mit diesem und ihren beiden Söhnen zum Schlott hinausgefahren, wie solches alles sein liebes Kind ausdrücklich angezeigt und aller Umstände Meldung gethan hätte«. Das Kind ist fünf Jahre alt... es wird am 26. März ins Verhör genommen.

Fast gleichzeitig bringt ein Wilhelm Bracker die Anzeige am Tag vor Ostern: 1634, »daß in der Pulamani Klasse die vier jüngsten Knaben teils mit meinem Drängen, sämtliche aber freiwillig und aus Verdruß den teuflischen Conventen beiwohnen, ihr Verführung bekannt und um Gottes Willen davon erledigt zu werden gebeten, wie es mit ihnen hergegangen, einfältig und kindlich erzählt«.

Wertheim hat noch einen Nachzügler zu vermelden: Gegen Ende des 17. Jahrhunderts, heißt es in der alten Kapuzinerchronik: »Ein Knabe gab vor, durch einen Engel entführt worden zu sein, und zum Beweis seiner Aussage zeigte er ein Ei vor, daß ihm Gott der Vater gegeben. Der Junge predigte und prophezeite und fand Gläubige (sind das Gläubige oder Dumme ?) Schließlich wurde das Ganze entlarvt, der Knabe erhielt eine Tracht Prügel als wohlverdienten Lohn«.[150]

Verfahren Hans Sang

Der Dialog zwischen den Theologen und Juristen wird aus einem Fall von 1631 aus Biedenkopf deutlich. Er wird gegen den 15jährigen Hans Sang angestrengt. Er gesteht folgendes:

- er habe Gott abgeschworen, darauf sei ihm der Teufel erschienen in der Gestalt einer Jungfrau
- Der Teufel habe des Nachts bei ihm geschlafen, und ihm die größte Unzucht zugemutet
- die Jungfrau habe Fleisch und Bein gehabt, »sei doch etwas hitzig und hart anzugreifen gewesen«
- auch habe sie ihm gelehrt »wie man es machen sollte«
- Ein Schneidersknecht habe ihm die Kunst gelehrt »mit dem Käsköppel«, daß ihn die Weiberleut lieb hätten. »Er sollte in Teufels Namen eine Käsköppel kaufen, darein einen Laubfrosch tun, denselben in einen Ameisenhaufen stellen. Nach neun Tagen, wenn er nachschauen würde, würde er nur noch ein kleines Knöchlein finden. Würde er damit die Weiberleute ritzen, so müßten sie ihn lieb haben«.
- außerdem habe er vom Teufel gelernt »wenn er von Menschen einen warmen Kot habe und ihm in einen hohlen Menschenkopf tun und diesen kurz danach ins Wasser werfen würde, so müßte der betreffende Mensch sich tot und das Herz aus dem Leibe hoffieren«.

In Marburg befindet sich das Samthofgericht. Die theologische Fakultät wird um ein Gutachten nachgesucht. Sie bittet den Fiskal, Hans Sang zum abscheulichen Exempel und zu wohlverdienter Strafe mit dem Feuer vom Leben zum Tod zu bestrafen. Der Verteidiger sucht den Jungen zu retten, indem er ihn als schwachsinnig hinstellt und seine Jugend berücksichtigt wissen will«. Das Gutachten der theologischen Fakultät will, daß der Knabe in Anbetracht seiner Jugend und seines blöden Geistes nicht mit der Strafe des höchsten Rechts, sondern mit Ruten bestraft und zu Gottes Geboten angehalten werden solle. Dennoch gibt das Gutachten der Juristen den Ausschlag; es besagt, daß der Junge wohl verdient habe, aus der Menschheit ausgestoßen zu werden. Sie stellen Milderung anheim, obgleich es vergebliche Liebesmühe sei« **denn wen einmal der Teufel hat, den läßt er nicht mehr los«**.

Schließlich entscheidet der Landgraf Georg von Hessen: »der Junge wird mit dem Schwert gerichtet, sein Körper zu Asche verbrannt«.[151]

Niklas Bahlinger

Nikolaus Bahlinger ist der zehnjährige Sohn eines Schmids in dem Spitalort Deizisau (Württemberg). Er sagt zu seinen Schulkameraden: »...meine Ahne (Großmutter) ist auch nichts Nutz, ich bin mit ihr bei der Nacht schon ausgefahren«. Dies kommt zur Meldung und sofort erscheint der Spitalmeister am 10. Dezember 1662 in Deizisau, um den Knaben zu ver-

hören, den er durch das Versprechen eines Stückes Goldes »wenn er die Wahrheit sage zum sprechen bewegt«. So gesteht er:

- der Teufel habe ihn den Mittelfinger der linken Hand geritzt und Blut herausgelassen, auch ihm Wasser über den Kopf gegossen (wohl eine Anspielung auf die Taufe)
- auf der Heide, wohin er einige Male mit seiner Ahne gefahren sei, habe man geschmaust und getanzt
- seine Ahne könne Raupen, Mäuse und Flöhe machen

In späteren Verhören verhärtet der Junge seine Aussagen weiter und daraufhin soll die Großmutter verhaftet werden. Sie hat sich inzwischen von Deizisau entfernt. Später hat man erfahren, daß sie sich in Albertshausen aufhält. Auch dort findet man sie nicht. Sie ist geflohen. Einige Wochen später wird ihr halbverwester Leichnam in einem Wald gefunden.

Der vierjährige Sohn von Georg Beutelsbacher aus Vaihingen erzählt (1663) sie hätten zu Hause drei Böcke, auf dem einen reite der Vater und er, auf dem zweiten seine Mutter und auf dem dritten seine Ahne über die Bäume hinaus. Die achtjährige Tochter eines Schmids aus Möhringen erzählt im Scherz »... sie sei auch eine Hexe und freue sich sehr, wenn sie wieder auf ihrem Besen fortfahren dürfe«. Deshalb wird sie für drei Tage in den Kerker gesteckt und muß 8 Reichstaler Strafe bezahlen.

Jung(e) von Molsheim

»In diesem Monat (März 1633—1640) soll unvergessen bleiben ein junger Zauberer, so zu Straßburg justifiziert. Es war ein Jung von Molsheim, auf 16 Jahre alt, hatte sich dem Teufel verschrieben. Er verzauberte einen anderen Pfarrer, der ihm begegnete, mit Blattern und Geschwüren. Dieser Zauberjung hat greuliche Taten vollbracht und bekennet (wir erdichten alhier nichts in odium Patrum, sondern referieren pure, wie es an uns gekomen!), daß sein Präzeptor in dieser Kunst sei gewesen ein Jesuit von Molsheim, der ihn neben anderen Jungen also angeführt, da der Teufel in der Gestalt eines ansehnlichen schwarzen Mannes zu ihm in die Schul kommen, hat bekannt, wie der Teufel in Gestalt einer schönen Jungfrau immer bei seinen Taten gewesen, hätte viele kleine Kinder gelähmt und getötet, das Hirn aus dem Kopf gezaubert, wenn er sie mit seinem vergifteten Stäblein angerührt, andere Leute vergiftet, Vieh umgebracht; einer Kuh hätte er sich in Rabengestalt auf den Nacken gesetzt, davon gefressen, bis sie gestorben, einer andern sich an den Schwanz gehenkt in Fuchsgestelt, davon die Kuh geloffen, bis sie gestorben... Er hat vor etlichen Patres Societas, Jesuiter bekennet...«.[152]

Georg Pröls, Schinderjackel

1677—1681 entwickelt sich im Salzburger Raum ein ausgedehnter Hexenprozeß, in den mindestens 100 Personen verwickelt sind. Sie alle sollen mit dem Zauberer- oder Schinderjackel, einem Jacob Keller, in Berührung gekommen sein. Es sind größtenteils Kinder und junge Leute, darunter viele aus dem Bayrischen, aus Teisendorf, Trostburg, Traunstein, Tuntenhausen, aus Schwaben und dem Berchtesgadischen, Schellenberg und aus der Ramsau. Nach der Aussage eines Buben führt der hingerichtete Zauberjackel den Beinamen Taxenkraut. Das Alter der angeklagten Kinder geht bis auf 5 Jahre herab. Die meisten sind Bettelkinder. Auch hier zeugen Kinder gegen ihre Eltern und andersherum. Sicher nicht aus Böswilligkeit, aber unter dem Druck der Folter. Am 7. Februar werden im Zusammenhang mit diesem Prozeß sieben der Angehörigen mit dem Fallbeil oder dem Strang hingerichtet.[153]

1715—1717 haben in Freising acht- und neunjährige Schulkinder vor der Stadt einen Disput mit Bettelbuben über Zauberer, Mäusemachen und dergleichen. Daraus entstehen gerichtliche Verfolgungen. Die erpreßten Geständnisse lauten auf Teufelsverschreibung, Teufelsunzucht, Hexentänze und Mäusemachen. Trudenfänger (?) erhängt sich in der Keuche an einer Kette, die anderen streben Selbstmordversuche an, so daß sie ständig bewacht werden. Sie werden mit dem Schwert hingerichtet.

Bei der Hexenepidemie in Giesling bei Pfatter spukt im Haus des Drechslers Gruber in Geisling eine »fromme arme Seele aus dem Fegefeuer, zupft und schlägt die Leute, wirft von der Bank aus Holzscheite....«. Das bayrische Pflegegericht Haidnau leitet allmählich gegen 20 Einwohner von Geisling, Pfatter und Alburg Untersuchungen wegen Hexerei ein. Die meisten davon werden hingerichtet. Weinzierl und seine Tochter werden enthauptet und dann verbrannt. Die Eheleute Hans und Gertrud Grueber, ferner Benedikt und Elisabeth Egger werden an einer Säule erdrosselt und dann verbrannt. Dazu kommen noch hingerichtete Kinder.[154]

Noch 1754 und 1756 werden in Landshut die dreizehnjährige Veronika Zerritschin »eine Bortenmacherstochter« und Maria Kloßnerin als Hexen verbrannt.[155]

Verschiedene Fälle

1633 ist Eila, Johann Rohleders Hausfrau aus Willersdorf im Amt Frankenberg wegen Zauberei angeklagt und gefänglich eingezogen worden. Sie wird von ihrem siebenjährigen Pflegekind, Junghans von Angershausen, angeklagt. **Sie habe Gott und Christus abgesagt und ihm das Zaubern gelernt.** Der Verteidiger setzt sich für die Mutter ein »...der Junge, den sie großgezogen, habe sie nur aus Undank angeschwärzt und sich somit schwer gegen sie versündigt«. Der Junge bleibt bei seinen Behauptungen und setzt hinzu »...sie sei doch eine Zauberin, und wenn er groß sei, so würde er sie totschlagen«. Nun wird die Verfolgung eingeleitet. Die Mutter wird in Gießen verhört und gefoltert. Sie gesteht und widerruft. Am 2. Dezember 1633 wird das Todesurteil bestätigt. Sie wird mit dem Schwert hingerichtet und dann verbrannt.

1629 wird in Marburg ein Prozeß gegen ein siebenjähriges Mädchen, Gertrud Bruel aus Ketzerbach geführt. Es hatte sich beim Spielen anderen Mädchen gegenüber verdächtig geäußert. »...sie könne zaubern, habe es von ihrer Ellermutter gelernt. Seht, so macht man Wetter, damit hob sie die Röcke in die Höhe«. Da das Mädchen noch sehr jung ist, kann man aus seinen Reden kein »Indizium« entnehmen. Dagegen wird ihre Großmutter verbrannt.

1656 behauptet der vierzehnjährige Stiefsohn des Seilers Weber, Johann Karl Rieß...daß nach dem Baden, als er sich ankleiden wollte, eine große Kröte auf ihn zugekommen sei und ihn so angesehen habe, daß er drei Tage vor Schreck krank gewesen sei und im Bett gelegen habe. Ein Mädchen will in einem Laib Brot eine lebendige Raupe gefunden haben.

1656 verbreitet ein fünfjähriges Mädchen, die Tochter des Konrad Kreling in Franken (Amt Frankenberg) das Gerücht, Adam Röhlings Hausfrau habe sie die Zauberkunst gelehrt. »Die Frau habe es in ihr Haus gerufen und ihm dort ein Gebet gelehrt. Währenddem sei ein schwarzer Mann gekommen, der sich ans Feuer gestellt habe. Es habe ihm die Hand reichen müssen, und als er es gefragt habe, ob es sein eigen werden wolle, habe es mit Ja geantwortet«.

Eine achtzigjährige, blödsinnige und gelähmte Frau, die getragen werden muß, stirbt im Gefängnis. Ihr sechs Jahre alter Enkel »war bei der Hexenmusik gestanden und hatte mitgeholfen...sie seien in den Himmel geritten auf Kätzchen...und zeigt an einem Hund, der gerade zugegen, wie er das Kätzchen bestiegen«. Im Himmel haben sie von unserem lieben Herrn, einem weisen Mann, zu essen, aber auch Ohrfeigen bekommen. Die Großmutter war in diesem Fall dem Nachrichter durch den vorherigen Tod entgangen. Nun verbrennt man ihre Tochter, die Mutter des Kindes. Sie habe in Stuttgart an den Metzger Hans Georg Kempter ein Schwein verkauft. Am nächsten Tag bekommt dessen Kind Scharlach oder Masern (?). Das führt zur Klage und Verurteilung.

Das Mäuse- und Häschenmachen

Elias Camerarius berichtet: »...ein Mägdlein wurde von ihrer eigenen Mutter zur Hexerey verführt und im Beisein des Richters und vieler anderer Leute eine große Menge Mäuse in der Richer-Stube gemacht, nachdem sie sich durch einen Stecken-Knecht eine Handvoll lindene Blätter bringen lassen, und solche auf die Erde geworfen. Endlich auch freiwillig gestanden, daß sie mit ihrer Mutter eben dies Jahr da draußen auf dem Feld so viele Mäuse gemacht, daß sie alles Korn hinweg gefressen. Aus solchen Blättern können, weil sie eine sonderliche Feuchtigkeit in sich haben, nach langwieriger putrefaction, wohl Mäuse gemacht werden, aber in einem solchen Augenblick, und allezeit, auch vor dergleichen Leuten, als Weibern, Kindern, ist nimmermehr möglich...noch zu glauben...weil es aber dennoch geschieht...so muß es nothwendig durch unsichtbare Hilff deß Teufels geschehen«. Camerarius schreibt dies zu Beginn des 18. Jhdts. Der Fall soll sich in seiner Gegenwart in Polen abgespielt haben.

In Köln werden in den Jahren 1635 und 1638 achtjährige Buben, die Häschen und Mäuschen machen können, vor Gericht gestellt. Der eine sagt »...daß er das Mäusemachen von seiner Mutter erlernt habe; er reibe Rosinenkraut, werfe dies auf die Erde und wenn er »Fock, Fock« rufe, sprüngen sofort drei Mäuse über den Boden«.[156] Nach den Kölner Hexenprozessen behauptet ein achtjähriges Mädchen von Ahrweiler, dessen Eltern und Brüder als Hexen verbrannt worden sind »...es habe von seiner Mutter das Hexen gelernt. Es könne auch Hasen machen; es werfe ein Fell in die Höhe und rufe: »Nun lauf in Teufels Namen«. 1645 schwindelt ein zwölfjähriger Junge allerhand von Hexen und Hasenmachen vor. Es stellt sich heraus, daß er ein Landstreicher und Einbrecher ist. Deshalb wird er am 18. Dezember 1647 zu Melaten mit dem Schwert hingerichtet.[157]

Erst im Jahre 1708 findet sich ein weiterer Beitrag zu den Hexenprozessen in Frankfurt. Ein junger Mann, Heinrich Keyser, ein Schuhmacherjunge aus Hanau, wird der Hexerei bezichtigt. »Er habe einmal den Johann Walter, einen Schneiderlehrling aus Windecken kennengelernt. Einmal habe der Heinrich nun den Johann Walter vorn am Rock an der Brust angehalten und ihn gefragt, wohin er wolle. Worauf sich zugetragen, daß derselbe einen Schaden an der Brust davongetragen. Die Frau des Nachrichters habe ihm dann gesagt, dies wäre ein Hexengriff gewesen«.

In Calw (Württemberg) kommt es ebenfalls zu Selbstanzeigen von Kindern. 1673 erzählen Kinder von sieben bis zehn Jahre, daß sie bei Nacht auf Gabeln, Böcken, Katzen und dergleichen zu den Hexenversammlungen entführt werden.

In der Landgrafschaft Homburg-Bingenheim beginnen die Prozesse 1652. Am 15. Mai wird in Gegenwart des Fürsten, zweier Juristen und des Pfarrers der Prozeß gegen Johann Wildeisen's Frau, genannt »Schmeck-Anna«, eine 90jährige Gänsehirtin, eröffnet...»Ist von drei Mädchen und dem Saububen als Hexe angezeigt und habe sie selbst in der Zauberei unterrichtet.« Die Julchen gibt an: »...eine Frau Ban-

Werwölfe und Hexen im Fürstentum Jülich (1591). Titelkopf eines Augsburger Flugblattes. Die Vorstellungen des reißenden Wolfes sind in einzelnen Phasen dargestellt. In der Bildmitte werden Hexen auf dem Scheiterhaufen verbrannt.

ner habe aus dem Umgang mit dem Satan ein häßliches Kind mit Hörnern geboren und habe es dem Teufel gegeben mit den Worten: »Herr Herrgott, mein Engelein, da hast Du mein Kind, mach mit, was Du willst«. Man habe es zerschnitten und im Mist begraben. Der Sauhirtenbub Konrad Pfeifer zu Bingenheim hat 27 Personen aus dieser Gemeinde, auch Echzell, wegen Hexerei bezichtigt. In diesem Zusammenhang wird noch einmal das Mückenmachen erwähnt.

»Sie nahm Gerste, Aehre und Haferspreu; der Teufel blies mit seinem Odem darüber; dann nahm sie diese und trug sie hinaus, wo sie fliegen gelassen wurden. Beim Raupenmachen nahm sie Weidenblätter, wikkelte sie zusammen, der Teufel blies darüber und es waren Raupen«.

Prozesse gegen Geistesschwache, Irrsinnige, Verbrecher und Randgruppen

Die große Zeit der Hexenprozesse, etwa von 1530—1700 differenziert bei den allgemein harten Strafen nicht immer nach Kriminal- oder Hexenprozessen. Es wird zumindest in der Hexenliteratur alles in einen Topf geworfen. Das hat verschiedene Gründe: einerseits ist der Stand der Rechtswissenschaft nicht ausgebildet, die heute wichtigen Bereiche der Psychologie und des sozialen Zusammenlebens, auch der hygienischen Zustände, die vielen Kriege, die Ränkespiele um den Glauben, der allgemein verbreitete Dämonenglaube, das Unvermögen der Ärzte führen dazu, daß Personen verurteilt und als »Hexen« hingerichtet worden sind, die auch nach der damaligen Rechtsauffassung keine waren. Damit meine ich Selbstanzeigen von Melancholikern, ein Großteil der Denunzianten und vor allem die Landstreicher und Verbrecher, Diebe und Mörder. Das zeigt sich gut am Bild der Hexenverfolgungen in Frankfurt am Main. Der Rat geht außerordentlich streng gegen Verbrecher vor, aber die der Hexerei Beschuldigten, Wahrsager und Geisterbanner werden aus der Stadt gewiesen.

Es kommt vor, daß man Schlächtereien gegen Menschen vollzieht, die unter einer vollständigen Unzurechnungsfähigkeit gehandelt haben, die in eine Versorgungsanstalt, nicht aber auf den Scheiterhaufen gehörten. Auf der anderen Seite kommt es vor, daß Personen, die nicht vollständig überwiesen werden können, in das Narrenstüble, Zucht- oder Warzen-

Urban (us) Grandier. Er wird vor allem von der Nonne Jeanne des Anges, der Oberin des Klosters von Loudun der Hexerei wegen angeklagt. Er soll einzelne Nonnen zur Hexerei verführt haben und wird als Opfer einer Intrige hingerichtet.

häusle (Esslingen) gebracht wurden. Dazu gehören auch Fälle, wo Eltern freiwillig gegen die Kinder aussagen.

Glücklicherweise haben sich aus der Zeit von 1589—1628 Unterlagen aus dem Archiv des Würzburger Juliusspitales aufgefundener Aufnahmebücher erhalten. Sie werfen ein bezeichnendes Bild auf mein Thema. Da kommen folgende Bezeichnungen vor:

»Ein unbesonnenes und sinnloses Weib«, »unbesonnen und besessen«, »besessen und durch Reverendum patrem Gerhardum exorciert«, »ein Besessener mit einem bösen Feind«, »mit Zauberei behaftet«, »ein Sinnloser mit lichten Zwischenzeiten, welcher drei Tage zuvor sein Weib mit vier Stichen umgebracht«.[158]

Die damaligen Ärzte suchen vielfach in Dämonen, Zauberei, Besessenheit und ähnlichen mystischen Dingen die Ursache der Geisteskrankheiten. Da dürfen wir **nicht vergessen, daß über allem das Damoklesschwert des allgemeinen Dämonismus schwebt, den die katholische Kirche zwar nicht erfunden, aber übernommen, modifiziert und verbreitet hat.**

Die Irrenpflege ist unterentwickelt. Aus Notizen ist zu ersehen, daß man die Geisteskranken teils an den Toren der Stadt in sog. »Dorenkästen« oder »Tollkoben« gesteckt hat. Solche gab es teilweise in den Kellern der Büttel, die unter der Aufsicht der Fronboten, Büttel und Marktmeister stehen.[159]

Am deutlichsten wird das schreckliche Bild, wenn man den Stand der psychiatrischen Praxis in Deutschland **noch im 19. Jhdt.** betrachtet:

»Wir sperren diese unglücklichen Geschöpfe gleich Verbrechern in Tollkoben, ausgestorbene Gefängnisse, neben den Schlupflöchern der Eulen, in öde Klüfte über den Stadttoren oder in die feuchten Kellergeschosse der Zuchthäuser ein, wohin nie ein mitleidiger Blick des Menschenfreundes dringt, und lassen sie daselbst, angeschmiedet an Ketten, in ihrem eigenen Unrat verfaulen. Ihre Fesseln haben ihr Fleisch bis auf die Knochen aufgerieben, und ihre hohlen und bleichen Gesichter harren des nahen Grabes, das ihren Jammer und unsere Schande bedeckt.[160] Es sind Fälle vorgekommen, wo man die Irren gleich Tieren in einem Zoo besichtigen läßt.

Bei der Irrenpflege befolgt man lange die Vorschläge des seinerzeit »hochberühmten Professors Felix Plater« (16.—17. Jhdt.), der neben milden Mitteln auch Drohungen, Scheltreden, Ausreißen der Haare, Anhängen von Ketten und Schläge empfiehlt. Die Spitze des Schreckens, damals zu den Irren gezählt zu werden, äußert sich aber in den Behandlungsmethoden.

Die Würgbirne verhindert nicht nur das Schreien der zum Tod gequälten Hexen auf dem Scheiterhaufen, sondern auch das mancher sog. oder tatsächlicher Irren in einer Zuchtanstalt. Dann ist erwiesen, daß man sog. Hexen offensichtlich Geisteskranken zur Aufbewahrung übergibt und dadurch ihr Leid vergrößert. Zudem ist es eine Frage, ob es nicht früher genauso viel Irre wie heute gegeben hat. Zugegeben: die Behandlungsmethoden sind besser, aber wir sind auch weit mehr. **Auffallend ist zudem, daß man die Besessenen zu den Geisteskranken zählt.**

Es scheint, daß sich die Folterqualen von der Verfolgung der Hexen teilweise auf die sog. »Irrenpflege« verlagert haben. Dies bestätigt ein Blick auf deren Marterinstrumente und deren Behandlungsmethoden. Dazu zählten:

Zwangsjacke, Zwangsmuff, Mundbirne, Gesichtsmaske, Zwangsstehen, Zwangssarg, Zwangsstuhl, Zwangsbett, Zwangskorb, Drehmaschinen und Drehstühle, hohle Räder, Sturz- und Spritzbäder, Tauchbäder. Dazu kommt die Anwendung chemischer Mittel:

Brechweinsteine und Ekelkuren. Äußere Anwendung des Brechweinsteins, Einreiben der Kopfhaut (Verwendung von Calomel), ein abführendes Quecksilbersalz, Spanische Fliegen, Fliegenpulver, Tollkirsche, Bittermandel, Gottesgnadenkraut, Nießwurz

Zwangsstehen in einer deutschen Irrenanstalt des 19. Jht. Mit dem Gesicht zur Wand werden die Beine zusammengeschlossen und die ausgestreckten Arme über Seile an Wandhaken befestigt. Das gleiche betrifft den Oberkörper, der sein Zusammenfallen verhindert.

und Opium, blasenziehende Pflaster, Verwendung lebender Ameisen (Ameisensäure), Peitschen mit Brennesseln, Krätzmilben, Brennen mit glühenden Eisen (zu gleicher Zeit an Scheitel und Fußsohlen), Blutentziehung durch übermäßigen Aderlaß. Hunger- und Durstkuren. Den Bädern wurde Salz und Senfpulver zugesetzt, damit der Juckreiz auf die Haut erhöht wird.[161]

Denkt man da nicht im Unterbewußtsein an die bestialischen Versuche an Menschen, die deutsche Ärzte noch vor einer Generation in den KZ's durchgeführt haben. Sie sind noch schlimmer als die Schrecken der Hexenverfolgungen und die Behandlung der Irren in früherer Zeit. Sie sind bewußt und gewollt. Immer wieder zeigt sich die Bandbreite des menschlichen Handelns. Sie reicht von vereinzelten Fällen rührender Liebe, starken Mutes und inniger Zuneigung zu den absolut niedrigsten Trieben und Gehässigkeiten. Wer sich mit diesen Dingen beschäftigt, kommt zu der Auffassung, daß das Schlechte im Menschen überwiegt.

Nicht aber auf eine Art und Weise, wie sie die römisch-katholische Kirche vertritt und vermarktet. **Sie behauptet seit fast 2000 Jahren das Vorhandensein** von Dämonen, teilweise als symbolisch Gute (das sind die Engel), vor allem aber als symbolisch Schlechte, (das sind die Teufel), ohne dafür auch nur einen schlüssigen Beweis antreten zu können. Durch das Injizieren dieser falschen philosophischen Gedanken auf eine breite unverständige Masse, durch das systematische Ausbauen einer herrschsüchtigen Theokratie, eines Kirchenstaates, wurde einerseits ungemein die Kultur gefördert. Aber die negative Seite ist, daß dies »unter Zulassung Gottes« auf Kosten millionenfacher Opfer geschieht.

Ich denke da an die großen Religionskriege, an die Kreuzzüge und an den 30jährigen Krieg inmitten des Hexentobens, an die zahllosen Opfer angeblicher Ketzerei und Inquisition, an die Tausende, die unter christlicher Obhut verbrannt oder in Irrenhäuser gesteckt werden, an denen man angebliche Dämonen auszutreiben sucht und die darunter sterben, an den ganzen Unsinn und theokratischen Kult, mit der die katholische Kirche auch noch heute das Banner des Teufelsglaubens hochhält: Ohne Teufel keine Hexen, ohne Teufel keine von der Kirche unter dem Deckmantel der Nächstenliebe sanktionierten offensichtlichen Morde, die ein Fachmann auf etwa 20 Millionen berechnet hat.

Der Mensch ist auch so schlecht genug, es sollte ihm nicht immer und immer wieder vorgegaukelt werden, daß es Dämonen und Teufel gibt, die sich seiner bemächtigen können. Sicher war es richtig, wenn die Ärzte früherer Zeit die sog. »Besessenen« den Geisteskranken zuordneten. Hier fällt einem wieder das Wort Goethes ein: »Es ist noch viel Dummes im Glauben der Kirche, aber sie will eben herrschen...ein Mischmasch von Irrtum und Gewalt«.

Ich bringe nun einzelne Fälle, die eindeutig auf eine gestörte Geisteshaltung zurückzuführen und ebenso eindeutig aus der Zahl der sog. »Hexenprozesse« auszuscheiden sind.

Christina Plum[162]

Die 24jährige Christina Plum ist die Tochter eines Gürtelmachergafferboten aus Köln. Sie leidet unter Wahnvorstellungen und lebt außerdem in einem zweifelhaften Ruf. Ihre nervösen Leiden führt sie auf teuflische Besessenheit zurück bzw. auf Quälereien einiger Hexen, die sie angeblich zu einem Pakt mit dem Teufel verführen wollen.

Bei verschiedenen Geistlichen gibt sie sich selbst als Hexe an und bekennt, nach der Verführung durch Catharina Henot Gott abgesagt und ein Bündnis mit dem Teufel geschlossen zu haben. Sie ist offensichtlich geistesschwach, denn sie bittet um die Todesstrafe, die sie als Erlösung ansieht. Am 27. und am 29.

April 1629 wird sie von den beiden Stimmeistern und den Syndici verhört. Sie bekennt, das Hexen von der Henot gelernt zu haben. Sie wäre ihr auch ein halbes Jahr nach ihrem Tod erschienen und habe sie mit auf den Hexentanz genommen. Christina Plum denunziert auf die Fragen der Stimmeister, wen sie denn noch beim Hexentanz gesehen habe, bereitwillig zehn Personen, zum Teil bekannte und angesehene Kölner Bürger. Zwei Priester halten ihre Aussagen für wahrheitsgemäß und haben insbesondere gegen die von ihr gegebene Beschreibung des Hexenwesens keine Bedenken. Dann denunziert sie weitere Personen. Der Rat ordnet ihre Inhaftierung auf dem Gereonsturm an. Am 26. Mai 1629 wird sie dem Hohen Gericht zur Aburteilung übergeben.

Kurz danach wird sie gegen bestimmte Auflagen vorläufig aus der Haft entlassen. Es wird ihr ausdrücklich untersagt, die Namen der von ihr denunzierten Personen bekanntzugeben. Sie richtet sich nicht danach und teilt die Angeklagten mehreren, vom erzbischöflichen Vikarius und Spiritualibus, vom Dechanten Glimbach und einem Schöffen des Hochgerichtes mit ihr vorgenommenen Verhören die Namen mit. Weil sie einmal ausgesagt hat: »...auf dem Hexentanz einen Jesuiten getroffen zu haben...so gelb von bardt und vollig von angesicht gewesen, der sie gequält habe und unzucht mit ihr treiben wollen«, beauftragt sie Glimbach, in den Kirchen an den Beichtstühlen vorbeizugehen und den Betreffenden zu suchen.[163]

Am 10. 12. 1639 entschließt sich der Rat zu einem in der Hexenverfolgung wohl einmaligen Schritt. »Derweil die behafte Christina Plum so vill ehrlicher Leuth besagt und diffamirt hat, derer Ehr und gueter nahm Leuth dadurch merklich interessiert und ladiert worden«, wird beschlossen, jedem Betroffenen die Denunziation »zu einer defension und expurgation« mitzuteilen. Der Turmschreiber erhält den Auftrag, Abschriften der Vernehmungsprotokolle anzufertigen und sie den denunzierten Personen zu bringen.

Unter den der Zauberei Beklagten befinden sich der Domherr Hartger Henot und zwei seiner Schwestern, der städtische Syndikus Dr. Wissius, ein Dr. Spiegel und die Frau des Bürgermeisters Hardenrath neben einigen nicht näher genannten. Ennen nennt noch den Domherr Fürst Franz von Lothringen, den Weihbischof Otto Gereon von Gutmann, die Frau des Bürgermeisters Lyskirchen und den Erzbischof Ferdinand von Bayern, gibt hierfür aber keine Quelle an.

Jetzt wird sie wieder eingefangen und zum Cunibertsturm gebracht. Sie wird streng von Soldaten bewacht. Nicht einmal der Beichtvater wird zu ihr gelassen. Nun erreicht die allgemeine Erregung um die Jahreswende 1629/30 den Höhepunkt. Am 11. Januar wird im Rat vorgetragen, nach Aussage der Plum hätten sich mehrere Hexen zu einem Bündnis verschlossen, um Unschuldige zu denunzieren und auf diese Weise die Justiz zu behindern. Zwei von der Plum benannte Frauen werden sofort verhaftet. Neue Nahrung erhält dieses Gerücht durch ein **»von einem Praelaten« verfaßtes Flugblatt**, das anonym erscheint und in der ganzen Stadt Schrecken verbreitet. **Diese Klageschrift bringt zum Ausdruck, daß Köln voller Hexen sei und daß diese Sekte der Stadt ihren alten, heiligen Charakter raube. Der Rat unternimmt aber nicht die geringsten Anstrengungen, diese Laster auszurotten, so daß die Teufel und Hexen ungestraft ihr Unwesen treiben können.**

Sofort läßt der Rat alle Druckpressen zerstören und alle verfügbaren Exemplare beschlagnahmen und öffentlich verbrennen. Der weitere Verkauf des Flugblattes wird bei schweren Strafen untersagt. **Als Autor dieses »famosen scriptum« wird schließlich der Dechant Glimbach ermittelt, also einer ihrer Beichtväter.** Er muß seine Lamentatio auf Begehren des Rates widerrufen. Sie verweigert in der Haft einige Tage die Nahrung, wodurch sie, wie man im Rat berichtet, »in Lebensgefahr geraten sei und sich zur Tortur desto unbequemer mache«. Der Greve verbietet mehrfach dem Scharfrichter und seinen Gehilfen die Mitwirkung bei den von den Schöffen in seiner Abwesenheit vorgenommenen peinlichen Verhören und verzögert dadurch den Fortgang des Prozesses. **Deshalb werden mit der Einwilligung des Erzbischofs Geistliche zu den Folterungen herangezogen, die die vom Teufel bereiteten Hindernisse (teuflische Obstacula) beseitigen sollten.**

Wegen vieler Schwierigkeiten und der Uneinigkeit des Gerichtes gibt der Kurfürst am 28. Dezember die Anweisung, das Verfahren vorerst ruhen zu lassen, bis man weitere Vereinbarungen mit dem Rat getroffen hat. Schließlich kann das Verfahren abgeschlossen werden.

Urteilsspruch

Das Urteil wird am 16. Januar 1630 auf dem Domhof öffentlich verlesen und lautet:

»Inn Peinlicher Haltzgerichts Sachen Christinen Plum behafftinnen, wirdt in erwägung bey dieser Sachen vurgelauffener Gerichtlicher Handtlungen ablegte bekendtnuß vor wahrhaffte erfind- und erfahrungen der bekenter mißthaten endlich zu recht erkandt, daß gedachte fur gericht gestelte Malefiz Persohn **wegen gestandener absagung Gottes Almechtigen und seiner lieber Heiliger, underschiedlichen mißbrauch und verunehrung deß hochwurdigsten heiligen Sacraments deß Althars, Vermischung mitt dem leidigen Sathan, Gottes lesterlichen und der**
gantzer **Catholischer Religion nachtheilige und sehr** verkleinerliche verknupff- und verbindung wegen der falschen Miraculß mitt dem Creutz zo St. Claren, uf den Zauber Dentzen mitt Ihren mittgenoßen eingegangen beliebt, und ihrer seiths inß werk gerichte **Teufflische ConsPiration, daß zugleich schuldige und unschuldige hohes und niederen Geist- und welthlichen standts Personen besagen soll, damit also daß abschewliche laster der Zauberey ungestrafft verpleiben mochte.** Bey den Geistlichen under dem schein poenitates verubten betrugs und Sacrilegij gestalt dieselbe uneracht Ihre schein beicht, dennoch den Teufflischen bey Kumbsten beygewohnt **und mit dem Teuffel Ihrem boelen in carceribus und sunsten fur und nach sich vermischt, unzuchtig und unehrlich leben, und mitt allerhandt Standts Persohnen begangene Hurerey,** Ahn Menschen und fruchten verubte Zauberey, teufflische schelmische außgegoßne Calumnien pilligs uf ein Schleidt gesetzt offentlich durch die vornembste straßen dieser Statt Collen geschleift und ahn sicheren ortheren mitt gloenden zangen gespitzt, darnagen Zum Galgenberg gefuhrt und mitt dem fuer vom Leben Zum thott Ihro Zu gebuerender straff, anderen aber Zum abschewlichen Exempell verurtheilt und hingericht werden mogte. Weilen uns aber durch die Geistliche glaublicher bericht Zu Kommen, daß die behafftin so viell eußerlich Zuvernehmen bußpfertig und poenitent und Ihre begangene sunden hertzlich bereuwen und beweinen thette, so wirtt in erwägung solcher Constrition, Ihrer Jugendt und hochstbeklagter verfuhrung uf vurgehenden offentlichen wiederruff der unschuldig besagten Persohnen Jetz gehorte geburliche und wolverdiente Staff rechtens, darin gemeßiget, daß gedachte behafftin mitt dem strang vom leben Zum thott hinZurichten, und der Thotter leib mitt dem fuer Zu Aschen Zuverbrennen seie, In maßen wir Greve und Scheffen dieses Churfurstlichen weltlichen hohen Gerichtes Inn Collen, Sie darzu verurtheilen und verdammen.

Diese Sentenzt ist uff Mittwoch dem Sechzehenden Januarij Ihm Jahr Thausent Sechs hundert und dreißig publice in einem uf dem Thumbhoff durch die Soldaten gemachten und geschlagenem Creiß darinnen der wagenn mit der benenter Malefic Persohnen durch underschriebenen vurgemelten Churfurstlichen weltlichen hohen Gerichts Secretarium abgelesen, und folgents Exequiert worden. Theodorus Hulßmann«.

Am 15. Mai 1632 werden die gesamten mit dem Prozeß der Christina Plum im Zusammenhang stehenden Akten in einer eisernen Kiste, die mit einer Kette an der Wand befestigt wird, im Beisein der Schöffen und zweier Deputierter des Rats im Schöffenschrein niedergelegt.

Darstellung einer öffentlichen Hinrichtung in Frankreich. Die Verurteilten werden teilweise von einer Mauer herabgestürzt. Abgeschlagene Köpfe werden »gespießt«.

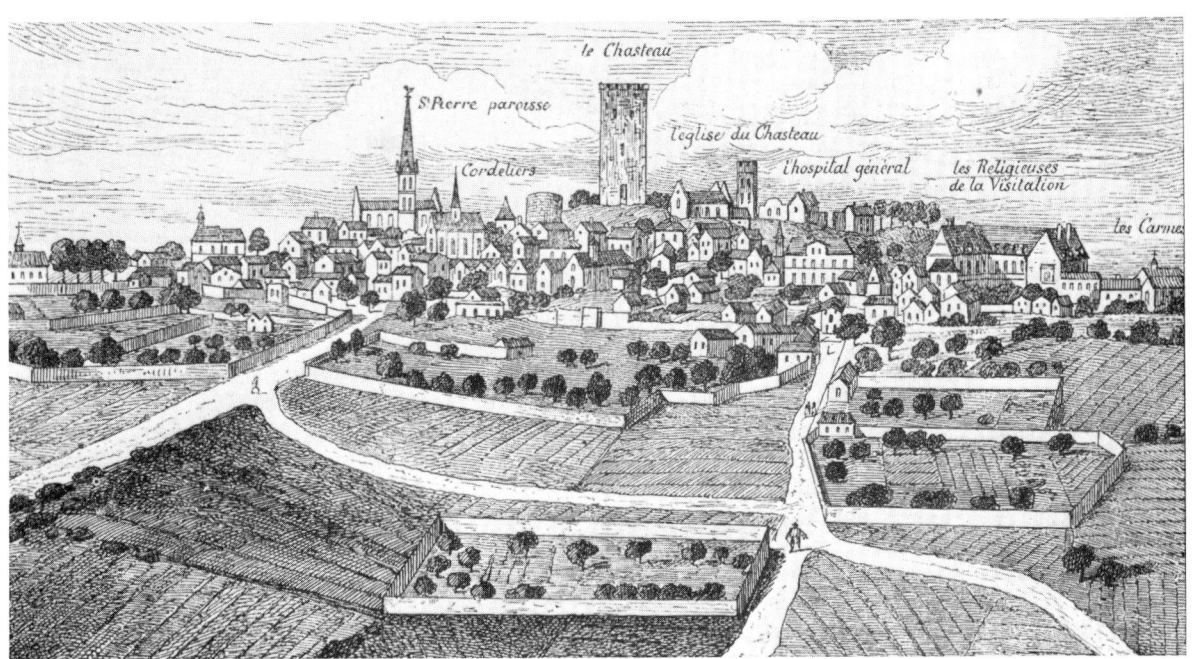

Loudun, in der Nähe von Potiers. Hier spielt der Prozeß gegen die verhexten Nonnen und gegen den Priester Urban Grandier.

Sybilla Wilhelmstein, Enn Lennartz

Christina Plum denunziert u.a. die Hebamme, die Witwe Sibylla Wilhelmstein. Sie kommt trotz eines untadeligen Rufes in das Geschrei. An der Verbreitung des Gerüchtes beteiligt sich der Jesuit P. Bolte (Bolden), indem er sagt, »sie sei eine Zauberin«. Die Hebamme wird in den Turm gesetzt. Am 12. Januar 1629 bezeugen 25 Bürger die treuen Dienstleistungen der Sybilla in ihren Familien. Dann beschuldigt eine Besessene, Mechthild von Bremenbroch, in einem Verhör vom 9. März 1629 die »Biele, Hebahm« der Hexerei. Bereits am 12. Mai wird sie den Schöffen zum rechtlichen Urteil übergeben und am 31. Mai zur Strangulation und Verbrennung verurteilt.

Die letzte Hexenverbrennung in Köln ist wahrscheinlich die von 1655. Das Opfer ist ein zwölfjähriges Mädchen, Enn Lennartz. Sie liegt bereits seit 1653 in Haft, weil die Schöffen nicht vor Vollendung ihres 12. Jahres über sie zu Gericht sitzen wollen. Dem Mädchen wird zu Last gelegt, mehrfach mit dem Teufel auf dem Hexentanz gewesen zu sein und Gott und allen Heiligen abgeschworen zu haben. Das Mädchen wird unter dem unnachgiebigen Maximilian Heinrich, dem Nachfolger des Erzbischofs Ferdinand von Bayern, am 18. Februar 1655 verbrannt.

Prozeß gegen Anna Käserin[164]

Der Prozeß gegen Christina Plum ist ein offensichtlicher Justizmord, zurückzuführen auf die Verblendung der Zeit. Sie wäre sicher in einer Besserungsanstalt besser untergebracht worden. Der Fall Anna Käserin ist ein typischer Verleumdungsprozeß. Er spielt zur gleichen Zeit wie der Kölner. Möglicherweise leidet Anna Käserin an Schwermut.

Hans Georg Käserin betreibt eine Wirtschaft in Eichstätt. Er gibt sie auf und siedelt mit seiner Frau um. Daraufhin wird seine Frau verhaftet und nach Neuburg a.d.D. gebracht. Die ähnlich lautenden Verleumdungen rühren möglicherweise daher, da sie als Wirtin über einen erheblichen Bekanntheitsgrad verfügt. Sie wird folgendermaßen denunziert:

- Anna Hellmayrin; **verbrannt am 10. Oktober,** sagt: »Ich habe Hans Georg Käsers Weib zweimal auf der Linswiese bei den Unholden tanzen sehen ...sie ist in einem bläulichen Rock aufgezogen«.
- Adam Ringer; **verbrannt am 17. Februar 1624,** sagt: »Ich habe die Käserin vor zwei Jahren auf der Schottwiese bei teuflischen Zusammenkünften gesehen, wie sie mit einem bösen Geist getanzt und gesprungen...sie ist in einem Pelz aufgezogen«.
- Eva, die Frau des Apothekers Kaspar; **eingezogen am 23. März 1624,** sagt: »Ich habe die Käserin

zweimal bei der Linswiese gesehen...sie zog in schwarzen Kleidern auf«.
- Maria Rottingerin; **verbrannt am 3. August 1624,** sagt: »Ich habe die Käserin vor drei Jahren auf der Schott- und der Linswiese gesehen...sie ist stattlich gekleidet gewesen«.
- Margaretha Pittelmayrin, Stadtschreiberin von Eichstätt; **verbrannt am 20. November 1626,** sagt: »Ich habe die Käserin schon 1619 und vor sieben Jahren auf der Schottwiese und der »Schießhütte«, dann vor 16 Wochen bei dem teuflichen Konvent auf dem Kugelberg gesehen...sie ist bald in einem grünen, bald in einem weiß und schwarz zerstochenem, oder in einem haarfarbigen Kleide und bald in einer hochweißfehenem (?), bald in einer Erzhaube oder in einem Hute aufgezogen«.
- Walburga Schmidin; **verbrannt am 10. Dezember 1626,** sagt: »Ich habe die Käserin vor etlichen Jahren auf der Schottwiese bei teuflischen Mahlzeiten gesehen...sie ist in allem lustig und wacker in Kleidern gewesen«.
- Margaretha Yelin; **verbrannt am 19. Dezember 1626,** sagt: »Ich habe die Käserin vor etlichen Jahren auf teuflischen Tänzen und Zusammenkünften gesehen...sie ist bald in schwarzen, bald in gefärbten Röcken aufgezogen«.
- Barbara Widmännin, Bäckerin und Wirtin in der Pfahlergasse von Eichstätt (?); **verbrannt am 6. März 1627,** sagt: »Ich habe die Käserin fünfmal, das erstemal vor 5 Jahren bei teuflischen Mahlzeiten gesehen...sie zog in einem stattlichen und leibfarbigen Borten verbrämten Rock auf«.
- Barbara Kärberin; **verbrannt am 20. August 1627,** sagt: »Ich habe die Käserin das erstemal vor 5 Jahren auf der Schottwiese, hernach auf der Linswiese, dem Galgen- und Petersberg, und zum letztenmal auf der Barthelswaag bei teuflischen Mahlzeiten gesehen...sie ist in einem grünen Rock aufgezogen«.
- Lorenz Bonschab; **hingerichtet am 16. Dezember 1627,** sagt: »Ich habe die Käserin gar oft auf der Linswiese bei teuflischen Zusammenkünften gesehen...sie ist einmal schwarz, einmal grün aufgezogen«.
- Apolonia Schiffelholzin; **eingezogen am 18. März 1626,** sagt: »Ich habe die Käserin vor einem Jahr auf der Schießhütte gesehen. Sie kam auf einem schönen, weißgefegten Ofengablein daher gefahren, in einem schönen grünen Rock und hoch fehender Haube«.
- Maria Strobelin; **noch gefangen,** sagt: »Ich habe die Käserin zweimal gesehen. Sie ist damals mit einem mit drei silbernen Schnüren und spitzweise verbrämten, purpurfarbenem Rock, schwarzem Leib mit gelb- und blaublumigen Ärmeln und hohen Kragen, breitem Hut und goldenen Ringen an der rechten Hand aufgezogen«.

Die Übereinstimmung der Aussagen stammt aber sicher nicht von einer vorherigen Absprache der meist schon Hingerichteten, sondern ergibt sich aus Suggestivfragen der Richter.

Auf Befehl des Pfalzgrafen wird ihr Haus in Rennertshofen untersucht. Sie wird an eine Kette gelegt »damit sie nicht auskomme« und ihrem Mann wird befohlen, ein Bett zu beschaffen. Er schreibt folgenden Brief:

»Ehrentugendsame, herzlicher Schatz! Weilen ich noch zu Neuburg und deiner Person halber ein Lieg- und Dekbett und ein Kissen begehrt wird, also bitte ich meinen Schatz, sie wölle mich mündlich wissen lassen, ob ich's alleine oder von Rennertshoven aus, von den Unsrigen verschaffen solle. Bitte von Gott, er wolle Dir Erkänntnis deiner Wissenheit geben. Bist Du O mein Schatz, schuldig, bekenn es, bist du unschuldig, hast du eine gnädige Obrigkeit derer wir, zuvordest Gottes und unsere kleine Kinder zu getrösten. Seye mit deiner und meiner Gedult dem Schutz Gottes befohlen. Neuburg, den 19. März 1629. Dein Getreuer weil ich leb, Georg Käser«.

Die Käserin leugnet in den ersten Verhören die ihr zu Last gelegten Untaten. Sie wäre kein Unhold und hätte sechs Kinder gehabt. Nun wird Meister Jacob der Scharfrichter nach Neuburg verschrieben und ihr bei Drohung der Tortur an die Seite gestellt. Am 27. März werden mehrere fürstliche Räte zur Prozeßführung verordnet. Am 21. März wird sie nochmal verhört. »Sie sei lediglich aus Haß und Neid angegeben worden«. Jetzt wird sie leer aufgezogen (d.h. ohne Anhängen von Gewichten an den Füßen). Man bringt sie zu folgendem Geständnis:

- Ich bin mit mehreren Weibern, die mit mir ausgefahren, fünf- oder sechsmal auf der Linswiese bei Eichstätt, der Schottwiese daselbst und der Schießhütte gewesen...was die Verbrannten von mir ausgesagt, ist alles wahr...mein Gäblein ist noch daheim in der Küche.
- Als ich noch etwas bezecht gewesen ist einer in meine Kammer gekommen. Demselben habe ich mich ergeben und mit ihm zu schaffen gehabt. Das ist zweimal geschehen.
- Dabei habe ich Gott und aller Kreatur abgesagt.
- Der Buhlteufel hat mir einen Griff gegeben und alsbald Blut floß, habe ich mich mit diesem verschrieben. Der Griff befindet sich an meinem rechten Fuß.
  (Der Scharfrichter bestätigt: »es ist ganz derselbe Griff, wie ihn auch andere Hexen hätten«).
- Sie habe vor zwei Jahren mit einer Salbe eine Kuh umgebracht, die mir die hingerichtete Bäckerin zu Eichstätt gegeben.
- Die Salbe habe ich an ein Stöcklein geschmiert und damit die Kuh ausgetrieben. Auch ein Schwein habe ich so umgebracht...die Salbe sehe schwärzlich aus.
- Wann ich ausfahren wollte, habe ich auch meinem Mann eine Salbe auf den Rücken gestrichen, damit er nicht erwache. Diese Salbe steht bei den anderen und ist schwarz.
- Ich habe die Salbe zum Ausfahren an die Spitze der Gabel geschmiert und alsbald begann die Ausfahrt. Etwas von dieser Salbe habe ich noch jetzt in meinem Kuhstall unter einem Troge (nun schickt man Dr. Holzfeld nach Rennertshofen, damit er nach der Salbe schaut. Er findet nichts).

Dann wird die Frau weiter verhört und gefoltert. Sie gesteht weiter:

- Sie habe mehrere Frauen und Männer bei den teuflischen Zusammenkünften angetroffen.
- Sie habe viele Stück Vieh umgebracht.

Jetzt verhört man ihren Mann. Er erklärt, »er könne die Wahrheit wohl sagen, daß seine Frau seit sieben Jahren nie oder sehr selten fröhlich gewesen. Sie habe immer gebetet, gefastet und geweint, oft so bitterlich, daß sie ihre Hände habe damit waschen können. Zu Eichstätt habe sie alle 14 Tage oder längstens alle vier Wochen gebeichtet und kommuniziert und dann gewöhnlich einen halben Tag in der Kirche zugebracht. Es seien ihm allerdings drei Stück Vieh verunglückt«.

Daraufhin wird seine Frau nochmals verhört und gefoltert. Sie gesteht:

- Sie habe ein Wetter gemacht.
- Einer Magd habe sie einmal eine Salbe an den linken Arm gestrichen; daran sei dieselbe erkrankt und vor einem halben Jahr gestorben.
- Auch habe sie eines ihrer Kinder mit einer Salbe umgebracht, die sie demselben an die linke Seite geschmiert.
- Dies habe sie dem Teufel versprochen, weil er sie dazu genötigt habe.
- Nebel und Hagel habe sie dreimal gemacht und zwar in derselben Weise wie das Wetter.
- (Der Teufel) habe bisweilen rechte Menschenhände, manchmal jedoch Klauen, hie und da auch Stiefel und Sporen an. Der linke Fuß ist ein Geißfuß.
- Ihr Teufel heiße Beelzebub auf dem Geißbock, er komme immer zu ihr. Ihr Buhlteufel habe grüne Augen und ein schwarzes Bärtlein. Manchmal sei er zum Küchenfenster, manchmal zum Schlot hinausgefahren, bisweilen auf einer Gabel, hie und da auf einem Bock.
- Er sei dann entweder vorne oder hinten gesessen und habe gestunken wie ein Bock. Er komme fast jede Nacht zu ihr;
- ...aber Mäuse habe sie nie gemacht...sie wäre vor dem Teufel gekniet und habe gesagt: »Du bist mein Herr und Gott«.

Zu allem Unglück sagt ihr Mann noch aus: »...seine Frau habe ihren eigenen Kot in eine Schüssel getan, Brot darein gebrockt und daselbe gegessen, aber alles darauf wieder von sich gegeben«. Sie gibt dies mit der Bemerkung zu: »Sie habe eben nur einen Brocken gegessen, um sich umzubringen«.

Am 13. Juni wird sie von zwei Geistlichen besucht und getröstet. Einer davon ist Jesuit. Dem erklärt sie ihre Unschuld. Alle ihre Geständnisse seien durch die Pein der Folter erpreßt. Auch alle anderen, die sie angegeben habe, wären unschuldig. Anna Käserin wird schließlich am 20. September 1629 »nach ausgestandener öffentlicher Prozeß, vor der Brücke von Neuburg enthauptet und ihr Körper beim Hochgericht zu Asche verbrannt, die Asche ins das Wasser geworfen.«[165]

Strafe des Hängens mit dem Kopf nach unten zwischen Hunden. Holzschnitt in Joh. Stumpffs Schweizerchronik.

Die Steingroberin

In Aldebrode, einem hannoverschen Dorf, lebt eine 47jährige offensichtlich geistesschwache, unverheiratete Frau namens Steingroberin. Ihre Mutter ist seit 24 Jahren blind, ihre Schwester ist an Auszehrung gestorben. Ihr Bruder hilft seinen heftigen Beängstigungen durch übermäßiges Arbeiten ab. Manche Leute im Dorf schreiben ihr bestimmte Vorkommnisse als »Hexe« zu. Einige halten sie für eine und bekreuzigen sich, wenn sie sie von ferne sehen. Schließlich behauptet sie selbst, eine Hexe zu sein und mit einem Teufel in Umgang zu stehen. »Sie habe ihre Mutter und ihre Schwester verhext, und erzählt, daß sie der Teufel gelehrt hat, alles zu vergiften, was sie nur starr ansehe. Die ersten Proben habe sie an ihrer Mutter und Schwester, ihrem Bruder und an der Kuhherde im Dorf gemacht«. Außerdem schreibt sie alle anderen Unfälle, die sich in dieser Gegend zutragen, ihrer Zauberkraft zu und warnt jedermann, sich vor ihrem Anblick zu hüten, weil sie auf Befehl des Teufels auch wider ihren Willen schaden müsse. Aus Furcht, schließlich das ganze Dorf zu verhexen, habe sie beschlossen, ihrem Leben ein Ende zu bereiten. Sie läuft weg und springt ins Wasser, wo man sie mühsam herausfischt. Ein Arzt läßt sie in Verwahrung nehmen. Er erkennt an ihrer bleichen Gesichtsfarbe, daß sie eine körperliche Krankheit hat und ihre Stimme verwirrt ist. Sie lehnt jede angebotene Arznei ab. »Ich, ruft sie immer, bin so gesund wie ein Fisch«. ...»den Teufel könnt ihr mit Medizin nicht vertreiben...wozu wolt ihr eine Hexe gesund machen. Ich habe den Tod verdient und will sterben, aber verbrennt mich nicht, sondern richtet mich mit dem Schwert. Ihr werdet sehen, wie gut es in der Welt sein wird, wenn ich tot bin«.

Allein der kluge Arzt sagt ihr, in Kürze werde der Scharfrichter kommen und ihren Hals befühlen, um zu sehen, ob er sie werde mit einem gewöhnlichen Schwert durchhauen können. Bei dieser Nachricht springt die Kranke freudig auf und bittet darum, für sie zu beten, weil sie selbst nicht beten darf. »Herr Scharfrichter, hier ist mein Kopf«. Den Arzt, den sie für den Scharfrichter hält, befühlt jetzt den Hals mit scheinbarer Geschäftigkeit und sagt dann, man könne ihn mit keinem Schwert durchschlagen, er sei durch das beständige Zaubern so hart wie Stahl geworden. Er muß zuerst einmal weich werden. Jetzt nimmt die Frau die Medizin ein, in der Hoffnung, einen geschmeidigen Hals zu bekommen. Nach vierzehn Tagen stellt sich der ruhige Schlaf wieder ein. Dazu kommen Lebenslust und Appetit. Schließlich vergißt sie die Zauberei, den Teufel und ihren Hals. Sie wird wieder gesund.[166]

Der irrsinnige Eisenbeis

In Eliasbrunn, einem Dorf in der Nähe von Lohenheim im Vogtland, lebt zu Beginn des 17. Jhts. Hans Eisenbeis, ein wohlhabender Gutsbesitzer, ein glücklicher Gatte und Vater, ein frommer christlicher Mann. Seinen Hausstand bilden die Frau, sechs Kinder, ein Knecht und eine Magd.

Am frühen Morgen des 28. April 1606 zeigt sich bei Eisenbeis eine auffällige Erregtheit, die sich immer weiter steigert und in Wahnsinn übergeht. Er stürzt

mit einer Axt in den Händen in das Wohnzimmer, wo sich sein zehnjähriger Sohn befindet. Diesem schlägt er mit der Axt so auf den Kopf, daß das Gehirn an die Wand spritzt. Dann geht er in die Kammer und erschlägt drei weitere Kinder (darunter einen Säugling). Dann erwürgt er das sechsjährige Töchterlein, das sich unter der Treppe versteckt hat. Dann stürzt er mit seiner blutigen Axt auf den Hof und erschlägt seinen zwölfjährigen Sohn. Nunmehr rennt der Wahnsinnige in den Garten und erschlägt seine hochschwangere dreißigjährige Frau und dann die achtzehnjährige Magd. Innerhalb von zehn Minuten bringt er bis auf den Knecht seine ganze Familie um.

Jetzt rennt er in den Wald, um dort den Knecht zu suchen. Er wird von nacheilenden Männern eingeholt und dem Gericht überliefert. Auf alle Fragen antwortet er mit einem stumpfsinnigen Lächeln. Er wird auf der Folter entsetzlich gemartert, sagt aber nur sinnloses Zeug. Dann geht es an seine (bestialische) Bestrafung.

Am 23. Mai wird er aus dem Turmverlies des Lohensteiner Schlosses geholt, auf einen Wagen geschmiedet und nach Eliasbrunn gebracht. Dann muß er eine mit einer Kuhhaut bedeckte Schleife besteigen, auf der man ihn nach seinem Gehöft fährt. An jeder Stelle, wo er einen Mord ausgeübt hat, reißt man ihm an der Brust und anderen Weichteilen, also achtmal, mit glühenden Zangen. Dann schleift man den vor Schmerz Brüllenden vor das Dorf auf die Richtstätte. Dort werden ihm die Hände abgehauen, die Schenkel mit dem Rad gebrochen, Herz und Eingeweide aus dem noch lebenden Körper gerissen und verbrannt.

Dann wird er vier Stücke gehackt und diese werden an verschiedenen Orten an den Landstraßen auf Pfähle gespießt. In seinem Garten errichtet man eine Säule mit dem bei der Hinrichtung benutztem Rad, auf dessen Nabe der Kopf des Delinquenten und seine Hände angenagelt werden. Am Tag nach der Exekution wird sein Haus eingeebnet und an dieser Stelle eine hohe steinerne Säule errichtet.[167]

Der Müllerknecht Weiß

Er wird 1665 wegen Blutschande in Untersuchung gezogen. Weil er alles abstreitet, wird er zur Folter geführt. An jeden seiner Füße wird ein zwei Zentner schwerer Stein gebunden. Mit dieser Belastung soll er in die Höhe gezogen werden. »Obwohl ihn der Meister aufziehn wollen, hat er doch die Stärke nicht gehabt und selbst davor gehalten, der Teufel halte die Steine, daß er nicht aufziehn könne, maßen er etlichmahl dergleichen Persohnen mit so großen Steinen wohl aufziehen können«. Am anderen Tag berichtet der Richter dem Rat: »Der Turmmeister sei schnaufend 7 Uhr früh zu ihm gekommen und habe referiert, der Müller sei schrecklich zugericht, man wisse nicht, ob er noch lebe oder tot sei«. Man findet in seinem Gefängnis Blutflecken auf dem Boden und an den Wänden. Er hat Wunden am Kopf und am linken Arm. **Der Richter und die Geistlichen besehen den Mann und glauben, an den Kopfwunden die Griffe von Klauen zu erkennen. Deshalb nehmen sie an »der Teufel habe den Mann gefaßt«.** Sie bedrängen den Halbtoten mit Fragen…**man nimmt ihm das Geständnis ab (!!!). Dann wird Weiß** wegen seiner Unzuchtsvergehen **enthauptet.**

Dies ist einer der vielen Parallelfälle zu den Hexenverfolgungen.

Frau von Sulzgries

Es handelt sich um eine melancholische Frau, die wiederholt Selbstmordversuche gemacht hat. Sie kommt in das Warzenhaus und man gibt ihr ihren Mann zur Beaufsichtigung. Auch hier unternimmt sie weitere Selbstmordversuche, während ihr Mann für kurze Zeit das Zimmer verlassen hat. Sie wird entlassen und erreicht hier (endlich) ihren Zweck, man findet sie erhängt an der Bühne. Da beschließt der geheime Rat (die Geheimen), daß man einer geisteskranken Frau den Selbstmord verzeihen muß. Sie solle nicht durch den Scharfrichter, sondern durch einen reinen Mann abgenommen und begraben werden. In den Gemeinden löst das ein Sturm der Entrüstung aus. Sie wollen sich ihren Kirchhof nicht entweihen lassen und lassen deshalb durch einen Prokurator eine Eingabe um Abänderung des Beschlusses überreichen. Schließlich widersetzt sich das Volk der Beerdigung auf dem Friedhof und der Rat muß nachgeben, aber nur deshalb, weil man das Abnehmen der Leiche niemand anders als den Folterknechten zumuten konnte!…Sie hing schon 6 Tage am Strick.

Anna Maria Schwägelin

Dieser Fall spielt sich 1775 im Stift Kempten ab. Es ist einer der späten Prozesse überhaupt. Es ist eine arme Söldners- oder Tagelöhnerstochter aus Lachen (Bayern). Sie hat früh die Eltern verloren und muß ihr Brot mit Dienen erwerben. Im Dienst eines protestantischen Hauses knüpft der Kutscher des Herrn ein Verhältnis mit ihr an und **verspricht ihr die Ehe unter der Bedingung, daß sie den katholischen Glauben verlasse und lutherisch wird.** Vor einem Altar vollzieht sie diesen Wandel (!!!). Sie ist etwa 30 bis 36 Jahre alt. Ihr genaues Alter weiß sie nicht recht anzugeben. Der Kutscher läßt sie sitzen und heiratet eine Wirtstochter von Berkheim. **Nun beichtet die Hintergangene einem Augustinermönch aus Memmingen den Fall, weil sie in ihrem Gewissen beunruhigt ist. Sie habe in der Martinskirche von Memmingen den Schwörfinger heben müssen und gesagt, daß sie auf dem lutherischen Glauben beharren wolle und daß die Mutter Gottes und die Heiligen ihr nicht helfen können. Die Mutter Gottes sei nur eine Kindswäscherin wie ein anderes Weibsbild gewesen.** Gott allein könne ihr helfen und sonst niemand. Weil der Geistliche kurz danach abreist, tritt sie an **den Kaplan** heran. Er **ist der Auffassung, diese Sache nach Rom melden zu müssen.**

Sie irrt von Dienst zu Dienst. Es scheint eine brotlose, vagabundierende und wahrscheinlich körperlich und geistig leidende Frau gewesen zu sein. Sie wird in das fürstlich-kempten'sche Zuchtschloß Langenegg gebracht. Dort kommt sie in die Pflege und Aufsicht einer ohnehin geisteskranken Person namens Maria Anna Kuhstaller für wöchentlich 42 Kr. aus der Herrschaftskasse. Nach ihrer Aussage wird sie oft schlecht behandelt, elend gefüttert, manchmal überhaupt nicht, so daß sie vollends leidend wird und nicht mehr gehen und stehen kann. Die Wärterin soll aus Eifersucht ihre Befohlene mißhandelt haben, weil sie befürchtete, sie mache ihr den Zuchtmeister abspenstig. In ihrem Unmut sagt sie einmal, sie möchte lieber beim Teufel als in einer solchen Pflege sein. Das bringt die Kuhstaller dem Gericht vor. »Die Schwägerin habe ihr einbekannt, daß sie mit dem Teufel Unzucht getrieben und Gott, und alle Heiligen habe abgesagt und auf jene Weise und Art verschwören müssen, wie es ihr der Teufel vorgehalten hätte«. Diese Anzeige genügt, zudem sie der Zuchtmeister bestätigt. Sie wird auf der sog. »Bettelfuhr« am 20. Februar nach Kempten in die Gefangenschaft geführt. Die Verhandlung beginnt am 6. März und bereits im nächsten Monat wird ihr Todesurteil bekanntgegeben. Sie wird mit dem Schwert unter Bezug auf den Artikel 104 der Halsgerichtsordnung im Stift Kempten am 30. Martii hingerichtet.[168] Mir ist nicht bekannt, inwieweit in diesem Verfahren die Folter herbeigezogen wird.

Giftprozeß gegen Anna Göldi, 1782

Diese Dienstmagd wird beschuldigt, durch Zauberei einem Kind das Bein gelähmt, es zum Erbrechen von Stecknadeln, Nägeln und seltsamen Dingen veranlaßt haben. Der darauf gebaute Prozeß trägt mehr die Tendenz eines Giftprozesses, **er kann nicht als der letzte Hexenprozeß auf dem deutschen Sprachgebiet gelten.**

Das ist die Geschichte der neunjährigen Tochter in Glarus, die Stecknadeln ausbrach. Mehrere Personen sahen die Nadeln, aber nicht das Ausspeien derselben. Des Kindes Fuß war gelähmt und der Vater, namens Tschudi, der selbst ein Arzt war, sagte: »Er sey so dürr gewesen, daß man ihn wie einen Zwirnfaden durch ein Nadelöhr habe ziehen können«. Man wußte nichts anderes anzugeben, als daß das Kind vor einigen Wochen von der Magd Anna Göldi einen Honigkuchen erhalten hatte. Der Vater schickte zu einem Vieharzt, und dieser Abergläubische gab den Bescheid: In dem Honigkuchen sei Stecknadelsamen gewesen, der in dem Magen des Kindes ausgebrütet werde, und da zur Reife gedeihe. Die Magd, welche eine Untersuchung befürchtete, floh, wurde aber wieder eingefangen.

Nun sollte sie den Fuß des kranken Mädchens heilen. Aber sie hatte ja gar keine Kenntnisse...sie kam sechsmal auf die scharfe Folter, und nun bekannte sie, was man wollte. Aus Furcht vor ähnlicher Behandlung entleibte sich der, von welchem die Magd den Honigkuchen zu bekommen haben vorgab, namens Steinmüller, im Gefängnis; die Magd aber wurde als Hexe mit dem Schwert hingerichtet.

Geldheberprozeß aus Brünn

»In Mähren wird vor vielen Jahren ein Mensch in gefängliche Haft genommen, welcher in Kuttenschlag unter dem Vorwand einen Schatz aufzusuchen und ausgraben zu helfen, die grausamsten Mordttaten ausgeübt hat. Er sprach deutsch, böhmisch, lateinisch, spanisch und italienisch, und war, wie er vorgab, ein Kupferschmiedgeselle; seinen Geburtsort hatte er nicht entdecken wollen. Während seines Aufenthaltes in Kuttenberg wohnte er bei einer gewissen Witwe, namens Kalkusin im gleichen Haus; er hatte bald ausspioniert, daß dieselbe nicht allein sehr reich war, sondern auch noch reicher werden wollte. Dies brachte den Bösewicht auf den Gedanken, die Einfalt der Witwe zu benutzen, sich für einen Schatzgräber auszugeben und bei dieser Gelegenheit seinen unmenschlichen Plan auszuführen. Zu dem Ende macht er Bekanntschaft mit der Dienstmagd, liebkoste sie und erwarb sich das Vertrauen dergestalt, daß er in kurzem von allen Heimlichkeiten der Witwe und ihres Hauses unterrichtet war. Daraufhin ging er zu ihr, stellte ihr vor, daß in ihrem Keller ein Schatz verborgen liege, welchen er als erfahrener Schatzgräber, vermöge seiner Wünschelrute sogleich ausfindig machen und ihr zeigen wolle. Die einfältige Witwe ließ sich bereden, und bei einfallender Nacht mit ihrer Magd in den Keller führen; allein, kaum hatten diese beiden Frauenzimmer den Anfang zum Graben gemacht, als der Mörder plötzlich von hinten mit einer Axt der

Witwe den Kopf zerspaltete, und gleich darauf auf die gleiche Weise die Magd tötete. Nach dieser schrecklichen Tat ruft er ganz gelassen seine Wirtin neben ihrer Magd in den Keller, entdeckte ihnen, daß er mit der Witwe Kalkusin einen Schatz gefunden, wovon sie einen Anteil erhalten sollte: sie stiegen ohne Bedenken in den Keller, wo sie sogleich von ihm ermordet wurden. Schnell verließ der Barbar seinen blutigen Schauplatz, kehrte in das Haus zurück und durchsuchte alle Winkel; zwei andere Mägde, die in der Küche beschäftigt waren, wurden ebenfalls ein Opfer seiner Raserei. Noch war sein Blutdurst nicht gestillt...so wurden denn auch die zwei übrig gebliebenen Kinder in ihrem Bette von ihm erschlagen...er konnte also den mit so vielem Blut erkauften Schatz ohne Hindernis in Besitz nehmen. Er floh damit nach Brünn, nahm eine Wohnung im Gasthofe zum Weißen Lämmchen, wo er aber einige Tage nachher entdeckt und gefänglich eingezogen ward.«[169]

Landstreicherfamilie Pämbs oder Gämperl

1600 werden in München acht Männer und drei Frauen wegen Hexerei hingerichtet, darunter befindet sich die Landstreicherfamilie Pämbs oder Gämperl (auch: Pappenheimer genannt). Die Bekenntnisse ergeben, daß der jüngste Sohn Cyprian schon im Mutterleib dem Teufel geweiht und an seiner Stelle ein anderes, gestohlenes Kind getauft worden sei. Bei dem Urteil gegen diese Familie hält es der fürstliche Bannrichter Christoph Neuchinger von Oberneuching angebracht, alles zu häufen, was der barbarischen Justiz der Zeit zur Gebote stand; sechs Verurteilte werden auf dem Weg zur Richtstatt, je sechsmal mit glühenden Zangen gezwickt. Der Mutter werden die Brüste abgeschnitten, den fünf Männern werden mit einem Rad die Glieder abgestoßen. Paulus Gämperl, der Vater »an den Spieß gezogen« (gepfählt), zuletzt werden alle lebend verbrannt«.

Rosenfeld, die hysterische Frau aus Mannheim

»Rosenfeld fing, da er 31 Jahre alt war, eine herumstreichende Lebensart an. Er hat Wohlleben, Gemächlichkeit etc. immer geliebt. Wo er nun hinkam, fing **er an, von Religionssachen zu sprechen, gab sich für einen Propheten, der in der Bibel verkündet sei, aus, endlich auch für den Heiland der Welt, als wahren Messias, für Gott selbst aus. Er fand vielen Glauben, Beifall und Anhang...und trieb dies Werk, um sich füttern zu lassen, Geschenke zu bekommen, und Jungfrauen zur Erfüllung seines Wunsches zu bereden; und fand darin große Bereitwilligkeit. Eltern** brachten selbst ihre Kinder, an ihnen seine Lust zu büßen und junge verheiratete Männer ließen ihm das Recht der ersten Nacht. Wegen seiner ausgelassenen Schwärmerei, wodurch er auch andere verrückt machte, kam er auf zwei Jahre, 1769—1771, in das Berliner Irrenhaus. Später wurde er entlassen und nahm seine alte Tätigkeit wieder auf.«

»Noch um die Mitte des Jahres 1784 begab sich in Mannheim folgendes. Eine mit hysterischen Anfällen behaftetes Weib bildete sich ein, sie sei vom Teufel besessen, und wandte sich an den Stadtdechanten mit der Bitte, daß er den schlimmen Gast aus ihr austreiben möchte. Dieser schickte sie zum Arzt. Die Patientin blieb aber bei ihrer Meinung, wollte sich nicht helfen lassen und wurde von anderen noch darin bestärkt. **Ein Kapuziner und ein Jesuit hielten den hysterischen Husten der Kranken für das Bellen eines Hundes und fingen daher an, durch den Gebrauch, oder vielmehr Mißbrauch des heiligen Namens Gottes, die Geister zu bezwingen, und aus der Kranken austreiben zu wollen.** Jener Arzt aber veranlaßte, daß die Frau ins Spital gebracht wurde, wo sie dann auch geheilt worden ist.«[170]

Verurteilung von Geisteskranken

1564 bekommt eine in Amsterdam im Spital liegende kranke Frau in ihrem Fieber lebhafte Halluzinationen und spricht in diesem Zustand vom Teufel und von Hexen. Man glaubt schließlich, sie wäre wirklich eine und schleppt sie, krank wie sie ist, in den Kerker und erpreßt auf der Folter ein Geständnis. Am vierten Tag nach der Inhaftierung wird sie zum Feuertod verurteilt, stirbt aber kurz danach im Gefängnis. Ihr toter Körper wird auf einen Scheiterhaufen gelegt und verbrannt.[171]

Im Februar 1578 tötet eine Bäuerin in der Gegend von Soissons, Katherina Darena, zwei kleine Mädchen, ihre Tochter und die einer Nachbarin. Sie schneidet allen mit einer Sichel den Kopf ab. Vor Gericht sagt sie, der Teufel sei ihr in der Gestalt eines großen schwarzen Mannes erschienen, habe ihr die Sichel gegeben und sie zu dieser Tat veranlaßt. Sie wird hingerichtet.

1636 behauptet ein Mann aus Königsberg, er habe vor drei Jahren einen größten Tag der Erleuchtung gehabt; es seien ihm sieben Engel erschienen und die hätten ihm die Offenbarung gebracht, er solle die Person Gottes des Vaters auf Erden darstellen und alles Böse aus der Welt schaffen. Diese sieben Engel legten ihm folgende Titel bei. »Wir Johann Albrecht Adelgreif, Syrdos, Amata, Kenemata, Kikis, Metaldis, Schmalkimundis, Sabrundis, Elioris, Übererzhohepriester und Kaiser der ganzen Welt, Friedfürst,

des heiligen göttlichen Reiches Übererzkönig, Richter der Lebendigen und der Toten, Gott und Vater, in welcher Herrlichkeit Christus kommen soll zum Jüngsten Gericht, Herr aller Herren und König aller Könige«.[172]

Er wird festgenommen und der Geistlichkeit übergeben, die Bekehrungsversuche an ihm vorstellt, daß er durch seine Gotteslästerung die ewige Seligkeit verscherzte. Er lachte darüber und bemitleidet die Torheit der Menschen, welche Gott den Vater bekehren wollten. Nun wird er gefoltert...bleibt aber bei seiner Behauptung. Er wird verurteilt, daß ihm die Zunge mit einer glühenden Zange aus dem Halse gerissen, darauf sein Körper geviertteilt und unter dem Galgen verbrannt werden soll. Das Urteil wird »zur Ehre Gottes« an ihm vollzogen.

Daß es sich um einen typischen Geisteskranken handelt, wird niemand bestreiten. Es ist ein typischer Fall von Paranoia mit Überschätzungsideen, Halluzinationen und Wortbildungen. Die strenge Strafe des Herausreißens der Zunge kommt auch ansonsten vor. So geben 1567 zwei Juristen ein Gutachten wegen einer Hexe ab, die auf der Folter gestanden hat, Gott nicht nur verleugnet, sondern verflucht zu haben, »...solle man zuvor und ehe sie in das Feuer geworfen würde, das Glied, damit sie also hart peccieret hat, das ist die Zunge, zum Nacken herausser reissen«.

Das epileptische Mädchen

Eisenhart berichtet die Geschichte eines epileptischen Mädchens von achtzehn Jahren, das am 10. Juni 1651 als Hexe verbrannt wird.[173] In dem Hause, wo sie wohnt, ist dreimal Feuer ausgebrochen und da man auch einen schwarzen Kerl, den man für den Teufel hält, auf dem Dach bemerkt haben will, so gerät gleichzeitig das Mädchen in den Verdacht der Brandlegung und der Hexerei. Sie hatte, wie die Akten vermerken: »...ein melancholisches Temperament und war außerdem von der fallenden Sucht beschwert, von welcher sie oftmals befallen worden«. Auf der Folter bekommt sie einen epileptischen Anfall. Sie gesteht, dreimal das Feuer gelegt zu haben. Dieses Bekenntnis wird einige Tage später wiederholt. Schließlich wird ihr das Geständnis abgepreßt, mit dem Teufel ein Bündnis geschlossen zu haben. Sie wird lebendig verbrannt.

1881 spielt sich folgender Fall ab.[174] Ein erblich belasteter Mann leidet an epieptoiden Irresein. Während der Anfälle sieht er den Teufel in der Gestalt eines glänzenden Hundes und hört ihn sprechen. Er wird wiederholt zu Selbstmordversuchen angetrieben und ermordet schließlich auf ausdrücklichen Befehl einen

Knecht. Die beiden Sachverständigen, die in der Gerichtsverhandlung ein Gutachten abgeben, erklären den Angeklagten für geisteskrank, die Geschworenen sprechen ihn schuldig. Er wird zum Tod verurteilt und zu lebenslänglicher Haft begnadigt. Dieses Urteil wird vor neunzig Jahren gesprochen (!!!).

Selbstanzeigen

Neben den offensichtlichen Fällen von Geisteskranken und Irren, Verbrechern und der Randgruppen, gibt es weitere Fälle von anderen Erscheinungen. Hier drängt sich die Frage auf, warum sich Einzelne bei Gericht anzeigen. Waren es Geisteskranke, die von der Wahrheit ihrer Verbrechen überzeugt waren oder waren es wirkliche Verbrecher, die sich eine mildere Strafe erhofften? Auch dazu einige Fälle:

Boe berichtet, daß 1480 ein Schiff auf der Nordsee plötzlich von einem heftigen Sturm überfallen wird, daß die Seemannschaft die Hoffnung auf Rettung aufgibt und vermutet, daß der Sturm durch einen bösen Dämon verursacht sei. Da hört man im Inneren des Schiffes das Geschrei eines Weibes, die sich selbst anzeigt, sie habe seit vielen Jahren Verkehr mit dem Incubus, der ihr in menschlischer Gestalt erscheine; man möge sie ins Meer stürzen, damit wenigstens das Schiff gerettet würde. **Ein Priester brachte es durch Zuspruch dazu, daß der Teufel in Gestalt einer schwarzen Wolke und Gestank und Lärm das Schiff verließ und sich ins Meer stürzte, worauf der Sturm nachließ und das Schiff wohlbehalten den Hafen erreichte«.**[175]

Hieronimus Cardanus erzählt: »...ein Landsmann namens Bernardus war wegen Zauberei verurteilt worden. Er war ein einfacher sparsamer Mann und deshalb seinem Herrn angenehm. Er wird zum Tod verurteilt, aber seinem Herrn noch 20 Tage überlassen. Er bekam täglich kräftige Speisen, guten Wein und nährende Suppen. Darauf fing dieser an, wie aus einer langen Schlafsucht zu erwachen und wurde nun ermahnt, daß er seinen falschen, absurden und gefährlichen Meinungen ablegen und der Kirche anhangen solle. Er bekehrte sich wurde ein guter Christ und blieb, in Freiheit gesetzt, ein solcher ohne Klage bis an sein Lebensende«.[176]

Magdalena de Cruce, beschuldigt sich 1545, seit vielen Jahren mit einem abgefallenen Cherub, namens Balban, geschlechtlichen Verkehr zu pflegen. Sie leitet an Hallunizationen und hat sich einmal auf Befehl des Teufels selbst gekreuzigt. Sie wird von Inquisitoren eingekerkert. Man läßt sie aber am Leben. Sie wird verurteilt, sich mit ihrem Nonnenhabit, ohne Schleier, mit einem Strick um den Hals, einem Knebel im Mund und einer brennenden Kerze in den Händen, in die Kathedrale von Cordova zu gehen, dann auf dem Schafott zu erscheinen und ihr Leben außerhalb in einem Kloster zu verbringen.

Ewich berichtet: »Im Land von der Mark ist eine Klosterperson der Hexerei verdacht worden und derhalben peinlich verhört: da sie dann bekannt, daß sie nur mit Wünschen und Flüchen die anderen verkränkelt hatte und als sie gefragt worden, wie man den Kranken wiederum zu helfen wäre, antwortete sie und sagte frei heraus, wann sie um's Leben hingerichtet war, alsdann sollt es mit den anderen besser werden. Aber nach ihrem Tod ward befunden, daß sie alle mit dem Teufel im Leib besessen waren«.

Katharina Jung, ein Mädchen von Amdorf in Nassau, bekannte sich bei ihrem Vater als Hexe, der sich infolge seines Gewissens dazu gedrängt fühlt, seine eigene Tochter in Herborn zur Anzeige zu bringen (1. Mai 1631). Sie wird bereits am 11. Mai hingerichtet.[177]

Ein junger Mann war »von Jugend auf still und eingezogen befunden worden«, hatte sich mit 23 Jahren verheiratet und war durch Nahrungssorgen in »so gar despetierte Gedancken gerathen, daß er eines Abends einmal die Worte aussprach: »Wenn ihm nur Jemand Geld brächte, es wäre gleich der Teufel oder seine Großmutter«. Da erschien ihm nun der Teufel und versprach ihm Hilfe, wenn er sich ihm mit seinem Blut verschreiben wollte. Der Teufel führte ihm die Hand, weil er selbst nicht schreiben konnte. Später machte er einen Selbstmordversuch und gab als Begründung an: »Der Teufel habe ihm zugemutet, er solle alles verderben, oder ihm selbsten etwas zu Leide tun. Auch wolle bei ihm das Beten nicht recht vonstatten gehen«. **Die Geistlichen nahmen sich nun seiner an »liefen dem brüllenden Löwen mit dem Stecken und Stab des heiligen Wortes nach, nahmen ihn beim Bart, schlugen tapfer auf ihn und brachten es durch das Gebet dahin, daß er dieses Schaf mußte fallenlassen. Der Sünder mußte feierlich geloben und widerrufen, worauf ihm von der Kirche verziehen wurde«.**[178]

Jüdin Golda, Katharina Stampeels

1669 wird Golda, die Frau von dem Juden Rubens zu Treis a.d. Lumde in Hessen nach Marburg in das Gefängnis geliefert. Sie hat ihr Haus in der Absicht angezündet, dadurch das ganze Dorf in Asche zu legen. Vor Gericht gesteht sie außerdem, daß sie sich dem Teufel verschrieben habe und daß sie nicht mehr beten kann. Sie bittet um den Tod, möglichst durch das Schwert. Im Marburger Turm wird sie als irrsinnig erkannt und bald entlassen. Nach der christlichen Glaubenslehre konnte sie das Verbrechen der Zauberei ohnehin nicht begehen, weil sie ihr nicht angehört. Deshalb kann sie auch nicht vom Glauben abfallen

Versammlung der Sekte der Adamiten. Tendenziöse Darstellung aus dem 17. Jht., die vielfach kopiert worden ist. Die Adamiten leben nach strengen sittlichen Grundsätzen. Ehebruch oder das Verführen einer Jungfrau wird bei ihnen mit dem Tod bestraft.

Austreibung der Widertäufer. Tendenziöse Darstellung des 17. Jhts. Ihre Nacktheit wird unter dem Aspekt von Promiskuität und der sexuellen Ausschweifung gesehen. Sie werden verfolgt, weil sie nicht die von der katholischen Kirche vertretenen Dogmen (teilweise) annehmen.

und sich dem Teufel übergeben. Nach Soldan-Heppe ist dies für Deutschland der bislang einzig bekannte Fall, daß eine Jüdin als Hexe angeklagt worden ist.[179]

Zu Neuendorf in der Altmark spielte 1671 ein Prozeß, der damit seinen Anfang nimmt, daß die Beschuldigte Katharina Stampeels aus Moesenthien (?), einem Priester mitteilt, sie habe einen Bund mit dem Teufel geschlossen. Später habe sie mit diesem »unmenschliche Unzucht getrieben«. Die juristische Fakultät von Helmstädt rät zur Vorsicht. Die Angeklagte bleibt bei ihrem Geständnis, so wird sie zu lebenslänglicher Haft »bei notdürftiger Kleidung und Unterhalt« verurteilt.[180]

In Amsterdam klagt sich in der Zeit zwischen 1650 und 1680 ein Mädchen an, sie könne mit den Worten »Schurius, Turius, Tirius« Kühe von der Weide hexen und habe einen Freier aus der Hölle mit dem Namen Rultchen, der ihr erzählt habe, er sei der nämliche welcher den Herrn Christum verrathen habe. Sie wird verbrannt.[181]

Frankfurter Fischerstochter

Auch in Frankfurt an der Oder hat der Teufel seine Hand im Spiel.[182] 1536 begegnet eine Fischerstochter auf dem Feld einem Soldaten, der gegen Versprechung ihr viel Geld zu geben, sie zu seinem Willen beredete; wie seine Begierden befriedigt wurden, bemerkte sie, daß er gräßliche Augen machte und Hörner hatte; sie überzeugte sich, daß sie es mit Teufel zu tun gehabt. Von dieser Zeit an gebärdete sie sich wie eine Besessene und wird deshalb nach Frankfurt gebracht. S. Stymel, ein Professor der Arzneigelehrtheit zu Frankfurt, der gelehrte Jodokus Willich und der berühmte Sabinius haben diese Geschichte weitläufig beschrieben, und **alle Hexenbücher der damaligen Zeit erzählen sie; jedoch mit veränderten Umständen und mit allerlei Bemerkungen aus den gewöhnlichen Hexengeschichten ausgeziert. Wird diese Geschichte mit Vernunft untersucht; so fällt alles Wunderbare sogleich weg. Es war ein melancholisches, geiles und geiziges Mädchen, das durch Wollust und Begierde verleitet, sich mit einem unbekannten Kerl abgegeben hatte;** bei oder nach der Tat war ihr die Furcht aufgetreten, daß sie nach den vielen damals im Schwang gehenden Erzählungen und Teufelshistorien, mit dem Teufel selbst zu tun gehabt hatte. **Die Furcht machte, daß sie sich besessen glaubte…sie wird schließlich zu Hause auf Befehl des Rates angeschlossen.** Sie stellt sich gelassen und vernünftig, vermietet sich bei einem Bürger als Dienstmagd; und wie sie nach einigen Jahren schwanger wurde, so lief sie fort und man hat weiter nichts mehr von ihr gehört.

Schwester Jeanne des Anges. Nach neueren Forschungen ist denkbar, daß diese Nonne das Verfahren gegen Urban Grandier aus Gründen der Eifersucht aktiviert hat. Sie lebt im Kloster von Loudun.

Hexenaberglaube als Motiv strafbarer Handlungen

Hier nun einige Beispiele, daß auch noch zu unserer Zeit der Hexenwahn aktuell ist.

1952 behauptet eine Frau südlich von Augsburg, nachdem sie von ihrem Mann geschieden worden ist, sie wäre von ihm behext worden. **1954** ergibt eine Rückfrage bei einer Ortsverwaltung, daß eine 34jährige Verwaltungsangestellte Stein und Bein schwor und fest an die Möglichkeit glaube, aus einem Handtuchzipfel Kuhmilch melken zu können zum Nachteil einer Kuh, die Hunderte von Kilometer vom Ort des Handtuchmelkens entfernt steht. »Man müsse nur die Kunst beherrschen«.

1927 lauert eine Hexengläubige in Franken einer alten Frau nach dem Kirchgang auf und bringt ihr schwere Stichverletzungen am Hals und Gesicht bei. Die Messerheldin ist der Meinung, die 73jährige Frau sei eine Hexe, die unschädlich gemacht werden muß.

1929 erschlägt ein Ehepaar aus Norddeutschland seine beiden Kleinkinder. Die kränkelnde 21jährige Frau hat sich einem Kurpfuscher anvertraut. Mann und Frau versuchen schließlich durch eine Beschwö-

Austreibung der Widertäufer (Adamiten). Tendenziöse Darstellung des 17. Jhts.

rung, den Hexenbann, für den sie eine in der Nähe wohnende Frau verantwortlich machen, zu brechen.

Man kocht sämtliche Kleider, umgibt den Waschkessel mit »scharfen Sachen« (Messer, Schere usw.). Um die für verhext gehaltenen Kinder am Einschlafen zu hindern, werden sie durch stundenlanges Schreien, Toben, zuletzt durch Schlagen wachgehalten. Sie sterben unter dieser Prozedur.

1930 zünden Dorfbewohner ein Nachbarwesen an, weil sie seit vielen Jahren die Hofbäuerin für eine Hexe halten, die alle Schuld am Unglück im Stall und in der Familie der Abergläubischen haben sollte. **1950** verübt eine 39jährige Ehefrau im Mai einen Selbstmordversuch, weil sie sich behext fühlt. Sie wirft sich vor eine Lokomotive und erleidet schwere Verletzungen. **1951** erschlägt ein 19jähriger Hilfsarbeiter im Oktober seinen betagten Großvater, weil er durch seine Mutter in der Meinung bestärkt worden ist, der alte Mann sei ein Hexer, der ihm ein Magenleiden angehext hat. Nachdem er den Ahnungslosen nachts mit dem Beil erschlagen hat, erhängt sich der Täter im Keller der Scheune.

Der Fall Cleary[183]

Der Faßbinder Michael Cleary kommt **1895** in geschäftliche Schwierigkeiten. Außerdem erkrankt seine Frau. Er gelangt zur Überzeugung, daß dies ein Werk böser Geister sei, der Hexen. Er nimmt an, daß ihm seine Frau von Geistern entführt worden und

daß diejenigen an seiner Seite nur ein Geist sei, der ihre Gestalt angenommen hat. So holt er den Rat mehrerer Verwandten ein, die ihm recht geben und empfehlen, daß man den »Geisterdoktor« holen lassen müsse.

Für den Abend des 14. März wird der Geisterdoktor, ein gewisser Dunne, gerufen. Er bereitet aus bitteren Kräutern einen Trank, der den Zauber bannen soll. Nach verschiedenen Beschwörungen will er die Frau zwingen, das Getränk zu schlucken. Man fragt sie: »...Bist Du Bridget Boland, die Frau des Michael Cleary? usw.« Schließlich trägt man sie zum Herd. Hier empfängt die Unglückliche einige Brandwunden. Ihr Mann lebt in der Überzeugung, seine Frau sei von den Hexen in die Ruine der alten Festung Kylenagrana entführt worden und es sei das einzige Mittel, daß man die Hexe verbrenne. Wenn er dann auf den Berg gehe und mit einem Messer in der Hand den Schlag der Mitternacht abwarte, so werde seine Frau auf einem weißen Pferd herankommen, auf dessen Sattel sie festgebunden sei. Die Vettern und der Schwiegervater sind der gleichen Meinung.

Also legt man die »Hexe« auf den Küchenboden, ihr Mann kniet auf ihrer Brust und hält ihr die Kehle zu. Dann nimmt er ein brennendes Scheit vom Feuer, hält es unmittelbar in ihre Nähe und beschwört sie nochmals zu sagen, wer sie sei. Ihr Hemd fängt Feuer. Cleary nimmt einen Krug, der noch etwas Petroleum enthält, gießt es auf den nackten Körper und unter den Worten: »Gott ist gut, ich werde sie zurückbekommen«, legt er sie mit Hilfe der Vettern auf den Rost über das flackernde Herdfeuer, so daß die Frau stirbt. Jetzt wird die Leiche in einen Sack gesteckt, in einen Stall gebracht und am folgenden Morgen in der Nähe des Hauses verscharrt. Dann geht Cleary zu den besagten Ruinen, aber das Geisterpferd und seine Frau sind nicht gekommen. Die Tat wird ruchbar. Es führt zu einer Verhandlung vor den Geschworenen zu Clonmel am 4. und 5. Juli 1895. Cleary wird wegen Totschlags zu 20 Jahren Zuchthaus verurteilt, sein Schwiegervater zu sechs Monaten.

Hexenprozeß Mexiko

Verschiedenen Quellen zufolge sollen **1860** in Camaro in Mexiko eine Hexe verbrannt worden sein.[184] Ebenso am **7. Mai 1874** in San Juan de Jacobo im Staat Sinaloa, wo Diego Lugo und ihr Sohn Geronimo Porres als Zauberer lebendig verbrannt werden. Der offizielle Bericht des Richters J. Moreno vom 10. Mai 1874 über die Exekution wird 1874 in Köln veröffentlicht.[185] In der weiteren Tagespresse werden neben der genannten Frau und ihrem Sohn noch Jose Maria Bonitta und seine Frau genannt, die ebenfalls lebendig verbrannt worden seien. Es müssen noch weitere Hinrichtungen stattgefunden haben, doch fehlen hierüber offizielle Urkunden.[186]

Prozeß gegen das Ehepaar Soubervie

Hartpole Lecky erwähnt einen Prozeß aus dem Jahr 1850 vor dem Ziviltribunal von Tarbes gegen das Ehepaar Soubervie wegen Ermordung der Frau Bedouret. Das Ehepaar war der Auffassung, daß sie eine Hexe wäre und erklärten, der Priester habe ihnen gesagt, sie wäre die Veranlasserin der schweren Krankheit der Soubervie; deshalb schleppten sie die Bedouret in ein Privatzimmer, hielten sie über brennendes Stroh und legten ein rotglühendes Eisen über ihren Mund. Die Frau stirbt unter qualvollen Schmerzen. Die Soubervies gestehen die Tat. Im Prozeß machen sie geltend, daß sie lediglich aus Aberglauben die Tat begangen haben…**sie seien dem Rat geistlicher Würdenträger gefolgt.** Sie erhalten deshalb die äußerst milde Strafe von 4 Monaten Gefängnis.

Am 7. August **1874** spielte ein Hexenprozeß in Zweibrücken. Das dortige Bezirksgericht muß die Ehefrau Johann Frenzel von Trulben wegen der gegen Margaretha Klein von dort verbreiteten Nachrede, daß sie eine Hexe sei und ihr Kind verhext habe, in Strafe nehmen.[187] Hinzu kommt ein Bericht über die Verhandlung des Aachener Zuchtpolizeigerichtes vom

23. Märzes **1875**. Hier hat die Verhexung einer Kuh den Anlaß zur Klage gegeben.[188] Die verhexte Kuh wird durch Prozeduren wieder geheilt. **1875** spielt in einem oberelsässischen Dorf H., dessen Bürgermeister J. gleichzeitig noch Kreistags-Deputierter, durch Zuziehung eines Hexenmeisters eine damit verbundene 9tägige Andacht seine »behexte« Frau in so eigentümlicher Weise zu helfen beflissen war.[189]

Der Fall Franke (pseud.)

Eine als Mutter und Ehefrau bedenklich nervenkranke Person (hier pseud. Franke), gerät in den Bann abergläubischer Vorstellungen. Im Viehbestand ihres Hofes verenden hintereinander mehrere Pferde an einem unerklärlichen Fieber; unter den Schweinen und Hühnern geht das Sterben weiter. Dorfbewohner bestärken die sensible Frau in ihren Vorstellungen, ein feindseliger Mitbürger, der die Fertigkeit des »Brauchens« (Verwünschen) besitze, habe einen krankmachenden Fluch über die Tiere gebracht.

Ein eingeschalteter Wahrsager gibt den Auftrag, das Tierfutter mit Weihwasser zu vermengen, den Stall mit getrockneten Wacholderbeeren auszuräuchern; das müsse jeden Abend durch den Hausvater geschehen, der als Priester zu fungieren hat. Wenn das unter vielem Beten durchgeführt werde, könne der satanische Einfluß gebrochen werden. Dazu müsse der Hausvater mit dem Kruzifix den Teufel vertreiben.

Wacholderbeeren seien besonders heilwirksam, weil auf Golgatha ein Blutstropfen des sterbenden Erlösers auf einen unter dem Kreuz wachsenden Wacholderstrauch gefallen sei. Seitdem hätten diese Beeren eine besondere Heilkraft. Die Eheleute halten sich streng an die Vorschriften des Wahrsagers und es scheint auch zu helfen. Die Erscheinungen der angeblichen Hexe werden seltener, der scheinbar impotent gewordene Zuchtstier zeigt sich wieder geheilt und hingefallene Kühe werden gesund. Außerdem will die Stallsau ihre Ferkel wieder tränken…je öfter der Ehemann mit seinem Wunderkreuz fungiert. **Ein Hilfsgeistlicher wird vom Hausherrn angesprochen: »Sie sind unter der Gewalt des Satan, ich muß sie befreien und wieder zu einem würdigen Priester machen«.**

Zwei im Elternhaus lebende Kinder, eine 14jährige Tochter und ihr 12jähriger Bruder verfallen in die elterlichen Wahnvorstellungen. In einer kalten Novembernacht wird der zuständige Pfarrer zu der Familie gerufen. Er kommt kurz vor Mitternacht mit dem Arzt. Vor der verschlossenen Haustür steht Vater Franke. Er ist barfuß und nur mit einem Hemd bekleidet. **Über den Kopf hat er sich einen leeren Getreidesack gestülpt, in seiner Rechten hält er sein Wunderkreuz.** Neben ihm steht sein zwölfjähriger Sohn, ebenfalls barfuß und in der Hand eine brennende

Kerze. Er wiederholt laut das vorausgegangene Sonntagsevangelium: »**Himmel und Erde werden vergehen, aber meine Worte werden nicht vergehen**« (Mt. **24,35**).

Hinter der Haustür steht die barfüßige Frau und daneben ihre Tochter. **Wenn der Vater das Gebet unterbricht, macht die Tochter im Innern weiter und singt im Lichtschein einer Kerze das Evangelium.** Die daneben stehende Mutter begleitet sie mit schrecklichen Grimassen. Der damals 50jährige Bauer war allerorten seiner Umgebung als vollsinniger Mann mit einer eisernen Gesundheit bekannt. **Seine** zwei Jahre jüngere **Frau wird als tiefreligiös geschildert.** Die beiden Eheleute befanden sich in heftigen Erregungszuständen. Die Frau schrie immer wieder: »Ich bin Jesus«, womit sie die anwesenden Teufel vertreiben wollte. Außerdem stehe sie mit ihrem verstorbenen Bruder in Verbindung. **Sie hörte Töne und Schellen in ihrem Ohr und deutet dies als den Ruf armer Seelen.** Sie gewinnt die Überzeugung vom baldigen Weltuntergang und klagt über schmerzhafte Stiche in der Brust. Sie läßt den Arzt nicht an sich herankommen.

Erst als der Pfarrer sagt: »Wenn Sie mir jetzt zum wiederholten Mal das Vertrauen geben, dann verlange ich von Ihnen, dem Doktor zu gehorchen...lassen Sie sich die heilende Spritze geben«. Dann erst wird die Tür geöffnet und die beiden Kranken können medizinisch versorgt werden. Die Kinder erhalten Beruhigungs- und Schlafmittel. Dann tritt Ruhe ein und die Eltern werden in die nächstgelegene psychiatrische Klinik gebracht. Sie können später als geheilt entlassen werden.

Ich habe den Fall Franke, der sich vor wenigen Jahren ereignet hat und deren Beteiligten noch leben, bewußt an diese Stelle gesetzt. Er zeigt mehreres zugleich. **Vor allem die ländliche Bevölkerung huldigt noch heute dem gleichen Aberglauben wie vor Jahrhunderten.** Religiöses Irresein kann nur auf dem Dogma des christlichen Glaubens entstehen. **Hätte die römisch-katholische Kirche nicht über viele Jahrhunderte den Teufels- und Dämonenglauben hochgehalten, so würde es solche Fälle kaum geben.** Das kranke Ehepaar hat nur einen einzigen Vorteil: sie werden nicht als Hexen verbrannt, sondern sie kommen in eine psychiatrische Klinik.

Gerade an den hier behandelten Grenzfällen, die keine Hexenprozesse sind, ist die Ohnmacht des theokratischen Systems erkennbar. **Der Priester,** als »Seelsorger im eigentlichen Sinne«, **schießt mit Kanonen auf Spatzen. Er droht ohnehin physisch Kranken, indem er sie zur Besserung aufruft, immer und immer wieder mit der verderblichen Macht des Teufels. Mit einer Macht, die es nicht gibt und die noch heute in Millionen von Köpfen (aber)gläubischer Christen herumspukt.**

Rolle der Frau, Sexualität

Prostitution und Hexenwesen

Schon die ältesten Schriftsteller verweisen auf Orgien von Interessen- und Glaubensgemeinschaften. Das eindringende Christentum nimmt gleichfalls den Kampf gegen die Unzucht auf. Wahrscheinlich werden unter dem Kaiser Valens (364—377) die ersten Andersgläubigen (im Sinne der späteren Hexen) verbrannt. Von nächtlichen Zusammenkünften der dem Kultus der Zauberei Ergebenen berichten die christlichen Schriftsteller erst seit dem 6. Jht. Alle Codices dieser Zeit setzen darauf strenge Strafen. Es handelt sich allerdings um eine Entlehnung vorausgegangener Kultformen. Zumindest um eine des für den jüdischen Gottesdiensttag gebräuchlichen Namen Sabbath (Hexensabbath). Die erste Beschreibung eines teuflischen Sabbats findet sich in einem Brief von Papst Gregor IX. an die Bischöfe von Mainz und Hildesheim aus dem Jahr 1234.

Die immer wieder behauptete Nacktheit der Hexen weist ohnehin darauf hin, daß wir es im Grund genommen mit grotesken Ausartungen der religiösen Prostitution zu tun haben.[191] Der Satanskult besteht in der Travestierung des christlichen Gottesdienstes; so bedienten sich die alten Hexen der Hahnenfedern, um die Gläubigen mit dem Urin Satans zu bespritzen, wodurch sie die Weihwasserbesprengungen verhöhnen wollen. Dazu kommen in gewisser Weise auch die Stigmatisierungen, die »an verborgenen Körperstellen« angebracht sind. Daraus entsteht der »Teufelsgriff« und das »Stigma diabolicum«. Schon den frühen Orgien der Prostitutionen gehen Gelage voraus, bei denen Fleisch von Gehenkten, ungetauften Kindern, Aas und anderem als Leckerbissen gereicht wird. Den Schluß bildet jedesmal der Teufelstanz. In Wirklichkeit sind es wohl sexuelle Exitationsmanöver. Wir haben aus der Zeit um 1440 eine ausführliche Beschreibung des Hexensabbats. Sie findet sich in einem Gerichtsurteil des Gerichts von Arras gegen fünf Hexen.

Noch eines spricht dafür, daß der Hexensabbat seinen Ursprung in der religiösen Prostitution hat: im modernen Aufleben des Hexenwesens. Besonders in Großbritannien und dem dort gepflegten Wicca-Kult. Es ist eine Rückbesinnung sektiererischer Art unter Weglassung aller früheren Grausamkeiten des Hexentreibens. Aus dieser Deutung heraus läßt sich die Hinzuziehung der Frauen leichter erklären als mit den sophistischen Spitzfindigkeiten der Scholastiker und der Theologen. **Die katholische Kirche ist maßgeblich an der sexuellen Unterdrückung über viele Jahrhun-**

»Die Verführung«. Zeitgenössischer Holzschnitt aus der »Histoaria sapientu Romae«. Druck von Johannes Koelhoff. Köln, 1490.

derte beteiligt: demgegenüber ist es auffallend, daß es gerade Theologen, Priester und Mönche sind, die sich in sexuellen Dingen besonders beschlagen zeigen.

Die biblische Erklärung

Ihr zufolge hat Gott die Menschen erschaffen, ihnen eine Seele eingegeben und sie über die Tierwelt gesetzt. Im Paradies tritt das symbolisch Böse, eben der Satan, als listiger Verführer in Form der Schlange auf. Eva greift daraufhin zu einer verbotenen Frucht und bietet sie ihrem Gefährten Adam (aus dessen Rippe sie gemacht ist) an. Das ist die Ursünde: sie werden daraufhin aus dem Paradies vertrieben.

Im Grunde genommen, eine rationalistische Erklärung ist es ohnehin nicht, ist es eine Verdrehung. Wieso soll die Frau die Schuld haben? Nach der alten theologischen Ansicht war es doch so, daß die Dämonen über einen Berg zu den Töchtern der Menschen hinabstiegen, um sich mit ihnen zu vermischen. **Die Aktiven sind doch nicht etwa die Frauen gewesen.** Man hat schlichtweg aufgrund eines hypotetischen

Lehrgebäudes, das lediglich aus seiner Zeit verstanden werden darf, die Schuld auf das weibliche Geschlecht abgewälzt. **Während sich die Männer unbeschadet allen Ausschweifungen ergeben, sehen und sahen sie in der Frau lediglich das Werkzeug,** nicht den Partner.

Mit der Festigung des theokratischen Systems werden die Frauen immer mehr beiseite geschoben. Von einer sozialen und rechtlich bedeutenden Stellung der Frau während des Mittelalters kann ohnehin nicht gesprochen werden. Die Scholastik prägt immer wieder neue Spitzfindigkeiten, um den Priestern klar zu machen, daß die Frauen schlecht sind, das Heiraten eine Sünde ist, und daß **sie** sich ausschließlich ihrem seelsorgerischen Beruf zu widmen haben.

Für meine Begriffe hat das theokratische Lehrgebäude neben anderen Schwächen auch den Nachteil, daß es das gesunde und natürliche Weltbild der Frauen entstellt hat. Wieso sollte Eva denn schlechter als Adam gewesen sein, wo nach der heutigen Evolutionslehre die sog. »Schöpfung« anders gedeutet wird und man realistisch die Abstammung des Menschen von den Tieren nachvollziehen kann. **Schlimm ist nicht die Auffassung der Zeit, schlimm ist das was die Theologen über Jahrhunderte in die Bibel hineininterpretiert haben.** Dazu gehört die verhängnisvolle Stelle im Exodus, daß man die Zauberinnen nicht leben lassen soll. **Die Bibel ist kein Alibi für unser Handeln und sie ist kein Maßstab für unser sittliches Verhalten.**

Frauen im Hexenwahn

Ein Teil der sog. Hexenprozesse sind in Wirklichkeit Giftmischer-, Abtreibungs- und Eheprozesse, die unter den Händen der kurzsichtigen Obrigkeit zu Hexenprozessen gemacht werden. So werden 1596 in Marburg zwei Frauen, Elisabeth Kempfer und Elisabeth Leutherin eingeliefert, die bei einer anderen Frau um ein Mittel nachgesucht haben, durch das sie einen Studenten herbeischaffen wollten, der die eine geschwängert hat und sie nun heiraten soll. Die Obrigkeit erhebt außerdem den Vorwurf der Hurerei, wodurch sie gegen die Sitten der heiligen Schrift verstoßen hätten. Die Kempferin wird zudem wegen Abtreibungsversuchen angeklagt. Eine wird aus dem Land gewiesen, die andere aus Marburg verbrannt.[192]

Bei den vielen Fällen, die in diesem Buch behandelt sind, zeigt sich immer wieder das gleiche Bild: die Denunziation geht vom Volk aus und — leider in vielen Fällen — sind es Frauen, die andere anschuldigen. Ich meine da nicht die Fälle, wo Frauen unter der Folter andere angeben. Freilich spielt hier das häusliche Glück, die Erziehung der Kinder und das Versorgen der in der Regel großen Haushalte mit hinein. Dazu kommt die Rechtlosigkeit der Frau, die der Willkür des Mannes ausgesetzt ist. Dazu kommt das unsagbare Elend, das die Kriege, Pesten und Hungersnöte mit sich gebracht haben. Uneheliche und unehrliche Personen sind auf das Betteln angewiesen, und die Schicht der armen erwerbslosen Bevölkerung ist groß. Es kommt ja immer wieder zum Ausdruck, daß der listige Satan (!!!) gerade solche Situationen ausnutzt, um sich der armen Seelen zu bemächtigen. Die Sexualität mag wohl unterdrückt worden sein. Schon 1320 berichtet Johann Andreas über Sterilitätstränke, entweder zur Beschränkung der Kinderzahl, oder um ungehemmter sein zu können.[193] Nicht selten wird dadurch der Tod der Frauen herbeigeführt. Es ist schon denkbar, daß die Frauen darum eher zu Mitteln gegriffen haben, um sich die Zuneigung und Liebe des Mannes zu erhalten.[194] Gerade im medizinisch-abergläubischen Bereich werden ja viele Mittel und Mittelchen genannt, um Liebe oder Haß zu erwecken.

Alles in allem wird die Frau als sozial schwächster Punkt zur »Hexe« abgestempelt und sie hat keine Möglichkeit, sich dieser Bürde zu entledigen. Sie werden es, »nicht weil sie empfänglicher für die Zauberei sind«, sondern weil der gewalttätige Mann zur Rechtfertigung seiner Untaten ein Alibi benötigt. Deutlich wird das im 18. Jht. mit der Aufklärung und einer Umschichtung des kirchlichen Denkens. In den wenigen Fällen, wo Frauen die Regierung führten (Landgräfin Sophie oder Maria Theresia) zeigt sich in menschlichen Bereichen ein milderes und verständnisvolleres Vorgehen als beim »starken« Geschlecht. **Die momentane Emanzipationswelle ist letztlich ein Aufschrei der über Jahrhunderte sozial und sexuell unterdrückten Frau.**

Mittelalterliche Theologen über die Frau

Immer wieder wird herausgestellt, daß die beiden fanatischen Mönche, Institoris und Sprenger, die Verfasser des Hexenhammers, mit ihrer frauenfeindlichen Haltung erheblichen Einfluß gewinnen konnten. Dies ist ein offensichtlicher Irrtum. Gerade dieses dicke, in schlechtem Latein geschriebene Buch, hat sich zumindest in diesem Punkt nicht durchsetzen können. Der Affront gegen »das weibliche Geschlecht« ist viel älter als die katholische Kirche. Bereits Moses erläßt strenge Sittengesetze, wobei auffällt, daß die Frauen in der Regel härteren Strafen als die Männer unterliegen.

Bestätigt wird meine Auffassung durch den Standpunkt der bedeutenden mittelalterlichen Theologen gegenüber den Frauen. Freilich ist hier zu berücksichtigen, daß es gerade die Kirche und die vielen Geistli-

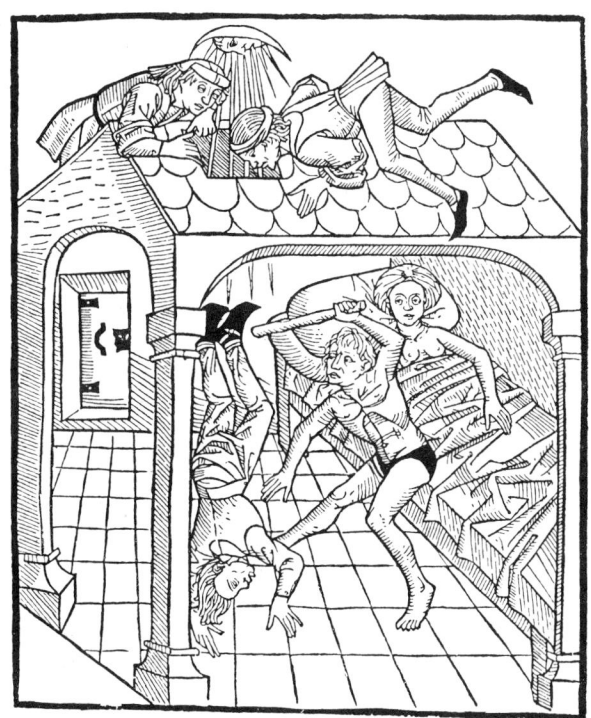

Ausprügeln eines Diebes. Aus dem »Buch der Weisheit«. Druck von Lienhard Holle. Ulm, 1483. »...es waren drey Dieb auff dem Dach...da stand der elter under vn auff vn gieng zu evm tag fenster...vnd ließ sich zu tal und fiel auf sein antlitz auff des hauß boden zuhand stund auff der wirt vn lieff über vn mit einem grossen bengel...«.

Ehebruch. Aus dem »Buch der Weisheit«. Druck von Lienhard Holle. Ulm, 1483. «...Es was ein weib die het einen ehelich man vnd zu ym einen bulen vn het auß irem hoff ein heimlichen Außgang...in den kam d'ehelich man vn schlug yn genugsam«.

chen sind, die sich erhebliche Ausschweifungen auf diesem Gebiet zuschulden kommen lassen. Gregor VII. hat mit rücksichtsloser Energie die Ehelosigkeit der Weltgeistlichen zum Kirchengesetz gemacht, indem er sie auch der niedrigen Geistlichkeit auferlegt. »Gregor VII. hat mit seinem Verhalten bewiesen, daß ihm der Zölibat ein bloses Machtmittel war«.

Umso befremdender ist, daß sich die Kirche aktiv in die zwischenmenschlichen und sexuellen Beziehungen eingemischt hat und auch heute noch tut (z.B. in ihrem Verhalten gegenüber dem § 218). Steht doch in den päpstlichen Dekretalien (Canon dilectissimus) die Regel: »Die Christen sollen alles gemeinsam haben, auch die Weiber«.[195] Außerdem gestattet Papst Sixtus IV. den Geschlechtsverkehr während der Fastenzeit.[196]

Also liegt es nahe, daß sich in der Zeit der Scholastik ein Aber gegen die Frauen herausgebildet hat, das sich in weiteren Jahrhunderten zu einer regelrechten Verachtung der Frau, ja zu einer Weiberfeindlichkeit herausbildet. Nur so sind folgende Äußerungen denkbar:

»In jüngster Zeit hat man jedoch für die Zuspitzung des Hexenwahns auf das weibliche Geschlecht die mittelalterlichen Theologen verantwortlich gemacht.. daß der Hexenbegriff, wie er sich im Laufe des Mittelalters entwickelt hat, auf das weibliche Geschlecht zugespitzt wurde, soll hauptsächlich die Schuld der weiberfeindlichen mittelalterlichen Theologen und Mönche gewesen sein. Geringe Schätzung bei der asketisch-scholastischen Auffassung kommt hinzu. Die Verführung mit dem Teufel und der Frau auf eine Stufe gestellt...nur so konnten die Begriffe Weib und Teufel ineinanderfließen«.

»Die scholastisch gebildeten Inquisitoren sind die Entdecker oder Erfinder der Hexen des noch heute fortlebenden Hexenbegriffs...sie sind diejenigen, welche der Frauenwelt das Brandmahl der Teufelsbuhlschaften aufgedrückt haben«.[197]

So verlockend diese Argumentation vor allem protestantischer Hexenschriftsteller ist, so falsch ist sie im Kern. Es stimmt lediglich, daß die Theologen und auch alle anderen Gebildeten der Zeit den alten Volksglauben aktivieren und ihm Vorschub leisten. Dies gilt besonders von dem alten Volksglauben, der davon ausgeht, daß die Frauen der Zauberei zugänglicher als die Männer sind. Der sog. »Böse Blick« ist eine alte, vornehmlich der Frauen zugedachte Möglichkeit, anderen Schaden zuzufügen. Wir finden die-

443

Einsegnung des Beilagers durch den Bischof. Aus: »Historie von der schönen Melusine«. Druck von Johannes Bämler. Augsburg, 1474.

ses Phänomen schon bei den Chaldäern, Juden, Arabern, Römern, Germanen usw. Thomas von Aquin sucht es wissenschaftlich zu erhärten. Der Grund liegt wohl im unterschiedlichen Naturell. Man schildert das Einfühlungsvermögen der Frau wärmer und empfänglicher als das des Mannes. »Sie verrät eine stärkere Hinneigung zum Mystischen und Sinnlichen, Phantastischen und Geheimnisvollen, andererseits aber aus ihrem Bedürfnis nach Schutz und Hilfe abgeleitet«.[198]

Das ist ein Grund, weshalb sich in einer bestimmten Phase der Hexenwahn auf die Frauen konzentriert. In der Praxis hat man freilich auch Männer hingerichtet. Der andere Grund ist, daß die Frauen schon immer geistig unterdrückt und bevormundet worden sind. Zu allem Übel hat man ihnen das als eigene Schwäche ausgelegt und es mit den Begriffen Wollust (verdrängte Sexualität), Sinnlichkeit, Begierde, Verführerin verbunden. Hier schließt sich der Kreis: die römisch-katholische Kirche trägt Teil an dieser erniedrigenden Entwicklung. **Einzelne Päpste, Kardinalskollegien, Bischöfe, und Tausende von Priestern ergehen sich in Unsittlichkeiten unter dem Deckmantel der christlichen Nächstenliebe und verdammen gleichzeitig die gerade von ihnen brutal ausgenützten Frauen. Vielleicht trifft die Kirche hier eine größere Schuld als in allen Ketzer-, Inquisitions- und Hexenprozesse zusammengenommen. Eben darin: daß sie eine grundsätzlich gleichberechtigte und ohne Zweifel gleichwertige Spezies »Mensch« systematisch unterdrückt und dadurch ein falsches Weltbild der Frauen heraufbeschwört.**

Standpunkt der mittelalterlichen Theologen

Bereits Alexander von Hales (gest. 1245) wirft die Frage auf, warum die Zauberei häufiger von den Frauen als von den Männern betrieben wird. Er fin-

det die Antwort in der biblischen Erklärung. Wie schon Eva wegen ihrer geringeren Unterscheidungskraft vom Teufel verführt worden ist, so sind auch noch heute die Weiber der Zauberei zugänglicher. Wilhelm von Paris (gest. 1249) betont, daß die Frauen von Natur aus sowohl für die himmlischen wie für die teuflischen Einsprechungen empfänglicher sind als die Männer. Im 14 Jht. weist der Schrifterklärer Nikolaus von Lyra darauf hin, daß die größere Beteiligung der Frauen an der Zauberei schon aus den Büchern Moses bezeugt ist. Ein Zeitgenosse dieses Exegeten, der Dominikaner Rainer von Pisa, beruft sich auf die Erklärungen des Alexander von Hales. Die 1404 in Langes abgehaltene Diözesansynode bemerkt, »daß die Weiber, weil sie von Natur aus schwächer sind als die Männer, vom Teufel mehr zur Zauberei verführt werden können.[199] Ähnlich argumentiert der Heidelberger Professor der Theologie, Johann von Frankfurt in einer 1412 veröffentlichten Schrift.[200]

Johann Nider, Johann Hartlieb

Eingehender beschäftigt sich mit dieser Frage der Dominikaner Johann Nider (gest. 1438). Er gibt mehrere Gründe an: »...daß die Weiber leichtgläubig seien, daß sie wegen der Beweglichkeit ihres Naturells dem Einfluß der Geisterwelt leichter zugänglich sind, daß sie geschwätzig sind und das, was sie durch Schwarzkunst wissen, ihren Genossinnen nicht verschweigen können. Dazu kommt, daß sie von Natur aus schwach sind, sich zu rächen, und daher durch Zaubermittel solches zu erreichen suchen«. Nider hat in seiner Dekalogserklärung das Hexentreiben seiner Zeit vor Augen gehabt, denn er behandelt die verschiedenen Arten des Aberglaubens und des Verkehrs zwischen Menschen und Dämonen. So spricht er u.a. von der Teufelsbuhlschaft, von ausschweifenden Versammlungen auf dem Venusberg und von der scheinbaren Tierverwandlung. Wichtig ist der Hinweis, daß diese Dinge (der Kern eines jeden folgenden Hexenprozesses) schon 2 Generationen vor Erscheinen des Hexenhammers festliegen. In seinem Ameisenbuch deutet er an, daß die zauberübenden Weiber auf der Bahn des Bösen Vortritt haben. Er bemerkt: »...man darf sich nicht wundern, wenn sich das schwache Geschlecht im Verkehr mit dem Teufel vermessen zeige. Denn drei Dinge sind es, die, wenn sie die Schranken überschreiten, den Gipfel des Guten oder des Bösen erreichen: die Zunge, der Geistliche und das Weib«.[201]

Etwa 20 Jahre nach Niders Tod (1456) schreibt Johann Hartlieb, der Leibarzt von Herzog Albrecht III. von Bayern, für den Markgraf Johann von Brandenburg-Kulmbach das »Buch der verbotenen Künste« (vergl. S. 145). Darin sagt er: »Deine Gnade möchte

Geiler von Keysersberg als Prediger. Holzschnitt aus Geiler's Passion. Straßburg (1513). Von ihm hat sich ein Rezept gegen Behexte erhalten.

fragen, warum das tun (Hexerei) mehr die alten Weiber denn die Männer. Darauf antworten die Meister, daß gewöhnlich die Weiber leichter sind in ihrem Gemüt und Glauben; darum mischt sich der Teufel fester zu ihnen denn zu den Männern«.

Gottschalk Hollen, Visconti u.a.

Auf die größere Leichtgläubigkeit und Schwachheit des weiblichen Geschlechts weist zudem der westfälische Augustiner Gottschalk Hollen[202] hin. Der spanische Minorit Alfons de Spina weist in einer 1459 verfaßten Schrift auf die gleichen angeblichen Schwächen. Ein anderer spanischer Geistlicher, Bernhard Basin, hat sich in einer 1482 erschienenen Schrift wörtlich den Ausführungen Niders angeschlossen. In Italien bezeugt Antonin von Florenz,[203] daß der Teufel mehr die Weiber als die Männer durch Zauberkünste verführe. Der Kardinal Johann von Torquemada beruft sich 1445 auf Alexander von Hales. Der Dominikaner Hieronymus Visconti verweist um 1460 auf Rainer, der allerdings von Hales die Auffassung übernommen hat. 1468 erscheint die Schrift des Rechtslehrers Abrosius de Vignate aus Lodi mit der Bemerkung: »...der Teufel besuche besonders die Frauen, während dies bei den Männern gewöhnlich nicht der Fall ist. Selbst Ulrich Molitoris beruft sich nicht auf den Hexenhammer. 1508 predigt Geiler von Kaiserberg, der berühmte Straßburger Domprediger: »...warum fraulich Geschlecht mehr verwüstet sei mit Hexerei denn die Männer? Denn wenn man einen Mann verbrennt, so brennt man wohl zehn Frauen«. Geiler hat in seinen Quellen Nider benutzt und beruft

sich außerdem auf Wilhelm von Paris. Selbst der Kölner Inquisitor Hochstraten erklärt das hervortreten der Frauen am Hexentreiben nicht aus dem Hexenhammer, sondern unter Bezug auf Nider.[204]

Bernhard von Como, de Spina, Johann Major, Pegna

Um 1508 verfaßt der italienische Inquisitor Bernhard von Como aus dem Orden der Dominikaner einen Traktat über die Hexen, worin er gleich zu Beginn betont, daß die Hexensekte vornehmlich aus Frauen besteht. Prierias bezieht sich mehrfach auf den Hexenhammer.[205] Ein weiterer italienischer Schriftsteller, der häufig auf den Hexenhammer Bezug nimmt, ist Bartholomäus de Spina, dessen 1525 ausgearbeitete »Quaestio de strigibus et lamiis«.[206] Hier ist von einer Zuspitzung des Hexenwahns keine Rede. Martin von Arles[207] beruft sich auf Nider. Inzwischen steht fest, daß selbst die beiden Verfasser des Hexenhammers im wesentlichen ihr Wissen aus Niders Ameisenbuch und dem Formicarius beziehen. Der Pariser Theologe Johann Major[208] ist der gleichen Ansicht wie Spina. Um 1525 verfaßt der italienische Jurist Paul Grillandus einen ausführlichen Traktat über das Hexenwesen.[209] Er lehrt, daß sich weit mehr Frauen als Männer der Hexerei ergeben. Er spricht von der größeren Schwäche der Frau und von ihrer Neugier. Dies unterstützt er mit dem Hinweis aus eigener Erfahrung, die er als Richter bei Hexenprozessen gemacht hat und fügt hinzu: »...die Frauen frönen gern der Hexerei um besser ihre Fleischeslust befriedigen zu können«. Der bekannte Inquisitionsschriftsteller Pegna gibt verschiedene Gründe an: Leichtgläubigkeit, Aberglauben. Leider nennt er keine Quellen.

Standpunkt nach der Reformation

Pfarrer Ballick, Jean Bodin

1560 behandelt Jacob Ballick, ein Pfarrer aus Groeßen im Herzogtum Kleve die Frage: »wie mag es kommen, daß viel mehr Weiber Zauber'sche werden als Männer? Dessen sind drei Ursachen. Zum ersten, weil die Weiber leichterlicher glauben weder die Männer tun. Man sagt gemeiniglich, wer leichtlich glaubt, derselbe wird leichtlich betrogen. Wer gern glaubt, derselbe ist leicht von Herzen. Die andere Ursache ist, weil die Weiber neufindig sind, sie wollen alle Dinge wissen und erfahren. Also wollte Eva Gutes und Böses wissen. Zum dritten, so sind die Frauen rachgierig; sobald es ihnen etwas mangelt, wollen sie solches rächen; und da es ihnen dabei an Macht fehlt, ist alsbald der Satan dabei und lehrt sie solches heimlich durch Zauberei tun. Die Weiber sind auch gemeiniglich geizig; deshalb wollen sie reich sein, alle Ding haben und nach der Pracht leben; solches verheißt ihnen der Satan und bringt sie also darbei…«.

Johann Bodin,[210] gerühmt als einer »der ausgezeichnetsten Philosophen Europas« beruft sich in Bezug auf die »Frauenfrage« auf den Hexenhammer: »Man lese aber derjenigen Bücher, die von Zauberern geschrieben, da werden sich allzeit 50 Weiber, die Zauberinnen oder besessen sind, anstatt eines Mannes, der damit behaftet wäre, finden. Welches zwar meines Bedünkens nicht aus Blödigkeit weiblichen Geschlechts, sintemalen bei ihnen mehrteils eine unterhaltsame Widerspenstigkeit und Halsstarrigkeit gespüret wird, und daß sie in Ausstehung der Folter oft standhafter denn die Männer sind; sondern es gewinnt vielmehr das Ansehen, als geschehe es aus Kraft und Macht einer viehischen Begierlichkeit, welche das Weib dahin treibt, damit es seine Begierden genugtue und sich räche. Welcher Ursache halber vielleicht Plato das Weib zwischen den Menschen und das Vieh setzt. Denn man sieht auch, daß die inneren Glieder und Eingeweide in den Weibern größer sind denn bei den Männern, welche deshalb so heftige Begierden nicht haben. **Hingegen sind aber der Mannsbilder Häupter viel größer, und darum haben sie auch mehr Hirn, Verstand und Weisheit denn die Weibsbilder**«.

Der calvinistische Theologe Franziskus Junius, Professor an der Heidelberger Hochschule, überträgt die Hexenschrift Bodins ins Lateinische[211]. Der italienische Arzt Condrochinus anerkennt die zahlreichere Beteiligung der Frauen am Hexentreiben als bestehende Tatsache.[212] Er beruft sich auf Bodin und den Hexenhammer. Auch der französische Richter Pierre de Lancré[213] schließt sich dieser Auffassung an. Heinrich Cornelius Agrippa von Nettesheim, der 1519 eine alte Frau den Klauen der Hexenrichter entreißt und eine Schrift zum Lob des weiblichen Geschlechts verfaßt, betont: »daß die Frauen der Zauberkunst zugänglicher sind als die Männer«[214].

Weyer, Johann Ewich, Hermann Wilcken

Weyer, der protestantische Arzt, ist der Ansicht, daß der Teufel vorzugsweise das weibliche Geschlecht zu täuschen suche und bei diesem auch leichter Erfolg als bei den Männern habe. Er lehrt: »Das weibliche Geschlecht ist von Natur aus unbeständig, leichtgläubig, boshaft, seiner selbst nicht mächtig, zur Melancholie geneigt, daher den Einflüssen des Teufels leichter zugänglich«. Er beruft sich auf das Beispiel der Eva, die sich so leicht vom Teufel verführen ließ, auf Aussprüche der Kirchenväter und auf solche von griechischen und römischen Schriftstellern.[215]

Mit Weyer ist dessen Landsmann, Johann Ewich, zuerst Arzt in Duisburg, dann in Bremen, in Betreff der Verwerflichkeit der grausamen und unbesonnenen Hexenverfolgungen vollständig einverstanden, doch vertritt er in einer 1584 erschienenen Schrift über die Hexen die Ansicht: »,,,daß die der Hexerei anhängigen gemeiniglich weiblichen Geschlechts sind…denn auch etwan die Männer daran schuldig, so sind doch die Weiber meistteils damit behaftt. Welches denn geschieht von wegen Schwachheit ihrer Art und Natur; darzu auch oft Schwachheit des Alters, oder Unerfahrenheit der Jugend und Natur, oder böse Auferziehung, oder unfleißiger Bericht in Gottes Wort, item unbändiges und gottloses Leben, Sicherheit, Haß und Angst wider Andere, Armut und Ver-

Die sitzengebliebenen Mädchen ziehen nach einem (alten) Fastnachtsbrauch den Pflug. Nach einem Holzschnitt von 1532. Vermutlich Anlehnung an die ursprüngliche Sitte des »Umpflügens«.

446

zweiflung beikommen. Dieselbigen Dinge dann allzumal nimmt der wackere und listige Satan in gute Achtung und hält fleißig an mit Zusagen, Anreizen, Ratgeben, Verkleinerung der Sünden, mit Betrug und Hilfe, damit er die armen, unseligen und sorglosen Weiber zu dieser Sünde bringe, wie er denn auch mit der gleichen Kunst Eva, die erste Mutter weiblichen Geschlechts, ihren Ehemann, angefochten und verführt hat«.

Ein anderer protestantischer Schriftsteller, der gegen Ende des 16. Jhdts. die allzu scharfe Bestrafung der Hexen rügt, ist der calvinistisch gesinnte Herrmann Wilcken (vergl. S. 472), Professor der Mathematik in Heidelberg. Er ist der Ansicht, daß es vorzugsweise die Frauen sind, die sich mit der Hexerei abgeben und er gibt dafür verschiedene Gründe an:

»Daß der Teufel mehr Weiber versuchet...ist die Ursache...daß die Weiber leichtsinniger sind denn die Männer; wie Eva aus Leichtfertigkeit und darum Gottes Gebot übertreten...Zudem sind die Weiber über die Maßen rachgierig; darum, wenn sie sich aus eigener Macht nicht helfen können, so hängen sie sich an den Teufel; der lehrt sie und hilft ihnen, daß sie es mit Zauberei, wie sie meinen, oder auch Gift tun, doch mehr die armen Weiber denn die reichen, und mehr die alten denn die jungen. Auch lehrt der Teufel seine Künste den Weibern desto mehr, daß sie schwätzig sind, können nichts verhelen, was sie wissen, lehrens andere, damit seine Schule zunimmt, sein Anhang größer wird«.

Der Rostocker Gelehrte Gödelmann tritt zwar für eine mildere Behandlung der Hexen ein. Aber bezüglich ihrer größeren Beteiligung am allgemeinen Hexentreiben teilt er die vorherrschende Ansicht. Gödelmann zitiert wiederholt Martin Biermann, Professor der Medizin in Helmstedt.

Jacob Wecker, Spizelius

Der Baseler Doktor Jacob Wecker setzt sich für eine strenge Bestrafung der Hexen ein. Er sagt über die Frauen: »Das beschieht von Männern und Weibern, mehr aber von Weibern, denn von Männern; macht, daß sie blöderer Natur denn die Männer sind. Auch Kaspar Peucer, Professor der Medizin in Wittenberg, wenn er auch nicht speziell von den Hexen spricht, unterläßt es nicht, hervorzuheben, daß der Teufel mit Vorliebe die Frauen als Werkzeug benutzt. Es fällt auf, daß die protestantischen Mediziner und Juristen immer wieder die gleichen Vorstellungen mitbringen[216]. Z. B. Petrus Theodorikus, Professor der Rechte in Jena, Christian Fromann, J. H. Pott; ja selbst noch im 18. Jhdt. vertritt diese Auffassung J. E. Floerck, ein Rechtsgelehrter aus Jena unter Bezug auf Ex. 22, 18.

Spizelius sagt in seiner »gebrochenen Macht der Finsternis«: »wer sollte hierauf eigentlich nicht annehmen und ermessen, in was für einem gefährlichen Stande diejenigen sich befinden, welche ihren sündigen Lüsten und Neigungen keinen Widerstand tun, noch der satanischen Anläufe sich erwehren wollten? Also willig und gern gehen die dummen Welt- und Hurenvögel in das ihnen gelegte Netz und Garn ein. Also fliegen die Mücken haufenweise in das Gewebe der teuflischen Spinnerin, bis sie so lange verwickelt bleiben, bis sie zuletzt von ihnen verschluckt und aufgefressen werden«.

Luther, Kaspar Huberinus, Celichius

Luther hat wiederholt erklärt, warum sich vor allem Frauen der Zauberei ergeben: »Wer mag doch alle leichtfertigen, lächerlichen, falschen, närrischen und abergläubischen Dinge erzählen, welche die leicht verführbaren Weiber treiben. Das ist ihnen von ihrer Mutter Eva angeboren, daß sie sich also äffen und betrügen lassen«[217]. »Gemeiniglich ist das der Weiber Natur, daß sie sich vor allem Ding scheuen und fürchten; darum sie soviel Zauberei und Aberglauben treiben«[218].

Am 14. Mai 1523 führt Luther in einer Predigt über die Genesis aus, daß der Teufel mit Vorliebe die Frauen zu verführen sucht: »Er greift den Menschen, wo er am schwächsten ist, nämlich die weibliche Person...Eva war eine Närrin...leicht zu verführen...«.

Der lutherische Prediger Kaspar Huberinus widmet in seinem »Spiegel der Hauszucht« dem (bösen) Weib ein eigenes Kapitel: »Da spüret man erst recht ihre Bosheit, wie sie auch andere Leut vergiften, schießen, verderben, Hagel und Wetter machen, wie man sagt, und sich und auch in der Marter etwa solches bekennen, wie der Satan sie zu seinem Werkzeug braucht, und sie etwa böser sind denn die Teufel selber...Es ist gütlich zu glauben, daß solche böse Weiber zuletzt, wenn sie alt werden, eitel Unholden werden. Denn da sie in der Bosheit geübt und getrieben sind, kann sie Gott nicht höher strafen, denn daß er sie zuletzt, dieweil sie sich ja nicht bekehren wollen, dem Satan übergibt, daß er volle Gewalt über sie hat. Der macht sie vollends zur höllischen teuflischen Braut, daß sie dem Satan den Hintern küssen müssen, bis daß er ihnen endlich den Hals bricht, sie dem Henker, seinem Brautführer, an den Strick gibt und endlich dem höllischen Feuer das Brautbett mit ihnen einnimmt«[219].

Celichius nimmt die Frauen ebenfalls streng in das Gebet: »St. Paulus schreibt auch aus Erfahrung, daß sie wild und fürwitzig sein...zudem sind sie jetzt von Natur stolz und üppig und das »Ihr werdet sein wie Götter«, steckt ihnen noch immerdar im Kopf...Ihre

Antiklerikale Darstellung. Der unbeobachtete Mönch nähert sich einer (bereit) willigen Dame. Kupferstich aus dem 18. Jht.

Putzsucht und stinkende Hoffart tut dem höllischen Levithian Tür und Fenster auf. Über das sind auch die Weibspersonen viel eher und mehr auf teuflische Zauberei verstürzet als die Männer«.

Die Protestanten beziehen sich nicht auf die Ausführungen des Hexenhammers in Bezug auf die Weiberfeindlichkeit. Zudem scheint der Hexenhammer selbst bei den Katholiken eine unbedeutende Rolle gespielt zu haben. Nebenbei sei noch bemerkt, daß Martin Luther, der ehemalige Augustinermönch, Katharina Bora, eine aus dem Kloster entlaufene Nonne geheiratet hat: damals ein aufsehenerregendes Unterfangen. So ein böser Weiberfeind kann er also garnicht gewesen sein.

Die Einbildung

In der Hexenliteratur kommt es zu den seltsamsten Auswüchsen. Dies betrifft nicht nur den angenommenen Geschlechtsverkehr mit den Dämonen und vermeinten Teufeln. »Dergleichen Einbildungen können auch durch natürliche Mittel benommen werden...massen täglich geschiehet, daß Leuthen, dero Hirn durch Milzsucht, Schwermüthigkeit oder ein allzu erhitztes Geblüt verruckt oder verwirrt ist, durch ganz gemeine Mittel, oder durch Geschäften oder Zufäll, die sie auf andere Sachen mit Ernst zu gedencken nöthigen...geholfen wird. Man hat nemlichen Personen, welche in der Heftigkeit ihrer Andacht sich einbildeten, sie sehen Mariam, Joseph, und das Kind Jesu...sehen das Blut von selbigen abfließen und verkosten dasselbe...so doch in der Tat nicht wahr«[220]. Es gibt Beispiele, daß Frauen durch bloße Einbildung schwanger geworden sind.

Magdalena von Aiguematiere, Lesbierinnen

Sie ist die Frau von Hieronymus Augustinus von Monteleon, der mit dem Kardinal Valette in das Elsaß gereist ist. Seine Frau wird nach einer vierjährigen Abwesenheit ihres Mannes schwanger und bekommt einen Sohn. Die Brüder des Mannes wollen diesen Bastard nicht anerkennen und strengen einen Prozeß an. Die Frau behauptet: »...es sey eine schöne Sommernacht gewesen, das Fenster habe offen gestanden, das Deckbette sey abgeworfen gewesen, und ihr habe geträumt, ihr Gemahl sey zurückgekommen, die Umarmung sey feurig gewesen...«. Die Ärzte von Montpellier geben ihr recht und behaupten: »...die Einbildung vermöge dergleichen sehr wohl, und fünf Hebammen sagen eidlich aus...daß ihnen vordem gleiches selbst begegnet sei«. Deshalb verlieren die Brüder den Prozeß in der ersten Instanz. Sie wenden sich an das Parlament. Dies spricht 1637 das Urteil. Die Mutter wird für unschuldig erklärt und ihr Sohn wird der rechtmäßige Erbe ihres verstorbenen Mannes.[221]

»Zu Thessalonien erzählt Amarus Lustianus, waren zwei türckische Weiber, die miteinander sehr oft solcher Gestalt ihre Unzucht getrieben, daß eine dabey des Mannes und die andere Weibs-Stelle vertreten. Eine war eine Witwe, die andere aber hatte ihren Mann. Da es nun dereinst der geilen Witwe ankam, daß sie gern ihre schändliche Lust gebüßet und die Verehelichte eben zu der Zeit, da sie ihrem Manne kaum ehelich beigewohnt hatte, ihr darin zu gefallen zu leben vermochte, geschahe es, daß bey dieser unmenschlichen Umarmung die Nährmutter der wollüstigen Witwe, die dazumal als Weib agierte, den Samen, welchen jene kurz zuvor von ihrem Manne empfangen, mit solcher Begierde in sich zog, daß sie davon schwanger ward«.[222]

Titelbild der raren deutschen Übersetzung eines erotischen antiklerikalen französischen Buches« ...die Väter Jesu...bei gutem Humor...«.

Titelblatt eines antiklerikalen französischen erotischen Buches: »Marguerito, niece de Suzon« (18. Jht.). Ein Beweis, daß die Flagellation zu dieser Zeit noch im kirchlichen Bereich bekannt und üblich ist.

Frau von Nates

Diese Geschichte spielt zur Zeit des heil. Bernhard von Clairveaux. Die Frau glaubte, sie habe sechs Jahre lang mit dem bösen Geist, der alle Nacht, auch wenn sie neben ihrem Mann im Bett lag, mit dem Teufel fleischliche Gemeinschaft gehabt. Sie bekommt Gewissensbisse und beichtet. Der Beichtvater schlägt verschiedene Bußübungen vor. Dann erzählt sie es ihrem Mann. Er verläßt sie daraufhin. Nun kommt der heil. Bernardo in die Stadt. Er tröstet die Frau und befiehlt ihr, beim Schlafengehen sich mit dem heil. Kreuz zu bezeichnen, und den Stecken, den er ihr gegeben hat, zu sich zu legen. Nun kommt der Teufel wieder. Sonntags darauf tritt der heil. Bernhard mit den Bischöfen des Ortes (Nantes) und Chartres in die Hauptkirche, läßt dem gesamten, in großer Menge herbeigekommenem Volk brennende Kerzen austeilen, **erzählt sodann die Schandtat des bösen Geistes und verbietet ihm durch die Gewalt Christi für die Zukunft mit dieser Frau und auch allen anderen Weibspersonen die Gemeinschaft. »Das Volk verlöscht daraufhin die Lichter...die Gewalt des Sa-**

tans wurde damit vernichtet...«.[223] Auch das ist ein Beispiel des kirchlichen Exorzismus.

1545 wirft sich Madeleine de la Croix, Äbtissin eines spanischen Klosters, dem Papst Paul III. mit dem Geständnis zu Füßen, daß sie 30 Jahre lang, von ihrem 12. Lebensjahr an, mit dem Teufel »in der Gestalt eines schwarzen Mohren« fleischlich verkehrt habe. Bodin meint in diesem Fall, daß der Satan schon das Kind im Mutterleib verführt habe.[224]

Hieronymus Cardanus, Benediktus Beina

Hieronymus Cardanus[225] (gest. 1508) beweist durch zwei Beispiele, wie weit die menschliche Einfallssucht geht. Übernommen hat er die Stellen von Francisco de Miranda: »ich habe einen Priester von 75 Jahren, Benedictus Beina mit Namen gekannt, welcher mit einer vermeinten Weibsperson, die er Hemelia nannte, gelebt, geredet, geschlafen, und sie, als wenn sie sein rechtmäßiges Eheweib gewesen wäre, mit sich in der Stadt herumgeführt hat«. Man hielt ihn daher für einen Wahnsinnigen, der den Verstand verloren hätte. Indessen wurde er durch die Inquisition eingezogen, und nach den Gesetzen bestraft, weil er auf der Folter bekannte »...er habe in der Meß die sakralen Worte ausgelassen, denen Hexen oder Zauberinnen gewandelte Hostien zu ihren Künsten mitgeteilt, das Blut von Kindern gesogen usw...«. Ein anderer, Pincta mit Namen, welcher zu der Zeit des Franziska Miranda (geb. 1495) lebte, unterhielt über 40 Jahre lang einen Teufel für sein Weib.

Incubus und Succubus

Die Schriften der mittelalterlichen Theologen, Philosophen, Mediziner und Dämonologen sind voll kasuistischer Angaben über diesen Gegenstand. Ein Geist oder Dämon, der sich in der Gestalt eines Mannes einer Frau nähert, wird als Incubus bezeichnet (von incubere, auch: insultor, griechisch: ephialtes). Andersherum wird es als Succubus bezeichnet (succubere).

Die Menschen waren teilweise überzeugt von der Möglichkeit des fleischlichen Verkehrs zwischen Geistern und Menschen; nicht selten sind es Besessene, die behaupten, im Verkehr mit den Geistern zu stehen. Bereits im Altertum verüben Dämonen Angriffe auf Menschen. Die Kirche nimmt diesen Faden auf und so kommt es, daß **Augustinus** Beispiele erwähnt. Er **behauptet: »es wäre eine Unverschämtheit, eine so unleugbare Tatsache in Zweifel zu ziehen«.** Selbst wenn sich einige andere Kirchenlichter, darunter Johannes Chrysostomus, gegen diese Ansicht aussprechen, so haben die Anhänger der Dämonenlehre doch den Wortlaut der Bibel auf ihrer Seite und zerschmettern damit die Gegner. Die Dämonologie wird nun bis ins Detail ausgebaut, daraus entsteht ein Teil des christlichen Lehrgebäudes. Gregor von Tour behauptet, daß es der leibhaftige Teufel nicht verschmäht habe, in höchst eigener Gestalt die Menschen auf die angedeutete Weise heimzusuchen. Interessant sind zudem die Visionen, die von einigen heiligen Vätern erhalten blieben. Der auvergenatische Bischof Eparchius berichtet, daß er einst den Teufel mit einer Schar von Buhldirnen eine Orgie in seiner Kirche zu feiern glaubte. 500 Jahre nach dem Tod von Gregor von Tours erzählt Guibert von Nogent von den Versuchungen, denen seine Mutter ausgesetzt worden sei.[226] Thomas von Aquin behandelt die Succubuslehre ausführlich. Innozenz VIII. glaubt an die Wahrheit dämonischer Angriffe. Zur Ausbildung der schrecklichen Phantasie von den Succuben und den Incuben hat das erzwungene asketische Leben in den Frauen- und Männerklöstern beigetragen.

Es entstehen Diskussionen darüber, ob z. B. die Dämonen den Geschlechtsverkehr mit den Jungfrauen

meiden. Dies behauptet de Lancre. Bodin ist der Auffassung, daß der Satan gerade die Jungfrauen als Lustobjekt bevorzugt. DelRio vertritt die Ansicht, daß der höllische Verführer dem sodomitischen und bestialischen Verkehr abgeneigt sei und hält die Dämonen für die Erfinder der widernatürlichen Arten des Geschlechtsverkehrs.

Bei den sophistischen Betrachtungen wurde genau unterschieden zwischen heißen und kalten Dämonen. Der heil. Angela de Foligno wurde immer von einem heißen Dämon besucht. Andere sagen aus, daß sie stets bei dem dämonischen Besuch unter kalten Schauern leiden mußten.

Aus dieser irren Vorstellung leitet sich der Glaube ab, daß aus dem Geschlechtsverkehr zwischen Teufeln und Menschen Lebewesen entstehen. Spranger macht in seiner Dämonogie »des sorciers« darauf aufmerksam, daß solche Früchte in dem ganz besonders mit Hexen gesegneten Deutschland als Wechselkinder bezeichnet werden. In Frankreich heißen diese unglücklichen Geschöpfe champris (die auf dem Feld gefundenen). Im 13. Jht. redet man dem Bischof von Trojey, Guichard, nach, er sei aus der Umarmung seiner Mutter mit einem Dämon entsprungen. Nicht viel besser soll es Martin Luther gegangen sein.

Allgemein wurde der Incubismus als eine Art der Verführung zur Zauberei betrachtet; erliegt ihr jemand, so ist er der Zauberei und Hexerei verfallen. Natürlich regte diese Vorstellung bei vernünftigen Männern (z. B. Weyer oder Agrippa) Widerstand und Kritik. Immer wieder wird auf die Unmöglichkeit einer solchen Verbindung hingewiesen. Auch **hier behauptet sich das traditionelle Dogma der Kirche.**

Zum letzten Mal wird in Frankreich vom religiösen und wissenschaftlichen Standpunkt aus dieser Gegenstand in den Disputen des gelehrten Renaudot behandelt; z. B. in der Sitzung vom 9. Februar 1637.[227] Hier äußern sich vier Redner zur Frage des Incubismus. Der erste ist offensichtlich ein Arzt, der rundweg die Möglichkeit der geistigen Wesen leugnet. Ein zweiter tritt dieser Meinung mit der klassischen Überlieferung entgegen. Ein dritter hält die Tatsache des Incubismus für unleugbar, bestreitet aber die Möglichkeit der Befruchtung auf die genannte Weise und der vierte gibt eine rationalistische Erklärung der physiologischen Vorgänge ab. **Während sich hier die Gelehrten streiten und sich besonders die zum Zölibat verpflichteten Geistlichen ereifern, werden in der Praxis Hunderte unschuldiger Frauen wegen diesem angedichteten oder zugegebenen Verbrechen auf den Scheiterhaufen verbrannt.** Schon vierhundert Jahre zuvor, im Verbund mit der Inquisition in Südfrankreich, wird eine angesehene Frau, Angela de la Barthe, bezichtigt, seit vielen Jahren jede Nacht mit einem Teufel

»Die Päpstin Johanna bekommt auf offener Straße ein Kind«. Aus: Spanheim's Buch über die Päpstin Johanna. Seltenes, meist weggelassenes Bild ihrer Niederkunft.

geschlafen zu haben. Aus diesem Umgang sei ein Monstrum, oben Wolf und unten Schlange, hervorgegangen. Zu seiner Fütterung habe sie auf nächtlichen Streifzügen kleine Kinder erbeutet. Sie wird dem weltlichen Arm überliefert und auf Befehl des Seneschalls auf dem Stephansplatz von Toulouse verbrannt.[228]

Der Geschlechtsverkehr

Daß der Geschlechtsverkehr mit Dämonen unangenehm ist, ergibt sich aus hier im Buch geschilderten Beispielen. Daß es überhaupt zu so vielen gleichlautenden Aussagen kommt, liegt nicht an den Eingezogenen, sondern an den Fragenkatalogen der Richter und an der Angst vor der grausamen Folter. Schon im Hexenhammer wird gelehrt, daß der Samen der Dämonen kalt sei (semen frigidum). Außerdem fällt einigen Hexen während des Geschlechtsverkehrs auf, daß der Teufel keinen Rücken hat, sondern daß er

hohl ist (wie ein Backtrog). Das weiß bereits Cäsarius von Heisterbach.[229] Er berichtet von einem Geständnis:

»Mit und ohne Marter der Anna Miolerin...mehr hat sie bekannt; als (so) oft sie gefahren sei, so hat der Teufel mit ihr zu schaffen gehabt, aber er sei feindselig und kalter Natur und sei auf dem Rücken hohl gewesen wie ein Melter (ein Gefäß aus Holz zum Aufnehmen der Milch).[230] Andere Hexen empfinden den Verkehr mit dem Teufel noch unangenehmer. In St. Claude im Jura gesteht in den letzten Jahren des 16. Jhdts. Thievenne Paget, den Hexensabbat besucht und mit dem Teufel geschlechtlich zu tun gehabt zu haben. Seine Geschlechtsorgane seien so lang und so groß wie ein Finger; der Coitus verursache ebensoviel Schmerzen wie eine gewöhnliche Niederkunft«.[231]

In der Hexenverfolgung, die 1609 unter den Basken in Labourd stattfindet, sagten Hexen aus, die Gunstbezeugungen (!!!) des Teufels seien so schmerzhaft, denn sein Penis sei so lang wie ein Arm und mit Fischschuppen bedeckt. Die Angeklagte Marie Marigrane, ein 15jähriges Mädchen, behauptet, »der Penis des Teufels bestehe zur Hälfte aus Fleisch und zur Hälfte aus Eisen«. Andere meinten, er ist aus Horn. Einige sagten aus »er wäre mit Blut bedeckt«.[232]

Viadne sagt: »Einem Frauenzimmer begegnet auf dem Feld ein schöner Jüngling und verführt sie. Da fragt er sie, ob sie ihn kenne. Als sie das verneint, fährt er fort: »Ich bin der Teufel und wie du siehst, bin ich bei weitem nicht so schwarz und schändlich, wie mich die Pfaffen beschreiben«.[233] Katharina Stampeels (hingerichtet 1671 im Brandenburgischen) soll man gefragt haben: »ob dem Teufel, wenn sie mit ihm geredet, Flammen aus dem Halse gekommen, und ob sie ihr nicht geschadet«.[234]

Das ist eine wichtige Frage, weil anzunehmen ist, daß sich die Masse der Bevölkerung den Teufel und seine Helfershelfer als Bewohner der Hölle nicht kalt, sondern glühend heiß und feuerspeiend vorstellten. Dazu haben ohne Zweifel bildliche Darstellungen in Kirchen und in Büchern beigetragen.

Unzuchtstheorie

Bei den Versuchen, das Hexenwesen zu erklären, kann es nicht ausbleiben, daß sich eine sog. »Unzuchtstheorie« herausbildet.[235] Sie wird von Lambreg geführt, der mehr als 900 Hexenprozesse im Raum Bamberg untersucht hat. Er kommt zu der Erkenntnis, daß den Hexengeschichten der größte Wolllustsinn zu Grunde liegt[236] »So haben sich nämlich Wüstlinge beiderlei Geschlechts, um sich den fleischlichen Genuß mit einem ihrem Sinne entsprechenden Gegenstand, der ihren Zudringlichkeiten auf andere Art ausgewichen wäre, zu verschaffen, hinter verschmitzte Kupplerinnen gesteckt, welche Gastereien und Tänze veranstalteten, und sich so der beabsichtigte Gegenstand einzufinden vermochte...Geistige Getränke erhitzen die Sinne und erregten wollüstige Begierden...so wurden die auffallendsten Handlungen begangen...Mädchen und Weiber auf das schändlichste mißbraucht. Allein nur bald trat eine Übersättigung ein, man verleugnete daher seine menschliche Natur und legte sich die Attribute des Teufels bei«.

Nur eines, etwas ganz allgemeines, spricht für die Theorie, die Tatsache, daß man früher mit dem Dunkelwerden in der Regel nicht mehr die Häuser aus Angst verlassen hat, zumindest die Frauen nicht ohne Schutz. So dürfte es öfters zu Übernachtungen privater Art gekommen sein. Es ist durchaus denkbar, daß es in diesem Zusammenhang vereinzelt zu sexuellen Ausschweifungen gekommen ist. Ansonsten ist die Lambreg'sche **Theorie unhaltbar**, weil sie nicht das Geringste zur Erklärung des Hexenwesens beiträgt. **Lambreg zeigt sich als fanatischer Frauenfeind und**

interpretiert seine Privatmeinung in seine sonst gewichtige Untersuchung zu den Hexenprozessen in Bamberg und Zeil.

Es ist doch viel naheliegender anzunehmen, daß sich die Frauen genierten, als solche Dinge, die sie außerdem in die größte Gefahr brachten, herumzuerzählen.

Susanna Merz, Hans Petz von Steinach, Sodomiterei

Susanna Merz ist die Tochter des wegen Hexerei in Bamberg hingerichteten Bürgermeisters Dittmaier. Sie gibt 1629 an: »Sie habe bei einer guten Bekannten einen Edelmann und Freiherrn kennengelernt, und mit ihm öfter das fleischliche Werk getrieben, und zwar so oft er sie habe rufen lassen. Einmal mußte sie mit ihm auf den Gang hinausgehen, da habe der Edelmann, während sie das fleischliche Werk verrichteten, sich in eine abscheuliche Gestalt verändert, feurige Augen, blökende Zähne, einen zottigen großen Kopf wie ein Löwe, und Hände und Füße wie Klappern bekommen, an welchen Kennzeichen sie so offen den Teufel erkannte, sich aber nicht losreißen konnte, weil er ihr mit dem Hals umdrehen drohte... auch sey diesmal das Werk ganz kalt gewesen«.[237]

Hans Petz von Steinach (Landgericht Eltmann/Untermainkreis) bekennt nach der ausgestandenen Folter: »Er habe mit der Priestiklin aus Steinach mehr als hundertmal den Ehebruch begangen, und sie teils im Stehen, teils auf andere Art beschlafen. Einmal sei er mit ihr am Brunnen gestanden, und habe an ihrem Körper herumgetappt, worauf sie sich in eine schwarze abscheuliche Mannsperson verändert, klapprende Füße und am rechten Bein einen Geißfuß bekommen, woraus er gesehen, mit wem er es zu tun gehabt habe. Einige Zeit später sei sie ihm in einem natürlichen Zustand begegnet, da haben sie wie der das fleischliche Werk verrichtet, so aber sehr kalt und unlieblich gewesen...auch habe er sich auf den Drudentänzen umtaufen lassen, und es habe ihm seine Buhlin einen anderen Namen gegeben.«[238]

1671 wird eine Frau aus Schöbach bei Großseelheim im Amt Kirchhein peinlich verhört. Sie hat von ihrer Base aus Kappel das Hexen gelernt, die ihr auch Gift gegeben hat, damit sie Menschen und Vieh töten soll. Der Teufel sei ihr in der Gestalt eines Hundes erschienen und habe bei ihr geschlafen. Das ist einer der seltenen Fälle, wo der Geschlechtsverkehr mit Tieren erwähnt wird. 1676 wird Orthe, die Frau von Andreas Fischer aus Wittelsberg angeklagt, mit einem Hund Sodomiterei getrieben zu haben. Schon Moses verbietet dieses Unzuchtsverbrechen.[239]

Pest, Seuchen, Hungersnöte

Die Pestepidemie im 14. Jht.

Der Terminus »Schwarzer Tod« ist jüngeren Datums und zur Zeit der Pestausbrüche sicher nicht üblich.[1] Man glaubt die Ursachen der Pest in einer Entmischung der Luft suchen zu müssen oder in den allgemeinen kosmischen Verhältnissen, was durch das Gutachten der Pariser Universität bestärkt wird. Aber je weiter die Chronisten schreiten, desto ausführlicher und schrecklicher werden ihre Schilderungen. Ein Großteil ihrer Ausführungen ist den Fabeln zuzuordnen und insofern ergibt sich eine Parallele zu der Darstellung des Hexentreibens. Wir Menschen neigen dazu, die negativen Erscheinungen wie Mißwachs, Seuchen und Hungersnöte, Erdbeben, Überschwemmmungen und Unglücke zu dramatisieren und die guten Dinge nicht recht zu würdigen. Andere führen die Seuche als gewöhnliche Beulenpest an. Kantakuzenus, dessen Sohn Andronikus in Konstantinopel der Seuche erliegt, schildert die Krankheit so:

»Die Kranken haben große Eiterbeulen an Oberschenkeln und Armen, die, wenn sie geöffnet werden, Erleichterung bringen. Viele verlieren die Kraft ihrer geistigen Fähigkeiten und haben am Körper schwarze Striche (Kennzeichen der morgenländischen Bubonenpest)... Schlund und Zunge werden schwarz, manche bekommen unter heftigen Schmerzen auf der Brust Blutflecken, ihrem Mund entsteigt ein verpesteter Geruch.

Pestverlauf

Die Pest kommt 1347 nach Konstantinopel. Nach den Angaben von Gabriel des Mussis sterben 1346 »unzählige Tartaren und Sarazenen an einer plötzlichen und unerklärlichen Krankheit, so daß weite und dicht bevölkerte Landstriche fast veröden«. Dann erreicht die Krankheit Italien, besonders Genua. Sie zieht weiter über Venedig und Verona (1348), durch das Tal der Etsch und nach Trient (1348) bis in das Inntal. Schon am 29. Juni 1348 finden wir die Seuche in Mühldorf am Inn. 1349 fallen die ersten Opfer in Bern und Konstanz. Durch den Pestverlauf werden gleich zwei weitere Entwicklungen ausgelöst: besonders in Deutschland eine Judenhetze ungeahnten Ausmaßes sowie aus Furcht vor der weiteren Verbreitung umfassende Bußfahrten. Es bildet sich die Sekte der Geisler. Soweit es sich nachvollziehen läßt, taucht diese Vereinigung zuerst in den Ländern des heutigen Österreich auf. Die Pest wütet um Ostern 1349 in Wien und in der Wachau. Nach Stuttgart kommt sie 1350. In rascher Folge ist fast ganz Deutschland infisziert.[2]

Pestarzt in Schutzkleidung. »Dr. Schnabel von Rom«. Im Schnabel werden purgierende und wohlriechende Kräuter gelegt, um der Ansteckungsgefahr entgegenzuwirken. Nach einem Stich von Paul Fürst. Der Stab in der Hand des Arztes dient zum Klopfen an Fenster und Türen der Häuser, in denen Infizierte vermutet werden.

Judenhetze

»Leider hat der fanatische Aberglaube nur allzu oft die Anlässe der Pestbrände wahrgenommen, um Lynchjustiz an Juden, Ketzern und Hexen zu üben, denn man glaubte, Gott habe die Strafe der Pestilenz verhängt, weil er die Ungläubigen und Frevler gestraft wissen wollte«.

1349 werden in Colmar »...undt in andern stetten die Juden verbrandt, und gieng ein sterben durch alle landt«. Straßburg wird im Juli 1349 erreicht und dann Frankfurt am Main. Hier findet am 24. Juli ein Judenbrand statt; gleichzeitig halten sich Geisler in der Stadt auf. Johann Latomus berichtet aus Originalaufzeichnungen des Barholomäus-Stiftes, daß am 14. September 1349 eine allgemeine Bittprozession wegen des schrecklichen Wütens der Pest abgehalten wird. Der Rat der Stadt Lübeck schreibt 1349/50 dem Herzog von Lüneburg in Sachen der Juden, worin es heißt: daß der Rat von Stralsund, Wismar und Rostock mit den Juden peinliche Verhöre vorgenommen. Der Rat der Insel Gothland habe einen Juden mit dem Tod durch das Feuer bestraft, der folgendes Geständnis abgelegt hat: »... einmal habe er in den Städten Hannover, Pattersen, Gronau, Peine, Bocke-

nen, Sarsted und Hildesheim Gift gelegt und dann sei er über Lübeck nach Preußen gegangen. Dort habe er dasselbe getan in Frauenburg und Memel und in den kurländischen Städten Hasenpot, Goldingen, Pilten und Windau... wo infolgedessen überall die Leute dem Tod anheimfielen«.

Wir haben hier ein frühes Zeugnis der Anwendung der Folter in Deutschland; aber nicht aus einem fanatischen und dummen Aberglauben heraus, zumal ja die Juden ihrem Glauben zufolge gar nicht dem Teufel anhängen können, weil sie eine andere Teufelszeremonie praktizieren. Diese Folterungen entstehen ohne Zweifel im Zusammenhang mit den Verfahren gegen die landschädlichen Leute und mit dem überhandnehmenden Banden- und Räuberwesen. Das von diesen Juden erpreßte Geständnis ist ebenso nichtig wie die Vermutung, daß die Juden wegen einer Brunnenvergiftung die Pest herbeigeführt haben. Selbst im sog. »1000-jährigen Reich« wird eine Judenhetze inszeniert, die ohne Beispiel und ohne Rechtfertigung einmalig in der Weltgeschichte dasteht. Schuld daran ist eine ungebildete und unvernünftige Masse »Mensch« mit einer ebenso dummen und befangenen Obrigkeit. Immerhin gibt es zu der angeblichen Brunnenvergiftung von 1348 eine interessante Parallele:

»Aus der Zeit, als die Polen die Stadt Lissa in Schlesien gebrannt haben, enthält das Stadtbuch einen von dem Stadtrat Heinrich Fellinger herrührenden Bericht, nach dem infolge des Zusammenströmens »viel fremder Leut, Christen und Juden« ein allgemeines Wegstreben, eine »Staupe« entstanden... und unter den Gestorbenen auch drei Totengräber. Nun mußte man einen neuen Totengräber, Adam Henning, und zu seiner Unterstützung seine Frau Anna, die nach dem Pestgeruch »nie recht bei Verstand sich befand« (d.h. ständig betrunken war) annehmen. Diese zwei sollen nun Herz und Magen eines Kinderleichnams gepulvert haben, in die Straßen und Brunnen gestreut und dadurch die Verbreitung der Pest bewerkstelligt haben. »...weil etliche Bürger des Totengräbers Weib in Verdacht hatten« werden beide verbrannt.

Später werden die Juden nicht mehr als »Giftmischer« verdächtigt, sondern unter eine besondere Aufsicht gestellt, weil man glaubt, daß sie durch Hausieren mit Kleidungsstücken leicht das Pestgift verschleppten: deswegen werden Kürschner, Gerber, Wirte, Garköche, Müller, Fleischer, Gassenkehrer usw. unter eine behördliche Aufsicht gestellt. Dadurch entstehen frühzeitig die für die Entwicklung der wachsenden Städte wichtigen Markt-, Straßenreinigungs- und Müllordnungen als besondere Sanitätsgesetze. Das ist wichtig festzustellen, denn gerade im 14. Jht. sind sanitätspolizeiliche Maßnahmen dürftig. In Straßburg wird während der Pest verboten, die Toten in den Kirchen zu begraben oder sie über Nacht im Haus zu behalten. In Wien werden die Toten außerhalb der Stadt in Gruben beigesetzt, d.h. hineingeworfen, mit Kalk überschüttet und mit Erde beworfen. Hungernde Hunde scharren das Erdreich weg und benagen die Leichen, wie Agnola di Tura berichtet. Man legt damals große Pestfeuer nach der Art der antiken Vorgänger ein. Sie werden allerdings nicht nur zur vermeintlichen Reinigung und Entmischung der Luft angezündet, um dadurch das »Pestgift« zu zerstören, sondern sie dienen gleichzeitig der sicheren Vernichtung der infizierten Gegenstände. Außerdem werden tierische und in Verwesung befindlichen Abfälle hineingeworfen.

Inmitten dieser Notzeiten zeigt sich eine weitere Seite der menschlichen Tugend: die Furcht vor dem Tod schwindet und zieht ein ausgelassenes Leben nach sich. So werden innerhalb von 15 Monaten allein in Nürnberg (1346—1348) nach den Stadtbüchern auffallend viele Sittlichkeitsverbrechen angeführt. Der Rat von Speyer vermerkt 1356, daß Hoffart und Übermut überhandnehmen. Gailer von Kaysersberg beschreibt die Mißachtung so:

»Aber hie got niemans der leich noch, wir blibent doheim und richten das uss mit beginen und blotzbrüdern die gend der leich noch und sunst niemans, weder vatter noch mutter... und diss ist ein schamlich, schantlich, unchristlich ding. Ist erwachsen, daß et-

Ritualmord. Aus einer Handschrift der Konstanzer Chronik (um 1470) in der Stiftsbibliothek St. Gallen. (möglicherweise aus der Werkstatt Gebhard Dachers!)

wann in grossen sterboten die leut über erschrocken seind und habend sich entsessen ab den leichen und seind darum doheim blieben«.[3]

Die medizinische Seite

Bereits Aetius von Amida, der Sammler ärztlicher Schriften (550), Alexander von Tralles (605) und Paul von Aegina (660) beschreiben die damaligen Volkskrankheiten. Ihnen sind Geistesstörungen, Hypochondrie, Hysterie, Melancholie, Monomanie und Halluzinationen bekannt. Nach Cassidor, einem Schüler des heil. Benedikt (560), der in seiner »cura fratrum infirmium« den Benediktinern das Studium des Hippokrates (Lehre von den vier Säften und ihrer gesunden Mischung), Galenus, Coelius, Aurelianus und Dioscorides empfiehlt, ist der heil. Bischof Isidor von Sevilla (gest. 636) die bedeutendste Erscheinung seiner Zeit. Seine 20 Bücher »de Origene« und sein Werk »de Natura rerum« geben ein Zeugnis von seiner ärztlichen und wissenschaftlichen Bildung. Rhabanus Maurus (780—856) erwähnt eine eigentümliche Krankheit, die Mondsucht, die darin besteht, daß sich zur Zeit des Neumondes ungeheure Menschenmengen auf den Bergen versammeln, um dem Mond zu Hilfe zu kommen, der in Gefahr sei, zugrunde zu gehen und dadurch den in der heidnischen Religion der Germanen befürchteten Weltuntergang zu verhindern. Vielleicht leitet sich hier der Begriff »mondsüchtig« her. Außerdem erzählt Rhabanus, daß er vor der Tür seines Hauses den Leichnam einer verhungerten Mutter gefunden hat, an deren Brüsten ein Säugling Nahrung suchte. Damals ist die Zahl der Mäuse so groß, daß sie nicht nur den ganzen Mundvorrat des Rhabanus auffressen, sondern seinen Angaben zufolge alle seine Bücher und die Bibel. Eine darauf folgende Pest tötet 250 Mönche seines Klosters.

Constantin Africanus bringt die arabische Medizin in die Mönchsschulen. Die ersten hervorragenden Ärzte der Araber werden in der berühmten Arzneischule in Susa (Persien) ausgebildet. Unter ihnen befindet sich auch Ben Kilde (634). Er sagt, daß es vier Dinge sind, die den Körper zugrunde richten. Es sind auffallend moderne Symptome, die außerdem beweisen, daß der Mensch nicht bereit ist, aus den Schwierigkeiten seiner Vorfahren zu lernen und Nutzen zu ziehen. Er nennt:

● Überfüllung des Magens
● Das Bad mit vollem Magen
● Das Essen von schweren Speisen
● Der Beischlaf mit abgelebten Weibern

Alphani warnt den Arzt, einem Pestkranken oder der Leichnam eines an der Pest Verstorbenen nicht zu nahe zu kommen. Die Pest definiert er so: »Die Pest ist eine epidemische oder eine gewöhnliche Krankheit, ansteckend durch Berührung, durch einen vermittelnden Träger oder »ad distans«, verderblich durch eine gemeinsame Ursache, entsteht vorzüglich aus verdorbener Luft als der allgemeinsten Ursache«.[4]

Die philosophierenden Ärzte des Mittelalters verrennen sich in Spekulationen und Definitionen und in der kanonischen Auslegung des Hippokrates und Galenus. Das wird verständlich, wenn man berücksichtigt, daß zwischen Constantin Africanus und Paracelsus ein Zeitraum von 500 Jahren liegt. Er ist erforderlich, um die ärztlichen Lehren der Griechen, Römer und Araber nach dem Schema der aristotelischen Denklehre zu bearbeiten und sie als bürgerliche Heilkunst bei den neuen Völkern einzuführen«. An dieser Stelle muß zudem das Wirken des Paracelsus gewürdigt werden.

Chalin de Vinario führt die Merkmale der Pest auf astralische Ursachen zurück. »...Zusammenstoß der Wandelsterne, Entstehung der Kometen, feurige Erscheinungen am Himmel, Irrlichter an jenen Orten, an denen die Pest zu beginnen droht. Er beobachtet die Pesten von 1345, 1348, 1361 und 1382. Er bezeichnet Avignon als ein »Rattennest« und stellt es als Ausgangspunkt der Pest hin.

Der Arzt Guy de Chauliac erlebt in Avignon die Pest 1348 und 1360. Nach seiner Schilderung lassen sich zwei Perioden unterscheiden: die erste dauert ungefähr zwei Monate, und die Kranken sterben innerhalb von drei Tagen, die zweite dauert etwa 5 Monate und geht in eine Beulenpest über. In Deutschland tritt die Pest unter den gleichen Symptomen auf: ein Großteil der Befallenen stirbt am ersten, zweiten oder dritten Tag, manche plötzlich. Dazu kommt »... daß Pferde, Ochsen, Ziegen und Schafe räudig werden, abmagern und in wenigen Tagen verenden«. Nach den Beobachtungen des Johann von Parma kommen in Trient nicht einmal sechs Schwangere mit dem Leben davon. **Vincenz Swofheim von Liegnitz verlangt noch um 1430 in erster Linie die Reinigung der Seele und nicht der Luft.**

Gutachten der Pariser med. Fakultät

»Wir die Mitglieder des Kollegiums der Ärzte zu Paris, haben nach reiflicher Überlegung und Beratung über das jetzige Sterben, den Rat unserer alten Meister in der Kunst eingeholt... und wollen hiermit die Ursachen deutlich und offen der Pestilenz an den Tag legen, als es nach den Grundsätzen der Astrologie und Naturwissenschaften geschehen könnte. Sie sehen die Ursache in der Sonnenenergie und der Wärme des himmlischen Feuers... dadurch entstehen Dämpfe... die die Sonne verhüllen und ihr Licht in Finsternis verwandeln. Das wiederholt sich ständig und so werden nun ein Teil der Gewässer verdorben. Die verdorbenen Wasser kann das Sonnenlicht nicht verzehren... der Dampf breitet sich in alle Weltgegenden aus und hüllt sie in Nebel... Wir sind des Dafürhaltens, daß die Gestirne mit Hilfe der Natur sich bestreben durch ihre göttliche Macht das Menschengeschlecht zu schützen und zu heilen. **Der Weiber muß man sich bei Todesgefahr enthalten, und denselben weder beiwohnen, noch mit ihnen in einem Bette schlafen.** Das soll sich Jeder wohl gesagt sein lassen«.

Das englische Schweißfieber

Hier handelt es sich um das Aufkommen der sog. Franzosenkrankheit oder der Syphilis als Geschlechtskrankheit. Sie kommt im letzten Jahrzehnt des 15. Jhts. auf und die Quellen beschreiben sie einheitlich:

»Darnach ist auch diss Jahr (1496), dass Gott darinne ein new Exempel seines grausamen Zorn wider die Sünde der Menschen, sonderlich aber wider die Vnzucht und Vnkeuschheit erzeiget hat... Spanier haben den Frantzosen mit List vnd Behendigkeyt beykomen müssen... vnd schicketen aus ihrem Lager den Frantzösischen Kriegsleuten, die zu Vnzucht geneiget, Spanische Bälge zu. Dadurch nahm diese schreckliche Kranckheit (so man sie von Franckreich nennet, nicht allein in dem Frantzösichen Lager vnd Kriegsvolk, sondern auch fast durch ganz Europeam, schnell vnd behende vberhand«.[5]

»1496 ist die schrecklich und unerhörte Krankheit, die Frantzosen genannt, oder die flechtende indianische Seuche, die in Schlesien zum erstenmal eingeschlichen und vermerket worden. Die Jahr zuvor brachte sie ein Weib, so von Rom gewallet, gen Krakau; zwei Jahre zuvor war sie in Spanien, Welschland und Frankreich gemein und bekannt«.[6]

Das englische Schweißfieber, die »febris ephema« (nach Alphanus) wird 1486 als Epidemie beobachtet. Sie bricht unter den Symptomen einer febris maligna plötzlich unter dem Heer aus und scheint zunächst auf England beschränkt gewesen zu sein. Unter den gleichen Erscheinungen und fast zur gleichen Zeit wütet die Krankheit 1507 in England. Wiederholungen kommen 1518 und 1529 vor. Zu diesem Zeitpunkt richtet sie in England, Dänemark, Schweden, Rußland, in den Niederlanden und der Schweiz furchtbaren Schaden an. 1551 kommt sie nochmals zum Ausbruch.[34]

Anton Klump zitiert aus dem Beginn des 16. Jhts.: »Der Eneglisch Schweyss wirt darumb... genant. In dem Künigreich Engellandt ist die kranckheit schnelliglich endet in dem schweiss, entweders zum leben oder todt... ist auch ein vrsach diser krankheit eyn verborgenen neigung des gestirns vnd den planeten, dieselbigen mite etlichen unflus influss die sie habent in die cörper hernider, bringen sie anzündung in das blut«.

Sigmund Kröll beschreibt die Krankheit so: »... diese gegenwertige, schwere, erbermliche kranckheit, vor langen Jahren zu der zeit Hippocrates viel heftiger vnd geschwinder, wie und dan die Historien bezeugen, auch gewesen. Ist ein erschrecklich, vorgriff, vnd contagiosa oder süchtig febris, von wegen des gifftigen faulen luffts welcher den Hertzen des merern teils den Athem zukumpt... haben geursacht Finsternuss des Mondes vnd der Sonnen, geuerliche vnd swere Coniunctien oder Zusammenfügung der Planeten, grosse Nebel, dicke Finstere wolcken durch die winde von Mittag vnd Niedergang der Sonnen versamlet«. Für ihn ist es das gleiche Symptom wie für die Ärzte der Pariser Universität: vermutlich liegt eine Abschrift vor.

Sebastian Frank: »Umb die Herbst Mess in Franckfurt a.M. im M.d.xxix.jar Erstund auss verschulter sünde vnd billichem zorn Gottes, ein unerhört, nuew, erschrecklich plag vnd kranckheit, welche man die Englisch such oder kranckheit nennet«.

Hunger, Verzehren von Leichen und Aas

»Wie Gott die Welt geschaffen, so regiert er sie auf seine direkte Weise durch Eingriffe in den Lauf der Natur. Er läßt Sterne und Zeichen am Himmel erscheinen, er macht Regen und Schnee, Hagel und Ungewitter; er schickt Erdbeben, Wasserfluten und Heuschreckenschwärme; er leitet die Schicksale der Menschen, ihre Sinne und Gedanken, ihre Kämpfe und Schlachten; er schickt Seuchen, Pest und Hungersnot«.[7]

Wenn diese Anschauung vom spätmittelalterlichen Weltbild geprägt ist, so zeigt sie zugleich zwei Dinge; **einmal verstehen es hier die Theologen wieder einmal, das Böse mit dem Guten aufzuwiegen und dadurch das Übel zu vergrößern: anstatt aufklärend zu wirken, werden Schreckbilder von Teufeln und Dämonen gesetzt.** Auf der anderen Seite sehen wir eine enge Verbindung zum Hexenwahn. Noch im späten 15. Jht. werden mehrere Verfolgungswellen durch das Zitieren von Verwüstungen ausgelöst: das ist nicht nur im protestantischen Eßlingen und im katholischen Trier so. Die Erwerbsquelle der ohnehin geknechteten Bauern ist die Landwirtschaft. Fröste, Ungewitter, Trocken- und Regenperioden führen zu Mißwachs und Mißernten, folglich zu Störungen im Erwerbsleben. Dazu kommen Landplagen wie eine Überzahl von Mäusen und Ungeziefer, denen der Mensch machtlos gegenübersteht. Immer wieder hört man in dieser Zeit von »verhextem Vieh«, vom Wetter-, Mäuse- und Hasenmachen. Das sind die wirklichen Ängste, die das Volk am empfindlichsten treffen. Dazu kommen Krankheiten, Seuchen, die Pest und der alles überschattende Teufels- und Dämonenglaube. Hinzu kommen in einer Vielzahl von kriegerischen[8] und religiösen Auseinandersetzungen, Not und Elend, Verwilderung und Entsittlichung dazu. Die erste Hälfte des 17. Jhts. ist eine Phase des kulturellen und wirtschaftlichen Niedergangs, einer Epoche voll unsagbaren Elends und der Verzweiflung. Das ist bei einer realistischen Beurteilung des Hexentreibens heranzuziehen, weil die Stimmen unüberhörbar sind, die immer wieder auf die Armut abzielen und vermerken, »daß man gerade die arme und alte Bevölkerungsschicht in die Pflicht genommen hat«. »Die Annalen der Leiden eines Volkes sind mit denen seiner Kulturgeschichte eng verwoben; was uns von jenen berichtet wird, das hängt eng zusammen mit den wechselnden Gestaltungen des politischen und sozialen Lebens«.[9] Wie unendlich schlimm der Hunger wütet und die Menschen zu bestialischen Morden treibt, soll an einigen Beispielen erläutert werden:

»In Livland und Russland erreicht die Hungersnot einen unerhörten Grad. Friedrich Engel, der Pastor von Dünnaburg, verzeichnet in einer besonderen Schrift, daß »...allein in dem Dünnaburgischen Gebiet 30 Menschen aufgefangen, geschlachtet und verzehrt worden sind... anno 1602 vor Christi Himmelfahrt... in Klausenburg ist die Sterblichkeit geringer, aber von 1602 bis 1603 herrscht ein so großer Hunger, daß die armen Kinder von ihren verstorbenen Eltern essen; Hunde und Katzen gelten als Leckerbissen«.

Erschwert wird die Lage durch das Absterben der Tiere. So klagen die Metzger von Tirschenreuth, daß das meiste Vieh zu Grunde gegangen sei; das noch vorhandene sei halbkrank, matt und dürr... daß einem davor ekeln muß, es auch nur anzuschauen, geschweige denn es zu genießen, wodurch gar leicht eine Krankheit causiert (herbeigeführt) werden könnte«.

1634 erreicht in Agawang (Zusmarshausen) der Hunger einen solchen Grad, daß im Februar 1635 Vier Weiber die Leichen von fünf verhungerten Menschen essen. Der Plebanus, Mich. Lebhardt fragt, wie es ihnen geschmeckt und vorgekommen wäre: »es habe ihnen wohlgeschmeckt und sei das Beste gewesen an ihnen Hirn, Herz und die Nieren«.[10]

Immer weiter greift der Hunder um sich. Auf öffentlichen Fleischbänken wird das Fleisch von Pferden, Eseln, Katzen und Hunden verkauft. Arme kochen Leder und Häute, speisen Ratten und Mäuse: Stroh wird kleingehackt, mit ein wenig Mehl geknetet und gebacken. Im Januar stirbt »... bei einer Wirtin ein Soldat in dem Quartier, sie schnitte alsbalden das

Gefecht im Wald. Zeitgenössischer Holzschnitt von Hans Lützelburger.

brettige (bratbare) Fleisch von seinem Leib, kochte es und gab es ihren Kindern zu essen«.[11] Manche Verstorbene haben noch das Gras im Mund, mit dem sie gegen den Hunger kämpfen. Der Hunger steigert sich so, daß Leichen aus den Gräbern gestohlen und gegessen werden. Einzelne Friedhöfe müssen bewacht werden (z.B. Neustadt a.M.). Selbst Lebende werden abgefangen, erschlagen und verzehrt: so schlachtet eine Frau ihr eigenes Kind, salzt es ein und verzehrt es; sie stirbt darüber im Gefängnis. Eine Tochter brät die ausgegrabenen Körperteile ihrer Mutter und verzehrt sie. In der Nähe von Zweibrücken streiten zwei Frauen um den Besitz eines mit Würmern bedeckten Aases, wobei eine erwürgt wird. Eine Frau, die ein Kind geschlachtet und gegessen hat, wird in Zweibrücken hingerichtet.

Im Zusammenhang mit den Hexenprozessen hört man immer wieder, daß die Hexen Kinder töten und ihr Schmalz zu einer Hexensalbe verwenden. Gedanklich besteht eine Brücke zur Hungersnot. Dieser Gedanke wird seither in der Hexenliteratur nicht berücksichtigt.

Die Menschen essen Häute und Tierfelle: Hunde, Ratten und andere Tiere werden gegessen, selbst die, die wochenlang in schmutzigen Pfützen gelegen haben. Die Menschen schlagen sich um das Fleisch von toten Pferden... keiner ist vor dem Nachbar sicher. In den Winkeln der Straßen lauern Leute und fangen Hunde und Katzen auf, um sie zu verzehren »...sie holen sogar aus dem Main eine Schindkaute und kochen sie auf offener Straße, um den Hunger zu stillen. In Straßburg wird Hunde- und Pferdefleisch verkauft. In Durlach entvölkert man in weitem Umkreis

die Sümpfe und verzehrt Frösche und Kröten ohne Unterschied aus Heißhunger. Die Zahl der Wölfe nimmt (bes. im Rheinland) sprunghaft zu. Dadurch wird nicht nur der Werwolfglaube genährt und keiner wagt sich bei Einbruch der Dunkelheit auf die Straße. Dies spricht für die von Lambreg vertretene Unzuchtstheorie, die er dem Hexentreiben zugrundelegt. Katzen- und Mäusefleisch gehört in Trier zu den gesuchten Leckerbissen. Für eine Rattemaus bezahlt man 4 fl.

»Die Kuhhirtin in Ruppertshofen hat von ihrem toten Manne gerissen und geschnitten, solches gekocht und mit ihren Kindern gegessen; auch ihrem Vater die Schenkel abgehauen, gewaschen, gekocht, dergleichen den Kopf aufgetan, gesotten und gefressen. Als sie gefragt worden, wie es geschmeckt habe, hat sie geantwortet: »wenn sie nur ein wenig Salz dazu gehabt hätte, hätte es gut geschmeckt«.

1637 wird in Ippesheim ein Müller zum Mörder, nur um Menschenfleisch zu erlangen: er wird in Würzburg auf dem Scheiterhaufen hingerichtet. »Die Hungernden erschlagen einander, verzehren sich, durchwühlen Gottesäcker, ersteigen Galgen und Räder und nehmen die Toten herunter. Bettler und Landstreicher lauern auf Vorübergehende und töten sie. In Alzei erwürgen zwei Frauen aus Verzweiflung Menschen, um mit ihrem Fleisch den Hunger zu stillen: »... in Otterberg (bei Kaiserslautern) tötet eine Frau ein Mägdlein, ißt davon und verkauft das Übrige als

Schweinefleisch. In Bergzabern erwürgt und brät ein elfjähriges Mädchen einen fünfjährigen Buben... in einem Dorf brät ein Bauernjunge von seiner verstorbenen Schwester ein Stück am Feuer«.

1638 kostet ein Pfund Pferdefleisch 5 fl., »ungebutzte und gekochte Pferdedärme« 8 Schillinge, ein Pfund Hundefleisch 5 Batzen und eine Maus 3 Batzen. Im Amt Neutstadt lesen die Leute die Spreu aus dem Pferdekot, um Brot zu backen«. »Am 2. August 1648 schreibt der Probst Jac. Christian aus dem Kloster Reichersberg: »Nebst diesem ist eine große Hungersnoth, daß die armen Unterthanen die von den Soldaten hinweggeworfenen Schafs-, Köpf, Därmb, Ingewaidt von denen armen Leuthen gesamblet, gekochet, und ob es schon voller Maaden und stinkendt seyn. O Elendt«.

Giftmischer und Fettschmierer (Ingraisseurs)

Es ist klar, daß in einem solchen Klima die Verbrechen zunehmen. Daraus erklären sich teilweise drastische, heute nicht mehr vorstellbare Strafen der Obrigkeit unter Anteilnahme der Bevölkerung. »Die Weltgeschichte führt uns Tatsachen vor Augen, woraus ersichtlich wird, daß die bösen Künste der Giftmischerei im Mittelalter eine große politische und soziale Rolle spielten: wie willkommen mußte unter solchen Umständen eine Pest für die Giftmischer sein«.

»Androgyna Casali hat in Italien um das Jahr Christi 1536, mit ihrem adhaerenten... ihr vorgenommen, auf ein vornehmes heil. Fest die Stühle in den Kirchen mit einer gewissen Salbe (deren sie und ihr Anhang 20 Häfen voll präpariert hatten) zu beschmieren, und alle Bürger in der Stadt hinzurichten, sie wurden aber entdeckt, und alle, die damit in Zusammenhang standen... mit grausamer Pein hingerichtet«.[12]

Der Braunauer Schullehrer M. Bressler berichtet über eine Giftseuche in Frankenstein: »...am 10. September wurden auf Bekenntnis zwei Totengräberknechte »so sich vollgesoffen« zu Frankenstein in der Pest eingezogen... beide Meister Wenzel Förster, der gegen 28 Jahre Totengräber gewesen und G. Freidinger von Striegau: am 14. September beider Meister Weiber sammpt Casp. Schetts, ein Bote und Bettler, 87 Jahre alt, wegen Giftaussäens in der Pest: am 4. Oktober Susanna Schuberts verstorbenen Stadtdieners Tochter sammt ihrer Mutter Magdalena wegen Giftausstreuens: am 12. September hat man bei Wenzel Försters, des alten Totengräbers Haus, ein Jahr nach seiner Justifizierung, einen ganzen Zecker voller Dütlein mit Giftpulver, damit sie die Pest ausgesäet, gefunden. Ist aber weit (von) der Stadt in Flußwasser geschüttet worden«.

Am 5. Oktober werden wegen Giftstreuens ein Totengräber Johann Laken und sein Sohn, ein Knabe von 14 Jahren, enthauptet und der abgeschlagene Kopf mit den Körpern auf den Holzhaufen gelegt. »Sind mit diesem in allen 17 Personen, die Pulver gestreut und bereitet, in der Pest zu Frankenstein gerichtet und verbrannt worden«.[13]

In Italien war das seltsame Gerücht im Gange, daß vom Teufel verführte Bösewichter mit vergifteten Salben und Pulvern die Eingänge der Kirchen und Wohnungen, die Schlösser und Türklinken, Stühle, Fenster, wie die Kleider infiziert hätten und daß die geringste Berührung unvermeidlich den Tod herbeiführte... am 17. Juli werden Wilhelm Platea und der Barbier Joh. Jak. Mora für schuldig überwiesen, mit glühenden Zangen gezwickt, die rechte Hand abgehauen, endlich flocht man sie lebend auf das Rad und verbrannte sie«. In Lyon werden Fettschmierer (Ingraisseurs) bei ihrem Vorhaben ertappt. Das führt zu weiteren Schandtaten:

1613 in der Stadt Wolkenstein: »Während die Seuche ringsherum Entsetzen und Verzweiflung verbreitet, beraubt der Totengräber die aus den Gräbern genommenen Leichen ihrer Kleidung, begeht mit dem Diakon Abraham Tränkner und einigen Gehilfen in den Sterbehäusern Diebstähle und Unfug. Nach Entdeckung der Schandtaten wird er am 15. Juli 1615 gerädert und verbrannt, während der Diakon fliehen kann«. 1630 bilden während der Pest in Münster (Westfalen) zwei Schwestern mit ihrem Zuhälter einen Komplott, brechen in ausgestorbene Häuser und plündern sie. Als die Pest zu Weihnachten wieder nachläßt, und sich die Frevler einfinden, ergreift man sie, hängt die eine, sackt die andere und enthauptet den Schandbuben«.

In Stralsund werden zwischen 1554—1587 sieben Männer wegen Zauberei, Mord und Falschmünzerei zum Feuertod verurteilt. In Pommern wird 1581 ein Mensch hingerichtet, der 24 schwangere Frauen getötet hat, um deren Fucht habhaft zu werden und zur Bereitung von Zaubersachen.[14]

Töten schwangerer Frauen

Mehrere Totengräber aus der Umgegend von Leipzig haben 1658 in gewinnsüchtiger Absicht und wegen zauberischer Vorstellungen eine Giftmischeranstalt errichtet, um durch häufigere Todesfälle, die sie bewirken, ihr Geschäft einträglicher zu machen. Ein ähnliches Unternehmen einer aus Totengräbern gebildeten Giftmischerbande wird 1606 in Frankenstein in Schlesien entdeckt. »Ihrer zwei hatten aus einem ungetauften und aus zweien toten schwangeren Frauen Kindlein die Herzlein aufgeschnitten und nach ihrer

459

Gebet zum heil. Dionysius gegen «mala franzos». Nürnberg, 1496.

Art geteilt und gefressen, damit es ihnen sieben Jahre gut gehen solle«.[15]

»Aus Sagan wird mitgeteilt, daß ein gewisser Peter Wolfgang unter 30 Mordtaten, deren sechs an schwangeren Frauen begangen, um die Herzlein der Leibesfrüchte zu verzehren, um sich vor Gefangennehmung sicherzustellen. In Sachsen werden drei Mörder dieser Art gerädert und geviertelt. Sie haben Kinderherzen gegessen, um sich schußfest zu machen. Noch im 17. Jht. werden nicht selten Findelkinder, die man für 20 Sous kaufen konnte, erworben, um sie zu magischen Zwecken zu verwenden.«[16]

Verhalten der Geistlichkeit, Schutzpatrone

Die Geschichte beweist, daß sich die Menschen in Notzeiten stark religiösen Dingen zuwenden, weil sie sich von hier Rettung erhoffen. Das frühe 17. Jht. zeigt wegen der allgemeinen Schrecken eine tiefe

Frömmigkeit und Frömmlerei und ein auffallendes Hinwenden zum Glauben. Sicher ist noch nicht, zu welchem: die Obrigkeiten und die Kirchen rangeln sich um die Seelen: beide schöpfen aus gleichen Quellen und bekriegen sich bis zum Völkermord. Wie bei den Hexenpredigten haben die Priester und Pfarrer mit dogmatischen Spitzfindigkeiten und vom Wahn der Zeit befangen dem dummgläubigen Volk eingehämmert, daß die Pesten, Schrecken und Hungersnöte Strafen des göttlichen Zornes sind, die man **nur** durch fleißiges Beten, gesitteten Lebenswandel und durch Opfer verhindern kann.

»Gott der Allmächtige hat seine Allmacht und Kraft wider die Pestilenz wunderlich verstecket, in Wurzeln, Kräutern, Samen, edlen Gesteinen, Holzwerk, Gummi, unvernünftigen Tieren allerlei Gattung«.

1606 spielt sich in Aschaffenburg folgendes ab: »...also haben sich in höchster Not (die 200 übriggebliebenen Bürger) auf den negsten Freytag vor Michaelistag (29. September) zu Gott dem Allmechtigen gebeten und geschrieen um Abwendung der grossen Plag und die Feuer all ausgelöscht im Flecken, ein Zugfeuer gemacht und diesen obgedachten Freytag Gott gelobt zu einem heil. Feyer zu ewigen Tagen zu fasten und zu feyern«.

Frauen geloben an allen Sonn- und Feiertagen nur schwarze Joppen mit schwarzen Röcken und die Männer nur graue Kleider zu tragen.[17] In der Grafschaft Hohenberg (Rottenburg am Neckar) faßt die geistige und weltliche Obrigkeit das Gelübde, am 20. Januar jährlich eine Betstunde zur Abwendung der Seuchen zu halten.[18] »Die Bürgerschaft von Kraiburg verlobt sich wegen der Todesgefahr zum heil. Sebastian in Ebersberg, wo man aus dessen Hirnschale, Rettung erhoffend, mittels eines gehöhlten Pfeiles gesegneten Wein schlürft«.[19]

1617 bezeichnet der Glöckner in der Gegend von Naumburg eine hereinbrechende bösartige Ruhr als »Zornwut Gottes«. Von den Kanzeln predigen die geistlichen Herren gegen »die letzte Brut und Frucht des Teufels« und versagen den Kippern und Wippern das ehrliche Begräbnis. Wegen der permanenten Teuerung und Münzverschlechterung werden Münzen eingeschmolzen und an seiner Stelle geringwertiges Kupfergeld geschlagen (sog. Hilpertlein). Hier kann die Kirche mit einem treffenden Beispiel aufwarten:

Conrad von Bonow

In einer vorausgegangenen Pestepidemie (um 1400) stellt sich in Stralsund die Sitte ein, daß Bürger für geistliche Amtshandlungen (Taufe, Begräbnis usw.) übermäßig große Opfer am Altar niederlegen. Weil dies ärmeren Bürgern schwerfällt, läßt der Stadtrat zu diesem Zweck eine geringere Münze schlagen. Die Geistlichkeit ist darüber aufgebracht. Der Priester Conrad von Bonow verläßt die Stadt, sammelt eine Schar von 300 Reitern, kehrt zurück und fängt außerhalb beschäftigte Bürger ab, die er an Händen und Füßen verstümmeln läßt. Die über diesen Gewaltakt verbitterten Bürger sperren daraufhin 16 Priester ein und wollen sie verbrennen (was mit drei von ihnen passiert). Bann und Interdikt sind die natürliche Folge... nach einem langen Kampf muß sich die Stadt zu einer harten Sühne bekennen und die Hauptübeltäter gehen straflos aus«. Da denkt man unwillkürlich an das Verhalten der Kirche gegenüber den Stedingern. Außerdem ist zu bemerken, daß in solchen Notzeiten ohnehin die Kirche der Nutznießer ist, denn sie erhält zahlreiche Schenkungen oft erheblichen Ausmaßes, auf denen sie noch weit bis in das späte Mittelalter hinein Leibeigene beschäftigt. Dennoch: auch die Kirche verarmt in dieser Periode. Es kommt zu erheblichen Rechtsunsicherheiten, besonders bei der Regelung der Erbschaften. Stifte und Klöster verschulden.

Sankt Antonius Feuer

Zu den Schrecken der periodischen Krankheiten gesellt sich im 16. Jht. die Syphilis oder Franzosenkrankheit. Die Bekämpfung von Geschlechtskrankheiten liegt im Dunkel, man versucht es mit dem Allheilmittel Theriak. Die Geistlichen bemühen sich, die Seuche mit einem anderen Namen zu bezeichnen als dem üblichen »mal sacre« und nennen sie ardentes, Krankheit der Brennenden, d.H. der Lüstlinge und der Ausschweifenden. Der Volksmund macht daraus ein »mal de saint Main« und ein »feu de saint Antonie«, weil diese beiden Heiligen im Begriff stehen, gute Hilfe gegen die Pest zu sein. Der eigentliche Pestpatron ist der St. Rochus und der St. Sebastian. Papst Urban II. der von den Wundertaten des heil. Antons hört, gründet unter seiner Anrufung einen Orden, der sich die Bekämpfung der fürchterlichen Krankheit zur Aufgabe macht. Die Antoniter stellen vor der Reformation den beliebtesten und volkstümlichsten Spitalorden dar. Nachdem die Bekämpfung des sog. »Antoniusfeuers« eingedämmt werden kann, geht man zur Heilung anderer Krankheiten über und befaßt sich auch mit der seit 1490 auftretenden Franzosenkrankheit.

Sanitätspolizeiliche Maßnahmen

Das Unvermögen, die Sache logisch und folgerichtig einzuschätzen, darf heute der Epoche nicht als Nachteil angerechnet werden. Im Ganzen gesehen ist der ärztliche Einfluß im Mittelalter beschränkt: im Vordergrund steht die Chirurgie und die untergeordnete Ordination. Die ersten Hospitäler werden Xenodochien genannt (Herberge für Fremde). Ihr Gründer ist Julian Apostata (332—363). Er ordnet an, in jeder Stadt auf Staatskosten eine solche Stätte einzurichten. Es ist noch nicht erwiesen, wann die ersten Spitäler errichtet werden. In der Regel gehört zu jeder klösterlichen Anlage ein Krankentrakt, in dem auch Fremde aufgenommen und gepflegt weden. Im Mittelalter nimmt die Zahl der Bettler zu. Almosen allein genügen nicht. Die Klöster, Stiftungen und Erbschaften reichen nicht mehr aus, um dem Übel zu begegnen.

Cluny bietet hier ein treffendes Beispiel. Hier werden ständig 18 Arme, die täglich ein Pfund Brot und die Tagesration Wein erhalten, ferner einmal in der Woche Bohnen und sonst Kohl, für die Kleidung 9 Ellen Wollzeug und zu Weihnachten ein paar Schuhe. Wöchentlich geht ein beauftragter Klosterbruder mit seinen Knechten zu den Armen und bringt ihnen Nahrung. Im Kloster werden jährlich 150 Schweine zur Speisung der Armen geschlachtet. Bruder Berthold sagt: »...wer reich ist... soll Almosen geben und Messen stiften und Wege und Stege machen und Klöster aufrichten und Spitale, und den Hungrigen speisen, den Durstigen tränken, den Nackten kleiden, den Elenden beherbergen und die sechs Werke der Barmherzigkeit vollbringen. Denn danach wird Er sonderlich fragen am Jüngsten Tag«. Im frühen 16. Jht. kommt es unmittelbar nach Ausbruch der Reformation zu den ersten Armenordnungen (Nürnberg 1. September 1522). Hier sollen regelmäßig zwei Ratsherren und zehn andere ehrbare Personen mit Unterstützung einiger Knechte die Armen besuchen und ihnen eine wöchentliche Unterstützung geben. Es wurden »gemeinsame Kasten« eingerichtet, die in der Regel aus Spenden für die Kirchen zusammengesetzt sind. Daraus entwickelt sich der Begriff der »Armenkasse«. Nach der Reformation haben beide Konfessionen in der Armenpflege tüchtige Männer hervorgebracht. Auf der katholischen Seite z.B. Franz von Sales und Vincent de Paul. Franz von Sales gründet mit Johanne Franziska de Chantal 1610 die Genossenschaft der Frauen »von der Heimsuchung Marias«. Vincent (1581—1660) gründet die Schwesterschaft »de la chartité« und damit den noch heute wirkenden Karitasverband. Vincent de Paul (1605—1607 ein tunesischer Sklave) gründet die Vereinigung der »Lazaristen«.

Die ursprüngliche Bestimmung der Hospitien, Spitäler und Herbergen ist nicht nur zur Aufnahme von Reisenden, sondern auch zur Pflege von Kranken und Armen eingerichtet. Deshalb entstehen sie zunächst entlang der Pilgerwege. Später tritt eine Absonderung in Herbergen für Gesunde und Kranke ein, für schwache Greise und für die kleinen, von grausamen Müttern ausgesetzte Kinder. Als sich u.a.

der Aussatz verbreitet, werden dafür eigene Häuser errichtet, die, da die Aussätzigen Lazari heißen, Lazarethe und in einigen Urkunden »domus leprosum« genannt werden. Zu den Sanitätsanstalten sind die öffentlichen Frauenhäuser zu zählen (Bordelle), die im Mittelalter in allen größeren Städten bestehen und einer obrigkeitlichen Aufsicht unterstellt sind (domus meretricum, domus publicarum, mulierum, lupunaria).

Werfen wir nun einen Blick auf die einzelnen Maßnahmen der Obrigkeit und der Kirche, die zur Eindämmung der Pest verordnet werden. Getragen ist das Bemühen von der Idee, daß die Gefahr in der verpesteten Luft liegt, daß die Übertragung der Infektion einzuschränken ist und daß die allgemeine Unsauberkeit eingeschränkt werden muß. Der medizinische Gesichtspunkt bleibt weitgehend unberücksichtigt.

Vorschriften und Pestordnungen

Noch 1628 vertritt man die Auffassung, daß neben der vergifteten Luft die Ansteckung durch den unmittelbaren Kontakt mit den Kranken erfolgt.[20] Deshalb wird die sorgfältige Reinheit empfohlen, die Verunreinigung des Stadtbaches und der Brunnen untersagt, der Verkehr mit Infizierten unterbunden. Die Bewohner der infizierten Häuser erhalten Ausgehverbot. Man rät, die Wohnstuben mehrmals mit Wacholder zu räuchern und zu beflammen: auf die gleiche Weise soll der Mesmer die Kirche eine halbe Stunde vor dem Gottesdienst von unreinen Dünsten befreien...man solle sich in den Kirchen weit auseinandersetzen... Särge dürfen nicht getragen, sondern müssen gefahren werden. In Memmingen kommen die Kranken in das »Brechhaus« »...daß diejenigen, so Sterbenslauf im Hause, die Todtenwäsch nicht auf freier Gasse waschen, noch sonsten das Todesstroh auf die Mistung, sondern anders wohin verschaffen in Main, bei Buße von 5 fl«.[21]

Vor den Häusern stellt man Pestwachen auf und versperrt die Wohnungen. Dazu kommen die Prechenbader, um in die Häuser zu gehen und die Kranken zu besichtigen. Auf Befehl der Rentstube von Landshut (5. Januar 1649) tragen Alle, die mit den Angesteckten umgehen müssen, ein hölzernes Kreuz auf der Brust, als Zeichen, daß man ihren Umgang zu meiden hat.[22] Um sich und Andere vor Ansteckung zu bewahren, stellt man in einiger Entfernung vor den Häusern der Pestkranken einen mit Leintuch bedeckten Tisch auf«... dahin legte man Speisen und Arznei und der Geistliche die nach der Krankenzahl bemessenen Hostien. Dann entfernen sich die Laien und der Pfarrer. Die Leidenden werden herausgerufen, reichen sich selbst das Abendmahl und wanken dann ihrem Jammerort zu.[23] ...man reicht ihnen das Essen mit langen Holzlöffeln durch kleine Fenster, damit man nicht angesteckt wird. Um zu erfahren, ob im Haus noch Lebende sind, werfen die Leichenträger Erbsen oder Sand gegen die Scheiben. Schaut niemand heraus, gehen die Träger in die Wohnung und holen die Opfer. Oft wirft man sie zusammen in eine Grube.

Kein Mensch greift die Toten mit den Händen an, man schafft sie auf Heugabeln hinaus und lädt sie auf Wagen um sie in Gruben zu verscharren. In vielen Orten müssen zusätzlich Totengräber angestellt werden. In Wimpfen am Neckar herrscht die Pest von 1606—1606. Man errichtet ein »blotterhaus« und zwingt die Wärter zum Krankendienst. Den Totengräbern wird bei schwerer Strafe untersagt, in das Wirtshaus zu gehen, solange die Pest wütet. Die Friedhöfe werden zu klein. Man begräbt die Toten bei den Kirchen und erweitert die Leichenhöfe. Täglich fahren Totenknechte herum, um Leichen aufzunehmen.

»Allein in seiner Hilflosigkeit liegt der Kranke in seiner Behausung, kein Verwandter naht sich ihm, höchstens drücken sich seine besten Freunde in irgendeinen Winkel. Der Arzt wagt nicht, ihn zu besuchen, der entsetzte Priester reicht ihm furchtsam die kirchlichen Sakramente. Mit herzzereißendem Flehen rufen Kinder nach ihren Eltern, diese nach den Kindern, der Mann nach seiner Frau. Endlich stellt man eine Totenkerze neben ihn und läuft davon. Und hat der Tote seinen Geist aufgegeben, so muß oft die Mutter ihren Sohn, oder der Mann seine Frau in das Leichentuch hüllen und in den Sarg legen. Weder der Totenbitter noch der Schall der Posaunen, noch der Klang der Totenglocke und das feierliche Totenamt versammelt die Freunde und Verwandten, um dem Dahingeschiedenen die letzte Ehre zu erweisen«.

Es gibt auch Totengräber, die sich des Gestankes ihrer Kleider rühmen und sagen: »...daß sie sich weder vor der Pest noch vor dem Teufel fürchten«.[24] Man stellt Pestbarbiere auf. In Groß-Glogau stellt der Rat einen Pestbarbier mit drei Gesellen, Leichenträger, Totengräber und Wächter an. Zu ihrer Besoldung werden vom Mai 1613 bis 1614 2.000 Mark (Renteirechnung) angewendet. Beim Pestausbruch in Stettin weigern sich die Barbiere, die Stellung eines Pestchirurgen zu übernehmen, so daß ihnen angedroht werden muß, einen aus ihrer Mitte zu bestimmen.[25] Aus Mangel an Särgen wickelt man die Leichen in alte Tücher oder Stroh. Ein Totengräber von Plech (bei Bayreuth) läßt sich seine Dienste in der Pfarrei Milchfeld teuer bezahlen. Für ein Begräbnis am 31. Dezember 1627 bekommt er gegen acht Reichstaler samt Kost und Trunk«.[26]

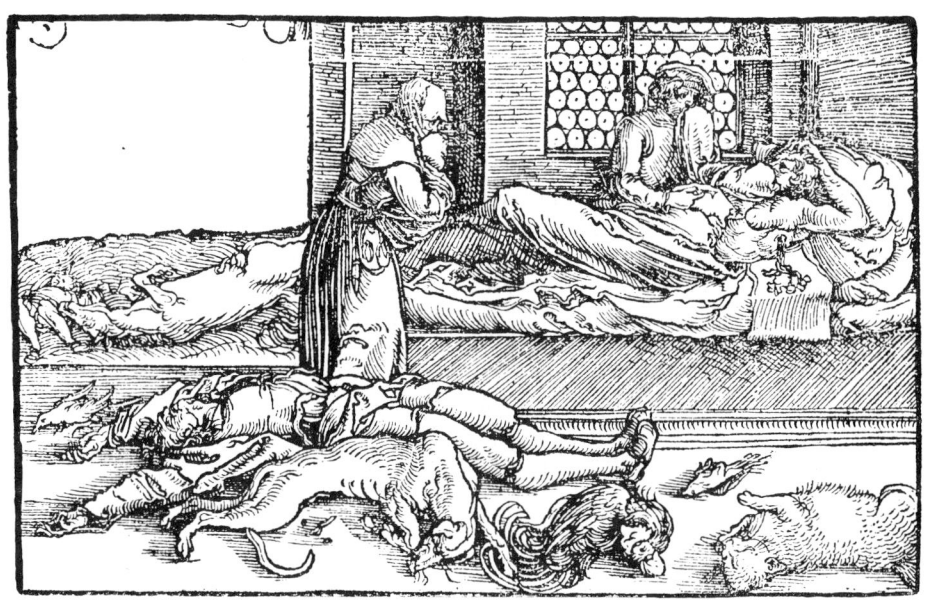

Die Pest. Holzschnitt von Hans Weidnitz. In: »Petrarca's Glücksbuch«. Augsburg, 1522.

Trotz aller strengen Maßnahmen zur Reinhaltung und Vorsicht erfolgt die Verbreitung der Pest auch durch aus infizierten Häusern gestohlenen Gegenstände und durch wandernde Gesellen, vor allem aber durch grobe Unvorsichtigkeiten, Eitelkeiten und herumschweifenden Soldaten. »Eine der Ursachen der Pest sind die Garnisonen oder Lagestätten der Soldaten, bevorab der Kranken, die sich genau behelfen müssen und derowegen allerlei Unrat neben sich samblen... dass sie auch hin und wieder in den Gassen, vor den Häusern und auf dem Stroh lagern, dannenhero... ein großer Gestank und darauf eine Pest entsteht«.[27] Nach Colmar wird 1624 die Pest durch eine eitle Dienstmagd geschleppt, die sich mit ihrer infizierten Joppe aus Danzig auf dem großen Jahrmarkt zeigen will. Daran sterben 400 Menschen. Immer wieder melden die Chroniken Verzweiflungstaten. So erhängt sich ein Vater von acht Kindern, weil sie allesamt und seine Frau der Pest erlegen sind. Zusammenfassend werden folgende Maßregeln getroffen:

- Wachen werden vor die Stadttore gestellt
- Zusammenkünfte auf Straßen, in Kirchen und Bädern werden untersagt
- Schulen und Bäder werden geschlossen
- Eingehende Briefe werden durch Räucherungen gesäubert
- Das von infizierten Orten hergeschickte Geld wird in Essigwasser gelegt
- Man mahnt zur Reinhaltung der Wohnungen und Straßen
- Die Wohnungen der Infizierten sind zu reinigen und auszuräuchern
- Das Bettstroh darf nicht im Ort vergraben werden, die Wäsche ist an abseits gelegenen Orten zu reinigen[28]

- In den Hauptstraßen sind alle Unsauberkeiten und Miststätten abzuschaffen. Die Nebengassen sind alle 14 Tage zu reinigen, die Schweineställe abzuschaffen und die Brunnen sind sauberzuhalten.

Pestordnungen/ medizinische Vorkehrungen

Es haben sich aus der Epoche verschiedene Pestordnungen für Kranke und für Gesunde erhalten. Vorab eine aus dem kirchlichen Bereich. Wer sich hier den Pestkranken widmet, gilt als dem Tod geweiht. Deshalb steht an erster Stelle das Verbot: »...kein übermäßiger und indiskreter Eifer im eigentlichen Krankendienst, wie unnötiges Betrachten, Reichen der Speisen usw. womit die Gefahr der Ansteckung erhöht wird«. Fast gleiches Gewicht wird der Verordnung beigemessen: »es wird empfohlen, das Ausschlagen von allen unnötigen, melancholischen, traurigen und furchtsamen Einbildungen oder Phantasien, auch aller Wehmut und Bitterkeit des Herzens«.[29] Hinzu kommen:

- Dann soll er sich (der Priester oder Mönch) mit großem, sonderlichen Fleiß der Sauberkeit in Kleidung, Wohnung und in allen Sachen befleißigen.
- Es soll auch jeder in seinem Zimmer alle Zeit zu Morgens und Abends einen frischen Rauch machen von Kranatbeeren (Wacholder) oder Holz
- Morgens 7 Uhr soll jeder im Refectorio von einer Suppen essen und ein halb Gläsel Wermutwein trinken, sonderlich diejenigen, welche mit Auswärtigen zu reden haben.

- Die Kloaken dürfen weder am Tag noch bei einfallendem Regenwasser gereinigt werden[30]
- Das Betreten der Stadt wird untersagt; ankommende Fremde werden streng beaufsichtigt. Der Besuch von infizierten Orten wird verboten
- Die Leichen aus den Vorstädten dürfen nicht innerhalb der Stadtmauern begraben werden
- Die Schreiner und Zimmerleute sollen ihre Werkstätten vor der Stadt einrichten, und dort den Vorrat an Särgen lagern... sie dürfen nicht von der Schulgasse oder bei der Kirche abgeholt werden
- Kleider dürfen nicht verschleppt werden
- »Die Pest-Betten, Kleider und Sachen sollen bis zum Winter verschlossen bleiben und erst bei hartem Frost an die Luft gebracht werden. Bei schwerer Strafe sollen die Pestleichen nicht länger als einen Tag und eine Nacht unbegraben bleiben... die Gräber sollen tief ausgeschachtet sein...«.

Dazu kommen medizinische Vorkehrungen, die sich vor allem auf das Ausräuchern beziehen. 1625 werden in einem Schreiben eines Arztes in Miltenberg an den Wertheimer Rat Philipp Reinhard folgende »Präparata« beim Wiedereinzug in die angesteckt gewesenen Häuser gegeben: »Purgieren durch Rauchwerk, Besprengen mit wohlriechendem Wasser, Wacholderfeuer in Gängen und Höfen, Dampf mit Rautenessig auf glühenden Ziegelsteinen und Präservativküchlein«.[31] 1626 tragen die Eßlinger für die Krankenpflege einem Bader und Barbier auf »... die Häuser fleißig mit Wacholderholz oder Rauchpulver zu räuchern, die Kranken tüchtig schwitzen zu lassen; ihnen zuerst Theriack und Kardobenediktenwasser, dann Pestlatwergen und Pulver zu reichen, ihnen aber ohne ärztliche Zustimmung keine Ader schlagen, für Blattern und Beulen die vorgeschriebenen Irbelessesaft zu trinken zu geben«.[32] In diesem Zusammenhang werden in einigen Städten an die infizierten Häuser Pestpfeile geheftet: es ist eine Anspielung auf die Pestpatrone St. Sebastian und Rochus.

- Man soll nicht nüchtern zu den Kranken gehen.
- in der Frühe soll man Suppe, Wermutwein oder etwas ähnliches nehmen.
- beim Besuch sind alte Kleider zu tragen
- die Kleider sind nach der Rückkehr zu räuchern
- Vor dem Krankenbesuch soll man sich Hände und Gesicht mit Wasser waschen, dem etwas Essig und Kräuterwein beigemischt ist.
- Die Berührung mit dem Kranken soll weitgehend vermieden werden... man soll sich vor ihrem Atem schützen, durch den vielfach das »Krankengift« übertragen wird
- Besondere Vorsicht beim Beichthören
- wenn sich jemand angesteckt hat, so soll er ein schweißtreibendes Mittel nehmen, um durch das Schwitzen das Gift auszutreiben.

Eine andere Pestordnung (aus dem weltlichen Bereich lautet:

- »Gehet nicht aus an die Luft«. Man soll die Luft ändern (das ist mit ein Grund, weshalb viele in den zeiten der Gefahr ihre Frauen und Familien verlassen und aus den verpesteten Landstrichen fliehen).
- wöchentlich solle man Theriack in Sauerampferwasser nehmen und dadurch schwitzen
- Die Behausung soll frisch und sauber sein,... die Gemache sind zu beräuchern
- suche Kurzweil und Fröhlichkeit
- Die Nahrung soll mehr trocken als feucht sein, Überladung und Völlerei soll man nicht gestatten
- Man esse Vögel (Rebhühner, Kapaunen, Hennen, Walsvögel)
- Knoblauch für allen Dingen wider die Pestilenz bewahrt, darum bei den Jüden gar gemein.
- Frau Venus ist zu meiden

Darstellung eines Hexenrittes aus der Schedel'schen Weltchronik. Keine Inkubusdarstellung, wie das mehrfach gedeutet worden ist.

*Darstellung eines Hexenrittes. Zeitgenössischer Holzschnitt.
Möglicherweise ein Nachschnitt aus der Schedel'schen Chronik. Die Vielzahl der graphischen Darstellungen macht deutlich, wie sehr der Teufels- und Hexenglaube schon um 1500 im
Volk verwurzelt ist.*

Detail aus der sog. »Gampener Hölle«.

Hexenwahn und Literatur

Johann Weyer[1]

Gewöhnlich wird der Arzt Johann Weyer als erster und wichtigster Gegner des Hexenwesens bezeichnet. Diese Meinung kann nicht aufrecht erhalten werden. Sein 1563 erschienenes Buch »De praestigis daemonum«[2] und das Buch »Pseudomonarchia daemonum«[2], lassen erkennen, daß er als Kind der Zeit vom Glauben an Teufel und Dämonen befangen ist. In Bezug auf eine Verteidigung der Hexen gehen ihm sein Lehrer, Agrippa von Nettesheym, der Prediger Martin Plantsch und der böhmische Schriftsteller Johann Zeletawsky[3] voraus. Im gewissen Sinn auch die Protestanten Johannes Brenz,[4] Matthäus Alber[5] und Wilhelm Bidenbach.[6]

Weyer nimmt dennoch eine bedeutende Position ein. Er spricht sich eindeutig gegen den Hexenhammer aus. Sein Buch ist innerhalb weniger Monate vergriffen und löst einen Sturm der Entrüstung aus. In 20 Jahren erreicht es 6 Auflagen. Es steht seit 1570 auf dem Index der verbotenen Bücher. Weyer kritisiert die Verfasser des Hexenhammers, die ungebildeten Juristen, Ärzte und Theologen, hält die Stelle aus dem 5. Buch Moses (Exodus 22, 18) für eine falsche Übersetzung, glaubt an die Macht der Teufel, an die Besessenheit und an helfende Gebete. Er glaubt aber nicht an Hexen und spricht dies deutlich aus. Nach ihm sind die Hexenfahrten »Hirngespinste melancholischer Weiber, denen der Dachstuhl verrückt ist«. Nicht nur als Schriftsteller, auch als Arzt nimmt Weyer eine aufgeklärte Haltung ein. Noch eins zeichnet ihn aus. Er vertritt klar und unbeirrt seinen Standpunkt. Sein Wahlspruch lautet: »Vince te ispum« (besiege dich selbst).

Was die Bekämpfung des Hexenwahns anbelangt, kann er sich nicht durchsetzen. Bestenfalls ist ein Einfluß am herzoglichen Hof von Wilhelm IV, der jülisch-clevischen Linie erkennbar. Seine Einstellung wird ihm zum Verhängnis. Man bezeichnet ihn als Lügner und Inhaber übernatürlicher Kräfte und legt ihm zauberische Umtriebe zur Last, »mit denen er den Verstand seines Fürsten verwirrt haben soll«. Weyer verläßt daraufhin seine zweite Heimat und nimmt Zuflucht bei dem Fürsten Bentheim in Tecklenburg. Hier lebt er von 1564 bis 1588 als Arzt und Schriftsteller.

Der Arzt und Schriftsteller Johann Weyer. Er glaubt zwar im Zeichen der Zeit aktiv an den Teufel und akzeptiert das »Besessensein«, tritt aber als früher Gegner einiger Vorstellungen von den Hexen auf. Daß er der erste Gegner war, kann nicht mehr aufrechterhalten werden.

Teufel ist ohne göttliche Zustimmung machtlos. Aus eigener Kraft können Dämonen weder Tote erwecken, etwas schaffen noch verwandeln. Er trennt nach Zauberern (Schwarzkünstler) die mit Unterstützung von Dämonen andere Menschen »hinters Licht« führen, sie betrügen und damit die »edle Medizin« beflecken. Diese »Magi infames«, sind für ihn Lumpen, Betrüger und Abenteurer, die bestraft werden sollen, haben aber mit den Hexen (der anderen Gruppe) nichts zu tun.

Zur Zeit Weyers erscheint das Buch »Officium spirituum«, nach dem die höllischen Geister zu Dienstleistungen gezwungen werden können. Weyer widerlegt es mit seiner »Pseudomonarchia Daemonum«. Hier berichtet er, daß der Teufel als Kaiser Belzebub über sieben Könige regiert (Baal, Pursan, Byleth, Paymon, Belial, Asmodai und Zapan). Unter ihnen stehen 23 Herzöge, 13 Markgrafen, 10 Grafen, 11 Präsidenten, viele Ritter usw. Im ganzen sind es 6666 Legionen, jede besteht aus 6666 Teufeln.

Dämonische Vorstellungen, Teufelsglaube

Als Kind des 16. Jhts. bekennt sich Weyer zu einer ausgebildeten Dämonenlehre. Er glaubt mit Augustinus, daß die heidnischen Götter Teufel sind. Der

Stellung zum Hexenhammer

Er widmet sein Buch »De praestigis Daemonum« dem Herzog Wilhelm und sagt: »Von allem Unglück, das durch den Satan über die Christenheit gebracht

Bauernfest. Zeitgenössischer Holzschnitt von Daniel Hopfer.

Der Bauerntanz. Zeitgenössischer Holzschnitt von Daniel Hopfer. Besonders bei der ländlichen Bevölkerung hält sich damals (wie heute) der Aberglaube an Hexen, Teufel und Dämonen.

wurde, ist nicht das kleinste, das unter dem Namen der Hexerei wie ein böser Same ausgestreute...wohin ich auch höre, Niemand, der aus Erbarmen mit der Menschheit dieses Labyrint öffnet oder (der) seine Hand zum Heilen der tödlichen Wunde erhebt«.

»Man könne einwerfen, der Hexenhammer habe diese Aufgabe bereits gelöst. Möge man aber nur die von den Theologen Heinrich Krämer und Jacob Sprenger in jenem Buche angehäuften oft gottlosen Albernheiten nachlesen und sie ruhigen Sinnes mit dem Inhalt meiner Schrift vergleichen. Da wird sich zeigen, daß ich eine ganz andere, ja entgegengesetzte Meinung aufstelle und verteidige«.

Deutlich erkennbar ist das an seiner Interpretation des 5. Buch Moses (Exodus, 22, 18): »Die Zauberer sollst du nicht leben lassen«, aufgrund der man weit bis in das 17. Jht. hinein Hexen zum Tod verurteilt hat. Nach Weyer liegt hier eine unrichtige Übersetzung zugrunde. Er sagt, daß das hebräische Wort »Kasaph« nicht Zauberer, sondern Giftmischer heißt. Die Verwechslung komme daher, weil man damals die Begriffe Zauberei und Gift wegen ihrer gemeinsam geheimnisvollen Wirkungen als ähnlich angesehen und begrifflich zusammengeworfen hat.

»Wir Deutsche nennen sie Zauberer...das ist der Grund, weshalb sie den Hexen Ungewitter und Krankheiten zuschreiben und sie ohne Überlegung und Erbarmen den grausamen Henkersknechten zum Würgen und Verbrennen überliefern«. Seiner Meinung nach haben die Ketzer mit den Hexen nichts zu tun, weil ein Kennzeichen der Ketzerei das hartnäckige Läugnen des Glaubens ist.

Kritik an Theologen und Richtern

»Die Mönche und Priester sind meistens ganz ungebildet und unsäglich unverschämt (die Guten und Frommen, die ich hoch in Ehren halte, nehme ich davon aus). Sie geben an, etwas von der Heilkunde zu verstehen und lügen dem Hilfesuchenden vor, ihre Krankheit rühre von der Behexerei her. Aber damit nicht zufrieden, brandmarken sie noch irgendeine unschuldige Matrone und ihre Sippe auf ewige Zeiten, zerdrücken die Schuldlosen mit ihrem Haß, zerstören Freundschaft, trennen Blutsverwandschaft und sorgen für ihre Einkerkerung. Das trifft nicht nur die armen Unschuldigen, sondern auch die, die sich ihrer schützend annnehmen«.

»Aber wenn einmal Der erscheinen wird, dem nichts verborgen bleibt, der Herz und Nieren erforscht, der rechte Richter aller Dinge, dann sollen eure Werke offenbar werden, o ihr harten Tyrannen, ihr blutdürstigen, entmenschten und erbarmungslosen Richter! Die zertretene und begrabene Wahrheit wird auferstehen, euch ins Anlitz springen und um Rache schreien für eure Mordtaten«.

In der dritten Auflage seines Buches wendet sich Weyer an den Kaiser, an alle weltlichen und geistlichen Fürsten: »die Blendwerke der Dämonen, womit der Satan die Augen der Menschen in dichte Finsternis gehüllt hat, haben einen stinkenden Schandfleck über das christliche Europa gebracht, den tollsten Irrtum der Menschen, zum häufigsten Morde Unschuldiger und zur wahrlich nicht leichten Gewissenswunde der Obrigkeiten«.

Wünschelrutengänger. Holzschnitt bei G. Agricola. »De re metallica«. Basel, 1556.

Besessenheit

Weyer zweifelt nicht an der Möglichkeit des Besessenwerdens. Er führt die auch heute noch nicht geklärte Erscheinung unmittelbar auf den Teufel zurück und stellt fest, daß es schwer ist, Besessene von Geisteskrankheiten zu unterscheiden. **Nach ihm sind die Priester zu bestrafen, die durch Weihwasser, unsinnige Beschwörungen oder Amulette vorgeben, kranke Menschen oder Tiere heilen zu können.** »Der Teufel kann in den Leib des Menschen einschleichen und ihn verderben«. Weyer ist der Meinung, daß ein »glühendes Gebet« wirksam gegen die Bessenheit ist; dies wird mit einigen Beispielen belegt:

»So heilte Dr. Solenander (1524-1601), Leibarzt von König Wilhelm III., ein melancholisches Mädchen in Italien, an dem sich die Beschwörer vergeblich versucht hatten, durch gallentreibende und später durch stärkende Mittel«.

»Philipp Vesselich von Köln, Mönch der Abtei Knechtsteden, ehrlich und einfach, wurde 1550 von einem Geist in Gestalt eines feisten Abtes gequält, der ihn unter das Dach, oben in den Turm und über die Mauern schleppte. Der Geist forderte, er möge nach seiner Befreiung nach Aachen und Trier wallfahren und dort drei bestimmte Messen lesen lassen«.

Die Kölner Theologen rieten, dem Wunsch des Geistes zu willfahren (Anm.: an vielen Stellen des Buches findet man scharfe Angriffe gegen die Machenschaften der katholischen Priester).

»1529 wurde der fromme und gelehrte Adolf Clarenbach aus Lennep wegen religiöser Gründe im Kölner Hahnentor eingekerkert, damit er bei Tag und Nacht ordentlich gequält werde. Als die Gespenster in der ersten Nacht den erhabenen Mann in der gewohnten Weise umtobten, wandte er sich zu einem glühenden Gebet und verjagte die Geister, daß fortan nichts mehr von ihnen gehört wurde...solche Gewalt hat das Gebet eines frommen Mannes gegen die Unternehmungen der Dämonen«.

Die Besessenen sind über die Betrügereien und Schwachheiten der Dämonen zu belehren und zur Geduld zu ermahnen. Carl Gallus[7], Geistlicher aus Hamm und Anhänger von Weyer, schreibt an ihn: »im Jahre 1564 sei ein altes Weib zu ihm gekommen und habe ihm in Heimlichkeit unter Weinen anvertraut, daß sie zu den Anhängern des Teufels gehöre. Sie wurde belehrt und »hat auch die teuflische Künste gentzlichen verschworen«.

Stellung zur Hexenfrage

Der wichtigste Teil zu meiner Untersuchung findet sich im 6. Teil des Buches von Weyer, wo er »Von den Strafen der Zauberer, Hexen und Giftmischer« handelt.»...indem ich zu zeigen habe, daß die Krankheiten, deren Entstehung man den Hexen zuschreibt, aus natürlichen Ursachen entspringen. Zeigt sich am Menschen etwas Ungewöhnliches, so bringe man ihn zum Arzt, die Anfechtung ist meistens geistig und körperlich zugleich«.

»Aus anatomischen Gründen kann bewiesen werden, daß die angebliche Buhlschaft der Dämonen mit den Frauen Unsinn und nichts als Einbildung ist. Die Hexen haben keine anderen Lehrmeister, als ihre eigene verrückte Phantasie; lächerlich ist der Glaube, daß sie Schaden stiften können. Was angeboren ist, läßt sich nicht dem Einfluß der Hexen zuschreiben. Der Inkubus ist ein Alpdrücken, eine Krankheit ähnlich der Epilepsie«. Zeitgenössische Autoren stellen das so dar:

»Und jetzt wirst du fragen, mit wem sie sich vermischen? Darauf wir flugs und unverzögert sagen, mit dem unflätigen und garstigen Teufel, der wegen seiner Geilheit nicht unbillig mit einem Bock verglichen wird, ja er lässet sich auch in Geissen- und Bockgestalt also gebrauchen«.

»Daß wann die unflätigen Geister sich bei den Männern finden, sie Succubi oder Hyphialtes (Unterliegerinne) benennet werden...doch merke hiervon, daß denen, so Nachts im Schlaf auf dem Rücken liegen, zu begegnen pflegt, auf Teutsch die Mahre oder der Alp genennet wird, insgemein die alten Weiber halten es für eine Art eines Gespenstes, da es doch natürliche

469

Ursachen hat. Denn so jemand auf den Rücken lieget, so rühret gleichsam der Rückgrad und drucket das Herz...dannenhero sich grobe Dünste um dasselbe versammeln, die steigen hernach auf in das Gehirn und verursachen solche abenteuerliche Phantastereien und Einbildungen, als ob ein Gespenst da wäre, so die Brust drucket«.

Die Hexen sind nicht Werkzeuge und Helfer des Satans, sondern seine Opfer. Es sind meistens schwache melancholische Weiber, die vom Teufel so verblendet werden, daß sie sich selbst die unsinnigsten Dinge einbilden und glauben, unmögliche Dinge getan zu haben.« Dieweil aber die Hexen...Weibsbilder sind, eines betagten Alters, von Natur aus melancholisch, nicht wohl bei Sinnen, verzagt und schwachen Vertrauens gegen Gott: so ist es kein Wunder, daß der tausendlistige Satan ihre Gemüter mit mancherlei phantastischen und vorschwebenden Bildern unruhig macht«.

»Die Art, wie sich eine Hexe dem Teufel ergibt, ist ungereimt und unwahr. Sie sollen Kinder fressen und kochen, aus ihren Gliedern Salben bereiten, mit denen sie ihre Fahrten machen. Daß all solches Zeug keinen Glauben verdient, ist klar. Es ist Teufelsphantasie, daß die Hexen meinen, durch ihre Zeremonien neugeborene Kinder töten zu können, desgleichen, daß sie die so getöteten aus den Gräbern nehmen und zu Salben verkochen...alle Taten, die die Hexen von sich selbst erzählen, sind, wenn sie über die Natur hinausgehen, eitel Wahn und Einbildung...es ist Fabelei. Sie sind lediglich halsstarrig und weisen alle Belehrung von sich«.

Hier zeigt sich die Bedeutung Weyers in der Frage zum Hexenwahn. Er macht sich zum Verteidiger dieser schwachen Personengruppe. Er trennt sie von den Schwarzkünstlern oder »Magi infames«. Weyer hält solche Weiber für unfähig, irgendeinen Schaden zu stiften. Deshalb will er, daß man die Hexen nicht bestraft, sondern belehrt und auf den rechten Weg zurückführt. Er verurteilt die grausame und niederträchtige Art der Prozeßführung und die Bestrafung, die man nach der Anleitung des Hexenhammers gegen die Zauberer anzuwenden pflegt.

Weyer beruft sich auf die Artikel 21 und 44 der peinlichen Halsgerichtsordnung von Kaiser Karl V., die besagt, daß man bei der Anklage der Zauberei vorsichtig zu verfahren habe, daß falsche Ankläger zu bestrafen seien, bzw. daß man unschuldig Angeklagten Schadenersatz leisten müsse.

»Wie anders geht man heute mit diesen Leuten um? Boshafte Anklage und törichter Verdacht des dummen und rohen Pöbels reichen den Priestern hin, um arme alte Weiber in Löcher zu werfen, die mehr Räu-

berhöhlen als Gefängnisse sind, sie grausamer Folterungen durch den Henker zu überliefern, und sie unaussprechliche Qualen erleiden zu lassen«.

»Die Wasserprobe ist lächerlich und dumm, und wer einen Funken Verstand besitzt, der müsse sie verwerfen. Schwimmt wirklich ein Weib bei einer solchen Anordnung, so wird sie entweder vom Teufel gestützt, der sie gerne verderben möchte, oder sie hat leichteres und zarteres Fleisch, wie das nach Hippokrates[8] beim weiblichen Geschlecht mehr in Gebrauch als beim männlichen ist«.

Gegner und Befürworter

Der Erfolg von Weyers Buch ist geteilt. Bereits die zweite Auflage verweist auf sechs Anerkennungsschreiben. Sie stammen von Fürsten, Gelehrten und Ärzten. Darunter auch der Benediktinerabt Hováus aus Echternach. Im wesentlichen wird die Weyer'sche Schrift bis ins 18. Jht. hinein massiv bekämpft.

Weyer hatte sein Buch einem Freund, dem Philologe und herzoglich Cleve'schen Rat und Gesandten, Andreas Masius, vorgelegt. Er beurteilt es so: »Mir ist dein Buch wie ein rohes Werk vorgekommen, lauter Lappen, die ohne Sinn und Verstand genäht sind, toll einandergehäuft und zusammengestoppelt, einem Ameisenhaufen vergleichbar... so hast du das ganze Buch umzuarbeiten und es teilweise zu vernichten«.

Der Arzt Schreiber (Scribonius), der in Korbach tätig ist, hält Weyer folgenden Nachruf: »Dieser Weyer, der, um die Richter für die Zauberinnen einzunehmen, all ihr Tun aus ihrer kranken Einbildungskraft und Phantasie herleitet...geht auf nichts anderes aus, als daß er die Schuld von ihren Schultern abwälzt, und sie von aller Strafe freimacht; das alles nur, um so die Kunst und die Genossen der Zauberei überall in Schwung zu bringen! Ja, ich glaube mit Bodinus, daß Weyer in alle Verhältnisse der Hexen eingeweiht, daß er ihr Genosse und Mitschuldiger gewesen, daß er, selbst ein Zauberer und Giftmischer, die übrigen verteidigte. Oh, wäre ein solcher Mensch doch nie geboren, oder hätte er wenigstens nie etwas geschrieben«.

Der Rechtsgelehrte Jean Bodin nennt Weyer einen Beschirmer der Unholden, ein leichtfertiges Schwindelhirn und einen schamlosen Menschen, dem Gott den Verstand genommen hat. Er hält ihn für den Galgen reif. Dazu kommen an Gegnern: Paul Schalich aus Kreuzburg (Fürst Della Scala), der Franzose Leo Suavius und in gewissem Sinn der Superintendent Johannes Brenz, zu dem Weyer einen Schriftwechsel unterhielt[9] (vergl. S. 386). Ein Berufsgenosse von Weyer, Dr. Fromann (vergl. S. 525) trägt keine

Bedenken, Weyer mit dem Anathem eines Zauberers zu belegen und ihm das Almosen des Mitleids zu spenden. Der Prälat Foppens schreibt um 1760 über Wier'...(er) streife an Gottlosigkeit (Atheismus) und zeigt, daß er zwar ein geistvoller, aber auch kecker und übermütiger Mensch gewesen, der nur von den Ketzern gelobt werden kann. Daher wird er in den Verzeichnissen des tridentinischen Konzils unter den verdammten Schriftstellern erster Klasse verworfen«.

Johann Prätorius über Weyer: »...zwar Wierus vermeinet, es sei natürlicher Weise unmöglich, daß die Zauberei in kurzer Zeit zum Hexentag fahren oder getragen werden können. Aber damit beweise er, daß er ein böser Mathematicus als Physikus ist«. Elias Camerarius (um 1710): »Der Vierus ist ja ein Papiste gewesen, ja ein infamis Zauberer, welchen ich zu meinem Vorhaben anzuführen mich schämete[10].

Die Wittenberger Juristenfakultät sagt in einem Gutachten von 1570: »Es sind jüngst...viele Bücher ausgegangen, worin die Zauberei als Einbildung und Melancholie, denn für eine Übeltat halten, und es wird hart darauf gedrungen, daß diese nicht am Leben zu strafen sei. Des Wieri Rationes sind nicht sehr wichtig, als der ein Medicus, und nicht Jurist gewesen«.

Petrarca-Meister. Spielteufel der Landsknechte (schlecht erkennbar). Ein gehörnter und beflügelter Teufel nähert sich von rechts, steht neben dem Tisch und greift nach dem verspielten Geld. Vielleicht ist auch angedeutet, daß er die Spieler zum Weitermachen auffordern will.

Benedict Carpzow gehört zu den einflußreichen Gegnern Weyer's: »Es gebe Christen, die trotz Klarheit über das strafbarste der Verbrechen dennoch die Zauberer durch ihre Bücher öffentlich schützen, dazu zähle ich besonders Weyer«. Der Jurist Heinrich[11], Lehrer an der Tübinger Hochschule, sucht gegen Weyer nachzuweisen, daß die Hexen kraft göttlichen Gesetzes zu verurteilen sind. Scribonius, Verfasser des o.e. Nachrufes auf Weyer, sagt: »Ich sehe aber keinen gewissen beweis, womit (er) seine Meinung beschirmen und vorzeigen will«.

Hermann Neuwald[12], Professor der Medizin in Helmstedt erklärt: »...daß er mit Weyer, dem Bekämpfer im Hexenprozeß, der mit den Hexen ein großes Mitleid habe und ihnen keine gebührende Strafe zuerkenne, nicht übereinstimmen kann, »weil wir augenschein- und klärliche Zeugnisse von der Schrift haben«. Thomas Erastus[13], Professor der Medizin aus Heidelberg sucht nachzuweisen, daß nach den Geboten Gottes die Hexen mit Recht bestraft würden.

Der Jesuit Delrio nennt Weyer in der Vorrede seines Buches einen Hexenpatron »wer ihm folge, der mache andere zum Genossen der Schandtaten und vermehre das Reich des Satans auf der Erde«. Für Laymann ist Weyer ein calvinistischer Hexenpatron, ein Verfasser ketzerischer Schriften und wahrscheinlich selbst ein Zauberer. »Etliche Menschen sind so eigensinnig, daß sie des Ketzers Wieri Schriften allen gelehrten Theologen und Doktoren der Rechte vorzie-

hen, und ihnen mehr Glauben schenken. Was ist das anderes, als alle Entscheidungen der Kirchenväter, die Beschlüsse der Päpste, der Akademien und Tribunale und der Kirche Gottes selbst der Unwissenheit, Ungerechtigkeit und Tyrannei zu bezichtigen«.

Peter Binsfeld, Weihbischof von Trier, zählt mit dem französischen reformierten Prediger, Lambertus Danaeus ebenfalls zu den Gegnern von Weyer. Jacob I., König von England, wendet sich mit einer Bemerkung gegen Weyer: »...der andere, ein deutscher Arzt namens Weyer, hat eine Verteidigung für diese Tausendkünstler zusammengeschrieben, Straflosigkeit für sie gefordert und sich damit zum Spießgesellen eben dieser verruchten Menschen gemacht«.

Zu den wenigen Befürwortern Weyers zählt Doktor Ewich, der spätere Stadtphysikus am neu errichteten Lyzeum in Bremen. Er ist mit Weyer persönlich befreundet und Verfasser einer Schrift über die Pest, Hippokrates und Paracelsius. An Weyer berichtet er: »...lebe wohl, vortrefflicher Weyer, der du ein Herkules des Aberglaubens unserer Zeit bist«.

Im Todesjahr Weyers besteigt Johann Georg Godelmann, geb. 1559 in Tuttlingen (Württemberg) den Lehrstuhl des Rechtes in Rostock. Er hält ab 1584 Vorlesungen über die Karolina. In seinen Ausführungen steht er auf den Schultern Weyers, den er manchmal wörtlich wiederholt.

Etwa 20 Jahre nach Weyer folgt Meyfart, Direktor des Gymnasiums von Koburg, mit seiner »christlichen Erinnerung« als Bekämpfer des Hexenprozesses.

Das Buch von Weyer in seiner aufgeklärten Haltung steht einsam inmitten einer Flut von Werken, die eine scharfe Verurteilung der Hexen fordern. Zu nennen ist die »Ketzergeisel« (Flagellum haereticorum) von dem Franzosen Nicolaus Jaquier; Bodin mit seiner »Daemonia« (Teufelsspuk), und der Spanier Torreblanca, mit seiner »Magia«.

Hermann Wilcken (pseud. Lercheimer[14])

Grund, Ursache, Möglichkeit der Zauberei

»Wer recht von der Zauberei reden will, muß so gesonnen und geschaffen sein, daß er sich nicht allein auf leiblich sichtbare Dinge versteht, sondern aus Gottes Wort weiß, daß der Erdboden voller Teufel, böser unsichtbarer Geister ist, die das menschliche Geschlecht beneiden, hassen und anfeinden. Die Teufel schweben um uns, wo wir auch gehen und stehen...ob wir schlafen oder wachen: sie bemühen sich ohne Unterlaß, wie sie unser Hab und Gut, Leib und Leben schädigen und zu Fall bringen können... damit wir uns von Gott abwenden...damit sie uns in das ewige Verderbnis ziehen und stürzen können«.

Dies belegt Wilcken mit Zitaten aus der Bibel[15].

Wenn man den Teufel an die Wand malt, so kommt er: »Wie in der Schlesi zum St. den dreyen Zechbrüdern 1549 geschah es, die ihn mit Kohlen an die Wand maleten, ihm zutranken und zuredeten...(sie) wurden daselbst die Nacht erwürgt und morgens tot gefunden und unter dem Galgen begraben«.

»Daß aber der Teufel seine Anfechtungen und Anschläge nicht bei allen Menschen anbringen kann, das liegt am allmächtigen Gott. Er beschützt und bewahrt sie gegen den Teufel durch die guten Engel, so wie es ihm gefällt und wie es seinen Kindern gut und heilsam ist. Also ist es richtig, daß die Zauberei ihren Ursprung aus der Feindschaft der bösen Geister mit dem menschlichen Geschlecht hat. Schaden kann nur insoweit angerichtet werden, als Gott dies zuläßt«.

Was ist Zauberei?
Der Teufel tut sie nicht umsonst!

»Zauberei ist die angenommene Anzeigung von verborgenen Dingen (welches auf altfränkisch versagen heißt, in Sachsen wicken und bei uns wahrsagen). Zu solchen Geschäften lassen sich die bösen Geister gebrauchen. Sie leisten ihre Dienste aber nicht, um den Zauberinnen und Zauberern zu gefallen, sondern um sie bei einer passenden Gelegenheit in Verderben zu stürzen. Vor allem lassen sich die Melancholiker (er nennt sie »Melancholicos«) für solche Zwecke einnehmen.«

»Das sind die, die mit tiefen schweren Gedanken umgehen, (die) mit ihrem Stande, Habe, Vermögen und Gelegenheiten nicht begnügt sind, und auf allen Wegen heftig trachten nach Höherem und Besserem, um ihre Begierde zu erfüllen...wenn sie durch emsiges Nachdenken und durch ihre Bekümmernis keine ge-

Hinrichtung in Phasen. Titelholzschnitt der Flugschrift: Zwo Newe und Erschröckliche Zeittungen von vier Übelthätteren. Augsburg, 1615. Unten: die Fahrt zum Richtplatz. Verschiedene Strafen (Rädern, Brennen). Oben: Beratschlagung am Galgen.

bührliche Mittel und Wege finden, um zum Ziel zu kommen, so ist der Teufel da, um seine Hilfe anzubieten«.

»Daß mehr Frauen als Männer versucht werden, liegt daran...weil die Weiber leichtfertiger sind zu glauben, sich eher überreden lassen und vorwitziger als die Männer sind. Zudem sind sie über die Maßen rachgierig. Wenn sie sich nicht aus eigener Macht rächen können, so hängen sie sich an den Teufel. Zudem lehrt der Teufel seine Kunst den Weibern eher, weil sie geschwätzig sind und nichts für sich behalten können«.

Wahrsager- und Gaukelzauberei

Solche Wahrsager werden von uns nicht Wahrsager genannt, weil sie viel mehr lügen als die Wahrheit sagen. »...sind aufkommen und vom Teufel in die Welt geschissen aus Ursache, daß die Menschen vorwitzig sind und mehr wissen wollen als sie sollen. Wir sind von Gott erschaffen und es ist von ihm verordnet, was wir wissen können. Es muß vorhanden sein, daß wir es mit unseren Sinnen (Greifen, Sehen, Hören) oder von Anderen uns mit Worten oder mit der Schrift verkündet sein muß«. Ohne diese vom Teufel besessenen Wahrsager sind andere »...müßige, unnütze und schädliche Buben und Bübinnen, die sich zu ihm gesellt, ihn gedingt und sich ihm verpflichtet haben, daß er ihnen zu Willen und bereit sei, um ihnen die verborgenen Dinge zu offenbaren. Sie betrügen die Leute und bringen manchen Unschuldigen ums Leben oder um seine Ehre und Leumund, sie richten Argwohn, Uneinigkeit, Hader und Mord mit ihren teuflischen und erdachten Lügen an«.

»Bei etlichen bleibt er für und für, sie haben ihn bei sich daheim in einem Glase, Ring, Biemskopf (?), Tolchenkopf (?), in silbernen, bleiernen, steinernen oder wächsernen Bildern, in einem Totenkopf, in einem Hund, einer Katze oder einem Rabe...manche brauchen ein Becken mit Wasser, einen Spiegel, ein Kristall...darin formiert der Geist die Personen und Dinge, die man zu wissen begehrt...«.

473

»Ein Bauer brachte vom Markt Geld nachhause, legte es in einer Sewblasen (Saublase = Geldbeutel) auf die Bank und ging davon. Da kommt eine hungrige Sau, schnappt und frißt die Blase mitsamt dem Geld. Als er wiederkommt und sein Geld nicht findet, fragt er seine Frau, ob sie es nicht habe. Weil sie das verneint, so beklagt er sich beim Nachbar. Dieser rät »daß er eine Wahrsagerin besuchen solle, was auch geschieht. Sie fragte »ihren Geist«. Der sagt, die Sau habe das Geld gefressen, sie soll dem Bauer aber sagen, seine Frau habe es genommen und will es mit dem Pfarrer verzehren, weil sie ihn lieber habe. Schließlich wird die Sau zum Metzger gebracht und man findet das Geld bei ihr. Dies gelangt zur Obrigkeit...da ward das Weib als eine mörderische Verleumderin eingezogen und hingerichtet«.

»Hierher gehören die kleinen Männlein, die ihnen (den Menschen) die Teufel dienen lassen...die man in Sachsen und an der Ostsee Drollen nennt, die dort gut bekannt und nicht selten sind. Sie warten (pflegen) die Pferde, füttern, wischen und strählen sie, säubern die Ställe, kehren das Haus, tragen Wasser und Holz in die Küche, treiben die Wagen und führen das Schiff,...bei gottlosen Leuten sind sie gern, und wo sie sind, ist ein Zeichen des gottlosen Gesindels...man treibe die Drollen nicht mit Prügeln oder Spießen von sich, sondern mit Gottes Wort und Gebeten«.

»Die Gaukelei ist eine Wirkung des Teufels, damit er Menschen und Tiere das Gesicht verblendet, verwirrt und betrübt, damit sie etwas, was nicht ist, für etwas ansehen, oder ein Ding in einer anderen Gestalt sehen, als diese in Wahrheit ist«.

»Zu Frankfurt an der Oder war eine vom Teufel besessene Magd...wohin die mit der Hand in die Luft griff, da erwischte sie Geld und fraß es, falls man es ihr es nicht vorher weggenommen hat. Das Geld sah niemand, ehe als daß sie es in der Hand hatte. Es war richtiges Geld, dessen sich die Bürger noch erinnern. Da blendete der Satan der Zuseher Augen, so daß sie es nicht empfanden, woher und wie ihr das Geld in die Hand kam«.

»Das lose Gesindel, das mit dem Gaukelsack in den Landen umherzieht und sein Gewerbe damit treibt, auf den Kirchweihen und anderen Festtagen in Städten, Flecken, Dörfern...dem gemeinen Mann Kurzweil und Gelächter um Geld macht...wenn aber ein Gaukler Äpfel in den Hut gibt, und wenn er sie wieder ausschüttet, diese Roßdreck sind, oder wenn er einer vorwitzigen Magd eine Rose in den Schoß wirft, aus der ein männliches Glied wird, wenn einer mit blosen Füßen auf ein scharfes Schwert geht oder wenn er es verschlingt, so ist das über das menschliche Vermögen und Können. Hierher gehören auch die Waghälse, die auf Seilen gehen, von einem Haus

Äußeres einer Schenke. Vignette aus den Flugschriften von Hans Sachs.

Inneres einer Schenke. Vignette aus den Flugschriften von Hans Sachs.

oder Turm zum andern gespannt...sie binden dazu Bälle oder Stelzen unter die Füße, damit das Wunder desto größer erscheine...daß dieses menschlicherweise zugehe, ist zweifelhaft«.

Jetzt bringt er die »erschröckliche Geschichte« des hessischen Edelmannes A. v. Th. der abgehauene Köpfe aufsetzen konnte.

»Er ließ sich in einer Gasterei von guten Gesellen überreden, doch seine Kunst einmal zu zeigen. Nur wollte niemand gerne seinen Kopf dazu leihen (wie zu erachten!). Schließlich gab sich der Hausknecht dazu her, jedoch erst nach der festen Zusicherung, daß man ihm den Kopf wieder richtig aufsetze. Man schlug ihn ab, aber das Wiederaufsetzen wollte nicht recht gehen. Der sprach der Edelmann zu den Gästen, es wäre einer unter ihnen, der das verhindere, und diesen möchte er gewarnt und vermahnt haben. Als das nichts nützte, da legte er den Kopf auf den Tisch und eine Lilie wuchs daraus hervor. Er hieb dieser das Haupt ab und alsobald fiel einer von den Gästen hinter sich, dem ebenfalls der Kopf abfiel... erst dann konnte dem Hausknecht wieder der Kopf aufgesetzt werden. Der Totschläger floh und war eine zeitlang außer Landes, bis sich die Sache vertragen hatte«.

»Dies ist ein Beispiel, wie der schwächere Zauberer einem stärkeren weichen muß. bzw. dafür, um zu sehen, daß die Teufel untereinander scherzen«.

»Zu M. gaukelte einer auf dem Markt...er sagte, er wolle nicht länger auf der Erde bei den undankbaren Leuten bleiben, und darum gerne in den Himmel fahren. Dann wirft er seines Rößleins Zügel in die Höhe...das fährt hinauf...er hielt sich am Schwanz...sein Weib ihn am Rock...die Magd hängt sich an das Weib...sie fahren also in einer Koppel dahin«.

»Etliche saßen miteinander im Wirtshaus und hatten einen gebratenen Fisch vor sich. Da kam ein Abenteurer dazu, tritt zum Tisch und sagt: »Was sie denn von der Krotten (Kröte) essen? Was: »es ist ein Fisch«. In diesem Moment wird der Fisch zur Kröte, sie erschrecken darüber, es überkommt sie alle ein Unwille und Ekel...sie müssen hinausgehen und kotzen. Als sie wiederkommen, war es der vorige Fisch. Hätten sie den gemeinen Brauch der Wirtshäuser gehalten, und vorher gebetet, wie es Christenleuten gebührt, wenn sie sich an den Tisch setzen, so wären sie vor diesem Zauber bewahrt geblieben«.

»Dieser Gattung sind auch die Tyriackskrämer[16] und Zahnbrecher, die ihre Salben, Pulver und Kräuter dem gemeinen, albernen, einfältigen Mann nicht allein mit erlogenen Geschwätz, sondern auch zu Zeiten mit Gaukelei anpreisen und verkaufen«.

Guajakkrämer (Guajak hier als Allheilmittel und Hilfsmittel gegen die Syphilis). Titelholzschnitt zu Ulrich von Hutten »Von der wunderbarlichen Arztney des holtz Guaiacum«. Straßburg, 1519.

Zauberin. Holzschnitt aus der »Historie von dem streitbaren Helden Amandis«. Frankfurt am Main, 1583.

Von den großen Zauberern

»Wie kann man von den gemeinen oder geringen Leuten diesen teuflischen Handel mit Fug und Billigkeit verhindern, wenn auch die damit umgehen, die sie davon abhalten und strafen sollen? »Wo aber der Abt die Würfel trägt, da mögen die Brüder frei spielen«. Hier greift er die Katholiken an:

»Ist die christliche Kirche mit solchen Häuptern und Stadthaltern Christi nicht versehen, die über der anderen Leute Gewissen und Glauben herrschen wollen,

Branntweinbrennerei. Titelholzschnitt zu Michael Schrick: »Ausgebrannte Wasser«. Ulm, 1498.

reicht und daneben eine Flasche Wein. Davon hat der Abt gegessen und getrunken...Wo hat der Teufel den Hecht und den Wein genommen? hat er sie erschaffen? Nein, das kann er nicht...er hat sie gestohlen, etwa aus einer reichen Küche oder aus einem Keller«.

Was lehrt der Teufel den Hexen?

»Sie machen Wetter, unzeitigen Regen, Donner, Hagel, Schnee, Reif, Frost, Raupen, Käfer und anderes Ungeziefer, damit Korn, Wein, Eicheln und andere Früchte auf dem Feld und in den Wäldern verdorben werden. Sie verzaubern die Kühe der Nachbarn, daß sie keine Milch geben, und daß die Milch nicht buttern will, daß die Rinder, Kälber, Pferde, Schafe, Säue und andere Tiere krank werden und absterben.

Sie kränken mit Zureden, Ansehen, Anhauchen und mit dem Angreifen die Kinder, machen Männer und Weiber blind, stumm, lahm und schwindsüchtig, bringen ihnen Kröten, Haare, Lumpen, Sauborsten, Stroh, Fäden, Schuhflecken in den Leib. Sie nehmen den Männern die Kraft zum ehelichen Werk. Sie können sich verstellen, in Katzen, Hunde, Geißen, Esel, Wölfe und Gänse verändern...kommen immer viel zusammen, nachts an bestimmten Orten, da halten sie Gasterei, tanzen, buhlen, mit den bösen Geistern...reiten und fahren auf Pferden, Böcken, Stecken, Gabeln, Besen, Spinnrock...Diese und andere schädliche, gräuliche Wunderwerke sagt man und glaubt man von diesen Weibern. Ob das aber wahr ist und nicht ein falscher Wahn...«.

Wetter machen ist Gottes- und nicht Menschenwerk. Der Mensch sei so witzig und mächtig wie er will, geschweige, daß ein altes, tolles und kraftloses Weib solches könne. Im Gegenteil: wenn die alten Weiber Wetter machen könnten, dann sollte man sie nicht töten, sondern in Ehren hochhalten...daß sie zu jeder Zeit das Wetter so machen, wie wir es haben wollen, die Luft reinigen und die Pest verhindern.

Tiere und Menschen schädigen, kränken oder töten mit Gedanken, Willen, Worten oder Gebärden, das können die Hexen nicht, sondern sie müssen entweder die Hand gewaltsam an sie legen, oder ihnen aber Gift eingeben oder sie damit anschmieren. Das ist keine Zauberei, sondern eine natürliche und gewöhnliche Verletzung.

Den Kühen können die Zauberinnen die Milch nicht nehmen, sie müßten denn dabei sein und sie mit ihrem Kübel melken. Kommt die Milch anders weg, so wisse, daß der Teufel die Kuh schwächt, so daß die Milch versiegt, oder er stiehlt die Milch und trägt sie den armen Hexen zu.

Werden die Kinder durch Ansehen und Anhauchen getötet, so kann das nur von ausströmenden Gift herrühren: also muß auch der Leib der Hexen innerlich

ihnen den Weg zum Himmel weisen, ja ihnen den Himmel verkaufen, und sie selbst den Teufel dienen, ergeben und zu eigen sind. Diesen heiligen Vätern hat's ihr Gesinde, das Pfaffen- und Mönchsgeschlecht, weidlich nachgetan. Für sie ist die Zauberei keine Sünde, sondern eine rühmliche Kunst und Tugend«.[17]

Der ernsthafte Joh. Auentius in seiner bayrischen Geschichte schreibt: »Mit solcher Lapperei sind auch bei den Alten etliche gelehrte und geistliche Christen umgegangen«.

Nun führt er den Abt Johannes von Trittenheim an: »dieser Abt hat viel wunders und Gespenstiges geschrieben, er hat sich aus Ehrgeiz und Ruhmsucht in eine Teufelsgemeinschaft begeben, wie er selbst in seinen Schriften zu verstehen gibt. Sein Schüler (discioul) war ein berühmter Schwarzkünstler mit Namen Cornelius Agrippa, der den Teufel in einem schwarzen Hund mit sich führte«.

»Als ein Abt einmal in ein Wirtshaus gekommen, da nichts gutes zu Essen und Trinken bekam...da hat er nur an das Fenster geklopft und gesprochen »Adfer« (d. h. bringe). Nicht lang danach war eine Schüssel mit einem gekochten Hecht zum Fenster hinein ge-

vergiftet sein: dann aber würden sie sterben. Da dies nicht geschieht, können deshalb die andern nicht durch so etwas verletzt oder getötet werden. »Denn daß man wollte sagen, der Satan macht's, daß ihnen das Gift nicht schade, solches kann er nicht, es ist ein göttliches Mirakel, damit der Herr Christus seine Jünger begabet und gestärket hat«.

Es ist ein Gespenst und Betrug der Augen, in denen der böse Geist eine andere, falsche Gestalt formiert, anstatt der richtigen. Und in den Gedanken, da sie meinen, sie seien Katzen, Hunde oder Wölfe...ist ein eitler Wahn aus einer Krankheit, die sie Melachoim heißen, darin die Leute sich wunderbare Dinge einbilden, die nichts sind...und findet sich der Satan dazu...stärket und mehret er diese Einbildung zu seinem Vorteil und zum Schaden der Menschen...ihm ist diese Krankheit, wie der Sau der Kot, so wälzt er sich darin«.

»Es ist unlängst in der Grafschaft N. in der Nähe von Köln einer verbrannt worden, dessen wunderbare, schädliche, grausame Tat auch durch den Druck bekannt gemacht wurde. Darin wird angezeigt, daß er vom Teufel einen Gürtel bekommen habe...wenn er (sich) diesen umgelegt, sei er zu einem Wolf geworden, in dieser Gestalt herumgelaufen, den Menschen geschadet und 13 davon zerrissen und gefressen«.[18]

Es ist unläugbar, daß die Geister, obwohl sie selbst keinen Leib haben, doch die Leiber Anderer und leibliche Dinge von einem Ort zum anderen führen können...das ergibt sich aus verschiedenen Geschichten.

»Zu Halberstatt in Sachsen war ein gelehrter Turmpfarrer, Johannes Saxonius genannt, ein großer Schwarzkünstler, der vor 300 Jahren lebte, der hat in der Christnacht, wo ein jeder Pfarrer drei Messen liest, die erste in Halberstatt, die andere in Mainz und die dritte in Köln gelesen«.

»Ich hab's selbst von einem Zauberer gehört, daß er samt anderen von N. aus Sachsen nach Paris, mehr als 100 Meilen zur Hochzeit gefahren ist, und zwar auf einem Mantel. Sie haben sich bald davon gemacht, weil sie gemerkt haben, daß man im Saal »mummelte«, was denn das für Gäste wären! Es hatte derselbige Zauberer rote Augen, die er vielleicht vom Fahren bekommen hat«.

»Aber doch führt der Teufel die Hexen selten weg, obgleich sie da gesehen werden und meinen, daß sie da sind. Es ist ein traumhaftes Gespenst. Sie schmieren sich mit der Salbe, wie es ihnen der Meister gelernt hat, sie schmieren den Besen oder ihre Gabel...doch bald überseelt sie ein harter tiefer Schlaf, der ihnen solche Träume eingibt...daß sie meinen, sie würden wirklich fahren, mit den anderen Tanzen, Reden, Scherzen, Buhlen und Unzucht treiben. Sie werden so stark in ihrem Wahn betrogen,

daß sie selbst nicht daran zweifeln...ja sie bekennen es selbst, wenn sie gefangen, gefoltert und peinlich befragt werden, wie ja auch die Werwölfe bekennen, daß sie es gewesen sind...«.

»Ein Herr hatte zwei Zauberinnen im Gefängnis, die ließ er zu sich kommen, um sich nach ihrem Tun zu erkundigen. Als sie unter anderem bekannten, daß sie auch in die Luft fahren könnten, so wollte er sich davon überzeugen. Da wurde eine Bank aufgestellt, auf die sie sich setzten. Der Herr in der Mitte, die beiden Weiber außen. Dann schmierten sie sich mit der Salbe ein. Die beiden Weiber entschliefen und gebärdeten sich so, als wenn sie fahren würden. Der Herr nicht, weil er nicht an diesen Zauber glaubte. Als sie erwachten, sagten sie, wo sie miteinander gewesen wären, die doch nirgends waren. Nun wurde ihnen versichert, daß ihr Fahren nur in der Einbildung bestanden habe«.

Ich könnte noch viele andere weise Männer als Zeugen heranziehen, die die Hexenfahrten nicht gelten lassen. Es ist gegen alle Vernunft und gegen allen Verstand, daß ein erwachsener Mensch in einem Trog oder in einer Mulde durch ein Rauchloch fahren könne, das oft so eng ist, daß kaum eine Faust hindurchgeht, oder eine Katze hindurchkriechen möge. Ich will darüber schweigen, daß sie ihre weißen Kleider, womit sie sich zum Tanze zieren, im Rauchloch mit Ruß beschmutzten.

Dennoch findet man zu dieser Zeit Meister, die Bücher mit Bildern und Figuren ausgehen lassen, wie die Hexen von den Teufeln durch die Luft auf Pferden oder Böcken geführt werden; wie sie miteinander feiern, tanzen und buhlen. Sie stellen dem gemeinen, unverständigen Mann dermaßen abscheuliche häßliche Träume und Lügen vor Augen, daß er noch mehr gegen solche aberwitzige, unselige Weiber verbittert und aufgehetzt wird. Ein närrisches Ding ist es fürwahr, daß man meint, ein altes, krankes, schwaches und küchig (gebrechlich) Weib, das kaum an einem Stecken gehen kann, habe Luft und Kräfte zu einem Tanz zufahren, wie die jungen Mädchen von einem Dorf zum anderen laufen.

Die Hexen werden bei der Buhlschaft vom Satan betrogen. »...es ist kein natürliches Werk dabei und auch keine natürliche Lust, wie sie es ja selbst bekennen, es sei ihnen nicht so, als wenn sie bei den Männern liegen, der Same wäre unlieblich und kalt«.

Ich will erzählen, was ich von dem frommen hochgelehrten Herrn Philipp Melanchton neben vielen anderen hundert Studenten gehört habe.« In Welschland zu Bononien (?) war eine Lautenschlägerin, die noch zwei Jahre nach ihrem Tod herumging, aß, redete, trank und auf ihrer Laute genauso wie zu ihrer Lebzeit spielte, doch war sie immer totenfarbig, bis einigen Tages ein Zauberer auf sie aufmerksam wurde.

Kometenflugblatt von 1577.

Er sprach zu den Gästen: »der Mensch ist tot«. Da sie über ihn spotteten, griff er ihr unter den Arm, zog ein Säckchen mit Zauber heraus, das ihr ein anderer dorthin gebunden hatte, da fiel sie alsbald tot zu Boden...ihr Leib war ohne Leben«.

Nimmer mögen aus solchem geistigen und leiblichen Beischlaf Kinder gezeugt werden, obwohl etliche meinen, daß daraus Wechselbälge werden. Denn daß etliche meinen, der Satan erwische vergossenen Samen, den er in diesem Augenblick dem Weib beibringe und sie schwängere, das kann nicht sein. Es müssen nämlich beide, der männliche und der weibliche Samen, zur gleichen Zeit zusammenkommen, sonst verschwindet der lebendige Atem...damit wird er untauglich zu Empfängnis und Geburt«.

Die papistischen Ketzermeister und Hexenbrenner, die die Leute anders bereden, beeinflussen die Weiber auch wegen der Buhlschaften. Daher ist es gekommen, daß die Prediger im Papsttum das Volk vom Tanz abzuschrecken pflegen mit den Worten: »So oft zwei miteinander tanzen, so tanzte der Teufel als Dritter dazwischen«. Der weise Franziskus Petrarca nennt unser Tanzen »praeludium Veneris« (Vorspiel zum Teufelswerk).

»Wo sie zur Hochzeit oder sonst zu Gast sind, da führet der Superintendent, der Pfarrherr, der Diakon den Reigen, hüpfen und gumpen voran, schwingen die Metze herum in ihren langen Talaren und weiten rauschenden Roben, lassen sich duncken (?), als stehe solches den Hochwürden wohl an...(sie) wissen nicht, daß im Konzil von Laodica (370) beschlossen, daß die Christen nicht tanzen sollen...und wann die Kirchendiener zur Hochzeit sind, und die Tanzpfeifer und Geiger hinein kommen, daß sie hinweggehen sollen, und mit ihrem Beisein solche Üppigkeit und Geilheit nicht billigen und wehren«.

»Vor hundert Jahren wurde ein Büchlein in Heidelberg gedruckt, worin neben anderen groben und gemeinen Lastern auch über das Tanzen geklagt wird: »Der Tanz an sich selbst, nach seiner Art, wie er jetzt seine Gestalt hat, ist böse. Tanzen, besonders am Sonntag, ist eine Todsünde. Und nachdem die göttlichen Lehrer gemeinhin halten, wie es jetzt in der Welt Gestalt hat, so geschieht selten ein Tanz (auch) an den Werktagen ohne Todsünde, es sei zu Hochzeiten oder aus sonstigen Ursachen. Darum ist geraten, daß zu deiner Hochzeit »vast Lützel« (?) Personen ladest, ohne Tanzen und Völlerei«.

»Eine Stadt weiß ich, da ein besonderes Haus zu solcher Unzucht und Üppigkeit war gebaut, welches man wegen dieses Brauches den Tanzboden nannte. Und da war der Venus Vorspiel so gemein, daß, wenn sich eine Magd zum Dienst bestellen ließ, sie sich ausbedang, daß sie alle Sonntag zum Tanze gehen könne und darum ein paar Schuhe zusätzlich bekommen«.

Was tut der Teufel, tut der Mensch?

Aus der heiligen Schrift ist offenbar, daß die Geister, die Engel, erschaffen und Kreatur sind: ein Teil von ihnen wurde um ihrer Hochfahrt willen vom Schöpfer aus dem Himmel gestoßen, diese haben dann gegen uns Menschen ein feindliches Gemüt gefaßt und verfolgen besonders die Frommen. Sie vermögen aber ohne die Zulassung von Gott keinen Schaden anzurichten.

»...da lag in unserem Flecken zu Steinfelden eine zeitlang eine Herberge ein Schwarzkünstler, er nannte sich Meister Klaes, seine Bücher waren verschlossen. Dieser sattelte eines Abends sein Rösslein...da er ausreite. Bevor er an das Tor kommt, erhebt sich sein Rösslein mit ihm. Sie fahren über Mauern und Graben über einen Berg dahin, dahinter lag ein Klösterlein, worin Nonnen gewesen. Dort hauste ein Prämonstratensermönch mit seiner Konkubine. Meister Klaes geht in das Kirchlein und gräbt vor dem Altar Geld aus. Morgens, noch bevor die Tore aufgingen, war er wieder in seiner Herberge«.

»Hierher gehört auch ein Teufels-Sakrament — die Glücksrute, die etliche Berghauer brauchen, um damit Erzgänge aufzufinden. Sie schneiden von einer Haselstaude ein einjähriges zweizinkiges Zweiglein (am Karfreitag), sprechen einen zauberischen Segen darüber. Dann gehen sie damit auf die Berge und an die Örter, da sie meinen, Erz zu finden. Wo sich ihnen dann die Rute in den Händen dreht, da befindet sich Erz...solches geht nicht recht nach natürlicher Weise zu, der Teufel ist dabei, wirkt es, um seinem Diener zu gefallen«.

»Der Satan beraubet von einem Jüngling zu Speier, dem sein männliches Glied eine zeitlang abgezaubert war (»er sah und fühlte es nicht«). Gehet in solchem Mangel und Bekümmernis ins Kloster zur Beichte und klagt einem Mönch seinen Schaden. Der verwundert sich, heißt sich ihn zu entblösen, daß er selbst es sehe: siehet und greifet auch nichts. Da fragte er, ob er etwa in Verdacht hätte, die es ihm angetan...er spricht »zu Worms sei eine Verdächtige«! Was kann noch größere Blindheit und Unverständnis sein als dies?

Schutz vor Bezauberung

»Bedenke, daß es Gottes Wille ist, daß die Menschen so geplagt werden. Bitte Gott im Glauben an unseren Herrn Christus, daß er dein Übel bessere, dein Unglück abwende, wie er uns gebeten und im Psalm 50 versprochen hat: »Ruf mich an in der Not, so will ich dich erretten«. Sprechet täglich euern Glauben, welchen man Symbolus nennt, das ist so viel wie ein

Der Sterndeuter. Nach einem deutschen Holzschnitt von 1610.

Astrologenschule. Holzschnitt des 15. Jhts.

Feldzeichen der Krieger Christi. Betet morgens und abends, setzet euch nicht ohne Gebet zu Tisch, wie die Säue zum Troge laufen. Betet mit besonderer Andacht das »Führe uns nicht in Versuchung, sondern erlöse uns vom Bösen«. Oder so:

Führ der Herr uns in Versuchung nicht,
wenn uns der böse Geist anficht,
Zur Linken und zur Rechten Hand,
Hilf uns zu starkem Widerstand,
im Glauben fest und wohlgerüstet,
...durch Deines heil. Geistes Trost.

»Es nütze nur der Glaube und nicht Weihwasser, Rauch von Kräutern...mit Kreuzen ist nichts ausgerichtet. Der Glaube, die Andacht und das Gebet müssen es tun. Nun will er mit einer neuen Geschichte verdeutlichen, daß man dem Teufel standhaft widerstehen und ihn nicht beachten soll«. Man sagt vom Bernard, dem heiligen Mönche...als er einstmals auf dem Heimlichengemach (Toilette) saß, seine Horas (Stundengebete) sprach, habe der Teufel versucht, ihn zu erschrecken und zum Fenster hineingerufen:

»Wann der Mönch sitzt auf dem Sekret,
soll er nicht sprechen sein Gebet...«

Darauf habe dieser geantwortet:

»Ich lär mein Bauch wie mir's tut Not,
Bete dabei und lobe Gott:
Was oben ausgeht nimmt Gott an,
was unten ausfällt, sollst du han«.[19]

Von der Bestrafung

»Schier kein Laster wird so fleißig, ernstlich und hart bei uns Christen gestraft, als das Hexenwerk, so doch die armen und unseligen Weiber geringen oder gar keinen Schaden verursachen, wie andere Missetäter, die am Leben sträflich sind und deren Schuld ganz dunkel und unbeweisbar ist«.

»Wiewohl werden sie trotzdem aus gemeinem Geschrei, nach altem Gebrauch in das Gefängnis geworfen...da liegen die elenden blöden Weiber in der Finsternis. wo der böse Geist lieber und mächtiger ist als anderswo. Nach dem Teufel kommt der Henker mit seinem Folterzeug hinzu. Doch was geschieht bei uns:

...man findet viele Dörfer, in denen kein Pfarrer ist. Niemand (weder Mann noch Weib) werden vermahnt oder gezwungen, am Sonntag oder an anderen Feiertagen in die Kirche zu gehen. Die Männer führen dann Korn oder Wein in die Stadt, oder sie sitzen in den Wirtshäusern, saufen, spielen oder schlinken (schlendern) umher. Die Weiber waschen, reiben (Waschgeschäft), fleien (altes Verb: putzen, reinigen, waschen) das Haus, pletzen (flicken) den Kittel, nachdem sie die ganze Woche im Feld gearbeitet haben.

Kommen sie etwa einmal im Jahr, Weihnachten oder Ostern in die Kirche, so sehen sie im Papsttum nur das Gaukelspiel der Messe, hören lateinische, fremde, unverständliche Gesänge, und von der Predigt nichts als Märlein und Menschentand, falls sie nicht schlafen«.

»Sonderlich geht es in etlichen Bistümern und Abteien zu, da man dem Malleus folgt, mit dem Urteil und der Strafe dieser Weiber dermaßen zu, daß einer billig zweifeln mag, ob es recht ist. Da sitzen als Richter alberne, unerfahrene Leute, verstehen und wissen von der Sache soviel, als ob eine Krähe weiß, wann es Sonntag ist. Ja selbst bei den Gerichten wird Zauberei getrieben«. Damit meint er die Wasserprobe:

»Binden die rechte Hand an den linken Fuß, und die linke Hand an den rechten Fuß, werfen sie dann dreimal in das Wasser. Schwimmen sie, so sind sie Zauberinnen, gehen sie unter, so sind sie es nicht«. »Welcher Geist hat euch das eingegeben, ihr lieben Herren, oder in welcher Schule habt ihr das gelernt? Billig spottet man eurer, so daß man euch mit Köchen vergleicht: wenn die einen Kapaun braten wollen, so stecken sie ihn zuvor ins Wasser...so macht ihr es mit den Weibern. Sie sagen, der Teufel mache die Hexen leicht und schwimmend, gleich als wenn sie aus Luft wären, gefüllt wie eine Blas- oder Sackpfeife«.

»Der Pfarrherr und der Schultheiß vermahne sie, die Predigten und Gottesdienste fleißig zu besuchen, man lasse sie zu einem späteren Zeitpunkt wiederkommen und es nochmals aufsagen. Wollen sie es nicht lernen, dann bestrafe man sie mit Geld. Haben sie keines, so setze man sie eine Weile in den Käfig[20] (Gefängnis. alem. Kefit; vergl. Rottweiler Stadtrecht und die Basler Statuten) oder stelle sie in den Korb (der Obstdiebe), daß sie ins Wasser fallen, lasse sie die Schandsteine tragen. Wenn auch das nicht hilft, so verweise sie des Landes«.

Vom Segnen und Beschwören

»Dieses Mißbrauchs, Aberglaubens und Teufelswirkung ist die Pfaffenschaft im Papsttum voll gewesen, und deshalb auch beim gemeinen Mann im Schwang gegangen...was war in der Messe das Vornehmste anderes als der zauberische Segen, daß die Pfaffen die fünf Worte: »Hoc est enim corpus meum« über das Brot sprechen, darauf hauchen, und mit dem Kinn drei Kreuze darüber machen. Sie meinen, dadurch werde aus dem Brot der Leib Christi. Genauso verwandeln sie den Wein im Kelch in das Blut Christi«. »...von einem alten, frommen und einfältigen Papistischen (einem Katholiken) höret ich reden: daß sich Gott von einem solchen versoffenen verhurten Pfaffen, wie der unsere ist, sollte in Brot und Wein verwandeln lassen, das kann ich nicht glauben. Ja, die witzigsten unter ihnen glauben es selbst nicht und treiben damit Gespött«.

»Als da jener Bischof am Freitag in ein Städtlein kam, um das Mahl zu halten, und sein Koch auf dem Markt keine Fische, sondern nur zwei junge Hühnchen fand, hieß er sie ihn kaufen und braten; er wolle Fische daraus machen, er könne ja aus Brot Fleisch und aus Wein Blut machen...«.

»Wer kann alles erzählen, was der Päpste Gaukelwerk und Betrug mit dem Segen getrieben? Wenn eine Bäuerin eine kranke Kuh hat, kam der Pfarrer mit seinem Rock, Chorhemd und dem Brevier, ging in den Stall, las der Kuh seinen Segen und das Gebet, besprengte sie mit Weihwasser, machte Kreuze darüber, und gab ihr geweihtes Salz. Ob sie davon gesund geworden, weiß ich nicht!«

»Etliche können mit Beschwören Mäuse und Ratten aus den Häusern zusammenlocken[21], daß sie ihnen nachlaufen, wie die Ferklein der Sau. Sie führen sie hinaus in das Wasser und ersäufen sie. Ob es aber rechte Mäuse sind oder ein Gespenst, das mögen die erfahren und wissen, die solche Gesellen dazu mieten...«.

Wer zauberlichen dingen glaubt/
Bleibt Gots genad nit vnberaubt.
Nur tröst dich ob die wort seind gut/
Die man vnchristlich brauchen thut.
Endt iemand damit das er will/
Im hilfft der Teüfel durch sein spil.
Solchs im von Got wirt offt vergunt/
Darnach volgt schwere straff ô sünd
Des alter vil exempel sind/
Der sál man in der Bibel findt.

Anton Prätorius[22]

Der calvinistische Prediger Prätorius erscheint gegen Ende des 16. Jhts. in Birstein und kommt 1598 als Pfarrer nach Lautenbach (Bergstraße). Im gleichen Jahr entsteht sein »Gründlicher Bericht von Zauberey und Zauberern«, den er unter dem Namen seines Sohnes Scultetus herausgibt. Die Anomymität begründet er so: »...daß ich meinen Namen nicht genannt habe, ist wohlweislich geschehen, weil (es) in unseren trübseligen Zeiten gefährlich ist, die Obrigkeiten und Richter anzutasten und den Fürsprecher für Hexen und Unholden zu sein, wie solches durch viele Exempel offen und am Tage.« Erst in der zweiten Ausgabe von 1602 ändert er seine Meinung: »habe ich meinen Namen davorgesetzt und das Buch meinen Landsleuten in der Grafschaft Lippe dediret.« 1613 ist eine weitere Neuauflage[23] fällig: »...damit alle der Augsburger Konfession[24] Zugetanen, vor allem Kirchen- und Schuldiener dies Büchlein desto lieber lesen«.

Anton Prätorius, nicht zu verwechseln mit dem späteren Johannes Prätorius, bezieht sich im wesentlichen auf Hermann Wilcken[25] (Witekind), den hessischen Jurist Otto Melander[26] und den spanischen Jesuit Benedikt Perenius. Anton Prätorius ist mit Weyer vergleichbar. Er schildert kritisch seine Epoche und legt die Hand auf die richtige Wunde. Den wesentlichen Fehler sieht er im laschen Verhalten der Obrigkeit. Die Folter ist nach ihm abzuschaffen, an Tierverwandlungen, Wettermachen und die Teufelsbuhlschaft glaubt er nicht; das wäre nichts als »eitel Traum und Gedicht«.

Auf der anderen Seite ist er von der wirklichen Zauberei überzeugt. Hier folgt er Weyer und Wilcken. Von den Zauberern unterscheidet er die »armen einfältigen Weiber, die als Hexen so grausam verfolgt werden«. »Mir ist vorgeworfen worden, ich sei ein Hexen-Advokat und wolle das Böse ungestraft lassen...dies ist eine Verleumdung. Ich klage die rechten Zauberer an, aber für die armen, elenden, stummen, einfältigen, verführten, busfertigen...rede ich.«

Durch seine Schrift will er helfen, »...das solche unweisliche, tyrannische, den Leib und das Leben gefährliche Händel die armen Untertanen hinfort nicht erfahren möchten«. Seine Mahnrufe bleiben ungeachtet: gerade das 17. Jht. bringt die dramatische Zuspitzung der Hexenprozesse in Bezug auf Häufigkeit und Grausamkeit.

Hexenzauber. Aus: Cicero's »Officia«. Augsburg, 1531.

»...alle Dinge sind erlaubt...lästern, fluchen, schwören, lügen und trügen ist keine Sünde: Müßigkeit und
Buhler rühmen sich; der beste Säufer ist der beste
Mann. Zauberische Schriften und Gesellschaften sind
die beste Kurzweil. Je heiliger die Zeit, desto schändlicher die Tat. Sollte man dann beim Volk anderes als
Irrtum, Aberglauben, verfluchte Segen und Zauberei
suchen und finden?«

In der Vorrede seines Buches von 1613 sagt er: »Es ist
kaum ein schändlicheres Laster unter der Sonne als
die Zauberei, und nicht allein heillosere Leute auf Erden, denn die Zauberer. Der Unglaube, Heuchelei,
Ungehorsam, Abfall, Götzen-, ja Teufelsdienst und
Feindschaft wider Gott und Menschen findet sich viele Klafter tief, hoch, breit und lang bei diesem Laster
und dessen Verwandten«.

»Ich selbst habe in meiner Jugend »in meinem Vaterland zu Lippe«...gesehen, daß etliche Bürgerweiber
hinausgeführt und verbrannt worden, nur weil sie bekannten, sie hätten mit dem Satan, den sie Federbusch nannten, gezecht, getanzt, gebuhlt, und Wetter
gemacht; das doch alles ihrer Natur zuwider und unmöglich gewesen«.

»Ein Zauberer ist, der aus Fürwitz, Aberglaube und
gottlosem, bösem Herzen durch Verführung des Teufels und desselbigen Hilfe etwas tun oder sich zu tun
unterstehen, das über das menschliche Vermögen und
wider die natürliche Ordnung Gottes ist, und Gottes
zur Unehre, dem Menschen zum Nachteil gereicht...-
die Zauberei ist eine schreckliche Sünde, die Schande
aller Schanden«.«

Dann erörtert er, was die Zauberer tun können und
fragt, ob sie es auch können, was ihnen der gemeine
Pöbel zuschreibt. So glaube der gemeine Mann, daß
sich Zauberer und Hexen in Tiere verwandeln. Das
sei genauso unmöglich, wie die ihnen beigemessene
unzüchtige Vermischung...selbst der Teufel könne
kein Gewitter erzeugen...außerdem glaube er nicht,
daß der Teufel mit den Hexen essen, trinken oder
tanze. »Was die Zusammenkünfte der Hexen betrifft, so zweifle ich nicht, wo und wenn sie leiblich
zusammenkommen, und außerhalb der Städte und
Dörfer, oder in den Häusern der Zauberer sich aufhalten, daß es seltsam zugehet, daß ihnen der Teufel,
ihr Meister, bisweilen sichtbar in dieser oder jener Gestalt erscheint, sie lehre, verführe, und treibe nach seinem Willen!«

Lediglich mit Gottes Zulassung sind die Hexen imstande, Vieh und Menschen zu schaden. Möglich ist
es nur mit natürlichen Mitteln, z.B. mit Gift.

Die Obrigkeit ermahnt er: »Wollt ihr nichts tun, daß
(die) unschuldigen Hexen bekehrt und gebessert, und
unschuldige Leute keine Hexen werden, so laßt von
ihnen ab mit euerm Foltern und Brennen...(weil) ihr

selbst schuldig seid an ihrer Verblendung und Verirrung«. Auf der anderen Seite sind die wirklichen
Zauberer streng zu strafen:

Die weltliche Obrigkeit habe die Zauberei »aus
Pflicht ihres Berufes und Amtes« zu bestrafen. Die
Zauberei ist eine schädliche Unordnung, ein großes
Hindernis und ein vielfältiger Abbruch des Reiches
Gottes. Bezüglich der Prozesse mahnt er zu großer
Vorsicht. Ergreifend schildert er die Gefängnisse der
Hexen und ihre Folterqualen.

»Weil dann die peinliche Verhörung so unchristlich,
so scharf, so gefährlich, so schädlich und dazu so betrüglich und ungewiß ist, so soll man billig von christlicher hoher Obrigkeit nicht gebraucht und gestattet
werden, unangesehen, daß sie nun gemein und kaiserlichen Rechten einverleibt ist«.

Seine Strafvorstellungen sind mild: »diejenigen, die
keinen Schaden haben, und sich bekehren wollen...-
möchten mit Geld, Ruten, Pranger gestraft, danach
der Kirche als bußfertiger Sünder vorgestellt und
dann wieder zu ihren Angehörigen (in die Gemeinde)
gelassen werden. Verstockte sind des Landes zu verweisen, nachdem man sie mit Ruten ausgestrichen
hat. Zum Schluß ermahnt er die Obrigkeit, in der er
die Quelle allen Übels sieht, das Volk strenger in der
christlichen Zucht zu unterweisen, damit der Zauberei entgegengewirkt werden kann.

Franziscum Agricolam

»Traktat von der Bosheit und Bestrafung der Zauberer und Hexen«[27]

Im Gegensatz zu den vorgenannten Schriftstellern ist
Agricola überzeugter Katholik. Er steht auf den
Schultern von Peter Binsfeld und Remigius. Für ihn
sind die Zauberer die allergrößten Sünder, die gemäß
göttlichen Wortes zu vernichten sind. Er sagt in der
Vorrede: »Ich habe diese sieben Traktate von der
Bosheit und Bestrafung der Zaubereien nicht aus
Haß geschrieben, sondern aus »bewegendem göttlichen Eifer und aus dem christlich schuldigen Mitleid
zur Abschaffung und Verhinderung des grewlichen,
hochschädlichen, teuflischen Lasters wohlmeinend
verfertigt.«

Der unbefangene Leser seiner Arbeit kommt zu der
Auffassung, daß Agricola ein religiöser Fanatiker ist,
dem der Glaube, aber nur dieser, alles bedeutet. Bestätigt wird es durch Bibelzitate, aber auch in seiner
Stellung der Obrigkeit gegenüber. Die Menschlichkeit, die Weyer zeigt, die Ironie und der Spott von
Hermann Wilcken gegenüber den Papisten und die

gesunde Anschauung zu unmöglichen Behauptungen, die Vorsicht eines Anton Prätorius sind hier vom Tisch gefegt. Agricola plädiert für die unbedingte Ausrottung des Zauber- und Hexengesindels unter Berufung auf das Wohl der Christenheit. Dafür, daß sein Buch 250 Jahre nach dem Erscheinen des Hexenhammers auf den Markt kommt, muß es als extrem rückständig und verbohrt bezeichnet werden.

Es zeigt die unterschiedliche Geisteshaltung zwischen Protestanten und Katholiken, die, unbelastet vom historischen Ballast einer alten Theokratie unbefangene und vernünftige Ansichten zeigen — und dem offen aussprechendem Zwang, in dem sich die katholischen Priester bewegen (müssen). Lediglich zur Ehre der katholischen Kirche kann gesagt werden, daß die Darstellungen Agricolas zu dieser Zeit bereits eine einzelne Erscheinung sind.

»Zauberei nennen und meinen, (ist) die teuflische und verfluchte, hochsträfliche Kunst, Menschen und Bestien auf Anhalten und Begehren gottloser Personen durch den Erbfeind Gottes, den leidigen Teufel, zu beschädigen, verderben und zu vertilgen...Zauberer oder Hexe nennen und meinen wir alle die Christen, getaufte Männer und Frauen, die Gott verläugnen und sich mit dem Teufel verbinden...die anderen unsaglichen Jammer und Elend zufügen, die Gott abgeschworen haben, bulieren und fleischliche Unkeuscheit treiben...sie tun alles in des Teufels, aber nichts in Gottes Namen«.

»So sind denn solche Menschen über alle Maßen böse und gottlose Leute, und ärger als Heiden, Juden, Türken, Mamelucken, Ketzer, Gotteslästerer, Mörder, Ehebrecher, Hurer, Diebe, Räuber, Land- und Straßenschänder, Mordbrenner, Sodomiter, Blutschänder...denn die Zauberei ist ein Laster über alle Laster«. Dies belegt er weitschweifig im Einzelnen.

»Die Zauberer sind die allerärgsten Ketzer und die schändlichsten Sünder, weil sie getaufte Christen gewesen, aber gänzlich dem christlichen Glauben abgesagt haben, schlimmer als die Sodomiter sind sie, weil sie nicht nur mit den Menschen, sondern auch mit den Teufeln Unzucht treiben. Mörder und Totschläger sind immer noch besser, obwohl sie einen elend ums Leben bringen, so verursachen die Zauberer ihren Mitchristen einen langwierigen harten Tod, ja, sie quälen sie über Monate und Jahre. Sie morden aus Vorsatz. Die Hurer sündigen aus Schwachheit, die Zauberer aus Absicht. Die Blutschänder vergehen sich unter den Menschen. Die Zauberer aber mit den Teufeln«.

Jetzt stellt er die Frage, ob die Zauberinnen, Zauberer und Hexen, die sich gegen Gott vergangen haben und die sich wieder zu ihm bekennen, selig werden können? »denn wer den gantzen catholischen Glauben wissentlich und vorsetzlich verläugnet und ihm mit ausdrücklichen Worten abgeschworen hat...der muß ohne allen Zweifel verloren sein«.

Doch kann Gott die Sünden vergeben, weil er allmächtig ist. Hier zitiert er aus dem Alten Testament das Beispiel des gottlosen, abgöttischen und zauberischen Königs Manasse.

»Davon die Schrift also zeugt: »Manasse war 12 Jahre alt, da er König ward und regierte 55 Jahre zu Jerusalem, und tat viel Übel für den Herren, nach den Greuel der Heiden welche der Herr vor den Kindern von Israel vertrieben gleichwohl hat, und kehren sich um. Und er ließ seinen Sohn durch's Feuer gehen (dem Abgott zur Ehre) und wählte Tag, und achtete auf das Vogelgeschehen, und zauberte, und stiftete Wahrsager und Zeichendeuter, und tat, was dem Herrn nicht gefiel, um ihn zu reizen«.

»Obwohl nun Manasse ein großer Sünder war, der viele Tausende von seinen Untertanen und Propheten umbrachte: dazu selbst ein Zauberer, Anstifter und Patron der Zauberer, Wahrsager und Teufelskünstler war. So hat er gleichwohl bei Gott Gnade und Vergeltung seiner Sünden erlangt, weil er ihn um Gnade gebeten, und herzlich Buß und Poenitenz getan«.

»Gott kann auch aus Steinen Abrahams Kinder machen; vielmehr aus Zauberern und Zauberinnen gute und fromme Christen«.

Aus dem Neuen Testament zitiert er den Apostel Simon, nachher wieder der Sünde verfallen: dennoch hat ihn der Herr nicht verdammt«.

Warum die Zauberei zunimmt!

»vor allem durch den Haß des Teufels gegen das menschliche Geschlecht...denn weil der höllische Feind von dem gerechten Gott aus dem Himmel gestoßen wurde, und aus einem schönen Engel einen verdammten Teufel machte, wegen seiner Hoffart und seiner Sünden«.

»Dazu kommt die Unwissenheit und Nachlässigkeit der Pastoren und der geistlichen Obrigkeiten, die ja oft selbst nicht wissen, wie man den Listigkeiten und Angriffen des tausendkünstigen höllischen Feuers begegnen soll, oder die nicht mit dem gebührlichen Ernst und Eifer ihre Schäflein und Pfarrkinder warnen, sie vor Aberglauben hüten und bewahren«.

»Dazu kommt die Nachlässigkeit der weltlichen und hohen Obrigkeit, die entweder solche Gräuel nicht für Sünde halten, nicht an Zauberei glauben, und noch weniger die Inquirierten strafen«.

»Hinzu kommen nicht geringe Ursachen aus den Menschen selbst. Das ist besonders der Unglaube »dann dieweil der Glaub, und zwar der rechte, ungefälschte catholische Glaub...der rechte und beste

Schild ist...mit dem man kann und soll auslöschen die feurigen Pfeile des Allerschalkhaftigsten; so kann es nicht fehlen, welche keinen aufrechten catholischen Glauben haben, diese deshalb vom Teufel betrogen werden und bälder als andere in die Zauberei verführt werden...dazu kommt der Fürwitz, und daß sie Rat bei Wahrsagern und Schwarzkünstlern suchen, oder solche Ding wissen, welche zu wissen unnötig oder ungebührlich sind«.

»Ein weiterer Grund ist die Geltungssucht und die unerforschliche Trachtung nach irdischem Gut. Unersättliche und unmäßige Begehren zeitlichen Gutes und Reichtum, bringen auch manchen Menschen in die Zauberkunst. Eine weitere spezielle Ursache und Vorbereitung zur Zauberei ist Geilheit und Wollust des Fleisches. Es verursacht und bringt auch manche Menschen, so reich als arm, und besonders die Reichen, und unter ihnen am meisten geile wollüstige und nach Fleisch lebende Weiberpersonen, zur Zauberei...die vielfältige fleischliche Freud, Wollust und Lust, so sie mit dem Teufel insonderheit und sonst weit in ihren Zauberzünften üben und treiben. Daher des Zauberteufels Hausgesinde und Buhlen, das ist, die Zauberer, Zauberinnen und Hexen, andern, die sie gern dazu reizen und bereden wollen, solche Freud und Wollust müssen, fleißig anzumelden und einzubilden...den Teufel in Gestalt eines schönen Buhlen annehmen und sich mit ihm zu verbinden: darauf die fleischliche Vermischung mit demselben gemeiniglich durch Anhetzung und Treibung zu folgen pflegt«.

Ein Herr schlägt den von ihm abhängigen Bauer. Realistische Darstellung eines bäuerlichen Hauses und der Umgebung.

»Die nächste Ursache ist, daß sie fluchen, daß sie den Teufel oft und leichtiglich nennen, mit und durch den Teufel fluchen und lästern, oder sich und anderen zum Teufel, oft um eines Geringes, wünschen, daß sie der Teufel holt, oder in den Leib fährt, oder den Hals bricht. Deshalb kommen viele in seine Gewalt und werden leicht oder leichtlich zu Zauberern, Zauberinnen und Hexen, besonders daß sie Gott verlassen und sich dem Teufel ergeben«.

»Eine weitere Ursache ist, weil viele selten oder nimmer recht beichten, und sonst träg beten, das sind dann die Menschen, die ihre Sünden aufeinanderhäufen...außerdem mißtrauen sie verzweifeln an den barmherzigen Gnaden«.

Schließlich kommt dazu, daß Luzifer mit seinen Anhängern weiß, »daß die Welt schier zu Ende gelaufen, und sie hierfüro wenige Zeit haben werden, ihre Bosheit, Gott zum Trotz und den Menschen zum Schaden, zu treiben«.

Ermahnung der Obrigkeit, die Zauberer streng zu strafen

Agricola geht geschickt und sicherlich bewußt vor: sein Taktieren mit der Obrigkeit ist vielleicht neben der Sorge um die Aufrechterhaltung des katholischen Glaubens der wesentliche Hintergedanken zur Abfassung seines Buches gewesen. Er lobt die Obrigkeit die bestraft, und verurteilt die nachlässigen. Auch hier finden wir seine Gewährsleute in der Bibel.

»Denn es steht geschrieben: »Die Fürsten sind nicht der guten, sondern der bösen Werke halber zu fürchten. Willst du nicht vor der Gewalt fürchten, so tue Gutes, so wirst du Lob haben. Denn ein Fürst ist ein Verwahrer (oder ein Diener) Gottes, Dir zum Guten. Er trägt das Schwert nicht vergeblich, sondern ist Gottes Diener, und ein Richter zur Strafe über das Böse. Nun ist aber kein Zweifel, daß die Zauberer, Zauberinnen und Hexen Übeltäter sind und welche sein können. Daraus folgt ohne Zweifel, daß ein frommer Christ und die ehrliebende Obrigkeit auch die Zauberer, Zauberinnen und Hexen zu strafen schuldig ist...und zwar mit gebührendem Ernst«.

»Die christliche Obrigkeit ist schuldig, die Zauberer, Zauberinnen und Hexen an Leib und Leben zu strafen, nach dem göttlichen Befehl und daneben nach den beschriebenem und geistlichen Rechten«. Agricola zitiert die Worte Moses klar und verständlich, die keine andere Glosse zulassen. »Und werden die lateinischen Worte »Maleficos non parierus viuere« (die Zauberer sollst du nicht leben lassen), nicht allein bei den Catholischen so verdolmetscht, sondern auch in lutherischen und Zürichen Bibeln.« »Die Zauberer sind nach dem Gebot Gottes des Todes würdig, weil sie eine schreckliche Abgötterei betreiben...darum sollen sie von der Obrigkeit am Leben gestraft werden«.

»Die weltlichen und beschriebenen Rechte strafen die Diebe und Räuber mit Galgen und Strick. Die Zauberer, Zauberinnen und Hexen stehlen und rauben nicht allein durch Hilfe des Teufels anderen Leuten Milch, Butter usw...sondern berauben auch ihnen ihr Vieh, durch ihre Zauberkünste und verderben also zum äußersten manche Menschen, berauben und bestellen Land und Leute durch Verderbung...mit der Hilfe des Teufels, der Baumfrüchte, Erdgewächse, Getreide und dergleichen mit Hagelschlag, Ungewitter: sie sind viel mehr am Leben zu strafen als einzelne Diebe oder Landräuber«.

»**Sie sind wegen ihres grausamen Lasters und andern zum Exempel und Abschreckung mit dem Feuer zu bestrafen und auszurotten...**nicht nur nach den göttlichen und weltlichen Gesetzen, sondern auch nach altem hergebrachtem Landbrauch. **Denn Gott hat es befohlen...**sie verdienen die größte Strafe, das ist die Feuerstrafe, daß sie lebendig verbrannt werden. Die Falschmünzer und Mordbrenner werden nach dem weltlichen Recht in heißem Öl oder sonst mit Feuer verbrannt. Die Zauberer, Zauberinnen und Hexen sind aber viel ärger und schändlicher. Nach geistlichem und weltlichem Recht werden die halsstarrigen Ketzer mit Feuer verbrannt«.

»Die hohe Obrigkeit sündigt wider Gott, sich selbst und den Nächsten, ja sie sündigt gegen zauberische Personen, wenn sie diese wissentlich duldet und ungestraft läßt! Vielfältig, schwer und verdammlich sündigen die Obrigkeiten und Regenten, die wissentlich die Zauberer und Hexen dulden und den Inhalt des göttlichen Wortes und gemeiner Rechte nicht mit schuldigem Eifer und Ernst strafen«.

»Sofern die Obrigkeit nicht glaubt, daß es Zauberer und Hexen gebe, und daß diese zu bestrafen und auszurotten sind; dieselben glauben nicht an Gottes Wort und an die heilige Schrift, die ausdrücklich bezeugt, daß es Zauberer gibt, die am Leben zu strafen sind. Wer aber Gottes Erklärungen Glauben und die Erklärung der Kirchen nicht glaubt, der macht Gott zum Lügner und Gottes Zorn bleibt auf ihm...solche Obrigkeiten werden meineidig und treulos, dann sie Gott und ihrer hohen Obrigkeit sich mittels Eifers verpflichtet, fromm und treu zu regieren. Sie sind Verräter oder Feinde Gottes und der göttlichen Majestät...sie achten und halten mehr auf sich selbst als auf Gott, dadurch wird Gott geschändet und gelästert. Heißt das nicht, daß sie den Teufel mehr als Gott dienen, liebkosen, zugefallen sind? Sie sind ihre eigenen Feinde und hassen sich für ihre Personen selbst, sie sind ein Feind der Gerechtigkeit, die sie nicht ehren, ein Freund der Bosheit, die sie nicht strafen, eine Ursache unzähliger Sünden und Laster, weil sie diese nicht verhindern«.

»Sie sündigen wider die Liebe des Nächsten und gegen die Zauberer und Hexen. Sie sind Feinde Gottes und der ganzen Christenheit...sie sind eine Ursache dessen, daß sie durch Hintansetzung und Unterlassung der Gerechtigkeit und gebührlicher Strafe, daß Gott und sein allerheiligster Name auf das grausamste gelästert und geschändet, der Teufel aber geehrt und erfreut wird. Die Regenten und Obrigkeiten sind nicht allein mit Worten, sondern auch nach der Sünden Maß mit dem Schwert oder sonst zu strafen, amtes halber schuldig. So viel Seelen alsdann durch der Obrigkeit unterlassene Strafe versäumt und verloren sind, so viele Seelen wird Gott von ihnen erfordern, und sie darum schwerer und vielfältiger verdammen«.

Lob an die strenge Obrigkeiten und Regenten

»Von Lob und Preis auch großer und stattlicher, ja ewiger Belohnung, so der fromme und gottliebenden Obrigkeit, welche die Gerechtigkeit handhabt und die bösen insonderheit die allergräulichste Sünde der Zauberei wissentlich nicht dulden, sondern mit göttlichem Eifer und Ernst der Gebühr straft, von Gott verheißen und bereitet ist«.

»Die Obrigkeit, die die Zauberinnen nach der Gebühr bestraft, zeigt an, daß sie an Gottes Wort glaubt, und daß sie Gott liebt, daß sie ihre Ehre und Seligkeit lieb haben...sie leisten Gott einen wohlgefälligen Dienst.

Die ungläubige, treulose oder sonst nachläsige Obrigkeit verdienet Gottes vielfältigen Zorn, Ungnade und Strafe, daß sie durch die Duldung der Zauberer, Zauberinnen und Hexen Gott nicht glauben und ihn nicht lieben, nicht gehorsam Gottes Ehre verteidigen, und die Gerechtigkeit der Frommen nicht selbst schuldig und teilhaftig machen, sie werden gewaltig gestraft werden, weil sie ihre Gewalt mißbraucht oder diese nicht recht gebraucht haben«.

Nun versucht er zu beweisen, daß es auch nach dem Neuen Testament rechtens ist, wenn die Obrigkeit die Zauberer bestraft, und zwar durch Ess. 43: »Fürchte dich nicht, denn ich habe dich erlöst, ich habe dich mit deinem Namen genannt, denn du bist mein. Wenn du schon durch das Wasser gingest, so will ich bei dir sein und die starken Flüsse werden dich nicht bedecken, wenn du im Feuer würdest gehen, sollst du nicht verbrannt werden und die Flamme soll dich nicht brennen«.

Einreden

Zur Absicherungen seiner Ausführungen bringt Agricolam jetzt eine Reihe von »erdenklichen Einreden, die ihm aus Einfalt und Unwissenheit, oder sonst aus zeitigem Unverständnis mit nichtchristlichem Eifer geschehen«. Hier folgt lediglich eine knappe Zusammenfassung des sonst weitschweifigen Textes.

Einrede	Antwort
1) weil es keinen Teufel gibt, so gibt es auch keine Zauberei. Unredlich Beschuldigte könne man nicht strafen.	Die heil. Schrift bezeugt, daß es Zauberer geben muß. Die heil. kath. Kirche als Grundfeste des Glaubens und als ein Pfeiler der Wahrheit hat das immer gelehrt und geglaubt.
2) Die Hexen verleugnen Gott und die Christen nicht, denn sie gehen ja in die Kirche, um die Predigt und den Gottesdienst anzuhören. Sie beichten und empfangen die Sakramente.	Das ist ein heilloser Betrug um ihre Bosheit zu bedecken, und um den Argwohn und Verdacht zu verdecken. »Das mag der Teufel wohl leiden«.
3) Im Canon Episcopi wird ausdrücklich gesagt, daß es unmöglich ist, daß Weiber zu den Versammlungen geführt werden.	Es wird nicht verneint und auch nicht für unmöglich gehalten: sondern der Irrtum und die ketzerische teuflische Meinung wird verdammt, daß etliche gottlose und vom Teufel verblendete und betrogene Weiber vermeinen, daß sie mit der Diana oder Herodia reiten...welches immer falsch und abgöttisch.
4) Die Zauberer können kein Ungewitter machen.	Das ist aus S. Joh. offenbar.
5) Man soll die Zauberinnen nicht strafen, denn sie sind entweder unschuldig oder wissentlich vom Teufel betrogen.	**Wie können die unschuldig sein, welche Gott nicht leben lassen will?** (hier verweist er auf Peter Binsfeld)
6) Es sind ja viel zu viele Zauberer und Hexen, als daß man alle strafen können!	Daran ist nur die nachlässige Obrigkeit schuld... Gott wird von ihnen Rechenschaft fordern.
7) Das Verbrennen Unschuldiger ist ungerecht.	**Es ist besser, eine kleine Zeit zu brennen, und Gnade finden an der Seele, als hernach an Leib und Seele ewig brennen und allezeit verdammt sein. Außerdem stehe ihnen ja die Gnade zu, erst erwürgt und dann verbrannt zu werden.**
8) Es ist schwer, seinen nächsten Verwandten anzuklagen und damit zu veranlassen, daß er verbrannt wird.	Man muß Gott mehr als den Menschen fürchten, ihn auch mehr als Vater und Mutter lieben. Darum darf die fromme Obrigkeit niemand schonen.
9) Es ist besser, daß sie das Land verlassen und ihr Leben schonen.	Daß sie Gott gestraft haben will ist sicher, daß sie sich bekehren und bessern wollen ist unsicher.
10) Es ist eine große Schande, die Zauberer und Hexen zu verbrennen.	Die Obrigkeit erhält dafür von Gott ewigen Lohn.

Johannes Praetorius und sein Hexenbuch von 1668[28]

»Der Inhalt des Buches ist ein Wust von Unsinn, aufgegabeltem Aberglauben, maulhängkolischen und abenteuerlichen Historien und gelehrten Zitaten, Kraut und Rüben...aber es ist voll Belehrung, und in ihm haben sich Traditionen erhalten, die teilweise wichtig für das Studium der germanischen Religionsaltertümer, teils aber auch als blose Kuriositäten interessant sind«.[29]

An welchen Orten gibt es Gespenster?

Er nennt Griechenland, die Schweiz (da meint er den »Frackberg« mit seinem großen stehendem schwarzen See) und Schlesien: »Man saget, daß auf dem Böhmischen Gebirge zum öftern den Leuten ein Mönch erscheine, den sie Rübezahl nennen...dieser ist niemand als der Teufel selbst...der als Mönch verkleidet seine Sachen treibt«. In der Oberpfalz wirft ein weibliches Gespenst in einem hohlen »ungeheuren« Berg mit Steinen um sich. Einen solchen wunderbaren Berg haben auch die Italiener beim Nursiner See »als die Venus oder Sybilla in einer Höhle lebendig ist...sie wird jede Woche in eine Schlange verwandelt«. Dann nennt er noch Sizilien. Für Thüringen weist er auf den Hörselberg.

»In unserem Thüringen werden zum öfteren, doch besonders um Weihnachten und Fastnacht...nicht allein auf dem Felde...sondern auch in den Städten und Dörfern, eine ziemliche Menge Gespenster und Teufels-Gaukeleien gesehen...unter welchen sowohl die Gesichter toter wie lebendiger Leute erkannt werden...es soll aber von diesem Teufelsheer ein alter grauer Mann herziehen und mit einem Stecken, den er hin und her bewegt...vorneweg marschieren...und das herannahende Volk...welches sich (nach unserer angebornen Art) allezeit lüstern und begierig erzeigt... vermahnen, etwas aus dem Weg zu weichen oder nach Hause zu gehen. Nach ihm soll allerhand Teufelsgeschmeiß in grossen Truppen folgen...allerhand Gestalten haben...gar greulich und scheußlich aussehen...indem bei vielen die Köpfe abgehauen sind...etliche das Gesicht auf der Brust tragen oder Arme und Hände verloren haben...etliche hinken auf einem Fuß daher...etliche haben die Beine auf die Schultern gelegt...man hört darunter Hörner blasen, Hunde bellen und viele Hasengestalten: sollte dies aber einer für fabulos und erdichtet halten, der wird sich zu erinnern wissen, daß alle Erscheinungen der Gespenster nicht vergebens sind...sondern daß der böse Geist (hier meint er wohl den Teufel) allerhand Gestalten annehmen könne...ja sich bisweilen sogar in einen Engel des Lichts verkleiden...«.

Für den Harz benennt er den Brocks-Berg: »auf solchem aber sollen ebenmäßig der gemeinen Sage nach, sich Teufels-Gespenster und Hexen jährlich einmal in der Sanct-Walpurgisnacht in großer Menge antreffen lassen«. Alternativ sagt er, daß der Berg nach dem Teufelsbock genannt wird.

Beschreibung des Blocksberges

In Thüringen ist wol sehr bekant
Ein Berg/der Prockelberg genant/
Welcher Berg der jetzo berührt/
Über sechszehen Meil gesehen wird/
Also daß den ferne jedermann/
In Sachsen und Hessen anschauen kann/
Dieweil er hoch und übertrifft/
Mit seiner Höh/wie ich bericht/

All Berg in Harz und Thüringen
Darüber er ganz hoch thut springen/
Über das ist er auch beschreit/
Dieweil Nachts zu Walpurges Zeit/
In grosser Zahl wie ich bericht/
Die Zauberin mit ihrem Gezücht/
Ingemein einen Reichstag alda halten
Die junge so wol als die Alten/

Welche all der Teufel dahin führt/
In geschwinder Eil/wie jetzt berührt/
Auff welchem sie mit tantzen/springen/
Mit sauffen auch die Zeit zubringen
Mit bösen Geistern Unzucht treiben/
Wie solches oft die Gelehrten schreiben/
Wenn aber kommt der Hanen Geschrey
So fahren sie wieder heim ohne Scheu/

Über hohe Berg und tieffe Thal/
Biß daß sie kommen allzumal/
Ein jede Hexe an ihren Orth/
Wie man solches wol hat mehr gehort.
Treiben also ohn allen Scheu/
Ihr Hexenwerk und Zauberei/
Wider Gott und sein H. Wort/
Auch offtermals anstiften Mord/
Doch können sie/ wie ich bericht/
Den frommen Leuten schaden nicht/
Umb welche her der Engelschaar
Ein Wagenburg thut schlagen gar.
Ihr rechter Lohn und gewisses Pfand/
Ist Feuer/Schwerd und ewig Schand/
Ja wenn sie nicht thun Buß auff Erden/
Können sie auch nicht selig werden.

Daß sey nun gnug von Zauberinn.
Auff daß wir aber unsern Sinn
Anwenden an den Prockelsberg/
Zu beschreiben gäntzlich merck/
So ist auch überall alda/

487

Versammlung auf dem Blocksberg. In einem weiten Bogen kommen die Paare um die Bergspitze. Immer ist ein Buhle dabei. In der Mitte auf einem Thron sitzt der Bock, dem eine Hexe den Hintern küßt. In den Bildecken Hexenflug, Abwerfen einer Hexe und die Hexenbuhlschaft. Holzschnitt aus dem 17. Jht.

488

Derselbig Berg ein Practica
Der Landleut/welche offt ohne irren
Gut Wetter/daher practicieren:

Denn wenn ein starcker Neberl trifft/
Recht solchen Berg/wie ich bericht/
So fält gewiß denselben Tag/
Wenn aber solcher Berg gantz frey
Ohne Nebel ist/ohne allen Scheu/
So folget ein schöner heller Tag/
Alsdann darin jeder mag/
Mit Freunden an sein Arbeit gahn/
Auch wandern/reiten/und alsdann
Noch weiter/daß für solche Zeit/
Gott werde gedanckt in Ewigkeit!

Bock- und Gabelreiter

»Wie beim Bodino (s. Lit.-Verz.) erhellt...wo er berichtet, daß drei Männer mitsampt einer Frau wegen verübter Zaubereien (in Poitiers) verbrannt wurden...-weil sie bekannten, daß sie dreimal zu ihrem Hexenfest und Konvent gezogen waren...wo unsagbar viele Zauberer zusammenkommen, denen ein großer schwarzer Bock vorsteht, der die Anwesenden mit einer vernehmlichen menschlichen Stimme anredet. Um diesen mußten sie alle tanzen...und ein jeder eine brennende Fackel in der Hand halten und ihm den Hintern küssen...wie ja auch in der heil. Schrift die Teufel Böcke heißen...«.

»Warum aber zeigt sich der Teufel gerne in der Gestalt eines Bockes?...weil der Bock ein stinkendes und geiles Tier ist...sogar, daß wenn sie andere Böcke auf die Ziegen springen sehen, sie im Zorn auf dieselben zulaufen, um sie herabzustoßen. Es ist eine solche geile Brunst in ihnen, daß sie sich oft unterstehen, sich mit den leichtfertigen Metzen zu vermischen. Eine solche unersättliche Hurenlust und unverschämte Geilheit findet sich auch bei den boshaften verhurten Teufeln, da er allerlei Schandpossen und Unzucht mit seinen verschworenen Hexen treibt...und auf solche hurische und ehebrecherische Weise sich bedient...wie solches mit vielen Beispielen der Bodinus bekräftigt. Und darum kann es wohl sein, daß der unflätige Teufel und buhlerische Beelzebub keine andere Gestalt als (die) des stinkenden und ranzenden Bock lieber hat...«.

»...es ist aber zu bedauern, daß fast in allen Landschaften, wo die christliche Religion getrieben wird, die unzüchtigen Weiber durch Hilfe der alten Hexen und des Teufels Köchinnen, ihre Buhlen durch solche Gespenster holen und zurück bringen lassen...ich kenne viele, welche in ihrem Alter bekannt haben, daß sie in ihrer Jugend auf solche Böcke sich des Nachts zu ihren Buhlen oder Huren etliche Meilen

haben holen und widerbringen lassen...deshalb nennt man die Hexen auch »Bock-Reuter« und »Gabel-Reuter«.

Auf hebräisch werden die Hexen Lilith genannt. Herr Luther hat das Wort Kobold verdeutschet. Andere aber verstehen es von den Hexen, die eine Erzfeindin der Kindbetterin und ihrer neugeborenen Kindlein ist. Vom deutschen Manne wird das Volk mit mancherlei Namen beschrieen. Man nennt sie Hexen, Unholden, zauberische Drachen- und Teufelsbuhler, Gabelreiter, Milchdiebin, Druten, böse Leute oder Weiber.

»Hexen sind gemeiniglich dumme Leute...ihr Verstand ähnelt mehr einem dummen und verstandlosen Tier, als einem scharfsinnigen nachdenkenden Menschen. Die Zauberer werden Unholden genannt...-nicht allein wegen ihrer häßlichen Gestalt, die sie bekommen, sobald sie fleischlich mit dem Teufel zu tun haben, sondern auch weil sie alle christlichen Affektionen verloren haben, und gegen diesen voller Haß und Rachgier stecken.

Gabelreiter werden sie genannt von dem Instrument, das sie verwenden und das sie mit ihrer Salbe beschmieren. Den Namen Milchdiebe tragen sie von ihrem Werk, weil sie durch die Hilfe des Teufels anderen Leuten die Kühe ausmelken, Rahm und Butter stehlen und das so wunderbar(lich), daß sie oft nur daheim einen Pflock, den sie in die Wand geschlagen haben, melken, und der dennoch Milch gibt.

Druten nennt man sie in Franken und anderen Orten, entweder vom Drücken, weil man vermeint, daß sie nachts die Leute im Schlaf drücken (und blaue Mähler anhängen) oder von den Druidis, welche die Gallier und Britanier-Priester gewesen sind, und die bei ihren Gottesdiensten auch Menschen geschlachtet und geopfert haben...«.

Vor allem können Hexen und Unholde

● Donner und Blitz in der Luft anrichten
● schädlichen Hagel machen
● das Korn auf den Feldern verwüsten und erdrücken
● über Menschen und Vieh schädliche (unerhörte) Krankheiten bringen
● in wenigen Stunden weite Strecken zurücklegen
● mit bösen Geistern schlemmen und Prassen
● mit ihnen Buhlschaft treiben
● Menschen in unvernünftige Tiere verändern

Wasser-, Daumen- und Schmierprobe

»Was dieser Personen Leichtigkeit betrifft...so wollen wir hier nur die Art betrachten, da man durch kalte Wasserprobe die Hexen erkennen will, wie solche an vielen Orten gebräuchlich ist. Da fragt es sich, was davon zu halten sei, wenn man die Hexen, die der Zauberei verdächtig sind, auf das Wasser setzt?

Ein Bauer aus der Zeit des Bauernkrieges. Zeitgenössischer Holzschnitt um 1525.

und auch ob dies unfehlbar sei?. Zwar Wierus gedenkt dieser Probe und schließt, daß nichts davon zu halten sei, dem sei wie es will...so scheinet es doch, daß die Wasserprobe nicht verwerflich ist, sondern daß man damit eine starcke Mutmaßung gegen die Zauberer machen kann. Da diese Weiber aber, obgleich sie schwere Leiber haben...dennoch auf dem Wasser schwimmen, so kann man unfehlbar annehmen, daß sie ein Bündnis mit dem Teufel haben... der weitberühmte Professor zu Helmstedt meint, die kalte Wasserprobe habe eine Verwandtschaft mit dem Gebrauch der alten Deutschen, die ihre neugeborenen Kinder in den Rhein geworfen haben«.

Dennoch verwirft er diese Probe.

»Ei, das ist ein wichtiger Grund...aber dabei ist zu vernehmen...daß sich gleichwohl das bisher von ihnen geschöpfte, verwaschene, verkochte, getrunkene und verzehrte Wasser nicht schadet. O, ihr abergläubischen und unsinnigen Richter, die ihr solches Narrenwerk gebraucht! Wer hat euch bezaubert, daß ihr dieser Ungewißheit traut? Wie seid ihr doch so keck: daß ihr eures Nächsten Gut, Ehre, Leib und Leben, Kinder und Ehegatten so liederlich in Gefahr setzet. Welchen Grund habt ihr zu dieser Prüfung, wer hat euch eine solche Erfahrung gelehrt? Gottes Wort hat nichts davon, das geistliche Recht hat sie verboten, das weltliche sie nie befohlen...der Teufel hat sie erfunden...doch ihr wollt nicht Unrecht haben... sprecht weiser, es sei eine alte Gewohnheit...doch ist hundert Jahre Unrecht noch keine Stunde Recht... heidnisch, tyrannisch, falsch und teuflisch ist die Wasserprobe«.

»Etliche böse, leichtfertige Schälke und Buben in Städten, Herrschaften und Dörfern, lernen außer der törichten Wasserprobe andere Wege zu erkunden, ob sie Hexen seien oder nicht. Sie gehen des Morgens in der Frühe neben ihnen her, an der linken Seite, sprechen nicht und antworten auch auf nichts...sie legen den Daumen in die zugeknüpfte Faust...und stoßen sie damit an die Hüfte. Wer ihnen nachschreit...der muß ein Zauberer sein«.

»...oder sie schmieren ihre Schuhe am Sonntag Morgen und stellen sie in die Kirchentür. Wer nicht bald und gerne neben ihnen hinausgeht, der muß schuldig sein. Oder man legt ihnen verkehrte Besen in den Weg...welche da nicht darübergehen, die müssen Hexen sein. Das ist eine große Bosheit...dadurch wird viel Unruhe angerichtet«.

Ein Bauer zinst seinem wucherischen Gläubiger. Titelholzschnitt zu M. Luther »Ain Sermon von dem Wucher«. Augsburg, 1520.

Schutz vor dem Hexenwerk

»Andere sagen Menschenkot, Schelmendärme, Roßdärme und Milchtöpfe, womit man die Hexen solle zwingen können (wie Bodin meldet)...aber ich halte, daß diesem eben so viel zu glauben sei, als wenn man saget: »man schlage seine Mutter, weil sie Öl pinkelt«. Welch großen Gefallen muß der Teufel haben, wenn er die Christen einem solchen Aberglauben folgen sieht...so sonderlich am Neujahrstag, am heil. Dreikönigstag, in der Fastnacht, am Gründonnerstag mit den Bretzeln oder Krengeln oder Ringen...werden aus dem warmen Backofen für Fieber, Krankheiten, Zauberei und anderen Plagen im Hause aufgehängt: am Ostermontag mit dem Waldmeister oder Leberkraut...gegen Gespenster oder Zaubereien mit bestimmten Segen und Zeremonien eingesammelt...«.

»Um die Zauberei abzuwenden, hauen sie etliche einen Haselstecken in des Teufels Name sonntags Morgens vor dem Sonnenaufgang, kehren den Staub und den Dreck aus den vier Ecken des Hauses oder Stalles...tun diesen in einen Sack...binden ihn zu und schleifen ihn vor die Tür. Dann schlagen sie mit dem Stecken wacker darauf. Alle Schläge, die auf dem Sack geschehen, soll auch die Hexe empfangen und dadurch gezwungen werden...um die angetane Zauberei abzuwenden.

Ist das Vieh krank...so sind es sonderlich Weiber und Männer, die es kreuzweise mit Weihwasser besprengen und die heimliche Worte dazu murmeln. Dadurch muß die Zauberei ohne Schaden vergehen. Wenn den Kühen die Milch bezaubert ist, so melken sie durch alte Besen und sengen diese am Feuer. Oder schlagen den Milchkübel mit weißen Stecken, oder sie sieden die Milch und stechen mit dem Messer hinein. Das tut den Hexen so weh, daß sie die Milch wiederkommen lassen.

Wer aber noch nicht bezaubert ist und dieses verhüten möchte...der steckt Kreuzpfennige in geweihtes Wachs und trägt es bei sich...oder hänge geweihte Kräuter in die Ställe...oder hänge Salz und Brot oder ein Brieflein, darauf etliche fremde Namen und Worte aus der heil. Schrift verzeichnet sind um den Hals. Dann kann weder eine Hexe noch der Teufel Schaden tun.

Die mit Kreuzen und Zeichen, mit Salz und Brot, mit Kräutern und Worten sich gegen die Zauberei schützen wollen, begehen damit (selbst) Zauberei...ich weiß nur nicht, wie ich sie nennen soll. Jene wollen mit Zeichen und Worten Schaden herbeiführen und diese den Schaden dadurch aufheben. Jene sind vom Teufel geschickt...die andern gehen ihm entgegen«.

Er unterscheidet die Kreuze der Menschen und die göttlichen. »Das Kreuz, das die Menschen machen, wird mit den Fingern gestrichen, mit Farbe gemahlt, geschnitzelt, geschmiedet und gehauen, es ist ein totes, unempfindliches und kraftloses Ding, und gemeinhin zum Aberglauben, zur Abgötterei und demnach gegen Gott gerichtet. Es hilft auch nicht gegen den Teufel, selbst wenn man zehn Bibeln frißt und zwanzig um sich bindet. Wie soll da ein kleines, um den Hals gehängtes Zettelchen helfen? Was hier geschieht, ist Spiegelfechten und teuflicher Betrug...deshalb lasse ein Jeder die abergläubischen, gottlosen und unnützigen Dinge sein...es ist lauter Affenspiel, worüber selbst der Teufel lacht und spottet«.

Affront gegen die Frauen, wer ist vor Zauberei geschützt, Wettermachen

»Unter der Blocksberg-Gasterei sind nicht nur alte, betagte, sondern auch kleine unverständige Kinder, nicht nur Weiber, sondern auch Männer, nicht nur geringe, sondern auch Standespersonen, Kaiser, Fürsten, Freiherren, Edelleute und dergleichen, nicht nur weltliche, sondern auch Geistliche, Päpste, Bischöfe und Priester, nicht nur Ungelehrte, sondern auch gelehrte und berühmte Doktoren aus allen Fakultäten...«.

»Man lese aber diejenigen Bücher, die von der Zauberei geschrieben sind, da werden wir allezeit 50 Weiber oder Besessene anstatt eines Mannes finden. Was aber meiner Auffassung nach nicht aus der Blödigkeit des weiblichen Geschlechts geschieht, sondern bei ihnen ist eine unerhaltsame Widerspenstigkeit und Halsstarrigkeit gespürt...so daß ihnen das Aushalten der Folter oft standhafter als die Männer sind, sondern es scheint vielmehr so zu sein, als geschehe es aus der Kraft und Sucht einer viehischen Begierlichkeit, der die Weiber dazu antreibt. Vielleicht hat deshalb Plato das Weib zwischen den Menschen und das Vieh gesetzt. Hingegen sind die Köpfe der Männer viel größer, darum haben sie auch mehr Gehirn, Verstand und Weisheit. Schließlich haben auch die Poeten angedeutet: »Weiber haben lange Kleider und kurze Sinne.«

»Unholde sind nicht nur alte Weiber, sondern auch Männer, Junggesellen, junge Weiber, Jungfrauen, Knaben und Mädchen, die dieses verfluchte Laster pflegen, die in allen anderen weltlichen Sachen guten Verstandes, verschmitzt und scharfsinnig sind.

Frei davon sind die Frommen und Gottesfürchtigen, Prediger und Geistliche, Obrigkeiten und Scharfrichter, Henker-, Stock- und Kerkermeister, Büttel und Häscher, Schergen und Stadtknechte, und all diejenigen, die Hexen und Zauberer einfangen und verwahren, sie verurteilen und an ihnen die gerichtliche Exekution durchführen.

Ball am Münchner Hof unter dem Herzog Albrecht IV. (um 1500). Kupferstich von Matthäus Zasinger.

Es wird allgemein dafür gehalten, daß Hexen Unfruchtbarkeit verursachen können, so daß die jungen Eheleute keine Kinder zeugen können. Die Teufel schwächen die Geburtsglieder und verhindern die eheliche Beiwohnung auch dadurch, daß sie die Geburtsglieder in den Leib zurückziehen«.

»es fragt sich, ob die Hexen allerhand Gewitter, schönes und liebliches Wette, Kälte und Hitze, Eis und Schnee, Reif, Hagel, Wind, Regen, Kälte und Hagel machen können. Von vielen wird hier geantwortet, daß keinerlei Ungewitter durch Zauberei veranlaßt werden kann. Weil aber der Teufel aus langer Erfahrung an den Eigenschaften der Elemente merkt, wenn ein Ungewitter ansteht, so gibt er (sagen sie) den Zauberinnen in den Sinn, daß sie Kräuter sammeln und andere Materialien in einen Haufen sieden...und danach ein Ungewitter kommt, so meinen die Zauberinnen, es wäre von ihnen. Diese Meinung weiß ich nicht zu verwerfen. Ich glaube, daß bisweilen (unter der Zulassung Gottes) wahrhaftig Wetter gemacht werden kann...daraus wir erlernen müssen, daß es dem Teufel nicht unmöglich ist, Gewitter hervorzubringen«.

An was man Hexen erkennt

»Die Zauberer und Hexen erkennen wir aus ihren eigenen Werken, ihrem Leben und Wandel. Sie richten ihr Tun und Lassen auf den eigenen Nutzen, stiften Unfrieden und Zwietracht, sie schlagen die Augen unter die Winkel: die Weiber fliehen die Männer: die Knaben die Mägdlein: und wenn auch die Weiber den Männern vermählet werden, so geht die Liebe nicht vom Herzen (aus). Sie sind neidisch und unleidlich gegen ihre Männer und gegen alle Menschen...je keuscher und abgesonderter sie sich verhalten, desto eher gefallen sie dem Hexenwerk. Sie sind untreu gegen ihre eigenen Kinder und redlich mit dem Hausgesinde«. Mederus (s. Lit.-Verz.) sagt in seiner dritten Predigt: »daß ein Zauberer und Hexenmeister (also auch eine alte Hexe genüge), um 500 Zauberer und Hexen zu machen. Denn wenn sie sich dem Teufel auf einmal ergeben und seine Gunst haben, und wenn sie von ihm nicht gekratzt und geschlagen werden wollen, so müssen sie ihm viele Leute zuführen, so wird stündlich und täglich das Reich des Teufels vermehrt. Von zwei Pfaffen in Köln wurde geschrieben, daß sie dreihundert Kinder in des Teufels Namen getauft haben, weil sie die Taufe in lateinischer Sprache verrichtet«.

Von der Reisefahrt der Hexen

In diesem Punkt sind sich die Gelehrten nicht einig. Etliche wollen, daß der Teufel den Zauberern nur die Augen verblende, und als ein Tausendkünstler ihnen im Schlaf seltsame Sachen einbildet, so daß sie meinen, sie seien woanders. Grillandus (s. Lit.-Verz.) berichtet von einem vornehmen Mann, der, als er bemerkte, daß sein Weib sich salbte, diese zwang, ihn einmal auf den Sabbath mitzunehmen. Als man dort aß und kein Salz vorhanden war, da habe er welches begehrt und »mit harter Müh« bekommen. Er habe darauf gesagt: »Gott sei gelobt, jetzt kommt Salz«. Und als er dieses gesagt, da sei alles verschwunden und alle Lichter wären erloschen. Als es dann wieder Tag wurde, habe er von den Hirten (oder Haltern) gesagt bekommen, daß er nahe der Stadt Beneveto im Königreich Neapolis und also mehr als 100 Meilen von seiner Heimat sei. Er mußte sich bis nach Hause durchbetteln und habe dann sein Weib der Obrigkeit als Zauberin angegeben...sie sei gerichtet worden«.

Von diesen und anderen Historien kann behauptet werden, daß zuweilen solche Nachtfahrten tatsächlich geschehen. Er bringt zur Untermauerung nochmals Mengering: »...da sagen etliche, daß keine Hexe auf solchen Instrumenten oder Tieren reiten kann. Auch haben die Hexen keine Versammlungen, wie die gemeine Sage geht, sondern der Teufel läßt sie in einen tiefen Schlaf fallen und bilde ihnen diese Dinge im Schlafe ein. Diese Meinung ist auch nicht zu strafen, weil ohne Zweifel die Hexen verblendet werden, nichtsdestoweniger ist zu glauben, daß der Teufel manchmal wahrhaftig ein »concilium« mache mit den Hexen und den Zauberern. Dann bringt er aus einem ganzen Gebiet die Hexen zusammen und richtet ein großes Fest mit Essen, Trinken und Kurzweil aus...daß sie sich weniger vor ihm fürchten, steifer zu seiner Zunft halten, mehr Lust und Anreiz gewinnen und sehen, daß viele andere desgleichen tun und dadurch zu den Hexenwerken kühner werden...«.

Nun zitiert er Autoren mit gegenteiliger Meinung. Iodocus Hockerius (s. Lit.-Verz.) sagt: »...sondern das ist die Wahrheit, daß der listige Fuchs der Teufel die armen Weiber im Schlaf dermaßen betört, und ihnen solche Imaginationen und Einbildungen ins Herz drücken kann, daß sie selbst meinen, sie gingen zu herrlichen Mahlzeiten, spielten Musik und gingen zu schönen jungen Knaben...es ist doch alles eitle Phantasterei, List und Betrug«.

Petri Martyr sagt dazu: »damit die Zauberinnen und Hexenmeister die bösen Geister zu sich locken, pflegen sie mit solchen Salben, die den Schlaf verursachen, sich zu schmieren, dann legen sie sich zu Bette, und schlafen so hart und fest, daß sie nicht aufwachen, obgleich man sie mit Nadeln sticht oder mit dem Feuer brennt. Unterdessen meinen sie, sie seien bei den herrlichsten Gastereien, tanzten und lebten in aller Lust und Freude«.

»...hierher ziehen wir auch die verdammlichen Zusammenkünfte der Unholden besonders auf dem Blocksberge, wo man sagt, alle Hexen in ganz Deutschland würden dahin gelangen, wenn sie sich mit gewissen Salben geschmiert haben, und zwar in Gestalt eines Bockes, Schweines, Kalbes und dergleichen, auf Besen oder Stecken, teils sollen sie auf denselben fahren, auf Besen und Stecken...und die ganze Nacht mit Spielen, Fressen, Saufen, Tanzen und allerhand fleischlicher Ergetzlichkeyten neben ihren Buhlern zubringen...«

Kircheri denkt des engländischen Mönches aus Ochsenfurt, der durch seine Schwarzkünstlerei unter den mitternächtigen Pol geführt worden ist...da habe er einen großen Stein gefunden, der einen Umkreis von 33 französischen Meilen umfaßt...und unter diesem das mitternächtige Meer (per quator Euripos) verschlungen wird...der größte und rechtsinnige Teil der Theologen halten es für unzweifelhaft, daß Jesum Christum, unser Seligmacher, von der Wüste auf die Zinnen des Tempels auf den höchsten Berg getragen hat«.

Von den Totenfresserinnen

Ich habe oft bei dem gedachten Bruder Sprenger (vergl. Hexenhammer) gelesen, daß er eine zum Feuer verurteilte, die bekannt hat, daß sie als Hebamme oftmals die Kinder aus der Mutter Leib habe empfangen, und diese dann durch Aufheben dem Teufel präsentiert und übergeben habe, und danach eine große Nadel ihnen an einem Ort, wo es kein Blut gibt, in das Häuptlein gesteckt und dadurch getötet. Wenn sie dann merkten, daß das Kind zu Grabe getragen wird, gingen sie wieder hin, um es auszugraben. Dann kochten sie das Kind in einem Ofen, aßen das Fleisch und hoben sich den Rest (das Feste) zu besonderen teuflischen Sachen auf. Eine bekannte, sie habe auf eine solche Weise 40 Kindbett-Kindlein getötet.

Belangend das Menschenfleisch fressen, ist dasselbige ohne Zweifel richtig, und die Hexen sind stets darauf verleckert gewesen, so daß es kaum möglich war, die toten Körper sorgfältig vor ihnen zu schützen, sie gut zu verschließen, so daß die teuflischen Totenfresserinnen nicht in ihre Kammer kommen und die Toten bis auf die Knochen abnagen...daher steht im 67. Kapitel der Salischen Gesetze, daß, wo ein Zauberer oder eine Hexe einen toten Menschen benagt oder zerfresse, und darum überwiesen wird, 200 Solidos an Strafe zu bezahlen hat...wir lesen auch in dem Philostrato Lenniom, daß Apollonius Thyaneus zu Corinth, eine solche Hexin, aus der Stadt jagte, weil sie von Menschenfleisch lebte.

»...und nun wollen wir uns des Rondoletti, eines hochverständigen und weitberühmten Medicus Zeugnis behelfen, der in Montpellier einen solchen Zauberer ausgespäht hat...der immer bei den Gräbern sich aufgehalten hat. Als er sich zu einem Begräbnis verfügte (da man des Tags zuvor ein Weib begraben)... hat er derselbigen Toten einen Arschbacken ausgehauen und diesen auf der Achsel heimgetragen...mit Lust und gierigen Zähnen, allweil in das Fleisch gebissen und es wacker hinweg gezwacket...«.

Wo die Hexen hinfahren, Tierverwandlung

»...in einem Dorfe namens Ostbruch bei Utrecht hatte eine Wirtsfrau einen Hausknecht, der wunderte sich was es zu bedeuten habe, daß sich diese einschmiere. Er hat es dann ohne Vorwissen seiner Frau versucht, die in den Stall gegangen ist...so ging er dahin, und fassete die Heuraffen an. Alsbald fühlte er, daß er in die Luft geführet und in eine Höhle unter der Erde getragen, in ein Städtchen namens Wych: dort fand er eine Hexenversammlung. Seine Frau erstarrte über diese unvorhergesehene Begegnung und erbot sich, ihn wieder heimzutragen. Als sie nun einen Teil des Weges zurückgelegt hatten, da kamen sie über einen See, der voller Schilf und Rohr war. Die Frau erkannte die Gelegenheit...schleuderte ihn von den Achseln in der Hoffnung, daß der arme Tropf sein Leben einbüße...und zwar durch einen grausamen Fall und durch das Versinken im »kotichten See-Wasser«...da sollte er dann vergraben bleiben.

Sein Fall ist jedoch nicht tödlich gewesen und man hat den Gesellen wieder aufgefunden...sie luden ihn auf einen Wagen und ließen ihn nach Utrecht führen. Der dortige Bürgermeister Johannes von Külenburg, ein tapferer von Adel, war von großer Verwunderung eingenommen und erkundigte sich genau: er ließ die Hexe beim Leib nehmen und in ein Gefängnis schließen: sie bekannte freiwillig und ohne Marter wie es sich zugetragen hat und bat um Gnade...sie wurde verbrennet«.

Sprenger setzet noch hinzu: »...daß sich die Zauberinnen oder Hexen zum öftern auf dem Felde und in den Hölzern öffentlich und unverschämt aufdecken und entblösen...und (dann) den Teufeln ihren Willen tun...man habe sie oft auf dem Felde gesehen«.

»In Preussen, Liefland und Littauen ist eine große Menge und Anzahl solcher Zauberer, die in der Christnacht an einem gewissen Ort ihre menschliche Gestalt ablegen und die von Wölfen annehmen...wo sie dann in den Wildnissen auf den Dörfern den Bau-

ern in die Häuser fallen...diese einnehmen, das Bier und den Wein in den Kellern aus den Fässern saufen und das Vieh erwürgen. Der Herzog von Preussen, der sonst wenig an die Zauberer glaubt, hat einen solchen Zauberer eingefangen und ihn gezwungen, sich in einen Wolf zu verwandeln...hernach hat er ihn mit dem Feuer verbrennen lassen«.

»Margaretha Bremont, Noelis Lavateri's Weib, hat bekannt und ausgesagt, daß sie (nach gehaltenem Hexentanz) mit einem Teufel geschlafen hätte, er wäre mit ihr zum Tanz gegangen, habe sie zweimal geküßt und wäre dann länger als eine halbe Stunde bei ihr gelegen...bis endlich ein eiskalter Same von ihm gegangen. Das gleiche hat auch Johanna Guillemin gesagt und bekannt...daß einer eine ganze Stunde mit ihr zu tun gehabt, und sei endlich ein gar »frigidum Semen« von ihm kommen«.

Landsknecht aus dem Anfang des 16. Jhts. Facsimile des Holzschnittes (auf der Rückseite der Widmung am Kaiser Maximilian) in Vegeti Renati vier Bücher der Rytterschaft. Erfurt, 1511.

Wie die Hexen zu den Versammlungen fahren

»...wenn wir uns in den Historien umsehen, so befindet es sich...daß sie unterschiedliche Instrumenta gebrauchen als da sind: lebendige Tiere, Böcke, Ziegen, Kälber, Pegasi oder fliegende Pferde, Säue, Wölfe, Katzen und Hunde: teils leblose Dinge als Rocken, Ofenkrückeln, Ofen-, Mist- und Heugabeln, Schaufeln, Besen, Rauffen (?), Backtröge und Mulden, Kleiderbürsten, Hüte, Mäntel und dergleichen«.

Bodinus berichtet: »etliche fahren ganz nackt dahin, etliche bekleidet, etliche nachts, etliche tagsüber, doch geschieht es üblicherweise in der Nacht zwischen dem Montag und dem Dienstag«. Pauli Grillandi führt aus: »eine Hexe von Spolet habe bekannt, wenn sie zu ihren Versammlungen reiste, gleichsam eines Menschen Stimme gehört habe, das sie ihr kleines Meisterlein, bisweilen auch Meister Martinlein genannt hat. Wenn sie sich mit einer »sonderlichen Salbe« geschmiert hat, sei sie auf einen Bock, der in Bereitschaft an der Tür stand, gestiegen und sich an seinen zottigen Haaren festgehalten...dann sei sie von ihm in großer Eile unter einen großen Nußbaum bei Benevent geführt...da habe sie eine große Menge ihresgleichen gefunden«.

Wolfgang Hildebrand berichtet (in seiner Theurgia): »wann sie auf ihr Fest und zu ihren Versammlungen ziehen wollen, so setzen sie sich auf Stecken, Gabeln, Wölfe, Geißen, Katzen und salben sich mit Katzen-, Hunds-, Esels- oder Wolfsschmalz und fahren so an ihre Örter«. Er vergleicht ihr Fahren mit einem starken Windwehen, der eine Feder von der Erde aufzieht.

Paracelsus berichtet, daß solche Salbe von den Hexen gemacht werde aus dem Fleisch der jungen neugeborenen Kinder, die sie wie einen Brei kochen und mit deren Kräutern sie einen Schlaf verursachen, als da sind Mohn, Nachtschatten, Sonnenwendel, Schirling und dergleichen. Wenn sich die Hexen nun mit einer Salbe schmieren und folgende Worte sprechen: »oben auß und nirgends an«, so sollen sie, seiner Meinung nach, durch die Feuermauern, durch die Fenster und durch andere enge Löcher davon fahren«.

»Denn diese schlafbringenden Kräuter sind Mandragora oder Alraun, Magsaat, Dolkraut, Bilsenkraut oder Saubohnen und Schirling. Und nicht destoweniger hat man nie griechische, noch arabische oder lateinische Ärzte gefunden, die auf den Rücken, an die Arme, die Beine oder wohl gar den Hintern mit Salben geschmiert haben, damit die Leute einschlafen und daß sie keine Schmerzen fühlen«.

Sieh wie die teufflisch Hexen-Rott
Nachdem sie hat verläugnet Gott/
Ganz schrecklich bey nächtlicher Zeit/
Suchet hie ein elende Freud/
Bald auff ein Berg bald in ein Tal/
In öden Oertern überal/
Da ihn der Teuffel samt den seinen/
So schrecklich scheußlich thut erscheinen.
Daß man sich billich fürchten solt/
Und solchem Spiel werden abhold.

Seind ihr doch viel/ja gantze Schaaren/
So ungestüm zusammenfahren/
Etlich auf Gabeln in der Lufft/
Fahren über hohe Berg und Kluft/
Andre auf Bock sich reitend machen/
Ein die Ander lockt herbey/
Da man sie lehrt die Zauberey/
Diese lehrt das Gift bereiten/
Ein andere viel Zeichen deuten
Etliche bringen zu die Nacht
Mit fressen/sauffen über Macht.

Ja andere seyn so gar verrucht/
Treiben mit dem Teufel Unzucht.
Die übrigen sind bey dem Reyen/
Und sich mit Tantzen thun erfreuen.
Bey ihnen auch stetig auffwart/
Scheußlicher Tier mancherley Art/
Als Katzen/Schlangen/Kröten und Eul/
So machen ein schrecklich geheul.
Solches ist ihr Lust/biß sie nach Jahren/
zur Höllen mit dem Teuffel fahren.

(Anonymus)

Der vornehme Poet Clajus formuliert dies so:

Böckereiten/Gabelfahren/Unzucht-Tanze/
    Adlers Klauen/
Bärentatzen/Löwenmähn/Teuffels-Larven
    sind zu schauen.
Sehet wie die Königin/gelben Gift zum Fest
    muß kochen/
Und das alte Hexen-Volck/zeiget kleiner Kinder
    Knochen.
Schrecket nicht den Bauersmann/Pauken-Brummen/
    Mordgetümmel/
Eulen-Augen/Krötenzucht/Schlangenzischen/
    Wurm-Gewimmel?
Pfui ihr tollen Sterblichen, laßt euch nicht
    so bethören/
Wer einmal kombt in die Höl/der kan nimmer
    wiederkehren.

Eine beobachtete Hexen-Versammlung

»...ein Metzger reiste bei Nacht durch ein Gehölz, und als er ein Geschrei hörte, da habe er demselben nachgesetzt, und zuletzt, als er da angekommen, habe er auf dem Platz silbernes Trinkgeschirr und Becher gefunden, die er nachher, als die Hexen alle verschwunden, genommen und sie der Obrigkeit gebracht habe. Diese hat nun nachgeforscht, die Besitzer festgestellt, die man dann getötet hat. Dann beschreibt er: »etliche schlechte Weiber und Männer standen als Aufwärter vor den Tischen, darunter viele arme Weiber — das unterste nach oben gekehrt, um als Leuchter gebraucht zu werden. Da war eine Musik, oder vielmehr ein Geheule, daß sich von weitem wie liebliche Musik angehört habe. Die Menschen machten »wunderbarliche Stellungen«: etliche bückten sich mit dem Angesicht zwischen ihre Beine hinter sich, daß sie mit ihrer angeborenen Scham den Himmel sahen und andere Greuel trieben. Ehe die Mahlzeit begann, mußten sie den Teufel anbeten«.

Nach vollendeter Mahlzeit behielten die Geister die fremde Gestalt, jeder ergreift seine ihm anvertraute Schülerin bei der Hand und fängt mit ihr zu tanzen an, etliche küßten dabei den Teufel und sangen ihm zu Ehren garstige und unflätige Lieder. Einer von den Teufeln saß auf einem doppelt gespaltenen Baum und schlug die Trommel, andere die Pfeifen, und als es Zeit zum Schlafen war, so ging jede mit ihrem Teufel zu Bette und verübte Unzucht, geile Brunst und teuflische Vermischung. Nach Verlaufung einiger Stunden erhoben sie sich wieder aus dem Bette, dieweil auch fast alle Hexen bekannt haben, wie sie es mit dem Teufel halten, so nennt man sie in Deutschland auch »Teufelsbräute«.

Die Ankömmlinge meinen, da sie verblendet werden, sie sehen nicht die Bocks-Gestalt, sondern sie meinen, sie würden ihm nicht den Hintern küssen, sondern die Hände, etliche, sonderlich die Weibspersonen, meinen, sie küssen das Männliche Glied.

»als dieses geschehen, haben sie alsbald einen Tanz angefangen...mit auswärts gekehrtem Mund und Angesichtern, vielleicht aus den Ursachen und Bedenken, daß der eine den anderen nicht kennen lerne und so jemand in die Hände der Obrigkeit kommen möchte«.

»Die Äbtissin Magdalena vom Kreuz, gebürtig aus Cordoba in Spanien, die, nachdem sie bei ihren Schwestern und Ordensfrauen in Verdacht kam, daß sie eine Hexe wäre: da gedachte sie ihrer Beschwerlichkeit vorzubauen und beim Papst Ablaß zu erlangen. Diesem bekannte sie, daß sie im Alter von 12 Jahren ein böser Geist in der Gestalt eines Mohren zu ihr gekommen sei und sie um die Ehre angehalten habe...sie ist ihm zu Willen geworden und habe dann

mehr als 30 Jahre bei ihm gelegen und die teuflischen Gelüste getrieben. Wenn sie in der Kirche war, wurde sie in die Höhe gehoben, und wenn die anderen Schwestern zur Kommunion gingen, da flog nach der Segnung die Hostie zu ihr in die Luft...«.

Verwünschungen und Unzucht/ Teufelsmahl/Elben

»1575 ist es geschehen, daß ein Teutscher von Adel aus Zorn zu seinem Weib gesagt...sie werde einen Teufel gebären...da brachte sie dann ein scheußliches Meerwunder zur Welt, das ganz schrecklich anzusehen«.

»Denn es begibt sich oft, daß der Teufel die Unholden schwanger mache, hierzu kommt, daß das Zeugungsglied, das die bösen Geister eine Weile woanders hergenommen, gänzlich kalt gewesen sei...nach Aussage aller Hexen: auch aus einer solchen verfluchten Zusammenkunft kein rechtmäßiges Kind zuwege gebracht werden kann, sondern nur eine Geburt den Würmern und Raupen gleich, welche Elben oder böse Dinger heißen. Wenn sie mit ihren Buhlen zu schaffen gehabt, hätte sie weiße Elben und derselben allezeit zehn bekommen, so gelebet, spitzige Schnäbel und schwarze Köpfe gehabt, und wie die jungen Raupen hin und wieder gekrochen, die sie zum Zaubern brauchen«.

»Ein Mann im grauen Bart und blau bekleidet, hatte keine Füße, sondern nur Hundsklauen und Federbüsche aufgehabt...hatte ein eiskaltes Ding, welches doch nicht sonderlich groß gewesen. Darauf verrichteten sie das Werk; sie habe dann alle Vierteljahr ein paar Elben gezeugt, die einen Finger lang gewesen und ganz bunt und steifig ausgesehen hätten«.

»Nach einer solchen Vermischung wären die Elben von ihr gekommen, so wie schwarze und graue Fliegen, wann er sich mit ihr vermischte, wäre es nicht anders gewesen, als wenn er ein kaltes Hörnchen dazu genommen...sie habe zwei Kinder von ihm gezeugt, es wäre aber keine menschliche Gestalt an ihnen gewesen, darum habe sie dieselben ins Wasser geworfen«.

»Sie hatte zwar gedacht, als wenn ein Mann bei ihr gelegen und mit ihr zu tun gehabt, jedoch war der Buhle ganz kalt, seine Scham oder Glied sei hart und kalt gewesen...sie habe von ihm nach vier Wochen fünf paar böse Dinger gezeugt, sie wären wie Würmer gewesen und hatten schwarze Köpfe«.

»...daß derhalben die Teufel selbst von sich nicht können generieren oder Sperma geben. So aber solches geschehe könne, von gestohlenem Samen, hat das gewaltige Papsttum in Schwung gebracht, dieweil

»Die sieben Planeten«. Holzschnitt von einer astrologischen Tafel. 1480-1490.

dort viel tausent Pfaffen und Mönche onanistische Schelmen sind gewesen...der noch viele in Italien gefunden werden«.

»Welche nun die abscheulichsten Laster begangen haben, die bekommen vom Satan auch ein Zeichen oder Charakter, dadurch sie würdig werden und damit seine besten Freunde. Die Anmahl aber belangend, ist dasselbe gewiß, also daß die Richter gemeiniglich gewahr werden, sie seien wohl verborgen. Etliche tragen das Zeichen zwischen den Lefftzen, etliche unter den Augenbrauen, andere sonsten an wüsten und geheimen Enden, gemeiniglich aber auf der rechten Achsel oder auf dem Arschbacken oder an der Scham«.

Wie man zur Hexe wird

- wenn man der heiligen Dreifaltigkeit, dem christlichen Glauben und der heiligen Taufe absagt;
- wenn sie allen anderen Kreaturen feind sind, sie beschädigen und verderben;
- wenn sie allein dem Teufel gehorsam sind;
- wenn sie in seinem Namen getauft werden...wobei die anderen Hexen siedendes Wasser und die Becken zutragen. Die Taufe verrichtet entweder der Satan selbst oder eine Hexe. Es geschieht oft in einer Mistpfütze, wo dann der neugetauften Hexe ein anderer Name gegeben wird;
- wenn sie einen besonderen Hurennamen und einen Buhlteufel erhalten haben, der mit ihr Hochzeit und Beilager hält;
- wenn ihnen der Teufel zusagt, daß er ihnen helfen wird, wenn sie wegen ihrer Hexerei eingezogen werden.

Schutz gegen Hexerei, Blocksbergfeier, St. Walpurgis

»Am Walpurgis-Abend machen die abergläubischen Leute folgendes: wenn sie anstatt des Blutes Kreide oder Kohle nehmen, und an alle Gemächer, Laden, Fenster, Schränke und besonders Türen, drei Kreuze schreiben oder schmieren, so bilden sie sich ein, daß dann das wütende Heer an ihnen vorbeiziehe. An andere Örter, besonders an die Kisten und Kasten, machen sie das »quinquangulum«, welches man niedersächsisch »Fünfort«, sonst Alpfuß oder Trutenfuß nennt«.

»Andere verwenden Kräuter, um sich vor den Listen des Teufels zu schützen. Es müssen neunerlei Kräuter[30] sein, unter denen Hollunder und Widderton ist. Daraus machen etliche Kränze, die sie sich in der Walpurgisnacht aufsetzen, um damit die Hexen abzuwehren«.

»Andere Leute spinnen nicht am Abend, und wenn sie etwas gesponnen haben, so darf das Garn nicht auf der Spindel bleiben. Solchen Aberglauben haben sie auch zu Salefeld an Weihnachten. Da darf ebenfalls nichts auf den Feierabend gesponnen werden, sonst werden lauter Bratwürste daraus. Es ist ein Wunder, möchte einer sagen: daß man nicht immer Bratwürste daraus macht!«.

Bei der Blocksbergfeier sind die Jungfern in diesem Monat Mai »expectivariae«, oder »Mannsbegierige« und »Kerlmeinende«. Die Männer sind hingegen auch rechte »Sie-Männer« und Simones. Miteinander sind sie alle Begierige: nämlich nach venerischen und geilen Sachen. Ja, es gehet da die rechte Geilheit für, welches Wort jene Philologus nicht uneben beschreiben: Gäulheit von den Gäulen oder Hengsten...welche in diesem Monat schlimm beischlagen«.

»Ferner kann auch wohl die Walpurgis selbst Ursache sein, daß der Teufel auf ihren Tag solches Wesen führt, indem, als sie noch lebte, durch ihre Heiligkeit sich dem Teufel gewaltig widersetzte und der dafür andere Weiber bestürmt hat. Dadurch mag der Teufel Anlaß genommen haben, ihren Feiertag mit seinen Burschen zu schipfiren (?), und alle Jahre dadurch Abrechnung halten«.

»Ob der Teufel sich nach dem Julianischen oder nach des Papstes (gregorianischen) Kalender richte ?, wenn er die Hexen auf seinem Buckel zum Brockesberg versetzt ? Bei uns Lutheranern ist's (leider) der Wahn, daß es nach unserem Almanach geschehe. Bei den Katholiken ist aber die Rede, daß er es nach ihrer Art praktiziert: wenn solches wahr ist, so muß der Teufel dieselbe Kutscherei zweimal nacheinander verrichten«.

Detail aus der sog. »Gampener Hölle«.

Aberglaube und Hexenwahn

»Der Aberglaube äußert sich durch ungegründete und verkehrte Meinungen von Dingen und die daraus entstehenden Handlungen; daher muß der wahre Grund gezeigt, das törichte und lächerliche dargestellt und zur Errichtung der Ansichten sichere Mittel angegeben werden. Der Abergläubische fürchtet immer das Schlimmste, hegt unbegründete Hoffnungen: er verursacht sich Angst und sieht Schreckbilder. Der Aberglaube hat unselige Folgen... er verbreitet Unglück und Elend... wohl muß solch ein Ungeheuer verfolgt und getötet werden«.[1]

»Unwissenheit und Einfalt erzeugen Vorurteil und Aberglauben, aber auch in gewissem Sinne Glauben. Der kleinste Teil der Abergläubischen sind Betrüger, der größte die Betrogenen«.[2]

»Der Abergläubische ist unfähig oder zu furchtsam, seine intelektuellen und moralischen Fähigkeiten auf eine unparteiische Erforschung der Wahrheit zu richten... daher rührt der mächtige und permanente Einfluß, welchen alle falschen philosophischen und alle Religionssysteme auf den Geist ihrer Bekenner und Anhänger ausübten«.[3]

»Der Unglaube ist die furchtbarste Mutter des Aberglauben. Der Mensch ist einmal für den Glauben und die Religion geschaffen... und übernimmt er es, dieselben im frevelnden Leichtsinn über Bord zu werfen, so hat er den Kompaß für sein Leben verloren, irrt schiffbrüchig umher und klammert sich im Zerfall eines Inneren an Wahn- und Truggebilde.[4] Der tiefste Grund des Aberglaubens ist nicht ein theoretischer, sondern ein sittlicher, der sündhafte Abfall von Gott, womit die Verdunkelung und der Irrtum des Geistes in religiösen Dingen notwendig gegeben ist«.[5]

Das Wesen des Aberglaubens ist individuell und kaum faßbar. Es umgreift in seiner praktischen Auswirkung alle Lebensbereiche und Bevölkerungsschichten wie Bildungsgrade. Der Abergläubische sucht die Schicksalsschläge in Haus und Hof, in der Krankenstube wie im Viehstall... er sucht die Ursachen seines persönlichen Mißerfolges nicht bei sich, sondern bei Anderen; in gewissem Sinne ist er dumm.

Aberglaube, Glaube, Unglaube

Über Glauben kann man nicht streiten: man kann ihn nicht bestrafen. Ein Abergläubischer glaubt mehr, als wahr ist; der Ungläubige glaubt weniger. Der Gläubi-

Das Hexenmahl. Aus: »Ulrich Molitoris ...de laniis et phitonicis mulieribus«. Reutlingen.

ge orientiert sich an einem Weltbild, von dem er annimmt, daß es wahr ist. Man findet den Aberglauben zwischen echtem Glauben und den Erkenntnissen der Naturwissenschaft, zwischen der Erkenntnisfähigkeit des Menschen und seiner Glaubensfähigkeit... so liegt in jedem Menschen die Neigung zu einer Spielart des Aberglaubens vor und es ist eine Frage der Erziehung, Bildung und geistigen Reife des Einzelnen, wie sich sein Hang gegenüber dem Mystischen verhält.[6]

Glaube ist das für wahr Halten von Dingen, die der Mensch mit seinem Denkvermögen nicht begründen kann. »Was man nicht verstehen, nicht mit dem Verstand begreifen, nicht beweisen kann, das muß man glauben, sagt das Volk mit Recht. Gott läßt sich nicht beweisen, also muß man an ihn glauben. **Die Frage ist eben nur, ob man, wenn man nicht in den vorgeschriebenen Formen an ihn glaubt, zum Ungläubischen oder Abergläubischen wird.** Hier tritt die philo-

Zwei Hexen beim Wettermachen. Eine Schlange und ein Hahn werden dabei in einen Kessel geworfen; alle drei sind alte Symbole kultischer Vorstellungen. Aus: »Ulrich Molitoris« …de laniis et phitonicis mulieribus«. Reutlingen.

sophische Frage auf, welche Religion denn die Richtige ist? Die Definition des Aberglaubens hängt eng mit der des Glaubens zusammen: Hier sehen wir den schmalen und gefährlichen Pfad der Religionen, von denen jede behauptet, wahr zu sein«.

Der echte Glaube akzeptiert eine höhere Macht, der Abergläubische tut es nur bedingt; er beugt sich nicht demütig, sondern setzt geistige Kräfte ein, sucht Mittel und Wege, die dem normalen Bereich verborgen bleiben. Der Abergläubische sträubt sich einerseits berechtigt gegen eine geistige Bevormundung; es ist aber die Frage, ob sein Lehrgebäude ein Besseres ist.

Der Abergläubische sucht nach geheimnisvollen Wesen, die die Gewalt haben, die unerklärlichen, für den menschlichen Verstand unerfaßbaren Naturgewalten zu beherrschen... er neigt zu Spekulationen, sucht Wahrsager, Zauberer und Hexenmeister auf[7], um sei-

ne innere Unsicherheit zu befriedigen. Neben der persönlichen Veranlagung, der eigenen mangelnden Einsicht, der geringen Kritikfähigkeit, der schlechten Ausbildung, sind viele Kräfte und Triebe in uns, die wir kaum steuern können und die dennoch eine erhebliche Gewalt über uns haben (Beispiel: Geschlechtstrieb).

Die wirkliche Gefahr des Aberglaubens besteht darin, daß der Abergläubische seine Persönlichkeit allmählich aufgibt; er verliert seine individuelle Entscheidungskraft. Er denkt nicht mehr unabhängig. Er steht unter dem Einfluß von Einbildungen: sein Denken wird gesteuert. Über Jahrhunderte hat die römisch-katholische Kirche diese Aufgabe übernommen. Mit der Aktivierung der naturwissenschaftlichen Kenntnisse verlagert sich das Problem auf zwei Schultern. Hier sieht sich die Kirche ohnmächtig, einen Riegel vorzuschieben. Mit der Reformation bricht das katholische Lehrgebäude zusammen, nicht aber die alten im Volk lebenden abergläubischen und gläubischen Vorstellungen. In einer solch glaubens (unsicheren) Zeit ist die Gefahr zu negativen Ausschweifungen groß. Diese Phase erlebt Deutschland im frühen 16. Jahrhundert.

Aktivierung des Aber- und Wahnglaubens

»Je stärker der Aberglaube, desto größer der daraus resultierende Unsinn, desto absurder sind die Mittel, zu denen in einer glaubensarmen Zeit gegriffen wird. Der Hexenwahn und das um sich greifende Sektenwesen sind lediglich Varianten aus der Fülle abergläubischen Glaubens: auch der Teufelswahn gehört hierher. Der Dialog zwischen Katholizismus, Reformation und Gegenreformation führt zu den schlimmen Ausschweifungen im sittlichen Leben, wobei jede Partei vermeint, die Richtige zu sein. Deshalb ist der Aberglaube gleichzeitig eine Versklavung, eine dem Menschentum entgegenstehende Lebensauffassung, mit dem besonderen Trend zur kriminellen Betätigung«.[8]

Gegen Ende des 15. Jahrhunderts zeigt sich beim Volk und den weltlichen Gerichten wohl im Zusammenhang mit der allmählich steigenden Bildung des humanistischen Zeitalters, eine verstärkte Opposition gegen Hexenwahn und Hexenverfolgungen. Mit der Übernahme des antiken Kulturgutes kommt es zu einem Wuchern der Zauberliteratur. Durch die Erfindung eines funktionstüchtigen Handgießinstrumentes, der Integration einer Druckpresse und der verstärkten Fabrikation von Papier wird eine geistige Revolution ausgelöst. Die griechischen und römischen Klassiker werden bekannt. Der Humanismus beweist, in wie kurzer Zeit es möglich ist, die Denkweise des Volkes zu beeinflussen. Man sieht ein Überhandnehmen geheimer und zauberischer Künste, sie treten vor allem in den Kreisen der Gebildeten und Gelehrten im 16. Jahrhundert in Erscheinung. Die Philosophie löst sich in Astrologie, Nekromantie, Chiromantie und Magie auf. So ist es begreiflich, daß der Glaube an Zauberei und Magie noch im 16. u. 17. Jahrhundert in gebildeten Ständen, bei Ärzten, Juristen, Philosophen, Theologen, zahlreiche Anhänger und Verteidiger fand... in einer weiteren Welle wird das Volk von diesen Ideen erfaßt.

»Etliche und habsüchtige Zauberer versprechen viel und halten nichts; von sich selber getäuscht, verbreiten sie verschiedenartige Bücher, voll von Aberglauben unter dem Aushängeschild eines Plato, Aristoteles oder irgend eines anderen berühmten Namens: oder von den Anderen getäuscht betrügen sie um des Brotes Willen die Wißbegierigen. Auf solche Weise bringen es die Taugenichtse fertig, den Neugierigen ihre gottlosen Grundsätze beizubringen und die von ihnen fabrizierten Werke unter falschen Titeln an den Mann zu bringen«.

Die Zaubersagen des Mittelalters gruppieren sich um den Erzzauberer Dr. Johann Faust aus Knittlingen, der zwischen 1530 und 1540 gestorben sein soll. Agrippa und Weyer vermerken, daß sie ihn noch persönlich gekannt haben. Nach dem ältesten Faustbuch[9] steigt er in die Unterwelt, fliegt zu den Sternen, läßt Kaiser Karl V. Alexander und seine Gemahlin erscheinen, zaubert im Januar reife Trauben und Obst her, am Weihnachtsfest einen Blumengarten, verschlingt einen Wagen voller Heu, kuppelt Leute durch seinen Liebeszauber zusammen und vieles mehr.

Das viele Schreiben und Predigen über die Gewalt des Teufels: über die neuen Moden, die Gottes Strafe, Pest, Krieg, Brand, Mißgeburten und Hungersnot nach sich ziehen sollen: wodurch Schuldige und Unschuldige in gleiches Elend gestürzt würden: die Predigten über die Vorboten des Jüngsten Gerichts 'als Kometen, Feuer und Luftzeichen, Blutregen usw.' verwirren in der letzten Hälfte des 16. Jahrhunderts bei einer großen Menge von Menschen den Verstand, und machen bei hypochondrischen Körpern und schwachen abergläubischen Seelen einen besonderen Eindruck und Wirkung. Die geistige Grundlage der Kirche ist nicht zu verkennen. Ein paar Beispiele verdeutlichen es:

Nürnberger Sonnenfinsternis

Als 1654, den 2. August, eine große Sonnenfinsternis entstand; so wurden besonders die Leute in Nürnberg in die größte Angst versetzt; denn sie hielten sie für ei-

Das »anschießen« des Hexenschadens, aus dem sich bis heute der Begriff des Hexenschusses erhalten hat. Er hat nicht mit dem verwandten »magischen« Freischuß zu tun. Ulrich Molitoris« ...de laniis et phitonicis mulieribus«. Reutlingen.

ne göttliche Anzeige und Folge der Blindheit des menschlichen Herzens und des kommenden göttlichen Zorns, für ein Vorbild des Todes und den erschrecklichen Herold des einbrechenden letzten Gerichtes. Man verkaufte nichts auf dem Markt, das Vieh wurde nicht auf die Weide getrieben, die Brunnen wurden abgedeckt, weil man glaubte, es falle Gift aus der Luft... und aus der Furcht vor dem Tod kommunizierten 2285 Personen in den Kirchen.[10]

Beispiele aus dem Wunder- und Reliquienkult

»Thorgau in Sachsen den 10. Februarii. Man hört so vil von Wunderwercken: daß einem die Haar zu Berg stehen möchten. Wie man dann sichere Nachricht hat, daß nahe bei Dreßden ein Deich in Blut verwan-

501

Der sog. »Wolfsritt«. Keine nähere Beziehung zur Lykantrophie und auch nicht zum Hexenwesen. Möglicherweise eine Verballhornung des damals bekannten »Eselsrittes«. Aus: Ulrich Molitoris »...de laniis et phitonicis mulieribus«. Reutlingen.

delt worden, und drei Stunden lang also gestanden; so soll auch zu Elbingen ein grausames Erdbeben gewesen seyn und sich die Gräber geöffnet haben... die Deutung hierüber ist Gott allein bekannt«.[11]

Wien, den 11. Juni. »In dem Closter zu Neuburg an der Donau sollen bey Eröffnung der Todten-Grufft drei Closter-Frauen-Körper, welche theils schon vor 58 Jahren begraben, gantz frisch und unverweset an Leib und Kleidern gefunden worden seyn, welche wider Materie zur Machung neuer Heiligen an die Hand geben wird«.[12]

Rom, den 8. November. »In dem Tribunal des Cardinals Vicarii wird zweyen Bösewichtern ein harter Prozeß formiret, welche sich unterstanden haben, Gebeine von Tieren für Heiligthümer zu verkaufen, denen sie nach ihrem Gutduncken, auf dabey geschriebenen Zetteln, Nahmen beygeleget; man glaubet, dieselbe werden einen großen Anhang haben«.[13]

Aus Italien, den 3. Januar: »Am neuen Jahres Tage, als am Fest der Beschneidung Christi, hat sich der Pabst nach dem Haus den Hrn. Cibo begeben, die Vorhaut des Vaters Abrahams anzubeten, welche daselbst verwahret seyn soll und vor die vornehmste Reliquie in der gantzen Welt gehalten wird«.[14] (Alle Achtung!)

Andachts- und Erbauungsbücher

Aus Österreich, den 20. März. »Alle Gebets-Andachts-und Erbauungsbücher sind zu Wien von der Büchercensurcommission aufs neue untersucht und gemustert worden. Dadurch wird einer der Hauptcanäle des Fanatismus und Aberglaubens gestopfet. Die Himmelsschlüssel, Baumgärtlein, geheime Leidengeschichte, himmlische Phönixmeister, und wie die Mönchsgeburten alle heißen, waren die eigentlichen Vorrathshäuser, woraus unsere Fakiren und Derwische sich und den Pöbel mit Stupidität, hirnlosen Mährchen und egyptischer Superstition mästeten... allgemein fängt auch der gemeine Mann schon an, an vernünftigen Andachtsbüchern Geschmack zu finden«.[15]

»In einer um das Jahr 1260 in Frankreich geschriebenen Abhandlung über die Magnetnadel bemerkt der Verfasser, nachdem er bewiesen, daß der Kompaß zur See von sehr großem Nutzen sein könne, daß 'kein Schiffsführer' dies Instrument gebrauchen dürfe, wenn er dem Verdacht der Zauberei entgehen wolle: auch würde es kein Seemann wagen, unter seinem Befehle zur See zu gehen, wenn er ein Ding mitnähme, welches so sehr den Anschein habe als ob es mit Hilfe eines höllischen Geistes verfertigt worden sei«.[16]

Wenn man bedenkt, daß diese Dinge in der Zeitung stehen, versteht man folgendes: »Als die ersten Buchdrucker ihre Bücher in Paris zum Verkauf ausstellen, so erschien diese rasche Vervielfältigung der Schriften im Vergleich mit dem langwierigen Abschreiben so übernatürlich, daß die Leute verurteilt wurden, als Hexenmeister lebendig verbrannt zu werden, und diesem grausamen und schimpflichen Tode nur durch eine rasche Flucht entgingen«.[17]

»Die heidnischen Priester geben vor, daß ihre Worte die Kraft hätten, Geister zu bannen, Flüsse aufzuhalten, die Feuchtigkeit des Mondes herabzuziehen... die Juden schrieben ihren Worten: Jehovah, Jah, Adonai, Schem, Hamphorasch... außerordentliche Wirkungen zu. Die Christen glauben ihre Worte Jesus, Maria und das Zeichen des Kreuzes könnten den Teufel verjagen, gewisse Sprüche der Schrift, geweihtes eingesegnetes Wasser oder Hostien könnten Wunderdinge tun...«.[18]

Moderner Aberglaube

Lachen wir nicht über unsere Vorfahren: wir sind nicht besser. Wir leben nicht im Zeitalter des vernünftigen, logischen und konsequenten Denkens. Wir sind genauso unwissend, ja noch abhängiger... wir sitzen den gleichen Lügen, dem gleichen Schwindel und den gleichen Vorstellungen auf. Auch heute ist der Hexenaberglaube weit verbreitet. Das Institut für Demoskopie Allensbach startet 1956 und 1973 zwei gleichlautende Umfragen: »In früheren Jahrhunderten hat man an Hexen geglaubt. Denken sie, daß vielleicht doch etwas dran ist, daß es vielleicht Hexen gibt? Wie nicht anders zu erwarten, bejahen **5 Millionen Bundesbürger** die Frage. Wären alle Befragten ehrlich gewesen und hätte man die eklatanten Nebenformen des Hexenwahns und die Bereiche des allgemeinen Aberglaubens erfaßt, so wäre eine erschreckend hohe Zahl hinzugekommen.

Wir leben ebenfalls in einer glaubensarmen unsicheren Epoche. Aber im Gegensatz zu früher haben die Medien eine eminente Bedeutung der individuellen Beeinflussung: sie haben eine ungeahnte Reichweite und sind dabei, auf immer mehr Menschen meinungsbildend zu wirken: im guten wie im schlechten Sinn. Das führt zu einer Verdummung und Vermassung eines großen Teils der Bevölkerung, die zu ähnlichen Exzessen und Randerscheinungen führen wird und die sich bereits heute tendenziell andeuten. Dazu zählt das enorme Ansteigen des Sektenwesens (weltweit), die sog. Sexwelle, die Emanzipationswelle und die Probleme zum Thema Rauschgift. All das sind Dinge, die aus der Nichterfüllung, Nichtverwirklichung, aus seelischem Unausgeglichensein entstehen und es sind auch Glaubensfragen... erinnern wir uns an die Millionen, die ihr Leben sinnlos nach dem Horoskop ausrichten und an die Stern-Bilder glauben. Sie finanzieren pro Jahr mit mehr als 50 Millionen DM eine Handvoll Betrüger und sind die Betrogenen, erinnern wir uns an die Millionen, die ihrem Leben keinen Sinn geben, die nicht aus den eigenen Vorstellungen, Einbildungen und Unsinn 'sich zu geben wissen' die aber im Grund genommen dumm und unsicher sind. Denken wir an die Propaganda, an kurzfristige Trends und an Werbefeldzüge, an die geradezu astronomischen Summen die für Kosmetik, Rauchen und Unsinn ausgegeben werden. **Hier suchen Millionen verkrampft und in ihrer eigenen Dummheit befangen die Erfüllung ihrer Wünsche,** hier sitzen sie skrupellosen Betrügern auf. Es ist unausbleibbar, daß die Gewalt zunimmt und sich die Rücksichtslosigkeit immer weiter ausbreitet. Genauso wie heute war es damals, die Masse sucht ein Ventil. Damals war es der Hexenwahn, in der letzten Generation der Judenhaß.

Das folgende Kapitel bestätigt, daß der Aberglaube in fast allen Lebensbereichen verankert ist. Damals wie heute stehen Gesundheit, Familienglück und sexuelle Dinge im Vordergrund. Diesen, immerhin noch verständlichen Bereichen steht eine Unsumme von Unsinn gegenüber. Wir bewegen uns auf einem schmalen Pfad der Tugend und der Sittlichkeit. Unsicherheit, Unwissenheit und menschliche Schwächen reißen uns immer wieder auf die Seite des Aberglaubens.

»Kein Jahrhundert bleibt unberührt von vorigen, es erbt seinen Sinn und seinen Unsinn und niemand erhebt sich ganz über seine Zeit. Der berühmte Exeget und Historiker Augustin Calmet sagt in seinem Buch: Gelehrte Abhandlung von der Materi: »jeder Hundert Jahre Lauf, jedes Volk, jedes Land hat seinen besonderen angenommenen Wahn, seine gewissen Krankheiten, seine gewisse Art, seine besonderen Neigungen, die es von anderen unterscheiden, auch selbst kommen und vergehen«.[19]

Der Hexenwahn ist, wie der Exorzismus, als Warnerscheinung nur ein kleines Stück des gesamten Aberglaubens. Aus der Philosophie des Aberglaubens werden Kriege und Verfolgungen erklärbar: darunter auch die Verfolgung der Hexen und die Andersdenkender. So bleibt nur die Frage offen, wer die nächsten Opfer sind. Welche Zeit war die schlimmere: die des Hexenwahns oder das moderne 20.Jahrhundert.?

Tierverwandlungen, Lykantrophie, Werwolf

Moritz Schwager schreibt in seiner Geschichte der Hexenprozesse: »Auch glaubte man, daß sich Zauberer in Wölfe verwandelten, die Schaden unter den Herden anrichteten, war allerhand Volksglaube, und diese Wolfsmenschen nannte man Wehrwölfe, Behrwölfe, Wöhr- Böhr-, Währ- und Bährwölfe. Diese Geschichte geht wohl auf die Metamorphosen des Ovid zurück, daß Jupiter den Lyacon, König der Arkadier, seiner Laster wegen in einen Wolf verwandelt habe«.[20]

Johannes Trithemius erzählt in seinem Chronicon Monasterii Hirsaugensis von einem Jude Bajanus Simeonis filius, der um 970 gelebt und die Gabe gehabt hat, sich in einen Wolf zu verwandeln. Die älteste richtige Erklärung findet sich bei Gervasius Tilburriensis, Otia Imperialia (ca.1211): Anglici vero werewolf dicunt were enin Anglice virum sonat, wolf lupum«.[21] Wer heißt Mann. Das Wort hat sich im Begriff Wergeld erhalten. Also heißt Werwolf Mannwolf, der eigentlich ein Mensch ist. Hier zeigt sich der generelle Unterschied zwischen den Werwölfen und

Buhlschaft mit dem Teufel. Er hat hier keine Hörner, aber Krallen an seinen Händen und Geisfüße. Dem Volksglauben zufolge verwandelt er sich in der Regel erst nach dem Beischlaf und gibt sich dadurch zu erkennen. Aus: Ulrich Molitoris »...de laniis et phitonicis mulieribus«. Reutlingen.

Buhlschaft mit dem Teufel: »ob der tüffel in menschlicher gestalt müge sich erscheinen und bey den frawen schlaffen«. Tractatus von den bosen Weibern, die man nennt die Hexen. Druck von Johann Zainer, Ulm, um 1490. Deutlich wird hier die Kopie der Darstellung von Ulrich Molitor(is).

den Vampyren. Gemeinsam ist ihnen die unersättliche Mordlust, die Feindschaft gegen die Menschen, ihre übernatürliche Kraft und die blutigen Taten. Aber der Werwolf ist ein verwandelter Mensch und der Vampyr eine umgehende Leiche. Im Zusammenhang mit dem Hexenwahn entsteht die Vorstellung, daß sich Menschen unter dämonischem Einfluß und aus Mordlust in Wölfe verwandeln. Dazu kommt der allgemeine Aberglaube; aber auch die Tatsache, daß es in Deutschland früher viel mehr wirkliche Wölfe in den Wäldern gibt, vor denen man sich naturgemäß fürchtet. Der Vampyrismus ist eher eine Seitenerscheinung des Glaubens von der Unsterblichkeit der Seele, die schon die alten Germanen vertreten. Daraus entsteht das 'Umsichfressen von Toten'.

Für den deutschen Bereich fehlen ältere Quellen zur Werwolfsage. Bonifatius erwähnt den Wolf in einem Taufsermon.[22] Ein weiterer Gewährsmann ist Burchard von Worms; dort heißt es von den Parcen (Nornen) daß man glaubt, sie können einen Menschen bei der Geburt in einen Wolf verwandeln.[23] Die Werwolfsage ist im osteuropäischen Raum angesiedelt. Besonders trifft sie auf Armenien und Kaukasien zu. Dort glaubt man, daß es Frauen gibt, die in Folge schwerer Sünden von Gott damit gestraft sind, daß sie sieben Jahre lang in Wölfe verwandelt werden.[24]

»Zwischen Litauen, Samogitten und Curland gab's damals noch eine Mauer von einem alten zerfallenen Castele, bei welcher sich jährlich auf eine bestimmte Zeit etliche Tausende solcher Werwölfe versammelten, und sich im Springen übten«.[25] Als Soliman 1542 seine Herrschaft antritt, ist Konstantinopel so voller Werwölfe,... 'daß ihrer mehr als 150 erlegt werden... in Polen kommen oft mehr 2000 - 3000 zusammen'.

Mit dem sich verbreitenden Zauber- und Aberglauben festigt sich der Gedanke an die Möglichkeit der Werwölfe. Nur wenige nehmen eine reale Verwandlung an. In den meisten Fällen handelt es sich um die pathologische Lykantrophie, einem epidemischen Wolfswahnsinn.

Geiler von Kaiserberg erwähnt den Werwolf in seiner Emeis: am dritten Sonntag der Fasten Oculi predigt der Doctor von den Werwölfen. »Was wiltu vns von den werwölffen sagen? seind also verwölff, dy in die dörffer laufen vnd kind vnd menschen essen, als man etwan daruon sagt, das sie also mit verhengtem zaum die menschen schedigen vnd heissen berwölff oder werwölff?[26]

»Wie ein hafner auß eyn leym ein krug, ein kachel oder ander geschirr, vnd wieder zerbrochen machen mag, also ist dem geyst vnd der Hexen. Der geyst ist der meister, die Hexen der Leym, vnd auff solich weiß wirt auß der Hexen ein Katz, wolff, geiß... vnd wirt da der person nichts genummen, noch hinzu gesetzt. Sonder wie der leym in die, dann in die andere form geknettet wirt, also beschicht auch da, seynd ding den geistern möglich vnd bekannt«.[27]

Auch die Ärzte nehmen zu dieser Frage Stellung. Stellvertretend hier die Auffassung von Dr. Eberhard Gockelino. Er muß es wissen, er hat seine Unterlagen in 42jähriger Arbeit zusammengetragen. »Unter das zauberische Teufelsgeschmeiß gehören auch die Lycantrophi- oder Wör- und Bär-Wölfe, die öfters Menschen und Vieh durch Würgen und Niederreißen Schaden zufügen, deren viele durch die Hilfe des Teufels zu Werwölfen gemacht werden... andere aber aus Melancholie durch teuflische Verblendung sich selbst solche Gestalten und Eigenschaften anmaßen. Wenn man die Ärzte dazu vernimmt, so gibt es eine gewisse Krankheit, welche etliche 'Melancholim Lupinam', andere 'Infaniam' nennen, bei der der Mensch meint, er sei ein Hund, Löwe, Wolf oder ein anderes Tier und sich auch so verhält, obwohl ihm jedermann seine menschliche Gestalt ansieht. Diese Krankheit kann auch entstehen, wenn man von einem rasenden oder wütenden Wolf gebissen wird (Tollwut?). Man hat Beispiele, daß, wenn jemand ein Bären- oder Katzenhirn gegessen hat, er dann meinte, zu einem solchen Tier geworden zu sein... wie einstmals ein spanischer Edelmann, dem man Bärenhirn zu essen gegeben hatte... und der dann über das Gehölz, über Berge und Täler gelaufen und aus phantastischer Einbildung glaubte, er sei in einen Bär verwandelt worden. Eine Dirne in Breslau hatte Katzenhirn gegessen und meinte darauf eine Katze zu sein«.[28]

»Und nach diesem seien solche Wolfsmenschen, die ohne Pakt mit dem Teufel an solchen Anfechtungen leiden, kranke und melancholische Leute, die sich einbilden, solche Tiere zu sein, und die alles zerreisen

und auffressen müssen... ein solcher ist in Würzburg in das Gefängnis gekommen und sagte aus... es gäbe nichts Besseres als Menschenfleisch. Wer einmal davon gekostet, der könne nicht mehr ablassen«.

»Da sonsten dergleichen Wölfe in den Hexenprozessen sehr rar sind, und unter hundert Männern, welche als Zauberer verurteilt worden, kaum drei oder vier gefunden worden, die bekannt haben, oder auch nur beschuldigt worden sind, daß sie Währ-Wölfe gewesen seyn«.[29] Das hat sich in meiner Untersuchung bestätigt. Werwolfgeschichten treten in Frankreich, Italien und Serbien häufiger als in Deutschland auf.

Pierre Bourgeot, Michel Verdun

1521 werden Pierre Bourgeot und Michel Verdun vor das Inquisitionsgericht von Besancon gestellt. Pierre gesteht, mit dem Teufel einen Bund gemacht zu haben; Michel habe ihn bestärkt und ihn nackt mit einer Salbe eingerieben, wodurch er alsbald in einen Wolf verwandelt worden sei. Michel macht es ebenso, und wenn sie sich einige Stunden mit unglaublicher Leichtigkeit und Geschwindigkeit umhergetrieben haben, reibt Michel sich und seinen Begleiter wieder ein, und schneller als ein Gedanke ist, werden sie zu Menschen. Michel wird in seinen Kleidern zum Wolf, Peter nur, wenn er nackt ist. In Wolfsgestalt wollen sie mehrere Menschen, besonders junge Mädchen, getötet haben, um in ihrem Blut zu schwelgen. Beide versichern, öfters mit Wölfinnen den Beischlaf vollzogen zu haben und soviel Lustgefühl gehabt zu haben 'in luparum quam in mulierum concubitu'. Sie werden verbrannt.

Gilles Garnier

Am 13. September werden vom 'Court souveraine du parlament á Dole' Bauern aufgeboten, um auf einen Werwolf Jagd zu machen. Er wird gefangen: es ist Aegidius Garnier aus Leon. Er bekennt, ein kleines Mädchen von 10—12 Jahren mit Zähnen und Tatzen erwürgt, darauf entkleidet und ihm das Fleisch von den Schenkeln und Armen abgenagt zu haben. Außerdem bringt er seiner Frau etwas davon nach Hause mit. Ein zweites Mädchen hat er umgebracht, ist aber vom Mahl verscheucht worden. Dagegen hat er ein drittes Kind, einen zehnjährigen Knaben, in den Weinbergen von Gredisan getötet und das Fleisch von seinen Beinen und seinem Bauch gefressen. Einen anderen Knaben hat er in Menschengestalt erwürgt und, obgleich Freitag gewesen wäre, so hätte er doch von dem Fleisch gegessen, wenn er nicht daran gehindert worden wäre. Garnier wird lebendig verbrannt.

Weiter werden vier Frauen (Claudia Jamprost, Claudia Janquillaume, Claude Gaillard und Thievenne Paget) als Werwölfinnen hingerichtet. Sie bekennen, in Wolfsgestalt mehrere Kinder gefressen zu haben. Thevienne Paget hat ihrem Geständnis zufolge mit dem Teufel zu tun. 1603 wird vom Parlament von Bordeaux ein dreizehnjähriger Knabe, Jean Grenier, wegen Lykantrophie angeklagt. Wegen seiner Jugend wird er lebenslänglich in ein Kloster gebracht.

Peter Stump

Einer der wenigen bekannten und gerichtlich bestraften Wölfe ist Peter Stump aus Bedburg (Nähe Kölns). Er gesteht, zwanzig Jahre lang eine teuflische Succube als Beischläferin gehabt zu haben; sie hat ihm einen Gürtel geschenkt, durch den er, sobald er ihn umbindet, zu einem Wolf verwandelt wird. In dieser Gestalt hat er 15 Knaben, zwei Frauen und einen Mann erwürgt, aber nur das Gehirn von ihnen gegessen. Stump wird bestialisch hingerichtet. Der Leib wird mit glühenden Zangen zerfleischt, Arme und Schenkel mit dem Rad abgestoßen und danach wird er auf dem Scheiterhaufen verbrannt. Den qualvollen Tod erträgt er mit großer Standhaftigkeit und bittet, seinen Leib nicht zu schonen, damit seine Seele gerettet wird. Der Vorfall ereignet sich 1589. Zur Erinnerung an seine Untaten wird der Kopf des Leichnams auf einen aus Holz nachgebildeten Wolf gesteckt.[30]

Jaques Roulet

Er gesteht, als Werwolf Kinder getötet zu haben. Der Lieutnant criminel von Angers verurteilt ihn zum Tod. Roulet appeliert an den obersten Gerichtshof von Paris. Dieser befiehlt: »... man solle ihn auf zwei Jahre in das Irrenhaus Saint-Germain des Prés bringen, um ihn dort zu unterrichten und so weit seinen Geist wiederherstellen, daß er zur Erkenntnis Gottes zurückgeführt wird, der ihm durch seine äußerste Armut unbekannt geblieben ist«. Dieser Fall geschieht 1598.[31]

Weibliche Werwölfe in Rynauld

Ein Bauer, der beim Dreschen durch die beständigen Bitten seines Kindes um Wasser gestört wird, ruft ärgerlich: 'Le diable te beve'. Da brechen plötzlich fünf Werwölfinnen ein, rauben das Kind und bringen es dem Teufel, der ihm durch eine Zehe das Blut saugt. Dann zerschneiden es die Hexen, sieden es in einem Kessel, teils um davon zu essen teils um Salbe daraus zu machen. Passiert ist es 1604 in Cressi bei Lausanne. Die Frauen werden verbrannt.

Dieses Beispiel zeigt die Vermischung verschiedener abergläubischer Vorstellungen.

Das »Ausfahren der Hexen«. Dargestellt sind aber keine Hexen, sondern auf einem Stecken reitende Tiere (Esel, Hahn und Schaf (?)). Der Sinn ist mir nicht ganz klar. Das sog. »Wilde Heer« kann es nicht sein. Oben: Andeutung des herannahenden Gewitters.

Prozeß gegen Ruepp, Perger und Komplizen

In dem unter der Herrschaft eines Salzburger Erzbischofs stehendem Pfleggericht Mosham spielt 1715 - 17 ein Prozeß wegen Lykantophie gegen Ruepp, Gell, vulgo Perger und vier weitere Komplizen. Die Anklage geht von einem siebenzehnjährigen Bettelbube, Philip Ebmer aus »...welcher ganz frei und unbeehrt gestanden, daß er sich durch das Einschmieren mit einer schwarzen Salbe zu einem Wolf machen könne... und die anderen angegeben hat«. Sie werden beschuldigt, als Wölfe, Hirsche, Vieh und Wild niedergerissen zu haben. Zunächst leugnet Perger. Unter den Folterqualen (die Beine werden mit einem 25pfündigen Stein beschwert, er wird aufgezogen), bekennt er, daß er sich wie seine Mitschuldigen mit einer Salbe geschmiert, dadurch zum Wolf geworden sei und in die-

506

Hexenritt. »ob sy sich selbs oder ander leut in ander gestalt mügen verwandeln«. Aus: Tractatus von den bosen weibern, die man nennet die Hexen. Druck von Johann Zainer. Ulm, um 1490. Deutlicher Nachschnitt von Molitor.

ser Gestalt Vieh niedergerissen hat. Die Salbe hat er vom bösen Feind auf der Mosshamer Heide bekommen... daraufhin habe er sich dem Teufel mit Leib und Seele verschrieben. Das Salzburger Hofgericht erklärt die Berichte als erwiesen. »...daß die Angeklagten an 200 Stück Pferde und Vieh und 16 Hirsche und Wild niedergerissen und zu Grunde gerichtet«. Sie werden zu Landesverweisung und einer achtjährigen Galeerenstrafe verurteilt 'worauf dieselben an die Republik Venedig ausgeliefert werden'.

Das livländische Wolfsheer

»Endlich, was die mancherlei Gestalt, so die Hexen an sich nehmen sollen, betrifft, so fraget sichs allhier, ob dann die Hexen und Zauberer sich selbst und wohl auch andere Menschen verwandeln können in Tiere, Wölfe, Katzen, Hunde und dergleichen andere Tiere.

Es ist die gemeine Sage, daß in Lieffland und den angrenzenden Ländern, die 12 Tage nach Weihnachten, viele Menschen in Wolfsgestalt auf dem Feld herumlaufen. Sie sollen das Vieh und alles andere - was ihnen vorkomme - grausamlich zerreißen. Es soll also zugehen:

»Wenn der Christtag verflossen, so geht ein Jung, der mit einem Bein hinket, herum, fordert solche dem Teufel ergebene Leut, derer eine große Anzahl ist, zusammen und heißt sie ihm nachzufolgen. Wann nun welche darunter sind, die zaudern und säumig, so ist ein anderer großer langer Mann da, mit einer von eisern Draht und Ketlein geflochtenen Peitsche, der hauet auf sie zu und treibet sie mit Zwang, so daß sie fortgehen müssen. Er soll so grausam auf die Leut zupeitschen, daß man noch lange Zeit danach die Flecken und Narben auf ihren Leibern sehen kann, die ihnen auch große Schmerzen machen und verursachen. Sobald sie nun anfangen ihm zu folgen, gewinnt es das Ansehen, als wenn sie ihre vorherige Gestalt ablegten und in Wölfe verwandelt werden, da kommen dann ihrer etliche tausend zusammen, ihr Führer gehet vor ihnen her mit einer eisernen Geisel, deme folget der ganze Haufe nach. Wenn sie nun auf das Feld geführet sind, fallen sie das Vieh grausam an, und alles was sie ergreifen , das zerreisen sie und tun großen Schaden, aber die Menschen selber zu verletzen ist ihnen nicht vergönnet noch verstattet. Kommen sie an das Wasser, so schlägt ihr Führer mit seiner Rute oder Geisel in das Wasser. Nach Verfließung von zwölf Tagen kommen sie wiederum zu ihrer vorigen Gestalt und werden wieder zu Menschen«. [32]

Verwandlung in andere Tiere
Katzen in Rom

In Chronicon generale des Andreas von Regensburg, Chorherr von St. Mang, wird berichtet: »Zur Zeit des Papstes Martin V. tötete zu Rom eine Katze viele Kinder in der Wiege. Ein kluger Mann verwundete endlich das Tier mit einem Schwert, und als man der Blutspur nachging merkte man, daß die Katze ein in der Nähe wohnendes altes Weib sei, das von einem 'Chronologus' (Wahrsager) unterhalten ward, sich, wenn sie wollte, in eine Katze verwandelte und in dieser Gestalt, um ihr Leben zu verlängern, Kindern das Blut aussaugte. Diese Alte, eine neue Circe, ward als Hexe verurteilt und verbrannt«. [33]

1640 wird in Neuburg an der Donau eine gerichtliche Untersuchung angestellt wegen zweier 'transfigurierter Katzen', deren eines des Metzgers Ochsen, die andere eine Metzgers Kuh geritten und krank gemacht haben soll. [34]

Der in einen Esel
verwandelte Bräutigam

»1645 liegt ein Soldat aus dem Städtchen Brück (Nähe von Görlitz) bey einer Witwe im Quartier und verlobt sich mit ihrer Tochter. Das Mädchen ward schwanger, die Besatzung mit dem Bräutigam muss die Stadt verlassen. Aber er verspricht der Mutter wie der Tochter, daß er wiederkommen und sie abholen würde. Die beiden fürchteten Betrug und beschlossen, ihn in einen Esel zu verwandeln. Unterwegs mußte er, einer natürlichen Verrichtung wegen, vom Pferde steigen. Kaum hatte er den Fuß auf die Erde gesetzt, so ging die Verwandlung vor sich. Die anderen Reiter nahmen das Pferd und verkauften den Esel an einen Müller. Dieser verkaufte ihn ebenfalls, weil er ständig die Säcke abwarf. Zufällig kommt er an dem Haus vorbei, wo seine Geliebte wohnt. Deren Mutter sieht es und sagt: »Seht da unser Eselchen, solle er nicht wieder ein Mensch werden können? Ja, sprach die Mutter, wenn die Lilien blühen, und er frißt davon. Da stieg er mit seinen Vorderfüßen drauf und ward augenblicklich wieder ein Mensch, freylich pudelnackt, ohne alle Draperie«. Mutter und Tochter wurden eingezogen und kamen auf den Holzstoß.[35]

Der in Löwengestalt
kämpfende Zauberer

»In dem Dorfe Pinola im spanischen Westindien gab es zu seiner Zeit eine Menge Zauberer und Hexen unter den Indianern. Da wurde der 80jährige Juan Comez, der vornehmste im Dorfe, krank. Der Priester des Dorfes Miricio hörte ihm Beichte. Bei dieser Gelegenheit entdeckt der Geistliche, daß der Kranke stark geschwollen war und auch viele blaue Flecken hatte. Er ist bald darauf gestorben. Drei Spanier sagten dem Geistlichen, Juan habe sich als Erxhexenmeister in einen Wolf verwandelt, Berg und Tal durchstrichen und viel Schaden angerichtet, diesmal aber sei er von seinem ärgsten Feind, Sebastian Lopez, einem alten Indianer eines anderen Stammes, der gleichfalls meisterlich hexen konnte, in Form eines Tigers begegnet. Beide hätten heftig als Tiger und Löwe miteinander gekämpft«.[36]

Der Holzhacker und die drei Katzen

»Hier wird ein Histörchen schmecken... ein Holzhacker in einer gewissen Stadt im Elsaß, die wir aus Liebe nicht nennen, spaltete einst Holz. Es kam eine große Katze zu ihm, die ihn nicht wenig näckste, und als er sie wegjagen wollte, kam die zweyte und zuletzt gar die dritte, alle von ungemeiner Größe. Diese griffen ihn tapfer an, sprungen ihm nach dem Gesichte,

bissen und kratzten ihm indie Beine, sodaß er vor Angst sich seinem Leibe keinen Rath wußte. Endlich segnete er sich mit dem hl. Kreuze und ergriff einen Scheit Holz, mit dem er die Katzen weidlich durchgerbte; die eine bekam einen Puff an den Kopf, die andere auf den Rücken, die dritte an die Beine. Nach Verlauf einer Stunde holten die Stadtknechte den Mann von seiner Arbeit weg, brachten ihn vor den Richter, der ihn aber nicht einmal anhören wollte, sondern befahl, man solle ihn in den tiefsten Kerker werfen, in den man solche zu werfen pflegte, die das Leben verwürkt hatten. Hier schrie der arme Schelm jämmerlich drey Tage lang, und hauptsächlich darüber, daß man ihm das Verhör versagte, da er sich keines Verbrechens bewußt sey... Er wurde dennoch verhört... das sollte sein Verbrechen sein, daß er drey der vornehmsten Damen der Stadt dergestalt zugerichtet hätte, daß sie jetzt nicht vom Bette aufstehen können...«.[37]

Tierverwandlungen in der
kindlichen Phantasie

Es kann nicht ausbleiben, daß die Kinder vom allgemeinen Aberglauben und Hexenwahn infiziert werden. Einmal ist der gemeinsame sonntägliche Gottesdienst zu nennen, bei dem einzelne Priester und Pfarrer über Hexen wettern. Dazu kommen Schulgottesdienste, Gespräche der Eltern und gemeinsame Spiele: schließlich öffentliche Hinrichtungen mit dem Verlesen der Urgicht. Freilich führt dies im kindlichen Gemüt zu ausgeprägten Vorstellungen. Einen Raum nehmen dabei die Tierverwandlungen ein. Dazu einige Beispiele:

»Ein Mädchen versteht sich auf das Mückenmachen: sie nimmt Gerste, Ähren und Haferspreu; der Teufel bläßt seinen Odem darüber; dann nimmt sie diese und trägt sie hinaus, um sie fliegen zu lassen. Beim Raupenmachen nimmt sie Weidenblätter, wickelt sie zusammen. Der Teufel bläst darüber... und so werden es Raupen«.

Camerarius berichtet: »Ein Beispiel daß er selbst in Polen gesehen habe. Ein Mädchen wurde von seiner Mutter zur Hexerei verführt und im Beisein des Richters und vieler anderer Leute habe sie ein große Menge Mäuse in der Richterstube gemacht, nach dem sie sich durch einen Steckenknecht eine Handvoll lindene Blätter hat bringen lassen, und solche auf die Erde geworfen... endlich auch freiwillig gestanden, daß sie mit ihrer Mutter im gleichen Jahr draußen auf dem Feld so viele Mäuse gemacht, daß sie alles Korn hin weggefressen. Aus solchen Blättern können nach langwieriger putrefraction Mäuse gemacht werden; aber in einem solchen Augenblick und allezeit, auch

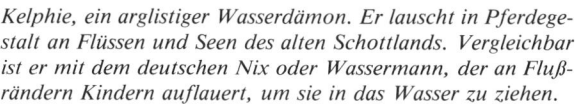

Kelphie, ein arglistiger Wasserdämon. Er lauscht in Pferdege-stalt an Flüssen und Seen des alten Schottlands. Vergleichbar ist er mit dem deutschen Nix oder Wassermann, der an Fluß-rändern Kindern auflauert, um sie in das Wasser zu ziehen.

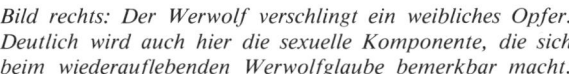

Bild rechts: Der Werwolf verschlingt ein weibliches Opfer. Deutlich wird auch hier die sexuelle Komponente, die sich beim wiederauflebenden Werwolfglaube bemerkbar macht.

Das »wilde Tier von Gevaudan« als Lesebild. Er soll mehr als 100 Menschen verfolgt und getötet haben. Im Hintergrund die Jagd auf es. Im Vordergrund hat es sich eines Opfers bemächtigt. Es soll mit seinem Schwanz lähmende Schläge verteilt haben und übernatürlich schnell gelaufen sein. Kupferstich von 1765.

Ein Werwolf betritt einen dunklen Raum. Im Hintergrund bezug auf einen vorausgegangenen Fall.: »Der in seiner Menschlichen Wohnung noch stets rasende des verbrannt...und gehangenen so genannten : Menschen Wolffs...er betrifft den Werwolf von Onalzbach«.

510

vor dergleichen Leuten, als Weibern, Kindern ist es nimmermehr möglich noch zu glauben, weil es aber dennoch geschieht, so muß notwendig durch die unsichtbare Hilfe des Teufels geschehen«.

In Köln werden in den Jahren 1635 und 1638 achtjährige Buben, die Häschen und Mäuschen zu machen vorgeben, vor das Gericht gestellt. Der eine sagt aus, er habe von seiner Mutter gelernt, wie man Mäuse mache: »Er reibe Rosinenkraut, werfe es auf die Erde und wenn er 'Fock, Fock' rufe, sprängen sofort drei Mäuse über den Boden«.[38] Ein anderer könne Hasen machen; er werfe ein Fell in die Höhe und rufe: »Nun lauf in Teufels Namen«. 1645 schwindelt ein zwölfjähriger Junge das Hasenmachen vor; es stellt sich heraus, daß er ein Landstreicher und Einbrecher ist. Er wird am 18. Dezember 1647 bei Melaten mit dem Schwert hingerichtet.[39]

Der Junge von Molsheim soll im März 1633 gestanden haben, daß er sich einer Kuh in Rabengestalt auf den Rücken gesetzt habe und dann von ihr gegessen habe, bis sie gestorben, einer anderen sich als Fuchs an den Schwanz gehängt... davon die Kuh geloffen 'bis sie gestorben'.[40]

Der Pfarrer von Bettingen, Antonius Kroll, bringt folgenden Bericht: »Es hat allhier zu Betting ein Knabe zu zehn Jahren, neben seinem kleinen Bruder, beide Lorenz Zisken zu Bettingen Söhne, unter den Schülern verlauten lassen: er habe ein Gürtlein, wenn er solches antue, werde er allezeit ein Hase... in einem weiteren Verhör bekennt der zehnjährige Johannes Zink: seine Mutter habe am Main einen ledernen Gürtel gefunden: wenn er solchen antue, werde er zu einem Hasen bei Nacht, nicht aber bei Tage. Das kleine Brüderchen gesteht (!): »... auch er sei zu einem Häslein worden«.

1715 - 17 haben in Freising 8 und 9-jährige Schulkinder vor der Stadt einen Disput mit Bettelbuben über Zauberer, Mäusemacher und dergleichen. Dies gibt Anlaß zu gerichtlichen Vernehmungen und Folterungen. Die erpreßten Geständnisse lauten auf Mäusemachen, Hexentänze, Teufelsverschreibung usw.

Vampyrismus[41]

Der Vampyrismus geht auf das früheste Altertum zurück. Die Vampyre fliegen nachts umher und saugen den Menschen aus den Brustwarzen das Blut heraus, so daß sie langsam dahinwelken. Ähnlich unserem Vampyrbegriff ist der des Ghul in den Morgenländern und der portugiesischen Bruxe. Bereits in den Capitularien Caroli M. de Part. Saxoniae cap. VI., in einem Edikt des Langobardenkönigs Rothar von 789 (§ 379) wird der Glaube, daß Strigen den Menschen töten können, für unvernünftig und heidnisch erklärt.[42]

Gebräuche, um die Rückkehr der Toten aus dem Grab zu verhindern

Die Meinung von einer Überfahrt der Toten wurzelt im Altertum. Zu Matthias bei Trier fand man in christlichen Gräbern aus dem 3. Jahrhundert Skelette mit silbernen Fahrgroschen. Beim Fortbau der Trierer Basilika werden Steinsärge aus dem 15. Jahrhundert ausgegraben, in denen sich Schädel befanden, die kleine Silbermünzen in der Mundhöhle hielten.

Einerseits sucht man die Toten gewaltsam an der Rückkehr aus dem Grab zu hindern. Dies geschieht, indem man entweder gewaltsam das Opfer hindert oder indem man durch Opfer versucht, es zu versöhnen und zu beschwichtigen (Mitgabe von Waffen, Sklaven und Lebensmitteln), sein Leiden zu lindern oder ihn zu täuschen. Ein Gedanke dazu liegt nahe; die Toten zu verbrennen, zu fesseln oder einzumauern. Um 1860 soll noch im sächsischen Voigtland die Sitte geherrscht haben, dem Toten im Sarg die Hände mit einem Tuch zusammenzubinden, damit er nicht zurückkehrt und jemanden aus der Familie holt.[43]

Arnold Meyer vertritt die Ansicht, der Brauch, Leichensteine zu setzen, stamme von der Absicht her, die Toten in ihren Gräbern einzusperren... damit sie nicht herauskommen um Lebende zu erschrecken.[44] »In einem gewissen Dorf in Westfalen herrscht noch jetzt (ca. 1770) der abergläubische Gebrauch, einen Stachelbeerstrauch auf das Grab zu pflanzen. Schlägt er Wurzeln und bekleibt, so ist der darunter liegende Tote seelig; verdorrt er, so ist er an einen schlechten Ort gekommen.[45]

Es gibt verschiedene Mittel, das Ausbrechen der Blutsauger zu verhindern. Um die Leichen vor dem Wandern zu bewahren, muß man sie im Grab beschäftigen. Deshalb stecken ihnen die Walachen Geldstücke oder eine Ton (Ziegel) scherbe in den Mund, oder man streut den Sarg voller Mohnkörner; dann betrachtet der Tote das Geld und kaut daran, kaut an der Scherbe und zählt die Körner. Andere legen ihm einen Stein oder ein mit drei Kreuzen versehenes Stück Eichenholz unter das Kinn; die Uskosen werfen dem Toten Erde auf den Leib und einen schweren Stein auf den Kopf. Andere stecken ihm Knoblauch in den Mund. Eine weitere Vorsichtsmaßregel ist, den eingenähten Namen aus dem Totenhemd zu schneiden. Die Walachen reiben den Toten mit Schweinefett ein. Das Schwein muß am Tag vor Weihnachten geschlachtet werden; sie legen ihm einen dornigen Stock von wilden Rosen in das Grab, daß er sich mit seinen Kleidern darin verwickelt, falls er aufstehen will.

Bild nächste Seite: Gemälde von Johann Heinrich Füßli. (um 1785). Goethemuseum, Frankfurt am Main.

Die deutschen Vampyrsagen erscheinen häufig im Zusammenhang mit der Pest; so kommt man in Hessen, als die Pest anhält, auf den Argwohn, daß das 'Umsichfressen' der Toten daran schuld ist.

Umsichfressen, Schmatzen der Leiche

Im Schmalkaldischen reißt man die Gräber wieder auf und sticht den Leichen mit einem Spaten die Köpfe ab. So hört man zu Helsa 1558 eine Haustochter, die überaus witzig gewesen, in ihrem Grabe fortwährend schmatzen 'wie ein grober Mensche oder Sau zu tun pflegt' und als man sie aufgegraben, hatte sie das Kleid weit umher aufgefressen. Da wurde ihr der Kopf abgestoßen, und das Fressen und Sterben hatte ein Ende.

Die gewöhnliche Art, um eine Leiche zur Ruhe zu bringen, die im Sarg schmatzt, ist die, daß der Totengräber ihren Kopf mit dem Grabscheit vom Rumpf trennt, oder ihr einen Pfahl durch das Herz stößt, wie die Breslauer Chronik mehrfach berichtet.[46]

Eingeben von Leichenwasser, Öffnen der Fenster

»In Kalbe, einer Stadt im Herzogtum Magdeburg, war der Kutscher eines Rittmeisters etwas dem Trunk ergeben. Seiner Frau wird von klugen Leuten geraten: sie solle ihm das Wasser eingeben, das zum Waschen einer Leiche gebrauchet worden, ihm den Trunk abzugewöhnen. Sie macht das und ihm wird es nach dem Genuß des Leichenwassers eklig. Er forscht nach und erfährt den Streich. Er wird gegen seine Frau mißtrauisch und trennt sich von ihr... einfältige Leute jener Gegend wollen auch vermittelst des Tuchs, womit der Tote gewaschen ist, gewisse Krankheiten kurieren... und verbreiten dadurch vielleicht gerade die Krankheit, die der Tote besessen hat«.[47]

Sobald der Mensch tot ist, muß man die Fenster aufmachen, damit seine Seele hinaus kann. Die Seele ist ein Geist und braucht ein Schlupfloch, um an ihren Bestimmungsort zu gelangen. Damit der Tote nicht wieder kommt, so muß man, sobald die Leiche fortgetragen wird, einen Eimer Wasser hinterhergießen und die Haustür schließen, oder den Toten bei der großen Zehe anfassen.

Die portugisische Bruxa

Sie lebt tagsüber bei ihrer Familie, die nichts davon weiß. Von Sonnenunter- bis Sonnenaufgang hat die dämonische Gewalt von ihr Besitz ergriffen. Sie erhebt sich von ihrem Lager, falls verheiratet, von der Seite ihres sorglosen Gatten und fliegt in der Gestalt eines riesigen Nachtvogels, als Eule oder Fledermaus, weit von der Heimat weg über Berg und Tal, hauptsächlich aber über Sümpfe und Teiche; die Bruxen halten Zusammenkünfte mit ihren teuflischen Liebhabern, entführen, ängstigen und peinigen die einsamen Wanderer. Wenn sie von ihren nächtlichen Fahrten kommen, saugen sie den eigenen Kindern das Blut aus, während sie ihm mit den Schwingen Ruhe zufächeln.[48]

Anklage gegen den Maler Hans

Welche Blüten der Aberglauben im Zusammenhang mit den Totengebräuchen zeigt, verdeutlicht folgendes Beispiel. »Ein Maler, Hans genannt, hat in der Fischergasse neben Urban Zeidlers Badehaus gewohnt. Er und seine Frau werden vor den Rat gefordert und als Pielwiesen (?) beschuldigt. Man hat sie peinlich befragt... sie aber haben sich so hoch verschworen, daß, wenn es wahr wäre, Gott ein Zeichen an ihnen tun solle, daß Eines Erblinde und das Andere verlahme. Innerhalb etlicher Wochen ist die Frau am rechten Schenkel erlahmt und innerhalb eines Jahres der Mann am rechten Auge erblindet. Als die

Der Werwolf von Onalzbach, der 1695 etliche Kinder weggetragen und gefressen hat. Interessant ist der aufgehängte Wolf. Zuerst stürzt er während seiner Flucht in einen Brunnen, wo er gefangen werden kann. (vergl. das Märchen vom Rotkäppchen).

Frau verstorben und hingetragen worden ist, so ist ein schwarzer Bock hinter der Leiche hergegangen und hat gemeckert, die Leiche aber hat im Sarge geschmatzt. Da hat der Totengräber den Sarg vor dem Grabe aufgemacht und ihr einen Stein und einen Pfennig ins Maul gegeben, und den Sarg wieder zugemacht und begraben«.[49]

Wechselbälge, Incubus, Succubus

Eine zentrale Frage in den Hexenprozessen ist, ob die Angeschuldigten fleischlichen Umgang mit dem Teufel getrieben haben. In diesem Zusammenhang wird von Experten erörtert, ob denn aus einer solchen Verbindung Kinder entstehen. Dieses Phänomen geht auf die Zeit der Scholastik zurück. Schon im 13. Jahrhundert werden die ersten Fälle berichtet. Im allgemeinen nimmt man an, daß es keine wirklichen Kinder sind: es sind entweder Ungeheuer oder 'Wechselbälger', also vertauschte Kinder. Beispiele ziehen sich durch die gesamte Periode des Hexenwahns.

Das englische Incubuskind von 1249, Angela von Labarethe

»... wird von einem Teufels- oder Incubuskinde erzählt, das 1249 in England existierte und in einem halben Jahr die Größe eines erwachsenen Burschen gehabt haben soll...«.Bei der Hexenbewegung in Toulouse soll eine der Verurteilten (1275) die 76jährige Angela von Labarethe, gesagt haben, ihr vom Teufel herrührendes Kind sei ein Ungeheuer mit Wolfskopf und Schlangenschwanz gewesen, für welches sie jede Nacht ein kleines Kind stehlen und schlachten müssen, da es eine andere Nahrung als diese nicht zu sich nehmen wollte.[50]

Die Hexe von Lockum

»Im Kloster Lockum ward eine Hexe gebrannt, N.N. genannt, die das Hexen aus großer Armut und um eines Kopfstückes willen gelernet, die hat vier Wochen hernach vom Satan einen grausamen Schnacken (Schlange) fünf Viertel lang, geboren, dafür sie sich heftig entsetzt, und diesen scheußlichen Wurm alsfort auf einen Misthaufen getragen, und darinnen verscharret, der Satan hat sie solange gepeitscht und geschlagen, bis sie solches Tier aus dem Misthaufen wieder gesuchet, hat's am Feuer wärmen müssen wie ein Kind, und ein Milcheimer setzen, und hat dem unfreundlichen Gast täglich zur Speise Milch geben, sobald sie diesen Schnacken angerühret, sind ihr die Hände geworden, als wären sie aussätzig, hat auch solche ungesunde Hand biß zum Gerichte behalten«.[51]

Benedict Carpzov berichtet von einer Hexe, die dem Teufel weiße Würmer mit schwarzen Köpfen und spitzen Schnäbeln geboren hat. Ein zu Frankfurt an der Oder 1687 hingerichtetes Mädchen hat gestanden, dem Teufel Eidechsen geboren zu haben.[52]

»Die meisten Hexen der neuern Zeit gebären keine Kinder mehr, sondern Elben, die man auch die bösen Dinger und Unholden nennt. Man siehe aus dem Namen, was wohl sehr mutmaßlich unter den Deutschen das meiste zu dieser Fabel beygetragen hat, nämlich der Alp, der bis zu dieser Stunde so manches abergläubische Frauenzimmer drückt, und ihr Gewissensangst genug verursacht, als hätten sich böse Leute oder der Teufel selbst über sie hergemacht«.

»Diese Elben hatten bald die Gestalt rauher Würmer, bald zu Hummeln usw. Die Hexen verbrannten diese Geburten zu einem Pulver, mit dem sie ihre Feinde krumm, lahm und wohl gar tot hexten; die Elben waren folgsam, und so war der durch Elben gezüchtigte Mensch lahm, oder was man sonst wollte. Dies nannte man »jemandem die Elben zuweisen«. Die Inquisition, die zu der Pütters Streitschrift (?) Gelegenheit gegeben habe, bekannte: »...daß aus solchem getriebenem Beyschlaf ihr einstmals ein schwarzer, rauer Windwurm abgegangen, des sie auf ihres Geistes Angaben bey einem klein gemachten Feuer zu Pulver verbrannt, welches der David genommen, folgenden Tages in einem grauen Kramerhäuschen ihr wieder gebracht, und ihr das Vieh damit umbringen gelehrt«.[53]

»Ein gedruckter Hexenprozeß von 1737 ungefähr, wenigstens aus der ersten Hälfte dieses Jahrhunderts läßt die Hauptperson bekennen: »Von der Vermischung mit ihrem Buhlen habe sie vielmals Elben, die bösen oder zehrenden Dinger, die von allerhand Couleur, auch theils Flügel haben, geboren, und zwar allemal 10, welche sie in Töpfe getan, und ihnen Brot zu essen gegeben«.[54]

»Andere pflegen sie unter einem Holunderbaum oder Strauch lebendig zu vergraben, und zwar mit Zeremonien. Sie gaben ihnen ein bisschen Wachs, Flachs, Käse und Brot mit ins Grab und sprachen: »Wringet das Wachs, spinnet das Flachs, esset das bisschen Käse und Brot und lasset mich ohne Noth«. Darauf waren sie hingebannt und durften nicht wieder zu ihrer Mutter zurück.«.[55]

»In Glarus ist bekanntlich noch in diesem 1783. Jahr eine Hexe hingerichtet worden, die ein Kind gesterbt und behext haben soll. Nach den Zeitungen wiederfuhr das nämliche Schicksal im gleichen Jahr einer Frau in Spanien, die Eyer soll geleget haben. Dies Eyerlegen ist ein wahres Kostüm jener finsteren Zeit, doch aßen die Hexen ihre gelegten Eyer nicht selbst, sondern sie verkauften sie auf dem Markt«.[56]

Das Elbengrab

Es war gefährlich, sich einem Elbengrab zu nähern. Das wird durch folgendes Beispiel verdeutlicht: Schiermeister, eines Schneiders Sohn, 13 Jahre alt, setzt sich, um seine Notdurft zu verrichten, bei einer Hollunderstaude nieder, fällt plötzlich, unter schrecklichern Gichtern zur Erde, und tat unmittelbar vorher einen lauten Schrei. Die Mutter lief zu ihm und trug ihn für tot nach Haus, wo er bis an den dritten Tag wie sinnlos lag. Daraufhin fühlte er grausame Schmerzen und Gichter in den Lenden, Füßen und Waden. Zuletzt fielen ihm tiefe Löcher in dem dicken Fleisch und des Hinterns, durch welche alles, was er gegessen und getrunken hatte, ausfloß, am Leibe zehrte er ganz ab. Nach vier Jahren, unter welcher Zeit ihm der Wundarzt ohne Nutzen vielerlei Medizin gegeben hatt, gingen im elf Würmer ab, eines halben Fingers lang, mit schwarzen Köpfen und unzählbaren Füßen. Als die Mutter die Bettücher, in welchen sie herumkrochen, ausschüttete, verschwanden sie in der Gegenwart aller Zuschauer, der Bursche blieb aber all sein Lebtag ein armseliger Tropf. Zwey Hexen haben bekannt, daß sie ihre mit dem Teufel erzeugten Elben unter diese Hollunderstaude begraben hätten, freylich nur zweye Paar, aber diese konnten ja gehekt haben.[57]

Bericht der Vossischen Zeitung von 1750

Halle, vom 16. August. »In einem Dorfe 4 Meilen von hier ist ein Bauernweib in einen verzweiflungsvollen Zustand geraten. Sie behauptet beständig, sie habe mit dem Teufel ein Bündnis gemacht, und sie könne hexen. Sie dringt darauf, man solle sie, je eher je lieber verbrennen, denn sie sey schwanger und werde einen jungen Teufel zur Welt bringen. Das ganze Dorf ist in der äußersten Bestürzung; jedermann befürchtet behext zu werden, und jedermann verlangt, daß man das Weib verbrenne. So viel ist gewiß, daß die Frau etwas Kugelrundes im Leibe hat, welches sich hin und her schiebt. Wenn man also nach dem Tode dieses Weibes, welcher ohne Zweifel bald erfolgen wird, sie sezieren wird, so wird es den Aerzten überlassen werden müssen, die Natur dieses Gewächses zu untersuchen«.[58]

Nach einer anderen Quelle schreibt man die Kinderverwechslung der Strix zu. »Kleine Kinder mit dicken Köpfen, die besonders viel essen, sind in der Gefahr, für Wechselbälger gehalten zu werden... sie werden oft von den Eltern ausgesetzt. Sie sollen nur sieben Jahre alt werden, und die Hexen sollen nur ungetaufte Kinder holen. Jetzt noch legen Kindbetterinnen, so oft sie aus dem Kinderzimmer gehen, von den Kleidungsstücken des Vaters etwas, so einen Erbschlüssel oder eine Bibel auf das Kind, damit es nicht ausgewechselt werde«.[59]

Jacob Grimm berichtet 1835: »Aus der Vermischung der Hexen mit dem Teufel geht keine menschliche Frucht hervor, sondern elbische Wesen, welche Dinger, Elbe oder Holden genannt werden, deren Bildung aber verschieden angegeben wird. Bald sollen es Schmetterlinge, bald Hummeln oder Quappen, bald Raupen oder Würmer sein«.[60]

Diese Einbildung, anders kann man es wohl nicht bezeichnen, steht parallel zu dem Verhalten der 'modernen' Paralytiker. Dazu gehört die Auffassung, daß das Geld, das die Hexen angeblich vom Satan bekommen, sich nachher in Kot, Laub, Scherben oder anderes wertloses Zeug verwandelt. Es gibt Geisteskranke, die wertlose Dinge für sehr kostbar halten. Ein Paralytiker der Münchner Irrenanstalt sammelte im Garten eifrig trockene Blätter. Auf die Fragen, was er mit denselben wolle, erwidert er, es sei Papiergeld; da er der Herrgott sei, so müsse er für den Fall einer Hungersnot für genügenden Vorrat an Geld sorgen, damit nicht die armen Leute verhungern müssen«.

Eingezauberte Gegenstände (Allotriophagie)

Neben den Theorien der Elbengeburt besteht die von eingezauberten Gegenständen. Immer und immer wieder berichten die Quellen vom Erbrechen ungenießbarer Gegenstände, bzw. dem Hervortreten solcher aus Geschwüren und Geschlechtsteilen. Die Allotriophagie, das Verschlucken von ungenießbaren Dingen, ist eine häufige Erscheinung bei Geisteskranken, besonders bei Hysterischen. Sie kommt auch bei Blödsinnigen vor. Weiter fällt auf, daß das Erbrechen oft im Zusammenhang mit dem Exorzismus genannt wird.

Die alte Theorie ist, daß der Teufel die Schweißporen erweitert, die Gegenstände in den Körper einführt und daß sich dann wieder die Poren verengen.[61] Weyer wendet sich gegen diese Auffassung und behauptet, alles beruhe auf dem Blendwerk des Teufels. Er bringt die Geschichte von einem 19jährigen Mädchen aus Levenstat im Herzogtum Braunschweig, die ein Jahr lang ein Messer im Leib trägt, bis es durch einen Abszeß unter den falschen Rippen zum Vorschein kommt und herausgezogen wird. Das Messer hat eine Klinge von 10 cm und ein 8 cm langes Heft mit einem mondförmigen Ende. Weyer gibt die spitzfindige Erklärung, der Teufel habe das Messer über die Abszessöffnung gehalten und es bis auf die Spitze unsichtbar gemacht, dann habe er es allmählich erscheinen lassen, um so den falschen Glauben zu veranlassen, das Messer sei wirklich im Körper gewesen.

Der Bauer Neusesser

»1539 empfindet ein Bauer namens Neusesser in Fugenthal große Schmerzen in der Seite. Ein Wundarzt macht einen Einschnitt in die Seite und zieht einen großen eisernen Nagel hervor. Die Schmerzen lassen nicht nach und der Bauer schneidet sich mit einem Messer den Hals ab. Man öffnet die Leiche und findet in seinem Magen ein langes, rundes Holz, vier Messer, zwei scharfe eiserne Werkzeuge, jedes mehr als ein Spanne lang und einen Ballen verwickelter Haare. Die Zeitgenossen können das nur als Einwirkungen des Teufels erklären.[62] Der Bauer war melancholisch.

Johann Ewich erzählt, daß die Frau von Franz Curt von Sickingen mit dem Harn 'Zwirnfäden und Haare von sich gegeben habe und daß man sie deshalb 'von Hexen beschädigt' hielt. Die 30 Knaben, die 1566 in Amsterdam exorziert werden, leiden an Krämpfen und 'erschröcklicher Qual, als ob sie wahnsinnig wären... und erbrechen Fingerhüt, Lumpen, Scherben, Glas, Haar und des Teufelsgerümbels mehr einen ganzen Plunder'.[63]

Kur von zwei bezauberten Mädchen

»Als ein neunjähriges Mägdlein oder Töchterlein von einer Hexen gebettelt, und sie von derselben ein Blatt vom S04rampfer gegessen und verschluckt hatte, ist sie gleich mit Schmerzen des Aftern befallen worden, und zuletzt starcke Ohnmachten, daß sie da gelegen, als ob sie tod wäre... **da ist man zu einem Exorzisten oder Beschwörer gegangen und hat bei ihme Rat gesucht,** welcher, als er sein Beschwören angefangen, hat sich das Mägdlein auf unterschiedliche Weis herumgedreht, hernach Roßfeigen, Nadeln, Haar, Federn, Kneuel, Faden, zerbrochene Fenstergläser, Nägel, ein eisernes Messer einer Spannen lang, Eierschalen, Muscheln und dergleichen von sich durch den Mund zu erbrechen angefangen... **schließlich ist sie mit der Mistelsalb glücklich curirt worden«.**[64]

»Mattheus Gothefredus Purmannus, Chirugus und Stadtarzt zu Breslau, hat ein bezaubertes Mägdlein von 15 Jahren, das erbärmlich schrie und sich abscheulich gebärdete, mit dem vermischten Blut von

Bild oben: Symbolische Darstellung eines Hexensabbates oder eines alten Fruchtbarkeitsritus. In der Mitte ein gehörnter Gott oder der Teufel. Er wird umtanzt und angebetet.

Bild Mitte: Eine eigenartige Darstellung, den ein geflügelter Teufel reitet auf einer Frau. Möglicherweise Idee des Incubus (dann wäre es ein Buhlteufel).

Bild unten: Schematisierte Darstellung einer Hexe (?) mit dem volkstümlichen Charakteristika: altes Weib, hervorstehende Augen und Krückstock, von Raben umflattert. So tritt die »deutsche« Hexe später ja im Märchen auf.

einem schwarzen Hündlein und einer schwarzen Katze dreimal schmieren lassen:[65] hierauf bekam sie noch größere Schmerzen, daß er eine zeitlang damit eingehalten hat... und inzwischen die Türschwellen des Hauses, wie auch die Fenster- oder Kreuzstöcke mit diesem Blut bestrichen, und dann wieder das Mädchen schmieren ließ... Nun konnte es zwar ruhen, bekam aber unter dem rechten Arm eine Geschwulst in der Größe eines Kinderkopfes. Als dieses aufgebrochen, kamen täglich allerhand unnatürliche Sachen (Haare, Nägel, abgebrochene Messerspitzen, Holz und Beine (Knochen)) heraus... als sie völlig gelehrt, und der Schaden gereinigt, hat das Mägdlein seine vorige Gesundheit erlangt«.[66]

Gockel berichtet in seinem Polyhistoricus: »Daß die Zauberer und Hexen viel Schaden tun, indem sie den Leuten allerlei Gegenstände in den Leib zaubern, als 'Holz, Nägel, Messer, Glas, Haare, Eierschalen, wollen und leinern Tuch, Glufen, Nadeln, Knäuelfaden, Garn, Stein und anderes dergleichen' und daß diese Dinge 'durch den Mund, salva venia durch den Stuhlgang, heimliche Örter und Geburtsteile, oder auch aus denen zauberischen Schäden und Geschwüren, wieder zum Vorschein kommen«.

Beispiele aus dem 19. Jahrhundert

Van Andel berichtet, daß am 13. August 1864 eine 64jährige in die Irrenanstalt von Züthpen aufgenommen wird, nachdem sie zwei Tage vorher in selbstmörderischer Absicht eine silberne Gabel verschluckt hat. Am 12. Juni 1865 tritt die Gabel aus einem Abszess hervor. Die Fistel entlehrt anfangs Kot, ist aber am 14. Juli vernarbt. Jolly erzählt, daß in einer 1859 von Dr. Seiz herausgegebenen Schrift von einem jungen Mädchen berichtet wird, dem 'fleischige Stränge aus dem After und den Geschlechtsteilen herauskamen, Würmer mit schwarzen Augen erbrochen wurden und vieles andere; ferner von einer Frau, welcher 24 teils lebende, teils tote Kröten aus den Geschlechtsteilen abgingen; einige mit angehängten Bindfäden. Diese Krötenbildungen wurden von mehreren Ärzten gesehen und beglaubigt.[67]

In der Münchner Irrenanstalt erliegt im Dezember 1890 ein junges Mädchen einer Pneumonie... sie hat einen Rosenkranz mit einem anhängenden Kreuz aus Metall zerbissen und verschluckt.[68]

Aberglaube vom Scharfrichter

Das Volk distanziert sich von Anfang an vom Scharfrichter. Wir finden dies bereits beim römischen Carnifex. Man sieht in ihm einen Zauberkundigen, einen Volksarzt, Hexenschauer und Geisterbanner. »So versteht man noch heute im Elsaß unter einem Nach-

richter, Scharfrichter oder Henker einen Hexenschauer, der die Hexen ermittelt und unschädlich macht. Mit einem Spiegel soll er Diebstähle anzeigen können.[69]

Hexenschauer

Einem Mädchen, dem von einer Hexe ein lahmes Bein angewünscht wird, kann kein Art mehr helfen. Man läßt den Scharfrichter von Gandersheim kommen, der es jetzt mit 'seiner' Kunst versucht. Er fängt die Hexe in einem Sack und geht hinaus; die Leute in der Stube müssen Türen und Fenster verschlossen halten. Er sagt, er wolle ein Zeichen geben, daß man sehen kann, wer das Behexen getan hat. Da ist dann ein Mann in der Scheune heruntergefallen, hat sich einen Arm gebrochen und ist lahm geblieben. Dem Mädchen gibt der Scharfrichter etwas ein, infolge dessen ihm lebendige Tiere, wie Eidechsen, abgehen. Diese muß man verbrennen, worauf das Mädchen gesund wird.[70]

Diebesdaumen

Es ist ein allgemeiner Glaube, daß das Blut eines Gerichteten gegen Epilepsie hilft; auch, wenn man das Vieh damit bestreicht, dieses vor Krankheiten bewahrt bleibt. Die Finger oder die Hand des 'armen Sünders' in den Futtertrog des Viehs gelegt oder dieses damit gestriegelt, macht es wundersam fett und glänzend. Es hilft gegen das Verhext-Werden.

Fetzen, Teile von der Kleidung des Gerichteten, Stücke vom Strick, Splitter von den über ihn gebrochenen Stäben tun den gleichen Dienst.[71] Der Scharfrichter Putter, von dem sich der Ausspruch erhalten hat: »Hexerie gifft es nicht, woll aber Schelmerie«,[72] hat stets den Daumen eines Sünders bei sich, wenn er zu den Bauern geholt wird, die annehmen, daß ihr Vieh behext ist. Der Wiener Scharfrichter Joseph Lang berichtet in seinem Tagebuch, daß während seiner Amtstätigkeit aus allen Gesellschaftsklassen Anfragen und Bitten um Teile der Hingerichteten eingingen.[73]

Welchen Einfluß der Status des Henkers hat, wird aus einem 1570 in Frankfurt anhängigen Verfahren gegen Margarethe, Hannsens Ostheim's Witwe und Barbara Christoph Siebengaß deutlich. Sie sind wegen Zauberei angeklagt. Barbara Siebengaß hat einen geschwollenen Fuß. Um ihn zu heilen, ist sie von einem Aussätzigen gelehrt worden: »Ein Bein von einem gerichteten Menschen zu nehmen, dasselbige zu Pulver zu stoßen und die Bein oder Fuß darin zu waschen, so werde ihr Fuß heilen«. Daraufhin habe sie auch von des Henkers Jungen das Bein eines Gehängten gekauft. Es hab'... ihr aber darob so gegraust, daß sie es wieder zum Fenster hinausgeworfen'.[74]

Auch Hexen versteht der Scharfrichter zu bannen. »In Freiburg geht der Henker die Wette ein, daß mehr Hexen in der Stadt seien, als in einen vierspännigen Leiterwagen gehen. Er fährt mit einem solchen durch die Straßen und zwingt jede der dort wohnenden Hexen durch seine Zauberkunst, sich auf den Wagen zu setzen, so daß er die Wette gewinnt«.[75]

Hufeisen und Gebisse vom Richtschwert

Einige lassen vom Richtschwert Hufeisen machen, und den faulen und schläfrigen Pferden aufschlagen; sobald diese herunter genommen werden, sollen die Pferde ihre vorige Untugend annehmen. Wenn aus solchen Eisen Gebisse oder Mundstücke an die Zähne gemacht werden, so sollen die unbändigen, hartnäckigen, kollerichten (?) und tobenden Pferde bändig und guten Zaumes gemacht werden.

Hexenbanner, Segensprecher, Hexenpatres, Geister(be)zwinger

Das Zauberwesen des 16.—18. Jahrhunderts wird dann verständlich, wenn man sich die damalige Angst der Bevölkerung vor dämonischen Einflüssen vorstellen kann. Die Kirche, die einst die heidnischen Gottheiten zu Dämonen herabgewürdigt, geht mit dem Reliquienkult und mit einem ausgefeilten Ablaßwesen voran. Hohe Würdenträger erhalten vom Papst geweihte Rosen, oder (Beispiel) einen Splitter von dem Kreuz Christi. Gegen Ende des Mittelalters liegen bei einzelnen deutschen Fürsten riesige Reliquiensammlungen, die gegen Alles nur Erdenkliche schützen sollen, die aber regelrecht 'vermarktet' werden. Ein schönes Beispiel bietet das Verhalten des sächsischen Kurfürsten Friedrich von Sachsen, schon deshalb, weil dieses Gebiet später vor allem protestantisch wird und diesen Unsinn verwirft... Nach der Bulle Sixtus IV. vom 22. März 1471 haben allein die Päpste das Recht 'Gotteslämmer' zu verfertigen und auszugeben, durch deren Erwerb man der Sünden ledig wird, und die gegen Feuer- und Wassernot, Sturm, Ungewitter und Hagelschlag, gegen Krankheit und Zauberei schützen. Dazu kommen Schweißtüchlein, Marienmedaillen und geweihte Bilder. Abgesehen von dem wirtschaftlichen Nutzen, den die Kirche noch heute aus solchen Dingen zieht, entsteht eine zweite negative Komponente: der Handel mit verwerflichen Bann- und Segensprüchen.

Der Verkauf von Agnus Dei, Hexenrauch usw. gehört dazu. Das Volk läuft bei jedem unverstandenen Ereignis zum Priester, der durch **seinen** Segen Menschen und Vieh heilt, verlorene und gestohlene Sachen wiederzubeschaffen, Diebe und Hexen anzeigt, den Teufel vertreibt, Wasser, Salz und Kerzen weiht (am Palmsonntag Palmen) und am Johannistag bestimmte Kräuter. Er verteilt Hostien und liest Messen über bestimmte Dinge. Hier sieht man die Kluft zwischen dem Bürger und den Priestern. So entstehen Bann- und Segensprüche, die die Profanierung des Heiligsten enthalten, und deren allgemeine Verbreitung uns ein grausames Bild von der Bildung der Geistlichen und der Laien vermittelt, und von der religiösen Entwicklung einer uns als fromm und gläubig gepriesenen Zeit gibt. **»Das ganze Leben des mittelalterlichen Menschen ist aus Glauben und Aberglauben, aus christlicher Magie und Zauberei, aus weißer und schwarzer Magie zusammengesetzt, und alles Magische bildet ein so buntes Mosaik voll des tollsten Unsinns, daß nirgends mehr der natürliche Grund davon aufzufinden ist, überall nur eine leere Form zurückbleibt, nur geeignet, die ganze Zeit in einen Abgrund zu stürzen«.**

»Leider gibt es noch heute in manchen Klöstern Hexenpatres, d.h. solche Mönche, die sich auf das Bannen und die Vertreibung von Hexen und Teufeln legen und Hexenpulver usw. verkaufen. 1786 wohnte ein Zauberer in der Grafschaft Lippe-Detmold auf der sog. Knetterheide, in der Nähe von Schöttmar, der, weil er gestohlene Sachen nachwies, Kuren unternahm... und besonders in der Grafschaft Ravensberg viel Verdienst hat.[76]

Bedeutende, im Zusammenhang mit dem Hexenwahn stehende Schriftsteller verurteilen die Gebräuche der 'Pfaffen', sie bezeichnen sie als Zauberer, die das Volk verdummen. Martin von Arles, Professor der Theologie sagt: »Zauberer, Phythones und Schwarzkünstler, und nichts anderes, zu denen das närrische und thörichte Volk täglich läuft, entweder zukünftige Dinge zu erfragen oder das Verlorene wieder herzubekommen. Ja, diese Teufelsbeschwörer und Wahrsager mengen allweg etwas Heiliges und Göttliches unter ihren Aberglauben, wie denn die einfältigen Toren, die ihnen nachlaufen, selber bezeugen«.

Nider klagt: »Die Zauberer aber, daß die Werkzeuge ihrer Bosheit durch die Sakrament der Kirchen und andere Heilige Ding befleckt werden; als wenn sie einen Faden durch das heilige Chrisma ziehen, ein irdisch Bild eine zeitlang unter den Altar legen, und anderes dergleichen Ding mehr. Ebenso gebrauchen sie das hochwürdigste Sakrament des Leibes und Blutes unseres Herrn, ihr Zauberwerk zu vollbringen, zu begehen und sonst vieles mehr, darinnen sie die heiligen Ding zu ihrem Aberglauben mischen«.

Bodin klagt: »Durch unzählige Prozesse ist es dargetan, daß die Priester Zauberer sind oder mit ihnen in Gemeinschaft stehen, indem sie sich durch Geld oder Gunst bewegen lassen, Messen zu lesen, den Leuten geweihte Hostien zu geben, Jungfernpergament zu weihen, gezeichnete Tafeln von Metall auf oder unter

Das Münchkalb zu Freyberg

»Das Münchs (Mönchs) kalb zu Freyberg«. Aus einer Streitschrift der frühen Reformationszeit (1523). Spottbild auf die katholischen Mönche, denen Teufelsklauen und Teufelsfüße beigemessen werden.

das Altertuch zu legen, Kröten zu kaufen und wächserne Bilder zu taufen.. wir sehen auch in Sprenger, in Paulo Grillando und Pontano, daß die größten Zauberer sind Priester gewesen, damit sie nur alles Volk verderben und vergiften«.

Weyer klagt: »...daß viele Seelen verloren gingen, und das nicht allein aus Faulheit und Nachlässigkeit der Pfaffen, sondern auch derowegen, daß sie selbst andere Leute dazu anstiften, ihnen dazu raten und mit ihrer verkehrten Lehre und betrüglichen Worten das unverständig, arm und gemein Volk, sobald Jemand etwas Jammern, Krankheit... sie den nächsten zu unziemlichen verbotenen Mitteln weisen. 'So sind die Mönche und Meßpfaffen zum guten Teil so ungelehrte und unverschämte und dabei verruchte Buben, daß nicht genug davon zu singen und zu sagen ist. Denn daß sie sich aber wie eine Kuh unter anderen Bübereien, die ihnen täglich Brot sind, auch der Arznei, deren sie sich wie eine Kuh auf's Sackpfeifen verstehen, ausgeben und rühmen dürfen«.

Die Folge eines solch 'vorbildlichen' Verhaltens war, daß ab dem 16. Jahrhundert überall im Land fahrende Schüler herumziehen und Pergamente mit Worten und Zeichen gegen den Teufel, gegen böse Geister, gegen Zauberei, Hexerei, Ertrinken, Verbrennen, zum Schutz gegen Waffen und gegen viele Krankheiten (Lähmungen, Blasenstein, Pagodra, Blutungen, Aussatz, Schwindsucht, Krämpfe, Herzzittern, Tierkrankheiten, gegen Fliegen und Mücken... usw.) verkauften..

Paracelsus wettert gegen den Mißbrauch der Amulette: »Man gebraucht ihrer, die sich also selbst freventlich und ohne Grund aus ihren Köpfen erdichtet haben, in denen weder Grund noch Wahrheit ist, und deren viel Tausend nicht einer Nußschalen wert sind, geschweige des guten Pergaments und Papiers, so damit unnütz versudelt und verwüstet wird... Derohalben sage ich, daß nicht allen Charakteren und Wörtern zu glauben ist, sondern man soll allein bei denen bleiben, die allein gerecht und aus dem Grund der Wahrheit kommen, und oft und wohl probiert sein werden«. Eine weitere Variante sind die unterschiedlichsten Gebete zum Austreiben von schädigenden Einflüssen auf den Menschen.

Segen und Gebete für Menschen und Tiere

»In Frankreich war einmal die Heringsfischerei schlecht ausgefallen . Man stellte deshalb öffentliche Prozessionen, d.h. feierliche gottesdienstliche Umgänge an, von Marienbildern, Kruzifixen, Fahnen usw. und tat die Haifische in den Bann, d.h. ließ durch einen Priester, der das Meer mit geweihtem Wasser besprengte, Kreuze darüber machte und betete, feierlich verfluchen«.[77]

Wünschelruten werden so gesegnet: »Gott grüße dich, du edles Reis! Mit Gott, dem Vater such ich dich, mit Gott dem Sohne find ich dich, mit Gott dem heiligen Geistes Kraft und Macht brech ich dich. Ich beschwöre dich Rute und Sommerlatte bei der Kraft des Allerhöchsten, daß du mir wollest zeigen, was ich dir gebiete, und solches so gewiß und so wahr, so rein und klar, als Maria die Mutter Gottes, eine reine Jungfrau war, das sie unseren Herrn Christus geboren. Im Namen des Vaters und des Sohnes und des heiligen Geistes. Amen.

Um den Pferden die Würmer zu vertreiben, spricht man drei Stunden vor Sonnenaufgang über das Pferd: »Im Namen des Vaters + des Sohnes + des heiligen Geistes + . Ich beschwöre dich Wurm bei Gott dem Vater + und dem Sohne + und dem heiligen Geiste, daß du weder Fleisch, Blut oder Bein dieses Pferdes essest, verzehrst oder aussaugst, sondern werdest so geduldig, wie der heilige Hiob gewesen ist, so gütig, wie der heilige Johannes der Täufer war, als er den Herrn im Jordan taufte, im Namen des Vaters + und des Sohnes + und des heiligen Geistes«. Hierauf sprich in das rechte Ohr des Pferdes drei Vaterunser und Ave Maria.

Johann Köhler aus Niederurff

1605 wird in Marburg Johann Köhler aus Niederurff verbrannt. In seinen Papieren befindet sich eine Anweisung, wie man über das Vieh Zauber verhängen kann, bzw. wie man es entzaubert. Darunter ist folgende Formel: »Hast du ein Roß (!?)... das auch der Ding halben... (unverständlich), so nimm deiner Frauen Schleier und streich das Roß von vorn bis hinten dreimal und was du abwischest, sammel in einer Schüssel und tu das dann in einen eisernen Topf. Und dann nimm einen eisern Keil, stoß das Gemülchen (?) mit und sprich: 'nun will ich treffen den, der mir schaden tut, in der drei Fürsten Namen, so alle Zauberer und Zauberinnen zu gebieten haben'.[78] ,

Ein Bienensegen lautet:

»Liebe Bienenmutter bleibe hier!
Ich will dir geben ein neues Haus,
Darin sollst du bauen Honig und Wachs,
Damit alle Kirchen und Klöster gezieret werden,
Im Namen Gottes des Vaters... usw.

Gebet zur Austreibung aller Malefiz und Angriffen von Hexen

»Ich beschwöre euch, ihr himmlischen Geister, und alles von Hexen und dem Bösen verrusachte oder versuchte Übel, also gleich nachzulassen durch die Namen der heiligen Dreifaltigkeit; Vater, Sohn und heiliger Geist, der seligsten Jungfrau Maria und des ganzen himmlischen Chores, daß ihr also ablasset von meiner Milch (Butter), durch das allkräftige Weihwasser, durch das am Tag der heiligen drei Könige, die das Kindlein besuchten, geweihtes Salz, und durch diese Bröcklein Brot, als der Haab-Gottes, verbiete ich euch, mit weder zu schaden oder nachzusetzen. Durch Jesus Christum unsern Herrn, der du lebst und regierst von Ewigkeit zu Ewigkeit Amen«. Dieses Rezept kostete drei Gulden und einen wohlgeräucherten Schinken.[79]

Rezept für Behexte

Das Rezept ist interessant, weil es von Abt Trithemius stammt. »Der Behexte legt eine Generalbeichte ab und empfängt das heilige Abendmahl, entweder in der Kirche oder in seinem Hause, wo dann der Priester die Messe de S. Trinitate mit besonders eingelegten Gebeten auf einem Tragaltar ließt. Das Bad ist an einem verborgenen Ort in einer reinen Badewanne mit Flußwasser herzurichten. In das sind Weihwasser, geweihtes Wachs und Salz, geweihte Asche, Palmen, Friedhofserde und allerlei Kräuter zu tun. Der Mann steigt nackt in die Wanne, das Weib mit einem Hemde angetan, worauf der Priester die Wanne unten, in der Mitte und oben je mit einer dreifachen Lichtmeßkerze beklebt. Sodann bereitet er aus Weihwasser, geweihtem Salz und einem zurückbehaltenen Teile der Friedhofserde einen Teig und bindet denselben unter Gebet dem Kranken auf den leidenden Körperteil. Der Behexte ruft dann göttliche Hilfe, während der Priester verschiedene Beschwörungen über ihm spricht... Hierauf weiht er für den Kranken einen Wein, stellt aus 38 Pulvern das sog. Wachs in der Form eines Kreuzchens her, schließt dasselbe in eine Nußschale, welche er in ein Tuch einnäht und das er dem Behexten um den Hals hängt.

Dieses Bad hat der Kranke neun Tage hintereinander zu gebrauchen... außerdem hat er morgens und abends das Pulver des Eremiten Pelagius in warmen Wein oder Brot zu nehmen und sich dabei vor jeder Sünde zu hüten. Ist nach Ablauf der neun Tage der Kranke gesund geworden, so wird er in die Kirche geführt, um Gott zu danken. Ist aber nach neun Tagen der Zauber nicht gehoben, so muß dafür Sorge getragen werden, daß fromme Leute Fasten, Beten, Almosen geben, sowie neun Tage lang für den Behexten Messe gelesen wird. Bleibt der Zauber immer noch, so muß die Wohnung gewechselt und die Beschwörungen wiederholt werden«.[80]

Johann Geiler von Kaysersberg vertritt in seiner Predigt am Donnerstag nach Okuli 1508 die vernünftige Ansicht: »Du sollst lieber kranck seyn, dann mit Zauberey gesund werden; dann der Teufel müßte dich selbst gesund machen, so solst du des Teufels müssig gehen, das ist, wider die Menschen, die zu den Teufels-Beschwerern (einem Kälber-Arzte, oder dem Schinder) laufen, wenn die sie Krancke haben, oder etwas verliehren; Gott gebe, sprechen sie, wer mir hilft. Das soll nicht seyn...«!

Allgemeines zum Hexenbanner

Der Hexenbanner muß freilich ein Pfarrer sein. Besonders in ländlichen Gebieten finden wir ihn als Schäfer oder Viehdoktor. Er zeigt das Hexenbild und sticht in's Wasser. Nachher läuft dem Hexer ein Auge aus, oder er zeigt eine Verwundung. Der Hexenbanner nimmt, um den Hexer zu erkennen, einen Erdspiegel. Der Spiegel, der mit Figuren versehen ist, wird drei Tage an einem Kreuzweg vergraben; dann wird er hervorgeholt, und man läßt dann einen Hund hineinsehen, da der erste, der in ihn hineinsieht, sterben muß. Daraufhin sieht der Hexenbanner hinein. Diejenige Unglücksperson, die zu einer bestimmten bezeichneten Frist als erste Borgerin kommt, gilt als Hexe. Es konnte nicht ausbleiben, daß raffinierte Leute die Dummen zu betrügen suchen. Auffallend ist in allen Epochen unserer Geschichte das Verhalten der Bevölkerung: wer ist der Dümmere, der Betrüger oder die Betrogenen?

Die Augsburger Wahrsagerin

1567 kommt eine alte Wahrsagerin nach Augsburg, sie gibt vor, aus dem Geschlecht der fränkischen Freiherrn von Wolfstein abzustammen. Sie sagt, sie kann verlorene Sachen wiederbringen und hat demzufolge einen ungeheuren Zulauf. Als sie sich in der Stadt nicht mehr sicher fühlt, siedelt sie nach dem benachbarten Lautershofen. Innerhalb eines Jahres soll sie an 100 000 fl. 'erpraktiziert' haben. Schließlich wird sie vom Landvogt verhaftet und in Burgau gefoltert. Hier ergibt sich, daß sie 'weder mit Schwarzkunst noch einiger Zauberei der Hexen', sondern mit lauter Lügen, Nasendrehen und Betrug gewirkt hat. Sie muß die Hälfte des Geldes zur Strafe erlegen und wird auf ewige Zeit des Landes bis jenseits des Rheins verwiesen.[81]

Das sakrilegische Weib aus Landshut (1417)

Aus Bayern ist ein geistliches Gerichtsverfahren gegen eine Landshuterin vom Jahr 1417 überliefert. Es handelt sich eher um Zauberei, Wahrsagen oder abergläubische Heilkünste, als um Hexerei. »Am 6. April 1417 schreibt der Dekan Hilprand, Domherr zu Freising und geistlicher Vikar des Bischofs Hermann, an die Pfarrer von St. Martin und Jodok in Landshut: 'nachdem er durch ein Schreiben der Bürgermeister und Räte von Landshut von einem 'sakrilegischen Wibe' daselbst vernommen, befiehlt er den Pfarrern unter Berufung auf die Aussprüche des heil. Augustus und des heil. Gregor, die sich auf die Ausrottung der Zauberei beziehen, im Einvernehmen mit den Stadtbehörden dieses schändliche Weib zu belehren und sie dahin zu bringen, daß es von seinen Irrtümern abstehe und sie öffentlich beschwöre. Überdies solle man ihr zwei Jahre Kirchenbuße auferlegen; an bestimmten Tagen hat sie in Gegenwart einer größeren Volksmenge, mit geschorenem Haupthaar und entblößtem Oberkörper, auf dem Kirchhof zu stehen. Bessert sie sich nicht, so trifft sie Exkomikation, Auspeitschen und Ausweisung aus Landhut und dem Sprengel Freising. Den Pfarrkindern soll es öffentlich verkündet und ihnen der weitere Verkehr mit der Frau untersagt werden«.[82]

Küferin aus Todtnau

Das Verfahren betrifft die wohlhabende und angesehene 'Doktorbäuerin' Bela Küferin im Tal Todtnau, die sich bei ihren Kuren abergläubischer Mittel bedient. Vom bischöflichen Ordinariat von Konstanz wird ihr eine recht milde Strafe: Abschwören und eine milde Kirchenbuße; Vorantragen des Kreuzes bei der Prozession, auferlegt. Sie ist nicht zu belehren und treibt ihre Geschäfte weiter. 1444 erläßt man neue Mandate. Sie wird aufgefordert, sich absolvieren zu lassen, den Parochianen wird verboten, sie zu konsultieren oder Arzneien von ihr zu begehren.[83]

Prozeß Elisabeth Lutter

Vor dem Frankfurter Gericht findet 1601 eine Gerichtsverhandlung gegen Elisabeth, Kaspar Lutters Hausfrau, statt... im ersten Verhör wird die Anzeige von zwei Bürgern verlesen, die sie wegen Diebstahl beschuldigen. Wichtig sind die Vergehen, die sie als Hexe und Wahrsagerin begangen hat. Sie hat vorgegeben, sie könne gestohlene Sachen in den Gläsern sehen. »Ob sie nicht auch etlichen Bürgern, Weibern und Männern, an ihrem Schaden hatte helfen wollen!« Antwort: »Es seien etliche zu ihr gelaufen gekommen, die sie um Rat gefragt, denen hätte sie helfen wollen. Den Rat hätte sie bei Gott eingeholt. Es geschehe ihr unrecht, wenn man sie der Zauberei anklage. Sie habe ja alles nur aus Armut getan und geglaubt, dabei etwas verdienen zu können... (allerdings)... vielleicht habe sie etwas zu viel getan... sei mit dem Maul zuweit herausgefahren«.[84]

Sie wird daraufhin entlassen, kommt aber 1605 wieder vor die Schranken des Gerichts. Sie wird 'ihrer bösen Tat und Hexerei halben' eingezogen. »Sei in ihrem bösen Werk fortgefahren, ja die Leut auch unterstanden zu betrügen«. Sie gibt lediglich zu, daß sie Frau Martha gelernt habe, mit Kräutersieden umzugehen. Weiter wolle sie nichts bekennen und wehre sich entschieden gegen Beschuldigungen. Dorfleute kämen allerdings oft zu ihr, um Tränke abzuholen.

»Die Frau vom Eichenhof hab ihr zwo Mägde zugeschickt und ihr verstehen geben, es seyen Ungeheuer und Gespenst im Haus, ob sie nit wissen könne, wo sie wären. Darauf hab sie ihr etliche Kräuter und zartes Eppich gegeben, dasselbig an den Ort, da das Ungeheuer sei, zu legen. Die Frau hab auch noch nach einem Mann gefragt, welcher fürgegeben, es liege ein feuriger Drach an dem Ort, sey ein Schatz daselbst verborgen«.

Jetzt droht man ihr mit dem Stöcker (Stockmeister) und den Beinschrauben 'aber sie bekennet nit'. Schließlich wird sie aus der Stadt verwiesen.

Gertraud Wallers

1609 steht Gertraud, Hanns Wallers Hausfrau, wegen Wahrsagerei und Zauberei vor den Schranken des Gerichtes. Ihre Spezialität ist das Segensprechen, um verlorene Dinge wiederzufinden oder um Gebrechen zu heilen... damit hätte sie gute Erfolge gehabt. »Sie könnt in einer Viertelstunde mehr verdienen wie ihr Mann mit Betteln an einem ganzen Tag erobere«. Zu ihrer Entschuldigung führt sie an: »daß die Bembel Ann zu Sachsenhausen und Endreß, des Bettelvogts Tochter, auch die Leut zu segnen pflege«. Der Rat macht kurzen Prozeß. Sie wird am folgenden Tag 'getriebenen Segens und beschuldigter Zauberei halben wider der Haft entledigt und ihr innerhalb 14 Tagen ehrbaren Rats Gebieth zu räumen' befohlen.[85]

Neujahrs-Grußkarte von Hans Baldung Grien (1514). Dargestellt sind drei Hexen in charakteristischen Bewegungen vom Sturmwind umweht: eine fungiert als Leuchter, die andere hält einen flammenschlagenen Topf in die Höhe (wohl um Wetter zu machen; vergl. Titelbild auf dem Buchdeckel). Möglicherweise eine perspektifische Studie (?).

Das ungesegnete Ehebett

Im August 1783 bekommt eine Metzgersfrau in Günzburg, einer kleinen Stadt in der Nähe der Markgrafschaft Burgau in Schwäbisch Österreich 'einige Tage nach ihrer Niederkunft so heftige Mutterschmerzen, daß sie darüber in eine Art Raserei fällt. Sie schlägt nach jedem, der sich ihr naht, und rauft einem Kapuziner eine Hand voll Haare aus dem Bart'. Er erkennt 'sogleich' aus der Lüsternheit, daß es nicht Mutterwehen, sondern ein böser Geist ist, der in ihr wütet. Zur Zeit von einer Stunde ist das Gerücht im Städtchen verbreitet, was selbst der Stadtdechant bestätigt. Ein Kapuziner, der im Ruf eines Geisterbanners steht, wird herbeigerufen. Auf Befehl des Hochwürdigen müssen die Betten, worauf die Kranke liegt, aufgeschnitten und die Federn untersucht werden, ob keine Haare oder Zwirn, oder sonst etwas der Hexerei ähnliches verborgen sei. Der brave Metzger hatte bei seiner Hochzeit nämlich nicht das Ehebett einsegnen lassen.

»Denn wenn in jener Gegend eine Hochzeit gehalten wird, so kommen am Abend des Beilagers zwei Kapuziner und segnen das Ehebett ein, indem sie Stückchen von Wachs in den Ecken der Bettstatt anbringen. Schließlich heißt es (In diesem Fall) '...es sei dies ein Teufel von der ersten Klasse, dem nur Pater Ulrich aus Elchingen (Benediktinerabtei)... gewachsen sei'«.

Dieser hat eine für sich abgeschlossene Wohnung und eine Weibsperson bei sich, die die größte Plaudertasche des ganzen Landes ist, aber im Rufe der Frömmigkeit steht. Diese verkaufte auf Anordnung des Prinzipals dem leichtgläubigen Volk Öl und Kräuter als hochgeweiht (das war die Ulrichs-Bärbel). Dahin wird nun die Kranke gebracht... und nach einem zwanzigstündigen Aufenthalt und bezahlter Gebühr kommt sie, wie leicht zu erachten, kränker zurück. Jene Abtei steht seit 70 Jahren in dem Ruf, die größten Teufelsbanner in ganz Schwaben zu besitzen... es ziehen Menschen aus allen Städten dahin... welches Gewerbe dem Prälaten jährlich über 1000 Taler einbringen soll.[86]

Die listige Landstreicherin

Eine Landstreicherin kommt in das Dorf Opfell bei Schlackenwalde in Böhmen und sieht auf einem Bauernhof ein schwarzes Huhn mit einem weißen Kringel um den Hals, und einem weißen Kreuz am Rücken. Sie ruft dem Bauer zu: »Ach, lieber Alter, verkauft mir das Huhn, oder wenigstens ein Ei davon. Ich gebe euch einen Gulden für ein Ei. Ich habe schon viele Jahre nach einem solchen Fund getrachtet«. Ein Gulden für ein Ei, dachte der Mann, und so hatte die

Spitzbübin ihn im Sacke. Sie ließ sich lange schmeicheln und bitten, ehe sie das Geheimnis auskramte, daß neben einem solchen Ei aus jedem untergelegten Gulden 100 fl. ausgebrütet würden. Der einfältige Mann glaubt es und beredet seine Nachbarn... so daß schließlich 60 Gulden zusammenkommen. »Nun fehlt nur noch ein Mensch, der neun Tage sitzen und brüten will«, sagt das Weib. Und auch das findet sich. Es wird ein Nest in einer Kammer zurecht gemacht, die 60 Gulden werden darauf gelegt und mit Stroh bedeckt. Das Ei mußte der Brütende, den man ganz in Betten einhüllte, unter die Achsel nehmen. So saß er drei Tage, ließ es sich gut gehen und brütete, was er wußte und konnte. Die ganze Gemeinde war begierig zu sehen, wie die jungen Gulden, wie die Kücklein, picken und auskommen würden. Am dritten Tag sprach die Tausendkünstlerin, es fehlen ihr noch allerhand Sachen zu dem Kunststück, die sie bei ihrem Vetter, dem Kapuziner, holen müßte: ehe drei Tage vergehen, komme sie zurück... sie geht, nachdem sie vorher das Nest nochmals in Ordnung gebracht hat. Als sie nach drei Tagen ausbleibt, durchsucht man das Nest und findet statt der 60 Gulden lauter Scherben... diese Geschichte lehrt, daß boshafte Klugheit noch gefährlicher als Dummheit ist.[87]

Handel mit Erd- und Glücksmännchen

Unter einem Verzeichnis Philipp des Großmütigen befindet sich u.a. ein Jacob Grunnings von Rittmannshausen (?), der angeklagt ist, mit einem Erdmännchen umgegangen und damit viele Betrügereien begangen zu haben.[88] 1676 wird Georg Merkel aus Abterode bei Allendorf gefänglich eingezogen. Er hat, wie der Pfarrer an die Regierung berichtet, sich die Dummheit der Leute zunutze gemacht und mit Glücksmännchen einen schwunghaften Handel getrieben. Im Grund genommen ist das nichts anderes, als eine Verballhornung des Reliquienkultes. 1560 wird ein Wahrsager und Schatzgräber Pfaffhans, Hans Zynner genannt, und von seinen Söhnen Moritz und Kleinhenn berichtet.

Der Henker von Passau als »Festmacher«

»Im 30jährigen Krieg erlangt der Henker von Passau einen großen Ruf als 'Festmacher'. Besonders die Soldaten des Erzherzogs Matthias, die 'Passauer Henkerzettel' gegessen hatten, sind gut weggekommen. Als nämlich 1611 ein Heer in Sachsen des Passauer Bischofs gegen Matthias und die böhmischen Stände zieht, verkauft der Passauer Henker, Kaspar Neithardt den Soldaten talergroße, mit Zeichen und Figuren bemalte Zettel, die von ihnen als Amulette getragen werden und die ihnen den Glauben an die Unverletzlichkeit geben.[89]

Ein Husar, weil er im Vertrauen dessen, was er bei sich trug, und wodurch er gegen Kugeln und Säbel unverletzlich fest zu sein glaubte, behauptet auch gegen einen Schmied, daß sein Körper undurchdringlich sei, und fordert diesen keck auf, die Probe zu machen, wobei er den Finger auf den Amboß legte. Der Schmied tat den Hieb, der Finger fliegt mit einem Schlage weg, und mit ihm der Glaube des Husaren an die Kunst, den Körper fest zu machen«.[90]

Sigilla solis, Sigilla signorum

Amulette für die verschiedenen Zwecke verbreiten sich ab dem frühen 16. Jahrhundert immer mehr. Besonders durch Thurneysser, der für alle Stände, vom Kaiser bis zum Bauern, Talismane verfertigt. Seine Sigilla solis tragen auf der einen Seite Jupiter, auf der Rückseite einen Abacus, in dessen 16 Feldern Zahlen stehen, die, in alle Richtungen addiert, 34 ergeben. Außerdem verfertigt er Sigilla der Planeten, aller Häuser des Tierkreizes, die Sigilla signorum. Auch heute werden Millionen Amulette mit Tierkreiszeichen und Anhängerchen dem leichtgläubigen Volk verkauft.

»Ein preußischer Soldat will sich mit der Hilfe des Teufels unsichtbar, Schuß- und Hiebfest machen. Außerdem will er glücklich spielen und zu dem Ende ein Bündnis mit dem Teufel eingehen. Er setzt eine Schrift auf, in der er sich dem Teufel verschreibt und die er mit seinem Nasenblut unterschreibt. Auf den Rand setzt er die Bitte, der Teufel solle ihm bald einen Gesandten schicken, von welchem er das Nötige lernen könne. Diese Schrift will er eines Samstags nachts an einen Kreuzweg tragen, um sie in die Hände des Teufels zu bringen; ehe er es ausführen kann, findet man das Schriftstück bei ihm. Deshalb wird ihm der Prozeß gemacht, der zu seiner Hinrichtung führt«.[91]

Eine Variante des Schußfestmachens ist das Einnähen von geweihten Hostien in den Arm.

Der magische Freischuß

Ist eine Variante des Festmachens. Man meint damit die Kunst, auf weite Entfernungen hin sicher zu treffen. Gockel berichtet: »Es pflegt auch mehrgedachtes Teufelsgesind die Leut durch Geschoß zu verletzen und zu beschädigen, von welchem viel zu sagen wäre; denn man hat erfahren, daß ein Mensch einen anderen über 600 Meilen Wegs erschossen hat; wie es auch einmal zu Paris geschehen ist, daß ein Ehemann über das Meer wegen seines Weibes, zu deren ein anderer große Liebe trug, ermordet worden«.

Die Länge Christi

»... der katholische Pöbel trägt die Länge Christi, um gegen den Schuß sicher zu sein. Die Länge ist ein elendes Gebet, in ein Tuch von fünferlei Farben eingewickelt, welches, wenn es auf dem blosen Leib getragen wird, dem Träger nicht nur die Festigkeit und Unverletzlichkeit gewähren, sondern ihm auch, er mag sterben, wie er will, die Seeligkeit verschaffen soll. Es ist ein Papier eine Hand breit und fünf Fuß lang; denn so groß soll Jesus gewesen sein. Man will sie 1655 zu Jerusalem bei dem heil. Grab gefunden haben. Papst Clemens VIII. soll nicht nur diese Nachricht, die auf diesem Papier gedruckt stehen, und die für die Anbetung verliehenen Gnaden für gut geheißen und bestätigt haben.

Den 3. Juni 1790 auf das Fronleichnamsfest der Katholiken wurde ein Bischöflich-Straßburgischer Untertan, der auf Wildschießen ausgegangen war, von einem Markgräflich-Baden'schen Freijäger erschossen.[92] Man fand bei der Leiche die beschriebene Länge Christi mit folgenden Worten: »gelobet sei der allerheiligste Name Jesus, und seine heil. Länge in Ewigkeit. Amen.

Der Teufel zu Fuß und Pferd jagt mit seinen Hunden. Interessant sind hier seine gezahnten Flügel, die möglicherweise das Drachenhafte und Dämonische weiter unterstreichen sollen. Selbst die Tiere flüchten hinter den schützenden Zaun. »Der Teufel als Jäger«. Holzschnitt aus Syriakus Spangenberg. Der Jagdteufel. Eisleben 1561.

Folterkammer im 16. Jht. Im Vordergrund wird ein Liegender gestreckt und erfährt dabei die Wasserprobe. Rechts im Hintergrund das Strecken mit einem angehängtem Stein. Links der sog. »eiserne Stier«, in dessen Hohlraum der Delinquent langsam zu Tode gequält wird. Der Stier wird von unten glühend gemacht, was mit unerträglichen Schmerzen verbunden sein muß.

Aberglaube und Medizin

Der Einfluß der Ärzte des Mittelalters - weit darüber hinaus - beschränkt sich auf Sanitätsstellen, chirurgische Maßnahmen und Ordinationen. Die philosophierenden Ärzte verrennen sich in ihren Definitionen und kanonischen Auslegungen des Hippokrates (Körpersäfte) und den Vorstellungen von Galenus. Die medizinische Fakultät von Paris gibt ein Gutachten über die Entstehung des Schwarzen Todes ab. Ursache wird in aufsteigenden Dämpfen, Strahlen der Sonne und der Wärme des himmlischen Feuers vermutet. »...Der Dampf verbreitet sich in viele Weltgegenden und hüllt in Nebel ein...wir sind des Dafürhaltens, daß die Gestirne mit Hilfe der Natur sich bestreben, durch göttliche Macht das Menschengeschlecht zu schützen und zu heilen«.

Später treten nüchterne und sachliche Beobachtungen an die Stelle von Spekulationen. Die Mediziner des 16. und 17. Jahrhunderts sind genauso vom Zauber- und Dämonenglauben eingenommen wie die Juristen und Theologen: wie alle Schichten und Grade der Bevölkerung. 1579 veranlassen die Danziger Stadtphysiker Schade und Fiedler die Ausweisung eines fremden Arztes, weil er mit dem Teufel umgeht und ein Tausendkünstler ist; **Alchemie und Astrologie spielen im Leben und Handeln der Gebildeten eine maßgebliche Rolle.**[93] Die Ärzte nehmen neben den Theologen die wichtigste Bedeutung ein: Pfarrer versorgen die Seelen (sie geben es vor) und die Ärzte versorgen den Körper. Lange Zeit schwebt zwischen ihnen das Damoklesschwert des Dämonenglaubens.

Im Bereich zwischen Medizin und Aberglauben entstehen interessante Formen menschlichen Denkens und Handelns.

Aureolus Philippus Theophrastus Bombast von Hohenheim, Pompanatius

»Paracelsus, der mit ganz außerordentlicher Energie, mit hohem Genius und einem guten Teil von Exentrität ausgestattete merkwürdige Mann lebt in einem Zeitalter, wo die Arzneikunde in einem leeren scholastischen Jargon versunken ist und die galenischen Doktoren prahlerische Schwätzer und Pfuscher geworden sind«. Er versucht, dieser Entartung entgegenzuwirken und die Medizin, der er sich vorzugsweise widmet, auf eine andere Basis und wissenschaftliche Beobachtung zu stellen.

Paracelsus ist 1493 in einem kleinen Dorf bei Zürich geboren. Mit 16 Jahren bezieht er die Universität von Basel. Später kommt er mit dem Abt Tritheim in

Apotheke. Holzschnitt aus Hieronymus Brunswig. Das Apothekerbuch. Straßburg, 1500.

Würzburg in Kontakt, der ihn in seine geheimen Wissenschaften einweiht. Möglicherweise wird er auf dessen Empfehlung in das Laboratorium des Fugger aufgenommen. Jetzt schließen sich ausgedehnte Reisen an. Mit 32 Jahren kehrt Paracelsus nach Deutschland zurück und etabliert sich als Arzt. Er hält Vorlesungen in deutscher Sprache und verbrennt die Schriften der 'alten' Ärzte öffentlich. 1526 ist er Professor der Medizin in Basel. Andere Ärzte werfen ihm Scharlatanerie vor, er muß 1528 Basel verlassen. Er zieht in Deutschland umher. 1541 wird er vom Bischof nach Salzburg gerufen und hier im gleichen Jahr auf Veranlassung feindlich gesinnter Mönche ermordet.

Petrus Pompanatius kann als Zeitgenosse des Paracelsus gelten. Er ist 1462 in Mantua geboren. Er schreibt mehrere Werke, so 'De Incantationibus' und sucht zu zeigen, daß Magie, Zauberei und Hexerei durch natürliche, noch nicht entdeckte Ursachen veranlaßt und nicht zu Unrecht dämonischer Wirksamkeit zugeschrieben wird.

Paracelsus erkennt frühzeitig, wie die Galeniker mit ihren Aderlässen, Abführ- und Brechmitteln so wenig erfolgreich bei der Kur von Krankheiten sind und von den rohesten und ungebildetsten Bartscheerern übertroffen werden. Deshalb wirft er diese Methoden beiseite und studiert die Arzneikunde nach einer anderen Methode.

Magische Medizin

Paracelsus hält das Weltgebäude für magnetisch... er spricht von magnetischer Kraft, Geheimnissen, Einwirkungen anderer Menschen auf den Willen: »Die Magika ist eine große verborgene Weisheit, **so die Vernunft eine öffentliche große Torheit ist**«.[94] Der Mensch besteht aus Seele und Geist: »Der Geist ist nicht die Seel, sondern wenn es möglich wäre, so wäre der Geist der Seel, wie die Seele des Leibes Geist ist«. Man wahrsagt aus den Elementen »den Geistern, die in den Elementen wohnen und ist kund alles, was in der Natur möglich ist zu erfahren, das ist, wie der Mensch enden wird, item alles Glück und Unglück«. Die vier Geschlechter der Geisteskranken sind nicht von Geistern oder Teufeln besessen, wie darüber viele klappern; denn der Teufel und seine Gesellschaft gehen in keinen unbesinnten Körper, der nicht nach seiner ganzen Eigenschaft mit ganzer Vernunft regiert wird. Paracelsus glaubt an nächtliche Zusammenkünfte der Hexen, an zauberische Krankheiten und zauberische Gewitter. Er hält die Hexen für schädliche Leute, vor denen er, dem sie übelwollen, sich in keiner Weise schützen könne und ’es sei nicht unbillig und nicht unrecht, daß man sie und alle Zauberer mit dem Feuer hinrichtet«.

Der Nachfolger und Erweiterer der Lehre von Paracelsus wird Baptista von Helmont, ein brabanter Arzt. Er muß als Begründer der iatrometischen Schule angesehen werden. Helmont wird 1577 in Brüssel geboren und stirbt 1644.

Johann Weyer

Weyer hat während seiner Tätigkeit am herzoglichen Hof von Wilhelm IV., Herzog der bergisch-jülich-cleve’schen Lande, Gelegenheit der damals auf Veranlassung geistlicher Orden dringende Klage über den Hexenunfug erhoben und die Gefängnisse von Düsseldorf belegt waren. Hier kann er Beschuldigte sehen und ihren Zustand prüfen. Er beobachtet Verhaftete und erklärt sie bald für unschuldig, krank, irrsinnig oder höchst beklagenswerte Menschen. Er erreicht, daß sie entlassen und einer ärztlichen Behandlung übergeben werden. Erst dann tritt Weyer als Schriftsteller gegen den Hexenglauben auf.

Das wird ihm zum Verhängnis. Man bezeichnet ihn als Leugner und Inhaber übernatürlicher Kräfte, man legt ihm zauberische Umtriebe zur Last... mit denen er den Verstand seines Fürsten verwirrt haben soll. Er weicht aus seiner zweiten Heimat und nimmt Zuflucht beim Fürst Bernheim in Tecklenburg. Hier lebt er von 1564 bis 1588 als Arzt und Schriftsteller.

Weyer nimmt dennoch eine Vorrangstellung ein: einmal spricht er sich eindeutig gegen den Hexenhammer aus, zum andern löst sein Buch einen Sturm der Entrüstung aus. Es ist innerhalb weniger Monate vergriffen und erreicht in 20 Jahren 6 Auflagen. Die Praestigia wird 1570 auf Befehl des Herzogs Alba gedruckten Appendix zum sog. Trienter Index verboten. Einen unmittelbaren Einfluß auf eine Einschränkung in der Verfolgung von Hexen scheint er lediglich auf Herzog Wilhelm von Cleve erreicht zu haben.

Nach Weyer’s Meinung sind die Hexenfahrten ’Hirngespinste melancholischer Weiber, denen der Dachstuhl verrückt ist’.[95] Er bekennt sich zu einem ausgebildeten Dämonenglaube. Er glaubt mit Augustinus, daß die heidnischen Götter Teufel sind. Der Teufel kann ohne göttliche Zustimmung nichts erreichen. Er bestreitet, daß die Dämonen die Fähigkeit haben, etwas zu erschaffen und zu verwandeln, und Tote zu erwecken. Für ihn gibt es zwei getrennte Gruppen: die Zauberer und Schwarzkünstler, die mit Hilfe der bösen Geister die Menschen ’hinters Licht’ führen, und dadurch die edle Medizin beflecken. Und diejenigen, die mit Vorbedacht die Hilfe der Dämonen in Anspruch nehmen. Sie hält er für strafwürdig und nennt sie ’Magi infames’ (Schwarzkünstler), Lumpen, Betrüger und Abenteurer. Sie haben mit den Hexen nichts zu tun.

Weyer kritisiert seine Standesgenossen: »Auch die unwissenden und ungeschickten Ärzte schieben alle Krankheiten, die unheilbar sind oder deren Heilung sie versehen (versäumt) haben, der Hexerei in die Schuhe. Sie reden wie die Blinden von der Farbe. So bedecken sie, wie rohe Chirurgen in ihren Pfuschereien, die Unkenntnis in unserer heiligen Kunst mit dem Vorspiegeln zaubernder Übeltäter, doch sie selbst sind die wahren. Dahin gehören auch die Windbeutel aus der Schule des Theophrastus Paracelsus. In ähnlicher Weise schimpft er über Theologen und Juristen.

Ricardus, Christian Fromann

Nach der Auffassung des Arztes Ricardus versteht der Satan seine Gestalt zu wechseln und den ihnen verbündeten Hexen nach Anwendung von Salben und anderen Vorbereitungen, bald als Incubus, bald als Succubus zu dienen; dabei ahmt er alle religiösen Gebräuche nach.[96] Die Frauen sind ihm am zahlreichsten ergeben, weil sie in der Untreue und Gottlosigkeit am weitesten fortgeschritten sind. Er verlegt den Aufenthalt der Gespenster in die die Erde umgebenden Luftschichten. Er redet von Liebestränken, Nestelknüpfen, Besessenen, über Hexen, die in der Gestalt von ungewöhnlichen Vögeln ihr Unwesen treiben.

Dr. Christian Fromann ist der Verfasser des 'Tractatus de fascinatione novus et singularis... Nürnberg, 1657'. Darin stellt er einen ganzen Katalog von Arzneimitteln gegen die Zauberei zusammen. Becker in seiner 'Wacholder-Apothek', (pag. 511) empfiehlt den Wacholder, um Zaubereien zu vertreiben mit den Worten: »Conradus schreibt in seiner Medulla (pag.463), daß er für allerlei zauberische Einschüsse, Schäden und Zustände bei den zauberisch empfangenen Giften, wo sich am Leibe Schmerzen erzeigen, denselben Ort mit St. Johannisöl schmiere, und Wacholderbeere zu einem Muß stoße, oder, so sie dürre, im Wasser siede und darüber lege, und auf 24 Stunden ungefähr darüber liegen lasse. Und wo zauberische Beulen aufwachsen, so soll man Wacholder - Saltz, und zweimal so schwer gebratene Zwiebeln zusammen und untereinander stoßen und auf ein leinen Tüchlein gestrichen über den Schaden legen. Daneben soll auch der Patient von Wacholderbeer - Körnlein, St. Johanniskraut oder Wolgemuth trinken.

Fromann räumt dem Satan einen wichtigen Platz ein und teilt ansonsten die abergläubischen Vorstellungen über Wettermachen, Verbringen von Getreide, Milch und Fleisch, von Incubus und Succuben, Nestelknüpfen, Wechselbälgern, Luftfahrten, dem Einflößen von Haß und Liebe, Zu- und Abneigung unter Eheleuten usw. Er bezweifelt nicht, daß man sich mit der Hilfe des Teufels Hieb- und Schußfest machen kann. Nach ihm ist der Teufel der Affe Gottes und der größte Menschenfeind.

Decker, Paullini, Robert Fludd

Dr. Johann Heinrich Decker behandelt in sieben Kapiteln die Existenz, das Wesen, die Qualität, den Aufenthalt und die Erscheinungsweise der Gespenster.[97] Paullini empfiehlt in seiner 'Heilsamen Dreckapotheke' die Verwendung von Roßmist, Hundedreck, Kuhfladen, Taubendung und Menschenkot zur Heilung vieler Krankheiten. »Der Zauber der Hexe ist dadurch zu brechen, daß man den eigenen Kot und Haare über den Zaun der Hexe wirft und dabei spricht: »Hier habt ihr meinen Dreck und meine Haare - laßt mir meine Gesundheit und Ware«.

Der Londoner Arzt Robert Fludd (gest. 1637) leitet die Entstehung der Krankheiten von bösen Dämonen ab, gegen die ein gläubiger Arzt zu kämpfen hat. Der Rostocker Prof. Sebastian Wirding (gest. 1687) sieht

Schematische Darstellung eines Drudenfußes oder Pentagrammes; ein abergläubisches Zeichen, das noch heute verwendet wird.

zwei Arten von Geistern durch die Natur verbreitet, Sie befinden sich in den menschlichen Körpern und stehen mit den Luftgeistern in Verbindung. Durch ihren Einfluß werden sie regiert. Er gibt der Wärme, Kälte und Luft einen Geist und leitet die Krankheiten von zornigen und rachsüchtigen Geistern der Luft und des Firmaments ab.[98]

Eberhard Gockelino

In seinem Bericht 'von dem Beschreyen und Verzaubern' (1717) untersucht er vor allem die Krankheiten und Schäden, die daraus entstehen, wie man sich mittels eines anständigen Gebetes davor schützen 'oder mit deren darzu gehörigen besonderen Arztney - Mitteln curiren kann'. Er hat das Material in 42 Jahren zusammengetragen und beruft sich auf andere Ärzte. In gewissem Sinn ist sein Buch eine Sittenschilderung: es beleuchtet krass den Aberglauben und steht beispielhaft für ähnliche Schriften.[99]

527

Gockel ist vom Vorhandensein des Teufels überzeugt. »Das haben alle erfahren, es werden auch noch heutigen Tages die Menschen vom leidigen Teufel beschädigt, geplagt, gequält und gemartert, selbst um (ihre) Gesundheit, Leib und Leben gebracht... wie solches leider die tägliche Erfahrung zeigt«.

»Durch Gottes Verhängnis und durch die Kraft des Himmels und der Elemente werden das Wetter oder Ungewitter, Regen, Hagel, Strahl- und Donnerschläge erwecket. Manchmal beförderten die Teufel die Bewegung derselbigen Materialien. Sie treiben die zerstreuten Dünste in den Wolken zusammen, und wissen es dergestalten einzurichten, daß ein großes und ungestümes Ungewitter folgt, das sie zum Schaden und Verderben der Menschen, der Tiere, der Gebäude, auch zum Jammer, Elend und Verwüstung der Äcker und Feldfrüchte ausschlagen lassen«.[100]

»Die Krankheiten entstehen weniger durch Gift, sondern mehr durch Zaubern, Berufen, Beschreien, Nachsetzen... wozu sie allerhand zauberische Griffe und Stücklein gebrauchen. Solche Mittel sind auch zauberische Worte, geschriebene Zettel, Täfelchen, Wachsbilder, angehängte Säckchen, magische Ringe, schädliches Anhauchen, aus Haaren, Beinen, Menschenblut und Fett von ungetauften Kindern zubereitete Sachen und Vergiftungen«.

Seine Vorstellungen von der Krankheit

Gockel geht davon aus, daß man den Krankheiten, die einem der Teufel mit natürlichen Mitteln zufügt, andere Mittel entgegensetzt, um die Krankheit zu bestreiten und zu überwinden. Anderes Gespött und Spiegelfechten des Teufels solle man mit Verachtung abweisen. Man soll sein Vertrauen vor allem auf den lieben, getreuen und barmherzigen Gott 'durch wahres Gebet und ohne Unterlaß' bitten und anrufen, daß er dem Teufel kräftigen Widerstand tue, um seine Macht und Gewalt zu brechen.

»Es gibt gewisse melancholische Zustände, wo die Leute durch Vernebelung der Hirngeister, von der aufsteigenden schwarzen Galle und den Milzdünsten, falschen Einbildungen und allerhand Phantasien in dem Kopf haben, daß sie nichts anderes vermeinen, als sie da und dort wären, an fremden Orten, bei Mahlzeiten, daß sie Buhlschaft gepflogen oder den Leuten Schäden zugefügt, da sie doch nie von der Stelle gekommen. Und weil der 'Humor Melancholicus' ein Balneum & Lavacrum Satanae (Teufelsbad/Teufelspfütze)... darin er sich meisterlich zu tummeln pflegt, so ist er bei solchen traurigen und melancholischen Leuten, die er in geistige Anfechtungen versetzt, sehr geschäftig und macht ihnen so bange, daß sie entweder in Verzweiflung geraten, dem Strick, Messer oder Wasser zulaufen, und sich selber

um Leib und Leben zu bringen trachten... solche Leuten müssen durch geist- und leibliche Arztneimittel curirt und vor solchen schweren Lastern und Anfechtungen liberirt werden«.

»Von solchen Leuten findet man hin und wieder unterschiedliche Historien und Beispiele, daß sie unschuldig an Leib und Leben gestraft und verbrennt wurden. Eine andere Beschaffenheit hat es aber mit denjenigen, die sich bei gesundem Leib mutwillig und vorsätzlich dem Teufel ergeben und die ihren Neben-Menschen durch Zauberei oder Gift an der Gesundheit, an Leib und Leben zu tun sich unterstehen. Daher sie auch Venefici, Malefici oder Maleficai genannt werden (eine vergleichbare Auffassung vertritt Weyer 170 Jahre früher). Gockel beruft sich auf die C.C.C. & 34, 42 und 109 und fordert die Todesstrafe durch Verbrennen«.

Die Krankheiten werden vom Teufel und seinen Dienern durch natürliche Ursachen erweckt, wenn entweder böse Säfte und Feuchtigkeiten in dem Menschen gezeugt oder bewegt werden, so folgen große Schmerzen... oder sie verunreinigen die Hirn-Geister mit melancholischen und schwarzgallichten Feuchtigkeiten; oder sie berauben dem Menschen die Vernunft und des freien Willens... oder sie stellen dem Patienten allerhand falsche Einbildungen und Gestalten vor, sie bringen ihn zum Mißbrauch seiner natürlichen Anlagen und Zuneigungen, so daß er in Zauberei, Buhlerei und Unzucht verfällt.

Incantatio, Fascinatio

Die Incantatio oder Beschreiung ist eine äußerliche Ursache. Sie kann, sofern nicht eine innere Krankheit dazukommt, niemals eine Krankheit zu Wege bringen. »Wenn die Kinder berufen sind, dann sind sie blau um die Augen, schlafen nachts nicht, sie heulen und weinen. Dann nehme man Beerwinkel (das ist: Ingrün, Durant, Hypericon), lege es ins Bad und bade das Kind neunmal darin. Dann nehme Lindenmistel, Eibischholz, das auf einer Weide gewachsen, Ölkuchenwaben (?), damit räuchere das Kind Abends und Morgens, so wird ihm bald geholfen«.

Die Fascinatio oder Bezauberung ist die Ergießung eines giftigen Dampfes, von einem schädlichen Körper, der mit der Natur eines anderen nicht übereinkommt, durch welches andere menschliche Leiber und Geister, durch das Anschauen, neidische Affekte, schädliche Worte und Verfluchungen, durch giftige Zungen, durch bösen oder giftigen Atem, die Leiber verletzt, und ein Schwinden, ein Abnehmen und schließlich die Verschmachtung bringt.

Es kann aber auch Bezauberung durch bloses Berühren oder Betasten zu Wege gebracht werden, wie das Beispiel des Zitterfisches oder Schläferfisches (in La-

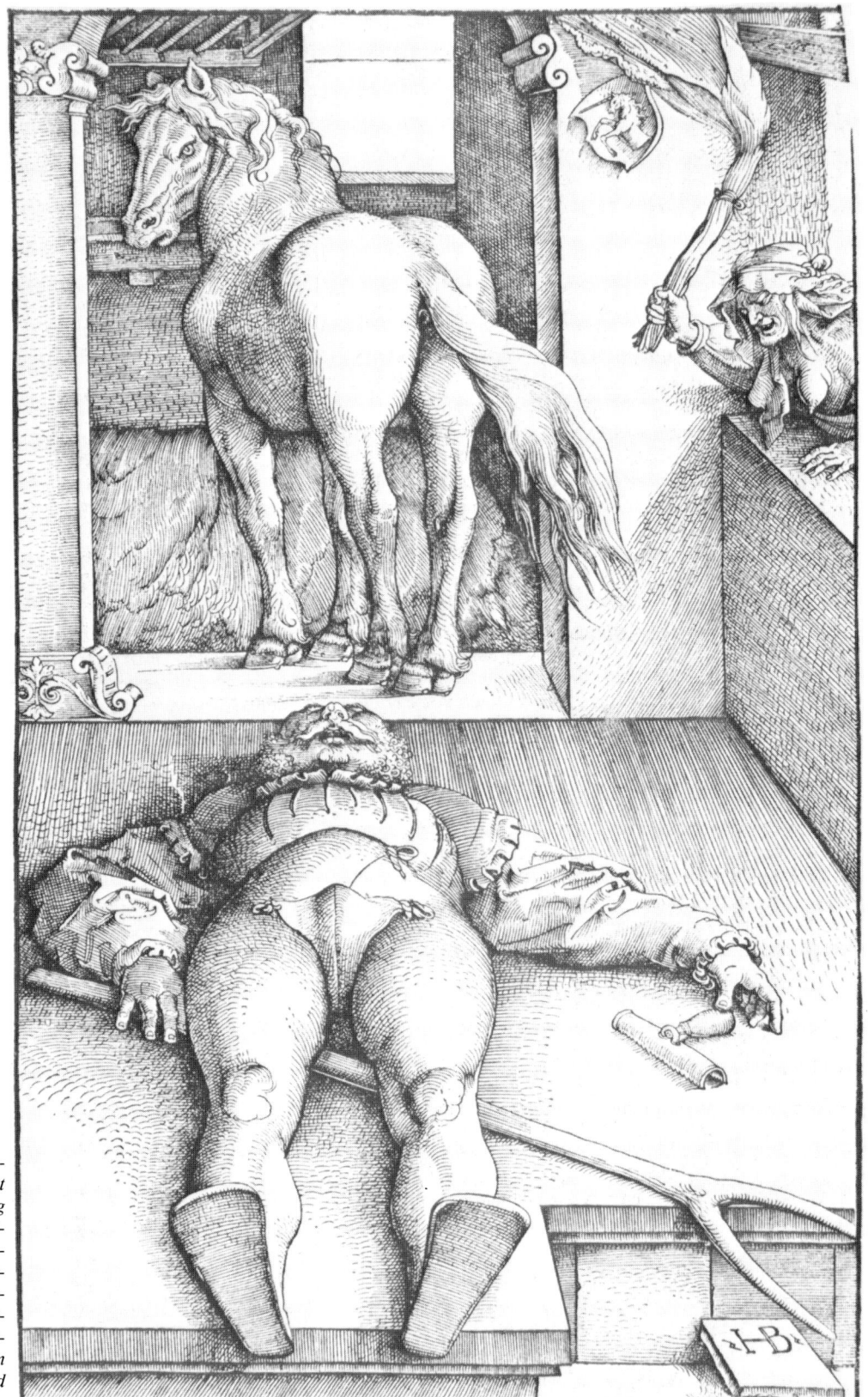

Der behexte Stallknecht. Holzschnitt von Hans Baldung Grien. Eine fackelschwingende Hexe betritt den Stall. Bemerkenswert sind die Ausarbeitung der Perspektive und die Bewegung, die von dem erschreckten Pferd ausgeht.

Erschaffung des ersten Menschenpaares nach der Auffassung der Kirche und der Sündenfall; symbolisierte Schlange. Eva wird aus der Rippe des Adam gemacht.

Der Teufel verfolgt einen geistlichen Würdenträger. Hinter ihm ein Gelehrter (?).

tein: Torpedo genannt) bezeugt, wenn er von einem Fischer mit einem Seil berührt wird, des Fischers Hand ganz einschläfert und unempfindlich macht. Andere geben der Bezauberung denen von den einbildenden und begierlichen Kraft der Seelen ausfließenden und ausschwandenden Dünsten die Schuld; andere beschuldigen giftige, ausrauchende und ansteckende Dämpfe... andere die Furcht oder des Teufels Bosheit, List und Betrug... andere schreiben dem Ausfluß der giftigen Augenstrahlen, der Zungen und Betastung und Berührung die Ursache des Verzaubern zu. »Der Teufel hat in diesen Dingen viel Erfahrung«.

Gockel empfiehlt als natürliche Mittel:

- Erbrechende Arzneien (weil mit dem Erbrechen allerhand böse Feuchtigkeiten und mit ihnen teuflische Zauberstücke ausgeworfen werden).
- Purgierende Stücke
- Harntreibende Sachen
- Kräuter, die gegen das Gift nützlich sind
- Salben

Erkennungsmerkmale der Zauberer

Unter Berufung auf Carrichter und Weyer bringt er eine Aufstellung, an welchen Merkmalen Zauberer zu erkennen sind:

- Wenn sie ohne erheblichen Grund (die Frauen) den Männern nicht beiwohnen wollen, oder wenn sie den ehelichen Beischlaf verweigern;
- wenn sie Donnerstag, Freitag und Samstag vor anderen Tagen feiern;
- wenn sie mit besonderen Mahlen (bes. unter den Achseln und an heimlichen Orten) gezeichnet sind;
- wenn sie krumme, verdrehte und seltsame Leiber und Glieder haben;
- wenn ihre Kinder auf die gleiche Weise gekennzeichnet sind (dahero das Sprüchwort kommt: »Hüte dich vor denen, die von der Natur gezeichnet sind«)
- wenn sie absonderliche und verdächtige Zeremonien verüben;
- wenn sie sich von der Gesellschaft zurückziehen, und sich gleichsam an einsamen Orten verstecken;

Aufenthalt im Paradies. Eva hat (bereits) die verfängliche Frucht angenommen und will sie Adam reichen. Frühes Motiv der Verführung des Mannes durch die Frau.

Vielleicht: die Verführung, bzw. die Entscheidung zwischen Gut und Böse. Auch: Darstellung eines Liebeszaubers.

Der »eheliche (?) Beischlaf«. Weit bis in das 16. Jht. hat man nackt geschlafen, wie das hier zu erkennen ist.

Geistliche verlassen ein Kloster. Im Hintergrund einige Untugenden (?); Geschlechtsverkehr (Unzucht) und Betrunkener (Völlerei).

- wenn sie begierig sind, die verbotenen Künste zu lernen;
- wenn sie mit anderem Zaubergesindel zusammenkommen und ständig mit ihnen umgehen;
- wenn sie ihren eigenen Männern nicht ins Gesicht sehen dürfen;
- wenn sie selten, wüst und unordentlich kochen;
- wenn sie Stirn und Angesicht nicht waschen und reinigen, das Haar nicht kämmen oder flechten, und den Leib unsauber halten;
- wenn sie ein säuisches und wüstes Leben führen;
- wenn sie sich in ihre Kammer sperren oder sich in ihrem weichen Bett aufhalten;
- wenn sie gottlos sind, nicht beten und wenn sie so ruchlos wie das dumme Vieh in den Tag hineinleben;
- wenn sie heimlich verdächtige Worte murmeln.

Gockel spricht nicht allein dieses vernichtende Urteil aus. Tartarotti sagt: »(sie) ...sind abgemagert, entstellt, mit stechenden Augen, voll gelber Gesichtsfarbe, sodaß man auf den ersten Blick ihr schwarzgallichtes und melancholisches Gemüt ansieht; sie sind

verschlossen, eigensinnig und hartnäckig in ihren Meinungen«.[101] Von Lichtenberg schreibt in dem Kapitel: »Wie man die Hexen erkennen soll: 'Die Zauberer schlügen ihre Augen unter die Winkel... die Weiber fliehen die Männer, Knaben die Meydlin'«.[102]

Daraus wird deutlich, daß Melancholische leicht in den Verdacht der Zauberei gekommen sind. Gockel ist kritischer; zuerst müsse man wissen, ob die Krankheit von der Zauberei herrührt oder nicht. Auch hier bringt er eine Zusammenstellung.

Erkennungsmerkmale für zauberische Schäden

- Wenn gelehrte und erfahrene Mediziner nicht mehr weiterwissen, wenn sich die Krankheit täglich verschlechtert und sich ständig neue Symptomata ergeben;
- wenn solche Zustände ohne Ursache überhand nehmen, und wenn sie dem Patienten große Schmerzen mit grausamen Zufällen verursachen;

Überschlagen der Bettdecke. Vielleicht angedeutet: Besteigen des Brautbettes und Entfernen der Gäste.

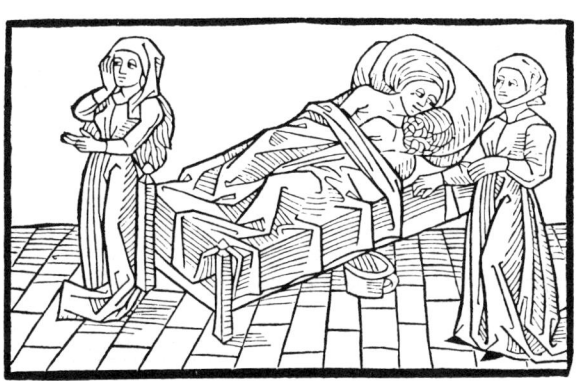

Brauthandel (?) oder Verführung (?). Hinter dem angedeutetem Stein oder Hügel (Heuhaufen?) der Geschlechtsverkehr.

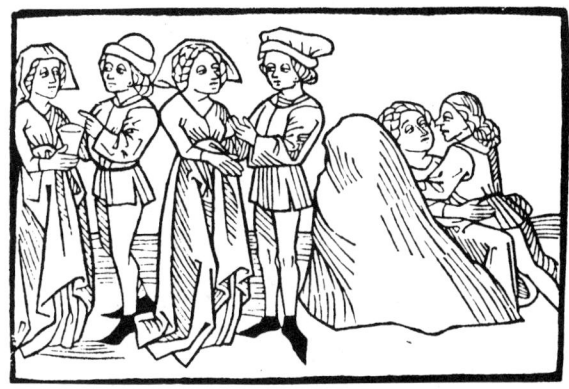

Der Brauthandel (?) und der Geschlechtsverkehr; möglicherweise hier mit einer Nonne.

Ein Teufel verläßt die Kirche um einem Jüngling nachzugehen.

Der an eine Säule gefesselte Teufel. Persiflage auf die Festnahme von Christi (sein Leidensweg). Geweihte Kerzen werden vor ihm abgebrannt.

- wenn seltsame Sachen (Nadeln, Eierschalen, Haare, Gläser) entweder erbrochen oder aus den Geschwüren oder Eiteräußern (vielleicht Eiterbeulen- oder Blasen) werden;
- wenn die Patienten ohne Ursachen abnehmen, melancholisch werden oder von den Gichtern angegriffen sind;
- wenn der Patient, sobald ein Zauberer oder eine Hexe unter dem Schein eines Besuches zu ihm kommt, diesem gleich schlechter befindet und er mit dem Zittern befallen wird;
- wenn ein vom Bösen angegriffenes Kind, sobald es seinen Freund erblickt, zusammenfährt, erbärmlich schreit und es am ganzen Leib verändert wird;
- wenn der Kranke im gesottenem Eisenkrautwasser gewaschen wird und danach sich viel Haare in diesem finden... so ist es ein sicheres Anzeichen für eine starke Verzauberung;
- wenn der Patient ein einem halb mit Achen (?) gefüllten Hafen harnt, und, wenn man den Hafen an einem warmen Ort hinter den Ofen oder an die Sonne setzet, und danach Haare oder andere verdächtige Materien darin gefunden werden;
- wenn ein Mann plötzlich sein 'Mann-Recht' verliert und mit seinem Eheweib nicht zuhalten kann, oder: wenn er mit anderen Weibern buhlen, bei seinem eigenen aber nichts ausrichten kann;
- wenn sich vorher herzlich liebende Eheleute spinnefeind werden;

Lavinius Fischer verweist auf folgende Zeichen:

- wenn die Kranken Gichten unterworfen sind;
- wenn sie sich hin- und herwälzen;
- wenn sie keine Arznei nehmen wollen;
- wenn die Bezauberten ihren Arm in einen Ameisenhaufen stecken und kein Brennen oder Beißen empfinden;
- wenn ihr Harn nicht aufsieden will.

»Das sicherste Zeichen ist, wenn Sachen, die ganz gegen die menschliche Natur sind (Ziegelsteine, Metalle, Messer, Nadeln, Eierschalen, Fingerhüte, Faden, zusammengewickeltes Haar, Nägel, seidene oder wollene Lumpen, gemünztes Geld, Kugeln und dergleichen...) aus den Geschwulsten und Geschwüren der Bezauberten mit großen Schmerzen abgehen«.

Affront gegen die Frauen

»Obwohl dieser höllische Mordgeist allen Menschen nachsetzt, so gelingt es ihm doch mehr beim weiblichen Geschlecht 'welches von Natur und seines Temperamentes halber wohllüstig, wankelmütig, unbeständig, leichtgläubig, vorwitzig, boshaft, ihrer selbst nicht mächtig, in starken Anfechtungen verzagt und zur Melancholie geneigt sind'«.

»Unter diese Weibspersonen sind vor allem die alten, kindischen, läppischen und unverständigen Vetteln zu zählen, die in ihrer Jugend ein unehrbares Leben führten und sich der Hurerei und Unzucht ergeben haben. Die sich im Alter durch das Einblasen des Teufels mit der Zauberei und dem Giftkochen beschäftigen, und, wenn der stinkende Bock ihrer müde wird und ihnen bei den nächtlichen Versammlungen anstatt der niedlichen Speisen ein Stück von einem alten Schimmel, Esel oder Schindaas, und anstatt des Weines eine stinkende Mistlache aus der Kloake vorsetzt, die Spielleute statt der Schalmeien und Sackpfeifen einen schäbigen Hund oder eine Katze in den Hintern blasen, und sich anstatt schöner Kammern und weichen Betten das Nachtlager auf dem Schinderwasen oder unter dem Galgen nehmen und wenn sie dazu noch Lichterstöcke abgeben müssen«.

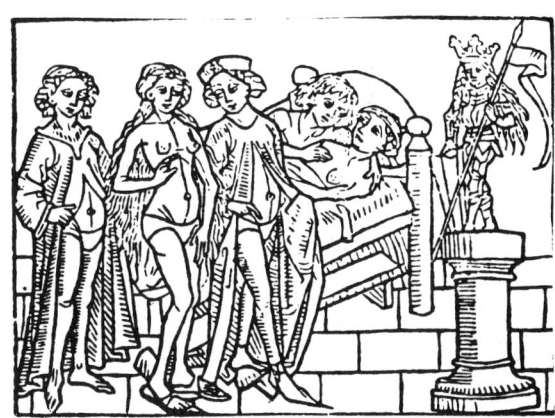

Blick in das Frauenzimmer des späten Mittelalters mit den typischen Tätigkeiten: Säugen (Amme) und Wickeln. Zwei Frauen schlafen in einem Bett, was damals üblich ist.

Mittel gegen zauberische Liebe (Liebestränke)

»Zu Halberstatt erzählte mir Herr Michel Wirtzler, Rektor bei der Martins-Schule, wie er einen Schreinergesellen gekannt, dem ein Mädchen etwas beibrachte, und er daraufhin nicht mehr bei ihr bleiben konnte. Dann habe ihm seine Mutter ein paar Schuhe gekauft, und Johanneskraut hineingestopft. Damit lief er nach Wernigerode. Dann goß er eine Kannen Brühan (?) nach und nach in den rechten Schuh... und trank es stehend und geschwind, worauf er der Hure spinnegram ward«.

»Ich kenne einen Pommerischen Kavalier, dem auch eine geile Metze ein Tränklein beigebracht, und der dann dermaßen betört wurde, daß er oft des Mitternachts aufstehen und gegen den Willen ihr nachlaufen mußte. Wie ihm aber einst ihr Mist in die Schuhe gelegt wurde, und er sich satt gerochen hatte, ward auch die Liebe stinkend«.

»Ein fleißiger Studiosus Medicanae wurde oft von der Nachbarstochter gelockt, aber er ekelte sich daran. Nachts, in der Regel um 12 Uhr, stand er leise auf, lief zum Haus des Mädchens, küßte dreimal die Tür und ging dann wieder heim. Einst wollte er sein Kleid vom Schneider umwenden lassen, da fand man in der Hose einen leinernen Beutel, und darin einen Hasenschwanz, krause Haare (vielleicht von einem ungenannten Ort der Dirne abgeschnitten!) und die Buchstaben S.T.T.I.A.M. (Satanas trahat in amorem mei?). Sobald aber das Säcklein mit dem Schwanz und den Haaren verbrannt war, hatte der Geck seine Ruhe«.

»Bapt. Condrochi bringt ein Exempel von einem Jüngling, welcher eine lange und geraume Zeit mit einer jungen boshafte Dirne in Unehren gelebt, und mit ihr Unzucht getrieben; nachdem er sie aber verlassen,

Möglicherweise Darstellung des sog. »Bettsprunges« und das Führen der Braut zum Ehebett. Möglicherweise auch die Einsegnung, mit der dabeistehenden Säule, auf der wohl ein Schutzheiliger steht (?); Patron (?).

Der Teufel beim Weinfass.

habe sie ihn durch Zauberei der Mannschaft und seines Gliedes beraubt... schließlich habe sie ihm doch geholfen... indem sie ihm mit der Hand an den Schenkel gegriffen, die Verzauberung aufgehoben und ihm dadurch sein verlorenes Recht wieder gegeben«.[103]

Gockel empfiehlt gegen zauberische Liebestränke das Pulver von gedörrten grünen Laubfröschen. 'Auch werden solche Tränke vom monatlichen Weiberfluß zubereitet. Manchmal verwendet man das destillierte Enzianwasser... manchmal hilft das gesottene Hühnerkotwasser... ingleichen das Krebspulver, in einem Becher voller Milch genommen'«.

Verhandlung gegen Erna Krebsen

1574 verhandelt das Frankfurter Gericht gegen Erna Simon Krebsen, Hausfrau aus Heidelberg. Die Frau des Schultheiß hatte ihr geklagt, daß ihr Mann einer anderen Frau nachgehe. Sie bitte nun Frau Simon um ein Mittel, daß damit ihr Mann Heinrichs von Rhein der Frau Feind werden möge.[104] Der Frau des Schultheißen gibt sie die Weisung: »daß sie ein Holz von einem Leichkar nehmen sollte und dasselbe zu Pulver verbrennen und in Herrn Heinrichs Haus streuen sollte«. Dann wird sie noch über einen Strick gefragt 'daß sie dem Mann seine Mannschaft wiedergeben könne'. Das Rezept: »Man nehme einen Strick, wachse ihn sampt venus an den Mannen, Gulden & (Kraut), widthan und Teufelsabbiß und lege solches in Wein und trinks darüber. Dann komme dem Mannen ihre Mannschaft wieder«. Sie wird schließlich in den alten Urfrieden entlassen, allerdings mit dem Verbot, das Ratsgebiet und die Stadt wieder zu betreten.[105]

1629 erhebt der Schwiegersohn des Peter Anckel von Winschläg beim Gericht zu Appenweier gegen die Schwiegermutter die Anklage, daß sie seiner Frau eine Eiersuppe mit einem Pulver gegeben habe 'wodurch sie sofort sinnlos geworden, aber gleich wieder zu sich gekommen, als ihr die Mutter eine vom Teufel gewichste Schnur um den Hals gelegt habe'.

Mittel gegen das 'verlorene' Mannrecht

Wenn einem die Mannheit genommen, und er die Werke der Liebe nicht pflegen kann, dem kann man also helfen:
1) Nimm ein spitzes Holz, welches dem Eichbaum oder Schledorn zugesetzt ist, und mit Geist Form und Substanz ihnen zuwider, als das sind Birkenbaum, Hirschholder, Frimmenholtz, von diesem nimm die Zweige, binde sie zusammen wie einen Besen, kehre die Schoß über sich und pisse von oben hinein, so ist ihm geholfen.

2) »So es ihm durch den Harn getan: 'Nimm süße Angelica-Wurtzel 3. Loth, Widerthon eine Handvoll, diese zwei Stück in ein Trinkgeschirr, und davon getrunken, bis er gesund wird, und lasse sein männliches Glied mit der haßlenen Mistelsalb schmieren, so er wieder gesund'«.
3) Wenn es durch einen roten Nestel getan: der ziehe einen Pfahl aus einem Zaun aus der Erde, lege sich auf den Boden, hänge sein Gemächt in das Loch und pisse hinein, stehe dann auf und stecke den Pfahl wieder hinein und bete zu Gotte, so ist ihm geholfen.
4) Ein Pflugstall gegen Aufgang der Sonnen, ziehe den Pflugstecken heraus und pisse dreimal durch das Loch, so ist dir geholfen.
5) Bibergeil, Hirschbrunst oder Hirtzschwamm (?), langen Pfeffer, jedes 2 Loth, Stendelwurz, Palma Christi oder Kreuzblümlein, Calmus, Aronwurz, Galgant, Nesselsamen, Borragen- und Bekoniensamen, jedes ein Loth. Stoße dieses in einem Mörser zu Pulver, mische es untereinander und gib dem Patienten ein Quientlein in einem Trünklein Wein, so wird ihm geholfen werden.
6) Oder es trinke der Patient einen Becher voll Frauenmilch, so wird er getröstet. Oder hänge eine Wegwartzwurzel an den Hals, die vor Sonnenaufgang gegraben worden und esse morgens und abends ein wenig davon.

Jetzt der sinnige Rat: »Man kann auch mit Verstand eines dieser Mittel nach dem anderen gebrauchen, bis man das rechte trifft, denn es ist keines unter ihnen schädlich«. Dann beschreibt er Pillen gegen die männliche Kraft und ein äußeres Mittel: »Von Pillen solle der Patient alle Abend, zwei Stunden vor dem Nachtessen eines in den Mund nehmen, es Zerfließen lassen und dann hinunterschlucken. Überdies soll der Bezauberte durch das Astloch eines Brettes 'so von einem Totensarg genommen', oder in die Gruben eines ausgezogenen Zaunsteckens seinen Urin lassen«.

»Die äußere Mixtur... Hirschrute oder Hirschbrunst, jedes ein halb Scrupel, worunter allerlei Schmaltz, Unschlitt und Öle kommen, dieses mache man untereinander, und schmiere öfters die Geburtsglieder damit ein«.

Mittel gegen zauberische Schäden

»Dem Teufel ist nichts mehr als der Menschenkot zuwider, und wenn man auch ihn über einen verzauberten Schaden legt und ihn dann in den Rauch hängt. Doktor Augustinus Thonnerus, Stadtphysikus von Ulm, hat einen bezauberten neunjährigen Knaben Kot in eine Schweinsblase binden und die in den Kamin hängen lassen, davon ist der Junge genesen. Ein anderer Bezauberter hat seinen eigenen Kot mit Essig verrieben und ihn dann eingenommen. Er ist gesund geworden. Herr D. Hoffmann rät, daß man des verzauberten Kots mit Knoblauch vermischen und ihn dann 24 Stunden über den schmerzhaften Ort binden solle, und diesen dann in den Rauch hängen solle.

Gegen zauberische Schäden empfiehlt er Salben, Pulver und das Göleri. Interessant ist die Zusammenstellung der Salben. Bei dem damaligen Vertrauen auf die Heilkräuter und die Herstellung einer Vielzahl von Salben, kann es kaum ausgeschlossen werden, daß eine sog. 'Hexensalbe' existiert hat.

- Salbe von Geißblut, Blut von einem jungen Hündlein, Unschlitt von einem alten Steinbock, Mark von einem Bock und von einem Füllen, Butter von Pferdemilch, Balsam von einer Eichenmispel und seiner Blüte zubereitet; mische alles untereinander, und mache nach Besag der Kunst eine Salbe.
- Junges Hundeschmalz (8 Loth, jung und wohl geläutert), 16 Loth geläutertes Bärenschmalz und 24 Loth gereinigtes Capaunenschmalz, sowie drei Hand voll Haselmistel. Dieses stoße man in einem Mörser mit einem lindenen Stämpfel, mit Beeren und Blättern, daß es afftig (?) wird, vermische es mit dem Schmalz und tue es in ein Glas.Dies stelle neun Wochen in die Sonne, so wird eine grüne Salbe daraus mit der man alle zauberischen Schäden und Schmerzen schmieren kann.

Variante: anstatt dem gereinigten nimmt man geläutertes Capaunenschmalz und anstatt drei nimmt man vier Handvoll Haselmistel.

Die Bestandteile des Pulvers sind: Angelicawurzel, Sanct-Johannis-Kraut-Blumen, Sinngrün, Mausöhrlein, Teufelsabbiß, Beyfuß, Guldenen Widertod, Mispel von einer Haselstaude, jedes soviel genug ist. Diese Stücke sollen gepulvert und untereinander gemischt werden, welches man in Säcklein gebrauchen kann.

Anmerkung: weitere Kräuter gegen Zauberei waren: Labkraut, Bittersüß, Beifuß, Reinfarn, Allermansharnisch, Teufelsabbiß, Enzian, Johanneskraut, Sonnentau, Bärlapp, Salbei, Gunderman, Gliederkraut, Kreuzkraut, Hollunder, Wacholder, Besenginster, Efeu, Eibe, Gottsgnadenkraut, Liebstöckel, Cardobenediktenkraut, Herrgottsäpfel, Mannstreu, Hilfwurz und andere.

»Dagegen muß man Teufelsabbiß, Drachenwurz, Teufelskirschen, Heidenkorn, Kalbsaug, Bärenklau und Wolfsmilch mit Lappenblättern, Bettlerseil und Faulbaumrinde zusammenbinden, überrücks an einen Ort werfen, wohin man nicht wiederkommt, um einer angetanen Krankheit ledig zu werden«.

Göleri gegen Geschwulste

Hier handelt es sich um einen Balsam, der folgendermaßen eingenommen wird: »Wenn der Patient purgiert und zum Erbrechen bewegt worden, so gibt man ihm von diesem Balsam einen halben, und die folgenden Nächte einen bis drei Löffel voll und läßt dann den Patienten drei Stunden darauf fasten: dadurch das Gift über sich und unter sich, durch den Mund und durch den Stuhlgang abgeführt wird und so der Patient zu seiner vorigen Gesundheit gebracht wird. Hier die Rezeptur:

Johannisöl (lbj.), des besten weißen Weins ein 6. Teil und ein halbes von einer Maaß Terpentinöl, Ziegelöl, Regenwurmöl, jedes 4. Lot **Menschenschmaltz, Öl aus Menschenknochen** (Gebeine) oder Hirschbeinen destilliert, jedes 6. Loth Theriac, Mithridat, jedes ein Quientlein Eychenmispel, Lindenmispel, Haselstaudenmispel, jedes eine Handvoll: Pfirsichbaumblätter, Wintergründ, jedes 3 Händvoll St. Johanneskraut-Blumen, Betonien, Tausendgüldenkraut, Prunellen, Gülden-Guntzel, Schöllkraut, jedes eine halbe Handvoll große Drachen- oder Natterwurz mit weißen Düpflein besprengt, runder Osterluceyen, grosse Wahlwurtz. Dieses alles koche in einem großen Geschirr, mit weißem Wein, so viel dazu von Nöten ist, solange bis der Wein verkochet ist, alsdann tue hinzu Mumiae (?), Mastix, Weihrauch, Myrrhen, jedes 4.Loth, dieses alles setze in einem wohlverschlossenen Glas an einen warmen Ort und hebe es zu weiterem Gebrauch auf«.

Berühmter als das Göleri ist der Pforzheimische Zauberbalsam gegen zauberische Schäden und Verletzungen

Pforzheimischer Zauberbalsam

»Heutigen Tages (1717) aber ist dieser Zauber-Balsam dergestalten gelobt und berufen, daß es allen anderen wider die Zauberei dienenden Mitteln vorgezogen wird. Es wird aber dieses sonderbare Mittel vielleicht teils der Pforzheimische Balsam genennet, weil er in dieser Markgräflich-Badischen Stadt erfunden und allerersten zum präparieren angefangen worden, teils weil er von da aus an andere Örter oft getragen und geschickt wird. Dieser Balsam wird in derselben Gegend, und in dem Herzogtum Württemberg, auch in den benachbarten Herrschaften, so hoch gehalten und nicht allein von den Medicis häufig vorgeschrieben, sondern täglich vom Volk gebraucht, in den Apotheken abgeholt und verkauft... er ist äußerlich und innerlich zu gebrauchen. Man nimmt ihn tropfenweise in Fleischbrühe, Wein oder anderen Flüssigkeiten ein. Äußerlich wird die Nase, der Nacken und das Genick und auch die Schläfe damit geschmiert. Er bringt nicht das Rezept, sondern verweist nur auf die Quelle.[106]

Balsam gegen alle Krankheiten

Dieser wird gemacht und zubereitet von St. Johanniskraut, Terpentinöl, Ziegelöl, Wachsöl, **Menschenschmaltz, Menschenmark,** Theriack, Mithriadat, eichenem Mispel, lindenem Mispel, Mispel von einer Haselstaude, Flöhkraut, Maurrauten, Wintergründ, Orantblumen, St. Johanniskraut-Blumen, Wullinkrautblumen, Betonien, Tausendgüldenkraut, Prunellen, Gülden-Guntzel, österreichischem wildem Bertram, Schöhkraut, Durantsamen, Johannis-Krautsamen, Drachenwurtz, runder Osterluceeyenwurtz, Croco Martis, Mumia, Mastix, Weyrauch und Myrrhe. Dieser Balsam dienet wieder Gift, Bezauberung, Beschreiung, wütigen Hundbiß, Hauptwunden, rote Ruhr, Tenesmum oder den Zwang.

Gegen Schwermut und Melancholie 'nehme man eine ausgehöhlte Haselnuß und säubere sie inwendig mit einem spitzen Instrumentlein, daß nichts darinnen sei, dann schiebe man einen Spiegel von einer Pfauenfeder hinein, fülle die übrige Höhe der Nuß mit Quecksilber aus, vermache das Köchlein mit Jungfrau-Wachs, nähe die Nuß in ein seidenes Flecklein und hänge es an den Hals, so wird es besser werden'. (Doc. Rudolph Goclenius).

Mittel gegen das Besessensein

Wie man Besessene und Unsinnige wiederum zur Vernunft bringen und restituieren solle? Hier schlägt er Zeltlein, Amulette, Rauch, Kräuterwein und besondere Pillen vor. Dazu einige Beispiele:

»Reines Terpentin, 1 Loth Myrrhen, ein und einhalb Quint. Viperpulver, einen Scrupel oder 20 Gran. Saft von dem Antimo ein und einhalb Quint. Vermische dieses mit destilliertem S. Johanniskraut-Blumenwasser, so viel vonnöten, und zwinge es durch ein Tuch, daß es eine ausgezogene Milch werde. Dieses gebe man dem Patienten alle vier oder fünf Tage zu trinken, solange es die Notdurft erfordert. Danach öffne man dem Patienten die Hauptadern und lasse sie solange springen, bis er ohnmächtig wird; nach vier Tagen schlage man beide Bräunadern unter die Zungen, und beschwere das Haupt mit einem Scheermesser. Dazwischen soll der Patient allewegen über den anderen Tag mit Laxier-Pillen purgiert werden«.

'Was die Zeltlein anbelangt, so soll der Patient ständig eines im Mund behalten, es aber nicht zerbeißen, sondern schmelzen lassen... und also gemach den Halß und Kehlen hinunter schleifen lassen'.

'Was den Rauch anbelangt, so solle man diesen der Kranken Kleider, Bettücher und Gezeug, die Gemächer auch der Patienten Leicher (?) beräuchern, auch diesen Rauch, durch einen Trichter zu ihnen in den Leib hineingehen lassen. Der Kräuterwein dienet zum Trinken und zum Waschen der Glieder, auch zum Schwitzen. Das Rezept für die Pillen für die Besessenen lautet:

»...ein Hirn von einem jungen schwartzen Stier, der zur Zucht noch untauglich ist, oder von einem schwarzen Kalb, denen der Kopf mit einem Streich abgehauen worden ist. Den Kopf halte man dann so, daß sowenig Blut als möglich auslaufen kann. Dann lege man es (mit Haut und Haaren) in einen Hafen, (daß kein Blut ausläuft). Dann nehme man warmes Wasser von einem ungestümen Regenbach oder Waldwasser, wider den Strom geschöpfet, darüber gießen dann solange kochen und sieden, bis der Kopf auseinanderfällt. Dann soll man alle Teile zerschneiden und das Hirn schnell herausnehmen. Darauf soll man nun das Pulver streuen (s.o.) und drei Pillen, so groß wie Taubeneier daraus formieren. Das ist dann drei Tage, jeweils vor dem Mittagessen eines nehmen und zu verschlingen. Der Rest vom Kopf wird in fließendes Wasser geworfen«.

Die rechte Waffensalbe

Monachi Cumicensis Descriptio, oder wahrhaffte und eigentliche Beschreibung der rechten Waffensalbe. Die Ursache ihrer wunderbaren Wirkung wird von denen Hermiticis mit Platone de Amima mundi, oder dem Vernach Elochim, oder dem allgemeinen magnetischen Weltgeist zugeschrieben. Hier das Rezept:

'Schmeer von einem wilden Schwein, Bärenschmaltz. Dieses koche man in rotem Wein und gieße es dann auf's kalte Wasser, dann schöpfe man die Fettigkeit mit einem Löffel herunter und tue weiter hinzu das Pulver vom roten Sandel, das Pulver vom Blutstein, das Moos von einer Hirnschale eines schon lang Aufgehenkten, gesäuberte und in einem Hafen gedörrte Regenwürmer, so viel man in einer Eierschale fassen kann, gedörrte und gepulverte Froschaugen, so viel man in einer halben Eierschale fassen kann. Wenn dieses geschehen, so nehme man Natterwurtzkraut, Eibischkraut, jedes ein halb Quintlein. Und wann dabei ein Bein gebrochen ist, so tue man die Wahlwurtz hinzu, und mache alles nach der Kunst zu einer Salbe, und zwar wenn die Sonne in der Waage steht, also nach dem 10. oder 11. September.

Hebammen, Besuch des Nachtgeistes

»Die Hexenprozesse aber wurden allen Fleißes fortgesetzt, wobei auch Honorationes nicht einmal geschonet geblieben. Unter anderem ward am 19. Juni 1671 eine Bademutter, Namens Maria Monings, ihres Alters 93 Jahre, nachdem sie vorhero mit glühenden Zangen gezwicket worden, lebendig verbrannt. Wie ihr Schuld gegeben, hat sie die Zauberey in ihrer zarten Jugend von ihrem Vater erlernet, der auch mit ihr Blutschande getrieben. Daraufhin soll sie mit dem Teufel einen Contract gemacht haben, daß sie jährlich 20 Kinder töten, und anderen die Zauberey lehren sollte. Sie hat bekannt, über 500 Kinder getötet zu haben, die sie jedoch nicht namhaft machen könne. Wenn sie den Kindern mit dem Zeigefinger die Zunge gelöset, hat sie denselben unterm Nagel Gift beigebracht, einigen aber Nadeln in den Kopf gestochen«.[107]

Die Hebammen nehmen in der Geschichte des Hexenwahns ohnehin einen Zankapfel ein: »Der Kölner Kurfürst erläßt 1748 eine Verfügung, in der bezüglich der Hebammen festgesetzt wird, daß sie vom Verdacht der Zauberei und Ketzerei frei sein müßten«.

»Dergleichen die Nachtgeister und Gespenster tun und den Kindbetterinnen und jungen säugenden Kindlein, die noch in der Wiege liegen, nachstellen. So ist es auch meiner nächsten Verwandten (Gockel), die damals Kindbetterin gewesen, 1661 bei ihrem vierten Kind, einem Töchterchen, ergangen. Zu deren in der Nacht ein weißes Weibsbild, so einer bekannten-Person ähnlich sah, in die Stube vor das Bett gekommen, welche sie aber gleich wachend erblickte und im Schrecken aus dem Bett zum Kinde griff, dieses gesegnet und der heil. Dreifaltigkeit anbefohlen, und dann dieses Ungeheuer oder den Nachtvogel gefragt, was es denn wolle. Der mit heiserer Stimme geantwortet: 'Frau, ich tue euch nichts, worauf es verschwunden'. Als nun die erschrockene Kindbettin oder Wärterin, die in der gleichen Stube in einem anderen Bett gelegen, aufwachte und ein Licht anzünden lassen... sie hat aber nichts gesehen: kurz danach ist die Wärterin (Kellerin) erkrankt und gestorben. Dieser folgt das Kind sechs Wochen danach«.

Abergläubische Gebräuche um Neugeborene

»Liegt ein Kind in der Wiege, das einen nicht ansieht, so ist es eine Hexe. Die Kinder bringen also die unselige Anlage zum Hexen schon mit auf die Welt«.[108]

»Wenn ein kleines Kind gähnt, und das Maul aufsperrt, so muß man zu ihm sprechen: 'Segne dich Gott, und bewahre dich Gott'. Es könnte sonst eine Hexe den Zeitpunkt wahrnehmen und hineinfahren. Ebenso muß man zu dem Kinde sprechen, wenn es zu Hause hinausgetragen wird, wenn es gegen die Hexen, Gott sei bei uns, geschützt sein soll. Wenn man das Kind wickelt, muß man ein wenig Salz und Brot mit einwickeln; das ist ebenfalls gut gegen die Hexen«.

»Wenn die Gevattern ein Kind zur Taufe tragen, sollen sie beim Herausgehen aus der Stube oder aus dem Hause sagen: 'Einen Heiden bringen wir hin und einen Christen bringen wir wieder; als wenn neugeborene Christenkinder Heiden wären. Wenn sie an dem Tage, an dem sie ein Kind zur Taufe heben, frische Hemden anziehen, so kann keine Hexe dem Kind beikommen. Ein Kind, das zuletzt nach der Taufe nicht den Segen des Predigers bekommt, stirbt entweder bald oder kann Gespenster sehen'«.[109]

»Geht eine menstruierende Frau vor Sonnenaufgang über die Felder, so tötet sie Raupen und Würmer, Käfer und Fliegen; legt sie Haare von sich in den Dünger, so erzeugen sich Schlangen«.

»Den Harn gegen den Mond zu lassen, ist schädlich, aber auf neue Birkenbesen, auf Eichen- und Hollunderzweige gepißt, vertreibt es Liebeszauber«.

Marktschreier, Quacksilber, Wunderdoktoren

Es darf nicht verwundern, wenn bei dem Stand der medizinischen Wissenschaft Einzelne aus dem Volk ihr Glück auf Kosten der dummen, wundersüchtigen und beeinflußbaren Masse versuchen. 'Solche Menschen richten größere Verheerungen an als die Pest. Sie verkaufen ihre Arzneien, oft ohne den Kranken gesehen zu haben, sie geben Mensch und Vieh aus einer Flasche... solch ein unwissender und gewissenloser Betrüger kann durch seine Lügen die Leichtgläubigen und Dummen, die außer Stande sind, etwas zu beurteilen, oder nach seinem Wert zu schätzen, leicht hintergehen. Ganz ohne Kenntnisse und ohne Erfahrungen, mit drei oder vier Arzneimitteln, deren Bestandteile er ebensowenig kennt als die Ursachen und Beschaffenheit der Krankheit... so verschlimmert der Marktschreier in der Regel das Übel'. Auch die Betroffenen werden kritisiert,... oder die Leute werden doch noch einmal so klug, ihrer und ihrer Kinder Gesundheit so wenig einem Eisenmeister anzuvertrauen, als ihre Kleider vom Hufschmied machen zu lassen.

»In Schweinfurt stirbt am 30. März 1784 ein Mann an den Folgen einer eingenommenen Laxans, die er sich von einem Marktschreier geben ließ. Sie griffen ihn so an, daß er an einer gänzlichen Entkräftung starb«.

Tod der Günzburger Kinder, Thomas Gablunec

1786 wurden in Günzburg zwei Kinder, sieben und neun Jahre alt, von einem starken Kopfausschlag befallen. Die Mutter kam zum Eisenmeister, der in der Arzneikunst pfuschte, und eben jetzt eine Salbe aus dem sog. 'Fliegengift' und frischer Butter zubereitete. Die Frau beklagte den Zustand ihrer Kinder, und der Quacksalber versicherte, daß eben die Salbe, die er verfertige, das unfehlbare Mittel wider die Ausschläge seien... die Köpfe der Kinder wurden wacker beschmiert, um es recht gut zu machen, auch hinter den Ohren, und am Halse die Wundersalbe nicht fehlen ließ. Die Kinder wurden immer schwächer, das jüngere starb schon nach 24 Stunden, das ältere 48 Stunden nach der Salbung durch die eigene Mutter. Als man den Arzt berief, war es schon zu spät; das Gift hatte bereits die inneren und feineren Nerven am Hals angegriffen'.

Ein Knabe in Oberschlesien, Thomas Gablunec, hatte die Krätze. Ein Quacksalber riet, ihn in den Backofen zu stecken, nachdem das Brot drei Stunden darin gebacken hätte. Die Mutter ging in die Stube, kam in einer Weile wieder, und fand den Knaben ausgestreckt, ohne Lebenszeichen. Er war über und über verbrannt. Nach viel angewandter Mühe kam er wieder zu sich, fiel aber in Verzuckungen und starb nach zwei Tagen.

Der Berliner Wunderdoktor

»Um 1785 (?) tauchte in Berlin ein Wundermann auf; ein Heuchler und ein schlauer Bösewicht, der die Gemüter der schwachen Menschen einzunehmen wußte, und mit gutherzigen Leuten das Geld ablocken konnte. Er wartete immer bis 12 Uhr, um, wie er sagte, die Krankheit zu bestimmen, und befahl seinen Patienten, sobald er sie besuchte, vor dem Schlag 12 Uhr den Mund nicht zum Reden zu öffnen. Er schnitt ihnen die Haare ab, legte sie kreuzweis übereinander, verbrannte sie und gab ihnen das Pulver ein. Dabei murmelte er Gebetsformeln, sprach seinen Kranken viel von Bezauberung und Besitzung des Teufels vor, und hatte eine Essenz, von der er sagte, er könne sie sich nur in einer einzigen Stunde, die er aber wohl in Acht nehmen müsse, im ganzen Jahr verschaffen. Er landete schließlich im Zuchthaus«.

Rosenfeld

Der Extremist Rosenfeld fängt etwa 31jährig eine herumstreichende Lebensart an. Er beginnt, von Religionssachen zu sprechen, gibt sich für einen Prophet aus, der in der Bibel verkündet ist, endlich für den Heiland der Welt, schließlich als Gott selbst. Er findet Beifall und Anerkennung. Er treibt sein Werk, um sich füttern zu lassen, Geschenke zu bekommen, und Jungfrauen zur Erfüllung seines Wunsches zu überreden; und findet große Bereitwilligkeit. Eltern bringen von selbst ihre Kinder, damit er an ihnen seine Lust büßen kann, und junge, verheiratete Männer lassen ihm das Recht der ersten Nacht. Wegen dieser ausgelassenen Schwärmerei, wodurch er auch andere verrückt macht, kommt er 1769 - 1771 in das Berliner Irrenhaus... später wird er entlassen. Er nimmt seine

alte Tätigkeit wieder auf. Daß es auch noch heute, nach mehr als 200 Jahren, ähnlich veranlagte Menschen gibt, zeigt das folgende Beispiel.

Der Wunderheiler Ludger Castelneau

1979 ist in Marseille der Parapsychologe und Wunderheiler 'Meister Kilibaram' tätig. Er ist 41 Jahre alt...Seine Patienten müssen ein rotes Laken mitbringen und sich nackt ausziehen. Er wickelt sie in das Laken und legt sie auf ein schwarzbezogenes Sofa. »Dann flößt er ihnen Tee ein... das Getränk macht sie willenlos... alles kam ihnen vor wie in einem Traum«.

Wenn die Opfer halb bewußtlos in dem schwarz tapezierten Raum liegen, der nur mit drei Kerzen beleuchtet ist, reißt sich Meister Kilibaram die Kleider vom Leib und flüstert: »Ich brauche drei Schamhaare, um einen Zaubertrank zu mixen«. Er wirft sie in einen Tiegel, schlägt drei Hühnereier dazu und verrührt das ganze mit Kräutern. Manchmal schlachtet er eine weiße Taube. Der Anblick und der Duft von Räucherkerzen und das exotische Parfüm nehmen viele Frauen gefangen, sie lassen sich widerstandslos mißbrauchen. Kilibaram behandelt alles: Hexenschuß, Atemnot, Examenangst oder Fettleibigkeit. Eine Sitzung kostet zwischen 100 und 400 DM. Eine junge Dame läßt sich 'freiwillig' über Monate behandeln und bezahlt 10.000 DM dafür. Eine andere zeigt ihn schließlich an. Er droht ihr: »Der böse Gott Alumbaya wird sie strafen...durch Stahl und Feuer...«.[110] Der Parapsychologe Castelneau hat mehr als 150 Frauen vergewaltigt. Was haben wir dazugelernt?

Sympathie, Enthexen, Hexennachweis

Die sympatischen Kuren beruhen auf der Meinung, daß die durch den Schweiß und die natürlichen Auslehrungen von einem tierischen Körper abgegangenen Teile mit ihm in einer solchen Verbindung bleiben, daß man über sie dem Tier oder Menschen, dem sie angehören, angenehme oder schmerzhafte Empfindungen machen, ja sie sogar töten oder heilen können.

Wunderkur von Ekleben

Auch mit der Sympathie lassen sich Wunderkuren verrichten. Das beweist der Fall des preußischen Husaren (?) Ekleben, der in den Jahren 1784 und 1785 in Naumburg, Merseburg und an anderen Orten sympathische Wunderkuren hält. Sein Verfahren ist etwa so:

»Eine Frau hatte eine Geschwulst an der Zunge. Sie mußte auf etwas spucken, welches er mitnahm. Hierauf brachte er ein versiegeltes Päckchen mit der

Warnung an sie, es auf keinen Fall zu öffnen. Darin fand sich nichts anderes als etwas Speichelartiges. Den Knoten behielt die Patientin jedoch an der Zunge«.

»In der Grafschaft Diepholz (Westfalen) läuft der Landmann, wenn seine Kuh blaue Milch gibt, zu einem benachbarten Geistlichen, und läßt ihn Kuh, Milchfaß usw. mit Weihwasser besprengen«. 1785 besprengt ein Kapuziner am Vorabend zum hl. Dreikönigstag mit seinem Rauchfaß Häuser der wohlhabenden Bürger »...wo sie von allerlei geweiht sein sollenden Kräuterwerk in den Zimmern, insbesondere den Keller, einen dicken Rauch machte, um Teufel mit seinem ganzen Anhang für dieses Jahr zu verbannen«.

Ende des Jahres 1786 werden in der Nachbarstadt von Lüneburg einem Knecht 50 Taler gestohlen. Daraufhin geht er zu einer sog. 'Nachweiserin' (an anderen Orten nennt man diese Betrügerinnen 'weiße Frau'). Sie vertröstet ihn auf eine bestimmte Zeit. Als der Knecht wieder zu ihr kommt, gibt sie zwar nicht den Namen des Diebes an, aber sie beschreibt ihn, seine Kleidung und Gestalt so genau, daß es niemand anders sein konnte, als der Sattler, der auf dem Hofe arbeitet, und der oft im Stall beschäftigt ist.

Der 11jährige Bettnässer

»Ein Kind ist bis zum elften Lebensjahr Bettnässer, obwohl es mit guten Worten ermahnt und mit schweren Prügeln bestraft wird. Schließlich fährt die Mutter vom Dorf in die Stadt zu einem Mann, von dem es heißt, er könne enthexen. Nach Verrichtung verschiedener Zeremonien erteilt der Mann beim dritten Besuch den Auftrag, die Mutter müsse mit dem Jungen abends bei Gebetsläuten den Friedhof aufsuchen und das Kind in ein ausgehobenes, aber leeres Grab hinterlassen. Dort müsse der Junge in einer Ecke sein Wasser lassen und beide müßten, ohne ein Wort bei dem ganzen Vorgange zuverlieren, wieder den Friedhof verlassen. Das Rezept wird befolgt und das Kind damit geheilt.

Hier sehen wir die Vermischung zwischen Leichtgläubigkeit, Volksglauben, Aberglauben und Medizin. Der Vorfall hört sich an, als würde er aus dem 18. Jahrhundert stammen. **Weit gefehlt: er ereignet sich 1954 in Deutschland.**

Hexensalbe(n)

Eine wesentliche Stütze zur Aufrechterhaltung des Hexenwahns ist die Vorstellung, daß die Hexen neben dem Teufelsbündnis, zu den nächtlichen Versammlungen fahren, und zwar, um dort zu beratschlagen, zu feiern, zu buhlen, die christliche Kirche

Kupferstich: »4 Hexen« von Albrecht Dürer (1491), wenn es welche sein sollen, denn lediglich durch eine geöffnete Tür im Hintergrund blickt ein Dämon herein. Möglicherweise eine perspektivische Aktstudie im Zeichen der Zeit.

zu verleugnen, kleinen Kindern Schaden zuzufügen usw. Solche Zusammenkünfte müssen von anderen unbeobachtet geschehen, auch was die Anreise der einzelnen Hexen zum Hexensabbat anbelangt. Daraus entsteht die Theorie, daß sich die Hexen mit bestimmten Salben versorgen, ihre Geräte und sich selbst damit einschmieren und dann so die teilweise erheblichen Entfernungen zurücklegen. Die schlafende Familie bemerkt das Ausbleiben in der Regel nicht. Gestützt wird die Theorie durch die Annahme, der Teufel, dem sie sich verschrieben haben, könne sie leicht machen und dadurch den raschen Flug ermöglichen.

In der Literatur zum Hexenwesen ist dieser Punkt immer strittig behandelt worden. Die einen (aufgeschlossenen) behandeln ihn als Hirngespinst und die anderen (Richter, Theologen, Ärzte) sind von der Realität überzeugt. Die Auffassung der Wenigen kann sich nicht durchsetzen: der Volksglaube ist stärker, mehr als 200 Jahre beherrscht die Auffassung das Feld, daß der Hexensabbat existiere. Der Gedanke mußte schon deshalb wachgehalten werden, weil ansonsten die Lehrgebäude der Theokraten zusammenbrechen würden.

»Völlig so widernatürlich und unglaublich, als die teuflische Buhlschaft jedem unbefangenem Zeitgenossen, der eben Menschenverstand hatt, seyn mußte, sind es auch die Gabelreyterey, oder die Wallfahrten der vorgeblichen Hexen nach dem Brocken- und Blocksberge. Die eine Meinung war, daß der Teufel keinesfalls Körper, die oft nicht leicht waren, in die Luft entführen konnte: sie erklärten die Sache als Phantasterei. Die andere Meinung nahm an, daß der Teufel blos die Seelen seiner Clienten zum Tanze führe, die Cörper aber blieben zu Hause in einer Art von Betäubung und Leblosigkeit liegen«.[111]

Eine weitere Bestätigung der irren Vorstellung findet man in vielen gleich lautenden Aussagen während, in und vor den Verhören. Das ist die entscheidende Frage: liegt die Angst vor der Folter selbst an dieser Kongruenz, oder gab es tatsächlich eine Art Narkotika, die den tiefen und visionären Hexenschlaf herbeiführt. Bereits Soldan, bemerkt: »Wir wollen feststellen, daß das Rauschmittel nicht zu dem Zweck angewandt ist, die Hexenträume hervorzurufen, sondern nur um des Rausches willen«. Falls es tatsächlich Salben oder Narkotika in diesem Zusammenhang gegeben hat, so wäre nach dem Zweck zu fragen. Es läßt sich nicht vorstellen, daß eine Person, die mit diesen rauschgiftartigen Dingen umgeht, nicht vorsichtig genug ist, sie geheimzuhalten: damit würde sich die Hexe von selbst in die Hände des Henkers bringen. Sind es Träume, hysterische Affektionen? Die Zusammenhänge dieser Frage sind noch nicht geklärt. Fest steht lediglich, daß niemals ein menschliches Wesen, von der Göttin Diana bis zur letzten deutschen Hexe auf irgendeinem Gegenstand durch die Luft geflogen ist.

Vorstufen

Bereits in dem Kapitel über die Griechen und Römer wurden Narkotika, Salben, und Parfüms angesprochen. Tatsächlich sind die giftigen Dämpfe und Pflanzen den Alten bekannt, um visionäre Vorstellungen zu erzielen, bzw. um sich auf Orakel vorzubereiten. Das sind Formen des abnormen Somnambulismus (Schlafwachen). »Zu den narkotischen Mitteln gehören betäubende Gasarten und Erddämpfe, durch welche die Priester im Altertum, wie es scheint, in Extase kamen, oder diese bei den Orakeln zeugten«.

Die indischen Freudenmädchen geben im Altertum den Freiern den Samen des Stechapfels, in Wein gemischt, zu trinken. »Wer so unglücklich ist, denselben bekommen zu haben, der verweilt eine Weile in Geistesabwesenheit. Nach Gassendi bereitet sich ein Schäfer in der Provence durch den Stechapfel zu Visionen und Weissagungen vor«.[112]

Die Ägypter kennen Assis, ein berauschendes Mittel. Es wird aus Hanf hergestellt und erzeugt nach dem Verschlucken der kastaniengroßen Kugeln extatische Zustände. Kämpfer erzählt, daß ihm die Perser während eines Festes einen Trunk gaben, der in Opium war. Er fühlte bald eine unbeschreibliche Freude, glaubt auf einem Pferd zu sitzen und durch die Lüfte zu fliegen. Eine ähnliche Wirkung verursacht das Bilsenkraut.

Dabei ist man gezwungen, an die Hexen des deutschen Mittelalters zu denken, die ähnliches behaupten. Man weiß, daß Hexen das Bilsenkraut zum Zaubertrunk und äußerlich als Salbe verwendeten. Aber durch diese Wirkungen allein lassen sich nicht die Erscheinungen des Hexenwesens erklären.[113] Durch die Wurzel des Napellus ward von van Helmont in eine Stimmung der Seele versetzt, in der sich die veränderte Tätigkeit des Geistes reiner als sonst beim Gebrauch betäubender Gifte offenbarte«.[114]

Beschreibung der Salbe durch Weyer

Weyer trägt seine Ansicht vorsichtig unter Berufung auf Porta vor und überläßt es sonst dem Teufel. »Die Hexen bestreichen sich mit einer bereiteten Salbe, durch deren narkotische Bestandteile werde auf natürliche Weise ein tiefer Schlaf hervorgerufen«. Das Rezept gibt er (nach Porta) folgendermaßen an: » **Kinderfett** (Eleoselium, Aconitum, Frondes popuneas, Fuliginem) oder: Sium, Acorum vulgare, pentaphyllon, verspertlionis sanguieum, solanum comniferum oleum). Weyer weist nach, daß Taumel, tiefer Schlaf, Geistesstörung und Sinnestäuschung durch gewisse Pflanzengifte hervorgerufen werden können. Er nennt neben Belladonna, Opium und den Tobacco der Indianer.

Weyer führt weiter aus: »Es nehmen nämlich die Hexen Kinder, kochen sie mit Wasser in einem Kessel, schöpfen das Fett ab und lassen es gerinnen. Dasjenige, was sich nach dem Kochen als Bodensatz unten im Kessel befindet, sammeln sie und heben es zu ihrem Gebrauch auf. Sie vermischen es mit Eppich, Wolfswurzel, Münchskappen, Pappeln und Rust (?). Man hat mehr Arten von Rezepten, sehr wohl zu der Hexensalbe als auch zu anderen geheimen Mitteln, um Betäubung und Schlafsucht zu erregen und um die Phantasie zu reizen. Ich mag sie nicht sammeln... es ist nicht der Mühe wert«.

Nicht eindeutig ist, was die angeblichen Hexen mit dieser Salbe eingerieben und getan haben: sich selbst, bzw. den Mann, der schlafend im Bett liegen bleiben mußte, den Mitfahrenden oder die Geräte zum Fahren. Daß narkotische Mittel wirksam in die Körperhaut eingerieben werden, ist ohnehin unwahrscheinlich, wenngleich Porta und Delrio diese Meinung vertreten.

»Die Hexen beschmieren sich mit einer gewissen Zaubersalbe, sprechen ihre Beschwörungsformeln, nehmen den Gaul zwischen ihre Beine und reisen gewöhnlich durch den Schornstein ab. Wo es keinen gibt, reiten sie durch zerbrochene Fensterscheiben oder durch andere kleine Öffnungen, andere setzen sich auf ihren Teufel, der in der Gestalt eines Ziegenbockes... vor der Tür auf seine Fracht wartet. Wenn noch Kinder und andere Gesellschaft mitzunehmen war, so stecken sie dem Bocke hinten eine Stange hinein, auf welche sich die Reisegefährten setzen«.

»War die Hexe verheiratet und ihr Mann gehörte nicht zum Bunde; so mußte sie sorgfältig sein, daß er ihr nicht auf die Schliche käme. Um das zu verhüten, tunkte sie entweder mit den Fingern in ihre Salbenbüchse, und griff darauf mit diesen dem Manne ans Ohrläppchen, und nun schlief er wie ein Murmeltier, und wachte nicht eher wieder auf, als daß sie wieder zurück war, oder sie legte ihm eine Stellvertreterin ins Bett, einen Besen oder dergleichen«.[115]

»Paulus Grillandus und aus ihm Remigius erzählen von einem Sabinischen Bauern, ohnweit Roms, daß er im Jahre 1526 des Nachts gemerkt habe, wie sich seine Hälfte nackend mit einer gewissen Salbe gesalbet und daraufhin vor seinen Augen verschwunden sei. Des andern Tages gab's Prügel, bis das Weib bekannte und um Verzeihung bat«.

Andere Beispiele habe ich an vielen Stellen der laufenden Kapitel vermerkt.

Mantelfahren

»Ein Reisemantel war gleichfalls ein freilich nur den berühmtesten Zauberern erlaubtes und bekanntes Fuhrwerk. Einige breiteten ihn auf der Erde aus, setzten sich darauf, und kamen hin, wohin sie wollten, ohne daß es schien, daß sie von der Stelle kämen... diese Kunst nannte man das Mantelfahren«.[116]

»Oddo, ein Dänischer Seeräuber, pflegte ohne Schiff, auf einem blosen Mantel über die See zu fahren, und den feindlichen Schiffen ein solches Wetter und Sturm zu machen, daß sie in den Abgrund sinken mußten... seine Haut war so fest wie Stahl und Eisen; endlich aber verließ ihn der Teufel, sodaß er durch die List eines anderen Zauberers ersaufen mußte«.[117]

Kräuter zur Hexensalbe

Man nimmt neunerlei Kräuter zur Herstellung der Salbe: Mondkraut, Maiträubchen (osmunda lunaria), am Montag geschnitten, Eisenkraut (Verbena officinalis), Dienstag gesammelt, Godeskraut (Mercurialis perennis), Mittwochs gepflückt, Hauslaub, Donnerbart oder Godesbart (Sempervivum tectorum) Donnerstag geholt, Liebfrauenhaar (Adianthum capillus veneris), Freitag gebrochen, Sonnenwende (Heliotropium Europaneum), Sonnabend geholt und Binsenkraut (Elfenkraut) Hyoscyamux niger), Sonntags eingebracht nebst Tollkraut (Atropa belladonna) und den Sturmhut (Anconitum camarum).

Die Mandragora ist eine seit alters her bekannte Zauberpflanze, die einen stark stimulierenden Giftstoff in sich hat. Das eigentliche Hexenkraut ist das Bilsenkraut (das in der Regel im Zusammenhang mit alten Rezepturen genannt wird). Es ruft unter gewissen Bedingungen ein eigentümliches Gefühl hervor; das Gefühl zu fliegen. In schweren Fällen wird das Gehirn affektiert, sodaß sich die Befallenen wie wahnsinnig gebärden. Der durch das Bilsenkraut hervorgerufene Rausch ist unlustig, er bewirkt einen ruhigen und traumlosen Schlaf. Das geht aus der alten Bezeichnung 'Schlafkraut' hervor. Die Tollkirsche (Atropa belladonne) kommt beschränkter vor. Außerdem haben Bittersüß und Nachtschatten den Charakter von Giftpflanzen. Nachtschatten ist das deutsche Wort für 'morbus maleficialis' (die durch Zauberei erwirkte Krankheit). Solanum Dulcamara heißt gewöhnlich 'Alpranken' oder 'Marentaken'. Das Volk bringt es in Beziehung zum Alp oder der Nachtmare; zum Alpdrücken.

Stechapfeltheorie (Meyer)

Meyer versucht, das Hexenwesen auf die Anwendung eiener giftigen Pflanze, des Stechapfels (Datura Stramonium) zurückzuführen. Der Stechapfel ist eine Schuttpflanze, die in den deutschen Kräuterbüchern des 16. Jahrhunderts genannt wird, und zwar das aus ihr bereitete Rauschmittel, dessen Herstellung einfach ist. Wenngleich die Meyer'sche Theorie eben eine Theorie bleibt und von der Sache her nicht aufrecht zuerhalten ist, so geht er doch von einem wahren Kern aus:

Er geht davon aus, daß der Mensch in elenden und wüsten Zeiten eher geneigt ist, sich mit Rauschmitteln zu stimulieren. Unterstützt wird seine Ansicht durch die Tatsache, daß das Hexenbrennen vor allem gegen arme und unbemittelte Leute geführt wird: es sind die zu den Randgruppen gestempelten Personenkreise der sog. Gesellschaft. Eine ähnliche Tendenz zeigt sich heute. Auf das 16. Jahrhundert bezogen, führt er an:

»Die Bauern führen ein gar schlecht und niederträchtig Leben; ihre Häuser sind schlechte Häuser von Kot und Holz gemacht, auf das Erdreich gesetzt, auf und mit Stroh gedeckt. Ihre Speise ist schwarz Roggenbrod, Haferbrei oder gekochte Erbsen und Linsen, Wasser und Molken ist ihr Trank. Ein Zwilchsüppe (?), zween Bundschuh und ein Filzhut ist ihre Kleidung. Diese Leute haben nimmer Ruh. Früh und spät

hagen sie der Arbeit an... so ist nichts, daß das arme
Volk nicht tun muß und ohne Verlust nicht aufschie-
ben darf«.[118]

Noch schlechter allerdings war die Lage der Bettler,
der Erwerbslosen und der sozial ungesicherten und in
keiner Weise gesicherten Frauen und Kinder, die bereits durch ihre Geburt als unehelich oder unehrlich
gelten. Dazu kommt das Verkaufen des Branntweins
in den Apotheken.[119] Meyer setzt nun an die Stelle der
Salben ein Getränk. Das ist naheliegend, weil die geschilderten Zustände wohl nur über orale Einnahmen
denkbar sind. Die Auffassung von Meyer ist deshalb
hinfällig, weil sie höchstens eines der Phänomene des
Hexenwahns aufhellt, ja nicht einmal erklärt.

Die Vorstellung des Hexenfluges ist uralt. Sie kommt
nicht nur im Orient, in Ägypten und bei den Römern
vor, sondern ebenso in der nordischen und germanischen Mythologie. Die Kräuter für die Heilung von
Krankheiten nahmen einen viel größeren Rahmen als
heute ein. Der Bevölkerung sind die 'modernen' Zivi-
lisationskrankheiten unbekannt. Dem gegenüber ist
Krankheitslehre nicht weit entwickelt.

Versuche von Snell

Der Psychiater Otto Snell ist um den Nachweis bemüht, daß ein Großteil der seiner Zeit Verurteilten
geisteskrank ist. Dies stellt sich als irrig heraus. An
sich selbst führt er verschiedene Experimente aus.
»Mit einer Salbe von Anconitum und Fett (1:30)
konnte ich weder Anästesie, noch unruhige Träume,
noch einen anderen Erfolg feststellen. Den inneren
Gebrauch habe ich bei Tinctura Tramonii bis zu 80
Tropfen, bei Tinctura Belladonna bis zu 50 Tropfen,
bei Atropium sulphuricum in wässriger Lösung bis zu
0,002 gr. gesteigert. Trotzdem ist es mir nicht gelungen, Träume zu erzeugen, in denen das Gefühl des
Fliegens oder der sexuellen Erregung vorgekommen
wäre«.

Snell konnte ohnehin nur teilweise Erfolg haben. **Er
kann zwar rekonstruieren, nicht aber die Zeit heraufbeschwören. Die Phase des Hexenwahns ist nur aus
der innigen Verzahnung vieler Einzelfakten verständlich: über ihnen steht der Glaube an Dämonen und an
teuflische Einwirkungen.** Der religiöse und der medizinische Aberglaube spielten im Alltagsleben eine fast
beherrschende Rolle. Dies prägt den Geist der Epoche
und die Menschen in ihren Gefühlen, Wünschen und
Hoffnungen. Deshalb kann man nicht diejenigen verurteilen, die seinerzeit von der Realität des Hexenfluges ausgegangen sind. **Wer sagt uns später, welche
Hirngespinste wir für wahr gehalten haben!**
**Die Salben, die man über Jahrhunderte den Hexen
zuschreibt, bleiben eine unbekannte Größe im Verbund des allgemeinen Hexenwahns. Alle anderen
Darstellungen sind an den Haaren herbeigezogen.**

*Allegorische Darstellung von dem Griechen Lyakon, der von
Zeus in einem Wolf verwandelt worden ist. Es ist anzuneh-
men, daß sich aus dieser Vorstellung zumindest teilweise die
Werwolfsage ableitet. Kupferstich (1523).*

Fragwürdigkeit des Glaubens an Teufel und Dämonen

Teufelsvorstellung in Talmud und Kabbala

Aus dem Talmud ist zu entnehmen, daß die Hölle eines von den sieben Dingen ist, die Gott vor der übrigen Welt geschaffen hat. Die anderen sind: Pentateuch, Paradies, Reue, Thron Gottes, den Tempel und den Namen Messias. Außerdem heißt es im Talmud: »Dem Sünder kommen drei Scharen Teufel entgegen und rufen ihm zu »Keine Ruhe dem Frevler, er liege in Qualen«.[1]

Rabbi Jehuda, genannt Hakadosch der Heilige, faßt das Traditionsgut in Tibeias (Palästina) zusammen. Die Sammlung erhält den Namen »Mischna«, als Wiederholung des Gesetzes oder als zweites Gesetz.[2] Die Gemara ist eine Weiterentwicklung davon. Sie bringt Erläuterungen, Begründungen und Zusätze. Im 4. Jahrhundert faßt ein Unbekannter alles, was seit Jehuda vorgetragen worden ist, zusammen und fügt es der Mischna als Kommentar bei: daraus entsteht der Talmud. Man unterscheidet einen jerusalemischen und babylonischen Talmud, dessen Abfassung in das Jahr 500 fällt und der dem Rabbi Asche und seinem Gehilfen und Freund, Abina zu Sura, zuerkannt wird.[3]

Die Kabbala im Sinn einer Geheimlehre soll den in den heiligen Schriften niedergelegten »geheimen« Sinn entziffern lehren, den Gott bei der Übergabe der Thora auf dem Sinai mitgeteilt hat. Die Entzifferung geschieht bei den Kabbalisten mit Gematria (Geometrie), Notarikon und Themurah. Die Kabbalisten erfüllen alle Räume der Schöpfung mit guten und bösen Geistern, teilen sie in Ordnungen, setzen ihnen Oberhäupter vor, unterscheiden sie durch Namen und weisen ihnen Ämter zu. Die bösen Dämonen haben verschiedene Namen: Satanim, Schedim, Seirim, Malache, Chabbalah (Engel des Verderbens). Nach anderen Vorstellungen soll Gott die Teufelin »Lilith« erschaffen haben. Sie erzeugt dann mit Adam die übrigen unzähligen und bösen Geister. Nach der kabbalistischen Auffassung hat Gott vier weibliche Teufel erschaffen: Lilith, als Eva mit Adam, Naamah, die Gattin des Teufels Schereon, Machlath soll über 470 Rotten von bösen Geistern befehlen; Iggereth soll mittwochs und freitags nachts mit 1800 bösen Geistern herumschwärmen und den Menschen schaden. Die Zahl der bösen Geister ist unaussprechlich. Ihr gewöhnlicher Aufenthalt ist ein düsterer Raum unter dem Mond. Die bösen Geister können sich in einem Augenblick von einem Ende der Welt zum anderen bewegen und die Zukunft deuten. Sie essen und trinken wie die Menschen und pflanzen sich ebenso fort.[4]

Sowohl der Talmud als auch die Kabbala halten ein gutes und ein böses Prinzip aufrecht. Die kabbalistische Lehre hat im späten Mittelalter viele Anhänger und gewinnt dadurch an Einfluß. »Aber nicht nur in theosophischer Hinsicht fühlt sich das Mittelalter von den Kabbalisten angezogen... auch die erwachende Neigung zum Studium der Natur sucht in der Kabbala Befriedigung. Der sachkundige Kabbalist rückt im Lauf der Zeit in den Geruch eines Zauberers und Hexenmeister. Weil nun Vorstellungen vom Satan, von Hexen und deren Verkehr mit den Dämonen, Teufelsbeschwörungen, Wettermachen, Haß- und auch Freundschaftsstiftung usw. in einzelnen kabbalistischen Schriften vorkommen, ist man bemüht, den mittelalterlichen Teufels- und Hexenglauben daraus abzuleiten«. Richtig ist das nicht, denn es ist eine wechselseitige kulturelle Befruchtung: dennoch hat das Wissen um die Lehren der Kabala den Hexenglauben aktiviert, zumal in Deutschland prominente Männer dafür eingetreten sind.

Der Teufel im Neuen Testament

Im Neuen Testament hat die satanische Idee das religiöse Bewußtsein durchdrungen und tritt als weiter entwickelter Teufelsglaube hervor. Es lassen sich einige Vorstufen abgrenzen:

● Die pars-iranische Religion des Mazdaismus, wo dem lichten Prinzip, Ahura Mazda, das finstere Prinzip, Angra Mainju, gegenübersteht. Beides sind personale Gottheiten, jede eigenständig und selbstherrlich. Vom bösen Prinzip stammt alle Sünde und alles Übel auf der Welt. Dieses dualistische Denken lebt in der Religion des Manichäismus fort und beherrscht noch heute viele Gemüter.

● Die jüdisch-alttestamentarische Religion. In ihr gibt es Dämonen und besonders den Satan. Satan erscheint als Ankläger und Widersacher. Noch erscheint er als Partner Gottes, der mit dem Herrn wie es scheint, auf gleichem Fuß stehend, einen Vertrag eingeht. In Wirklichkeit kann er so weit wirksam werden, als es Gott gestattet.

● Die neutestamentarische Offenbarungsreligion. Im Neuen Testament zeigt sich der Teufel als gefallener Engel, als früherer Inhaber der Herrlichkeit in seiner glanzvollen Herrscherwürde, der mit unzähligen Engeln, die sich verführen ließen, aus dem Himmel gestürzt wird.

Entscheidend ist, daß in der neutestamentarischen Dämonologie das eigentliche Satanreich klarer gefaßt ist.[5] Hier ist es bereits eine organisierte Macht, an deren Schaltstelle Satan sitzt, der seine Sendboten ausschickt, damit sie seine Werke tun. Der Teufel wird mehrfach erwähnt und tritt in verschiedenen Benennungen auf. Er taucht immer in der Einzahl auf. Sein Name stammt aus dem Griechischen und bedeutet Verleumder, Durcheinanderwerfer und Täuscher.[6] **Er tritt im Neuen Testament als Oberhaupt des Bösen auf. Diese Vorstellung kennt das Alte Testament nicht.**

Von einem Äußeren des Teufels ist nicht die Rede. Zunächst erscheint er als Versucher der Frommen und Ankläger der Menschen; er wird mit dem Tod und der Sünde in Verbindung gebracht,[7] zum speziellen Feind Christi und damit zum Verderber und Widersacher der Christgläubigen erklärt; der Teufel verfinstert den Verstand und verkehrt den Willen der Menschen.[8] »Der Teufel sucht der Stiftung und Ausbreitung des Reiches Christi entgegenzuwirken.[9] Als von Christus Abgefallene werden nicht nur Sünder,[10] sondern auch Irrlehrer[11] betrachtet«. Wer Christus glaubt, entrinnt der Gewalt des Teufels und wird in das göttliche Reich versetzt.[12]

- Der Teufel bedient sich der List, gibt sich den Anschein des Guten, verstellt sich zu einem Engel des Lichtes.[13]
- Er sucht die Schwachen durch Zeichen zu überwältigen.[14]
  Als Feind Gottes ist der Teufel auch der Feind alles Guten, er sucht ohne Unterlaß den Samen des Bösen auszustreuen[15] und das Wort Gottes aus den Herzen zu reißen[16]
- Seine erste Tat ist die Verführung der Eva zur Sünde; seine zweite die Verleitung Kains zum Brudermord; daher ist er der Urmörder. Er ist der Urheber der Sünde und des Todes.[17]

Festzustellen ist, daß diese Argumente durch nichts als durch Zitate aus der Bibel zu belegen sind und es fragwürdig ist, die Bibel als verbindliche Quelle zu akzeptieren und sie nur durch die theologische Brille zu betrachten. Wie leicht hier falsche und vergfängliche Interpretationen gezogen werden, beweist der christliche Dämonenglaube ebenso wie das daraus entstandene Hexentreiben. Wichtig ist die Feststellung, daß der Fall des Teufels in der Bibel nicht erwähnt wird. **»Er reduziert sich damit auf die Vermutung einer Analogie zu dem der Engel«.**

Die Frage ist, inwieweit das Volksbewußtsein jener Zeit zu Satan und seinen angenommenen Helfershelfern gestanden hat. Die Bedeutung der Dämonen wird bei den Synoptikern in der Apostelgeschichte hervorgehoben. **»Die Frage, ob Jesus selbst die Vorstellung seiner Zeit geteilt hat, oder ob er sie nur ange-** nommen hat, ist müßig, weil in beiden Fällen der Glaube an den Teufel im Volksbewußtsein feststeht«.[18]

Messianische Idee

»Der neutestamentarische Satan ist als spezifisches Produkt der veränderten Anschauung zu betrachten und steht im Zusammenhang mit der Messiasidee und der Vorstellung des messianischen Reiches. Messias ist eine Umformung des Wortes »der Gesalbte«. Nach der jüdischen und christlichen Theologie ist er der von Gott verheißene Erlöser. Die Vorstellung gründet sich auf den festen Glauben, daß der religiös-sittliche Inhalt des Jahvetums nicht nur nicht zerstört werden kann, sondern daß er zur Verwirklichung gelangt. Deshalb tritt der Messiasglaube in Form einer Weissagung auf. Man erwartet vom Messias die Befreiung vom Joch fremder Herrschaft, die Wiederherstellung des reinen Mosestums, eine Umbildung der Dinge und die Übernahme der Weltherrschaft.

»Der Ruf von einem großen König, den die Juden erwarten, dringt bis zu den Ohren der Römer[19]... er soll als Heiland auftreten, um sein Volk von den Sünden zu befreien, es mit Gott zu versöhnen und die Sündenstrafen aufzuheben«.[20] Die Zeitgenossen erwarten vom Messias die Beglaubigung seiner Messianität durch Wunder.[21] Das polytheistische Heidentum hat sich ausgelebt. Der Götterglaube wird von den Gebildeten zur Fabel herabgewürdigt oder zur Einkleidung philosophischer Ideen herangezogen.

Das Judentum ist in eine Vielzahl von Sekten und Parteien zerklüftet; es ist in der Auflösung begriffen. Die griechische Bildung hat das menschliche Bewußtsein empfindsamer gemacht. Es wird empfindsam gemacht für den sittlichen Gehalt des Christentums. Man besinnt sich auf die Einkehr, sucht einen Schwerpunkt des sittlichen Handelns und sucht die Selbsterkenntnis: aber mit der Übernahme der antiken Gedanken kommt auch das Negative, der Glaube von Dämonen verpflanzt sich auf das junge Christentum. Zur Zeit Christi ist eine eklektische Popularphilosophie geläufig. Das Christentum bleibt nicht nur Religions- und Sittenlehre, es findet in der Person seines Stifters einen festen Mittelpunkt.

In Bezug auf das messianische Reich unterscheiden sich die Christen von den Juden. Die Juden betrachten die Zukunft mit der Erscheinung von Christi als vollzogen, die Christen erwarten das zu errichtende (messianische) Reich. Beide treffen in der Hoffnung einer zweiten herrlichen Zukunft zusammen.

Christus ist stärker als der Satan. Über den Zeitpunkt der Bewältigung sind die Anschauungen verschieden. Nach einigen Stellen ist Christus als der Stärkere erschienen. Nach Johannes ist der Fürst der Welt gerichtet. Die Apokalyptiker erwarten seinen Sturz in der Zukunft. Nach einer anderen Stelle geht der Teufel wie ein brüllender Löwe umher; bald ist durch den Tod Christi seine Macht besiegt, dann dauert sein Kampf bis zur Wiederkunft Christi. **All dies sind theologische Spekulationen.**

Engel, Dämonen

Auch über die Engel hat die Kirche kein offizielles Dogma aufgestellt. Der Glaube an ihre Wirksamkeit ist (zwangsweise) ein Vorzugsthema der Kirchenväter. Sie übernehmen diese Vorstellungen aus dem Fundus der Geschichte. Die jüdische Religion hat in ihre Engellehre altorientalische Vorstellungen eingewoben und die christliche Kirche schöpft aus den jüdischen Glaubensvorstellungen. Bereits die ersten Kirchenväter sprechen von einer Rangordnung der Engel. Hermas und Parias sprechen sich in dieser Hinsicht aus und Justinus, Athenagoras, Clemens Alexandrinus, Methodius und Origenes sind der gleichen Auffassung unter Bezug auf eine Bibelstelle. Es werden Rangordnungen der Engel gebildet. Thomas v. Aquin hält es später für wahrscheinlicher, daß die Engel in der heiligmachenden Gnade erschaffen worden sind und schon als übernatürliche Existenz in das Dasein getreten sind. Ein Engel erleuchtet den anderen und kann ihm Wahrheit und Erkenntnis mitteilen.[22] Die englische Natur ist über die menschliche erhaben. Den Engeln werden luft- oder lichtartige Körper beigelegt; in den Clementinischen Homilien wird Gott ein feiner Lichtkörper »von unermeßlicher Schönheit« beigemessen. Über die Tätigkeit der Engel stimmen die Kirchenväter darin überein, daß Gott einzelne Aufgaben delegiert. Bei einigen findet sich eine nähere Angabe der besonderen Geschäfte. Nach Origenes hat Raphael die Aufsicht über die Kranken, Gabriel über die Kriege, Michael über das Gebet.

Auch christliche Gemeinden stehen unter der Aufsicht einzelner Engel. Später setzt sich die Auffassung durch, daß ein Fürst (auch ein schlechter !!!) einen größeren Engel zur Seite hat als ein normaler Bürger. Hier entwickelt sich die Vorstellung der Schutzengel. Sie bewachen die Frommen und fördern die göttlichen Tugenden. Ganz von alleine drängt sich die Frage auf, daß es dann ja auch böse Engel geben muß, die einen negativen Einfluß auf den Menschen ausüben. Dieses Gedankengut wird von einigen Kirchenvätern in den Vordergrund ihrer dogmatischen Spekulationen gerückt, was im Zeichen ihrer Zeit verständlich ist aber auch beweist, daß das theokratische Lehr- und Denksystem der Kirche mit ihrem Wachstum und ihrer Macht Schwierigkeiten hat, flexibel zu bleiben und mit der Zeit zu gehen.

Tertullian, Origenes, Irenäus, Theophilus

Hermas berichtet, daß der Mensch von zwei Genien, einem Guten und einem Bösen, auf seinem Lebensweg begleitet wird. Tertullian stellt die Behauptung auf »...daß fast kein Mensch ohne unreinen und bösen Dämonen sei«. Irenäus, ein Bekämpfer des Gnostizismus, setzt an die Stelle de Demiurg(en) den Teufel und den von den Häretikern überkommenen Begriff von der Versöhnung nach dem Prinzip des Rechtes auf den Boden der christlichen Dogmatik.

Das wird zum Wendepunkt, infolgedessen das Verhältnis zwischen Gott und dem Erlöser gegenüber dem Teufel aus dem Gesichtspunkt des Rechtsverhältnisses betrachtet wird. Nach der Ansicht von Irenäus ist der Mensch durch die Übertretung des göttlichen Gebotes in die Gewalt des Teufels gekommen. Origenes ist der Meinung, daß sich die Dämonen in einem stetigen Kampf mit dem Christentum und dem Reich Gottes befinden. Nach ihm sind die Menschen Werkzeuge der Dämonen. Origenes findet die Hauptsünde des Teufels im Hochmut und in den Anmaßungen, deretwegen er aus dem Himmel gestoßen worden ist »...daher er den Kain zum Mord seines Bruders, der Gott angenehm war, antreibt«.

Es ist naheliegend, sich deshalb auch die imaginären bösen Engel, bzw. die Dämonen, körperlich vorzustellen. Nach Tatian sind die dämonischen Leiber von der Art der Luft oder des Feuers. Ohne Körper, heißt es in den Auszügen des Theodoret, während die Dämonen für keine Strafe empfänglich, sie heißen aber unkörperlich im Vergleich mit den geistigen Leibern der Seligen, wogegen sie nur wie ein Schatten sind.

Aus der Vorstellung der Leiblichkeit folgt die Erfordernis der Nahrung. Deshalb läßt sie Origenes den Dampf des Weihwassers und der Opfer einsaugen. Ähnlicher Meinung sind andere Kirchenlehrer. Nach Origenes sind die bösen Dämonen im Besitz geheimer Kenntnisse. Ihren Aufenthalt sieht er in der dicken Luft. Athenagoras leitet die Unordnung der Welt vom Teufel und von den Dämonen ab. »Sie suchen den Menschen allerhand Übel zuzufügen, indem sie Landplagen, Mißwachs, Dürre, Perst, Viehseuchen, Krankheiten und sonstige Leibesübel hervorbringen«.[23] Die Kirchenlehrer sind davon überzeugt, daß die Dämonen von den menschlichen Leibern Besitz ergreifen. Dennoch macht Origenes die Bemerkung, daß manche Ärzte solche Zufälle für natürliche Krankheiten erklären«. Nach Cyprian sind die Teufel die Erfinder der Ketzerei und der Schismen. Tertullian weiß, daß der Teufel beim Götzendienst die Sakramente nachahmt, seine Getreuen tauft und sie an der Stirne zeichnet«. Hinzu kommt, daß man einzelne menschliche Schwächen dämonischem Einfluß zuschreibt. Clemens Alexandrius hält den leckermauligen Bauchteufel für den bösartigsten Dämonen, der mit dem in den Bauchrednern wirksamen Dämonen identisch ist«.[24]

Hier bildet sich der Ansatzpunkt zu Heilmitteln, Weihwasser, Reliquien und dem Exorzismus. Weil manche Kirchenlehrer behaupten, daß der Mensch von bösen Dämonen umgeben sei, müssen sie ausgetrieben werden. Gegen die von allen Seiten auf den Menschen angeblich einwirkende böse Macht der Dämonen ersinnen die Kirchenväter Gegenmittel. Man bekämpft fortan Aberglauben mit Aberglauben. Hermas findet in der Gottesfurcht die nötige Sicherheit. »Der Teufel flieht vor dem Gebet des Christen,[25] vor dem ausgesprochenen Namen Jesu[26] und vor dem Zeichen des Kreuzes,[27] mit dem schon die abergläubischen Ägypter operiert haben!

Im Grunde genommen sind dies Spekulationen, die noch heute mit theologischen Spitzfindigkeiten aufrecht erhalten werden. Die ersten Väter der christlichen Kirche sind genau wie wir heute vom Geist ihrer Epoche befangen; sie ergehen sich in Spekulationen und übernehmen Vorstellungen der griechischen Philosophie, in der sie teilweise selbst ausgebildet sind.

Aus dieser Ecke kommt der Glaube an Dämonen, seien sie nun böse oder gut. **Die christliche Theologie zimmert daraus das absurde Lehrgebäude vom Teufel und seiner Verfänglichkeit.** Die Aufrechterhaltung dieser waghalsigen Phantasie kostete Hunderttausenden das Leben und noch heute lehrt die Kirche offiziell, daß es einen Teufel gibt. Damit schürt sie die Angst des Individiums und verunsichert den kritisch Denkenden. Das ist meines Erachtens der Fehler. **Anstatt die Kirche nach dem unsagbaren Blutvergießen durch ihre Ansichten nunmehr endlich den Menschen und vor allem ihre eigenen Priester aufklärt über Dämonismus und über aus der Geschichte übernommenen Relikte, hält sie wacker den Teufelsglaube hoch. Nicht nur, weil sie sich die Berechtigung dazu anmaßt, sondern weil mit dem Wegfall dieser imaginären Vorstellung ein Großteil ihres dogmatischen Lehrgebäudes zusammenbricht. Freilich kann es nicht im Sinn der Kirche sein, das zu verdammen, was sie über zwei Jahrtausende gutgeheißen hat, aber sie sollte doch objektiver und aufrichtiger gegenüber denen sein, die das System finanzieren.**

Der Teufel vom 4.—6. Jahrhundert, Staatsreligion

Durch Konstantin wird die christliche Religion zur Staatsreligion erhoben. Dadurch wird der kirchliche Autoritätsglaube genährt und man wendet sich aktiv zur Bekehrung der heidnischen, besonders der germanischen Volksstämme.[28] In dieser Phase wird es gefährlich, der Kirche entgegenstehende Ansichten zu vertreten. In dieser Epoche werden die Priscilianisten verfolgt. So wird auf dem 2. Konzil von Brega (561) ihre These verworfen, daß der Teufel kein vorher von Gott erschaffener Engel ist, sondern aus der Finsternis aufgetaucht ist und keine Schöpfer hat.[29] Die Quelle des Übels liegt im dualistischen Manichäismus. Nach der christlichen Lehre sind Gott und Satan nicht selbständige Prinzipien des Guten und Bösen: Gott ist stärker (sagen die Theologen!). In der Phase der Festigung und Ausbreitung des christlichen Glaubens wird nach der allgemeinen Lehre das Wesen der Sünde in den freien Willen des Menschen verlegt. Das ist entscheidend, weil der Teufel im Grunde genommen nach der theologischen Auffassung nur mit der Zulassung Gottes aktiv werden kann: außerdem steht es dem einzelnen Menschen frei, sich zu entscheiden. Hier bleibt die Frage offen, wieso dann die Christen schon in dieser Epoche mit ihren Tauf- und Exorzismustheorien den Menschen an sich zwingen. Nach Augustinus hängt die Sünde mit der sittlichen Freiheit zusammen. Sünde versteht man als Auflehnung gegen den göttlichen Willen. In dieser Zeit findet sich der Glaube an Incuben, und zwar außer bei Augustinus und Chrysostomus bei Philastrius, wo er den Fabeln der Heiden und Dichter von ihren Göttern und Göttinnen überwiesen wird. Mehrere Kirchenlehrer sagen, daß die Dämonen den Dampf der ihnen dargebrachten Opfer einsaugen.[30] Der Teufel bleibt in dieser Periode der Anstifter der Christenverfolgungen, der Ketzereien und deren Verbreitung zur Schädigung der christlichen Kirche. Weitere Schutzmittel werden ausgesonnen: hier sind das Weihwasser und die Reliquien zu erwähnen. Daß der Exorzismus in dieser Zeit bekannt ist, vor allem in schriftlicher Form, zeigt die Legende vom heil. Eugendus aus dem 6. Jht. »... einer Besessenen wird... wie es Brauch ist... »exorzismorum scripta« zur Heilung an den Nackten gehängt. Der Teufel will nicht weichen...schließlich kann er durch einen persönlichen Brief des heil. Eugendus vertrieben werden«.[31]

Auch der Staat bleibt nicht untätig. Gesetze gegen Zauberer werden erlassen. Sie beweisen nicht nur, daß es aktives Zauberwesen vorgelegen haben muß, sondern auch, daß der Staat das Vorgehen der Kirche gutheißt und sich hinter deren Theorien stellt. Konstantin untersagt die Ausübung aller magischen Künste unter der Androhung von harten Strafen. 357 verhängt Konstantinus die Todesstrafe über den, der Astrologen, Zeichendeuter, Auguren, Chaldäer oder Magier um die Zukunft fragt. 392 erklärt Theodosius als Verbrechen: »...wenn jemand sich über die Gesetze der Natur zu erheben, Unerlaubtes zu erforschen, Verborgenes zu erkunden, Verbotenes zu versuchen, einem Anderen Verderben zu bereiten oder die Schädigung desselben einem dritten zu versprechen sich unterfange«.[32] Zu Beginn des 5. Jhts. wird von Honorius allen Magiern, Mathematici genannt, das Handwerk gelegt, indem er sie aus allen Städten zu vertreiben und ihre Bücher zu verbrennen befiehlt.[33] Durch diese Maßnahmen wird der Dämonen- und Teufelsglaube nicht ausgerottet, sondern genährt.

»Daß der Staat und Kirche im Mittelalter absichtlich dem heidnischen Aberglauben entgegentreten, ist nachgewiesen, daß sie aber den christlichen auszumerzen nicht beflissen waren, zeigen die lebendigen Akten der Geschichte, ja, daß sie es gar nicht vermochten, weil sie selbst darin behaftet ist«.

Kaiser Leo der Philosoph (zw. 887—893) hebt in einer Verordnung hervor: »...man habe in Erfahrung gebracht, daß alle Zauberübungen (incantamenta) den Menschen von Gott entfernen und dem Dienst gräulicher Dämonen zuführen; Schaden für ihr Seelenheil sei davon unzertrennlich... daher werden alle zauberischen Begehungen ohne Unterschied verboten. Den Übertreter dieses Verbotes soll als Apostat den Tod erleiden«.[34]

Visionen

Selbst was das Fortleben nach dem Tod anbelangt, hat das Christentum Ansätze aus dem jüdischen und griechischen Volksglauben entnommen. Reichlicher, systematischer und teilweise in anderer Richtung als bei den Juden haben sich die christlichen Jenseitsvorstellungen im Mittelalter entwickelt. Es lassen sich einige Stufen unterscheiden:

● Visionäre, die Höllenschilderungen als Selbstgeschaut ansehen und das für wahr zu halten wünschen, zudem sie davon selbst überzeugt sind.

● Dichter, die mit einem gläubigen Geist, nicht strikt nach der Kirchenlehre aber auch nicht gegen sie, teilweise nach dem Volksglauben, das Jenseits schildern.

● Theologen, die aufgrund der **von ihnen festgesetzten** Lehren, durch Auslegung und Erweiterung, mit der Hilfe kühner Phantasien Schilderungen zustande bringen, die sie für wahr halten und anderen aufzwängen.[35]

Dieser Klasse gehören die ältesten Kirchenväter an, die von einer Hölle mit wirklichem Feuer sprechen. Augustin versucht zu beweisen, daß die Sünder ewig in der Hölle brennen müssen ohne verzehrt oder vollständig vernichtet zu werden, »...wie dieses auch bei Vulkanen, Pfauenfleisch (Phönix?) und gebranntem Kalk der Fall ist...«. Er nennt die Hölle ein ewiges Sterben.

Johannes sagt in seinen Offenbarungen: »Ich sah einen Engel von dem Himmel fliegen, der den Schlüssel zu dem Abgrund und eine große Kette in seinen Händen hatte. Er hat den Drachen, die alte Schlange, ergriffen die der Teufel in seinen Händen hat und hat ihn auf tausend Jahre gefesselt.[36]

Eine alte christliche Jenseitsvision ist die sog. »Apokalypse von Petrus«[37] aus der 2. Hälfte des 2. Jhts. Ihr zufolge werden Verfertiger von Götzenbildern und Apostaten in schrecklichen Flammen gebrannt und gebraten. Im 4. Jht. erwähnen Sazomenus in seiner Kirchengeschichte und Augustin eine Apokalypse oder Vision des Apostels Paulus, die angeblich in seinem Haus in Tarsus gefunden worden ist. Im Mittelalter werden Übersetzungen in lateinischer, mittelenglischer und altfranzösischer Sprache gemacht. Hier ist vor allem die Arbeit des Mönchs Adam Deros hervorzuheben.[38] (12. Jht.).

Nach der Vision des Paulus stecken die Seelen der Ungläubigen in einer unendlich tiefen Blutgrube, in die sie immer tiefer sinken, ohne je auf den Grund gelangen zu können. Sie flehen vergeblich um Erbarmen. Etwa aus der Zeit der Paulus-Vision stammt die des Patriarchen oder Einsiedlers, des heil. Antonius. In seiner, wegen der Widmung an den Hofbeamten Lausus, Lausiakon genannten Sammlung von Heiligen- und Einsiedlerbiographien aufgezeichnet, hat der Heilige, nachdem er manche Kämpfe mit den Dämonen glücklich bestanden hat, ein volles Jahr zu Gott gebetet: »...er möge ihm doch die Aufenthaltsorte der Gerechten und Sünder offenbaren... er sah nur einen großen, schwarzen, bis zu den Wolken reichenden Riesen mit ausgestreckten Händen, unter dem sich ein ungeheurer See ausdehnte«.

Nach der Vision des Alberich müssen Eheleute, die an Sonn- und Feiertagen fleischlich miteinander verkehren, eine 360 Ellen hohe, glühende und eiserne Leiter hinaufsteigen, von der sie in einen Kessel mit siedendem Öl, Pech und Harz stürzen.[39]

Visionen des Mönchs Wetti[40]

Der Mönch Wetti aus dem Kloster Reichenau hat nach Aufzeichnungen kurz vor seinem Tod (3. Oktober 824), von einem Engel geleitet, Himmel, Hölle und Fegefeuer durchwandert und gesehen, wie Karl der Große und Geistliche für ihre geschlechtlichen Sünden gepeinigt werden. Der Mönch teilt mit, daß der Kaiser in Berücksichtigung seiner sonstigen Frömmigkeit und seiner der Kirche geleisteten Dienste wegen später in das Paradies gelangen wird. In einer anderen Vision erkennt er eine arme Frau. Sie hat im Fegefeuer Karl den Großen und die unter der Last von drei Mühlsteinen jammernde Kaiserin Irmgard (gest. 818) gesehen. Da gibt es noch die angeblich von Hinkmar aufgezeichnete, wahrscheinlich von ihm verfaßte, aber einem Berthold (Bürger von Rheims) zugeschriebene Vision. Auch er sieht an einem finsteren Ort Karl den Kahlen in Schmutz und Fäulnis liegen. Er bittet Erzbischof Hinkmar, sich für ihn zu verwenden und sagt: »ich leide so, weil sich seine wohlmeinenden Ratschläge nicht befolgt habe«.

Der wundersüchtige Cäsarius von Heisterbach (gest. 1244) behauptet in seinem Dialogus: »Ein Pilger hat sich so betrunken, daß man ihn für tot hielt. Nachdem er seinen Rausch ausgeschlafen... berichtet er in der Hölle gewesen zu sein und dort gesehen zu haben, wie man den Abt von Corvey dahin brachte, dem der »Fürst der Finsternis« einen feurigen Kelch heißen Schwefel zu trinken gab[41]. **Diese Schilderungen sind aus ihrer Zeit heraus und damit tendenziös zu verstehen. Sie entbehren jeder sachlichen Grundlage und es ist bedauerlich, daß sie kurze Zeit später in die Heiligen- und Legendenbücher einfließen und hier weiter verbreitet werden.** Damit steigt der Wunderglaube ins Unermeßliche, wo es doch im Grund nichts als Gerüchte sind.

Zur Geographie der Hölle

Über den Ort der Hölle liegt keine dogmatische Entscheidung vor, dennoch muß es als Annahme der Kirchenväter und späterer Theologen gelten, daß die Hölle ein abgeschlossener Raum innerhalb der Erde ist[42] (wenngleich hier die Ansichten auseinandergehen) und hier ewige unaussprechliche Qualen erlitten werden. Diese Auffassung ist älter als das Christentum und wir haben es mit der Übernahme antiken Gedankengutes zu tun:

»Die Griechen glauben an einen Hades im Mittelpunkt der Erde... in dieser Hinsicht ist durch das Christentum nichts geändert worden und trotz der Entdeckungen eines Kopernikus und Galilei suchen unzählige Christen den Aufenthaltsort der Verstorbenen, soweit sie nicht zum Himmel emporgestiegen sind, an dem Ort, wo die alten Germanen Skandinaviens ihr Niflheim, die Ägypter ihr Amenta, die Juden ihren Scheol, die Griechen ihren Hades dachten...«.[43]

Nach der später ausgebildeten Lehre der katholischen Kirche ist die Hölle das Gefängnis, in dem die gefallenen Engel und die verdammten Menschen eingeschlossen sind und leiden müssen. Klipp und klar heißt es im römischen Katechismus: »Die Seelen der Verdammten werden in einem furchtbar grauenhaften und überaus finsteren Kerker im ewigen und unauslöschlichen Feuer zugleich mit den unreinen Geistern gequält«.[44]

Ein Lieblingsthema der Theologen wird der differenzierte Ausbau der Strafen für das menschliche (Fehl)verhalten, wenigstens im Sinn der Priester. Hier kommt es zwangsweise zur Ausschmückung der gräßlichsten Höllenschilderungen, was durch zahllose Druckwerke, Flugblätter, Bilder, Predigten, Umgänge, Prozessionen und durch das angebliche Hexentreiben ins Bewußtsein des Volkes gehämmert wird. Dazu einige Kostproben:

Nach Papst Gregor dem Großen ist die Hölle so tief unter der Erde, wie diese unter dem Himmel. Sie besteht aus zwei Abteilungen. Auch die Scholastiker behaupten, daß sich die Hölle — wenn auch nicht ganz sicher — doch höchst wahrscheinlich im Inneren der Erde befindet.[45]

Drexel[46] berichtet: »Die Hölle hat sieben Gemächer und drei Pforten. In jeder Wohnung sind sieben Flüsse und Hagel. In jeder Wohnung befinden sich 7000 Löcher, in jedem Loche 7000 Risse, in jedem Risse 7000 Skorpionen, deren jeder sieben Gelenke hat und in jedem Gelenk sind 1000 Tonnen Gift«... die Hölle hat Raum für 100 Millionen Seelen«.

Zodiakus klagt Pluto: »... daß es bei ihm schon übervoll sei und doch Türken, Juden und die Mehrzahl der Christen, Priester, Mönche und andere Kirchendiener in Mengen tagtäglich hinzukommen, während die wenigen Seelen den unermeßlichen Himmel zum Wohnsitz haben«.[45]

»Der hochwürdige und gelehrte Hieronymus Vitalis erklärt 1669 für unbezweifelbar, daß die feuerspeienden Berge nichts anderes sind als die Eingänge, gleichsam die Schornsteine der Hölle«. Neu ist dies nicht, denn fast das gleiche geht aus einer Lebensbeschreibung Odilos (gest. 1049) hervor.

Allen diesen Zeugnissen theologischer Intelligenz gegenüber behauptet der Mathematiker und Theologe William Whiston (1667—1752): »... die Hölle befindet sich in einem Kometen und dessen größere oder geringere Entfernung von der Sonne verursache die in manchen Höllenschilderungen erwähnte Abwechslung von schrecklicher Kälte und Hitze«.[47] Dagegen nimmt der englische Theologe Swinden, Pfarrer von Cuxton, an: »... die Hölle befindet sich in der Sonne, weil es keinen anderen Ort gibt, der genügend Raum für die unendliche Zahl von Teufeln und sonstigen Verdammten bietet, und weil die Sonne das Zentrum des Universums ist«.[48]

Mit vollem Glauben und der gründlichsten Ausführlichkeit (als Quellen dienen ihm ca. 300 heidnische, jüdische und christliche Autoren) hat der Doktor des ambrosianischen theologischen Institutes in Mailand, Anton Ruska, die Hölle geschildert. Sein Buch erscheint 1621. Es ist mit Plänen und Grundrissen der Hölle ausgestattet. Er betont ausdrücklich: »...daß es die kirchliche Zensurbehörde als gelehrtes und gründliches Werk... in dem sich nichts gegen den rechten Glauben und die guten Sitten findet«, bezeichnet.[49]

Das Buch ist dem »Erlöser und der Menschheit« gewidmet und heißt: »Fünf Bücher von der Hölle und dem Zustand der Dämonen vor dem Ende der Welt«.

Bautz, ein **Theologe des 20. Jhts.** ist der Meinung, daß die Hölle nur von den Geistern bewohnt wird. »....sollten ihre Dimensionen nach der Auferstehung der Leiber unzulänglich sein, so wird der Schöpfer der neuen Erde Sorge tragen«.[50] Andere erklären das ganze Höllenreich, als eine in ihren Ordnungen, Würdenträgern und Beamten dem himmlischen nachgeahmte feindliche Monarchie des Teufels. Diese Auffassung prägt das Volksbewußtsein des späten Mittelalters, das für das richtige Verständnis des späteren Hexentreibens wichtig ist. Tatsache ist wohl, daß es wohl so eine Hierarchie, gleich ob auf der guten oder der bösen Seite überhaupt nicht gibt.

Das Teufelsbündnis

Es konnte nicht ausbleiben, daß man sich einerseits enger an die Kirche bindet, um Schutz vor den vermeintlichen Dämonen zu finden. Aber gleichzeitig — wie kann das bei der menschlichen Schlechtigkeit ausbleiben — denkt man sich die nähere Bindung an den Teufel, um mit seiner Hilfe Anderen zu schaden. Daraus entsteht das Teufelsbündnis, das fast allen Hexenbränden zugrunde liegt. Hier ist die Ursache des Übels. Schon Augustinus spricht an vielen Stellen über den Teufelsbund. »Alle diese Künste eines teils lächerlichen, teils schädlichen Aberglaubens haben ihren Ursprung in einer verderblichen Gemeinschaft zwischen Menschen und angeblichen Dämonen und sind Bündnisse einer treulosen und betrügerischen Freundschaft«.

Basilius der Große/
heil. Cyprian von Antiochien

»In den Zeiten des Kaiser Julianus, ins 4. Jahrhundert fallend, im Leben des heil. Basilius, Erzbischofs von Cäsara und Kappedonien... erhält ein Jüngling von einem Zauberer einen Empfehlungsbrief an den Satan, den er bei nächtlicher Weile auf dem Grabmahl eines Heiden emporhalten soll. Er wird dort hingeführt, wo Satan von seinen Geistern umgeben auf einem hohen Thron sitzt, entsagt schriftlich Gott und legt seinem neuen Herren ein Gelöbnis ab. Später bekennt er sich und bereut sein Verhalten. Der heil. Basilius betet 40 Tage für ihn »... da kommt der Dämon und will seine Beute wiederhaben... der Heilige ringt mit ihm und entreißt ihm das Opfer aus den Klauen«.

Hierher gehört die Sage des heiligen Cyprian von Antiochien, der, um die schöne Justine zu erlangen, sich dem Teufel verschreibt, aber als dieser nicht im Stand ist, die Christin zu bezwingen, sich von ihm lossagt und ein frommer Christ wird«. Cyprian sendet ihr eine Schar böser Geister und zuletzt selbst den Höllenfürsten... welche sie durch lockenden Zauber zu verführen suchten... so überwand sie dieselben durch das Gebet«. Als Cyprian sah, daß die Teufel nichts gegen sie vermochten, verhöhnte er dieselben, brach das Bündnis mit dem Fürsten und wurde Christ... er wurde ein großer Mann der Kirche und erlitt zuletzt den Märtyrertod«. Man weiß nicht einmal, ob dieser Cyprian gelebt hat. Das ist auch nicht wichtig: schlimmer ist, daß sich solche Fabeln immer mehr mit dem Volksbewußtsein verbinden.

Geschichte des Theophilus

Ein frühes Beispiel eines Bündnisses mit Verschreibung an den Teufel bietet die Geschichte des Theophilus, der aber infolge seines Gebets mit Hilfe der Heiligen Jungfrau die gefährliche Handschrift zurückbekommen hat. Nach der ältesten Erzählung von Eutychianos lebte Theophilus, der ein überaus frommer Mann war, in einer Stadt in Cicilien (Cicilia secunda) als Oeconomus oder Videdominus der Kirche »zur Zeit der Persereinfälle in das Reich« (537—40 (?). Nach des Bischofs Tod wird er zum Bischof gewählt, lehnt die Wahl aus Demut ab, die dann auf einen anderen fällt. Der neue Bischof entsetzt Theophilus seines Amtes, der dadurch bitter gekränkt wird und sich an einen gewaltigen Zauberer und bekannten Juden wendet, durch dessen Beistand er wieder zu seinem Amt kommen will. Der Zauberer führt Theophilus am nächsten Tag in den Zirkus der Stadt und mahnt ihn, vor keiner Erscheinung zu erschrecken, und sich mit dem Zeichen des Kreuzes zu schützen. Dort treffen sich eine Menge Männer mit brennenden Fackeln »... umherziehend und Loblieder singend. In ihrer Mitte thront Satanas, der die Huldigungen seiner getreuen Untertanen gnädig entgegennimmt. Auch Theophilus fällt auf die Knie und küßt die Füße des Teufels...er wolle seinen Befehlen gehorchen«. Der Satan streichelt Theophilus ein wenig über den Bart, küßt und begrüßt ihn freundlicher als seine lieben Untertan. Hierauf sagt Theophilus Jesus uns Maria ab und dem Teufel zu; die von ihm geschriebene und mit Wachs versiegelte Urkunde überreicht er dem Höllenfürst.

Schon am nächsten Tag wird Theophilus ehrenvoll von seinem Bischof eingesetzt und er führt fortan als des Teufels Lehnsmann ein übermütiges Leben... doch wird er später von Reue ergriffen. Da fleht er vierzig Tage und Nächte in der Kirche der Panhagia um ihren Beistand. Sie läßt sich erweichen, schafft die Urkunde herbei und legt sie ihm auf die Brust, während er in der Kirche eingeschlafen ist. Er erwacht, bekennt öffentlich Reue, rühmt die Gnade der Gottesmutter... und stirbt drei Tage danach eines seligen Todes«.[51]

Die Kirche hat durch ihre ausgesprochene Anerkennung des Zusammenhangs dieser Zauberei mit dem Teufel die Entwicklung der Vorstellung an das Teufelsbündnis wachgehalten und indirekt gefördert. Dadurch hat sie dem Aberglauben Vorschub geleistet. Dies Vorstellung breitet sich weiter aus; das klassische Beispiel auf dem deutschen Boden wird die Faustsage.

Georg Sabellicus (alis Faust)

Die historische Grundlage dazu bildet ein herumziehender Taschenspieler und Scharlatan, Georg Sabellicus, der sich »Faust der Jüngere« nennt und der nach der Ansicht des Volkes ein Bündnis mit dem Teufel geschlossen hat. Sowohl Abt Tritheim als Agrippas Schüler, Johann Weyer, bezeichnen Georg Sabellicus als einen Mann, den sie persönlich gekannt haben und von dem viel gesprochen wurde. er nennt sich »Faust der Jüngere« im Gegensatz zu dem Drucker »Johann Faust« (Fust?), der ebenfalls durch sein Handwerk in den Augen des Volkes als Schwarzkünstler und Teufelsgeselle angesehen worden ist. Melanchton sagt in seinen Tischreden, er habe Faust gekannt, derselbe sei von Knittlingen in Württemberg (eine Stunde von Bretten, dem Geburtsort Melanchtons) 1540 von einem Teufel gewaltsam getötet worden!

Das Aufkommen einer nationalen Zaubergestalt ist nicht auf Deutschland beschränkt! So haben die Spanier den Arzt Toralba, der im 16. Jht. lebt und behauptet, einen guten Dämon mit dem Namen Zechiel zu haben und die Zukunft offenbaren zu können. Er kenne die Heilmittel und er habe ihn durch die Luft von Spanien nach Rom und dann von dort nach Venedig geführt, ihn aber dennoch nicht vor der Inquisition schützen können, die ihn nur auf Verwendung eines Großadmirals von Kastilien begnadigte«. Die berühmte italienische Zaubergestalt ist Guido Bonatta. Sie fällt in das 13. Jht.

Die älteste Darstellung der Faustsage erscheint 1587 in Frankfurt am Main. »In einer Zeit, wo niemand die persönliche Existenz des Teufels bezweifelte, und wo nur einzelne kritische Geister höchstens die Möglichkeit eines eigentlichen Kontraktes mit dem Teufel in Frage stellen, wird das Faustbuch ein verbreitetes Erbauungsbuch... und auf diese Weise zur Personifikation der gelehrten Magie«. Doch darf man es im Zeichen der Zeit nicht überbewerten. Durchbruch in

der Volksanschauung erlangt es erst im 18. Jht. mit Goethe. In einer weiteren Ausgabe des Faustbuches von 1599 sind u.a. die Päpste Sylvester II., Gregor VII., Leo IX., Alexander VI., der Bischof Heinrich von Basel und Cornelius Agrippa als Zauberer und Schwarzkünstler genannt. Hier befassen wir uns nur mit dem dort verzeichneten Teufelsbund:

»Ich, Johannes Faustus bekenne mit meiner eigenen Hand öffentlich, zu einer Bestetigung in Kraft dieses Briefes: nachdem ich mir fürgenommen, die Elementa zu spekulieren und aber aus den Gaben, die mir von oben herab beschert und gnädig mitgeteilt worden, solche Geschicklichkeit in meinem Kopf nicht befinde, und solches von den Menschen nicht erlernen mag, so hab ich gegenwärtigen gesandten Geist, der sich Mephistoles nennt, ein Diener des hellischen Printzen im Orient, mich untergeben, auch denselbigen, mich solches zu berichten und zu lehren mir erwehlet, der sich auch gegen mich versprochen in allem underthenig und gehorsam zu sein. Dagegen ich mich hinwieder gegen ihme verspreche und verlobe, so daß er 24. Jahr, von dato dieß Briefs herumb und fürüber gelauffen, er mit mir nach seiner Art und weis seines gefallens zu schalten, walten, regieren, führen, gut macht haben soll, mit allem es sey Leib, Seele, Fleisch, Blut und Gut, und das in sein Ewigkeit! Herauf absage ich allen denen, so da leben, allem himmlischen Heer und allen Menschen und das muß seyn. Zu festem verkundt und mehrer Beschäftigung habe ich diesen Receß eigener Hand geschrieben, underschrieben, und mit meinem hierfür gedrüktem eygen Blut, meines Sinnes, köuffs (?), gedanken und willen, verknüpft, versiegelt und bezeuget. Suspert. Johann Faustus, der Erfahrene der Elmenten und der Geistlichen Doktor«.

Kontrakt des Herzogs von Luxemburg mit dem Teufel

Öfters werden die Gegenleistungen und die wechselseitigen Verbindungen exakt beschrieben. So auch in diesem Fall:[2]

- Solle ihm der Teufel gleich 100.000 Livres auszahlen (nach einer anderen Version zehntausend Reichtaler an Geld)
- Jeden ersten Dienstag des Monats 1.000 Livres (nach einer anderen Version jeden Dienstag eines jeden Monats hundert Reichstaler)
- Das Geld soll gut und gangbar sein, und sich nicht in Stein, Kohlen usw. verwandeln (nach einer anderen Version: solle dieses Geld, so er ihm bringen würde, nicht falsch und betrüglich, noch von einer solchen Materie sein, welches unter der Hand verschwindet oder zu Steinkohlen werden, sondern es soll dasselbe von solchem Metall sein, welches von

Menschenhänden geprägt worden und in allen Orten und Landen, wo es auch hinkommen mag, gültig und gangbar sein... auch die, denen er es gäbe, sollen es mit Nutzen verwenden können.

- Sollte Kontrahenten etwa eine starke Extraausgabe treffen, so solle der Teufel gehalten sein, nicht etwa bloß einen verborgenen und vergrabenen Schatz anzuweisen, sondern er solle ihn auch selbst haben, und ihm diesen Schatz dahin bringen, wo er sich dann aufhalten würde.
- Solle er, Teufel, ihn Kontrahenten nicht allein an seinem Leibe nicht schädigen, sondern ihn seine Gesundheit vielmehr 50 Jahre vor aller menschlichen Schwachheit unversehrt erhalten (nach einer anderen Quelle nur 36 Jahre)[52]
- sollte er doch etwa in eine unvermutete Krankheit verfallen; so solle der Teufel gleich die bewährtesten Artzneyen herbeischaffen.
- sollen die Jahre, auf welche geschlossen wird, ordentliche Jahre sein, sich im Jahr 1676 anfangen und mit dem Dato 1727 endigen.
- Nach Ablauf derselben soll ihn der Teufel ohne Schmerz und Qual, ohne Schimpf und Schande eines natürlichen Todes sterben lassen, und das nicht verhindern, daß er ehrlich begraben werde.
- Solle er ihn beim Könige und allen Großen, bey Manns- und Weibspersonen beliebt machen.

Höllenstrafen, Höllenfeuer, Entwicklung der Gerechtigkeitsidee

Papst Gregor der Große sagt: »die Leiden der Sünder bestehen in einem unauslöschlichen ewigen Feuer, der Sehnsucht nach Gott, Neid auf die Seligen, Furcht, Verzweiflung und Mitleid mit den Qualen ihrer Angehörigen«. Nach Justin Martyr ist »...die Hölle der Ort, wo alle Ungerechten, alle, die nicht das glauben, was Gott durch Christus lehrt, bestraft werden sollen«.

Lactianus sagt zu Beginn des 4. Jhts. »...weil die Menschen mit ihren Körpern gesündigt haben... gibt Gott der Seele des Abgeschiedenen einen neuen unzerstörbaren Körper, der die Höllenqualen und das ewige Feuer aushalten kann.[53] Tatian, Arnobius und Irenäus sollen der Ansicht gewesen sein, daß die Sünder vernichtet werden. Die relativ milde Lehre, daß in ferner Zukunft die Qualen der Sünder, selbst die der Teufel, ein Ende nehmen und die Dämonen und Gottlosen in ihren Urzustand zurückversetzt werden, wird vom 7. Konstantinopler Konzil verworfen. Kaiser Justianus I. hat wegen dieser und anderer Irrlehren vom Patriarch Mennas und dem Klerus die Verdammung des Origenes verlangt: das 2. Konzil von Konstantinopel hat diesen Schritt 553 vollzogen.[54]

Im Grund genommen geht es um die von Theologen nicht erklärbare Frage, was mit den Verstorbenen geschieht. Gibt es eine Seele, weicht sie aus dem Körper, wo befindet sie sich und was passiert mit ihr? Es ist nicht damit getan, einfach nachzusagen, daß es eine gibt. Man stellt die Theorie auf, daß der Körper verfällt und der Geist, bzw. die Seele als weiter existierend gedacht wird. Mit einer höheren Stufe der Zivilisation kommt die Befriedigung des Gerechtigkeitsbedürfnisses dazu. Der Glaube an eine ausgleichende Gerechtigkeit und der an eine Trennung zwischen Körper und Geist ist älter als das Christentum.[54] Die heidnischen Araber wissen nichts von einem Paradies und einer Hölle. Ihrer Vorstellung zufolge hat der Mensch nach seinem Tod nichts zu hoffen und zu fürchten.[55] Erst die Propheten verkünden, dem jüdischen und christlichen Glauben folgend, die Auferstehung. In diesem Zusammenhang entsteht das letzte oder Jüngste Gericht und mit ihm die kühnen Vorstellungen von Lohn und Strafe im irdischen Leben. Daraus entsteht die das ganze Mittelalter sich durchziehende Vorstellung, daß man sich im irdischen Leben den Himmel verdienen muß. **Es ist ein furchtbares Schrecksystem, das auf blosen Vermutungen beruht und unsagbares Leid angerichtet hat: Nutznießer ist die Kirche.**

Als sich die Begriffe von Recht und Unrecht, von Gut und Böse zu einer reineren Fassung und Klarheit entwickelt haben, als irdische Richter und Strafvollzieher schon Recht sprechen, beginnt sich der Glaube an Gericht, Strafe und Lob im Jenseits zu festigen. »... wo die irdische Gerechtigkeit versagt, der Richter machtlos und parteiisch wird, erwartet man die Gerechtigkeit unmittelbar von Gott«. Dabei beginnt eine systematische Ausbeutung der Christgläubigen, die bis heute anhält.. Bereits Origenes spricht von der Wirksamkeit des Gebetes und der Gaben. Er beruft sich auf eine Stelle des Makkabäerbuches. »Judas Makkabäus habe 2000 Drachmen gesammelt und in den Tempel als Sühneopfer für die Verstorbenen geschickt«.

Christliche Priester haben diesen Gedanken gerne aufgenommen, indem sie jede Verletzung **ihrer** Autorität oder Interessen als strafwürdige Sünde hinstellen. »Jedes an einem Priester begangene Unrecht, jede Schmälerung des Kirchenvermögens, ja selbst die Verhinderung seiner Zunahme unterliegt Strafen in der imaginären Unterwelt. So erzählt Papst Gregor der Große, daß der sonst fromme und tugendhafte Diakon Paschasius in einem Bad mit siedendem Wasser bestraft wird, weil er bei der Papstwahl gegen den legitimen Symmachus gestimmt hat und nur seinen Gegner als Papst anerkennen will.[56]

»Nun haben die Priester als eingebildete Vertraute der Gottheit, als Vermittler zwischen himmlischen Mächten und irdischen Menschen, sich gewissermaßen das Monopol dieses Druckmittels angeeignet, **den Glauben an ihre Wirksamkeit zur Befestigung ihrer Herrschaft zur Erwerbung von irdischem Gut benutzt... weil sie aber von der inneren Einrichtung des Jenseits nichts wissen können... so sind alle Details, alle ihre Schilderungen, wenn nicht das Ergebnis böser Träume und Fieberphantasien, tendenziös«.**

Um das Bedürfnis nach Schutz- und Rettungsmitteln der Priester zu schärfen, werden die Leiden und Qualen der Toten, das furchtbare Jenseitsgericht, die vorgänge in Limbus, Fegefeuer und Hölle dramatisiert und künstlich hochgehalten und in den schlimmsten Ausmalungen geschildert »...ungefähr so, wie die Quacksalber sich in der Schilderung von Krankheiten ergehen, von denen sie keine Ahnung haben«. »**Eine raffinierte Gnade zu trösten oder sie zu verdammen«.**[57] Origenes spricht in seiner »Ermunterung zum Märtyrertum: »... wer würde nicht gern die zahllosen irdischen Plagen erdulden, um dann den Lohn der ewigen Seligkeit zu erlangen«. Damit provoziert er eine der massivsten Ungerechtigkeiten unserer Geschichte, denn damit beinhaltet eine Verfälschung der moralischen Begriffe: man kann auch ohne das theokratische und ungerechte System einer organisierten Glaubensform, gläubig, christlich (im Sinn der christlichen Idee) und anständig sein. Dazu bedarf es nicht der verfälschten christlichen Moral, die sich über Jahrhunderte im Schmutz der Wollust, der Simonie, der Intrigen und der brutalsten Menschenmorde gewälzt hat. Nur weil sie zu stark war, bricht sie den Widerstand mit roher Gewalt und nicht mit Verstand. Im Grunde genommen liegt hier ein weiterer Trugschluß:

Diejenigen, die für ihre Tugend und Frömmigkeit eine Ewigkeit von Paradieseswonne als Lohn erwarten, sind doch viel größere Egoisten als die, die nach ein paar Jahren irdischen Wandels mit sich zufrieden sind. »Man möchte geradezu an eine Zunahme der menschlichen Schlechtigkeit glauben, wann man bemerkt, wir im Lauf der Zeit die Schilderungen des Paradieses immer kürzer und einförmiger, die der Strafen und Straforte aber immer raffinierter und ausführlicher werden«.

Hier spiegelt sich die über Jahrtausende dem Menschen eingeimpfte Angst. Ein katholisches Kirchenlexikon sagt: »Im Abendland ist es eine ziemlich allgemeine Annahme der Theologen, daß die Strafe des Fegefeuers in einem wirklichen Feuer besteht. Aber die Kirche hat sich hierüber nicht ausgesprochen, sie lehrt über die Art der Strafe nichts weiteres, da sie hierüber keine näheren Aufschlüsse empfangen hat, und dieses Gebiet bleibt darum dem freien Spielraum überlassen«. Auch das ist typisch: im Verbund mit der wachsenden Theokratie wachsen die Ansprüche der Geistlichen: es bildet sich das dubiose Feld des **Glaubenwollens** und **Glaubenmüssens,** das von

den Priestern ausgebeutet wird: die Kirche spielt sich zum Retter der Seelen auf, spricht Lob und Strafe, ohne dazu berechtigt zu sein. Nicht das Heil der Seele steht im Vordergrund ihrer wirklichen Interessen, sondern zu Erreichung von Macht. Bestimmt wird diese Entwicklung über Jahrhunderte von den Motiven der Raffgier, Vermessenheit, Unfähigkeit, der Wollust und der Herrschsucht. Hier wird das Schrecksystem gezimmert und hier werden die Menschenverfolgungen organisiert, hier wird Mord unter dem Deckmantel christlicher Nächstenliebe betrieben. Hier entstehen die eingebildeten Strafen in Fegefeuer und Hölle.

Das kann man nun nicht mit der Bemerkung abtun, daß die Kirche keine höheren Aufschlüsse empfangen habe. Fest steht, daß die Kirche dieses System in der Praxis angewendet hat und noch immer anwendet.

Allerseelentag

Wenngleich die christliche Geistlichkeit über Jahrhunderte im Kampf mit den heidnischen Götter steht, so muß sie Konzessionen machen und einige heidnische Zeremonien akzeptieren, d.h. sie in ihren Kult aufnehmen, heidnische Feiertage christianisieren, indem sie sie unter das Patronat eines Kirchenheiligen stellen. Ein gutes Beispiel dazu ist der Allerseelentag. Im Anschluß an den seit vielen Jahren üblichen, 835 von Papst Gregor IV. allgemein gemachten Allerheiligentag (1.November) hat Abt Odilo des Benediktinerklosters von Cluny diese Feier mit einem bestimmten Ritual eingeführt. Innerhalb von zwei Jahrhunderten wird daraus ein weiterer Feiertag, der Allerseelentag. Das geht aus einer Lebensbeschreibung Odilos (gest. 1049) hervor, die der heil. Petrus Damiani verfaßt hat:

»...ein von Jerusalem heimkehrender Pilger wird auf dem Meer von einem furchtbaren Sturm überrascht und an eine Felseninsel gespült, auf der ein frommer Eremit lebt. Dieser erzählt dem Pilger, daß sich in seiner Nähe ein feuerspeiender Berg befindet, in dem die Verdammten ihre Strafe erleiden. Zur Vollziehung desselben seien eine Menge Teufel angestellt... die die Seelen bis zur Erschöpfung peinigen und ihnen durch Erlösungen das Geschäft verderben; den meisten Abbruch täten ihnen der Abt und die Mönche von Cluny. Schließlich bittet der Eremit den Pilger, sich nach Cluny zu begeben und den Abt und die Mönche zu noch eifrigerem Beten und reicheren Almosen anzuhalten. Abt Odilo verfügt hierauf im Einvernehmen mit seinen Mönchen, daß man einen Tag nach Allerheiligen einen Gottesdienst mit Glockenläuten, Almosen und Bewirtung von Armen... abhalten solle ... zum Heile aller Seelen seit Erschaffung der Welt«.[58]

Der Papst (nicht Gott) überreicht dem Kaiser das weltliche Schwert. Holzschnitt aus dem 16. Jht. der die Macht der Kirche dokumentieren soll. Auf der oberen Umrandung sitzt Gottvater mit den beiden Aposteln Petrus und Paulus. Unter ihm inmitten einer Wolke der Papst. Links von ihm die geistlichen Würdenträger, rechts davon die weltlichen Herrscher.

Daraus entwickeln sich die noch heute üblichen Seelenmessen.[59] Der Meßwein darf aber nicht sauer sein.

»Der Wein beim Meßopfer darf nicht sauer sein beim Meßopfer für die Toten, weil er sonst den Verstorbenen schadet. Wie nämlich Bischof Gregor von Tour erzählt, hatte ein kinderloses Ehepaar in Lyon sein Vermögen der Kirche vermacht. Nach dem Tod des Mannes läßt die Witwe ein ganzes Jahr täglich Messe für ihn lesen und liefert dazu guten Wein. Der Subdiakon behält den Wein für sich und tut Essig in den Abendmahlskelch. Da erschient der Verstorbene der Witwe und klagt: »habe ich darum mein ganzes Leben schwer gearbeitet, um jetzt Essig zu trinken«? Die Frau begibt sich in die Kirche und kostet vom Wein »...der so sauer ist, daß sie glaubt, er reiße ihr die Zähne heraus«. Der Subdiakon, zur Rede gestellt, gesteht und leistet Ersatz.[60]

Weltanschauung des Mittelalters

Die Welt ist nicht geworden, sie ist fertig geschaffen, sie ist der sichtbare Hauch Gottes. Die vollendete Trennung der Materie von der Kraft, des Körperlichen vom Geistigen, des Irdischen vom Himmlischen, Gottes und der Welt, dieser vollendete Spiritualismus ist der Grundgedanke des Mittelalters. Glaube und Leben, Wissenschaft und Kunst, Staat und Kirche sind diesem Gedanken untergeordnet. Die Kämpfe zwischen Papst und Kaiser, zwischen der weltlichen und göttlichen Herrschaft sind Ausdruck dieses Verhaltens. So entsteht zugleich eine gefährliche Illusion: die des unversöhnlichen Gegensatzes zwischen Geist und Materie. Daraus festigen sich Glaube **und** Aberglaube.[61]

Die Erde steht im Mittelpunkt des Weltalls. Sonne, Mond und 5 Planeten bewegen sich in sieben übereinandergelagerten Himmeln in verschiedener Geschwindigkeit um die Erde, die als Kugel in ihrem Zentrum schwebt. Die anderen leuchtenden Sterne sind unkörperlich und ohne Schwere, sie hängen frei im Himmelsraum der achten Sphäre. Über ihnen ist eine neunte, der kristallinische Himmel, das »primum mobile«. Über der 9. Sphäre ist das Empyrium, die stillstehende Feuersphäre. Hier thront Gott mit seinem Sohn und den Auserwählten. Die anderen Seligen sind auf die anderne Sphären verteilt.

Im Mittelpunkt der Erde ist die Hölle, der Aufenthaltsort der Verdammten und der gefallenen Engel. An der anderen Halbkugel befindet sich der Berg des Fegefeuers: hier wandern die abgeschiedenen Seelen.

Wie Gott die Welt erschaffen hat, so regiert er sie auf seine direkte Art. Später, als die Vorstellung von der Einheit des Vaters, des Sohnes und des heil. Geistes allgemein wird, treten Maria und die Heiligen als Mittlerpersonen hinzu. Gerade Maria entwickelt sich in der Volksvorstellung als Vermittlerin zwischen den sündigen Menschen und dem gerechten Gott.

Gott umgibt sich mit dienenden Geistern. So entstehen die Engel. Sie werden persönlich gedacht, und sind mit göttlichen Kräften ausgerüstet. »Die Engel können alle Dinge, in ihnen ist alle Weisheit und Kunst Gottes, die Engel sind Ärzte, sie können fliegen, Wasser treten, durch Mauern gehen, sich unsichtig machen, Krankheiten heilen, Characteres und Imagines machen«. Sie haben unter sich Abstufungen. Man nennt sie Seraphim, Cherubim, Thronen, Herrscher, Tugenden, Mächte, Fürsten, Erzengel. Sie bewegen die Sphären des Himmels und leiten die Bahnen der Sterne. Jeder Mensch bekommt bei seiner Geburt einen Schutzgeist. Sie sind aber verschieden. »Daher hat der Fürst einen viel größeren und stärkeren Engel als ein gemeiner Mann«. So sind auch die Kräfte der Engel verschieden. Nach Thomas von Aquino gibt es tausendmal tausend Millionen Engel.[62]

Die Teufel

Die bösen Dämonen werden gleichzeitig mit den guten geschaffen. Sie wirken dem göttlichen Willen entgegen, unterliegen aber seiner Macht. Wie die Engel eine englische, so haben sie eine diabolische Weisheit. »....sie können machen Donner, Schauer, Hagel, Schnee, Regen, Wind, Wolkenbruch, Erdbeben und auch seltsame Figuren am Himmel, und viele dergleichen Stücke mehr«. (Paracelsus) Die Teufel sind die Stifter der Abgötterei, sie lassen sich von den Heiden als Götter verehren. Ihr Ansinnen ist darauf gerichtet, die Menschen zu verderben«. Der oberste der bösen Geister ist Satanas, Luzifer, Beelzebub, Belial, Leviathan oder Sammael. Meist erscheinen die Teufel in Tiergestalten (Pferdefuß, Hörner, Schweif, Federkleid). Einige der untergeordneten Geister haben besondere Kostüme.

Der Mensch

Der Mensch ist der höchste Zweck der Schöpfung und ein Meisterstück Gottes. Seinetwegen ist die Welt erschaffen, für ihn leuchten Sonne, Mond und Sterne, um ihn dreht sich die Geisterwelt. Der Mensch schwankt unaufhörlich in seiner Haltung zwischen dem Guten und dem Schlechten. Gott und Teufel streiten um seine Seele. Obwohl der Mensch das höchste und letzte Glied der Schöpfung ist, so ist er nicht für die Erde geschaffen. All sein Sehnen ist in und nach dem Himmel gerichtet. Sein Dasein auf der Erde hat den Zweck, daß er sich büßend den Himmel

554

Eine Hexe im Kampf mit zwei Dämonen. Möglicherweise auch zwei Verbrecher oder Räuber, die im Begriff sind, ihr Anwesen anzuzünden. Holzschnitt aus dem 16. Jht.

verdient. Deshalb hat Gott seinen eingeborenen Sohn zu den Menschen geschickt, daß er den Teufel besiege und ihm zur Seligkeit verhelfe«.[63]

Teufelsberichte in der Zeitung

»Köln, den 27. August... zu Itzehoe läßt sich der Teufel leibhaftig sehen, er hat über 20 Ochsen die Hälse umgedreht und viele von ihnen bis an die Hörner in die Erde gedrückt. Es wurden alle tot gefunden... er hat an etlichen Marketenderwägen die Deichseln zusammengeflochten, (so) daß man sie auseinanderhauen mußte... er hat das Stadttor aufgehoben und ist etliche hundert Schritte in die Stadt gekommen... den Wachen hat er stark zugesetzt... weitere Erfahrung gibt die Zeit«.[64]

»Augsburg, 30. Mai... diesen Tag ist auch allhier ein Bayrisches-Bauern-Mensch verbrennt worden, so eine Hexe gewesen, und ihr Kind umgebracht, nachgehends (hat sie) solches dem Teufel zum Lohn gegeben, weil er ihr für eine Hebamme gedient hat«.[65]

»Köln, vom 27. November... zu Etzdorf, unweit Arweiler hat der leidige Teufel dieser Tage einen Sohn von 18 Jahren, der seine Mutter geschlagen, in solcher Tat hoch durch die Luft hinweggeholet... und ist nimmer mehr gesehn worden«.[66]

»London, 30. April... dieser Tage duellierten sich zwei Priester im Hydepark. Jeder feuerte seine zwei Pistolen richtig ab, doch ohne seinen Gegner zu treffen... bei der Aufklärung des Streites zeigte es sich, daß ein bloser Mißverstand zu dem Zank Anlaß gegeben hat. Einer hatte sich nämlich unter den Teufel ein Ding vorgestellt, das Hörner, Klauen und einen langen Schwanz habe, der andere aber eine andere Figur«.[67]

Diese wenigen Beispiele zeigen, wie intensiv im späten 18. Jht. der Glaube an die Realität des Teufels ist. Das ist kein Wunder, denn in den Kirchen wettern Pfarrer und Priester gegen ihn; dazu kommen die Volksschauspiele um den Teufel. Dennoch: **auch heute wird der Glaube an den Teufel von der römisch-katholischen Kirche als verbindlich angesehen,** was nicht nur bei Exorzismusprozessen zum Ausdruck kommt.

»Täglich höret man von greulichen Taten, die alle der Teufel hat zugericht: da werden etliche Tausend erschlagen, da geht ein Schiff mit Leuten unter auf dem Meer, da versinkt ein Land, ein Dorf, da ersticht sich einer selbst, da erhängt sich einer, da ertränkt sich einer, da fällt einem der Hals ab, da tut sich einer selbst sonst den Tod an; diese Morde alle richtet der leidige Teufel an. Er ist uns Feind, darum stellt er uns nach Leib und Leben. Nicht ermordet er allein die Menschen, sondern auch das Vieh, verderbt alles, was zu den Menschen Notdurft dient, mit Hagel, Pestillenz, Krieg, Verräterei, Aufruhr und so weiter«.[68]

»Beim Himmelfahrtstag ziehen mehrere vermummte Teufel in die Kirchen ein und bilden eine Hölle... in ihren wunderbaren Aufzügen und sonderbaren Gestalten mit Schwänzen, Hörnern, Krallen, Pferdefüßen usw. versehen, belustigen sie die Zuschauer. In Schernberks Mysterie: »das Spiel von Frau Jutten« (1480; unmittelbar vor dem Erscheinen des Hexenhammers) erscheinen neben acht Teufeln auch seine Großmutter, Frau Lillis«.

In diesem Nährboden entwickeln sich die späteren Hexenprozesse. Dennoch: »**So gehört es zu den eindeutig definierten Lehren der Kirche, daß es den Teufel als personales böses Wesen gibt.** Die Heilige Schrift ist voll klarer Aussagen über ihn. **Immer wieder hat die Kirche von der Wirklichkeit und Wirksamkeit der bösen Geister gelehrt.** Diese lassen sich so wenig aus dem Block der substanzierten Offenbarung und Gottesbotschaft an die Menschen eliminieren wie die Engel«.

Meiner Auffassung nach irrt sich hier Winklhofer. **Es gibt weder Dämonen noch Teufel: das sind Überbleibsel der griechischen Philosophie, die von der christlichen Dogmatik angenommen, modifiziert und zur Erhebung ihrer Lehre nutzbar gemacht worden sind.** Dessen ungeachtet liegt es im Wesen des Menschen, gut oder böse zu sein: das braucht man nicht künstlich hochzuhalten, um sich zu bereichern.

Gebete gegen den Teufel

Ein wichtiges Buch im späten Mittelalter ist die »Nachfolge Christi« von Thomas von Kempen. Auch das Missale, das umfassende Gebetbuch der Kirche über viele Jahrhunderte, enthält einige den Teufel betreffende Stellen:

Gebet zum Sonntag nach Pfingsten: »Verleihe, o Gott, auf unsere Bitten deinem Volke die teuflische Ansteckung zu vermeiden, um die Gott allein mit reinem Herzen zu folgen«. Die Secreta vom 15. Sonntag nach Pfingsten lautet: »Deine Sakramente, o Herr, mögen uns beschützen und gegen alle teuflische(n) Anläufe für immer sicher stellen«.

Das Gebet zum Ubaldus vom 16. Mai: »Verleihe durch die Fürbitte des heil. Ubaldus, daß gegen alle teuflischen Bosheiten du deine gnädige Hand über uns ausstreckst«. Außerdem wird bei der Taufe des Weihwassers gesprochen: »... ferner weiche also von hier auf denen Befehl, o Herr, jeder unreine Geist, fliehe die ganze Bosheit teuflischen Truges, keinen Platz finde hier die Annäherung einer feindlichen Macht, sie fliege nicht, Nachstellung bereitend umher, nicht schleiche sie verborgen herbei, sie verderbe nichts durch ihre Ansteckung«.

»Wenn wir im Sterben liegen und Seele und Leib müssen scheiden, so setzen die Teufel all ihren Fleiß daran, daß sie uns mit zwei Versuchungen mögen fangen, daß sie uns vom rechten Glauben mögen

bringen. Davor beschirme uns der allmächtige Gott... darum seid gewarnt, daß euch der rechte Glaube an dem Ende von den unseligen Teufeln nicht genommen wird. Damit wir nimmer schauen das Himmelreich, das sie verloren haben. Ein jeder soll den Glauben zweimal am Tage sprechen: des Morgens, wenn Du aufstehst, und des Nachts, so du schlafen gehst, bis an Deinen Tod... die ärgste Versuchung ist der Zweifel. Den werfen die Teufel den Menschen an mit aller Kraft und mit allen ihren Listen«.

Rezept gegen teuflische Anfechtung

»Erstlich nimm 5 Lot Traurigkeit, 10 Lot Geduld, 15 Lot Mäßigkeit, 20 Lot Keuschheit, 125 Lot Demut und 30 Lot Freigebigkeit. Die Indegredenzien stoße wohl durcheinander in dem Mörser des Glaubens mittels des Stemels der Stärke. Alsdann gieße darauf ein Viertheil Hoffnung, siede es in der Pfanne der Gerechtigkeit mit dem Feuer der christlichen Liebe, rühre es oft unter einem andächtigen Gebet, und bewahre es dann in dem Geschirre der Beständigkeit auf, das der Schimmel der Eitelkeit nicht dazukomme. Mit dieser Salbe salbe dich dann täglich, morgens und abends, es hilft wider die Hölle«. Die Rezeptur stammt aus dem Jahr 1718.

Namen und Bezeichnungen des Teufels

Noch stärker als beim Hexentreiben sind die Namen, Be- und Umschreibungen der Teufel von Lokalcharakteren geprägt. Dies zeigt, wie eng die Bindung zwischen den beiden unheilvollen Zwillingen ist. Vereinfacht kann man sagen: ohne Teufel keine Hexe.

»So sind etliche Teufel verordnet zu dieser Sünd oder zu anderen Sünden, als etliche böse Geister sind abgöttische Teufel:

- Tyrannenteufel
- Zauberteufel
- Fluchteufel
- Saufteufel
- Eheteufel
- Hurenteufel
- Geiz- und Wucherteufel
- Ohrentragteufel
- Schmeichelteufel
- Schrepfteufel
- Hoffartsteufel
- Sorgteufel
- Eidteufel
- Spielteufel
- Neidtteufel
- Zornteufel
- Schmähteufel
- Nachtteufel
- Sabbatteufel
- Hosenteufel
- Faulteufel
- Gesindeteufel«

Allen negativen Dingen unseres Wesens wird im Laufe der Zeit ein Teufel beigeordnet. Damit nicht genug: es kommen übergeordnete Teufel für verschiedene Landstriche dazu:

»Auch sind Teufel in ganzen Provinzen. Wie denn in Welschland der Hoffartsteufel, Teutschland der Freß- und Saufteufel, Griechenland der Lügenteufel, Frankreich und Hispanien der Huren- und Meineidteufel reitet und regieret, also hat jeder einem jeden Menschen ein jedes Laster seinen«. Das ist allerdings schon immer so mit den Lastern. Dazu bedurfte es wohl kaum der christlichen Dogmatik.

»Wie denn, daß der Mensch eine verderbte Natur in ihm selber hat, so neidig, hässig, hoffärtig und zu allen anderen Lüsten des Fleisches und der Sünden geneigt. Dies alles weiß der Teufel, sieht fleißig zu und freuet sich, wenn es im Menschen hervorquellet, wächset und zunimmt, bis er damit endlich kommt auf den höchsten Grad. Wenn er dann befindet, daß ihm der Mensch dienstlich und ein geschickt Instrument zu aller Bosheit sein kann, so gibt er ihm auch ein: Haß, Hoffarth, Geiz, zauberische Werke nach Art und Gelegenheit der Personen und natürlichen Zuneigungen und Gewohnheiten, bis ihm gelinget und den Spieß in die Hand erwischet«.[69]

Zu diesen Eigenschaften kommen Lokalbezeichnungen. Sie sind nicht vollständig und sollen nur die Vielfalt vermitteln, damit deutlich wird, wie tief der Teufelsglaube im Bewußtsein der Menschen gesteckt hat (und zum Teil noch heute steckt). Man erkennt eine gewisse Anlehnung an den Henker und an seine Schergen. An Bezeichnungen wurden mir bekannt:

»Volland, Federlin, Federhans, Klaus Hölderlein, Peterlein, Kreutle. Dazu kommen aus den Akten der Hexenprozesse: Junker Hans, Schönhans, Grünhans, Hans vom Busch, Heinrich, Grauheinrich, Hinze, Kunz, Künzchen, Trutchen, Nickel, Großnickel, Merten, Hemmerlin, Junker Storf, Junker Hahn, Göckelhahn, Schubbert, Jüngling Schöne, Wolgemut, Wegetritt, Blümchenblau, Lindenzweig, Grünlaub, Eichenlaub, Grünewald, Zumwaldfliehen, Birnbaum, Birnbäumchen, Rautenstrauch, Buchsbaum, Stutzenbusch, Stutzfeder, Weißfeder, Straßfeder, Federbusch, Flederwisch, Kehrwisch, Straßwedel, Grünwedel, Springinsfeld, Allerleiwollust, Unglück, Schwarzbuch, Dreifuß, Kuhfuß, Kuhhörnchen, Dickbauch, Alexander-Müsgen, Firlehan, Laub, Kreutlin, Peterling, Feuerher, Leichtfuß, Moysel, Hemmerlin, Hans Rumpel, Schuhfleck, Knipperdolling, Machleid, und viele andere«.[70]

Eines ist unüberhörbar: in diesen Worten schwingen die dem Teufel beigelegten Attribute mit, wie sie später in den Hexenprozessen zum Tragen kommen. Der Teufel verführt in einem Federkleid und mit einem Bocksfuß versehen, die unschuldigen (!!!) Frauen im Wald, unter einem Baum oder bei einem Busch.

Teuflischer Aberglaube: der betrogene Bauer

»In einem gewissen Dorfe wohnte ein wohlhabender, aber herrlich einfältiger Bauer. Er kam einmal in ein Dorf in die Schenke... in dieser wurde gerade vom Teufel erzählt. Er glaubte alles, geriet in Angst und kam so in Furcht, daß er nicht allein nach Hause gehen wollte. Ein paar abgefeimte Burschen suchten sich sofort den Einfältigen zunutze zumachen. Der eine verkleidete sich, so wie der Teufel in der Schenke beschrieben worden ist, und kam des Nachts zu der Tür des Bauern und kratzte daran und brüllte durch ein altes Horn, daß fürchterlich anzuhören war. Der erschrockene Bauer lief zum Fenster: »Ach wahrhaftig, der böse Leibhaftige« und schlug geschwind das Fenster zu. Drei Nächte trieb der verkappte Teufel sein Spiel mit dem Bauer, bis sich dieser auf den Weg zu einem Kapuzinerkloster machte, um den vermeintlichen Teufel bannen zu lassen. Rechtzeitig erfahren das die Betrüger... einer davon stellt sich, als wisse er nichts und verspricht, gegen eine gewisse Summe Geldes den Teufel zu bannen. Wer war froher als der einfältige Mann. An der Tür werden drei Kreuze gemacht. Da tat der Kerl, als murmle er einige Worte, dann riß er die Tür auf und peitschte auf den Teufel Schlag auf Schlag. Ach, wie bedankte sich der Bauer und wie gern gab er das versprochene Geld. Doch die Regierung erfuhr es, und ließ den einen in seinem Teufelshabit einige Tage an den Pranger stellen«.[71]

»In einem in der Nähe von Halle gelegenem Dorf Sennewitz, zeigt man einen großen Stein vom Petersberg, der etwa eine Meile davon entfernt ist. Ihn soll der Teufel auf die seinerzeit hier errichtete erste lutherische Kirche geworfen haben. In Staßfurth, einer kleinen Stadt im Magdeburgischen, wird die Mütze des Teufels dem dummgläubigen Volk gezeigt. An dieser Stelle soll der Teufel einen lutherischen Schlosserjungen zur Hölle hinabgeführt haben, **weil er über die katholische Religion gespottet**«.[72]

Bild nächste Seite: Höllensturz. Detaildarstellung des Michaels-Altars von der Kirche St. Michael in Schwäbisch Hall. Ein weiteres Beispiel dafür, wie intensiv der Glaube und Teufel und Dämonen im 16. Jht. gewesen ist. Man sieht aber auch, aus welcher Richtung diese Entwicklung kommt und gesteuert wird.

Teufelswahn und Exorzismus

Grundsätzliches

Unter dem Exorzismus versteht man die Beschwörung von Dämonen und Geistern durch Wort und Geste, um sie herbeizuholen, oder um sie fernzuhalten. Ein treffendes Beispiel haben wir noch heute bei den Naturvölkern und dem Handeln ihrer Medizinmänner sowie bei einigen Zeremonien der römisch-katholischen Kirche. Näher bezeichnet man mit diesem Begriff Erscheinungen am menschlichen Körper, die die Symptome von gewöhnlichen Krankheiten überschreiten und die auf eine natürliche Weise weder erklärt noch geheilt werden können. Solche Erscheinungen hat es zu allen Zeiten gegeben. **Die Erklärung beruht auf drei Prämissen:**

- es gibt eine Geisterwelt
- es gibt böse Geister
- sie üben **bewußt** auf den Menschen einen schädigenden Einfluß.

Meiner Auffassung nach ist das eine Irrlehre, die sich aus dem unendlich großen Sammelbecken des volks- und christlichen Aberglaubens hartnäckig über Jahrtausende gehalten hat. Diefenbach sieht es anders: »Sie bilden für den Christen nicht bloß eine **historische Wahrheit,** sondern einen **integrierenden Teil des geoffenbarten Glaubens«.**

Innerkirchliche Kritik am Teufelsglauben und am Exorzismus

Die Kirche selbst, wenn sie doch den Teufelsglauben und die Realität des Exorzismus hochgehalten hat, war, zumindest was exorzistische Dinge anbelangt, immer recht vorsichtig und zurückhaltend: das bestätigt das Rituale Romanorum. Nicht verständlich ist der Grund der Zurückhaltung und die damit verbundene Geheimnistuerei. Wenn die Christen tatsächlich hinter dem Exorzismus stehen, muß sich die Kirche offen dazu bekennen. Wieso vertuscht man denn etwas, was zumindest kirchenrechtlich abgesegnet ist. Wird doch auch bei der katholischen Taufe ein Exorzismus vorgenommen. Wieso hält man still und entrüstet sich, wenn solche Dinge wie in Klingenberg, Trier oder Zürich vorkommen.

Offensichtlich ist sich die Kirche um diese Schwäche bewußt. »In Fällen vermuteter Besessenheit ist mit größter Behutsamkeit vorzugehen, die gleiche Zurückhaltung sei auch bei Gebrauch des Exorzismus geboten. Ein Großteil der Fälle von Besessenheit und

Der Kampf der heiligen Theresia mit dem Teufel.

der damit verbundenen oder verwandten Phänomene sei natürlich erklärbar, wenn auch ein kleiner Rest bleibe, den man momentan nicht definieren kann. **Es ist jedoch kirchliche Lehre und Auffassung, daß es das Böse als eine personifizierte Macht gibt«** (Erzbischof von Wien, Kardinal Franz König).

Selbst der Ordinarius für Moraltheologie, Dr. Karl Hörmann, sowie der ehemalige Psychiater und jetzt als Priester tätige Dr. Johannes Torello vertreten in Gesprächen die Ansicht, daß man zunächst den natürlichen Ursachen nachgehen muß. Adolf Holl aus Wien, langjähriger Kaplan und Doktor der Theologie, später Dozent für Religionswissenschaften an verschiedenen Universitäten, bezeichnet den Tod der Anneliese Michel als »eine **Enthüllung der katholischen Kirche...die eine internationale Firma zur Herstellung von Angst ist«.**

Wenn man sich etwas in der Kirchengeschichte auskennt, kommen einem solche Töne ungewohnt kritisch und offen vor. Wenn man selbst aus den Worten von Erzbischöfen, Moraltheologen und Dozenten für Religionswissenschaften Zweifel herauslesen kann, ist die Zeit für eine offizielle Stellungnahme reif, und zwar für eine zeitgemäße.

Der Theologe und Tübinger Professor Haag[1] geht einen konkreten Schritt weiter in der Kritik. Er ist der Auffassung, daß die Kirche im Laufe der Jahrhunderte schon genug Unheil angerichtet hat! **»Schuld an der Tragödie ist in letzter Konsequenz die Lehre der**

Kirche über Teufel und Besessenheit. Der Fall Klingenberg ist ein Paradebeispiel dafür, in welchen Teufelskreis der konsequent befolgte Teufelsglaube führt«. Er sagt weiter: »**Ich protestiere dagegen, daß Christen im Namen der Heiligen Schrift verpflichtet werden, an den Teufel zu glauben. Eine Kirche, die ihre vordringlichste Aufgabe darin sieht, die Menschen von heute auf den Teufelsglauben zu verpflichten, ist nicht mehr glaubwürdig«.**

Selbst der »Exorzismuspapst« P. Adolf Rodewyk schreibt in seinem von der Kirche gutgeheißenen Buch: »Die Kennzeichen einer wirklichen Besessenheit, wie sie im römischen Rituale angegeben sind, müssen nach dem Stand der heutigen Wissenschaft eine Modifikation erfahren«.

Die Frage ist, warum versteckt sich die Kirche hinter den Ansprüchen von Papst Paul VI. bezüglich des Bösen, des Teufels und der Dämonen, mit Aussprüchen, die m. E. in unserer heutigen Zeit unbedacht ausgesprochen worden sind und mehr Unheil und Verwirrung als Nützliches angerichtet haben. Es nützt nichts, gegen den Theologen Haag ein Lehrprüfungsverfahren der heiligen (!) Glaubenskongregation in Rom einzuleiten. **Die Gläubigen und die Kirchensteuerzahler haben ein Anrecht auf sachliche und zeitgemäße Informationen,** das geht schon aus den Stimmen der Bevölkerung anläßlich der Teufelsaustreibung in Klingenberg hervor.

Einige historische Beispiele

1604 wird ein dreizehnjähriger Schüler des Luzerner Kollegs nach Maria Einsiedeln gebracht und dort 14 Tage exorziert, bis alle Teufel ausgetrieben sind. Der letzte Teufel nennt sich Feder Häusle; eine vor Jahren in Luzern verbrannte Hexe soll ihn in den kleinen Jungen hineingezaubert haben. Nach der Befreiung liegt er für zehn Wochen im Fieber.[2] In Bamberg werden im Mai und Juni 1621 vier Schüler exorziert, die sich dem Teufel verschrieben haben.

1552 treten im Kloster Kentorff »nahe bei der alten Mark in der Grafschaft Mark bei der Stadt Hamm« gelegen, bei mehreren Nonnen anfallsweise Krämpfe auf. Die Betroffenen fallen zu Boden, ohne die Besinnung zu verlieren. Man hält diese Krankheit im Zeichen der Zeit für Besessenheit und verbrennt einen Teil von ihnen als Hexen.[3]

Der Priester Gaudfridy in Marseille fällt einer hysterischen Nonne zum Opfer. Magdalena de la Paud leidet an Schlingbeschwerden und an heftigen Krämpfen, durch die sie bald zu Boden geworfen, bald in die Höhe geschnellt wird. Sie macht Coitusbewegungen und hat Teufelshalluzinationen, sticht sich einmal mit einem Messer in den Busen. Die in ihr sitzenden Teufel beschuldigen den Priester, durch seine Zauberei

die »Besessenheit« verursacht zu haben. Demgemäß wird er gefoltert, degradiert und am 30. April 1611 in Aix lebendig verbrannt.

Ähnliches passiert 1642 im Nonnenkloster bei der heil. Elisabeth von Louviers. Auch hier leiden die Nonnen an Anfällen, in denen sie schreien und lärmen, schamlose Bewegungen machen. Aus ihren Halluzinationen entnimmt man, daß zwei Priester diese Besessenheit verschuldet haben. Beide werden zum Feuertod verurteilt. Einer ist bereits vorher gestorben. Man beschränkt sich darauf, seinen Leichnam auszugraben und ihn auf dem Scheiterhaufen zu verbrennen.[4]

Die Symptome sind charakteristisch für die früheren Besessenen wie für die heutigen Hysterischen, daß die Identität der Zustände unzweifelhaft ist«. Die Paroxismen stellen sich körperlich als heftige Krämpfe mit Würgen nach oben und unten und dem »globulus hystericus« dar. Oft werden schwarze gallige Massen erbrochen. »Caroline Stadelbauer hauchte giftige Dämpfe aus und gab giftigen Speichel von sich«. »Geistig stellen dies Kämpfe der entzweiten Natur das als Wüten des Dämons gegen das bessere Subjekt und gegen die religiösen Mächte dar«.

Zwangsweise denkt man hierbei an die Tanzwut, die in der zweiten Hälfte des 14. Jhdts. aufgekommen ist. Bei der Einweihung der Apostelkirche von Lüttich (1374) kommen Volksmassen »aus Oberdeutschland, vom Rhein und von der Maas« nach Utrecht, Aachen und Lüttich. »Männer und Frauen, von Dämonen besessen, halb nackt, Kränze auf den Häuptern, zogen einher und führten sich, einander an den Händen fassend, auf den Straßen, in Kirchen und Häusern, ohne sich im mindesten zu schämen, Tänze auf, wobei sie hoch aufsprangen, Namen von Dämonen nannten und nach den Tänzen in heftige Brustkrämpfe fielen«. Das Beispiel zeigt, daß man seinerzeit physisch Kranke von den Gesunden lediglich in der Form unterscheidet, sie von Dämonen besessen zu deklarieren. Außerdem ist das die einzige Alternative, die die Kirche geboten hat. An solchen Grenzfällen kann die Wundersucht des Volkes gestillt werden und wer wäre dazu denn prädestinierter als die Priester.

Die Paderborner Besessenen

Anfang Mai 1656 tritt im Paderborner Raum eine Art epidemische Besessenheit auf, die sich seuchenartig fortpflanzt. Von ihr »werden Männer und Frauen, Knaben und Mädchen, Laien und Geistliche ergriffen«. Unter den Besessenen finden sich außerdem Schüler der Jesuiten. In die damit verbundenen Teufelsaustreibungen ist der Jesuit P. Bernhard Löper eingeschaltet. Er erregt auf der einen Seite erhebliches Aufsehen, aber auch Tadel und Lob. Die Exorzismen dauern vom Mai 1656 bis zum April 1657. Der damalige Paderborner Fürstbischof Theodor Adolf von der Rech äußert sich über diese Vorgänge in einer Urkunde vom 17. April 1657:

»Mit Zulassung Gottes sei die Paderborner Diözese seit zwei Jahren in eine beklagenswerte und gefährliche Verwirrung geraten, in dem eine Menge, sei es wirklich, sei es vorgeblich Besessener nach Paderborn geströmt und dort heillose Unruhe angerichtet hätten: keine Ruhe in den Kirchen während der Gottesdienste, keine Ruhe in den Häusern und auf den Straßen, Ehre und Leben der Einwohner sei bedroht. Die Besessenen benehmen sich wie Wahnsinnige und verüben die abscheulichsten Ausschreitungen, verüben eine Reihe von Mordtaten«. Der Jesuit Löper sagt dazu: »Ich verfolge den Teufel, die Zauberer überlasse ich den Richtern zur Bestrafung«.[5]

Ulant Dammartz

Im Herzogtum Jülich-Cleve-Berg und der Grafschaft Mark tritt 1516 eine Art von Hexenprozeß hervor. Eine gewisse Ulant Dammarzt, die Tochter angesehener Eltern war, weil letztere ihre Einwilligung zu ihrer Verheiratung mit einem jungen Mann versagten, im Kloster Marienbaum bei Xanten als Novize eingetreten, wo alsbald ein Teufelsspuk begann. Sie steckt in ihrer Besessenheit weitere Nonnen an, die darunter vier Jahre zu leiden haben. 1516 wird endlich eine Untersuchung gegen die inzwischen aus dem Kloster Entlaufene eingeleitet; sie wird im Haus ihres Vaters verhaftet und nach Dinslaken ins Gefängnis gebracht. Ohne Anwendung der Folter gesteht sie:

- In ihrem Jammer darüber, daß sie dem Geliebten hatte entsagen müssen, hatte sie den Teufel angerufen.
- Derselbe war ihr alsbald erschienen...dann tanzten sie, ohne von anderen Menschen gesehen zu werden, indem sie ganz still zu stehen schienen.
- Auch fleischliche Vermischungen kamen vor.
- Sie vergrub und schändete die beim heiligen Abendmahl empfangene Hostien und machte gotteslästerliche Eintragungen in ihrem Gebetbuch.
- Immer schädigte sie nur die Nonnen, die gerade ihre Freundinnen waren und die mit ihr verkehrten durch Äpfel, Feigen und Kuchen, welche der Böse ihr vorher bezaubert hatte.

Sie bleibt längere Zeit in Haft und wird dann wieder entlassen.

Friedberg in der Neumark, Spandauer Hutmachergeselle

In Friedberg in der Neumark werden 1593 zunächst sechzig, dann nach und nach 150 Menschen vom Teufel besessen. Sie verüben in der Kirche Unfug »...so daß der Prediger, M. Heinrich Lemrich...sich einstmals selbst auf der Kanzel, als er davon predigte, wie ein Besessener gebärdete und auch dafür gehalten wurde...was allerdings das Ansehen und die Macht des Teufels noch weiter steigerte. Deswegen wird ihm vom Konsistorium befohlen, in allen Kirchen der Mark öffentliche Gebete zur Befreiung der Menschen von der Gewalt des Teufels anzustellen; das Übel wurde dadurch nicht gehoben«.

In Spandau bekam 1594 ein Hutmachergeselle einen ähnlichen Paroxismus, und in kurzer Zeit werden etliche Menschen (30—40) damit befallen, die allerlei Gaukeleien und Kontorsionen machten; unter welchen einige wie Mondsüchtige, oder wie Wurmkranke auf Schornsteinen, Dächern und Brunnen, mit Lebensgefahr herumkrochen. Der Rat ließ eiserne Ringe in den Mauern befestigen, und die Besessenen dieser Art mit Ketten daran schließen; wodurch das Übel etwas gemildert wurde.[6] **Die Geistlichen bestärkten die armen Leute in ihrer Einbildung und brauchtes sie, um ihre Lehrsätze von der Gewalt des Teufels zu bestätigen.**

M. Albrecht Colerus, der Superintendent von Spandau, sagte der Hutmachergeselle, wolle von einem Engel den Befehl erhalten haben. Das Unwesen machte indessen in Spandau so viel Aufsehen, daß Kurfürst Johann Georg die vornehmsten Theologen von Berlin und Frankfurt dahin schickte, um die Sache zu untersuchen«.[7]

Antoinette Bourignon

Sie ist 1616 in Ryssel (Flandern) geboren und zeigt von Kindheit an einen Widerwillen gegen gesellschaftliche Freuden. Sie liebt die Einsamkeit und die Religionsübungen. Sie führt ein möglichst klösterliches Leben und hat in ihrem Schlafzimmer einen kleinen Altar mit Kruzifix. Oft unterhält sie sich mit dem gekreuzigten Christus. Infolge des Befehls einer inneren Stimme, in die Wüste zu gehen, verließ sie, ohne einen Heller Geld in der Tasche, ihr väterliches Haus, wurde aber nach einigen Abenteuern eingefangen und zurückgebracht. Später gründete sie ein Mädcheninstitut. Ihre Sinnestäuschungen dauerten fort. So sah sie einmal kleine schwarze Teufel über ihren Zöglingen schweben. Schließlich erklärten fast alle Mädchen des Institutes, daß sie hexen könnten und Teufelsgenossinnen seien. **Es wurden Exorzismen angestellt, wobei Kapuziner und Jesuiten mit einander in Streit gerieten.** Schließlich wird Antoinette Bourignon der Zauberei beschuldigt. Sie entzieht sich der Verurteilung durch die Flucht.[8]

1701 wird auf den Münchhov'schen Gütern in der Uckermark ein fünfzehnjähriges Mädchen wegen fleischlicher Vermischung mit dem Teufel enthauptet, und zwar nach einem von der Universität Greifswald eingeholten Gutachten. Es erklärt die Hingerichtete für eine Geisteskranke, welche einem Arzt hätte übergeben werden sollen. Nun wird der Gutsherr zur Rechenschaft gezogen.[9]

Der letzte der preußischen Hexenprozesse spielt 1728 und betrifft ein geisteskrankes Mädchen. Es lebt in Berlin und ist 22 Jahre alt. Es macht einen Versuch, sich zu erhängen. Sie gibt an, der Teufel erscheine ihr häufig, sie habe sich ihm mit ihrem Blut verschrieben und sei durch ihn zu ihrem Selbstmordversuch veranlaßt worden. Das Kriminalkollegium in Berlin erklärt: »...es habe das Ansehen, als sei die Inquisitin wegen des Bündnisses mit dem Teufel mit dem Feuer oder doch mit dem Schwert zu strafen, doch sei es wahrscheinlich, daß sie mit Melancholie behaftet sei, und der Gedanke des Teufelsbundes beruhe möglicherweise nur auf ihrer Schwermütigkeit«. Es wurde veranlaßt, daß das Mädchen in das Spandauer Spinnhaus gebracht wurde und hier lebenslänglich zu verbleiben hat.[10]

Es gibt auch Fälle physischer Anfleckung ganzer Familien. Kreuser erzählt: »...Ein Dienstmädchen erkrankt am 14. September 1885 an religiöser Manie und wird nachhause gebracht. Sie bittet ihre Familie, das Arbeiten aufzugeben und nur noch für sie zu beten. Die Eltern leisten Folge und steigern sich in eine solche Aufregung, daß sie nach acht Tagen bei verrammelten Türen um den Tisch sitzen, sich an den Köpfen fassen und mit den Fäusten auf sich einschlagen. Die kleinen Kinder heulen unterdessen und das hungrige Vieh brüllt im Stall«. Erst in der Irrenanstalt tritt die Heilung ein. Bei den Eltern geht die Heilung rasch voran, bei dem Mädchen dauert sie vier Monate.

Verfahren gegen Urban Grandier

Im Ursulinenkloster in Loudun in der Diozöse Poitiers zeigen 1632 mehrere Nonnen Anfälle von Besessenheit. Sie leiden an Krämpfen, machen unzüchtige Bewegungen, wälzen sich auf dem Boden, schreien und heulen wie wilde Tiere. Durch die mit ihnen angestellten Beschwörungen veranlaßt man die Dämonen, durch den Mund der Besessenen zu erklären, daß Urban Grandier durch seine Zauberei das Übel verschuldet hat. Er wird verhaftet, der Nadelprobe unterworfen, gefoltert und ohne wesentliche Anklagepunkte gestanden zu haben, am 18. August 1634 verbrannt.

Dies ist eines der frühen Beispiele von vermeintlicher diabolischer Besessenheit. Das Ursulinnen-Convent wird 1625 errichtet. Die Nonnen sind arm, sie mieten ein Haus und halten Kostgängerinnen. Nun stirbt der Direktor Prior Moussant. Die Mädchen verlassen nachts ihre Betten, machen auf dem Boden verdächtige Geräusche und schleichen später in die von den anderen Kostgängern bewohnten Zimmer, nehmen ihnen die Kleider weg und setzen das Kloster in Alarm.

Jean Mignon, Diakon und Priester an der Kirche zum heiligen Kreuz, folgt dem Verstorbenen als Direktor im Amt. Er duldet die Possen der Kostgängerinnen und hilft ihnen sogar bei der Ausführung. Um diese Zeit lebt in Loudun der Priester Urban Grandier, ein junger, schöner Mann, von ausgezeichnetem Benehmen und mit großem Geist begabt, »...der (aber) seine Priesterpflichten vernachlässigte und weibliche Gesellschaft aller übrigen vorzog. In dieser Beziehung war sein Ruf sehr zweideutig«.[11]

Grandier führt einen Prozeß gegen den Kanonikus der Kirche zum heil. Kreuz und gewinnt ihn. Der Verlierer sinnt auf Rache. Grandier wird beschuldigt, daß er junge Mädchen verführt habe: »er sei ein gottloser, profaner Mensch, der sogar in seiner eigenen Kirche ein Weib mißbraucht habe«. Daraufhin wird Grandier auf Befehl des Bischofs von Poitiers in das Gefängnis gesteckt. Er wird verurteilt, drei Monate lang jeden Freitag bei Brot und Wasser zu fasten. Am 25. Mai 1631 wird er freigesprochen, weil es sich gezeigt hat, daß seine Ankläger einer Bestechung von Seiten Trinquants aufgesessen sind. Er nimmt sein Amt wieder auf und rächt sich nach Kräften an seinen Feinden. Mignon ersinnt eine niederträchtige Intrige, er bestärkt die Nonnen in dem Glauben an Geister und Gespenster, spricht mit ihnen über Teufel und Dämonen. Er redet mit ihnen über den Teufel und beginnt zu exorzieren. »Dadurch wurden die Köpfe der Nonnen verdreht und die armen Geschöpfe fallen in Krämpfe. Dann überredet er sie, sich öffentlich in diesen Zuständen zu zeigen, alles geschehe zum Ruhm und der Verherrlichung Gottes«. Dann veranlaßt er, daß einige das Kloster besuchten, um dort zwei von bösen Geistern besessenen Nonnen zu sehen. Mignon empfängt sie in seinem Priestergewand. Sie gehen in den Schlafsaal der Nonnen und hier beginnt er mit seinen Teufelsaustreibungen.

Die verrückt gewordenen Nonnen antworten allesamt auf die Fragen, mit wem sie einen Pakt geschlossen hätten: »er hieße Urban Grandier«. Dann erscheint der Erzbischof von Bordeaux...und nun verschwinden plötzlich wieder alle Dämonen. In letzter Konsequenz wird der unschuldige Grandier verurteilt, gefoltert und lebendig verbrannt.

Die Zitterer der Cevennen

Nach dem Widerruf des Ediktes von Nantes sind die französischen Prostestanten furchtbaren Verfolgungen ausgesetzt. **Selbst ihre Kinder werden weggenom-**

men, um sie in den Grundsätzen des katholischen Glaubens zu unterrichten. Diese ungerechte Behandlung führt zu einer allgemeinen Ekstase unter den Bewohnern der Gegend, die durch die grausamen, von der Regierung zu ihrer Unterdrückung angewendeten Mittel zu einer traurigen Berühmtheit gelangt ist.

Mehrere Bauern geraten in ekstatische Affektionen, in einen eigentümlichen Zustand, fangen an zu predigen und zu prophezeien. Die Epidemie verbreitet sich vor allem in den Cevennen. So nennt man sie die neuen Propheten Zitterer (Trembleurs) der Cevennen. An mehreren sicheren Orten legen sie die Bibel aus und singen Psalmen. Diese häufigen Versammlungen der fanatischen Landbewohner, die sich hundertweise um die Prediger scharen, an abgelegenen Orten und oft nur bei Nacht, mußten zur weiteren Verbreitung der ekstatischen Affektionen beitragen. Die Zahl der so Inspirierten nimmt täglich zu und wächst in die Tausende. Bewaffnete durchstreifen das ganze Land, um die protestantischen Versammlungen zu zerstreuen. Außerdem gab es noch eine andere Gefahr, indem sich Spione in ihre Reihe drängen konnten, sie zu verraten. Unter den bekanntesten der prostestantischen Fanatiker dieser Zeit zeichnet sich ein 16 bis 17jähriges Mädchen, die sog. »Schäferin von Cret« aus.

Das Grab des Diakonus Paris

Eine ähnliche Epidemie bricht in Paris aus. Bekanntlich entsteht sie am Grab eines durch seine Frömmigkeit und seines tugendhaften Charakters ausgezeichneten Mannes, des Abbé oder Diakonus Paris, der die theologischen Ansichten seiner Anhänger (Jansenisten) unerschrocken verteidigt hat und deshalb von ihnen wie ein Heiliger verehrt wird. Täglich wächst die Menschenmenge an seinem Grab auf dem Friedhof von St. Medard. Es wird Befehl erlassen, den Friedhof zu schließen und an seine Tore Wachen zu stellen, um die Haufen zu zerstreuen. Der Erzbischof von Paris untersagt bei strenger Strafe die Verehrung des geheiligten Abbé (um 1732).

Rituale Romanorum / Euchologium

Immer wieder wird im Zusammenhang mit den ausgeführten Exorzismen das »Rituale Romanorum« zitiert, das auf eine lange historische Entwicklung zurückblicken kann. Das erste Zeugnis vom Exorzismus geht auf das 5. Jhdt. zurück, und zwar in einer kanonischen Sammlung »Statua Ecclesiae latiniae«. Darauf aufbauend entwickeln sich Schematas, bestimmte Riten und offizielle Formeln, die wiederum einen Schwall von privaten Veröffentlichungen nach sich ziehen und im 16./17. Jhdt. ihren Höhepunkt erreichen. Es ist kein Zufall, daß dies mit dem Höhepunkt des Hexentreibens auf einer Linie liegt. Einige berühmte Exorzismusbücher der Zeit sind:

- Compendio dell' arte esorcistia (Menghi, 1580, 1590)
- Practica exorcistarum (Polidorus, 1606)
- Complementum artis exorcistiae (Vicecomes, 1606)
- Jugum ferreum Luciferi (Gomez, 1676)
- Manuale exorcistarum (Brognolo, 1720)
- gran dizionario infernale (Pigué, 1871)
- Le livre secret des grands exorcismes et bénédictions (Abbé Julio, 1908)

Das Ritenbuch »Rituale Romanerum« wird 1614 von Papst Paul V. als verbindlich erklärt. Es handelt sich um eine Sammlung der offiziellen liturgischen Texte für Sakramente, Sakramentalienspendung, Prozessionen, Weihen **und** Exorzismen. Ursächlich entsteht es aus dem Überhandnehmen willkürlicher exorzistischer Übungen. Insofern ist es als eine moderne Neuerung anzusehen. Noch im 14. Jhdt. gelten die Verzerrung von Gesichtszügen, Schaumbildung vor dem Mund, Heulen und Weinen als eindeutige Merkmale für Besessenheit. Der clevische Arzt Weyer, sonst aufgeschlossen und über seine Zeit hinausblickend, ist von der Besessenheit überzeugt, mit ihm ist es die breite Schicht der Bevölkerung und die der Gelehrten. Das Damoklesschwert des alles überschattenden Glaubens dringt in alle Bereiche des Lebens.

Mißstände konnten schon deshalb nicht ausbleiben, weil einmal der Stand der Medizin, Psychologie und Soziologie einen anderen Stellenwert einnehmen, weil die Kirche das Böse hochhalten muß, um das Gute zu demonstrieren, und weil es ursprünglich jedem Christen möglich war, Teufel auszutreiben. Es kommt zu regelrechten Besessenheitsepidemien. Einzelne Riten und Vorstellungen gehen sehr weit und sind mit stundenlangen pausenlosen Gebeten verbunden. Um hier Einhalt zu gebieten, wird das Rituale Romanorum geschaffen: es soll für die Zukunft die Verhaltensweisen auch der Exorzisten exakter festlegen. Im wesentlichen besagt es:

- Der exorzierende Priester muß von einem Bischof autorisiert sein, in reifem Alter stehen, unbescholten sein und vor dem Exorzismus beten und fasten
- er muß die einschlägige Literatur kennen und im Umgang mit Besessenen vertraut sein
- er soll sich an bestimmte Kennzeichen halten; Besessenheit liegt vor, wenn:
- mehrere Wörter in einer fremden Sprache gesprochen oder verstanden werden
- Entferntes oder Verborgenes geoffenbart wird
- wenn Kräfte gezeigt werden, die über das Alter und die Konstitution des angeblich Besessenen erheblich hinausgehen

- Der Exorzist muß dem Teufel oder dem Dämon Fragen stellen, soll aber keinen Gegenzauber anwenden. Das Rituale unterscheidet zwischen überflüssigen, neugierigen und notwendigen Fragen. Notwendig sind:
- Zahl und Namen der Geister
- Zeitpunkt, an dem sie den »Besessenen« ergriffen haben
- Ursache, weshalb sie in den Menschen »eingefahren« sind
- der Besessene soll möglichst viel beten, fasten, beichten und kommunizieren
- Kreuz, Reliquien und Weihwasser sollen immer greifbar sein
- Der Exorzist soll sein Gebet nicht unterbrechen, selbst wenn es stundenlang dauert, bis er die Zeichen der Befreiung sieht
- jeder Körperteil, in den sich der Dämon zurückzieht, muß extra behandelt werden und über ihm ist zu beten.

Das Rituale Romanorum von 1614 wird 1952 erneut herausgegeben, aber fast unverändert übernommen, so daß Pater Rodewyk pflichtgemäß darauf zurückgreift. In der Ostkirche gibt es etwas ähnliches, das sog. »Euchologium«. Verbindlich ist das Rituale Romanorum allerdings erst seit 1918. Die Liturgiekonstitution des zweiten Vatikanischen Konzils (1963) sieht im Rituale Romanorum lediglich eine Rahmenverpflichtung, während einzelne Sprachgebiete volkssprachliche Rituale erhalten sollen, von denen bereits einige erschienen sind.

Gury's Theologia moralis[12]

Gury äußert sich über Magie, Zauberei, Geisterbeschwörung und Teufelsaustreibung. Bei der Magie unterscheidet er zwischen der weißen und schwarzen (weiß = natürliche Ursachen; menschliches Bemühen ohne Beihilfe des Teufels: schwarz = übersteigt menschliche Kräfte und kann deshalb nur durch Hilfe des ausdrücklich oder stillschweigend gerufenen Teufels geschehen). Von der Zauberei und Hexerei wird gesagt, sie sei die Kunst, mit Hilfe des Teufels Anderen zu schaden. Er unterscheidet zwischen der Liebes- und Gifthexerei (maleficorum amatorium, maleficium veneficium). Dazu kommen seine Vorstellungen über Beschwörungen und Teufelsaustreibungen. Hier werden die verschiedenen Arten definiert und Zeichen der Besessenheit angegeben. Auch Gury mahnt zur Vorsicht beim Exorzismus: »Man solle nicht leicht Jemand für besessen halten, weil eine wahre Besessenheit selten ist und weil die meisten, die man dafür hält, sich als falsch erwiesen haben«.

Gury ist außerdem Verfasser der Schrift «Casus conscientiae». Er wird unterschiedlich beurteilt. »In der Moral des Gury wird gegenwärtig die Lehre von der

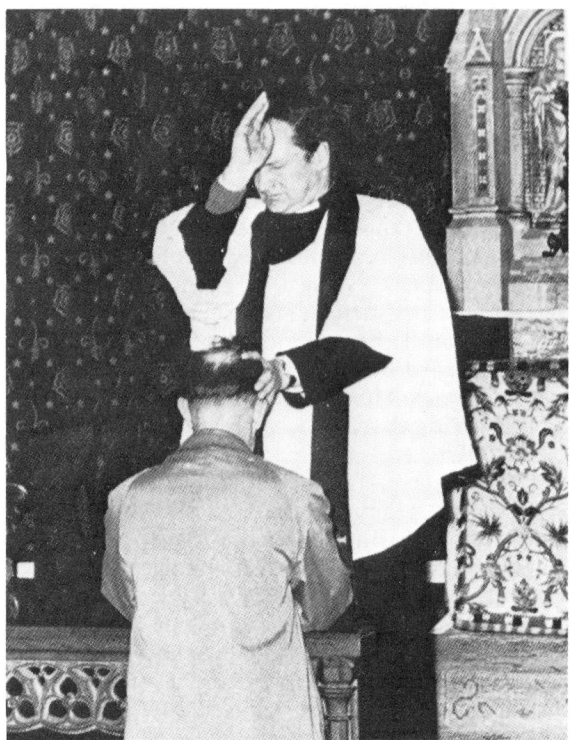

Der Exorzismusreferent J. C. Neil-Smith aus London legt einem Hilfesuchenden (?) die Hände auf, reißt einen Dämon aus seinem Körper (?) und gibt ihm dann den Segen. Wer ist hier der Betrogene? der einfältige Mann oder der von einer falschen Vorstellung eingenommene Priester?.

Zauberei und Hexerei, der Kunst, mit Hilfe des Teufels Anderen zu schaden, dann von der Besessenheit und dem Umgang mit dem Teufel vorgetragen«. »Gury ist ein anrüchiger Schriftsteller, aber in ultramontanen Kreisen ist er sehr geschätzt. Nach ihm werden die jungen Theologen in den bischöflichen Seminaren für ihren Beruf abgerichtet und geprüft. Keine Weihe, keine Pfründe ohne Gury«. Nippold, ein protestantischer Schriftsteller zum Thema »Wiederbelebung des Hexenglaubens«, hält ihn für ein »unschuldiges Kindlein«.

Andreas Gaßner, Baruffi, Ammann

Gaßner ist der bekannteste deutsche Exorzist des 18. Jhts. Johann Joseph Gaßner wird in Pludenz (Schwaben) geboren, widmet sich dem Priesterstand und wird dann Pfarrer in Klosterle. Nachdem er durch den Exorzismus von einer schweren Krankheit befreit wird, bildet sich bei ihm die Ansicht heraus, daß viele Krankheiten vom dämonischen Besessensein herrühren und nur mit entsprechenden Gegenmitteln behandelt werden können. Er beginnt, Kranke nach exorzistischen Methoden zu heilen. »...und der Ruf der glücklichen Erfolge führt ihm immer mehr Patienten zu. Zehntausende sollen unter den

 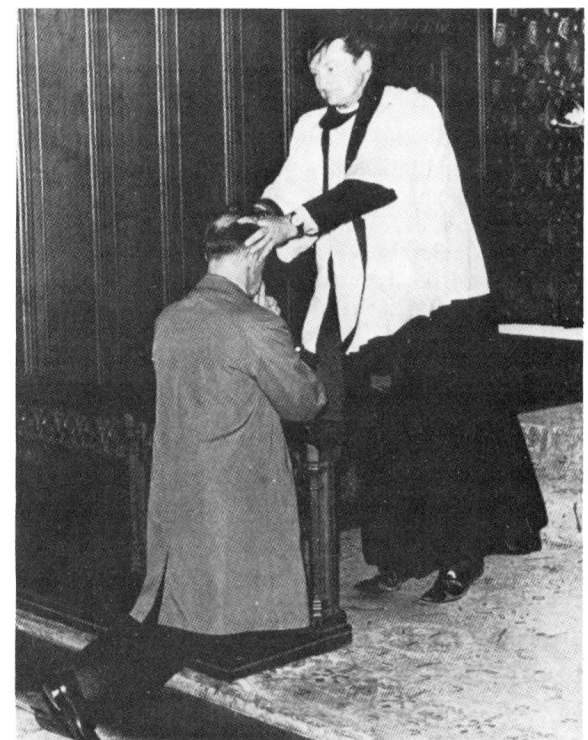

Zelten in der Nachbarschaft von Regensburg kampiert haben«. Er nimmt seine Prozeduren öffentlich und in Gegenwart vieler Zuschauer vor.

Der »Teufelsbanner« Gaßner hat den Dämonen- und Teufelsglauben wieder angefacht. 1774 finden wir ihn in Ellwangen. Entsprechend scharf wird er angegriffen: »Um diese Zeit treibt sich in Bayern der Exorzist und Teufelsbanner Joseph Gaßner herum, zu dem die Leute zu Tausenden aus Böhmen, Österreich, Pfalz und anderen Gegenden strömten, um von ihren zauberischen und dämonischen Plagen befreit zu werden. Endlich legten ihm die Bischöfe von Konstanz, Salzburg und Prag das Handwerk«. Gaßner ist 1779 gestorben. Er ist der Verfasser eines Lehrbuches über Besessenheit und Teufelsaustreibung. Es ist als Privatarbeit zu verstehen. Der Inhalt dieses Buches ist im wesentlichen:

Es gliedert sich in zehn Abschnitte. Wichtig ist der letzte mit einzelnen praktischen Vorschriften über die **Anwendung des Exorzismus unter Mitteilung der verschiedenen Beschwörungsformeln. »Wenn in diesem Punkte durchaus nur Täuschung oder Betrug zu Grunde liegen, so wäre ja die exorzistische Gewalt und der von der Kirche eingeführte »ordo exorcistarum« unnütz und albern«.** Es steht zu befürchten, daß es so ist.

Was ist grundsätzlich zu beachten?

Der erste Abschnitt beantwortet die Frage, was im allgemeinen ein Priester zu beachten hat, wenn jemand sagt, er sein von einem bösen Geist in irgendeiner Weise geplagt und man möge ihm helfen. Er beruft sich auf den Kommentar von Baruffi: »Wenn alle die, die an einer dämonischen Krankheit zu leiden behaupten, wirklich dämonisch wären, so wäre fast die ganze Welt von einem Dämon besessen, und besonders die ganze Herde der Weiber« (totus foeminarum grex).

»Wenn derlei Personen kommen, muß man sie in Geduld und Güte anhören, und vor allem in Ansehung diabolischer Plage ausforschen, und sie auch befragen, was andere Leute darüber urteilen. Sollte der Priester zu der Auffassung kommen, die Person sei wirklich diabolisch geplagt, so erteile er ihr den Auftrag, etwas zu warten oder ein anderes Mal wieder zu kommen, bevor er weitere Schritte vornimmt, und zur eigentlichen Befreiung die Hand anlegt. Wenn das aber eine fremde (z.B. eine durchreisende) Person ist, die nicht länger warten kann, kann diese... gleichwohl ohne Verzug im Beichtstuhl disponiert, und an die Absolution der »exorzismus destructivus« angeschlossen werden. Lediglich wenn der Priester eine Person für wirklich besessen hält, dann muß sie zu einer anderen Zeit wiederkommen«.

Übrigens ist es wohl zu beachten, daß derlei Manifestionen meistens in Verbindung mit natürlichen Krankheiten oder Gebrechen, physischen, psychischen oder moralischen auftreten, was zur Folge hat, daß man leicht den dämonischen Einfluß übersieht und alles mit natürlichen Mitteln zu heben sucht, oder, weil diese allein nicht ausreichen, das Übel für unheilbar erklärt, während vielleicht in kurzer Zeit vollständig geholfen werden könnte, wenn gegen die vermeinten Übel auch natürliche und übernatürliche Mittel (Benediktionen, Exorzismus, Empfang der heil. Sakramente in gehöriger Verbindung angewendet) werden, also z.B. Arzneien mit Weihwasser besprengt oder noch besser eigens vom Priester gesegnet würden (und zwar nach der Norm des Rituals).

Besonders bei Melancholikern kommen in der Regel zusammen: physische Krankheiten oder Abnormität, Verdruß, Reue und Gewissensbisse und drittens dämonische Infestationen. »Endlich ist es klar, daß die Dämonen, welche schon natürlichen Schmutz so gerne zur Basis ihres verderblichen Einflusses wählen, sich im moralischen noch behaglicher fühlen«.

Wenn das stimmt, dann müßten zumindest eine Reihe von Priestern, Kardinälen, Bischöfe und Päpsten, dem Dämonismus erlegen sein, wenn man den ungeheuerlichen Sittenverfall berücksichtigt, dem die katholische Kirche über Jahrhunderte erlegen ist.

Im zweiten Abschnitt werden die verschiedenen Arten diabolischer Klagen behandelt. Der Allgemeinbegriff dafür ist »afflicationes«. Man unterscheidet drei Gruppen: maleficati, obsessi und posessi. Die Angezauberten »maleficiati« (hierher kommt möglicherweise der Begriff »Malefizkerl«) zerfallen in weitere Gattungen, die, die an ihrem Eigentum oder an ihrem Leib angezaubert sind. Die zweite Gattung hat noch den Namen »facturati« oder »maliati«.

Die Defination der ersten Gattung ist z.B., daß entweder Tiere oder sonstiges Eigentum (z.B. Getreide) durch diabolischen Einfluß geschädigt wurde, die der zweiten, daß »der böse Feind« in ihrem Körper an einem Glied eindringt und die Person an gewissen Verrichtungen und Bewegungen hindert oder ihnen Schmerzen verursacht. Werden vollends gewisse Gegenstände durch diabolischen Einfluß in den Körper des diabolisch Geplagten geschafft, so nennt man dies »maleficum« oder »veneficium«, je nachdem, ob es unschädliche oder schädliche Gegenstände, z.B. Glasscherben, Federn und dergleichen sind.

Der leichteste Grad ist der der »Umsessenen«, der »obsessi«. »Es sind solche, in deren Leib ein böser Geist zwar noch nicht vollends eingedrungen ist und den er nicht gänzlich im Besitz hat...wozu er aber Anstrengungen macht, einem Feinde gleich, die Stadt zu erobern«. Der höchste Grad ist der der »Besessenen« der »posessi« oder »energumeni«. So heißen »solche, in deren Leib ein böser Geist eingedrungen ist, der von allen Gliedern Besitz hat und der bestimmte eigentümliche Verrichtungen und Bewegungen verursacht, oder der natürlichen Verrichtungen entgegentritt«. Dann werden gar die Besessenen wiederum in »arreptitii«, »lunatici« und »phythonici« eingeteilt, unter Berufung auf bestimmte Bibelstellen. Im Hinblick auf die von einem bösen Geiste an Besessenen hervorgerufenen Wirkungen, erhält der böse Geist verschiedene Namen. Stumm (mutus), Taub (surdus), Blind (caecus) oder Geist der Schwachheit (spiritus infirmitatis). Ferner werden hierher gerechnet: »deren Häuser oder Gemächer von diabolischen Erscheinungen geplagt sind«.

Der dritte Abschnitt bringt die Zeichen und Mittel, um zu erkennen, ob jemand von einem bösen Geist geplagt ist. Die Erkennungszeichen des untersten Grades, des »maleficium« sind mehr als merkwürdig. Man unterscheidet fünf Gruppen: Erwachsene, Kinder, Verheiratete, Tiere und andere Gegenstände. Bei den Erwachsenen werden sechs hinreichende Zeichen angeführt, um den sog. »Exorzismus probativus« vornehmen zu dürfen:

● wenn der angebliche Geplagte (Kranke) vor Speisen und Getränken, die heimlich benediktiert wurden, mehr Abscheu als von anderen Speisen hat;
● wenn er in der Gegenwart des heil. Sakraments und der heil. Reliquien ungewöhnliche Furcht oder Schrecken äußert; wenn er z.B. nicht hinsehen kann;

Zeitgenössischer Holzschnitt einer Teufelsaustreibung im 16. Jht. Dem Bund der gebundenen und gehaltenen Frau entwichen in einer Dunstwolke die schwarzen Teufel, während der Priester sie vor dem Altar segnet.

- wenn er die Leute ohne vorausgegangene Krankheit wie ein toller Hund anfällt, um sich schlägt, die Heiligen lästert und den Teufel um Hilfe ruft;
- wenn er Nadeln, Nägel, Glasscherben und dergl. erbricht;
- wenn aus seinem Munde höllischer Gestank, oder Schwefel-, Pech-, Kohlen- und Rußgeruch hervorgeht;
- wenn sich in seinem Leibe ungewöhnliche Töne, z.B. das Quaken eines Frosches, vernehmen läßt.

Bei Kindern gibt es ebenfalls sechs Erkennungszeichen:

- wenn sie ohne vorausgegangene Ursache einige Tage nacheinander nichts essen oder saugen;
- wenn sie häufig zusammenschrecken, nicht schlafen, ganze Nächte weinen, ohne daß selbst Sachverständige die Ursache entdecken;
- wenn sie furchtsam umherblicken, (insbesondere) Priester nicht ansehen können;
- wenn sie sich nie an Milch sättigen können, obgleich sie beständig saugen und besonders, wenn sie magerer werden, obgleich die Amme gesund ist;
- wenn sie plötzlich ohne natürliche Ursache erblassen und am Gesicht und am ganzen Körper ihre Konstitution verlieren;
- wenn sie um die Lenden schwarz werden oder wenn sie an der Brust anschwellen.

Diese Erkennungszeichen weisen den ersten und untersten Grad einer afflictio, ein maleficium, an. In § 6 werden »als ziemlich sichere Anzeichen« einer obsesses oder poessus genannt:

- wenn jemand, der bekanntlich zuvor ganz ungelehrt war, auf einmal in spitzfindiger Weise über schwierige und erhabene, philosophische und theologische Gegenstände zu sprechen beginnt (Anm.: auch der angeblich 12jährige Christus spricht im Tempel zu den Schriftgelehrten!!!);
- wenn ein solcher den lateinisch sprechenden Beichtvater gut versteht;
- wenn jemand in einer ihm sonst unbekannten Sprache nicht nur ein und anderes, sondern viele Worte ausspricht, oder gar eine Sprache förmlich spricht;
- wenn eine sonst schwache Person auf einmal solche Kräfte gewinnt, daß sie von mehreren Männern nicht bewältigt werden kann;
- wenn jemand in kürzester Zeitfrist weit entfernte Gegenstände herbeischafft, oder verderbliche Dinge anzugeben weiß;
- wenn jemand nach dem Urteil der Ärzte am Delirium, Verrücktheit oder gewissen Schmerzen leidet und dergleichen auf den vom Exorzisten im Namen Jesu ergangenen Befehl alsogleich auslassen und auf gleichen Befehl neuerdings alsogleich wieder erlangt;

- wenn jemand nachweisbar mehrere Tage nicht ißt oder trinkt, und dennoch gut bei Kräften bleibt (robustus);
- wenn jemand auf einmal ohne vorausgegangene Ursache gegen sich selbst zu toben beginnt, indem er sich z.B. mit Steinen schlägt um sich zu verletzen (Anm.: wie z.B. die asketischen Mönche in der Wüste).

Jetzt spricht Gaßner über die Dämonen, die Gemächer oder Häuser aufsuchen. Sie bestehen in einem »dortselbst ohne irgend eine natürliche Ursache entstandenem Getöse, Lärm und dergleichen, zur großen Belästigung und Verängstigung der Bewohner... **denn nach den bewährtesten und auf diesem Gebiete erfahrendsten Theologen pflegen gute Geister** (spectra bona) z.B. **armen Seelen nie so großes Getöse zu machen,** um die Bewohner eines Hauses in so großen Schrecken zu setzen oder sie gar zu vertreiben, **sondern äußern vielmehr in demütiger Weise durch vereinzelte Atemzüge, Seufzen oder wohl auch durch eine klägliche leise Stimme, jedoch ohne Ungestüm«** (!!!).

Genehmigungspflicht, Präservativ- und Trostmittel

Der untere Grad des Exorzismus ist der »exorzismus probativus«, der nächste der »exorzismus destructivus« oder »expulsivus«. Der Exorzismus darf nur mit schriftlicher Erlaubnis des Bischofs stattfinden. Allerdings mit der Ausnahme: »wenn Gefahr im Verzug sei, wenn so ein Unglücklicher im Beichtstuhl um Hilfe bittet, so könne der Priester von sich aus den privaten Exorzismus vornehmen«. Besonderes Interesse erweckt der von Gaßner im dritten Abschnitt genannte Hinweis, wonach der Priester auch aus der Ferne auf die diabolisch geplagte Örtlichkeit oder Personen einwirken kann. »Beim Aufschreiben der exorzistischen Formeln soll er sich mit der Stola bekleiden«. Dann werden Präservativmittel »gegen künftige Übel dieser Art nach geschehener Befreiung« vorgeschlagen:

- sich in den Akten der göttlichen Tugenden üben;
- von Zeit zu Zeit die seligste Jungfrau und andere Heilige anrufen;
- es ist gut, wenn der Befreite selbst häufig (durch Besprengen mit Weihwasser, durch das Zeichen des Kreuzes) seine Speisen und Getränke segnet;
- man soll den Befreiten Gegenstände zum Anhängen geben, einen geschriebenen Exorzismus hier und da befestigen, z.B. oberhalb der Haustüre, der Fenster und dergleichen;
- man soll an Kopf und Brust Reliquien anwenden;
- dazu kommen Gebete zur Danksagung, (Rosenkranz, Allerheiligenlitanei).

Parallel zu diesen Präservativmitteln stehen die Trost-mittel, wenn oder solange man nicht endgültig helfen kann. Dazu gehört die Belehrung, daß der diabolisch Geplagte darum keineswegs im Stand der Ungnade oder gar verworfen sei, daß der Dämon nur seinen Leib, nicht aber seine Seele beherrsche.

Baruffi unterscheidet fünf Gattungen von Exorzis-men, resp. Beschwörungen. Die Beschwörungsfor-meln werden in der Regel entweder dem römischen Ritual oder dem speziell zu diesem Grund gelegten Lohbauer'schen entnommen. Anmerkungsweise wird gesagt, daß diese Formeln allerdings in der Mut-tersprache an den Dämonen gerichtet sein können, üblicherweise aber die lateinische Sprache vorzuzie-hen ist.

In voller Überzeugung mit den von Gaßner verzeich-neten lateinischen Exorzismen sind auch die deut-schen Übersetzungen der in der Schweiz gebräuchli-chen »Teufelsbeschwörungen, Geisterbannereien, Weihungen und Zaubereien der Kapuziner« zu nen-nen, die der frühere Kapuziner Ammann 1841 in Bern herausgegeben hat. Außerdem erscheint 1851 in München von Prof. Definator Pater Franz Xaver Lohbauer das »Rituale ecclesiasticus ad usum Cleri-corum ord. S. Francisis ref. Prov. Antoniae Bavari-cae«. Man kann die Autoren zum Thema Exorzismus nicht verurteilen, denn sie handeln nach dem von der Kirche authorisierten System. Bereits Jean Baptiste Thiers sagt in seiner 3. Auflage von 1712:

»Man könne nicht leugnen, daß es Magier und Hexen-meister gebe, ohne ausdrücklich den heiligen Brie-fen, der kirchlichen und profanen Tradition, den ka-nonischen und bürgerlichen Gesetzen und der Erfah-rung aller Jahrhunderte zu widersprechen, und ohne mit Unverschämtheit die unverbrüchliche und unfehl-bare Autorität der Kirche zu verwerfen, die so oft die Blitze der Exkommunikation gegen sie schleudert«.

Der Fall Utz

Es handelt sich um eine 31jährige Frau. Sie bekommt Konvulsionen und glaubt sich zuerst von einem Ver-storbenen besessen, der in Gestalt einer Wespe in sie eingedrungen ist, dämonisch aus ihr spricht, flucht und tobt. Der Dämon, fortwährend im Namen Jesu beschworen, fährt endlich nach dreimaligem heftigen Ausstoßen und unter lautem Blasen von ihr aus, nachdem er noch seine Sünden im Leben bekannt hat. »Er habe sieben Jahre als Wespe in der Luft schweben müssen, bis er in sie habe eindringen kön-nen«. Nun glaubt man die Frau geheilt, aber nach ei-nigen Tagen ist das Übel wieder da. Da scheint sie von dem Geist eines Schmiedes besessen »der bald ausfuhr auf das Gebet einiger fernen gläubigen Freunde«, wie der Schutzgeist zu ihr gesagt hat.

Trotzdem stellt sich nach fünf Tagen diese Plage wie-der ein. Schließlich ruft man einen in der Ferne woh-nenden herbei, von dem man weiß, daß er glaubens-stark und in diesen Dingen erfahren ist. Es gelingt ihm, die Frau vor der dämonischen Besitzergreifung zu befreien und sie in Zukunft davor zu schützen.[13]

Magdalena Grombach

Dieser Fall ist mehr unter der Bezeichnung »Mädchen von Orlach« bekannt. Es handelt sich um eine luthe-rische Magd. Wiederholt findet sie in ihrem Hause ei-ne neugekaufte Kuh an verschiedenen Stellen ange-bunden. Außerdem werden allen drei Kühen mit un-glaublicher Geschwindigkeit die Schwänze kunstreich ineinandergeflochten: selbst am hellen Tag, während das Mädchen in einem anderen Haus im Paroxismus liegt.

Sie bekommt von einer unsichtbaren Hand eine Ohr-feige, wird von einer schwarzen Katze mit einem wei-ßen Kopf gebissen. Öfters bricht in ihrem Haus das Feuer aus. Der graue Schatten einer Frau spricht zu ihr: »Das Haus (muß) weg« und verkündet Unglück. »Mit einem Bösen verbunden, schwebe sie, geboren 1412 (die Grombach 1812) vier Jahrhunderte herum. Magdalena könne zu ihrer Erlösung helfen«. Sie hat zudem noch andere Visionen. Beim Heuen kommt ein schwarzer Mann ohne Kopf zu ihr. Er redet sie an und verspricht ihr Geld. Er verkündet ihr ein Ge-schenk, wenn sie nach Hall kommen würde...dafür solle sie ein Gesangbuch kaufen. Eines Tages er-scheint der Schwarze als ein unförmiges Tier, wor-über sie in Ohnmacht fällt. Dieser Geist verkündet ihr das Ende ihrer Leiden bis zum 5. März des kommen-den Jahres, vorausgesetzt, das Haus wäre vorher ab-gebrochen. Von nun an geht der Schwarze, nachdem er ihr erst äußerlich erschienen, immer in sie hinein, tobt und lästert mit einer rohen Baßstimme und ver-zerrt ihr Gesicht. Der Geist des Mädchens geht unter-dessen anderswohin, z.B. in die Kirche.

Am 4. März erscheint die Weiße in einem langen Fal-tengewand und lichtstrahlend. »Sie sei im 22. Jahre als Koch verkleidet von jenem Schwarzen in das Klo-ster gebracht worden, habe zwei Kinder von ihm ge-boren, die sie ermordet hat, auch drei Mönche, da sie das Verbrechen verraten«. Der Geist streckte dabei seine Hand wie zum Abschied gegen das Mädchen, welche von diesem nur mit einem Tuche berührt wur-de, in das sechs Löcher gebrannt werden...Am 5. März, um 1/2 12, als man mit dem Abbruch des Hauses fertig ist, weicht der Dämon aus ihr. Man fin-det in dem abgebrochenen Haus ein tiefes brunnen-ähnliches Loch und Menschenknochen, auch kindli-che. Der Schwarze hatte angegeben, sie werde das 40. Jahr nicht erreichen. Tatsächlich stirbt sie Ende Juni 1852; im September wäre sie 40 geworden.

Die Kreuzigung der »heiligen Gret« von Wildenbuch

Der von einem Schweizer Geschworenengericht stattgefundene Prozeß gegen den ex. Pater Stocker und seine Gefährtin Magdalena Kohler findet eine Parallele in einem Verfahren, das 1823 vor dem Züricher Malefiz-Gericht gegen elf Angehörige einer schwärmerischen Sekte in Wildenbuch (Bezirk Andelfingen) ausgetragen wird. Es geht um Greueltaten im Haus von Peter in Wildenbuch, wobei Elisabeth Peter durch Schläge auf den Kopf getötet und die »heilige Gret«, Margareth Peter, auf ihre Anweisung hin lebendig an ein Kreuz genagelt wird. Bevor sie stirbt, verkündet sie: »...daß sie am dritten Tag auferstehen wird«, was allerdings nicht passiert. Die Angeklagten werden zu Freiheitsstrafen verurteilt.

Das Wirken der »heiligen Gret«

Margareth Peter, geboren 1794, hat seit ihrer frühen Jugend ein schwärmerisch-religiöses Gemüt. Sie erklärt, ihr hafte etwas Besonderes an, weil sie an Weihnachten geboren ist. In ihrer Jugend erscheinen ihr Engel. Später kommt sie unter den Einfluß einer Sekte in Schaffhausen. Bei den »Erweckten« wird sie aufgrund ihrer Visionen als »heilige Gret« bezeichnet.

Als 25jährige kommt sie mit der Baronin von Krüdener im benachbarten deutschen Lotstetten zusammen. Die einstige Lebedame und nunmehrige Mystikerin findet Gefallen an dem Bauernmädchen vom Kohlfirst. Bei einer dreistündigen Unterredung macht sie der Gret den Vorschlag, sich ihr anzuschließen. Margareth fühlt sich allerdings zum Höherem berufen. Sie will selbst im Mittelpunkt stehen und die Aufmerksamkeit auf sich lenken, bleibt aber mit der Baronin im Briefwechsel. Durch sie tritt sie mit dem Vikan Jacob Ganz aus Embrach in Verbindung. Er hat seine Pfarrstelle in einer aargauischen Gemeinde wegen sektiererischer Gesinnung aufgeben müssen. Durch den Vikar lernt Margareth den Schuhmacher Jacob Morf in Illnau kennen, den sie verschiedentlich besucht, wodurch seine Frau argwöhnisch wird.

In diesem Haus erlebt Margareth die Vision, daß sie und ihre Schwester Elisabeth lebendig in den Himmel fahren würden, gleich wie Enoch und Elias. Als das Wunder am vorbestimmten Tag ausbleibt, verstecken sie sich während 1 1/2 Jahren im Haus des Schuhmachers, wobei aber offensichtlich nicht nur gebetet wird, denn Margareth, die »heilige Gret« bekommt eine Tochter. Die Frau des Schuhmachers läßt sich schließlich dazu bewegen, es als ihr eigenes anzusehen und aufzuziehen. Der Betrug gelingt: das Kind wird auf den Namen Morf in das Register von Illnau eingetragen.

Die beiden Schwestern kehren bei Nacht und Nebel in das Haus des Vaters zurück, um sich zu verbergen. Margareth unternimmt dauernd Bet- und Bußübungen und beginnt immer vehementer gegen den Teufel zu kämpfen, der sie in seine Klauen nehmen will. Im väterlichen Haus leben zudem die Freundin der »heiligen Gret«, Ursula Kündig, die Schwester Susanne und die Magd Magdelena Jägglin. Zum Kreis der schwärmerischen Sekte gehört ferner Johannes Peter, sowie der einzige Sohn der Familie, Caspar, der als Sektenprediger im Land herumzieht. Zur Sippe gehören außerdem die Tochter Barbara und Magdalena. Magdalena ist mit dem Schuster Conrad Moser aus Oehrlingen verheiratet. Im Haushalt lebt außerdem der Knecht Heinrich Ernst.

Am Mittwoch, dem 13 März 1823, beginnt das tolle Spiel. Zwischen sieben und acht Uhr morgens, versammelt die »heilige Gret« alle im Haus Anwesenden und erklärt, daß sie in der Nacht die Offenbarung gehabt hat »...wonach alle Anwesenden ohne Unterschied mit ihr gegen den Teufel streiten müßten«: »Ich muß kämpfen, damit eure und viele verdammte Seelen errettet werden. Kämpfet auch mit mir«. Hierauf hebt die Gret an, unter den Ausrufen »Du Schelm, Du Seelenmörder«, mit der Faust gegen Wände, Stühle und auf den Tisch zu schlagen. Auf ihr Geheiß werden auch die Fenster verhängt. Zudem werden Stücke von Baumstämmen, Äxte, Keile und anderes Schlagwerkzeug in die Kammer getragen. Alle Anwesenden schlagen nun mit voller Wucht auf die Holzstöcke ein, um den Seelenfeind zurückzutreiben. Dieses Wüten hält mit Unterbrechungen bis abends gegen neun Uhr an.

Der Lärm, der aus dem Haus dringt, zieht Schaulustige an. Sie können aber nichts erkennen, weil der Zugang zum Haus von einem bissigen Kettenhund bewacht wird. Am folgenden Morgen ist alles ruhig. Conrad Moser trifft am Vormittag ein. Beim Mittagessen eröffnet die »heilige Gret«: »...sie habe den letzten Kampf mit dem Teufel vor, worauf am Nachmittag das Toben seinen Fortgang nimmt. Mit Axthieben wird der Fußboden in der Kammer zertrümmert, Möbel werden zusammengeschlagen und schließlich fällt ein Teil des Fachwerks aus der Mauer, so daß die Wütenden vor den Augen der Zuschauer sichtbar sind. Am selben Abend läßt der Oberamtmann die Sippe verhaften. Daraufhin verfügt er, daß die Personen, die nicht in den Haushalt gehören, nach Hause gehen sollen. Die übrigen Personen, dar-

Bild nächste Seite: The Miracles of St. Ignatius. Gemälde von Peter Paul Rubens (1577-1640). Entstanden 1619-20. Durch das intensive Gebet des Heiligen sollen im Kircheninneren Besessene geheilt werden.

unter die Gret, läßt er nach einem kurzem Verhör mit der Ermahnung frei, sich ruhig zu verhalten. Dennoch sind am Freitagvormittag alle im Hause Peter versammelt. Die »heilige Gret« eröffnet den Anwesenden, daß nun Blut fließen muß, damit die vielen tausend Seelen gerettet werden können. Sie befiehlt, alle sollen sich auf die Brust und an die Stirne schlagen. Gret versetzt ihrem Bruder, der etwas später dazugekommen ist, mit einem eisernen Keil zahlreiche Schläge auf Kopf und Brust. Der Blutende wird ohnmächtig in die Stube getragen. Die rasende Margareth schlägt jetzt mit einem Holzhammer auf die Köpfe ihrer Schwestern Elisabeth und Susanne, auf den ihres Schwagers und ihrer Freundin Ursula Kündig ein. Alle haben blutende Wunden.

Die Kreuzigungsszene

Die »heilige Gret« wendet sich mit der Frage an Elisabeth, ob sie sich opfern wolle. Sie zeigt sich sogleich zum Tod bereit: »Ich will gerne sterben, damit der Satan nicht siegt. Nachdem sie sich selbst mit einigen Schlägen traktiert hat, legt sie sich auf das Bett. Gret schlägt die Schwester und fordert Ursula Kündig auf, »das Werk zu vollenden. Sie werde ihre Schwester dann wieder erwecken«. Mit einem eisernen Keil drischt jetzt Ursula solange auf Elisabeth ein, bis sie den Geist aufgibt. An der Tötung nehmen außerdem der Knecht und die Schwester Susanne teil.

Noch ist die »heilige Gret« nicht ernüchtert. Sie schlägt sich selbst auf den Kopf, bis Blut fließt und verlangt zudem von Ursula Kündig, sie soll mit dem gleichen Werkzeug zuschlagen. Das herabfließende Blut wird in einem Becken gesammelt, da Gret erklärt »dieses Blut werde zur Rettung vieler Seelen vergossen«. Auf das Verlangen der Gret muß ihr Ursula mit einem Messer ein Kreuz auf die Stirn und einen Kreuzschnitt am Hals machen.

»Ich will mich jetzt kreuzigen lassen«, erklärt sie. Der Knecht stellt ein Kreuz aus Holz her, worauf Ursula, obwohl sie sich sträubt, die »heilige Gret« an das Kreuz nageln muß. Gret fordert nun, man soll ihr einen Nagel in das Herz schlagen, oder ihr den Kopf spalten. Ursula kann ihr zwar ein Messer in den Kopf stecken; allein, da es sich krümmt, läßt sie von der Blutarbeit ab und ruft Conrad Moser zu Hilfe. Er ergreift ein Stemmeisen, mit dem er der Schwärmerin zusammen mit Ursula den Schädel einschlägt. Nun kehrt die Besinnung der Tobsüchtigen zurück. Alle hoffen und warten auf das angekündigte Wunder der Auferstehung der beiden Töchter. Als das Wunder bis Dienstagmorgen ausbleibt, geht der alte Peter nach Trüllikon, um dem Pfarrer die Mitteilung zu machen, daß seine Töchter Elisabeth und Margareth gestorben sind.

Der Spruch des Malefiz-Gerichtes

Das Malefiz-Gericht, das sich aus dreizehn Beisitzern des Obergerichtes und vier Mitgliedern des kleinen Rates zusammensetzt, die durch das Los bestimmt werden, so oft ein Kapitalverbrechen zu beurteilen ist, wird von den beiden im Amt stehenden Bürgermeistern präsidiert. Am Donnerstag, dem 4. Dezember, werden die Urteile gefällt. Darin wird ausgeführt:

»...daß alle elf angeklagten Personen am 11. Dezember vor das Rathaus in Zürich geführt werden sollen, wo sie das Urteil kniend entgegennehmen müssen. Dann sollen sie in das Großmünster geführt werden, um eine »den Umständen angepaßte Rede« anzuhören. Nach Beendigung dieses feierlichen Aktes sollen sie in das Zuchthaus transportiert werden. Ursula Kündig erhält 16 Jahre, Conrad Moser und der Vater Johannes, sowie Peter: acht Jahre, Susanne Peter und der Schuster Conrad Moser: sechs Jahre, Magdalena Jägglin: zwei Jahre, Barbara Baumann (geb. Peter) und ihr Bruder Caspar: ein Jahr, und Magdalena Moser (geb. Moser) sechs Monate Zuchthausstrafe.

Das Urteil setzt weiter fest: »Soll das alte bisherige Wohnhaus von Johannes Peter, des Vaters, zu Wildenbuch, in welchem die Lärm- und Blutszenen stattfanden, auf Veranstaltung und unter sorgfältiger Aufsicht des Oberamtes Andelfingen, ohne Anstand bis auf den Grund abgetragen, die Fundamente desselben verschüttet und dem Boden gleichgemacht und auf dieser Stelle niemals mehr ein Wohnhaus aufgeführt werden«. Dies erweist sich als nötig, weil bereits frömmlerische Leute Wallfahrten nach Wildenbuch unternehmen.

Der Prozeß ist nicht nur wegen der Parallele zu der Teufelsaustreibung von 1966 bemerkenswert, sondern auch wegen des Rechtsganges, der die traditionellen Wege erkennen läßt.

Die besessenen Knaben von Illfurt
Die Dämonen Oribas, Ipés und Solaethiel

In Illfurt steht die zehn Meter hohe und mit einer vergoldeten Bronzefigur der Maria geschmückte Granitsäule, mit der Inschrift: »Zur immerwährenden Erinnerung an die Befreiung der zwei Besessenen, Theobald und Joseph Burner, durch Fürbitte der Heiligen Unbefleckten Jungfrau, im Jahre des Herrn 1869«.

Das Dorf Illfurt liegt im südlichen Elsaß. Hier lebt die Familie Burner. Johannes Burner, der Vater, ist ein reisender Händler und verkauft Zündschnüre und Zündhölzer. Die Mutter, Anna Maria Foltzen, kümmert sich um die fünf Kinder. Zwei von ihnen werden von einer merkwürdigen Krankheit befallen. Es handelt sich um den am 21. August 1855 geborenen Theobald und um Joseph, der am 29. April 1857 geboren ist. Sie werden im Herbst von einer Krankheit befallen, die sich auch ihr Hausarzt. Dr Levy d' Altkirch nicht erklären kann. Behandlung und Medikamente bleiben erfolglos. Theobald magert bis zum Skelett ab. Ab dem 25. September zeigen sich bei den Kindern abnorme Erscheinungen.

Sie schlagen pausenlos auf ihre Betten ein oder drehen sich stundenlang auf dem Rücken liegend im Kreis, sie zeigen einen regelrechten Heißhunger. Ihre Beine verflechten sich dermaßen, daß man sie unter normalen Umständen nicht mehr auseinanderbringt. Theobald erscheint ein Gespenst mit einem Entenschnabel, den Krallen einer Katze, Pferdehufen und einem schmutzigen, mit Federn bedecktem Körper. Bei seinen Erscheinungen fliegt es über sein Bett und droht ihn zu erdrosseln. Theobald reißt ihm bündelweise Federn aus und gibt sie den Anwesenden. Sie stinken ekelhaft. Die Kinder beginnen sich zu jucken und erhalten schmerzhafte Stiche am Körper, sie erbrechen Schaum, Federn und Tang. In ihrer Nähe entwickelt sich eine unerträgliche Hitze. Später werden sie nervös und aufgeregt. Sie fuchteln mit den Armen und schreien mit geschlossenen Lippen. Pater Souquat, der die Befragung vornimmt, erfährt die Namen der Dämonen. Theobald ist von Oribas und Ipès besessen. Der letztere ist ein Graf der Hölle und zugleich der Befehlshaber von 71 Legionen. Joseph ist u.a. von dem Dämonen Solaethiel besessen.

Sie werden von heftigen Wutanfällen gepackt und entwickeln eine Abscheu vor geweihten Gegenständen. Die ausgesprochenen Worte »Jesu, Maria, Heiliger Geist usw.«, lassen sie erzittern. Einmal will man ihnen Feigen schenken, die ein Geistlicher zuvor geweiht hat. Sie wenden sich mit Schrecken ab und schreien: »Werft diese Mäuseköpfe fort! Der Käppchenträger hat sie mit seinem Getue vergiftet«. Wenn jemand einen Rosenkranz auf ihr Bett legt, verstecken sie sich unter der Decke. An einem Fastentag sagt der Dämon zu Theobald: »...bring mir Fleisch, sonst springe ich aus dem Fenster«. Sie bezeichnen die Kirche als Schweinestall und das Weihwasser als eine stinkende salzige Lauge, die Katholiken als Giftsalber, den Rosenkranz als Katzenschwanz. Christus am Kreuz als Hampelmann usw. Besonderen Ekel haben sie vor Weihwasser: sie merken sofort, wenn in ihren Speisen auch nur ein Tropfen ist und lassen es mit Verachtung stehen. Wenn in ihrem Zimmer eine unerträgliche Hitze entsteht, besprengt die Mutter die Betten der Kinder mit geweihtem Wasser und dann sinkt die Temperatur wieder.

Der dämonische Haß richtet sich auch an die, die nicht daran glauben wollen. So soll sich auf ihr Betreiben das Rad von der Kutsche gelöst haben, in dem

Pater Stumpf und der Pfarrer von Straßburg nach Illfurt fahren. Die Geister dringen in das Haus des Benjamin Kleiber ein. »...er muß sogar einmal den Pfarrer holen lassen, damit er das Haus und den Stall segnet«. Die Dämonen vernichten zwanzig Bienenstöcke, indem sie allen Bienen den Kopf abhacken...bis Herr Brobeck die Bienenstöcke und die neuen Schwärme segnen läßt, und dadurch die Macht der Zerstörer aufhebt! Herrn Tesch geht es nicht viel besser. Die Dämonen brechen einer seiner Kühe einen Fuß, dann sterben Kälber ohne erklärbare Ursache, bricht sich ein Bein: natürlich müssen auch das die bösen Dämonen verursacht haben!

Die Kinder sprechen und verstehen verschiedene Sprachen: Französisch, Lateinisch, Englisch und Lokaldialekt, Außerdem entwickeln sie okkulte Fähigkeiten. So werden auf Geheiß des Bischofs zwei Nonnen aus Niederbronn beauftragt, die Buben zu pflegen. Sie nennen sie sofort beim Namen, obwohl sie sie vorher nie gesehen haben und erkennen, daß die eine Nonne in ihrem Koffer ein blaues Fläschchen hat. Der Koffer steht verschlossen am Bahnhof. Sie hören die Totenglocke von Gregor Kunegel und sie wissen, daß die Nonnen abberufen werden. Am gleichen Tag kommt ein Brief an sie, indem vermerkt ist: »...sie haben sich binnen 48 Stunden wieder in Mühlhausen einzufinden«. Zudem sagen sie die Zukunft voraus und Theobald berichtet über Dinge, die teils schon 100 Jahre zurückliegen. »Viele unbekannte Einzelheiten über schreckliche Verbrechen, die die Vergangenheit von Illfurt betreffen, werden von den Kindern aufgedeckt. Manchmal sieht man sie freischwebend auf Stühlen inmitten der Luft. Sie klettern wie Katzen auf Bäume und hängen sich an dünne Zweige, ohne Angst zu haben, daß sie herunterfallen.

Manchmal wirft der böse Geist Möbelstücke durcheinander oder erschüttert das ganze Haus wie bei einem Erdbeben. Von besonderem Interesse ist die Höllenschilderung des Dämonen: »...das Feuer der Hölle ist nicht so, wie ihr euch das vorstellt. Ihr könnt euch keinen Begriff davon machen. Ich werde euch aber sagen, daß es viel heißer, weit brennender ist, als man es sich vorstellen kann, und daß die Verdammten dort auf gräßliche Weise leiden. Die Hölle ist nicht schön«. Er will aber nicht näher erklären, wie es dort zugeht: »Das geht euch nichts an! Seht zu, daß ihr hinkommt, dann werdet ihr es schon sehen«. Sie versprechen Säcke voll Gold und Silbermünzen, sehen den Tod eines tanzenden jungen Mannes voraus, der im gleichen Moment einen Schlaganfall erliegt. Den Papst bezeichnen sie als den »Vater aller Hunde«. Außerdem werden durch diese Vorfälle einige Atheisten zu gläubigen Christen, sie bekehren einen Offizier, den Schulinspektor von Mühlhausen, zwei Herren aus der Stadt und den »ungläubigen« Gendarmen.

Exorzismus und Heilung

Hier kommen die verschiedensten (unglaublichen) Dinge zusammen. Erst drei Jahre nach der Begebenheit, im Mai 1868, entscheidet man sich für den Exorzismus. Der Straßburger Bischof, Monsignor Raess, bleibt lange skeptisch. Schließlich gibt er seine Zustimmung, vor allem wegen eines Gesuches vom Domherr Lemaire, dem Dekan von Altkirch. Er ernennt am 13. April 1869 eine Kommission von drei Geistlichen, die den Fall untersuchen sollen. Sie sind von der Besessenheit der Kinder überzeugt. Zunächst wird der Exorzismus an Theobald vorgenommen. Anfang September 1869 wird er in das St. Karl-Waisenhaus von Schiltigheim gebracht, das dem Prior Spitz zur Verfügung gestellt wird. Theobald wird in die Kapelle geschleppt und vom Pater Schrantzer, Pater Hauser und dem Gärtner André festgehalten. Das Kind steht aufrecht auf einem Teppich, sein gegen den Tabernakel gerichtetes Gesicht ist rotglühend. Aus seinen Lippen dringt dickflüssiger Schlamm und tropft auf den Boden. Pater Souquat, den der Bischof mit dem Exorzismus beauftragt hat, hat gerade mit der Zeremonie begonnen, als der Dämon durch den Mund seines Opfers schreit: »...Fort von hier, verschwinde sofort von hier, du schmutzige Kanaille...Raus aus dem Schweinestall...ich will nicht«. Die drei anwesenden Männer können ihn nur mit Mühe festhalten. Als der Geistliche ein kleines Kreuzzeichen über Stirn, Lippen und Brust des Besessenen beschreibt, versuct er ihn zu beißen. Pater Souquat betet drei Stunden ununterbrochen und ist schweißüberströmt. Er muß die Sitzung unterbrechen. Als Theobald aus der Kirche geführt wird, beruhigt er sich sofort.

Am folgenden Montag wird der Exorzismus fortgesetzt. Man läßt dem Besessenen ein eisernes Korsett anlegen und ihn sitzend auf einen mit rotem Samt gepolstertem Stuhl binden. Der Lehnstuhl mitsamt dem Kind wird in die Luft gehoben. Ununterbrochen wird der Exorzismus gebetet. Pausenlos stellt der Pater Fragen und ruft den Dämon auf, das Kind zu verlassen und immer wieder bekommt er zur Antwort: »...meine Stunde ist noch nicht gekommen...ich gehe nicht«. Das ergreift der Exorzist eine vom Papst gesegnete Kerze und ruft: »**Du hochmütiger Geist, ich lege die Kerze auf dein Haupt, um dir auf dem Weg zu leuchten, der zur Hölle führt...Dieses Licht ist das der katholischen Kirche, und du, du bist der Geist des Schattens, fahr zur Hölle und bleibe dort bei deinen Gefährten, die dort unter auf dich warten«.** Auch dann gehorcht der Dämon nicht. Nun nimmt der Pater eine Statuette der Jungfrau Maria und befiehlt dem Dämonen auszufahren: »**...entferne dich also, du unsauberer Geist, vor dem Anblick der Unbefleckten Jungfrau. Gehorche meinem Befehl und ziehe ab, so schnell es geht«.** Der Dämon stößt einen tiefen Schrei aus...der Knabe beginnt sich zu winden wie eine Schlange und dann geht ein leises Knistern durch seine Glieder. Der Körper streckt sich und er fällt wie tot zu Boden...**der Dämon ist geflohen.** Man kann Theobald ohne Schwierigkeiten aufheben und in sein Zimmer tragen. Die Mutter vergießt Tränen der Dankbarkeit und dankt Gott, daß er ihren Sohn befreit und der Kirche die Macht gegeben hat, die Hölle zu besiegen.

Exorzismus an Joseph

Pfarrer Don Brey bedrängt den Bischof, den Exorzismus auch an Joseph zu gestatten, »...weil sich sein Zustand von Tag zu Tag verschlimmere«. Bei Tagesanbruch des 27. Oktober 1869 wird der Knabe unter strenger Geheimhaltung in die Kapelle des Friedhofes von Burnerkirch geleitet. Als Zeugen sind geladen: Prof. Lachmann aus Sankt Hippolyt, Herr Ignaz Franz aus Silestat, Herr Martinot, der Bürgermeister von Illfurt, Herr Tesch. Dazu kommen die Eltern des Kindes, ein Schulmeister, der Bahnhofsvorsteher, Schwester Hilaria, die Leiterin der Mädchenschule und Herr Feindel.

Die heilige Messe wird für 6 Uhr angesetzt. Der Besessene tobt so, daß er gebunden werden muß. Er kann die Fesseln lösen, wirft sich gegen die Zelebranten und will aus der Kirche fliehen. Er wird gefangen und Herr Martinot klemmt ihn fest zwischen die Knie. Zuerst bellt Joseph wie ein Hund, dann grunzt er wie ein Ferkel, dann stößt er unverständliche Worte aus. Schließlich schreit er den Pfarrer an: »Ich werde nicht gehen!« **Der Pfarrer spricht die stärksten Formeln des Exorzismus, legt Reliquien auf das Haupt des Kindes und besprengt ihn mit Weihwasser.** Auch hier versucht er dem Kind die Dämonen im Namen der Unbefleckten Jungfrau auszutreiben. Hierauf reagiert er: »Muß er ausgerechnet die Große Dame mit sich bringen...**ob ich will oder nicht, nun muß ich weichen**...wenn ich weichen muß, so will ich in eine Schweineherde einziehen (später: in eine Gänse- bzw. Schafherde)...**nun bin ich gezwungen zu gehen«.** Daraufhin streckt sich das Kind lange aus, wird von Krämpfen befallen und dann regungslos und still. Plötzlich erwacht es wie aus einem Trancezustand und zeigt sich erstaunt darüber, was mit ihm vorgegangen ist.

Der Fall »Schwester Magda«

Dieser Fall wird besonders im Zusammenhang mit der Teufelsaustreibung von Klingenberg, 1976, aktualisiert, weil bei beiden Teufelsaustreibungen der Frankfurter Jesuit P. Adolf Rodewyk eingeschaltet ist. Hier als offizieller Exorzist, dort als Gutachter.

Vorgeschichte, Verfluchung

Der Fall spielt im wesentlichen im Standortlazarett Trier während des Zweiten Weltkrieges, wo Rote-Kreuz-Helferinnen auf ihren Einsatz bei den Truppen vorbereitet werden. Eine davon ist Schwester Magda. Sie ist etwa 30 Jahre alt und seit kurzem mit einem jungen Witwer verheiratet. Rodewyk beschreibt sie so: »Sie war mittelgroß, zart gebaut, hatte braunes Haar und braune Augen, war von sanguinistischem Temperament, immer guter Dinge, flink in der Arbeit und bei den Patienten sehr beliebt«.

Zu Rodewyk, der den Standortpfarrer im Lazarett vertritt, sagt sie einmal: »Ich möchte wieder wahr werden«. Zuerst denkt der Pfarrer an Hysterie und Theater. Erst später denkt er an eine dämonische Besessenheit. Deshalb spricht er probeweise den Exorzismus über sie. Die Reaktion ist heftig und eindeutig. Sie zeigt ein Aber gegen Weihwasser und antwortet in klarem Deutsch auf lateinische, französische, griechische und hebräische Fragen. Dann zieht Rodewyk einen Priester hinzu und zeigt die Angelegenheit dem Diözesanbischof, Erzbischof Franz Rudolf Bornewasser, an. Außerdem hat er Magda eine mit Blut unterzeichnete Verschreibung an den Teufel abnehmen können auf der eine Hostie als Siegel klebte (!!!). Wegen solcher Indizien wird Rodewyk zum Exorzismus bestellt. Am 10. Dezember 1941 wird ihm die Regelung des Falles anvertraut. Als Überprüfer wird der Prälat van Eyck zugezogen.

Er fragt Schwester Magda gemäß dem vorgeschriebenen Rituale Romanorum. Ein Dämon meldet sich und sagt, daß Magda von ihrer Großmutter schon als kleines Kind verflucht worden ist. Damals sei er (Kain) eingefahren und symbolisiere gewissermaßen diesen Fluch,...denn Kain ist der erste verfluchte Mensch«.[14] Dann berichtet der Exorzist von einem angeblichen Täuschungsmanöver: »...als die Teufel aber spürten, daß sie so nicht durchkamen, schlugen sie einen anderen Weg ein«. Kain zeigt sich gereizt und raunt Magda zu: »Gezählt, gewogen, geteilt«. Das ist das Menetekel, das einst dem König Belsazar das Ende seiner Herrschaft ankündigte.[15] Nun hetzt Kain Magda gegen den Priester Rodewyk auf: »...**schließlich hetzt er sie zur Gestapo, um mich anzuzeigen und auf diese Weise loszuwerden...aber die Teufel hatten von Gott ein Verbot erhalten, mich und meine Mitarbeiter auszuliefern**«. Christus zwingt nun die Teufel, ihr Visier zu lüften. Plötzlich teilt Kain mit, daß er nicht allein ist, sondern noch drei andere Teufel, Judas, Herodes und Barabbas, bei sich habe. Judas ist der Hauptteufel. Sie wollen am 29. Januar ausfahren.

An diesem Tag erfolgt der Exorzismus im Sprechzimmer des Priesters, wobei die Schwester Magda auf dem Sofa sitzt. Sie rutscht während der Zeremonie herunter und schlägt sich den Kopf am Boden auf. Rodewyk kann hier einen zurückliegenden Fall zitieren. »1887 exorzisierte Pater Jordan, der Stifter der Salvatorianer, den besessenen Fr. Felix Bucher. Hierüber liegt zudem ein offizieller Bericht vor:[16] »...man hatte den von dämonischen Kräften mißhandelten Bruder auf einen Strohsack zu ebener Erde gebettet. Was sah man nun? Man sah, wie sein Kopf vom Dämon immerfort auf die Erde gestoßen wurde, so daß man eine Erschütterung des Gehirns oder gar eine Kopfzerschmetterung befürchten mußte. Wir suchten ein Kissen unterzulegen. Die dämonische Gewalt jedoch ergriff es und schleuderte es fort, wie auch Decken und andere Kissen«.

Schwester Magda wird nun ruhiger. Das Zimmer wird mit Weihwasser ausgesegnet. Sie bekommt Sehstörungen, fühlt sich heftig am Hals gewürgt und der Raum füllt sich mit Rauch. Am nächsten Tag sind auch die restlichen Teufel entwichen »...**sie erlebt, wie die letzten Teufel im Rauch verschwinden**«.

Die Teufel Kain, Judas, Herodes, Barabbas, Beelzebub, Abu Gosch und Nero

Rodewyk stellt das als weiteres Täuschungsmanöver der Dämonen hin. Kain ist nämlich zurückgeblieben und zu ihm ist ein anderer Teufel, Beelzebub, gestoßen. Er scheint ein mächtiger Dämon zu sein, der sich auf das Verhandeln verlegt. Er sagt zum Exorzist: »Du bist gefährlich, du bist sehr gefährlich, wenn du deine Fragen weiter so gut vorbereitest«. Aber nach weiteren acht Tagen fährt er zusammen mit Kain aus dem Körper der Schwester Magda.

Zuvor haben die Teufel angekündigt, daß sie neue Hilfstruppen heranholen würden (u.a. Sturzkampfflieger). Ein neuer Teufel nennt sich Abu Gosch und spielt die Rolle eines Banditenführers. Der Exorzist weiht jetzt, weil ihm die Sache zu gefährlich wird, den Krankenpfleger Hans ein. Schwester Magda bekommt von unsichtbarer Hand Schläge auf den Rücken und es zeigen sich immer mehr Wunden an ihrem Körper. Nachts muß sie mehrfach Schriftstücke verfassen, die auf eine Anerkennung Luzifers und den weiteren Kampf mit dem Exorzisten hinauslaufen. Einige der Schriftstücke sind mit Blut bedeckt. Selbst der Exorzist wird angegriffen, z.B. wird versucht, ihn mit einem mit Strichnyn bestrichenem Butterbrot zu vergiften. »...das ich vorsichtshalber aber nicht nahm«. Schwester Magda versetzt ihm einen Schnitt mit dem Rasiermesser. Abu Gosch holt weitere Verstärkung und kündigt den Teufel Nero an, der bald in die Schwester Magda einfahren wird. Jetzt kommt die Giftkomponente dazu. In ihre Getränke und auf ihre Wunden muß sie einige Körner Rattengift tun. Einmal sagt Nero: »...der beste Grund für eine Besessenheit ist ein Fluch (Verfluchung), den ein

Priester oder eine Mutter ausspricht. Ein solcher Fluch ist kaum zu lösen«. Magda wird immer gefährlicher. Schließlich fahren die Dämonen Nero und Abu Gosch aus ihr, ohne etwas erreicht zu haben; dafür wird sie ab dem Passionssonntag von Luzifer beschlagnahmt.

Magda's Leben

Der Fluch soll gelautet haben: »Verrecken und krepieren sollst du. Ruhe und Frieden darfst du nicht finden. Kinder und Kindeskinder sollen vergehen wie warmes Wasser, ruhelos mußt du durch die Welt gehen, bis du stirbst«. Magda kommt mit sechs Jahren zu Verwandten. Sie beten abends den Rosenkranz. Magda regt sich so darüber auf, daß sie wieder heimgebracht werden muß. Sie entwickelt ein Aber gegen Gebete und verfällt eines Abends anläßlich einer religiösen Feier in eine merkwürdige Starre, verdreht die Augen und wird unempfindlich. Drei Tage vor der ersten Kommunion fährt »unter neuen Flüchen der Großmutter« der Teufel Judas in Magda ein, so daß sie die Kommunion unwürdig empfängt. Nach der Schulzeit nimmt sie an einem Nähkurs teil, wird Lehrmädchen und später wegen boshafter Streiche weggeschickt. Im Haushalt eines Arztes nimmt sie Gift zu sich. In einer Notlage ruft sie den Teufel um Hilfe an. Später wird sie — in einem Krankenhaus beschäftigt — wegen einer Kleinigkeit entlassen. Sie steckt sich eine Nähnadel in den Unterleib, die später operativ entfernt wird. Später entfernt man ihr beide Eierstöcke, so daß sie keine Kinder mehr bekommen kann, womit ein weiterer Teil des Fluches erfüllt ist. Man rät, sie soll doch in ein Kloster gehen und daraufhin tritt sie einer Glaubensgenossenschaft bei. Hier setzen die Sakrilegien ein. Magda schließt heimlich den Tabernakel auf, entnimmt Hostien und streut sie auf den Altarläufer oder verfüttert sie an die Hühner. Nach einigen Monaten wird die Schwester eingekleidet. Von einem Heimaturlaub kommt sie nicht zurück und gilt daraufhin als »entsprungene Nonne«. Dann lebt sie mit einem Inspektor zusammen. Mit ihm verschreibt sie sich dem Teufel »...sie machen sich gegenseitig Schnitte in den Arm, lassen ihr Blut in das gleiche Gefäß träufeln und unterschreiben damit den Pakt«.

Später wird Magda von einem anderen Mann geschlechtskrank. Ihr Freund verwirft sie und sie ist gezwungen »auf der Straße« ihr Geld zu verdienen. So entwickelt sie einen Haß gegen alle Nonnen und Priester. Dann wird sie Pflegerin in einer Irrenanstalt und schließlich Köchin im Haushalt einer krebskranken Frau. Aufgrund einer Heiratsanzeige heiratet sie einen jungen Witwer mit einem kleinen Kind. Die Ehe wird später geschieden. Um diese Zeit fahren die Teufel in Magda ein. **Sie denunziert vor den Nazis Prie**ster, die eingezogen und verurteilt werden...sie ist zum gefügigen Werkzeug Satans geworden«.

Neue Besessenheit

Um Ostern 1942 scheint sie wieder normal geworden zu sein. Anzeichen von Besessenheit sind nicht mehr zu erkennen. Aber bald steigert sich die Unruhe wieder. Sie fühlt sich von einem schwarzen Hund gehetzt und geht so an die Kommunionsbank. Sie beginnt Hostien zu stehlen. Die Teufel Judas und Beelzebub fahren in sie ein, die Besessenheit beginnt von Neuem. Dann fährt Abu Gosch in die Frau. Sie zertrümmert das große Zimmerkreuz im Sprechzimmer und bringt sich im Wald blutige Schnitte bei. Dann fahren Judas und Kain in sie.

Sie schluckt 40 Gramm Opium und fügt sich Schnittwunden bei. Vor Pfingsten legt sie eine Generalbeichte ab, berichtet von seelischen Schmerzen, wird in den Leichenkeller des Krankenhauses getrieben, wo sie sich infizieren soll, ißt vergifteten Spargel, reißt sich frisch geklammerte Wunden auf, so daß eine Bluttransfusion erforderlich ist. Einmal berichtet Beelzebub ausführlich von der Hölle. Er ist dann am Samstag in der Fronleichnamsoktav ausgefahren. Luzifer spricht über die Bedeutung des Ruhmes, der Kirchen und Könige und über das Priestertum. Am Herz-Jesu-Fest will der Dämon Luzifer den Prälat Eyck sprechen. Später fährt Luzifer aus Magda und dann werden an ihr die Taufzeremonien wiederholt. Magda fühlt sich freier, aber bald stellen sich die Teufel Judas und Kain wieder ein. Es folgt eine weitere Phase der Umstellung.

Magda unterläßt die Hostiendiebstähle und gibt der Gestapo ihre Kennmarke zurück. **»Magda war ein sehr konkret denkender Mensch. Für Geistiges hatte sie keinen Sinn. Sie konnte sich z.B. nicht vorstellen, wie Geister miteinander verkehren und Gedanken austauschen«** (Anm.: offenbart sich nicht hier der Exorzist?!). **»Daher war es schwer, über religiöse Dinge mit ihr zu reden«.**

Magda übernimmt dann eine neu eröffnete Seuchenstation, die in einem anderen Gebäude liegt. Hier hat sie Zugang zum Giftschrank. Schließlich gibt es Ärger wegen dem Stiefsohn Rudi. Die Teufel verlangen von Magda, sie soll ihn an ihrer Statt den Teufeln verschreiben. Sie versucht Blut von ihm zu bekommen: sie verschreibt den Sohn, »...so daß man das Kind unmöglich bei ihr lassen kann. Durch Exorzismus, Gebet und Opfer gelingt es, diesen satanischen Ansturm zu brechen, so daß Magda mit dem Jungen nach Hause fahren kann, um sich in der guten Landluft zu erholen und neue Kräfte zu sammeln«. Am 8. Dezember, dem Fest der Immakulata, muß Luzifer zu seiner großen Verdemütigung nochmals in die

Schwester fahren. Er spricht mit dem Exorzist über die Bedeutung der Schnitte, mit einem Arzt über medizinische Fragen und mit dem Prälaten über theologische Dinge.

Scheinbare Befreiung

»Es scheint nun an der Zeit, sie dem Bischof vorzustellen, damit er seinen Segen und seine Erlaubnis dazu gibt (bevorstehende heil. Kommunion). Er nimmt sie gütig auf und erkundigt sich nach vielem. Zum Schluß kniet sie nieder. Als er ihr die Hand auf das Haupt legt, durchzuckt es ihren Körper wie ein elektrischer Schlag. Nachher strahlte sie vor Glück und empfindet eine Ruhe und Geborgenheit, die vom Bischof auf sie übergeströmt ist. Nach der heil. Messe reichte ich ihr auf ihrem Zimmer den Leib des Herrn. Sie konnte die heil. Hostien sogleich schlucken...im Hochamt erlebt sie eine Stunde der reinsten Freude und singt aus vollem Herzen mit«.

»Man sollte nun annehmen, daß Magda von den Teufeln befreit sei: aber weit gefehlt. Kurz nach dem Jahreswechsel kehrt der Dämon Abu Gosch zurück, um ihr einen weiteren Schnitt zu versetzen. Nachmittags trieb ich Abu Gosch aus...Der Dämon sagt mit einem Ausblick in die Zukunft: »...am 2. Februar (Mariä Lichtmeß) schließt die Besessenheit. Sie (Magda) wird es schwer haben, so daß sie im ganzen Leben nie recht weiß, ob sie zu euch oder zu uns gehört. Vor ihrem Tod wird die Besessenheit zurückkehren...hier zu sein ist für mich keine Freude«.

Nachdem Magda einige Wochen wie jeder normale Christ gelebt hat, fühlt sie sich wieder beunruhigt. Beim Empfang der heil. Kommunion nimmt sie »blitzschnell die Hostie aus dem Mund, ohne daß es selbst die Meßdiener merken«. Dann fährt Judas in sie und es beginnen neue Plagereien. Kurz danach fährt Beelzebub in sie, dann Abu Gosch. Dennoch verbessert sich ihr Zustand. Sie kann normales Wasser nicht mehr von Weihwasser unterscheiden. Auf Weihrauch erhält sie keinen Brechreiz mehr. Sie klettert zum Zimmerkruzifix und küßt es, sie verschreibt sich ausdrücklich dem Heiland und seiner heil. Mutter.

Die Morphinistin, verschiedene Gutachten

Die Mutter Magdas sagt zu ihrer Schwester (eine Ordensfrau), Magda sei eine Morphinistin, weil sie öfter Dilaudit bekommt. In der Nacht vom 18./19. Juni stößt sie sich (noch einmal) eine halbe Nähnadel in den Unterleib. Die frühere Nadel hat sich eingekapselt und muß operativ entfernt werden. Wieder fahren die Teufel Abu Gosch und Judas in sie ein. Magda nimmt Blausäure und Arsen ein. Mit ihrem 33.

Geburtstag scheint sie endlich befreit. Dennoch fühlt sie sich von einer schwarzen Katze verfolgt, die ihr in das Gesicht springt und sie zerkratzt oder von Ratten, die an ihrem Körper herumnagen oder sie sieht 30 übereinanderstehende leere Eimer, die mit Getöse in das Zimmer fallen. Noch einmal kommt es zu einer Begegnung mit dem Bischof. **Er betet mit ihr in seiner Privatkapelle und schenkt ihr eine Bronzemedaille, die er von Pius XI. erhalten hat. »Sie hat ihr in schweren Stunden viel geholfen«.**

Später versichert der Bischof: »...aufgrund der vorliegenden, gut beglaubigten Tatsachen, aufgrund meiner persönlichen Erfahrungen, nach gewissenhafter Prüfung der verschiedenen Auffassungen bleibe ich bei meinem Urteil, daß es sich im Falle Magda um wahre Besessenheit handelt und nicht um Hysterie und anhaltenden Betrug«. Später wird Magda in ein anderes Krankenhaus zur Überprüfung gebracht und vom Chefarzt untersucht. Er sperrt sie in eine Tobsuchtszelle und sieht in ihr **eine geltungssüchtige Psychopathin** und hält ihr Verhalten überwiegend für Stimulation. Wieder kehren die Teufel zurück. Sie entwendet eine Hostie, die sie später vor einem Arzt zerbröckelt. Der Bischof lehnt die Stellungnahme des Arztes ab. Dann nimmt sie ein anderer Arzt in sein Haus auf, dann wohnt sie bei ihrer Schwester Ilse und dann kommt sie in eine Universitätsklinik. Auch **dieser Arzt lehnt es ab, daß sich die Existenz Gottes oder des Teufels beweisen läßt.** Er betrachtet Magda als »schweren Fall von Masochismus«. Er entläßt sie nach einigen Wochen mit dem Vermerk: »Nervenleiden-gebessert«. Die Ärzte sind der Auffassung, daß Magda arbeitsscheu ist und nur versorgt sein will. Dann schaltet sich ein weiterer Arzt ein, der nichts unversucht läßt, den Fall gewissenhaft zu klären. Er zieht einen befreundeten Psychiater hinzu, den Leiter einer Nervenklinik. Sein Urteil lautet: »...daß kein Zweifel bestehe, daß es sich hier nicht um eine Erkrankung handelt, für die Psychiater zuständig sind, sondern um echte Besessenheit«. Ein Arzt setzte Magda unter Hypnose und in diesem Zustand schalten sich die Teufel ein, um mit dem Arzt zu sprechen.

Im Ganzen ist allerdings jetzt ihre Kraft gebrochen. Sie bekommt Dilauditspritzen, obwohl sich keine Anzeichen von Süchtigkeit einstellen. Dann greift der Staatsanwalt ein. Ein Arzt soll sich wegen der verabreichten Menge der Medikamente verantworten. Später wird gegen ihn und einen Kollegen das Verfahren »Verstoß gegen das Opiumgesetz«, eingestellt. Magda wird nun in der Freiburger Universitätsklinik untersucht. Man kommt zu dem Ergebnis: »**Hysterische Psychopathin, Morphiumsucht**«. Plötzlich ist Magda unauffindbar verschwunden. Sie kommt freiwillig zurück. In die neuen Untersuchungen schaltet sich ein weiterer Arzt ein und gewinnt Magdas Vertrauen. Er photographiert Magda in verschiedenen Situationen, stellt sein Tonbandgerät auf, nimmt Gespräche auf und beurteilt: »sie können ihre Diagnose (gegenüber einem anderen Arzt) so fassen, daß hier unbezweifelbare Tatsachen und Beobachtungen vorliegen, die nach dem geltenden Rituale Romanorum und den von alters her geltenden Auffassungen der Kirche einer echten Besessenheit entsprechen...hier liegen dämonische Wirkungskräfte vor...faßt sie aber nicht als Persönlichkeiten, sondern als Wesensheiten auf«.

Magda reist im September 1954 mit einem Pilgerzug nach Lourdes. Kurz danach bekommt sie starke Nierenschmerzen. Am Samstag (11. Dezember 1954) verschlimmert sich ihr Zustand, sie nimmt Schlafmittel, schläft den ganzen Sonntag durch. Montagmorgen wird ihr Atem kürzer. Ein herbeigerufener Arzt stellt eine Lungenentzündung fest und läßt sie in ein Krankenhaus bringen. Hier stirbt sie kurz nach Mitternacht, am 15. Dezember 1954. Die Leiche wird anschließend seziert. Magda wird im Familiengrab beigesetzt, ohne ihren Namen in die Grabplatte zu meißeln.

Die Besessene von Piacenza

Im Mai 1920 stellt sich eine Frau bei einem Geistlichen des Klosters S. Maria di Campania in Piacenza vor, um sich am Muttergottesaltar segnen zu lassen. Danach beginnt sie, dem Mönch unerklärliche Dinge zu erzählen:

- Zu gewissen Tageszeiten bemächtigt sich ihres Körpers und ihrer Seele eine geheimnisvolle Macht, die ihre Kräfte übersteigt;
- sie tanze stundenlang, bis sie erschöpft auf den Boden sinkt;
- sie singe mit wunderbarer Stimme Opern und Romanzen;
- sie halte vor großen Menschenmengen lange Reden in fremden Sprachen;
- sie sage den Tod ihrer Schwestern voraus;
- sie zerfetze mit den Zähnen alles, was sie erreichen kann;
- zu Hause schlüpft sie in die Gestalt einer Schlange und kriecht durch Stuhllehnen;
- sie sehe unbekannte und entfernte Dinge;
- sie bewege sich manchmal in akrobatischen Sprüngen von Stuhl zu Stuhl oder von Tisch zu Tisch, falle wie leblos zusammen und bleibe dann tagelang geschwollen und schwärzlich;
- in diesen Situationen fühle sich außer ihr auch noch die Familie unwohl.

»Glauben Sie mir, Herr Pfarrer, mein Leben ist zur Hölle geworden...obwohl ich die Mutter von zwei Kindern bin, scheint mir der Tod als Ausweg, als Befreiung«. Der Pater Pier Paolo Veronesi nimmt diese Erzählung zur Kenntnis. Er ist an der Irrenanstalt von Piacenza Seelsorger und solche Dinge gewöhnt. Er denkt zunächst an hysterische Anfälle.

Seit sieben Jahren ereignen sich bei der Frau diese Vorfälle. Sie hat verschiedene Ärzte konsultiert, die alle zu der gleichen Auffassung kommen: Hysterie. »Ich fühle mich aber weder hysterisch und auch nicht verrückt...ich will mich Gott zuwenden und mich ihm anvertrauen...denn nach dem kirchlichen Segen, fühle ich mich für einige Tage besser«. Sie erzählt weiter:

»Ich wollte mit meinem Mann in einer Kutsche zu den Hügeln von Piacenza fahren, weil dort ein Pfarrer ist, der für seinen Segen berühmt ist. Das Pferd legte einen großen Teil des Weges zurück. Ich fühlte mich auf einmal unwohl. Gleichzeitig bleibt das Pferd stehen, obwohl man es bis auf das Blut peitscht...es rührte sich nicht von der Stelle. Ich sprang außer mir aus der Kalesche und flog, etwa einen halben Meter über der Erde den Hügel hinauf in Richtung der Kirche...die auf mich zukommenden Leute schreien vor Aufregung, Hunde bellen, Hühner flattern erschreckt von den Feldern hoch...ich fliege durch die halbgeöffnete Kirchentür und falle ausgestreckt vor dem Hauptaltar nieder. Der Pfarrer eilt herbei, erteilt mir den Segen und mir geht es besser«.

Für den Priester stellt es sich als pathologischer Fall dar. Er entgegnet: »Sicher handelt es sich um merkwürdige, äußerst merkwürdige Phänomene«. Kurz danach beginnt sie in einer Kirche »hinreißend« zu singen und in einer unbekannten Sprache gegen etwas Unsichtbares zu wettern. Dabei wird sie von einem Minoritenbruder, Pater Apollinare Focaccai, beobachtet. Er zeigt sich wenig beeindruckt, da er als Pfarrer in der Irrenanstalt manches gewöhnt ist. Pater Pier Paolo geht darauf zum Bischof, Monsignor Pellizzarri. Er ordnet nach einer Untersuchung den Exorzismus an. Dann geht der Pfarrer zum Direktor der Nervenheilanstalt von Piacenza, Dr. Lupi, und klärt ihn über den Fall auf. Dr. Lupi erklärt sich bereit, an den exorzistischen Sitzungen teilzunehmen.

Der Dämon Isabó

Außerdem werden die Ereignisse per Stenogramm vom Ordensbruder, Pater Giustion mitgeschrieben. Die erste Zusammenkunft findet am 21. Mai 1920, im Kloster S. Maria di Campagna, statt. Nach der Verrichtung der langen Einleitungsgebete gelangen die Geistlichen zur eigentlichen Beschwörung. Die Frau springt wie ein wildes Tier auf, erhebt sich in die Luft, indem sie mit den Händen ihre Zehenspitzen ergreift und stürzt dann, sich wie eine Schlange windend, mitten in den Saal hinab und bleibt reglos liegen. Sie will sich auf den Exorzisten stürzen und ruft mit donnernder Stimme: »Wer bist du denn, der es wagt, sich mit mir im Kampf zu messen? Weißt du nicht, daß ich Isabó bin, lange Flügel und starke Fäuste habe«? Daraufhin beginnt ein Dialog zwischen dem Exorzist und dem Dämon. Es ergibt sich, daß er wegen einer unerwiderten Liebe in ihren Körper gefahren ist. **Die Besessene bekommt während eines fürchterlichen Lachens das Gesicht einer Schweineschnauze…**der Dämon ist am 23. April 1913 in ihren Körper gefahren…und zwar durch Wurst, einen Zauberspruch und ein Glas Weißwein…er habe sieben Tage gebraucht, um in den Körper einzudringen«. Bei einem weiteren Austreibungsversuch reißt sich die Frau los, stürzt sich auf den Exorzist, packt ihn beim Gewand, reißt ihm die Stola herunter und seufzt voller Wut. Der Geistliche segnet sie mit Weihwasser, worauf sie sich auf den Boden wirft, sich krümmt und zusammenkauert. Als sie der Exorzist mit der Stola berührt, kriecht sie rückwärts auf dem Boden liegend wie eine Schlange fort und ruft: »Nehmt mir diese Last ab«. Dann spuckt in eine bereitstehende Schüssel und gesteht: »…man hat drei Pflanzen festgebunden…nun bin ich dreimal beschworen. Die Pflanzen befinden sich in einem Garten, auf dem Grund des Po und in einem Garten, in der Nähe eines Hauses…sie wurden mit einem Faden aus weißer Wolle gebunden«.

Die drei Pflanzen, erbrochene Kugel

Bemerkenswert ist die Szene mit der erbrochenen Kugel, die ihr seinerzeit durch den Zauberspruch eingegeben worden ist…Es geht um den 23. Juni; an diesem Tag will der Dämon aus dem Körper fahren. Der Exorzist spricht: »Steh auf und erbrich dich«. Die Besessene erhebt sich, indem sie sich fast nur noch schleppt, gesenkten Hauptes, den Blick zum Boden gewendet, um vor der Schlüssel niederzuknien. Sie beugt sich herab und versucht unter fürchterlichen, ihren ganzen Körper erschütternden Anstrengungen, sich zu übergeben. Die Frau ist leichenblaß und erschöpft. Sie liegt auf den Knien, die Ellenbogen auf zwei Stühlen gestützt. **Der Exorzist schaut auf die Uhr.: »…es ist 4.35, sagte er mit unsicherer Stimme. Mit aller Gewalt, die mir Gott verleiht, gebiete ich, ich verbanne dich in die Wüste, mitten in die Sahara; wenn du nicht sofort herauskommst, schicke ich dich in die Hölle«. Alles wartet totenbleich auf die Reaktion der Besessenen. Sie schiebt langsam die Kopfhaut zurück, so daß es scheint, als rutsche ihr eine riesige Perücke aus Ziegenfell in den Nacken.** Mit tränenerfüllten Augen starrt sie den Exorzisten an und wirkt wie eine Schwachsinnige. **Die Gesichtsmuskeln sind erschlafft, die Unterlippe hängt leblos herab…dann vernimmt man eine traurige Stimme: »Ich gehe«.** Sie beugt sich über die Schlüssel und übergibt sich. Die Frau ruft aus: »Ich bin geheilt…auf ihren Lippen liegt das Lächeln der Befreiung. »Und die Kugel?«, ruft Pier Paolo. **Das Erbrochene läßt sich mit einem Stock des Arztes zusam-**

men wie ein Tuch hochheben. **Auf dem Boden der Schüssel liegt eine Kugel aus Wurstfleisch, so groß wie eine kleine Nuß, mit sieben kleinen Hörnern. Die** Besessene ist geheilt (!!!).

Der Dämon Isabó sagt u.a. den Tod von Herrn Cassani voraus, der in drei Monaten sterben wird…was exakt passiert. Zwei Monate zuvor stirbt unerwartet der Bischof, Monsignor Pellizzarri und der Pater Paolo lebt nach der Heilung der Besessenen unter dem Alpdruck der Erinnerungen. Weil ihm beispielsweise der Dämon gesagt hat, daß er ihm um Mitternacht erscheinen wird, schläft er bei Kerzenschein.

Von zehn Dämonen besessen

Dieser Fall ereignet sich in einem mittelitalienischen Dorf. Hier wohnt eine wohlhabende Familie. Es sind tiefgläubige Christen. Sie leben vom Ackerbau. Als eine Tochter das Alter von 13 Jahren erreicht, wird sie von einem geheimnisvollen Unwohlsein befallen, das sie jede Nacht plagt und quält. Das Mädchen wird ärztlich untersucht und behandelt: sie erweist sich als körperlich gesund. Nachts gerät sie in Angstzustände. Ihr Appetit läßt unaufhaltsam nach. Schließlich ernährt sie sich täglich von zwei Eigelb. Sie ändert ihren Wohnsitz und lebt zwei Jahre in einer anderen Stadt. Hier fühlt sie sich besser. Sie ißt ordentlich und schläft durch. Wenn sie z.B. über das Wochenende in das elterliche Haus kommt, fangen die alten Beschwerden an: innere Erregungszustände, Appetitlosigkeit, Ansteigen der Raumtemperatur, Atembeschwerden und Schlaflosigkeit.

Während ihres Aufenthaltes in der nahegelegenen Stadt wenden sich die Mädchen an die Schwestern eines Klosters. Man rät, daß sich das Mädchen an einen bekannten Wallfahrtsort begeben soll, um sich hier von einem Exorzisten befreien zu lassen. **Der Geistliche ist gern zu dieser guten Tat bereit und leitet die üblichen Gebete ein.** Sie lächelt vor sich hin und fängt dann plötzlich an zu schreien und stürzt ohnmächtig zu Boden. Auf die Frage des Exorzisten hin meldet sich ein Dämon. Dann kehrt das Mädchen in das elterliche Haus zurück. Der Ortspfarrer meldet die Sache dem Bischof und erbittet die Genehmigung zum Exorzimus. Später stellt sich heraus, daß das Mädchen von 10 Dämonen besessen ist und es entspinnt sich der Dialog zwischen dem Exorzisten und den Dämonen. Einer soll sich seit zehn Jahren in ihrem rechten Arm aufgehalten haben. Ursache sind ein Mann und eine Frau gewesen »…sie haben Blut aus den Venen genommen, eine Kröte gemahlen und mit einem Haar des Mädchens daraus eine Mischung zubereitet…und zwar aus Haß der Familie und aufgrund einer Verlobung«. Schon beim Betreten der Kirche zuckt das Mädchen zusammen und sucht mit allen Mitteln zu fliehen. Geheiligte Wörter kann sie

Zeitgenössischer Holzschnitt über die Macht der Dämonen. Auf dem Kopf des Fabelwesens thront Luzifer, der oberste der bösen Geister. Er wird von Dämonen umflogen. Die sündhaften Menschen (unter ihnen wohl ein hoher geistlicher Würdenträger) werden verschluckt. Möglicherweise soll das den Eingang zur Hölle oder Unterwelt andeuten. 16. Jht.

nicht aussprechen...ihre Schreie haben nichts Menschliches an sich, es sind die Laute eines verwundeten Tieres. Außerhalb der Kirche ist sie wieder normal. Einmal muß sie von fünf starken Männern aufgehoben und in die Kirche getragen werden.

Weil die Besessene während eines begonnenen Exorzismus in der Kirche zu schreien beginnt, werden Leute herbeigelockt und die Sache wird öffentlich bekannt. So entschließt man sich, einige Exorzisten öffentlich anzustellen. In einem öffentlichen Gebet fahren neun Dämonen aus...einer bleibt hartnäckig und berichtet: »...ein einziger Tropfen des Feuers würde genügen, um fünftausend Personen in Asche zu verwandeln«. Dann wird das Mädchen über Monate fast täglich exorzisiert. Hier wir ein Wallfahrtsort San Vincinio in Sarsina in der Provinz Forli genannt. Die dorthin Gebrachten werden mit einem eisernen Halsband gesegnet, mit dem der Heilige Buße getan hat und das wundertätige Wirkungen hervorbringen kann. Im August 1949 fährt man dorthin. Hier unterzieht sich das Mädchen einem weiteren Exorzismus, der vom örtlichen Bischof genehmigt wird. Der Aufenthalt im Wallfahrtsort bringt für das Mädchen keine Besserung »...wenngleich die wiederholten Exorzismen und der Segen von San Vicinio die Kräfte des bösen Geistes geschwächt haben«.

Im Februar 1950 kommt sie mit ihrer älteren Schwester nach Rom. Sie besucht einen bekannten Psychiater. Am 21. Februar wird der Exorzismus wieder eingeleitet, und zwar täglich über mehrere Stunden und zwei Monate hinweg. U.a. interessieren sich der Erzbischof A. Caricini, Sekretär der Ritenkongregation und der Jurist Pater F. Capello S.J. für den Fall. Papst Pius XII. wird davon in Kenntnis gesetzt, der seinen Segen erteilt und seine Gebete zusichert. Später wird der Exorzismus in einer anderen Kirche fortgesetzt, wo mehrere Personen einen fürchterlichen Gestank wahrnehmen, den man sich zunächst nicht erklären kann. Das Mädchen ist nicht anwesend, aber seit diesem Tag geheilt. Später deutet man diesen Gestank als den Auszug des Teufels. In Rom redet und antwortet sie in verschiedenen Sprachen: englisch, französisch, arabisch, weist Speisen und Getränke von sich, in denen sie Spuren von Weihwasser oder Wasser aus Lourdes vermeint. Hier kommt es vor, daß die Besessene das auf den Boden geschleuderte Ritual mit geschlossenen Augen und an der richtigen Stelle aufgeschlagen, dem Exorzist zurückreicht.

Die Besessene von Möttlingen Gottliebin Dittus

Der Vorfall ereignet sich im Pfarrdorf Möttlingen (Württemberg) in der Zeit von 1840—1843. Er ist interessant, weil es eine Angelegenheit der Protestanten ist. Der Pfarrer Blumhardt berichtet im August 1844 an die kgl. württembergische Ober-Kirchenbehörde unter Auflage der Verschwiegenheit. Die Angelegenheit kommt an die Öffentlichkeit und stellt sich so dar:

Ein 28jähriges Dienstmädchen, Gottliebin Dittus, wird 1836 von einer Nierenkrankheit befallen. Nachwehen verspürt sie später im Unterleib. Zu Hause ereignen sich bald unheimliche Dinge, wie Geräusche und Getöse. Sie sieht Gestalten, Lichtlein und andere Dinge, die eine Besessenheit ahnen lassen. 1841 berichtet sie die Vorfälle dem Pfarrer. Kurz danach wird das Gepolter häufiger und heftiger, besonders zur Nachtzeit. Sie sieht eine vor zwei Jahren verstorbene Person mit einem Kind auf dem Arm, die mit ihr spricht. Dr. Späth aus Merklingen behandelt die Kranke: zweimal bleibt er über Nacht bei ihr und ist sehr von den Erlebnissen überrascht. Schließlich entschließt er sich, »einige gebildete Männer eine nächtliche Beobachtung stellen zu lassen«. Gegen 10 Uhr beginnt der Tumult; es erfolgen 25 starke Schläge, so daß die Türen aufspringen und die Fenster klirren. Zudem werden Töne vernommen. Man beschließt, das Mädchen in ein anderes Haus zu bringen. Sie wird daraufhin todkrank. Sie beobachtet Flämmchen unter der Türschwelle. Hier findet man nach dem Graben in einem Topf Knochenreste mit Erde vermischt. Freilich glaubt man an einen Kindermord. Dr. K. aus Calw erklärt die Knochen für Vogelbeine. Bei dem Mädchen zeigen sich Convulsionen. Sie zittert am ganzen Leib, Schaum tritt vor ihren Mund. Nun glaubt der Pfarrer Blumhardt an etwas Dämonisches, denn nach der Anrufung Jesu kommt sie wieder zu sich. Man vernimmt eine fremde Stimme und die Worte: »Den Namen Jesu kann ich nicht hören«. Auf die Frage: »Hast Du keine Ruhe«? kommt die Antwort: »Nein, zwei Kinder habe ich getötet. Den Namen Jesu kann ich nicht hören. Ich bin der Zauberei schuldig und deshalb gebunden, ich darf im Leib der Gottliebin nicht bleiben«.

Der Schultheiß erhält Faustschläge. Der Befehl des Ausfahrens wird befolgt. Die Zahl der Dämonen steigert sich von 14 auf 175 und später auf 425. Man bemerkt »Spuren einer brennenden Hand« an ihrem Hals. Die ganze Nacht des 28. Juli 1842 gehen ihr Dämonen aus dem Mund. Dann wird sie wieder ruhig. Dem Pfarrer offenbart sie ihre Blutungen an Freitagen und den Mittwochen...sie wolle sich selbst umbringen. Nach einem viertelstündigem Gebet ist sie wieder ruhig. Dann wiederholen sich die dämonischen Stimmen: »Wir sind 1069, Gott geschworen, ewig verloren, wir haben verloren Dein ewiges Leben«. Oft wird der Leib der Gottliebin aufgerieben und sie erbricht einen ganzen Kübel voll Wasser. Dann stellen sich erlösungsbedürftige und Hilfe suchende Geister ein. Darunter befindet sich die Frau und Kindermörderin. Man hört deutsch, französisch und italienisch. Dem Pfarrer scheinen Abgötterei, Schwarzkunst, Zauberei, besonders die herrschend gewordenen Sympathiemittel in die evangelische Kirche eingedrungen zu sein: durch Gebrauch der Geheimmittel vollbringt der Mensch einen Abfall vor Gott.

Am 8. Februar 1843 wird die Gottliebin bewußtlos. Später erzählt sie vom Fliegen über Länder und Meere (mit Schiffen bedeckt...). Dann schließt sich eine neue Epoche an, die der Zauberei. Verschiedene Gegenstände werden in sie hineingezaubert: zweiundvierzig Nägel, zwei Schuhschnallen, ein Eisenstück, Näh-, Strick- und Sticknadeln, die aus der Nase, dem Mund und den Ohren wieder herauskommen. 15 Stück kommen auf einmal aus der Nase, zwölf Stecknadeln aus dem Kopf, mehrere aus den Augen. Dies hält etwa ein Jahr an. Ein Betrug scheint unmöglich, denn das Abgehen der Gegenstände ist mit starken Schmerzen verbunden, die Gottliebin ist dabei besinnungslos. Das Austreten der Gegenstände wird durch Gebete bewirkt. Außerdem gehen lebende Tiere von ihr. Vier Heuschrecken, sechs bis acht Fledermäuse, ein Frosch kommt aus dem Hals, dann eine Natter. Im Dezember 1843 stellt sich Nasenbluten ein. Das Blut ist schwarz und riecht scharf. »Ich war um vier Uhr bei ihr, die Gottliebin lag im Blute, welches aus Ohren, Nase und Augen hervordrang, ein Kübel war halb voll, ein gräßlicher Anblick«. (Dr. Späth).

Nach der Auffassung von Pfarrer Blumhardt wirken bei Zaubereien die Geister Lebender und Verstorbener zusammen. »Die Zauberei der Lebenden hat viele Stufen: erstens, die sich selbst helfen wollen, zweitens: gewerbemäßige Zauberer, die es für andere tun, drittens: Schwarzkünstler, durch Bündnisse mit dem Teufel verbunden durch die Unterschrift mit dem Blut. Sie schaffen Geld, Wollust, Schadlosigkeit, die Kunst zu fliegen, sich unsichtbar zu machen, Menschen zu töten durch Schlagflüsse auf 100 Stunden Entfernung, nicht weniger auch die Kunst der Brandstiftung«.[17]

Die erste Versuchung war im Februar 1840 an sie herangetreten. Sie geht mit einem Groschen fort, um einen Topf Mehl zu holen. Sie wünscht sich noch einen Groschen und findet ihn. Sie geht mit den zwei Groschen nachhause, weil ihr das Mehl geschenkt wird. Woher die zwei Groschen? Im Haus findet sie einen Taler auf dem Boden. Woher? Sie verbraucht das Geld und ist damit in der Gewalt des Satans gekommen.

Weihnachten 1843 zeigen sich Einwirkungen bei ihrem Bruder und ihrer Schwester; es werden drei Personen ergriffen. Schwester Katharina droht dem Pfarrer, ihn in 1000 Stücke zu zerreißen; man glaubt 1000 Lästermäuler zu hören. Sie ist stets bei klarem

Verstand und erklärt »sie könne nichts dafür, weder für ihre Reden noch für ihre Taten«.

Nach einem einjährigen Kampf wird die Dienstmagd wieder gesund. »Beim Magnificat nachmittags hielt ich eine Predigt über diese Sache. Jetzt ist die Gottliebin fromm und demütig. Sie ist dann Industrielehrerin geworden. Ich selbst gab ihr die Kleinkinderschule. Möttlingen, den 11. August 1847«.[18]

Margaretha N.

Es handelt sich um ein 17jähriges Mädchen, aus dem die Dämonen die wunderbarsten Dinge reden, gemäß dem Zeugnis der ganzen Ehrwürdigen Ministerii, wie solchen in einem öffentlichen Aktenstück der Kirchenbehörde dargelegt war »daß dieses Mägdelein zuvor mit Worten und Gebärden sich also angestellet, als sei sie vom Teufel leibhaftig besessen. Daher der Prediger zu etlichen Malen in verschiedenen Zeiten das Mägdelein vor den Altar gestellt, die Litanei und andere Psalmen gesungen, worauf es sich ansehen lassen, und auch das Mägdelein bekennt, als wäre der Teufel von ihr gewichen. Welches auch sie (die Prediger) verhoffet. Da dann ihr Bekenntnis, so sie von der Obrigkeit deponiert, für Wahrheit gehalten wird, hielten sie die Prediger nach ihrem Einfall und Meinung für ein Zauberwerk«.[19]

»Das Mädchen hat am 23. Januar 1617 bekannt, daß der böse Feind sie aufgenommen, durch die Luft hinweggefahren habe. Der Teufel habe sie über die Elbe (bei Hamburg) und über die See nach Spanien hinweggeführt, wo sie Pommeranzenäpfel von den Bäumen gegessen; es habe der Satan sie vom Baume gestoßen und sie sich den Arm aus dem Gliede gefallen...auf ihrer Rückreise hat sie in Neunkirchen bei dem Pastor übernachtet. Dieses arme Mädchen war auf die Anzeige ihres Vaters und ihrer Stiefmutter eingezogen. Trotz ihrer Bitte um Aufschub des verhängten Todesurteils ist sie hingerichtet worden«.[20]

Diese Beispiel zeigt die enge Verbindung zwischen vergleichbaren Fällen. Was vordem als Zauberei und Teufelswerk angesehen und bestraft wird, wird später zur Austreibung von Teufeln und Dämonen, gemäß der katholischen Lehre, daß solche existieren.

Wemdinger Teufelsaustreibung

Am 14. Juli 1891 wird in der Kirche von Wemding der Exorzismus an einem Besessenen vorgenommen: und zwar mit Erfolg. Es handelt sich um den zehnjährigen Knaben Michael Zilk von der Oberlottenmühle bei Wemding. Er leidet seit dem 10. Februar 1891 an auffälligen abnormen Zufällen und schrecklichen Delirien. Er kann weder selbst beten (ohne in qualvolle Wutausbrüche zu geraten), er mißhandelt seine Eltern, spuckt Priester an...und kann von den stärksten Männern nicht gehalten werden. Der Bischof Pankratius von Augsburg läßt sich den Knaben von Wemding vorführen (!) und hat in seinem Verhalten die Überzeugung gewonnen, daß er besessen ist. Er gibt die Erlaubnis zur Vornahme des feierlichen Exorzismus. Bereits am Nachmittag des zweiten Tages ist die Besessenheit gewichen: der Junge wird ruhig, freundlich, umgänglich und gesprächig. »Er ist seitdem ein frischer, gesunder und munterer Junge und hat in diesem Frühjahr die erste heil. Kommunion empfangen«.[21]

Teufelsaustreibung von Ringwil (Fall Hasler, 1966[22])

Dieser Fall zeigt uns den religiösen Fanatismus in jüngster Zeit, bei dem ein siebzehnjähriges Mädchen **brutal totgeschlagen** wird, **weil man meint »ihr den Teufel austreiben zu müssen«.** Wenn man bedenkt, wie viele und was für unterschiedliche Sekten gerade heutzutage aus dem Boden schießen, muß dieser Fall ernst genommen werden. Er hat mit der christlichen Religion nichts mehr zu tun: **die Ausübenden und die Täter sind schwachsinnige Fanatiker.**

Der Pallotiner Stocker, Magdalena Kohler

Die Eltern von Bernadette Hasler lernen 1952 den Lehrer Franz Roesler kennen, der aufgrund angeblicher Marienerscheinungen Wallfahrten nach Fehrbach in der Pfalz organisiert. Während eines Einkehrtages kommt es zu den ersten persönlichen Kontakten mit Pater Stocker, Fräulein Magdalena Kohler und Fräulein Olga Endres (spätere Schwester Stella). Der Pater hält im Haus des Lehrers einen Vortrag und weist ernsthaft auf die Zeit hin. Ein neuer Krieg drohe der Menschheit, und furchtbare Katastrophen würden über die Welt hereinbrechen. Dann erklärte er, daß Magdalena Kohler vom Heiland eine besondere Aufgabe erhalten habe, nämlich zusammen mit ihm und der Schwester Stella die Menschen aufzufordern, endlich Buße zu tun, und den Willen Gottes bis ins Kleinste zu erfüllen; denn nur so könne sich die Menschheit der drohenden Katastrophe entziehen. Er weist auf das umstrittene 2. Fatimageheimnis hin (in dem portugisischen Dorf Fatima hatten 1927 drei Hirtenkinder Erscheinungen der Maria, die zur Buße aufgefordert haben soll und Zukunftsgeheimnisse bekanntgab).

Stocker ist seinerzeit im Ordensgewand. Der Orden der Pallotiner verlangt dreimal seine Rückkehr in das Kloster. Er, wie seine Partnerin, Magdalena Kohler, betonen aber immer wieder, **»das heilige Werk sei wichtiger...man müsse Gott mehr als den Menschen gehorchen.** Gott habe alle drei zusammengeführt. Keiner dürfe zurück, sonst fahren sie in die Hölle«. Deshalb wird Pater Stocker 1957 von seinem Orden exkommuniziert.

Gegen Ende des Jahres wird Magdalena zusehens dicker. Sie sagt »sie habe starke Schmerzen und müsse das alles wegen der menschlichen Schlechtigkeit erleiden. **Es sei ein großes Geheimnis um ihren Leib«. Das Geheimnis löst sich vor der späteren Gerichtsverhandlung als Schwangerschaft auf.** Stocker und Magdalena Kohler geben zu, daß es zu einer Schwangerschaft gekommen ist. »Sie sei nach einigen Monaten ohne ärztliche Hilfe mit Blutverlust abgegangen. **Seit der Schwangerschaft sei es nur noch zu gelegentlichen Zärtlichkeiten, aber nie mehr zu sexuellen Handlungen gekommen«.** Wie fanatisch Magdalena ist, zeigt folgender Ausspruch: »Ich werde am Jüngsten Gericht an der Seite des Heilands stehen und ein Mitspracherecht beim Urteil haben«. Pater Stocker bestätigt dies. Der exkommunizierte Pater wird 1958 und 1962 wegen Betrugverdachtes steckbrieflich gesucht. Er hat in Heroldsbach eine Muttergotteserscheinung propagiert und gegen Bezahlung den Bau eines Arche Noah, und dadurch die Rettung vor dem bevorstehenden Weltuntergang versprochen. Aufgrund einer Botschaft Stellas wird die »Gesellschaft Internationale Familiengemeinschaft zur Förderung des Friedens« ins Leben gerufen.

Die Friedensgesellschaft Die Kinder des heiligen Vaters

Als Zentrum der Gesellschaft dient ein Ferienhaus in der Schweiz (Ringwil). Hier wohnen unangemeldet die deutschen Staatsangehörigen, der 59jährige exkommunizierte katholische Priester Stocker und die 52jährige Maria Magdalena. Sie bilden das Haupt der Sekte und werden als »Vater« und »Mutter« angesprochen. Problematisch ist, daß sich der Vater der Bernadette Hasler bereit erklärt, die Präsidentschaft der »Internationalen Familiengemeinschaft« anzunehmen. Er wohnt mit seiner Frau in Hellikon AG.

Die Sekte besitzt in Singen das Heim »Arche Noah«. Hier führt die Schwester der Magdalena Kohler, Hildegard Röller, ein strenges Regime. In diesem Heim werden sieben Mädchen erzogen. Darunter befindet sich die 13jährige Bernadette Hasler, ihre elfjährige Schwester und vermutlich noch eine Cousine von ihr. Die Kinder kommen 1962 nach Singen und werden später als »die Kinder des heiligen Vaters« bezeichnet. Zwar tragen die Eltern die Verantwortung, aber der Heiland bestimmt, was mit ihnen geschieht. Bernadette scheint ein aufgeschlossenes Kind gewesen zu sein. Sie spielt Violine und tritt 1965 in die Handelsschule ein. Sie selbst hat das Heim in schlechter Erinnerung: »Wir durften keine Freundinnen haben, mußten immer mit langen Röcken gehen, durften nicht mit anderen Kindern baden und mußten die Haare immer altmodisch kämmen. Jeder Gedanke war in ein Tagebuch zu notieren, das die heiligen Eltern kontrollierten«. Bernadette wird vier Jahre lang in Singen erzogen. Immer und immer wieder muß sie »endlose Gewissenserforschungen betreiben« und ihre Sünden bekennen. Sie soll sich trotzig gebärdet haben und wird deshalb weiteren Zwangsmaßnahmen und Repressalien unterworfen, wozu auch Züchtigungen gehören. Die Mitglieder der Familie sagen aus: »...man habe das Mädchen beständig beaufsichtigen und wegen seiner unzüchtigen Redensarten bestrafen müssen...man mußte ihr den Teufel austreiben«.

Der Mord

Gerade weil es in sittlicher Beziehung haperte (es fragte sich nur bei wem?), bringt man sie kurz vor Ostern 1966 in das Schweizer Ferienhaus, wo sie als »Dienstmädchen von Vater und Mutter« Arbeit bekommt. Hier kommt es öfters zu Mißhandlungen und Versuchen, den Teufel aus ihr auszutreiben. Der Versammlungsraum dieser Sekte wird lediglich von einer Kerze beleuchtet. 1966 telephoniert Pater Stocker mit dem Vater Hasler und äußert sich empört über seine Tochter »...sie habe Selbstbefriedigung getrieben, habe noch nie gültig gebeichtet und kommuniziert, sie habe mehr zum Teufel gebetet, als zur Mutter Gottes«.

Am 14. Mai 1966 muß sich Bernadette nach dem Nachtessen bekleidet auf das Bett knien und wird nacheinander von 6 Personen durchgeprügelt. Zuerst mit einem Spazierstock, dann mit einem stärkeren Stock, dann mit einer Reitpeitsche und dann mit einem Plastikrohr. Sie ist in der gleichen Nacht an einer Fettembolie als Folge der durch übermäßige Züchtigung entstandenen Zertrümmung des Gewebes am Gesäß verstorben.

Anfang Mai telephoniert Pater Stocker nachts um 2 Uhr nach Hellikon und spricht mit den Eltern. Er befiehlt Vater Hasler, sofort das ganze Haus zu wecken: **»Steht auf und betet. Bernadette hat sich dem Teufel verschrieben. Geht nicht mehr ins Bett, betet bis zum Morgen, wir können nicht mehr«.** Später ruft er sie nochmals an und befiehlt ihnen, sofort in das Chalet nch Ringwil zu kommen. Hier eröffnet er ihnen: »Bernadette habe die schwersten Sorgen bereitet. Sie hat nur mit dem Teufel gearbeitet und ihm versprochen, so oft Selbstbefriedigung zu treiben, als er es haben wolle. **Jedesmal, wenn sie auf das Klosett gegangen ist, hat sie sich selbst befriedigt. Die Männer stelle sie sich alle nackt vor.** Ich ging heute morgen zu ihr in das Zimmer: sie lag tot im Bett. **Wir müssen an-**

Bernadette Hasler (aus dem Familienalbum)

nehmen, daß der Heiland sie in dem Moment von der Welt abgerufen hat, wo sie guten Willen zeigte, damit sie vielleicht für die Ewigkeit wenigstens gerettet ist«.

Das Urteil

Das tote Mädchen wird noch in der gleichen Nacht mit einem Auto nach Wangen gebracht. Hier wird ein Arzt gerufen. Er benachrichtigt unmittelbar die Polizei, weil er die Spuren schwerer Schläge am Körper des Mädchens feststellt. Daraufhin werden vier Personen verhaftet. Es sind die drei Brüder Heinrich, Hans und Paul, sowie die Frau von Paul, Myrtha. Am Dienstag werden die Bewohner des Schweizer Ferienhauses, der exkommunizierte Pater, seine Begleiterin, ein Geschäftsmann aus Rüthi, seine Frau und eine weitere Person verhaftet. Dr. Alfred Rötheli, der Gerichtspräsident, berichtet über zahlreiche alte und neue Schlagspuren oder Blutungen an den Schulterblättern, auf dem Handrücken und am Unterleib. Gerichtsmediziner stellen die Todesursache fest. **Die Bestrafung ist mild. »Vater« und »Mutter« erhalten zehn Jahre Zuchthaus, 5 Jahre Ehrverlust, 15 Jahre Landesverweisung und müssen ein Viertel der Gerichtskosten tragen.** Die anderen Beteiligten erhalten Gefängnisstrafen zwischen 3 1/2 und vier Jahren.

Am Sterbebett eines Mönches oder Heiligen findet eine Teufelsaustreibung statt. Ein hinter der Bahre stehender wird von zwei starken Männern gehalten: ihm entwichen die Dämonen durch den geöffneten Mund.

Der Fall Anneliese Michel
(Klingenberg 1976)

Offizielle kirchliche Stellungnahmen

Der Pressedienst des bischöflichen Ordinariats Würzburg gibt am 24. Juli 1976 folgende Erklärung ab:

»Am 1. Juli 1976 verstarb in Klingenberg die 23jährige Studentin der Pädagogik, Anneliese Michel. Nach den bisherigen Ermittlungen der Staatsanwaltschaft ohne Fremdverschulden. Die Verstorbene war von 1969—1975 in ärztlicher Behandlung. Wie der Bischof von Würburg, Dr. Joseph Stangl, aus seinem Kuraufenthalt mitteilt, hat er auf dringende Bitte hin Pater Arnold Renz SDS, Pfarrer von Rück-Schippach, und Pfarrer Ernst Alt von Ettleben bevollmächtigt, für die kranke Studentin die Gebete des Exorzismus zu verrichten mit der Auflage, dabei äußerste Diskretion zu wahren«.

Am 6. August wird eine Eilmeldung nachgereicht:

»Bischof erstattet Strafanzeige«
»Die über die Presse bekanntgewordene Tatsache, daß gegen den Diözesanbischof Dr. Josef Stangl bei der Staatsanwaltschaft Würzburg durch eine Hamburger Anwaltskanzlei **Strafanzeige wegen fahrlässiger Tötung der angeblich als Folge eines Exorzimus verstorbenen Anneliese Michel in Klingenberg/Main gestellt wurde, veranlaßt den Bischof zur sofortigen Stellung einer Strafanzeige wegen falscher Verdächtigung und übler Nachrede.** Das bischöfliche Ordinariat hat Anweisung, sofort sämtliche rechtlichen Möglichkeiten auszuschöpfen. Es wird auch zivilrechtlich Klage auf Unterlassung der Verbreitung falscher Behauptungen sowie Erlaß einstweiliger Verfügungen in Betracht gezogen«.

Sonderbeilage zum Würzburger Diözesanblatt vom 12. August 1976

Hier wird eine umfasssende Erklärung zum Geschehen in Klingenberg abgegeben. Im Vorwort wird gesagt: »...dieser Vorfall hat in der Öffentlichkeit zu zahlreichen Fragen geführt. Sie erwartet eine Antwort, die nichts zu vertuschen, sondern möglichst Klarheit in dieses tragische Geschehen zu bringen sucht«. Dann wird u.a. folgendes ausgeführt:

● Bei allem menschlichen Reden muß berücksichtigt werden: es ist zu verstehen **auf dem Hintergrund der jeweiligen Zeit und aus dem Zusammenhang, in dem es steht.** Das biblische Weltbild zeigt, daß sich der Mensch des biblischen Kulturraumes die Welt nicht ohne Dämonen vorzustellen vermochte. Dieses Weltbild, das auch das Böse zum Inhalt hat,

wird von entsprechenden späteren kirchlichen Äußerungen vorausgesetzt, ohne daß es damit im einzelnen als verpflichtender Teil der kirchlichen Lehre selbst angesehen werden muß.
● Die Vorstellung von »Besessenheit« hat in der Geschichte der Kirche zeitweilig, vor allem im späten Mittelalter, eine **verhängnisvolle Rolle** gespielt. Dies war damals, abgesehen von anderen kulturgeschichtlichen Gründen nur möglich, **weil fundamentale Wahrheiten christlichen Glaubens vernachlässigt wurden.**
● Unter Exorzismus ist deshalb nicht eine mit magischen Mitteln arbeitende Teufelsaustreibung zu verstehen. Exorzismus ist nichts anderes als ein Gebet im Namen Jesu für einen Menschen, der seiner nicht mehr mächtig ist, sich ausgeliefert fühlt, sogar selbst nicht mehr beten kann. Wer den Exorzismus anders versteht oder ihn anders vollzieht, steht gegen das Glaubensverhältnis der Kirche.
● Dieses Gebet verpflichtet zur medizinischen Hilfeleistung. Für jemanden beten, ihm aber eine Heilbehandlung vorenthalten, ist unchristlich.
● Die bischöfliche Behörde muß aus dem Vorgefallenen Konsequenzen ziehen. Die Diözesanleitung bittet die Fachtheologen, aber auch die Vertreter einschlägiger wissenschaftlicher Disziplinen in wetergehenden Untersuchungen die Fragen weiter zu klären, die im Hintergrund solcher Ereignisse stehen.
● **Es kann nicht Aufgabe der Kirche sein, den Menschen Schrecken vor dem Bösen einzujagen. Wer dies tut, handelt verantwortungslos.**

So aufgeschlossen diese Bemerkungen auch scheinen, dennoch schildert der Bischof die Dinge falsch: er stellt sie nicht in tatsächliche geschichtliche Zusammenhänge, sondern betrachtet sie durch die »theologische« Brille. Folgendes ist entgegenzuhalten:

Der von ihm genannte »biblische Kulturraum« wird nicht umrissen. Die frühen Christen übernehmen wesentliche Teile ihres Glaubens dem jüdischen Volksglauben, der wiederum aus früheren und parallelen Völkern schöpft. **Das Vorantragen des Bösen wird zum Aushängeschild der Priesterschaft, um das scheinbar Gute zu versinnbildlichen.** Gerade die römisch-katholische Kirche hat in unserem Kulturraum das Weltbild des »Bösen« geprägt. Das kann man nicht mit der Bemerkung abtun »es müsse nicht als verpflichtender Teil der kirchlichen Lehre angesehen werden«. Auch was die fundamentalen Wahrheiten des Glaubens anbelangt, irrt der Bischof. das was er meint, spielt sich nicht im späten Mittelalter ab, sondern im 16. und im 17. Jht., ohne Zweifel **nach der Reformation, dem Konzil von Trient, der Gründung des Jesuitenordens und nach der Gegenreformation. Fest steht, daß in allen Glaubenskämpfen die christliche Kirche eine unrühmliche Rolle gespielt hat,** weil man Glauben nur akzeptieren, ihn aber weder unterdrücken, aufzwingen noch sinnvoll bekämpfen kann. Zudem ist gerade damals die Kirche autoritär, wenngleich sie zu Beginn des 16. Jhts. erheblich an Bedeutung einbüßt. Wenn man an offizieller Stelle von der »Vernachlässigung fundamentaler Wahrheiten« spricht, so kann das nur die Kirchenleitung und die Schar der Priester betreffen, nicht aber den vermeintlichen Gläubigen. Das theokratische Lehrgebäude baut auf den einfachsten Grundsätzen auf, weshalb es sich so lange erfolgreich halten konnte. Es geht davon aus, daß man glauben muß oder soll. Den angeblichen Glauben vermittelt man dem Gläubigen durch den Priester: er legt die Bibel aus und er steht in der untersten Reihe der kirchlichen Hierarchie. Die Reihe geht bis zum Papst, der in Glaubensdingen unfehlbar ist und der über eine Vielzahl von Päpsten als jeweils unmittelbarer Nachfolger Christi mit entsprechenden Vollmachten und Glaubenswahrheiten ausgestattet sein soll. **Wenn man allein die Geschichte der Päpste verfolgt, muß man an der Richtigkeit dieser Behauptungen zweifeln.**

Das Machtstreben der Kirchen ruft in allen Zeiten der christlichen Geschichte Oppositionen hervor, die die angeblichen gläubigen Christen in schöner Regelmäßigkeit mit List, Gewalt und Betrug unterdrücken. Diesen Kämpfen fallen Millionen zum Opfer. Noch deutlicher ist der ebenfalls jahrhundertealte Machtkampf zwischen theologischen Ansichten und den Erkenntnissen der Naturlehre, später der Naturwissenschaften. Dazu ein Beispiel:

Die in der Bibel dargestellte Schöpfungsgeschichte, nach Dr. Stangl ja aus dem Hintergrund der jeweiligen Zeit und aus ihrem Zusammenhang heraus zu verstehen, ist seit langem nicht mehr haltbar. Wir wissen, daß der Mensch aus der Tierwelt hervorgegangen ist und daß sich das Werden der Erde unendlich langsam vollzogen hat. Freilich sind die in der Bibel genannten 6 Tage symbolisch gemeint: so wird jeder Theologe argumentieren. Aber selbst dann ist die Aussage falsch. Die Schaffung des Menschen kann heute nicht mehr so interpretiert werden. Wir wissen, welchen Schwierigkeiten die ersten Astrologen ausgesetzt waren, als sie das Weltbild anders gedeutet haben. Auch das passiert nicht im späten Mittelalter, sondern im 16. und im 17. Jht.

Ein krasser Widerspruch zu allen geschichtlichen Tatsachen ist die Auffassung von Dr. Stangl, daß es nicht Aufgabe der Kirche sein kann, den Menschen Schrecken einzujagen. Jedes große Religionssystem baut auf dem Prinzip Gut und Böse, Lob und Strafe, Güte und Härte, Gefolgschaft oder Verdammung auf. **Gerade das christliche hat die Teufelslehre perfektioniert und dadurch das Prinzip des Bösen und Verdammenswerten hochgehalten. Wir dürfen nicht** vergessen, daß die Kirche auch noch heute an der Realität des Teufels festhält, um sich zu profilieren. Das beweisen nicht nur der Fall Klingenberg, die Hexenprozesse und die unsinnigen Glaubenskriege, das beweist in ununterbrochener Folge die theologische Literatur.

Deshalb ist auch die Äußerung des Bischofs Graber von Regensburg (vom 24. 9. 1976) zu bezweifeln, die er anläßlich einer Marienwallfahrt in Altötting ausgerufen hat: »Wenn es den Bösen nicht gibt, dann steckt das Böse im Menschen. Dann ist der Mensch alleine verantwortlich für die abgrundtiefe Schlechtigkeit, Bosheit, Gemeinheit und Grausamkeit...kann Gott den Menschen als solches Scheusal erschaffen haben? Nein, das kann Gott nicht, denn er ist die Güte und Liebe. **Wenn es keinen Teufel gibt, gibt es keinen Gott«.**

Graber verdreht ebenfalls historische Tatsachen und muß wohl als Theologe so argumentieren. Naheliegend ist doch, daß der Mensch von Natur aus böse und schlecht ist und daß ihn die theologischen Auffassungen noch schlechter gemacht haben: **Schließlich waren es die Priester, die ihn immer wieder das Schlechte vorgemacht und vorgehalten haben.** Darüber sollte sich die momentane Kirche nicht hinwegtäuschen. Nicht Gott hat den Menschen erschaffen, sondern der Mensch hat sich über viele Jahrtausende in der Evolution herausgebildet. Damit fällt auch die Gretchenfrage mit der »eingehauchten Seele« in das Blickfeld einer neuen Betrachtung. Nehmen wir an, der Mensch hat keine Seele und er glaubt nicht an den Teufel und an Dämonen: muß er deshalb schlecht sein? Kann er nicht auch ohne das theokratische System Gutes vollbringen: wieso muß oder soll er sich unter eine dubiose Kirchenhierarchie stellen. Daß auch diese Frage nicht neu ist, beweist die Geschichte.

Zum Ende des Mittelalters ist wahrscheinlich der deutschsprachige Raum der am dichtest besiedelte in Europa. Hier leben die meisten Christen. Ihr Bestand reduziert sich im Laufe des 16 Jhts. auf ein Minimum. Durch die Gegenreformation und andere Bemühungen »erobert« man im wahrsten Sinne des Wortes verlorengegangene Teile zurück. Es beginnt die »Jagd auf Seelen«. Diese Jagd geht **immer** von einer falschen Vorstellung aus, der, einem Anderen klarzumachen — notfalls mit Gewalt — daß er das und das zu glauben und sich so und so zu verhalten habe. Wo ist denn die Toleranz, wo ist denn das, was Christus gepredigt haben soll »Liebet eure Nächsten«? **Hier sieht man die ungeheuerliche Diskrepanz zwischen echtem Glauben und dressierter Frömmigkeit. Wir haben uns unendlich weit von der ursprünglich edlen und in der Kulturgeschichte einmaligen Idee des »Christenseins« entfernt.**

Ich kann mir nicht vorstellen, daß die Bischöfe Stangl und Graber nicht um diese geschichtlichen Grundlagen wissen? Die Frage ist, warum interpretieren sie in offiziellen Stellungnahmen so verzerrt. Im Ganzen betrachtet, machen sie mehr kaputt als gut.

Weitere Erklärungen

Die Pressestelle des Würzburger Ordinariats betont, nachdem die Entscheidung der Staatsanwaltschaft Aschaffenburg im Fall Klingenberg bekannt gegeben wird:

- Der Bischof von Würzburg hat verbindlich festgestellt, daß in unserer Diözese zukünftig der Bitte um Genehmigung des feierlichen Exorzismus nur dann nähergetreten wird, wenn sich die betreffende Person schriftlich verpflichtet, daß sie sich einer begleitenden ärztlichen Behandlung unterzieht.
- Wir sind überzeugt, daß bei einer Überarbeitung des Rituale Romanorum auch die Zusammenarbeit zwischen Seelsorger und Arzt beim Beten des feierlichen Exorzismus genauer festgelegt wird.

Außerdem gibt das bischöfliche Ordinariat Graz-Seckau zum Aschaffenburger Exorzistenprozeß am 12. April 1978 folgende Erklärung ab:

- Das Grazer Ordinariat stellt fest, daß der Bischof Johann Weber noch nie die Genehmigung zu einem Exorzismus erteilt hat und daß mit einer solchen Genehmigung auch in Zukunft nicht zu rechnen ist. **Den Bischöfen ist auch heute aufgegeben, die überlieferte kirchliche Lehre von den Engeln und vom personalen Bösen als unverzichtbaren Teil der christlichen Frohbotschaft zu verkünden »...ohne Angst, als mittelalterlich zu gelten und auch ohne Nachgiebigkeit gegenüber wundersüchtigen Gläubigen«.**

Erklärung des Vorsitzenden der deutschen Bischofskonferenz, Joseph Kardinal Höffner

- Die Kirche lehrt in ununterbrochener Tradition, daß Gott unsichtbare Wesen mit Erkenntnis und Willen geschaffen hat. Einige wandten sich aus freier Entscheidung gegen Gott als den Urheber alles Guten und wurden böse.
- Die Kirche ist der Überzeugung, daß diese bösen Geister einen unheilvollen Einfluß auf die Welt und den Menschen auszuüben versuchen. Diese Entwicklung hat viele Formen. Eine davon kann die Besessenheit sein.
- Jeder, der an Jesus Christus glaubt, ihn liebt, und auf ihn hofft, ist zwar dem Ansturm des Versuchers nicht schlechthin entzogen, aber er wird durch seine Übermacht gestärkt und geschützt.

- **Die katholische Theologie hält an der Existenz des Teufels und dämonischer Mächte fest.**
- Es besteht auch für den Menschen des ausgehenden 20. Jhts. kein Grund, das Wirken Satans und böser Geister in unserer Welt zu leugnen oder die Aussagen darüber als absurd zu empfinden.
- Es gehört zum Teufel selbst, daß er er sich tarnt und sich hinter unzähligen Masken versteckt. Nichts ist ihm aber dabei so behilflich, wie ein massiver Aberglaube, der im Gegensatz zur verbindlichen Lehre der Kirche steht.
- Der aus dem Jahr 1614 stammende Exorzismus ist letztlich kein geheimnisvolles Ritual, sondern stellt in seinem Kern ein eindringliches Gebet der Kirche dar. Gott möge einen Menschen, der vom Bösen in ungewöhnlicher Weise bedrängt wird, durch die Erlösungstat Christi von dieser Bedrängnis befreien.
- Das Rituale Romanorum schreibt ausdrücklich, nicht leicht anzunehmen, daß jemand besessen ist. Der Exorzist selbst darf keine ärztlichen Funktionen übernehmen.
- Die Anordnung eines Exorzismus darf nur von einem Bischof an kluge und vertrauenswürdige Priester gegeben werden.
- Das Interesse »am Fall Klingenberg« und seinem Problemkreis **kann nicht als reine Sensationssache oder als Angriff gegen die Kirche gesehen werden. Freilich gab es auch Entgleisungen..**

Außerdem wurde eine Studie im Auftrag der römischen Kongregation verfaßt und mit deren Autorisierung im päpstlichen »Osservatore Romano« veröffentlicht. Die Übersetzung wird vom Mainzer Kardinal Volk durchgesehen und in der DZ am 14. 4. 1978 (Nr. 16 S. 22) veröffentlicht. Hier wird nochmal die offizielle Lehre der Kirche dargestellt:

- **Im Hinblick auf die Dämonenlehre ist die Stellung der Kirche klar und fest.** Die Existenz Satans und der Dämonen ist im Laufe der Jahrhunderte nicht ausdrücklich Gegenstand einer lehramtlichen Aussage geworden.
- In der Lehre des Evangeliums und inmitten des gelebten Glaubens **offenbart sich die Existenz der Dämonenwelt als eine dogmatische Tatsache.**
- Papst Paul VI. sprach vor kurzem von dieser »furchtbaren, geheimnisvollen und beängstigenden Wirklichkeit« des Bösen...**wer sich weigert, diese Realität anzuerkennen, verläßt den Boden der biblischen und kirchlichen Lehre.**

Hierbei denkt man fast zwangsweise an den Ausspruch Diefenbachs: »Die Katholiken können nicht auf ihre Religions- und Gewissensfreiheit verzichten...sie können sich einige Bevormundungen seitens Andersgläubiger wie der Staatsgewalt...nicht gefallen lassen.[23] Wie anders hätte die Kirche in früheren Zeiten reagiert: sie hätte mit brachialischer Gewalt auf den anders- und freidenkenden Menschen eingehauen um »seine Seele« zu retten. Dies macht außerdem den heutigen Stand der Kirche deutlich. Man denkt aber auch an Dr. Herbert Haag, einen Tübinger Theologen und Verfasser des Buches: »Abschied vom Teufel«, **der die einzig richtige Frage aufwirft: »Kein Mensch kommt auf den Gedanken, zu leugnen, daß es das Böse gibt...aber ist dafür ein außermenschliches Wesen zuständig? Ist nicht der Mensch selbst verantwortlich? Daß in unserem Kulturkreis Dämonen keinen Platz mehr haben, bedarf keiner Worte«.**

Nehmen wir einmal an, die katholische Kirche würde sich zu einer weit angelegten Umfrage über den Teufel entscheiden, um ein zeitgemäßes und realistisches Bild (kein theologisch gesiebtes) zu bekommen. Sie würde sich klar dazu bekennen, daß es weder Dämonen noch Teufel gebe und würde ihren Schäflein diese Dinge aus dem Geschichtsbewußtsein heraus verständlich machen. Ich bin fest überzeugt davon, daß dies eine enorme Stärkung des Guten bedeuten würde. Man kann auch Christ (im ursprünglichen Sinne freilich: nämlich anständig, gut und tolerant gegenüber Anderen) ohne den Teufel ins Spiel zu bringen. **Es ist schlichtweg Unsinn, noch heute die Teufelslehre zu verbreiten. Wer gibt der theokratischen Hierarchie das Recht, eine so breite Masse** (immerhin ca. 700 Millionen Menschen) **dermaßen hinters Licht zu führen?** Die Geschichte beweist uns, daß immer diejenigen die besten Anhänger sind, die kritisch, realistisch und aufgeschlossen gegenüber der Aufgabe sind. Nicht die, denen man Sonntag für Sonntag von der Kanzel herab Dinge klarzumachen versucht, die unrealistisch sind. Anstatt ihre Gläubigen und Finanziers kritisch zu machen, vertritt auch hier die Kirche die alte Theologenweisheit: je weniger einer informiert ist, desto besser kann man ihn ausnützen. Die Kirche steht vor der Frage, die ungeheuer schwierig ist, weil der historische Ballast nicht geleugnet werden kann: ist es möglich, ein neues und realistisches Weltbild vorzustellen, das das Gute in den Vordergrund stellt ohne die Geschichte zu verleugnen und dennoch mit Althergebrachtem zu brechen: damit meine ich den Glauben an Teufel und Dämonen. Ich behaupte, daß man auch ohne den Teufel auskommen kann. Selbst wenn man berücksichtigt, daß noch heute Millionen von Bundesbürgern dem Aberglauben frönen, daß sie ungebildet, kritiklos und kurzsichtig sind, daß sie geführt sein w o l l e n, weil sie selbst nicht in der Lage sind, ihrem Leben einen vernünftigen Sinn zu geben, so wäre es gerade ein Ansatzpunkt für die Kirche, die Menschen anzusprechen und zu motivieren. Nicht aber mit Unsinn, sondern mit Argumenten.

Die letzten Exorzismusfälle — verglichen mit historischen — beweisen eindeutig, daß die Kirche mit ihren konservativen Verhalten auf der Stelle tritt und sich in interne Schwierigkeiten begibt. Warum hat sie

nicht den Mut zum Bekenntnis, das sie ja doch von allen Gläubigen mehr oder weniger freiwillig abringt?

Stimmen der Mitbürger

Der Aschaffenburger Prozeß hat das Gemüt Vieler erregt. Gerade daran sieht man die Einfältigkeit der Masse: mitreden wollen sie alle, aber verstehen tun sie nichts davon. Dies trifft besonders die sich ereifernden Katholiken, die allesamt bereits bei ihrer Taufe einen Exorzismus über sich ergehen ließen. Auf jeden Fall aber haben einige Menschen von heute den Mut, hier offener ihre Meinung zu sagen und keine Angst mehr davor, von der Kirche unterdrückt zu werden.

Anläßlich dieses Prozeßverlaufes, der Boulevardpresse möchte ich nicht folgen, werden Umfragen bei der Bevölkerung gehalten. Die Äußerungen sind von großen Interesse. Auf die Frage: »Glauben Sie an den Teufel?« fallen u.v.a. folgende Antworten: »Die Kirche mischt sich heute sowieso in alles ein. **Einen Teufel gibt es nicht. Daß sie immer noch die Lehre vom Teufel verbreitet, liegt sicher daran, daß sie am Ende ist und sich keinen anderen Rat mehr weiß«. »Die Kirche sollte versuchen, von alteingesessenen Konventionen abzugehen, sowohl in der Gottes- als auch in der Teufelslehre«. »Ein Bischof lügt doch nicht,** wenn er sagt, es gibt einen Teufel, dann muß es stimmen«. »Uns wird der Teufel eingeredet, ob es wahr ist oder nicht. Das ganze Gerede finde ich als Humbug«. »Die Kirche müßte eben ihre Lehrer auf den neuesten Stand bringen...**der Glaube müßte modernisiert werden«. »Das ist doch alles großer Quatsch. Daß die Kirche noch vom Teufel predigt, finde ich nicht richtig. Sie sollte mehr das Gute predigen«. »Wir wurden in unserer Kindheit so erzogen, uns den Teufel mit zwei Hörnern vorzustellen«.**

Roswitha Ries, die Schwester von der totgebeteten Anneliese, zeigt sich wie ihr Vater über das Verhalten des Bischofs enttäuscht, der ja tatsächlich bei einer sachlichen Betrachtung im ganzen Prozeß die kläglichste Rolle spielt. »In der Politik würde man nun zurücktreten...**ich weiß nicht, welche Spielregeln in der katholischen Kirche gelten...der Schaden, der der Kirche entstanden ist, ist nicht zu überblicken...die Exorzisten gehören in ärztliche Behandlung...die Oberhirten sind aufgerufen, diesem Spuk ein Ende zu bereiten«.** Dazu kommt noch, daß das bischöfliche Ordinariat selbst keine Stellungnahme zum Ausgang des Prozesses gibt. »**Nicht diese verbohrten Menschen gehören auf die Anklagebank, sondern schlicht und einfach der Würzburger Bischof, der den beiden Teufelsaustreibern Alt und Renz die Absolution gegeben hat«.** »Was sagen denn die kirchensteuerzahlenden Bürger dazu, daß die Kirche ihre Steuergelder u.a. dazu verwendet, die Kosten für diesen Prozeß der Herren Alt und Renz aus dem Kirchensäckel zu begleichen: warum bezahlen sie den Prozeß nicht aus ihrer Tasche, wie es jeder Bürger tun muß, der mit dem Gericht zu tun bekommt?«.

Hier können die Katholiken etwas von ihrem ursprünglich eminenten Gegner Matin Luther lernen, der einmal sagte, »man müsse dem Volk auf das Maul schauen«. Aber nein, man verkriecht sich hinter der eigenen Schwäche und Unsicherheit. Es ist sicher schwer für die Kirche, hier einen klaren zeitgemäßen Standpunkt zu beziehen, denn der mitgeschleppte und über Jahrhunderte als gültig angesehene historische Ballast kann nicht ohne Gesichtsverlust abgeworfen werden.

Die Familie Michel

Nach der Auffassung der vom Gericht bestellten psychiatrischen Gutachter liegt der Hintergrund der Erkrankung in der tiefen Religiosität des Elterhauses begründet. Anneliese war quasi angesteckt von der übergroßen Frömmigkeit der nächsten Verwandten und Bekannten (was sie auch bei den Wallfahrten zeigt). Dadurch habe sich bei ihr die Bereitschaft zu religiösen Erlebnissen aufgebaut und so hat sich der religiöse Wahn entwickelt. Anneliese erlebt in ihrem kranken Geist die Leidenszeit Christi und verfällt immer tiefer in religiöse Wahnvorstellungen. Der stark »beschränkte«, gläubige Personenkreis, der auf die Verstorbene fixiert war, konnte Anneliese Michel nur in ihrer Wahnvorstellung bestärken. Die exorzistischen Übungen verschlimmerten die Psychose. Sie habe sexuelle Konflikte in ihrer Jugend verdrängt und ein gestörtes Verhältnis zu ihren Eltern besessen, wobei die autoritäre Stellung des Vaters eine Rolle gespielt habe. Die Aussagen der Psychiater laufen darüber hinaus, daß das Schuldvermögen der beiden Geistlichen nur beschränkt ausgebildet ist, was im Klartext verminderte Zurechnungsfähigkeit bedeutet.

Die seinerzeitigen Zeitungsausschnitte schildern den Sägewerkbesitzer und Zimmermann Michel »von schlichtem Gemüt«, oder: »da ist der biedere Vater Josef Michel, der später nahezu kaum aus den Mauern des kleinen Ortes Klingenberg herausgekommen ist, der über wenig Selbstvertrauen verfügt und unter dem religiösen Einfluß seiner fast fanatischen Ehefrau steht«.

Vor Gericht sagt er: »...er verstehe nicht, warum die Priester unserer Kirche wegen des traurigen Todes von Anneliese vor Gericht stehen. Er und seine Frau hätten das Schicksal ihrer Tochter in die Hände Gottes gelegt und sie den Priestern anvertraut, damit die Besessenheit beseitigt wird. Allen, die nicht an Besessenheit glauben, rufe er zu: »Vater, vergib ihnen, denn sie wissen nicht was sie tun«. Die Dämonen leben mitten unter uns. In der heiligen Schrift gebe es genügend Beweise dafür. Papst Paul VI. habe 1972 und 1976 die Existenz bestätigt. Außerdem habe er selbst einen Teil der Hölle erlebt. Der Teufel habe ihm keine Ruhe gelassen, denn »Ruhe gebe es nur da oben«. So hätten sich am Telephon auffallend tiefe Stimmen gemeldet. Nach seiner Auffassung sei Anneliese 100%ig besessen, dies sei so sicher wie das Amen in der Kirche. Anneliese sei dann am Fest des kostbaren Blutes (1. Juli) wie eine reife Frucht in den Himmel aufgenommen worden. Mit der künstlichen Ernährung wäre ohnehin nichts zu machen gewesen und es sei ein Schmarn: »...weil die Dämonen die Adern verstopfen können, so daß nichts mehr hindurchgehe«. **Die dunklen Mächte bestehen in Alkohol, Sex und Hasch. Er müsse die weltlichen Gerichte ablehnen, das sie hier nicht zuständig seien. Über die Wissenschaft der Ärzte würden sich die Teufel nur lustig machen.** Anneliese habe ganz genau gewußt, daß sie nicht krank ist: **es wäre schön gewesen, wenn der Hochwürdigste Herr Bischof sich in der ganzen Angelegenheit auch mal hätte sehen lassen«.**

Der Vater berichtet von Teufelsspuk in seinem Haus, von weißen Mäusen im Zimmer, Fliegenschwärmen am Fenster, aufspringenden Türen, schrecklichem Gestank und Poltern. Einmal habe ihn auf der Straße ein junger Mann regelrecht umhüpft...der war wahrscheinlich umsessen«. Außerdem bittet der Vater vor der Verhandlung: »...ob man denn nicht gemeinsam ein Gebet sprechen könne«. Daß die Eltern sehr religiös sind (sofern man sie nicht als blinde Mitläufer und Nachbeter bezeichnet, was der Kirche mehr schadet als nützt), ergibt sich aus Besuchen am Wallfahrtsort San Damiano.

San Damiano

Der heil. Damian ist mit seinem Bruder Kosmas Schutzpatron der Ärzte und Apotheker. San Damiano ist ein Wallfahrtsort in der italienischen Provinz Piacenza. Die San-Damiano-Pilger verehren die 59jährige Italienerin Rosa Quattrini (Mama Rosa), die 1966, angeblich auf göttliche Offenbarung hin, einen Brunnen bohren läßt, aus dem angebliches Wunderwasser fließt. Der Wallfahrtsort ist von der Kirche nicht anerkannt, aber gerade daran erkennt man ja die Problematik. Die Familie Michel besucht mehrfach den sagenumwobenen Ort. So auch 1973, als Anneliese dabei ist. Auf der Hinreise werden die üblichen Meßbestellungen zum Preis von je DM 10,— entgegengenommen. Es wird den Bestellern erklärt, daß die von ihnen bezahlten Messen an jedem gewünschten Tag in Fatima (Portugal) gehalten würden (was die Kirche scharf verurteilt). Denkt man da nicht ein wenig an die Nachmittagsfahrten der alten Kaffeetanten, die von Werbegesellschaften umworben und systematisch betrogen werden. Hier werden verklemmten Leuten angeblich freiwillig Dinge aufgeschwätzt. Im Prinzip ist es gleichgültig, ob es eine bezahlte Messe oder sonst etwas ist: die Betrogenen sind sie in jedem Fall. Noch Ostern 1976 fahren die Eltern der Anneliese nach San Damiano, um für ihre Tochter das Wunderwasser kanisterweise heimzubringen. Eine weitere San-Damiano-Pilgerin ist Thea Hein. Sie soll ebenfalls Wallfahrten organisiert haben und zwar zu der angeblich weinenden und blutenden Madonna in Ravenna. Sie will nach der Aussage des Pfarrers Eduard Hermann beobachtet haben, daß sich an Anneliese merkwürdige Veränderungen zeigten. Thea Hein wird im Prozeßverlauf nochmals erwähnt, weil Anneliese im Frühjahr 1975 Thea Hein bittet: »...Hole ohne mein Wissen und Willen keinen Arzt, auch wenn die Eltern und Bekannten es tun wollen. Tu es nicht, du mußt es mit versprechen«.

Ihre Krankheit, Exhumierung

Anneliese Michel ist ein kränkliches Kind und die Eltern haben außerordentliche Belastungen zu bestehen, was ihren religiösen Fanatismus in einem anderen Licht erscheinen läßt. Anneliese leidet seit 1969 an epileptischen Anfällen und glaubt 1973 das erste Mal, vom Teufel besessen zu sein. Die Eltern stellen zu diesem Zeitpunkt fest: »...daß Annelieses zarte Hände wie Tatzen aussahen und daß ihr Gesicht entstellt ist«. Sie sagt ihrem 27jährigen Freund, einem Lehrer aus einem Spessartdorf in der Nähe von Klingenberg, »...daß ihr Teufelsfratzen erscheinen und daß es stinke«, so daß auch er später von der dämonischen Besessenheit überzeugt ist. Einmal bemerkt eine Schwester: »Die spinnt mal wieder« und Roswitha Ries, ihre verheiratete Schwester, gibt bei der Vernehmung an: »Sie selbst habe zu diesem Zeitpunkt den Zustand der Anneliese nicht als außergewöhnlich empfunden. Sie habe ungefähr normal gegessen, wenn sie auch nur Grießbrei und Milch zu sich nehmen konnte. Sie sei ziemlich steif im Bett gelegen, habe aber geistig klar reagiert«.

Anneliese wußte also um ihre Krankheit. Freundinnen gegenüber erklärt sie: »sie habe einen Tropfen Fruchtwasser im Gehirn, der herumwandert«. Sie neigt zur Religiosität und führt ein Tagebuch. Darin steht u. a.:

Der Heiland habe Gehorsam von ihr verlangt und ihr gesagt: Du wirst eine große Heilige werden. Du wirst viel leiden und sühnen. Aber deine Traurigkeit und Trostlosigkeit diene mir, um andere Seelen zu retten ...du wirst treu sein bis zu deinem Tod. Mache dir um die Zukunft keine Sorgen. Höre jede Minute auf mich und erfülle meine Wünsche. **Das Mädchen leidet an einer psychogenen Geisteskrankheit mit religiösen Wahnideen.** Im Würzburger Studentenheim baut sie sich einen kleinen Altar auf und lernt im Winter die ebenfalls religiöse Freundin Anna Lippert aus Sommerau kennen. Als Zulassungsarbeit für ihre Lehramtsprüfung wählt sie freiwillig das Thema: Die Aufbereitung der Angst als religionspädagogische Aufgabe. Ihre Angst vor dem Arzt ist verständlich: einmal wird sie ohnehin von einem zum anderen weitergereicht (s. u.), zum anderen muß sie befürchten, in eine Heilanstalt zu kommen, womit ihre weitere Laufbahn als Lehrerin besiegelt ist.

Der Leiter des Würzburger Studentenwohnheims, Oberstudiendirektor Ernst Veth, ein Fachtheologe für katholische Religionslehre und Pädagogik, schätzt Anneliese zwar als freundlich und intelligent, aber auch als religiös verklemmt ein. Seiner Auffassung nach ist Anneliese noch wenige Wochen vor ihrem Tod ganz normal. »Etwas geistig Abnormes ist mir nicht an ihr aufgefallen...meine Vorstellungen über Exorzismus decken sich nicht mit denen von Pfarrer Alt«.

Seit neun Monaten wird sie exorzisiert, aber nicht zum Arzt gebracht. Das ist später im Prozeß das zentrale Thema: es geht eindeutig um unterlassene Hilfeleistung und nicht um Glaubensfragen.

Fest steht, daß Anneliese in den letzten Wochen rapide abgemagert ist und vier Tage vor ihrem Tod Fieber bekommt. Man behandelt sie mit kalten Umschlägen. Lehrer Himsel erklärt: »es habe kein Grund bestanden, einen Arzt zu holen«. Dann bekommt sie noch eine Lungenentzündung. »Das war der letzte Tropfen, der das Faß zum Überlaufen gebracht hat« (Gutachter Dr. Ernst Schulz). Kurz vor ihrem Tod bescheinigt ein Dr. Knapp aus Werneck in einem Attest »...daß sie an einem akuten fieberhaften Infekt leidet und in dieser Zeit körperlich und geistig nicht ansprechbar ist. Weil Anneliese einmal selbst verkündet (!!!) hat: »Am 1. Juli ist alles vorbei«, hoffen die Verwandten auf eine Besserung ihres Zustandes im Vertrauen auf den Glauben. Der Vater steht in dieser Nacht vor ihrem Bett und beruhigt sie; einige Stunden später ist sie tot.

Der Hausarzt der Familie, Dr. Martin Kehler, der den Totenschein mit der Bemerkung ausstellt, Anneliese sei eines unnatürlichen Todes gestorben, stellt bei der Leichenschau fest, daß das Mädchen nur noch etwa 35 kg gewogen habe. Sie hat Hornhaut an den Ellenbogen und Knien, verkrustete Abschürfungen an Stirn und Nase »**...jeder Laie hätte die schwerstgradige Unterernährung der Toten feststellen müssen**«. **Durch die Bauchdecke sieht man die Rückenwirbel.** Außerdem sieht ein Dr. Roth aus Frankfurt das Mädchen kurz vor ihrem Tod. Anneliese wird in einem weißen Kindersarg beigesetzt.

Aufgrund einer angeblichen Erscheinung einer Nonne, der Anneliese erzählt habe, warum sie gestorben ist: »Ich habe mein Leben zur Rettung meines deutschen Vaterlandes hingegeben. Mein Tod war ein Sühnetod für die Rettung und die Umkehr des deut-

Der Jesuitenpater Rodewyk, der sich im Verfahren gegen die verhungerte Anneliese Michel
als »ausgebildeter Psychiater« bezeichnet. Er
deutet das Verhalten des Mädchen als »Besessenheit«. Bereits im Fall der Schwester Magda
in Trier hat er sich einen zweideutigen Namen
gemacht. Als Jesuit ist er von der Existenz der
Dämonen überzeugt.

Die Pädagogikstudentin Anneliese Michel,
die 1976, so laut Spiegel »totgebetet worden
ist«. Aufgrund der Vision einer Nonne wird
ihre Leiche exhumiert.

Die Eltern von Anneliese Michel. Photo DPA. »Erschüttert waren die Eltern Michel, als sie im Gerichtssaal die Stimme ihrer Tochter hörten, auf das Pater Renz eine exorzistische Sitzung aufgenommen hatte«. (SZ 07.4.78. S.27).

591

schen Volkes. Dann befiehlt sie der Nonne, dafür zu sorgen, daß ihr Leichnam exhumiert wird. »**Man werde sehen, daß ihr Körper noch unversehrt im Grab liege**«. Und auch hier wieder kann man die falsche Religiosität der Eltern feststellen. Sie schreiben dem zuständigen Landratsamt: »...daß man sich aus Pietät, Dankbarkeit und Gewissensgründen gegenüber der toten Tochter zur Umbettung in einen besseren, einen Zinksarg, verpflichtet sehe. Die Exhumierung wird konkret gefordert, damit man erkennt, daß Anneliese nicht verhungert ist. Am 25. Februar, vier Wochen vor Beginn des aufsehenerregenden Prozesses, wird die Tote umgebettet. Ein Totengräber stellt fest: »**Alles Quatsch, die sah aus wie jeder, der über ein Jahr begraben ist. Fast nichts mehr zu erkennen lediglich der Schädel und die Knochen**«.

Ärztliche Betreuung

Im Prozeßverlauf zeigen die Verteidiger der Angeklagten die Ärzte bei der Aschaffenburger Staatsanwaltschaft an. Sie erklären sich zur Aussage bereit, weshalb das eingeleitete Ermittlungsverfahren eingestellt wird.

Anneliese ist bei verschiedenen Nervenärzten in Behandlung. Sie stellen eine epileptische Erkrankung fest. Zuerst ist sie bei dem Aschaffenburger Nervenarzt Dr. Siegfried Lüthy in Behandlung, den sie zum ersten Mal am 25. August 1969 aufsucht. Sie berichtet ihm von einer Verkrampfung im Schlaf, wobei sie sich auf die Zunge gebissen hat. Der Arzt diagnostiziert ein celebrales Anfallsleiden, spricht aber nicht von Epilepsie. Damals sei das Hirnstrombild der Kranken unauffällig gewesen. Im September konsultiert sie nochmals den Arzt und klagt über Schlafstörungen, über belästigende Fratzen und Teufel. Im November 1973 hat Dr. Lüthy das letzte Mal Kontakt zu ihr. Für ihn handelt es sich um eine **beginnende Psychose.**

Am 27. November 1973 besucht Anneliese den Würzburger Psychiater und Psychotherapeuten Dr. Dietrich Lenner. Sie klagt über depressive Verstimmungen und fühlt sich isoliert. Er überweist die Studentin an die Universitäts-Nervenklinik Würzburg mit der Anregung, die Medikamente zu wechseln. Er wird noch dreimal von Anneliese Michel besucht. »Ich fand keine epileptische Wesensveränderung an ihr, aber eine **neurotische erlebnisbedingte Depression**«. Er vermutet eine frühkindliche Störung der Eltern-Kind-Beziehung. Zudem klagt sie über eine **gestörte sexuelle Erlebnisfähigkeit.**

Durch die Überweisung wird Anneliese Michel von Dr. Irmgard Schleip weiterbehandelt. Sie ist Fachärztin für Neurologie und Psychiatrie an der Universität Würzburg. Am 4. Dezember 1973, 18. April 1974 und am 27. Januar 1975 werden Hirnstrombilder ange-

legt. Sie zeigen **epileptische Muster.** Die Ärztin stellt die Kranke auf andere Medikamente um und die Anfälle bleiben aus. Die Hirnstrombilder werden besser. Die Ärztin ist mit dem Behandlungserfolg zufrieden.

Die gerichtlich bestellten medizinischen Gutachter bestätigen im wesentlichen die Aussagen ihrer Fachkollegen. Der Gutachter Sattes bemerkt, daß die **psychogen-hysterische Verstellung der Stimme »eine klassische Störung«** in diesem Krankheitsbild sei. Er spricht von sog. »katalonischen Bewegungsstürmen«, die zum Bild der schweren Psychose gehören. Köhler, ebenfalls Psychiater, schließt sich den Ausführungen seines Vorredners an und betrachtet es als erwiesen, daß Anneliese an »Schläfenlappen-Epilepsie« gelitten hat. Der Exorzismus habe die Sache nur verschlimmert. **Die Ärzte sind sich einig, daß man Anneliese hätte ordentlich ärztlich behandeln sollen und sie nicht einer neunmonatigen exorzistischen Phase zu unterziehen, das, letzten Endes, sei der Grund für die Herbeiführung ihres Todes gewesen: unterlassene Hilfeleistung wurde einem umstrittenen religiösen Kult hintenangestellt. Dieser Auffassung schließt sich später das Gericht an.**

Die Verteidigung benennt zwei medizinische Sachverständige, Prof. Dr. Lungershausen, Ordinarius für Psychiatrie an der Universität Ulm und zugleich Chef des akademischen Krankenhauses an der Universität Ulm in Günzburg, sowie seinen Mitarbeitern, den Privatdozenten Dr. Köhler. Lungerhausen ist Fachmann für Besessenheitsfragen aus medizinischer Sicht. Köhler hat sich besonders mit der Epilepsie und epileptischen Psychosen, die religiöse Wahnideen zum Inhalt haben, auseinandergesetzt.

Sie führen die Krankheit des Mädchens auf einen frühkindlichen Hirnschaden zurück, der durch einen Sturz auf das Hirn entstanden ist. Die **daraus entstehende Epilepsie** wird mit anfallhemmenden Mitteln behandelt, die einen Feldwechsel auslösen; die **epileptischen Anfälle werden durch eine Psychose religiösen Inhalts abgelöst.** In Pater Arnold findet sie einen Partner, der einer solchen Wahnvorstellung aufgeschlossen gegenübersteht und ihre Besessenheit bestätigt.

Die Teufelsaustreiber Renz und Alt

Weil der Tod der dreiundzwanzigjährigen Studentin nach einem neunmonatigen Exorzismus eingetreten ist, kommen automatisch einige Pfarrer, mit ihnen der Würzburger Bischof Dr. Stangl und in letzter Konsequenz die römisch-katholische Kirche in das Blickfeld des Geschehens. Beteiligt an dieser Entwicklung ist der Pfarrer Ernst Alt aus Ettleben in Schweinfurt (früher Kaplan in St. Agatha, Aschaffenburg), der vermeint, Spuren teuflischen Einflusses

Die beiden Geistlichen (von links) Pfarrer Alt und P. Arnold Renz, die den angeblichen Teufel an Anneliese ausgetrieben haben wollen. Hier zeigt sich der religiöse Fanatismus, der durch das Hochhalten einer falschen Philosophie entstanden ist. Der Richter bescheinigt »verminderte Zurechnungsfähigkeit«.

an Anneliese zu erkennen, ein Jesuitenpater, angeblicher Experte in Fragen der Besessenheit, P. Adolf Rodewyk, der gutachtlich auf Verdacht auf Besessenheit plädiert und der katholische Ordensgeistliche Pater Arnold Renz aus Rück-Schippach. Er spricht mit Genehmigung des Bischofs von Würzburg den Großen Exorzismus, wie ihn das Rituale Romanorum vorschreibt.

Pfarrer Alt wird bei der gerichtlichen Vernehmung gefragt, ob er denn ein schärferes Wahrnehmungsvermögen als andere Menschen habe. Er meint dazu: »er könne Strahlungsquellen orten, besitze eine Art Wünschelruteneffekt. Er fühle sich dann so, als ob er an eine 220-Volt-Leitung angeschlossen sei«. Außerdem habe er in China während seiner 15jährigen Missionszeit die Vorstufen der Besessenheit kennengelernt. Außerdem: »Es gebe eine transzendente Welt, die in unsere sichtbare hineinragt. Diese übergreifende Welt könne kein Arzt erfassen, sondern nur ein Priester. Ich bin gegen die Wissenschaft, die sich anmaßt, über Religiöses auszusagen«. Zudem verweist er auf seine exorzistischen Erfahrungen. Er habe einmal bei seinem Onkel, der einen Exorzismusfall behandelt hat, gelernt«. Nebenbei soll bemerkt werden, daß sich Alt nicht nur in Klingenberg behauptet hat. In Trimbach, einem kleinen Ort zwischen Zürich und St. Gallen, soll er zusammen mit anderen Geistlichen Dämonen, die nicht aus einer Frau ausfahren wollten, betend die Hölle heiß gemacht haben. Der Exorzismus wird insgesamt 67 mal über das Mädchen gesprochen. Aber auch andere Gebete: »...damit Abwechslung reinkam«.

Freilich muß berücksichtigt werden, daß sich Anneliese in ihrer religiös-frömmlerischen Art selbst in seelsorgerische Obhut begeben hat.

Pfarrer Alt beruft sich bei seiner Vernehmung ausdrücklich auf Papst Paul VI. Er hat 1972 in zwei Pilgeransprachen bekräftigt, daß Katholiken nach wie vor die Macht realer böser Mächte auf Erden zu fürchten haben. Am 29. Juni 1972 meint er »...daß statt den nach dem Konzil erhofften sonnigen Tagen in der Geschichte der Kirche ein Tag des Gewölks, des Dunkels, des Fragens und der Unsicherheit angebrochen sei«. Er erkennt darin das Wirken einer feindlichen Macht. »Ihr Name ist Teufel«. Und am 15. November 1972 warnt er seine Zuhörer: »...das Böse ist eine wirkende Macht, ein lebendiges geistiges Wesen, verderbt und verderbend, eine schreckliche Realität, geheimnisvoll und beängstigend«. Wichtig sind außerdem die Briefe, die Alt an den Bischof geschrieben hat. Er scheint immer wieder die Befürchtung gehabt zu haben, daß die Sache an die Öffentlichkeit dringt.

● so schreibt er am 30. September 1974: »Als ich Anneliese bei der heiligen Messe im Gebet ins Opfer einschloß, bekam ich plötzlich einen Stoß, und ich vernahm Brandgeruch. Später spürte ich, wie mich eine negative Macht umgab...auch beim Gebet später in der Wohnung habe es infernalisch gestunken und im Rollschrank gepoltert. Eiskalt und naßgeschwitzt habe er den Exorzismus gesprochen. Plötzlich erfüllte ein intensiver Veilchengeruch das Zimmer. »Sobald ich über Gott sprach, duftete es wohltuend«.

● Ich sah einen dunklen Schatten, der sich von hinten ihrer bemächtigte. Priester, die für Anneliese beteten, hätten Fäkaliengeruch festgestellt.

● Am 13. November 1975 schreibt er: »Es wird der ganze Glaube verlangt. Man ist im wahrsten Sinne des Wortes in den Erlöserprozeß eingeschaltet. Der Teufel rühme sich, sie hätten die Handkommunion eingeführt und die Kommunionsbänke abgeschafft. Bald, so verkündeten die Teufel, komme das Strafgericht. Man solle so viel wie möglich beten, damit viele gerettet werden«.

● Am 24. Juni 1976 schreibt er: »Eine ungeheure Macht läßt es nicht zu. Anneliese ist bis zum Skelett abgemagert.

Diesen letzten Brief bekommt der Bischof aber erst nach dem 1. Juli zu Gesicht, also nach dem Tod der Studentin. Auch dies wirft ein bezeichnendes Licht auf die bischöfliche Kanzlei. **Wieso, so möchte man fragen, stellt sich in einem so gravierenden Fall, wo es um das Leben eines Menschen und um das Ansehen der Kirche geht, nicht der Dienstvorgesetzte, hier Bischof Stangl, vor seine Priester.** Mit dem Zurückziehen erreicht er letztlich nichts als Nachteile. Im Zusammenhang mit meinen Untersuchungen habe ich

u. v. anderen das Kapuzinerkloster in Altötting angeschrieben, weil hier ebenfalls vor einigen Jahren exorzistische Übungen stattgefunden haben sollen. Ich habe mehrmals geschrieben und keinerlei Antwort erhalten, so daß man schließlich auf Sekundarquellen, notfalls die Boulevardpresse, angewiesen ist.

Nichts ist ungeschickter als dies, zumal ja die Kapuziner in Bezug auf Teufelsaustreibungen schon seit Jahrhunderten aktiv sind. Es ist das gleiche Symptom: **man schweigt zu offenbaren Mißständen und läßt die Kleinen ausbaden, was die Großen angerichtet haben** und vom unrealistischen grünen Tisch aus billigen. **Bischof Stangl hätte spätestens dann auftreten müssen, als man vor Gericht die beiden Priester als »Geistig nicht ganz zurechnungsfähig« hingestellt hat.** Kommen wir zur Sache zurück: wie spielte sich der Exorzismus an der Studentin ab?

Alt will im Würzburger Zimmer der Studentin den ersten Anfall von teuflischer Besessenheit bemerkt haben. »Wir beteten zusammen. Nach drei Ave Maria wurde sie unruhig. Ich gab ihr den Segen. Aber der brachte sie fürchterlich auf. Als ich insgeheim die Exorzismusformel betete, fuhr sie wie von der Tarantel gestochen hoch. Sie zerreißt ihren Rosenkranz und brüllt mich plötzlich wie mit fremden Männerstimmen an«.

- ihre zarten Hände seien zu »Pratzen« geworden
- sie habe Fratzen mit vielen Hörnern gesehen und einen penetranten Geruch verbreitet
- sie habe den Kopf in eine Toilettenschüssel gesteckt und dann die Spülung laufen lassen
- sie habe in der Küche uriniert und sich dann die Unterhose in den Mund gesteckt
- sie sei nackt wie ein Geißbock im Zimmer herumgesprungen
- sie habe nicht mehr glauben und beten können
- ein Stuhl flog im Zimmer mit ihr in die Luft
- sie zerschlage Muttergottes-Bilder
- geweihte Medaillen haben für sie einen unerträglichen Glanz
- sie sieht am hellichten Tag »blitzartige Erscheinungen«
- durch die Wohnung krabbelten kleine Tiere
- sie wurde von Dämonen gezwungen, Spinnen und Fliegen in den Mund zu nehmen
- einem toten Vogel biß sie den Kopf ab
- Außerdem habe sie Alt einmal auf Niederländisch angesprochen. Sofort habe sie richtig darauf in deutsch geantwortet. Nach dem Rituale Romanorum bedeute das Reden in fremden Sprachen Besessenheit...außerdem habe sie von einem Hostiendiebstahl berichtet.

»Anneliese schrie lang und anhaltend, während Pater Renz die Exorzismusformeln murmelte und die Umstehenden Gebete sprachen. Immer wieder fordert er

die Teufel auf »im Namen des dreifaltigen Gottes«, auszufahren. Sie antworten: »Sie Dreckskerl, Sie verfluchter! Drecksau. Halten Sie ihr Maul und »Scheißkerl«. Es entspinnt sich, wie immer bei exorzistischen Übungen, ein Dialog zwischen dem Geplagten und dem Plager. (!) Warum magst du das Wort knien nicht? Das ist ein Scheißwort. Das kennen wir nicht, das Scheißwort, das wollt ihr nicht haben?« »Nein, nein...stehen müssen, das ist viel besser«.

Pater Renz betet den Exorzismus bei Anneliese zum ersten Mal am 24. September 1975. Nachdem Anneliese kurze Zeit normal gebetet hat, beginnt sie zu fauchen »...bis schließlich fauchende Männerstimmen aus ihr kamen: Ich könnte sie vergiften, Sie mit ihrer Dreckskirche«, usw. Nach den Sitzungen ist das Mädchen wieder normal.

Am 31. Oktober 1975 seien sechs Teufel unter Brüllen und Fauchen aus der besessenen Anneliese ausgefahren. Renz spricht zwei- bis dreimal den Exorzismus in der Woche. Im Oktober 1975 macht er die ersten Tonbandaufnahmen, »nachdem die Teufel einiges Interessantes ausgesagt hatten«. Anneliese und die Eltern seien mit der Herstellung der Aufnahmen einverstanden gewesen. Renz steht mit den bösen Geistern auf Du und Du. Einer der Bösen, Luzifer, habe erklärt: »Ich war schon immer in ihr, bevor sie raus war«. Judas, ein weiterer Teufel, vertraut dem Exorzisten an: »Ich bin es nicht gewesen, der den Herrn verraten hat. Das war Petrus, aber der hängt net bei uns unne, der hängt obbe un glotzt zu«. Bei der achten Sitzung sei im Gebet einmal die Rede von der unbefleckten Empfängnis Maria gewesen. Darauf ein Dämon: »Das glaubt ja heute keine Sau mehr«. Renz will den Bösen sogleich findig und hart angegangen haben: »Glaubst Du daran?« Und zweimal habe daraufhin der Teufel unter fürchterlichem Grunzen und Fauchen geschrien: »Ja, Ja«.

P. Adolf Rodewyk[24]

Rodewyk ist ein nunmehr über achtzig Jahre alter Mann, der sich seit Jahrzehnten mit Fragen zur Besessenheit beschäftigt, darüber Vorträge hält und Bücher geschrieben hat. Während des zweiten Weltkrieges exorzisiert er in einem Trierer Lazarett die angeblich Besessene Schwester Magda, eine Morphinistin. Pfarrer Alt setzt sich 1975 mit dem Jesuiten Rodewyk in Verbindung. Er kommt zunächst zu einem Lokaltermin nach Klingenberg. Sogleich kann er mit den ihm bekannten Dämonen sprechen: »Na Judas, wir kennen uns doch, du brauchst doch nicht den Stummen zu spielen«. Anneliese habe daraufhin ein fürchterliches Gebrüll von sich gegeben. Rodewyk sagt in einem vor Gericht verlesenen Gutachten:

- In den Zimmern, wo sie sich aufhalte, stinke es nach Brand und Jauche;
- Außerdem sei sie total verdreckt, lege sich auf Kohlen oder schlafe auf dem Dachboden;
- Sie habe eine volle Flasche St.-Damian-Wasser auf den Boden geschüttet.

Rodewyk bezeichnet sich aus unerklärlichen Gründen als »ausgebildeter Psychiater«. Seiner Meinung nach leide Anneliese an »lucider« Besessenheit. Sie hat demzufolge ein waches Bewußtsein, muß jedoch den Willen der Dämonen erfüllen. Fälle wie in Klingenberg kämen nur alle 50 Jahre vor. Außerdem würden die Nervenärzte gern mit den Exorzisten zusammenarbeiten. Es käme immer wieder zum Patientenaustausch. Nach Rodewyk deutet bei Anneliese alles auf Besessenheit. »Ohne Zweifel seien auch Nebenteufel vorhanden«. Interessant ist der Vergleich der Namen der Teufel zwischen dem Fall Magda und dem Fall Anneliese: es sind fast die gleichen: Judas, Luzifer, Kain, Nero, Hitler und ein längst verstorbener Pater Fleischmann, der zu seinen Lebzeiten ein Sittenvergehen begangen haben soll.

Wessen Geistes Kind Pater Rodewyk ist, ergibt sich zudem aus seinen Wortspielereien. Er ersinnt den Decknamen »Anneliesa« anstatt Anneliese: »...der Bischof wußte aber, um wen es ging«. Außerdem: »...es laufen noch mehr Fälle, aber die fallen unter's Amtsgeheimnis«.

In gewisser Weise ist Rodewyk kein Einzelfall, wenn man die großen Geister der Jesuiten gedanklich an sich vorüberziehen läßt. Aufgrund ihrer »jesuitischen« Grundeinstellung und Ausbildung sind sie ohnehin alle von der Existenz der Teufel überzeugt. Ihr anerkannt z.T. außergewöhnlicher Bildungsstand hat aber nichts mit der Realität auf dem Boden der Tatsachen zu tun. Ich möchte Rodewyk mit dem Jesuiten Martin Delrio vergleichen. Sie sind beide hochgebildet, aber fanatisch und verbohrt. Während Delrio den Hexenwahn anfeuert, indem er, der 8 Sprachen spricht und Hunderte von historischen Quellen in seinen Büchern zitiert, ohne sie aber zu belegen, sondern blindlings abschreibt und gerade dadurch Unheil anrichtet, ist Rodewyk einmal zynisch der »Exorzismuspapst« genannt, ebenso verschroben und unrealistisch. Nicht allein, weil es weder Dämonen noch Teufel gibt. Wenn man die von ihm bekanntgewordenen Fälle »Schwester Magde« insbesondere und sein Gutachten im Fall »Anneliese Michel« vergleicht, **muß man sich fragen, ob er mit seinem Geschwätz, mit seiner Hineindeuterei von abwegigen Dingen nicht die Leute noch verrückter gemacht hat als sie schon sind. Mit religiösen Spitzfindigkeiten ist es nicht getan.** Die Kirche muß den Mut haben, ihre Schäflein offen und ehrlich über den vermeintlichen Dämonismus aufzuklären. Nur so kann sie sich selbst stützen. Das Versteckspiel einzelner Bischöfe, auch das des Kapuzinerklosters Altötting, zeigt in letzter Konsequenz, daß sich die Kirche über ihre Schwäche bewußt ist.

Die Ärzte haben in diesem Prozeß freiwillig Aussagen gemacht und dadurch einmal ihren Standpunkt klargelegt und zur Klärung aus ihrer Sicht beigetragen. Was die Kirchenväter tun, ist Augenwischerei: wieso beziehen sie nicht Stellung, wo es doch um ihre ureigensten Interessen geht?

Verwendung der Tonbänder

Der als tief religiös geschilderte Religions- und Geschichtslehrer einer siebten Klasse in Marktoberndorf (Allgäu) spielt seinen Schülern Tonbandaufnahmen von der versuchten Teufelsaustreibung an der angeblich besessenen Anneliese vor, um »die Existenz des Teufels« zu beweisen. Die Bänder werden aber nicht nur im Allgäu vorgespielt, sondern auch in Klingenberger Kreisen. Die Bistumsleitung kann nichts dagegen unternehmen, weil Pater Renz nicht zur Diözese gehört und außerdem ein Angehöriger der Salvatorianer ist. Inzwischen ist die Herkunft der Bänder bekannt. Während der Hauptschullehrer Anton Herz die Schreie nach eigenen Angaben während einer Fernsehsendung mitgeschnitten haben will, sollen Lehrer am Gymnasium von Marktoberndorf über Anhänger des Traditionalistenbischofs Lefebre in den Besitz der Aufnahmen gekommen sein. »Sie seien für 5 Mark verkauft worden«. Nach den Angaben des Oberstudiendirektors Schmauch ergibt sich, daß auf diesen Bändern auch jene Passagen sind, in denen die Studentin auffordert, Kardinal Höffner solle sich nicht mit den Freimaurern einlassen, die Ordensfrauen sollten wieder ihre alten Trachten tragen und die Altäre sollten wieder umgedreht werden.

Die juristische Seite

Der Prozeß erregt »weltweites« Aufsehen. Er wird allgemein als Exorzistenprozeß bezeichnet: aber das ist er nicht. Es geht ausschließlich um fahrlässige Tötung. »Nicht der Exorzist sitzt auf der Anklagebank, sondern der Mitmensch«. Wesentlicher Punkt der Anklage ist die Tatsache, daß eine Kultübung ärztliche Hilfe nicht ersetzen kann. »Zumindest in den letzten zwei Monaten wäre Anneliese geisteskrank gewesen, habe über keinen eigenen Willen verfügt und hätte ärztlich behandelt werden müssen«.

Trotz dieser sachlichen Formulierung orientiert sich das Interesse der Bevölkerung, sensationslüstern, wie sie schon immer war und ist, auf die dunklen Hinter-

595

gründe. Sofort ist die Kirche im Kreuzfeuer der Kritik und sind Teufel **das** Tagesgespräch: dies im früher erzkatholischen Bistum Würzburg. Während früher die Kirche ohne jeden Zweifel gegen die geringsten Gotteslästerer mit drakonischen Strafen vorgeht, zieht sie sich hier auffallend zurück, obwohl es nicht nötig ist.

Es ist meines Wissens der erste Prozeß, wo ein weltliches Gericht Geistliche verurteilt. »Es ist interessant, daß sich Priester und mit ihnen die Kirche vor einem staatlichen Strafgericht zu verantworten haben, die sie in Ausübung ihrer Seelsorge begangen haben«. Schmidt-Leichner, ein Frankfurter Anwalt, will in diesem Prozeß u. a. erfahren: »wie weit ein Staat das Recht hat, in Glaubensfragen zu richten«. **»...es wäre nicht vorstellbar, daß ein irdisches Gericht rechtskräftig über Teufel und Besessenheit entscheiden könne«.**

Das Gericht steht vor der Frage, einen Parallelfall beurteilen zu müssen. Eine Frau stirbt nach der Geburt ihres vierten Kindes an akutem Blutmangel, weil sie sich nicht nach dem Rat der Ärzte richtet und konsequent eine Bluttransfusion ablehnt. Sie beruft sich auf die Bibel, wo es heißt: »Ist jemand krank, der rufe zu sich die Ältesten der Gemeinde und lasse sie über sich beten, und das Gebet des Glaubens wird dem Kranken helfen«. Deshalb riefen die Frau und ihr Mann, beide Angehörige eines evangelischen »Brudervereins« einen Bruder zum Gebet an das Krankenbett. Die Frau lehnt ärztliche Hilfe ab und stirbt. Ihr Mann wird vom Bundesgerichtshof unter Berufung auf das Grundgesetz (Religionsfreiheit) freigesprochen.

Die Staatanwaltschaft hat dreizehn Zeugen und sieben Sachverständige geladen. Die Anklage vertreten der leitende Oberstaatsanwalt Karl Stenger und der Erste Staatsanwalt Josef Wagner. Verteidiger sind die Frankfurter Anwälte Dr. Erich Schmidt-Leichner (Josef Michel), Dr. Walter Matzke (Anna Michel), die Anwältin Dr. Marianna Thora aus München (Pfarrer Alt) und Dr. Fridtjof Lipinsky (Pater Renz). Alle vier sind Wahlverteidiger, wobei zu berücksichtigen ist, daß das Würzburger Ordinariat die Rechtsvertretungen der Geistlichen beeinflußt auch die Kosten übernimmt. Die Verteidigung benennt zwei medizinische Sachverständige. Prof. Dr. Lungershausen, Ordinarius für Psychiatrie an der Ulmer Universität und seinen Mitarbeiter, den Privatdozenten Dr. Köhler.

Für alle vier Angeklagten sieht Stanger wegen der außergewöhnlichen seelischen Belastung **verminderte Zurechnungsfähigkeit** an. Die Anwälte der Angeklagten bringen hervor, daß Anneliese auch an einem Kollaps gestoben sein könne. Rechtsanwältin Thora appelliert in ihrem Plädoyer zu Beginn an die Richter, »sich nicht von dem Trommelfeuer der Massenme-

dien beeinflussen zu lassen...sonst käme es zu einem Fehlurteil wie seinerzeit bei Pontius Pilatus«. Schmidt-Leichner sagt mehrfach: »wenn sie die Priester bestrafen, verurteilen sie die Kirche«.

Das Urteil lautet für alle vier Beklagten auf sechs Monate Gefängnis mit drei Jahren Bewährung. Bei der Strafzumessung ist das verminderte Zurechnungsvermögen (§ 21 StGB) berücksichtigt. Die Höhe der Strafe übersteigt den Strafantrag der Staatsanwaltschaft. Der Vorsitzende der Großen Strafkammer, Elmar Bohlender, erklärt, in diesem Prozeß sei nicht die katholische Kirche und ihr Verhältnis zum Teufel auf der Anklagebank gewesen, es sei auch nicht um Glaubensfragen oder um eine endgültige Stellungnahme der Besessenheit gegangen, sondern darum, ob vier Bürger durch Fahrlässigkeit den Tod eines Mitmenschen verschuldet haben. Das Gericht habe dies bejaht.

Vortrag der Anwältin Thora in der Kirche St. Michael

Offensichtlich ist die vom Ordinariat benannte Verteidigerin Dr. Marianna Thora religiös, denn sie hält in der Pfarrkirche St. Michael in Ettleben (Krs. Schweinfurt) vor zahlreichen Zuhörern einen Vortrag, in dem sie u. a. ausführt: »sie bedanke sich bei den Gläubigen für die Art, wie sie ihren Herrn Pfarrer und seine Verteidigerin durch Gebete unterstützt haben. **Ob Teufel oder nicht, für diese Frage sei nicht ein gescheit daherredender Theologieprofessor maßgebend, sondern der Papst in Rom.** Der habe sich schon vor Klingenberg einstimmig zu dieser Frage geäußert. Sie glaube daran, daß es das Böse gebe. **Man solle doch in diesem Zusammenhang die Christen nicht für blöd halten...als würden sie an einen Teufel mit Hörnern, Schwanz und Bocksfuß glauben«.** Ihrer Überzeugung nach ist nicht festgestellt worden, woran Anneliese gestorben ist. Der Rechtsmediziner habe aus nicht lebensgefährlichen Symptomen die Todesursache abgeleitet. **Was an Justizerei geschehen konnte, habe sie getan. Abschließend wurde noch gemeinsam ein Rosenkranz gebetet.**

Bei der Staatsanwaltschaft in Aschaffenburg gehen 19 Anzeigen gegen den Würzburger Bischof ein; dennoch kann er nicht belangt werden. Aus einem Bescheid der Staatsanwaltschaft vom 8. Juli 1977 geht das hervor: »die dem Pater Renz erteilte schriftliche Genehmigung zur Durchführung des Exorzismus vom 15. 9. 1975 war zwar kausal für die spätere Verschlechterung der Krankheit und die weitere Ursachenverknüpfung, sie war aber nicht rechtswidrig. Das exorzistische Verfahren ist als religiöse Kulthandlung nach Artikel 4, Absatz 1 und 2 (Grundgesetz) und den einschlägigen Konkordatvorschriften im Rahmen der freien, ungestörten Religionsausübung zulässig. Die für dieses Verfahren geltenden kirchenrechtlichen Vorschriften des Rituale Romanorum wurden beachtet«.

Exorzismus in Norwegen und England Ermordung der Frau Taylor

Im April 1978 kommt es in Norwegen zu einem weiteren Fall von Exorzismus. In einem Dorf bei Bergen versuchen zehn Exorzisten, in der Mehrzahl lutherische Pfarrer, eine junge Frau von der »Besessenheit« zu befreien. Sie wird gefesselt und ihr Mund gewaltsam geöffnet, um die »bösen Geister« ausfahren zu lassen. Die Pfarrer werden wegen schwerer Körperverletzung angeklagt, aber nicht verurteilt.

Nach Berichten der Sunday Telegraph erfahren Teufelsaustreibungen in England eine wachsende Zuneigung aus der breiten Bevölkerung, vor allem in den Kreisen, die sich mit okkultischen Fragen beschäftigen. 1975 wird ein Fall bekannt, wonach ein Verrückter nach einem nächtlichen Exorzismus, mit nachträglicher Genehmigung der anglikanischen Ortskirche und dem zuständigen Bischof, seine junge Frau bestialisch ermordet. Er reißt ihr bei lebendigem Leib Augen und Zunge heraus und reißt ihr zudem einen Teil der Gesichtshaut weg; die Frau erstickt an ihrem eigenen Blut. In England gibt es jährlich Hunderte von Teufelsaustreibungen, zur Not auch über das Telefon. Nach dem spektakulären Fall der Ermordung der Frau Taylor durch ihren geistesgestörten Mann erläßt der Erzbischof von Canterbury, Primas der anglikanischen Kirche, 1975 neue Richtlinien, wobei er anregt, einen Arzt herbeizuziehen. Der Exorzismusreferent der Diözese Cloucester hat jedoch erklärt, daß dazu nicht immer ausreichend Zeit zur Verfügung steht. Das belegt er mit einem Beispiel: »als er einen 19jährigen Gardesoldaten, der ihm wegen Verdacht auf Besessenheit vorgeführt wird, anspricht, sei plötzlich die Raumtemperatur gesunken und die Zähne des Priesters hätten zu klappern angefangen. Daraufhin sei der Soldat mit Weihwasser eingesprengt worden, das sofort auf seinem Kopf verdampft ist. Daraufhin sei er auf allen Vieren »unter schrecklichen Geräuschen« im Raum herumgekrochen. Ein anderer Exorzismusreferent, der Mönch Petitpierre, unterscheidet zwischen voller und minderer Besessenheit.

Auch daran sieht man: das Austreiben der Teufel ist kein Privilegium der katholischen Kirche, wenngleich sie die Mutter der anderen ist und darum um so mehr Verantwortung hat, diesem Treiben ein Ende zu bereiten.

Es ist interessant, daß sich dieser Vorfall fast exakt mit einem deckt, der 200 Jahre vorher passiert ist. Vergl. den Fall Christine Schredern.

Dieses Bild wurde nicht zur Veröffentlichung freigegeben

Pfarrer Adam Roth, gegen den die Gemeindemitglieder von Eppstein/Ts. schwerste Vorwürfe erhoben haben. Für ihn beruht vieles auf »Mißverständnissen«.

Exorzismus in Eppstein

»Evangelischer Pfarrer bekennt sich zur Teufelsaustreibung«. Unter dieser Schlagzeile veröffentlicht im November 1979 eine Kreiszeitung in Hessen einen Bericht folgenden Inhalts: Der protestantische Pfarrer Adam Roth, der zehn Jahre als Missionar in Indonesien und Neu-Guinea tätig war, erhält die Pfarrei in Eppstein/Ts. zugewiesen und widmet sich hier im besonderen der Jugendseelsorge. Ein allgemeiner Treffpunkt wird in einem ehemaligen Altersheim eingerichtet. Das ist die sog. »Teestube«. Die Zeitschrift berichtet: »...in der Jugendgruppe wurde ekstatisch gebetet (und) gesungen...Jugendliche verkündeten: »...gestern ist Christus in mein Herz gekommen«. Im Fall eines achtzehnjährigen Mädchens soll während eines sog. Gruppengebetes ein Exorzismus gesprochen worden sein. Dazu Pfarrer Roth: »Ich bin in meinem Leben nur einmal — nämlich in diesem Fall — einem Phänomen, wo solch ein Tatbestand des Exorzismus spielte, begegnet«. Weiter führt er aus:

597

- Die Heilige Schrift bestätigt, daß es so etwas gibt, und ich glaube daran
- Ich glaube an das Sprachengebet (»Reden in Zungen«, wobei nach dem Absingen rhythmischer Lieder sich plötzlich die Stimmen verändern und so eine Art Ekstase auftritt).

Aus einem Mädchen sollen Männerstimmen gesprochen haben. Eine Mädchengruppe betete gemeinsam darum, daß der Teufel aus ihr ausfahren solle. **Eine Katholikin soll sowohl von dem Pfarrer wie von seiner Frau als Hexe bezeichnet worden sein.** Die Tochter der Katholikin sei von einem Kind der Gruppe gefragt worden: **»Wann kommt deine Mutter wieder durch die Luft geritten?«** Der Pfarrer deutet vieles als Mißverständnis.

Dazu gibt es einen offenen Brief, den u. a. die Mitglieder des Kirchenvorstandes unterzeichnen. In ihm: »Deutliche Zeichen für die von uns nicht zu akzeptierende Einstellung und Handlungsweise des Pfarrers sind die Vorgänge in der Teestube, in der jugendliche Gemeindemitglieder durch die geschickte Vermittlung schwärmerischer Heilsideen...in einseitige, unkritische und fanatische Religiosität hineingeführt werden«.

Bei allem Zweifel, den man Presseberichten solcher Art entgegenbringt, ist es doch ein neuer Ansatzpunkt. Sicher aber nicht zu einer Teufelsideologie. Was sich hier in Eppstein abgespielt hat, ist eher mit Randerscheinungen der sog. »charismatischen Erneuerung zu erklären. Es ist ursächlich eine von Amerika ausgehende (Kansas) Heilsbewegung mit eigenen Kirchen...die sich später als sog. »Pfingstbewegung« weltweit verbreitet.

Der Vorfall in Eppstein wird schon einige Tage später kaschiert mit dem Bemerken: »Der Pfarrer habe dem Mädchen lediglich in einer schweren Situation beigestanden«. Mit dem Wegfall des Glaubens an Teufel und Dämonen werden solche gefährlichen Ekszesse seltener. Es ist vor allem die Aufgabe der theologischen Forschung, hier einen Riegel vorzuschieben. Der Glaube an den Teufel ist nichtig.

Mondsucht, Leichensehen, Zweites Gesicht

Das Nachtwandeln ist bereits in den alten Zeiten ein Gegenstand mehrfacher Ansichten und Untersuchungen. Die Römer nennen es »noctambulacio« und »somnambulismus«. Forest nennt es eine »nächtliche Verrücktheit« und van Helmont die »Mondsucht«.[25] Dieses Phänomen ist nicht mit dem altdeutschen Glauben verbunden, den Mond durch Gesänge herabzuziehen.

»So stand der Bauer aus meiner Heimat oft des Nachts auf, um Arbeiten zu verrichten, die er tagsüber nicht ausführen konnte. Mit geschlossenen Sinnen ging er aus dem Haus, und kam nach vollbrachtem Geschäft wieder heim., ging in sein Bett und schlief die übrige Zeit...einmal nahm er das Holzbeil mit sich und haute einen Baum ab, der über einem reißenden Bach an einem fürchterlichen Abgrund hing«.[26] »Ein Apotheker las in der Nacht in seiner Offizin bei verschlossenen Augen die Rezepte durch die Fingerspitzen und bereitete dann die vorgeschriebenen Arzneien auf das Beste«. Diese Aussage stammt aus dem 18. Jht.

Einzelne Personen haben die Gabe des »Leichensehens«, d.h. sie verkünden den Tod gewisser Personen, wenn sie selbst noch gesund sind. Es ist also nicht die Erscheinung, daß einzelne Menschen unmittelbar vor ihrem Tod anfangen wahr- oder weiszusagen und detaillierte Dinge aus ihrer Jugend berichten. Das »Sich-selbst-Sehen« wird fälschlicherweise vom Volksglauben als den nahen Tod verkündend angesehen.

Eine Hexe im Kampf gegen sieben Teufel oder Dämonen, von denen sie bereits zwei zu Boden geworfen hat. Holzschnitt aus dem 16. Jht.

Monden-Kinder

Elias Camerarius berichtet: »...daß es einem bösen Geist nicht unmöglich ist, jemanden durch die Luft zu führen...kann ich selbst mit reinem Gewissen gestehen, daß ich dasjenige, was von den Monden-Kindern öfters gesprochen wird, mit meinen eigenen Augen gesehen, und zwar von meinem Schlafgesellen in Holland, welcher noch bis dato lebt. Derselbe, wenn die Stunde gekommen ist, hat er sich vom Bett aufgemacht, über Wände und Balken geklettert, bis er endlich durch ein offenes Fenster hinaus gezogen, oder auf die Dächer gestiegen, ja auf der Luft und zwar »radiis Lunae« herumgegangen. Wo das herkommt? Ob allein durch die Wirkung des Mondes und dessen Strahlen, oder solcher Mensch durch »spiritus Lunae«, nach vieler Meinung herumgetragen wird?; lasse ich mich unbekümmert, wenn ich nur von der Wahrheit versichert bin und mich auf meine Augen verlassen kann, von dergleichen Kindern, welcher mehr Monstren als Kinder sollten geheißen werden, ist öfters bei den Sechswöchnerinnen zu erfahren, welche gleich nach der Geburt auf die Wände klettern«. Er folgert daraus: »Warum also sollte es dem Teufel also unmöglich sein, die Leute von einem Ort zum anderen zu führen«?[31]

Dorothea Schmidt, Paul Bredersen

Dorothea Schmidt aus Götz bei Brandenburg litt als Mädchen von 18 Jahren an hysterischen Krämpfen, unter denen sich das »zweite Gesicht« allmählich entwickelte »und endlich einen solchen Grad annahm, daß sie bis zu ihrem 27. Lebensjahr alle Todesfälle in Götz voraussagen konnte«. Die Vorschau geschieht nachts zwischen 11 und 12 Uhr. Sie erwacht mit großer Angst, die sie jedesmal ins Freie treibt, wo sie dann gleich den Leichenzug sieht, mit dessen Ansehen sie ruhig wird und sich dann wieder in das Bett legt. Ist es ein Kind, so trägt eine männliche Gestalt einen kleinen leuchtenden Sarg unter dem Arm. Einmal sah sie ihren Mann, der neben ihr stand, in einem solchen Leichenzug. Sie sieht nur Leichenzüge, keine anderen Begebenheiten. »Sie lebte noch 1837, war 55 Jahre alt und ganz im Besitz ihrer körperlichen und geistigen Kräfte«.[27]

Im Kirchspiel Riesum auf Fünen lebte ein ausgezeichneter Seher. Er sieht einmal auf der Straße bei Nordriesum einen großen Leichenzug, bei dem es ihm vorkommt, als ob sich der Sarg spalte und dennoch vier Träger mit jeder Hälfte auf beiden Seiten des Weges gehen. Das kann er sich nicht erklären; nach kurzer Zeit werden zwei Personen zu gleicher Zeit beerdigt und hintereinander getragen. An der bezeichneten Stelle biegen die beiden Särge wegen einer Pfütze im Weg nach beiden Seiten ab«.[28]

Paul Bredersen in Bramstedt sah einen Leichenzug, wobei er im Gefolge den Wagen seines Nachbarn Christian erblickte, den zwei Schimmel zogen. Er schloß daraus auf den Tod der alten Mutter des Letzteren: die Schimmel konnte er sich nicht erklären, weil kein einziger im Ort war. Nach drei Wochen stirbt wirklich die alte Frau...man mußte sich anderwärts die Schimmel ausleihen, weil die eigenen Pferde vor dem Wagen gestürzt waren«.[29]

Bog Spuck, König Georg

1821 lebte in Niebüll ein Seher, spottweise Bog Spuck genannt, der merkwürdige Dinge sah. Er war Glaser und setzte einst einem Mann namens Welfen einige Scheiben ein. In seinem Haus sah er eine 18jährige Tochter als Leiche im Zimmer, wo er arbeitete, und auf seinem Nachhauseweg erblickt er ihren Leichenzug. Welfen, der Vater, erfuhr es. Er kann es nicht glauben und geht eine Wette ein. Der Seher setzt hinzu, daß eine bestimmte Anzahl von Wagen in einer bestimmten Ordnung den Zug bilden wird; auch müsse ein starker Wind gehen...weil in seiner Erscheinung die Späne beim Abnehmen des Sarges überall herumflogen. Nach einer kurzen Zeit geht alles wörtlich in Erfüllung.[30]

Ein Kavalier in Hannover ging in einer Allee spazieren und sieht von da aus am kurfürstlichen Schloß einen Leichenzug vorübergehen; zugleich hört er alle Glocken läuten. Verwundert begibt er sich in das Schloß und fragt, »...wer denn begraben werde«. Allein wo er fragt, wird er nur ausgelacht. Nach sechs Tagen läuft die Nachricht ein: der König Georg aus dem Hause Hannover sei am gleichen Tage und in derselben Stunde gestorben, da der Seher den Trauerzug bemerkt hatte«.

Beispiel einer Traumdeutung

»Lord Lyttelton ging spät zu Bett...(er) beklagte sich am anderen Morgen über heftige Kopfschmerzen und erzählt einen merkwürdigen Traum: er wäre aus dem mitternächtigen Schlaf aufgefahren, weil er einen Vogel an seinen Bettvorhängen flattern sah, der aber gleich verschwand, weil sich ein Gespenst in weiblicher Gestalt und einem weißen Anzug näherte, das ihm befahl, in drei Tagen auf seinen Tod Rechnung zu machen. Er beklagte sich scherzhaft, er sagte, er würde den Geist auslachen; denn es sei der dritte und letzte Tag. Am Abend bekam er Konvulsionen und starb, noch ehe er sich entkleiden und niederlegen konnte. Die Sache selbst wird durch viele andere Zeugen bestätigt. Es muß auch auf jeden philosophischen

Geistererscheinung auf dem Friedhof. Zwei Geistliche (?) treten mit Fackel und Bibel (?) in einen sog. »magischen Kreis«. Aus einem Grab erhebt sich die Leiche um ihnen zu erscheinen.

600

Kopf einen merklichen Eindruck machen, zumal einem vertrauten Freunde eben in dieser Nacht der Lord erschien und sagte: »Mein Lieber, sie sehen mich zum letztenmal«.

Visionen und Entrückungen

Aus dem alten und neuen Testament sind verschiedene Entrückungen überliefert. Die Geschichte des heil. Antonius, des heil. Suso, heil. Franz von Asissi, Macarius, Bernhard, Ignatius u.v.a. Die heilige Katherina von Siena hatte ein kurzes Leben von nur 33 Jahren. Sie ging in die Siechhäuser um Pestkranke zu besuchen und zu pflegen, und um ihre Seelen zu reinigen; sie begleitete Verbrecher zum Tod und brachte Reue in ihre verstockte Herzen![32] Sie reist zum Papst nach Avignon und stiftet den Kirchenfrieden; sie wandelt den Unglauben der Abtrünnigen in Verwunderung, und wo ihr Leib nicht hinkommt, da wirkt ihr Geist durch das ergreifende Wort in Hunderten von Briefen an den Papst, an Fürsten und Gemeine.

Thomas von Kempis beschreibt das Leben der Lidwine von Schiedam in den Niederlanden. »Sie war auf einem Auge blind, am anderen blöd, und sah doch die Begebenheiten, die sich in anderen Ländern zutrugen. Sie hatte innere Geschwüre...in denen sich Würmer erzeugten. Es spaltete sich ihre Stirn und das Kinn. Sie wandelte in Ihrem Geiste in den Klöstern umher...oft war sie regelrecht erleuchtet. Berührte sie ein unreiner Mensch, so bekam sie schwarze Flecken auf der Haut«.[32] Auch die heilige Hildegardis war beständig krank und hatte kataleptische Zustände. Die heil. Brigitta (von Schweden) hatte zahlreiche Offenbarungen, die vom Konzil in Basel untersucht und gebilligt wurden.

Nun kann man sagen, daß diese Erscheinungen der Geschichte angehören, und besonders zur Zeit der Scholastik und Mystik in den zahlreichen Heiligenlegenden zutage kamen. Aber: »Es sind nämlich in der neuesten Zeit bei sehr frommen Personen des weiblichen Geschlechts sehr auffallende Erscheinungen beobachtet worden...es sind jene seltsamen Zustände, in denen Personen in religiösen Kontemplationen und Entrückungen an dem schwachen und kranken Leib gewisse Merkmale, als Kreuze und Wundmale, in der Regel mit Blutungen verbunden aus Stirn, Händen und Füßen, und an der Seite, sich einstellten. Dabei pflegen solche Personen äußerst wenig zu essen«. Er nennt Anna, Katharina Emmerich, eine Nonne aus Dülmen, Maria Mörl v. Kaltern und die Müllerstochter Domencia Lazari. Dazu ein Beispiel:

Anna Katharina Emmerich[33]

Anna Katharina Emmerich ist Chorschwester des aufgehobenen Agnetenklosters zu Dülmen, hat zahlreiche Visionen und die merkwürdige Unterscheidungsgabe schädlicher und nützlicher Pflanzen, sowie der Reliquien der Heiligen von anderen Gebeinen. Sie wird in der Gegend von Coesfeld geboren. Sie ist von Jugend an kränklich und fromm. Schon als Kind — bevor sie in das Kloster kommt — hat sie eine Erscheinung vom Heiland, der ihr als leuchtender Jüngling erscheint. In der einen Hand hat er einen Blumenkranz, in der anderen eine Dornenkrone. Katharina entscheidet sich für die Krone. Sie nimmt sie und drückt sie mit Inbrunst auf ihr Haupt. Als sie zur Besinnung kommt, fühlt sie heftige Schmerzen am Kopf und es stellen sich Blutungen ein.

1802 kommt sie in das Kloster von Dülmen und nun fängt eigentlich erst ihre merkwürdige Geschichte an. Sie hat Halskatarrh, galliges Fieber mit Leibesverstopfungen, Krämpfe, Würmer, Menstruationsfehler, Bluterbrechen, Ohnmachten, Zuckungen usw. Im März 1813 berichtet der Pfarrer Stensing an die geistliche Behörde, daß die Emmerich seit einigen Wochen und Monaten keine Medizin und Nahrung mehr genieße, nur ein wenig kaltes Wasser. Was sie sonst noch genieße, breche sie aus. Dabei schwitze sie stark. Was sie am meisten auszeichnet, sei ein blutiger Kranz um ihren Kopf, ferner Wundmale an Händen und Füßen, in der Seite, und zwei bis drei Kreuze auf der Brust; diese und jene bluten oft; die letzteren gewöhnlich am Mittwoch, jene am Freitag, und zwar so stark, daß zuweilen einige Tropfen herunterfallen«. Dieser Bericht ist mit Zeugnissen von Ärzten und anderen unterschrieben, vermerkt ein Zeitungsbericht. Ihre Nahrung bestand täglich aus einem Glas Wasser und aus dem Saft eines Apfels oder Pflaumenstückchens. Zur Kirschenzeit sog sie zuweilen an einer Kirsche. Zehn Tage lang wurde sie von Bürgern Tag und Nacht bewacht. Stuhlgang hatte sie über drei Wochen nicht gehabt und alle zwei Tage habe sie Urin gelassen.

Magnetische Kuren

Der Magnet wurde auch Siderit genannt und sein Name ist nach Lucrez von der Gegend der Magneter oder der Landschaft Magnesia abgeleitet. Plinius leitet den Namen von einem Hirte Magnes her, der auf dem Berg Ida eine Herde Schafe weidet und hier zuerst mit seinem mit Eisen beschlagenen Stock die magnetische Wirkung bemerkt haben soll.[34] Andere haben ihn Heraklion oder Herkulesstein genannt, weil er bei der Stadt Heraklia gefunden wurde.

Die magnetischen Eigenschaften sind demzufolge früh bekannt und werden auch früh gedeutet. Thales schreibt dem Magnet eine Seele zu. Gilbert nimmt an, daß die ganze Erde voll magnetischer Substanz und ebenso die Sonne, der Mond und die übrigen Gestirne seien. Euler behauptet, daß die ganze Erde magnetisch ist und nicht bloß im Inneren einen magnetischen Kern hat, wie das von Halley vorgetragen wird.[35] Paracelsus hält das Weltgebäude für magnetisch. Sein Nachfolger, Baptista von Helmont, entwickelt beinahe die Mesmer'sche Lehre, indem er die im Menschen vorhandene magische, aber unbewußt wirkende und ruhende Kraft erkennt. »...so daß es abgeschmackt ist, zu glauben, daß der Teufel etwa sein Spiel treibt...oder nur in der Unwissenheit sein Feld hat und seinen Ruhm findet...wenn der Mensch durch den Willen auf Andere, sogar auf weite Entfernungen einwirkt«.[36]

Heilen durch Handauflegen

Es ist eine Frage, ob man die These anerkannt, daß sich im Körper gewisse magnetische und dadurch beeinflußbare Strömungen befinden, die durch Konzentration und den Willen eines anderen Menschen steuerbar sind; z. B. wie bei der Hypnose. Daraus muß man schließen, daß der Mensch eine von seinen natürlichen und geistigen Reizen abhängige Erregbarkeit besitzt, die nach dem Stand der medizinischen Forschung noch nicht erschöpfend beantwortet werden können. Damit würden sich die pathologischen und abnormen Fälle der angeblichen »Besessenheit«, der »ungewöhnlichen Sinnesaffektionen« in deutbare Krankheitsbilder fassen lassen, womit dann vielleicht eher der Glaube an Dämonen, Geister und Teufel zu brechen ist und die Kirche gezwungen wird, den Naturwissenschaftlern wieder ein Stück ihres traditionellen Ruhmes abtreten zu müssen.

Die andere These ist die, hier zitieren wir die Bibel, daß Jesus, der Heiland, andere durch das Auflegen der Hände auf bestimmte Körperteile heilt, und daß man dies als Wunder zur Hochhaltung des Glaubens hinstellt. Fest steht, daß zur Zeit Christi ein aktiver Teufels- und Dämonenglaube verbreitet ist und daß es Personen mit dem Krankheitsbild »Besessenheit« gibt. Die Bibel berichtet von einigen »Teufelsaustreibungen«, die sicher medizinisch nicht erklärbar waren und deshalb dem personalen Bösen in die Schuhe gesteckt werden.

»Es wurden Kindlein zu ihm gebracht, daß er die Hände auf sie legte und betete, die Jünger aber fuhren sie an. Aber Jesus sprach: »Lasset die Kindlein zu mir kommen und wehret ihnen nicht, denn solcher ist das Himmelreich, und er legte seine Hände auf sie«. »Und sie brachten ihm einen Tauben, der war stumm

und sie baten ihn, daß er die Hand auf ihn legte; und er nahm ihn vom Volk besonders und legte ihm die Finger in die Ohren und rührte seine Zunge und sah gen Himmel und seufzte und sprach: »tue dich auf« und alsobald taten sich seine Ohren auf und das Band seiner Zunge ward los und er redete«.[37]

»Und daß die Sonne untergegangen war, alle, die so Kranke mit mancherlei Sorgen, brachten sie zu ihm und er legte auf jeden die Hände und machte sie gesund«. In der Geschichte der Heiligen ist die »apostolische« Gabe häufig aufgezeichnet und wie sie an das Gebot: »machet die Kranken gesund, reinigt die Aussätzigen, wecket die Toten auf, treibet die Teufel aus« an sie erging, so empfingen alle wahren Nachfolger Christi die Gabe »mit neuen Zungen zu reden...auf die Kranken die Hände zu legen...Schlangen und Teufel zu vertreiben...«.

Das Feld der christlichen Mythologie weitet sich immer mehr aus. In den Legenden finden wir die wunderlichsten Geschichten. Dazu einige Beispiele:

Der irländische Apostel, der heil. Patricius, heilt die Blinden durch das Auflegen seiner Hände. Der heil. Bernhard soll allein in Konstanz (Bodensee) an einem Tag elf Blinde sehend und achtzehn Lahme gehend gemacht haben. In Köln heilte er 12 Lahme und machte drei Stumme redend, zehn Taube hörend, und als er selbst krank ist, erscheinen ihm die heil. Lorenz und Benedikt und machen ihn dadurch gesund, daß sie ihm die Hand auf den schadhaften Ort legen. Hierher gehören die Wunderkuren der beiden Märtyrer Cosmas und Damianus. Unter anderem befreiten sie den Kaiser Justinian von einer unheilbaren Krankheit. Die heilige Odilia hat einen Aussätzigen, vor dem alle Menschen flohen, in die Arme genommen und ihn freundlich gewärmt, »wodurch er rein, frisch und gesund geworden«.

Merkwürdig sind die Beispiele, wo gefährlich Kranke durch die heil. Taufe oder durch die letzte Ölung schnell und vollkommen gesund geworden sind. Pyrrhus, König von Epireus, »welcher den Schrecken nach Rom gebracht«, besänftigte und heilte die Kopfschmerzen und die Krankheiten der Milz, indem er die Kranken auf den Rücken legte und mit seiner großen Zehe darüberfuhr. Kaiser Vespasian heilte Nervenkrankheiten, Lähmungen und Blindheit einzig und allein durch das Auflegen der Hände. Kaiser Hadrian treibt das Wasser aus dem Bauch der Wassersüchtigen durch die Berührung eines Fingers. König Olaf heilt den kranken Egill auf der Stelle dadurch, daß er zu ihm geht und seine Hände auf die Seite legt, wo der Schmerz ist, »er sang dabei auch Sprüche«.[38] Die Könige von England und Frankreich heilten Kröpfe durch bloßes Anrühren. Unter den deutschen Fürsten wurde das Vermögen, Kröpfe zu heilen, auch den Grafen von Habsburg zugeschrieben; sie sollen zudem das Stammeln durch einen Kuß geheilt haben. Der Vergleich zwischen der »wundersam heilenden« Wirkung des Heilands, als göttlicher Herscher mit den »weltlichen« Herrschern ist auffallend und zeitbedingt. Man überträgt angeblich himmlische Kräfte auf angebliche Weltliche und verunsichert dadurch das Lehrgebäude. In der wundersüchtigen Zeit unserer Geschichte (wenn wir von der heutigen absehen) fallen solche Spekulationen auf fruchtbaren Boden. Schon Plinius sagt: »Es gibt Menschen, deren ganzer Körper medizinische Kräfte besitzt, als die Marser, die Phylier...«.

Diese Überlegungen werden bei den magnetischen Kuren herangezogen und sie finden einen neuen Höhepunkt im 18. Jhdt., als Anton Mesmer den sog. »tierischen Magnetismus« entdeckt und propagiert.[39]

»Die physische Einwirkung der satanischen Gewalt ist dem personalen Bösen jedoch nur bei einzelnen Individuen gestattet, bei denen sie Gott in seinen unbegreiflichen Ratschlüssen zu seiner Verherrlichung zuläßt. In solchen Fällen nimmt der Satan den Gebrauch des leiblichen Organismus, in höherem oder geringerem Grade in Beschlag oder in Besitz. Diesen Zustand nennt man »besessen«.[40]

Teufelsaustreibung in der Bibel

Die Bibel berichtet über sieben angebliche Teufelsaustreibungen.[41] Jesus hat diese Gewalt seinen Jüngern, wie auch die Gewalt, durch Handauflegen zu heilen, übertragen.[42] Die apostolischen Väter und Kirchenschriftsteller der ersten christlichen Jahrhunderte berichten darüber. Irenäus schreibt: »**O, daß du sie hören und sehen wolltest, wenn sie von uns beschworen und mit geistigen Streichen gepeinigt und durch die Folter der Worte hinausgewiesen werden; wenn sie mit Heulen und Stöhnen nach Art der menschlichen Stimme, aus göttlicher Machtvollkommenheit Streiche und Schläge spürend, die Ankunft des Richters erkennen«.**[43]

Im Sinne des Rituale Romanorum sprechen bestimmte Kennzeichen für das »Besessensein«. Dazu zählen: eine ungewöhnliche Kraftentwicklung des Körpers, das Reden in fremden Sprachen, eine ungewöhnliche geistige Aufgeregtheit, ein Aber vor allem Heiligen (Weihwasser, Reliquien, Medaillen, geweihten Gegenständen) sowie Wutausbrüche bei der Nennung heiliger Namen.

Visionen, Halluzinationen und Illusionen gehen oft ineinander über. Die daraus entstehenden Krankheiten werden im Altertum für das Wirken einer Götter-, Engel- und Dämonenwelt hingestellt, im Mittel-

alter und weit bis in das 18. Jhdt. hinein als Teufelswerk betrachtet und haben damit den Aberglauben aufgestachelt und »unzählige Individuen in Verwirrung gebracht. »Von der Kirche wurden die einzelnen Fälle — bei gleichen Symptomen — je nach den Umständen gebilligt«,[44] (daraus wurde in der Regel ein Heiliger) oder verworfen (daraus wurde in der Regel eine Hexe oder zumindest ein »dämonisch Besessener«).

Das Besessensein, die Dämonomanie, ist eine eigentümliche Form der Geisteskrankheit, der in der Regel eine tiefgehende Störung des physischen Lebens voraus und zur Seite geht. Hervorgerufen wird sie mitunter durch heftige Gemütsbewegungen, widernatürlichen Zwang der Verhältnisse...daher die Besessenheit in Klöstern, Waisenhäusern und Instituten, wo sie zuweilen epidemisch auftritt.

Das treffendste Beispiel aus der Bibel ist, daß Jesus aus Maria Magdalena sieben Teufel ausgetrieben haben soll. Weyer erzählt, daß ein Dämon aus einem Besessenen nach mehreren vergeblichen Versuchen endlich durch einen Partikel vom Kreuz Christi ausgetrieben worden sei »...obwohl er sehr wohl wisse, daß dieses Stück Holz nur von einem Galgen und nicht vom Kreuze Christi stamme, so mahne ihn doch der feste Glaube und die Existenz der Anwesenden und des Exorzisten daran, so etwas zu glauben«.[45] Treffender kann man diesen Spuk nicht schildern.

Weyer hält es für unbedingt erforderlich, die Besessenen von den Gesunden zu trennen.

Anton Mesmer, harmonische Gesellschaften

etwa 1770 entdeckt der deutsche Arzt Anton Mesmer den »tierischen Magnetismus«. Zunächst sieht man darin eine ketzerische und gefährliche Doktrin. Friedrich Anton Mesmer wird in Weil oder Weiler in der Nähe der Rheinquelle geboren. Nach einem Gymnasialkurs geht er nach Wien, um dort unter den berühmten Lehrern van Swieten und de Haen Medizin zu studieren. Er promoviert in Wien und tritt dann seine praktische Laufbahn an. Er macht die merkwürdige Entdeckung, daß, wenn er seinen Patienten selbst ohne die Anwendung eines Magneten oder einer anderen Substanz mit der Hand in verschiedenen Richtungen manipuliert, gewisse merkwürdige Erscheinungen hervorgerufen werden. »...allein die Tatsache, die durch mehrere Versuche bestätigt worden ist,...brachte ihn auf die ganz natürliche Vermutung der Existenz einer neuen Agens, die er mit dem Wort »tierischer Magnetismus« bezeichnete«. Später wendete er mit entschiedenem Erfolg seine Methoden zur

Darstellung einer Convulionistin oder einer religiösen Fanatikerin. Das Mädchen ist an ein Kreuz geheftet. Während der Gebete eines Priesters erhält sie starke Schläge auf den Leib.

Heilung der Krankheiten an und weist somit die Heilkräfte der menschlichen Hand nach. Bei seinen Kollegen erregt er Aufsehen und wird verleugnet, verlacht und verspottet. Seine Gegner übertreffen ihn und er verläßt daraufhin Wien. 1778 tritt er das erstemal in Paris auf.

Seine Theorie ist dadurch begründet, daß zwischen den himmlischen Körpern, der Erde und der Natur, und zwar durch die Vermittlung eines sehr feinen, durch das ganze Universum verbreiteten, jeden Bewegungsmechanismus aufnehmenden fortpflanzenden Fluidums stattfindet. Schließlich erklärt sich Mesmer bereit, sein »Geheimnis« gegen Bezahlung freizugeben und gründet eine Privatgesellschaft unter dem Namen »l'harmonie«, wo er seine wißbegierigen Schüler in die Mysterien seines Verfahrens einweiht. Schließlich gründen einige in verschiedenen französischen Städten neue »harmonische Gesellschaften« unter der Oberaufsicht Mesmers. In diesen Instituten werden arme und mittellose Patienten in der Gegenwart von Ärzten kostenlos behandelt. Mesmer wird 81 Jahre alt und stirbt am 5. März 1815.

Um 1787 führt der berühmte Physiognom und Philantrop Lavater, Puységurs System des animalen Magnetismus in Deutschland ein, indem er es den Ärzten Bickers und Wienholt und dem Astronomen Olbers in Bremen mitteilt.

Convulsionisten

Convulsionisten sind Personen, die sich unempfindlich gegen Schmerzen und Schläge zu machen vermögen. Ich bringe das hier nur, weil während einzelner Folterungen Fälle von Schmerzunempfindlichkeit vorkommen.

Jeanne Monlar, Mateo Lova

Das zwei- oder dreiundzwanzigjährige Mädchen Jeanne Monlar, steht aufrecht mit dem Rücken zur Wand und erhält mit einem Hammer von neunundzwanzig bis dreißig Pfund von einem starken Mann hundert Schläge auf Magen und Unterleib. Das Mädchen versichert, nur starke Streiche könnten ihr helfen. Eine andere Anwendungsart ist die Dielen- oder Brettoperation. Man legt den auf dem Boden liegenden Convulsionnairs eine Bohle oder ein Brett, mit dem er ganz bedeckt wird. Dann treten so viele Männer auf das Brett wie es aufnehmen kann. Ein weiteres Mädchen bleibt, nachdem es den Rock festgebunden hat, eine lange Zeit mit den Füßen nach oben. Ein weiteres Mädchen, auf ein Brett gestreckt, läßt sich Hände und Füße annageln. Von besonderem Interesse ist der Fall des italienischen Schuhmachers Mateo Lova. Der Vorfall ist authentisch beglaubigt und spielt zu Beginn des 19. Jhts. Außerdem hat ihn der Oberarzt des Lazaretts Dr. Ruggieri beobachtet.

Der Schuhmacher faßt, nachdem er sich bei einem ersten Anfall religiösen Wahnsinns die Geschlechtsteile abgeschnitten und aus dem Fenster geworfen hat (davon aber geheilt werden kann) den Entschluß, gleich dem Erlöser (?) den Kreuzestod nachzuahmen. Er krönt sich mit Dornen, legt sich auf ein selbstgefertigtes Kreuz, heftet sich hier seine überschlagenen Füße mit einem fünf Zoll langen Nagel fest, indem er ihn mit Hammerschlägen in das Holz treibt, macht sich dann mit einem Messer eine breite Wunde in die linke Brustseite, durchbohrt sich beide Hände mit langen scharfen Nägeln, deren Spitzen er vorher in die Arme des Kreuzes angebrachte Löcher fügt. Dann läßt er mit Hilfe eines besonders dazu hergerichteten Seilwerks das Kreuz durch das Fenster herab und bleibt so an der Hausfront seines Hauses bis zum folgenden Tag hängen. Er wird herabgenommen und in das Hospital gebracht, wo zwar seine Wunden, nicht aber sein Wahnsinn geheilt wird. Später stirbt er freiwillig den Hungertod.

Hexenwahn im 20. Jht.
Rituelle Abarten

Man glaube nicht, daß wir uns weit von den abergläubischen Vorstellungen entfernt haben, die landläufig mit dem Hexentreiben verbunden sind. Dazu einige Beispiele:

Der Besitzer einer Fabrik in Johannesburg soll zur Eindämmung der kleineren Diebstähle einen Hexer eingestellt haben und informiert darüber seine Belegschaft. In Indien gibt es die Sekte der »Seelendiebe«. Von ihnen wird behauptet, sie würden gelegentlich Kinder aus kleineren Dörfern entführen und sie zu ihren magischen Kulten verwenden. Ähnliches hat man den Juden im Mittelalter vorgeworfen. **1973** sollen bei einem solchen Vorkommnis in Indien »wenigstens 30 solcher Leute« erschlagen worden sein. Vor wenigen Jahren wurde in Mexiko ein Hexenring aufgedeckt, in dem zwölf Menschen als rituelle Opfer getötet worden sein sollen. **1969** versuchen in Ungarn sechs Zigeuner, eine alte Frau als Hexe zu verbrennen.

»In Nairobi (Westkenia) werden **1979** zwei Stammeszauberinnen beschuldigt, einen Mann durch ihre Hexerei impotent gemacht zu haben. Der Mann geht daraufhin zur nächsten Polizeistation und bittet darum, die beiden Frauen umbringen zu dürfen. Nun kommt der Fall vor Gericht. Die Frauen erklären zu ihrer Verteidigung, sie hätten ihn verhext. Er sei impotent gewesen und sie haben ihn erfolgreich behandelt. Doch nachdem er sich geweigert hat, das Honorar zu zahlen, haben sie beschlossen, durch ihren Zauber die Manneskraft ihres Klienten zu reduzieren. Der Richter ist aufgeschlossener, denn er vertritt die Ansicht: »wer Zauberei praktiziere, sei gefährlich«. Sie werden zu 150 DM Geldstrafe bzw. 6 Monaten Haft (ersatzweise) verurteilt.«[1]

»Um seine chronische Blutarmut zu heilen, hat der 28 Jahre alte Benedict Polimon (Port Louis) auf der Insel Mauritius im Oktober **1979** den Rat einer Wunderheilerin befolgt und das Blut eines dreizehnjährigen Jungen getrunken, den er zuvor mit einem Komplizen getötet hat. Ein Gericht verurteilt die Mörder zum Tod.«[2]

Man könnte diese Fälle unterentwickelten Völkern zuschreiben. Was aber ist der Student der Theologie, der vor wenigen Monaten (1979) in Würzburg in einem religiösen Wahnanfall einem ahnungslosen Pförtner ein Auge aussticht und ihn kastriert? Tatsache ist, daß sich die Meldungen häufen, die Hexerei zum Bezugspunkt haben; nicht in Afrika oder Mauritien, sondern bei uns.

Patricia Crowther, eine der Schülerinnen von Gerald Gardner. Sie überliefert die umstrittenen Lehren ihres Vorbildes. Das Bild zeigt eine Mischung aus sexuellen, erotischen und traditionellen Komponenten. Es symbolisiert im Sinn Gardners den alten Fruchtbarkeitskultes. Mit den ursächlichen Hexen hat das alles nichts zu tun.

Während der eigentliche Hexenwahn, — die schreckliche und brutale Verfolgung und systematische Ausrottung der angeblichen Hexen — im frühen 19 Jht. abklingt, verlagert sich der Problemkreis ins kindlicherzählhafte. Die Romantik bringt eine Aktivierung des Märchens: hier und im Bereich des Lächerlichen nistet sich das Hexentreiben ein. Jetzt steht nicht mehr die Verfolgung unter religiösen Wahnvorstellungen im Vordergrund. Nun prägt sich die Vorstellung von der alten häßlichen Frau, die Kinder an sich lockt und fressen will. Im Grunde genommen ist es eine Verballhornung ernster Vorstufen. Ein neuer Mythos entsteht. Es bleibt aber nicht bei dieser an sich schon gefährlichen Variante; auch das eigentliche Hexentreiben erlebt eine Renaissance, vor allem in England, den USA und Deutschland.

Leland, Alice Murray, Gerald Gardner

Der Antrophologe Charles Godfrey Leland veröffentlicht 1899 das Reprint »Aradia, or the Gospels of the Witches«, in dem vor allem die mystischen Kräfte der Frau erklärt werden. Er vertritt die Ansicht, daß das Original italienischen Hexen als Bibel dient und authentisch ist. Das ist ein genauso dummer Spaß wie das Anbieten des 6. Buch Moses, das nie existiert hat und das noch heute in billigen Nachdrucken den Abergläubischen und Halbgebildeten verkauft wird. **Auch hier wieder: die Zahl der Betrüger ist klein, die der Geprellten groß.** Leland meint, daß das Hexenwesen ursprünglich eine Religion gewesen ist, an die Millionen geglaubt haben. Tatsächlich haben wir zu dieser Meinung Ansatzpunkte, vor allem bei einzelnen heidnischen Götterkulturen, den Druiden, frühen keltischen und britischen Priestern und Priesterinnen. **Abgesehen von diesem Bezugspunkt steht die These Leland's frei im Raum:** seine Argumentation wird zögernd aufgenommen und verwertet.

Die Sache bekommt einen weiteren Anstoß durch die Werke »The Witch Cult in Western Europe« (1921) und »The Good of the Witches« (1931) von Alice Murray. In beiden Büchern stellt die Autorin den Hexenkult auf eine wissenschaftliche Basis und schält als Kern eine vorchristliche Religion heraus, in deren Mittelpunkt eine Fruchtbarkeitsgöttin und ein Jagdgott stehen. **Ihrer Meinung zufolge gibt es seit alter Zeit Hexenzirkel, die sich im Geheimen treffen um ihre Götter zu verehren.** Sie bringt die These, daß lediglich später durch eine Verquickung abergläubischer Vorstellungen eine breitangelegte Verfolgung einsetzt. Dadurch wird die Öffentlichkeit wachgerüttelt. Fachleute nehmen den Faden auf. In der Folge entsteht eine Vielzahl von Hexenbüchern. Nur wenige zeichnen sich durch Qualität aus; es geht darum, die aufgeworfenen Theorien zu erhärten. Diesen Versuch unternimmt Gerald Brosseau Gardner, ein Amateurarchäologe. Er veröffentlicht 1949 anonym das Buch »High Magic's Aid«. Hier beschreibt er die Traditionen des Wicca-Kultes, ihre Praktiken und Rituale. Sofort rückt er massiv in das Kreuzfeuer der unsagbar plumpen »öffentlichen« Meinung. Gardner nimmt für die Weiterentwicklung des Hexenwesens eine bedeutende Position ein, wir müssen uns näher mit ihm beschäftigen.

Er wird 1884 als Sohn eines reichen Holzhändlers in Lancashire geboren und verbringt einen Teil seiner Jugend bei einer Kinderschwester. Mit ihr bereist er

Bild oben: Gerald Gardner, ein Aktivator des Hexen(un)wesens im 19. Jht. Meiner Auffassung nach eine Persönlichkeit, der eine halbverstandene Sache unüberlegt weitergegeben und dadurch mehr Unstimmigkeiten als Vernünftiges proklamiert hat. Seine dubiose Lehre findet immer mehr Anhänger.

Rollo Ahmed, ein Westinder, der sich als Experte der Schwarzen Magie und des Voodoo-Kultes ausgibt. Er verfaßt 1936 das Buch »The Black Art«. Es ist ein unüberlegtes Übertragen anderer Kulturkreise auf unsere Regionen.

Nordafrika. Später bleibt er im fernen Osten und arbeitet als Tee- und Gummipflanzer sowie als Zollinspektor. »Er kehrt — eingenommen von der östlichen Mystik — nach England zurück, nimmt mit einem Hexenzirkel Kontakt auf und wird dessen Mitglied. Die Sache fasziniert ihn und er widmet sich der Aufgabe, den Hexenkult zu fördern. In diesem Zusammenhang lernt er bekannte Okkultisten kennen. Unter ihnen befindet sich Aleister Crowley, der sich als »große Bestie« bezeichnet. Er beeinflußt Gardner durch seine Vorliebe für komplizierte erotische Riten. Er trifft auf Rollo Ahmed, einen Kenner des Voodoo-Kultes und der Schwarzen Messen. 1954 veröffentlicht Gardner »Witchkraft Today« und 1959 »The Meaning of Witchcraft«. Hier werden weitere Zeremonien und Riten des Fruchtbarkeitskultes beschrieben. Gardner reichert das im Kern Mögliche mit eigenen Vorstellungen an. Er richtet ein Hexenmuseum ein und stirbt 1964. Gardner hinterläßt viele Schüler(innen) und Anhänger.

Mit Gardner kommt das Interesse der Masse an diesem Geschehen. Die kultischen Vorstellungen verbreiten sich über USA und Europa. Es kommt zu einer Verquickung mit ähnlichen Vereinigungen, z.B. mit den »Alexandrians«, die von Alex Saunders geführt werden, der sich als »König der Hexen« bezeichnet.

Es zeigt sich wieder das in der Geschichte hundertfach wiederholende Symphtom: Einzelne Autoren und Fanatiker legen ihren Elaboraten im Brustton der Überzeugung einen höheren Maßstab bei und überziehen dabei eigene Vorstellungen. Halbwahrheiten rücken das Geschehen in das dubiose Feld des Aberglaubens. Damit kommt der Nimbus des Mystischen und Magischen. Die Presse wird aktiviert; Gardner's Vorstellungen schlagen wie eine Bombe ein.

Im Grunde genommen hat der Wicca-Kult nicht das geringste mit der Entwicklung des Hexenwesens gemeinsam. Es ist umstritten, ob der Baum-, Erd- und Fruchtbarkeitskult in einer engen Beziehung zu den frühen Hexen steht. Auch der alte druidische Kult ist noch nicht transparent genug, um ein sicheres Urteil abgeben zu können. Es gibt einen weiteren eklatanten Widerspruch: Die Devise des modernen Hexenkultes weicht völlig von der älteren Vorstellung ab. Während einst das »Böse« im Mittelpunkt steht, lauten die Begriffe heute: »alles hingebende Liebe und Verständnis«. Das ist etwas völlig anderes. Dies bestärkt mich in der Auffassung, daß Gardner einige Brocken des Hexenwahns aufgeschnappt hat, sie mit eigenen Wunschvorstellungen verquickt, daraus falsche Schlüsse zieht, damit die Öffentlichkeit konfrontiert und etwas proklamiert, was im Grunde genommen anders ist: eine der zahllosen Sekten und religiöser Vereinigungen. **Ich sehe bei Gardners Thesen keine Verbindung zum historisch gewachsenen Hexenwesen.**

Der Anthrophologe Raymond Buckland mit seiner Frau Rosemary, einer sog. Hohepriesterin. Sie leiten einen Hexenzirkel auf Long Island und haben in Bay Shore ein Hexenmuseum eingerichtet.

Das hier besprochene Hexenwesen hat sich über viele Jahrhunderte aus der Verbindung religiöser und kultureller Formen entwickelt. Dieser Weg läßt sich rekonstruieren, wie ich es in diesem Buch getan habe. **Gardners Theorien entbehren im wesentlichen der wissenschaftlichen Grundlage.** Der Wicca-Kult ist m.E. das momentane Wiederaufleben einer Sekte, die sich von sich aus mit Hexen identifiziert, die es ohnehin niemals gegeben hat. Die beim Wicca-Kult praktizierten Zeremonien erinnern viel mehr an frühe Formen der religiösen Prostitution, wo sie auch logischerweise angesiedelt sind. **Ein weiteres Beispiel falschverstandener Halbwahrheiten und damit ein neuer Ansatzpunkt zukünftiger Verwirrungen.**

Der Funke springt jetzt nach Amerika, dem Land der »Publicity« über. Daran ist im wesentlichen ein Schüler Gardners, Raymond Buckland mit seiner Frau Rosemary beteiligt. Unter der Schirmherrschaft Gardners gründen sie einen eigenen Zirkel und eröffnen das nunmehr berühmte Hexenmuseum in Bay Shore auf Long Island. In Amerika ist zudem Mrs. Sybil Leek tätig, die Werke über verschiedene okkulte Gebiete veröffentlicht hat über deren wissenschaftlichen Gehalt hier nichts gesagt werden soll. Dazu kommt Louise Huebner aus Los Angeles, die von sich behauptet, eine Hexe der 6. Generation zu sein.

Das spekulative Fest auf dem Brocken. Forscher wollen einen präparierten Ziegenbock verwandeln. Rechts im Bild Harry Price.

Durch die verstärkte Öffentlichkeitsarbeit werden Teile der Jugend für diese verfänglichen Ideen gewonnen. Immer mehr zeigen sich die Tendenzen in der Verquickung religiöser und sexueller Ausschweifungen. Dies bestätigt meine Meinung: der Verbund mit Riten alter Fruchtbarkeitskulte, noch mehr mit der ursächlichen religiösen Prostitution.

Peter Haining

Peter Haining vertritt in seinem Buch »Hexen, Wahn und Wirklichkeit im Mittelalter und Gegenwart«[3] die Auffassung: »Der Hexenkult steht heute in dem Ruf, eine religiöse Randerscheinung zu sein, die von der Menschheit nicht ernstgenommen wird. Sie ist sicher ganz zu Unrecht verfolgt worden«. Diese Meinung ist genauso oberflächlich wie sein Buch. **Der Autor übersieht** selbst **die wichtigsten und fundamentalsten Einflüsse, die den Hexenwahn heraufbeschwören.** Nicht im Mittelalter, sondern danach. **Haining nennt weder Quellen noch macht er detaillierte Angaben.** Das Mittelalter kennt den eigentlichen Hexenprozeß noch nicht; es ist der Ausbund einer jahrhundertealten kulturellen Entwicklung, die man heute weder als religiöse Randerscheinung betiteln, noch sie in eine falsche Zeit versetzen kann. **Haining's Buch muß** da-

her **jeder wissenschaftliche Wert und Qualifikation abgesprochen werden. Es ist eine der jüngsten, aber auch schlechtesten Darstellungen zu diesem Thema.** Solche Bücher tragen nicht zur Klärung bei. Es vollzieht sich praktisch das gleiche wie im 16. Jht. Eine Flut unüberlegter Äußerungen, Halbwahrheiten, vermischt mit Polemik, Erotik und Sinneskitzel einzelner Autoren, ohne wissenschaftliches Fundament und ohne Quellenstudium von sich gegeben, damit wird die Öffentlichkeit überschwemmt: die Masse saugt es begierig auf, hält es für wahr und gibt es unverdaut weiter. Gerade bei Hexen- und okkulten Fragen ist das so: alle wollen mitreden, aber nicht mitdenken. Peter Haining auch. **Er hat sich mit dieser Arbeit disqualifiziert. Mehr ist an dieser Stelle nicht zu erwähnen.**

Seine Behauptung: »dennoch gibt es in Deutschland, dem offiziellen Bericht der Regierung zufolge, immer noch mehr angebliche Hexen als in jedem anderen Land«, scheint aus der Luft gegriffen. Auch einige auf Sizilien bezogene Beispiele können nicht zu der Behauptung führen, es sei ein »zweites Hexenland«, weil dort der sog. »böse Blick« am meisten gefürchtet ist. Dieser ist ein Relikt des Altertums, bereits den Chaldäern bekannt und hat nichts mit Italien zu tun. Nach Haining »beherbergt die Insel ein ganzes Heer von erfolgreichen Zauberern — einige von ihnen stehen angeblich mit dem Teufel im Bunde. Sie widmen sich der einträglichen Beschäftigung, Horoskope zu erstellen, Zaubersprüche zu verfassen und zu verkaufen, Amulette gegen vermeintliche Hexen unter das dumme Volk zu bringen. Sie verkaufen Liebestränke

Harry Price, ein britischer Parapsychologe. Eine umstrittene Person, der sich nicht nur durch das Spektakel auf dem Brocken einen Namen gemacht hat. Vor allem durch eine Geisterjagd in der Pfarrei von Borley (Suffolk). Er ist 1948 verstorben.

und Glücksbringer«. Der Sizilianer Salvatore Caizzone, der »Magier von Palermo«, gibt vor, den Bann des bösen Blickes bannen zu können. Ein Fußballverein steht bereits unter seinem Bann und als er ihn gebrochen hat, werden wieder Siege errungen. Schon Augustin Lercheimer sagt vor 350 Jahren: »...was kann dümmer sein als dies?«. Die Tatsache, daß der englische Hexenforscher Harry Price auf dem Brocken den Versuch unternimmt, ob tatsächlich angedichtete mystische Kräfte vorhanden sind, und eine Ziege verwandeln will, beweist die Abwege, auf die man sich begibt. Wenn man sich schon mit dubiosen Äußerungen wichtig machen will, scheint gerade dieser Weg der einfältigste.

Der Versuch auf dem Brocken

»Eine Gruppe deutscher und englischer Forscher auf dem Gebiet übersinnlicher Phänomene bestieg in der vergangenen Nacht den Brocken...Deutschlands Zauberberg, um dort mit Hilfe eines alten Rituals zu versuchen, einen Bock in einen jungen Mann zu verwandeln. Der Erfolg blieb aus, obwohl von der Vorbereitung her alles gut durchdacht war. Dazu waren parat: Zauberformeln, eine »reine« Jungfrau (Fräulein Urta Bohm) und eine Ziege. Die Ziege wird mit Blut, Honig und einer von Kirchenglocken abgeschabten Substanz eingerieben; man zündet ein Feuer aus Kiefernholz an, zieht einen »magischen« Kreis, murmelt lateinische Beschwörungen. Man führt den Bock an einer silbernen Kordel in den magischen Kreis. Hier wird er gesalbt und dann wirft man ein weißes Laken über ihn. Nun kommt der erste Höhepunkt: Harry Price, der Direktor des National Laboraty of Phychic Research in London, zählt von eins bis zehn. Dann zieht man das Laken von der Ziege ab. Diese Aufgabe übernimmt freilich die Jungfer und was erscheint?: ein vor Kälte zitternder und blutverschmierter Bock. Nun kommmt der zweite Höhepunkt. Die Forscher erklären sich mit dem Ergebnis zufrieden: »schließlich habe es sich ja nur darum gehandelt, einmal ein Experiment zu machen um zu beweisen, daß an den ganzen Hexengeschichten nichts dran ist«. Hier wäre es angebracht, wenn der Direktor des Instituts einmal zum Psychiater ginge. Dieses wichtige Experiment wird in verschiedenen Bildern festgehalten. **Eines hier ist die Kostprobe der menschlichen Intelligenz.**

Auch Haining hat diesen Vorgang berichtet: allerdings in einem dubiosen Zusammenhang. »Man bedenke, daß Hexen seit Menschengedenken auf dem Brocken verkehren«. Man erinnere sich auch daran, daß sogar Goethe erklärt: »...der Brocken sei ein Ort, wo Ungewöhnliches geschehe«.

Es hat sich gezeigt, daß diese neuen Bewegungen zum Hexenwahn (hier in einer anderen Variante) von England ausgehen. Wenn eine mir privat zugetragene Information richtig ist, gibt es derzeit in England mehr als 40.000 in Hexenzirkeln fest eingeschriebener Mitglieder. Dazu kommt eine ungleich höhere Zahl in Amerika und sicher etliche in Deutschland. Es sind Sekten, die mit dem eigentlichen Hexenwesen nichts zu tun haben, sich aber in ihrer Oberflächlichkeit mit deren Mythos umgeben. Hier wird im wesentlichen Kulturgut aus dem Bereich alter Fruchtbarkeitsgott-Vorstellungen belebt, das auf dem Halbwissen basiert, das die vorgenannten englischen »Forscher (!!!)« proklamiert haben.

Hexenzirkel, Mysterien des Wicca-Kultes

Im Mittelpunkt des Wicca-Kultes stehen eine weibliche und männliche Gottheit, wie es bereits im Altertum bei Fruchtbarkeitkulten bekannt und üblich ist. Wir können bereits bei den Akkadern und Babyloniern Vergleiche ziehen. Die Götter werden aber verschieden dargestellt, und es keineswegs erwiesen, ob der »Gehörnte«, wie ihn der Wicca-Kult annimmt, tatsächlich ein Jagdgott gewesen ist. Man hat auch Bel als Phallus dargestellt. Haining interpretiert vorsichtig: »Der Gehörnte oder Gott der Jagd gewann erst später — der genau Zeitpunkt läßt sich nicht mehr feststellen — an Bedeutung. Er versinnbildlichte zum einen die Tiere, die der Mensch jagte, zum anderen die unbestimmte Vorstellung, daß das Leben mit dem Tod nicht zu Ende sei und die menschliche Seele lediglich von diesem in ein anderes, jenseitiges Leben hinüberwechselte«. Selbst hier zerredet sich der Autor. Alle frühen Religionen, selbst wenn wir pauschal den Wicca-Kult hinzuzählen würden, entstehen aus dem Dialog; Natur — Mensch. Daß der Gehörnte die Tiere versinnbildliche, kann nicht in Hai-

Hexentanz während eines häuslichen Treffens (Detail). Auf dem Tisch die stimulierenden Getränke und die »Hexenwerkzeuge«. Ein schönes Beispiel, in welche Spielereien das »Hexenwesen« ausgeartet ist. Unüberhörbar ist die sexuelle Komponente. Man identifiziert sich mit etwas, von dem man nichts versteht und prostituiert seine Unwissenheit durch das Nachplappern von Halbwahrheiten: dennoch: es gibt heute Tausende und immer mehr, die diesen Weg beschreiten.

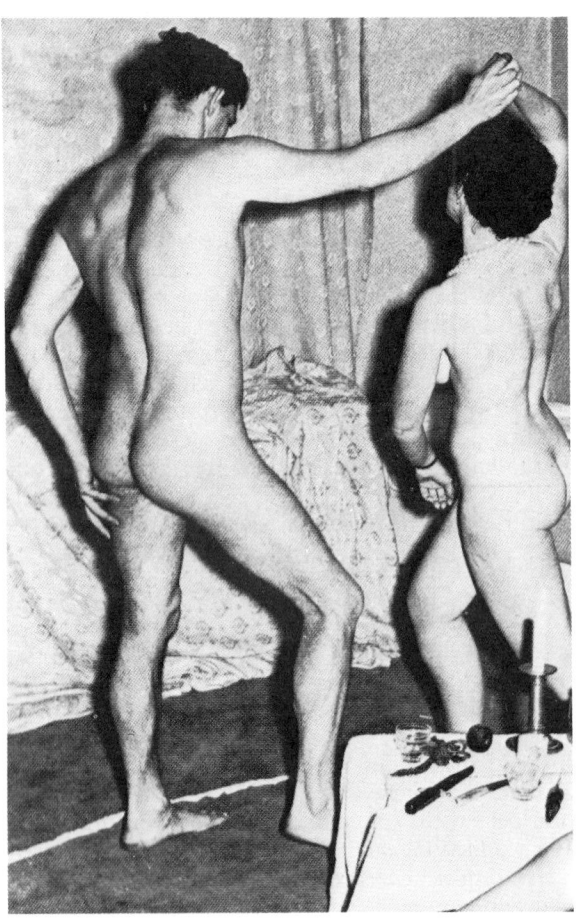

ning's Buch damit fundamentiert werden, indem er einige Höhlenzeichnungen wiedergibt. Seine These ist an den Haaren herbeigezogen.

Recht hat er hingegen, was die nackte Ausübung von frühen Kulthandlungen anbelangt. Aber nicht so: »Die Nacktheit der Fruchtbarkeitsgöttin ist Ursache für die Verquickung ihrer Verehrung mit Unzucht... man muß allerdings der Ehrlichkeit halber konzedieren, daß das Geschlechtliche eine wichtige Rolle im Hexenwesen spielt und daß der freie Geschlechtsverkehr der Anbeter untereinander in frühen Zeiten ein Bestandteil vieler Riten war...heute wird der Geschlechtsverkehr, wenn auch nicht immer direkt ausgeführt, so doch vorgetäuscht« (!!!). Abwegig ist Haining's Vorstellung vom Teufel. »Man kann verstehen, warum sich abergläubische Zuschauer bei den Wicca-Riten einredeten, daß die Gestalt, die sie vor sich sahen (der Gehörnte) nicht ein maskierter Mann, sondern der Teufel selbst war«. Freilich sind die Dämonen uraltes kulturelles Gut, aber selbst das Alte Testament kennt noch nicht den Teufel in der Form, wie ihn Haining interpretiert. **Er entwickelt sich erst mit dem Neuen Testament und mit der Festigung der römisch-katholischen Kirche zu der alles überschattenden bösen Macht.** Ein Teufel hat mit den alten Riten des Wicca-Kultes nichts gemeinsam. Das Gehörntsein ist ein Symbol der Männlichkeit, sonst nichts.

Die »modernen« Hexenzirkel werden von Frauen als Hohepriesterinnen geführt. Sie tragen den Namen »Königin des Sabbats«. An ihrer Seite steht ein Mann, der bei bestimmten Zeremonien die Maske des gehörnten Gottes trägt. Bis dahin haben wir teilweise modifiziertes altes Kulturgut. Nun aber beginnt die Abschweifung. Ihre Versammlungen finden pro Jahr 13 mal statt: einmal in jedem Mondzyklus in der Nacht des Vollmondes (Anm.: Das Anbeten des Mondes ist bereits den Germanen geläufig). Die Geistesleuchte Haining interpretiert das so: »Dieser Kalender ist ältester Herkunft und enthält sowohl die vier großen Sabbatfeiern Lichtmess (2. Februar), Walpurgis (30. April), Petri Kettenfeier (1. August) und den Abend vor Allerheiligen (31. Oktober) als auch die kleineren Esbats an den Tagen der Sonnenwenden und zum Frühlings- und Herbstanfang«. Die Versammlungen finden in Wohnungen oder im Freien statt. Wegen einiger besonderer Riten ist die Abgeschiedenheit zweckmäßig, zumal sich die Hexen (!!!) für ihre Riten entkleiden.

Hexengeräte, Kraftkegel, Hexenbibel

Die Prämissen des Wicca-Kultes sind »Vollkommene Liebe und vollkommenes Vertrauen« und »zu wissen, bestimmen, wollen und schweigen«. Die Ziele der Vereinigung sind: »Liebe zueinander und zur Menschheit, der Wille, die Mysterien von Leben und Tod zu ergründen und den Glauben (welchen, wohl ihren!) notfalls im Geheimen zu bewahren«. Bei den Versammlungen ziehen sie einen magischen Kreis. In seiner Mitte steht ein Altar. Auf ihm befinden sich die rituellen Hexengeräte. Es sind Messer (uralt), Kelche (sie enthalten Salz und Wasser), ein Weihrauchgefäß, ein Bild der Fruchtbarkeitsgöttin, einige Kerzen und eine Schnur oder Peitsche. Hier können christliche Einflüsse nicht verleugnet werden. Vor der Zeremonie haben sich die Teilnehmer zu reinigen. Das Bad ist ebenfalls ein uralter, bereits im Alten Testament bekannter Brauch, den in modifizierter Form die Kirche als Purgation übernommen hat. Dann reinigt die Hohepriesterin den magischen Kreis, sie zieht ihn mit dem geweihten Messer nach und besprengt ihn mit Duftstoffen. Dann begrüßt sie jeden Einzelnen, dann beten alle zusammen den Segen der alten Götter. Nun schließt sich ein ritueller Tanz an. Hier versuchen die Tänzer, einen sog. »Kraftkegel« zu erzielen, wozu drei Versuche unternommen werden. Charakteristisch ist die dabei aufgewendete Konzentration. Daraufhin folgt eine Phase der Ruhe. »Die Hexen trinken Wein und essen Kekse« (so Peter Haining). Die Versammlung endet mit einem gemeinsamen Gebet, das von der Vorstellung ausgeht, daß jedes Mitglied, wenn seine Zeit gekommen ist, im Jenseits wiedergeboren wird. Im Grunde genommen ist es eine Variante der messianischen Auferstehungsidee.

Patricia Crowther beschreibt in »The Witches Speak«, wie die Hexen Magie betreiben: »Der Kreis wird mit dem magischen Schwert gezogen und mit geweihtem Wasser und Weihrauch gereinigt (Anm.: analog dem Ausräuchern der Folterkammern im Deutschland des 16. und 17. Jhdts.; also christlicher Einfluß). Die Geister der vier Himmelsrichtungen werden angerufen, den Riten beizuwohnen und an die Göttin wird ein Gebet gerichtet, daß sie unsere Wünsche erfülle. Danach betreten die Mitglieder des Zirkels den Kreis und werden geläutert...danach fassen sich die Hexen (!!!) bei den Händen und beginnen zu tanzen, wobei sie sich gegenseitig auf die Person konzentrieren, zu deren Gunsten der Zauber gewirkt werden soll. Dabei singen sie einem Reim (Anm.: selbst das ist nichts Neues: lediglich die angeblich früheren Hexen tanzen mit nach außen gekehrten Gesichtern, damit sie von anderen nicht verraten werden). Nun bringt der Tanz jene Kraft hervor, die die Göttin benutzt, um den Zauber zu wirken. Dies nennt man das Aufbauen des Kraftkegels. Da die Kraft den Körpern der Tänzer entströmt, sollte dieses Ritual nackt ausgeführt werden, denn Bekleidung behindert das Entstehen der Kraft...außerdem haftet der Kleidung immer irgendein Schmutz an. Alle Teilnehmer müssen deshalb vorher ein rituelles Bad nehmen, dem besondere reinigende Kräuter beigemischt

sind (Anm.: Schon der bekannte Straßburger Domprediger Geiler von Kaisersberg beschreibt um 1508 solch ein rituelles Bad). Auch die Roben, die während des Kultes getragen werden, müssen rein sein, »...deshalb ist es einfacher, wenn alle nackt tanzen«. Die Mitglieder des Zirkels müssen harmonisch, wie ein einziger Wille, zusammenarbeiten. Wird dies alles richtig ausgeführt, so hat der Zauber sehr gute Aussichten auf Erfolg«.

Die Frage ist nur, auf welchen? Ist es denn nicht so, daß auch die ersten Anhänger der Wicca-Bewegung (nicht die heutige moderne Form) sich ihre Götter selbst geschaffen haben? Das einzige stichhaltige an ihrem Tun ist die lose Verbindung mit alten Fruchtbarkeitskulten, die allerdings oft in sexuellen Exzessen geendet haben.

Das Aufnahmeritual ist in dem Buch »The Book of Shadows«, der Hexenbibel, beschrieben. Jeder Novize muß es eigenhändig abschreiben und versprechen, es niemandem »...außer einem Bruder oder einer Schwester desselben Glaubens« zu zeigen. Wichtig ist noch der Passus: »**Heutzutage kann jeder, unabhängig von seiner Rasse oder sozialen Herkunft, aber mit der richtigen Haltung und Einstellung, praktizierende Hexe werden und Zugang zu den Kräften gewinnen, die der Kult zu entschließen können glaubt**«. Gardner unterzieht sich ebenfalls der Aufgabe des Abschreibens der Hexenbibel, deshalb können hier (erfreulicherweise) einige Hinweise gegeben werden. Es ist aber zu berücksichtigen, daß Gardner Abänderungen vorgenommen hat. Es handelt sich um das Initationsritual zur Weihe eines jungen Novizen zum Priester oder zur Priesterin des Hexenkultes.

Das Initationsritual

Zunächst nehmen Priesterin und Novizin ein Bad in warmem Wasser und betreten dann den Tempel der Weihe gemeinsam und nackt. Die Priesterin geht in den vorab gezogenen magischen Kreis, der Novize bleibt davor stehen. Dann wird der Kreis geweiht. Der Aus- und Eingang wird freigelassen, indem die Priesterin das Segnungsinstrument bogenförmig vom Boden abhebt und dann den Kreis vollendet. Sie tanzt dreimal wie die Sonne von Osten nach Westen im Kreis herum und bittet die Mächtigen des Ostens, Südens, Westens und Nordens, zu erscheinen. Dann singt sie die magischen Verse:

Eko: Eko: Azarek, Eko: Eko: Zomelak
Bagabi Lacha bachabe
Lamac cahi achababe
Karellyos

Logoz atha cabyolas	**Lamac lamac Buchalyas**
Samahac atha famolas	**Cabahagy sabalyos**
Hurrahya	**Baryolos**

Dann verläßt die Priesterin den magischen Kreis. Sie nähert sich dem Novizen und sagt: »Da kein anderer Bruder hier ist, muß ich sowohl dein Bürge als auch deine Priesterin sein und dir eine Warnung übermitteln. Ist dein Sinn unverändert, so antworte darauf mit den Worten: »Vollkommene Liebe und vollkommenes Vertrauen«. Nun legt die Priesterin die Spitze des geweihten Messers (Athame) an das Herz des Novizen und spricht: »O du, der du auf der Schwelle stehst zwischen dem angenehmen Land der Menschen und den Reichen der schrecklichen Herren des fernen Raumes, hast du den Mut, deine Prüfung zu bestehen? Denn wahrlich, ich sage dir, es wäre besser, du stürztest dich auf diese Waffe und vergingest elendlich, denn daß mit Furcht in deinem Herzen den Versuch wagtest«. Der Novize antwortet: »Ich habe zwei Losungsworte. Vollkommene Liebe und vollkommenes Vertrauen«. Jetzt senkt die Priesterin die Spitze des Messers und sagt: »Ein jeder, der mir diese Worte bringt, ist zwiefach willkommen«. Sie tritt hinter den Novizen, verbindet ihm die Augen, umfaßt ihn von rückwärts, nähert sich ihm mit den Lippen und sagt: »Ich gebe dir das dritte Losungswort: einen Kuß«. Nun führt die Priesterin den Novizen durch den Eingang in den großen Kreis und schließt die Öffnung hinter sich, indem sie kreuzweise dreimal mit dem Messer durchfährt und damit alle (gedachten) Kreise miteinander verbindet. Dann führt sie den Aufzunehmenden an die Südseite des Altares und spricht: »Nun kommt die Prüfung«.

Sie nimmt eine Kordel vom Altar und bindet sie um den rechten Fußknöchel des Novizen, läßt aber das Ende frei und spricht: »Die Füße weder gebunden noch frei«. Mit einer anderen Kordel bindet sie seine Hände fest auf dem Rücken zusammen und verknotet die Kordel um seinen Hals, so daß die Arme des Novizen auf seinem Rücken ein Dreieck bilden, und daß das Ende der Kordel nach vorn als Führungszug herunterhängt. Sie nimmt das Ende der Kordel in ihre linke Hand, während die rechte das Messer hält, und führt jetzt den Novizen, dem Lauf der Sonne folgend um den Kreis herum nach Osten, um dann zu sprechen: »Habt acht, ihr Herren der Wachtürme im Osten (nennt den Namen des Novizen), gründlich vorbereitet, wird zum Priester und zur Hexe geweiht«. Nun führt die Priesterin den Novizen nacheinander nach Süden, Westen und Norden, wobei sie ähnliche Verkündigungen von sich gibt. Dann führt sie den Novizen dreimal halb laufend, halb tanzend um den Kreis herum. Vor der Südseite des Altares wird angehalten, die Priesterin läutet elfmal die Glocke, kniet zu seinen Füßen und spricht:

Detail einer Initationszeremonie. Die nackte Aspirantin steht mit nach bestimmten Vorstellungen auf dem Rücken gebundenen Händen (Dreieck) noch außerhalb des magischen Kreises.

- In anderen Religionen kniet der Postulant, **denn der Priester beansprucht höchste Macht.** Doch in der magischen Kunst lehrt man uns die Demut, und so sagen wir:
- Gesegnet seien deine Füße, die dich dieses Weges gebracht haben
- Gesegnet seien deine Knie, die am heiligen Altar niederknieen werden
- Gesegnet sei das Organ deiner Fortpflanzung, ohne das wir nicht wären **(küßt Penis oder Vagina)**
- Gesegnet sei deine Brust, in Schönheit und Stärke geformt **(küßt jede Brust)**
- Gesegnet seien deine Lippen, die die geheiligten Namen sprechen werden **(küßt die Lippen)**

Der Novize kniet jetzt vor dem Altar, die Kordel um seinen Hals wird an einem Ring befestigt, so daß er sich vorwärts beugen muß. Jetzt werden seine Füße zusammengebunden, dann läutet die Priesterin dreimal die Glocke und spricht: »Bist du bereit zu schwören, daß du der Kunst auf ewig treu bleiben willst?« Der Novize: »Ich schwöre«. Nun wird die Glocke siebenmal geläutet: »Zuerst mußt du geläutet werden«. Die Priesterin nimmt eine Geisel vom Altar (Anm.: christlicher Einfluß; Masochismus) und schlägt damit leicht auf das Gesäß des Novizen; zuerst drei, sieben und dann neun Schläge, dann einundzwanzig, zusammen 40 Streiche und sagt: »Bist du bereit, deinen Brüdern und Schwestern der Kunst stets zu helfen und sie zu verteidigen«. Der Novize: »Ich bin bereit«. Die Priesterin: »Dann sprich: Ich (Name des Novizen) in der Gegenwart der Mächtigen des Weltraumes, und im Besitz meines eigenen freien Willens, **schwöre ich auf das Feierlichste, daß ich auf ewig das Geheimnis der Kunst bewahren und niemals verraten werde,** es sei denn an einen dazu Berechtigten, entsprechend Vorbereiteten, innerhalb eines Zirkels wie diesem, in dem ich mich jetzt befinde, und daß ich einer solchen Person niemals diese Geheimnisse versagen werde (Anm.: Frage: welche denn?), wenn ein Bruder oder eine Schwester der Kunst sich für sie verbürgt. **All dies schwöre ich bei meiner Hoffnung auf ein zukünftiges Leben, und mögen sich meine Waffen gegen mich selbst richten, wenn ich diesen feierlichen Eid breche«** (Anm.: Dies klingt ein wenig wie die ehemaligen Urpheden, die man Übeltätern und Hexen abgenommen hat, wenn man keine Möglichkeit zu ihrer Verurteilung sah).

Die Füße des Novizen werden nun entfesselt, die Halskordel vom Altar gebunden, die Augenbinde entfernt, die Hände bleiben gefesselt. Jetzt kniet die Priesterin vor ihm nieder und spricht:

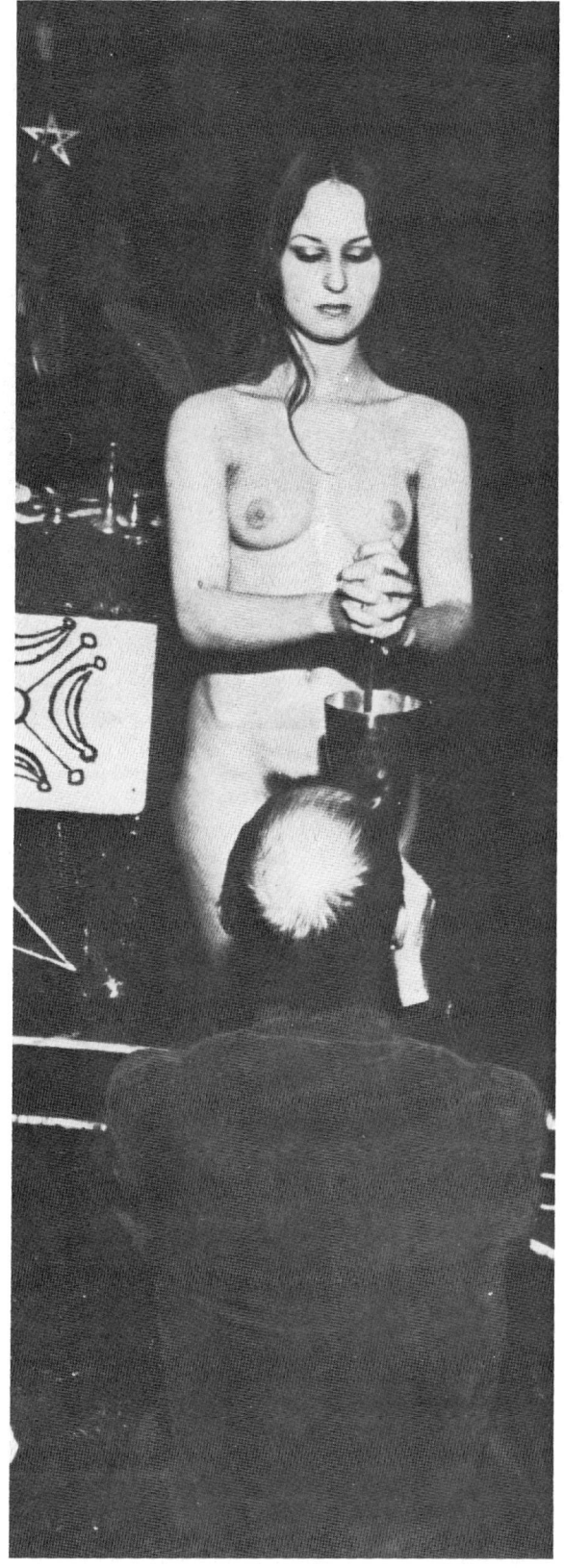

Die sog. »Kuchen-Zeremonie«. Persiflage auf die Kommunion der Hexe (!!!). Das Ritual wird mit den Worten begleitet: »Wie der Athame männlich ist, so ist die Schale weiblich. Und zusammen bringen sie den Segen der Götter«.

Nach Beendigung der Zeremonie findet eine symbolische Vereinigung der Aufgenommenen statt. Beide Bilder verdeutlichen auch hier Anklänge alter Fruchtbarkeitsriten, die heute fälschlicherweise mit dem Hexenwesen in Verbindung gebracht werden.

● Hiermit weihe ich dich mit Öl. **Sie betupft den Penis, die rechte und die linke Brust und dann nochmals den Penis mit Öl; so wird ein Dreieck gebildet**

● Hiermit weihe ich dich mit meinen Lippen (nochmals die gleiche Zeremonie). Daraufhin erhebt sich die Priesterin, löst die Handfesseln des Novizen und spricht:

● Nun übergebe ich dir das Werkzeug einer Hexe. Sie nimmt daraufhin das Schwert vom Altar, bedeutet ihm, es zu berühren und spricht:

● Zuerst das magische Schwert. **Mit diesem...kannst du alle magischen Kreise ziehen, alle aufrührerischen Geister und Dämonen bändigen und bestrafen** und sogar die Engel und die Genien heraufbeschwören (Anm.: Ds hat schon Saul im Alten Testament bei der sog. Hexe von Endor erfolglos versucht, weil es so etwas nicht gibt). Mit diesem Schwert bist du der **Herrscher des magischen Kreises** (küßt den Novizen)

● Als nächstes übergebe ich dir die Atheme. Dies ist die echte Hexenwaffe (!!!), die alle Kräfte des magischen Schwertes besitzt (küßt den Novizen)

● Als nächstes gebe ich dir das Messer mit dem weißen Griff. Es ist zur Herstellung aller Instrumente der Kunst bestimmt (küßt den Novizen)

● Als nächstes übergebe ich dir das Weihrauchfaß. Es dient zur Ermunterung und **zum Willkommen der guten Geister und zum Bannen des Bösen** (küßt den Novizen)

● Als nächstes übergebe ich dir die Geisel. Sie ist ein Zeichen der Macht und der Herrschaft und soll auch Schmerzen verursachen und Läuterung herbeiführen. Bist du bereit, zu leiden und zu lernen? Der Novize: »Ich bin bereit« (erneuter Kuß)

● Schließlich und letztlich übergebe ich dir **die Fesseln, mit denen du die Sigilen, den Elementarstoff binden und deinen Willen durchsetzen kannst** (Anm.: Etwa so wie die Goldmacher?) und die auch während des Eides nötig sind (erneuter Kuß)

● Ich grüße dich im Namen der Götter, neugeweihter Priester und Hexe.

Damit ist dieses Ritual beendet. Es ist anzunehmen, daß es nur ein Detail ist und daß andere Formen oder

Diversifikationen vorkommen. Und es ist anzunehmen, daß bei einzelnen Formen Promiskuität und sexuelle Ausschweifungen das Feld beherrschen.

Die Toleranz läßt nicht zu, die Sitten und Gebräuche dieser Vereinigungen zu kritisieren. Alle religiösen Gruppen — besonders die großen — behaupten, daß

Ihr System das allein seligmachende sei, ohne dafür jemals einen Beweis antreten zu können. Dies betrifft die römisch-katholische Kirche ebenso wie die kleinste sektiererische Gruppe: über Glauben kann man nicht streiten und ihn nicht erzwingen. Die Schilderung der Novizenweihe trägt ohne Zweifel ein erotisches Moment, was von den Anhängern des Wicca-Kultes gern abgestritten wird. **Schlimmer ist die Tatsache, daß der vermeintlich Geläuterte fortan der irrigen Vorstellung aufsitzt, ein Hexer zu sein und sich einbildet, Fähigkeiten zu besitzen, die durch nichts als mit der Einbildung zu dokumentieren sind.** Hierin liegt die Gefahr, nicht im Kult. Sie liegt in den Ausflüchten und in den Verzerrungen Einzelner, die nicht den geistigen Habitus haben, die Sache zu durchschauen. Nicht davon berührt wird hier die Frage, ob es außersinnliche Kräfte gibt oder nicht. Bei der ganzen Darstellung des Hexenwahns tritt gerade diese Fragestellung niemals auf. Das ist wichtig festzustellen. **Es ist die Wiederbelebung eines alten Problems, nicht aber seine Lösung.**

Auch in Deutschland — vor allem im süddeutschen Raum — gibt es momentan zahlreiche aktive Hexenzirkel, die sich an verborgenen Orten treffen und dort ihre Kulte feiern. Die Öffentlichkeit — gierig und sensationslüstern — erfährt davon nichts. Auch nicht über einen **Ritualmord,** der jüngst in einer dieser Höhlen auf der Schwäbischen Alb vorgekommen sein soll, bei dem sich ein »Geläuterter« auf diese Art und Weise reinigen wollte.

Diese Formen des Hexenwesens haben mit den in meinem Buch untersuchten Fragen nichts gemeinsam. Ich sehe darin Abarten religiöser Kulte vor dem Hintergrund der einstigen religiösen Prostitution, die über Jahrhunderte unterschwellig bekanntgewesen sind, die dann im 19. und 20. Jhdt. von englischen Antrophologen aufgegriffen und bekanntgemacht werden. Aber nicht in den ursächlichen Zusammenhängen, sondern bereits mit dem verzerrt, was oberflächlichen Betrachtern zum Thema Hexen eingefallen ist. **Ich bleibe bei meiner Auffassung, daß es nie-**

Detail einer Initationszeremonie. Eine bereits geweihte und in den Hexenzirkel aufgenommene Frau bekommt vom »Hohepriester« »ihr« Werkzeug, einen Dolch, mit dem rituelle Bewegungen ausgeführt werden in der Wahnvorstellung, dies würde funktionieren.

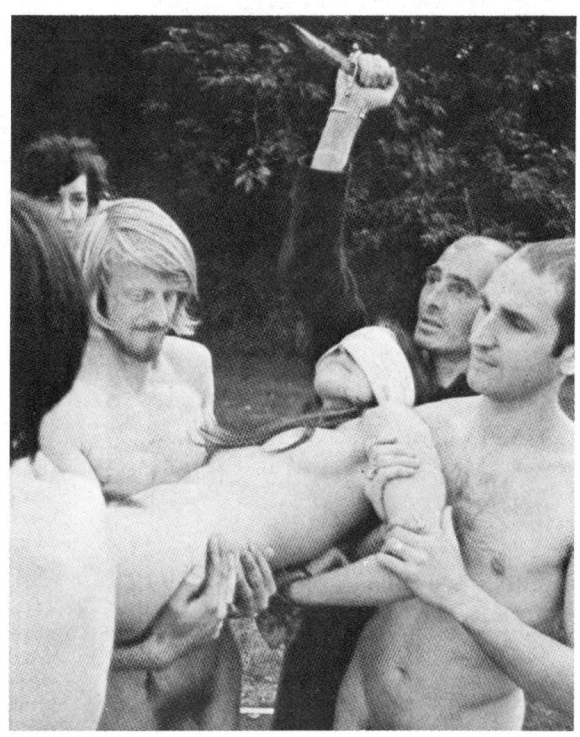

Detail einer Initationszeremonie. Die nackten Teilnehmer heben die Aspirantin und der angebliche Hohepriester schwingt den Dolch über sie. Dadurch soll die Bedeutung der zu schwörenden Eide symbolisiert werden.

mals wirkliche Hexen gegeben hat noch geben wird; ebensowenig wie ich an Geister und Dämonen glaube. Das Wirken übersinnlicher Kräfte — das man ja schon vor Jahrhunderten einzelnen Hexen zugeschrieben hat bzw. das sie selbst zu können vorgaben — erfährt nun eine Renaissance. Schon Dr. Weyer sagt 1586: »...daß denen, die vorgeben, Hexen zu sein, der Dachstuhl verrückt ist«. Im Zeichen der Zeit eine außerordentlich gewagte Bemerkung, die wir nach dem heutigen Stand der psychologischen und sozialen Zusammenhänge heraus nicht mehr so interpretieren können.

Damit schließt sich der Kreis meiner Untersuchung. Ich bin daran interessiert, die Zusammenhänge des heutigen Hexenwesens in Deutschland weiter zu untersuchen und bitte deshalb an dieser Stelle um weitere Kontakte.

Altar des Tenat-Tempels. Hexenmuseum in Burton-on-the-Water. Hier wird nochmals die enge Verbindung zwischen unserer Vorstellung von der Hexerei, der religiösen Prostitution und der sog. »Schwarzen Messe« deutlich.

Literaturverzeichnis*

Abano, P.: Heinrich Cornelius Agrippa's von Nettesheim Magische Werke: samt den geheimnisvollen Schriften des Petrus von A(l)bano, Pictorius von Villingen, Gerhard von Cremona, Abt Tritheim von Sponheim, dem Buche Arbatel, der sog. ‚Heil-Geist-Kunst' und verschiedenen anderen zum ersten Male vollständig ins Deutsche übersetzt; vollständig in fünf Theilen, mit einer Menge Abb., 4. Auflage. Berlin, 1921

Aberglaube, Zauberei und Sympathie. Von einem Geistlichen. Agentur des Rauhen Hauses. Hamburg, 1884

Abhandlung des Daseyns der Gespenster, nebst einem Anhange vom Vampyrismus. Augsburg, 1768

Abrahams v. Worms: Buch der wahren Praktik in der uralten göttlichen Magie. 2.Anhang: Die Beschwörungen der Kapuziner. Köln a. Rh. 1725

Ackermann, Th.: Occultismus und Verwandtes. München, 1933 (?)

A contemorary Narrative of the proceedings against Dame Alice Kyteler, prosecuted for sorcery in 1324 by Richard de Ledrede,Bishop of Ossory. Ed. by Thomas Wright. London, 1843

Aconti: Stratagemata Satanae libri octo. Basileae, 1565

Acte des Königlichen Großbritannischen Parlaments, durch welche der Hexen-Prozeß in dem Königreich Groß-Britannien aufgehoben und die deßwegen in den vorigen Zeiten gemachten Statuten widerrufen werden. In: Hauber's Zauberbibliothek II. Bd. 13. Stück. CI.)

Actenmäßige und umständliche Relation von denen Vampyren oder Menschen-Saugern, welche sich in diesem und vorigen Jahren im Königreich Serbien hervorgethan; nebst einem Raisonnement darüber, und einem Sendschreiben eines Officirs des Printz-Alexandrinischen Regiments aus Medvedia in Servien, an einen berühmten Doctorem der Universität Leipzig, 1732

Acxtelmeier, S. R.: Misantropus Audax; das ist: Der alles anbellende Menschen-Hund. Wider die Fehler, Irrthumer, Missbräuche, und aberglaubische, Gotts-lästerliche, teuffelische Zauber-Wercke, und andere Laster, welche leider heutigen Tages häufig im Schwung gehen, durch untadelhafftigen Tadel denen Irrgehenden zu Gemüth geleget, und im Reisen zusammen getragen. Augspurg, 1710

AD. Gela Hermann Wittwe zu Rodenbach Clägerin. Contra Die Gemeindte desselbsten und sonderlich Johannes Krüdelbach und Johann Hansen itzi Heimbergern beiden selbigen Orths beigelegte Bezüchtigung, Zauberey belangend. Rodenbach, 1650—51

AD. Prothocollvm gehalten und gevüerth zur Schwäb. Gemünde den incarcerirten Maleficanten Niclass Weittlufften Spittal Pfrüendner daselbsten und einen Bettelbueben, Zacherlen genandt, in Crimine Venefici Anno: 1650

Adam, H. A.: Über Geisteskrankheit in alter und neuer Zeit. Ein Stück Kulturgeschichte in Wort und Bild. Regensburg, 1928

Adami a Lebenwald, Philosophie et Medici, Com. Pal. Caes. Not. Apost. Publ. erstes Tractätlein. von des Teufels List und Betrug, in der Hebräer Cabala, mit einem Vorbericht, wie der Teufel bey dem menschlichen Geschlecht auf unterschiedliche Weise eingeschlichen. Salzburg, 1680

Adelung, J. Chr.: Geschichte der menschlichen Narrheit; oder, Lebensbeschreibungen berühmter Schwarzkünstler, Goldmacher, Teufelsbanner- und Liniendeuter, Schwärmer, Wahrsager, und anderer philosophischer Unholden. Leipzig, 1785—89

Adelung, J. Chr.: '. . . Gallerie der neuen Propheten, apokalyptischer Träumer, Geisterseher und Revolutionsprediger. Ein Beytrag zur Geschichte der menschlichen Narrheit. Leipzig, 1799

Agricola, F.: Gründtlicher Bericht, ob Zauber- und Hexerei die argeste und grewlichste sünd auff Erden sey. Zum andern, ob die Zauberer noch Büsz thün und selig werden mögen. Zum dritten, ob die hohe Obrigkeit, so lieb ihr Gott und ihre Seligkeit ist, die Zauberer und Hexen am Leib und Leben zu straffen schuldig. Mit Ableitung allerley Einreden. Dillingen, 1613

Agrippa v. Nettesheim, H. C.: De incertitudine et vanitate scientiarium. 1531 (auch: Lugduni, 1600)

Agrippa v. Nettesheim, H. C.: Henrici Cor. Agrippae ab Nettesheym. De occulta philosophia Libri III. Quibus accesserunt, Spurivs Agrippae de ceremonijs magicis. Heptameron Petri de Albano . . . Ratio compendiaria magiae naturalis, ex Plinio desumpta. Disputatio de fascinationibus. Epistolae de incantatione & adjuration, colliq; suspensione. Iohannis Trithemij opuscula quaedam huius argumenti. Parisiis, 1567

Albers, J. H.: Die Lehre vom Teufel, allgemein fasslich dargestellt für liberale Protestanten aus dem Volk. Eine Preisschrift. Straßburg, 1878

Albert d. Große: Abhandlung von denen Undinen, Sylphen, Gnomen, Erdmännlein, Salamandern und den anderen Elementargeistern. Basel, 1590

Alberti, resp. Haferung: de morientium cygneo cantu: vom Schwanen-Gesang der Sterbenden. Hal. Magd. 1747

Alberti, V.: Dissertatio academica, De sagis, sive foeminis commercium cum malo habentibus, e christiana pnevmatologia desumpta, & su praesidio . . . Dn. D. Valentini Alberti . . . publicae proposita ventilationi . . . authore Christiano Stridtbeckh . . . Lipsiae, 1690

Alberti, V.: Academische Abhandlung von den Hexen und dem Bündnis, so sie mit dem Teufel haben . . . nebst Erörterung einiger anderen curieusen Fragen, ob die bekannte Pucelle d'Orleans, ingleichen das rasende Weib, das den Attilam erschrecket, eine Hexe gewesen sei? Frankfurt und Leipzig, 1723

Albertinus, A.: Tractatus deagnoscendis assertionibus catholicis et haereticis. Venetiis, 1571

Albertus: Socialpolitik der Kirche

Albrecht, M. B.: Magie: das ist: Christlicher Bericht von der Zauberey und Hexerey insgemein, und dero zwölferlei Sorten und Arten: Was es für ein Greuel vor Gott sey: und wie schwerlich beyde, die Zauberer selber, und dann diejenige so sich fersündigen, welche bei ihnen Rath und Hilfe suchen. Item: Daß eine christliche Obrigkeit recht daran thue, wann sie die Hexen und Zauberer am Leben strafet. . . Aus heiliger göttlicher Schrifft vnd andern bewährten Historien gestellet. Leipzig, 1628

Alciatus, A.: Commentarii ad tit. digest. de verborum significatione, trium illustrium iuris, interpretum Alciati, Brechaei, Fornerii. Lugduni, 1589

---

* Das Literaturverzeichnis wurde unter Mithilfe folgender Bibliotheken zusammengestellt: Bibliothek des Deutschen Museums, Universitätsbibliothek, Bayr. Staatsbibliothek (alle München). Deutsche Bibliothek, Stadt- und Universitätsbibliothek (Frankfurt am Main). Der ‚Catalogue of the witchcraft collection' der Cornell University Library, Millwood, New York, 1977, wurde für die deutschen Titel ausgewertet. Mein besonderer Dank gilt Frl. Tietböhl.

Alexander, G. M.: Hexenbesen, ihre Morphologie, Anatomie und Entstehung. Diss. Utrecht. Rotterdam, 1927

Allgäuer, E.: Zeugnisse zum Hexenwahn des 17. Jhts. Ein Beitrag zur Volkskunde Vorarlbergs. Salzburg, 1914

Alliatus, L.: Epistola de Graecorum hodie quorundam opinationibus. Köln, 1645

Althamer, A.: Eyn . . . Predig von dem Teüffel, das er alles Vnglück in der Welt anrichte. Nuremberg, 1532

Althaus: Hexenprozesse der Stadt Rinteln. In: Zeitschrift d. Vereins f. Hess. Geschichte. 1884

AM. Zeugenn Verhör, in Beschuldigten unndt sehr Verdechtigen Hexerij sachen, zwischen Michäellen Kreijenbergern, und Annen, Walten Anschützens dez Köhlers Haussfrau allenn zur Mehliss, den 3. Augustij, Anno, 1615

Ammann, Fr. S.: Die Trübe Quelle des Aberglaubens an den Volksglauben und die Wundererscheinungen, namentlich an der Blutschwitzerin in Zug nachgewiesen. Zürich, 1850

Ammann, H.: Der Innsbrucker Hexenprozess von 1485. Innsbruck, 1890

Ammann, H.: Die Hexenprozesse im Fürstenthum Brixen. In: Forschungen u. Mitt. z. Geschichte Tirols u. Vorarlbergs. XI. 1914

Amira, v.: Die germanischen Todesstrafen. Untersuchungen zur Rechts- und Religionsgeschichte. In: Abh. d. Bayr. Akad. d. W. Philosoph.-philolog. u. hist. Klasse. XXXI. 3. Bd. 3. Abh. München, 1922

Ammon, Ph. v.: Geiler von Keisersbergs Leben, Lehren und Predigten. Erlangen, 1828

Anania, G. L.: De natura daemonum libri 4. Jo. Laurentii Ananiae. Venetiis, 1581

Angstmann, E.: Der Henker in der Volksmeinung. Seine Namen und sein Vorkommen in der mündlichen Volksüberlieferung. Bonn, 1928

Anna Renata Singer v. Mossau, die letzte deutsche Hexe. Ein Geschichtsbild, dargestellt zur Erinnerung an den nunmehr hundertjährigen Niedergang eines langen und grauenvollen Irrwahns und an die Befreiung von der Schmach wälscher Inquisition in Deutschland. Nebst einem Abriss der Geschichte der Hexenprozesse im Allgemeinen und beiliegenden Actenstücken, sowie einem sächsischen Hexenprozeß aus dem 17. Jahrhundert. Leipzig, 1849

Anhorn, B.: Magiologia. Christliche Warnung für den Aberglauben und die Zauberei. Basel, 1674

Anmerckung von dem Ursprung des gemeinen Meynung, daß der Teufel einen wirklichen Bund mit den Hexen und Zauberern mache. In: Hauber's Zauberbibliothek. II. Bd. CVIII. Stück

Anonymi (J. G. Zeidler): Neun Priester-Teuffel . . . sieben böse Geister . . .

Anonymus (Joach. Lange): Gewissens-Rüge an C. Thomasius. Berlin, 1702

Anonymus (El. Camerarius): Ehrenkleid, dem Anonymo des Gutachten von Thomasio und Styckio präsentiret. 1703

Anonymus (El. Camerarius): Anmerkungen über C. Thomasii Versuch vom Wesen des Geistes. Tübingen, 1711

Anpreisung der allergnädigsten Landesverordnung Ihrer kaiserl. königl. apostolischen Majestät, wie es mit dem Hexenprocesse zu halten sey, nebst einer Vorrede, in welcher die kurze Vertheidigung der Hex- und Zauberey, die Herr Pater Angelus März der akademischen Rede des Herrn P. Don Ferdinand Sterzingers über das Vorurtheil der Hexerey entgegengesetzt, beantwortet wird von einem Gottesgelehrten. München, 1767

Anten, Conr.: ab Gunaicolusis, seu mulierum Lavatio, quam purgationem per aquam frigidum vocant; item vulgaris de potent: ia Lamiarum opinio, per . . . Lubecae, 1593

Anton Moses el Arradsch: Der Wahrhafftige feurige Drache; oder, Herrschaft über die himmlischen und höllischen Geister und über die Mächte der Erde und Luft . . . Nebst den geheimen Mitteln, sich die schwarze Henne mit den goldenen Eiern zu verschaffen . . . Nach einem in Frankreich aufgefundenen Manuskript von 1522. Nebst einem Postscriptum auss dem grossen Buche von König Salomo, mit einigen köstlichen Recepten, gefunden bei Peter Michel, dem letzten Karthäuser zu Erfurt. Berlin, ca. 1880

Appelius, J.: de sortiariis et vera amicitia, zwey Tractätlein: das erste von den Hexen und Zauberern, das andere von der rechten wahren Freundschaft. Han., 1614

Apulée: de l'esprit familier de Socrates, traduit en francais avec des remarques. Paris, 1698

Arbatel de magia veterum. Basiliae, 1575

Ardinus, J.: Tractatus practicus de superstitione. Gustrovii, 1664

Aretinus, B.: Theologica problemata. Bernae, 1604

Argentinae, R.: De praestigiis et incantationibvs daemonvm et necromaticorum liber singularis nunquam anté aeditus. Auctore Ricardo Argentino Anglo, medico. Basiliae, 1586

Arles, M. v.: Tractatus de superstitionibus contra maleficia seu sortilegia, qua hodie in orbe terrarum. Roma, 1559 (deutsch: Frankfurt, 1581)

Arrét du Parlement portant défuse de faire preuve par eau en c accusation de sortilege, du 1. Décembre 1601 avec le playdojé de Louis Servin. Paris, 1602

Aubin, N.: The cheats and illusions of Romish priests and exorcists. Discovered in the history of the devils of Loudun; being an account of the pretended posession of the Ursuline nuns, an do and off and of the condemnation and punishment of Urban Grandier, a person of the same town . . . London, 1703

Aubin, N.: Historie d'Urban Grandier, condamné magicien... Amsterdam, 1735. Cruels de la vengeance du Cardinal de Richelieu; ou, Historie des diables de Loudun . . . Amsterdam, 1716

Augustin Lercheimer (Prof. H. Witekind) und seine Schriften wider den Hexenwahn. Lebensgeschichtliches der letzten vom Verfasser besorgten Ausgabe von 1597. Hrsg. Carl Binz. Straßburg, 1888

Auhofer, H.: Aberglaube und Hexenwahn heute. Aus der Unterwelt der Zivilisation. Freiburg, Basel, 1960

Aurelian: Authentischer Bericht über die Teufelsaustreibung, welche am 13. und 14. Juni 1891 im Wemdinger Kapuzinerkloster stattgefunden hat. Wemding, 1892

Aureoli Philippi Theophrasti Bombasts von Hohenheim Paracelsi Bücher und Schriften, jez jetzt auffs new auß den Originalien und Theophrasti eigener Handschrift so viel derselben zu bekommen gewesen auf's treulichste unnd fleißigste an tag gegeben durch J. Huserum. Basel, 1589—90

Aurifaber: Luthers Tischreden. Eisleben, 1566

Aus der Welt der Verzweiflung. Zur Genese und Aktualität des Hexenbildes. Beitr. von Gabriele Bekker (u. a.) Frankfurt am Main, 1977

Ausführliche Erzählung des Verhörs und der Hinrichtung des im Jahre 1722 der Hexerey beschuldigten Georg Pröls von Pfettrach in Bayern. Herausgezogen aus den Gerichts-Akten, und begleitet mit kritischen Anmerkungen zu Bayern's Aufklärung. 1806

Auszug zweyer Schriften von den Vampyren oder Blut-Saugern in Servien (Putoneus, besondere Nachrichten von denen Vampyren, und Actenmässige . . . Relation von denen Vampyren. In: Hauber's Zauberbibliothek. I. Bd. 10. Stück. LXXXV.

Avertanus á S. Elia: Rettung der Catholischen Ehr vnd Wahrheit, auff ettlich vnd zwantzig Fragen, vnder andern, ob von Silvestro II. biss auf Gregorium den VII. alle Päpst Zauberer gewesen? Wider die lutherische Praedicanten daselbsten. Ravenspurg, 1669

A. v. M.: Neuester Hexenprozeß aus dem aufgeklärten heutigen Jahrhundert. 1786

Avrei, V.: Oder der Güldin Schatz- und Kunstkammer. Tractatus III. Alter und Newer Uebriger Philosophischer Schriften und Bücher, so etwa fürnembs und von der wahrhaftigen Composition Lapidis Philosophorum geschrieben, aber zuvor in Druck nicht außgangen sind. Sonderlichen Fratris Basilii Valentinii, samt dessen 12 Schlüsseln. 1600

Baader, J.: Eine bayrische Verordnung gegen Zauberer, Hexen und Wahrsager vom Jahre 1611

Bacconiére de Salverte, J. A.: Le streghe du foletto alle signore presentate da Defendente Sacchi. Milano, 1836

Bachmann, J. V.: praeses. Discursus juridicus de crimine maleficii, vulgo: Von Zauberey, sub praesidio Joh. Volk. Bechmanns, submittit Joach. Ernst Kober. Nunc recusa. Jenae, 1717

Bacmeister: Zur Geschichte des Hexenprozesses. Concept Bedenkens über die zu Niedernthaal um Hexerei und Zauberei in verhaft liegende Susann, Michel Lunge's Weib, deren Aussage und noch weiters angegebene Personen. Würtemberg, 1886

Bader, G.: Die Hexenprozesse in der Schweiz. Jur. Diss. Affoltern. a. A. 1945

Bader-Weiß, Bader, K. S.: Der Pranger. Ein Strafwerkzeug und Rechtswahrzeichen des Mittelalters. Freiburg i. Br., 1935

Baetzmann, F.: Hexevaesen og troldskab i Norge. Meddelt til laesning for menigmand. Christiania, 1865

Baissac, J.: Les grands jours de la sorcellerie. Paris, 1890

Baldi, A.: Die Hexenprozesse in Deutschland und ihr hervorragendster Bekämpfer. Eine kulturhistorische Abhandlung. Würzburg, 1874

Baldinger, E. G.: Ein Beitrag zur Geschichte des Ausbruchs des bayrischen Hexenkrieges im Jahr 1766

Baldinger, E. G.: Praemittitur succincta narratio de magnetis viribus ad morbos sanados. Göttingen, 1778

Balduin, F.: Tractatus de materia varissime antheac enucleata, casibus nimirum conscientiae summo studio eleboratus. Wittenbergae impensis Pauli Helwigii bibliographie. Anno 1628

Balten, G., Curtius, W. F.: de sublata in diabolo indifferentia ad bonum et malum. Rsot. Rost. 1741

Balth. Bekkers ref. Predigers in Amsterd. bezauberte Welt. Neu übersetzt von Joh. Mor. Schwager, Pastor zu Jöllenbeck. Durchgesehen und vermehrt von Dr. J. S. Semler. Leipzig, 1781

Balzer, E.: Die Bräunlinger Hexenprozesse. In: Alemania. Freiburg i. Br. 3. Folge, 2. Bd. 1910

Bambergische Halsgerichts- und Rechtsbuchordnung in peinlichen Sachen . . . wozufern allen Stetten . . . gedruckt zu Wintz durch Johann Schöffer auf Laurencii. 1510

Barbara Elisabeth Schulzin. Ein Arnstädter Hexenprozess vom Jahre 1669. Nach den Originalprozeßakten herausgegeben von Reinhold Stade. Arnstadt, 1904

Barbara Pachlerin, die Sarnthaler Hexe, und Mathias Perger, der Lauterfresser. Zwei Hexenprozesse. Hrsg. Ignaz Zwingerle. Innsbruck, 1858

Barberi: Leben und Thaten des Joseph Balsamo, sogenannten Grafen Cagliostro. Nebst einigen Nachrichten über die Beschaffenheit und den Zustand der Freymaurersekten. Aus den Akten des 1790 in Rom wider ihn geführten Processes gehoben, und aus dem in der päpstlichen Kammerdruckerey erschienenen italienischen Originale übersetzt. Zürich, 1791

Baroja, C. J.: Die Hexen und ihre Welt (Las brujas y su mundo). Mit einer Einf. u. e. erg. Kapitel von Will-Erich Peukert (aus dem span. übers. von Susanne und Benno Hübner). Stuttgart, 1967

Bartholomäus: Über Hexenprozesse. In: Zeitschrift f. d. g. Strafrechtswissenschaft. Bd. XXI. Berlin, 1901

Bärwinkl: Joh. Math. Meyfart. Erfurt, 1897

Basagne Thesaurus monum. Henrici Canisii. Antverpiae, 1723

Baschwitz, J. K.: Hexen und Hexenprozesse; die Geschichte eines Massenwahns und seiner Bekämpfung. München, 1963

Bauer, Fr.: Schmid, Franz Josef und der Satz: Teuflische Magie existiert, besteht noch. In einer Antwort des katholischen Weltmannes auf die von einem Herrn Landpfarrer herausgegebene Apologie der Professor Weber'schen Hexenreformation. Augsburg, 1791

Baumgarten, P. M.: Die deutschen Hexenprozesse. In: Frankf. zeitgem. Broschüren. Hrsg. P. Haffner. NF. Bd. IV. Frankfurt am Main, 1883

Bautz: Die Hölle. 1882

Bavoux, F.: La Sorcellerie en Franche-Compté (Pays de Quingey). Monaco, 1954

Bavoux, F.: Hentises et diableries dans la terre abbatiale de Luxeuil d'un proces de l'Inquisition (1529) al epidemie demoniaque de 1628—30. Monaco, 1956

Beaumont, J.: Historisch-Physiologischer und Theologischer Tractat von Geistern, Erscheinungen, Hexerei und anderen Zauberhändeln. Halle, 1721

Beauvois de Chauvincourt: Discours de la lycantrophie ou de la transmutation des hommes en Loups. Paris, 1599

Bechmann, J. V.: praeses. Discursus juridicus de crimine maleficii, vulgo von Zauberey, sub praesidio Joh. Volk. Bachmannis, submittit Joach. Ernst Kober. Nunc recusa. Jenae, 1717

Bechthold, A.: Beiträge zur Geschichte der Würzburger Hexenprozesse. In: Frankenkalender. Würzburg, 1940

Beck, P. P.: Hexenprozesse aus dem Fränkischen. Stuttgart, 1883—1885

Beck, P. P.: Zwei Hexenprozesse aus dem Fränkischen. 43. Jahresbericht des Hist. Vereins v. Mittelfranken. Ansbach, 1889

Becker, A.: Pfälzer Hexensagen. In: Pfälzer Heimat. Beil. zum Pfälzer Kurier vom 8. 5. 1926

Becker, G.: Aus der Zeit der Verzweiflung. Zur Genese und Aktualität des Hexenbildes. Frankfurt, 1977

Beer, J. Chr.: Der höllische Intelligenz-Zettul; das ist: Merkwürdige Betrachtungen über die darmahlige Verwirrung der gantzen Welt; verursacht durch viele tausend von höllischen Geistern heimlich, und in der Still besessene Menschen . . . Augspurg, 1753

Beemelmann, W.: Hexenwesen und Hexenprozesse. Mühlhausen, 1909

Beinloff, J.: Der Hexenglaube in der Walpurgisnacht und die Blocksbergsage. Phil. Diss. Leipzig, 1923

Bekker, B.: De betooverde wereld zyne een gronding onderzoek vant' gemeen gevoelen aangaande de Geesten, derselver Aart en Vermogen. Bewind en Bedryf: als ockt't de Menschen dor derselver kraght en gemeinschap doen. Amsterdam, 1691

Bekker, B.: Die Bezauberte Welt; oder: Eine gründliche Untersuchung der allgemeinen Aberglaubens, betreffend die arth und das Vermögen, Gewalt und Wirkung des Satans und der bösen Geister über den Menschen, und was diese durch derselben Kraft und Gemeinschaft thun; so aus natürlicher Vernunft und H. Schrift in 4 Büchern zu bewehren sich unternommen hat Balthasar Bekker, S. Theolog. Doct. und Prediger zu Amsterdam. Nebenst des Authoris generale Vorrede über diese seine vier Bücher; wie und welcher Gestalt dieselbe zu lesen, der Zweck seines Vorhabens und dann die Ordnung, so er darinnen gehalten. Aus dem Holländischen nach der letzten vom Authore vermehrten Edition. Amsterdam, 1693

Benedictus Fingulus, Vteahoviates Poeta, L. C. Theologus, Theosophus, Philosophus, Medicus, Eremita, Rosarium novum Olympicum et benedictum. Das ist: Ein newer Gebenedeyter Philosophischer Rosengart, darinnen von allerweisesten König Salomo, H. Salomo Trismosino, H. Trithemio, D. Theophrastus etc. gewiesen wirdt, wie der Gebenedeyte Güldene Zweig und Tincturschatz vom unverwelklichen Orientalischen Baum der Hesperiden, vermittelst göttlicher Gnaden, abzubrechen und zu erlangen sey. In zween Theilen. Gedruckt zu Basel. 1608

Beneke, O.: Von unehrlichen Leuten. Kulturhistorische Studien und Geschichten. Berlin, 1889

Berg, A.: Warhafft vnd gründtlicher Bericht, sehr wunderlich vnnd gleichsam vnerhörter Geschichten, so sich vnlangst zu Bergen in Henogau, Erztbisthumbs Cambrai, mit einer besessenen, vnd hernach widerledigten Closterfrawen verloffen. Auss frantzösischer Sprach, ins Hochteutsch gebracht. München, 1589

Berg, W.: Die Wahrheit im Zauber- und Hexenwesen. In: Die Übersinnliche Welt. Leipzig, 1916

Bericht von Erforschung, prob und erkenntniß der Zauberinnen, durch's kalte Wasser. dch. Hermann Neuwalt. Aus dem Lateinischen i. dtsch. übersetzt dch. M. Heinr. Meybaum. Helmst. 1584

Beringer, K.: Hexen- und Aberglauben im Schwarzwald. In: Zeitschrift f. d. g. Neurologie und Psychiatrie. 161. Bd. 1938

Berlindus: Die Reise der Hexen nach dem Blocksberge und die Walpurgis-Nacht mit poetischer Feder . . . 1732

Berns, M.: die dreyfache Welt als der Christen, Phantasten und Bezauberten oder 1) von der christlichen Religion, 2) daß keine Hoffnung zum tausendjährigen Reich sey, 3) gegen Bekkers bezauberte Welt. Hamburg, 1697

Berns, M.: Gründliche und völlige Widerlegung der Bezauberten Welt Balthasar Bekkers. D. aus der Heil. Schrifft gezogen. Wobey zugleich unzählige curiouse Antiqvitaeten erläutert und zum rechten Gebrauch angewendet werden; und andere rare auch zu dieser Zeit höchstnöthige Materien. Nebst einem Anhange vom Licht und Recht der Natur. Mit völligen Registern versehen. Hamburg, 1708

Berthold, L.: Sprachliche Niederschläge absinkenden Hexenglaubens. In: Gießener Beiträge zur deutschen Philologie. 60. Gießen, 1938

Bertram, J. Fr.: Ob die Thiere Teufel seyn? wird durch Veranlassung dess in einem Französischen Jesuiten P. Bonjeau unlängst ans Licht gestellten neuen Lehr-Begriffs von den Seelen der Thiere genannt: Amusements philosophiques sur la langaguge des bestes; oder: Philosophischer Zeit-Vertreib über die Thier-Sprache; in welchen sie zu Teufeln gemachet werden; nach Schrifft und Vernunfft untersucht und beantwortet. Von J. F. B. Bremen, 1740

Besold, Chr.: Ad notationibus Christopherie ec Ioh. Georgi Besoldorum. Tubingae, 1632

Besondere Nachrichten von denen Vampyren, oder sogenannten Blut-Saugern, wobey zugleich die Frage: Ob es möglich sey, daß verstorbene Menschen widerkommen, denen Lebendigen durch Aussaugung des Bluts den Tod zuwege bringen, und dadurch gantze Dörffer und Menschen und Vieh ruiniren können? gründlich untersucht worden von Putoneo. 1732

Bethmann-Hollweg, M. A.: Der germanisch-romanische Civilprozeß im Mittelalter. Bonn, 1868

Bewerlein, S.: Erschröckliche gantz wahrhaffte Geschicht, welche sich mit Apolonia, Hannsen Geißlbrechts Burgers zu Spalt inn dem Lystätter Bistumb, Haußfrawen, so den 20. Octobris, anno 82. von dem bösen Feind gar hart besessen, vnnd doch den 24, gedachts Monats widerumb durch Gottes gnädige Hilff, auß solcher grossen Pein vnnd Marter entlediget worden, verlauffen hat. Allen gottlosen, zänckischen, vbelfluchenden Eheleuten, vnnd andern zu sonderer Warnung in Truck gegeben. Durch (?). Sixtum Agricolam (pseud.). Ingolstadt, 1584

Beyer, K.: Kulturgeschichtliche Bilder aus Mecklenburg. Zauberei und Hexenprozesse im evangelischen Mecklenburg. Berlin, 1903

Beyschlag, F.: Ein Speyrer Ketzerprozeß vom Jahre 1392. In: Blätter f. pfälzische Kirchengeschichte. 3. Jahrg. 3. Heft. Speyer, 1927

Beza, T.: Iobus commentariis illustratus. Genevae, 1589

Bezold, Fr. v.: Jean Bodin als Okkultist und seine Démonomanie. In: Aus Mittelalter und Renaissance. München und Berlin, 1918

Bibliotheca occulta et philosophica; Sammlung Baron C. Du Prel, und kleinere Beiträge. München, 193(?)

Bidenbach, F.: Consiliorum theologicorum decades VIII. Das ist: Achtzig theologischer Bedencken, Bericht, oder Antwort auff mancherley (in Glaubens, Gewissens vnd andern mehr sachen) zutragende Fälle, vnnd vorfallende Fragen, oder Handelungen gerichtet, vnnd mehrern Theils vor viel Jahren gestellet: durch ettliche Hochgelehrte vnnd vortreffliche Theologus . . . Itzo zum andern mahl auffs New in Truck gefertiget. Wittenberg, 1612—1614

Bidenbach, F.: Manuale ministrorum Ecclesiae. Handbuch für die junge, angehende Kirchendiener im Herzogthumb Würtemberg zugericht. Frankfurt a. M. 1613

Bidenbach, W.(?): Eine Summe von etlichen Predigten vom Hagel und Unholden. (Anm. gehalten in Stuttgart). Tübingen, 1562

Biedermann, H.: Hexen. Auf den Spuren eines Phänomens. Tradition, Mythen, Fakten. Graz, 1974

Bieler, B.: Richtige Auslegung der Unterredung Sauls mit der Zauberin und mit einem Gespenste zu Endor. 1. B. Sam. XXVIII. Auf Veranlassung eines gelehrten Mannes zur Vertheydigung seiner in der fortgesetzten Sammlung 1748 ans Licht gestellten schriftlichen Betrachtung herausgegeben. Leipzig und Wittenberg, 1752

Biener: Beiträge zur Geschichte des Inquisitions-Processes. Leipzig, 1827

Biermann, G.: Zwei Hexenprozesse zu Braunau. Verein f. Geschichte der Deutschen in Böhmen. Mitteil. 33. Jahrg. Nr. 3. Prag, 1895

Bihlmeyer-Tüchle: Kirchengeschichte. 2. Theil. Das Mittelalter. Paderborn, 1948

Binder, N.: Drey wahrhaffte grundtliche Zeitungen, die erste von ettlichen Hexen und Zauberin welche hin und wider in Ungern und Teutschland grossen Schaden angericht haben . . . Beschriben durch den Hochgelehrten Herrn Nicolaum Binder . . . die ander von einem Burger und Tuchmacher der in grosser Unzucht ein zeitlang gelebt . . . und wie er durch dess Teufels Eingebung 3. Kinder und sein Weib jämmerlicher weise ermördet. Die dritte von Erscheinung zweyer Engel . . . Beschriben durch den ehrwürdigen Herrn Johannem Röseler diser Zeit Pfarrern daselbsten. Erstlich Getruckt in Ingern, nachmahls aber zu Freyburg, 1610

Binschius, J.: Malleficio theologici. 1654

Binsfeld, P.: Tractatus de confessionibus maleficorum & sagarum, et quanta fides ijs adhibenda, sit. Augustae Trevirorum. 1579

Binsfeld, P.: Tractat von Bekanntnuss der Zauberer vnnd Hexen. Ob vnd wie viel denselben zu glauben. Anfänglich durch den hochwürdigen Herrn Petrum Binsfeldium . . . in Latein beschrieben. Jetzt aber allen Liebhabern der Wahrheit vnd Gerechtigkeit zu gutem verdeutscht. Trier, 1590

Binsfeld, P.: Tractatvs de confessionibvs maleficorvm et sagarvm. An & quanta fides ijs adhibenda sit? Auctore Petro Binsfeldio . . . Accedit eiusdem auctoris Commentarius in tit. cod. lib. 9. de malefic & mathematic. Item bvllae & extravagantes pontificium &. c. Editio quarta correctior & auctior. Coloniae Agrippinae. 1623

Binz, C.: Doctor Johann Weyer (1515—1588). Eine Nachlese. Sonderdruck aus dem 24. Bd. d. Zeitschrift des Berg. Geschichtsvereins. Düsseldorf, 1889

Binz, C.: Doctor Johannes Weyer, ein rheinischer Arzt, der erste Bekämpfer des Hexenwahns. Ein Beitrag zur Geschichte der Aufklärung und der Heilkunde. Neudruck der Ausgabe von 1896

Binz, C.: Apologetische Versuche in der Geschichtsschreibung der Hexenprozesse. Berlin, 1901

Birch, T.: The history of the Royal society of London for improving of natural knowledge, from its first rise. London, 1757

Birlinger, A.: Der Teufelskratz oder Hexenmahl

Bischof, F.: Zur Geschichte des Glaubens an Zauberer, und Vampyre in Mähren und Oesterr. Schlesien. Von Ferdinand Bischof und Christian d'Elvert. Brünn, 1859

Bischoff, W. F.: Die Geisterbeschwörer im neunzehnten Jahrhundert; oder die Folgen des Glaubens an Magie aus Untersuchungs-Acten dargestellt. Neustadt a. b. Orla. 1823

Bischofsberger, T.: De benedictionibus et exorcismis ecclesiae catholicae libri duo. Liber primus de benedictionibus. Liber secundus de exorcismis. Scripsit Theobaldus Bischofsberger. Monachii, 1858

Bischofsberger, T.: Die Verwaltung des Exorcistats nach Maßgabe des römischen Benedictionale. 2. Aufl. Leutkirch, 1884, Stuttgart, 1893 (?)

Blau, L.: Das altjüdische Zauberwesen. Straßburg, 1898

Block, G. B.: Buch wider die Zauberei, aus dem Schwedischen (Linköping) 1708 ins Deutsche übersetzt, von Dietrich v. Stade. Stade, 1711

Blomberg, H.: Der Teufel und seine Gesellen in der bildenden Kunst. Berlin, 1867

Blum, E.: Das staatliche und kirchliche Recht des Frankenreiches in seiner Stellung zum Dämonen-, Zauber- und Hexenwesen. Jur. Diss. Paderborn, 1936

Bobbe, J. B. G.: Vermischte Anmerkungen über Sr. Hochehrwürdigen des Herrn Probstes und Superintendenten in Kemberg, Herrn Gottlieb Müllern Gründlichen Nachricht und deren Anhang von einer begeisterten Weibsperson Anna Elisabeth Lohmännin, mitgetheilt von Antidämoniacus. Bernburg, 1760

Bocer, H.: Tractatus de omnis generis homidicis. Tubingae, 1629

Bodin, J.: Daemonomanie; oder, Auszführliche Erzehlung des wütenden Teuffels in seinen damahligen rasenden Hexen und Hexenmeistern dero Bezauberungen, Beschwerungen, Vergifftungen, Gauckel- und Possen-Wercke . . . Welches der andere Theil Nicolai Remigii Daemonolatria . . . gleichfalls angehänget: Vielerhand warhafftige und erschreckliche Geschichte bessener Leute . . . nebst noch einigen betrieglichen und von Menschen practicirten kurtzweiligen Begebenheiten. Hamburg, 1698

Bohemus, C. P.: Güldener Hund, oder ausführliche Erzählung, wie es dem sogenannten Chevalier aus Böhmen, welcher, durch Zauberey in einen Hund verwandelt, bishero ergangen . . . aus polnischer Sprache verteutscht (Wrzeckowitz). 1675

Böhme, J.: Alle theosophischen Wercken. Darinnen alle tieffe Geheimnüsse Gottes, der ewigen und zeitlichen Natur und Creatur, sampt dem wahren Grunde christlicher Religion und der Gottseligkeit, nach dem apostolischen Gezeugnüsse offenbahret werden. Theils aus des Authoris eigenen Originalien, theils aus dem ersten und nachgesehenem besten Copyen auff's fleissigste corrigiret, und in Beyfügung etlicher Clavium so vorhin noch nie gedruckt, nebest einem zweyfachen Register. Amsterdam, 1682

Boehmer, J. S. F.: meditiationes in constitutionem criminalem Carolinam. Halae, 1771

Bois, J.: Le satanisme et le magie. Avec une etude de J. K. Huysmans. Paris, 1895—1897

Boissard, J. J.: Tractatus posthumes ani Jacobi Boissardi vesuntini de divinatione et magicis praestigiis. Oppenheimii, 1611

Bokelii, J.: tractatus de Philtris, vel poculo amatorio. Hamburgi, 1590

Bonnet, J. C.: Demütigste Antwort eines geringen Landgeistlichen auf die Demüthige Bitte um Belehrung an die großen Männer, welche keinen Teufel glauben. In Deutschland, 1776

Bonnhöfer, J. F.: . . . Erbauliche Abhandlung von dem erschröcklichen und Jammer-vollen Zustand der geist- und leiblichen Besitzung des Teuffels. In Zweyen Betrachtungen aus Heil. Schrifft. erwiesen und mit historischen Exempeln erläutert . . . Mit einer Vorrede Gustav Georg Zeltners. D. worinnen er seine Gedancken vom Binden des Satans, Offenb. 20, 2. eröffnet. Nürnberg, 1733

Bonnhöfers, J. Fr.: Abhandlung von dem Zustand der geist- und leiblichen Besitzung des Teufels. Nürnberg, 1733

Bornhak: Zur Geschichte der Hexenprozesse. In: Gesetz und Recht. Zeitschrift f. allg. Rechts- u. Staatskunde. Berlin, 1919

Borre, N.: Examen profani Exorcismi primi contra daemonem mendacii sub ementito Lamberti Dicaei theologi medici nomine in lucem nuper emissi . . . Lovanij, 1660

Bouquet, H.: Discours des sorciers. Lyon, 1605

Bozzano, E.: Übersinnliche Erscheinungen bei Naturvölkern. Mit einem Nachwort und einem Register von Gastone De Boni. Bern, 1948

Bramer: Vom Donner, Blitz, Hagel, Sturmwinden und andern großen Ungewittern. Kürtzlicher Bericht aus Gottes Wort. Erfurt, 1577

Brand, N.: De legitima maleficos et sagas investigandi et convincendi ratione. 1647

Brander, V.: Julius Echter von Mespelbrunn. Würzburg, 1917

Brandmüller, J.: Vom Geitz-Teuffel. Eine christliche und heilsame Predigt, gethan zu Basel, und hernach auss Bitt eines christenlichen Bruders auch geschrieben. Durch Johansen Brandmüllern. Basel, 1579

Brandt, N.: Disputatio inauguralis de legitima maleficos et sagas investigandi et convincendi ratione. Gissae, 1662

Brandt, W.: Die Mandäer, ihre Religion und ihre Geschichte. Amsterdam, 1915

Brandt, D. H.: Bertold von Regensburg's deutsche Predigten. Jena, 1924

Brauchitsch, C.: Zauberei und Hexerei. In: Die Grenzboten. Zeitschrift für Politik, Literatur und Kunst. 36. Jahrg. Leipzig, 1877

Braun, H. (?): Drey Fragen zur Vertheidigung der Hexerey. I. Ob P. Angelus März die Rede des P. Don Ferdinand Sterzingers gründlich, und II. bescheiden widerleget habe? III. Und ob wohl diese akademische Rede dem heiligen Kreutze von Scheyrn in der That nachtheilig sey? mit einem sichern Ja beantwortet, und dem P. Angelus März selbst decidiret von J. F. Z. . . . München, 1767

Bräuner, J. J.: Physikalisch u. historisch erörterte Curiositäten oder entlarvter teuffl. Aberglaube von Wechselbälgen, Wahr-Wölffen . . . Frankfurt am Main, 1737

Braunin, Anna Maria, d. 1689, defendant. Acta inquisition alia contra Annen Marien Braunin in puncto Verdächtiger Hexerey, Ambt Ostrau. In: Thüring.-sächs. Verein f. Erforschung d. vaterl. Altertums u. Erhaltung seiner Denkmale. Neue Mitt. aus dem Gebiet hist.-antiquar. Forschungen. Halle, 1857

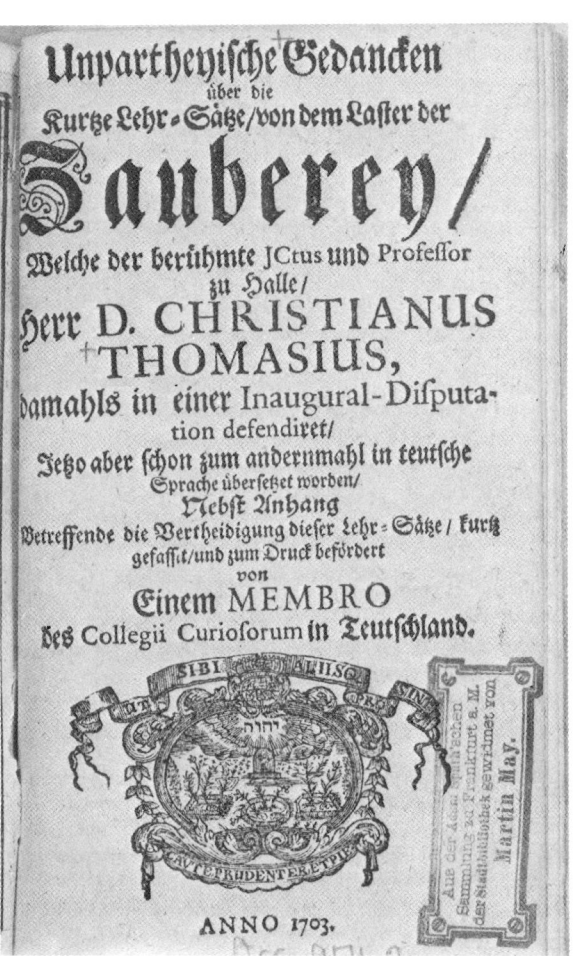

Braunsberger, O. (S. J.): beati Petri Canisii epistulae et acta. II. tom. Friburgi, Br. 1896/98

Brecher, G.: Das Transcendentale. Magie und magische Heilarten im Talmud. Wien, 1850

Breiden, H.: Die Hexenprozesse der Grafschaft Blankenheim von 1589 bis 1643. Jur. Diss. Bonn, 1954

Breitschwert, v.: Johann Kepplers Leben und Wirken. Stuttgart, 1831

Brenz, J.: Predigt vom Hagel, Donner und allem Ungewitter. Straßburg und Eisleben, 1565

Breuning: De poena purgatorii non praestiti in proc. crim. Lips. 1777

Brischar: P. Adam Contzen. Würzburg, 1879

Brolognus, C. (a. Brognolo): Alexiacon, hoc est opus de maleficiis ac morbis maleficia duobus tomis distributum, de eorum cognitione curatione . . . Venetiis, 1668

Brolognus, C. (a. Brognolo): Manuale exorcistarum, ac parochorum est Tractatus de curatione ac protectione divina; in quo reprobatis erroribus, verus, certua, securus, catholicus, apostolicus, & evangelicus eiiciendi de daemones ab hominibus, & rebus ad homines spectantibus: curandi infirmos: ab inimicis se tuendi: Deumque in cuntis necessitationibus probitium habendi modus traditur. Venetiis, 1714

Brown, R.: Demonology and witchcraft, with especial reference to modern 'spiritualism', so-called, and the 'doctrine of demons'. London, 1889

Bruckner, W. H.: De magicis personis et artibvs disserit, et eas omnio dari ostendit. Von zauberischen Leuten und Künsten, das solche warhafftig anzutreffen und nicht in einer blossen Einbildung bestehen, occasione legis 6. c. de malef. & mathem. a nobilissimo jurium candidato Jo. Reinhardo Wegelino . . . solemni lectione . . . explicandae, die IX. Maji MDCCXII. Jena (?), 1723

Brückner, W. H.: de magicis personis et artibus disserit et eas omnino dari ostendit, von zauberischen Leuten und Künsten, daß solche wahrhafftig anzutreffen und nicht in der blosen Einbildung bestehen . . . Jen. 1712

Brunnemann, J.: Tractatus duo de processu tum criminali inquisitorio, tum civili. Wittebergae, 1697

Brunnemann, J.: Alosii Chartinii (pseud). Discurs von trüglichen Kennzeichen der Zauberey, worinnen viel abergläubische Meinungen vernunfftmäßig untersuchet und verworffen; wie auch Carpzovii, Berlichii, Crusii, und anderer, so woll päpstlicher, als protestantischer Jure Consultorem. Missliche und leichtgläubige Lehr-Sätze von der Zauberey erwogen und beleuchtet worden . . . Stargard, 1708

Brunnemann, J.: Tractatus iuridicus de inquisitionis processu, iam nova vice in lucem editus. Francofurti, 1713

Brunnemann, J.: Discours Von betrüglichen Kennzeichen der Zauberey. Worinnen viel abergläubischen Meinungen freimüthig untersucht und verworffen. Wie auch Carpzovii, Berlichii, Crusii und anderer, sowohl Protestantischer als Päpstlicher Iurisconsultorem und leichtgläubige Lehr-Sätze von der Zauberey erwogen, zugleich Herrn Ioach. Weidneri . . . Gegensätze wider diesen Discours kurz und bescheidentlich beantwortet werden. Halle, 1727

Buchardi Wormaciensis Ecclesiae Episcopi Directorum libri vigenti . . . bei J. P. Migne, Patrologiae cursus completus . . . Series Latina. Tomus CXL. Parisiis, 1880

Buchmann: Unfreie und freie Kirche in seinen Beziehungen zur Sklaverei, zur Glaubens- und Gewissenstyrannei und zum Dämonismus. Breslau, 1873

Buchner, E.: Religion und Kirche. Kulturhistorisch interessante Dokumente aus alten deutschen Zeitungen (16.—18. Jht.). München, 1925

Buchner, E.: Medien, Hexen- und Geisterseher. Kulturhistorisch interessante Dokumente aus alten deutschen Zeitschriften und Zeitungen (16.—18. Jht.). München, 1926

Büchsenschütz, B.: Traum- und Traumdeutung im Altertum. Berlin, 1868

Buckens, J. Chr.: Bericht von dem 12-jährigen Mädchen. Bündnis eines Menschen mit dem Teufel. Leipzig, 1710

Bullinger: Der Widertouffern ursprung, fürgang . . . Zürich, 1560

Bullinger, H.: Sermonum decades quinque de potissimus christianae religionis capit(i)bus. Tiguri, 1549—1551

Bullinger, H.: Wider die schwarzten Künst. In: Theatrum de veneficiis. Frankfurt, 1586

Bürger: Beitrag zum Hexenwesen. Aus dem Kirchenbuch von Unterregenbach. In: Wirtembergisch-Franken. 8. Bd. 3. Heft. Weinsberg, 1870

Burgmeister, P.: D. de more, quo veteres reorum innocentiam et culpam super aquam ferventum et frigida probare solebant. Ulm, 1680

Burkard, M.: Progugnaculorum Christianorum Duodecas. Leipzig, 1632

Burr, G. L.: The fate of Dietrich Flade. In: Papers of the American Historical Association. Vol. 5. Nr. 3. 1891

Büttner, C. A., Bergmann, E. W.: de nonexistentia diaboli. Hal. Magd. 1734

Büttner, W.: Epitome Historicarum. Christlicher ausgelesener Historien und Geschichten. O. O. 1576

Bützner, M.: Ennaratio nes in sacra quatuor Evangelia Argentinae. 1530

Byloff, F.: Das Verbrechen der Zauberei (crimen magiae). Ein Beitrag zur Geschichte der Strafrechtspflege in Steiermark. Graz, 1902

Byloff, F.: Volkskundliches aus Strafprozessen der österreichischen Alpenländer mit besonderer Berücksichtigung der Zauberer- und Hexenprozesse 1455 bis 1850. In: Quellen z. dt. Volkskde. 3. Heft. Berlin, 1929

Byloff, E.: Hexenglaube und Hexenverfolgung in den österreichischen Alpenländern. In: Quellen z. dt. Volkskde. 6. Heft. Berlin—Leipzig, 1934

Byloff, F.: Die letzten Zaubereiprozesse in Mühldorf und Landshut. In: Zeitschrift f. bayr. Landesgeschichte. 11. Jahrg. 3. Heft. München, 1938

Cahagnet, L. A.: Die Geheimnisse des Jenseits oder die Fortdauer nach dem Tode und die Berufung und Befragung der Verstorbenen auf magnetisch-ekstatischem Wege. Grimma und Leipzig, 1851

Cahagnet, L. A.: Magie magnétique; ou, Traité historique et pratique des fascinations, miroirs cabalistiques, apports, suspensions, pactes, talismans . . . 2. ed. corr. et augm. Paris, 1858

Caland, W.: Die altindischen Toten- und Bestattungsgebräuche mit Benutzung handschriftlicher Quellen dargestellt. Amsterdam, 1908

Calmet, A.: Dissertations sur les apparations des anges, des démons & des esprits, et sur les revenans et vampires de Hongrie, die Boheme, de Moravie & de Silesie. Paris, 1746

Camerarius, N.: Flagellvm haereticorvm fascinariorvm, avtore Nicolao Iaqverio. His accessservant Lamberti Danaei de veneficis dialogi, Iochimi Camerarii in Plutarchi de oraculorum defecti epistola, Mertini de Arles de superstitionibus tractatvs, Ioannis Trithemii de reprobis atq; maleficis qvasttiones III. Thomae Erasti de strigibus liber. Studio Iohan. Myntzenbergi edita. Franckofvrti . . . 1581

Camerarius, E.: Unpartheische Gedancken über die Kurtze Lehr-Sätze/von dem Laster der Zauberey/Welche der berühmte Ictus und Professor Herr D. Christianus Thomasius damahls in einer Inaugural-Disputation defendiret/Jetzte aber schon zum andernmahl in die teutsche Sprache übersetzet worden. Nebst Anhang Betreffende die Vertheidigung dieser Lehr-Sätze/kurtz gefasset/und zum Druck befördert. Von einem Membro des Collegii Curiosum in Teutschland, anno, 1703

Camerarius, E.: Magici morbi historia ettentius pensitata. Hanc . . . praeside Elia Camerario . . . examini publico submittit Christianus Neufferus . . . Tubingae, 1724

Campanella, T.: de sensu rerum et magia libri quatuor, pars mirabilis occultae philosophiae, ubi demonstratur, mundum esse Dei vivam statuam beneque cognoscentem omnesque illius partes partiumque particulas sensu donatas esse, alias clariori alias obscuriori, quantus sufficit, ipsarum conservationi ac totius in quo consentiat et fere omnium naturae arcanorum rationes aperiuntur. Tob. Adam rec. et nunc primum evulgavit. Fref. 620. Paris, 1637

Canaan, T.: Dämonenglaube im Lande der Bibel. Leipzig, 1929

Canisii, P. (S. J.): Katechismus für Kinder geschrieben. 2. Aufl. München, 1868

Cansdorf: Polemographia hussitica. Gießen, 1667

Cardanus, H.: Friedrich Spee. Frankfurt am Main, 1884

Carenae, C. (auch: Carena): Tractatus de officio Inquisitiones. Lugduni, 1690

Carpzov, B. (d. J.): Practicae novae imperialis saxoniae rerum criminalium Benedicti Carpzovii synopsis . . . Lipsiae, 1655

Carpzov, B.: Practicae novae (imperialis Saxonicae rerum criminalium pars I.) Editio quarta correctior, cum indice rerum et verborum priore multum locuplectione. Francofurti et Wittebergae . . . 1658

Carpzov, B.: Peinlicher Sächsischer Inquisition- und Achts-Prozeß, daraus zuvernehmen, wie, und welcher Gestalt von der Obrigkeit ex officio wider die Delinquenten und Verbrecher zu inquirieren, so wohl auch wider die Flüchtigen mit der Acht zu verfahren. Leipzig, 1693

Carrichter, B.: Kräuterbuch, darin begriffen unter welchen Zeichen Zadiaci auch in welchem Grade ein jedes Kraut stehe, wie sie in Leib und allen Schäden zu bereiten, und zu welcher Zeit sie zu colligieren seien. Straßburg, 1589

Cäsar, A. J.: Abhandlung von Erscheinung der Geister. München, 1789

Cäsar, A. J.: Ist die Nichtigkeit der Zauberey ganz erwiesen? München, 1789

Cäsar, A. J.: Meine Bedenken von den Besessenen der Welt vorgelegt. München, 1789

Cassel, C.: Eine Hexenprozess-Akte vom Jahre 1547. In: Hannover'sche Geschichtsblätter 2. Jahrg. Nr. 17. Hannover, 1899

Castro, A. v.: De iusta haereticorum punitione libri tres. Antverpiae, 1586

Cautio criminalis seu de processibus contra sagas liber. Ad magistratus Germaniae hoc tempore necessarius, tum autem consiliariis et confessariis principium, inquisitoribus, judicibus, advocatis, confessariis reorum, concionatoribus ceterisque lectu utilissimus Auctore incerto Theologo Romano orthodoco. Rintelii typis exscripsit Petrus Lucius typor. Aced., 1631
(Deutsch: Hochnotpeinliche Vorsichtsmaßregel oder Warnungsschrift über die Hexenprozesse, gerichtet an alle Behörden Deutschlands, an die Fürsten und ihre Räthe, an die Richter und Advokaten, Beichtiger, Redner und an das ganze Volk).
Weitere Ausg.: 1632 bei Gronäus in Frankfurt am Main. Deutsche Übers. im Auszug von **J. Seiffert**, Bremen, 1647. Erste vollst. deutsche Übers. durch **Joh. Schmidt**, Frankfurt am Main, 1648/49. 1695 eine weitere Textausgabe, Sulzbach. Französische Ausgabe, 1600, Lyon.

Celichius, A.: Notwendige Erinnerung. Von des Sathans letzten Zornsturm, und was es auff sich habe und bedeute, das zu dieser Zeit so viel Menschen an Leib und Seel vom Teuffel besessen werden durch Andream Celichium . . . Wittenberg, 1594

Cesalpino, A.: Daemonum, investigatio peripathetica. Florentinae, 1570

Charatinus, A. (pseud): s. Brunnemann

Chartario: Praxis Interrogandorum Reorum. Rom, 1618

Christiani Ulrici Grupen observatorio juris criminalis de applicatione tormentorum, insbesondere im Schnüren-Anfang, und in vollen Schnüren, mit einer Dissertatio praeliminari von den Tormentis Romanorum, insonderheit von Eculeo, Tympano und Rota ferali und ihren Vexis acessoriis. Erschienen 1754 bei Johann Christoph Richter in Hannover.

Christlich bedencken von Zauberey. Woher, was vnd wie vielfeltig sie sey, wem sie schaden könne oder nicht, wie diesem laster zu wehren vnd die so damit behafft, zu bekehren, oder auch zu straffen seyn. Nur an vernünftige, redeliche, bescheidene Leute. Gestellet durch Augustin Lerchheimer von Steinfelden. 3. Ausgabe. Speyer, 1597 (vordem: Heidelberg, 1585, Straßburg, 1586)

Christliche Anred nächst dem Scheiterhaufen, worauf der Leichnam der Mariae Renatae, einer durch's Schwerdt hingerichteten Zauberin, den 21. Juni 1749 außer der Stadt Wirtzburg verbrannt worden, an ein zahlreich versammletes Volk gethan, und hernach auf gnädigsten Befehl einer hohen Obrigkeit in öffentlichen Druck gegeben von P. Georgio Gaar (S.J.). Wirtzburg, in der Hofbuchdruckerei.

Christliche Erinnerung neu von den Historien von jüngst geschehener Erledigung einer Jungfrauen, die mit 12.625 Teufeln besessen gewesen. Geprediget zu Wien anno 1583, am 13. Sonntag nach Pfingsten durch P. Scheerer.

Cigogna, S.: pelagio de gli incanti e delle gran maraviglie, de gli spiriti e della tutta la natura loro. In Vicenza, 1605

Cigogna, S.: Magiae omnifariae, vel potius, universare naturae theatrum: quo primis principiis arcessiata disputatione . . . Coloniae, 1606

Cinq livres de l'imposture des diables, des enchantements et sorcellerie, pris du latin de Jean Uvier, médicin duc de Cleves et fait francois par Jaques Grevin de Clermont en Beauvais, medicin á Paris. Paris, 1569

*Clavicula Salomonis et Theosophia pneumatica, das ist: die wahrhaftige Erkäntniß Gottes und seiner sichtigen und unsichtigen Geschöpfen, die heil. Geist-Kunst genannt, darinnen der gründliche einfältige Weg angezeigt wird, wie man zu der rech-*ten wahren Erkäntniß Gottes und aller sichtigen und unsichtigen Geschöpfen, aller Künsten, Wissenschaften und Handwerken kommen soll. Wesel, Diusburg, Frankfurth, 1686

Coler, J.: Vom Exorcismo. Das dieser ohn Verletzung des Gewissens bey der Tauffe wohl mag gebraucht vnd behalten werden; etliche Tractetlein. I. Iusti Menij. II. Lutheri Vorrede vber das Taufbüchlein. III. Die gewöhnliche Gebet bey der Tauffe im Stifft vnd der Thumkirchen zu Cölln an der Sprew. IIII. Aus dem Appendice D. Vrbani Regij. Zwo Episteln Tillemanni Heshusji. VI. Eine Epistel Philippi Melanchtonis. VII. D. Iacobi Coleri Büchlein. Alles zu guter Nachrichtung den eynfeltigen Leyen zum besten zusammen gebracht. Frankfurt a.d.O., 1591

Colesie, G.: Hexenprozesse am Hochgericht Nalbach. In: Zeitschrift f. d. Geschichte d. Saargegend. 17. 18. Jahrg. Saarbrücken, 1969/70

Collin de Planey: Histoire des Vampires. Paris, 1820

Colquhon, J. C.: Historische Enthüllungen über die geheime Wissenschaften aller Zeiten und aller Völker, oder vollständige Geschichte der Magie, Zauberei, des thierischen Magnetismus, des Glaubens an Hexerei, an Dämonen und Teufel, sowie des Aberglaubens überhaupt. Bearb. von Hugo Hartmann, 1853

Condrochi, G. B.: Baptistae Condronchi . . . De morbis veneficis, ac veneficijs. Libri qvttvor, in quibus non solum certis rationibus veneficia demonstrator, sed eorum species, causae, signa, & effectus noua methodo aperiuntur. Postremo de eorum curatione ac praeseruatione exacte tractatur . . .opus alias editu, nuperiiméfuit auctore emedatu. Mediolani, 1618

Conjuratio malignorum spirituum in Corporibus hominum existentium. Veneci, ca. 1495

Conrat, M.: Die Lex Romana canonica compta. Römisches Recht im frühmittelalterlichen Italien in systematischer Darstellung. Amsterdam, 1904

Consilia der juridischen Fakultät Ingolstadt. Ingolstadt, 1618—1632

Consilia vnd Bedencken etlicher zu vnsern Zeiten rechtsgelehrten Juristen, von Hexen vnd Vnholden. In: Theatrum de veneficiis. Frankfurt, 1586

Constitutio criminalis, oder Der Römisch-Kaiserl. . . zu Hungarn und Böheim u. u. Königl. Apost. Majestät Mariä Theresiä, Ertzherzogin zu Osterreich, u. u. peinliche Gerichtsordnung. Wien, 1769

Corpus juris criminalis Caroli V. in 2 Haupttheilen eingerichtet und mancherlei Kriminalbeispielen und juristischen Anmerckungen versehen durch Jacob Otto. Ulm, 1749

Cramer, W. C.: praeses. Dissertatio iuridica De tortura eiusque usu et effectibus . . . praeside Wilhelmo Zacharia Cramero respodente. Io. Christophero Goetzio pro loco Facultate Iuridica rite obtinendo . . . habenda . . . Lipsiae, 1742

Cranz, A. F.: Gallerie der Teufel, bestehend in einer auserlesenen Sammlung von Gemählden moralisch politischer Figuren, deren Originale zwischen Himmel und Erden anzutreffen sind, nebst einigen bewährten Rezepten gegen die Anfechtungen der bösen Geister, von Pater Gassnern d. J. (pseud.) nach Art periodischer Schriften stückweise hrsg. Frankfurt, 1777/78

Creidius, H.: Predigten, Anderer Jahrgang. Nosse me, nosse te. Frankfurt am Main, 1655

Cremer, T.: Eine Hexenverbrennung in der Eifel. Kulturbild aus der Zeit des dreissigjährigen Krieges. In: Rhein. Geschichtsblätter. 7. Jahrg. Nr. 11/12. Bonn, 1904

Crespet, P.: Deux livres de la haine de Sathan et malins Esprits contre l'homme, et de l'homme contre eux. Paris, 1590

Crohns, Hj.: Die Summe theologica des Antonin von Florenz und die Schätzung des Weibes im Hexenhammer. In: Act. soc. scient. Fenn. XXXII. 4. Helsingfors, 1903

Crohns, Hj.: Zwei Förderer des Hexenwahns und ihre Ehrenrettung durch die ultramontane Wissenschaft. Stuttgart, 1905

Croissant, W.: Die Berücksichtigung geburts- und berufsständischer und soziologischer Unterschiede im deutschen Hexenprozeß. Jur. Diss. Mainz, 1953

Cudius, H.: Newe Zeitung und ware Geschicht, diese 76. Jars geschehen im Breisgaw, wie man das in etlichen Stätten und Flecken, die in 55. Unhulden gefangen und verbrent hat, auch wie sie schröckliche ding bekent haben . . . Gestellt und gemacht durch Hans Cudium. 1576 (?)

Curieuse Gespräche im Reiche deren Todten, zwischen dem bekannten Auctore der bezauberten Welt, und ehemaligen Prediger in Holland, Balthasar Bekkern, der beynahe wenig vom Teufel geglaubet; und zwischen dem in gantz Teutschland berühmten Theologo Christian Scrivern, der einen Menschen zurecht gebracht, so einen Pact mit dem Teufel gemacht. Leipzig und Braunschweig, 1731 (1734 ?)

Curiose Erwegung der Worte Mosis Gen. VI, 2: ,,Da sahen die Söhne Gottes, wie die Töchter der Menschen schön waren, und nahmen ihnen Weiber, auss allen sie die erwehleten''. Amsterdam, 1700

Cusanus, N.: Christliche Zuchtschul, in welcher gründliche und wahrhafftige Resolution und Auflösung aller schwähren Fragstück so in jedem weltlichen Standt, Wandel und Handel mögen fürfallen, wie auch der fürnehmsten streitigen Artickeln, wie Erklärung kürtzlich fürgebracht wird; allen Seelsorgern und dem gemeinen Mann sehr nutzlich...Lucern, 1645

Dacheux: Die ältesten Schriften Geilers. Freiburg, 1882

Daemonolatria, das ist, von Unholden und Zauber-Geistern, des Edlen Ehrenvesten und hochgelarten Herrn Nicolai Remigii, des durchlauchtigsten Herzogen in Lotheringen peinlichen Sachen cognitoris publici — von welchen wunderbarlichen Historien so sich mit den Hexen, deren über 800 in gedachten Herzogthum Lotharingen veränet, zugetragen, sehr nützlich, lieblich und notwendig zu lesen, auss dem Latein in hoch Teutsch übersetzt durch Teucridem Annaeum Privatum. M. Kais. Maj. Privileg. 1598. Frkf.

Dahl, J.: Nachtfrauen und Galsterweiber. Eine Naturgeschichte der Hexe. Ebenhausen b. München, 1960

Dahlerup, V.: Hexe og Hexeprocesser i Danmark. Et Foredrag holdt in Foreningen til Oplysningens Fremme blandt Kjobenhavns Arbejdere. Kjobenhavn. Studentersamfundets Forlag. 1888

Dalberg, v.: Blicke eines Tonkünstlers in die Musik der Geister. Erfurt und Mannheim, 1787

Dandolo, T.: La signora di Monzi e le streghe del Tirolo, processi famosi del secolo decimosettino per la prima volta cavati dalle filze originali. Milano, 1855

Daneau, L.: Les Sorciers. Dialogue tres utile et nécessaire pour ce temps. De l'Imprimerie de Jaques Bourgeois. Geneve. M. D. LXXIIII.

Daneau, L.: De veneficis, qvos olim sortilegos, nvnc avtem vvlgo sortiarios vocant: dialogvs, in quo quae de hoc argumento quaeri solent, breuiter & commodé explicantur. Tractatus propter varias & Controuersas de hac quaestione hominum sententias vtilissimus, & rerum capitalium iudicibus maximé necessarius. Per Lambert Danaeum. Coloniae Agrippinae, 1575

Daneau, L.: Von den Zauberern, Hexen, vnd Vnholden, drei christliche verschiedene vnnd zu diesen vnsern vngefährlichen Zeiten nothwendige Bericht... Durch die hoch vnd hochgelehrte Herren, Lambertvm, Danaevm, Iacobvm Vallick, vnnd Vlricvm Molitoris... Cölln, 1576

Daneau, L.: Opuscula omnia theologica, ab ipso authore recognita. Genevae, 1583

Daneau, L.: De veneficiis, quos olim sortilegos, nunc sortiarios vocant. Parisiis, 1574 (deutsch: Ein Gespräch von Zauberern, welche man lateinisch sortilegos oder sortiarios nennet, in welchen kuertzlich und gruendtlich erklaeret wirdt, was von diesem gantzen Handel der Zauberey disputiret wirdt). Frankfurt, 1586

Dannhauer, J. C.: Scheid- und Absag-Brieff einem vngenannten Priester aus Cöllen auff sein Antworts-Schreiben an einen seiner Freunde... über das zu Straßburg (also titulirte) vom Teuffel besessene adeliche Jungfräwlein gegeben. Strassburg, 1667

Dannhauer, J. C.: Deuternomicum Dannhauverianum, id est: Collegium Decalogicum denud typis traditum: praetera amendis repurgatum... ut tertiii theologicae conscientiariae tomi vices sustinere possit. Argentorati, 1669

Danzel, Th. W.: Magie und Geheimwissenschaft in ihrer Bedeutung für Kultur und Kulturgeschichte. Stuttgart, 1924

Darmstaedter, E.: Hexen, Hexenchemie und Narkose. Berlin, 1930

Das Bezauberte Bauernmägden: oder Geschichte von dem anjetzo in Kemberg bey Wittenberg sich aufhaltenden Landmägden Johannen Elisabethen Lohmannin; aufgesetzt und mit Anmerkungen eines Rechtsgelahrten versehen. Breslau, 1760

Das Buch Amor proximi. Geflossen aus dem Oehl der göttlichen Barmherzigkeit, geschöpfet mit dem Wein der Weisheit, bekräftiget mit dem Saltz der göttlichen und natürlichen Wahrheit. Frankfurt und Leipzig, 1746

Das Dorfconvent, welches allerley Gespräche von Hexen, Gespenstern, Schatzgräbern und Naturerscheinungen enthält. Hrsg. vom Schulmeister zu Glücksfeld. 1750 (?)

Das Hexenwesen in Ungarn. In: Das Ausland. 52. Jahrg. Nr. 41. Stuttgart, 1879

Das Vorurteil, Glaub und Unglaub, bey denen Gassnerischen Kuren, oder, Etwas für diejenigen, die keinen Teufel glauben. Nebst einem Verzeichnis von denen pro und contra herauskommen Schriften. Sulzbach, 1775

Das hundertjährige Jubelfest unsers Merseburgischen Gymnasium, welches am 19. Dezemb. 1775. eintritt, suchet durch nachstehende Abhandlung von der Totenbeschwörung festlich zu machen, Joh. Fried. Sander. Collega IV. Merseburg

Das Roß-Haar in dem Hühner = Ey. In: Horst's Zauberbibliothek. II. Bd. CXVIII. Stück

Daub, K.: Judas Ischarioth oder das Böse im Verhältnis zum Guten betrachtet. II. Theile. Heidelberg, 1816—1818

Daumer, G. F.: Das Wunder. Regensburg, 1874

Daurer, C.: Diss. inaug. denunciato sagarum. Tubingae, 1664

Decker, J. H.: Spectrologia, h. e. Discursus ut plurimum Philosophicus de Spectris. Hamburg, 1690

Deckert, J.: Inquisition und Hexenprozesse ,Greuel der katholischen Kirche'. Wien. Sendboten des heil. Joseph. Wien, 1896

Decreta et statuta diocesenae synodi coloniensis. Coloniae, 1667

Defoe, D.: Der Übernatürliche Philosoph, oder die Geheimnisse der Magie, nach allen ihre Arten deutlich erkläret... aus den bewährtesten Autoribus zusammengetragen und durch das Exempel und Leben des Herrn Duncan Camphell, des tauben und stummen Edelmanns, erörtert. Nebst D. Wallis Methode, taube und stumme lesen, schreiben und jede Sprache verstehen zu lernen, von W. Bond. Aus dem englischen ins Deutsche übersetzt und mit einigen nöthigen und dienlichen Anmerckungen versehen. Berlin, 1742

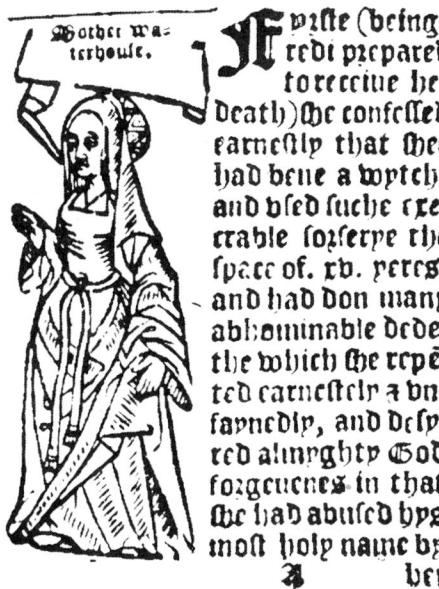

Defoe, D.: Gründliche historische Nachricht vom Teuffel. Darinnen die Siege, so der Teuffel über das menschliche Geschlechte von Eva an, bis auf unsere Zeiten erhalten hat, klar und deutlich erwiesen. Erster und anderer Theil. Aus dem Englischen und Französischen in das Teutsche übersetzt, Göthen, 1748

Dell'Ossa, A. U.: Das große betrügerische Nichts oder die heutige Hexerei und Zauberkunst. Frankfurt, 1761

De Magorum Daemonomania. Vom Außgelaßnen wütigen Teufelsheer Allerhand Zauberern/Hexen und Hexenmeistern-/Unholden/Teufesbeschwerern/Wahrsagern/Schwartzkünstlern/Vergifftern/Augenverblendern... Wie die vermög aller Recht erkannt/eingetrieben/gehindert/erkündigt/erforscht /peinlich ersucht ud gestrafft werden sollen. Gegen den Herrn Doctor J. Wier Buch von der Geister verführungen/durch den Edlen Hochgelehrten Herrn Johann Bodin/der Rechten D und des Parlaments Rath inn Franckreich außgangen. Und nun erstmals durch den Ernvesten und Hochgelehrten H. Johann Fischart/derRechten D. auß Französischer sprach trewelich ins Teutsche gebracht/und nun zum andernmahl an vilen enden vermehrt und erklärt. Getruckt zu Straßburg/bei Bernhard Jobin. 1591

De Praestigis daemonum, das ist: Von Teufelsgespenst, Zauberern, Schwarzkünstlern, Hexen und Unholden, erstlich durch Johann Weyer in Latein beschrieben, nachmals von Johann Fuglius verteutscht, jtztund aber nach dem letzten außgezogenen Original auf's neu übersehen und mit vielen heilsamen nützlichen Stücken... so der Bodinus mit dem Grund nicht widerlegen kann, durchaus gemehret und gebessert. Frankfurt am Main durch Nicolaum Basseum. 1586

DelRio, M.: Disquisitorum magicarum VI. quibus continatur accurata curiosarum artium et vanarum superstitionum confutatio, utilis Theologis, Jurisconsultis, Medicis, Philologis.

Lovaniae, 1599 (Mainz, 1593, 1600, 1606, 1624; Löwen, 1599, 1601; Köln, 1633, 1657; Oberursel, 1606)

DelRio, M. A.: Les controverses et recherches magiques. Divusees en six livres, ausquelles sont exactement & doctement confutees les sciences curiences, les vanitez superstitiones de toute la magie. Aves ques la maniere et sorciers, accomode a l'instruction des confesseurs... Traduit et abregé du Latin par André du Chesne. Paris, 1611

Demandt, K. E.: Lindheimer Chronik. Schriften und Altenstädter Gesellschaft f. Geschichte u. Kultur. e. V. Nr. 1. Gießen, 1975

Demandt, K. E.: Der Altenstädter Raum im Wandel der Jahrhunderte. Schriften der Altenstädter Gesellschaft f. Geschichte und Kultur. Nr. Gießen, 1977

Dennler, J.: Ein Hexenproßess im Elsas vom Jahre 1616. Ein Beitrag zur Kulturgeschichte des Elsasses. Nach dem Rotbuch von Enzheim. 1896

Der Churfürstl. Durchleucht. Herzog Maximilian Joseph in Bayern... erneuerte Land-Gebott, wider die Aberglauben, Zauberey, Hexerey, und andere straffliche Teuffels-Künsten. München, 1746

Der entlarvte Teuffel oder denkwürdige Geschichte von vielen warhafftig Besessenen, welche dieses Feindes Grausamkeit heftig erfahren, entlich aber durch den mächtigen Finger Gottes wieder erledigt worden. Zu mehrer Bekräfftigung der von Doc. Bekkern, in seiner verzauberten Welt, zweiffelhaft gemachten Kögischen Geschichte... Zusammen getragen von M. J. J. L. Leipzig, 1900

Der Hexenprozeß und die Blutschwitzerprozedur. Zwei Fälle aus der Criminalpraxis des Kantons Zug aus den Jahren 1737/38 und 1849. Zug, 1849

Der Hexenwahn und die Hexenprozesse. Barmen, 1891

Der philosophische Perl-Baum, das Gewächs der drei Principia zu deutlicher Erklärung des Steins der Weisen. Durch D, J. W. Leipzig, 1705

Der Teufel zu Seefeld. Aus: Anmerkungen über den Teufel zu Seefeld in Tirol. Verfaßt von einem Geistlichen (Ganser) der Exklarisserinnen. In: Stats-Anzeigen. Göttingen. 6. Bd. 23. Heft. Seefeld, 1783/84

Der Wahre geistliche Schild, so vor 300 Jahren von dem heil. Papst Leo X. bestätigt worden, wider alle gefährliche böse Menschen sowohl als aller Hexerei und Teufelswerk entgegen gesetzt; darinnen sehr kräftige Gebete und Segen... Nebst einem Anhang heiliger Segen. 1849 (?)

Der Wahre geistliche Schild. 2. Th. Oder: Heiliger Segen aller heil. Apostel und Jünger Jesu Christi... um alle unheilbaren Krankheiten der Menschen zu vertreiben, und alle Anfälle des Satans abzuwenden. Sammt dem wunderthätigen Getrauden-Büchlein, das ist: Der heil. Jungfrau und Abtissin Gertraud himmlische Anmuthungen und Gebete um zeitliche und ewige Güter. Salzburg, 1667

Der Wahre geistliche Schild... schöner und wohl-approbierter heiliger Segen zu Wasser und Land wider alle seine Feinde. Geistliche Schild-Wacht, darinnen der Mensch ihm für eine jegliche Stund... einen besonderen Patron aus den Heiligen Gottes erwählet. Anhang: Heiliger Segen... um in allen Gefahren, worein sowohl Menschen als Vieh oft gerathen, gesichert zu sein. 1849

Des Herrn Bailly Aufsehers über den königlichen Bildersaal wie auch der königlichen Akademie der Wissenschaften zu Paris und des Instituts zu Bologna Mitgliedes. Geschichte der Sternkunde des Altertums, bis auf die Errichtung der Schule von Alexandrien (1. Bd.) und die Geschichte der alten Sternkunde oder die Erläuterung der astronomischen Geschichte des Altertums (2. Bd.). Leipzig, 1777

Der Berggeist auf Rodenstein, Frankfurt, 1816

Der curieuse und und vernünftige Zauber-Artzt, welcher lehret und zeiget, wie man nicht allein ex triplici regno curieuse Artzeneyen verfertigen, sondern auch per sympathiam, et antipathiam, transplatationem, amuleta et magiam naturalem oder vermeynte Hexerey, die vornehmsten Krankheiten des menschlichen Leibes glücklich curiren könne. Aus berühmter Medicorum und Physicorum Schriften zusammengetragen, mit artigen Excerpten und Historien, nebst nöthigem Register zum drittenmahl ans Licht gestellet von Valent. Kraeutermann. Arnst. u. Leipz. 1730. (Als Autor des Werks wird Christoph von Hellwig, Med. u. Phys. zu Tenstadt genannt.)

Der heimliche Naturkundiger oder Beschreibung der Wünschelruthe. A. d. Französischen von Matth. Willen. Nürnberg, 1694

Der in einen Waldgarten und Haus-Guckuck sich verwandelte Mercurius. Frankfurt und Leipzig, 1750

Der nach seinem Tode unschuldig der Zauberey beschuldigte Pater Tanner. In: Hauber's Zauberbibliothek, II. Bd. CVI. Stück

Der Schlesische Rübezahl nebst 15 beigefügten Plagegeistern und einem Trauer- u. Trostgedichte eines Rechtsgelehrten. Breslau, 1739

Der unglückselige Teufels-Banner zu Osnabrück (aus/Herm. Hamelmanns Historia ecclesiastica renati Evangelii in urbe Ossnaburga, in ejusd. opp. General-Histor. In Hauber's Zauberbibliothek. I. Bd. 8. Stück. LXI

Der Unterricht Jesu über d. jüd. Meinung von der Gewalt des Teufels unter den Menschen. 1785

Der vielförmige Hintzelmann oder Erzählung von einen Geist, so sich...in Lüneburg...gefährlich erwiesen. 1701

Der wunderbare Hund, oder der durch List und Bosheit eines Weibes in einen Hund verwandelte Amtsschlösser, welcher mit seinen Avanturen den Lauf der Welt vorstellet. Aus dem Polnischen ins Teutsche übersetzt von G. P. B. Gedr. i. dies. Jahr...

de Saint-André, lettres de Abr. — au sujet de la magie, des malefices et sorciers, où il rend raison des effets les plus surprenans, qu'on attribue ordinairement aux démons, et fait voir que ces intelligences n'y ont souvent aucune part. Par. 1725

Königl. Leib-Medici in Frankreich lesenswürdige Briefe an einige seiner Freunde, über die Materie von der Zauberey, den Ubelthaten, so dadurch angestiftet werden, und von den Zauberern und Hexen insbesondere; worinnen er die wunderbarsten Würckungen, die man gemeiniglich den Teufeln zuschreibet, deutlich erkläret, und dabei zeiget, daß diese Geister oft nicht den geringsten Antheil daran haben, sondern alles, was man ihnen beimisset, weder in dem alten noch neuen Testament zu finden, noch auch durch die Kirche bestätigt, und folglich entweder natürlich oder Betrügern sey. Gedruckt zu Paris 1725 mit Approbation und Königl. Privilegio. Statt eines Supplements zum Hutchinson aus dem Frantzösischen ins Teutsche übersetzet, Ruhmgedachtem Lord-Bischoff in Unterthänigkeit dediciret, und mit unterschiedlichen Anmerkungen, wie auch einem Vorbericht und gehörigen Registern versehen von Theodoro Arnold. Leipz. 1727

de Szotrski, A.: Czarownika Povolna abo Krotha. Nauka y Prestoga y Strony Czarownic. Gedanska, 1714

Detharding, G. Chr.: praeses. Dissertatio medica inauguralis De obsessione eademque spuria, von Besessenen und von besessen gehaltenen Menschen, quam...sup praesidio...Georgi. Dethardingii... puplice eximinandum proponit Christ. Fride. Stever...Rostochii, 1724 (?)

Detharding, G. Chr.: Scutinium medicum De morbis a spetrorum apparatione oriundis. Von Gespenstern, weil solche durch ihre Erscheinung Krankheiten verursachen, id quo...Georgio Detherdingio...pro gradu doctorali summisque in arte medica honoribus ac privilegiis rite obtinendis...ad diem 27. Octobr. An. 1729 publico examini offert Georgius Erhard von Gehren. Rostochii, 1729

Dettling, A.: Die Hexenprozesse im Kanton Schwyz. Schwyz, 1907

Die Bücher und Schriften des Edlen, Hochgelahrten und bewährten Philosophie und Medici Philippi Theophrastie von Hohenheim, Paracelsi genannt, Jetzt auff's new auß den Originalen und Theophrastie eigner handschrifft, soviel derselben zu bekommen gewesen, auff's trewlichst und fleisigst an tag geben; durch Johanneum Huserum Brisgarium. Churfürstlich Köllnisch Rath und Medicum. Gedruckt zu Basel, 1590

D. G. B. M.: Untersuchung von Gewalt und Wirkung des Teufels in natürlichen Körpern. Frankfurt und Leipzig, 1704

Die Bekehrung des berühmten Römisch-Catholischen Scribenten Florimundi Remondi, durch ihre vorgegebene Austreibung des Teufels aus einer Besessenen. In: Hauber's Zauberbibliothek. I. Bd. 12. Stück. XCVII.

Die erstaunlichen Wirkungen der Sympathie. Frankfurt, 1762

Diefenbach, J.: Christus und das Christentum. Mainz, 1874

Diefenbach, J.: Der Hexenwahn vor und nach der Glaubensspaltung in Deutschland. Frankfurt an Main, 1886

Diefenbach, J.: Besessenheit, Zauberei und Hexenfabeln. In: Frankf. zeitgem. Brosch. Hrsg. v. J. M. Raich. NF. Bd. XIV. Frankfurt a. M., 1893

Diefenbach, J.: Der Zauberglaube des 16. Jhts. nach den Katechismen Dr. Martin Luthers und des P. Canisis. Mit Berücksichtigung der Schriften Pfarrer Längin (Karlsruhe) und des Professors Riezler (München). Mainz, 1900

Die Foltergewölbe und Hochgerichte der Vorzeit. Geschichtliche Darstellung und Abbildung der verschiedenen Folterinstrumente, Leibes- und Lebensstrafen der früheren Jahrhunderte. Hrsg. Karl R. Pawlas, Publ. Archiv, Nürnberg, 1963

Die gestriegelte Rockenphilosophie oder aufrichtige Untersuchung deren von vielen superklugen Weibern hochgehaltenen Aberglaubens. 5. Aufl. 1759

Die Hexen-Angst der aufgeklärten Welt. Unversiegelter Brief an Herrn Bluntschii u. Gebrüder. Von Alban Stolz. Freiburg im Breisgau, 1871

Die Hexenbulle, nebst Auszügen aus dem ,Hexenkammer'. Aus dem Lateinischen ins Deutsche übersetzt und mit erläuternden Anmerkungen versehen. 2. Aufl. von Wilhelm Römer. Schaffhausen, 1889

Die Hexenbulle Papst Innocens VIII. Summis desiderantes; aus dem Bullarium magnum. Übertragen und hrgs. von Paul Friedrich. Leipzig, 1905

Die Hexen der Neuzeit. Studien zur Sozialgeschichte e. kulturellen Deutungsmusters. Hrsg. Claudia Honegger. Frankfurt am Main, 1978

Die große Gewalt des Satans. Berlin, 1719

Diehl, J. B. M.: Friedrich von Spee. Eine historische und literaturhistorische Skizze. Freiburg, 1872

Diehl, J. B. M.: Friedrich Spee. 2. umgearb. Aufl. Freiburg, 1901

Die Macht des christlichen Glaubens, dargestellt im Leben des durch auffallende Gebetserhörungen merkwürdig gewordenen Nicolaus Wolf von Rippertschwand in dem Canton Luzern. Von einem Freunde des Seeligen. Luzern, 1832

Die mit Teufeln besessene Welt in drei Gesprächen, von dem losgelaßnen Teufel, von schwartzen und weißen Teufeln. Aus dem Englischen d. Addison. Offenb.

Die sogenannten Werke des Teufels auf dem Erdboden, Horatius. Somnia, terrores magicos, miracvla, sagas, nocturnos, lemvres, portentawque Thessala rides. Freyburg, 1751

Diestel, E.: Der Teufel als Sinnbild des Bösen im Kirchenglauben, in den Hexenprozessen und als Bundesgenosse der Freimaurer. Berlin, 1921

Die Teufelsbeschwörungen, Geisterbannereien, Weihungen und Zaubereien der Kapuziner. Aus dem lat. Benedictionale übersetzt. Bern (?). ca. 1840

Die Teufelscitation. Eine Anedectote ohne Zusatz — nur mit Anmerkungen. Um drei Viertheil des jetztigen philosophischen Jahrhunderts gedruckt. 1775

Dietrich, C.: Kriegs- und Bußpredigten. Ulm, 1630

Die Verbreitung des Glaubens an Hexerei. In: Globus 26. Bd. Nr. 19. Braunschweig, 1874

Disquisitiorum Magicarum libri sex, quibus continetur accurata curiosarum artium et vanarum superstitionum confutatio, utiliis Theologis, Jurisconsultis, Medicis Philologis. Auctore Martine Del-Rio. Sorciet. Jesu. Presbyter et Theolog. Doctor. Colon, 1599

Die unerforschlichen Wege der Herunterlassung Gottes, in welchen er sich nach denen oft unächten Begriffen der Menschen richtet, dargelegt in dreyen aus der Frantzösischen Frantzösischen Sprache ins Teutsche übersetzten Lebens-Läuffen. Nebst beygefügten Erwegungen über die Absonderung und Herunterlassung, worinnen vor der falschen selbstklugen condescentzder Neulinge, welche theils aus Bekehrsucht, Creutz-Flucht, neben der geraden Regel der Schrifft vorbey gehen, und ohne inneres Licht des Geistes der Herunterlassung Gottes nachzuahmen vorwenden, besonders in diesen letzten Zeiten des Gerichts der Hure, des Thiers und des Drachen; wie auch zugleich vor vermessenen, aus dem Unglauben und eigenen Modell herkommenden Richten, über diese und dergleichen der nachgebenden Herunterlassung Gottes gemässe Führungen der Seelen, gewarnet wird von einem, der die langmütige Liebe Gottes und das Saltz in Christo suchet und bittet. Leipz. 1735. (In: Hauber's Zauberbibliothek I. Bd. XXIX. Stück)

Disputatio theologica de horrenda et miserabili Satanae obsessione, ejusdemque ex obsessis expulsioue, quam sub Praesidio Dn. Joh. Georg. Dorschel, S. S. Theologiae Doct. esjusdemque in Acad. Argentoratensi, nunc Rostochiensi Professori Geleberrimi, Serenissimis Ducibus Megapolit. à Consiliis Sanctioribus, et Consistorii Ducalis Assessoris Primarii et h. t. Rectoris Nagnitici et Decani spectabilis, publico eruditorum examini submittit Daniel Springinsgut, Werb. Marchicus. Autor et Respondens, in Auditorio majori, ad diem 33. Augusti, horis antimeridianis. Anno cIoIocLVI. typis Johannes Richelii, Senatus Typogr. (In: Hauber's Zauberbibliothek I. Bd. XXVI. Stück)

Disselhof, A.: Ueber die Geschichte des Teufels. Vortrag. Deutsche Evangelische Buch- und Tractat-Gesellschaft. 4. Auflage. Berlin, 1885

Diszes Wonder, auch erschrickliche Zaychen ist durch Zulassung Gottesz warhafftig unnd thadlich gesehen in der Stat von Gent in Flandern, auff den XVIII. Augustii in Jaer, MDLXXXVI, bei den bossen Gayst unnd seinesz Wercks, seer erschrocklich ist unnd zu leesen. Anntdorf, 1586

Ditmar, J. F. (pr. Chr. Breitenbauch): de Daemonibus eorumque existentia, natura atque operationibus. Helmst. 1719

Diwo, J.: Die Hexenprozesse in der Stadt Siegburg. Jur. Diss. Bonn, o. J.

Dobeneck: Des deutschen Mittelalters Volksglauben und Heldensagen. 1815

Döbler, H. F.: Hexenwahn. München, 1977

Doctor Faust's großer und gewaltiger Höllenzwang, mächtige Beschwörungen der höllischen Geister, besonders des Aziels, daß dieser Schätze und Güter von allen Arten gehorsam voll ohne allen Aufruhr, Schreckensetzung und Schaden vor den gestellten Krayß seiner Beschwörer bringen und zurücklassen müsse. Nach dem Prager Exemplar von 1509.

Dölger, Fr. J.: Der Exorzismus im altchristlichen Taufritual; eine religionsgeschichtliche Studie. Paderborn, 1967

Döllinger, I. v., Reusch, Fr. H.: Geschichte und Moralstreitigkeiten in der römisch-katholischen Kirche seit dem 16. Jht. Mit Beiträgen zur Geschichte und Charakterlisierung des Jesuitenordens. 2 Bde. Nördlingen, 1889

Döpler, J.: Theatrum poenarum, suppliciorum et executionum criminalium,... Oder Schau-Platz derer Leibes- und Lebens-Strafen, welche nicht allein von alters bei allerhand Nationen und Völckern in Gebrauch gewesen, sondern auch noch heut zu Tage in allen vier Welt-Theilen üblich sind. Darinnen zugleich der gantze Inquisitions-Process, Captur, Examination, Confrontation, Tortur... enthalten, sonderlich bei den Zauber und Hexen-Torturen. Sondershausen. 1693—97

Donovan, F.: Zauberglaube und Hexensabbat. Ein historischer Abriß. München, 1971

Döring, E.: Geschichte der deutschen Rechtspflege seit 1500. Berlin, 1953

Döring-Hirsch: Tod und Jenseits im Spätmittelalter. Berlin, 1927

Dornkeil, T.: Kurzer Bericht, wie man der itzt regierenden Pest heilsam begegnen möge. Hamburg, 1605

Dorschii, D. J. G.: Dissertatio de horrenda et miserabili Satanae obsessione ejusdem ex obsessis expulsione. Rost... 1556

Drey wichtige Fragen über das Hexen-System von einem gesunden, unverruckten Kopf diesseits der Donau... 1767

Dr. Martin Luthers ausgeführte Erklärung der Epistel an die Galater anno 1531. Aus dem Lateinischen in's Deutsche übersetzt von Justus Menius. Halle-Magdeburger Ausgabe. Bd. VIII.

Dr. Martin Luthers kürzere Auslegung der Epistel St. Pauli an die Galater, wie sie in Cal. Spr. anno 1519 zum erstenmal und 1523 zum andernmal herausgekommen. Verdeutscht anno 1525 von J. Bugenhagen Pomeranus. Halle-Magdeburger Ausgabe. Bd. II.

Dufour, P.: Geschichte der Prostitution. 6. Bde. Deutsch von Adolf Stille. Leipzig, 1870 (?)

Duhm, H.: Die bösen Geister im Alten Testament. Tübingen, 1904

Duhr, B. (S. J.): Paul Laymann und die Hexenprozesse. In: Zeitschrift f. katholische Theologie. 1889

Duhr, B. (S. J.): Neue Daten und Briefe zum Leben des P. Friedrich Spee. In: Görres-Gesellschaft zur Pflege d. Wiss. im kath. Deutschland. Hist. Jahrbuch. 21. Bd. 2. und 3. Heft. München, 1900

Duhr, B. (S. J.): Die Stellung der Jesuiten in den deutschen Hexenprozessen. Köln, 1900

Duhr, B. (S. J.): Geschichte der Jesuiten in den Ländern deutscher Zunge. In der ersten Hälfte des 17. Jhts. Freiburg, 1913

Dulckeit, G.: Römische Rechtsgeschichte. München und Berlin, 1952

Dumcke, B.: Zauberei und Hexenprozesse. Berlin, 1912

The discouerie of
Witchcraft.

¶ The first Booke.

An impeachment of Witches power in me-
teors and elementarie bodies, tending to the re-
buke of such as attribute too much vnto them.

The first Chapter.

THE fables of
Witchcraft haue ta-
ken so fast hold and
deepe root in the heart
of man, that fewe or
none can(nowadaies)
with patience indure
the hand and correcti-
on of God. For if any
aduersitie, greefe, sick-
nesse, losse of children,
corne, cattell, or libertie
happen vnto them;
by & by they exclaime
vppon witches. As
though there were no God in Israel that ordereth all things according to his will; punishing both iust and vniust with greefs,
plagues, and afflictions in maner and forme as he thinketh good:
but that certeine old women here on earth, called witches,
must needs be the contriuers of all mens calamities, and as
though they themselues were innocents, and had deserued no
such punishments. Insomuch as they sticke not to ride and go
to such, as either are iniuriouslie tearmed witches, or else are
willing so to be accounted, seeking at their hands comfort and
remedie in time of their tribulation, contrarie to Gods will and
commandement in that behalfe, who bids vs resort to him in all   Math. 11.
C. i.   our

Durastantis, J. M.: Philosophie, Proplema an Daemones sint et morborum sint causa, pro... Theologurom, Philosophorum et Medicorum sententiis. Venetiis, 1567

Dürr, O.: Der Hexenbischof von Würzburg. In: Frankenwarte Nr. 42 vom 22. Okt. 1937

Durych, F.: Opsuculi inscripti: Gedanken über die Werke des Liebhabers der Wahrheit von der Hexerey... 1767

Ebeling, Chr.: de provocatione ad juridicum Dei. s. de probationibus, quae olim se fiebant per juramentum, per duellum, per ferrum candeus, per aquam ferventum et frigidam, per symbolum Crusis, per sortem, per cruentationem cadaverum occisorum et per citationem ad tribunal Dei. Lemgow, 1711

Ebner, Th.: Friedrich von Spee und die Hexenprozesse seiner Zeit. In: Samml. gemeinverst. wissenschaftl. Vorträge NF 13. Ser. 291. Heft. Hamburg, 1898

Eckert, Chr.: Der Fronbote im Mittelalter. Nach dem Sachsenspiegel und den verwandten Rechtsquellen. Leipzig, 1897

Ehinger, Chr.: Daemonologia; oder, Etwas Neues vom Teufel. Das ist: Warhafftiger historischer Bericht von einem sonder- und wunderbaren casu, Anfechtungs-Fall, und satanischer Versuchung, mit welcher, auss Gottes Verhängniss ein Burger und Schuhmacher in Augspurg, etliche Jahre vexiret, und geplaget worden. Augsburg, 1681

Ehingers, Chr.: daemonologica oder etwas vom Teufel. Augspurg, 1681

Ehret, L.: Schadenzauber der elsässischen Hexen an Menschen und Tieren. Unter besonderer Berücksichtigung des Hexenglaubens auf d. Gebiete der ehemaligen Fürstabtei Murbach. In: Annuaire de la Societe historique, litte'raire et scientifique. Nouvelle Serie. Vol. 3. 1935

Eichelsbacher, J. A.: Hexenprozesse im Freigericht Alzenau. In: Frankenwarte Nr. 13/14. 1930

Eichler, M.: Tempel-Annecke, die letzte Hexe von Braunschweig. Harzburg, (?)

Eichsfeld, Chr.: Orthodoxia Casualis sive orthodoxa respinsa ad difficultores, praecipuos, singulares, ac non obvios Conscientiae, fidei, vitaeque Christianae casus. Leipzig, 1655

Eichson, A.: M. Butzer. Straßburg, 1891

Eigentliche Fürstellung der arglistigen satanischen Erscheinung, welche sich jüngsthin am 17. Julii, war der 4. Sonntag nach dem Fest der H. Dreyeinigkeyt, mit Hanns Grunern, einem Einwohner zu Mellingen, warhafftig begeben, jedermann zur Warnung und Schrecken, aus des Mannes eigener Schrift- und mündlichen Erzehlung entworfen, und auf vielfältiges Ansuchen und Begehren ans Licht gestellet. Pirna, 1698

Ein Erschröcklich Geschicht vom Teufel und einer Unhulden, beschehen zu Schilta bey Rotweil in der Karwochen MDXXXIII. Jar. 1533 (?)

Ein erschröckliche Antwort eines bösen Geist's auss einer besessenen Persohn, als er beschworen, vnnd ein verdampte Lugengeist gescholten worden ist, & Lieds weiss an Tag geben, zur Warnung und Straff aller Unbussfertigen. 1596

Ein wunderbarlich erschrockenlich Handlunge, so sich auf den grün Donstag dis Jars ynn dem Stedlein Schiltach, mit einer Brunst durch den bösen Geyst gestifft, begeben hat, ym MDxxxiij. 1533 (?)

Eine bayrische Verordnung gegen Zauberer, Hexen und Wahrsager vom Jahre 1611

Eine Grawsame erschreckliche vnd wunderbarliche Geschicht oder newe Zeitung, welche warhafftig geschehen ist, in diesem M. D. LIX. Jar, zur Platten, zwo Meil wegs von Joachims Thal. Als alda hat ein Schmid eine Tochter, die ist vom bösen Feind dem Teufel eingenommen und besessen worden, der hat so wunderbarlich vnd seltzam aus jr geredt, mit den Priestern, die teglich bey jr gewest sind... Witteberg, 1559

Eine Medaille, auf den weltberühmten Teufels-Banner, D. Balthasar Bekker, von A. In: Wöchentliche historische Münz-Belustigung. 44. Stück. Bremen (?), 1736

Eine neue wunderliche Historie von der Heirath eines Juden mit einer Teufelin. Frankfurt a. d. O.

Eine Summe etlicher Predigten vom Hagel und Unholden. gethan in der Pfarrkirch zu Stuttgarten im Monat Augusto, Anno M. D. LXII. Durch D. Matheum Alberum und D. Wilhelm Bidenbach, sehr nutzlich und tröstlich zu dieser Zeit zulesen. Tübingen, 1562

Eine Warhafftige Zeitung von etlichen Hexen oder Unholden, welche man kürtzlich im Stifft Mäntz, zu Ascheburg, Dipperck, Ostum, Rönnshofen, auch andern Orten, verbrendt, was Übels sie gestifft, und bekandt haben. Frankfurt, 1603

Eines redlichen Protestanten aufrichtige Erinnerung an den Verfasser des Exorcisten in seiner Blösse, den Prager Hirtenbrief betreffend. Frankfurt und Leipzig, 1776

Eines Weimarischen Medici muthmaßliche Gedanken von denen Vampyren oder sogenannten Blut-Saugern, welchen zuletzt das Gutachten der Königlichen Preussischen Societät der Wissenschaft von den gedachten Vampyren beygefügt ist. Leipzig, 1732

Eine wahrhaftige Geschichte, welche an einer Magd geschehen, die bei Herrn D. Hof-Prediger der Fürstin zu H. gedienet hat. In: Hauber's Zauberbibliothek. I. Bd 9. Stück. LXXVI.

Einzing, J. M. M.: Dämonologie oder systematische Abhandlung von der Natur und Macht des Teufels... 1775

Einzinger v. Einzing, Maximilian, J. M.: Dämonologie; oder systematische Abhandlung von der Natur und Macht des Teufels, von den Kennzeichen, eine verstellte oder eingebildete Besitznehmung des Teufels, von einer wahren am leichtesten zu unterscheiden, sammt den natürlichsten Mitteln, die meisten Gespenster am sichersten zu vertreiben, dem Gassnerischen Teufelssystem entgegengesetzt. Leipzig, 1775

Elichi (us), P. L.: Daemonologie, sive libellus... de daemonis cacurgia, cacomagorum et lamiarum energes. Francoforti, 1607

Ellinger, J.: Hexen-Coppel, das ist: Uhralte Ankunft und große Zunft der Unholdseligen, Unholden und Hexen, welche in einer Coppel von einem ganzen Dutzend auf die Schau und Musterung geführt. Allen Unpassionierten, Unaffectionierten, und Uninteressierten Patriotis durch Johannem Ellingerum Diaconum Arheilgensem. Getruckt im Verlag Unkels. Buchhändler zu Frankfurt am Main, 1629

Ellinger, J.: Kriegerisches Bußglöcklein. Darmstadt, 1632

Elvert, Chr.: s. **Bischof, F.**

Elworthy: The evil eye. London, 1895

Emrich, G. : Formen und Grundlagen des gegenwärtigen Hexenglaubens (aufgr. einer Untersuchung eines westpfälzischen Dorfes). Phil. Diss. Mainz, 1953

Englert, A.: Ein kleiner Beitrag zur Geschichte der Hexenprozesse. In: Hessische Blätter f. Volkskunde. 5. Bd. Leipzig, 1906

Englert, A.: Eine gereimte Zeitung über den Hexenbrand in Dieburg im Jahre 1627. Leipzig, 1913

Ennemoser, J.: Der Magnetismus im Verhältnisse zur Natur und Religion. Stuttgart und Tübingen, 1842

Ennemoser, J.: Geschichte der Magie. Leipzig, 1844

Ennemoser, J.: Der Magnetismus nach der allseitigen Beziehung seines Wesens, seiner Erscheinung, Anwendung und Enträtselung, in einer geschichtlichen Entwicklung von allen Zeiten und bei allen Völkern dargestellt. Leipzig, 1819

Erastus, Th.: Disputationem de medicina nova Ph. Paracelsi Pars 1, in qua de remidiis superstitionis et curationibus ille prodit, praecipue examinatur. Basiliae, sine anno 1571

Erastus, Th.: Disputatio de Lamiis seu Strigibus. Basiliae, 1572

Erastus, Th.: Repetitio de lamiis seu strigibus; in qua plene, solide et persique de arte, potentate itemque poena disceptatur. Basiliae, sine anno 1578

Erbauliche Abhandlung von dem erschröcklichen und Jammer-vollen Zustand der In zweyen Betrachtungen aus Heil. Schrift erwiesen und mit historischen Exempeln erleutert...mit einer Vorrede Gustav Georg Zeltners, D. worinnen er seine Gedancken vom Binden des Satans. Offenb. 20, 2, eröffnet. Nürnberg, 1733

Erledigung der ehr. Klosterfrau Maria Augusta Delphina, im Frauenkloster zu Stanz, den 28. März 1848 durch P. Anizet Regli, Guardian zu Stanz. Nach einem Original-Manuskripte getreu abgedruckt. 1848 (?)

Ermattinger, E.: Hexenglaube und Massenwahn. In: Frankenwarte nr. 6. v. 9. Februar 1933

Erschrechliche newe Zeitung, welche sich begeben und zugetragen in diesem 1650. Jahr, in der Osternacht, im Schweitzger Gebirge, bey der Stadt Dillhofen auf einem Dorfe Dinndurff genandt, in welchem drey Hexen gewohnet... Dilhofen, 1650

Erschröckliche doch warhaffte Geschicht, die sich in der spanischen Statt Madrileschos genannt, mit einer verheurathen Weibs-Person zugetragen, welche von einer gantzen Legion Teuffel siben Jar lang besessen gewest. Und durch Patrem Ludovicum de Torre...widerumb erledigt worden. München, 1608

Ernst, C.: Teufelsaustreibungen; die Praxis der katholischen Kirche im 16. und 17. Jht. Bern, 1972

Ernst, J.: Der eschatologische Gegenspieler in den Schriften des Neuen Testaments. 1967

Erschrecklich und unerhörter Wunderzeichen, welches der gebenedeiete Gott hat erzeigt in einem schändlichen Tode des Martini Luthers, verdammt mit Seele und Leib; wie man in einem Kapitel des Briefes des allerchristlichen König Gesandten klärlich greifen kann, zu Ehre und Preiß Jesu Christo und zu einer Besserung und Trost der Frommen. 1545

Erweytterte Unholden Zeyttung. Kurtze Erzelung wie viel der Unholden hin und wider, sonderlich inn dem Obern Teutschland, vermög ihrer Vrgicht, zugefüget, und wieviel ungefehrlich deren, in diesem 1590. Jar. biss auf den 21. Julij, von dem Leben zum Todt hingerichtet und verprandt worden seyen. Ulm, 1590 (?)

Erzählung der vom Bischof Laurent in Luxemburg bewirkten Teufels-Austreibung. Aus dem Holländischen wörtl. übersetzt. Luxemburg, 1843

Erörterung der wichtigsten Schwierigkeiten in der Lehre v. Teufel. 1776

Erschreckliche Geschichte von einem Wegen Zauberey verbrennten Frantz. Geistlichen Ludwig Goffredy (aus: Franciccus de Rosset, Histories tragiques de nostre temps) Hofmarckfurth MDCXXIV

Erzstein, pseud. ed.: Ertappter Briefwechsel von der Zauberey, Schröpfers Künsten, Nativitätsstellen, Sympathie, Gespenstern u. d. g. gesamlet von einem Juristen, Mediciner, Philosophen und Theologen, und hrsg. von Erzstein. Leipzig, 1777

Eschbach, H.: Dr. med. Johannes Wier, der Leibarzt des Herzogs Wilhelm II. von Cleve-Jülich-Berg. Ein Beitrag zur Geschichte der Hexenprozesse. In: Düsseldorfer Jahrb. Beitr. z. Geschichte d. Niederrh. 1. bd. Düsseldorf, 1886

Eschenmayer, C. A. v.: Besessensein und Zauber. 1834

Eschenmayer, C. A. v.: Conflict zwischen Himmel und Hölle, an den Dämon eines besessenen Mädchens beobachtet von C. A. Eschenmayer in Kirchheim unter Teck. Nebst einem Wort an Dr. Strauss. Tübingen, 1837

Eschenmayer, C. A. v.: Charakteristik des Unglaubens, Halbglaubens und Vollglaubens, in Beziehung auf die neuen Geschichten besessener Personen. Nebst Beleuchtung der Kritik im Christenboten. Tübingen, 1838

Eschenmayer, C. A. v.: Mysterien des inneren Lebens, erläutert aus der Geschichte der Seherin von Prevorst. Tüb. 1830
Eschenröder, W.: Hexenwahn und Hexenprozeß in Frankfurt a. M. Jur. Diss. Gelnhausen, Frankfurt, 1932

Eubel, C.: Vom Zaubereiunwesen anfangs des 14. Jhts. (mit urkundl. Beilagen). München, 1897

Evans, E. P.: Ein Tierer Hexenprozeß. In: Augsburger Allgem. Zeitung. 86. Beilage. Augsburg, 1892

Everling, O.: Die paulinische Angelogie und Dämonologie; ein biblisch-theologischer Versuch. Göttingen, 1888

Ewich, J.: De sagarum natura, arte viribus...et poena qua afficiendae sint. Bremae, 1584. (deutsch: Von der Hexen, die man gemeiniglich Zauberin nennt...) In: Theatrum de veneficiis. Frankfurt, 1586

Examen iudicalus lamiarum confessionis, se ex nefando cum Satan coitu prelem suscepisse humanam. Was von der Hexen Bekäntnuß zu halten, daß sie aus schandlichem Beyschlaff mit dem Teuffel Kinder gezeuget...Quam...praeside Iohanne Klein...die 19. Nov. 1698...submittet Nicolaus Rutter, Stralsund, author. Rostochii, 1698 (Anm.: wirklicher Verfasser war Johann Klein, Prof. d. Rechte a, d, Rostocker Universität und gleichz. Präsident des Mecklenburger Landgerichts).

Exocismus in Satanam et angelos apostotaticos, jussu Leonis XIII. P. M. editus Romae, 1890

Expensregister was versoffen und verfessen worden, als Weiber zu Werdenfels im Schlosse in Verhaft gelegen und hernach als Hexen verbrannt worden. In: Hornmayer's Taschenbuch f. vaterl. Geschichte. 1831

Eyn Wunderbarliches Gesicht und Geschicht von der hellen Pein, über die bösen und Gottlosen Verächter des heyligen Evangelii zu eyner Warnung und Besserung, in disem XLIX. Jare offenbart. 1549

Faber, D.: Die höllische Zauberin Circe, in ihren vermaledeyten Töchtern und verdammten Schwestern abgemahlet. Auch alle Obrigkeiten und Richter der Welt zu ernstlicher Betraffung derselben treuhertzig erinnert und abgemahnet. Magdeburg, 1699

Faber, J. J.: Meister eines theologischen Eiferers wider die Zauberer. Tübingen, 1666

Faber, J. J.: Muster und Prob eines recht theologischen Eifers wider die Zauberer und Hexen. Stuttgart, 1667

Fabricius, W.: Opera omnia. Frankfurt, 1646

Falgairolle, E.: Les exocismes en Lozére en 1792. Paris, 1894

Falken, R.: diss. quatuor de daemonologia recentiorum autorum falsa. Wittenberg, 1694

Farma, H.: Hugo Farmers Versuch über die Dämonischen des Neuen Testaments. Aus dem Englischen übersetzt von L. F. A. von Cölln. Nebst einer Vorrede D. Joh. Sal. Semlers. Bremen und Leipzig, 1776

Farmer, H.: Abhandlung über die Wunderwerke. Aus dem Englischen von J. Pet. Bamberger. Berlin, 1776

Fasciolus de poenis, vulgo Straffbuch/Gründtliche vnd rechte Vnderweysung/wie heutigen Tags/nach allgemeynen beschriebenen Geistlichen vnd Weltlichen Rechten/Reichs- auch Lands-Ordnungen/Statuen/Opinionen der Rechtsgelehrten/ vnd wohlhergebrachter Gewonheiten/etliche große eusserliche Sünde/Frevel/vnd begangene Missethaten/Bürgerlich vnd Peinlich zu straffen/gepfogen werden...mit angehengten Allegationibus vnd Rechtsgründen/durch M. Abraham Sawr...mit schönen Figuren gezieret. Eme Lege Judica... Getruckt zu Frankfurt am Mayn/durch Nicolaum Basseum. M. C. XV.

J. Faustens Miracul-Kunst und Wunderbuch oder der schwarze Rabe, auch der dreifache Höllen-Zwang genannt — Womit ich die Geister gezwungen, daß Sie mir haben bringen müssen, auch die Spring-Wurzel und was sonst mehr dergleichen auf Erden ist, das habe ich alles mit diesem Buche zu Wege gebracht, auch die Geister wieder lossprechen können. Lion MCXXXXXXIX (Anm. auch in Hauber's Zauberbibliothek Bd. III. p, 86 ff.)

Dr. J. Fausti (dreifacher) + + + Höllenzwang, magische Geister Commando, der schwarze Rabe, Romae in vaticano unter Papst Alexander VI. Anno 1520, von P. Hoffmann, regulirt 1746, mit Faust's, Pius VI. und Habermann's Portr. u. Mephistophilis, Barbuelis u. viel and. ill. Siegeln u. m. Abb. des schwarzen Raben.

D. Faust's Höllenzwang, wodurch der Teufel und Geister beschworen, ingl. die Geheimnisse der Schwarzkünstler, Schatzgräber, Teufelsbanner. Frankfurt

Dr. Fausts Original Höllenzwang. i. e. das sogenannte 7th Blatt der 7 Fürstengeister mit allen ihren Dienstgeistern (Familiaren, Pygmen) mit Abb. Faust's und dem schwarzen Raben. Romae, 1510

Dr. Fausts Original-Höllenzwang, i. e. der vierfachen Elemantar-Geister Familiar-Gehorsam, magiae albae et nigrae, aus d. 6. u. 7. Buch Mosis, mit Faust's u. Habermann's Portrait u. dem schwarzen Raben-Siegel, cabalist. Figuren. Romae, 1510

Fehr. H.: Das Recht im Bilde. Erlenbach-Zürich. 1923

Fehr, H.: Gottesurteil und Folter. Eine Studie zur Dämonologie des Mittelalters und der neueren Zeit. Sonderausgabe f. Rudolf Stammler zum 70. Geburtstag. Berlin und Leipzig, 1926

Fehr, J.: Der Aberglaube und die katholische Kirche des Mittelalters. Ein Beitrag zur Kultur- und Sittengeschichte. Stuttgart, 1857

Fehr: Die deutsche Kirche des Mittelalters im Kampfe gegen den zeitweiligen Aberglauben. In: Österr. Vierteljahrschrift f. kath. Theologie. 1. Bd., 1862

Félice, P. de: Lambert Daneau. Sa vie, ses ouvrages, ses lettres inédites. Paris, 1882

Fiedler, H.: Zauberei und Aberglaube. Eine kulturhistorische und kritische Beleuchtung dieser Erscheinungen. Bernberg, 1884

Flieger, H.: P. Don Ferdinand Sterzinger, Lector der Theatiner in München, Director der historischen Klasse der kurbayrischen Akademie der Wissenschaften, Bekämpfer des Aberglaubens und Hexenwahns und der Pfarrer Gassner'schen Wunderkuren. Ein Beitrag zur Geschichte der Aufklärung in Bayern unter Kurfürst Maximilian III. Joseph. München, 1907

Filesac, J.: De idolatria magica. dissertatione Paris, 1609

Fiorelli, P.: La Tortura Giudiziaria nel diritto Comune. 3. Vol. Milano, 1953/54

Fischer, D.: Tentanem pnevmatologico physicum De mani piis diaboli sive sagis. Avthore Daniele Fischero kesmarkiensihvngaro. Med. cvtl. Vitembergae, 1716

Fischer, E.: Die Licht- und Schattenseiten der Inquisition; nebst einer Geschichte der Hexenprozesse und historischen Rückblicken und der Geisselgesellschaft. Aus geschichtlichen Quellen geschöpft und parteilos. Wien, 1881

Fischer, F.: Die Basler Hexenprozesse des 16. und 17. Jhts. Basel, 1840

Fischer, H.: Mittelalterliche Pflanzenkunde. München, 1928

Fischer, H. L.: Das Buch vom Aberglauben. 2. Theile. Hanover, 1793

Fischer, W.: Die Geschichte der Teufelsbündnisse, der Besessenheit, des Hexensabbats und der Satansanbetung. Mit 2 Tafeln, Stuttgart, 1907

Fischer, W.: Aberglaube aller Zeiten. Stuttgart, 1906/07

Flade: Das römische Inquisitionsverfahren in Deutschland bis zu den Hexenprozessen. In: Studien zur Geschichte der Theologie und der Kirche. Hrsg. Bonwetsch und Seeberg. IX. Leipzig, 1902

Fleischmann, M.: Christian Thomasius. Leben und Lebenswerk. Halle, 1931

Fletwood, W.: Untersuchung der Wunderwerke. Leipzig, 1705

Floerck, J. E.: Commentario de crimine coniurationes spiritum; eius processu et poenis. Ienae, 1721

Fludd, R.: Philosophia mosaica. Goudae, 1638

Forner: Panoplia armaturae Dei adversus conem superstitionem, divinationem, exantationem, daemonolatriam et universas magorum, venevicorum et sagarum, et ipsiusmet satanae insisdias, praestigias et infestationes. Ingolstadt, 1625

Förster, J. Chr.: Philosophische Anhandlung über die Wunderwerke. Halle, 1761

Förtsch, M.: Commentario de pactis hominvm cvm diabolo circa abditos in terra thesavros effodiendis et acqvirendos, ad casvm illvm tragicvm, qvi anno MDCCXV. invigiliis festi

Nativitatis Christi in argo Ienensi institvta. Von denen Bündnissen der Menschen mit dem Teufel bey dem Schatz-Graben. Editio novissima. Lipsiae, 1741

Fossey, C.: Le magie assyrienne. Paris, 1902

Fr. Joannis Nider Suevi, Ordinis Paedicantorum, Sacrae Theol. Professoris et haereticae pestis Inquisitoris liber insignis de maleficis et eorum deceptionibus. Beigedr: Malleus Maleficarum, Ausg. 1669

Frage, ob der Katechismus von der Geisterlehre ein katholischer Katechismus sey. Augsburg, (?), 1775

Franciscus de Cordua (pseud.): ...Schrifft — und vernunfftmässige Gedancken vom Schatz-graben und Beschwerung der Geister, aus dem Lateinischen ins Teutsche übersetzt. Hamburg, 1716

Francisi, A.: Generalinstruction von den Trutten. St. A. Bamberg. Pep. B. 26c, Nr. 44

Francisi, E.: Der höllische Protheus, oder tausendkünstige Versteller, vermittelst Erzehlung der vielfältigen Bild-Verwechslungen erscheinender Gespenster, werffender und polternder Geister...wie auch andrer abentheuerlicher Händel ...und von theils gelehrten, für den menschlichen Lebens-Geist irrig-angesehenen Betriegers, (nebst vorberichtlichem Grund-Beweis der Gewissheit, dass es wirklich Gespenster gebe)... Nürnberg, 1627—1694

Francisis Alphani philosophie et medeci Academica salernitanae opus de peste, febre pestilentiali et febre maligna. Nec non de variolis et morbilis quaetenus non sunt pestilentes. 1577

Franck: Der Hexenprozeß gegen den Fürstenbergischen Registrator, Obervogteiverweser und Notar Mathias Tinctorius und Consorten zu Hüfingen. Ein Sittenbild aus den 1630er Jahren. Freiburg i. Br., 1870

Franck, J.: Geschichte des Wortes Hexe. Bonn, 1901

Franck, J. Chr.: Gottfried's Warlieb (pseud.) Deutliche Vorstellungen der Nichtigkeit derer vermeynten Hexereyen und des ungegründeten Hexen-Processes. Nebst einer gründtlichen Beantwortung der unter dem Namen eines nach Engelland reisenden Passagiers unlängst heraus gekommenen Untersuchung vom Kobold, darinnen die falschen Auflagen/mit welchen derselbe so wohl den Hrn. geheimbd. rath Thomasius als Iohann Webstern ohne allen Grund zu diffamiren gesuchet...deutlich entdeckt, wie auch die Thomasische Lehrsätze vom Laster der Zauberey wieder dessen ungegründete Einwürfe zulänglich behauptet werden... Nach Erfindung der Hexerey im dritten Seculo, und nach Einführung des Hexenprozesses im Jahr, 236. pref. Amsterdam, 1720

Frankenberg, S.: Geschichte der Heilkunst und der Heilsschwärmerei. Leipzig, 1848

Franz, A. D.: Die kirchlichen Benediktionen im Mittelalter. 2. Bde. Freiburg i. Br. 1909

Franz, H.: Der Hexenglaube in Hessen. In: Zeitschrift ‚Hessenland', 30./31. Jahrg. Kassel, 1916/17

Franzen, A.: Zölibat und Priesterehe in den Auseinandersetzungen der Reformationszeit und der kath. Reform des 16. Jhts. 1970

Freiding, M.: Gewissens-Fragen oder gründlicher Bericht von Zauberei und Zauberern — von Mitteln wider dieselben und was für einen Prozeß christliche Obrigkeit wider die Zauberei gebrauchen solle. Frankfurt am Main, 1671

Freimark, H.: Okkultismus u. Sexualität. Beiträge zur Kulturgeschichte der Vergangenheit und Gegenwart. Leipzig, 1909

Frese, J.: Umständlicher Bericht, von dem unlängst im Hamburg vom leidigen Satan besessene Mägdlein, wie auch Beantwortung einiger Fragen von der Universität Kiel, nebst des

Autors Lebens-Lauf, worin gemeldet werden die Wunder von dem glühenden Rinck und Kohlen, und noch beygefüget, eine Trostschrift an einige Betrübte Herzen. Hamburg (?), 1692

Freud, S.: Eine Teufelsneurose im siebzehnten Jahrhundert. Internationaler Psychoanalytischer Verlag. Leipzig, 1924

Freudius, M.: Gewissens-Fragen oder Gründlicher Bericht von Zauberei und Zauberern, von Mitteln wider dieselben, und was sie für einen Prozeß Christliche Obrigkeit wider die Zauberer gebrauchen sollen... Männiglichen zu guten Unterricht und treuherzigen Warnung wider solch Teufels-Geschmeiß dienlich, insonderheit deren Richtern zu erwegen hochnöthig und erbaulich...Benebenst einem Anhang von Geist — und leiblicher Besitzung und Austreibung dess bösen Geistes...Franckfurt am Mayn, 1671

Freybe, A.: Das Memento Mori in deutscher Sitte, bildlicher Darstellung und Volksglauben, deutscher Sprache, Dichtung und Seelsorge. Gotha, 1909

Freybe, A.: Der deutsche Volksaberglaube in seinem Verhältnis zum Christentum und im Unterschiede von der Zauberei. Gotha, 1910

Freytag, G.: Bilder aus der deutschen Vergangenheit. Der deutsche Teufel im 16. Jht. In: Die Grenzboten. XVII. Jahrg. Leipzig, 1858

Friedländer: Darstellungen aus der Sittengeschichte Roms in der Zeit von Augustus bis zum Ausgang der Antonine. 5. Aufl. 1881

Friedrich, Joh.: Astrologie und Reformation oder die Astrologen als Prediger der Reformation und Urheber des Bauernkrieges. München, 1864

Friedrich, P.: Der Hexenbulle Papst Innocens VIII. ‚Summis desiderantes' aus dem Bullarium Magnum. Leipzig, 1905

Frisch, C.: Kepleri Astronomi omnia. 8. Bde. (Anm. in Bd. 8. S. 360 ff. befindet sich der Prozeß gegen seine Mutter). Frankfurt und Erlangen, 1859—1871

Frischbier, H. K.: Hexenspruch und Zauberbann; ein Beitrag zur Geschichte des Aberglaubens in der Provinz Preussen. Berlin, 1870

Frisii, P.: Tiara Diaboli nebulosa. Frcf., 1589

Frisius, P.: Von des Teufels Nebelkappen, das ist: ein kurtzer Begriff, den ganzen Handel von der Hexerey belangend. In: Theatrum de veneficiss. Frankfurt, 1586

Fritsch, J. G.: Seltsame, jedoch warhafftige theologische, juridische, medicinische und physikalische Geschichten, sowohl aus alter als auch neuer Zeit. Leipzig, 1730

Froehner, R.: Von Hexen und Viehverzauberung. In: Abhandl. aus der Geschichte der Veterinärmedizin. 7. Jahrg. Leipzig, 1925

Fröhlich: Commentarius zur peinlichen Halsgerichtsordnung. Ulm, 1709 (1714 ?)

Fröhlich: Denkmäler mittelalterlicher Strafrechtspflege in Ost- und Mitteldeutschland. In: Arbeiten zur rechtliche Volkskunde. Gießen, 1946

Fromann, J. Chr.: Tractatus de fascinatione novus et singularis, in quo fascinatio vulgaris profligatur, naturalis confirmatur & magica examinatur. Norimbergae, 1675

Fromschmidt, L.: Bericht, woher man die sogenannten Araunigen oder Goldmännlein bekommt. 1768

Fronmüller, J. Chr.: Die auss Gottes Zulass von dem abgesagten Gottes und Menschen-Feind, dem leidigen Teuffel eine geraume Zeit leiblich- besessene, und übel-geklagte, leiblichen Besitzung widerum befreydte...Susanna Raabin...Theils auss den Actis, theils aber aus der Erfahrung selbsten zusammen getragen von Johann Christoph Fronmüller. 1696 (1703)

Fuchs, H.: Ein Hexenprozess in Schleusingen aus dem Jahre 1663. Meiningen, 1889

Fünf Predigten von Hexen, ihren Anfang, Mittel und End in sich haltend und erklärend. Aus heiliger, göttlicher Schrift und vornehmster alter Kirchenlehrer zusammengestellt und von dessen gehalten in der Pfarrkirchen zu Schleusingen durch Joachim Zehner, Pfarrer daselbsten und Hennebergischen Generalsuperintendent. Leipzig, 1613

Funkel-Nagel-Neues Altväterliches Lied von erschröcklichen ...Exempeln mit Moralien geziert, auch ganz deutlich beschrieben, wohin die sogenandt Hexen-Assemblée zur Nachtzeit zu fahren pflegt-vorgestellt und componirt von Tenora Ritornello

Fürst, W.: Ein Prozeß gegen Nicolaus von Glüchen, Ratskonsulenten und Advokaten zu Nürnberg (1605). In: Mitt. d. Vereins f. Geschichte der Stadt Nürnberg. 20. Heft. 1913

Fürstl. Mecklenb. Erweiterte Verordnung welcher massen es mit der befragunge der Zauberey halber eingezogenen Persohnen sonderlich mittels adhibirter Tortur, wegen Ihrer complicum, zuhalten. Güstrow, 1683

Gaar, G.: Heylsame Lehr-Stück, und Zauberey betreffende Anmerckungen in der christlichen, nach Hinrichtung Mariae Renatae einer Zauberin, gehaltenen Anred, einiger Massen zwar angeregt, hernach aber ausführlicher erläutert...An jetzo mit einem Zusatz vermehrt...Wirtzburg, 1750

Gams: Zur Geschichte der spanischen Staats-Inquisition. Regensburg, 1871

Ganser, B.: Sendschreiben an einen gelehrten Freund, betreffend die heutige Streitschriften von der Hexerey. Vom Donau-Strohm. 1767 (?)

Gardiner, A.: a detection of the Devils Sophistrie, wherwith he robbeth the unlearned people, of the true byleef in the most blessed Sacrament of the Aulter. Joye, 1546

Gardner, G. B.: Witchcraft Today. London o. J.

Gardner, G. B.: Ursprung und Wirklichkeit der Hexen. Einführung von M. Murray. Orig. Tit. ‚Witchcraft today'. Übersetzt durch U. v. Mangoldt. Weilheim/Obb. 1965

Gaspers, J.: Hexenglauben und Hexenwahn in Erkelenz. Im Selbstverlag des Vereins. Erkelenz, 1921

Gassner, J. J.: Joseph Gassners...Antwort auf die Anmerkungen, welche dem Münch'ner Intelligenzblatt vom 12. Nov. wider seine Gründe und Weise zu exorciren, wie auch von der deutschen Chronik, und anderen Zeitungsschreibern gemacht worden. Augsburg, 1774

Gassner, J. J.: Weise, gesund und fromm zu leben, auch ruhig und gottselig zu sterben; oder Nützlicher Unterricht wider den Teufel zu streiten; durch Beantwortung der Fragen: 1. Kann der Teufel dem Leibe des Menschen schaden?. II. Welchen am mehresten?. III. Wie ist zu helfen?. 8. verb. Auflage und vermehrt von Herrn Verfasser selbsten. Augsburg, 1775

Gätschenberger, St.: Zwei Klostergeschichten des vorigen Jahrhunderts. Zum erstenmale nach den Inquisitions Akten bearbeitet...Leipzig, 1858

Gayler: Historische Denkwürdigkeiten der ehemaligen freien Reichsstadt Reutlingen. Reutlingen, 1845

Gazophylacium Christii Eleemosyna, quam in aula Smi. utriusque Bavariae Ducis Maximiliano...explicavit et latine scripsit Hieremias Drexelius e Soc. Iesu Monachii. 1637

Gebeth wider die Zauberey-Sünde. Wrth, 1629

Gebhardt: Friedrich Spee von Langenfeld. Hildesheim, 1893

Gedanken eines Landpfarrers über den Ungrund des Hexenglaubens. Landshut, 1789

Gedanken über die Worte des Liebhabers von den Hexerey. München, 1767

Geffken, H.: Lex Salica. Leipzig, 1898

Geheime Unterredung zwischen zwei vertrauten Freunden, einem Theologe philosophicante und Philosophico theologicante von der Magie naturalis, ihrem Ursprunge und principiis, wo bewiesen wird, daß dieselbe eine natürliche, nützliche und zulässige Wissenschaft sei. Nebst einer Widerlegung aller Objektionen und Anführung vielerlei natürlichen Experimenten. Zum Druck gegeben von dem Collegio curiosum in Deutschland. Gedruckt zu Cosmopoli im Januario. 1703

Gehring, P.: Der Hexenprozeß und die Tübinger Juristenfakultät. Untersuchungen zur Württ. Kriminalrechtspflege im 16. und 17. Jht. In: Zeitschrift f. würtemb. Landgeschichte. 1. Jahrg. Stuttgart, 1937

Geiler, J. v. Kaisersberg: De emeis. Dis ist das Buch von den omeissen, vnd auch Herr der künnig ich diente gern. Vnd sagt von eigenschaft der omeissen. Un gibt vnderweisung von den vnholden oder hexen, vnd von gespenst der geist, vnd von den wütenden heer wunderbarlich vnd nützlich zewissen, was man daruon glauben vnd halten soll, Vnd ist von dem hoch gelerte doctor Johanes Geiler vo Keisersperg...in ein quadragesimal gepredigt worden alle sontag in der fasten...Strassburg, 1517

Geisliches Zeug-Hauss in sich haltend starcke und geisliche Waysen, die teuflische Anfäll glücklich zu yberwinden. 17. Jht.

Geilen, H. W.: Die Auswirkungen der Cautio Criminalis von Friedrich von Spee auf den Hexenprozess in Deutschland. Köln, 1963

Geister-, Zauber- und Kobolds-Geschichten. Eisenach. Bey J. G. E. Wittelkinde. 1793

Geistliche Fama mitbringend verschiedene Nachrichten und Geschichten von göttlichen Erweckungen und Führungen. Wercken, Wegen und Gerichten, allgemeinen und besondern Begebenheiten, die zum Reich Gottes gehören. Erstes Stück. Der Name des Hern wandelt auf Erden. Gesammlet und gedruckt zu Philadelphia, 1730

Gerhard, E.: Über Wesen, Verwandschaft und Ursprung der Dämonen und Genien. Gelesen in der königl. Akademie d. Wissenschaften zu Berlin am 13. Mai 1852. Berlin, 1852

Gervasius, T.: Otia imperialia. In: G. W. Baron v. Leibnitz: Scriptores rerum Brunsvicensium. 2. Bde. Hannoverae, 1707

Geschichte der von dem Teufel besessenen Martha Brossier. In: Hauber's Zauberbiliothek II. Bd. CXIV. Stück

Gilbert, W. M. D.: De magnetecisque corporibus et de magnete tellure physiologia nova, Londini, 1600

Glanvill, J.: weil. Königl. Englischen Hof-Predigers und vornehmen Mitgliedes der Societät gelahrter Leute, Saducismus triumphatus, oder vollkommener und clarer Beweis von Hexen und Gespenstern, oder Geister-Erscheinungen, in zween Theilen verfasset, derer ersterer die Möglichkeit vorstellet, daß sie seyn können, der andere beweiset, daß sie würcklich seyn, und solches ernstlich aus heiliger Schrift; ferner mit auserlesenen Geschichten neulicher Zeiten. Zum erstenmahl aus dem Englischen ins Teutsche übersetzt. Hamburg, 1701

Glanvill, J.: Geomantie, vollkommene oder sog. Punktirkunst der Araber, Welschen, Franzosen und Engländer. Freystadt, 1702

Glasschröder, P.: Jeremias Drexel, ein bayrischer Hofprediger und Asketiger des 17. Jhts. In: Beilage zur Augsburger Postzeitung. Nr. 70/71. 1889

Glaubrecht, C.: Die Schreckensjahre von Lindheim. Stuttgart, 1850

Glöckler, A.: Das Strafrechtsverfahren im Mecklenburg im 16. und Anfang des 17. Jhts. In: Jahrbücher d. Vereins f. mecklenb. Geschichte. XV. 1850

Göbel: Die Missionspredigten des Franziskaners Berthold von Regensburg. Regensburg, 1857

Goeckel, E.: Der eierlegende Hahn sammt seinem Basilisken-Ei. Ulm, 1697

Gockelinus, E.: Tractatus polyhistoricus Magico-medicus Curiosus, oder ein kurtzer mit vielen Wunderlichen Historien untermengter Bericht von dem Beschreyen und Verzaubern, auch denen daraus entspringenden Krankheiten und zauberischer Schäden. Was dasselbe eigentlich sey? aus waserley Ursachen solches herkomme? Wie sich vor solchen Unwesen zu hüten? und auf was Weise die darauß entstandenen Krankheiten und zauberischen Schäden vermittelst eines andächtigen Gebets und deren dazu gehörigen besondern Arztney-Mitteln curiret werden können? Alles auß berühmter Alter und Neuer Medicorum Scriptis, auch auß eigener Erfahrung und 42. jähriger Praxis zusammengetragen und hervorgegeben. Frankfurt und Leipzig, 1699

Goedelmann, J. G.: Tractatus de magis, veneficiis et lamiis deque his recte cognoscentis et puniendis...in tres libros distributus. Francoforti, 1591 (auch: Norimbergae 1676

Goedelmann, J. G.: Von Zäuberern vnd Vnholden, warhafftiger vnd wolgegründeter Bericht Herrn Georgii Gödelmanni... wie dieselbigen zuerkennen vnd zu straffen. Allen Beampten zu vnsern Zeiten von wegen vieler vngleicher vnd streittigen Meynung sehr nützlich vnnd nothwendig zuwissen...verteutschet...durch Georgium Nigrinum...Franckfurt am Mayn, 1692

Goehausen, H.: Decisio trium quaestionum. Rintelii, 1629

Goehausen, H.: Processus juridicis contra sagas et veneficos, das ist: Rechtlicher Prozeß, wie man gegen Unholden und Zauberische Personen verfahren soll. Rintelii, 1630

Goldast, M.: Rechtliches Bedencken, von Confiscation der Zauberer- und Hexen-Güter. Veber die Frage: Ob die Zauberer und Hexen, Leib und Guth mit und zugleich verwürcken, allso und dergestalt, dass sie nicht allein an Leib und Leben, sondern auch an Haab und Guth, können und sollen gestrafet werden? Sampt ein verliebtem kurtzem Bericht, von mancherley Arth der Zauberer und Hexen, und deren ungleiche Bestraffung... Bremen, 1661

Goldschmidt, P.: Höllischer Morpheus, welcher kund wird durch die geschehnen Erscheinungen der Gespenster und Polter-Geister, so bißher zun theil von keinem eintzigen Scribenten angeführet und bemerket worden sind, daraus nicht allein erwiesen wird, daß Gespenster seyn, was sie seyn, und zu welchem Ende dieselben erscheinen, wider die vorige und heutige Atheisten, Naturalisten, und namentlich D. Beckern in der bezauberten Welt...1698

Goldschmidt, P.: Verworfener Hexen- oder Zauber-Advokat, in dem bestätigt wird, daß in der That eine teuflische Hexerei und Zauberei sei...Wohlgegründete Vernichtung des thörichten Vorhabens der Herrn Thomasii und aller derer, welche durch ihre Phantasiegrillen dem teuflischen Hexengeschmeiß das Wort reden wollen. Hamburg, 1705

Goller, E.: Jacob Henot. 1910

Gomez, A.: Variae resolutio nes iuris civilis, communis, et regii tomis tribus distintae. Francofurti, 1572

Gonzenbach, V.: Mitteilungen aus St. Gallischen Hexenakten seit 1600. In: Annalen der Criminalrechtspflege. 1855

Görres, J. J. v.: Die christliche Mystik. (8. und 9. Buch. Die Besessenheit und das Hexen- und Zauberwesen). Regensburg, 1836—42

Gottlieben Dittus cf. Pfarrer Johann Christoph Blumardt, ein Lebensbild von Fr. Zündel, Pfarrer. 2. Auflage. Heilbronn, 1881

Götze, L.: Grafen von Nassau-Dillenburg. Urteil über Hexenprozese (1582). Mitgetheilt von L. Götze. In: Verein f. Nassauische Altertumskunde und Geschichtsforschung. 13. Bd. Wiesbaden, 1874

Gräbner, K.: Bilder der Wunderkunst und des Aberglaubens. Weimar, 1834

Gräbner, K.: Das Reich der Geister, der Wunder, des Priesterbetruges und der Zauberei. Leipzig, 1834

Graeter, M. J.: Hexen oder Unholden Predigten. Darinnen zweyen vnterschiedlichen Predigten, auff das kürzest und ordentlichst angezeiget würdt, was in disen allgemeinen Landklagen, vber die Hexen vnd Vnholden, von selbigen warhafftig vnnd Gottseeliglich zuhalten. Tübingen, 1589, 1592

Graevius, J.: Tribunal reformatorum. Hamburg, 1629

Graf, A.: Naturgeschichte des Teufels. Einzige vom Verfasser authorisierte deutsche Ausgabe. Aus dem Italienischen v. R. Teuscher. Jena, 1889

Gräffle, J. F. Chr.: De Miraculorum natura. Helmstedt, 1797

Graminaeus, Th.: Inductio sive directorivm: das ist: Anleitung oder Vnderweysung, wie ein Richterin Criminal vnd peinlichen Sachen die Zauberer vnd Hexen belangendt, sich zuverhalten vnd der Gebür damit zu verfahren haben soll, in zwey Theil getheilet, als wie von Amptswegen, vnd sonst, so der Kläger Recht begert, zuverfahren. Cölln, 1594

Grapii, M. Z.: diss. de Judaeorum et Muhammedanorum Chibbut Hakkebher i. e. percussione supulchrali, vulgo von denen Schlägen im Grabe. Rochstochii, 1699

Grässe, J. G. T.: Bibliotheca magica et pneumatica; oder, Wissenschaftlich geordnete Bibliographie der wichtigsten in das Gebiet des Zauber-, Wunder, Geister- und sonstigen Aberglaubens vorzüglich älterer Zeit einschlagenden Werke. Mit Angabe der aus diesen Wissenschften auf der königl. Sächs. oeff. Bibliothek zu Dresden befindlichen Schriften. Ein Beitrag zur sittengeschichtlichen Literatur. Zusammengestellt und mit einem doppelten Register versehen. Leipzig, 1843

Graßers, J. B.: Vertheidigung der critischen Anmerkungen über des Pater George Gaars Rede von der Hexe Maria Renata. Bayreut, 1754

Gräter, J.: Hexen oder Unholden-Predigt. Tübingen, 1589

Grave, G.: Abgenötigte Rettung und Erklärung, zweyer zu Rinteln, jüngsthin gedruckter Sendbriefe, so mit Arrest sind hirselbst befangen: in welchen wird gehandlet: Von der Wasser Prob oder vermeintem Hexenbaden...Durch M. Gerhardum Graven...Rinteln, 1640

Grave, M. G.: Von der Wasser-Probe oder Hexen-Bade. Osnabr. 1640

Greiner, J.: Hexenprozesse in Dinkelsbühl. In: Alt-Dinkelsbühl. Mitt. a. d. Geschichte Dinkelsbühls und seiner Umgebung. Beilage zum ,Wörnitz-Boten'. 16. Jahrg. Nr. 6. vom 31. Dez. 1929

Gretseri, J. (S. J.): Theologi libro duo de benedictionibus et maledictionibus. Ingolstadii, 1615

Grigulêvic, I. R.: Ketzer, Hexen, Inquisitoren (Istorija inkvizicii), 13.—20. Jht. Mit einem Vorwort von Hubert Mohr. 2. Bde. Berlin, 1976

Grillandus, P.: Tractat de hereticis: sortilegijs omnifariam coitu: eorum penis. Lugd., 1536

Grillandus, P.: De sortilegiis. In: Tractatus universi juris duce et auspice Gregorio XIII. Pontifice maximo in unum congesti. 11. Bd. 2. Pt. Venetiis, 1584

Gross, Chr.: Christlicher Bericht von und wieder Zauberey, was solche schröckliche Sünde sey, wo sie herkomme, und wie man in allen Ständen derselben steuren und weren könne und solle; auss Gottes Wort verfasset und Herfür gegeben. Colberg, 1661

Gross, J. M.: Beweistum der großen Macht des Fürsten der Finsterniss...Mürnberg, 1744

Gross, W.: Sonder- und wunderbare, doch wahre Geschichte, wie der Teufel + + + sich einmal in der leiblichen Gestalt eines Esels auf dem Rathause zu B. r. im W..b..g. sehen liess; zu Frommen und Besserung der itzigen, höchst unglaublichen Welt, auch zum Beweis des, in unseren Tagen so sehr geläugneten Daseyns eines Teufels + + +, in Reimen, nach der bekannten Melodie: Ein Ritter, wie die Chronik sagt &...Im Manuscript aufgefunden und ans Licht gestelt. Seefeld in Tyrol, 1786

Grossens, J. M.: Gewisse Macht und Ohnmacht des Fürsten der Finsterniß. Regenspurg, 1734

Grote, Fhr. C.: Ortia Lindemann: oder, der Zaubereiprozess zu Egeln 1612; mit Benutzung geschichtlicher Quellen bearbeitet. Osterwieck a. H. 1877

Grotefend: Die Hexen in Frankfurt. In: Mitteilungen des Frank. Vereins f. Geschichte u. Altertumskunde. VI. Bd. (S. 67—78). Frankfurt, 1881

Grube, H.: praeses...Disputatio physica De qvaltionibus vulgo dictis occultis, quam...sum praesidio...Dn. Hermanni Gruben...publico examini exponet Zacharias...Hermannus... Janae, 1665 (?)

Gründliche Beantwortung der unter dem Namen eines nach England reisenden Passagiers unlängst herausgekommenen Untersuchung vom Kobold, darinnen die falschen Auflagen, mit welchen derselbe sowohl den Hrn. G. R. R. Thomasium als Johann Webstern ohne allen Grund zu diffamiren gesucht, deutlich entdecket, wie auch die thomasischen Lehrsätze vom Laster der Zauberey wider dessen ungegründeten Einwürfe hinlänglich behauptet werden. Amsterdam, 1720

Gründlich historische Nachricht vom Teufel, darin die Siege, so der Teufel über das menschliche Geschlecht erhalten hat, klar und deutlich erwiesen. Ersterer und anderer Theil. Aus dem Englischen und Französischen übersetzt. Göthen, 1748

Gründlicher Bericht, was von der Zauberey und Hexenwerck zu halten sey; Einhellige Antwort der Hochgelehrten Theologen und Predikanten zu Nürnberg (Anm. das waren: M. Helnig, J. Schelhammer, J. Kaufmann und M. Sallinger). Nürnberg, 1603

Gründlicher Bericht/Ob Zauberey die ärgste und grewlichste Sünd auf Erden sey. Zum andern/ob die Zauberer noch buß thun/und selig werden mögen. Zum Dritten/ob die hohe Obrigkeit die Zauberer und Hexen am Leib und Leben zu straffen schuldig. Mit Ableitung allerley Einreden, In sieben Tractat/und besondere Capitel abgetheilet: deren Inhalt und Register am Ende zu finden...Fracciscum Agricolam, Pfarrherrn zu Gülch. Gedruckt in der Fürstl. Statt Wirtzburg/durch Stephan Fleischmann, 1627

Gründlicher vnnd wahrhafftiger Bericht, was sich mit dem Mann, der sich Hanns Vatter von Mellingen, aus dem Land zu Düringen genennt, vnnd ein zeytlang im Teutschland herumb gezogen, zur Buss geruffen, vnd bey den Leuten fürgegeben, als ob er vom Sathan gepunden vnnd geplaget würde, zu Nürnberg zusammen getragen und vnnd verloffen hat. Nürnberg, 1562

Gründlicher Beweis, dass die Art, mit welcher der nun in ganz Deutschland berühmte hochw. Herr Pfarrer zu Klösterl, Johann Joseph Gassner die Kranckheiten zu heilen pflegt, den evangelischen Grundsätzen und den Gesinnungen der allerersten Kirche ganz gleichförmig sey. Von einem Vertheidiger der Wahrheit auf aufrichtigem Menschenfreunde in öffentlichen Druck gegeben. Augsburg, 1775

Grundling, N. H.: Gründliche Abfertigung der Unpartheiischen Gedanken eines ungenannten Auctoris, die er von der Lehre ,De crimine magiae', des hochberühmten Herrn D. Christiani Thomasii, neulichst heraus gegeben, gestellet von Hieronymo a sancta Fide. Franckfurth, 1701—1703

Grundmann, H.: Religiöse Bewegungen im Mittelalter. Untersuchungen über die geschichtlichen Zusammenhänge zwischen der Ketzerei, den Bettelorden und der religiösen Frauenbewegungen im 12. und 13. Jahrh. und über die geschichtlichen Grundlagen der deutschen Mystik. Hist. Studien. Hrsg. von Emil Ebering. 267. Heft. Berlin, 1935

Grupen, Chr. U.: Observatio juris Criminalis de applicatione tormentum. 1754

Duden, Fr.: Schreckliche Geschichte teuflischer Besitzung: in 3 merkwürdigen Historien. (Löwenburg ?). Budissin, 1716

Günther: Ein westdeutscher Hexenprozeß aus dem Jahre 1648. In: Mitteilungen des westpreussischen Geschichtsvereins. 1. Jahrg. Danzig, 1902

Günther, L.: Ein Hexenprozess; ein Kapitel aus der Geschichte des dunkelsten Aberglaubens. Giessen, 1906

Günthert, J. E. v.: Agnes; eine Hexengeschichte aus dem 16. Jht. Stuttgart, 1887

Gury: Theologia moralis. Übers. von Wesselsack. Regensburg, 1858

H. A. B.: Informatio ivris, in causa poenali; vtrvm tres mulieres malefici, et veneficii, cev reae, delatae capi, & torqueri potuerint necne? Quad. Caroli V. imp. constivtio criminalis aliqvot in locis declaratur. Rechtliches Bedencken, in Malefizsachen; ob drey Weyber, der Zauberey halber angegeben, in gefängliche Verhafft angenommen, und peinlich befragt werden können, oder nicht? Darinnen Keyser Carolis, des Fünfften, hochlöblichster Gedächtnuss Peinliche, oder Halsgerichts ordnunge in etlichen Articuln erkläret wirdt. Per H. A. B. V. I. D. Frankfurt, 1590

Haag, H.: Abschied vom Teufel. Tübingen, 1969

Haan, J.: Von Hexen und wildem Gejäg. Mit mittelalterlichen Holzschnitten und Kupferstichen, sowie Zeichnungen... Luxembourg, 1971

Haas: Die Hexenprozesse. Ein Cultur-historischer Versuch nebst Dokumenten. Tübingen, 1865

Haas, A.: Aus pommerschen Hexenprozeßakten. Ein Beitrag zur Geschichte des pommer'schen Volksglaubens. Programm des städt. Schiller-Realgynasiums. Ostern. Stettin, 1896

Hacker, F. X.: Die Hexenrichter von Würzburg. Historische Novelle von Seeburg (pseud.) 3. Aufl. Regensburg, 1894

Hader, M.: Zauber-, Hexen- und Gespensterglaube im Frankenwald. Heimatbilder aus Oberfranken. In: Volkskundl. Vierteljahrsschrift. 1. Jahrg. 4. Heft. 1913

Haeberlin, G. H.: Historische Relation, von denen in der hochfürstl. Würtemb. wohlbenahmten Ampts- und Handel-Stadt Calw einige Zeit her der Zauberey halber beschreyten Kindern, und anderen Personen. Sampt einer christlichen Predigt, wie solchen und dergleichen satanischen Anläufften christlich zu begegnen...In offentlicher Versammlung daselbsten gehalten, und in Truck gegeben von Georg Heinrich Haeberlin. Stuttgart, 1685

Haen, A. de.: Über die Magie. 1775

Hafner, G.: Onomatologia cvriosa artificiosa et magica; oder, Gantz natürliches Zauber-lexicon, welches das nöthigste, nützlichste und angenehmste in allen realen Wissenschaften überhaupt und besonders in der Naturlehre, Mathematick, der Haushaltungs- und natürlichen Zauberkunst, und aller andern, vornehmlich auch curieuser Künste deutlich und vollständig nach alphabetischer Ordnung beschreibet. 2. vielvermehrte Auflage. Nürnberg, 1764

Hafner, G.: Die Dämonischen des neuen Testaments. Ein Vortrag. Gehalten und dem Verein der deutschen Irrenärzte gewidmet. Frankfurt am Main, 1894

Hagen, K.: Deutschlands literarische und religiöse Verhältnisse im Reformationszeitalter. 3 Bde. Erlangen, 1841

Hagen, M.: Der Teufel im Lichte der Glaubensquellen. Freiburg im Breisgau, 1899

Hagenbach, K. R.: Die Basler Hexenprozesse in dem 16. und 17. Jht. Einladungsschrift zu der Rede des zeit. Rector magn. K. R. Hagenbach. Basel, 1840

Hahn, Chr. U.: Geschichte der Ketzer im Mittelalter. Bes. im 11., 12. und 13. Jht. Nach den Quellen bearbeitet. Bd. 1. Geschichte der neumanichäischen Ketzer. 1845

Hahn, Chr. U.: Geschichte der Ketzer im Mittelalter. Quellenmäßig bearbeitet. Bd. 2. Geschichte der Waldenser und verwandter Sekten. 1845

Hahn, Chr. U.: Geschichte der Ketzer im Mittelalter. Quellenmäßig bearbeitet. Bd. 3. Geschichte der Passagier, Joachim und Floris, Amalrichs von Bena. 1850

Haining, P.: An illustrated History of witchcraft. Ed. by Peter Haining. 1975

Haining, P.: Hexen. Wahn und Wirklichkeit in Mittelalter und Gegenwart. Oldenburg und Hamburg, 1977

Hakewill, G.: An apology of the power and providence of God in the Government of the world. Oxford, 1627

Haller, J.: Haußbuch. Darinn begriffen werden fünftzig Predigten Heinrich Bullingers. Bern, 1558

Hals-Gerichts-Ordnung. Ordnung des Halsgerichts zu Nürnberg. 17. Jht. (?)

Haltrich, J.: Die Macht und Herrschaft des Aberglaubens in seinen vielfachen Erscheinungsformen. Mit einigen Beispielen von Aberglauben aus dem Siebenbürger Sachsenlande... 2. Aufl. Schäßburg, 1871

Hamberger, J.: Gott und seine Offenbarungen in Natur und Geschichte. München, 1839

Hamer, St.: Eine erschröcklich Geschicht vom Tewfel und einer Unhulden, beschehen zu Schilta bey Rotweil in der Karwochen MDXXXIII. Jar. 1533 (?)

Hammelmann, H.: Predigt wider Beschwörer, Cristallgucker und Zauberer. 1572

Hammer-Purgstall, J. Frh. v.: Die Gallerien auf der Rieggersburg. Historischer Roman mit Urkunden. Von einem Steiermärker. Darmstadt, 1845

Hammes, M.: Hexenwahn und Hexenprozesse. Frankfurt am Main, 1977

Handschriftliche Schätze aus Kloster-Bibliotheken; Hauptwerke über Magie, verborgene Kräfte, Offenbarungen und geheimste Wissenschaften; ein Beitrag zum Aberglauben früherer Jahrhunderte. L. M. Glogau Sohn. Köln, 1734

Hansen, J.: Zauberwahn, Inquisition und Hexenprozeß im Mittelalter und die Entstehung der großen Hexenverfolgung. Leipzig und München, 1900

Hansen, J.: Quellen und Untersuchungen zur Geschichte des Hexenwahns und der Hexenverfolgung im Mittelalter. Bonn, 1901

Hansen, J.: Quellen und Untersuchungen zur Geschichte des Hexenwahns und der Hexenverfolgung im Mittelalter. Mit einer Untersuchung der Geschichte des Wortes Hexe von Johannes Franck. Bonn, 1901

Hansen, J.: Heinrich Institoris, der Verfasser des Hexenhammers und seine Tätigkeit an der Mosel im Jahre 1488. In: Westd. Zeitschrift f. Geschichte u. Kunst. XXVI. Jahrgang. Trier (?), 1907

Hansen, J.: Der Hexenhammer und die gefälschte Kölner Approbation vom Jahre 1487. In: Westdeutsche Zeitschrift f. Geschichte und Kunst. XXVI. Trier, 1907

Harbach, L.: Gründtlicher Bericht, die von Hexerey vnd Zauberey zu dieser Zeit, sehr nothwendige drei Hauptfragen betreffend...vnd gutem Bedacht zusammengetragen vnd der Welt Vrtheil heim gestellet, von Laurentio de Harbach...1630

Hartfelder, K.: Der Aberglaube Philipp Melanchtons. In: Hist. Taschenbuch. Leipzig, 1889

Hartlaub, F. G.: Hans Baldungs Hexenbilder. 1961

Hartlieb, J.: Dr. Hartlieb's Buch aller verbotenen Kunst, Unglaubens und Zauberei. 1456. München, 1896

Hartmann, A.: Warhafftige und mit vielen glaubwürdigen Zeugen bewährte Relation was sich in Döffingen, hochfürstl. württembergischer Herrschaft, und Böblinger Amts, mit zwey

besessenen Weibs-Personen im Monat Dezembr. 1714 merck-
lich zugetragen hat...Aus Licht gebracht von M. Andreas
Hartmann, 1716

Hartmann, J. Jäger, K.: Johann Brenz. II. Hamburg, 1842

Hartmann, J.: Johannes Brenz. Elberfeld, 1862

Hartmann, J.: Matthäus Alber. Tübingen, 1863

Hartmann, J. Z.: Io. Zachariae Hartmanni...Commentatio
ivridica De conivgibvs incantatis eorvmqve separatione. Von
bezauberten Ehe-Lauten, durch Nestelknüpfen, Schloss
zuschnappen &c. und derselben Scheidung. Jenae, 1741

Hartmann, W.: Die Hexenprozesse in der Stadt Hildesheim.
Quellen und Darstellungen zur Geschichte Niedersachsens. 35.
Bd. Hildesheim und Leipzig, 1927

Hartz, K.: Curadi Hartz...Tractatvs criminalis theorico-
practicvs, De reorum, inprimisque veneficarum, inquisitione
juridice instituenda, in foro haud minus, quam schlis apprime
utilis & jucendus. Nunc primum in lucem editus...cum
notis...anonymi cujusdem in Hassia LL. D. Marqvrgi, 1634

Hasse: Über die merkwürdigsten Arten des religiösen Aberglaubens. Ilmenau, 1828

Hauber, E. D.: Bibliotheca acta scripta (?) magica. Gründliche Nachrichten und Urtheile solcher Bücher und Handlungen, welche die Macht des Teufels in leiblichen Dingen betreffen. Zur Ehre Gottes und zum Dienst der Menschen. 36. Stück.
Lemgo, 1736—1741

Hauffen, A.: Der Hexenwahn. In: Sammlung gemeinn. Vorträge. Nr. 230. Prag, 1897

Hausrath, A.: Der Ketzermeister Konrad v. Marburg. Heidelberg, 1861

Havemann, W.: Sidonia, Herzogin zu Braunschweig, geborene
Herzogin von Sachsen. In Hist. Ver. f. Niedersachsen. Zeitschrift. Hannover, 1842

H. D. C.: Dyas chymica tripartia, das ist: Sechs herrliche
Teutsche Philosophische Tractätlein. Deren II im anjetzto
noch in dem Leben, II von mittleren Alter und II von älteren Phi-
losophis beschrieben worden. Frankfurth, 1625

Heberle, J.: Culturgeschichte und Curiositäten in Druck-
schriften, fliegenden Blättern, Bildern, Autographen und
Monumenten. Aus den Sammlungen von Heinrich
Lempertz... zu beigesetzten Preisen vorräthig aus dem Bücher-
und Kunstlager von J. M. Heberle in Cöln. Abth. F. Zauberei,
Faust, Cagliostro, Teufelswesen und Beschwörungen, Besessenheit... Cöln, 1874 (?)

Hecker: Die Tanzwut, eine Volkskrankheit des Mittelalters.
Berlin, 1832

Heeger, F.: Hexen- und Teufelsglaube um 1600. In: Die Main-
lande. 8. Jahrg. Nr. 3. Würzburg, 1957

Heerbrand, J.: Disputatio de magia. Tubingae (?)

Heigl, F.: Der Hexenglaube. Ein Rückblick als Perspektive für
die Spiritisten unserer Zeit. Von Ferdinand Heigl. Verfasser
der ,Spaziergänge eines Atheisten'. 2. Aufl. Hamburg, 1899

Heikbauer, J.: Hexen-Graphiken aus sechs Jahrhunderten.
Nauheim, 1964

Heinemann, Fr.: Inquisition, Intoleranz, Exkommunikation,
Interdikt, Index, Zensur, Sektenwesen, Hexenwahn und
Hexenprozesse, Rechtsanschauungen. Bern, 1908—09

Heinisch, J.: Zeugnis der reinen Wahrheit von den Sonder-
und wunderbaren Wirkungen eines insgemein sogannten
Kobolds oder unsichtbaren Wesens in der Pfarr-Wohnung zu
Gröden, nebst einem zu Prüfung übergebenen Versuch, wie
weit in der Erkenntnis dieser Sache zu gelangen.?Jena, 1723

Heinrich: Feen und Hexen. In. Südd. Taschenbuch. Freiburg,
1840

*Heinrich von Schultheiß ausführliche Instruction, wie in
Inquisitions'-Sachen des greulichen Lasters der Zauberei
gegen die Zauberer zu processiren sei. Cöln, 1634*

Heisterbach, C.: Illustrium miracolorum et historicarum
memorabilum. Lib. XII. Colon. 1599

Helbing, F.: Die Tortur. Geschichte der Folter im Kriminalverfahren aller Völker und Zeiten. 2 Bde. 1902 u. 1926

Held, Hch.: Artikel ,Hexen' in M. Buchbergers Lexikon. f.
Theologie und Kirche. V. Bd., 1933

Hellwig, A. E. K. M.: Ein moderner Hexenprozeß in Posen.
Von Albert Hellwig. In. Mitt. d. Schles. Gesellschaft f. Volkskunde. XII. Bd. Breslau, 1910

Helmont, F. M. v.: Die magnetica vulnerum curatione, disputatio. In: Theatrum sympatheticum auctum. Norimbergae,
1662

Helmont, F. M. v.: Opera Omnia. Francofurti, 1707

Helvetius, J. Fr.: Ichts aus Nichst für alle begierige der Natur,
über die Naturgründe, nachzusuchen in der Natur wieder zu
besehen. Leyden, 1655

Hemigius, N.: Vermahnung vom schwartz-künstlerischen
Glauben- und Aberglauben. Wittenberg. lat. 1575, (deutsch,
1586)

Hempel, Chr. G.: Von den bösen Geistern und der Zauberey:
Ein Sendschreiben an den Herrn M. Haubold, Versprediger
bei der Universitätskirche zu Leipzig, auf Veranlassung einer
von demselben am letztverwichenen Michaelsfeste 1782 gehaltenen Nachmittagspredigt von einem damals unter seinen
Zuhörern gewesenen Messfremden. Sorau, 1783

Hempel,R.: Hexenprozesse in Mühlhausen. In: Thüringer
Monatshefte. 1. Jahrg. Mühlhausen, 1924

Hennii, F.: Dissertatio de probatione quae fieri olim solebat
pe ignem et aquam. 1620

Henke: Konrad v. Marburg. 1861

Henke, E.: Grundriß einer Geschichte des deutschen peinlichen Rechts. 2 Bde. Sulzbach, 1809

Henna am Rhyn, O.: Der Teufels- und Hexenglaube, seine
Entwicklung, seine Herrschaft und sein Sturz. Leipzig, 1892

Henne am Rhyn, O.: Eine Reise in das Reich des Aberglaubens. Leipzig, 1893

Hennen, G.: Ein Hexenprozess aus der Umgebung von Trier
aus dem Jahre 1572. Ein Beitrag zur Kulturgeschichte des
Mosellandes von Dr. Hennen. St. Wendel, 1887

Henner, C.: Beiträge zur Organisation und Kompetenz der
päpstlichen Ketzergerichte. Leipzig, 1890

Henning, G.: Magia, darinnen viel wunderliche Geschichten
von mancherlei Gespenstern und Erscheinungen der bösen
Geister. Item. von Oraculis, Weissagungen und zukünftiger
Dinge, von Träumen, Gesichten, Offenbarungen. 1600

Henning, M.: Der Teufel, sein Mythos und seine Geschichte
im Christenthum. Hamburg, 1910

Hennings, J. C.: Von den Träumen und Nachtwandlern. Weimar, 1782

Henrici, J. U.: Mächtiger und ohnmächtiger Teufel. Leipzig,
1708

Heppe: Die Restauration des Katholizismus auf dem Eichsfel-
de und in Würzburg. Marburg, 1850

Her, Rat: Ein Hexenprozess zu Schongau vom Jahre 1587.
Aus den Originalacten geschichtlich dargestellt von Rat Her.
München, 1849

Hermann, E.: Die Hexen von Baden-Baden. Nach den Original Akten des allgem.-großherzogl. Landes-Archives in Karlsruhe. 1890

Hermann, L.: Hexenprozesse aus der ehemaligen Cent vom Spessart und Bachgau (aus aktenmäßigen Urkunden gezogen) In: Erheiterungen. Belletristisches Beiblatt z. Aschaffenburger Zeitung, Nr. 11 bis Nr. 32. Vom 12. Januar bis zum 6. Februar, 1866

Hermetica. Spagyrisches Lustgärtlein: darinnen hundert und Sechtzig unterschiedliche, schöne, Kunsreiche, Chymico-Sophische Emplemata, oder Geheimnußreiche Sprüche der wahren Hermetischen Philosophie. Frankfurt, 1625

Herrenschmid, Jac.: Deutschlands Schutz-, Herz- und Stärke-Engel. Nürnberg, 1625

Herrn Christian Thomasius Untersuchung vom Ursprung und Fortgang des Inquisitions-Prozesses wider die Hexen, worinnen deutlich erwiesen wird, daß der Teufel, welcher nach der gemeinen Meynung pacta mit denen Hexen macht, mit denselben buhlt und sie auf den Blockers-Berg führet, nicht über anderthalb hundert Jahr alt sey. Halle, 1712

Herrn Veit Ludwig von Seckendorff Christen-Stat in drei Bücher abgetheilt; im ersten wird von dem Christenthum an sich selbst wider die Atheisten; im zweyten Buche von der Verbesserung der Weltmenschen; im dritten Buche von der des geistlichen Standes nach dem Zweck des Christenthums gehandelt. Leipzig, 1686

Hertz, W.: Der Werwolf. Beitrag zur Sektengeschichte. Stuttgart, 1862

Hertz, W.: Aus Dichtung und Sage: Vorträge und Aufsätze: Die Hexenprobe. Hrsg. Karl Vollmöller. Stuttgart und Berlin, 1907

Herzog: Hexe, Hexerei. Leipzig, 1830

Heßdörfer, C.: Julius Echter von Mespelbrunn. Eine Festschrift. Würzburg, 1917

Hesse, O. J. B.: Versuch einer biblischen Dämonologie oder Untersuchung der Lehre der heil. Schrift vom Teufel und seiner Macht. Mit einer Vorrede und einem Anhang von D. Johann Salomo Semler. Halle, 1776

Hesse, W.: Ueber einen Hexenprozeß in München-Gladbach. In: Rhein. Geschichtsblätter. 3. Jahrg. Nr. 8. Bonn, 1897

Hessler, M.: Verhörprotokoll über einen der Hexerei Angeklagten. Fröstedt, den 27. July 1680. In: Aus der Heimath. Blätter d. Vereinig. f. Gothaische Geschichte u. Altertumsforschung. 1. Jahrg. Nr. 3. Gotha, 1897

Heuser, K. W.: Hexenglaube und Hexenverfolgung. Geistliche Voraussetzung und geschichtlicher Verlauf. Remscheid. Bergischer Geschichtsverein. 1976

Henß, K.: Ein Beitrag zur Geschichte der Hexenprozesse. In: Unterhaltungsbeilage der Hanauer Zeitung. Hanau, 1902

Hexenbrände und Hexenprozesse unter der Regierung Philipp von Ehrenberg (1623—1631). In: Frankenwarte. Nr. 22/23. 1937

Hexen-Büchlein, d. i. Ware entdeckung vnd erklärung oder Declaration fürnämlicher Artikel der Zauberey und was von Zauberern, Unholden, Hengsten, Nachtschaden etc. zu halten sei. Allen Vögten, Schultheißen etc. nützlich zu lesen. Ettwann durch — Jac. Freyherrn von Lichtenberg — erfahren und jetzt durch einen gelehrten Doctor beschrieben. s. l. et a. 4.

Hexen-Meisterei deß Herzog Sigmunds von oestreich mit D. Ulrich Molitoris und Herrn Cunrad Schatz — ein schön Gespräch von den Unholden, ob dieselben bösen Weiber, Hagel, reiffen vnd andrer angefall, den menschen zu schaden machen können etc. Nottwendig und Nutz aller Obrigkeit zu wissen. s. l. 544. 4.

Hexenprozesse aus dem Steinthal (1607—1675). Alsace (?)

Hexenprozesse zu Cösitz in Sachsen vom Jahre 1657. Aus den in der Registratur zu Cösitz noch befindlichen Original-Akten. In: Stats-Anzeigen. IV. Bd. 15. Heft. Göttingen, 1784

Hexen und Hexenprozesse. Zur Geschichte des Aberglaubens und des inquisitorischen Prozesses. 1855

,Hexenturm wird 500 Jahre alt'. In: ,Studier mal Marburg'. 2. Theile. 3. Jahrg. Mai/Juni. 1978

Hexenwesen und Hexenprozesse. Ein Vortrag, geh. von Wilhelm Beemelmann. In: Bulletin de Musée historique de Mulhouse. Mühlhausen, 1908

Hexerei, Zauberei, Wahrsagerei, Lotterie, Traum und Geisterspuk... Hrsg. von Gelasius Kobold. Regensburg (?)

Heydenreich, K.: Psychologische Entwicklung des Aberglaubens und der damit verknüpften Schwärmerei. Leipzig, 1798

Hieronymus a sancta Fide: Gründliche Abfertigung der unpartheiischen Bedencken eines ungenannten Auctoris, die Er von der Lehre ,De crimine Magiae' des hochberühmten D. Christiani Thomasii neulichst herausgegeben. Frankfurth, 1703

Hildebrand, W.: Goetiamvel Theurgia, sive Praestigarum magicarum descriptio, relavatio. resolutio, inquisitio & executio. Das ist: Wahre vnd eigentliche Entdeckung, Declaration oder Erklärunge fürnehmer Articul der Zauberey,. Vnd was von Zauberern, Unholden, Hexen, deren Händel, Art, Thun...vnd ihrer Machination...Etwann durch den wolgebornen Herrn Jacob Freyherrn von Liechtenberg &c...erfahren, durch den hochgelahrten Herrn Hildebrand, Wolffgang. 1631

Hillinger, J. G.: Herrn Johann Gottlieb Hillingers...Zwey Predigten von der Ermunterung zu dem rechtschaffenen Kampfe gegen die bösen Geister, und von dem Glauben, der durch die Liebe thätig ist. Nebst einem Bedencken von der geistlichen Besitzung... Jena, 1733

Hilschers, P. C.: Cur. Gedanken vom wüthenden Heer. Aus dem Lateinischen von M. M. Dreds. u. Leipzig, 1702

Hirsch, H.: Die hohe Gerichtsbarkeit im deutschen Mittelalter. Prag, 1922

His, R.: Das Strafrecht im deutschen Mittelalter. Weimar, 1920

His, R.: Geschichte des deutschen Strafrechts bis zur Carolina. München, 1928

Historie oder: Wunderliche Erzehlung der seltsamen Einbildungen, welche Monsieur Oufle auß Lesung solcher Bücher bekommen, die von der Zauberei, Beschwörungen, Besessenen, Zauberern, Währ-Wölffen, Incubis, Succubis, Sabbath der Hexen, weisen Frauen, wilden Männern, Polter-Geistern, Gespenstern, nach dem Tode wieder erscheinender Seelen; Wie auch von den Träumen, Lapide Philosophorum, Astrologie, Nativitäts-Stellen, Talismanischen Bildern, Glück- und unglücklichen Tagen, Finsternussen, Cometen und Calendern, mit einem Worte, welche von allerhand Erscheinungen, Wahrsag-Künsten und andern abergläubischen Dingen handeln. Aus dem Französischen. Dantzig, 1712

Hochnöthige, Unterthanige, Wehmütige Klage der Frommen Unschüldigen; worin alle Hohe und Niedrige Oberkeit sampt ihren Unterthanen Klärlich, Augenscheinlich zu sehen und zu lesen haben, wie die arme unschültige fromme leut durch Fahm-und Ehrenrauben von den falschen Zauberrichtern angegriffen, durch die unchristliche Folter und Pein-Bank von ihnen gezwungen werden, erschreckliche unthunliche Mordt- und Todt-Sünden auf sich selbsten und anderen mehr zu lügen und sie ungerechtlich, falschlich zu besagen. Welches auch die Herren Tannerus, Cautio Criminalis, Michael Stapirius härtlich bekräfftigen. Mit unterschiedlichen schönen Kupferstücken nach dem Leben zierlich abgebildet. Alles mit großem

Fleiß und Mühe, zu Trost und Heyl der frommen Christ-Catholischen Leuten zusammengestellt: durch Hermannum Loeher, der Stadt Amsterdam Bürger, anno 1676

Historische Nachricht vom Blocksberge und der Hexenzusammenkunft auf demselben. Braunschweig, 1726

Höchste Landesverordnung Ihro Kaiserlich-Königlich-apostolischen Majestät vom Jahr 1766, wie es mit dem Hexenprocesse zu halten sey. München,

Hochstraten: Tractatus magistralis declarans quam graviter peccent querentes auxilium a maleficis. Coloniae, 1510

Hockerli, Jod.: Tractat der Teufel selbst, oder von den Teufeln oder bösen Geistern. Frankfurt am Main, 1627

Hockerus, Jod.: der Teufel selbst, das ist von den Teufeln, den bösen Geistern, was sie seyen, ihre Erschaffung, Wohnung, Namen, Bosheit usw. (durch...Pfarrern zu Lemgow). Frankfurt, 1686

Hoeninger, R.: Gang und Verbreitung des Schwarzen Todes in Deutschland von 1348 bis 1351 und sein Zusammenhang mit den Jugendverfolgungen und Geisselfahrten dieser Jahre. Berlin, 1881

Hoensbroech, P. v.: Das Papsttum in seiner sozial-kulturellen Wirksamkeit, Bd. 1. Inquisition, Aberglaube, Teufelsspuk und Hexenwahn. Leipzig, 1900

Hoffmann: Kurze Untersuchungen vom Kobold. Rotterdam, 1719

Hoffmann, Fr.: Disputatio inauguralis medico-philosophica De potentia diaboli in corpora, quam...praeside Dn. Friderico Hofmanno...publico...examini submittit Godefredus Büching, 1703

Hoffmann, Fr.: Gründliche, Vernunft- und Schriftgemäße Betrachtung von der Wirkung, Macht und Gewalt des Teufels in der Luft und menschlichen Cörpern. Sorau, 1749

Hoffmann, Fr.: Philosophische Untersuchung von Gewalt und Wirkung des Teufels in natürlichen Körpern. Frankfurt und Leipzig, 1704

Hoffmann, W.: Der Hexen- und Besessenheitsglaube im 15. und 16. Jht. im Spiegel des Psychiaters. Greifswald, 1935

Hoffmann-Krayer, E.: Ein Zauberprozess in Basel 1719. In: Schweizerisches Archiv f. Volkskunde. 2. Jahrg. 4. Heft. Zürich, 1898

Hoffmann-Krayer, E.: Luzerner Akten zum Hexen- und Zauberwesen. In: Schweizerisches Archiv f. Volkskunde. 3. Jahrg. Zürich, 1899

Hofmann, A.: Umaßgeblicher Entwurf von dem Umfang und den Gegenständen des Polizeiwesens in fürstl.-hess. kassel'schen Landen. Kassel, 1765

Hofmann, J.: Apologia pricipium, in qua processus in causa sagarum continetur, et maleficorum argumenta refutantur...a Johanne Hofmanno culmbacensi...& authoris sumtibus in lucem edita. Erfurti, 1636

Hoggstraat, J. v.: Tractatus magistralis declarans, quam graviter peccent quarentes auxilium a maleficos. Coloniae, 1510

Höhn, W.: Hexenprozesse in den hennebergischen Ämtern Schleusingen, Suhl und Ilmenau. In: Schriften des Hennebergischen Geschichtsvereins. 4. Jahrgang. 1911

Hollen, G.: Preceptorium domini. Nuremberge, 1513

Hollenbach, W.: Bilder aus Thüringen. I, Tragikkomische Geisterbeschwörung auf dem Galgenberge bei Jena in der Christnacht des Jahres 1715. Nach den Originalquellen wahrheitsgetreu dargestellt...Mit interessanten Bruchstücken der Streitschrift des Jenaischen Arztes Andreä und den Gutachten der theologischen und juristischen Facultät zu Leipzig, Jena, 1885

Hölscher, O.: Friedrich Spee von Langenfeld. Sein Leben und seine Schriften. Düsseldorf, 1871

Holzer, H.: The Truth About Witchcraft. New York, 1969

Holtzendorff, F. v.: Der Priester-Cölibat. In: Deutsche Zeit- und Streitfragen. Flugschriften zur Kenntnis der Gegenwart. IV. Jahrg. 63. Heft. Berlin, 1875

Holzinger, J.: Zur Naturgeschichten der Hexen. Vortrag... gehalten vom Vereins-Präsidenten...J. B. Holzinger, in der Jahresversammlung des naturw. Vereins f. Steiermark am 16. Dezember. 1882. Graz, 1883

Hommel, F. A.: Diss. ratificatione confessionis per tormenta extortae. Lipsiae, 1738

Honfeld, A.: Promtuarium Exemplorum. Historien- und Exempelbuch. Leipzig, 1610

Hönninger, N.: Welt-Spiegel oder Narren Schiff...durch Geyler in Lateinisch sprach beschrieben, jetzt aber mit sonderm Fleiß auß dem Latein inn das recht noch Teutsch gebracht. Basel, 1574

Horn, Chr.: Panes quitidianes. Leipzig, 1618

Horna, R.: Zwei Hexenprozesse in Preßburg. Preßburg, 1933

Hörningk, L. v.: Von der Pestilenz. Namen. Eigenschaft, Ursachen, Zeichen usw... Frankfurt am Main, 1644

Horst, G. C.: Dämonologie, oder Geschichte des Glaubens an Zauberei und dämonische Wunder, mit besonderer Berücksichtigung des Hexenprozesses seit den Zeiten Innocentius des Achten. Nebst einer ausführlichen, nach Inquisitionsacten bearbeiteten Beschreibung des Hexenthurms zu Lindheim in der Wetterau. Mit Kupfern. Frankfurt am Main, 1818

Horst, G. C.: Theurgie, oder Vom Bestreben der Menschen in der alten und neuen Zeit zwischen sich und der Geisterwelt eine unmittelbare und reale Verbindung zu bewirken. Mainz, 1820

Horst, G. C.: Zauber-Bibliothek; oder, Von Zauberei, Theurgie und Mantik, Zauberern, Hexen und Hexenprozessen, Dämonen, Gespenstern, und Geistererscheinungen. Zur Beförderung einer rein geschichtlichen, von Aberglauben und Unglauben freien Beurtheilung dieser Gegenstände. Mainz, 1826

Horst, Gr.: de noctambulis. Hamburg, 1610

Hossmann, A.: De tornitur & tempestate, das ist: Nothwendiger Bericht, von Donnern vnd Hagel-Wettern, wannen vnd woher sich die selben verursachen, ob sie natürlich: Item, ob Teuffel vnd Zäuberer auch Wetter machen können...Neben Erzehlung etlicher seltsamer Fälle...in Druck gegeben durch Abraham Hosmanum. Leipzig, 1612

Hössli, H.: Hexenprocess- und Glauben, Pfaffen- und Teufel. Als Beitrag zur Sitten- und Kulturgeschichte der Jahrhunderte. Leipzig, 1892

Hotoman, F.: Consilia, excudebat. E. Vignon Atrebatiensis. 1586

Hrabanus, M.: Rabani/Mauri Mugunti-/nensis Archiepiscopi, de clericorum/institutione & ceremonijs Ecclesiae, es/veteri & nouo testamento, ad hei-/stulphum archiepiscopum/libri III./Eiusdem at otgarium episcopum, poenitentium/liber I./Quota generatione lictium sit matrimonium epi/stola, ad humbertum episcopum./De consanguieorum nuptijs, & magorum praestigijs ad bonusum, Liber I. Pforzheim, 1505

Huber: Der Jesuitenorden nach seiner Verfassung und Doktrin, Wirksamkeit und Geschichte.

Huberinus, K.: Spiegel der Haußzucht Jesus Sirach genandt. Sampt einer kurtzen Auslegung. Nürnberg, 1565

Hufschmid: Zur Kriminalstatistik des Odenwaldes. In: Zeitschrift f. Kulturgeschichte. 1878

Humborg, L.: Die Hexenprozesse der Stadt Münster. Ein Beitrag zur Kulturgeschichte. Münster, Westf. 1914

Hundeshagen, J.: De Daemonum potestate. Jenae, 1666

Hutchinson, F.: An historical essay concerning Witchcraft. London, 1718

Hutchinson, Fr.: Francisi Hutchinsons…Historischer Versuch von der Hexerey, in einem Gespräch zwischen einem geistlichen, einem schottländischen advocaten, und englischen geschwornen; worinnen über würklich geschehene dinge vernünftige Anmerckungen gemachet, die hieher gehörigen stellen aus der Heil. Schrifft richtig erkläret und die gemeinen Irrthümer auf's bescheidendtlichste widerleget werden. Nebst zwey vortrefflichen predigten, die erste zum beweiss der wahrheit christl. Religion, die andere, von guten und bösen Engeln; und einer Vorrede des Herrn geheimden raths Thomasii. Aus dem Englischen ins Teutsche übersezet, auch mit kutzen summarien und vollständigen Registern versehen von Theodor Arnold. Leipzig, 1726

Iacobus: Daemonologia, in Iacobi Britanniae regis Opera. Londini, 1619

Ideler, K. W.: Ueber die Dämonomanie. Von Dr. Ideler, dirigierendem Arzte an der Irrenanstalt der Charité zu Berlin. Berlin. Ca. 1840

Ideler, K. W.: Versuch einer Theorie des religiösen Wahnsinns; ein Beitrag zur Kritik der religiösen Wirren der Gegenwart. Halle, 1848—1850

Illustres, aureae, solemnes disque exoptiatae, quaesttionum variarum apud iuris utrisque interpretes controversarum Decissiones… Augusto, Electori Saxoniae in an. 1572 ad Cesiittudinem eium mandatum per D D. Schneidewinum, Wesenbecium. Thmingum et alios in studio et scrabinatu Wittembergensi et Lipsensi…exhibitae. Quinque partibus comprehensae. Francofurti, a. M., 1599

Inbegriff der natürlichen Magie, das ist R. P. S. F. des Philosophen Joseph Anton Herpentils Buch von den Beschwörungen einiger Dämonen ersten Ranges. 1569

Indagine, J.: Introductiones apostelemsticae in physionomiam, complexiones hominum, astrologiam naturalem, naturae planetarum. 1622

Indagine, J.: Astrologia naturalis, das ist: gründlicher Bericht, wie man die Chiromancie, Physiognamie und Astrologia leichtlich erlernen, jeden Menschen nach seiner Complexion erkennen, Nativität stellen könne…Straßburg, 1630

Inductio sive directorium…Anleitung…wie ein Richter in Criminal- und Peinlichen Sachen der Zauberer und Hexen… sich zu verhalten…durch Diederichsen Graminaeum. Köln. 1594

Informatorium conscientiae evangelicum. Evangelisches Gewissens-Recht, Rath und Unterricht, wie man bei den ordentlichen Sontags-Evangelien sei Gewissen in Acht nehmen und bewahren lernen, darinnen fast in 700 Gewissensscrupeln und Zweifelsfragen ventiliret und erörtert werden. Durch Arnold Mengering, Superintendent zu Halle in Sachsen. Gedruckt in Altenburg…Otto Michaelen, 1644

Inquisitions-acta contra Elsa und Margreta Engelhardin, Geschwister zu Cabartz und Klein-Carbartz w. gn. verdächtiger Hexerei. Reinhardsbrunn (?). 1686/87

Inquisitions Acten wider Anna Gausen, sel. Claus Zaumanns Witwe in puncto beschuldigter Zauberei. Wittenberg, 1689

Instructio, für die fürstliche Mecklenburgische Beampten und Stadt-Richter, wie wieder die dess Zauberlasters und Aberglaubischer-Dinge berüchtigte Persohnen zuverfahren. Güstrow, 1681

Instruction, Wie man sich denen Landten zu Bayern…die Pfleger, Landtrichter, Pflegs-Comisary, unnd Anwalten, auch Gerichtsschreiber, und andere Bediente in Malefizsachen in ain; und andern zu verhalten. Was sy wegen der Inquisition, Incarnation, in: und bey dem Examen, Einhaltung der Erfahrungen: Vornembung der Inspection, Confrontation: Tortur: Erstattung der Berichten, bei dem Leben Abthuendten, gegen denen begleitten: in Verfassung der Urgichten: unnd bey Exequierung diser, und einer Urtels zu thunn: unnd so observieren haben. 17. Jht. (?)

Ipsen, J. P.: Disput. jur. can. de origine ac progressu inquisitorii contra saga. Hallae, 1712 (deutsch: Über den Ursprung und Fortschritt des Inquisitionsprozesses gegen die Hexen)

Jacobi, J.: Behutsame Vorstellung allerhand unchristlicher, abergläubischer Händel zu deren Abstellung. Görlitz, 1707

Jacobs, W.: Ursprung, Ausbildung und Ende der Hexenprozesse. In: Annalen der deutschen und ausländischen Criminal-Rechtspflege. Hrsg. von W. L. Demme (u. a.). Berlin, 1843

Jäger, F. A.: Geschichte des Hexenbrennens in Franken im siebzehnten Jahrhundert. Aus Original-Prozess-Akten von Dr. Jäger, Pfarrer in Pförring an der Donau. Archiv des. hist. Vereins 2. Bd. 3. Heft. Würzburg, 1834

Jäger, K.: Die Hexenverfolgungen im Amte Homburg. Auf Grund der Akten aus dem Staatsarchiv zu Wiesbaden. 1931

Jahn, D.: Über den Aberglauben des bösen Blicks bei den Alten. In: Berichte d. sächs. Gesellschaft d. Wissenschaften zu Leipzig. Phil.-hist. Klasse. 1855

Jahn, U.: Hexenwesen und Zauberei in Pommern. Breslau, 1886

Jamblichus of Chalcis: De mysteriis Aegyptiorum, Chaldaerum, Assyriorum et alia opuscula. Venetiis, 1497

Jankuhn, H.: Spuren von Anthropagie in der Capitulatio de partibus Saxoniae. Göttingen, 1968

Janssen, J., Pastor, L.: Geschichte des deutschen Volkes (hier: Bd. 8, Geschichte der Hexenprozesse). Freiburg, 1894

Jaquier, N.: Fortalitium fidei contra Judaecos. Saracenos aliosque christianae fidei inimicos. Edit. Norimbergae. 1494

Jaquier, N.: Flagellvm haereticorvm fascinariorum, avtore Nicolao Iaqverio. His acesservnt Lamberti Danaei de veneficis dialogi, Iochimi Camerarii in Plutarchi de oraculorum defectu epistola, Martini de Arles de superstitionibus tractatvs, Iohannis Trithemii de reprobis atqi; maleficis qvaestiones III. Thomae Erasti de strigibus liber. Myntzenbergii edita. Francofvrti ad Moenum. 1581

Jaraczewsky, A.: Zur Geschichte der Hexenprozesse in Erfurt und Umgegend; ein Beitrag zur Culturgeschichte des 17. Jhts. Erfurt, 1876

Jeanneret: Les sorciers dans le pays de Neuchatel. 1862

Jirku, A.: Die Dämonen und ihre Abwehr im Alten Testament. Leipzig, 1912

Joesten, J.: Zur Geschichte der Hexen und Juden in Bonn; eine kulturhistorische Studie. Bonn, 1900

Jordan-Simon: Die heutige Hexerei- und Zauberkunst. Frankfurt und Leipzig, 1766

Jordaneus, J.: Disputatio brevis et categorica de probe Sticmatica. Coloniae, Agripp., 1630

Jung, E.: Germanische Helden und Götter in christlicher Zeit. München, 1922

Jung, F.: Johann Schwebel, der Reformator von Zweibrücken. Kaiserslautern, 1910

Junius, F.: De magorum daemonomania libri IV. nunc primum e gallico in Latinus translati per Lotarium Philosophorum. Basiliae, 1581

LUDOVICI LAVATERI, Theologi eximii, DE SPECTRIS, LEMURIBUS, VARIISQ; PRÆSAGITIONIBUS, Tractatus vere aureus.

Kalbfleisch, K.: Die Hexenprozesse in Gelnhausen. In: Unterhaltungsbeil. des Gelnhauser Tageblattes. Gelnhausen, 1888

Kaltner, B.: Konrad v. Marburg. 1882

Kämpfer, P. J.: Hexen & Hexenprozesse in Wallis; nach bewährten Quellen bearbeitet und kritisch beleuchtet. Stans, 1867

Kämpfer, E.: Dummheit, Hexenwahn, Teufelsspuk und Reliquienschwindel. München, 1937

Kampfschulte: Johann Calvin. Leipzig, 1869

Katzer, E.: Ein Hexenprozess in Gutenstein. In: Unsere Heimat. Monatsblatt f. Nieder-Österreich. 41. Jahrgang. 1970

Kaufmann, J.: Die Stellung der Kirche zu den Hexenprozessen im 17. Jht. In. Mitt. des Westpreußischen Geschichtsvereins. 2. Jahrg. Danzig, 1903

Kausch, Fr.: Hexenglaube und Hexenprozesse in unserer Heimat; ein Beitrag zur Geschichte der Provinz Sachsen und des Harzgebietes. Burg b. M., 1927

Keightley, T.: Mytologie der Feen und Elfen, vom Ursprunge dieses Glaubens bis auf die neusten Zeiten. Aus dem Englischen übersetzt von D. L. B. Wolff. 2. Nde. Weimar, 1828

Keightley, T.: The fairy Mythology. London, 1828

Keller, A.: Der Scharfrichter in der deutschen Kulturgeschichte. In: Bücherei der Kultur u. Geschichte. 21. Bd. 1921

Keller, K.: Bosheit und Wahnglaube; oder, der Hexenprozess. Sittengemälde aus der Mitte des 17. Jhts. Bunzlau, 1831

Kemper, J.: Hexenwahn und Hexenprozesse in Deutschland. Mit 13 Illustrationen. Regensburg, 1908

Kempf, O.: Hexenprozesse in Amerika. In: Die Kritik. Wochenschau des öffentl. Lebens Nr. 16. Berlin, 1895

Kettner: De duobus impostoribus Balth. Bekkero et Bend. Spinoza. Lipsiae, 1694

Keussen, H.: Zwei Hexenprozesse aus der Crefelder Gegend. In: Hist. Verein f. d. Niederrhein. Nr. 63. Köln, 1897

Keyser, G. A.: Uhuhu Hexen- Gespenster- Schatzgräber- und Erscheinungs-Geschichten. Erfurt, 1785—92

Khueller, S.: Kurtze vnnd warhaffte Historia von einer Junckfrawen, welche mit etlich vnd dreissig bösen Geistern leibhafftig besessen, vnd in der Schloss Capeln zu Starnberg, im Ertzherzogthumb Österreich vnder der Enns, in beyseyn viler vom Adel, vnd ander ehrlichen leut, gnedigklich duruon erlödiget worden. München, 1574

Khunrath, H.: Magnesia catholica philosophorum, d. i. Höchste Notwendigkeit in Alchymie... 1599

Kiesewetter, E.: Geschichte des Occultismus. Leipzig, 1891—96

Kiessling, E.: Zauberei in den germanischen Volksrechten. Jur. Diss. Frankfurt, 1940

Kinderling, J. Fr. A.: Der Somnambulismus unsrer Zeit mit der Inbucation oder dem Tempelschlaf und Weissagungstraum der alten Heiden in Vergleich gestellt. Dresden und Leipzig, 1788

Kindleben, Chr. W.: Ueber die Non-Existenz des Teufels. Als eine Antwort auff die Demüthige Bitte um Belehrung an die großen Männer, welche keinen Teufel glauben. Berlin, 1776

Kindleben, Chr. W.: Die Teufeleien des achtzehnten Jahrhunderts letzter Akt, worinnen des Emanuell Schwedenborgs demüthiges Danksagungsschreiben kürzlich beantwortet, der ganze bisher geführte Streit friedlich beygelegt, und in dem Büchlein über die Non-Existenz des Teufels manches zurückgenommen, ergänzt und berichtigt wird... Leipzig, 1779

Kirchenordnung. In meiner gnädigen Herrn der Markgrafen zu Brandenburg und eines Erbaren Rats der Stat Nürnberg Oberkeit und gepieten. Wie man sich bayde mit der Leer und Ceremonien halten solle. M. D. XXXIII. Gedruckt zu Nürnberg durch Christoph Gutknecht.

Kirchenordnung: Wie es mit christlicher Lehre, Reichung der Sacrament usw. im Herzogthumb zu Mecklenburg gehalten wird. Wittenberg, 1552

Kircher, A.: Magnes, sive de arte magnetica. Coloniae, 1643

Kirchhoff, Th.: Beziehung des Dämonen- und Hexenwesens zur deutschen Irrenpflege. In: Allgem. Zeitschrift für Psychiatrie und ihre Grenzgebiete. 44. Bd. 4. und 5. Heft. Berlin, 1888

Kirchoff, Chr. A. L.: Christ. Aug. Lud. Kirchoff's vollständige Beantwortung der Frage: Was läßt sich nach Vernunft und Schrift vom Teufel glauben? Ein Beitrag zur Aufklärung besonders für Ungelehrte. Brauschweig, 1789

Kirchoff & Wigand: Culturgeschichte, Curiosa, Faceitae, ältere deutsche etc. Literatur. Vermischtes...enthaltend auch die Sammlungen des...Nationalökonomen Johann Georg Büsch über Hexen, Dämonologie, Alchimie und Geheime Wissenschaften im allgemeinen. New York, 1885

Kissling, J.: Christliche Lebens- und selige Sterbenskunst. Nürnberg, 1674

Kittel: Kurmainzische peinliche Hexeninquisition vom Jahr 1624. In: Anzeiger für Kunde der dt. Vorzeit. Nr. 10/11. Nürnberg, 1865

Kittelmann, Chr.: Von dem Exorcismo; das ist, Von den Worten: Fahre aus zu unreiner Geist, etc. Gründlich und bestendiger Bericht. Woraus zu ersehen, das er (melter) Exorcismus inn unsern Kirchen billich behalten werde, und das M. Wolffgang Amling keine erheblichen Ursachen gehabt, darumb er denselben zu Zerbst, und anderwo im Fürstenthumb Anhalt, abgeschafft. 1591

Klein, J.: Mediadatio academica, exhibens examen juridicales lamiarum confessionis, se ex nefando cum Satana coitu prolem suscepisse humanam. Was von der Hexen Bekäntnis zu halten, dass sie aus schändlichen Beyschlaff mit dem Teuffel Kinder gezeuget? Quam...praeside Dr. Johanne Klein...submittit Nicolaus Putter. Rostochii, 1698

Klein, J.: Volumen dissertationibus iuridicarum...in Academica Rostochiensi pre praeside Iohanne Klein...cancellariae iusttiae ac consistorii ducalis directore Academiae Patriae ventilationi expositarum. Gustroviae, 1706

Kleinpaul, R.: Das Mittelalter. Bilder aus dem Leben und Treiben aller Stände in Europa. Leipzig, 1894

Kleinpaul, R.: Modernes Hexenwesen. Leipzig, 1900

Kleinwegener, G.: Die Hexenprozesse in Lemgo. Jur. Diss. Bonn, 1954

Kléle: Hexenwahn und Hexenprozeß in Hagenau. Hagenau i. E., 1893·

Klingner, E.: Luther und der deutsche Volksaberglaube. Berlin, 1912

Knapp, Chr. L.: Dr. Luthers merkwürdige Weissagungen. Stuttgart, 1876

Knapp, H.: Das alte Nürnberger Kriminalrecht. Nach Ratsurkunden erläutert. Berlin, 1896

Knapp H.: Alt Regensburgs Gerichtsverfassung, Strafverfahren und Strafrecht bis zur Carolina. Nach urkundlichen Quellen dargestellt. Berlin, 1914

Kneubühler, H. P.: Die Ueberwindung von Hexenwahn und Hexenprozess. Jur. Diss. der Rechts- u. staatswiss. Facultät Zürich (1977). Diessenhofen, 1977

Knopf, J.: Höllischer Schauplatz und Blutpredigten...Frankfurt am Main, 1673

Knortz, K.: Hexen, Teufel und Blocksbergspuk in Geschichte, Sage und Literatur. Annaberg, 1913

Koch, H.: Hexenprozesse und Reste des Hexenglaubens in der Wetterau. In: Gießener Beiträge z. deutschen Phologie. XXXVII. Gießen, 1935

Kohler, J.: Bodinus und die Hexenverfolgung. In: Archiv f. Strafrecht und Strafprozeß. 66. Bd. 1. Heft. Berlin, 1919

Köhler, W.: Bibliographia Brentania. Berlin, 1904

Kohut, A.: Ueber die jüdische Angelogie und Daemonologie in ihrer Abhängigkeit vom Parismus. Leipzig, 1866

Kölbeln, J. B.: Kleiner Versuch über die Wunder, nach Hauteville u. A. Frankfurt, 1772

Koldewey, Fr.: Der Exorcismus im Herzogthum Braunschweig seit den Tagen der Reformation; eine kirchenhistorische Studie. Wolfenbüttel, 1893

Kollmann, J. A.: Zweifel eines Baiers über die wirkende Zauberkunst und Hexerey. An dem Lechstrome...Augsburg, 1768

König, B.: Ausgeburten des Menschenwahns im Spiegel der Hexenprozesse und der Autodafees. Geschichte des After- und Aberglaubens bis auf die Gegenwart. Historische Schandsäulen des Aberglaubens. Berlin-Friedenau. 1940

Königer, A. M.: Die Kirche und der Hexenwahn. In: Lit. Beilage der Kölner Volkszeitung Nr. 31. Köln, 1907

Königer, A. M.: Der Hexenwahn in neuster Beleuchtung. Köln, 1909

Könnecke, M.: Zwei Hexenprozesse aus der Grafschaft Mansfeld. In: Mansfelder Blätter, 10. Jahrg. Eisleben, 1896

Konrad Risen Meidlin. Ein Kapitel Hexenwahn im Steigerwald. In: Frankenwarte Nr. 7. 1937

Köppen, K. Fr.: Hexen und Hexenprozesse. Zur Geschichte des Aberglaubens und des inquisitorischen Prozesses. 2. Aufl. Leipzig, 1858

Kornmann: De miraculis vivorum, seu de varia natura. Francof. 1614

Kornmann, H.: de monte Veneris, d. i. die wunderbare und eigentliche Beschreibung der alten heidnischen u. neuen Scribenten Meynung von der Göttin Venus, ihrem Ursprunge, Verehrung u. königlichen Wohnung mit deren Gesellschaft, wie auch von den Wasser-, Erde-, Luft- und Feuer-Menschen. Frankfurt, 1614

Köster, H. M. G.: Belehrung des Verfassers der Demüthigen Bitte an die grossen Männer, welche keinen Teufel glauben. Mit Anmerkungen des Verfassers...1776

Köster, H. M. G.: Die Verbindung des Teufels mit den Gespenstern, nebst Anecdoten von Erscheinungen derselben. In Deutschland. 1777

Köster, H. M. G.: Emanuel Schwedenborgs demüthiges Danksagungsschreiben an den großen Mann, der die Non-Existenz des Teufels deminstriert hat. Frankfurt und Leipzig, 1778

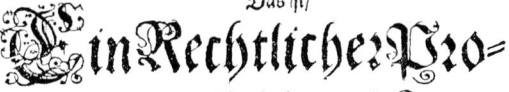

PROCESSVS IVRIDICVS

CONTRA SAGAS ET VENEFICOS.

Das ist/

Ein Rechtlicher Pro=
ceß gegen die Vnholden vnd Zauberische Personen.

In welchem ordentlich docirt/ vnd auß Für-
nehmen beyder Rechten Doctoren/ vnd berümbten
Scribenten vorgetragen wird: Was gestalt Geistliche vnd weltliche Inquisitores, Richter/ Schäffen/ vnd Mit-Beampten/ sowol vor als
nach der Capttur der Maleficanten/ dann auch vor vnd nach dem Capital-
Sententz/ vnd letztem Rechts Vrtheil/ mit den Reis, vnd Betlaaten/ (wegen
deß Zauberey Laisters (damit sie ohn Sorg vnd Gefahr in Tribunali-
bus, vnd Gerichtsstätten procedieren vnd verfahren
mögen) sich vnterhalten haben.

Ist mit gutem Fleiß/ vnnd gründlicher Probation/
vnd beweiß/ Durch P. PAVLVM LAYMANN der Societet IESV
Theologum vnd Iuris Canonici Doctorn, in Lateinischer Sprach beschrieben: jetzt den Gerichtshaltern/ vnd guter Justiz-Befreunden zum besten
verteutscht/ Auch mit bewärten Historien/ vnd andern Vmb-
standen vermehret/ vnd in vnderschiedliche Titeln
ordentlich abgetheilt.

Gedruckt zu Cölln/ bey Peter Metternich/ im Schwartzenhauß
vor den Augustinern/ Im Jahr/ 1629.

Kradolfer, J.: Die Macht der Phrase in Religion und Kirche. In: Deutsche Zeit- und Streitschriften…

Krafft, J. M.: Ausführliche Historie vom Exorcismo, oder von dem Gebrauch bey der Kinder-Taufe dem unreinen Geist zu gebieten auszufahren und ihn zu beschwören, welche aus der Kirchen- und Gelehrtengeschichte, aus vielen raren gedruckten und ungedruckten Schriften, vom andern Jahrhundert an bis auf gegenwärtige Zeiten angeführt, auch wie solcher sogleich bey der Reformation, und nachgehends, an vielen Orten unserer evangelischen Kirchen abgeschaffet worden, gezeiget hat. Hamburg, 1750

Krämer, W.: Kurtrier'sche Hexenprozesse im 16. und 17. Jht. vornehmlich an der unteren Mosel. Beitrag zur Kulturgeschichte. München, 1959

Krause: Hexenprozesse am Gerichte Sanct Jürgen, Niederende, 1550 und 1551. Mitgeteilt vom Gynasialdirektor zu Rostock, 1867 (?)

Krause, H.: Kaiserrecht und Rezeption. Heidelberg, 1952

Krause, S. A.: Biblisches Engel-Kunstwerk; alles dasjenige was in heiliger göttlicher Schrift altes und Neues Testament, von den heiligen Engeln Gottes, dero Erscheinungen, Verrichtungen Bottschafft und Gesandschaffte auf mancherlei Art und Weise aus göttlicher Verordnung zu finden ist…Augsburg, 1694 m. Kpf.

Krauss, F. S.: Südslavische Hexensagen. Wien, 1884

Kräutermann, B.: Der curieuse und vernünftige Zauberarzt, welcher lehrt, wie man curieuse Arzneyen verfertigen und per sympathicam, antipathicam, transplantionem, amuleta magica etc. die fürnehmsten Kranckheiten glücklich curiren könne. Anstatt, o. J.

Kruse, J.: Hexen unter uns. Hamburg, 1961

Küchelbecker, J. B.: Der nach England reisende curieuse Passagier. Hannover, 1736

Kühnau, R.: Hexen und Hexenzauber, nebst einem Anhang über Zauberer und Hexenmeister. In: Schles. Gesellschaft f. Volkskunde. Bd. 7. 13. Heft. Breslau, 1905

Künßberg, Fhr. v.: Über die Strafe des Steintragens. Breslau, 1907

Kunstmann, H. H.: Zauberwahn und Hexenprozeß in der Reichsstadt Nürnberg. Nürnberg, 1970

Kuntz, H.: Newe Zeitung, von einer erschrecklichen That, welche zu Dillingen, von einem Jhesudwider, vnd einer Hexen, geschehen ist, welche denn offentlich, durch strenge Martern, bekand haben, wie sie es getrieben, vnd was sie für grossen Schaden gethan. Auch in Sonderheit, von diesem grossen Gewitter, welchen sie den 2. Augusti, dieses 1579. Jars, durch ire Zauberey gemacht haben. De (be) neben auch, von dem vngeschlachten Wetter, als Regen, vnd Kelte, welche dem Korn vnd Wein, zum grossen Schaden und Nachtheil, geschehen ist. Auch ist die Hexe, welche 23. Jahr, mit dem bösen Feinde, dem leidigen Teuffel, gebuhlet, den 8. October, zu Dillingen zum Fewr verurtheilet worden. Aber erschrecklicherweise von dem Teuffel aus dem Fewer, in den Lüfften hinweg geführet worden. Durch Hans Kuntzen beschrieben. Basel, 1579

Kuoni, M.: Die Hexengerichte im Prättigau. Kulturhistorische Skizze aus dem 17. Jht. In: Alpenrosen. Ein Schweiz. Sontagsblatt. 15. Jahrg. Bern, 1885

Kurella, E. G.: Gedanken von Besessenen und Bezauberten. Halle im Magdeburgischen, 1749

Kurth, W.: Das Phänomen des Hexenwahns als massenpsychologische Epidemie. In: Berichte der physikalisch-medizinischen Gesellschaft. 76. Bd. Würzburg, 1968

Kurtz, O.: Beiträge zur Erklärung des volkstümlichen Hexenglaubens in Schlesien. Diss. (Anlam). Greifswald, 1916

Kurtze Untersuchung von Kobold, in so ferne gewisse phaenomena unter diesem Nahmen den Teuffel zugeschrieben werden, auf Veranlassung einer besonderen Begebenheit, wobey überhaupt von denen unsichtbaren Würckungen des Teuffels in und durch die natürliche Cörper gehandelt. Auch hiernächst gezeiget wird, wie der autor derer Lehr-Sätze von dem Laster der Zauberey etliche hierher gehörige Schrifft-Stellen zur Ungebühr verdrehet und überdies seine gantze Meynung de pacto auf unbündige paralogismos gegründet. Von einem nach Engelland reisenden Passagier. Rotterdam, 1719

Kurtzer und wahrhafftiger Bericht und erschreckliche Zeitung von sechshundert Hexen, Zauberern und Teufelsbannern, welche der Bischof von Bamberg hat verbrennen lassen, was sie in gütlicher und peinlicher Frage bekannt. Und haben etliche hundert Menschen durch ihre Teufelskunst um das Leben gebracht, auch die lieben Früchte auf dem Feld durch Riffen und Frost verderbt, darunter nicht allein gemeine Personen, sondern etliche der vornehme Herren, Doctoren und Doctors-Weiber, auch etliche Raths-Personen, alle hingericht und Verbrannt worden, welche schreckliche That bekannt, das nicht alles zu beschreiben ist, die sich mit ihrer Zauberei getrieben haben, werdet ihr hierinnen allen Bericht finden. 1659 (In: Hauber's Bibl. mag. 3. Bd. S. 441 ff.)

Kurzböck, J. E. v.: Schauplatz der Natur und Künste, in vier Sprachen, deutsch, lateinisch, französisch und italienisch. 8. Jahrg. Von 48 Platten und 48 Beschreibungen, nebst Titelkupfer und Vorberichte (Anm. Nr. 13: Die Folter). Wien, 1782

Kurzer Bericht Was alhier Malefiz-Recht gehalten wird. oder. Modius Procedendi in Malefiz-Sachen wie auch eine richtige Verzeichnis aller und jeder Maleficanten, welche in der H:R: Statt Augsburg von anno 1353: bis zu disen unseren Zeiten…

Kurzer Bericht, wie man sich zu der Zeit der Sterbläufften zu verhalten, die schwere Seuch der Pestilenz durch Gottes Gnad verhüten, hergestellt durch die verordneten Doctorn der Artznei dieser Stadt Nürnberg. Anno, 1600

Lact. div. inst. V. 20. ed Nic. Lenget Dufresnoy. Paris, 1748

Laib: Concilia et Reponsa (d. i. Rechtliches Bedenken gegen den Hexenprozeß). 1666

Lambreg, G. v.: Kriminalverfahren vorzüglich bei Hexenprozessen im ehemaligen Bistum Bamberg während der Jahre 1623 bis 1630. Aus aktenmäßigen Urkunden gezogen. Nürnberg, o. J. (Anm. ca. 1836)

Lammert, G.: Volksmedizin und medizinischer Aberglaube in Bayern und der angrenzenden Bezirke, begründet auf die Geschichte der Medizin und Kultur. Würzburg, 1869

Lammert, G.: Geschichte der Seuchen-, Hungers- und Kriegsnoth zur Zeit des dreissigjährigen Krieges. 1890

Lämmlein: Die biblische Vorstellung vom Teufel. Leipzig, 1890

L'Ancre, P. d.: De intertitudine et vanitate scientiarium. Lugduni, 1600 (?)

L'Ancre, P. d.: Tableau de'inconstance des maivais anges et demons. Paris, 1612

L'Ancre, P. d.: Wunderbarliche Geheimnussen der Zauberey …gezogen aus einem in französischer Sprach getruckt Tractat Herr Petri de Lance, Parlamentsherr zu Bordeaux. O. O. 1630

Landau, M.: Hölle und Fegefeuer. Heidelberg, 1909

Landenberger, J.: Stuttgarter Hexen-Geschichten. Kulturgeschichtliche Bilder aus vergangenen Tagen. Mit einer Einleitung. Lorch, 1904

Land-Gebott…Erneuerte Land-Gerichts-Ordnung…gegen Aberglauben, Zauberey und Hexerei und andere sträfliche Teufelskünste (erlassen d. Herzog Ferrdinand Maria), 1603

Landrecht, Policey-, Gerichts.- und Malefiz- und andere Ordnungen der Fürstenthumbden Ober und Nieder Bayern. München, 1616

Lang, A.: Magic und religion. London, 1901

Längin, G.: Der Wunder- und Dämonenglaube der Gegenwart im Zusammenhang mit Religion und Christenthum. Ein Beitrag zur Charakteristik der herrschenden Strömungen in der römischen und protestantischen Kirche. 2. Aufl. Leipzig, 1884

Längin, G.: Religion und Hexenprozeß. Zur Würdigung des 400. Jubiläums der Hexenbulle und des Hexenhammers, sowie der neusten katholischen Geschichtsschreibung auf diesem Gebiete. Leipzig, 1888

Laube, Th.: Dialogi und Gespräch von der Lycantrophia, oder Menschen in Wölff-Verwandlung, darinnen vier gelehrte Personen, eine rechts-gelehrte, eine atzney-verständige, und weltweise von dieser Materi- und anderen merckwürdigen Sachen viel curieuse dieuriren…auch durchgehens mit Kupfern ausgefertiget durch Theophilum Lauben. Frankfurt, 1686

Lauch, J.: Einunddreissig Türkenpredigten. Lauingen, 1609 (Anm.: die 14. Predigt handelt von den Hexen)

Lauen, H.: Die Hexenprozesse in Trier und Umgegend. In: Trier'sche Chronik. 4. Jahrg. Trier, 1908

Lauffer, O.: Die Hexe als Zaunreiterin. In: Gießener Beiträge zur deutschen Philologie. 60. Gießen, 1938

Lavater, J. C.: Protokoll über den Spiritualismus Familiares Gablidone. Mit Beylagen und einem Kupfer. Franckfurt und Leipzig, 1787

Lavater, J. C.: Predigten über die Existenz des Teufels und seine Wirkungen, nach Ableitung der Versuchungsgeschichte Jesu. Von einem schweizerischen Gottesgelehrten. Frankfurt und Leipzig, 1778

Lavater, L.: Von Gespenst, Vnghewren Fällen, oder Poltern, vnd anderen wunderbaren Dingen…kurtzer und einfeltiger Bericht. Zürich, 1569 (Anm. auch in: Theatrum de veneficiis, Frankfurt am Main, 1586)

Lavater, L.: De spectris, lemuribus et magis insolitis fragoribus, variisque praesasitionibus quae plerumque obitum, magnas mutationesque imperiorum praecedunt liber unus. Genevae. 1570. (auch: Lugduni, 1659)

Laven, H.: Die Hexenprozesse in Trier und Umgebung. In: Trier'sche Chronik NF. 4. Jahrg. Nr. 8. Trier, 1908

Laymann, P.: Juridicus processus contra sagas et veneficos: das ist: Ein rechtlicher Process gegen die Unholden und zauberischen Personen. Oettingen, 1710

Laymann, P.: Process gegen die Unholde und zauberische Personen. Oettingen, 1700

Lea, H. C.: Geschichte der Inquisition im Mittelalter. Bd. 2. Die Inquisition in den verschiedenen christlichen Ländern. Bonn, 1909

Lea, H. C.: Geschichte der Inquisition im Mittelalter. Bd. 3. Die Tätigkeit der Inquisitoren auf besonderen Gebieten. Bonn, 1913

Lechner, K.: Das große Sterben in Deutschland in den Jahren 1348 bis 1351 und die folgenden Pestepidemien bis zum Schlusse des 14. Jhts. Insbruck, 1884

Lecky, H.: History of the rise and influence of the spirit of Rationalisme in Europe. 1865

Leger, J.: Allgemeine Geschichte der Waldenser, oder der evangelischen Kirchen in den Tälern von Piermont, in zwei Büchern und vielen Kupfern. Aus dem Französischen übersetzt von Hans Friedrich Freiherr von Schweinitz. Breslau, 1750

Lehmann, A.: Aberglaube und Zauberei. Deutsch von Dr. Petersen. Stuttgart, 1898

Lehmann, A.: Aberglaube und Zauberei von den älteren Zeiten an bis in die Gegenwart. Deutsche authoris. Übersetzung von Dr. med. Petersen. 2. umgearb. u. erw. Aufl. Stuttgart, 1908

Lehmann, H. L.: Freundschaftliche und vertrauliche Briefe den sogenannten sehr berüchtigten Hexenhandel zu Glarus betreffend. Zürich, 1783

Leib, J.: Consilia, responsa ac deductiones Juris variae, cum primis vero processum contra saga concernentia. Opus non tantum juris-consultis et advocatis, sed & adseesoribus, iudicibus, aliisque apprime utile ac necessarium…wie und welcher Gestalt der Proces wider die Zauberer und Hexen auszustellen und hierinnen verantwortlich zu verfahren. Mit beygefügten unterschiedlicher Universitäten über verschiedene schwere Fälle, Bedencken und Informationen. Frankofurti, 1666

Leibbrand, W., Wettley, A.: Wahrheit und Verkündigung. Vorläufige Revision des historischen Hexenbgriffes. In: Festschrift für M. Schmaus. München, 1967

Leist: Maria Renata, die letzte Hexe Deutschlands. In: Aus Frankens Vorzeit. Würzburg, 1881

Leistle, D.: Die Besessenheit mit besonderer Berücksichtigung der Lehre der hl. Väter. Dillingen, 1886/87

Leithäuser, J. G.: Das neue Buch vom Aberglauben; Geschichte und Gegenwart. Mit 17 Bildern auf Kunstdrucktafeln und 43 zeitgenössischen Darstellungen. Berlin, 1964

Leitmaier, Ch.: Die Kirche und die Gottesurteile. Wien, 1954

Leitschuh, F.: Beiträge zur Geschichte des Hexenwesens in Franken. Bamberg, 1883

Leloyer, P. (sieur de la Brosse): IIII Ljvres des spectres ov apparationes et visions d'esprits, anges et Démons se monstras sensiblement aux hommes. Angers, 1586

Lempens, C.: Geschichte der Hexen und Hexenprozesse. St. Gallen (Schweiz), 1880

Lenormant, Fr.: Die Geheimwissenschaften Asiens. Die Magie und Wahrsagekunst der Chaldäer. Authorisierte, vom Verfasser bedeutend verb. u. verm. deutsche Ausgabe. Jena, 1878

Lerchheimer, A.: Ein christich Bedencken vnd Erjnnerung von Zauberey. In: Theatrum de veneficis. Frankfurt am Main, 1586

Le streghe, o sia diavolerie die ogni epoca etc. almanaco per 1540. Milano, 1539

Les histoires tragiques de nostre temps: Das ist: neue, wahrhaftige, traurig- kläglich- und wunderliche Geschichten, die wegen Zauberey, Diebstahl und Räuberey, Ehrgeitz und anderer seltsamen und denckwürdigen Zufälle: sonderlich aber unzeitig- und unordentlicher Liebe halber, sich mehrentheils in Franckreich bey Regierung König Heinrichen des IV. und des jetztigen Königs Ludwig VIII. zugetragen haben: Und erstlich vom Herrn Francisco von Rosset in frantzösischer Sprach beschrieben und zu unterschiedlichen mahlen in Franckreich mit des Königs Privilegio seyn gedruckt: Neulich aber in die Teutsche Sprach kürtzlich, so viel es der Inhalt der Historien gut leiden wollen, transferiret. Dabei denn auch ac. Lehren. Jetzo aber in dieser andern Edition mit dem andern Theil vermehrt ac. durch Martinum Zeillerum Muravianum Styrum. Hofmarck Furth. MDCXXIV.

Lettres philosophiques, serieuses, critiques et amusantes, traitant de la pierre philosophale, de l'incertitude, de la medecine, de la felecité temporelle, de l'homme, de la nature de l'âme, du retour des esprits en ce monde, des genies, de la magie, de la comparaison des deux sexes, des ris des pleurs, de la mort, des richesses, des plaisirs du monde, de la veritable noblesse, de l'erreur des sens, de l' excellence de la raison, et autres sujets interessans. à Paris. 733.

Leu, J. B.: Die Teufels-Beschwörung in Stans, oder, Gutachten über die Broschüre. Erledigung der ehrw. Klosterfrau Maria Augusta Delphina im Frauenkloster zu Stans den 28. März 1848 durch P. Anizet Reli...Luzern, 1848

Leubuscher, R.: Der Wahnsinn in den letzten vier Jahrhunderten. Halle, 1848

Leubuscher, R.: Ueber die Werwölfe und Thierverwandlungen im Mittelalter. Berlin, 1850

Leutenbauer, S.: Hexerei- und Zaubereidelikt in der Literatur von 1450 bis 1550. Mit Hinweisen auf die Praxis im Herzogthum Bayern. In: Abh. z. rechtswissenschaft. Grundlagenforschung. 3. Bd. Berlin, 1972

Leyser, A.: De officio circa tormenta, pre praeside Augustino a Leyer...disputabit Georgius Guilielm...Büttnerus. Vitembergae, 1740

L'Historie des imaganations extravagantes de Monsieur Oufle, ec causees par la lecture des livres qui traitent de la magie due Grimoire, des sorciers... Amsterdam, 1710

Liceti, F.: Ulisses apud circen, sive de quadruplici transformatione, deque varie transformatis hominibus dialogus ethicophysicus. Utini, 1636

Liebelt, K.: Geschichte der Hexenprozesse in Hessen-Kassel (Diss. Marburg). In: Zeitschrift des Vereins f. hess. Geschichte u. Landeskunde. Nr. 58. 1932

Lieberwirth, R.: Christian Thomasius. Über die Folter. Untersuchungen zur Geschichte der Folter. Thomasiana. 4. Heft., Weimar, 1960

Liebherr, M. v.: Ueber Hexerei. Ein Vortrag gehalten am 21. Nov. 1870 in der Aula der Universität zu Rostock. Rostock, 1871

Lichtenberg, J. Fhr. v.: Hexenbüchlein, das ist: die wahre entdeckung und Erklärung oder Deklaration für nämlicher Artikkel der Zauberey, und das von Zauberern, Unholden, Hengsten, Nachtschadin, Schützen, etc...Cologne (?), 1544/1575

Liel, A. F. L.: Die Verfolgung der Zauberer und Hexen in dem Kurfürstenthume Trier. Ein Beitrag z. vaterl. Geschichte. In: Archiv f. rhein. Geschichte. Coblenz, 1833

Lilienthal, J.: Die Hexenprozesse der beiden Städte Braunsberg, nach den Criminalacten des Braunsberger Archivs. Königsberg, 1861

Limborch: Historia Inquisitionalis. Amsterdam, 1962

Locatellus, P.: Exorcismi potentissimi & efficaces, ad expellendes aereas tempestates, a daemonibus per se, sive ad nutum cujusvis diabolici ministri excitates...a...Petro Locatello. Editio altera correctior. Labaci, 1680

Llorente, A.: Historie critique de l'inquisition d'Espagne; trad. en france. 2. ed. Paris (deutsch von Höck, Tübingen, 1820)

Lobau, E.: Spaziergänge mit Planitz, dessen Ideen und Ansichten über Faust und Hexe. Tagebuchnotizen. Wittenberg, 1924

Lodtmann, Fr.: Die letzten Hexen Osnabrücks und ihr Richter. Osnabrück, 1875

Longinius, C.: Philosophus, Trinum magicum sive, secretorum magicorum opus Offenbachii. 1611 (1616, ?)

Longinus, C.: trinum magicum s. secretorum magicorum opus, continens 1) die magia naturali, artfice et superstitt. disqq.; 2) theatr naturae, praeter curam magneticam, et veterum sophorum sigilla-etiam conclusiones physicas. 3) Oracula Zoroastris et mysteria mysticae philos., Habreorum, Chaldaerorum, Aegyptorum, Arabum, Persarum, Graecorum, Orphicorum, Pythagoricorum et Latinorum. Frankfurt, 1608

Loos, C.: De vera falsa magia. Köln, 1591 (Anm. nur teilweise gedruckt, dann konfisziert)

Lory, K.: Hexenprozesse im Gebiete des ehemaligen Markgrafenlandes. In: Festgabe Karl Theodor von Heigel zur Vollendung seines 60. Lebensjahres. München, 1903

Löwen, J. F.: Die Walpurgis-Nacht. 1756

Löwenstimm, A.: Aberglaube und Strafrecht. Auth. Übers. a. d. Russ. Mit einem Vorwort von J. Kohler. Berlin, 1897

Losch, Fr.: Deutsche Segen-, Heil- und Bannsprüche; nach gedruckten, schriftlichen und mündlichen Quellen zusammengestellt und hrsg. Stuttgart, 1890

Loschert, O.: Vorgängerischer Versuch zu Erwürckung eines Vertrages zwischen den in dem bisherigen Hexerey-Kriege verwickelten Gelehrten. Wie auch zum nutzbaren Unterrichte, wie man von der Zauber- und Hexerey weder zu wenig, noch zu viel glauben soll. Unternommen von einem Verehrer der Gelehrten und Liebhaber der Christlichen Wahrheiten. Bamberg, an dem Maynstrome, 1767

Lucanus (pseud.): Ein merckwürdiger Hexenprozess. In: Neue gemeinn. Blätter. Halberstadt, 1800

Luck, G.: Hexen und Zauberei in der römischen Dichtung. Zürich, 1962

Lucka, E.: Torquemada und die spanische Inquisition. In: Menschen, Völker, Zeiten. Eine Kulturgeschichte in Einzeldarstellungen. Hrsg. Max Kemmerich. XI. Wien und Leipzig, 1926

Luden, H.: Christian Thomasius, nach seinen Schicksalen und Schriften dargestellt von H. Luden. Mit e. Vorr. v. Johann v. Müller...Berlin, 1805

Ludivici, G.: Godefredi Ludivici...Theologicvm novae avtoris Francisi de Gordva anthropologiae et daemono logiae examen, nouitates vti alias, ab hoc in Schrifft- und Vernunftmässigen Gedancken vom Schatzgraben und Beschwerung der Geister proposita...Coburgi, 1718

Luther, M.: Von der Babylonischen Gefangenschaft der Kirche. 1519

Luther, M.: An den Adel der deutschen Nation von des christlichen Standes Besserung. 1520

Luther, M.: Wider die Bulle des Anichristen. 1520

Lützelberger, E. C. J.: Die Lehren der Bibel und der ältesten christlichen Kirche über Satan und sein Reich. Nürnberg, 1839

Lysthenius, G.: An das Consistorium zu Leipzig, Drey unterschiedliche Schreiben als nemlich eine Recussatio, Protestatio, Refutatio...Refutatio M. Georgi Lysthenii wegen der jtztigen newen Wittenberger Theologen ihme unnd andern Superintendenten von oberwehnten Cosistorio zugeschickten recht Zwinglichen und gut Caluinischen bedencken von Abschaffung des Exorcismi bey der heiligen Tauffe. Magdeburg, 1592

Lutz, R.: Warhafftige Zeitung von den gottlosen Hexen, auch ketzerischen und Teufels-Weibern, die zu der heiligen römischen Reichstatt Schletstatt im Elsäß des 1570. Jahres von wegen ihrer schändlichen Teufelsverpflichtung...sind verbrannt worden, sampt einem kurtzen Extract und Auszug ettlicher Schrifften von Hexerey zusammen gebracht durch Reinhardum Lutz...1571 (auch: in Theatrum de veneficiis, Frankfurt, 1586)

Maffei, M.: Graf von Cabalis oder Gespräche über die verborg. Wissenschaften. Berlin, 1782

Magica, das ist: Wunderbarliche Historien. Von Gespenstern und mancherley Erscheinungen der Geister von zauberischen Beschewungen. Eisleben, 1600 (erst in Latein, Eisleben, 1597)

Magica, das ist: Wunderbarliche Historien von Gespenstern und mancherley Erscheinungen der Geister, von zauberischen Beschwerungen, Beleidigungen, Verblendungen und dergleichen Gaukelwerk. Item, von Oraculis, Verkündigungen und Weissagungen zukünftiger Dinge, von Träumen, Gesichten und Offenbahrungen. Hiernechst auch von allerley Betrug der bösen Geister, dadurch sie die Menschen zur Anruffung der verstorbenen Heiligen, Anbätung der Bilder, und Bestättigung des Gedichts vom Feg-Feuer und sonsten allerley Aberglauben verführet haben. Aus bewährten und glaubwürdigen Historicis und andern Scribenten mit besonderm Fleiß in lateinischer Sprache zusammengetragen, itzo aber allererst gemeinem Vaterlande, Teutscher Nation, zu Nutz in die Teutsche Sprache treulich gebracht, und in Druck verfertiget. Cum Privilegio. Eißleben. Typis Grosiani. 2 Thle. 4. 1597

Magica, seu mirabilium historiarum de spectris et apparitionibus spirituum, de magicis et diabolicis incantationibus: de miraculis, oraculis, vaticiniis, divinationibus, praedictionibus, visionibus, revelationibus et aliis ejusmodi multis ac variis praestigiis, ludibriis et imposturis malorum daemonum libri II. ex probatis et fide dignis historiarum scriptoribus diligenter collecti. Islebiae, cura, typis et sumptibus Henningi Grosii Bibl. Lips. ged. (In: Horst's Zauberbibliothek I. Bd. XXVII. Stück)

Magicorum ander Theil, darinnen viel wunderbahrliche Geschichte von mancherley Gespensten und Erscheinungen der bösen Geister. Item von Oraculis, Verkündigung und Weissagungen, von Träumen — und etlich von allerley Betrug — verführt haben. Gedruckt im Jahr nach Christi Gebuhrt. 1600. 4.

Magische Künste. (hundert acht und dreißig neu entdeckte und vollkommen bewahrte, anjetzo aber auf zweyhundert vermehrte Geheimnisse, oder allerhand magische, spagyrische, sympathetische, antipathetische, und oeconomische Kunst-Stücke, deren vielmahls eines alleine dem Besitzer viel Geld gekostet hat, wobey annoch funfzig Kunst-Stücke vor Wein-Schenken angefügt sind, nicht allein allen Haus-Wirthen und vorsichtigen Leuten zum besondern Nutzen, sondern auch den Curiosis zu mehrerm Nachdenken, viel vollkommener ans Licht gegeben. (Leipz. u. Rudolst.)

Mahnke, D.: Das Hexenunwesen in Verden und sein Ende. Stade (?), 1923

Maier, G. Fr.: Georg Friedrich Meiers . . . Philosophische Gedanken von den Würckungen des Teufels auf dem Erdboden. Halle, 1760

Maier, M.: Compendium Miraculorum, das ist: Kurtze, jedoch klare Beschreibung vnterschiedlicher Wunderwercken vnd Geschichten: Insonderheit der Gänse, so in den Orcadischen Insulm auff Bäumen wachsen: Dessgleichen von Vrsprung vnd Geburt etlicher sehr frembden Vegetablien, Menschen vnd Thier; wie auch dem Vogel Phönix, Wehrwölffen, Geniis, Waldtgöttern, Lamiis, Hexen, vnd anderer Gedächtnuswürdiger Sachen Erörterung. Von H. Michael Mayern . . . lateinisch beschrieben, vnd an jetzo ins Teutsche vbersetzt, durch M. Georgium Beatvm. Franckfurt, 1620

Major, J.: Commentaria in quartum Sententiarum. Parisiis, 1515

Malblanc, J. F.: Geschichte der peinlichen Halsgerichtsordnung Kaiser Karl V. Nürnberg, 1783

Malkus, G. J.: Fuldaer Anekdotenbüchlein. Darin: Eine Teufelsaustreibung: Noch eine Teufelsaustreibung: Ein Hexenrichter. Fulda, 1875

Malleus iudicum, das ist: Gesetzhammer der unbarmherzigen Hexenrichter. o.O. u. o.J.

Malleus maleficarum in tres partes divisus, in quibus I. Concurrentia ad Maleficia; II. Maleficorum effectus; III. Remedia adversus Maleficia, et modus denique procedendi ac puniendi Maleficos abunde continetur, praecipue autem omnibus inquisitoribus et divine verbi concinatoribus utilis ac neccesarius. Colon, 1489

Malleus maleficarum. Der Hexenhammer von den beiden Inquisitoren Jacob Sprenger und Heinrich Institoris. Zum ersten Male ins Deutsche übertragen und eingeleitet von J. W. R. Schmidt. Berlin, 1906

Malleus daemonum, autore Alex. Albert a Bocher, Mediol. 1624

Mamoris, P.: Flagellum maleficorum, authore M. Petro Mamoris. Cum indicibus. Lugduni, 1612, (1621 ?)

Man muß auch dem Teufel nicht zu viel aufbürden. Bey Gelegenheit der Broschüre: Sollte der Teufel wirklich ein Unding seyn? . . . Beherziget von einem Freunde der Wahrheit. Bremen, 1776

Mannhardt, W.: Die praktischen Folgen des Aberglaubens, mit besonderer Berücksichtigung der Provinz Preussen. Berlin, 1878

Mannhardt, W.: Zauberglaube und Geheimwissen im Spiegel der Jahrhunderte. Mit 44 teils farbigen Abb. 3. Auflage. Leipzig, 1897

Manser, G. M.: Thomas v. Aquin und der Hexenwahn. In: Divus Thomas IX. 17/49. Freiburg i. Br., 1922

Mantzel, E. J. Fr.: Ob wohl noch Hexenprozesse entstehen möchten? Rostock, 1738

Mantzel, E. J. Fr.: Selecta iuridica Postochiensia. II. Rostochii, 1741

Märtens, K. A.: Antwort auf das Sendschreiben-Schott's über den Theophanes, in welcher insbesondere eine neu bearbeitete Theorie der Wunder. Halberst. 1821

Marti, K.: Geschichte der israelitischen Religion. 1907

Martin, J. L.: Briefe oder Sendschreiben vornehmer und gelehrter Leute, welche die Verspottung der Wünschelruthe vorstellen und deren Systemata oder Grundsätze Ueber einen Hauffen werfen. Aus dem Französischen. Frankfurt am Main, 1701

Marx, K. F. H.: Ueber die Verdienste der Aerzte um das Verschwinden der dämonischen Krankheiten. Göttingen, 1859

März, A.: Kurze Verteidigung der tätigen Hexe- und Zauberei wider eine dem hl. Kreuz zu Scheirn nachtheilige akademische Rede. 1767 oder 1768

Maschek von Masburg, Fr.: Zur Entstehungsgeschichte der Theresianischen Halsgerichtsordnung, mit besonderer Rücksicht auf das im Artikel 58 derselben behandelte crimen magiae sortiligi. Wien, 1880

Masecovius, Th.: Warhaffte und umbständliche Beschreibung der wunderbaren Geschichte, so sich mit einer angefochtenen Jungfer in dem 1683.ten und folgenden Jahren zu Königsberg in Preussen . . . Nebst einer Vorrede D. Bernhard von Sanden . . . gerichtet wider die Bezauberte Welt B. Bekkers. Königsberg, 1695

Massé, P.: De l'impostvre et tromperie des diables, devins, enchantevers, sorciers, novevrs d'esguiletes, cheuilleurs, necromanciens, chiromanciens, & autres qui par telle inuocation diabilique, ars magiques & superstitions abusent le pauple. Par Pierre Massé du Mans. Paris, 1579

Masters, R.: Eros and devil; the sexual psychopathology of witchcraft. New York, 1962

Matthaei, J.: Problemata. 1) Daemones an sint et an morborum sint causae. 2) an virium imbellicati juncta Carochimia per episrasin curanda sit. Venetiis, 1567

Maurer, F.: Amphitheatrum magiae universae, theoreticae & practicae: oder Gründlicher, ausführlicher Bericht und Unterricht von denen grössesten, geheimbsten Wunder-Machten Gottes, der Natur, der Engel, des Teufels, der Menschen. Nürnberg, 1714

Mauritius, E.: Dissertationes et opuscula. Argentorati. 1724

Maury, A.: La Magie et L'Astrologie. Paris, 1877

Maxwell, W.: De Medicina magnetica libris tres, in quibus theria, quam praxis continetur. Francofurti, 1679

Mayer, A.: Erdmutter und Hexe. Eine Untersuchung zur Geschichte des Hexenglaubens und zur Vorgeschichte der Hexenprozesse. In: Hist. Forschungen und Quellen. 12. Heft. München und Freising, 1936

Mayer, A. U.: Glückwünschungsschreiben an den Hochw. P. Angelus März über seine Vertheidigung der Hexen- und Zauberey. Von F. N. Blocksberger, Beneficiaten zu T. (pseud.). Straubingen, 1767

Mayer, A. U.: Nichtige, ungegründete, eitle, kahle und lächerliche Verantwortung des H. P. Angelus März, Benedictiner zu Scheyrn, über die von P. Don Ferdinand Sterzinger bey dem hochlöblichen geistlichen Rath in Freysing gestellten Fragen. Vom Moldaustrom, 1767

Mayer, E.: Geschworenengericht und Inquisition. Leipzig, 1916

Mazzolini, S. d. P.: De strigimagarum daemonum, mirandis libri tres. Rom, 1521

Mederus, D.: Acht Hexenpredigten . . . von des Teufels Mordkindern, den Hexen, Unholden, zauberisch und erschrecklichem Abfalle . . . Drachenleuten . . . Milchdieben . . . Lastern und Übelthaten. Leipzig, 1606, 1614, 1646

Mei, M.: De Lycantrophia. Witteb. 1650

Meier, G. F.: Philosophische Gedanken von den Wirkungen des Teufels auf dem Erdboden. Halle, 1760

Meier-Lemgo, K.: Hexen, Henker und Tyrannen. Die letzte und blutigste Hexenverfolgung in Lemgo. 1665—1681. Lemgo/Lippe, 1949

Meiers, G. F.: Gedancken von den Wirkungen des Teufels auf dem Erdboden. Halle, 1760

Meiger, S.: De panurgia libris tres. Dat ys: Nödige und nütte underrichtinge . . . Hamburg, 1587

Meinders, H. A.: Unvorgreifliche Gedancken und Monita, wie ohne blinden Eyfer und Übereilung mit den Hexen Processen und der Inquisition wegen der Zauberey, an Seiten des Richters so wol als des königlichen Fiscalis und Defensoris in denen Königl. Preussischen und Churfürstlichen . . . Brandenburgischen Landen ohnmassgeblich zu verfahren. Auf königl. Special-Befehl laut Edict vom 13. Decembris 1714 zusammengetragen und aufgesetzet von . . . Hermann Adolph Meinders. Lemgo, 1716

Meinders, H. A.: Gedanken und Monita, wie ohne Ueberil. mit den Hexenprocessen u. d. Inquisition wegen der Zauberei von Seiten des Richters, Königl. Fiscals und Defensors in den Preuß. u. Brandenb. Landen 1. Edikt v. 13. Decbr. 1714 zu verfahren sey. Lemgo, 1716

Meiners, Chr.: Geschichte einer merkwürdigen Teufelsbesitzung in Franken zwischen den Jahren 1740 und 1750. Hannover, 1788

Meinhold, W.: Sidonia von Bork, die Klosterhexe, angebliche Vertilgerin des gesamten herzoglich-pommer'schen Regentenhauses . . . Leipzig, 1847—48

Meinhold, W.: Maria Schweidler, die Bernsteinhexe. Novelle, in der Sprache des siebzehnten Jahrhunderts. 2. verb. Aufl. Leipzig, 1846

Meinold, W.: Maria Schweidler. Die Bernsteinhexe. Der interessanteste aller bisher bekannten Hexenprozesse, nach einer defecten Handschrift ihres Vaters, des Pfarrers Abraham Schweidler in Coserow auf Uedom. Hrsg. v. Elisabeth Kinderlen. Frankfurt, 1978

Melanchton, P.: De anime. Vitebergae, 1540

Melander, O.: Resolutio praecipiarum quaestionum criminals sagas processus, cum refutatio nova . . . purgationis sagarum per aquam frigidam. Lichiae, 1597

Mell, A.: Zur Geschichte des Hexenwesens; ein Beitrag aus steirischen Quellen. Berlin (?), 1891

Mellor, A.: La Torture. Paris, 1949

Memminger, A.: Das verhexte Kloster. 2. Aufl. Würzburg, 1904

Mengering: Evangelisches Gewissenrecht. Altenberg, 1644

Mengus, H.: Flagellum daemonum, exorcismos terribiles potentissimos et efficaces remediaque probatissima ac Doctrinam singularem in malignos spiritus expellendos et maleficia fuganda, de obsessis corporibus completens, cum suis benedictionibus et omnibus requestio ad eorum expulsionem. Lugduni, 1614

Menke, K. F.: Beitrag zur Dämonologie; oder: Widerlegung der exegetischen Aufsätze des Herrn Prof. Grimm. Von einem Geistlichen. Frankfurt und Leipzig, 1793

Merbitz, J. V.: disp. I. et II. de nymphis nobis. Wassernixen. Lipsiae, 1673

Merbitzii, M. J. V.: diss. I. de infantibus suppositoriis vulgo Wechselbälgen. II. de Nymphis germanis Wassernixen. Lips. 1676 it Jen. 1744

Merckwürdige Nachricht von einer Menge besessener Huren zu Rom. In: Hauber's Zauberbibliothek. I. Bd. 8. Stück. LXVIII.

Merckwürdiges Exempel und Beweisthum von der Ungerechtigkeit und Grausamkeit der ehemaligen Hexen-Processen. In: Horst's Zauberbibliothek II. Bd. 15. Stück. CXXX.

Merkwürdiger Hexen-Process gegen den Kaufmann G. Köbbing, an dem Stadtgerichte zu Coesfeld im Jahre 1632 geführt. Vollständig aus den Original-Acten mitgetheilt und mit einer Vorrede begleitet von Joseph Niesert. Coesfeld, 1828, 1827

Merz, A.: Urtheil ohne Vorurtheil über die wirkend-tätige Hexerei. Sterzinger (?), 1766 (?)

Merzbacher, F.: Ein Kinderhexenprozeß in der Reichstadt Schweinfurt. In: Schweinfurter Heimatblatt. Nr. 15. Schweinfurt, 1950

Merzbacher, F.: Geschichte der Hexenprozesse im Hochstifte Würzburg. In: Mainfränkisches Jahrbuch f. Geschichte u. Kunst. 2. Würzburg, 1950

Merzbacher, F.: Das ,alte Halsgerichtsbuch' des Hochstiftes Eichstätt. Eine archivalische Quelle zur Geschichte des Strafvollzuges im 15. u. 16. Jht. und zur rechtlichen Volkskunde. ZRG, 86. Germ. Abt. 73. 1956

Merzbacher, F.: Die Hexenprozesse in Franken. In: Schriftenreihe zur bayrischen Landesgeschichte. 56. Bd. München, 1957

Metzger, T.: Concilia Criminalia. Freiburg, 1618

Meyer: Joachim II. (v. Brandenburg) und der Hexenglaube. In: Der Bär. Berliner historische Wochenschrift vom 16. Oktober 1886

Meyer, C.: Der Aberglaube des Mittelalters und der nächstfolgenden Jahrhunderte. Basel, 1884

Meyer, Fr. A. A.: Versuch über das vierfüssige Säugethier Reem der heiligen Schrift als Beitrag zur Naturgeschichte des Einhorns. Leipzig, 1796

Meyer, H.: Ein Hexenprozess aus dem 17. Jht. Aus den Acten dargestellt. Hannover, 1867

Meyer, L.: Die Beziehungen der Geisteskranken zu den Besessenen und Hexen. In: Westermanns illustr. deutsche Monatshefte. Nr. 57 (Juni). Wiesbaden, 8 1861

Meyer, L.: Die Periode der Hexenprozesse. Hannover, 1882

Meyer, R. M.: Altgermanische Religionsgeschichte. Leipzig, 1910

Meyer, W.: Nürnberger Faustgeschichten. In: Abhandlungen der philosophischen Klasse der Münchner Akademie der Wissenschaften. 1895

Meyfarth, J. M.: Christliche Erinnerung an gewaltige Regenten und gewissenhafte Prädicanten, wie das Abscheuliche Laster der Hexerei mit Ernst auszurotten, aber in Verfolgung desselbigen auf Cantzeln und Gerichtshäusern sehr bescheidentlich zu handels sey. Schleusingen, 1635 (Anm. auch in: Reich, J. Unterschiedliche Schriften vom Unfug des Hexenwesens. Halle, 1703)

Michaelis, J.: de morbis ab incantatione et veneficiis oriundis. Lips. 1650

Michelet, J.: De Hexe. (La Sorcière) Mit einem Vorwort von Roland Barthes und e. Essay von Georges Bateille. Hrsg. von Traugott König. Deutsch von Gert Bergfleth. München, 1974

Milichius, L.: Der Zauber-Teuffel. Sagen, Aberglauben, Hexerei und mancherley Wercken des Teuffels. In: Theatrum diabolorum. Frankfurt, 1563

Minder, R.: Der Hexenglaube bei den Jatrochemikern des 17. Jhts. Zürich, 1963

Mirbt, C.: Quellen zur Geschichte des Papsttums und des römischen Katholizismus. Tübingen, 1934 (Anm.: darin Abdruck des lat. Wortlautes der Bulle ,Summis desiderantes affectibus' von Innocenz VIII.)

Model, J. M.: Johann Michael Models, J. U. Lic. beantwortete Frage: Ob man die Ausfahrt der Hexen zulassen könne? Wider den heutigen Hexenstürmer P. Ferdinand Sterzinger. München, 1769

Moebius, G.: Tractatus philosophico-theologicus de oraculorum ehtnicorum origine, propagatione et duratione authore G. Moebio. S. S. theolog. licent. Lipsiae, 1680

Mogk, K.: Germanische Religionsgeschichte und Mythologie. 2. Auf. Berlin und Leipzig, (Sammlung Göschen Nr. 5)

Möhlmann, J.: Actenmäßige Darstellung der Theilnahme der Kalenbergischen Landstände an den durch angeschuldigte Zauberei und Giftmischerei zwischen dem Landesherrn Erich dem Jungern und seiner Gemahlin Sidonia veranlassten Missverständnissen. In: Hist. Ver. f. Niedersächs. Zeitschrift f. Vaterl. Archiv. Hannover, 1842

Molitorius, U.: De laniis et phitonicis mulieribus tractatus pulcherrimus, Constanz, 1489 (Anm. oder Reutlingen; hier aber nicht vor dem 10. Jan. 1489, möglicherw. 1493). Später unter dem Titel: Tractatus de lamiis et phythonicis. Sigismundum Archiducem, 1489. Deutsch: Von Hexen und Unholden. Ein christlicher, nuetzlicher und zu diesen unsern gefaerlichen Zeiten auch nothwendiger Bericht, auß Gottes Wort, Geistlichen und Weltlichen Rechten, auch sonst allerley Historien gezogen . . . Übersetzt v. Conradus Lauterbach . . . Straßburg, 1575. (Anm.: auch in Theatrum de veneficis, Frankfurt am Main, 1586)

Molitor, U.: Hexen Meysterei. Dess hochgebornen Fürsten, Hertzog Sigmunds von Osterreich mit D. Vlrich Molitoris vnd Herrn Cunrad Schatz, weilandt Burgermeister zu Constantz, ein schön Gesprech von den Unholden, ob die selben können bösen Weyber, Hagel, Reiffen, vnd ander Ongefell, den Menschen zuschaden, machen können. Auch sunst ihrem gantzen Hexen Handel, waher der kumpt, vnd was daruon zuhalten sey, vnd zum letsten, das sie auss R. Rechten abzuthun seyen & c. Weitleuffiger mit mehr Exempeln der Alten, damm vor nie kains ausgangen. Nothwendig vnnd nutz aller Oberkeyt. Cölln (?). 1545

Möller, W.: Die angebliche Hinrichtung Ernst von Ehrenberg's durch Bischof Philipp von Ehrenberg. In: Archiv des hist. Vereins. 66. Bd. Würzburg, 1927

Monteacuto, H.: Damonis mimica, in magiae progressu, tum in sectis quorum author est. Paris, 1612

Morschel, M.: Der Kampf um die Abschaffung der Folter. Jur. Diss. Gießen, 1926

Moser, F.: Hirsul, die Hexe der Bielhöhle. Merseburg, 1823

Möstl, Fr.: Ein Szegediner Hexenprozess. Culturhistorische Studie. Graz, 1879

Mudrak, E.: Grundlagen des Hexenwahns. In: Reden und Aufsätze zum nordischen Gedanken. 37. Heft. Leipzig, 1936

Mühe, E.: Der Aberglaube. Eine biblische Beleuchtung der finstern Gebiete der Sympathie, Zauberei, Geisterbeschwörung & c. 2. verm. u. verb. Auflage. Leipzig, 1886

Müller, F.: Beiträge zur Geschichte des Hexenglaubens und des Hexenprozesses in Siebenbürgen. Braunschweig, 1854

Müller, C.: Hexenaberglaube und Hexenprozesse in Deutschland. Leipzig, 1893

Müller, J.: Christlicher und vernunfftgemäßer Begriff vom wahren Ursprung der Goldhervorbringenden Wunder-Materia oder des sogenannten Steins der Weisen, bestehend in einer Meinung, welche nicht allein die Ehre des Allerhöchsten am beförderlichsten ist, und der Wahrheit am nächsten ist, sondern auch zumahl zu jetzigen Zeiten 1. Einer Lands-Obrigkeit, 2.

Eines Landes sämmtlichen Einwohnern, 3. den Besitzern des großen philosophischen Schatzes selbst fast unschätzbare Vortheile und eine recht güldene Zeit ohne die geringste Unkosten, Hazard und Mühe verursachen kann. Frankfurt, 1707

Müller, J. F.: De transmutatione hominum in lupos. Lipsiae, 1673

Müller, J. V.: Von Zauberey, Teufelsbesitzungen und Wunderkuren. Frankfurt, 1796

Müller, K. O.: Heinrich Institoris, der Verfasser des Hexenhammers und seine Tätigkeit als Hexeninquisitor in Ravensburg im Herbst 1484. In: Württ. Vierteljahreshefte f. Landesgeschichte Nr. 4. Stuttgart, 1910

Müller, M.: Ueber das Geschichtliche der Folter und derselben Gebrauch und Missbrauch bei dem peinlichen Verfahren in dem Kurfürstenthum Trier im XVI., XVII. und XVIII. Jahrhundert. Einige Wörter. Trier, 1831

Müller, M. F. J.: Kleiner Beitrag zur Geschichte des Hexenwesens im XVI. Jahrh. aus authentischen Akten ausgehoben. Trier, 1830

Müller-Reimerdes, Fr.: Der christliche Hexenwahn. Gedanken zum religiösen Freiheitskampf der deutschen Frau. Leipzig, 1935

Münch, W.: Der kirchliche Prozeß gegen Wicliffe. Diss. Breslau, 195 1941

Münzenberger: Das Frankfurter und Magdeburger Beichtbüchlein und das Buch vom sterbenden Menschen. Mainz, 1882

Muratori: Antiquitates ital. Medicol . . . 1738

Murner, T.: Des Bruders Thomas Murner, der freien Künste Meister, sehr nützlicher Tractat über den Hexencontract . . . (?)

Murray, M. A.: The witch-cult in western Europe. Oxford, 1921

Muthreich, M.: Theologischer Bericht von dem sehr schrecklichen Zornsturm des Teuffels, welchen er zu diesen letzten Zeiten auch durch seine Getreue, die Zauberer, Hexen und dergleichen Unholden spüren lässet. Frankfurth an der Oder, 1649

Nachricht aus Welschland und Spanien wegen Bezauberung des Viehes und wie es zu curieren. 1682

Nachricht von den Wunderwerken, welche ein Frantzösischer Bauer, Jacob Aymar genannt, mit der Wünschel-Ruthe gethan, und vor dessen entdeckten Betrügereyen. In: Horst's Zauberbibliothek I. Bd. 11. Stück. LXXXIX.

Nachricht von einem Gespenste, welches das ehemalige Pädagogium zu Göttingen beunruhigt. In: Horst's Zauberbibliothek. II. Bd. CV. Stück

Nachricht von einem merkwürdigen Manuscript von der Gewalt des Teufels (Tractatus contra demonum involcatores). In: Horst's Zauberbibliothek. II. Bd. 14. Stück: CXX.

Nachricht von einer boshaftigen Begebenheit, welche sich in der Marterwoche des 1716ten Jahres zu Halle mit einer Compagnie böser Menschen zugetragen. 1716

Nachricht von einer wichtigen Schrifft eines Römisch-Catholischen wider den Herrn-Proceß, und die gemeine Lehre von der Gewalt des Teufels, wie derselbe unterdrucket worden, und von denen darüber ausgestandenen Verfolgungen des Authoris (Cornelius Loos, Tractat von der wahren und falschen Magie. Luxemb. 572.) S. 74. In: Horst's Zauberbibliothek. I. Bd. X. Stück

Nanz, C. F.: Die Besessenen im Neuen Testament. Ein exegetischer Versuch mit Rücksicht auf Dr. Strauss Leben Jesu. Reutlingen, 1840

Narratio rei admirabilis, ad Posonium gestae, de Spiritu quodam, a 24. Julii Anni MDCXLI. usque ad 29. Junii Anni MDCXLII, ex Purgatorio cuidam Virgini apparente, loquen-te, auxilium petente, ac tandem liberato. Decerpta ex juratis testibus et actis publicis, quae asservantur in tabulario seu archivo Ven. Capituli Posonieusis. Evulgata auctoritate et jussu Illustrissimi ac Reverendissimi Domini, Dn. Georgii Lippaei, Electi Archi-Episcopi Strigoniensis. Juxta exemplar impressum Posonii MDCLVIII. Trajecti ad Rh. cIoIoCLIV. (In: Horst's Zauberbibliothek. I. Bd. XXXVII. Stück)

Narratives of the witchcraft cases. 1648—1706. Ed. by George Lincoln Burr. New York. 1959

Naudè, G.: Apologie pour les grandes hommes soucinnés de Magie. Amsterdam, 1712 (deutsch: Verteidigung aller großen Männer, welche der Magie beschuldigt worden sind…1769 (?).

Nehring: Von der Wasserprobe der Hexen. Jena, 1714

Nettesheim, A. v.: Die Eitelkeit und Unsicherheit der Wissenschaften und die Verteidigungsschrift. 2. Bde. München, 1913

Neue Außerlesene und Wolgegründete Hexen-Predigt . . . durch Herm. Samsonium. Riga, 1626

Neue Ordnung des Durchläuchtigsten Fürsten und Herrn Wilhelm Friedrich, Markgrafens zu Brandenburg . . . Wie es in Criminal- und peinlichen Sachen mit denen gütlichen und peinlichen Verhören, und inquisitorischen Untersuchungen . . . und sonsten mit denen Verurtheilten in dem Brandenburg-Onolzbachischen Fürstenthum und Landen des Burggrafenthums Nürnberg unterhalb Gebürgs gehalten werden solle. Onolzbach, 1720

Neuester Hexenprozeß aus dem aufgeklärten heutigen Jahrhundert; oder: So dumm liegt mein bayrisches Vaterland noch unter dem Joch der Mönche und des Aberglaubens. Von A. v. M., 1786

Neußner, B.: Erklärung und widerlegung der Gotteslästerungen und Lügen, welche Paracelus in den drei Büchern Philosophiae ad Athenienses ausgeschüttet. Görl. 1570

Neuwald, H.: Exegesis purgationes sive examinis sagarum super aquam frigidam proiectarum. Helmstadii, 1584 (deutsch: Von Erforschung, Prob und erkaendtniß der Zauberinnen durch's kalte Wasser, in welchem Wilhelm Adolph Scriboni meynung widerlegt und von ursprung, Natur und Wahrheit dieser und anderer Purgationen gehandelt wirdt. Helmstadt, 1584. (In: Theatrum de veneficis. Frankfurt am Main, 1586)

New, unerhörte, erschröckliche, warhafftige Wundergeschicht, so sich in der Statt Edam in Holland den 24. Tag Hornung diss lauffenden 1602. Jahr zugetragen . . . Erstlich in flandrischer Sprache getruckt zu Brüssel . . . Mit sampt einem Baderbornenschreiben. Item: Dess ehrwürdigen hochgelehrten Herr Friedrich Forner . . . Sendtschreiben von erschrecklichem Untergang sechs ketzerischer Personen . . . in Francken bey Bamberg . . . jm Jahr 1601. Auss dem Latein ins Teutsche gebracht. Ingolstadt, 1602

Newer Tractat Von den Verführten Kinder Zauberey, in welchem mit reiflichem Discurs und mauthmaßigen Bedenken vorgehalten, aus was Ursachen viel unerwachsene und unmündige Kinder, so noch zur Zeit scheinen unschuldig zu seyn, zu der verdammten Geister- und Zauberer-Gesellschaft gebracht und unerhört verführt werden. Aus lateinischen Sprach in die Teutsche Sprache übersetzt durch W. S. a. V. C. & C. A. Getruckt zu Aschaffenburg durch Quirin Botzer, 1629

Newe Zeitung und wahre Geschicht, dieses 76. Jars geschehen im Breisgaw, wie man da in etlichen Stätten und Flecken, in die 55. Unhulden gefangen und verbrent hat, auch wie sie schröckliche ding bekent haben . . . Gestellet und gemacht durch Hans Cadium, 1576

Newe Zeitung von den Hexen, oder Unholden, so man verbrand hat, von dem 7. February an, biss auff den 25. Junij dieses 1580. Jar. Auch wirt darbey angezeigt, an was Ort und Enden, auch was sie bekent haben. In einem Liede verfasst. 1580

Nicoladoni, A.: Christian Thomasius. Ein Beitrag zur Geschichte der Aufklärung. Dresden, 1888

Nicolai, O. N.: Diabolus diabolo prior s. de gradibus nequitiae diabolicae diversis. Magdeburg, 1750

Nider, J.: Formicarius de malefici earumque praestigiis ac deceptationibus ad exemplum sapientae de formocis. Argentinae, 1517

Nider, J.: De visionibus ac revelationibus opus rerissimum Historiis Germaniae refertissimum, Anno 1517, Argentinae editum. Auspiciis . . . Rudolphi Augusti, Brunsvicens . . . ac Luneburg. Ducis, luci & intergritati restitutum, recensente Hermanno von der Hardt . . . Helmstadii . . . 1692

Niefert, J. H. J. (Hrsg.): Merkwürdiger Hexenprozeß gegen den Kaufmann G. Köbbing in dem Stadtgerichte zu Coesfeld im Jahre 1632 geführt. Coesfeld, 1827

Niehues, B.: Zur Geschichte des Hexenglaubens und der Hexenprozesse im ehemaligen Fürstbistum Münster. Münster, 1875

Niphanius, C.: De Lycanthropia. Witteb. 1654

Nippold, F.: Die gegenwärtige Wiederbelebung des Hexenglaubens. Mit einem literarisch-kritischen Anhang über die Quellen und Bearbeitungen der Hexenprozesse. Berlin, 1875

Nippold, F.: Die Thümmel'schen Religionsprozesse vom kirchengeschichtlichen und kirchenrechtlichen Standpunkte beleuchtet. Halle, 1887

Nodé, P.: (i. e. Fr. Pierre) declamation contre l'erreur exécrable des maleficiers, sorciers, enchanteurs, magiciens, devins lesquels pullulent maintenant couvertement en France a ce que recherche et punition d'iceux soit faicte etc. Par., 1578

Nonnen, N.: de juribus Satanae veris et praetensis in genus humanum. Brem. 1748

Nork: Die Existenz der Geister. Weimar, 1841

Nottarp, H.: Gottesurteile, eine Phase im Rechtsleben der Völker. Bamberg, 1949

Nucelli, M. G.: Das himmlische Heer, von der lieben Engelein lieblichen und fröhlichen Musica . . . Wittenb., 1600

Nulli, S. A.: I processi delle streghe. Torino, 1939

Nuncius Olympicus von etlichen geheimen Büchern und Schriften, so ein fürnehmer Gottesgelerter und hocherleuchteter berümbter Theosophus und Medicus in Theosophica, Cabala, Magia, Chemia Medicina und Philologia durch viel beschwerliche Reisen und große Unkostung Ecclesiae und republicae commodo zusammengebracht, darin die größte himmlische und irdische Weisheit begriffen ist. Gedruckt Philadelphiae ao. quo CIto LVX Magna a Christo ILLVCesCet In silLentlo. 626. 8.

Nynauld, J. de: De la lycantrophie, transformation, et extase des sorciers . . . Avec la refutation des arguments contraires que Bodin allegue au 6. chap. de sa Demonomanie. Paris, 1615

Obereit, J. H.: Gerade Schweizer-Erklärung von Centralismus, Exjesuiterey, Anecdotenjagd, Aberglauben, Maulglauben und Unglauben, gegen einen neuen Rosenkreuz-Bruder in der Berliner Monatsschrift vom August 1875. Berlin, 1876

Oberndorfer, J.: Kurzer und klarer Bericht von der Natur und Ursachen der ungerischen Kranckheit, wie dieselbige recht erkennet, ordentlich curieret und eygentlich curieret werden möge, sampt angehängter Präservation. Frankfurt am Main, 1607

Oeser, R.: Die Schreckensjahre von Lindheim. Ein Beitrag zur Sittengeschichte des 17. Jhts. Für das Volk erzählt von O. Glaubrecht (pseud.). 4. Aufl. Frankfurt am Main und Erlangen, 1862

Oesfeld, G. F.: Gedanken von der Einwirkung guter und böser Geister in die Menschen, Nebst beygefügte Beurtheilung eines neuen Beyspiels einer vermeynten leiblichen Besitzung, herausgegeben von M. Gotthelf Friedrich Oesfeld . . . Wittenberg, 1760

Oesterreich, T. K.: Die Besessenheit. Langensalza, 1921

Offenbarung der Geheimnussen der Alchimy. Wider die Verächter und Lästerer, auch wider die betrüglichen Verführer, vnd allen Mißbrauch dieser edlen Philosophy. Neben wahrhafftiger Beschreybung der hochgelobten heylsamen Chymi, und ihrer unzehligen Nutzbarkeiten. Straßburg, 1621

Ohle, R.: Der Hexenwahn. In: Religionsgeschichtliche Volksbücher. IV. Reihe, 8. Heft. Tübingen, 1908

Ohle, R.: Die Hexen in und um Prenzlau. In: Mitteilungen des uckermärkischen Museums- u. Geschichtsvereins zu Prenzlau. Hrsg. vom Vereinsvorstand. IV. Bd. Prenzlau, 1911

Oldekopp, J.: Observationes criminales congestae et in quinque libros speciatim tributae, cum Appendice exemplorum . . . Bremae, 1654

Oldekopp, J.: Contra Bened. Carpzovium JC. tractatus duo. Prima de appelationibus in causis criminalibus, alter duades quinque Quastionum ad processum criminalem necessarium. Bremen, 1659

Oldenburger: Thesaurus rerum publicarum. IV. Genevae, 1674

Blockes-Berges Verrichtung/ Oder Ausführlicher Geographischer Bericht/ von den hohen trefflich alt-und berühmten

Blockes = Berge:

ingleichen von der

Hexenfahrt/ und Zauber-Sabbathe/ so auff solchen Berge die Unholden aus gantz Teutschland/ Jährlich den 1. Maij in Sanct-Walpurgis Nachte anstellen sollen.

Aus vielen Autoribus abgefasset/ und mit schönen Raritäten angeschmücket sampt zugehörigen Figuren/ von

M. JOHANNE PRÆTORIO, Poëtâ Laureatô Cafareô.

Nebenst einen Appendice vom Blockes-Berge/ wie auch des Alten Reinsteins/ und der Baumans Höle am Hartz.

Zu Leipzig/ Bey Johann Scheiben/und Franckfurth am Mäyn/bey Friedrich Arnsten zufinden. Gedruckt Anno 1669.

Onomatologia cvriosa artificiosa et magica. Oder Natürliches Zauber-Lexikon, in welchem vil Nützliche und Angenehme aus der Naturgeschichte, Naturlehre und natürliche Magie nach alphabetischer Ordnung vorgetragen worden. 3. Aufl. verbessert und mit vielen neuen Zusätzen vermehrt von Johann Christian Wiegleb. Nürnberg, 1784

Oporin, J.: Der im Alten und Neuen Testament unterschiedene, auch ungleich eingesehene Dienst der guten Engel, nebst augenscheinlicher Rache des Messias an dem Teufel. Das ist, Die erläuterte Lehre der Hebreer und Christen von guten und bösen Engeln. Zamburg (?), 1735

Ordnung vnd Bevelch, wessen man sich zu itziger Infestitions-Zeit und Sterbens-Seuch zu verhalten und vfleissig in Acht zu nehmen. Graf Gottfried von Kastel. I. 20. August, 1611

Ordo probandi homines de Crimine Suspectos per ignitos Vomeres, Candens Ferrum, aquam ferventem vel frigidam, in: Thesaur. Novissim. Anecdotorum. Aug. Vind.

Osenbrüggen, E.: Das alemanische Strafrecht im deutschen Mittelalter. Schaffhausen, 1860

Osenbrüggen, E.: Das Strafrecht der Langobarden. Schaffhausen, 1863

Osenbrüggen, E.: Der letzte Hexenprozess. Leipzig, 1867

Osiander, J. A.: Tractatus theologicus de magie. Tubingae, 1687

Ostermanni, P.: Commentarius juridicus ad L. Stigmata C. de Fabricensibus, in qua de variis Se Speciebus Signaturarum, Chare Characterum et Stigmatum, imprimis Antichristi et illorum que quae sagis inusta deprhenduntur. Colona Coloniae, 1629

Osuna, Fr. d.: Flagellum diaboli. Dess Teufels Gaissl. Darinn . . . gehandlet wirt: Von der Macht und Gewalt des bösen Feindts. Von den Effecten und Wirckungen der Zauberer, Unholdten und Hexenmaister . . . Durch . . . Franciscum de Ossuna in spanischer Sprach ausgegangen, und durch Egidium Albertinum . . . verteutscht. München, 1601

Otte, W.: Das crimen maiestatis im Kurfürstenthum Sachsen zur Zeit Carpzovs. Jur. Diss. Bonn, o. J.

Otto: Corpus juris criminalis Karoli V. Ulm, 1722

Ottokar, A.: Anti-Satan. Sendschreiben an Professor Eschenmayer betreffend dessen Entgegnung auf die Schrift 'Entdeckung eines Complots wider Religion und Christenthum'. Nürnberg, 1838

Owen, Chr.: the scene of delusions. London, 1712

Owen, Ch.: Schauplatz der Betrügereyen. Leipzig, 1715

Paine, L.: Sex in the witchcraft. New York, 1972

Palingk, A.: Het af gerukt Mom-aangezicht der Tooverij. Amsterdam, 1659

Papal usurpation and persecution, at is has been exercised in ancient and modern times, with respect both to Prices and Peoples; a fair warning to all Protestants, to guard themselves with the outmoset caution against the enchroachments and invasions of Popery, als the value of their estates, lives and liberties. London, 1712

Papini, G.: Der Teufel. Stuttgart, 1955

Paracelsus (a: Bombast v. Hohenheim): Philippi . . . etliche Tractetlein zur Archidoxa gehörig. 1. von dem Magneten und seiner wunderbarlichen Tugend . . . München, 1570

Paracelsus (a: Bombast v. Hohenheim): genannt Paracelsus magnus, Astronomia magna oder die ganze Philosophia sogar der großen und kleinen Welt, (des von Gott hocherleuchten, erfahren und bewerten teutschen Philosophen und Medici) darin er lehrt des ganzen natürlichen Lichts vermögen, auch alle philosophische u. astronomische geheimnussen der großen u. kleinen Welt und deren rechten brauch u. misbrauch, zu dem andern die Mysteria des Himmlischen Liechts, zu dem dritten das Vermögen des Glaubens, und zum vierten, was die Geister durch den Menschen wirken etc. Vor nie in Truck außgangen. s. l. 571. ad fin. Frk. a. M.

Pasch, G.: de operationibus Daemonum duo problemata curiosa utrum possiut generare et-utrum homines in bestias transformare? Viteberg, 1684

Passavant: Untersuchungen über den Lebensmagnetismus und das Hellsehen. Frankfurt am Main, 1837

Pastor, K.: Culturhistorische Bilder aus den Zeiten des Wahns. 1. Bd. Das Marile. Eine Geschichte aus der Zeit des Hexenwahns. Hamburg, 1883

Pauli, J.: Die Emeis. Dies ist das Buch von den Omeissen. Straßburg, 1516

Pauls, E.: Der Exorcismus an Herzog Johann Wilhelm von Jülich in den Jahren 1604 und 1605. In: Hist. Verein f. d. Niederrhein. Annalen. Nr. 63. Köln, 1897

Pauls, E.: Zauberwesen und Hexenwahn am Niederrhein. In: Beiträge z. Geschichte des Niederrheins. XIII. Bd. (S. 135 — 242). Düsseldorf, 1898

Paulus, N.: Der sächsische Kriminalist Carpzov und seine 20.000 Todesurteile. Köln, 1907

Paulus, N.: Bibel und protestantische Hexenverfolgung. In: Wissenschaftl. Beil. z. Germania. Nr. 44. Jahrg. 1907. Berlin, 1907

Paulus, N.: Rom und die Blütezeit der Hexenprozesse. In: Hist.-polit. Blätter f. d. kath. Deutschl. 141. Bd. 1. Heft, München, 1908

Paulus, N.: Johann Brenz und die Hexenfrage. In: Wissenschaftl. Beilage z. Germania. Nr. 26. Berlin, 1909

Paulus, N.: Hexenwahn und Hexenprozeß, vornehmlich im 16. Jht. Freiburg i. Br. 1910

Peinliche Halsgerichts-Ordnung, des Durchleuchtigsten Hochgeborenen Fürsten vnnd Herren, Herrn Georg Friedrichen Markgrauen zu Brandenburg . . . Welcher massen in J. F. G. Landen vnd Fürstenthumen in peinlichen Sachen einzuziehen, zufragen, zurichten, zustraffen vnd zuuolfahren & c. Itzo auff das Newe wider vbersehen, gemehrt und verbessert, sampt einer Vorrede & c. Gedruckt zu Ansbach (?), 1582

Peinlicher Sächsischer Inquisitions- und Achts-Process. Frankfurt am Main, 1653

Peinlicher Prozeß: Das ist: Gründtliche vnd rechte Vnderweysung Wie man in Peinlichen Sachen heutigen Tages nach allgemeinen Geistlichen und Weltlichen Rechten, Auch nach ettlicher besonder(s) verordneten Gewohnheiten, Reichs- und Landesordnungen, etliche Müntliche vnd Schriftliche Produvta, vnd Recess halten, stellen, schreiben vnd prociediren sol. Durch den Ehrnhafften, Wohlgelehrten vnd Rechtserfahrnen M. Abraham Sawrn, Hessischen verordneten Procuratorem & beschrieben vnd zum Vierdten mal Correct an Tag geben. 1593

Pember, G. H.: Das erste Zeitalter der Erde in ihrer Verbindung mit Spiritismus und Theosophie unserer Zeit von G. H. Pember zu Leipzig, 2. Aufl. 1893

Perenius, B.: De magia, de observatione somniorum et de divinatione astrologica libri tres. Adversus fallaces et superstitiones artes. Coloniae, 1598

Perkins: Baskanologia, hoc est Tractatio de nefaria aete veneficia, quatenus Scripturis explicatur et veritas eius quotidiana experiente comprabatur. Hannoviae, 1610

Perneder, A.: Von straff vnnd Peen aller vnnd yeder Malefitz handlungen ain kurtzer bericht, genommen vnd verfasst ausz den gemainen Kayserlichen Rechten, mit Lateinischer Allegation derselben, auch daneben meldung der gebrüechlichen hierinn Hochteütschlands gewonhaiten: Nit anders zuachten, dann ein Gerichtliche Practica aller Criminal oder peinlichen sachen. Ingolstat, 1544

Peronne: Praelectiones theologicae, quas in Coll. Rom, S. J. habetat. Regensburg, 1854

Perry, W.: ‚oder . . . der besessene Knabe'. Ein Beitrag zu den Teufelsbesitzungen unseres Zeitalters. Leipzig, 1799

Perty, M.: Die mystischen Erscheinungen der menschlichen Natur. Leipzig und Heidelberg, 1861

Peuceri, C.: Commentarius de praecipius generibus divinationem, in quo a propheticis auctoritate divina traditis et a Physicis conjecturis discernuntur artes et imposturae diabolicae, atque observationes et cum hoc conjunctae-Et monstrantur fontes ac causae Physicorum praedictionum . . . Viteberg, 1560

Peukert, W. E.: Hexensalben. In: Medizinischer Monatsspiegel. Darmstadt, 1960

Peukert, W. E.: Quellen und Untersuchungen zur Geschichte des Hexenglaubens im 16. und bis zum 18. Jht. Hildesheim, 1968

Pfaff: Die Hexenprozesse im sechzehnten und siebzehnten Jahrhundert. In Zeitschrift f. Kulturgeschichte. I. 1856

Pfannenschmid, H.: Erklärungsversuch einiger französischer, auf das Hexenwesen des Mittelalters bezüglichen Ausdrücke: Genot, Genocherie, Criage. In: La Revue nouvelle d'Alsace-Lorainne. Colmar, June, 1884

Pfaundler, I.: Ueber die Hexenprocesse des Mittelalters mit spezieller Beziehung auf Tirol. Nebst einer aktenmäßigen Darstellung eines Hexenprozesses vom Jahre 1680. Innsbruck, 1843

Pfeffingeri, D.: diss. de restitutione diabolorum vulgo: . . . ob dermaleins eine Erlösung der Teufel zu hoffen sey? ex Act. Apost. 3, 21. Argent., 1708

Pfister, O.: Calvins Eingreifen in die Hexen- und Hexenprocesse von Peney 1545 nach seiner Bedeutung für Geschichte & Gegenwart. Ein kritischer Beitrag zur Charakteristik & zur gegenwärtigen Calvin-Renaissance. Zürich, 1947

Pflug, W.: Anna, eine Hexengeschichte. Dessau, 1929

Philander: Historische Nachricht vom Blocksberge, von dessen Lage, Gewächsen, wie auch von den Hexen, nebst unterschiedlichen Historien. Braunschweig und Leipzig, 1726

Philosophische Abhandlungen von dem Entstehen der Natur und dem Aufhören der Waarwölfe. Sig. von N. N. Danzig, 1746

Pico della Mirandola, G. Fr.: Strix; sive, De ludificatione daemonum dialogi tres. Nunc primum in Germania eruti ex bibliotheca M. Martini Weinrichi, cum ejusdem praefatione . . . itemque Epistola ad . . . Andream Libavium de quaestione: Utrum in non mariatitis & castis mola possit gigni? Et post mortem ejus editi studio & opera Caroli Weinrichii. Argentorati, Venendantur apud Paulum Ledertz, 1612

Pictorius, G.: Einleitung in die Lehre von den sublunarischen Dämonen oder über den Ursprung, die Namen, Verrichtungen, die Macht, die Weissagungsgabe und die Wunder dieser Geister, sowie über die Mittel, durch welche sie vertrieben werden. 1562

Pietsch, P.: Die Doruchower Hexenverbrennung vom Jahre 1775

Pirckmayr, Fr.: Der Hexenturm in Salzburg. 1885

Pistorius: Daemonomanie Pistorianae. Magica et cabbalistica morborum curandorum ratio. Ed. Helbronner. Lauingae, 1601

Planch, A.: praeses. Dissertatio critico-scriptturistica de magia diabolica . . . 1767

Planitius, G.: Vom Exorzismo bey der heiligen Tauffe und von der Christen Kinder Heyligkeyt. 1591

Planitz, E. A.: Die Hexe von Goslar. Wittenberg, 1924

Plantsch, M.: Opusculum de sagis maleficis Martine Plantsch cocionatoris Tubingensis. Phorce, 1507

Platz, K.: Kurtzer, nothwendiger und wolgegründeter Bericht von dem Zauberischen Beschweren und Segensprechen. Tübingen, 1565

Plenkers, W.: Das Hexenwesen in Dänemark. In: Stimmen aus Maria-Laach. LV. 1896

Pluemen d. Tugent: s. Zwingerle Ignaz. v.

Plutarch: De natura et effectionibus daemonum libelli duo . . . Ed. Joachim Camerarius. Lipsiae, 1576

Plutarchus: De natura affectionibus daemonum, libri duo, latine interprete Adriano Turnebo, cum explicationibus et prooemio Joachimi Camerarii. Lipsiae, 1576

Pohl, J. E.: praeses. De medico exorcista . . . pre praeside Iohanne Ehrenfried Pohl . . . disputabit auctor ac respondes Iohannes Godefredus Iancke . . . Lipsiae, 1788

Pohl, J.: Ein Hexenprozeß zu Linz am Rhein vom Jahre 1631. In: Bonner Archiv. 5. Jahrg. Nr. 5, 1893

Pollack, H.: Mitteilungen über den Hexenprozess in Deutschland. Berlin, 1885

Ponzibius, J. F. d.: Tractatus . . . de lamiis. In: Primum (-decimum septimum) volumen tractatum ex variis juris interpretibus collectorum. 10. Bd. Lugduni, 1549

Poppe, M. v.: Neuer Wunder Schauplatz der Künste und interessantesten Erscheinungen im Gebiete der Magie, Alchymie, Chemie . . . Stuttgart, 1839

Pott, J. H.: Specimen juridicus, De nefando lamiarum cum diabolo coitu, von der Hexen schändlichen Beyschlaff mit dem bösen Feind, in quo astrusissima haec materia dilucide explicatur, quaestino inde emergantur curate resolvntvr, variisque non injucundis illustrantur, publica luce donatum a Johanne Henrico Pott . . . Jenae, 1689

Praetorius, A.: Von Zauberey vnd Zauberern, gründlicher Bericht; drainn der grawsamen Menschen thöriges, schändliches vornemmen, vnd wie christliche Oberkeit in rechter Amptspflege jhnen begegnen, jhr Werck straffen, auffheben, vnd hinderen solle, vnd könne . . . Hiezu ist gesetzet: der Theologen zu Nürnberg gantz christlich Bedencken, vnd wahrhafftig Vrtheil von Zauberey vnd Hexenwerck. Heydelberg, 1613

Praetorius, J.: Philosophie Colus oder Pfyhlose, lose vieh der Weiber, darinnen gleich hundert allerhand gewöhnliche Aberglauben des gemeinen Mannes lächerlich wahr gemachet werden: die kurtze Zeit zu verlängern, und die lange Zeit zu vertreiben. 1622

Praetorius, J.: Daemonologia Rubinzalii Silesii. Das ist: Ein ausführlicher Bericht. Von den wunderbarlichen, sehr Alten und weit-beschrieenen Gespenste, dem Rübenzahl. 1662

Praetorius, J.: Anthropomedus Plutonicus, das ist: Eine neue Weltbeschreibung von allerley wunderbaren Menschen. Magdeburg, 1666

Praetorius, J.: Gazophylaci Gaudium, d. i. Ausbund von Wünschel-Ruthen oder sch. lustige — Historien von — Wundersamen Erfindung der Schätze, so geschehen sind durch 1) Auffhenckungen, 2) Bauen und Graben, 3) Charten, 4) Diebstahle usw. Leipzig, 1667

Praetorius, J.: Blocks-Berges Verrichtung/Oder Ausführlicher Geographischer Bericht/von den hohen trefflich alt- und berühmten Blockes-Berge ingleichen von der Hexenfahrt/und Zauber-Sabbathe/so auf solchen Berge die Unholden aus gantz Teutschland/Jährlich den 1. Maii in Sanct Walpurgis

Nachte anstellen sollen. Auß vielen Autoribus abgefasset/und mit schönen Raritäten angeschmücket . . . Nebenst einem Appendice vom Blocks-Berge/wie auch des alten Reinsteins/und der Baumans Höle am Harz. Zu Leipzig. Bey Johann Scheiben und Frankfurth am Main/bei Friedrich Arnsten zufinden. Gedruckt Anno 1669

Praetorius, J.: de Pollice, Vom Diebes-Daumen. Lipsiae, 1677

Praetorius. M. J.: Zetlingensis, Poëta Caes., DaeMonoLogia RubinzaLii SILesii, das ist ein ausführlicher Bericht von dem wunderbarlichen sehr alten und weit beschrienen Gespenste, dem Rübezahl, welches sich auf dem Gebirge in Schlesien und Böhmen den Wanders-Leuten zum öfftern in possirlicher und mannigfaltiger Gestalt und mit seltzamen Verrichtungen erzeiget, nebenst vielen andern nachdenklichen Erzählungen von Betrocknissen, und den fürnehmsten Schlesischen Raritäten, wie auch sonsten mehreren Kurzweiligen Schosen, gäntzlich aus vielen Scribenten ernstlich zusammengezogen durch — in Verl. z. in Lpz. gedr. zu Arnst. 1662. 12.

Praetorius, M. J.: des Rübezahls anderer und zwar gantz frischer historischer Theil, darinnen mehr als hundert wahrhafftige und über alle massen possirliche oder anmuhtige Fratzen von dem berüchtigten Gespenst kurtzweilig vorgebracht durch — Rudolst. 665. 12. 3. Theil. Leipz. 1665. 12.

Predigten über die Existenz des Teufels und seine Wirkungen nach Anleitung der Versuchungsgeschichte Jesu. Von einem schweizer. Gottesgelehrten. Frankfurt und Leipzig, 1778

Pressel, W.: Hexen und Hexenmeister; oder, Vollständige und getreue Schilderung und Beurtheilung des Hexenwesens. Stuttgart, 1860

Prierias: De stigimagarum mirandis libri tres. Romae, 1521

Preuß, H.: Die deutsche Frömmigkeit im Spiegel der bildenden Kunst. Von ihren Anfängen bis zur Gegenwart dergestellt. Berlin, 1926

Prieur, Cl.: Dialogue de Lycanthrophie ou transformation d'hommes en loups vulgairement dits Loups-Garous, et si telle se peut faire . . . Louvain, 1596

Probst: Sakramente und Sakramentalien in den ersten drei christlichen Jahrhunderten. Tübingen, 1872

Probst: Der Prozeß der Jungfrau von Orleans. Basel, 1895

Processus juridicus contra sagas & veneficos; das ist: Rechtlicher Prozeß, wie man gegen Unholden vnd zauberische Personen verfahren soll. Mit erweglichen Exempeln vnd wunderbaren Geschichten, welche sich durch Hexerey zugetragen, außführlich erkläret. Vnacum Decisionibus quaestionum ad hanc materiam pertinentium. Herm. Goehavsen . . . editit et recensuit. Rintelij, 1630

Promotoris: Edlen Ritters von Orthopetra Gedanken von der Macht der Finsterniß. 1704

Protokolle von Hexenprozessen in Flamersheim. Flamersheim (?), 1629—30

Prutz, R.: Der Hexenglaube in der Universitätsaula. In: Deutsches Museum. 7. Jahrg. Leipzig, 1857

Psellus, M.: de operatione daemonum dialogus. 1688

Pseudomantia veterum et recentiorum explosa, sive de fide divinationibus adhibenda tractatus absolutissimus ad abolendam falsae divinationis superstitionem, cum animadversionibus Philosophicis, Astrologicis et Theologicis. Quibus accessere etiam divinationes damnatae ex sacra scriptura, ex sacris Canoniis, Conciliis, Bullis, Pontificiis et ex sanctis Patribus. Autore D. Josepho Maria Maraviglia, Clerico regulari, in Gymnasio Patavino moralis philosophiae publico Professore. Venetiis, MDCLXII. Superiorum permissu et privilegio. (In: Horst's Zauberbibliothek I. Bd. XLIV. Stück)

Putter, N.: Juristische Untersuchung über das gerichtliche Bekenntnis der Hexen, daß sie aus der schändlichen Buhlschaft mit dem Satan ein menschliches Wesen erzeugt hätten. Diss. 1698

Quanter: Die Folter in der deutschen Rechtspflege einst und jetzt. Dresden, 1900

Quellenstudium zur Geschichte der Hexenprozesse. In: Zeitschrift f. Kulturgeschichte. Hrsg. G. Steinhausen. 2. Heft. 1898

Quistorp, J. Chr.: Ausführlicher Entwurf zu einem Gesetzbuch in peinlichen und Straf-Sachen. Rostock und Leipzig, 3. Theile, 1782

Rabaner, J. G.: Dissertatio philologica secunda de daemonibus, quam . . . defendet Justus Gotthart Rabener. Lipsiae, 1707

Raccolta degl'Editti est altre Provisioni dell'Altezze delli Serenisimi Ducci di Savoa, di tempo pro mulgata, sopra gl'occorenti delle Valli di Lucerna, Perosa. e. S. Martino, Terre anesse di S. Bertholome, Prarustano et Roccapiata, e dll'altre terre del Marchesato di Saluzzo, e del Piemonte. In Torino, 1678

Raemond, Fl. d.: L'Antichrist. Lyon, 1597

Ranft, M.: Von dem Kauen und Schmatzen der Toten in Gräbern, worinn die Beschaffenheit der hungerischen Vampyrs und Blutsauger. Leipzig, 1734

Rapp, L.: Die Hexenprozesse und ihre Gegner in Tirol. 2. Aufl. Brixen, 1891

Raumer, G. W. v.: Aktenmäßige Nachrichten von Hexenprozessen und Zaubereien in der Mark Brandenburg. In: Märkische Forschungen. I. Berlin, 1841

Raupach, E. B.: Der Aberglaube als welthistorische Macht. Vortrag im wissenschaftl. Verein am 14. Februar 1852. Mit einem Bildnisse Raupachs aus früheren Jahren. Berlin, 1852

Rautert, Fr.: Blos für die Scribenten. Etwas näheres über die Hexenprozesse der Vorzeit, aus authentischer Quelle. Essen, 1827

Raynaldus: Annales ecclesiatici. XVII. Romae, 1659

Rebbert, J.: Traurige Gestalten auf christlichen Kanzeln. Paderborn, 1888

Recovatio satanae et reconciliatio ecclesiae (d. i. geistliche und im Worte Gottes begründete Form der öffentlichen Absagung des teuflischen Verbrechens und Bundes)

Regnet, C. A.: Von Zauberapparaten und Hexenakten im Reicharchiv zu München. In: Archivalische Zeitschrift. VI. Bd. München, 1881

Reich, F.: Hexenprozesse in Danzig und in den westpreussischen Grenzgebieten. Diss. München, 1940

Reichard, E. C.: Vermischte Beyträge zur Beförderung einer nähern Einsicht in das gesamte Geisterreich. Zur Verminderung und Tilgung des Unglaubens und Aberglaubens. Als eine Fortsetzung von D. David Eberhard Haubers Magischen Bibliothek herausgegeben. Helmstedt, 1781—88

Reiche, J.: Theses inaugurales de Crimine Magiae. Halae, 1701

Reiche, J.: Unterschiedliche Schriften vom Unfug des Hexenprozesses, zu fernerer Untersuchung der Zauberer. Nebst einer Vorrede von des Werkes Vorhaben und was sonsten von dem Zauberwesen und Hexenprozessen zu halten. Halle, 1703

Reiche, J.: Herrn Dr. Christ. Thomasii kurtze Lehr-Sätze von dem Laster der Zauberei, nach dem wahren Verstande des lateinischen Exemplars ins Deutsche übersetzt und aus des berühmten Theologi Dr. Meyfarti, Naudaei und anderer gelehrter Männer Schriften erläutert, auch zu fernerer Untersuchung des nichtigen Zauberwesens und der unbilligen Hexenprozesse, nebst einigen Actis magicis. Halle, 1704

Reichle, Fr. A.: Der triumphierende Namen Jesus, das ist: Allgemeines, unfehlbares, und kräftiges Hilfs-Mittel, durch welches ein jeglicher catholischer Christ . . . sich, und die seinige von allem Unheil bewahren . . . ja gar den leydigen Teufel selbsten . . . verjagen, und überwinden kan. Zum Nutzen des christlichen gemeinen Volcks in teutscher Sprach verfasset . . . ; das jenige aber, so die Priester und Exorcisten alleinig betrifft . . . wird in lateinischer Sprach beygesetzt. Vermehrter in Druck gegeben von Anton Franc. Ant. Reichle . . . Constantz, 1761

Reichel, R.: Ein Marburger Hexenprozess vom Jahre 1546. In: Hist. Verein f. Steiermark. Mitteil. 27. Heft. Graz, 1879

Reigler, F.: Hexenprozesse, mit besonderer Berücksichtigung des Landes Steiermark. Graz, 1926

Reinhard, Fr. V.: Über das Wunderbare und die Verwunderung, ein philosophischer Versuch. Wittenberg, 1782

Reiningk, T.: Responsum iuris in ardua et gravi causa, concernente processum quendam contra sagam . . . ubi quaestiones quaedam ne nocturnis sagarum concenticulis. Marpurgi, 1630

Reinkingk, D.: Theodori Reinkingk . . . Tractatus synopticus De retractu consanvibitatis . . . in certas quaestiones collectus . . . Huic acessit ejusdem auctoris Responsum juris accurate elaboratum de processu contra sagas et maleficos & c. Hactenus supresso nomine editum. Gissae, 1662

Reinmanni, M.: Bericht von den neuerley Greueln und Zaubereisünder. Eisleben, 1625

Reitenmeier, J. F.: Comm. de origine et ratione quaestionis per tormenta apud Graecos et Romanos. Göttingen, 1793

Relation von denen Vampyren oder Menschensaugern. Leipzig, 1732

Remi(gius), Nic.: Nicolai Remigii Daemonolatria, oder: Beschreibung von Zauberern und Zauberinnen. Mit wunderlichen Erzehlungen, vielen natürlichen Fragen und teufl. Geheimnissen vermischet. 1. Theil. Der ander Theil hält in sich: Wunder-seltzsame Historien von den Teuffels Hinterlist, Betrug, Falschheit und Verführungen, anbey und umb den Menschen. Mit einem Anhange. Von falschen, erdichteten gespenstischen Begebenheiten. Hamburg, 1693

René-Fülöp-Miller: Macht und Geheimnis der Jesuiten. Leipzig und Zürich, 1929

Renz, F.: Johann Bodin. Ein Beitrag zur Geschichte der historischen Methode im 16. Jht. Gotha, 1905

Resenhoefft, W.: Existenzerhellung des Hexentums in Goethes ‚Faust' . . . Grundlinien axiomatisch-psychologischer Deutung. Bern, 1970

Responsum juris, oder Rechtliches vnd auszführliches Bedencken von Zauberin, deren Thun, Wesen vnd Vermögen, auch was Gestalt dieselbe zubestraffen . . . gestellet durch einen hochgelehrten vnd gar vornehmen JC(tum) . . . Frankfurt am Mayn, 1637

Rest, J.: Ettenheimer Hexenprozesse im 17. Jht. In: Die Ortenau. Mitt. d. hist. Vereins f. Mittelbaden. 3. Heft. Offenburg, 1912

Rettung der katholischen Ehr und Wahrheit auf etliche 20 Frag, darunter: ob von Sylvester II. bis auf Gregor VIII. alle Päpste Zauberer gewesen. Durch P. Sta. Elia Carmel: Priores, wider die lutherischen Prädicanten zu Ravensburg, 1669

Reuning, W.: Balthasar Bekker, der Bekämpfer des Teufels- und Hexenglaubens. In: ZKG, XLV. Bd. NF. VIII. Heft. 1927

Reusch, F. H.: Beiträge zur Sektengeschichte des Mittelalters. 1890

Reuss, R.: Le sorcellerie au 16, au 17. siecle particuliement en Alsace

Reuß: Hexenwesen unter den Studierenden zu Würzburg. In: Anzeiger f. Kunde der deutschen Vorzeit. NF. Organ. des Germ. Museums. 2. Bde. Jahrg. 1855. Leipzig, 1855

Reuter, S. H.: das ist, Das mächtige, doch umschränkte Reich des Teufels; oder Gründlicher und warhafftiger Bericht, was von der List, Macht und Wirkung des Satans und der bösen Geister zu halten sey, und was die Menschen durch der selben Kraft und Gemeinschaft wissen, thun und verrichten können . . . Alles treulich aus Gottes Wort und vieler Gelehrten Bücher zusammen getragen, untersuchet und zur Warnung der gläubigen Kinder Gottes vorgestellet; auch mit einem nützlichen Register versehen. Lemgo, 1716

Rhamm, A.: Hexenglaube und Hexenprozesse, vornehmlich in den braunschweigischen Landen. Wolfenbüttel, 1882

Rheymannus, A.: Ein christlich vnd nothwendig Gespräch, von den bösen abtrünnigen Engeln. In: Theatrum de veneficis. Frankfurt, 1586

Rhumelius, J. Ph.: Welchergestalt man allerlei Brüche, Fürfall und andere Gebrechlichkeiten ohne Schnitt und Schmerzen allein magnatica et per transplantationem curiren soll. Noremberg, 1630

Ricardo, A. A.: De praestigiis et incantationibus daemonum et necromanticorum liber singularis. 1586 . . . Über die Blendwerke und Beschwörungen der Teufel . . . ein seltenes, nie dagewesenes Buch. Basel, 1586

Richel, A.: Zwei Hexenprozesse aus dem 16. Jht. Quellen und Studien zur Geschichte der Hexenprozesse. In: Ergänzungshefte zur ZfK. Hrsg. G. Steinhausen. 2. Heft. Weimar, 1898

Rickius, J.: Defensio probae (ut vocant) aquae frigidae, qua in Examinatione maleficarum judices hodie utuntur. Colon, 1597

Richter, D.: Qvadriga . . . disputationum, magico-thvrgicarum de conciliatione spiritvm, oder: Von der Kunst sich mit Geistern bekannt zu machen quam svb praesidio Davidis Richteri habvernvnt Henr. Andr. Matke et Georg Erhard. Hambergervs. Jena, 1716

Riecks, J.: Leo XIII. und der Satanskult. Berlin, 1897

Riedel, A. J.: Ein Hexenprozess, verhandelt bei dem Amtsgerichte zu Neustadt an der Dosse, im Jahre 1667; nach den Akten von Geheimen Archivrathe Prof. Dr. Riedel. Berlin, 18??

Riegler, F.: Hexenprozesse, mit besonderer Berücksichtigung des Landes Steiermark. In: Zur Steiermärkischen Kultur. Graz, 1926

Rieß. (S. J.): Petrus Canisius. 1863

Riezler, S.: Geschichte der Hexenprozesse in Bayern. Im Lichte

Riezler, S.: Paul Laymann und die Hexenprozesse. In: Hist. Zeitschrift. 84. Bd. München und Leipzig, 1900

Rimphoff, H.: Drachen-König, das ist: Warhafftige, deutliche christliche vnd hochnothwendige Beschreybunge, des grawsamen, hochvermaledeythen Hexen, vnd Zauber Teuffels, welcher durch Gottes sonderbahre direction, Schickunge vnd Gnade, an diesem Ort bald fürm Jar, durch ein neunjähriges Mägdelein, wider aller Menschen Gedancken manifestiert, vnd gantz wunderbarlich ans Liecht gebracht. Zu Salvir vnd Rettunge vieler christlicher, vnschuldiger, frommer Hertzen dieses Orths, auch zur Warnunge aller Hexen Patronen, Adhaerenten, Vorfechtern vnd leichtfertigen Calumnianten. Samt einem Appendice wider Johan Seiferten von Ulm . . . Auss hoher Noth öffentlich in den Druck gegeben. Rinteln, 1647

Rinder, J. Chr.: Johann Christian Rinders . . . Kurtze doch nachdrückliche Abfertigung an den würtzburgischen Pater Herrn Georg Gaar, Lojoliten, der ihn in einer öffentlichen und nun zum Druck gegebenen Canzelrede . . . sogar mit Namen um der Wahrheit willen, herum genommen, statt einer Franckfurter Messe dafür bey Gelegenheit derselben wie schuldig, übermacht . . . Jena, 1750

Rinder, J. Chr.: Eine Hexe nach ihrer greslichen Gestalt und gerechten Strafe, stellete auf das erschollene und sich weit ausbreitende Gerücht eines zu Apolda vermeintlich vorgegangenen Zauberwercks in nachmittäglicher Sontags-Predigt den 17. Nov. 1748, aus einem besonders dazu erwehlten Text. 2. Buch Mos. XXII, 18. ‚Die Zauberinnen sollst du nicht leben lassen', vor und gabs nebst wahrhaftigen Bericht der gantzen Sache zum Druck. Jena, 175?

Rinius, J.: Das Gott einem jeglichen menschen, einen eigen vnd besondern Engel, dadurch er jn beschütze, gegeben habe, verdeutscht durch J. Molitorem. Wittenb. 1536

Rissel, R., Böker, W.: Verhexungswahn. In: Bibliotheca psychiatr.-neurol.. 124. Bd. Basel, 1964

Rittmann, A.: Grundzüge einer Geschichte der Krankheitslehre im Mittelalter. Brünn, 1868

Robbins, R. H.: The Encyclopedia of witchcraft and demonology. New York, 1959

Röder, J.: Newer und alter Schreib-Calender. (1598—1618)

Roget, A.: Historie de peuple de Genevé. Genevé, 1873

Rogge-Ludwig: Hexenprozesse in Eschwege (1657). In: Zeitschrift des Vereins f. hess. Geschichte. 1884

Rohde, M. J., Nagel, J. Ch.: diss. de celebri spectro, quod vulgo die weiße Frau nominant. Regiomonti, 1723, Viteb., 1743

Roguet: Discours exécrables des Sorciers ensemble, leurs procés faits depuis deux ans en divers endroits de la France avec six avis en fait de sorcellerie. Lyon, 1601

Roiko: Christliche Religions- und Ketzergeschichte. Prag, 1789

Romanus, C. Fr.: Shedisma polemicum . . . vulgo ob wahrhaft Gespenster, Zauberer und Hexen seien?. Leipzig, 1717

Römer, W.: Die Hexenbulle, nebst einem Auszug a. d. Hexenhammer. Schaffhausen, 1889

Röschen, Fr. A.: Die Zauberei und ihre Bekämpfung. Gütersloh, 1886

Rösel, R.: Die letzte Hexe von Schweinfurt anno 1728. In: Schweinfurter Heimatblätter. Beil. z. Schweinf. Tagblatt. Nr. 9. Schweinfurt, 1935

Rosenthal, L.: Bibliotheca magica pneumatica. Geheime Wissenschaften, Magie, gute und böse Geister, Gespenster, Volksaberglauben: Hexen und Hexenprozesse . . . Ellwangen, 188?

Rösler, A.: Die Frauenfrage vom Standpunkte der Natur, der Geschichte und der Offenbarung. Freiburg, 1907

Rosskoff, G.: Geschichte des Teufels. 2. Bde. Leipzig, 1869

Roy: Die Verwendung von Leichenteilen im Aberglauben des Mittelalters. In: Frankenwarte Nr. 6. 1930

Rübel, C.: Hexenaberglaube, Hexenprozesse und Zauberwahn in Dortmund. In: Beiträge zur Geschichte Dortmunds und der Grafschaft Mark. Dortmund, 1913

Rübel, J. Fr.: Physikalische Abhandlung von der Gewalt des Teufels in die Körper . . . mit vielen wichtigen Anmerkungen. Von J. F. R. Nürnberg, 1753

Rückert, G.: Der Hexenwahn, ein Kulturbild aus Lauingens Vergangenheit. In: Alt-Lauingen: Organ des Altertum-Vereins. Lauingen a. D. 2. Jahrg. Lauingen, 1907

Rüdiger, J.: De magia illicita, decas concionum; zehen müthliche (?) Predigten von der Zauber- vnd Hexenwerck aus Anleitung heiliger Schrifft vnd bewehrter Autorvm rationibus nach dem bekannten Schul Vers Quis? Ubi? vnd folgends andern Vmbstenden gehalten. Darinnen auff die von dieser Materia

Gründtlicher warhaff-
tiger Bericht/was sich am tag Klingun-
dis den 3. Martij/zwischen etlichen Dienstmägden
auffm Feldt/nicht weit von dem Dorff Poppen-
reuth/eine kleine Meyl wegs von der Stad Nürenberg gelegen/Für eine Wunderliche Erschröckliche Geschicht/verloffen vnnd zugetragen. Mit
angehengter Warnung vnnd Vermanung/Das
sich menniglich vor dergleichen leichtfertig-
keit/verachtung GOTTES Worts/
vnnd der Heiligen Sacramen-
ten/fleissig hüten wolle.

**Erstlich zu Nürenberg durch Valentin
Geyßlern gedruckt.**

fürnembsten Fragen geantwortet, etliche Darüber ungleiche Meynung erzehlet vnd dieselben kürtzlichst widerleget werden. Durch Johannem Rüdiger. Jena, 1630

Ruediger, A.: Physica divina, recta via, aedemque inter superstitionem et atheismus media, ad utramque hominis felicitatem naturalem atque moralem ducens. Frankf. 1716

Ruland, W.: Steirische Hexenprozesse. In: Beiträge zur Kulturgeschichte. Ergänzungshefte zur ZfK. Hrsg. G. Steinhausen. 2. Heft. Weimar, 1898

Rüling, G. E. v.: Auszüge einiger merkwürdigen Hexenprozesse aus der Mitte des 17. Jhts. im Fürstenthum Calenberg ausgeführt. Göttingen, 1706 (1786?)

Rumpelinus, J. H.: Tractat von denen Geistern, so in Bergwerken erscheinen, oder von sogenannten Berg-Männlein. Aus dem Lateinischen. Dresden, und Leipzig, 1702

Runge, C. H.: Man muß auch dem Teufel nicht zu viel aufbürden. Bey Gelegenheit der Broschüre: Sollte der Teufel wirklich ein Unding seyn? Beherzigt von einem Freunde der Wahrheit. Bremen, 1776

Runge, H.: Adjurationen, Exorzismen und Benedictionen, vorzüglich zum Gebrauch bei Gottesgerichten. Ein Rheinauer Codex des 11. Jahrh. . . Zürich, 1859

Ruppert: Prozeß gegen einen frommen Konvertiten, den Notar Matth. Tinctorius in Donaueschingen. In: Zeitschrift d. Gesellschaft f. Geschichtskunde von Freiburg i. Br. II. 1872

Ruppert: Ein badischer Hexenrichter. In: Zeitschrift d. Gesellschaft f. Geschichtskunde von Freiburg i. Br. V. 1880

Sachs, H.: Wunderbarliches Gesprech von fünf Unhulden. 1531

Saint André Francois de . . . Lesenswürdige Briefe an einige seiner Freunde über die Materie von der Zauberey, den Ubelthaten, so dadurch angestiftet werden, und von den Zauberern und Hexen insbesondere; worinnen er die wunderbarsten Würckungen, die man gemeiniglich den Teuffeln zuschreibt, deutlich erkläret, und dabey zeiget, dass diese Geister oft nicht den geringsten Antheil daran haben . . . Statt eines Supplements zum Hutchinson aus dem Frantzösischen ins Teutsche übersetzt . . . von Theodore Arnold. Leipzig, 1727

Salverte, E.: Des sciences occultes, ou Essai sur la magie, les prodiges et les miracles. Paris, 1829

Salzmann (d. Ä.): Die Hexenprozesse der Reichsstadt Eßlingen. Nach einem am 5. März 1887 im württembergischen Altertumsverein gehaltenen Vortrag. Esslingen.

Sambuga, J. A. F. M.: Der Teufel, ein Neujahrgeschenk? Oder Prüfung des Glaubens an höllische Geister, nach der Lehre des hochwürdigen Peter Hartmann, Predigers zu Altenötting. München, 1810

Sammlung fürstlicher Landesordnungen Teil I. (1337—1627)
● Peinliche Halsgerichtsordnung von 1535
● Ordnung wider das Gotteslästern von 1543

Samson(ius), H.: Neue auserlesene und wohlbegründete Hexenpredigten. Riga, 1626/28

Saur, A.: Eine kurtze Warnung und Underricht: Ob auch zu dieser unserer Zeit unter uns Christen Hexen, Zauberer und Unholden vorhanden und was sie anrichten. In: Theatrum veneficorum, 1582

Saur, A.: Straff-Buch. Frankfurt am Main, 1620

Sauter, J. G.: Zur Hexenbulle 1484. Die Hexerei, mit besonderer Berücksichtigung Oberschwabens. Eine culturhistorische Studie. Ulm, 1884

Savigny, F. C. v.: Geschichte des Römischen Rechts im Mittelalter. Heidelberg, 1834

Saxe-Coburg. Herzog Johann Casimirs ‚Gerichts-Ordnung die Hexerei betreffend‘: Publicieret am 21. February 1629. Aus dem Hildburghäuser Ratsarchiv mitgetheilt von A. Human. In: Schriften d. Ver. f. Sachsen-Meining'sche Geschichte u. Landeskunde. Hildburghausen, 1898

Scribonius, G. A.: De sagarum natura et potestate, deque hic recte cognoscendis et pvniendis physiologica Gulielmi Adolphi Scribonii Marpurgensis. Vbi de pvrgatione earvm per aquam frigidam. Contra Johannem Evvichium . . . & Her. Neuvvaldum . . . doctores medicos & professores . . . Marpurgi, 1588

Scribonius, G. A.: Epistolae de purgatione sagarum. Tractatus duo singulares de examine sgaru sagarum super aquam frigidam projectarum (Von der Wasser-Prob der Hexen) in quibus hujus purgationis origo, natura & veritas curiose inquiritur, varaque quaestiones e theologorum, JCtorum, medicorum & philosophorum scriptis petitae doctissime & jucunde resolvuntur. Francofurti, 1686 (?)

Scriver, Chr.: Das verlorene und widergefundene Schäflein, oder Historischer Christlicher Bericht von einem jungen Menschen, der sich vom Satan mit ihm einen Bund zu machen und ihm in allerley gottlosen Wesen sechs Jahr zu dienen verleiten lassen, darauff durch des gerechten Gottes Urtheil in dessen leibliche Gewalt und Besitzung gerathen, erschröcklich gequälet, endlich aber...errettet und befreyet worden. Magdeburg und Helmstedt, 1672

Scot, R.: The discovery of witchcraft. 1584

Scott, W.: Briefe über Dämonologie und Hexerei. 2 Theile, 1853

Scultetus, A.: Der weisse Teuffel, so sich in menschlicher Entlarvung zu denen Einfältigen sichtbarlich gesellet, zu versuchen, ob er ihre Seelen durch allerhand Blendungen gewinnen

Cautio CRIMINALIS, Seu DE PROCESSIBUS CONTRA SAGAS Liber. AD MAGISTRATUS Germaniæ hoc tempore necessarius, Tum autem Consiliariis, & Confessariis Principum. Inquisitoribus, Judicibus, Advocatis, Confessariis reorum, Concionatoribus, cæterisq; lectu utilissimus. AVCTORE INCERTO THEOLOGO ORTHOD. RINTHELII, Typis exscripsit Petrus Lucius Typog. Acad. M DC XXXI

möge? Wie er solches versuchet, indem er eine Bauern-Magd... mit vielerley Schmeicheln und Drohungen aufgefordert hat, aber noch biss dato mit Schaden abziehen müssen...Leipzig, 1732

Scultetus, J.: Gründlicher Bericht von Zauberey und Zaubern...Durch J. Scultetum. Westphalo-Camensem. Lich, 1598

Scultetus, M.: Paesidium angelicum. Ein nützlich Handbüchlein. Von guten und bösen Engeln: vnd von derer beyder Wesen, Vhrsprung, Eigenschafften, Ampt, Dienstbestallung vnnd Wercken gegen Gott vnd der christlichen Kirchen in allen Ständen...Gestellet durch M. Marcvm Scvltetvm, Pfarrern zu Seehausen in Churfürstenthum Sachsen. Wittenbergi, 1616

Schacher, J. v.: Das Hexenwesen im Kanton Luzern nach den Prozessen von Luzern und Sursee, 1400—1675. Phil. Diss. (Freiburg i. Ü.). Luzern, 1947

Schack, J.: praeses. Disputatio juridica ordinaria De probatio criminis magia, qvam sub praesidio D. Johannis Schackii... publice defendet Martinus von Normann...Gryphiswaldiae, 1706 (?)

Schäfer, E.: Beiträge zur Geschichte des Protestantismus und der Inquisition im 16. Jht. Gütersloh, 1902

Schäfer, H.: Hexenmacht und Hexenjagd. Ein Beitrag zum Problem der kriminellen Folgen des Hexenaberglaubens. Hamburg, 1955

Schäfer, H.: Der Occulttäter (Hexenbanner, magischer Heiler, Erdentstrahler). Hamburg, 1959

Scharold, C. G.: Zur Geschichte des Hexenwesens im ehemaligen Fürstenthume Würzburg. In: Archiv des hist. Vereins. Bd. 6. Würzburg, 1840

Schau-Platz vieler ungereimten Meynungen und Erzehlungen; worauf die unter dem Titul der Magia Naturalis hoch gepriesene Wissenschaften und Künste...ingleichen die mancherley Arten der Wahrsagerey, vnd viel andere fabelhafte, abergläubische und unbegründete Dinge mehr, vorgestellet, geprüfet und entdecket werden...von Tharsandern. Berlin und Leipzig, 1735—42

Scheffler, H.: Die magischen Figuren. Allgemeine Lösung eines aus dem Altertum stammenden Problems. Leipzig, 1882

Scheltema: Geschiedenis der heksenprocessen. Haarlem, 1828

Schelwig, S.: De Lycantrophia. Gedani, 1679

Schenk, M., Kleinschmidt, J. G.: diss. de infantibus suppositis vulgo Wechselbälgen. Erfurt, 1675

Scherer, G.: Christliche Erinnerung, bey den Historien von jüngst beschehener Erledigung einer Junckfrawen, die mit zwölfftausent sechs hundert zwey und fünfftzig Teufel besessen gewesen. Geprediget zu Wien, in Oesterreich. Anno, 1583

Scherer, G.: Postill der sonntäglichen Evangelien. 3. Ausg. München, 1608

Scherr, J.: Die letzte Reichshexe. In: Hammerschläge und Historien. Zürich, 1878

Scherzer, J. A.: praeses. Daemonologia sive Duae disputationes theologicae de malis angelis...praeside...Dno. Joh. Adamo Scherzero...nunc vero conjunctim ediae a. M. Christiano Trautmanno...Lipsiae, 1672

Schickart, Ph.: Zwo christliche Predigten, aber...der Buss und Belehrung eines Jüngs, welcher sich, laut nachgesetzter Vorred, dem bösen Feind, auf siben Jar lang, mit Leib und Seel ergeben gehabt. Gehalten zu Göppingen durch P. M. Philippum Schickardum. Tübingen, 1631

Schid, J. A.: Abusos psalmi CIX. imprecatorii, vulgo das Todbeten. Helmst. 1708

Schiele, F. M.: Die Reformation des Klosters Schlüchtern. Tübingen, 1907

Schieler, K.: Magister Johannes Nider aus dem Orden der Predigerbrüder. Ein Beitrag zur Kirchengeschichte des XV. Jahrh. Mainz. Kirchheim, 1885

Schiess, E.: Das Gerichtswesen und die Hexenprozesse in Appenzell. Trogen, 1919

Schiffner, J.: Das Riesengebirge und sein Rübezahl. Prag, 1805

Schilling, A.: Drei Hexenverbrennungen in Ulm, Stuttgart, 1883

Schilling, W.: Newer Tractat von der verführten Kinder Zauberey. In welchem mit reiflichem Discours...vorgehalten wirdt, auss was Vrsachen viel vnerwachsene vnd vnmündige Kinder...zu der verdampten Geister vnd Zauberer Gesellschaft gebracht vnd vnerhörter Weise verführt werden...auss lateinischer in die teutsche Sprach vbersetzt vnd in Truck gegeben. Aschaffenburg, 1630

Schillinger, J.: Die Hexenprozesse im ehemaligen Fürstbisthum Basel. Vom Jura zum Schwarzwald. 8. Bd. 1. Heft. Aarau, 1891

Schindler, H. B.: Aberglaube des Mittelalters. Ein Beitrag zur Culturgeschichte. 1858

Schlender, J. H.: Germanische Mythologie, Religion und Leben. 4. Aufl. Dresden, 1925

Schletter: Zauber- und Hexenprozesse. In: Annalen zur deutschen und ausländischen Criminal-Rechts-Pflege. Hrsg. W. L. Demme (u. a.) Berlin

Schletter, H. Th.: Die Konstitutionen Kurfürst August von Sachsen vom Jahre 1572

Schlichter, C. L.: Abusus quidam eucharistici ex antiquis monumentis excerpti var. observ. illustr. Hal., 1734

Schlosser, Ph. C.: praeses. Disputatio inauguralis philosophica De spectris. Quam...praeside...M. Philippo Casimiro Schlossero...pro lauru magisseriali rite & legitimé impetranda, publicé defendendam conscripsit, ac omnibus sobtrié & candide philosophantibus subjiit...Gissae Hassorum, 1693

Schlözer, A. L.: Hexen Processe aus dem Hennebergischen. In: Stats-Anzeigen. 2 Bde. 6. Heft. Göttingen, 1782

Schmerler, F. A.: Freimüthige Betrachtungen über die dogmatischen Lehren von Wundern und Offenbarungen. Bair., 1792

Schmid: Das über vier Malefiz-Personen ergangene Justiz-Rad ...die alle vier allhier vor Berlin Anno 1725, den 21. Februar, mit dem Leben zum Tode gebracht wurden.

Schmid, F. J.: Und der Satz: Teuflische Magie existiret, besteht noch: In einer Antwort des katholischen Weltmannes auf die von einem Herrn Landpfarrer herausgegebene Apologie der Prof. Weber'schen Hexenreformation. Augsburg, 1791

Schmid v. Kirchberg, H.: Der Kaibentum. Eine Hexengeschichte. Nach Schweizer-Prozeß-Akten der dreissiger Jahre des 18. Jhts. Dresden, 1903

Schmidt, E.: Inquisitionsprozeß und Rezeption. 1940

Schmidt, E.: Die Maximilianischen Halsgerichtsordnungen von Tirol (1499) und Radolfzell (1506) als Zeugnisse der mittelalterlichen Strafrechtspflege. Bleckede, 1949

Schmidt, J. A.: Diss. de modo probandi innocentiam per eucharistiam secundum vulgare: Ich will das Abendmahl darauf nehmen. Helmst., 1718

Schmidt, W.: Anhaltische Hexenprozesse. In: Unser Anhaltland. 2. Jahrg. 1.—2. Heft. Dessau, 1902

Schmutzer, J. G.: De Michaele Scoto veneficii inivste damnato diserit...Iacobo Henrico Bornio...qvvm senator Lipsiensis in solemni Senatvs lectione...nasceretvr hanc dignitatem gratvlatvrvs Iohannes Gottfried Schmvtzers. Lipsiae, 1739

Schnabel, J.: I. Hexenprozesse. II. Folgen des dreissigjährigen Krieges. Nach den besten Quellen bearbeitet. Brilon, 1864

Schneegans, W.: Abt Johannes Trithemius und Kloster Sponheim. 1882

Schneider: Der Stechapfel als Arzneimittel und als Gift. In: Caspers Wochenschrift für die gesamte Heilkunde. Nr. 37. 1848

Schneider, H.: Die Hexenliteratur-Sammlung der Cornell Universität. Ithaca, New York. In: Hess. Blätter f. Volkskde. Hrsg. Walter Mitzke. XLI. Bd. Gießen, 1950

Schneider, U. F.: Das Werk 'De praestigiis Daemonum' von Weyer und seine Auswirkungen auf die Bekämpfung des Hexenwahns. Jur. Diss. Bonn, 1938

Schnell, E.: Zur Geschichte der Criminal-Justiz und besonders der Hexenprozesse in Hohenzollern. Von Eugen Schnell. Fürstl. Hohenz. Archivar in Sigmaringen, 1873

Schneller, J.: Das Hexenwesen im 16. Jht. Nach den Turmbüchern Lucerns. In: Der Geschichtsfreund. 23. Bd. Einsiedeln, 1868

Schnurrer: Chronik der Seuchen in Verbindung mit den gleichzeitigen Vorgängen in der physischen Welt und in der Geschichte der Menschen. Tübingen, 1823

Mein Lefer! wilst du noch den Zauber-Berg verneinen? Es stellt ja diefes Blat dir folche deutlich für/ Du siehst der Hexen-Chor auff selbigen erscheinen. Wiewohl ich irre mich; Er steht nur auff Pappier.

(De crimine magiæ, dis...)

Christian THOMASII

Kurtze
Lehr-Sätze
Von dem Laster
der
Zauberey

Aus dem
Lateinischen ins Teutsche übersetzet/
Und
Mit des AUTORIS Vertheidigung
vermehret.

M. D. CC. III.

Aus der Adam Spilth'schen
Sammlung zu Frankfurt a. M.
der Stadtbibliothek gewidmet von
Martin May.

Occ,
9.54 3

Scholtz: Götzendienst und Zauberwesen bei den alten Hebräern. Regensburg, 1877

Scholtz, J. A.: Ueber den Glauben an Zauberei in den letztverflossenen vier Jahrhunderten. Vorgetragen in der schles. vaterl. Gesellschaft. Breslau, 1830

Schönach, L.: Zur Geschichte des ältesten Hexenwesens in Tirol. In: Forsch. u. Mitteil. z. Geschichte Tirols und Vorarlbergs. XI. 1904

Schotti, P. G.: Magiae universalis natura et artes in IX. libros digesta, quibus pleaque in Centrobarcyca, Mechanica, Statica, Hydrostatica, Aero technica, Arithmetica et Geometria sunt rara, curiosa et prodigiosa, hoc et est vere magica seu theoriam spectres seu praxinon minus varie quam methodice pertractantur, infinitahoc opus, Thaumaturgus mathematicus. Heripoli, 1658

Schottmüller, H.: Ein Liesser Hexenprocess von 1740. Posen, 1902

Schrader, L. W.: Die Sage von den Hexen des Brockens und deren Entstehen in vorchristlicher Zeit durch die Verehrung des Melybogs und der Frau Holle. Historisch bearbeitet. Quedlinburg und Leipzig, 1839

Schreiber, H. (Hrsg.): Die Hexenprozesse im Breisgau, Offenburg, der Ortenau und Bräunlingen auf dem Schwarzwalde. Freiburg, 1837

Schröter, E. F.: praeses. Dissertatio juridica De lamiis earumqve processu criminali, quam...sub praesidio...Dn. Ernesti Friderici Schröter...publicae eruditorum censurae subjicit, Michael Paris Walburger...Jenae, 1690

Schubert, G. H. v.: Berichte eines Visionärs über den Zustand der Seelen nach dem Tode. 1837

Schubert, G. H. v.: Die Zaubereisünden in ihrer alten und neuen Form betrachtet...Neuer unveränderter Abdruck. Erlangen, 1854

Schuckard, P.: Zwo Predigten über die Buß- und Bekehrung eines Jünglings, welcher sich dem bösen Feinde auf sieben Jahre ergeben hat. Stuttgart, 1615

Schuhmann, H.: ,Der Scharfrichter'. Seine Gestalt, seine Funktion. Kempten (Allgäu), 1963 (?)

Schultheis, H. v.: Eine ausführliche Instrvtion, wie in Inquisition Sachen des grewlichen Lasters der Zauberey gegen die Zauberei der göttlichen Majestät vnd der Christenheit Feinde ohne Gefahr der Vnschültigen zu procediren...In Form eines freundlichen Gesprächs gestellt...Cölln, 1634

Schünke, W.: Die Folter im deutschen Strafverfahren des 13., 16. Jhts. Jur. Diss. Münster, 1952

Schütz, W.: Ein Hexenprozess vom Jahre 1705. Mitgeteilt von Herrn Amtscommisär W. Schütz in Weimar. Jena, 1854 1853

Schütze, H. C.: Vernunft- und schriftmäßige Abhandlung vom Aberglauben. Nebst einem Anhange von Astral-Geist. Wernigerode, 1757

Schwager, J. M.: Beitrag zur Geschichte der Intoleranz, oder Leben, Meinungen und Schicksale des ehem. Dokt. der Theologie und ref. Predigers zu Amsterdam, Balthasar Bekker, meist nach kirchlichen Urkunden. Mit einer Vorrede J. S. Semler. Leipzig, 1780

Schwager, J. M.: Versuch einer Geschichte der Hexenprozesse. Berlin, 1784

Schwann, J.: Zwo gründtliche und warhafftige newe Zeitung, der Erste von den Hexen und Unholden Mann und Weibs Personen, so man in der churfürstlichen Statt zu Aschenburg vnnd auch auff dem Land mit dem Fewer gestrafft und verbrandt hat...Die ander Zeitung. Von dem erschröcklichen Jammer, so sich im Westerreich im Städtlein Sarwerth, begeben hatt und sehen lassen...Gestelt durch Magister Johann Schwann...Gießen, 1612

Schwartz, Fr. L. W.: Zwei Hexengeschichten aus Waltershausen in Thüringen nebst eines mythologischen Excurs über Hexen- und ähnliche Versammlungen. Von Direktor W. Schwartz. Berlin, 1888

Schwarzenberg, J. v.: Beschwörung der teuflischen Schlangen mit dem göttlichen Wort...1524 (?)

Schwarzenberg, J. v.: Büchlein Kuttenschlag genannt...des Teufels Lehrer macht bekannt. 1526 (Anm.: gerichtet gegen den Franziskaner Schatzger)

Schwebel: Teutsche Bücher und Schriftel. II. Zweibrücken, 1598

Schweitzer, P.: Der Hexenprozeß und seine Anwendung in Zürich. In: Zürcher Taschenbuch. NF. XXV. 1902

Seebacher-Mesaritsch, A.: Hexen-Report. Bericht über eine Massentragödie in der Steiermark. 1425—1746. Graz, 1972

Seemann, O.: Über einige Hexenprozesse im Stift Essen. In: Hist. Verein f. Stadt- und Stift Essen. Beiträge z. Geschichte von Stadt und Stift Essen. 10. Heft. Essen, 1886

Segni, Giov. Batt.: del vero studio christiano contra l'arte planetaria, notaria, cabalistica, lunaria, clavicola di Salomone, Paulma, revelata da spiriti mali et altri superstitiosi modi usati per imparare supernaturalmente e voler sapere piu de gli altri superbamente, composto dal —. Ferrara, 592. 8.

Seidel, A.: Pneumatologica...oder Kurtzer Bericht von denen Geistern, über den unlangst publicirten Frage, ob natürliche gewisse Geyster seyen, und einem Menschen gezieme solche an sich zu locken, und in dero Gemeinschaft zugerathen? Erfurdt, 1648

Seidemann, K.: A. Lauterbachs Tischreden auf das Jahr 1538. Dresden, 1872

Seiffert, J.: Gewissensbuch von den Prozessen gegen die Hexen. Bremen, 1647

Seligmann: De dubiis hominibusii in quibus forma humana et brutina mista fertur. Lips. 1679

Seligmann, S.: Der böse Blick und Verwandtes. Ein Beitrag zur Geschichte des Aberglaubens aller Völker und aller Zeiten. Berlin, 1910

Sell, K.: Neuestes über Papsttum, Inquisition, Aberglauben und Hexenwesen. In: Preussische Jahrb. 1900

Sembeck, J. Gl.: Versuch, die Versetzung der begnadigten Menschen an die Stelle der verstoßnen Engel schriftmäßig zu beweisen. Frankfurt, 1759

Semler, D. (S. J.): D. Joh. Salomo Semlers...Abfertigung der neuen Geister und alten Irrtümer in der Lohmann'schen Begeisterung zu Kemberg nebst theologischem Unterricht von dem Ungrunde der gemeinen Meinung von leiblichen Besitzungen des Teufels und Bezauberungen des Teufels und Bezauerungen der Christen. Halle, 1760

Semler, D. (S. J.): D. Joh. Salomo Semlers...Umständliche Untersuchung der dämonischen Leute oder sogenannten Besessenen, nebst Beantwortung einiger Angriffe. Halle, 1762

Semler, D. (S. J.): Johannis Salomonis Semleri commentario de daemoniacis quorum in N. T. fit mentio. Hallae, 1768

Semler, D. (S. J.): Sammlungen von Briefen und Aufsätzen über die Gassnerischen und Schröpferischen Geisterbeschwörungen, mit eigenen vielen Abmerckungen hrsg. von Johann Salomo Semler...Halle, 1776

Semler, D. (S. J.): Geschichte der Entstehung und Verbreitung des Wunder- und Aberglaubens in den Morgenländern und dessen Fortpflanzung bis auf unsere Zeiten. Leipzig, 1788

Semler, D. (S. J.): Mein Bedenken von den Besessenen. 1789

Semler, D. (S. J.): Das Buch vom Aberglauben. Leipzig, 1791

Sepp, J. N.: Orient und Occident. Hundert Capitel über die Nachtseite der Natur, Zauberwerk und Hexenwesen in alter und neuer Zeit. Berlin, 1903

Siderocrates, S. (Eisenmenger): Cyclopaedia paracelsica christiana, drei Bücher von dem wahren Ursprung und Herkommen der freien Künste, auch die Physiognomia, obern Wunder wercken, und Witterungen, darin gezeigt wird, daß alle freien Künst- allein von Gott herkommen. 1585

Siebel, Fr. W.: Die Hexenverfolgung in Köln. Jur. Diss. Bonn, 1959

Siegfried, T.: Richtige Antwort auf die Frage: Ob Zauberer und Zauberinnen mit ihrem Zauber Pulver Kranckheiten oder den Todt beybringen können...Erfurt, 1593

Siegismund, K.: Siegismund's vademecum der gesamten Litteratur über Occultismus, Alphabetische und systematische Zusammenstellung der literarischen Erscheinungen in deutscher Sprache auf dem Gebiete der Mystik, Magie, des thierischen Magnetismus...von 1800 bis Anfang 1888. Berlin, 1888

Sierke, E.: Schwärmer und Schwindler zu Ende des achtzehnten Jahrhunderts. Leipzig, 1874

Silbernagel, I.: Johannes Trithemius; eine Monographie. Landshut, 1868 (2. Aufl. Kreuznach, 1882)

Simon, J.: Nicht doch...oder Auflösung der kleinen Zweiffel über zwey Berichte von einer Hexen- und Studentengeschichte die sich in dem Jahre 1786, den 10. 11. 12. und 13. Junius zu Ingolstadt in Bayern soll zugetragen haben. Aus einem dritten Berichte des Herrn Directors gezogen. Berichtshausen. Leipzig (?), 1769

Simphorianus: Lugduniensis, dialogus in magicarum artium destructionem c. suis annexis de fascinatoribus de incubis et succubis et de daemoniacis, p. Symonem de Hemo correctius. Estque dialogus liber in quo alif simul de aliqua re conferentes disserestesque introducuntur. Lugd. XXVIII.

Simson, G.: Fünf Kämpfer für Gerechtigkeit. 1951

Sincerus, Th.: Nord-schwedische Hexerey, oder Simia Dei, Gottes Affe. Das ist: Ausführliche Beschreibung der schändlichen Verführungen des leidigen Satans, darinnen zu sehen Gottes erschröckliche Straff-Verhängen, wegen greulicher Sünden-Mengen. In einem Jammer beherzigten Send-Sendschreiben am Tag gegeben, von Theophilo Sincero, an Christianum Piandrum. Augsburg (?), 1677

Sittewald, P. v.: Wunderliche und Warhaffte Gesichte. 1656

Snell, O.: Hexenprozesse und Geistestörung. Psychiatrische Untersuchungen. München, 1891

Soldan, G. W.: Geschichte der Hexenprozesse. Aus den Quellen dargestellt. Stuttgart, 1843

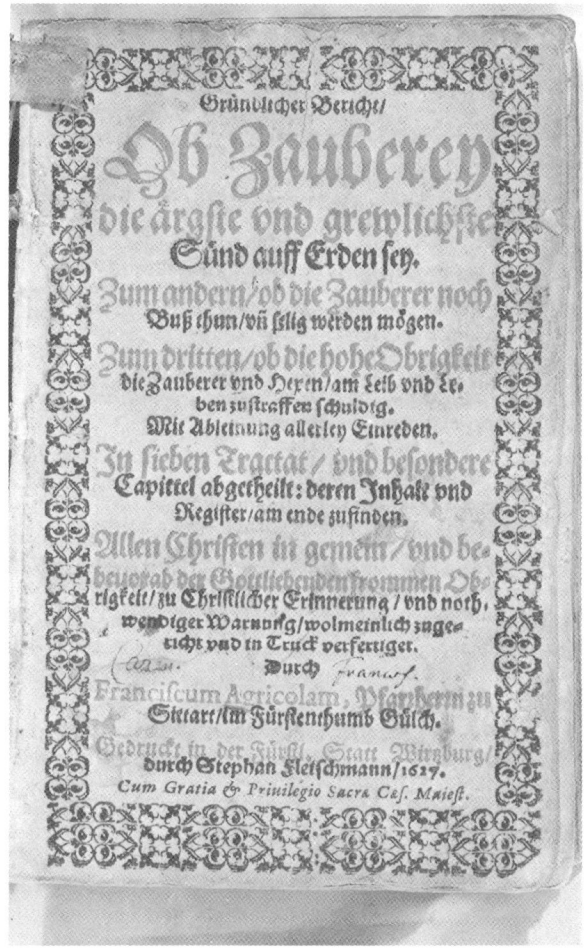

Soldan, W. G.: Ein Beitrag zur Geschichte der Hexenprozesse. In: Zeitschrift f. deutsches Strafverfahren. 3. Bd. Karlsruhe, 1843

Soldan, W. G.: Geschichte der Hexenprozesse. Neu bearbeitet von Heinrich Heppe. Stuttgart, 1880

Soldan, W. G.: Geschichte der Hexenprozesse. Neu bearbeitet und hrsg. von Max Bauer. München, 1912

Solleder, F.: Hexenwahn, Zauberei und Wunderglauben in Franken. In: Frankenland. 1. Jahrg. 2.—4. Heft. 1914

Solleder, F.: Ein Hexenbrand im Taubengrund. In: Badische Presse. Karlsruhe, 1929

Sollte der Teufel wirklich ein Unding seyn? Eine Frage und Bitte an die Theologen unserer Zeit. 1776

Sonnenfels, A. v.: Sendschreiben des hochedelgebohrnen Herrn Aloysius von Sonnenfels...an den hochgelehrten P. Don Ferdinand Sterzinger...über zwey hebräische Wörter ‚chartumin' und ‚belahatehem': nachmals zur nothwendigen Belehrung des sog. Liebhabers der Wahrheit und seines Lateinischen Eutychii Benjamin Transalibini in ihrem Zauber- und Hexerey-Streite zum Drucke befördert, von einem Verehrer des Sterzinger'schen Namens. Wjien, 1768

Sonnenfels, J.: Über die Abschaffung der Tortur. Zürich, 1775

Sousa, A.: Inquisitionis tribunalis Consiliarii. Aphrorismis Inquisitorum. Lugd., 1669

Spach, L. A.: Das Hexenwesen im Elsass. Ca. 1871

XIX. D.: Philipp Jacob Speners Bedencken über einen Casum, als ein junges Mägdlein eine Weile ein Gespenst auf eine gewisse Weise simuliret, und die Eltern mit in starken Verdacht gerahten, was mit denselben vorzunehmen. Anno 1697. S. 133. In: Horst's Zauberbuch I. Bd. XIX. Stück

Sperling, J.: Disputatio physica, de magia. Diss. Wittebergae, 1646

Spielmann, H. K.: Die Hexenprozesse in Kurhessen. Nach den Quellen dargestellt. Mit 4 Urkunden-Facsimiles und 14 Abb. 2. Aufl. Marburg, 1932

Spilker: Abhandlungen von den Meynungen der Alten, die Träume, Gespenster und Zaubereyen betreffend. Leipzig, 1754

Spina, A. D.: Fortalitium fidei contra Judaeocos. Saracenos aliosque Christianae fidei inimicos. 1495 (?)

Spina, B.: Quaestio de strigibus et lamiis. 1525

Spitzel, G.: Die gebrochene Macht der Finsternüss, oder Zerstörte teuflische Bundes- und Buhl-Freundschaft mit den Menschen; das ist: Gründlicher Bericht, wie und welcher Gestalt die abscheuliche und verfluchte Zauber-Gemeinschaft mit den bösen Geistern abgehe; wie dieselbe zu- und fortgehe; ob und auf was Art und Weise sie wiederum zergehe...allen Heyl- und Gnadenbegierigen und vom leydigen Satan schändlich-berückten und verstrickten Seelen zum Nothwendigen Unterricht und heylsamer Widerkehrung beschrieben...Augspurg, 1687

Spitzer: Teufelsbündner. Zauber- und Hexenglauben und dessen kirchliche Ausbeutung der Menschheit. Leipzig, 1871

Splittgerber: Aus dem inneren Leben. Erfahrungsweise einer unsichtbaren Welt auf das Seelenleben des Menschen. 2. Aufl. Leipzig, 1884

Sprenger, Jac.: Malleus maleficarum de lamiis et strigibus et sagis aliisque magis et daemoniacis corumque arte, potestate et poena tractatus tam veterum quam recentiorum sanctorum. Norimb. 1494. s. l. et a. fol. Colon.1 489. 4. Colon. 1494. fol. Francf. 1582. Colon. 1511. 1520. 8. Lugduni 1595. 8., multo auctior. Lugduni 1620. 8.

Malleus Maleficarum. Frcf. 1598. Frcf. 1660. 8. Lugduni 1666. 1669. 4. 4 vol.

Inhalt:

Vol. I. Sprengeri, Fr. Jac., et Henrici Institoris, inquisitorus haereticae pravitatis Malleus maleficarum.
Nider, Fr. Joannis, Theologiae Professoris, Formicarius de maleficis et eacum praestigiis ac deceptionibus.
Vol. II. Basin, Bernardi, Caesaraugustensis, de artibus magicis ac magorum maleficiis.
Molitoris, Ulrici, tractatus de Pythonicis mulieribus.
Gersonii, Joannis, tractatus de Probatione Spirituum.
Murneri, Thom. (Prof. Friburg.), ord. Minorum tractatus de Pythonico contractu (ao. 499 besonders erschienen.)
Spina, Bartholomaei de, ordin. Praedicat. Quaestio de Strigibus. - - Idem, in Ponzinibium de Lamiis apologia.
Ananiae, Joan. Laurent., Theologi, Tabernatis, de natura Daemonum libri V. (Venet. Aldus. 581. 8. ibid. 589. 8.)
Bernardus, Fr., Comensis, ord. Pradicat. de Strigibus, cum notis Fr. Pagniae Ambrosii de Vignate Laudensis, quaestio de Lamiis seu strigibus et earum delictis, cum commentario Franc. Pegniae.
Gersonii, Joan., Tractatus de erroribus circa artem Magicam et articulis reprobatis.
Leonis, Joan. Franc. Ipporegiensis, Episcopi Thelesini, Libellus de Sortilegiis.
Simancas, Jac., Pacensis Episcopus, de Lamiis.
Castro, Alphonsus à, Zamorensis, ord. Minorum, de impia Sortilegarum, Maleficarum et Lamiarum haeresi earumque punitione.

Grillandi, Pauli, Castillionaei, Tractatus de sortilegiis earumque poenis.

Vol. III. Mengi, Hieronymi, ord. Minor. Flagellum Daemonum exorcismos ad Spiritus malignos expellendos complectens.

- - Ejusdem Fustis Daemonum.

Stampa, Petr. Antonius, Clavensis, de fuga Satanae.

Mamoris (aliis Madoni), Lemovicensis, Flagellum maleficorum.

Gorichen, Henricus de, de superstitiosis quibusdam casibus.

Vol. IV. Ars exorcistica tribus partibus.

Spreter, J.: Ein kurtzer Bericht, was von den abgöttischen Sägen vn Beschweren zuhalten, wie der etlich volbracht, vnnd das sie ein Zauberey, auch Greüwel vor Gott dem Herren seind. Durch den wirdigen vn wolgelerten Herren Johan. Spreter von Rotweil zusamen gebracht. Basel, 1543

Sribonius, G. A.: de Sagarum natura et potestate, deque his recte cognoscendis et puniendis, deque purgatione earum per aquam frigidam, epistola. Lemgo, 1558, Marpurgi, 1588

Stambaugh, R.: Teufelsbücher in Auswahl. Hrsg. v. Ria Stambaugh. In: Ausgaben deutscher Literatur des XV. bis XVIII. Jahrhunderts. Berlin, 1970

Johannis Staricii: Neu vermehrter Helden-Schatz, das ist, Naturkundliches Bedencken über und bey vulcanischer , auch natürlich-magischer Fabrifaction und Zubereitung der Waffen des berühmten Helden Achillis in Griechenland, daraus neben vielen Seculis zu vernehmen, was zu materialischer Ausrüstung eines Krieges-Helden vornehmlich gehörig. Erstlich in 4 Theile abgetheilet, nunmehro aber nicht allein in solchen vier Theilen verbessert, sondern auch mit dem fünften, sechsten und siebenden Theile, worin viel schöne, zur Gesundheit, Schimpff und Ernst dienende Kunst-Stücke bey dieser sechsten Auflage vermehret, 734.

Steck, R.: Der Berner Jetzerprozeß (1507—1509) in neuer Beleuchtung nebst Mitteilungen aus den noch ungedruckten Akten. Bern, 1902

Steck, R.: Die Akten des Jetzerprozesses nebst dem Defensorium. Baseln, 1904

Steinhausen, G.: Quellen und Studien zur Geschichte der Hexenprozesse. In: 2. Ergänzungsheft zur Zfk. 1898

Stelzner, F. K.: Das Zauber- und Hexenwesen der Stadt Lohr. Lohr am Main, 1892

Stengel, G.: De monstris et monstrosis quam mirabilis bonus et iustus in mundo adminus trando sit Deus monstrantibus. Ingolstadt, 1647

Stengel, G.: Opus de iudiciss divinis, quae Deus in hoc mundo exercet. Ingolstadt, 1651

Stengel, G.: Mundus theoreticus divinorum iuricorum. 4 partes divinum mundi gubernaculum monstrosis coeli, hominum, daemonum ac jumenttaorum monstris. Augsburg, 1686

Sterzinger, F.: Akademische Rede von dem gemeinen Vorurtheil der wirkenden und thätigen Hexerei, welche an Sr. Churfürstl. Durchleucht. in Baiern...höchsterfreulichen Namensfeste abgelesen worden von P. Don Ferdinand Sterzinger... den 13. October 1766. München, 1766

Sterzinger, F.: Betrügende Zauberkunst und träumende Hexerey, oder Vertheidigung der akademischen Rede, von dem gemeinen Vorurtheile der wirkenden und thätigen Hexerey wider das Urtheil ohne Vorurtheil...München, 1767

Sterzinger, F.: Der Hexenprocess: ein Traum erzählt von einer unpartheiischen Feder im Jahre 1767. München (?), 1767

Sterzinger, F.: Gedanken über die Wercke des Liebhabers der Wahrheit von der Hexerey. München, 1767

Sterzinger, F.: Don Ferdinand Sterzingers Geister- und Zauberkatechismus. München, 1783

Sterzinger, F.: Don Ferdinand Sterzingers Bemühung den Aberglauben zu stürzen. München, 1785

Sterzinger, F.: Die Gespenstererscheinungen, eine Phantasie oder Betrug, durch die Bibel, Vernunftlehre und Erfahrung bewiesen. München, 1786

Stöber, A.: Die Hexenprozesse im Elsaß. In: Alsatia. Mühlhausen, 1857

Stöber, A.: Zur Geschichte des Volksaberglaubens des 16. Jhts. Basel, 1875

Stöhr, A.: Handbuch der Pastoralmedizin mit besonderer Berücksichtigung der Hygiene. III. Aufl. Freiburg, 1887

Stojentin, M. v.: Actenmäßige Nachrichten von Hexenprocessen im ehemaligen Herzogtum Pommern. In: Beiträge z. Kulturgeschichte. Ergänzungshefte z. ZfK. Hrsg. Georg Steinhausen. 2. Heft. Weimar, 1898

Stoll, J. G.: Etwas zur richtigen Beurtheilung der Theosophie, Cabbala, Magie und anderer geheimer übernatürlicher Wissenschaften. Leipzig, 1786

Stridtbeck: Dissertatio academica ‚de magis’. Leipzig, 1690

Stromberger, Chr. W.: Bertold von Regensburg, der größte Volksredner des deutschen Mittelalters. Basel, 1857

Strykius, (S. J.): De jure spectorum. Hallae, 1700, 1738, 1745

Stubenvoll, F.: Religion und Aberglaube. Leipzig, 1897

Studien aus dem Gebiete der Geheimwissenschaften. Erster Theil. Thatsachen und Probleme. Leipzig, 1890

Stumpf, D.: Erklärung der Zaubergreuel, welche aus J. Bodini daemonomanie gezogen sind. Frankfurt a. M., 1620

Stürler, M. v.: Urkunden über Hexenprozesse aus dem Staatsarchiv in Bern. Mitgetheilt durch Herrn Staatsschreiber und Staatsarchivar Moritz v. Stürler, korrespondierendes Mitglied der Basler historischen Gesellschaft. Basel, 1854

Stutz, J.: Eine kirchliche Instruktion über die Führung von Hexenprozessen. In: Katholische-Schweizerische Blätter f. Wissenschaft, Kunst und Leben. 1888

Sucro, J. G.: Widerlegung der Gedancken von Gespenstern. Halle, 1748

Summa Fratris de ordine Fratrum Praedicatorum de Catharis et Leonisticis seu Pauperibus de Lugduno a Martene et Durand, Theosaurus novus anecdotorum. Paris, 1717

Svátek, J.: Hexenprozesse in Böhmen (u. a.). In: Culturhistorische Bilder aus Böhmen. Wien, 1879

Swinden, J.: Gründliche historische Nachricht vom Teuffel usw. Aus dem Englischen und Französischen übersetzt von Jo. Gebhard. Leipzig, 1730

Sympathia nebst P. Servii außführl. Bedenken von der sog. Waffen-Salben: oder von den Wunderwerken der Natur und Kunst. O. O. u. J.

Taber: Dissert. nonnulae de tortura praeses. Joh. Ottone Tabore Giesae. Hassorum, 1668

Taczak, Th.: Dämonische Besessenheit. Ein Kapitel aus der katholischen Lehre von der Herrschaft des Fürsten der Sünde und des Todes. Von Theodor Taczak, Priester der Erzdiözese Gnesen-Posen. Münster i. W., 1903

Tamborino, J.: De antiquorum daemonismo. Giessen, 1909

Tamianus, J. (pseud.): Julii Tamianii Send-Schreiben an Hieronymum Pistellum, worinne bey Veranlassung der unweit Jena unternommenen Satans-Beschwerung der Anfang und Fortgang der Magie, wie nicht minder die Meynungen der Magorum untersuchet, auch von denen dabey gewöhnlichen Mitteln...Bericht erstatet wird. Nebst einem Paqueten an den verwegenen Authorem der sog. Gerichte Gottes und sinnreichen Überschrift, so er Franco zu erhalten hat. Zu Magiluna in Arabien. Jena (?), 1716

Tandlerus, T.: Dissertationes physicae-medicae. I.-V. Wittenberg, 1613

Tanner, A.: Universa theologica scholastica, speculativa, practica, ad methodum, sanctii Thomae. 4. tomi. Ingolstadt, 1626

Tartarotti, G.: Del congresso notturne delle lammie, libri tre di Girolamo Tartarotti Roveretano. S'aggiumgono duo dissertationi epistolari sopra l'arte magica...Roverero, A spese di Giambattista Pasquali in Venezia. 1749

Tartarotti, G.: Apologia del Congresso notturno delle lammie, o sia risposta di Girolamo Tartarotti all'Arte magica dileguata del Sig. March. Scripione Maffei, ed all' opposizione del Sig. Assersore Bartholomeo Melchiori. S'aggiune una lettera del Sig. Clemente Baroni di Cavalcabo. Venezia, 1751

Thamm, M.: Femgericht und Hexenprozesse. Bibliographisches Institut. Leipzig und Wien, 1903

Tharsander(n): Schauplatz vieler ungereimten Meynungen und Erzählungen; Worauf die unter dem Titel der Magiae naturalis so hochgepriesene Wissenschaften und Künste, von dem Gestirn und dessen Influentz, von den Geistern, ihren Erscheinungen und Würckungen; Von andern natürlichen Dingen, ihren geheimen Kräften und Eigenschaften: Ingleichen die mancherley Arten der Wahrsagerey, und viel andere fabelhafte, abergläubische und ungegründete Dinge mehr, vorgestellet, geprüfet und entdecket werden. Zur Beförderung der Wahrheit, wie auch zum Unterricht und Warnung, sich für thörichten Einbildungen und Betrug zu hüten, eröffnet von —. Berlin, bey Ambrosius Haude. 8.

The History of witchcraft and demonology. London, 1965

Theatrum die veneficis. Das ist: Von Teufelsgespenst, Zauberern und Gifftbereitern, Schwartzkünstlern, Hexen vnd Unholden, vieler fürnemmen Historien vnd Exempel...Sampt etlicher hingerichteten zäuberischer Weiber gethaner Bekanntnuß, Examination, Prob, Vrgicht...und Straff...Allen Vögten, Schultdtheissen, Amtleuthen deß weltlichen Schwerdts...sehr nützlich vnd dienstlich zu wissen, vnd keineswegs zv verachten. Franckfurt am Mayn, 1586

Theatrum diabolorum, das ist: ein sehr nützliches, verständiges Buch, daraus ein jeder Christ sonderlich und fleißig zu lernen, wie daß wir in dieser Welt nicht mit Kaisern, Königen, Fürsten und Herren oder anderen Potentaten, sondern mit dem allermächtigsten Fürsten dieser Welt, dem Teufel zu kämpfen und zu streiten. Welcher, wie St. Petrus schreibt, umbher geht, wie ein brüllender Löw, uns zu verschlingen. Also daß er uns täglich nachschleicht, damit er uns zu Fall bringen, in allerley sündt, schandt und laster einführen und endlich mit leib und seel in Abgrundt der Hellen stürtzen möge. Und derwegen seine grausame Tyranney und wüterey recht lernen erkennen Gott umb hülf und beyts beystandt seiner Göttlichen Gnaden und heiligen Geistes anrufen, alle giftige Pfeile, tödliche Geschoß genügsam aufzufahren, auszuschlach(t)en und in Christo Jesu unserm heyland überwinden, Victorian und das Feld behalten. Allen frommen Christen, so ihrer seelen heil und seligkeit angelegen, in diesen letzten Zeiten, da allerley laster grausamlich im schwange gehn, mit ganzem ernst und fleiß zu betrachten. Getruckt zu Frankfurt am Mayn. 1569

Theiner, Gebr.: Die Einführung der erzwungenen Ehelosigkeit bei den christlichen Geistlichen und ihre Folgen. Altenburg, 1828

Theloe, H.: Die Ketzerverfolgungen im 11. und 12. Jahrh. Ein Beitrag zur Geschichte der Entstehung des päpstlichen Ketzer-Inquisitionsgerichtes. In: Abhandl. z. Mittl. u. Neuern Geschichte. 48. Heft. Berlin und Leipzig, 1913

Theobald, L.: Das Leben und Wirken des Tendenzdramatikers der Reformationszeit, Thomas Naogeorgus seit seiner Flucht aus Sachsen. Leipzig, 1908

Theodorikus, P.: Criminale Collegium. Ianae, 1618

Theologischer Prozeß, wie mit Hexen und zauberischen Personen zu verfahren seye. Auß H. Göttlicher Schrifft zu behuf der Pastorn, so mit dergleichen Personen umbgehen, absolvieren und trösten müssen, zusammengetragen, 1631 (Anm.: möglicherweise war Fr. Spee der Verfasser)

Theophrastus Paracelsus: van de heymelijcheden der Scheppinge aller Dinge, de philos. des hemelsch. fermaan. Obersedt door M. Henrick Janusz. Leyd, 1619

Thierbach, J. Fr.: Send-Schreiben, in welchem an Joh. Ge. Weber, Weim. Ober-Constitor, R. ein kurzer Entwurf eines zu fertigenden Catechetischen Aberglaubens-Systematis überreicht wird. Erf., 1737

Thomas, S.: Richtige Antwort auf die Frage, ob die Zauberer und Zauberinnen...Kranckheiten...bewirken können. Erfordt, 1594

Thomasius, Chr.: Discours Von den Mängeln derer heutigen Academien, absonderlich aber der Jurisprudenz. Halle, 1688

Thomasius, Chr.: Rechtmäßige Erörterung der Ehe- und Gewissensfrage, Ob zwey Fürstliche Personen im Römischen Reich, deren eine der lutherischen, die andere der reformierten Religion zugethan ist, einander mit gutem Gewissen heyrathen können. Halle, 1689

Thomasius, Chr.: Abhandlung über das Verbrechen der Magie. 1. Ob Ketzerey ein strafbares Laster sey? O. O. (ca. 1701)

Thomasius, Chr.: Kurtze Lehrsätze von dem Laster der Zauberei...Halle. Renger. Die curieuse von dieser Materie handelnde Piecen, so überdem hierbey zu finden, sind Cautio Criminalis, oder vorsichtige Anstell- und Führung des Processes gegen die Zauberer, Hexen und Unholden. D. Joh. Meyfarts Christliche Erinnerung an Regenten und Prediger, Wie das Laster der Hexerey mit Ernst auszurotten, aber in Verfolgung desselben sehr bescheidentlich zu verfahren sey. Vielerley Sorten von Hexen-Actis, aus welchen sowohl der vermeynten Zauberkunst und Betrug, als auch durch die unzulängliche und kindische Indicia der Zauberey, ausgefolterte Aussagungen, und andere Mißbräuche der Hexenprozesse offenbahr werden. Die Geschichte der Teufel zu Loudun. Herrn Thomasi etc. Juristische Entscheidung der Frage, ob einer einem andern wegen Furcht vor Gespenstern die Haus-Miete aufsagen könne. 1703

Thomasius, Chr.: Dissertatio de Tortura ex Foris Christianorum Proscribenda. Leipzig, 1705

Thomasius, Chr.: Versuch vom Wesen des Geistes. Halle, 1708

Thomasius, Chr.: Disputatio juris canonci de origine ac Progressu processus inquisitorii contra sagas. Halle, 1712

Thomasius, Chr.: Johann Webster's Untersuchung der vermeinten und so genannten Hexereyen. Aus dem Engl. Halle, 1719

Thomasius, Chr.: Francisi's Hutchinson's Historischer Versuch von der Hexerey. Nebst einer Vorrede des Herrn Geheimbden Raths Thomasii. Aus dem engl. ins Teutsche übers. von Theodoro Arnold. Leipzig, 1726

Thomasius, J.: de Transformatione hominum in bruta. Lipsiae, 1667

Thummius, T.: Tractatus theologicus de sagarum impietate, nocendi inbellicitate et poena gravitate. Tubingae. 1621

Thurneysser, L.: ...was er von Exorcisterey halte...In: Theatrum de veneficis. Frankfurt am Main, 1586

Thyraeus, P. (a.: Thyräus): ...de apparationibus spiritum tractatus duo. Coloniae, 1600

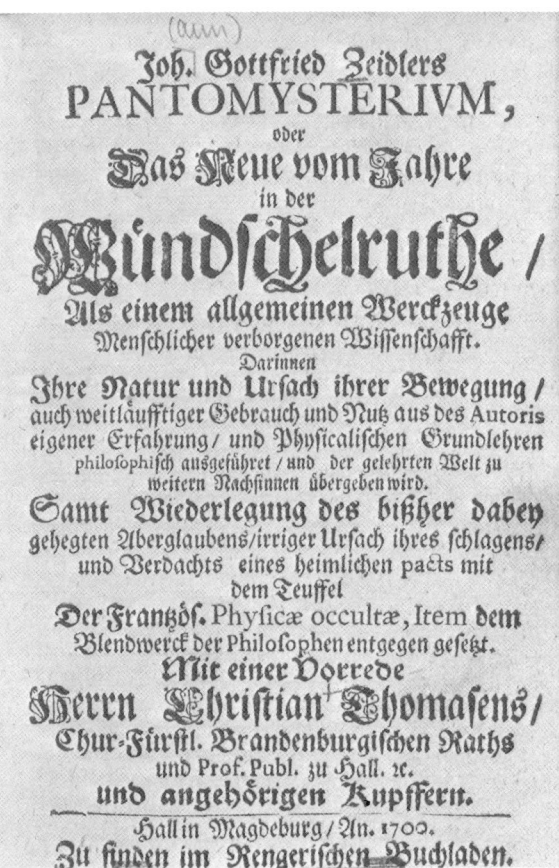

Tillich, P.: Das Dämonische. Ein Beitrag zur Sinndeutung der Geschichte. Tübingen, 1926

Timerding, H.: Die christliche Frühzeit Deutschlands in den Berichten über die Bekehrer. 2. Bde. Jena, 1928—1929

Tiraueau, A.: De legibus connuialibus et iure maritali. Parisiis, 1524

Titz, H.: Schlesien und der Hexenwahn. In: Sprottauer Heimatbriefe. 17. Jahrg. Detmold, 1966

Torreblanca, F.: Daemonologia, sive de magia naturali daemoniaca licita et illicita-Moguntiae, 1623

Torricella: Dialogo di Otto Lupano, s nel qual si ragiona delle statue a miracoli de demoni e spiriti...in Milano, 1540

Torturalis Quaestio. Das ist: Gründtliche und rechte Vnderweysung von peinlichen Fragen, wie ein Richter, Vogt, Schuldtheiss oder andere Amptspersonen darinn verfahren sollen, damit man nicht zuviel oder zuwenig Thue, Guidonis de Susaria. Item auss dem vierdten Buch Grillandi auf's kürtzte verfasst vnd jetzo zu gemeinem Nutzen vnd sonderlich den Gerichtshältern zum besten verteutscht...mit sondern Fleiss corrigiret...Gedruckt zu Frankfurt am Mayn...durch Nikolaus Basseum. M. D. XCIII. (Anm. Bearbeiter und Übersetzer war A. Sawr)

Tract. de injuriis quae haud raro novis nuptis 1. durch das Heckerlingstreuen, 2. durch ungebührlichen Einspruch und durch das Nestelknüpfen inferuntur. Quedlinb. 1699

Tractatus duo singulares de examine Sagarum super aquam frigidam. Frcf. 1586

Tractatus novus de processu contra saga et veneficos: Das ist: Ein Rechtlicher Prozeß gegen die Unholden und Zauberische Personen...Ist mit gutem Fleiß und gründtlicher Probation und Beweiß durch P. Paulum Laymann, der Societet Iesu und Iuris Canonici Doctorn. In lateinischer Sprach beschrieben. Jetzt den Gerichtshaltern und guter Justici befreundten zum besten verteutscht, auch mit bewehrten Historien und andern Umständen ordentlich abgetheilet. Bei Quirin Botzer. Aschaffenburg, 1639

Tractatus Polyhistoricus Magico-Medicus Curiosus, Oder ein kurtzer/mit vielen verwunderlichen Historien untermenger Bericht von dem Beschreyen und Verzaubern/Auch der denen daraus entspringenden Kranckheiten und zauberischen Schäden. Was dasselbe eigentlich seye? Aus waserley Ursachen solches herkomme. Wie sich vor solchem Unwesen zu hüten? Und auf was Weise die daraus entstandene Kranckheiten und zauberische Schäden/vermittelst eines andächtigen Gebets/ und deren darzu gehörigen besonderen Artzney-Mitteln curiret werden können? Alles aus berühmter Alter und Neuer Medicorum Scriptis, auch aus eigener Erfahrung/und 42.jähriger Praxis zusammen getragen und hervorgegeben. Von Eberhardo Gockelino. Frankfurt und Leipzig. Bey Johann Martin Hagen. 1717

Traité sur la magie, les sortileges, les possessions, obsessions el malefices, ou l'on en demontre la verité et la realité: avec une methode süre et facile pour les reglemens contre les devins, serciers, magiciens etc. ouvrage tres utile aux ecclesiastiques, aux medecins et aux juges. Par M. D.*** 12. à Paris 732. In: Horst's Zauberbibliothek II. Bd. 16. Stück. CXXXIV.

Trechsel, Fr.: Das Hexenwesen im Kanton Bern. Aus archivalischen Quellen dargestellt. In: Berner Taschenbuch. 19. Jahrg. Bern, 1870

Treffzt, J.: Ein Hexenprozess aus dem Jahre 1676. In: Verein f. thüringische Geschichte u. Altertumskunde. 29. Bd. 1. Heft. Jena, 1912

Treichsel: Ein Beitrag zur Hexengeschichte Westpreußens. In: Zeitschrift des Hist. Vereins f. d. Reg. Bez. Marienwerder. 5. Heft. Marienwerder, 1881

Trevor-Roper, H. R.: The European Craze of the 16th and 18th Centuries. Harmondsworth, 1969

Trevor-Roper, H. R.: Religion, Reformation und sozialer Umbruch (Religion, the reformation and social change). Die Krisis des 17. Jhts. Mit einem Vorw. des Autors zur deutschen Ausgabe. Aus dem Engl. von Michael Erbe. Frankfurt am Main, 1970

Trismoszinus, S.: Avrevm vellos oder guldin Schatz- und Kunst Kammer. 3. Ausg. Hamburg, 1708

Trithemii, Annales Hirsaugenses II. tom. Monasterio Scti Galli, 1690

Trithemius, J.: Joannis Trithemii liber octo quaestionum ad Maximilianum Caesarum. Francoforti, per Cyracum Jacobum. 1550

Trithemius, J.: Antwort auff etliche Fragen,...von Keyser Maximiliano...In: Theatrum de veneficis. Frankfurt, 1586

Trithemius, J.: Antipalus maleficiorvm Iohannis Trithemii Sponhemensis...qvatvor libris comprehensvs, Apud Balthasarum Lippium. 1605

Trummer, C.: Vorträge über Tortur, Hexenverfolgungen, Vehmgerichte, und andere merkwürdige Erscheinungen in der Hamburgischen Rechtsgeschichte. Gehalten in der juristischen Section des geschichtlichen Vereins in Hamburg...Mit vielen bisher ungedruckten Urkunden und Criminalfällen. Hamburg, 1844—50

Trusen, J. P.: Die Sitten, Gebräuche und Krankheiten der alten Hebräer, nach der hl. Schrift historisch und kritisch dargestellt. Breslau, 1853

Tubeuf, C. Frh. v.: Biologie, prakt. Bedeutung und Bekämpfung d. Kirschhexenbesens. Berlin, 1900

Über Besessenheitsfälle, deren Thatsächlichkeit uns pastorale Behandlung. Stuttgart, 1863

Über das Besessenseyn, oder das Daseyn und den Einfluß des bösen Geisterreiches in der alten Zeit. Mit Berücksichtigung dämonischer Besitzungen der neuern Zeit. Heilbronn, 1833

Über Frauen, Satyren, Canen u. Silenen. Einige Gespräche. 2. Theile. Berlin, 1790

Ueber Sylphen, Gnomen, Salamander und Ondinen. Einige Gespräche. Weisenf. und Leipzig, 1793

Unger, Fr.: Die schwarze Magie; ihre Meister und ihre Opfer, darin: das Problem des übernatürlichen Geschlechtsverkehrs zwischen Menschen, Teufeln und Dämonen. Urban Grandier und die Besessenen von Loudun. Werke des Teufels in alter Zeit. Coethen, 1904

Unkel, K.: Bertold von Regensburg

Unterricht für diejenigen, welche in ihren körperlichen Angelegenheiten, bey dem hochwürdigen Herrn Johann Joseph Gassner...entweder Hülfe zu suchen gedencken, oder selbe schon gesucht, und gefunden haben. Als eine Fortsetzung des gründlichen Beweises &c. von einem Vertheidiger der Wahrheit und aufrichtigem Menschenfreunde in öffentlichen Druck gegeben. Augsburg, 1775

Untersuchung der Frage: Ob der Satan Wunderwerke verrichten, ob er die Menschen hohlen...und durch die Luft führen, auch ob derselbe einen Cörper in den andern verwandeln und ob er die Menschen besitzen könne oder nicht? Desgleichen was es mit denen Gespenstern, Hexen und der Erscheinung der Geister für eine Beschaffenheit habe...Frankfurt und Leipzig, 1770

Untersuchungen über die Bedeutungen des Wortes Satan und Teufel in der Bibel. Aus dem Englischen. Mit einer Vorrede von J. Ch. Schulz. Leipzig, 1774

Vrgericht vnd Verzaichnuss, so Walpurga Hausmännen zu Dillingen, inn ihrer peinlichen Marter bekandt hatt, was sy für Vbels vnd Jamers mit ihrer Hexerey, so sy biss in die 30 Jar getrüben, angericht vnd gestüfft hat, mit Hilff vnd Rath jhres Bultüffels, so ihr dazu geholffen; welche Walpurga Anno 1587. Jar, den 24. October, verbrandt vnd gericht ist worden. Dillingen (?), 1588

Urtheil der würtemb. theol. u. jurist. Facultät zu Tübingen über einen Hexenprozess 1726. Tübingen, 1726

Valentiner: Die Hysterie und ihre Heilung. Erlangen, 1852

Vairi, L.: Leonardi, de fascio libri III. in quibus omnes fascini species et causae describuntur et ex Philosoph. et Theolog, sententiis explicantur. Parisiis, 1583, Venetiis, 1589

Valetta, N.: Ciculata sul Fascine volgarmente detto jettatura. Napoli, 1814

Vallinck, J.: Von Zauberern und Unholden. Fuernemlich aber was zaubern fuer ein Werck seye, was Krankheit, Schade und Hindernuß darauß entstehe. Auch was gegen Artzney darwider zu gebrauchen seye. In: Theatrum de veneficis. Frankfurt am Main, 1586

Venedey, M.: Der Bund der Teufelsbeschwörer. Köln, 1840

Versuch einer biblischen Dämonologie oder Untersuchung der Lehre der heiligen Schrift vom Teufel und seiner Macht. Halle, 1776. Mit Semler's Vorrede. Halle, 1783

Vierdot: Geschichte der evang. Kirche im Großherzogtum Baden. Karlsruhe, 1847

Villeneuvre, R.: Les Procés de sorcellerie. Verviers (Marabout), 1974

Vitalinis, B. d.: Aretinus de Maleficiis, cum additionibus... Lugduni, 1555

Vogt, A.: Die Anfänge des Inquisitionsprozesses in Frankfurt am Main. In: Zeitschrift der Savigny-Stiftung f. Rechtsgeschichte. 81. Germ. Abt. 68. Weimar, 1951

Volk, F.: Hexen in der Landvogtei Ortenau und Reichsstadt Offenburg. Ein Beitrag zur Sittengeschichte. Lahr, 1882

Völkerling, V.: de spiritu in monte gigantoe Siles. Rübezahl. Viteberg, 1673

Volkmar, Fr.: Das Reich der Geister, der Wunder, des Priesterbetruges und der Zauberei. 2 Theile. Leipzig, 1834

Vollert, A.: Die Hexen und Hexenprozesse. Eine criminalhistorische Skizze. Von Dr. A. Vollert. Hrsg. des ‚Neuen Pitaval'. Leipzig, 1871

Volz, P.: Das Dämonische in Jahwe...Vortrag auf dem Alttestamentlertag in München. Tübingen, 1924

Von den heiligen Engeln. Und der Menschen Seele. Drey Sermon. Mit des Herrn Ph. Melanchton Definitio und erklerung durch M. Sebastianum Fröschel von Amberg. Diener des heiligen Evangelii zu Wittenberg, 1563

Von den Wirkungen des Teufels und der Gewalt der Kirche wider denselben. Frankfurt, 1777

Von der Zauberey eines Ritters von dem güldenen Vließ, und Prinzen aus dem Hertzoglichen Burgundischen Hause. In: Hauber's Zauberbibliothek. I. Bd. 8. Stück. LXV

Von einem Doctor der Sorbonne, welcher dem Teufel in einem mit ihm gemachten Bund versprochen haben soll, zu predigen, das, was man von der Hexerey sage, sei nichtig und lauter Einbildung. In: Horst's Zauberbibliothek. II. Bd. 15. Stück. CXXIV.

Von Hexen und Unholden, ein Christlicher, nützlicher, und zu diesen unsern gefährlichen Zeiten nothwendiger Bericht aus Gottes Wort, geistlichen und weltlichen Rechten; auch sonst allerley Historien gezogen. Anfänglich vor 114. Jahren durch Ulricum Molitoris, von Costnitz der Rechten Doctor, Lateinisch in Form eines Gesprächs, angestellet, und jetzt neulich verteutscht, u. in gewisse Dialogos abgetheilet durch Conradum Lauterbach. Gedruckt zu Cölln, MDLXXVI. 8 Bog. 8. S. 112, In: Hauber's Zauberbibliothek. I. Bd. 2. Stück XIV.

Von Teufels-Gespenst, Zauberei und Giftbereitern, Schwarzkünstlern, Hexen und Unholden vieler fürnehmer Historien und Exempeln, auf's neue zusammen in ein Corpus gebracht, allen Vögten, Schultheißen, Amtleuten des weltlichen Schwerts sehr nützlich. Mit kaiserlichem Privileg auf zehn Jahre gegen Nachdruck. Frankfurt am Main. bei Bassäus. 1585 (Anm. zusammengestellt von Dr. Sawr)

Von Zauberern- und Wolfsbannern. Actenstücke, Processe wider Zauberer und Hexen betreffend. 1602—1701. Orig. und Cop. im Landesarchive u. z. Admont. In: Steiermärkische Geschichtsblätter. 3. Jahrg. 3. u. 4. (?) Heft. Graz, 1882

Von Zauberey und Zauberern Gründlicher Bericht. Darinn der grawsamen Menschen thöriges, feindseliges, schändliches vornehmen: Und wie Christliche Oberkeit in rechter Amptspflege ihnen begegnen, ihr Werk straffen, aufheben und hindern solle und könne. Kurtz und ordentlich gestellet: Durch Antonium Praetorium Lippiano-Westphalum, Pfarrherrn zu Lauterbach an der Bergstraße. Heidelberg, 1613

Wächer, C. G. v.: Die gerichtlichen Verfolgungen der Hexen und Zauberer in Deutschland vom 15.—18. Jht. In: Beiträge zur deutschen Geschichte, insbes. des deutschen Strafrechts. Tübingen, 1845

Wächter: Vehmgerichte und Hexenprozesse in Deutschland, nach den Quellen dargestellt von Oskar Wächter. Stuttgart, 1882

Wagner, E.: Der kohlenschwarze Teufel. Tübingen (?)

Wagner, E.: Hexenglaube in Franken heute. In: Jahrb. f. fränk. Landesforschung. 30. Bd. 1970

Wagner, G. W.: Philosophische Abhandlung von Gespenstern, worinn zugleich eine kurtze Nachricht von dem Wustermarckischen Kobold gegeben wird. Berlin, 1747

Wagner, T.: Über einen erschrecklichen Fall einer Mannsperson, die sich in Schwermuth dem Teufel mit eigenem Bluth verschrieben. Gedruckt zu Ulm, 1643

Wagstaff(e), J.: Johann Wagstaff's Gründlich ausgeführte Materie von der Hexerey, oder: Die Meynung derer jenigen so da glauben, dass es Hexen gebe; deutlich widerlegt und mit vernünftigen Anmerckungen über jedes Capitel erläutert. Aus dem Englischen übersetzt. Halle, 1711

Wahrhaffte Relation dessen, was sich zur Christnacht 1715 zu Jena mit einer Beschwörung des Satans nahe am Galgen zugetragen hat. Jena, 1716

Warhaffte und glaubwirdige Zeytung. Von Hundert und vier und dreyssig Unholden, so um ihrer Zauberey halben, diss verschinen LXXXij. Jars, zu Gefencknus gebracht...zum Fewer verdambt und verbrennet worden...wie dan die Ort do sich solche alles verloffen, ordentlich hernach werden vermelt unnd angezeigt. Strassburg, 1583

Warhafftige und erschreckliche newe Zeitunge von einer jungen Diernen, welche sich dem Teuffel auf sechs Jar lang ergeben...Item, von einem Studenten, welche der Teuffel gleichfalls

in grewliche Sünden gestürzt...Item. von grewlichen ungestümen Wettern so den 12. Maij dieses 82. Jars in Baijern...grossen Schaden, an Menschen und Viehe gethan haben. Dresden, 1582

Wahrhafft und gründtlicher Bericht sehr wunderlich: und gleichsam unerhörter Geschichten, so sich unlengst zu Bergen in Henegau Ertzbisthums Cambray mit einer besessenen und hernach widerledigten Closterfrawen verloffen. 1589

Warhafte und umständliche Nachricht von dem Zufalle, so das jungfräuliche Kloster Unterzell nächst Würzburg des Praemonstratenser-Ordens betreffen. In: Götting'sches hist. Magazin. Hannover, 1788

Warhafter Bericht vom Zauber-Sabbathe der St. Walpurgis-Nacht des dritten Reformations-Jubel-Jahres, enthaltend Satan's Reden an die auf dem Blocksberge versammelten Unholde Teutschlands, nebst vielen Parallel-Stellen von Dr. Martin Luther. Brockenhaus, 1817

Wahrhafter Bericht vom Zauber-Sabbathe der St. Walpurgisnacht. Satansreden an die auf dem Blocksberge versammelten Unholde Deutschlands, nebst vielen Parallelstellen von D. Luther. Brockenhaus, 1817

Wahrhaftige fernere Nachricht von der Beschwörung des Satans, welche ein Studiosus nebst zwei Bauren in Jena vorgenommen. 1716

Wahrhaftige Relation dessen, was in der heil. Christ-Nacht 1715 bey der Stadt Jena in einem dem Galgen nahe gelegenen Weinberge mit einer schändlichen conjuration des Satans an einem Studioso und zwei Bauern sich zugetragen. Jena, 1716

Wahrlieb, G. (pseud. f. Christ. Francke): Deutliche Vorstellung der Nichtigkeit derer vermeynten Hexereyen und des ungegründeten Hexenprozesses. Amsterdam, 1720

Wahrmund, L.: Die Teufelsaustreibung im Wemdinger Kloster. Die Religion des Papstes Clemens VI. In: Ultramontan: eine Abwehr in vier Artickeln. München, 1908

Wald, G. A.: Gerichts-Teufel, darin angezeigt vnd gehandlet wirt, wie vnnd in was massen der leidig Sathan bissweylen Vnordnung vnd Zerüttung in Gerichten durch die Richter, Cleger, Beklagten, Aduocaten, Procuratoren vnd dergleichen Personen, so zu einem Gericht gehören, anrichten thut... Zu End ist auch angehenckt der Gerichtlich Process...Durch Georgen am Wald, der Rechten Licentaten...S. Gallen, 1580

Waldbrühl, W. v.: Naturforschung und Hexenglaube. In: Sammlung gemeinverständlicher wissenschaft. Vorträge. II. Serie. 46. Heft. Berlin, 1867/68

Waldbrühl, W. v.: Naturforschung und Hexenglaube: Melaten und der Galgenberg. In: Kölner Zeitung vom 3. Januar 1875

Waldenser Chronik. Von den Verfolgungen so die Waldenser, Picarder, Hussiten etc. fünfhalb hundert Jahre lang durch ganz Europa über dem heil. Evangelio haben ausgestanden. Jetzt aber ins Teutsche gebracht durch Johann Jacob Graßnern. Basel, 1623

Waldkirch, J. R. v.: Der gerechte Folter-Banck: das ist, Eine rechtliche und gründtliche Anweisung und Untersuchung, wie und wann eine christliche Obrigkeit die verdächtigen Maleficanten könne oder solle peinlich befragen. Bern, 1710

Waldtschmidt, B.: Pythonissa Endorae, das ist: Acht vnd zwantzig Hexen- und Gespenster-Predigten, genommen auss der Histori von der Zauberin zu Endor...Gehalten in der Kirchen zu Barfüssern in Franckfurt, vnd nunmehr mit nützlichen, auss vornehmer Theologorum vnd anderer berühmten Autorum Schrifften genommenen Anmerckungen vermehrt... Frankfurt, 1660

Walter, Th.: Die Hexenplätze der Rufacher Hexenurkunden. In: Jahrb. f. Geschichte, Sprache und Literatur Elsass-Lothringen. 12. Jahrg. Strassburg, 1896

Walter Müller-Bergström: Gottesurteil (Ordal). In: Handwörterbuch des deutschen Aberglaubens. Hrsg. H. Bächtold-Stäubli. Berlin und Leipzig, 1930/32

Walter, R.: Homiliae in Evangelium secundum Marcum, Tiguri, 1577, dto. Lucam, 1597, dto. Mattheus, Tiguri, 1581

Warhaffte und umständige Nachricht von dem Zufahl, so das jungfräuliche Closter Unter-Zell des heiligen canonischen Praemonstratenser Ordens im Jahr 1749 betroffen hat...

Warhaffte Nachricht von einer Beschwerung des Satans so in der letzt abgewichenen heiligen Christ-Nacht 1730 zwischen 11 und 12 Uhr von 5 Bürgern in der Stadt Lindau vorgenommen worden. 1731

Warhaffter sumarisch-aussführlicher Bericht und Erzehlung. Was die in dess heyligen Röm.-Reichsstatt Augspurg etlich Wochen lang in Verhafft gelegene zwo Hexen, benandtlich Barbara Frölin von Rieden und Anna Schäflerin von Eringen, wegen ihrer Hexereyen, gut- und peinlich bekent, und wie endtlich diese besse Unholden ihrem Verdienst nach, auff Sambstag den 18. April diss 1654. Jahrs hingericht worden. Augspurg, 1654

Warhafftige newe Zeittung, so den 18. Martii, in diesem 75. Jar zu Bramberg im Pintzkaw, ein Meil wegs von Mittersel im Bisthum Saltzburg, mit einen Pfarrer und seiner Köchin zugetragen hat, unnd wie sie auch hernach umb ihre Missethat hingericht worden sind. Wien, 1575

Warhafftige Relation, was sich in Hamburg den 16. Martii Anno 1683 mit einem vom Sathan besessenen Mägdlein, Nahmens Catharina, dessen Vater Martin Grambeck, ein frommer Mann, zugetragen...1683

Warhafftige und Erschreckliche Thatten und Handlungen der LXIII Hexen und Unholden, so zu Wiesensteig mit dem Brandt gericht worden seindt. Anno M. D. LXIII. o. O.

Warlef, G.: Discursus de abbrevianda lite oder von der Zeitigung der Gerichtshändel. Schaffhausen, 1776

Waschinski: Ein Beitrag zur Geschichte der Hexenprozesse in Westpreußen. In: Mitteilungen des westpreußischen Geschichtsvereins. II. Jahrg. Danzig, 1903

Wattenbach, W.: Über die Inquisition gegen die Waldenser in Pommern und der Mark Brandenburg. In: Abhandl. d. königl. Akad. d. Wissenschaften zu Berlin. Philos.-hist. Abhandl. III. 1886

Wattenbach, W.: Über die Brüder vom Freien Geiste. Berlin, 1887

Weber, H. v.: Benedict Carpzov. Ein Bild der deutschen Rechtspflege im Barockzeitalter. In: Kriegsvorträge d. rhein. Friedrich-Wilhelms-Universität. 159. Heft. Bonn, 1944

Weber, J.: Die Nichtigkeit der Zauberey, eine Vorlesung in den ökonomischen Lehrstunden. Salzburg, 1787

Weber, J.: Ungrund des Hexen- und Gespenster-Glaubens, in ökonomischen Lehr-Stunden dargestellt...2. verm. Auflage. Augsburg (oder Dillingen?), 1787

Webster, J.: The displaying of supposed witchcraft. Wherein is affirmed there are many sorts of deceivers and imposters, and divers persons under a passive delusion of melancholy and fancy. But that there is a corporeal league made betwixt the devil and the witch, or that he sucks on the witches body...or the like, is utterly denied and disproved. Wherein also is handled, the existence of angels and spirits, the truth of apparations...the force of charms, and philters; with other abstruse matters. London, 1677

Webster, J. J.: Untersuchung der vermeinten und so genannten Zauberey...Mit einer Vorrede von Chr. Thomasius, Halle, 1719

Wecker, J. J.: Wahre und eigentliche Entdeckung und Declaration oder Erklärung fürnehmer Artikul der Zauberey...vor vielen Jahren aus jhren Urgichten erfahren durch Jacob Weckern etwas weitläufiger beschrieben. Nun aber an jetzo mit allem Fleiße revidiret. Leipzig, 1631

Wedel, G. W.: de morbis ex fascio. Jen. 1672

Wedel, G. W.: de contractura daemonica. ib. 1681

Wedel, G. W.: de morbo insputato. Jen. 1687

Wegner, G. W.: de orationibus jacullatoriis, vulgo Stoßgebetlein. Regiom. 1708

Wegner, G. W.: Von Gespenstern, nebst einer Nachricht von dem Wustermarkischen Kobold. Berlin, 1747

Wegmann: De magia theses theologicae. Diss. 1574

Weidner, J. J.: Schedisma de scientia falso sic nominata ex 1 Tim.6.20 singularis qui adversus codicis relevati veritatem praecipue quod caput de potestete Sathanae praevaricantur, sincere oppositum. Rostochii, 1722

Weidner, J. J.: Christ-bescheidentliche Gegen-Erinnerungen, worinnen der teuffelischen Wirckungen halber, umständliche Nachricht geschehen, und zugleich Jacobi Brunnemanni Anmerckungen, mit gutem Grunde und nach Gottes Wort geprüfet und hingelegt seyn. Rostock, 1730

Weiser-Aall Lilly: Artikel ,Hexe'. In: Handwörterbuch des deutschen Aberglaubens. Hrsg. v. Bächthold und Stäubli. III. Bd. Berlin—Leipzig, 1930

Wellhausen, J.: Reste arabischen Heidentums. Berlin, 1897

Weng, Fr. J.: Die Hexen-Prozesse der ehemaligen Reichsstadt Nördlingen in den Jahren 1590—94. Aus den Kriminalakten des Nördlinger'schen Archivs gezogen. Nördlingen, 1838

Wenzel, G. I.: Geist-Wunder-Hexen- und Zaubergeschichten, vorzüglich neuester Zeit. Erzählt und erklärt von Gottfried Imanuel Wenzel. Prag und Leipzig, 1793

Wesseley, J. E.: Die Gestalten des Todes und des Teufels in der darstellenden Kunst. Mit 2 Radierungen des Verfassers und 21 Illustrationen im Holzschnitt. Leipzig, 1876

Westphal, E. Chr.: Die Tortur der Griechen, Römer und Teutschen. Leipzig, 1785

Wetz, A.: Warhafftige und ein erschröckliche newe Zeitung, des grossen Wasserguss, so den 15. May diss laufenden 78. Jahr. zu Horb geschehen...wie man hernach alda etlich Unholden verbrent hat, wie sie schröcklich Ding bekent haben... durch Ambrosius Wetz. 1578 (?)

Weyer, J.: De Praestigiis Daemonum, et incantionibus, ac veneficiis. Libri V. Basiliae, per Joannem Oprinum. 1563

Widmann, G. R.: Buch der warhafftigen Historien von den greulichen und abscheulichen Sünden und Lastern so Dr. Johannes Faustus ein Erzzauberer getrieben. 3. Bde. Hamburg, 1599

Wiederhold, J. L.: Betrachtungen des Menschen und Christen über die bisher übliche peinliche Frage oder Tortur. Zur unparetheiischen Beurtheilung der christlichen Staaten in Europa gewidmet. Publiziert zu Wetzlar. O. J.

Wie man sich zu dieser Zeit in Sterbensläuften mit dem Federwerk, alten Lumpen, Kleidern und Leichentüchlein, auch wegen der Miststätten und Rinnen verhalten solle. Decret des Nürnberger Rates vom 6. Juli 1634

Wier, J.: De Lamiis. Das ist: Von Teuffelsgespenst, Zauberern vnd Gifftbereytern, kurtzer doch gründtlicher Bericht...Samt einem angehängten kleinen Tractätlein von dem falschen vnd erdichten Fasten...in vnsere gemeine teutsche Sprache gebracht, durch Henricum Petrum Rebenstock...Franckforta am Mayn, 1586

Wigand, J.: de Manicheais mo renovato. Leipzig, 1588

Wigand, P.: Epidemie oder vom Teufel Besessenen. 44. Criminal-Process gegen Besessene, und Untersuchung, ob sie wirklich vom Teufel besessen seien, oder nicht. 1664 u. 1666. Leipzig, 1854

Wigand, P.: Zur Geschichte der Hexenprozesse. Ein Hexenprozess vor dem Criminalgericht zu Horn im Fürstenthum Lippe. 1554. Leipzig, 1854

Wigand, P.: Die Hexenprozesse, und das Einschreiten des Kammergerichts gegen die dabei eingerissenen Missbräuche. Leipzig, 1854

Wildvogel, Chr.: praeses. Dissertationem juridicum inauguralem De arbitrio juridicis circa torturam quam...sub praesidio Dn. Christinai Wildvogelii...submittit Iohann Iacob Arnold. Janea, 1710

Wilhelm: Hexenprozesse aus dem 17. Jht. Mit höherer Genehmigung aus dem Archiv des königl. Hannover'schen Amtsgerichtes Diepholz mitgetheilt von dem Amtsrichter Dr. Wilhelm zu Diepholz. Hannover, 1862

Willem, M.: Der heimliche und unerforschliche Naturkündiger, oder Beschreibung der Wünschelruthe u. ihrem Nutzen bei Entdeckung der Wasserquellen, Metalle, vergrabene Schätze, flüchtiger Diebe und Mörder. Nürnberg, 1694

Winkler, C.: Die Hexenprozesse in Türkheim in den Jahren 1628—30. Nach den Originalprotokollen der Stadt Türkheim. Gegeben von C. Winkler. Hierzu mehrere Ansichten der auf die Prozesse bezüglichen Localitäten und der Marterinstrumente. Colmar, 1904

Winkler, R.: Über Hexenwahn und Hexenprozesse in Estland während der Schwedenherrschaft. von Probst R. Winkler. In: Baltische Monatsschrift. 51. Jahrg. 5. Heft. Riga, 1909

Winklhofer, A.: Traktat über den Teufel. Frankfurt am Main, 1961

Winter, G.: Das Wiener-Neustädter Stadtrecht des 13. Jhts. In: Archiv f. österr. Geschichte. 60. Bd.

Wintzinger, J. J.: Anmerkungen über Brunnemanns Anleitung...Halle, 1706

Wirz, B.: Processus wegen des vermeinten Gespenstes in dem Antistitio. Zürich, 1705

Witchcraft. Catalogue of the Witchcraft Collection in Cornell University Library. Millwood. New York, 1977

Witchcraft in Europe 110—1700. A documentary history. Ed. with an introd. by Alan C. Kors and Edward Peters. London, 1973

Witekind, H. (pseud. f. Augustin Lerheimer): Christlich Bedencken vnnd Erinnerung von Zauberey, woher, was, vnd wie vielfältig sie sey, wem sie schaden könne oder nicht, wie diesem Laster zu wehren, vnd die damit behafft, zu bekehren, oder auch zu straffen seyn. Beschrieben durch Augustin Lercheimer. Aut assentire his, aut meliora doce. Jetzt und auff's new gemehrt vnd gebessert. Basel, 1593

Wittig, G. C.: Hexenaberglaube in Schlesien. In: Psychische Studien. 23. Jahrg. 9. Heft. Leipzig, 1898

Wittmann, A.: Die Gestalt der deutschen Hexe in der deutschen Sage. Diss. Bruchsal, 1933

Wittmann, P.: Die Bamberger Hexen-Justiz 1595—1631. In: Archiv f. kath. Kirchenrecht. 50. Bd. Mainz, 1883

Woeller, W.: Zur Geschichte des Hexenwahns und der Hexenprozesse in Deutschland. In: Wiss. Zeitschrift der Humboldt-Universität Berlin. Gesellschafts- u. sprachwissenschaftl. Reihe. Berlin, 1963

Wolf, H. J.: Geschichte der Druckpressen. Frankfurt, 1974

Wolf, J.: Melachim, id est. Regum libri duo posteriores cum commentatriis. Tigurii, 1571

Wolf, M.: Opfer des Aberglaubens, Irrthums und Wahns. Erzählungen und Enthüllungen aus uralter Zeit bis auf unsere Tage. Von C. Michael (pseud.). Leipzig, 1880

Wolfeshusius, F. J.: De Lycantrophis: an vera illi...Lipsiae, 1591

Wölfing, M.: Zum Verständnis des Hexenwahns. Tübingen, 1921

Wortlibius: Lust. historischer Katzenwelt. 1692

W. S. G. E.: Relation von denen in Servien sich erzeigenden Blutsaugern. ebd. 1732

Wulz, G.: Nördlinger Hexenprozesse. In: Rieser Heimatverein e. V. 20. Jahrbuch (1937) und 21. Jahrb. (1938/39). Nördlingen, 1938/39

Wurffbaini, J. P.: Salamandrologia. Norimbergae, 1683

Wüst, H. Th.: Teufel. Hexenwahn und Dummheit. Der Weg des deutschen Volkes aus finsterm Aberglauben zum Lichte der Vernunft. In: Rhein-Mainische Sonntagszeitung vom 30. März 1941

Wuttke, A.: Der deutsche Volksaberglaube der Gegenwart. Bearbeitet von E. H. Meyer. 4. Aufl. Berlin, 1900, bzw. Leipzig, 1925

Zacharias, T.: Arcana naturae, das ist: Sonderliche geheimnuß der Natur, sowohl aus glaubwürdigen Autoribus als aus eigener erfahrung zusammengetragen. Nürnberg, 1671

Zaemann, G.: Wunderspiegel...darin 10 Wunderpredigten... Stralsund, 1625

Zanchii: Opera theologica. VIII. Genevae, 1619

Zahn, Chr.: Cyprian von Antiochien und die deutsche Faustsage. Erlangen, 1882

Zallinger, O. v.: Das Verfahren gegen die landschädlichen Leute in Süddeutschland. Innsbruck, 1895

Zanger, J.: Tractatus duo: de exeptionibus et quaestionibus, seu torturis reorum...

Zangolini, A.: Il diavolo e le streghe, ossia il pregiudizio popolare delle malie regionale dell' Asclepiade Zangolini...coll' agiunta di alcuni racconti piacevoli del medresimo. Livorno, 1864

Zehner, J.: Fünff Predigten von den Hexen, ihren Anfang, Mittel vnd End in sich haltend vnd erklärd. Aus heiliger göttlicher Schrift vnd vornembsten alten Kirchenlehrern zusammengetragen vnd vor dessen gehalten in der Pfarrkirchen zu Schleusingen durch Ioachim Zehner...Leipzig, 1613

Zeidler, J. G.: Pantomisterium oder das Neue vom Jahre der Wünschelruthe. Als einem allgemeinen Werkzeuge verbotener Wissenschaft, darinnen Ihre Natur und Ursach ihrer Bewegung auch weitläufiger Gebrauch und Nutz aus des Authoris eigner Erfahrung und Physikalischen Grundlehren philosophisch ausgeführt und der gelehrten Welt zu weiterm Nachsinnen übergeben wird. Samt Widerlegung des bißher dabey gehegten Aberglaubens irriger Ursach ihres Schlagens und Verdachts eines heimlichen pacts mit dem Teuffel, der französischen physica occulta entgegengesetzt. Item dem Blendwerk der Philosophen entgegengesetzt. Mit einer Vorrede Herrn Christian Thomasius. Halle, 1700

Zeipel, C. v.: Karl XI. Rabenius und der Hexenprozess. Historischer Roman von Carl von Zeipel. Aus dem Schwedischen übersetzt von G. Fink. Stuttgart, 1846

Zeißner, S.: Geschichte des Frauenklosters Unterzell bei Würzburg. WDGBL 16./17. Jahrg. Nürnberg, 1955

668

Zenz, E.: Dr. Dietrich Flade, ein Opfer des Hexenwahns. Trier, 1962

Zepper, W.: Legum mosaicarum forensium explanatio. Herbonae, 1604

Ziegeler, W.: Möglichkeiten der Kritik am Hexen- und Zauberwesen im ausgehenden Mittelalter. Zeitgenössische Stimmen und ihre soziale Zugehörigkeit. In: Kollektive Einstellungen und sozialer Wandel im Mittelalter. Köln, Wien, 1973

Ziegrae, C.: Disputatio contra Opliantriam, Lycantropiam et metampsychosim. Witteb. 1650

Ziemer, M. T.: Hexenverfolgungen in den Gebieten des Grafen v. Nassau (Johannes) vor dem Jahre 1675. In: Idsteiner Heimatschau, 1926—28

Ziemer, M. T.: Die Idsteiner Hexenjagd von 1676. In: Idsteiner Heimatschau. Idstein, 1928

Zieritzii, B.: Notae ad Carol. V. Const. Cri. Frankfurt am Main, 1676

Ziermann, J. G. A.: Geschichtliche Darstellung des thierischen Magnetismus als Heilmittel, mit besonderer Berücksichtigung des Somnambulismus, in einer Reihe ähnlicher Erscheinungen der Vorzeit bis auf Mesmer. Berlin, 1824

Zimmermann, J.: Johann Joseph Gassner, der berühmte Exorzist. Sein Leben und wundersames Wirken aus Anlass seiner hundertjährigen Todesfeier neuerdings erzählt und gewürdiget von J. A. Zimmermann, Kempten, 1878

Zimmermann, G. R.: Die Züricher Kirche von 1519 bis 1819. Zürich, 1878

Zingerle, I. V.: Ein Beitrag zu den Hexenprozessen in Tirol im 17. Jht. Von Ignaz v. Zwingerle. Innsbruck, 1882

Zirngiebl: Studien über das Institut der Gesellschaft Jesu mit besonderer Berücksichtigung der pädagogischen Wirksamkeit des Ordens.

Zittel, E.: Dr. Martin Luther von 1483 bis 1517. Karlsruhe, 1883

Zobel, E.: Die ebenthürliche...Beschreibung des Gespenstes, welches in einem Hause zu St. Annaberg, im abgelegten 1691. Jahr 2 Monath lang, viel Schrecken, Furcht und wunderseltzame Schau-Spiele angerichtet. Beschrieben von des Hauses Eigenthumbs-Herrn. M. Enoch Zobeln. Arch. Diac. daselbst. Hamburg, 1692

Zobel, E.: Declaratio, das ist: Schutzschriftliche und fernere Erklärung über...die St. Annabergische Gespenst-Historie ,wider Herrn Balthasar Bekkers...herausgegebenes Buch' genannt die ,Bezauberte Welt', abgefasset von H. Enoch Zobeln, Archi. Diac. zu St. Annaberg. Leipzig, 1695

Zobel, J. C. H. de: De notione Miraculi divini biblica. Viteb. 1793

Zoepfl, H.: Die PGO Kaiser Karl V. nebst der Bamberger und der Brandenburger Halsgerichtsordnung. Leipzig und Heidelberg, 1876

Zoller: Utrum tortura penitus abroganda an tandum limitanda videatur. Lipsiae, 1772

Zorn, Ph.: Das Beweisverfahren nach langobardischem Recht. Jur. Diss. (?)

Zucker, K.: Psychologie des Aberglaubens. Heidelberg, 1948

Zur Naturgeschichte der Hexen. Vortrag. geh. vom...J. B. Holzinger, in der Jahres-Versammlung d. Naturwissenschaftl. Vereins f. Steiermark, am 16. Dec. 1882

Zween erschreckliche Geschicht, gesangsweise. Die erste, von einem Wirt im Allergaw, Bastian Schönmundt genandt...wie er sein ehelich Weib..., so schwanger Leibes gewesen, dreyen Mördern verkaufft...Die ander, eine erschreckliche und warhafftige newe Zeittung, wie sich im 1596. Jahres...hat zugetragen, das ein schwanger Weib vom Teuffel besessen, ihren Mann sampt drey Kindern; auch sich selbs mit ihrer Leibesfrucht ermordt und umgebracht hat. 1596

Zwei Hexenprozesse aus dem Jahre 1688, geführt bei dem hochfürstlichen Amte in Ballenstedt. Quedlinburg, 1863

Zwetsloot, H.: Friedrich Spee und die Hexenprozesse; die Stellung und Bedeutung der Cautio Criminalis in der Geschichte der Hexenverfolgungen. Trier, 1954

Zwingerle, T.: Scrutinium magnetis physicomedium. Basiliae, 1697

Zwei Hexenzeitung, die erste. Von dreyen Hexen-Pfaffen, unnd einem Organisten zu Ellwang, wie dieselbe Christo abgesagt, unnd dem bösen Geist mit Leib und Seel sich ergeben, und die Zauberung von ime erlernet... Die ander: von einer Unholdin oder Hexen, wie sie mit iren Gespilen alles zu verderben unterstanden, der Satan aber, ihnen Ursachen, warum sie solches bleiben lassen angezeigt, auch nicht gestatten, oder geschehen lassen wöllen. Nürnberg, 1615

Zwo warhafftige newe Zeittung. Die erste ist ein warhafftige Propheceyung, was sich diss tausent sechszehenhundert und 28. Jar wird verlauffen und zugetragen...Die ander Zeittung ist aus dem Bistumb Würtzburg und Bamberg, auch sonst aus anderen Herrschaften, wie man viel Hexen unnd Gabelreutеren verbrennen lest, und noch viel gefangen liegen...Würzburg, 1627

Fußnoten
und Erläuterungen

Einführung und Standpunkt

1) *Buchmann, a.a.O.S. 369*
2) *Merzbacher, a.a.O.S. 13*
3) *Soldan-Heppe, a.a.O.S. 3*
4) *Salzmann, d. Ä. (Vorwort)*
5) *Schwager, a.a.O.S. 14*
6) *Soldan-Heppe (Bd. II), a.a.O.S. 389*
7) *Spielmann, a.a.O. (Einleitung)*
8) *Paulus, a.a.O.S. 70*
9) *Schindler, a.a.O.S. 297*
10) *Schindler, a.a.O.S. 317*
11) *Schindler, a.a.O.S. 325*
12) *König, a.a.O. (Vorwort)*
13) *Hoensbroech, Bd. I, a.a.O.S. 526*
14) *Ohle, a.a.O.S. 42; vergl. Hoensbroech, a.a.O.S. 540*
15) *Ohle, a.a.O.S. 42*
16) *Fehr, a.a.O.S. 164*
17) *Meyer, a.a.O.S. 42*
18) *Carl Haas, a.a.O.S. 19*
19) *Paulus, a.a.O.S. 67*
20) *Felix Reich, a.a.O.S. 16*
21) *Spielmann, a.a.O.S. 11*
22) *Baumgarten, P. M.: Die deutschen Hexenprozesse. In: Frankfurter zeitgemäße Broschüren, Hrsg. Paul Haffner, NF. Bd. IV. Frankfurt am Main, 1883. A.a.O.S. 143*
23) *Längin, a.a.O.; vergl. Gury, § 4. II. S. 126*
24) *Soldan-Heppe. Bd. II, a.a.O.S. 350/351*
25) *Kirchner. Geschichte Frankfurts. Bd. I, S. 504. Er lehnt sich allerdings an die Überlieferung von Lerchner's Chronik an. Es ist vermutlich ein früher Zauberprozeß.*
26) *Jean Bodin. Vom ausgelaßnen wütigen Teufelsheer. Übersetzt von Johann Fischart. Vorwort von Hans Biedermann. 1973*
27) *Hansen, a.a.O.S. 1*
28) *Ludwig Meyer, a.a.O.S. 7*
29) *Rosskoff, Bd. II, a.a.O.S. 304*
30) *Soldan-Heppe, Bd. II, a.a.O.S. 124*
31) *Soldan-Heppe. Geschichte der Hexenprozesse. Neu bearbeitet von Heppe. Stuttgart, 1880. Bd. I, Seite 452, Anm. 2*
32) *Spielmann, a.a.O.S. 240*
33) *Salzmann, d. Ä., a.a.O.*
34) *Felix Reich, a.a.O.S. 20*
35) *Das ist ein typischer Fall: tendenziös, aber keine weiteren Quellen. Für die ordentliche Bearbeitung wertlos.*
36) *Lambreg: Kriminalverfahren vorzüglich bei Hexenprozessen im ehemaligen Bistum Bamberg während der Jahre 1624 bis 1630. Aus aktenmäßigen Urkunden gezogen. Nürnberg (o. J.). Anm.: Es muß um 1836 entstanden sein.*
37) *Lambreg, a.a.O.S. 23—27*
38) *Datiert: 16. Februar 1629*
39) *Raumer, a.a.O.*
40) *Rosshirt, a.a.O.*
41) *Riezler (1896), a.a.O.S. 1*
42) *Merzbacher, a.a.O.S. 1*
43) *Carl Haas, a.a.O.S. 32*
44) *Soldan-Heppe. Bd. II, a.a.O.S. 101*
45) *Die deutschen Hexenprozesse. Frankfurter zeitgemäße Broschüren. NF. Band IV. Frankfurt am Main, 1883. S. 143*
46) *Nippold, a.a.O.*
47) *Snell, a.a.O.S. 73*
48) *Buchmann, a.a.O.S. 453*
49) *Ludwig Meyer, a.a.O.S. 40*
50) *Lambreg, Lit. Beil. F.*
51) *Lambreg, Lit. Beil. G.*
52) *Ludwig Meyer, a.a.O.S. 31/32*
53) *Jacob Grimm: »Deutsche Mythologie«. Göttingen, 1835, a.a.O.S. 587 ff.*
54) *Carl Haas, a.a.O.S. 83*
55) *Diefenbach (1886), a.a.O.*
56) *Spielmann, a.a.O.S. 81*
57) *Zitiert nach der Dissertation von Spielmann, a.a.O.*
58) *Eschenröder, a.a.O.S. 13*
59) *Eschenröder, a.a.O.S. 13*
60) *Duhr (1900), a.a.O.S. 7*
61) *Rosskoff, V. Buchwald, Binz, u. a.*
62) *Snell, a.a.O.S. 73*
63) *Snell, a.a.O.S. 74*
64) *Snell, a.a.O. (Vorwort)*
65) *Ludwig Meyer, a.a.O.S. 40*
66) *Rosskoff, Bd. II, a.a.O.S. 353*
67) *Carl Haas, a.a.O.S. 80*
68) *Buchmann, a.a.O.S. 367*
69) *Salzmann, d. Ä. (Vorwort)*
70) *Adam, a.a.O.S. 17*
71) *Simon, a.a.O.S. 16*
72) *Haltrich, a.a.O.*
73) *Lammert, a.a.O. (Vorwort)*

Vorstufen, Altertum,
Grundlagen des Hexenwahns

1) *Herodot. 4. Buch. Kap. 68*
2) *Vergl. Caspar Schott: »Magia universalis naturae et artis«. 1657.*
3) *Lenormant, a.a.O.S. 71*
4) *Lenormant, a.a.O.S. 39*
5) *Brockhaus. 17. Ausgabe. Bd. 11. S. 187. Wiesbaden, 1967*
6) *Rene-Fülöp-Miller, a.a.O.S. 85*
7) *Lehmann, a.a.O.S. 40*
8) *Lehmann, a.a.O.S. 42*
9) *Lehmann, a.a.O.S. 43*
10) *Lehmann, a.a.O.S. 37*
11) *Hansen, a.a.O.S. 23*
12) *Doufour, a.a.O.S. 3*
13) *Hansen, a.a.O.S. 31*
14) *Plinius, d. Ä. »hist. nat.« XXX. 2—5*

15) *Sympos. T. III. p. 203*

16) *Plato im II. Buch. Kap. 772 seiner Schrift über die Gesetze*

17) *Hansen, a.a.O.S. 65*

18) *Hansen, a.a.O.S. 65*

19) *Längin, a.a.O.S. 23*

20) *Hansen, a.a.O.S. 65*

21) *Die Dirnen machten sich das Gesicht mit Paideros, einer Art Schminke aus den Blättern einer dornigen Pflanze Ägyptens oder aus der Wurzel des Akanthus zurecht. Dieses Pflanzenrot, mit Essig angerieben, gab der gelben Haut die frische Farbe eines Kindes. Eventuelle Runzeln und Unebenheiten werden vorher mit Bleiweiß oder Fischleim ausgefüllt. Die Farbe streicht man sich mit einem Pinsel auf.*

22) *Doufour, a.a.O.S. 100*

23) *Doufour, a.a.O.S. 119*

24) *Vergl. Soldan: Geschichte der Hexenprozesse. Stuttgart und Tübingen. 1843. S. 24. Vergl. Lucan. Pharsal. VI. S. 452, wo die Macht der thessalischen Weiber poetisch beschrieben wird.*

25) *Herodot. 4. 105*

26) *Hertz, a.a.O.S. 35*

27) *Vergl. Möbius, G. Tractatur philologico-theologicus de oraculorum, ethnicorum origene, propagatione et duratione. authore G. Moebio. S. S. theolog. Licent. Lipsiae. 1680. Vergl. Hebenstreit: »Oraculum Apollinis delphicum. Jena, 1675«.*

28) *Hansen, a.a.O.S. 45*

29) *Vergl. Petronii satyricon. Amsterdamer Ausgabe. 1669, S. 242*

30) *Ovid. Amot. L. I. & Met. VIII.*

31) *Ecolog VIII.*

32) *»alios fructus, excantare, alienam segetem pellicere«.*

33) *Gesetz Nr. 14. Tafel VII.*

34) *»Nullis vero criminalionibus implicanda sunt remedia humanis quaestia corporibus, aut in agrestibus locis, ne naturis adhibita suffragia« (Cod. Theod. 9, 16, 3). Vergl. das Gesetz des Sulla: de veneficiis & ficariis.*

35) *Horaz, epod. 5*

36) *König, a.a.O.S. 15*

37) *Plinius. Hist. nat. 18. Buch Kap. 8*

38) *Plinius. Hist. nat. 28. Buch Kap. 3 und 4*

39) *De Nat. Deor. n. 31*

40) *Doufour, a.a.O.S. 178*

41) *Fischer (1791) a.a.O.S. 33*

42) *2. Buch Moses. Kap. 7 und Kap. 8*

43) *2. Chron. 33, 6*

44) *5. Buch Moses, 18, 10—2*

45) *3. Buch Moses, 20, 27*

46) *5. Buch Moses, 18, 10, 11. Könige II. 23, 24*

47) *Jer. 27, 9*

48) *3. Buch Moses, 24, 16*

49) *4. Buch Moses, 15, 30*

50) *3. Buch Moses, 20, 27*

51) *Deuteronimium, C. XVIII. v. 20*

52) *2. Buch Moses, 20, 3, 3. Buch Moses, 17, 7*

53) *Diefenbach, a.a.O.S. 128*

54) *Rosskoff, a.a.O.S. 190*

55) *Talm. Jer. Chariga II. 1 fol. 77 d.*

56) *Sure XXXVII. 62—65, XLI, 28, IV. 59, XVIII. 28*

57) *Vergl. Jellinek, I. 149 M. Gaster: Journal of the royal asiatic Society, 1893, S. 1893. Vergl. Blau. Das altjüdische Zauberwesen. Straßburg, 1898*

58) *Talmud Baba Mezia, 58b*

59) *Vergl. Vincenz von Beauvais. speculum hist. L. 27, c. 91*

60) *Genesis. Kap. 38*

61) *Levitikus, Kap. 19*

62) *Levitikus, Kap. 23*

63) *Deuteronikum, Kap. 28*

64) *Doufour, a.a.O.S. 34*

65) *Vergl. Seden, der sich auf Origines und den heil. Hieronymus beruft.*

66) *Doufour, a.a.O.S. 32*

67) *Rosskoff, a.a.O.S. 151*

68) *Vergl. Grimm. Deutsche Mythologie. Göttingen, 1854, S. 990 ff.*

69) *Rosskoff, a.a.O.S. 159*

70) *Vergl. Rufium I. 123—132*

71) *I. 454—57*

72) *Ennemoser, a.a.O.S. 724*

73) *Mulieribus fatidicis, sepentrio n. et. celt. 1720*

74) *Ennemoser, a.a.O.S. 759*

75) *Ennemoser, a.a.O.S. 759*

76) *Vergl. Horst: Deuteroskopie, a.a.O.*

77) *Ennemoser, a.a.O.S. 739*

78) *Ennemoser, a.a.O.S. 732*

Kirche, Ketzerei, Inquisition

1) *Doufour, a.a.O.S. 7*

2) *Doufour, a.a.O.S. 12*

3) *Doufour, a.a.O.S. 42*

4) *Doufour, a.a.O.S. 13*

5) *Doufour, a.a.O.S. 16*

6) *Doufour, a.a.O.S. 16*

7) *Doufour, a.a.O.S. 41*

8) *»Immaturatae puellae, quia more tradito nefas esset virgines strangularii, vita vitiatae prius a carnifice, dein strangulatae«*

9) *Doufour, a.a.O.S. 23*

10) *Doufour, a.a.O.S. 23. Ich vermute, daß hier eine Querverbindung zur griechischen Thais besteht.*

11) *Doufour, a.a.O.S. 33*

12) *Doufour, a.a.O.S. 34*

13) *Doufour, a.a.O.S. 38*

14) *Doufour, a.a.O.S. 40*

15) *Doufour, a.a.O.S. 42*

16) *»Meretrix et est quae multorum libidini patet«*

17) *Doufour, a.a.O.S. 50*

18) *Femina janua diaboli, via inquitatis, scorpionis, percussio, nocivum genus. Vergl. Doufour, a.a.O.S. 50*

19) *Aus: Chrystostomus über Matth. 19. Vergl. Scholtz, a.a.O.*

20) *Scholtz, a.a.O.S. 49*

21) *Doufour, a.a.O.S. 111*

22) *Vergl. Theolog. Enzyclopädie von Herzog und Pitt. S. 3*

23) *Doufour, a.a.O.S. 121*

24) *Lea, Bd. 1. a.a.O.S. 10*

25) Vergl. Fascis. Rerum Expetend et Fugiend. II. 7. Ed. 1690, S. 254—255

26) Lea, Bd. 1, a.a.O.S. 26

27) Vergl. Concil. Lemovicens, ann. 1031. Concil Avenionens, ann. 1209, c. 1. Vergl. Millot. Hist. litt. des Troubadoures. II. S. 61

Ketzerei, Glaubens- und Gewissenszwang

28) Vergl. Euseb. Hist. eccl. VIII. 1.

29) Buchmann, a.a.O.S. 98

30) Tertull. Apol. c. 24

31) Buchmann, a.a.O.S. 100

32) Vergl. Lact. div. V. ed. 20 ed. Nic. Lenglet Dufresnoy. Paris, 1748 T.I.S. 412

33) Buchmann, a.a.O.S. 101

34) Buchmann, a.a.O.S. 106

35) Ep. 133 ad Marcellinium Tribunum. c. a. 412, Sp. 396

36) Lea, Bd. 1. a.a.O.S. 239

37) De anima, c. 26

38) Lea, Bd. I. a.a.O.S. 242

39) Vergl. Extrav. comm. 1. tit. 8. cap. 1. Vergl. Spitzer, a.a.O.S. IV.

40) Distinc. 40. can. si papa

41) Caus. XXV. qu. 2. can, si quis...

42) Distinc. X. can. lege imperatorum can lege imperatorum

43) In einer Bulle vom 5. Dezember 1303

44) C. inter sollicitudines, de lib. prohib. in cap. 7. Vergl. Spitzer, a.a.O.S. VII.

45) Spitzer, a.a.O.S. VII.

46) Spitzer, a.a.O.S. XIV.

47) Spitzer, a.a.O.S. XV.

48) Spitzer, a.a.O.S. XV.

49) zitiert nach Spitzer, a.a.O.

50) Literae apostolicae de officio Santissimae inquisitionis

51) Buchmann, a.a.O.S. 149

52) Vergl. Buchmann. a.a.O.S. 330

53) Spitzer, a.a.O.S. XVIII.

54) Spitzer, a.a.O.S. 68

55) Capitulare Gregorii II. vom 15. März 715

56) Fehr, a.a.O.S. 137

57) Fehr, a.a.O.S. 85

58) Fehr, a.a.O.

59) Fehr, a.a.O.S. 68

60) Fehr, a.a.O.S. 125

61) Fehr, a.a.O.S. 49

62) Fehr, a.a.O.S. 92

63) Fehr, a.a.O.S. 93

64) Buchmann, a.a.O.S. 95

65) Colqhuon, a.a.O.S. 35

66) Diefenbach: »Christus und das Christentum«. Mainz, 1874. a.a.O.S. 190

67) Rittmann, a.a.O.S. 11

68) Vergl. Orig. c. Celsum, II. 51 ed. Delarne I.P. 425; vergl. Buchmann, a.a.O.S. 240

69) Schindler, a.a.O.S. 77

70) Fehr, a.a.O.S. 30

71) Receptae sententiae lib. V. Tit. 28...ad legem Corneliam de sincaris et veneficiris

72) Buchmann, a.a.O.S. 237

73) Ep. ad. Bartholomeum episc. Narboensem opp. S. Agobardi ed. Baluzze, 1666. Vol. I. p. 197 ff.

74) Buchmann, a.a.O.S. 258

75) Liber contra insulsam vulgi opionem de grandine et tonitrius. T.I.p. 145—164

76) Buchmann, a.a.O.S. 260

77) Buchmann, a.a.O.S. 262

78) Fehr, a.a.O.S. 103

79) Fehr, a.a.O.S. 103

80) Fehr, a.a.O.S. 105

81) Längin, a.a.O.S. 26

82) Zitiert nach Cäsarius von Heisterbach

83) Scholtz, a.a.O.S. 13

84) Fehr, a.a.O.S. 115

85) Fehr, a.a.O.S. 125

86) Hier nur eine kleine Auswahl zur Verdeutlichung der Entwicklung.

87) Wahrscheinlich ein Irrtum von Soldan, denn unter den echten Bestimmungen ist hiervon nichts zu finden.

88) Concilia antiqua Galliae. ed. Sirmondi. T. II. pag. 303

89) Annal. Xantens. ad. ann. 867

90) lib. III. tit. 13

91) Liebenwirth, a.a.O.S. 84

92) Buchmann, a.a.O.S. 146. Vergl. Biener: Beiträge zur Geschichte der Inquisitions-Prozesse. Leipzig, 1827

93) Liebenwirth, a.a.O.S. 36

94) Vergl. Planck: Geschichte der christl. Gesellschaftsverfassung. Bd. II.

95) De presbytheris criminosis. bzw. Kap. 28: Opuscula et Epistola in causa Hincmari Laudunensis.

96) De exoedis et incrimentis quarundam in observatio nibus ecclesiaticis ruem. Kap. 32

97) Vergl. Neander. Allgemeine Geschichte der christlichen Religion und Kirche. Bd. II. S. 1710

98) Brief vom 19. April 1080. Vergl. Jesse. Monumenta Germaniae, a.a.O.S. 415

99) »De causis synodalibus et disciplinis ecclesiastitis«

100) Lea, Bd. I. a.a.O.S. 251

101) Die Quellen zur Ketzergeschichte haben wir in den päpstlichen Briefsammlungen (Innocenz III., Bernhard von Clairveaux, Abt Peter des Ehrwürdigen, Papst Honorius III. u. a.). Hier schließen sich die Chroniken an. Wichtig ist die eines Augenzeugen, des Mönches Vaux-Cernai, die des Wilhelm von Puy-Laurens und die Geschichte der Albingenserkriege. Dazu kommen konziliare Beschlüsse, Beschlüsse von Synoden und die Anmerkungen (z. B. des 4. Lateranischen Konzils). Der Dominikaner Peinerius Sacchoni in der Lombardei (gest. 1259), der 17 Jahre Ketzer ist, verfaßt 1250 eine Schrift gegen sie. Dazu kommen die Arbeiten des Dominikaners Yvonerus.

102) Vergl. Matth. 16, 29, 18

103) Hahn, Bd. I. a.a.O.S. 69

104) Vergl. Eckbert. In. Max. Biblio. XXIII. S. 615

105) Vergl. Wackernagel, W. Altdeutsches Lesebuch. 2. Auflage. Basel, 1839. S. 678

106) Aus der Schrift: »Über die Anrufung der Heiligen. Datiert, 1126. Aber wahrscheinlich später, denn sie beinhaltet Punkte, die sich auf den Antichrist beziehen und deshalb wohl als Exkurs zu dieser Schrift zu verstehen sind. Das würde sie in die Mitte des 12. Jhdts. datieren.

107) *Vergl. Daniel in der in der Straßburger Stadtbibliothek aufbewahrten Handschrift: Collectanae in usum Chronici Argent. 1230*

108) *Vergl. Lucas Tud. in Max. Bibl. XXV. p. 224*

109) *Hahn, a.a.O.S. 167*

110) *Hahn, a.a.O.S. 174*

111) *Hahn, a.a.O.S. 185*

112) *Vergl. Ausf. Bericht bei Vaisette. f. 401—409*

113) *Hahn, a.a.O.S. 380*

114) *Fehr, a.a.O.S. 132*

115) *Fehr, a.a.O.S. 134*

116) *Hahn, Bd. III. a.a.O.S. 117*

117) *Albertici trium fontium Chron. ad. ann. 1223. Tom. II.*

118) *Lea, Bd. II. a.a.O.S. 369*

119) *Lea, Bd. II. a.a.O.S. 520*

120) *Lea, Bd. III. a.a.O.S. 231*

121) *Scholtz, a.a.O.S. 20*

122) *Scholtz, a.a.O.S. 21*

123) *Scholtz, a.a.O.S. 21, 22. Vergl. Flagellum maleficarum auctore Pet. Marmoris Lemovicensi (Limoges). Canonico in alm. abn. univers. Pictaviense S. Th. professore, Cap. XVII.*

124) *Vergl. Lea. Bd. II. a.a.O.S. 474*

125) *Lea, Bd. I, a.a.O.S. 297*

126) *Lea, Bd. I, a.a.O.S. 283*

127) *Lea, Bd. I, a.a.O.S. 305*

128) *Lea, Bd. I, a.a.O.S. 309*

129) *Lea, Bd. I, a.a.O.S. 314*

130) *Lea, Bd. I, a.a.O.S. 330*

131) *Lea, Bd. I, a.a.O.S. 31*

132) *Lea, Bd. I, a.a.O.S. 43*

133) *Lea, Bd. I, a.a.O.S. 51*

134) *Lea, Bd. I, a.a.O.S. 63*

135) *Spitzer, a.a.O.S. 29*

136) *Buchmann, a.a.O.S. 294*

137) *Buchmann, a.a.O.S. 303*

Inquisition

138) *Lea, Bd. I, a.a.O.S. 377*

139) *Vergl. Pegnae, Fr.: »Instructio seu Praxis Inquisitorum Sousa, S.A. de: Inquisitionis Consiliarii, Aphorismii Inquisitorum. Lugd. 1669. Limborch: Historia Inquisitionis. Amsterd. 1692. L'lorente, A.: »Historie de l'Inquisition d'Espagne: trad. en Francais. 2 ed. Paris 1818 (deutsch von Höck, 1820)*

140) *Tractatus de officio Santissimae Inquisitionis. Lugd. 1669*

141) *Buchmann, a.a.O.S. 199*

142) *Buchmann, a.a.O.S. 202*

143) *Lea, Bd. I, a.a.O.S. 447*

144) *Lea, Bd. I, a.a.O.S. 485*

145) *Lea, Bd. I, a.a.O.S. 514*

146) *Die gewöhnliche Kleidung war auf den Straßen fast eine Seltenheit geworden. Was nicht in die Zamarra (das Spottkleid, zu dessen Tragen die »leviter suspecti« verurteilt wurden): offiziell heißt es Sanbenito, entstanden aus sacco benito.*

147) *Lea, Bd. I, a.a.O.S. 562*

148) *Lea, Bd. I, a.a.O.S. 571*

149) *Lea, Bd. I, a.a.O.S. 575*

150) *Lea, Bd. I, a.a.O.S. 615*

151) *Lea, Bd. I, a.a.O.S. 373*

152) *Vergl. Alberici Monachi Chronicum ed. ann. 1233 bzw. Chron. Hirsaug. ad. ann. 1215 und 1233. Hier ist vermerkt, daß Konrad von Marburg die Probe »des heißen Eisens« vornehmen ließ, wenngleich es durch das lateranische Konzil verboten war.*

153) *Längin, a.a.O.S. 5*

154) *Vergl. Vierdort: Geschichte der Reformation in Baden. Bd. I. S. 42*

155) *Lea, Bd. I, a.a.O.S. 388*

156) *Vergl. Hausrath. Konrad von Marburg, a.a.O.S. 53*

157) *Lea, Bd. I, a.a.O.S. 388*

158) *Vergl. Halens: Geschichte des Herzogtums Oldenburg. Bd. I. Ritter de pago Steding et Stedingis haeret. Viteb. 1751*

159) *Wilhelmi Monachi Chron. In: A. Matth. Analect. Tom 2. p. 501*

160) *Albert, Stadens Chron. ad. a. 1233*

161) *Vergl. Ritter: Kirchengeschichte, Bd. I. S. 606 ff.*

162) *Vergl. Alb. Stadens. ad. ann. 1207; Henr. Wolteri Chron. Brem. Meibom. Tom. I. p. 55*

163) *Zit. nach Raynald. Annal. ecclec. ad. ann. 1233*

164) *Vergl. Görres: Christliche Mystik Bd. III. S. 51. bzw. Spitzer: Teufelsbanner, a.a.O.*

165) *Riezler, a.a.O.S. 61*

166) *Riezler, a.a.O.S. 62*

167) *Riezler, a.a.O.S. 63*

168) *Zur Hexe: Diarium Urbis; Eccard, Corpus hist. (1743) H. c. 1874*

169) *Riezler, a.a.O.S. 68*

170) *Längin, a.a.O.S. 6*

171) *Buchmann, a.a.O.S. 217*

172) *Buchmann, a.a.O.S. 219*

173) *Helbing, a.a.O.S. 120*

174) *Buchmann, a.a.O.S. 152*

175) *Buchmann, a.a.O.S. 153*

176) *Buchmann, a.a.O.S. 153*

177) *Vergl. Hist. de l'Inquis.*

178) *Helbing, a.a.O.S. 136*

179) *Diefenbach, a.a.O.S. 142*

180) *Riezler, a.a.O.S. 39*

181) *Riezler, a.a.O.S. 39*

Allgemeine Entwicklung vom 13.—16. Jht.

1) *Über seine Lebensverhältnisse vergl. Oefele in der Allgem. Deutschen Biographie. Bd. X. S. 670 ff. Das Buch führt den Titel: »Buch aller verbotenen Kunst, Unglaubens und der Zauberei« (München, 1456)*
Er beruft sich vor allem auf folgende Autoren: Bonaventura, St. Thomas, 8. Distinction, Cäsarius von Heisterbach (seine Schrift von den Wundern), das Buch »Sigillum Salomonis und Clavigula Salomonis, Jerarchia und Schamphoras«. Thebit. Ptolomeus, Luipoldis de Austria, Arnoldis, das Buch annulis inpensis. Albertus Magnus (Occasione quorundam librorum). Das Buch Piccatrix (für einen König von Spanien gesammelt) beginnt: »Ad laudem dei et gloriosissimae virginis Mariae«. Dann folgen noch einige unbekanntere Schriften: »In einer Schrift, aber keiner bewährten...habe ich gefunden«.

2) *Riezler, a.a.O.S. 65*

3) *Riezler, a.a.O.S. 72*

4) *Riezler, a.a.O.S. 67*

5) *Riezler, a.a.O.S. 69*

6) *Über die Gans als Zaubertier, vergl. Grimm: Deutsche Mythologie, Bd. II, S. 1051 ff.*

7) *Vergl. Pluemen der Tugent. Hrsg. Ignaz v. Zwingerle. Innsbruck, 1874*

8) *Riezler, a.a.O.S. 18*

9) *Riezler, a.a.O.S. 74*

10) *König, a.a.O.S. 173*

11) *König, a.a.O.S. 179*

12) *Brennon in einem Brief am 27. September 1520 an Agrippa*

13) *Vergl.: »De occulta philosophica. Lugdun(i), p. 451*

14) *Ennemoser, a.a.O.S. 203*

15) *De vanitate. Kap. de praestigiis*

16) *Meyer, a.a.O.S. 10*

17) *Vergl. Martin Plantsch: »Opusculum de sagis maleficis Martine Plantsch concionatoris Tubingensis. Phorce, 1507*

18) *Das gleiche Beispiel findet sich bei Nider's Preceptorium (10. Kap.) und in dessen Formicarius 1.2.c.4*

19) *Precept. c. 10*

20) *Emeis, 54*

21) *Precept. c. 11. q. 13*

22) *Emeis, a, 44 b*

23) *Emeis, 44 b, 45 a*

24) *Emeis, 55 a*

25) *Emeis, 55*

26) *Emeis, 55 b*

27) *Zusammenfassend kann man sagen, daß Geiler als Kind seiner Zeit einem krassen Abrglauben gehuldigt hat (Paulus, a.a.O.S. 19)*

28) *Petersen, a.a.O.S. 189*

29) *König, a.a.O.S. 167*

30) *Soldan-Heppe, a.a.O.S. 313*

31) *Soldan-Heppe, a.a.O.S. 511*

32) *Croissant, a.a.O.S. 50*

33) *Croissant, a.a.O.S. 7*

34) *Akten. Franz. Nationalmuseum, vergl. Brockhaus Konversations-Lex. Neueste Ausgabe, S. 359*

35) *Urgichten, 1471*

36) *Bürgermeisterbuch, 1471, S. 71*

37) *König, a.a.O.S. 171*

38) *Soldan-Heppe, a.a.O.S. 488*

Hexenhammer

1) *König, a.a.O.S. 69: »Ein Herr Amtsbruder der beiden Bluthunde, ein gewisser Cumanus, ließ 1485 in der Grafschaft Wormserbad 41 Opfer des Wahns verbrennen«.*

2) *Alexander II. weist den Inquisitor der Lombardei, den Dominikaner Angelus, an, daß er gegen alle, die durch teuflischen Zauber Menschen, Vieh und Felder beschädigten, fleißig vorgehen soll. Julius II. klagt, daß seine Inquisitoren, die die Zauberei verfolgen, von vorwitzigen Geistlichen und Laien gehindert werden. Deshalb erteilt er ihnen weitere Vollmachten. Leo X. klagt in einem Breve (15. 1. 1521), gerichtet an die Bischöfe Venedigs, daß der Senat der Republik den Hauptleuten des Landes verboten habe, die Urteile der Inquisitoren gegen die der Zauberei Ange-*

klagten zu vollziehen und sich herausnehmen, die Prozeßakten zu prüfen. Einige in der Gegend von Bergamo und Brixen aufgegriffene Zauberer würden lieber hartnäckig ihr Leben preisgeben, als ihre Verirrung zu bekennen. Clemens VII. ersucht 1524 den Gouverneur von Bologna in einem Breve, den Inquisitoren bei der Bekämpfung der Zauberei Vorschub zu leisten. Dazu kommt eine Bulle Hadrians VI. vom 20. Juli 1522, die einen ähnlichen Tenor wie die von Innocenz VIII. aufweist:
»Viele Leute beiderlei Geschlechts, die, des eigenen Heils eingedenk und vom katholischen Glauben abfallend, eine besondere Sekte bilden, den in der heil. Taufe empfangenen Glauben abschwören, das Kreuz mit Füßen treten und beschimpfen, die kirchlichen Sakramente mißbrauchen, den Teufel als ihren Herrn und Beschützer anerkennen und mit ihren Zaubereien das Vieh und die Feldfrüchte verderben und sehr viele andere verruchte Verbrechen auf des Teufels Geheiß anstellen«.
Infolge dieser päpstlichen Äußerung kommt es im Raum von Como zu vielen Prozessen und etwa 100 Hinrichtungen. In der Lombardei erheben die Bauern die Waffen gegen die Inquisitoren.

3) *Siebel, a.a.O.S. 30*

4) *Thomas Dillinger, ein Dominikanermönch, sagt in seiner Lebensbeschreibung des Dominici: »Ehe aber und bevor ihn seine Frau Mutter auf die Welt brachte, wurde sie durch ein himmlisches Geschenk von der kräftigen Geburt unterwiesen, denn es kam ihr in einem Gesicht vor, als ob sie ein Hündlein in ihrem Leib trug, so in seinem Mund eine brennende Fackel trug, und wie es aus dem Mutterleib kommen, mit selbiger die gantze Welt entzündet, durch welches ihr angezeigt wurde, daß sie einen Sohn sollte gebären, welcher ein weltberühmter Prediger des göttlichen Worts sei, und durch seinen brennenden Eifer die erfrorenen und erkalteten Hertzen der Menschen zu der Liebe Gottes und Haltung seiner Gebote anhalten würde«.*
Der Traumdeuter Helveticus ist anderer Auffassung: »Daß Dominikus, gleich einem rasenden Hunde die Unschuldigen anfallen, und durch sein Beißen und Bellen vielen zum Verderben gereichen, das ist, sich alle Mühe geben werde, unschuldige Menschen den schrecklichen Martern zu übergeben«.
Vergl. Moritz Schwager: Versuch einer Geschichte der Hexenprozesse. Berlin, 1784, S. 77

5) *St. Romanae ecclesie fidei defensionis clippeum adversus Waldensium seu Pickardorum potentatis virulente contagione sparsim inficientis (sic) santissimi (!). Alexander VI. pontificis iusse, redactum. Dazu verfaßte er eine Schrift über die Gewalt des Papstes und Kaisers gegen die Lehrsätze Rosellis.*

6) *Institoris, Heinrich: Dominikanertheologe. Geb. Schlettstadt (?), 1430. Gest. 1505 in Mähren. Als von Sixtus ernannter Inquisitor für Oberdeutschland findet er Widerstand bei Bischof Golser von Brisen. Institoris verfaßt neben anderen Werken den Hexenhammer. Er stirbt als Inquisitor gegen die böhmischen Brüder (zit. nach Brockhaus).*

7) *Veröffentlicht vom Chorherr Hartmann Ammann (1890) in Kloster Neustift. In: Zeitschrift des Ferdinandeums für Tirol und Vorarlberg. III. Folge. XXXIV.*

8) *Sprenger, Jacob: Dominikaner. Geb. Rheinfelden um 1436, gest. 6. 12. 1495 in Straßburg. Er ist 1472—88 Prior seines Ordens in Köln, seit 1481 Inquisitor für Mainz, Köln und Trier. Er ist vermutlich an der Abfassung des Hexenhammers und an der (gefälschten) Approbation beteiligt.*

9) *Vergl. Vierdort: Geschichte der evangelischen Kirche Badens. Karlsruhe, 1847, Bd. II, S. 118*

10) *U. a. Kaiser Friedrich III., sein Sohn Maximilian I., der päpstliche Legat Alexander, Bischof von Forli.*

11) *Hansen, a.a.O.S. 257: »Den Hauptteil der Arbeit über-
nahm Sprenger, der alle Elemente des Aberglaubens zu-
sammentrug und dadurch ein System des Hexenwahns
schuf, das weit über die in der Bulle vom 5. Dezember 1484
zum Teufelssabbat und die geschlechtliche Vermischung
mit ihm wesentliches Moment des Hexenwesens fest-
stellte«.*

12) *Siebel, a.a.O.S. 39*

13) *Siebel, a.a.O.S. 39*

14) *Siebel, a.a.O.S. 40*

15) *Hexenhammer, Teil III. Frage 17*

16) *»Innocenz Bischof, ein Knecht der Knechte Gottes. Zukünftigen der Sache Gedächtnis. Indem wir mit der höchsten Begierde verlangen, wie es die Sorge unseres Hirten-
amtes erfordert, daß der katholische Glaube fürnehmlich
zu unsern Zeiten allenthalben vermehret werden möge
und blühe, und alle ketzerische Bosheit von den Herzen
der Gläubigen weit hinweggetrieben werde, so erlauben wir
gerne, daß dasjenige und setzen es auch von neuem, wodurch solches unser gottseliges Verlangen die erwünschte
Wirkung erlangen mag. Und dannenhero indeme, als durch
den Dienst unserer Arbeit, als durch die Rathaue (?) eines
vorsichtigen Arbeiters aller Irrtümer gänzlich ausgerottet
werden, der Eifer und die Beobachtung eben desselben
Glaubens in die Herzen der Gläubigen um so stärker einge-
drucket werde. Gewißlich ist es neulich nicht ohne große
Beschwerung zu unseren Ohren gekommen, wie daß in einigen Teilen des Oberdeutschlands, wie auch in den Mainzischen, Köllnischen, Trier'schen, Salzburgischen und Bremen'schen Erzbistümern, Städten, Ländern, Orten und Bistümern sehr viele Personen beiderlei Geschlechts, ihre eigene Seligkeit vergessend und von dem katholischen Glauben abfallend, mit denen Teufeln, die sich als Männer oder
Weiber mit ihnen vermischen, Mißbrauch machen, und
mit ihnen Bezauberungen, und Liedern und Beschwehrun-
gen, und anderen abscheulichen Aberglauben und zauberischen Übertretungen, Lastern und Verbrechen, die Geburten der Weiber, die Jungen der Tiere, die Früchte der Erden, die Weintrauben und die Baumfrüchte, wie auch die
Menschen, die Frauen, die Tiere, die Weinberge, Obstgär-
ten, Wiesen, Weiden, Korn und andere Erdfrüchte, das
Vieh und andere unterschiedliche Arten Tiere verderben,
ersticken oder umkommen machen, und selbst die Menschen, die Weiber, allerhand groß und klein Vieh und Tiere mit grausamen, sowohl innerlichen als äußerlichen
Schmerzen und Plagen belegen und peinigen, und eben
dieselben Menschen, daß sie nicht zeugen, und die Frauen,
daß sie nicht empfangen, und die Männer, daß sie den
Weibern, und die Weiber, daß sie den Männern die ehelichen Werke nicht leisten können, verhindern. Überdies
den Glauben selbst, welchen sie bei Empfangung der heiligen Taufe angenommen haben, mit eidbrüchigem Munde
verleugnen. Und andere, überaus viele Leichtfertigkeiten,
Sünden und Laster, durch Anstiftung des Feindes der
menschlichen Gesellschaft zu begehren und zu vollbringen,
sich nicht fürchten, zu der Gefahr in der Seelen, der Beleidigung göttlicher Majestät und sehr vieler schädlicher
Exempel und Ärgernis. Und daß, obschon die geliebten
Söhne Henricus Institoris in den obengenannten Teilen des
Oberdeutschlands, in welchen auch solche Erzbistümer,
Städte, Länder, Bistümer und andere Orte begriffen zu
sein gehalten werden, wie auch Jacobus Sprenger, durch
gewisse Striche des Rheinstromes, des Predigerordens und
Professores theologicae zu Inquisitoren des ketzerischen
Unwesens durch apostolische Briefe bestellet worden, wie
sie auch noch sind, dennoch einige Geistliche und Gemeine
derselbigen Länder, welche mehr verstehen wollen, als nötig wäre, deswegen, weil in den Briefen ihre Bestellung solcher Erzbistümer, Städte, Bistümern, Länder und andere
obengenannte Orte und deren Personen und solche Laster
nicht namentlich und insonderheit ausgedrucket worden,
dahero solche auch gar nicht darunter begriffen, und also
denen vorgenannten Inquisitoren in solchen Erzbistümern,
Städten, Bistümern, Ländern und Orten, vorgenennet, solches Amt der Inquisition zu verrichten nicht erlaubt sein,
und dieselbe zu Bestrafung, Inhaftnehmung und Besserung solcher Personen, über denen vorgenannten Verbrechen und Lastern nicht müssen zugelassen werden, halsstarrig zu bewahren und sich nicht schämen. Deswegen
dann in denen Erzbistümern, Städten, Bistümern, Ländern
und Orten vorgenannte solcherlei Verbrechen und Laster,
nicht ohne offenbaren Verlust solcher Seelen und ewiger
Seelengefahr ungestraft bleiben.*

*Derohalben haben wir, indem wir alle und jede Hindernis-
se, durch welche die Verrichtung des Amts der Inquisition
auf irgend eine Weise verzögert werden könnte, aus dem
Wege räumen, und damit nicht die Seuche des ketzerischen
Unwesens und anderer solcher Verbrechen ihr Gift zu dem
Verderben anderer Unschuldiger ausbreiten möge, durch
taugliche Hilfsmittel, wie solches unserem Amt obliegt,
versorgen wollen, da der Eifer des Glaubens und fürnehmlich hierzu antreibt, damit nicht dahero geschehen möge,
daß die Erzbistümer, Städte, Bistümer, Länder und obge-
nannte in denselben Teilen des Oberdeutschlands, ohne
das nötige Amt der Inquisition darinnen zu errichten erlaubt sein, und sie zu der Besserung, Inhaftnehmung und
Bestrafung solcher Personen über der vorgenannten Verbrechen und Lastern hinzugelassen werden sollen, durch-
gehends und in allen eben so, als wenn in den vorgenannten Briefen, solche Erzbistümer, Städte, Länder und Orten
und Personen und Verbrechen namentlich und insonderheit ausgetrucket wären, krafft unseres Briefes.*

*Und indem wir, um mehrerer Sorgfalt willen, vorgemeldte
Briefe und Bestellung auf solche Erzbistümer, Städte, Bistümer, Länder und Orte, desgleichen solche Personen und
Laster, ausstrecken, so geben wir denen vorgesagten Inquisitoren, daß sie und einer derselben, wann sie den geliebten
Sohn Johannes Gremper, einen Geistlichen des Konstanzer
Bistums, Meister in den Künsten, ihren damaligen oder einen jeden anderen Notarium publicum zu sich gerufen haben, der von Ihnen und einem jeglichen derselben zu der
Zeit wird verordnet werden, in den vorgenannten Erzbistümern, Städten, Bistümern, Ländern und Orten, wider alle
und jene Personen, wes Standes und Vorzuges sie sein mögen, solches Amt der Inquisition zu vollziehen, und die
Personen selbst, welche in der vorgemeldten werden schuldig befunden haben, nach ihrem Verbrechen züchtigen, in
Haft nehmen, an Leib und Vermögen strafen, nicht weniger in allen und jeden Pfarrkirchen solcher Länder das
Wort Gottes dem gläubigen Volk so oft, als es nützlich
sein, und ihnen gutdünken wird, vortragen und predigen,
auch alles und jedes, was zu und in obigen Dingen nötig
und nützlich sein wird, frei und ungehindert tun und also
vollziehen mögen, aus eben derselben Hoheit, von neuem
völlige und freie Gewalt. Und befehlen nicht weniger unserm ehrwürdigen Bruder dem Bischof zu Straßburg durch
Apostolische Briefe, daß er durch sich selbst, oder durch
einen anderen, oder etliche andere, das vorgemeldte, wo,
wann und so oft er es für nützlich erkennen wird, und er
von seiten solcher Inquisitoren und eines derselben gebührend wird ersucht sein, öffentlich kund wird tun, und nicht
gestatten solle, daß sie oder einer derselben über diesem,
wider den Inhalt deren gedachten und gegenwärtigen Briefe durch keinerlei Gewalt beeinträchtigt oder sonst auf irgend eine Weise gehindert werden, alle diejenige, so ihnen
Eintracht tun, und sie verhindern, und widersprechen und
rebellieren werden, von was vor Würden, Ämtern, Vorzügen, Adel und Hoheit oder Standes, und mit was für Privilegien der Befreiung sie versehen sein mögen durch den
Bann, die Aufhebung und Verbot, und andere noch
schrecklichere Urteile, Andeutungen und Strafen, welche*

ihm belieben werden, mit Hintansetzung aller Appelation bezäumen, und nach denen von ihm zu haltenden rechtlichen Prozessen, die Urteile, so oft es nötig sein wird, durch unser Ansehen ein und abermal schärfen lasse, und darzu, wann es von Nöthen sein wird, die Hilfe des weltlichen Armes anrufe. Ungeachtet aller und jeder vorigen und diesem zuwider seienden Ratsschlüssen und Verordnungen.

Oder wann einigen insgemein oder insonderheit von dem Apostolischen Stuhl nachgegeben worden, daß wider sie keine Verbote, Aufhebung oder Bann solle ergehen können, durch Apostolische Briefe, in welcher solcher Nachgebung nicht völlige und ausdrückliche Meldung geschieht, dergleichen alle ander allgemeine oder besondere Indulgenzien des bemeldten Stuhles von was vor Inhalt sie seien, oder nicht ganz einverleibet werden, die Wirkung dieser Gnade auf einige Weise verhindert oder aufgeschoben werden möchte, und von einer jeglichen von geschiehet nach dem ganzen Inhalt in unserem Brief besondere Meldung. Es soll also gar keinem Menschen erlaubt sein, dieses Blatt unserer Verordnung, Ausdehnung, Bewilligung und Befehls zu übertreten, oder derselben aus verwegener Kühnheit entgegen zu handeln. Wann aber jemand sich dieses zu erkühnen unternehmen würde, der soll wissen, daß er den Zorn des Allmächtigen Gottes und seiner heiligen Apostel Petri und Pauli auf sich laden werde.
Gegeben zu Rom zu St. Peter im Jahre der Menschwerdung des Herren, Tausend vierhundert und vier und achtzig, den 5. Dezember, im ersten Jahre unserer päpstlichen Regierung« (zit.: Moritz Schwager, a.a.O.S. 33 ff.).

17) König, a.a.O.S. 68: »Dem erbärmlichen und geldgierigen Bischof von Straßburg, Albert von Bayern, hatte der Papst befohlen, streng auf die Beschützung der Inquisitoren zu achten. Damit wurde der Willkür der Richter Tür und Tor geöffnet.«

18) Niehues, a.a.O.S. 30

19) Ritter erkennt in der Bulle von Innocenz VIII. einen Markstein für die Entwicklung der Hexenverfolgungen. Vergl. Moritz Ritter: »Deutsche Geschichte im Zeitalter der Gegenreformation und des 30jährigen Krieges«.

20) Colquohn, a.a.O.S. 278

21) Soldan-Heppe, Bd. I, S. 286 und 288

22) Schwager, a.a.O.S. 32

23) Diefenbach (1893), a.a.O.S. 50

24) Duhr (1900), a.a.O.S. 16

25) Vergl. § 53 seiner durch Ipsen herausgegebenen Disputation über den Ursprung und Fortschritt der Hexenprozesse

26) Theiner. Bd. III., S. 780. Vergl. Szegedinus: »Speculum ponticum Romanorum«. 1592.

27) König, a.a.O.S. 67

28) Dionysus von Ryckel. Gest. 1471 in Nuremonde

29) Theiner, Bd. III, a.a.O.S. 789

30) Du Pin: »Nouvelle Biblio. des auteurs eccles. t. XII. Paris, 1700, S. 149

31) Schwager, a.a.O.S. 21. »Denn ich darf es doch wohl nicht erst beweisen, daß es Mönche waren, die alle diese Fabeln ausheckten und unter die Leute brachten. Daß Mönche diese lächerlichen und abgeschmackten Legenden ausbrüteten...und daß es bis zu dieser Stunde Mönche und Nonnen sind, die die Vita Sanctorum schreiben«.

32) Hansen: »Zauberwahn, Inquisition und Hexenprozeß im Mittelalter«. München, 1900, S. 481. »Für diese schmachvolle Wendung im Hexenprozeß ist der vom Hexenhammer eingenommene und mit theologischen Argumenten gestützte Standpunkt ausschlaggebend geworden, und er hat auf diesem Gebiete eine ganz unberechenbare Schädigung der Menschheit bewirkt«.

33) Schwager, a.a.O.S. 34

34) Vor allem: Michael Psellus »de natura daemonum«, Martin Plantsch »de maleficis«, Bartholomäus de Spina »de strigibus«, Pico de Mirandola »de Codificatione daemonum«, Eymericus und das moraltheologische Werk des Erzbischofs St. Antonius von Florenz (1389—1459)

35) Buchmann, a.a.O.S. 295

36) Sein voller Name ist: L. de Monte Domini (von Heerenberg). Vergl. Hartzheim. Bibl. Coloniensis, 1747

37) Siebel, a.a.O.S. 40

38) Hansen, a.a.O.S. 257

39) Hexenhammer, I. Teil, Fragen 1, 2

40) Hexenhammer, II. Teil, Frage 3

41) Er erwähnt: Nigromantie, Geomantie, Idomentie (vielleicht: Hydromantie) Aeromantie und Pyromantie

42) Hexenhammer, I. Teil, Frage 18

43) Hexenhammer, I. Teil, Frage 9, II. Teil, Frage 12

44) Hexenhammer, I. Teil, Frage 8

45) Hexenhammer, II. Teil, 1. Kap. 4

46) Hexenhammer, I. Teil, Frage 10; II. Teil, Frage 8

47) König, a.a.O.S. 72

48) König, a.a.O.S. 77

49) Lercheimer, a.a.O.S. 155

50) Weyer, a.a.O.S. 154

51) Hauber, a.a.O.S.

52) Spitzer, a.a.O.S. 58

53) Spitzer, a.a.O.S. 58

54) Schwager, a.a.O.S. 34

55) Siebel, a.a.O.S. 38

56) Ohle, a.a.O.S. 7

57) Görres: »Christliche Mystik«. IV. Bd. S. 585

58) Reich, a.a.O.S. 18

Luther, Reformation, Stellung zur Hexenfrage

1) Erbkam, a.a.O.S. 1

2) Vergl. Steinhausen, G.: »Geschichte der deutschen Kultur«. Leipzig, 1904. S. 518

3) Vergl. Neujahrsblatt des Frankfurter Geschichts- und Altertumsvereins, 1861. S. 40

4) Dr. Martin Luther's ausführliche Erklärung der Epistel an die Galater anno 1531 aus dem Lateinischen ins Deutsche übersetzt von Justus Menius. Halle-Magdeburger-Ausgabe. VIII.

5) Vergl. Nachlese aus Luthers Schriften. In Martin Luthers Werke. Mainz, 1827. XI. S. 633

6) Paulus, a.a.O.S. 24

7) Paulus, a.a.O.S. 25

8) Luthers Werke. X. Erlangen, 1826, S. 339; Vergl. Diefenbach, a.a.O.S. 294

9) Erlanger Ausgabe, LX 17, 23, 27, 50

10) Weimarer Ausgabe, XVI. S. 551

11) Weimarer Ausgabe, XXIX. S. 401/443

12) Erlanger Ausgabe, XXI. S. 121

13) Com. in ep. ad Galatus. Erlanger Ausgabe, I. S. 277

14) Opery exegetica. Erlanger Ausgabe, II. S. 127

15) Längin, a.a.O.S. 171

16) Kroker. Luthers Tischreden, Nr. 175

17) *Von den heiligen Engeln. Vom Teufel und der Menschen Seele. Drey Sermon. Mit des Herrn Ph. Melanchton Definitio und Erklerung. Gepredigt durch M. Sebastianum Fröschel von Amberg. Diener des heiligen Evangelii zu Wittenberg. Witteberg. 1563*

18) *Erlanger Ausgabe, XXV. S. 378, 382*

19) *Vergl. Göbel: Andreas Bodenstein von Carlstadt nach seinem Charakter und Verhältnis zu Luther. In: Theol. Studien und Kritiken. 1841*

20) *Von Bebstlicher Heylichkeyt. A. B. von Carstadt. Doctor, 1520*

21) *Von Abthuung der Bylder. Und daß keyn Bettler unther den Christen seyn soll. Wittenberg, 1522*

22) *Diefenbach, a.a.O.S. 297*

23) *Schindler, a.a.O.S. 38*

24) *Vergl. »De anima«. Vitebergae. 1540*

25) *»De natura explicationibus et prooemio Ioch. Camerarii«. Lipsiae, 1576*

26) *Schindler, a.a.O.S. 34*

27) *Schindler, a.a.O.S. 35*

28) *Schindler, a.a.O.S. 35*

29) *Ludwig Cavacia, fürstlicher Rat am Hof von Neapel. »Wahre Reue...«. Lyon (o. J.), S. 57*

30) *Diefenbach, a.a.O.S. 54*

31) *Marcus, XVI. 17. Ausg. Apg. X. 38*

32) *Diefenbach, a.a.O.S. 54*

33) *Vergl. Kaiser, B.: »Geschichte des Volksschulwesens in Württemberg«. 1895*

34) *Schwager, a.a.O.S. 24 (1782)*

35) *Thomas Siegfried: »Richtige Antwort auf die Frage: Ob es Zauberer und Zauberinnen mit ihrem Zauber Pulver Kranckheiten oder den Todt selbiger beybringen können...«. Erfort, 1593*

36) *Ludwig Milichius: »Der Zauberteufel«. In: »Theatrum de diabolorum«, a.a.O.*

37) *Paulus, a.a.O.S. 81*

38) *Wilhelm Zepper: »Legum mossaicarum forensium explantia Herbonae«. 1604*

39) *Diefenbach, a.a.O.S. 155*

40) *Schindler, a.a.O.S. 111*

41) *Meder: » Acht Hexenpredigten von des Teufels Mordkindern, den Hexen, Unholden, zauberisch und erschrecklichem Abfalle, Lastern und Übeltätern«. Leipzig, 1606*

42) *In seinem Buch auf S. 832*

43) *Johannes Offenbarung, 12, 12*

44) *Längin, a.a.O.S. 163*

45) *Zanchii Opera theologica. VIII. Genevae, 1619*

46) *Paulus, a.a.O.S. 72*

47) *Luthers Werke von Irmscher, Bd. LXII, S. 228*

48) *Luthers Werke von Walsch, Bd. XXII, S. 1207*

49) *Luthers Werke von Walsch, Bd. XXII, S. 1208*

50) *Weimarer Ausgabe, XXIX, S. 401/443*

51) *Fischer (1791), a.a.O.S. 113*

52) *A. Dettling: Die Hexenprozesse im Kanton Schwyz. 1907*

53) *Diefenbach, a.a.O.S. 151*

54) *Diefenbach, a.a.O.S. 159*

55) *Johann Wolf: Malchim, id est, Regum libri duo postericos cum commentariis. Tiguri, 1571*

56) *Rudolf Walter: Homiliae in Evangelium secundum Marcum. Tiguri, 1577...secundum Lucam 1579...secundum Mattheam, Tiguri, 1581*

57) *Theodor Beza: Iobus commentariis illustratus. Genevae, 1589*

58) *Franz Hotoman: »Consilia execudebat E. Vignon. Altresbatensis«. 1586*

59) *Splittergerber: »Aus dem inneren Leben. Erfahrungsbeweise einer unsichtbaren Welt auf das Seelenleben des Menschen«. Leipzig, 2. Auflage, 1884*

60) *Mühe: »Der Aberglaube. Eine biblische Beleuchtung der finsteren Gebiete der Sympathie, Zauberei, Geisterbeschwörung«. 2. Auflage, Leipzig, 1886*

61) *Röschen: »Die Zauberei und ihre Bekämpfung«. Gütersloh, 1886*

62) *Peronne: »Praelectiones theologicae, qua in Coll. Rom S. J. habebat«. Regensburg, 1854*

63) *Bischofsberger: »Die Verwaltung des Exorcistates nach Maßgabe der römischen Benedictionale«. 2. Auflage, Leutkirch, 1882*

64) *De praestigiis daemonum. Cap. 23. Deutsche (Frankfurter) Ausgabe von 1586, S. 208 und 209.*

65) *Ohle, a.a.O.S. 34*

66) *Ohle, a.a.O.S. 41*

67) *Ohle, a.a.O.S. 21*

68) *Chr. Rhamm: »Hexenglaube und -Prozesse«. A.a.O.S. 53*

69) *Diefenbach (1900), a.a.O.S. 3*

Jesuiten

1) *Duhr (1900). Vorspann und a.a.O.S. 22/23*

2) *Vergl. Philippson: »Westeuropa im Zeitalter Philipp II.«. Berlin, 1882, S. 24 ff.*

3) *René-Fülöp-Miller, a.a.O.S. 83*

4) *René-Fülöp-Miller, a.a.O.S. 2*

5) *René-Fülöp-Miller, a.a.O.S. 25*

6) *Benediktinische und protestantische Kreise haben versucht klarzulegen, daß das Exerzitienbuch vor allem auf frühere, asketisch, mystische Schriften zurückgeht. So u. a. auf die Vita Christi des Ludolf von Sachsen oder das Exerzitienbuch des Benediktinerabtes Garcia de Cisneros oder die »Imitatio Christi« des Thomas von Kempen. Ludolf von Sachsen ist Karthäusermönch. Vergl. die Ausführungen von René-Fülöp-Miller, a.a.O.*

7) *René-Fülöp-Miller, a.a.O.S. 16*

8) *Neue Auserlesene und Wohlgegründete Hexen-Predigt... durch Herm. Samsonium. Riga, 1626*

9) *Melchior Leonhard: Zwei Predigten über die Hexe von Endor. 1599*

10) *Längin, a.a.O.S. 112*

11) *Längin, a.a.O.S. 111*

12) *Vierdort. Bd. II. a.a.O.S. 56*

13) *Riezler, a.a.O.S. 168*

14) *P. Canisius: De Maria V. incomparabili, 1577, S. 667. Vergl. P. Rieß (S. J.) Petrus Canisius. 1863. A.a.O.*

15) *Brief vom 9. Juli 1545...Chartas y otros escritos de B. F. Fabro. Balbao, 1894. Bd. I. S. 387*

16) *Theologia Moralis, 1626, S. 515*

17) *Duhr (1900) a.a.O.S. 490*

18) *Duhr (1913) a.a.O.S. 101*

19) *Duhr (1913) a.a.O.S. 103*

20) *Vollständiger Text: Disquisitionum Magicarum libri sex, quibus continetur accurata curiosam artium et venarum superstitionum confutatio, utiliis Theologis, Jurisconsultis, Medicis, Philologis, Auctore Del-Rio. Societ. Presbyter et Theolog. Doc. Mainz, 1599, a.a.O.*

21) *Buchmann, a.a.O.S. 326*

22) *Duhr (1900), a.a.O.S. 40*

23) *Längin, a.a.O.S. 136*

24) *Er ist Prior von St. Germain an Laye. Er spricht sich von der Kanzel herab gegen die Wirklichkeit der Hexenfahrten aus. Dafür muß er sich vor dem geistlichen Gericht verantworten und bekennen, daß er selbst mit dem Teufel einen Bund gemacht hat. **Daraufhin wird er zu ewigem Gefängnis begnadigt** (1453). Vergl. Soldan-Happe, Bd. I. S. 247*

25) *Längin, a.a.O.S. 146*

26) *Duhr (1900), a.a.O.S. 43*

27) *Diefenbach (1886), a.a.O.S. 147*

28) *Vergl. Alexander Baldi: Die Hexenprozesse in Deutschland und ihre Bekämpfer. Würzburg, 1874; Benedict Perenius: adversus fallaces et superdivinatione astrologica, tres libri. Ingolstadt, 1591; Cerdanus: Friedrich von Spee. Frankfurt am Main, 1882.*

29) *Die Cautio Criminalis beeinflußt auch den Hildesheimer Juristen Justus Oldekopp. (Cautalae criminalis, Hildesheim, 1639) und den Tübinger Professor Erich Mauritius (Dissertatio de denunciationes sagarum habita, Tubingae, 1664).*

30) *Vergl. David Hauber: Bibliotheca magica. Bd. III. (1741). S. 13*

31) *Duhr (1900), a.a.O.S. 64*

32) *Vergl. von ihm: »…Kurzer Tractat, Laster der Zauberey… (§ 4)«.*

33) *Thomasius: De origine et progressu inquisitorii contra sagas. Halle, 1712. S. 66*

34) *Brunnemann: Discours. Von betrüglichen Kennzeichen der Zauberei. Vorrede, 1708*

35) *Buchmann, a.a.O.S. 326*

36) *Duhr (1900), a.a.O.S. 524*

37) *Spee, Cautio Criminalis. XX. N. 16. § 44*

38) *Spee, Cautio Criminalis, quaest. XX. Nr. 12. § 26*

39) *Spee, Cautio Criminalis, quaest. XLIX. Nr. 8*

40) *Spee, Cautio Criminalis, quaest. CC. Dub. 30, docum. 19*

41) *Riezler, a.a.O.S. 250*

42) *Riezler, a.a.O.S. 250*

43) *Duhr (1900), a.a.O.S. 48*

44) *Duhr (1900), a.a.O.S. 48*

45) *Riezler, a.a.O.S. 252*

46) *Riezler, a.a.O.S. 257*

47) *Duhr (1900), a.a.O.S. 53*

48) *Vergl. B. Duhr: Paul Laymann und die Hexenprozesse in der Zeitschrift f. kath. Theologie, 1899, S. 736 ff.*

49) *Vergl. Theologia Moralis, Monach…, 1625. Bd. S. 519*

50) *Riezler, a.a.O.S. 235*

51) *Riezler, a.a.O.S. 191*

52) *Vergl. Duhr. Geschichte der Jesuiten im 17. Jhdt. S. 461*

53) *Vergl. Glasschröder. P. Jeremias Drexel, ein bayrischer Hofprediger und Asketiker des 17. Jhdts. In: Beilage zur Augsburger Postzeitung. Nr. 70/71, 1889.*

54) *Gazophylacticum Christi Eleemosyna quam in aula Smi. utriusque Bavariae Ducis Maximiliana…explicavit et latine scripsit Hieremias Drexelius e Soc. Jesu Monarchii, 1637, S. 133*

55) *Riezler, a.a.O.S. 191*

56) *Vergl. Brischar. P. Adam Contzen. Würzburg, 1879*

57) *Contzen: Methodus civilis seu Abissini Regis historia, 1628*

58) *Contzen: De pace Germaniae, 1616. a.a.O.S. 490 ff.*

59) *Contzen: Hofleutspiegel*

60) *Duhr (1900), a.a.O.S. 511*

61) *Opus de iudicis divinis, qua Deus in hoc mundo exercet. Ingelstadii, 1651 (Georg Stengel)*

62) *Vergl. Stengel: Indicia divina. Vergl. Duhr (1913), a.a.O.S. 512*

63) *Vergl. Stengel: De Monstris et monstrosis, quam mirabilis bonus et iustus in mundo administrationi sit Deus monstrantibus. Ingolstadt, 1647; dto. Mundus theoreticus, divinorum iudicorum. 4 partes divinum mundi gubernaculum monstrosis coeli, hominum, daemonum ac jumentorum monstris, Augsburg, 1686*

64) *Gretser: De bendictionibus. 1615*

65) *De festis Christianorum, 1612. Widmung Non. Martii 1612*

66) *Duhr, a.a.O.S. 514*

67) *Duhr (1913), a.a.O.S. 515*

68) *Duhr (1913), a.a.O.S. 515*

69) *Vergl. R. P. Georgii Scherer. Postill der sonntägl. Evangelien. 3. Ausg. München, 1608, S. 430—435*

70) *Duhr (1913), a.a.O.S. 506*

71) *»…Comentationum Theologicarum Tomi IV.«. Ingolstadt, 1591—1597*

72) *Duhr (1913), a.a.O.S. 38*

73) *Riezler, a.a.O.S. 188*

74) *Duhr (1913), a.a.O.S. 509*

75) *Duhr (1913), a.a.O.S. 508*

76) *Siebel, a.a.O.S. 61*

77) *Vergl. über die Familie Henot: Goller, S.: Jacob Henot. Nach Duhr, a.a.O. (1913), S. 493, schreibt sie ihren Namen Henott in dem Brief vom 11. Januar 1626*

78) *Siebel, a.a.O.S. 53*

79) *Siebel, a.a.O.S. 53*

80) *Siebel, a.a.O.S. 53*

81) *Brief der Catharina Henot aus dem Gefängnis des Hohen Gerichtes an ihren Bruder: »Die Gnad Gottes seie mit uns allen, Amen. Gestern seint alle die Scheffen hie(r) gewesen, haben mich den Morgen und den Nachmittag viell seltzsame Sachen sonder Peinigen abgefragt, die — Gott gelob — gelogen seindt.*
Vorerst hette ich Wallraff bezaubert, daß er daruber gestorben. Da last alßbalt seinen Doctor hollen. Der sol Zeugnus geben, daß, ehe wir ihnen gekant, ein fluissiger, schwacher Herr gewesen, und ist doch ahm Fleckesfieber oder Pest gestorben.
Zum zwetten hette ich Pastor Lucas Weyendall auch blindt unndt todt gezaubert. Seint diß nit große Lugen? Der Pastor Lucas hat mir geklagt, daß er den Flueß uf die Augen zu Woringen hette bekommen, als er vom Capitell dahin geschickt, daß Weehret zu Wohringen zu paßen. Dah hette er in der Kelte und den Bauren zugesehen mit paßen. Davon hat er mit allezeit geklagt. Doch bin ich nit bey ihme gewest. Und das hatte ich auch bey ihne wollen schlaffen, — er hat mit der Zeit noch die Beichtt allemahl gehyrt — ist erlogen.
Zum dritten hette ich den Welschen Doctor zu den Predigeren auch todt gezaubert. Als er von den Claren kommen wehre, hette ich ihme ein Schnaupfduich geben. Damit hette ich ihnen bezaubert. Ach Gott, was großer Lugen ist diß. Es ist wahr, daß ihme und seinem Mitgesellen ein Schnupfduich in meinem Hauß vor den Predigern gegeben. Da quam er langs mein Hauß. Dabevorn wahr der Subprior mit Herrn Georgius Neeff bei mir gewest und sagte mir, der Welsche Doctor wehre zu Claren zum Visiator verordnet, mit andern Herrn, und wehr dah gewest und hette Suster Margett visitiert und hette den Mittag dah gessen und wehre ihnen davon so uebell worden und hette ein

groß Geschwer anstundt ans Hindern bekommen. Als ich diß hort, daß er zue Claren wahr gewest, und sahe ihnen langs mein Hauß kommen, rieff ich ihnen herein und fragte ihnen, daß hatte er die Kranckheit als-wie es mit meinem Suster wehr abgegangen, da sagt er, er hette sie nit konnen verstehen; man hett es im al musen zu Latein sagen. So kont er mir nit davon sagen. Er hett die andere lasen gewerden. Damit scheiden wir von einander. Nun müst ihr nit lasen und schicken den Supprior ein Pott und fragen ihn, ob er nit zu mir gesagt, das der Doctor von dem Esen zu Claren wehr so kranck worden. In Ewerem Hauß unden im Sael hat er mir gesagt. Schickt dem Prior und dem Supprior Bott, in Eil; die Scheffen wolle sey auch apfragen. Ach mein Gott, wie beligen mich die Menschen und böse feindt.

Zum vierden hatt der Welffer Halffmann gesagt, ich hette sein Kindt, so er mit der erster Frawen gehabt, auch dott gezaubert. Das ist auch gelogen. Schickt in Eil Bott und nembt Zeugnuß von ihm. Zudem fragten sey mich, ob ich nit den Zanck und Hader zwischen dem Capittel St. Andrea und dem Halfmann zu Welffen gemacht. Da sagt, ich weis von keinem Zanck. Ich hette dem Capittel über 1500 Morgen Landts bey bräkt. Derhalben mach mir der Halffmann nit gunstig sein — welches ich mit den Bücheren wil beweisen. So müst ihr nit lasen und schicken ein der versiegelter Bücher, da die Scheffen von Dormagen ihr Siegel ahn haben gehangen, mit Züge ins Gericht. Darauß kunen sey sehn, ob ich dem Capittel St. Andrea Schaden oder Nutzen gedahn hab.

Zum funften hette ich des Schulmeisters Fraw zu St. Severin, als sy in die Probstey gewohnet, ein Drunck Wein geschenk(t). Hette drey oder vier Monat ein Kindt getragen. Sobalt als sey den Drunck gedruncken, were sy in den Kram komen und hett ein dot Kindt auff die Welt bracht. Das ist auch gelogen, wie Johannes weis. Der hat mit ihr gewedt, das sey ein Sohn drage, und sey ist darnach alsbalt glücklich in den Kram komen.

Da hat der Meister gesagt, ich hett die Probstey eins so vol Ruppen gezaubert, das sey den Garden verdorben, und die Rupe wehren als die Wendt und zum Schorestein herauff gekrochen.

Zum dritten hat der Meister gesagt, ich het ein Zweig mit zwey Zacken von einem Appelbaum geschniden, hette das dem Meister in die Handt geben und het ihm geweist, wie er damit verborgen Schatzs solt finden. Ob diß nit Zuberwerck were? Darauff ich geantwordt, das hette ich nit gedan, sonder Johannes hette so in Geckerey mit dem Schulmeister gehabt. Wo oder von wehm diß Jannes das erstmal mit dem Appelzweig gesehn oder gelehrt, mach er sich bedencken und mich verdeigen. Cito, cito, cito mit allem Beweis.

Die Mandalin hat gesagt, das ich bey ihr gewest mit etliche statliche, vernomet, und hette sey gekratzt und hette sey willen zwinge zur Widerruff, hette die böse Geister ihr auch eingegeben; sey solt alles von mir, so sey gesagt, widerruffen. Ich bin nit bey ihr noch beim bosen Geist gewest. Ist als erlogen.

Und ich solt bey underscheitliche Graffen geboliert haben, daß etliche große Heren, so daß gezugt, gesehn und bey den Graffen im Bet fonden. Ach was falscher Lügen. Es stündt den Schaffen vil zu beweisen, wan sey alles, was sey mir vorgehalten, dardohn solten. Also hab ich in allem, allem die Warheit, bey meiner Sehlen Heill, darauff bekendt, so sey von mir boß gezeugt. Schick mir den Doctor her. Ich bin sehr kranck.

Zuletzt, als die Scheffen ein Weg wolte gehn, so heilten sey erst Ratt in ein ander Kammer und kamen da bey mich al wider und lasen mir durch den Griffen anzeigen, sey wolten mit der Justitia fortfaren, ob ich schon nicht bekennen wolten. Da batt ich sey, sey solten mich auf Bürschafft loß lasen. Darauf wolten sey mir kein Antwordt geben. Ich bin

drymal vor sey auf die Kniee gefalle und sey gebetten, damit ich die grobe Lügen selber mochte verdedigen. Ach wehr ich darauß. Ich wolt sey balt verdedigt haben. Von Anna Maria und Margrit Zegenus haben sey mihr auch vorgehalten. Da fragte sey, ob ich es Concept gemacht. Da sagt ich, nein, das het ich auf Franckenthorn lasen machen. Vom Creutzs haben sey mir wider vorgehalten und anders Sachgen mehr. Romerswinckel fürdt gar spotlich herauß: sehet, Her Camp hat die Hollers loß begert und wolt die vor sein Dochter halten, und Peter (Pater?) Claß Margrett; sehet, wie ist inen das geluick. Halt ahn, das wir uns moge verdedigen, damit ich nit unschuldig umbkom. Bit her Kamp, das er helfft. Hiemit Got befollen. In Eil. Coln in des Griffe Gefengnus. 16. Mertz. 1627«.

Folter und Hexenwahn

1) Morschel, a.a.O.S. 9

2) Helbing, a.a.O. Vorwort

3) sed post quam intumensceus corpus ulceribus flaggelorum ictus nudis ossibus

4) König, a.a.O.S. 104

5) Liebenwirth, a.a.O.S. 17

6) althochdeutsch: martira, martara, martela. Später: martyr, martyrium

7) Das Durchstechen der Ohren gilt bei vielen Völkern des Orients (Äthiopier, Araber, Syrer, Lyder) als Zeichen der Sklaverei; andererseits als Zeichen einer besonderen Kastenzugehörigkeit; bzw. der Weihung eines bestimmten Gottes. Vergl.(Petron. Satir. 102; Xenophon Ana. III. 1. 31; Plutarch Sympos. 2.1.4

8) Buchmann, a.a.O.S. 7

9) Buchmann, a.a.O.S. 8

10) Das Gesetz geht auf Nero oder Augustus zurück

11) »Quot servi, tot hostes«

12) Buchmann, a.a.O.S. 26

13) Doufour, a.a.O.S. 99

14) Das Abschneiden der Brüste wurde angeblich auch bei der Märtyrerin Martina vorgenommen. Vergl. dazu die Inschrift am Rathaus von Wimpfen:
»Cornelia war diese Stadt
Vorzeiten genannt, jetztund so hat
Sie den Namen verwandelt, heißt
Wimpfen, kömmt daher wie man weis
Dass zur Zeit des Attila
Die Hungarn sie zerschleiffet hat.
All Mannsbild sie töten behend,
Die Weibsbilder erstlich sie geschänd:
Hernach ihre Brust abgeschnitten
Darum die Stadt auf Teutsche Sitten
Weibs-Pein; jetzt Wimpfen, sonst gar
fein Mulierum poena zu Latein«
Helbing, a.a.O.S. 57)

15) Mancipia (Abgefaßte). Ursprüngliche Bezeichnung für die Sklaven, unabhängig ihres Geschlechtes. Später ersetzt durch die Worte servus und serva. Die Besitzer von Sklaven heißen Dominus und Domina. Wenn die Freigelassenen bei ihrer Herrschaft bleiben, so nennt man sie Patronus oder Patrona. Die väterliche Gewalt (patria potestas) gestattet das Aussetzen von Kindern, die man nicht aufziehen will. Sie verhungern gewöhnlich. Wenn man sich ihrer annimmt, werden sie unter den Sklaven eingereiht. Die erste Nahrung und Pflege erhalten sie von der Frau des Hausherrn oder durch eine säugende Sklavenmutter; der in Pflege genommene Findling heißt alumnus, die Nähr- oder Pflegemutter, wenn sie eine Freie ist, Mamma, wenn sie eine Sklavin ist, Mammula.

16) *Helbing, a.a.O.S. 7*

17) *Vergl. Hrch. Boden: de usu et abusu torturae. 1697*

18) *Mandel, a.a.O.S. 11*

19) *Mandel, a.a.O.S. 4*

20) *Vergl. 4. Buch Moses. 35. 9—11*

21) *Vergl. 5. Buch Moses, 21—22*

22) *Vergl. 3. Buch Moses, 5, 1*

23) *Numeri 35, 20, 21; Leviticus 24.1.24.21*

24) *Exodus, 21, 22*

25) *Apostelgeschichte 16, 36—38. Vergl. Apostelgeschichte. 22.25—29*

26) *1. Kor. 12. 13.; Gal. 3, 28; Ephes. 6. 8—9*

27) *Buchmann, a.a.O.S. 28*

28) *Buchmann, a.a.O.S. 16*

29) *Muratori: Antiquitates ital. Mediol. 1738. T.I.S. 763*

30) *Mandel, a.a.O.S. 9*

31) *Lex Visigoth. Lib. VI. tit. III.*

32) *Vergl. Capitulatio de partibus Saxoniae. zw. 775 und 790 entstanden*

33) *Riezler, a.a.O.S. 14*

34) *K. A. Eckardt. Die Gesetze des Merowingerreiches. Germanenrechte 1. Bd. 1934. S. 163*

35) *Liebenwirth, a.a.O.S. 31*

36) *Lex Bajuwar. Tit. XII. Cap. 8. Decreta Tassilonis*

37) *Vergl. Capit. Paderbrunnense a. 785: si quis a diabolo crediderit, secundum morem paganorum, virum aliquem aut feminam strigam esse et homines comedere, et propter hoc imsam incenderit vel carnem ejus ad comendum, vel ipsam comederit, capitis punietur*

38) *Cap. eccles. anno 789*

39) *Im wesentlichen drei Formen: capitula legibus, capitula per se scribenda und capitulae missorum*

40) *Caop. Carisiae. anno 873*

41) *Liebenwirth, a.a.O.S. 49*

42) *Die ältere Edda. Grimnismal. Das Lied von Grimnis. Übersetzt von Simrock. Stuttgart, 1871. 4. Aufl. S. 13 und 14*

43) *Annalen von Weihenstephan. Vergl. Riezler, a.a.O.S. 29*

44) *»Swelk j kersten man ungelovich is oder mit tovere umme geit oder mit vergiftnisse, unde des verwunnen wert, des scal men op der hort brennen« (II. Buch. Art. 13)*

45) *Lassberg und Wackernagel*

46) *Schünke, a.a.O.S. 23*

47) *»Herzog Ulrich von Württemberg hat Hans v. Hutten im Böblinger Wald mit eigener Faust gerichtet; er habe den von Hutten vermöge des heil. Röm. Reiches heiml. Gerichts und nach des freien Stuhls Ordnung und Recht erstochen und den Leichnam an einen Baum gehängt«. Genau das ist nicht die handhafte Tat. Er hat Hutten weder auf hndhafter Tat ergriffen noch hatte der Mörder zwei andere Zeugen bei sich.*

48) *Vergl. Zöpfl: »Das alte Bamberger-Recht«. Urkundenbuch, S. 135*

49) *Vergl. über die Totschlagfehden der städtischen Geschlechter: Maurer: Geschichte der Städteverfassungen in Deutschland. Bd. I. S. 416 und die dortigen Verweise. Haupt: Zeitschrift für deutsches Altertum Bd. VI. S. 21 (hier ist eine Wetzlarer Totschlagsühne von 1285 dargestellt)*

50) *Vergl. Zöpfl. Das alte Bamberger-Recht (Urkundenbuch)*

51) *In Straßburg erteilt 1374 der Rat auf die Klage derer von Rebenstock wegen des an acht ihrer Geschlechtsvettern in hinterlistiger Weise verübten Aktes der Blutrache die Sentenz: »dadurch, daß die Beklagten Rache an ihren Feinden*

genommen, hätten sie keinen Mord verübt«. *Vergl. Schilter:* »Elsässische Chronik des Jacob Twinger v. Königshofen. S. 311*

52) *In einem Sühnevertrag von 1614 aus Trochtelfingen (Hohenzollern)* »Damit aber Unglück desto sicherer verhütet werde, solle Täter den Anverwandten des Entleibten soviel möglich jederzeit aus den Augen weichen und sooft er nach Trochtelfingen käme, sich jederzeit still und eingezogen halten, offene Zechen in Wirtshäusern und sonst dergleichen gemeine Zusammenkünfte meiden«. *Vergl. Anzeiger für Kunde der deutschen Vorzeit. Jahrg. 1871, S. 138*

53) *Vergl. v. Brunner: Sippe und Wergeld in der Zeitschrift der Savigny-Stiftung. Germanische Abteilung, Bd. III, S. 3 ff. Vergl. Blutrache und Totschlagsühne im deutschen Mittelalter. Leipzig, 1881, S. 12 ff.*

54) *In den Sühneverträgen finden sich Abfindungen bis zu 15.000 Mark (Wert um 1900) und 1000 rhein. Goldgulden. 1428 erschlagen fünf Männer der Familie Meibom im Ratzeburg'schen einen v. Stahlendorf ritterlichen Geschlechts. Nach der Entscheidung eines Lübecker Schiedsgerichts müssen die Täter ihre sämtlichen Besitzungen und Real-Rechte im Dorf Hermeshagen den Erben des Getöteten zum Eigentum abtreten. Im Schwäbischen erhält 1472 der Vater des Erschlagenen — ein Bauer — 12 Gulden. Vergl. Pfaff:* »Geschichte der Stadt Esslingen«. *A.a.O.*

55) *Wilsnack wird zuerst 1300 erwähnt. 1383 brennt das Städtchen ab. Nach dem Brand findet man unter der Asche und unter dem Schutt drei heilige Hostien unversehrt in einer Pyxis verschlossen.* »...sie seien mit Blut befleckt gewesen«. *Trotz der Anfechtung durch Huß entwickelt sich Wilsnack zu einem berühmten Wallfahrtsort. 1471 erhält es das Stadtrecht. **1552 verbrennt der evangelische Prediger Ellefeld die angeblich blutigen Hostien und setzt damit der irren Vorstellung ein Ende.***
»Wollte dieses immer noch nicht helfen, so mußten sie nach dem heiligen Blute zu Wilsnack, zu Zedenick, zu Görlitz im Starnberg'schen, nach dem heiligen Kreuz zu Bismarck in der Altmark, nach dem heiligen Grabe zu Techlo bei Pritzwalk oder bei dem zu Königsberg, oder nach dem Marientempel auf dem Hariungerberg bei Brandenburg, und nach anderen dergleichen Orten wallfahren«. *(Fischer (1791), a.a.O.S. 108)*

56) *Vergl. Warnkönig. Flandrische Staats- und Rechtsgeschichte. Bd. III, Abt. II. Urkunde 59 und 169*

57) *Wächter, a.a.O.S. 9*

58) *Wächter, a.a.O.S. 17*

59) *Wächter, a.a.O.S. 28*

60) *I. c. p. 229*

61) *Königshofen, a.a.O.S. 763*

62) *Vergl. Hoeninger, a.a.O.S. 35*

63) *Vergl. Schünke, a.a.O.S. 72*

64) *Hrsg. von der hist. Kommission Soest für die Provinz Westfalen. 1924*

65) *Schünke, a.a.O.S. 113*

66) *Schünke, a.a.O.S. 118*

67) *Vergl. Art. XXVII. »Von gerichte«. In der Ausgabe v. Daniels v. Gruben, S. 129*

68) *Riezler, a.a.O.S. 132 und 137*

69) *Wächter, a.a.O.S. 73 und 75*

70) *Liebenwirth, a.a.O.S. 72*

71) *1294 Halsgerichtsordnung I. Übersiebung bei Straftat des »schädlichen Mannes«.*
1320 Leumundsprivileg für den Rat
1323 Befugnis des Rates, im Leumundsverfahren bei Versagung des Schultheißen den »Leben«, als mit dem Bann belegten Vertretern zu gebrauchen
1349 Befugnis des Rates, uneingeschränkt zu verbannen

1366 Erster Beleg für das Auftreten eines Stadtjuristen
1371 Folterprivileg für den Rat
1415 Belehnung des Burggrafen von Hohenzollern
1427 Übertragung des Stadtschultheißenamtes an den Rat
   für immer, zugleich Verkauf der Hohenzollernburg
   an die Stadt
1459 Übertragung des Blutbannes für immer an den Rat

72) Schünke, a.a.O.S. 139

73) Liber proscriptionium III. (Bl. 57a)

74) Liber proscriptionium III. (Bl. 103a-d)

75) Vergl. Rechenbuch im Frankfurter Stadtarchiv, Bl. 44

76) Quellen zur Geschichte der Stadt Köln. Hrsg. v. L. Ennen
   und G. Eckertz. Bd. 6, 1879, S. 436

77) Oberschwäbische Stadtrechte. Hrsg. v. K. O. Müller. Bd.
   I, § 1914, S. 207

78) Schlettstädter Stadtrechtsquellen. Hrsg. von Geny. S. 633

79) Quellen zur Frankfurter Geschichte. Hrsg. v. Grotefend.
   Bd. II. 1888. S. 336

80) »Der Sachsen in Siebenbürgen oder eigen Landrecht«.
   1591(?)

81) E. Schmidt: »Inquisitionsprozeß und Rezeption. Leipzig.
   1940. Er vertritt die Auffassung, daß sich die Folter eigenständig auf deutschem Boden herausgebildet hat.

82) Vergl. Merzbacher, a.a.O.S. 50

83) Vergl. Schünke, a.a.O.S. 169

84) Längin, a.a.O.S. 81 «

85) Liebenwirth, a.a.O.S. 74

86) Bambergische Halsgerichts- und Rechtsbuch-Ordnung in
   Peinlichen Sachen wozufern allen Statten...gedruckt zu
   Wentz durch Johann Schöffer auf Laurentii. 1510

87) Erick Wolf: »Große Rechtsdenker der deutschen Geistes-
   geschichte. 2. Aufl. S. 96. Vergl. 3. Aufl. S. 101

88) Malblanc, a.a.O.S. 36 ff.

89) Es kommen im Zeichen der Zeit an weiteren Strafen vor:
   Verbrennen, Kopf abschlagen, Vierteilung: »Durch seinen
   gantzen Leib zu vier stücken zu schnitten vnd zerhacen vnd
   also zum todt gestrafft werden soll, vnd sollen solche viert-
   heyl auff gemeyne vier wegstrassen offentlich gehangen
   vnd gesteckt werden«.
   »Zum rude, Zum galgen, Zum ertrenken, Vom Lebendigen Vergraben, von Schleyffen. Vom reissen mit glüenden
   zangen, Abschneidung der Zungen, Abhawung der finger,
   Oren abschneiden, Mit Rutten aushawen«.

90) Scholz, a.a.O.S. 67

91) Siebel, a.a.O.S. 82

92) Wächter, a.a.O.S. 77

93) Vergl. Otto: Corpus juris criminalis Karoli V. Ulm (1722).
   S. 53 ff.

94) Pawlas. Publizistisches Archiv. Vorwort

95) Frölich, a.a.O.S. 25

96) Im Allgem. liter. Anzeiger von 1799 (Nr. 43) wird behauptet, daß die Erfindung der Guillotine keinesfalls den Franzosen, sondern den Deutschen zuzuschreiben sei, weil sich
   ähnliche Abbildungen im alten deutschen Volk gefunden
   haben. Der Verfasser dieses Aufsatzes, J. R. Roth aus
   Nürnberg, sagt, daß die erste ihm bekannt gewordene
   Abb. eines solchen Mordinstrumentes in der »Biblia Veteris Testamentii et Historiae artificiosis Picturis erregiata«
   (Biblische Historien, künstlich führgemahlet). Frankofurti
   apus Chr. Egenolphum MDLI, i, III. Teil, Bogen A, beim
   heil. Matthias vorgekommen ist. Ferner nennt Roth eine
   Abb. in Goldwurm's Kirchenkalender, und zwar in der
   Ausgabe von 1597.
   Zu diesem Aufsatz erscheint 1803 bei Berichtigung, die be-
   sagt, daß ähnliche Abb. der Guillotine häufiger sind; u. a.

in einem Kethechismus (gedruckt bei G. Rhaw, Wittenberg, 1548). Außerdem wird auf folgende Abb. verwiesen:
● In dem Leben der Heiligen. Nürnberg. Anton Kobur-
  ger. 1488. Auf dem Blatt mit dem heil. Quintus.
● In der niedersächsischen Legende. Lübeck 1439. Blatt
  266. Beim heil. Matthias und Blatt 371 beim heil. Vale-
  rianus.
● In der Legende der Heiligen. Straßburg, 1510. Beim
  heil. Simplicius und Quirinius.
● Unter dem Titel des Buches: »Eine glaubwirdige anzai-
  gung des Todes herrn Thome Mori und anderer treffli-
  cher maner in Engelland geschehen im jar DXXXV.
● Die von Lucas Cranach d. Ä. hier im Buch wiedergege-
  bene.
● Auf dem Kupferstich von G. Pencz. Titus Manlius.
● In der o. a. lat. Bibel. Frankfurt. Bei Egenolff, 1551
● In dem katholischen Werk bei Lucas Lossius. Frank-
  furt, 1551 und 1564. Bei der Hinrichtung des heil. Pau-
  lus.
● Auf dem Kupferstich von Heinrich Aldegrever. Titus
  Manlius. 1533.
● In Goldwurm's Kirchenkalender von 1564 und den spä-
  teren Ausgaben von 1570 und 1597.

97) König, a.a.O.S. 159

98) Angstmann, a.a.O.S. 64

99) König, a.a.O.S. 125

100) Vergl. Ratsprotokoll vom 2. April 1545

101) Soldan-Heppe, a.a.O.S. 435

102) Soldan-Heppe, a.a.O.S. 435

103) »Item wenn man eyn zeybrin angriffen, so sollen, die sie
   sahen, glich yner mit den fußen und der ander mit dem
   heupt in dem namen des vatters, des suns und des heyligen geist in die gerechtigkeyt, solichs sollen sie sagen, die
   sie griffen, und alsbalde von der erden uff eynen karen
   heben, und sunst, da sie die erden oder steyn nit ruren,
   ihre augen zubinden und den münt verstoppen und also
   zu gefengnuß bringen und danach die augen uffthun und
   den Klotz uß dem munde (Anm.: sicherlich eine Art
   Würgbirne), unde alsbalde sie das gefengnuß kommet,
   alle hare abscheren es sy an der scheym (Scham), an Oren
   und an braen (Augenbrauen) und sol man ihr alle kleyder
   und bende lacht huben (Anm.: eine Art mit Bändern versehene Haube) abe thun, domit sie sich nit henke. Item
   alle negel an den fußen und henden absnyden biß an das
   fleisch. Item eine nuwe hemmet ir andühn, das sol ge-
   deuffelt werden uf den sonntag in einer fronfasten im
   wychwasser und gewicht saltz. Item sal eyner alleyn um
   uffziehen sie verhoren und kein ander mittel ir anthun,
   dan slecht a uffziehn und sie mit vertrostung miltiglichen
   fragen...
   Item keyn Wasser zu drincken geben, es sy deann gemi-
   schet mit wychwasser und wychsaltz, und wanne sie eine
   rechte zeberryn ist, so esset sie es nit, ist sie anders eyn
   meysterin. Item die spieß ire auch mit wychwasser kochen. Item so man si nit solichen dingen umbgang, helt
   man es glich wie mit den frawen, sie bekennen aber bal-
   de. Item die meistein, wan sie etwas sagen wollen, so ges-
   willet ihne der hals. Item sie nehmen die crucifix in den
   wegen und verprennen es zu pulver und des unschuldig
   kindleins beyn auch zu pulvermele am Gründonnerstag
   gemalen und wasser, darauß machen sie ein deigk und
   lassen ein messe daruber lesen uff ein Gründonnerstag,
   domit bezaubern sie die menschen. Item attlich nemen
   sie und pulvern und mischen sie mit dem küchen, daraus
   machen sie eyn salb und faren damit. Item wanne eyn
   mentsch oder kint ungesegnet mit dem heyligen crutz
   nidderlieget oder eyn sehe (Vieh) in des duffels namen in-
   lesset, so mogen sie danne ihre zeybery driben, und ist al-
   wege die irst, die solichs Leid klaget. Item er hab erhort,

von etlichen wyben, wanne sie ihre kranckheyt haben und den mannen zu essen geben, so müssen sie sterben. Recibe kole quinte, firtel von eyn appel in der appotheken, solich uff eyn snyd brot geleet. Item jungher Hans von Boel, wonet zu Dornekheym (Dürkheim) an der Hart is expertus in derselben künst. Item meister Wendel, henker zu Worms und Hans Nusten son haben sie ine angengen by Hochheym doselbst, und wo der sant nit komme were, sie hetten in vieleicht geletzet, deshalb hab er alhie ein morder gescholden, hab auch solchis dem burgemeister zu Worms zu Zeit geclagt. Item er sy umb des rats dinst willen herkommen«.

104) *König, a.a.O.S. 112*

105) *Vergl. Dacheux: Die ältesten Schriften Geilers. Freiburg 1882. S. 38 und 39*

106) *Helbing, a.a.O.S. 175. Möglicherweise spielt hier die alte, schon bei den Römern übliche Sitte hinein, wonach der Henker eine Jungfrau vor der Hinrichtung zu schänden hat, weil ein unberührtes Mädchen nicht getötet werden durfte.*

107) *Scholtz, a.a.O.S. 90*

108) *Scholtz, a.a.O.S. 90*

109) *Riezler, a.a.O.S. 49*

110) *Im Märkischen Museum in Berlin und beim Pommer'schen Altertumsverein im Schloß von Stettin sollen sich noch um 1900 Exemplare gefunden haben. Auch auf dem Dachboden des Rathauses von Frankfurt an der Oder.*

111) *König, a.a.O.S. 127*

112) *Vergl. Priem: Geschichte der Stadt Nürnberg. 1875*

113) *Vergl. Ulrich Christian Grupen: Dissertatio Observatio juris Criminalis de applicatione tormentorum. 1754*

114) *Vergl. Georg Pertsch im Anhang zu dessen Werk. Pastor Johann von Cleve. Tribunal reformatorum. 1622*

115) *Helbing, a.a.O.S. 67*

116) *Vergl. Stadtarchiv Marburg. Akten betreffend Frau Lips aus Beziersdorf in Oberhessen*

117) *Niehues, a.a.O.S. 44*

118) *Riezler, a.a.O.S. 289*

119) *König, a.a.O.S. 112*

120) *Vergl. H. Knapp. Das alte Nürnberger Kriminalrecht nach Ratsurkunden erläutert. 1896. S. 64*

121) *Soldan-Happe, a.a.O.S. 329*

122) *Bendict Carpzov, Teil III. quaest. CXI. 48*

123) *Vergl. Hist. de l'Inquis. Hier liegt ein authentischer Bericht des Obersten Lumanusk von 1809 zugrunde.*

124) *Helbing, a.a.O.S. 252*

125) *Dr. Hönn's Betrugslexikon. Coburg, 1724*

126) *Lambreg, a.a.O.S. 1*

127) *Lambreg, a.a.O.S. 23*

128) *Vergl. Danziger Stadtbibliothek MS 373, S. 131. Vergl. Reich, a.a.O.*

129) *Vergl. Malkmus: Fuldaer Anekdotenbüchlein. Fulda, 1874. Wiegand: Wetzlar'sche Beiträge für Geschichte und Reichsaltertümer. Bd. III. Gangolf Hartun: Chronik von Fulda. 1607—48*

130) *Vergl. Gangolf Hartung: Chronik von Fulda. 1607—48*

131) *Demant, a.a.O.S. 32*

132) *Demant, a.a.O.S. 33*

133) *Demant, a.a.O.S. 35*

134) *zit. nach: Georg Rösch (Gelnhausen)*

135) *König, a.a.O.S. 110. Vergl. Sammlung der Landrechte der Markgrafschaft Baden. I. Bd. Karlsruhe, 1805. S. 329*

136) *Dieser Brück ist ein Sohn von Dr. Gregor Brück (latinisiert: Pontanus), einer der machtvollen Männer der Reformation. Sein Sohn Christian wird ebenfalls Kanzler.*

137) *Paulus, a.a.O.S. 86*

138) *Vergl. »Des Fürsten Augusten Herzogen zu Sachsen Verordnungen und Konstitutionen«. Dresden, 1572. Schletter, H. Th. »Die Konstitutionen Kurfürst August's von Sachsen im Jahre 1572«. Leipzig, 1857*

139) *Reich, a.a.O.S. 30*

140) *Aus: Staatsarchiv Danzig. 300 H. fol. X. 7. Teil, II. 6. Kap. Art. 14*

141) *Riezler, a.a.O.S. 208*

142) *Riezler, a.a.O.S. 211*

143) *Demant, a.a.O.S. 28*

144) *Der Kirchenbaumeister Leschier wird von dem Schmied Hans Pöppel mit Anschuldigungen überhäuft, die vom öffentlichen Branntweinsaufen auf der Hexen Gesundheit bis zum Entblößen der Geschlechtsteile gegenüber den Verdächtigen...die bis zum obszönen Schwören beim Teufel reichen. (zit. nach Demant, a.a.O.)*

145) *Demant, a.a.O.S. 34*

146) *Reich, a.a.O.S. 56*

147) *Wächter, a.a.O.S. 302*

148) *Scholz, a.a.O.S. 114*

149) *Riezler, a.a.O.S. 314*

150) *Ulrich Molitoris: »Tractatus utilis et necessarius per viam dialogi de phythonisis mulieribus. 10. Januar 1489. (Nützlicher und notwendiger Traktat über die Zauberinnen).*

151) *Geb. 1492, gest. 1555. Dr. jur. in Pavia*

152) *Ponzibinius. De lamiis. Frankfurt. Egenolffs Erben. 1592*

153) *Maximilian I. (1493—1519). Sohn von Kaiser Friedrich III. Geb. 22. 3. 1459 in Wiener Neustadt. Gest. Wels (Oberösterreich) 12. 1. 1519. Er wird 1486 röm. König. Nach dem Tod Sigmunds von Tirol und seines Vaters beherrscht er alle habsburgischen Länder. In Trient nimmt Maximilian 1508 mit der Zustimmung des Papstes als erster deutscher König den Kaisertitel ohne Krönung an. Der unglückliche Krieg gegen die schweizerischen Eidgenossen (1499) hat die tatsächliche Trennung der Schweiz vom Reich zur Folge. Er erhebt das Haus Habsburg zur mächtigsten Dynastie in Europa.*
*Auf dem Wormser Reichstag von 1495 kamen, besonders durch die Forderungen des Mainzer Kurfürsten Berthold von Henneberg, ein vom Kaiser unabhängiges Reichskammergericht und der »Ewige Landfriede« zustande. Das Reich wird zuerst in sechs, dann in zehn Kreise geteilt. Maximilian stellt 1497 dem Reichskammergericht den Reichshofrat entgegen. Er hat die gleichen Befugnisse, ist aber **nur von ihm** abhängig. Berthold von Henneberg: Mainzer Kurfürst. Geb. 1442, gest. 21. 12. 1504. Seit 1484 Erzbischof. Als erster deutscher Fürst führt er 1486 die Zensur für deutsche Übersetzungen lateinischer und griechischer Werke ein. Er ist heftiger Gegner von Friedrich III. und Maximilian I. Unter Widerstand erzwingt er auf dem Wormser Reichstag die Einsetzung eines Reichskammergerichtes und die Verkündigung des Ewigen Landfriedens (Reichslandfrieden).*

154) *Riezler, a.a.O.S. 140*

155) *Nicht zu verwechseln mit dem Frankfurter Dichter und Satyriker Johann Fischard, der das Buch von Bodin übersetzt hat.*

156) *Johann Fichard: Consilia, II. Francofurti, 1590; vergl. Wächter, a.a.O.S. 294*

157) *Abgedruckt in: Theatrum de veneficiis. S. 376*

158) *Bramer: Vom Blitz, Donner, Hagel, Sturmwinden und anderen großen Ungewittern. Kurtzlicher Bericht aus Gottes Wort. Erfurt, 1577*

159) *Joh. Georg Godelmann: Tract. de magis veneficis et lamiis, deque his recte cognoscendis et puniendia. Ausg. wohl von 1590. 1592 durch Nigrinus ins Deutsche übersetzt.*

160) *Vergl. Wächter, a.a.O.S. 295*

161) *In einem Gutachten von 1587. Es ist seinem Buch vorangedruckt.*

162) *Wächter, a.a.O.S. 295*

163) *Abraham Saur (oder: Sawr): »Eine kurtze trewe Warnung und Underricht: Ob auch zu dieser unserer Zeit under uns Christen Hexen, Zauberer und Unholden vorhanden und was sie anrichten«. Abgedruckt in: Theatrum de veneficorum, a.a.O.*

164) *Theodor Reiningk: Responsum juris in ardua et gravi causa, concernente processum contra sagas. ubi quaestiones, quadem de nocturnis sagarum conventiculis. Marpurgi, 1630.*

165) *Rechtliches Bedenken, von Confiscation der Zauberer- und Hexengüter. Abgefaßt 1629. Erschienen 1661 in Bremen mit dem Untertitel: »Ob die Zauberer und Hexen Leib und Guth mit und sogleich verwürcken«. Bremen, 1661*
    Vergl. Melchior Goldast: »Processus juridicus contra sagas et veneficos...Aschaffenburg, 1629. Tit. XII. 3.

166) *Herrn Veit Senckendorff Christen-Stat in drei Büchern abgetheilt: im ersten wird von dem Christenthum an sich selbst wider die Atheisten: im zweiten Buche von der Verbesserung der Weltmenschen: im dritten Buche von der des geistlichen Standes nach dem Zweck des Christentums gehandelt. Leipzig, 1686*

167) *Sächsische Gelehrtenfamilie, die von Simon Carpzov in der Mitte des 16. Jhdts., Bürgermeister von Brandenburg, abstammt. Von seinen Söhnen ist Joachim Carpzov dänischer Generalfeldzugmeister (gest. Glückstadt, 1628). Benedict Carpzov Professor in Wittenberg und Kanzler der verwitweten Kurfürstin Sophie in Colditz (gest. Wittenberg, 26. II. 1626). Von dessen Söhnen ist der bedeutendste Benedict, Richter und Rechtslehrer, geb. 27. 5. 1595, gest. Leipzig 30. 8. 1666; er wird 1620 Beisitzer des Leipziger Schöppenstuhles, 1639 Appelationsrat in Dresden, 1645 Professor in Leipzig. Er hat mit seinen Werken die Grundlage für eine selbständige Strafrechtswissenschaft gelegt. Ferner ist er der Hauptbegründer des Episkopalsystems im deutschen evangelischen Kirchenrecht. Zu Unrecht gerät er in den Ruf unmenschlicher Härte. Religiös steht er auf dem Boden der lutherischen Orthodoxie. Er verfaßt folgende Werke:*
    ● *Practica nova Imperialis Saxonica criminalium (1638)*
    ● *Jurisprodentia forensis Romano-Saxonica (1638)*
    ● *Jurisprudentia ecclessiastica seu consistorialis (1649)*

168) *»Wenn eine Hexe wirklich Reue bezeuge, so könne die Strafe nur in die des Schwerts gemildert werden, so wie man doch einen Juden, welcher einen Totschlag begangen habe, und sich taufen lasse, nicht das Leben schenken werde«. (Scholtz, a.a.O.)*

169) *Exerabili et nefanda comixtione*

170) *Domino. Henr. Bodinus (Bodino), ein Professor in Halle. Nicht zu verwechseln mit dem französischen Staatsrechtler und Philosoph Bodin(us). Disputatio inauguralis de fallacibus indiciis magiae, quam praeside (22.10.1701)*

171) *Exod. 22, 18; Levit 19; Levit 20; Deut. 18. Vergl. Rechtsvorstellungen im Alten Testament.*

172) *Fallit te incautum pietas tua (»Du irrest bey Deiner Frömmigkeyt«)*

173) *5. Buch Moses. Kap. 19, 15; Matthäus Kap. 18, 16*

174) *Johannes. Kap. 6, 10*

175) *Elementa iuris civilis secundam ordinum institutionem Lib. IV. Tit. 18. § 1358 (Heineccius)*

176) *Helbing, a.a.O.S. 30—31*

177) *Liebenwirth, a.a.O.S. 65*

178) *»De divinis sententiis«.*

179) *»De causis synodalibus et disciplines ecclesiaticis«*

180) *Liebenwirth, a.a.O.S. 64*

181) *Diebold Schilling. HS. Schweizerchronik (16. Jhdt.). Bürgerbibliothek Luzern (fol. 216b)*

182) *Helbing, a.a.O.S. 21*

183) *Fischer (1791), a.a.O.S. 300*

184) *Helbing, a.a.O.S. 16*

185) *Theiner, Bd. II, a.a.O.S. 108*

186) *Vergl. Aventinus Annal. Baiv. I. IV. c. 14*

187) *Vergl. Goldast's rer. Alam. Tom. II. p. 2, S. 139. Elias Camerarius § 24.*

188) *Vergl. Bulletin des Neuesten und Wissenswertesten aus der Naturwissenschaft. Teil 10, S. 280*

189) *4. Buch Moses, 5, 18*

190) *Fischer (1791), a.a.O.S. 306*

191) *Fischer (1791), a.a.O.S. 302*

192) *König, a.a.O.S. 99*

193) *Duhr (1913), a.a.O.S. 496*

194) *Vergl. Wilhelm: »Hexenprozesse aus dem Archiv des hannover'schen Amtsgerichtes Diepholz«. Hannover, 1862. S. 18 ff.*

195) *König, a.a.O.S. 97*

196) *Fischer (1791), a.a.O.S. 297*

Politik und Hexenwahn

1) *Vergl. Das Hexenwesen im Fürstenthum Neisse, dann im Gesenke Mähren im 17. Jht. Nach den Originalquellen dargestellt von H...d.R...t., 1836*

2) *»Besonders wütete das Hexenwesen »die Geißel des Hexenwahns« im Frankenwald. Die Hochstifte Bamberg und Würzburg werden vorzugsweise Schauplatz der schrecklichen Verfolgungen. Sie fallen, wie auch in Trier und Paderborn, unter die Regierung jesuitenfreundlicher Fürsten« (Baldi, a.a.O.S. 12). »Allein in Geroldshofen werden 1616 99 Personen verbrannt« (Baldi, a.a.O.S. 13)*

3) *Diefenbach, a.a.O.S. 169*

4) *Diefenbach, a.a.O.S. 169*

5) *Diefenbach, a.a.O.S. 171*

6) *Diefenbach, a.a.O.S. 173*

7) *Diefenbach, a.a.O.S. 177*

8) *Vergl. Piper, A.: Geschichte der diplomatischen Vertretung des päpstlichen Stuhles (in Deutschland), a.a.O.S. 114*

9) *Vergl. Riezler: Geschichte Bayern, Bd. IV, S. 348*

10) *Diefenbach (1900), a.a.O.S. 18*

11) *Vergl. Troß, L.: Zeitschrift für deutsche Kulturgeschichte, 1859, a.a.O.S. 208*

12) *Vogt, a.a.O.S. 128*

13) *Vogt, a.a.O.S. 129*

14) *Riezler, a.a.O.S. 280*

15) *(Vergl. Johann Friedrich der Vierte. Herzog von Sachsen. Ernestinischer Linie. Bd. V von B. Rose, 1827*

16) *Vergl. Frisch, Chr.: Kepleri Astronomi opera omnia. Frankfurt und Erlangen. 1859/1871. Speziell Bd. 8. Dort die Seiten 360—562*

17) *Riezler, a.a.O.S. 204*

18) *Fischer (1791), a.a.O.S. 116*

19) *Fischer (1791), a.a.O.S. 232*

20) *Vergl. Steinhuber: Geschichte des Collegiums Germanicum Hungaricum. Freiburg. 1895, Bd. 1, S. 211 ff.*

21) *Riezler, a.a.O.S. 171*

22) *Riezler, a.a.O.S. 171*

23) *Längin, a.a.O.S. 131*

24) *In: De confessionibus maleficorum et sagarum, ed. 1623*

25) *Riezler, a.a.O.S. 245*

26) *Riezler, a.a.O.S. 245*

27) *Brief, den P. Joh. Gibbons, der Rektor des Trierer Jesuitenkollegs an den General P. Aquaviva am 5. September 1585 gerichtet hat.*

28) *Brief: 16. März von Aquaviva an den Provinzial der rheinischen Provinz, P. Jacob Ernfelder.*

29) *Siebel, a.a.O.S. 25*

30) *Siebel, a.a.O.S. 30*

31) *Siebel, a.a.O.S. 36*

32) *Siebel, a.a.O.S. 35*

33) *Vergl. Zeitschrift für Kulturgeschichte. 1859, Bd. VI, S. 765. Aus den überlieferten Quellen Weinsbergs läßt sich entnehmen, daß in der Zeit zwischen 1520 und 1570 wenig (Hexen)prozesse in Köln geführt worden sind.*

34) …

35) *Vergl. Mitteilungen des sächsischen Altrtumsvereins 1846, Heft III, S. 83. Darin ist der Bericht über Jacob Pechenau aus Wurzen (1570)*

36) …

37) *Siebel, a.a.O.S. 48*

38) *Merzbacher, a.a.O.S. 40*

39) *Vergl.: Generalinstruktion von den Trutten. Sr. A. Bamberg Rep. B. 260, Nr. 44*

40) *Merzbacher, a.a.O.S. 42*

41) *Merzbacher, a.a.O.S. 43*

42) *Panoplia armaturae Dei. Conciones contra omnes Superstitiones et praestigis diaboli. Ingolstadt. 1626*

43) *Soldan-Heppe, Bd. 2, a.a.O.S. 3*

44) *Längin, a.a.O.*

45) *Lambreg, a.a.O.S. 26*

46) *Lambreg, a.a.O.S. 35*

47) *Das Herausreißen der Zunge als Strafverschärfung für Gotteslästerung kommt auch sonst vor. So gaben z. B. zwei Juristen 1567 das Gutachten ab, einer Hexe, die auf der Folter gestanden hat, Gott nicht nur verleugnet, sondern gar verflucht zu haben, »...solle man zuvor und ehe sie ins Feuer geworfen würde, das Glied, damit sie also hart peccirt...(das ist die Zunge), zum Nacken herausser reißen«. Vergl. dazu: Etlicher Hochgelehrter Bedenken von Hexen und Unholden. In: Theatrum dei veneficis. Frankfurt am Main, 1586, S. 373*

48) *Vergl. Beiträge zur Geschichte des Hexenwahns in Franken. Bamberg, 1883, a.a.O.S. 49—55*

49) *Die Doktoren beider Rechte: Schwartzcontz und Herrnberger*

50) *Dr. Haan. Der Kanzler Dr. Haan und sein Sohn werden hingerichtet. Vergl. Archiv für katholisches Kirchenrecht, Bd. 50, S. 192 ff.*

51) *Dr. Georg Haan*

52) *Eine Tageslöhnerin*

53) *Hauptmoorswald*

54) *Der Bischof Johann Georg II.*

55) *Lokaldialekt: Taufpate(n)*

56) *Sein jüngster Sohn Hans Georg, seine Töchter Veronica und Anna Maria*

57) *Ohne Zweifel der Bürgermeister Georg Neudecker, der von 1612 bis zu seiner am 28. April 1628 erfolgten Verhaftung einer der vier Bürgermeister von Bamberg gewesen ist.*
Dazu kommt die Tochter des fürstbischöflichen Zahlmeisters Wolfgang Hofmeister mit Namen Ursula.

58) *Anna Maria, seine Tochter, eine Nonne im heil. Grab zu Bamberg. Sie schreibt in ihrer Chronik vom Jahre 1627: »Als nun solches (das Trudenhaus) ausgebaut gewesen, hat man allhier am Tage der unschuldigen Kindlein die Kanzlerin, ihre Tochter, auch zwei Bürgermeisterweiber zum Ersten ins Trudenhaus geführt, nach diesen sind fast die allerstattlichsten und führnehmsten Leut allhie ins Trudenhaus geführt worden, endlich zum schwarzen Kreuz geführt, allda sind ettlich hundert gerichtet und verbrannt worden. Darunter sind viele fürnehme, schöne Jungfrauen und junge Gesellen gewesen. Ob nun allen recht geschehen, ist Gott allein bewußt«. Vergl. Haas: Geschichte der Pfarrei St. Martin zu Bamberg. Bamberg, 1845, a.a.O.S. 266*

59) *Merzbacher, a.a.O.S. 30*

60) *Vergl. Merzbacher: Das alte Halsgerichtsbuch des Hochstiftes Eichstätt. Eine archivalische Quelle zur Geschichte des Strafvollzuges im 15. und 16. Jht. und zur rechtlichen Volkskunde. ZRG, 86. Germ. Abt. 73, 1956, S. 385*

61) *Vergl. Wilhelm Engel: Die Ratschronik der Stadt Würzburg. XV. und XVI. QFW. II. Würzburg, 1950, Nr. 100, S. 33*

62) *Vergl. Archivale Admin. 857/18781 im St. A. Würzburg. Aufzeichnungen über die Untersuchung gegen den Unterprobst des Klosters Wechterswinkel. Vergl. Rost. Archiv des hist. Vereins, 11. Bd., 1. H. Würzburg, 1950, S. 71*

63) *Vergl. Rost. Archiv des hist. Vereins, 11. Bd. 1. H. Würzburg, 1850, S. 71*

64) *Vergl. Röwer, J.: Alter und Newer Schreib-Calender 1598—1618; bes. die Vermerke unter dem 11. Juni 1617. Vergl. Merzbacher, a.a.O.S. 31*

65) *Baldi, a.a.O.S. 12*

66) …n.n.

67) *Soldan-Heppe, a.a.O.*

68) *Merzbacher, a.a.O.S. 32*

69) *Merzbacher, a.a.O.S. 33*

70) *Längin, a.a.O.S. 115*

71) *Merzbacher, a.a.O.S. 35*

72) *Merzbacher, a.a.O.S. 36*

73) *Vergl. Sebastian Zeißner: Geschichte des Frauenklosters Unterzell bei Würzburg. WDGBL 16./17. Jahrg. Würzburg, 1954/55*

74) *Merzbacher, a.a.O.S. 38*

75) *Vergl. Reicke, E.: Geschichte der Reichsstadt Nürnberg. Nürnberg, 1896, S. 634*

76) *Vergl. Reicke, E.: Geschichte der Reichsstadt Nürnberg. Nürnberg, 1896*

77) *Vergl. Greiner, J.: Hexenprozesse in Dinkelsbühl. In: Alt-Dinkelsbühl. Mitt. aus der Geschichte Dinkelsbühls und seiner Umgebung. Beilage zum Wörnitz-Boten. 16. Jahrg. Nr. 6 vom 31. Dezember 1929*

78) *Duhr (1913), a.a.O.S. 489*

79) *Die letzte Hexe in Schweinfurt stammt aus dem Jahr 1728. Vergl. Rösel, R.: Die letzte Hexe von Schweinfurt anno 1728. In: Schweinfurter Heimatblätter. Beilage zum Schweinfurter Tageblatt Nr. 9, 1935*

80) *Merzbacher, a.a.O.S. 48*

81) *Es ist der Hofrat Peter Ostermann, beider Rechte Doktor …im Vorwort zu der Instruktion von Schultheiß, Köln, 1634*

82) *Schüler: Geschichte der Stadt Hochheim. Aus Mainzer handschriftlichen Akten, S. 135*

83) *Vergl. Hufschmidt. Zeitschrift für Kulturgeschichte, 1859, S. 432*

84) *Vergl. Wallaus, D. Oberurseler Reinchronik von E. Roth, 1879, a.a.O.*

85) *Vergl. Zimmermann. Hanau, Stadt und Land, S. 389*

86) *Soldan-Heppe, Bd. 2, a.a.O.S. 42*

87) *Soldan Heppe, Bd. 2, a.a.O.S. 43*

88) *Vergl. Steiner: Geschichte der Stadt Dieburg, S. 68—100*

89) *Duhr (1913), a.a.O.S. 483*

90) *Riezler, a.a.O.S. 33/34*

91) *Riezler, a.a.O.S. 167*

92) *Riezler, a.a.O.S. 177*

93) *Riezler, a.a.O.S. 178*

94) *Riezler, a.a.O.S. 179*

95) *Riezler, a.a.O.S. 192*

96) *In: Theatrum Europaneum X. 447*

97) *Riezler, a.a.O.S. 194*

98) *Riezler, a.a.O.S. 197*

99) *Riezler, a.a.O.S. 226*

100) *Riezler, a.a.O.S. 279*

101) *Riezler, a.a.O.S. 196*

102) *Zitiert nach: Georg Rösch, Gelnhausen*

103) *Zitiert nach: Georg Rösch, Gelnhausen*

104) *Vergl. Reichssachen Frankfurt. II. Nr. 1581, 1629*

105) *Urfedenbuch Frankfurt am Main. 1573, a.a.O.S. 12*

106) *Eschenröder, a.a.O.S. 38*

107) *Frankfurter Urfedenbuch, S. 108, Urgichten 153, Urgichten 1541*

108) *Criminalia (Frankfurt am Main), 1670, 1671*

109) *In der ersten Predigt. Vergl. S. 19. Vergl. Eschenröder, a.a.O.*

110) *Eschenröder, a.a.O.S. 72*

111) *Eschenröder, a.a.O.S. 75*

112) *Vergl. Fischard: Consilia, II. S. 216*

113) *Spielmann, a.a.O.S. 44*

114) *Spielmann, a.a.O.S. 56/57*

115) *Soldan-Heppe, Bd. 1, a.a.O.S. 523*

116) *Spielmann, a.a.O.S. 111*

117) *Matthäus-Evangelium, Kap. 18,6*

118) *Spielmann, a.a.O.S. 79*

119) *Spielmann, a.a.O.S. 132*

120) …

121) …

122) …

123) *Jacob Heerbrand: Disputatio de magia. Tubingiae, 1499 (?)*

124) *Felix Bidenbach: Manuale ministrum Ecclesiae. Handbuch für junge, angehende Kirchendiener im Herzogthumb Würtenberg zugericht. Frankfurt am Main, 1613*

125) *Bocer, H.: Tractatus theologicus de sagarum impietate, nocendi imbecellitate et poena gravitate. Tubingae, 1621*

126) *Vergl. zur Nürnberger Kirchenordnung. Lange: Neuere Geschichte des Fürstentums Bayreuth. II. 30. Luthers Briefe von De Wette, 1827, IV. S. 388*

127) *Die Kinderpredigten in der Fassung von 1540 sind abgedruckt bei Mylii Corpus Constituonem Marchicarum Vol. I. Nr. 2, während der hier mitgeteilte Passus aus den Nürnberger Kinderpredigten einem in der Nürnberger Stadtbibliothek befindlichen Werk: Kirchenordnung, In meiner gnädigen Herrn der Markgrafen zu Brandenburg und eines Erbarn Rats der Stat Nürnberg Oberkeit und gepieten. Wie man sich bayde mit der Leer und Ceremonien halten solle. M.D.XXXIII. Gedruckt zu Nürnberg durch Christoph Gutknecht, entnommen ist.*

128) *Johannes Brenz: Predigt vom Hagel, Donner und allem Ungewitter. Straßburg und Eisleben, 1565 bzw. Homilia de gandine, habita anno 1539. Abgedruckt in: Pericopae evangeliorum…expositiae per D. I. Brentium, Francoforte, 1556—1557*

129) *Eine Summe etlicher Predigten vom Hagel und Unholden, gethan in der Pfarrkirch zu Stuttgarten im Monat Augusto anno M.D.LXII. Durch D. Matheum Alberum und D. Wilhelmum Bidenbach, sehr nutzlich und tröstlich zu dieser Zeit zu lesen. Tubingae, 1562*

130) *Vergl. Thummius: Tractatus theologicus de sagarum impietate, nocendi imbecellitate et poena gravitate. Tubingiae, 1621*

131) *Brief: Brenz: Weyer: J. Weyer: Concio I. Brentii germanica, a Wiero latina fideliter reditta, Iohan Wieri De praestigiis daemonum et incantationibus et veneficiis libri sex. Basiliae, 1583*

132) *Konrad Platz: Kurtzer, notwendiger und wohlbegründeter Bericht von dem zauberischen Beschweren und Segensprechen. Tübingen, 1565*

133) …

134) *Wahrhafftige und Erschreckliche Thatten und Handlungen der LXIII Hexen und Unholden, so zu Wiesensteig mit dem Brandt gerichtet worden seindt. Anno M.D.LXIII., o.O.*

135) *Naogeorgus, Thomas: eigentlich Kirchmair oder Kirchmayer, ein neulat. Dichter. Geb. in Hubelschmeiß bei Straubing 1511, gest. 29. 12. 1563 in Wiesloch als protestantischer Pfarrer. Er ist ein leidenschaftlicher Bekämpfer des Papsttums. 1546 erfolgt sein Bruch mit den Lutheranern.*

136) *Schwäbischer Provinzialausdruck: so viel wie Widerwillen oder Ekel haben*

137) *Salzmann, a.a.O.*

138) *Siebel, a.a.O.S. 44 und S. 78*

139) *Spielmann, a.a.O.S. 66*

140) *Salzmann, d. Ä., a.a.O.*

141) *Salzmann, d. Ä., a.a.O.*

142) *Duhr (1913), a.a.O.S. 501. Vergl. Newer Tractat Von der Verführten Kinder Zauberey, in welchem mit reifflichem Discurs und muthmaßigem Bedencken vorgehalten, aus was Ursachen viel unerwachsen und unmündige Kinder, so noch zur Zeit scheinen unschuldig zu sein, zu der verdammten Geister und Zauberer Gesellschaft gebracht und unerhört verführt werden…aus lateinischer in die Teutsche Sprache übersetzt durch W.S.a.V.C.§ C.A. Gedruckt zu Aschaffenburg durch Quirin Botzer, 1629*

143) *Vergl. Cod. Germ. Monac. S. 113—115*

144) *Riezler, a.a.O.S. 271*

145) *Diefenbach, a.a.O.S. 51*

146) *Vergl. Prierias Silvester: De strigimagarum demonumque mirandis. Romae, 1521. I. II. c. 1. punct. 7*

147) *Gockel, a.a.O.S. 149*

148) *Croissant, a.a.O.S. 18*

149) *Croissant, a.a.O.S. 18*

150) *Vergl. Dr. A. Kaufmann, Bd. I. Beiträge zur deutschen Kulturgeschichte, a.a.O.*

151) *Spielmann, a.a.O.S. 63*

152) *Vergl. Theatrum Europaneum. III. (1634). Duhr prüft den Vorgang, bemerkt aber: In den Archiven findet sich keine Spur von einem solchen Prozeß. Vergl. Duhr (1913), a.a.O.S. 505*

153) *Riezler, a.a.O.S. 286*

154) *Riezler, a.a.O.S. 287*

155) *Vergl. Buchner: Geschichte von Bayern, Bd. IX, S. 261. Leider ohne weitere Quellenangaben.*

156) *Vergl. Ennen: Geschichte der Stadt Köln, Bd. V. 794/799*

157) *Duhr (1913), a.a.O.S. 502 bzw. Hexenprotokolle im Kölner Stadtarchiv, 1629/62*

158) *Adam, a.a.O.S. 24*

159) *Adam, a.a.O.*

160) *Vergl. Kräpelin: 100 Jahre Psychiatrie, 1805*

161) *Adam, a.a.O.S. 30*

162) *Ich folge hier weitgehend der Dissertation von Friedrich Wilhelm Siebel. Bonn, 1959, »Hexenverfolgung in Köln«*

163) *Siebel, a.a.O.S. 66*

164) *Vergl. Kirchoff: Grundriß einer deutschen Irrenpflege, a.a.O.*

165) *Snell, a.a.O.S. 149*

166) *König, a.a.O.S. 92*

167) *König, a.a.O.S. 80/81*

168) *Vergl. Haas: Die Hexenprozesse. Ein kulturhistorischer Versuch. Tübingen, 1865, S. 108 ff.*

169) *Fischer (1791), a.a.O.S. 201*

170) *Fischer (1791), Neue Auflage. Das Buch vom Aberglauben, a.a.O.*

171) *Soldan-Heppe, Bd. I, a.a.O.S. 512*

172) *Vergl. Horst: Zauberbibliothek, Bd. III, S. 353*

173) *Vergl. Horst: Zauberbibliothek, Bd. IV, Mainz, 1826, S. 197—230*

174) *Vergl. Zierl. Blätter für gerichtliche Medizin, Jahrg. 36, S. 323*

175) *Vergl. Boe. Lib. VIII. historiae Scotorum; vergl. Horst Zauberbibliothek, Bd. VI, S. 82*

176) *Vergl. Weyer: De praestig. daem. Frankfurt, Deutsche Ausgabe von 1586, S. 426*

177) *Soldan-Heppe, Bd. 2 (1880), a.a.O.S. 114*

178) *Vergl. Tobias Wagner: Über einen erschrecklichen Fall einer Mannsperson, die sich in Schwermuth dem Teufel mit eigenem Blut verschrieben. Ulm, 1643*

179) *Spielmann, a.a.O.S. 91*

180) *Vergl. Horst: Zauberbibliothek, Bd. III, a.a.O.S. 215—226*

181) *Vergl. Horst: Zauberbibliothek, Bd. I, a.a.O.S. 320*

182) *Vergl. Engel: Geschichte der märkischen Annalen*

183) *Vergl. Berichte in der Londoner Times 1895, die Nrn. 2, 3, 5 und 6 vom 8. April, die vom 6. Juli 1895, vor allem die stenographischen Aufzeichnungen der Assistentensitzung vom 4. und 5. Juli 1895*

184) ...

185) *Der offizielle Bericht des Richters J. Moreno vom 10. Mai 1874 über die Exekution wurde hier von Friedrich von Hellward veröffentlicht. In: Querziers Deutsche Blätter. Organ für Allgemeine Volksbildung, Nr. 32, Köln, 8. August 1874*

186) ...

187) *Vergl. Kölnische Zeitung vom 4. April 1875, II.*

188) *Vergl. Kölnische Zeitung vom 25. April 1875, II.*

189) *Vergl. Kölnische Zeitung vom 25. April 1875, II.*

190) ...

191) *Doufour, a.a.O.S. 49*

192) *Spielmann, a.a.O.S. 58*

193) ...

194) ...

195) *Doufour, a.a.O.S. 10*

196) *Doufour, a.a.O.S. 10*

197) *Ohle, a.a.O.S. 27*

198) *Rhamm: Hexenglaube und Hexenprozesse*

199) *Rhaynaldus: Annales ecclesiastici XVII, Romae, 1659*

200) *Vergl. Hansen, Quellen...a.a.O.S. 239*

201) *Paulus, a.a.O.S. 211*

202) *Gottschalk Hollen: Preceptorium domini. Nuremberge, 1503 (17 b)*

203) *Antonin von Florenz: Summa theologica, III, Verona, 1740*

204) *Tractatus magistralis declarans quam graviter peccent querentes auxilium a maleficis. Coloniae, 1510*

205) *Prierias: De strigi, magarum mirandis, libri tres. Romae, 1521*

206) *Bartholomäus de Spina: Quaestio de strigibus et lamiis, 1525*

207) *Martin v. Arles: Tractatus de superstitionibus, Francof., 1581*

208) *Johann Major: Commentaria in quartum Sententiarum. Parisiis, 1515*

209) *Paul Grillandus: Tractatus de hereticis et sortilegis. Lugduni, 1536*

210) *Fr. Renz: Johann Bodin. Ein Beitrag zur Geschichte der historischen Methode des 16. Jhts. Gotha, 1905*

211) *De magorum daemonimania libri IV. nunc. primum e gallico in Latinum translati per Lotiarum Philophonum. Basiliaea, 1583*

212) *Condrochinus: de morbis veneficis ac veneficiis libri quatuor. Venetiis, 1595*

213) *Pierre de Lancre: De intertidudine et vanitate scientiarum. Lugduni, 1600 (?)*

214) *Agrippa von Nettesheym: De intertidudine et vanitate scientiarum c. 44. Opera II. Lugduni, 1600*

215) *Vergl. De praestigiis daemonum. Basilaiae, 1583*

216) *Petrus Theodorikus: Criminale Collegium. Ienaea 1618, Joh. Christian Fromman: Tractatus de fascinatione. Norimbergae, 1675; J. H. Pott: Specimen de nefando lamiarum cum diabolo coitu. Ienae, 1689; E. F. Schröter: Dissertatio iuridica de lamiis earumque processu criminalis. Ienae, 1670; J. E. Floerck: Commentario de crimine coniurationis spiritum, eius processu et poenis. Ienae, 1721 (nur um hier einige anzuführen).*

217) *Luthers Werke. Weimarer Ausgabe I, S. 406 ff.*

218) *Luthers Werke, Weimarer Ausgabe I, S. 406 ff.*

219) *Kaspar Huberinus: Spiegel der Haußzucht Jesu Sirach genandt. Sampt einer kurtzen Auslegung. Nürnberg, 1565 (bes. Kap. 25)*

220) *Urteil von Calmer. Vergl. Carl Haas, a.a.O.S. 77*

221) *Schwager, a.a.O.S. 247*

222) *Schwager, a.a.O.S. 247*

223) *Lambreg, a.a.O.S. 4*

224) *Doufour, a.a.O.S. 44*

225) *Hieronymus Cardanus (geb. 1508). In: Variet I. 15. c.c. 80, p. 290*

226) *Doufour, a.a.O.S. 43*

227) *Vergl. Recueil general des questiones traictees et conferences du D. Bureau d'Adresse. Paris, 1656*

228) *Soldan-Heppe, a.a.O.S. 309*

229) *Vergl. Rosskoff: Geschichte des Teufels, Bd. I, S. 319*

230) *Vergl. Rapp. Die Hexenprozesse und ihre Gegner in Tirol. Innsbruck, 1874. Beilagen: Aus den ältesten Akten von Hexenprozessen in Deutschland, S. 149*

231) *Boquoet: nach Calmeil de la folie. Paris, 1845, Bd. I, S. 319*

232) *Calmeil, a.a.O.S. 463*

233) *Viadne: De malignis Spiritibus*

234) *Vergl. Horst: Zauberbibliothek, Bd. III, S. 225*

235) *»...diese Übereinstimmung ergibt sich selbst aus der Wahl der Ausdrücke«. Vergl. Lambreg, a.a.O.S. 5*

236) *...*

237) *Lambreg, a.a.O.S. 33*

238) *Lambreg, a.a.O.S. 7*

239) *Spielmann, a.a.O.S. 102*

Pest, Seuchen, Hungersnöte

1) *Clossener sagt: »das grosse sterbote, die Kingenberger Chronik: Desselben jars was der gross tod in allen landen«. Die Limbacher Chronik enthält die Stelle: »Das ist genent das Grosse sterben«, und in der Magdeburger Schöppenchronik findet sich der Passus: »In diesem salven jare erhof sik ein grot sterbent«. Nach der Kleinen Klosterneuburger Chronik heißt es: »heub sich an ain grosser starben«. In einer Tiroler Urkunde wird unsere Pest: »gemaines leutsterben« genannt. Lechner, a.a.O.S. 7*

2) *1349 in Köln und Umgebung, auch in Bielefeld und Paderborn, Osnabrück. 1350 in Minden, 1350 Leipzig, Erfurt, Magdeburg, Braunschweig, Bremen und Hamburg, Lübeck und Wismar, 1351 in Frankfurt an der Oder*

3) *Vergl. Programm der Gelehrtenschule in Hamburg, 1883. S. 22*

4) *Francisi Alphani philosophie et medici Academia salernitaniae opus peste, febre pestilentia et febre maligna. Nec non de variolis et morbilis non sunt pestilentes. 1577. (Kap. 1—4 besprechen das Wesen der Pest)*

5) *Vergl. Schickfuß. Schles. Chronik. Leipzig 1625. I. Buch. S. 168—171*

6) *Vergl. Nikolaus Opol. (gest. 1682) in seinen Jahrbüchern der Stadt Breslau*

7) *Schindler, a.a.O.S. 2*

8) *Lammert, a.a.O. (Vorwort)*

9) *Duhr (1913) a.a.O.S. 141*

10) *Gold. Chron. von Hohenschwangau*

11) *Vergl. Augsburg Cod. 1. c. 29 I. 218*

12) *Vergl. Gockel, a.a.O.S. 15*

13) *Vergl. Zeitschrift für schles. Geschichte. X. S. 179*

14) *Diefenbach, a.a.O.S. 62*

15) *Jannsen-Pastor Bd. VIII. S. 460*

16) *Abbe Orsini: Das Leben des heil. Vincenz. 1846. S. 201*

17) *Vergl. Oberndorfer, Joh.: Kurzer und klarer Bericht von der Natur und Ursachen der ungerischen Krankheit, wie dieselbige recht erkennet, ordentlich und eygentlich currirt werden möge, sampt angehängter Präservation. Frankfurt am Main, 1607*

18) *Lammert, a.a.O.S. 29*

19) *Lammert, a.a.O.S. 32*

20) *Dornkeil, Tob.: Kurzer Bericht, wie man der itzt regierenden Pest heilsam begegnen möge. Hamburg, 1605*

21) *Rat von Frickenhausen, 8. Oktober 1634. Vergl. das Nürnberger Ratsdekret vom 6. Juli des gleichen Jahres: »Wie man sich zu diser Zeit in Sterbensläuften mit dem Federwerk, alten Lumpen, Kleidern und Leichentüchlein, auch wegen der Miststätten und Rinnen verhalten solle«.*

22) *Lammert, a.a.O.S. 268*

23) *Lammert, a.a.O.S. 269*

24) *So wurde in Hofheim im Hassegau der pflichteifrige Pfarrer Lorenz Spiess selbst pestkrank infolge des Ekels vor dem Totengräber, der sich brüstete »auch vor Pest und Teufel sich nicht zu fürchten«. In: Unterfr. Archiv XXIX 135. Br. M. Wieland Chron. S. 241 ff.*

25) *Lammert, a.a.O.S. 65*

26) *Lammert, a.a.O.S. 95*

27) *Hörnigk, Ludw. v.: »Vor der Pestilenz, Namen, Eigenschaft, Ursachen, Zeichen«...Frankfurt am Main, 1644. Kurzer Bericht, was man sich zur Zeit der Sterbläufften zu verhalten, die schwere Seuch der Pestilenz durch Gottes Gnad zu verhüten, hergestellt durch die verordneten Doctores der Artzney dieser Stadt Nürnberg. Anno 1600*

28) *Ordnung und Befelch, wessen man sich zu itziger Infections-Zeit und Sterbens-Seuch zu verhalten vnd vleissig in Acht zu nehmen. Graf Gottfried von Kastell. 20. August 1611*

29) *Lammert, a.a.O.S. 35*

30) *Lammert, a.a.O.S. 40*

31) *Vergl. Kaufmann, A.: Zeitschrift f. Kulturgeschichte. Hannover, 1872*

32) *Lammert, a.a.O.S. 80*

33) *Die Syphilis taucht gegen Ende des 15. Jhdts. zuerst in Europa auf und verbreitet sich seuchenartig...und hat sich mutmaßlich aus der Lepra entwickelt. Vergl. Rittmann, a.a.O.S. 20*

34) *Noch 1576 schreibt Laugner über die Pestilenz: »Wenn sich die Thiere in ungewöhnlicher Weise sammeln, als vier Kröten, Frösche, Heuschrecken, Würmer, Fliegen, Raupen und Mäuse in den Äckern«. Vergl. Mos. Buch 9, II. Vergl. Sprengel: Beiträge zur Geschichte der Medizin, Halle, 1794; Hecker, H.: Die großen Volkskrankheiten des Mittelalters. Berlin, 1865*

Hexenwahn und Literatur

1) *Johann Weyer (Wier, Wierus, Piscarius). Geb. entweder 1515 oder zu Beginn des Jahres 1516 in Greve an der Maas (Nordbrabant). Schüler von Agrippa v. Nettesheym. Wahrscheinlich verläßt Weyer zu Beginn des Jahres 1534 Bonn und reist nach Frankreich, um Medizin zu studieren. Hier verkehrt er u. v. a. mit dem Schriftführer des Schmalkaldischen Bundes, Johannes Schleidanus und mit Johannes Sturm. In Orleans erwirbt er 1537 den med. Grad eines Doktors und damit das Recht auf Ausübung der Heilkunde. 1539 scheint er von Paris in seine Heimat zurückgekommen zu sein. Hier ist er seit 1540 als Arzt tätig. 1545 tritt Weyer, mit einem Gehalt von 100 Carolus-Gulden, in den Dienst der Stadt Arnheim als Stadtarzt. 1550 geht er auf ein Anerbieten des Herzog Wilhelm von Jülich-Cleve-Berg zu diesem als Leibarzt.*
Weyer ist zweimal verheiratet. Zuerst mit einer Judith Wintgens, die 1572 stirbt, dann mit Henriette Holt. Aus der ersten Ehe sind vier Kinder bekannt. (Theodor) oder (Dietrich), ein Jurist, (Heinrich) ein Mediziner, (Johannes), ein Archiprefectus, (Galenus) ein Arzt und ei-

ne Tochter Sophie. Weyer stirbt am 12. Februar 1588 im Alter von 72 Jahren und ist in der Tecklenburger Schloßkirche beigesetzt.

2) Seine wichtigsten Schriften:
1563: De praestigiis daemonum, et incantationibus, ad veneficiis, Libri V. Authore Wiero medico. Cum Caesarenae Maiest. gratia et privilegio. Basiliae, per Joannem Oporinum, 1563 (Anm.: bereits 1564 und 1567 erscheinen deutsche Übersetzungen: Von Zauberey, woher sie jren vrsprung hab, wie manigfeltig dieselbig sey, wie sie geschehe, welche damit verhafft seyndt...
1567: Mediacanum Observationum rearum. Liber
1577: Pseudomonarchia daemonum
1577: De Comentiis jejuniis (Über das angebliche Fasten)
1577: De Ira morbo, eijusdem curatione philosophica, medica et theologica
1580: Artzney-Buch

3) Johann Slecar Zelatawsky, Pfarrer aus Mnichowic (ein böhmischer Schriftsteller) bei Kaurin. Er hat in seinem 1538 erschienenen Buch u. a. die Frage behandelt, ob Hexen durch eigene Kraft Hagel, Sturm und Gewitter hervorrufen können und den Beweis, daß weder Hexen noch Zauberer so etwas vermögen...daher der Glaube an deren Macht ein Widersinn und die Verfolgung der wegen Hexerei verdächtigen inhuman sei.

4) Brenz, Johannes. Schwäb. Reformator. Geb. 24. 6. 1499 in Weil der Stadt (Württemberg), gest. 11. 9. 1570 in Stuttgart. Er wird als Student (1518) auf der Heidelberger Disputation für Luther gewonnen. Er ist Berater des Herzogs Ulrich und wirkt bei der Einführung der Reformation in Württemberg und bei der Reformation der Tübinger Universität mit. 1551 verfaßt er die »Württembergische Konfession« und kehrt 1553 nach Stuttgart zurück (wegen Ablehnung des Interims muß er das Land verlassen). Brenz baut die württembergische Landeskirche auf. Zu Weyer unterhält er einen Schriftwechsel.

5) Alberus (Alber), Matthäus. Geb. 4. 12. 1495 in Reutlingen, gest. 2. 12. 1570 in Blaubeuren. Einer der Reformatoren Schwabens. Er wirkt in Reutlingen, Stuttgart und Blaubeuren. In den Streitfragen der Zeit nimmt er eine vermittelnde Stellung ein.

6) »Eine Summe etlicher Predigten vom Hagel und Unholden, gethan in der Pfarrkirch zu Stuttgarten im Monat Augusto Anno MDLXII. Durch D. Matheum Alberum und D. Wilhelmum Bidenbach, sehr nützlich und tröstlich zu dieser Zeit zu lesen«. Tübingen. 1562

7) Vergl. zu Carl Gallus: »De praestigis daemonum...«. Frankfurter Ausgabe von 1586, S. 537

8) Hippokrates ist ein griechischer Arzt. Geb. Insel Kos um 460 v. Chr., gest. 375 in Larissa (Thessalien). Er verfaßt verschiedene ärztliche Schriften. Der sog. »Eid des Hippokrates« stammt vermutlich nicht von ihm.

9) Johann Brenz: »Predigt vom Hagel, Donner und allem Ungewitter«. Straßburg und Eisleben, 1565. J. Weyer. Concio I. Brentii germanica, a Wiero latina fideliter reditta. Iohan. Wieri. De praestigiis daemonum et incantationibus ac veneficiis libri sex. Basiliae, 1583

10) Elias Camerarius in seiner »Disputatio gegen Christian Thomasius«, § 55.

11) Bocer, Heinrich: »Tractatus de omnis generis homidicis. Tubingiar, 1639«.

12) Neuwald, Hermann: »Exegesis purgationes sive examinis sagarum super aquam frigidam proiectanum. Helmstadii, 1584«.

13) Erastus, Thomas: »Disputationum de medicina nova Ph. Paracelsi. Pars I. in qua de remidis superstitionis et curationibus magicis ille prodicit, praecipue examantur. Basiliae, sine anno 1571«. Vergl. Erastus, Thomas: »De lamiis et strigibus«. Heidelberg (?), 1577

14) Hermann Wilcken (pseud. Augustin Lercheimer). Geb. 1522 in Neuenrade an der Lenne in der Grafschaft Mark, studiert in Frankfurt (Oder) und Wittenberg und ist mit Ph. Melanchton befreundet. Aus unbekannten Gründen verläßt er Riga und kommt 1561 nach Heidelberg. Durch die Vermittlung Melanchtons (?) wird er Rektor der lateinischen Schule. Am 29. April 1561 beginnt er mit Vorlesungen über Homer; am 10. August wird er Magister, einen Monat später Mitglied der philosoph. Fakultät. 1563 ist er in Heidelberg Professor der griechischen Sprache. Ab 1569 ist er Rektor der Universität. Wilcken ist zudem Verfasser der »Neuenrader Kirchenordnung«. 1565 ernennt ihn der Senat zum »Regens des Contuberniums«. 1568 legt er dieses Amt nieder. Später wird er Prof. der Mathematik. Er stirbt am 7. Februar 1603. Seine Grabinschrift hat sich erhalten. (Vergl. Agraphum monumentor. Heidelbergens von Melchior Adam, 1612, S. 50). Sie lautet:
»Quis hic cubem nihil tua,
Novisse refert, scit Deus
Curatque. Tu quin hoc agis
Teque ad bene cubandum pares.«
frei übersetzt:
»Wer ich bin, der ich hier liege,
das zu wissen ist gleichgültig.
Gott weiß es und sorgt.
Bereite auch du, der nicht sorgt,
dich vor, gut zu liegen.
Der Titel des hier angeführten Buches lautet: »Christlich bedencken vnd erinnerung von Zauberey. Woher, was, vnd wie vielfeltig sie sey, wem sie schaden könne oder nicht, wie diesem laster zu wehren, und die sog. damit behafft, zu bekehren, oder auch zu straffen seyn. Nur an vernünftige, redeliche, bescheidene leute, gestellet durch Augustin Lercheimer von Steinfelden. Heidelberg, 1585, Straßburg, 1586, Speyer, 1597«.
Meine Auszüge stammen aus der Ausgabe von 1593. Vilmar vermutet, daß sich die Bezeichnung des Verlagsortes und der Name des Verlegers Pseudonyme sind. Der Druck zeigt die Typen der Offizin von Bernhard Jobin in Straßburg.

15) Matth. 12.: »wann der Teufel auß dem menschen gefahren ist, so ziehe er vmher, nemm sieben andere zu sich vnd fahre wieder darein«. 1. Petr. 5.: »Seid nüchtern vnd wachet, denn euwer widersacher der teufel gehet vmher wie ein brüllender Lewe, suchet den er verschlinge«.

16) Die Tyriackskrämer waren Schwindler und Betrüger (???), die mit dem Allheilmittel Theriack Geschäfte machten. Sie gelten als Betrüger des dummen Volkes. Oft stammen sie aus Tirol (Savojarden).

17) Auch Wilcken beschuldigt eine Reihe von Päpsten der Zauberei. »Silvester II...von Geburt ein Franzos, hatte in Hispanien die schwartze Kunst gelernt von einem gelehrten Saracenen, ist dadurch Bapst geworden. Nach diesem Bapste sind nacheinander die Bäpste Schwarzkünstler gewesen, wie die Historia oder Geschichtsbücher natürlich ausweisen, bis auf den leibhaftigen Teufel, den Hildebrand: achtzehn an der Zahl«. In neuester Zeit sei Paulus III. »...neben anderen unsäglichen Lastern mit Zauberei behafft und hin beschrien gewesen«.
(In: »Bedenken von Zauberei«. Abgedruckt in: »Theatrum de veneficis«. Frankfurt a. M. 1586, S. 273).

18) Das kann nur Peter Stump aus Bedburg gewesen sein, der 1589 auf qualvolle Weise in Köln als angebl. Werwolf hingerichtet wird.

19) Hier gibt es eine interessante Parallele. Die fromme Kaiserin Agnes, Frau des Heinrich III., läßt durch den Cumanischen Bischof den heil. Petrus Damiani fragen, ob es denn erlaubt sei, auch auf dem Abtritt (Toilette), wenn man wirklich seiner Notdurft erwarte, Psalmen beten darf. Der Heilige läßt ihr sagen: »nachdem der allmächtige Gott den

heil. Hiob auf dem Misthaufen besucht hat...so lassen sich diese Verrichtungen wohl zusammenreimen«.
Zit. nach: A. Theiner (?). »Die katholische Kirche, besonders in Schlesien, in ihren Gebrechen dargestellt. Von einem katholischen Geistlichen«. 2. Aufl. Altenburg. Anm. auf S. 32.

20) Gefängnis. alem. Kefit; vergl. Rottweiler Stadtrecht und die Statuten von Basel. Darin findet sich der Begriff »Käfig«.

21) »In Hameln, einer kurhannoverschen Stadt, sollen am 26. Juni 1284 (oder 1285) 133 Kinder entführt worden sein. Einige meinen, daß der Rattenfänger die Ratten und Mäuse nicht zusammengepfiffen, sondern nur ein gutes Mittel zu ihrer Vertreibung gehabt. Entweder man erklärt das ganze für eine Fabel oder erklärt es dahin, daß die Kinder durch ein Erdbeben umgekommen, oder durch Werber aus Siebenbürgen verführt worden sind. Die gemeinste Erklärung ist nun folgende: der Kaiser Friedrich II. starb 1250 in Italien, ohne daß die Art seines Todes recht bekannt wurde. Da trat dann unter anderen ein gewisser Holzschuh, sonst Tilo Kolup genannt, auf, der sich gegen Rudolph zum Kaiser aufwarf. Dieser aber ließ ihn fangen und in Wetzlar verbrennen. Holtzschuh sah dem Kaiser Friedrich II. ähnlich. Er soll es auch gewesen sein, der die Kinder aus Hameln an sich gelockt und endlich entführt habe«.
(Zit. nach: Fischer 1791, a.a.O.)

22) Anton Schul(z)te (latinisiert: Prätorius) wird in Lippstadt, Westfalen, geboren. Aus dem Titel seiner 2. Auflage ist erkennbar, daß sein Sohn, Johannes Schultze (latinisiert: Sculteti) in Kamen geboren wird. Vermutlich hat hier der Vater eine Anstellung als Pfarrer oder Lehrer. Gestorben ist er 1625 als Inspektor von Alzey.

23) Titel der Auflage von 1613: »Von Zauberey und Zauberern Gründlicher Bericht. Darinn der grawsamen Menschen thöriges, feindseliges, schändliches vornemmen; und wie Christliche Oberkeit in rechter Amtspflege ihnen begegnen, ihr Werk straffen, aufheben und hindern solle und könne. Kurtz und ordentlich gestellet: Durch Antonius Praetorius, Lippiano-Westphalum, Pfarrherrn zu Lautenbach in der Bergstraße«. Heidelberg, 1613.

24) Augsburger Konfession: (lat. Confessis Augustana). Veranlaßt durch Kaiser Karl V. Er beruft den Reichstag zu Augsburg (sein Anschreiben datiert vom 21. 1. 1530), auf dem es zu einer Verhandlung über die durch die Reformation entstandenen religiösen und politischen Gegensätze kommen sollte. Das »Augsburger Bekenntnis« muß als Friedensvorschlag verstanden werden.

25) Zehn Jahre nach seinem Tod sagte Anton Prätorius in der Vorrede zu seinem 1613 erschienenen Buch: Vnter allen obgemeldten, die von der Zauberey geschrieben, lasse ich mir Wittekindum (der sich Augustin Lercheimern genennet) am besten gefallen.

26) Otto Melander: »Resolution praecipuarum quaestionum criminalis adversus sagas processus, cum rufatione nova... purgationis sgarum per aquam frigidam. Lichiae, 1597; Benedict Perenius: Die magia, de observatione somniorum et de divinatione astrologica libri tres. Adversus fallaces et superstitiosas artes. Coloniae, 1598«. (Anm.: Im Werk von Perenius ist von Hexerei keine Rede).

27) Gründlicher Bericht/Ob Zauberey die ärgste und grewlichste Sünd auff Erden sey. Zum andern/ob die Zauberei noch Buß thun/und(t) selig werden mögen. Zum dritten/ob die hohe Obrigkeit die Zauberer und Hexen am Leib und Leben zu straffen schuldig. Mit Ableitung allerley Einreden. In sieben Tractat/und besondere Capitel abgetheilet: deren Inhalt und Register am Ende zu finden... Franciscum Agricolam, Pfarrherrn (im Fürstenthumb Gülch). Gedruckt in der Fürstl. Statt. Wirtzburg, durch Stephan Fleischmann, 1627.

28) Hans Schultze (latinisiert Johannes Prätorius). Geb. 22. Oktober 1630 im altmärkischen Zethlingen. Er stammt aus einer begüterten Familie und besucht die Trivialschule von Salzwedel, um dann in die altstädtische zu wechseln. Im März 1655 tritt er in die Neustädtische Schule ein. Vermutlich unter dem Rektor Johannes Georgius eignet er sich Lateinkenntnisse an (und aus dieser Zeit stammt vermutlich die Latinisierung seines Namens). Der Schulbesuch endet am 27. März 1650. Schon am 30. sehen wir ihn in Halle als Zögling der lutherischen Lateinschule. Im Herbst immatrikuliert er an der Alma Mater Lisiensis. Zunächst beschäftigt er sich mit der Poesie und den Naturwissenschaft. Der bedeutende Jacob Thomasius (1622—1684), Vater von Christian Thomasius, wird zu seinem Lehrer. 1654 bekommt er das Bakkalaureat und am 25. Januar 1655 die Magisterwürde. Anfang des Sommersemesters 1656 absolviert er die Magisterdisputation zum Thema: »Überwinterung der Störche«, womit seine universitäre Ausbildung abgeschlossen ist. Ab 1659 hält er Vorlesungen über Chiromantie, 1661 über Astrologie. Er wirkt lange in Halle als Universitätslehrer.
1659 heiratet er die verwaiste Barbara R., Tochter eines Röhrmeisters aus Saalfeld. Aus dieser Verbindung gehen zwei Töchter hervor. Das Leichenregister (Leipzig) nennt am 25. Oktober 1680: »ein Mann, Mag. Joh. Praetorius P.L.C.«. Seine Beisetzung erfolgt bei der Universitätskirche oder auf dem angrenzenden Pauliner-Friedhof.
Man hat Praetorius in der Nähe von Abraham a Santa Clara gerückt (1644—1709). Die wichtigsten Schriften von Praetorius sind:
1662: Daemonologia Rubinzalii Silesii. Das ist: Ein ausführlicher Bericht. Von den wunderbarlichen, sehr Alten und weit beschrieenen Gespenste Dem Rübezahl.
1662: Philosophia Colus oder Pfy, lose viele der Weiber, darinnen gleich hundert allerhand gewöhnliche Aberglauben des gemeinen Mannes lächerlich wahr gemacht werden: die kurtze Zeit zu verlängern, und die lange Zeit zu vertreiben.
1663: Saturnalia. Das ist: Eine Compagnie Weihnachts-Fratzen. Oder Centner-Lügen und possierliche Positiones.
1665: Sacra filamenta diviae virginis oder Naumburg'sche plumerantfarbene Faden.
1665: Das dreyfach'sche Leipzig'sche Blut-Zeichen
1667: Gazophyluci gaudium
1666: Anthropodemus plutonicus
1668/69: Blocks-Berges-Verrichtung. Ausführlicher Geographischer Bericht/von den hohen trefflich alt- und berühmten Blockes-Berge, ingleichen von der Hexenfahrt/ und Zauber-Sabbathe/so auf solchen Berge die Unholden aus gantz Teutschland/Järlich den 1. May in Sanct-Walpurgis-Nachte anstellen sollen. Aus vielen Autoribus abgefasset/und mit schönen Raritäten ausgeschmücket, sampt zugehöriger Figuren von M. Johanne Praetorio... Nebenst einem Appendice vom Blocks-Berge/wie auch des Alten Reinsteines/und der Baumans Höle am Harz...Leipzig, 1669

29) Johannes Praetorius beruft sich vor allem auf: das Versepos »Peter vom Stauffenberg«, Geiler von Kaiser(s)berg, Axo Grammaticus, Bodin, Weyer, Kornmann, Agricola, Philipp Camerarius, Hondorff, Hildebrand, Goldast, Paracelsus, Schmuck, Schnurr und Richter. Dazu kommen an ausländischen Autoren: der Franzose Belet und de Lancre, der Italiener Cicogna, die Schweden Olaus Magnus und Gothius, sowie der Spanier Torreblanca und Torquemada.

30) Die neun Kräuter sind: Alraun, Origanum oder Doster (weißer und brauner), Cardobenedikten(kraut), Knoblauch, Nigella Romana oder Kümmel, Nabel- oder Fünffingerkraut, Exkrementa oder Teufelsdreck und Sucissa oder Teufelsabbiß.

Aberglaube und Hexenwahn

1) *Heinrich Ludewig Fischer. Lehrer bei dem Fürstl. Schulseminar in Anhalt-Cöthen und ordinierter Prediger als Verfasser des Vorworts bei Gockelino. 1717*

2) *Fischer (1791) Vorrede*

3) *Colqhuon, a.a.O.S. 35*

4) *Fehr, a.a.O.S. 2*

5) *Fehr, a.a.O.S. 34*

6) *Schäfer, a.a.O.S. 128*

7) *Schäfer, a.a.O.S. 19*

8) *Schäfer, a.a.O.S. 25*

9) *Frankfurt am Main. Durch Joh. Spieß, 1587*

10) *Fischer (1791), a.a.O.S. 87*

11) *Mercurii Relation (München) 1699. Nr. 11*

12) *Vossische Zeitung (Berlin) 1727. Nr. 74*

13) *Hamburgischer Korrespondent 1727. Nr. 190*

14) *Vossische Zeitung (Berlin) 1728. Nr. 14*

15) *Vossische Zeitung (Berlin) 1784. Nr. 40*

16) *Colqhuon, a.a.O.S. 315*

17) *Colqhuon, a.a.O.S. 315*

18) *Fischer (1791), a.a.O.S. 124*

19) *Calmet, A.: Gelehrte Abhandlung von der Materi. cap. 32. S. 279. II. Aufl. ins Deutsche übersetzt. 1752*

20) *Schwager, a.a.O.S. 287*

21) *Hrsg. v. Leibrecht. 1856, a.a.O.S. 4*

22) *Er verbietet Veneficis, Incantationes et Sortilegos exquiere, Strigas et fictos lupos credere; vergl. Falckenstein, S.: Antiquitates et Memorabilia Nordgaviae veteris, nordgauische Altertümer. Schwabach, 1734, fol. T. I. p. 243. Vergl. Grimm: Deutsche Mythologie. 1048. goth. vairavulfs*

23) *Designare ad hoc quod velint, ut quandocunque homo ille viluerit in lupam transformari possit, quod vulgaris stultitis vocat, aut in aliquam figiram; ed. Coloniae 1548. Vergl. Mannhardt: Germanische Mythen. Berlin, 1858, S. 631*

24) *Vergl. Harthausen: Transkaukasia. Leipzig, Bd. I. 1856, S. 322*

25) *Schwager, a.a.O.S. 297*

26) *Vergl. Stöber: Zur Geschichte des Volksaberglaubens im 16. Jhdt. Basel 1856, S. 31*

27) *Lichtenberg: Hexenbüchlein, das ist ware Entdeckung und Erklärung oder Declaration fürnämlicher Articel der Zauberey. Bes. das Kap. »Wie sich die Hexen in thier verkören«. Durch J. Wecker an den tag geben. 1575*

28) *Gockel, a.a.O.S. 31*

29) *Vergl. Hauber's Bibliotheca, Acta et Scripta Magica. 29. Stück. S. 285*

30) *Vergl. Verstegan: Restitution, S. 237. Vergl. Dobeneck: De deutschen Mittelalters Volksglauben. Bd. II. S. 173*

31) *Vergl. Bosquet: La Normandie romanesque. Paris, 1845. S. 229*

32) *Johannes Praetorius, a.a.O.S. 427*

33) *Riezler, a.a.O.S.*

34) *Vergl. Riezler, Reichsarchiv (München). Hexenakten. Nr. 33*

35) *Schwager, a.a.O.S. 295*

36) *Schwager, a.a.O.S. 296*

37) *Schwager, a.a.O.S. 134*

38) *Ennen: Geschichte der Stadt Köln. Bd. V. S. 794/799*

39) *Duhr (1913), a.a.O.S. 502. Vergl. Hexenprotokolle 1629/62 im Kölner Stadtarchiv*

40) *Vergl. Theatrum Europanuem III. 1634. Vergl. Duhr (1913), a.a.O.S. 505*

41) *Vergl. Hellmich: Vampir oder Hingerichteter. Alt-Schlesien 3 (1930), S. 273—280. Dto.: Vampir oder Hingerichteter dess. 4 (1934), S. 195—196. Dto.: Vampir oder Hingerichteter 6 (1936); hier bes. Schädelnagelung.*

42) *Hertz, a.a.O.S. 31*

43) *Vergl. Liebrecht: Zur Volkskunde, a.a.O.S. 275. Vergl. Vossische Zeitung (Berlin), 19. April 1908. 12. Beilage*

44) *In: Lebensfragen. Heft 5, S. 5*

45) *Schwager, a.a.O.S. 74*

46) *Vergl. Actenmäßige und unverständliche Relation von denen Vampyren oder Menschensaugern, welche sich in diesem und vorigen Jahres im Königreich Serbien hervorgethan. 1732. (Anm.: Die seinerzeitigen Ausgrabungen werden auf Befehl Kaiser Karl VI. von Prinz Alexander von Württemberg (Statthalter in Serbien) vorgenommen).*

47) *Fischer (1791), a.a.O.S. 271*

48) *Hertz, a.a.O.S. 30*

49) *Vergl. Laubaner Chronik vom Jahr 1597*

50) *Vergl. Riehl's hist. Taschenbuch. Vergl. Soldan-Heppe Bd. I. S. 172, 223*

51) *Vergl. Heinrich Rimphof (Domprediger und Superintendant des Stiftes Verden/Aller). Drachenkönig. 1647. S. 264, 265*

52) *Soldan-Heppe. Bd. I. S. 307, 308*

53) *Schwager, a.a.O.S. 259*

54) *Schwager, a.a.O.S. 260*

55) *Schwager, a.a.O.S. 260*

56) *Schwager, a.a.O.S. 266*

57) *Schwager, a.a.O.S. 261. Vergl. Eberhard Gockel. Med. D. in seinem Traktat von Dem Beschreyen und Verzaubern, S. 66. Vergl. Sennert's Pract. L. 6 p. 3C. 6*

58) *Vossische Zeitung (Berlin) 1750. Nr. 102*

59) *Fischer (1791), a.a.O.S. 66*

60) *Grimm: Deutsche Mythologie. Göttingen 1835. S. 606*

61) *De praestigiis daemonum. Frankfurter Ausgabe von 1586. Lib. 4. Cap. 15. S. 267 und 268*

62) *Bodinus: Magorum Daemonum (Daemonomania). Frankfurt 1603. Lib. II. cap. 8. S. 272*

63) *Vergl. Horst. Zauberbibliothek Bd. 4 S. 4 und S. 255. Die gleiche Geschichte bei Weyer, a.a.O.S. 253*

64) *Gockel, a.a.O.*

65) *Von dem Katzenblut schreibt Petrus Hispanus in seinem »Thesauro Pauperum«: Inwenn man die Wänd eines Hauses inwendig mit dem Blut von einer schwartzen Katzen besprenge, daß alßdann alle Einwohner desselben vor aller Bezauberung befreyet seyn.*

66) *Gockel, a.a.O.S. 123*

67) *Vergl. Ziemssens Handbuch (Hysterie, Bd. 12) II. S. 515*

68) *In: Die Hysterie und ihre Heilung. Erlangen, 1852*

69) *Angstmann, a.a.O.S. 97*

70) *Vergl. Schambach-Müller. Niedersächsische Sagen. Nr. 193*

71) *K. Huß. Vom Aberglauben. Hrsg. John. Beitrag zur deutsch-böhmischen Volkskunde. Bd. 9, Heft 2. Prag 1910 (hier werden zahlreiche ähnliche Fälle angeführt).*

72) *Voges: Sagen aus Braunschweig. Nr. 64*

73) *Scharfrichter Joseph Lang's Erinnerungen. Hrsg. O. Schalk. S. 81—93*

74) *Frankfurter Urgerichten vom 20. Juni 1570; Vergl. Eschenröder, a.a.O.S. 32*

75) *Waibel und Flamm: Badische Sagen II. 47*

76) *Fischer (1791), a.a.O.S.*

77) *Fischer (1791), a.a.O.S. 85*

78) *Vergl. Zeitschrift des Vereins für hessische Geschichte und Landeskunde. Bd. II. S. 280*

79) *Fischer (1791), a.a.O.S. 124*

80) *König, a.a.O.S. 168 und 169*

81) *Vergl. Malefizbuch der Stadt Augsburg vom Jahr 1567. Vergl. Riezler, a.a.O.S. 207*

82) *Riezler, a.a.O.S. 78*

83) *Riezler, a.a.O.S. 77. Vergl. Ladewig: Eine Zauberin zu Todtnau. In: Zeitschrift für Geschichte des Oberrheins. Bd. 41. S. 236*

84) *Frankfurter Urgerichten von 1601. S. 217*

85) *Frankfurter Urphedenbuch von 1609, S. 233*

86) *Fischer (1791), a.a.O.S. 42*

87) *Fischer (1791), a.a.O.S. 232*

88) *Vergl. Saur: »...eine kurtze Warnung...«. Frankfurt, 1583*

89) *Meyer: Aberglaube des Mittelalters. Einleitung, S. XIX.*

90) *Fischer (1791), a.a.O.S. 177*

91) *Nic. Brand. De legitima maleficos et sagas investigandi et convicendi ratione (1647)*

92) *Anm.: Hier werden Freijäger zum Abhalten von Wilddieben beschäftigt. Erlegten sie einen, so bekamen sie eine Prämie von 50 fl. in bar. Sie hatten die Anweisung, lediglich auf die Füße zu halten.*

93) *Reich, a.a.O.*

94) *Ennemoser, a.a.O.S. 17*

95) *De praestigiis daemon. Deutsch v. Fuglin, Frankfurt 1586, S. 197*

96) *Ricardus: Über die Blendwerke und Beschwörungen der Teufel...ein seltenes, nie dagewesenes Buch. Basel, 1586*

97) *Spectrologie h. e. Discursus et plurimum Philosophicus de Spectris. Hamburg, 1619*

98) *König, a.a.O.S. 181*

99) *Tractatus Polyhistoricus Magico-Medicus Curiosus, Oder ein kurtzer/mit vielen verwunderlichen Historien untermengter Bericht von dem Beschreyen und Verzaubern/ Auch der denen daraus entspringenden Krankheiten und zauberischen Schäden. Was dasselbige eigentlich seye? aus waserlei Ursachen solches herkomme? wie sich vor solchen Unwesen zu hüten? Und auf was Weise die daraus entstandene Kranckheiten und zauberische Schäden/vermittelst eines andächtigen Gebetes/ und deren darzu gehörigen besonderen Artzney-Mitteln curiret werden können? Alles aus berühmter Alter und Neuer Medicorum Scriptis, auch aus eigener Erfahrung und 42-jähriger Praxis zusammengetragen und hervorgegeben. Von Eberhardo Gockelino. Franckfurt und Leipzig. Bey Johann Martin Hagen, 1717*

100) *Gockel, a.a.O.S. 161*

101) *Vergl. Rapp: Die Hexenprozesse und ihre Gegner in Tirol. Innsbruck, 1874. S. 94*

102) *Jacob Frhr. v. Liechtenberg: Entdeckung aller fürnebsten Artickel der Zauberey, abgedr. in: Theatrum de veneficis. Frankfurt am Main, 1586. S. 306—324*

103) *Gockel, a.a.O.S. 89*

104) *Frankfurter Urgichten vom 22. September 1574*

105) *Frankfurter Urgichten vom 22. September 1574. Vergl. Eschenröder, a.a.O.*

106) *Syllogo Physico Medicinalium Casiuum, incantationi vulgo adscribi solitorum gedachten Dn. Georg Abrah. Mercklini. Casu XV. pag. 85, »...wiewohl nicht unter dem Namen dieses Balsams, sondern unter dem Namen Olel hypreic. comp. Göleri...dieses kommt mit dem Pforzheimischen Zauberbalsam gantz überein...«*

107) *Vergl. Culemann's Mindischer Geschichte. V. Abteilung, S. 264/265. 1670/71*

108) *Fischer (1791), a.a.O.S. 103*

109) *Fischer (1791), a.a.O.S. 265 und 272*

110) *Bericht von Jochen Leibelin. In: BILD (Frankfurt) Nr. 107/19. Vom Mittwoch, 9. Mai 1979*

111) *Schwager, a.a.O.S. 271*

112) *Ennemoser, a.a.O.S. 171*

113) *Passavant, a.a.O.*

114) *Ennemoser, a.a.O.S. 172*

115) *Schwager, a.a.O.*

116) *Schwager, a.a.O.S. 276*

117) *Gockel, a.a.O.S. 23*

118) *Vergl. Münster's Kosmographie*

119) *Anm.: Die Benutzung der Apotheke als Schnapsschenke(n) wird in Norddeutschland erst gegen 1790 durch ein Verbot abgestellt.*

120) *Snell, a.a.O.*

Unsinn des Glaubens an Teufel und Dämonen

1) *Vergl. Lehmann, a.a.O.S. 46*

2) *Vergl. Joh. Heinrich Pott in seiner Streitschrift: »De nefando lamiarum cum diabolo coitu«. Ienae. 1689; vergl. Schwager, a.a.O.S. 213*

3) *Rosskoff, a.a.O.S. 246*

4) *Rosskoff, a.a.O.S. 255*

5) *Landau, a.a.O.S. 96*

6) *Winklhofer, a.a.O.S. 29*

7) *Röm. 5, 12*

8) *2. Kor. 4, 4; Ephes, 2, 1; 2. Tim, 2, 26*

9) *Luc. 8, 12; 2. Kor. 4, 4*

10) *1. Kor. 5, 5*

11) *1. Tim. 1, 20*

12) *Apostelg. 26, 18; Kol. 1, 13*

13) *2. Kor. 2, 11; 14, 2; Tim. 2, 26*

14) *Matth. 13, 25—39*

15) *2. Thess. 2, 9—10*

16) *Matth. 13, 19*

17) *Rosskoff, a.a.O.S. 288. Vergl. 1. Kor. 15, 26; Hebr. 2, 14*

18) *Rosskoff, a.a.O.S. 205*

19) *Sueton. Vespas. c. 4; Tacit. lib. V. c. 13*

20) *Luc. 1, 77; Joh. 1, 29*

21) *Joh. 7, 31*

22) *Winklhofer, a.a.O.S. 24*

23) *Vergl. Clemens Alex. Strom. 5. S. 650*

24) *Paed. II. 1. 174*

25) *Rosskoff, a.a.O.S. 238*

26) *Tertull. Apolog. c. 23*

27) *Tertull. ad Marcion, III. 18; De cor. mil. c. 3, 11; De idol. c. 2.*

28) *Rosskoff, a.a.O.S. 259*

29) *Winklhofer, a.a.O.S. 33*

30) *Exhort. ad Martyr. Opp. Tom. I. p. 304*

31) *Rosskoff, a.a.O.S. 274, 275*

32) *Cod. Theod.; s. Lib. XII. de a.a.O.S. 3*

33) *Cod. Just. Lib. I. tit. 4: »de episcopali audienta«. 10. Vergl. Cod. Theodos. Lib. XII, de malefic. Lib. X. Cod. Justin, de episc. auct.*

34) *Imp. Leon. Const. vov. LXL.*

35) *Landau, a.a.O.S. 96*

36) *Vergl. Ubbiente dell'Osa, a.a.O.S. 97*

37) *Petrus Apokalypse, Kap. 12, 13*

38) *Historie de la descente de Saint Pol aux enfers; Vergl. Brandes, H.: »Über die Quellen der mittelenglischen Vision der Paulus-Vision«, In: Englische Studien VII. (1844). S. 34 ff. S. 65.*

39) *Vergl. Wright Thomas. St. Patricks. Purgatory, London, 1844, S. 119*

40) *Beide Texte sind abgedruckt in Dümlers: »Poeta latini Carolini«. Berlin, 1884. S. 268—275; S. 308—333*

41) *Liber Visionum. Vergl. P. Wilmans in den »Monumenta germaniae historica Scriptores«. T. XI.*

42) *Wetzer und Welte. Kirchenlexikon. Bd. V. S. 284 ff.*

43) *Ed. Spieß. Entwicklungsgeschichte, a.a.O.S. 205*

44) *Catechismus romanus ex decreto Concilii Tridentii. Bielefeld und Leipzig, 1867, S. 56*

45) *In: Marcellini Palingenii Stellati Zodiacus vita L. X. 1—57. Erste Ausgabe, 1531*

46) *In: Dialogus. Dist. XII. 42. 40*

47) *Vergl. Mew. S. 324—325*

48) *Recherches sur la nature de feu de l'enfer et du lieu ou il est situe par M. Swinden, traduit de l'anglais par M. Bion. Amsterdam, 1757*

49) *Rusca, A.: De inferno et statu daemonum ante exitium libri quinque. Mailand, 1621*

50) *Landau, a.a.O.S. 97*

51) *Rosskoff, a.a.O.S. 286*

52) *Schindler, a.a.O.S. 279*

53) *Divin. instit. VII. 21*

54) *Fleury. Hist. ecclesitaque. I. L. 33, 3, 51*

55) *Landau, a.a.O.S. 26*

56) *Dialog. IV. S. 40*

57) *Harnack, A.: Lehrbuch der Kirchengeschichte, III. S. 123*

58) *Landau, a.a.O.S. 224*

59) *Vergl. Lucius, E.: »Die Anfänge des Heiligenkultes in der christl. Kirche«. Tübingen, 1904*

60) *In: confessorum gloria cap. 64; Gregorii Turonensis Opera. In: Monumenta Germaniae. hist. Scriptores rerum Meroving. I. p. 785*

61) *Schindler, a.a.O.S. 20*

62) *Schindler, a.a.O.S. 3*

63) *Schindler, a.a.O.S. 8*

64) *Wöchentliche Ordinari Zeitung (München) 1628*

65) *Dienstagische Fama (Berlin), 1686. 23. Woche*

66) *Beilage zur Mercuri Relation (München), 1695, Nr. 49*

67) *Vossische Zeitung (Berlin), 1776, Nr. 59*

68) *Andreas Althammer: »Eyn Predigt von dem Teufel, das er alles Unglück in der Welt anrichte«. 1532. Blatt A 3*

70) *Widmann in den Erläuterungen zur Faustsage, a.a.O.*

71) *Fischer (1791), a.a.O.S. 8*

72) *Fischer (1791), a.a.O.S. 3*

Teufelswahn und Exorzismus

1) *Dr. Herbert Haag, Verfasser des Buches »Abschied vom Teufel« (1969) und »Teufelsglaube« (1974). Außerdem ist er an der »Dokumentation von Klingenberg« beteiligt. Er veröffentlicht im »Main-Echo« am 18. 3. 1978 einen Artikel. S. dort Seite 11.*

2) *Duhr (1913) a.a.O.S. 500*

3) *Vergl. Weyer: De praestigiis daemonum. Deutsch von Fuglin. Frankfurt 1586. S. 258 ff.*

4) *Calmeil, Bd. II, a.a.O.S. 73—129*

5) *Duhr (1900), a.a.O.S. 80*

6) *...*

12) *Gury: Theologia moralis (übersetzt vom Regensburger Priester Wesselsack) und dann 1858 in Regensburg (Mainz!) veröffentlicht.*

13) *Buchmann, a.a.O.S. 330*

14) *Gen. 4, 11*

15) *Dan. 5, 25*

16) *Vergl. Missionär, 1887, a.a.O.*

17) *Diefenbach, a.a.O.S. 9*

18) *Vergl. Theodor Reinkingk. Rat und Kanzler in Schleswig-Holstein: Responsum juris in ardua et gravi quadum causa concernente processum quendem contra sagam. Gedruckt zu Marburg. Verfaßt 1621, gedruckt 1630*

19) *Ennemoser, a.a.O.S. 186*

20) *...*

21) *Vergl. Authentischer Bericht über die Teufelsaustreibungen in Wemding. Buchdruckerei A. Hellmuth, Wemding (verfaßt von Pater Aurelian)*

22) *Diese Hinweise verdanke ich der freundlichen Unterstützung von Herrn Robert Vogler, Archivar beim Züricher Tagesanzeiger.*

23) *Vergl. Diefenbach (Besessenheit, Zauberei und Hexenfabeln. In: Frankfurter zeitgemäße Broschüren. Hrsg. von Johann Raich. NF. Bd. XIV, Frankfurt am Main, 1893, S. 1)*

24) *P. Adolf Rodewyk, geb. 4. 12. 1894 in Köln-Mülheim. Gymnasialstudien von 1914—1918. Soldat und Offizier. 1918 Eintritt in die Gesellschaft Jesu. Theologische Studien in Bonn, Innsbruck und Valkenburg. Nach der Priesterweihe zunächst praktischer Seelsorger. Von 1932—38 Leiter des Aloysiuskollegs in Godesberg, später Rektor der St. Agnes-Schule in Hamburg. Während des Zweiten Weltkrieges arbeitet er als Seelsorger im Lazarettdienst (Trier). Sein Hauptinteresse gilt der Hagiographie.*

25) *Hier nur einige Titel:*
Horstius, J.: de natura, differentiis et causis eorum, qui dormientes ambulant. Lipsiae, 1593
Richter, G. G.: Dissert. de statu mixto somni et vigilae, quo dormientes multa vigilantium munera obesant. Göttingen, 1756
Mayer, G. F.: Versuch einer Erklärung des Nachtwandelns. Halle, 1758
Pigatti: Sonderbare Geschichte des Joh. Bapt. Negretti, eines Nachtwandlers. Aus dem Italienischen. Nürnberg, 1782.
Tandler: De noctisurgio. Viteb. 1602
Unter: Gedanken vom Schlaf und Träumen. Halle, 1746

26) *Ennemoser, a.a.O.S. 151*

27) *Ennemoser, a.a.O.S. 156*

28) *Vergl. Kieser's Archiv, Bd. 8, 3. St.*

29) *Ennemoser, a.a.O.S. 157*

30) *Ennemoser, a.a.O.S. 157*

31) *Elias Camerarius, a.a.O.S. 76*

32) *Ennemoser, a.a.O.S. 18*

33) *Erst 1814 als Nachricht vom Medizinalrat von Druffel in der Salzburgischen-Medizinischen-Chirurgischen Zeitung, dann 1815 von dem sie behandelnden Arzt in einer kleinen Schrift bekannt gemacht. Vergl. Clemens v. Brentano: Das bittere Leiden unseres Herrn nach den Betrachtungen der gottseligen Katharina Emmerich. 3. Auflage, 1842*

34) *Ennemoser, a.a.O.S. 6. Vergl. Athanasius Kircher: Magnes, sive de arte magnetica. Coloniae, 1643*

35) *Ennemoser, a.a.O.S. 7*

36) *Vergl. van Helmont: de magica vulnerum curatione. Maxwell: Medicina magnetica libri tres, in quibus tam theoria, quam praxis continentur. Burggraf: Balneum Dianae magneticum, 1600. Fludd, R.: Philosophica mosaica, 1638*

37) *Marcus 7, 33*

38) *Edda, S. 216*

39) *»Der Exorzismus selbst scheint nur eine Modifikation dessen zu sein, was man heutzutage magnetische oder mesmerische Kur nennt, wenn auch vielleicht in seinen Prinzipien nicht ganz so wissenschaftlich und in seiner praktischen Anwendung nicht ganz so erfolgreich. In früheren Zeiten glaubte man, daß das Vermögen des Exorzismus ausschließlich Eigentum der römisch-katholischen Geistlichkeit sei, und dieser Klerus hielt die Protestanten als Ketzer, für gänzlich unfähig zur gehörigen Ausbildung dieses Ritus« (Colquohn, a.a.O.S. 281)*

40) *Diefenbach (vergl. Fußnote 23) a.a.O.S. 5*

41) *1) Synagoge zu Capernaum (Marc. 4, Luc. 4,33)*
   2) Dem Gadarener 8 (Matth. 8,28, Marc, 5.1., Luc. 8,26)
   3) Matth. 9,32, Luc. 11,14
   4) Matth. 12,22
   5) der kanait. Tochter (Matth. 15,1,15,21)
   6) Matth. 17,14, Marc. 7,9,17, Luc. 9,38)
   7) Maria Magdalena, aus der Chrsitus sieben Teufel ausgetrieben haben soll. Luc. 8,2 (Vergl. Perty, a.a.O.S. 307)

42) *Nach Marc. 16,17*

43) *Adversus haereses, II., S. 32*

44) *Perty, a.a.O.S. 69*